八訂版

風営適正化法関係法令集

風営適正化法研究会 編集

東京法令出版

凡例

1　編集方針

本書は、風俗営業等の規制及び業務の適正化等に関する法律（以下「風営適正化法」という。）及びその下位法令並びに風俗営業関係業務の実務や研究に有効であり、かつ、関係の深い法令等を抽出し、収録したものである。

収録法令等は、次の五つに分類した。

○　風営適正化法関係
○　風営適正化法施行条例関係
○　認定申請書等の記載要領等
○　行政手続・法人監督等
○　関係法令等

また、風営適正化法の制定から現在までの改正の経過を、

○　法の変遷等

として収録するとともに、関係資料も収録した。

2　原典

本書収録法令等の原典は、官報、法令全書及び各都道府県公報等である。

なお、収録法令等には、原文が横書きのものもあるが、本書においては、原則として縦書きとした。また、風営適正化法施行条例等の条文中、〔上〕、〔下〕、〔右〕とあるのは、編集者において付した注である。

3　基準日

本書収録内容は、平成三〇年六月五日現在とした。

なお、平成三一年一月一日以前に施行される改正は条文に織り込み、平成三一年一月二日以後に施行される改正は織り込まず、題名の次（改正沿革）にその扱いを注記した。

4　抄録表示

抄録の法令については、法令の題名の下に〔抄〕の記号を付して表示した。

5　法令番号等

法令の題名の次に、公布年月日及び法令番号を次の形で示した。

（昭和二三・七・一〇）
（法律一二二）

6　改正表示

改正の沿革は、風営適正化法関係についてはすべてを掲げ、その他の法令については最終の改正のみをそれぞれ法令の題名の次に示した。

なお、改正沿革の表示に用いた略号は、次のとおりである。

法	法律
政	政令
総府令	総理府令
内府令	内閣府令
厚令	厚生省令
厚労令	厚生労働省令
文令	文部省令

文科令　文部科学省令
国公委規則　国家公安委員会規則

7　公布文、制定文及び目次
法令の公布文、制定文及び目次は省略した。ただし、風営適正化法関係の法令の目次については掲載した。

8　条文見出し
法令自体に付されている条文見出しは（　）で、編集者において付した見出しは〔　〕で示した。

9　項番号の表示
二つ以上の項を持つ条文については、各項の冒頭に番号を付した。番号の表示の方法は、法令自体に項番号が付してあるものについては2、3等で、編集者において付した項番号は②、③等とした。

10　附則
(1)　掲載方針
附則のうち、現在必ずしも必要でない経過規定や他の法令の改正規定等は、原則として省略した。
(2)　法令番号等の表示
改正法令の公布年月日及び番号は、附則の冒頭に〔　〕書きで示し、附則の一部を省略した場合は抄も表示した。
(3)　条文中の省略
他の法令と一括して同時に改正された場合又は他の法令の附則によって改正された場合には、附則の条文中、当該法令と直接関係のない部分については、〔前略〕、〔中略〕、〔以下略〕等と表示して適宜省略することとした。
(4)　施行期日の表示
施行期日が政令によって定められている法律の附則には、施行期日を定める規定の直後に〔　〕書きでその政令の番号及び政令で定める施行期日を表示した。また、施行期日が他の法律の施行の日からとされている場合には、〔　〕書きで施行期日等を表示した。

11　準用規定
風営適正化法については、準用・読替え後の条文を該当条文の次に枠囲みで掲載した。

12　参照・罰則条文の表示
風営適正化法の各条末尾に参照条文及び該当する罰則の条、法定刑を掲載した。
なお、参照・罰則条文中に使用されている法令名略語は、次のとおりである。

法　　　　……風俗営業等の規制及び業務の適正化等に関する法律
施行令　　……風俗営業等の規制及び業務の適正化等に関する法律施行令
施行規則……風俗営業等の規制及び業務の適正化等に関する法律施行規則
内閣府令……風俗営業等の規制及び業務の適正化等に関する法律に基づく許可申請書の添付書類等に関する内閣府令

目次

◇風営適正化法関係◇

◇風営適正化法施行条例関係◇

北海道

青森県

岩手県

宮城県

秋田県

山形県

福島県

東京都

茨城県

栃木県

群馬県

岐阜県

愛知県

三重県

滋賀県

京都府

愛媛県

高知県

福岡県

佐賀県

長崎県

熊本県

大分県

宮崎県

鹿児島県

沖縄県

◇認定申請書等の記載要領等◇

◇行政手続・法人監督等◇

◇関係法令等◇

◇法の変遷等◇

○民法等の一部を改正する法律 [illegible] ……六四

[illegible]

風営適正化法関係

○風俗営業等の規制及び業務の適正化等に関する法律（昭和二三・七・一〇法律一二二）

改正
昭和二九・五・二三法律九五
昭和二九・六・八法律一六三
昭和三〇・七・四法律五一
昭和三〇・七・二〇法律七六
昭和三四・二・一〇法律二
昭和三九・五・一一法律七七
昭和四一・六・三〇法律九一
昭和四七・七・五法律一一六
昭和五〇・一二・二六法律九〇
昭和五三・五・一法律三八
昭和五六・五・三〇法律五八
昭和五七・七・二三法律六九
昭和五九・八・一四法律七六
昭和六〇・六・一法律四五
昭和六〇・七・五法律八九
昭和六三・一二・三〇法律一一〇
平成五・一一・一二法律八九
平成一〇・五・八法律五五
平成一一・五・二六法律五二
平成一一・七・一六法律八七
平成一一・八・一八法律一三六
平成一一・一二・八法律一五一
平成一一・一二・二二法律一六〇
平成一二・五・三一法律九一
平成一三・六・二〇法律五二
平成一四・五・二九法律四五
平成一五・五・三〇法律五五
平成一六・一二・一法律一四七
平成一七・一一・七法律一一九
平成一七・一一・七法律一二三
平成一八・六・二法律五〇
平成二一・七・一五法律七九
平成二三・六・三法律六一
平成二三・六・二四法律七四
平成二四・四・六法律二七
平成二六・六・二五法律七九
平成二七・六・二四法律四五
平成二八・一一・二八法律八九
平成二九・六・一六法律六五
平成二九・一二・一五法律八四

目次

第七章　罰則（第四十九条―第五十七条）
附　則

第一章　総則

（目的）

第一条　この法律は、善良の風俗と清浄な風俗環境を保持し、及び少年の健全な育成に障害を及ぼす行為を防止するため、風俗営業及び性風俗関連特殊営業等について、営業時間、営業区域等を制限し、及び年少者をこれらの営業所に立ち入らせること等を規制するとともに、風俗営業の健全化に資するため、その業務の適正化を促進する等の措置を講ずることを目的とする。

（用語の意義）

第二条　この法律において「風俗営業」とは、次の各号のいずれかに該当する営業をいう。

一　キャバレー、待合、料理店、カフエーその他設備を設けて客の接待をして客に遊興又は飲食をさせる営業

二　喫茶店、バーその他設備を設けて客に飲食をさせる営業で、国家公安委員会規則で定めるところにより計つた営業所内の照度を十ルクス以下として営むもの（前号に該当する営業として営むものを除く。）

三　喫茶店、バーその他設備を設けて客に飲食をさせる営業で、他から見通すことが困難であり、かつ、その広さが五平方メートル以下である客席を設けて営むもの

四　まあじやん屋、ぱちんこ屋その他設備を設けて客に射幸心をそそるおそれのある遊技をさせる営業

五　スロットマシン、テレビゲーム機その他の遊技設備で本来の用途以外の用途として射幸心をそそるおそれのある遊技に用いることができるもの（国家公安委員会規則で定めるものに限る。）を備える店舗その他これに類する区画された施設（旅館業その他の営業の用に供し、又はこれに随伴する施設で政令で定めるものを除く。）において当該遊技設備により客に遊技をさせる営業（前号に該当する営業を除く。）

2　この法律において「風俗営業者」とは、次条第一項の許可又は第七条第一項、第七条の二第一項若しくは第七条の三第一項の承認を受けて風俗営業を営む者をいう。

3　この法律において「接待」とは、歓楽的雰囲気を醸し出す方法により客をもてなすことをいう。

4　この法律において「接待飲食等営業」とは、第一項第一号から第三号までのいずれかに該当する営業をいう。

5　この法律において「性風俗関連特殊営業」とは、店舗型性風俗特殊営業、無店舗型性風俗特殊営業、映像送信型性風俗特殊営業、店舗型電話異性紹介営業及び無店舗型電話異性紹介営業をいう。

6　この法律において「店舗型性風俗特殊営業」とは、次の各号のいずれかに該当する営業をいう。

一　浴場業（公衆浴場法（昭和二十三年法律第百三十九号）第一条第一項に規定する公衆浴場を業として経営することをいう。）の施設として個室を設け、当該個室において異性の客に接触する役務を提供する営業

二　個室を設け、当該個室において異性の客の性的好奇心に応じてその客に接触する役務を提供する営業（前号に該当する営業を除く。）

三　専ら、性的好奇心をそそるため衣服を脱いだ人の姿態を見せる興行その他の善良の風俗又は少年の健全な育成に与える影響が著しい興行の用に供する興行場（興行場法（昭和二十三年法律第百三十七号）第一条第一項に規定するものをいう。）とし

て政令で定めるものを経営する営業
四　専ら異性を同伴する客の宿泊（休憩を含む。以下この条において同じ。）の用に供する政令で定める施設（政令で定める構造又は設備を有する個室を設けるものに限る。）を設け、当該施設を当該宿泊に利用させる営業
五　店舗を設けて、専ら、性的好奇心をそそる写真、ビデオテープその他の物品で政令で定めるものを販売し、又は貸し付ける営業
六　前各号に掲げるもののほか、店舗を設けて営む性風俗に関する営業で、善良の風俗、清浄な風俗環境又は少年の健全な育成に与える影響が著しい営業として政令で定めるもの
7　この法律において「無店舗型性風俗特殊営業」とは、次の各号のいずれかに該当する営業をいう。
一　人の住居又は人の宿泊の用に供する施設において異性の客の性的好奇心に応じてその客に接触する役務を提供する営業で、当該役務を行う者を、その客の依頼を受けて派遣することにより営むもの
二　電話その他の国家公安委員会規則で定める方法による客の依頼を受けて、専ら、前項第五号の政令で定める物品を販売し、又は貸し付ける営業で、当該物品を配達し、又は配達させることにより営むもの
8　この法律において「映像送信型性風俗特殊営業」とは、専ら、性的好奇心をそそるため性的な行為を表す場面又は衣服を脱いだ人の姿態の映像を見せる営業で、電気通信設備を用いてその客に当該映像を伝達すること（放送又は有線放送に該当するものを除く。）により営むものをいう。
9　この法律において「店舗型電話異性紹介営業」とは、店舗を設けて、専ら、面識のない異性との一時の性的好奇心を満たすための交際（会話を含む。次項において同じ。）を希望する者に対し、会話（伝言のやり取りを含むものとし、音声によるものに限る。以下同じ。）の機会を提供することにより異性を紹介する営業で、その一方の者からの電話による会話の申込みを電気通信設備を用いて当該店舗内に立ち入らせた他の一方の者に取り次ぐことによつて営むもの（その一方の者が当該営業に従事する者である場合におけるものを含む。）をいう。
10　この法律において「無店舗型電話異性紹介営業」とは、専ら、面識のない異性との一時の性的好奇心を満たすための交際を希望する者に対し、会話の機会を提供することにより異性を紹介する営業で、その一方の者からの電話による会話の申込みを電気通信設備を用いて他の一方の者に取り次ぐことによつて営むもの（その一方の者が当該営業に従事する者である場合におけるものを含むものとし、前項に該当するものを除く。）をいう。
11　この法律において「特定遊興飲食店営業」とは、ナイトクラブその他設備を設けて客に遊興をさせ、かつ、客に飲食をさせる営業（客に酒類を提供して営むものに限る。）で、午前六時後翌日の午前零時前の時間においてのみ営むもの以外のもの（風俗営業に該当するものを除く。）をいう。
12　この法律において「特定遊興飲食店営業者」とは、第三十一条の二十二の許可又は第三十一条の二十三において準用する第七条第一項、第七条の二第一項若しくは第七条の三第一項の承認を受けて特定遊興飲食店営業を営む者をいう。
13　この法律において「接客業務受託営業」とは、専ら、次に掲げる営業を営む者から委託を受けて当該営業の営業所において客に接する業務の一部を行うこと（当該業務の一部に従事する者が委

託を受けた者及び当該営業を営む者の指揮命令を受ける場合を含む。）を内容とする営業をいう。
一　接待飲食等営業
二　店舗型性風俗特殊営業
三　特定遊興飲食店営業
四　飲食店営業（設備を設けて客に飲食をさせる営業で食品衛生法（昭和二十二年法律第二百三十三号）第五十二条第一項の許可を受けて営むものをいい、前三号に掲げる営業に該当するものを除く。以下同じ。）のうち、バー、酒場その他客に酒類を提供して営む営業（営業の常態として、通常主食と認められる食事を提供して営むものを除く。以下「酒類提供飲食店営業」という。）で、午前六時から午後十時までの時間においてのみ営むもの以外のもの

【参照】一項二号＝施行規則二条
一項五号＝施行令二条・施行規則三条
六項三号＝施行令二条
六項四号＝施行令三条・施行規則四条
六項五号＝施行令四条
六項六号＝施行令五条
七項二号＝施行規則五条

第二章　風俗営業の許可等

（営業の許可）

第三条　風俗営業を営もうとする者は、風俗営業の種別（前条第一項各号に規定する風俗営業の種別をいう。以下同じ。）に応じて、営業所ごとに、当該営業所の所在地を管轄する都道府県公安委員会（以下「公安委員会」という。）の許可を受けなければならない。

2　公安委員会は、善良の風俗若しくは清浄な風俗環境を害する行為又は少年の健全な育成に障害を及ぼす行為を防止するため必要があると認めるときは、その必要の限度において、前項の許可に条件を付し、及びこれを変更することができる。

【罰則】一項＝法四九条一号・二号（二年以下の懲役・二百万円以下の罰金又は併科）五六条

（許可の基準）

第四条　公安委員会は、前条第一項の許可を受けようとする者が次の各号のいずれかに該当するときは、許可をしてはならない。
一　成年被後見人若しくは被保佐人又は破産者で復権を得ないもの
二　一年以上の懲役若しくは禁錮の刑に処せられ、又は次に掲げる罪を犯して一年未満の懲役若しくは罰金の刑に処せられ、その執行を終わり、又は執行を受けることがなくなつた日から起算して五年を経過しない者
イ　第四十九条又は第五十条第一項の罪
ロ　刑法（明治四十年法律第四十五号）第百七十四条、第百七十五条、第百八十二条、第百八十五条、第百八十六条、第二百二十四条、第二百二十五条（営利又はわいせつの目的に係る部分に限る。以下この号において同じ。）、第二百二十六条、第二百二十六条の二（第三項については、営利又はわいせつの目的に係る部分に限る。以下この号において同じ。）、第二百二十六条の三、第二百二十七条第一項（同法第二百二十四条、第二百二十五条、第二百二十六条、第二百二十六条の二又は第二百二十六条の三の罪を犯した者を幇（ほう）助する目的に係る部分に限る。以下この号において同じ。）若しくは第三項（営利又はわいせつの目的に係る部分に限る。以下この

号において同じ。）又は第二百二十八条（同法第二百二十四条、第二百二十五条、第二百二十六条、第二百二十六条の二、第二百二十六条の三又は第二百二十七条第一項若しくは第三項に係る部分に限る。）の罪

ハ　組織的な犯罪の処罰及び犯罪収益の規制等に関する法律（平成十一年法律第百三十六号）第三条第一項（第五号又は第六号に係る部分に限る。）又は第六条（第一項第二号に係る部分に限る。）の罪

ニ　売春防止法（昭和三十一年法律第百十八号）第二章の罪

ホ　児童買春、児童ポルノに係る行為等の規制及び処罰並びに児童の保護等に関する法律（平成十一年法律第五十二号）第四条から第八条までの罪

ヘ　労働基準法（昭和二十二年法律第四十九号）第百十七条、第百十八条第一項（同法第六条又は第五十六条に係る部分に限る。）又は第百十九条第一号（同法第六十一条又は第六十二条に係る部分に限る。）（これらの規定を船員職業安定法（昭和二十三年法律第百三十号）又は労働者派遣事業の適正な運営の確保及び派遣労働者の保護等に関する法律（昭和六十年法律第八十八号）の規定により適用する場合を含む。）の罪

ト　船員法（昭和二十二年法律第百号）第百二十九条（同法第八十五条第一項又は第二項に係る部分に限る。）又は第百三十条（同法第八十六条第一項に係る部分に限る。）（これらの規定を船員職業安定法の規定により適用する場合を含む。）の罪

チ　職業安定法（昭和二十二年法律第百四十一号）第六十三条の罪

リ　児童福祉法（昭和二十二年法律第百六十四号）第六十条第一項又は第二項（同法第三十四条第一項第四号の三、第五号、第七号又は第九号に係る部分に限る。）の罪

ヌ　船員職業安定法第百十一条の罪

ル　出入国管理及び難民認定法（昭和二十六年政令第三百十九号）第七十三条の二第一項の罪

ヲ　労働者派遣事業の適正な運営の確保及び派遣労働者の保護等に関する法律第五十八条の罪

ワ　外国人の技能実習の適正な実施及び技能実習生の保護に関する法律（平成二十八年法律第八十九号）第百八条の罪

三　集団的に、又は常習的に暴力的不法行為その他の罪に当たる違法な行為で国家公安委員会規則で定めるものを行うおそれがあると認めるに足りる相当な理由がある者

四　アルコール、麻薬、大麻、あへん又は覚醒剤の中毒者

五　第二十六条第一項の規定により風俗営業の許可を取り消され、当該取消しの日から起算して五年を経過しない者（当該許可を取り消された者が法人である場合においては、当該取消しに係る聴聞の期日及び場所が公示された日前六十日以内に当該法人の役員（業務を執行する社員、取締役、執行役又はこれらに準ずる者をいい、相談役、顧問その他いかなる名称を有する者であるかを問わず、法人に対し業務を執行する社員、取締役、執行役又はこれらに準ずる者と同等以上の支配力を有するものと認められる者を含む。以下この項において同じ。）であつた者で当該取消しの日から起算して五年を経過しないものを含む。）

六　第二十六条第一項の規定による風俗営業の許可の取消処分に係る聴聞の期日及び場所が公示された日から当該処分をする日

又は当該処分をしないことを決定する日までの間に第十条第一項第一号の規定による許可証の返納をした者（風俗営業の廃止について相当な理由がある者を除く。）で当該返納の日から起算して五年を経過しないもの

七　前号に規定する期間内に合併により消滅した法人又は第十条第一項第一号の規定による許可証の返納をした法人（合併又は風俗営業の廃止について相当な理由がある者を除く。）の前号の公示の日前六十日以内に役員であつた者で当該消滅又は返納の日から起算して五年を経過しないもの

七の二　第六号に規定する期間内に分割により同号の聴聞に係る風俗営業を承継させ、若しくは分割により当該風俗営業以外の風俗営業を承継した法人（分割について相当な理由がある者を除く。）又はこれらの法人の同号の公示の日前六十日以内に役員であつた者で当該分割の日から起算して五年を経過しないもの

八　営業に関し成年者と同一の行為能力を有しない未成年者。ただし、その者が風俗営業者の相続人であつて、その法定代理人が前各号及び次号のいずれにも該当しない場合を除くものとする。

九　法人でその役員のうちに第一号から第七号の二までのいずれかに該当する者があるもの

2　公安委員会は、前条第一項の許可の申請に係る営業所につき次の各号のいずれかに該当する事由があるときは、許可をしてはならない。

一　営業所の構造又は設備（第四項に規定する遊技機を除く。第九条、第十条の二第二項第三号、第十二条及び第三十九条第二項第七号において同じ。）が風俗営業の種別に応じて国家公安委員会規則で定める技術上の基準に適合しないとき。

二　営業所が、良好な風俗環境を保全するため特にその設置を制限する必要があるものとして政令で定める基準に従い都道府県の条例で定める地域内にあるとき。

三　営業所に第二十四条第一項の管理者を選任すると認められないことについて相当な理由があるとき。

3　公安委員会は、前条第一項の許可又は第七条第一項、第七条の二第一項若しくは第七条の三第一項の承認を受けて営んでいた風俗営業の営業所が火災、震災その他その者の責めに帰することができない事由で政令で定めるものにより滅失したために当該風俗営業を廃止した者が、当該廃止した風俗営業と同一の風俗営業の種別の風俗営業で営業所が前項第二号の地域内にあるものにつき、前条第一項の許可を受けようとする場合において、当該許可の申請が次の各号のいずれにも該当するときは、前項第二号の規定にかかわらず、許可をすることができる。

一　当該風俗営業を廃止した日から起算して五年以内にされたものであること。

二　次のいずれかに該当すること。

イ　当該滅失した営業所の所在地が、当該滅失前から前項第二号の地域に含まれていたこと。

ロ　当該滅失した営業所の所在地が、当該滅失以降に前項第二号の地域に含まれることとなつたこと。

三　当該滅失した営業所とおおむね同一の場所にある営業所につきされたものであること。

四　当該滅失した営業所とおおむね等しい面積の営業所につきされたものであること。

4　第二条第一項第四号の営業（ぱちんこ屋その他政令で定めるも

のに限る。）については、公安委員会は、当該営業に係る営業所に設置される遊技機が著しく客の射幸心をそそるおそれがあるものとして国家公安委員会規則で定める基準に該当するものであるときは、当該営業を許可しないことができる。

【参照】　一項三号＝施行規則六条
　二項一号＝施行規則七条
　二項二号＝施行令六条
　三項＝施行令七条
　四項＝施行令八条・施行規則八条

（許可の手続及び許可証）

第五条　第三条第一項の許可を受けようとする者は、公安委員会に、次の事項を記載した許可申請書を提出しなければならない。この場合において、当該許可申請書には、営業の方法を記載した書類その他の内閣府令で定める書類を添付しなければならない。

一　氏名又は名称及び住所並びに法人にあつては、その代表者の氏名
二　営業所の名称及び所在地
三　風俗営業の種別
四　営業所の構造及び設備の概要
五　第二十四条第一項の管理者の氏名及び住所
六　法人にあつては、その役員の氏名及び住所

2　公安委員会は、第三条第一項の許可をしたときは、国家公安委員会規則で定めるところにより、許可証を交付しなければならない。

3　公安委員会は、第三条第一項の許可をしないときは、国家公安委員会規則で定めるところにより、申請者にその旨を通知しなければならない。

4　許可証の交付を受けた者は、当該許可証を亡失し、又は当該許可証が滅失したときは、速やかにその旨を公安委員会に届け出て、許可証の再交付を受けなければならない。

【参照】　一項＝施行規則九条・一条・内閣府令一条
　二項＝施行規則一〇条
　三項＝施行規則一一条
　四項＝施行規則一二条・一条

【罰則】　一項＝法五四条一号〔五十万円以下の罰金〕五六条

（許可証等の掲示義務）

第六条　風俗営業者は、許可証（第十条の二第一項の認定を受けた風俗営業者にあつては、同条第三項の認定証）を営業所の見やすい場所に掲示しなければならない。

【罰則】　法五五条一号〔三十万円以下の罰金〕五六条

（相続）

第七条　風俗営業者が死亡した場合において、相続人（相続人が二人以上ある場合においてその協議により当該風俗営業を承継すべき相続人を定めたときは、その者。以下同じ。）が被相続人の営んでいた風俗営業を引き続き営もうとするときは、その相続人は、国家公安委員会規則で定めるところにより、被相続人の死亡後六十日以内に公安委員会に申請して、その承認を受けなければならない。

2　相続人が前項の承認の申請をした場合においては、被相続人の死亡の日からその承認を受ける日又は承認をしない旨の通知を受ける日までは、被相続人に対してした風俗営業の許可は、その相続人に対してしたものとみなす。

3　第四条第一項の規定は、第一項の承認の申請をした相続人について準用する。

【準用後の第四条第一項】

第四条　公安委員会は、第七条第一項の承認の申請をした相続人が次の各号のいずれかに該当するときは、承認をしてはならない。

一～九　〔略〕

4　第一項の承認を受けた相続人は、被相続人に係る風俗営業者の地位を承継する。

5　第一項の承認の申請をした相続人は、その承認を受けたときは、遅滞なく、被相続人が交付を受けた許可証を公安委員会に提出して、その書換えを受けなければならない。

6　前項に規定する者は、第一項の承認をしない旨の通知を受けたときは、遅滞なく、被相続人が交付を受けた許可証を公安委員会に返納しなければならない。

【参照】　一項＝施行規則一三条・一条・一六条
六項＝施行規則一七条・一条
五項＝施行規則一八条

【罰則】　一項＝法四九条二号〔二年以下の懲役・二百万円以下の罰金又は併科〕五六条
五項＝法五五条二号〔三十万円以下の罰金〕五六条
六項＝法五七条一号〔十万円以下の過料〕

（**法人の合併**）

第七条の二　風俗営業者たる法人がその合併により消滅することとなる場合において、あらかじめ合併について国家公安委員会規則で定めるところにより公安委員会の承認を受けたときは、合併後存続し、又は合併により設立された法人は、風俗営業者の地位を承継する。

2　第四条第一項の規定は、前項の承認について準用する。この場合において、同条第一項中「前条第一項の許可を受けようとする者」とあるのは、「第七条の二第一項の承認を受けようとする法人」と読み替えるものとする。

【準用後の第四条第一項】

第四条　公安委員会は、第七条の二第一項の承認を受けようとする法人が次の各号のいずれかに該当するときは、承認をしてはならない。

一～九　〔略〕

3　前条第五項の規定は、第一項の承認を受けようとした法人について準用する。この場合において、同条第五項中「被相続人」とあるのは、「合併により消滅した法人」と読み替えるものとする。

【準用後の第七条第五項】

第七条

5　第七条の二第一項の承認を受けようとした法人は、その承認を受けたときは、遅滞なく、合併により消滅した法人が交付を受けた許可証を公安委員会に提出して、その書換えを受けなければならない。

【参照】　一項＝施行規則一四条・一条・一六条
三項＝施行規則一七条・一条

【罰則】　一項＝法四九条二号〔二年以下の懲役・二百万円以下の罰金又は併科〕五六条
三項において準用する法七条五項＝法五五条二号〔三十万円以下の罰金〕五六条

（**法人の分割**）

第七条の三　風俗営業者たる法人が分割により風俗営業を承継させる場合において、あらかじめ当該分割について国家公安委員会規則で定めるところにより公安委員会の承認を受けたときは、分割により当該風俗営業を承継した法人は、当該風俗営業についての風俗営業者の地位を承継する。

2　第四条第一項の規定は、前項の承認について準用する。この場合において、同条第一項中「前条第一項の許可を受けようとする者」とあるのは、「第七条の三第一項の承認を受けようとする法人」と読み替えるものとする。

【準用後の第四条第一項】

第四条　公安委員会は、第七条の三第一項の承認を受けようとする法人が次の各号のいずれかに該当するときは、承認をしてはならない。

一～九　〔略〕

3　第七条第五項の規定は、第一項の承認を受けようとした法人について準用する。この場合において、同条第五項中「被相続人」とあるのは、「分割をした法人」と読み替えるものとする。

【準用後の第七条第五項】

第七条

5　第七条の三第一項の承認を受けようとした法人は、その承認を受けたときは、遅滞なく、分割をした法人が交付を受けた許可証を公安委員会に提出して、その書換えを受けなければならない。

【参照】　一項＝施行規則一五条・一条・一六条
　三項＝施行規則一七条・一条

【罰則】　一項＝法四九条二号〔二年以下の懲役・二百万円以下の罰金又は併科〕五六条
　三項において準用する法七条五項＝法五五条二号〔三十万円以下の罰金〕五六条

（許可の取消し）

第八条　公安委員会は、第三条第一項の許可を受けた者（第七条第一項、第七条の二第一項又は前条第一項の承認を受けた者を含む。第十一条において同じ。）について、次の各号に掲げるいずれかの事実が判明したときは、その許可を取り消すことができる。

一　偽りその他不正の手段により当該許可又は承認を受けたこと。

二　第四条第一項各号に掲げる者のいずれかに該当していること。

三　正当な事由がないのに、当該許可を受けてから六月以内に営業を開始せず、又は引き続き六月以上営業を休止し、現に営業を営んでいないこと。

四　三月以上所在不明であること。

【参照】　施行規則一二条一項

（構造及び設備の変更等）

第九条　風俗営業者は、増築、改築その他の行為による営業所の構造又は設備の変更（内閣府令で定める軽微な変更を除く。第五項において同じ。）をしようとするときは、国家公安委員会規則で定めるところにより、あらかじめ公安委員会の承認を受けなければならない。

2　公安委員会は、前項の承認の申請に係る営業所の構造及び設備が第四条第二項第一号の技術上の基準及び第三条第二項の規定により公安委員会が付した条件に適合していると認めるときは、前項の承認をしなければならない。

3　風俗営業者は、次の各号のいずれかに該当するときは、公安委員会に、内閣府令で定める事項を記載した届出書を提出しなければならない。この場合において、当該届出書には、内閣府令で定める書類を添付しなければならない。

一　第五条第一項各号（第三号及び第四号を除く。）に掲げる事項（同項第二号に掲げる事項にあつては、営業所の名称に限る。）に変更があつたとき。

二　営業所の構造又は設備につき第一項の軽微な変更をしたとき。

4　前項第一号の規定により届出書を提出する場合において、当該届出書に係る事項が許可証の記載事項に該当するときは、その書換えを受けなければならない。

5　第一項の規定は、第十条の二第一項の認定を受けた風俗営業者が営業所の構造又は設備の変更をしようとする場合については、適用しない。この場合において、当該風俗営業者は、当該変更をしたときは、公安委員会に、内閣府令で定める事項を記載した届出書を内閣府令で定める添付書類とともに提出しなければならない。

【参照】一項＝内閣府令二条・施行規則一九条・一条・二二条・一六条
三項＝内閣府令三条・施行規則二〇条・一条・内閣府令四条一項
四項＝施行規則二三条・一七条・一条
五項＝内閣府令三条・四条二項・施行規則二一条・二〇条・一条

【罰則】一項＝法五〇条一項一号・二号（一年以下の懲役・百万円以下の罰金又は併科）五六条
三項＝法五五条三号（三十万円以下の罰金）五六条
五項後段＝法五四条二号（五十万円以下の罰金）五六条

（許可証の返納等）

第十条　許可証の交付を受けた者は、次の各号のいずれかに該当することとなつたときは、遅滞なく、許可証（第三号の場合にあつては、発見し、又は回復した許可証）を公安委員会に返納しなければならない。

一　風俗営業を廃止したとき（当該風俗営業につき第七条の三第一項の承認を受けたときを除く。）。

二　許可が取り消されたとき。

三　許可証の再交付を受けた場合において、亡失した許可証を発見し、又は回復したとき。

2　前項第一号の規定による許可証の返納があつたときは、許可は、その効力を失う。

3　許可証の交付を受けた者が次の各号に掲げる場合のいずれかに該当することとなつたときは、当該各号に掲げる者は、遅滞なく、許可証を公安委員会に返納しなければならない。

一　死亡した場合（相続人が第七条第一項の承認の申請をしなかつた場合に限る。）　同居の親族又は法定代理人

二　法人が合併以外の事由により解散した場合　清算人又は破産管財人

三　法人が合併により消滅した場合（その消滅までに、合併後存続し、又は合併により設立される法人につき第七条の二第一項の承認がされなかつた場合に限る。）　合併後存続し、又は合併により設立された法人の代表者

【参照】一項・三項＝施行規則二三条
【罰則】一項＝法五五条四号〔三十万円以下の罰金〕五六条
三項＝法五七条二号〔十万円以下の過料〕

（特例風俗営業者の認定）

第十条の二 公安委員会は、次の各号のいずれにも該当する風俗営業者を、その申請により、第六条及び第九条第一項の規定の適用につき特例を設けるべき風俗営業者として認定することができる。

一 当該風俗営業の許可（第七条第一項、第七条の二第一項又は第七条の三第一項の承認を受けて営んでいる風俗営業にあつては、当該承認）を受けてから十年以上経過していること。

二 過去十年以内にこの法律に基づく処分（指示を含む。以下同じ。）を受けたことがなく、かつ、受けるべき事由が現にないこと。

三 前二号に掲げるもののほか、当該風俗営業に関し法令及びこの法律に基づく条例の遵守の状況が優良な者として国家公安委員会規則で定める基準に適合する者であること。

2 前項の認定を受けようとする者は、公安委員会に、次の事項を記載した認定申請書を提出しなければならない。この場合において、当該認定申請書には、内閣府令で定める書類を添付しなければならない。

一 氏名又は名称及び住所並びに法人にあつては、その代表者の氏名

二 営業所の名称及び所在地

三 営業所の構造及び設備の概要

3 公安委員会は、第一項の認定をしたときは、国家公安委員会規則で定めるところにより、認定証を交付しなければならない。

4 公安委員会は、第一項の認定をしないときは、国家公安委員会規則で定めるところにより、申請者にその旨を通知しなければならない。

5 認定証の交付を受けた者は、当該認定証を亡失し、又は当該認定証が滅失したときは、速やかにその旨を公安委員会に届け出て、認定証の再交付を受けなければならない。

6 公安委員会は、第一項の認定を受けた者につき次の各号のいずれかに該当する事由があつたときは、当該認定を取り消さなければならない。

一 偽りその他不正の手段により当該認定を受けたことが判明したこと。

二 当該風俗営業の許可が取り消されたこと。

三 この法律に基づく処分を受けたこと。

四 第一項第三号に該当しなくなつたこと。

7 認定証の交付を受けた者は、次の各号のいずれかに該当することとなつたときは、遅滞なく、認定証（第三号の場合にあつては、発見し、又は回復した認定証）を公安委員会に返納しなければならない。

一 当該風俗営業を廃止したとき。

二 認定が取り消されたとき。

三 認定証の再交付を受けた場合において、亡失した認定証を発見し、又は回復したとき。

8 前項第一号の規定による認定証の返納があつたときは、認定証は、その効力を失う。

9 認定証の交付を受けた者が次の各号に掲げる場合のいずれかに該当することとなつたときは、当該各号に掲げる者は、遅滞なく、認定証を公安委員会に返納しなければならない。

一　死亡した場合　同居の親族又は法定代理人
二　法人が合併以外の事由により解散した場合　清算人又は破産管財人
三　法人が合併により消滅した場合　合併後存続し、又は合併により設立された法人の代表者

【参照】一項三号＝施行規則二四条
二項＝施行規則二五条・一条・内閣府令五条
三項＝施行規則二六条
四項＝施行規則二六条三項・二一条・一条
五項＝施行規則二六条三項・二二条・一条
六項＝施行規則一一二条一項
七項＝施行規則二六条三項・二三条・一条
九項＝施行規則二六条三項・二三条・一条

【罰則】一項＝法五〇条一項三号〔一年以下の懲役・百万円以下の罰金又は併科〕五六条
二項＝法五四条三号〔五十万円以下の罰金〕五六条
七項＝法五五条五号〔三十万円以下の罰金〕五六条
九項＝法五七条三号〔十万円以下の過料〕

（名義貸しの禁止）
第十一条　第三条第一項の許可を受けた者は、自己の名義をもつて、他人に風俗営業を営ませてはならない。

【罰則】法四九条三号〔二年以下の懲役・二百万円以下の罰金又は併科〕五六条

第三章　風俗営業者の遵守事項等

（構造及び設備の維持）
第十二条　風俗営業者は、営業所の構造及び設備を、第四条第二項第一号の技術上の基準に適合するように維持しなければならない。

（営業時間の制限等）
第十三条　風俗営業者は、深夜（午前零時から午前六時までの時間をいう。以下同じ。）においては、その営業を営んではならない。ただし、都道府県の条例に特別の定めがある場合は、次の各号に掲げる日の区分に応じそれぞれ当該各号に定める地域内に限り、午前零時以後において当該条例で定める時までその営業を営むことができる。
一　都道府県が習俗的行事その他の特別な事情のある日として当該条例で定める日　当該事情のある地域として当該条例で定める地域
二　前号に掲げる日以外の日　午前零時以後において風俗営業を営むことが許容される特別な事情のある地域として政令で定める基準に従い当該条例で定める地域

2　都道府県は、善良の風俗若しくは清浄な風俗環境を害する行為又は少年の健全な育成に障害を及ぼす行為を防止するため必要があるときは、前項の規定によるほか、政令で定める基準に従い条例で定めるところにより、地域を定めて、風俗営業の営業時間を制限することができる。

3　風俗営業者は、第一項ただし書の場合において、午前零時から同項ただし書に規定する条例で定める時までの時間においてその営業を営むときは、国家公安委員会規則で定めるところにより、客が大声若しくは騒音を発し、又は酒に酔つて粗野若しくは乱暴な言動をすることその他営業所の周辺において他人に迷惑を及ぼすことがないようにするために必要な措置を講じなければならない。

4　風俗営業者は、第一項ただし書の場合において、午前零時から

同項ただし書に規定する条例で定める時までの時間においてその営業を営むときは、国家公安委員会規則で定めるところにより、営業所ごとに、苦情の処理に関する帳簿を備え付け、必要な事項を記載するとともに、苦情の適切な処理に努めなければならない。

【参照】一項＝施行令九条
二項＝施行令一〇条
三項＝施行規則二七条
四項＝施行規則二八条・二九条

（照度の規制）

第十四条　風俗営業者は、国家公安委員会規則で定めるところにより計つた営業所内の照度を、風俗営業の種別に応じて国家公安委員会規則で定める数値以下としてその営業を営んではならない。

【参照】施行規則三〇条・三一条

（騒音及び振動の規制）

第十五条　風俗営業者は、営業所周辺において、政令で定めるところにより、都道府県の条例で定める数値以上の騒音又は振動（人声その他その営業活動に伴う騒音又は振動に限る。）が生じないように、その営業を営まなければならない。

【参照】施行令一一条・施行規則三二条

（広告及び宣伝の規制）

第十六条　風俗営業者は、その営業につき、営業所周辺における清浄な風俗環境を害するおそれのある方法で広告又は宣伝をしてはならない。

（料金の表示）

第十七条　風俗営業者は、国家公安委員会規則で定めるところにより、その営業に係る料金で国家公安委員会規則で定める種類のものを、営業所において客に見やすいように表示しなければならない。

【参照】施行規則三三条・三四条

（年少者の立入禁止の表示）

第十八条　風俗営業者は、国家公安委員会規則で定めるところにより、十八歳未満の者がその営業所に立ち入つてはならない旨（第二条第一項第五号の営業に係る営業所にあつては、午後十時以後の時間において立ち入つてはならない旨）（第二十二条第二項の規定に基づく都道府県の条例で、午前六時後午後十時前の時間における十八歳未満の者の立入りの禁止又は制限を定めたときは、午後十時以後の時間において立ち入つてはならない旨及び当該禁止又は制限の内容）を営業所の入口に表示しなければならない。

【参照】施行規則三五条

（接客従業者に対する拘束的行為の規制）

第十八条の二　接待飲食等営業を営む風俗営業者は、その営業に関し、次に掲げる行為をしてはならない。

一　営業所で客に接する業務に従事する者（以下「接客従業者」という。）に対し、接客従業者でなくなつた場合には直ちに残存する債務を完済することを条件として、その支払能力に照らし不相当に高額の債務（利息制限法（昭和二十九年法律第百号）その他の法令の規定によりその全部又は一部が無効とされるものを含む。以下同じ。）を負担させること。

二　その支払能力に照らし不相当に高額の債務を負担させた接客従業者の旅券等（出入国管理及び難民認定法第二条第五号の旅券、道路交通法（昭和三十五年法律第百五号）第九十二条第一項の運転免許証その他求人者が求職者の本人確認のため通常提示を求める書類として政令で定めるものをいう。以下同じ。）

を保管し、又は第三者に保管させること。

2 接待飲食等営業を営む風俗営業者は、接客業務受託営業を営む者が当該接客業務受託営業に関し第三十五条の三の規定に違反する行為又は売春防止法第九条、第十条若しくは第十二条の罪に当たる違法な行為をしている疑いがあると認められるときは、当該接客業務受託営業を営む者の使用人その他の従業者で当該違反行為の相手方となつているものが営業所で客に接する業務に従事することを防止するため必要な措置をとらなければならない。

【参照】 一項三号＝施行令一三条

（遊技料金等の規制）

第十九条 第二条第一項第四号の営業を営む風俗営業者は、国家公安委員会規則で定める遊技料金、賞品の提供方法及び賞品の価格の最高限度（まあじやん屋を営む風俗営業者にあつては、遊技料金）に関する基準に従い、その営業を営まなければならない。

【参照】 施行規則三六条・遊技料金の基準（昭六〇・二・一二国公委告示一）

（遊技機の規制及び認定等）

第二十条 第四条第四項に規定する営業を営む風俗営業者は、その営業所に、著しく客の射幸心をそそるおそれがあるものとして同項の国家公安委員会規則で定める基準に該当する遊技機を設置してその営業を営んではならない。

2 前項の風俗営業者は、国家公安委員会規則で定めるところにより、当該営業所における遊技機につき同項に規定する基準に該当しない旨の公安委員会の認定を受けることができる。

3 国家公安委員会は、政令で定める種類の遊技機の型式に関し、国家公安委員会規則で、前項の公安委員会の認定につき必要な技術上の規格を定めることができる。

4 前項の規格が定められた場合においては、遊技機の製造業者（外国において本邦に輸出する遊技機を製造する者を含む。）又は輸入業者は、その製造し、又は輸入する遊技機の型式が同項の規定による技術上の規格に適合しているか否かについて公安委員会の検定を受けることができる。

5 公安委員会は、国家公安委員会規則で定めるところにより、第二項の認定又は前項の検定に必要な試験の実施に関する事務（以下「試験事務」という。）の全部又は一部を、一般社団法人又は一般財団法人であつて、当該事務を適正かつ確実に実施することができると認められるものとして国家公安委員会があらかじめ指定する者（以下「指定試験機関」という。）に行わせることができる。

6 指定試験機関の役員若しくは職員又はこれらの職にあつた者は、試験事務に関して知り得た秘密を漏らしてはならない。

7 試験事務に従事する指定試験機関の役員又は職員は、刑法その他の罰則の適用に関しては、法令により公務に従事する職員とみなす。

8 都道府県は、第二項の認定、第四項の検定又は第五項の試験に係る手数料の徴収については、政令で定める者から、実費の範囲内において、遊技機の種類、構造等に応じ、当該認定、検定又は試験の事務の特性を勘案して政令で定める額を徴収することを標準として条例を定めなければならない。

9 前項の場合においては、都道府県は、条例で定めるところにより、第五項の指定試験機関が行う試験に係る手数料を当該指定試験機関へ納めさせ、その収入とすることができる。

10 第九条第一項、第二項及び第三項第二号の規定は、第一項の風俗営業者が設置する遊技機の増設、交替その他の変更について準用する。この場合において、同条第二項中「第四条第二項第一号の技術上の基準及び」とあるのは、「第四条第四項の基準に該当せず、かつ、」と読み替えるものとする。

【準用後の第九条第一項、第二項及び第三項第二号】

第九条 第二十条第一項の風俗営業者は、遊技機の増設、交替その他の変更（内閣府令で定める軽微な変更を除く。）をしようとするときは、国家公安委員会規則で定めるところにより、あらかじめ公安委員会の承認を受けなければならない。

2 公安委員会は、前項の承認の申請に係る遊技機の増設、交替その他の変更が第四条第四項の基準に該当せず、かつ、第三条第二項の規定により公安委員会が付した条件に適合していると認めるときは、前項の承認をしなければならない。

3 第一項の風俗営業者は、次の各号のいずれかに該当するときは、公安委員会に、内閣府令で定める事項を記載した届出書を提出しなければならない。この場合において、当該届出書には、内閣府令で定める書類を添付しなければならない。

二 遊技機につき第一項の軽微な変更をしたとき。

11 第四項の型式の検定、第五項の指定試験機関その他第二項の規定による認定及び前項において準用する第九条第一項の承認に関し必要な事項は、国家公安委員会規則で定める。

【参照】 一項＝施行規則八条

二項・三項・五項・一一項＝遊技機の認定及び型式の検定等に関する規則（昭六〇・二・一二国公委規則四）、風俗営業等の規制及び業務の適正化等に関する法律第二〇条第五項に規定する指定試験機関を指定する規則（平一六・一・三〇国公委規則二）

三項＝施行令一三条

八項＝施行令一四条

一〇項において準用する法九条一項＝施行規則一九条・二〇条・二一条・内閣府令六条

一〇項において準用する法九条三項＝施行規則二〇条・一条・内閣府令三条・七条

【罰則】 六項＝法五一条〔一年以下の懲役・百万円以下の罰金〕

一〇項において準用する法九条一項＝法五〇条一項一号・二号〔一年以下の懲役・百万円以下の罰金又は併科〕五六条

一〇項において準用する法九条三項＝法五五条三号〔三十万円以下の罰金〕五六条

（条例への委任）

第二十一条 第十二条から第十九条まで、前条第一項及び次条第二項に定めるもののほか、都道府県は、条例により、風俗営業者の行為について、善良の風俗若しくは清浄な風俗環境を害し、又は少年の健全な育成に障害を及ぼす行為を防止するため必要な制限を定めることができる。

（禁止行為等）

第二十二条 風俗営業を営む者は、次に掲げる行為をしてはならない。

一 当該営業に関し客引きをすること。

二 当該営業に関し客引きをするため、道路その他公共の場所で、人の身辺に立ちふさがり、又はつきまとうこと。

三 営業所で、十八歳未満の者に客の接待をさせること。

四 営業所で午後十時から翌日の午前六時までの時間において十八歳未満の者を客に接する業務に従事させること。

五　十八歳未満の者を営業所に客として立ち入らせること（第二条第一項第五号の営業に係る営業所にあつては、午後十時から翌日の午前六時までの時間において客として立ち入らせること。）。

六　営業所で二十歳未満の者に酒類又はたばこを提供すること。

2　都道府県は、少年の健全な育成に障害を及ぼす行為を防止するため必要があるときは、条例により、第二条第一項第五号の営業を営む者が午前六時後午後十時前の時間において十八歳未満の者を営業所に客として立ち入らせることを禁止し、又は当該営業を営む風俗営業者が当該時間において十八歳未満の者を営業所に客として立ち入らせることについて、保護者の同伴を求めなければならないものとすることその他必要な制限を定めることができる。

【罰則】一項一号・二号＝法五二条一号（六月以下の懲役・百万円以下の罰金又は併科）五六条

一項三号―六号＝法五〇条一項四号（一年以下の懲役・百万円以下の罰金又は併科）五六条

一項三号・四号＝法五〇条二項

（遊技場営業者の禁止行為）

第二十三条　第二条第一項第四号の営業（ぱちんこ屋その他政令で定めるものに限る。）を営む者は、前条第一項の規定によるほか、その営業に関し、次に掲げる行為をしてはならない。

一　現金又は有価証券を賞品として提供すること。

二　客に提供した賞品を買い取ること。

三　遊技の用に供する玉、メダルその他これらに類する物（次号において「遊技球等」という。）を客に営業所外に持ち出させること。

四　遊技球等を客のために保管したことを表示する書面を客に発行すること。

2　第二条第一項第四号のまあじやん屋又は同項第五号の営業を営む者は、前条第一項の規定によるほか、その営業に関し、遊技の結果に応じて賞品を提供してはならない。

3　第一項第三号及び第四号の規定は、第二条第一項第五号の営業を営む者について準用する。

【準用後の第二十三条第一項第三号及び第四号】

第二十三条　第二条第一項第五号の営業を営む者は、前条第一項の規定によるほか、その営業に関し、次に掲げる行為をしてはならない。

三　遊技の用に供する玉、メダルその他これらに類する物（次号において「遊技球等」という。）を客に営業所外に持ち出させること。

四　遊技球等を客のために保管したことを表示する書面を客に発行すること。

【参照】一項＝施行令一五条

【罰則】一項一号・二号＝法五二条二号（六月以下の懲役・百万円以下の罰金又は併科）五六条

一項三号・四号（三項において準用する場合を含む。）＝法五四条四号（五十万円以下の罰金）五六条

二項＝法五二条三号（六月以下の懲役・百万円以下の罰金又は併科）五六条

（営業所の管理者）

第二十四条　風俗営業者は、営業所ごとに、当該営業所における業務の実施を統括管理する者のうちから、第三項に規定する業務を

行う者として、管理者一人を選任しなければならない。ただし、管理者として選任した者が欠けるに至つたときは、その日から十四日間は、管理者を選任しておかなくてもよい。

2　次の各号のいずれかに該当する者は、管理者となることができない。

一　未成年者

二　第四条第一項第一号から第七号の二までのいずれかに該当する者

3　管理者は、当該営業所における業務の実施に関し、風俗営業者又はその代理人、使用人その他の従業者（以下「代理人等」という。）に対し、これらの者が法令の規定を遵守してその業務を実施するため必要な助言又は指導を行い、その他当該営業所における業務の適正な実施を確保するため必要な業務で国家公安委員会規則で定めるものを行うものとする。

4　風俗営業者又はその代理人は、管理者が前項に規定する業務として行う助言を尊重しなければならず、風俗営業者の使用人その他の従業者は、管理者がその業務として行う指導に従わなければならない。

5　公安委員会は、管理者が第二項第二号に該当すると認めたとき、又はその者がその職務に関し法令若しくはこの法律に基づく条例の規定に違反した場合において、その情状により管理者として不適当であると認めたときは、風俗営業者に対し、当該管理者の解任を勧告することができる。

6　公安委員会は、第三項に規定する管理者の業務を適正に実施させるため必要があると認めるときは、国家公安委員会規則で定めるところにより、管理者に対する講習を行うことができる。

7　風俗営業者は、公安委員会からその選任に係る管理者について前項の講習を行う旨の通知を受けたときは、当該管理者に講習を受けさせなければならない。

【参照】　一項＝施行規則三七条

三項＝施行規則三八条

五項＝施行規則一一二条二項

六項＝施行規則三九条・四〇条

【罰則】　一項＝法五四条五号〔五十万円以下の罰金〕五六条

（指示）

第二十五条　公安委員会は、風俗営業者又はその代理人等が、当該営業に関し、法令又はこの法律に基づく条例の規定に違反した場合において、善良の風俗若しくは清浄な風俗環境を害し、又は少年の健全な育成に障害を及ぼすおそれがあると認めるときは、当該風俗営業者に対し、善良の風俗若しくは清浄な風俗環境を害する行為又は少年の健全な育成に障害を及ぼす行為を防止するため必要な指示をすることができる。

【参照】　施行規則一一二条一項

（営業の停止等）

第二十六条　公安委員会は、風俗営業者若しくはその代理人等が当該営業に関し法令若しくはこの法律に基づく条例の規定に違反した場合において著しく善良の風俗若しくは清浄な風俗環境を害し若しくは少年の健全な育成に障害を及ぼすおそれがあると認めるとき、又は風俗営業者がこの法律に基づく処分若しくは第三条第二項の規定に基づき付された条件に違反したときは、当該風俗営業者に対し、当該風俗営業の許可を取り消し、又は六月を超えない範囲内で期間を定めて当該風俗営業の全部若しくは一部の停止を命ずることができる。

2　公安委員会は、前項の規定により風俗営業（第二条第一項第四号及び第五号の営業を除く。以下この項において同じ。）の許可を取り消し、又は風俗営業の停止を命ずるときは、当該風俗営業を営む者に対し、当該施設を用いて営む飲食店営業について、六月（前項の規定により風俗営業の停止を命ずるときは、その停止の期間）を超えない範囲内で期間を定めて営業の全部又は一部の停止を命ずることができる。

【参照】一項・二項＝施行規則一一二条一項

【罰則】一項・二項＝法四九条四号（二年以下の懲役・二百万円以下の罰金又は併科）五六条

第四章　性風俗関連特殊営業等の規制

第一節　性風俗関連特殊営業の規制

第一款　店舗型性風俗特殊営業の規制

（営業等の届出）

第二十七条　店舗型性風俗特殊営業を営もうとする者は、店舗型性風俗特殊営業の種別（第二条第六項各号に規定する店舗型性風俗特殊営業の種別をいう。以下同じ。）に応じて、営業所ごとに、当該営業所の所在地を管轄する公安委員会に、次の事項を記載した届出書を提出しなければならない。

一　氏名又は名称及び住所並びに法人にあつては、その代表者の氏名

二　営業所の名称及び所在地

三　店舗型性風俗特殊営業の種別

四　営業所の構造及び設備の概要

五　営業所における業務の実施を統括管理する者の氏名及び住所

2　前項の届出書を提出した者は、当該店舗型性風俗特殊営業を廃止したとき、又は同項各号（第三号を除く。）に掲げる事項（同項第二号に掲げる事項にあつては、営業所の名称に限る。）に変更があつたときは、公安委員会に、廃止又は変更に係る事項その他の内閣府令で定める事項を記載した届出書を提出しなければならない。

3　前二項の届出書には、営業の方法を記載した書類その他の内閣府令で定める書類を添付しなければならない。

4　公安委員会は、第一項又は第二項の届出書（同項の届出書にあつては、店舗型性風俗特殊営業を廃止した場合におけるものを除く。）の提出があつたときは、その旨を記載した書面を当該届出書を提出した者に交付しなければならない。ただし、当該届出書に係る営業所が第二十八条第一項の規定又は同条第二項の規定に基づく条例の規定により店舗型性風俗特殊営業を営んではならないこととされる区域又は地域にあるときは、この限りでない。

5　店舗型性風俗特殊営業を営む者は、前項の規定により交付された書面を営業所に備え付けるとともに、関係者から請求があつたときは、これを提示しなければならない。

【参照】一項＝施行規則四一条・一条
二項＝施行規則四二条・一条・内閣府令八条
三項＝施行規則四三条・内閣府令九条
四項＝施行規則四四条・四六条・一条

【罰則】一項・三項＝法五二条四号・五号（六月以下の懲役・百万円以下の罰金又は併科）五六条
二項・三項＝法五四条六号（五十万円以下の罰金）五六条

（広告宣伝の禁止）

第二十七条の二　前条第一項の届出書を提出した者（同条第四項ただし書の規定により同項の書面の交付がされなかつた者を除く。）は、当該店舗型性風俗特殊営業以外の店舗型性風俗特殊営業を営

む目的をもつて、広告又は宣伝をしてはならない。

2　前項に規定する者以外の者は、店舗型性風俗特殊営業を営む目的をもつて、広告又は宣伝をしてはならない。

【罰則】一項・二項＝五三条一号〔百万円以下の罰金〕五六条

（店舗型性風俗特殊営業の禁止区域等）

第二十八条　店舗型性風俗特殊営業は、一団地の官公庁施設（官公庁施設の建設等に関する法律（昭和二十六年法律第百八十一号）第二条第四項に規定するものをいう。）、学校（学校教育法（昭和二十二年法律第二十六号）第一条に規定するものをいう。）、図書館（図書館法（昭和二十五年法律第百十八号）第二条第一項に規定するものをいう。）若しくは児童福祉施設（児童福祉法第七条第一項に規定するものをいう。）又はその他の施設でその周辺における善良の風俗若しくは清浄な風俗環境を害する行為若しくは少年の健全な育成に障害を及ぼす行為を防止する必要のあるものとして都道府県の条例で定めるものの敷地（これらの用に供するものと決定した土地を含む。）の周囲二百メートルの区域内においては、これを営んではならない。

2　前項に定めるもののほか、都道府県は、善良の風俗若しくは清浄な風俗環境を害する行為又は少年の健全な育成に障害を及ぼす行為を防止するため必要があるときは、条例により、地域を定めて、店舗型性風俗特殊営業を営むことを禁止することができる。

3　第一項の規定又は前項の規定に基づく条例の規定は、これらの規定の施行又は適用の際現に第二十七条第一項の届出書を提出して店舗型性風俗特殊営業を営んでいる者の当該店舗型性風俗特殊営業については、適用しない。

4　都道府県は、善良の風俗を害する行為を防止するため必要があるときは、政令で定める基準に従い条例で定めるところにより、店舗型性風俗特殊営業（第二条第六項第四号の営業その他国家公安委員会規則で定める店舗型性風俗特殊営業を除く。）の深夜における営業時間を制限することができる。

5　店舗型性風俗特殊営業を営む者は、前条に規定するもののほか、その営業につき、次に掲げる方法で広告又は宣伝をしてはならない。

一　次に掲げる区域又は地域（第三号において「広告制限区域等」という。）において、広告物（常時又は一定の期間継続して公衆に表示されるものであつて、看板、立看板、はり紙及びはり札並びに広告塔、広告板、建物その他の工作物等に掲出され、又は表示されたもの並びにこれらに類するものをいう。以下同じ。）を表示すること。

イ　第一項に規定する敷地（同項に規定する施設の用に供するものと決定した土地を除く。）の周囲二百メートルの区域

ロ　第二項の規定に基づく条例で定める地域のうち当該店舗型性風俗特殊営業の広告又は宣伝を制限すべき地域として条例で定める地域

二　人の住居にビラ等（ビラ、パンフレット又はこれらに類する広告若しくは宣伝の用に供される文書図画をいう。以下同じ。）を配り、又は差し入れること。

三　前号に掲げるもののほか、広告制限区域等においてビラ等を頒布し、又は広告制限区域等以外の地域において十八歳未満の者に対してビラ等を頒布すること。

6　前項の規定は、第三項の規定により第一項の規定又は第二項の規定に基づく条例の規定を適用しないこととされる店舗型性風俗特殊営業を営む者が当該店舗型性風俗特殊営業の営業所の外周又は内部に広告物を表示する場合及び当該営業所の内部においてビ

ラ等を頒布する場合については、適用しない。

7　第五項第一号の規定は、同号の規定の適用に関する第一項の規定又は同号ロの規定に基づく条例の規定の施行又は適用の際店舗型性風俗特殊営業を営む者が現に表示している広告物（当該施行又は適用の際現に第二十七条第一項の届出書を提出して店舗型性風俗特殊営業を営んでいる者が表示するものに限る。）については、当該施行又は適用の日から一月を経過する日までの間は、適用しない。

8　前条及び第五項に規定するもののほか、店舗型性風俗特殊営業を営む者は、その営業につき、清浄な風俗環境を害するおそれのある方法で広告又は宣伝をしてはならない。

9　店舗型性風俗特殊営業を営む者は、その営業につき広告又は宣伝をするときは、国家公安委員会規則で定めるところにより、十八歳未満の者がその営業所に立ち入つてはならない旨を明らかにしなければならない。

10　店舗型性風俗特殊営業を営む者は、国家公安委員会規則で定めるところにより、十八歳未満の者がその営業所に立ち入つてはならない旨を営業所の入り口に表示しなければならない。

11　第十八条の二の規定は、店舗型性風俗特殊営業を営む者について準用する。

【準用後の第十八条の二】

第十八条の二　店舗型性風俗特殊営業を営む者は、その営業に関し、次に掲げる行為をしてはならない。

一　営業所で客に接する業務に従事する者（以下「接客従業者」という。）に対し、接客従業者でなくなつた場合には直ちに残存する債務を完済することを条件として、その支払能力に照らし不相当に高額の債務（利息制限法（昭和二十九年法律第百号）その他の法令の規定によりその全部又は一部が無効とされるものを含む。以下同じ。）を負担させること。

二　その支払能力に照らし不相当に高額の債務を負担させた接客従業者の旅券等（出入国管理及び難民認定法第二条第五号の旅券、道路交通法（昭和三十五年法律第百五号）第九十二条第一項の運転免許証その他求人者が求職者の本人確認のため通常提示を求める書類として政令で定めるものをいう。以下同じ。）を保管し、又は第三者に保管させること。

2　店舗型性風俗特殊営業を営む者は、接客業務受託営業を営む者が当該接客業務受託営業に関し第三十五条の三の規定に違反する行為又は売春防止法第九条、第十条若しくは第十二条の罪に当たる違法な行為をしている疑いがあると認められるときは、当該接客業務受託営業を営む者の使用人その他の従業者で当該違反行為の相手方となつているものが営業所で客に接する業務に従事することを防止するため必要な措置をとらなければならない。

12　店舗型性風俗特殊営業を営む者は、次に掲げる行為をしてはならない。

一　当該営業に関し客引きをすること。

二　当該営業に関し客引きをするため、道路その他公共の場所で、人の身辺に立ちふさがり、又はつきまとうこと。

三　営業所で十八歳未満の者を客に接する業務に従事させること。

四　十八歳未満の者を営業所に客として立ち入らせること。

五　営業所で二十歳未満の者に酒類又はたばこを提供すること。

【参照】 四項＝施行令一六条
九項＝施行規則四七条一項・二項・十八歳未満の者が店舗型性風俗特殊営業の営業所等に立ち入ってはならない旨を表示するものとして国家公安委員会が定める標示（平一八・四・二四国公委告示一一）
一〇項＝施行規則四七条三項・四八条・三五条
【罰則】 一項・二項に基づく条例＝法四九条五号・六号〔二年以下の懲役・二百万円以下の罰金又は併科〕五六条
五項＝法五三条二号〔百万円以下の罰金〕五六条
一二項一号・二号＝法五二条一号〔六月以下の懲役・百万円以下の罰金又は併科〕五六条
一二項三号―五号＝法五〇条一項五号〔一年以下の懲役・百万円以下の罰金又は併科〕五六条
一二項三号＝法五〇条二項

（指示）
第二十九条 公安委員会は、店舗型性風俗特殊営業を営む者又はその代理人等が、当該営業に関し、この法律又はこの法律に基づく命令若しくは条例の規定（前条第一項の規定又は同条第二項の規定に基づく条例の規定を除く。）に違反したときは、当該店舗型性風俗特殊営業を営む者に対し、善良の風俗若しくは清浄な風俗環境を害する行為又は少年の健全な育成に障害を及ぼす行為を防止するため必要な指示をすることができる。
【参照】 施行規則一一二条一項

（営業の停止等）
第三十条 公安委員会は、店舗型性風俗特殊営業を営む者若しくはその代理人等が当該営業に関しこの法律に規定する罪（第四十九条第五号及び第六号の罪を除く。）若しくは第四条第一項第二号ロからへまで、チ、リ、ル若しくはヲに掲げる罪に当たる違法な行為その他善良の風俗を害し若しくは少年の健全な育成に障害を及ぼす重大な不正行為で政令で定めるものをしたとき、又は店舗型性風俗特殊営業を営む者がこの法律に基づく処分に違反したときは、当該店舗型性風俗特殊営業を営む者に対し、当該施設を用いて営む店舗型性風俗特殊営業について、八月を超えない範囲内で期間を定めて当該店舗型性風俗特殊営業の全部又は一部の停止を命ずることができる。

2 公安委員会は、前項の場合において、当該店舗型性風俗特殊営業を営む者が第二十八条第一項の規定又は同条第二項の規定に基づく条例の規定により店舗型性風俗特殊営業を営んではならないこととされる区域又は地域において店舗型性風俗特殊営業を営む者であるときは、その者に対し、前項の規定による停止の命令に代えて、当該施設を用いて営む店舗型性風俗特殊営業の廃止を命ずることができる。

3 公安委員会は、前二項の規定により店舗型性風俗特殊営業（第二条第六項第一号、第三号又は第四号の営業に限る。以下この項において同じ。）の停止又は廃止を命ずるときは、当該店舗型性風俗特殊営業を営む者に対し、当該施設を用いて営む浴場業営業（公衆浴場法第二条第一項の許可を受けて営む営業をいう。以下同じ。）、興行場営業（興行場法第二条第一項の許可を受けて営む営業をいう。以下同じ。）、旅館業（旅館業法（昭和二十三年法律第百三十八号）第三条第一項の許可を受けて営む営業をいう。以下同じ。）又は住宅宿泊事業（住宅宿泊事業法（平成二十九年法律第六十五号）第三条第一項の届出をして営む事業をいう。以下同じ。）について、八月（第一項の規定により店舗型性風俗特殊営業の停止を命ずるときは、その停止の期間）を超えない範囲内で期間を定めて営業の全部又は一部の停止を命ずることができる。

【参照】一項＝施行令一七条
一項・三項＝施行規則一一二条一項

【罰則】一項―三項＝法四九条四号〔二年以下の懲役・二百万円以下の罰金又は併科〕五六条

（標章のはり付け）

第三十一条 公安委員会は、前条第一項の規定により店舗型性風俗特殊営業の停止を命じたときは、国家公安委員会規則で定めるところにより、当該命令に係る施設の出入口の見やすい場所に、内閣府令で定める様式の標章をはり付けるものとする。

2 前条第一項の規定による命令を受けた者は、次の各号に掲げる事由のいずれかがあるときは、国家公安委員会規則で定めるところにより、前項の規定により標章をはり付けられた施設について、標章を取り除くべきことを申請することができる。この場合において、公安委員会は、標章を取り除かなければならない。

一 当該施設を当該店舗型性風俗特殊営業（前条第三項の規定による停止の命令に係る営業を含む。）の用以外の用に供しようとするとき。

二 当該施設を取り壊そうとするとき。

三 当該施設を増築し、又は改築しようとする場合であつて、やむを得ないと認められる理由があるとき。

3 第一項の規定により標章をはり付けられた施設について、当該命令に係る店舗型性風俗特殊営業を営む者から当該施設を買い受けた者その他当該施設の使用について権原を有する第三者は、国家公安委員会規則で定めるところにより、標章を取り除くべきことを申請することができる。この場合において、公安委員会は、標章を取り除かなければならない。

4 何人も、第一項の規定によりはり付けられた標章を破壊し、又は汚損してはならず、また、当該施設に係る前条第一項の命令の期間を経過した後でなければ、これを取り除いてはならない。

【参照】一項＝施行規則四九条・内閣府令一〇条
二項＝施行規則五〇条・一条
三項＝施行規則五一条・一条

【罰則】四項＝法五五条六号〔三十万円以下の罰金〕五六条

第二款　無店舗型性風俗特殊営業の規制

（営業等の届出）

第三十一条の二 無店舗型性風俗特殊営業を営もうとする者は、無店舗型性風俗特殊営業の種別（第二条第七項各号に規定する無店舗型性風俗特殊営業の種別をいう。以下同じ。）に応じて、営業の本拠となる事務所（事務所のない者にあつては、住所。以下単に「事務所」という。）の所在地を管轄する公安委員会に、次の事項を記載した届出書を提出しなければならない。

一 氏名又は名称及び住所並びに法人にあつては、その代表者の氏名

二 当該営業につき広告又は宣伝をする場合に当該営業を示すものとして使用する呼称（当該呼称が二以上ある場合にあつては、それら全部の呼称）

三 事務所の所在地

四 無店舗型性風俗特殊営業の種別

五 客の依頼を受ける方法

六 客の依頼を受けるための電話番号その他の連絡先

七 第二条第七項第一号の営業につき、受付所（同号に規定する役務の提供以外の客に接する業務を行うための施設をいう。以

下同じ。）又は待機所（客の依頼を受けて派遣される同号に規定する役務を行う者を待機させるための施設をいう。第三十七条第二項第三号において同じ。）を設ける場合にあつては、その旨及びこれらの所在地

2　前項の届出書を提出した者は、当該無店舗型性風俗特殊営業を廃止したとき、又は同項各号（第四号を除く。）に掲げる事項に変更があつたときは、公安委員会（公安委員会の管轄区域を異にして事務所を変更したときは、変更した後の事務所の所在地を管轄する公安委員会）に、廃止又は変更に係る事項その他の内閣府令で定める事項を記載した届出書を提出しなければならない。

3　前二項の届出書には、営業の方法を記載した書類その他の内閣府令で定める書類を添付しなければならない。

4　公安委員会は、第一項又は第二項の届出書（同項の届出書にあつては、無店舗型性風俗特殊営業を廃止した場合におけるものを除く。）の提出があつたときは、その旨を記載した書面を当該届出書を提出した者に交付しなければならない。ただし、当該届出書に受付所を設ける旨が記載されている場合において、当該届出書に係る受付所が、第三十一条の三第二項の規定により適用する第二十八条第一項の規定又は同条第二項の規定に基づく条例の規定により、受付所を設けて営む第二条第七項第一号の営業（受付所における業務に係る部分に限る。以下この款において「受付所営業」という。）を営んではならないこととされる区域又は地域にあるときは、この限りでない。

5　無店舗型性風俗特殊営業を営む者は、前項の規定により交付された書面を事務所に備え付けるとともに、関係者から請求があつたときは、これを提示しなければならない。

【参照】　一項＝施行規則五二条・一条・五五条二項・四四条二項　二項＝内閣府令一一条・八条・施行規則五三条・四二条・一条・五五条二項・四四条二項　三項＝施行規則五四条・内閣府令一二条　四項＝施行規則五五条・四四条二項・四五条・四六条・一条

【罰則】　一項・三項＝法五二条四号・五号〔六月以下の懲役・百万円以下の罰金又は併科〕五六条　二項・三項＝法五四条六号〔五十万円以下の罰金〕五六条

（広告宣伝の禁止）

第三十一条の二の二　前条第一項の届出書を提出した者（同条第四項ただし書の規定により同項の書面の交付がされなかつた者を除く。）は、当該無店舗型性風俗特殊営業以外の無店舗型性風俗特殊営業を営む目的をもつて、広告又は宣伝をしてはならない。

2　前項に規定する者以外の者は、無店舗型性風俗特殊営業を営む目的をもつて、広告又は宣伝をしてはならない。

【罰則】　一項・二項＝法五三条一号〔百万円以下の罰金〕五六条

（接客従業者に対する拘束的行為の規制等）

第三十一条の三　第十八条の二第一項並びに第二十八条第五項及び第七項から第九項までの規定は、無店舗型性風俗特殊営業を営む者について準用する。この場合において、第十八条の二第一項第一号中「営業所で客に」とあるのは「客に」と、第二十八条第五項中「前条」とあるのは「第三十一条の二の二」と、同項第一号の口中「地域のうち」とあるのは「地域（第二条第七項第一号の営業にあつては同条第六項第二号の営業について、同条第七項第二号の営業にあつては同条第六項第五号の営業について、それぞれ当該条例で定める地域をいう。）のうち」と、同条第七項中「第

五項第一号」とあるのは「第三十一条の三第一項において準用する第五項第一号」と、「第二十七条第一項」とあるのは「第三十一条の二第一項」と、同条第八項中「前条及び第五項」とあるのは「第三十一条の二及び第三十一条の三第一項において準用する第五項」と、同条第九項中「その営業所に立ち入つて」とあるのは「客となつて」と読み替えるものとする。

【準用後の第十八条の二第一項並びに第二十八条第五項及び第七項から第九項】

第十八条の二　無店舗型性風俗特殊営業を営む者は、その営業に関し、次に掲げる行為をしてはならない。

一　客に接する業務に従事する者（以下「接客従業者」という。）に対し、接客従業者でなくなつた場合には直ちに残存する債務を完済することを条件として、その支払能力に照らし不相当に高額の債務（利息制限法（昭和二十九年法律第百号）その他の法令の規定によりその全部又は一部が無効とされるものを含む。以下同じ。）を負担させること。

二　その支払能力に照らし不相当に高額の債務を負担させた接客従業者の旅券等（出入国管理及び難民認定法第二条第五号の旅券、道路交通法（昭和三十五年法律第百五号）第九十二条第一項の運転免許証その他求人者が求職者の本人確認のため通常提示を求める書類として政令で定めるものをいう。以下同じ。）を保管し、又は第三者に保管させること。

第二十八条

5　無店舗型性風俗特殊営業を営む者は、第三十一条の二の二に規定するもののほか、その営業につき、次に掲げる方法で広告又は宣伝をしてはならない。

一　次に掲げる区域又は地域（第三号において「広告制限区域等」という。）において、広告物（常時又は一定の期間継続して公衆に表示されるものであつて、看板、立看板、はり紙及びはり札並びに広告塔、広告板、建物その他の工作物等に掲出され、又は表示されたもの並びにこれらに類するものをいう。以下同じ。）を表示すること。

イ　第一項に規定する敷地（同項に規定する施設の用に供するものと決定した土地を除く。）の周囲二百メートルの区域

（編注）第一項に規定する敷地とは、第二十八条第一項に規定する敷地をいう。

ロ　第二項の規定に基づく条例で定める地域（第二条第七項第一号の営業にあつては同条第六項第二号の営業について、同条第七項第二号の営業にあつては同条第六項第五号の営業について、それぞれ当該条例で定める地域をいう。）のうち当該無店舗型性風俗特殊営業の広告又は宣伝を制限すべき地域として条例で定める地域

（編注）第二項の規定に基づく条例で定める地域とは、第二十八条第二項の規定に基づく条例で定める地域をいう。

二　人の住居にビラ等（ビラ、パンフレット又はこれらに類する広告若しくは宣伝の用に供される文書図画をいう。以下同じ。）を配り、又は差し入れること。

三　前号に掲げるもののほか、広告制限区域等においてビラ等を頒布し、又は広告制限区域等以外の地域において十八歳未満の者に対してビラ等を頒布すること。

7　第三十一条の三第一項において準用する第五項第一号の規定

は、同号の規定の適用に関する第一項の規定又は同号ロの規定に基づく条例の規定の施行又は適用の際無店舗型性風俗特殊営業を営む者が現に表示している広告物（当該施行又は適用の際現に第三十一条の二第一項の届出書を提出して無店舗型性風俗特殊営業を営んでいる者が表示するものに限る。）については、当該施行又は適用の日から一月を経過する日までの間は、適用しない。

8　第三十一条の二の二及び第三十一条の三第一項において準用する第五項に規定するもののほか、無店舗型性風俗特殊営業を営む者は、その営業につき、清浄な風俗環境を害するおそれのある方法で広告又は宣伝をしてはならない。

9　無店舗型性風俗特殊営業を営む者は、その営業につき広告又は宣伝をするときは、国家公安委員会規則で定めるところにより、十八歳未満の者が客となつてはならない旨を明らかにしなければならない。

2　受付所営業は、第二条第六項第二号の営業とみなして、第二十八条第一項から第四項まで、第六項、第十項及び第十二項（第三号を除く。）の規定を適用する。この場合において、同条第三項中「第二十七条第一項の届出書」とあるのは「第三十一条の二第一項又は第二項の届出書で受付所を設ける旨が記載されたもの」と、同条第六項中「前項」とあるのは「第三十一条の三第一項において準用する前項」と、同項、同条第十項並びに第十二項第四号及び第五号中「営業所」とあるのは「受付所」とする。

【みなし適用後の第二十八条第一項から第四項まで、第六項、第十項及び第十二項（第三号を除く。）】

第二十八条　受付所営業は、一団地の官公庁施設（官公庁施設の建設等に関する法律（昭和二十六年法律第百八十一号）第二条第四項に規定するものをいう。）、学校（学校教育法（昭和二十二年法律第二十六号）第一条に規定するものをいう。）、図書館（図書館法（昭和二十五年法律第百十八号）第二条第一項に規定するものをいう。）若しくは児童福祉施設（児童福祉法第七条第一項に規定するものをいう。）又はその他の施設でその周辺における善良の風俗若しくは清浄な風俗環境を害する行為若しくは少年の健全な育成に障害を及ぼす行為を防止する必要のあるものとして都道府県の条例で定めるものの敷地（これらの用に供するものと決定した土地を含む。）の周囲二百メートルの区域内においては、これを営んではならない。

2　前項に定めるもののほか、都道府県は、善良の風俗若しくは清浄な風俗環境を害する行為又は少年の健全な育成に障害を及ぼす行為を防止するため必要があるときは、条例により、地域を定めて、受付所営業を営むことを禁止することができる。

3　第一項の規定又は前項の規定に基づく条例の規定は、これらの規定の施行又は適用の際現に第三十一条の二第一項又は第二項の届出書で受付所を設ける旨が記載されたものを提出して受付所営業を営んでいる者の当該受付所営業については、適用しない。

4　都道府県は、善良の風俗を害する行為を防止するため必要があるときは、政令で定める基準に従い条例で定めるところにより、受付所営業の深夜における営業時間を制限することができる。

6　第三十一条の三第一項において準用する前項の規定は、第三項の規定により第一項の規定又は第二項の規定に基づく条例の規定を適用しないこととされる受付所営業を営む者が当該受付所営業の受付所の外周又は内部に広告物を表示する場合及び当該受付所の内部においてビラ等を頒布する場合については、適用しない。

10　受付所営業を営む者は、国家公安委員会規則で定めるところにより、十八歳未満の者がその受付所に立ち入ってはならない旨を受付所の入り口に表示しなければならない。

12　受付所営業を営む者は、次に掲げる行為をしてはならない。

一　当該営業に関し客引きをすること。

二　当該営業に関し客引きをするため、道路その他公共の場所で、人の身辺に立ちふさがり、又はつきまとうこと。

四　十八歳未満の者を受付所に客として立ち入らせること。

五　受付所で二十歳未満の者に酒類又はたばこを提供すること。

3　無店舗型性風俗特殊営業を営む者は、その営業に関し、次に掲げる行為をしてはならない。

一　十八歳未満の者を客に接する業務に従事させること。

二　十八歳未満の者を客とすること。

【参照】一項において準用する法二八条九項＝施行規則五七条一項・四七条・十八歳未満の者が店舗型性風俗特殊営業の営業所等に立ち入ってはならない旨を表示するものとして国家公安委員会が定める標示（平一八・四・二四国公委告示一一）

二項において適用する法二八条一〇項＝施行規則五七条二項・三五条

【罰則】一項において準用する法二八条五項＝法五三条二号（百万円以下の罰金）五六条

二項において適用する法二八条一項・二項に基づく条例＝法四九条五号・六号（二年以下の懲役・二百万円以下の罰金又は併科）五六条

二項において適用する法二八条一二項一号・二号＝法五二条一号（六月以下の懲役・百万円以下の罰金又は併科）五六条

二項において適用する法二八条一二項四号・五号＝法五〇条一項五号（一年以下の懲役・百万円以下の罰金又は併科）五六条

三項一号＝法五〇条一項六号（一年以下の懲役・百万円以下の罰金又は併科）五六条

三項一号＝法五〇条二項

（指示等）

第三十一条の四　無店舗型性風俗特殊営業を営む者又はその代理人等が、当該営業に関し、この法律又はこの法律に基づく命令若しくは条例の規定に違反したときは、当該違反行為が行われた時における事務所の所在地を管轄する公安委員会は、当該無店舗型性風俗特殊営業を営む者に対し、善良の風俗若しくは清浄な風俗環境を害する行為又は少年の健全な育成に障害を及ぼす行為を防止するため必要な指示をすることができる。

2　無店舗型性風俗特殊営業を営む者又はその代理人等が、当該営業に関し、前条第一項において準用する第二十八条第五項第一号の規定に違反した場合において、当該違反行為が行われた時における事務所を知ることができず、かつ、当該違反行為がはり紙、はり札（ベニヤ板、プラスチック板その他これらに類する物に紙をはり、容易に取り外すことができる状態で工作物等に取り付けられているものに限る。以下この項及び第三十一条の十九第二項において同じ。）又は立看板（木枠に紙張り若しくは布張りをし、又はベニヤ板、プラスチック板その他これらに類する物に紙をはり、容易に取り外すことができる状態で立てられ、又は工作物等に立て掛けられているものに限る。以下この項及び第三十一条の十九第二項において同じ。）を前条第一項において準用する同号イに掲げる区域において表示することであるときは、当該違反行為が行われた場所を管轄する公安委員会は、当該違反行為に係るはり紙、はり札又は立看板を警察職員に除却させることができる。

【参照】　一項＝施行規則一一二条一項

（営業の停止等）

第三十一条の五　無店舗型性風俗特殊営業を営む者若しくはその代理人等が当該営業に関しこの法律に規定する罪若しくは第四条第一項第二号ロからへまで、チ、リ、ル若しくはヲに掲げる罪に当たる違法な行為その他善良の風俗を害し若しくは少年の健全な育成に障害を及ぼす重大な不正行為で政令で定めるものをしたとき、又は無店舗型性風俗特殊営業を営む者がこの法律に基づく処分に違反したときは、当該行為又は当該違反行為が行われた時における事務所の所在地を管轄する公安委員会は、当該無店舗型性風俗特殊営業を営む者に対し、八月を超えない範囲内で期間を定めて、当該営業の全部又は一部の停止を命ずることができる。

2　公安委員会は、前項の場合において、当該無店舗型性風俗特殊営業を営む者が第三十一条の三第二項の規定により適用する第二十八条第一項の規定又は同条第二項の規定に基づく条例の規定により受付所営業を営んではならないこととされる区域又は地域において受付所営業を営む者であるときは、その者に対し、前項の規定による当該受付所営業の停止の命令に代えて、当該受付所営業の廃止を命ずることができる。

3　第三十一条の規定は、第一項の規定により受付所営業の停止を命じた場合について準用する。

【準用後の第三十一条】

第三十一条　公安委員会は、第三十一条の五第一項の規定により受付所営業の停止を命じたときは、国家公安委員会規則で定めるところにより、当該命令に係る施設の出入口の見やすい場所に、内閣府令で定める様式の標章をはり付けるものとする。

2　第三十一条の五第一項の規定による命令を受けた者は、次の各号に掲げる事由のいずれかがあるときは、国家公安委員会規則で定めるところにより、前項の規定により標章をはり付けられた施設について、標章を取り除くべきことを申請することができる。この場合において、公安委員会は、標章を取り除かなければならない。

一　当該施設を当該受付所営業の用以外の用に供しようとするとき。

二　当該施設を取り壊そうとするとき。

三　当該施設を増築し、又は改築しようとする場合であつて、やむを得ないと認められる理由があるとき。

3　第一項の規定により標章をはり付けられた施設について、当該命令に係る受付所営業を営む者から当該施設を買い受けた者その他当該施設の使用について権原を有する第三者は、国家公安委員会規則で定めるところにより、標章を取り除くべきことを申請することができる。この場合において、公安委員会は、標章を取り除かなければならない。

4　何人も、第一項の規定によりはり付けられた標章を破壊し、又は汚損してはならず、また、当該施設に係る第三十一条の五第一項の命令の期間を経過した後でなければ、これを取り除いてはならない。

【参照】一項＝施行令一八条・施行規則一一二条一項
三項において準用する法三一条＝内閣府令一〇条・施行規則五七条三項・四九条―五一条・一条

【罰則】一項・二項＝法四九条四号〔二年以下の懲役・二百万円以下の罰金又は併科〕五六条
三項において準用する法三一条四項＝法五五条六号〔三十万円以下の罰金〕五六条

（処分移送通知書の送付等）

第三十一条の六　公安委員会は、無店舗型性風俗特殊営業を営む者に対し、第三十一条の四第一項の規定による指示又は前条第一項若しくは第二項の規定による命令をしようとする場合において、当該処分に係る無店舗型性風俗特殊営業を営む者が事務所を他の公安委員会の管轄区域内に変更していたときは、当該処分に係る事案に関する弁明の機会の付与又は聴聞を終了している場合を除き、速やかに現に事務所の所在地を管轄する公安委員会に国家公安委員会規則で定める処分移送通知書を送付しなければならない。

2　前項の規定により処分移送通知書が送付されたときは、当該処分移送通知書の送付を受けた公安委員会は、次の各号に掲げる場合の区分に従い、それぞれ当該各号に定める処分をすることができるものとし、当該処分移送通知書を送付した公安委員会は、第三十一条の四第一項並びに前条第一項及び第二項の規定にかかわらず、当該事案について、これらの規定による処分をすることができないものとする。

一　当該無店舗型性風俗特殊営業を営む者又はその代理人等が、当該営業に関し、この法律又はこの法律に基づく命令若しくは条例の規定に違反した場合　善良の風俗若しくは清浄な風俗環境を害する行為又は少年の健全な育成に障害を及ぼす行為を防止するため必要な指示をすること。

二　当該無店舗型性風俗特殊営業を営む者若しくはその代理人等が当該営業に関しこの法律に規定する罪若しくは第四条第一項第二号ロからヘまで、チ、リ、ル若しくはヲに掲げる罪に当たる違法な行為若しくは前条第一項の政令で定める重大な不正行為をした場合又は当該無店舗型性風俗特殊営業を営む者がこの法律に基づく処分に違反した場合　八月を超えない範囲内で期間を定めて、当該営業の全部又は一部の停止を命ずること。

三　前号に掲げる場合において、当該無店舗型性風俗特殊営業を営む者が第三十一条の三第二項の規定により適用する第二十八条第一項の規定又は同条第二項の規定に基づく条例の規定により受付所営業を営んではならないこととされる区域又は地域において受付所営業を営む者であるとき　当該受付所営業に係る同号に定める命令に代えて、当該受付所営業の廃止を命ずること。

3　第一項の規定は公安委員会が前項の規定により処分をしようとする場合について、第三十一条の規定は公安委員会が同項第二号の規定により受付所営業の停止を命じた場合について、それぞれ準用する。

【準用後の第三十一条の六第一項及び第三十一条】

第三十一条の六　公安委員会は、無店舗型性風俗特殊営業を営む者に対し、次項の規定により処分をしようとする場合において、当該処分に係る無店舗型性風俗特殊営業を営む者が事務所を他の公安委員会の管轄区域内に変更していたときは、当該処分に係る事案に関する弁明の機会の付与又は聴聞を終了している場合を除き、速やかに現に事務所の所在地を管轄する公安委員会に国家公安委員会規則で定める処分移送通知書を送付しなければならない。

第三十一条　公安委員会は、第三十一条の六第二項第二号の規定により受付所営業の停止を命じたときは、国家公安委員会規則で定めるところにより、当該命令に係る施設の出入口の見やすい場所に、内閣府令で定める様式の標章をはり付けるものとする。

2　第三十一条の六第二項第二号の規定による命令を受けた者は、次の各号に掲げる事由のいずれかがあるときは、国家公安委員会規則で定めるところにより、前項の規定により標章をはり付けられた施設について、標章を取り除くべきことを申請することができる。この場合において、公安委員会は、標章を取り除かなければならない。

一　当該施設を当該受付所営業の用以外の用に供しようとするとき。

二　当該施設を取り壊そうとするとき。

三　当該施設を増築し、又は改築しようとする場合であつて、やむを得ないと認められる理由があるとき。

3　第一項の規定により標章をはり付けられた施設について、当該命令に係る受付所営業を営む者から当該施設を買い受けた者その他当該施設の使用について権原を有する第三者は、国家公安委員会規則で定めるところにより、標章を取り除くべきことを申請することができる。この場合において、公安委員会は、標章を取り除かなければならない。

4　何人も、第一項の規定によりはり付けられた標章を破壊し、又は汚損してはならず、また、当該施設に係る第三十一条の六第二項第二号の命令の期間を経過した後でなければ、これを取り除いてはならない。

【参照】　一項＝施行規則五六条

二項＝施行規則一一二条一項

三項において準用する法三一条＝内閣府令一〇条・施行規則五七条三項・四九条―五一条・一条

【罰則】　二項二号・三号＝法四九条四号〔二年以下の懲役・二百万円以下の罰金又は併科〕五六条

三項において準用する法三一条四項＝法五五条六号〔三十万円以下の罰金〕五六条

第三款　映像送信型性風俗特殊営業の規制等

（**営業等の届出**）

第三十一条の七　映像送信型性風俗特殊営業を営もうとする者は、事務所の所在地を管轄する公安委員会に、次の事項を記載した届出書を提出しなければならない。

一　氏名又は名称及び住所並びに法人にあつては、その代表者の氏名

二　当該営業につき広告又は宣伝をする場合に当該営業を示すものとして使用する呼称

三　事務所の所在地
四　第二条第八項に規定する映像の伝達の用に供する電気通信設備（自動公衆送信装置（著作権法（昭和四十五年法律第四十八号）第二条第一項第九号の五イに規定する自動公衆送信装置をいう。以下同じ。）を用いる場合にあつては自動公衆送信装置のうち当該映像の伝達の用に供する部分をいい、電気通信回線の部分を除く。次条において「映像伝達用設備」という。）を識別するための電話番号その他これに類する記号であつて、当該映像を伝達する際に用いるもの
五　前号に規定する場合における自動公衆送信装置が他の者の設置するものである場合にあつては、当該自動公衆送信装置の設置者の氏名又は名称及び住所

2　第三十一条の二第二項から第五項まで（第四項ただし書を除く。）の規定は、前項の規定による届出書の提出について準用する。この場合において、同条第二項中「同項各号（第四号を除く。）」とあるのは「第三十一条の七第一項各号」と、同条第三項中「前二項」とあるのは「第三十一条の七第一項又は同条第二項」とあるのは「第三十一条の七第一項又は同条第二項において準用する前項」と、同条第四項中「第一項又は第二項」とあるのは「第三十一条の七第一項又は同条第二項において準用する第二項」と読み替えるものとする。

【準用後の第三十一条の二第二項から第五項（第四項ただし書を除く。）】

第三十一条の二

2　第三十一条の七第一項の届出書を提出した者は、当該映像送信型性風俗特殊営業を廃止したとき、又は第三十一条の七第一項各号に掲げる事項に変更があつたときは、公安委員会（公安委員会の管轄区域を異にして事務所を変更したときは、変更した後の事務所の所在地を管轄する公安委員会）に、廃止又は変更に係る事項その他の内閣府令で定める事項を記載した届出書を提出しなければならない。

3　第三十一条の七第一項又は同条第二項において準用する前項の届出書には、営業の方法を記載した書類その他の内閣府令で定める書類を添付しなければならない。

4　公安委員会は、第三十一条の七第一項又は同条第二項において準用する第二項の届出書（同項の届出書にあつては、映像送信型性風俗特殊営業を廃止した場合におけるものを除く。）の提出があつたときは、その旨を記載した書面を当該届出書を提出した者に交付しなければならない。

5　映像送信型性風俗特殊営業を営む者は、前項の規定により交付された書面を事務所に備え付けるとともに、関係者から請求があつたときは、これを提示しなければならない。

【参照】　一項＝施行規則五八条・一条
二項において準用する法三一条の二　二項＝内閣府令一一条・八条・施行規則五九条・四二条・一条
二項において準用する法三一条の二　三項＝施行規則六〇条・内閣府令一三条
二項において準用する法三一条の二　四項＝施行規則六一条・四五条・四六条・一条

【罰則】　一項＝法五二条四号〔六月以下の懲役・百万円以下の罰金又は併科〕五六条
二項において準用する法三一条の二　二項＝法五四条六号〔五十万円以下の罰金〕五六条

二項において準用する法三一条の二　三項＝法五二条五号（六月以下の懲役・百万円以下の罰金又は併科）五四条六号（五十万円以下の罰金）五六条

（街頭における広告及び宣伝の規制等）

第三十一条の八　第二十八条第五項及び第七項から第九項までの規定は、映像送信型性風俗特殊営業を営む者について準用する。この場合において、同条第五項中「前条に規定するもののほか、その」とあるのは「その」と、同項第一号ロ中「第二項」とあるのは「第二条第六項第五号の営業について第二項」と、同条第七項中「第五項第一号」とあるのは「第三十一条の八第一項において準用する第五項第一号」と、「第二十七条第一項」とあるのは「第三十一条の七第一項」と、同条第八項中「前条及び第五項」とあるのは「第三十一条の八第一項において準用する第五項」と、同条第九項中「その営業所に立ち入つて」とあるのは「客となつて」と読み替えるものとする。

【準用後の第二十八条第五項及び第七項から第九項】

第二十八条

5　映像送信型性風俗特殊営業を営む者は、その営業につき、次に掲げる方法で広告又は宣伝をしてはならない。

一　次に掲げる区域又は地域（第三号において「広告制限区域等」という。）において、広告物（常時又は一定の期間継続して公衆に表示されるものであつて、看板、立看板、はり紙及びはり札並びに広告塔、広告板、建物その他の工作物等に掲出され、又は表示されたもの並びにこれらに類するものをいう。以下同じ。）を表示すること。

イ　第一項に規定する敷地（同項に規定する施設の用に供するものと決定した土地を除く。）の周囲二百メートルの区域

（編注）「第一項に規定する敷地」とは、第二十八条第一項に規定する敷地をいう。

ロ　第二条第六項第五号の営業について第二項の規定に基づく条例で定める地域のうち映像送信型性風俗特殊営業の広告又は宣伝を制限すべき地域として条例で定める地域

（編注）「第二条第六項第五号の営業について第二項の規定に基づく条例で定める地域」とは、第二十八条第二項の規定に基づく条例で定める地域をいう。

二　人の住居にビラ等（ビラ、パンフレット又はこれらに類する広告若しくは宣伝の用に供される文書図画をいう。以下同じ。）を配り、又は差し入れること。

三　前号に掲げるもののほか、広告制限区域等においてビラ等を頒布し、又は広告制限区域等以外の地域において十八歳未満の者に対してビラ等を頒布すること。

7　第三十一条の八第一項において準用する第五項第一号の規定は、同号の規定の適用に関する第一項の規定又は同号ロの規定に基づく条例の規定の施行又は適用の際映像送信型性風俗特殊営業を営む者が現に表示している広告物（当該施行又は適用の際現に第三十一条の七第一項の届出書を提出して映像送信型性風俗特殊営業を営んでいる者が表示するものに限る。）については、当該施行又は適用の日から一月を経過する日までの間は、適用しない。

8　第三十一条の八第一項において準用する第五項に規定するもののほか、映像送信型性風俗特殊営業を営む者は、その営業につき、清浄な風俗環境を害するおそれのある方法で広告又は宣

伝をしてはならない。

9　映像送信型性風俗特殊営業を営む者は、その営業につき広告又は宣伝をするときは、国家公安委員会規則で定めるところにより、十八歳未満の者が客となつてはならない旨を明らかにしなければならない。

2　映像送信型性風俗特殊営業を営む者は、十八歳未満の者を客としてはならない。

3　映像送信型性風俗特殊営業（電気通信設備を用いた客の依頼を受けて、客の本人確認をしないで第二条第八項に規定する映像を伝達するものに限る。）を営む者は、十八歳未満の者が通常利用できない方法による客の依頼のみを受けることとしている場合を除き、電気通信事業者に対し、当該映像の料金の徴収を委託してはならない。

4　映像送信型性風俗特殊営業（前項に規定するものを除く。）を営む者は、客が十八歳以上である旨の証明又は十八歳未満の者が通常利用できない方法により料金を支払う旨の同意を客から受けた後でなければ、その客に第二条第八項に規定する映像を伝達してはならない。

5　その自動公衆送信装置の全部又は一部を映像伝達用設備として映像送信型性風俗特殊営業を営む者に提供している当該自動公衆送信装置の設置者（次条において「自動公衆送信装置設置者」という。）は、その自動公衆送信装置の記録媒体に映像送信型性風俗特殊営業を営む者がわいせつな映像又は児童ポルノ映像（児童買春、児童ポルノに係る行為等の規制及び処罰並びに児童の保護等に関する法律第二条第三項各号に規定する児童の姿態に該当するものの映像をいう。次条第二項において同じ。）を記録したことを知つたときは、当該映像の送信を防止するため必要な措置を講ずるよう努めなければならない。

【参照】　一項において準用する法二八条九項＝施行規則六二条・四七条一項

【罰則】　一項において準用する法二八条五項＝法五三条二号〔百万円以下の罰金〕五六条

（指示等）

第三十一条の九　映像送信型性風俗特殊営業を営む者又はその代理人等が、当該営業に関し、この法律又はこの法律に基づく命令若しくは条例の規定に違反したときは、当該違反行為が行われた時における事務所の所在地を管轄する公安委員会は、当該映像送信型性風俗特殊営業を営む者に対し、善良の風俗若しくは清浄な風俗環境を害する行為又は少年の健全な育成に障害を及ぼす行為を防止するため必要な指示をすることができる。

2　映像送信型性風俗特殊営業を営む者が客にわいせつな映像又は児童ポルノ映像を見せた場合において、当該映像送信型性風俗特殊営業を営む者に係る自動公衆送信装置設置者が前条第五項の規定を遵守していないと認めるときは、当該自動公衆送信装置設置者の事務所の所在地を管轄する公安委員会は、当該自動公衆送信装置設置者に対し、同項の規定が遵守されることを確保するため必要な措置をとるべきことを勧告することができる。

3　公安委員会は、電気通信事業者たる自動公衆送信装置設置者に対して前項の規定による勧告をしようとするときは、あらかじめ総務大臣と協議しなければならない。

【参照】　一項・二項＝施行規則一一二条

（年少者の利用防止のための命令）

第三十一条の十　映像送信型性風俗特殊営業を営む者又はその代理

人等が、当該営業に関し、第三十一条の八第三項又は第四項の規定に違反したときは、当該違反行為が行われた時における事務所の所在地を管轄する公安委員会は、当該映像送信型性風俗特殊営業を営む者に対し、当該営業を営む方法について、十八歳未満の者を客としないため必要な措置をとるべきことを命ずることができる。

【参照】 施行規則一一二条一項

【罰則】 法五〇条一項七号〔一年以下の懲役・百万円以下の罰金又は併科〕五六条

（処分移送通知書の送付等）

第三十一条の十一 公安委員会は、映像送信型性風俗特殊営業を営む者に対し、第三十一条の九第一項の規定による指示又は前条の規定による命令をしようとする場合において、当該処分に係る映像送信型性風俗特殊営業を営む者が事務所を他の公安委員会の管轄区域内に変更していたときは、当該処分に係る事案に関する弁明の機会の付与を終了している場合を除き、速やかに現に事務所の所在地を管轄する公安委員会に国家公安委員会規則で定める処分移送通知書を送付しなければならない。

2 前項の規定により処分移送通知書が送付されたときは、当該処分移送通知書の送付を受けた公安委員会は、次の各号に掲げる場合の区分に従い、それぞれ当該各号に定める処分をすることができるものとし、当該処分移送通知書を送付した公安委員会は、第三十一条の九第一項及び前条の規定にかかわらず、当該事案について、これらの規定による処分をすることができないものとする。

一 当該映像送信型性風俗特殊営業を営む者又はその代理人等が、当該営業に関し、この法律又はこの法律に基づく命令若しくは条例の規定に違反した場合 善良の風俗若しくは清浄な風俗環境を害する行為又は少年の健全な育成に障害を及ぼす行為を防止するため必要な指示をすること。

二 当該映像送信型性風俗特殊営業を営む者又はその代理人等が、当該営業に関し、第三十一条の八第三項又は第四項の規定に違反した場合 当該営業を営む方法について、十八歳未満の者を客としないため必要な措置をとるべきことを命ずること。

3 第一項の規定は、公安委員会が前項の規定により処分をしようとする場合について準用する。

【準用後の第三十一条の十一第一項】

第三十一条の十一 公安委員会は、映像送信型性風俗特殊営業を営む者に対し、次項の規定により処分をしようとする場合において、当該処分に係る映像送信型性風俗特殊営業を営む者が事務所を他の公安委員会の管轄区域内に変更していたときは、当該処分に係る事案に関する弁明の機会の付与を終了している場合を除き、速やかに現に事務所の所在地を管轄する公安委員会に国家公安委員会規則で定める処分移送通知書を送付しなければならない。

【参照】 一項・三項＝施行規則六二条二項・五六条
二項＝施行規則一一二条一項

【罰則】 二項二号＝法五〇条一項七号〔一年以下の懲役・百万円以下の罰金又は併科〕五六条

第四款 店舗型電話異性紹介営業の規制

（営業等の届出）

第三十一条の十二 店舗型電話異性紹介営業を営もうとする者は、営業所ごとに、当該営業所の所在地を管轄する公安委員会に、次の事項を記載した届出書を提出しなければならない。

一　氏名又は名称及び住所並びに法人にあつては、その代表者の氏名

二　営業所の名称及び所在地

三　第二条第九項に規定する電気通信設備を識別するための電話番号

四　営業所の構造及び設備（第二条第九項に規定する電気通信設備を含む。）の概要

五　営業所における業務の実施を統括管理する者の氏名及び住所

2　第二十七条第二項から第五項までの規定は、前項の規定による届出書の提出について準用する。この場合において、同条第二項中「同項各号（第三号を除く。）」とあるのは「第三十一条の十二第一項各号」と、同条第三項中「前二項」とあるのは「第三十一条の十二第一項又は同条第二項において準用する前項」と、同条第四項中「第一項又は第二項」とあるのは「第三十一条の十二第一項又は同条第二項において準用する第二項」と、同項ただし書中「第二十八条第一項」とあるのは「第三十一条の十三第一項において準用する第二十八条第一項」と読み替えるものとする。

【準用後の第二十七条第二項から第五項】

第二十七条

2　第三十一条の十二第一項の届出書を提出した者は、当該店舗型電話異性紹介営業を廃止したとき、又は第三十一条の十二第一項各号に掲げる事項（同項第二号に掲げる事項にあつては、営業所の名称に限る。）に変更があつたときは、公安委員会に、廃止又は変更に係る事項その他の内閣府令で定める事項を記載した届出書を提出しなければならない。

3　第三十一条の十二第一項又は同条第二項において準用する前項の届出書には、営業の方法を記載した書類その他の内閣府令で定める書類を添付しなければならない。

4　公安委員会は、第三十一条の十二第一項又は同条第二項において準用する第二項の届出書（同項の届出書にあつては、店舗型電話異性紹介営業を廃止した場合におけるものを除く。）の提出があつたときは、その旨を記載した書面を当該届出書を提出した者に交付しなければならない。ただし、当該届出書に係る営業所が第三十一条の十三第一項において準用する第二十八条第一項の規定又は同条第二項の規定に基づく条例の規定により店舗型電話異性紹介営業を営んではならないこととされる区域又は地域にあるときは、この限りでない。

5　店舗型電話異性紹介営業を営む者は、前項の規定により交付された書面を営業所に備え付けるとともに、関係者から請求があつたときは、これを提示しなければならない。

【参照】　一項＝施行規則六三条・一条　二項＝施行規則六四条・四二条・一条・内閣府令八条　二項において準用する法二七条　二項＝施行規則六五条・内閣府令一四条・九条　二項において準用する法二七条　三項＝施行規則六五条・内閣府令一四条・九条　二項において準用する法二七条　四項＝施行規則六六条・四四条二項・四五条・四六条・一条

【罰則】　一項＝法五二条四号・五号（六月以下の懲役・百万円以下の罰金又は併科）五六条
二項において準用する法二七条二項＝法五四条六号（五十万円以下の罰金）五六条

二項において準用する法二七条三項＝法五二条五号〔六月以下の懲役・百万円以下の罰金又は併科〕五四条六号〔五十万円以下の罰金〕五六条

（店舗型電話異性紹介営業の禁止区域等）

第三十一条の十三　第二十八条第一項から第十項までの規定は、店舗型電話異性紹介営業について準用する。この場合において、同条第三項及び第七項中「第二十七条第一項」とあるのは「第三十一条の十二第一項」と、同条第五項中「前条に規定するもののほか、その」とあるのは「その」と、同条第八項中「前条及び第五項」とあるのは「第三十一条の十三第一項において準用する第五項」と、同条第九項中「ならない旨」とあるのは「ならない旨及び十八歳未満の者が第三十一条の十二第一項第三号に掲げる電話番号に電話をかけてはならない旨」と読み替えるものとする。

【準用後の第二十八条第一項から第十項】

第二十八条　店舗型電話異性紹介営業は、一団地の官公庁施設（官公庁施設の建設等に関する法律（昭和二十六年法律第百八十一号）第二条第四項に規定するものをいう。）、学校（学校教育法（昭和二十二年法律第二十六号）第一条に規定するものをいう。）、図書館（図書館法（昭和二十五年法律第百十八号）第二条第一項に規定するものをいう。）若しくは児童福祉施設（児童福祉法第七条第一項に規定するものをいう。）又はその他の施設でその周辺における善良の風俗若しくは清浄な風俗環境を害する行為若しくは少年の健全な育成に障害を及ぼす行為を防止する必要のあるものとして都道府県の条例で定めるものの敷地（これらの用に供するものと決定した土地を含む。）の周囲二百メートルの区域内においては、これを営んではならない。

2　前項に定めるもののほか、都道府県は、善良の風俗若しくは清浄な風俗環境を害する行為又は少年の健全な育成に障害を及ぼす行為を防止するため必要があるときは、条例により、地域を定めて、店舗型電話異性紹介営業を営むことを禁止することができる。

3　第一項の規定又は前項の規定に基づく条例の規定は、これらの規定の施行又は適用の際現に第三十一条の十二第一項の届出書を提出して店舗型電話異性紹介営業を営んでいる者の当該店舗型電話異性紹介営業については、適用しない。

4　都道府県は、善良の風俗を害する行為を防止するため必要があるときは、政令で定める基準に従い条例で定めるところにより、店舗型電話異性紹介営業の深夜における営業時間を制限することができる。

5　店舗型電話異性紹介営業を営む者は、その営業につき、次に掲げる方法で広告又は宣伝をしてはならない。

一　次に掲げる区域又は地域（第三号において「広告制限区域等」という。）において、広告物（常時又は一定の期間継続して公衆に表示されるものであつて、看板、立看板、はり紙及びはり札並びに広告塔、広告板、建物その他の工作物等に掲出され、又は表示されたもの並びにこれらに類するものをいう。以下同じ。）を表示すること。

イ　第一項に規定する敷地（同項に規定する施設の用に供するものと決定した土地を除く。）の周囲二百メートルの区域

ロ　第二項の規定に基づく条例で定める地域のうち店舗型電

話異性紹介営業の広告又は宣伝を制限すべき地域として条例で定める地域

二　人の住居にビラ等（ビラ、パンフレット又はこれらに類する広告若しくは宣伝の用に供される文書図画をいう。以下同じ。）を配り、又は差し入れること。

三　前号に掲げるもののほか、広告制限区域等においてビラ等を頒布し、又は広告制限区域等以外の地域において十八歳未満の者に対してビラ等を頒布すること。

6　前項の規定は、第三項の規定により第一項の規定又は第二項の規定に基づく条例の規定を適用しないこととされる店舗型電話異性紹介営業を営む者が当該店舗型電話異性紹介営業の営業所の外周又は内部に広告物を表示する場合及び当該営業所の内部においてビラ等を頒布する場合については、適用しない。

7　第五項第一号の規定は、同号の規定の適用に関する第一項の規定又は同号ロの規定に基づく条例の規定の施行又は適用の際店舗型電話異性紹介営業を営む者が現に表示している広告物（当該施行又は適用の際現に第三十一条の十二第一項の届出書を提出して店舗型電話異性紹介営業を営んでいる者が表示するものに限る。）については、当該施行又は適用の日から一月を経過する日までの間は、適用しない。

8　第三十一条の十三第一項において準用する第五項に規定するもののほか、店舗型電話異性紹介営業を営む者は、その営業につき、清浄な風俗環境を害するおそれのある方法で広告又は宣伝をしてはならない。

9　店舗型電話異性紹介営業を営む者は、その営業につき広告又は宣伝をするときは、国家公安委員会規則で定めるところにより、十八歳未満の者がその営業所に立ち入つてはならない旨及び十八歳未満の者が第三十一条の十二第一項第三号に掲げる電話番号に電話をかけてはならない旨を明らかにしなければならない。

10　店舗型電話異性紹介営業を営む者は、国家公安委員会規則で定めるところにより、十八歳未満の者がその営業所に立ち入つてはならない旨を営業所の入り口に表示しなければならない。

2　店舗型電話異性紹介営業を営む者は、次に掲げる行為をしてはならない。

一　当該営業に関し客引きをすること。

二　当該営業に関し客引きをするため、道路その他公共の場所で、人の身辺に立ちふさがり、又はつきまとうこと。

三　営業所で十八歳未満の者を客に接する業務に従事させること。

四　十八歳未満の従業者を第二条第九項の規定によりその機会を提供する会話の当事者にすること。

五　十八歳未満の者を営業所に客として立ち入らせること。

六　営業所で二十歳未満の者に酒類又はたばこを提供すること。

七　十八歳未満の者からの第二条第九項に規定する会話の申込みを取り次ぐこと。

3　店舗型電話異性紹介営業を営む者は、第二条第九項に規定する会話の申込みをした者が十八歳以上であることを確認するための措置であつて国家公安委員会規則で定めるものを講じておかなければならない。

【参照】　一項において準用する法二八条四項＝施行令一九条
一項において準用する法二八条九項＝施行規則六八条一

項・四七条・十八歳未満の者が店舗型性風俗特殊営業の営業所等に立ち入ってはならない旨を表示するものとして国家公安委員会が定める標示（平一八・四・二四国公委告示一一）
一項において準用する法二八条一〇項＝施行規則六八条二項・三五条
三項＝施行規則六七条
【罰則】一項において準用する法二八条一項・二項に基づく条例＝法四九条五号・六号〔二年以下の懲役・二百万円以下の罰金又は併科〕五六条
一項において準用する法二八条五項＝法五三条二号〔百万円以下の罰金〕五六条
二項一号・二号＝法五二条一号〔六月以下の懲役・百万円以下の罰金又は併科〕五六条
二項三号―六号＝法五〇条一項八号〔一年以下の懲役・百万円以下の罰金又は併科〕五六条
二項三号・四号＝法五〇条二項

（指示）

第三十一条の十四　公安委員会は、店舗型電話異性紹介営業を営む者又はその代理人等が、当該営業に関し、この法律又はこの法律に基づく命令若しくは条例の規定（前条第一項において準用する第二十八条第一項の規定又は前条第一項において準用する第二十八条第二項の規定に基づく条例の規定を除く。）に違反したときは、当該店舗型電話異性紹介営業を営む者に対し、善良の風俗若しくは清浄な風俗環境を害する行為又は少年の健全な育成に障害を及ぼす行為を防止するため必要な指示をすることができる。

【参照】施行規則一一二条一項

（営業の停止等）
第三十一条の十五　公安委員会は、店舗型電話異性紹介営業を営む者若しくはその代理人等が当該営業に関しこの法律に規定する罪（第四十九条第五号及び第六号の罪を除く。）若しくは第四条第一項第二号ロからヘまで、チ、リ、ル若しくはヲに掲げる罪に当たる違法な行為その他善良の風俗を害し若しくは少年の健全な育成に障害を及ぼす重大な不正行為で政令で定めるものをしたとき、又は店舗型電話異性紹介営業を営む者がこの法律に基づく処分に違反したときは、当該店舗型電話異性紹介営業を営む者に対し、当該施設を用いて営む店舗型電話異性紹介営業について、八月を超えない範囲内で期間を定めて当該店舗型電話異性紹介営業の全部又は一部の停止を命ずることができる。
2　公安委員会は、前項の場合において、当該店舗型電話異性紹介営業を営む者が第三十一条の十三第一項において準用する第二十八条第一項の規定又は第三十一条の十三第一項において準用する第二十八条第二項の規定に基づく条例の規定により店舗型電話異性紹介営業を営んではならないこととされる区域又は地域において店舗型電話異性紹介営業を営む者であるときは、その者に対し、前項の規定による停止の命令に代えて、当該施設を用いて営む店舗型電話異性紹介営業の廃止を命ずることができる。
【参照】一項＝施行令二〇・施行規則一一二条一項
二項＝施行規則一一二条一項
【罰則】一項・二項＝法四九条四号〔二年以下の懲役・二百万円以下の罰金又は併科〕五六条

（標章のはり付け）
第三十一条の十六　公安委員会は、前条第一項の規定により店舗型電話異性紹介営業の停止を命じたときは、国家公安委員会規則で定めるところにより、当該命令に係る施設の出入口の見やすい場所に、内閣府令で定める様式の標章をはり付けるものとする。

2　前条第一項の規定による命令を受けた者は、次の各号に掲げる事由のいずれかがあるときは、国家公安委員会規則で定めるところにより、前項の規定により標章をはり付けられた施設について、標章を取り除くべきことを申請することができる。この場合において、公安委員会は、標章を取り除かなければならない。

一　当該施設を当該店舗型電話異性紹介営業の用以外の用に供しようとするとき。

二　当該施設を取り壊そうとするとき。

三　当該施設を増築し、又は改築しようとする場合であつて、やむを得ないと認められる理由があるとき。

3　第一項の規定により標章をはり付けられた施設について、当該命令に係る店舗型電話異性紹介営業を営む者から当該施設を買い受けた者その他当該施設の使用について権原を有する第三者は、国家公安委員会規則で定めるところにより、標章を取り除くべきことを申請することができる。この場合において、公安委員会は、標章を取り除かなければならない。

4　何人も、第一項の規定によりはり付けられた標章を破壊し、又は汚損してはならず、また、当該施設に係る前条第一項の命令の期間を経過した後でなければ、これを取り除いてはならない。

【参照】一項＝施行規則六八条三項・四九条・内閣府令一五条・一〇条
二項＝施行規則六八条三項・五〇条・一条
三項＝施行規則六八条三項・五一条・一条

【罰則】四項＝法五五条六号〔三十万円以下の罰金〕五六条

第五款　無店舗型電話異性紹介営業の規制

（**営業等の届出**）

第三十一条の十七　無店舗型電話異性紹介営業を営もうとする者は、事務所の所在地を管轄する公安委員会に、次の事項を記載した届出書を提出しなければならない。

一　氏名又は名称及び住所並びに法人にあつては、その代表者の氏名

二　当該営業につき広告又は宣伝をする場合に当該営業を示すものとして使用する呼称（当該呼称が二以上ある場合にあつては、それら全部の呼称）

三　事務所の所在地

四　第二条第十項に規定する電気通信設備を識別するための電話番号

五　第二条第十項に規定する電気通信設備の概要

2　第三十一条の二第二項から第五項まで（第四項ただし書を除く。）の規定は、前項の規定による届出書の提出について準用する。この場合において、同条第二項中「同項各号（第四号を除く。）」とあるのは「第三十一条の十七第一項各号」と、同条第三項中「前二項」とあるのは「第三十一条の十七第一項又は同条第二項において準用する前項」と、同条第四項中「第一項又は第二項」とあるのは「第三十一条の十七第一項又は同条第二項において準用する第二項」と読み替えるものとする。

【**準用後の第三十一条の二第二項から第五項（第四項ただし書を除く。）**】

第三十一条の二

2　第三十一条の十七第一項の届出書を提出した者は、当該無店舗型電話異性紹介営業を廃止したとき、又は第三十一条の十七

第一項各号に掲げる事項に変更があつたときは、公安委員会（公安委員会の管轄区域を異にして事務所を変更したときは、変更した後の事務所の所在地を管轄する公安委員会）に、廃止又は変更に係る事項その他の内閣府令で定める事項を記載した届出書を提出しなければならない。

3　第三十一条の十七第一項又は同条第二項において準用する前項の届出書には、営業の方法を記載した書類その他の内閣府令で定める書類を添付しなければならない。

4　公安委員会は、第三十一条の十七第一項又は同条第二項において準用する第二項の届出書（同項の届出書にあつては、無店舗型電話異性紹介営業を廃止した場合におけるものを除く。）の提出があつたときは、その旨を記載した書面を当該届出書を提出した者に交付しなければならない。

5　無店舗型電話異性紹介営業を営む者は、前項の規定により交付された書面を事務所に備え付けるとともに、関係者から請求があつたときは、これを提示しなければならない。

【参照】一項＝施行規則六九条・一条
二項において準用する法三一条の二　二項＝内閣府令一一条・八条・施行規則七〇条・四二条・一条
二項において準用する法三一条の二　三項＝施行規則七一条・内閣府令一六条・一三条
二項において準用する法三一条の二　四項＝施行規則七二条・四五条・四六条・一条

【罰則】一項＝法五二条四号・五号（六月以下の懲役・百万円以下の罰金又は併科）五六条
二項において準用する法三一条の二　二項＝法五四条六号（五十万円以下の罰金）五六条
二項において準用する法三一条の二　三項＝法五二条五号（六月以下の懲役・百万円以下の罰金又は併科）五四条六号（五十万円以下の罰金）五六条

（街頭における広告及び宣伝の規制等）

第三十一条の十八　第二十八条第五項及び第七項から第九項までの規定は、無店舗型電話異性紹介営業を営む者について準用する。この場合において、同条第五項中「前条に規定するもののほか、その」とあるのは「その」と、同項第一号ロ中「第二項」とあるのは「第三十一条の十三第一項において準用する第二項」と、同条第七項中「第五項第一号」とあるのは「第三十一条の十八第一項において準用する第五項第一号」と、「第二十七条第一項」とあるのは「第三十一条の十七第一項」と、同条第八項中「前条及び第五項」とあるのは「第三十一条の十八第一項において準用する第五項」と、同条第九項中「その営業所に立ち入つて」とあるのは「第三十一条の十七第一項第四号に掲げる電話番号に電話をかけて」と読み替えるものとする。

【準用後の第二十八条第五項及び第七項から第九項】

第二十八条

5　無店舗型電話異性紹介営業を営む者は、その営業につき、次に掲げる方法で広告又は宣伝をしてはならない。

一　次に掲げる区域又は地域（第三号において「広告制限区域等」という。）において、広告物（常時又は一定の期間継続して公衆に表示されるものであつて、看板、立看板、はり紙及びはり札並びに広告塔、広告板、建物その他の工作物等に掲出され、又は表示されたもの並びにこれらに類するものをいう。以下同じ。）を表示すること。

イ　第一項に規定する敷地（同項に規定する施設の用に供するものと決定した土地を除く。）の周囲二百メートルの区域

（編注）「第一項に規定する敷地」とは、第二十八条第一項に規定する敷地をいう。

ロ　第三十一条の十三第一項において準用する第二項の規定に基づく条例で定める地域のうち無店舗型電話異性紹介営業の広告又は宣伝を制限すべき地域として条例で定める地域

（編注）「第三十一条の十三第一項において準用する第二項の規定に基づく条例で定める地域」とは、第三十一条の十三第一項による準用後の第二十八条第二項の規定に基づく条例で定める地域をいう。

二　人の住居にビラ等（ビラ、パンフレット又はこれらに類する広告若しくは宣伝の用に供される文書図画をいう。以下同じ。）を配り、又は差し入れること。

三　前号に掲げるもののほか、広告制限区域等においてビラ等を頒布し、又は広告制限区域等以外の地域において十八歳未満の者に対してビラ等を頒布すること。

7　第三十一条の十八第一項において準用する第五項第一号の規定は、同号の規定の適用に関する第一項の規定又は同号ロの規定に基づく条例の規定の施行又は適用の際無店舗型電話異性紹介営業を営む者が現に表示している広告物（当該施行又は適用の際現に第三十一条の十七第一項の届出書を提出して無店舗型電話異性紹介営業を営んでいる者が表示するものに限る。）については、当該施行又は適用の日から一月を経過する日までの間は、適用しない。

8　第三十一条の十八第一項において準用する第五項に規定するもののほか、無店舗型電話異性紹介営業を営む者は、その営業につき、清浄な風俗環境を害するおそれのある方法で広告又は宣伝をしてはならない。

9　無店舗型電話異性紹介営業を営む者は、その営業につき広告又は宣伝をするときは、国家公安委員会規則で定めるところにより、十八歳未満の者が第三十一条の十七第一項第四号に掲げる電話番号に電話をかけてはならない旨を明らかにしなければならない。

2　無店舗型電話異性紹介営業を営む者は、次に掲げる行為をしてはならない。

一　十八歳未満の従業者を第二条第十項の規定によりその機会を提供する会話の当事者にすること。

二　十八歳未満の者からの第二条第十項に規定する会話の申込みを取り次ぎ、又は同項に規定する会話の申込みを十八歳未満の者に取り次ぐこと。

3　無店舗型電話異性紹介営業を営む者は、第二条第十項に規定する会話の申込みをした者及び同項に規定する会話の申込みを受けようとする者が十八歳以上であることを確認するための措置であつて国家公安委員会規則で定めるものを講じておかなければならない。

【参照】　一項において準用する法二八条九項＝施行規則七四条一項・四七条一項
三項＝施行規則七三条

【罰則】　一項において準用する法二八条五項＝法五三条二号（百

万円以下の罰金〕五六条
二項一号＝法五〇条一項九号〔一年以下の懲役・百万円以下の罰金又は併科〕五六条
二項一号＝法五〇条二項

（指示等）

第三十一条の十九　無店舗型電話異性紹介営業を営む者又はその代理人等が、当該営業に関し、この法律又はこの法律に基づく命令若しくは条例の規定に違反したときは、当該違反行為が行われた時における事務所の所在地を管轄する公安委員会は、当該無店舗型電話異性紹介営業を営む者に対し、善良の風俗若しくは清浄な風俗環境を害する行為又は少年の健全な育成に障害を及ぼす行為を防止するため必要な指示をすることができる。

2　無店舗型電話異性紹介営業を営む者又はその代理人等が、当該営業に関し、前条第一項において準用する第二十八条第五項第一号の規定に違反した場合において、当該違反行為が行われた時における事務所を知ることができず、かつ、当該違反行為がはり紙、はり札又は立看板を前条第一項において準用する同号イに掲げる区域において表示することであるときは、当該違反行為が行われた場所を管轄する公安委員会は、当該違反行為に係るはり紙、はり札又は立看板を警察職員に除却させることができる。

【参照】一項＝施行規則一一二条一項

（営業の停止）

第三十一条の二十　無店舗型電話異性紹介営業を営む者若しくはその代理人等が当該営業に関しこの法律に規定する罪若しくは第四条第一項第二号ロからへまで、チ、リ、ル若しくはヲに掲げる罪に当たる違法な行為その他善良の風俗を害し若しくは少年の健全な育成に障害を及ぼす重大な不正行為で政令で定めるものをしたとき、又は無店舗型電話異性紹介営業を営む者がこの法律に基づく処分に違反したときは、当該行為又は当該違反行為が行われた時における事務所の所在地を管轄する公安委員会は、当該無店舗型電話異性紹介営業を営む者に対し、八月を超えない範囲内で期間を定めて、当該営業の全部又は一部の停止を命ずることができる。

【参照】施行令二一条・施行規則一一二条一項
【罰則】法四九条四号〔二年以下の懲役・二百万円以下の罰金又は併科〕五六条

（処分移送通知書の送付等）

第三十一条の二十一　公安委員会は、無店舗型電話異性紹介営業を営む者に対し、第三十一条の十九第一項の規定による指示又は前条の規定による命令をしようとする場合において、当該処分に係る無店舗型電話異性紹介営業を営む者が事務所を他の公安委員会の管轄区域内に変更していたときは、当該処分に係る事案に関する弁明の機会の付与又は聴聞を終了している場合を除き、速やかに現に事務所の所在地を管轄する公安委員会に国家公安委員会規則で定める処分移送通知書を送付しなければならない。

2　前項の規定により処分移送通知書が送付されたときは、当該処分移送通知書の送付を受けた公安委員会は、次の各号に掲げる場合の区分に従い、それぞれ当該各号に定める処分をすることができるものとし、当該処分移送通知書を送付した公安委員会は、第三十一条の十九第一項及び前条の規定にかかわらず、当該事案について、これらの規定による処分をすることができないものとする。

一　当該無店舗型電話異性紹介営業を営む者又はその代理人等が、当該営業に関し、この法律又はこの法律に基づく命令若しくは条例の規定に違反した場合　善良の風俗若しくは清浄な風俗環境を害する行為又は少年の健全な育成に障害を及ぼす行為を防止するため必要な指示をすること。

二　当該無店舗型電話異性紹介営業を営む者若しくはその代理人等が当該営業に関しこの法律に規定する罪若しくは第四条第一項第二号ロからへまで、チ、リ、ル若しくはヲに掲げる罪に当たる違法な行為若しくは前条の政令で定める重大な不正行為をした場合又は当該無店舗型電話異性紹介営業を営む者がこの法律に基づく処分に違反した場合　八月を超えない範囲内で期間を定めて、当該営業の全部又は一部の停止を命ずること。

3　第一項の規定は、公安委員会が前項の規定により処分をしようとする場合について準用する。

【準用後の第三十一条の二十一第一項】

第三十一条の二十一　公安委員会は、無店舗型電話異性紹介営業を営む者に対し、次項の規定により処分をしようとする場合において、当該処分に係る無店舗型電話異性紹介営業を営む者が事務所を他の公安委員会の管轄区域内に変更していたときは、当該処分に係る事案に関する弁明の機会の付与又は聴聞を終了している場合を除き、速やかに現に事務所の所在地を管轄する公安委員会に国家公安委員会規則で定める処分移送通知書を送付しなければならない。

【参照】一項・三項＝施行規則七四条二項・五六条
二項＝施行規則一一二条一項

【罰則】二項二号＝法四九条四号〔二年以下の懲役・二百万円以下の罰金又は併科〕五六条

第二節　特定遊興飲食店営業等の規制等

第一款　特定遊興飲食店営業の規制等

（営業の許可）

第三十一条の二十二　特定遊興飲食店営業を営もうとする者は、営業所ごとに、当該営業所の所在地を管轄する公安委員会の許可を受けなければならない。

【参照】施行規則七八条二項・一〇〇条二項・三項

【罰則】法四九条二号・七号〔二年以下の懲役・二百万円以下の罰金又は併科〕五六条

（準用）

第三十一条の二十三　第三条第二項、第四条（第四項を除く。）、第五条（第一項第三号を除く。）、第八条、第十条及び第十一条の規定は前条の許可について、第六条から第七条の三まで、第九条、第十条の二、第十二条、第十三条（第一項を除く。）、第十四条、第十五条、第十八条、第十八条の二、第二十一条、第二十二条第一項（第三号を除く。）及び第二十四条の規定は特定遊興飲食店営業について、それぞれ準用する。この場合において、次の表の上欄に掲げる規定中同表の中欄に掲げる字句は、それぞれ同表の下欄に掲げる字句に読み替えるものとするほか、必要な技術的読替えは、政令で定める。

第四条第一項第五号及び第六号	第二十六条第一項	第三十一条の二十五第一項
第四条第二項第二号	を保全するため特にその設置を制限する必要がある	の保全に障害を及ぼすことがないため特にその設置が許容される
	あるとき	ないとき（当該営業所が、旅館業法（昭

		和二十三年法律第百三十八号）第二条第二項に規定する旅館・ホテル営業に係る施設内に所在し、かつ、良好な風俗環境の保全に障害を及ぼすことがないため特にその設置が許容されるものとして国家公安委員会規則で定めるもの（次項において「ホテル等内適合営業所」という。）であるときを除く。）
第四条第三項	当該廃止した風俗営業と同一の風俗営業の種別の風俗営業の営業所が前項第二号の地域内にあるもの	第三十一条の二十三において準用する前項第二号の地域内になく、かつ、ホテル等内適合営業所に該当しない営業所
第四条第三項第二号イ	、当該滅失前から前項第二号の地域に含まれていた	当該滅失前から第三十一条の二十三において準用する前項第二号の地域に含まれておらず、かつ、当該滅失した営業所がホテル等内適合営業所に該当していなかつた
第四条第三項第二号ロ	、当該滅失以降に前項第二号の地域に含まれることとなつた	当該滅失以降に第三十一条の二十三において準用する前項第二号の地域に含まれないこととなり、かつ、当該滅失した営業所がホテル等内適合営業所に該当していなかつた
第十三条第二項	前項の規定によるほか、政令	政令
第十三条第三項及び第四項	第一項ただし書の場合において、午前零時から同項ただし書に規定する条例で定める時までの時間	深夜
第十四条及び第十五条	その営業	その深夜における営業
第十八条	十八歳未満の者が	午後十時以後翌日の午前零時前の時間においては保護者が同伴しない十八歳未満の者が、深夜においては十八歳未満の者が
第二十一条	第十二条から第十九条まで、前条第一項及び次条第二項	第三十一条の二十三において準用する第十二条、第十三条（第一項を除く。）、第十四条、第十五条、第十八条及び第十八条の二
第二十二条第一項	当該営業	当該営業（深夜にお

第一号及び第二号		ける営業に限る。）
第二十二条第一項第五号	十八歳未満	午後十時から翌日の午前六時までの時間において十八歳未満
	第二条第一項第五号の営業に係る営業所にあつては、午後十時から翌日の午前六時までの時間において客として立ち入らせること	午後十時以後翌日の午前零時前の時間において保護者が同伴する十八歳未満の者を客として立ち入らせる場合を除く

【準用後の第三条第二項、第四条（第四項を除く。）、第五条（第一項第三号を除く。）、第六条から第十二条まで、第十三条（第一項第三号を除く。）、第十四条、第十五条、第十八条、第十八条の二、第二十一条、第二十二条第一項（第三号を除く。）及び第二十四条】

第三条

2　公安委員会は、善良の風俗若しくは清浄な風俗環境を害する行為又は少年の健全な育成に障害を及ぼす行為を防止するため必要があると認めるときは、その必要の限度において、第三十一条の二十二の許可に条件を付し、及びこれを変更することができる。

第四条　公安委員会は、第三十一条の二十二の許可を受けようとする者が次の各号のいずれかに該当するときは、許可をしてはならない。

一～四　〔略〕

五　第三十一条の二十五第一項の規定により特定遊興飲食店営業の許可を取り消され、当該取消しの日から起算して五年を経過しない者（当該許可を取り消された者が法人である場合においては、当該取消しに係る聴聞の期日及び場所が公示された日前六十日以内に当該法人の役員（業務を執行する社員、取締役、執行役又はこれらに準ずる者をいい、相談役、顧問その他いかなる名称を有する者であるかを問わず、法人に対し業務を執行する社員、取締役、執行役又はこれらに準ずる者と同等以上の支配力を有するものと認められる者を含む。以下この項において同じ。）であつた者で当該取消しの日から起算して五年を経過しないものを含む。）

六　第三十一条の二十五第一項の規定による特定遊興飲食店営業の許可の取消処分に係る聴聞の期日及び場所が公示された日から当該処分をする日又は当該処分をしないことを決定する日までの間に第三十一条の二十三において準用する第十条第一項第一号の規定による許可証の返納をした者（特定遊興飲食店営業の廃止について相当な理由がある者を除く。）で当該返納の日から起算して五年を経過しないもの

七　第三十一条の二十三において準用する前号に規定する期間内に合併により消滅した法人又は第三十一条の二十三において準用する第十条第一項第一号の規定による許可証の返納をした法人（合併又は特定遊興飲食店営業の廃止について相当な理由がある者を除く。）の第三十一条の二十三において準用する前号の公示の日前六十日以内に役員であつた者で当該消滅又は返納の日から起算して五年を経過しないもの

七の二　第三十一条の二十三において準用する第六号に規定する期間内に分割により同号の聴聞に係る特定遊興飲食店営業を承継させ、若しくは分割により当該特定遊興飲食店営業以外の特定遊興飲食店営業を承継した法人（分割について相当

な理由がある者を除く。）又はこれらの法人の同号の公示の日前六十日以内に役員であつた者で当該分割の日から起算して五年を経過しないもの

八　営業に関し成年者と同一の行為能力を有しない未成年者。ただし、その者が特定遊興飲食店営業者の相続人であつて、その法定代理人が第三十一条の二十三において準用する前各号及び次号のいずれにも該当しない場合を除くものとする。

九　法人でその役員のうちに第三十一条の二十三において準用する第一号から第七号の二までのいずれかに該当する者があるもの

2　公安委員会は、第三十一条の二十二の許可の申請に係る営業所につき次の各号のいずれかに該当する事由があるときは、許可をしてはならない。

一　営業所の構造又は設備が国家公安委員会規則で定める技術上の基準に適合しないとき。

二　営業所が、良好な風俗環境の保全に障害を及ぼすことがないため特にその設置が許容されるものとして政令で定める基準に従い都道府県の条例で定める地域内にないとき（当該営業所が、旅館業法（昭和二十三年法律第百三十八号）第二条第二項に規定するホテル営業又は同条第三項に規定する旅館営業に係る施設内に所在し、かつ、良好な風俗環境の保全に障害を及ぼすことがないため特にその設置が許容されるものとして国家公安委員会規則で定める基準に適合するもの（次項において「ホテル等内適合営業所」という。）であるときを除く。）

三　営業所に第三十一条の二十三において準用する第二十四条第一項の管理者を選任すると認められないことについて相当な理由があるとき。

3　公安委員会は、第三十一条の二十二の許可又は第三十一条の二十三において準用する第七条第一項、第七条の二第一項若しくは第七条の三第一項の承認を受けて営んでいた特定遊興飲食店営業の営業所が火災、震災その他その者の責めに帰することができない事由で政令で定めるものにより滅失したために当該特定遊興飲食店営業を廃止した者が、第三十一条の二十三において準用する前項第二号の地域内になく、かつ、ホテル等内適合営業所に該当しない営業所につき、第三十一条の二十二の許可を受けようとする場合において、当該許可の申請が次の各号のいずれにも該当するときは、第三十一条の二十三において準用する前項第二号の規定にかかわらず、許可をすることができる。

一　当該特定遊興飲食店営業を廃止した日から起算して五年以内にされたものであること。

二　次のいずれかに該当すること。

イ　当該滅失した営業所の所在地が当該滅失前から第三十一条の二十三において準用する前項第二号の地域に含まれておらず、かつ、当該滅失した営業所がホテル等内適合営業所に該当していなかつたこと。

ロ　当該滅失した営業所の所在地が当該滅失以降に第三十一条の二十三において準用する前項第二号の地域に含まれないこととなり、かつ、当該滅失した営業所がホテル等内適合営業所に該当していなかつたこと。

三　当該滅失した営業所とおおむね同一の場所にある営業所につきされたものであること。

四　当該滅失した営業所とおおむね等しい面積の営業所につき

されたものであること。

第五条　第三十一条の二十二の許可を受けようとする者は、公安委員会に、次の事項を記載した許可申請書を提出しなければならない。この場合において、当該許可申請書には、営業の方法を記載した書類その他の内閣府令で定める書類を添付しなければならない。

一　氏名又は名称及び住所並びに法人にあつては、その代表者の氏名

二　営業所の名称及び所在地

四　営業所の構造及び設備の概要

五　第三十一条の二十三において準用する第二十四条第一項の管理者の氏名及び住所

六　法人にあつては、その役員の氏名及び住所

2　公安委員会は、第三十一条の二十二の許可をしたときは、国家公安委員会規則で定めるところにより、許可証を交付しなければならない。

3　公安委員会は、第三十一条の二十二の許可をしないときは、国家公安委員会規則で定めるところにより、申請者にその旨を通知しなければならない。

4　許可証の交付を受けた者は、当該許可証を亡失し、又は当該許可証が滅失したときは、速やかにその旨を公安委員会に届け出て、許可証の再交付を受けなければならない。

第六条　特定遊興飲食店営業者は、許可証（第三十一条の二十三において準用する第十条の二第一項の認定を受けた特定遊興飲食店営業者にあつては、同条第三項の認定証）を営業所の見やすい場所に掲示しなければならない。

第七条　特定遊興飲食店営業者が死亡した場合において、相続人（相続人が二人以上ある場合においてその協議により当該特定遊興飲食店営業を承継すべき相続人を定めたときは、その者。以下同じ。）が被相続人の営んでいた特定遊興飲食店営業を引き続き営もうとするときは、その相続人は、国家公安委員会規則で定めるところにより、被相続人の死亡後六十日以内に公安委員会に申請して、その承認を受けなければならない。

2　相続人が第三十一条の二十三において準用する前項の承認の申請をした場合においては、被相続人の死亡の日からその承認を受ける日又は承認をしない旨の通知を受ける日までは、被相続人に対してした特定遊興飲食店営業の許可は、その相続人に対してしたものとみなす。

3　第三十一条の二十三において準用する第四条第一項の規定は、第三十一条の二十三において準用する第一項の承認の申請をした相続人について準用する。

4　第三十一条の二十三において準用する第一項の承認を受けた相続人は、被相続人に係る特定遊興飲食店営業者の地位を承継する。

5　第三十一条の二十三において準用する第一項の承認の申請をした相続人は、その承認を受けたときは、遅滞なく、被相続人が交付を受けた許可証を公安委員会に提出して、その書換えを受けなければならない。

6　第三十一条の二十三において準用する前項に規定する者は、第三十一条の二十三において準用する第一項の承認をしない旨の通知を受けたときは、遅滞なく、被相続人が交付を受けた許可証を公安委員会に返納しなければならない。

第七条の二　特定遊興飲食店営業者たる法人がその合併により消滅することとなる場合において、あらかじめ合併について国家

公安委員会規則で定めるところにより公安委員会の承認を受けたときは、合併後存続し、又は合併により設立された法人は、特定遊興飲食店営業者の地位を承継する。

2　第三十一条の二十三において準用する第四条第一項の規定は、第三十一条の二十三において準用する前項の承認について準用する。この場合において、同条第一項中「第三十一条の二十二の許可を受けようとする者」とあるのは、「第三十一条の二十三において準用する第七条の二第一項の承認を受けようとする法人」と読み替えるものとする。

3　第三十一条の二十三において準用する前条第五項の規定は、第三十一条の二十三において準用する第一項の承認を受けようとした法人について準用する。この場合において、同条第五項中「被相続人」とあるのは、「合併により消滅した法人」と読み替えるものとする。

第七条の三　特定遊興飲食店営業者たる法人が分割により特定遊興飲食店営業を承継させる場合において、あらかじめ当該分割について国家公安委員会規則で定めるところにより公安委員会の承認を受けたときは、分割により当該特定遊興飲食店営業を承継した法人は、当該特定遊興飲食店営業についての特定遊興飲食店営業者の地位を承継する。

2　第三十一条の二十三において準用する第四条第一項の規定は、第三十一条の二十三において準用する前項の承認について準用する。この場合において、同条第一項中「第三十一条の二十二の許可を受けようとする者」とあるのは、「第三十一条の二十三において準用する第七条の三第一項の承認を受けようとする法人」と読み替えるものとする。

3　第三十一条の二十三において準用する第七条第五項の規定は、第三十一条の二十三において準用する第一項の承認を受けようとした法人について準用する。この場合において、同条第五項中「被相続人」とあるのは、「分割をした法人」と読み替えるものとする。

第八条　公安委員会は、第三十一条の二十二の許可を受けた者（第三十一条の二十三において準用する第七条第一項、第七条の二第一項又は前条第一項の承認を受けた者を含む。第三十一条の二十三において準用する第十一条において同じ。）について、次の各号に掲げるいずれかの事実が判明したときは、その許可を取り消すことができる。

一　偽りその他不正の手段により当該許可又は承認を受けたこと。

二　第三十一条の二十三において準用する第四条第一項各号に掲げる者のいずれかに該当していること。

三　正当な事由がないのに、当該許可を受けてから六月以内に営業を開始せず、又は引き続き六月以上営業を休止し、現に営業を営んでいないこと。

四　三月以上所在不明であること。

第九条　特定遊興飲食店営業者は、増築、改築その他の行為による営業所の構造又は設備の変更（内閣府令で定める軽微な変更を除く。第三十一条の二十三において準用する第五項において同じ。）をしようとするときは、国家公安委員会規則で定めるところにより、あらかじめ公安委員会の承認を受けなければならない。

2　公安委員会は、第三十一条の二十三において準用する前項の承認の申請に係る営業所の構造及び設備が第三十一条の二十三において準用する第四条第二項第一号の技術上の基準及び第三十一条の二十三において準用する第三条第二項の規定により公安委員会が付した条件に適合していると認めるときは、第三十一条の二十三において準用する前項の承認をしなければならない。

3　特定遊興飲食店営業者は、次の各号のいずれかに該当するときは、公安委員会に、内閣府令で定める事項を記載した届出書を提出しなければならない。この場合において、当該届出書には、内閣府令で定める書類を添付しなければならない。

一　第三十一条の二十三において準用する第五条第一項各号（第四号を除く。）に掲げる事項（同項第二号に掲げる事項にあつては、営業所の名称に限る。）に変更があつたとき。

二　営業所の構造又は設備につき第三十一条の二十三において準用する第一項の軽微な変更をしたとき。

4　第三十一条の二十三において準用する前項第一号の規定により届出書を提出する場合において、当該届出書に係る事項が許可証の記載事項に該当するときは、その書換えを受けなければならない。

5　第三十一条の二十三において準用する第一項の規定は、第三十一条の二十三において準用する第十条の二第一項の認定を受けた特定遊興飲食店営業者が営業所の構造又は設備の変更をしようとする場合については、適用しない。この場合において、当該特定遊興飲食店営業者は、当該変更をしたときは、公安委員会に、内閣府令で定める事項を記載した届出書を内閣府令で定める添付書類とともに提出しなければならない。

第十条　許可証の交付を受けた者は、次の各号のいずれかに該当することとなつたときは、遅滞なく、許可証（第三号の場合にあつては、発見し、又は回復した許可証）を公安委員会に返納しなければならない。

一　特定遊興飲食店営業を廃止したとき（当該特定遊興飲食店営業につき第三十一条の二十三において準用する第七条の三第一項の承認を受けたときを除く。）。

二　許可が取り消されたとき。

三　許可証の再交付を受けた場合において、亡失した許可証を発見し、又は回復したとき。

2　第三十一条の二十三において準用する前項第一号の規定による許可証の返納があつたときは、許可は、その効力を失う。

3　許可証の交付を受けた者が次の各号に掲げる場合のいずれかに該当することとなつたときは、当該各号に掲げる者は、遅滞なく、許可証を公安委員会に返納しなければならない。

一　死亡した場合（相続人が第三十一条の二十三において準用する第七条第一項の承認の申請をしなかつた場合に限る。）　同居の親族又は法定代理人

二　法人が合併以外の事由により解散した場合　清算人又は破産管財人

三　法人が合併により消滅した場合（その消滅までに、合併後存続し、又は合併により設立される法人につき第三十一条の二十三において準用する第七条の二第一項の承認がされなかつた場合に限る。）　合併後存続し、又は合併により設立された法人の代表者

第十条の二　公安委員会は、次の各号のいずれにも該当する特定遊興飲食店営業者を、その申請により、第三十一条の二十三において準用する第六条及び第九条第一項の規定の適用につき特例を設けるべき特定遊興飲食店営業者として認定することができる。

一　当該特定遊興飲食店営業の許可（第三十一条の二十三において準用する第七条第一項、第七条の二第一項又は第七条の三第一項の承認を受けて営んでいる特定遊興飲食店営業にあつては、当該承認）を受けてから十年以上経過していること。

二　過去十年以内にこの法律に基づく処分（指示を含む。以下同じ。）を受けたことがなく、かつ、受けるべき事由が現にないこと。

三　第三十一条の二十三において準用する前二号に掲げるもののほか、当該特定遊興飲食店営業に関し法令及びこの法律に基づく条例の遵守の状況が優良な者として国家公安委員会規則で定める基準に適合する者であること。

2　第三十一条の二十三において準用する前項の認定を受けようとする者は、公安委員会に、次の事項を記載した認定申請書を提出しなければならない。この場合において、当該認定申請書には、内閣府令で定める書類を添付しなければならない。

一　氏名又は名称及び住所並びに法人にあつては、その代表者の氏名

二　営業所の名称及び所在地

三　営業所の構造及び設備の概要

3　公安委員会は、第三十一条の二十三において準用する第一項の認定をしたときは、国家公安委員会規則で定めるところにより、認定証を交付しなければならない。

4　公安委員会は、第三十一条の二十三において準用する第一項の認定をしないときは、国家公安委員会規則で定めるところにより、申請者にその旨を通知しなければならない。

5　認定証の交付を受けた者は、当該認定証を亡失し、又は当該認定証が滅失したときは、速やかにその旨を公安委員会に届け出て、認定証の再交付を受けなければならない。

6　公安委員会は、第三十一条の二十三において準用する第一項の認定を受けた者につき次の各号のいずれかに該当する事由があつたときは、当該認定を取り消さなければならない。

一　偽りその他不正の手段により当該認定を受けたことが判明したこと。

二　当該特定遊興飲食店営業の許可が取り消されたこと。

三　この法律に基づく処分を受けたこと。

四　第三十一条の二十三において準用する第一項第三号に該当しなくなつたこと。

7　認定証の交付を受けた者は、次の各号のいずれかに該当することとなつたときは、遅滞なく、認定証（第三号の場合にあつては、発見し、又は回復した認定証）を公安委員会に返納しなければならない。

一　当該特定遊興飲食店営業を廃止したとき。

二　認定が取り消されたとき。

三　認定証の再交付を受けた場合において、亡失した認定証を発見し、又は回復したとき。

8　第三十一条の二十三において準用する前項第一号の規定による認定証の返納があつたときは、認定は、その効力を失う。

9　認定証の交付を受けた者が次の各号に掲げる場合のいずれかに該当することとなつたときは、当該各号に掲げる者は、遅滞なく、認定証を公安委員会に返納しなければならない。

一　死亡した場合　同居の親族又は法定代理人

二　法人が合併以外の事由により解散した場合　清算人又は破産管財人

三　法人が合併により消滅した場合　合併後存続し、又は合併により設立された法人の代表者

第十一条　第三十一条の二十二の許可を受けた者は、自己の名義をもつて、他人に特定遊興飲食店営業を営ませてはならない。

第十二条　特定遊興飲食店営業者は、営業所の構造及び設備を、第三十一条の二十三において準用する第四条第二項第一号の技術上の基準に適合するように維持しなければならない。

第十三条

2　都道府県は、善良の風俗若しくは清浄な風俗環境を害する行為又は少年の健全な育成に障害を及ぼす行為を防止するため必要があるときは、政令で定める基準に従い条例で定めるところにより、地域を定めて、特定遊興飲食店営業の営業時間を制限することができる。

3　特定遊興飲食店営業者は、深夜においてその営業を営むときは、国家公安委員会規則で定めるところにより、客が大声若しくは騒音を発し、又は酒に酔つて粗野若しくは乱暴な言動をすることその他営業所の周辺において他人に迷惑を及ぼすことがないようにするために必要な措置を講じなければならない。

4　特定遊興飲食店営業者は、深夜においてその営業を営むときは、国家公安委員会規則で定めるところにより、営業所ごとに、苦情の処理に関する帳簿を供え付け、必要な事項を記載するとともに、苦情の適切な処理に努めなければならない。

第十四条　特定遊興飲食店営業者は、国家公安委員会規則で定めるところにより計つた営業所内の照度を、国家公安委員会規則で定める数値以下としてその深夜における営業を営んではならない。

第十五条　特定遊興飲食店営業者は、営業所周辺において、政令で定めるところにより、都道府県の条例で定める数値以上の騒音又は振動（人声その他その営業活動に伴う騒音又は振動に限る。）が生じないように、その深夜における営業を営まなければならない。

第十八条　特定遊興飲食店営業者は、国家公安委員会規則で定めるところにより、午後十時以後翌日の午前零時前の時間においては保護者が同伴しない十八歳未満の者が、深夜においては十八歳未満の者が、その営業所に立ち入つてはならない旨を営業所の入口に表示しなければならない。

第十八条の二　特定遊興飲食店営業者は、その営業に関し、次に掲げる行為をしてはならない。

一　営業所で客に接する業務に従事する者（以下「接客従業者」という。）に対し、接客従業者でなくなつた場合には直ちに残存する債務を完済することを条件として、その支払能力に照らし不相当に高額の債務（利息制限法（昭和二十九年法律第百号）その他の法令の規定によりその全部又は一部が無効とされるものを含む。以下同じ。）を負担させること。

二　その支払能力に照らし不相当に高額の債務を負担させた接客従業者の旅券等（出入国管理及び難民認定法第二条第五号の旅券、道路交通法（昭和三十五年法律第百五号）第九十二条第一項の運転免許証その他求人者が求職者の本人確認のため通常提示を求める書類として政令で定めるものをいう。以下同じ。）を保管し、又は第三者に保管させること。

2　特定遊興飲食店営業者は、接客業務受託営業を営む者が当該接客業務受託営業に関し第三十五条の三の規定に違反する行為又は売春防止法第九条、第十条若しくは第十二条の罪に当たる違法な行為をしている疑いがあると認められるときは、当該接

客業務受託営業を営む者の使用人その他の従業者で当該違反行為の相手方となつているものが営業所で客に接する業務に従事することを防止するため必要な措置をとらなければならない。

第二十一条　第三十一条の二十三において準用する第十二条、第十三条（第一項を除く。）、第十四条、第十五条、第十八条及び第十八条の二に定めるもののほか、都道府県は、条例により、特定遊興飲食店営業者の行為について、善良の風俗若しくは清浄な風俗環境を害し、又は少年の健全な育成に障害を及ぼす行為を防止するため必要な制限を定めることができる。

第二十二条　特定遊興飲食店営業を営む者は、次に掲げる行為をしてはならない。

一　当該営業（深夜における営業に限る。）に関し客引きをすること。

二　当該営業（深夜における営業に限る。）に関し客引きをするため、道路その他公共の場所で、人の身辺に立ちふさがり、又はつきまとうこと。

四　営業所で午後十時から翌日の午前六時までの時間において十八歳未満の者を客に接する業務に従事させること。

五　午後十時から翌日の午前六時までの時間において十八歳未満の者を営業所に客として立ち入らせること（午後十時以後翌日の午前零時前の時間において保護者が同伴する十八歳未満の者を客として立ち入らせる場合を除く。）。

六　営業所で二十歳未満の者に酒類又はたばこを提供すること。

第二十四条　特定遊興飲食店営業者は、営業所ごとに、当該営業所における業務の実施を統括管理する者のうちから、第三十一条の二十三において準用する第三項に規定する業務を行う者として、管理者一人を選任しなければならない。ただし、管理者として選任した者が欠けるに至つたときは、その日から十四日間は、管理者を選任しておかなくてもよい。

2　次の各号のいずれかに該当する者は、管理者となることができない。

一　未成年者

二　第三十一条の二十三において準用する第四条第一項第一号から第七号の二までのいずれかに該当する者

3　管理者は、当該営業所における業務の実施に関し、特定遊興飲食店営業者又はその代理人、使用人その他の従業者（以下「代理人等」という。）に対し、これらの者が法令の規定を遵守してその業務を実施するため必要な助言又は指導を行い、その他当該営業所における業務の適正な実施を確保するため必要な業務で国家公安委員会規則で定めるものを行うものとする。

4　特定遊興飲食店営業者又はその代理人は、管理者が第三十一条の二十三において準用する前項に規定する業務として行う助言を尊重しなければならず、特定遊興飲食店営業者の使用人その他の従業者は、管理者がその業務として行う指導に従わなければならない。

5　公安委員会は、管理者が第三十一条の二十三において準用する第二項第二号に該当すると認めたとき、又はその者がその職務に関し法令若しくはこの法律に基づく条例の規定に違反した場合において、その情状により管理者として不適当であると認めたときは、特定遊興飲食店営業者に対し、当該管理者の解任を勧告することができる。

6　公安委員会は、第三十一条の二十三において準用する第三項に規定する管理者の業務を適正に実施させるため必要があると認めるときは、国家公安委員会規則で定めるところにより、管理者に対する講習を行うことができる。

7　特定遊興飲食店営業者は、公安委員会からその選任に係る管理者について第三十一条の二十三において準用する前項の講習を行う旨の通知を受けたときは、当該管理者に講習を受けさせなければならない。

【参照】本条において準用する法四条二項＝施行令二二条・施行規則七五条・七六条
本条において準用する法四条三項＝施行令二三条・七条
本条において準用する法五条一項＝内閣府令一七条・一条・施行規則七七条
本条において準用する法五条二項＝施行規則七八条一項
本条において準用する法五条三項＝施行規則七九条・一一条
本条において準用する法五条四項＝施行規則八〇条・一二条
本条において準用する法七条一項＝施行規則八一条・一三条・八四条・一六条
本条において準用する法七条五項＝施行規則八五条・一七条
本条において準用する法七条六項＝施行規則八六条・一八条
本条において準用する法七条の二第一項＝施行規則八二条・一四条・八四条・一六条
本条において準用する法七条の二第三項＝施行規則八五条・一七条
本条において準用する法七条の三第一項＝施行規則八三条・一五条・八四条・一六条
本条において準用する法七条の三第三項＝施行規則八五条・一七条
本条において準用する法九条一項＝内閣府令一八条・二条・施行規則八七条・九〇条・一六条
本条において準用する法九条三項＝内閣府令一九条・三条・二〇条・四条・施行規則八八条
本条において準用する法九条四項＝施行規則九〇条・一六条
本条において準用する法九条五項＝内閣府令一九条・三条・施行規則八九条・八八条
本条において準用する法一〇条一項・三項＝施行規則九一条・一三条
本条において準用する法一〇条の二第一項＝施行規則九二条・二四条・九四条二項・二六条
本条において準用する法一〇条の二第二項＝内閣府令二一条・五条・施行規則九三条
本条において準用する法一〇条の二第三項＝施行規則九四条一項
本条において準用する法一〇条の二第四項＝施行規則九四条三項・一一条
本条において準用する法一〇条の二第五項＝施行規則九四条三項・一二条
本条において準用する法一〇条の二第七項・九項＝施行規則九四条三項・二三条
本条において準用する法一三条二項＝施行令二四条

本条において準用する法一三条三項＝施行規則九八条一項・二七条
本条において準用する法一三条四項＝施行規則九八条一項・二八条・二九条
本条において準用する法一四条＝施行規則九五条・九六条
本条において準用する法一五条＝施行令二五条
本条において準用する法一八条＝施行規則九八条二項・三五条
本条において準用する法二四条一項＝施行規則九七条一項・三七条
本条において準用する法二四条三項＝施行規則九七条二項・三八条
本条において準用する法二四条六項＝施行規則九七条三項・三九条・四〇条

【罰則】

本条において準用する法七条一項・七条の二　一項・七条の三　一項・一一条＝法四九条二号・三号〔二年以下の懲役・二百万円以下の罰金又は併科〕五六条
本条において準用する法九条一項・一〇条の二　一項・二二条一項四号―六号＝法五〇条一項一号―四号〔一年以下の懲役・百万円以下の罰金又は併科〕五六条
本条において準用する法二二条一項・四号＝法五〇条二項
本条において準用する法二二条一項一号・二号＝法五二条一号〔六月以下の懲役・百万円以下の罰金又は併科〕五六条
本条において準用する法五条一項・九条五項後段・一〇条の二　二項・二四条一項＝法五四条一号―三号・五号〔五十万円以下の罰金〕五六条
本条において準用する法六条・七条五項（本条において準用する七条の二　三項・七条の三　三項において準用する場合を含む。）・九条三項・一〇条一項・一〇条の二　七項＝法五五条一号―五号〔三十万円以下の罰金〕五六条
本条において準用する法七条六項・一〇条三項・一〇条の二　九項＝法五七条一号―三号〔十万円以下の過料〕

（指示）

第三十一条の二十四　公安委員会は、特定遊興飲食店営業者又はその代理人等が、当該営業に関し、法令又はこの法律に基づく条例の規定に違反した場合において、善良の風俗若しくは清浄な風俗環境を害し、又は少年の健全な育成に障害を及ぼすおそれがあると認めるときは、当該特定遊興飲食店営業者に対し、善良の風俗若しくは清浄な風俗環境を害する行為又は少年の健全な育成に障害を及ぼす行為を防止するため必要な指示をすることができる。

（営業の停止等）

第三十一条の二十五　公安委員会は、特定遊興飲食店営業者若しくはその代理人等が当該営業に関し法令若しくはこの法律に基づく条例の規定に違反した場合において著しく善良の風俗若しくは清浄な風俗環境を害し若しくは少年の健全な育成に障害を及ぼすおそれがあると認めるとき、又は特定遊興飲食店営業者がこの法律に基づく処分若しくは第三十一条の二十三において準用する第三条第二項の規定に基づき付された条件に違反したときは、当該特定遊興飲食店営業者に対し、当該特定遊興飲食店営業の許可を取

り消し、又は六月を超えない範囲内で期間を定めて当該特定遊興飲食店営業の全部若しくは一部の停止を命ずることができる。

2　公安委員会は、前項の規定により特定遊興飲食店営業の許可を取り消し、又は特定遊興飲食店営業の停止を命ずるときは、当該特定遊興飲食店営業を営む者に対し、当該施設を用いて営む飲食店営業について、六月（同項の規定により特定遊興飲食店営業の停止を命ずるときは、その停止の期間）を超えない範囲内で期間を定めて営業の全部又は一部の停止を命ずることができる。

【参照】一項・二項＝施行規則一一二条一項

【罰則】一項・二項＝法四九条四号（二年以下の懲役・二百万円以下の罰金又は併科）五六条

第二款　深夜における飲食店営業の規制等

（深夜における飲食店営業の規制等）

第三十二条　深夜において飲食店営業を営む者は、営業所の構造及び設備を、国家公安委員会規則で定める技術上の基準に適合するように維持しなければならない。

2　第十四条及び第十五条の規定は、深夜において飲食店営業を営む者について準用する。この場合において、これらの規定中「その営業」とあるのは、「その深夜における営業」と読み替えるものとする。

【準用後の第十四条及び第十五条】

第十四条　深夜において飲食店営業を営む者は、国家公安委員会規則で定めるところにより計つた営業所内の照度を、国家公安委員会規則で定める数値以下としてその深夜における営業を営んではならない。

第十五条　深夜において飲食店営業を営む者は、営業所周辺において、政令で定めるところにより、都道府県の条例で定める数値以上の騒音又は振動（人声その他その営業活動に伴う騒音又は振動に限る。）が生じないように、その深夜における営業を営まなければならない。

3　第二十二条第一項（第三号を除く。）の規定は、飲食店営業を営む者について準用する。この場合において、同項第一号及び第二号中「当該営業」とあるのは「当該営業（深夜における営業に限る。）」と、同項第四号中「業務」とあるのは「業務（少年の健全な育成に及ぼす影響が少ないものとして国家公安委員会規則で定める営業に係るものを除く。）」と、同項第五号中「十八歳未満」とあるのは「午後十時から翌日の午前六時までの時間において十八歳未満」と、「を営業所」とあるのは「を営業所（少年の健全な育成に及ぼす影響が少ないものとして国家公安委員会規則で定める営業に係るものを除く。）」と、「第二条第一項第五号の営業に係る営業所にあつては、午後十時から翌日の午前六時までの時間において客として立ち入らせること」とあるのは「保護者が同伴する十八歳未満の者を客として立ち入らせる場合を除く」と読み替えるものとする。

【準用後の第二十二条第一項（第三号を除く。）】

第二十二条　飲食店営業を営む者は、次に掲げる行為をしてはならない。

一　当該営業（深夜における営業に限る。）に関し客引きをすること。

二　当該営業（深夜における営業に限る。）に関し客引きをするため、道路その他公共の場所で、人の身辺に立ちふさがり、又はつきまとうこと。

四　営業所で午後十時から翌日の午前六時までの時間において十八歳未満の者を客に接する業務（少年の健全な育成に及ぼす影響が少ないものとして国家公安委員会規則で定める営業に係るものを除く。）に従事させること。

五　午後十時から翌日の午前六時までの時間において十八歳未満の者を営業所（少年の健全な育成に及ぼす影響が少ないものとして国家公安委員会規則で定める営業に係るものを除く。）に客として立ち入らせること（保護者が同伴する十八歳未満の者を客として立ち入らせる場合を除く。）。

六　営業所で二十歳未満の者に酒類又はたばこを提供すること。

【参照】一項＝施行規則九九条
二項において準用する法一四条＝施行規則一〇〇条・一〇一条
二項において準用する法一五条＝施行令二六条・一一条・施行規則三二条
三項において準用する法二二条一項四号・五号＝施行規則一〇二条

【罰則】三項において準用する法二二条一項四号―六号＝法五〇条一項四号〔一年以下の懲役・百万円以下の罰金又は併科〕五六条
三項において準用する法二二条一項四号＝法五〇条二項
三項において準用する法二二条一項一号・二号＝法五二条一号〔六月以下の懲役・百万円以下の罰金又は併科〕五六条

（深夜における酒類提供飲食店営業の届出等）

第三十三条　酒類提供飲食店営業を深夜において営もうとする者は、営業所ごとに、当該営業所の所在地を管轄する公安委員会に、次の事項を記載した届出書を提出しなければならない。

一　氏名又は名称及び住所並びに法人にあつては、その代表者の氏名

二　営業所の名称及び所在地

三　営業所の構造及び設備の概要

2　前項の届出書を提出した者は、当該営業を廃止したとき、又は同項各号（同項第二号に掲げる事項にあつては、営業所の名称に限る。）に掲げる事項に変更（内閣府令で定める軽微な変更を除く。）があつたときは、公安委員会に、廃止又は変更に係る事項その他の内閣府令で定める事項を記載した届出書を提出しなければならない。

3　前二項の届出書には、営業の方法を記載した書類その他の内閣府令で定める書類を添付しなければならない。

4　都道府県は、善良の風俗若しくは清浄な風俗環境を害する行為又は少年の健全な育成に障害を及ぼす行為を防止するため必要があるときは、政令で定める基準に従い条例で定めるところにより、地域を定めて、深夜において酒類提供飲食店営業を営むことを禁止することができる。

5　前項の規定に基づく条例の規定は、その規定の施行又は適用の際現に第一項の届出書を提出して深夜において酒類提供飲食店営業を営んでいる者の当該営業については、適用しない。

6　第十八条の二の規定は、酒類提供飲食店営業（午前六時から午後十時までの時間においてのみ営むものを除く。）を営む者について準用する。

【準用後の第十八条の二】

第十八条の二　酒類提供飲食店営業（午前六時から午後十時までの時間においてのみ営むものを除く。）を営む者は、その営業に関し、次に掲げる行為をしてはならない。

一　営業所で客に接する業務に従事する者（以下「接客従業者」という。）に対し、接客従業者でなくなつた場合には直ちに残存する債務を完済することを条件として、その支払能力に照らし不相当に高額の債務（利息制限法（昭和二十九年法律第百号）その他の法令の規定によりその全部又は一部が無効とされるものを含む。以下同じ。）を負担させること。

二　その支払能力に照らし不相当に高額の債務を負担させた接客従業者の旅券等（出入国管理及び難民認定法第二条第五号の旅券、道路交通法（昭和三十五年法律第百五号）第九十二条第一項の運転免許証その他求人者が求職者の本人確認のため通常提示を求める書類として政令で定めるものをいう。以下同じ。）を保管し、又は第三者に保管させること。

2　酒類提供飲食店営業（午前六時から午後十時までの時間においてのみ営むものを除く。）を営む者は、接客業務受託営業を営む者が当該接客業務受託営業に関し第三十五条の三の規定に違反する行為又は売春防止法第九条、第十条若しくは第十二条の罪に当たる違法な行為をしている疑いがあると認められるときは、当該接客業務受託営業を営む者の使用人その他の従業者で当該違反行為の相手方となつているものが営業所で客に接する業務に従事することを防止するため必要な措置をとらなければならない。

【参照】一項＝施行規則一〇三条一項・三項・一条

二項＝施行規則一〇四条・四二条・一条・内閣府令二二条・二三条・八条

三項＝内閣府令二四条・施行規則一〇三条二項

四項＝施行令二七条

【罰則】一項・三項＝法五四条六号〔五十万円以下の罰金〕五六条

二項・三項＝法五五条三号〔三十万円以下の罰金〕五六条

四項に基づく条例＝法五〇条一項一〇号〔一年以下の懲役・百万円以下の罰金又は併科〕五六条

（指示等）

第三十四条　公安委員会は、飲食店営業を営む者（以下この条において「飲食店営業者」という。）又はその代理人等が、当該営業に関し、法令又はこの法律に基づく条例の規定に違反した場合において、善良の風俗若しくは清浄な風俗環境を害し、又は少年の健全な育成に障害を及ぼすおそれがあると認めるときは、当該飲食店営業者に対し、善良の風俗若しくは清浄な風俗環境を害する行為又は少年の健全な育成に障害を及ぼす行為を防止するため必要な指示をすることができる。

2　公安委員会は、飲食店営業者若しくはその代理人等が当該営業に関し法令若しくはこの法律に基づく条例の規定に違反した場合において著しく善良の風俗若しくは清浄な風俗環境を害し若しくは少年の健全な育成に障害を及ぼすおそれがあると認めるとき、又は飲食店営業者がこの法律に基づく処分に違反したときは、当該飲食店営業者に対し、当該施設を用いて営む飲食店営業について、六月を超えない範囲内で期間を定めて営業の全部又は一部の停止を命ずることができる。

【参照】　一項・二項＝施行規則一一二条一項
【罰則】　二項＝法四九条四号〔二年以下の懲役・二百万円以下の罰金又は併科〕五六条

第三節　興行場営業の規制

（興行場営業の規制）
第三十五条　公安委員会は、興行場営業（第二条第六項第三号の営業を除く。第三十八条第二項において同じ。）を営む者又はその代理人等が、当該営業に関し、刑法第百七十四条若しくは第百七十五条の罪又は児童買春、児童ポルノに係る行為等の規制及び処罰並びに児童の保護等に関する法律第七条第二項から第八項までの罪を犯した場合においては、当該営業を営む者に対し、当該施設を用いて営む興行場営業について、六月を超えない範囲内で期間を定めて営業の全部又は一部の停止を命ずることができる。
【参照】　施行規則一一二条一項
【罰則】　法四九条四号〔二年以下の懲役・二百万円以下の罰金又は併科〕五六条

第四節　特定性風俗物品販売等営業の規制

（特定性風俗物品販売等営業の規制）
第三十五条の二　公安委員会は、店舗を設けて物品を販売し、若しくは貸し付ける営業（その販売し、又は貸し付ける物品が第二条第六項第五号の政令で定める物品を含むものに限るものとし、同号の営業に該当するものを除く。以下「特定性風俗物品販売等営業」という。）を営む者又はその代理人等が、当該特定性風俗物品販売等営業に関し、刑法第百七十五条の罪又は児童買春、児童ポルノに係る行為等の規制及び処罰並びに児童の保護等に関する法律第七条第二項から第八項までの罪を犯した場合においては、当該特定性風俗物品販売等営業を営む者に対し、当該施設を用いて営む特定性風俗物品販売等営業（第二条第六項第五号の政令で定める物品を販売し、又は貸し付ける部分に限る。）について、六月を超えない範囲内で期間を定めて営業の全部又は一部の停止を命ずることができる。
【参照】　施行令四条・施行規則一一二条一項
【罰則】　法四九条四号〔二年以下の懲役・二百万円以下の罰金又は併科〕五六条

第五節　接客業務受託営業の規制

（受託接客従業者に対する拘束的行為の規制等）
第三十五条の三　接客業務受託営業を営む者は、その営業に関し、次に掲げる行為をしてはならない。
一　当該接客業務受託営業を営む者の使用人その他の従業者で第二条第十三項に規定する業務の一部に従事するもの（以下この節において「受託接客従業者」という。）に対し、受託接客従業者でなくなつた場合には直ちに残存する債務を完済することを条件として、その支払能力に照らし不相当に高額の債務を負担させること。
二　その支払能力に照らし不相当に高額の債務を負担させた受託接客従業者の旅券等を保管し、又は第三者に保管させること。

（指示等）
第三十五条の四　接客業務受託営業を営む者又はその代理人等が、当該営業に関し、前条の規定に違反する行為をした場合において、善良の風俗若しくは清浄な風俗環境を害し、又は少年の健全な育成に障害を及ぼすおそれがあると認めるときは、当該違反行為が行われた時における事務所の所在地を管轄する公安委員会は、当該接客業務受託営業を営む者に対し、善良の風俗若しくは清浄な風俗環境を害する行為又は少年の健全な育成に障害を及ぼす行為を防止するため必要な指示をすることができる。

2　接客業務受託営業を営む者若しくはその代理人等が当該営業に関し刑法第二百二十三条の罪に当たる違法な行為その他の受託接客従業者に善良の風俗若しくは清浄な風俗環境を害し若しくは少年の健全な育成に障害を及ぼす行為を行わせる手段となるおそれがある重大な不正行為で政令で定めるものをしたとき、又は接客業務受託営業を営む者が前項の規定による指示に違反したときは、当該行為又は当該違反行為が行われた時における事務所の所在地を管轄する公安委員会は、当該接客業務受託営業を営む者に対し、六月を超えない範囲内で期間を定めて、当該営業の全部又は一部の停止を命ずることができる。

3　公安委員会は、接客業務受託営業を営む者に対し、第一項の規定による指示又は前項の規定による命令をしようとする場合において、当該処分に係る接客業務受託営業を営む者が事務所を他の公安委員会の管轄区域内に変更していたときは、当該処分に係る事案に関する弁明の機会の付与又は聴聞を終了している場合を除き、速やかに現に事務所の所在地を管轄する公安委員会に国家公安委員会規則で定める処分移送通知書を送付しなければならない。

4　前項の規定により処分移送通知書が送付されたときは、当該処分移送通知書の送付を受けた公安委員会は、次の各号に掲げる場合の区分に従い、それぞれ当該各号に定める処分をすることができるものとし、当該処分移送通知書を送付した公安委員会は、第一項及び第二項の規定にかかわらず、当該事案について、これらの規定による処分をすることができないものとする。

一　当該接客業務受託営業を営む者又はその代理人等が、当該営業に関し、前条の規定に違反する行為をした場合（善良の風俗若しくは清浄な風俗環境を害し、又は少年の健全な育成に障害を及ぼすおそれがあると認める場合に限る。）善良の風俗若しくは清浄な風俗環境を害する行為又は少年の健全な育成に障害を及ぼす行為を防止するため必要な指示をすること。

二　当該接客業務受託営業を営む者若しくはその代理人等が当該営業に関し第二項の政令で定める重大な不正行為をした場合又は接客業務受託営業を営む者が第一項の規定による指示に違反した場合　六月を超えない範囲内で期間を定めて、当該営業の全部又は一部の停止を命ずること。

5　第三項の規定は、公安委員会が前項の規定により処分をしようとする場合について準用する。

【準用後の第三十五条の四第三項】

第三十五条の四

3　公安委員会は、接客業務受託営業を営む者に対し、次項の規定により処分をしようとする場合において、当該処分に係る接客業務受託営業を営む者が事務所を他の公安委員会の管轄区域内に変更していたときは、当該処分に係る事案に関する弁明の機会の付与又は聴聞を終了している場合を除き、速やかに現に事務所の所在地を管轄する公安委員会に国家公安委員会規則で定める処分移送通知書を送付しなければならない。

【参照】　二項・四項二号＝施行令二八条
三項・五項＝施行規則一〇五条・五六条
一項・二項・四項＝施行規則一一二条一項

【罰則】　二項・四項二号＝法四九条四号（二年以下の懲役・二百万円以下の罰金又は併科）五六条

第五章　監督

（従業者名簿）

第三十六条　風俗営業者、店舗型性風俗特殊営業を営む者、無店舗型性風俗特殊営業を営む者、店舗型電話異性紹介営業を営む者、無店舗型電話異性紹介営業を営む者、特定遊興飲食店営業者、第三十三条第六項に規定する酒類提供飲食店営業を営む者及び深夜において飲食店営業（酒類提供飲食店営業を除く。）を営む者は、国家公安委員会規則で定めるところにより、営業所ごと（無店舗型性風俗特殊営業を営む者及び無店舗型電話異性紹介営業を営む者にあつては、事務所）に、従業者名簿を備え、これに当該営業に係る業務に従事する者の住所及び氏名その他内閣府令で定める事項を記載しなければならない。

【参照】　施行規則一〇六条・一〇七条・内閣府令二五条

【罰則】　法五三条三号〔百万円以下の罰金〕五六条

（接客従業者の生年月日等の確認）

第三十六条の二　接待飲食等営業を営む風俗営業者、店舗型性風俗特殊営業を営む者、無店舗型性風俗特殊営業を営む者、特定遊興飲食店営業者及び第三十三条第六項に規定する酒類提供飲食店営業を営む者は、当該営業に関し客に接する業務に従事させようとする者について次に掲げる事項を、当該事項を証する書類として内閣府令で定める書類により、確認しなければならない。

一　生年月日

二　国籍

三　日本国籍を有しない者にあつては、次のイ又はロのいずれかに掲げる事項

イ　出入国管理及び難民認定法第二条の二第一項に規定する在留資格及び同条第三項に規定する在留期間並びに同法第十九条第二項の許可の有無及び当該許可があるときはその内容

ロ　日本国との平和条約に基づき日本の国籍を離脱した者等の出入国管理に関する特例法（平成三年法律第七十一号）に定める特別永住者として永住することができる資格

2　接待飲食等営業を営む風俗営業者、店舗型性風俗特殊営業を営む者、無店舗型性風俗特殊営業を営む者、特定遊興飲食店営業者及び第三十三条第六項に規定する酒類提供飲食店営業を営む者は、前項の確認をしたときは、国家公安委員会規則で定めるところにより、当該確認に係る記録を作成し、これを保存しなければならない。

【参照】　一項＝内閣府令二六条
　　　　二項＝施行規則一〇八条

【罰則】　一・二項＝法五三条四号・五号〔百万円以下の罰金〕五六条

（報告及び立入り）

第三十七条　公安委員会は、この法律の施行に必要な限度において、風俗営業者、性風俗関連特殊営業を営む者、特定遊興飲食店営業者、第三十三条第六項に規定する酒類提供飲食店営業を営む者、深夜において飲食店営業（酒類提供飲食店営業を除く。）を営む者又は接客業務受託営業を営む者に対し、その業務に関し報告又は資料の提出を求めることができる。

2　警察職員は、この法律の施行に必要な限度において、次に掲げる場所に立ち入ることができる。ただし、第一号、第二号又は第四号から第七号までに掲げる営業所に設けられている個室その他これに類する施設で客が在室するものについては、この限りでない。

一　風俗営業の営業所

二　店舗型性風俗特殊営業の営業所

三　第二条第七項第一号の営業の事務所、受付所又は待機所

四　店舗型電話異性紹介営業の営業所
五　特定遊興飲食店営業の営業所
六　第三十三条第六項に規定する酒類提供飲食店営業の営業所
七　前各号に掲げるもののほか、設備を設けて客に飲食をさせる営業の営業所（深夜において営業しているものに限る。）
3　前項の規定により警察職員が立ち入るときは、その身分を示す証明書を携帯し、関係者に提示しなければならない。
4　第二項の規定による権限は、犯罪捜査のために認められたものと解してはならない。
【参照】三項＝施行規則一〇九条
【罰則】一項・二項＝法五三条六号・七号〔百万円以下の罰金〕
五六条

第六章　雑則

（少年指導委員）
第三十八条　公安委員会は、次に掲げる要件を満たしている者のうちから、少年指導委員を委嘱することができる。
一　人格及び行動について、社会的信望を有すること。
二　職務の遂行に必要な熱意及び時間的余裕を有すること。
三　生活が安定していること。
四　健康で活動力を有すること。
2　少年指導委員は、風俗営業及び性風俗関連特殊営業等（性風俗関連特殊営業、特定遊興飲食店営業、飲食店営業、興行場営業、特定性風俗物品販売等営業及び接客業務受託営業をいう。第三号において同じ。）に関し、次に掲げる職務を行う。
一　飲酒若しくは喫煙をしている少年、風俗営業、店舗型性風俗特殊営業、店舗型電話異性紹介営業若しくは特定遊興飲食店営業の営業所若しくは第二条第七項第一号の営業の受付所に客として出入りし、又はこれらの営業所若しくは受付所の付近をはいかいしている十八歳未満の者その他少年の健全な育成の観点から障害があると認められる行為を行つている少年の補導を行うこと。
二　風俗営業若しくは性風俗関連特殊営業等を営む者又はその代理人等に対し、少年の健全な育成に障害を及ぼす行為を防止するために必要な助言を行うこと。
三　少年の健全な育成に障害を及ぼす行為により被害を受けた少年に対し、助言及び指導その他の援助を行うこと。
四　少年の健全な育成に資するための地方公共団体の施策及び民間団体の活動への協力を行うこと。
五　前各号に掲げるもののほか、少年の健全な育成に障害を及ぼす行為を防止し、又は少年の健全な育成に資するための活動で国家公安委員会規則で定めるものを行うこと。
3　少年指導委員又は少年指導委員であつた者は、職務に関して知り得た秘密を漏らしてはならない。
4　少年指導委員は、名誉職とする。
5　公安委員会は、少年指導委員に対し、その職務の遂行に必要な研修を行うものとする。
6　公安委員会は、少年指導委員が次の各号のいずれかに該当するときは、これを解嘱することができる。
一　第一項各号のいずれかの要件を欠くに至つたとき。
二　職務上の義務に違反し、又はその職務を怠つたとき。
三　少年指導委員たるにふさわしくない非行のあつたとき。
【参照】二項五号・五項・六項＝少年指導委員規則（昭六〇・一・一一国公委規則二）
【罰則】三項＝法五一条〔一年以下の懲役・百万円以下の罰金〕

第三十八条の二　公安委員会は、少年の健全な育成に障害を及ぼす行為を防止するため必要があると認めるときは、この法律の施行に必要な限度において、少年指導委員に、第三十七条第二項各号に掲げる場所に立ち入らせることができる。ただし、同項第一号、第二号又は第四号から第七号までに掲げる営業所に設けられている個室その他これに類する施設で客が在室するものについては、この限りでない。

2　公安委員会は、前項の規定による立入りをさせるときは、少年指導委員に対し、当該立入りの場所その他必要な事項を示してこれを実施すべきことを指示するものとする。

3　少年指導委員は、前項の指示に従つて第一項の規定による立入りをしたときは、その結果を公安委員会に報告しなければならない。

4　第一項の規定による立入りをする少年指導委員は、その身分を示す証明書を携帯し、関係者に提示しなければならない。

5　第一項の規定による権限は、犯罪捜査のために認められたものと解してはならない。

【罰則】　一項＝法五三条七号〔百万円以下の罰金〕五六条

第三十八条の三　前二条に定めるもののほか、少年指導委員に関し必要な事項は、国家公安委員会規則で定める。

【参照】　少年指導委員規則（昭六〇・一一・一一国公委規則二）

（風俗環境保全協議会）

第三十八条の四　公安委員会は、国家公安委員会規則で定めるところにより、風俗営業、特定遊興飲食店営業又は第三十三条第六項に規定する酒類提供飲食店営業の営業所が集中している地域その他の特に良好な風俗環境の保全を図る必要があるものとして都道府県の条例で定める地域ごとに、当該地域を管轄する警察署長、当該地域の風俗営業若しくは特定遊興飲食店営業の営業所の管理者又は当該酒類提供飲食店営業を営む者、少年指導委員、地域住民その他の関係者により構成される風俗環境保全協議会（以下この条において「協議会」という。）を置くように努めるものとする。

2　協議会は、風俗営業、特定遊興飲食店営業又は第三十三条第六項に規定する酒類提供飲食店営業に関し、地域における良好な風俗環境の保全に障害を及ぼすおそれのある事項についての情報を共有し、関係者の連携の緊密化を図るとともに、地域における良好な風俗環境の保全に対するこれらの営業による悪影響を排除するために必要な対策について協議を行うものとする。

3　協議会の事務に従事する者又は当該者であつた者は、当該事務に関して知り得た秘密を漏らしてはならない。

4　前三項に定めるもののほか、協議会の組織及び運営に関し必要な事項は、協議会が定める。

【参照】　一項＝施行規則一一〇条

【罰則】　三項＝法五一条〔一年以下の懲役・百万円以下の罰金〕

（都道府県風俗環境浄化協会）

第三十九条　公安委員会は、善良の風俗の保持及び風俗環境の浄化並びに少年の健全な育成を図ることを目的とする一般社団法人又は一般財団法人であつて、次項に規定する事業を適正かつ確実に行うことができると認められるものを、その申出により、都道府県に一を限つて、都道府県風俗環境浄化協会（以下「都道府県協会」という。）として指定することができる。

2　都道府県協会は、当該都道府県の区域内において、次に掲げる事業を行うものとする。

一　風俗環境に関する苦情を処理すること。

二　この法律に違反する行為を防止するための啓発活動を行うこと。
三　少年指導委員の活動を助けること。
四　善良の風俗の保持及び風俗環境の浄化並びに少年の健全な育成に資するための民間の自主的な組織活動を助けること。
五　公安委員会の委託を受けて第二十四条第六項（第三十一条の二十三において準用する場合を含む。）の講習を行うこと。
六　公安委員会の委託を受けて第三条第一項又は第三十一条の二十二の許可の申請に係る営業所に関し、第四条第二項第一号若しくは第二号又は同条第三項第二号から第四号まで（これらの規定を第三十一条の二十三において準用する場合を含む。）に該当する事由の有無について調査すること。
七　公安委員会の委託を受けて第九条第一項（第三十一条の二十三において準用する場合を含む。）の承認又は第十条の二第一項（第三十一条の二十三において準用する場合を含む。）の認定の申請に係る営業所の構造及び設備が第四条第二項第一号（第三十一条の二十三において準用する場合を含む。）の技術上の基準に適合しているか否かについて調査すること。
八　前各号の事業に附帯する事業

3　公安委員会は、都道府県協会の財産の状況又はその事業の運営に関し改善が必要であると認めるときは、都道府県協会に対し、その改善に必要な措置を採るべきことを命ずることができる。

4　公安委員会は、都道府県協会が前項の規定による命令に違反したときは、第一項の指定を取り消すことができる。

5　都道府県協会の役員若しくは職員又はこれらの職にあつた者は、第二項第六号又は第七号の規定による調査の業務（次項において「調査業務」という。）に関して知り得た秘密を漏らしてはならない。

6　調査業務に従事する都道府県協会の役員又は職員は、刑法その他の罰則の適用に関しては、法令により公務に従事する職員とみなす。

7　都道府県協会の指定の手続その他都道府県協会に関し必要な事項は、国家公安委員会規則で定める。

【参照】　三項・四項＝施行規則一二二条一項
七項＝風俗環境浄化協会等に関する規則（昭六〇・一一・一一国公委規則三）

【罰則】　五項＝法五二条［一年以下の懲役・百万円以下の罰金］

（全国風俗環境浄化協会）

第四十条　国家公安委員会は、都道府県協会の健全な発達を図るとともに、善良の風俗の保持及び風俗環境の浄化並びに少年の健全な育成を図ることを目的とする一般社団法人又は一般財団法人であつて、次項に規定する事業を適正かつ確実に行うことができると認められるものを、その申出により、全国に一を限つて、全国風俗環境浄化協会（以下「全国協会」という。）として指定することができる。

2　全国協会は、次に掲げる事業を行うものとする。
一　風俗環境に関する苦情の処理に係る業務を担当する者その他都道府県協会の業務を行う者に対する研修を行うこと。
二　この法律に違反する行為を防止するための二以上の都道府県の区域における啓発活動を行うこと。
三　少年の健全な育成に及ぼす風俗環境の影響に関する調査研究を行うこと。
四　都道府県協会の事業について、連絡調整を図ること。
五　前各号の事業に附帯する事業

3　前条第三項、第四項及び第七項の規定は、全国協会について準用する。この場合において、同条第三項中「公安委員会」とあるのは「国家公安委員会」と、同条第四項中「公安委員会」とあるのは「国家公安委員会」と、「第一項」とあるのは「次条第一項」と読み替えるものとする。

【準用後の第三十九条第三項、第四項及び第七項】

第三十九条

3　国家公安委員会は、全国協会の財産の状況又はその事業の運営に関し改善が必要であると認めるときは、全国協会に対し、その改善に必要な措置を採るべきことを命ずることができる。

4　国家公安委員会は、全国協会が前項の規定による命令に違反したときは、次条第一項の指定を取り消すことができる。

7　全国協会の指定の手続その他全国協会に関し必要な事項は、国家公安委員会規則で定める。

【参照】　三項において準用する法三九条七項＝風俗環境浄化協会等に関する規則（昭六〇・一一・一一国公委規則三）

（聴聞の特例）

第四十一条　公安委員会は、第二十六条、第三十条第一項若しくは第三項、第三十一条の五第一項、第三十一条の六第二項第二号、第三十一条の十五第一項、第三十一条の二十、第三十一条の二十一第二項第二号、第三十一条の二十五、第三十四条第二項、第三十五条、第三十五条の二若しくは第三十五条の四第二項若しくは第四項第二号の規定により営業の停止を命じ、又は第三十条第二項、第三十一条の五第二項、第三十一条の六第二項第三号若しくは第三十一条の十五第二項の規定により営業の廃止を命じようとするときは、行政手続法（平成五年法律第八十八号）第十三条第一項の規定による意見陳述のための手続の区分にかかわらず、聴聞を行わなければならない。

2　第八条（第三十一条の二十三において準用する場合を含む。第四項及び次条において同じ。）、第十条の二第六項（第三十一条の二十三において準用する場合を含む。第四項において同じ。）、第二十六条、第三十条、第三十一条の五第一項若しくは第二項、第三十一条の六第二項第二号若しくは第三号、第三十一条の十五、第三十一条の二十、第三十一条の二十一第二項第二号、第三十一条の二十五、第三十四条第二項、第三十五条、第三十五条の二、第三十五条の四第二項若しくは第四項第二号又は第三十九条第四項（前条第三項において準用する場合を含む。）の規定による処分に係る聴聞を行うに当たつては、その期日の一週間前までに、行政手続法第十五条第一項の規定による通知をし、かつ、聴聞の期日及び場所を公示しなければならない。

3　前項の通知を行政手続法第十五条第三項に規定する方法によつて行う場合においては、同条第一項の規定により聴聞の期日までにおくべき相当な期間は、二週間を下回つてはならない。

4　第八条、第十条の二第六項、第二十六条、第三十条、第三十一条の五第一項若しくは第二項、第三十一条の六第二項第二号若しくは第三号、第三十一条の十五、第三十一条の二十、第三十一条の二十一第二項第二号、第三十一条の二十五、第三十四条第二項、第三十五条、第三十五条の二、第三十五条の四第二項若しくは第四項第二号又は第三十九条第四項（前条第三項において準用する場合を含む。）の規定による処分に係る聴聞の期日における審理は、公開により行わなければならない。

【参照】　二項＝施行規則一一一条

（行政手続法の適用除外）

第四十一条の二　公安委員会がそのあらかじめ指定する医師の診断に基づき第四条第一項第四号（第三十一条の二十三において準用する場合を含む。）に該当すると認めた者について行う第八条の規定による処分については、行政手続法第三章（第十二条及び第十四条を除く。）の規定は、適用しない。

（国家公安委員会への報告等）

第四十一条の三　公安委員会は、次の各号に掲げる場合のいずれかに該当するときは、国家公安委員会規則で定める事項を国家公安委員会に報告しなければならない。この場合において、国家公安委員会は、当該報告に係る事項を各公安委員会に通報するものとする。

一　第三条第一項若しくは第三十一条の二十二の許可若しくは第七条第一項、第七条の二第一項若しくは第七条の三第一項（これらの規定を第三十一条の二十三において準用する場合を含む。）の承認をし、又は第三十一条の二第一項、同条第二項（第三十一条の七第二項及び第三十一条の十七第二項において準用する場合を含む。）、第三十一条の七第一項若しくは第三十一条の十七第一項の届出書を受理した場合

二　第二十五条、第二十六条第一項、第三十一条の四第一項、第三十一条の五第一項若しくは第二項、第三十一条の六第二項、第三十一条の九第一項、第三十一条の十、第三十一条の十一第二項、第三十一条の十九第一項、第三十一条の二十、第三十一条の二十一第二項、第三十一条の二十四、第三十一条の二十五第一項又は第三十五条の四第一項、第二項若しくは第四項の規定による処分をした場合

2　前項に規定するもののほか、公安委員会は、風俗営業者、無店舗型性風俗特殊営業、映像送信型性風俗特殊営業若しくは無店舗型電話異性紹介営業を営む者、特定遊興飲食店営業者若しくは接客業務受託営業を営む者若しくはこれらの代理人等が同項第二号に規定する処分の事由となる行為若しくは違反行為をし、又は風俗営業者、無店舗型性風俗特殊営業、映像送信型性風俗特殊営業若しくは無店舗型電話異性紹介営業を営む者、特定遊興飲食店営業者若しくは接客業務受託営業を営む者が同号に規定する処分に違反したと認める場合には、風俗営業若しくは特定遊興飲食店営業の営業所の所在地又は当該行為若しくは当該違反行為が行われた時における無店舗型性風俗特殊営業、映像送信型性風俗特殊営業、無店舗型電話異性紹介営業若しくは接客業務受託営業の事務所の所在地を管轄する公安委員会に対し、国家公安委員会規則で定める事項を通報しなければならない。

【参照】一項＝施行令三〇条・施行規則一一三条一項
　　　　二項＝施行規則一一三条二項

（飲食店営業等の停止の通知）

第四十二条　公安委員会は、第二十六条第二項、第三十一条の二十五第二項若しくは第三十四条第二項の規定により飲食店営業に係る営業の全部若しくは一部の停止を命じたとき、第三十条第三項の規定により浴場業営業、興行場営業、旅館業若しくは住宅宿泊事業に係る営業の全部若しくは一部の停止を命じたとき、又は第三十五条の規定により興行場営業に係る営業の全部若しくは一部の停止を命じたときは、速やかに、当該営業の所轄庁に処分の内容及び理由を通知しなければならない。

（手数料）

第四十三条　都道府県は、第三条第一項の許可又は第二十条第十項において準用する第九条第一項の承認に係る手数料の徴収については、政令で定める者から、実費を勘案して政令で定める額（第

四条第四項に規定する営業に係る営業所に設置する遊技機に第二十条第二項の認定を受けた遊技機以外の遊技機（同条第四項の検定を受けた型式に属するものを除く。）がある場合にあつては、実費の範囲内において同条第八項の政令で定める認定の事務に係る手数料の額を勘案して政令で定める額）を徴収することを標準として条例を定めなければならない。

【参照】　施行令二九条

（風俗営業者の団体等）

第四十四条　風俗営業者が風俗営業の業務の適正化と風俗営業の健全化を図ることを目的として組織する団体及び特定遊興飲食店営業者が特定遊興飲食店営業の業務の適正化と特定遊興飲食店営業の健全化を図ることを目的として組織する団体は、その成立の日から三十日以内に、内閣府令で定めるところにより、国家公安委員会又は公安委員会に、名称、事務所の所在地その他の内閣府令で定める事項を届け出なければならない。

2　国家公安委員会又は公安委員会は、前項の規定による届出をした団体の自主的な活動の促進を図るため、必要な助言、指導その他の措置を講ずるように努めなければならない。

【参照】　一項＝施行令三〇条・内閣府令二七条―二九条

（警察庁長官への権限の委任）

第四十五条　この法律又はこの法律に基づく命令の規定により国家公安委員会の権限に属する事務は、政令で定めるところにより、警察庁長官に委任することができる。

【参照】　施行令三〇条

（方面公安委員会への権限の委任）

第四十六条　この法律又はこの法律に基づく政令の規定により道公安委員会の権限に属する事務は、政令で定めるところにより、方面公安委員会に委任することができる。

【参照】　施行令三一条

（経過措置）

第四十七条　この法律の規定に基づき命令又は条例を制定し、又は改廃する場合においては、それぞれ命令又は条例で、その制定又は改廃に伴い合理的に必要とされる範囲内において、所要の経過措置（罰則に関する経過措置を含む。）を定めることができる。

【参照】　施行令附則二項、施行規則附則二項―六項、風俗営業等の規制及び業務の適正化等に関する法律施行令附則第二項に基づく型式の指定に係る都道府県公安委員会規則の基準を定める規則（昭六〇・二・一二国公委規則六）

（国家公安委員会規則への委任）

第四十八条　この法律に定めるもののほか、この法律の実施のための手続その他この法律の施行に関し必要な事項は、国家公安委員会規則で定める。

第七章　罰則

第四十九条　次の各号のいずれかに該当する者は、二年以下の懲役若しくは二百万円以下の罰金に処し、又はこれを併科する。

一　第三条第一項の規定に違反して同項の許可を受けないで風俗営業を営んだ者

二　偽りその他不正の手段により第三条第一項若しくは第三十一条の二十二の許可又は第七条第一項、第七条の二第一項若しくは第七条の三第一項（これらの規定を第三十一条の二十三において準用する場合を含む。）の承認を受けた者

三　第十一条（第三十一条の二十三において準用する場合を含む。）の規定に違反した者

四　第二十六条、第三十条、第三十一条の五第一項若しくは第二項、第三十一条の六第二項第二号若しくは第三号、第三十一条の十五、第三十一条の二十、第三十一条の二十一第二項第二号、第三十一条の二十五、第三十四条第二項、第三十五条、第三十五条の二又は第三十五条の四第二項若しくは第四項第二号の規定による公安委員会の処分に違反した者

五　第二十八条第一項（第三十一条の三第二項の規定により適用する場合及び第三十一条の十三第一項において準用する場合を含む。）の規定に違反した者

六　第二十八条第二項（第三十一条の三第二項の規定により適用する場合及び第三十一条の十三第一項において準用する場合を含む。）の規定に基づく都道府県の条例の規定に違反した者

七　第三十一条の二十二の規定に違反して同条の許可を受けないで特定遊興飲食店営業を営んだ者

第五十条　次の各号のいずれかに該当する者は、一年以下の懲役若しくは百万円以下の罰金に処し、又はこれを併科する。

一　第九条第一項（第二十条第十項及び第三十一条の二十三において準用する場合を含む。以下この号及び次号において同じ。）の規定に違反して第九条第一項の承認を受けないで営業所の構造又は設備（第四条第四項に規定する遊技機を含む。）の変更をした者

二　偽りその他不正の手段により第九条第一項の承認を受けた者

三　偽りその他不正の手段により第十条の二第一項（第三十一条の二十三において準用する場合を含む。）の認定を受けた者

四　第二十二条第一項第三号の規定又は同項第四号から第六号まで（これらの規定を第三十一条の二十三及び第三十二条第三項において準用する場合を含む。）の規定に違反した者

五　第二十八条第十二項第三号の規定又は同項第四号若しくは第五号（これらの規定を第三十一条の三第二項の規定により適用する場合を含む。）の規定に違反した者

六　第三十一条の三第三項第一号の規定に違反した者

七　第三十一条の十又は第三十一条の十一第二項第二号の規定による公安委員会の命令に従わなかつた者

八　第三十一条の十三第二項第三号から第六号までの規定に違反した者

九　第三十一条の十八第二項第二号の規定に違反した者

十　第三十三条第四項の規定に基づく都道府県の条例の規定に違反した者

2　第二十二条第一項第三号若しくは第四号（第三十一条の二十三及び第三十二条第三項において準用する場合を含む。）、第二十八条第十二項第三号、第三十一条の三第三項第一号、第三十一条の十三第二項第三号若しくは第四号又は第三十一条の十八第二項第一号に掲げる行為をした者は、当該十八歳未満の者の年齢を知らないことを理由として、前項の規定による処罰を免れることができない。ただし、過失のないときは、この限りでない。

第五十一条　第二十条第六項、第三十八条第三項、第三十八条の四第三項又は第三十九条第五項の規定に違反した者は、一年以下の懲役又は百万円以下の罰金に処する。

第五十二条　次の各号のいずれかに該当する者は、六月以下の懲役若しくは百万円以下の罰金に処し、又はこれを併科する。

一　第二十二条第一項第一号若しくは第二号（これらの規定を第三十一条の二十三及び第三十二条第三項において準用する場合を含む。）、第二十八条第十二項第一号若しくは第二号（これらの規定を第三十一条の三第二項の規定により適用する場合を含

む。）又は第三十一条の十三第二項第一号若しくは第二号の規定に違反した者

二　第二十三条第一項第一号又は第二号の規定に違反した者

三　第二十三条第二項の規定に違反した者

四　第二十七条第一項、第三十一条の二第一項、第三十一条の七第一項、第三十一条の十二第一項又は第三十一条の十七第一項の届出書を提出しないで性風俗関連特殊営業を営んだ者

五　前号に規定する届出書又はこれらの届出書に係る第二十七条第三項（第三十一条の十二第二項において準用する場合を含む。）若しくは第三十一条の二第三項（第三十一条の七第二項及び第三十一条の十七第二項において準用する場合を含む。）の添付書類であつて虚偽の記載のあるものを提出した者

第五十三条　次の各号のいずれかに該当する者は、百万円以下の罰金に処する。

一　第二十七条の二又は第三十一条の二の二の規定に違反した者

二　第二十八条第五項（第三十一条の三第一項、第三十一条の八第一項、第三十一条の十三第一項及び第三十一条の十八第一項において準用する場合を含む。）の規定に違反した者

三　第三十六条の規定に違反して、従業者名簿を備えず、又はこれに必要な記載をせず、若しくは虚偽の記載をした者

四　第三十六条の二第一項の規定に違反した者

五　第三十六条の二第二項の規定に違反して、記録を作成せず、若しくは虚偽の記録を作成し、又は記録を保存しなかつた者

六　第三十七条第一項の規定に違反して、報告をせず、若しくは資料を提出せず、又は同項の報告若しくは資料の提出について虚偽の報告をし、若しくは虚偽の資料を提出した者

七　第三十七条第二項又は第三十八条の二第一項の規定による立入りを拒み、妨げ、又は忌避した者

第五十四条　次の各号のいずれかに該当する者は、五十万円以下の罰金に処する。

一　第五条第一項（第三十一条の二十三において準用する場合を含む。）の許可申請書又は添付書類であつて虚偽の記載のあるものを提出した者

二　第九条第五項後段（第三十一条の二十三において準用する場合を含む。以下この号において同じ。）の規定に違反して、届出書を提出せず、又は同項後段の届出書若しくは添付書類であつて虚偽の記載のあるものを提出した者

三　第十条の二第二項（第三十一条の二十三において準用する場合を含む。）の認定申請書又は添付書類であつて虚偽の記載のあるものを提出した者

四　第二十三条第一項第三号又は第四号（これらの規定を同条第三項において準用する場合を含む。）の規定に違反した者

五　第二十四条第一項（第三十一条の二十三において準用する場合を含む。）の規定に違反した者

六　第二十七条第二項（第三十一条の十二第二項において準用する場合を含む。以下この号において同じ。）、第三十一条の二第二項（第三十一条の七第二項及び第三十一条の十七第二項において準用する場合を含む。以下この号において同じ。）又は第三十三条第一項の規定に違反して、届出書を提出せず、又は第二十七条第二項、第三十一条の二第二項若しくは第三十三条第一項の届出書若しくはこれらの届出書に係る第二十七条第三項（第三十一条の十二第二項において準用する場合を含む。）、第三十一条の二第三項（第三十一条の七第二項及び第三十一条の十七第二項において準用する場合を含む。）若しくは第三十一条の三十

条第三項の添付書類であつて虚偽の記載のあるものを提出した者

第五十五条 次の各号のいずれかに該当する者は、三十万円以下の罰金に処する。

一 第六条（第三十一条の二十三において準用する場合を含む。）の規定に違反した者

二 第七条第五項（第七条の二第三項及び第七条の三第三項（これらの規定を第三十一条の二十三において準用する場合を含む。）並びに第三十一条の二十三において準用する場合を含む。）の規定に違反した者

三 第九条第三項（第二十条第十項及び第三十一条の二十三において準用する場合を含む。以下この号において同じ。）又は第三十三条第二項の規定に違反して、届出書を提出せず、又は第九条第三項若しくは第三十三条第二項の届出書若しくはこれらの届出書に係る第九条第三項若しくは第三十三条第三項の添付書類であつて虚偽の記載のあるものを提出した者

四 第十条第一項（第三十一条の二十三において準用する場合を含む。）の規定に違反した者

五 第十条の二第七項（第三十一条の二十三において準用する場合を含む。）の規定に違反した者

六 第三十一条第四項（第三十一条の五第三項及び第三十一条の六第三項において準用する場合を含む。）又は第三十一条の十六第四項の規定に違反した者

第五十六条 法人の代表者、法人又は人の代理人、使用人その他の従業者が、法人又は人の営業に関し、第四十九条、第五十条第一項又は第五十二条から前条までの違反行為をしたときは、行為者を罰するほか、その法人又は人に対し、各本条の罰金刑を科する。

第五十七条 次の各号のいずれかに該当する者は、十万円以下の過料に処する。

一 第七条第六項（第三十一条の二十三において準用する場合を含む。）の規定に違反した者

二 第十条第三項（第三十一条の二十三において準用する場合を含む。）の規定に違反した者

三 第十条の二第九項（第三十一条の二十三において準用する場合を含む。）の規定に違反した者

附　則

1 この法律は、昭和二十三年九月一日から、これを施行する。

2 昭和二十二年十二月三十一日以前において、風俗営業の取締に関する庁府県令の規定により営業の許可を受けた者が、この法律施行の日まで引き続き風俗営業を営んでいる場合には、その者は第三条の規定による許可を受けた者とみなす。

3 前項に規定する者は、都道府県が条例で定めるところにより、公安委員会に、必要な届出をしなければならない。

4 前二項に規定する者が、第三条の規定に基く都道府県の条例の規定に適合しない場合においては、公安委員会は、その者に対し、営業所の構造設備の変更その他の命令をすることができる。この場合において、営業者が当該命令に従わないときは、公安委員会は、営業の許可を取り消し又は営業の停止を命ずることができる。

5 この法律施行の際現に風俗営業を営む者で、第二項に規定する者以外の者は、この法律施行の日から三十日の間は第二条の規定による許可を受けた者とみなす。

附　則〔昭和二九・五・一三法律九五抄〕

改正　昭和三〇・八・一　法律一一二

（施行期日）

1　この法律は、〔中略〕入場税法（昭和二十九年法律第九十六号）施行の日〔昭二九・五・一八〕から〔中略〕施行する。

38　この法律の施行前にした行為に対する罰則の適用については、なお、従前の例による。

53　前項の規定施行の際現に風俗営業取締法第二条第一項の許可を受けている者に関する改正後の同法同条第三項の規定の適用については、前項の規定施行の日に同法同条第一項の許可があつたものとみなす。

附　則〔昭和二九・六・八法律一六三抄〕

（施行期日）

1　この法律〔中略〕は、警察法（昭和二十九年法律第百六十二号。同法附則第一項但書に係る部分を除く。）の施行の日〔昭二九・七・一〕から施行する。

（都道府県公安委員会等の許可等の経過規定）

2　この法律の施行の際、改正前〔中略〕の規定により都道府県公安委員会、市町村公安委員会又は特別区公安委員会の行つた許可、免許、取消、停止その他の処分で現にその効力を有するものは、改正後の相当規定により都道府県公安委員会のした処分とみなす。但し、当該処分に期限が附されている場合においては、当該処分の期限は、改正前のこれらの法令の規定により処分がなされた日から起算するものとする。

（都道府県公安委員会等に対する申請等の経過規定）

3　この法律の施行の際、改正前〔中略〕の規定により都道府県公安委員会、市町村公安委員会又は特別区公安委員会に対してなされた許可、免許その他の処分の申請、届出その他の手続は、改正後の相当規定によりなされたものとみなす。但し、改正前のこれらの法令の規定による許可、免許その他の処分の申請の際すでに納付された手数料の帰属については、改正後のこれらの法令の規定にかかわらず、なお従前の例による。

7　この法律の施行後一年間は、この法律による改正後の法律の規定中「都道府県公安委員会」とあるのは「都道府県公安委員会又は市公安委員会」と、「都道府県警察」とあるのは「都道府県警察又は市警察」と、「道府県警察本部長」とあるのは「道府県警察本部長又は市警察本部長」と読み替えるものとする。

8　この法律の施行後一年間は、この法律による改正後の〔中略〕風俗営業取締法第二条の二〔中略〕中「都道府県」とあるのは、「都道府県又は市」と読み替えるものとする。

9　この法律の施行後一年間は、この法律の附則第二項中「都道府県公安委員会のした処分」とあるのは「都道府県公安委員会又は市公安委員会のした処分」と〔中略〕読み替えるものとする。

附　則〔昭和三〇・七・四法律五一抄〕

（施行期日）

1　この法律の施行期日は、公布の日から起算して三月をこえない範囲内において政令で定める。

〔昭三〇政一六七により、昭三〇・一〇・一から施行〕

附　則〔昭和三〇・七・二〇法律七六〕

1　この法律は、公布の日から施行する。

2　この法律の施行前にした行為に対する罰則の適用については、なお従前の例による。

附　則〔昭和三四・二・一〇法律二〕

（施行期日）

1　この法律は、公布の日から起算して三月をこえない範囲内において政令で定める日から施行する。

〔昭三四政一一八により、昭三四・四・一から施行〕

（経過規定）

2　この法律の施行の際現にこの法律による改正後の第一条第五号又は第六号に掲げる営業を営んでいる者は、この法律の施行の日から起算して三十日間は、第二条第一項の規定による許可を受けたものとみなす。

3　この法律の施行前にした行為に対する罰則の適用については、なお従前の例による。

4・5　〔他の法令改正に付き略〕

附　則〔昭和三九・五・一法律七七〕

1　この法律は、公布の日から起算して三月を経過した日から施行する。

2　この法律の施行前に法令又は改正前の第三条若しくは第四条の二第一項の規定に基づく都道府県の条例に違反した行為に対する公安委員会の処分については、なお従前の例による。

附　則〔昭和四一・六・三〇法律九一〕

この法律は、昭和四十一年七月一日から施行する。

附　則〔昭和四七・七・五法律一一六〕

この法律は、公布の日から施行する。

附　則〔昭和五〇・一二・二六法律九〇抄〕

（施行期日）

1　この法律〔中略〕は、公布の日から起算して十日を経過した日から施行する。

（経過措置）

3　この法律（附則第一項ただし書に規定する規定については、当該規定）の施行前にした行為に対する罰則の適用については、なお従前の例による。

附　則〔昭和五三・五・一法律三八抄〕

1　この法律は、公布の日から施行する。〔以下略〕

附　則〔昭和五六・五・三〇法律五八抄〕

1　この法律は、公布の日から施行する〔以下略〕

附　則〔昭和五七・七・二三法律六九抄〕

（施行期日等）

1　この法律は、公布の日から施行する。〔以下略〕

（経過措置）

9　この法律〔中略〕の施行前にした行為〔中略〕に対する罰則の適用については、なお従前の例による。

附　則〔昭和五九・八・一四法律七六〕

（施行期日）

第一条　この法律は、公布の日から起算して六月を超えない範囲内において政令で定める日から施行する。

〔昭五九政三一八により、昭六〇・二・一三から施行〕

（新たに風俗営業に該当することとなる営業に関する経過措置）

第二条　この法律の施行の際現に改正後の風俗営業等の規制及び業務の適正化等に関する法律（以下「新法」という。）第二条第一項第八号の規定により新たに風俗営業に該当することとなる営業を営んでいる者は、この法律の施行の日（以下「施行日」という。）から三月を経過する日（その者がその日以前に新法第五条第一項の規定による許可申請書を提出した場合にあつては、新法第三条第一項の許可又は新法第五条第三項の規定による通知がある日）までの間は、新法第三条第一項の許可を受けないで、引き続き当該営業を営むことができる。

2　前項に規定する者が施行日から三月を経過する日までの間に当

該営業について新法第五条第一項の規定による許可申請書を提出した場合における当該許可申請書に係る営業所についての新法第四条第二項の規定の適用については、同項中「各号」とあるのは、「各号（第二号を除く。）」とする。

（従前の風俗営業に関する経過措置）

第三条　この法律の施行の際現に改正前の風俗営業等取締法（以下「旧法」という。）第二条第一項の許可を受けて風俗営業を営んでいる者は、当該営業につき新法第三条第一項の許可を受けて風俗営業を営んでいる者とみなす。

2　この法律の施行の際現に旧法第二条第一項の規定に基づく条例（条例に基づく公安委員会規則を含む。）の規定により交付を受けている許可証は、新法第五条第二項の規定により交付を受けた許可証とみなす。

（風俗関連営業に関する経過措置）

第四条　この法律の施行の際現に風俗関連営業を営んでいる者については、施行日から一月を経過する日（その日以前に新法第二十七条第一項各号に掲げる事項を記載した届出書を提出した場合にあつては、その提出した日）までの間は、同項及び新法第二十八条（第四項から第六項までを除く。）の規定は、適用しない。

2　前項に規定する者（この法律の施行の際現に旧法第四条の四第一項の規定又は同条第二項の規定に基づく条例の規定により同条第一項の個室付浴場業を営むことができないこととされていた区域又は地域において新法第二条第四項第一号の営業を営んでいる者（旧法第四条の四第三項の営業を営んでいる者を除く。）を除く。）が施行日から一月を経過する日までの間に当該営業について新法第二十七条第一項各号に掲げる事項を記載した届出書を提出した場合においては、当該届出書に係る風俗関連営業を営んでいる者は、新法第二十八条第三項の規定の適用については、この法律の施行の際現に新法第二十七条第一項の届出書を提出して当該風俗関連営業を営んでいる者とみなす。

（深夜における酒類提供飲食店営業に関する経過措置）

第五条　前条の規定は、この法律の施行の際現に深夜において酒類提供飲食店営業を営んでいる者について準用する。この場合において、同条第一項中「新法第二十七条第一項各号」とあるのは「新法第三十三条第一項各号」と、「同項及び第二十八条（第四項から第六項までを除く。）」とあるのは「同項」と、同条第二項中「新法第二十七条第一項各号」とあるのは「新法第三十三条第一項各号」と、「新法第二十八条第三項」とあるのは「新法第三十三条第五項」と、「新法第二十七条第一項」とあるのは「新法第三十三条第一項」と読み替えるものとする。

（行政処分等に関する経過措置）

第六条　この法律の施行前にした行為に係るこの法律の施行後における許可の取消し、停止その他の処分については、なお従前の例による。

2　旧法の規定により公安委員会がした許可の取消し、停止その他の処分若しくは通知その他の行為又は旧法の規定によりされている許可の申請その他の行為は、新法の規定により公安委員会がした許可の取消し、停止その他の処分若しくは通知その他の行為又は新法の規定によりされている許可の申請その他の行為とみなす。

（罰則に関する経過措置）

第七条　この法律の施行前にした行為及びこの法律の附則においてなお従前の例によることとされる場合におけるこの法律の施行後にした行為に対する罰則の適用については、なお従前の例による。

第八条〜第十条〔他の法令改正に付き略〕

附　則〔昭和六〇・六・一法律四五抄〕

（施行期日）

第一条　この法律は、昭和六十一年四月一日から施行する。〔以下略〕

附　則〔昭和六〇・七・五法律八九抄〕

（施行期日）

第一条　この法律は、労働者派遣事業の適正な運営の確保及び派遣労働者の就業条件の整備等に関する法律（昭和六十年法律第八十八号）の施行の日（昭六一・七・一）から施行する。

附　則〔昭和六三・五・三〇法律一一〇抄〕

（施行期日）

第一条　この法律は、昭和六十四年〔平成元年〕四月一日から施行する。〔以下略〕

（風俗営業等の規制及び業務の適正化等に関する法律の一部改正に伴う経過措置）

第十九条　この法律の施行前にした前条の規定による改正前の風俗営業等の規制及び業務の適正化等に関する法律に違反する行為に対する罰則の適用については、なお従前の例による。

附　則〔平成五・一一・一二法律八九抄〕

（施行期日）

第一条　この法律は、行政手続法（平成五年法律第八十八号）の施行の日（平六・一〇・一）から施行する。

（諮問等がされた不利益処分に関する経過措置）

第二条　この法律の施行前に法令に基づき審議会その他の合議制の機関に対し行政手続法第十三条に規定する聴聞又は弁明の機会の付与の手続その他の意見陳述のための手続に相当する手続を執るべきことの諮問その他の求めがされた場合においては、当該諮問その他の求めに係る不利益処分の手続に関しては、この法律による改正後の関係法律の規定にかかわらず、なお従前の例による。

（罰則に関する経過措置）

第十三条　この法律の施行前にした行為に対する罰則の適用については、なお従前の例による。

（聴聞に関する規定の整理に伴う経過措置）

第十四条　この法律の施行前に法律の規定により行われた聴聞、聴問若しくは聴聞会（不利益処分に係るものを除く。）又はこれらのための手続は、この法律による改正後の関係法律の相当規定により行われたものとみなす。

（政令への委任）

第十五条　附則第二条から前条までに定めるもののほか、この法律の施行に関して必要な経過措置は、政令で定める。

附　則〔平成二〇・五・八法律五五〕

（施行期日）

第一条　この法律は、公布の日から起算して一年を超えない範囲内において政令で定める日から施行する。ただし、第二条第一項第四号及び第二項の改正規定、第四条第二項第一号の改正規定（「次項」を改める部分に限る。）、同条中第三項を第四項とし、第二項の次に一項を加える改正規定、第七条の次に一条を加える改正規定、第八条の改正規定、第十条第三項の改正規定、第十八条の改正規定、第二十条の改正規定、第二十二条第四号の改正規定、第三十二条第三項の改正規定、第三十九条第二項第五号の改正規定、第四十三条中第四号を第五号とし、第三号の次に一号を加える改正規定並びに第四十九条第一項第二号、第三項第一号及び第六項第二号の改正規定並びに附則第六条の規定は、公布の日から起算して六月を超えない範囲内において政令で定める日から施行する。

〔平一〇政二七六により、平一一・四・一から施行。ただし書の規定は、平一〇・一一・一から施行〕

（特例風俗営業者の認定に関する経過措置）

第二条　この法律の施行の日（以下「施行日」という。）から起算して五年を経過する日までの間における改正後の風俗営業等の規制及び業務の適正化等に関する法律（以下「新法」という。）第十条の二第一項の規定の適用については、次の表の第一欄に掲げる期間の区分に応じ、同表の第二欄に掲げる規定中同表の第三欄に掲げる字句は、それぞれ同表の第四欄に掲げる字句に読み替えるものとする。

一　施行日から起算して一年を経過する日まで	第十条の二第一項第一号	十年	十五年
	第十条の二第一項第二号	十年	五年
二　この表の一の項第一欄に掲げる期間に引き続く一年間	第十条の二第一項第一号	十年	十四年
	第十条の二第一項第二号	十年	六年
三　この表の二の項第一欄に掲げる期間に引き続く一年間	第十条の二第一項第一号	十年	十三年
	第十条の二第一項第二号	十年	七年
四　この表の三の項第一欄に掲げる期間に引き続く一年間	第十条の二第一項第一号	十年	十二年
	第十条の二第一項第二号	十年	八年
五　この表の四の項第一欄に掲げる期間に引き続く一年間	第十条の二第一項第一号	十年	十一年
	第十条の二第一項第二号	十年	九年

（風俗営業に関する経過措置）

第三条　この法律の施行前にした行為に対する新法第二十六条の規定の適用については、なお従前の例による。

（店舗型性風俗特殊営業に関する経過措置）

第四条　この法律の施行の際現に改正前の風俗営業等の規制及び業務の適正化等に関する法律（以下「旧法」という。）第二十七条第一項の届出書を提出して旧法第二条第四項の風俗関連営業（政令で定めるものを除く。以下この条において「風俗関連営業」という。）を営んでいる者は、新法第二十七条第一項の規定の適用については、次の各号に掲げる風俗関連営業の区分に従い、それぞれ当該各号に定める新法第二条第六項の店舗型性風俗特殊営業（以下この条において単に「店舗型性風俗特殊営業」という。）につき、施行日に新法第二十七条第一項の届出書を提出したものとみなす。

一　旧法第二条第四項第一号の営業　新法第二条第六項第一号の営業

二　旧法第二条第四項第二号の営業　新法第二条第六項第三号の営業

三　旧法第二条第四項第三号の営業　新法第二条第六項第四号の営業

四　旧法第二条第四項第四号の営業　新法第二条第六項第五号の

営業

五　旧法第二条第四項第五号の政令で定める営業（政令で定めるものを除く。）　新法第二条第六項第二号の営業

六　旧法第二条第四項第五号の政令で定める営業（政令で定めるものに限る。）　新法第二条第六項第六号の営業

2　前項に規定する者は、新法第二十八条第三項の規定の適用については、この法律の施行の際現に新法第二十七条第一項の届出書を提出して店舗型性風俗特殊営業を営んでいる者とみなす。

3　この法律の施行の際第一項に規定する者が現に表示している新法第二十八条第五項第一号に規定する広告物については、施行日から一月を経過する日までの間は、同条第八項の規定は、適用しない。

4　風俗関連営業を営む者が当該営業に関しこの法律の施行前にした行為は、新法第二十九条又は第三十条の規定の適用については、第一項各号に掲げる風俗関連営業の区分に従い、それぞれ当該各号に定める店舗型性風俗特殊営業を営む者が当該営業に関したものとみなす。

5　この法律の施行前に旧法の規定によりされた風俗関連営業を営む者に対する処分又は手続は、第一項各号に掲げる風俗関連営業の区分に従い、それぞれ当該各号に定める店舗型性風俗特殊営業を営む者に対する処分又は手続として新法の規定によりされたものとみなす。

（無店舗型性風俗特殊営業等の届出に関する経過措置）

第五条　この法律の施行の際現に無店舗型性風俗特殊営業に該当する営業を営んでいる者の当該営業に対する新法第三十一条の二第一項の規定の適用については、同項中「、無店舗型性風俗特殊営業」とあるのは、「、施行日から一月を経過する日までに、無店舗型性風俗特殊営業」とする。

2　この法律の施行の際現に映像送信型性風俗特殊営業に該当する営業を営んでいる者の当該営業に対する新法第三十一条の七第一項の規定の適用については、同項中「、映像送信型性風俗特殊営業」とあるのは、「、施行日から一月を経過する日までに、映像送信型性風俗特殊営業」とする。

（罰則に関する経過措置）

第六条　この法律（附則第一条ただし書に規定する改正規定については、当該改正規定）の施行前にした行為及び附則第三条の規定によりなお従前の例によることとされる場合におけるこの法律の施行後にした行為に対する罰則の適用については、なお従前の例による。

第七条～第十条　（他の法令改正に付き略）

附　則　〔平成一一・五・二六法律五二抄〕

（施行期日）

第一条　この法律は、公布の日から起算して六月を超えない範囲内において政令で定める日から施行する。

〔平一一政三二二により、平一一・一一・一から施行〕

（検討）

第六条　児童買春及び児童ポルノの規制その他の児童を性的搾取及び性的虐待から守るための制度については、この法律の施行後三年を目途として、この法律の施行状況、児童の権利の擁護に関する国際的動向等を勘案し、検討が加えられ、その結果に基づいて必要な措置が講ぜられるものとする。

附　則　〔平成一一・七・一六法律八七抄〕

（施行期日）

第一条　この法律は、平成十二年四月一日から施行する。ただし、

次の各号に掲げる規定は、当該各号に定める日から施行する。

一　〔前略〕附則〔中略〕第百六十条、第百六十三条、第百六十四条〔中略〕の規定　公布の日

二〜六　〔略〕

（国等の事務）

第百五十九条　この法律による改正前のそれぞれの法律に規定するもののほか、この法律の施行前において、地方公共団体の機関が法律又はこれに基づく政令により管理し又は執行する国、他の地方公共団体その他公共団体の事務（附則第百六十一条において「国等の事務」という。）は、この法律の施行後は、地方公共団体が法律又はこれに基づく政令により当該地方公共団体の事務として処理するものとする。

（処分、申請等に関する経過措置）

第百六十条　この法律（附則第一条各号に掲げる規定については、当該各規定。以下この条及び附則第百六十三条において同じ。）の施行前に改正前のそれぞれの法律の規定によりされた許可等の処分その他の行為（以下この条において「処分等の行為」という。）又はこの法律の施行の際現に改正前のそれぞれの法律の規定によりされている許可等の申請その他の行為（以下この条において「申請等の行為」という。）で、この法律の施行の日においてこれらの行為に係る行政事務を行うべき者が異なることとなるものは、附則第二条から前条までの規定又は改正後のそれぞれの法律（これに基づく命令を含む。）の経過措置に関する規定に定めるものを除き、この法律の施行の日以後における改正後のそれぞれの法律の適用については、改正後のそれぞれの法律の相当規定によりされた処分等の行為又は申請等の行為とみなす。

2　この法律の施行前に改正前のそれぞれの法律の規定により国又は地方公共団体の機関に対し報告、届出、提出その他の手続をしなければならない事項で、この法律の施行の日前にその手続がされていないものについては、この法律及びこれに基づく政令に別段の定めがあるもののほか、これを、改正後のそれぞれの法律の相当規定により国又は地方公共団体の相当の機関に対して報告、届出、提出その他の手続をしなければならない事項についてその手続がされていないものとみなして、この法律による改正後のそれぞれの法律の規定を適用する。

（不服申立てに関する経過措置）

第百六十一条　施行日前にされた国等の事務に係る処分であって、当該処分をした行政庁（以下この条において「処分庁」という。）に施行日前に行政不服審査法に規定する上級行政庁（以下この条において「上級行政庁」という。）があったものについての同法による不服申立てについては、施行日以後においても、当該処分庁に引き続き上級行政庁があるものとみなして、行政不服審査法の規定を適用する。この場合において、当該処分庁の上級行政庁とみなされる行政庁は、施行日前に当該処分庁の上級行政庁であった行政庁とする。

2　前項の場合において、上級行政庁とみなされる行政庁が地方公共団体の機関であるときは、当該機関が行政不服審査法の規定により処理することとされる事務は、新地方自治法第二条第九項第一号に規定する第一号法定受託事務とする。

（手数料に関する経過措置）

第百六十二条　施行日前においてこの法律による改正前のそれぞれの法律（これに基づく命令を含む。）の規定により納付すべきであった手数料については、この法律及びこれに基づく政令に別段の定めがあるもののほか、なお従前の例による。

（罰則に関する経過措置）
第百六十三条 この法律の施行前にした行為に対する罰則の適用については、なお従前の例による。

（その他の経過措置の政令への委任）
第百六十四条 この附則に規定するもののほか、この法律の施行に伴い必要な経過措置（罰則に関する経過措置を含む。）は、政令で定める。

2 〔略〕

（検討）
第二百五十条 新地方自治法第二条第九項第一号に規定する第一号法定受託事務については、できる限り新たに設けることのないようにするとともに、新地方自治法別表第一に掲げるもの及び新地方自治法に基づく政令に示すものについては、地方分権を推進する観点から検討を加え、適宜、適切な見直しを行うものとする。

第二百五十一条 政府は、地方公共団体が事務及び事業を自主的かつ自立的に執行できるよう、国と地方公共団体との役割分担に応じた地方税財源の充実確保の方途について、経済情勢の推移等を勘案しつつ検討し、その結果に基づいて必要な措置を講ずるものとする。

第二百五十二条 政府は、医療保険制度、年金制度等の改革に伴い、社会保険の事務処理の体制、これに従事する職員の在り方等について、被保険者等の利便性の確保、事務処理の効率化等の視点に立って、検討し、必要があると認めるときは、その結果に基づいて所要の措置を講ずるものとする。

附　則〔平成一一・八・一八法律一三六抄〕

（施行期日）
第一条 この法律は、公布の日から起算して六月を超えない範囲内において政令で定める日から施行する。〔平一一政三八八により、平一一・一二・一から施行〕〔以下略〕

附　則〔平成一一・一二・八法律一五一抄〕

（施行期日）
第一条 この法律は、平成十二年四月一日から施行する。〔以下略〕

（経過措置）
第三条 民法の一部を改正する法律（平成十一年法律第百四十九号）附則第三条第三項の規定により従前の例によることとされる準禁治産者及びその保佐人に関するこの法律による改正規定の適用については、次に掲げる改正規定を除き、なお従前の例による。

一～二十五 〔略〕

第四条 この法律の施行前にした行為に対する罰則の適用については、なお従前の例による。

附　則〔平成一一・一二・二二法律一六〇抄〕

（施行期日）
第一条 この法律（中略）は、平成十三年一月六日から施行する。〔以下略〕

附　則〔平成一二・五・三一法律九一抄〕

（施行期日）
1 この法律は、商法等の一部を改正する法律（平成十二年法律第九十号）の施行の日〔平一三・四・一〕から施行する。

附　則〔平成一三・六・二〇法律五二抄〕

（施行期日）
第一条 この法律は、公布の日から起算して一年を超えない範囲内において政令で定める日から施行する。ただし、次の各号に掲げる規定は、当該各号に定める日から施行する。

〔平一三政四一七により、平一四・四・一から施行〕

一　第四条第一項第四号の改正規定　公布の日から起算して一月を経過した日

二　目次の改正規定（「第三節　興行場営業の規制（第三十五条）」、「第四節」及び「第三十五条の二・第三十五条の三」を改める部分に限る。）、第十八条の二第二項、第三十一条の八第五項及び第三十一条の九第二項の改正規定、第四章第四節中第三十五条の三を第三十五条の四とする改正規定、第三十五条の二を第三十五条の三とする改正規定、第四章中第四節を第五節とし、第三節の次に一節を加える改正規定、第三十八条第二項の改正規定（「興行場営業」の下に「、特定性風俗物品販売等営業」を加える部分に限る。）、第四十一条の改正規定（「若しくは第三十五条」及び「第三十五条の三第二項」を改める部分に限る。）、第四十一条の三第一項第二号の改正規定（「第三十五条の三第一項」を改める部分に限る。）並びに第四十九条第一項第四号の改正規定（「又は第三十五条の三第二項」を改める部分に限る。）　公布の日から起算して三月を経過した日

（店舗型電話異性紹介営業等の届出に関する経過措置）

第二条　この法律の施行の際現に改正後の風俗営業等の規制及び業務の適正化等に関する法律（以下「新法」という。）第二条第九項に規定する店舗型電話異性紹介営業（以下単に「店舗型電話異性紹介営業」という。）に該当する営業を営んでいる者については、この法律の施行の日から一月を経過する日（その日以前に新法第三十一条の十二第一項各号に掲げる事項を記載した届出書を提出した場合にあっては、その提出した日）までの間は、同項及び新法第三十一条の十三第一項において準用する新法第二十八条第一項から第三項までの規定は、適用しない。

2　前項に規定する者がこの法律の施行の日から一月を経過する日までの間に当該営業について新法第三十一条の十二第一項各号に掲げる事項を記載した届出書を提出した場合においては、当該届出書に係る店舗型電話異性紹介営業を営んでいる者は、新法第三十一条の十三第一項において準用する新法第二十八条第三項の規定の適用については、この法律の施行の際現に新法第三十一条の十二第一項の届出書を提出して当該店舗型電話異性紹介営業を営んでいる者とみなす。

3　この法律の施行の際現に新法第二条第十項に規定する無店舗型電話異性紹介営業（以下単に「無店舗型電話異性紹介営業」という。）に該当する営業を営んでいる者の当該営業に対する新法第三十一条の十七第一項の規定の適用については、同項中「、事務所」とあるのは、「、風俗営業等の規制及び業務の適正化等に関する法律の一部を改正する法律（平成十三年法律第五十二号）の施行の日から一月を経過する日までに、事務所」とする。

（条例との関係）

第三条　地方公共団体の条例の規定であって、店舗型電話異性紹介営業若しくは無店舗型電話異性紹介営業に該当する営業を営む者又はその代理人、使用人その他の従業者が当該営業に関し行った行為を処罰する旨を定めているものの当該行為に係る部分については、この法律の施行と同時に、その効力を失うものとする。この場合において、当該地方公共団体が条例で別段の定めをしないときは、その失効前にした違反行為の処罰については、その失効後も、なお従前の例による。

第四条　〔他の法令改正に付き略〕

附　則〔平成一四・五・二九法律四五抄〕

（施行期日）

1　この法律は、公布の日から起算して一年を超えない範囲内において政令で定める日から施行する。

〔平一四政二二七により、平一五・四・一から施行〕

附　則〔平成一五・五・三〇法律五五抄〕

（施行期日）

第一条　この法律（中略）は、当該各号に定める日〔公布の日から起算して九月を超えない範囲内において政令で定める日〕から施行する。

〔平一五政五〇四により、平一六・二・二七から施行〕

附　則〔平成一六・一二・一法律一四七抄〕

（施行期日）

第一条　この法律は、公布の日から起算して六月を超えない範囲内において政令で定める日から施行する。

〔平一七政三六により、平一七・四・一から施行〕

附　則〔平成一七・一一・七法律一一九抄〕

改正　平成二三・六・二四　法律七四

（施行期日）

第一条　この法律は、公布の日から起算して六月を超えない範囲内において政令で定める日から施行する。

〔平一七政三六八により、平一八・五・一から施行〕

（性風俗関連特殊営業の届出に関する経過措置）

第三条　この法律の施行の際現にこの法律による改正前の風俗営業等の規制及び業務の適正化等に関する法律（以下「旧法」という。）の規定により届出書を提出して性風俗関連特殊営業を営んでいる者の当該営業については、施行日から三月を経過する日（その日以前に次項に規定する書類を提出した場合にあっては、その提出した日）までの間は、この法律による改正後の風俗営業等の規制及び業務の適正化等に関する法律（以下「新法」という。）第二十七条、第三十一条の二、第三十一条の七、第三十一条の十二及び第三十一条の十七の規定にかかわらず、なお従前の例による。この場合においては、新法第二十七条の二及び第三十一条の二の二の規定は、適用しない。

2　前項に規定する者が施行日から三月を経過する日までの間に当該営業について新法第二十七条第三項（新法第三十一条の十二第二項において準用する場合を含む。）又は第三十一条の二第三項（新法第三十一条の七第二項及び第三十一条の十七第二項において準用する場合を含む。）に規定する書類（新法第二条第七項第一号の営業を営んでいる者で当該営業につき受付所又は待機所を設けるものにあっては、新法第三十一条の二第一項第七号に掲げる事項を記載した書類及び同条第三項に規定する書類）を提出したときは、その者は、新法第二十七条第一項、第三十一条の二第一項、第三十一条の七第一項、第三十一条の十二第一項又は第三十一条の十七第一項の届出書を提出したものとみなす。

3　前項に規定する書類であって虚偽の記載のあるものを提出した者は、六月以下の懲役若しくは百万円以下の罰金に処し、又はこれを併科する。

4　法人の代表者、法人又は人の代理人、使用人その他の従業者が、法人又は人の営業に関し、前項の違反行為をしたときは、行為者を罰するほか、その法人又は人に対し、同項の罰金刑を科する。

（店舗型性風俗特殊営業等の禁止区域等に関する経過措置）

第四条　新法第二十八条第三項（新法第三十一条の十三第一項において準用する場合を含む。）の規定及び新法第二十八条第二項（新法第三十一条の十三第一項において準用する場合を含む。）の規定に基づく条例の規定は、前条第二項の規定により新法第二十七条第一項又は第三十一条の十二第一項の届出書を提出したものとみなされる者の当該営業については、適用しない。

2　前項に規定する者に対する新法第二十八条第六項（新法第三十一条の十三第一項において準用する場合を含む。）の規定の適用については、新法第二十八条第六項中「第三項」とあるのは、「風俗営業等の規制及び業務の適正化等に関する法律の一部を改正する法律（平成十七年法律第百十九号）附則第四条第一項」とする。

（受付所に関する経過措置）

第五条　新法第三十一条の三第二項の規定により適用する新法第二十八条第一項の規定及び同条第二項の規定に基づく条例の規定は、この法律の施行の際現に旧法の規定により届出書を提出して旧法第二条第七項第一号の営業を営んでいる者（当該営業につき受付所（同号に規定する役務の提供以外の客に接する業務を行うための施設をいう。）を設けているものに限る。）であって、附則第三条第一項に規定する期間を経過していないもの又は同条第二項の規定により新法第三十一条の二第一項の届出書を提出したものとみなされるものの当該受付所における同条第四項に規定する受付所営業については、適用しない。

2　前項に規定する者に対する新法第三十一条の三第二項の規定により適用する新法第二十八条第六項の規定の適用については、新法第三十一条の三第二項後段の規定にかかわらず、新法第二十八条第六項中「第三項」とあるのは「風俗営業等の規制及び業務の適正化等に関する法律の一部を改正する法律附則第五条第一項」と、「の営業所」とあるのは「の受付所（同法の施行の際現に第三十一条の三第一項において準用する前項第一号に規定する広告制限区域等にあるものを除く。）」と、「当該営業所」とあるのは「当該受付所」とする。

（少年指導委員に関する経過措置）

第六条　新法第三十八条第三項の規定は、施行日前に少年指導委員であった者（施行日に現に少年指導委員である者及び施行日以後に少年指導委員となった者を除く。）については、適用しない。

（行政処分に関する経過措置）

第七条　この法律の施行の際現に旧法第三条第一項の許可を受けている者に対する新法第八条の規定による許可の取消し及びこの法律の施行の際現に性風俗関連特殊営業を営んでいる者に対する新法第三十条第一項、第三十一条の五第一項、第三十一条の六第二項第二号、第三十一条の十五第一項、第三十一条の二十又は第三十一条の二十一第二項第二号の規定による営業の停止の命令に関しては、この法律の施行前に生じた事由については、なお従前の例による。

（罰則に関する経過措置）

第八条　この法律の施行前にした行為及び附則第三条第一項前段の規定によりなお従前の例によることとされる場合におけるこの法律の施行後にした行為に対する罰則の適用については、なお従前の例による。

（政令への委任）

第九条　附則第二条から前条までに定めるもののほか、この法律の施行に関し必要な経過措置は、政令で定める。

（条例との関係）

第十条　地方公共団体の条例の規定であって、新法第二十八条第五項（新法第三十一条の三第一項、第三十一条の八第一項、第三十一条の十三第一項及び第三十一条の十八第一項において準用する場合を含む。）の規定に違反する行為を処罰する旨を定めているものの当該行為に係る部分については、この法律の施行と同時に、その効力を失うものとする。この場合において、当該地方公共団体が条例で別段の定めをしないときは、その失効前にした違反行為の処罰については、その失効後も、なお従前の例による。

附　則〔平成一七・一一・七法律一二三抄〕

（施行期日）

第一条　この法律は、平成十八年四月一日から施行する。ただし、次の各号に掲げる規定は、当該各号に定める日から施行する。

一　附則〔中略〕第百二十二条の規定　公布の日

二　〔前略〕附則〔中略〕第九十三条〔中略〕の規定　平成十八年十月一日

三　〔略〕

（罰則の適用に関する経過措置）

第百二十一条　この法律の施行前にした行為及びこの附則の規定によりなお従前の例によることとされる場合におけるこの法律の施行後にした行為に対する罰則の適用については、なお従前の例による。

（その他の経過措置の政令への委任）

第百二十二条　この附則に規定するもののほか、この法律の施行に伴い必要な経過措置は、政令で定める。

附　則〔平成一八・六・二法律五〇〕

改正　平成二三・六・二四　法律七四

この法律は、一般社団・財団法人法の施行の日〔平二〇・一二・一〕から施行する。〔以下略〕

一般社団法人及び一般財団法人に関する法律及び公益社団法人及び公益財団法人の認定等に関する法律の施行に伴う関係法律の整備等に関する法律（抄）〔平成一八・六・二法律五〇〕

（罰則に関する経過措置）

第四百五十七条　施行日前にした行為及びこの法律の規定によりなお従前の例によることとされる場合における施行日以後にした行為に対する罰則の適用については、なお従前の例による。

（政令への委任）

第四百五十八条　この法律に定めるもののほか、この法律の規定による法律の廃止又は改正に伴い必要な経過措置は、政令で定める。

附　則〔平成二一・七・一五法律七九抄〕

改正　平成二三・六・二四　法律七四

（施行期日）

第一条　この法律は、公布の日から起算して三年を超えない範囲内において政令で定める日から施行する。ただし、次の各号に掲げる規定は、当該各号に定める日から施行する。〔平二三政四一九により、平二四・七・九から施行〕

一・二　〔略〕

三　〔前略〕附則第四十四条（第六号を除く。）〔中略〕の規定〔中略〕　公布の日から起算して一年を超えない範囲内において政令で定める日〔平二二政二七四により、平二二・七・一から施行〕

四・五　〔略〕

附　則〔平成二三・六・三法律六一抄〕

（施行期日）
第一条　この法律は、公布の日から起算して一年を超えない範囲内において政令で定める日（以下「施行日」という。）から施行する。〔以下略〕

〔平二三政三九五により、平二四・四・一から施行〕

附　則〔平成二三・六・二四法律七四抄〕

（施行期日）
第一条　この法律は、公布の日から起算して二十日を経過した日から施行する。〔以下略〕

附　則〔平成二四・四・六法律二七抄〕

（施行期日）
第一条　この法律は、公布の日から起算して六月を超えない範囲内において政令で定める日から施行する。〔以下略〕

〔平二四政二一〇により、平二四・一〇・一から施行〕

附　則〔平成二六・六・二五法律七九抄〕

（施行期日等）
第一条　この法律は、公布の日から起算して二十日を経過した日から施行する。

2　〔略〕

附　則〔平成二七・六・二四法律四五抄〕

（施行期日）
第一条　この法律は、公布の日から起算して一年を超えない範囲内において政令で定める日から施行する。ただし、次の各号に掲げる規定は、当該各号に定める日から施行する。

〔平二七政三八一により、平二八・六・二三から施行〕

一　第一条の規定並びに附則第四条、第五条及び第七条の規定　公布の日

二　次条の規定　公布の日から起算して九月を超えない範囲内において政令で定める日

〔平二七政三八一により、平二八・三・二三から施行〕

（準備行為）
第二条　この法律による改正後の風俗営業等の規制及び業務の適正化等に関する法律（以下「新法」という。）第三十一条の二十二の許可を受けようとする者は、この法律の施行前においても、新法第三十一条の二十三において準用する新法第五条第一項の規定の例により、その申請を行うことができる。

2　前項の規定による申請に係る許可申請書又は添付書類であって虚偽の記載のあるものを提出した者は、五十万円以下の罰金に処する。

3　法人の代表者、法人又は人の代理人、使用人その他の従業者が、法人又は人の営業に関し、前項の違反行為をしたときは、行為者を罰するほか、その法人又は人に対して、同項の刑を科する。

（経過措置）
第三条　次の各号に掲げる営業に関し、この法律による改正前の風俗営業等の規制及び業務の適正化等に関する法律（以下この条において「旧法」という。）の規定により公安委員会がした許可、許可の取消し、営業の停止その他の処分若しくは通知その他の行為又は旧法の規定によりされている許可の申請その他の行為は、それぞれ当該各号に定める営業に関し、新法の規定により公安委員会がした許可、許可の取消し、営業の停止その他の処分若しくは通知その他の行為又は新法の規定によりされている許可の申請その他の行為とみなす。

一　旧法第二条第一項第一号又は第二号に該当する営業　新法第

二条第一項第一号に該当する営業

二　旧法第二条第一項第三号に該当する営業で新法第二条第一項第二号に該当するもの又は旧法第二条第一項第五号に該当する営業　新法第二条第一項第二号に該当する営業

三　旧法第二条第一項第六号に該当する営業　新法第二条第一項第三号に該当する営業

四　旧法第二条第一項第七号に該当する営業　新法第二条第一項第四号に該当する営業

五　旧法第二条第一項第八号に該当する営業　新法第二条第一項第五号に該当する営業

2　前項各号に掲げる営業を営む者が当該営業に関し、この法律の施行前にした法令若しくは旧法に基づく条例の規定、旧法に基づく処分又は旧法第三条第二項の規定に基づき付された条件に違反した行為は、新法第二十五条及び第二十六条の規定の適用については、それぞれ当該各号に定める営業を営む者が当該営業に関し、法令若しくは新法に基づく条例の規定、新法に基づく処分又は新法第三条第二項の規定に基づき付された条件に違反した行為とみなす。

（罰則に関する経過措置）

第四条　この法律（附則第一条第一号に掲げる規定については、当該規定）の施行前にした行為に対する罰則の適用については、なお従前の例による。

（政令への委任）

第五条　前三条に定めるもののほか、この法律の施行に関し必要な経過措置は、政令で定める。

附　則〔平成二八・一二・二八法律八九抄〕

（施行期日）

第一条　この法律は、公布の日から起算して一年を超えない範囲内において政令で定める日から施行する。ただし、〔中略〕附則〔中略〕第二十六条の規定は、公布の日から施行する。

〔平二九政一三五により、平二九・一一・一から施行〕

（罰則に関する経過措置）

第二十五条　この法律の施行前にした行為及びこの法律の規定によりなお従前の例によることとされる場合におけるこの法律の施行後にした行為に対する罰則の適用については、なお従前の例による。

（政令への委任）

第二十六条　この附則に規定するもののほか、この法律の施行に伴い必要な経過措置（罰則に関する経過措置を含む。）は、政令で定める。

附　則〔平成二九・六・一六法律六五抄〕

（施行期日）

第一条　この法律は、公布の日から起算して一年を超えない範囲内において政令で定める日から施行する。〔以下略〕

〔平二九政二七二により、平三〇・六・一五から施行〕

附　則〔平成二九・一二・一五法律八四抄〕

（施行期日）

第一条　この法律は、公布の日から起算して一年を超えない範囲内において政令で定める日から施行する。ただし、附則〔中略〕第十一条の規定は、公布の日から施行する。

〔平三〇政二〇により、平三〇・六・一五から施行〕

（罰則に関する経過措置）

第十条　施行日前にした行為に対する罰則の適用については、なお従前の例による。

（政令への委任）

第十一条 この附則に規定するもののほか、この法律の施行に関し必要な経過措置（罰則に関する経過措置を含む。）は、政令で定める。

○風俗営業等の規制及び業務の適正化等に関する法律施行令

（昭和五九・一一・七 政令三一九）

改正
昭和六一・三・二八 政令 五〇
昭和六一・六・六 政令二〇三
昭和六三・一二・三〇 政令三六三
平成二・八・一 政令二三七
平成四・三・一三 政令 三三
平成四・五・一三 政令一七六
平成六・九・一九 政令三〇三
平成八・三・二五 政令 三七
平成一〇・八・一四 政令二七七
平成一一・三・二五 政令 四九
平成一一・一〇・一四 政令三二一
平成一一・一〇・一四 政令三二三
平成一二・一・二一 政令 八
平成一二・五・三一 政令二四二
平成一三・一二・二一 政令四一八
平成一四・八・三〇 政令二八二
平成一五・五・二一 政令二二九
平成一七・五・二七 政令一九二
平成一七・一二・一六 政令三六九
平成一九・三・二二 政令 三九
平成一九・三・三一 政令一一八
平成一九・九・一四 政令二八七
平成二二・七・九 政令一六八
平成二三・七・六 政令二一一
平成二三・一二・二六 政令四二一
平成二四・八・一〇 政令二一一
平成二四・一一・二一 政令二七四
平成二五・二・六 政令 二九
平成二六・七・九 政令二五二
平成二七・六・二四 政令二五三
平成二七・一一・一三 政令三八二
平成二九・七・五 政令一八〇
平成三〇・一・三一 政令 二一

（法第二条第一項第五号の政令で定める施設）

第一条 風俗営業等の規制及び業務の適正化等に関する法律（以下「法」という。）第二条第一項第五号の政令で定める施設は、次の各号のいずれかに該当する施設であつて、営業中における当該施設の内部をそれぞれ当該施設の置かれるホテル等、大規模小売店舗又は遊園地内において当該施設の外部から容易に見通すことができるものとする。

一 ホテル等（旅館業法（昭和二十三年法律第百三十八号）第二条第二項に規定する旅館・ホテル営業に係る建物又は建物の部分をいう。第三条第一項第二号において同じ。）内の区画された施設

二 大規模小売店舗（大規模小売店舗立地法（平成十年法律第九十一号）第二条第二項に規定する一の建物であつて、その建物内の店舗面積（同条第一項に規定する小売業を営むための店舗の用に供される床面積をいう。）の合計が五百平方メートルを超えるものをいう。）内の区画された施設（当該大規模小売店舗において営む当該小売業の顧客以外の者の利用に主として供されるものを除く。）

三 遊園地（メリーゴーラウンド、遊戯用電車その他これらに類する遊戯施設を設け、主として当該施設により客に遊戯をさせる営業の用に供する場所で、その入場について料金を徴するものをいう。）内の区画された施設

（法第二条第六項第三号の政令で定める興行場）

第二条 法第二条第六項第三号の政令で定める興行場は、次の各号に掲げる興行場（興行場法（昭和二十三年法律第百三十七号）第一条第一項に規定する興行場をいう。以下この条において同じ。）で、専らこれらの各号に規定する興行の用に供するものとする。

一 ヌードスタジオその他個室を設け、当該個室において、当該個室に在室する客に、その性的好奇心をそそるため衣服を脱いだ人の姿態又はその映像を見せる興行の用に供する興行場

二 のぞき劇場その他個室を設け、当該個室の隣室又はこれに類する施設において、当該個室に在室する客に、その性的好奇心をそそるため衣服を脱いだ人の姿態又はその映像を見せる興行

の用に供する興行場

三　ストリップ劇場その他客席及び舞台を設け、当該舞台において、客に、その性的好奇心をそそるため衣服を脱いだ人の姿態又はその姿態及びその映像を見せる興行の用に供する興行場

（法第二条第六項第四号の政令で定める施設等）

第三条　法第二条第六項第四号の政令で定める施設は、次に掲げるものとする。

一　レンタルルームその他個室を設け、当該個室を専ら異性を同伴する客の休憩の用に供する施設

二　ホテル等その他の客の宿泊（休憩を含む。以下この条において同じ。）の用に供する施設であつて、次のいずれかに該当するもの（前号に該当するものを除く。）

イ　食堂（調理室を含む。以下このイにおいて同じ。）又はロビーの床面積が、次の表の上欄に掲げる収容人員の区分ごとにそれぞれ同表の下欄に定める数値に達しない施設

収容人員の区分	床面積	
	食堂	ロビー
三十人以下	三十平方メートル	三十平方メートル
三十一人以上五十人以下	四十平方メートル	四十平方メートル
五十一人以上	五十平方メートル	五十平方メートル

ロ　当該施設の外周に、又は外部から見通すことができる当該施設の内部に、休憩の料金の表示その他の当該施設を休憩のために利用することができる旨の表示がある施設

ハ　当該施設の出入口又はこれに近接する場所に、目隠しその他当該施設に出入りする者を外部から見えにくくするための設備が設けられている施設

ニ　フロント、玄関帳場その他これらに類する設備（以下この条において「フロント等」という。）にカーテンその他の見通しを遮ることができる物が取り付けられ、フロント等における客との面接を妨げるおそれがあるものとして国家公安委員会規則で定める状態にある施設

ホ　客が従業者と面接しないで機械その他の設備を操作することによつてその利用する個室の鍵の交付を受けることができる施設その他の客が従業者と面接しないでその利用する個室に入ることができる施設

2　法第二条第六項第四号の政令で定める構造は、前項第二号に掲げる施設（客との面接に適するフロント等において常態として宿泊者名簿の記載、宿泊の料金の受渡し及び客室の鍵の授受を行う施設を除く。）につき、次の各号のいずれかに該当するものとする。

一　客の使用する自動車の車庫（天井（天井のない場合にあつては、屋根）及び二以上の側壁（ついたて、カーテンその他これらに類するものを含む。）を有するものに限るものとし、二以上の自動車を収容することができる車庫にあつては、その客の自動車の駐車の用に供する区画された車庫の部分をいう。以下この項において同じ。）が通常その客の宿泊に供される個室に接続する構造

二　客の使用する自動車の車庫が通常その客の宿泊に供される個室に近接して設けられ、当該個室が当該車庫に面する外壁面又は当該外壁面に隣接する外壁面に出入口を有する構造

三　客が宿泊をする個室がその客の使用する自動車の車庫と当該

個室との通路に主として用いられる廊下、階段その他の施設に通ずる出入口を有する構造（前号に該当するものを除く。）

3　法第二条第六項第四号の政令で定める設備は、次の各号に掲げる施設の区分ごとにそれぞれ当該各号に定めるものとする。

一　第一項第一号に掲げる施設　次のいずれかに該当する設備

イ　動力により振動し又は回転するベッド、横臥している人の姿態を映すために設けられた鏡（以下このイにおいて「特定用途鏡」という。）で面積が一平方メートル以上のもの又は二以上の特定用途鏡でそれらの面積の合計が一平方メートル以上のもの（天井、壁、仕切り、ついたてその他これらに類するもの又はベッドに取り付けてあるものに限る。）その他専ら異性を同伴する客の性的好奇心に応ずるため設けられた設備

ロ　次条に規定する物品を提供する自動販売機その他の設備

ハ　長椅子その他の設備で専ら異性を同伴する客の休憩の用に供するもの

二　第一項第二号に掲げる施設　同号イからハまでのいずれかに該当する施設にあつては次のイに、同号ニ又はホに該当する施設にあつては次のロに該当する設備

イ　前号イ又はロに掲げる設備

ロ　宿泊の料金の受払いをするための機械その他の設備であつて、客が従業者と面接しないで当該料金を支払うことができるもの

（法第二条第六項第五号の政令で定める物品）

第四条　法第二条第六項第五号の政令で定める物品は、性的好奇心をそそる物品で次に掲げるものとする。

一　衣服を脱いだ人の姿態を被写体とする写真又はその複製物

二　前号に掲げる写真又はその複製物を主たる内容とする写真集

三　衣服を脱いだ人の姿態の映像を主たる内容とするフィルム又はビデオテープ、ビデオディスク、シー・ディー・ロムその他電磁的方法（電子的方法、磁気的方法その他の人の知覚によつては認識することができない方法をいう。）による記録に係る記録媒体

四　性具その他の性的な行為の用に供する物品、性器を模した物品、性的な行為を表す写真その他の物品又はこれらに類する物品

（法第二条第六項第六号の政令で定める店舗型性風俗特殊営業）

第五条　法第二条第六項第六号の政令で定める営業は、店舗を設けて、専ら、面識のない異性との一時の性的好奇心を満たすための交際（会話を含む。）を希望する者に対し、当該店舗内においてその者が異性の姿態若しくはその画像を見てした面会の申込みを当該異性に取り次ぐこと又は当該店舗内に設けた個室若しくはこれに類する施設において異性と面会する機会を提供することにより異性を紹介する営業（当該異性が当該営業に従事する者である場合におけるものを含み、同項第一号又は第二号に該当するものを除く。）とする。

（風俗営業の許可に係る営業制限地域の指定に関する条例の基準）

第六条　法第四条第二項第二号の政令で定める基準は、次のとおりとする。

一　風俗営業の営業所の設置を制限する地域（以下この条において「制限地域」という。）の指定は、次に掲げる地域内の地域について行うこと。

イ　住居が多数集合しており、住居以外の用途に供される土地が少ない地域（以下「住居集合地域」という。）

ロ　その他の地域のうち、学校、病院その他の施設でその利用者の構成その他のその特性に鑑み特にその周辺における良好な風俗環境を保全する必要がある施設として都道府県の条例で定めるもの（以下「保全対象施設」という。）の周辺の地域

二　前号ロに掲げる地域内の地域につき制限地域の指定を行う場合には、当該保全対象施設の敷地（これらの用に供するものと決定した土地を含む。）の周囲おおむね百メートルの区域を限度とし、その区域内の地域につき指定を行うこと。

三　前二号の規定による制限地域の指定及びその変更は、風俗営業の種類及び営業の態様、地域の特性、保全対象施設の特性、既設の風俗営業の営業所の数その他の事情に応じて、良好な風俗環境を保全するため必要な最小限度のものであること。

（法第四条第三項の政令で定める事由）

第七条　法第四条第三項の政令で定める事由は、次に掲げるものとする。

一　暴風、豪雨その他の異常な自然現象により生ずる被害又は火薬類の爆発、交通事故その他の人為による異常な災害若しくは事故（当該風俗営業者の責めに帰すべき事由により生じた災害又は事故を除く。）であつて、火災又は震災以外のもの

二　消防法（昭和二十三年法律第百八十六号）第二十九条第一項から第三項までの規定その他火災若しくは震災又は前号に規定する災害若しくは事故の発生又は拡大を防止するための措置に関する法令の規定に基づく措置

三　火災若しくは震災又は前二号に掲げる事由により当該営業所に滅失に至らない破損が生じた場合において、関係法令の規定を遵守するためには当該営業所の除却を行つた上でこれを改築することが必要であると認められる場合における当該除却

四　次に掲げる法律の規定による勧告又は命令に従つて行う除却

イ　消防法第五条第一項

ロ　建築基準法（昭和二十五年法律第二百一号）第十条第一項から第三項まで又は第十一条第一項

ハ　高速自動車国道法（昭和三十二年法律第七十九号）第十四条第三項

ニ　密集市街地における防災街区の整備の促進に関する法律（平成九年法律第四十九号）第十三条第一項

五　土地収用法（昭和二十六年法律第二百十九号）その他の法律の規定により土地を収用し、又は使用することができる公共の利益となる事業の施行に伴う除却

六　土地区画整理法（昭和二十九年法律第百十九号）第二条第一項に規定する土地区画整理事業その他公共施設の整備又は土地利用の増進を図るため関係法令の規定に従つて行われる事業（当該風俗営業者を個人施行者とするものを除く。）の施行に伴う換地又は権利変換のための除却

七　建物の区分所有等に関する法律（昭和三十七年法律第六十九号）第六十二条第一項に規定する建替え決議又は同法第七十条第一項に規定する一括建替え決議の内容により行う建替え

（法第四条第四項の政令で定める営業）

第八条　法第四条第四項の政令で定める営業は、回胴式遊技機、アレンジボール遊技機、じやん球遊技機その他法第二十三条第一項第三号に規定する遊技球等の数量又は数字により遊技の結果を表示する遊技機を設置して客に遊技をさせる営業で、当該遊技の結果に応じ賞品を提供して営むものとする。

（法第十三条第一項第二号の政令で定める基準）

第九条　法第十三条第一項第二号の政令で定める基準は、次のとおりとする。

一　午前零時以後において風俗営業を営むことが許容される特別な事情のある地域（以下「営業延長許容地域」という。）の指定は、次のいずれにも該当する地域内の地域について行うこと。

イ　店舗が多数集合しており、かつ、風俗営業、遊興飲食店営業（設備を設けて客に遊興をさせ、かつ、客に飲食をさせる営業（客に酒類を提供して営むものに限る。）をいい、風俗営業に該当するものを除く。）並びに深夜（午前零時から午前六時までの時間をいう。以下同じ。）において営まれる酒類提供飲食店営業（法第二条第十三項第四号に規定する酒類提供飲食店営業をいう。第二十七条において同じ。）及び興行場営業（興行場法第一条第二項に規定する興行場営業をいう。）の営業所が一平方キロメートルにつきおおむね三百箇所以上の割合で設置されている地域（第二十二条第一号イ(1)及びロ(3)において「風俗営業等密集地域」という。）であること。

ロ　次に掲げる地域でないこと。

(1)　住居集合地域

(2)　住居集合地域以外の地域のうち、住居の用に併せて商業又は工業の用に供されている地域で、住居が相当数集合しているため、深夜における当該地域の風俗環境の保全につき特に配慮を必要とするもの

(3)　(1)又は(2)に掲げる地域に隣接する地域（幹線道路の各側端から外側おおむね五十メートルを限度とする区域内の地域を除く。）

二　営業延長許容地域の指定及びその変更は、風俗営業の種類、営業の態様その他の事情に応じて良好な風俗環境の保全に障害を及ぼすこととならないよう配慮するとともに、当該地域における法第四十四条第一項の規定による風俗営業者の団体の届出の有無及び当該団体が関係風俗営業者に対して行う営業時間の制限その他の事項に関する法又は法に基づく命令若しくは条例の規定の遵守のための自主的な活動にも配意すること。

（風俗営業の営業時間の制限に関する条例の基準）

第十条　法第十三条第二項の政令で定める基準は、次のとおりとする。

一　法第十三条第二項の制限は、地域及び風俗営業の種類ごとに、営業を営んではならない時間を指定して行うこと。

二　営業時間を制限する地域の指定は、次に掲げる地域内の地域について行うこと。

イ　住居集合地域

ロ　その他の地域のうち、住居の用に併せて商業又は工業の用に供されている地域で、住居が相当数集合しているため、早朝における当該地域の風俗環境の保全につき特に配慮を必要とするもの

三　営業を営んではならない時間の指定は、次に掲げる地域の区分に従いそれぞれ次に定める時間内において行うこと。

イ　前号イに掲げる地域に係る地域であつて、法第十三条第一項第一号に定める地域（以下この条において「特別日営業延長許容地域」という。）に該当するもの　午前六時後午前十時までの時間及び午後十一時から翌日の午前零時前（当該翌日につき、当該特別日営業延長許容地域を定める条例において習俗的行事その他の特別な事情のある日として定められて

いる場合にあつては、当該条例で定める時まで）の時間

ロ　前号イに掲げる地域に係る地域（イに掲げるものを除く。）　午前六時後午前十時までの時間及び午後十一時から翌日の午前零時前の時間

ハ　前号ロに掲げる地域に係る地域　午前六時後午前十時までの時間

四　ぱちんこ屋その他の都道府県の条例で定める種類の風俗営業については、前二号に定めるもののほか、客の頻繁な出入り、営業活動に伴う騒音の発生その他の事情による良好な風俗環境への影響が大きいと認められる地域につき、次に掲げる地域の区分に従いそれぞれ次に定める時間内において営業を営んではならない時間を指定することができること。

イ　当該風俗営業の種類に係る営業延長許容地域に該当する地域　午前六時後午前十時までの時間

ロ　特別日営業延長許容地域に該当する地域（イに掲げるものを除く。）　午前六時後午前十時までの時間及び午後十一時から翌日の午前零時前（当該翌日につき、当該特別日営業延長許容地域を定める条例において習俗的行事その他の特別な事情のある日として定められている場合にあつては、当該条例で定める時まで）の時間

ハ　イ又はロに掲げる地域以外の地域　午前六時後午前十時までの時間及び午後十一時から翌日の午前零時前の時間

（風俗営業に係る騒音及び振動の規制に関する条例の基準等）

第十一条　法第十五条の規定に基づく条例を定める場合における同条の風俗営業者に係る騒音に係る数値は、次の表の上欄に掲げる地域ごとに、同表の下欄に掲げる時間の区分に応じ、それぞれ同欄に定める数値を超えない範囲内において定めるものとする。

地域	数値		
	昼間	夜間	深夜
一　住居集合地域その他の地域で、良好な風俗環境を保全するため、特に静穏を保持する必要があるものとして都道府県の条例で定めるもの	五十五デシベル	五十デシベル	四十五デシベル
二　商店の集合している地域その他の地域で、当該地域における風俗環境を悪化させないため、著しい騒音の発生を防止する必要があるものとして都道府県の条例で定めるもの	六十五デシベル	六十デシベル	五十五デシベル
三　一及び二に掲げる地域以外の地域	六十デシベル	五十五デシベル	五十デシベル

備考
　一　「昼間」とは、午前六時後午後六時前の時間をいう。
　二　「夜間」とは、午後六時から翌日の午前零時前の時間をいう。

2　法第十五条の規定に基づく条例を定める場合における同条の風俗営業者に係る振動に係る数値は、五十五デシベルを超えない範囲内において定めるものとする。

3　第一項の騒音及び前項の振動の測定は、国家公安委員会規則で定める方法によるものとする。

（法第十八条の二第一項第二号の政令で定める書類）

第十二条　法第十八条の二第一項第二号の政令で定める書類は、次

に掲げるものとする。

一　出入国管理及び難民認定法（昭和二十六年政令第三百十九号）第十九条の三の在留カード又は日本国との平和条約に基づき日本の国籍を離脱した者等の出入国管理に関する特例法（平成三年法律第七十一号）第七条第一項の特別永住者証明書

二　道路交通法（昭和三十五年法律第百五号）第百七条の二の国際運転免許証又は外国運転免許証

三　次に掲げる者であることを証する書類

イ　健康保険法（大正十一年法律第七十号）の規定による被保険者又はその被扶養者

ロ　船員保険法（昭和十四年法律第七十三号）の規定による被保険者又はその被扶養者

ハ　国民健康保険法（昭和三十三年法律第百九十二号）の規定による被保険者

ニ　国家公務員共済組合法（昭和三十三年法律第百二十八号）又は地方公務員等共済組合法（昭和三十七年法律第百五十二号）に基づく共済組合の組合員又はその被扶養者

ホ　私立学校教職員共済法（昭和二十八年法律第二百四十五号）の規定による私立学校教職員共済制度の加入者又はその被扶養者

（型式の規格を定める遊技機の種類）

第十三条　法第二十条第三項の政令で定める遊技機の種類は、次のとおりとする。

一　ぱちんこ遊技機

二　回胴式遊技機

三　アレンジボール遊技機

四　じゃん球遊技機

（法第二十条第八項の政令で定める者及び額）

第十四条　法第二十条第八項の政令で定める者は、次の表の上欄に掲げる者とし、同項の政令で定める額は、同表の上欄に掲げる者について、同表の中欄に掲げる区分に従い、それぞれ同表の下欄に定める額とする。

政令で定める者	区分	政令で定める額
一　法第二十条第二項の認定（以下単に「認定」という。）を受けようとする者	(一)　法第二十条第五項の指定試験機関（以下単に「指定試験機関」という。）が行う認定に必要な試験（以下この表において「遊技機試験」という。）を受けた遊技機について認定を受けようとする場合	二千二百円
	(二)　法第二十条第四項の検定（以下単に「検定」という。）を受けた型式に属する遊技機（遊技機試験を受けたものを除く。）について認定を受けようとする場合	四千三百四十円
	(三)　(一)又は(二)の遊技機以外の遊技機について認定を受けようとする場合	
	1　ぱちんこ遊技機	
	(1)　入賞を容易にするための装置であつて国家公安委員会規則で定めるもの（以下	

	この表において「特定装置」という。）が設けられているもの（当該特定装置を連続して作動させることができるものに限る。）	
	(i) マイクロプロセッサー（電子計算機の中央演算処理装置を構成する集積回路をいう。以下この表において同じ。）を内蔵するもの	三万五千円
	(ii) (i)に掲げるもの以外のもの	一万六千三百円
	(2) 特定装置が設けられているもの（(1)に掲げるものを除く。）	
	(i) マイクロプロセッサーを内蔵するもの	二万九千円
	(ii) (i)に掲げるもの以外のもの	一万六千三百円
	(3) (1)又は(2)に掲げるもの以外のもの	一万四千四百円
	2 回胴式遊技機	
	(1) マイクロプロセッサーを内蔵するもの	五万九千円
	(2) (1)に掲げるもの以外のもの	二万三千円
	3 アレンジボール遊技機	
	(1) マイクロプロセッサーを内蔵するもの	三万五千円
	(2) (1)に掲げるもの以外のもの	一万九千円
	4 じやん球遊技機	
	(1) マイクロプロセッサーを内蔵するもの	三万五千円
	(2) (1)に掲げるもの以外のもの	一万九千円
	5 1から4までに掲げる遊技機以外の遊技機	
	(1) マイクロプロセッサーを内蔵するもの	二万九千円
	(2) (1)に掲げるもの以外のもの	一万二千六百円
二 検定を受けようとする者	(一) 指定試験機関が行う検定に必要な試験（以下この表において「型式試験」という。）を受けた型式について検定を受けようとする場合	三千九百円
	(二) 検定を受けようとする都道府県公安委員会以外の都道府県公安委員会の検定を受けた型式（型式	六千三百円

	試験を受けたものを除く。）について検定を受けようとする場合	
	㈢ ㈠又は㈡の型式以外の型式について検定を受けようとする場合	
	1 ぱちんこ遊技機	
	(1) 特定装置が設けられているもの（当該特定装置を連続して作動させることができるものに限る。）	
	(i) マイクロプロセッサーを内蔵するもの	百四十三万五千円
	(ii) (i)に掲げるもの以外のもの	四十三万八千円
	(2) 特定装置が設けられているもの（(1)に掲げるものを除く。）	
	(i) マイクロプロセッサーを内蔵するもの	百十二万八千円
	(ii) (i)に掲げるもの以外のもの	四十三万八千円
	(3) (1)又は(2)に掲げるもの以外のもの	三十三万八千円
	2 回胴式遊技機	
	(1) マイクロプロセッサーを内蔵するもの	百六十二万千円
	(2) (1)に掲げるもの以外のもの	四十七万九千円
	3 アレンジボール遊技機	
	(1) マイクロプロセッサーを内蔵するもの	百十四万八千円
	(2) (1)に掲げるもの以外のもの	四十八万二千円
	4 じやん球遊技機	
	(1) マイクロプロセッサーを内蔵するもの	百十四万七千円
	(2) (1)に掲げるもの以外のもの	四十八万千円
三 遊技機試験を受けようとする者	㈠ ぱちんこ遊技機について遊技機試験を受けようとする場合	
	1 特定装置が設けられているもの（当該特定装置を連続して作動させることができるものに限る。）	
	(1) マイクロプロセッサーを内蔵するもの	四万三千三百円
	(2) (1)に掲げるもの以外のもの	二万三千百円
	2 特定装置が設けられ	

	ているもの（1に掲げるものを除く。）	
	(1) マイクロプロセッサーを内蔵するもの	三万六千三百円
	(2) (1)に掲げるもの以外のもの	二万三千円
	3 1又は2に掲げるもの以外のもの	二万千円
	(二) 回胴式遊技機について遊技機試験を受けようとする場合	
	1 マイクロプロセッサーを内蔵するもの	六万八千三百円
	2 1に掲げるもの以外のもの	三万三百円
	(三) アレンジボール遊技機について遊技機試験を受けようとする場合	
	1 マイクロプロセッサーを内蔵するもの	四万二千三百円
	2 1に掲げるもの以外のもの	二万六千三百円
	(四) じやん球遊技機について遊技機試験を受けようとする場合	
	1 マイクロプロセッサーを内蔵するもの	四万二千三百円
	2 1に掲げるもの以外のもの	二万六千三百円
	(五) (一)から(四)までに掲げる遊技機以外の遊技機について遊技機試験を受けようとする場合	
	1 マイクロプロセッサーを内蔵するもの	三万六千三百円
	2 1に掲げるもの以外のもの	一万九千百円
四 型式試験を受けようとする者	(一) ぱちんこ遊技機の型式について型式試験を受けようとする場合	
	1 特定装置が設けられているもの（当該特定装置を連続して作動させることができるものに限る。）	
	(1) マイクロプロセッサーを内蔵するもの	百四十四万二千円
	(2) (1)に掲げるもの以外のもの	四十四万五千円
	2 特定装置が設けられているもの（1に掲げるものを除く。）	
	(1) マイクロプロセッサーを内蔵するもの	百十三万五千円
	(2) (1)に掲げるもの以外のもの	四十四万五千円
	3 1又は2に掲げるもの以外のもの	三十四万五千円

㈡ 回胴式遊技機の型式について型式試験を受けようとする場合	
1 マイクロプロセッサーを内蔵するもの	百六十二万八千円
2 1に掲げるもの以外のもの	四十八万六千円
㈢ アレンジボール遊技機の型式について型式試験を受けようとする場合	
1 マイクロプロセッサーを内蔵するもの	百十五万五千円
2 1に掲げるもの以外のもの	四十八万九千円
㈣ じやん球遊技機の型式について型式試験を受けようとする場合	
1 マイクロプロセッサーを内蔵するもの	百十五万四千円
2 1に掲げるもの以外のもの	四十八万八千円

備考

一 認定を受けようとする者が当該都道府県において同時に当該認定に係る遊技機と同一の型式に属する他の遊技機について認定を受けようとする場合における当該他の遊技機に係る法第二十条第八項の政令で定める額は、一の項の下欄の規定にかかわらず、同項の㈠の場合にあつては零円とし、同項の㈡の場合にあつては四十円とし、同項の㈢の場合にあつてはそれぞれ同項の㈢の下欄に定める額から八千円を減じた額とする。

二 遊技機試験を受けようとする者が当該都道府県において同時に当該遊技機試験に係る遊技機と同一の型式に属する他の遊技機について遊技機試験を受けようとする場合における当該他の遊技機に係る法第二十条第八項の政令で定める額は、それぞれ三の項の下欄に定める額から一万四千三百円を減じた額とする。

（法第二十三条第一項の政令で定める営業）

第十五条　法第二十三条第一項の政令で定める営業は、遊技の結果に応じ客に賞品を提供して遊技をさせる営業とする。

（店舗型性風俗特殊営業の営業時間の制限に関する条例の基準）

第十六条　法第二十八条第四項の政令で定める基準は、次のとおりとする。

一　法第二十八条第四項の制限は、同項に規定する店舗型性風俗特殊営業の種類ごとに、営業を営んではならない時間を指定して行うこと。

二　営業を営んではならない時間の指定は、性風俗に関し、深夜における良好な風俗環境を保全する必要がある場合に、必要に応じ地域を指定して、行うこと。

（法第三十条第一項の政令で定める重大な不正行為）

第十七条　法第三十条第一項の政令で定める重大な不正行為は、次に掲げる行為とする。

一　刑法（明治四十年法律第四十五号）第百三十六条若しくは第百三十七条（これらの規定中販売又は販売目的の所持に係る部分に限る。）、第百三十九条第二項、第百四十条、第百七十六条から第百八十一条まで又は第百八十七条の罪に当たる違法な行為

二　暴行、脅迫、監禁その他精神又は身体の自由を不当に拘束す

る手段によつて、営業に従事する者の意思に反して次に掲げる役務を提供することを強制する行為
イ　法第二条第六項第一号又は第二号に掲げる営業に係る異性の客に接触する役務
ロ　第二条各号に規定する興行に係る衣服を脱いだ姿態を見せる役務
ハ　第五条に規定する営業に係る異性の客と面会する役務
三　前号に規定する手段によつて、客に同号イ、ロ若しくはハに掲げる役務（同号ロに掲げる役務にあつては、第二条第三号に規定する興行に係るものを除く。）の提供を受けること又は法第二条第六項第五号に掲げる営業に係る第四条に規定する物品を購入し、若しくは借り受けることを強要する行為
四　大麻取締法（昭和二十三年法律第百二十四号）第二十四条の二（所持又は譲渡に係る部分に限る。）、第二十四条の三（大麻から製造された医薬品の他人に対する施用又は施用のための交付に係る部分に限る。）又は第二十四条の七の罪に当たる違法な行為
五　毒物及び劇物取締法（昭和二十五年法律第三百三号）第二十四条の二第一号の罪に当たる違法な行為
六　覚せい剤取締法（昭和二十六年法律第二百五十二号）第四十一条の二（所持又は譲渡に係る部分に限る。）、第四十一条の三（同法第十九条若しくは第二十条第二項（これらの規定中他人に対する施用に係る部分に限る。）又は同条第三項に係る部分に限る。）、第四十一条の四（同法第三十条の七、第三十条の九（譲渡に係る部分に限る。）又は第三十条の十一（他人に対する施用に係る部分に限る。）に係る部分に限る。）、第四十一条の十一又は第四十一条の十三の罪に当たる違法な行為
七　麻薬及び向精神薬取締法（昭和二十八年法律第十四号）第六十四条の二（譲渡、交付又は所持に係る部分に限る。）、第六十六条（譲渡又は所持に係る部分に限る。）、第六十六条の二（同法第二十七条第一項、第三項又は第四項（これらの規定中他人に対する施用又は施用のための交付に係る部分に限る。）に係る部分に限る。）、第六十六条の四、第六十八条の二、第六十九条第五号、第六十九条の五又は第七十条第十七号の罪に当たる違法な行為
八　あへん法（昭和二十九年法律第七十一号）第五十二条（譲渡又は所持に係る部分に限る。）、第五十四条の三又は第五十五条第一号の罪に当たる違法な行為
九　競馬法（昭和二十三年法律第百五十八号）第三十条第三号又は第三十一条第一号の罪に当たる違法な行為
十　自転車競技法（昭和二十三年法律第二百九号）第五十六条第二号又は第五十七条第二号の罪に当たる違法な行為
十一　小型自動車競走法（昭和二十五年法律第二百八号）第六十一条第二号又は第六十二条第二号の罪に当たる違法な行為
十二　モーターボート競走法（昭和二十六年法律第二百四十二号）第六十五条第二号又は第六十六条第二号の罪に当たる違法な行為
十三　スポーツ振興投票の実施等に関する法律（平成十年法律第六十三号）第三十二条又は第三十三条第二号の罪に当たる違法な行為

（**法第三十一条の五第一項の政令で定める重大な不正行為**）
第十八条　法第三十一条の五第一項の政令で定める重大な不正行為は、次に掲げる行為とする。

一　前条各号（第二号及び第三号を除く。）に掲げる行為
二　前条第二号に規定する手段によつて、営業に従事する者の意思に反して法第二条第七項第一号に掲げる営業に係る異性の客に接触する役務を提供することを強制する行為
三　前条第二号に規定する手段によつて、客に前号に規定する役務の提供を受けること又は法第二条第七項第二号に掲げる営業に係る第四条に規定する物品を購入し、若しくは借り受けることを強要する行為

（店舗型電話異性紹介営業の営業時間の制限に関する条例の基準）
第十九条　法第三十一条の十三第二項において準用する法第二十八条第四項の政令で定める基準は、次のとおりとする。
一　法第三十一条の十三第一項において準用する法第二十八条第四項の制限は、営業を営んではならない時間を指定して行うこと。
二　営業を営んではならない時間の指定は、性風俗に関し、深夜における良好な風俗環境を保全する必要がある場合に、必要に応じ地域を指定して、行うこと。

（法第三十一条の十五第一項の政令で定める重大な不正行為）
第二十条　法第三十一条の十五第一項の政令で定める重大な不正行為は、第十七条各号（第二号及び第三号を除く。）に掲げる行為とする。

（法第三十一条の二十の政令で定める重大な不正行為）
第二十一条　法第三十一条の二十の政令で定める重大な不正行為は、第十七条各号（第二号及び第三号を除く。）に掲げる行為とする。

（特定遊興飲食店営業の許可に係る営業所設置許容地域の指定に関する条例の基準）
第二十二条　法第三十一条の二十三において準用する法第四条第二項第二号の政令で定める基準は、次のとおりとする。
一　特定遊興飲食店営業の営業所の設置が許容される地域（次号において「営業所設置許容地域」という。）の指定は、次のいずれにも該当する地域内の地域について行うこと。
イ　次のいずれかに該当する地域であること。
(1)　風俗営業等密集地域
(2)　その他の地域のうち、深夜において一平方キロメートルにつきおおむね百人以下の割合で人が居住する地域
ロ　次に掲げる地域でないこと。
(1)　住居集合地域
(2)　住居集合地域以外の地域のうち、住居の用に併せて商業又は工業の用に供されている地域で、住居が相当数集合しているため、深夜における当該地域の風俗環境の保全につき特に配慮を必要とするもの
(3)　(1)又は(2)に掲げる地域に隣接する地域（当該地域が風俗営業等密集地域に該当する場合にあつては、幹線道路の各側端から外側おおむね五十メートルを限度とする区域内の地域を除く。）
(4)　その他の地域のうち、保全対象施設（特にその周辺の深夜における良好な風俗環境を保全する必要がある施設として都道府県の条例で定めるものに限る。）の周辺の地域（当該保全対象施設の敷地（これらの用に供するものと決定した土地を含む。）の周囲おおむね百メートルを限度とする区域内の地域に限る。）
二　営業所設置許容地域の指定及びその変更は、地域の特性その他の事情に応じて良好な風俗環境の保全に障害を及ぼすことと

ならないよう配慮するとともに、当該地域における法第四十四条第一項の規定による特定遊興飲食店営業者の団体の届出の有無及び当該団体が関係特定遊興飲食店営業者に対して行う法又は法に基づく命令若しくは条例の規定の遵守のための自主的な活動にも配慮すること。

（法第三十一条の二十三において準用する法第四条第三項の政令で定める事由）

第二十三条　第七条の規定は、法第三十一条の二十三において準用する法第四条第三項の政令で定める事由について準用する。この場合において、第七条第一号及び第六号中「風俗営業者」とあるのは、「特定遊興飲食店営業者」と読み替えるものとする。

（特定遊興飲食店営業の営業時間の制限に関する条例の基準）

第二十四条　法第三十一条の二十三において準用する法第十三条第二項の政令で定める基準は、次のとおりとする。

一　法第三十一条の二十三において準用する法第十三条第二項の制限は、深夜において営業を営んではならない時間として午前五時から午前六時までの時間内の時間を指定し、又は深夜から引き続き営業を営んではならない時間として午前六時後午前十時までの時間内の時間を指定して行うこと。

二　営業時間を制限する地域の指定は、居住、勤務その他日常生活又は社会生活の平穏が害されることを防止するため早朝における風俗環境の保全につき特に配慮を必要とする地域内の地域について行うこと。

（特定遊興飲食店営業に係る騒音及び振動の規制に関する条例の基準等）

第二十五条　法第三十一条の二十三において準用する法第十五条の規定に基づく条例を定める場合における特定遊興飲食店営業者の深夜における営業に係る騒音に係る数値は、第十一条第一項の表の上欄に掲げる地域ごとに、それぞれ同表の下欄に定める深夜に係る数値を超えない範囲内において定めるものとする。

2　法第三十一条の二十三において準用する法第十五条の規定に基づく条例を定める場合における特定遊興飲食店営業者の深夜における営業に係る振動に係る数値は、五十五デシベルを超えない範囲内において定めるものとする。

3　第十一条第三項の規定は、第一項の騒音及び前項の振動の測定について準用する。

（深夜における飲食店営業に係る騒音及び振動の規制に関する条例の基準等）

第二十六条　法第三十二条第二項において準用する法第十五条の規定に基づく条例を定める場合における深夜において飲食店営業（法第二条第十三項第四号に規定する飲食店営業をいう。次項において同じ。）を営む者に係る騒音に係る数値は、第十一条第一項の表の上欄に掲げる地域ごとに、それぞれ同表の下欄に定める深夜に係る数値を超えない範囲内において定めるものとする。

2　法第三十二条第二項において準用する法第十五条の規定に基づく条例を定める場合における深夜において飲食店営業を営む者に係る振動に係る数値は、五十五デシベルを超えない範囲内において定めるものとする。

3　第十一条第三項の規定は、第一項の騒音及び前項の振動の測定について準用する。

（深夜における酒類提供飲食店営業の営業禁止地域の指定に関する条例の基準）

第二十七条　法第三十三条第四項の政令で定める基準は、次のとおりとする。

一　深夜において酒類提供飲食店営業を営むことを禁止する地域の指定は、住居集合地域内の地域について行うこと。

二　前号の規定による地域の指定は、深夜における酒類提供飲食店営業の態様その他の事情に応じて、善良の風俗若しくは清浄な風俗環境を害する行為又は少年の健全な育成に障害を及ぼす行為を防止するため必要な最小限度のものであること。

（法第三十五条の四第二項の政令で定める重大な不正行為）

第二十八条　法第三十五条の四第二項の政令で定める重大な不正行為は、次に掲げる行為とする。

一　第十七条第四号から第八号までに掲げる行為

二　刑法第百三十六条若しくは第百三十七条（これらの規定中販売又は販売目的の所持に係る部分に限る。）、第百三十九条第二項、第百四十条、第百七十四条から第百八十二条まで、第二百二十三条、第二百二十四条、第二百二十五条（営利又はわいせつの目的に係る部分に限る。以下この号において同じ。）、第二百二十六条、第二百二十六条の二（第三項については、営利又はわいせつの目的に係る部分に限る。以下この号において同じ。）、第二百二十六条の三、第二百二十七条第一項（同法第二百二十四条、第二百二十五条、第二百二十六条、第二百二十六条の二又は第二百二十六条の三の罪を犯した者を幇助する目的に係る部分に限る。以下この号において同じ。）若しくは第三項（営利又はわいせつの目的に係る部分に限る。以下この号において同じ。）又は第二百二十八条（同法第二百二十四条、第二百二十五条、第二百二十六条、第二百二十六条の二、第二百二十六条の三又は第二百二十七条第一項若しくは第三項に係る部分に限る。）の罪に当たる違法な行為

三　組織的な犯罪の処罰及び犯罪収益の規制等に関する法律（平成十一年法律第百三十六号）第三条（第一項第九号に係る部分に限る。）又は第六条（第一項第二号に係る部分に限る。）の罪に当たる違法な行為

四　売春防止法（昭和三十一年法律第百十八号）第二章（第五条を除く。）に規定する罪に当たる違法な行為

五　児童買春、児童ポルノに係る行為等の規制及び処罰並びに児童の保護等に関する法律（平成十一年法律第五十二号）第四条から第八条までの罪に当たる違法な行為

六　労働基準法（昭和二十二年法律第四十九号）第百十七条、第百十八条第一項（同法第六条又は第五十六条に係る部分に限る。）又は第百十九条第一号（同法第六十一条又は第六十二条に係る部分に限る。）（これらの規定を労働者派遣事業の適正な運営の確保及び派遣労働者の保護等に関する法律（昭和六十年法律第八十八号）の規定により適用する場合を含む。）の罪に当たる違法な行為

七　職業安定法（昭和二十二年法律第百四十一号）第六十三条の罪に当たる違法な行為

八　児童福祉法（昭和二十二年法律第百六十四号）第六十条第一項又は第二項（同法第三十四条第一項第四号の三、第五号、第七号又は第九号に係る部分に限る。）の罪に当たる違法な行為

九　出入国管理及び難民認定法第七十三条の二第一項の罪に当たる違法な行為

十　労働者派遣事業の適正な運営の確保及び派遣労働者の保護等に関する法律第五十八条の罪に当たる違法な行為

（法第四十三条の政令で定める者及び額）

第二十九条　法第四十三条の政令で定める者は、次の表の上欄に掲げる者とし、同条の政令で定める額は、同表の上欄に掲げる者に

ついて、それぞれ同表の下欄に定める額とする。

政令で定める者	政令で定める額
一　法第三条第一項の許可（以下この表において単に「許可」という。）を受けようとする者	
㈠　ぱちんこ屋又は第八条に規定する営業について許可を受けようとする場合で営業所に設置する遊技機に認定を受けた遊技機以外の遊技機（以下この表において「未認定遊技機」という。）がないとき。	
1　三月以内の期間を限つて営む営業	一万五千円
2　その他の営業	二万五千円
㈡　ぱちんこ屋又は第八条に規定する営業について許可を受けようとする場合で営業所に設置する遊技機に未認定遊技機があるとき。	㈠1又は2に定める額に、二千八百円（検定を受けた型式に属する未認定遊技機以外の未認定遊技機（以下この表において「特定未認定遊技機」という。）がある場合にあつては、五千六百円に当該特定未認定遊技機が属する型式の数を二千四百円に乗じて得た額を加算した額）に、未認定遊技機一台ごとに四十円（特定未認定遊技機については、それぞれ第十四条の表の一の項の㈢の下欄に定める額から八千円を減じた額）を加算した額
㈢　ぱちんこ屋及び第八条に規定する営業以外の風俗営業について許可を受けようとする場合	
1　三月以内の期間を限つて営む営業	一万四千円
2　その他の営業	二万四千円
二　法第二十条第十項において準用する法第九条第一項の承認（以下この表において単に「承認」という。）を受けようとする者	
㈠　承認を受けようとする遊技機に未認定遊技機がない場合	二千四百円
㈡　承認を受けようとする遊技機に未認定遊技機がある場合	五千二百円（特定未認定遊技機がある場合にあつては、八千円に当該特定未認定遊技機が属する型式の数を二千四百円に乗じて得た額を加算した額）に、未認定遊技機一台ごとに四十円（特定未認定遊技機については、それぞれ第十四条の表の一の項の㈢の下欄に定める額から八千円を減じた額）を加算した額

備考
一　許可を受けようとする者が当該都道府県において同時に

他の許可を受けようとする場合における当該他の許可に係る政令で定める額は、それぞれ一の項の下欄に定める額から八千六百円を減じた額とする。

二　法第四条第三項の規定が適用される営業所につき許可を受けようとする場合における政令で定める額は、それぞれ一の項の下欄に定める額に六千八百円を加算した額とする。

（**警察庁長官への権限の委任**）

第三十条　法第四十一条の三第一項の規定による報告の受理及び通報並びに国家公安委員会の権限に属する法第四十四条第一項の規定による届出の受理に関する事務は、警察庁長官に委任する。

（**方面公安委員会への権限の委任**）

第三十一条　法又は法に基づく政令の規定により道公安委員会の権限に属する事務は、次に掲げるものを除き、道警察本部の所在地を包括する方面を除く方面については、当該方面公安委員会に委任する。

一　認定及び検定に関する事務並びに指定試験機関に試験事務を行わせる事務

二　法第三十九条第一項の指定、同条第三項の命令及び同条第四項の取消しに関する事務

2　前項の規定により方面公安委員会が行う処分に係る聴聞を行うに当たつては、道公安委員会が定める手続に従うものとする。

附　則

（**施行期日**）

1　この政令は、風俗営業等取締法の一部を改正する法律（昭和五十九年法律第七十六号）の施行の日（昭和六十年二月十三日）から施行する。

（**経過措置**）

2　この政令の施行の日から一年間は、第十条に規定する種類の遊技機のうち、国家公安委員会の定める基準に従い著しく射幸心をそそるおそれがないものとして都道府県公安委員会規則で指定する型式（この政令の施行の際現に存するものに限る。）に属する遊技機は、第十六条の表第一号㈡及び第七号㈡の規定の適用については、法第二十条第四項の検定を受けた型式に属する遊技機とみなす。

3～5　〔他の法令改正に付き略〕

附　則〔昭和六一・三・二八政令五〇〕

この政令は、雇用の分野における男女の均等な機会及び待遇の確保を促進するための労働省関係法律の整備等に関する法律の施行の日（昭和六十一年四月一日）から施行する。

附　則〔昭和六一・六・六政令二〇三〕

この政令は、労働者派遣事業の適正な運営の確保及び派遣労働者の就業条件の整備等に関する法律の施行の日（昭和六十一年七月一日）から施行する。

附　則〔昭和六三・一二・三〇政令三六三抄〕

（**施行期日**）

第一条　この政令は、昭和六十四年四月一日から施行する。〔以下略〕

附　則〔平成二・八・一政令二三七抄〕

（**施行期日**）

第一条　この政令は、麻薬取締法等の一部を改正する法律（同法附則第一条ただし書に規定する部分を除く。）の施行の日（平成二年八月二十五日）から施行する。

附　則〔平成四・三・一三政令三三〕

この政令は、平成四年四月一日から施行する。

附　則〔平成四・五・一三政令一七八〕

この政令は、麻薬及び向精神薬取締法等の一部を改正する法律の施行の日（平成四年七月一日）から施行する。

附　則〔平成六・九・一九政令三〇三抄〕

（施行期日）

第一条　この政令は、行政手続法の施行の日（平成六年十月一日）から施行する。

附　則〔平成八・三・二五政令三七〕

（施行期日）

1　この政令は、平成八年五月一日から施行する。ただし、第十六条の改正規定は、同年四月一日から施行する。

（経過措置）

2　この政令の施行の際現にこの政令の施行により新たに風俗関連営業に該当することとなる営業を営んでいる者の当該営業に関する風俗営業等の規制及び業務の適正化等に関する法律（以下「法」という。）第二十七条第一項の規定の適用については、同項中「、風俗関連営業」とあるのは、「、平成八年五月三十一日までに、風俗関連営業」とする。

3　平成八年六月三十日までの間における前項に規定する者の当該営業については、当該営業に係る営業所が風俗関連営業禁止区域（法第二十八条第一項に規定する区域又は同条第二項の規定に基づく条例の規定により風俗関連営業を営むことを禁止されている地域をいう。）に在る間は、法第二十七条第一項並びに第二十八条第一項及び第二項の規定は、適用しない。

4　前二項の規定は、附則第二項に規定する者の当該営業がこの政令の施行前の風俗関連営業の要件に該当することとなったときは、適用しない。

附　則〔平成一〇・八・一四政令二七七〕

（施行期日）

1　この政令は、風俗営業等の規制及び業務の適正化等に関する法律の一部を改正する法律の施行の日（平成十一年四月一日）から施行する。ただし、第一条の改正規定、同条を第一条の三とし、同条の前に二条を加える改正規定、第六条の次に一条を加える改正規定、第七条の改正規定、第十六条の表の改正規定中

「

三	法第七条第一項の風俗営業の相続に係る承認を受けようとする者	八千六百円

」を

「

三	法第七条第一項の風俗営業の相続に係る承認を受けようとする者	八千六百円
三の二	法第七条の二第一項の風俗営業の合併に係る承認を受けようとする者	一万二千百円

」に改める部分及び同表の備考に二号を加える改正規定（第四号に係る部分に限る。）は、同法附則第一条ただし書に規定する規定の施行の日（平成十年十一月一日）から施行する。

（経過措置）

2　この政令の施行の日前にした行為については、改正後の風俗営

業等の規制及び業務の適正化等に関する法律施行令第十三条第四号及び第五号の規定は、適用しない。

附　則〔平成一一・三・二五政令四九〕

この政令は、平成十一年四月一日から施行する。〔以下略〕

附　則〔平成一一・一〇・一四政令三二二〕

この政令は、地方分権の推進を図るための関係法律の整備等に関する法律の施行の日（平成十二年四月一日）から施行する。

附　則〔平成一一・一〇・一四政令三三三〕

この政令は、児童買春、児童ポルノに係る行為等の処罰及び児童の保護等に関する法律（平成十一年法律第五十二号）の施行の日（平成十一年十一月一日）から施行する。

附　則〔平成一二・一・二一政令八〕

この政令は、組織的な犯罪の処罰及び犯罪収益の規制等に関する法律（平成十一年法律第百三十六号）の施行の日（平成十二年二月一日）から施行する。

附　則〔平成一二・五・三一政令二四二〕

（施行期日）

第一条　この政令は、大規模小売店舗立地法の施行の日（平成十二年六月一日）から施行する。

（経過措置）

第二条　この政令の施行前にした行為に対する罰則の適用については、なお従前の例による。

附　則〔平成一三・一二・二一政令四一八〕

（施行期日）

1　この政令は、風俗営業等の規制及び業務の適正化等に関する法律の一部を改正する法律（平成十三年法律第五十二号）の施行の日（平成十四年四月一日）から施行する。

（経過措置）

2　この政令の施行の日前にした行為については、改正後の風俗営業等の規制及び業務の適正化等に関する法律施行令第十三条第八号（大麻取締法第二十四条の七に係る部分に限る。）、第十一号（麻薬及び向精神薬取締法第五十条の十六、第五十条の十七及び第六十九条の五に係る部分に限る。）及び第十七号の規定は、適用しない。

附　則〔平成一四・八・三〇政令二八二抄〕

（施行期日）

第一条　この政令は、平成十四年十月一日から施行する。

附　則〔平成一五・五・二一政令二三九〕

この政令は、建物の区分所有等に関する法律及びマンションの建替えの円滑化等に関する法律の一部を改正する法律の施行の日（平成十五年六月一日）から施行する。

附　則〔平成一七・五・二七政令一九二抄〕

（施行期日）

第一条　この政令は、建築物の安全性及び市街地の防災機能の確保等を図るための建築基準法等の一部を改正する法律（以下「改正法」という。）の施行の日（平成十七年六月一日。附則第四条において「施行日」という。）から施行する。

（罰則に関する経過措置）

第五条　この政令の施行前にした行為及び前条の規定によりなお従前の例によることとされる場合におけるこの政令の施行後にした行為に対する罰則の適用については、なお従前の例による。

附　則〔平成一七・一一・一六政令三六九抄〕

（施行期日）

1　この政令は、風俗営業等の規制及び業務の適正化等に関する法律の一部を改正する法律の施行の日（平成十八年五月一日）から施行する。

（経過措置）

2　この政令の施行前にした行為に係る風俗営業等の規制及び業務の適正化等に関する法律第三十五条の四第二項又は第四項第二号の規定による営業の停止の命令については、改正後の風俗営業等の規制及び業務の適正化等に関する法律施行令第十五条の二の規定にかかわらず、なお従前の例による。

附　則〔平成一九・三・二政令三九〕

この政令は、一般社団法人及び一般財団法人に関する法律の施行の日〔平二〇・一二・一〕から施行する。

附　則〔平成一九・三・三一政令一一八抄〕

この政令〔中略〕は、当該各号に定める日〔平二〇・四・一〕から施行する。

附　則〔平成一九・九・一四政令二八七〕

この政令は、法附則第一条第二号に掲げる規定の施行の日〔平二〇・四・一〕から施行する。ただし、次の各号に掲げる規定は、当該各号に定める日から施行する。

一　〔略〕

二　〔前略〕第二十条〔中略〕の規定　法附則第一条第一号に掲げる規定の施行の日〔平一九・一〇・一〕

附　則〔平成二二・七・九政令一六八〕

（施行期日）

第一条　この政令は、平成二十三年一月一日から施行する。

（経過措置）

第二条　この政令の施行の際現にこの政令の施行により新たに店舗型性風俗特殊営業に該当することとなる営業を営んでいる者（この政令の施行の日の前日において、次条に規定する条例の規定であって当該営業を営んではならない旨を定めていたものに違反して当該営業を営んでいた者を除く。）の当該営業に対する風俗営業等の規制及び業務の適正化等に関する法律（以下「法」という。）第二十七条第一項の規定の適用については、同項中「、店舗型性風俗特殊営業」とあるのは、「、平成二十三年一月三十一日までに、店舗型性風俗特殊営業」とする。

2　前項に規定する者がこの政令の施行の際現に営んでいる同項に規定する営業につき広告又は宣伝をする場合については、平成二十三年一月三十一日までの間は、法第二十七条の二の規定は、適用しない。

3　第一項に規定する者がこの政令の施行の際現に営んでいる同項に規定する営業（当該営業に係る営業所が法第二十八条第一項の規定又は同条第二項の規定に基づく条例の規定により当該営業を営んではならないこととされる区域又は地域にあるものに限る。次項において同じ。）については、平成二十三年一月三十一日までの間は、同条第一項の規定及び同条第二項の規定に基づく条例の規定は、適用しない。

4　前項に定めるもののほか、第一項に規定する者がこの政令の施行の際現に営んでいる同項に規定する営業については、その者が平成二十三年一月三十一日までの間に当該営業について法第二十七条第一項の届出書を提出したときは、同条第四項ただし書及び法第二十八条第一項の規定並びに同条第二項の規定に基づく条例の規定は、適用しない。

5　前二項の規定により法第二十八条第一項の規定又は同条第二項の規定に基づく条例の規定を適用しないこととされる営業を営む者が当該営業の営業所の外周又は内部に同条第五項第一号に規定

する広告物を表示する場合及び当該営業所の内部において同項第二号に規定するビラ等を頒布する場合については、同項の規定は、適用しない。

（条例の規定の効力）

第三条　地方公共団体の条例の規定であって、この政令による改正後の風俗営業等の規制及び業務の適正化等に関する法律施行令第五条に規定する営業に該当する営業を営む者又はその代理人、使用人その他の従業者が当該営業に関し行った行為を処罰する旨を定めているものの当該行為に係る部分については、この政令の施行と同時に、その効力を失うものとする。この場合において、当該地方公共団体が条例で別段の定めをしないときは、その失効前にした違反行為の処罰については、その失効後も、なお従前の例による。

附　則〔平成二三・七・六政令二一二〕

この政令は、情報処理の高度化等に対処するための刑法等の一部を改正する法律の施行の日（平二三・七・一四）から施行する。ただし、第二条の規定（風俗営業等の規制及び業務の適正化等に関する法律施行令第十五条の二第九号の改正規定に係る部分に限る。）は、公布の日から施行する。

附　則〔平成二三・一二・二六政令四二一抄〕

改正　平成二四・六・一五政令一六四
　　　平成二九・二・一五政令　一九

（施行期日）

第一条　この政令は、改正法（出入国管理及び難民認定法及び日本国との平和条約に基づき日本の国籍を離脱した者等の出入国管理に関する特例法の一部を改正する等の法律）施行日（平成二十四年七月九日）から施行する。〔以下略〕

（経過措置）

第三条　次に掲げる政令の規定の適用については、中長期在留者が所持する旧外国人登録法に規定する外国人登録証明書は在留カードとみなし、特別永住者が所持する旧外国人登録法に規定する外国人登録証明書は特別永住者証明書とみなす。

一　風俗営業等の規制及び業務の適正化等に関する法律施行令第九条の二第一号

二～四　〔略〕

2　前項の規定により、旧外国人登録法に規定する外国人登録証明書が在留カードとみなされる期間は改正法附則第十五条第二項各号に定める期間とし、特別永住者証明書とみなされる期間は改正法附則第二十八条第二項各号に定める期間とする。

第四条　この政令の施行の日前にした行為に対する風俗営業等の規制及び業務の適正化等に関する法律（昭和二十三年法律第百二十二号）第二十五条、第二十六条第一項、第二十九条、第三十一条の四第一項、第三十一条の六第二項第一号、第三十四条又は第三十五条の四第一項若しくは第四項第一号の規定の適用については、第十一条の規定による改正後の風俗営業等の規制及び業務の適正化等に関する法律施行令第九条の二第一号の規定にかかわらず、なお従前の例による。

附　則〔平成二四・六・一五政令一六四〕

この政令は、公布の日から施行する。

附　則〔平成二四・八・一〇政令二二一抄〕

（施行期日）

1　この政令は、労働者派遣事業の適正な運営の確保及び派遣労働者の就業条件の整備等に関する法律等の一部を改正する法律の施行の日（平成二十四年十月一日）から施行する。

附　則〔平成二四・一一・二二政令二七四〕

（施行期日）

1　この政令は、公布の日から施行する。

（経過措置）

2　この政令の施行の際現にこの政令による改正前の風俗営業等の規制及び業務の適正化等に関する法律施行令第一条の規定により指定されている講習は、この政令の施行の日に、この政令による改正後の風俗営業等の規制及び業務の適正化等に関する法律施行令第一条の規定により指定されたものとみなす。

附　則〔平成二五・二・六政令二九〕

この政令は、平成二十五年四月一日から施行する。

附　則〔平成二六・七・九政令二五二〕

この政令は、児童買春、児童ポルノに係る行為等の処罰及び児童の保護等に関する法律の一部を改正する法律の施行の日（平二六・七・一五）から施行する。

附　則〔平成二七・六・二四政令二五三抄〕

（施行期日）

1　この政令は、公布の日から施行する。

附　則〔平成二七・一一・一三政令三八二〕

この政令は、風俗営業等の規制及び業務の適正化等に関する法律の一部を改正する法律の施行の日（平成二十八年六月二十三日）から施行する。

附　則〔平成二九・二・一五政令一九抄〕

（施行期日）

第一条　この政令は、整備法の施行の日（平成二十九年五月三十日）から施行する。

附　則〔平成二九・七・五政令一八〇抄〕

（施行期日）

第一条　この政令は、刑法の一部を改正する法律（以下「改正法」という。）の施行の日（平二九・七・一三）から施行する。

（風俗営業等の規制及び業務の適正化等に関する法律施行令の一部改正に伴う経過措置）

第三条　第三条の規定による改正後の風俗営業等の規制及び業務の適正化等に関する法律施行令（以下この条において「新令」という。）第十七条、第十八条、第二十条及び第二十一条の規定の適用については、旧刑法第百七十八条の二、第百七十九条（旧刑法第百七十八条の二に係る部分に限る。）又は第百八十一条第三項（改正法附則第二条第一項の規定によりなお従前の例によることとされる場合におけるこれらの規定を含む。）の罪に当たる違法な行為は、新令第十七条第一号に掲げる行為とみなす。

2　新令第二十八条の規定の適用については、旧刑法第百七十八条の二、第百七十九条（旧刑法第百七十八条の二に係る部分に限る。）又は第百八十一条第三項（改正法附則第二条第一項の規定によりなお従前の例によることとされる場合におけるこれらの規定を含む。）の罪に当たる違法な行為は、新令第二十八条第二号に掲げる行為とみなす。

附　則〔平成三〇・一・三一政令二一抄〕

（施行期日）

1　この政令は、旅館業法の一部を改正する法律の施行の日（平成三十年六月十五日）から施行する。

○風俗営業等の規制及び業務の適正化等に関する法律に基づく許可申請書の添付書類等に関する内閣府令

（昭和六〇・一・一一　総理府令一）

改正
平成元・七・三　総理府令四三
平成五・七・一　総理府令三七
平成七・五・一六　総理府令二八
平成一〇・一〇・八　総理府令六一
平成一一・三・三一　総理府令二〇
平成一二・三・三〇　総理府令三〇
平成一二・八・一四　総理府令八九
平成一三・三・三〇　内閣府令三〇
平成一四・三・二五　内閣府令一七
平成一六・一・三〇　内閣府令　六
平成一七・三・四　内閣府令一六
平成一八・四・二四　内閣府令五一
平成二四・三・一六　内閣府令　七
平成二四・六・一八　内閣府令三九
平成二六・一〇・一七　内閣府令六八
平成二七・一一・一三　内閣府令六五

（風俗営業の許可申請書の添付書類）

第一条　風俗営業等の規制及び業務の適正化等に関する法律（以下「法」という。）第五条第一項の内閣府令で定める書類は、次のとおりとする。

一　営業の方法を記載した書類
二　営業所の使用について権原を有することを疎明する書類
三　営業所の平面図及び営業所の周囲の略図
四　申請者が個人である場合（次号又は第六号に該当する場合を除く。）には、次に掲げる書類
イ　住民票の写し（住民基本台帳法（昭和四十二年法律第八十一号）第七条第五号に掲げる事項（外国人にあつては、同法第三十条の四十五に規定する国籍等）が記載されているものに限る。以下同じ。）
ロ　法第四条第一項第一号から第八号までに掲げる者のいずれにも該当しないことを誓約する書面
ハ　成年被後見人又は被保佐人に該当しない旨の登記事項証明書（後見登記等に関する法律（平成十一年法律第百五十二号）第十条第一項に規定する登記事項証明書をいう。）及び民法の一部を改正する法律（平成十一年法律第百四十九号）附則第三条第一項の規定により成年被後見人とみなされる者、同条第二項の規定により被保佐人とみなされる者、同条第三項の規定により従前の例によることとされる準禁治産者又は破産者で復権を得ないものに該当しない旨の市町村（特別区を含む。）の長の証明書
ニ　未成年者（婚姻により成年に達したものとみなされる者を除く。以下同じ。）で風俗営業を営むことに関し法定代理人の許可を受けているものにあつては、その法定代理人の氏名及び住所（法定代理人が法人である場合においては、その名称及び住所並びに代表者の氏名）を記載した書面並びに当該許可を受けていることを証する書面（風俗営業者の相続人である未成年者で風俗営業を営むことに関し法定代理人の許可を受けていないものにあつては、被相続人の氏名及び住所並びに風俗営業に係る営業所の所在地を記載した書面並びにそ

の法定代理人に係るイからハまでに掲げる書類（法定代理人が法人である場合においては、その法人に係る第七号イからハまでに掲げる書類）

五　申請者が個人の風俗営業者（法第二条第二項の風俗営業者であつて申請に係る都道府県公安委員会（以下「公安委員会」という。）の法第三条第一項の許可又は法第七条第一項、法第七条の二第一項若しくは法第七条の三第一項の承認（以下この号及び次号において「許可等」という。）を受けているものをいう。次号及び第八号において同じ。）である場合（次号に該当する場合を除く。）には、次に掲げる書類

イ　前号ロに掲げる書面

ロ　前号ニに掲げる書類

六　申請者が未成年者である風俗営業者であつて、その法定代理人が申請者が申請に係る公安委員会の許可等を受けて現に営む風俗営業に係る許可等を受けた際の法定代理人である場合（申請書に係る風俗営業及び現に営む風俗営業のいずれについても風俗営業を営むことに関する法定代理人の許可を受けていない場合に限る。）には、次に掲げる書類

イ　第四号ロに掲げる書面

ロ　被相続人の氏名及び住所並びに申請書に係る営業所の所在地を記載した書面

ハ　法定代理人の氏名及び住所（法定代理人が法人である場合においては、その名称及び住所並びに代表者の氏名）を記載した書面並びに当該法定代理人に係る第四号ロに掲げる書面（法定代理人が法人である場合においては、その役員に係る次号ハに掲げる書面。ただし、当該役員が、申請者が現に営む風俗営業に係る許可等を受けた際の役員でない場合には、当該役員に係る次号ロ及びハに掲げる書面）

七　申請者が法人である場合（次号に該当する場合を除く。）には、次に掲げる書類

イ　定款及び登記事項証明書

ロ　役員に係る第四号イ及びハに掲げる書類

ハ　役員に係る法第四条第一項第一号から第七号の二までに掲げる者のいずれにも該当しないことを誓約する書面

八　申請者が法人の風俗営業者である場合には、役員に係る前号ハに掲げる書面

九　法第四条第三項の規定が適用される営業所につき風俗営業の許可を受けようとする者にあつては、火災、震災又は風俗営業等の規制及び業務の適正化等に関する法律施行令（昭和五十九年政令第三百十九号。以下「令」という。）第七条各号に掲げる事由により営業所が滅失したことを疎明する書類

十　選任する管理者に係る次に掲げる書類

イ　誠実に業務を行うことを誓約する書面

ロ　第四号イ及びハに掲げる書類

ハ　法第二十四条第二項各号に掲げる者のいずれにも該当しないことを誓約する書面

ニ　申請前六月以内に撮影した無帽、正面、上三分身、無背景の縦の長さ三・〇センチメートル、横の長さ二・四センチメートルの写真で、その裏面に氏名及び撮影年月日を記入したもの二葉

十一　ぱちんこ屋及び令第八条に規定する営業を営もうとする者にあつては、次に掲げる書類

イ　法第二十条第二項の認定を受けた遊技機を設置しようとする場合にあつては、その遊技機が当該認定を受けたものであ

ることを証する書類

ロ　法第二十条第四項の検定を受けた型式に属する遊技機（風俗営業の営業所に設置されたことのないものに限る。）を設置しようとする場合にあつては、次に掲げる書類

(1)　その遊技機の型式が検定を受けたものであることを疎明する書類

(2)　その遊技機の製造業者（外国において本邦に輸出する遊技機を製造する者を含む。ハにおいて同じ。）又は輸入業者が作成した書面で、当該遊技機が(1)の書類に係る型式に属するものであることを疎明するもの

ハ　法第二十条第四項の検定を受けた型式に属する遊技機を設置しようとする場合（ロに該当する場合を除く。）にあつては、次に掲げる書類

(1)　その遊技機の型式が検定を受けたものであることを疎明する書類

(2)　その遊技機の製造業者若しくは輸入業者又は公安委員会が遊技機の点検及び取扱いを適正に行うに足りる能力を有すると認める者が作成した書面で、当該遊技機が(1)の書類に係る型式に属するものであることを疎明するもの

ニ　イからハまでに規定する遊技機以外の遊技機を設置しようとする場合にあつては、その遊技機につき次に掲げる書類

(1)　遊技機の諸元表

(2)　遊技機の構造図、回路図及び動作原理図

(3)　遊技機並びに遊技機の部品及び装置の構造、材質及び性能の説明を記載した書類

(4)　遊技機の写真

（風俗営業の営業所の構造及び設備の軽微な変更）

第二条　法第九条第一項の内閣府令で定める軽微な変更は、営業所の構造及び設備に係る変更のうち、次に掲げる変更以外の変更とする。

一　建築基準法（昭和二十五年法律第二百一号）第二条第十四号に規定する大規模の修繕又は同条第十五号に規定する大規模の模様替に該当する変更

二　客室の位置、数又は床面積の変更

三　壁、ふすまその他営業所の内部を仕切るための設備の変更

四　営業の方法の変更に係る構造又は設備の変更

（構造及び設備の変更等に係る届出書の記載事項）

第三条　法第九条第三項（法第二十条第十項において準用する場合を含む。）及び第五項の内閣府令で定める事項は、当該変更に係る変更年月日、変更事項及び変更の事由とする。

（構造及び設備の変更等に係る届出書の添付書類）

第四条　法第九条第三項の内閣府令で定める書類は、第一条第一号から第十号までに掲げる書類のうち、当該変更事項に係る書類とする。

2　法第九条第五項の内閣府令で定める書類は、第一条第一号から第三号までに掲げる書類のうち、当該変更事項に係る書類とする。

（特例風俗営業者の認定申請書の添付書類）

第五条　法第十条の二第二項の内閣府令で定める書類は、次のとおりとする。

一　当該営業所に係る第一条第一号及び第三号に掲げる書類

二　法第十条の二第一項各号のいずれにも該当することを誓約する書面

（遊技機の軽微な変更）

第六条　法第二十条第十項において準用する法第九条第一項の内閣府令で定める軽微な変更は、法第二十三条第一項第三号に規定する遊技球等の受け皿、遊技機の前面のガラス板その他の遊技機の部品でその変更が遊技機の性能に影響を及ぼすおそれがあるもの以外のものの変更とする。

（**遊技機の変更に係る届出書の添付書類**）

第七条　法第二十条第十項において準用する法第九条第三項の内閣府令で定める書類は、第一条第十一号に掲げる書類のうち、当該変更事項に係る書類とする。

（**店舗型性風俗特殊営業の廃止等に係る届出書の記載事項**）

第八条　法第二十七条第二項（法第三十一条の十二第二項において準用する場合を含む。）の内閣府令で定める事項は、次の各号に掲げる届出書の区分に従い、それぞれ当該各号に定める事項とする。

一　営業を廃止した場合における届出書　廃止年月日及び廃止の事由

二　届出事項に変更があつた場合における届出書　当該変更に係る変更年月日、変更事項及び変更の事由

（**店舗型性風俗特殊営業の届出書の添付書類**）

第九条　法第二十七条第三項の内閣府令で定める書類は、次の各号に掲げる届出書の区分に従い、それぞれ当該各号に定める書類とする。

一　営業を営もうとする場合における届出書　次に掲げる書類（法第二十七条第一項の届出書を提出して現に当該届出書に係る営業を営んでいる者が、当該届出書を提出した公安委員会の管轄区域内において当該営業と同一の店舗型性風俗特殊営業の種別の店舗型性風俗特殊営業を営もうとする場合における届出書については、ニ又はホに掲げるものを除く。）

イ　営業の方法を記載した書類

ロ　営業所の使用について権原を有することを疎明する書類

ハ　営業所の平面図及び営業所の周囲の略図

ニ　営業を営もうとする者が個人であるときは、住民票の写し

ホ　営業を営もうとする者が法人であるときは、定款、登記事項証明書及び役員に係る住民票の写し

ヘ　法第二十七条第一項第五号の営業所における業務の実施を統括管理する者に係る住民票の写し

二　営業を廃止した場合における届出書　法第二十七条第四項の規定により交付された書面

三　届出事項に変更があつた場合における届出書　次に掲げる書類

イ　法第二十七条第四項の規定により交付された書面

ロ　第一号に掲げる書類のうち、前条第二号に定める事項に係るもの

（**標章の様式**）

第十条　法第三十一条第一項（法第三十一条の五第三項及び第三十一条の六第三項において準用する場合を含む。）の内閣府令で定める様式は、別記様式第一号のとおりとする。

（**準用規定**）

第十一条　第八条の規定は、法第三十一条の二第二項（法第三十一条の七第二項及び法第三十一条の十七第二項において準用する場合を含む。）の内閣府令で定める事項について準用する。

（**無店舗型性風俗特殊営業の届出書の添付書類**）

第十二条　法第三十一条の二第三項の内閣府令で定める書類は、次の各号に掲げる届出書の区分に従い、それぞれ当該各号に定める

書類とする。
一　営業を営もうとする場合における届出書　次に掲げる書類
イ　営業の方法を記載した書類
ロ　営業の本拠となる事務所（事務所のない者にあつては、住所。次条第一号ロ（第十六条において準用する場合を含む。）において単に「事務所」という。）、受付所及び待機所の使用について権原を有することを疎明する書類
ハ　法第二条第七項第一号の営業にあつては、事務所の平面図（事務所のない者が、その住所を事務所に代えて届出書を提出する場合には、当該営業の用に供される部分を特定したもの）
ニ　法第二条第七項第一号の営業につき受付所を設ける場合には、受付所の平面図及び受付所の周囲の略図
ホ　法第二条第七項第一号の営業につき待機所を設ける場合には、待機所の平面図
ヘ　営業を営もうとする者が個人であるときは、住民票の写し
ト　営業を営もうとする者が法人であるときは、定款、登記事項証明書及び役員に係る住民票の写し
二　営業を廃止した場合における届出書　法第三十一条の二第四項の規定により交付された書面
三　届出事項に変更があつた場合における届出書　次に掲げる書類
イ　法第三十一条の二第四項の規定により交付された書面
ロ　第一号に掲げる書類のうち、前条において準用する第八条第二号に定める事項に係るもの

（映像送信型性風俗特殊営業の届出書の添付書類）
第十三条　法第三十一条の七第二項において準用する法第三十一条の二第三項の内閣府令で定める書類は、次の各号に掲げる届出書の区分に従い、それぞれ当該各号に定める書類とする。
一　営業を営もうとする場合における届出書　次に掲げる書類（法第三十一条の七第一項の届出書を提出して現に当該届出書に係る営業を営んでいる者が、他の映像送信型性風俗特殊営業について同項の届出書を同一の公安委員会に提出して当該営業を営もうとする場合における届出書については、ハ又はニに掲げるものを除く。）
イ　営業の方法を記載した書類
ロ　事務所の使用について権原を有することを疎明する書類
ハ　営業を営もうとする者が個人であるときは、住民票の写し
ニ　営業を営もうとする者が法人であるときは、定款、登記事項証明書及び役員に係る住民票の写し
二　営業を廃止した場合における届出書　法第三十一条の七第二項において準用する法第三十一条の二第四項の規定により交付された書面
三　届出事項に変更があつた場合における届出書　次に掲げる書類
イ　法第三十一条の七第二項において準用する法第三十一条の二第四項の規定により交付された書面
ロ　第一号に掲げる書類のうち、第十一条において準用する第八条第二号に定める事項に係るもの

（店舗型電話異性紹介営業の届出書の添付書類）
第十四条　第九条の規定は、法第三十一条の十二第二項において準用する法第二十七条第三項の内閣府令で定める書類について準用する。この場合において、第九条第一号中「法第二十七条第一項の届出書」とあるのは「法第三十一条の十二第一項の届出書」

と、「当該営業と同一の店舗型性風俗特殊営業の種別の店舗型性風俗特殊営業」とあるのは「他の店舗型電話異性紹介営業」と、同号ヘ中「法第二十七条第一項第五号」とあるのは「法第三十一条の十二第一項第五号」と、同条第二号及び第三号イ中「法第二十七条第四項」とあるのは「法第三十一条の十二第二項において準用する法第二十七条第四項」と、同号ロ中「前条第二号」とあるのは「第八条第二号」と読み替えるものとする。

（準用規定）

第十五条　第十条の規定は、法第三十一条の十六第一項の内閣府令で定める様式について準用する。

（無店舗型電話異性紹介営業の届出書の添付書類）

第十六条　第十三条の規定は、法第三十一条の十七第二項において準用する法第三十一条の二第三項の内閣府令で定める書類について準用する。この場合において、第十三条第一号中「書類（法第三十一条の七第一項の届出書を提出して現に当該届出書に係る営業を営んでいる者が、他の映像送信型性風俗特殊営業について同項の届出書を同一の公安委員会に提出して当該営業を営もうとする場合における届出書については、ハ又はニに掲げるものを除く。）」とあるのは「書類」と、同条第二号及び第三号イ中「第三十一条の七第二項」とあるのは「第三十一条の十七第二項」と読み替えるものとする。

（特定遊興飲食店営業の許可申請書の添付書類）

第十七条　第一条（第十一号を除く。）の規定は、法第三十一条の二十三において準用する法第五条第一項の内閣府令で定める書類について準用する。この場合において、第一条第五号中「法第二条第二項」とあるのは「法第二条第十二項」と、「法第三条第一項」とあるのは「法第三十一条の二十二」と、同条第九号中「第七条各号」とあるのは「第二十三条において準用する令第七条各号」と読み替えるものとする。

（特定遊興飲食店営業の営業所の構造及び設備の軽微な変更）

第十八条　第二条の規定は、法第三十一条の二十三において準用する法第九条第一項の内閣府令で定める軽微な変更について準用する。

（構造及び設備の変更等に係る届出書の記載事項）

第十九条　第三条の規定は、法第三十一条の二十三において準用する法第九条第三項及び第五項の内閣府令で定める事項について準用する。

（構造及び設備の変更等に係る届出書の添付書類）

第二十条　第四条の規定は、法第三十一条の二十三において準用する法第九条第三項の内閣府令で定める書類について準用する。

（特例特定遊興飲食店営業者の認定申請書の添付書類）

第二十一条　第五条の規定は、法第三十一条の二十三において準用する法第十条の二第二項の内閣府令で定める書類について準用する。

（深夜における酒類提供飲食店営業に係る軽微な変更）

第二十二条　法第三十三条第二項の内閣府令で定める軽微な変更は、営業所の構造及び設備に係る変更のうち、次に掲げる変更以外の変更とする。

一　建築基準法第二条第十四号に規定する大規模の修繕又は同条第十五号に規定する大規模の模様替に該当する変更

二　客室の位置、数又は床面積の変更

三　壁、ふすまその他営業所の内部を仕切るための設備の変更

四　照明設備の変更

五　音響設備又は防音設備の変更

（準用規定）

第二十三条　第八条の規定は、法第三十三条第二項の内閣府令で定める事項について準用する。

（深夜における酒類提供飲食店営業の届出書の添付書類）

第二十四条　法第三十三条第三項の内閣府令で定める書類は、次の各号に掲げる届出書の区分に従い、それぞれ当該各号に定める書類とする。

一　営業を営もうとする場合における届出書　次に掲げる書類（法第三十三条第一項の届出書を提出して現に当該届出書に係る営業を営んでいる者が、当該届出書を提出した公安委員会の管轄区域内において他の酒類提供飲食店営業を深夜において営もうとする場合における届出書については、ハ又はニに掲げるものを除く。）

イ　営業の方法を記載した書類

ロ　営業所の平面図

ハ　営業を営もうとする者が個人であるときは、住民票の写し

ニ　営業を営もうとする者が法人であるときは、定款、登記事項証明書及び役員に係る住民票の写し

二　届出事項に変更があつた場合における届出書　前号に掲げる書類のうち、前条において準用する第八条第二号に定める事項に係るもの

（従業者名簿の記載事項）

第二十五条　法第三十六条の内閣府令で定める事項は、性別、生年月日、採用年月日、退職年月日及び従事する業務の内容とする。

（確認書類）

第二十六条　法第三十六条の二第一項各号に掲げる事項を証する書類として内閣府令で定める書類は、次の各号に掲げる区分に応じ、それぞれ当該各号に定めるものとする。

一　日本国籍を有する者　次に掲げる書類のいずれか

イ　住民票記載事項証明書（住民基本台帳法第七条第二号に掲げる事項及び本籍地都道府県名が記載されているものに限る。）

ロ　旅券法（昭和二十六年法律第二百六十七号）第二条第二号の一般旅券

ハ　イ及びロに掲げるもののほか官公庁から発行され、又は発給された書類その他これに類するもので、当該者の生年月日及び本籍地都道府県名の記載のあるもの

二　日本国籍を有しない者（次号及び第四号に掲げる者を除く。）　次に掲げる書類のいずれか

イ　出入国管理及び難民認定法（昭和二十六年政令第三百十九号）第二条第五号の旅券

ロ　出入国管理及び難民認定法第十九条の三に規定する在留カード

三　出入国管理及び難民認定法第十九条第二項の許可がある者　次に掲げる書類のいずれか

イ　前号イに掲げる書類（出入国管理及び難民認定法施行規則（昭和五十六年法務省令第五十四号）第十九条第四項の証印がされているものに限る。）

ロ　前号イに掲げる書類（出入国管理及び難民認定法施行規則第十九条第四項の証印がされていないものに限る。）及び同項に規定する資格外活動許可書又は同令第十九条の四第一項に規定する就労資格証明書

ハ　前号ロに掲げる書類

四　日本国との平和条約に基づき日本の国籍を離脱した者等の出

入国管理に関する特例法（平成三年法律第七十一号）に定める特別永住者　同法第七条第一項に規定する特別永住者証明書

（団体の届出）

第二十七条　法第四十四条第一項の規定による届出をしようとする団体は、その目的とする事業が二以上の都道府県の区域において行われる場合にあつては警察庁に、それ以外の場合にあつては警視庁又は道府県警察本部に、次条に規定する事項を記載した書類を提出しなければならない。

2　前項の規定により書類を提出する場合においては、警察庁に提出する書類でその目的とする事業が一の管区警察局の管轄区域内において行われる団体に係るものにあつては当該管区警察局を経由して、警視庁又は道府県警察本部に提出する書類にあつては当該団体の主たる事務所の所在地の所轄警察署長を経由してするものとする。

（届出事項）

第二十八条　法第四十四条第一項の内閣府令で定める事項は、次のとおりとする。

一　名称及び事務所の所在地並びに代表者の氏名及び住所

二　目的及び事業

三　成立の年月日

四　団体を組織する者の氏名及び住所（その者が団体である場合にあつては、当該団体の名称及び事務所の所在地並びに代表者の氏名及び住所）

五　法人である場合には、法人の設立の許可又は認可を受けた年月日、定款並びに役員の氏名及び住所

（電磁的記録媒体による手続）

第二十九条　第二十七条第一項の規定による警察庁への書類の提出については、当該書類の提出に代えて当該書類に記載すべきこととされている事項を記録した電磁的記録媒体（電磁的記録（電子的方式、磁気的方式その他人の知覚によつては認識することができない方式で作られる記録であつて、電子計算機による情報処理の用に供されるものをいう。）に係る記録媒体をいう。）及び別記様式第二号の電磁的記録媒体提出票を提出することにより行うことができる。

附　則

この府令は、風俗営業等取締法の一部を改正する法律（昭和五十九年法律第七十六号）の施行の日（昭和六十年二月十三日）から施行する。

附　則〔平成元・七・三総理府令四三〕

この府令は、公布の日から施行する。

附　則〔平成五・七・一総理府令三七〕

（施行期日）

1　この府令は、平成五年八月一日から施行する。

（経過措置）

2　この府令の施行前にした行為に対する罰則の適用については、なお従前の例による。

附　則〔平成七・五・一六総理府令二八〕

（施行期日）

1　この府令は、平成七年六月一日から施行する。

（許可の取消し等に関する経過措置）

2　この府令の施行前にした行為に係るこの府令の施行後における法第三条第一項の許可の取消し、停止その他の処分については、なお従前の例による。

（罰則に関する経過措置）

3　この府令の施行前にした行為に対する罰則の適用については、なお従前の例による。

附　則〔平成一〇・一〇・八総理府令六一〕

（施行期日）

1　この府令は、風俗営業等の規制及び業務の適正化等に関する法律の一部を改正する法律の施行の日（平成十一年四月一日。次項において「施行日」という。）から施行する。ただし、第一条の改正規定及び附則第三項の規定は、同法附則第一条ただし書に規定する規定の施行の日（平成十年十一月一日）から施行する。

（経過措置）

2　この府令の施行の際現に風俗営業、風俗関連営業又は深夜において飲食店営業を営んでいる者に係る法第三十六条の従業者名簿の記載事項については、改正後の風俗営業等の規制及び業務の適正化等に関する法律に基づく許可申請書の添付書類等に関する総理府令第十三条の規定にかかわらず、施行日から起算して一月を経過する日までの間は、なお従前の例による。

3　附則第一項ただし書に規定する改正規定の施行前にした行為に対する罰則の適用については、なお従前の例による。

附　則〔平成一一・三・二二総理府令二〇〕

この府令は、公布の日から施行する。

附　則〔平成一二・三・三〇総理府令三〇〕

（施行期日）

1　この府令は、平成十二年四月一日から施行する。

（経過措置）

2　この府令の施行の際現に風俗営業等の規制及び業務の適正化等に関する法律第五条第一項の規定により提出されている許可申請書（中略）については、なお従前の例による。

3　この府令の施行前にした行為に対する罰則の適用については、なお従前の例による。

附　則〔平成一二・八・一四総理府令八九〕

（施行期日）

1　この府令は、内閣法の一部を改正する法律（平成十一年法律第八十八号）の施行の日（平成十三年一月六日）から施行する。

（経過措置）

2　〔前略〕風俗営業等の規制及び業務の適正化等に関する法律に基づく許可申請書の添付書類等に関する総理府令第十六条第一項に規定するフレキシブルディスク提出票の様式については、改正後の〔中略〕風俗営業等の規制及び業務の適正化等に関する法律に基づく許可申請書の添付書類等に関する内閣府令別記様式第二号の様式にかかわらず、当分の間、なお従前の例によることができる。

附　則〔平成一三・三・三〇内閣府令三〇〕

（施行期日）

1　この府令は、商法等の一部を改正する法律の施行に伴う関係法律の整備に関する法律の施行の日（平成十三年四月一日）から施行する。

（経過措置）

2　この府令の施行の際現に風俗営業等の規制及び業務の適正化等に関する法律第五条第一項の規定により提出されている許可申請書の添付書類については、なお従前の例による。

附　則〔平成一四・三・二五内閣府令七〕

（施行期日）

この府令は、風俗営業等の規制及び業務の適正化等に関する法律の一部を改正する法律（平成十三年法律第五十二号）の施行の日

〔平成十四年四月一日〕から施行する。ただし、第一条第六号ニを加える改正規定は、平成十四年七月一日から施行する。

附　則〔平成一六・一・三〇内閣府令六〕

（施行期日）

1　この府令は、平成十六年七月一日から施行する。

（許可の取消し等に関する経過措置）

2　この府令の施行前にした行為に係るこの府令の施行後における風俗営業等の規制及び業務の適正化等に関する法律第三条第一項の許可の取消し、停止その他の処分については、なお従前の例による。

（罰則に関する経過措置）

3　この府令の施行前にした行為に対する罰則の適用については、なお従前の例による。

附　則〔平成一七・三・四内閣府令一六〕

この府令は、不動産登記法の施行の日（平成十七年三月七日）から施行する。

附　則〔平成一八・四・二四内閣府令五一〕

（施行期日）

第一条　この府令は、風俗営業等の規制及び業務の適正化等に関する法律の一部を改正する法律（平成十七年法律第百十九号）の施行の日（平成十八年五月一日）から施行する。

（経過措置）

第二条　この府令の施行の際現にはり付けられている標章の様式については、この府令による改正後の風俗営業等の規制及び業務の適正化等に関する法律に基づく許可申請書の添付書類等に関する内閣府令別記様式第一号の様式にかかわらず、なお従前の例による。

附　則〔平成二四・三・一六内閣府令七〕

この府令は、民法等の一部を改正する法律の施行の日（平成二十四年四月一日）から施行する。

附　則〔平成二四・六・一八内閣府令三九〕

（施行期日）

第一条　この府令は、出入国管理及び難民認定法及び日本国との平和条約に基づき日本の国籍を離脱した者等の出入国管理に関する特例法の一部を改正する等の法律（平成二十一年法律第七十九号。以下「改正法」という。）の施行の日（平成二十四年七月九日）から施行する。

（経過措置）

第二条　第七条の規定による改正後の風俗営業等の規制及び業務の適正化等に関する法律に基づく許可申請書の添付書類等に関する内閣府令第二十一条の規定の適用については、出入国管理及び難民認定法（昭和二十六年政令第三百十九号）第十九条の三に規定する中長期在留者が所持する改正法第四条の規定による廃止前の外国人登録法（昭和二十七年法律第百二十五号）に規定する外国人登録証明書（以下「登録証明書」という。）は出入国管理及び難民認定法第十九条の三に規定する在留カードとみなし、日本国との平和条約に基づき日本の国籍を離脱した者等の出入国管理に関する特例法（平成三年法律第七十一号。以下「特例法」という。）に定める特別永住者が所持する登録証明書は特例法第七条第一項に規定する特別永住者証明書とみなす。

2　前項の規定により、登録証明書が在留カードとみなされる期間は改正法附則第十五条第二項各号に定める期間とし、特別永住者証明書とみなされる期間は改正法附則第二十八条第二項各号に定める期間とする。

第三条　この府令の施行の日前にした行為に対する風俗営業等の規制及び業務の適正化等に関する法律（昭和二十三年法律第百二十二号）第二十五条、第二十六条第一項、第二十九条、第三十条第一項若しくは第二項、第三十一条の四第一項、第三十一条の五第一項若しくは第二項、第三十一条の六第二項又は第三十四条の規定の適用については、第七条の規定による改正後の風俗営業等の規制及び業務の適正化等に関する法律に基づく許可申請書の添付書類等に関する内閣府令第二十一条の規定にかかわらず、なお従前の例による。

第四条　この府令の施行の日前にした行為に対する罰則の適用については、なお従前の例による。

附　則〔平成二六・一〇・一七内閣府令六八〕

この府令は、公布の日から施行する。

附　則〔平成二七・一一・一三内閣府令六五〕

（施行期日）

1　この府令は、風俗営業等の規制及び業務の適正化等に関する法律の一部を改正する法律の施行の日（平成二十八年六月二十三日）から施行する。

（経過措置）

2　この府令による改正前の風俗営業等の規制及び業務の適正化等に関する法律に基づく許可申請書の添付書類等に関する内閣府令に規定する様式による書面については、この府令による改正後の風俗営業等の規制及び業務の適正化等に関する法律に基づく許可申請書の添付書類等に関する内閣府令に規定する様式にかかわらず、当分の間、なおこれを使用することができる。

別記様式第１号（第10条関係）

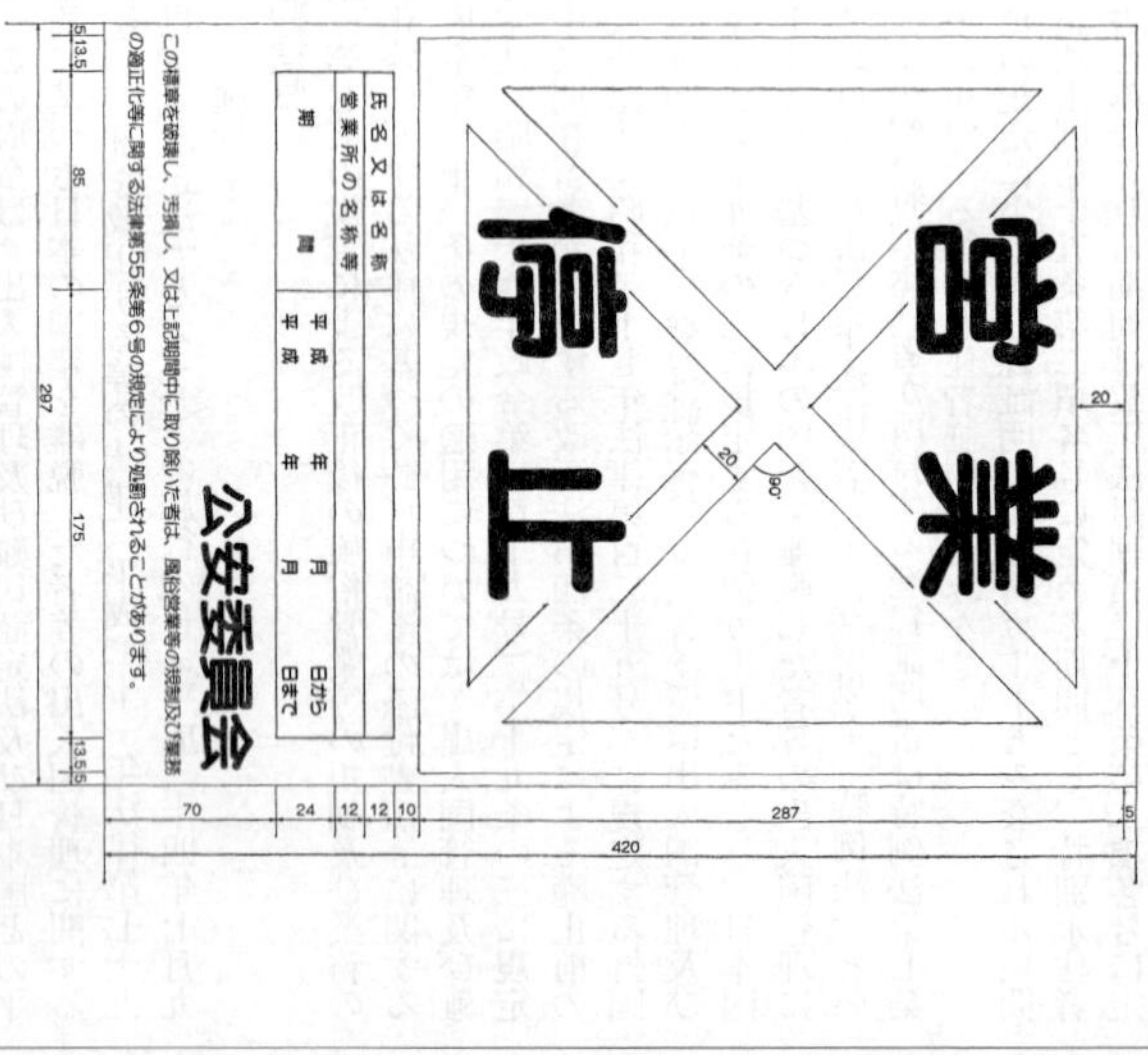

備考
1　色彩は、斜めの帯及び枠を赤色、「営業停止」の文字を青色、その他の文字及び表を黒色並びに地を白色とする。
2　塗料は、耐光性のものを用いるものとする。
3　図示の長さの単位は、ミリメートルとする。
4　標章の材質は、容易に劣化しないものとする。
5　裏面には、容易にはがれない接着剤を塗布するものとする。
6　「営業所の名称等」欄には、店舗型性風俗特殊営業若しくは店舗型電話異性紹介営業の営業所の名称又は受付所営業につき広告若しくは宣伝をする場合に当該営業を示すものとして使用する呼称を記載する。

別記様式第２号（第29条関係）

電磁的記録媒体提出票

風俗営業等の規制及び業務の適正化等に関する法律に基づく許可申請書の添付書類等に関する内閣府令第27条第１項の規定により提出すべき書類に記載することとされている事項を記録した電磁的記録媒体を以下のとおり提出します。

本票に添付されている電磁的記録媒体に記録された事項は、事実に相違ありません。

年　　月　　日

国家公安委員会殿

提出者の名称及び事務所の所在地

1　電磁的記録媒体に記録された事項

2　電磁的記録媒体と併せて提出される書類

備考　1　「電磁的記録媒体に記録された事項」の欄には、電磁的記録媒体に記録されている事項を記載するとともに、２以上の電磁的記録媒体を提出するときは、電磁的記録媒体ごとに整理番号を付し、その番号ごとに記録されている事項を記載する。

2　「電磁的記録媒体と併せて提出される書類」の欄には、本票に添付されている電磁的記録媒体に記録されている事項以外の事項を記載した書類を提出する場合にあつては、その書類名を記載する。

3　該当事項がない欄は、省略する。

4　用紙の大きさは、日本工業規格Ａ４とする。

○風俗営業等の規制及び業務の適正化等に関する法律施行規則

（昭和六〇・一・一一 国家公安委員会規則一）

改正

平成元・一・二七 国家公安委員会規則一
平成元・三・二七 国家公安委員会規則五
平成元・七・三 国家公安委員会規則一〇
平成二・八・三一 国家公安委員会規則六
平成四・二・二〇 国家公安委員会規則三
平成四・六・一六 国家公安委員会規則一五
平成五・四・九 国家公安委員会規則四
平成五・五・一二 国家公安委員会規則八
平成五・六・一五 国家公安委員会規則九
平成五・七・一 国家公安委員会規則一〇
平成六・三・四 国家公安委員会規則九
平成七・五・二三 国家公安委員会規則六
平成七・五・二六 国家公安委員会規則七
平成九・三・一〇 国家公安委員会規則二
平成九・六・六 国家公安委員会規則八
平成九・一〇・一 国家公安委員会規則一一
平成九・一二・一九 国家公安委員会規則一二
平成一〇・七・二九 国家公安委員会規則一二
平成一〇・一〇・二〇 国家公安委員会規則一四
平成一一・一・一一 国家公安委員会規則一
平成一一・一・一四 国家公安委員会規則二
平成一一・三・三一 国家公安委員会規則七
平成一一・一〇・二六 国家公安委員会規則一一
平成一二・九・二一 国家公安委員会規則一五
平成一二・一二・二一 国家公安委員会規則二一
平成一三・三・三〇 国家公安委員会規則七
平成一三・一二・二一 国家公安委員会規則一六
平成一四・三・二六 国家公安委員会規則三
平成一五・三・五 国家公安委員会規則一
平成一五・三・三一 国家公安委員会規則八
平成一五・八・二九 国家公安委員会規則一三
平成一五・一一・二七 国家公安委員会規則一九
平成一五・一二・二六 国家公安委員会規則二〇
平成一六・一・三〇 国家公安委員会規則一
平成一六・二・二七 国家公安委員会規則三
平成一六・四・二八 国家公安委員会規則一一
平成一六・一二・二八 国家公安委員会規則二五
平成一七・三・四 国家公安委員会規則二
平成一七・七・一二 国家公安委員会規則一四
平成一七・九・三〇 国家公安委員会規則一六
平成一八・三・二七 国家公安委員会規則九
平成一八・四・二四 国家公安委員会規則一四
平成一八・四・二八 国家公安委員会規則一六
平成一八・七・四 国家公安委員会規則二一
平成一八・八・一一 国家公安委員会規則二三
平成一九・一・一二 国家公安委員会規則二
平成一九・八・七 国家公安委員会規則一八
平成一九・九・二七 国家公安委員会規則二三
平成一九・一二・一二 国家公安委員会規則二五
平成一九・一二・一三 国家公安委員会規則二六
平成二〇・三・一〇 国家公安委員会規則二
平成二〇・七・一六 国家公安委員会規則一五
平成二〇・八・一 国家公安委員会規則一六
平成二〇・八・一 国家公安委員会規則一七
平成二〇・一一・一七 国家公安委員会規則二五
平成二一・五・二九 国家公安委員会規則五
平成二二・三・二六 国家公安委員会規則一
平成二二・七・九 国家公安委員会規則四
平成二三・三・三〇 国家公安委員会規則三
平成二三・六・一〇 国家公安委員会規則一〇
平成二三・七・六 国家公安委員会規則一一
平成二四・六・一八 国家公安委員会規則七
平成二四・九・二八 国家公安委員会規則一〇
平成二四・一〇・一七 国家公安委員会規則一二
平成二四・一一・二一 国家公安委員会規則一四
平成二五・七・九 国家公安委員会規則九
平成二五・一二・二〇 国家公安委員会規則一五
平成二六・三・二七 国家公安委員会規則三
平成二六・四・二五 国家公安委員会規則七
平成二六・七・九 国家公安委員会規則八
平成二七・六・二四 国家公安委員会規則一二
平成二七・九・一八 国家公安委員会規則一四

平成二七・九・二九　国家公安委員会規則一五
平成二七・一一・一三　国家公安委員会規則二〇
平成二八・二・二六　国家公安委員会規則三
平成二九・三・二四　国家公安委員会規則二
平成二九・七・五　国家公安委員会規則七
平成二九・七・五　国家公安委員会規則八
平成二九・九・四　国家公安委員会規則九
平成二九・一一・二一　国家公安委員会規則一〇
平成三〇・三・二二　国家公安委員会規則一
平成三〇・三・三〇　国家公安委員会規則四
平成三〇・三・三〇　国家公安委員会規則五

目次

第一章　総則

（許可申請書等の提出）

第一条　風俗営業等の規制及び業務の適正化等に関する法律（以下「法」という。）及びこの規則の規定により都道府県公安委員会（以下「公安委員会」という。）に申請書又は届出書を提出する場合においては、当該申請書又は届出書に係る営業所（無店舗型性風俗特殊営業、映像送信型性風俗特殊営業及び無店舗型電話異性紹介営業に係る届出書にあつては、当該営業の本拠となる事務所（事務所のない者にあつては、住所。以下この条及び第百十三条において単に「事務所」という。））の所在地の所轄警察署長を経由して、一通の申請書又は届出書を提出しなければならない。

2　一の公安委員会に対して同時に二以上の営業所又は事務所について次のいずれかの申請書又は届出書を提出するときは、前項の規定にかかわらず、それらの営業所又は事務所のうちいずれか一の営業所又は事務所の所在地の所轄警察署長を経由して提出すれば足りる。

一　法第五条第一項（法第三十一条の二十三において準用する場合を含む。）に規定する許可申請書
二　第十三条第一項（第八十一条において準用する場合を含む。）に規定する相続承認申請書
三　第十四条第一項（第八十二条において準用する場合を含む。）に規定する合併承認申請書
四　第十五条第一項（第八十三条において準用する場合を含む。）

に規定する分割承認申請書

五　法第九条第三項（法第三十一条の二十三において準用する場合を含む。次項において同じ。）に規定する届出書のうち、法第五条第一項第一号又は第六号に掲げる事項（同項第一号に掲げる事項にあつては、風俗営業者又は特定遊興飲食店営業者の氏名又は名称を除く。）の変更に係るもの

六　法第十条の二第二項（法第三十一条の二十三において準用する場合を含む。）に規定する認定申請書

七　法第二十七条第二項に規定する届出書のうち、店舗型性風俗特殊営業の廃止又は同条第一項第一号に掲げる事項の変更に係るもの

八　法第三十一条の七第一項又は同条第二項において準用する法第三十一条の二第三項に規定する届出書

九　法第三十一条の十二第二項において準用する法第二十七条第二項に規定する届出書のうち、店舗型電話異性紹介営業の廃止又は法第三十一条の十二第一項第一号に掲げる事項の変更に係るもの

十　法第三十三条第二項に規定する届出書のうち、深夜における酒類提供飲食店営業の廃止又は同条第一項第一号に掲げる事項の変更に係るもの

3　前項の規定により二以上の営業所若しくは事務所のうちいずれか一の営業所若しくは事務所の所在地の所轄警察署長を経由して同項各号の申請書若しくは届出書を提出する場合又は一の警察署の管轄区域内にある二以上の営業所について同時に風俗営業者若しくは特定遊興飲食店営業者の氏名若しくは名称の変更に係る法第九条第三項に規定する届出書若しくは法第二十七条第一項、第三十一条の十二第一項若しくは第三十三条第一項に規定する届出書を提出する場合において、これらの申請書又は届出書に添付しなければならないこととされる書類のうち同一の内容となるものがあるときは、当該同一の内容となる書類については、その一部をこれらの申請書又は届出書のいずれか一通に添付するものとする。

（営業所内の照度の測定方法）

第二条　法第二条第一項第二号の営業所内の照度は、次の各号に掲げる客室の区分に応じ、それぞれ当該各号に定める客室の部分における水平面について計るものとする。

一　客席（客に飲食をさせるために設けられた食卓、椅子その他の設備及び当該設備を使用する客が通常利用する客室の部分をいう。以下この条、第三十条の表法第二条第一項第一号から第三号までに掲げる営業の項及び第九十五条において同じ。）以外の客室の部分において客に遊興をさせるための客室（当該客室内の客席の面積の合計が当該客室の面積の五分の一以下であるものに限る。）　次のイ及びロに掲げる客室の部分

イ　次に掲げる場合に応じ、それぞれ次に定める客席の部分

(1)　客席に食卓その他の飲食物を置く設備がある場合　当該設備の上面及び当該上面の高さにおける客の通常利用する部分

(2)　(1)に掲げる場合以外の場合

(i)　椅子がある客席にあつては、椅子の座面及び当該座面の高さにおける客の通常利用する部分

(ii)　椅子がない客席にあつては、客の通常利用する場所における床面（畳又はこれに準ずるものが敷かれている場合にあつては、その表面）

ロ　客に遊興をさせるための客室の部分

二　前号に掲げる客室以外の客室　前号イに掲げる客室の部分

（国家公安委員会規則で定める遊技設備）

第三条　法第二条第一項第五号の国家公安委員会規則で定める遊技設備は、次に掲げるとおりとする。

一　スロットマシンその他遊技の結果がメダルその他これに類する物の数量により表示される構造を有する遊技設備

二　テレビゲーム機（勝敗を争うことを目的とする遊技をさせる機能を有するもの又は遊技の結果が数字、文字その他の記号によりブラウン管、液晶等の表示装置上に表示される機能を有するものに限るものとし、射幸心をそそるおそれがある遊技の用に供されないことが明らかであるものを除く。）

三　フリッパーゲーム機

四　前三号に掲げるもののほか、遊技の結果が数字、文字その他の記号又は物品により表示される遊技の用に供する遊技設備（人の身体の力を表示する遊技の用に供するものその他射幸心をそそるおそれがある遊技の用に供されないことが明らかであるものを除く。）

五　ルーレット台、トランプ及びトランプ台その他ルーレット遊技又はトランプ遊技に類する遊技の用に供する遊技設備

（国家公安委員会規則で定める状態）

第四条　風俗営業等の規制及び業務の適正化等に関する法律施行令（以下「令」という。）第三条第一項第二号ニの国家公安委員会規則で定める状態は、カーテンその他の見通しを遮ることができる物が、当該物を用いることにより、フロント、玄関帳場その他これらに類する設備において客が従業者と面接しないでその利用する個室の鍵の交付を受けることその他の手続をすることができることとなる位置に取り付けられている状態とする。

（客の依頼を受ける方法）

第五条　法第二条第七項第二号の国家公安委員会規則で定める方法は、次に掲げるとおりとする。

一　電話その他電気通信設備を用いる方法

二　郵便又は民間事業者による信書の送達に関する法律（平成十四年法律第九十九号）第二条第六項に規定する一般信書便事業者若しくは同条第九項に規定する特定信書便事業者による同条第二項に規定する信書便

三　電報

四　預金又は貯金の口座に対する払込み

五　当該営業を営む者の事務所（事務所のない者にあつては、住所）以外の場所において客と対面する方法

第二章　風俗営業の許可の手続等

（暴力的不法行為その他の罪に当たる行為）

第六条　法第四条第一項第三号（法第三十一条の二十三において準用する場合を含む。）の国家公安委員会規則で定める行為は、次の各号に掲げる罪のいずれかに当たる行為とする。

一　爆発物取締罰則（明治十七年太政官布告第三十二号）第一条から第三条までに規定する罪

二　刑法（明治四十年法律第四十五号）第九十五条、第九十六条の二から第九十六条の四まで、第九十六条の五（第九十六条の二から第九十六条の四までに係る部分に限る。）、第九十六条の六第一項、第百三条、第百四条、第百五条の二、第百七十五条、第百七十七条、第百七十九条第二項、第百八十条（第百七十七条及び第百七十九条第二項に係る部分に限る。以下この号において同じ。）、第百八十一条第二項（第百七十七条、第百七十九条第二項及び第百八十条に係る部分に限る。）、第百八十五条から第百八十七条まで、第百九十九条、第二百一条、第二百

三条（第百九十九条に係る部分に限る。）、第二百四条、第二百五条、第二百八条、第二百八条の二、第二百二十条から第二百二十三条まで、第二百二十五条から第二百二十六条の三まで、第二百二十七条第一項（第二百二十五条及び第二百二十六条から第二百二十六条の三までに係る部分に限る。以下この号において同じ。）から第四項まで、第二百二十八条（第二百二十五条、第二百二十五条の二第一項、第二百二十六条から第二百二十六条の三まで並びに第二百二十七条第一項から第三項まで及び第四項前段に係る部分に限る。）、第二百二十八条の三、第二百三十四条、第二百三十五条の二から第二百三十七条まで、第二百四十条（第二百三十六条に係る部分に限る。以下この号において同じ。）、第二百四十一条第一項（第二百三十六条に係る部分に限る。）若しくは第三項（第二百三十六条に係る部分に限る。以下この号において同じ。）、第二百四十三条（第二百三十五条の二、第二百三十六条、第二百四十条及び第二百四十一条第三項に係る部分に限る。）、第二百四十九条、第二百五十条（第二百四十九条に係る部分に限る。）又は第二百五十八条から第二百六十一条までに規定する罪

三　暴力行為等処罰に関する法律（大正十五年法律第六十号）に規定する罪

四　盗犯等の防止及び処分に関する法律（昭和五年法律第九号）第二条（刑法第二百三十六条及び第二百四十三条（第二百三十六条に係る部分に限る。以下この号において同じ。）に係る部分に限る。）、第三条（刑法第二百三十六条及び第二百四十三条に係る部分に限る。）又は第四条（刑法第二百三十六条に係る部分に限る。）に規定する罪

五　労働基準法（昭和二十二年法律第四十九号）第百十七条又は第百十八条第一項（第六条及び第五十六条に係る部分に限る。）に規定する罪

六　職業安定法（昭和二十二年法律第百四十一号）第六十三条、第六十四条第一号、第一号の二（第三十条第一項、第三十二条の六第二項（第三十三条第四項において準用する場合を含む。）及び第三十三条第一項に係る部分に限る。）、第四号、第五号若しくは第九号又は第六十六条第一号若しくは第三号に規定する罪

七　児童福祉法（昭和二十二年法律第百六十四号）第六十条第一項又は第二項（第三十四条第一項第四号の二、第五号、第七号及び第九号に係る部分に限る。）に規定する罪

八　金融商品取引法（昭和二十三年法律第二十五号）第百九十七条の二第十号の四、第十号の五、第十号の八若しくは第十号の九、第百九十八条第一号、第三号、第三号の三、第四号、第四号の二、第六号、第六号の二若しくは第七号、第百九十八条の四、第百九十八条の五第二号の二（第五十七条の二十第一項に係る部分に限る。）、第百九十八条の六第一号（第二十九条の二第一項から第三項まで、第五十九条の二第一項及び第三項、第六十条の二第一項及び第三項、第六十六条の二、第六十六条の二十八、第六十六条の五十一、第八十一条、第百二条の十五、第百六条の十一、第百五十五条の二、第百五十六条の三、第百五十六条の二十の三、第百五十六条の二十の十七、第百五十六条の二十四第二項から第四項まで並びに第百五十六条の四十に係る部分に限る。）若しくは第十一号の五、第二百条第十三号若しくは第十七号（第百六条の三第一項及び第四項、第百六条の十七第一項及び第三項並びに第百五十六条の五の五第一項及び第四項に係る部分に限る。）、第二百五条第九号、第十三号（第百六条の三第三項（第百六条の十第四項及び第百六条の十

七第四項において準用する場合を含む。）及び第百五十六条の五の五第三項に係る部分に限る。）若しくは第十六号、第二百五条の二の三第一号（第三十一条第一項、第五十七条の十四、第六十条の五第一項、第六十三条第八項（第六十三条の三第二項において準用する場合を含む。）、第六十六条の五第一項、第六十六条の三十一第一項、第六十六条の五十四第一項及び第百五十六条の五十五第一項に係る部分に限る。）、第二号（第三十一条の三及び第六十六条の六に係る部分に限る。）若しくは第四号（第三十六条の二第二項及び第六十六条の八第二項に係る部分に限る。）又は第二百六条第二号（第百四十九条第二項前段（第百五十三条の四において準用する場合を含む。）及び第百五十五条の七に係る部分に限る。）、第八号（第百五十六条の十三に係る部分に限る。）、第九号の二（第百五十六条の二十の十一及び第百五十六条の二十の二十一第二項に係る部分に限る。）若しくは第十号（第百五十六条の二十八第三項に係る部分に限る。）に規定する罪

九　法第四十九条第五号若しくは第六号、第五十条第一項第四号（第二十二条第一項第三号及び第四号（第三十一条の二十三及び第三十二条第三項において準用する場合を含む。）に係る部分に限る。）、第五号（第二十八条第十二項第三号に係る部分に限る。）、第六号、第八号（第三十一条の十三第二項第三号及び第四号に係る部分に限る。）、第九号若しくは第十号又は第五十二条第一号に規定する罪

十　大麻取締法（昭和二十三年法律第百二十四号）第二十四条、第二十四条の二、第二十四条の四、第二十四条の六又は第二十四条の七に規定する罪

十一　船員職業安定法（昭和二十三年法律第百三十号）第百十二条第二号（第五十五条第一項及び第六十条第二項に係る部分に限る。）若しくは第六号又は第百十四条第二号若しくは第三号（第六十一条第一項に係る部分に限る。）に規定する罪

十二　競馬法（昭和二十三年法律第百五十八号）第三十条第三号又は第三十三条第二号に規定する罪

十三　自転車競技法（昭和二十三年法律第二百九号）第五十六条第二号又は第五十八条第三号に規定する罪

十四　建設業法（昭和二十四年法律第百号）第四十七条第一項第一号若しくは第三号又は第五十条第一項第一号、第二号（第十一条第一項及び第三項（第十七条において準用する場合を含む。）に係る部分に限る。）若しくは第三号に規定する罪

十五　弁護士法（昭和二十四年法律第二百五号）第七十七条第三号又は第四号に規定する罪

十六　火薬類取締法（昭和二十五年法律第百四十九号）第五十八条第一号から第四号まで又は第五十九条第二号（第二十一条に係る部分に限る。）、第四号若しくは第五号に規定する罪

十七　小型自動車競走法（昭和二十五年法律第二百八号）第六十一条第二号又は第六十三条第三号に規定する罪

十八　毒物及び劇物取締法（昭和二十五年法律第三百三号）第二十四条第一号（第三条に係る部分に限る。）に規定する罪

十九　港湾運送事業法（昭和二十六年法律第百六十一号）第三十四条第一号に規定する罪

二十　投資信託及び投資法人に関する法律（昭和二十六年法律第百九十八号）第二百四十五条第三号又は第二百四十六条第一号（第百九十一条第一項に係る部分に限る。）若しくは第八号に規定する罪

二十一　モーターボート競走法（昭和二十六年法律第二百四十二

号）第六十五条第三号又は第六十八条第三号に規定する罪

二十二　覚せい剤取締法（昭和二十六年法律第二百五十二号）第四十一条、第四十一条の二、第四十一条の三第一項第一号、第三号若しくは第四号、第二項（同条第一項第一号、第三号及び第四号に係る部分に限る。）若しくは第三項（同条第一項第一号、第三号及び第四号並びに第二項（同条第一項第一号、第三号及び第四号に係る部分に限る。）に係る部分に限る。）、第四十一条の四第一項第三号から第五号まで、第二項（同条第一項第三号から第五号までに係る部分に限る。）若しくは第三項（同条第一項第三号から第五号まで及び第二項（同条第一項第三号から第五号までに係る部分に限る。）に係る部分に限る。）、第四十一条の六、第四十一条の七、第四十一条の九から第四十一条の十一まで又は第四十一条の十三に規定する罪

二十三　旅券法（昭和二十六年法律第二百六十七号）第二十三条第一項第一号、第二項（同条第一項第一号に係る部分に限る。以下この号において同じ。）又は第三項（同条第一項第一号及び第二項に係る部分に限る。）に規定する罪

二十四　出入国管理及び難民認定法（昭和二十六年政令第三百十九号）第七十四条から第七十四条の六まで、第七十四条の六の二第一項第一号若しくは第二号若しくは第二項、第七十四条の六の三（第七十四条の六の二第一項第一号及び第二号並びに第二項に係る部分に限る。）又は第七十四条の八に規定する罪

二十五　宅地建物取引業法（昭和二十七年法律第百七十六号）第七十九条第一号若しくは第二号、第八十二条第一号、第二号（第十二条第二項に係る部分に限る。）若しくは第三号又は第八十三条第一項第一号（第九条及び第五十三条（第六十三条の三第二項において準用する場合を含む。）に係る部分に限る。）に規定する罪

二十六　酒税法（昭和二十八年法律第六号）第五十四条第一項若しくは第二項又は第五十六条第一項第一号、第五号若しくは第七号に規定する罪

二十七　麻薬及び向精神薬取締法（昭和二十八年法律第十四号）第六十四条から第六十五条まで、第六十六条（小分け、譲渡し、譲受け及び所持に係る部分に限る。）又は第六十七条から第六十八条の二までに規定する罪

二十八　武器等製造法（昭和二十八年法律第百四十五号）第三十一条、第三十一条の二又は第三十一条の三第一号若しくは第四号に規定する罪

二十九　出資の受入れ、預り金及び金利等の取締りに関する法律（昭和二十九年法律第百九十五号）第五条に規定する罪

三十　売春防止法（昭和三十一年法律第百十八号）第六条、第七条第二項若しくは第三項（同条第二項に係る部分に限る。）、第八条第一項（第七条第二項に係る部分に限る。）又は第十条から第十三条までに規定する罪

三十一　銃砲刀剣類所持等取締法（昭和三十三年法律第六号）第三十一条から第三十一条の四まで、第三十一条の七から第三十一条の九まで、第三十一条の十一第一項第一号若しくは第二号若しくは第二項、第三十一条の十二、第三十一条の十三、第三十一条の十五、第三十一条の十六第一項第一号から第三号まで若しくは第二項、第三十一条の十七、第三十一条の十八第一号若しくは第三号、第三十二条第一号、第三号若しくは第四号又は第三十五条第二号（第二十二条の二第一項及び第二十二条の四に係る部分に限る。）に規定する罪

三十二　割賦販売法（昭和三十六年法律第百五十九号）第四十九

条第二号、第三号若しくは第六号又は第五十三条の二第一号（第三十三条の三第一項、第三十五条の三の二十八第一項及び第三十五条の十七の六第一項に係る部分に限る。）に規定する罪

三十三　著作権法（昭和四十五年法律第四十八号）第百十九条第二項第三号に規定する罪

三十四　廃棄物の処理及び清掃に関する法律（昭和四十五年法律第百三十七号）第二十五条第一項第一号、第二号、第八号、第九号、第十三号若しくは第十四号若しくは第二項（同条第一項第十四号に係る部分に限る。）、第二十六条第三号、第四号若しくは第六号（第二十五条第一項第十四号に係る部分に限る。）、第二十九条第一号（第七条の二第四項（第十四条の二第三項及び第十四条の五第三項において読み替えて準用する場合を含む。）及び第九条第六項（第十五条の二の六第三項において読み替えて準用する場合を含む。）に係る部分に限る。）又は第三十条第二号（第七条の二第三項（第十四条の二第三項及び第十四条の五第三項において準用する場合を含む。）、第九条第三項（第十五条の二の六第三項において準用する場合を含む。）及び第九条の七第二項（第十五条の四において準用する場合を含む。）に係る部分に限る。）に規定する罪

三十五　火炎びんの使用等の処罰に関する法律（昭和四十七年法律第十七号）第二条又は第三条に規定する罪

三十六　建設労働者の雇用の改善等に関する法律（昭和五十一年法律第三十三号）第四十九条第一号又は第五十一条第四号若しくは第六号に規定する罪

三十七　銀行法（昭和五十六年法律第五十九号）第六十一条第一号、第六十二条の二第一号又は第六十三条の三第二号（第五十二条の七十八第一項に係る部分に限る。）に規定する罪

三十八　貸金業法（昭和五十八年法律第三十二号）第四十七条第一号若しくは第二号、第四十七条の三第一項第一号、第二号（第十一条第二項に係る部分に限る。）若しくは第三号、第四十八条第一項第一号の三（第二十四条第二項、第二十四条の二第二項、第二十四条の三第二項、第二十四条の四第二項及び第二十四条の五第二項において準用する第十二条の七に係る部分に限る。）、第三号の三（第二十四条第二項、第二十四条の二第二項、第二十四条の三第二項、第二十四条の四第二項及び第二十四条の五第二項において準用する第十六条の三第一項に係る部分に限る。）、第四号の二、第五号（第二十四条第二項、第二十四条の二第二項、第二十四条の三第二項、第二十四条の四第二項及び第二十四条の五第二項において準用する第二十条第四項に係る部分に限る。）、第五号の二、第五号の三若しくは第九号の八、第四十九条第七号、第五十条第一項第一号（第八条第一項に係る部分に限る。）若しくは第二号又は第五十条の二第六号（第四十一条の五十五第一項に係る部分に限る。）に規定する罪

三十九　労働者派遣事業の適正な運営の確保及び派遣労働者の保護等に関する法律（昭和六十年法律第八十八号）第五十九条第一号（第四条第一項に係る部分に限る。）から第三号まで又は第六十一条第一号若しくは第二号（第十一条第一項に係る部分に限る。）に規定する罪

四十　港湾労働法（昭和六十三年法律第四十号）第四十八条第一号又は第五十一条第二号（第十八条第二項において準用する第十二条第二項に規定する申請書及び第十八条第二項において準用する第十二条第三項に規定する書類に係る部分を除く。）若しくは第三号（第十九条第一項に係る部分に限る。）に規定する罪

四十一　国際的な協力の下に規制薬物に係る不正行為を助長する行為等の防止を図るための麻薬及び向精神薬取締法等の特例等に関する法律（平成三年法律第九十四号。以下この号及び第四十七号において「麻薬特例法」という。）第三章に規定する罪のうち、次に掲げる罪

イ　麻薬特例法第五条に規定する罪のうち、次に掲げる行為に係る罪

(1)　大麻取締法第二十四条又は第二十四条の二に規定する罪に当たる行為をすること。

(2)　覚せい剤取締法第四十一条又は第四十一条の二に規定する罪に当たる行為をすること。

(3)　麻薬及び向精神薬取締法第六十四条、第六十四条の二若しくは第六十五条又は第六十六条（小分け、譲渡し及び譲受けに係る部分に限る。）に規定する罪に当たる行為をすること。

ロ　麻薬特例法第六条又は第七条に規定する罪

ハ　麻薬特例法第八条第一項に規定する罪のうち、次に掲げる罪に係る罪

(1)　イ又はホに掲げる罪

(2)　大麻取締法第二十四条に規定する罪

(3)　覚せい剤取締法第四十一条に規定する罪

(4)　麻薬及び向精神薬取締法第六十四条又は第六十五条に規定する罪

ニ　麻薬特例法第八条第二項に規定する罪のうち、次に掲げる罪に係る罪

(1)　イ又はホに掲げる罪

(2)　大麻取締法第二十四条の二に規定する罪

(3)　覚せい剤取締法第四十一条の二に規定する罪

(4)　麻薬及び向精神薬取締法第六十四条の二又は第六十六条に規定する罪

ホ　麻薬特例法第九条に規定する罪のうち、次に掲げる罪に係る罪

(1)　イ又はロに掲げる罪

(2)　大麻取締法第二十四条、第二十四条の二、第二十四条の四、第二十四条の六又は第二十四条の七に規定する罪

(3)　覚せい剤取締法第四十一条、第四十一条の二、第四十一条の六、第四十一条の九又は第四十一条の十一に規定する罪

(4)　麻薬及び向精神薬取締法第六十四条、第六十四条の二、第六十五条、第六十六条（小分け、譲渡し、譲受け及び所持に係る部分に限る。）又は第六十七条から第六十八条の二までに規定する罪

四十二　不動産特定共同事業法（平成六年法律第七十七号）第七十七条第一号、第二号若しくは第五号から第七号まで、第八十二条第一号若しくは第五号又は第八十四条第一号（第五十八条第四項に係る部分を除く。）若しくは第三号に規定する罪

四十三　保険業法（平成七年法律第百五号）第三百十五条第六号、第三百十五条の二第四号から第六号（第二百七十二条の三十五第五項に係る部分に限る。）まで、第三百十六条の三第一号、第三百十七条の二第三号、第三百十九条第九号又は第三百二十条第九号（第三百八条の十八第一項に係る部分に限る。）に規定する罪

四十四　資産の流動化に関する法律（平成十年法律第百五号）第二百九十四条第一号（第四条第一項に係る部分に限る。）、第三

号若しくは第十二号（第四条第二項から第四項まで（これらの規定を第十一条第五項において準用する場合を除く。）及び第九条第二項（第二百二十七条第二項において準用する場合を除く。）に係る部分に限る。）又は第二百九十五条第二号（第二百九条第二項（第二百八十六条第一項において準用する場合を含む。）において準用する第二百十九条の規定による命令に係る部分を除く。）に規定する罪

四十五　債権管理回収業に関する特別措置法（平成十年法律第百二十六号）第三十三条第一号若しくは第二号、第三十四条第一号若しくは第三号又は第三十五条第一号、第二号、第五号、第六号若しくは第八号に規定する罪

四十六　児童買春、児童ポルノに係る行為等の規制及び処罰並びに児童の保護等に関する法律（平成十一年法律第五十二号）第五条、第六条、第七条第二項から第八項まで又は第八条に規定する罪

四十七　組織的な犯罪の処罰及び犯罪収益の規制等に関する法律（平成十一年法律第百三十六号。以下この号において「組織的犯罪処罰法」という。）第二章に規定する罪のうち、次に掲げる罪

イ　組織的犯罪処罰法第三条第一項に規定する罪のうち、同項第二号から第十号まで、第十二号、第十四号又は第十五号に規定する罪に当たる行為に係る罪

ロ　組織的犯罪処罰法第三条第二項に規定する罪のうち、同条第一項第二号から第四号まで、第七号から第十号まで、第十二号、第十四号又は第十五号に規定する罪に係る罪

ハ　組織的犯罪処罰法第四条に規定する罪のうち、組織的犯罪処罰法第三条第一項第七号、第九号、第十号（刑法第二百二十五条の二第一項に係る部分に限る。）又は第十四号に規定する罪に係る罪

ニ　組織的犯罪処罰法第六条に規定する罪

ホ　組織的犯罪処罰法第六条の二第一項又は第二項に規定する罪のうち、次に掲げる罪に当たる行為に係る罪

(1)　爆発物取締罰則第三条に規定する罪

(2)　刑法第百七十七条、第二百四条、第二百二十五条、第二百二十六条、第二百二十六条の二第一項、第四項若しくは第五項、第二百二十六条の三、第二百二十七条第一項（第二百二十五条及び第二百二十六条から第二百二十六条の三までに係る部分に限る。）、第三項若しくは第四項、第二百三十五条の二又は第二百三十六条に規定する罪

(3)　労働基準法第百十七条に規定する罪

(4)　職業安定法第六十三条に規定する罪

(5)　児童福祉法第六十条第一項に規定する罪

(6)　金融商品取引法第百九十七条の二第十号の四、第十号の五、第十号の八又は第十号の九に規定する罪

(7)　大麻取締法第二十四条第一項又は第二十四条の二第一項に規定する罪

(8)　競馬法第三十条第三号に規定する罪

(9)　自転車競技法第五十六条第二号に規定する罪

(10)　小型自動車競走法第六十一条第二号に規定する罪

(11)　モーターボート競走法第六十五条第二号に規定する罪

(12)　覚せい剤取締法第四十一条第一項、第四十一条の二第一項若しくは第二項、第四十一条の三第一項第一号、第三号若しくは第四号若しくは第二項（同条第一項第一号、第三号及び第四号に係る部分に限る。）又は第四十一条の四第

一項第三号から第五号までに規定する罪

(13) 旅券法第二十三条第一項第一号に規定する罪

(14) 出入国管理及び難民認定法第七十四条第一項、第七十四条の二第二項、第七十四条の四第一項、第七十四条の六の二第二項又は第七十四条の八第二項に規定する罪

(15) 麻薬及び向精神薬取締法第六十四条第一項、第六十四条の二第一項若しくは第二項、第六十四条の三第一項若しくは第二項、第六十五条第一項若しくは第二項又は第六十六条第一項（小分け、譲渡し、譲受け及び所持に係る部分に限る。）に規定する罪

(16) 武器等製造法第三十一条第一項、第三十一条の二第一項又は第三十一条の三第四号（猟銃の製造に係る部分に限る。）に規定する罪

(17) 出資の受入れ、預り金及び金利等の取締りに関する法律第五条に規定する罪

(18) 売春防止法第八条第一項（第七条第二項に係る部分に限る。）、第十二条第二項、第十二条又は第十三条に規定する罪

(19) 銃砲刀剣類所持等取締法第三十一条第二項若しくは第三項、第三十一条の二第一項、第三十一条の三第三項若しくは第四項、第三十一条の四第一項若しくは第二項、第三十一条の七第一項、第三十一条の八、第三十一条の九第一項、第三十一条の十一第一項第一号若しくは第二号又は第三十一条の十三に規定する罪

(20) 著作権法第百十九条第二項第三号に規定する罪

(21) 廃棄物の処理及び清掃に関する法律第二十五条第一項第一号、第二号、第八号、第九号、第十三号又は第十四号に規定する罪

(22) 火炎びんの使用等の処罰に関する法律第二条第一項に規定する罪

(23) 貸金業法第四十七条第一号又は第二号に規定する罪

(24) 麻薬特例法第六条第一項に規定する罪

(25) 児童買春、児童ポルノに係る行為等の規制及び処罰並びに児童の保護等に関する法律第五条第一項、第六条第一項又は第七条第六項から第八項までに規定する罪

(26) 組織的犯罪処罰法第三条第一項（同項第二号から第十号まで、第十二号、第十四号及び第十五号に係る部分に限る。）若しくは第二項（同条第一項第二号から第四号まで、第七号から第十号まで、第十二号、第十四号及び第十五号に係る部分に限る。）、第七条（同条第一項第一号から第三号までに係る部分に限る。）、第七条の二第二項、第九条第一項から第三項まで又は第十条第一項に規定する罪

(27) 会社法（平成十七年法律第八十六号）第九百七十条第四項に規定する罪

へ　組織的犯罪処罰法第七条、第七条の二又は第九条から第十一条までに規定する罪

四十八　著作権等管理事業法（平成十二年法律第百三十一号）第二十九条第一号若しくは第二号又は第三十二条第一号に規定する罪

四十九　高齢者の居住の安定確保に関する法律（平成十三年法律第二十六号）第八十条第一号、第二号（第九条第一項及び第十一条第三項に係る部分に限る。）又は第三号（第十四条に係る部分に限る。）に規定する罪

五十　使用済自動車の再資源化等に関する法律（平成十四年法律

第八十七号）第百三十八条第四号若しくは第五号又は第百四十条第二号（第六十三条第一項及び第七十一条第一項に係る部分に限る。）に規定する罪

五十一　インターネット異性紹介事業を利用して児童を誘引する行為の規制等に関する法律（平成十五年法律第八十三号）第三十一条（第十四条第二項に係る部分に限る。）、第三十二条第一号又は第三十四条第一号若しくは第二号に規定する罪

五十二　裁判外紛争解決手続の利用の促進に関する法律（平成十六年法律第百五十一号）第三十二条第一項（第五条に係る部分に限る。）又は第三項第一号（第八条に係る部分に限る。）若しくは第二号に規定する罪

五十三　信託業法（平成十六年法律第百五十四号）第九十一条第一号から第三号まで若しくは第七号から第九号まで、第九十三条第一号、第二号、第九号から第十二号まで、第二十二号、第二十三号、第二十七号若しくは第三十二号、第九十四条第五号、第九十六条第二号又は第九十七条第一号、第三号、第六号、第九号（第七十一条第一項に係る部分に限る。）、第十一号若しくは第十四号に規定する罪

五十四　会社法第九百七十条第二項から第四項までに規定する罪

五十五　探偵業の業務の適正化に関する法律（平成十八年法律第六十号）第十七条（第十五条第二項に係る部分に限る。）、第十八条第一号又は第十九条第一号若しくは第二号に規定する罪

五十六　犯罪による収益の移転防止に関する法律（平成十九年法律第二十二号）第二十八条に規定する罪

五十七　電子記録債権法（平成十九年法律第百二号）第九十五条第一号又は第九十七条第二号に規定する罪

五十八　資金決済に関する法律（平成二十一年法律第五十九号）第百七条第二号（第三十七条及び第六十三条の二に係る部分に限る。）、第五号、第七号若しくは第八号、第百九条第八号、第百十二条第二号（第三十八条第一項及び第二項並びに第六十三条の三第一項及び第二項に係る部分に限る。）又は第百十四条第一号（第四十一条第一項及び第六十三条の六第一項に係る部分に限る。）若しくは第七号（第七十七条に係る部分に限る。）に規定する罪

（構造及び設備の技術上の基準）

第七条　法第四条第二項第一号の国家公安委員会規則で定める技術上の基準は、次の表の上欄に掲げる風俗営業の種別の区分に応じ、それぞれ同表の下欄に定めるとおりとする。

風俗営業の種別	構造及び設備の技術上の基準
法第二条第一項第一号に掲げる営業	一　客室の床面積は、和風の客室に係るものにあつては一室の床面積を九・五平方メートル以上とし、その他のものにあつては一室の床面積を十六・五平方メートル以上とすること。ただし、客室の数が一室のみである場合は、この限りでない。 二　客室の内部が当該営業所の外部から容易に見通すことができないものであること。 三　客室の内部に見通しを妨げる設備を設けないこと。 四　善良の風俗又は清浄な風俗環境を害するおそれのある写真、広告物、装飾その他の設備を設けないこと。 五　客室の出入口に施錠の設備を設けないこと。ただし、営業所外に直接通ずる客室の出入口に

	ついては、この限りでない。 六　第三十条に定めるところにより計つた営業所内の照度が五ルクス以下とならないように維持されるため必要な構造又は設備を有すること。 七　第三十二条に定めるところにより計つた騒音又は振動の数値が法第十五条の規定に基づく条例で定める数値に満たないように維持されるため必要な構造又は設備を有すること。
法第二条第一項第二号に掲げる営業	一　客室の床面積は、一室の床面積を五平方メートル以上（客に遊興をさせる態様の営業にあつては三十三平方メートル以上）とすること。 二　客室の内部が当該営業所の外部から容易に見通すことができないものであること。 三　客室の内部に見通しを妨げる設備を設けないこと。 四　善良の風俗又は清浄な風俗環境を害するおそれのある写真、広告物、装飾その他の設備を設けないこと。 五　客室の出入口に施錠の設備を設けないこと。ただし、営業所外に直接通ずる客室の出入口については、この限りでない。 六　第三十条に定めるところにより計つた営業所内の照度が五ルクス以下とならないように維持されるため必要な構造又は設備を有すること。 七　第三十二条に定めるところにより計つた騒音又は振動の数値が法第十五条の規定に基づく条例で定める数値に満たないように維持されるため必要な構造又は設備を有すること。
法第二条第一項第三号に掲げる営業	一　客室の内部が当該営業所の外部から容易に見通すことができないものであること。 二　善良の風俗又は清浄な風俗環境を害するおそれのある写真、広告物、装飾その他の設備を設けないこと。 三　客室の出入口に施錠の設備を設けないこと。ただし、営業所外に直接通ずる客室の出入口については、この限りでない。 四　第三十条に定めるところにより計つた営業所内の照度が十ルクス以下とならないように維持されるため必要な構造又は設備を有すること。 五　第三十二条に定めるところにより計つた騒音又は振動の数値が法第十五条の規定に基づく条例で定める数値に満たないように維持されるため必要な構造又は設備を有すること。 六　令第三条第三項第一号ハに掲げる設備を設けないこと。
法第二条第一項第四号に掲げる営業	一　客室の内部に見通しを妨げる設備を設けないこと。 二　善良の風俗又は清浄な風俗環境を害するおそれのある写真、広告物、装飾その他の設備を設けないこと。 三　客室の出入口に施錠の設備を設けないこと。ただし、営業所外に直接通ずる客室の出入口については、この限りでない。 四　第三十条に定めるところにより計つた営業所内の照度が十ルクス以下とならないように維持されるため必要な構造又は設備を有すること。 五　第三十二条に定めるところにより計つた騒音又は振動の数値が法第十五条の規定に基づく条例で定める数値に満たないように維持されるた

	め必要な構造又は設備を有すること。 六　ぱちんこ屋及び令第八条に規定する営業にあつては、当該営業の用に供する遊技機以外の遊技設備を設けないこと。 七　ぱちんこ屋及び令第十五条に規定する営業にあつては、営業所内の客の見やすい場所に賞品を提供する設備を設けること。
法第二条第一項第五号に掲げる営業	一　客室の内部に見通しを妨げる設備を設けないこと。 二　善良の風俗若しくは清浄な風俗環境を害し、又は少年の健全な育成に障害を及ぼすおそれのある写真、広告物、装飾その他の設備を設けないこと。 三　客室の出入口に施錠の設備を設けないこと。ただし、営業所外に直接通ずる客室の出入口については、この限りでない。 四　第三十条に定めるところにより計つた営業所内の照度が十ルクス以下とならないように維持されるため必要な構造又は設備を有すること。 五　第三十二条に定めるところにより計つた騒音又は振動の数値が法第十五条の規定に基づく条例で定める数値に満たないように維持されるため必要な構造又は設備を有すること。 六　遊技料金として紙幣を挿入することができる装置を有する遊技設備又は客に現金若しくは有価証券を提供するための装置を有する遊技設備を設けないこと。

（著しく射幸心をそそるおそれのある遊技機の基準）

第八条　法第四条第四項の国家公安委員会規則で定める基準は、次の表の上欄に掲げる遊技機の種類の区分に応じ、それぞれ同表の下欄に定めるとおりとする。

遊技機の種類	著しく射幸心をそそるおそれのある遊技機の基準
ぱちんこ遊技機	一　一分間に四百円に当該金額がその対価の額（消費税法（昭和六十三年法律第百八号）第二十八条第一項に規定する対価の額をいう。）である課税資産の譲渡等（消費税法第二条第一項第九号に規定する課税資産の譲渡等をいう。）につき課されるべき消費税に相当する額及び当該課されるべき消費税の額を課税標準として課されるべき地方消費税に相当する額（以下「当該金額消費税等相当額」という。）を加えた金額の遊技料金に相当する数を超える数の遊技球（遊技の用に供する玉をいう。以下この項及び次項において同じ。）を発射させることができる性能を有する遊技機であること。 二　一個の遊技球を入賞させることにより獲得することができる遊技球の数が十五個を超えることがある性能を有する遊技機であること。 三　一時間にわたり遊技球を連続して発射させた場合において獲得することができる遊技球の数が発射させた遊技球の数の二・二倍を超えることがあるか、又はその三分の一を下回ることがある性能を有する遊技機であること、その他短時間に著しく多くの遊技球を獲得することができる性能を有する遊技機であること。 四　四時間にわたり遊技球を連続して発射させた場合において獲得することができる遊技球の数が発射させた遊技球の数の一・五倍を超えることがあるか、又はその五分の二を下回ることがある性能を有する遊技機であること。

五　十時間にわたり遊技球を連続して発射させた場合において獲得することができる遊技球の数が発射させた遊技球の数の三分の四を超えることがあるか、又はその二分の一を下回ることがある性能を有する遊技機であること。

六　役物（入賞を容易にするための特別の装置をいう。以下同じ。）が設けられている遊技機にあつては、役物が作動する場合に入賞させることができる遊技球の数がおおむね十個を超える性能を有する遊技機であること。

七　十時間にわたり遊技球を連続して発射させた場合において獲得することができる遊技球の数のうち役物の作動によるものの割合が七割を超えることがある性能を有する遊技機であること、その他獲得することができる遊技球の数のうち役物の作動によるものの割合が著しく大きくなることがある性能を有する遊技機であること。

八　役物を連続して作動させるための特別の装置（以下「役物連続作動装置」という。）が設けられている遊技機にあつては、役物が連続して作動する回数が十回を超える性能を有するものその他当該役物連続作動装置の作動により著しく多くの遊技球を獲得することができる性能を有するものであること。

九　十時間にわたり遊技球を連続して発射させた場合において獲得することができる遊技球の数のうち役物連続作動装置の作動によるものの割合が六割を超えることがある性能を有する遊技機であること。

十　遊技球の大きさに比して入賞口の大きさが著しく大きい遊技機又は小さい遊技機であること、その他客の技量にかかわらず遊技球の獲得が容易であり、又は困難である遊技機であること。

十一　客が直接操作していないにもかかわらず遊技球を発射させることができる遊技機であること、遊技盤上の遊技球の位置を客の技量にかかわらず調整することができる遊技機であること、客が遊技盤上の遊技球の位置を確認することができない遊技機であること、役物を著しく容易に作動させることができる性能を有する遊技機であること、遊技の公正を害する調整を行うことができる性能を有する遊技機であること、その他客の技量が遊技の結果に表れないおそれが著しい遊技機又は遊技の結果が偶然若しくは客以外の者の意図により決定されるおそれが著しい遊技機であること。

十二　容易に不正な改造その他の変更が加えられるおそれのある遊技機であること。

回胴式遊技機

一　一分間に四百円に当該金額消費税等相当額を加えた金額の遊技料金におおむね相当する数を超える数の遊技メダル（遊技の用に供するメダルをいう。以下この項において同じ。）又は遊技球（以下この項において「遊技メダル等」という。）を使用して遊技をさせることができる性能を有する遊技機であること。

二　一回の入賞により獲得することができる遊技メダル等の数が遊技メダルにあつては十五枚を、遊技球にあつては七十五個を、それぞれ超え、又は当該入賞に使用した遊技メダル等の数の十五倍を超えることがある性能を有する遊技機であること。

三　四百回にわたり遊技を連続して行つた場合において獲得することができる遊技メダル等の数

	が使用した遊技メダル等の数の二・二倍を超えることがあるか、又はその三分の一を下回ることがある性能を有する遊技機であること、その他短時間に著しく多くの遊技メダル等を獲得することができる性能を有する遊技機であること。 四　千六百回にわたり遊技を連続して行つた場合において獲得することができる遊技メダル等の数が使用した遊技メダル等の数の一・五倍を超えることがあるか、又はその五分の二を下回ることがある性能を有する遊技機であること。 五　六千回にわたり遊技を連続して行つた場合において獲得することができる遊技メダル等の数が使用した遊技メダル等の数の一・二六倍を超えることがあるか、又はその二分の一を下回ることがある性能を有する遊技機であること。 六　一万七千五百回にわたり遊技を連続して行つた場合において獲得することができる遊技メダル等の数が使用した遊技メダル等の数の一・五倍を超えることがあるか、又はその五分の三を下回ることがある性能を有する遊技機であること。 七　役物が設けられている遊技機にあつては、役物が作動する場合に入賞させることができる回数が八回を超える性能を有する遊技機であること。 八　六千回にわたり遊技を連続して行つた場合において獲得することができる遊技メダル等の数のうち役物の作動によるものの割合が七割を超えることがある性能を有する遊技機であること、その他獲得することができる遊技メダル等の数のうち役物の作動によるものの割合が著しく大きくなることがある性能を有する遊技機であること。 九　役物連続作動装置が設けられている遊技機にあつては、一回の役物連続作動装置の作動により獲得することができる遊技メダル等の数が遊技メダルにあつては三百枚を、遊技球にあつては千五百個を、それぞれ超えることがある性能を有するものであること。 十　六千回にわたり遊技を連続して行つた場合において獲得することができる遊技メダル等の数のうち役物（一回の遊技の結果が得られた場合に作動を終了することとされているものを除く。）の作動によるものの割合が六割を超えることがある性能を有する遊技機であること。 十一　入賞とされる回胴の上の図柄の組合せが著しく多い遊技機又は著しく少ない遊技機であること、その他客の技量にかかわらず遊技メダル等の獲得が容易であり、又は困難である遊技機であること。 十二　回胴の回転の停止を客の技量にかかわらず調整することができない遊技機であること、回胴の回転が著しく速い遊技機であること、役物を著しく容易に作動させることができる性能を有する遊技機であること、遊技の公正を害する調整を行うことができる性能を有する遊技機であること、その他客の技量が遊技の結果に表れないおそれが著しい遊技機又は遊技の結果が偶然若しくは客以外の者の意図により決定されるおそれが著しい遊技機であること。 十三　容易に不正な改造その他の変更が加えられるおそれのある遊技機であること。
アレンジボール遊技機	一　一分間に四百円に当該金額消費税等相当額を加えた金額の遊技料金におおむね相当する数を超える数の遊技球等（法第二十三条第一項第三号に規定する遊技球等をいう。以下同じ。）を

	使用して遊技をさせることができる性能を有する遊技機であること。 二　一回の入賞により獲得することができる遊技球等の数が入賞に使用した遊技球等の数の十五倍を超えることがある性能を有する遊技機であること。 三　一時間にわたり遊技を連続して行つた場合において獲得することができる遊技球等の数が使用した遊技球等の数の二・二倍を超えることがあるか、又はその三分の一を下回ることがある性能を有する遊技機であること、その他短時間に著しく多くの遊技球等を獲得することができる性能を有する遊技機であること。 四　四時間にわたり遊技を連続して行つた場合において獲得することができる遊技球等の数が使用した遊技球等の数の一・五倍を超えることがあるか、又はその五分の二を下回ることがある性能を有する遊技機であること。 五　十時間にわたり遊技を連続して行つた場合において獲得することができる遊技球等の数が使用した遊技球等の数の三分の四を超えることがあるか、又はその二分の一を下回ることがある性能を有する遊技機であること。 六　十時間にわたり遊技を連続して行つた場合において獲得することができる遊技球等の数のうち役物及び得点増加装置（入賞により獲得することができる遊技球等の数を増加させる装置をいう。）の作動によるものの割合が七割を超えることがある性能を有する遊技機であること、その他獲得することができる遊技球等の数のうち役物の作動によるものの割合が著しく大きくなることがある性能を有する遊技機であること。 七　入賞とされる遊技盤上の図柄の組合せが著しく多い遊技機又は著しく少ない遊技機であること、その他客の技量にかかわらず遊技球等の獲得が容易であり、又は困難である遊技機であること。 八　客が直接操作していないにもかかわらず遊技球（遊技の用に供する玉をいう。以下この号において同じ。）を発射させることができる遊技機であること、遊技盤上の遊技球の位置を客の技量にかかわらず調整することができない遊技機であること、客が遊技盤上の遊技球の位置を確認することができない遊技機であること、役物を著しく容易に作動させることができる性能を有する遊技機であること、遊技の公正を害する調整を行うことができる性能を有する遊技機であること、その他客の技量が遊技の結果に表れないおそれが著しい遊技機又は遊技の結果が偶然若しくは客以外の者の意図により決定されるおそれが著しい遊技機であること。 九　容易に不正な改造その他の変更が加えられるおそれのある遊技機であること。
じやん球遊技機	一　一分間に四百円に当該金額消費税等相当額を加えた金額の遊技料金におおむね相当する数を超える数の遊技球等を使用して遊技をさせることができる性能を有する遊技機であること。 二　一回の入賞により獲得することができる遊技球等の数が入賞に使用した遊技球等の数の十五倍を超えることがある性能を有する遊技機であること。 三　役物の作動により獲得することができる遊技球等の数が、役物の作動によらないで獲得する

	ことができる遊技球等の数に比して著しく多いこととなる性能を有する遊技機であること。 四　役物を短時間に集中して作動させることができる性能を有する遊技機であること、その他短時間に著しく多くの遊技球等を獲得することができる性能を有する遊技機であること。 五　入賞とされる遊技盤上の図柄の組合せが著しく多い遊技機又は著しく少ない遊技機であること、その他客の技量にかかわらず遊技球等の獲得が容易であり、又は困難である遊技機であること。 六　客が直接操作していないにもかかわらず遊技球（遊技の用に供する玉をいう。以下この号において同じ。）を発射させることができる遊技機であること、遊技盤上の遊技球の位置を客の技量にかかわらず調整することができない遊技機であること、客が遊技盤上の遊技球の位置を確認することができない遊技機であること、役物を著しく容易に作動させることができる性能を有する遊技機であること、遊技の公正を害する調整を行うことができる性能を有する遊技機であること、その他客の技量が遊技の結果に表れないおそれが著しい遊技機又は遊技の結果が偶然若しくは客以外の者の意図により決定されるおそれが著しい遊技機であること。 七　容易に不正な改造その他の変更が加えられるおそれのある遊技機であること。
その他の遊技機	一　一分間に四百円に当該金額消費税等相当額を加えた金額の遊技料金におおむね相当する数を超える数の遊技球等を使用して遊技をさせることができる性能を有する遊技機であること。 二　一回の入賞により獲得することができる遊技球等の数又はこれに相当する数値が入賞に使用した遊技球等の数の十五倍を超えることがある性能を有する遊技機であること。 三　役物の作動により著しく多くの遊技球等又はこれに相当する数値を獲得することができる性能を有する遊技機であること。 四　獲得することができる遊技球等の数又はこれに相当する数値のうち役物の作動によるものの割合が著しく大きくなることがある性能を有する遊技機であること。 五　短時間に著しく多くの遊技球等又はこれに相当する数値を獲得することができる性能を有する遊技機であること。 六　客の技量にかかわらず、遊技球等又はこれに相当する数値の獲得が容易であり、又は困難である遊技機であること。 七　客の技量が遊技の結果に表れないおそれが著しい遊技機又は遊技の結果が偶然若しくは客以外の者の意図により決定されるおそれが著しい遊技機であること。 八　容易に不正な改造その他の変更が加えられるおそれのある遊技機であること。

（風俗営業の許可申請の手続）

第九条　法第五条第一項に規定する許可申請書の様式は、別記様式第一号のとおりとする。

2　法第五条第一項に規定する営業の方法を記載した書類の様式は、別記様式第二号のとおりとする。

（許可証の交付）

第十条　法第五条第二項に規定する許可証の様式は、別記様式第三号のとおりとする。

2　公安委員会は、法第三条第一項の許可をしたときは、速やかに、申請者にその旨を通知するとともに、許可証を交付するものとする。

3　前項の場合において、公安委員会は、当該申請者の提出した許可申請書に記載された管理者が法第二十四条第二項各号のいずれにも該当しないと認めるときは、当該管理者に係る別記様式第四号の風俗営業管理者証を交付するものとする。

（通知の方法）

第十一条　法第五条第三項の規定による通知は、理由を付した書面により行うものとする。

（許可証の再交付の申請）

第十二条　法第五条第四項の規定により許可証の再交付を受けようとする者は、別記様式第五号の許可証再交付申請書を当該公安委員会に提出しなければならない。

（風俗営業の相続の承認の申請）

第十三条　法第七条第一項の規定により相続の承認を受けようとする者は、別記様式第六号の相続承認申請書を当該公安委員会に提出しなければならない。

2　前項の相続承認申請書には、次に掲げる書類を添付しなければならない。

一　申請者が風俗営業者（法第二条第二項の風俗営業者であって申請に係る公安委員会の法第三条第一項の許可又は法第七条第一項の承認（以下「風俗営業許可等」という。）を受けているものに限る。次号において同じ。）である場合（次号に該当する場合を除く。）には、風俗営業等の規制及び業務の適正化等に関する法律に基づく許可申請書の添付書類等に関する内閣府令（昭和六十年総理府令第一号。以下「府令」という。）第一条第五号に掲げる書類

二　申請者が未成年者である風俗営業者であって、その法定代理人が申請者が現に営む風俗営業に係る風俗営業許可等を受けた際の法定代理人である場合（申請に係る風俗営業及び現に営む風俗営業のいずれについても風俗営業を営むことに関する法定代理人の許可を受けていない場合に限る。）には、府令第一条第六号に掲げる書類

三　前二号に該当する場合以外の場合には、申請者に係る府令第一条第四号に掲げる書類

四　申請者と被相続人との続柄を証明する書面

五　申請者以外に相続人があるときは、その者の氏名及び住所を記載した書面並びに当該申請に対する同意書

（風俗営業者たる法人の合併の承認の申請）

第十四条　法第七条の二第一項の規定により法人の合併の承認を受けようとする場合には、別記様式第七号の合併承認申請書を当該公安委員会に提出しなければならない。

2　前項の申請は、合併する法人の連名により行わなければならない。

3　第一項の合併承認申請書には、次に掲げる書類を添付しなければならない。

一　合併契約書の写し

二　合併後存続する法人又は合併により設立される法人の役員となるべき者（以下この号において「合併後の役員就任予定者」という。）の氏名及び住所を記載した書面並びに合併後の役員就任予定者に係る府令第一条第四号イ及びハに掲げる書類並びに法第四条第一項第一号から第七号の二までに掲げる者のいず

れにも該当しないことを誓約する書面

（風俗営業者たる法人の分割の承認の申請）

第十五条　法第七条の三第一項の規定により法人の分割の承認を受けようとする場合には、別記様式第八号の分割承認申請書を当該公安委員会に提出しなければならない。

2　吸収分割をする場合における前項の申請は、当該分割により風俗営業を承継させる法人及び当該分割により風俗営業を承継する法人の連名により行わなければならない。

3　第一項の分割承認申請書には、次に掲げる書類を添付しなければならない。

一　分割計画書又は分割契約書の写し

二　分割により風俗営業を承継する法人の役員となるべき者（以下この号において「分割後の役員就任予定者」という。）の氏名及び住所を記載した書面並びに分割後の役員就任予定者に係る府令第一条第四号イ及びハに掲げる書類並びに法第四条第一項第一号から第七号の二までに掲げる者のいずれにも該当しないことを誓約する書面

（相続等の承認に関する通知）

第十六条　公安委員会は、法第七条第一項、法第七条の二第一項又は法第七条の三第一項の承認をしたときは、速やかに申請者にその旨を通知するものとする。

2　公安委員会は、法第七条第一項、法第七条の二第一項又は法第七条の三第一項の承認をしないときは、理由を付した書面により申請者にその旨を通知するものとする。

（許可証の書換えの手続）

第十七条　法第七条第五項（法第七条の二第三項又は法第七条の三第三項において準用する場合を含む。）の規定により許可証の書換えを受けようとする者は、別記様式第九号の書換え申請書及び当該許可証を当該公安委員会に提出しなければならない。

（許可証の返納）

第十八条　法第七条第六項の規定による許可証の返納は、同項の通知を受けた日から十日以内に、当該許可証に係る営業所の所在地の所轄警察署長を経由してしなければならない。この場合において、一の公安委員会に対して同時に二以上の営業所について許可証を返納するときは、それらの営業所のうちいずれか一の営業所の所在地の所轄警察署長を経由して返納すれば足りる。

（変更の承認の申請）

第十九条　法第九条第一項（法第二十条第十項において準用する場合を含む。第二十二条において同じ。）の規定により変更の承認を受けようとする者は、別記様式第十号の変更承認申請書を当該公安委員会に提出しなければならない。

2　前項の変更承認申請書には、府令第一条第一号から第三号までに掲げる書類（法第二十条第十項において準用する法第九条第一項の規定により変更の承認を受けようとする場合にあつては、府令第一条第十一号に掲げる書類）のうち、当該変更事項に係る書類を添付しなければならない。

（軽微な変更等の届出等）

第二十条　法第九条第三項第一号又は第二号（法第二十条第十項において準用する場合を含む。次項において同じ。）に係る法第九条第三項に規定する届出書の様式は、別記様式第十一号のとおりとする。

2　前項の届出書の提出は、法第九条第三項第一号に係る届出書にあつては同号に規定する変更があつた日から十日（当該変更が法人の名称、住所、代表者の氏名又は役員の氏名若しくは住所に係

るものである場合にあつては、二十日）以内に、同項第二号に係る届出書にあつては同号に規定する変更があつた日から一月（当該変更が照明設備、音響設備又は防音設備に係るものである場合にあつては、十日）以内にしなければならない。

3　法第九条第三項第一号の規定により法第五条第一項第五号に掲げる事項の変更に係る届出書を提出する場合において、当該変更前の事項の記載された風俗営業管理者証の交付を受けているときは、併せて、当該風俗営業管理者証を提出しなければならない。

4　公安委員会は、前項の届出書に記載された変更後の管理者が法第二十四条第二項各号のいずれにも該当しないと認められるときは、速やかに、当該届出書を提出した者に当該管理者に係る風俗営業管理者証を新たに又は書き換えて交付するものとする。

（特例風俗営業者による変更の届出）

第二十一条　前条の規定は、法第九条第五項に規定する届出書について準用する。この場合において、前条第二項中「十日（当該変更が法人の名称、住所、代表者の氏名又は役員の氏名若しくは住所に係るものである場合にあつては、二十日）以内に、同項第二号に係る届出書にあつては同号に規定する変更があつた日から一月（当該変更が照明設備、音響設備又は防音設備に係るものである場合にあつては、十日）以内」とあるのは、「十日以内」と読み替えるものとする。

（準用規定）

第二十二条　第十六条の規定は法第九条第一項の承認について、第十七条の規定は法第九条第四項の規定により許可証の書換えを受けようとする者について準用する。

（許可証の返納）

第二十三条　法第十条第一項又は第三項の規定による許可証の返納は、当該事由の発生の日から十日以内に、当該許可証に係る営業所の所在地の所轄警察署長を経由してしなければならない。この場合において、一の公安委員会に対して同時に二以上の営業所について許可証を返納するときは、それらの営業所のうちいずれか一の営業所の所在地の所轄警察署長を経由して返納すれば足りる。

2　前項の規定により返納する許可証には、別記様式第十二号の返納理由書を添付しなければならない。

（特例風俗営業者の認定の基準）

第二十四条　法第十条の二第一項第三号の国家公安委員会規則で定める基準は、次のとおりとする。

一　過去十年以内に法第二十四条第五項の規定による勧告を受けたことがなく、かつ、受けるべき事由が現にないこと。

二　過去十年以内に法第二十四条第七項の規定に違反したことがないこと。

（特例風俗営業者の認定申請の手続）

第二十五条　法第十条の二第二項に規定する認定申請書の様式は、別記様式第十三号のとおりとする。

（認定証の交付等）

第二十六条　法第十条の二第三項に規定する認定証の様式は、別記様式第十四号のとおりとする。

2　公安委員会は、法第十条の二第一項の認定をしたときは、速やかに、申請者にその旨を通知するとともに、認定証を交付するものとする。

3　第十一条の規定は法第十条の二第四項の規定による通知について、第十二条の規定は法第十条の二第五項の規定により認定証の再交付を受けようとする者について、第二十三条の規定は法第十条の二第七項又は第九項の規定による認定証の返納について準用する。この場合において、第十二条中「別記様式第五号の許可証再交付申請書」とあるのは、「別記様式第十五号の認定証再交付申請書」と読み替えるものとする。

第三章　風俗営業の規制

（深夜における客の迷惑行為を防止するための措置）

第二十七条　風俗営業者は、法第十三条第三項の規定により深夜において同項の措置を講ずるときは、次に定めるところによらなければならない。

一　営業所の周辺において他人に迷惑を及ぼしてはならない旨を表示した書面を営業所の見やすい場所に掲示し、又は当該書面を客に交付すること。

二　営業所の周辺において他人に迷惑を及ぼしてはならない旨を客に対して口頭で説明し、又は音声により知らせること。

三　泥酔した客に対して酒類を提供しないこと。

四　営業所内及び営業所の周辺を定期的に巡視し、営業所の周辺において他人に迷惑を及ぼす行為を行い、又は行うおそれのある客の有無を確認すること。

五　前号に規定する客がいる場合には、当該客に対し、同号に規定する行為を取りやめ、又はこれを行わないよう求めること。

2　風俗営業者は、法第十三条第三項の規定による措置が適切に講じられるようにするため、当該措置について、従業員に対する教育を行い、又は営業所の管理者に当該教育を行わせなければならない。

（苦情の処理に関する帳簿の備付け）

第二十八条　法第十三条第四項に規定する苦情の処理に関する帳簿には、次に掲げる事項を記載するものとする。

一　苦情を申し出た者の氏名及び連絡先（氏名又は連絡先が明らかでない場合は、その旨）並びに苦情の内容

二　原因究明の結果

三　苦情に対する弁明の内容

四　改善措置

五　苦情処理を担当した者

2　前項の帳簿は、当該帳簿に最終の記載をした日から起算して三年間保存しなければならない。

（電磁的方法による記録）

第二十九条　前条第一項に規定する事項が、電磁的方法（電子的方法、磁気的方法その他の人の知覚によつて認識することができない方法をいう。以下同じ。）により記録され、必要に応じ電子計算機その他の機器を用いて直ちに表示されることができるときは、当該記録をもつて同項に規定する当該事項が記載された帳簿に代えることができる。

2　前項の規定による記録をする場合には、国家公安委員会が定める基準を確保するよう努めなければならない。

（風俗営業に係る営業所内の照度の測定方法）

第三十条　法第十四条の営業所内の照度は、次の表の上欄に掲げる営業の種別の区分に応じ、それぞれ同表の下欄に定める営業所の部分における水平面について計るものとする。

営業の種別	営業所の部分
法第二条第一項第一号から第三号までに掲げる営業	一　客席に食卓その他の飲食物を置く設備がある営業所にあつては、当該設備の上面及び当該上面の高さにおける客の通常利用する部分 二　前号に掲げる営業所以外の営業所にあつて

	は、次に掲げる客席の区分に応じ、それぞれ次に定める客席の部分 イ　椅子がある客席　椅子の座面及び当該座面の高さにおける客の通常利用する部分 ロ　椅子がない客席　客の通常利用する場所における床面（畳又はこれに準ずるものが敷かれている場合にあつては、その表面）
法第二条第一項第四号又は第五号に掲げる営業	一　営業所に設置する遊技設備の前面又は上面 二　次に掲げる客席（客に遊技をさせるために設けられた椅子その他の設備及び当該設備を使用する客が通常利用する客室の部分をいう。以下この号において同じ。）の区分に応じ、それぞれ次に定める客席の部分 イ　椅子がある客席　遊技設備に対応する椅子の座面及び当該座面の高さにおける客の通常利用する部分 ロ　椅子がない客席　客の通常利用する場所における床面 三　ぱちんこ屋及び令第十五条に規定する営業にあつては、通常賞品の提供が行われる営業所の部分

（風俗営業に係る営業所内の照度の数値）

第三十一条　法第十四条の国家公安委員会規則で定める数値は、次の各号に掲げる営業の種別の区分に応じ、それぞれ当該各号に定めるとおりとする。

一　法第二条第一項第一号及び第二号に掲げる営業　五ルクス

二　法第二条第一項第三号から第五号までに掲げる営業　十ルクス

（騒音及び振動の測定方法）

第三十二条　令第十一条第三項（令第二十五条第三項及び令第二十六条第三項において準用する場合を含む。次項において同じ。）の騒音の測定に係る国家公安委員会規則で定める方法は、営業所の境界線の外側で測定可能な直近の位置について、計量法（平成四年法律第五十一号）第七十一条の条件に合格した騒音計を用いて行う日本工業規格Z八七三一に定める騒音レベルの測定方法とする。この場合において、聴感覚補正回路はA特性を、動特性は速い動特性を用いることとし、騒音レベルは、五秒以内の一定時間間隔及び五十個以上の測定値の五パーセント時間率騒音レベルとする。

2　令第十一条第三項の振動の測定に係る国家公安委員会規則で定める方法は、営業所の境界線の外側で測定可能な直近の床又は地面（緩衝物がなく、表面が水平であり、かつ、堅い床又は地面に限る。）について、計量法第七十一条の条件に合格した振動レベル計を用いて行う日本工業規格Z八七三五に定める振動レベルの測定方法とする。この場合において、振動感覚補正回路は鉛直振動特性を、動特性は日本工業規格C一五一〇に定める動特性を用いることとし、振動レベルは、五秒間隔及び百個の測定値又はこれに準ずる間隔及び個数の測定値の八十パーセントレンジの上端値とする。

（料金の表示方法）

第三十三条　法第十七条の規定による料金の表示は、次の各号のいずれかの方法によるものとする。

一　壁、ドア、ついたてその他これらに類するものに料金表その他料金を表示した書面その他の物（以下この条において「料金表等」という。）を客に見やすいように掲げること。

二　客席又は遊技設備に料金表等を客に見やすいように備えること。

三　前二号に掲げるもののほか、注文前に料金表等を客に見やすいように示すこと。

（表示する料金の種類）

第三十四条　法第十七条の国家公安委員会規則で定める料金の種類は、次の表の上欄に掲げる営業の種別の区分に応じ、それぞれ同表の下欄に定めるとおりとする。

営業の種別	料金の種類
法第二条第一項第一号に掲げる営業	一　遊興料金、飲食料金その他名義のいかんを問わず、当該営業所の施設を利用して客が接待を受けて遊興又は飲食をする行為について、その対価又は負担として客が支払うべき料金 二　サービス料金その他名義のいかんを問わず、客が当該営業所の施設を利用する行為について、その対価又は負担として客が支払うべき料金で前号に定めるもの以外のものがある場合にあつては、その料金
法第二条第一項第二号又は第三号に掲げる営業	一　飲食料金その他名義のいかんを問わず、当該営業所の施設を利用して客が飲食をする行為について、その対価又は負担として客が支払うべき料金 二　サービス料金その他名義のいかんを問わず、客が当該営業所の施設を利用する行為について、その対価又は負担として客が支払うべき料金で前号に定めるもの以外のものがある場合にあつては、その料金
法第二条第一項第四号に掲げる営業	法第十九条に規定する遊技料金
法第二条第一項第五号に掲げる営業	一　ゲーム料金その他名義のいかんを問わず、当該営業所の施設を利用して客が遊技をする行為について、その対価又は負担として客が支払うべき料金 二　サービス料金その他名義のいかんを問わず、客が当該営業所の施設を利用する行為について、その対価又は負担として客が支払うべき料金で前号に定めるもの以外のものがある場合にあつては、その料金

（営業所に立ち入つてはならない旨の表示方法）

第三十五条　法第十八条の規定による表示は、同条の規定により表示すべき事項に係る文言を表示した書面その他の物を公衆に見やすいように掲げることにより行うものとする。

（遊技料金等の基準）

第三十六条　法第十九条の国家公安委員会規則で定める遊技料金に関する基準は、次の各号に掲げる営業の種類に応じ、それぞれ当該各号に定めるとおりとする。

一　まあじやん屋　次に掲げる場合に応じ、それぞれ次に定める金額に当該金額消費税等相当額を加えた金額を超えないこと。

イ　客一人当たりの時間を基礎として遊技料金を計算する場合　次に掲げるまあじやん台の種類の区分に応じ、それぞれ次に定める金額

(1)　全自動式のまあじやん台　一時間につき六百円

(2)　その他のまあじやん台　一時間につき五百円

ロ　まあじやん台一台につき時間を基礎として遊技料金を計算

する場合　次に掲げるまあじやん台の種類の区分に応じ、それぞれ次に定める金額
(1)　全自動式のまあじやん台　一時間につき二千四百円
(2)　その他のまあじやん台　一時間につき二千円
二　ぱちんこ屋及び令第八条に規定する営業　当該営業所に設置する次に掲げる遊技機の種類に応じ、それぞれ次に定める金額に当該金額消費税等相当額を加えた金額を超えないこと。
イ　ぱちんこ遊技機　玉一個につき四円
ロ　回胴式遊技機　次に掲げる遊技機の区分に応じ、それぞれ次に定める金額
(1)　玉を使用する遊技機　玉一個につき四円
(2)　メダルを使用する遊技機　メダル一枚につき二十円
ハ　アレンジボール遊技機（玉又はメダルを使用するものに限る。）　次に掲げる遊技機の区分に応じ、それぞれ次に定める金額
(1)　玉を使用する遊技機　玉一個につき四円
(2)　メダルを使用する遊技機　メダル一枚につき二十円
ニ　じやん球遊技機（玉又はメダルを使用するものに限る。）　次に掲げる遊技機の区分に応じ、それぞれ次に定める金額
(1)　玉を使用する遊技機　玉一個につき四円
(2)　メダルを使用する遊技機　メダル一枚につき二十円
ホ　その他の遊技機　遊技機の種類及び遊技の方法並びに他の遊技機に係る遊技料金その他の事情を考慮して国家公安委員会が定める金額
三　その他の営業　営業の種類及び遊技の方法並びに前二号に掲げる遊技料金その他の事情を考慮して国家公安委員会が定める金額に当該金額消費税等相当額を加えた金額を超えないこと。

2　法第十九条の国家公安委員会規則で定める賞品の提供方法に関する基準は、次のとおりとする。
一　次に掲げる営業の種類に応じ、それぞれ次に定める物品を賞品として提供すること。
イ　ぱちんこ屋及び令第八条に規定する営業で遊技球等の数量により遊技の結果を表示する遊技機を設置して客に遊技をさせるもの　当該遊技の結果として表示された遊技球等の数量に対応する金額と等価の物品
ロ　射的、輪投げその他これに類する遊技を客に行わせる営業　当該遊技の賞品としてあらかじめ客に表示されている物品と同一の種類の物品
ハ　イ及びロに掲げる営業以外の営業　遊技の種類及び遊技の方法並びにイ及びロに定める物品その他の事情を考慮して国家公安委員会が定める物品
二　前号イに掲げる営業において提供する物品は、客の多様な要望を満たすことができるよう、客が一般に日常生活の用に供すると考えられる物品のうちから、できる限り多くの種類のものを取りそろえておくこと。
3　法第十九条の国家公安委員会規則で定める賞品の価格の最高限度に関する基準は、九千六百円に当該金額消費税等相当額を加えた金額を超えないこととする。

（風俗営業に係る営業所の管理者の選任）

第三十七条　法第二十四条第一項の規定により選任される管理者は、営業所ごとに専任の管理者として置かれなければならない。

（管理者の業務）

第三十八条　法第二十四条第三項の国家公安委員会規則で定める業務は、次のとおりとする。

一　営業所における業務の適正な実施を図るため必要な従業者に対する指導に関する計画を作成し、これに基づき従業者に対し実地に指導し、及びその記録を作成すること。
二　営業所の構造及び設備が第七条に規定する技術上の基準に適合するようにするため必要な点検の実施及びその記録の記載について管理すること。
三　ぱちんこ屋及び令第八条に規定する営業にあつては、営業所に設置する遊技機が第八条に規定する基準に該当しないようにするため必要な点検の実施及びその記録の記載について管理すること。
四　法第十三条第三項の規定による措置について従業員に対する教育を行うことその他当該措置が適切になされるよう必要な措置を講ずること。
五　営業所における業務の実施に関する苦情の処理を行うこと。
六　法第十三条第一項ただし書の場合において、午前零時から同項ただし書に規定する条例で定める時までの時間においてその営業を営むときは、法第十三条第四項に規定する苦情の処理に関する帳簿及びその記載について管理すること。
七　法第二十二条第一項第五号又は同条第二項の規定に基づく都道府県の条例の規定により客として立ち入らせてはならないこととされる未成年者を営業所内で発見した場合において、当該未成年者に営業所から立ち退くべきことを勧告することその他の必要な措置を講ずること。
八　法第三十六条に規定する従業者名簿及びその記載について管理すること。
九　接待飲食等営業にあつては、法第三十六条の二第一項の規定による確認に係る記録について管理すること。
十　法第三十八条の四に規定する風俗環境保全協議会における構成員となつた場合に、当該協議会の活動に参画すること。
十一　ぱちんこ屋及び令第八条に規定する営業にあつては、客がする遊技が過度にわたることがないようにするため、客に対する情報の提供その他必要な措置を講ずること。
十二　営業所における業務の一部が委託される場合において、当該委託に係る業務の適正な実施を図るため必要な当該委託に係る契約の内容、業務の履行状況その他の事項の点検の実施及びその記録の記載について管理すること。

（管理者講習）
第三十九条　法第二十四条第六項の規定による管理者に対する講習（以下「管理者講習」という。）の種別は、定期講習、処分時講習及び臨時講習とする。
2　定期講習は全ての営業所の管理者（法第十条の二第一項の認定を受けた風俗営業者の当該認定に係る営業所の管理者であつて当該営業所の管理者として選任された後定期講習を受けたことがあるものを除く。）について当該営業所の管理者として選任された日からおおむね三年ごとに一回、処分時講習は法第二十六条第一項の規定により当該風俗営業の全部又は一部の停止が命じられた場合に当該営業所の管理者について当該処分の日からおおむね一年以内に一回、臨時講習は善良の風俗若しくは清浄な風俗環境を害し又は少年の健全な育成に障害を及ぼす行為を防止するため管理者講習を行う必要がある特別の事情がある場合に当該事情に係る営業所の管理者についてその必要の都度、それぞれ行うものとする。
3　管理者講習は、その種別に応じ、次の表の上欄に掲げる区分により、それぞれ同表の中欄に掲げる講習事項について、同表の下欄に掲げる講習時間行うものとする。

管理者講習の種別	講習事項	講習時間
定期講習	一 法その他営業所における業務の適正な実施に必要な法令に関すること。 二 法第二十四条第三項及び第三十八条に規定する管理者の業務を適正に実施するため必要な知識及び技能に関すること。	四時間以上六時間以下
処分時講習	一 定期講習の項中欄に掲げる講習事項 二 風俗営業者若しくはその代理人又は従業者が再び法令の規定に違反することを防止するために管理者として講ずべき措置に関すること。	四時間以上六時間以下
臨時講習	風俗営業に係る特別な事情に関する事項で、管理者の業務を適正に実施するため必要なものに関すること。	二時間以上四時間以下

4 管理者講習は、その種別に応じ、少なくとも次の各号に掲げる営業ごとに区分して、あらかじめ作成した講習計画に基づき、教本、視聴覚教材等必要な教材を用いる方法により行うものとする。

一 法第二条第四項に規定する接待飲食等営業

二 法第二条第一項第四号及び第五号に掲げる営業（次号に該当するものを除く。）

三 ぱちんこ屋及び令第八条に規定する営業

（管理者講習の通知等）

第四十条 公安委員会は、管理者講習を行おうとするときは、当該管理者講習の実施予定期日の三十日前までに、当該管理者講習を行おうとする管理者に係る風俗営業者に、別記様式第十六号の管理者講習通知書により通知するものとする。

2 前項の管理者講習通知書に係る風俗営業者は、病気その他やむを得ない理由により当該管理者に当該管理者講習を受講させることができないときは、当該実施予定期日の十日前までに、当該公安委員会に、当該管理者講習を受講させることができない旨及びその理由を記載した書面を提出しなければならない。

第四章 性風俗関連特殊営業等の規制

第一節 店舗型性風俗特殊営業の規制

（店舗型性風俗特殊営業の営業開始の届出）

第四十一条 法第二十七条第一項に規定する届出書の様式は、別記様式第十七号のとおりとする。

2 前項の届出書は、当該店舗型性風俗特殊営業を開始しようとする日の十日前までに提出しなければならない。

（店舗型性風俗特殊営業の廃止等の届出）

第四十二条 法第二十七条第二項に規定する届出書の様式は、店舗型性風俗特殊営業を廃止した場合の届出に係る届出書にあつては別記様式第十八号のとおりとし、変更があつた場合の届出に係る届出書にあつては別記様式第十九号のとおりとする。

2 前項の届出書は、当該店舗型性風俗特殊営業の廃止又は変更の日から十日以内に提出しなければならない。

（営業の方法を記載した書類の様式）

第四十三条 法第二十七条第三項に規定する営業の方法を記載した書類の様式は、別記様式第二十号のとおりとする。

（店舗型性風俗特殊営業届出確認書の交付等）

第四十四条 法第二十七条第四項に規定する書面（以下この節にお

いて「店舗型性風俗特殊営業届出確認書」という。）の様式は、別記様式第二十一号のとおりとする。

2　公安委員会は、法第二十七条第一項の届出書の提出があった場合において、同条第四項ただし書の規定により店舗型性風俗特殊営業届出確認書を交付しないこととするときは、当該届出書を提出した者に別記様式第二十二号の届出確認書不交付通知書を交付するものとする。

（店舗型性風俗特殊営業届出確認書の再交付）

第四十五条　店舗型性風俗特殊営業届出確認書の交付を受けた者は、当該店舗型性風俗特殊営業届出確認書を亡失し、又は当該店舗型性風俗特殊営業届出確認書が滅失したときは、速やかに別記様式第二十三号の届出確認書再交付申請書を当該公安委員会に提出し、店舗型性風俗特殊営業届出確認書の再交付を受けなければならない。

（店舗型性風俗特殊営業届出確認書の返納）

第四十六条　前条の規定により店舗型性風俗特殊営業届出確認書の再交付を受けた者は、亡失した店舗型性風俗特殊営業届出確認書を発見し、又は回復したときは、遅滞なく、発見し、又は回復した店舗型性風俗特殊営業届出確認書を当該公安委員会に返納しなければならない。

2　店舗型性風俗特殊営業届出確認書の交付を受けた者が死亡したときは、その同居の親族又は法定代理人は、遅滞なく、店舗型性風俗特殊営業届出確認書を当該公安委員会に返納しなければならない。

（営業所に立ち入つてはならない旨を明らかにする方法）

第四十七条　法第二十八条第九項の規定により十八歳未満の者がその営業所に立ち入つてはならない旨を明らかにする方法は、広告又は宣伝を、文字、図形若しくは記号又はこれらが結合したものにより行う場合にあつてはその旨の文言を公衆の見やすいように表示することとし、音声により行う場合にあつてはその旨を公衆のわかりやすいように音声により告げることとする。

2　店舗型性風俗特殊営業を営む者がその営業につき当該営業所周辺に表示する広告物（法第二十八条第五項第一号の広告物をいう。次項において同じ。）であつて、当該店舗型性風俗特殊営業の営業所の名称又は店舗型性風俗特殊営業の種別のみを表示するもの（当該店舗型性風俗特殊営業の営業所の所在地を簡易な方法により表示するものを含む。）については、前項の規定にかかわらず、十八歳未満の者がその営業所に立ち入つてはならない旨を表示するものとして国家公安委員会が定める標示を公衆の見やすいように表示することができる。

3　店舗型性風俗特殊営業を営む者が法第二十八条第十項の規定により十八歳未満の者がその営業所に立ち入つてはならない旨の文言を営業所の入口に表示している場合には、前二項の規定にかかわらず、当該店舗型性風俗特殊営業を営む者がその営業につき当該営業所の入口周辺又は内部に表示する広告物にその旨の文言又は前項に規定する標示を表示しないことができる。

（準用規定）

第四十八条　第三十五条の規定は、法第二十八条第十項の規定による表示について準用する。

（標章の貼付け手続）

第四十九条　法第三十一条第一項の規定による標章の貼付けは、法第三十条第一項の規定による停止の命令があつた後速やかにするものとする。

（標章の取り除き申請手続）

第五十条　法第三十一条第二項の規定による申請を行おうとする者は、別記様式第二十四号の標章除去申請書を当該公安委員会に提出しなければならない。

2　前項の標章除去申請書には、次に掲げる書類を添付しなければならない。

一　法第三十一条第二項第一号に掲げる事由がある場合において、当該施設を用いて営もうとする営業その他当該施設に係る用途について法令の規定により行政庁の許可その他の処分を受けなければならないこととされているときにあつては、当該処分を受けたことを証明する書類

二　法第三十一条第二項第二号に掲げる事由がある場合において、当該取壊しについて建築基準法（昭和二十五年法律第二百一号）第十五条第一項の規定により届出をしなければならないときにあつては、当該届出をしたことを証明する書類

三　法第三十一条第二項第三号に掲げる事由がある場合において、当該増築又は改築について建築基準法第六条第一項の規定による確認を受けなければならないこととされているときにあつては、当該確認を受けたことを証明する書類

第五十一条　法第三十一条第三項の規定による申請を行おうとする者（次項において「標章除去申請者」という。）は、別記様式第二十四号の標章除去申請書を当該公安委員会に提出しなければならない。

2　前項の標章除去申請書には、次に掲げる書類を添付しなければならない。

一　住民票の写し

二　標章除去申請者が法人である場合にあつては、登記事項証明書

三　申請に係る施設が不動産である場合にあつては、登記事項証明書

四　標章除去申請者が申請に係る施設の使用について権原を有することを証明する書類

五　処分の期間における施設の使用に関し、標章除去申請者と処分を受けた者との法律関係を明らかにする書類（当該期間において処分を受けた者に当該施設を使用させない旨を誓約する標章除去申請者の書面を含む。）

第二節　無店舗型性風俗特殊営業の規制

（無店舗型性風俗特殊営業の営業開始の届出）

第五十二条　法第三十一条の二第一項に規定する届出書の様式は、別記様式第二十五号のとおりとする。

2　前項の届出書は、当該無店舗型性風俗特殊営業を開始しようとする日の十日前までに提出しなければならない。

（無店舗型性風俗特殊営業の廃止等の届出）

第五十三条　第四十二条の規定は、法第三十一条の二第二項に規定する届出書について準用する。この場合において、第四十二条中「店舗型性風俗特殊営業」とあるのは「無店舗型性風俗特殊営業」と、同条第一項中「別記様式第十八号」とあるのは「別記様式第二十六号」と、「別記様式第十九号」とあるのは「別記様式第二十七号」と読み替えるものとする。

（営業の方法を記載した書類の様式）

第五十四条　法第三十一条の二第三項に規定する営業の方法を記載した書類の様式は、別記様式第二十八号のとおりとする。

（無店舗型性風俗特殊営業届出確認書の交付等）

第五十五条　法第三十一条の二第四項に規定する書面（次項において「無店舗型性風俗特殊営業届出確認書」という。）の様式は、

別記様式第二十九号のとおりとする。

2　第四十四条第二項の規定は法第三十一条の二第一項又は第二項の届出書であつて受付所を設ける旨が記載されているものの提出があつた場合について、第四十五条の規定は無店舗型性風俗特殊営業届出確認書の再交付について、第四十六条の規定は無店舗型性風俗特殊営業届出確認書の返納について準用する。この場合において、第四十四条第二項中「店舗型性風俗特殊営業届出確認書」とあるのは「無店舗型性風俗特殊営業届出確認書」と、第四十六条第一項中「前条」とあるのは「第五十五条第二項において準用する第四十五条」と読み替えるものとする。

（処分移送通知書の様式）

第五十六条　法第三十一条の六第一項（同条第三項において準用する場合を含む。）の国家公安委員会規則で定める処分移送通知書の様式は、別記様式第三十号のとおりとする。

（準用規定）

第五十七条　第四十七条の規定は、法第三十一条の三第一項において準用する法第二十八条第九項の規定により十八歳未満の者が客となつてはならない旨を明らかにする方法について準用する。この場合において、第四十七条第二項中「店舗型性風俗特殊営業を営む者」とあるのは「受付所を設けて法第二条第七項第一号の営業を営む者」と、「営業所周辺」とあるのは「受付所周辺」と、「当該店舗型性風俗特殊営業の営業所の名称又は店舗型性風俗特殊営業の種別」とあるのは「当該営業に係る法第三十一条の二第一項第二号に規定する呼称又は法第二条第七項第一号の営業である旨」と、「当該店舗型性風俗特殊営業の営業所の所在地」とあるのは「当該受付所の所在地」と、「その営業所」とあるのは「その受付所」と、同条第三項中「店舗型性風俗特殊営業を営む者が法第二十八条第十項」とあるのは「受付所を設けて法第二条第七項第一号の営業を営む者が法第三十一条の三第二項の規定により適用する法第二十八条第十項」と、「その営業所」とあるのは「その受付所」と、「営業所の入口」とあるのは「受付所の入口」と、「当該店舗型性風俗特殊営業」とあるのは「当該営業」と、「当該営業所」とあるのは「当該受付所」と読み替えるものとする。

2　第三十五条の規定は、法第三十一条の三第二項の規定により適用する法第二十八条第十項の規定による表示について準用する。

3　第四十九条の規定は法第三十一条の五第三項及び法第三十一条の六第三項において準用する法第三十一条第一項の規定による標章の貼付けについて、第五十条の規定は法第三十一条の五第三項及び法第三十一条の六第三項において準用する法第三十一条第二項の規定による申請を行おうとする者について、第五十一条の規定は法第三十一条の五第三項及び法第三十一条の六第三項において準用する法第三十一条第三項の規定による申請を行おうとする者について準用する。この場合において、第四十九条中「法第三十条第一項」とあるのは「法第三十一条の五第一項又は法第三十一条の六第二項第二号」と、第五十条第二項第一号中「法第三十一条第二項第一号」とあるのは「法第三十一条の五第三項及び法第三十一条の六第三項において準用する法第三十一条第二項第一号」と、同項第二号中「法第三十一条第二項第二号」とあるのは「法第三十一条の五第三項及び法第三十一条の六第三項において準用する法第三十一条第二項第二号」と、同項第三号中「法第三十一条第二項第三号」とあるのは「法第三十一条の五第三項及び法第三十一条の六第三項において準用する法第三十一条第二項第三号」と読み替えるものとする。

第三節　映像送信型性風俗特殊営業の規制

（映像送信型性風俗特殊営業の営業開始の届出）

第五十八条　法第三十一条の七第一項に規定する届出書の様式は、別記様式第三十二号のとおりとする。

2　前項の届出書は、当該映像送信型性風俗特殊営業を開始しようとする日の十日前までに提出しなければならない。

（映像送信型性風俗特殊営業の廃止等の届出）

第五十九条　第四十二条の規定は、法第三十一条の七第二項において準用する法第三十一条の二第二項に規定する届出書について準用する。この場合において、第四十二条中「店舗型性風俗特殊営業」とあるのは「映像送信型性風俗特殊営業」と、同条第一項中「別記様式第十八号」とあるのは「別記様式第二十六号」と、「別記様式第十九号」とあるのは「別記様式第二十七号」と読み替えるものとする。

（営業の方法を記載した書類の様式）

第六十条　法第三十一条の七第二項において準用する法第三十一条の二第三項に規定する営業の方法を記載した書類の様式は、別記様式第三十二号のとおりとする。

（映像送信型性風俗特殊営業届出確認書の交付等）

第六十一条　法第三十一条の七第二項において準用する法第三十一条の二第四項に規定する書面（次項において「映像送信型性風俗特殊営業届出確認書」という。）の様式は、別記様式第三十三号のとおりとする。

2　第四十五条の規定は映像送信型性風俗特殊営業届出確認書の再交付について、第四十六条の規定は映像送信型性風俗特殊営業届出確認書の返納について準用する。この場合において、第四十六条第一項中「前条」とあるのは、「第六十一条第二項において準用する第四十五条」と読み替えるものとする。

（準用規定）

第六十二条　第四十七条第一項の規定は、法第三十一条の八第一項において準用する法第二十八条第九項の規定により十八歳未満の者が客となつてはならない旨を明らかにする方法について準用する。

2　第五十六条の規定は、法第三十一条の十一第一項（同条第三項において準用する場合を含む。）の国家公安委員会規則で定める処分移送通知書について準用する。

第四節　店舗型電話異性紹介営業の規制

（店舗型電話異性紹介営業の営業開始の届出）

第六十三条　法第三十一条の十二第一項に規定する届出書の様式は、別記様式第三十四号のとおりとする。

2　前項の届出書は、当該店舗型電話異性紹介営業を開始しようとする日の十日前までに提出しなければならない。

（店舗型電話異性紹介営業の廃止等の届出）

第六十四条　第四十二条の規定は、法第三十一条の十二第二項において準用する法第二十七条第二項に規定する届出書について準用する。この場合において、第四十二条中「店舗型性風俗特殊営業」とあるのは、「店舗型電話異性紹介営業」と読み替えるものとする。

（営業の方法を記載した書類の様式）

第六十五条　法第三十一条の十二第二項において準用する法第二十七条第三項に規定する営業の方法を記載した書類の様式は、別記様式第三十五号のとおりとする。

（店舗型電話異性紹介営業届出確認書の交付等）

第六十六条　法第三十一条の十二第二項において準用する法第二十

七条第四項に規定する書面（次項において「店舗型電話異性紹介営業届出確認書」という。）の様式は、別記様式第三十六号のとおりとする。

2　第四十四条第二項の規定は法第三十一条の十二第一項の届出書の提出があつた場合について、第四十五条の規定は店舗型電話異性紹介営業届出確認書の再交付について、第四十六条の規定は店舗型電話異性紹介営業届出確認書の返納について準用する。この場合において、第四十四条第二項中「同条第四項ただし書」とあるのは「法第三十一条の十二第二項において準用する法第二十七条第四項ただし書」と、「店舗型性風俗特殊営業届出確認書」とあるのは「店舗型電話異性紹介営業届出確認書」と、第四十六条第一項中「前条」とあるのは「第六十六条第二項において準用する第四十五条」と読み替えるものとする。

（法第二条第九項の会話の申込みをした者が十八歳以上であることを確認するための措置）

第六十七条　法第三十一条の十三第三項の国家公安委員会規則で定める措置は、法第二条第九項に規定する会話の申込みがあつた場合において、その都度、次の各号のいずれかの方法により当該会話の申込みをした者（以下この項において「申込者」という。）が十八歳以上であることを確認する措置とする。

一　申込者から、その身分証明書、運転免許証、国民健康保険被保険者証その他の当該申込者の年齢又は生年月日を証する書面（以下この条及び第七十三条において「身分証明書等」という。）の当該申込者の年齢又は生年月日を確認するために必要な部分の写し（以下この条及び第七十三条において単に「写し」という。）をファクシミリ装置により受信すること。

二　申込者から、クレジットカードを使用する方法その他の十八歳未満の者が通常利用できない方法により料金を支払う旨の同意を受けること。

三　申込者から、次項の規定により当該申込者があらかじめ付与された識別番号及び暗証番号（以下この条及び第七十三条において「識別番号等」という。）の告知を受けること。

2　識別番号等は、第一号に掲げる者が、識別番号等の付与を受けようとする者（以下この条及び第七十三条において「識別番号等付与希望者」という。）の求めに応じ、その者が十八歳以上であることを第二号に掲げる方法（第一号ロに規定する者にあつては、第二号ニに掲げる方法を除く。）により確認した上で、付与するものとする。

一　次のいずれかに掲げる者

イ　当該店舗型電話異性紹介営業を営む者

ロ　当該店舗型電話異性紹介営業を営む者の委託を受けて、十八歳以上である者に対して識別番号等を付与し、及び法第二条第九項に規定する会話の申込みをした者が告知した識別番号等が自ら付与したものであるかどうかを当該店舗型電話異性紹介営業を営む者に回答する業務（以下「識別番号付与等業務」という。）を行う者であつて、次に掲げる要件を備えたもの

(1)　一般社団法人若しくは一般財団法人又は特定非営利活動促進法（平成十年法律第七号）第二条第二項に規定する特定非営利活動法人であること。

(2)　その役員（理事、監事又はこれらに準ずる者をいい、相談役、顧問その他いかなる名称を有する者であるかを問わず、当該法人に対し理事、監事又はこれらに準ずる者と同等以上の支配力を有するものと認められる者を含む。）又

は識別番号付与等業務に従事させようとする職員のうち次に掲げる者がいないものであること。

(i) 法第四条第一項第一号から第七号の二までのいずれかに該当する者

(ii) 法に基づく処分（法第二十六条第一項又は法第三十一条の二十五第一項に基づく許可の取消しに係る処分を除く。）を受けた日から起算して五年を経過しない者（当該処分を受けた者が法人である場合においては、当該処分に係る聴聞の期日若しくは場所が公示された日又は弁明の機会の付与の通知がなされた日前六十日以内に当該法人の役員（業務を執行する社員、取締役、執行役又はこれらに準ずる者をいい、相談役、顧問その他いかなる名称を有する者であるかを問わず、法人に対して業務を執行する社員、取締役、執行役又はこれらに準ずる者と同等以上の支配力を有するものと認められる者を含む。）であつた者で当該処分の日から起算して五年を経過しないものを含む。）

(3) 識別番号等付与希望者が十八歳以上であることを確認する方法その他の識別番号付与等業務の適正な実施を確保するため必要な事項に関する規程を定め、これを公表しており、識別番号付与等業務を実施するに当たり当該規程を遵守すると認められるものであること。

(4) 当該店舗型電話異性紹介営業を営む者との委託に係る契約において(3)に規定する事項を明らかにしているものであること。

二 次のいずれかに掲げる方法

イ 十八歳以上であることが一見して明らかな識別番号等付与希望者については、対面すること。

ロ 識別番号等付与希望者から身分証明書等の提示を受けること。

ハ 識別番号等付与希望者から身分証明書等の写しをファクシミリ装置により受信すること。

ニ 識別番号等付与希望者から、クレジットカードを使用する方法その他の十八歳未満の者が通常利用できない方法により料金を支払う旨の同意を受けること。

（準用規定）

第六十八条 第四十七条の規定は、法第三十一条の十三第一項において準用する法第二十八条第九項の規定により十八歳未満の者がその営業所に立ち入つてはならない旨及び十八歳未満の者が法第三十一条の十二第一項第三号に掲げる電話番号に電話をかけてはならない旨を明らかにする方法について準用する。この場合において、第四十七条第二項中「店舗型性風俗特殊営業を営む者」とあるのは「店舗型電話異性紹介営業を営む者」と、「店舗型性風俗特殊営業の営業所の名称又は店舗型性風俗特殊営業の種別」とあるのは「店舗型電話異性紹介営業の営業所の名称」と、「店舗型性風俗特殊営業の営業所の所在地」とあるのは「店舗型電話異性紹介営業の営業所の所在地」と、同条第三項中「店舗型性風俗特殊営業」とあるのは「店舗型電話異性紹介営業」と、「法第二十八条第十項」とあるのは「法第三十一条の十三第一項において準用する法第二十八条第十項」と読み替えるものとする。

2 第三十五条の規定は、法第三十一条の十三第一項において準用する法第二十八条第十項の規定による表示について準用する。

3 第四十九条の規定は法第三十一条の十六第一項の規定による標章の貼付けについて、第五十条の規定は法第三十一条の十六第二項の規定による申請を行おうとする者について、第五十一条の規定は法第三十一条の十六第三項の規定による申請を行おうとする者について準用する。この場合において、第四十九条中「法第三十条第一項」とあるのは「法第三十一条の十五第一項」と、第五十条第二項第一号中「法第三十一条第二項第一号」とあるのは「法第三十一条の十六第二項第一号」と、同項第二号中「法第三十一条第二項第二号」とあるのは「法第三十一条の十六第二項第二号」と、同項第三号中「法第三十一条第二項第三号」とあるのは「法第三十一条の十六第二項第三号」と読み替えるものとする。

第五節　無店舗型電話異性紹介営業の規制

（無店舗型電話異性紹介営業の営業開始の届出）

第六十九条　法第三十一条の十七第一項に規定する届出書の様式は、別記様式第三十七号のとおりとする。

2　前項の届出書は、当該無店舗型電話異性紹介営業を開始しようとする日の十日前までに提出しなければならない。

（無店舗型電話異性紹介営業の廃止等の届出）

第七十条　第四十二条の規定は、法第三十一条の十七第二項において準用する法第三十一条の二第二項に規定する届出書について準用する。この場合において、第四十二条中「店舗型性風俗特殊営業」とあるのは「無店舗型電話異性紹介営業」と、同条第一項中「別記様式第十八号」とあるのは「別記様式第二十六号」と、「別記様式第十九号」とあるのは「別記様式第二十七号」と読み替えるものとする。

（営業の方法を記載した書類の様式）

第七十一条　法第三十一条の十七第二項において準用する法第三十一条の二第三項に規定する営業の方法を記載した書類の様式は、別記様式第三十八号のとおりとする。

（無店舗型電話異性紹介営業届出確認書の交付等）

第七十二条　法第三十一条の十七第二項において準用する法第三十一条の二第四項に規定する書面（次項において「無店舗型電話異性紹介営業届出確認書」という。）の様式は、別記様式第三十九号のとおりとする。

2　第四十五条の規定は無店舗型電話異性紹介営業届出確認書の再交付について、第四十六条の規定は無店舗型電話異性紹介営業届出確認書の返納について準用する。この場合において、第四十六条第一項中「前条」とあるのは、「第七十二条第二項において準用する第四十五条」と読み替えるものとする。

（法第二条第十項の会話の申込みをした者等が十八歳以上であることを確認するための措置）

第七十三条　法第三十一条の十八第三項の国家公安委員会規則で定める措置は、法第二条第十項に規定する会話の申込みがあつた場合又は同項に規定する会話の申込みを当該申込みを受けようとする者に取り次ぐ場合において、その都度、次の各号のいずれかの方法により当該会話の申込みをした者又は当該会話の申込みを受けようとする者（以下この項において「申込者等」という。）が十八歳以上であることを確認する措置とする。

一　申込者等から、その身分証明書等の写しをファクシミリ装置により受信すること。

二　申込者等から、クレジットカードを使用する方法その他の十八歳未満の者が通常利用できない方法により料金を支払う旨の同意を受けること。

三　申込者等から、次項の規定により当該申込者等があらかじめ付与された識別番号等の告知を受けること。

2　識別番号等は、次の各号のいずれかに掲げる者が、識別番号等付与希望者の求めに応じ、その者が十八歳以上であることを第六十七条第二項第二号に掲げる方法（第二号に規定する者にあつては、第六十七条第二項第二号ニに掲げる方法を除く。）により確認した上で、付与するものとする。

一　当該無店舗型電話異性紹介営業を営む者

二　当該無店舗型電話異性紹介営業を営む者の委託を受けて、十八歳以上である者に対して識別番号等を付与し、及び法第二条第十項に規定する会話の申込みをした者若しくは同項に規定する会話の申込みを受けようとする者が告知した識別番号等が自ら付与したものであるかどうかを当該無店舗型電話異性紹介営業を営む者に回答する業務を行う者であつて、次に掲げる要件を備えたもの

イ　第六十七条第二項第一号ロ(1)から(3)までに規定する事項

ロ　当該無店舗型電話異性紹介営業を営む者との委託に係る契約において第六十七条第二項第一号ロ(3)に規定する事項を明らかにしているものであること。

（準用規定）

第七十四条　第四十七条第二項の規定は、法第三十一条の十八第一項において準用する法第二十八条第九項の規定により十八歳未満の者が法第三十一条の十七第一項第四号に掲げる電話番号に電話をかけてはならない旨を明らかにする方法について準用する。

2　第五十六条の規定は、法第三十一条の二十一第一項（同条第三項において準用する場合を含む。）の国家公安委員会規則で定める処分移送通知書について準用する。

第六節　特定遊興飲食店営業の規制等

（特定遊興飲食店営業の営業所の技術上の基準）

第七十五条　法第三十一条の二十三において準用する法第四条第二項第一号の国家公安委員会規則で定める技術上の基準は、次のとおりとする。

一　客室の床面積は、一室の床面積を三十三平方メートル以上とすること。

二　客室の内部に見通しを妨げる設備を設けないこと。

三　善良の風俗若しくは清浄な風俗環境を害し、又は少年の健全な育成に障害を及ぼすおそれのある写真、広告物、装飾その他の設備を設けないこと。

四　客室の出入口に施錠の設備を設けないこと。ただし、営業所外に直接通ずる客室の出入口については、この限りでない。

五　第九十五条に定めるところにより計つた営業所内の照度が十ルクス以下とならないように維持されるため必要な構造又は設備を有すること。

六　第三十二条に定めるところにより計つた騒音又は振動の数値が法第三十一条の二十三において準用する法第十五条の規定に基づく条例で定める数値に満たないように維持されるため必要な構造又は設備を有すること。

（ホテル等内適合営業所の基準）

第七十六条　法第三十一条の二十三において準用する法第四条第二項第二号の国家公安委員会規則で定める基準は、次のとおりとする。

一　営業所が設けられる階の当該営業所以外の部分並びに当該階の直上階（当該営業所が最上階に設けられる場合は屋上）の当該営業所の直上の部分及び直下階の当該営業所の直下の部分を旅館業法（昭和二十三年法律第百三十八号）第三条第一項の許可を受けて旅館・ホテル営業を営む者（以下この条において

「ホテル等営業者」という。）又は風俗営業者、特定遊興飲食店営業者若しくは深夜において酒類提供飲食店営業若しくは興行場法（昭和二十三年法律第百三十七号）第一条第二項に規定する興行場営業を営む者が管理すること。

二　バルコニーを設置する場合にあつては、バルコニーに通じる出入口に二重扉を設けること。

三　非常の場合を除き、営業所が設けられる施設のうちホテル等営業者が管理する部分を通じてのみ客（客となろうとする者を含む。次号において同じ。）が営業所に出入りできるような構造であること。

四　営業所への客の出入りをホテル等営業者が適切に管理することが見込まれること。

五　営業所が設けられる旅館業法第二条第二項に規定する旅館・ホテル営業に係る施設が法第二条第六項第四号に規定する営業の用に供されるものでないこと。

（特定遊興飲食店営業の許可申請の手続）

第七十七条　法第三十一条の二十三において準用する法第五条第一項に規定する許可申請書の様式は、別記様式第四十号のとおりとする。

2　法第三十一条の二十三において準用する法第五条第一項に規定する営業の方法を記載した書類の様式は、別記様式第四十一号のとおりとする。

（許可証の交付）

第七十八条　法第三十一条の二十三において準用する法第五条第二項に規定する許可証の様式は、別記様式第四十二号のとおりとする。

2　第十条第二項及び第三項の規定は、法第三十一条の二十二の許可について準用する。この場合において、第十条第三項中「別記様式第四号の風俗営業管理者証」とあるのは、「別記様式第四十三号の特定遊興飲食店営業管理者証」と読み替えるものとする。

（通知の方法）

第七十九条　第十一条の規定は、法第三十一条の二十三において準用する法第五条第三項の規定による通知について準用する。

（許可証の再交付の申請）

第八十条　第十二条の規定は、法第三十一条の二十三において準用する法第五条第四項の規定による許可証の再交付について準用する。

（特定遊興飲食店営業の相続の承認の申請）

第八十一条　第十三条の規定は、法第三十一条の二十三において準用する法第七条第一項の規定により相続の承認を受けようとする者について準用する。この場合において、第十三条第二項第一号中「風俗営業者（法第二条第二項の風俗営業者であつて申請に係る公安委員会の法第三条第一項の許可又は法第七条第一項の承認（以下「風俗営業許可等」とあるのは「特定遊興飲食店営業者（法第二条第十二項の特定遊興飲食店営業者であつて申請に係る公安委員会の法第三十一条の二十二の許可又は法第三十一条の二十三において準用する法第七条第一項の承認（以下「特定遊興飲食店営業許可等」と、「第一条第五号」とあるのは「第十七条において準用する府令第一条第五号」と、同項第二号中「風俗営業許可等」とあるのは「特定遊興飲食店営業許可等」と、「第一条第六号」とあるのは「第十七条において準用する府令第一条第六号」と、同項第三号中「第一条第四号」とあるのは「第十七条において準用する府令第一条第四号」と読み替えるものとする。

（特定遊興飲食店営業者たる法人の合併の承認の申請）

第八十二条　第十四条の規定は、法第三十一条の二十三において準用する法第七条の二第一項の規定により法人の合併の承認を受けようとする者について準用する。この場合において、第十四条第三項第二号中「第一条第四号イ」とあるのは、「第十七条において準用する府令第一条第四号イ」と読み替えるものとする。

（特定遊興飲食店営業者たる法人の分割の承認の申請）

第八十三条　第十五条の規定は、法第三十一条の二十三において準用する法第七条の三第一項の規定により法人の分割の承認を受けようとする者について準用する。この場合において、第十五条第三項第二号中「第一条第四号イ」とあるのは、「第十七条において準用する府令第一条第四号イ」と読み替えるものとする。

（相続等の承認に関する通知）

第八十四条　第十六条の規定は、法第三十一条の二十三において準用する法第七条第一項、法第七条の二第一項又は法第七条の三第一項の規定による相続等の承認に関する通知について準用する。

（許可証の書換えの手続）

第八十五条　第十七条の規定は、法第三十一条の二十三において準用する法第七条第五項（法第三十一条の二十三において準用する法第七条の二第三項又は第七条の三第三項において準用する場合を含む。）の規定により許可証の書換えを受けようとする者について準用する。

（許可証の返納）

第八十六条　第十八条の規定は、法第三十一条の二十三において準用する法第七条第六項の規定による許可証の返納について準用する。

（変更の承認の申請）

第八十七条　法第三十一条の二十三において準用する法第九条第一項の規定により変更の承認を受けようとする者は、別記様式第十号の変更承認申請書を当該公安委員会に提出しなければならない。

2　前項の変更承認申請書には、府令第十七条において準用する府令第一条第一号から第三号までに掲げる書類のうち、当該変更事項に係る書類を添付しなければならない。

（軽微な変更等の届出等）

第八十八条　法第三十一条の二十三において準用する法第九条第三項第一号又は第二号に係る同項に規定する届出書の様式は、別記様式第十一号のとおりとする。

2　前項の届出書の提出は、法第三十一条の二十三において準用する法第九条第三項第一号に係る届出書にあつては同号に規定する変更があつた日から十日（当該変更が法人の名称、住所、代表者の氏名又は役員の氏名若しくは住所に係るものである場合にあつては、二十日）以内に、同項第二号に係る届出書にあつては同号に規定する変更があつた日から一月（当該変更が照明設備、音響設備又は防音設備に係るものである場合にあつては、十日）以内にしなければならない。

3　法第三十一条の二十三において準用する法第九条第三項第一号の規定により法第三十一条の二十三において準用する法第五条第一項第五号に掲げる事項の変更に係る届出書を提出する場合において、当該変更前の事項の記載された特定遊興飲食店営業管理者証の交付を受けているときは、併せて、当該特定遊興飲食店営業管理者証を提出しなければならない。

4　公安委員会は、前項の届出書に記載された変更後の管理者が法第三十一条の二十三において準用する法第二十四条第二項各号のいずれにも該当しないと認められるときは、速やかに、当該届出書を提出した者に当該管理者に係る特定遊興飲食店営業管理者証を新たに又は書き換えて交付するものとする。

（特例特定遊興飲食店営業者による変更の届出）

第八十九条　前条の規定は、法第三十一条の二十三において準用する法第九条第五項に規定する届出書について準用する。この場合において、前条第二項中「十日（当該変更が法人の名称、住所、代表者の氏名又は役員の氏名若しくは住所に係るものである場合にあつては、二十日）以内に、同項第二号に係る届出書にあつては同号に規定する変更があつた日から一月（当該変更が照明設備、音響設備又は防音設備に係るものである場合にあつては、十日）以内」とあるのは、「十日以内」と読み替えるものとする。

（準用規定）

第九十条　第十六条の規定は法第三十一条の二十三において準用する法第九条第一項の承認について、第十七条の規定は法第三十一条の二十三において準用する法第九条第四項の規定により特定遊興飲食店営業許可証の書換えを受けようとする者について準用する。

（許可証の返納）

第九十一条　第二十三条の規定は、法第三十一条の二十三において準用する法第十条第一項又は第三項の規定による許可証の返納について準用する。

（特例特定遊興飲食店営業者の認定の基準）

第九十二条　第二十四条の規定は、法第三十一条の二十三において準用する法第十条の二第一項第三号の国家公安委員会規則で定める基準について準用する。

（特例特定遊興飲食店営業者の認定申請の手続）

第九十三条　法第三十一条の二十三において準用する法第十条の二第二項に規定する認定申請書の様式は、別記様式第四十四号のとおりとする。

（認定証の交付等）

第九十四条　法第三十一条の二十三において準用する法第十条の二第三項に規定する認定証の様式は、別記様式第四十五号のとおりとする。

2　第二十六条第二項の規定は、法第三十一条の二十三において準用する法第十条の二第一項の認定について準用する。

3　第十一条の規定は法第三十一条の二十三において準用する法第十条の二第四項の規定による通知について、第十二条の規定は法第三十一条の二十三において準用する法第十条の二第五項の規定により認定証の再交付を受けようとする者について、第二十三条の規定は法第三十一条の二十三において準用する法第十条の二第七項又は第九項の規定による認定証の返納について準用する。この場合において、第十二条中「別記様式第五号の許可証再交付申請書」とあるのは、「別記様式第十五号の認定証再交付申請書」と読み替えるものとする。

（特定遊興飲食店営業に係る営業所内の照度の測定方法）

第九十五条　法第三十一条の二十三において準用する法第十四条の営業所内の照度は、次の各号に掲げる場合に応じ、それぞれ当該各号に定める営業所の部分における水平面について計るものとする。

一　客席に食卓その他の飲食物を置く設備がある場合　当該設備の上面及び当該上面の高さにおける客の通常利用する部分

二　前号に掲げる場合以外の場合

イ　椅子がある客席にあつては、椅子の座面及び当該座面の高さにおける客の通常利用する部分

ロ　椅子がない客席にあつては、客の通常利用する場所における床面（畳又はこれに準ずるものが敷かれている場合にあつては、その表面）

（特定遊興飲食店営業に係る営業所内の照度の数値）

第九十六条　法第三十一条の二十三において準用する法第十四条の国家公安委員会規則で定める照度の数値は、十ルクスとする。

（特定遊興飲食店営業に係る営業所の管理者の選任等）

第九十七条　第三十七条の規定は、法第三十一条の二十三において準用する法第二十四条第一項の規定により選任される管理者について準用する。

2　第三十八条（第三号及び第十一号を除く。）の規定は、法第三十一条の二十三において準用する法第二十四条第三項の国家公安委員会規則で定める業務について準用する。この場合において、第三十八条第三号中「第七条」とあるのは「第七十五条」と、同条第六号中「法第十三条第一項ただし書の場合において、午前零時から同項ただし書に規定する条例で定めるときまでの時間」とあるのは「深夜」と、同条第七号中「法第二十二条第一項第五号又は同条第二項の規定に基づく都道府県の条例」とあるのは「法第三十一条の二十三において準用する法第二十二条第一項第五号」と、同条第九号中「接待飲食等営業にあつては、法第三十六条の二第一項」とあるのは「法第三十六条の二第一項」と読み替えるものとする。

3　第三十九条（第四項を除く。）及び第四十条の規定は、法第三十一条の二十三において準用する法第二十四条第六項の規定による管理者に対する講習について準用する。この場合において、第三十九条第二項中「法第十条の二第一項の認定を受けた風俗営業者」とあるのは「法第三十一条の二十三において準用する法第十条の二第一項の認定を受けた特定遊興飲食店営業者」と、「法第二十六条第一項の規定により当該風俗営業」とあるのは「法第三十一条の二十五第一項の規定により当該特定遊興飲食店営業」と、同条第三項の表定期講習の項中「法第二十四条第三項及び第三十八条」とあるのは「法第三十一条の二十三において準用する法第二十四条第三項及び第九十七条第二項において準用する第三十八条（第三号及び第十一号を除く。）」と、第四十条第一項中「別記様式第十六号」とあるのは「別記様式第四十六号」と読み替えるものとする。

（準用規定）

第九十八条　第二十七条の規定は法第三十一条の二十三において準用する法第十三条第三項の規定により特定遊興飲食店営業者が講ずる措置について、第二十八条及び第二十九条の規定は法第三十一条の二十三において準用する法第十三条第四項に規定する苦情の処理に関する帳簿について準用する。

2　第三十五条の規定は、法第三十一条の二十三において準用する法第十八条の規定による表示について準用する。

第七節　深夜における飲食店営業の規制等

（深夜における飲食店営業の営業所の技術上の基準）

第九十九条　法第三十二条第一項の国家公安委員会規則で定める技術上の基準は、次のとおりとする。

一　客室の床面積は、一室の床面積を九・五平方メートル以上とすること。ただし、客室の数が一室のみである場合は、この限りでない。

二　客室の内部に見通しを妨げる設備を設けないこと。

三　善良の風俗又は清浄な風俗環境を害するおそれのある写真、広告物、装飾その他の設備（第百二条に規定する営業に係る営業所にあつては、少年の健全な育成に障害を及ぼすおそれのある写真、広告物、装飾その他の設備を含む。）を設けないこと。
四　客室の出入口に施錠の設備を設けないこと。ただし、営業所外に直接通ずる客室の出入口については、この限りでない。
五　次条に定めるところにより計つた営業所内の照度が二十ルクス以下とならないように維持されるため必要な構造又は設備を有すること。
六　第三十二条に定めるところにより計つた騒音又は振動の数値が法第三十二条第二項において準用する法第十五条の規定に基づく条例で定める数値に満たないように維持されるため必要な構造又は設備を有すること。

（深夜における飲食店営業に係る営業所内の照度の測定方法）
第百条　法第三十二条第二項において準用する法第十四条の営業所内の照度は、次の各号に掲げる場合に応じ、それぞれ当該各号に定める営業所の部分における水平面について計るものとする。
一　客席に食卓その他の飲食物を置く設備がある場合　当該設備の上面及び当該上面の高さにおける客の通常利用する部分
二　前号に掲げる場合以外の場合
イ　椅子がある客席にあつては、椅子の座面及び当該座面の高さにおける客の通常利用する部分
ロ　椅子がない客席にあつては、客の通常利用する場所における床面（畳又はこれに準ずるものが敷かれている場合にあつては、その表面）

（深夜における飲食店営業に係る営業所内の照度の数値）
第百一条　法第三十二条第二項において準用する法第十四条の国家公安委員会規則で定める照度の数値は、二十ルクスとする。

（国家公安委員会規則で定める飲食店営業）
第百二条　法第三十二条第三項において読み替えて準用する法第二十二条第一項第四号及び第五号の国家公安委員会規則で定める営業は、次の各号のいずれかに該当する営業とする。
一　営業の常態として客に通常主食と認められる食事を提供して営む飲食店営業（法第二条第十三項第四号に規定する飲食店営業をいう。以下同じ。）
二　前号に掲げるもののほか、営業の常態としてコーヒー、ケーキその他の茶菓類以外の飲食物を提供して営む飲食店営業（酒類を提供して営むものを除く。）

（深夜における酒類提供飲食店営業の届出）
第百三条　法第三十三条第一項に規定する届出書の様式は、別記様式第四十七号のとおりとする。
2　法第三十三条第三項に規定する営業の方法を記載した書類の様式は、別記様式第四十八号のとおりとする。
3　第一項の届出書は、深夜において当該酒類提供飲食店営業を開始しようとする日の十日前までに提出しなければならない。

（深夜における酒類提供飲食店営業の廃止等の届出）
第百四条　第四十二条の規定は、法第三十三条第二項に規定する届出書について準用する。この場合において、第四十二条第一項中「店舗型性風俗特殊営業」とあるのは「深夜における酒類提供飲食店営業」と、同条第二項中「当該店舗型性風俗特殊営業」とあるのは「当該酒類提供飲食店営業」と、「十日以内」とあるのは「十日（当該変更が法人の名称、住所又は代表者の氏名に係るものである場合にあつては、二十日）以内」と読み替えるものとする。

第八節　接客業務受託営業に係る処分移送通知書

第百五条　第五十六条の規定は、法第三十五条の四第三項（同条第

五項において準用する場合を含む。）の国家公安委員会規則で定める処分移送通知書について準用する。

第五章　雑則

（従業者名簿の備付けの方法）

第百六条　風俗営業者、店舗型性風俗特殊営業を営む者、無店舗型性風俗特殊営業を営む者、店舗型電話異性紹介営業を営む者、無店舗型電話異性紹介営業を営む者、特定遊興飲食店営業者、法第三十三条第六項に規定する酒類提供飲食店営業を営む者及び深夜において飲食店営業（酒類提供飲食店営業を除く。）を営む者は、その従業者が退職した日から起算して三年を経過する日まで、その者に係る従業者名簿を備えておかなければならない。

（電磁的方法による記録）

第百七条　法第三十六条に規定する事項が、電磁的方法により記録され、必要に応じ電子計算機その他の機器を用いて直ちに表示されることができるときは、当該記録（次条において「電磁的名簿」という。）をもつて同条に規定する当該事項が記載された従業者名簿に代えることができる。

2　前項の規定による記録をする場合には、国家公安委員会が定める基準を確保するよう努めなければならない。

（確認の記録）

第百八条　法第三十六条の二第二項の記録の作成及び保存は、次のいずれかの方法により行わなければならない。この場合において、当該記録は、当該従業者が退職した日から起算して三年を経過する日まで保存しなければならない。

一　法第三十六条の二第一項の確認をした従業者ごとに、同項各号に掲げる事項及び当該確認をした年月日（法第三十六条の規定により従業者名簿に記載しなければならないこととされている事項を除く。以下この条において「記録事項」という。）を当該従業者に係る従業者名簿に記載し、かつ、当該確認に用いた書類の写しを当該従業者名簿に添付して保存する方法

二　前号に規定する従業者ごとに、記録事項を当該従業者に係る電磁的名簿に記録し、かつ、法第三十六条の二第一項の確認に用いた書類の写し又は当該書類に記載されている事項をスキャナ（これに準ずる画像読取装置を含む。）により読み取つてできた電磁的方法による記録を当該従業者に係る記録事項が記録された当該従業者に係る電磁的名簿の内容と照合できるようにして保存する方法

2　前条第二項の規定は、前項第二号の規定により記録事項を電磁的名簿に記録する場合及び電磁的方法による記録を保存する場合について準用する。

（証明書の様式）

第百九条　法第三十七条第三項に規定する証明書の様式は、別記様式第四十九号のとおりとする。

（風俗環境保全協議会）

第百十条　法第三十八条の四第二項に規定する風俗環境保全協議会の委員は、公安委員会が委嘱する。

（聴聞の公示）

第百十一条　法第四十一条第二項の規定による聴聞の期日及び場所の公示は、公安委員会の掲示板に掲示して行うものとする。

（書面の交付）

第百十二条　公安委員会は、第十一条（第二十六条第三項、第七十九条及び第九十四条第三項において準用する場合を含む。）、第十六条（第二十二条、第八十四条及び第九十条において準用する場合を含む。）及び第四十四条第二項（第五十五条第二項及び第六

十六条第二項において準用する場合を含む。）に定めるもののほか、法の規定に基づき処分（指示を含む。以下同じ。）をするときは、当該処分の理由を記載した書面により行うものとする。

２　公安委員会は、法の規定に基づき勧告をするときは、当該勧告の理由を記載した書面により行うものとする。

（国家公安委員会への報告事項等）

第百十三条　法第四十一条の三第一項の国家公安委員会規則で定める事項は、次の表の上欄に掲げる場合の区分に応じ、それぞれ同表の下欄に掲げる事項とする。

報告する場合	事項
一　法第三条第一項の許可をした場合	一　許可を受けた者が個人である場合には、その氏名、住所及び生年月日（以下この条において「氏名等」という。）並びに本籍（日本国籍を有しない者にあつては、国籍。以下この条において同じ。） 二　許可を受けた者が法人である場合には、その名称及び住所並びに代表者の氏名並びに役員の氏名等及び本籍 三　営業所の名称及び所在地 四　風俗営業の種類 五　許可年月日 六　許可番号
二　法第七条第一項の承認をした場合	一　承認を受けた者の氏名等及び本籍 二　営業所の名称及び所在地 三　風俗営業の種類 四　承認年月日 五　許可番号
三　法第七条の二第一項の承認をした場合	一　合併後存続し、又は合併により設立される法人の名称及び住所並びに代表者の氏名並びに役員の氏名等及び本籍 二　営業所の名称及び所在地 三　風俗営業の種類 四　承認年月日 五　許可番号
四　法第七条の三第一項の承認をした場合	一　分割により風俗営業を承継する法人の名称及び住所並びに代表者の氏名並びに役員の氏名等及び本籍 二　営業所の名称及び所在地 三　風俗営業の種類 四　承認年月日 五　許可番号
五　法第三十一条の二第一項の届出書を受理した場合	一　届出書を提出した者が個人である場合には、その氏名及び住所 二　届出書を提出した者が法人である場合には、その名称及び住所並びに代表者の氏名 三　法第三十一条の二第一項第二号から第七号までに掲げる事項 四　届出受理年月日 五　届出受理番号

	六　届出確認書交付年月日 七　届出確認書交付番号 八　営業を開始しようとする年月日
六　法第三十一条の二第二項の届出書を受理した場合	一　届出書を提出した者が個人である場合には、その氏名及び住所 二　届出書を提出した者が法人である場合には、その名称及び住所並びに代表者の氏名 三　法第三十一条の二第一項第二号から第四号までに掲げる事項 四　法第三十一条の二第一項の届出書に係る届出受理番号 五　営業を廃止した場合には、廃止年月日及び廃止の事由 六　届出事項に変更があつた場合には、当該変更に係る変更年月日、変更事項、変更の事由、届出確認書交付年月日及び届出確認書交付番号
七　法第三十一条の七第一項の届出書を受理した場合	一　届出書を提出した者が個人である場合には、その氏名及び住所 二　届出書を提出した者が法人である場合には、その名称及び住所並びに代表者の氏名 三　法第三十一条の七第一項第二号から第五号までに掲げる事項 四　届出受理年月日 五　届出受理番号

	六　届出確認書交付年月日 七　届出確認書交付番号 八　営業を開始しようとする年月日
八　法第三十一条の七第二項において準用する法第三十一条の二第二項の届出書を受理した場合	一　届出書を提出した者が個人である場合には、その氏名及び住所 二　届出書を提出した者が法人である場合には、その名称及び住所並びに代表者の氏名 三　法第三十一条の七第一項第二号及び第三号に掲げる事項 四　法第三十一条の七第一項の届出書に係る届出受理番号 五　営業を廃止した場合には、廃止年月日及び廃止の事由 六　届出事項に変更があつた場合には、当該変更に係る変更年月日、変更事項、変更の事由、届出確認書交付年月日及び届出確認書交付番号
九　法第三十一条の十七第一項の届出書を受理した場合	一　届出書を提出した者が個人である場合には、その氏名及び住所 二　届出書を提出した者が法人である場合には、その名称及び住所並びに代表者の氏名 三　法第三十一条の十七第一項第二号から第五号までに掲げる事項 四　届出受理年月日 五　届出受理番号

	六　届出確認書交付年月日 七　届出確認書交付番号 八　営業を開始しようとする年月日
十　法第三十一条の十七第二項において準用する法第三十一条の二第二項の届出書を受理した場合	一　届出書を提出した者が個人である場合には、その氏名及び住所 二　届出書を提出した者が法人である場合には、その名称及び住所並びに代表者の氏名 三　法第三十一条の十七第一項第二号及び第三号に掲げる事項 四　法第三十一条の十七第一項の届出書に係る届出受理番号 五　営業を廃止した場合には、廃止年月日及び廃止の事由 六　届出事項に変更があつた場合には、当該変更に係る変更年月日、変更事項、変更の事由、届出確認書交付年月日及び届出確認書交付番号
十一　法第三十一条の二十二の許可をした場合	一　許可を受けた者が個人である場合には、その氏名等及び本籍 二　許可を受けた者が法人である場合には、その名称及び住所並びに代表者の氏名並びに役員の氏名等及び本籍 三　営業所の名称及び所在地 四　許可年月日 五　許可番号

十二　法第三十一条の二十三において準用する法第七条第一項の承認をした場合	一　承認を受けた者の氏名等及び本籍 二　営業所の名称及び所在地 三　承認年月日 四　許可番号
十三　法第三十一条の二十三において準用する法第七条の二第一項の承認をした場合	一　合併後存続し、又は合併により設立される法人の名称及び住所並びに代表者の氏名並びに役員の氏名等及び本籍 二　営業所の名称及び所在地 三　承認年月日 四　許可番号
十四　法第三十一条の二十三において準用する法第七条の三第一項の承認をした場合	一　分割により特定遊興飲食店営業を承継する法人の名称及び住所並びに代表者の氏名並びに役員の氏名等及び本籍 二　営業所の名称及び所在地 三　承認年月日 四　許可番号
十五　法第二十五条又は法第二十六条第一項の規定による処分をした場合	一　処分を受けた風俗営業者が個人である場合には、その氏名等及び本籍 二　処分を受けた風俗営業者が法人である場合には、その名称及び住所並びに代表者の氏名並びに役員の氏名等及び本籍 三　営業所の名称及び所在地 四　風俗営業の種類 五　許可番号

	六　処分年月日 七　処分番号 八　処分の理由 九　処分の種別及び内容
十六　法第三十一条の四第一項、法第三十一条の五第一項若しくは第二項又は法第三十一条の六第二項の規定による処分をした場合	一　処分を受けた者が個人である場合には、その氏名及び住所 二　処分を受けた者が法人である場合には、その名称及び住所並びに代表者の氏名 三　法第三十一条の二第一項第二号から第四号までに掲げる事項 四　法第三十一条の二第一項の届出書に係る届出受理番号 五　処分年月日 六　処分番号 七　処分の理由 八　処分の種別及び内容
十七　法第三十一条の九第一項、法第三十一条の十又は法第三十一条の十一第二項の規定による処分をした場合	一　処分を受けた者が個人である場合には、その氏名及び住所 二　処分を受けた者が法人である場合には、その名称及び住所並びに代表者の氏名 三　法第三十一条の七第一項第二号及び第三号に掲げる事項 四　法第三十一条の七第一項の届出書に係る届出受理番号 五　処分年月日 六　処分番号 七　処分の理由 八　処分の種別及び内容
十八　法第三十一条の十九第一項、法第三十一条の二十又は法第三十一条の二十一第二項の規定による処分をした場合	一　処分を受けた者が個人である場合には、その氏名及び住所 二　処分を受けた者が法人である場合には、その名称及び住所並びに代表者の氏名 三　法第三十一条の十七第一項第二号及び第三号に掲げる事項 四　法第三十一条の十七第一項の届出書に係る届出受理番号 五　処分年月日 六　処分番号 七　処分の理由 八　処分の種別及び内容
十九　法第三十一条の二十四又は法第三十一条の二十五第一項の規定による処分をした場合	一　処分を受けた特定遊興飲食店営業者が個人である場合には、その氏名等及び本籍 二　処分を受けた特定遊興飲食店営業者が法人である場合には、その名称及び住所並びに代表者の氏名並びに役員の氏名等及び本籍 三　営業所の名称及び所在地 四　許可番号

	五　処分年月日 六　処分番号 七　処分の理由 八　処分の種別及び内容
二十　法第三十五条の四第一項、第二項又は第四項の規定による処分をした場合	一　処分を受けた者が個人である場合には、その氏名及び住所 二　処分を受けた者が法人である場合には、その名称及び住所並びに代表者の氏名 三　当該営業につき広告又は宣伝をする場合に当該営業を示すものとして使用する呼称（当該呼称が二以上ある場合にあつては、それら全部の呼称）及び事務所の所在地 四　処分年月日 五　処分番号 六　処分の理由 七　処分の種別及び内容

2　法第四十一条の三第二項の国家公安委員会規則で定める事項は、次の表の上欄に掲げる場合の区分に応じ、それぞれ同表の下欄に掲げる事項とする。

通報する場合	事　　項
一　風俗営業者若しくはその代理人若しくは従業者（以下「代理人等」という。）が法第二十五条若しくは法第二十六条第一項の規定による処分の事由となる違反行為をし、又は風俗営業者が当該処分に違反したと認める場合	一　当該風俗営業者が個人である場合には、その氏名等及び本籍 二　当該風俗営業者が法人である場合には、その名称及び住所並びに代表者の氏名並びに役員の氏名等及び本籍 三　営業所の名称及び所在地 四　風俗営業の種類 五　許可番号 六　当該違反行為をし、又は当該処分に違反した者に関する事項 七　当該違反行為をし、又は当該処分に違反した年月日 八　当該違反行為又は当該処分に違反した行為の内容
二　無店舗型性風俗特殊営業を営む者若しくはその代理人等が法第三十一条の四第一項、法第三十一条の五第一項若しくは法第三十一条の六第二項の規定による処分の事由となる行為若しくは違反行為をし、又は無店舗型性風俗特殊営業を営む者が当該処分に違反したと認める場合	一　当該営業を営む者が個人である場合には、その氏名及び住所 二　当該営業を営む者が法人である場合には、その名称及び住所並びに代表者の氏名 三　法第三十一条の二第一項第二号から第四号までに掲げる事項 四　法第三十一条の二第一項の届出書に係る届出受理番号 五　当該行為若しくは当該違反行為をし、又は当該処分に違反した者に関する事項 六　当該行為若しくは当該違反行為をし、又は当該処分に違反した年月日 七　当該行為若しくは当該違反行為又は当該処分に違反した行為の内容

三　映像送信型性風俗特殊営業を営む者若しくはその代理人等が法第三十一条の九第一項、法第三十一条の十若しくは法第三十一条の十一第二項の規定による処分の事由となる違反行為をし、又は映像送信型性風俗特殊営業を営む者が当該処分に違反したと認める場合	一　当該営業を営む者が個人である場合には、その氏名及び住所 二　当該営業を営む者が法人である場合には、その名称及び住所並びに代表者の氏名 三　法第三十一条の七第一項第二号及び第三号に掲げる事項 四　法第三十一条の七第一項の届出書に係る届出受理番号 五　当該違反行為をし、又は当該処分に違反した者に関する事項 六　当該違反行為をし、又は当該処分に違反した年月日 七　当該違反行為又は当該処分に違反した行為の内容
四　無店舗型電話異性紹介営業を営む者若しくはその代理人等が法第三十一条の十九第一項、法第三十一条の二十若しくは法第三十一条の二十一第二項の規定による処分の事由となる行為若しくは違反行為をし、又は無店舗型電話異性紹介営業を営む者が当該処分に違反したと認める場合	一　当該営業を営む者が個人である場合には、その氏名及び住所 二　当該営業を営む者が法人である場合には、その名称及び住所並びに代表者の氏名 三　法第三十一条の十七第一項第二号及び第三号に掲げる事項 四　法第三十一条の十七第一項の届出書に係る届出受理番号 五　当該行為若しくは当該違反行為をし、又は当該処分に違反した者に関する事項 六　当該行為若しくは当該違反行為をし、又は当該処分に違反した年月日 七　当該行為若しくは当該違反行為又は当該処分に違反した行為の内容
五　特定遊興飲食店営業者若しくはその代理人等が法第三十一条の二十四若しくは法第三十一条の二十五第一項の規定による処分の事由となる違反行為をし、又は特定遊興飲食店営業者が当該処分に違反したと認める場合	一　当該特定遊興飲食店営業者が個人である場合には、その氏名等及び本籍 二　当該特定遊興飲食店営業者が法人である場合には、その名称及び住所並びに代表者の氏名並びに役員の氏名等及び本籍 三　営業所の名称及び所在地 四　許可番号 五　当該違反行為をし、又は当該処分に違反した者に関する事項 六　当該違反行為をし、又は当該処分に違反した年月日 七　当該違反行為又は当該処分に違反した行為の内容
六　接客業務受託営業を営む者若しくはその代理人等が法第三十五条の四第一項、第二項若しくは第四項の規定による処分の事由となる行為若しくは違反行為をし、又は接客業務受託営業を営む者が当該処分に違反	一　当該営業を営む者が個人である場合には、その氏名及び住所 二　当該営業を営む者が法人である場合には、その名称及び住所並びに代表者の氏名 三　当該営業につき広告又は宣伝をする場合に当該営業を示すものとして使用する呼称（当該呼称が二以上ある場合にあつては、それら全部の呼称）及び事務所の所在地 四　当該行為若しくは当該違反行為を

したと認める場合	し、又は当該処分に違反した者に関する事項 五　当該行為若しくは当該違反行為をし、又は当該処分に違反した年月日 六　当該行為若しくは当該違反行為又は当該処分に違反した行為の内容

附　則

（施行期日）

1　この規則は、風俗営業等取締法の一部を改正する法律（昭和五十九年法律第七十六号。以下「改正法」という。）の施行の日（昭和六十年二月十三日）から施行する。

（経過措置）

2　この規則の施行の際現に法第二条第一項第一号から第五号までに掲げる営業に係る営業所の客室（同項第四号に掲げる営業にあつては、ダンスをさせるための営業所の部分）の床面積の大きさにつき、改正前の風俗営業等取締法（以下「旧法」という。）の規定に基づく都道府県の条例により、第六条の表下欄に規定する数値に満たない数値を定めている場合における改正法附則第三条第一項に規定する者が現に営む営業所の当該床面積の大きさに係る法第四条第二項第一号の国家公安委員会規則で定める技術上の基準としての数値については、第六条の規定にかかわらず、なお従前の例による。

3　前項の規定は、営業所の増築、改築その他の行為で当該床面積の大きさに係るものにより営業所の構造を変更しようとする場合及び当該変更をした場合においては、適用しない。

4　この規則の施行の際附則第二項に規定する者が現に営む営業所に係る第三十一条第二号の規定の適用については、同号中「第六条に規定する技術上の基準」とあるのは、「第六条に規定する技術上の基準（この規則の施行の際附則第二項に規定する者が現に営む営業所に係る床面積の大きさの基準にあつては、同項の規定によりなお従前の例によることとされる数値）」とする。

5　この規則の施行の際現に深夜において営む飲食店営業に係る営業所の客室の床面積の大きさにつき、旧法の規定に基づく条例の規定により、第四十条第一号に規定する数値に満たない数値を定めている場合におけるこの規則の施行の際現に当該営業を営む者の当該営業所の当該床面積の大きさに係る法第三十二条第一項第一号の国家公安委員会規則で定める技術上の基準としての数値については、第四十条第一号の規定にかかわらず、なお従前の例による。

6　附則第三項の規定は、前項に規定する者の当該営業所に係る構造を変更しようとする場合及び当該変更をした場合について準用する。

附　則〔平成元・一・二七国家公安委員会規則一〕

この規則は、平成元年四月一日から施行する。

附　則〔平成元・三・二七国家公安委員会規則五〕

この規則は、平成元年四月一日から施行する。

附　則〔平成元・七・三国家公安委員会規則一〇〕

この規則は、公布の日から施行する。

附　則〔平成二・八・三一国家公安委員会規則六〕

（施行期日）

1　この規則は、平成二年十月一日から施行する。

（許可に関する経過措置）

2　この規則の施行の際現にぱちんこ屋に係る風俗営業等の規制及び業務の適正化等に関する法律（以下「法」という。）第五条第一項の許可申請書を都道府県公安委員会（以下「公安委員会」という。）に提出している者についての法第四条第三項の規定による著しく客の射幸心をそそるおそれがある遊技機の基準については、なお従前の例による。

（遊技機の変更の承認に関する経過措置）

3　この規則の施行の際現に遊技機の変更に係る風俗営業等の規制及び業務の適正化等に関する法律施行規則（以下「施行規則」という。）第十七条第一項の変更承認申請書を公安委員会に提出している者についての法第四条第三項の規定による著しく客の射幸心をそそるおそれがある遊技機の基準については、なお従前の例による。

（遊技機の認定に関する経過措置）

4　この規則の施行の際現に法第二十条第二項の認定を受けている遊技機及び現に公安委員会に提出されている遊技機の認定及び型式の検定等に関する規則（以下「遊技機認定規則」という。）第一条第一項の認定申請書に係る遊技機、現に指定試験機関に提出されている遊技機認定規則第十四条第一項の遊技機試験申請書に係る遊技機並びに次項に規定する遊技機の型式（この規則の施行の際現に公安委員会に提出されている遊技機認定規則第七条第一項の検定申請書に係る遊技機の型式及び現に指定試験機関に提出されている遊技機認定規則第十五条第一項の型式試験申請書に係る遊技機の型式にあっては、この規則の施行の日以後に次項の規定によりなお従前の例によるものとされる法第二十条第三項の規定による技術上の規格に適合する旨の同条第四項の検定を受けたものに限る。）に属する遊技機についての法第四条第三項の規定による著しく客の射幸心をそそるおそれがある遊技機の基準については、第一条の規定による改正後の施行規則第七条の規定にかかわらず、なお従前の例による。

（遊技機の型式の検定に関する経過措置）

5　この規則の施行の際現に法第二十条第四項の検定を受けている遊技機の型式及び現に公安委員会に提出されている遊技機認定規則第七条第一項の検定申請書に係る遊技機の型式並びに現に指定試験機関に提出されている遊技機認定規則第十五条第一項の型式試験申請書に係る遊技機の型式についての法第二十条第三項の規定による技術上の規格については、第二条の規定による改正後の遊技機認定規則第六条及び別表第二から別表第七までの規定にかかわらず、なお従前の例による。

（許可の取消し等に関する経過措置）

6　この規則の施行前にした行為に係るこの規則の施行後における法第三条第一項の許可の取消し、停止その他の処分については、なお従前の例による。

（罰則に関する経過措置）

7　この規則の施行前にした行為に対する罰則の適用については、なお従前の例による。

附　則〔平成四・二・二〇国家公安委員会規則三〕

この規則は、平成四年三月一日から施行する。

附　則〔平成四・六・二六国家公安委員会規則一五抄〕

（施行期日）

第一条　この規則〔中略〕は、それぞれ当該各号に定める日から施行する。

一　〔前略〕第五条第十号、第十八号及び第二十号〔中略〕の改正規定　麻薬及び向精神薬取締法等の一部を改正する法律（平成三年法律第九十三号）の施行の日（平成四年七月一日）

二　〔前略〕第五条第二十五号〔中略〕の改正規定　廃棄物の処

理及び清掃に関する法律及び廃棄物処理施設整備緊急措置法の一部を改正する法律（平成三年法律第九十五号）の施行の日（平成四年七月四日）

附　則〔平成五・四・九国家公安委員会規則四〕

（施行期日）

この規則は、廃棄物の処理及び清掃に関する法律の一部を改正する法律（平成四年法律第百五号）の施行の日〔平五・一二・一五〕から施行する。

附　則〔平成五・五・一二国家公安委員会規則八〕

この規則は、公布の日から施行する。ただし、〔中略〕第五条の改正規定（同条第三十号に係る部分に限る。）〔中略〕は、特定債権等に係る事業の規制に関する法律（平成四年法律第七十七号）の施行の日〔平五・六・一〕から施行する。

附　則〔平成五・六・一五国家公安委員会規則九〕

この規則は、銃砲刀剣類所持等取締法及び武器等製造法の一部を改正する法律（平成五年法律第六十六号）の施行の日〔平五・七・一五〕から施行する。

附　則〔平成五・七・一国家公安委員会規則一〇〕

（施行期日）

1　この規則は、平成五年八月一日から施行する。

（経過措置）

2　この規則の施行前にした行為に対する罰則の適用については、なお従前の例による。

附　則〔平成六・三・四国家公安委員会規則九〕

1　この規則は、平成六年四月一日から施行する。〔以下略〕

2　この規則による改正前の〔中略〕風俗営業等の規制及び業務の適正化等に関する法律施行規則〔中略〕に規定する様式による書面については、当分の間、それぞれ改正後のこれらの規則に規定する様式による書面とみなす。

附　則〔平成七・五・一三国家公安委員会規則六〕

この規則は、銃砲刀剣類所持等取締法の一部を改正する法律（平成七年法律第八十九号）の施行の日（平成七年六月十二日）から施行する。

附　則〔平成七・五・二六国家公安委員会規則七〕

この規則は、刑法の一部を改正する法律の施行の日（平成七年六月一日）から施行する。

附　則〔平成九・三・一〇国家公安委員会規則二〕

この規則は、平成九年四月一日から施行する。

附　則〔平成九・六・六国家公安委員会規則八〕

この規則は、公布の日から施行する。

附　則〔平成九・一〇・一国家公安委員会規則一一〕

この規則は、公布の日から施行する。ただし、〔中略〕第五条第二十五号に係る部分〔中略〕は、廃棄物の処理及び清掃に関する法律の一部を改正する法律（平成九年法律第八十五号）の施行の日〔平九・一二・一七〕から施行する。

附　則〔平成九・一二・一九国家公安委員会規則一二〕

この規則は、平成九年十二月二十三日から施行する。

附　則〔平成一〇・七・二九国家公安委員会規則一二〕

この規則は、平成十年八月一日から施行する。

附　則〔平成一〇・一〇・二〇国家公安委員会規則一四〕

改正　平成一四・三・二六　国家公安委員会規則三

（施行期日）

1　この規則は、風俗営業等の規制及び業務の適正化等に関する法律の一部を改正する法律の施行の日（平成十一年四月一日）から施行する。ただし、第一条中風俗営業等の規制及び業務の適正化等に関する法律施行規則第一条第三項第二号の次に一号を加える改正規定、同規則第六条の改正規定、同規則第七条の改正規定、同規則第十三条の次に一条を加える改正規定、同規則第十四条の改正規定、同規則第十五条の改正規定、同規則第二十二条の改正規定、同規則第二十七条及び第二十八条の改正規定、同規則別記様式第二号の改正規定、同規則別記様式第六号の改正規定、同規則別記様式第六号の次に一様式を加える改正規定、同規則別記様式第七号の改正規定並びに附則第二項及び第七項の規定は、同法附則第一条ただし書に規定する規定の施行の日（平成十年十一月一日）から施行する。

（経過措置）

2　前項ただし書に規定する改正規定の施行前に、当該改正規定による改正後の風俗営業等の規制及び業務の適正化等に関する法律施行規則第一条の二第一項の特定講習団体で当該改正規定による改正前の風俗営業等の規制及び業務の適正化等に関する法律施行規則第二十八条第一項の国家公安委員会が指定する団体であったものによる同項の認定を受けた者は、当該特定講習団体が行う当該改正規定による改正後の風俗営業等の規制及び業務の適正化等に関する法律施行規則第一条の二第一項に規定する試験に合格した者とみなす。

3　この規則の施行の日（以下この項において「施行日」という。）から起算して五年を経過する日までの間における第一条の規定による改正後の風俗営業等の規制及び業務の適正化等に関する法律施行規則（以下「新規則」という。）第二十条の二（同条第二号に係る部分に限る。）の規定の適用については、次の表の第一欄に掲げる期間の区分に応じ、同条第二号中同表の第二欄に掲げる字句は、それぞれ同表の第三欄に掲げる字句に読み替えるものとする。

一　施行日から起算して一年間を経過する日まで	十年	五年
二　この表の一の項第一欄に掲げる期間に引き続く一年間	十年	六年
三　この表の二の項第一欄に掲げる期間に引き続く一年間	十年	七年
四　この表の三の項第一欄に掲げる期間に引き続く一年間	十年	八年
五　この表の四の項第一欄に掲げる期間に引き続く一年間	十年	九年

4　新規則第三十九条の二第二項の規定は、この規則の施行の際現に無店舗型性風俗特殊営業に該当する営業を営んでいる者の当該営業に係る同条第一項の届出書については、適用しない。

5　新規則第三十九条の五第二項の規定は、この規則の施行の際現に映像送信型性風俗特殊営業に該当する営業を営んでいる者の当該営業に係る同条第一項の届出書については、適用しない。

6　この規則の施行前に交付された許可証の様式については、新規則別記様式第三号の様式にかかわらず、なお従前の例による。

7　附則第一項ただし書に規定する改正規定の施行前にした行為に対する罰則の適用については、なお従前の例による。

附　則〔平成一一・一・一二国家公安委員会規則一〕

（施行期日）

1　この規則は、公布の日から施行する。ただし、第四条の規定は、平成十一年四月一日から施行する。

（経過措置）

2　この規則による改正前の〔中略〕風俗営業等の規制及び業務の適正化等に関する法律施行規則〔中略〕に規定する様式による書面については、改正後の〔中略〕風俗営業等の規制及び業務の適正化等に関する法律施行規則〔中略〕に規定する様式にかかわらず、当分の間、なおこれを使用することができる。この場合には、氏名を記載し及び押印することに代えて、署名することができる。

附　則〔平成一一・一・一四国家公安委員会規則二抄〕

1　この規則は、法〔債権管理回収業に関する特別措置法〕の施行の日〔平一一・二・一〕から施行する。

附　則〔平成一一・三・三一国家公安委員会規則七〕

この規則は、公布の日から施行する。

附　則〔平成一一・一〇・二六国家公安委員会規則一二〕

この規則は、児童買春、児童ポルノに係る行為等の処罰及び児童の保護等に関する法律（平成十一年法律第五十二号）の施行の日（平成十一年十一月一日）から施行する。ただし、次の各号に掲げる規定は、当該各号に定める日から施行する。

一　〔前略〕第二条のうち、風俗営業等の規制及び業務の適正化等に関する法律施行規則第五条第三号、第五号、第十三号、第十六号、第十八号及び第二十三号の改正規定、同条第二十八号の改正規定中「限る」の下に「。第二十四号ト(23)において同じ」を加える部分、同条第二十九号の改正規定並びに同条に二号を加える改正規定中同条第三十四号に係る部分〔中略〕組織的な犯罪の処罰及び犯罪収益の規制等に関する法律（平成十一年法律第百三十六号）の施行の日〔平一二・二・一〕

二　〔前略〕第二条のうち風俗営業等の規制及び業務の適正化等に関する法律施行規則第五条第七号の改正規定〔中略〕職業安定法等の一部を改正する法律（平成十一年法律第八十五号）の施行の日〔平一一・一二・一〕

三　〔前略〕第二条のうち風俗営業等の規制及び業務の適正化等に関する法律施行規則第五条第二十八号の改正規定中「第四条第三項」を改める部分及び「に規定する」を改める部分〔中略〕労働者派遣事業の適正な運営の確保及び派遣労働者の就業条件の整備等に関する法律等の一部を改正する法律（平成十一年法律第八十四号）の施行の日〔平一一・一二・一〕

附　則〔平成一二・九・二二国家公安委員会規則一五〕

この規則は、廃棄物の処理及び清掃に関する法律及び産業廃棄物の処理に係る特定施設の整備の促進に関する法律の一部を改正する法律（平成十二年法律第百五号）の施行の日（平成十二年十月一日）から施行する。

附　則〔平成一二・一二・二一国家公安委員会規則一二〕

この規則は、内閣法の一部を改正する法律（平成十一年法律第八十八号）の施行の日（平成十三年一月六日）から施行する。

附　則〔平成一三・三・三〇国家公安委員会規則七〕

（施行期日）

1　この規則は、商法等の一部を改正する法律の施行に伴う関係法律の整備に関する法律の施行の日（平成十三年四月一日）から施行する。

（経過措置）

2　風俗営業等の規制及び業務の適正化等に関する法律第七条第五

項（同法第七条の二第三項において準用する場合を含む。）又は同法第九条第四項の規定により許可証の書換えを申請する場合の許可証書換え申請書の様式については、改正後の風俗営業等の規制及び業務の適正化等に関する法律施行規則別記様式第七号の様式にかかわらず、当分の間、なお従前の例によることができる。

附　則（平成一三・一二・二一国家公安委員会規則一六）

この規則は、刑法の一部を改正する法律（平成十三年法律第百三十八号）の施行の日（平成十三年十二月二十五日）から施行する。ただし、（中略）第二条中風俗営業等の規制及び業務の適正化等に関する法律施行規則第五条第十三号及び第三十四号ト⑾の改正規定（中略）は、弁護士法の一部を改正する法律（平成十三年法律第四十一号）の施行の日（平成十四年四月一日）から施行する。

附　則（平成一四・三・二六国家公安委員会規則三抄）

（施行期日）

1　この規則は、風俗営業等の規制及び業務の適正化等に関する法律の一部を改正する法律（平成十三年法律第五十二号。以下「改正法」という。）の施行の日（平成十四年四月一日）から施行する。ただし、第一条中風俗営業等の規制及び業務の適正化等に関する法律施行規則第八条に一項を加える改正規定、同規則第九条第二項の改正規定、同規則第十八条の見出しの一部を改め、同条第二項の次に二項を加える改正規定、同規則第二十条の二の一部を改め、同条に二号を加える改正規定、同規則第三十一条に一号を加える改正規定、同規則第三十三条第四項の一部を改め、同項に三号を加える改正規定、同規則第三十四条第二項及び第三項の一部を改め、同条第四項を削る改正規定、同規則第四十四条第二項の一部を改め、同項を同条第三項とし、同条第一項の次に一項を加える改正規定、同規則第四十七条の次に二条を加える改正規定、同規則別記様式第二号の次に一様式を加える改正規定、同規則別記様式第三号の次に一様式を加える改正規定、同規則別記様式第十一号の改正規定、同規則別記様式第十二号の一部を改め、同様式の次に一様式を加える改正規定、同規則別記様式第十三号の改正規定並びに同規則別記様式第十七号の次に二様式を加える改正規定は、平成十四年七月一日から施行する。

（管理者証の交付に関する経過措置）

2　改正後の風俗営業等の規制及び業務の適正化等に関する法律施行規則（以下「新規則」という。）第九条第二項後段の規定は、前項ただし書に規定する改正規定の施行前に風俗営業等の規制及び業務の適正化等に関する法律（昭和二十三年法律第百二十二号。以下「法」という。）第五条第一項の許可申請書を提出した者に対して当該改正規定の施行の日以後に法第三条第一項の許可をする場合には、適用しない。

3　附則第一項ただし書に規定する改正規定の施行の際現に法第三条第一項の許可を受けている者及び当該改正規定の施行前に法第五条第一項の許可申請書を提出し、当該改正規定の施行の日以後に法第三条第一項の許可を受けた者は、当該改正規定の施行の日から起算して三月を経過する日までの間に、当該許可に係る営業所の所在地の所轄警察署長を経由して、当該所在地を管轄する都道府県公安委員会（次項において「公安委員会」という。）に、当該営業所に係る法第二十四条第一項の管理者に係る無帽、正面、上三分身、無背景の縦の長さ三・〇センチメートル、横の長さ二・四センチメートルの写真（撮影後六月以内のものに限る。）で、その裏面に氏名及び撮影年月日を記入したもの二葉を提出しなければならない。

4　公安委員会は、前項の場合において、同項に規定する管理者が法第二十四条第二項各号のいずれにも該当しないと認められるときは、速やかに、当該管理者に係る新規則別記様式第三号の二の風俗営業管理者証を交付するものとする。この場合において、当該風俗営業管理者証は、新規則第九条第二項の風俗営業管理者証とみなす。

（特例風俗営業者の認定に関する経過措置）

5　附則第一項ただし書に規定する改正規定の施行の日から起算して五年を経過する日までの間における新規則第二十条の二（同条第一号に係る部分に限る。）規定の適用について、同条第一号中「十年」とあるのは、次の表の上欄に掲げる期間の区分に応じ、それぞれ同表の下欄に掲げる字句に読み替えるものとする。

一　附則第一項ただし書に規定する改正規定の施行の日から起算して一年を経過する日まで	五年
二　この表の一の項上欄に掲げる期間に引き続く一年間	六年
三　この表の二の項上欄に掲げる期間に引き続く一年間	七年
四　この表の三の項上欄に掲げる期間に引き続く一年間	八年
五　この表の四の項上欄に掲げる期間に引き続く一年間	九年

附　則（平成一五・三・五国家公安委員会規則一）

この規則は、平成十五年四月一日から施行する。

附　則（平成一五・三・三一国家公安委員会規則八）

この規則は、商法等の一部を改正する法律の施行の日（平成十五年四月一日）から施行する。

附　則（平成一五・八・二九国家公安委員会規則一三）

この規則は、平成十五年九月一日から施行する。

附　則（平成一五・一一・二七国家公安委員会規則一九）

この規則は、平成十五年十二月一日から施行する。

附　則（平成一五・一二・二六国家公安委員会規則二〇）

この規則は、平成十六年一月一日から施行する。

附　則（平成一六・一・三〇国家公安委員会規則一）

（施行期日）

1　この規則は、平成十六年七月一日から施行する。

（許可に関する経過措置）

2　この規則の施行の際現に風俗営業等の規制及び業務の適正化等に関する法律（以下「法」という。）第五条第一項の許可申請書を都道府県公安委員会（以下「公安委員会」という。）に提出している者に対する法第三条第一項の許可（以下単に「許可」という。）に関する法第四条第四項の基準については、なお従前の例による。

（遊技機の変更の承認に関する経過措置）

3　この規則の施行の際現に施行規則第十七条第一項の変更承認申請書を公安委員会に提出している者に対する法第二十条第十項で準用する法第九条第一項の承認（以下単に「承認」という。）に関する法第四条第四項の基準については、なお従前の例による。

（遊技機の規制に関する経過措置）

4　この規則の施行前にされた許可又は承認の申請に係る遊技機（法第二十条第二項の認定（以下単に「認定」という。）を受けたもの又は同条第四項の検定（以下単に「検定」という。）を受けた型式に属するものに限る。）に関する同条第一項の基準については、当該認定を受けた日又は当該検定の遊技機規則第九条第一項の規定による公示の日（以下単に「公示の日」という。）から起算して三年を経過するまでの間は、なお従前の例による。

（遊技機の認定に関する経過措置）

5　次の各号に掲げる遊技機に関する法第二十条第二項に規定する同条第一項の基準については、なお従前の例による。

一　この規則の施行の際現に公安委員会に提出されている遊技機規則第一条第一項の認定申請書に係る遊技機

二　この規則の施行の日（以下「施行日」という。）以後に公安委員会に提出された遊技機規則第一条第一項の認定申請書に係る遊技機でこの規則の施行前に遊技機規則第十三条の遊技機試験を受けたもの

三　この規則の施行の際現に法第二十条第五項の指定試験機関に提出されている遊技機規則第十四条第一項の遊技機試験申請書に係る遊技機

（遊技機の型式の検定に関する経過措置）

6　次の各号に掲げる遊技機の型式に関する法第二十条第三項の技術上の規格については、なお従前の例による。

一　この規則の施行の際現に公安委員会に提出されている遊技機規則第七条第一項の検定申請書に係る型式

二　施行日以後に公安委員会に提出された遊技機規則第七条第一項の検定申請書に係る型式でこの規則の施行前に遊技機規則第十三条の型式試験を受けたもの

三　この規則の施行の際現に法第二十条第五項の指定試験機関に提出されている遊技機規則第十五条第一項の型式試験申請書に係る型式

（施行日以後にされた許可の申請等に関する経過措置）

7　この規則の施行前に認定を受けた遊技機若しくは検定を受けた型式に属する遊技機又は附則第五項の規定によりなお従前の例によることとされた法第二十条第一項の基準に従ってされた認定を受けた遊技機若しくは前項の規定によりなお従前の例によることとされた法第二十条第三項の技術上の規格に従ってされた検定を受けた型式に属する遊技機に係る法第五条第一項の許可申請書を施行日以後に公安委員会に提出した者に対する許可に関する法第四条第四項の基準については、次の各号に掲げる遊技機の区分に応じ当該各号に定める日から起算して三年を経過するまでの間は、なお従前の例による。

一　この規則の施行前に認定を受けた遊技機若しくは検定を受けた型式に属する遊技機又は附則第五項第一号の遊技機若しくは前項第一号の型式に属する遊技機　認定を受けた日又は検定の公示の日

二　附則第五項第二号の遊技機又は前項第二号の型式に属する遊技機　施行日

三　附則第五項第三号の遊技機又は前項第三号の型式に属する遊技機　遊技機規則第十四条第三項又は遊技機規則第十五条第四項の書類の交付の日

8　前項柱書に掲げる遊技機に係る施行規則第十七条第一項の変更承認申請書を施行日以後に公安委員会に提出した者に対する承認に関する法第四条第四項の基準については、前項各号に掲げる遊技機の区分に応じ当該各号に定める日から起算して三年を経過するまでの間は、なお従前の例による。

9　附則第七項及び前項の規定によりなお従前の例によることとされた法第四条第四項の基準に従ってされた許可又は承認に係る遊技機に関する法第二十条第一項の基準については、附則第七項各

号に掲げる遊技機の区分に応じ当該各号に定める日から起算して三年を経過するまでの間は、なお従前の例による。

（認定及び検定の効力に関する経過措置）

10　附則第五項の規定によりなお従前の例によることとされた法第二十条第一項の基準に従ってされた認定又は附則第六項の規定によりなお従前の例によることとされた法第二十条第三項の技術上の規格に従ってされた検定は、この規則による改正後の施行規則第七条並びにこの規則による改正後の遊技機規則第六条及び別表第二から別表第七までの規定にかかわらず、附則第七項各号に掲げる遊技機の区分に応じ当該各号に定める日から起算して三年を経過するまでの間は、なおその効力を有する。

（許可の取消し等に関する経過措置）

11　この規則の施行前にした行為及びこの附則の規定によりなおその効力を有することとされる場合における施行日以後にした行為に係るこの規則の施行後における許可の取消し、停止その他の処分については、なお従前の例による。

（罰則に関する経過措置）

12　この規則の施行前にした行為及びこの附則の規定によりなおその効力を有することとされる場合における施行日以後にした行為に対する罰則の適用については、なお従前の例による。

附　則〔平成一六・二・二七国家公安委員会規則三〕

この規則は、平成十六年三月一日から施行する。

附　則〔平成一六・四・二八国家公安委員会規則一二〕

この規則は、公布の日から施行する。ただし、〔中略〕第四条〔中略〕の規定は、平成十六年七月一日から施行する。

附　則〔平成一六・一二・二八国家公安委員会規則二五〕

この規則は、次の各号に掲げる規定ごとに、それぞれ当該各号に定める日から施行する。

一　第一条、第四条〔中略〕の改正規定　この規則の公布の日

二　第二条、第五条〔中略〕の改正規定　信託業法（平成十六年法律第百五十四号）の施行の日（平成十六年十二月三十日）

三　第三条、第六条〔中略〕の改正規定　刑法等の一部を改正する法律（平成十六年法律第百五十六号）の施行の日（平成十七年一月一日）

附　則〔平成一七・三・四国家公安委員会規則二〕

この規則は、不動産登記法の施行の日（平成十七年三月七日）から施行する。

附　則〔平成一七・七・一二国家公安委員会規則一四〕

この規則は、刑法等の一部を改正する法律（平成十七年法律第六十六号）の施行の日（平成十七年七月十二日）から施行する。

附　則〔平成一七・九・三〇国家公安委員会規則一六〕

この規則は、廃棄物の処理及び清掃に関する法律等の一部を改正する法律（平成十七年法律第四十二号）の施行の日（平成十七年十月一日）から施行する。ただし〔中略〕、第二条中風俗営業等の規制及び業務の適正化等に関する法律施行規則第五条第二十三号の改正規定〔中略〕は、旅券法及び組織的な犯罪の処罰及び犯罪収益の規制等に関する法律の一部を改正する法律（平成十七年法律第五十五号）附則第一条第一号に掲げる規定の施行の日（平成十七年十二月十日）から施行する。

附　則〔平成一八・三・二七国家公安委員会規則九〕

この規則は、銀行法等の一部を改正する法律（平成十七年法律第百六号）の施行の日（平一八・四・一）から施行する。

附　則〔平成一八・四・二四国家公安委員会規則一四抄〕

（施行期日）

第一条　この規則は、風俗営業等の規制及び業務の適正化等に関する法律の一部を改正する法律（平成十七年法律第百十九号。以下「改正法」という。）の施行の日（平成十八年五月一日）から施行する。

（**経過措置**）

第二条　この規則の施行前に交付された許可証、風俗営業管理者証及び認定証の様式については、この規則による改正後の風俗営業等の規制及び業務の適正化等に関する法律施行規則別記様式第四号、第五号及び第十五号の様式にかかわらず、なお従前の例による。

第三条　改正法附則第三条第二項の規定により改正法による改正後の風俗営業等の規制及び業務の適正化等に関する法律（以下「新法」という。）第二十七条第三項に規定する書類を提出するときは、同条第一項第一号から第三号までに掲げる事項を明らかにして、行わなければならない。

2　改正法附則第三条第二項の規定により新法第三十一条の二第一項第三項に規定する書類又は当該書類及び新法第三十一条の二第一項第七号に掲げる事項を記載した書類を提出するときは、同項第一号から第四号まで及び第六号に掲げる事項を明らかにして、行わなければならない。

3　改正法附則第三条第二項の規定により新法第三十一条の七第二項において準用する新法第三十一条の二第三項に規定する書類を提出するときは、新法第三十一条の七第一項第一号から第四号までに掲げる事項を明らかにして、行わなければならない。

4　改正法附則第三条第二項の規定により新法第三十一条の十二第二項において準用する新法第二十七条第三項に規定する書類を提出するときは、新法第三十一条の十二第一項第一号から第三号までに掲げる事項を明らかにして、行わなければならない。

5　改正法附則第三条第二項の規定により新法第三十一条の十七第二項において準用する新法第三十一条の二第三項に規定する書類を提出するときは、新法第三十一条の十七第一項第一号から第四号までに掲げる事項を明らかにして、行わなければならない。

附　則〔平成一八・四・二八国家公安委員会規則一六〕

この規則は、会社法（平成十七年法律第八十六号）の施行の日（平成十八年五月一日）から施行する。

附　則〔平成一八・七・四国家公安委員会規則二一〕

この規則は、証券取引法等の一部を改正する法律（平成十八年法律第六十五号）附則第一条第一号に掲げる規定の施行の日（平成十八年七月四日）から施行する。

附　則〔平成一八・八・一一国家公安委員会規則二三〕

この規則は、銃砲刀剣類所持等取締法の一部を改正する法律（平成十八年法律第四十一号）の施行の日（平成十八年八月二十一日）から施行する。

附　則〔平成一九・一・一二国家公安委員会規則二〕

この規則は、貸金業の規制等に関する法律等の一部を改正する法律（平成十八年法律第百十五号）附則第一条第二号に掲げる規定の施行の日（平成十九年一月二十日）から施行する。

附　則〔平成一九・八・七国家公安委員会規則一八〕

この規則は、次の各号に掲げる規定ごとに、それぞれ当該各号に定める日から施行する。

一　〔前略〕第三条〔中略〕の改正規定　信託法の施行に伴う関係法律の整備等に関する法律（平成十八年法律第百九号）の施行の日〔平一九・九・三〇〕

二　〔前略〕第四条〔中略〕の改正規定　証券取引法等の一部を

改正する法律（平成十八年法律第六十五号）の施行の日（平一九・九・三〇）

附　則〔平成一九・九・二七国家公安委員会規則二二〕

この規則は、自転車競技法及び小型自動車競走法の一部を改正する法律（平成十九年法律第八十二号）附則第一条第一号に掲げる規定の施行の日（平一九・一〇・一）から施行する。ただし、〔中略〕第二条中風俗営業等の規制及び業務の適正化等に関する法律施行規則第七条第十六号の改正規定〔中略〕は、自転車競技法及び小型自動車競走法の一部を改正する法律附則第一条第二号に掲げる規定の施行の日（平二〇・四・一）から施行する。

附　則〔平成一九・一二・一二国家公安委員会規則二五〕

この規則は、銃砲刀剣類所持等取締法及び武器等製造法の一部を改正する法律（平成十九年法律第百二十号）の施行の日（平成十九年十二月三十日）から施行する。

附　則〔平成一九・一二・一三国家公安委員会規則二六〕

この規則は、貸金業の規制等に関する法律等の一部を改正する法律（平成十八年法律第百十五号）の施行の日（平成十九年十二月十九日）から施行する。

附　則〔平成二〇・三・一〇国家公安委員会規則二〕

この規則は、モーターボート競走法の一部を改正する法律（平成十九年法律第十六号）附則第一条第二号に掲げる規定の施行の日（平成二十年四月一日）から施行する。

附　則〔平成二〇・七・一六国家公安委員会規則一五〕

この規則は、暴力団員による不当な行為の防止等に関する法律の一部を改正する法律（平成二十年法律第二十八号）附則第一条第一号に掲げる規定の施行の日（平成二十年八月一日）から施行する。ただし、〔中略〕第二条中風俗営業等の規制及び業務の適正化等に関する法律施行規則第七条に二号を加える改正規定（同条第五十三号に係る部分に限る。）、〔中略〕は、同法附則第一条第二号に掲げる規定の施行の日（平二〇・一二・一）から施行する。

附　則〔平成二〇・八・一国家公安委員会規則一六〕

この規則は、一般社団法人及び一般財団法人に関する法律の施行の日（平成二十年十二月一日）から施行する。

附　則〔平成二〇・八・一国家公安委員会規則一七〕

この規則は、公布の日から施行する。

風俗営業等の規制及び業務の適正化等に関する法律施行規則等の一部を改正する規則〔抄〕

（平成二〇・八・一　国家公安委員会規則一七）

（風俗営業等の規制及び業務の適正化等に関する法律施行規則の一部改正に伴う経過措置）

第二条　この規則の施行の際現に風俗営業等の規制及び業務の適正化等に関する法律施行令第一条の規定による指定（以下第三項までにおいて単に「指定」という。）を受けているダンスの教授に関する講習（以下この条において「指定講習」という。）を行う法人（以下この条において「ダンス教授講習機関」という。）は、平成二十年十二月三十一日までに、前条の規定による改正後の風俗営業等の規制及び業務の適正化等に関する法律施行規則（以下この条において「新規則」という。）第一条の三第一項各号に掲げる事項を記載した書面及び同条第二項各号に掲げる書面を国家公安委員会に提出しなければならない。

2　国家公安委員会は、前項の規定による提出があったときは、当該指定講習の名称及び指定を受けた年月日並びに当該ダンス教授講習機関の名称及び住所を公示するものとする。

3 前二項に規定するもののほか、この規則の施行の際現に指定を受けているダンス教授講習機関に対する新規則の適用については、新規則第一条の五第一項中「前条の規定により公示された事項」とあるのは「風俗営業等の規制及び業務の適正化等に関する法律施行規則等の一部を改正する規則（平成二十年国家公安委員会規則第十七号）第二条第三項の規定により公示された事項（指定を受けた年月日を除く。）」と、同条第三項中「第一条の三第二項各号に掲げる書面」とあるのは「風俗営業等の規制及び業務の適正化等に関する法律施行規則等の一部を改正する規則第二条第一項の規定により提出された書面」と、第一条の六第一項中「毎事業年度」とあるのは「平成二十一年四月一日が属する事業年度以後の毎事業年度」と、同条第二項中「毎事業年度」とあるのは、「平成二十一年三月三十一日が属する事業年度以後の毎事業年度」とする。

4 前三項の規定はこの規則の施行の際現に風俗営業等の規制及び業務の適正化等に関する法律施行規則第二条第一項の規定による指定を受けているダンスを正規に教授する能力に関する試験（以下この条において「指定試験」という。）を行う法人（以下この条において「ダンス教授試験機関」という。）について準用する。この場合において、第一項中「第一条の三第一項各号」とあるのは「第二条の三において読み替えて準用する第一条の三第一項各号」と、「同条第二項各号」とあるのは「第二条の三において読み替えて準用する同条第二項各号」と、第二項中「前項」とあるのは「第四項において読み替えて準用する前項」と、「指定講習」とあるのは「指定試験」と、前項中「前二項」とあるのは「第四項において読み替えて準用する前二項」と、「第一条の五第一項」とあるのは「第二条の三において読み替えて準用する第一条の五第一項」と、「第二条第二項」とあるのは「第二条第四項において読み替えて準用する同条第二項」と、「同条第三項」とあるのは「第二条の三において読み替えて準用する同条第三項」と、「第一条の三第二項各号」とあるのは「第二条の三において読み替えて準用する第一条の三第二項各号」と、「第二条第一項」とあるのは「第二条第四項において読み替えて準用する同条第一項」と、「第一条の六第一項」とあるのは「第二条の三において読み替えて準用する第一条の六第一項」と、「同条第二項」とあるのは「第二条の三において読み替えて準用する同条第二項」と読み替えるものとする。

附　則（平成二〇・一一・一七国家公安委員会規則二五）

この規則は、インターネット異性紹介事業を利用して児童を誘引する行為の規制等に関する法律の一部を改正する法律（平成二十年法律第五十二号）附則第一条第二号に掲げる規定の施行の日（平成二十年十二月一日）から施行する。

附　則（平成二一・五・二九国家公安委員会規則五）

この規則は、金融商品取引法等の一部を改正する法律（平成二十年法律第六十五号）附則第一条第三号に掲げる規定の施行の日（平成二十一年六月一日）から施行する。

附　則（平成二二・三・二六国家公安委員会規則一）

この規則は、金融商品取引法等の一部を改正する法律（平成二十一年法律第五十八号）の施行の日（平成二十二年四月一日）から施行する。

附　則（平成二二・七・九国家公安委員会規則四）

この規則は、風俗営業等の規制及び業務の適正化等に関する法律施行令の一部を改正する政令の施行の日（平成二十三年一月一日）から施行する。

附　則〔平成二三・三・三〇国家公安委員会規則三〕

この規則は、金融商品取引法等の一部を改正する法律（平成二十二年法律第三十二号）の施行の日（平成二十三年四月一日）から施行する。ただし、次の各号に掲げる規定は、当該各号に定める日から施行する。

一　〔略〕

二　〔前略〕第二条中風俗営業等の規制及び業務の適正化等に関する法律施行規則第七条第三十三号〔中略〕の改正規定　廃棄物の処理及び清掃に関する法律の一部を改正する法律（平成二十二年法律第三十四号）の施行の日（平成二十三年四月一日）

附　則〔平成二三・六・一〇国家公安委員会規則一〇〕

この規則は、資本市場及び金融業の基盤強化のための金融商品取引法等の一部を改正する法律（平成二十三年法律第四十九号）附則第一条第一号に掲げる規定の施行の日（平成二十三年六月十四日）から施行する。〔以下略〕

附　則〔平成二三・七・六国家公安委員会規則一一〕

この規則は、情報処理の高度化等に対処するための刑法等の一部を改正する法律（平成二十三年法律第七十四号）の施行の日（平成二十三年七月十四日）から施行する。

附　則〔平成二四・六・一八国家公安委員会規則七〕

（施行期日）

第一条　この規則は、出入国管理及び難民認定法及び日本国との平和条約に基づき日本の国籍を離脱した者等の出入国管理に関する特例法の一部を改正する等の法律（平成二十一年法律第七十九号）の施行の日（平成二十四年七月九日）から施行する。

（経過措置）

第二条　この規則の施行の日前にした行為に対する罰則の適用については、なお従前の例による。

附　則〔平成二四・九・二八国家公安委員会規則一〇〕

この規則は、労働者派遣事業の適正な運営の確保及び派遣労働者の就業条件の整備等に関する法律等の一部を改正する法律（平成二十四年法律第二十七号）の施行の日（平成二十四年十月一日）から施行する。

附　則〔平成二四・一〇・一七国家公安委員会規則一二〕

（施行期日）

1　この規則は、平成二十四年十月三十日から施行する。

（経過措置）

2　この規則の施行の日から犯罪による収益の移転防止に関する法律の一部を改正する法律（平成二十三年法律第三十一号）の施行の日〔平二五・四・一〕の前日までの間は、改正後の〔中略〕風俗営業等の規制及び業務の適正化等に関する法律施行規則〔中略〕中「犯罪による収益の移転防止に関する法律（平成十九年法律第二十二号）第二十七条に規定する罪」とあるのは、「犯罪による収益の移転防止に関する法律（平成十九年法律第二十二号）第二十六条に規定する罪」とする。

附　則〔平成二四・一一・二二国家公安委員会規則一四〕

（施行期日）

第一条　この規則は、公布の日から施行する。

（ダンス教授講習機関に関する経過措置）

第二条　この規則の施行の際現に風俗営業等の規制及び業務の適正化等に関する法律施行令の一部を改正する政令（平成二十四年政令第二百七十四号）による改正前の風俗営業等の規制及び業務の適正化等に関する法律施行令第一条の規定による指定（以下この条において単に「指定」という。）を受けている講習を行う法人は、平成二十五年三月三十一日までに、この規則による改正後の風俗営業等の規制及び業務の適正化等に関する法律施行規則（以下「新規則」という。）第一条の三第一項第二号に掲げる事項を記載した書面及び同条第二項第一号から第六号までに掲げる書類を国家公安委員会に提出しなければならない。

2　前項に規定するもののほか、この規則の施行の際現に指定を受けている講習を行う法人に対する新規則の適用については、新規則第一条の四中「指定をしたとき」とあるのは「風俗営業等の規制及び業務の適正化等に関する法律施行規則の一部を改正する規則（平成二十四年国家公安委員会規則第十四号）附則第二条第一項の規定による提出があつたとき」と、新規則第一条の五第三項中「第一条の三第二項各号に掲げる書類」とあるのは「風俗営業等の規制及び業務の適正化等に関する法律施行規則の一部を改正する規則附則第二条第一項の規定により提出された書類（同規則による改正後のこの規則第一条の三第二項第一号から第六号までに掲げる書類に限る。）及び風俗営業等の規制及び業務の適正化等に関する法律施行規則等の一部を改正する規則（平成二十年国家公安委員会規則第十七号）第二条第一項の規定により提出された書面（風俗営業等の規制及び業務の適正化等に関する法律施行規則の一部を改正する規則による改正前のこの規則第一条の三第二項各号に掲げる書面に限る。）」と、新規則第一条の六第一項中「毎事業年度」とあるのは「平成二十五年四月一日が属する事業年度以後の毎事業年度」と、同条第二項中「毎事業年度」とあるのは「平成二十五年三月三十一日が属する事業年度以後の毎事業年度」とする。

（ダンス教授試験の指定に関する経過措置）

第三条　この規則の施行の際現にこの規則による改正前の風俗営業等の規制及び業務の適正化等に関する法律施行規則第二条第一項の規定による指定（次条において単に「指定」という。）を受けているダンス教授試験は、この規則の施行の日に、新規則第三条第一項の規定による指定を受けたものとみなす。

（ダンス教授試験機関に関する経過措置）

第四条　この規則の施行の際現に指定を受けているダンス教授試験を行う法人は、平成二十五年三月三十一日までに、新規則第二条の三第一項第二号に掲げる事項を記載した書面を国家公安委員会に提出しなければならない。

2　前項に規定するもののほか、この規則の施行の際現に指定を受けているダンス教授試験を行う法人に対する新規則の適用については、新規則第二条の四において読み替えて準用する第一条の四中「指定をしたとき」とあるのは「風俗営業等の規制及び業務の適正化等に関する法律施行規則の一部を改正する規則附則第四条第一項の規定による提出があつたとき」と、新規則第二条の四において読み替えて準用する第一条の五第三項中「第二条の三第二項各号に掲げる書面」とあるのは「風俗営業等の規制及び業務の適正化等に関する法律施行規則等の一部を改正する規則第二条第四項において読み替えて準用する同条第一項の規定により提出された書面（風俗営業等の規制及び業務の適正化等に関する法律施行規則の一部を改正する規則による改正前のこの規則第二条の三第二項各号に掲げる書面に限る。）」と、新規則第二条の四において読み替えて準用する第一条の六第一項中「毎事業年度」とあるのは「平成二十五年四月一日が属する事業年度以後の毎事業年度」と、同条第二項中「毎事業年度」とあるのは「平成二十五年三月三十一日が属する事業年度以後の毎事業年度」とする。

附　則〔平成二五・七・九国家公安委員会規則九〕

この規則は、金融商品取引法等の一部を改正する法律（平成二十五年法律第四十五号）附則第一条第一号に掲げる規定の施行の日（平成二十五年七月九日）から施行する。ただし、第二条、第四条〔中略〕の規定は、同法の施行の日〔平二六・四・一〕から施行する。

附　則〔平成二五・一二・二〇国家公安委員会規則一五〕

この規則は、不動産特定共同事業法の一部を改正する法律（平成二十五年法律第五十六号）の施行の日（平成二十五年十二月二十日）から施行する。

附　則〔平成二六・三・二七国家公安委員会規則三〕

この規則は、平成二十六年四月一日から施行する。

附　則〔平成二六・四・二五国家公安委員会規則七抄〕

（施行期日）

1　この規則は、自動車の運転により人を死傷させる行為等の処罰に関する法律の施行の日（平成二十六年五月二十日）から施行する。

附　則〔平成二六・七・九国家公安委員会規則八〕

この規則は、児童買春、児童ポルノに係る行為等の処罰及び児童の保護等に関する法律の一部を改正する法律の施行の日〔平二六・七・一五〕から施行する。

附　則〔平成二七・六・二四国家公安委員会規則一二抄〕

（施行期日）

1　この規則は、公布の日から施行する。

附　則〔平成二七・九・一八国家公安委員会規則一四〕

この規則は、犯罪による収益の移転防止に関する法律の一部を改正する法律の施行の日（平成二十八年十月一日）から施行する。

附　則〔平成二七・九・二九国家公安委員会規則一五抄〕

改正　平成二七・一一・一三　国家公安委員会規則二〇

（施行期日）

1　この規則は、労働者派遣事業の適正な運営の確保及び派遣労働者の保護等に関する法律等の一部を改正する法律の施行の日（平成二十七年九月三十日）から施行する。

（経過措置）

2　当分の間、この規則による改正後の次に掲げる国家公安委員会規則の規定中「又は」とあるのは「若しくは」と、「に規定する」とあるのは「又は労働者派遣事業の適正な運営の確保及び派遣労働者の保護等に関する法律等の一部を改正する法律（平成二十七年法律第七十三号）附則第六条第六項（同条第四項に係る部分に限る。）に規定する」とする。

一　〔略〕

二　風俗営業等の規制及び業務の適正化等に関する法律施行規則第六条第三十九号

三〜六　〔略〕

附　則〔平成二七・一一・一三国家公安委員会規則二〇〕

（施行期日）

1　この規則は、風俗営業等の規制及び業務の適正化等に関する法律の一部を改正する法律の施行の日（平成二十八年六月二十三日）から施行する。

（経過措置）

2　この規則による改正前の風俗営業等の規制及び業務の適正化等に関する法律施行規則及び少年指導委員規則に規定する様式による書面については、この規則による改正後の風俗営業等の規制及び業務の適正化等に関する法律施行規則及び少年指導委員規則に規定する様式にかかわらず、当分の間、なおこれを使用することができる。

附　則（平成二八・二・二六国家公安委員会規則三）

この規則は、金融商品取引法の一部を改正する法律の施行の日（平成二十八年三月一日）から施行する。ただし、第二条の規定は、公布の日から施行する。

附　則（平成二九・三・二四国家公安委員会規則二）

この規則は、情報通信技術の進展等の環境変化に対応するための銀行法等の一部を改正する法律の施行の日（平成二十九年四月一日）から施行する。

附　則（平成二九・七・五国家公安委員会規則七）

この規則は、組織的な犯罪の処罰及び犯罪収益の規制等に関する法律等の一部を改正する法律の施行の日（平二九・七・一一）から施行する。

附　則（平成二九・七・五国家公安委員会規則八抄）

（施行期日）

第一条　この規則は、刑法の一部を改正する法律（以下「改正法」という。）の施行の日（平二九・七・一三）から施行する。

附　則（平成二九・九・四国家公安委員会規則九抄）

（施行期日）

1　この規則は、平成三十年二月一日から施行する。

（許可に関する経過措置）

2　この規則の施行の際現に風俗営業等の規制及び業務の適正化等に関する法律（以下「法」という。）第五条第一項の許可申請書を都道府県公安委員会（以下「公安委員会」という。）に提出している者に対する法第三条第一項の許可（以下単に「許可」という。）に関する法第四条第四項の基準については、なお従前の例による。

（遊技機の変更の承認に関する経過措置）

3　この規則の施行の際現に施行規則第十九条第一項の変更承認申請書を公安委員会に提出している者に対する法第二十条第十項で準用する法第九条第一項の承認（以下単に「承認」という。）に関する法第四条第四項の基準については、なお従前の例による。

（施行日以後にされた許可の申請等に関する経過措置）

7　この規則の施行前に認定を受けた遊技機若しくは検定を受けた型式に属する遊技機又は附則第五項の規定によりなお従前の例によることとされた法第二十条第一項の基準に従ってされた認定を受けた遊技機若しくは前項の規定によりなお従前の例によることとされた同条第三項の技術上の規格に従ってされた検定を受けた型式に属する遊技機に係る法第五条第一項の許可申請書を施行日以後に公安委員会に提出した者に対する許可に関する法第四条第四項の基準については、次の各号に掲げる遊技機の区分に応じ当該各号に定める日から起算して三年を経過するまでの間は、なお従前の例による。

一　この規則の施行前に認定を受けた遊技機若しくは検定を受けた型式に属する遊技機又は附則第五項第一号の遊技機若しくは前項第一号の型式に属する遊技機　認定を受けた日又は検定の公示の日

二　附則第五項第二号の遊技機又は前項第二号の型式に属する遊技機　施行日

三　附則第五項第三号の遊技機又は前項第三号の型式に属する遊技機　遊技機規則第十四条第三項又は第十五条第四項の書類の交付の日

8　前項に規定する遊技機に係る施行規則第十九条第一項の変更承

認申請書を施行日以後に公安委員会に提出した者に対する承認に関する法第四条第四項の基準については、前項各号に掲げる遊技機の区分に応じ当該各号に定める日から起算して三年を経過するまでの間は、なお従前の例による。

9　附則第七項及び前項の規定によりなお従前の例によることとされた法第四条第四項の基準に従ってされた許可又は承認に係る遊技機に関する法第二十条第一項の基準については、附則第七項各号に掲げる遊技機の区分に応じ当該各号に定める日から起算して三年を経過するまでの間は、なお従前の例による。

（認定及び検定の効力に関する経過措置）

10　附則第五項の規定によりなお従前の例によることとされた法第二十条第一項の基準に従ってされた認定又は附則第六項の規定によりなお従前の例によることとされた同条第三項の技術上の規格に従ってされた検定は、附則第七項各号に掲げる遊技機の区分に応じ当該各号に定める日から起算して三年を経過するまでの間は、なおその効力を有する。

（許可の取消し等に関する経過措置）

11　この規則の施行前にした行為並びにこの附則の規定によりなお従前の例によることとされる場合及びこの附則の規定によりなおその効力を有することとされる場合におけるこの規則の施行後にした行為に係るこの規則の施行後における許可の取消し、停止その他の処分については、なお従前の例による。

（罰則に関する経過措置）

12　この規則の施行前にした行為並びにこの附則の規定によりなお従前の例によることとされる場合及びこの附則の規定によりなおその効力を有することとされる場合におけるこの規則の施行後にした行為に対する罰則の適用については、なお従前の例による。

附　則（平成二九・一一・二二国家公安委員会規則一〇）

この規則は、不動産特定共同事業法の一部を改正する法律の施行の日（平成二十九年十二月一日）から施行する。

附　則（平成三〇・三・二二国家公安委員会規則一）

この規則は、旅館業法の一部を改正する法律の施行の日（平成三十年六月十五日）から施行する。

附　則（平成三〇・三・三〇国家公安委員会規則四）

この規則は、金融商品取引法の一部を改正する法律の施行の日（平成三十年四月一日）から施行する。

附　則（平成三〇・三・三〇国家公安委員会規則五）

この規則は、割賦販売法の一部を改正する法律の施行の日（平成三十年六月一日）から施行する。

別記様式第１号（第９条関係）

その１

※受理年月日		※許可年月日	
※受理番号		※許可番号	

許　可　申　請　書

風俗営業等の規制及び業務の適正化等に関する法律第５条第１項の規定により許可を申請します。

年　月　日

公安委員会殿

申請者の氏名又は名称及び住所　㊞

（ふりがな） 氏名又は名称			
住所	〒（　　） （　）局　番		
（ふりがな） 営業所の名称			
営業所の所在地	〒（　　） （　）局　番		
風俗営業の種別	法第２条第１項第　号の営業		
（ふりがな） 管理者の氏名			
管理者の住所	〒（　　） （　）局　番		
（ふりがな） 法人にあつては、その役員の氏名	法人にあつては、その役員の住所		
代表者			
滅失により廃止した風俗営業	廃止の事由	廃止年月日	許可番号
		年　月　日	
現に風俗営業許可等を受けて営む風俗営業	許可年月日	年　月　日	許可番号
	営業所の名称及び所在地		

その２（A）（法第２条第１項第１号から第３号までの営業）

営業所の構造及び設備の概要	建物の構造			
	建物内の営業所の位置			
	客室数	室	営業所の床面積	㎡
	客室の総床面積			㎡
	各客室の床面積	㎡		㎡
		㎡		㎡
	照明設備			
	音響設備			
	防音設備			
	その他			
※	風俗営業の種類			
※	兼業			
※	同時申請の有無	①有　②無	※受理警察署長	
※条件	年　月　日			
	年　月　日			
	年　月　日			

その２（Ｂ）（法第２条第１項第４号の営業）

営業所の構造及び設備の概要	建物の構造						
	建物内の営業所の位置						
	客室数	室	営業所の床面積	㎡			
	客室の総床面積	㎡	各客室の床面積	㎡	㎡		
				㎡	㎡		
	照明設備						
	音響設備						
	防音設備						
	遊技設備	まあじやん台の台数	普通台	半自動台	全自動台	計	
			台	台	台	台	
		法第四条第四項に規定する営業に係る遊技機	区分	ぱちんこ遊技機	回胴式遊技機	アレンジボール遊技機	じやん球遊技機	その他の遊技機	計
			型式数	型式	型式	型式	型式	型式	型式
			台数	台	台	台	台	台	台
		その他の遊技設備							
	その他						
※ 風俗営業の種類							
※ 兼業							
※ 同時申請の有無	① 有　② 無	※ 受理警察署長					
※条件	年　月　日						
	年　月　日						
	年　月　日						

その２（Ｃ）（法第２条第１項第５号の営業）

営業所の構造及び設備の概要	建物の構造				
	建物内の営業所の位置				
	客室数	室	営業所の床面積	㎡	
	客室の総床面積	㎡	各客室の床面積	㎡	㎡
				㎡	㎡
	照明設備				
	音響設備				
	防音設備				
	法第二条第一項第五号の営業に係る遊技設備	区分	テーブル型	その他の型	計
		スロットマシン等	台	台	台
		テレビゲーム機	台	台	台
		フリッパーゲーム機	台	台	台
		ルーレット台等	台	台	台
		その他の遊技設備	台	台	台
		計	台	台	台
	その他				
※ 風俗営業の種類					
※ 兼業					
※ 同時申請の有無	① 有　② 無	※ 受理警察署長			
※条件	年　月　日				
	年　月　日				
	年　月　日				

その３（法第４条第４項に規定する営業に係る遊技機の明細書）

遊技機の種類	製造業者名	型　式　名	検定番号	認定の有無	台　数	備　考
					台	
					台	
					台	
					台	
					台	
					台	
					台	
					台	
					台	
					台	

備考
1　※印欄には、記載しないこと。
2　申請者は、氏名を記載し及び押印することに代えて、署名することができる。
3　「滅失により廃止した風俗営業」欄は、法第４条第３項の事由により滅失したために廃止した風俗営業に係る事項を記載すること。
4　「現に風俗営業許可等を受けて営む風俗営業」欄は、申請に係る営業所以外の営業所において当該申請に係る公安委員会から現に風俗営業許可等を受けて営んでいる風俗営業で、当該申請の日の直近の日に許可を受けたものについて記載すること。
5　その２（Ａ）は法第２条第１項第１号から第３号までのいずれかの営業について許可を申請する場合に、その２（Ｂ）は同項第４号の営業について許可を申請する場合に、その２（Ｃ）は同項第５号の営業について許可を申請する場合に、その３は同項第４号の営業のうち法第４条第４項に規定する営業（例、ぱちんこ屋）について許可を申請する場合に使用すること。
6　「建物の構造」欄には、木造家屋にあつては平家建て又は二階建て等の別を、木造以外の家屋にあつては鉄骨鉄筋コンクリート造、鉄筋コンクリート造、鉄骨造、れんが造又はコンクリートブロック造の別及び階数（地階を含む。）の別を記載すること。
7　「建物内の営業所の位置」欄には、営業所の位置する階の別及び当該階の全部又は一部の使用の別を記載すること。
8　「照明設備」欄には、照明設備の種類、仕様、基数、設置位置等を記載すること。
9　「音響設備」欄には、音響設備の種類、仕様、台数、設置位置等を記載すること。
10　「防音設備」欄には、防音設備の種類、仕様等を記載すること。
11　「その他」欄には、出入口の数、間仕切りの位置及び数、装飾その他の設備の概要等を記載すること。
12　法第２条第１項第３号の営業にあつては、その２（Ａ）の「各客室の床面積」欄には、各客席の床面積を記載すること。
13　その２（Ｂ）の「その他の遊技設備」欄には、まあじやん台及び法第４条第４項に規定する営業に係る遊技機以外の遊技設備について、その種類、型式及び台数を記載すること。
14　その２（Ｃ）の「スロットマシン等」欄には、スロットマシンのほか、メダルゲーム機について記載すること。
15　その３の「備考」欄には、新品か中古品かの別を記載すること。
16　所定の欄に記載し得ないときは、別紙に記載の上、これを添付すること。
17　用紙の大きさは、日本工業規格Ａ４とすること。

別記様式第２号（第９条関係）

その１

営業の方法

営業所の名称	
営業所の所在地	
風俗営業の種別	法第２条第１項第　　号の営業
営業時間	午前/午後　時　分から午前/午後　時　分まで ただし、　　の日にあつては、 午前/午後　時　分から午前/午後　時　分まで
18歳未満の者を従業者として使用すること	①する　②しない ①の場合：その者の従事する業務の内容（具体的に）
18歳未満の者の立入禁止の表示方法	
飲食物（酒類を除く。）の提供	①する　②しない ①の場合：提供する飲食物の種類及び提供の方法
酒類の提供	①する　②しない ①の場合：提供する酒類の種類、提供の方法及び20歳未満の者への酒類の提供を防止する方法
当該営業所において他の営業を兼業すること	①する　②しない ①の場合：当該兼業する営業の内容

その２（Ａ）（法第２条第１項第１号から第３号までの営業）

料金				
料金の表示方法				
役務提供の態様	客の接待をする場合はその内容			
	客の接待をする場合は接待を行う者の区分	常時当該営業所に雇用されている者	名	
		それ以外の者	名	
		主たる派遣元	（ふりがな） 氏名又は名称	
			住所	〒（　　） （　　）　局　番
			（ふりがな） 法人にあつては、その代表者の氏名	
	客に遊興をさせる場合はその内容及び時間帯	遊興の内容		
		時間帯	午前/午後　時　分から午前/午後　時　分まで	
	（法第２条第１項第１号の営業のみ記載すること）			
	客室	和風のもの　　室	その他のもの　　室	

その2（B）（法第2条第1項第4号の営業）			
（まあじやん屋のみ記載すること）			
遊技料金	①客1人当たりの時間を基礎として計算する ②まあじやん台1台につき時間を基礎として計算する		
	全自動台につき		円
	半自動台につき		円
	その他の台につき		円
遊技料金の表示方法			
（ぱちんこ屋及び令第15条に規定する営業のみ記載すること）			
ぱちんこ屋及び令第8条に規定する営業の遊技料金	ぱちんこ遊技機	玉1個	円
	回胴式遊技機	玉1個	円
		メダル1枚	円
	アレンジボール遊技機	玉1個	円
		メダル1枚	円
	じやん球遊技機	玉1個	円
		メダル1枚	円
	その他の遊技機 （　　　）	につき	円
その他の営業の遊技料金	遊技の種類 （　　　）	につき	円
遊技料金の表示方法			
賞品の提供方法			
提供する賞品のうち最も高価なもの			（　　　円）

その2（C）（法第2条第1項第5号の営業）	
料金	
料金の表示方法	
18歳未満の者を客として立ち入らせること	①する　②しない
	①の場合：18歳未満の者を午後10時から翌日の午前6時までの時間において客として立ち入らせることを防止する方法（法第22条第2項の規定に基づき都道府県の条例で、午前6時後午後10時前の時間における18歳未満の者の立入りの禁止又は制限を定めたときは、午後10時から翌日の午前6時までの時間において、及び当該禁止又は制限の内容に基づき、客として立ち入らせることを防止する方法）

備考

1　その1の「提供する飲食物の種類及び提供の方法」欄には、営業において提供する飲食物（酒類を除く。）のうち主なものの種類及びその提供の方法（調理の有無、給仕の方法等）を記載すること。

2　その1の「提供する酒類の種類、提供の方法及び20歳未満の者への酒類の提供を防止する方法」欄には、営業において提供する酒類（ビール、ウイスキー、日本酒等）のうち主なものの種類、その提供の方法（調理の有無、給仕の方法等）及び20歳未満の者への酒類の提供を防止する方法を記載すること。

3　その2（A）は法第2条第1項第1号から第3号までのいずれかの営業について許可を申請する場合に、その2（B）は同項第4号の営業について許可を申請する場合に、その2（C）は同項第5号の営業について許可を申請する場合に使用すること。

4　その2（A）又はその2（C）の「料金」欄には、第34条の表の上欄に掲げる営業の種別に応じ、それぞれ同表の下欄に定める料金を記載すること。

5　その2（A）又はその2（C）の「料金の表示方法」欄には、その2（A）又はその2（C）の「料金」欄に記載した料金を表示する方法が第33条の各号のいずれに該当するかを記載すること。

6　その2（A）の「客の接待をする場合はその内容」欄には、接待の種類（談笑及びお酌、踊り、歌唱、遊戯等の別）及びこれを行う方法（特定少数の客の近くにはべり談笑の相手となる、客と一緒に歌う等）を記載すること。

7　その2（A）の「遊興の内容」欄には、遊興の種類（ダンス、ショー、生演奏、ゲーム等）、これを行う方法（不特定の客に見せる、聞かせる等。カラオケ、楽器等を利用して遊興をさせる場合は、その利用方法。）を記載すること。

8　その2（B）の「遊技料金の表示方法」欄には、その2（B）の「遊技料金」欄又は「ぱちんこ屋及び令第8条に規定する営業の遊技料金」欄若しくは「その他の営業の遊技料金」欄に記載した遊技料金を表示する方法が第33条各号のいずれに該当するかを記載すること。

9　所定の欄に記載し得ないときは、別紙に記載の上、これを添付すること。

10　用紙の大きさは、日本工業規格A4とすること。

別記様式第３号（第10条関係）

第　　　号

営　業　許　可　証

氏名又は名称

営業所の所在地

営業所の名称

風俗営業等の規制及び業務の適正化等に関する法律第２条第１項第　　号の営業を営むことを許可する。

年　　月　　日

公安委員会　㊞

備考
1　「営業許可証」の前の空欄には、営業の種類を記載すること。
2　用紙の大きさは、日本工業規格Ａ４とすること。

別記様式第４号（第10条関係）

（表）

第　　　号

風俗営業管理者証

写真

押出しスタンプ

営業所の名称
営業所の所在地
風俗営業の種類
管理者の住所
管理者の氏名
（　　年　　月　　日生）

年　　月　　日

公安委員会　㊞

54.0
85.6

（裏）

備考	

備考　図示の長さの単位は、ミリメートルとする。

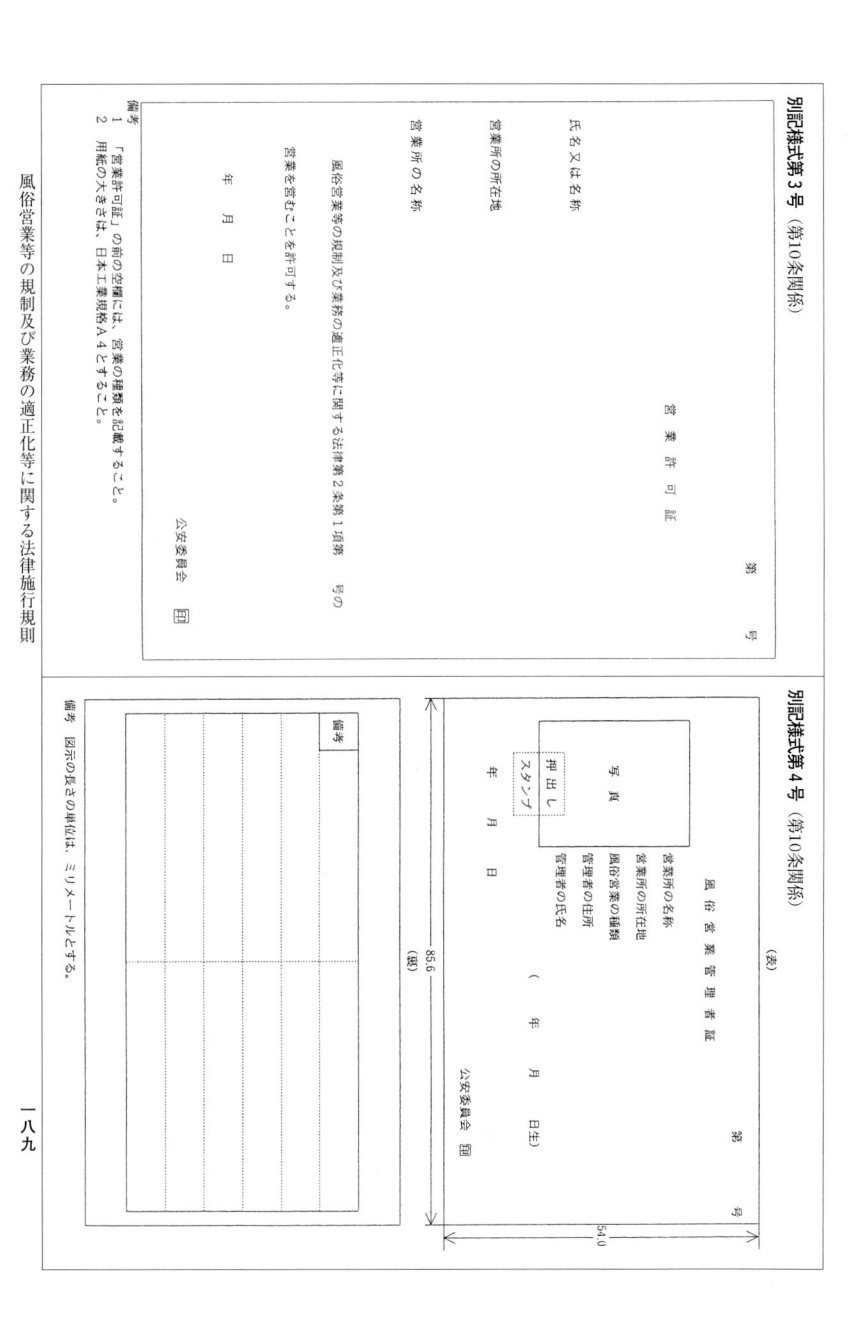

別記様式第５号（第12条、第80条関係）

※受理年月日		※受理番号		※再交付年月日	

許可証再交付申請書

風俗営業等の規制及び業務の適正化等に関する法律第５条第４項（同法第31条の23において準用する場合を含む。）の規定により許可証の再交付を申請します。

年　月　日

公安委員会殿

申請者の氏名又は名称及び住所

㊞

（ふりがな） 氏名又は名称			
住所	〒（　　） （　　）局　番		
（ふりがな） 法人にあつては、その代表者の氏名			
（ふりがな） 営業所の名称			
営業所の所在地	〒（　　） （　　）局　番		
風俗営業の種別	法第２条第１項第　号の営業		
許可年月日	年　月　日	許可番号	
再交付を申請する事由			

備考
1　※印欄には、記載しないこと。
2　申請者は、氏名を記載し及び押印することに代えて、署名することができる。
3　「風俗営業の種別」欄には、風俗営業に係る許可証の再交付を申請する場合のみ記載すること。
4　「再交付を申請する事由」欄には、亡失又は滅失の状況を記載すること。
5　所定の欄に記載し得ないときは、別紙に記載の上、これを添付すること。
6　用紙の大きさは、日本工業規格Ａ４とすること。

別記様式第６号（第13条、第81条関係）

※受理年月日		※受理番号		※相続承認年月日	

相続承認申請書

風俗営業等の規制及び業務の適正化等に関する法律第７条第１項（同法第31条の23において準用する場合を含む。）の規定により相続の承認を申請します。

年　月　日

公安委員会殿

申請者の氏名及び住所

㊞

（ふりがな） 氏名又は名称					
住所	〒（　　） （　　）局　番				
（ふりがな） 営業所の名称					
営業所の所在地	〒（　　） （　　）局　番				
風俗営業の種別	法第２条第１項第　号の営業				
許可年月日	年　月　日	許可番号			
（ふりがな） 被相続人の氏名					
被相続人の住所					
被相続人との続柄		被相続人の死亡年月日	年　月　日		
他の相続人の有無	有　　無				
現に風俗営業許可等又は特定遊興飲食店営業許可等を受けて営む営業	許可年月日	年　月　日	許可番号		
	営業所の名称及び所在地				
※風俗営業の種類					
※同時申請の有無	①有　②無	※受理警察署長			

備考
1　※印欄には、記載しないこと。
2　申請者は、氏名を記載し及び押印することに代えて、署名することができる。
3　「風俗営業の種別」欄には、風俗営業に係る相続の承認を申請する場合のみ記載すること。
4　「他の相続人の有無」欄は、該当する文字を○で囲むこと。
5　「現に風俗営業許可等又は特定遊興飲食店営業許可等を受けて営む営業」欄は、申請に係る営業所以外の営業所において当該申請に係る公安委員会から現に風俗営業許可等又は特定遊興飲食店営業許可等を受けて営んでいる営業で、当該申請の日の直近の日に許可を受けたものについて記載すること。
6　用紙の大きさは、日本工業規格Ａ４とすること。

別記様式第７号（第14条、第82条関係）

※受理年月日		※受理番号		※合併承認年月日	

合併承認申請書

風俗営業等の規制及び業務の適正化等に関する法律第７条の２第１項（同法第31条の23において準用する場合を含む。）の規定により合併の承認を申請します。

年　月　日

公安委員会殿

申請者の名称及び住所　㊞

申請者の名称及び住所　㊞

（ふりがな） 合併後存続し、又は合併により設立される法人の名称	
合併後存続し、又は合併により設立される法人の住所	〒（　　） （　　）局　番
（ふりがな） 営業所の名称	
営業所の所在地	〒（　　） （　　）局　番
風俗営業の種別	法第２条第１項第　号の営業
許可年月日	年　月　日　許可番号
（ふりがな） 合併後消滅する風俗営業者又は特定遊興飲食店営業者たる法人の名称	
合併後消滅する風俗営業者又は特定遊興飲食店営業者たる法人の住所	〒（　　） （　　）局　番
（ふりがな） 合併後消滅する風俗営業者又は特定遊興飲食店営業者たる法人の代表者の氏名	
（ふりがな） 合併後消滅する法人の名称	
合併後消滅する法人の住所	〒（　　） （　　）局　番
（ふりがな） 合併後消滅する法人の代表者の氏名	
合併予定年月日	年　月　日
合併の理由	
※風俗営業の種類	
※同時申請の有無	①有　②無　※受理警察署長

備考
1　※印欄には、記載しないこと。
2　申請者は、氏名を記載し及び押印することに代えて、署名することができる。
3　「風俗営業の種別」欄には、風俗営業に係る合併の承認を申請する場合のみ記載すること。
4　「合併の理由」欄には、合併を必要とする理由を具体的に記載すること。
5　所定の欄に記載し得ないときは、別紙に記載の上、これを添付すること。
6　用紙の大きさは、日本工業規格Ａ４とすること。

別記様式第８号（第15条、第83条関係）

※受理年月日		※受理番号		※分割承認年月日	

分割承認申請書

風俗営業等の規制及び業務の適正化等に関する法律第７条の３第１項（同法第31条の23において準用する場合を含む。）の規定により分割の承認を申請します。

年　月　日

公安委員会殿

申請者の名称及び住所　㊞

申請者の名称及び住所　㊞

（ふりがな） 分割により風俗営業又は特定遊興飲食店営業を承継する法人の名称	
分割により風俗営業又は特定遊興飲食店営業を承継する法人の住所	〒（　　） （　　）局　番
（ふりがな） 営業所の名称	
営業所の所在地	〒（　　） （　　）局　番
風俗営業の種別	法第２条第１項第　号の営業
許可年月日	年　月　日　許可番号
（ふりがな） 分割により風俗営業又は特定遊興飲食店営業を承継させる法人の名称	
分割により風俗営業又は特定遊興飲食店営業を承継させる法人の住所	〒（　　） （　　）局　番
（ふりがな） 分割により風俗営業又は特定遊興飲食店営業を承継させる法人の代表者の氏名	
分割予定年月日	
分割の理由	
※風俗営業の種類	
※同時申請の有無	①有　②無　※受理警察署長

備考
1　※印欄には、記載しないこと。
2　「風俗営業の種別」欄には、風俗営業に係る分割の承認を申請する場合のみ記載すること。
3　「分割の理由」欄には、分割を必要とする理由を具体的に記載すること。
4　不要の文字は、横線で消すこと。
5　所定の欄に記載し得ないときは、別紙に記載の上、これを添付すること。
6　用紙の大きさは、日本工業規格Ａ４とすること。

別記様式第９号（第17条、第22条、第85条、第90条関係）

※受理年月日		※受理番号		※書換え年月日	

許可証書換え申請書

風俗営業等の規制及び業務の適正化等に関する法律 第７条第５項（同法第７条の２第３項又は第７条の３第３項において準用する場合を含む。）（同法第31条の23において準用する場合を含む。）／第９条第４項（同法第31条の23において準用する場合を含む。）の規定により許可証の書換えを申請します。

年　月　日

公安委員会殿

申請者の氏名又は名称及び住所

㊞

（ふりがな） 氏名又は名称	
住所	〒（　　） （　　）局　番
（ふりがな） 法人にあつては、その代表者の氏名	
（ふりがな） 営業所の名称	
営業所の所在地	〒（　　） （　　）局　番
風俗営業の種別	法第２条第１項第　号の営業
許可年月日	年　月　日　許可番号
相続承認年月日	年　月　日
合併承認年月日	年　月　日
分割承認年月日	年　月　日
書換え事項	
書換えの事由	

備考

1　※印欄には、記載しないこと。
2　申請者は、氏名を記載し及び押印することに代えて、署名することができる。
3　「風俗営業の種別」欄には、風俗営業に係る許可証の書換えを申請する場合のみ記載すること。
4　不要の文字は、横線で消すこと。
5　所定の欄に記載し得ないときは、別紙に記載の上、これを添付すること。
6　用紙の大きさは、日本工業規格Ａ４とすること。

別記様式第10号（第19条、第87条関係）

※受理年月日		※受理番号		※変更承認年月日	

変更承認申請書

風俗営業等の規制及び業務の適正化等に関する法律第９条第１項（同法第20条第10項又は第31条の23において準用する場合を含む。）の規定により変更の承認を申請します。

年　月　日

公安委員会殿

申請者の氏名又は名称及び住所

㊞

（ふりがな） 氏名又は名称		
住所	〒（　　） （　　）局　番	
（ふりがな） 法人にあつては、その代表者の氏名		
（ふりがな） 営業所の名称		
営業所の所在地	〒（　　） （　　）局　番	
風俗営業の種別	法第２条第１項第　号の営業	
許可年月日	年　月　日	許可番号
変更事項	新	旧
変更の事由		

備考

1　※印欄には、記載しないこと。
2　申請者は、氏名を記載し及び押印することに代えて、署名することができる。
3　「風俗営業の種別」欄には、風俗営業に係る構造又は設備の変更の承認を申請する場合のみ記載すること。
4　所定の欄に記載し得ないときは、別紙に記載の上、これを添付すること。
5　用紙の大きさは、日本工業規格Ａ４とすること。

別記様式第11号（第20条、第21条、第88条、第89条関係）

※受理年月日		※受理番号	

変　更　届　出　書

風俗営業等の規制及び業務の適正化等に関する法律第9条第3項第1号／第9条第3項第2号／第9条第5項（同法第20条第10項又は第31条の23において準用する場合を含む。）の規定により届出をします。

年　月　日

公安委員会殿

届出者の氏名又は名称及び住所　㊞

（ふりがな） 氏名又は名称			
住所	〒（　　） （　　）局　番		
（ふりがな） 法人にあつては、その代表者の氏名			
（ふりがな） 営業所の名称			
営業所の所在地	〒（　　） （　　）局　番		
風俗営業の種別	法第2条第1項第　号の営業		
許可年月日	年　月　日	許可番号	
認定年月日	年　月　日	認定番号	
変更事項	変更年月日	新	旧
変更の事由			

備考
1　※印欄には、記載しないこと。
2　届出者は、氏名を記載し及び押印することに代えて、署名することができる。
3　「風俗営業の種別」欄には、風俗営業に係る構造又は設備の変更を届け出る場合のみ記載すること。
4　「変更事項」欄には、変更年月日ごとに区分して記載すること。
5　不要の文字は、横線で消すこと。
6　所定の欄に記載し得ないときは、別紙に記載の上、これを添付すること。
7　用紙の大きさは、日本工業規格A4とすること。

別記様式第12号（第23条、第26条、第91条、第94条関係）

※受理年月日		※受理番号	

返　納　理　由　書

風俗営業等の規制及び業務の適正化等に関する法律第10条第1項／第10条第3項／第10条の2第7項／第10条の2第9項（同法第31条の23において準用する場合を含む。）の規定により許可証／認定証を返納します。

年　月　日

公安委員会殿

返納者の氏名又は名称及び住所　㊞

（ふりがな） 氏名又は名称			
住所	〒（　　） （　　）局　番		
（ふりがな） 法人にあつては、その代表者の氏名			
（ふりがな） 営業所の名称			
営業所の所在地	〒（　　） （　　）局　番		
風俗営業の種別	法第2条第1項第　号の営業		
許可年月日	年　月　日	許可番号	
認定年月日	年　月　日	認定番号	
返納理由発生年月日	年　月　日		
返納理由			

備考
1　※印欄には、記載しないこと。
2　返納者は、氏名を記載し及び押印することに代えて、署名することができる。
3　「風俗営業の種別」欄には、風俗営業に係る許可証又は認定証を返納する場合のみ記載すること。
4　「返納理由発生年月日」欄及び「返納理由」欄以外の欄には、返納しようとする許可証又は認定証に係る者に関する事項を記載すること。
5　「返納理由」欄には、法第10条第1項各号若しくは第3項各号又は法第10条の2第7項各号若しくは第9項各号（これらの規定を法第31条の23において準用する場合を含む。）に規定されている事由（法第10条第1項第1号及び法第10条の2第7項第1号（これらの規定を法第31条の23において準用する場合を含む。）の廃止に係る場合にあつては、営業譲渡、営業の方法の変更、営業所の取壊し等の具体的内容を含む。）を記載すること。
6　不要の文字は、横線で消すこと。
7　所定の欄に記載し得ないときは、別紙に記載の上、これを添付すること。
8　用紙の大きさは、日本工業規格A4とすること。

別記様式第13号（第25条関係）

その1	※受理年月日		※認定年月日	
	※受理番号		※認定番号	

認　定　申　請　書

風俗営業等の規制及び業務の適正化等に関する法律第10条の２第２項の規定により認定を申請します。

年　月　日

公安委員会殿

申請者の氏名又は名称及び住所　㊞

（ふりがな） 氏名又は名称			
住所	〒（　　） （　　）局　番		
（ふりがな） 法人にあつては、その代表者の氏名			
（ふりがな） 営業所の名称			
営業所の所在地	〒（　　） （　　）局　番		
風俗営業の種別	法第２条第１項第　号の営業		
許可年月日	年　月　日	許可番号	
相続承認年月日	年　月　日		
合併承認年月日	年　月　日		

その２（A）（法第２条第１項第１号から第３号までの営業）

営業所の構造及び設備の概要	建物の構造			
	建物内の営業所の位置			
	客室数	室	営業所の床面積	㎡
	客室の総床面積			㎡
	各客室の床面積	㎡		㎡
		㎡		㎡
	照明設備			
	音響設備			
	防音設備			
	その他			
※風俗営業の種類				
※兼業				
※同時申請の有無	①有　②無	※受理警察署長		

その２（Ｂ）（法第２条第１項第４号の営業）

営業所の構造及び設備の概要	建物の構造							
	建物内の営業所の位置							
	客室数		室	営業所の床面積				㎡
	客室の総床面積	㎡	各客室の床面積	㎡	㎡			
				㎡	㎡			
	照明設備							
	音響設備							
	防音設備							
	遊技設備	まあじやん台の台数	普通　台	半自動　台	全自動　台	計		
			台	台	台	台		
		その他の遊技設備						
	その他							
※	風俗営業の種類							
※	兼業							
※	同時申請の有無	①　有　　②　無	※　受理警察署長					

その２（Ｃ）（法第２条第１項第５号の営業）

営業所の構造及び設備の概要	建物の構造						
	建物内の営業所の位置						
	客室数		室	営業所の床面積		㎡	
	客室の総床面積	㎡	各客室の床面積	㎡	㎡		
				㎡	㎡		
	照明設備						
	音響設備						
	防音設備						
	法第二条第一項第五号の営業に係る遊技設備	区分	テーブル型	その他の型	計		
		スロットマシン等	台	台	台		
		テレビゲーム機	台	台	台		
		フリッパーゲーム機	台	台	台		
		ルーレット台等	台	台	台		
		その他の遊技設備	台	台	台		
		計	台	台	台		
	その他						
※	風俗営業の種類						
※	兼業						
※	同時申請の有無	①　有　　②　無	※　受理警察署長				

備考
1　※印欄には、記載しないこと。
2　申請者は、氏名を記載し及び押印することに代えて、署名することができる。
3　その２（Ａ）は法第２条第１項第１号から第３号までのいずれかの営業について認定を申請する場合に、その２（Ｂ）は同項第４号の営業について認定を申請する場合に、その２（Ｃ）は同項第５号の営業について認定を申請する場合に使用すること。

4　「建物の構造」欄には、木造家屋にあつては平家建て又は二階建て等の別を、木造以外の家屋にあつては鉄骨鉄筋コンクリート造、鉄筋コンクリート造、鉄骨造、れんが造又はコンクリートブロック造の別及び階数（地階を含む。）の別を記載すること。
5　「建物内の営業所の位置」欄には、営業所の位置する階の別及び当該階の全部又は一部の使用の別を記載すること。
6　「照明設備」欄には、照明設備の種類、仕様、基数、設置位置等を記載すること。
7　「音響設備」欄には、音響設備の種類、仕様、台数、設置位置等を記載すること。
8　「防音設備」欄には、防音設備の種類、仕様等を記載すること。
9　「その他」欄には、出入口の数、間仕切りの位置及び数、装飾その他の設備の概要等を記載すること。
10　法第２条第１項第３号の営業にあつては、その２（A）の「各客室の床面積」欄には、各客席の床面積を記載すること。
11　その２（B）の「その他の遊技設備」欄には、まあじやん台及び法第４条第４項に規定する営業に係る遊技機以外の遊技設備について、その種類、型式及び台数を記載すること。
12　その２（C）の「スロットマシン等」欄には、スロットマシンのほか、メダルゲーム機について記載すること。
13　所定の欄に記載し得ないときは、別紙に記載の上、これを添付すること。
14　用紙の大きさは、日本工業規格Ａ４とすること。

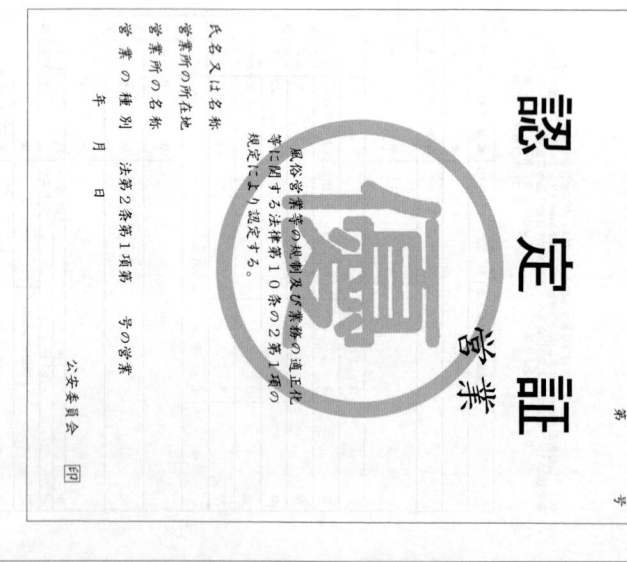

別記様式第14号（第26条関係）

第　　号

認　定　証

営業

風俗営業等の規制及び業務の適正化等に関する法律第１０条の２第１項の規定により認定する。

氏名又は名称

営業所の所在地

営業所の名称

営業の種別　法第２条第１項第　　号の営業

年　月　日

公安委員会　印

備考
1　「営業」の前の空欄には、営業の種類を記載すること。
2　「㊝」の色彩は橙色、「認定証」の文字の色彩は藍色、その他の文字の色彩は黒色、地の色彩は淡黄色とすること。
3　用紙の大きさは、日本工業規格Ａ４とすること。

別記様式第15号（第26条、第94条関係）

※受理年月日		※受理番号		※再交付年月日	

認定証再交付申請書

風俗営業等の規制及び業務の適正化等に関する法律第10条の２第５項（同法第31条の23において準用する場合を含む。）の規定により認定証の再交付を申請します。

年　月　日

公安委員会殿

申請者の氏名又は名称及び住所

㊞

（ふりがな） 氏名又は名称			
住所	〒（　　　） （　　）　局　番		
（ふりがな） 法人にあつては、その代表者の氏名			
（ふりがな） 営業所の名称			
営業所の所在地	〒（　　　） （　　）　局　番		
風俗営業の種別	法第２条第１項第　号の営業		
許可年月日	年　月　日	許可番号	
認定年月日	年　月　日	認定番号	
再交付を申請する事由			

備考
1　※印欄には、記載しないこと。
2　申請者は、氏名を記載し及び押印することに代えて、署名することができる。
3　「風俗営業の種別」欄には、風俗営業に係る認定証の再交付を申請する場合のみ記載すること。
4　「再交付を申請する事由」欄には、亡失又は滅失の状況を記載すること。
5　所定の欄に記載し得ないときは、別紙に記載の上、これを添付すること。
6　用紙の大きさは、日本工業規格Ａ４とすること。

別記様式第16号（第40条関係）

第　　号

管理者講習通知書

風俗営業等の規制及び業務の適正化等に関する法律第24条第６項に規定する講習を下記のとおり実施するので通知する。

年　月　日

住所

殿

公安委員会 ㊞

管理者の氏名	
管理者の住所	
営業所の名称	
営業所の所在地	
講習の種別	
風俗営業の種類	
講習を行う日時	
講習を行う場所	
備考	

備考
1　管理者は、受講の際には、この通知書及び風俗営業管理者証を持参してください。
2　営業者は、やむを得ない事由により当該管理者に受講させることができないときは、その理由、当該管理者の氏名及び住所並びに営業所の名称及び所在地を講習の10日前までに
に書面により連絡してください。

備考
用紙の大きさは、縦14.5センチメートル、横9.5センチメートルとすること。

別記様式第17号（第41条関係）

その1

※受理年月日		※交付年月日	
※受理番号		※交付番号	

店舗型性風俗特殊営業営業開始届出書

風俗営業等の規制及び業務の適正化等に関する法律第27条第1項の規定により届出をします。

年　月　日

公安委員会殿

届出者の氏名又は名称及び住所　㊞

（ふりがな） 氏名又は名称		
住所		〒（　） （　）局　番
本籍・国籍		
生年月日		年　月　日生
その代表者	法人にあっては、（ふりがな） 氏名	
	住所	〒（　） （　）局　番
	本籍・国籍	
	生年月日	年　月　日生
（ふりがな） 営業所の名称		
営業所の所在地		〒（　） （　）局　番
店舗型性風俗特殊営業の種別		法第2条第6項第　号の営業

その2

営業所の構造及び設備の概要	建物の構造				
	建物内の営業所の位置				
	個室等の数	室	営業所の床面積		㎡
	個室等の総床面積	㎡	各個室等の床面積	㎡	㎡
				㎡	㎡
	令第2条第2号の興行場に係る個室の隣室又はこれに類する施設の床面積				㎡
	その他				
営業所における業務の実施を統括管理する者	（ふりがな） 氏名				
	住所	〒（　） （　）局　番			
	本籍・国籍				
	生年月日	年　月　日生			
営業を開始しようとする年月日		年　月　日			
※地区		①禁止地区内		②禁止地区外	

備考
1　※印欄には、記載しないこと。
2　届出者は、氏名を記載し及び押印することに代えて、署名することができる。
3　「本籍・国籍」欄には、日本国籍を有する者は本籍を、日本国籍を有しない者は国籍を記載すること。
4　「建物の構造」欄には、木造家屋にあつては平家建て又は二階建て等の別を、木造以外の家屋にあつては鉄骨鉄筋コンクリート造、鉄筋コンクリート造、鉄骨造、れんが造又はコンクリートブロック造の別及び階数（地階を含む。）の別を記載すること。
5　「建物内の営業所の位置」欄には、営業所の位置する階の別及び当該階の全部又は一部の使用の別を記載すること。
6　「個室等の数」欄、「個室等の総床面積」欄及び「各個室等の床面積」欄には、法第２条第６項第１号、第２号及び第４号の営業にあつては個室について、同項第３号の営業にあつては客が在室することとなる個室又は客席について、同項第５号の営業にあつては当該物品を販売し、又は貸し付ける場所について、同項第６号の営業のうち面会の申込みを取り次ぐものにあつては異性が姿態を見せる場所及び異性の姿態又はその画像を見る場所について、同号の営業のうち面会する機会を提供するものにあつては面会する場所について記載すること。
7　「その他」欄には、次の事項を記載すること。
(1)　法第２条第６項第１号及び第２号の営業にあつては、個室の構造及び設備の概要等
(2)　法第２条第６項第３号の営業にあつては、個室、客席、舞台等の構造及び設備の概要等
(3)　法第２条第６項第４号の営業にあつては、施設の概要（食堂（調理室を含む。）及びロビーの床面積を含む。）、個室の構造及び設備の概要等
(4)　法第２条第６項第６号の営業のうち面会の申込みを取り次ぐものにあつては異性が姿態を見せる場所及び異性の姿態又はその画像を見る場所の、同号の営業のうち面会する機会を提供するものにあつては面会する場所の構造及び設備の概要等
8　所定の欄に記載し得ないときは、別紙に記載の上、これを添付すること。
9　用紙の大きさは、日本工業規格Ａ４とすること。

別記様式第18号（第42条、第64条、第104条関係）

※受理年月日		※受理番号	

廃　止　届　出　書

風俗営業等の規制及び業務の適正化等に関する法律第27条第２項／第33条第２項（同法第31条の12第２項において準用する場合を含む。）の規定により届出をします。

年　月　日

公安委員会殿

届出者の氏名又は名称及び住所　㊞

（ふりがな） 氏名又は名称			
住所	〒（　　） （　　）局　番		
（ふりがな） 法人にあつては、その代表者の氏名			
（ふりがな） 営業所の名称			
営業所の所在地	〒（　　） （　　）局　番		
営業の種別		廃止年月日	年　月　日
廃止の事由			

備考
1　※印欄には、記載しないこと。
2　届出者は、氏名を記載し及び押印することに代えて、署名することができる。
3　「廃止の事由」欄には、廃止の理由となつた事実を具体的に記載すること。
4　不要の文字は、横線で消すこと。
5　所定の欄に記載し得ないときは、別紙に記載の上、これを添付すること。
6　用紙の大きさは、日本工業規格Ａ４とすること。

別記様式第19号（第42条、第64条、第104条関係）

※受理年月日		※受理番号	

変　更　届　出　書

風俗営業等の規制及び業務の適正化等に関する法律 第27条第２項（同法第31条の12第２項において準用する場合を含む。）／第33条第２項 の規定により届出をします。

年　　月　　日

公安委員会殿

届出者の氏名又は名称及び住所

㊞

（ふりがな） 氏名又は名称			
住所	〒（　　　） （　　）　局　番		
（ふりがな） 法人にあつては、その代表者の氏名			
（ふりがな） 営業所の名称			
営業所の所在地	〒（　　　） （　　）　局　番		
営業の種別		変更年月日	年　月　日
変更事項	新	旧	
変更の事由			

備考
1　※印欄には、記載しないこと。
2　届出者は、氏名を記載し及び押印することに代えて、署名することができる。
3　不要の文字は、横線で消すこと。
4　所定の欄に記載し得ないときは、別紙に記載の上、これを添付すること。
5　用紙の大きさは、日本工業規格Ａ４とすること。

別記様式第20号（第43条関係）

その１

営業の方法
（店舗型性風俗特殊営業）

氏名又は名称		
営業所の名称		
営業所の所在地		
店舗型性風俗特殊営業の種別	法第２条第６項第　号の営業	
営業時間		午前／午後　時　分から　午前／午後　時　分まで
広告又は宣伝の態様	広告又は宣伝の方法	①　広告物の表示　（場所：　　　） ②　新聞・雑誌　（広告の頻度：　　　） ③　インターネット（ＵＲＬ：　　　） ④　割引券、ビラ等の頒布（場所：　　　） ⑤　その他　（　　　） ⑥　広告又は宣伝はしない
	広告又は宣伝をするときに１８歳未満の者の立入禁止を明らかにする方法	
営業所の入口における18歳未満の者の立入禁止の表示方法		
日本国籍を有しない者を従業者として使用すること		①する　②しない ①の場合：その者の従事する業務の内容（具体的に）
18歳未満の者を従業者として使用すること		①する　②しない ①の場合：その者の従事する業務の内容（具体的に）

その2	
酒類の提供	①する　②しない
	①の場合：提供する酒類の種類、提供の方法及び20歳未満の者への酒類の提供を防止する方法
役務提供の態様	
当該営業所において他の営業を兼業すること	①する　②しない
	①の場合：当該兼業する営業の内容

備考
1　「広告又は宣伝の方法」欄には、広告又は宣伝を行う予定がある場合、その媒体及び各媒体ごとに必要な事項を記載すること。
2　「提供する酒類の種類、提供の方法及び20歳未満の者への酒類の提供を防止する方法」欄には、営業において提供する酒類（ビール、ウイスキー、日本酒等）のうち主なものの種類、その提供の方法（調理の有無、給仕の方法等）及び20歳未満の者への酒類の提供を防止する方法を記載すること。
3　「役務提供の態様」欄には、次の事項を記載すること。
(1)　法第2条第6項第1号又は第2号の営業にあつては、異性の客に接触する役務の種類（身体を洗うか否かの別、マッサージをするか否かの別等）
(2)　法第2条第6項第3号の営業にあつては、興行の種類（令第2条各号のいずれに該当するかの別）
(3)　法第2条第6項第4号の営業にあつては、施設等の種類（令第3条各項各号のいずれに該当するかの別）、宿泊者名簿の記載、宿泊の料金の受渡し及び客室の鍵の授受を行う場所等
(4)　法第2条第6項第5号の営業にあつては、販売又は貸付けの別、物品の種類（令第4条各号のいずれに該当するかの別）等
(5)　法第2条第6項第6号の営業にあつては、異性を紹介する方法（面会の申込みを取り次ぐか又は面会する機会を提供するかの別（面会の申込みを取り次ぐ場合にあつては、異性の姿態又はその画像のいずれを見せるかの別を含む。））等
4　所定の欄に記載し得ないときは、別紙に記載の上、これを添付すること。
5　用紙の大きさは、日本工業規格A4とすること。

別記様式第21号（第44条関係）

第　　号

店舗型性風俗特殊営業届出確認書

下記の営業については、　　年　　月　　日付けで風俗営業等の規制及び業務の適正化等に関する法律第27条第1項/第2項の規定により届出書を提出したことを確認する。

法第27条第1項の届出書を提出した年月日	年　　月　　日
氏名又は名称（法人にあつては、代表者の氏名）	
営業所の名称	
営業所の所在地	
店舗型性風俗特殊営業の種別	法第2条第6項第　　号の営業
統括管理者の氏名	

年　　月　　日

公安委員会　印

備考
1　平成18年5月1日より前に法第27条第1項の届出書を提出して店舗型性風俗特殊営業を営んでいる者については、「法第27条第1項の届出書を提出した年月日」欄に当該届出書を提出した年月日を記載し、「　年　月　日付けで」の部分には、風俗営業等の規制及び業務の適正化等に関する法律の一部を改正する法律（平成17年法律第119号）附則第3条第2項の規定により新法第27条第1項の届出書を提出したものとみなされる日を記載すること。
2　「営業所の所在地」欄には、当該営業所が入居する建物の名称及び当該営業所の建物内の位置についても記載すること。
3　不要の文字は、横線で消すこと。
4　用紙の大きさは、日本工業規格A4とすること。

別記様式第22号（第44条、第55条、第66条関係）

第　　号

届出確認書不交付通知書

　　年　　月　　日付けで届出のあつた下記の営業については、届出確認書を交付することができないので、風俗営業等の規制及び業務の適正化等に関する法律施行規則第44条第２項（第55条第２項及び第66条第２項において準用する場合を含む。）の規定により通知する。

年　　月　　日

住所

殿

公安委員会 ㊞

（ふりがな） 氏名又は名称	
営業所又は受付所の所在地	〒（　　　） （　　）　局　番
（ふりがな） 営業所の名称又は広告若しくは宣伝をする場合に使用する呼称	
交付できない理由	上記営業所又は受付所が、風俗営業等の規制及び業務の適正化等に関する法律又はこれに基づく条例の規定により営業を営んではならないこととされる区域又は地域に所在するため。 注）この規定に違反した者は、２年以下の懲役若しくは200万円以下の罰金に処し、又はこれを併科する。

備考
1　受付所を複数設ける旨の届出書の提出があつた場合においては、「営業所又は受付所の所在地」欄には、受付所営業を営んではならないこととされる区域又は地域に所在する受付所のみを記入すること。
2　不要の文字は、横線で消すこと。
3　用紙の大きさは、日本工業規格Ａ４とすること。

別記様式第23号（第45条、第55条、第61条、第66条、第72条関係）

※受理年月日		※受理番号		※交付年月日	

届出確認書再交付申請書

風俗営業等の規制及び業務の適正化等に関する法律施行規則第45条（第55条第２項、第61条第２項、第66条第２項及び第72条第２項において準用する場合を含む。）の規定により届出確認書の再交付を申請します。

年　　月　　日

公安委員会殿

申請者の氏名又は名称及び住所

㊞

再交付を受けようとする届出確認書の種別	※店舗型性風俗特殊営業及び無店舗型性風俗特殊営業にあつては、当該営業の種別（法第２条第　　項　　号の営業）	
（ふりがな） 氏名又は名称		
住所	〒（　　　） （　　）　局　番	
（ふりがな） 法人にあつては、その代表者の氏名		
（ふりがな） 営業所の名称又は広告若しくは宣伝をする場合に使用する呼称	1	
	2	
	3	
営業所又は事務所の所在地	〒（　　　） （　　）　局　番	
届出確認書交付年月日		
再交付を申請する事由		

備考
1　※印欄には、記載しないこと。
2　申請者は、氏名を記載し及び押印することに代えて、署名することができる。
3　「再交付を申請する事由」欄には、亡失又は滅失の状況を記載すること。
4　所定の欄に記載し得ないときは、別紙に記載の上、これを添付すること。
5　用紙の大きさは、日本工業規格Ａ４とすること。

別記様式第24号（第50条、第51条、第57条、第68条関係）

※受理年月日		※受理番号		※除去年月日	

標章除去申請書

風俗営業等の規制及び業務の適正化等に関する法律第31条第2項（第31条の5第3項及び第31条の6第3項において準用する場合を含む。）／第31条第3項（第31条の5第3項及び第31条の6第3項において準用する場合を含む。）／第31条の16第2項／第31条の16第3項の規定により標章の取り除きを申請します。

年　月　日

公安委員会殿

申請者の氏名又は名称及び住所　㊞

（ふりがな） 氏名又は名称	
住所	〒（　　） （　　）局　番
（ふりがな） 法人にあつては、その代表者の氏名	
被処分者の氏名又は名称及び住所	
処分に係る営業所の名称及び所在地	
営業の種別	
営業の停止の期間	年　月　日から 年　月　日まで
申請理由	

備考
1　※印欄には、記載しないこと。
2　申請者は、氏名を記載し及び押印することに代えて、署名することができる。
3　「申請理由」欄には、法第31条第2項各号（第31条の5第3項及び第31条の6第3項において準用する場合を含む。）、同条第3項（第31条の5第3項及び第31条の6第3項において準用する場合を含む。）、法第31条の16第2項各号又は同条第3項のいずれに該当するかが明確に分かるように記載すること。
4　不要の文字は、横線で消すこと。
5　所定の欄に記載し得ないときは、別紙に記載の上、これを添付すること。
6　用紙の大きさは、日本工業規格A4とすること。

別記様式第25号（第52条関係）

その1

※受理年月日		※交付年月日	
※受理番号		※交付番号	

無店舗型性風俗特殊営業営業開始届出書

風俗営業等の規制及び業務の適正化等に関する法律第31条の2第1項の規定により届出をします。

年　月　日

公安委員会殿

届出者の氏名又は名称及び住所　㊞

（ふりがな） 氏名又は名称		
住所		〒（　　） （　　）局　番
本籍・国籍		
生年月日		年　月　日生
その代表者法人にあつては、	（ふりがな） 氏名	
	住所	〒（　　） （　　）局　番
	本籍・国籍	
	生年月日	年　月　日生
（ふりがな） 広告又は宣伝をする場合に使用する呼称		1
		2
		3
		4
事務所の所在地		〒（　　） （　　）局　番
無店舗型性風俗特殊営業の種別		法第2条第7項第　号の営業

その２

客の依頼を受ける方法		
客の依頼を受けるための電話番号その他の連絡先		
受付所	所在地	〒（　　） （　）局　番
	建物の構造	
	建物内の受付所の位置	
待機所	所在地	〒（　　） （　）局　番
	建物内の待機所の位置	
	待機所としての専用状況	
営業を開始しようとする年月日		年　月　日

備考
1　※印欄には、記載しないこと。
2　届出者は、氏名を記載し及び押印することに代えて、署名することができる。
3　「本籍・国籍」欄には、日本国籍を有する者は本籍を、日本国籍を有しない者は国籍を記載すること。
4　「広告又は宣伝をする場合に使用する呼称」欄には、当該営業につき広告又は宣伝をする場合に当該営業を示すものとして使用する呼称（当該呼称が２以上ある場合にあつては、それら全部の呼称）を記載すること。
5　「事務所の所在地」欄には、営業の本拠となる事務所（事務所のない者にあつては、住所）の所在地を記載すること。
6　「客の依頼を受ける方法」欄には、客の依頼を受ける方法を全て記載すること。
7　「客の依頼を受けるための電話番号その他の連絡先」欄には、客の依頼を受ける方法に応じ、その連絡先となる電話番号、郵便の宛先、振込口座、ＵＲＬ等の事項を全て記載すること。
8　「建物の構造」欄には、木造家屋にあつては平家建て又は二階建て等の別を、木造以外の家屋にあつては鉄骨鉄筋コンクリート造、鉄筋コンクリート造、鉄骨造、れんが造又はコンクリートブロック造の別及び階数（地階を含む。）の別を記載すること。
9　「受付所」、「待機所」欄中の「建物内の受付所の位置」及び「建物内の待機所の位置」欄には、受付所又は待機所の位置する階の別及び当該階の全部又は一部の使用の別を記載すること。
10　「待機所」欄中の「待機所としての専用状況」欄には、当該待機所を営業以外の用途で使用しているかどうかについて記載すること。他の用途に使用している場合は、その内容について具体的に記載すること。
11　所定の欄に記載し得ないときは、別紙に記載の上、これを添付すること。
12　用紙の大きさは、日本工業規格Ａ４とすること。

別記様式第26号（第53条、第59条、第70条関係）

※受理年月日		※受理番号	

廃止届出書

風俗営業等の規制及び業務の適正化等に関する法律第31条の２第２項（同法第31条の７第２項及び第31条の17第２項において準用する場合を含む。）の規定により届出をします。

年　月　日

公安委員会殿

届出者の氏名又は名称及び住所　㊞

（ふりがな） 氏名又は名称			
住所	〒（　　） （　）局　番		
（ふりがな） 法人にあつては、その代表者の氏名			
（ふりがな） 広告又は宣伝をする場合に使用する呼称			
事務所の所在地	〒（　　） （　）局　番		
営業の種別		廃止年月日	年　月　日
廃止の事由			

備考
1　※印欄には、記載しないこと。
2　届出者は、氏名を記載し及び押印することに代えて、署名することができる。
3　「広告又は宣伝をする場合に使用する呼称」欄には、当該営業につき広告又は宣伝をする場合に当該営業を示すものとして使用する呼称（当該呼称が２以上ある場合にあつては、それら全部の呼称）を記載すること。
4　「事務所の所在地」欄には、営業の本拠となる事務所（事務所のない者にあつては、住所）の所在地を記載すること。
5　「廃止の事由」欄には、廃止の理由となつた事実を具体的に記載すること。
6　所定の欄に記載し得ないときは、別紙に記載の上、これを添付すること。
7　用紙の大きさは、日本工業規格Ａ４とすること。

別記様式第27号（第53条、第59条、第70条関係）

その1	※受理年月日		※受理番号	

変　更　届　出　書

風俗営業等の規制及び業務の適正化等に関する法律第31条の２第２項（同法第31条の７第２項及び第31条の17第２項において準用する場合を含む。）の規定により届出をします。

年　月　日

公安委員会殿

届出者の氏名又は名称及び住所　㊞

（ふりがな） 氏名又は名称			
住所	〒（　　） （　　）局　番		
（ふりがな） 法人にあつては、その代表者の氏名			
（ふりがな） 広告又は宣伝をする場合に使用する呼称			
事務所の所在地	〒（　　） （　　）局　番		
営業の種別		変更年月日	年　月　日

変更事項	新	旧

その2		
受付所の新設	所在地	
	建物の構造	
	建物内の受付所の位置	
待機所の新設	所在地	
	建物内の待機所の位置	
	待機所としての専用状況	
変更の事由		

備考

1　※印欄には、記載しないこと。

2　届出者は、氏名を記載し及び押印することに代えて、署名することができる。

3　「広告又は宣伝をする場合に使用する呼称」欄には、当該営業につき広告又は宣伝をする場合に当該営業を示すものとして使用する呼称（当該呼称が２以上ある場合にあつては、それら全部の呼称）を記載すること。

4　「事務所の所在地」欄には、営業の本拠となる事務所（事務所のない者にあつては、住所）の所在地を記載すること。

5　無店舗型性風俗特殊営業について、受付所、待機所を新たに設ける場合には、「受付所の新設」、「待機所の新設」欄に必要な事項を記載すること。

6　「受付所の新設」欄中の「建物の構造」欄には、木造家屋にあつては平家建て又は二階建て等の別を、木造以外の家屋にあつては鉄骨鉄筋コンクリート造、鉄筋コンクリート造、鉄骨造、れんが造又はコンクリートブロック造の別及び階数（地階を含む。）の別を記載すること。

7　「受付所の新設」、「待機所の新設」欄中の「建物内の受付所の位置」及び「建物内の待機所の位置」欄には、受付所又は待機所の位置する階の別及び当該階の全部又は一部の使用の別を記載すること。

8　「待機所の新設」欄中の「待機所としての専用状況」欄には、当該待機所を営業以外の用途で使用しているかどうかについて記載すること。他の用途に使用している場合は、その内容について具体的に記載すること。

9　所定の欄に記載し得ないときは、別紙に記載の上、これを添付すること。

10　用紙の大きさは、日本工業規格Ａ４とすること。

別記様式第28号（第54条関係）

その１

営業の方法
（無店舗型性風俗特殊営業）

氏名又は名称		
広告又は宣伝をする場合に使用する呼称		
事務所の所在地		
無店舗型性風俗特殊営業の種別	法第２条第７項第　号の営業	
広告又は宣伝の態様	広告又は宣伝の方法	①する　②しない ① 広告物の表示　（場所：　） ② 新聞・雑誌　（広告の頻度：　） ③ インターネット（ＵＲＬ：　） ④ 割引券、ビラ等の頒布（場所：　） ⑤ その他　（　） ⑥ 広告又は宣伝はしない
	広告又は宣伝をするときに１８歳未満の者の利用禁止を明らかにする方法	
日本国籍を有しない者を従業者として使用すること		①する　②しない ①の場合：その者の従事する業務の内容（具体的に）
18歳未満の者を従業者として使用すること		①する　②しない ①の場合：その者の従事する業務の内容（具体的に）
役務提供の態様		

その２（法第２条第７項第１号の営業を営む場合において、受付所を設ける場合）

営業時間	午前／午後　時　分から　午前／午後　時　分まで
受付所の入口における18歳未満の者の立入禁止の表示方法	
酒類の提供	①する　②しない ①の場合：提供する酒類の種類、提供の方法及び20歳未満の者への酒類の提供を防止する方法
受付所において他の営業を兼業すること	①する　②しない ①の場合：当該兼業する営業の内容

備考
1　「広告又は宣伝の方法」欄には、広告又は宣伝を行う予定がある場合、その媒体及び各媒体ごとに必要な事項を記載すること。
2　「役務提供の態様」欄には、次の事項を記載すること。
(1)　法第２条第７項第１号の営業にあつては、異性の客に接触する役務の種類（身体を洗うか否かの別、マッサージをするか否かの別等）
(2)　法第２条第７項第２号の営業にあつては、販売又は貸付けの別、物品の種類（令第４条各号のいずれに該当するかの別）等
3　「提供する酒類の種類、提供の方法及び20歳未満の者への酒類の提供を防止する方法」欄には、営業において提供する酒類（ビール、ウイスキー、日本酒等）のうち主なものの種類、その提供の方法（調理の有無、給仕の方法等）及び20歳未満の者への酒類の提供を防止する方法を記載すること。
4　所定の欄に記載し得ないときは、別紙に記載の上、これを添付すること。
5　用紙の大きさは、日本工業規格Ａ４とすること。

別記様式第29号（第55条関係）

第　　号

無店舗型性風俗特殊営業届出確認書

下記の営業については、　　年　　月　　日付けで風俗営業等の規制及び業務の適正化等に関する法律第31条の２第１項／第２項の規定により届出書を提出したことを確認する。

法第31条の２第１項の届出書を提出した年月日	年　　月　　日
氏名又は名称（法人にあつては、代表者の氏名）	
広告又は宣伝をする場合に使用する呼称	
事務所の所在地	
無店舗型性風俗特殊営業の種別	法第２条第７項第　　号の営業
客の依頼を受ける方法	
客の依頼を受けるための電話番号その他の連絡先	
受付所の数及び所在地	
待機所の数及び所在地	

年　　月　　日

公安委員会　印

備考
1　平成18年５月１日より前に法第31条の２第１項の届出書を提出して無店舗型性風俗特殊営業を営んでいる者については、「法第31条の２第１項の届出書を提出した年月日」欄に当該届出書を提出した年月日を記載し、「　年　月　日付けで」の部分には、風俗営業等の規制及び業務の適正化等に関する法律の一部を改正する法律（平成17年法律第119号）附則第３条第２項の規定により新法第31条の２第１項の届出書を提出したものとみなされる日を記載すること。
2　事務所、受付所及び待機所の所在地は、当該事務所等が入居する建物の名称及び当該事務所等の建物内の位置についても記載すること。
3　不要の文字は、横線で消すこと。
4　用紙の大きさは、日本工業規格Ａ４とすること。

別記様式第30号（第56条、第62条、第74条、第105条関係）

処分移送通知書

年　　月　　日

公安委員会　殿

公安委員会　印

風俗営業等の規制及び業務の適正化等に関する法律第31条の６第１項（同条第３項において準用する場合を含む。）／第31条の11第１項（同条第３項において準用する場合を含む。）／第31条の21第１項（同条第３項において準用する場合を含む。）／第35条の４第３項（同条第５項において準用する場合を含む。）の規定により下記の者について処分移送通知書を送付する。

（ふりがな） 氏名又は名称	
住所	〒（　　　） （　　　）　局　　番
（ふりがな） 法人にあつては、その代表者の氏名	
（ふりがな） 広告又は宣伝をする場合に使用する呼称	
事務所の所在地	〒（　　　） （　　　）　局　　番
営業の種別	
処分に係る事案の概要	
備考	

備考
1　「広告又は宣伝をする場合に使用する呼称」欄には、当該営業につき広告又は宣伝をする場合に当該営業を示すものとして使用する呼称（当該呼称が２以上ある場合にあつては、それら全部の呼称）を記載すること。
2　「事務所の所在地」欄には、営業の本拠となる事務所（事務所のない者にあつては、住所）の所在地を記載すること。
3　不要の文字は、横線で消すこと。
4　所定の欄に記載し得ないときは、別紙に記載の上、これを添付すること。また、当該処分をするために必要な資料を添付すること。
5　用紙の大きさは、日本工業規格Ａ４とすること。

別記様式第31号（第58条関係）

※受理年月日		※交付年月日	
※受理番号		※交付番号	

映像送信型性風俗特殊営業営業開始届出書

風俗営業等の規制及び業務の適正化等に関する法律第31条の７第１項の規定により届出をします。

年　月　日

公安委員会殿

届出者の氏名又は名称及び住所　㊞

（ふりがな） 氏名又は名称		
住所		〒（　　） （　）局　番
本籍・国籍		
生年月日		年　月　日生
その代表者 法人にあつては、	（ふりがな） 氏名	
	住所	〒（　　） （　）局　番
	本籍・国籍	
	生年月日	年　月　日生
（ふりがな） 広告又は宣伝をする場合に使用する呼称		
事務所の所在地		〒（　　） （　）局　番
映像伝達用設備を識別するための電話番号等		
自動公衆送信装置の設置者	氏名又は名称	
	住所	〒（　　） （　）局　番
営業を開始しようとする年月日		年　月　日

備考
1　※印欄には、記載しないこと。
2　届出者は、氏名を記載し及び押印することに代えて、署名することができる。
3　「広告又は宣伝をする場合に使用する呼称」欄には、当該営業につき広告又は宣伝をする場合に当該営業を示すものとして使用する呼称を記載すること。
4　「事務所の所在地」欄には、営業の本拠となる事務所（事務所のない者にあつては、住所）の所在地を記載すること。
5　「映像伝達用設備を識別するための電話番号等」欄には、法第31条の７第１項第４号の映像伝達用設備を識別するための電話番号、ＵＲＬ等であつて、当該映像を伝達する際に用いるものを記載すること。
6　「自動公衆送信装置の設置者」欄は、法第31条の７第１項第４号の自動公衆送信装置が映像送信型性風俗特殊営業を営む者以外の者が設置するものである場合に記載すること。
7　所定の欄に記載し得ないときは、別紙に記載の上、これを添付すること。
8　用紙の大きさは、日本工業規格Ａ４とすること。

別記様式第32号（第60条関係）

営業の方法 （映像送信型性風俗特殊営業）		
氏名又は名称		
広告又は宣伝をする場合に使用する呼称		
事務所の所在地		
広告又は宣伝の態様		①する　②しない
	広告又は宣伝の方法	①　広告物の表示　（場所：　　　） ②　新聞・雑誌　（広告の頻度：　　　） ③　インターネット（ＵＲＬ：　　　） ④　割引券、ビラ等の頒布（場所：　　　） ⑤　その他　（　　　） ⑥　広告又は宣伝はしない
	広告又は宣伝をするときに１８歳未満の者の利用禁止を明らかにする方法	
18歳未満の者を客としないために講ずる措置の内容		

備考
1　「広告又は宣伝の方法」欄には、広告又は宣伝を行う予定がある場合、その媒体及び各媒体ごとに必要な事項を記載すること。
2　「18歳未満の者を客としないために講ずる措置の内容」欄には、客の依頼を受ける方法（18歳未満の者が通常利用できない方法によつているかどうかを含む。）、利用者が18歳以上であることを担保するための措置等を具体的に記載すること。
3　所定の欄に記載し得ないときは、別紙に記載の上、これを添付すること。
4　用紙の大きさは、日本工業規格Ａ４とすること。

別記様式第33号（第61条関係）

第　　号

映像送信型性風俗特殊営業届出確認書

下記の営業については、　　年　　月　　日付けで風俗営業等の規制及び業務の適正化等に関する法律第31条の７第１項／第２項において準用する第31条の２第２項の規定により届出書を提出したことを確認する。

法第３１条の７第１項の届出書を提出した年月日	年　　月　　日
氏名又は名称（法人にあつては、代表者の氏名）	
広告又は宣伝をする場合に使用する呼称	
事務所の所在地	
映像伝達用設備を識別するための電話番号等	

年　　月　　日

公安委員会　㊞

備考
1　平成18年５月１日より前に法第31条の７第１項の届出書を提出して映像送信型性風俗特殊営業を営んでいる者については、「法第31条の７第１項の届出書を提出した年月日」欄に当該届出書を提出した年月日を記載し、「　年　月　日付けで」の部分には、風俗営業等の規制及び業務の適正化等に関する法律の一部を改正する法律（平成17年法律第119号）附則第３条第２項の規定により新法第31条の７第１項の届出書を提出したものとみなされる日を記載すること。
2　事務所の所在地欄には、当該事務所が入居する建物の名称及び当該事務所の建物内の位置についても記載すること。
3　「映像伝達用設備を識別するための電話番号等」欄には、法第31条の７第１項第４号の映像伝達用設備を識別するための電話番号、ＵＲＬ等であつて、当該映像を伝達する際に用いるものを記載すること。
4　不要の文字は、横線で消すこと。
5　用紙の大きさは、日本工業規格Ａ４とすること。

別記様式第34号（第63条関係）

その１	※受理年月日		※交付年月日	
	※受理番号		※交付番号	

店舗型電話異性紹介営業営業開始届出書

風俗営業等の規制及び業務の適正化等に関する法律第31条の12第１項の規定により届出をします。

年　月　日

公安委員会殿

届出者の氏名又は名称及び住所　㊞

（ふりがな） 氏名又は名称		
住所	〒（　　） （　　）局　番	
本籍・国籍		
生年月日	年　月　日生	
その代表者　法人にあつては、	（ふりがな） 氏名	
	住所	〒（　　） （　　）局　番
	本籍・国籍	
	生年月日	年　月　日生
（ふりがな） 営業所の名称		
営業所の所在地	〒（　　） （　　）局　番	
電気通信設備を識別するための電話番号		

その２					
営業所の構造及び設備の概要	建物の構造				
	建物内の営業所の位置				
	個室の数	室	営業所の床面積	㎡	
	個室の総床面積	㎡	各個室の床面積	㎡	㎡
				㎡	㎡
法第２条第９項の電気通信設備の概要	設置場所の所在地				
	機器の構成及び処理能力				
営業所における業務の実施を統括管理する者	（ふりがな） 氏名				
	住所	〒（　　） （　　）局　番			
	本籍・国籍				
	生年月日	年　月　日生			
営業を開始しようとする年月日		年　月　日			
※地区		①禁止地区内		②禁止地区外	

備考
1　※印欄には、記載しないこと。
2　届出者は、氏名を記載し及び押印することに代えて、署名することができる。
3　「本籍・国籍」欄には、日本国籍を有する者は本籍を、日本国籍を有しない者は国籍を記載すること。
4　「建物の構造」欄には、木造家屋にあつては平家建て又は二階建て等の別を、木造以外の家屋にあつては鉄骨鉄筋コンクリート造、鉄筋コンクリート造、鉄骨造、れんが造又はコンクリートブロック造の別及び階数（地階を含む。）の別を記載すること。
5　「建物内の営業所の位置」欄には、営業所の位置する階の別及び当該階の全部又は一部の使用の別を記載すること。
6　「個室の数」欄、「個室の総床面積」欄及び「各個室の床面積」欄には、客が在室することとなる個室について記載すること。
7　「機器の構成及び処理能力」欄には、電気通信設備の設置場所ごとに、使用する電気通信設備の型番及び台数、当該電気通信設備に接続して使用する電話回線数等の事項を記載すること。
8　所定の欄に記載し得ないときは、別紙に記載の上、これを添付すること。
9　用紙の大きさは、日本工業規格Ａ４とすること。

別記様式第35号（第65条関係）

その１

営業の方法
（店舗型電話異性紹介営業）

氏名又は名称		
営業所の名称		
営業所の所在地		
営業時間		午前／午後　時　分から　午前／午後　時　分まで
広告又は宣伝の態様	広告又は宣伝の方法	①する　②しない
		① 広告物の表示　（場所：　　　） ② 新聞・雑誌　（広告の頻度：　　　） ③ インターネット（ＵＲＬ：　　　） ④ 割引券、ビラ等の頒布（場所：　　　） ⑤ その他　（　　　） ⑥ 広告又は宣伝はしない
	広告又は宣伝をするときに18歳未満の者の立入り及び利用の禁止を明らかにする方法	
営業所の入口における18歳未満の者の立入禁止の表示方法		
18歳未満の者を従業者として使用すること		①する　②しない
		①の場合：その者の従事する業務の内容（具体的に）

その２

酒類の提供			①する　②しない
			①の場合：提供する酒類の種類、提供の方法及び20歳未満の者への酒類の提供を防止する方法
法第31条の13第3項の規定により講ずる措置の内容	措置の具体的内容		
	当該措置として他人が付与した識別番号等を利用する場合は、当該付与者	（ふりがな） 名称	
		住所	〒（　　） （　　）　局　番
		（ふりがな） 代表者の氏名	
		付与を行う方法及び場所	
役務提供の態様			
当該営業所において他の営業を兼業すること			①する　②しない
			①の場合：当該兼業する営業の内容

備考
1　「広告又は宣伝の方法」欄には、広告又は宣伝を行う予定がある場合、その媒体及び各媒体ごとに必要な事項を記載すること。
2　「提供する酒類の種類、提供の方法及び20歳未満の者への酒類の提供を防止する方法」欄には、営業において提供する酒類（ビール、ウイスキー、日本酒等）のうち主なものの種類、その提供の方法（調理の有無、給仕の方法等）及び20歳未満の者への酒類の提供を防止する方法を記載すること。
3　「措置の具体的内容」欄には、会話の申込みをした者が18歳以上であることを確認するために行う措置の具体的内容を記載することとし、当該措置として自ら識別番号等の付与を行う場合は、付与を行う場所の所在地についても併せて記載すること。
4　「付与を行う方法及び場所」欄には、識別番号等付与希望者が18歳以上であることを確認するための方法及び当該識別番号等を付与する場所を記載すること。
5　「役務提供の態様」欄には、役務提供として行う取次ぎの種類（客に競わせるか又は営業を営む者が割り当てるかの別、取次ぎに従業者が介在するか否かの別、従業者を一方の当事者とする会話の申込みを取り次ぐかの別）等の事項を記載すること。
6　所定の欄に記載し得ないときは、別紙に記載の上、これを添付すること。
7　用紙の大きさは、日本工業規格Ａ４とすること。

別記様式第36号（第66条関係）

第　　号

店舗型電話異性紹介営業届出確認書

下記の営業については、　　年　　月　　日付けで風俗営業等の規制及び業務の適正化等に関する法律第31条の12第1項／第2項において準用する第27条第2項の規定により届出書を提出したことを確認する。

法第31条の12第1項の届出書を提出した年月日	年　　月　　日
氏名又は名称（法人にあつては、代表者の氏名）	
営業所の名称	
営業所の所在地	
法第2条第9項の電気通信設備を識別するための電話番号	
統括管理者の氏名	

年　　月　　日

公安委員会　印

備考
1　平成18年5月1日より前に法第31条の12第1項の届出書を提出して店舗型電話異性紹介営業を営んでいる者については、「法第31条の12第1項の届出書を提出した年月日」欄に当該届出書を提出した年月日を記載し、「　年　月　日付けで」の部分には、風俗営業等の規制及び業務の適正化等に関する法律の一部を改正する法律（平成17年法律第119号）附則第3条第2項の規定により新法第31条の12第1項の届出書を提出したものとみなされる日を記載すること。
2　営業所の所在地欄には、当該営業所が入居する建物の名称及び当該営業所の建物内の位置についても記載すること。
3　不要の文字は、横線で消すこと。
4　用紙の大きさは、日本工業規格Ａ４とすること。

別記様式第37号（第69条関係）

その１

※受理年月日		※交付年月日	
※受理番号		※交付番号	

無店舗型電話異性紹介営業営業開始届出書

風俗営業等の規制及び業務の適正化等に関する法律第31条の17第1項の規定により届出をします。

年　　月　　日

公安委員会殿

届出者の氏名又は名称及び住所　印

（ふりがな） 氏名又は名称		
住所	〒（　　） （　　）　局　　番	
本籍・国籍		
生年月日	年　　月　　日生	
その代表者（法人にあつては、）	（ふりがな） 氏名	
	住所	〒（　　） （　　）　局　　番
	本籍・国籍	
	生年月日	年　　月　　日生
（ふりがな） 広告又は宣伝をする場合に使用する呼称	1	
	2	
	3	
	4	
事務所の所在地	〒（　　） （　　）　局　　番	
電気通信設備を識別するための電話番号		

その２

法第２条第10項の電気通信設備の概要	設置場所の所在地	
	機器の構成及び処理能力	
営業を開始しようとする年月日	年　　月　　日	

備考
1　※印欄には、記載しないこと。
2　届出者は、氏名を記載し及び押印することに代えて、署名することができる。
3　「本籍・国籍」欄には、日本国籍を有する者は本籍を、日本国籍を有しない者は国籍を記載すること。
4　「広告又は宣伝をする場合に使用する呼称」欄には、当該営業につき広告又は宣伝をする場合に当該営業を示すものとして使用する呼称（当該呼称が２以上ある場合にあつては、それら全部の呼称）を記載すること。
5　「事務所の所在地」欄には、営業の本拠となる事務所（事務所のない者にあつては、住所）の所在地を記載すること。
6　「機器の構成及び処理能力」欄には、電気通信設備の設置場所ごとの使用する電気通信設備の型番及び台数、当該電気通信設備に接続して使用する電話回線数等の事項を記載すること。
7　所定の欄に記載し得ないときは、別紙に記載の上、これを添付すること。
8　用紙の大きさは、日本工業規格Ａ４とすること。

別記様式第38号（第71条関係）

営業の方法
（無店舗型電話異性紹介営業）

氏名又は名称			
広告又は宣伝をする場合に使用する呼称			
事務所の所在地			
広告又は宣伝の態様	広告又は宣伝の方法	①する　②しない	
		①　広告物の表示　（場所：　） ②　新聞・雑誌　（広告の頻度：　） ③　インターネット（URL：　） ④　割引券、ビラ等の頒布（場所：　） ⑤　その他　（　） ⑥　広告又は宣伝はしない	
	広告又は宣伝をするときに18歳未満の者の利用禁止を明らかにする方法		
法第31条の18第３項の規定により講ずる措置の内容	措置の具体的内容		
	当該措置として他人が付与した識別番号等を利用する場合は、当該付与者	（ふりがな） 名称	
		住所	〒（　） （　）局　番
		（ふりがな） 代表者の氏名	
		付与を行う方法及び場所	
役務提供の様態			

備考
1　「広告又は宣伝の方法」欄には、広告又は宣伝を行う予定がある場合、その媒体及び各媒体ごとに必要な事項を記載すること。
2　「措置の具体的内容」欄には、会話の申込みをした者が18歳以上であることを確認するために行う措置の具体的内容を記載することとし、当該措置として自ら識別番号等の付与を行う場合は、付与を行う場所の所在地についても併せて記載すること。
3　「役務提供の様態」欄には、役務提供として行う取次ぎの種類（直接の会話の成立を企図するか伝言のやり取りとするかの別、取次ぎに従業者が介在するか否かの別、従業者を一方の当事者とする会話の申込みを取り次ぐか否かの別等）を記載すること。
4　所定の欄に記載し得ないときは、別紙に記載の上、これを添付すること。
5　用紙の大きさは、日本工業規格Ａ４とすること。

別記様式第39号（第72条関係）

第　　号

無店舗型電話異性紹介営業届出確認書

下記の営業については、　年　月　日付けで風俗営業等の規制及び業務の適正化等に関する法律第31条の17第1項／第2項において準用する第31条の2第2項の規定により届出書を提出したことを確認する。

法第31条の17第1項の届出書を提出した年月日	年　月　日
氏名又は名称（法人にあつては、代表者の氏名）	
広告又は宣伝をする場合に使用する呼称	
事務所の所在地	
法第2条第10項の電気通信設備を識別するための電話番号	

年　月　日

公安委員会　印

備考
1　平成18年5月1日より前に法第31条の17第1項の届出書を提出して無店舗型電話異性紹介営業を営んでいる者については、「法第31条の17第1項の届出書を提出した年月日」欄に当該届出書を提出した年月日を記載し、「　年　月　日付けで」の部分には、風俗営業等の規制及び業務の適正化等に関する法律の一部を改正する法律（平成17年法律第119号）附則第3条第2項の規定により新法第31条の17第1項の届出書を提出したものとみなされる日を記載すること。
2　事務所の所在地欄には、当該事務所が入居する建物の名称及び当該事務所の建物内の位置についても記載すること。
3　不要の文字は、横線で消すこと。
4　用紙の大きさは、日本工業規格A4とすること。

別記様式第40号（第77条関係）

その1

※受理年月日		※許可年月日	
※受理番号		※許可番号	

許　可　申　請　書

風俗営業等の規制及び業務の適正化等に関する法律第31条の23において準用する同法第5条第1項の規定により許可を申請します。

年　月　日

公安委員会殿

申請者の氏名又は名称及び住所

印

(ふりがな) 氏名又は名称					
住所	〒(　　) (　　)　局　番				
(ふりがな) 営業所の名称					
営業所の所在地	〒(　　) (　　)　局　番				
(ふりがな) 管理者の氏名					
管理者の住所	〒(　　) (　　)　局　番				
(ふりがな) 法人にあつては、その役員の氏名	法人にあつては、その役員の住所				
代表者					
滅失により廃止した特定遊興飲食店営業	廃止の事由			廃止年月日	許可番号
				年　月　日	
現に特定遊興飲食店営業許可等を受けて営む特定遊興飲食店営業	許可年月日	年　月　日	許可番号		
	営業所の名称及び所在地				

別記様式第41号（第77条関係）

営　業　の　方　法
（特定遊興飲食店営業）

営業所の名称		
営業所の所在地		
営業時間	午前／午後　時　分から　午前／午後　時　分まで	
18歳未満の者を従業者として使用すること	①する　②しない	
	①の場合：その者の従事する業務の内容（具体的に）	
18歳未満の者を客として立ち入らせること	①する　②しない	
	①の場合：午後10時以後翌日の午前0時前の時間において保護者が同伴しない18歳未満の者を客として立ち入らせることを防止する方法及び午前0時から午前6時までの時間において18歳未満の者を客として立ち入らせることを防止する方法	
18歳未満の者の立入禁止の表示方法		
飲食物の提供	提供する飲食物（酒類を除く。）の種類及び提供の方法	
	提供する酒類の種類及び提供の方法	
	20歳未満の者への酒類の提供を防止する方法	
遊興の内容		
当該営業所において他の営業を兼業すること	①する　②しない	
	①の場合：当該兼業する営業の内容	

その２

営業所の構造及び設備の概要	建物の構造					
	建物内の営業所の位置					
	客室数	室	営業所の床面積			㎡
	客室の総床面積	㎡	各客室の床面積	㎡	㎡	
				㎡	㎡	
	照明設備					
	音響設備					
	防音設備					
	その他					
※	兼業					
※	同時申請の有無	①　有　②　無	※　受理警察署長			
※条件	年　月　日					
	年　月　日					
	年　月　日					

備考
1　※印欄には、記載しないこと。
2　申請者は、氏名を記載し及び押印することに代えて、署名することができる。
3　「滅失により廃止した特定遊興飲食店営業」欄は、法第31条の23において準用する法第4条第3項の事由により消滅したために廃止した特定遊興飲食店営業に係る事項を記載すること。
4　「現に特定遊興飲食店営業許可等を受けて営む特定遊興飲食店営業」欄は、申請に係る営業所以外の営業所において当該申請に係る公安委員会から現に特定遊興飲食店営業許可等を受けて営んでいる特定遊興飲食店営業で、当該申請の日の直近の日に許可を受けたものについて記載すること。
5　「建物の構造」欄には、木造家屋にあつては平家建て又は二階建て等の別を、木造以外の家屋にあつては鉄骨鉄筋コンクリート造、鉄筋コンクリート造、鉄骨造、れんが造又はコンクリートブロック造の別及び階数（地階を含む。）の別を記載すること。
6　「建物内の営業所の位置」欄には、営業所の位置する階の別及び当該階の全部又は一部の使用の別を記載すること。
7　「照明設備」欄には、照明設備の種類、仕様、基数、設置位置等を記載すること。
8　「音響設備」欄には、音響設備の種類、仕様、台数、設置位置等を記載すること。
9　「防音設備」欄には、防音設備の種類、仕様等を記載すること。
10　「その他」欄には、出入口の数、間仕切りの位置及び数、装飾その他の設備の概要等を記載すること。
11　所定の欄に記載し得ないときは、別紙に記載の上、これを添付すること。
12　用紙の大きさは、日本工業規格A４とすること。

備考

1　「提供する飲食物（酒類を除く。）の種類及び提供の方法」欄には、営業において提供する飲食物（酒類を除く。）のうち主なものの種類及びその提供の方法（調理の有無、給仕の方法等）を記載すること。

2　「提供する酒類の種類及び提供の方法」欄には、営業において提供する酒類（ビール、ウイスキー、日本酒等）のうち主なものの種類、その提供の方法（調理の有無、給仕の方法等）を記載すること。

3　「20歳未満の者への酒類の提供を防止する方法」欄には、20歳未満の者に酒類の提供を防止する方法を記載すること。

4　「遊興の内容」欄には、遊興の種類（ダンス、ショー、生演奏、ゲーム等）、これを行う方法（不特定の客に見せる、聞かせる等。カラオケ、楽器等を利用して遊興させる場合は、その利用方法。）を記載すること。

5　所定の欄に記載し得ないときは、別紙に記載の上、これを添付すること。

6　用紙の大きさは、日本工業規格A４とすること。

別記様式第42号（第78条関係）

第　　号

特定遊興飲食店営業許可証

氏名又は名称

営業所の所在地

営業所の名称

風俗営業等の規制及び業務の適正化等に関する法律第２条第11項の特定遊興飲食店営業を営むことを許可する。

年　月　日

公安委員会　印

備考　用紙の大きさは、日本工業規格A４とすること。

別記様式第43号（第78条関係）

（表）

	第　　号
特定遊興飲食店営業管理者証	
写真 押出し スタンプ	営業所の名称 営業所の所在地 管理者の住所 管理者の氏名 （　　年　　月　　日生）
年　　月　　日	公安委員会　印

85.6 × 54.0

（裏）

備考	

備考　図示の長さの単位は、ミリメートルとする。

別記様式第44号（第93条関係）

その1	※受理年月日		※認定年月日	
	※受理番号		※認定番号	

認　定　申　請　書

風俗営業等の規制及び業務の適正化等に関する法律第31条の23において準用する同法第10条の２第２項の規定により認定を申請します。

年　　月　　日

公安委員会殿

申請者の氏名又は名称及び住所

印

（ふりがな） 氏名又は名称			
住所	〒（　　） （　　）　局　　番		
（ふりがな） 法人にあつては、その代表者の氏名			
（ふりがな） 営業所の名称			
営業所の所在地	〒（　　） （　　）　局　　番		
許可年月日	年　　月　　日	許可番号	
相続承認年月日	年　　月　　日		
合併承認年月日	年　　月　　日		

その2

営業所の構造及び設備の概要	建物の構造				
	建物内の営業所の位置				
	客室数	室	営業所の床面積		㎡
	客室の総床面積	㎡	各客室の床面積	㎡	㎡
				㎡	㎡
	照明設備				
	音響設備				
	防音設備				
	その他				
※兼業					
※同時申請の有無		①有　②無	※受理警察署長		

備考
1　※印欄には、記載しないこと。
2　申請者は、氏名を記載し及び押印することに代えて、署名することができる。
3　「建物の構造」欄には、木造家屋にあつては平家建て又は二階建て等の別を、木造以外の家屋にあつては鉄骨鉄筋コンクリート造、鉄筋コンクリート造、鉄骨造、れんが造又はコンクリートブロック造の別及び階数（地階を含む。）の別を記載すること。
4　「建物内の営業所の位置」欄には、営業所の位置する階の別及び当該階の全部又は一部の使用の別を記載すること。
5　「照明設備」欄には、照明設備の種類、仕様、基数、設置位置等を記載すること。
6　「音響設備」欄には、音響設備の種類、仕様、台数、設置位置等を記載すること。
7　「防音設備」欄には、防音設備の種類、仕様等を記載すること。
8　「その他」欄には、出入口の数、間仕切りの位置及び数、装飾その他の設備の概要等を記載すること。
9　所定の欄に記載し得ないときは、別紙に記載の上、これを添付すること。
10　用紙の大きさは、日本工業規格Ａ４とすること。

別記様式第45号（第94条関係）

第　　号

認　定　証

特定遊興飲食店営業

優

風俗営業等の規制及び業務の適正化等に関する法律第31条の23において準用する同法第10条の2第1項の規定により認定する。

氏名又は名称

営業所の所在地

営業所の名称

年　　月　　日

公安委員会　印

備考
1　「優」の色彩は橙色、「認定証」の文字の色彩は藍色、その他の文字の色彩は黒色、地の色彩は淡黄色とすること。
2　用紙の大きさは、日本工業規格Ａ４とすること。

別記様式第46号（第97条関係）

第　　号

管理者講習通知書

風俗営業等の規制及び業務の適正化等に関する法律第31条の23において準用する同法第24条第６項に規定する講習を下記のとおり実施するので通知する。

年　月　日

住所

殿

公安委員会　印

管理者の氏名	
管理者の住所	
営業所の名称	
営業所の所在地	
講習の種別	
講習を行う日時	
講習を行う場所	
備考	

備考
1　管理者は、受講の際には、この通知書及び特定遊興飲食店営業管理者証を持参してください。
2　営業者は、やむを得ない事由により当該管理者に受講させることができないときは、その理由、当該管理者の氏名及び住所並びに営業所の名称及び所在地を講習の10日前までに書面により連絡してください。

備考
用紙の大きさは、縦14.5センチメートル、横9.5センチメートルとすること。

別記様式第47号（第103条関係）

※受理年月日		※受理番号	

深夜における酒類提供飲食店営業営業開始届出書

風俗営業等の規制及び業務の適正化等に関する法律第33条第１項の規定により届出をします。

年　月　日

公安委員会殿

届出者の氏名又は名称及び住所

㊞

（ふりがな） 氏名又は名称					
住所	〒（　） （　）局　番				
（ふりがな） 法人にあつては、その代表者の氏名					
（ふりがな） 営業所の名称					
営業所の所在地	〒（　） （　）局　番				
営業所の構造及び設備の概要	建物の構造				
	建物内の営業所の位置				
	客室数	室	営業所の床面積	㎡	
	客室の総床面積	㎡	各客室の床面積	㎡	㎡
				㎡	㎡
	照明設備				
	音響設備				
	防音設備				
	その他				

備考
1　※印欄には、記載しないこと。
2　届出者は、氏名を記載し及び押印することに代えて、署名することができる。
3　「建物の構造」欄には、木造家屋にあつては平家建て又は二階建て等の別を、木造以外の家屋にあつては鉄骨鉄筋コンクリート造、鉄筋コンクリート造、鉄骨造、れんが造又はコンクリートブロック造の別及び階数（地階を含む。）の別を記載すること。
4　「建物内の営業所の位置」欄には、営業所の位置する階の別及び当該階の全部又は一部の使用の別を記載すること。
5　「照明設備」欄には、照明設備の種類、仕様、基数、設置位置等を記載すること。
6　「音響設備」欄には、音響設備の種類、仕様、台数、設置位置等を記載すること。
7　「防音設備」欄には、防音設備の種類、仕様等を記載すること。
8　「その他」欄には、出入口の数、間仕切りの位置及び数、装飾その他の設備の概要等を記載すること。
9　所定の欄に記載し得ないときは、別紙に記載の上、これを添付すること。
10　用紙の大きさは、日本工業規格Ａ４とすること。

別記様式第48号（第103条関係）

営業の方法		
営業所の名称 営業所の所在地		
営業時間	午前午後　時　分から午前午後　時　分まで	
18歳未満の者を従業者として使用すること	①する　②しない	
	①の場合：その者の従事する業務の内容（具体的に）	
18歳未満の者を客として立ち入らせること	①する　②しない	
	①の場合：保護者が同伴しない18歳未満の者を客として立ち入らせることを防止する方法	
飲食物（酒類を除く。）の提供	①する　②しない	
	①の場合：提供する飲食物の種類及び提供の方法	
酒類の提供	提供する酒類の種類及び提供の方法	
	20歳未満の者への酒類の提供を防止する方法	
客に遊興をさせる場合はその内容及び時間帯	遊興の内容	
	時間帯	午前午後　時　分から午前午後　時　分まで
当該営業所において他の営業を兼業すること	①する　②しない	
	①の場合：当該兼業する営業の内容	

備考

1　「提供する飲食物の種類及び提供の方法」欄には、営業において提供する飲食物（酒類を除く。）のうち主なものの種類及びその提供の方法（調理の有無、給仕の方法等）を記載すること。

2　「提供する酒類の種類及び提供の方法」欄には、営業において提供する酒類（ビール、ウイスキー、日本酒等）のうち主なものの種類、その提供の方法（調理の有無、給仕の方法等）を記載すること。

3　「20歳未満の者への酒類の提供を防止する方法」欄には、20歳未満の者に酒類の提供を防止する方法を記載すること。

4　「遊興の内容」欄には、遊興の種類（ダンス、ショー、生演奏、ゲーム等）、これを行う方法（不特定の客に見せる、聞かせる等。カラオケ、楽器等を利用して遊興させる場合は、その利用方法。）を記載すること。

5　所定の欄に記載し得ないときは、別紙に記載の上、これを添付すること。

6　用紙の大きさは、日本工業規格Ａ４とすること。

別記様式第49号（第109条関係）

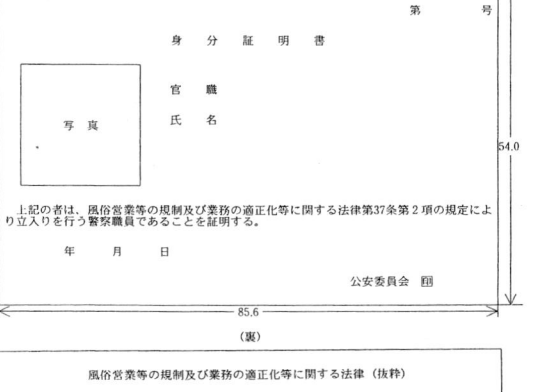

（表）

第　　　号

身　分　証　明　書

写　真

官　職

氏　名

上記の者は、風俗営業等の規制及び業務の適正化等に関する法律第37条第２項の規定により立入りを行う警察職員であることを証明する。

年　　月　　日

公安委員会　印

85.6

54.0

（裏）

風俗営業等の規制及び業務の適正化等に関する法律（抜粋）

第37条　略

2　略

3　前項の規定により警察職員が立ち入るときは、その身分を示す証明書を携帯し、関係者に提示しなければならない。

4　略

備考　図示の長さの単位は、ミリメートルとする。

○遊技機の認定及び型式の検定等に関する規則

（昭和六〇・二・一二）
（国家公安委員会規則四）

改正

平成二・八・三一　国家公安委員会規則六
平成六・三・四　国家公安委員会規則九
平成六・九・二六　国家公安委員会規則二五
平成七・五・一六　国家公安委員会規則一五
平成一〇・七・二九　国家公安委員会規則一二
平成一一・一・一一　国家公安委員会規則一
平成一一・三・三一　国家公安委員会規則七
平成一二・三・三〇　国家公安委員会規則八
平成一六・一・三〇　国家公安委員会規則一
平成一七・三・四　国家公安委員会規則二
平成一八・四・二四　国家公安委員会規則一四
平成二〇・八・一　国家公安委員会規則一六
平成二四・六・一八　国家公安委員会規則七
平成二七・一一・一三　国家公安委員会規則二〇
平成二九・九・四　国家公安委員会規則九

注　平成三〇年四月二七日国家公安委員会規則第一〇号の改正は、平成三一年四月一日から施行のため、現行の条文の次に改正後の条文を枠囲みで掲載いたしました。

第一章　認定

（認定申請の手続）

第一条　風俗営業等の規制及び業務の適正化等に関する法律（以下「法」という。）第二十条第二項の認定（第三項第二号ロ⑶を除き、以下「認定」という。）を受けようとする者は、別記様式第一号の認定申請書（以下「認定申請書」という。）を営業所の所在地を管轄する都道府県公安委員会（以下「公安委員会」という。）に提出しなければならない。

2　前項の規定により認定申請書を提出する場合においては、営業所の所在地の所轄警察署長を経由して、正副二通の認定申請書を提出しなければならない。この場合において、一の公安委員会に対して同時に二以上の営業所に設置される遊技機について認定申請書を提出するときは、それらの営業所のうちいずれか一の営業所の所在地の所轄警察署長を経由して提出すれば足りる。

3　認定申請書には、次に掲げる書類を添付しなければならない。

一　第十三条に規定する遊技機試験を受けた遊技機について認定を受けようとする場合にあつては、第十四条第三項の規定により交付された書類（同項の規定による交付の日から起算して一年を経過していないものに限る。）

二　法第二十条第四項の検定（以下「検定」という。）を受けた型式に属する遊技機（前号に規定する遊技機を除く。）について認定を受けようとする場合にあつては、次に掲げる書類

イ　第九条第一項に規定する検定通知書（甲）の写し

ロ　次のいずれかに該当する者（⑵又は⑶に掲げる者にあつては、次項に規定する要件に適合する者に限る。）が作成した書面で、当該遊技機がイの検定通知書（甲）に係る型式に属するものであることを疎明するもの

⑴　当該遊技機の製造業者（外国において本邦に輸出する遊技機を製造する者を含む。以下同じ。）又は輸入業者

⑵　遊技機の保守管理を業とする者又はその従業者（当該事業者が法人である場合にあつては、その従業者に限る。）であつて、遊技機の点検及び取扱いの業務に従事しているもの

⑶　法第十条の二第一項の規定による認定を受けた風俗営業者に係る法第二十四条第一項の管理者

三　前二号に規定する遊技機以外の遊技機について認定を受けようとする場合にあつては、認定申請書に係る遊技機につき次に掲げる書類
イ　遊技機の諸元表
ロ　遊技機の構造図、回路図及び動作原理図
ハ　遊技機並びに遊技機の部品及び装置の構造、材質及び性能の説明を記載した書類
ニ　遊技機の写真
4　遊技機の点検及び取扱いを適正に行うことができる者に関する要件は、次のとおりとする。
一　前項第二号ロ(2)に掲げる者にあつては、次のいずれにも該当すること。
イ　公安委員会が遊技機の点検及び取扱いに関し十分な知識及び技能を有し、遊技機の点検及び取扱いを適正に行うことができると認める者であること。
ロ　次のいずれにも該当しない者であること。
(1)　未成年者
(2)　法第四条第一項第一号から第七号の二までのいずれかに該当する者
(3)　法第二十条第十項において準用する法第九条第一項の規定に違反して公安委員会の承認を受けずに遊技機の増設、交替その他の変更をした者で、当該行為の日から起算して五年を経過しないもの
(4)　偽りその他不正の手段により法第二十条第十項において準用する法第九条第一項の承認を受けた者で、当該行為の日から起算して五年を経過しないもの
(5)　第十一条第二項の規定により検定を取り消された者（その者が法人である場合にあつては、当該取消しの日に当該法人の役員であつた者）で、当該取消しの日から起算して五年を経過しないもの
(6)　(2)から(5)までのいずれかに該当する事業者の従業者
(7)　法人である場合にあつては、その役員のうちに(2)から(5)までのいずれかに該当する者があるものの従業者
二　前項第二号ロ(3)に掲げる者にあつては、次のいずれにも該当すること。
イ　公安委員会が遊技機の点検及び取扱いに関し十分な知識及び技能を有し、遊技機の点検及び取扱いを適正に行うことができると認める者であること。
ロ　前号ロ(3)から(5)までのいずれにも該当しない者であること。
5　第三項第三号イの諸元表は、ぱちんこ遊技機にあつては別記様式第二号により、回胴式遊技機にあつては別記様式第三号により、アレンジボール遊技機にあつては別記様式第四号により、じやん球遊技機にあつては別記様式第五号により作成するものとし、その他の遊技機にあつてはこれらの様式の記載事項に準ずる事項を記載することにより作成するものとする。

（**認定申請に係る補正の要求**）
第一条の二　公安委員会は、認定申請書又は認定申請書に添付しなければならない書類に軽微な不備（誤記又は記載漏れであつて、認定申請書を提出した者（以下「認定申請者」という。）が記載しようとした事項が容易に推測される程度のものをいう。）がある場合には、書面により、認定申請者に対し相当の期間を定めてその補正を求めることができる。

（**認定に関する試験等**）

第二条　公安委員会は、認定に関し必要があると認めるときは、認定申請書に係る遊技機（第十三条に規定する遊技機試験を受けた遊技機を除く。）につき、当該遊技機が風俗営業等の規制及び業務の適正化等に関する法律施行規則（昭和六十年国家公安委員会規則第一号）第八条に規定する基準（以下「遊技機の基準」という。）に該当しているか否か（第六条各号に掲げる遊技機の種類に該当する遊技機にあつては、その遊技機の種類に応じ、それぞれ同条各号に掲げる表に定める技術上の規格に適合しているか否か。次項及び第十四条第二項において同じ。）について別表第一に定める方法による試験（第六条各号に掲げる遊技機の種類に該当する遊技機以外の遊技機にあつては、同表に定める方法に準ずる方法による試験。第十四条第二項において同じ。）を行うものとする。

2　公安委員会は、第十三条に規定する遊技機試験を受けた遊技機に係る認定に関し、第一条第三項第一号に掲げる書類のみによつては当該遊技機が遊技機の基準に該当しているか否かについて判断することができないと認めるときは、法第二十条第五項に規定する指定試験機関（以下「指定試験機関」という。）に対し、当該遊技機について再び試験を行い、その結果を当該公安委員会に報告すべきことを命ずることができる。

3　公安委員会は、認定に関し必要があると認めるときは、認定申請者に当該遊技機又はその部品の提出を求めることができる。

（認定の通知等）

第三条　公安委員会は、認定申請書に係る遊技機が遊技機の基準に該当しないと認めるとき（第六条各号に掲げる遊技機の種類に該当する遊技機にあつては、その遊技機の種類に応じ、それぞれ同条各号に掲げる表に定める技術上の規格に適合していると認めるとき）は、認定をしなければならない。

2　公安委員会は、認定をしたときは、別記様式第六号の認定通知書により、その旨を認定申請者に通知するものとする。

3　公安委員会は、認定をしないときは、別記様式第七号の不認定通知書により、その旨を認定申請者に通知するものとする。

4　認定申請書若しくは認定申請書に添付しなければならない書類に不備がある場合（第一条の二の規定による補正の要求に応じて当該補正がなされた場合を除く。）又はこれらの書類に虚偽の記載がある場合は、当該認定申請書に係る遊技機は、その認定に関しては、遊技機の基準に該当するもの（第六条各号に掲げる遊技機の種類に該当する遊技機にあつては、同条の技術上の規格に適合していないもの）とみなす。

（認定の有効期間）

第四条　認定の有効期間は、その認定を受けた日から三年間とする。

（認定の取消し）

第五条　公安委員会は、認定に係る遊技機に関し、次の各号に掲げるいずれかの事実が判明したときは、その認定を取り消すことができる。

一　偽りその他不正の手段により認定を受けたこと。

二　認定を受けた遊技機にその構造、材質又は性能に影響を及ぼす改造その他の変更が加えられたこと。

2　公安委員会は、前項の規定により認定を取り消そうとするときは、当該認定を受けた者に対し、あらかじめ、その理由を通知して、弁明の機会を与えなければならない。ただし、当該認定を受けた者の所在が不明であるため通知をすることができないときは、この限りでない。

3　公安委員会は、第一項の規定により認定を取り消したときは、その旨を、別記様式第八号の認定取消通知書により当該認定を受けた者に通知するものとする。

第二章　型式の検定

（遊技機の型式に関する技術上の規格）

第六条　法第二十条第三項の遊技機の型式に関する技術上の規格（以下「技術上の規格」という。）は、別表第二及び別表第三に定めるほか、次の各号に掲げる遊技機の種類に応じ、それぞれ当該各号に掲げる表に定めるとおりとする。

一　ぱちんこ遊技機　別表第四

二　回胴式遊技機　別表第五

三　アレンジボール遊技機　別表第六

四　じやん球遊技機　別表第七

（検定申請の手続）

第七条　検定を受けようとする者は、別記様式第九号の検定申請書（以下「検定申請書」という。）を当該型式に属する遊技機が設置されることとなる営業所の所在地を管轄する公安委員会に提出しなければならない。

2　検定申請書には、次に掲げる書類を添付しなければならない。

一　当該検定申請書を提出した者（以下「検定申請者」という。）が個人である場合にあつては、次に掲げる書類

イ　住民票の写し

ロ　第十一条第二項の規定により検定を取り消され、当該取消しの日から起算して五年を経過しない者に該当しないことを誓約する書面

二　検定申請者が法人である場合にあつては、次に掲げる書類

イ　定款及び登記事項証明書

ロ　前号ロに掲げる書面

ハ　役員に係る前号イ及びロに掲げる書類

三　検定申請者が製造業者である場合にあつては、次に掲げる書類又は次条第三項に規定する確認証明書の写し（同項の規定による交付の日から起算して三年を経過していないものに限る。）

イ　別表第八の上欄に掲げる遊技機の種類の区分に応じ、同表の下欄に掲げる製造設備又はこれと同等の機能を有する製造設備の概要及びその製造能力を記載した書面

ロ　別表第九の上欄に掲げる遊技機の種類の区分に応じ、同表の下欄に掲げる検査設備又はこれと同等の機能を有する検査設備の概要及びその検査能力を記載した書面

ハ　イの製造設備及びロの検査設備を設置する事業所の平面図

ニ　遊技機の製造、検査及び保管の方法の概要を記載した書面

ホ　イの製造設備、ロの検査設備及びハの事業所の写真並びにニの製造、検査及び保管の方法を示す写真

ヘ　検定申請者が同一の型式に属する遊技機を製造する能力を有することにつき適正に判定することができるものとして公安委員会が認める者の意見を記載した書類

四　検定申請者が輸入業者である場合にあつては、次に掲げる書類

イ　本邦に輸入する遊技機の製造業者に係る前号イからホに掲げる書類

ロ　前号ロに掲げる書面

ハ　前号ロの検査設備を設置する事業所の平面図

ニ　遊技機の検査及び保管の方法の概要を記載した書面

ホ　前号ロの検査設備及びハの事業所の写真並びにニの検査及び保管の方法を示す写真

ヘ　検定申請者が同一の型式に属する遊技機を輸入する者であることにつき適正に判定することができるものとして公安委員会が認める者の意見を記載した書類

五　第十三条に規定する型式試験を受けた型式について検定を受けようとする場合にあつては、第十五条第五項の規定により交付することを求めることができることとされる書類（同条第四項の規定による交付を受けた日から起算して三年を経過していないものに限る。）

六　前号に規定する型式以外の型式について検定を受けようとする場合にあつては、検定申請書に係る型式に属する遊技機につき次に掲げる書類

イ　遊技機の諸元表

ロ　遊技機の構造図、回路図及び動作原理図

ハ　遊技機並びに遊技機の部品及び装置の構造、材質及び性能の説明を記載した書類

ニ　遊技機の写真

ホ　遊技機の取扱説明書

3　前項に規定するもののほか、第一項の規定により検定申請書を提出する場合においては、五台の試験用の遊技機（製造又は輸入の日から起算して三月を経過した遊技機以外の遊技機に限る。）を添えて提出するものとする。ただし、前項第五号に規定する場合は、この限りでない。

4　第二項第六号イの諸元表は、ぱちんこ遊技機にあつては別記様式第二号により、回胴式遊技機にあつては別記様式第三号により、アレンジボール遊技機にあつては別記様式第四号により、じやん球遊技機にあつては別記様式第五号により作成するものとする。

5　第二項第六号ホの取扱説明書には、次に掲げる事項を記載しなければならない。

一　遊技機の種類及び型式名並びにその製造業者名

二　遊技機の定格電圧、定格周波数その他の使用条件

三　遊技機の遊技の方法

四　遊技機の点検の方法

五　遊技機の部品の配置を示す図又は写真

六　遊技機の外観を示す図又は写真

（確認）

第七条の二　遊技機の製造業者は、同一の型式に属する遊技機を製造する能力を有する者であることについて公安委員会の確認を受けることができる。

2　前項の確認を受けようとする製造業者は、前条第二項第三号に掲げる書類を添付した別記様式第十号の確認申請書（以下「確認申請書」という。）を公安委員会に提出しなければならない。

3　公安委員会は、第一項の確認を行つた製造業者に対し、別記様式第十一号の確認証明書（以下「確認証明書」という。）を交付するものとする。

4　確認証明書の交付を受けた製造業者は、確認申請書又は前条第二項第三号に掲げる書類に記載した内容に変更があつたときは、当該変更の日から三十日以内に、同号に掲げる書類のうち当該変更に係る書類及び当該変更があつた後における同号へに規定する者の意見を記載した書類を添えて、公安委員会にその旨を、別記様式第十二号の変更届出書により届け出なければならない。

5　確認証明書の交付を受けた製造業者は、遊技機の製造を廃止したときは、当該廃止の日から三十日以内に、公安委員会にその旨を、別記様式第十三号の廃止届出書により届け出なければならな

い。

6　公安委員会は、第一項の確認を受けた製造業者が次のいずれかに該当するときは、その確認を取り消すことができる。

一　偽りその他不正の手段により当該確認を受けたことが判明するに至つたとき。

二　第四項の規定による届出をしなかつたとき又は当該届出に係る書類に虚偽の記載をしたことが判明するに至つたとき。

三　同一の型式に属する遊技機を製造する能力を有しなくなつたことが判明するに至つたとき。

7　公安委員会は、前項の規定により確認を取り消したときは、その旨を、別記様式第十四号の確認取消通知書により当該確認を受けた者に通知するものとする。

（検定申請に係る補正の要求）

第七条の三　公安委員会は、検定申請書又は検定申請書に添付しなければならない書類に軽微な不備（誤記又は記載漏れであつて、検定申請者が記載しようとした事項が容易に推測される程度のものをいう。）がある場合には、書面により、検定申請者に対し相当の期間を定めてその補正を求めることができる。

（検定に関する試験等）

第八条　公安委員会は、検定の申請があつたときは、検定申請書に係る型式につき、当該型式が技術上の規格に適合しているか否かについて別表第一に定める方法による試験（第十三条に規定する型式試験を受けた型式に係る検定の申請にあつては、当該検定申請書及び第七条第二項第五号の書類による審査。次条において同じ。）を行うものとする。

2　公安委員会は、第十三条に規定する型式試験を受けた型式に係る検定に関し、前項の審査のみによつては当該型式が技術上の規格に適合しているか否かについて判断することができないと認めるときは、指定試験機関に対し、当該型式について再び試験（次条第一項において「再試験」という。）を行い、その結果を当該公安委員会に報告すべきことを別記様式第十五号の再試験命令書により命ずることができる。

3　公安委員会は、検定に関し必要があると認めるときは、検定申請者に試験用の遊技機の部品の提出を求めることができる。

（検定の通知等）

第九条　公安委員会は、前条第一項の試験の結果（同条第二項の再試験の結果を含む。次項において同じ。）、検定申請書に係る型式が技術上の規格に適合していると認めるときは、その旨の検定を行うものとし、その旨を、別記様式第十六号の検定通知書（甲）により検定申請者に通知するとともに公示するものとする。

2　公安委員会は、前条第一項の試験の結果、検定申請書に係る型式が技術上の規格に適合していると認められないときは、その旨の検定を行うものとし、その旨を、別記様式第十七号の検定通知書（乙）により検定申請者に通知するものとする。

3　検定申請書若しくは検定申請書に添付しなければならない書類に不備がある場合（第七条の三の規定による補正の要求に応じて当該補正がなされた場合を除く。）若しくはこれらの書類に虚偽の記載がある場合又は検定申請書に係る型式の名称が過去に技術上の規格に適合している旨の検定を受けた型式（第一項の規定による公示の日から起算して十年を経過しているものを除く。）の名称と判別が著しく困難である場合は、当該検定申請書に係る型式は、その検定に関しては、技術上の規格に適合していないものとみなす。

4　第一項の規定による公示は、公安委員会の掲示板に検定の通知の日から起算して二週間掲示して行い、当該期間が満了した後においては、警視庁又は道府県警察本部における簿冊の備付けその他の適当な方法により行うものとする。

（検定の有効期間）

第十条　検定の有効期間は、前条第一項の規定による公示の日から三年間とする。

（検定の取消し）

第十一条　公安委員会は、第九条第一項の検定を受けた型式に属する遊技機の構造、材質若しくは性能が技術上の規格に適合せず、又は均一性を有していないことが判明したときは、その検定を取り消すことができる。

2　公安委員会は、検定を受けた者が次のいずれかに該当するときは、その検定を取り消すことができる。

一　偽りその他不正の手段により当該検定を受けたことが判明するに至つたとき。

二　検定を受けた型式に属さない遊技機を検定を受けた型式に属する遊技機として販売し、又は貸し付けたとき。

三　次条の規定に違反して取扱説明書を添付せず、又は第七条第二項第六号ホの取扱説明書と異なる内容の取扱説明書を添付したとき。

四　公安委員会が、この章の規定の施行に必要な限度において、検定を受けた者に対し別記様式第十八号の報告請求書により報告を求めた場合において、その報告がされず、又は虚偽の報告がされたとき。

五　公安委員会が、この章の規定の施行に必要な限度において、警察職員に検定を受けた者の事務所又は事業所において当該検定を受けた型式に属する遊技機その他の物件についての検査をさせ、又は関係者に質問をさせようとした場合において、その検査が拒まれ、妨げられ、若しくは忌避され、又はその質問に対し陳述がされず、若しくは虚偽の陳述がされたとき。

3　公安委員会は、前二項の規定により検定を取り消そうとするときは、当該検定を受けた者に対し、あらかじめ、その理由を通知して、弁明の機会を与えなければならない。ただし、当該検定を受けた者の所在が不明であるため通知をすることができないときは、この限りでない。

4　公安委員会は、第一項又は第二項の規定により検定を取り消したときは、その旨を、別記様式第十九号の検定取消通知書により当該検定を受けた者に通知するとともに公安委員会の掲示板に検定取消しの通知の日から起算して二週間掲示して公示し、第九条第四項の規定による掲示の期間の満了した後の公示について当該検定が取り消された旨を明らかにするための措置をとるものとする。

5　第二項第五号の規定により検査を行う警察職員は、別記様式第二十号の証明書を携帯し、関係者に提示しなければならない。

（取扱説明書）

第十一条の二　検定を受けた型式に属する遊技機を販売し、又は貸し付けるときは、当該遊技機には、第七条第二項第六号ホの取扱説明書と同一内容の取扱説明書を添付しなければならない。

第三章　指定試験機関の試験等

（指定試験機関への試験事務の委託）

第十二条　公安委員会は、法第二十条第五項の規定により、同項に規定する試験事務（以下「試験事務」という。）の全部又は一部を指定試験機関に行わせることとしたときは、当該試験事務の内容並びに指定試験機関の名称、住所及び代表者の氏名を公示するものとする。この場合において、検定に係る試験事務についての公示は、官報に登載することにより行うものとする。

2　公安委員会は、前項の規定による公示があつたときは、公示に係る試験事務を行わないものとする。

（指定試験機関の試験）

第十三条　前条第一項の規定による公示があつたときは、当該試験事務に係る認定又は検定を受けようとする者は、指定試験機関が行う遊技機についての認定に係る試験（以下「遊技機試験」という。）又は遊技機の型式に関する検定に係る試験（以下「型式試験」という。）を受けた後でなければ、公安委員会に対し、当該認定又は検定に係る認定申請書又は検定申請書を提出することができない。

（遊技機試験）

第十四条　遊技機試験を受けようとする者は、第一条第三項第三号に規定する書類及び当該遊技機を添えて、別記様式第二十一号の遊技機試験申請書（以下「遊技機試験申請書」という。）を指定試験機関に提出しなければならない。

2　遊技機試験においては、遊技機試験申請書に係る遊技機が遊技機の基準に該当しているか否かについて別表第一に定める方法による試験を行うものとする。

3　指定試験機関は、遊技機試験を終了したときは、速やかに、遊技機試験申請書を提出した者（以下「遊技機試験申請者」という。）に対し、当該遊技機を返還するとともに遊技機試験の結果を記載した書類を交付するものとする。

4　第一条の二及び第三条第四項の規定は、遊技機試験について準用する。この場合において、第一条の二中「公安委員会」とあるのは「指定試験機関」と、「認定申請書」とあるのは「遊技機試験申請書」と、「認定申請者」とあるのは「遊技機試験申請者」と、第三条第四項中「認定申請書」とあるのは「遊技機試験申請書」と読み替えるものとする。

（型式試験）

第十五条　型式試験を受けようとする者は、第七条第二項第六号に規定する書類及び同条第三項に規定する五台の試験用の遊技機を添えて、別記様式第二十二号の型式試験申請書（以下「型式試験申請書」という。）を指定試験機関に提出しなければならない。

2　指定試験機関は、型式試験に関し必要があると認めるときは、型式試験申請書を提出した者（以下「型式試験申請者」という。）に対し、試験用の遊技機の部品の提出を求めることができる。

3　型式試験においては、型式試験申請書に係る型式につき、当該型式が技術上の規格に適合しているか否かについて別表第一に定める方法による試験を行うものとする。

4　指定試験機関は、型式試験を終了したときは、速やかに、型式試験申請者に対し、型式試験の結果を記載した書類を交付するものとする。

5　前項に規定する書類の交付を受けた者は、指定試験機関に対し、有償で当該書類の写しを交付することを求めることができる。

6　第七条の三及び第九条第三項の規定は、型式試験について準用する。この場合において、第七条の三中「公安委員会」とあるのは「指定試験機関」と、「検定申請書」とあるのは「型式試験申請書」と、「検定申請者」とあるのは「型式試験申請者」と、第九条第三項中「検定申請書」とあるのは「型式試験申請書」と、「若しくはこれらの書類に虚偽の記載がある場合又は検定申請書に係る型式の名称が過去に技術上の規格に適合している旨の検定を受けた型式（第一項の規定による公示の日から起算して十年を経過しているものを除く。）の名称と判別が著しく困難である場合」とあるのは「又はこれらの書類に虚偽の記載がある場合」と読み替えるものとする。

7　指定試験機関は、型式試験申請書、第一項の規定により提出された書類及び同項の規定により提出された遊技機のうち一台を型式試験が終了した日から六年間保管しなければならない。ただし、型式試験の結果、型式試験申請書に係る型式が技術上の規格に適合していないと認める場合は、この限りでない。

第四章　指定試験機関の指定等

（指定の申請）

第十六条　法第二十条第五項の規定による指定を受けようとする法人は、次に掲げる事項を記載した申請書を国家公安委員会に提出しなければならない。

一　名称及び住所並びに代表者の氏名

二　試験事務を行う事務所の名称及び所在地

2　前項の申請書には、次に掲げる書類を添付しなければならない。

一　定款及び登記事項証明書

二　申請の日の属する事業年度の直前の事業年度末における財産目録及び貸借対照表

三　申請の日の属する事業年度及び翌事業年度における事業計画書及び収支予算書

四　役員の氏名、住所及び略歴を記載した書面

五　一般社団法人にあつては、社員の氏名又は名称を記載した書面

六　遊技機試験又は型式試験を実施する者（以下「試験員」という。）の氏名及び経歴を記載した書面

七　試験員が第十九条第二項各号のいずれかに該当する者であることを証明する書面

八　試験事務を実施するための機械、器具その他の設備（以下「試験設備」という。）の種類及び数を記載した書面

（名称等の変更）

第十七条　指定試験機関は、その名称若しくは住所又は試験事務を行う事務所の名称若しくは所在地を変更しようとするときは、あらかじめその旨を国家公安委員会に届け出なければならない。

（指定）

第十七条の二　法第二十条第五項の規定による指定は、次の各号に掲げる基準のいずれにも該当すると認められる者について行うものとする。

一　一般社団法人又は一般財団法人であつて、その役員及び一般社団法人にあつては社員の構成が試験事務の適正かつ確実な実施に支障を及ぼすおそれがないものであること。

二　試験員の数が試験事務を適正かつ確実に実施するために必要な数以上であること。

三　試験事務を適正かつ確実に実施するために必要な種類及び数の試験設備が確保されていること。

四　試験事務を適正かつ確実に実施するために必要な経理的基礎を有するものであること。

（役員の選任及び解任）

第十八条　指定試験機関は、役員を選任し、又は解任しようとするときは、国家公安委員会の承認を受けなければならない。

（試験事務の義務等）

第十九条　指定試験機関は、遊技機試験又は型式試験を行うべきこ

とを求められたときは、正当な理由がある場合を除き、遅滞なく、当該試験を行わなければならない。

2　遊技機試験又は型式試験は、次のいずれかに該当する者に行わせなければならない。

一　学校教育法（昭和二十二年法律第二十六号）による大学（短期大学を除く。）又は旧大学令（大正七年勅令第三百八十八号）による大学において、機械工学、電気工学、電子工学、通信工学又は情報工学に関する学科を専攻して卒業した者

二　学校教育法による短期大学若しくは高等専門学校又は旧専門学校令（明治三十六年勅令第六十一号）による専門学校において、機械工学、電気工学、電子工学、通信工学又は情報工学に関する学科を専攻して卒業した者

> 二　学校教育法による短期大学（同法による専門職大学の前期課程を含む。）若しくは高等専門学校又は旧専門学校令（明治三十六年勅令第六十一号）による専門学校において、機械工学、電気工学、電子工学、通信工学又は情報工学に関する学科を専攻して卒業した者（同法による専門職大学の前期課程にあつては、修了した者）

三　国家公安委員会が前二号に掲げる者と同等以上の知識を有すると認める者

（試験員の選任及び解任）

第二十条　指定試験機関は、試験員を選任し、又は解任したときは、遅滞なく、次に掲げる事項を記載した届出書を国家公安委員会に提出しなければならない。

一　試験員の氏名

二　選任又は解任の理由

三　選任の場合にあつては、その者の経歴並びにその者が遊技機試験又は型式試験を行う事務所の名称及び所在地

2　前項の場合において、選任の届出をしようとするときは、同項の届出書に、当該選任に係る者が前条第二項各号のいずれかに該当する者であることを証明する書面を添付しなければならない。

（試験事務規程）

第二十一条　指定試験機関は、試験事務の実施に関する規程（以下「試験事務規程」という。）を定め、国家公安委員会の承認を受けなければならない。これを変更しようとするときも、同様とする。

2　試験事務規程で定めるべき事項は、次のとおりとする。

一　試験事務の実施の方法に関する事項

二　手数料の収納の方法に関する事項

三　試験事務に関して知り得た秘密の保持に関する事項

四　試験事務に関する帳簿及び書類の管理に関する事項

五　試験員の選任及び解任並びにその配置に関する事項

六　試験事務を行う時間及び休日に関する事項

七　型式試験の結果を記載した書類又はその写しを交付する方法に関する事項

八　前各号に掲げるもののほか、試験事務の実施に関し必要な事項

（事業計画等）

第二十二条　指定試験機関は、毎事業年度開始前に、事業計画書及び収支予算書を国家公安委員会に提出しなければならない。

2　指定試験機関は、毎事業年度終了後三月以内に、事業報告書及び収支決算書を国家公安委員会に提出しなければならない。

（帳簿の備付け等）

第二十三条　指定試験機関は、遊技機試験又は型式試験の結果を記載した書類及び次に掲げる事項を記載した帳簿を試験事務を行う事務所ごとに作成して備え付け、記載の日から十年間保存しなければならない。

一　遊技機試験申請者又は型式試験申請者の氏名又は名称

二　遊技機試験申請書又は型式試験申請書の受理年月日

三　遊技機試験申請書に係る遊技機の名称及び製造番号又は型式試験申請書に係る型式の名称及び試験用の遊技機の製造番号

四　遊技機試験又は型式試験の結果を記載した書類を交付した年月日

（電磁的方法による保存）

第二十三条の二　遊技機試験又は型式試験の結果及び前条各号に掲げる事項が電磁的方法（電子的方法、磁気的方法その他の人の知覚によつて認識することができない方法をいう。以下同じ。）により試験事務を行う事務所ごとに記録され、当該記録が必要に応じ電子計算機その他の機器を用いて直ちに表示されることができるようにして保存されるときは、当該記録の保存をもつて前条に規定する、当該結果が記載された書類及び当該事項が記載された帳簿の保存に代えることができる。

2　前項の規定による保存をする場合には、国家公安委員会が定める基準を確保するよう努めなければならない。

（報告等）

第二十四条　国家公安委員会は、試験事務の適正な実施のため必要があると認めるときは、指定試験機関に対し、試験事務の実施に関し報告させ、又は資料の提出を求めることができる。

（解任の勧告）

第二十五条　国家公安委員会は、指定試験機関の役員又は試験員が試験事務規程に違反した場合その他試験事務の実施に関し不正な行為をした場合において、著しく試験事務の実施に支障が生ずると認めるときは、指定試験機関に対し、当該役員又は試験員の解任を勧告することができる。

（業務改善の勧告）

第二十六条　国家公安委員会は、指定試験機関の財産の状況又は試験事務の実施に関し改善が必要であると認めるときは、指定試験機関に対し、その改善に必要な措置を採るべきことを勧告することができる。

（試験事務の休廃止）

第二十七条　指定試験機関は、試験事務の全部又は一部を休止し、又は廃止しようとするときは、あらかじめ、国家公安委員会の承認を受けなければならない。

（指定の取消し）

第二十八条　国家公安委員会は、指定試験機関が次の各号のいずれかに該当するときは、その指定を取り消すことができる。

一　第二十二条又は前条の規定に違反したとき。

二　第二十五条又は第二十六条の規定による勧告があつたにもかかわらず、当該勧告に係る措置を講じていないと認められるとき。

三　試験事務を適正かつ確実に実施することができないと認められるに至つたとき。

四　偽りその他不正の手段により指定を受けたことが判明するに至つたとき。

（公安委員会による試験事務の実施）

第二十九条　第十二条第一項の規定による公示をした公安委員会は、指定試験機関が第二十七条の承認を受けて試験事務の全部若しくは一部を休止したとき、又は指定試験機関が天災その他の事由により試験事務の全部若しくは一部を実施することが困難となつた場合において必要があると認めるときは、第十二条第二項の規定にかかわらず、試験事務の全部又は一部を自ら行うものとする。

2　公安委員会は、前項の規定により試験事務の全部若しくは一部を自ら行うこととし、又は同項の規定により行つている試験事務の全部若しくは一部を行わないこととするときは、あらかじめその旨を公示するものとする。この場合において、検定に係る試験事務についての公示は、官報に登載することにより行うものとする。

（試験事務の引継ぎ等）

第三十条　指定試験機関は、第二十七条の承認を受けて試験事務の全部若しくは一部を廃止したとき、第二十八条の規定により指定を取り消されたとき、又は前条第一項の規定により公安委員会が試験事務の全部若しくは一部を自ら行うこととしたときは、次に掲げる事項を行わなければならない。

一　試験事務を当該公安委員会に引き継ぐこと。

二　試験事務に関する帳簿及び書類を当該公安委員会に引き継ぐこと。

三　その他当該公安委員会が必要と認める事項

（フレキシブルディスクによる手続）

第三十一条　次の各号に掲げる書類の当該各号に定める規定による提出については、当該書類の提出に代えて当該書類に記載すべきこととされている事項を記録したフレキシブルディスク及び別記様式第二十三号のフレキシブルディスク提出票を提出することにより行うことができる。

一　申請書　第十六条第一項

二　定款　第十六条第二項

三　財産目録及び貸借対照表　第十六条第二項

四　事業計画書及び収支予算書　第十六条第二項及び第二十二条第一項

五　役員の氏名、住所及び略歴を記載した書面　第十六条第二項

六　社員の氏名又は名称を記載した書面　第十六条第二項

七　試験員の氏名及び経歴を記載した書面　第十六条第二項

八　試験員が第十九条第二項各号のいずれかに該当する者であることを証明する書面　第十六条第二項

九　試験設備の種類及び数を記載した書面　第十六条第二項

十　届出書　第二十条第一項

十一　事業報告書及び収支決算書　第二十二条第二項

2　前項のフレキシブルディスクは、工業標準化法（昭和二十四年法律第百八十五号）に基づく日本工業規格（以下この条において「日本工業規格」という。）X六二二三に適合する九十ミリメートルフレキシブルディスクカートリッジでなければならない。

3　第一項の規定によるフレキシブルディスクへの記録は、次に掲げる方式に従つて行わなければならない。

一　トラックフォーマットについては、日本工業規格X六二二五に規定する方式

二　ボリューム及びファイル構成については、日本工業規格X〇六〇五に規定する方式

三　文字の符号化表現については、日本工業規格X〇二〇八附属書一に規定する方式

4　第一項の規定によるフレキシブルディスクへの記録は、日本工業規格X〇二〇一及びX〇二〇八に規定する図形文字並びに日本工業規格

工業規格X〇二一一に規定する制御文字のうち「復帰」及び「改行」を用いて行わなければならない。

5　第一項のフレキシブルディスクには、日本工業規格X六二二三に規定するラベル領域に、次に掲げる事項を記載した書面をはり付けなければならない。

一　提出者の名称

二　提出年月日

第五章　雑則

（特定装置）

第三十二条　風俗営業等の規制及び業務の適正化等に関する法律施行令（昭和五十九年政令第三百十九号）第十四条の表の一の項の国家公安委員会規則で定める装置は、電動役物（役物（入賞を容易にするための特別の装置をいう。以下同じ。）で電気的動力により作動するものをいう。以下同じ。）とする。

附　則

この規則は、風俗営業等取締法の一部を改正する法律（昭和五十九年法律第七十六号）の施行の日（昭和六十年二月十三日）から施行する。

附　則（平成二・八・三一国家公安委員会規則六）

（施行期日）

1　この規則は、平成二年十月一日から施行する。

（許可に関する経過措置）

2　この規則の施行の際現にぱちんこ屋に係る風俗営業等の規制及び業務の適正化等に関する法律（以下「法」という。）第五条第一項の許可申請書を都道府県公安委員会（以下「公安委員会」という。）に提出している者についての法第四条第三項の規定による著しく客の射幸心をそそるおそれがある遊技機の基準については、なお従前の例による。

（遊技機の変更の承認に関する経過措置）

3　この規則の施行の際現に遊技機の変更に係る風俗営業等の規制及び業務の適正化等に関する法律施行規則（以下「施行規則」という。）第十七条第一項の変更承認申請書を公安委員会に提出している者についての法第四条第三項の規定による著しく客の射幸心をそそるおそれがある遊技機の基準については、なお従前の例による。

（遊技機の認定に関する経過措置）

4　この規則の施行の際現に法第二十条第二項の認定を受けている遊技機及び現に公安委員会に提出されている遊技機の認定及び型式の検定等に関する規則（以下「遊技機認定規則」という。）第一条第一項の認定申請書に係る遊技機、現に指定試験機関に提出されている遊技機認定規則第十四条第一項の遊技機試験申請書に係る遊技機並びに次項に規定する遊技機の型式（この規則の施行の際現に公安委員会に提出されている遊技機認定規則第七条第一項の検定申請書に係る遊技機の型式及び現に指定試験機関に提出されている遊技機認定規則第十五条第一項の型式試験申請書に係る遊技機の型式にあっては、この規則の施行の日以後に次項の規定によりなお従前の例によるものとされる法第二十条第三項の規定による技術上の規格に適合する旨の同条第四項の検定を受けたものに限る。）に属する遊技機については、法第四条第三項の規定による著しく客の射幸心をそそるおそれがある遊技機の基準については、第一条の規定による改正後の施行規則第七条の規定にかかわらず、なお従前の例による。

（遊技機の型式の検定に関する経過措置）

5　この規則の施行の際現に法第二十条第四項の検定を受けている

遊技機の型式及び現に公安委員会に提出されている遊技機認定規則第七条第一項の検定申請書に係る遊技機の型式並びに現に指定試験機関に提出されている遊技機認定規則第十五条第一項の型式試験申請書に係る遊技機の型式についての法第二十条第三項の規定による技術上の規格については、第二条の規定による改正後の遊技機認定規則第六条及び別表第二から別表第七までの規定にかかわらず、なお従前の例による。

（許可の取消し等に関する経過措置）

6　この規則の施行前にした行為に係るこの規則の施行後における法第三条第一項の許可の取消し、停止その他の処分については、なお従前の例による。

（罰則に関する経過措置）

7　この規則の施行前にした行為に対する罰則の適用については、なお従前の例による。

附　則〔平成六・三・四国家公安委員会規則九〕

1　この規則は、平成六年四月一日から施行する。〔以下略〕

2　この規則による改正前の〔中略〕遊技機の認定及び型式の検定等に関する規則〔中略〕に規定する様式による書面については、当分の間、それぞれ改正後のこれらの規則に規定する様式による書面とみなす。

附　則〔平成六・九・二六国家公安委員会規則二五〕

この規則は、行政手続法の施行の日（平成六年十月一日）から施行する。

附　則〔平成七・五・一六国家公安委員会規則五〕

（施行期日）

1　この規則は、平成七年六月一日から施行する。

（経過措置）

2　この規則の施行の際現に都道府県公安委員会に提出されている改正前の遊技機の認定及び型式の検定等に関する規則（以下「旧規則」という。）第一条第一項の認定申請書に係る遊技機についての風俗営業等の規制及び業務の適正化等に関する法律（以下「法」という。）第二十条第二項の認定（以下「認定」という。）及び旧規則第七条第一項の検定申請書に係る型式についての法第二十条第四項の検定（以下「検定」という。）並びに現に法第二十条第五項に規定する指定試験機関（以下「指定試験機関」という。）に提出されている旧規則第十四条第一項の遊技機試験申請書に係る遊技機についての遊技機試験（指定試験機関が行う遊技機についての認定に係る試験をいう。以下同じ。）及び旧規則第十五条第一項の型式試験申請書に係る型式についての型式試験（指定試験機関が行う遊技機の型式に関する検定に係る試験をいう。以下同じ。）については、なお従前の例による。

3　この規則の施行前に遊技機試験を受けた遊技機若しくは検定を受けた型式に属する遊技機又はこの規則の施行の日（以下「施行日」という。）以後に前項の規定によりなお従前の例によることとされる遊技機試験を受けた遊技機若しくは前項若しくは次項の規定によりなお従前の例によることとされる検定を受けた型式に属する遊技機についての認定については、なお従前の例による。

4　この規則の施行前に型式試験を受けた型式又は施行日以後に附則第二項の規定によりなお従前の例によることとされる型式試験を受けた型式についての検定については、なお従前の例による。

5　この規則の施行の際現に受けている検定及び施行日以後に附則第二項又は前項の規定によりなお従前の例によることとされる検定の取消しについては、改正後の遊技機の認定及び型式の検定等に関する規則（以下「新規則」という。）第十一条の規定にかかわらず、なお従前の例による。

6　この規則の施行前に旧規則第十一条第一項の規定によりされた検定の取消し及び前項の規定によりなお従前の例によることとされる場合における施行日以後にされた検定の取消しは、新規則第七条第二項第一号の規定の適用については、新規則第十一条第二項の規定による検定の取消しとみなす。

7　新規則第十一条の二の規定は、この規則の施行の際現に検定を受けている型式に属する遊技機及び施行日以後に附則第三項又は第四項の規定によりなお従前の例によることとされる検定を受けた型式に属する遊技機については、適用しない。

附　則〔平成一〇・七・二九国家公安委員会規則一二〕

この規則は、平成十年八月一日から施行する。

附　則〔平成一二・一・一四国家公安委員会規則一〕

（施行期日）

1　この規則は、公布の日から施行する。〔以下略〕

（経過措置）

2　この規則による改正前の〔中略〕遊技機の認定及び型式の検定等に関する規則〔中略〕に規定する様式による書面については、改正後の〔中略〕遊技機の認定及び型式の検定等に関する規則〔中略〕に規定する様式にかかわらず、当分の間、なおこれを使用することができる。この場合には、氏名を記載し及び押印することに代えて、署名することができる。

附　則〔平成一二・三・二二国家公安委員会規則七〕

この規則は、公布の日から施行する。

附　則〔平成一二・三・三〇国家公安委員会規則八〕

この規則は、地方分権の推進を図るための関係法律の整備等に関する法律の施行の日（平成十二年四月一日）から施行する。

附　則〔平成一六・一・三〇国家公安委員会規則二〕

（施行期日）

1　この規則は、平成十六年七月一日から施行する。

（許可に関する経過措置）

2　この規則の施行の際現に風俗営業等の規制及び業務の適正化等に関する法律（以下「法」という。）第五条第一項の許可申請書を都道府県公安委員会（以下「公安委員会」という。）に提出している者に対する法第三条第一項の許可（以下単に「許可」という。）に関する法第四条第四項の基準については、なお従前の例による。

（遊技機の変更の承認に関する経過措置）

3　この規則の施行の際現に施行規則第十七条第一項の変更承認申請書を公安委員会に提出している者に対する法第二十条第十項で準用する法第九条第一項の承認（以下単に「承認」という。）に関する法第四条第四項の基準については、なお従前の例による。

（遊技機の規制に関する経過措置）

4　この規則の施行前にされた許可又は承認の申請に係る遊技機（法第二十条第二項の認定（以下単に「認定」という。）を受けたもの又は同条第四項の検定（以下単に「検定」という。）を受けた型式に属するものに限る。）に関する同条第一項の基準については、当該認定を受けた日又は当該検定の遊技機規則第九条第一項の規定による公示の日（以下単に「公示の日」という。）から起算して三年を経過するまでの間は、なお従前の例による。

（遊技機の認定に関する経過措置）

5　次の各号に掲げる遊技機に関する法第二十条第二項に規定する同条第一項の基準については、なお従前の例による。

一　この規則の施行の際現に公安委員会に提出されている遊技機

規則第一条第一項の認定申請書に係る遊技機

二　この規則の施行の日（以下「施行日」という。）以後に公安委員会に提出された遊技機規則第一条第一項の認定申請書に係る遊技機でこの規則の施行前に遊技機規則第十三条の遊技機試験を受けたもの

三　この規則の施行の際現に法第二十条第五項の指定試験機関に提出されている遊技機規則第十四条第一項の遊技機試験申請書に係る遊技機

（遊技機の型式の検定に関する経過措置）

6　次の各号に掲げる遊技機の型式に関する法第二十条第三項の技術上の規格については、なお従前の例による。

一　この規則の施行の際現に公安委員会に提出されている遊技機規則第七条第一項の検定申請書に係る型式

二　施行日以後に公安委員会に提出された遊技機規則第七条第一項の検定申請書に係る型式でこの規則の施行前に遊技機規則第十三条の型式試験を受けたもの

三　この規則の施行の際現に法第二十条第五項の指定試験機関に提出されている遊技機規則第十五条第一項の型式試験申請書に係る型式

（施行日以後にされた許可の申請等に関する経過措置）

7　この規則の施行前に認定を受けた遊技機若しくは検定を受けた型式に属する遊技機又は附則第五項の規定によりなお従前の例によることとされた法第二十条第一項の基準に従ってされた認定を受けた遊技機若しくは前項の規定によりなお従前の例によることとされた法第二十条第三項の技術上の規格に従ってされた検定を受けた型式に属する遊技機に係る法第五条第一項の許可申請書を施行日以後に公安委員会に提出した者に対する許可に関する法第四条第四項の基準については、次の各号に掲げる遊技機の区分に応じ当該各号に定める日から起算して三年を経過するまでの間は、なお従前の例による。

一　この規則の施行前に認定を受けた遊技機若しくは検定を受けた型式に属する遊技機又は附則第五項第一号の遊技機若しくは前項第一号の型式に属する遊技機　認定を受けた日又は検定の公示の日

二　附則第五項第二号の遊技機又は前項第二号の型式に属する遊技機　施行日

三　附則第五項第三号の遊技機又は前項第三号の型式に属する遊技機　遊技機規則第十四条第三項又は遊技機規則第十五条第四項の書類の交付の日

8　前項柱書に掲げる遊技機に係る施行規則第十七条第一項の変更承認申請書を施行日以後に公安委員会に提出した者に対する承認に関する法第四条第四項の基準については、前項各号に掲げる遊技機の区分に応じ当該各号に定める日から起算して三年を経過するまでの間は、なお従前の例による。

9　附則第七項及び前項の規定によりなお従前の例によることとされた法第四条第四項の基準に従ってされた許可又は承認に係る遊技機に関する法第二十条第一項の基準については、附則第七項各号に掲げる遊技機の区分に応じ当該各号に定める日から起算して三年を経過するまでの間は、なお従前の例による。

（認定及び検定の効力に関する経過措置）

10　附則第五項の規定によりなお従前の例によることとされた法第二十条第一項の基準に従ってされた認定又は附則第六項の規定によりなお従前の例によることとされた法第二十条第三項の技術上の規格に従ってされた検定は、この規則による改正後の施行規則

第七条並びにこの規則による改正後の遊技機規則第六条及び別表第二から別表第七までの規定にかかわらず、附則第七項各号に掲げる遊技機の区分に応じ当該各号に定める日から起算して三年を経過するまでの間は、なおその効力を有する。

（許可の取消し等に関する経過措置）

11　この規則の施行前にした行為及びこの附則の規定によりなおその効力を有することとされる場合における施行日以後にした行為に係るこの規則の施行後における許可の取消し、停止その他の処分については、なお従前の例による。

（罰則に関する経過措置）

12　この規則の施行前にした行為及びこの附則の規定によりなおその効力を有することとされる場合における施行日以後にした行為に対する罰則の適用については、なお従前の例による。

附　則（平成一七・三・四国家公安委員会規則二）

この規則は、不動産登記法の施行の日（平成十七年三月七日）から施行する。

附　則（平成一八・四・二四国家公安委員会規則一四抄）

（施行期日）

第一条　この規則は、風俗営業等の規制及び業務の適正化等に関する法律の一部を改正する法律（平成十七年法律第百十九号。以下「改正法」という。）の施行の日（平成十八年五月一日）から施行する。

附　則（平成二〇・八・一国家公安委員会規則一六）

この規則は、一般社団法人及び一般財団法人に関する法律の施行の日（平成二十年十二月一日）から施行する。

附　則（平成二四・六・一八国家公安委員会規則七）

（施行期日）

第一条　この規則は、出入国管理及び難民認定法及び日本国との平和条約に基づき日本の国籍を離脱した者等の出入国管理に関する特例法の一部を改正する等の法律（平成二十一年法律第七十九号）の施行の日（平成二十四年七月九日）から施行する。

（経過措置）

第二条　この規則の施行の日前にした行為に対する罰則の適用については、なお従前の例による。

附　則（平成二七・一二・一三国家公安委員会規則二〇抄）

（施行期日）

1　この規則は、風俗営業等の規制及び業務の適正化等に関する法律の一部を改正する法律の施行の日（平成二十八年六月二十三日）から施行する。

附　則（平成二九・九・四国家公安委員会規則九）

（施行期日）

1　この規則は、平成三十年二月一日から施行する。

（許可に関する経過措置）

2　この規則の施行の際現に風俗営業等の規制及び業務の適正化等に関する法律（以下「法」という。）第五条第一項の許可申請書を都道府県公安委員会（以下「公安委員会」という。）に提出している者に対する法第三条第一項の許可（以下単に「許可」という。）に関する法第四条第四項の基準については、なお従前の例による。

（遊技機の変更の承認に関する経過措置）

3　この規則の施行の際現に施行規則第十九条第一項の変更承認申請書を公安委員会に提出している者に対する法第二十条第十項で準用する法第九条第一項の承認（以下単に「承認」という。）に関する法第四条第四項の基準については、なお従前の例による。

（遊技機の規制に関する経過措置）

4　この規則の施行前にされた許可又は承認の申請に係る遊技機（法第二十条第二項の認定（以下単に「認定」という。）を受けたもの又は同条第四項の検定（以下単に「検定」という。）を受けた型式に属するものに限る。）に関する同条第一項の基準については、当該認定を受けた日又は当該検定の遊技機規則第九条第一項の規定による公示の日（以下単に「公示の日」という。）から起算して三年を経過するまでの間は、なお従前の例による。

（遊技機の認定に関する経過措置）

5　次の各号に掲げる遊技機の認定に関する法第二十条第一項の基準については、なお従前の例による。

一　この規則の施行の際現に公安委員会に提出されている遊技機規則第一条第一項の認定申請書に係る遊技機

二　この規則の施行の日（以下「施行日」という。）以後に公安委員会に提出された遊技機規則第一条第一項の認定申請書に係る遊技機でこの規則の施行前に遊技機規則第十三条の遊技機試験を受けたもの

三　この規則の施行の際現に法第二十条第五項の指定試験機関に提出されている遊技機規則第十四条第一項の遊技機試験申請書に係る遊技機

（遊技機の型式の検定に関する経過措置）

6　次の各号に掲げる遊技機の型式に関する法第二十条第三項の技術上の規格については、なお従前の例による。

一　この規則の施行の際現に公安委員会に提出されている遊技機規則第七条第一項の検定申請書に係る型式

二　施行日以後に公安委員会に提出された遊技機規則第七条第一項の検定申請書に係る型式でこの規則の施行前に遊技機規則第十三条の型式試験を受けたもの

三　この規則の施行の際現に法第二十条第五項の指定試験機関に提出されている遊技機規則第十五条第一項の型式試験申請書に係る型式

（施行日以後にされた許可の申請等に関する経過措置）

7　この規則の施行前に認定を受けた遊技機若しくは検定を受けた型式に属する遊技機又は附則第五項の規定によりなお従前の例によることとされた法第二十条第一項の基準に従ってされた認定を受けた遊技機若しくは前項の規定によりなお従前の例によることとされた同条第三項の技術上の規格に従ってされた検定を受けた型式に属する遊技機に係る法第五条第一項の許可申請書を施行日以後に公安委員会に提出した者に対する許可に関する法第四条第四項の基準については、次の各号に掲げる遊技機の区分に応じ当該各号に定める日から起算して三年を経過するまでの間は、なお従前の例による。

一　この規則の施行前に認定を受けた遊技機若しくは検定を受けた型式に属する遊技機又は附則第五項第一号の遊技機若しくは前項第一号の型式に属する遊技機　認定を受けた日又は検定の公示の日

二　附則第五項第二号の遊技機又は前項第二号の型式に属する遊技機　施行日

三　附則第五項第三号の遊技機又は前項第三号の型式に属する遊技機　遊技機規則第十四条第三項又は第十五条第四項の書類の交付の日

8　前項に規定する遊技機に係る施行規則第十九条第一項の変更承認申請書を施行日以後に公安委員会に提出した者に対する承認に関する法第四条第四項の基準については、前項各号に掲げる遊技

機の区分に応じ当該各号に定める日から起算して三年を経過するまでの間は、なお従前の例による。

9　附則第七項及び前項の規定によりなお従前の例によることとされた法第四条第四項の基準に従ってされた許可又は承認に係る遊技機に関する法第二十条第一項の基準については、附則第七項各号に掲げる遊技機の区分に応じ当該各号に定める日から起算して三年を経過するまでの間は、なお従前の例による。

（認定及び検定の効力に関する経過措置）

10　附則第五項の規定によりなお従前の例によることとされた法第二十条第一項の基準に従ってされた認定又は附則第六項の規定によりなお従前の例によることとされた同条第三項の技術上の規格に従ってされた検定は、附則第七項各号に掲げる遊技機の区分に応じ当該各号に定める日から起算して三年を経過するまでの間は、なおその効力を有する。

（許可の取消し等に関する経過措置）

11　この規則の施行前にした行為並びにこの附則の規定によりなお従前の例によることとされる場合及びこの附則の規定によりなおその効力を有することとされる場合におけるこの規則の施行後にした行為に係るこの規則の施行後における許可の取消し、停止その他の処分については、なお従前の例による。

（罰則に関する経過措置）

12　この規則の施行前にした行為並びにこの附則の規定によりなお従前の例によることとされる場合及びこの附則の規定によりなおその効力を有することとされる場合におけるこの規則の施行後にした行為に対する罰則の適用については、なお従前の例による。

附　則〔平成三〇・四・二七国家公安委員会規則一〇〕

この規則は、学校教育法の一部を改正する法律の施行の日（平成三十一年四月一日）から施行する。

別記様式第１号（第１条関係）

その１

※受理年月日		※認定年月日	
※受理番号		※認定番号	

認　定　申　請　書

風俗営業等の規制及び業務の適正化等に関する法律第20条第２項の規定により認定を申請します。

年　月　日

公安委員会殿

申請者の氏名又は名称及び住所

㊞

（ふりがな）			
氏名又は名称			
住所	〒（　） （　）局　番		
（ふりがな）			
法人にあつては、その代表者の氏名			
（ふりがな）			
営業所の名称			
営業所の所在地			
※同時申請の有無	①有　②無	※受理警察署長	

その２

	遊技機の種類	製造業者名	型式名	検定番号	遊技機試験の有無	台数	備考
遊						台	
						台	
技						台	
機						台	
						台	
の						台	
概						台	
						台	
要						台	
						台	

備考
1. ※印欄には、記載しないこと。
2. 申請者は、氏名を記載し及び押印することに代えて、署名することができる。
3. その２の「備考」の欄には、新品か中古品かの別を記載すること。
4. 所定の欄に記載し得ないときは、別紙に記載の上、これを添付すること。
5. 用紙の大きさは、日本工業規格Ａ４とすること。

別記様式第２号（第１条、第７条関係）

（その１）

諸元表（ぱちんこ遊技機）

型式名				
製造業者又は輸入業者名				
使用条件	温度		℃	
	湿度		%	
	電源	種別		
		定格電圧	V	
		定格周波数	Hz	
	遊技機の設置条件			
	その他の使用条件			
遊技球		質量	g	
		材質		
遊技盤	構造			
	遊技盤の大きさ			
	遊技板の材質			
	遊技球の落下の方向に変化を与えるための装置	遊技くぎ	本数	
			配置	
			形状	
			傾き	
			材質	
			硬度　Hv	
		風車	個数	
			配置	
			形状及び構造	
			傾き	
			材質	
			軸の硬度　Hv	
		保留装置	個数	
			配置	
			形状及び構造	
			保留可能遊技球数	
			材質	
		その他の装置	名称	
			機能	
			個数	
			配置	
			形状及び構造	
			材質	

（その２）

ガラス板等	遊技板との距離　mm			
	透視性			
	材質			
受け皿	構造			
	材質			
遊技盤の枠	大きさ	高さ	mm	
		幅	mm	
		奥行	mm	
	構造			
	材質			
遊技球数表示装置	構造			
	動作原理			
発射装置	種類			
	構造			
	動作原理			
	電動機	種類		
		回転速度		
		製造者名		
	１分間の発射遊技球数			
賞球払出装置（注１）	構造			
	動作原理			
設定の数				
遊技球の獲得に係る遊技機の性能	設定ごとの10時間出玉率(注２)			
	設定ごとの４時間出玉率(注３)			
	設定ごとの１時間出玉率(注４)			
	設定ごとの役物比率(注５)			
	設定ごとの連続役物比率(注６)			

(注１)　「賞球払出装置」とは、入賞により獲得する遊技球を受け皿に払い出すための装置をいう。

(注２)　「10時間出玉率」とは、10時間に発射させた遊技球の総数のうち獲得する遊技球の総数の割合をいう。

(注３)　「４時間出玉率」とは、４時間に発射させた遊技球の総数のうち獲得する遊技球の総数の割合をいう。

(注４)　「１時間出玉率」とは、１時間に発射させた遊技球の総数のうち獲得する遊技球の総数の割合をいう。

(注５)　「役物比率」とは、10時間に発射させた遊技球により獲得する遊技球の数のうち役物の作動によるものの割合をいう。

(注６)　「連続役物比率」とは、10時間に発射させた遊技球により獲得する遊技球の数のうち役物が連続して作動する場合における当該役物の作動によるものの割合をいう。

(その3)

入賞口（注7）	個　数			
	配　置			
	構　造			
		入口の大きさ　mm		
		内部構造	入賞感知機構	
			その他遊技の結果に影響を及ぼすこととなる機能を有する構造	
	入賞による獲得遊技球数			
	材　質			
役物に係る入賞口であって、当該役物が作動しない場合にも遊技球が入賞することができるもの	個数			
	配置			
ゲート	個　数			
	配　置			
	構　造			
		入口の大きさ　mm		
	材　質			

（注7）　「入賞口」とは、役物に係る入賞口（役物が作動した場合に開き、又は拡大する入賞口をいう。以下この別記様式において同じ。）以外の入賞口をいう。

(その4)

第一種非電動役物	個　数				
	役物に係る入賞口	個　数			
		配　置			
		構　造			
			入口の大きさ　mm	役物未作動時	
				役物作動時	
			内部構造	入賞感知機構	
				その他遊技の結果に影響を及ぼすこととなる機能を有する構造	
		入賞による獲得遊技球数			
		最大入賞数			
			合　計		
		材　質			
	第一種非電動役物の作動に欠くことができないその他の構造				
第二種非電動役物	個　数				
	作動契機				
		条　件			
	役物に係る入賞口	個　数			
		配　置			
		構　造			
			入口の大きさ　mm	役物未作動時	
				役物作動時	
			内部構造	入賞感知機構	
				その他遊技の結果に影響を及ぼすこととなる機能を有する構造	
		入賞による獲得遊技球数			
		最大入賞数			
			合　計		
		材　質			
	第二種非電動役物の作動に欠くことができないその他の構造				

（その5）

普通電動役物に係る入賞口	個数			
	作動契機	条件		
	役物	個数		
		配置		
	構造	入口の大きさ（mm）	役物未作動時	
			役物作動時	
		内部構造	入賞感知機構	
			その他遊技の結果に影響を及ぼすこととなる機能を有する構造	
	普通電動役物の1回の作動による入口の開放等の回数			
	普通電動役物の1回の作動による入口の開放等の時間及びその合計			
	入賞による獲得遊技球数			
	最大入賞数			
	材質			
	使用部品	普通電動役物の作動に係る制御又はデータ処理に係る電子回路		
		普通電動役物の作動に係る制御又はデータ処理に係るプログラム		
		入賞球数の計測に係るプログラム		
		普通電動役物の作動に欠くことができないその他の構造		
普通図柄表示装置	個数			
	配置			
	構造			
	使用部品			
	作動契機	条件	普通電動役物が作動することとなる図柄の組合せ	

（その6）

普通図柄表示装置	普通電動役物が作動することとなる図柄の組合せが表示される確率の値	当該確率が変動しない場合		
		当該確率が変動する場合	上の値	
			下の値	
	普通電動役物が作動することとなる図柄の組合せが表示される確率の値が変動する契機			
	図柄確定に要する時間			
	作動保留球数（注8）の記憶可能数の上限			
	使用部品	普通図柄表示装置の作動に係る制御又はデータ処理に係る電子回路		
		普通図柄表示装置の作動に係る制御又はデータ処理に係るプログラム		
		普通電動役物を作動させることとなる図柄の組合せを表示するか否かの抽せんに係るプログラム		
		表示する図柄の組合せの決定・表示に係るプログラム		
		作動保留球数の記憶に係るプログラム		

（注8）　「普通図柄表示装置」欄の「作動保留球数」とは、遊技球が入賞口（（注8）において「図柄に係る入賞口」という。）に入賞し、又はゲート（（注8）において「図柄に係るゲート」という。）を通過した時（普通図柄表示装置が作動することとなる場合に限る。）から当該普通図柄表示装置の作動が終了する時までの間又は普通図柄表示装置において普通電動役物が作動することとなる図柄の組合せが表示された時から当該普通電動役物の作動が終了する時までの間に、図柄に係る入賞口に入賞し、又は図柄に係るゲートを通過した遊技球のうち、当該普通図柄表示装置又は当該普通電動役物の作動が終了した後、引き続き当該普通図柄表示装置を作動させることとなる遊技球の数をいう。

（その７）

特別電動役物	個　数				
	役物連続作動装置未作動時	作動契機			
			条　件		
		作動終了条件			
	役物連続作動装置作動時	作動契機			
			条　件		
		作動終了条件			
		設定ごとのＭの値（注９）	Ｍが変動しない場合		
			Ｍが変動する場合	ＭＨの値（注10）	
				ＭＬの値（注11）	
		設定ごとのＭが変動する契機			
		Ｎの値（注12）			
		Ｒの値（注13）			
		Ｓの値（注14）			
		設定ごとのＭ×Ｎ×Ｒ×Ｓの値			
	条件装置	作動契機			
			条　件		
		作動終了条件			
	始動口	個　数			
		配　置			
		材　質			
	大入賞口	個　数			
		配　置			
		構　造			
			入口の大きさ　㎜	役物未作動時	
				役物作動時	

（注９）　「Ｍ」とは、別表第４（１）へ（リ）及びト（ト）のＭをいう（「役物連続作動装置作動時」欄において同じ。）。

（注10）　「ＭＨ」とは、別表第４（１）ト（ト）のＭＨをいう。

（注11）　「ＭＬ」とは、別表第４（１）ト（ト）のＭＬをいう。

（注12）　「Ｎ」とは、別表第４（１）へ（リ）及びト（ヘ）のＮをいう。

（注13）　「Ｒ」とは、別表第４（１）へ（リ）のＲをいう。

（注14）　「Ｓ」とは、別表第４（１）へ（リ）のＳをいう。

（その８）

特別電動役物	大入賞口	構造	内部構造	入賞感知機構		
				特定の領域（注15）	配　置	
					構　造	
					入口の大きさ　㎜	
				その他遊技の結果に影響を及ぼすこととなる機能を有する構造		
		開放等の契機				
		役物連続作動装置未作動時	開放等の回数			
			開放等の時間及びその合計			
		役物連続作動装置作動時	開放等の回数			
			開放等の時間及びその合計			
		大入賞口に入賞する遊技球の数のうち特定の領域を通過する遊技球の数の割合				
		入賞による獲得遊技球数				
		最大入賞数				
		材　質				
	特別電動役物の作動に係る制御又はデータ処理に係る電子回路					
		使用部品				
	特別電動役物の作動に係る制御又はデータ処理に係るプログラム					
		役物連続作動装置の作動の開始及び終了に係るプログラム				
		入賞球数の計測に係るプログラム				
	特別電動役物の作動に欠くことができないその他の構造					

（注15）　「大入賞口」欄の「特定の領域」とは、条件装置の作動に係る大入賞口内の特定の領域をいう。

（その9）

特別図柄表示装置	個　数	
	配　置	
	構　造	
	使用部品	
	作動契機	
	条　件	
	特別電動役物が作動することとなる図柄の組合せ	
	条件装置が作動することとなる図柄の組合せ	
	役物連続作動装置が作動せず、かつ、特別電動役物が作動することとなる図柄の組合せを表示する確率の値	
	図柄確定に要する時間	
	作動保留球数（注16）の記憶可能数の上限	
	特別図柄表示装置の作動に係る制御又はデータ処理に係る電子回路	
	使用部品	
	特別図柄表示装置の作動に係る制御又はデータ処理に係るプログラム	
	特別電動役物及び条件装置が作動することとなる図柄の組合せを表示するか否かの抽せんに係るプログラム	
	表示する図柄の組合せの決定・表示に係るプログラム	
	作動保留球数の記憶に係るプログラム	

（注16）　「特別図柄表示装置」欄の「作動保留球数」とは、遊技球が始動口に入賞した時から当該特別図柄表示装置の作動が終了する時までの間、特別図柄表示装置において特別電動役物が作動することとなる図柄の組合せが表示された時から当該特別電動役物の作動が終了する時までの間又は条件装置が作動することとなる図柄の組合せが表示された時から当該条件装置の作動により作動した役物連続作動装置の作動が終了するときまでの間に、始動口に入賞した遊技球のうち、当該特別図柄表示装置又は特別電動役物の作動が終了した後、引き続き当該特別図柄表示装置を作動させることとなる遊技球の数をいう。

（その10）

役物連続作動装置	個　数	
	作動契機	
	条　件	
	役物連続作動装置の１回の作動により特別電動役物が連続して作動する回数とその合計	
	役物連続作動装置の１回の作動により特別電動役物が連続して作動する回数が変動する場合におけるそれぞれの特別電動役物が連続する回数及びその確率の値	
	役物連続作動装置の１回の作動によりそれぞれの特別電動役物が作動する順序又は作動することとなる特別電動役物を決定する方法	
	作動終了条件	
	設定ごとのＰの値（注17）	
	役物連続作動装置の作動に係る制御又はデータ処理に係る電子回路	
	使用部品	
	役物連続作動装置の作動に係る制御又はデータ処理に係るプログラム	
	役物連続作動装置の作動に欠くことができないその他の構造	

（注17）　「Ｐ」とは、別表第４（１）ト（ト）のＰをいう。

（その11）

遊技の用に供されるその他の装置	名　称		
	個　数		
	配置目的及び機能		
	配　置		
	構　造		
		使用部品	
	動作原理		
	作動契機		
		条　件	
	遊技の結果に影響を及ぼすこととなる図柄の組合せの表示その他の動作が行われることとなる確率の値		
	当該装置の作動に係る制御又はデータ処理に係る電子回路		
		使用部品	
	当該装置の作動に係る制御又はデータ処理に係るプログラム		
		遊技の結果に影響を及ぼすこととなる図柄の組合せの表示その他の動作が行われるか否かの抽せんに係るプログラム	
		図柄の決定・表示その他の動作に係るプログラム	

（その12）

遊技機内部の配線系統					
基板	個　数				
	設置位置及び方法				
	回路構成				
	部品配置				
	使用部品				
		マイクロプロセッサー	個　数		
			用　途		
			型式名		
			製造者名		
			特記事項		
		ROM	個　数		
			用　途		
			記憶容量		
			使用領域		
			記憶内容		
				プログラム	構　成
					ソースプログラム
					使用データ
				検査合計	
			型式名		
			製造者名		
			特記事項		
		RWM	個　数		
			用　途		
			記憶容量		
			使用領域		
			初期化処理		
			型式名		
			製造者名		
			特記事項		
	主基板ケース	構　造			
		材　質			

（その13）

基板	基板の型式を特定するための番号、記号その他の符号	
	製造者の氏名又は名称	
入力信号	信号の種類	
	端子の位置	
出力信号	信号の種類	
	端子の位置	
遊技機の使用に接続を必要とする装置	名　称	
	用　途	
	接続条件	
備考		

備考　1　所定の欄に記載し得ないときは、別紙に記載の上、これを添付すること。
　　　2　用紙の大きさは、日本工業規格Ａ４とすること。

別記様式第３号（第１条、第７条関係）

（その１）

諸元表（回胴式遊技機）

型式名				
製造業者又は輸入業者名				
使用条件	温　度		℃	
	湿　度		％	
	電　源	種　別		
		定格電圧	V	
		定格周波数	Hz	
	その他の使用条件			
遊技メダル等	遊技機を作動させるための遊技メダル又は遊技球（以下この別記様式において「遊技メダル等」という。）の種別			
	遊技メダル等投入時の処理（注１）	規定数		
		遊技メダル等投入時の処理の制御又はデータ処理に係る電子回路		
		使用部品		
		遊技メダル等投入時の処理の制御又はデータ処理に係るプログラム		
		規定数を超える数の遊技メダル等投入時の処理		
回胴	個　数			
	構造及び大きさ			
	材　質			
	回胴の回転軸	構　造		
		材　質		
	回胴の上の図柄（以下この別記様式において「図柄」という。）	個　数		
		種　類		
		配　列		
		大きさ	mm	
	回胴回転装置	構　造		
		動作原理		
		回胴の回転の方向及び速さ		
		回転停止装置が作動しない場合において、すべての回胴の回転の速さが一定となつてから停止するまでの時間		

（注１）　「遊技メダル等投入時の処理」とは、遊技メダル等の投入（貯留装置に係るボタンその他の装置の操作により遊技メダルが使用されたことを含む。以下この別記様式において同じ。）を行つた時から当該遊技メダル等に係る遊技が可能な状態になる時までの間の処理をいう。

（その２）

回胴	回胴回転装置	回胴回転装置の作動に係る制御又はデータ処理に係る電子回路		
		使用部品		
		回胴回転装置の作動に係る制御又はデータ処理に係るプログラム		
	回転停止装置	構　造		
		動作原理		
		停止ボタン等の配置		
		停止ボタン等の操作後、回胴の回転の停止までに要する時間	第二種特別役物未作動時	
			第二種特別役物作動時	
		回転停止装置の作動に係る制御又はデータ処理に係る電子回路		
		使用部品		
		回転停止装置の作動に係る制御又はデータ処理に係るプログラム		
ガラス板等		透視性		
		材　質		
受け皿		構　造		
		材　質		
遊技機の枠		構　造		
		材　質		
貯留装置		貯留可能な遊技メダルの数		
		構　造		
		動作原理		
遊技メダル数表示装置		構　造		
		動作原理		
遊技メダル等払出装置（注２）		構　造		
		動作原理		
設定の数				

（注２）　「遊技メダル等払出装置」とは、入賞により獲得されることとなる遊技メダル等を受け皿に払い出すための装置をいう。

（その３）

遊技メダル等の獲得に係る遊技機の性能	１回の入賞により獲得することができる遊技メダル等の数の上限		
	規定数ごとの入賞に係る図柄の組合せ		
	規定数ごとの各入賞に係る図柄の組合せに対応して獲得することができる遊技メダル等の数		
	規定数ごとのすべての図柄の組合せの数に占める入賞に係る図柄の組合せの数の割合		
	設定ごと及び規定数ごとの各入賞に係る条件装置が作動する確率の値		
	入賞に係る図柄の組合せが表示される動作原理		
	入賞に係る図柄の組合せが表示された場合の処理（注３）		
	試射試験（注４）	設定ごと及び規定数ごとの17,500回出玉率（注５）	
		設定ごと及び規定数ごとの6,000回出玉率（注６）	
		設定ごと及び規定数ごとの1,600回出玉率（注７）	
		設定ごと及び規定数ごとの400回出玉率（注８）	
		設定ごと及び規定数ごとの役物比率（注９）	
		設定ごと及び規定数ごとの連続役物比率（注10）	

（注３）　「入賞に係る図柄の組合せが表示された場合の処理」とは、入賞に係る図柄の組合せが表示された時から当該入賞により獲得されることとなる遊技メダル等を受け皿に払い出す時までの間の処理をいう。

（注４）　「試射試験」とは、設定ごと及び規定数ごとに、回胴回転装置を作動させた後、回転するすべての回胴につき、任意の順序により、任意の時間に回転停止装置を作動させる試験をいう。

（注５）　「17,500回出玉率」とは、17,500回の遊技において投入した遊技メダル等の総数のうち獲得する遊技メダル等の総数の割合をいう（以下「シミュレーション試験」欄において同じ。）。

（注６）　「6,000回出玉率」とは、6,000回の遊技において投入した遊技メダル等の総数のうち獲得する遊技メダル等の総数の割合をいう（以下「シミュレーション試験」欄において同じ。）。

（注７）　「1,600回出玉率」とは、1,600回の遊技において投入した遊技メダル等の総数のうち獲得する遊技メダル等の総数の割合をいう（以下「シミュレーション試験」欄において同じ。）。

（注８）　「400回出玉率」とは、400回の遊技において投入した遊技メダル等の総数のうち獲得する遊技メダル等の総数の割合をいう（以下「シミュレーション試験」欄において同じ。）。

（注９）　「役物比率」とは、6,000回の遊技において獲得された遊技メダル等の数のうち役物の作動によるものの割合をいう（以下「シミュレーション試験」欄において同じ。）。

（注10）　「連続役物比率」とは、6,000回の遊技において獲得された遊技メダル等の数のうち第一種特別役物の作動によるものの割合をいう（以下「シミュレーション試験」欄において同じ。）。

（その４）

遊技メダル等の獲得に係る遊技機の性能	シミュレーション試験（注11）	設定ごと及び規定数ごとの17,500回出玉率	
		設定ごと及び規定数ごとの6,000回出玉率	
		設定ごと及び規定数ごとの1,600回出玉率	
		設定ごと及び規定数ごとの400回出玉率	
		設定ごと及び規定数ごとの役物比率	
		設定ごと及び規定数ごとの連続役物比率	
	遊技メダル等の獲得に係る遊技機の性能に係る制御又はデータ処理に係る電子回路		
	使用部品		
	遊技メダル等の獲得に係る遊技機の性能に係る制御又はデータ処理に係るプログラム		
	遊技メダル等の獲得に係る遊技機の性能に係る制御に欠くことができないその他の構造		
再遊技に係る遊技機の性能	規定数ごとの再遊技に係る図柄の組合せ（注12）		
	設定ごと及び規定数ごとの再遊技に係る条件装置が作動する確率の値		
	規定数ごとのすべての図柄の組合せの数に占める再遊技に係る図柄の組合せの数の割合		
	再遊技に係る条件装置が作動する確率の変動契機		
	設定ごと及び規定数ごとの再遊技に係る条件装置が作動する確率が変動した場合の確率の値		
	再遊技に係る図柄の組合せが表示された場合の処理（注13）		
	再遊技に係る遊技機の作動の制御又はデータ処理に係る電子回路		
	使用部品		
	再遊技に係る遊技機の作動の制御又はデータ処理に係るプログラム		
	再遊技に係る遊技機の作動に欠くことができないその他の構造		

（注11）　「シミュレーション試験」とは、内部抽せんを行い、条件装置が作動した場合には当該条件装置に係る図柄の組合せが表示され、当該図柄の組合せにより獲得することができる遊技メダル等の最大数が獲得されることとした試験をいう。

（注12）　「再遊技に係る図柄の組合せ」とは、再遊技を行うことができることとなる図柄の組合せをいう（以下「再遊技に係る遊技機の性能」欄及び（注13）において同じ。）。

（注13）　「再遊技に係る図柄の組合せが表示された場合の処理」とは、再遊技に係る図柄の組合せが表示された時から当該図柄の組合せに係る再遊技が可能な状態となる時までの間の処理をいう。

（その５）

普通役物	個　数		
	作動契機		
	条　件		
	設定ごと及び規定数ごとの普通役物の作動に係る条件装置が作動する確率の値		
	規定数ごとの普通役物の作動により増加する入賞に係る図柄の組合せ		
	規定数ごとの普通役物の作動により入賞に係る図柄の組合せの数が増加した場合における入賞に係る図柄の組合せの数がすべての図柄の組合せの数に占める割合		
	規定数ごとの普通役物が作動した場合に入賞に係る条件装置が作動する確率の値		
	作動終了条件		
	作動中の処理		
	普通役物の作動に係る制御又はデータ処理に係る電子回路		
	使用部品		
	普通役物の作動に係る制御又はデータ処理に係るプログラム		
	普通役物の作動に欠くことができないその他の構造		
第一種特別役物	個　数		
	作動契機	第一種特別役物に係る役物連続作動装置未作動時	
		第一種特別役物に係る役物連続作動装置作動時	
	条　件	第一種特別役物に係る役物連続作動装置未作動時	
		第一種特別役物に係る役物連続作動装置作動時	
	規定数ごとのすべての図柄の組合せの数に占める第一種特別役物が作動することとなる図柄の組合せの数の割合	第一種特別役物に係る役物連続作動装置未作動時（役物連続作動装置が設けられていない場合を含む。）	
		第一種特別役物に係る役物連続作動装置作動時	
	設定ごと及び規定数ごとに第一種特別役物の作動に係る条件装置が作動する確率の値	第一種特別役物に係る役物連続作動装置未作動時（役物連続作動装置が設けられていない場合を含む。）	
		第一種特別役物に係る役物連続作動装置作動時	

（その６）

第一種特別役物	規定数ごとの第一種特別役物の作動により増加する入賞に係る図柄の組合せ		
	規定数ごとの第一種特別役物の作動により入賞に係る図柄の組合せの数が増加した場合における入賞に係る図柄の組合せの数がすべての図柄の組合せの数に占める割合		
	規定数ごとの第一種特別役物が作動した場合に入賞に係る条件装置が作動する確率の値		
	作動終了条件		
	作動中の処理		
	第一種特別役物の作動に係る制御又はデータ処理に係る電子回路		
	使用部品		
	第一種特別役物の作動に係る制御又はデータ処理に係るプログラム		
	第一種特別役物の作動に欠くことができないその他の構造		
第二種特別役物	個　数		
	作動契機	第二種特別役物に係る役物連続作動装置未作動時	
		第二種特別役物に係る役物連続作動装置作動時	
	条　件	第二種特別役物に係る役物連続作動装置未作動時	
		第二種特別役物に係る役物連続作動装置作動時	
	設定ごと及び規定数ごとの第二種特別役物の作動に係る条件装置が作動する確率の値	第二種特別役物に係る役物連続作動装置未作動時（役物連続作動装置が設けられていない場合を含む。）	
		第二種特別役物に係る役物連続作動装置作動時	
	作動終了条件		
	作動中の処理		
	第二種特別役物の作動に係る制御又はデータ処理に係る電子回路		
	使用部品		
	第二種特別役物の作動に係る制御又はデータ処理に係るプログラム		
	第二種特別役物の作動に欠くことができないその他の構造		

（その７）

第一種特別役物に係る役物連続作動装置	個　数	
	作動契機	
	条　件	
	規定数ごとのすべての図柄の組合せの数に占める役物連続作動装置が作動することとなる図柄の組合せの数の割合	
	設定ごと及び規定数ごとの役物連続作動装置の作動に係る条件装置が作動する確率の値	
	作動終了条件	
	作動中の処理	
	役物連続作動装置の作動に係る制御又はデータ処理に係る電子回路	
	使用部品	
	役物連続作動装置の作動に係る制御又はデータ処理に係るプログラム	
	役物連続作動装置の作動に欠くことができないその他の構造	
第二種特別役物に係る役物連続作動装置	個　数	
	作動契機	
	条　件	
	設定ごと及び規定数ごとの役物連続作動装置の作動に係る条件装置が作動する確率の値	
	作動終了条件	
	作動中の処理	
	役物連続作動装置の作動に係る制御又はデータ処理に係る電子回路	
	使用部品	
	役物連続作動装置の作動に係る制御又はデータ処理に係るプログラム	
	役物連続作動装置の作動に欠くことができないその他の構造	
遊技の用に供されるその他の装置	名　称	
	設置目的及び機能	
	構　造	
	動作原理	

（その８）

遊技機内部の配線系統				
基板	個数			
	設置位置			
	回路構成			
	部品配置			
	使用部品	マイクロプロセッサー	個数	
			用途	
			型式名	
			製造者名	
			特記事項	
		ROM	個数	
			用途	
			記憶容量	
			使用領域	
			記憶内容	プログラム　構成
				プログラム　ソースプログラム
				使用データ
				検査合計
			型式名	
			製造者名	
			特記事項	
		RWM	個数	
			用途	
			記憶容量	
			使用領域	
			初期化処理	
			型式名	
			製造者名	
			特記事項	
主基板ケース	構造			
	材質			

（その９）

基板	基板の型式を特定するための番号、記号その他の符号	
	製造者の氏名又は名称	
入力信号	信号の種類	
	端子の位置	
出力信号	信号の種類	
	端子の位置	
遊技機の使用に接続を必要とする装置	名称	
	用途	
	接続条件	
備考		

備考　１　所定の欄に記載し得ないときは、別紙に記載の上、これを添付すること。

２　用紙の大きさは、日本工業規格Ａ４とすること。

別記様式第４号（第１条、第７条関係）

（その１）

諸元表（アレンジボール遊技機）

型式名			
製造業者又は輸入業者名			
使用条件	温　度　　℃		
	湿　度　　%		
	電　源	種　別	
		定格電圧　V	
		定格周波数　Hz	
	遊技機の設置条件		
	その他の使用条件		
遊技メダル等	遊技機を作動させるための遊技メダル又は遊技球（以下この別記様式において「遊技メダル等」という。）の種別		
	１回の遊技につき必要な遊技メダル等の規定数		
	規定数の遊技メダル等の投入ごとの遊技に使用可能な遊技球の数		
	遊技球	質　量　　g	
		材　質	
遊技盤	構　造		
	遊技盤の大きさ		
	遊技板の材質		

（その２）

遊技盤	遊技球の落下の方向に変化を与えるための装置	遊技くぎ	本　数	
			配　置	
			形　状	
			傾　き	
			材　質	
			硬　度　　Hv	
		風車	個　数	
			配　置	
			形状及び構造	
			傾　き	
			材　質	
			軸の硬度　　Hv	
		その他の装置	名　称	
			機　能	
			個　数	
			配　置	
			形状及び構造	
			材　質	
ガラス板等	遊技板との距離　　mm			
	透視性			
	材　質			
受け皿			構　造	
			材　質	
遊技盤の枠		大きさ	高さ　　mm	
			幅　　mm	
			奥行　　mm	
			構　造	
			材　質	
貯留装置	貯留可能な遊技メダルの数			
	構　造			
	動作原理			
遊技メダル数表示装置			構　造	
			動作原理	

（その３）

発射装置	種　類		
	構　造		
	動作原理		
	電動機	種　類	
		回転速度	
		製造者名	
	１分間の発射遊技球数		
遊技メダル等払出装置（注１）	構　造		
	動作原理		
遊技メダル等の獲得に係る遊技機の性能	10時間出玉率（注２）		
	４時間出玉率（注３）		
	１時間出玉率（注４）		
	役物比率（注５）		
遊技に係る条件	遊技メダル等の投入条件		
	遊技開始時の条件		
	入賞の条件		
入球口	個　数		
	配　置		
	構　造		
	入口の大きさ　mm		
	内部構造	入球感知機構	
		その他遊技の結果に影響を及ぼすこととなる機能を有する構造	
	材　質		
ゲート	個　数		
	配　置		
	構　造		
	入口の大きさ　mm		
	材　質		

（注１）　「遊技メダル等払出装置」とは、入賞により獲得されることとなる遊技メダル等を受け皿に払い出すための装置をいう。

（注２）　「10時間出玉率」とは、10時間の遊技において使用した遊技メダル等の総数のうち獲得する遊技メダル等の総数の割合をいう。

（注３）　「４時間出玉率」とは、４時間の遊技において使用した遊技メダル等の総数のうち獲得する遊技メダル等の総数の割合をいう。

（注４）　「１時間出玉率」とは、１時間の遊技において使用した遊技メダル等の総数のうち獲得する遊技メダル等の総数の割合をいう。

（注５）　「役物比率」とは、10時間の遊技において獲得する遊技メダル等の総数のうち役物及び得点増加装置の作動によるものの数の割合をいう。

（その４）

入賞図柄表示装置	個　数		
	配　置		
	構　造		
	使用部品		
	表示する図柄	個　数	
		種　類	
		表示契機	
		条　件	
		入賞に係る図柄の組合せの種類	
		獲得される遊技メダル等の数	
	入賞図柄表示装置の作動に係る制御又はデータ処理に係る電子回路		
	使用部品		
	入賞図柄表示装置の作動に係る制御又はデータ処理に係るプログラム		
役物	個　数		
	作動契機		
	条　件		
	役物作動口	個　数	
		配　置	
	作動終了条件		
	役物の作動により表示される入賞図柄（注６）の種類及び数		
	役物の作動により表示される入賞図柄の組合せが入賞に係る図柄の組合せに該当することとなる場合において、当該入賞図柄の組合せにより獲得することができる遊技メダル等の数		

（注６）　「入賞図柄」とは、入賞図柄表示装置に係る図柄をいう（以下この別記様式において同じ。）。

（その5）

役物	役物の作動に係る制御又はデータ処理に係る電子回路	使用部品	
	役物の作動に係る制御又はデータ処理に係るプログラム		
	役物の作動に欠くことができないその他の構造		
役物誘導装置	個数		
	作動契機	条件	
	役物作動口	個数	
		配置	
	作動終了条件		
	役物誘導装置の作動に係る制御又はデータ処理に係る電子回路	使用部品	
	役物誘導装置の作動に係る制御又はデータ処理に係るプログラム		
	役物誘導装置の作動に欠くことができないその他の構造		
誘導図柄表示装置	個数		
	配置		
	構造	使用部品	
	作動契機	条件	
	表示する図柄の種類		
	役物誘導装置が作動することとなる図柄の組合せ		
	役物誘導装置が作動することとなる図柄の組合せを表示する確率の値		

（その6）

誘導図柄表示装置	誘導図柄表示装置の作動に係る制御又はデータ処理に係る電子回路	使用部品		
	誘導図柄表示装置の作動に係る制御又はデータ処理に係るプログラム			
誘導増加装置	個数			
	誘導増加装置に係る役物誘導装置	個数		
		配置		
	作動契機	条件		
	作動の効果			
	作動終了条件			
	特定入球口	個数		
		配置		
		誘導増加装置作動領域	配置	
			構造	入口の大きさ　mm
			通過率	
		材質		
	誘導増加装置の作動に係る制御又はデータ処理に係る電子回路	使用部品		
	誘導増加装置の作動に係る制御又はデータ処理に係るプログラム			
	誘導増加装置の作動に欠くことができないその他の構造			

（その７）

得点増加装置	個　数		
	作動契機		
		条　件	
	作動の効果		
	得点増加装置の作動に係る制御又はデータ処理に係る電子回路		
		使用部品	
	得点増加装置の作動に係る制御又はデータ処理に係るプログラム		
	得点増加装置の作動に欠くことができないその他の構造		
遊技の用に供されるその他の装置	名　称		
	設置目的及び機能		
	構　造		
	動作原理		

（その８）

遊技機内部の配線系統					
基板	個　数				
	設置位置及び方法				
	回路構成				
	部品配置				
	使用部品				
		マイクロプロセッサー	個　数		
			用　途		
			型式名		
			製造者名		
			特記事項		
		ROM	個　数		
			用　途		
			記憶容量		
			使用領域		
			記憶内容		
				プログラム	構　成
					ソースプログラム
					使用データ
				検査合計	
			型式名		
			製造者名		
			特記事項		
		RWM	個　数		
			用　途		
			記憶容量		
			使用領域		
			初期化処理		
			型式名		
			製造者名		
			特記事項		
	主基板ケース	構　造			
		材　質			

（その９）

基板	基板の型式を特定するための番号、記号その他の符号		
	製造者の氏名又は名称		
入力信号		信号の種類	
		端子の位置	
出力信号		信号の種類	
		端子の位置	
遊技機の使用に接続を必要とする装置		名　称	
		用　途	
		接続条件	
備考			

備考　１　所定の欄に記載し得ないときは、別紙に記載の上、これを添付すること。
　　　２　用紙の大きさは、日本工業規格Ａ４とすること。

別記様式第５号（第１条、第７条関係）

（その１）

諸元表（じやん球遊技機）

型式名			
製造業者又は輸入業者名			
使用条件	温　度　℃		
	湿　度　％		
	電　源	種　別	
		定格電圧　V	
		定格周波数　Hz	
	遊技機の設置条件		
	その他の使用条件		
遊技メダル等	遊技機を作動させるための遊技メダル又は遊技球（以下この別記様式において「遊技メダル等」という。）の種別		
	１回の遊技につき必要な遊技メダル等の規定数		
	規定数の遊技メダル等の投入ごとの遊技に使用可能な遊技球の数		
	遊技球	質　量　g	
		材　質	
遊技盤	構　造		
	遊技盤の大きさ		
	遊技板の材質		

（その2）

遊技盤	遊技くぎ	本数	
		配置	
		形状	
		傾き	
		材質	
		硬度　Hv	
遊技球の落下の方向に変化を与えるための装置	風車	個数	
		配置	
		形状及び構造	
		傾き	
		材質	
		軸の硬度　Hv	
	その他の装置	名称	
		機能	
		個数	
		配置	
		形状及び構造	
		材質	
ガラス板等	遊技板との距離　mm		
	透視性		
	材質		
受け皿	構造		
	材質		
遊技盤の枠	大きさ	高さ　mm	
		幅　mm	
		奥行　mm	
	構造		
	材質		
貯留装置	貯留可能な遊技メダルの数		
	構造		
	動作原理		
遊技メダル数表示装置	構造		
	動作原理		

（その3）

発射装置	種類		
	構造		
	動作原理		
	電動機	種類	
		回転速度	
		製造者名	
	1分間の発射遊技球数		
遊技メダル等払出装置（注1）	構造		
	動作原理		
遊技メダル等の獲得に係る遊技機の性能	出玉率（注2）		
	役物比率（注3）		
遊技に係る条件	遊技メダル等の投入条件		
	遊技開始時の条件		
	入賞の条件		
入球口（注4）	個数		
	配置		
	構造	入口の大きさ　mm	
		内部構造	入球感知機構
			その他遊技の結果に影響を及ぼすこととなる機能を有する構造
	材質		
ゲート	個数		
	配置		
	構造	入口の大きさ　mm	
	材質		

（注1）「遊技メダル等払出装置」とは、入賞により獲得されることとなる遊技メダル等を受け皿に払い出すための装置をいう。

（注2）「出玉率」とは、遊技機に投入した遊技メダル等の総数のうち獲得された遊技メダル等の総数の割合をいう。

（注3）「役物比率」とは、獲得された遊技メダル等の数のうち役物及び得点増加装置の作動によるものの割合をいう。

（注4）「入球口」とは、特別入球口以外の入球口をいう。

（その4）

図柄表示装置	個数	
	配置	
	構造	
	使用部品	
	表示する図柄 種類	
	表示契機	
	条件	
	入賞に係る図柄の組合せの種類	
	獲得される遊技メダル等の数	
	合計	
	図柄表示装置の作動に係る制御又はデータ処理に係る電子回路	
	使用部品	
	図柄表示装置の作動に係る制御又はデータ処理に係るプログラム	
自動図柄設定装置	個数	
	図柄の設定原理	
	自動図柄設定装置の作動に係る制御又はデータ処理に係る電子回路	
	使用部品	
	自動図柄設定装置の作動に係る制御又はデータ処理に係るプログラム	
	自動図柄設定装置の作動に欠くことができないその他の構造	
役物	個数	
	作動契機	
	条件	
	作動終了条件	
	作動の効果	

（その5）

役物	遊技客の任意の選択で表示される一の図柄の表示原理	
	役物の作動に係る制御又はデータ処理に係る電子回路	
	使用部品	
	役物の作動に係る制御又はデータ処理に係るプログラム	
	役物の作動に欠くことができないその他の構造	
特別入球口	配置	
	構造 入口の大きさ	mm
	内部構造 入球感知機構	
	その他遊技の結果に影響を及ぼすこととなる機能を有する構造	
	開放条件	
	開放終了条件	
	材質	
開放条件装置	個数	
	作動契機	
	条件	
	入賞に係る図柄の組合せの数に占める開放条件装置が作動することとなる図柄の組合せの数の割合	
	開放条件装置が作動することとなる図柄の組合せが表示される確率の値	
	作動終了条件	

（その６）

開放条件装置	開放条件装置の作動に係る制御又はデータ処理に係る電子回路	使用部品	
	開放条件装置の作動に係る制御又はデータ処理に係るプログラム		
	開放条件装置の作動に欠くことができないその他の構造		
条件装置	個数		
	作動契機	条件	
条件連続装置	開放条件装置が作動することとなる図柄の組合せの数に占める条件連続装置が作動することとなる図柄の組合せの数の割合		
	条件連続装置が作動することとなる図柄の組合せが表示される確率の値		
	条件連続装置の１回の作動中の開放条件装置の作動回数の上限		
	作動終了条件		
	条件連続装置の作動に係る制御又はデータ処理に係る電子回路	使用部品	
	条件連続装置の作動に係る制御又はデータ処理に係るプログラム		
	条件連続装置の作動に欠くことができないその他の構造		

（その７）

得点増加装置	個数		
	作動契機	条件	
	作動の効果		
	得点増加装置の作動に係る制御又はデータ処理に係る電子回路	使用部品	
	得点増加装置の作動に係る制御又はデータ処理に係るプログラム		
	得点増加装置の作動に欠くことができないその他の構造		
遊技の用に供されるその他の装置	名称		
	設置目的及び機能		
	構造	動作原理	

（その８）

遊技機内部の配線系統					
基板	個数				
	設置位置及び方法				
回路構成					
部品配置					
使用部品	マイクロプロセッサー	個数			
		用途			
		型式名			
		製造者名			
		特記事項			
	ROM	個数			
		用途			
		記憶容量			
		使用領域			
		記憶内容	構成	プログラム	ソースプログラム
					使用データ
			検査合計		
		型式名			
		製造者名			
		特記事項			
	RWM	個数			
		用途			
		記憶容量			
		使用領域			
		初期化処理			
		型式名			
		製造者名			
		特記事項			
主基板ケース	構造				
	材質				

（その９）

基板	基板の型式を特定するための番号、記号その他の符号	
	製造者の氏名又は名称	
入力信号	信号の種類	
	端子の位置	
出力信号	信号の種類	
	端子の位置	
遊技機の使用に接続を必要とする装置	名称	
	用途	
	接続条件	
備考		

備考　１　所定の欄に記載し得ないときは、別紙に記載の上、これを添付すること。
　　　２　用紙の大きさは、日本工業規格Ａ４とすること。

別記様式第６号（第３条関係）

第　　号
年　月　日

殿

公安委員会　印

認　定　通　知　書

下記の遊技機について風俗営業等の規制及び業務の適正化等に関する法律第20条第２項の認定をしたので、遊技機の認定及び型式の検定等に関する規則第３条第２項の規定により通知する。

記

申請者の氏名又は名称及び住所				
法人にあつては、その代表者の氏名				
営業所の名称及び所在地				
遊技機の概要	遊技機の種類			
	型式名			
	製造業者名			
	検定番号			
	製造番号等	以下のとおり		
	ぱちんこ遊技機	遊技盤番号等	遊技盤の枠番号等	主基板番号等
	回胴式遊技機	本体製造番号等（回胴部）	本体製造番号等（筐体部）	主基板番号等
	遊技機試験の有無			
認定年月日	年　月　日			
認定番号				
認定の有効期間	認定年月日から３年間			

備考　用紙の大きさは、日本工業規格Ａ４とすること。

別記様式第７号（第３条関係）

第　　号
年　月　日

殿

公安委員会　印

不　認　定　通　知　書

下記の遊技機について風俗営業等の規制及び業務の適正化等に関する法律第20条第２項の認定をしないので、遊技機の認定及び型式の検定等に関する規則第３条第３項の規定により通知する。

記

申請者の氏名又は名称及び住所				
法人にあつては、その代表者の氏名				
営業所の名称及び所在地				
遊技機の概要	遊技機の種類			
	型式名			
	製造業者名			
	検定番号			
	製造番号等	以下のとおり		
	ぱちんこ遊技機	遊技盤番号等	遊技盤の枠番号等	主基板番号等
	回胴式遊技機	本体製造番号等（回胴部）	本体製造番号等（筐体部）	主基板番号等
	遊技機試験の有無			
認定をしない理由				

備考　用紙の大きさは、日本工業規格Ａ４とすること。

別記様式第８号（第５条関係）

第　　　号
年　月　日

殿

公安委員会 印

認定取消通知書

下記の遊技機について風俗営業等の規制及び業務の適正化等に関する法律第20条第２項の認定を取り消したので、遊技機の認定及び型式の検定等に関する規則第５条第３項の規定により通知する。

記

申請者の氏名又は名称及び住所				
法人にあつては、その代表者の氏名				
営業所の名称及び所在地				
遊技機の概要	遊技機の種類			
	型式名			
	製造業者名			
	検定番号			
	製造番号等	以下のとおり		
	ぱちんこ遊技機	遊技盤番号等	遊技盤の枠番号等	主基板番号等
	回胴式遊技機	本体製造番号等（回胴部）	本体製造番号等（筐体部）	主基板番号等
	認定年月日	年　月　日		
	認定番号			
認定を取り消した理由				
認定を取り消した年月日	年　月　日			

備考　用紙の大きさは、日本工業規格Ａ４とすること。

別記様式第９号（第７条関係）

※受理年月日		※検定年月日	
※受理番号		※検定番号	

検定申請書

風俗営業等の規制及び業務の適正化等に関する法律第20条第４項の規定により検定を申請します。

年　月　日

公安委員会殿

申請者の氏名又は名称及び住所

印

（ふりがな）			
氏名又は名称			
住所	〒（　　） （　　）局　番		
（ふりがな）			
法人にあつては、その代表者の氏名			
製造又は検査を行う事業所の所在地			
型式の概要	遊技機の種類		
	型式名		
	製造業者名	型式試験番号	

備考
1　※印欄には、記載しないこと。
2　申請者は、氏名を記載し及び押印することに代えて、署名することができる。
3　所定の欄に記載し得ないときは、別紙に記載の上、これを添付すること。
4　用紙の大きさは、日本工業規格Ａ４とすること。

別記様式第10号（第７条の２関係）

※受理年月日		※確認証明書交付年月日	
※受理番号		※確認証明書交付番号	

確　認　申　請　書

遊技機の認定及び型式の検定等に関する規則第７条の２第２項の規定により確認を申請します。

年　　月　　日

公安委員会殿

申請者の氏名又は名称及び住所

㊞

（ふりがな）	
氏名又は名称	
住所	〒（　　） （　　）局　番
（ふりがな）	
法人にあつては、その代表者の氏名	
製造又は検査を行う事業所の所在地	
製造する遊技機の種類	

備考　1　※印欄には、記載しないこと。

2　申請者は、氏名を記載し及び押印することに代えて、署名することができる。

3　所定の欄に記載し得ないときは、別紙に記載の上、これを添付すること。

4　用紙の大きさは、日本工業規格Ａ４とすること。

別記様式第11号（第７条の２関係）

（表）

確　認　証　明　書

交付番号

交付年月日　　　　年　　月　　日

氏名又は名称

住所

法人にあつては、その代表者の氏名

製造又は検査を行う事業所の所在地

製造する遊技機の種類

上記の者は、遊技機の認定及び型式の検定等に関する規則第７条の２第１項の確認を受けた者であることを証する。

年　　月　　日

公安委員会　印

（裏）

注意事項

1　遊技機の認定及び型式の検定等に関する規則第７条の２第４項の規定による届出をするときは、公安委員会にこの証明書を提出すること。

2　偽りその他不正の手段により当該確認を受けたことが判明するに至つたとき、遊技機の認定及び型式の検定等に関する規則第７条の２第４項の規定による届出をしなかつたとき又は当該届出に係る書類に虚偽の記載をしたことが判明するに至つたとき若しくは同一の型式に属する遊技機を製造する能力を有しなくなつたことが判明するに至つたときは、同条第６項の規定によりこの証明書に係る確認が取り消されることがある。

3　この証明書の交付の日から起算して３年が経過したとき、遊技機の認定及び型式の検定等に関する規則第７条の２第５項の規定による廃止の届出をしたとき、この証明書に係る確認が取り消されたときその他この証明書が不要になつたときは、直ちに公安委員会に返納すること。

4　この証明書を亡失し、滅失し、汚損し、又は破損したときは、速やかに公安委員会に届け出て、再交付を受けること。

備考　用紙の大きさは、日本工業規格Ａ４とすること。

別記様式第12号（第７条の２関係）

※受理年月日		※受理番号	

変　更　届　出　書

遊技機の認定及び型式の検定等に関する規則第７条の２第４項の規定により届出をします。

年　　月　　日

公安委員会殿

届出者の氏名又は名称及び住所

㊞

（ふりがな） 氏名又は名称			
住所	〒（　　） （　　）局　　番		
（ふりがな） 法人にあつては、その代表者の氏名			
交付年月日	年　月　日	交付番号	
変更事項	変更年月日	新	旧
変更の事由			

備考　1　※印欄には、記載しないこと。

2　「変更事項」欄には、変更年月日ごとに区分して記載すること。

3　「変更の事由」欄には、変更の理由となつた事実を具体的に記載すること。

4　所定の欄に記載し得ないときは、別紙に記載の上、これを添付すること。

5　用紙の大きさは、日本工業規格Ａ４とすること。

別記様式第13号（第７条の２関係）

※受理年月日		※受理番号	

廃止届出書

遊技機の認定及び型式の検定等に関する規則第７条の２第５項の規定により届出をします。

年　月　日

公安委員会殿

届出者の氏名又は名称及び住所　㊞

（ふりがな） 氏名又は名称			
住所	〒（　　） （　　）局　番		
（ふりがな） 法人にあつては、その代表者の氏名			
交付年月日	年　月　日	交付番号	
廃止年月日	年　月　日		
廃止の事由			

備考　１　※印欄には、記載しないこと。
２　「廃止の事由」欄には、廃止の理由となつた事実を具体的に記載すること。
３　所定の欄に記載し得ないときは、別紙に記載の上、これを添付すること。
４　用紙の大きさは、日本工業規格Ａ４とすること。

別記様式第14号（第７条の２関係）

第　　号
年　月　日

殿

公安委員会 印

確認取消通知書

遊技機の認定及び型式の検定等に関する規則第７条の２第６項の規定により下記の確認を取り消したので、同条第７項の規定により通知する。

記

確認を受けた者の氏名又は名称及び住所			
法人にあつては、その代表者の氏名			
製造又は検査を行う事業所の所在地			
製造する遊技機の種類			
交付年月日	年　月　日	交付番号	
確認を取り消した理由			
確認を取り消した年月日	年　月　日		

備考　用紙の大きさは、日本工業規格Ａ４とすること。

別記様式第15号（第８条関係）

第　　　号
年　月　日

殿

公安委員会 印

再　試　験　命　令　書

遊技機の認定及び型式の検定等に関する規則第13条の規定により型式試験を受けた下記の型式について、再び試験を行い、その結果を報告すべき旨を、同規則第８条第２項の規定により命ずる。

記

申請者の氏名又は名称及び住所		
法人にあつては、その代表者の氏名		
遊技機の概要	遊技機の種類	
	型式名	
	製造業者名	
	型式試験番号	
再試験を命ずる理由		
報告の方法		
報告の期限		

備考　用紙の大きさは、日本工業規格Ａ４とすること。

別記様式第16号（第９条関係）

第　　　号
年　月　日

殿

公安委員会 印

検　定　通　知　書　（甲）

下記の遊技機の型式について風俗営業等の規制及び業務の適正化等に関する法律第20条第４項の検定を行つたので、遊技機の認定及び型式の検定等に関する規則第９条第１項の規定により通知する。

記

申請者の氏名又は名称及び住所		
法人にあつては、その代表者の氏名		
型式の概要	遊技機の種類	
	型式名	
	製造業者名	
	型式試験番号	
検定年月日		年　月　日
検定番号		
検定の有効期間		公示の日（　年　月　日）から3年間

備考　用紙の大きさは、日本工業規格Ａ４とすること。

別記様式第17号（第９条関係）

第　　号
年　月　日

殿

公安委員会 印

検　定　通　知　書　（乙）

下記の遊技機の型式について風俗営業等の規制及び業務の適正化等に関する法律第20条第４項の検定を行つたので、遊技機の認定及び型式の検定等に関する規則第９条第２項の規定により通知する。

記

申請者の氏名又は名称及び住所		
法人にあつては、その代表者の氏名		
型式の概要	遊技機の種類	
	型式名	
	製造業者名	
	型式試験番号	
技術上の規格に適合していると認められない理由		

備考　用紙の大きさは、日本工業規格Ａ４とすること。

別記様式第18号（第11条関係）

第　　号
年　月　日

殿

公安委員会 印

報　告　請　求　書

遊技機の認定及び型式の検定等に関する規則第11条第２項第４号の規定により下記の報告を求める。

なお、報告がされず、又は虚偽の報告がされたときは、検定を取り消すことがある。

記

検定を受けた者の氏名又は名称及び住所		
法人にあつては、その代表者の氏名		
型式の概要	遊技機の種類	
	型式名	
	製造業者名	
	型式試験番号	
検定年月日		年　月　日
検定番号		
報告を求める理由		
報告を求める内容		
報告の方法		
報告の期限		

備考　用紙の大きさは、日本工業規格Ａ４とすること。

別記様式第19号（第11条関係）

第　　　号
年　　月　　日

殿

公安委員会　印

検定取消通知書

遊技機の認定及び型式の検定等に関する規則第11条第1項/第2項の規定により下記の検定を取り消したので、同条第4項の規定により通知する。

記

検定を受けた者の氏名又は名称及び住所		
法人にあつては、その代表者の氏名		
製造又は検査を行う事業所の所在地		
型式の概要	遊技機の種類	
	型式名	
	製造業者名	
	型式試験番号	
検定年月日		年　月　日
検定番号		
検定を取り消した理由		
検定を取り消した年月日		年　月　日

備考　1　不要の文字は、横線で消すこと。
　　　2　用紙の大きさは、日本工業規格Ａ４とすること。

別記様式第20号（第11条関係）

（表）

第　　　号

写真

官職

氏名

上記の者は、遊技機の認定及び型式の検定等に関する規則第11条第２項第５号の規定により検査を行う警察職員であることを証明する。

年　　月　　日

公安委員会　印

85.6

54.0

（裏）

遊技機の認定及び型式の検定等に関する規則（抜粋）

第11条
1　略
2　公安委員会は、検定を受けた者が次のいずれかに該当するときは、その検定を取り消すことができる。
　一～四　略
　五　公安委員会が、この章の規定の施行に必要な限度において、警察職員に検定を受けた者の事務所又は事業所において当該検定を受けた型式に属する遊技機その他の物件についての検査をさせ、又は関係者に質問をさせようとした場合において、その検査が拒まれ、妨げられ、若しくは忌避され、又はその質問に対し陳述がされず、若しくは虚偽の陳述がされたとき。
3・4　略
5　第２項第５号の規定により検査を行う警察職員は、別記様式第20号の証明書を携帯し、関係者に提示しなければならない。

備考　図示の長さの単位は、ミリメートルとする。

別記様式第21号（第14条関係）

その1

※受理年月日		※試験結果書交付年月日	
※受理番号		※遊技機試験番号	

遊技機試験申請書

遊技機の認定及び型式の検定等に関する規則第13条の規定により遊技機試験を申請します。

年　月　日

殿

申請者の氏名又は名称及び住所

㊞

（ふりがな）	
氏名又は名称	
住所	〒（　） （　）局　番
（ふりがな）	
法人にあつては、その代表者の氏名	
（ふりがな）	
営業所の名称	
営業所の所在地	

その2

	遊技機の種類	製造業者名	型式名	台数	備考
遊技機の概要				台	
				台	
				台	
				台	
				台	
				台	
				台	
				台	
				台	
				台	

備考
1 ※印欄には、記載しないこと。
2 申請者は、氏名を記載し及び押印することに代えて、署名することができる。
3 その2の「備考」の欄には、新品か中古品かの別を記載すること。
4 所定の欄に記載し得ないときは、別紙に記載の上、これを添付すること。
5 用紙の大きさは、日本工業規格A4とすること。

別記様式第22号（第15条関係）

※受理年月日		※試験結果書交付年月日	
※受理番号		※型式試験番号	

型　式　試　験　申　請　書

遊技機の認定及び型式の検定等に関する規則第13条の規定により型式試験を申請します。

年　　月　　日

殿

申請者の氏名又は名称及び住所　㊞

（ふりがな） 氏名又は名称		
住所		〒（　　） （　　）　局　番
（ふりがな） 法人にあつては、その代表者の氏名		
製造又は検査を行う事業所の所在地		
型式の概要	遊技機の種類	
	型式名	
	製造業者名	

備考
1　※印欄には、記載しないこと。
2　申請者は、氏名を記載し及び押印することに代えて、署名することができる。
3　所定の欄に記載し得ないときは、別紙に記載の上、これを添付すること。
4　用紙の大きさは、日本工業規格Ａ４とすること。

別記様式第23号（第31条関係）

フレキシブルディスク提出票

遊技機の認定及び型式の検定等に関する規則第16条第１項／第16条第２項／第20条第１項／第22条第１項／第22条第２項の規定により提出すべき書類に記載することとされている事項を記録したフレキシブルディスクを以下のとおり提出します。

本票に添付されているフレキシブルディスクに記録された事項は、事実に相違ありません。

年　月　日

国家公安委員会殿

提出者の名称及び事務所の所在地

1　フレキシブルディスクに記録された事項

2　フレキシブルディスクと併せて提出される書類

備考
1　「フレキシブルディスクに記録された事項」の欄には、フレキシブルディスクに記録されている事項を記載するとともに、２枚以上のフレキシブルディスクを提出するときは、フレキシブルディスクごとに整理番号を付し、その番号ごとに記録されている事項を記載すること。
2　「フレキシブルディスクと併せて提出される書類」の欄には、本票に添付されているフレキシブルディスクに記録されている事項以外の事項を記載した書類を併せて提出する場合にあつては、その書類名を記載すること。
3　不要の文字は、横線で消すこと。
4　該当事項がない欄は、省略すること。
5　用紙の大きさは、日本工業規格Ａ４とすること。

別表第一　試験の方法（第二条、第八条、第十四条、第十五条関係）

試験は、次に定めるところにより行う。

(1)　設計書等審査

認定申請書、検定申請書、遊技機試験申請書又は型式試験申請書及びこれらに添付しなければならない書類に記載された申請に係る遊技機の構造、材質及び性能の内容（以下「申請に係る遊技機の構造、材質及び性能」という。）が技術上の規格に適合しているか否かを審査する。

(2)　対比照合審査

申請に係る遊技機の構造、材質及び性能と試験に係る遊技機（遊技機の型式に関する検定に係る試験にあつては、試験用の遊技機。(3)において同じ。）とを対比照合する。

(3)　遊技機の試験

試験に係る遊技機について、申請に係る遊技機の構造、材質及び性能を有しているか否か並びに技術上の規格に適合しているか否かを実地に試験する。

別表第二　技術上の規格における用語の意味（第六条関係）

(1)　複数の種類の遊技機に共通する事項に係る用語の意味

第六条に規定する技術上の規格に関し複数の種類の遊技機に共通する事項に係る用語の意味は、次のとおりとする。

イ　「主基板」とは、遊技の結果に影響を及ぼし、又は及ぼすおそれがある機能を有する基板で、配線を相互に接続するための電子部品のみが装着されたもの以外のものをいう。

ロ　「副基板」とは、主基板のうち、マイクロプロセッサー（電子計算機の中央演算処理装置を構成する集積回路をいう。）又はリードオンリーメモリー（以下次表及び別表第九において「ロム」という。）が装着されていないものをいう。

ハ　「遊技球等貸出装置接続端子板」とは、遊技機端子板のうち、遊技機外の遊技メダル又は遊技球（以下この表、次表、別表第五、別表第六及び別表第七において「遊技メダル等」という。）を貸し出すための信号を送信する機械又は装置と遊技機との間の配線と、遊技機内の配線とを接続するためのものをいう。

ニ　「周辺基板」とは、主基板以外の基板で、配線を相互に接続するための電子部品のみが装着されたもの以外のものをいう。

ホ　「中継端子板」とは、遊技機端子板のうち、遊技機内の配線を相互に接続するためのものをいう。

ヘ　「外部端子板」とは、遊技機端子板のうち、遊技機外の機械又は装置（遊技メダル等を貸し出すための信号を送信するものを除く。）と遊技機との間の配線と、遊技機内の配線とを接続するためのものをいう。

ト　「遊技球」とは、遊技の用に供する玉をいう。

チ　「遊技機端子板」とは、配線を相互に接続するための電子部品のみが装着された基板をいう。

リ　「遊技くぎ」とは、遊技球の落下の方向に変化を与えるための装置で、くぎ状のものをいう。

ヌ　「風車」とは、遊技球の落下の方向に変化を与えるための装置で、羽根車状のものをいう。

ル　「遊技板」とは、遊技盤に用いられる板をいう。

ヲ　「遊技盤の枠」とは、遊技盤を固定するための遊技盤の外枠をいう。

ワ　「遊技メダル」とは、遊技の用に供するメダルをいう。

カ　「貯留装置」とは、遊技機に投入された遊技メダル及び遊技により獲得された遊技メダルを貯留することにより、遊技者が、新たに遊技機に遊技メダルを投入することなく、ボタンその他の装置の操作により、当該貯留に係る遊技メダルの中からあらかじめ定められた数の遊技メダルを順次遊技の用に供することができることとなる装置で、遊技機に投入された遊技メダルと遊技により獲得された遊技メダルの総数から当該遊技の用に供されたものの総数を減じた数を電磁的方法により記録することができるものをいう。

ヨ　「遊技メダル数表示装置」とは、遊技メダルの貸出若しくは入賞による獲得又は遊技メダルを遊技の用に供することを電磁的方法のみにより行う遊技機に備えられる装置であつて、遊技者が遊技の用に供することができる遊技メダルの総数を電磁的方法により記録し、表示することができるものをいう。

タ　「設定変更装置」とは、設定を切り替える装置で、遊技機に備えられたボタン、レバーその他の装置の操作により作動するものをいう。

(2)　ぱちんこ遊技機に係る用語の意味

第六条第一号に掲げるぱちんこ遊技機に係る用語の意味は、(1)に掲げるもののほか、次のとおりとする。

イ　「第一種非電動役物」とは、電動役物以外の役物のうち、大入賞口以外の入賞口の入口を拡大するもので、遊技球が当該入賞口に入賞した場合に作動するものをいう。

ロ　「最大入賞数」とは、役物の一回の作動によりその入口が開き、又は拡大した入賞口に入賞する遊技球の数の最大値をいう。

ハ　「第二種非電動役物」とは、電動役物以外の役物のうち、大入賞口以外の入賞口の入口を開き、又は拡大するもので、遊技球が当該入賞口以外の特定の入賞口に入賞し、又は特定のゲートを通過した場合に作動するものをいう。

ニ　「大入賞口」とは、入賞口のうち、役物が作動した場合に著しく入賞が容易になるものをいう。

ホ　「普通電動役物」とは、電動役物のうち、大入賞口以外の入賞口の入口を開き、又は拡大するもので、遊技球が特定の入賞口に入賞し、若しくは特定のゲートを通過し、又は特定の図柄の組合せが表示された場合に作動するものをいう。

ヘ　「普通図柄表示装置」とは、普通電動役物が作動することとなる図柄の組合せを表示するための装置をいう。

ト　「特別電動役物」とは、電動役物のうち、大入賞口の入口を開き、又は拡大するものをいう。

チ　「役物連続作動装置」とは、特別電動役物を連続して作動させることができる特別の装置をいう。

リ　「条件装置」とは、その作動が役物連続作動装置の作動に必要な条件とされている装置で、特定の図柄の組合せが表示され、又は遊技球（役物連続作動装置が作動している時にその入口が開き、又は拡大した大入賞口に入賞したものを除く。）が大入賞口内の特定の領域を通過した場合に作動するものをいう。

ヌ　「特別図柄表示装置」とは、特別電動役物及び条件装置が作動することとなる図柄の組合せを表示するための装置をいう。

ル　「始動口」とは、あらかじめ定められた一の特別電動役物又はあらかじめ定められた一の特別図柄表示装置のいずれかを作動させることとなる遊技球の入賞に係る入賞口をいう。

ヲ　「作動確率」とは、条件装置が作動することとなる図柄の組合せが表示される確率をいう。
ワ　「設定」とは、作動確率の組合せをいう。
カ　「保留装置」とは、遊技球を保留した後大入賞口以外の入賞口に向けて落下させるための装置をいう。
ヨ　「受け皿」とは、入賞により獲得された遊技球その他遊技盤上の遊技球以外の遊技球を受けるための装置をいう。
タ　「遊技球数表示装置」とは、遊技者が遊技球に触れることができない構造を有する遊技機に備えられる装置であつて、遊技者が発射させることができる遊技球の総数を電磁的方法により記録し、表示することができるものをいう。

(3)　回胴式遊技機に係る用語の意味

第六条第二号に掲げる回胴式遊技機に係る用語の意味は、(1)に掲げるもののほか、次のとおりとする。
イ　「再遊技」とは、遊技メダル等の投入（貯留装置又は遊技メダル数表示装置に係るボタンその他の装置の操作により遊技メダルを遊技の用に供することを含む。以下この表、別表第五、別表第六及び別表第七において同じ。）をすることによらずに行うことができる遊技をいう。
ロ　「回胴回転装置」とは、回胴を回転させるための装置で、遊技機に備えられたボタン、レバーその他の装置の操作により作動するものをいう。
ハ　「回胴停止装置」とは、回胴の回転を停止させるための装置で、遊技機に備えられたボタン、レバーその他の装置の操作により作動するものをいう。
ニ　「入賞」とは、図柄について遊技メダル等を獲得するため必要な組合せとしてあらかじめ定められたものが表示されることをいう。
ホ　「条件装置」とは、その作動が入賞、再遊技、役物又は役物連続作動装置の作動に係る図柄の組合せが表示されるために必要な条件とされている装置で、遊技機内で行われる電子計算機によるくじ（以下この表、別表第三及び別表第五において「内部抽せん」という。）に当せんした場合に作動するものをいう。
ヘ　「設定」とは、規定数（遊技の結果を一回得るために投入をする必要がある遊技メダル等の数として遊技の種類ごとに定められたものをいう。(3)ト、リ及び別表第五において同じ。）に応じた入賞、再遊技、役物又は役物連続作動装置の作動に係るそれぞれの条件装置が作動する確率の組合せをいう。
ト　「第一種特別役物」とは、規定数ごとの入賞に係る図柄の組合せの数を増加させ、又は規定数ごとの入賞に係る条件装置が作動する確率を上昇させる役物で、あらかじめ定められた場合に作動し十二回を超えない回数の遊技の結果が得られるまで作動を継続することができるものをいう。
チ　「役物連続作動装置」とは、第一種特別役物又は第二種特別役物を連続して作動させることができる装置で、特定の図柄の組合せが表示された場合に作動しあらかじめ定められた場合に作動を終了するものをいう。
リ　「普通役物」とは、規定数ごとの入賞に係る図柄の組合せの数を増加させ、又は規定数ごとの入賞に係る条件装置が作動する確率を上昇させる役物で、特定の図柄の組合せが表示された場合に作動し一回の遊技の結果が得られた場合に作動を終了することとされているものをいう。

ヌ　「第二種特別役物」とは、内部抽せんの結果にかかわらず入賞に係る条件装置を作動させることとなる役物で、あらかじめ定められた場合に作動し一回の遊技の結果が得られた場合に作動を終了するものをいう。

ル　「遊技機の枠」とは、回胴の回転軸を固定するための遊技機の外枠をいう。

ヲ　「受け皿」とは、入賞により獲得された遊技メダル等その他投入に係る遊技メダル等以外の遊技メダル等を受けるための装置をいう。ただし、遊技球のみを投入して遊技を行う遊技機にあつては、入賞により獲得された遊技球その他の遊技球を受けるための装置をいう。

(4)　アレンジボール遊技機に係る用語の意味

第六条第三号に掲げるアレンジボール遊技機に係る用語の意味は、(1)に掲げるもののほか、次のとおりとする。

イ　「入賞」とは、遊技メダル等を獲得するため必要な特定の図柄の組合せが表示されることをいう。

ロ　「得点増加装置」とは、入賞により獲得される遊技メダル等の数を増加させる装置で、遊技球が特定の入球口に入り、又は特定のゲートを通過した場合に作動するものをいう。

ハ　「入賞図柄表示装置」とは、入賞に係る図柄の組合せを表示するための装置をいう。

ニ　「誘導増加装置」とは、遊技球が入球口に入り、若しくはゲートを通過し、又は図柄の組合せが表示されたことにより役物誘導装置が作動することとなる場合における当該入球口、ゲート又は図柄の組合せの数を増加させる装置で、遊技球が誘導増加装置作動領域を通過した場合に作動するものをいう。

ホ　「役物誘導装置」とは、役物作動口の入口を開き、又は拡大する装置で、遊技球があらかじめ定められた入球口に入り、若しくはあらかじめ定められたゲートを通過し、又はあらかじめ定められた図柄の組合せが表示された場合に作動するものをいう。

ヘ　「誘導図柄表示装置」とは、役物誘導装置が作動することとなる図柄の組合せを表示するための装置をいう。

ト　「役物作動口」とは、役物を作動させることとなる入球に係る入球口をいう。

チ　「誘導増加装置作動領域」とは、特定の入球口内の特定の領域をいう。

リ　「特定入球口」とは、その中に誘導増加装置作動領域が設けられている入球口をいう。

ヌ　「受け皿」とは、入賞により獲得された遊技メダル等その他遊技盤上の遊技球以外の遊技メダル等を受けるための装置をいう。

(5)　じやん球遊技機に係る用語の意味

第六条第四号に掲げるじやん球遊技機に係る用語の意味は、(1)に掲げるもののほか、次のとおりとする。

イ　「自動図柄設定装置」とは、規定数（遊技機を作動させるため投入をする必要がある遊技メダル等の数をいう。別表第六及び別表第七において同じ。）の遊技メダル等の投入により図柄表示装置において表示する図柄の組合せを自動的に設定する装置をいう。

ロ　「入賞」とは、遊技メダル等を獲得するため必要な図柄の組合せとして特定の図柄の組合せが表示されることをいう。

ハ　「得点増加装置」とは、入賞により獲得される遊技メダル等の数を増加させる装置で、あらかじめ定められた場合に作動するものをいう。

ニ「開放条件装置」とは、その作動が特別入球口の開放に必要な条件とされている装置で、入賞に係る図柄の組合せのうちからあらかじめ定められたものが表示された場合に作動するものをいう。

ホ「特別入球口」とは、遊技球が特定の入球口に入り、又は特定のゲートを通過した場合にその入口が開く入球口をいう。

ヘ「条件連続装置」とは、開放条件装置を連続して作動させる装置で、開放条件装置が作動することとなる図柄の組合せのうちからあらかじめ定められたものが表示された場合に作動するものをいう。

ト「図柄表示装置」とは、入賞に係る図柄の組合せを表示するための装置をいう。

チ「受け皿」とは、入賞により獲得された遊技メダル等その他遊技盤上の遊技球以外の遊技メダル等を受けるための装置をいう。

別表第三 不正な改造その他の変更を防止するための遊技機の構造に係る技術上の規格（第六条関係）

(1) 基板に関する規格

イ 主基板に関する規格は、次のとおりとする。

(イ) 板面に印刷された配線以外の配線が行われているものでないこと。

(ロ) 基板の両面に電子部品（副基板に装着されている発光ダイオードその他の光源又は図柄を表示するための装置で当該副基板の見通しを妨げないものを除く。）が装着されているものでないこと。

(ハ) 透明なケースで、これを開封することによりそのこん跡が残るもの（(3)へにおいて「主基板ケース」という。）に密封されているものであること。ただし、副基板については、この限りでないこと。

(ニ) 遊技機外の機械又は装置が送信する信号を遊技球等貸出装置接続端子板を介さずに受信することができるものでないこと。ただし、遊技の用に供されない装置で遊技の結果に影響を及ぼすおそれがないものであり、記憶された情報（プログラムを含む。以下この表において同じ。）の内容を変更せずに主基板に装着される電子部品の検査を行うことのみに供するものが送信する信号については、この限りでないこと。

(ホ) 周辺基板が送信する信号を受信することができるものでないこと。

(ヘ) 遊技機外の機械又は装置に対し、遊技の結果に影響を及ぼすおそれのある信号を送信することができるものでないこと。

(ト) 次に掲げる事項が、板面に印刷され、容易に識別することができる方法で表示されているものであること。

a 遊技機の製造業者又は輸入業者の氏名又は名称

b 当該主基板の型式を特定するための番号、記号その他の符号

ロ 周辺基板は、その型式を特定するための番号、記号その他の符号が、板面に印刷され、容易に識別することができる方法で表示されているものであること。

ハ 中継端子板に関する規格は、次のとおりとする。

(イ) 板面に印刷された配線以外の配線が行われているものでないこと。
(ロ) 両面に電子部品が装着されているものでないこと。
(ハ) 当該中継端子板の型式を特定するための番号、記号その他の符号が、板面に印刷され、容易に識別することができる方法で表示されているものであること。

ニ 外部端子板に関する規格は、次のとおりとする。
(イ) 板面に印刷された配線以外の配線が行われているものでないこと。
(ロ) 両面に電子部品が装着されているものでないこと。
(ハ) 遊技機から容易に取り外すことができるものであること。
(ニ) 遊技機外の機械又は装置が送信する信号を受信することができるものでないこと。
(ホ) 遊技機外の機械又は装置に対し、遊技の結果に影響を及ぼすおそれのある信号を送信することができるものでないこと。
(ヘ) 当該外部端子板の型式を特定するための番号、記号その他の符号が、板面に印刷され、容易に識別することができる方法で表示されているものであること。

ホ 遊技球等貸出装置接続端子板に関する規格は、次のとおりとする。
(イ) 板面に印刷された配線以外の配線が行われているものでないこと。
(ロ) 両面に電子部品が装着されているものでないこと。
(ハ) 遊技機から容易に取り外すことができるものであること。
(ニ) 遊技機外の機械又は装置が送信する遊技メダル等を貸し出すための信号以外の信号を受信することができるものでないこと。
(ホ) 遊技機外の機械又は装置に対し、遊技の結果に影響を及ぼすおそれのある信号を送信することができるものでないこと。
(ヘ) 当該遊技球等貸出装置接続端子板の型式を特定するための番号、記号その他の符号が、板面に印刷され、容易に識別することができる方法で表示されているものであること。

(2) 主基板に装着される電子部品に関する規格

イ 主基板に装着されるロムに関する規格は、次のとおりとする。
(イ) 記憶された情報の内容を出力することができるものであること。
(ロ) 記憶容量が十六KBを超えないものであること。
(ハ) 制御領域（使用領域（不正な改造その他の変更を防止するために必要な情報以外の情報が記憶され、又は記憶されることとなるロム又はリードライトメモリーの記憶領域をいう。以下この表において同じ。）のうち、データ領域（使用領域のうち、プログラム以外の情報のみが記憶され、又は記憶されることとなる記憶領域をいう。以下この表において同じ。）以外の記憶領域をいう。以下この表において同じ。）とデータ領域とが区分されているものであること。
(ニ) ぱちんこ遊技機に係るロム（(3)ニに規定するものを除く。）にあつては、制御領域の容量が三KBを超えず、かつ、データ領域の容量が三KBを超えないものであること。

(ホ) 回胴式遊技機に係るロム（(3)ニに規定するものを除く。）にあつては、制御領域の容量が四・五KBを超えず、かつ、データ領域の容量が三KBを超えないものであること。

(ヘ) アレンジボール遊技機及びじやん球遊技機に係るロム（(3)ニに規定するものを除く。）にあつては、使用領域の容量が五KBを超えないものであること。

(ト) (3)ニに規定するロムは、使用領域の容量が二・五KBを超えないものであること。

ロ リードライトメモリーに関する規格は、次のとおりとする。

(イ) 記憶容量が千二十四Bを超えないものであること。

(ロ) 使用領域の容量が五百十二Bを超えないものであること。

ハ イ及びロに掲げるもののほか、主基板に装着される電子部品に関する規格は、次のとおりとする。

(イ) 表面積がおおむね六㎟を超えるものであること。

(ロ) 内部の論理回路を変更することができないものであること。

(ハ) カスタム集積回路でないこと。

(ニ) 内部抽せんは、次のいずれかに該当するものであること。

a 周期が〇・〇五秒を超えるものでないこと。

b 周期が規則的であるものその他当該くじに当せんする機会を容易に推定することができる仕組みのものでないこと。

(3) その他の規格

イ 主基板にロムが装着されている場合にあつては、当該主基板の板面の見通しを妨げない構造のソケットを用いて装着されているものであること。ただし、当該主基板とロムとの間に電子部品を隠ぺいされるおそれがない場合は、この限りでないこと。

ロ 主基板又は遊技機端子板に電子部品（ロムを除く。）が装着されている場合にあつては、当該主基板又は当該遊技機端子板の板面の見通しを妨げない方法により装着されているものであること。

ハ 主基板に装着されるロム及びリードライトメモリー（ニに規定するものを除く。）の総数は、すべての主基板を通じてそれぞれ一個を超えるものでないこと。

ニ 主基板に装着されるロム及びリードライトメモリーであつて、貸し出され若しくは入賞により獲得された遊技メダル等を受け皿に送出し、又は貸し出され若しくは入賞により獲得された遊技メダル等の数を示す信号を遊技球数表示装置若しくは遊技メダル数表示装置に送信するためのものの総数は、すべての主基板を通じてそれぞれ一個を超えるものでないこと。

ホ 主基板（副基板を除く。）は、電子部品が装着された面を容易に見通すことができるよう遊技機内に配置されていること。

ヘ 主基板ケースは、開封することなく主基板の両面を見通すことができるものであること。

ト 中継端子板、外部端子板又は遊技球等貸出装置接続端子板以外の遊技機端子板を設けないものであること。

チ 外部端子板又は遊技球等貸出装置接続端子板を介さずに遊

技機外の機械又は装置と遊技機との間の配線と、遊技機内の配線（電源を供給し、又は接地を行うための配線を除く。）とを接続することができる構造を有するものでないこと。

リ　外部端子板又は遊技球等貸出装置接続端子板に接続された遊技機外の機械又は装置と遊技機との間の配線は、遊技機から容易に取り外すことができるものであること。

ヌ　作業領域としての用途以外の用途のために使用されるリードライトメモリーその他遊技の用に供されない装置で遊技の結果に影響を及ぼすおそれがあるものを設けないものであること。

別表第四　ぱちんこ遊技機に係る技術上の規格（第六条関係）

(1)　性能に関する規格

イ　遊技球の発射装置（以下この表、別表第六及び別表第七において「発射装置」という。）の性能に関する規格は、次のとおりとする。

(イ)　遊技球を一個ずつ発射することができるものであること。

(ロ)　一分間に百個を超える遊技球を発射することができるものでないこと。

(ハ)　遊技球の試射試験を十時間行つた場合において、(イ)及び(ロ)に掲げる性能が不変であるものであること。

(ニ)　遊技球の試射試験を十時間行つた場合において、その間、遊技盤上の遊技球の位置を確認し、かつ、調整することができるものであること。

ロ　遊技球の獲得に係る遊技機の性能に関する規格は、次のとおりとする。

(イ)　一個の遊技球が入賞口に入賞した場合に、十五個を超える数の遊技球を獲得することができるものでないこと。

(ロ)　入賞口への遊技球の入賞によらずに遊技球を獲得することができるものでないこと。

(ハ)　設定ごとに、遊技球の試射試験を一時間行つた場合において、獲得する遊技球の総数が発射させた遊技球の総数の三分の一を超え、かつ、二・二倍に満たないものであること。

(ニ)　設定ごとに、遊技球の試射試験を四時間行つた場合において、獲得する遊技球の総数が発射させた遊技球の総数の五分の二を超え、かつ、一・五倍に満たないものであること。

(ホ)　設定ごとに、遊技球の試射試験を十時間行つた場合において、獲得する遊技球の総数が発射させた遊技球の総数の二分の一を超え、かつ、三分の四に満たないものであること。

(ヘ)　設定ごとに、遊技球の試射試験を十時間行つた場合において、獲得する遊技球の数のうち役物の作動によるものの割合が七割（役物が連続して作動する場合における当該役物の作動によるものの割合にあつては、六割）を超えるものでないこと。

ハ　第一種非電動役物の性能に関する規格は、次のとおりとする。

(イ)　一の第一種非電動役物に係る最大入賞数は、二個を超えるものでないこと。

(ロ)　すべての第一種非電動役物に係る最大入賞数の合計は、電動役物が設けられているぱちんこ遊技機にあつては四個を、電動役物が設けられていないぱちんこ遊技機にあつては十四個を超えるものでないこと。

ニ　第二種非電動役物の性能に関する規格は、次のとおりとする。

(イ)　一の第二種非電動役物に係る最大入賞数は、電動役物が設けられているぱちんこ遊技機にあつてはおおむね二個を、電動役物が設けられていないぱちんこ遊技機にあつてはおおむね十個を超えるものでないこと。

(ロ)　すべての第二種非電動役物に係る最大入賞数の合計は、電動役物が設けられているぱちんこ遊技機にあつてはおおむね四個を、電動役物が設けられていないぱちんこ遊技機にあつてはおおむね二十個を超えるものでないこと。

(ハ)　第二種非電動役物は、大入賞口への遊技球の入賞により作動するものでないこと。

ホ　普通電動役物及び普通図柄表示装置の性能に関する規格は、次のとおりとする。

(イ)　普通電動役物の数は、特別電動役物が設けられているぱちんこ遊技機にあつては一個を、特別電動役物が設けられていないぱちんこ遊技機にあつては四個を超えるものでないこと。

(ロ)　普通電動役物の一回の作動により、入賞口の入口が開き、又は拡大する状態（以下この表において「開放等」という。）の時間は、通じて六秒間を超えないあらかじめ定められたものであることとし、また、普通電動役物に係る最大入賞数は、おおむね十個を超えるものでないこと。

(ハ)　普通電動役物は、大入賞口への遊技球の入賞により作動するものでないこと。

(ニ)　一の普通電動役物につき一個を超える普通図柄表示装置を設けないものであること。

(ホ)　遊技球が特定の入賞口に入賞し、又は特定のゲートを通過した場合以外の場合に作動する普通図柄表示装置を設けないものであること。

(ヘ)　普通図柄表示装置は、普通電動役物が作動している間に作動するものでないこと。

(ト)　一の普通電動役物が作動することとなる図柄の組合せが表示される確率の値が複数定められているぱちんこ遊技機にあつては、その個数は二を超えるものでないこと。この場合において、当該複数の確率の値のうち低いものから高いものへの変動は、役物連続作動装置の作動が終了したときにのみ生じるものであること。

(チ)　遊技球が入賞口（(チ)において「図柄に係る入賞口」という。）に入賞し、又はゲート（(チ)において「図柄に係るゲート」という。）を通過した時（普通図柄表示装置が作動することとなる場合に限る。）から当該普通図柄表示装置の作動が終了する時までの間又は普通図柄表示装置において普通電動役物が作動することとなる図柄の組合せが表示された時から当該普通電動役物の作動が終了するまでの間に、四個を超える数の遊技球が図柄に係る入賞口に入賞し、又は図柄に係るゲートを通過した場合において、当該普通図柄表示装置又は普通電動役物の作動が終了した後、当該四個を超える数の遊技球のうち最初の四個の遊技球以外の遊技球の入賞又はゲートの通過により引き続き当該普通図柄表示装置を作動させることができる性能を有するものでないこと。

(リ)　遊技球が入賞口に入賞し、又はゲートを通過した時（普通図柄表示装置が作動することとなる場合に限る。）から当該普通図柄表示装置に図柄の組合せが表示される時までの時間は、あらかじめ定められたものであること。

へ　特別電動役物、条件装置及び特別図柄表示装置の性能に関する規格は、次のとおりとする。

(イ)　特別電動役物及び特別図柄表示装置の数はそれぞれ二個を、条件装置の数は一個を超えるものでないこと。

(ロ)　一の特別電動役物は、役物連続作動装置が作動している場合以外の場合においては、次のいずれか一の場合に限り作動するものであること。

a　遊技球が始動口に入賞した場合

b　特定の図柄の組合せ（条件装置の作動に係るものを除く。）が表示された場合

(ハ)　同時に二個の特別電動役物が作動するものでないこと。

(ニ)　大入賞口を始動口とするものでないこと。

(ホ)　一の特別電動役物の作動によりあらかじめ定められた一の大入賞口以外の入賞口について開放等が生じないものであること。

(ヘ)　特別電動役物に係る最大入賞数は、おおむね十個を超えるものでないこと。

(ト)　役物連続作動装置が作動していない場合において、特別電動役物の一回の作動による大入賞口の開放等の時間は、通じて一・八秒間を超えないあらかじめ定められたものであること。

(チ)　役物連続作動装置が作動している場合において、特別電動役物の一回の作動による大入賞口の開放等の時間は、通じて三十秒間を超えるものでないこと。

(リ)　役物連続作動装置の一回の作動により特別電動役物が連続して作動する回数の合計がN回、特別電動役物に係る最大入賞数の最大値がR、一個の遊技球が大入賞口に入賞した場合に獲得する遊技球の数の最大値がSである場合において、作動確率Mにつき、次の関係が成立するものであること。

$$M \times N \times R \times S \leqq 10$$

(ヌ)　特別電動役物及び条件装置は、役物連続作動装置の作動が終了したときは、その作動を終了するものであること。

(ル)　遊技球が始動口に入賞した場合以外の場合に作動する特別図柄表示装置を設けないものであること。

(ヲ)　特別図柄表示装置は、特別電動役物が作動している間に作動するものでないこと。

(ワ)　遊技球が始動口に入賞した時から当該特別図柄表示装置の作動が終了する時までの間、特別図柄表示装置において特別電動役物が作動することとなる図柄の組合せが表示された時から当該特別電動役物の作動が終了する時までの間又は条件装置が作動することとなる図柄の組合せが表示された時から当該条件装置の作動により作動した役物連続作動装置の作動が終了する時までの間に、四個を超える数の遊技球が始動口に入賞した場合において、当該特別図柄表示装置、特別電動役物又は役物連続作動装置の作動が終了した後、当該四個を超える数の遊技球のうち最初の四個の遊技球以外の遊技球の入賞により引き続き当該特別図柄表示装置を作動させることができる性能を有するものでないこと。

(カ)　遊技球が始動口に入賞した時から特別図柄表示装置に図

柄の組合せが表示される時までの時間は、あらかじめ定められたものであること。

ト　役物連続作動装置の性能に関する規格は、次のとおりとする。

(イ) 役物連続作動装置の数は、一個を超えるものでないこと。

(ロ) 特別電動役物以外の役物を作動させるものでないこと。

(ハ) 役物連続作動装置は、次のいずれか一の場合に限り作動するものであること。

a　条件装置が作動した場合

b　aの場合において、遊技球が大入賞口以外の特定の入賞口に入賞し、又は特定のゲート（大入賞口内に設けられているゲートを除く。）若しくは大入賞口以外の特定の入賞口内の特定の領域を通過したとき

(ニ) 役物連続作動装置の一回の作動により特別電動役物が連続して作動する回数の合計は、十回を超えるものでないこと。

(ホ) 条件装置の作動に係る大入賞口内の特定の領域を通過する遊技球の数は、当該大入賞口に入賞する遊技球の数のおおむね十分の一を超えるものでないこと。

(ヘ) 役物連続作動装置の一回の作動により特別電動役物が連続して作動する回数が変動するぱちんこ遊技機にあつては、次の式により得られる連続して作動する回数の期待値について、へ(リ)に規定する関係が成立するものであること。

$$N=\sum_{i=2}^{10}(i \times Q_i)$$

ただし

$$\sum_{i=2}^{10} Q_i = 1$$

Nは、役物連続作動装置の一回の作動により特別電動役物が連続して作動する回数の期待値

Q_iは、特別電動役物がi回連続して作動する確率の値

(ト) 設定ごとに作動確率の値が複数定められているぱちんこ遊技機にあつては、その個数はそれぞれ二を超えるものでないこと。この場合において、次の式により得られる作動確率の期待値について、へ(リ)に規定する関係が成立するものであること。

$$M=\frac{P+1}{\frac{P}{MH}+\frac{1}{ML}}$$

Mは、作動確率の期待値

MHは、作動確率の値のうち高いもの

MLは、作動確率の値のうち低いもの

Pは、作動確率の値が高い場合における役物連続作動装置の作動の開始が連続して生じる回数の期待値

(チ) (ト)に規定するぱちんこ遊技機にあつては、作動確率の値のうち高いものの低いものに対する比率が十倍を超えるものでなく、かつ、当該比率が設定ごとに異なるものでないこと。

(リ) 作動確率の値のうち低いものから高いものへの変動は、役物連続作動装置の作動が終了したときにのみ生じるものであること。

チ　遊技球数表示装置の性能に関する規格は、次のとおりとする。
(イ)　遊技者が記録された遊技球の数を示す信号を自由に送信することができる性能を有するものであること。
(ロ)　遊技者が直接操作する場合のほか、記録された遊技球の数を減ずることができないものであること。
(ハ)　記録された遊技球の数を示す信号を遊技球等貸出装置接続端子板を介さずに送信することができないものであること。
リ　イからチまでに掲げるもののほか、次の性能を備えたものであること。
(イ)　遊技の公正を害する調整を行うことができないこと。
(ロ)　役物の作動により開放等が生じた場合における入賞口への遊技球の入賞（大入賞口への遊技球の入賞を除く。）が著しく容易にならないこと。
(ハ)　役物が作動した場合に当該役物の作動により開放等が生じた入賞口以外の入賞口への遊技球の入賞が容易にならないこと。
(ニ)　第一種非電動役物、第二種非電動役物、普通電動役物及び特別電動役物以外の役物が設けられていないこと。
(ホ)　特別電動役物の作動によらずに大入賞口の入口の開放等が生じないこと。
(ヘ)　始動口への遊技球の入賞により特別電動役物以外の役物が作動しないこと。
(ト)　役物の作動を容易にするための特別の装置（役物又は役物連続作動装置であるものを除く。）が設けられていないこと。
(チ)　設定の数は、六を超えるものでないこと。

(2)　構造に関する規格
イ　発射装置の構造に関する規格は、次のとおりとする。
(イ)　発射装置の数は、一個であること。
(ロ)　発射装置は、遊技者が直接操作する場合のほか、遊技球を発射することができない構造を有するものであること。
ロ　遊技球の構造に関する規格は、次のとおりとする。
(イ)　遊技球には、直径十一㎜の玉を用いること。
(ロ)　遊技球には、五・四g以上五・七g以下の質量の玉を用いること。
ハ　遊技盤の構造に関する規格は、次のとおりとする。
(イ)　遊技盤は、板に入賞口及び遊技くぎ、風車、保留装置その他の遊技球の落下の方向に変化を与えるための装置（以下この表において「遊技くぎ等」という。）が備えられている構造とすること。
(ロ)　遊技盤の大きさは、一辺が五百㎜である正方形の枠を超えず、かつ、直径が三百㎜である円を含むことができるものであること。
ニ　入賞口及びゲートの構造に関する規格は、次のとおりとする。
(イ)　役物が作動しない場合における入賞口の数は、五個以上十五個以下であること。
(ロ)　大入賞口の数は、二個を超えるものでないこと。
(ハ)　始動口の数は、三個を超えるものでないこと。
(ニ)　遊技球を入賞させることができない入賞口を有しないものであること。
(ホ)　役物が作動しない場合における入賞口の入口の大きさ

は、十三㎜を超えるものでないこと。
(ヘ) 第一種非電動役物の作動により拡大した場合における入賞口の入口の大きさは、五十五㎜を超えるものでないこと。
(ト) 第二種非電動役物の作動により開き、又は拡大した場合における入賞口の入口の大きさは、五十五㎜を超えるものでないこと。
(チ) 普通電動役物の作動により開き、又は拡大した場合における入賞口の入口の大きさは、五十五㎜を超えるものでないこと。
(リ) 特別電動役物の作動により開き、又は拡大した場合における大入賞口の入口の大きさは、五十五㎜を超え、百三十五㎜を超えないものであること。
(ヌ) 遊技球がゲート（入賞口内に設けられているゲートを除く。）を通過したときに役物又は普通図柄表示装置が作動することとなる場合における当該ゲートの大きさは、十三㎜を超えるものでないこと。
ホ 遊技くぎ等の構造に関する規格は、次のとおりとする。
(イ) 遊技くぎ等の配置は、遊技球の落下を著しく不規則にするものでないこと。
(ロ) 遊技くぎ及び風車は、遊技板におおむね垂直に打ち込まれているものであること。
(ハ) 保留装置の数は、二個を超えるものでないこと。
(ニ) 保留装置は、五個を超える遊技球を保留することができる構造を有するものでないこと。
(ホ) 保留装置以外の遊技盤上の遊技球を保留することができる装置を設けないものであること。

ヘ 遊技板の構造に関する規格は、次のとおりとする。
(イ) 遊技板は、遊技機の前面のガラス板又はガラス板と同等の性能を有するその他の板（以下「ガラス板等」という。）と平行であること。
(ロ) 遊技板とガラス板等との距離は、十三㎜を超え、二十五㎜を超えないものであること。
(ハ) 凹凸がないこと。
ト 遊技盤の枠は、遊技盤が容易に動揺しないように遊技盤を固定する構造のものであること。
チ ガラス板等の構造に関する規格は、次のとおりとする。
(イ) 遊技盤の全体の構造の見通しを妨げるものでないこと。
(ロ) 遊技盤上の遊技球の位置を確認することができるものであること。
(ハ) 凹凸がないこと。
リ 受け皿の構造に関する規格は、次のとおりとする。
(イ) 遊技者が受け皿に受けた遊技球を自由に取り出すことができる構造を有するものであること。
(ロ) 遊技者が受け皿に受けた遊技球の数をおおむね確認することができる構造を有するものであること。
ヌ イからリまでに掲げるもののほか、構造に関する次の基準に適合するものであること。
(イ) 耐久性を有しない装置を設けないものであること。
(ロ) 遊技球が入賞口に入賞し、若しくはゲートを通過し、又は図柄の組合せが表示された時（役物が作動することとなる場合に限る。）から当該役物の作動が終了する時までの間に遊技球が入賞口に入賞し、若しくはゲートを通過し、又は図柄の組合せが表示されたこと（当該役物が作動することとなる場合に限る。）を記憶する装置を設けないものであること。

(ハ) 設定変更装置は、遊技者が操作することができない構造を有するものであること。

(3) 材質に関する規格

イ 遊技球の材質に関する規格は、次のとおりとする。

(イ) 鋼製であること。

(ロ) 均一の材質のものを用いること。

ロ 入賞口の材質は、硬質プラスチックその他の材料で遊技球の落下その他の衝撃により破損し、又はその形状が変形するものでないこと。

ハ 遊技くぎ等の材質に関する規格は、次のとおりとする。

(イ) 遊技くぎ及び風車の軸の材質は、ビッカース硬度が百五十Hv以上二百三十Hv以下である硬度を有する真ちゆう又はこれと同等の硬度を有する金属で容易にさびず、かつ、折れない性質のものであること。

(ロ) 遊技くぎ等（遊技くぎ及び風車の軸を除く。）の材質は、硬質プラスチックその他の材料で遊技球の落下その他の衝撃により破損し、又はその形状が変形するものでないこと。

ニ 遊技板の材質に関する規格は、次のとおりとする。

(イ) 遊技板の材質は、合板材その他の材料で入賞口及び遊技くぎ等を固定することができ、かつ、容易に曲がらない程度の硬度と強度を有するものであること。

(ロ) 遊技板の表面は、滑らかで、均一の材質のものであること。

ホ 遊技盤の枠の材質は、遊技板と同等以上の硬度と強度を有するものであること。

ヘ ガラス板等の材質は、ガラスその他の材料で透明であり、かつ、遊技球の落下その他の衝撃により破損し、又はその形状が変形するものでないこと。

ト イからヘまでに掲げるもののほか、遊技機の部品の材質は、温度又は湿度の通常の変化により変質し、又はその形状が変形するものでないこと。

別表第五 回胴式遊技機に係る技術上の規格（第六条関係）

(1) 性能に関する規格

イ 回胴の回転に係る遊技機の性能に関する規格は、次のとおりとする。

(イ) 規定数は、遊技メダルにあつては三枚を、遊技球にあつては十五個を、それぞれ超えるものでないこと。

(ロ) 遊技の結果を得るための回胴の回転は、規定数の遊技メダル等の投入をし、又は再遊技を行うことができることとなる回胴の上の図柄（以下この表において「図柄」という。）の組合せが表示された後において、回胴回転装置を作動させることにより、行われるものであること。

(ハ) 規定数の遊技メダル等の投入をし、又は再遊技を行うことができることとなる図柄の組合せが表示された時から当該遊技メダル等の投入をし、又は当該図柄の組合せが表示されたことにより行われる遊技の結果が得られる時までの間は、新たに遊技メダル等の投入をすることができないものであること。

(ニ) すべての回胴の回転の方向及び速さは一定とし、また、その回転の回数は、一分間に八十回転を超えるものでないこと。ただし、回胴回転装置を作動させた後、すべての回胴の回転の速さが一定となるまでの間は、この限りでないこと。

(ホ) 回転停止装置は、回胴回転装置を作動させた後、すべての回胴の回転の速さが一定となるまでの間は作動させることができないものであること。

(ヘ) 回胴の回転は、回転停止装置を作動させる場合を除き、すべての回胴の回転の速さが一定となつた後、三十秒以内に停止するものでないこと。

(ト) 回胴の回転は、回転停止装置を作動させるためのボタン、レバーその他の装置（以下この表において「停止ボタン等」という。）を操作した後、百九十ms以内に停止するものであること。

(チ) 回胴の数は、三個以上とすること。

(リ) 図柄は、回胴回転装置の作動中においても、おおむね識別することができるものであること。

ロ 遊技メダル等の獲得に係る遊技機の性能に関する規格は、次のとおりとする。

(イ) 一回の入賞により獲得することができる遊技メダル等の数は、遊技メダルにあつては十五枚を、遊技球にあつては七十五個を、それぞれ超えるものでなく、かつ、当該入賞に使用した遊技メダル等の数の十五倍を超えるものでないこと。

(ロ) 規定数ごとに、入賞に係る図柄の組合せと当該入賞に係る図柄の組合せに対応して獲得することができる遊技メダル等の数があらかじめ定められているものであること。

(ハ) 入賞によらずに遊技メダル等を獲得することができるものでないこと。

(ニ) 入賞に係る条件装置が作動することなく、入賞に係る図柄の組合せが表示されるものでないこと。

(ホ) 設定ごと及び規定数ごとに、回胴回転装置を作動させた後、回転するすべての回胴につき、任意の順序により、任意の時間に回転停止装置を作動させる試験を四百回行つた場合において、獲得する遊技メダル等の総数が、投入をした遊技メダル等の総数の三分の一を超え、かつ、二・二倍に満たないものであること。

(ヘ) 設定ごと及び規定数ごとに、内部抽せんを行い、条件装置が作動した場合には当該条件装置に係る図柄の組合せが表示され、当該図柄の組合せにより獲得することができる遊技メダル等の最大数が獲得されることとしたシミュレーション試験を四百回行つた場合において、獲得することとなる遊技メダル等の総数が、投入をしたこととなる遊技メダル等の総数の二・二倍に満たないものであること。

(ト) 設定ごと及び規定数ごとに、(ホ)に規定する試験を千六百回行つた場合において、獲得する遊技メダル等の総数が、投入をした遊技メダル等の総数の五分の二を超え、かつ、一・五倍に満たないものであること。

(チ) 設定ごと及び規定数ごとに、(ヘ)に規定するシミュレーション試験を千六百回行つた場合において、獲得することとなる遊技メダル等の総数が、投入をしたこととなる遊技メダル等の総数の一・五倍に満たないものであること。

(リ) 設定ごと及び規定数ごとに、(ホ)に規定する試験を六千回行つた場合において、獲得する遊技メダル等の総数が、投入をした遊技メダル等の総数の二分の一を超え、かつ、一・二六倍に満たないものであること。

(ヌ)　設定ごと及び規定数ごとに、(ヘ)に規定するシミュレーション試験を六千回行つた場合において、獲得することとなる遊技メダル等の総数が、投入をしたこととなる遊技メダル等の総数の一・二六倍に満たないものであること。

(ル)　設定ごと及び規定数ごとに、(ホ)に規定する試験を一万七千五百回行つた場合において、獲得する遊技メダル等の総数が、投入をした遊技メダル等の総数の五分の三を超え、かつ、一・一五倍に満たないものであること。

(ヲ)　設定ごと及び規定数ごとに、(ヘ)に規定するシミュレーション試験を一万七千五百回行つた場合において、獲得することとなる遊技メダル等の総数が、投入をしたこととなる遊技メダル等の総数の一・一五倍に満たないものであること。

(ワ)　設定ごと及び規定数ごとに、(ホ)に規定する試験を六千回行つた場合において、獲得する遊技メダル等の数のうち役物の作動によるものの割合が、七割（第一種特別役物の作動によるものの割合にあつては、六割）を超えるものでないこと。

(カ)　設定ごと及び規定数ごとに、(ヘ)に規定するシミュレーション試験を六千回行つた場合において、獲得することとなる遊技メダル等の数のうち役物の作動によるものの割合が、七割（第一種特別役物の作動によるものの割合にあつては、六割）を超えるものでないこと。

(ヨ)　入賞に係る図柄の組合せの数は、すべての図柄の組合せの数の百分の十一を超え、百分の四十を超えないものであること。

(タ)　設定ごと及び規定数ごとに、入賞に係る一の条件装置が作動する確率は、あらかじめ定められた値であり、役物が作動している場合を除き、変動するものでないこと。

(レ)　入賞に係る条件装置は、再遊技に係る条件装置が作動している場合にあつては、作動するものでないこと。ただし、第二種特別役物が作動している場合にあつては、この限りでないこと。

ハ　再遊技に係る遊技機の性能に関する規格は、次のとおりとする。

(イ)　規定数ごとに、一回の遊技の結果として特定の図柄の組合せ（入賞に係る図柄の組合せを除く。）が表示された場合における次回の遊技以外に再遊技を行うことができないものであること。

(ロ)　再遊技に係る条件装置が作動することなく、再遊技に係る図柄の組合せが表示されるものでないこと。

(ハ)　再遊技に係る図柄の組合せの数は、すべての図柄の組合せの数の百四十五分の一を超えるものであること。

(ニ)　設定ごと及び規定数ごとに、再遊技に係る条件装置が作動する確率は、七十三分の十以上の値のうちからあらかじめ定められたものであり、次に掲げるときを除き、変動するものでないこと。

a　第一種特別役物又は役物連続作動装置の作動に係る条件装置が作動したとき。

b　第一種特別役物又は役物連続作動装置が作動することとなる図柄の組合せが表示されたとき。

c　第一種特別役物又は役物連続作動装置の作動が終了したとき。

d　第一種特別役物又は役物連続作動装置の作動に係る条

件装置、第一種特別役物及び役物連続作動装置が作動していない場合において、特定の図柄の組合せが表示されたとき。

e　c又はdのいずれかに掲げるときの後に行われたあらかじめ定められた回数の遊技の結果が得られたとき。

(ホ)　設定ごと及び規定数ごとに、再遊技に係る条件装置が作動する確率が変動した場合における当該確率は、あらかじめ定められた値（第一種特別役物及び役物連続作動装置が作動していないときは、七十三分の十以上の値のうちからあらかじめ定められたもの）であること。

ニ　普通役物の性能に関する規格は、次のとおりとする。

(イ)　規定数ごとに特定の図柄の組合せが表示された場合に作動するもの以外の普通役物を設けないものであること。

(ロ)　普通役物の作動に係る条件装置が作動することなく、普通役物の作動に係る図柄の組合せが表示されるものでないこと。

(ハ)　設定ごと及び規定数ごとに、普通役物の作動に係る一の条件装置が作動する確率は、あらかじめ定められた値であり、第一種特別役物若しくは役物連続作動装置の作動に係る条件装置、第一種特別役物又は第一種特別役物に係る役物連続作動装置が作動している場合を除き、変動するものでないこと。

(ニ)　普通役物の作動により入賞に係る図柄の組合せの数が増加した場合における入賞に係る図柄の組合せの数は、すべての図柄の組合せの数の三分の一を超えるものでないこと。

(ホ)　一の普通役物の作動により入賞に係る一の条件装置が作動する確率が上昇した場合における当該確率は、あらかじめ定められた一の値であること。

(ヘ)　普通役物の作動に係る条件装置は、他の条件装置（入賞及び再遊技に係るものを除く。）、第一種特別役物又は第一種特別役物に係る役物連続作動装置が作動している場合にあつては、作動するものでないこと。

ホ　第一種特別役物の性能に関する規格は、次のとおりとする。

(イ)　規定数ごとに特定の図柄の組合せが表示された場合に作動するもの以外の第一種特別役物を設けないものであること。ただし、第一種特別役物に係る役物連続作動装置が作動している場合は、この限りでないこと。

(ロ)　第一種特別役物の作動に係る条件装置が作動することなく、第一種特別役物の作動に係る図柄の組合せが表示されるものでないこと。

(ハ)　第一種特別役物が作動することとなる図柄の組合せの数は、役物連続作動装置が設けられている遊技機にあつてはすべての図柄の組合せの数の五百分の一を、役物連続作動装置が設けられていない遊技機にあつてはすべての図柄の組合せの数の五百分の三を、それぞれ超えるものでないこと。ただし、ト(チ)に掲げる場合は、この限りでないこと。

(ニ)　設定ごと及び規定数ごとに、第一種特別役物の作動に係る一の条件装置が作動する確率は、あらかじめ定められた値であり、他の第一種特別役物若しくは役物連続作動装置の作動に係る条件装置、他の第一種特別役物又は第一種特別役物に係る役物連続作動装置が作動している場合を除き、変動するものでないこと。

(ホ)　第一種特別役物の作動により入賞に係る図柄の組合せの数が増加した場合における入賞に係る図柄の組合せの数は、すべての図柄の組合せの数の三分の一を超えるものでないこと。

(ヘ)　一の第一種特別役物の作動により入賞に係る一の条件装置が作動する確率が上昇した場合における当該確率は、あらかじめ定められた一の値であること。

(ト)　第一種特別役物の作動に係る条件装置は、他の条件装置（入賞及び再遊技に係るものを除く。）が作動している場合又は他の第一種特別役物が作動している場合（第一種特別役物に係る役物連続作動装置が作動しているときを除く。）にあつては、作動するものでないこと。

(チ)　一の第一種特別役物は、その作動中に八回を超えない回数のうちからあらかじめ定められた一の回数の入賞があつたとき又は第一種特別役物に係る役物連続作動装置の作動が終了したときのうち早い方のときに、その作動を終了するものであること。

ヘ　第二種特別役物の性能に関する規格は、次のとおりとする。

(イ)　規定数ごとに特定の図柄の組合せが表示された場合に作動するもの以外の第二種特別役物を設けないものであること。ただし、第二種特別役物に係る役物連続作動装置が作動している場合は、この限りでないこと。

(ロ)　第二種特別役物の作動に係る条件装置が作動することなく、第二種特別役物の作動に係る図柄の組合せが表示されるものでないこと。

(ハ)　設定ごと及び規定数ごとに、第二種特別役物の作動に係る一の条件装置が作動する確率は、あらかじめ定められた値であり、第一種特別役物若しくは役物連続作動装置の作動に係る条件装置、第一種特別役物、第一種特別役物又は役物連続作動装置が作動している場合を除き、変動するものでないこと。

(ニ)　第二種特別役物の作動に係る条件装置は、他の条件装置（入賞及び再遊技に係るものを除く。）、第一種特別役物又は第一種特別役物に係る役物連続作動装置が作動している場合にあつては、作動するものでないこと。

(ホ)　第二種特別役物が作動している場合にあつては、一個以上の回胴は、停止ボタン等を操作した後、七十五ms以内に停止するものであること。

ト　役物連続作動装置の性能に関する規格は、次のとおりとする。

(イ)　規定数ごとに特定の図柄の組合せが表示された場合に作動するもの以外の役物連続作動装置を設けないものであること。

(ロ)　第一種特別役物又は第二種特別役物のいずれか一方に係るもの以外の役物連続作動装置を設けないものであること。

(ハ)　第二種特別役物に係る役物連続作動装置は、(ホ)に規定する遊技機以外の遊技機には設けないものであること。

(ニ)　役物連続作動装置の作動に係る条件装置が作動することなく、役物連続作動装置の作動に係る図柄の組合せが表示されるものでないこと。

(ホ)　第一種特別役物に係る役物連続作動装置が作動することとなる図柄の組合せの数は、その作動中に獲得される遊技メダル等の数が、遊技メダルにあつては二百二十五枚を、遊技球にあつては千百二十五個を、それぞれ超えない遊技機にあつては、すべての図柄の組合せの数の千五百分の二を超えるものでないこと。

(ヘ) 第一種特別役物に係る役物連続作動装置が作動することとなる図柄の組合せの数は、(ホ)に規定する遊技機以外の遊技機にあつては、すべての図柄の組合せの数の千五百分の一を超えるものでないこと。

(ト) 設定ごと及び規定数ごとに、役物連続作動装置の作動に係る一の条件装置が作動する確率は、あらかじめ定められた値であり、第一種特別役物若しくは他の役物連続作動装置の作動に係る条件装置、第一種特別役物又は他の役物連続作動装置が作動している場合を除き、変動するものでないこと。

(チ) 第一種特別役物に係る役物連続作動装置が作動している場合にあつては、第一種特別役物が作動することとなる図柄の組合せの数は、すべての図柄の組合せの数の五百分の十を超えるものでないこと。

(リ) 一の役物連続作動装置の作動により第一種特別役物又は第二種特別役物の作動に係る一の条件装置が作動する確率が上昇した場合における当該確率は、あらかじめ定められた一の値であること。

(ヌ) 第一種特別役物に係る役物連続作動装置の作動に係る条件装置は、他の条件装置(入賞及び再遊技に係るものを除く。)、第一種特別役物又は役物連続作動装置が作動している場合にあつては、作動するものでないこと。

(ル) 第二種特別役物に係る役物連続作動装置の作動に係る条件装置は、他の条件装置(入賞及び再遊技に係るものを除く。)、第一種特別役物又は役物連続作動装置が作動している場合にあつては、作動するものでないこと。

(ヲ) 第一種特別役物に係る一の役物連続作動装置は、その作動中に、遊技メダルにあつては二百八十五枚を、遊技球にあつては千四百二十五個を、それぞれ超えない数のうちからあらかじめ定められた一の数を超える遊技メダル等が獲得されたときは、その作動を終了するものであること。

(ワ) 第二種特別役物に係る一の役物連続作動装置は、その作動中に、普通役物若しくは第一種特別役物の作動に係る条件装置が作動したとき又は遊技メダルにあつては百五十三枚を、遊技球にあつては七百六十五個を、それぞれ超えない数のうちからあらかじめ定められた一の数を超える遊技メダル等が獲得されたときは、その作動を終了するものであること。

チ 貯留装置の性能に関する規格は、次のとおりとする。

(イ) 記録することができる遊技メダルの数は、五十枚を超えるものでないこと。

(ロ) 記録された遊技メダルの数を表示するものであること。

(ハ) 遊技者が記録された数の遊技メダルを自由に取り出すことができる性能を有するものであること。

リ 遊技メダル数表示装置の性能に関する規格は、次のとおりとする。

(イ) 遊技者が記録された遊技メダルの数を示す信号を自由に送信することができる性能を有するものであること。

(ロ) 遊技者が直接操作する場合のほか、記録された遊技メダルの数を減ずることができないものであること。

(ハ) 記録された遊技メダルの数を示す信号を遊技球等貸出装

置接続端子板を介さずに送信することができないものであること。

ヌ　イからリまでに掲げるもののほか、次の性能を備えたものであること。

(イ)　遊技の公正を害する調整を行うことができないこと。

(ロ)　普通役物、第一種特別役物及び第二種特別役物以外の役物が設けられていないこと。

(ハ)　役物連続作動装置以外の役物の作動を容易にするための特別の装置が設けられていないこと。

(ニ)　内部抽せんは、回胴回転装置を作動させたときからすべての回胴の回転の速さが一定となるまでの間に行われるものであること。

(ホ)　条件装置は、遊技の結果が一回得られたときは、その作動を終了するものであること。ただし、第一種特別役物の作動に係る条件装置は、当該第一種特別役物が作動したとき又は第一種特別役物に係る役物連続作動装置の作動が終了したときのうち早い方のときにその作動を終了するものであり、役物連続作動装置の作動に係る条件装置は、当該役物連続作動装置が作動したときにその作動を終了するものであること。

(ヘ)　設定の数は、六を超えるものでないこと。

(2)　構造に関する規格

イ　回胴回転装置の構造に関する規格は、次のとおりとする。

(イ)　回胴回転装置は、遊技者が直接操作する場合のほか、作動させることができない構造を有するものであること。

(ロ)　回胴回転装置は、その作動中に回胴を動揺させないように回胴を回転させる構造を有するものであること。

ロ　回胴の構造に関する規格は、次のとおりとする。

(イ)　すべての回胴の大きさは、同一であること。

(ロ)　すべての回胴の回転軸は、同一の直線上にあること。

(ハ)　図柄の数は、一の回胴につき二十一を超えず、かつ、すべての回胴につき同一の数であること。また、すべての図柄の種類の数は、十を超えるものでないこと。

(ニ)　図柄は、鮮明であり、かつ、遊技者に識別しやすいものであること。

(ホ)　図柄の大きさは、縦二十五㎜以上、横三十五㎜以上であること。また、図柄の大きさは、図柄の種類に応じて、すべての回胴につき同一であること。

ハ　回転停止装置の構造に関する規格は、次のとおりとする。

(イ)　回転停止装置は、遊技者が直接停止ボタン等を操作する場合のほか、作動させることができない構造を有するものであること。

(ロ)　回転停止装置は、一の停止ボタン等の操作により、当該停止ボタン等に対応する一の回胴の回転を停止させる構造を有するものであること。

ニ　遊技機の枠は、回胴の回転軸が容易に動揺しないように回胴の回転軸を固定する構造のものであること。

ホ　ガラス板等の構造に関する規格は、次のとおりとする。

(イ)　図柄の識別を妨げるものでないこと。

(ロ)　凹凸がないこと。

ヘ　受け皿の構造に関する規格は、次のとおりとする。

(イ)　遊技者が受け皿に受けた遊技メダル等を自由に取り出すことができる構造を有するものであること。

(ロ)　遊技者が受け皿に受けた遊技メダル等の数をおおむね確

認することができる構造を有するものであること。

ト イからヘまでに掲げるもののほか、構造に関する次の基準に適合するものであること。

(イ) 耐久性を有しない装置を設けないものであること。

(ロ) 図柄の識別を妨げることとなる装置を設けないものであること。

(ハ) 設定変更装置は、遊技者が操作することができない構造を有するものであること。

(3) 材質に関する規格

イ 回胴の材質に関する規格は、次のとおりとする。

(イ) 回胴の材質は、鋼その他の材料で回転により破損し、又はその形状が変形するものでないこと。

(ロ) 回胴の回転軸の材質は、鋼その他の材料で回胴の回転又は回胴の重みにより破損し、又はその形状が変形するものでないこと。

ロ 遊技機の枠の材質は、鋼その他の材料で回胴の回転により破損し、又はその形状が変形するものでないこと。

ハ ガラス板等の材質は、ガラスその他の材料で透明なものであること。

ニ イからハまでに掲げるもののほか、遊技機の部品の材質は、温度又は湿度の通常の変化により変質し、又はその形状が変形するものでないこと。

別表第六 アレンジボール遊技機に係る技術上の規格（第六条関係）

(1) 性能に関する規格

イ 遊技機を作動させるための遊技メダル等の投入に係る遊技機の性能に関する規格は、次のとおりとする。

(イ) 規定数は、一回の遊技（規定数の遊技メダル等の投入をした時から当該遊技メダル等に係る遊技の結果が得られる時までの間における遊技球を用いて行う遊技をいう。以下この表及び次表において同じ。）につき、遊技メダルにあつては三枚であり、遊技球にあつては十五個であること。

(ロ) 規定数の遊技メダル等の投入ごとに、十五個又は十六個の遊技球を使用して遊技をさせることができるものであること。

(ハ) 規定数の遊技メダル等の投入をした場合においては、その投入をした時から当該遊技メダル等に係る遊技の結果が得られる時までの間は、新たに遊技メダル等の投入をすることができるものでないこと。

ロ 発射装置の性能に関する規格は、次のとおりとする。

(イ) 遊技球を一個ずつ発射することができるものであること。

(ロ) 電気的動力により作動する発射装置を有する遊技機にあつては、遊技球を連続して発射することができるものでないこと。

(ハ) 一分間に百個を超える遊技球を発射することができるものでないこと。

(ニ) 遊技球の試射試験を十時間行つた場合において、(イ)、(ロ)及び(ハ)に掲げる性能が不変であるものであること。

(ホ) 遊技球の試射試験を十時間行つた場合において、その間、遊技盤上の遊技球の位置を確認し、かつ、調整することができるものであること。

ハ 遊技メダル等の獲得に係る遊技機の性能に関する規格は、次のとおりとする。

(イ) 入賞があつた場合に獲得することができる遊技メダル等の数は、投入をした遊技メダル等の数の十五倍（役物又は得点増加装置が設けられている遊技機に係る入賞にあつては、十倍）を超えるものでないこと。

(ロ) 入賞によらずに遊技メダル等を獲得することができるものでないこと。

(ハ) 遊技球の試射試験を十時間行つた場合において、獲得する遊技メダル等の総数が、投入をした遊技メダル等の総数の二分の一を超え、かつ、三分の四に満たないものであること。

(ニ) 遊技球の試射試験を四時間行つた場合において、獲得する遊技メダル等の総数が、投入をした遊技メダル等の総数の五分の二を超え、かつ、一・五倍に満たないものであること。

(ホ) 遊技球の試射試験を一時間行つた場合において、獲得する遊技メダル等の総数が、投入をした遊技メダル等の総数の三分の一を超え、かつ、二・二倍に満たないものであること。

(ヘ) 遊技球の試射試験を十時間行つた場合において、獲得する遊技メダル等の数のうち役物及び得点増加装置の作動によるものの割合が、七割を超えるものでないこと。

(ト) 四以下の数の図柄の組合せで入賞に係るものの数は、六以上であること。

(チ) 四以下の数の図柄の組合せで入賞に係るものが得られた場合に獲得することができる遊技メダル等の数は、投入をした遊技メダル等の数の三倍を超えるものでないこと。

二 役物の性能に関する規格は、次のとおりとする。

(イ) 二以上四以下の数の入賞図柄表示装置に係る特定の図柄（以下この表において「入賞図柄」という。）を表示する役物で、遊技球が特定の入球口に入り、又は特定のゲートを通過した場合に作動するもの以外の役物を設けないものであること。

(ロ) 役物の数は、三個（誘導増加装置が設けられている遊技機にあつては、二個）を超えるものでないこと。

(ハ) 役物の作動により表示される入賞図柄の組合せが入賞に係る図柄の組合せに該当することとなる場合にあつては、当該入賞図柄の組合せにより獲得することができる遊技メダル等の数は、投入をした遊技メダル等の数と同数のものであること。

(ニ) 遊技球を入球口に入れ、又はゲートを通過させること（役物が作動することとなる場合に限る。）は、遊技者の技量にかかわらず、容易であり、又は困難であるものでないこと。

ホ 役物誘導装置及び誘導図柄表示装置の性能に関する規格は、次のとおりとする。

(イ) 一の役物作動口につき一個を超える役物誘導装置を設けないものであること。

(ロ) 役物誘導装置は、その作動中に当該役物誘導装置の作動によりその入口が開き、若しくは拡大した役物作動口に遊技球が入つたとき、又は遊技の結果が三回を超えない回数のうちからあらかじめ定められた一の回数得られたときは、その作動を終了するものであること。

(ハ) 一の役物誘導装置につき一個を超える誘導図柄表示装置を設けないものであること。

(ニ) 遊技球が特定の入球口に入り、又は特定のゲートを通過した場合以外の場合に作動する誘導図柄表示装置を設けないものであること。

(ホ) 誘導図柄表示装置は、主入賞図柄表示装置でないこと。

ヘ 誘導増加装置の性能に関する規格は、次のとおりとする。

(イ) 誘導増加装置に係る役物誘導装置の数は、一個であること。

(ロ) 誘導増加装置は、その作動中に遊技球が誘導増加装置作動領域を通過したとき、又は遊技の結果が十四回を超えない回数のうちからあらかじめ定められた一の回数得られたときは、その作動を終了するものであること。

(ハ) 誘導増加装置作動領域を通過する遊技球の数は、特定入球口に入球する遊技球の数のおおむね三分の一を超えるものでないこと。

ト 得点増加装置の性能に関する規格は、次のとおりとする。

(イ) 得点増加装置の数は三個を超えるものでないこと。

(ロ) 入賞により獲得することができる遊技メダル等の数を二倍にすることができる得点増加装置の数は、一個を超えるものでないこと。

(ハ) 入賞により獲得することができる遊技メダル等の数を(ロ)に規定する得点増加装置以外の得点増加装置の作動により増加する場合における当該増加に係る遊技メダル等の数は、投入をした遊技メダル等の数と同数であること。

(ニ) 遊技球を入球口に入れ、又はゲートを通過させること(得点増加装置が作動することとなる場合に限る。)は、遊技者の技量にかかわらず、容易であり、又は困難であるものでないこと。

チ 貯留装置の性能に関する規格は、次のとおりとする。

(イ) 記録することができる遊技メダルの数は、五十枚を超えるものでないこと。

(ロ) 記録された遊技メダルの数を表示するものであること。

(ハ) 遊技者が記録された数の遊技メダルを自由に取り出すことができる性能を有するものであること。

リ 遊技メダル数表示装置の性能に関する規格は、次のとおりとする。

(イ) 遊技者が記録された遊技メダルの数を示す信号を自由に送信することができる性能を有するものであること。

(ロ) 遊技者が直接操作する場合のほか、記録された遊技メダルの数を減ずることができないものであること。

(ハ) 記録された遊技メダルの数を示す信号を遊技球等貸出装置接続端子板を介さずに送信することができないものであること。

ヌ イからリまでに掲げるもののほか、次の性能を備えたものであること。

(イ) 遊技の公正を害する調整を行うことができないこと。

(ロ) 入球口への入球によらずに入賞図柄を表示しないこと。

(ハ) 発射されたすべての遊技球は、遊技盤上に設けられた入球口に入ること。また、すべての入球口(役物作動口を除く。)につき、一の入球口への入球は、当該入球口に対応する一の入賞図柄を表示すること。

(ニ) 入賞図柄表示装置は、いずれの入球口(役物作動口を除く。)への入球によっても表示することができない図柄を有しないこと。

(ホ) 役物誘導装置及び誘導増加装置以外の役物の作動を容易

にするための特別の装置が設けられていないこと。
(ヘ) 得点増加装置以外の入賞により獲得される遊技メダル等の数を増加させる装置が設けられていないこと。
(ト) 得点増加装置の作動を容易にするための特別の装置が設けられていないこと。
(チ) すべての遊技は、同一の条件の下で開始されること。ただし、次に掲げる遊技については、この限りでないこと。
a 役物誘導装置が設けられている遊技機につき、一回の遊技中に当該役物誘導装置が作動した場合であつて当該遊技中に当該役物誘導装置がその作動を終了しなかつた場合における次回以後の遊技で、当該役物誘導装置がその作動を終了する時までの間行われるもの
b 誘導増加装置が設けられている遊技機につき、一回の遊技中に当該誘導増加装置が作動した場合であつて当該遊技中に当該誘導増加装置がその作動を終了しなかつた場合における次回以後の遊技で、当該誘導増加装置がその作動を終了する時までの間行われるもの
c 得点増加装置が設けられている遊技機につき、一回の遊技中に当該得点増加装置が作動した場合であつて当該遊技中に入賞が得られなかつた場合における次回以後の遊技で、入賞が得られる時までの間行われるもの

(2) 構造に関する規格
イ 発射装置の構造に関する規格は、次のとおりとする。
(イ) 発射装置の数は、一個であること。
(ロ) 発射装置は、遊技者が直接操作する場合のほか、遊技球を発射することができない構造を有するものであること。
ロ 遊技球の構造に関する規格は、次のとおりとする。
(イ) 遊技球には、直径十一㎜の玉を用いること。
(ロ) 遊技球には、五・四g以上五・七g以下の質量の玉を用いること。
ハ 遊技盤の構造に関する規格は、次のとおりとする。
(イ) 遊技盤は、板に入球口及び遊技くぎ、風車その他の遊技球の落下の方向に変化を与えるための装置（以下この表及び次表において「遊技くぎ等」という。）が備えられている構造とすること。
(ロ) 遊技盤の大きさは、一辺が五百㎜である正方形の枠を超えず、かつ、直径が三百㎜である半円を含むことができるものであること。
ニ 入球口及びゲートの構造に関する規格は、次のとおりとする。
(イ) 入球口に入球があつた場合に表示されることとなる入賞図柄と当該入球口との対応関係が明確に表示されているものであること。
(ロ) 役物作動口以外の入球口の数は、入賞図柄の数に満たないものでないこと。
(ハ) 特定入球口の数は、一個を超えるものでないこと。
(ニ) 遊技球を入れることができない入球口を有しないものであること。
(ホ) 入球口の入口の大きさは、十三㎜（役物誘導装置の作動により開き、又は拡大した場合における役物作動口の入口にあつては、九十㎜）を超えるものでないこと。
(ヘ) 遊技球がゲート（入球口内に設けられているゲートを除く。）を通過したときに役物、役物誘導装置、誘導図柄表示装置又は得点増加装置が作動することとなる場合におけ

る当該ゲートの大きさは、十三㎜を超えるものでないこと。
ホ 遊技くぎ等の構造に関する規格は、次のとおりとする。
(イ) 遊技くぎ等の配置は、遊技球の落下を著しく不規則にするものでないこと。
(ロ) 遊技くぎ及び風車は、遊技板におおむね垂直に打ち込まれているものであること。
(ハ) 遊技盤上の遊技球を保留することができる装置を設けないものであること。
ヘ 遊技板の構造に関する規格は、次のとおりとする。
(イ) 遊技板は、ガラス板等と平行であること。
(ロ) 遊技板とガラス板等との距離は、十三㎜を超え、二十五㎜を超えないものであること。
(ハ) 凹凸がないこと。
ト 入賞図柄表示装置の構造に関する規格は、次のとおりとする。
(イ) 入賞図柄表示装置により表示される図柄の数は、十六であること。
(ロ) 入賞図柄表示装置により表示される図柄は、鮮明であり、かつ、遊技者に識別しやすいものであること。
チ 遊技盤の枠は、遊技盤が容易に動揺しないように遊技盤を固定する構造のものであること。
リ ガラス板等の構造に関する規格は、次のとおりとする。
(イ) 遊技盤の全体の構造の見通しを妨げるものでないこと。
(ロ) 遊技盤上の遊技球の位置を確認することができるものであること。
(ハ) 凹凸がないこと。

ヌ 受け皿の構造に関する規格は、次のとおりとする。
(イ) 遊技者が受け皿に受けた遊技メダル等を自由に取り出すことができる構造を有するものであること。
(ロ) 遊技者が受け皿に受けた遊技メダル等の数をおおむね確認することができる構造を有するものであること。
ル 耐久性を有しない装置を設けないものであること。
(3) 材質に関する規格
イ 遊技球の材質に関する規格は、次のとおりとする。
(イ) 鋼製であること。
(ロ) 均一の材質のものを用いること。
ロ 入球口の材質は、硬質プラスチックその他の材料で遊技球の落下その他の衝撃により破損し、又はその形状が変形するものでないこと。
ハ 遊技くぎ等の材質に関する規格は、次のとおりとする。
(イ) 遊技くぎ及び風車の軸の材質は、ビッカース硬度が百五十Hv以上二百三十Hv以下である硬度を有する真ちゅう又はこれと同等の硬度を有する金属で容易にさびず、かつ、折れない性質のものであること。
(ロ) 遊技くぎ等（遊技くぎ及び風車の軸を除く。）の材質は、硬質プラスチックその他の材料で遊技球の落下その他の衝撃により破損し、又はその形状が変形するものでないこと。
ニ 遊技板の材質に関する規格は、次のとおりとする。
(イ) 遊技板の材質は、合板材その他の材料で入球口及び遊技くぎ等を固定することができ、かつ、容易に曲がらない程度の硬度と強度を有するものであること。
(ロ) 遊技板の表面は、滑らかで、均一の材質のものであること。

ホ　遊技盤の枠の材質は、遊技板と同等以上の硬度と強度を有するものであること。

ヘ　ガラス板等の材質は、ガラスその他の材料で透明であり、かつ、遊技球の落下その他の衝撃により破損し、又はその形状が変形するものでないこと。

ト　イからヘまでに掲げるもののほか、遊技機の部品の材質は、温度又は湿度の通常の変化により変質し、又はその形状が変形するものでないこと。

別表第七　じやん球遊技機に係る技術上の規格（第六条関係）

(1)　性能に関する規格

イ　遊技機を作動させるための遊技メダル等の投入に係る遊技機の性能に関する規格は、次のとおりとする。

(イ)　規定数は、一回の遊技につき、遊技球にあつては三枚であり、遊技メダルにあつては十五個であること。

(ロ)　規定数の遊技メダル等の投入ごとに、自動図柄設定装置を有する遊技機にあつては十五個を超えない数の遊技球を、自動図柄設定装置を有しない遊技機にあつては二十五個を超えない数の遊技球を、それぞれ使用して遊技をさせることができるものであること。

(ハ)　規定数の遊技メダル等の投入をした場合においては、その投入をした時から当該遊技メダル等に係る遊技の結果が得られる時までの間は、新たに遊技メダル等の投入をすることができるものでないこと。

ロ　発射装置の性能に関する規格は、次のとおりとする。

(イ)　遊技球を一個ずつ発射することができるものであること。

(ロ)　電気的動力により作動する発射装置を有する遊技機にあつては、遊技球を連続して発射することができるものでないこと。

(ハ)　一分間に百個を超える遊技球を発射することができるものでないこと。

(ニ)　遊技球の試射試験を十時間以上行つた場合において、(イ)、(ロ)及び(ハ)に掲げる性能が不変であるものであること。

(ホ)　遊技球の試射試験を十時間以上行つた場合において、その間、遊技盤上の遊技球の位置を確認し、かつ、調整することができるものであること。

ハ　遊技メダル等の獲得に係る遊技機の性能に関する規格は、次のとおりとする。

(イ)　入賞があつた場合に獲得することができる遊技メダル等の数は、投入をした遊技メダル等の数の十五倍（役物又は得点増加装置が設けられている遊技機に係る入賞にあつては、十倍）を超えるものでないこと。

(ロ)　入賞によらずに遊技メダル等を獲得することができるものでないこと。

(ハ)　遊技球の試射試験を十時間以上行つた場合において、獲得する遊技メダル等の総数が、投入をした遊技メダル等の総数の二分の一を超え、かつ、三分の四に満たないものであること。

(ニ)　遊技球の試射試験を十時間以上行つた場合において、獲得する遊技メダル等の数のうち役物及び得点増加装置の作動によるものの割合が、おおむね七割を超えるものでないこと。

(ホ)　入賞に係る図柄の組合せの種類の数は、十を超え、三十を超えないものであること。

(ヘ) 入賞に係る図柄の組合せの種類ごとに当該組合せの種類に対応して獲得することができることとされる遊技メダル等の数を合計した場合において、その合計数が規定数の五十倍を超え、百五十倍を超えないものであること。

ニ 自動図柄設定装置の性能に関する規格は、次のとおりとする。

(イ) 自動図柄設定装置が設定する図柄の数は、十四であること。

(ロ) 自動図柄設定装置による図柄の設定は、無作為に行われるものであること。

ホ 役物及び開放条件装置の性能に関する規格は、次のとおりとする。

(イ) 遊技者が任意に選択する一の図柄を表示する役物で、遊技球が特別入球口に入つた場合に作動するもの以外の役物を設けないものであること。

(ロ) 特別入球口に遊技球を入れることは、遊技者の技量にかかわらず、容易であり、又は困難であるものでないこと。

(ハ) 特別入球口の入口の開放（特別入球口の入口が開くことをいう。以下この表において同じ。）は、遊技の結果が得られたとき、又は五個を超えない数のうちからあらかじめ定められた一の数の遊技球が入つたときに終了するものであること。

(ニ) 一回の遊技において特別入球口の入口の開放が得られる回数は、一回を超えるものでないこと。

(ホ) 開放条件装置が作動することとなる図柄の組合せの数は、入賞に係る図柄の組合せの数の三分の一を超えるものでないこと。

(ヘ) 開放条件装置は、その作動中に遊技の結果が得られたときは、その作動を終了するものであること。

(ト) 開放条件装置は、役物の作動により表示された図柄が含まれる図柄の組合せが表示されたことにより作動するものでないこと。

ヘ 条件連続装置の性能に関する規格は、次のとおりとする。

(イ) 条件連続装置が作動することとなる図柄の組合せの数は、開放条件装置が作動することとなる図柄の組合せの数の三分の一を超えるものでないこと。

(ロ) 条件連続装置の一回の作動により開放条件装置が連続して作動する回数は、十四回を超えるものでないこと。

(ハ) 条件連続装置は、その作動中における一回の遊技の終了時に入賞に係る図柄の組合せが表示されなかつたときは、その作動を終了するものであること。

(ニ) 条件連続装置は、役物の作動により表示された図柄が含まれる図柄の組合せが表示されたことにより作動するものでないこと。

ト 得点増加装置の性能に関する規格は、次のとおりとする。

(イ) 得点増加装置の数は、三個を超えるものでないこと。

(ロ) 遊技球を入球口に入れ、又はゲートを通過させること（得点増加装置が作動することとなる場合に限る。）は、遊技者の技量にかかわらず、容易であり、又は困難であるものでないこと。

チ 貯留装置の性能に関する規格は、次のとおりとする。

(イ) 記録することができる遊技メダルの数は、五十枚を超えるものでないこと。

(ロ) 記録された遊技メダルの数を表示するものであること。
(ハ) 遊技者が記録された数の遊技メダルを自由に取り出すことができる性能を有するものであること。
リ 遊技メダル数表示装置の性能に関する規格は、次のとおりとする。
(イ) 遊技者が記録された遊技メダルの数を示す信号を自由に送信することができる性能を有するものであること。
(ロ) 遊技者が直接操作する場合のほか、記録された遊技メダルの数を減ずることができないものであること。
(ハ) 記録された遊技メダルの数を示す信号を遊技球等貸出装置接続端子板を介さずに送信することができないものであること。
ヌ イからリまでに掲げるもののほか、次の性能を備えたものであること。
(イ) 遊技の公正を害する調整を行うことができないこと。
(ロ) 入球口への入球によらずに図柄を表示しないこと。
(ハ) 発射されたすべての遊技球は、遊技盤上に設けられた入球口に入ること。また、すべての入球口（特別入球口を除く。）につき、一の入球口への入球は、当該入球口に対応する一の図柄を表示すること。
(ニ) 図柄表示装置は、いずれの入球口（特別入球口を除く。）への入球によつても表示することができない図柄を有しないこと。
(ホ) 条件連続装置以外の役物の作動を容易にするための特別の装置が設けられていないこと。
(ヘ) 得点増加装置以外の入賞により獲得される遊技メダル等の数を増加させる装置が設けられていないこと。
(ト) 得点増加装置の作動を容易にするための特別の装置が設けられていないこと。
(チ) すべての遊技は、同一の条件の下で開始されること。ただし、条件連続装置が設けられている遊技機につき、一回の遊技中に当該条件連続装置が作動した場合であつて当該遊技中に当該条件連続装置がその作動を終了しなかつた場合における次回以後の遊技で、当該条件連続装置がその作動を終了する時までの間行われるものについては、この限りでないこと。
(2) 構造に関する規格
イ 発射装置の構造に関する規格は、次のとおりとする。
(イ) 発射装置の数は、一個であること。
(ロ) 発射装置は、遊技者が直接操作する場合のほか、遊技球を発射することができない構造を有するものであること。
ロ 遊技球の構造に関する規格は、次のとおりとする。
(イ) 遊技球には、直径十一㎜の玉を用いること。
(ロ) 遊技球には、五・四g以上五・七g以下の質量の玉を用いること。
ハ 遊技盤の構造に関する規格は、次のとおりとする。
(イ) 遊技盤は、板に入球口及び遊技くぎ等が備えられている構造とすること。
(ロ) 遊技盤の大きさは、一辺が五百㎜である正方形の枠を超えず、かつ、直径が三百㎜である半円を含むことができるものであること。
ニ 入球口及びゲートの構造に関する規格は、次のとおりとする。
(イ) 入球口に入球があつた場合に表示されることとなる図柄

と当該入球口との対応関係が明確に表示されているものであること。
(ロ) 特別入球口の数は、一個を超えるものでないこと。
(ハ) 遊技球を入れることができない入球口を有しないものであること。
(ニ) 入球口の入口の大きさは、十三㎜（開いた場合における特別入球口の入口にあつては、九十㎜）を超えるものでないこと。
(ホ) 遊技球がゲート（入球口内に設けられているゲートを除く。）を通過したときに特別入球口の入口が開き、又は得点増加装置が作動することとなる場合における当該ゲートの大きさは、十三㎜を超えるものでないこと。
ホ 遊技くぎ等の構造に関する規格は、次のとおりとする。
(イ) 遊技くぎ等の配置は、遊技球の落下を著しく不規則にするものでないこと。
(ロ) 遊技くぎ及び風車は、遊技板におおむね垂直に打ち込まれているものであること。
(ハ) 遊技盤上の遊技球を保留することができる装置を設けないものであること。
ヘ 遊技板の構造に関する規格は、次のとおりとする。
(イ) 遊技板は、ガラス板等と平行であること。
(ロ) 遊技板とガラス板等との距離は、十三㎜を超え、二十五㎜を超えないものであること。
(ハ) 凹凸がないこと。
ト 図柄表示装置により表示される図柄は、鮮明であり、かつ、遊技者に識別しやすいものであること。
チ 遊技盤の枠は、遊技盤が容易に動揺しないように遊技盤を固定する構造のものであること。
リ ガラス板等の構造に関する規格は、次のとおりとする。
(イ) 遊技盤の全体の構造の見通しを妨げるものでないこと。
(ロ) 遊技盤上の遊技球の位置を確認することができるものであること。
(ハ) 凹凸がないこと。
ヌ 受け皿の構造に関する規格は、次のとおりとする。
(イ) 遊技者が受け皿に受けた遊技メダル等を自由に取り出すことができる構造を有するものであること。
(ロ) 遊技者が受け皿に受けた遊技メダル等の数をおおむね確認することができる構造を有するものであること。
ル 耐久性を有しない装置を設けないものであること。
(3) 材質に関する規格
イ 遊技球の材質に関する規格は、次のとおりとする。
(イ) 鋼製であること。
(ロ) 均一の材質のものを用いること。
ロ 入球口の材質は、硬質プラスチックその他の材料で遊技球の落下その他の衝撃により破損し、又はその形状が変形するものでないこと。
ハ 遊技くぎ等の材質に関する規格は、次のとおりとする。
(イ) 遊技くぎ及び風車の軸の材質は、ビッカース硬度が百五十Hv以上二百三十Hv以下である硬度を有する真ちゅう又はこれと同等の硬度を有する金属で容易にさびず、かつ、折れない性質のものであること。
(ロ) 遊技くぎ等（遊技くぎ及び風車の軸を除く。）の材質は、硬質プラスチックその他の材料で遊技球の落下その他の衝撃により破損し、又はその形状が変形するものでないこと。

ニ　遊技板の材質に関する規格は、次のとおりとする。

(イ)　遊技板の材質は、合板材その他の材料で入球口及び遊技くぎ等を固定することができ、かつ、容易に曲がらない程度の硬度と強度を有するものであること。

(ロ)　遊技板の表面は、滑らかで、均一の材質のものであること。

ホ　遊技盤の枠の材質は、遊技板と同等以上の硬度と強度を有するものであること。

ヘ　ガラス板等の材質は、ガラスその他の材料で透明であり、かつ、遊技球の落下その他の衝撃により破損し、又はその形状が変形するものでないこと。

ト　イからヘまでに掲げるもののほか、遊技機の部品の材質は、温度又は湿度の通常の変化により変質し、又はその形状が変形するものでないこと。

別表第八　遊技機の製造設備（第七条関係）

遊技機の種類	製造設備
ぱちんこ遊技機、アレンジボール遊技機又はじやん球遊技機	1　ルーター機、ボール盤その他遊技盤に穴を開ける機械 2　ゲージプレス機、くぎ打ち機その他遊技盤に遊技くぎその他の部品を取り付けるための機械 3　電気ドライバー、エアードライバー、自動圧着機その他遊技機の外枠に部品を取り付ける機械
回胴式遊技機	電気ドライバー、エアードライバー、自動圧着機その他遊技機の枠に部品を取り付ける機械

別表第九　遊技機の検査設備（第七条関係）

遊技機の種類	検査設備
ぱちんこ遊技機、アレンジボール遊技機又はじやん球遊技機	1　ノギス、マイクロメーターその他寸法測定試験を行う器具 2　遊技板に木製の板を用いる場合にあつては湿度試験器その他遊技板の含水率試験を行う機械 3　微少硬度計その他遊技くぎの硬度試験を行う機械 4　電流計、電圧計、オシロスコープその他電気的特性試験を行う機械 5　静電ノイズ試験器その他耐ノイズ試験を行う機械 6　ソフトウェアにより制御される遊技機を製造する場合にあつては、ロム内のプログラムを確認する機械
回胴式遊技機	1　ノギス、マイクロメーターその他寸法測定試験を行う器具 2　電流計、電圧計、オシロスコープその他電気的特性試験を行う機械 3　回胴の回転に係る測定試験を行う機械 4　静電ノイズ試験器その他耐ノイズ試験を行う機械 5　ソフトウェアにより制御される遊技機を製造する場合にあつては、ロム内のプログラムを確認する機械

○風俗営業等の規制及び業務の適正化等に関する法律第二十条第五項に規定する指定試験機関を指定する規則

（平成一六・一・三〇
国家公安委員会規則二）

改正　平成一八・三・二四　国家公安委員会規則　八
平成二四・四・二　国家公安委員会規則　三
平成二五・二・四　国家公安委員会規則　二
平成二五・一一・一　国家公安委員会規則一三

風俗営業等の規制及び業務の適正化等に関する法律第二十条第五項に規定する指定試験機関として次のとおり指定する。

指定試験機関の名称及び住所	同項に規定する試験事務を行う事務所の名称及び所在地
一般財団法人保安通信協会 東京都墨田区太平四丁目一番三号	一般財団法人保安通信協会 東京都墨田区太平四丁目一番三号

附　則

この規則は、平成十六年七月一日から施行する。

附　則〔平成一八・三・二四国家公安委員会規則八〕

この規則は、平成十八年四月一日から施行する。

附　則〔平成二四・四・二国家公安委員会規則三〕

この規則は、公布の日から施行する。

附　則〔平成二五・二・四国家公安委員会規則二〕

この規則は、公布の日から施行する。

附　則〔平成二五・一一・一国家公安委員会規則一三〕

この規則は、公布の日から施行する。

○少年指導委員規則

（昭和六〇・一・一一　国家公安委員会規則二）

改正　平成一〇・一〇・二〇　国家公安委員会規則一四
平成一四・三・二六　国家公安委員会規則三
平成一八・四・二四　国家公安委員会規則一五
平成二七・一一・一三　国家公安委員会規則二〇

（心構え）
第一条　少年指導委員は、少年の人格を尊重し、かつ、少年の健全な育成を期する精神をもつて、その職務を遂行しなければならない。
2　少年指導委員は、常に、人格識見の向上と職務の遂行に必要な知識及び技術の修得に努めなければならない。

（委嘱）
第二条　都道府県公安委員会（以下「公安委員会」という。）は、風俗営業等の規制及び業務の適正化等に関する法律（以下「法」という。）第三十八条第一項の規定により少年指導委員を委嘱する場合には、あらかじめ活動区域を定め、その活動区域ごとに行うものとする。
2　公安委員会は、少年指導委員を委嘱したときは、当該少年指導委員の氏名及び連絡先を関係住民に周知させるよう、適当な措置を採らなければならない。

（任期）
第三条　少年指導委員の任期は、二年とし、再任することを妨げない。少年指導委員が欠けた場合における補欠の少年指導委員の任期は、前任者の残任期間とする。

（法第三十八条第二項第五号の国家公安委員会規則で定める活動）
第四条　法第三十八条第二項第五号の国家公安委員会規則で定める活動は、次に掲げるものとする。
一　少年の健全な育成に係る事項に関し、少年又は少年の保護者（親権を行う者、後見人その他の者で、少年を現に監護するものをいう。）からの相談に応じ、これらの者に対し、助言及び指導その他の援助を行う活動
二　少年の健全な育成に障害を及ぼす行為を防止し、又は少年の健全な育成に資する事項について広報及び啓発をする活動

（活動上の注意）
第五条　少年指導委員は、その活動を行うに当たつては、関係者の正当な権利及び自由を害することのないように留意しなければならない。

（風俗環境浄化協会の協力）
第六条　少年指導委員は、その活動を行うに当たつては、都道府県風俗環境浄化協会の協力を求めることができる。

（研修）
第七条　法第三十八条第五項の研修（以下「少年指導委員研修」という。）の種別は、定期研修及び委嘱時研修とする。
2　定期研修はすべての少年指導委員を対象におおむね一年ごとに一回、委嘱時研修は新たに委嘱された少年指導委員を対象に委嘱後速やかに、それぞれ行うものとする。
3　少年指導委員研修は、次の表の上欄に掲げる少年指導委員研修の種別の区分に従い、それぞれ同表の中欄に定める研修事項につ

いて、同表の下欄に定める研修時間行うものとする。

少年指導委員研修の種別	研修事項	研修時間
定期研修	一　少年非行及び風俗環境の状況に関すること。 二　法第三十八条第二項各号に掲げる職務を遂行するために必要な知識及び技能に関すること。 三　法第三十八条の二第一項の規定による立入りを適正に実施するために必要な知識及び技能に関すること。	四時間以上五時間以下
委嘱時研修	一　定期研修の項中研修事項の欄に定める研修事項（次号に定めるものを除く。） 二　法第三十八条第二項各号に掲げる職務を遂行し、又は法第三十八条の二第一項の規定による立入りを実施するために必要な法令の知識に関すること。	五時間以上七時間以下

（解嘱）

第八条　公安委員会は、法第三十八条第六項の規定により少年指導委員を解嘱しようとするときは、当該少年指導委員に対し、あらかじめ、その理由を通知して、弁明の機会を与えなければならない。ただし、当該少年指導委員の所在が不明であるため通知をすることができないときは、この限りでない。

（立入り）

第九条　法第三十八条の二第二項の規定による指示は、次に掲げる事項を示して行うものとする。

一　立入りを実施すべき場所に係る次に掲げる事項

イ　法第三十七条第二項各号に掲げる場所のいずれであるかの別

ロ　立入りを実施すべき地域

二　立入りを実施すべき期日又は期間

三　立入りを実施するに当たつての留意事項

2　法第三十八条の二第三項の規定による報告は、次に掲げる事項について行うものとする。

一　立入りを実施した場所に係る次の事項

イ　法第三十七条第二項各号に掲げる場所のいずれであるかの別

ロ　立入りを実施した営業所の名称及び所在地（法第二条第七項第一号の営業にあつては、当該営業につき広告又は宣伝をする場合に当該営業を示すものとして使用する呼称（当該呼称が二以上ある場合にあつては、それら全部の呼称）及び事務所、受付所又は待機所の所在地）

二　立入りを実施した日時

三　立入りを実施した結果

四　その他参考となるべき事項

3　法第三十八条の二第四項に規定する証明書の様式は、別記様式のとおりとする。

附　則

この規則は、風俗営業等取締法の一部を改正する法律（昭和五十九年法律第七十六号）の施行の日（昭和六十年二月十三日）から施行する。

附　則〔平成一〇・一〇・二〇国家公安委員会規則一四〕

（施行期日）

1　この規則は、風俗営業等の規制及び業務の適正化等に関する法律の一部を改正する法律の施行の日（平成十一年四月一日）から施行する。〔以下略〕

附　則〔平成一四・三・二六国家公安委員会規則三抄〕

（施行期日）

1　この規則は、風俗営業等の規制及び業務の適正化等に関する法律の一部を改正する法律（平成十三年法律第五十二号。以下「改正法」という。）の施行の日（平成十四年四月一日）から施行する。〔以下略〕

附　則〔平成一八・四・二四国家公安委員会規則一五〕

この規則は、風俗営業等の規制及び業務の適正化等に関する法律の一部を改正する法律（平成十七年法律第百十九号）の施行の日（平成十八年五月一日）から施行する。

附　則〔平成二七・一一・一三国家公安委員会規則二〇〕

（施行期日）

1　この規則は、風俗営業等の規制及び業務の適正化等に関する法律の一部を改正する法律の施行の日（平成二十八年六月二十三日）から施行する。

（経過措置）

2　この規則による改正前の風俗営業等の規制及び業務の適正化等に関する法律施行規則及び少年指導委員規則に規定する様式による書面については、この規則による改正後の風俗営業等の規制及び業務の適正化等に関する法律施行規則及び少年指導委員規則に規定する様式にかかわらず、当分の間、なおこれを使用することができる。

別記様式（第9条関係）

（表）

（裏）

風俗営業等の規制及び業務の適正化等に関する法律（抜粋）

第38条の2　公安委員会は、少年の健全な育成に障害を及ぼす行為を防止するため必要があると認めるときは、この法律の施行に必要な限度において、少年指導委員に、第37条第2項各号に掲げる場所に立ち入らせることができる。ただし、同項第1号、第2号又は第4号から第7号までに掲げる営業所に設けられている個室その他これに類する施設で客が在室するものについては、この限りでない。

2・3　略

4　第1項の規定による立入りをする少年指導委員は、その身分を示す証明書を携帯し、関係者に提示しなければならない。

5　第1項の規定による権限は、犯罪捜査のために認められたものと解してはならない。

第53条　次の各号のいずれかに該当する者は、100万円以下の罰金に処する。

一～六　略

七　第37条第2項又は第38条の2第1項の規定による立入りを拒み、妨げ、又は忌避した者

備考　1　表側の色彩は、緑を淡緑色、文字を黒色、地を白色とする。

2　図示の長さの単位は、センチメートルとする。

○風俗環境浄化協会等に関する規則

（昭和六〇・一・一一
国家公安委員会規則三）

改正
平成一〇・一〇・二〇　国家公安委員会規則一四
平成一一・三・三一　国家公安委員会規則七
平成一三・三・三〇　国家公安委員会規則七
平成一七・三・四　国家公安委員会規則二
平成二〇・八・一　国家公安委員会規則一六
平成二〇・八・一　国家公安委員会規則一七
平成二七・六・二四　国家公安委員会規則一三

（都道府県風俗環境浄化協会の指定の申請の手続）

第一条　風俗営業等の規制及び業務の適正化等に関する法律（以下「法」という。）第三十九条第一項の規定により都道府県風俗環境浄化協会（以下「都道府県協会」という。）の指定を受けようとする法人は、次に掲げる事項を記載した申請書を都道府県公安委員会（以下「公安委員会」という。）に提出しなければならない。

一　名称及び住所並びに代表者の氏名
二　事務所の所在地
三　資産の総額

2　前項の申請書には、次に掲げる書類を添付しなければならない。

一　定款
二　登記事項証明書
三　役員の氏名、住所及び略歴を記載した書面
四　法第三十九条第二項各号に掲げる事業の実施に関する基本的な計画を記載した書面
五　資産の種類及びこれを証する書面

（指定の基準）

第一条の二　法第三十九条第一項の規定による指定の基準は、次に掲げるとおりとする。

一　法第三十九条第二項各号に掲げる事業（以下この条において「都道府県協会の事業」という。）の実施に関し、適切な計画が定められていること。
二　都道府県協会の事業を適正かつ確実に行うため必要な経理的基礎を有すること。
三　都道府県協会の事業以外の事業を行つているときは、当該事業を行うことにより都道府県協会の事業が不公正になるおそれがないこと。

（名称等の公示）

第二条　公安委員会は、法第三十九条第一項の規定による指定を行つたときは、当該法人の名称及び事務所の所在地を公示しなければならない。

（名称等の変更）

第三条　法第三十九条第一項の規定による指定を受けた法人は、その名称又は事務所の所在地を変更しようとするときは、あらかじめその旨を公安委員会に届け出なければならない。

2　公安委員会は、前項の届出があつたときは、その旨を公示しなければならない。

（調査員）

第四条　都道府県協会は、次の各号のいずれかに該当する者を法第三十九条第二項第六号又は第七号の規定による調査の業務（以下

「調査業務」という。）に従事させてはならない。
一　未成年者
二　法第四条第一項第一号から第七号の二までのいずれかに該当する者
2　都道府県協会は、調査業務に従事する者（以下「調査員」という。）に対し、別記様式第一号の身分証明書を交付しなければならない。
3　調査員は、調査業務に従事するに当たつては、前項の身分証明書を携帯し、関係者の請求があつたときは、これを提示しなければならない。

（公安委員会への報告等）

第五条　都道府県協会は、毎事業年度開始前に、事業計画書及び収支予算書を公安委員会に提出しなければならない。
2　都道府県協会は、毎事業年度終了後三月以内に、事業報告書及び収支決算書を公安委員会に提出しなければならない。
3　公安委員会は、都道府県協会の事業の適正な運営を図るため必要があると認めるときは、都道府県協会に対し、その事業に関し報告又は資料の提出を求めることができる。

（解任の勧告）

第六条　公安委員会は、調査員が第四条第一項第二号に掲げる者に該当すると認めるとき、又は都道府県協会の役員若しくは調査員がその職務に関し不正な行為をした場合において、著しく都道府県協会の事業の運営に支障が生ずると認めるときは、都道府県協会に対し、当該役員又は調査員の解任を勧告することができる。

（指定の取消しの公示）

第七条　公安委員会は、法第三十九条第四項の規定により都道府県協会の指定を取り消したときは、速やかにその旨を公示しなければならない。

（全国風俗環境浄化協会への準用規定）

第八条　第一条及び第一条の二の規定は法第四十条第一項の規定により全国風俗環境浄化協会（以下この条及び次条において「全国協会」という。）の指定を受けようとする法人について、第二条の規定は同項の規定による指定を行つた場合について、第三条の規定は同項の規定による指定を受けた法人について、前三条の規定は全国協会について準用する。この場合において、第一条第一項中「都道府県公安委員会（以下「公安委員会」という。）」とあるのは「国家公安委員会」と、同条第二項第四号中「法第三十九条第二項各号に掲げる」とあるのは「法第四十条第二項各号に掲げる」と、第一条の二中「法第三十九条第一項」とあるのは「法第四十条第一項」と、同条第一号中「法第三十九条第二項各号に掲げる」とあるのは「法第四十条第二項各号に掲げる」と、第二条、第三条、第五条及び第六条中「公安委員会」とあるのは「国家公安委員会」と、前条中「公安委員会」とあるのは「国家公安委員会」と、「法第三十九条第四項」とあるのは「法第四十条第三項において読み替えて準用する法第三十九条第四項」と読み替えるものとする。

（風俗環境浄化協力団体）

第九条　都道府県協会又は全国協会との合意に基づいてこれらと協力して善良の風俗の保持及び風俗環境の浄化並びに少年の健全な育成を図ることを目的とする団体（以下この条において「風俗環境浄化協力団体」という。）であつて、第四項の規定による措置を受けようとするもの（法第四十四条に規定する団体を除く。）は、その目的とする事業が二以上の都道府県の区域において行われる場合は、次に掲げる事項を記載した届出書を国家公安委員会に提出することができる。
一　名称及び事務所の所在地並びに代表者の氏名及び住所
二　目的及び事業
三　団体を組織する者の氏名及び住所（その者が団体である場合にあつては、当該団体の名称及び事務所の所在地並びに代表者の氏名及び住所）
2　前項の届出書には、次に掲げる書類を添付するものとする。
一　法人である場合には、定款、登記事項証明書並びに役員の氏名、住所及び略歴を記載した書面
二　事業の実施に関する基本的な計画を記載した書面
三　前項の全国協会との合意に関する書面
3　第一項の規定による届出をした風俗環境浄化協力団体は、同項各号に掲げる事項に変更があつたとき又は当該届出に係る事業を廃止したときは、遅滞なく、その旨を国家公安委員会に届け出なければならない。
4　国家公安委員会又は公安委員会は、第一項の規定による届出をした風俗環境浄化協力団体に対し、その事業に関し必要な助言、指導その他の措置を講ずることができる。
5　都道府県協会又は全国協会は、法第三十九条第二項第二号又は第四十条第二項第二号に掲げる事業の実施のため必要があると認めるときは、風俗環境浄化協力団体に協力を求めることができる。
6　風俗環境浄化協力団体は、必要があると認めるときは、都道府県協会に対して、当該団体を対象とする法第三十九条第二項第四号に掲げる事業を行うことを求めることができる。

（電磁的記録媒体による手続）
第一〇条　次の各号に掲げる書類の当該各号に定める規定による提出については、当該書類の提出に代えて当該書類に記載すべきこととされている事項を記録した電磁的記録媒体（電磁的記録（電子的方式、磁気的方式その他人の知覚によつては認識することができない方式で作られる記録であつて、電子計算機による情報処理の用に供されるものをいう。）に係る記録媒体をいう。）及び別記様式第二号の電磁的記録媒体提出票を提出することにより行うことができる。
一　申請書　第八条において準用する第一条第一項
二　届出書　前条第一項
三　定款　第八条において準用する第一条第二項又は前条第二項
四　役員の氏名、住所及び略歴を記載した書面　第八条において準用する第一条第二項又は前条第二項
五　事業の実施に関する基本的な計画を記載した書面　第八条において準用する第一条第二項又は前条第二項
六　資産の種類を記載した書面　第八条において準用する第一条第二項
七　事業計画書及び収支予算書　第八条において準用する第五条第一項
八　事業報告書及び収支決算書　第八条において準用する第五条第二項

附　則

この規則は、風俗営業等取締法の一部を改正する法律（昭和五十九年法律第七十六号）の施行の日（昭和六十年二月十三日）から施行する。

附　則〔平成一〇・一〇・二〇国家公安委員会規則一四抄〕

（施行期日）
1　この規則は、風俗営業等の規制及び業務の適正化等に関する法

律の一部を改正する法律の施行の日（平成十一年四月一日）から施行する。（以下略）

附　則（平成一一・三・三一国家公安委員会規則七）

この規則は、公布の日から施行する。

附　則（平成一三・三・三〇国家公安委員会規則七抄）

（施行期日）

1　この規則は、商法等の一部を改正する法律の施行に伴う関係法律の整備に関する法律の施行の日（平成十三年四月一日）から施行する。

附　則（平成一七・三・四国家公安委員会規則二）

この規則は、不動産登記法の施行の日（平成十七年三月七日）から施行する。

附　則（平成二〇・八・一国家公安委員会規則一六）

この規則は、一般社団法人及び一般財団法人に関する法律の施行の日（平成二十年十二月一日）から施行する。

附　則（平成二〇・八・一国家公安委員会規則一七）

この規則は、公布の日から施行する。

附　則（平成二七・六・二四国家公安委員会規則一三抄）

（施行期日）

1　この規則は、公布の日から施行する。

（経過措置）

2　この規則による改正前の風俗環境浄化協会に関する規則に規定する様式による書面については、この規則による改正後の風俗環境浄化協会等に関する規則に規定する様式にかかわらず、当分の間、なおこれを使用することができる。

別記様式第1号（第4条関係）

（表）

第　　号

身　分　証　明　書

写　真

氏　名

生年月日

上記の者は、風俗営業等の規制及び業務の適正化等に関する法律第39条第2項第6号又は第7号の規定による調査の業務に従事する者であることを証明する。

年　月　日

風俗環境浄化協会　印

（裏）

風俗環境浄化協会等に関する規則（抜粋）

第4条　略

2　略

3　調査員は、調査業務に従事するに当たっては、前項の身分証明書を携帯し、関係者の請求があったときは、これを提示しなければならない。

備考

用紙の大きさは、日本工業規格B8とすること。

別記様式第２号（第10条関係）

電磁的記録媒体提出票

風俗環境浄化協会等に関する規則第８条において準用する第１条第１項／第８条において準用する第１条第２項／第８条において準用する第５条第１項／第８条において準用する第５条第２項／第９条第１項／第９条第２項の規定により提出することとされている事項を記録した電磁的記録媒体を以下のとおり提出します。

本票に添付されている電磁的記録媒体に記録された事項は、事実に相違ありません。

年　月　日

国家公安委員会　殿

提出者の名称及び事務所の所在地

1　電磁的記録媒体に記録された事項

2　電磁的記録媒体と併せて提出される書類

備考

1　「電磁的記録媒体に記録された事項」の欄には、電磁的記録媒体に記録されている事項を記載するとともに、２以上の電磁的記録媒体を提出するときは、電磁的記録媒体ごとに整理番号を付し、その番号ごとに記録されている事項を記載すること。

2　「電磁的記録媒体と併せて提出される書類」の欄には、本票に添付されている電磁的記録媒体に記録されている事項以外の事項を記載した書類を併せて提供する場合にあつては、その書類名を記載すること。

3　不要の文字は、横線で消すこと。

4　該当事項がない欄は、省略すること。

5　用紙の大きさは、日本工業規格Ａ４とすること。

○遊技料金の基準

（昭和六〇・二・一二　国家公安委員会告示一）

改正　平成一八・四・二四　国家公安委員会告示一〇
　　　平成二七・一一・一三　国家公安委員会告示四〇

第一条　風俗営業等の規制及び業務の適正化等に関する法律施行規則（以下「規則」という。）第三十六条第一項第二号ホの規定により国家公安委員会が定める金額は、次の各号に掲げる遊技機の区分に応じ、それぞれ当該各号に定める金額とする。

一　スマートボール遊技機　次に掲げる遊技機の区分に応じ、それぞれ次に定める金額

イ　玉を使用する遊技機　玉一個につき四円

ロ　メダルを使用する遊技機　メダル一枚につき七十円

二　メダルを投入して作動させ、かつ、遊技の結果が獲得したメダルの数により表示される遊技機で、遊技の方法として玉を用いるもの（前号ロに掲げる遊技機並びにアレンジボール遊技機及びじやん球遊技機を除く。）　メダル一枚につき七十円

三　メダルを投入して作動させ、かつ、遊技の結果が獲得したメダルの数により表示される遊技機で、遊技の方法として玉を用いないもの（回胴式遊技機を除く。）　メダル一枚につき二十円

第二条　規則第三十六条第一項第三号の規定により国家公安委員会が定める金額は、遊技の機会一回につき七十円とする。

附　則

この告示は、風俗営業等取締法の一部を改正する法律（昭和五十

行する。

九年法律第七十六号）の施行の日（昭和六十年二月十三日）から施行する。

前　文〔抄〕〔平成一八・四・二四国家公安委員会告示一〇〕

平成十八年五月一日から施行する。

附　則〔平成二七・一一・一三国家公安委員会告示四〇〕

この告示は、風俗営業等の規制及び業務の適正化等に関する法律の一部を改正する法律の施行に伴う関係国家公安委員会の整備に関する規則の施行の日（平成二十八年六月二十三日）から施行する。

○十八歳未満の者が店舗型性風俗特殊営業の営業所等に立ち入ってはならない旨を表示するものとして国家公安委員会が定める標示

（平成一八・四・二四国家公安委員会告示一二）

改正　平成二七・一一・一三　国家公安委員会告示四〇

風俗営業等の規制及び業務の適正化等に関する法律施行規則（昭和六十年国家公安委員会規則第一号）第四十七条第二項（第五十七条第一項及び第六十八条第一項において準用する場合を含む。）の規定に基づき、十八歳未満の者が店舗型性風俗特殊営業若しくは店舗型電話異性紹介営業の営業所又は無店舗型性風俗特殊営業の受付所に立ち入ってはならない旨を表示するものとして国家公安委員会が定める標示は、次のとおりとする。

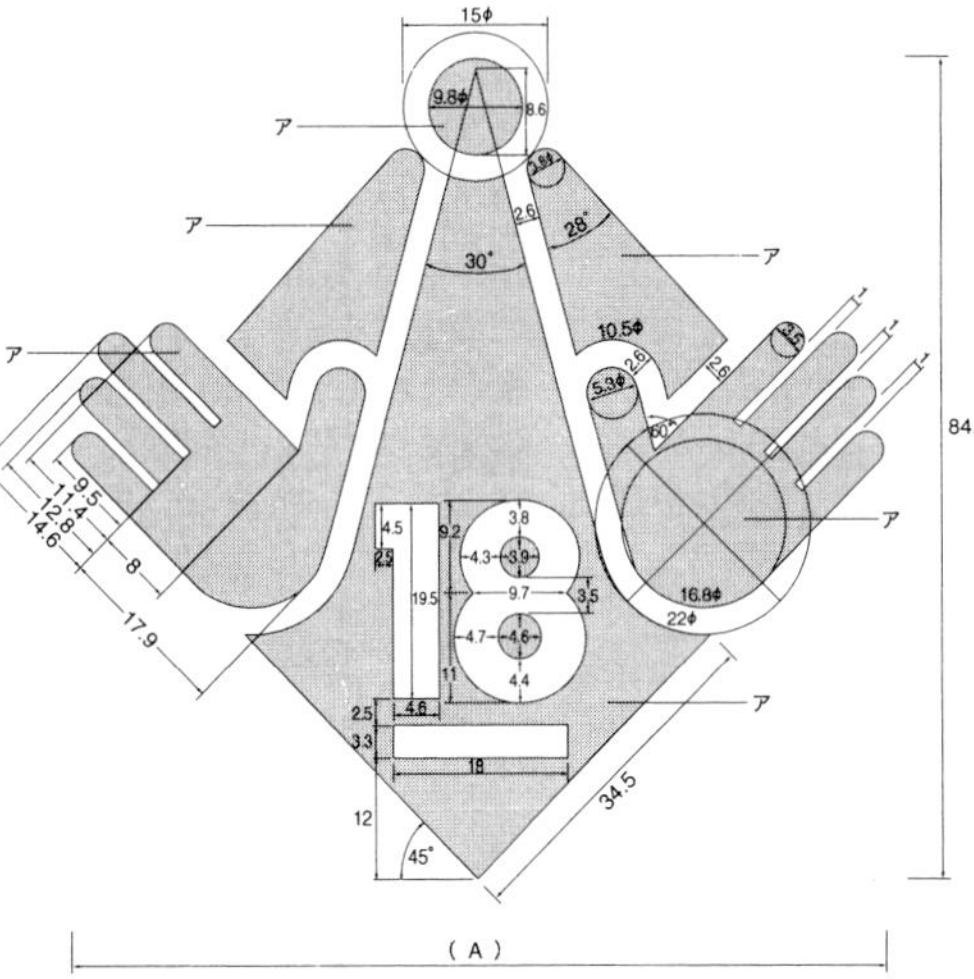

備考　1　アの部分の色彩は同色で背景の色彩と対照的なものとし、「１８」及び下線の部分の色彩は同色でアの部分の色彩と対照的なものとすること。
2　上図は、（A）を８４ミリメートルとしたときの寸法比率である。

附　則

1　この告示は、風俗営業等の規制及び業務の適正化等に関する法律の一部を改正する法律（平成十七年法律第百十九号）の施行の日（平成十八年五月一日）から施行する。

2　平成十一年国家公安委員会告示第四号は、廃止する。

附　則〔平成二七・一一・一三国家公安委員会告示四〇〕

この告示は、風俗営業等の規制及び業務の適正化等に関する法律の一部を改正する法律の施行に伴う関係国家公安委員会の整備に関する規則の施行の日（平成二十八年六月二十三日）から施行する。

○全国風俗環境浄化協会として法人を指定した件

（昭和六〇・二・一三 国家公安委員会告示二）

改正　平成二三・一一・　四　国家公安委員会告示二八
　　　平成二四・　一・三一　国家公安委員会告示　四

風俗営業等の規制及び業務の適正化等に関する法律（昭和二十三年法律第百二十二号）第四十条第一項の規定により全国風俗環境浄化協会として次の法人を指定したので、風俗環境浄化協会に関する規則（現・風俗環境浄化協会等に関する規則（平二七・六・二四国家公安委員会規則一三により題名改正））（昭和六十年国家公安委員会規則第三号）第八条において準用する同規則第二条の規定に基づき、次のとおり告示する。

一　名称　公益財団法人全国防犯協会連合会
二　事務所の所在地　東京都文京区本郷三丁目三十八番一号

○風俗営業等の規制及び業務の適正化等に関する法律等の解釈運用基準

（平成三〇・一・三〇
警察庁生活安全局）

風俗営業等の規制及び業務の適正化等に関する法律（昭和二十三年法律第百二十二号。以下「法」という。）、風俗営業等の規制及び業務の適正化等に関する法律施行令（昭和五十九年政令第三百十九号。以下「令」という。）、風俗営業等の規制及び業務の適正化等に関する法律に基づく許可申請書の添付書類等に関する内閣府令（昭和六十年総理府令第一号。以下「府令」という。）、風俗営業等の規制及び業務の適正化等に関する法律施行規則（昭和六十年国家公安委員会規則第一号。以下「施行規則」という。）、少年指導委員規則（昭和六十年国家公安委員会規則第二号）、遊技機の認定及び型式の検定等に関する規則（昭和六十年国家公安委員会規則第四号。以下「遊技機規則」という。）等について必要な解釈及び運用の基準は、次のとおりとする。

目次

第十八　性風俗関連特殊営業の届出について（法第二十七条、第三十一条の二、第三十一条の七、第三十一条の十二及び第三十一条の十七関係）

第十九　店舗型性風俗特殊営業の規制について（法第二十七条の二及び第二十八条関係）

第二十　無店舗型性風俗特殊営業の規制について（法第三十一条の二の二、第三十一条の三及び第三十一条の四第二項関係）

第二十一　映像送信型性風俗特殊営業の規制について（法第三十一条の八第一項から第四項まで関係）

第二十二　店舗型電話異性紹介営業の規制について（法第三十一条の十三関係）

第二十三　無店舗型電話異性紹介営業の規制について（法第三十一条の十八及び第三十一条の十九第二項関係）

第二十四　特定遊興飲食店営業の許可について（法第三十一条の二十二及び第三十一条の二十三関係）

第二十五　特定遊興飲食店営業に係る相続並びに法人の合併及び分割について（法第三十一条の二十三関係）

第二十六　特例特定遊興飲食店営業者の認定について（法第三十一条の二十三関係）

第二十七　特定遊興飲食店営業の規制について（法第三十一条の二十二、第三十一条の二十三、第三十一条の二十四及び第三十一条の二十五関係）

第二十八　深夜における飲食店営業の規制等について（法第三十二条関係）

第二十九　深夜における酒類提供飲食店営業の規制について（法第三十三条関係）

第三十　接客業務受託営業に対する規制について（法第三十五条の三関係）

第三十一　指示について（法第二十五条、第二十九条、第三十一条の四第一項、第三十一条の六第二項第一号、第三十一条の九第一項、第三十一条の十一第二項第一号、第三十一条の十四、第三十一条の十九第一項、第三十一条の二十一第二項第一号、第三十一条の二十四、第三十四条第一項並びに第三十五条の四第一項及び第四項第一号関係）

第三十二　営業の停止等について（法第八条、第二十六条、第三十条、第三十一条の五、第三十一条の六第二項第二号及び第三号、第三十一条の十五、第三十一条の二十、第三十一条の二十一第二項第二号、第三十一条の二十五、第三十四条第二項、第三十五条、第三十五条の二、第三十五条の四第二項及び第四項第二号並びに第四十一条の二関係）

第三十三　年少者の利用防止のための命令について（法第三十一条の十及び第三十一条の十一第二項第二号関係）

第三十四　自動公衆送信装置設置者の努力義務について（法第三十一条の八第五項並びに第三十一条の九第二項及び第三項関係）

第三十五　従業者名簿について（法第三十六条及び第三十六条の二関係）

第三十六　報告及び立入りについて（法第三十七条関係）

第三十七　少年指導委員について（法第三十八条、第三十八条の二及び第三十八条の三関係）

第三十八　都道府県風俗環境浄化協会について（法第三十九条関係）

第三十九　風俗営業者及び特定遊興飲食店営業者の団体について

（法第四十四条関係）

第一　法の目的について（法第一条関係）

1　趣旨

法第一条は、善良の風俗と清浄な風俗環境の保持及び少年の健全な育成に障害を及ぼす行為の防止が法の目的であることを明らかにするとともに、風俗営業は業務の適正化を通じてその健全化を図るべき営業であることを明確にし、風俗営業が適正に営まれている場合でも取締りの対象であるかのような誤解を与えることのないようにしたものである。

2　善良の風俗の保持

「善良の風俗」の「保持」とは、国民の健全な道義観念により人の欲望を基盤とする風俗生活関係を善良の状態に保持することである。

3　清浄な風俗環境の保持

「清浄な風俗環境」の「保持」とは、様々な風俗生活関係から形成される地域の風俗環境その他社会の風俗環境を清浄な状態に保持することである。

4　少年の健全な育成に障害を及ぼす行為の防止

「少年の健全な育成に障害を及ぼす行為」の「防止」とは、発展途上にある少年の心身に有害な影響を与え、その健全な成長を阻害する効果をもたらす行為を防止することである。

第二　低照度飲食店営業の照度の測定方法等について（法第二条第一項第二号関係）

1　「客室」の意義

施行規則第二条の「客室」とは、客に飲食をさせ、又は客に遊興をさせるために客に利用させる場所を指す。例えば、調理場、バーカウンターの内側の客が位置しない部分、洗面所、和風の営業所における床の間・押入れ・廊下、ショーや歌舞音曲を実演するためのステージで客が位置しないもの等は、ここにいう客室には含まれない。

2　施行規則第二条第一号に掲げる客室

施行規則第二条第一号に掲げる客室については、客席及び客に遊興をさせるための部分の双方において、照度を測定することとなる。いずれかの測定場所の照度を十ルクス以下とする場合には、低照度飲食店営業に該当することとなる。

なお、例えば営業所内に甲の間、乙の間及び丙の間があり、甲の間では客席を設けずに客室の全体で客に遊興をさせ、乙の間では客席のみで客に遊興をさせ、丙の間では客に飲食のみをさせ遊興をさせないような場合、甲の間は施行規則第二条第一号に掲げる客室に該当し、乙の間及び丙の間は同条第二号に掲げる客室に該当することとなる。

3　施行規則第二条第二号に掲げる客室

施行規則第二条第二号に掲げる客室については、客席のみにおいて照度を測定することとなる。

(1)　客席のみにおいて客に遊興をさせるための客室については、個々の営業時間のいずれかにおいて、半分以上の時間にわたって、いずれかの測定場所の照度を十ルクス以下とする場合には、低照度飲食店営業に該当することとなる。

(2)　上〔前〕記(1)の客室以外の客室については、いずれかの測定場所の照度を十ルクス以下とする場合には、低照度飲食店営業に該当することとなる。

第三　ゲームセンター等の定義について（法第二条第一項第五号関係）

1　趣旨

本号は、ゲーム機賭博事犯や少年非行の温床となるおそれのあるゲームセンター等を風俗営業とすることにより、その健全化と業務の適正化を図ることとするものである。

2　遊技設備

本号は、「スロットマシン、テレビゲーム機その他の遊技設備で本来の用途以外の用途として射幸心をそそるおそれのある遊技に用いることができるもの（国家公安委員会規則で定めるものに限る。）」を設置して客に遊技させる営業を対象とする。具体的な遊技設備は、施行規則第三条に定められている。スロットマシン、テレビゲーム機等で遊技の結果が定量的に表れるもの又は遊技の結果が勝負として表れるものや、ルーレット台やトランプ台等賭博に用いられる可能性がある遊技設備は対象となるが、占い機で盤面にインプットすべき内容を指示する程度にとどまるもの等これら以外の遊技設備は、対象から除外される。また、遊技の結果が定量的に表れ、又は遊技の結果が勝負として表れる遊技設備であっても、単に人の物理的力を表示するもの等については、「射幸心をそそる遊技の用に供されないことが明らかなもの」として対象から除外することとしているが、この規定は通常のインベーダーゲーム機等を対象から除外するという趣旨ではない。

なお、

①　実物に類似する運転席や操縦席が設けられていて「ドライブゲーム」、「飛行機操縦ゲーム」その他これに類する疑似体験を行わせるゲーム機（戦闘により倒した敵の数を競うもの等、運転や操縦以外の結果が数字等により表示されるものを除く。）

②　機械式等のモグラ叩き機

については、当面、賭博、少年のたまり場等の問題が生じないかどうかを見守ることとし、規制の対象としない扱いとする。

(1)　スロットマシンその他遊技の結果がメダルその他これに類する物の数量により表示される構造を有する遊技設備（施行規則第三条第一号）

スロットマシンのほか、ぱちんこ遊技機又は回胴式遊技機に類するもの等メダル、遊技球等の数量により遊技の結果が表示される遊技設備をいう。

なお、法第二条第一項第四号の営業に用いられる遊技機を設置して営業する場合には、同号の営業の許可を要することとなるので、同号の営業に用いられる遊技機を設置している場合には、当該遊技機を撤去するか同号の営業に用いられる遊技機以外の遊技機に改めることによって営業させること。

(2)　テレビゲーム機（勝敗を争うことを目的とする遊技をさせる機能を有するもの又は遊技の結果が数字、文字その他の記号によりブラウン管、液晶等の表示装置上に表示される機能を有するものに限るものとし、射幸心をそそるおそれがある遊技の用に供されないことが明らかであるものを除く。）（施行規則第三条第二号）

ブラウン管、液晶等の表示装置に遊技内容が表示される遊技設備で、人間と人間若しくは機械との間で勝敗を争うもの又は数字、文字その他の記号が表示されることにより、遊技の結果が表され、優劣を争うことができるものをいう。

前者の例としては対戦型麻雀ゲームが、後者の例としてはインベーダーゲームが挙げられる。

(3)　フリッパーゲーム機（施行規則第三条第三号）

いわゆるピンボールゲームをいう。

(4)　前三号に掲げるもののほか、遊技の結果が数字、文字その他の記号又は物品により表示される遊技の用に供する遊技設備（人の身体の力を表示する遊技の用に供するものその他射幸心をそそるおそれがある遊技の用に供されないことが明らかであるものを除く。）（施行規則第三条第四号）

遊技の結果が数字等で表示される遊技設備のうち、遊技の結果を数字等で表示し、その結果により優劣を争うもので、(1)から(3)までに掲げるものを除いたものをいう。

このうち、人の身体の力を表示する遊技の用に供するものとは、投げた球のスピードを計測するもの、パンチの強さを計測するもの等、人の身体の能力を計測するものをいう。

また、射幸心をそそるおそれのある遊技の用に供されないことが明らかであるものとは、同一の条件の下に繰り返し遊技したとしても結果に変わりがない遊技設備をいい、生年月日、血液型、自己の性格等を入力して遊技する占い機がこれに該当する。

(5)　ルーレット台、トランプ及びトランプ台その他ルーレット遊技又はトランプ遊技に類する遊技の用に供する遊技設備（施行規則第三条第五号）

ルーレット遊技又はトランプ遊技の用に供する遊技設備のほか、賭博に用いられる可能性がある花札、サイコロ等を使用して遊技をさせ、優劣を争わせるための遊技設備であって、(1)から(4)までに掲げるもの以外のものをいう。

3　店舗その他これに類する区画された施設

本号は、「遊技設備を備える店舗その他これに類する区画された施設」において当該遊技設備を用いて客に遊技をさせる営業を対象とする。したがって、屋外にあるもの等「店舗その他これに類する区画された施設」に当たらない場所において客に遊技をさせる営業は、本号の対象とはならない。

また、本号の対象は、「店舗」及び「店舗に類する区画された施設」であるが、「店舗」に当たらない後者についてのみ令第一条の要件に当たるものを対象外とするものである。

(1)　店舗

ア　店舗の意義

「店舗」とは、社会通念上一つの営業の単位と言い得る程度に外形的に独立した施設をいい、ゲームセンター、ゲーム喫茶のように法第二条第一項第五号の営業用に設けられた店舗である場合はもとより、飲食店営業、小売業等の営業用に設けられた店舗も、同号の「店舗」に含まれる。すなわち、社会通念上の「店舗」に遊技設備を備える場合は、風俗営業の許可を要することとなる。施設が「一つの営業の単位と言い得る程度に外形的に独立」しているとは、看板等の表示、従業者の服装、又は営業時間の独立性等その実態から判断して、一つの営業単位としての独立的性格を有することをいう。したがって、区画された施設が一個の営業用の家屋である場合には当然に店舗となるが、区画された施設がビルディング等の大規模な建物の内部にある場合でも、この独立的性格を有するときには、店舗に当たる。

イ　風俗営業の許可を要しない扱いとする場合

アによれば、例えば、大きなレストラン等の店舗の片隅に一台の遊技設備を設置する場合にも風俗営業の許可を要することとなるが、この事例のように当該店舗内において占める法第二条第一項第五号の営業としての外形的独立性が著しく小さいものについては、法的規制の必要性が小さいこととなる場合もあると考えられる。

そこで、遊技設備設置部分を含む店舗の一フロアの客の用に供される部分の床面積に対して客の遊技の用に供される部分（店舗でない区画された部分も含む。）の床面積（当該床面積は、客の占めるスペース、遊技設備の種類等を勘案し、遊技設備の直接占める面積のおおむね三倍として計算するものとする。ただし、一台の遊技設備の直接占める面積の三倍が一・五平方メートルに満たないときは、当該遊技設備に係る床面積は一・五平方メートルとして計算するものとする。）が占める割合が十パーセントを超えない場合は、当面問題を生じないかどうかの推移を見守ることとし、風俗営業の許可を要しない扱いとする。

なお、「店舗の一フロア」とは、雑居ビル内の一つのフロアに複数の店舗があり、その中の一つの店舗に遊技設備を設置する場合には、そのフロア全体の床面積ではなく、当該店舗内のみをいう。また、「客の用に供される部分」には、カウンターやレジの内側等専ら従業者の用に供されている部分や洗面所等当該フロアとは完全に区画されている部分は含まない。

(2)　店舗に類する区画された施設

店舗に類する区画された施設において客に遊技をさせる営業は、政令で定める施設において営まれる営業を除き、本号の対象となる。

「店舗に類する区画された施設」とは、いわゆるゲームコーナーのように「店舗」に当たらない区画された施設で、営業行為の行われるものをいい、例えば、旅館、ホテル、ショッピングセンター等の大規模な施設の内部にある区画された施設をいう。

店舗に類する区画された施設については、令第一条で定めるものは、対象から除外される。

令第一条中「当該施設の内部を……当該施設の外部から容易に見通すことができるもの」とは、例えば、通常の区画されたゲームコーナーにあっては、通路等に接した面について、

①　テーブルの高さ程度以上の部分が開放されているもの

②　ガラス張り等で閉鎖されている場合には、当該ガラス等が無色透明でおおい等がなされていないもの

等であって、内部の照明又は構造、設備若しくは物品等が見通しを妨げず、外部から内部のほぼ全体を見通すことができるものがこれに該当する。

また、大規模小売店舗内の区画された施設については、大規模小売店舗内の店舗に当たらない区画された施設のうち、小売業の用に供し、又はこれに随伴する施設で、主として小売業部分に来集する顧客が利用するものがこれに当たる。

なお、(1)イの扱いは、区画された施設についても同様である。

第四　接待について（法第二条第三項関係）

1　接待の定義

接待とは、「歓楽的雰囲気を醸し出す方法により客をもてなすこと」をいう。

この意味は、営業者、従業者等との会話やサービス等慰安や歓楽を期待して来店する客に対して、その気持ちに応えるため営業者側の積極的な行為として相手を特定して3の各号に掲げ

るような興趣を添える会話やサービス等を行うことをいう。言い換えれば、特定の客又は客のグループに対して単なる飲食行為に通常伴う役務の提供を超える程度の会話やサービス行為等を行うことである。

2　接待の主体

通常の場合、接待を行うのは、営業者やその雇用している者が多いが、それに限らず、料理店で芸者が接待する場合、旅館・ホテル等でバンケットクラブのホステスが接待する場合、営業者との明示又は黙示の契約・了解の下に客を装った者が接待する場合等を含み、女給、仲居、接待婦等その名称のいかんを問うものではない。

また、接待は、通常は異性によることが多いが、それに限られるものではない。

3　接待の判断基準

(1)　談笑・お酌等

特定少数の客の近くにはべり、継続して、談笑の相手となったり、酒等の飲食物を提供したりする行為は接待に当たる。

これに対して、お酌をしたり水割りを作るが速やかにその場を立ち去る行為、客の後方で待機し、又はカウンター内で単に客の注文に応じて酒類等を提供するだけの行為及びこれらに付随して社交儀礼上の挨拶を交わしたり、若干の世間話をしたりする程度の行為は、接待に当たらない。

(2)　ショー等

特定少数の客に対して、専らその客の用に供している客室又は客室内の区画された場所において、ショー、歌舞音曲等を見せ、又は聴かせる行為は接待に当たる。

これに対して、ホテルのディナーショーのように不特定多数の客に対し、同時に、ショー、歌舞音曲等を見せ、又は聴かせる行為は、接待には当たらない。

(3)　歌唱等

特定少数の客の近くにはべり、その客に対し歌うことを勧奨し、若しくはその客の歌に手拍子をとり、拍手をし、若しくは褒めはやす行為又は客と一緒に歌う行為は、接待に当たる。

これに対して、客の近くに位置せず、不特定の客に対し歌うことを勧奨し、又は不特定の客の歌に対し拍手をし、若しくは褒めはやす行為、不特定の客からカラオケの準備の依頼を受ける行為又は歌の伴奏のため楽器を演奏する行為等は、接待には当たらない。

(4)　ダンス

特定の客の相手となって、その身体に接触しながら、当該客にダンスをさせる行為は接待に当たる。また、客の身体に接触しない場合であっても、特定少数の客の近くに位置し、継続して、その客と一緒に踊る行為は、接待に当たる。ただし、ダンスを教授する十分な能力を有する者が、ダンスの技能及び知識を修得させることを目的として客にダンスを教授する行為は、接待には当たらない。

(5)　遊戯等

特定少数の客と共に、遊戯、ゲーム、競技等を行う行為は、接待に当たる。これに対して、客一人で又は客同士で、遊戯、ゲーム、競技等を行わせる行為は、直ちに接待に当たるとはいえない。

(6)　その他

客と身体を密着させたり、手を握る等客の身体に接触する行為は、接待に当たる。ただし、社交儀礼上の握手、酔客の介抱のために必要な限度での接触等は、接待に当たらない。

また、客の口許まで飲食物を差出し、客に飲食させる行為も接待に当たる。

これに対して、単に飲食物を運搬し、又は食器を片付ける行為、客の荷物、コート等を預かる行為等は、接待に当たらない。

第五　店舗型性風俗特殊営業の定義について（法第二条第六項関係）

1　個室付浴場業（法第二条第六項第一号）

法第二条第六項第一号に規定する個室付浴場業（公衆浴場法（昭和二十三年法律第百三十九号）第一条第一項に規定するもの）は、公衆浴場法の許可を受けたものであることを要件としない。

2　店舗型ファッションヘルス営業（法第二条第六項第二号）

(1)　法第二条第六項第二号の営業には、店舗型のファッションヘルス等が該当し、同号中「性的好奇心に応じて」とは、当該客の性的な感情に応えてという趣旨である。したがって、通常のマッサージ等は、同号の営業には当たらない。

(2)　「ホテルヘルス」等と称して派遣型ファッションヘルス営業を装いつつ、レンタルルーム、ラブホテル等を営む者と提携して個室を確保しているような場合も「個室を設け」に該当する。

3　ストリップ劇場等（法第二条第六項第三号）

(1)　法第二条第六項第三号に規定する興行場（興行場法（昭和二十三年法律第百三十七号）第一条第一項に規定するもの）は、興行場法の許可を受けたものであることを要件としない。

(2)　令第二条中「専らこれらの各号に規定する興行の用に供するもの」とは、当該興行場において上演される興行が「専ら」同条各号に規定する興行であるものをいう。「専ら」とは、他の営業でも同様であるが、おおむね七割ないし八割程度以上をいう。

(3)　令第二条各号中「その性的好奇心をそそるため」とは、当該客の性的な感情を著しく刺激する目的であると社会通念上認められるものをいう。

(4)　令第二条各号中「衣服を脱いだ人の姿態」とは、全裸又は半裸等社会通念上公衆の面前で人が着用しているべき衣服を脱いだ人の姿態をいう。したがって、例えば、通常の水着を着用した人の姿態は「衣服を脱いだ人の姿態」には当たらない。この場合に、全裸又は半裸の人の身体の上に、社会通念上人が着用する衣服とは認められないような透明又は半透明の材質により作られた衣装等を着用したとしても、その人の姿態は、「衣服を脱いだ人の姿態」に当たる。

なお、いわゆるブルセラ営業を営む店舗において、来店した女性の少年等が現に着用している下着その他の衣類を客の見ている前で脱いで当該衣類を販売する営業形態（いわゆる生セラ）は、「衣類を脱いだ人の姿態」といえる状況であれば、本号に該当する。

(5)　令第二条第二号中「これに類する施設」とは、例えば、客の在室する個室とダンサーがいる部屋との間にガラス張りの廊下があることにより、そのダンサーのいる部屋が「隣室」といえないような場合、客の在室する個室の隣が「室」といえないような施設（カーテンで仕切った廊下等）である場合等をいう。

(6) 令第二条第三号中「衣服を脱いだ人の姿態又はその姿態及びその映像を見せる」と規定したのは、映像のみを見せるもの（成人映画館）を規制の対象から除く趣旨である。

なお、成人映画館について今後規制の必要が生ずるかどうかは、映画界の自主規制の推移等によることとする。

4 モーテル、ラブホテル等（法第二条第六項第四号）

(1) 法第二条第六項第四号に規定する施設の要件は、次のとおりである。

① 専ら異性を同伴する客の宿泊（休憩を含む。）の用に供する施設であること。

② 令第三条第一項に定める施設であること。

③ 令第三条第二項又は第三項に定める構造又は設備を有する個室を設ける施設であること。

なお、③については、全ての個室について当該構造又は設備を有する必要はないと解される。

したがって、一般の旅館・ホテルが対象となることはない（なお、②及び③は、一般の旅館・ホテルが対象とならないことを明確にするために定めたものである。）。

(2) 令第三条第一項第二号イの床面積の要件は、専ら異性同伴の客の用に供するものであり、かつ、特殊な構造又は設備を有する旅館・ホテルであっても、一般の旅館・ホテルとしても十分な程度の広さの食堂とロビーがあれば、当面は規制の対象とする必要がないとの考え方に立ち規定したものであり、この床面積の算出方法も、この趣旨に鑑み、一般の旅館・ホテルを基礎として算出することとしている。

(3) 令第三条第一項第二号イ中「食堂（調理室を含む。）」は、現に宿泊客に食事を提供する用に供されている施設でなければならず、その用に供されていないものまで含める趣旨ではない。したがって、営業時間が合理的な範囲を超えて限定されているような食堂はこれに含まれない。また、食堂（調理室を含む。）の面積は、一つの食堂（調理室を含む。）について計算するものであり（客が食事をする場所（いわゆる食堂）と調理室が一体となり、又は隣接している場合には、これらの面積を合算して計算するものとする。）、幾つかの食堂の面積の総和をいうものではない。

なお、当該施設において相互に関係のない多数の宿泊客に食事を提供する場所として常時利用されている宴会場等は、「食堂」と解するものとする。

(4) 令第三条第一項第二号イ中「ロビー」は、客との面接に適するフロント、玄関帳場等に付属して設けられる施設であって、ロビーとフロント等とが相互に容易に全体の見通しのきく構造を有するものであり、全ての客がその中において、又はその隣接した廊下等を通り、客待ちに利用できるような位置に設けているものをいう。

また、ロビーの面積は、一つのロビーの面積をいう。

(5) 令第三条第一項第二号イ中「収容人員」の数は、次に掲げる数を合算して算定するものとする。

① 洋式の室にあっては、当該室にあるベッド数（二人用のベッドにあっては、当該ベッドの数に二を乗じた数）に対応する数

② 和式の室にあっては、室の数に二を乗じた数

(6) 収容人員三十人以下のものにあっては、食堂（調理室を含

む。）が三十平方メートル以上であり、かつ、ロビーが三十平方メートル以上のもの、収容人員三十一人以上五十人以下のものにあっては、食堂（調理室を含む。）が四十平方メートル以上であり、かつ、ロビーが四十平方メートル以上のもの、収容人員五十一人以上のものにあっては、食堂（調理室を含む。）が五十平方メートル以上であり、かつ、ロビーが五十平方メートル以上のものでなければ、それぞれ令第三条第一項第二号イの施設に該当することとなる。

(7)　令第三条第一項第二号ロ中「施設の外周に、又は外部から見通すことができる当該施設の内部に」とは、建物の外壁や施設の出入口に設置されているなど、施設の外部から見えるような状態のものをいう。

(8)　令第三条第一項第二号ロ中「休憩の料金の表示その他の当該施設を休憩のために利用することができる旨の表示」とは、当該施設を時間単位で利用させるなど、短時間利用ができることが分かるような表示をいう。典型的には、「休憩」、「レスト」、「サービスタイム」等の文字やその料金を表示するものがこれに該当する。また、例えば、時間と料金の表示のみがある場合でも当該施設が短時間利用ができることが分かる場合には、この表示に該当する。料金が表示されていない場合でも、「休憩」等の文字が書かれており、表示内容から当該施設の短時間利用ができることが分かるときには、この表示に該当する。

また、表示は、典型的には施設の出入口に掲げられた看板、垂れ幕、ネオンサイン、電光掲示板等をいい、ビラ等にあっても、これが建物の外壁に貼られることにより、施設の外部の通行人の目に留まる状態にある場合には、表示に該当することになる。

(9)　令第三条第一項第二号ハ中「出入口……に近接する」とは、出入口との対応関係が明らかな程度にあることをいう。

(10)　令第三条第一項第二号ハ中「目隠しその他当該施設に出入りする者を外部から見えにくくするための設備」とは、駐車場の出入口に設けられた目隠しのほか、施設の出入口に設けられたついたてや看板のように、客の施設への出入りの状況を通常の姿勢の通行人から見えにくくするために設けられた設備をいう。

(11)　令第三条第一項第二号ニ中「面接」とは、営業者若しくは従業者又は宿泊をしようとする全ての客（乳幼児を除く。）が、相互に相手の上半身までをはっきりと見、対面して言葉を交わすなどして、その客の人となりを確認する程度のことをいう。

また、施行規則第四条の趣旨は、カーテン、ブラインド等を閉めることなどにより、客が従業者と面接しないで個室の鍵の授受等の手続ができることとなる位置に取り付けられているものを規制の対象とする趣旨である。したがって、そのような位置にカーテン等が設けられている施設は、実際に従業者が客と面接をしていたとしても、これに該当する。一方、そのような状態にない施設、例えばカーテンがフロントとその奥にある従業者控室との間に取り付けられていて客との面接に支障が生じる状態にある施設はこれには該当しない。

なお、「フロント、玄関帳場その他これらに類する設備」は、全ての客が必ず通過する場所に設けられ、かつ、客との面接に適するものでなければならない。

(12)　令第三条第一項第二号ホの趣旨は、客が従業者と面接することなく個室を利用することが可能な施設を規制の対象とする趣旨である。

　そのような施設としては、例えば、いわゆる客室案内板（個室内の写真等と共に当該個室が利用可能かどうかを表示する設備であって、当該設備を操作することによって客が利用する個室を選択する機能を有するもの）から客の選択した個室の鍵（カードキーを含む。）が出る施設又は客室案内板の操作と連動して当該個室の錠が自動的に解錠されるものが設けられた施設、客が利用する車庫のシャッターを下ろすことにより対応する個室の錠が自動的に解錠される設備が設けられた施設、個室の鍵を客が自由に取ることができるようにフロントにキーボックスを備えている施設、車庫に駐車された自動車をセンサーで感知して個室の錠が解錠される設備を有する施設、従業者が操作することにより錠の施錠・解錠ができる設備を設け、利用可能な個室の錠をあらかじめ解錠している施設等が該当する。

(13)　令第三条第二項各号列記以外の部分の括弧書きの趣旨は、異性同伴の客の用に供するものであり、かつ、特殊な構造を有する旅館・ホテルであっても、旅館業法（昭和二十三年法律第百三十八号）上の義務以上に特段の「フロント業務」を行うものについては、規制の対象から除外する趣旨であり、その内容は厳格に解しなければならない。要するに、一流のホテルの「フロント業務」と同程度の行為を常態として行っているものを規制から除外する趣旨である。

　なお、同条第一項第二号ホに該当する施設の場合には、フロント等での鍵の授受を行っているとは想定されないことから、規制から除外されることはない。

(14)　令第三条第二項中「面接」とは、営業者若しくは従業者又は宿泊をしようとする全ての客（乳幼児を除く。）が、相互に相手の上半身までをはっきりと見、対面して言葉を交わすなどして、その客の人となりを確認する程度のことをいい、客が車から降りて行わなければならないものである（(11)を参照すること。）。

(15)　令第三条第二項中「フロント等」とは、モーテルの特殊性に鑑み、全ての客が必ず通過する場所に設けられ、かつ、客との面接に適するものでなければならない（(11)を参照すること。）。

(16)　令第三条第二項各号列記以外の部分の括弧書きの施設には、施設内に入った後や施設を出る際に客と十分な時間をかけてこれらの行為を行う施設を含む。

(17)　令第三条第二項第一号中「区画された車庫の部分」とは、ブロック等により仕切られているもの、白線等により駐車場所が個々に区分されているもの等をいう。

(18)　令第三条第二項第一号中「個室に接続する」とは、直接接続している場合又はこれと同視できる程度に密接している場合をいう。

(19)　令第三条第二項第二号中「近接して」とは、当該個室と当該車庫の対応関係が明らかな程度であるものをいう。

(20)　令第三条第二項第三号中「通路に主として用いられる」施設には、専用の通路のほか、客の共用に供せられる部分が含まれていても、その共用部分が少ないものも含まれる。

(21)　令第三条第三項中の施設と設備の組合せは、次の表の左〔上〕欄に掲げる施設の区分に応じ、それぞれ同表の右〔下〕

欄に定める設備である。

施設の区分	設備の種類
令第三条第一項第一号に掲げる施設	令第三条第三項第一号イ、ロ又はハに掲げる設備
令第三条第一項第二号に掲げる施設のうちイからハまでのいずれかに該当するもの	令第三条第三項第一号イ又はロに掲げる設備
令第三条第一項第二号に掲げる施設のうちニ又はホに該当するもの	令第三条第三項第二号ロに掲げる設備

(22)　令第三条第三項第一号イ中「横臥している人の姿態を映すために設けられた鏡」とは、ホテル等の寝室等に備え付けてある鏡で、ベッドの脇やベッドの真上の天井に取り付けてあるもの等、客が自分たちの横臥している姿を見るためのものであり、一般の旅館、ホテルにある鏡台、洗面所の鏡等のように、通常客が身繕い等をするための用に供するだけの鏡を含まない。

(23)　令第三条第三項第一号イ中「専ら異性を同伴する客の性的好奇心に応ずるため設けられた設備」とは、例えば、ガラス張り等になっていて客室の中から内部を見ることのできる浴室、加虐・被虐嗜好（以下「ＳＭ」という。）用の設備、横臥している人の姿態を撮影することのできるビデオカメラ等がこれに当たる。

(24)　令第三条第三項第一号ハ中「長椅子その他の設備」とは、長椅子のほか、人が横臥することができるスペースを有する台等をいう。

(25)　令第三条第三項第二号ロに掲げる設備とは、例えば、自動精算機、料金支払用エアシューター（圧縮空気によってパイプを通して容器を送ることができる装置であって、宿泊の料金の受渡しを行うことができるものをいう。）や料金支払用の小窓（個室の出入口の周辺等に設けられた開閉可能な小規模の設備であって、客が従業者と面接しないで宿泊の料金の受渡しを行うことができるものをいう。）がこれに当たる。

5　アダルトショップ等（法第二条第六項第五号）

(1)　令第四条中「性的好奇心をそそる物品」とは、社会通念上一般人が見るなどしただけで性的な感情を著しく刺激されるようなものであることをいう。したがって、通常の書籍は「性的好奇心をそそる」ものには当たらないといえる。また、当該物品を専ら販売し、又は貸し付ける営業に該当しない一般向けのビデオの販売店、レンタル店等は、法第二条第六項第五号の営業には該当しないが、法第三十五条の二の特定性風俗物品販売等営業に該当し得る。

(2)　令第四条第一号及び第三号中「衣服を脱いだ人の姿態」については、3(4)を参照すること。

(3)　令第四条第二号及び第三号中「主たる内容」であるかどうかは、その構成等を総合的に勘案して判断すること。なお、令第四条第三号中「主たる内容」とは、通常、当該映像の再生時間のうち、衣服を脱いだ人の姿態に関する映像の再生時間が半分以上のものをいう。

(4)　令第四条第四号中「性具その他の性的な行為の用に供する物品」とは、バイブレーター、肥後ずいき、ＳＭ用具、いわゆるび薬、特殊な形状のコンドーム等をいい、通常のコンドーム等の衛生用品までは含まない。

(5) 令第四条第四号中「性的な行為を表す写真その他の物品」とは、自慰行為、性交、性交類似行為等を行っている人の写真、ビデオテープ等をいう。

(6) 令第四条第四号中「これらに類する物品」とは、性器の拓本等をいう。

なお、いわゆるブルセラ営業で販売されている着用したブルマー、下着その他の衣類等は、「これらに類する物品」に該当する。

6 出会い系喫茶営業（法第二条第六項第六号）

(1) 令第五条に規定する営業には、いわゆる出会い系喫茶営業が該当するが、これは、店舗を設けて、専ら、面識のない異性との一時の性的好奇心を満たすための交際（会話を含む。）を希望する者に対し、

① 当該店舗内においてその者が異性の姿態若しくはその画像を見てした面会の申込みを当該異性に取り次ぐこと又は

② 当該店舗内に設けた個室若しくはこれに類する施設において異性と面会する機会を提供すること

により異性を紹介する営業をいう。

①及び②の営業形態のいずれについても、「面会の申込み」を行う者は男女のいずれであるかを問わず、また、「当該異性が当該営業に従事する者である場合」、すなわち客の面会の相手方として異性の客を装った者を使用している場合（営業者と雇用関係にはないが実態として営業者の事実上の指揮下にあるような者等を紹介する場合を含む。）も、当該営業に含まれる。ただし、個室付浴場業又は店舗型ファッションヘルス営業に該当する営業は除かれる。

(2) 令第五条中「店舗」の意義については、第三中3を参照すること。

(3) 令第五条中「専ら」の意義については、法第二条第六項第三号等の「専ら」と同義（3(2)を参照すること。）であるが、「専ら」に該当するかどうかは、当該営業を営む者の意図及び当該営業の実態を踏まえて判断することとなる。具体的には、その営業形態や広告・宣伝の方法等の客観的な要素を勘案することにより判断する。

(4) 令第五条中「一時の性的好奇心」とは、典型的には「あるときふと催した性的感情」という意味で、結婚あるいはこれに準ずる安定した関係を異性と築きたいとの真摯な動機に基づく性的感情を除く趣旨である。すなわち、ここにいう「一時の」とは、期間の長短という量的なものではなく、当該営業を通じた交際の相手方が偶然居合わせた面識のない異性であるという質的な視点で捉えるものであるため、例えば、この種の交際が結果として長期化する場合があったとしても、「一時の性的好奇心を満たすための交際」と判断されることとなる。

なお、この場合の「交際」には、会話を含むものと規定されているが、これは「交際」に会話が含まれることを確認的に規定したものである。

(5) 令第五条中「面会」とは、人と直接に会うことをいう。

(6) 令第五条中「姿態若しくはその画像を見て」と規定したのは、人の姿態を直接見せるもの（マジックミラー等を通して見せるものを含む。）のほか、写真、静止映像やビデオの映像のような「動く映像（動画）」を見せることも含む趣旨である。また、一般的に全身を見せる場合だけでなく、顔だけを見せるものもこれに含まれる。

(7)　令第五条中「当該異性に取り次ぐこと」とは、面識のない異性との一時の性的好奇心を満たすための交際（会話を含む。）を希望する者からの面会の申込みについて、当該面会の申込みを当該異性に伝達することをいうが、面会自体が店舗内で行われることを要しない。

(8)　令第五条中「これに類する施設」とは、個室に準じた区画された施設をいい、例えば、他から見通すことが困難となるように部屋がカーテン等で個々に区分されているもの等をいう。

第六　無店舗型性風俗特殊営業の定義について（法第二条第七項関係）

1　派遣型ファッションヘルス営業（法第二条第七項第一号）

(1)　「人の住居」とは、人が居住して日常生活に用いている家屋等の場所をいい、その居住は永続的であることを要せず、一時的でもよい。

(2)　「人の宿泊の用に供する施設」とは、人の宿泊又は休憩の用に供することができる家屋その他の建築物をいう。ラブホテル、モーテル、レンタルルーム等店舗型性風俗特殊営業として法の規制の対象となる営業がこれに当たることはもちろんであるが、一般のホテル、旅館等であってもこれに当たる。

(3)　「性的好奇心に応じて」の意義については、第五中2を参照すること。

(4)　「客の依頼」を受ける方法については、2のアダルトビデオ等通信販売営業の場合と異なり、制限がない。ただし、客が来訪する施設において「客の依頼」を受ける場合、当該施設は法第三十一条の二第一項第七号の「受付所」に該当することから、受付所で「客の依頼」を受ける業務については、法第三十一条の三第二項の規制（第二十中3を参照すること。）を受ける。

(5)　「派遣」とは、客に接する役務を提供する者を差し遣わすことをいう。人の住居又は人の宿泊の用に供する施設以外の場所で客と会った後、人の住居又は人の宿泊の用に供する施設において役務を提供するような形態のものも含まれる。

2　アダルトビデオ等通信販売営業（法第二条第七項第二号）

(1)　「専ら」の意義については、第五中3(2)を参照すること。「専ら」に該当するかどうかは、当該営業を営む者の意図及び当該営業の実態を踏まえて判断することとなる。

(2)　「配達し」とは、当該営業を営む者又はその代理人、使用人その他の従業者（以下「代理人等」という。）が客のもとに直接対象物品を送り届ける場合をいい、「配達させる」とは郵便、宅配等を利用して届ける場合をいう。

(3)　施行規則第五条第一号の「電気通信設備を用いる方法」とは、例えば、ファクシミリ、インターネット等を利用する方法をいう。また、同条第五号の「事務所」は、営業の本拠となるものに限らず、当該営業を営む者が設置する事務所全てがこれに当たる。

なお、「電気通信設備」の意義については、第七中5を参照すること。

第七　映像送信型性風俗特殊営業の定義について（法第二条第八項関係）

1　総説

映像送信型性風俗特殊営業には、客に「性的な行為を表す場面又は衣服を脱いだ人の姿態の映像」を見せる営業のうち、これらの映像を「専ら」見せるものであって、かつ、客の「性的好奇心をそそるため」見せるものがこれに当たることとなる。

2　「性的な行為を表す場面又は衣服を脱いだ人の姿態の映像」の該当性の判断

(1)　「性的な行為を表す場面」とは、自慰行為、性交、性交類似行為等を行っている人の様子や光景のことをいう。「衣服を脱いだ人の姿態」の意義については、第五中3(4)を参照すること。

(2)　「映像」とは、静止映像のほか、ビデオの映像のような「動く映像（動画）」もこれに含まれる。

3　「専ら」の該当性の判断

(1)　「専ら」の意義については、第五中3(2)を参照すること。「専ら」に該当するかどうかは、営業を営む者の意図及び営業の実態を踏まえて判断することとなる。

(2)　ホームページの中を幾つかのセクションに分割し、そのうちの一部で性的な行為を表す場面又は衣服を脱いだ人の姿態の映像を見せている場合については、当該セクションについて別料金を設定しているなどの事情が認められる場合を除き、ホームページ全体を通じて「専ら」当該映像を見せているかどうかを判断することとなる。

4　「性的好奇心をそそるため」の該当性の判断

(1)　「性的好奇心をそそるため」の意義については、第五中3(3)を参照すること。

(2)　青少年保護育成条例等を制定している都道府県においては、著しく性的感情を刺激し、少年の健全な育成を阻害するおそれのある図書を有害図書として個別に知事が指定し、その販売等を規制しているが、多くの条例においては、更に一定の図書を包括的に有害図書とする制度を設けており、その基準として、図書については、全体の二割が次の内容であることを規定している例が多くみられる。

そこで、一般的には、客に見せる映像の中に次の映像がおおむね二割以上含まれている場合には、「性的好奇心をそそるため」のものであると評価することができると解される。

①　衣服を脱いだ人の姿態で、次に掲げるもの

(i)　大腿部を開いた姿態
(ii)　陰部、臀部又は胸部を誇示した姿態
(iii)　自慰の姿態
(iv)　排泄の姿態
(v)　愛撫の姿態又はこれを連想させる姿態
(vi)　緊縛の姿態

②　性的な行為を表す場面で、次に掲げるもの

(i)　男女間の性交又は性交を連想させる行為
(ii)　強姦、輪姦その他のりょう辱行為
(iii)　性交類似行為
(iv)　変態性欲に基づく性行為

5　電気通信設備の意義

「電気通信設備」とは、電気通信（有線、無線その他の電磁的方法により、符号、音響又は影像を送り、伝え、又は受けることをいう。）を行うための機械、器具、線路その他の電気的設備をいう。

6　放送の意義

「放送」とは、公衆によって同一の内容の送信が直接、かつ、同時に受信されることを目的として行う無線通信の送信をいい、「有線放送」とは、公衆によって同一の内容の送信が直

接、かつ、同時に受信されることを目的として行う有線電気通信の送信をいう。したがって、一般のテレビジョン放送、ケーケーブルテレビ等は、法第二条第八項の対象とはならない。

7　バナー広告の依頼者の客に映像を伝達する形態のもの

バナー広告（インターネットのホームページ等に設けられた横断幕状の映像であって、広告の内容を表示するとともに、当該広告の部分をクリックすることにより、当該広告の広告主が希望するホームページに自動的にアクセスすることができるようにしているものをいう。）を表示すること等により広告収入を得て、当該バナー広告を依頼した者の客となるべき者に映像を伝達する形態のものは、映像送信型性風俗特殊営業に当たらない。

第八　店舗型電話異性紹介営業の定義について（法第二条第九項関係）

1　総説

店舗型電話異性紹介営業とは、店舗を設けて、専ら、面識のない異性との一時の性的好奇心を満たすための交際（会話を含むものに限る。以下同じ。）を希望する者に対し、会話（伝言のやり取りを含むものとし、音声によるものに限る。以下同じ。）の機会を提供することにより異性を紹介する営業で、その一方の者からの電話による会話の申込みを電気通信設備を用いて当該店舗に立ち入らせた他の一方の者に取り次ぐことによって営むものをいう。したがって、「会話の申込み」を行う者が、男女のいずれであるかを問わず、また、「その一方の者が当該営業に従事する者である場合」、すなわち客との会話の相手方として異性の客を装った者を使用している場合も、当該営業に含まれる。

2　「専ら」の意義

「専ら」の意義については、法第二条第六項第三号等の「専ら」と同義（第五中3(2)を参照すること。）であるが、「専ら」に該当するかどうかは、当該営業を営む者の意図及び当該営業の実態を踏まえて判断することとなる。具体的には、その営業形態や広告・宣伝の方法等の客観的な要素を勘案することにより判断する。

3　「一時の性的好奇心を満たすための交際」の該当性の判断

「一時の性的好奇心を満たすための交際」とは、令第五条の「一時の性的好奇心」と同様（第五中6(4)を参照すること。）であり、ここにいう「一時の」とは、期間の長短という量的なものではなく、当該営業を通じた交際の相手方がその都度偶然に選ばれる面識のない異性であるという質的な視点で捉えるものである。

なお、「交際」には、会話を含むものと規定されているが、これは「交際」に会話が含まれることを確認的に規定したものであり、例えば従業者による性的な会話の機会のみを提供する場合についても「交際」に該当する。

4　「会話」の該当性の判断

「会話」とは、音声による会話のみがこれに該当するという趣旨であることから、リアルタイムに交わされるものではない伝言のやり取り、例えば録音機能を有する機械を使用する形態のもの等が含まれる一方、インターネット上で行われるチャットのような文字メッセージのやり取りによるものは含まれない。

5　「電気通信設備」の意義

「電気通信設備」については、法第二条第八項の「電気通信設備」と同様（第七中5を参照すること。）であり、具体的には、営業において必要となる電話交換機等がこれに該当する。

6　「他の一方の者に取り次ぐ」の意義

「他の一方の者に取り次ぐ」とは、一方の者からの電話による会話の申込みについて、当該会話の申込みを他の一方の者に伝達することをいうが、これを従業者等が手動で行うか電話交換機等の機械によるかは問わない。

したがって、店舗型電話異性紹介営業の場合には、店舗内の客に個別に電話を回すいわゆる取次ぎ式のほか、電話の呼出し音が鳴り次第客自らが素早く受話器を取るいわゆる早取り式であっても、店舗内に立ち入らせた客に会話の申込みを取り次ぐことに当たる。

第九　無店舗型電話異性紹介営業の定義について（法第二条第十項関係）

無店舗型電話異性紹介営業とは、専ら、面識のない異性との一時の性的好奇心を満たすための交際を希望する者に対し、会話の機会を提供することにより異性を紹介する営業で、その一方の者からの電話による会話の申込みを電気通信設備を用いて他の一方の者に取り次ぐことによって営むもののうち、法第二条第九項に規定する店舗型電話異性紹介営業（第八中1を参照すること。）に該当する営業を除いたものであるが、店舗型電話異性紹介営業と同様に「会話の申込み」が男女のいずれかによってなされるかを問わず、また、録音機能を有する機械を使用する形態のもの（いわゆる伝言ダイヤル）や男あるいは女の「会話の申込み」を同じく会話の申込みを行った異性に取り次ぐ形態のもの等（いわゆるツーショットダイヤル）も含まれる。

「その一方の者が当該営業に従事する者である場合」、すなわち客の会話の相手方として異性の客を装った者を使用している場合が当該営業に含まれることも店舗型電話異性紹介営業と同様である。

なお、「専ら」、「一時の性的好奇心を満たすための交際」及び「電気通信設備」については、第八中2、3及び5を参照すること。

第十　特定遊興飲食店営業の定義について（法第二条第十一項関係）

1　総説

深夜は、その他の時間帯と比較すると、一般に、多くの人々が睡眠を取っていることから人目も少なくなり、規範の逸脱に対する社会の制御機能が低下する時間帯と考えられる。また、深夜は、日中の勤務時の緊張から解放され、長時間にわたって慰安を求め続ける者が多くなる時間帯であり、こうした者が風俗上の規範を逸脱するおそれもある。このような時間帯である深夜に、飲酒をする客に対し、営業者側が積極的に働き掛けて遊興をさせた場合には、遊興に伴う騒音、営業所の周辺での酔客の粗暴・卑わいな行為、痴漢や売春といった性的な事案等を始めとする風俗上の問題が生じるおそれが高いと考えられる。このため、飲食店営業における深夜の遊興に対する規制を緩和するに際し、深夜・遊興・飲酒という三要素の全てを満たす営業を特定遊興飲食店営業とし、所要の規制を行うこととしている。

特定遊興飲食店営業とは、ナイトクラブその他設備を設けて客に遊興をさせ、かつ、客に飲食をさせる営業（客に酒類を提供して営むものに限る。）で、午前六時後翌日の午前零時前の時間においてのみ営むもの以外のもの（風俗営業に該当するものを除く。）をいう。

したがって、例えば、法第二条第一項第二号の営業に該当するもの、深夜は営業しないもの、深夜は酒類を提供しないもの、深夜は客に遊興をさせないもの等は、特定遊興飲食店営業には該当しない。

2　「遊興をさせる」の意義

(1)　「遊興をさせる」とは、文字どおり遊び興じさせることであるが、特定遊興飲食店営業として規制対象となるのは、営業者側の積極的な行為によって客に遊び興じさせる場合である。

客に遊興をさせるためのサービスとしては、主として、ショーや演奏の類を客に見聴きさせる鑑賞型のサービスと、客に遊戯、ゲーム等を行わせる参加型のサービスが考えられる。

ア　鑑賞型のサービスについては、ショー等を鑑賞するよう客に勧める行為、実演者が客の反応に対応し得る状態で演奏・演技を行う行為等は、積極的な行為に当たる。

これに対して、単にテレビの映像や録音された音楽を流すような場合は、積極的な行為には当たらない。

イ　参加型のサービスについては、遊戯等を行うよう客に勧める行為、遊戯等を盛り上げるための言動や演出を行う行為等は、積極的な行為に当たる。

これに対して、客が自ら遊戯を希望した場合に限ってこれを行わせるとともに、客の遊戯に対して営業者側が何らの反応も行わないような場合は、積極的な行為には当たらない。

(2)　具体的には、例えば、次に掲げる行為が「客に遊興をさせる」ことに当たる。

①　不特定の客にショー、ダンス、演芸その他の興行等を見せる行為

②　不特定の客に歌手がその場で歌う歌、バンドの生演奏等を聴かせる行為

③　客にダンスをさせる場所を設けるとともに、音楽や照明の演出等を行い、不特定の客にダンスをさせる行為

④　のど自慢大会等の遊戯、ゲーム、競技等に不特定の客を参加させる行為

⑤　カラオケ装置を設けるとともに、不特定の客に歌うことを勧奨し、不特定の客の歌に合わせて照明の演出、合いの手等を行い、又は不特定の客の歌を褒めはやす行為

⑥　バー等でスポーツ等の映像を不特定の客に見せるとともに、客に呼び掛けて応援等に参加させる行為

(3)　これに対して、例えば、次に掲げる行為で上(前)記(2)の行為に該当しないものは、「客に遊興をさせる」ことには当たらない。

①　いわゆるカラオケボックスで不特定の客にカラオケ装置を使用させる行為

②　カラオケ装置を設けるとともに、不特定の客が自分から歌うことを要望した場合に、マイクや歌詞カードを手渡し、又はカラオケ装置を作動させる行為

③　いわゆるガールズバー、メイドカフェ等で、客にショーを見せたりゲーム大会に客を参加させたりせずに、単に飲食物の提供のみを行う行為

④　ボーリングやビリヤードの設備を設けてこれを不特定の客に自由に使用させる行為

⑤　バー等でスポーツ等の映像を単に不特定の客に見せる行為（客自身が応援等を行う場合を含む。）

3　営業の意義

(1)　営業とは、財産上の利益を得る目的をもって、同種の行為を反復継続して行うことを指す。営業としての継続性及び営利性がない場合は、深夜において人に遊興と飲食をさせたとしても、特定遊興飲食店営業には該当しない。

(2)　例えば、次のようなものは一般には営利性がなく、営業には当たらない。

○　日本に所在する外国の大使館が主催する社交パーティー

○　結婚式の二次会として、新郎・新婦の友人が飲食店営業の営業所を借りて主催する祝賀パーティー（飲食店営業の営業者が当該パーティーの主催者に対して営業所を有償で貸す行為には営利性が認められる。営業者が、深夜に及ぶパーティーのために営業所を有償で貸し、深夜において、酒類を提供するとともに、パーティーの余興に合わせて照明や音響の調整を行うという行為を反復継続しようとする場合は、主催者は特定遊興飲食店営業の許可を受ける必要はないが、当該営業者は当該許可を受ける必要がある。）

(3)　例えば、スポーツ等の映像を不特定の客に見せる深夜酒類提供飲食店営業のバー等において、平素は客に遊興をさせていないものの、特に人々の関心の高い試合等が行われるときに、反復継続の意思を持たずにたまさか短時間に限って深夜に客に遊興をさせたような場合は、特定遊興飲食店営業としての継続性は認められない。

(4)　短期間の催しについては、二晩以上にわたって行われるものは、継続性が認められる。これに対し、繰り返し開催される催し（一回につき一晩のみ開催されるものに限る。）については、法第八条第三号の規定の趣旨に鑑み、引き続き六月以上開催されない場合は、継続性が認められず、営業には当たらない。

4　「設備を設けて」の意義

(1)　「設備を設けて」とは、客に遊興と飲食をさせる営業を営むに足りると客観的に認められる物的施設及び備品を設けていることを指す。

(2)　客に遊興をさせる設備がなく飲食をさせる設備のみがある客室甲室を設けている飲食店営業と、客に飲食をさせる設備がなく遊興をさせる設備のみがある客室乙室を設けている興行場営業が同一の施設内で営まれている場合、例えば次のいずれかに該当するようなときは、これらの営業は一体のものと解され、一般には設備を設けて客に遊興と飲食をさせていることになる。

①　甲室と乙室の料金を一括して営業者に支払うこととされている場合（食券付きの入場券を販売する場合や、入場料を支払えば飲食物の一部又は全部が無料になる場合等を含む。）

②　客が甲室で飲食料金の精算をせずに乙室に移動できる場合

③　客が乙室で遊興料金の精算をせずに甲室に移動できる場合

④　乙室にテーブルがあり、客が甲室で提供を受けた飲食物を乙室に持ち込める場合

⑤　乙室にテーブルがあり、乙室にいる客に対して、甲室から飲食物を運搬して提供する場合

⑥　甲室にいる客が乙室でのショー、音楽等を鑑賞できる場合

(3) 上〔前〕記(2)④に該当する場合であっても、例えば映画館、寄席、歌舞伎やクラシック音楽のための劇場等のように、専ら、興行を鑑賞させる目的で客から入場料を徴収することにより営まれる興行場営業であって、興行の鑑賞のための席において客の大半に常態として飲食をさせることを想定していないものについては、当該席が設けられている客室は飲食店営業の営業所とはされていないことが一般的である。その場合、客が席に飲食物を持ち込んで飲食をしたとしても、その席は、一般には飲食をさせる設備には当たらない（なお、単に映画を見せる行為は、「遊興をさせること」に当たらない。）。

(4) 例えば短期間の催しで、客にショー、音楽等を鑑賞させる場所と客に飲食をさせる場所を明確に区分しているような場合は、一般には、設備を設けて客に遊興と飲食をさせていることには当たらない。

5 「酒類を提供する」の意義

「酒類を提供する」とは、酒類を飲用に適する状態に置くことをいい、営業者がこれを客に販売したり、贈与したりする場合に限らず、客が持参し、又はボトルキープの対象となっている酒類につき、燗をしたり、グラス等の器具、氷、水割り用の水等を提供したりする行為は、「酒類を提供する」に当たる。

第十一　接客業務受託営業の定義について（法第二条第十三項関係）

1 総説

接客業務受託営業とは、専ら、接待飲食等営業、店舗型性風俗特殊営業、特定遊興飲食店営業又は酒類提供飲食店営業（午前六時から午後十時までの時間においてのみ営むものを除く。）を営む者から委託を受けてこれらの営業の営業所において客に接する業務の一部を行うことを内容とする営業をいい、具体的には、コンパニオン派遣業、外国人芸能人招へい業、芸者置屋等がこれに当たると考えられる。したがって、営業所において客に接する業務に従事する者をこれらの営業を営む者にあっせんするに過ぎず、あっせんされた者が営業所において行う業務についてこれらの営業を営む者の指示のみを受けて行う形態は、客に接する業務の一部を行っているとはいえないことから、「接客業務受託営業」には当たらない。

2 「専ら」の意義

「専ら」の意義については、第五中3(2)を参照すること。「専ら」に該当するかどうかは、営業を営む者の意図及び営業の実態を踏まえて判断することとなる。

3 「委託を受けて」の意義

「委託を受けて」とは、接待飲食等営業、店舗型性風俗特殊営業、特定遊興飲食店営業又は酒類提供飲食店営業（午前六時から午後十時までの時間においてのみ営むものを除く。）を営む者の依頼に基づきという趣旨であり、請負契約、準委任契約、労働者派遣契約その他契約の形態を問わない。

4 「客に接する業務」の意義

「客に接する業務」とは、客に接し、客にサービスを提供するなどの業務をいい、「接待」（法第二条第三項）に該当する行為を含む。

具体的な例として、次のような行為が挙げられる。

① 歓楽的雰囲気を醸し出す方法により客をもてなすこと（接待）。

② 談笑、お酌、水割りの調整等（①に該当するものを除く。）。

③ ショー、歌舞音曲等を見せたり、聴かせたりすること（①に該当するものを除く。）。
④ 客の相手となってダンスをすること（①に該当するものを除く。）。
⑤ 客を客席等に案内すること。
⑥ 飲食物を客席に運搬すること。
⑦ 客から飲食代金等を徴収すること。
⑧ 客の手荷物等を客から預かること。
⑨ 客の身体を洗うこと、流すこと、もむこと、拭くことその他客の身体に接触する役務を提供すること。
⑩ 湯加減を見ること、客の脱いだ衣類の整理、ズボンのプレス、靴磨き、湯茶等の提供等単純で機械的な役務を提供すること。
⑪ 衣服を脱いだ姿態を見せる役務を提供すること。
⑫ モーテル、ラブホテル等（法第二条第六項第四号）の受付において客を案内し、又は客から料金を徴収すること。
⑬ アダルトショップ等（法第二条第六項第五号）において物品の販売又は貸付けを行い、又はこれらに付随して商品である物品の提示、説明等を行うこと。なお、客が入らない時間帯での営業所の掃除その他の開店準備等は含まれない。

5 「指揮命令を受ける場合」の意義

「当該業務の一部に従事する者が委託を受けた者及び当該営業を営む者の指揮命令を受ける場合」とは、接待飲食等営業、店舗型性風俗特殊営業、特定遊興飲食店営業又は酒類提供飲食店営業（午前六時から午後十時までの時間においてのみ営むものを除く。）を営む者の委託を受けてこれらの営業の営業所における客に接する業務の一部を行う場合において、当該客に接する業務の一部に従事する者が、当該委託を受けた者及びこれらの営業を営む者の双方から指揮命令を受ける場合をいう。

6 飲食店営業の意義

「飲食店営業」とは、「設備を設けて客に飲食をさせる営業で食品衛生法（昭和二十二年法律第二百三十三号）第五十二条第一項の許可を受けて営むもの」をいう。ただし、接待飲食等営業、店舗型性風俗特殊営業又は特定遊興飲食店営業に該当するものを除く。

(1) 「設備を設けて」とは、客に飲食をさせるための設備を設けることをいう。したがって、屋台等で単に立食をさせる営業は含まれないが、屋台等でも、卓又は椅子等を設けて客に飲食をさせる営業は含まれる。
(2) 「客に飲食をさせる」とは、当該設備において客に飲食をさせることをいい、単に調理をして飲食物を販売する仕出し屋、弁当屋等は含まれない。
(3) 他の営業と兼業しているかどうかは問わない。

7 酒類提供飲食店営業の意義

「酒類提供飲食店営業」とは、「飲食店営業のうち、バー、酒場その他客に酒類を提供して営む営業（営業の常態として、通常主食と認められる食事を提供して営むものを除く。）」をいう。

(1) 「酒類を提供して営む」とは、酒類（アルコール分一度以上の飲料をいう。）を客に提供して営むことをいい、提供する酒類の量の多寡を問わない。
(2) 「営業の常態として」の解釈については、次の点に注意すること。

ア 営業時間中客に常に主食を提供している店であることを

要し、例えば、一週間のうち平日のみ主食を提供する店、一日のうち昼間のみ主食を提供している店等は、これに当たらない。

イ　客が飲食している時間のうち大部分の時間は主食を提供していることを要し、例えば、大半の時間は酒を飲ませているが、最後に茶漬を提供するような場合は、これに当たらない。

ウ　「通常主食と認められる食事」とは、社会通念上主食と認められる食事をいい、米飯類、パン類（菓子パン類を除く。）、めん類、ピザパイ、お好み焼き等がこれに当たる。

第十二　風俗営業の許可について（法第三条、第四条及び第五条関係）

1　一般的留意事項

(1)　許可申請書類の記載は、簡潔で必要十分なもので足りることとするとともに、審査事務の合理化、審査期間の短縮化を図り、申請者に無用の負担をかけることのないように努める必要がある。

(2)　風俗営業の許可は、風俗営業の種別ごとに受けるものであり、異なる種別の風俗営業を営もうとする場合には、新たに他の種別の風俗営業の許可を受けなければならない。また、法は、営業所の構造又は設備の基準、年少者の客としての営業所への立入り、遊技場営業者の禁止行為等について、風俗営業の種別に応じて必要な規制をしていることから、同じ者が同一の営業所において異なる種別に係る許可を重ねて受けることは原則としてできない（法第三条第一項、第五条第一項第三号及び第九条第三項第一号参照）。

(3)　風俗営業と性風俗関連特殊営業は、法上、全く異なる規制を受けるものであり、風俗営業の許可を受けた者は、当該許可に係る営業所において性風俗関連特殊営業を営むことはできない。例えば、店舗型性風俗特殊営業を行う意思をもって、その営業が禁止されている地域において、法第二条第一項第一号に規定する風俗営業の許可を受け、後に営業所の構造又は設備を変更するなどして、店舗型性風俗特殊営業を営んだ場合には、法第五十二条第四号（無届営業）だけでなく、法第四十九条第二号（偽りその他不正の手段により法第三条第一項の許可を受けたこと）、法第四十九条第五号又は第六号（禁止区域等営業）や法第五十条第一項第一号（構造又は設備の無承認変更）の罪に該当することとなる。

(4)　風俗営業と特定遊興飲食店営業は異なる規制を受けるものであるが、例えば、深夜以外の時間帯に風俗営業を営み、その後営業の継続性を完全に絶った上で深夜に特定遊興飲食店営業を営むことは否定されないことから、同一の営業所について風俗営業の許可と特定遊興飲食店営業の許可を重ねて受けることは可能である。

2　営業所の意義

「営業所」（法第三条第一項）とは、客室のほか、専ら当該営業の用に供する調理室、クローク、廊下、洗面所、従業者の更衣室等を構成する建物その他の施設のことをいい、駐車場、庭等であっても、社会通念上当該建物と一体とみられ、専ら当該営業の用に供される施設であれば、「営業所」に含まれるものと解する。

3　風俗営業の営業所の同一性の基準

風俗営業については、次のような行為が行われたときに営業所の同一性が失われるものとし、この場合には新規の許可を要する。

(1) 営業所の建物（当該営業の用に供される部分に限る。以下同じ。）の新築又は移築

(2) 営業所の建物の床面積が従前の二倍を超えることとなる増築

(3) 営業所の建物内の客の用に供する部分の改築

（注）「新築」とは、建築物の存しない土地（既存の建築物の全てを除去し、又はその全てが災害等によって滅失した後の土地を含む。）に建築物を造ることをいう。

「移築」とは、建築物の存在する場所を移転することをいう。

「増築」とは、一の敷地内の既存の建築物の延べ面積を増加させること（当該建築物内の営業所の延べ面積を増加させる場合及び別棟で造る場合を含む。）をいう。

「改築」とは、建築物の一部（当該部分の主要構造部の全て）を除却し、又はこれらの部分が災害等によって消滅した後、これと用途、規模、構造の著しく異ならないものを造ることをいう。

「主要構造部」とは、壁、柱、床、はり、屋根又は階段をいう。ただし、間仕切り、最下階の床、屋外階段等は含まない（建築基準法（昭和二十五年法律第二百一号）第二条第五号参照）。

4 営業所の所在地を管轄する公安委員会

複数の都道府県において営まれる移動風俗営業（フェリー、バス、列車等常態として移動する施設において営まれる風俗営業をいう。以下同じ。）を営もうとする者が風俗営業の許可を受けようとする場合には、当該営業を主として営むことを予定している地域を管轄する一の都道府県公安委員会（以下「公安委員会」という。）の許可を受ければ足りるものとして取り扱うものとする。

なお、移動風俗営業に係る営業所は、当該移動風俗営業に係るフェリー内の一室、バス又は列車の一車両等であると解されるので、フェリー内の各室、バス又は列車の各車両等のそれぞれにつき一の許可を要する。

5 許可の条件

許可時の客観的事情に照らし、許可をするに当たって条件を付する必要がある場合には、必要な条件を付して許可をすることができるほか、許可後に客観的な事情に変化があった場合において、周囲の風俗環境との調和を図ること等のために、許可後においても、随時、条件の付加又は変更ができる。

許可に条件を付し、又はこれを変更することができるのは、法令又は条例を遵守していても、具体的な事情により、善良の風俗若しくは清浄な風俗環境を害する行為又は少年の健全な育成に障害を及ぼす行為が行われるおそれがある場合に限られ、付される条件も、これらの行為を防止するため、必要最小限度のものでなければならない。

条件が必要最小限度であるためには、次の要件を満たす必要がある。

① 条件が、善良の風俗若しくは清浄な風俗環境を害する行為又は少年の健全な育成に障害を及ぼす行為に関するものであること。

② その条件を付したことにより、そのような行為を防止することができること。（合理的な関連性があること。）

③ 比例原則の範囲内であること。

④ 営業者が受忍すべき範囲のものであり、営業者に無用の負担をかけるものでないこと。

なお、許可時に条件を付する場合は、許可証の表面に営業の種類を記載するほか、許可証の裏面に記載するものとする。したがって、許可後に新たに条件を付し、又はこれを変更する場合は、風俗営業者から許可証の提出を求めその表面又は裏面の記載の加除訂正を行うものとする。

(1) 旅館業を営む者に対する許可の条件

旅館業を営む者に対する風俗営業の許可をする場合における条件の付与については、6を参照すること。

(2) 未成年者が相続して許可を承継した場合における条件

十八歳未満の者が風俗営業を相続して当該許可を承継した場合における条件の付与については、第十三を参照すること。

(3) 営業所が営業制限地域に近接して存在する場合における条件

営業制限地域への風俗営業の営業所の拡張が行われることにより、法が営業制限地域については特に良好な風俗環境の保全を図っていることの趣旨が損なわれることのないようにするため、風俗営業の営業所が営業制限地域に近接して存在する場合（許可後において営業制限地域に近接して存在することとなった場合を含む。）においては、当該営業制限地域を特定した上で、当該営業制限地域内に営業所の拡張を行ってはならない旨の条件を付することとする。

(4) 許可後において営業所が営業制限地域内に存在することとなった場合における条件

許可をした後において風俗営業の営業所が営業制限地域内に存在することとなった場合においては、都道府県の判断により、当該営業所の拡張について必要な条件を付することとするほか、地域の実情及び個別具体的な状況に応じ、必要な条件を付するものとする（例えば、ゲームセンター等（法第二条第一項第五号の営業）の許可をした後に当該ゲームセンター等の至近距離に学校ができた場合において、窓ガラスをすりガラスにするなどにより当該学校から営業所の内部を見通すことを遮ることができる設備を設けることという内容の条件を付することが考えられる。）。

6 旅館業を営む者に対する風俗営業の許可

旅館業を営む者が旅館業の施設の一部において常態として接待飲食等営業を営もうとする場合における風俗営業の許可は、接待飲食等営業の用に供する旅館業の施設の一部を特定し、必要に応じ条件を付するなどして行うことができる。例えば、旅館の施設である宴会場について法第二条第一項第一号の営業の許可をする場合においては、客室で客の接待をしないこと及び許可の対象となる宴会場と客室とは明確に区分された構造とすることという内容の条件を付することが考えられる。

7 許可の基準

(1) 法第四条第一項第二号に規定する「刑に処せられ」とは、刑の言渡しに係る裁判が確定することをいう。

(2) 法第四条第一項第二号に該当する者は、次のとおりである。

① 刑の言渡しに係る裁判が確定したが刑の執行がなされていない者（執行猶予中の者を含む。）

② 刑の執行中である者

③ 刑の執行を終わったが終了の日から起算して五年を経過

しない者

④　刑の言渡しに係る裁判が確定した後に刑の執行を受けることがなくなったが、その日から起算して五年を経過しない者

(3)　法第四条第一項第二号に規定する罪を犯して刑に処せられた者でその刑の執行を猶予され、猶予の期間を経過した者については、刑法（明治四十年法律第四十五号）第二十七条の規定により刑の言渡し自体が効力を失うことから、同号に掲げる者に当たらない。

(4)　法第四条第一項第二号に規定する罪を犯して刑に処せられた者で大赦又は特赦により刑の言渡しの効力が失われたものについては、同号に掲げる者に当たらない。

8　構造及び設備の技術上の基準

(1)　施行規則第七条の表中「見通しを妨げる設備」とは、仕切り、ついたて、カーテン、背の高い椅子（高さがおおむね一メートル以上のもの）等をいう。

なお、見通しを確保する必要があるのは客室の内部である。このため、例えば、客室の中央に調理場が設置されているような場合に客室と調理場の間に見通しを妨げる設備を置くことは認められないが、壁際に調理場があるような場合に、客室内の見通しを妨げない方法で、客室と調理場の間に見通しを妨げる設備を置くことは可能である。

(2)　施行規則第七条の表中「善良の風俗又は清浄な風俗環境を害するおそれのある写真、広告物、装飾その他の設備」とは、例えば、法に違反する行為を行っていることをうかがわせる広告、著しく射幸心をそそるおそれのある広告、男女の性交場面を写した写真、売春を行っている場所についての広告、性器を模した装飾、回転ベッド、振動ベッド等の設備をいう。

なお、次に掲げる設備は、施行規則第七条の表中の上〔前〕記の設備に含まれる。

①　令第三条第三項第一号イ、ロ又はハに掲げる設備

②　令第四条各号に掲げる物品及びこれに係る広告物、装飾その他の設備

③　性風俗関連特殊営業の広告物及びビラ等（法第二十八条第五項第一号（法第三十一条の三第一項、第三十一条の八第一項、第三十一条の十三第一項及び第三十一条の十八第一項において準用する場合を含む。）の広告制限区域等において表示されたものに限る。）

(3)　施行規則第七条の表中「営業所内の照度が十（五）ルクス以下とならないように維持されるため必要な構造又は設備を有する」とは、一般的には、照度の基準に達する照明設備を設けていることで足りる。ただし、施行規則第二条第二号に掲げる客室（客席のみにおいて客に遊興をさせるための客室に限る。）を除き、照度の測定場所について、照度の基準に満たない照度に自由に変えられるスライダックス等の照明設備を設けることは認められない。

また、照明設備のほかに、営業時間中に常態として光を発することが想定される設備が設けられている場合は、当該設備と照明設備の双方の光によって、常態として照度の基準に達するのであれば、「必要な構造又は設備を有する」ことになる。

(4)　施行規則第七条の表中「騒音又は振動の数値が法第十五条の規定に基づく条例で定める数値に満たないように維持され

るため必要な構造又は設備を有する」とは、営業活動に伴う騒音が条例で定める数値に達する場合は、防音設備を設けなければならないとするものである。しかし、例えば、音響設備を設けないため特に騒音が発生しない場合や、建物の壁が厚いこと、営業所の境界地まで相当な距離があること等により外部に音が漏れない場合にまで防音設備の設置を義務付けるものではない。

(5)　施行規則第七条の表中「善良の風俗若しくは清浄な風俗環境を害し、又は少年の健全な育成に障害を及ぼすおそれのある写真、広告物、装飾その他の設備」とは、(2)に掲げる設備のほか、例えば、酒、たばこ又は令第四条で定める物品により遊技の結果を表示するクレーン式遊技機等の遊技設備をいう。

(6)　施行規則第七条の表「法第二条第一項第四号に掲げる営業」の項第六号中の「当該営業の用に供する遊技機以外の遊技設備」とは、ぱちんこ遊技機及び令第八条に規定する遊技機以外の遊技設備をいう。

なお、ここで「遊技設備」とは、法第二条第一項第五号の「遊技設備」より広く、施行規則第三十条の表「法第二条第一項第四号又は第五号に掲げる営業」の項第一号及び第二号イの「遊技設備」及び施行規則第三十三条第二号の「遊技設備」と同意義である。

9　風俗営業の許可に係る営業制限地域の指定

(1)　法第四条第二項第二号中「営業所」については、2を参照すること。

(2)　令第六条第二号中「おおむね百メートル」とは、水平面で測る距離についていうものであり、例えば、営業所がビルの二階以上又は地下にある場合でも、営業所の存在する位置から垂直に地面に下ろした位置について測るものとする。

10　営業所の滅失による許可の特例

(1)　法第四条第三項中「火災」には、営業者に故意又は重大な過失があり、その者の責めに帰すべき事由によって生じた火災は含まれない。

(2)　令第七条第三号中「関係法令」とは、建築基準法等の建築物に関する法令をいう。

(3)　令第七条第五号中「土地収用法（昭和二十六年法律第二百十九号）その他の法律の規定により土地を収用し、又は使用することができる公共の利益となる事業」とは、土地収用法又は公共用地の取得に関する特別措置法（昭和三十六年法律第百五十号）による認定事業のほか、都市計画法（昭和四十三年法律第百号）に基づく都市計画事業、住宅地区改良法（昭和三十五年法律第八十四号）に基づく住宅地区改良事業等土地又は建物の収用又は使用の手法が用いられる事業の全てをいう。

なお、このような事業の施行に伴うものであれば、現実に当該営業所の敷地等について収用裁決又は使用裁決までに至らない段階で営業所の建物を除却した場合でも、本号の除却に当たる。

(4)　令第七条第六号中「その他公共施設の整備又は土地利用の増進を図るため関係法令の規定に従って行われる事業」とは、大都市地域における住宅及び住宅地の供給の促進に関する特別措置法（昭和五十年法律第六十七号）に基づく住宅街区整備事業、都市再開発法（昭和四十四年法律第三十八号）に基づく第一種市街地再開発事業等換地又は権利変換の手法が用いられる事業の全てをいう。

なお、このような事業の施行に伴うものであれば、現実に当該営業所の敷地等について換地又は権利変換の処分にまで至らない段階で営業所の建物を除却した場合でも、本号の除却に当たる。

(5) 法第四条第三項第一号中「当該風俗営業を廃止した日」とは、火災、震災又は令第七条各号に掲げる事由により営業所が滅失した日をいう。

(6) 法第四条第三項第二号中「営業所の所在地が、……前項第二号の地域に含まれ」るとは、当該滅失した営業所の敷地の全部又は一部が営業制限地域内にあることをいう。

(7) 法第四条第三項第三号中「おおむね同一の場所」とは、滅失した営業所の敷地と当該申請に係る営業所の敷地とが一致していることをいい、令第七条第五号又は第六号に掲げる事由により営業所が滅失した場合にあっては、社会通念上営業の継続性が認められる程度に隣接又は近接していることを含む。

(8) 法第四条第三項第四号中「おおむね等しい面積」とは、申請に係る営業所の面積と滅失した営業所の面積とが、社会通念上営業の継続性が認められる程度に等しいことをいう。

11 ぱちんこ屋その他政令で定める営業に係る営業所に設置される遊技機の基準

(1) 令第八条に規定する営業

法第四条第四項の規定に基づく令第八条に規定する「その他法第二十三条第一項第三号に規定する遊技球等の数量又は数字により遊技の結果を表示する遊技機」としてはスマートボール遊技機（施行規則第三十六条第一項第二号ホの規定に基づく「遊技料金の基準」（昭和六十年国家公安委員会告示第一号）第一条第一号参照）が挙げられる。

なお、法第二条第一項第四号の営業のうち、射的、輪投げ等の遊技をさせる営業（施行規則第三十六条第二項第一号ロ参照）は、「遊技球等の数量又は数字により遊技の結果を表示する遊技機」を設置して客に遊技をさせる営業ではないことから、法第四条第四項の「その他政令で定めるもの」に該当しない。

(2) 著しく射幸心をそそるおそれのある遊技機の基準

施行規則第八条の表中「その他の遊技機」とは、令第八条の「その他法第二十三条第一項第三号に規定する遊技球等の数量又は数字により遊技の結果を表示する遊技機」と同意義である。

12 許可申請書の記載要領

許可申請書中の「営業所の床面積」欄は、建築基準法上の床面積を記載することで足りるが、「各客室の床面積」欄は、壁、柱等の区画の中心線から計るものではなく、うちのりの面積を記載するものとする。

13 許可申請書の添付書類

(1) 移動風俗営業を営もうとする者にあっては、「営業の方法を記載した書類」には、営業を営もうとする地域の概要も記載させるものとする。

(2) 「営業所の使用について権原を有することを疎明する書類」とは、所有権、賃借権等、当該営業所の使用方法を最終的に決定することができる権原に関するものをいう。

具体的には、以下に掲げるものをいう。

ア 当該営業所に係る所有権を有していることを疎明する書

類　営業所に係る登記簿謄本又は登記事項証明書等
イ　当該営業所に係る賃借権を有していることを疎明する書類　アに掲げる書類及び営業所に係る賃貸借契約書の写し又は賃貸人の使用承諾書等。ただし、当該営業所の所有者から直接賃借していない場合には、アに掲げる書類並びに①所有者及び賃貸人（所有者と賃貸人の間に当該営業所に係る賃貸借契約を締結した者がいる場合には、これらの契約当事者全てを含む。）の使用承諾書又は②賃貸人との間で締結された賃貸借契約書の写し（所有者と賃貸人の間に当該営業所に係る賃貸借契約を締結した者がいる場合には、全ての当該賃貸借契約の写しを含む。）等。
(3)　「営業所の平面図」とは、建築確認申請時に提出する青写真に、出入口の位置、椅子、テーブルの配置等必要な事項を記載したもので足りる。
(4)　「営業所の周囲の略図」は、条例で定める保全対象施設との関係が明らかとなるような略図をいう。
(5)　誓約書は、連名で提出することを妨げない。
(6)　「営業所が滅失したことを疎明する書類」とは、例えば、
ア　火災、震災並びに令第七条第一号及び第二号に掲げる事由については、消防機関（市町村等）が発行する罹災証明書その他関係行政機関が交付する書類
イ　令第七条第三号に掲げる事由については、アに掲げる書類に加えて、特定行政庁若しくは建築主事が行政指導の際に交付する文書又は建築士が作成した報告書
ウ　令第七条第四号に掲げる事由については、当該命令又は勧告に当たって関係行政機関が交付する文書
エ　令第七条第五号及び第六号に掲げる事由については、当該営業所をそれらの事由により除却したことを証する起業者、施行者又は関係行政機関が発行する書類
オ　令第七条第七号に掲げる事由については、建替え決議を行った集会の議事録の写し
等をいう。
(7)　府令第一条第十一号イ中「その遊技機が当該認定を受けたものであることを証する書類」とは、遊技機規則第三条第二項の認定通知書の写しとする（ただし、申請に係る遊技機が認定通知書に記載された遊技機の一部である場合においては、申請に係る遊技機の製造番号その他当該遊技機を特定することができる記号等が記載された書面を上（前）記認定通知書の写しに添付するものとする。また、当該書面の記載事項及び様式例は、別記様式第一号とする。）。
(8)　府令第一条第十一号ロ(1)中「その遊技機の型式が検定を受けたものであることを疎明する書類」とは、遊技機規則第九条第一項の検定通知書（甲）の写しとする。
(9)　府令第一条第十一号ロ(2)中「当該遊技機が(1)の書類に係る型式に属するものであることを疎明するもの」とは、申請に係る遊技機が検定を受けた型式に属するものであることを保証する書面であって、当該遊技機の製造番号その他当該遊技機を特定することができる記号等が記載されたものとする。また、当該書面の記載事項及び様式例は、別記様式第二号とする。
(10)　府令第一条第十一号ハ(1)中「その遊技機の型式が検定を受けたものであることを疎明する書類」については、(8)を参照すること。
(11)　府令第一条第十一号ハ(2)中「公安委員会が遊技機の点検及

び取扱いを適正に行うに足りる能力を有すると認める者」とは、遊技機規則第一条第三項第二号ロ(2)又は(3)に規定する者であって、同条第四項に規定する要件に該当する者をいう。

また、府令第一条第十一号ハ(2)中「当該遊技機が(1)の書類に係る型式に属するものであることを疎明するもの」については、(9)を参照すること。当該書面の記載事項及び様式例は、製造業者又は輸入業者の作成に係るものについては、別記様式第三号とし、公安委員会が認める者の作成に係るものについては、別記様式第四号とする。

(12) 府令第一条第十一号ニ(1)から(4)までに掲げる書類は、遊技機規則第一条第三項第三号に掲げる書類と同一である。

14 許可証

許可証の「営業許可証」（施行規則別記様式第三号）の前の空欄に記載する営業の種類は、許可申請者があらかじめ申請に際して記載した許可申請書及び同申請書の添付書類の内容に基づき、次の表の左〔上〕欄に掲げる営業の区分に応じ、それぞれ同表の右〔下〕欄に定める営業の種類を記載するものとする。

なお、許可証の様式の変更や法第二条第一項における号の繰上げ等については経過措置が設けられており、改正前に交付された許可証については改正後においても有効である（風俗営業等の規制及び業務の適正化等に関する法律施行規則等の一部を改正する規則（平成十年国家公安委員会規則第十四号）附則第六項、風俗営業等の規制及び業務の適正化等に関する法律施行規則の一部を改正する規則（平成十八年国家公安委員会規則第十四号）附則第二条及び風俗営業等の規制及び業務の適正化等に関する法律の一部を改正する法律（平成二十七年法律第四十五号）附則第三条）。

営業の区分		許可証に記載すべき営業の種類
法第二条第一項第一号の営業	待合、料理店、料亭等の和風の営業	料理店
	キャバレー、カフェー、クラブ等の和風以外の営業	社交飲食店
法第二条第一項第二号の営業		低照度飲食店
法第二条第一項第三号の営業		区画席飲食店
法第二条第一項第四号の営業	まあじやん屋	マージャン店
	ぱちんこ屋及び令第八条に規定する営業	パチンコ店等
	まあじやん屋、ぱちんこ屋及び令第八条に規定する営業以外の営業	その他遊技場
法第二条第一項第五号の営業		ゲームセンター等

第十三　風俗営業に係る相続について（法第七条関係）

1 相続人

法第七条の「相続人」は、民法（明治二十九年法律第三十八号）第五編第二章に規定する相続人を意味し、内縁の配偶者や被相続人と特別の縁故関係があった者（民法第九百五十八条の三参照）を含まない。

また、遺贈による受遺者（民法第九百六十四条参照）は、包括受遺者（民法第九百九十条参照）の場合であっても、民法第五編第二章に規定する相続人に当たらない限りは、「相続人」に含まれない。

相続人が、複数ある場合には、被相続人の遺言の有無等にかかわらず、申請人以外の相続人全ての同意書を相続承認書に添付することを要する（施行規則第十三条第二項第五号）。

2　未成年者の相続

十八歳未満の者が相続の承認を受けて風俗営業者の地位を承継した場合においては、当該十八歳未満の者が客の接待をしてはならないという条件を付することとする。

3　許可証の書換え

相続の承認を受けて風俗営業者の地位を承継した相続人は、承認後遅滞なく、被相続人が交付を受けた許可証を許可証書換え申請書と共に公安委員会に提出し、許可証の書換えを受けなければならない（法第七条第五項及び施行規則第十七条）。

なお、この場合における書換え申請手数料は、既に相続承認申請手数料の中に算入されているので、改めて徴収することはできない。

第十四　風俗営業に係る法人の合併について（法第七条の二関係）

1　申請の対象及びその手続

(1)　法第七条の二の適用対象

法人の合併の承認（以下第十四において単に「承認」という。）の申請は、風俗営業者たる法人が合併することにより消滅する場合において、合併後存続し、又は合併により設立された法人が消滅する法人が営んでいた営業を引き続き営もうとするときになされるものであり、合併後も風俗営業者たる法人が存続する場合において当該法人が合併以前から営んでいた営業に関しては承認を要さない。

なお、合併に際し、承認を申請することなく改めて許可を受けることにより、合併した法人が当該営業所において営業を営むことも可能であるが、その場合は新規の許可申請となるので、法第四条第一項の人的欠格事由だけでなく同条第二項及び第四項に該当していないことが必要になる。

(2)　申請者

申請は合併する法人の連名により行わなければならない（施行規則第十四条第二項）。合併する法人が三以上ある場合でも、全ての法人が申請者となる。

(3)　申請の時期

承認の前に合併の効力が生じた場合は、従前の許可はその時点で失効することになるため、承認をすることはできなくなる。したがって、法第七条の二第一項の「あらかじめ」とは、合併の効力が生じる前であることをいう。

2　承認及び不承認

(1)　地位の承継の効力発生時期

承認は、合併により風俗営業を承継することとなる法人が当該風俗営業についての風俗営業者の地位を承継することをあらかじめ認めるものである。実際に風俗営業者の地位が承継されるのは、吸収合併の場合は合併が効力を生ずる日として合併契約で定められた日（会社法（平成十七年法律第八十六号）第七百五十条第一項等）、新設合併の場合は新設会社の設立の登記の日（会社法第七百五十四条第一項、第四十九条等）である。

(2)　承認の効果

地位が承継されることの効果として、例えば、合併により消滅することとなる法人が営業制限地域内で既得権により営業していた場合は、合併後存続し、又は合併により設立された法人は、当該営業制限地域内にある営業所において風俗営業を営むことができる。また、承認の対象となった営業所において承認の前に又は承認後風俗営業者の地位の承継前に処分に該当する事由が生じた場合は、処分のための手続は、合併後存続し、又は合併により設立された法人を対象として続行される。さらに、地位の承継前に処分が行われた場合は、当該処分の効力も承継される。

承認をしたにもかかわらず、合併の効力が発生せず、又は無効とされた場合は、合併契約書のとおりに合併が行われなかったことが判明した時点又は無効が確定した時点をもって承認は効力を失う。

(3) 許可証の書換え

承認を受けて合併した場合には、合併後存続し、又は合併により設立された法人は、合併後遅滞なく、合併により消滅した法人が交付を受けた許可証を許可証書換え申請書と共に公安委員会に提出し、許可証の書換えを受けなければならない（法第七条の二第三項及び施行規則第十七条）。

書換えに当たっては、合併が真に行われているかどうかを確認するため、法務局に照会することとする。

なお、この場合における書換え申請手数料は、既に合併承認申請手数料の中に算入されているので、改めて徴収することはできない。

3 合併に係る欠格事由

法第四条第一項第七号の趣旨は、法第二十六条第一項の規定による風俗営業の許可の取消しにより風俗営業の許可の欠格事由（法第四条第一項第五号）に該当することとなることを回避する手段として合併を利用しようとする法人の役員を、合併により法人が消滅した日から起算して五年を経過しない間、欠格者に該当させることにある。

「前号の公示の日前六十日以内に役員であった者」を対象とするのは、こうした時期に役員であった者は、合併を実施するという意思決定に関与していた可能性が高いためである。

なお、相当な理由がある合併の場合には、本号の欠格事由には該当しないものとされている。「相当な理由がある」とは、例えば、合併を行うという内部的決定がなされた後に法第二十六条第一項の規定による風俗営業の許可の取消処分に係る聴聞の対象となる事由が発生した場合をいう。

第十五　風俗営業に係る法人の分割について（法第七条の三関係）

1 申請の対象及びその手続

(1) 法第七条の三の適用対象

法人の分割の承認（以下第十五において単に「承認」という。）の申請は、風俗営業者たる法人が会社法第七百五十七条以下等の規定に基づき分割をする場合において、①当該法人から分離される営業所に係る営業を既存の他の法人が承継して引き続き営もうとするとき（吸収分割）又は②当該法人から分離される営業所に係る営業を当該分割により新たに設立される法人が承継して引き続き営もうとするとき（新設分割）に営業所ごとになされるものである。したがって、分割後も当該営業所に係る営業を営む法人が従前の法人であって①又は②のいずれにも当たらない場合、すなわち、営業主体に変更がない営業所の場合は、承認を要しない。また、吸収分割の場合において承継する法人もまた従来から風俗営業者であるときは、その従来から営んでいる営業所に関しては承認を要しない。

なお、分割に際し、承認を申請することなく改めて許可を受けることにより、承継した法人が当該営業所において営業を営むことも可能であるが、その場合は新規の許可申請となるので、法第四条第一項の人的欠格事由だけでなく同条第二項及び第四項に該当していないことが必要になる。

(2)　申請の単位

①吸収分割の場合において同一の機会に分割によって複数の法人に風俗営業を承継させるとき（注1）及び②新設分割の場合において同一の機会に分割によって複数の法人を設立し、それぞれに風俗営業を承継させるとき（注2）は、施行規則第一条第二項の「一の公安委員会に対して同時に二以上の営業所」について分割承認申請書を提出するときには該当しない。

（注1・注2）ここにいう「同一の機会」とは、吸収分割契約又は新設分割計画が一まとまりであり、株主総会の決議、債権者保護手続等の手続が一度に行われる場合をいう。

なお、分割は承継する法人ごとに存在するので、承継する法人が二つあれば、分割は二回なされたことになる。

(3)　申請者

申請は、新設分割の場合であれば、分割をする法人が行い、吸収分割の場合であれば、分割をする法人と承継する法人が連名で行う（施行規則第十五条第二項参照）。吸収分割の場合において、同一の機会の分割で複数の法人に承継させるときは、承継する法人を異にする以上、各別の申請手続を要するので、当該分割に関係する法人全ての連名による申請は認められない。

(4)　申請の時期

承認の前に分割の効力が生じた場合は、従前の許可はその時点で失効することになるため、承認をすることはできなくなる。したがって、法第七条の三第一項の「あらかじめ」とは、分割の効力が生じる前であることをいう。

2　承認に係る審査事項

「分割後の役員就任予定者」（施行規則第十五条第三項第二号）とは、分割によって風俗営業を承継した法人の役員全てをいうのであって、これには、吸収分割の場合において分割の登記以前から承継する法人の役員を務めている者も含まれるし、また、新設分割の場合において分割をする法人の役員を務めていた者も含まれる。

3　承認及び不承認

(1)　地位の承継の効力発生時期

承認は、分割により風俗営業を承継することとなる法人が当該風俗営業についての風俗営業者の地位を承継することをあらかじめ認めるものである。実際に風俗営業者の地位が承継されるのは、吸収分割の場合は吸収分割が効力を生ずる日として吸収分割契約で定められた日（会社法第七百五十九条第一項等）、新設分割の場合は新設会社の設立の登記の日（会社法第七百六十四条第一項、第四十九条等）である。

(2)　承認の効果

地位が承継されることの効果として、例えば、分割をする法人が営業制限地域内で既得権により営業していた場合は、承継した法人は、当該営業制限地域内にある営業所において風俗営業を営むことができる。また、承認の対象となった営業所において処分に該当する事由が生じた場合は、処分のための手続は承継した法人を対象として続行される。さらに、地位の承継前に処分が行われた場合は、当該処分の効力も承継される。

承認をしたにもかかわらず、分割の効力が発生せず、又は無効とされた場合は、分割計画書又は分割契約書のとおりに分割が行われなかったことが判明した時点又は無効が確定した時点をもって承認は効力を失う。

(3) 許可証の書換え

承認を受けて分割をした場合には、分割により風俗営業を承継した法人は、分割後遅滞なく、分割をした法人が交付を受けた許可証を許可証書換え申請書と共に公安委員会に提出し、許可証の書換えを受けなければならない（法第七条の三第三項及び施行規則第十七条）。

書換えに当たっては、分割が真に行われているかどうかを確認するため、法務局に照会することとする。

なお、この場合における書換え申請手数料は、既に分割承認申請手数料の中に算入されているので、改めて徴収することはできない。

(4) 許可証の返納

風俗営業者たる法人が分割をするまでに承認がなされなかった場合、分割をした法人は、当該分割により分離した営業所に係る風俗営業を廃止したものと認められるので、分割の登記の日から十日以内に、当該風俗営業に係る許可証を返納理由書を添付して公安委員会に返納しなければならない（法第十条第一項第一号及び施行規則第二十三条）。

4 分割に係る欠格事由

法第四条第一項第七号の二の趣旨は、法第二十六条第一項の規定による風俗営業の許可の取消しにより風俗営業の許可の欠格事由（法第四条第一項第五号）に該当することとなることを回避する手段として分割を利用しようとする法人及びその役員を、分割の日から起算して五年を経過しない間、欠格者に該当させることにある。

本号により分割の日から起算して五年を経過しない間欠格者となる法人は、①「分割により法第四条第一項第六号の聴聞に係る風俗営業を承継させた法人」と、②「分割により法第四条第一項第六号の聴聞に係る風俗営業以外の風俗営業を承継した法人」である。

例えば、A店とB店を営む風俗営業者たる法人甲があるとして、A店において聴聞に係る事由が生じた場合、甲がA店を他の法人である法人乙に承継させるべく分割をすると甲は①に当たることとなり、他方、甲にA店を残し、B店を法人乙に承継させると、乙が②に当たることになる。要するに、行政処分を免れようとして分割に関与した法人のうち、聴聞を受けないこととなるものが本号の欠格事由に該当することになる。

この場合、当該分割の承認の申請がなされた時点においては、いまだ分割の効果が生じていないので、本号の欠格事由には該当せず、したがって他の欠格事由にも該当しない限りは承認がなされる。しかしながら、その後分割の効力が発生する日に至り、承認の効果として風俗営業者の地位の承継が生じた時点において、自動的に本号の欠格事由に該当することになり、法第八条第二号により許可の取消しがなされるべき対象となることになる。

一方、本号により分割の日から起算して五年を経過しない間欠格者となる役員は、法第二十六条第一項の規定による風俗営業の許可の取消処分に係る聴聞の期日及び場所の公示の日前六十日以内に①又は②の法人の役員であった者である。これは、こうした時期に役員であった者は、分割を実施するという意思決定に関与していた可能性が高いためである。

なお、相当な理由がある分割の場合には、本号の欠格事由には該当しないものとされている。「相当な理由がある」とは、例えば、分割を行うという内部的決定がなされた後に法第二十六条第一項の規定による風俗営業の許可の取消処分に係る聴聞の対象となる事由が発生した場合をいう。

第十六　特例風俗営業者の認定について（法第十条の二関係）

1　「この法律に基づく処分」の意義

法第十条の二第一項第二号中「この法律に基づく処分（指示を含む。）」とは、当該営業に関するもののみならず、およそこの法律に基づくものを全て含む。したがって、その者が複数の営業を営む場合又は営んでいた場合にあっては、その全てについて過去十年以内に処分を受けていないことを要する。

なお、法第十条の二第六項第三号中「この法律に基づく処分」の意義についても同様である。

2　施行規則で定める基準

施行規則第二十四条第二号中「法第二十四条第七項の規定に違反したこと」とは、風俗営業者が講習を当該営業所の管理者に受けさせる義務を履行しなかったことをいい、「病気その他のやむを得ない理由」（施行規則第四十条第二項）により当該管理者が当該講習を受けなかった場合において、次の講習の機会に受講させたときは、これに当たらない。

3　認定証の記載

認定証の「営業」の前の空欄に記載する営業の種類については、風俗営業の許可証に記載することとされている営業の種類を用いることとする。

4　地位の承継と認定

風俗営業者が死亡（風俗営業者が法人である場合にあっては消滅）した場合は、当該営業に係る認定は失効することとなる。したがって、法第七条第一項又は第七条の二第一項の承認を受けて風俗営業者の地位を承継した者であっても、法第十条の二第一項の認定を受けるためには、承認を受けてから十年以上経過していること等の同項各号の要件を満たす必要がある。

第十七　風俗営業の規制について（法第九条、第十三条、第十四条、第十五条、第十六条、第十八条の二、第十九条、第二十条、第二十二条、第二十三条及び第二十四条関係）

1　営業所の構造及び設備の変更

(1)　軽微な変更に当たらない変更

法第九条第一項の軽微な変更に当たらない変更のうち「営業の方法の変更に係る構造又は設備の変更」（府令第二条第四号）とは、まあじゃん屋をぱちんこ屋に変更する場合、和風料理店を洋風カフェーに変更する場合等、営業の種類を変えることにより営業の方法に基本的な変更がある場合は、これに該当することとなる。したがって、許可証に記載の「営業の種類」を異にする営業方法の変更については、府令第二条第四号に該当し、公安委員会の承認を要することとなる。

(2)　軽微な変更

法第九条第三項第二号の規定による届出を要する構造又は設備の変更は、営業所の小規模の修繕又は模様替、食器棚その他の家具（作り付けのものを除く。）、飲食物の自動販売機その他これに類する設備の設置又は入替え、照明設備、音響設備又は防音設備の変更、遊技設備（ぱちんこ屋及び令第八条に規定する営業に係る遊技機を除く。以下1において同じ。）の増設又は交替（遊技設備の区分（施行規則別記様式第一号の許可申請書その二(B)又はその二(C)の遊技設備の区分）ごとの数の変更がある場合に限る。）等である。

(3) 届出を要しない変更

次に掲げる構造又は設備の変更（(2)に該当するものを除く。）については、法第九条第三項の届出を要しない。

① 軽微な破損箇所の原状回復
② 照明設備、音響設備等の同一の規格及び性能の範囲内で行われる設備の更新
③ 法第二条第一項第五号の営業における遊技設備のソフトウェアのみの入替え及びそれに伴う操作部分の変更
④ 遊技設備の位置の変更
⑤ 営業所内の見通しを妨げない程度の軽微な椅子、テーブル等の配置の変更

(4) 管理者に係る変更の届出を受けた場合における措置

法第五条第一項第五号に掲げる事項の変更に係る法第九条第三項第一号の規定により届出書の提出があった場合には、当該届出に係る管理者について、法第二十四条第二項各号のいずれかに当たるかどうかを確認し、該当するときは、同条第五項の規定に基づき、当該管理者の解任の勧告をするものとする。

2 営業時間の制限

風俗営業終業後に引き続き同一の営業所を利用して特定遊興飲食店営業又は飲食店営業を営むことは、時間外営業等の脱法行為を誘発するおそれがあるので、次のような措置が講じられ、営業の継続性が完全に断たれる場合に限り、特定遊興飲食店営業又は飲食店営業としての継続を認めるものとする。

① 接待飲食等営業については、全ての客を帰らせるとともに、接客従業者も帰らせ（客としても残らせないものに限る。）、別会計にして営業すること。
② ゲームセンター等については、遊技設備設置部分を区画して当該部分を閉鎖して立ち入れないこととすること又は遊技設備を撤去する（遊技設備の元の電源を切り、かつ、遊技設備に覆いを掛けるなど撤去に準じる措置を講じることでも差し支えない。）ことによって営業すること。

3 照度の規制

法第十四条は、風俗営業に係る営業所内の照度について、規制の内容を明確にするため、数値により規制することとしている。

この規制により、風俗営業者は、施行規則第三十条に規定する方法で計った照度が常態として施行規則第三十一条に規定する数値を超えるようにしてその営業を営むこととなる。ただし、法第二条第一項第二号に掲げる営業における施行規則第二条第二号に掲げる客室（客席のみにおいて客に遊興をさせるための客室に限る。）については、個々の営業時間につき半分未満の時間に限って、いずれかの測定場所の照度を五ルクス以下とする場合は、本条の違反には当たらないこととする。

4 騒音及び振動の規制

法第十五条は、風俗営業に係る騒音及び振動について、現下のカラオケ騒音の問題等に鑑み、規制の内容を明確にするため

め、数値により規制することとしている。

施行規則第三十二条各項の「計量法（平成四年法律第五十一号）第七十一条の条件に合格した」騒音計及び振動レベル計とは、同法第七十条の検定に合格したもののほか、指定製造事業者が同法第七十一条の基準に適合するように製造したもの（同法第九十五条参照）をいう。

5　広告及び宣伝の規制

(1)　外形等

ア　法第十六条は、主として清浄な風俗環境の保持を図るために設けられたものであるが、憲法上、表現の自由及び営業の自由が保障されていることに鑑み、視覚に訴える広告又は宣伝を規制する場合は、公衆の目に触れやすいものの規制に限る。

(ア)　公道、駅前広場等多数の人間が通行する場所で行われる場合にあっては、当該広告物等が、付近（数メートル程度離れた場所）にいる人間に判別できる程度のものとする。ただし、プラカードを持って移動する場合のように、広告物自体を移動させる場合にあっては、すぐ近くで判別できるものであれば足りる。また、ビラ配り等公衆の各人に手渡す場合は、ビラ等の大きさを問わない。

(イ)　公衆電話等公衆が特定の目的のために利用する場所における広告又は宣伝は、当該場所を利用する人間が利用の際に広告物等の内容を判別することができるものであれば足りる。

イ　聴覚に訴える広告又は宣伝を規制する場合は、通常周囲の騒音との関係で、付近にいる公衆が聞くことのできる程度のものを規制の対象とする。

(2)　内容

ア　清浄な風俗環境を害する等この法律の目的に反するものに限る。

イ　視覚に訴える広告・宣伝にあっては、典型的には衣服を脱いだ人の姿態や性交、性交類似行為、性器等を描写するもの、営業所内で卑わい行為が行われていることを表すもの、遊技盤上の遊技くぎの操作による遊技球のサービス等著しく射幸心をそそるおそれのある行為が行われていることを表すもの等が規制の対象となる。

なお、単に店名及び料金のみを表示する広告・宣伝、単に色彩が派手である広告・宣伝等は、清浄な風俗環境を害するおそれがあると認められる場合を除き、規制の対象とならない。また、建物の外観は、それが広告又は宣伝に当たるものと解されない限り、本条による規制の対象となるものではない。

ウ　聴覚に訴える広告・宣伝にあっては、その内容が卑わいな場合、著しく射幸心をそそるおそれのある場合等が規制の対象となる。また、著しく大きな騒音を発生させている場合は、騒音に関する遵守事項の違反となり得るほか、本条の違反ともなる。

6　接客従業者に対する拘束的行為の規制

(1)　趣旨

法第十八条の二第一項及び第二項の規定は、接待飲食等営業を営む風俗営業者の営業所において行われる売春事犯を防止するため、接待飲食等営業を営む風俗営業者が行う行為のうち、接客従業者が売春をすることを助長するおそれがあると認められる拘束的行為を規制するとともに、そのような拘束的行為等の相手方となっている者が営業所において客に接する業務に従事することを防止しようとするものである。

(2) 不相当に高額な債務を負担させることの禁止

ア 法第十八条の二第一項第一号中「客に接する業務」の意義については、第十一中4を参照すること。

イ 法第十八条の二第一項第一号中「接客従業者でなくなった場合」とは、退職した場合等をいう。

ウ 法第十八条の二第一項第一号中「その支払能力に照らし不相当に高額の債務」とは、その者が接客従業者として通常得る収入等に照らした返済能力に比べ、社会通念上著しく均衡を失すると認められる程度に高額な債務をいう。

なお、同号の「債務（利息制限法（昭和二十九年法律第百号）その他の法令の規定によりその全部又は一部が無効とされるものを含む。）」には、公序良俗に反する契約に基づくもの、接待飲食等営業を営む風俗営業者による詐欺若しくは強迫に基づくもの又は接客従業者の錯誤に基づくものも含まれる。

(3) 旅券等を保管すること等の禁止

ア 法第十八条の二第一項第二号中「その支払能力に照らし不相当に高額の債務」については、(2)ウを参照すること。

イ 法第十八条の二第一項第二号中「保管し」とは、接待飲食等営業を営む風俗営業者又はその代理人等が保管する場合をいい、「第三者に保管させる」とは、接待飲食等営業を営む風俗営業者又はその代理人等が他の者に保管させることをいう。

なお、当該第三者が当該旅券等がその支払能力に照らし不相当に高額な債務を負担させられた接客従業者のものであることを認識していることを要しない。

(4) 拘束的行為等の相手方となっている者が客に接する業務に従事することを防止するための措置

ア 法第十八条の二第二項中「疑いがあると認められるとき」とは、例えば、接客業務受託営業を営む者がその使用人その他の従業者に対して行っている拘束的行為等の具体的な話を聞いた場合等をいう。

イ 法第十八条の二第二項中「防止するため必要な措置」とは、例えば、当該拘束的行為等の相手方となっている者を接客従業者として派遣することを拒否する旨を申し入れ、又は拒否すること、当該接客業務受託営業を営む者との契約を解除すること等をいう。

7 賞品の提供方法に関する基準

(1) 施行規則第三十六条第二項第一号イ中「当該遊技の結果として表示された遊技球等の数量に対応する金額」とは、当該遊技の結果として表示された遊技球等の数量を玉一個又はメダル一枚に係る遊技料金（消費税額及び地方消費税額を含む。）に乗じて得た額をいう。

また、同号イ中「等価の物品」とは、同等の市場価格を有する物品をいう。市場価格とは、一般の小売店（いわゆるディスカウントストア等も含む。）における日常的な販売価格をいい、特別な割引価格はこれに該当しない。

(2) 施行規則第三十六条第二項第一号ハに定める「遊技の種類及び遊技の方法並びにイ及びロに定める物品その他の事情を考慮して国家公安委員会が定める物品」は、現在のところ定められていない。

8 遊技機の規制及び認定等

(1) 認定

ア 認定申請の手続

(ア) 遊技機規則第一条第三項第二号の規定による検定を受けた型式に属する遊技機についての認定は、ぱちんこ屋及び令第八条に規定する営業を営む者が、法第二十条第四項の検定を受けた型式に属する遊技機（府令第一条第十一号ロ又はハ）であって、その営業の用に供しているものを、あらかじめ、検定の有効期間が経過する前に、法第二十条第一項の著しく客の射幸心をそそるおそれのある遊技機に該当しないものであることを確認するために行うことを想定している。

この認定を受けた遊技機について、その後、故障による修理等のため、法第二十条第十項において準用する法第九条第一項の規定により変更の承認を受けようとする場合に提出する変更承認申請書に添付する書類（施行規則第十九条第二項）は、当該変更事項に係る府令第一条第十一号イに掲げる書類となる（ただし、修理等の後においても、認定を受けた遊技機と同一のものと認められる場合に限る(3)オ(イ)を参照すること）。）。

なお、認定を受けていない遊技機について当該承認を受けようとする場合には、当該変更事項に係る府令第一条第十一号ニに掲げる書類を添付しなければならないこととなる。

(イ) 遊技機規則第一条第三項第二号ロ中「当該遊技機がイの検定通知書（甲）に係る型式に属するものであることを疎明するもの」とは、申請に係る遊技機が検定を受けた型式に属するものであることを保証する書面であって、当該遊技機の製造番号その他当該遊技機を特定することができる記号等が記載されたものとする。また、当該書面の記載事項及び様式例は、同号ロ(1)に掲げる者の作成に係るものについては、別記様式第三号とし、同号ロ(2)又は(3)に掲げる者の作成に係るものについては、別記様式第四号とする。

イ 認定申請に係る補正の要求

遊技機規則第一条の二中「軽微な不備（誤記又は記載漏れであつて、認定申請者が記載しようとした事項が容易に推測される程度のものをいう。）」とは、例えば、次のような場合をいう。

① 一の遊技機の部品について各添付書類間に数値、単位等の単純な矛盾がある場合で、認定申請者が記載しようとした事項が明らかである場合

② 誤字、脱字又は判読が困難な文字と認められる不備がある場合で、認定申請者が記載しようとした事項が明らかである場合

③ 記載欄の一部に空欄がある場合で、他の記載事項等から当該空欄に記載しようとした事項が明らかである場合

ウ 認定申請書等に不備又は虚偽の記載がある場合の取扱い

遊技機規則第三条第四項中「認定申請書若しくは認定申請書に添付しなければならない書類に不備がある場合」とは、例えば、次のような場合をいう。

① 遊技機規則第一条第三項に基づいて添付しなければならないこととされている書類（諸元表、構造図、回路図、動作原理図等）が添付されていない場合（その一部が欠落している場合を含む。）

② 諸元表に記載すべき事項が欠落している場合（諸元表に記載すべき事項が諸元表以外の書類に記載されている場合を含む。）

③ 諸元表に記載された遊技機並びに遊技機の部品及び装置の構造、材質又は性能の内容について、遊技機規則第一条第三項第三号ハの書面において説明が欠落している場合

また、遊技機規則第三条第四項中「これらの書類に虚偽の記載がある場合」とは、例えば、次のような場合をいう。

○ 諸元表の特定の記載事項について、試験に係る遊技機（実際の遊技機）の性能とは異なる性能を記載している場合（遊技の公正を害する調整を行うことができる遊技機であることを知っているにもかかわらず、当該機能を有しない旨を諸元表に記載した場合等）

エ 認定の取消し

(ア) 「認定を受けた遊技機にその構造、材質又は性能に影響を及ぼす改造その他の変更が加えられたこと」（遊技機規則第五条第一項第二号）に該当するかどうかは、当該遊技機の諸元表に記載された遊技機並びに遊技機の部品及び装置の構造、材質及び性能の諸要素が全て同一であるか否かによって判断されることとなる。ただし、当該遊技機に係る認定申請のときに提出された認定申請書及び添付書類（当該遊技機が検定を受けた型式に属するものであった場合にあっては、当該型式に係る検定申請のときに提出された検定申請書及び添付書類を含む。）により判断することができる場合には、諸元表によることを要しないものとする。

(イ) 遊技機規則第五条第二項に規定する弁明の機会の付与に関しては、行政手続法（平成五年法律第八十八号）第三章第二節の聴聞の例に準じて行うものとする。

(2) 型式の検定

ア 検定申請の手続

(ア) 同日に二以上の遊技機規則第七条第一項に規定する検定申請書を一の公安委員会に対し提出する場合において、これらの検定申請書に同条第二項に基づき添付しなければならないこととされる書類のうち同一の内容となるものがあるときは、当該同一の内容となる書類については、一部をこれらの検定申請書のいずれか一通に添付すれば、検定申請書と同じ部数の書類の添付を要しない扱いとする。

(イ) 遊技機規則第七条第二項第一号ロ中「第十一条第二項の規定により検定を取り消され、当該取消しの日から起算して五年を経過しない者に該当しないことを誓約する書面」とは、最近五年間においていずれの公安委員会からも遊技機規則第十一条第二項の規定による検定の取消しを受けた者でないことを誓約する書面とする。また、当該書面の様式例は、別記様式第五号とする。

(ウ) 遊技機規則第七条第二項第三号ホ及び第四号ホの写真は、一連の製造工程等が明確になるように撮影されたものとする。

(エ) 遊技機規則第七条の二第四項の規定により届出があったときは、確認証明書の提出を受け、次に掲げる区分に従い当該証明書にそれぞれに定められた措置を執り、返

却するものとする。

① 確認証明書の記載内容の変更を必要とする場合

確認証明書の内容の変更を行った上でその旨及び変更を行った年月日を余白に記載すること。

② 遊技機規則第七条第二項第三号に掲げる書類の記載内容の変更であって、確認証明書の記載内容の変更を必要としない場合

当該書類の記載内容の変更があった旨及び変更を行った年月日を余白に記載すること。

イ 検定申請に係る補正の要求

遊技機規則第七条の三の規定よる検定申請に係る補正の要求については、(1)イを参照すること。

ウ 検定の通知等

(ア) 遊技機規則第九条第一項の規定に基づき公示すべき事項は次に掲げるものとする。

① 申請者の氏名又は名称及び住所

② 申請者が法人である場合には、代表者の氏名

③ 型式の概要（遊技機の種類、型式名及び製造業者名）

④ 検定番号

⑤ 検定の有効期間

(イ) 遊技機規則第九条第二項中「技術上の規格に適合していると認められないとき」とは、技術上の規格に明確に適合していない場合に加えて、技術上の規格への適合について合理的な疑いがある場合もこれに該当する（技術上の規格に適合していないことまでの立証は不要である。）。

(ウ) 検定申請書等に不備又は虚偽の記載がある場合の取扱い

遊技機規則第九条第三項中「検定申請書若しくは検定申請書に添付しなければならない書類に不備がある場合」とは、例えば、次のような場合をいう。

① 遊技機規則第七条第二項に基づいて添付しなければならないこととされている書類（諸元表、構造図、回路図、動作原理図等）が添付されていない場合（その一部が欠落してる場合を含む。）

② 諸元表に記載すべき事項が欠落している場合（諸元表に記載すべき事項が諸元表以外の書類に記載されている場合を含む。）

③ 諸元表に記載された遊技機並びに遊技機の部品及び装置の構造、材質又は性能の内容について、遊技機規則第七条第二項第六号ハの書面において説明が欠落している場合

④ 取扱説明書に遊技機規則第七条第五項各号に掲げる記載事項が欠落している場合

なお、遊技機規則第九条第三項中「これらの書類に虚偽の記載がある場合」とは、例えば、次のような場合をいう。

① 検定申請書の「製造又は検査を行う事業所の所在地」欄に虚偽の所在地を記載していた場合

② 検定申請に係る型式に属する遊技機が、遊技の公正を害する調整を行うことができる遊技機であることを知っているにもかかわらず、当該機能を有しない旨を諸元表に記載していた場合

エ　検定の取消し

(ア)　遊技機規則第十一条第一項中「型式」とは、製造業者が検定を受けたいと意図している型式に属する遊技機の構造、材質及び性能のあるべき姿を表象した諸元表記載のものをいい、「均一性を有しない」とは、遊技機が同一の設計に基づき製造されたにもかかわらず、製造後の個々の遊技機の構造、材質及び性能についての差異が、あらかじめ想定された製造誤差（諸元表に記載された誤差）の範囲外にあることをいう。したがって、「検定を受けた型式に属する遊技機の構造、材質若しくは性能が技術上の規格に適合せず、又は均一性を有していないこと」とは、例えば、次のような場合をいう。

①　申請書に添付した諸元表記載の使用部品と同一の規格の部品を使用しているにもかかわらず、部品特性の微細な差異に起因して検定時に確認された性能と異なる性能を発現する（例：大当たりが極めて高い確率で発生する）遊技機であることが判明した場合

②　製造業者のプログラムミス等により、一定の事情を契機として大当たりが極めて高い確率で発生するなど、検定時には確認されなかった性能が発現する遊技機であることが判明した場合

③　検定を受けた型式と同一型式に属する装置ではあるが、製造誤差により、検定時に確認された性能と異なる性能が発現する遊技機であることが判明した場合

(イ)　遊技機規則第十一条第二項第一号中「偽りその他不正の手段により当該検定を受けたことが判明するに至ったとき」には、遊技機規則第七条第一項及び第二項に掲げる書類が偽りであった場合のほか、遊技機規則第七条の二第一項の確認を同条第六項第一号の規定により取り消された場合も含むものである。

(ウ)　遊技機規則第十一条第二項第四号及び第五号の規定による報告の請求及び検査等は、検定制度に係る諸規定の遵守状況の確認等の検定制度に関する規定の施行に必要な限度において認められたものであり、犯罪捜査のために認められたものではない。したがって、例えば、検定制度に係る諸規定の遵守状況等とは全く無関係なぱちんこ営業者による遊技機の不正改造事犯に係る資料収集のためといった検定の章の規定の施行に関係のない事項について報告を請求し、又は立入検査をしたりすることはできないことに注意する必要がある。また、報告を行うか否かは、報告請求の相手方の判断に委ねられており、立入検査についても、立入検査を受ける者による承諾がある場合に行うものである。

①　報告の拒否等（遊技機規則第十一条第二項第四号）

報告請求書中の「報告を求める理由」については、その理由が具体的に分かる程度の内容を記載し、「報告を求める内容」については、報告を求める理由に照らして合理的な範囲内において、報告の範囲を明確に記載すること。また、報告の請求は、事前に報告理由、報告内容等を精査した上で最小限の回数で済むようにすること。

②　立入検査の拒否等（遊技機規則第十一条第二項第五号）

立入検査については、報告によっては、検定を受け

た者の規制の遵守状況の確認等の行政目的を達成することができないなど立入検査を行う必要性のあるときに限って行うこと。

なお、本号中「その検査が拒まれ、妨げられ、若しくは忌避され」とあるのは、立入検査の職務の円滑な執行に妨げとなる行為を網羅する趣旨であり、「拒まれ、妨げられ」とは、行為者が警察職員の職務執行に対して何らかの積極的な行動に出た場合であり、「忌避され」とは、そうした積極的な行動がない場合である。

(エ) 遊技機規則第十一条第三項に規定する弁明の機会の付与に関しては、行政手続法第三章第二節の聴聞の例に準じて行うものとする。

(オ) 遊技機規則第十一条第四項の規定に基づき公示すべき事項は、次に掲げるものとする。

① 検定の取消しを受けた者の氏名又は名称及び住所

② 検定の取消しを受けた者が法人である場合には、代表者の氏名

③ 型式の概要（遊技機の種類、型式名及び製造業者名）

④ 検定年月日

⑤ 検定番号

⑥ 検定の取消しの根拠となる適用法条

(3) 遊技機の変更

ア 遊技機の「その他の変更」

遊技機の「その他の変更」（法第二十条第十項）には、遊技機の部品を交換し、又は付加する行為も含まれる。

なお、府令第六条中の「遊技機の部品」には、法第二十三条第一項第三号に規定する遊技球等の受け皿、遊技機の前面のガラス板等の遊技機の設計製造段階から当該遊技機を構成する部品として予定されて取り付けられている部品のほか、遊技機に付加される部品も含まれる。ただし、遊技機に付加される部品であっても、次に掲げるものは法第四条第二項第一号の「営業所の設備」と解し、「遊技機の部品」には含まれない扱いとする。

① 遊技機の遊技球等貸出装置接続端子板に接続する遊技球等貸出装置（遊技機外の遊技球等を貸し出すための信号を送信する機械又は装置をいう。）及び外部の配線

② 遊技機の外部端子板に接続する外部の装置及び配線

③ 諸元表の「定格電圧」及び「定格周波数」の欄に記載された値に相当する電圧及び周波数のみにより電源を供給する電源装置（トランス）

④ いわゆる島設備に設置される遊技機への遊技球の供給に係る装置で、遊技機の遊技盤の枠（以下単に「遊技盤の枠」という。）の開閉に応じて遊技機と接触し又は分離するレバーの位置により遊技球の供給を制御する機能を有するもの（レバーの遊技機との接触が、遊技盤の枠が閉じたときのみに遊技機の遊技球を貯留するためのタンクに対して非電気的に行われ、かつ、遊技盤の枠が開いたときに遊技機からレバーが離れるため、遊技機に対する独立性が高く、外形的にも性能的にも遊技機と一体とみられないものに限る。）（いわゆるレバー付き玉補給機）

イ 軽微な変更に当たらない変更

次に掲げる部品は、「遊技機の部品でその変更が遊技機の性能に影響を及ぼすおそれがあるもの」（府令第六条）に含まれる。

① 遊技くぎ、役物その他の遊技球と接触する可能性のある遊技盤上の構造物

② 主基板、発射装置又は遊技機枠

ウ 軽微な変更

府令第六条の「遊技機の部品でその変更が遊技機の性能に影響を及ぼすおそれがあるもの以外のもの」には、次に掲げるものがこれに含まれる。

① 遊技球等の受け皿

② 遊技機の前面のガラス板等（遊技機の遊技盤又は回胴の前面に設けられた全てのガラス板等をいう。）

③ 遊技機の鍵

④ 遊技機の配線、主基板等の部品が不正なものと交換されること等を防止するために、当該物品を束ね、又は固定する透明色の絶縁材料又は透明色の硬化剤

エ 届出を要しない変更

遊技機の部品の変更のうち次に掲げるものは極めて軽微なものと考えられることから、届出を要しない扱いとする。

① 同一規格の範囲内で行われる遊技機の同色のランプ、蛍光灯又はヒューズの更新

② 遊技機の部品が不正なものと交換されていないか確認するために行われる部品の取外し及び当該部品の取り付け（遊技機の部品の付加を伴わないものに限る。）

なお、法以外の法律の規定に基づき、遊技機の性能に影響を及ぼすおそれがない変更をする場合には、法の趣旨に照らして届出を要しない扱いとする。

オ 変更承認申請の手続

(ア) 遊技機の増設又は交替の場合

施行規則第十九条第二項中「府令第一条第十一号に掲げる書類のうち、当該変更事項に係る書類」とは、増設又は交替により新たに設置しようとする遊技機の区分（府令第一条第十一号イからニまでの遊技機の区分をいう。）に応じ、府令第一条第十一号イからニまでのいずれかの書類であり、当該書類については、第十二中13(7)から(12)までを参照すること。また、施行規則別記様式第十号中「変更事項」の欄には、増設の場合には増設により新たに設置しようとする遊技機、交替の場合には交替により新たに設置しようとする遊技機及び撤去しようとする遊技機を特定するに足る事項を記載することとする。

(イ) 遊技機のその他の変更（府令第六条に定める軽微な変更を除く。）の場合

施行規則第十九条第二項中「府令第一条第十一号に掲げる書類のうち、当該変更事項に係る書類」とは、その遊技機の変更部分につき次に掲げる書類とする。

① 遊技機の変更部分に係る諸元表

② 遊技機の変更部分に係る構造図、回路図及び動作原理図

③ 遊技機の変更部分並びに遊技機の変更部分の部品及び装置の構造、材質及び性能の説明を記載した書類

なお、次に掲げる場合には、それぞれにおいて定めら

れた書類を上(前)記①から③までの書類に代えることができる。

① 検定を受けた型式に属する遊技機であって、当該検定の有効期間内において認定を受けたもの(府令第一条第十一号イに該当する遊技機)の変更であって、製造業者又は輸入業者が作成した書面(変更後の遊技機が当該型式に属するものであることを疎明するものに限る。当該書面の記載事項及び様式例は、別記様式第三号とする。)が提出された場合

遊技機規則第三条第二項に規定する認定通知書の写し

② 検定を受けた型式に属する遊技機(府令第一条第十一号ロ又はハに該当する遊技機)の変更であって、製造業者又は輸入業者が作成した書面(変更後の遊技機が当該型式に属するものであることを疎明するものに限る。当該書面の記載事項及び様式例は、別記様式第三号とする。)が提出された場合

遊技機規則第九条第一項に規定する検定通知書(甲)の写し

また、施行規則別記様式第十号中「変更事項」の欄には、変更を加えようとする遊技機を特定するに足る事項を記載することとする。

カ 軽微な変更の届出の手続

遊技機のその他の変更(府令第六条に定める軽微な変更に限る。)の届出書(施行規則第二十条第一項)を提出する場合における府令第七条の「府令第一条第十一号に掲げる書類のうち、当該変更事項に係る書類」とは、その変更が遊技機の性能に影響を及ぼすおそれがないものであることから、変更をした遊技機の区分(府令第一条第十一号イからニまでの遊技機の区分をいう。)にかかわらず、当該部品に係る書類(当該部品を特定するに足りるもの)とする。

9 風俗営業を営む者の禁止行為

(1) 法第二十二条第一項第一号中「客引き」とは、相手方を特定して営業所の客となるように勧誘することをいう。例えば、通行人に対し、営業所の名称を告げず、単に「お時間ありませんか」、「お触りできます」などと声を掛けながら相手の反応を待っている段階では、いまだ「客引き」には当たらないが、この際に、相手方の前に立ちふさがったり、相手方につきまとうことは、同項第二号の「客引きをするため、道路その他公共の場所で、人の身辺に立ちふさがり、又はつきまとうこと」に当たる。また、いわゆるホストクラブの従業者が、通行人の女性に、個人的な交際の申込みや接客従業者の募集を装って声を掛け、その身辺に立ちふさがったり、つきまとったりしている場合についても、例えば、黒服を着てビラ等を所持しているなど、客観的な状況から「客引きをするため」の行為と認められるときは、同号の行為に当たる。

(2) 法第二十二条第一項第四号中「客に接する業務」(第十一中4を参照すること。)には、同項第三号の「接待」や同項第六号の「酒類又はたばこを提供すること」が含まれる。また、遊技場営業についても、営業所内で客の応接をし、その要望に応じてサービスをする業務や遊技料金を徴収し、又は遊技球等を貸し出し、若しくは客が獲得した遊技球等を賞品と交換する業務も「客に接する業務」に含まれる。

なお、法第二十二条第一項第一号の「客引き」は、「客」となる前段階の行為であるため「客に接する業務」には含まれない。

(3) 法第二十二条第一項第三号と第四号の相違は、同項第三号の重点が接待等をさせた点にあり、同項第四号の重点が夜間（午後十時から翌日の午前六時までの時間をいう。）にあることである。

(4) 法第二十二条第一項第五号中「客として立ち入らせる」とは、飲食、遊興又は遊技をする客として立ち入らせることをいい、十八歳未満の者を営業所に単に立ち入らせることをもって直ちに同号の違反になるわけではない。したがって、例えば、ぱちんこ屋及び令第八条に規定する営業に係る営業所において、親を探しに来た子供を営業所に立ち入らせたことをもって直ちに同号違反に問擬されるものではない。

また、例えば、旅館業を営む者が旅館内の宴会場の甲の間と乙の間を客室として法第二条第一項第一号の営業の許可を受けているような場合や、当該営業の許可を受けている料理店に客室として甲の間と乙の間があるような場合において、それぞれ甲の間で現に接待を行っていたとしても、乙の間では接待を行っていなければ、乙の間に十八歳未満の者を立ち入らせて飲食をさせることは法第二十二条第一項第五号違反になるわけではない。さらに、甲の間で接待を受けて飲食をしていた客と接待従業者が全員退室した後、甲の間において別の客に接待をせずに飲食のみをさせる場合も、そこに十八歳未満の者を立ち入らせて飲食をさせることは同号違反になるわけではない。

なお、風俗営業者は、法第十八条の規定により、十八歳未満の者がその営業所に立ち入ってはならない旨を営業所の入口に表示しなければならないこととされていることから、営業者は十八歳未満の者が自らの営業所に立ち入ることのないようにするとともに、万一、立ち入っているのを認知したときは速やかにその者が営業所外に退出するよう必要な措置を講じる必要がある（施行規則第三十八条第七号参照）。

また、上〔前〕記の旅館や料理店の例においては、実際に風俗営業を営んでいる甲の間の入口に立入禁止の表示を行うことになる。

(5) 法第二十二条第一項第六号中「提供」とは、酒類を飲用に、たばこを喫煙の用に適する状態に置くことをいい、営業者がこれを未成年者に販売したり、贈与したりする場合に限らず、未成年者が持参した酒類又はたばこにつき、燗をしたり、グラス、灰皿等の器具を使用させてその用に供する状態に置けば、「提供」に当たる。

(6) 法第二十二条第一項各号に掲げる行為が禁止されるのは、「風俗営業を営む者」であり、「風俗営業者」に限られないことから、無許可で風俗営業を営む者も対象となる。また、「風俗営業を営む者」以外の者が、「風俗営業を営む者」と意を通じてこれらの行為をした場合は、いわゆる身分なき共犯として処罰することができる。

10 遊技場営業者の禁止行為

(1) 法第二十三条第一項第一号の有価証券には、金地金は含まない。

(2) 営業所ごとの会員カード等を利用して当該営業所内のコンピュータ等において当該会員が獲得した遊技球等の数量を管理する場合において、当該数量を当該会員カード等に電磁的方法その他の方法により記録することをしないものは、法第二十三条第一項第四号にいう書面には当たらない扱いとする。

(3) 遊技の結果が物品により表示される遊技の用に供するクレーン式遊技機等の遊技設備により客に遊技をさせる営業を営む者は、その営業に関し、クレーンで釣り上げるなどした物品で小売価格がおおむね八百円以下のものを提供する場合については法第二十三条第二項に規定する「遊技の結果に応じて賞品を提供」することには当たらないものとして取り扱うこととする。

(4) 法第二条第一項第五号の営業を営む者が、遊技の結果獲得した得点、数量等を直接又は度その他の単位に換算して電磁的方法（電子的方法、電磁的方法その他の人の知覚によって認識することができない方法をいう。）により記録した媒体を発行し、又は交付することは、法第二十三条第三項で準用される法第二十三条第一項第四号に違反する。

11 営業所の管理者

(1) 総説

法第二十四条の規定は、風俗営業の健全化を自主的に促進するため設けたものであり、営業者の自主性を不当に侵害しないように配慮する必要がある。

(2) 管理者の選任

ア 法第二十四条第一項中「統括管理する者」とは、全体をまとめて管理する者という意味であり、したがって、本法の管理者には、店長、支配人等が該当する。

なお、営業者自らが当該営業所内における業務の実施を直接統括管理する場合には、営業者が自らを管理者として選任すればよく、他に管理者を選任する必要はない。

イ 施行規則第三十七条中「営業所ごとに専任」とは、その営業所に常勤して管理者の業務に従事し得る状態にあることをいう。

なお、二つの営業所が接着しており、双方の店を同時に統括管理することができ、管理者の業務を適正に行い得る場合にあっては、当該管理者を同一人とすることも可能である扱いとする。

(3) 管理者の業務

ア 法第二十四条第三項中「代理人、使用人その他の従業者」には、風俗営業者から風俗営業の業務の一部の委託を受けた者及びその者の代理人、使用人その他の従業者を含む。

イ 施行規則第三十八条第一号中「従業者に対する指導に関する計画」の「作成」とは、例えば、法令遵守のため何月は特に何について指導するかなどの計画を作成することをいう。

ウ 施行規則第三十八条第十一号中「客がする遊技が過度にわたることがないようにするため」講ずる「客に対する情報の提供その他必要な措置」とは、ぱちんこ等への依存防止対策に資する取組をいい、例えば、同ポスター等の営業所内での掲示、営業所の広告への掲載等による依存防止に関する相談窓口等の情報提供や、客自身又はその家族からの遊技使用上限金額等の申告に基づき過度な遊技を予防する仕組みの活用、過度な遊技を行わないよう客に対する注意喚起の実施、依存防止対策についての従業者への教育等が考えられる。

エ　施行規則第三十八条第十二号に規定する契約の内容には、風俗営業者の遵守すべき法令を受託者が遵守することを担保するための定めを盛り込む必要がある。

(4)　管理者の解任の勧告

ア　法第二十四条第五項の解任の勧告は、行政処分ではなく、その効果は、営業者の自主的判断に待つものである。

イ　解任の勧告については、その勧告を受けていないことが特例風俗営業者の認定の要件の一とされている（施行規則第二十四条第一号）ので、その勧告の実施に関する記録を適切に保管し、過去十年間の勧告の実施に関する記録が整備されているようにする必要がある。

(5)　管理者講習

ア　施行規則第三十九条第二項中「管理者（法第十条の二第一項の認定を受けた風俗営業者の当該認定に係る営業所の管理者であつて当該営業所の管理者として選任された後定期講習を受けたことがあるものを除く。）」とあるのは、認定の前後を問わず認定に係る営業所の管理者に選任されてから少なくとも一回以上は定期講習を受けたことがある者については定期講習を行わないことを意味するものであり、認定の後管理者に変更があった場合には、新たに選任された管理者につき選任後最初に行われる定期講習を受講させる必要がある。

イ　施行規則第三十九条第二項中「特別の事情がある場合」とは、特定の種類又は特定の地域の風俗営業について、同種の違反行為が多数行われている状況、少年のたまり場になっている状況等にあり、管理者を集めて講習を行うことによりこれらの事情を解消し、風俗営業の健全化を図ることが期待できる場合、法令の重要な改正があり、管理者に周知させる必要がある場合等をいう。

ウ　管理者講習については、その受講の有無等の状況が特例風俗営業者の認定の要件の一とされている（施行規則第二十四条第二号）ので、その受講状況等の記録を適切に保管し、過去十年間の受講記録が整備されているようにする必要がある。

エ　施行規則第四十条第二項中「病気その他やむを得ない理由」とは、急病、交通事故、災害による交通の途絶、法令の規定により身体の自由を拘束されていること、社会の慣習上やむを得ない緊急の用務が生じていること等、管理者が管理者講習を受講できないことについてやむを得ない合理的な理由がある場合をいう。

第十八　性風俗関連特殊営業の届出について（法第二十七条、第三十一条の二、第三十一条の七、第三十一条の十二及び第三十一条の十七関係）

1　一般的留意事項

(1)　店舗型性風俗特殊営業、無店舗型性風俗特殊営業、映像送信型性風俗特殊営業、店舗型電話異性紹介営業及び無店舗型電話異性紹介営業は、それぞれ別個の営業であるから、これらの営業を兼業して営もうとする場合には、そのいずれについても公安委員会に営業開始の届出書を提出する必要がある。

(2)　性風俗関連特殊営業については、風俗営業及び特定遊興飲食店営業と異なり、相続又は法人の合併若しくは分割のいずれの方法によっても、営業の他者への承継は認められていない（法第七条、第七条の二、第七条の三及び第三十一条の二十三参照）。

2　店舗型性風俗特殊営業の届出

(1)　複数の都道府県において営まれる移動店舗型性風俗特殊営業（車両等常態として移動する施設において営まれる店舗型性風俗特殊営業をいう。以下同じ。）を営もうとする者が営業開始の届出書を提出する場合には、当該営業を主として営むことを予定している地域を管轄する一の公安委員会に届け出れば足りるものとして取り扱うものとする。ただし、複数の車両等を利用して移動店舗型性風俗特殊営業を営もうとする場合には、車両等のそれぞれにつき一の届出を要する。

(2)　法第二十七条第一項第五号の「営業所における業務の実施を統括管理する者」とは、全体をまとめて管理する者という意味であり、店長、支配人等が該当する。また、店舗型性風俗特殊営業を営む者自らが当該営業所内における業務の実施を統括管理する場合には、自らの氏名及び住所を届出書に記載することとなる。

3　無店舗型性風俗特殊営業の届出

(1)　無店舗型性風俗特殊営業の届出は、当該営業を「営む者」ごとに行うこととなる。したがって、例えば、派遣型ファッションヘルス営業を営む者が、客の依頼を受けて派遣される従業者の集団や従業者を派遣する地域の区分に応じて複数の呼称や電話番号を使い分けるなど、複数の派遣型ファッションヘルス営業を営んでいると認識している場合であっても、当該営業を営む者が同一の主体である限り、これらの営業を全体として一の営業として、当該一の営業について届出をすることになる。この場合、当該営業について複数の呼称を使用する場合には、その全部の呼称について届出が必要である（法第三十一条の二第一項第二号）。

(2)　法第三十一条の二第一項各号列記以外の部分中「事務所」とは、当該無店舗型性風俗特殊営業の営業活動の中心である一定の場所のことをいい、事務所が複数ある場合には、それらのうちの中枢となる事務所が「営業の本拠となる事務所」に当たる。この場合、「事務所」といえる場所がないときは、当該営業を営む者の「住所」がこれに代わることとなる。

(3)　法第三十一条の二第一項第二号中「呼称」とは、広告及び宣伝をする際に使用する呼び名のことをいう。

(4)　法第三十一条の二第一項第六号中「客の依頼を受けるための電話番号その他の連絡先」とは、例えば、郵便により依頼を受ける場合には郵便の宛先が、電話、ファクシミリ等により依頼を受ける場合には電話番号が、インターネットを利用して依頼を受ける場合には電子メールアドレス等がこれに当たる。電話番号、電子メールアドレス等の連絡先が複数ある場合は、全ての連絡先を記載させる必要がある（施行規則別記様式第二十五号の備考七参照）。

(5)　法第三十一条の二第一項第七号中「同号に規定する役務提供以外の客に接する業務」とは、派遣型ファッションヘルス営業に係る「客に接する業務」（第十一中4を参照すること。）のうち「異性の客の性的好奇心に応じてその客に接触する役務」（法第二条第七項第一号）を提供する業務以外のものであり、具体的には、来訪した客と対面して行う次のような業務が広く含まれる。

①　客から役務の提供の依頼を受ける業務（受付業務）

②　接客従業者の写真を客に見せるなどして、客に紹介する業務

したがって、これらの業務を行うための施設を設ける場合には、受付所を設ける旨及びその所在地を届出書に記載しなければならない。事務所と同一の施設を受付所として用いる場合には、届出書にその旨を記載しなければならない。

一方、客が来訪せず、電話やファクシミリのみにより客の依頼を受け付ける事務所は、受付所に当たらない。

なお、いわゆる風俗案内所等の第三者が、派遣型ファッションヘルス営業を営む者の委託を受け、広告又は宣伝の範囲を超えて、当該第三者の施設に来訪する者と対面して上（右）記①又は②の業務を行っている場合、当該施設は、当該派遣型ファッションヘルス営業を営む者が設ける受付所に当たる。

(6) 法第三十一条の二第一項第七号中「待機所」とは、客の依頼を受けたときに「異性の客の性的好奇心に応じてその客に接触する役務」（法第二条第七項第一号）を行うために派遣することができる状態で従業者を待機させるための施設又は施設の区画された部分をいい、単に従業者が居住している施設は、これに当たらない。

4 映像送信型性風俗特殊営業の届出

(1) 映像送信型性風俗特殊営業の届出は、営業ごとに行うこととなり、通常は、例えば、インターネット利用型であればホームページ単位で行うことになる（ホームページを幾つかのセクションに分けている場合の扱いについては、第七中3(2)を参照すること。）。

(2) 届出書の提出義務を負うのは、実質的に映像送信型性風俗特殊営業を営むと認められる者である。したがって、単にホームページ開設サービスのみを行う自動公衆送信装置設置者（第三十四中1(1)を参照すること。）や単に料金の回収の代行を行う電気通信事業者は、一般的には、ここでいう営業を営もうとする者には当たらないと解される。

(3) 法第三十一条の七第一項各号列記以外の部分中「事務所」とは、法第三十一条の二第一項各号列記以外の部分の「事務所」と同趣旨である（3(2)を参照すること。）。

(4) 法第三十一条の七第一項第二号中「呼称」とは、法第三十一条の二第一項第二号の「呼称」と同趣旨である（3(3)を参照すること。）。

(5) 法第三十一条の七第一項第四号中「電気通信設備（自動公衆送信装置を用いる場合にあつては自動公衆送信装置のうち当該映像の伝達の用に供する部分をいい、電気通信回線の部分を除く。）を識別するための電話番号その他これに類する記号であつて、当該映像を伝達する際に用いるもの」とは、客が当該映像送信型性風俗特殊営業に接続する際に用いる記号等をいい、インターネットを利用する営業の形態の場合はホームページのURL等がこれに当たる。

(6) 法第三十一条の七第一項第五号の趣旨は、いわゆるサーバ貸しによるホームページ開設サービスを行っている自動公衆送信装置設置者を利用して営業を営む場合には、当該自動公衆送信装置設置者の氏名又は名称及び住所を届出書に記載しなければならないということである。

(7) 届出の対象となるのは、我が国において営業を営んでいる者であり、客に見せる映像が蔵置されている自動公衆送信装置（第三十四中1(1)を参照すること。）の所在地を問わない。したがって、外国の自動公衆送信装置設置者を利用して営業を営む場合には、当該外国の自動公衆送信装置設置者の氏名又は名称及び住所を届出書に記載することとなる。

5　店舗型電話異性紹介営業の届出

(1)　店舗型電話異性紹介営業の届出は、店舗型性風俗特殊営業と同様に営業所ごとに当該営業所の所在地を管轄する公安委員会に対して行う。したがって、一の店舗型電話異性紹介営業を営もうとする者が同一の都道府県内で複数の営業所を設ける場合は、営業所ごとに届出を行う必要がある。

(2)　法第三十一条の十二第一項第三号中「電気通信設備を識別するための電話番号」とは、会話申込者が当該店舗型電話異性紹介営業に用いられる電気通信設備に接続するための電話番号をいい、女性利用者専用のフリーダイヤルや全国共通ダイヤル等もこれに含まれる。したがって、客が当該店舗型電話異性紹介営業に用いられる設備に接続するための電話番号が複数ある場合は、全ての電話番号を記載させる必要がある。

(3)　法第三十一条の十二第一項第五号の「営業所における業務の実施を統括管理する者」とは、法第二十七条第一項第五号の「営業所における業務の実施を統括管理する者」と同意義（2(2)を参照すること。）である。

6　無店舗型電話異性紹介営業の届出

(1)　無店舗型電話異性紹介営業の届出は、無店舗型性風俗特殊営業と同様に当該営業を「営む者」ごとに行うこととなる。

したがって、例えば、無店舗型電話異性紹介営業を営む者が複数の呼称や電話番号を用いる場合であっても、当該営業を営む者が同一の主体である限り、これらの営業を全体として一の営業として、当該一の営業について届出をすることになる。この場合、当該営業について複数の呼称を使用する場合には、その全ての呼称について届出が必要である（法第三十一条の十七第一項第二号）。

(2)　法第三十一条の十七第一項中「事務所」とは、法第三十一条の二第一項に規定する「事務所」と同意義（3(2)を参照すること。）であり、具体的には電話交換機等や顧客（会話申込者）の管理、広告又は宣伝の企画・実施等当該営業に関する業務を継続的に行っている場所がこれに該当する。

(3)　法第三十一条の十七第一項第二号中「呼称」とは、法第三十一条の二第一項第二号に規定する「呼称」と同意義（3(3)を参照すること。）である。

(4)　法第三十一条の十七第一項第四号中「電気通信設備を識別するための電話番号」については、5(2)を参照すること。

なお、この場合において、その電気通信設備の設置場所が国外であっても、当該電気通信設備に日本国内から接続する電話番号があれば届出の対象となる。

7　届出書の添付書類

(1)　法第二十七条第三項（法第三十一条の十二第二項において準用する場合を含む。）又は第三十一条の二第三項（法第三十一条の七第二項及び法第三十一条の十七第二項において準用する場合を含む。）に規定する添付書類を添付せずに届出書を提出した場合は、法第二十七条第一項若しくは第二項（法第三十一条の十二第二項において準用する場合を含む。）、第三十一条の二第一項若しくは第二項（法第三十一条の七第二項及び法第三十一条の十七第二項において準用する場合を含む。）、第三十一条の七第一項、第三十一条の十二第一項又は第三十一条の十七第一項の届出義務が履行されたとは認められない（行政手続法第三十七条）。

(2) 営業所、事務所、受付所及び待機所の「使用について権原を有することを疎明する書類」、「平面図」及び「周囲の略図」（府令第九条第一号、第十二条第一号等）の意義については、第十二中13(2)、(3)及び(4)を参照すること。

なお、派遣型ファッションヘルス営業について、住所を事務所とする場合には当該営業の用に供される部分を特定した平面図を提出させることとしている（府令第十二条第一号ハ）が、これは、警察職員の立入りの対象となる範囲を明確にする趣旨である。また、待機所が人の住居の一部である場合については、待機所の用に供する部分のみが届出義務の対象であるから、特に「待機所の用に供される部分を特定したもの」との限定は設けていない（府令第十二条第一号ホ）。

8 届出確認書

(1) 法第二十七条第四項（法第三十一条の十二第二項において準用する場合を含む。）又は第三十一条の二第四項（法第三十一条の七第二項及び法第三十一条の十七第二項において準用する場合を含む。）の規定により交付する書面（以下「届出確認書」という。）は、適法な届出書の提出があった場合に交付されるものである。

したがって、営業所又は受付所が営業禁止区域等にある場合（法第二十七条第四項ただし書（法第三十一条の十二第二項において準用する場合を含む。）及び第三十一条の二第四項ただし書）のほか、虚偽の届出がなされた場合等にも、届出確認書は交付しない。

なお、施行規則第四十四条第二項（施行規則第五十五条第二項及び第六十六条第二項において準用する場合を含む。）の規定による届出確認書不交付通知書の交付は、これにより「特定の者を名あて人として、直接に、これに義務を課し、又はその権利を制限する」ものではないから、「不利益処分」には当たらない（行政手続法第二条第四号）。

(2) 届出確認書は、営業所又は事務所に備え付けなければならない。したがって、営業所又は事務所を訪れた者以外の「関係者」から届出確認書の提示を求められた場合は、届出確認書の写しを持参し、又は送付することにより提示すれば足りる。また、派遣型ファッションヘルスを営む者が、事務所と別に受付所を設ける場合は、受付所を訪れた者から届出確認書の提示を求められた場合に備え、届出確認書の写しを受付所に備え付けておくことが必要である。

(3) 法第二十七条第五項（法第三十一条の十二第二項において準用する場合を含む。）又は第三十一条の二第五項（法第三十一条の七第二項及び第三十一条の十七第二項において準用する場合を含む。）中「関係者」とは、警察職員、少年指導委員のほか、当該営業が適法に営まれているか否かを確認する利益があると認められる者を広く含む。具体的には、

○ 当該営業の営業所、事務所等の施設を提供している者

○ 当該営業に関する広告又は宣伝を作成し、又は掲載する者

○ 当該営業の客又は従業者となろうとする者

等がこれに該当する。

第十九 店舗型性風俗特殊営業の規制について（法第二十七条の二及び第二十八条関係）

1 店舗型性風俗特殊営業の営業禁止区域等

(1) 法第二十八条第三項中「これらの規定」の「適用」とは、例えば、法の施行後特定の土地に学校が建設されることと

なった場合等において、その場所における店舗型性風俗特殊営業について同条第一項の規定が適用されることになった場合等をいう。

(2) 法第二十八条第三項の規定の適用対象となる「当該店舗型性風俗特殊営業」とは、当該規定の施行又は適用の際現に営んでいる店舗型性風俗特殊営業の範囲内の営業を意味するものであり、営業所の新築、移築、増築等をした場合には、その店舗型性風俗特殊営業については同項の適用はなくなる。なお、「営業所の新築、移築、増築等」には、次のような行為が該当する。

① 営業所の建物の新築、移築又は増築

② 営業所の種別に応じ営業所内の次の部分の改築

(i) 法第二条第六項第一号、第二号又は第四号の営業にあっては、当該個室

(ii) 法第二条第六項第三号の営業にあっては、営業の種類に応じそれぞれ次の部分

a 令第二条第一号に規定する営業 当該個室

b 令第二条第二号に規定する営業 当該個室又は当該個室の隣室若しくはこれに類する施設

c 令第二条第三号に規定する営業 当該客席又は舞台

(iii) 法第二条第六項第五号の営業にあっては、当該物品を販売し、又は貸し付ける場所

(iv) 法第二条第六項第六号の営業にあっては、異性の姿態若しくはその画像を見せる場所、面会の申込みを取り次ぐ場所又は客が異性と面会する個室若しくはこれに類する施設

③ 営業所の建物につき行う大規模の修繕若しくは大規模の模様替又はこれらに準ずる程度の間仕切り等の変更

④ 営業所の建物内の客の用に供する部分の床面積の増加

⑤ 営業の種別又は種類の変更（ストリップ劇場をのぞき劇場にする場合等）

（注）「新築」とは、建築物の存しない土地（既存の建築物の全てを除去し、又はその全てが災害等によって滅失した後の土地を含む。）に建築物を造ることをいう。

「移築」とは、建築物の存在する場所を移転することをいう。

「増築」とは、一の敷地内の既存の建築物の延べ面積を増加させること（当該建築物内の営業所の延べ面積を増加させる場合及び別棟で造る場合を含む。）をいう。

「改築」とは、建築物の一部（当該部分の主要構造部の全て）を除却し、又はこれらの部分が災害等によって消滅した後、これと用途、規模、構造の著しく異ならないものを造ることをいう。

「大規模の修繕」とは、建築物の一種以上の主要構造部の過半に対しおおむね同様の形状、寸法、材料により行われる工事をいう。

「大規模の模様替」とは、建築物の一種以上の主要構造部の過半に対し行われるおおむね同様の形状、寸法によるが材料、構造等は異なるような工事をいう。

「主要構造部」とは、壁、柱、床、はり、屋根又は階段をいう。ただし、間仕切り、最下階の床、屋外階段等は含まない（建築基準法第二条第五号参照）。

「これらに準ずる程度の間仕切り等の変更」とは、

営業所の過半について間仕切りを変更し、個室の数、面積等を変える場合等をいう。

2 広告及び宣伝の規制

(1) 無届業者の広告又は宣伝の禁止

法第二十七条第一項の届出書を提出していない者は、店舗型性風俗特殊営業を営む目的をもって、広告又は宣伝をしてはならない（法第二十七条の二第二項）。また、法第二十七条第一項の届出書を提出した者は、当該届出書に記載された営業以外の店舗型性風俗特殊営業を営む目的をもって、広告又は宣伝をしてはならない（法第二十七条の二第一項）。

なお、法第二十七条第一項の届出書を提出した者であっても、営業所が営業禁止区域等にあることを理由に届出確認書が交付されなかった者は、店舗型性風俗特殊営業を営む目的をもって、広告又は宣伝をしてはならない（法第二十七条の二第一項及び第二項）。

法第二十七条の二の規定により禁止される「広告又は宣伝」には、法第二十八条第五項に規定する広告物又はビラ等により行うものだけでなく、新聞、雑誌、インターネット等を利用して行うものも全て含まれる。

(2) 広告又は宣伝の方法の規制

ア 法第二十八条第五項において「前条に規定するもののほか、」と規定しているのは、法第二十七条第一項の届出書を提出していない者については、広告又は宣伝を行うことが全面的に禁止されている（法第二十七条の二）ことを受けて、法第二十八条第五項の規定による広告又は宣伝の「方法」の制限の対象となるのは、法第二十七条第一項の届出書を提出して店舗型性風俗特殊営業を営む者に限られることを明らかにしたものである。

イ 法第二十八条第五項第一号の「広告物」の定義のうち、「常時又は一定の期間継続して」とは、営業所の入口に掲げられた店名を表示する看板のように常時表示されるものや、路上で人が持っているプラカード、走行する自動車の車体に表示される広告物のように一定の期間表示されるものであることを要するという趣旨である。したがって、通常はビラやパンフレットの類はここにいう広告物に当たらないと考えられるが、これらが電話ボックスに貼られたり、電話ボックス内に置かれることにより一定の期間継続して当該電話ボックスを利用する者の目に留まる状態にある場合には、広告物に該当することになる。「公衆」とは、不特定又は多数の者を意味する。

また、「広告塔、広告板、建物その他の工作物等に掲出され、又は表示されたもの並びにこれらに類するもの」には、広告塔、広告板、建物の壁面、自動車等に掲出され、又は表示されたもののほか、ネオンサイン、アドバルーン、電光掲示板、プラカード等がこれに当たり、一定の場所に固定されているか、移動するかは問わない。

ウ 法第二十八条第五項第二号の「ビラ等」には、ビラ、パンフレットのほか、これらに類する広告又は宣伝の用に供される文書図画がこれに当たり、これには、当該営業の呼称等が記載されたポケットティッシュ、カード等が含まれる。

なお、通常の形態で販売されている新聞、雑誌、書籍等は、通常は広告又は宣伝の用に供されるビラ、パンフレットに類するものとはいい難いことから、一般的には「ビラ等」に当たらない。

エ　法第二十八条第五項による規制対象となる広告物及びビラ等の内容は卑わいなもの等に限られない。したがって、店舗型性風俗特殊営業につき広告又は宣伝をするためのものであると認められる場合には、単に営業所の名称のみが記載されている広告物又はビラ等であっても同項の規制の対象となり得る。

また、営業所の名称が記載されていない広告物であっても、それが特定の店舗型性風俗特殊営業の広告又は宣伝のためのものであると認められる場合には、同項の規制の対象となり得る。ただし、郵便受箱に表示された会社の名称等広告又は宣伝の目的で公衆に表示されているとはいえないものについては、同項の規制の対象とはならない。

オ　法第二十八条第五項第二号で禁止される行為は、具体的には、人の住居にビラ等を置いたり、郵便受箱に差し入れること等であり、人の住居にビラ等を置いたり、郵便受箱に差し入れた時点で違反が成立する。

なお、ビラ等を郵便物として配達させた場合等であっても同号違反となる。

カ　法第二十八条第五項第三号で禁止される行為は、同項第二号に掲げるもののほか、ビラ等を不特定又は多数の者に配布する目的で現に一人以上の者に配布することをいい、特定少数の者を通じて当然又は成り行き上不特定又は多数の者に配布されるような状況下で当該特定少数の者に配布した場合も含まれる。頒布の方法としては、直接手渡す方法によるもののほか、一定の場所にビラ等を置き、自由に持ち帰ることを期待するような方法による場合も含まれる。

キ　「店舗型性風俗特殊営業を営む者」以外の者が、「店舗型性風俗特殊営業を営む者」と意を通じて法第二十八条第五項各号に掲げる方法で広告又は宣伝をした場合は、いわゆる身分なき共犯として処罰することができる。

(3)　店舗型性風俗特殊営業の禁止区域等で店舗型性風俗特殊営業を営むことができる者に関する特例

ア　法第二十八条第六項中「営業所の外周」とは、当該店舗型性風俗特殊営業の営業所の外側に沿った周り及びこれを取り巻く部分をいい、当該営業所が一棟の建物の区分された部分である場合には、当該一棟の建物の共用部分及び当該建物の外側に沿った周りを含む。

イ　法第二十八条第六項中「営業所の内部」とは、十八歳未満の者を客として立ち入らせることが禁止されている営業所内をいう。

ウ　法第二十八条第六項の規定により適用が除外されるのは、同条第五項の規定のみであるから、当該営業所の外周に表示される広告物であっても、「清浄な風俗環境を害するおそれのある方法」（同条第八項）で広告又は宣伝をすることはできない。

(4)　新たに広告制限区域等となった場合の特例

法第二十八条第七項の規定は、新たに広告制限区域等となる地域において既に表示されている広告物について、撤去までの猶予期間を設けたものである。この規定により適用が除外されるのは、同条第五項第一号のみであるから、猶予期間中であっても「清浄な風俗環境を害するおそれのある方法」（同条第八項）で広告物を表示することはできない。

(5) 清浄な風俗環境を害する方法による広告又は宣伝

法第二十八条第八項で禁止される行為は、「営業所周辺における」（法第十六条）か否かを問わず、およそ「清浄な風俗環境を害するおそれのある方法」で広告又は宣伝をすることである。これには、法第十六条に抵触する行為が含まれるほか、第十七中5に掲げる広告又は宣伝を営業所周辺ではない場所で行うことが含まれる。また、営業所周辺にいない不特定又は多数の者をいわば捕らわれの視聴者にするような行為をも含む。例えば、無差別に携帯電話に広告又は宣伝の電子メールを送信することや、インターネットのホームページ（その名称等からして卑わいな内容が掲出されていることを容易に推測することができるものを除く。）においてバナー広告として卑わいな内容のものを掲出することがこれに該当する。

(6) 十八歳未満の者が営業所に立ち入ってはならない旨を明らかにする方法

ア　法第二十八条第九項の規定は、店舗型性風俗特殊営業を営む者がその営業につき広告又は宣伝を行う場合の全てを対象とするものである。したがって、広告物又はビラ等により広告又は宣伝を行う場合だけでなく、新聞、雑誌、インターネット等を利用して広告又は宣伝を行う場合等も対象となる。

イ　法第二十八条第九項の規定により十八歳未満の者が営業所に立ち入ってはならない旨を明らかにする方法は、施行規則第四十七条第一項に規定するとおりであり、原則として個別の広告又は宣伝ごとに行う必要があるが、例えば、複数の店舗型性風俗特殊営業が雑誌等に広告又は宣伝を掲載する場合には、これらの広告又は宣伝に共通する事項として十八歳未満の者が当該営業の営業所に立ち入ってはならない旨の文言を公衆の見やすいように表示することも可能である。

ウ　施行規則第四十七条第二項の「当該店舗型性風俗特殊営業の営業所の名称又は店舗型性風俗特殊営業の種別のみを表示するもの」とは、営業所の名称又は営業所の種類のいずれかを表示するもののほか、営業所の名称及び営業の種類をいずれも表示するものも含む。

また、「当該店舗型性風俗特殊営業の営業所の所在地を簡易な方法により表示するもの」とは、営業所周辺の略図、営業所の方向を示す矢印等をいう。

エ　施行規則第四十七条第三項を設けた趣旨は、営業所の入口に十八歳未満の者が営業所に立ち入ってはならない旨が表示されている場合に、当該表示をもってその周辺に表示される広告物に十八歳未満の者が営業所に立ち入ってはならない旨を表示しないことができることとするものであるから、同項中「営業所の入口周辺」とは、当該表示の直近の範囲内をいう。

3　店舗型性風俗特殊営業を営む者の禁止行為

法第二十八条第十二項第一号中「客引き」及び第二号中「客引きをするため、道路その他公共の場所で、人の身辺に立ちふさがり、又はつきまとうこと」については第十七中9(1)を、同項第三号中「客に接する業務」については第十一中4及び第十七中9(2)を、同項第五号中「提供」については第十七中9(5)を参照すること。また、「店舗型性風俗特殊営業を営む者」以外の者が、「店舗型性風俗特殊営業を営む者」と意を通じて法第二十八条第十二項各号に掲げる行為をした場合は、いわゆる身分なき共犯として処罰することができる。

4　接客従業者に対する拘束的行為の規制

店舗型性風俗特殊営業を営む者に係る拘束的行為の規制については、第十七中6を参照すること。

第二十　無店舗型性風俗特殊営業の規制について（法第三十一条の二の二、第三十一条の三及び第三十一条の四第二項関係）

1　接客従業者に対する拘束的行為の規制

無店舗型性風俗特殊営業を営む者に係る拘束的行為の規制については、第十七中6(1)から(3)までを参照すること。

2　広告及び宣伝の規制

(1)　無届業者の広告又は宣伝の禁止

法第三十一条の二第一項の届出書を提出していない者は、無店舗型性風俗特殊営業を営む目的をもって、広告又は宣伝をしてはならない（法第三十一条の二の二第二項）。また、法第三十一条の二第一項の届出書を提出した者は、当該届出書に記載された営業以外の無店舗型性風俗特殊営業を営む目的をもって、広告又は宣伝をしてはならない（法第三十一条の二の二第一項）。

なお、法第三十一条の二第一項の届出書を提出した者であっても、受付所が営業禁止区域等にあることを理由に届出確認書が交付されなかった者は、無店舗型性風俗特殊営業を営む目的をもって、広告又は宣伝をしてはならない（法第三十一条の二の二第一項及び第二項）。

法第三十一条の二の二の規定により禁止される「広告又は宣伝」には、第三十一条の三第一項において準用する法第二十八条第五項に規定する広告物又はビラ等により行うものだけでなく、新聞、雑誌、インターネット等を利用して行うものも全て含まれる。

(2)　広告又は宣伝の方法の規制

広告又は宣伝の方法の規制については、第十九中2(2)、(4)及び(5)を参照すること。

(3)　十八歳未満の者が客となってはならない旨を明らかにする方法

ア　法第三十一条の三第一項において準用する法第二十八条第九項の規定は、無店舗型性風俗特殊営業を営む者がその営業につき広告又は宣伝を行う場合の全てを対象とするものである。したがって、広告物又はビラ等により広告又は宣伝を行う場合だけでなく、新聞、雑誌、インターネット等を利用して広告又は宣伝を行う場合等も対象となる。

イ　法第三十一条の三第一項において準用する法第二十八条第九項の規定により十八歳未満の者が客となってはならない旨を明らかにする方法は、施行規則第五十七条第一項において準用する施行規則第四十七条第一項に規定するとおりであり、原則として個別の広告又は宣伝ごとに行う必要があるが、例えば、複数の無店舗型性風俗特殊営業が雑誌等に広告又は宣伝を掲載する場合には、これらの広告又は宣伝に共通する事項として十八歳未満の者が客となってはならない旨の文言を公衆の見やすいように表示することも可能である。

ウ　施行規則第五十七条第一項において準用する施行規則第四十七条第二項の「当該営業に係る法第三十一条の二第一項第二号に規定する呼称又は法第二条第七項第一号の営業である旨のみを表示するもの」とは、当該派遣型ファッションヘルス営業の呼称又は派遣型ファッションヘルス営業である旨のいずれかを表示するもののほか、これらの事項のいずれも表示するものも含む。

また、「当該受付所の所在地を簡易な方法により表示するもの」とは、受付所周辺の略図、受付所の方向を示す矢印等をいう。

エ　施行規則第五十七条第一項において準用する施行規則第四十七条第三項を設けた趣旨は、受付所の入口に十八歳未満の者が受付所に立ち入ってはならない旨が表示されている場合に、当該表示をもってその周辺に表示される広告物に十八歳未満の者が客となってはならない旨を表示しないことができることとするものであるから、同項中「受付所の入口周辺」とは、当該表示の直近の範囲内をいう。

3　受付所営業の規制

受付所営業については、店舗型ファッションヘルス営業とみなして、法第二十八条第一項から第四項まで、第六項、第十項及び第十二項（第三号を除く。）の規定が適用される（法第三十一条の三第二項）。このうち、営業禁止区域等（法第二十八条第一項から第三項まで）については第十九中1を、店舗型性風俗特殊営業の禁止区域等で店舗型性風俗特殊営業を営むことができる者に関する広告又は宣伝の方法の規制の特例（法第二十八条第六項）については第十九中2(3)を参照すること。

法第三十一条の三第二項の規定により適用される法第二十八条第十二項第一号中「客引き」及び第二号中「客引きをするため、道路その他公共の場所で、人の身辺に立ちふさがり、又はつきまとうこと」については第十七中9(1)を、同条第五号中「提供」については第十七中9(5)を参照すること。また、「受付所営業を営む者」以外の者が、「受付所営業を営む者」と意を通じて法第二十八条第十二項第一号、第二号、第四号又は第五号に掲げる行為をした場合は、いわゆる身分なき共犯として処罰することができる。

なお、法第二十八条第五項及び第七項から第九項までの規定による広告及び宣伝に関する規制（2(2)及び(3)を参照すること。）は、派遣型ファッションヘルス営業全体に適用されるので（法第三十一条の三第一項）、これらの規定の適用については、受付所営業を店舗型ファッションヘルス営業とはみなすことはしていない。

4　年少者を客に接する業務に従事させること等の禁止

(1)　法第三十一条の三第三項第一号中「客に接する業務」（第十一中4を参照すること。）とは、客に接し、客にサービスを提供する等の業務をいい、具体的には、客から代金を徴収することのほか、派遣型ファッションヘルス営業については客の身体に接触する役務を提供すること、アダルトビデオ等通信販売営業については客に物品を配達すること等がこれに当たる。

(2)　法第三十一条の三第三項第二号中「客とすること」とは、対価を得て、十八歳未満の者を、派遣型ファッションヘルス営業についてはその者の性的好奇心に応じてその者に接触する役務を提供すること、アダルトビデオ等通信販売営業についてはその者の依頼を受けてアダルトビデオ等の物品を販売し、又は貸し付けることの相手方とすることである。したがって、無店舗型性風俗特殊営業を営む者は、一般的には、それぞれ次のような措置を執ることにより、同号違反とならないことが求められる。

○派遣型ファッションヘルス営業又はアダルトビデオ等通信販売営業のうち当該営業を営む者又はその代理人等が客にアダルトビデオ等を配達するもの

　これらの営業については、当該営業を営む者又はその代理人等が客に接することとなることから、当該客が十八歳未満であると疑われる場合に、その者の年齢を確認すること。

○アダルトビデオ等通信販売営業のうち客にアダルトビデオ等を郵便等を利用して配達させるもの

　この営業については、営業を営む者又はその代理人等が客に接することがないため、依頼があった段階で、その者から十八歳以上である旨の証明を受けること（例えば、申込みを受けるに際し、運転免許証のコピーの送付を受けること等により年齢を確認すること等をいい、単に客に年齢を申告させるだけでは足りない。）、十八歳未満の者が通常利用できない方法により料金を支払う旨の同意を得ること（例えば、クレジットカードにより決済するなどの方法）等の方法により、その者が十八歳未満でないことを確認すること。

5　違反広告物の除却

(1)　法第三十一条の四第二項中「事務所を知ることができず」とは、無店舗型性風俗特殊営業を営む者が公安委員会に届出書を提出していない場合や届出書は提出したが事務所の変更届を出さずに事務所を変更した場合において、電話等による確認等通常想定される手段を講じたにもかかわらず事務所の所在地が判明しない場合をいう。

(2)　法第三十一条の四第二項の規定に基づく除却の対象となるのは、法第二十八条第五項第一号イの区域における貼紙、貼札又は立看板に該当する違反広告物のみであり、当該区域に該当しない同号ロの地域における違反広告物及び貼紙、貼札又は立看板に該当しない違反広告物を除却することはできない。

(3)　法第三十一条の四第二項の規定に基づく除却は、行政手続法第二条第四号イの「事実上の行為」に該当すると考えられることから、同法の「不利益処分」には当たらず、したがって、除却をするに当たって同法に規定する事前手続を執る必要はない。

(4)　法第三十一条の四第二項の規定に基づく除却は、行政不服審査法（昭和三十七年法律第百六十号）第二条第一項の「継続的性質を有するもの」には該当しないと考えられることから、同法の「処分」には当たらず、したがって、除却に対して同法の規定に基づき不服申立てをすることはできない（行政不服審査法（平成二十六年法律第六十八号。一部の規定を除き、公布の日（平成二十六年六月十三日）から起算して二年を超えない範囲内において政令で定める日から施行）の施行後は、公権力の行使に当たる非継続的な事実上の行為も同法の「処分」に含まれることとなるため、除却に対する不服申立てが可能となる。）。

第二十一　映像送信型性風俗特殊営業の規制について（法第三十一条の八第一項から第四項まで関係）

1　広告及び宣伝の規制

　映像送信型性風俗特殊営業を営む者に係る広告及び宣伝の規制については、第十九中2(2)イからキまで、(4)及び(5)並びに第二十中2(3)ア及びイを参照すること。

なお、法第三十一条の八第一項において準用する法第二十八条第九項の規定により十八歳未満の者が客となってはならない旨を明らかにする方法は、施行規則第六十二条第一項において準用する施行規則第四十七条第一項で規定されている。

2　年少者を客とすることの禁止

法第三十一条の八第二項中「客とすること」とは、対価を得て、十八歳未満の者に映像を見せることをいう。

3　年少者利用防止のための措置

(1)　法第三十一条の八第三項及び第四項は、同条第二項で「十八歳未満の者を客としてはならない」こととされていることから、当該規定を遵守するための具体的な措置を定めたものである。

(2)　法第三十一条の八第三項中「電気通信設備を用いた客の依頼を受けて、客の本人確認をしないで第二条第八項に規定する映像を伝達するもの」とは、依頼をしてきた者が当該映像にアクセスすることができる者であるかどうかを判断するため当該営業を営む者があらかじめ交付するＩＤ、パスワード等（当該営業を営む者が交付するＩＤ、パスワード等のほか、クレジットカードの番号等、当該番号自体が通常十八歳以上の者でなければ利用することができないこととされているものを含む。）を入力させるという形態を採らずに、当該依頼をしてきた者に映像を伝達する形態を想定している。

また、「十八歳未満の者が通常利用できない方法による客の依頼を受けることとしている場合」とは、客の本人確認をしないで映像を伝達しても、十八歳未満の者が通常利用できないような措置を講じていることをいう。

(3)　法第三十一条の八第四項は、同条第三項と異なり、客に映像を伝達する際に、営業者が当該客からＩＤ、パスワード等の入力を受ける形態のものを想定している。

ア　法第三十一条の八第四項中「客が十八歳以上である旨の証明」とは、客からその者が十八歳以上である旨の証明を受けることをいい、単に客が十八歳以上であることを自己申告するだけでは足りない。具体的には、運転免許証等本人の年齢を確認することができる文書の写しの送付を受けることがこれに当たる。

なお、年齢確認をすることができる文書には、運転免許証等公的機関が発行する証明書だけでなく、会社等が発行する身分証明書で、その者の年齢を確認することができるものも含まれる。

また、客が十八歳以上である旨の証明は、客の年齢を確認するために行うものであることから、映像送信型性風俗特殊営業を営む者があらかじめ客が十八歳以上であることを知っている場合には、その者であることを営業者が確認することにより「客が十八歳以上である旨の証明」を受けたことになると解される。

イ　法第三十一条の八第四項中「十八歳未満の者が通常利用できない方法により料金を支払う旨の同意」とは、法令の規定、業界の自主規制等により十八歳未満の者が通常利用できないこととされている方法を用いて料金を支払う旨の客の同意をいう。例えば、料金をクレジットカードによる決済とする旨の同意がこれに該当すると考えられる。

ウ　現在構築が進められている電子ネットワーク上の認証局による本人確認の仕組み等についても、その信頼性等が確認できた場合には、上〔前〕記と同様の扱いをすることもあると考えられる。

エ　この規定は、例えば、映像送信型性風俗特殊営業を営む者が客からクレジットカードで料金を支払う旨の同意を得た場合に、当該クレジットカードを使用している者が当該クレジットカードの真正な名義人であるかどうかの確認を行うことを一律に求めるものではない。

第二十二　店舗型電話異性紹介営業の規制について（法第三十一条の十三関係）

1　営業禁止区域等並びに広告及び宣伝の規制

(1)　営業禁止区域等

ア　店舗型電話異性紹介営業を営む者に係る営業禁止区域等については、第十九中1を参照すること。

なお、第十九中1(2)②に関しては、会話の申込みを受ける場所若しくは部分又は電気通信設備の設置場所若しくは部分の改築がこれに相当し、例えば、営業所内の事務所に電話交換機を設置し、又は会話の申込みを受けるための個室を設けている場合における当該事務所又は当該個室の改築がこれに含まれる。

イ　店舗型電話異性紹介営業の営業の用に供される電気通信設備の変更については、次のような変更が行われたときには、法第三十一条の十三第一項において準用する法第二十八条第三項の適用はなくなる。

①　新たな電気通信設備の設置に係る変更

②　既存の電気通信設備の機能の向上、処理能力の拡大に係る変更

具体的には、従業者による手動取次ぎ方式の営業において新たに電気通信設備を設置し、当該電気通信設備を用いた自動取次ぎ方式に変更する場合、営業に使用する電話回線を増設し、又は事務用に使用していた電話回線を営業用に転用する場合等の営業の規模が実質的に拡大する変更がこれに該当する。

一方、次のような変更は、特段の事情のない限り、法第三十一条の十三第一項において準用する法第二十八条第三項が適用される「当該店舗型電話異性紹介営業」の範囲を超えるものに当たらない。

①　電気通信設備の軽微な破損箇所の原状回復に伴う変更

②　電気通信設備の同一の規格及び性能の範囲内で行われる設備の更新

具体的には、電気通信設備の機能や処理能力に影響を及ぼさない部分の部品を取り替える場合、電気通信設備の一部である電話交換機について同一の規格及び性能を有するものと交換する場合、営業に使用する電話番号の改番を行う場合等の営業の規模に特段の変更を及ぼさない変更がこれに該当する。

(2)　店舗型電話異性紹介営業を営む者に係る広告及び宣伝の規制については、第十九中2(2)イからキまで及び(3)から(6)までを参照すること。

なお、法第三十一条の十三第一項において準用する法第二十八条第九項の規定により十八歳未満の者がその営業所に立ち入ってはならない旨及び十八歳未満の者が法第三十一条の十二第一項第三号に掲げる電話番号に電話をかけてはならない旨を明らかにする方法は、施行規則第四十七条で規定されている。

2　店舗型電話異性紹介営業を営む者の禁止行為

(1)　法第三十一条の十三第二項第一号中「客引き」及び第二号中「客引きをするため、道路その他公共の場所で、人の身辺に立ちふさがり、又はつきまとうこと」については、第十七中9(1)を参照すること。

(2)　法第三十一条の十三第二項第三号中「客に接する業務」（第十一中4を参照すること。）とは、来店した客の個室等への案内、会話の申込みの取次ぎ、客からの料金の徴収等がこれに当たる。

(3)　法第三十一条の十三第二項第四号中「十八歳未満の従業者を第二条第九項の規定によりその機会を提供する会話の当事者にすること」とは、年少者である従業者を異性の客と通話させることをいう。

(4)　「店舗型電話異性紹介営業を営む者」以外の者が、「店舗型電話異性紹介営業を営む者」と意を通じて法第三十一条の十三第二項各号（第七号を除く。）に掲げる行為をした場合は、いわゆる身分なき共犯として処罰することができる。

3　会話の申込みをした者が十八歳以上であることを確認するための措置

(1)　法第三十一条の十三第三項中「十八歳以上であることを確認するための措置」を講じさせることとした趣旨は、電話異性紹介営業が児童買春の温床となっていること、その営業の性質上、非対面型のサービスであること等から、少年を児童買春から守るために不可欠なものと考えられるからである。

(2)　施行規則第六十七条第一項第一号中「身分証明書」とは、官公庁や企業の職員、学校の学生・生徒等の身分を証する文書をいう。ただし、ここでは年齢を確認する手段として利用することとされていることから、当該身分証明書は、当該所持人の年齢又は生年月日が記載されているものである必要がある。

また、「当該申込者の年齢又は生年月日を確認するために必要な部分の写し」とは、当該申込者等の年齢又は生年月日を記載した部分だけでなく、当該文書の名称等当該文書が身分証明書等であること自体を明らかにする部分のほか、写しが使い回し等により流用される可能性があることから、これを防止するため、例えば運転免許証番号等当該身分証明書等を同種の他の身分証明書等と区別することのできる事項が記載された部分を含むものである。

(3)　施行規則第六十七条第一項第三号中「告知」とは、ある一定の事実の内容を通知することをいい、直接口頭により告げることのほか、音声ガイダンスに従って、電話のプッシュボタンを押すことによって当該事実の内容を電子的信号により通知することも含まれると解される。

(4)　施行規則第六十七条第二項第二号中「対面」による確認とは、当該電話異性紹介営業を営む者又はその代理人等が当該識別番号等付与希望者の面前において、その容貌等から十八歳以上であることを確認することである。したがって、識別番号等を記載し、又は電磁的方法により記録したカード等を販売する自動販売機がカウンターの隣に設置されている場合等、たとえ当該識別番号等付与希望者の年齢を確認しようと思えばこれを確認することが可能な場合であっても、実際にその都度対面して当該識別番号等付与希望者の年齢を確認しなければ、対面性を充足したことにはならない。

また、「身分証明書等の提示」とは、識別番号等付与希望者が身分証明書等の現物を示すことである。

第二十三　無店舗型電話異性紹介営業の規制について（法第三十一条の十八及び第三十一条の十九第二項関係）

1　広告及び宣伝の規制

　無店舗型電話異性紹介営業を営む者に係る広告及び宣伝の規制については、第十九中2(2)イからキまで、(4)及び(5)並びに第二十中2(3)ア及びイを参照すること。

　なお、法第三十一条の十八第一項において準用する法第二十八条第九項の規定により十八歳未満の者が法第三十一条の十七第一項第四号に掲げる電話番号に電話をかけてはならない旨を明らかにする方法は、施行規則第七十四条第一項において準用する施行規則第四十七条第一項で規定されている。

2　会話の申込みをした者等が十八歳以上であることを確認するための措置

　法第三十一条の十八第三項の趣旨等については、第二十二中3を参照すること。

3　違反広告物の除却

　無店舗型電話異性紹介営業に係る違反広告物の除却については、第二十中5を参照すること。

第二十四　特定遊興飲食店営業の許可について（法第三十一条の二十二及び第三十一条の二十三関係）

1　一般的留意事項等

　特定遊興飲食店営業の許可に係る一般的留意事項等については、第十二中1から7まで、9、10及び12を参照すること。

2　構造及び設備の技術上の基準

　施行規則第七十五条中「見通しを妨げる設備」、「善良の風俗若しくは清浄な風俗環境を害し、又は少年の健全な育成に障害を及ぼすおそれのある写真、広告物、装飾その他の設備」、「営業所内の照度が十ルクス以下とならないように維持されるため必要な構造又は設備を有する」、「騒音又は振動の数値が法第三十一条の二十三において準用する法第十五条の規定に基づく条例で定める数値に満たないように維持されるため必要な構造又は設備を有する」については、第十二中8(1)及び(3)から(5)までを参照すること。

3　許可申請書の添付書類

　特定遊興飲食店営業の許可申請書の添付書類については、第十二中13を参照すること。

　なお、風俗営業等の規制及び業務の適正化等に関する法律の一部を改正する法律（平成二十七年法律第四十五号）の施行に伴い、同法による改正前の法第二条第一項第三号の営業（以下「旧三号営業」という。）を、賃借権を有している営業所において現に営んでいる者が、当該賃借権が継続している期間内に当該営業所における営業を特定遊興飲食店営業に変更しようとする場合、「営業所の使用について権原を有することを疎明する書類」は、具体的には以下のものとする。

①　営業所に係る登記簿謄本又は登記事項証明書等

②　営業所に係る次のいずれかの書類

(i)　特定遊興飲食店営業の営業所として使用することについて所有者及び賃貸人（所有者と賃貸人の間に当該営業所に係る賃貸借契約を締結した者がいる場合には、これらの契約当事者全てを含む。(iii)において同じ。）から承諾を受けている旨の誓約書及び旧三号営業に関する賃貸借契約書の写し

(ii)　特定遊興飲食店営業に関する賃貸借契約書の写し（所有者と賃貸人の間に当該営業所に係る賃貸借契約を締結した

者がいる場合には、全ての当該賃貸借契約書の写しを含む。）

(iii) 特定遊興飲食店営業に関する所有者及び賃貸人の使用承諾書

4 法第二条第一項第五号の遊技設備を設置する場合の取扱い

特定遊興飲食店営業を営もうとする者が、営業所内に法第二条第一項第五号の遊技設備を設置しようとする場合が考えられる。

(1) 例えば、遊技設備を設置しているが、それを用いた競技大会は開催していないナイトクラブのように、遊技設備を設置して客自身に使用させるとともに、当該遊技設備を用いずに客に遊興をさせ、かつ、客に飲酒をさせる業態の営業を深夜に営もうとする場合は、遊技設備を客自身に使用させることにつき法第二条第一項第五号の営業の許可を受け、遊技設備を用いずに深夜に客に遊興と飲酒をさせることにつき特定遊興飲食店営業許可を受ける必要がある。この場合、法第二条第一項第五号の営業の部分には、風俗営業に係る営業時間の制限が適用され、風俗営業が認められない時間になった場合には、当該遊技設備を客に使用させないための措置を講じる必要がある（第十七中2②を参照すること。）。このような営業において、仮に遊技設備が少なく、客の遊技の用に供される客室の部分の床面積が小さいときは、第三中3(1)イの取扱いを行うこととする。これによって法第二条第一項第五号の営業の許可が不要とされた場合には、風俗営業が認められない時間になった後も、当該遊技設備を客自身に使用させることが可能である。

(2) 例えば、遊技設備を用いた競技大会であって客に参加させるものを恒常的に開催するバーのように、遊技設備を用いて客に遊興をさせ、かつ、客に飲酒をさせる業態の営業を深夜に営もうとする場合は、遊技設備を用いて客に遊興をさせることにつき法第二条第一項第五号の営業の許可を受ける必要がある。当該営業は全体として風俗営業に該当し、これを営業延長許容地域で深夜に営もうとする場合には、特定遊興飲食店営業の許可を受ける必要はない。このような営業において、仮に遊技設備が少なく、客の遊技の用に供される客室の部分の床面積が小さかったとしても、第三中3(1)イの取扱いは行わず、法第二条第一項第五号の許可を受けなければならないこととする。これは、深夜に客に飲酒をさせ、かつ、営業者が客に働き掛けて当該遊技設備による遊興をさせることにより、享楽的雰囲気が過度のものとなって賭博を始めとする風俗上の問題を誘発するおそれがあり、風俗営業として規制する必要性が小さいとは言えないためである。

第二十五 特定遊興飲食店営業に係る相続並びに法人の合併及び分割について（法第三十一条の二十三関係）

特定遊興飲食店営業に係る相続並びに法人の合併及び分割については、第十三から第十五までを参照すること。

第二十六 特例特定遊興飲食店営業者の認定について（法第三十一条の二十三関係）

特例特定遊興飲食店営業者の認定については、第十六を参照すること。

第二十七 特定遊興飲食店営業の規制について（法第三十一条の二十二、第三十一条の二十三、第三十一条の二十四及び第三十一条の二十五関係）

1 営業所の構造及び設備の変更

は、第十七中1を参照すること。

なお、例えば、特定遊興飲食店営業の許可を受けた営業所において、午前十一時から午後三時までは飲食店営業を営み、午後九時から翌日午前五時までは特定遊興飲食店営業を営み、双方の営業の継続性が完全に断たれているような場合には、飲食店営業の時間帯は特定遊興飲食店営業の規制を受けない。このため、例えば、飲食店営業の営業時間中に営業所の構造及び設備を変更し、特定遊興飲食店営業の営業時間が始まる前にその構造及び設備を復元する場合は、承認や届出は不要である。

2　営業時間の制限

特定遊興飲食店営業の営業時間が制限されている場合における当該営業の終業後の飲食店営業については、第十七中2を参照すること。

3　照度の規制

法第三十一条の二十三において準用する法第十四条は、特定遊興飲食店営業に係る営業所内の照度について、規制の内容を明確にするため、数値により規制することとしている。

この規制により、特定遊興飲食店営業者は、深夜においては施行規則第九十五条に規定する方法で計った照度が常態として十ルクスを超えるようにしてその営業を営むこととなる。ただし、施行規則第二条第二号に掲げる客室（客席のみにおいて客に遊興をさせるための客室に限る。）については、深夜における個々の営業時間につき半分未満の時間に限って、いずれかの測定場所の照度を十ルクス以下とする場合は、本条の違反には当たらないこととする。

なお、客席以外の客室の部分において客に遊興をさせるための客室において、遊興をさせる部分に飲食物を持ち込ませないようにするため、当該部分の周辺に飲食物を置くためのテーブル等を設置する場合があると考えられる。このような場合は、当該テーブル等を使用して客が飲食をすることを営業者が容認していれば、当該テーブル等及びそれを使用する客が位置する場所は客席に該当するが、営業者が当該テーブル等を使用して飲食をしないよう客に注意喚起を行い、かつ、当該テーブル等を使用して飲食する客がいたときに、これを制止するような措置を講じていれば、客席には該当しない。

4　騒音及び振動の規制等

特定遊興飲食店営業に係る騒音及び振動の規制等については、第十七中4、6、9及び11を参照すること。

第二十八　深夜における飲食店営業の規制等について（法第三十二条関係）

1　飲食店営業の意義

飲食店営業の意義については、第十一中6を参照すること。

2　騒音及び振動の規制

騒音及び振動の規制の趣旨は、第十七中4と同趣旨である。

3　年少者の従業の禁止等

飲食店営業を営む者が、当該営業所で午後十時から翌日の午前六時までの時間において、十八歳未満の者を客に接する業務に従事させ、又は客として立ち入らせることは禁止される。ただし、施行規則第百二条に規定する営業には、この規定の適用はない。

施行規則第百二条第一号に掲げる営業は、法第二条第十三項第四号に規定する「営業の常態として、通常主食と認められる食事を提供して営むもの」と同一である。

施行規則第百二条第二号中「コーヒー、ケーキその他の茶菓類」とは、コーヒー、紅茶、ジュース等の飲物やケーキ、パフェ、アイスクリーム、おしるこ等の菓子類をいい、それ以外の飲食物とは、通常食事の際食べる主食以外の飲食物であり、例えば、フライドチキン、サラダ、たこ焼き等がこれに当たる。ただし、このような飲食物を提供する飲食店営業であっても、午後十時以後酒類を提供する場合（自動販売機による販売を含む。）は、同号に規定する飲食店営業から除かれることに注意する必要がある。

第二十九　深夜における酒類提供飲食店営業の規制について（法第三十三条関係）

1　酒類提供飲食店営業の意義

酒類提供飲食店営業の意義については、第十一中7を参照すること。

2　構造又は設備の変更の届出

(1)　府令第二十二条第三号中「営業所の内部を仕切るための設備」とは、壁、ふすまのほか、カーテン、ついたて等をいうものであり、その変更には、破損箇所の原状回復、色の塗り替え等を含まない。

(2)　府令第二十二条第四号中「照明設備の変更」には、照度につき同性能の電球等の更新を含まない。客の利用に供しない調理室等の場所の照明設備の更新については、客室等に影響がない限り届出を要しない。

(3)　府令第二十二条第五号中「音響設備の変更」には、音に影響のない同性能のデッキ、プレーヤー、画像装置の変更までは含まれない。

3　地域規制

(1)　法第三十三条第五項中「その規定」の「適用」とは、例えば、条例で他法令等を引用して禁止地域を定めた場合に、当該条例の規定の施行後に、禁止地域が変動し、その場所にある酒類提供飲食店営業について当該条例の規定が適用されることとなった場合等をいう。

(2)　法第三十三条第五項の規定の適用対象となる「当該営業」とは、当該規定の施行又は適用の際現に深夜において営んでいる酒類提供飲食店営業の範囲内の営業を意味するものであり、営業所の新築、移築、増築等をした場合には、その酒類提供飲食店営業については、同項の適用はなくなる。

なお、「営業所の新築、移築、増築等」には、次のような行為が該当する。

①　営業所の建物の新築、移築又は増築

②　客室の改築

③　営業所の建物につき行う大規模の修繕若しくは大規模の模様替又はこれらに準ずる程度の間仕切り等の変更

④　営業所の建物内の客の用に供する部分の床面積の増加

（注）「新築」とは、建築物の存しない土地（既存の建築物の全てを除去し、又はその全てが災害等によって滅失した後の土地を含む。）に建築物を造ることをいう。

「移築」とは、建築物の存在する場所を移転することをいう。

「増築」とは、一の敷地内の既存の建築物の延べ面積を増加させること（当該建築物内の営業所の延べ面積を増加させる場合及び別棟で造る場合を含む。）をいう。

「改築」とは、建築物の一部（客室の主要構造部の全て）を除却し、又はこれらの部分が災害等によって消滅した後、これと用途、規模、構造の著しく異ならないものを造ることをいう。

「大規模の修繕」とは、建築物の一種以上の主要構造部の過半に対しおおむね同様の形状、寸法、材料により行われる工事をいう。

「大規模の模様替」とは、建築物の一種以上の主要構造部の過半に対し行われるおおむね同様の形状、寸法によるが材料、構造等は異なるような工事をいう。

「主要構造部」とは、壁、柱、床、はり、屋根又は階段をいう。ただし、間仕切り、最下階の床、屋外階段等は含まない（建築基準法第二条第五号参照）。

「これらに準ずる程度の間仕切り等の変更」とは、営業所の過半について間仕切りを変更し、個室の数、面積等を変える場合等をいう。

4　接客従業者に対する拘束的行為の規制

酒類提供飲食店営業（午前六時から午後十時までの時間においてのみ営むものを除く。）を営む者に係る拘束的行為の規制については、第十七中6を参照すること。

第三十　接客業務受託営業に対する規制について（法第三十五条の三関係）

受託接客従業者に対する拘束的行為の規制については、第十七中6(1)から(3)までを参照すること。

第三十一　指示について（法第二十五条、第二十九条、第三十一条の四第一項、第三十一条の六第二項第一号、第三十一条の九第一項、第三十一条の十一第二項第一号、第三十一条の十四、第三十一の十九第一項、第三十一条の二十一第二項第一号、第三十一条の二十四、第三十四条第一項並びに第三十五条の四第一項及び第四項第一号関係）

1　趣旨

指示の規定は、営業者の自主的な努力を促す手段として設けたものである。

2　留意事項

「指示」は、比例原則に則って行うべきものであり、営業者に過大な負担を課すものであってはならない。

また、指示の内容は、違反状態の解消のための措置、将来の違反の防止のための措置等を具体的に示すものでなければならない。

3　法的性格

「指示」は、行政処分であり、施行規則第百十二条第一項の書面に不服申立てをすることができる旨を記載して行うものである。

4　「代理人等」の意義

法第二十五条中「代理人等」については、第十七中11(3)アと同様である。

5　「当該営業に関し」の意義

(1)　「当該営業に関し」とは、自己の管理又は従事する営業を営むに当たってという意味である。例えば、従業者として雇い入れた女性に当該雇用関係を利用して売春をさせる行為は、その行われた場所を問わず「当該営業に関し」行われたものと認められる。

(2)　法は、風俗営業者本人でなくその代理人等が「当該営業に関し」違法行為を行った場合にも風俗営業者に対して指示等をすることができることとしているが、これは風俗営業者の責任の下に風俗営業を適法に営むことを予定していることによるものである。したがって、代理人等が自己の目的のためその地位を濫用した場合であっても、その者がそのような行為をなし得べき地位に置かれている以上、外形上風俗営業者の営業と異なるところがなく、「当該営業に関し」行為をしたものと認められる。

6 「違反し」の意義

「違反し」たとは、法律、命令、条例等に違反した行為が行われたことをいい、送致、起訴、刑の言渡し等の判決等が既になされているか否かを問わない。

第三十二 営業の停止等について（法第八条、第二十六条、第三十条、第三十一条の五、第三十一条の六第二項第二号及び第三号、第三十一条の十五、第三十一条の二十、第三十一条の二十一第二項第二号、第三十一条の二十五、第三十四条第二項、第三十五条、第三十五条の二、第三十五条の四第二項及び第四項第二号並びに第四十一条の二関係）

1 風俗営業及び特定遊興飲食店営業の許可の取消し

(1) 法第四十一条の二の規定による診断を行う医師の指定は、精神保健及び精神障害者福祉に関する法律（昭和二十五年法律第百二十三号）第十八条第一項の規定により精神保健指定医に指定された医師のうちから行うものとし、当該医師を指定したときは公示するものとする。また、これらの旨を都道府県公安委員会規則に定めておくことが望ましい。

(2) 法第八条第三号（法第三十一条の二十三において準用する場合を含む。）の規定は、営業の意思があり、かつ、営業を行う能力が将来にわたって認められるにもかかわらず、やむを得ない事由により営業の開始又は再開ができない場合について定めたものである。

「正当な事由」（法第八条第三号）とは、経済情勢の変化や自然災害の発生等許可を受ける時点では予測し得なかった事態が発生したこと等営業を開始できず、又は営業を休止せざるを得ないことについて合理的な理由がある場合をいう。したがって、単なる経営不振や資金入手の見込み違いにより営業の開始又は再開が見込めない場合については、「正当な事由」には当たらない。

また、たとえ「正当な事由」によって営業を開始せず、又は休止したとしても、営業の開始又は再開までに通常要する期間が経過した後はもはや「正当な事由」によるものとは認められない。例えば、営業所を修繕しようとして営業を休止した後、単なる経営不振により資金繰りが悪化して営業再開のめどが立たなくなったという場合、当初予定していた修繕に要していたであろう合理的期間が経過した後六月以上が経過すれば、公安委員会は当該許可を取り消すことができる。

2 風俗営業及び特定遊興飲食店営業の停止命令等

(1) 法第二十六条第一項及び第三十一条の二十五第一項中「代理人等」については、第十七中11(3)アと同様である。

(2) 「当該営業に関し」については、第三十一中5と同様である。

(3) 「違反し」たについては、第三十一中6と同様である。

(4) 法第二十六条第一項、第三十一条の二十五第一項及び第三十四条第二項中「法令」とは、広く法律及び命令一般を指し、必ずしも売春防止法（昭和三十一年法律第百十八号）、令第十七条に掲げる法令等の風俗関係の法令に限定されない。したがって、例えば、ぱちんこ屋の営業者が客から預かった遊技メダルを過少に計測して詐欺罪を犯した場合もこれに該当する。また、いわゆるぼったくり店において料金の支払いを巡るトラブルから従業者が客に暴行を加えて傷害罪を犯した場合もこれに該当する。

(5) 法第二十六条第一項に規定する風俗営業の営業の停止等及び法第三十一条の二十五第一項に規定する特定遊興飲食店営業の停止等は、①風俗営業者若しくは特定遊興飲食店営業者又はその代理人等が「当該営業に関し法令若しくはこの法律に基づく条例の規定に違反した場合において著しく善良の風俗若しくは清浄な風俗環境を害し若しくは少年の健全な育成に障害を及ぼすおそれがあると認めるとき」又は②風俗営業者若しくは特定遊興飲食店営業者が「この法律に基づく処分若しくは第三条第二項の規定に基づき付された条件に違反したとき」に命ずることができる。

①の場合には、営業の停止等の要件は、風俗営業者若しくは特定遊興飲食店営業者又はその代理人等が「その代理人等が当該営業に関し法令若しくはこの法律に基づく条例の規定に違反した場合」であること及び「著しく善良の風俗若しくは清浄な風俗環境を害し若しくは少年の健全な育成に障害を及ぼすおそれがあると認めるとき」であることである。したがって、前段の要件が充足されるだけでは、営業の停止等を命ずることはできない。

しかしながら、前段の要件が充足された場合において、当該違反行為が法又は法に基づく条例に対する違反行為であれば、少なくとも「善良の風俗若しくは清浄な風俗環境を害し若しくは少年の健全な育成に障害を及ぼすおそれがある」と認められる蓋然性が高いといえる。さらに、当該違反行為が例えば法第十一条（第三十一条の二十三において準用する場合を含む。）に対する違反行為のように、それ自体法の立法目的を著しく害するおそれのある行為であるといえる場合には、特段の事情のない限り後段の要件も充足されると認められる。

(6) 法第二十六条第一項に規定する風俗営業の営業の停止等及び法第三十一条の二十五第一項に規定する特定遊興飲食店営業の営業の停止等の要件は、法令違反があり、かつ、具体的な状況で善良の風俗を害するなどのおそれがある場合に営業停止等を命じ得ることとしているものである。これに対し、法第三十条第一項及び第二項、第三十一条の五第一項及び第二項、第三十一条の六第二項第二号及び第三号、第三十一条の十五、第三十一条の二十並びに第三十一条の二十一第二項第二号に規定する性風俗関連特殊営業の停止等の要件は、一定の罪に当たる違法な行為その他重大な不正行為をした場合に限定されるが、具体的な状況で善良の風俗を害する等のおそれがあることを要しない。

なお、法第三十四条第二項に規定する飲食店営業の停止の要件は、風俗営業及び特定遊興飲食店営業と同様である。

3 店舗型性風俗特殊営業の停止命令

「この法律に規定する罪……政令で定めるものをし」たについては、第三十一中6と同様である。

4 無店舗型性風俗特殊営業の停止命令

(1) 「この法律に規定する罪……政令で定めるものをし」たについては、第三十一中6と同様である。

(2) 法第三十一条の五第一項又は第三十一条の六第二項第二号の規定に基づき「当該営業の全部」の停止を命ぜられた場合

には、「当該営業」すなわち命令を受けた者が営む無店舗型性風俗特殊営業（違反行為に係る無店舗型性風俗特殊営業と同一の種別のものに限る。）の全部が禁止される。

　この場合、当該営業を営む者が同一の主体である限り、別の呼称や電話番号を用いて当該違反行為に係る無店舗型性風俗特殊営業と同一の種別の無店舗型性風俗特殊営業を開始することも「当該営業」を営むこととして禁止されるから、当該営業を営む者が法第三十一条の二第二項の規定により「当該営業」を廃止する旨の届出を提出したとしても、営業の停止を命ぜられた期間は、当該違反行為に係る無店舗型性風俗特殊営業と同一の種別の無店舗型性風俗特殊営業を開始することはできない。

(3)　「当該営業」の「一部の停止」を命ずる場合としては、例えば、特定の地域に限って、当該営業を営むことを禁止することが考えられる。また、派遣型ファッションヘルス営業の受付所において客引きが行われたような場合において、当該受付所において行われる業務のみについて営業の停止を命ずる必要があるときには、「当該営業」の「一部の停止」を命ずることとなる。

5　店舗型電話異性紹介営業の停止命令

　「この法律に規定する罪……政令で定めるものをし」たについては、第三十一中6と同様である。

6　無店舗型電話異性紹介営業の停止命令

(1)　「この法律に規定する罪……政令で定めるものをし」たについては、第三十一中6と同様である。

(2)　法第三十一条の二十又は第三十一条の二十一第二項第二号の規定に基づき「当該営業の全部」の停止を命ぜられた場合には、「当該営業」すなわち命令を受けた者が営む無店舗型電話異性紹介営業の全部が禁止される。

　この場合、当該営業を営む者が同一の主体である限り、別の呼称や電話番号を用いて無店舗型電話異性紹介営業を開始することも「当該営業」を営むこととして禁止されるから、当該営業を営む者が法第三十一条の十七第二項において準用する法第三十一条の二第二項の規定により「当該営業」を廃止する旨の届出を提出したとしても、営業の停止を命ぜられた期間は、無店舗型電話異性紹介営業を開始することはできない。

(3)　「当該営業」の「一部の停止」を命ずる場合としては、例えば、当該営業のうち法第三十一条の十八第三項に規定する措置を講じることなく会話の申込みを取り次ぐ機能を有する特定の電気通信設備（法第二条第十項）を用いて営まれる部分に限って営業の停止を命ずることが考えられる。

7　飲食店営業の停止命令

(1)　「違反し」たについては、第三十一中6と同様である。

(2)　無許可で接待飲食等営業又は特定遊興飲食店営業を営み摘発された者が、当該接待飲食等営業又は特定遊興飲食店営業に該当する行為のみを止め、飲食店営業については引き続いて営もうとする場合には、法第三十四条第一項又は第二項の規定に基づき、必要な指示を行い、又は飲食店営業の停止を命ずることができる。

8　特定性風俗物品販売等営業の停止命令

(1)　「罪を犯し」たについては、第三十一中6と同様である。

(2)　特定性風俗物品販売等営業とは、店舗を設けて物品を販売し、又は貸し付ける営業であって、その販売し、又は貸し付ける物品が法第二条第六項第五号の政令で定める物品（以下「アダルト物品」という。）を含むもののうち同号の営業（アダルトショップ等）を除いたものをいう。すなわち、アダルト物品を販売し、又は貸し付けている店舗は、アダルトショップ等でなければ特定性風俗物品販売等営業に該当することになり、いわゆるアダルトコーナーの設置の有無やアダルト物品の多寡により左右されるものではない。

(3)　「第二条第六項第五号の政令で定める物品を販売し、又は貸し付ける部分」とは、場所的区画をいうのではなく、営業自体の部分をいう。例えば、営業所内の一角にアダルトコーナーを設けて特定性風俗物品販売等営業を営む者が、営業停止を命じられることを予測し、これを免れようとして当該コーナーを撤去したとしても、公安委員会はなお営業停止を命ずることができる。したがって、営業停止を命じられた特定性風俗物品販売等営業を営む者が、アダルトコーナーを撤去したまま客の依頼に応じてアダルト物品を販売し、又は貸し付けた場合、営業停止処分に違反することになる。また、販売や貸付けはしなくても、例えば近日に入荷する旨表示して展示するなど営業の宣伝を行っているとみられる場合には、やはり営業停止処分に違反することになる。

(4)　例えば、特定性風俗物品販売等営業を営む者が当該営業に関しわいせつなビデオテープを販売した場合、公安委員会は営業停止命令によってアダルト物品であるビデオテープの販売・貸付けの停止を命ずることができるほか、必要に応じて、ビデオテープ以外のアダルト物品についてもその販売・貸付けの停止を命ずることができる。

(5)　特定性風俗物品販売等営業を営む者が常連客にわいせつなビデオテープを通信販売した場合、当該通信販売が当該特定性風俗物品販売等営業の常連客に対する付随的なサービス行為であるなど、独立した無店舗型性風俗特殊営業と認められないものであれば、公安委員会は法第三十五条の二の規定に基づき営業停止を命ずることができる。他方、当該通信販売が無店舗型性風俗特殊営業と認められれば、公安委員会は法第三十一条の五第一項の規定に基づきその営業停止を命ずることができるが、特定性風俗物品販売等営業としての営業停止を命ずることはできない。

9　接客業務受託営業の停止命令

(1)　「この法律に規定する罪……政令で定めるものをし」たについては、第三十一中6と同様である。

(2)　法第三十五条の四第二項又は第四項第二号の規定に基づき「当該営業の全部」の停止を命ぜられた場合には、「当該営業」すなわち命令を受けた者が営む接客業務受託営業の全部が禁止される。

この場合、当該営業を営む者が同一の主体である限り、事務所や名称を変更して接客業務受託営業を開始することも「当該営業」を営むこととして禁止される。

また、「当該営業」の「一部の停止」を命ずる場合としては、特定の地域に限って、当該営業を営むことを禁止することが考えられる。

10　不服申立ての教示の記載

法第八条、第二十六条、第三十条、第三十一条の五第一項若しくは第二項、第三十一条の六第二項第二号若しくは第三号、第三十一条の十五、第三十一条の二十、第三十一条の二十一第二項第二号、第三十一条の二十五、第三十四条第二項、第三十五条、第三十五条の二又は第三十五条の四第二項若しくは第四項第二号の規定に基づく処分は、施行規則第百十二条第一項の書面に不服申立てをすることができる場合にはその旨を記載して行うものである。

第三十三　年少者の利用防止のための命令について（法第三十一条の十及び第三十一条の十一第二項第二号関係）

1　「営業を営む方法について」の意義

法第三十一条の十及び第三十一条の十一第二項第二号中「営業を営む方法について」とは、具体的には、当該営業を営む者が執っている法第三十一条の八第三項又は第四項に係る措置についてという意味である。

2　十八歳未満の者を客としないため必要な措置

法第三十一条の十及び第三十一条の十一第二項第二号の「十八歳未満の者を客としないため必要な措置」については、法第三十一条の八第三項又は第四項に違反する具体的な状況に応じて、これらの規定が遵守されることを確保するために必要な事項を命ずることとなる。

3　不服申立ての教示

法第三十一条の十又は第三十一条の十一第二項第二号の規定に基づく命令は、施行規則第百十二条第一項の書面に不服申立てをすることができる旨を記載して行うものである。

第三十四　自動公衆送信装置設置者の努力義務について（法第三十一条の八第五項並びに第三十一条の九第二項及び第三項関係）

1　自動公衆送信装置設置者の努力義務

(1)　法第三十一条の八第五項中「自動公衆送信装置」とは公衆の用に供する電気通信回線に接続することにより、その記録媒体のうち自動公衆送信の用に供する部分に記録され、又は当該装置に入力される情報を自動公衆送信する機能を有する装置をいい（著作権法（昭和四十五年法律第四十八号）第二条第一項第九号の五イ）、「自動公衆送信装置設置者」とはこのような自動公衆送信装置を設置している者をいう。

なお、「自動公衆送信装置設置者」は、電気通信事業法（昭和五十九年法律第八十六号）による届出等を行っているかどうかを問わない。

(2)　法第三十一条の八第五項の努力義務の対象となるのは、自動公衆送信装置設置者が、映像送信型性風俗特殊営業を営む者がその自動公衆送信装置にわいせつな映像又は児童ポルノ映像（以下第三十四において「わいせつな映像等」という。）を記録したことを知ったときである。第三者から単にわいせつな映像等がある旨の一般的な苦情等があっただけでは、通常は、それだけで直ちに「知ったとき」に該当するものではないと考えられるが、例えば、当該自動公衆送信装置設置者が、映像送信型性風俗特殊営業を営む者が当該自動公衆送信装置にわいせつな映像等を記録して客に見せていることを発見した場合、映像送信型性風俗特殊営業を営む者が客に見せているわいせつな映像等を添付した苦情等があった場合、映像送信型性風俗特殊営業を営む者が客に見せているわいせつな映像等に関し同種の苦情が繰り返しあった場合等には、一般的にはこれに該当することになると解される。

なお、この規定は、自動公衆送信装置設置者が「知った」場合の措置について規定したものであり、自動公衆送信装置設置者に対し、その者の自動公衆送信装置の記録媒体に記録された映像等の一般的な調査義務を課すものではない。

(3)　法第三十一条の八第五項の「わいせつ」については、刑法

第百七十五条の「わいせつ」と同義である。

(4) 法第三十一条の八第五項中「当該映像の送信を防止するため必要な措置」とは、例えば、わいせつな映像等を記録した映像送信型性風俗特殊営業を営む者に当該わいせつな映像等を削除するよう注意喚起を行うこと、当該わいせつな映像等について送信停止の措置を執ること、当該映像送信型性風俗特殊営業を営む者との利用契約を解除すること等をいう。

(5) 法第三十一条の八第五項中「努めなければならない」とは、一定のことを実行し、実現することに努力しなければならないという意味である。したがって、例えば、わいせつな映像等を防止するための措置を執り得るにもかかわらず、漫然とこれを行わない場合や他に執り得る措置があるにもかかわらず既に注意喚起を行ったことを理由としてこれに従わない映像送信型性風俗特殊営業を営む者に対して何らの措置も講じない場合には、一般的には、「努めなければならない」という規範を遵守したことにはならないものと解される。

(6) 映像送信型性風俗特殊営業を営む者に自動公衆送信装置を貸している自動公衆送信装置設置者が、自己の自動公衆送信装置ではなく、リンク先等他の自動公衆送信装置設置者の自動公衆送信装置に当該映像送信型性風俗特殊営業を営む者がわいせつな映像等を記録したことを知ったような場合については、当該努力義務は生じない。

2 自動公衆送信装置設置者に対する勧告

(1) 法第三十一条の九第二項の「勧告」は、法第三十一条の八第五項の規定が遵守されていない場合に、当該規定が遵守されなかった原因に応じて、その改善措置等を具体的に示すことになる。

(2) 法第三十一条の九第二項の「勧告」は、行政手続法第二条第六号の行政指導に当たり、自動公衆送信装置設置者が必要な措置を執るべきことを勧め、促し、当該自動公衆送信装置設置者がこれを尊重することを期待するものであるが、法律上相手方を拘束する効果を伴うものではない。したがって、行政不服審査法に基づく不服申立て及び行政事件訴訟法（昭和三十七年法律第百三十九号）に基づく取消訴訟の対象にはならない。

第三十五　従業者名簿等について（法第三十六条及び第三十六条の二関係）

1 従業者名簿

(1) 従業者名簿の記載については、雇用契約のある労働者に限るものではないが、労働基準法（昭和二十二年法律第四十九号）に基づく労働者名簿の記載により従業者名簿に代替できる場合には、別に従業者名簿を作成することを要しない。

(2) 業務の一部が委託される場合において、当該委託業務に携わる従業者も従業者名簿に記載することを要する。例えば、第三者から派遣されたコンパニオンやダンサー、歌手等も「当該営業に係る業務」として接待をし、ダンスを見せ、又は歌を聴かせるのであれば、「当該営業に係る業務に従事する者」に当たる。

また、「第三十三条第六項に規定する酒類提供飲食店営業」や「深夜」（午前零時から午前六時までの時間。法第十三条第一項）において営む「飲食店営業」について、従業者名簿の記載を要する従業者とは、午後十時以降又は深夜において当該営業に係る業務に従事する従業者のみならず、全ての従業者である。

2　接客従業者の生年月日等の確認

(1)　確認を必要とする従業者

法第三十六条の二第一項中「客に接する業務」については、第十一中4、第十七中9(2)及び第二十中4(1)を参照すること。

(2)　確認を必要とする事項

接客従業者の生年月日（法第三十六条の二第一項第一号）及び国籍（同項第二号）については、接客従業者が日本人であるか外国人であるかにかかわらず、必ず確認しなければならない。接客従業者が外国人である場合には、府令第二十六条第二号から第四号までの区分に応じて、法第三十六条の二第一項第三号に掲げる事項を確認しなければならない。

ア　特別永住者以外の外国人（府令第二十六条第二号又は第三号）

出入国管理及び難民認定法（昭和二十六年政令第三百十九号。以下「入管法」という。）第二条の二第一項に規定する在留資格及び同条第三項に規定する在留期間については、必ず確認しなければならない。確認の結果、在留資格がないことや在留期間を経過して不法残留となっていることが判明した外国人については、これを就労させることはできない（入管法第七十三条の二第一項）。

入管法別表第一の上欄の在留資格をもって在留する外国人がその在留資格に応じた活動以外の就労活動を行う場合は、資格外活動の許可（入管法第十九条第二項）を受ける必要があるので、当該許可の有無（法第三十六条の二第一項第三号イ）を確認し、さらに「有り」の場合は、許可の内容を確認しなければならない。

なお、資格外活動は、本来の在留目的である活動の遂行を阻害しない範囲内で行われると認められるときに限り許可されるものであり（入管法第十九条第二項）、また、風俗営業や性風俗関連特殊営業に従事することは許可されない。

また、「興行」の在留資格により在留する者は、風俗営業や特定遊興飲食店営業の営業所においてショー、歌舞音曲等を見せたり、聴かせたりする仕事に就くことができる場合があるが、その場合においても、「接待」等の「興行」以外の活動をすることは、入管法違反の資格外活動に当たり、不法就労となる。

一方、「永住者」等の入管法別表第二の上欄の在留資格をもって在留する外国人については、その就労に制限はなく、資格外活動の許可の対象ではないことから、「許可の有無」（法第三十六条の二第一項第三号イ）を改めて確認することを要しない。

イ　特別永住者（府令第二十六条第四号）

特別永住者として永住することができる資格を有することを確認しなければならない。

(3)　確認に用いる書類

府令第二十六条第一号ハの「官公庁から発行され、又は発給された書類」で「当該者の生年月日及び本籍地都道府県名の記載があるもの」としては、例えば、船員手帳、小型船舶操縦免許証、身体障害者手帳、猟銃又は空気銃の所持許可証がある。一方、国民健康保険の被保険者証や児童扶養手当証書は、本籍が記載されていないことから、これに当たらない。

第三十六　報告及び立入りについて（法第三十七条関係）

1　一般的留意事項

立入り等は調査の手段であり、その実施に当たっては、国民の基本的人権を不当に侵害しないように注意する必要がある。

(1)　立入り等の限界

立入り等の行使は、法の施行に必要な限度で行い得るものであり、行政上の指導、監督のため必要な場合に、法の目的の範囲内で必要最小限度で行わなければならない。したがって、犯罪捜査の目的や他の行政目的のために行うことはできない。例えば、経営状態の把握のために会計帳簿や経理書類等の提出を求めたり、保健衛生上の見地から調理場の検査を行うこと等は、認められない。

また、立入り等の行使に当たっては、いやしくも職権を濫用し、又は正当に営業している者に対して無用な負担をかけるようなことがあってはならない。

(2)　報告又は資料の提出の要求と立入りの関係

立入りは、直接営業所内に入るものであるため、営業者にとって負担が大きいので、報告又は資料の提出で行政目的が十分に達せられるものについては、それで済ませることとし、この場合には立入りは行わない。

2　報告又は資料の提出の要求

(1)　報告又は資料の提出の要求の対象となる営業者

法第三十七条第一項は、「風俗営業者」、「性風俗関連特殊営業を営む者」、「特定遊興飲食店営業者」、「第三十三条第六項に規定する酒類提供飲食店営業を営む者」、「深夜において飲食店営業（酒類提供飲食店営業を除く。）を営む者」及び「接客業務受託営業を営む者」に対して報告又は資料の提出を求めることができる旨規定している。したがって、許可を受けずに風俗営業を営む者や食品衛生法上の許可を受けずに「設備を設けて客に飲食をさせる営業」を営む者に対しては、報告又は資料の提出を求めることができない。一方、「性風俗関連特殊営業を営む者」については、届出書を提出した者に限られていないことから、届出書を提出していない者に対しても報告又は資料の提出を求めることができる。

(2)　無店舗型性風俗特殊営業等に対する報告又は資料の提出の要求

無店舗型性風俗特殊営業、映像送信型性風俗特殊営業、無店舗型電話異性紹介営業及び接客業務受託営業については、営業が行われる地域が一の都道府県の区域内に限定されないことから、法の施行に必要な限度においては、その事務所の所在地を管轄する公安委員会以外の公安委員会であっても、報告又は資料の提出を求めることができる。

(3)　報告又は資料の内容及び種類

報告又は資料の提出を求めることができる場合における内容及び種類は、次のものに限られる。

ア　当該営業に関連する報告又は資料に限り、営業者等の私生活に関するもの及び兼業している営業がある場合における専ら当該兼業に係る営業に関するものには及ばない。

イ　法の目的の範囲内で行う指導監督等のために必要な報告又は資料に限り、法の目的に関係のない他法令の遵守状況等に関するものには及ばない。

ウ　法に基づく指導、監督等を行うため必要最小限度のものに限る。

(4)　報告又は資料の提出の回数

報告又は資料の提出を求めることができる回数については、この法律の施行に必要がある場合につき、原則として一回とする。
ただし、その提出要求が十分に履行されない場合は、更に追加要求することを妨げるものではない。

(5) 報告又は資料の提出の要求手続等

ア 当該要求は、通常は文書で行うものとする。

イ 資料の提出を受ける場合にあっては、相手方にその返還の要否を確認し、返還を要する資料については、できる限り速やかに返還することが必要である。

3 立入り

(1) 立入りの対象となる営業所等

法第三十七条第二項第一号及び第五号は、「風俗営業の営業所」及び「特定遊興飲食店営業の営業所」に立ち入ることができると規定しており、許可を受けた風俗営業及び特定遊興飲食店営業の営業所に限られてはいないことから、無許可の風俗営業及び特定遊興飲食店営業の営業所であっても立ち入ることができる。同様に、「店舗型性風俗特殊営業の営業所」(同項第二号)、「第二条第七項第一号の営業の事務所、受付所又は待機所」(法第三十七条第二項第三号)、「店舗型電話異性紹介営業の営業所」(同項第四号)及び「第三十三条第六項に規定する酒類提供飲食店営業の営業所」(法第三十七条第二項第六号)についても、届出書を提出したものに限られていないことから、これらの営業の営業所、事務所、受付所又は待機所であれば、無届のものであっても、立ち入ることができる。

なお、法第二条第七項第一号の営業については、その事務所の所在地を管轄する公安委員会に届出書を提出すれば、他の都道府県の区域においても当該営業を営むことができるものであるから、当該営業の「事務所、受付所又は待機所」に立ち入ることができる警察職員は、その所在地を管轄する都道府県警察の職員に限られない。

「第三十三条第六項に規定する酒類提供飲食店営業」(法第三十七条第二項第六号)とは、午後十時から翌日の午前六時までの時間においても営業している酒類提供飲食店営業であり、警察職員が立ち入る時間も、通常はこの時間となる。

「第三十三条第六項に規定する酒類提供飲食店営業」以外の「設備を設けて客に飲食をさせる営業」(法第三十七条第二項第七号)とは、食品衛生法上の許可を受けた「飲食店営業」(法第二条第十三項第四号)に限られてはいないことから、食品衛生法上の許可の有無にかかわらず、その営業所に立ち入ることができる。ただし、立ち入ることができるのは、「深夜」(午前零時から午前六時までの時間。法第十三条第一項)において、かつ、現に「営業している」営業所に限られる。

(2) 立入りの手続及び方法

ア 立入りは、公安委員会の定めるところにより行い、事後において報告書を作成し、これにより幹部に報告するとともに、これを保存する必要がある。

イ 個室又はこれに類する施設内に立ち入る場合にあっては、事前にノックするなどにより客が在室しないことを確認する必要がある。

ウ 調査の必要上質問を行う場合にあっては、原則として、営業者、従業者等営業者側の者に対する質問に限り、客に対する質問は、営業者側への質問で十分に目的を達しない場合に限り行うこととし、通常は行わないようにすることとする。

エ　営業時間中に立入りを行う場合には、できるだけ営業の妨げとならないようにする必要がある。

第三十七　少年指導委員について（法第三十八条、第三十八条の二及び第三十八条の三関係）

1　心構え

少年指導委員制度の趣旨に鑑み、少年指導委員は、常に少年に対する深い理解と愛情を持ち、少年の人格を尊重するとともに、自らの人格識見を高め、関係者から尊敬と信頼を得られるよう努めるものとする。

2　委嘱

(1)　公安委員会は、地域の実情を踏まえて少年指導委員の活動区域を定め（少年指導委員規則第二条第一項）、当該活動区域内の状況に精通している者のうちから、法第三十八条第一項の資格要件を満たすか否かについて慎重に判断した上、適任者を少年指導委員として委嘱する。

(2)　少年指導委員の活動区域は、繁華街・歓楽街に限られず、それ以外であっても、風俗営業及び性風俗関連特殊営業等の営業所が存在し、その有害な環境から少年を守る必要が認められる地域であれば、活動区域として定めることができる。

3　活動内容

少年の補導、援助等の少年指導委員の活動は、犯罪を摘発するためのものではなく、有害環境から少年を守り、その健全な育成に資するためのものであり、法第三十八条の二第一項の規定により公安委員会の指示に基づき行う立入りを除き、いずれも強制にわたる行為を行う権限ではないことに留意する。

4　研修

公安委員会は、少年指導委員が適正かつ効果的に職務を遂行するために必要な知識及び技能を修得させるため、法第三十八条第五項に規定する研修を実施するものとする。

5　立入り

(1)　立入りの限界

法第三十八条の二第一項中「少年の健全な育成に障害を及ぼす行為を防止するため必要があると認めるとき」とは、具体的には、少年の健全育成のための施策を推進するために立入りをして少年の健全育成に障害を及ぼす行為を防止する場合等がこれに当たる。

また、同項の「この法律の施行に必要な限度において」とは、法第三十七条第一項に規定する警察職員の立入りと同様、行政上の指導、監督のため必要な場合に、法の目的の範囲内で必要最小限で行わなければならないことをいう。したがって、例えば、経営状態の把握のために会計帳簿や経理書類等の提出を求めたり、保健衛生上の見地から調理場の検査を行うこと等は認められない。

なお、立入りの実施に当たっては、正当に営業している者に対して無用の負担をかけるようなことがあってはならない。

(2)　立入りの対象となる営業所等

第三十六中3(1)と同様である。

(3)　立入りの手続及び方法

次のア及びイのほか、少年指導委員の立入りの方法については、第三十六中3(2)イ及びエと同様である。

ア　立入りは、警察職員が同行して、又は複数の少年指導委員により、行うものとする。
イ　調査の必要上質問を行う場合にあっては、原則として、営業者、従業者等営業者側の者に対する質問に限り、客に対する質問は、当該客が未成年者であって、補導（法第三十八条第二項第一号）又は援助（同項第三号）を行う必要がある場合に限り行うこととする。

(4)　指示
ア　法第三十八条の二第二項の規定による指示は、あらかじめ文書により個別の少年指導委員に対して行うものとする。
イ　法第三十八条の二第二項中「立入りの場所」は、法第三十七条第二項各号に掲げる場所のいずれであるかの別及び立入りを実施すべき地域（指示の対象となる少年指導委員の活動区域内に限る。）を示して特定すれば足りる。
　また、指示により示す期日又は期間は、例えば「青少年の非行・被害防止全国強調月間」等の少年の健全育成に関する施策を推進する期間、公安委員会として立入りを必要と認める特定の日等を示して特定すれば足りる。

　なお、期間を示す場合には、過度に長期にならないように留意する必要がある。

(5)　報告
　法第三十八条の二第三項の規定による報告は、立入り実施後、速やかに文書により行うものとする。

　なお、複数の少年指導委員により立入りを実施した場合には、連名で報告書を作成し、これにより公安委員会に報告すれば足りる。

6　活動上の注意
　少年指導委員の活動に関しては、その公務性を可能な限り明らかにするとともに、いやしくも関係者の正当な権利及び自由を侵害することのないように留意しなければならない。

第三十八　都道府県風俗環境浄化協会について（法第三十九条関係）

1　総説
　都道府県風俗環境浄化協会は、民間における環境浄化の気運を一層促進するため、2に掲げるような任意的な活動を行う民間団体である。その活動は、許可申請書類等の記載の代行等を行うものではなく、風俗営業者等の自主性を尊重して行うものである。

2　事業
　法第三十九条第二項各号に規定する事業は、具体的には、次のような事業をいう。
(1)　苦情処理
　住民等から風俗環境に関する苦情を受理し、業界団体、警察等に連絡すること等によりその解決を図ること。
(2)　啓発活動
　街頭での客引きや悪質なビラ貼り等の一掃の呼び掛け、広報紙の発行等を行うこと。
(3)　少年指導委員の活動の援助
　少年指導委員に対する情報の提供等を行うこと。
(4)　民間の自主的な組織活動の支援
　違法な広告物の除却活動を行っている団体に対して、必要な資材等の貸出等を行うこと。
(5)　委託事業

公安委員会の委託を受けて、管理者講習、調査等の業務を行うこと。

調査業務については、風俗環境浄化協会等に関する規則（昭和六十年国家公安委員会規則第三号）第四条に規定するとおり調査員には厳格な要件を課しており、公正かつ的確な調査業務の実施を期することとしている。

(6) 付帯事業

風俗環境の浄化のため必要な出版活動等を行うこと。

第三十九　風俗営業者及び特定遊興飲食店営業者の団体について（法第四十四条関係）

届出をしなければならない団体は、風俗営業者又は特定遊興飲食店営業者が組織する団体であって、当該団体の目的が風俗営業又は特定遊興飲食店営業の健全化と風俗営業又は特定遊興飲食店営業の業務の適正化にあるものであればよく、他の目的を併せ持つ団体もこれに含まれる。

なお、風俗営業者又は特定遊興飲食店営業者の団体による自主的活動については、営業延長許容地域又は営業所設置許容地域の指定及び変更の際に考慮すべき配慮要件とされている（令第九条第二号及び第二十二条第二号）。

附　則

この基準は、平成三十年二月一日から施行する。

別記様式第１号（第12中の13(7)関係）

認定に係る遊技機を特定するための製造番号等（ぱちんこ遊技機等用）

番号	遊技盤番号等	遊技盤の枠番号等	主基板番号等
合計			台

設置先	営業所の所在地	
	営業所の名称	
	営業者の氏名又は名称	

別記様式第１号（第12中の13(7)関係）　（回胴式遊技機用）

認定に係る遊技機を特定するための製造番号等

番号	本体製造番号等（回胴部）	本体製造番号等（筐体部）	主基板番号等
			合計　台

設置先	営業所の所在地	
	営業所の名称	
	営業者の氏名又は名称	

別記様式第２号（第12中の13(9)関係）（製造業者又は輸入業者用）

保　証　書

当社が販売し・貸し付けた下記の遊技機については、風俗営業等の規制及び業務の適正化等に関する法律第20条第４項の検定を受けた型式に属するものとして営業所に設置されることを保証します。

年　月　日

公安委員会　殿

製造業者等の氏名又は名称及び住所

㊞

記

設置先	営業所の所在地			
	営業所の名称			
	営業者の氏名又は名称			
遊技機の種類			型式試験番号	
型式名				
検定年月日		年　月　日	検定番号	
遊技機の製造番号等	ぱちんこ遊技機等	遊技盤番号等	遊技盤の枠番号等	主基板番号等
	回胴式遊技機	本体製造番号等（回胴部）	本体製造番号等（筐体部）	主基板番号等

備考
1　作成者は、氏名を記載し及び押印することに代えて、署名することができる。
2　不要の文字は、横線で消すこと。
3　「設置先」の欄は、売買契約等の締結内容に沿って記載すること。
4　所定の欄に記載し得ないときは、別紙に記載の上、これを添付すること。
5　用紙の大きさは、日本工業規格Ａ４とする。

別記様式第３号（第12中の13⑾、第17中の８⑴ア(イ)、第17中の８⑶オ(イ)関係）（製造業者又は輸入業者用）

保　　証　　書

下記遊技機については、点検・確認することにより、風俗営業等の規制及び業務の適正化等に関する法律第20条第４項の検定を受けた型式に属するものであることを保証します。

年　月　日

公安委員会　殿

製造業者等の氏名又は名称及び住所

㊞

記

用途		部品変更・中古機移動・認定		
設置先	営業所の所在地			
	営業所の名称			
	営業者の氏名又は名称			
遊技機の種類			型式試験番号	
型式名				
検定年月日		年　月　日	検定番号	
遊技機の製造番号等	ぱちんこ遊技機等	遊技盤番号等	遊技盤の枠番号等	主基板番号等
	回胴式遊技機	本体製造番号等（回胴部）	本体製造番号等（筐体部）	主基板番号等
部品の変更				

備考
1　作成者は、氏名を記載し及び押印することに代えて、署名することができる。
2　不要の文字は、横線で消すこと。
3　「中古機移動」は、風俗営業の営業所に設置されたことのある遊技機を営業所に設置することを意味する。
4　「設置先」の欄は、売買契約等の締結内容に沿って記載すること。
5　所定の欄に記載し得ないときは、別紙に記載の上、これを添付すること。
6　用紙の大きさは、日本工業規格Ａ４とする。

別紙（ぱちんこ遊技機等用）

遊技機の製造番号等

番号	遊技盤番号等	遊技盤の枠番号等	主基板番号等
合計			台

設置先	営業所の所在地	
	営業所の名称	
	営業者の氏名又は名称	

別記様式第４号（第12中の13⑾、第17中の８(1)ア(ｲ)関係）
（公安委員会が認める者用）

保　　　証　　　書

下記遊技機については、点検・確認することにより、風俗営業等の規制及び業務の適正化等に関する法律第20条第４項の検定を受けた型式に属するものであることを保証します。

年　月　日

公安委員会　殿

公安委員会が認める者の氏名又は名称、住所及び生年月日

㊞

（ｉ）所属保守管理業者等の氏名又は名称及び住所
（ii）特例風俗営業者の氏名又は名称及び住所

㊞

記

用　途	中古機移動　・　認定			
設置先	営業所の所在地			
	営業所の名称			
	営業者の氏名又は名称			
遊技機の種類		型式試験番号		
型式名				
検定年月日	年　月　日	検定番号		
遊技機の製造番号等	ぱちんこ遊技機等	遊技盤番号等	遊技盤の枠番号等	主基板番号等
	回胴式遊技機	本体製造番号等（回胴部）	本体製造番号等（筐体部）	主基板番号等

備考
1　作成者は、氏名を記載し及び押印することに代えて、署名することができる。
2　不要の文字は、横線で消すこと。
3　（ｉ）及び（ii）は、公安委員会が遊技機の点検及び取扱いを適正に行うに足りる能力を有すると認める者のうち、遊技機の認定及び型式の検定等に関する規則第１条第３項第２号ロ(2)及び(3)を意味するので、該当しない欄を消した上、これを記載すること。
4　「中古機移動」は、風俗営業の営業所に設置されたことのある遊技機を営業所に設置することを意味する。
5　「設置先」の欄は、売買契約等の締結内容に沿って記載すること。
6　所定の欄に記載し得ないときは、別紙に記載の上、これを添付すること。
7　用紙の大きさは、日本工業規格Ａ４とする。

別紙（回胴式遊技機用）

遊技機の製造番号等

番号	本体製造番号等（回胴部）	本体製造番号等（筐体部）	主基板番号等
			合計　　台

設置先	営業所の所在地	
	営業所の名称	
	営業者の氏名又は名称	

別紙（ぱちんこ遊技機等用）

遊技機の製造番号等

番号	遊技盤番号等	遊技盤の枠番号等	主基板番号等
合計			台

設置先		
営業所の所在地		
営業所の名称		
営業者の氏名又は名称		

別紙（回胴式遊技機用）

遊技機の製造番号等

番号	本体製造番号等（回胴部）	本体製造番号等（筐体部）	主基板番号等
合計			台

設置先		
営業所の所在地		
営業所の名称		
営業者の氏名又は名称		

別記様式第５号（第17中の８⑵ア(イ)関係）（個人及び法人の役員用）

誓　　　約　　　書

私は、私並びに私が現在役員となっている法人及び過去に役員であった法人が、最近５年間にいずれの都道府県公安委員会からも遊技機の認定及び型式の検定等に関する規則（昭和60年国家公安委員会規則第４号）第11条第２項の規定による検定の取消しを受けた者でないことを誓約します。

年　　月　　日

公安委員会殿

製造業者等（法人である場合にあっては、役員）の住所

氏　名　　　　　　　　　　　　　　㊞

備考
1　誓約者は、氏名を記載し及び押印することに代えて、署名することができる。
2　不要の文字は、横線で消すこと。
3　用紙の大きさは、日本工業規格Ａ４とする。

別記様式第５号（第17中の８⑵ア(イ)関係）（法人用）

誓　　　約　　　書

当社は、最近５年間にいずれの都道府県公安委員会からも遊技機の認定及び型式の検定等に関する規則（昭和60年国家公安委員会規則第４号）第11条第２項の規定による検定の取消しを受けた者でないことを誓約します。

年　　月　　日

公安委員会殿

製造業者等の所在地

名　称　　　　　　　　　　　　　　㊞

代表者の氏名　　　　　　　　　　　㊞

備考
1　誓約者は、氏名を記載し及び押印することに代えて、署名することができる。
2　用紙の大きさは、日本工業規格Ａ４とする。

風営適正化法施行条例関係

北海道

○風俗営業等の規制及び業務の適正化等に関する法律施行条例

（昭和三〇・一一・二二 北海道条例七七）

最終改正 平成三〇・三・三〇 条例四〇

（趣旨）

第一条 この条例は、風俗営業等の規制及び業務の適正化等に関する法律（昭和二十三年法律第百二十二号。以下「法」という。）の規定に基づき、風俗営業、性風俗関連特殊営業、特定遊興飲食店営業及び深夜における飲食店営業の規制等に関し必要な事項を定めるものとする。

第二条 削除

（風俗営業の営業制限地域）

第三条 法第四条第二項第二号の条例で定める地域は、次に掲げる地域（北海道公安委員会が、良好な風俗環境を保全するために支障がないと認めて指定するものを除く。）とする。

一 都市計画法（昭和四十三年法律第百号）第二章の規定により定められた第一種低層住居専用地域、第二種低層住居専用地域、第一種中高層住居専用地域、第二種中高層住居専用地域、第一種住居地域、第二種住居地域、準住居地域又は田園住居地域

二 前号に掲げる地域以外の地域のうち、次に掲げる施設の敷地（これらの用に供するものと決定した土地を含む。）の周囲百メートルの区域内の地域

ア 学校教育法（昭和二十二年法律第二十六号）第一条に規定する学校

イ 医療法（昭和二十三年法律第二百五号）第一条の五第一項に規定する病院（都市計画法第二章の規定により定められた近隣商業地域又は商業地域に設置されているものを除く。第十条第一項において「病院」という。）

ウ 医療法第一条の五第二項に規定する診療所（患者を入院させるための施設を有しないもの及び都市計画法第二章の規定により定められた近隣商業地域又は商業地域に設置されているものを除く。第十条第一項において「診療所」という。）

エ 図書館法（昭和二十五年法律第百十八号）第二条第一項に規定する図書館

オ 児童福祉法（昭和二十二年法律第百六十四号）第七条第一項に規定する児童福祉施設

2 前項の規定は、三月以内の期間を限って営む営業又は移動して営む営業に係る営業所で北海道公安委員会規則で定めるものについては、適用しない。

（風俗営業の営業時間の特例）

第四条 法第十三条第一項ただし書の条例で定める時は、午前一時とする。

2 法第十三条第一項第一号の特別な事情のある日として条例で定める日は地域の祭典等の日であって北海道公安委員会が指定する日（以下「指定日」という。）とし、同号の当該事情のある地域として条例で定める地域は当該地域の祭典等が行われる地域として北海道公安委員会が指定する地域（以下「祭典地域」という。）及びその他の地域であって次項の規定により指定された地域とする。

3 法第十三条第一項第二号の午前零時以後において風俗営業を営むことが許容される特別な事情のある地域として条例で定める地域は、接待飲食等営業及びまあじゃん屋について都市計画法第二章の規定により定められた商業地域のうちで大規模な繁華街を形成している地域であって、良好な風俗環境を保全するために支障がないと認めて北海道公安委員会が指定する地域とする。

（風俗営業の営業時間の制限）

第四条の二 法第二条第一項第四号の営業（まあじゃん屋を除く。）を営む風俗営業者は、午前零時から午前一時まで、午前六時後午前九時前及び午後十一時から翌日の午前零時前の時間（祭典地域における次の各号に掲げる日に関し当該各号に定める時間を除く。）においてその営業を営んではならない。

一 指定日の初日の前日 午後十一時から翌日の午前零時前の時間

二 指定日（最終日を除く。） 午前零時から午前一時まで及び午後十一時から翌日の午前零時前の時間

三　指定日の最終日　午前零時から午前一時までの時間

2　法第二条第一項第五号の営業を営む風俗営業者は、午前零時から午前一時までの時間（祭典地域における指定日に関し午前零時から午前一時までの時間を除く。）においてその営業を営んではならない。

（風俗営業に係る騒音及び振動の規制）

第五条　法第十五条の条例で定める騒音の数値は、別表第一の左〔上〕欄に掲げる地域ごとに、同表の右〔下〕欄に掲げる時間の区分に応じ、それぞれ同欄に定める数値を超えない範囲内において北海道公安委員会規則で定めるものとする。

2　法第十五条の条例で定める振動の数値は、五十五デシベルとする。ただし、良好な風俗環境を保全するため、特に静穏を保持する必要があると認めて北海道公安委員会規則で定める地域においては、五十デシベルとする。

（風俗営業者の遵守事項）

第六条　風俗営業者は、次に掲げる事項を遵守しなければならない。

一　営業中において、営業所の出入口又は廊下（営業所の出入口と客室との間又は客室間を連絡するものに限る。第十一条の六第一号において同じ。）に施錠をし、又はさせないこと。

二　営業の用に供する家屋又は施設（営業所を含む。第五号及び第十一条の六第四号において「営業用家屋等」という。）に客を宿泊させ、又は寝具を客に使用させないこと（旅館業法（昭和二十三年法律第百三十八号）第三条第一項の許可を受けて営む旅館業を兼業する場合を除く。）。

三　営業所で卑わいな行為その他善良の風俗を害する行為をし、又はこれらの行為をさせないこと。

四　客の求めない飲食物を提供しないこと。

五　営業用家屋等において、法第二条第六項に規定する店舗型性風俗特殊営業を営み、又は営ませないこと。

第七条　削除

（遊技場等営業者の遵守事項）

第八条　法第二条第一項第四号の営業（まあじゃん屋を除く。）を営む風俗営業者は、第六条の規定によるほか、次に掲げる事項を遵守しなければならない。

一　著しく射幸心をそそるような行為をし、又はさせないこと。

二　客に提供した賞品を買い取らせないこと。

三　営業所で客に飲酒をさせないこと。

2　前項（第一号に係る部分に限る。）の規定は、まあじゃん屋を営む風俗営業者について準用する。

3　第一項（第三号に係る部分に限る。）の規定は、法第二条第一項第五号の営業を営む風俗営業者について準用する。この場合において、第一項第三号中「させないこと」とあるのは、「させないこと（食品衛生法（昭和二十二年法律第二百三十三号）第五十二条第一項の許可を受けて営む飲食店営業を兼業する場合を除く。）」と読み替えるものとする。

（ゲームセンター等に係る営業所への年少者の立入りの制限）

第九条　法第二条第一項第五号の営業を営む風俗営業者は、午後六時後午後十時前の時間において十六歳未満の者を営業所に客として立ち入らせてはならない。ただし、保護者が同伴する十六歳未満の者については、この限りでない。

（店舗型性風俗特殊営業の禁止地域等）

第十条　法第二十八条第一項の条例で定める施設は、病院、診療所及び博物館（博物館法（昭和二十六年法律第二百八十五号）第二条又は第二十九条に規定するものをいう。）並びにその他の施設でその周辺における善良の風俗若しくは清浄な風俗環境を害する行為又は少年の健全な育成に障害を及ぼす行為を防止する必要のあるものとして北海道公安委員会が指定するものとする。

2　法第二十八条第一項に定めるもののほか、店舗型性風俗特殊営業は、次の各号に掲げる区分に応じ、当該各号に定める地域においては、これを営んではならない。

一　法第二条第六項第一号若しくは第三号の営業又は風俗営業等の規制及び業務の適正化等に関する法律施行令（昭和五十九年政令第三百十九号。以下「政令」という。）第五条に規定する営業　別表第二に掲げる地域以外の地域

二　法第二条第六項第三号又は第五号の営業　北海道内全域

三　法第二条第六項第四号の営業のうち、個室に自動車の車庫が個々に接続

する施設であって次のいずれかに該当する構造設備を設けて営むもの　別表第三に掲げる地域以外の地域
ア　個室に接続する車庫（二以上の側壁（カーテン、ついたて等を含む。）及び屋根を有するものに限る。以下同じ。）の出入口が扉等によって遮へいできるもの
イ　車庫の内部から個室に通ずる専用の人の出入口又は階段若しくは昇降機が設けられているもの
ウ　個室と車庫とが専用の通路によって接続しているものにあっては、当該通路の内部が外部から見えないもの
四　法第二条第六項第四号の営業のうち、前号に規定する営業以外のもの　都市計画法第二章の規定により定められた商業地域以外の地域

（受付所営業の禁止地域等）

第十条の二　法第三十一条の三第二項の規定により適用する法第二十八条第一項の条例で定める施設は、前条第一項に規定する施設とする。

2　法第三十一条の三第二項の規定により適用する法第二十八条第一項に定めるもののほか、受付所営業（法第三十一条の二第四項に規定する受付所営業をいう。）は、北海道内全域においては、これを営んではならない。

（店舗型電話異性紹介営業の禁止地域等）

第十条の三　法第三十一条の十三第一項において準用する法第二十八条第一項の条例で定める施設は、第十条第一項に規定する施設とする。

2　法第三十一条の十三第一項において準用する法第二十八条第一項に定めるもののほか、店舗型電話異性紹介営業は、北海道内全域においては、これを営んではならない。

（店舗型性風俗特殊営業の深夜における営業時間の制限）

第十一条　法第二十八条第四項に規定する店舗型性風俗特殊営業は、深夜（午前零時から午前六時までの時間をいう。次条、第十一条の四第三号、第十二条第一項及び第十三条において同じ。）において営んではならない。

（店舗型電話異性紹介営業の深夜における営業時間の制限）

第十一条の二　店舗型電話異性紹介営業は、深夜において営んではならない。

（性風俗関連特殊営業の広告宣伝制限地域）

第十一条の三　法第二十八条第五項第一号ロの条例で定める地域は、次に掲げる地域とする。
一　法第二条第六項第一号若しくは第二号の営業又は政令第五条に規定する営業　北海道内全域
二　法第二条第六項第三号又は第五号の営業　別表第二に掲げる地域以外の地域
三　法第二条第六項第四号の営業　都市計画法第二章の規定により定められた第一種低層住居専用地域、第二種低層住居専用地域、第一種中高層住居専用地域、第二種中高層住居専用地域、第一種住居地域、第二種住居地域、準住居地域又は田園住居地域

2　法第三十一条の三第一項及び法第三十一条の八第一項において準用する法第二十八条第五項第一号ロの条例で定める地域は、次に掲げる地域とする。
一　法第二条第七項第一号の営業　北海道内全域
二　法第二条第七項第二号の営業又は同条第八項に規定する映像送信型性風俗特殊営業　別表第二に掲げる地域以外の地域

3　法第三十一条の十三第一項及び法第三十一条の十八第一項において準用する法第二十八条第五項第一号ロの条例で定める地域は、北海道内全域とする。

（特定遊興飲食店営業の営業所設置許容地域）

第十一条の四　法第三十一条の二十三において準用する法第四条第二項第二号の条例で定める地域は、第四条第三項の規定により指定された地域とする。ただし、次に掲げる施設の敷地（これらの用に供するものと決定した土地を含む。）の周囲百メートルの区域内を除く。
一　医療法第一条の五第一項に規定する病院
二　医療法第一条の五第二項に規定する診療所（患者を入院させるための施設を有しないものを除く。）
三　児童福祉法第七条第一項に規定する児童福祉施設（助産施設、乳児院、母子生活支援施設、保育所（深夜において保育を実施するものに限る。）、幼保連携型認定こども園（深夜において保育を実施するものに限る。）、児童養護施設、障害児入所施設、児童心理治療施設及び児童自立支援施設に限る。）

（特定遊興飲食店営業に係る騒音及び振動の規制）

第十一条の五　法第三十一条の二十三において準用する法第十五条の条例で定める騒音の数値は、別表第二の左〔上〕欄に掲げる地域ごとに、同表の右〔下〕欄に掲げる深夜に係る数値を超えない範囲内において北海道公安委員会規則で定めるものとする。

2　法第三十一条の二十三において準用する法第十五条の条例で定める振動の数値は、五十五デシベルとする。

（特定遊興飲食店営業者の遵守事項）

第十一条の六　特定遊興飲食店営業者は、次に掲げる事項を遵守しなければならない。

一　営業中において、営業所の出入口又は廊下に施錠をし、又はさせないこと。

二　営業所で卑わいな行為その他善良の風俗を害する行為をし、又はこれらの行為をさせないこと。

三　客の求めない飲食物を提供しないこと。

四　営業用家屋等において、法第二条第六項に規定する店舗型性風俗特殊営業を営み、又は営ませないこと。

五　著しく射幸心をそそるような行為をし、又はさせないこと。

（深夜における飲食店営業に係る騒音及び振動の規制）

第十二条　法第三十二条第二項において準用する法第十五条の条例で定める騒音の数値は、別表第一の左〔上〕欄に掲げる地域ごとに、同表の右〔下〕欄に掲げる深夜に係る数値を超えない範囲内において北海道公安委員会規則で定めるものとする。

2　法第三十二条第二項において準用する法第十五条の条例で定める振動の数値は、五十五デシベルとする。ただし、良好な風俗環境を保全するため、特に静穏を保持する必要があると認めて北海道公安委員会規則で定める地域においては、五十デシベルとする。

（深夜における酒類提供飲食店営業の禁止地域）

第十三条　法第二条第十三項第四号に規定する酒類提供飲食店営業は、都市計画法第二章の規定により定められた第一種低層住居専用地域、第二種低層住居専用地域、第一種中高層住居専用地域、第二種中高層住居専用地域、第一種住居地域、第二種住居地域、準住居地域又は田園住居地域においては、深夜において、これを営んではならない。ただし、北海道公安委員会が善良の風俗若しくは清浄な風俗環境を害する行為又は少年の健全な育成に障害を及ぼす行為を防止するため必要がないと認めて指定する地域については、この限りでない。

（風俗環境保全協議会の設置地域）

第十四条　法第三十八条の四第一項の条例で定める地域は、第四条第三項の規定により指定された地域とする。

（告示）

第十五条　北海道公安委員会は、第三条第一項、第四条第二項及び第三項、第十条第一項並びに第十三条ただし書の規定により指定する場合には、告示しなければならない。

（北海道公安委員会への委任）

第十六条　この条例の施行に関し必要な事項は、北海道公安委員会規則で定める。

附　則〔略〕

別表第一（第五条、第十一条の五、第十二条関係）

地域	数値		
	昼間	夜間	深夜
(1) 都市計画法第二章の規定により定められた第一種低層住居専用地域、第二種低層住居専用地域、第一種中高層住居専用地域、第二種中高層住居専用地域、第一種住居地域、第二種住居地域、準住居地域又は田園住居地域	五十五デシベル	四十五デシベル	四十デシベル
(2) 都市計画法第二章の規定により定められた商業地域、工業地域又は工業専用地域	六十五デシベル	六十デシベル	五十五デシベル
(3) (1)及び(2)に掲げる地域以外の地域	六十デシベル	五十五デシベル	五十デシベル

備考
1 「昼間」とは、午前六時後午後六時前の時間をいう。
2 「夜間」とは、午後六時から翌日の午前零時前の時間をいう。
3 「深夜」とは、午前零時から午前六時までの時間をいう。

別表第二（第十条、第十一条の三関係）

札幌市中央区の南四条（南四条通り以南の地域に限る。）、南五条及び南六条のそれぞれ西二丁目及び西五丁目の地域

別表第三（第十条関係）

札幌市中央区の南四条（南四条通り以南の地域に限る。）、南五条及び南六条のそれぞれ西二丁目から西五丁目までの地域

○風俗営業等の規制及び業務の適正化等に関する法律施行条例施行規則

（昭和六〇・二・七　北海道公安委員会規則一）

最終改正　平成三〇・三・三〇　公安委員会規則三

（定義）

第一条　この規則で「法」とは風俗営業等の規制及び業務の適正化等に関する法律（昭和二十三年法律第百二十二号）をいい、「条例」とは風俗営業等の規制及び業務の適正化等に関する法律施行条例（昭和三十年北海道条例第七十七号）をいう。

（風俗営業の営業制限地域における特例）

第二条　条例第三条第二項の規則で定める三月以内の期間を限って営む営業又は移動して営む営業に係る営業所は、次の各号に掲げるとおりとする。

一　三月以内の期間を限って営む法第二条第一項第四号又は第五号に規定する営業に係る営業所

二　常態として移動して営む法第二条第一項各号に規定する営業に係る営業所

（風俗営業に係る騒音の規制）

第三条　条例第五条第一項の規則で定める騒音の数値は、別表の左〔上〕欄に掲げる地域ごとに、同表の右〔下〕欄に掲げる時間の区分に応じ、それぞれ同欄に定める数値とする。

（特定遊興飲食店営業に係る騒音の規制）

第四条　条例第十一条の五第一項の規則で定める騒音の数値は、別表の左〔上〕欄に掲げる地域ごとに、同表の右〔下〕欄に掲げる深夜に係る数値とする。

（深夜における飲食店営業に係る騒音の規制）

第五条　条例第十二条第一項の規則で定める騒音の数値は、別表の左〔上〕欄に掲げる地域ごとに、同表の右〔下〕欄に掲げる深夜に係る数値とする。

附　則〔略〕

別表（第三条、第四条、第五条関係）

地域	数値		
	昼間	夜間	深夜
一　都市計画法第二章の規定により定められた第一種低層住居専用地域、第二種低層住居専用地域、第一種中高層住居専用地域、第二種中高層住居専用地域、第一種住居地域、第二種住居地域、準住居地域又は田園住居地域	五十五デシベル	四十五デシベル	四十デシベル
二　都市計画法第二章の規定により定められた商業地域、工業地域又は工業専用地域	六十五デシベル	六十デシベル	五十五デシベル
三　一及び二に掲げる地域以外の地域	六十デシベル	五十五デシベル	五十デシベル

備考

1　「昼間」とは、午前六時後午後六時前の時間をいう。

2　「夜間」とは、午後六時から翌日の午前零時前の時間をいう。

3　「深夜」とは、午前零時から午前六時までの時間をいう。

○良好な風俗環境を保全するために支障がないと認める地域の指定

（昭和六〇・三・一四　北海道公安委員会告示二四）

最終改正　平成二三・八・五　公安委員会告示八一

風俗営業等の規制及び業務の適正化等に関する法律施行条例（昭和三十年北海道条例第七十七号）第三条第一項の規定により、良好な風俗環境を保全するために支障がないと認める地域を次のとおり指定した。

一　札幌市中央区南五条西二丁目六番地田畑産婦人科助産施設の敷地の周囲百メートルの区域内の地域

二　札幌市西区琴似二条二丁目六番二五号琴似あやめ保育園の敷地の周囲百メートルの区域内の地域のうち、札幌市西区琴似一条の一丁目から三丁目の地域並びに札幌市西区琴似二条一丁目六番、七番一、七番二、八番、九番、一五番、一六番、一七番、二三番及び二四番二の地域

三　札幌市南区定山渓温泉西一丁目及び西二丁目のうち札幌市南区定山渓温泉西一丁目三一番地札幌市立定山渓中学校の敷地の周囲百メートルを超える区域の地域並びに札幌市南区定山渓温泉東四丁目三〇八番地札幌市立定山渓小学校の敷地の周囲五十メートル以上百メートルの区域内の地域のうち都市計画法（昭和四十三年法律第百号）第二章の規定により定められた商業地域内の地域並びに札幌市南区定山渓温泉東三丁目二五六番地社会福祉法人光華園定山渓保育所の敷地の周囲三十メートル以上百メートルの区域内の地域

四　小樽市朝里川温泉二丁目六七〇番一から六七〇番一九まで、六七三番一から六七三番六〇まで、六七四番、六七五番二及び六七五番三、六七六番一から六七六番八まで、六七七番七から六七七番一五まで、六八一番一から六八一番一六まで、六八二番二から六八二番七まで、六八六番一から六八六番八まで、六八七番一から六八七番一二まで、六八八番から六九一番まで、六九二番一から六九二番一二まで、六九三番二から六九三番九まで、六九四番一から六九四番六一まで、六九五番一から六九五番一四まで、七二六番、

七二七番一及び七二七番二、七二八番一及び七二八番二、七二九番から七三三番まで、七四三番、七四四番一及び七四四番二、七四五番から七四八番まで、七五三番一及び七五三番二、七五四番一から七五四番一五まで、七五五番、七五八番並びに七五九番のうち都市計画法第二章の規定により定められた第一種住居地域内の地域

五　虻田郡洞爺湖町洞爺湖温泉町のうち小有珠川以東の都市計画法第二章の規定により定められた第二種住居地域内の地域

六　函館市湯川町二丁目一三番一六号函館市湯川児童館の敷地の周囲三十メートル以上百メートルの区域内の地域

七　函館市本町九番二三号杉の子保育園の敷地の周囲百メートルの区域内の地域のうち、道々五稜郭公園線以東の地域

○風営適正化法施行条例第四条第二項の規定に基づく営業時間の特例の日及び地域の指定

（平成二〇・七・四　北海道公安委員会告示七二）

最終改正　平成二七・一二・一五　公安委員会告示一九一

風俗営業等の規制及び業務の適正化等に関する法律施行条例（昭和三十年北海道条例第七十七号）第四条第二項の規定により、午前一時まで風俗営業を営むことが許容される地域の祭典等による特別な事情のある日及び当該祭典等が行われる地域を次のとおり指定する。

なお、風俗営業等の規制及び業務の適正化等に関する法律施行条例第四条第一項の規定に基づく営業時間の特例の日の指定（平成十一年北海道公安委員会告示第三十四号）は、廃止する。

指定する日	指定する地域
年始（一月四日から同月八日までの間）	北海道内全域
盆（八月十四日から同月十七日までの間）	同　上（右）
クリスマス及び年末（十二月二十五日から同月三十一日までの間）	同　上（右）
さっぽろ雪まつりが行われる日の翌日	札幌市
YOSAKOIソーラン祭りが行われる日の翌日	同　上（右）
北海道神宮例祭が行われる日の翌日	同　上（右）
函館港まつりが行われる日の翌日	函館市
住吉神社例大祭が行われる日の翌日	小樽市
おたる潮まつりが行われる日の翌日	同　上（右）

旭川冬まつりが行われる日の翌日	旭川市
北海道護国神社慰霊大祭が行われる日の翌日	同上〔右〕
上川神社例大祭が行われる日の翌日	同上〔右〕
旭川夏まつりが行われる日の翌日	同上〔右〕
むろらん港まつりが行われる日の翌日	室蘭市
夏越祭が行われる日の翌日	芦別市
厳島神社例大祭が行われる日の翌日	釧路市
くしろ港まつりが行われる日の翌日	同上〔右〕
帯広氷まつりが行われる日の翌日	帯広市
北見ぼんちまつりが行われる日の翌日	北見市
おんねゆ温泉まつりが行われる日の翌日	同上〔右〕
北見神社秋季例大祭が行われる日の翌日	同上〔右〕
夕張神社例大祭が行われる日の翌日	夕張市
岩見沢神社例祭が行われる日の翌日	岩見沢市
あばしりオホーツク流氷まつりが行われる日の翌日	網走市
留萌神社例大祭が行われる日の翌日	留萌市
樽前山神社祭が行われる日の翌日	苫小牧市
北門神社例大祭が行われる日の翌日	稚内市
空知神社秋季例大祭が行われる日の翌日	美唄市
江別神社例大祭が行われる日の翌日	江別市
鎮守出雲神社秋季例大祭が行われる日の翌日	赤平市
鎮守赤平神社例大祭が行われる日の翌日	同上〔右〕
もんべつ観光港まつりが行われる日の翌日	紋別市
士別神社例大祭が行われる日の翌日	士別市
名寄神社例大祭が行われる日の翌日	名寄市
金刀比羅神社例大祭が行われる日の翌日	根室市
千歳神社例大祭が行われる日の翌日	千歳市
砂川市民まつりが行われる日の翌日	砂川市
深川聖徳太子祭が行われる日の翌日	深川市
北海へそ祭りが行われる日の翌日	富良野市
豊栄神社例大祭が行われる日の翌日	恵庭市
伊達神社秋季例大祭が行われる日の翌日	伊達市
飯生神社例大祭が行われる日の翌日	長万部町
江差姥神大神宮渡御祭が行われる日の翌日	江差町
岩内神社例大祭が行われる日の翌日	岩内町
余市神社祭典が行われる日の翌日	余市町
栗山天満宮例大祭が行われる日の翌日	栗山町
上富良野神社例大祭が行われる日の翌日	上富良野町
遠軽神社例大祭が行われる日の翌日	遠軽町
豊富八幡神社夏季例大祭が行われる日の翌日	豊富町
美幌神社秋季例大祭が行われる日の翌日	美幌町
白老八幡神社祭が行われる日の翌日	白老町
静内神社例大祭が行われる日の翌日	新ひだか町
厚岸港まつりが行われる日の翌日	厚岸町
弟子屈神社例大祭が行われる日の翌日	弟子屈町
川湯神社例大祭が行われる日の翌日	同上〔右〕

別海町	別海神社例大祭が行われる日の翌日
中標津町	中標津神社例大祭が行われる日の翌日
羅臼町	羅臼神社例大祭が行われる日の翌日

○風俗営業等の規制及び業務の適正化等に関する法律施行条例第四条第三項の規定に基づく営業時間の特例の地域の指定

（平成一一・二・一二 北海道公安委員会告示九）

改正　平成二七・一二・一五　公安委員会告示一九一

風俗営業等の規制及び業務の適正化等に関する法律施行条例（昭和三十年北海道条例第七十七号）第四条第三項の規定により、午前零時以後において風俗営業を営むことが許容される特別な事情のある地域を次のとおり指定し、平成十一年四月一日から施行する。

一　札幌市中央区南一条から南五条までの西一丁目から西一〇丁目まで、南六条の西一丁目から西八丁目まで並びに南七条及び南八条の西一丁目から西六丁目まで

二　札幌市北区北二十三条から北二十六条までの西四丁目及び西五丁目並びに北二十三条及び北二十四条の西三丁目のうち都市計画法（昭和四十三年法律第百号）第二章の規定により定められた商業地域

三　札幌市西区琴似二条一丁目並びに琴似一条一丁目から七丁目まで及び琴似二条の二丁目から七丁目までのうち都市計画法第二章の規定により定められた商業地域

四　千歳市清水町、幸町及び千代田町の一丁目から四丁目まで並びに錦町一丁目及び二丁目のうち都市計画法第二章の規定により定められた商業地域

五　小樽市稲穂の一丁目及び二丁目、稲穂三丁目の一番から一〇番まで、花園一丁目並びに花園の二丁目から四丁目までのうち都市計画法第二章の規定により定められた商業地域

六　室蘭市中島町一丁目の二番から二三番まで及び二九番から三八番まで並びに中島本町一丁目四番及び中島本町二丁目八番のうち都市計画法第二章の規定により定められた商業地域

七　苫小牧市錦町及び大町の一丁目及び二丁目並びに表町二丁目

八　函館市梁川町の一八番及び一九番、本町の七番から一一番まで、二三番から二六番まで及び三二番並びに本町の二二番及び二七番のうち都市計画法第二章の規定により定められた商業地域

九　函館市大森町の二三番から三二番まで、松風町、若松町の一番から六番まで、一六番から二〇番まで及び二三番から二五番まで並びに東雲町の一二番から一八番まで

十　旭川市一条通から四条通までの四丁目から八丁目まで並びに五条通から八条通までの七丁目及び八丁目

十一　釧路市錦町二丁目から五丁目まで、黒金町六丁目から一四丁目まで、北大通一丁目から一四丁目まで、末広町一丁目から一四丁目まで、栄町一丁目から一二丁目まで及び川上町の三丁目から六丁目まで

十二　帯広市大通の南六丁目から南一二丁目まで、西一条及び西二条の南六丁目から南一二丁目まで、西三条の南六丁目から南一一丁目まで並びに西四条の南六丁目から南一〇丁目まで

十三　北見市山下町の一丁目及び二丁目、山下町三丁目の一番、二番及び五番、大通西の一丁目から五丁目まで、北一条から北六条までの西一丁目から西五丁目まで、北七条の西二丁目、西三丁目、西四丁目及び西五丁目並びに北八条西二丁目

○善良の風俗若しくは清浄な風俗環境を害する行為又は少年の健全な育成に障害を及ぼす行為を防止する必要のある施設の指定

（平成二一・四・一七　北海道公安委員会告示四四）

最終改正　平成二八・三・四　公安委員会告示二八

風俗営業等の規制及び業務の適正化等に関する法律施行条例（昭和三十年北海道条例第七十七号）第十条第一項の規定により、その周辺における善良の風俗若しくは清浄な風俗環境を害する行為又は少年の健全な育成に障害を及ぼす行為を防止する必要のある施設を次のとおり指定し、平成二十一年十月一日から効力を生ずるものとする。

なお、善良の風俗若しくは清浄な風俗環境を害する行為又は少年の健全な育成に障害を及ぼす行為を防止する必要のある施設の指定（昭和六十年北海道公安委員会告示第十二号）は、平成二十一年九月三十日限り、廃止する。

一　児童相談所　児童福祉法（昭和二十二年法律第百六十四号）第十二条第一項に規定するものをいう。

二　公共職業能力開発施設　職業能力開発促進法（昭和四十四年法律第六十四号）第十五条の七第三項に規定するものをいう。

三　その他の施設　次表に掲げる施設とする。

施設名	所在地
北海道インターナショナルスクール	札幌市豊平区平岸五条一九丁目一番五五号
北海道朝鮮初中高級学校	札幌市清田区平岡四条二丁目六番一号
江別市東野幌青少年会館	江別市野幌東町六二番地の三
千歳市青少年会館	千歳市東雲町一丁目一〇番地
長沼町青少年会館	夕張郡長沼町銀座南一丁目二番一号

三笠市勤労青少年ホーム	三笠市若草町二八〇番地の二
芦別市青少年会館	芦別市頼城町四番地の二一
芦別市青年センター	芦別市北一条東二丁目四番地
小樽市勤労青少年ホーム	小樽市緑一丁目九番四号
余市町勤労青少年ホーム	余市郡余市町大川町一〇丁目六番地二
岩内町勤労青少年ホーム	岩内郡岩内町字野東五〇一番地一
壮瞥町青少年会館	有珠郡壮瞥町字南久保内一四番地の二二
富岸青少年会館	登別市富岸町二丁目三番地一五
登別市青少年会館	登別市中央町五丁目二一番地一二
富川青少年会館	沙流郡日高町富川南一丁目三番一六号
平取町振内青少年会館	沙流郡平取町振内町二八番地一一
新ひだか町青少年会館	日高郡新ひだか町静内山手町二丁目九番一号
浦河町勤労青少年ホーム	浦河郡浦河町築地一丁目五番一号
函館市亀田青少年会館	函館市亀田本町一九番二一号
函館市青年センター	函館市千代台町二七番五号
函館市戸井青少年会館	函館市釜谷町七五五番地
函館市南茅部青少年会館	函館市安浦町三〇二番地
七飯町勤労青少年ホーム（通称大中山コモン）	亀田郡七飯町大中山三丁目二七五番地二
森町青少年会館	茅部郡森町字清澄町二三番地二
長万部町青少年会館	山越郡長万部町字長万部四一三番地
せたな町青少年女性研修所	久遠郡せたな町北檜山区北檜山一一三番地一
せたな町大成青少年会館	久遠郡せたな町大成区都四二一番地
白井川青少年会館	寿都郡黒松内町字白井川八番地二六八
比布町青少年会館	上川郡比布町北町二丁目三番一号
士別市青少年会館	士別市東三条四丁目
浜頓別町青少年会館	枝幸郡浜頓別町クッチャロ湖畔一九番
稚内市勤労青少年ホーム	稚内市大黒三丁目四番三〇号
稚内市青少年会館	稚内市恵比須二丁目二番二二号
稚内市青少年科学館	稚内市ノシャップ二丁目二番一六号
利尻富士町地域青少年会館	利尻郡利尻富士町鬼脇字鬼脇一四一番の一
富良野市勤労青少年ホーム	富良野市春日町一二番六号
羽幌町勤労青少年ホーム	苫前郡羽幌町南七条三丁目一番地
浜中町勤労青少年ホーム	厚岸郡浜中町霧多布東三条一丁目四番地
根室市青少年センター	根室市牧の内一四六番地の一六
帯広市青少年科学館	帯広市字緑ケ丘二番地
帯広市児童会館	帯広市字緑ケ丘二番地
芽室町勤労青少年ホーム	河西郡芽室町東一条八丁目一番地
上士幌町青少年会館	河東郡上士幌町字上士幌東二線二三七番地
広尾町勤労青少年ホーム	広尾郡広尾町字野塚九八九番地
広尾町青少年研修センター	広尾郡広尾町公園通北二丁目五一番地
北見市勤労青少年ホーム	北見市常盤町二丁目一番六八号
北見市留辺蘂町青少年会館	北見市留辺蘂町宮下町一一四番地
遠軽町青少年会館	紋別郡遠軽町西町一丁目二番地一一

網走市勤労青少年ホーム	網走市桂町二丁目一番三号
津別町児童館	網走郡津別町字幸町六五番地一

○善良な風俗若しくは清浄な風俗環境を害する行為又は少年の健全な育成に障害を及ぼす行為を防止するため必要がないと認める地域の指定

（昭和六〇・三・一四　北海道公安委員会告示二五）

最終改正　平成一四・四・五　公安委員会告示二五

風俗営業等の規制及び業務の適正化等に関する法律施行条例（昭和三十年北海道条例第七十七号）第十三条の規定により、善良の風俗若しくは清浄な風俗環境を害する行為又は少年の健全な育成に障害を及ぼす行為を防止するため必要がないと認める地域を次のとおり指定した。

一　函館市本町一〇三番一から一〇三番一二まで及び千代台町二八番一から二八番二一までのうち都市計画法（昭和四十三年法律第百号）第二章の規定により定められた第二種住居地域内の地域

二　釧路市愛国東一丁目三九番九八二から三九番九八六まで、三九番一〇〇〇から三九番一〇〇五まで、三九番一〇一五から三九番一〇二〇まで、三九番一〇二四から三九番一〇二七まで、三九番一一四四、三九番一七九一、三九番一九〇六、三九番一九〇七及び三九番二四五一並びに釧路市愛国東二丁目三九番三三、三九番三四、三九番三七、三九番三八、三九番四九、三九番五〇、三九番五三から三九番五六まで、三九番六五、三九番六六、三九番八〇、三九番八一、三九番八四、三九番八五、三九番九六、三九番九七、三九番一六九四、三九番一七八二、三九番一七八九、三九番二四七四及び三九番二九六七

青森県

○青森県風俗営業等の規制及び業務の適正化等に関する法律施行条例

（昭和五九・一二・二二 青森県条例四四）

最終改正　平成三〇・三・二八　条例四九

（趣旨）

第一条　この条例は、風俗営業等の規制及び業務の適正化等に関する法律（昭和二十三年法律第百二十二号。以下「法」という。）の規定に基づき、風俗営業及び性風俗関連特殊営業等について、営業地域等及び営業時間の制限、風俗営業者の遵守事項等に関し必要な事項を定めるものとする。

（定義）

第二条　この条例において使用する用語は、法において使用する用語の例による。

2　この条例において、「第一種低層住居専用地域」、「第二種低層住居専用地域」、「第一種中高層住居専用地域」、「第二種中高層住居専用地域」、「第一種住居地域」、「第二種住居地域」、「準住居地域」、「田園住居地域」、「近隣商業地域」、「商業地域」、「準工業地域」、「工業地域」又は「工業専用地域」とは、それぞれ都市計画法（昭和四十三年法律第百号）第八条第一項第一号に掲げる第一種低層住居専用地域、第二種低層住居専用地域、第一種中高層住居専用地域、第二種中高層住居専用地域、第一種住居地域、第二種住居地域、準住居地域、田園住居地域、近隣商業地域、商業地域、準工業地域、工業地域又は工業専用地域をいい、「指定外地域」とは、同法第四条第二項の都市計画区域以外の地域及び同項の都市計画区域のうち同号の用途地域が定められていない地域をいう。

（風俗営業の営業所の設置を制限する地域）

第三条　法第四条第二項第二号の条例で定める地域は、次に掲げる地域とする。

一　第一種低層住居専用地域、第二種低層住居専用地域、第一種中高層住居専用地域、第二種中高層住居専用地域及び田園住居地域並びに特定住居地域（第一種住居地域、第二種住居地域及び準住居地域のうち、道路法（昭和二十七年法律第百八十号）第三条に規定する一般国道又は都道府県道に接続する地域で当該道路の各側端から外側二十五メートルの区域内のもの及び商業その他の業務の用に供する施設が相当程度集合している地域で公安委員会規則で定めるものを除いた地域をいう。以下同じ。）

二　別表第一の上欄に掲げる施設の敷地（当該施設の用に供するものと決定した土地を含む。）の境界線から、同表の中欄に掲げる当該敷地の区域の区分に応じ、同表の下欄に掲げる距離以内にある地域

2　前項の規定は、常態として営業場所を移動させて営む風俗営業及び臨時に営む風俗営業の営業所については、適用しない。

（風俗営業の営業時間の延長ができる日等）

第四条　法第十三条第一項ただし書に規定する午前零時以後において条例で定める時は、午前一時とする。

2　法第十三条第一項第一号に規定する習俗的行事その他の特別な事情のある日として条例で定める日は次の各号に掲げる日とし、同項第一号に規定する習俗的行事その他の特別な事情のある地域として条例で定める地域は当該各号に掲げる日の区分に応じ、それぞれ当該各号に定める地域（第一種低層住居専用地域、第二種低層住居専用地域、第一種中高層住居専用地域、第二種中高層住居専用地域、田園住居地域及び特定住居地域を除く。）とする。

一　八月十四日から同月二十一日までの各日　県内全域

二　十二月二十九日から翌年の一月四日までの各日　県内全域

三　祭礼その他特別の行事の行われる日で公安委員会が定めるもの　当該日に係る祭礼その他特別の行事の行われる地域で公安委員会が定めるもの及び次条に規定する地域（当該公安委員会が定める地域に該当する地域を除く。）

3　公安委員会は、前項第三号の日及び地域を定めるときは、告示で行わなければならない。

4　法第十三条第一項第二号に規定する午前零時以後において風俗営業を営むことが許容される特別な事情のある地域として条例で定める地域は、別表第二に掲げる地域とする。

（風俗営業の営業時間の制限）

第五条　風俗営業者は、第一種低層住居専用地域、第二種低層住居専用地域、第一種中高層住居専用地域、第二種中高層住居専用地域、田園住居地域及び特定住居地域において、午前六時後午前八時三十分まで及び午後十一時から翌日の午前零時前の時間においては、その営業を営んではならない。

2　法第二条第一項第四号の営業（まあじゃん屋を除く。）を営む風俗営業者は、前項に規定する地域以外の地域において、午前六時後午前八時三十分までの時間においては、その営業を営んではならない。

（風俗営業に係る騒音及び振動の数値）

第六条　法第十五条の条例で定める騒音に係る数値は、別表第三の上欄に掲げる地域ごとに、同表の下欄に掲げる時間の区分に応じ、それぞれ同欄に定める数値とする。

2　法第十五条の条例で定める振動に係る数値は、五十五デシベルとする。

（風俗営業者の遵守事項）

第七条　風俗営業者は、次に掲げる事項を遵守しなければならない。

一　営業所で、卑わいな行為その他善良の風俗を害する行為をし、又は客にこれらの行為をさせないこと。

二　営業の用に供する家屋（旅館業法（昭和二十三年法律第百三十八号）第二条第一項に規定する旅館業に係る家屋を除く。）で客を宿泊させないこと。

三　営業所で客の求めない飲食物を提供しないこと。

四　営業中は、営業所の出入口に施錠をしないこと。

2　法第二条第一項第四号の営業を営む風俗営業者は、前項の規定によるほか、次に掲げる事項を遵守しなければならない。

一　客に提供した賞品を買い取らせないこと。

二　営業所で、賭博に類似する行為その他著しく射幸心をそそるおそれのある行為をし、又は客にこれらの行為をさせないこと。

三　著しく射幸心をそそるおそれのある方法で営業しないこと。

四　営業所（まあじゃん屋に係る営業所を除く。）で客に飲酒をさせないこと。

（法第二条第一項第五号の営業に係る営業所への十六歳未満の者の立ち入らせの制限）

第八条　法第二条第一項第五号の営業を営む者は、午後七時から午後十時前の時間において保護者が同伴しない十六歳未満の者を営業所に客として立ち入らせてはならない。

（店舗型性風俗特殊営業の禁止区域に係る施設）

第九条　法第二十八条第一項の条例で定める施設は、次のとおりとする。

一　病院（医療法（昭和二十三年法律第二百五号）第一条の五第一項に規定する病院をいう。以下同じ。）

二　街区公園（都市計画法施行規則（昭和四十四年建設省令第四十九号）第七条第五号に規定する街区公園（専ら児童以外の者の利用に供されると認められる街区公園で公安委員会規則で定めるものを除く。）をいう。）

三　博物館（博物館法（昭和二十六年法律第二百八十五号）第二条第一項に規定する博物館をいう。）

四　公民館（社会教育法（昭和二十四年法律第二百七号）による公民館（同法第二十一条第三項に規定する分館を除く。）をいう。）

（店舗型性風俗特殊営業の禁止地域）

第十条　店舗型性風俗特殊営業は、次の各号に掲げる店舗型性風俗特殊営業の種別に応じ、それぞれ当該各号に定める地域内においては、営んではならない。

一　法第二条第六項第一号若しくは第二号の営業又は風俗営業等の規制及び業務の適正化等に関する法律施行令（昭和五十九年政令第三百十九号）第五条に規定する同項第六号の営業　別表第四に掲げる地域

二　法第二条第六項第三号又は第五号の営業　別表第五に掲げる地域

三　法第二条第六項第四号の営業　別表第六に掲げる地域

（店舗型性風俗特殊営業の営業時間の制限）

第十一条　法第二十八条第四項に規定する店舗型性風俗特殊営業は、深夜（午前零時から午前六時までの時間をいう。以下同じ。）においては、営んではならない。

（店舗型性風俗特殊営業の広告等の制限地域）

第十二条　法第二十八条第五項第一号ロの条例で定める地域は、次の各号に掲げる店舗型性風俗特殊営業の種別に応じ、それぞれ当該各号に定める地域とする。

一　法第二条第六項第一号若しくは第二号の営業又は風俗営業等の規制及び業務の適正化等に関する法律施行令第五条に規定する同項第六号の営業　第十条第一号に規定する地域

二　法第二条第六項第三号又は第五号の営業　第十条第二号に規定する地域

三　法第二条第六項第四号の営業　第十条第三号に規定する地域のうち、第一種低層住居専用地域、第二種低層住居専用地域、第一種中高層住居専用地域、第二種中高層住居専用地域、第一種住居地域、第二種住居地域、準住居地域及び田園住居地域

（無店舗型性風俗特殊営業の広告等の制限地域）

第十三条　法第三十一条の三第一項において準用する法第二十八条第五項第一号ロの条例で定める地域は、次の各号に掲げる無店舗型性風俗特殊営業の種別に応じ、それぞれ当該各号に定める地域とする。

一　法第二条第七項第一号の営業　第十条第一号に規定する地域

二　法第二条第七項第二号の営業　第十条第二号に規定する地域

（受付所営業の禁止区域に係る施設）

第十四条　法第三十一条の三第二項の規定により適用する法第二十八条第一項の条例で定める施設は、第九条各号に掲げる施設とする。

（受付所営業の禁止地域）

第十五条　受付所営業は、別表第四に掲げる地域内においては、営んではならない。

（受付所営業の営業時間の制限）

第十六条　受付所営業は、深夜においては、営んではならない。

（映像送信型性風俗特殊営業の広告等の制限地域）

第十七条　法第三十一条の八第一項において準用する法第二十八条第五項第一号ロの条例で定める地域は、第十条第二号に規定する地域とする。

（店舗型電話異性紹介営業の禁止区域に係る施設）

第十八条　法第三十一条の十三第一項において準用する法第二十八条第一項の条例で定める施設は、第九条各号に掲げる施設とする。

（店舗型電話異性紹介営業の禁止地域）

第十九条　店舗型電話異性紹介営業は、別表第四に掲げる地域内においては、営んではならない。

（店舗型電話異性紹介営業の営業時間の制限）

第二十条　店舗型電話異性紹介営業は、深夜においては、営んではならない。

（店舗型電話異性紹介営業の広告等の制限地域）

第二十一条　法第三十一条の十三第一項において準用する法第二十八条第五項第一号ロの条例で定める地域は、第十九条に規定する地域とする。

（無店舗型電話異性紹介営業の広告等の制限地域）

第二十二条　法第三十一条の十八第一項において準用する法第二十八条第五項第一号ロの条例で定める地域は、第十九条に規定する地域とする。

（特定遊興飲食店営業の営業所の設置が許容される地域）

第二十三条　法第三十一条の二十三において準用する法第四条第二項第二号の条例で定める地域は、次の各号のいずれかに該当する地域（別表第七の上欄に掲げる施設の敷地（当該施設の用に供するものと決定した土地を含む。）の境界線から、同表の中欄に掲げる当該敷地の区域の区分に応じ、同表の下欄に掲げる距離以内にある地域を除く。）とする。

一　別表第二に掲げる地域

二　前号に掲げる地域以外の地域のうち、深夜において一平方キロメートルにつきおおむね百人以下の割合で人が居住する地域で公安委員会規則で定めるもの

（特定遊興飲食店営業の営業時間の制限）

第二十四条　特定遊興飲食店営業者は、前条第一号に掲げる地域において、午前五時から午前六時までの時間においては、その営業を営んではならない。

（深夜における特定遊興飲食店営業に係る騒音及び振動の数値）

第二十五条　法第三十一条の二十三において準用する法第十五条の条例で定める騒音に係る数値は、別表第三の上欄に掲げる地域ごとに、それぞれ同表の下欄に定める午後十一時から翌日の午前六時までの時間の区分に係る数値とする。

２　法第三十一条の二十三において準用する法第十五条の条例で定める振動に係る数値は、五十五デシベルとする。

（特定遊興飲食店営業者の遵守事項）

第二十六条　特定遊興飲食店営業者は、次に掲げる事項を遵守しなければなら

ない。

一　営業所で、卑わいな行為その他善良の風俗を害する行為をし、又は客にこれらの行為をさせないこと。

二　営業所で客の求めない飲食物を提供しないこと。

三　営業中は、営業所の出入口又は客室に施錠をし、又はさせないこと。

四　営業所で、賭博に類似する行為その他著しく射幸心をそそるおそれのある行為をし、又は客にこれらの行為をさせないこと。

五　著しく射幸心をそそるおそれのある方法で営業しないこと。

六　午後七時から午後十時前の時間において保護者が同伴しない十六歳未満の者を営業所に客として立ち入らせないこと。

（深夜における飲食店営業に係る騒音及び振動の数値）

第二十七条　法第三十二条第二項において準用する法第十五条の条例で定める騒音に係る数値は、別表第三の上欄に掲げる地域ごとに、それぞれ同表の下欄に定める午後十一時から翌日の午前六時までの時間の区分に係る数値とする。

2　法第三十二条第二項において準用する法第十五条の条例で定める振動に係る数値は、五十五デシベルとする。

（深夜における酒類提供飲食店営業の禁止地域）

第二十八条　深夜における酒類提供飲食店営業（法第二条第十三項第四号に規定する酒類提供飲食店営業をいう。）は、第一種低層住居専用地域、第二種低層住居専用地域、第一種中高層住居専用地域、第二種中高層住居専用地域、田園住居地域及び特定住居地域においては、営んではならない。

（風俗環境保全協議会を置く地域）

第二十九条　法第三十八条の四第一項の条例で定める地域は、別表第二に掲げる地域とする。

附　則（略）

別表第一（第三条関係）

施設	区域	距離（単位メートル）
学校（学校教育法（昭和二十二年法律第二十六号）第一条に規定する学校をいう。）	近隣商業地域、商業地域、準工業地域、工業地域及び工業専用地域	五十
児童福祉施設（児童福祉法（昭和二十二年法律第百六十四号）第七条第一項に規定する児童福祉施設をいう。別表第七において同じ。）	第一種低層住居専用地域、第二種低層住居専用地域、第一種中高層住居専用地域、第二種中高層住居専用地域、第一種住居地域、第二種住居地域、準住居地域、田園住居地域及び指定外地域	百
病院	近隣商業地域、商業地域、準工業地域、工業地域及び工業専用地域	三十
	第一種低層住居専用地域、第二種低層住居専用地域、第一種中高層住居専用地域、第二種中高層住居専用地域、第一種住居地域、第二種住居地域、準住居地域、田園住居地域及び指定外地域	百

別表第二（第四条、第二十三条、第二十九条関係）

地域
青森市の商業地域、弘前市の商業地域、八戸市の商業地域、黒石市の商業地域、五所川原市の商業地域、十和田市の商業地域、三沢市の商業地域及びむつ市の商業地域のうち、公安委員会規則で定める地域（第一種低層住居専用地域、第二種低層住居専用地域、第一種中高層住居専用地域、第二種中高層住居専用地域、第一種住居地域、第二種住居地域、準住居地域又は田園住居地域（以下この表において「住居地域」という。）と隣接する地域にあつては、当該住居地域との境界線から三十メートルの区域内の地域（幹線道路の各側端から外側五十メートルの区域内の地域を除く。）を除く。）

別表第三（第六条、第二十五条、第二十七条関係）

地域	数値（単位　デシベル）		
	午前六時後午後六時前の時間	午後六時から午後十一時前の時間	午後十一時から翌日の午前六時までの時間
第一種低層住居専用地域、第二種低層住居専用地域、第一種中高層住居専用地域、第二種中高層住居専用地域、第一種住居地域、第二種住居地域、準住居地域及び田園住居地域	五十五	五十	四十五
近隣商業地域、商業地域、準工業地域、工業地域及び工業専用地域	六十五	六十	五十
指定外地域	六十	五十五	五十

別表第四（第十条、第十五条、第十九条関係）

地域
県内全域

別表第五（第十条関係）

地域
青森市（商業地域（青森市浪岡の商業地域を除く。）を除く。）、弘前市（商業地域を除く。）、八戸市（商業地域を除く。）、黒石市（商業地域を除く。）、五所川原市（商業地域を除く。）、十和田市（商業地域を除く。）、三沢市（商業地域を除く。）、むつ市（商業地域を除く。）、つがる市、平川市、東津軽郡、西津軽郡、中津軽郡、南津軽郡、北津軽郡、上北郡、下北郡及び三戸郡の区域（公安委員会規則で定める温泉観光地を除く。）

別表第六（第十条関係）

営業の種類	地域
一　次号に掲げる営業を除いた営業	青森市（商業地域（青森市浪岡の商業地域を除く。）を除く。）、弘前市（商業地域を除く。）、八戸市（商業地域を除く。）、黒石市（商業地域を除く。）、五所川原市（商業地域を除く。）、十和田市（商業地域を除く。）、三沢市（商業地域を除く。）、むつ市（商業地域を除く。）、つがる市、平川市、東津軽郡、西津軽郡、中津軽郡、南津軽郡、北津軽郡、上北郡、下北郡及び三戸郡の区域（公安委員会規則で定める温泉観光地を除く。）
二　法第二条第六項第四号の営業のうち個室に自動車の車庫が個々に接続する施設（特定の構造設備を設けるものに限る。）を設けて営む営業	青森市（青森市浪岡大字相沢字猿沢を除く。）、弘前市、八戸市、黒石市、五所川原市、十和田市、三沢市、むつ市、つがる市、平川市、東津軽郡、西津軽郡（深浦町大字長慶平字城源寺を除く。）、中津軽郡（西目屋村大字村市字生田を除く。）、南津軽郡、北津軽郡、上北郡、下北郡（東通村大字野牛字吹切沢を除く。）及び三戸郡（三戸町大字貝守字貝守深山を除く。）の区域

備考

この表において「特定の構造設備」とは、次のいずれかに該当する構造設備をいう。

一　個室に接続する車庫の出入口が扉等によつて遮蔽できるもの

二　車庫の内部から個室に通ずる専用の人の出入口又は階段若しくは昇降機が設けられているもの

三　個室と車庫とが専用の通路によつて接続しているものにあつては、当該通路の内部が外部から見えないもの

別表第七（第二十三条関係）

施設	区域	距離（単位メートル）
児童福祉施設（入所させ、又は入院させるものに限る。）	近隣商業地域、商業地域、準工業地域、工業地域及び工業専用地域	五十
	第一種低層住居専用地域、第二種低層住居専用地域、第一種中高層住居専用地域、第二種中高層住居専用地域、第一種住居地域、第二種住居地域、準住居地域、田園住居地域及び指定外地域	百
病院	近隣商業地域、商業地域、準工業地域、工業地域及び工業専用地域	三十
	第一種低層住居専用地域、第二種低層住居専用地域、第一種中高層住居専用地域、第二種中高層住居専用地域、第一種住居地域、第二種住居地域、準住居地域、田園住居地域及び指定外地域	百

○青森県風俗営業等の規制及び業務の適正化等に関する法律施行規則（昭和六〇・二・一二 青森県公安委員会規則二）

最終改正　平成二八・三・一一　公安委員会規則二

（趣旨）

第一条　この規則は、青森県風俗営業等の規制及び業務の適正化等に関する法律施行条例（昭和五十九年十二月青森県条例第四十四号。以下「条例」という。）の規定に基づき、風俗営業の営業所の設置を制限する地域、午前一時まで風俗営業を営むことが許容される地域及び店舗型性風俗特殊営業の禁止地域に関し、必要な事項を定めるものとする。

（風俗営業の営業所の設置を制限する地域の特例）

第二条　条例第三条第一項第一号の公安委員会規則で定める地域は、別表第一のとおりとする。

（午前一時まで風俗営業を営むことが許容される地域）

第三条　条例第四条第四項で定める別表第二の公安委員会規則で定める地域は、別表第二のとおりとする。

（店舗型性風俗特殊営業の禁止地域の特例）

第四条　条例第十条で定める別表第五及び別表第六の公安委員会規則で定める温泉観光地は、別表第三のとおりとする。

附　則〔略〕

別表第一（第二条関係）

地域
青森市のうち、長島三丁目（二〇番地に限る。）、長島四丁目（一番地、三番地、一一番地、一二番地、一三番地、一四番地、二三番地に限る。）、中央一丁目（五番地、六番地、七番地に限る。）、中央二丁目（一番地、四番地に限る。）、橋本二丁目（三番地、四番地、八番地、一一番地に限る。）及び橋本三丁目（二番地、一九番地、二〇番地に限る。）の区域

別表第二（第三条関係）

地域
青森市の商業地域（青森市浪岡の商業地域を除く。）、弘前市の商業地域（弘前市大字高崎二丁目、大字城東北三丁目及び大字城東中央三丁目の商業地域を除く。）、八戸市の商業地域（八戸市大字湊町字本町、大字湊町字柳町、大字湊町字久保、大字鮫町字上鮫、大字鮫町字持越沢、大字鮫町字上手代森、大字鮫町字住吉町、大字沢里字湯浅屋新田、大字根城字白山平、大字田面木字長者森、大字田面木字南沢、一番町一丁目、一番町二丁目、大字市川町字桔梗野及び大字市川町字桔梗野上の商業地域を除く。）、黒石市の商業地域、五所川原市の商業地域、十和田市の商業地域、三沢市の商業地域及びむつ市の商業地域

備考　この表に掲げる商業地域は、都市計画法（昭和四十三年法律第百号）第八条第一項第一号に規定する商業地域をいう。

別表第三（第四条関係）

温泉観光地
南津軽郡大鰐町の商業地域（都市計画法第八条第一項第一号に規定する商業地域をいう。）

○風俗営業の営業時間の延長ができる日等

（平成一六・四・一六
青森県公安委員会告示一三）

改正　平成二八・六・二四　公安委員会告示七四

青森県風俗営業等の規制及び業務の適正化等に関する法律施行条例（昭和五十九年十二月青森県条例第四十四号）第四条第二項第三号の規定により、公安委員会が定める日及び地域を次のとおり定めるので、同条第三項の規定により告示する。

公安委員会が定める日	公安委員会が定める地域
三戸春まつりの行われる日の翌日	三戸町
弘前さくらまつりの行われる日の翌日	弘前市
青森春まつりの行われる日の翌日	青森市
金木桜まつりの行われる日の翌日	五所川原市
奥津軽虫と火まつりの行われる日の翌日	五所川原市
八戸七夕まつり（前夜祭を含む。）の行われる日の翌日	八戸市
三沢七夕祭りの行われる日の翌日	三沢市
八戸三社大祭（前夜祭及び後夜祭を含む。）の行われる日の翌日	八戸市
弘前ねぷたまつりの行われる日の翌日	弘前市
青森ねぶた祭の行われる日の翌日	青森市
五所川原立佞武多の行われる日の翌日	五所川原市

三沢まつりの行われる日の翌日	三沢市
のへじ祇園まつりの行われる日の翌日	野辺地町
十和田市秋まつりの行われる日の翌日	十和田市
弘前城菊と紅葉まつりの行われる日の翌日	弘前市
弘前城雪灯籠まつりの行われる日の翌日	弘前市
八戸えんぶりの行われる日の翌日	八戸市

岩手県

○風俗営業等の規制及び業務の適正化等に関する法律施行条例

（昭和五九・一二・二一 岩手県条例五〇）

最終改正　平成三〇・三・二八　条例三九

（趣旨）

第一条　この条例は、風俗営業等の規制及び業務の適正化等に関する法律（昭和二十三年法律第百二十二号。以下「法」という。）の実施に関し必要な事項を定めるものとする。

（定義）

第二条　この条例において「第一種低層住居専用地域」、「第二種低層住居専用地域」、「第一種中高層住居専用地域」、「第二種中高層住居専用地域」、「第一種住居地域」、「第二種住居地域」、「準住居地域」、「田園住居地域」又は「商業地域」とは、それぞれ都市計画法（昭和四十三年法律第百号）第二章の規定により定められた第一種低層住居専用地域、第二種低層住居専用地域、第一種中高層住居専用地域、第二種中高層住居専用地域、第一種住居地域、第二種住居地域、準住居地域、田園住居地域又は商業地域をいう。

（風俗営業の許可に係る営業制限地域）

第三条　法第四条第二項第二号の条例で定める地域は、次の各号のいずれかに該当する地域とする。

一　第一種低層住居専用地域、第二種低層住居専用地域、第一種中高層住居専用地域、第二種中高層住居専用地域、第一種住居地域、第二種住居地域、準住居地域及び田園住居地域（第一種住居地域、第二種住居地域及び準住居地域（以下「第一種住居地域等」という。）のうち住居の用に併せて商業等の用に供されている地域として公安委員会規則で定める区域を除く。）

二　前号に掲げる地域以外の地域のうち、住居の集合の状況及び土地の利用の状況を勘案して、同号に掲げる地域と同等と認められる地域として公安

委員会規則で定める地域

三　前二号に掲げる地域以外の地域のうち、別表第一の左〔上〕欄に掲げる施設ごとに、当該施設の敷地（これらの用に供するものとして決定した土地を含む。）から同表の右〔下〕欄に掲げる地域の区分に応じ、それぞれ同欄に定める距離以内の地域

2　前項の規定は、常態として営業所を移動させて営む風俗営業については、適用しない。

（風俗営業の営業時間の延長）

第四条　法第十三条第一項の条例で定める時は、午前一時とする。

（習俗的行事その他の特別な事情のある日等）

第五条　法第十三条第一項第一号の習俗的行事その他の特別な事情のある日として条例で定める日は、次の各号に掲げる日とし、同項第一号の当該事情のある地域として条例で定める地域は、当該各号に定める地域とする。

一　八月十四日から十六日までの日及び十二月二十一日から翌年の一月四日までの日　県内全域

二　祭礼その他の地域の慣習となっている行事の日及びその翌日のうち特別な事情のあるものとして公安委員会が指定する日　公安委員会が指定する地域

2　公安委員会は、前項（第二号に係る部分に限る。）の規定により日及び地域を指定するときは、告示しなければならない。

（風俗営業の営業延長許容地域）

第六条　法第十三条第一項第二号の午前零時以後において風俗営業を営むことが許容される特別な事情がある地域として条例で定める地域は、盛岡市、奥州市及び北上市の区域のうち公安委員会規則で定める地域とする。

（風俗営業の営業時間の制限）

第七条　法第二条第一項第一号から第三号までの営業、同項第四号のまあじゃん屋又は同項第五号の営業を営む風俗営業者は、第一種低層住居専用地域、第二種低層住居専用地域、第一種中高層住居専用地域、第二種中高層住居専用地域、第一種住居地域、第二種住居地域、準住居地域、田園住居地域及び第三条第一項第二号に掲げる地域（以下「第一種低層住居専用地域等」という。）においては、午前六時後午前九時までの時間において、その営業を営んではならない。

2　法第二条第一項第四号の営業（まあじゃん屋を除く。）を営む風俗営業者は、第一種低層住居専用地域等においては、午前六時後午前九時までの時間及び午後十一時から翌日の午前零時前（第五条第一項に定める日にあっては、午前一時まで）の時間において、その営業を営んではならない。

（風俗営業等に係る騒音及び振動の規制）

第八条　法第十五条（法第三十一条の二十三及び第三十二条第二項において読み替えて準用する場合を含む。次項において同じ。）の条例で定める騒音に係る数値は、別表第二の左〔上〕欄に掲げる地域ごとに、同表の右〔下〕欄に掲げる時間の区分に応じ、それぞれ同欄（法第三十一条の二十三及び第三十二条第二項において読み替えて準用する場合にあっては、深夜に係る部分に限る。）に定めるとおりとする。

2　法第十五条の条例で定める振動に係る数値は、五十五デシベルとする。

（風俗営業者の遵守事項）

第九条　風俗営業者は、次に掲げる事項を遵守し、及び従業者に遵守させなければならない。

一　営業所で、卑わいな行為その他善良の風俗を害する行為をし、又は客にこれらの行為をさせないこと。

二　風俗営業の用に供する施設（旅館業法（昭和二十三年法律第百三十八号）第二条第一項に規定する旅館業の用に供する施設を除く。）に客を就寝させ、又は宿泊させないこと。

三　営業中において客の出入口に施錠し、又は客に施錠させないこと。

四　客の求めない飲食物を提供しないこと。

（遊技場営業者の遵守事項）

第十条　法第二条第一項第四号又は第五号の営業を営む風俗営業者は、前条の規定によるほか、次に掲げる事項を遵守し、及び従業者に遵守させなければならない。

一　営業所でと博類似行為その他著しく客の射幸心をそそるおそれのある行為をし、又は客にこれらの行為をさせないこと。

二　著しく客の射幸心をそそるおそれのある方法で営業しないこと。

2　法第二条第一項第四号の営業（まあじゃん屋を除く。）を営む風俗営業者

は、前項の規定によるほか、次に掲げる事項を遵守し、及び従業者に遵守させなければならない。

一　営業所で客に飲酒させないこと。

二　当該営業に関し提供した賞品を客から買い取ることを勧誘し、又は援助しないこと。

3　法第二条第一項第五号の営業を営む風俗営業者は、第一項の規定によるほか、午後六時から午後十時前の時間において、十六歳未満の者を営業所に客として立ち入らせないことを遵守し、及び従業者に遵守させなければならない。

（店舗型性風俗特殊営業、受付所営業及び店舗型電話異性紹介営業の禁止区域に係る施設）

第十一条　法第二十八条第一項（法第三十一条の三第二項の規定により適用する場合及び法第三十一条の十三第一項において準用する場合を含む。）の店舗型性風俗特殊営業、受付所営業（法第三十一条の二第四項に規定する受付所営業をいう。次条及び第十三条において同じ。）及び店舗型電話異性紹介営業の禁止区域に係る施設として条例で定めるものは、次のとおりとする。

一　学校教育法（昭和二十二年法律第二十六号）第百二十四条に規定する専修学校

二　学校教育法第百三十四条第一項に規定する各種学校のうち、主として少年の利用に供されるもので公安委員会規則で定めるもの

三　医療法（昭和二十三年法律第二百五号）第一条の五第一項に規定する病院及び同条第二項に規定する患者を入院させるための施設を有する診療所（以下「病院等」という。）

四　職業能力開発促進法（昭和四十四年法律第六十四号）第十五条の七第一項第一号に規定する職業能力開発校

五　都市公園法施行令（昭和三十一年政令第二百九十号）第二条第一項第一号に規定する都市公園

（店舗型性風俗特殊営業、受付所営業及び店舗型電話異性紹介営業の禁止地域）

第十二条　店舗型性風俗特殊営業は、別表第三の左（上）欄に掲げる営業の区分に応じ、同表の右（下）欄に定める地域においては、これを営んではならない。

2　受付所営業及び店舗型電話異性紹介営業は、県内全域において、これを営んではならない。

（店舗型性風俗特殊営業、受付所営業及び店舗型電話異性紹介営業の営業時間の制限）

第十三条　法第二十八条第四項に規定する店舗型性風俗特殊営業、受付所営業又は店舗型電話異性紹介営業を営む者は、午前零時から午前六時までの時間（以下「深夜」という。）においては、その営業を営んではならない。

（性風俗関連特殊営業の広告又は宣伝を制限すべき地域）

第十四条　法第二十八条第五項第一号ロの店舗型性風俗特殊営業の広告又は宣伝を制限すべき地域として条例で定める地域は、別表第四の左（上）欄に掲げる営業の区分に応じ、同表の右（下）欄に定める地域とする。

2　法第三十一条の三第一項において準用する法第二十八条第五項第一号ロの無店舗型性風俗特殊営業の広告又は宣伝を制限すべき地域として条例で定める地域は、次の各号に掲げる無店舗型性風俗特殊営業の種別の区分に応じ、当該各号に定める地域とする。

一　法第二条第七項第一号に掲げる営業　県内全域

二　法第二条第七項第二号に掲げる営業　商業地域及び温泉地のうち公安委員会規則で定める地域以外の地域

3　法第三十一条の八第一項において準用する法第二十八条第五項第一号ロの映像送信型性風俗特殊営業の広告又は宣伝を制限すべき地域として条例で定める地域は、商業地域及び温泉地のうち公安委員会規則で定める地域以外の地域とする。

4　法第三十一条の十三第一項において準用する法第二十八条第五項第一号ロの店舗型電話異性紹介営業の広告又は宣伝を制限すべき地域として条例で定める地域は、県内全域とする。

5　法第三十一条の十八第一項において準用する法第二十八条第五項第一号ロの無店舗型電話異性紹介営業の広告又は宣伝を制限すべき地域として条例で定める地域は、県内全域とする。

（特定遊興飲食店営業の許可に係る営業所設置許容地域）

第十五条　法第三十一条の二十三において読み替えて準用する法第四条第二項

第二号の条例で定める地域は、第六条の公安委員会規則で定める地域（別表第五の左〔上〕欄に掲げる施設ごとに、当該施設の敷地（これらの用に供するものとして決定した土地を含む。）から同表の右〔下〕欄に掲げる地域の区分に応じ、それぞれ同欄に定める距離以内の地域を除く。）とする。

（特定遊興飲食店営業の営業時間の制限）

第十六条　特定遊興飲食店営業者は、県内全域において、午前五時から午前六時までの時間において、その営業を営んではならない。

（特定遊興飲食店営業者の遵守事項）

第十七条　特定遊興飲食店営業者は、午後六時から午後十時前の時間において、十八歳未満の者を営業所に客として立ち入らせる場合には、保護者の同伴を求めることを遵守し、及び従業者に遵守させなければならない。

2　第九条の規定は、特定遊興飲食店営業者について準用する。この場合において、同条第二号中「風俗営業」とあるのは、「特定遊興飲食店営業」と読み替えるものとする。

（深夜における酒類提供飲食店営業の営業地域の制限）

第十八条　酒類提供飲食店営業は、第三条第一項第一号及び第二号に掲げる地域においては、深夜において、これを営んではならない。ただし、事業所又は事務所の施設において、専らその事業又は事務に従事する者に利用させるために営む営業については、この限りでない。

（風俗環境保全協議会を置く地域）

第十九条　法第三十八条の四第一項の条例で定める地域は、第六条の公安委員会規則で定める地域とする。

附　則〔略〕

別表第一（第三条関係）

区分	距離		
	第一種住居地域等	商業地域	第一種住居地域等及び商業地域以外の地域
学校及び児童福祉施設	百メートル	三十メートル	六十メートル
病院等	六十メートル	十メートル	三十メートル

備考　「学校」とは学校教育法第一条に規定する学校をいい、「児童福祉施設」とは児童福祉法（昭和二十二年法律第百六十四号）第七条第一項に規定する児童福祉施設をいう。

別表第二（第八条関係）

区分	数値		
	昼間	夜間	深夜
第一種低層住居専用地域等	五十デシベル	四十五デシベル	四十デシベル
商業地域	六十五デシベル	六十デシベル	五十デシベル
第一種低層住居専用地域等及び商業地域以外の地域	六十デシベル	五十五デシベル	五十デシベル

備考1　「昼間」とは、午前六時後午後六時前の時間をいう。
2　「夜間」とは、午後六時から翌日の午前零時前の時間をいう。

別表第三（第十二条関係）

区分	地域
法第二条第六項第一号の営業	県内全域
法第二条第六項第二号の営業	県内全域

法第二条第六項第三号の営業		商業地域及び温泉地のうち公安委員会規則で定める地域以外の地域
法第二条第六項第四号の営業	(1) 次のいずれかに該当する構造設備を有する施設において営む営業 ア 個室に接続する車庫（二以上の側壁（カーテン、ついたて等を含む。）及び屋根を有するものに限る。以下同じ。）の出入口が扉等によって遮へいできるもの イ 車庫の内部から個室に通じる専用の人の出入口又は階段若しくは昇降機が設けられているもの ウ 個室と車庫とが専用の通路によって接続しているものにあっては、当該通路の内部が外部から見えないもの	県内全域（宮古市古田、片巣及び夏屋、久慈市山形町小国並びに九戸郡九戸村大字雪屋を除く。）
	(2) 風俗営業等の規制及び業務の適正化等に関する法律施行令（昭和五十九年政令第三百十九号。以下「政令」という。）第三条第二項に規定する構造を有する施設において営む営業（(1)に掲げるものを除く。）	県内全域（宮古市古田、片巣及び夏屋、久慈市山形町小国、下閉伊郡岩泉町鼠入、上有芸及び下有芸並びに九戸郡九戸村大字雪屋を除く。）
	(3) その他の施設において営む営業	商業地域以外の地域
法第二条第六項第五号の営業		商業地域及び温泉地のうち公安委員会規則で定める地域以外の地域
政令第五条に規定する営業		県内全域

別表第四（第十四条関係）

区分	地域
法第二条第六項第一号の営業	県内全域
法第二条第六項第二号の営業	県内全域
法第二条第六項第三号の営業	商業地域及び温泉地のうち公安委員会規則で定める地域以外の地域
法第二条第六項第四号の営業	第一種低層住居専用地域等
法第二条第六項第五号の営業	商業地域及び温泉地のうち公安委員会規則で定める地域以外の地域
政令第五条に規定する営業	県内全域

別表第五（第十五条関係）

区分	距離		
	第一種住居地域等	商業地域	第一種住居地域等及び商業地域以外の地域
病院等	六十メートル	十メートル	三十メートル
児童福祉施設	百メートル	三十メートル	六十メートル

備考　「児童福祉施設」とは、児童福祉法第七条第一項に規定する児童福祉施設のうち、助産施設、乳児院、母子生活支援施設、児童養護施設、障害児入所施設、児童心理治療施設及び児童自立支援施設をいう。

○風俗営業等の規制及び業務の適正化等に関する法律施行条例施行規則

（昭和六〇・二・一二　岩手県公安委員会規則三）

最終改正　平成二八・三・一一　公安委員会規則一

（趣旨）

第一条　この規則は、風俗営業等の規制及び業務の適正化等に関する法律施行条例（昭和五十九年岩手県条例第五十号。以下「条例」という。）の実施に関し必要な事項を定めるものとする。

（風俗営業の許可に係る営業制限地域から除かれる区域）

第二条　条例第三条第一項第一号の公安委員会規則で定める区域は、別表第一のとおりとする。

（風俗営業の許可に係る営業制限地域）

第三条　条例第三条第一項第二号の公安委員会規則で定める地域は、別表第二のとおりとする。

（風俗営業の営業延長許容地域）

第四条　条例第六条の公安委員会規則で定める地域は、商業地域のうち別表第三に掲げる地域とする。

（店舗型性風俗特殊営業、受付所営業及び店舗型電話異性紹介営業の禁止区域に係る各種学校）

第五条　条例第十一条第二号の公安委員会規則で定める各種学校は、別表第四のとおりとする。

（性風俗関連特殊営業の広告又は宣伝を制限すべき地域）

第六条　条例第十四条第二項第二号及び第三項の公安委員会規則で定める地域は、別表第五のとおりとする。

（条例別表第三の公安委員会規則で定める地域）

第七条　条例別表第三の公安委員会規則で定める地域は、別表第五のとおりとする。

（条例別表第四の公安委員会規則で定める地域）

第八条　条例別表第四の公安委員会規則で定める地域は、別表第五のとおりとする。

附　則〔略〕

別表第一（第二条関係）

市又は町	区域
盛岡市	長田町一〇番及び一四番
水沢市	袋町三番及び五番並びに宮下町三〇番地から八九番地までの区域
花巻市	南川原町一番地、三番地一から三番地三まで、四番地一から四番地三まで、五番地から一一番地まで、一三番地八、一四番地六、七七番地一、七七番地二、七八番地、七八番地二、八〇番地一、八〇番地二、八一番地一、八一番地二、八二番地から八五番地まで、八六番地一、八六番地二、八七番地一、八七番地二、八八番地一、八八番地二、八九番地、九〇番地一、九〇番地二、九四番地から一〇三番地まで、一〇四番地一、一〇四番地二、一〇五番地一、一〇五番地二、一〇六番地一、一〇六番地二、一〇七番地一から一〇七番地一五まで、一一〇番地から一一二番地まで、一一三番地一から一一三番地五まで、一一四番地一、一一四番地二、一一四番地四、一一五番地一、一一五番地二、一一六番地一から一一六番地三まで、一二〇番地一、一二〇番地二、一二二番地、一二四番地一、一二四番地二、一二六番地一から一二六番地六まで、一二七番地一から一二七番地三まで、一二七番地五、一二七番地六、一二七番地八、一二七番地九、一二八番地四、一二九番地三、一二九番地五、一三一番地一、一三一番地二、一三一番地五、一三一番地六、一三二番地、一三三番地一、一三三番地二、一三八番地、一四一番地から一四三番地まで、一四五番地一、一四五番地三、一四五番地四、一四六番地、一四七番地、一四八番地一、一四九番地、一五〇番地、一五〇番地二、一五一番地、一五二番地一、一五三番地、一五四番地、一五六番地から一五九番地まで、一六〇番地一、一六〇番地二、一六一番地から一六五番地まで、一六五番地二、一八一番地、一八二番地一、一八

	二番地三、二八六番地、二九八番地、二九九番地、二九九番地二、三〇六番地一、三〇六番地二、三〇七番地、三〇八番地、三一一番地から三一七番地まで、三三八番地及び三三八番地二、一日市一番から七番まで、愛宕町二番から六番まで、四日町一丁目五番から七番まで、四日町二丁目二番から六番まで、四日町三丁目一番から三番まで並びに仲町五番、七番、一〇番及び一一番までの区域
北上市	青柳町一丁目二番並びに幸町二番及び三番の区域
久慈市	田屋町第一地割、八日町一丁目、八日町二丁目及び十八日町二丁目の区域
岩手郡岩手町	大字江刈内第六地割、第八地割及び第九地割の区域
東磐井郡千厩町	千厩字町浦及び字町の区域

備考　この表に掲げる地域の名称は、平成十年四月一日における名称とし、この表において定める区域は、それらの名称を有するものの同日における区域を用いて示された区域とし、その後におけるそれらの名称の変更又はそれらの名称を有するものの区域の変更によって影響されないものとする。

別表第二（第三条関係）

市	地域
宮古市	宮園一番から一三番までの区域

備考　この表に掲げる地域の名称は、平成十年四月一日における名称とし、この表において定める地域は、それらの名称を有するものの同日における区域を用いて示された地域とし、その後におけるそれらの名称の変更又はそれらの名称を有するものの区域の変更によって影響されないものとする。

別表第三（第四条関係）

市	地域
盛岡市	中央通一丁目一番及び七番から一一番まで、中央通二丁目一番及び九番から一一番まで、大通一丁目、大通二丁目、大通三丁目一番及び二番、菜園一丁目、菜園二丁目、開運橋通一番、中ノ橋通一丁目、中ノ橋通二丁目一番から九番まで、南大通一丁目一番から一四番まで、八幡町一番から一〇番まで並びに松尾町三番から六番までの区域
水沢市	袋町一番、二番、六番及び七番、南町一番及び二番、字大町、字東町、中町、宮下町並びに字寺小路の区域
北上市	青柳町一丁目三番から七番まで、青柳町二丁目、大通り一丁目二番、三番及び九番から一一番まで、大通り二丁目三番から八番まで及び一二番、諏訪町一丁目一番及び二番並びに諏訪町二丁目の区域

備考　この表に掲げる地域の名称は、平成十年四月一日における名称とし、この表において定める地域は、それらの名称を有するものの同日における区域を用いて示された地域とし、その後におけるそれらの名称の変更又はそれらの名称を有するものの区域の変更によって影響されないものとする。

別表第四（第五条関係）

名称	所在地
関谷珠算学校	盛岡市本町通二丁目五番二四号
岩手第一珠算学校	盛岡市仙北二丁目五番九号
盛岡市医師会附属盛岡准看護学院	盛岡市愛宕町一八番六号
第一珠算学校	北上市上江釣子一七地割九二番地

別表第五（第六条―第八条関係）

市又は町	地域
盛岡市	繋字舘市、字塗沢、字湯ノ舘、字清水端及び字猿田の区域
花巻市	湯本第一地割の区域
二戸市	仁左平字大畑並びに金田一字大釜二四番地から三一番地まで、三九番地から四二番地まで、五四番地、五五番地及び一一〇番地から一一四番地まで、字中川原、字上山、字沖二一五番地、二二三番地、二二四番地、二三一番地から二四〇番地まで、二四九番地、二五〇番地、二五二番地、二五三番地、二五五番地から二五七番地まで、二五九番地、二六二番地、二六四番地、二六六番地、二六八番地、二六九番地、二七二番地及び二八四番地、字跡支、字長川、字大沼、字湯田、字湯田上野、字細沼並びに字中里の区域
岩手郡雫石町	鶯宿第一地割から第一〇地割までの区域
和賀郡湯田町	二九地割及び三〇地割の区域

備考　この表に掲げる地域の名称は、昭和五十九年四月一日における名称とし、この表において定める地域は、それらの名称を有するものの同日における区域を用いて示された地域とし、その後におけるそれらの名称の変更又はそれらの名称を有するものの区域の変更によって影響されないものとする。

○風俗営業等の規制及び業務の適正化等に関する法律施行条例第五条第一項第二号の公安委員会が指定する日及び地域

（平成二八・三・一一　岩手県公安委員会告示六）

風俗営業等の規制及び業務の適正化等に関する法律施行条例（昭和五十九年岩手県条例第五十号）第五条第一項第二号の公安委員会が指定する日及び地域は、次のとおりとし、平成二十八年六月二十三日から施行し、風俗営業等の規制及び業務の適正化等に関する法律施行条例第四条第一項第二号の公安委員会が指定する日及び地域（平成十一年岩手県公安委員会告示第三号）は、同月二十二日限り、廃止する。

指定する日	指定する地域
盛岡さんさ踊りのある日の翌日	盛岡市のうち平成十八年一月九日における盛岡市の区域
盛岡七夕まつりのある日の翌日	
盛岡八幡宮例大祭のある日の翌日	
宮古夏まつりのある日の翌日	宮古市のうち平成十七年六月五日における宮古市の区域
みやこ秋まつりのある日の翌日	
横山八幡宮例大祭のある日の翌日	
三陸・大船渡夏まつりのある日の翌日	大船渡市の区域
花巻夏まつりのある日の翌日	花巻市のうち大迫町、石鳥谷町及び東和町を除く区域
花巻まつりのある日の翌日	
石鳥谷まつりのある日の翌日	花巻市石鳥谷町の区域

土沢七夕まつりのある日の翌日	花巻市東和町の区域
土沢まつりのある日の翌日	
北上・みちのく芸能まつりのある日の翌日	北上市の区域
ヤマセあきんど祭りのある日の翌日	久慈市のうち山形町を除く区域
久慈秋まつりのある日の翌日	
日本のふるさと遠野まつりのある日の翌日	遠野市のうち宮守町を除く区域
一関夏まつりのある日の翌日	一関市のうち花泉町、大東町、千厩町、東山町、室根町、川崎町及び藤沢町を除く区域
千厩夏まつりのある日の翌日	一関市千厩町の区域
釜石まつりのある日の翌日	釜石市の区域
二戸まつりのある日の翌日	二戸市のうち浄法寺町を除く区域
日高火防祭のある日の翌日	奥州市のうち平成十八年二月十九日における水沢市の区域
駒形神社奉還記念大祭のある日の翌日	
奥州水沢夏まつりのある日の翌日	
江刺甚句まつりのある日の翌日	奥州市のうち平成十八年二月十九日における江刺市の区域
江刺七夕まつりのある日の翌日	
奥州前沢春まつりのある日の翌日	奥州市のうち平成十八年二月十九日における胆沢郡前沢町の区域
岩手町秋まつりのある日の翌日	岩手郡岩手町の区域
志賀理和気神社例大祭のある日の翌日	紫波郡紫波町の区域
春の藤原まつりのある日の翌日	西磐井郡平泉町の区域
大槌まつりのある日の翌日	上閉伊郡大槌町の区域
山田八幡宮例大祭のある日の翌日	下閉伊郡山田町の区域
大杉神社例大祭のある日の翌日	
軽米秋まつりのある日の翌日	九戸郡軽米町の区域
一戸まつりのある日の翌日	二戸郡一戸町の区域

備考　この表に掲げる地域の名称は、平成二十八年三月一日における名称とし、この表において定める地域は、それらの名称を有するものの同日における区域を用いて示された地域とし、その後におけるそれらの名称の変更又はそれらの名称を有するものの区域の変更によって影響されないものとする。

○青少年による性風俗関連特殊営業の利用を誘発する行為等の規制に関する条例

（平成一三・一二・二一 岩手県条例七六）

改正 平成二八・三・一一 条例三

（目的）

第一条 この条例は、青少年による性風俗関連特殊営業の利用を誘発し、又は助長する行為を規制することにより、青少年の健全な育成に障害を及ぼす行為の防止を図ることを目的とする。

（定義）

第二条 この条例において、次の各号に掲げる用語の意義は、当該各号に定めるところによる。

一 青少年 六歳以上十八歳未満の者（婚姻により成年に達したとみなされる者を除く。）をいう。

二 性風俗関連特殊営業 風俗営業等の規制及び業務の適正化等に関する法律（昭和二十三年法律第百二十二号。以下「法」という。）第二条第六項に規定する店舗型性風俗特殊営業、同条第七項に規定する無店舗型性風俗特殊営業、同条第八項に規定する映像送信型性風俗特殊営業及び同条第九項に規定する店舗型電話異性紹介営業並びに同条第十項に規定する無店舗型電話異性紹介営業（次号において「無店舗型電話異性紹介営業」という。）をいう。

三 識別番号等 無店舗型電話異性紹介営業を利用するために必要な識別番号、暗証番号その他の情報をいう。

四 利用カード販売等 識別番号等を記載した文書その他の物品の販売、贈与及び貸付け又は識別番号等の画像、音声その他の方法による教示をいう。

五 利用カード販売所等 利用カード販売等を行う場所（自動販売機により利用カード販売等を行う場合にあっては、当該自動販売機が設置された場所）をいう。

六 ビラ等 性風俗関連特殊営業に係る営業所の名称若しくは広告若しくは宣伝を行う場合に当該営業を示すものとして使用する呼称、営業所の所在地若しくは電話番号又はこれらの情報を入手することができる情報（以下「性風俗関連特殊営業の名称等」という。）が記載されたビラ、パンフレット又はこれらに類する広告若しくは宣伝の用に供される文書図画をいう。

七 広告物 屋内又は屋外で公衆に表示されるものであって、看板、立看板、張り紙及び張り札並びに広告塔、広告板、建物その他の工作物等に掲出され、又は表示されたもの並びにこれらに類するものをいう。

（利用カード販売等の届出）

第三条 利用カード販売等を業として行おうとする者は、当該利用カード販売等を開始する日の十日前までに、利用カード販売所等ごとに、公安委員会規則で定めるところにより、次に掲げる事項を公安委員会に届け出なければならない。

一 氏名及び住所（法人にあっては、その名称及び代表者の氏名並びに事務所の所在地）

二 利用カード販売所等の名称及び所在地

三 自動販売機により利用カード販売等を行う場合にあっては、自動販売機の台数、機種及び製造番号

四 前三号に掲げるもののほか、公安委員会規則で定める事項

2 前項の規定による届出をして利用カード販売等を行う者（以下「利用カード販売等業者」という。）は、当該届出に係る利用カード販売所等を廃止したとき、又は同項各号に掲げる事項に変更があったときは、当該廃止又は変更の日から十日以内に、公安委員会規則で定めるところにより、その旨を公安委員会に届け出なければならない。

（利用カード販売等の規制）

第四条 何人も、青少年に利用カード販売等を行ってはならない。

2 何人も、法第二条第一項に規定する風俗営業に係る営業所（同項第五号の営業に係るものを除く。）並びに同条第六項に規定する店舗型性風俗特殊営業に係る営業所及び同条第九項に規定する店舗型電話異性紹介営業に係る営業所（以下「店舗型営業所」という。）の屋内を除き、自動販売機による利用カード販売等を行ってはならない。

3　利用カード販売等業者は、使用人その他の従業者に対し、青少年に利用カード販売等を行わないよう指導し、及び監督しなければならない。

4　利用カード販売等業者は、自動販売機により利用カード販売等を行う場合にあっては、次に掲げる措置を講じなければならない。

一　前条第一項の届出に係る自動販売機の見やすい箇所に、青少年が当該自動販売機を利用することができない旨を表示すること。

二　前条第一項の届出に係る自動販売機を、青少年が当該自動販売機を利用することのないように監視できる場所に設置すること。

（広告及び宣伝の規制）

第五条　何人も、青少年が直接ビラ等を取得することのない方法による場合を除き、ビラ等を頒布してはならない。

2　何人も、法第二十八条第五項第一号（法第三十一条の三第一項、第三十一条の八第一項、第三十一条の十三第一項及び第三十一条の十八第一項において準用する場合を含む。）の規定により広告又は宣伝が規制される区域において、性風俗関連特殊営業の名称等に係る広告物を表示してはならない。ただし、店舗型営業所の外周又は内部に表示する当該店舗型営業所に係る広告物については、この限りでない。

3　何人も、道路、公園、駅、劇場、百貨店その他の不特定又は多数の者の用に供される場所において、性風俗関連特殊営業の名称等に係る音声又は映像を用いて広告又は宣伝をしてはならない。

4　何人も、性風俗関連特殊営業の名称等の広告又は宣伝をするときは、青少年がその営業を利用できない旨を明らかにしなければならない。

（青少年に対する性風俗関連特殊営業への勧誘等禁止）

第六条　何人も、青少年に対し、性風俗関連特殊営業を利用させるため、当該営業に係る電話番号に電話をかけ、又は営業所に立ち入るよう指示し、又は勧誘してはならない。

（保護者の責務）

第七条　保護者（親権者、未成年後見人、児童福祉施設の長その他の者であって、青少年を現に監督保護するものをいう。）は、その監督保護に係る青少年が、性風俗関連特殊営業を利用するため、当該営業に係る電話番号に電話をかけ、若しくは営業所に立ち入り、若しくはビラ等を受け取り、又はインターネットを通じて性風俗関連特殊営業の名称等の情報を入手することのないように努めなければならない。

（現場における警察職員の措置）

第八条　警察職員は、第五条の規定に違反する行為（以下この条において「違反行為」という。）が現に行われているときは、当該違反行為をしている者に対し、当該違反行為を中止することを命ずることができる。

（違反広告物に対する除却等）

第九条　警察職員は、第五条第一項の規定に違反してビラ等を頒布し、又は同条第二項の規定に違反して広告物を表示した者に対し、当該ビラ等又は広告物の除却その他必要な措置を命ずることができる。

2　警察職員は、第五条第一項の規定に違反してビラ等が頒布され、又は同条第二項の規定に違反して広告物が表示されている場合において、当該ビラ等を頒布し、又は当該広告物を表示した者を過失がなくて確知することができないときは、自ら前項の措置を行うことができる。

3　前二項の規定にかかわらず、警察職員は、第五条第二項の規定に違反した広告物が張り紙であるときは、当該違反に係る張り紙を除却することができる。

4　第一項及び第二項の規定にかかわらず、警察職員は、第五条第二項の規定に違反した広告物が張り札（ベニヤ板、プラスチック板その他これらに類するものに紙を張り、容易に取り外すことができる状態で工作物等に取り付けられているものに限る。以下この項において同じ。）又は立看板（木枠に紙張り若しくは布張りをし、又はベニヤ板、プラスチック板その他これらに類するものに紙を張り、容易に取り外すことができる状態で立てられ、又は工作物等に立て掛けられているものに限る。以下この項において同じ。）であるときは、当該違反に係る張り札又は立看板を除却することができる。

5　第一項及び第二項の規定にかかわらず、警察職員は、ビラ等が、道路、公園、駅、劇場、百貨店その他の不特定又は多数の者の用に供される場所に配置し、又は放置され、かつ、青少年が取得するおそれがあるときは、当該ビラ等を除却することができる。

（報告及び立入調査等）

第十条　公安委員会は、この条例の施行に必要な限度において、利用カード販売等業者に対し、その業務に関し報告を求め、又は資料の提出を求めることができる。
2　警察職員は、この条例の施行に必要な限度において、利用カード販売所等に立ち入り、帳簿、書類その他必要な物件を調査し、又は関係者に質問することができる。
3　前項の規定に基づき警察職員が立入調査又は質問をする場合には、その身分を示す証明書を携帯し、関係者に提示しなければならない。
4　第二項の規定に基づく立入調査及び質問の権限は、犯罪捜査のために認められたものと解釈してはならない。

（補則）
第十一条　この条例の実施に関し必要な事項は、公安委員会規則で定める。

（罰則）
第十二条　次の各号のいずれかに該当する者は、六月以下の懲役又は三十万円以下の罰金に処する。
一　第六条の規定に違反した者
二　第八条の規定に基づく警察職員の命令に違反した者
2　次の各号のいずれかに該当する者は、二十万円以下の罰金に処する。
一　第三条第一項の規定による届出をせず、又は虚偽の届出をした者
二　第四条第一項又は第二項の規定に違反した者
三　第九条第一項の規定に基づく警察職員の命令に違反した者
3　次の各号のいずれかに該当する者は、十万円以下の罰金に処する。
一　第三条第二項の規定による届出をせず、又は虚偽の届出をした者
二　第四条第四項の規定に違反した者
三　第十条第一項の規定に違反して報告をせず、若しくは資料を提出せず、若しくは同項の報告若しくは資料の提出について虚偽の報告をし、若しくは虚偽の資料を提出し、又は同条第二項の規定に基づく立入りを拒み、妨げ、若しくは忌避した者

（両罰規定）
第十三条　法人の代表者又は法人若しくは人の代理人、使用人その他の従業者が、その法人又は人の業務に関して前条の違反行為をしたときは、行為者を罰するほか、その法人又は人に対して同条の罰金刑を科する。

附　則〔略〕

○青少年による性風俗関連特殊営業の利用を誘発する行為等の規制に関する条例施行規則

（平成一四・二・一五　岩手県公安委員会規則二）

最終改正　平成二四・六・二九　公安委員会規則一〇

（趣旨）
第一条　この規則は、青少年による性風俗関連特殊営業の利用を誘発する行為等の規制に関する条例（平成十三年岩手県条例第七十六号。以下「条例」という。）の実施に関し必要な事項を定めるものとする。

（利用カード販売等の開始の届出）
第二条　条例第三条第一項の規定による届出は、利用カード販売等開始届出書（様式第一号）により行わなければならない。
2　条例第三条第一項第四号の公安委員会規則で定める事項は、次に掲げるものとする。
一　利用カード販売等を業として行おうとする者が個人である場合にあっては、本籍及び生年月日
二　利用カード販売等を業として行おうとする者が法人である場合にあっては、代表者の住所、本籍及び生年月日並びに役員（代表者を除く。）の氏名、住所、本籍及び生年月日
三　販売する利用カード又は識別番号等で利用することができる無店舗型電話異性紹介営業に係る広告又は宣伝を行う場合に当該営業を示すものとして使用する呼称
四　利用カード販売等の形態
五　利用カード販売所等の構造及び設備の概要
六　利用カード販売所等の電話番号
七　利用カード販売等の開始予定年月日
八　利用カード販売所等における業務の実施を統括管理する者（利用カード

販売等業者である者を除く。以下「統括管理者」という。）を置く場合にあっては、その者の氏名、住所、本籍及び生年月日

九　利用カード販売等を業として行おうとする者以外の者の所有に係る土地又は建物において利用カード販売等を業として行おうとする場合にあっては、当該土地又は建物の所有者の氏名（法人にあっては、その名称及び代表者の氏名）及び住所

（利用カード販売所等の廃止等の届出）

第三条　条例第三条第二項の規定による届出は、利用カード販売所等廃止届出書（様式第二号）又は利用カード販売等変更届出書（様式第三号）により行わなければならない。

（警察職員の身分を示す証明書）

第四条　条例第十条第三項に規定する警察職員の身分を示す証明書は、身分証明書（様式第四号）とする。

2　警察官は、条例第十条第二項の規定に基づき立入調査又は質問をしようとする場合において、やむを得ない事情があるときは、前項の身分証明書に代えて、警察手帳規則（昭和二十九年国家公安委員会規則第四号）に規定する警察手帳を関係者に提示すれば足りるものとする。

（提出書類の部数等）

第五条　条例及びこの規則の規定により公安委員会に提出する届出の部数は、正副二通とする。

2　条例及びこの規則の規定により公安委員会に提出する届出書は、当該届出書に係る利用カード販売所等の所在地を管轄する警察署長を経由しなければならない。

3　公安委員会に同時に二以上の利用カード販売所等に係る届出書を提出するときは、前項の規定にかかわらず、これらの利用カード販売所等のいずれかの所在地を管轄する警察署長を経由して提出すれば足りるものとする。

4　前項の届出をする場合において、これらの届出書に添付することとしている書類のうち同一の内容となるものがあるときは、当該同一の内容となる書類については、その一部をこれらの届出書のいずれか一通に添付するものとする。

附則・様式〔略〕

宮城県

○風俗営業等の規制及び業務の適正化等に関する法律施行条例（昭和五九・一二・二五　宮城県条例三〇）

最終改正　平成二九・一二・二一　条例六八

（趣旨）

第一条　この条例は、風俗営業等の規制及び業務の適正化等に関する法律（昭和二十三年法律第百二十二号。以下「法」という。）の施行に関し必要な事項を定めるものとする。

（定義）

第二条　この条例において、次の各号に掲げる用語の意義は、当該各号に定めるところによる。

一　第一種低層住居専用地域等　第一種低層住居専用地域、第二種低層住居専用地域、第一種中高層住居専用地域、第二種中高層住居専用地域、第一種住居地域、第二種住居地域、準住居地域、田園住居地域、近隣商業地域、商業地域、準工業地域、工業地域又は工業専用地域　それぞれ都市計画法（昭和四十三年法律第百号）第八条第一項第一号に掲げる第一種低層住居専用地域、第二種低層住居専用地域、第一種中高層住居専用地域、第二種中高層住居専用地域、第一種住居地域、第二種住居地域、準住居地域、田園住居地域、近隣商業地域、商業地域、準工業地域、工業地域又は工業専用地域をいう。

二　住居地域等　第一種低層住居専用地域、第二種低層住居専用地域、第一種中高層住居専用地域、第二種中高層住居専用地域、第一種住居地域、第二種住居地域、準住居地域及び田園住居地域並びにこれらに準ずる地域として公安委員会規則で定める地域をいう。

三　営業用家屋等　営業の用に供する家屋又は施設をいう。

（風俗営業の許可に係る営業制限地域の指定）

第三条　法第四条第二項第二号の条例で定める地域は、次のとおりとする。

一　住居地域等

二　別表第一の上欄に掲げる施設の地域の敷地（当該施設の用に供するものと決定した土地を含む。）ごとに、当該敷地の周囲から同表の中欄に掲げる営業及び同表の下欄に掲げる法第三条第一項の許可の申請に係る営業所の所在する地域の区分に応じ、それぞれ同欄に定める距離以内の地域

2　前項の規定は、移動風俗営業（法第二条第一項各号に該当する営業で、営業場所が常態として移動するものをいう。）については、適用しない。

（習俗的行事その他の特別な事情のある日等）

第四条　法第十三条第一項第一号の習俗的行事その他の特別な事情のある日として条例で定める日は次の各号に掲げる日とし、当該条例で定める日に係る同項第一号の当該事情のある地域として条例で定める地域はそれぞれ当該各号に掲げる地域とする。

一　八月十四日から同月十七日までの日　県内全域

二　十二月二十五日から翌年一月一日までの日　県内全域

三　前二号に掲げるもののほか、公安委員会規則で定める日　公安委員会規則で定める地域及びその他の地域であつて次条に規定する地域

2　前項各号に掲げる日及び地域における法第十三条第一項の条例で定める時は、午前一時とする。

（午前零時以後において風俗営業を営むことが許容される特別な事情のある地域等）

第五条　法第十三条第一項第二号の午前零時以後において風俗営業を営むことが許容される特別な事情のある地域として条例で定める地域は、仙台市青葉区一番町四丁目（三番、四番、九番及び十番）及び同区国分町二丁目（三番を除く。）の区域とする。

2　前項の地域における法第十三条第一項の条例で定める時は、午前一時とする。

（風俗営業の営業時間の制限）

第六条　風俗営業は、別表第二の上欄に掲げる地域においては、同表の下欄に掲げる営業の種類に応じ、それぞれ同欄に定める時間内は、これを営んではならない。

（風俗営業に係る騒音及び振動の規制）

第七条　法第十五条の条例で定める騒音に係る数値は、別表第三の上欄に掲げる地域ごとに、同表の下欄に掲げる時間の区分に応じ、それぞれ同欄に定める数値とする。ただし、住居地域等以外地域内に所在する別表第一の上欄に掲げる施設の敷地の周囲五十メートル以内の区域内における数値は、別表第三の下欄に定める数値からそれぞれ五デシベルを減じた数値とする。

2　法第十五条の条例で定める振動に係る数値は、五十五デシベルとする。

（風俗営業者の遵守事項）

第八条　風俗営業者は、次の各号に掲げる事項を遵守しなければならない。

一　営業所で卑わいな行為その他善良の風俗を害する行為をし、又は客にこれらの行為をさせないこと。

二　営業用家屋等において店舗型性風俗特殊営業又は店舗型電話異性紹介営業を営まないこと。

三　営業用家屋等（旅館業法（昭和二十三年法律第百三十八号）第三条第一項の規定による旅館業の許可を受けているものを除く。）に客を就寝させ、又は宿泊させないこと。

四　営業中は、営業所の出入口及び客室に施錠をし、又は客にこれをさせないこと。

五　客の求めない飲食物を提供しないこと。

六　法第十七条の規定に基づき表示した料金以外の料金を客に請求しないこと。

2　法第二条第一項第四号の営業を営む者は、前項各号に掲げる事項のほか、次の各号に掲げる事項を遵守しなければならない。

一　客に提供した賞品を買い取らせないこと。

二　営業所において、賭博類似行為その他著しく射幸心をそそるおそれのある行為をし、又は客にこれらの行為をさせないこと。

三　著しく射幸心をそそるおそれのある方法で営業しないこと。

四　営業所（法第二条第一項第四号に規定するまあじやん屋を除く。）において客に飲酒させないこと。

（ゲーム場等への年少者の立入制限等）

第九条　法第二条第一項第五号の営業を営む者は、午後八時から午後十時前の時間において十六歳未満の者を営業所に客として立ち入らせてはならない。

2　法第二条第一項第五号の営業を営む者は、午後六時から午後八時前の時間において十六歳未満の者を営業所に客として立ち入らせるときは保護者の同伴を求めなければならない。

3　法第二条第一項第五号の営業を営む者は、午後六時から午後八時前の時間において保護者の同伴のない十六歳未満の者を営業所内で発見したときは、保護者の同伴を求めること、保護者の同伴が得られないときは営業所から立ち退くべきことを求めること等必要な措置を講じなければならない。

（店舗型性風俗特殊営業の禁止区域）

第十条　法第二十八条第一項の条例で定める施設は、次の各号に掲げるものとする。

一　医療法（昭和二十三年法律第二百五号）第一条の五第一項に規定する病院及び同条第二項に規定する診療所（患者を入院させるための施設を有するものに限る。）（以下「病院等」という。）

二　都市公園法施行令（昭和三十一年政令第二百九十号）第二条第一項第一号に規定する都市公園（児童の遊戯に適する施設として少なくとも、広場のほか、ぶらんこ、すべり台又は砂場のいずれかが設けられているものに限る。以下「児童公園」という。）

三　博物館法（昭和二十六年法律第二百八十五号）第二条第一項に規定する博物館及び同法第二十九条に規定する文部科学大臣又は教育委員会が博物館に相当する施設として指定したもの

四　社会教育法（昭和二十四年法律第二百七号）第二十一条第一項に規定する公民館

（店舗型性風俗特殊営業の営業地域の制限）

第十一条　店舗型性風俗特殊営業は、次の各号の区分に従い、当該各号に掲げる地域においては、これを営んではならない。

一　法第二条第六項第一号、第二号及び第六号の営業　県内全域

二　法第二条第六項第三号及び第五号の営業　商業地域（公安委員会規則で定める地域を除く。）以外の地域

三　法第二条第六項第四号の営業　別表第四の上欄に掲げる営業の区分に応じ、同表の下欄に定める地域

（店舗型性風俗特殊営業の深夜における営業時間の制限）

第十二条　店舗型性風俗特殊営業（法第二条第六項第四号の営業を除く。）は、深夜（午前零時から午前六時までの時間をいう。以下同じ。）においては、これを営んではならない。

（店舗型性風俗特殊営業の広告又は宣伝の制限地域）

第十三条　法第二十八条第五項第一号ロの広告又は宣伝を制限すべき地域として条例で定める地域は、次の各号の区分に従い、当該各号に掲げる地域とする。

一　法第二条第六項第一号、第二号及び第六号の営業　県内全域

二　法第二条第六項第三号及び第五号の営業　商業地域（公安委員会規則で定める地域を除く。）以外の地域

三　法第二条第六項第四号の営業　別表第四の上欄に掲げる営業の区分に応じ、同表の下欄に定める地域

（受付所営業の禁止区域）

第十三条の二　法第三十一条の三第二項の規定により適用する法第二十八条第一項の条例で定める施設は、第十条各号に掲げるものとする。

（受付所営業の営業地域の制限）

第十三条の三　法第三十一条の二第四項に規定する受付所営業（次条において「受付所営業」という。）は、県内全域においては、これを営んではならない。

（受付所営業の深夜における営業時間の制限）

第十三条の四　受付所営業は、深夜においては、これを営んではならない。

（無店舗型性風俗特殊営業の広告又は宣伝の制限地域）

第十四条　法第三十一条の三第一項において準用する法第二十八条第五項第一号ロの広告又は宣伝を制限すべき地域として条例で定める地域は、次の各号に掲げる無店舗型性風俗特殊営業の種類に応じ、当該各号に掲げる地域とする。

一　法第二条第七項第一号の営業　県内全域

二　法第二条第七項第二号の営業　商業地域（公安委員会規則で定める地域を除く。）以外の地域

（映像送信型性風俗特殊営業の広告又は宣伝の制限地域）

第十五条　法第三十一条の八第一項において準用する法第二十八条第五項第一号ロの広告又は宣伝を制限すべき地域として条例で定める地域は、商業地域

（公安委員会規則で定める地域を除く。）以外の地域とする。

（店舗型電話異性紹介営業の禁止区域）

第十六条　法第三十一条の十三第一項において準用する法第二十八条第一項の条例で定める施設は、第十条各号に掲げる施設その他公安委員会規則で定める施設とする。

（店舗型電話異性紹介営業の営業地域の制限）

第十七条　店舗型電話異性紹介営業は、商業地域（公安委員会規則で定める地域を除く。）以外の地域においては、これを営んではならない。

（店舗型電話異性紹介営業の深夜における営業時間の制限）

第十八条　店舗型電話異性紹介営業は、深夜においては、これを営んではならない。

（店舗型電話異性紹介営業の広告又は宣伝の制限地域）

第十九条　法第三十一条の十三第一項において準用する法第二十八条第五項第一号ロの広告又は宣伝を制限すべき地域として条例で定める地域は、商業地域（公安委員会規則で定める地域を除く。）以外の地域とする。

（無店舗型電話異性紹介営業の広告又は宣伝の制限地域）

第二十条　法第三十一条の十八第一項において準用する法第二十八条第五項第一号ロの広告又は宣伝を制限すべき地域として条例で定める地域は、商業地域（公安委員会規則で定める地域を除く。）以外の地域とする。

（特定遊興飲食店営業の許可に係る営業所設置許容地域の指定）

第二十条の二　法第三十一条の二十三において読み替えて準用する法第四条第二項第二号の条例で定める地域は、次の各号のいずれにも該当する地域とする。

一　第五条第一項に規定する地域

二　住居地域等以外の地域

三　別表第五の上欄に掲げる施設の敷地（当該施設の用に供するものと決定した土地を含む。）ごとに、当該敷地の周囲から同表の下欄に掲げる法第三十一条の二十二の許可の申請に係る営業所の所在する地域の区分に応じ、それぞれ同欄に定める距離の範囲外にある地域

（特定遊興飲食店営業の営業時間の制限）

第二十条の三　特定遊興飲食店営業者は、前条各号に掲げる地域内において、午前五時から午前六時までの時間においてその営業を営んではならない。

（特定遊興飲食店営業に係る深夜における騒音及び振動の規制）

第二十条の四　法第三十一条の二十三において読み替えて準用する法第十五条の条例で定める騒音に係る数値は、別表第三の上欄に掲げる地域ごとに、それぞれ同表の下欄に定める深夜に係る数値とする。ただし、住居地域等以外の地域内に所在する別表第五の上欄に掲げる施設の敷地の周囲五十メートル以内の区域内における数値は、別表第三の下欄に定める深夜に係る数値からそれぞれ五デシベルを減じた数値とする。

2　法第三十一条の二十三において読み替えて準用する法第十五条の条例で定める振動に係る数値は、五十五デシベルとする。

（特定遊興飲食店営業者の遵守事項）

第二十条の五　特定遊興飲食店営業者は、次の各号に掲げる事項を遵守しなければならない。

一　営業所で卑わいな行為その他善良の風俗を害する行為をし、又は客にこれらの行為をさせないこと。

二　営業用家屋等において店舗型性風俗特殊営業又は店舗型電話異性紹介営業を営まないこと。

三　営業用家屋等（旅館業法第三条第一項の規定による旅館業の許可を受けているものを除く。）に客を就寝させ、又は宿泊させないこと。

四　営業中は、営業所の出入口及び客室に施錠をし、又は客にこれをさせないこと。

五　客の求めない飲食物を提供しないこと。

六　営業所において、賭博類似行為その他著しく射幸心をそそるおそれのある行為をし、又は客にこれらの行為をさせないこと。

七　著しく射幸心をそそるおそれのある方法で営業しないこと。

（深夜における飲食店営業に係る騒音及び振動の規制）

第二十一条　法第三十二条第二項において準用する法第十五条の条例で定める騒音に関する数値は、別表第三の上欄に掲げる地域ごとに、それぞれ同表の下欄に定める深夜に係る数値とする。ただし、住居地域等以外の地域内に所在する別表第一の上欄に掲げる施設の敷地の周囲五十メートル以内の区域内における数値は、別表第三の下欄に定める深夜に係る数値からそれぞれ五デ

シベルを減じた数値とする。

2　法第三十二条第二項において準用する法第十五条の条例で定める振動に係る数値は、五十五デシベルとする。

（深夜における酒類提供飲食店の営業地域の制限）

第二十二条　深夜における酒類提供飲食店営業は、住居地域等においては、これを営んではならない。

（風俗環境保全協議会を置く地域）

第二十三条　法第三十八条の四第一項の条例で定める地域は、第五条第一項に規定する地域とする。

附　則（略）

別表第一（第三条、第七条、第二十一条関係）

施設	営業	距離 A地域	距離 B地域	距離 C地域
学校、保育所、幼保連携型認定こども園、児童遊園、児童公園及び図書館	法第二条第一項第四号の営業（まあじやん屋を除く。）	七十メートル	八十メートル	百メートル
	法第二条第一項各号（第四号を除く。）の営業	五十メートル	七十メートル	百メートル
	法第二条第一項第四号の営業（まあじやん屋に限る。）	三十メートル	五十メートル	七十メートル
病院等	法第二条第一項第四号の営業（まあじやん屋を除く。）	五十メートル	七十メートル	百メートル
	法第二条第一項各号の営業（第四号の営業にあつては、まあじやん屋に限る。）	三十メートル	五十メートル	七十メートル

備考

一　「学校」とは、学校教育法（昭和二十二年法律第二十六号）第一条に規定する学校（大学を除く。）をいう。

二　「保育所」とは、児童福祉法（昭和二十二年法律第百四十六号）第七条第一項に規定する保育所をいう。

三　「幼保連携型認定こども園」とは、就学前の子どもに関する教育、保育等の総合的な提供の推進に関する法律（平成十八年法律第七十七号）第二条第七項に規定する幼保連携型認定こども園をいう。

四　「児童遊園」とは、児童福祉法第四十条に規定する児童遊園をいう。

五　「図書館」とは、図書館法（昭和二十五年法律第百十八号）第二条第一項に規定する図書館をいう。

六　「A地域」とは商業地域をいい、「B地域」とは近隣商業地域及び準工業地域をいい、「C地域」とはA地域及びB地域以外の地域をいう。

別表第二（第六条関係）

地域	時間 法第二条第一項第一号から第三号までの営業	時間 法第二条第一項第四号及び第五号の営業（まあじやん屋を除く。）
住居地域等	午前六時後午前十時までの時間及び午後十一時から翌日の午前零時前（当該翌日が第四条第一項各号に掲げる日にあつては、午前一時まで。以下この表において同じ。）の時間	午前六時後午前九時までの時間及び午後十一時から翌日の午前零時前の時間
近隣商業地域	午前六時後午前十時までの時間	午前六時後午前九時までの時間及び午後十一時から翌日の午前零時前の時間

別表第三（第七条、第二十条の四、第二十一条関係）

地域	数値			
	昼間	夜間		深夜
		午後六時から午後十時前	午後十時から翌日の午前零時前	
住居地域等	五十デシベル	四十五デシベル	四十デシベル	四十デシベル
近隣商業地域、商業地域、準工業地域、工業地域及び工業専用地域	六十デシベル	五十五デシベル	五十デシベル	五十デシベル
その他の地域	五十五デシベル	五十デシベル	四十五デシベル	四十五デシベル

備考
「昼間」とは、午前六時後午後六時前の時間をいう。

別表第四（第十一条、第十三条関係）

営業	地域
一　法第二条第六項第四号の営業のうち、個室に自動車の車庫が個個に接続する施設であつて次のいずれかに該当する構造を有するものを設けて営むもの 1　個室に接続する車庫（二以上の側壁（カーテン、ついたて等を含む。）及び屋根を有するものに限る。以下同じ。）の出入口が扉等によつて遮へいできるもの 2　車庫の内部から個室に通ずる専用の人の出入口又は階段若しくは昇降機が設けられているもの 3　個室と車庫とが専用の通路によつて接続しているものにあつては、当該通路の内部が外部から見えないもの	仙台市青葉区の区域（一番町二丁目（一番から七番まで）、一番町三丁目、一番町四丁目、国分町一丁目（一番及び六番）及び国分町二丁目（一番、十番、十一番及び十五番）に限る。）以外の地域
二　法第二条第六項第四号の営業で前項に掲げる営業以外のもの	仙台市、石巻市（相野谷、飯野、大森、尾崎、釜谷、北境、小船越、皿貝、中島、長面、中野、成田、針岡、東福田、福地、馬鞍、三輪田、雄勝町、鹿又、北村、須江、広渕、前谷地、和渕、桃生町、北上町、網地浜、鮎川浜、鮎川大町、鮎川浜丁、大谷川浜、大原浜、給分浜、十八成浜、小網倉浜、小渕浜、鮫浦、清水田浜、谷川浜、泊浜、長渡浜、新山浜、前網浜及び寄磯浜を除く。）、塩竈市、気仙沼市（唐桑町を除く。）、白石市、名取市、角田市、多賀城市、岩沼市及び大崎市（松山金谷、松山下伊場野、松山須摩屋、松山千石、松山次橋、松山長尾、三本木、三本木秋田、三本木蟻ケ袋、三本木伊賀、三本木伊場野、三本木音無、三本木上伊場野、三本木桑折、三本木斉田、三本木坂本、三本木新町一丁目、三本木新町二丁目、三本木高柳、三本木新沼、三本木蒜袋、三本木南谷地、鹿島台大迫、鹿島台木間塚、鹿島台平渡、鹿島台広長、鹿島台深谷、鹿島台船越、岩出山、岩出山池月、岩出山上野目、岩出山下一栗、岩出山下野目、岩出山南沢、鳴子温泉、鳴子温泉鬼首、田尻、田尻大沢、田尻大貫、田尻大嶺、田尻北

小牛田、田尻北高城、田尻北牧目、田尻蕪栗、田尻小塩、田尻小松、田尻桜田高野、田尻諏訪峠、田尻通木、田尻中目、田尻沼木、田尻沼部及び田尻八幡を除く。）の区域（商業地域に限る。）以外の地域

別表第五（第二十条の二、第二十条の四関係）

施設	距離		
	A地域	B地域	C地域
児童福祉法第七条第一項に規定する助産施設、乳児院、母子生活支援施設、児童養護施設、障害児入所施設、児童心理治療施設及び児童自立支援施設	五十メートル	七十メートル	百メートル
病院等	三十メートル	五十メートル	七十メートル

備考　「A地域」とは商業地域をいい、「B地域」とは近隣商業地域及び準工業地域をいい、「C地域」とはA地域及びB地域以外の地域をいう。

○風俗営業等の規制及び業務の適正化等に関する法律施行条例施行規則

（昭和六〇・二・八　宮城県公安委員会規則二）

最終改正　平成二八・一・二二　公安委員会規則一

（趣旨）

第一条　この規則は、風俗営業等の規制及び業務の適正化等に関する法律施行条例（昭和五十九年宮城県条例第三十号。以下「条例」という。）の施行に関し必要な事項を定めるものとする。

（第一種低層住居専用地域等に準ずる地域）

第二条　条例第二条第二号の公安委員会規則で定める地域は、次のとおりとする。

一　伊具郡丸森町字神明及び字千刈場のうち別図一の一の斜線により示す地域

二　亘理郡山元町山寺字大堤下、山寺字作田山、浅生原字東田及び浅生原字作田山のうち別図一の二の斜線により示す地域

三　大崎市松山金谷字向田、松山金谷字鍋田、松山金谷字金ケ崎及び松山長尾字松木のうち別図一の三の斜線により示す地域

四　大崎市鹿島台木間塚字姥ケ沢、鹿島台木間塚字小谷地及び鹿島台平渡字巳待田のうち別図一の四の斜線により示す地域

五　大崎市鹿島台木間塚字福芦のうち別図一の五の斜線により示す地域

（習俗的行事その他の特別な事情のある日等）

第三条　条例第四条第一項第三号の公安委員会規則で定める日及び地域は、次表のとおりとする。

日	地域
どんと祭が行われる日及びその翌日	仙台市の区域
石巻川開き祭りが行われる日及びその翌日	石巻市の区域

塩釜みなと祭が行われる日及びその翌日	塩釜市の区域
仙台七夕まつり（前夜祭を含む。）が行われる日及びその翌日	仙台市の区域
仙台・青葉まつりが行われる日及びその翌日	仙台市の区域
みちのくYOSAKOIまつりが行われる日及びその翌日	仙台市の区域
SENDAI光のページェントが行われる日及びその翌日	仙台市の区域

（店舗型性風俗特殊営業等の禁止地域等）

第四条　条例第十一条第二号、条例第十三条第二号、条例第十四条第二号、第十五条、第十七条、第十九条及び第二十条の公安季員会規則で定める地域は、次のとおりとする。

一　仙台市青葉区（中央一丁目、中央二丁目、中央三丁目及び中央四丁目）、仙台市宮城野区（榴岡一丁目、榴岡二丁目、名掛丁、二十人町、東六番丁、東七番丁、東八番丁及び元寺小路）及び仙台市若林区新寺一丁目のうち別図二の一の斜線により示す地域

二　石巻市鋳銭場及び穀町のうち別図二の二の斜線により示す地域

三　大崎市古川駅前大通一丁目、古川駅前大通二丁目、古川中里一丁目、古川台町、古川十日町及び古川荒川小金町のうち別図二の三の斜線により示す地域

四　白石市旭町一丁目のうち別図二の四の斜線により示す地域

五　宮城郡松島町字浪打浜、松島町内、松島字仙随及び松島字普賢堂のうち別図二の五の斜線により示す地域

六　官公署の敷地及び隣接する地域

（店舗型電話異性紹介営業の禁止区域）

第五条　条例第十六条の公安委員会規則で定める施設は、次のとおりとする。

一　学校教育法（昭和二十二年法律第二十六号）第八十二条の二に規定する専修学校（高等課程を有するものに限る。）

二　地方自治法（昭和二十二年法律第六十七号）第二百四十四条の二第一項に規定する条例によるスポーツ施設

三　興行場法（昭和二十三年法律第百三十七号）第二条第一項に規定する許可に係る興行場（同法に規定する映画館に該当するもの及び風俗営業等の規制及び業務の適正化等に関する法律（昭和二十三年法律第百二十二号）第二条第六項第三号に掲げるものを除く。）

附則・別図　〔略〕

○風俗営業等の規制及び業務の適正化等に関する法律施行細則

（平成二二・九・一七　宮城県公安委員会規則七）

最終改正　平成三〇・五・二二　公安委員会規則七

（趣旨）

第一条　この規則は、風俗営業等の規制及び業務の適正化等に関する法律（昭和二十三年法律第百二十二号。以下「法」という。）及び風俗営業等の規制及び業務の適正化等に関する法律施行規則（昭和六十年国家公安委員会規則第一号。以下「施行規則」という。）の施行に関し必要な事項を定めるものとする。

（不許可の通知）

第二条　施行規則第十一条の通知は、不許可通知書（別記様式第一号）により行うものとする。

2　施行規則第七十九条の通知は、不許可通知書（別記様式第二号）により行うものとする。

（相続等の承認等に関する通知）

第三条　施行規則第十六条第一項の通知は承認（相続・合併・分割）通知書（別記様式第三号）により、同条第二項の通知は不承認（相続・合併・分割）通知書（別記様式第四号）により行うものとする。

2　施行規則第八十四条の通知は、承認（相続・合併・分割）通知書（別記様式第五号）又は不承認（相続・合併・分割）通知書（別記様式第六号）により行うものとする。

（許可取消しの通知）

第四条　法第八条の規定による許可の取消しは、営業許可取消通知書（別記様式第七号）を交付して行うものとする。

2　法第三十一条の二十三において準用する法第八条の規定による許可の取消しは、営業許可取消通知書（別記様式第八号）を交付して行うものとする。

（変更の承認等に関する通知）

第五条　施行規則第二十二条の通知は、承認（構造・設備・遊技機）通知書（別記様式第九号）又は不承認（構造・設備・遊技機）通知書（別記様式第十号）により行うものとする。

2　施行規則第九十条の通知は、承認（構造・設備）通知書（別記様式第十一号）又は不承認（構造・設備）通知書（別記様式第十二号）により行うものとする。

（特例風俗営業者等の不認定等の通知）

第六条　施行規則第二十六条第三項の通知は、不認定通知書（別記様式第十三号）により行うものとする。

2　法第十条の二第六項の規定による認定の取消しは、特例風俗営業者認定取消通知書（別記様式第十四号）を交付して行うものとする。

3　施行規則第九十四条第三項の通知は、不認定通知書（別記様式第十五号）により行うものとする。

4　法第三十一条の二十三において準用する法第十条の二第六項の規定による認定の取消しは、特例特定遊興飲食店営業者認定取消通知書（別記様式第十六号）を交付して行うものとする。

（管理者の解任の勧告）

第七条　法第二十四条第五項の規定による営業所の管理者の解任勧告は、風俗営業管理者解任勧告書（別記様式第十七号）を交付して行うものとする。

2　法第三十一条の二十三において準用する法第二十四条第五項の規定による営業所の管理者の解任勧告は、特定遊興飲食店営業管理者解任勧告書（別記様式第十八号）を交付して行うものとする。

（指示）

第八条　法第二十五条の規定による風俗営業に関する指示、法第二十九条の規定による店舗型性風俗特殊営業に関する指示、法第三十一条の四第一項又は第三十一条の六第二項第一号の規定による無店舗型性風俗特殊営業に関する指示、法第三十一条の九第一項又は第三十一条の十一第二項第一号の規定による映像送信型性風俗特殊営業に関する指示、法第三十一条の十四の規定による店舗型電話異性紹介営業に関する指示、法第三十一条の十九第一項又は第三十一条の二十一第二項第一号の規定による無店舗型電話異性紹介営業に関する指示、法第三十一条の二十四の規定による特定遊興飲食店営業に関する指示、法第三十四条第一項の規定による飲食店営業に関する指示及び法第三十五条の四第一項又は同条第四項第一号の規定による接客業務受託営業に関する指示は、指示書（別記様式第十九号）を交付して行うものとする。

（営業の停止等の通知）

第九条　法第二十六条第一項の規定による風俗営業の許可の取消しを命ずるときは営業許可取消通知書（別記様式第七号）を、風俗営業の停止を命ずるときは営業停止命令書（別記様式第二十号）を交付して行うものとする。

2　法第二十六条第二項の規定による飲食店営業の停止を命ずるときは、飲食店営業停止命令書（別記様式第二十一号）を交付して行うものとする。

3　法第三十条第一項の規定による店舗型性風俗特殊営業の停止、法第三十条第三項の規定による浴場業営業、興行場営業、旅館業又は住宅宿泊事業の停止、法第三十一条の五第一項又は第三十一条の六第二項第二号の規定による無店舗型性風俗特殊営業の停止、法第三十一条の十五第一項の規定による店舗型電話異性紹介営業の停止、法第三十一条の二十又は第三十一条の二十一第二項第二号の規定による無店舗型電話異性紹介営業の停止、法第三十四条第二項の規定による飲食店営業の停止、法第三十五条の規定による興行場営業の停止、法第三十五条の二の規定による特定性風俗物品販売等営業の停止及び法第三十五条の四第二項又は同条第四項第二号の規定による接客業務受託営業の停止を命ずるときは、営業停止命令書を交付して行うものとする。

4　法第三十条第二項の規定による店舗型性風俗特殊営業の廃止、法第三十一条の五第二項又は第三十一条の六第二項第三号の規定による受付所営業の廃止及び法第三十一条の十五第二項の規定による店舗型電話異性紹介営業の廃止を命ずるときは、営業廃止命令書（別記様式第二十二号）を交付して行うものとする。

5　法第三十一条の二十五第一項の規定による特定遊興飲食店営業の許可の取消しを命ずるときは営業許可取消通知書（別記様式第八号）を、特定遊興飲食店営業の停止を命ずるときは営業停止命令書を交付して行うものとする。

6　法第三十一条の二十五第二項の規定による飲食店営業の停止を命ずるときは、飲食店営業停止命令書を交付して行うものとする。

（公示送達による取消し）

第十条　第四条並びに第九条第一項及び第五項の規定による取消しの通知を行う場合において、当該風俗営業者又は当該特定遊興飲食店営業者の所在を知ることができず、営業許可取消通知書を交付することができないときは、公示送達により行うものとする。

2　前項の公示送達は、公安委員会が、当該通知書を保管し、いつでも当該風俗営業者に交付する旨を公安委員会の掲示板に掲示し、かつ、宮城県公報（宮城県公報発行規則（昭和三十一年宮城県規則第六十七号）第一条に規定する宮城県公報をいう。以下同じ。）に登載して行うものとする。

3　第一項の公示送達は、公安委員会の掲示板に掲示した日から二週間を経過したときに、当該風俗営業者に対し当該通知書を交付したものとみなす。

（報告等の要求）

第十一条　法第三十七条第一項の規定による報告又は資料の提出の要求は、報告（資料提出）要求書（別記様式第二十三号）を交付して行うものとする。

（医師の指定）

第十二条　法第四十一条の二に規定する医師は、精神保健及び精神障害者福祉に関する法律（昭和二十五年法律第百二十三号）第十八条第一項の規定による精神保健指定医のうちから指定するものとする。

2　前項の医師を指定したときは、宮城県公報に公示するものとする。

附則・別記様式　〔略〕

○青少年による性風俗関連特殊営業の利用を助長する行為等の規制に関する条例

（平成一三・一二・二五　宮城県条例七三）

最終改正　平成二七・一二・二四　条例七九

（目的）

第一条　この条例は、青少年による性風俗関連特殊営業の利用を助長し、又は誘発する行為を規制することにより、青少年の健全な育成に障害を及ぼす行為の防止を図ることを目的とする。

（定義）

第二条　この条例において、次の各号に掲げる用語の意義は、当該各号に定めるところによる。

一　青少年　六歳以上十八歳未満の者をいう。

二　性風俗関連特殊営業　風俗営業等の規制及び業務の適正化等に関する法律（昭和二十三年法律第百二十二号。以下「法」という。）第二条第五項に規定する性風俗関連特殊営業をいう。

三　識別情報　法第二条第九項に規定する店舗型電話異性紹介営業又は同条第十項に規定する無店舗型電話異性紹介営業に係る役務の提供を受けるために必要な識別番号、暗証番号その他の情報をいう。

四　利用カード　識別情報を記載した文書その他の物品をいう。

五　広告物　常時又は一定の期間継続して公衆に表示されるものであって、看板、立看板、はり紙及びはり札並びに広告塔、広告板、建物その他の工作物等に掲出され、又は表示されたもの並びにこれらに類するものをいう。

（青少年に対する利用カード販売等の禁止）

第三条　何人も、青少年に対し、利用カードの販売、頒布、贈与、交換若しくは貸付け又は識別情報の音声、映像その他の方法による教示（以下「利用カード販売等」という。）を行ってはならない。

2　何人も、青少年立入禁止場所（法第二条第一項に規定する風俗営業に係る営業所（同項第五号の営業に係るものを除く。）、同条第六項に規定する店舗型性風俗特殊営業に係る営業所及び同条第九項に規定する店舗型電話異性紹介営業に係る営業所をいう。）以外の場所において、自動販売機による利用カード販売等を行ってはならない。

（利用カード販売等の届出等）

第四条　利用カード販売等を業として行おうとする者は、利用カード販売等を開始しようとする日の十日前までに、利用カード販売等を行う場所（自動販売機により利用カード販売等を行う場合にあっては、当該自動販売機を設置する場所。以下同じ。）ごとに、公安委員会規則で定めるところにより、次に掲げる事項を公安委員会に届け出なければならない。

一　氏名及び住所（法人にあっては、その名称、代表者の氏名及び主たる事務所の所在地）

二　利用カード販売等を行う場所の名称及び所在地

三　自動販売機により利用カード販売等を行う場合にあっては、当該自動販売機の機種及び製造番号

四　前三号に掲げるもののほか、公安委員会規則で定める事項

2　前項の規定による届出をして利用カード販売等を行う者（以下「利用カード販売業者」という。）は、当該届出に係る利用カード販売等を廃止したとき、又は同項各号に掲げる事項に変更があったときは、当該廃止又は変更の日から十日以内に、公安委員会規則で定めるところにより、その旨を公安委員会に届け出なければならない。

3　利用カード販売業者は、自動販売機により利用カード販売等を行う場合にあっては、次に掲げる措置を講じなければならない。

一　当該自動販売機の見やすい箇所に、第一項第一号に掲げる事項その他公安委員会規則で定める事項及び青少年が利用カードを取得し、又は識別情報の教示を受けることができない旨を表示すること。

二　当該自動販売機を、青少年が利用カードを取得し、又は識別情報の教示を受けることのないように監視できる場所に設置すること。

（広告及び宣伝の規制）

第五条　何人も、法第二十八条第五項第一号（法第三十一条の三第一項、法第

三十一条の八第一項、法第三十一条の十三第一項及び法第三十一条の十八第一項において準用する場合を含む。）の規定により広告又は宣伝が規制される区域又は地域において、性風俗関連特殊営業に係る営業所又は営業の本拠となる事務所（事務所のない場合にあっては、当該営業を営む者の住所。以下「性風俗関連特殊営業所等」という。）の名称、所在地又は電話番号に係る広告物を表示してはならない。ただし、性風俗関連特殊営業所等の外周又は内部に表示する広告物については、この限りでない。

2　何人も、性風俗関連特殊営業所等の名称、所在地又は電話番号を記載したビラ、パンフレット又はこれらに類する広告若しくは宣伝の用に供される文書、図画その他の物品（以下「ビラ等」という。）を青少年に頒布してはならない。

3　何人も、青少年が入手できないことが明らかである場合を除き、ビラ等を直接人に配る方法以外の方法で頒布してはならない。ただし、性風俗関連特殊営業所等の内部においてビラ等を頒布する場合については、この限りでない。

4　何人も、道路、公園、駅、劇場、百貨店その他の不特定又は多数の者の用に供される場所において、性風俗関連特殊営業所等の名称、所在地又は電話番号を示す音声又は映像を用いて広告又は宣伝をしてはならない。

（青少年に対する性風俗関連特殊営業の利用勧誘の禁止等）

第六条　何人も、青少年に対し、性風俗関連特殊営業を利用するよう勧誘し、又は正当な理由がないのに性風俗関連特殊営業所等へ電話をかけ、若しくは立ち入るよう指示してはならない。

（保護者の責務）

第七条　保護者（親権を行う者、未成年後見人、児童福祉施設の長その他の者であって、青少年を現に監督保護するものをいう。）は、その監督保護に係る青少年に、性風俗関連特殊営業所等へ電話をかけさせ、若しくは立ち入らせ、又はビラ等を受け取らせないようにする等性風俗関連特殊営業を利用させないように努めなければならない。

（現場における警察職員の措置）

第八条　警察職員は、第五条の規定に違反する行為が現に行われているときは、当該行為を行っている者に対し、当該行為を中止することを命じ、又は当該行為を中止させるために必要な事項を命ずることができる。

（違反広告物の除却等）

第九条　公安委員会は、第五条第一項の規定に違反して広告物を表示し、又は同条第二項の規定に違反してビラ等を頒布した者に対し、当該広告物又はビラ等の除却その他必要な措置を命ずることができる。

2　公安委員会は、前項の規定による措置を命じようとする場合において、当該広告物を表示し、又は当該ビラ等を頒布した者を過失がなくて確知することができないときは、当該措置を警察職員又は公安委員会が委任した者（以下この条において「警察職員等」という。）に行わせることができる。

3　公安委員会は、第五条第一項の規定に違反して表示された広告物がはり紙であるときは、当該違反に係るはり紙を警察職員等に除却させることができる。

4　公安委員会は、第五条第一項の規定に違反して表示された広告物がはり札（ベニヤ板、プラスチック板その他これらに類するものに紙をはり、容易に取り外すことができる状態で工作物等に取りつけられているものに限る。以下この項において同じ。）又は立看板（木枠に紙張り若しくは布張りをし、又はベニヤ板、プラスチック板その他これらに類するものに紙をはり、容易に取り外すことができる状態で立てられ、又は工作物等に立て掛けられているものに限る。以下この項において同じ。）であるときは、当該違反に係るはり札又は立看板を警察職員等に除却させることができる。ただし、当該はり札又は立看板が表示されてから相当の期間を経過し、かつ、管理されずに放置されていることが明らかであると認められるときに限る。

5　公安委員会は、第五条第三項の規定に違反して頒布されたビラ等が、道路、公園、駅、劇場、百貨店その他の不特定又は多数の者の用に供される場所に配置されたものであるときは、当該違反に係るビラ等を警察職員等に除却させることができる。

（報告及び立入り）

第十条　公安委員会は、この条例の施行に必要な限度において、利用カード販売業者に対し、その業務に関し報告又は資料の提出を求めることができる。

2　警察職員は、この条例の施行に必要な限度において、利用カード販売業者が利用カード販売等を行う場所に立ち入ることができる。

3　前項の規定により警察職員が立ち入るときは、その身分を示す証明書を携帯し、関係者にこれを提示しなければならない。
4　第二項の規定による権限は、犯罪捜査のために認められたものと解してはならない。

（委任）
第十一条　この条例の施行に関し必要な事項は、公安委員会規則で定める。

（罰則）
第十二条　次の各号の一に該当する者は、六月以下の懲役若しくは三十万円以下の罰金に処し、又はこれを併科する。
一　第六条の規定に違反した者
二　第八条の規定による警察職員の命令に違反した者
2　次の各号の一に該当する者は、二十万円以下の罰金に処する。
一　第三条第一項又は同条第二項の規定に違反した者
二　第四条第一項の規定による届出をせず、又は虚偽の届出をした者
三　第九条第一項の規定による公安委員会の命令に違反した者
3　次の各号の一に該当する者は、十万円以下の罰金に処する。
一　第四条第二項の規定による届出をせず、又は虚偽の届出をした者
二　第四条第三項の規定に違反した者
三　第十条第一項の規定に違反して報告をせず、若しくは資料を提出せず、若しくは同項の報告若しくは資料の提出について虚偽の報告をし、若しくは虚偽の資料を提出し、又は同条第二項の規定による立ち入りを拒み、妨げ、若しくは忌避した者

（両罰規定）
第十三条　法人の代表者又は法人若しくは人の代理人、使用人その他の従業者が、その法人又は人の業務に関して前条の違反行為をしたときは、行為者を罰するほか、その法人又は人に対しても同条の罰金刑を科する。

附　則〔略〕

○青少年による性風俗関連特殊営業の利用を助長する行為等の規制に関する条例施行規則

（平成一四・二・二二　宮城県公安委員会規則二）

改正　平成二四・七・六　公安委員会規則四

（趣旨）
第一条　この規則は、青少年による性風俗関連特殊営業の利用を助長する行為等の規制に関する条例（平成十三年宮城県条例第七十三号。以下「条例」という。）の施行に関し必要な事項を定めるものとする。

（利用カード販売等の開始の届出）
第二条　条例第四条第一項の規定による利用カード販売等の開始の届出は、同項第一号から第三号までに掲げる事項及び次に掲げる事項を記載した様式第一号による届出書により行わなければならない。
一　個人にあっては、本籍（日本の国籍を有しない者にあっては、その国籍。以下同じ。）及び生年月日
二　法人にあっては、代表者の本籍及び生年月日並びに代表者以外の役員（いかなる名称によるかを問わず、これと同等以上の職権又は支配力を有する者を含む。）の氏名、住所、本籍及び生年月日
三　利用カード販売等の形態
四　利用カード販売等に係る識別情報により役務の提供を受けることができる店舗型電話異性紹介営業に係る営業所又は無店舗型電話異性紹介営業に係る事務所の名称及び所在地
五　利用カード販売等の業務を管理する者（利用カード販売等を行おうとする者を除く。以下「管理者」という。）の氏名及び住所
六　自動販売機により利用カード販売等を行う場合にあっては、次に掲げる事項
イ　当該自動販売機の所有者の氏名及び住所（当該所有者が法人である場

合にあっては、名称、代表者の氏名及び主たる事務所の所在地）
ロ　当該自動販売機を設置する青少年立入禁止場所の営業所名及びその業種
ハ　当該自動販売機を設置する土地又は建物の所有者の氏名及び住所（当該所有者が法人である場合にあっては、名称、代表者の氏名及び主たる事務所の所在地）
七　利用カード販売等の開始予定年月日
2　前項の届出書には、次に掲げる書類を添付しなければならない。
一　個人にあっては、住民票の写し
二　法人にあっては、その登記簿謄本及び代表者の住民票の写し
三　管理者の住民票の写し
四　自動販売機により利用カード販売等を行う場合にあっては、当該自動販売機を設置する土地又は建物の見取図並びに当該土地又は建物の所有者及び使用者が当該自動販売機の設置を承諾したことを証する書面の写し

（**利用カード販売等の廃止又は変更の届出**）
第三条　条例第四条第二項の規定による届出は、利用カード販売等を廃止した場合にあっては様式第二号、同条第一項各号に掲げる事項に変更があった場合にあっては様式第三号による届出書により行わなければならない。

（**利用カード販売等を行う自動販売機への表示事項等**）
第四条　条例第四条第三項第一号の公安委員会規則で定める事項は、次に掲げるものとする。
一　利用カード販売等の届出番号及び届出年月日
二　利用カード販売業者の電話番号
2　条例第四条第三項第一号の規定による表示は、様式第四号による表示票を当該自動販売機に表示して行わなければならない。

（**警察職員の身分を示す証明書**）
第五条　条例第十条第三項に規定する警察職員の身分を示す証明書は、様式第五号によるものとする。

（**届出書の提出部数等**）
第六条　第二条第一項及び第三条の届出書（以下この条において単に「届出書」という。）の提出部数は、正本及びその写し各一部とする。
2　届出書は、当該届出書に係る利用カード販売等を行う場所（自動販売機により利用カード販売等を行う場合にあっては、当該自動販売機を設置する場所）を管轄する警察署長を経由しなければならない。
3　同時に二以上の届出書を提出しようとする者は、当該届出書がいずれも利用カード販売等の廃止に係るものである場合に限り、前項の規定にかかわらず、一の警察署長に他の警察署長の管轄に係る届出書を提出することができる。

附則・様式　〔略〕

秋田県

○風俗営業等の規制及び業務の適正化等に関する法律施行条例

（昭和五九・一二・一二 秋田県条例四二）

最終改正　平成三〇・三・二七　条例五二

（趣旨）

第一条　この条例は、風俗営業等の規制及び業務の適正化等に関する法律（昭和二十三年法律第百二十二号。以下「法」という。）の施行に関し必要な事項を定めるものとする。

（用語の意義）

第二条　この条例において、次の各号に掲げる用語の意義は、それぞれ当該各号に定めるところによる。

一　第一種低層住居専用地域、第二種低層住居専用地域、第一種中高層住居専用地域、第二種中高層住居専用地域、第一種住居地域、第二種住居地域、準住居地域、田園住居地域、近隣商業地域、商業地域、準工業地域又は工業地域　それぞれ都市計画法（昭和四十三年法律第百号）第八条第一項第一号に掲げる第一種低層住居専用地域、第二種低層住居専用地域、第一種中高層住居専用地域、第二種中高層住居専用地域、第一種住居地域、第二種住居地域、準住居地域、田園住居地域、近隣商業地域、商業地域、準工業地域又は工業地域をいう。

二　病院又は診療所　それぞれ医療法（昭和二十三年法律第二百五号）第一条の五第一項に規定する病院又は同条第二項に規定する診療所をいう。

第三条　削除

（風俗営業の許可に係る営業制限地域）

第四条　法第四条第二項第二号の条例で定める地域は、次に掲げるとおりとする。

一　第一種低層住居専用地域、第二種低層住居専用地域、第一種中高層住居専用地域、第二種中高層住居専用地域及び田園住居地域

二　第一種住居地域、第二種住居地域及び準住居地域（これらの地域のうち商店、ホテル、旅館その他の営業所が多数集合している地域として公安委員会規則で定める地域を除く。）

三　前二号に掲げる地域以外の地域のうち、次の表の上欄に掲げる施設の敷地（これらの用に供するものと決定した土地を含む。以下この号において同じ。）から同表の中欄に掲げる当該施設の敷地の含まれる地域の区分に応じ、それぞれ同表の下欄に掲げる距離内の地域

施設	地域	距離
学校（大学を除く。）、図書館、児童福祉施設、病院及び患者を入院させるための施設を有する診療所	近隣商業地域、商業地域及び準工業地域	四十メートル
	工業地域	七十メートル
	その他の地域	百メートル

2　前項の規定は、常態として営業所を移動させて営む風俗営業については、適用しない。

（風俗営業の営業時間の延長）

第五条　法第十三条第一項ただし書の条例で定める時は、午前一時とする。

2　法第十三条第一項ただし書第一号の習俗的行事その他の特別な事情のある日として条例で定める日は、次の各号に掲げる日とし、当該特別な事情のある日に係る同項ただし書第一号の条例で定める地域は、当該各号に定める地域とする。

一　一月一日から同月四日までの日　秋田県の区域

二　八月十四日から同月十七日までの日　秋田県の区域

三　十二月二十五日から同月三十一日までの日　秋田県の区域

四　前三号に掲げるもののほか、公安委員会規則で定める日　公安委員会規則で定める地域

3　法第二条第一項第一号から第三号までに掲げる営業及びまあじゃん屋につき法第十三条第一項ただし書第二号の午前零時以後において風俗営業を営むことが許容される特別な事情のある地域として条例で定める地域は、秋田市の区域のうち商業地域（公安委員会規則で定める地域に限る。）とする。

（風俗営業の営業時間の制限）

第六条　風俗営業者は、次の表の上欄に掲げる営業の種類ごとに、同表の中欄に掲げる地域の区分に応じ、それぞれ同表の下欄に掲げる時間においては、その営業を営んではならない。

営業の種類	地域	時間
法第二条第一項第一号から第三号までに掲げる営業及びまあじやん屋	第一種低層住居専用地域、第二種低層住居専用地域、第一種中高層住居専用地域、第二種中高層住居専用地域、第一種住居地域、第二種住居地域、準住居地域及び田園住居地域	午前六時後午前九時前の時間及び午後十一時から翌日の午前零時前（当該翌日が前条第二項各号に掲げる特別な事情のある日のいずれかに該当する場合における当該特別な事情のある地域にあつては、当該翌日の午前零時から午前一時まで）の時間
	近隣商業地域	午前六時後午前九時前の時間
法第二条第一項第四号に掲げる営業（まあじやん屋を除く。）	秋田県の区域	午前六時後午前九時前の時間及び午後十一時から翌日の午前零時前（当該翌日が前条第二項各号に掲げる特別な事情のある日のいずれかに該当する場合における当該特別な事情のある地域にあつては、当該翌日の午前零時から午前一時まで）の時間
法第二条第一項第五号に掲げる営業	第一種低層住居専用地域、第二種低層住居専用地域、第一種中高層住居専用地域、第二種中高層住居専用地域、第一種住居地域、第二種住居地域、準住居地域及び田園住居地域	午前六時後午前九時前の時間及び午後十一時から翌日の午前零時前（当該翌日が前条第二項各号に掲げる特別な事情のある日のいずれかに該当する場合における当該特別な事情のある地域にあつては、当日翌日の午前零時から午前一時まで）の時間
	その他の地域	午前六時後午前九時前の時間

（騒音及び振動に係る数値）

第七条　法第十五条（法第三十二条第二項において準用する場合を含む。次項において同じ。）の条例で定める騒音の数値は、次の表の上欄に掲げる地域ごとに、同表の下欄に掲げる時間の区分に応じ、それぞれ同欄に定めるとおりとする。

地域	数値		
	昼間	夜間	深夜
第一種低層住居専用地域、第二種低層住居専用地域、第一種中高層住居専用地域、第二種中高層住居専用地域、第一種住居地域、第二種住居地域、準住居地域及び田園住居地域	五十五デシベル	五十デシベル	四十五デシベル
商業地域	六十五デシベル	六十デシベル	五十五デシベル
その他の地域	六十デシベル	五十五デシベル	五十デシベル

2　法第十五条の条例で定める振動の数値は五十五デシベルとする。

（風俗営業者の行為の制限）

第八条　風俗営業者は、次の各号に掲げる行為をしてはならない。

一　営業所で卑わいな行為をし、又は客に卑わいな行為をさせること。

二　客の求めない飲食物を提供すること。
三　営業中に営業所及びその客室の出入口に施錠すること。
四　営業所（旅館業法（昭和二十三年法律第百三十八号）第三条第一項の許可を受けて旅館業の用に供するものを除く。）に客を就寝させ、又は宿泊させること。
五　営業の用に供する家屋を店舗型性風俗特殊営業の施設として用い、又は用いさせること。

2　風俗営業者のうち法第二条第一項第四号に掲げる営業を営む者は、前項各号に掲げる行為のほか、次の各号に掲げる行為をしてはならない。
一　著しく射幸心をそそるおそれのある方法で営業すること。
二　営業所で賭博その他著しく射幸心をそそるおそれがある行為をし、又は客にこれらの行為をさせること。
三　客に提供した賞品を買い取らせること。
四　営業所（まあじゃん屋に係る営業所を除く。）で客に飲酒をさせること。

（年少者の立入り制限）

第九条　法第二条第一項第五号に掲げる営業を営む者は、午後七時から午後十時前の時間において十六歳未満の者を営業所に客として立ち入らせてはならない。ただし、保護者が同伴する十六歳未満の者については、この限りでない。

（店舗型性風俗特殊営業の禁止区域に係る施設）

第十条　法第二十八条第一項の条例で定める施設は、病院、診療所、都市公園（都市公園法（昭和三十一年法律第七十九号）第二条第一項に規定するものをいう。）及び博物館（博物館法（昭和二十六年法律第二百八十五号）第二条第一項に規定するものをいう。）とする。

（店舗型性風俗特殊営業の禁止地域）

第十一条　店舗型性風俗特殊営業は、次に掲げる営業の種別に応じ、当該各号に掲げる地域においては、これを営んではならない。
一　法第二条第六項第一号、第二号及び第六号に掲げる営業（同号に掲げる営業にあつては、風俗営業等の規制及び業務の適正化等に関する法律施行令（昭和五十九年政令第三百十九号。以下「政令」という。）第五条に規定するものに限る。）　秋田県の区域
二　法第二条第六項第三号及び第五号に掲げる営業　次に掲げる地域以外の地域
ア　秋田市の区域のうち商業地域
イ　温泉地として公安委員会規則で定める地域
三　法第二条第六項第四号に掲げる営業　次の表の上欄に掲げる施設の区分に応じそれぞれ同表の下欄に掲げる地域

施設	地域
一　政令第三条第一項第一号に掲げる施設	鹿角市、大館市、能代市、男鹿市、秋田市、本荘市、大曲市、横手市及び湯沢市の区域（商業地域を除く。）並びに鹿角郡、北秋田郡、山本郡、南秋田郡、河辺郡、由利郡、仙北郡、平鹿郡及び雄勝郡の区域
二　政令第三条第一項第二号に掲げる施設のうち同条第三項第二号に該当する設備を有する個室を設けるもの	鹿角市、大館市、能代市、男鹿市、秋田市、本荘市、大曲市、横手市及び湯沢市の区域（商業地域を除く。）並びに鹿角郡、北秋田郡、山本郡、南秋田郡、河辺郡、由利郡、仙北郡、平鹿郡及び雄勝郡の区域
三　政令第三条第一項第二号に掲げる施設のうち同条第二項各号のいずれかに該当する構造を有する個室を設けるもの（四に掲げるものを除く。）	鹿角市、大館市、能代市、男鹿市、秋田市、本荘市、大曲市、横手市、湯沢市、鹿角郡、北秋田郡（阿仁町のうち一ノ又鉱山、二ノ又鉱山、三枚鉱山、小沢鉱山、鍵ノ滝及び萱草鉱山の区域を除く。）、山本郡、南秋田郡、河辺郡、由利郡、仙北郡、平鹿郡及び雄勝郡の区域
四　政令第三条第一項第二号に掲げる施設のうち、個室に客の使用する自動車の車庫が個々に接続する施設で次のいずれかに該当する構造を有す	

る個室を設けるもの ㈠　個室に接続する客の使用する自動車の車庫の出入口が扉等によつてしや閉できるもの ㈡　客の使用する自動車の車庫の内部から個室に通ずる専用の人の出入口又は階段若しくは昇降機が設けられているもの ㈢　個室と客の使用する自動車の車庫とが専用の通路によつて接続しているものにあつては、当該通路の内部が外部から見えないもの	秋田県の区域

備考　この表（四を除く。）に掲げる行政区画、郡又は町の区域内の字の名称による区域は、平成十六年四月一日においてそれらの名称による区域として定められていた区域とする。

（深夜における店舗型性風俗特殊営業の営業時間の制限）

第十二条　法第二十八条第四項に規定する店舗型性風俗特殊営業は、深夜においては、これを営んではならない。

（店舗型性風俗特殊営業の広告制限地域）

第十三条　法第二十八条第五項第一号ロの条例で定める地域は、第十一条各号に掲げる営業の種別に応じ、当該各号に掲げる地域とする。

（無店舗型性風俗特殊営業の広告制限地域）

第十四条　法第三十一条の三第一項において準用する法第二十八条第五項第一号ロの条例で定める地域は、次の各号に掲げる営業の種別に応じ、当該各号に掲げる地域とする。

一　法第二条第七項第一号に掲げる営業　第十一条第一号に掲げる区域

二　法第二条第七項第二号に掲げる営業　第十一条第二号に掲げる地域

（受付所営業の禁止区域に係る施設）

第十五条　法第三十一条の三第二項の規定により適用する法第二十八条第一項の条例で定める施設は、第十条に規定する施設とする。

（受付所営業の禁止地域）

第十六条　受付所営業は、第十一条第一号に掲げる区域においては、これを営んではならない。

（深夜における受付所営業の営業時間の制限）

第十七条　受付所営業は、深夜においては、これを営んではならない。

（映像送信型性風俗特殊営業の広告制限地域）

第十八条　法第三十一条の八第一項において準用する法第二十八条第五項第一号ロの条例で定める地域は、第十一条第二号に掲げる地域とする。

（店舗型電話異性紹介営業の禁止区域に係る施設）

第十九条　法第三十一条の十三第一項において準用する法第二十八条第一項の条例で定める施設は、第十条に規定する施設とする。

（店舗型電話異性紹介営業の禁止地域）

第二十条　店舗型電話異性紹介営業は、第十一条第一号に掲げる区域においては、これを営んではならない。

（深夜における店舗型電話異性紹介営業の営業時間の制限）

第二十一条　店舗型電話異性紹介営業は、深夜においては、これを営んではならない。

（店舗型電話異性紹介営業の広告制限地域）

第二十二条　法第三十一条の十三第一項において準用する法第二十八条第五項第一号ロの条例で定める地域は、第十一条第一号に掲げる区域とする。

（無店舗型電話異性紹介営業の広告制限地域）

第二十三条　法第三十一条の十八第一項において準用する法第二十八条第五項第一号ロの条例で定める地域は、第十一条第一号に掲げる区域とする。

（特定遊興飲食店営業の許可に係る営業許容地域）

第二十四条　法第三十一条の二十三において準用する法第四条第二項第二号の条例で定める地域は、次のいずれにも該当する地域とする。

一　第五条第三項に規定する地域

二　次の表の上欄に掲げる施設の敷地（これらの用に供するものと決定した土地を含む。以下この号において同じ。）から同表の中欄に掲げる当該施設の敷地の含まれる地域の区分に応じ、それぞれ同表の下欄に掲げる距離内の地域以外の地域

施　設	地　域	距　離
児童福祉施設（公安委員会規則で定める施設に限る。）、老人福祉法（昭和三十八年法律第百三十三号）第五条の三に規定する老人福祉施設（公安委員会規則で定める施設に限る。）、病院及び患者を入院させるための施設を有する診療所	近隣商業地域、商業地域及び準工業地域	四十メートル
	その他の地域	百メートル

（特定遊興飲食店営業の営業時間の制限）

第二十五条　特定遊興飲食店営業者は、秋田県の区域において、午前五時から午前六時までの時間においては、その営業を営んではならない。

（特定遊興飲食店営業の騒音及び振動に係る数値）

第二十六条　法第三十一条の二十三において準用する法第十五条の条例で定める騒音の数値は、第七条第一項の表の上欄に掲げる地域ごとに、それぞれ同表の下欄に定める深夜に係る数値とする。

2　法第三十一条の二十三において準用する法第十五条の条例で定める振動の数値は、五十五デシベルとする。

（特定遊興飲食店営業者の行為の制限）

第二十七条　第八条第一項の規定は、特定遊興飲食店営業者について準用する。

（深夜における酒類提供飲食店営業の禁止地域）

第二十八条　酒類提供飲食店営業は、第一種低層住居専用地域、第二種低層住居専用地域、第一種中高層住居専用地域、第二種中高層住居専用地域、第一種住居地域、第二種住居地域、準住居地域及び田園住居地域においては、深夜において、これを営んではならない。

（風俗環境保全協議会の設置地域）

第二十九条　法第三十八条の四第一項の条例で定める地域は、第五条第三項に規定する地域とする。

附　則〔略〕

○風俗営業等の規制及び業務の適正化等に関する法律施行細則（昭和六〇・二・一二　秋田県公安委員会規則二）

最終改正　平成二九・二・二四　公安委員会規則一

（趣旨）

第一条　風俗営業等の規制及び業務の適正化等に関する法律（昭和二十三年法律第百二十二号。以下「法」という。）の施行については、風俗営業等の規制及び業務の適正化等に関する法律施行令（昭和五十九年政令第三百十九号）、風俗営業等の規制及び業務の適正化等に関する法律施行規則（昭和六十年国家公安委員会規則第一号）及び風俗営業等の規制及び業務の適正化等に関する法律施行条例（昭和五十九年秋田県条例第四十二号。以下「条例」という。）に定めるもののほか、この規則の定めるところによる。

（風俗営業の許可を行う住居地域）

第二条　条例第四条第一項第一号の公安委員会規則で定める地域は、別表第一のとおりとする。

（風俗営業の営業時間を延長する習俗的行事）

第三条　条例第五条第二項第四号の公安委員会規則で定める日及び地域は、別表第二のとおりとする。

（午前一時まで風俗営業を営むことが許容される特別な事情のある地域）

第四条　条例第五条第三項の公安委員会規則で定める地域は、別表第三のとおりとする。

（店舗型性風俗特殊営業を営むことができる温泉地）

第五条　条例第十一条第二号の公安委員会規則で定める地域は、別表第四のとおりとする。

（指定医）

第六条　法第四十一条の二の公安委員会がそのあらかじめ指定する医師は、精神保健及び精神障害者福祉に関する法律（昭和二十五年法律第百二十三号）

第十八条第一項に規定する精神保健指定医とする。

（特定遊興飲食店営業に係る保全対象施設）

第七条　条例第二十四条第二項の公安委員会規則で定める施設は、別表第五のとおりとする。

附　則〔略〕

別表第一（第二条関係）

市町村名	大字	小字又は町
鹿角市	花輪	下中島のうち一番地二、七番地二、八番地一、八番地二、九番地から十番地二十四まで、十二番地二、十二番地四、十二番地五、十三番地二、三十一番地一から三十四番地二十一まで及び三十六番地から三十八番地まで 堰向のうち一番地一から一番地五十二まで及び三番地一から三番地三まで 八正寺のうち十九番地一、十九番地三、十九番地四、十九番地六から十九番地十四まで、十九番地十六から十九番地二十二まで、十九番地二十四から十九番地二十六まで、十九番地三十一から十九番地四十四まで、二十一番地一から二十一番地九まで、二十二番地一、二十二番地八、二十二番地十四から二十二番地十九まで、二十九番地及び三十七番地
	十和田毛馬内	城ノ下のうち七十四番地三、七十四番地五、七十四番地八、七十四番地三十七、七十四番地三十八、七十四番地四十二、八十三番地一から八十三番地三まで及び八十四番地
	十和田大湯	荒瀬のうち六番地三、八番地から九番地七まで、十番地一、十番地六、十番地七、十一番地二、十一番地九、十二番地一、十二番地八、十二番地十二、十二番地十三、十三番地三、二十番地二、二十番地三、二十番地六、二十一番地一、二十一番地二、二十二番地、二十二番地一、二十三番地から二十七番地一まで、二十七番地三、二十七番地五、二十八番地一、二十八番地二、二十九番地三及び五十六番地から五十八番地まで
大館市		三の丸のうち十三番地十七、十三番地十八、二十五番地、二十五番地一及び二十六番地 古川町のうち三十一番地六、三十二番地四、三十四番地一、三十四番地三、三十五番地から三十六番地二まで、三十七番地三、三十八番地一、三十八番地二、三十八番地四、三十八番地五、三十八番地九、三十八番地十、三

十八番地十二から三十八番地十四まで、三十八番地十九、三十八番地二十三、三十八番地二十九から三十八番地三十二まで、四十五番地六、四十五番地十四及び四十五番地十五
鉄砲場二十三番地
中城五番地八

昭和町　大久保

堤の上のうち三十番地二、三十番地五、三十番地六、三十九番地一、四十番地一、四十番地四、四十番地五、四十番地十から四十番地十三まで、四十二番地一から四十二番地五まで、四十四番地一、四十四番地二、四十五番地一、四十五番地五から四十五番地九まで、四十五番地十三から四十五番地十五まで、四十六番地一、四十六番地三、四十八番地一から四十八番地六まで、五十一番地一から五十一番地三まで、五十二番地二、五十二番地三、九十一番地二十二から九十一番地四十五まで、九十一番地百一から九十一番地百十五まで、九十一番地百二十三、九十一番地百五十、百一番地、百三番地一、百十番地及び百二十五番地から百三十番地まで
宮の前のうち百八番地一から百八番地四まで、百八番地六から百八番地八まで、百十番地三、百十番地六から百十番地八まで、百十五番地一、百十五番地四十九、百十五番地五十、百二十二番地二、百二十二番地四から百二十二番地八まで、百二十八番地一、百二十八番地二及び百二十八番地四
小橋のうち一番地一から一番地四まで、二番地一から二番地八まで、二番地十三、二番地十四、二番地十六、二番地十八、二番地二十から二番地二十二まで、三番地一及び三番地三
飯島道東二丁目のうち三十六番地一、三十七番地一、三十七番地四から三十七番地七まで、三十九番地から四十番地三まで、四十一番地二、四十一番地四、六十七番地一、六十七番地五から六十七番地七まで、七十番地、七十一番地一、七十二番地、七十四番地、八十番地三、八十二番地三、八十二番地六から八十二番地八まで、八十三番地、八十四番地一、百四十六番地二十三、百九十七番地一、百九十八番地一、百九十九番地一から百九十九番地五まで、二百番地、二百番地二、二百番地四、二百番地五、二百番地九、二百番地十、二百番地十九から二百番地二十四まで、二百番地二十六、二百番地二十八、二百番地二十九、二百番地三十二から二百番地四十八まで、二百番地五十一から二百番地五十三まで、二百番地五十六、二百番地六十から二百番地六十三まで、二百一番地二、二百一番地五、二百一番地九、二百一番地十四、二百一番地十七から二百一番地二十三まで及び二百一番地二十八から二百一番地三十一まで
飯島道東三丁目のうち一番地一から三番地六まで、四番地、四番地三、五番地一、五番地三、十三番地七、十四番地四から十五番地九まで、二十一番地三、二十一番地四、二十二番地一から三十二番地二まで、四十二番地一から四十八番地十まで、五十番地三、五十番地四、五十七番地二から六十番地まで、六十番地六、六十一番地、百八十六番地一、百八十七番地一、百八十八番地、百八十八番地二から百九十二番地二まで、二百番地、二百七番地一から二百七番地六まで、二百七番地八、二百七番地十から二百七番地十四まで、二百七番地二十一、二百七番地二十二、二百七番地二十六、二百七番地二十七、二百七番地二十九、二百十一番地、二百十二番地二、二百十二番地四、二百十三番地一から二百十五番地まで及び二百十六番地

秋　田　市

山王五丁目のうち一番地から百三十二番地二まで及び百四十四番地から二百四十五番地まで
川元開和町のうち一番地から五十四番地まで
川元山下町のうち十番地一から四十九番地まで、五十八番地から八十三番地まで及び八十九番地から九十九番地まで

牛島東四丁目のうち百十三番地一から百二十三番地まで及び三百六十番地から三百七十一番地二まで
牛島東五丁目のうち百一番地一から百二番地二まで、百十六番地一から百十六番地三まで、百五十九番地及び百六十一番地一から百六十七番地十四まで

	牛島東六丁目のうち百三十番地から百三十二番地二まで、百六十三番地一から百六十六番地三まで、二百三番地二から二百九番地一まで及び二百十九番地一から二百二十六番地八まで
広面	蓮沼のうち二十一番地一から二十三番地四まで及び八十八番地一から九十番地四まで 釣瓶町のうち百三十九番地一から百四十二番地四まで 堤敷のうち五十番地一から五十五番地三まで 近藤堰越のうち十九番地一から二十一番地四まで及び八十六番地一から八十八番地二まで 土手下のうち二番地一から二番地五まで、十八番地一から十八番地二十七まで、二十三番地、二十四番地、四十番地一から四十五番地三まで、五十八番地から九十六番地まで、九十九番地から百四番地一まで及び百八番地一から百十五番地まで 近藤堰添のうち百八番地及び百十二番地八から百十二番地十七まで
	手形田中のうち百六十八番地一から百六十八番地十五まで、百七十三番地一から百八十番地七まで、三百二十九番地一から三百三十番地五まで、三百三十番地八、三百三十番地九、三百三十番地十六、三百三十番地十七、三百三十一番地一から三百三十二番地三まで、三百五十八番地一、三百五十八番地三、三百五十九番地一、三百五十九番地二、三百六十番地一から三百六十六番地六まで及び三百六十八番地から三百七十番地十五まで 手形からみでんのうち百十番地、百十二番地一から百十二番地三まで、百二十一番地から百二十八番地三まで、百六十一番地一から百六十二番地十七まで、百六十九番地三、百七十番地一から百七十三番地一まで、百七十三番地十一から百七十三番地十三まで、二百十九番地二、二百十九番地三、二百二十一番地二、二百二十一番地三、二百二十一番地五、二百二十一番地六、二百二十一番地九、二百二十四番地一から二百二十四番地十四まで及び二百二十七番地 旭川南町のうち二番地一から二番地四まで、八番地三から八番地十七まで、二十三番地一から二十四番地五まで、二十八番地二、三十番地十四、三十七番地二、三十七番地三、三十七番地六から三十七番地八まで、三十七番地十四から三十七地十六まで、四十二番地三、四十三番地、五十一番地一、五十一番地二、四十二番地一、四十二番地三十から五十一番地三十二まで、五十四番地五、五十八番地一、八十四番地から九十一番地まで、百八番地三から百八番地十八まで、百十三番地二から百十三番地六まで、百二十九番地十八から百二十九番地二十まで、百二十九番地二十二から百二十九番地二十四まで、百二十九番地三十、百二十九番地四十五、百二十九番地四十六、百二十九番地五十五、百二十九番地六十二、百三十番地三、百三十五番地二、百三十五番地五十七、百三十四番地十二まで、百四十九番地十七、百四十九番地十八、百四十九番地二十、百四十九番地二十七、百四十九番地三十、百四十九番地三十二、百四十九番地三十七及び百四十九番地四十
新藤田	大所のうち三十八番地五、三十八番地十四から三十八番地二十三まで、四十四番地三、四十四番地四、四十七番地五、四十九番地三、四十九番地十六、四十九番地四十九、五十番地五及び五十一番地二
手形	扇田のうち一番地五から一番地七まで、一番地十から一番地十二まで一番地十五から一番地十七まで、一番地二十から一番地二十二まで、一番地二十五、一番地二十八から一番地三十二まで、一番地三十五から一番地三十七まで、一番地四十二、十七番地一、十七番地五から十七番地八まで、十八番地五から十八番地七まで、十八番地十三、十八番地二十七、二十三番地二、二十三番地三、二十四番地三から二十四番地七まで、四十二番地一、四十二番地三、四十二番地五から四十二番地八まで、四十二番地十、四十二番地十一、四十二番地十三から四十二番地十七まで、四十四番地一から四十四番地四まで、四十五番地一、四十五番地二、四十六番地、四十七番地一、四十七番地二、四十八番地二、五十二番地二から五十二番地四まで、五十三番地、五十四番地及び五十五番

	地一から五十五番地十まで 山崎のうち三十九番地一、三十九番地二、四十三番地一から四十三番地四まで、五十一番地一から五十三番地八まで、六十四番地一から六十六番地三まで、七十七番地一から八十番地十一まで、八十四番地一から九十番地三まで及び百四十八番地一から百六十三番地三まで 西谷地のうち百六十二番地から百八十九番地まで及び四百二十四番地から五百三十一番地まで
	東通仲町のうち十七番地から三十一番地まで、五十五番地一から六十二番地まで、七十四番地から八十番地まで、九十番地から九十五番地まで、百番地から百二十番地まで及び二百八十九番地から三百八番地まで
大曲市	佐野町のうち百七十一番地、百七十二番地、百七十二番地二、百七十四番地、百七十五番地、百七十五番地二、百七十七番地から百八十一番地まで、百八十三番地から百九十七番地まで及び二百三十五番地から二百六十一番地二まで 朝日町のうち六百三十五番地から六百七十一番地まで、七百十一番地から七百二十二番地まで及び七百二十八番地から七百三十一番地まで
角館町　岩瀬	西菅沢 中菅沢 水ノ目沢のうち四十二番地、四十三番地一、四十三番地二、四十三番地四から四十三番地七まで、四十三番地十三から四十三番地十七まで、四十五番地一から四十六番地四まで及び五十六番地一

備考　この地域は、平成八年六月二十五日現在における不動産登記法（平成十六年法律第百二十三号）第三十五条に規定する地番区域及び地番をいうものとする。

別表第二（第三条関係）

日	地域
横手かまくらまつりの初日の翌日から最終日の翌日まで	横手市の地域
七月二十一日及び同月二十二日	秋田市の地域
能代七夕・ねぶながしの初日の翌日から最終日の翌日まで	能代市の地域
秋田竿灯まつりの初日の翌日から最終日の翌日まで	秋田市の地域
八月六日から同月八日まで	湯沢市の地域
八月二十日及び同月二十一日	鹿角市の地域
全国花火競技会のある日の翌日	大仙市の地域
九月八日から同月十日まで	仙北市の地域

別表第三（第四条関係）

地域
秋田市
中通一丁目から六丁目まで 中通七丁目のうち一番、三番及び五番から十番まで
楢山字長沼のうち二十四番二、二十七番三及び二百十四番二
大町一丁目のうち一番から五百二十四番まで 大町二丁目のうち一番から五百二十二番まで、五百二十九番及び五百三十二番 大町三丁目のうち一番から三百二十一番まで 大町四丁目のうち一番から三百二十八番まで 大町五丁目のうち一番から二百三十四番まで及び二百七十一番から二百七十七番まで 大町六丁目のうち一番から二百二十番まで、二百五十一番から二百六十番まで、三百八十五番一、三百八十五番二、三百八十六番から三百九十一番まで及び四百九十五番
南通亀の町のうち一番から百十二番まで、百五十九番及び百六十番
旭北栄町のうち三十四番、百三十二番、百三十五番一、百三十五番

	四、百三十六番三から百三十六番五まで、百三十九番三、百三十九番八、百四十番一、百四十番三、百四十番四、百四十一番から五百二番まで、五百四番二及び五百二十一番から五百三十一番まで
	旭北寺町のうち三十九番、四十番、百九十三番から百九十五番まで及び百九十七番
	山王一丁目のうち六番、七番二、八番から二十一番まで、二十三番、二十四番、百三十三番から百三十五番まで、百三十七番、百三十八番一、百三十八番二、百四十番、百四十二番から百四十四番三まで、百四十六番及び百四十八番 山王二丁目のうち六十八番から二百二十番まで

備考　この地域は、平成十一年一月二十日現在における不動産登記法第三十五条に規定する地番区域及び地番をいうものとする。

別表第四（第五条関係）

地　域
鹿角市八幡平のうち、字湯瀬及び字湯瀬湯端
鹿角市十和田大湯のうち、字湯の岱、字上の湯、字中田、字川原の湯及び字下の湯
大館市十二所のうち、字町頭、字川代、字上川代、字桑原及び字後田並びに大館市軽井沢字五輪岱
山本郡三種町森岳字木戸沢
男鹿市北浦湯本のうち、字草木原、字森下、字中里、字福の沢及び字水上川

別表第五（第七条関係）

児童福祉施設	助産施設、乳児院、母子生活支援施設、児童養護施設、障害児入所施設、児童心理治療施設、児童自立支援施設
老人福祉施設	老人デイサービスセンター（深夜にサービスを提供しているものに限る。）、老人短期入所施設、養護老人ホーム、特別養護老人ホーム、軽費老人ホーム

○秋田県性風俗関連特殊営業の青少年による利用の防止に関する条例（平成一三・一二・二一 秋田県条例七三）

改正　平成二八・三・八　条例三

（目的）

第一条　この条例は、テレホンクラブ等営業その他の性風俗関連特殊営業に係る役務の青少年による利用を助長し、又は誘発する行為を規制することにより、青少年の健全な育成に障害を及ぼす行為を防止することを目的とする。

（定義）

第二条　この条例において、次の各号に掲げる用語の意義は、当該各号に定めるところによる。

一　テレホンクラブ等営業　風俗営業等の規制及び業務の適正化等に関する法律（昭和二十三年法律第百二十二号。以下「法」という。）第二条第九項に規定する店舗型電話異性紹介営業及び同条第十項に規定する無店舗型電話異性紹介営業をいう。

二　青少年　六歳以上十八歳未満の者をいう。

三　性風俗関連特殊営業　法第二条第六項に規定する店舗型性風俗特殊営業、同条第七項に規定する無店舗型性風俗特殊営業、同条第八項に規定する映像送信型性風俗特殊営業及びテレホンクラブ等営業をいう。

四　性風俗関連特殊営業所の名称等　性風俗関連特殊営業に係る営業所の名称若しくは所在地若しくは当該営業を示すものとして使用する呼称又は当該営業に係る電話番号又はこれらの情報を入手することができる情報をいう。

五　広告物　常時又は一定の期間継続して公衆に表示されるものであって、看板、立看板、はり紙及びはり札並びに広告塔、広告板、建物その他の工作物等に掲出され、又は表示されたもの並びにこれらに類するものをいう。

六　利用情報　テレホンクラブ等営業に係る役務を利用するために必要な識別番号、暗証番号その他の情報をいう。
七　利用カード　利用情報を記録した文書その他の物品をいう。
八　利用カード等販売所　利用カードの販売、頒布、贈与、交換若しくは貸付け又は画像若しくは音声その他の方法による利用情報の教示（以下「利用カード等の販売教示」という。）をする場所（自動販売機その他の設備（以下「自動販売機等」という。）により利用カード等の販売教示をする場合にあっては、その設置する場所）をいう。

（青少年への指示又は勧誘の禁止）
第三条　何人も、青少年に対し、性風俗関連特殊営業に係る役務を利用するよう指示し、又は勧誘してはならない。

（広告及び宣伝の規制）
第四条　何人も、法第二十八条第五項第一号（法第三十一条の三第一項、法第三十一条の八第一項、法第三十一条の十三第一項及び法第三十一条の十八第一項において準用する場合を含む。）に規定する広告制限区域等において、性風俗関連特殊営業所の名称等又は利用カード等販売所に係る広告物を表示してはならない。ただし、性風俗関連特殊営業のうち、法第二条第六項に規定する店舗型性風俗特殊営業及び同条第九項に規定する店舗型電話異性紹介営業に係る営業所の外周又は内部に表示する広告物については、この限りでない。
2　何人も、性風俗関連特殊営業所の名称等又は利用カード等販売所に係るビラ等（ビラ、パンフレット又はこれらに類する広告若しくは宣伝の用に供される文書図画をいう。以下同じ。）を青少年に頒布してはならない。
3　何人も、性風俗関連特殊営業所の名称等又は利用カード等販売所に係るビラ等を直接人に交付する方法以外の方法で頒布してはならない。ただし、青少年の手に渡らないことが明らかである場合は、この限りでない。
4　何人も、道路、公園、駅、劇場、百貨店その他の不特定又は多数の者の用に供される場所において、性風俗関連特殊営業所の名称等又は利用カード等販売所を示す音声又は映像を用いて広告又は宣伝をしてはならない。

（利用カード等の販売教示の規制）
第五条　何人も、青少年に利用カード等の販売教示をしてはならない。
2　何人も、自動販売機等により利用カード等の販売教示をしてはならない。ただし、次に掲げる場所においては、この限りでない。
一　法第二条第一項に規定する風俗営業（同項第五号に規定する営業を除く。）に係る営業所
二　法第二条第六項に規定する店舗型性風俗特殊営業に係る営業所
三　法第二条第九項に規定する店舗型電話異性紹介営業に係る営業所

（利用カード等の販売教示の届出）
第六条　利用カード等の販売教示を業として行おうとする者は、その開始の日の十日前までに、利用カード等販売所ごとに、公安委員会規則で定めるところにより、次に掲げる事項を公安委員会に届け出なければならない。
一　氏名及び住所（法人にあっては、その名称、代表者の氏名及び主たる事務所の所在地）
二　利用カード等販売所の名称及び所在地
三　利用カード等の販売教示の形態
四　利用カード等の販売教示に係る利用カード又は利用情報により利用することができるテレホンクラブ等営業に係る営業所の名称及び所在地（法第二条第十項に規定する無店舗型電話異性紹介営業にあっては、当該営業を示すものとして使用する呼称）
五　前各号に掲げるもののほか、公安委員会規則で定める事項
2　前項の規定による届出をした者は、当該利用カード等の販売教示を廃止したとき、又は同項各号に掲げる事項（同項第二号に掲げる事項にあっては、利用カード等販売所の名称に限る。）に変更があったときは、その廃止した日又はその変更があった日から起算して十日以内に、公安委員会規則で定めるところにより、廃止又は変更に係る事項を公安委員会に届け出なければならない。

（利用カード等販売教示業者の禁止行為）
第七条　利用カード等の販売教示を業として行う者（以下「利用カード等販売教示業者」という。）は、青少年を利用カード等の販売教示に係る業務に従事させてはならない。
2　利用カード等販売教示業者は、自動販売機等により利用カード等の販売教示をするときは、次に掲げる措置を講じなければならない。

一　自動販売機等の見やすい箇所に、青少年が当該自動販売機等を利用することができない旨を表示すること。

二　監視人の配置その他の青少年に自動販売機等を利用させないための措置を講ずること。

（中止命令）

第八条　警察官は、第四条の規定に違反する行為が現に行われているときは、当該行為を行っている者に対し、当該行為を中止することを命ずることができる。

（違反広告物の除却等）

第九条　公安委員会は、第四条第一項の規定に違反して広告物を表示し、又は同条第二項の規定に違反してビラ等を頒布した者に対し、当該広告物又はビラ等の除却その他必要な措置を命ずることができる。

2　公安委員会は、前項の規定に基づく措置を命じようとする場合において、当該広告物を表示し、又は当該ビラ等を頒布した者を過失がなくて確知することができないときは、これらの措置を警察職員又は公安委員会が委任した者（以下「警察職員等」という。）に行わせることができる。

3　前二項の規定にかかわらず、公安委員会は、第四条第一項の規定に違反した広告物がはり紙、はり札（ベニヤ板、プラスチック板その他これらに類するものに紙をはり、容易に取り外すことができる状態で工作物等に取り付けられているものに限る。以下この項において同じ。）又は立看板（木枠に紙張り若しくは布張りをし、又はベニヤ板、プラスチック板その他これらに類するものに紙をはり、容易に取り外すことができる状態で立てられ、又は工作物等に立て掛けられているものに限る。以下この項において同じ。）であるときは、その違反に係るはり紙、はり札又は立看板を警察職員等に除却させることができる。

4　第一項及び第二項の規定にかかわらず、公安委員会は、第四条第二項及び第三項の規定に違反して頒布されたビラ等が、道路、公園、駅、劇場、百貨店その他の不特定又は多数の者の用に供される場所に配置されたものであるときは、当該違反に係るビラ等を警察職員等に除却させることができる。

（利用カード等販売教示業者に対する指示）

第十条　公安委員会は、利用カード等販売教示業者又はその代理人、使用人その他の従業者（以下「代理人等」という。）が、当該営業に関し、第四条、第五条第一項、第六条第二項及び第七条第二項の規定に違反したときは、当該利用カード等販売教示業者に対し、青少年の健全な育成に障害を及ぼす行為を防止するため必要な指示をすることができる。

（利用カード等販売教示業者の営業の停止）

第十一条　公安委員会は、利用カード等販売教示業者又はその代理人等が、当該営業に関し、次の各号のいずれかに該当するときは、当該利用カード等販売教示業者に対し、六月を超えない範囲内で期間を定めて当該営業の全部又は一部の停止を命ずることができる。

一　第十四条第二項から第四項までに規定する罪（同条第三項第二号の罪を除く。）に当たる違法な行為をしたとき。

二　前条の規定による指示に従わなかったとき。

（報告及び立入検査）

第十二条　公安委員会は、この条例の施行に必要な限度において、利用カード等販売教示業者に対し、当該業務に関し報告若しくは資料の提出を求め、又は公安委員会が指定した警察職員に利用カード等販売所に立ち入り、帳簿、書類その他の物件を検査させ、若しくは関係者に質問させることができる。

2　前項の規定による立入検査をする警察職員は、その身分を示す証明書を携帯し、関係者に提示しなければならない。

3　第一項の規定による立入検査の権限は、犯罪捜査のために認められたものと解釈してはならない。

（公安委員会規則への委任）

第十三条　この条例の施行に関し必要な事項は、公安委員会規則で定める。

（罰則）

第十四条　第十一条の規定による公安委員会の命令に違反した者は、一年以下の懲役又は五十万円以下の罰金に処する。

2　次の各号のいずれかに該当する者は、六月以下の懲役又は三十万円以下の罰金に処する。

一　第七条第一項の規定に違反した者

二　第八条の規定による警察官の中止命令に違反した者

三　第九条第一項の規定による公安委員会の命令に違反した者

3　次の各号のいずれかに該当する者は、二十万円以下の罰金に処する。
一　第五条第一項の規定に違反した者
二　第五条第二項の規定に違反した者
三　第六条第一項の規定に違反して届出をせず、又は虚偽の届出をした者
4　次の各号のいずれかに該当する者は、十万円以下の罰金に処する。
一　第六条第二項の規定に違反して届出をせず、又は虚偽の届出をした者
二　第十二条第一項の規定に違反して報告をせず、若しくは資料を提出せず、若しくは同項の報告若しくは資料の提出について虚偽の報告をし、若しくは虚偽の資料を提出し、又は同項の規定による検査を拒み、妨げ、若しくは忌避し、若しくは同項の規定による質問に対して答弁をせず、若しくは虚偽の答弁をした者
5　第七条第一項の規定に違反した者は、当該青少年の年齢を知らないことを理由として第二項の規定による処罰を免れることができない。ただし、過失がないときは、この限りでない。
第十五条　法人の代表者又は法人若しくは人の代理人、使用人その他の従業者が、その法人又は人の業務に関して前条の違反行為をしたときは、行為者を罰するほか、その法人又は人に対しても同条の罰金刑を科する。
第十六条　この条例の罰則は、青少年に対しては適用しない。

附　則（略）

○秋田県性風俗関連特殊営業の青少年による利用の防止に関する条例施行規則

（平成一四・二・一九　秋田県公安委員会規則二）

改正　平成二四・七・六　公安委員会規則七

（趣旨）

第一条　この規則は、秋田県性風俗関連特殊営業の青少年による利用の防止に関する条例（平成十三年秋田県条例第七十三号。以下「条例」という。）の施行に関し必要な事項を定めるものとする。

（利用カード等の販売教示の開始の届出）

第二条　条例第六条第一項の規定による利用カード等の販売教示の開始の届出は、利用カード等販売教示開始届出書（様式第一号）によらなければならない。
2　条例第六条第一項第五号の公安委員会規則で定める事項は、次に掲げる事項とする。
一　利用カード等の販売教示を業として行おうとする者（以下この条において「届出者」という。）の電話番号
二　利用カード等を販売教示する場所（以下「販売所」という。）の電話番号
三　利用カード等の販売教示の方法
四　自動販売機等により利用カード等を販売教示する場合にあっては、当該自動販売機等の型式、製造番号及び青少年利用防止措置
五　販売所における業務の実施を統括管理する者の氏名、住所及び電話番号
六　届出者が法人である場合にあっては、その代表者の住所及び電話番号
3　第一項の届出書には、次に掲げる書類を添付しなければならない。
一　届出者が個人である場合にあっては、その住民票の写し（本籍、国籍等が記載されているものに限る。）
二　届出者が法人である場合にあっては、その定款及び登記簿の謄本並びに

その代表者に係る前号に掲げる書類

三　販売所における業務の実施を統括管理する者に係る第一号に掲げる書類

四　販売所の平面図及び販売所付近の見取図

（利用カード等の販売教示の廃止の届出）

第三条　条例第六条第二項の規定による利用カード等の販売教示の廃止の届出は、利用カード等販売教示廃止届出書（様式第二号）によらなければならない。

（利用カード等の販売教示の変更の届出）

第四条　条例第六条第二項の規定による届出事項の変更の届出は、利用カード等販売教示届出事項変更届出書（様式第三号）によらなければならない。

２　前項の届出書には、第二条第三項各号に掲げる書類のうち当該変更事項に係る書類を添付しなければならない。

（届出書の提出）

第五条　条例及びこの規則の規定により公安委員会に提出する届出書は正副二通とし、販売所の所在地を管轄する警察署長を経由して提出しなければならない。ただし、二以上の販売所に係る届出書を同時に提出する場合は、これらの販売所のいずれかの所在地を管轄する警察署長を経由して提出すれば足りる。

２　前項ただし書きの規定により届出書を提出する場合は、これらの届出書に添付しなければならないこととされる書類のうち同じ内容のものについては、一部をこれらの届出書のいずれかに添付すれば足りる。

（立入検査員証）

第六条　条例第十二条第二項の証明書は、立入検査員証（様式第四号）によるものとする。

附則・様式　〔略〕

山形県

○風俗営業等の規制及び業務の適正化等に関する法律施行条例

（昭和五九・一二・二二　山形県条例三八）

最終改正　平成三〇・三・二〇　条例四四

（趣旨）

第一条　この条例は、風俗営業等の規制及び業務の適正化等に関する法律（昭和二十三年法律第百二十二号。以下「法」という。）の規定に基づき、風俗営業の許可をしてはならない地域その他法の施行に関し必要な事項を定めるものとする。

（用語の定義）

第二条　この条例において、次の各号に掲げる用語の意義は、当該各号に定めるところによる。

一　営業用家屋等　風俗営業の用に供する家屋又は施設（これらの敷地を含む。）をいう。

二　住居集合地域　都市計画法（昭和四十三年法律第百号）第八条第一項第一号に掲げる第一種低層住居専用地域、第二種低層住居専用地域、第一種中高層住居専用地域、第二種中高層住居専用地域、第一種住居地域及び田園住居地域並びに同号に掲げる第二種住居地域及び準住居地域（第四条第一項第一号において「準住居集合地域」という。）をいう。

三　商業集合地域　都市計画法第八条第一項第一号に掲げる商業地域（別表第三及び別表第三の二において「商業地域」という。）及び近隣商業地域をいう。

四　工業集合地域　都市計画法第八条第一項第一号に掲げる準工業地域、工業地域及び工業専用地域又は同項第二号に掲げる特別用途地区（地場産業としての繊維工業その他の工業の利便の増進を図ることを目的とするものに限る。第十条の十一、第十一条及び別表第二において「特別工業地区」という。）をいう。

五　移動風俗営業　列車等常態として移動するものにおいて営む風俗営業をいう。
六　臨時風俗営業　三月以内の期間を限つて営む風俗営業をいう。
七　深夜　午前零時から午前六時までの時間をいう。

第三条　削除

（風俗営業の許可に係る営業制限地域）

第四条　法第四条第二項第二号に規定する条例で定める地域は、次に掲げるとおりとする。
一　住居集合地域（道路法（昭和二十七年法律第百八十号）第三条第二号に規定する一般国道の用地に接する営業用家屋等において営む法第二条第一項第四号の営業（まあじやん屋を除く。）にあつては、準住居集合地域のうち当該一般国道の用地から五十メートル以内の地域を除く。）
二　前号に掲げる地域のほか、学校教育法（昭和二十二年法律第二十六号）第一条に規定する学校、医療法（昭和二十三年法律第二百五号）第一条の五に規定する病院若しくは診療所（患者を入院させるための施設を有するものに限る。第十条の九第二号において同じ。）又は児童福祉法（昭和二十二年法律第百六十四号）第七条第一項に規定する児童福祉施設（同法第四十条に規定する児童遊園を除く。）の敷地（当該施設の用に供するものと決定した土地を含む。）から当該敷地に係る地域及び営業の種類の区分並びに施設の区分に応じ、それぞれ別表第一に定める距離以内の地域

2　次に掲げる風俗営業については、前項の規定は適用しない。
一　移動風俗営業
二　臨時風俗営業
三　良好な風俗環境を保全する上で支障がないものとして、公安委員会規則で定める風俗営業であつて、公安委員会規則で定める地域内にあるもの

（午前零時以後において風俗営業を営むことができる時）

第四条の二　法第十三条第一項ただし書の当該条例で定める時は、午前一時とする。

（習俗的行事その他の特別な事情のある日等）

第五条　法第十三条第一項第一号の習俗的行事その他の特別な事情のある日として当該条例で定める日は次の各号に掲げる日とし、同号の当該事情のある地域として当該条例で定める地域はそれぞれ当該各号に定める地域とする。
一　一月一日から同月四日までの日　県内全域
二　八月十四日から同月十七日までの日　県内全域
三　十二月二十五日から同月三十一日までの日　県内全域
四　前三号に掲げるもののほか、公安委員会規則で定める日　公安委員会規則で定める地域及びその他の地域であつて次条各号に掲げる地域

（午前零時以後において風俗営業を営むことが許容される特別な事情のある地域）

第五条の二　法第二条第一項第四号の営業（まあじやん屋を除く。）以外の風俗営業につき法第十三条第一項第二号の午前零時以後において風俗営業を営むことが許容される特別な事情のある地域として当該条例で定める地域は、次の各号に掲げる地域とする。
一　山形市香澄町一丁目、香澄町二丁目、香澄町三丁目一番から六番まで、幸町一番から六番まで、十日町一丁目、十日町四丁目一番及び二番並びに本町一丁目三番の地域
二　その他公安委員会規則で定める地域

（風俗営業の営業時間の制限）

第六条　法第二条第一項第四号の営業（まあじやん屋を除く。）を営む風俗営業者は、県内全域において、午前六時後午前九時前の時間及び午後十一時から翌日の午前零時前（当該翌日が第五条各号に掲げる特別な事情のある日である場合にあつては、第四条の二に定める時まで）の時間においては、その営業を営んではならない。

（風俗営業に係る騒音及び振動の規制）

第七条　法第十五条に規定する条例で定める騒音に係る数値は、地域の区分及び時間の区分に応じ、それぞれ別表第二に定めるとおりとし、振動に係る数値は、五十五デシベルとする。

（風俗営業者の守るべき事項）

第八条　風俗営業者は、次に掲げる事項（旅館業法（昭和二十三年法律第百三十八号）第三条第一項の許可を受けて旅館業を営んでいる者にあつては、第三号に掲げる事項を除く。）を守らなければならない。
一　営業所で卑わいな行為その他善良の風俗を害する行為をし、又は客にこ

れらの行為をさせないこと。

二　営業用家屋等において店舗型性風俗特殊営業を営まないこと。

三　営業用家屋等で客を就寝又は宿泊させないこと。

四　客の求めない飲食物を提供しないこと。

五　営業中は、客室の出入口に施錠しないこと。

2　法第二条第一項第四号の営業を営む風俗営業者は、前項に掲げる事項のほか、次の各号に掲げる事項（まあじやん屋にあつては、第三号及び第四号に掲げる事項を除く。）を守らなければならない。

一　営業所で賭博類似行為その他著しく射幸心をそそるおそれのある行為をし、又は客にこれらの行為をさせないこと。

二　著しく射幸心をそそるおそれのある方法で営業しないこと。

三　営業所で客に飲酒をさせないこと。

四　客に提供した賞品を買い取らせないこと。

3　法第二条第一項第五号の営業を営む風俗営業者は、第一項に掲げる事項のほか、前項第一号及び第二号に掲げる事項を守らなければならない。

（ゲームセンター等への年少者の立入制限）

第九条　法第二条第一項第五号の営業を営む風俗営業者は、午後七時から午後十時前の時間において十六歳未満の者を営業所に客として立ち入らせるときは、保護者の同伴を求めなければならない。

（店舗型性風俗特殊営業の禁止区域等）

第十条　法第二十八条第一項に規定する条例で定める施設は、次のとおりとする。

一　医療法第一条の五に規定する病院及び診療所

二　都市公園法施行令（昭和三十一年政令第二百九十号）第二条第一項第一号に規定する都市公園

三　社会教育法（昭和二十四年法律第二百七号）第二十条に規定する公民館

四　博物館法（昭和二十六年法律第二百八十五号）第二条第一項に規定する博物館

2　次の各号に掲げる店舗型性風俗特殊営業は、当該各号に掲げる地域においては、これを営んではならない。

一　法第二条第六項第一号及び第二号並びに風俗営業等の規制及び業務の適正化等に関する法律施行令（昭和五十九年政令第三百十九号。以下「政令」という。）第五条の営業並びに法第二条第六項第四号の営業のうち政令第三条第一項第二号に定める施設で個室に自動車の車庫が個々に接続するものであつて、次のイからハまでのいずれかの構造を有するものを客の宿泊（休憩を含む。）に利用させる営業　県内全域

イ　個室に接続する車庫（二以上の側壁（カーテン、ついたて等を含む。）及び屋根を有するものに限る。以下同じ。）の出入口が扉等によつて遮へいできるもの

ロ　車庫の内部から個室に通ずる専用の人の出入口又は階段若しくは昇降機が設けられているもの

ハ　個室と車庫が専用の通路によつて接続しているものにあつては、当該通路の内部が外部から見えないもの

二　法第二条第六項第三号及び第五号の営業　県内全域（別表第三に掲げる地域を除く。）

三　法第二条第六項第四号の営業（第一号に掲げるものを除く。）　県内全域（別表第三の二に掲げる地域を除く。）

3　店舗型性風俗特殊営業（法第二条第六項第四号の営業を除く。）は、県内全域において、深夜においては、これを営んではならない。

（店舗型性風俗特殊営業の広告又は宣伝を制限する地域）

第十条の二　法第二十八条第五項第一号ロに規定する条例で定める地域は、次の各号に掲げる営業の種類に応じ、それぞれ当該各号に掲げる地域とする。

一　前条第二項第一号の営業　県内全域

二　前条第二項第二号の営業　県内全域（別表第三に掲げる地域を除く。）

三　前条第二項第三号の営業　住居集合地域

（無店舗型性風俗特殊営業の広告又は宣伝を制限する地域）

第十条の三　法第三十一条の三第一項において準用する法第二十八条第五項第一号ロに規定する条例で定める地域は、次の各号に掲げる営業の種類に応じ、それぞれ当該各号に掲げる地域とする。

一　法第二条第七項第一号の営業　県内全域

二　法第二条第七項第二号の営業　県内全域（別表第三に掲げる地域を除く。）

（受付所営業の禁止区域等）

第十条の四　法第三十一条の三第二項の規定により適用する法第二十八条第一項に規定する条例で定める施設は、第十条第一項各号に掲げる施設とする。

2　受付所営業（法第三十一条の二第四項に規定する受付所営業をいう。以下同じ。）は、県内全域において、これを営んではならない。

3　受付所営業は、県内全域において、深夜においては、これを営んではならない。

（映像送信型性風俗特殊営業の広告又は宣伝を制限する地域）

第十条の五　法第三十一条の八第一項において準用する法第二十八条第五項第一号ロに規定する条例で定める地域は、県内全域（別表第三に掲げる地域を除く。）とする。

（店舗型電話異性紹介営業の禁止区域等）

第十条の六　法第三十一条の十三第一項において準用する法第二十八条第一項に規定する条例で定める施設は、第十条第一項各号に掲げる施設とする。

2　店舗型電話異性紹介営業は、県内全域において、これを営んではならない。

3　店舗型電話異性紹介営業は、県内全域において、深夜においては、これを営んではならない。

（店舗型電話異性紹介営業の広告又は宣伝を制限する地域）

第十条の七　法第三十一条の十三第一項において準用する法第二十八条第五項第一号ロに規定する条例で定める地域は、県内全域とする。

（無店舗型電話異性紹介営業の広告又は宣伝を制限する地域）

第十条の八　法第三十一条の十八第一項において準用する法第二十八条第五項第一号ロに規定する条例で定める地域は、県内全域とする。

（特定遊興飲食店営業の許可に係る営業所設置許容地域）

第十条の九　法第三十一条の二十三において読み替えて準用する法第四条第二項第二号に規定する条例で定める地域は、次の各号のいずれにも該当する地域とする。

一　第五条の二各号に掲げる地域

二　医療法第一条の五に規定する病院若しくは診療所又は児童福祉法第七条第一項に規定する児童福祉施設（児童等を入所させ、又は入院させるものに限る。）の敷地（当該施設の用に供するものと決定した土地を含む。）から当該敷地に係る地域及び施設の区分に応じ、それぞれ別表第三の三に定める距離の範囲外にある地域

（特定遊興飲食店営業の営業時間の制限）

第十条の十　特定遊興飲食店営業者は、県内全域において、午前五時から午前六時までの時間においては、その営業を営んではならない。

（特定遊興飲食店営業の深夜における騒音及び振動の数値）

第十条の十一　法第三十一条の二十三において読み替えて準用する法第十五条に規定する条例で定める騒音に係る数値は、住居集合地域（特別工業地区である地域を除く。）にあつては四十五デシベル、商業集合地域及び工業集合地域にあつては五十五デシベル、それ以外の地域にあつては五十デシベルとし、振動に係る数値は、五十五デシベルとする。

（特定遊興飲食店営業者の守るべき事項）

第十条の十二　特定遊興飲食店営業者は、次に掲げる事項を守らなければならない。

一　営業所で卑わいな行為その他善良の風俗を害する行為をし、又は客にこれらの行為をさせないこと。

二　営業用家屋等において店舗型性風俗特殊営業を営まないこと。

三　客の求めない飲食物を提供しないこと。

四　営業中は、客室の出入口に施錠しないこと。

（深夜における飲食店営業に係る騒音及び振動の規制）

第十一条　法第三十二条第二項において準用する法第十五条に規定する条例で定める騒音に係る数値は、住居集合地域（特別工業地区である地域を除く。）にあつては四十五デシベル、商業集合地域及び工業集合地域にあつては五十五デシベル、それ以外の地域にあつては五十デシベルとし、振動に係る数値は、五十五デシベルとする。

（深夜における酒類提供飲食店営業の禁止地域）

第十二条　酒類提供飲食店営業は、住居集合地域において、深夜においては、これを営んではならない。

（風俗環境保全協議会を置く地域）

第十二条の二　法第三十八条の四第一項の条例で定める地域は、第五条の二各

号に掲げる地域とする。

（手数料）

第十三条　県は、別表第四の左〔上〕欄に掲げる者から、それぞれ同表の中欄に掲げる区分に従い、当該区分についてそれぞれ同表の右〔下〕欄に定める額の手数料を徴収する。

２　法第二十条第五項の規定により公安委員会が同条第二項の認定又は同条第四項の検定に必要な試験の実施に関する事務を同条第五項に規定する指定試験機関（以下「指定試験機関」という。）に行わせることとした場合における別表第四の⑾の項又は⑿の項の手数料は、当該指定試験機関に納めるものとする。この場合において、当該指定試験機関に納められた当該手数料は、その収入とする。

３　既納の手数料は、還付しない。

附　則〔略〕

別表第一

地域	営業の種類	施設	
		学校又は児童福祉施設	病院又は診療所
1　商業集合地域	法第二条第一項第四号の営業（まあじやん屋を除く。）以外の風俗営業	六十メートル	四十メートル
	法第二条第一項第四号の営業（まあじやん屋を除く。）	八十メートル	六十メートル
2　1以外の地域	法第二条第一項第四号の営業（まあじやん屋を除く。）以外の風俗営業	八十メートル	六十メートル
	法第二条第一項第四号の営業（まあじやん屋を除く。）	百メートル	八十メートル

別表第二

地域	時間		
	午前六時後午後六時前	午後六時から午後十時前	午後十時から翌日の午前六時まで
1　住居集合地域（特別工業地区である地域を除く。）	五十五デシベル	五十デシベル	四十五デシベル
2　商業集合地域及び工業集合地域	六十五デシベル	六十デシベル	五十五デシベル
3　1及び2以外の地域	六十デシベル	五十五デシベル	五十デシベル

別表第三

山形市、米沢市、鶴岡市、酒田市及び新庄市の商業地域の区域並びに次に掲

げる区域
(1) 山形市蔵王温泉
(2) 鶴岡市湯野浜一丁目
(3) 上山市沢丁、高松及び葉山
(4) 天童市東本町二丁目及び鎌田一丁目
(5) 南陽市赤湯
(6) 最上郡最上町大字富沢
(7) 西田川郡温海町大字湯温海

備考　この表に掲げる区域は、それぞれ平成十七年二月一日における行政区画その他の区域によつて表示されたものとする。

別表第三の二

山形市、米沢市、鶴岡市、酒田市、新庄市、寒河江市、上山市、村山市、長井市、天童市、東根市、尾花沢市及び南陽市の商業地域の区域

備考　この表に掲げる区域は、それぞれ平成十七年二月一日における行政区画その他の区域によつて表示されたものとする。

別表第三の三

地域	施設	
	病院又は診療所	児童福祉施設
1　商業集合地域	四十メートル	六十メートル
2　1以外の地域	六十メートル	八十メートル

別表第四

対象者	区分	金額
(1) 法第三条第一項の風俗営業の許可（以下「風俗営業許可」という。）を受けようとする者	イ　ぱちんこ屋又は政令第八条に規定する営業について風俗営業許可を受けようとする場合で営業所に設置する遊技機に法第二十条第二項の認定（以下「遊技機認定」という。）を受けた遊技機以外の遊技機（以下「未認定遊技機」という。）がないとき。	二五、〇〇〇円（三月以内の期間を限つて営む営業にあつては、一五、〇〇〇円）
	ロ　ぱちんこ屋又は政令第八条に規定する営業について風俗営業許可を受けようとする場合で営業所に設置する遊技機に未認定遊技機があるとき。	二五、〇〇〇円（三月以内の期間を限つて営む営業にあつては、一五、〇〇〇円）に、二、八〇〇円（法第二十条第四項の検定（以下「遊技機検定」という。）を受けた型式に属する未認定遊技機以外の未認定遊技機（以下「特定未認定遊技機」という。）がある場合にあつては、五、六〇〇円に当該特定未認定遊技機が属する型式の数を二、四〇〇円に乗じて得た額を加算した額）を加算した額に、未認定遊技機一台ごとに四円（特定未認定遊技機については、それぞれ(9)の項のハの右［下］欄に定める遊技機認定に係る額から八、〇〇〇円を減じた額）を加算した額
	ハ　ぱちんこ屋及び政令第八条に規定する営業以外の風俗営業について風俗営業許可を受けようとする場合	二四、〇〇〇円（三月以内の期間を限つて営む営業にあつては、一四、〇〇〇円）

(2) 法第五条第四項の許可証の再交付を受けようとする者		一、二〇〇円
(3) 法第七条第一項の風俗営業の相続に係る承認を受けようとする者		九、〇〇〇円（当該承認を受けようとする者が同時に他の法第七条第一項の承認を受けようとする場合における当該他の同項の承認にあつては、三、八〇〇円）
(4) 法第七条の二第一項の風俗営業者たる法人の合併に係る承認を受けようとする者		一二、〇〇〇円（当該承認を受けようとする者が同時に他の法第七条の二第一項の承認を受けようとする場合における当該他の同項の承認にあつては、三、八〇〇円）
(4)の2 法第七条の三第一項の風俗営業者たる法人の分割に係る承認を受けようとする者		一二、〇〇〇円（当該承認を受けようとする者が同時に他の法第七条の三第一項の承認を受けようとする場合における当該他の同項の承認にあつては、三、八〇〇円）
(5) 法第九条第一項の営業所の構造又は設備の変更の承認を受けようとする者		九、九〇〇円
(6) 法第九条第四項の許可証の書換えを受けようとする者		一、五〇〇円
(7) 法第十条の二第一項の特例風俗営業者の認定を受けようとする者		一三、〇〇〇円（当該認定を受けようとする者が同時に他の法第十条の二第一項の認定を受けようとする場合における当該他の同項の認定にあつては、一〇、〇〇〇円）
(8) 法第十条の二第五項の認定証の再交付を受けようとする者		一、二〇〇円
(9) 遊技機認定を受けようとする者	イ　指定試験機関が行う遊技機認定に必要な試験（以下「遊技機試験」という。）を受けた遊技機について遊技機認定を受けようとする場合	二、二〇〇円
	ロ　遊技機検定を受けた型式に属する遊技機（遊技機試験を受けたものを除く。）について遊技機認定を受けようとする場合	四、三四〇円

ハ　イ又はロに掲げる遊技機以外の遊技機について遊技機認定を受けようとする場合	ぱちんこ遊技機	特定装置（政令第十四条の表の一の項に規定する特定装置をいう。以下同じ。）が設けられているもの（当該特定装置を連続して作動させることができるものに限る。）	マイクロプロセッサー（電子計算機の中央演算処理装置を構成する集積回路をいう。以下同じ。）を内蔵するものに係る遊技機認定にあつては三五、〇〇〇円、その他のものに係る遊技機認定にあつては一六、三〇〇円
		特定装置が設けられているもの（当該特定装置を連続して作動させることができるものを除く。）	マイクロプロセッサーを内蔵するものに係る遊技機認定にあつては二九、〇〇〇円、その他のものに係る遊技機認定にあつては一六、三〇〇円
		その他のもの	一四、四〇〇円
	回胴式遊技機		マイクロプロセッサーを内蔵するものに係る遊技機認定にあつては五九、〇〇〇円、その他のものに係る遊技機認定にあつては二三、〇〇〇円
	アレンジボール遊技機		マイクロプロセッサーを内蔵するものに係る遊技機認定にあつては三五、〇〇〇円、その他のものに係る遊技機認定にあつては一九、〇〇〇円
	じやん球遊技機		マイクロプロセッサーを内蔵するものに係る遊技機認定にあつては三五、〇〇〇円、その他のものに係る遊技機認定にあつては一九、〇〇〇円
	その他の遊技機		マイクロプロセッサーを内蔵するものに係る遊技機認定にあつては二九、〇〇〇円、その他のものに係る遊技機認定にあつては一二、六〇〇円
⑽　遊技機検定を受けようとする者	イ　指定試験機関が行う遊技機検定に必要な試験（以下「型式試験」という。）を受けた型式について遊技機検定を受けようとする場合		三、九〇〇円
	ロ　他の都道府県公安委員会の遊技機検定を受けた型式（型式試験を受けたものを除く。）について遊技機検定を受けようとする場合		六、三〇〇円
	ハ　イ又はロに掲げる型式以外の型式について	ぱちんこ遊技機　特定装置が設けられているもの（当該特定装置を連続して作動させることができ	マイクロプロセッサーを内蔵するものに係る遊技機検定にあつては一、四三五、〇〇〇円、その

遊技機検定を受けようとする場合	きるものに限る。）	他のものに係る遊技機検定にあつては四三八、〇〇〇円
	特定装置が設けられているもの（当該特定装置を連続して作動させることができるものを除く。）	マイクロプロセッサーを内蔵するものに係る遊技機検定にあつては一、一二八、〇〇〇円、その他のものに係る遊技機検定にあつては四三八、〇〇〇円
	その他のもの	三三八、〇〇〇円
	回胴式遊技機	マイクロプロセッサーを内蔵するものに係る遊技機検定にあつては一、六二一、〇〇〇円、その他のものに係る遊技機検定にあつては四七九、〇〇〇円
	アレンジボール遊技機	マイクロプロセッサーを内蔵するものに係る遊技機検定にあつては一、一四八、〇〇〇円、その他のものに係る遊技機検定にあつては四八二、〇〇〇円
	じやん球遊技機	マイクロプロセッサーを内蔵するものに係る遊技機検定にあつては一、一四七、〇〇〇円、その

			他のものに係る遊技機検定にあつては四八一、〇〇〇円
(11) 遊技機試験を受けようとする者	イ　ぱちんこ遊技機について遊技機試験を受けようとする場合	特定装置が設けられているぱちんこ遊技機（当該特定装置を連続して作動させることができるものに限る。）	マイクロプロセッサーを内蔵するものに係る遊技機試験にあつては四三、三〇〇円、その他のものに係る遊技機試験にあつては二三、一〇〇円
		特定装置が設けられているぱちんこ遊技機（当該特定装置を連続して作動させることができるものを除く。）	マイクロプロセッサーを内蔵するものに係る遊技機試験にあつては三六、三〇〇円、その他のものに係る遊技機試験にあつては二三、〇〇〇円
		その他のぱちんこ遊技機	二一、〇〇〇円
	ロ　回胴式遊技機について遊技機試験を受けようとする場合		マイクロプロセッサーを内蔵するものに係る遊技機試験にあつては六八、三〇〇円、その他のものに係る遊技機試験にあつては三〇、三〇〇円
	ハ　アレンジボール遊技機について遊技機試験を受けようとする場合		マイクロプロセッサーを内蔵するものに係る遊技機試験にあつては四二、三〇〇円、その他のもの

			に係る遊技機試験にあつては二六、三〇〇円
	ニ　じやん球遊技機について遊技機試験を受けようとする場合		マイクロプロセッサーを内蔵するものに係る遊技機試験にあつては四二、三〇〇円、その他のものに係る遊技機試験にあつては二六、三〇〇円
	ホ　イからニまでに掲げる遊技機以外の遊技機について遊技機試験を受けようとする場合		マイクロプロセッサーを内蔵するものに係る遊技機試験にあつては三六、三〇〇円、その他のものに係る遊技機試験にあつては一九、一〇〇円
(12) 型式試験を受けようとする者	イ　ぱちんこ遊技機の型式について型式試験を受けようとする場合	特定装置が設けられているぱちんこ遊技機（当該特定装置を連続して作動させることができるものに限る。）	マイクロプロセッサーを内蔵するものに係る型式試験にあつては一、四四二、〇〇〇円、その他のものに係る型式試験にあつては四四五、〇〇〇円
		特定装置が設けられているぱちんこ遊技機（当該特定装置を連続して作動させることができるものを除く。）	マイクロプロセッサーを内蔵するものに係る型式試験にあつては一、一三五、〇〇〇円、その他のものに係る型式試験にあつては四四五、〇〇〇円
		その他のぱちんこ遊技機	三四五、〇〇〇円
	ロ　回胴式遊技機の型式について型式試験を受けようとする場合		マイクロプロセッサーを内蔵するものに係る型式試験にあつては一、六二八、〇〇〇円、その他のものに係る型式試験にあつては四八六、〇〇〇円
	ハ　アレンジボール遊技機の型式について型式試験を受けようとする場合		マイクロプロセッサーを内蔵するものに係る型式試験にあつては一、一五五、〇〇〇円、その他のものに係る型式試験にあつては四八九、〇〇〇円
	ニ　じやん球遊技機の型式について型式試験を受けようとする場合		マイクロプロセッサーを内蔵するものに係る型式試験にあつては一、一五四、〇〇〇円、その他のものに係る型式試験にあつては四八八、〇〇〇円
(13) 法第二十条第十項において準用する法第九条第一項の	イ　承認を受けようとする遊技機に未認定遊技機がない場合		二、四〇〇円
	ロ　承認を受けようとする遊技機に未認定遊技機がある場合		五、二〇〇円（特定未認定遊技機がある

承認（以下「承認」という。）を受けようとする者		場合にあつては、八、〇〇〇円に当該特定未認定遊技機が属する型式の数を二、四〇〇円に乗じて得た額を加算した額）に、未認定遊技機一台ごとに四〇円（特定未認定遊技機については、それぞれ(9)の項のハの右〔下〕欄に定める額から八、〇〇〇円を減じた額）を加算した額
(14)　法第二十四条第六項の営業所の管理者に対する講習を受けようとする者		講習一時間につき六五〇円
(15)　法第二十七条第四項（法第三十一条の十二第二項において準用する場合を含む。）又は第三十一条の二第四項（法第三十	イ　法第二条第六項の営業を営もうとする者	一一、九〇〇円
	ロ　法第二条第七項第一号の営業を営もうとする者で当該営業につき受付所（法第三十一条の二第一項第七号に規定する受付所をいう。以下同じ。）を設けようとするもの	三、四〇〇円に受付所一箇所ごとに八、五〇〇円を加算した額
	ハ　法第二条第七項、第八項又は第十項の営業を営もうとするもの（ロに掲げる者を除く。）	三、四〇〇円

一条の七第二項及び第三十一条の十七第二項において準用する場合を含む。）の届出書の提出があつた旨を記載した書面（以下「届出確認書」という。）（法第二十七条第一項、第三十一条の二第一項、第三十一条の七第一項、第三十一条の十二第一項及び第三十一条の十七第一項の届出書に係るものに限る。）の交付を受けようとする者		
(16)　届出確認書（(15)の項に掲げるものを除く。）	イ　変更に係る事項が受付所の新設に係るものである場合	一、九〇〇円に新設する受付所一箇所ごとに八、五〇〇円を加算した額

の交付を受けようとする者	ロ　その他の場合	一、五〇〇円
(17) 届出確認書の再交付を受けようとする者		一、二〇〇円
(18) 法第三十一条の二十二の特定遊興飲食店営業の許可（以下「特定遊興飲食店営業許可」という。）を受けようとする者		二四、〇〇〇円（三月以内の期間を限つて営む営業にあつては、一四、〇〇〇円）
(19) 法第三十一条の二十三において準用する法第五条第四項の許可証の再交付を受けようとする者		一、一〇〇円
(20) 法第三十一条の二十三において準用する法第七条第一項の特定遊興飲食店営業の相続に係る承認を受けようとする者		八、六〇〇円（当該承認を受けようとする者が同時に他の法第三十一条の二十三において準用する法第七条第一項の承認を受けようとする場合における当該他の同項の承認にあつては、三、八〇〇円）
(21) 法第三十一条の二十三において準用する法第七条の二第一項の特定遊興飲食店営業者たる法人の合併に係る承認を受けようとする者		一一、〇〇〇円（当該承認を受けようとする者が同時に他の法第三十一条の二十三において準用する法第七条の二第一項の承認を受けようとする場合における当該他の同項の承認にあつては、三、三〇〇円）
(22) 法第三十一条の二十三において準用する法第七条の三第一項の特定遊興飲食店営業者たる法人の分割に係る承認を受けようとする者		一一、〇〇〇円（当該承認を受けようとする者が同時に他の法第三十一条の二十三において準用する法第七条の三第一項の承認を受けようとする場合における当該他の同項の承認にあつては、三、三〇〇円）
(23) 法第三十一条の二十三において準用する法第九条第一		九、九〇〇円

項の営業所の構造又は設備の変更の承認を受けようとする者		
(24)　法第三十一条の二十三において準用する法第九条第四項の許可証の書換えを受けようとする者		一、四〇〇円
(25)　法第三十一条の二十三において準用する法第十条の二第一項の特例特定遊興飲食店営業者の認定を受けようとする者		一三、〇〇〇円（当該認定を受けようとする者が同時に他の法第三十一条の二十三において準用する法第十条の二第一項の認定を受けようとする場合における当該他の同項の認定にあつては、一〇、〇〇〇円）
(26)　法第三十一条の二十三において準用する法第十条の二第五項の認定証の再交付を受けようとする者		一、一〇〇円
うとする者		
(27)　法第三十一条の二十三において準用する法第二十四条第六項の営業所の管理者に対する講習を受けようとする者		講習一時間につき六五〇円

備考

1　風俗営業許可を受けようとする者が同時に他の風俗営業許可を受けようとする場合における当該他の風俗営業許可に係る手数料の額は、それぞれ(1)の項の右〔下〕欄に定める額から八、六〇〇円を減じた額とする。

2　法第四条第三項の規定が適用される営業所につき風俗営業許可を受けようとする場合における手数料の額は、それぞれ(1)の項の右〔下〕欄に定める額に六、八〇〇円を加算した額とする。

3　遊技機認定を受けようとする者が同時に当該遊技機認定に係る遊技機と同一の型式に属する他の遊技機について遊技機認定を受けようとする場合における当該他の遊技機に係る手数料の額は、(9)の項の右〔下〕欄の規定にかかわらず、同項のイの場合にあつては〇円とし、同項のロの場合にあつては四〇円とし、同項のハの場合にあつてはそれぞれ同項のハの右〔下〕欄に定める額から八、〇〇〇円を減じた額とする。

4　遊技機試験を受けようとする者が同時に当該遊技機試験に係る遊技機と同一の型式に属する他の遊技機について遊技機試験を受けようとする場合における当該他の遊技機に係る手数料の額は、それぞれ(11)の項の右〔下〕欄に定める額から一四、三〇〇円を減じた額とする。

5　特定遊興営業許可を受けようとする者が同時に他の特定遊興営業許可を受けようとする場合における当該他の特定遊興営業許可に係る手数料の額は、(18)の項の右〔下〕欄に定める額から八、七〇〇円を減じた額とする。

6　法第三十一条の二十三において読み替えて準用する法第四条第三項の規定が適用される営業所につき特定遊興営業許可を受けようとする場合における手数料の額は、⒅の項の右〔下〕欄に定める額に六、八〇〇円を加算した額とする。

○風俗営業の許可に係る営業制限地域等に関する規則

（平成二一・一・二九　山形県公安委員会規則一）

最終改正　平成三〇・五・二九　公安委員会規則五

（趣旨）

第一条　この規則は、風俗営業等の規制及び業務の適正化等に関する法律施行条例（昭和五十九年十二月県条例第三十八号。以下「条例」という。）第四条第二項第三号及び第五条第一項第四号の規定により、風俗営業の営業所の設置を制限する地域について条例第四条第一項の規定を適用しない風俗営業等を定めるものとする。

（風俗営業の許可に係る営業制限地域）

第二条　条例第四条第二項第三号に規定する公安委員会規則で定める風俗営業は、風俗営業等の規制及び業務の適正化等に関する法律（昭和二十三年法律第百二十二号）第二条第一項第一号又は第四号の営業（まあじゃん屋に限る。）であって、旅館業法（昭和二十三年法律第百三十八号）第二条第二項に規定する旅館・ホテル営業に係る施設において営むものとする。

2　条例第四条第二項第三号に規定する公安委員会規則で定める地域は、別表第一に掲げる地域とする。

（習俗的行事その他の特別な事情のある日等）

第三条　条例第五条第一項第四号に規定する公安委員会規則で定める日は別表第二左〔上〕欄に掲げる日とし、同号に規定する公安委員会規則で定める地域はそれぞれ同表右〔下〕欄に掲げる地域とする。

附　則〔略〕

別表第一

一　山形市蔵王温泉
二　米沢市大字関
三　鶴岡市湯野浜一丁目及び湯温海
四　上山市十日町一番から一一番まで、新湯、湯町、河崎三丁目、松山一丁目及び河崎字反田
五　天童市鎌田一丁目及び鎌田本町二丁目
六　東根市温泉町一丁目

備考　この表に掲げる区域は、それぞれ平成十七年九月三十日における行政区域その他の区域によって表示されたものとする。

別表第二

地域	日
山形市	蔵王樹氷まつりの初日の翌日から最終日の翌日まで
	薬師まつりの初日の翌日から最終日の翌日まで
	花笠まつりの初日の翌日から最終日の翌日まで
米沢市	上杉雪灯籠まつりの初日の翌日から最終日の翌日まで
	米沢上杉まつりの初日の翌日から最終日の翌日まで
鶴岡市	天神まつりの初日の翌日から最終日の翌日まで
	庄内百万石まつりが行われる日の翌日
酒田市	酒田まつりの初日の翌日から最終日の翌日まで
	酒田港まつりの初日の翌日から最終日の翌日まで
新庄市	新庄春まつりの初日の翌日から最終日の翌日まで
	新庄まつりの初日の翌日から最終日の翌日まで
寒河江市	さくらんぼまつりの初日の翌日から最終日の翌日まで
上山市	全国かかしまつりの初日の翌日から最終日の翌日まで
村山市	東沢バラまつりの初日の翌日から最終日の翌日まで
	むらやま徳内まつりの初日の翌日から最終日の翌日まで
長井市	あやめまつりの初日の翌日から最終日の翌日まで
天童市	天童桜まつりの初日の翌日から最終日の翌日まで
東根市	東根まつりの初日の翌日から最終日の翌日まで
尾花沢市	おばなざわ花笠まつりの初日の翌日から最終日の翌日まで
南陽市	赤湯温泉ふるさとまつりの初日の翌日から最終日の翌日まで
	南陽菊まつりの初日の翌日から最終日の翌日まで

福島県

○風俗営業等の規制及び業務の適正化等に関する法律施行条例

（昭和五九・一二・二五　福島県条例五七）

最終改正　平成三〇・三・二三　条例四八

（趣旨）

第一条　この条例は、風俗営業等の規制及び業務の適正化等に関する法律（昭和二十三年法律第百二十二号。以下「法」という。）第四条第二項第二号（法第三十一条の二十三において準用する場合を含む。）、第十三条第一項及び第二項（法第三十一条の二十三において準用する場合を含む。）、第十五条（法第三十一条の二十三及び法第三十二条第二項において準用する場合を含む。）、第二十条第八項及び第九項、第二十一条（法第三十一条の二十三において準用する場合を含む。）、第二十二条第二項、第二十八条第一項（法第三十一条の三第二項において適用する場合及び第三十一条の十三第一項において準用する場合を含む。）、第二項（法第三十一条の三第二項において適用する場合及び第三十一条の十三第一項において準用する場合を含む。）、第四項（法第三十一条の三第二項において適用する場合及び第三十一条の十三第一項において準用する場合を含む。）及び第五項第一号ロ（第三十一条の三第一項、第三十一条の八第一項、第三十一条の十三第一項及び第三十一条の十八第一項において準用する場合を含む。）第三十三条第四項、第三十八条の四第一項、第四十三条並びに第四十七条の規定に基づき、必要な事項を定めるものとする。

（用語の意義）

第二条　この条例において、次の各号に掲げる用語の意義は、それぞれ当該各号に定めるところによる。

一　移動風俗営業　風俗営業のうち、営業の場所が常態として移動するものをいう。

二　臨時風俗営業　風俗営業のうち、祭礼等の行われる場所において三月以内の期限を限って営業するものをいう。

三　営業用家屋　風俗営業の用に供する家屋をいう。

四　第一種低層住居専用地域、第二種低層住居専用地域、第一種中高層住居専用地域、第二種中高層住居専用地域、第一種住居地域、第二種住居地域、準住居地域、田園住居地域、近隣商業地域、商業地域、準工業地域、工業地域又は工業専用地域　それぞれ、都市計画法（昭和四十三年法律第百号）第八条第一項第一号に掲げる第一種低層住居専用地域、第二種低層住居専用地域、第一種中高層住居専用地域、第二種中高層住居専用地域、第一種住居地域、第二種住居地域、準住居地域、田園住居地域、近隣商業地域、商業地域、準工業地域、工業地域又は工業専用地域をいう。

第三条　削除

（風俗営業の営業場所に関する許可の基準）

第四条　法第四条第二項第二号の条例で定める地域は、次に掲げる地域とする。

一　第一種低層住居専用地域、第二種低層住居専用地域、第一種中高層住居専用地域、第二種中高層住居専用地域、第一種住居地域、第二種住居地域、準住居地域及び田園住居地域。ただし、第一種住居地域、第二種住居地域又は準住居地域にあつては、一般国道（道路法（昭和二十七年法律第百八十号）第三条第二号に規定する一般国道をいう。）の側端からそれぞれ三十メートル以内の区域及び福島県公安委員会規則（以下「公安委員会規則」という。）で定める地域を除く。

二　前号に掲げる地域のほか、次の表の上欄に掲げる施設の敷地（これらの用に供するものと決定した土地を含む。以下同じ。）が、同表の中欄に掲げる地域にある場合は、当該施設の敷地からそれぞれ同表の下欄に掲げる距離以内の地域

施設	地域	距離
学校（学校教育法（昭和二十二年法律第二十六号）第一条に規定する学校をいう。） 図書館（図書館法（昭和二十五年法律第百十八号）第二条第一項に規定する図書館をいう。） 児童福祉施設（児童福祉法（昭和二	一　商業地域	三十メートル
	二　近隣商業地域、準工業地域、工業地域及び工業専用地域	五十メートル
	三　一及び二に掲	七十メートル

十二年法律第百六十四号）第七条第一項に規定する児童福祉施設をいう。以下同じ。）	げる地域以外の地域	
病院（医療法（昭和二十三年法律第二百五号）第一条の五第一項に規定する病院をいう。以下同じ。） 診療所（医療法第一条の五第二項に規定する診療所（患者を入院させるための施設を有しないものを除く。）をいう。以下同じ。）	一　商業地域	二十メートル
	二　近隣商業地域、準工業地域、工業地域及び工業専用地域	三十メートル
	三　一及び二に掲げる地域以外の地域	五十メートル

2　前項の規定は、移動風俗営業及び臨時風俗営業については適用しない。

（風俗営業の営業時間の特例）

第五条　法第十三条第一項の条例で定める時は、午前一時とする。

2　法第十三条第一項第一号の習俗的行事その他の特別な事情のある日として条例で定める日は、次の各号に掲げる日とし、同項第一号の当該事情のある地域として条例で定める地域は、当該各号に掲げる日に応じ、当該各号に定める地域とする。

一　一月一日から同月十日までの各日、八月十五日から同月十七日までの各日及び十二月十一日から同月三十一日までの各日　福島県全域

二　祭礼その他特別の行事の行われる日として公安委員会規則で定める日　公安委員会規則で定める地域及び次項各号に掲げる地域

3　接待飲食等営業及びまあじやん屋につき法第十三条第一項第二号の午前零時以後において風俗営業を営むことが許容される特別な事情のある地域として条例で定める地域は、次に掲げる地域とする。

一　福島市のうち、本町（一番、二番、五番及び六番に限る。）、栄町（五番から十二番までに限る。）、置賜町、大町（一番から四番まで及び七番から九番までに限る。）、新町（一番から五番までに限る。）、万世町（一番及び五番に限る。）及び陣場町（一番から四番まで、七番及び八番に限る。）の地域

二　郡山市のうち、駅前一丁目（一番から十一番まで及び十四番から十六番までに限る。）、駅前二丁目、大町一丁目及び中町（三番から十四番まで、十八番及び十九番に限る。）の地域

三　いわき市平のうち、字二町目（市道塩・紺屋町線の北側の区域に限る。）、字三町目（市道塩・紺屋町線の北側の区域に限る。）、字四町目（市道塩・紺屋町線の北側の区域に限る。）、字五町目（市道塩・紺屋町線の北側の区域であつて、市道新川町・大工町線の西側の区域に該当するものに限る。）、字大工町（東日本旅客鉄道株式会社常磐線（以下「常磐線」という。）の南側の区域であつて、市道新川町・大工町線の西側の区域に該当するものに限る。）、字白銀町（常磐線の南側の区域に限る。）及び字田町（常磐線の南側の区域であつて、市道田町・三崎線及び同市道の起点の東端の点から北に直進し常磐線に至る線の東側の区域に該当するものに限る。）の地域

（風俗営業の営業時間の制限）

第六条　法第二条第一項第四号の営業（まあじやん屋を除く。）又は同項第五号の営業を営む風俗営業者は、次の各号に掲げる地域において、それぞれ当該各号に定める時間においては、その営業を営んではならない。

一　第四条第一項第一号に掲げる地域　午前六時後午前九時までの時間及び午後十一時から翌日の午前零時前（当該翌日が第五条第二項各号に掲げる日のいずれかに該当する場合における当該各号に定める地域については、午前一時まで）の時間

二　前号に掲げる地域以外の地域（工業地域、工業専用地域及び第五条第二項各号に掲げる日のいずれかに該当する日における当該各号に定める地域を除く。）　午前六時後午前九時までの時間

三　第一号に掲げる地域以外の地域であつて、第五条第二項各号に掲げる日のいずれかに該当する日における当該各号に定めるもの（工業地域及び工業専用地域を除く。）　午前零時から午前一時までの時間及び午前六時後午前九時までの時間

四　工業地域又は工業専用地域であつて、第五条第二項各号に掲げる日のいずれかに該当する日における当該各号に定めるもの　午前零時から午前一時までの時間

（騒音及び振動の制限）

第七条　法第十五条の条例で定める騒音の数値は、次の表の上欄に掲げる地域ごとに、同表の下欄に掲げる時間の区分に応じ、それぞれ同欄に掲げる数値とする。

地域	数値			
	昼間	夜間		深夜
		午後六時から午後十時前	午後十時から翌日の午前零時前	
一　第一種低層住居専用地域、第二種低層住居専用地域、第一種中高層住居専用地域、第二種中高層住居専用地域及び田園住居地域 二　第一種住居地域、第二種住居地域及び準住居地域（福島県公安委員会（以下「公安委員会」という。）が指定する地域を除く。） 三　一及び二に掲げる地域に準ずる地域として公安委員会が指定する地域	五十五デシベル	五十デシベル	四十五デシベル	四十五デシベル
四　近隣商業地域、商業地域、準工業地域、工業地域及び工業専用地域 五　四に掲げる地域に準ずる地域として公安委員会が指定する地域	六十五デシベル	六十デシベル	五十五デシベル	五十五デシベル
六　一から五までに掲げる地域以外の地域	六十デシベル	五十五デシベル	五十デシベル	五十デシベル

備考
一　「昼間」とは、午前六時後午後六時前の時間をいう。
二　「夜間」とは、午後六時から翌日の午前零時前の時間をいう。
三　「深夜」とは、午前零時から午前六時までの時間をいう。以下同じ。

2　法第十五条の条例で定める振動の数値は、五十五デシベルとする。

（風俗営業者の遵守事項）

第八条　風俗営業者は、次に掲げる事項を遵守しなければならない。

一　営業用家屋で、客を就寝させ、又は宿泊させないこと（旅館業法（昭和二十三年法律第百三十八号）第三条第一項の許可を受けて営む旅館業を除く。）。

二　営業所で、卑わいな行為その他善良な風俗を害する行為をし、又は客にこれらの行為をさせないこと。

三　客の求めない飲食物を提供しないこと。

四　営業中、営業所の出入口及び客室に施錠しないこと。

五　営業用家屋において、店舗型性風俗特殊営業を営まないこと。

（遊技場営業者の特別遵守事項）

第九条　法第二条第一項第四号の営業及び同項第五号の営業を営む風俗営業者は、前条に規定する事項を遵守するほか、次に掲げる事項を遵守しなければならない。

一　営業所で、と博類似行為その他著しく射幸心をそそるおそれのある行為をし、又は客にこれらの行為をさせないこと。

二　著しく射幸心をそそるおそれのある方法で営業を営まないこと。

2　法第二条第一項第四号の営業（まあじやん屋を除く。）を営む風俗営業者は、前項に規定する事項を遵守するほか、次に掲げる事項を遵守しなければならない。

一　客に提供した賞品を買い取らせないこと。

二　営業所で客に飲酒させないこと。

（年少者の立入り制限）

第十条　法第二条第一項第五号の営業を営む風俗営業者は、午後八時後の時間において十六歳未満の者を営業所に客として立ち入らせてはならない。

2　前項の風俗営業者は、次の各号に掲げる者を当該各号に掲げる時間に営業所に客として立ち入らせる場合には、保護者の同伴を求めなければならない。

一　十六歳未満の者　午後六時後午後八時前

二　十八歳未満の者（前号に該当する者を除く。）　午後八時後午後十時前

（店舗型性風俗特殊営業の禁止地域等）

第十一条　店舗型性風俗特殊営業は、次に掲げる施設の敷地（これらの用に供するものと決定した土地を含む。）の周囲二百メートルの区域内においては、これを営んではならない。

一　病院

二　診療所（商業地域及び温泉地等で公安委員会規則で定める地域にあるものを除く。）

三　社会福祉施設（社会福祉法（昭和二十六年法律第四十五号）第二条第二項各号（第二号を除く。）に掲げる施設をいう。）

四　街区公園（都市公園法施行令（昭和三十一年政令第二百九十号）第二条第一項第一号に規定する都市公園をいう。）

五　専修学校（学校教育法第百二十四条に規定する専修学校をいう。）

六　公民館（社会教育法（昭和二十四年法律第二百七号）第二十一条第一項に規定する公民館をいう。）

七　博物館（博物館法（昭和二十六年法律第二百八十五号）第二条第一項に規定する博物館をいう。）

2　店舗型性風俗特殊営業は、次の各号に掲げる店舗型性風俗特殊営業の種類に応じ、当該各号に定める地域においては、これを営んではならない。

一　法第二条第六項第一号の営業及び同項第四号の営業のうち、風俗営業等の規制及び業務の適正化等に関する法律施行令（昭和五十九年政令第三百十九号。以下「政令」という。）第三条第一項第二号に規定する施設で同条第二項に規定する構造を有する個室を設けるものを利用させる営業であつて、かつ、個室に自動車の車庫（天井（天井のない場合にあつては、屋根）及び二以上の側壁（ついたて、カーテンその他これらに類するものを含む。）を有するものに限る。以下同じ。）が個個に接続する施設で次のアからウまでのいずれかに該当する構造又は設備を有するものを利用させる営業　福島県全域

ア　個室に接続する車庫の出入口が扉等によつて遮へいできるもの

イ　車庫から個室に通ずる専用の人の出入口又は階段若しくは昇降機が設けられているもの

ウ　個室と車庫とが専用の通路によつて接続しているものにあつては、当該通路の内部が外部から見えないもの

二　法第二条第六項第三号の営業、同項第四号の営業（前号及び次号に掲げる営業を除く。）及び同項第五号の営業　福島市、会津若松市、郡山市及びいわき市のうち、商業地域以外の地域並びに温泉地等で公安委員会規則で定める地域以外の地域

三　法第二条第六項第二号の営業、同項第四号の営業のうち、政令第三条第一項第二号に規定する施設で同条第二項に規定する構造を有する個室を設けるものを利用させる営業（第一号に掲げる営業を除く。）及び政令第五条に規定する営業　別表に掲げる地域

（店舗型性風俗特殊営業の営業時間の制限）

第十二条　店舗型性風俗特殊営業（法第二条第六項第四号の営業及び法第二十八条第四項に規定する国家公安委員会規則で定める店舗型性風俗特殊営業を除く。）は、別表に掲げる地域において、深夜においては、これを営んではならない。

（店舗型性風俗特殊営業の広告又は宣伝の制限地域）

第十三条　法第二十八条第五項第一号ロの条例で定める地域は、第十一条第二項各号に掲げる店舗型性風俗特殊営業の種類に応じ、当該各号に定める地域とする。

（無店舗型性風俗特殊営業の広告又は宣伝の制限地域）

第十四条　法第三十一条の三第一項において準用する法第二十八条第五項第一号ロの条例で定める地域は、次に掲げる無店舗型性風俗特殊営業の種類に応じ、当該各号に定める地域とする。

一　法第二条第七項第一号の営業　別表に掲げる地域

二　法第二条第七項第二号の営業　福島市、会津若松市、郡山市及びいわき市のうち、商業地域以外の地域並びに温泉地等で公安委員会規則で定める地域以外の地域

（受付所営業の禁止区域に係る施設）

第十四条の二　法第三十一条の二第四項ただし書きの受付所営業（以下「受付

所営業という。）は、第十一条第一項各号に掲げる施設の敷地（これらの用に供するものと決定した土地を含む。）の周囲二百メートルの区域内においては、これを営んではならない。

（受付所営業の禁止地域）

第十四条の三　受付所営業は、別表に掲げる地域においては、これを営んではならない。

（受付所営業の営業時間の制限）

第十四条の四　受付所営業は、別表に掲げる地域において、深夜においては、これを営んではならない。

（映像送信型性風俗特殊営業の広告又は宣伝の制限地域）

第十五条　法第三十一条の八第一項において準用する法第二十八条第五項第一号ロの条例で定める地域は、福島市、会津若松市、郡山市及びいわき市のうち、商業地域以外の地域並びに温泉地等で公安委員会規則で定める地域以外の地域とする。

（店舗型電話異性紹介営業の禁止地域等）

第十六条　法第三十一条の十三第一項において準用する法第二十八条第一項の条例で定める施設は、第十一条第一項各号に掲げる施設とする。

2　店舗型電話異性紹介営業は、福島市、会津若松市、郡山市及びいわき市のうち、商業地域以外の地域並びに温泉地等で公安委員会規則で定める地域以外の地域においては、これを営んではならない。

（店舗型電話異性紹介営業の営業時間の制限）

第十七条　店舗型電話異性紹介営業は、別表に掲げる地域において、深夜においては、これを営んではならない。

（店舗型電話異性紹介営業の広告又は宣伝の制限地域）

第十八条　法第三十一条の十三第一項において準用する法第二十八条第五項第一号ロの条例で定める地域は、福島市、会津若松市、郡山市及びいわき市のうち、商業地域以外の地域並びに温泉地等で公安委員会規則で定める地域以外の地域とする。

（無店舗型電話異性紹介営業の広告又は宣伝の制限地域）

第十九条　法第三十一条の十八第一項において準用する法第二十八条第五項第一号ロの条例で定める地域は、福島市、会津若松市、郡山市及びいわき市のうち、商業地域以外の地域並びに温泉地等で公安委員会規則で定める地域以外の地域とする。

（特定遊興飲食店営業の許可に係る営業所設置許容地域の指定）

第十九条の二　法第三十一条の二十三において準用する法第四条第二項第二号の条例で定める地域は、次の各号のいずれにも該当する地域とする。

一　第五条第三項各号に掲げる地域

二　第四条第一項第一号に掲げる地域以外の地域

三　次の表の上欄に掲げる施設の敷地が、同表の中欄に掲げる地域にある場合は、当該施設の敷地からそれぞれ同表の下欄に掲げる距離の範囲外にある地域

施設	地域	距離
児童福祉施設（児童などを深夜において入所させるための施設を有しないものを除く。）	一　商業地域	三十メートル
	二　近隣商業地域、準工業地域、工業地域及び工業専用地域	五十メートル
	三　一及び二に掲げる地域以外の地域	七十メートル
病院 診療所	一　商業地域	二十メートル
	二　近隣商業地域、準工業地域、工業地域及び工業専用地域	三十メートル
	三　一及び二に掲げる地域以外の地域	五十メートル

（特定遊興飲食店営業の営業時間の制限）

第十九条の三　特定遊興飲食店営業は、午前五時から午前六時までの時間においては、その営業を営んではならない。

（深夜における飲食店営業等に関する騒音及び振動の規制）

第十九条の四　法第三十一条の二十三及び法第三十二条第二項において準用する法第十五条の条例で定める騒音の数値は、第七条第一項の表の上欄に掲げる地域ごとに、同表の下欄の深夜の区分に掲げる数値とする。

2　法第三十一条の二十三及び法第三十二条第二項において準用する法第十五条の条例で定める振動の数値は、五十五デシベルとする。

（特定遊興飲食店営業者の遵守事項）

第十九条の五　第八条の規定は、特定遊興飲食店営業者について準用する。

（深夜における酒類提供飲食店営業の禁止地域）

第二十条　酒類提供飲食店営業は、第一種低層住居専用地域、第二種低層住居専用地域、第一種中高層住居専用地域、第二種中高層住居専用地域、第一種住居地域、第二種住居地域、準住居地域及び田園住居地域において、深夜においては、これを営んではならない。

（風俗環境保全協議会を置く地域）

第二十条の二　法第三十八条の四第一項の条例で定める地域は、第五条第三項各号に掲げる地域とする。

（手数料の徴収）

第二十一条　次の表の上欄に掲げる者から、同表の中欄の区分に応じ、それぞれ同表の下欄に定める額の手数料を徴収する。

納付しなければならない者	区分	金額
一　法第三条第一項の許可（以下この表において単に「許可」という。）の申請者	1　ぱちんこ屋又は政令第八条に規定する営業について許可を受けようとする場合で営業所に設置する遊技機に法第二十条第二項の認定（以下この表において単に「認定」という。）を受けた遊技機以外の遊技機（以下この表において「未認定遊技機」という。）がないとき。	
	㈠　三月以内の期間を限つて営む営業	一五、〇〇〇円
	㈡　その他の営業	二五、〇〇〇円
	2　ぱちんこ屋又は政令第八条に規定する営業について許可を受けようとする場合で営業所に設置する遊技機に未認定遊技機があるとき。	1の㈠又は㈡に定める額に、二、八〇〇円（法第二十条第四項の検定（以下この表において単に「検定」という。）を受けた型式に属する未認定遊技機（以下この表において「特定未認定遊技機」という。）がある場合にあつては、五、六〇〇円に当該特定未認定遊技機が属する型式の数を二、四〇〇円に乗じて得た額を加算した額）を加算した額に、未認定遊技機一台ごとに四〇〇円（特定未認定遊技機については、それぞれ三の項の3の下欄に定める金額から八、〇〇〇円を減じた額）を加算した額
	3　ぱちんこ屋又は政令第八条に規定する営業以外の風俗営業について許可を受けようとする場合	
	㈠　三月以内の期間を限つて営む営業	一四、〇〇〇円
	㈡　その他の営業	二四、〇〇〇円
二　法第二十条第十項において準用する法第九条第一項の承認（以下この項において単に「承認」という。）の	1　承認を受けようとする遊技機に未認定遊技機がない場合	二、四〇〇円
	2　承認を受けようとする遊技機に未認定遊技機がある場合	五、二〇〇円（特定未認定遊技機がある場合にあつては、八、〇〇〇円に当該特定未認定遊技機が属する型式の数を二、四〇〇円に乗じて得た額を加算した額）に、未認定遊技機

申請者		一台ごとに四〇円（特定未認定遊技機については、それぞれ三の項の3の下欄に定める金額から八、〇〇〇円を減じた額）を加算した額
三　認定の申請者	1　法第二十条第五項の指定試験機関（以下単に「指定試験機関」という。）が行う認定に必要な試験（以下この条において「遊技機試験」という。）を受けた遊技機について認定を受けようとする場合	二、二〇〇円
	2　検定を受けた型式に属する遊技機（遊技機試験を受けたものを除く。）について認定を受けようとする場合	四、三四〇円
	3　1又は2の遊技機以外の遊技機について認定を受けようとする場合	
	(一)　ぱちんこ遊技機	
	(1)　電動役物が設けられているもの（当該電動役物を連続して作動させることができるものに限る。）	
	ア　マイクロプロセッサー（電子計算機の中央演算処理装置を構成する集積回路をいう。以下この表において同じ。）を内蔵するもの	三五、〇〇〇円
	イ　アに掲げるもの以外のもの	一六、三〇〇円
	(2)　電動役物が設けられているもの（(1)に掲げるものを除く。）	
	ア　マイクロプロセッサーを内蔵するもの	二九、〇〇〇円
	イ　アに掲げるもの以外のもの	一六、三〇〇円
	(3)　(1)又は(2)に掲げるもの以外のもの	一四、四〇〇円
	(二)　回胴式遊技機	
	(1)　マイクロプロセッサーを内蔵するもの	五九、〇〇〇円
	(2)　(1)に掲げるもの以外のもの	二三、〇〇〇円
	(三)　アレンジボール遊技機	
	(1)　マイクロプロセッサーを内蔵するもの	三五、〇〇〇円
	(2)　(1)に掲げるもの以外のもの	一九、〇〇〇円
	(四)　じやん球遊技機	
	(1)　マイクロプロセッサーを内蔵するもの	三五、〇〇〇円
	(2)　(1)に掲げるもの以外のもの	一九、〇〇〇円
	(五)　(一)から(四)までに掲げる遊技機以外の遊技機	
	(1)　マイクロプロセッサーを内蔵するもの	二九、〇〇〇円
	(2)　(1)に掲げるもの以外のもの	一二、六〇〇円
四　検定の申請者	1　指定試験機関が行う検定に必要な試験（以下この条において「型式試験」という。）を受けた型式について検定を受けようとする場合	三、九〇〇円
	2　福島県公安委員会以外の都道府県公安委員会の検定を受けた型式（型式試験を受けたものを除く。）について検定を受けようとする場合	六、三〇〇円
	3　1又は2の型式以外の型式について検定を受けようとする場合	

	(一) ぱちんこ遊技機	
	(1) 電動役物が設けられているもの（当該電動役物を連続して作動させることができるものに限る。）	
	ア マイクロプロセッサーを内蔵するもの	一、四三五、〇〇〇円
	イ アに掲げるもの以外のもの	四三八、〇〇〇円
	(2) 電動役物が設けられているもの（(1)に掲げるものを除く。）	
	ア マイクロプロセッサーを内蔵するもの	一、一二八、〇〇〇円
	イ アに掲げるもの以外のもの	四三八、〇〇〇円
	(3) (1)又は(2)に掲げるもの以外のもの	三三八、〇〇〇円
	(二) 回胴式遊技機	
	(1) マイクロプロセッサーを内蔵するもの	一、六二一、〇〇〇円
	(2) (1)に掲げるもの以外のもの	四七九、〇〇〇円
	(三) アレンジボール遊技機	
	(1) マイクロプロセッサーを内蔵するもの	一、一四八、〇〇〇円
	(2) (1)に掲げるもの以外のもの	四八二、〇〇〇円
	(四) じやん球遊技機	
	(1) マイクロプロセッサーを内蔵するもの	一、一四七、〇〇〇円
	(2) (1)に掲げるもの以外のもの	四八一、〇〇〇円
五 遊技機試験を受けようとする者	1 ぱちんこ遊技機について遊技機試験を受けようとする場合	
	(一) 電動役物が設けられているもの（当該電動役物を連続して作動させることができるものに限る。）	
	(1) マイクロプロセッサーを内蔵するもの	四三、三〇〇円
	(2) (1)に掲げるもの以外のもの	二三、一〇〇円
	(二) 電動役物が設けられているもの（(一)に掲げるものを除く。）	
	(1) マイクロプロセッサーを内蔵するもの	三六、三〇〇円
	(2) (1)に掲げるもの以外のもの	二三、〇〇〇円
	(三) (一)又は(二)に掲げるもの以外のもの	二一、〇〇〇円
	2 回胴式遊技機について遊技機試験を受けようとする場合	
	(一) マイクロプロセッサーを内蔵するもの	六八、三〇〇円
	(二) (一)に掲げるもの以外のもの	三〇、三〇〇円
	3 アレンジボール遊技機について遊技機試験を受けようとする場合	
	(一) マイクロプロセッサーを内蔵するもの	四二、三〇〇円
	(二) (一)に掲げるもの以外のもの	二六、三〇〇円
	4 じやん球遊技機について遊技機試験を受けようとする場合	
	(一) マイクロプロセッサーを内蔵するもの	四二、三〇〇円
	(二) (一)に掲げるもの以外のもの	二六、三〇〇円
	5 1から4までに掲げる遊技機以外の遊技機について遊技機試験を受けようとする場合	
	(一) マイクロプロセッサーを内蔵するもの	三六、三〇〇円
	(二) (一)に掲げるもの以外のもの	一九、一〇〇円
六 型式試験を受けようとする者	1 ぱちんこ遊技機の型式について型式試験を受けようとする場合	
	(一) 電動役物が設けられているも	

の（当該電動役物を連続して作動させることができるものに限る。）	
(1)　マイクロプロセッサーを内蔵するもの	一、四四二、〇〇〇円
(2)　(1)に掲げるもの以外のもの	四四五、〇〇〇円
(二)　電動役物が設けられているもの（(一)に掲げるものを除く。）	
(1)　マイクロプロセッサーを内蔵するもの	一、一三五、〇〇〇円
(2)　(1)に掲げるもの以外のもの	四四五、〇〇〇円
(三)　(一)又は(二)に掲げるもの以外のもの	三四五、〇〇〇円
2　回胴式遊技機の型式について型式試験を受けようとする場合	
(一)　マイクロプロセッサーを内蔵するもの	一、六二八、〇〇〇円
(二)　(一)に掲げるもの以外のもの	四八六、〇〇〇円
3　アレンジボール遊技機の型式について型式試験を受けようとする場合	
(一)　マイクロプロセッサーを内蔵するもの	一、一五五、〇〇〇円
(二)　(一)に掲げるもの以外のもの	四八九、〇〇〇円
4　じゃん球遊技機の型式について型式試験を受けようとする場合	
(一)　マイクロプロセッサーを内蔵するもの	一、一五四、〇〇〇円
(二)　(一)に掲げるもの以外のもの	四八八、〇〇〇円

備考

一　許可の申請者が県内において同時に他の許可を受けようとする場合における当該他の許可に係る手数料の額は、それぞれ一の項の下欄に定める額から八、六〇〇円を減じた額とする。

二　法第四条第三項の規定が適用される営業所につき許可を受けようとする場合における手数料の額は、それぞれ一の項の下欄に定める額に六、八〇〇円を加算した額とする。

三　認定の申請者が県内において同時に当該認定に係る遊技機と同一の型式に属する他の遊技機について認定を受けようとする場合における当該他の遊技機の認定に係る手数料の額は、三の項の下欄の規定にかかわらず、同項の1の場合にあつては零円とし、同項の2の場合にあつては四〇〇円とし、同項の3の場合にあつてはそれぞれ同項の3の下欄に定める額から八、〇〇〇円を減じた額とする。

四　遊技機試験を受けようとする者が県内において同時に当該遊技機試験に係る遊技機と同一の型式に属する他の遊技機について遊技機試験を受けようとする場合における当該他の遊技機の遊技機試験に係る手数料の額は、それぞれ五の項の下欄に定める額から一四、三〇〇円を減じた額とする。

2　前項の規定にかかわらず、指定試験機関が行う遊技機試験又は型式試験を受けようとする者は、当該遊技機試験又は型式試験に係る手数料を当該指定試験機関に納付しなければならない。

3　前項の規定により指定試験機関に納付された手数料は、当該指定試験機関の収入とする。

第二十二条　次の表の上欄に掲げる者から、それぞれ同表の下欄に定める額の手数料を徴収する。

納付しなければならない者	金額
一　法第五条第四項の規定に基づく許可証の再交付の申請者	一、二〇〇円
二　法第九条第四項の規定に基づく許可証の書換えの申請者	一、五〇〇円
三　法第七条第一項の規定に基づく風俗営業の相続に係る承認の申請者	九、〇〇〇円
四　法第七条の二第一項の規定に基づく風俗営業者たる法人の合併に係る承認の申請者	一二、〇〇〇円
五　法第七条の三第一項の規定に基づく風俗営業者たる法人の分割に係る承認の申請者	一二、〇〇〇円
六　法第九条第一項の規定に基づく営業所の構造又は設備の変更の承認の申請者	九、九〇〇円

七　法第十条の二第一項の規定に基づく特例風俗営業者の認定の申請者	一三、〇〇〇円
八　法第十条の二第五項の規定に基づく認定証の再交付の申請者	一、二〇〇円
九　法第二十四条第六項の規定に基づく営業所の管理者に対する講習を受けようとする者	講習一時間につき六五〇円
十　法第二十七条第四項（法第三十一条の十二第二項において準用する場合を含む。）又は第三十一条の二第四項（法第三十一条の七第二項及び第三十一条の十七第二項において準用する場合を含む。）の規定に基づく法第二十七条第一項、第三十一条の二第一項、第三十一条の七第一項、第三十一条の十二第一項又は第三十一条の十七第一項の届出書の提出があった旨を記載した書面の交付を受けようとする者	
1　法第二条第六項又は第九項の営業を営もうとする場合	一一、九〇〇円
2　法第二条第七項第一号の営業を営もうとする場合で当該営業につき受付所を設けようとするとき。	三、四〇〇円と八、五〇〇円に受付所の数を乗じて得た額との合計額
3　法第二条第七項、第八項若しくは第十項の営業を営もうとする場合（前記2に掲げる場合を除く。）又は風俗営業等の規制及び業務の適正化等に関する法律の一部を改正する法律（平成十七年法律第百十九号）附則第三条第二項の規定により第二十七条第一項、第三十一条の二第一項、第三十一条の七第一項、第三十一条の十二第一項若しくは第三十一条の十七第一項の届出書を提出したものとみなされる場合	三、四〇〇円
十一　法第二十七条第四項（法第三十一条の十二第二項において準用する場合を含む。）又は第三十一条の二第四項（法第三十一条の七第二項及び第三十一条の十七第二項において準用する場合を含む。）の規定に基づく法第二十七条第二項（法第三十一条の十二第二項において準用する場合を含む。）又は第三十一条の二第二項（法第三十一条の七第二項及び第三十一条の十七第二項において準用する場合を含む。）の届出書の提出があった旨を記載した書面の交付を受けようとする者	
1　変更に係る事項が受付所の新設に係るものである場合	一、九〇〇円と八、五〇〇円に受付所の数を乗じて得た額との合計額
2　その他の場合	一、五〇〇円
十二　法第二十七条第四項（法第三十一条の十二第二項において準用する場合を含む。）又は第三十一条の二第四項（法第三十一条の七第二項及び第三十一条の十七第二項において準用する場合を含む。）の規定に基づく届出書の提出があった旨を記載した書面の交付を受けようとする者	一、二〇〇円
十三　法第三十一条の二十二の許可の申請者	
1　三月以内の期間を限って営む営業	一四、〇〇〇円
2　その他の営業	二四、〇〇〇円
十四　法第三十一条の二十三において準用する法第五条第四項の規定に基づく許可証の再交付の申請者	一、一〇〇円
十五　法第三十一条の二十三において準用する法第九条第四項の規定に基づく許可証の書換えの申請者	一、四〇〇円
十六　法第三十一条の二十三において準用する法第七条第一項の規定に基づく特定遊興飲食店営業の相続に係る承認の申請者	八、六〇〇円
十七　法第三十一条の二十三において準用する法第七条の二第一項の規定に基づく特定遊興飲食店営業者たる法人の合併に係る承認の申請者	一一、〇〇〇円
十八　法第三十一条の二十三において準用する法第七条の三第一項の規定に基づく特定遊興飲食店営業者たる法人の分割に係る承認の申請者	一一、〇〇〇円
十九　法第三十一条の二十三において準用する法第九条第一項の規定に基づく営業所の構造又は設備の変更の承認の申請者	九、九〇〇円
二十　法第三十一条の二十三において準用する法第十条	一三、〇〇〇円

の二第一項の規定に基づく特例特定遊興飲食店営業者の認定の申請者	
二十一　法第三十一条の二十三において準用する法第十条の二第五項の規定に基づく認定証の再交付の申請者	一、一〇〇円
二十二　法第三十一条の二十三において準用する法第二十四条第六項の規定に基づく営業所の管理者に対する講習を受けようとする者	講習一時間につき六五〇円

備考
一　第三号の承認の申請者が県内において同時に他の同号の承認を受けようとする場合における当該他の同号の承認に係る手数料の額は、三、八〇〇円とする。
二　第四号の承認の申請者が県内において同時に他の同号の承認を受けようとする場合における当該他の同号の承認に係る手数料の額は、三、八〇〇円とする。
三　第五号の承認の申請者が県内において同時に他の同号の承認を受けようとする場合における当該他の同号の承認に係る手数料の額は、三、八〇〇円とする。
四　第七号の認定の申請者が県内において同時に他の同号の認定を受けようとする場合における当該他の同号の認定に係る手数料の額は、一〇、〇〇〇円とする。
五　第十三号の許可の申請者が県内において同時に他の同号の許可を受けようとする場合における当該他の同号の許可に係る手数料の額は、それぞれ同号の下欄に定める額から八、七〇〇円を減じた額とする。
六　法第三十一条の二十三において準用する法第四条第三項の規定が適用される営業所につき第十三号の許可を受けようとする場合における手数料の額は、それぞれ同号の下欄に定める額に六、八〇〇円を加算した額とする。
七　第十六号の承認の申請者が県内において同時に他の同号の承認を受けようとする場合における当該他の同号の承認に係る手数料の額は、三、八〇〇円とする。
八　第十七号の承認の申請者が県内において同時に他の同号の承認を受けようとする場合における当該他の同号の承認に係る手数料の額は、三、三〇〇円とする。
九　第十八号の承認の申請者が県内において同時に他の同号の承認を受けようとする場合における当該他の同号の承認に係る手数料の額は、三、三〇〇円とする。
十　第二十号の認定の申請者が県内において同時に他の同号の認定を受けようとする場合における当該他の同号の認定に係る手数料の額は、一〇、〇〇〇円とする。

（手数料の納付方法）
第二十三条　手数料は、福島県収入証紙で納付しなければならない。ただし、第二十一条第二項の規定により指定試験機関に納付する手数料にあつては、当該指定試験機関が定めるところにより納付しなければならない。
（手数料の不返還）
第二十四条　既に納付された手数料は、返還しない。

附　則〔略〕

別　表（第十一条―第十四条、第十四条の三、第十四条の四、第十七条）

福島市（同市松川町水原字南沢二番のうち　南沢国有林二十四林班の区域を除く。）
会津若松市
郡山市
いわき市
白河市
須賀川市
喜多方市
相馬市
二本松市
田村市
南相馬市
伊達市
本宮市
伊達郡
安達郡
岩瀬郡
南会津郡
耶麻郡
河沼郡
大沼郡
東白川郡
西白河郡
石川郡
田村郡
双葉郡
相馬郡

○風俗営業等の規制及び業務の適正化等に関する法律施行条例の施行に関する規則

（昭和六〇・二・五　福島県公安委員会規則二）

最終改正　平成二八・六・二一　公安委員会規則六

（風俗営業の営業場所の制限を解除する地域）

第一条　風俗営業等の規制及び業務の適正化等に関する法律施行条例（昭和五十九年福島県条例第五十七号。以下「条例」という。）第四条第一項第一号の福島県公安委員会規則（以下「公安委員会規則」という。）で定める地域は、別表第一に掲げる地域とする。

（風俗営業の営業時間の特例）

第二条　条例第五条第二項第二号の公安委員会規則で定める日及び地域は、別表第二の左〔上〕欄に掲げる日に応じ、同表の右〔下〕欄に掲げる地域とする。ただし、条例第五条第三項に掲げる地域を除く。

（店舗型性風俗特殊営業等の営業場所の制限を解除する地域）

第三条　条例第十一条第一項第二号、同条第二項第二号及び第十六条第二項の公安委員会規則で定める地域は、別表第三に掲げる地域とする。

（無店舗型性風俗特殊営業等の広告又は宣伝の制限を解除する地域）

第四条　条例第十四条第二号、第十五条、第十八条及び第十九条の公安委員会規則で定める地域は、別表第三に掲げる地域とする。

附　則〔略〕

別表第一（第一条関係）

福島市	飯坂町	字中ノ内	全部
		字上原	全部
	飯坂町中野	字山岸	六番地の一、六番地の九、六番地の一八、七番地の一から七番地の三まで、七番地の六から七番地の一二まで、八番地の一から八番地の四まで、九番地の一、九番地の一三、一二番地の一、一二番地の三、二五番地の一から二五番地の三まで、二六番地、二九番地の二
いわき市	常磐湯本町	三函	五番地の三
	常磐関船町	志座	四〇番地の二、四一番地の二
	常磐下湯長谷町	勝善	七七番地
		シザ	二二番地の一、二二番地の二
	常磐白鳥町	北蟹打	四〇番地の一から四〇番地の三まで、四一番地の二、四一番地の三、四三番地、四九番地の一
		壱町田	一八番地、一九番地

別表第二（第二条関係）

日	地域
十日市（会津若松市）が行われる日の翌日	会津若松市
信夫三山暁まいりの初日の翌日から最終日の翌日まで	福島市
白河だるま市が行われる日の翌日	白河市
会津田島祇園祭の初日の翌日から最終日の翌日まで	南会津町
相馬野馬追の初日の翌日から最終日の翌日まで	浪江町、南相馬市、相馬市
郡山うねめまつりの初日の翌日から最終日の翌日まで	郡山市
平七夕まつりの初日の翌日から最終日の翌日まで	いわき市
鹿嶋神社例大祭（白河市）の初日の翌日から最終日の翌日まで	白河市
会津まつりの初日の翌日から最終日の翌日まで	会津若松市
安積國造神社秋季例大祭の初日の翌日から最終日の翌日まで	郡山市
二本松の提灯祭の初日の翌日から最終日の翌日まで	二本松市
福島稲荷神社例大祭の初日の翌日から最終日の翌日まで	福島市
松明あかしが行われる日の翌日	須賀川市

別表第三（第三条、第四条関係）

福島市	土湯温泉町	字油畑
		字堂ノ上
		字上ノ町
		字下ノ町
		字杉ノ下
		字上猪坪
二本松市	岳温泉一丁目	

○風俗営業等の規制及び業務の適正化等に関する法律施行条例により公安委員会が指定する地域

（昭和六〇・二・八　福島県公安委員会告示五）

風俗営業等の規制及び業務の適正化等に関する法律施行条例（昭和五十九年福島県条例第五十七号。以下「条例」という。）第七条第一項の表第三号及び第五号の福島県公安委員会が指定する地域として、次の地域を指定する。

地域の区分	指定する地域	
	市町村名	町名又は字名
条例第七条第一項の表第三号の地域	白河市	字鬼越、字与惣小屋、字東三坂山、字東小丸山、字葉ノ木平、字金勝寺、字六反山、字飯沢、字飯沢山、字薄葉、字外薄葉、字鶴巻山、字弥次郎窪、字向寺、字金子平及び字女石の区域
	伊達郡川俣町	字赤坂、字宮ノ入、字宮ノ脇、字宮前、字宮町、字天神入、字樋ノ口、字五百田、字段ノ腰、字八反田、字竹ノ内、字寺前、字石川、字道場、字七窪、字壁沢、字西戸ノ内、字中島、字舘、字大内、字寺久保、字大清水、字後庵、字道内、字川原田、字後田、字根本、字賤田、字大作、字小作、字橋本、字仲ノ内、字仁井町、字上桜、字舘ノ腰、字新宮及び字池ノ入の区域 大字鶴沢のうち、字鍛治内、字下中島、字油田、字笛田、字細越、字京田、字川端及び字八反田の区域 大字小神字長戸の区域 大字飯坂のうち、字諏訪山、字合ノ内、字壁沢、字前壁沢、字芹ノ沢、字目倉沢、字西光寺、字諏訪、字下中居、字古中道、字八反田、字米子田、字中道、字的板田、字岩垣、字芋ケ作、字東大清水及び字清水の区域
	安達郡本宮町	字鳴瀬、字兼谷平、字南山神、字塩田、字塩田入、字反町、字舞台、字懸鉄、字上千束、字南河原田、字馬場、字鉄砲町、字欠下、字近江内、字白川、字鹿ノ子田、字舘ノ越、字柳ノ内、字大榎、字立石、字坊屋敷、字弁天、字東町裏、字大町、字仲町、字東町、字石塚、字兼谷、字鍛治免、字葭ケ入、字山田、字千束、字北河原田、字戸崎、字中台、字花町、字万世、字千代田、字舘町及び字太郎丸の区域 大字青田のうち、字山田、字孫市、字花掛及び字峰崎の区域 大字仁井田のうち、字上山田、字桝形及び字吹上の区域 大字高木のうち、字原、字百目木、字長瀬、字高木、字舟場、字辻、字沢目、字諏訪、字戸崎、字猫田、字大屋敷、字辻向、字大学、字愛宕、字中島、字狐森、字滝ノ入、字中滝、字中丸、字反田、字平内、字北ノ脇、字山王川原、字金瀬、字長畑、字熊ノ木、字向田、字三枚田、字根岸、字田中、字舘、字井戸上及び字山ノ神の区域
	河沼郡会津坂下町	字東川前、字道下、字上沼ノ上、字窪畑、字東屋敷添、字家ノ前、字小川原、字北小川原、字原道東、字白子、字松ノ目、字逆水、字北逆水、字中岩田、字惣六、字稲荷塚、字中岡、字一丁田、字舘ノ内、字古屋敷、字光明寺東、字西ノ宮、字戌亥、字五反田、字曲田、字東南町裏、字石田、字西南町裏、字沢ノ目、字上口、字台ノ下、字沼田、字大道、

	字茶屋町、字舘ノ下、字四十石、字古町川尻及び字臺ノ根の区域 大字羽林のうち、字大畑、字東碇及び字西碇の区域 大字白狐のうち、字古川甲及び字土堰の区域
西白河郡西郷村	大字熊倉のうち、字五反歩、字内山、字折口原及び字道場久保の区域 大字真船のうち、字茂助屋敷、字並木通、字壱里塚、字蒲田向及び字横川の区域 大字小田倉のうち、字大平、字小田倉原、字原中、字後原、字山下、字上野原及び字勝負沢の区域 大字鶴生のうち、字由井ケ原、字茅窪及び字横道の区域
同郡泉崎村	大字北平山字高柳の区域 大字関和久のうち、字下原、字瀬知房後及び字中宿の区域
同郡矢吹町	小松、善郷内、東郷、北町、本町、中町、大町、大池、一本木、曙町、八幡町及び田町の区域
石川郡石川町	字立ケ岡、字大室、字長久保、字石田、字屋敷入、字古舘及び字境ノ内の区域 大字双里のうち、字本宮、字七鍬石、字桜町、字赤沼、字谷津、字谷津前、字白坂下、字宮ノ前、字双里及び字神主の区域 大字形見字双里の区域 大字塩沢のうち、字大日向、字割田作及び字小金塚の区域
同郡平田村	大字小平のうち、字轡及び字入山の区域 大字上蓬田のうち、字古寺及び字切山の区域

同郡浅川町	大字浅川のうち、字大明塚、字背戸谷地、字荒町西裏、字古語宮及び字月斉陣場の区域 大字東大畑字裏門の区域
田村郡三春町	字会下谷、字桜谷、字小金滝、字御免町、字尼ケ谷、字馬場、字丈六、字雁木田、字鶴蒔田、字一本松、字沼之倉、字大久保、字日向町、字北向町、字持合畑、字小浜海道、字松橋、字六斗蒔、字四反田、字深田和、字六升蒔、字樋ノ口、字燕清水、字仁井町、字清水畑、字清水、字師範場、字八十内、字大平、字小滝、字栗林、字永作、字弓町、字四軒丁、字庚申坂、字化粧坂、字番組、字恵下越、字赤坂、字荒町、字渋池、字新町、字北町、字亀井、字烏帽子石、字鎌田前及び字山崎の区域 大字平沢のうち、字田畑、字河原、字向作田、字水無、字栄町及び字担橋の区域 大字熊耳のうち、字烏帽子石、字下荒井及び字上荒井の区域 大字上舞木のうち、字明部作、字大谷津、字福内、字向田、字戸ノ内及び字宮ノ前の区域 大字下舞木のうち、字折ノ内、字上ノ内、字岩本、字追越、字一本木、字北山、字西ノ内、字石田、字蛇田、字石花、字石崎、字虫内、字正神平及び字間明田の区域
田村郡小野町	大字小野新町のうち、字舘廻、字七生根、字槻木内、字反町、字前久保、字万景、字万景上、字光明院、字寺下、字丹後坂、字団子田及び字東馬番の区域 大字谷津作のうち、字安橋、字鬼石、字小治郎、字馬場及び字和久の区域 大字小野赤沼のうち、字鳥井平及び字入木前の区域

同郡船引町	大字船引のうち、字砂子田、字石崎、字和尚壇、字八幡、字瓜石、字家内神、字町七ツ壇、字舘柄、字扇田、字馬場、字馬場川原、字下川原、字上田中、字下中田、字上中田、字平舘、字前田、字竹ノ内、字北元町、字番匠及び字城ノ内の区域
条例第七条第一項の表第五号の地域	
伊達郡川俣町	字日和田、字新中町、字鉄炮町、字瓦町、字中丁及び字本町の区域
安達郡本宮町	字土樋、字蛭田、字上町、字九縄、字南町裡、字中條、字下町、字矢来、字荒町及び字栄田の区域
河沼郡会津坂下町	字姥ケ下、字上台、字上窪道北、字東上口、字古市、字市中一番、字市中二番、字市中三番、字市中四番、字市中新町、字大堀川西及び字西屋敷添の区域
西白河郡泉崎村	大字泉崎字八丸の区域 大字太田川字菖蒲沢の区域
石川郡石川町	字北町、字高田、字新町、字南町、字鹿ノ坂、字矢ノ目田、字下泉、字当町、字松木下、字白石及び字猫啼の区域 大字母畑字樋田の区域 大字湯郷渡字米子平の区域
同郡平田村	大字小平字滝坂の区域 大字上蓬田のうち、字石花、字通目木、字大隅、字山田、字清水内、字揚土、字舘ノ前、字上檜壘、字下檜壘、字大石、字上宿、字新屋敷、字銭神、字銭神前、字遅沢、字向舘、字三斗蒔及び字橋本の区域 大字北方のうち、字後川、字蛇石、字橋本及び字逆水の区域
同郡浅川町	大字浅川のうち、字荒町、字本町及び字本町西裏の区域

	大字東大畑のうち、字大名大塚及び字新町の区域
田村郡三春町	字大町、字南町、字中町、字八幡町、字天王町、字天王下及び字山中の区域 大字熊耳字大平の区域 大字山田のうち、字南、字福内、字大久保、字戸之内、字竹之内、字下田、字越井戸及び字滝田の区域 大字下舞木字四合田の区域
同郡小野町	大字小野新町のうち、字本町、字宿ノ後、字横町、字殿町、字仲町、字荒町、字門番、字中通及び字品ノ木の区域 大字谷津作字平舘の区域
同郡大越町	大字上大越のうち、字曲田原、字上川原、字求中、字中広土、字五斗蒔、字水神宮、字大堰、字島ノ越、字久保田、字屋敷田、字白石、字槻木、字元池、字蟹沢、字町、字鷹待田及び字薬師堂の区域
同郡船引町	大字船引のうち、字西中子縄、字東中子縄、字五升車、字安久津、字畑添、字中島、字大日坊、字原田、字北町通、字南町通、字反田、字南元町、字八升蒔、字臂曲及び舘柄前の区域

東京都

○風俗営業等の規制及び業務の適正化等に関する法律施行条例

（昭和五九・一二・二〇　東京都条例一二八）

最終改正　平成二九・一二・二二　条例九三

（定義）

第一条　この条例において、次の各号に掲げる用語の意義は、それぞれ当該各号に定めるところによる。

一　第一種低層住居専用地域、第二種低層住居専用地域、第一種中高層住居専用地域、第二種中高層住居専用地域、第一種住居地域、第二種住居地域、準住居地域、田園住居地域、近隣商業地域、商業地域、準工業地域、工業地域又は工業専用地域　それぞれ都市計画法（昭和四十三年法律第百号）第八条第一項第一号に掲げる第一種低層住居専用地域、第二種低層住居専用地域、第一種中高層住居専用地域、第二種中高層住居専用地域、第一種住居地域、第二種住居地域、準住居地域、田園住居地域、近隣商業地域、商業地域、準工業地域、工業地域又は工業専用地域をいう。

二　無指定地域　前号に掲げる地域以外の地域をいう。

三　第一種文教地区又は第二種文教地区　それぞれ東京都文教地区建築条例（昭和二十五年東京都条例第八十八号）第二条に規定する第一種文教地区又は第二種文教地区をいう。

四　病院又は診療所　医療法（昭和二十三年法律第二百五号）第一条の五第一項に規定する病院又は同条第二項に規定する診療所（患者を入院させるための施設を有するものに限る。）をいう。

第二条　削除

（風俗営業の営業所の設置を特に制限する地域）

第三条　風俗営業等の規制及び業務の適正化等に関する法律（昭和二十三年法律第百二十二号。以下「法」という。）第四条第二項第二号の条例で定める地域は、次の地域とする。

一　第一種低層住居専用地域、第二種低層住居専用地域、第一種中高層住居専用地域、第二種中高層住居専用地域、第一種住居地域、第二種住居地域、準住居地域及び田園住居地域（以下「住居集合地域」という。）。ただし、法第二条第一項第四号及び第五号の営業に係る営業所については、近隣商業地域及び商業地域に近接する第二種住居地域及び準住居地域で東京都公安委員会規則（以下「規則」という。）で定めるものを除く。

二　学校、図書館、児童福祉施設、病院及び診療所の敷地（これらの用に供するものと決定した土地を含む。）の周囲百メートル以内の地域。ただし、近隣商業地域及び商業地域のうち、規則で定める地域に該当する部分を除く。

2　前項の規定は、列車等常態として移動する施設において営まれる風俗営業に係る営業所については、適用しない。

（特別な事情のある日）

第四条　法第十三条第一項第一号の習俗的行事その他の特別な事情のある日として条例で定める日は、年末年始、大規模な祭礼が行われる日等として規則で定める日とする。

（特別日営業延長許容地域の指定等）

第四条の二　法第十三条第一項第一号の特別な事情のある地域として条例で定める地域（以下「特別日営業延長許容地域」という。）は、次項で定める地域のほか、規則で定める地域とする。

2　法第二条第一項第四号の営業（ぱちんこ屋及び風俗営業等の規制及び業務の適正化等に関する法律施行令（昭和五十九年政令第三百十九号。以下「政令」という。）第八条に規定する営業に限る。第五条において同じ。）を除く風俗営業について、法第十三条第一項第二号の午前零時以後において風俗営業を営むことが許容される特別な事情のある地域として条例で定める地域（以下「営業延長許容地域」という。）は、商業地域のうち規則で定める地域とする。

（営業時間の延長）

第四条の三　法第十三条第一項ただし書の条例で定める時は、次の各号に掲げる場合の区分に応じ、当該各号に定める時とする。

一　法第十三条第一項第一号に該当する場合　午前一時以後であつて地域の区分ごとに規則で定める時

二　法第十三条第一項第二号に該当する場合　午前一時以後であつて規則で

定める時

（風俗営業の営業時間の制限）

第五条　次の表の上欄に掲げる風俗営業は、同表の中欄に掲げる地域において同表の下欄に掲げる時間においては、これを営んではならない。

法第二条第一項第四号の営業	東京都内全域	午後十一時から翌日の午前十時まで
法第二条第一項第五号の営業	住居集合地域	午後十一時から翌日の午前十時まで
	営業延長許容地域	前条第二号の規則で定める時（第四条の規則で定める日にあつては、当該日に係る特別日営業延長許容地域について前条第一号の規則で定める時）から午前十時まで
	住居集合地域及び営業延長許容地域以外の地域	午前零時（第四条の規則で定める日にあつては、当該日に係る特別日営業延長許容地域について前条第一号の規則で定める時）から午前十時まで
その他の風俗営業	住居集合地域	午後十一時から翌日の午前十時まで

（風俗営業等の騒音及び振動の数値）

第六条　法第十五条（法第三十一条の二十三及び法第三十二条第二項において準用する場合を含む。次項において同じ。）の条例で定める騒音に係る数値は、次の表の上欄に掲げる地域について、同表の下欄に掲げる時間の区分に応じ、それぞれ同欄に定める数値とする。

地域	数値			
	午前六時後午前八時前の時間	午前八時から午後六時前の時間	午後六時から翌日の午前零時前の時間	午前零時から午前六時までの時間
一　第一種低層住居専用地域、第二種低層住居専用地域及び第一種文教地区	四十デシベル	四十五デシベル	四十デシベル	四十デシベル
二　第一種中高層住居専用地域、第二種中高層住居専用地域、第一種住居地域、第二種住居地域、準住居地域及び無指定地域（第一種文教地区に該当する部分を除く。）	四十五デシベル	五十デシベル	四十五デシベル	四十五デシベル
三　近隣商業地域、商業地域、準工業地域、工業地域及び工業専用地域（第一種文教地区に該当する部分を除く。）	五十デシベル	六十デシベル	五十デシベル	五十デシベル

2　法第十五条の条例で定める振動に係る数値は、東京都内全域について五十五デシベルとする。

（風俗営業者の遵守事項）

第七条　風俗営業者は、次に掲げる事項を遵守しなければならない。

一　営業所で卑わいな行為その他善良の風俗を害する行為をし、又はさせないこと。

二　客の求めない飲食物を提供しないこと。

三　法第十七条の規定により表示する料金以外の料金を客に請求しないこと。

四　営業所において客を宿泊させ、若しくは仮眠させ、又は寝具その他これに類するものを客に使用させないこと。

五　営業中において、営業所の出入口、客室等に施錠をし、又はさせないこと。

六　営業所において、店舗型性風俗特殊営業（法第二条第六項に規定する店舗型性風俗特殊営業をいう。以下同じ。）、受付所営業（法第三十一条の二第四項に規定する受付所営業をいう。以下同じ。）又は店舗型電話異性紹介営業（法第二条第九項に規定する店舗型電話異性紹介営業をいう。以下同じ。）を営み、又は他の者に営ませないこと。

七　とばくその他著しく射幸心をそそるような行為をし、又はさせないこと。

八　営業所の周辺において客が投棄したと認められるごみ又は排せつ若しくは吐しやしたと認められる物を放置したままにしないこと。

2　法第二条第一項第四号及び第五号の営業を営む風俗営業者は、前項に規定するもののほか、次に掲げる事項を遵守しなければならない。

一　客相互の行う遊技の結果に対して賞品を提供しないこと。

二　客に提供した賞品を買い取らせないこと。

三　営業所（まあじやん屋及び飲食店営業と法第二条第一項第五号の営業とを兼業している営業に係る営業所を除く。）において、客に飲酒をさせないこと。

（年少者の立入りの制限）

第八条　法第二条第一項第五号の営業を営む風俗営業者は、午後六時後午後十時前の時間において十六歳未満の者を営業所に客として立ち入らせるときは、保護者の同伴を求めなければならない。

（店舗型性風俗特殊営業等の禁止区域の基準となる施設）

第九条　法第二十八条第一項（法第三十一条の三第二項の規定により適用する場合及び法第三十一条の十三第一項において準用する場合を含む。）の条例で定めるその他の施設は、病院及び診療所とする。

（店舗型性風俗特殊営業等の禁止地域）

第十条　次の表の上欄に掲げる店舗型性風俗特殊営業、受付所営業又は店舗型電話異性紹介営業は、それぞれ同表の下欄に掲げる地域においては、これを営んではならない。

一　法第二条第六項第一号及び第二号の営業並びに受付所営業	台東区千東四丁目（十六番から三十二番まで及び四十一番から四十八番まで）の地域以外の地域
二　法第二条第六項第三号、第五号及び第六号並びに同条第九項の営業	商業地域以外の地域
三　法第二条第六項第四号の営業のうち、政令第三条第二項の構造を有する施設を設けて営む営業	次に掲げる地域以外の地域 1　新宿区のうち、歌舞伎町一丁目（二番から二十九番まで）、新宿二丁目（六番、十一番、十二番及び十六番から十九番まで）及び新宿三丁目（二番から十三番まで）の地域 2　台東区千東四丁目（十六番から三十二番まで及び四十一番から四十八番まで）の地域 3　豊島区西池袋一丁目（十八番から四十四番まで）の地域
四　法第二条第六項第四号の営業のうち、政令第三条第三項の設備を有する施設を設けて営む営業（三に該当するものを除く。）	近隣商業地域及び商業地域（第一種文教地区及び第二種文教地区に該当する部分を除く。）以外の地域

（店舗型性風俗特殊営業等の深夜における営業時間の制限）

第十一条　店舗型性風俗特殊営業（法第二十八条第四項に規定するものに限る。）、受付所営業及び店舗型電話異性紹介営業は、東京都内全域において、午前零時から午前六時までの時間においては、これを営んではならない。

（店舗型性風俗特殊営業等の広告又は宣伝を制限すべき地域）

第十一条の二　法第二十八条第五項第一号ロ（法第三十一条の十三第一項において準用する場合を含む。）の広告又は宣伝を制限すべき地域として条例で定める地域は、第十条に規定する当該営業の禁止地域とする。

2　法第三十一条の三第一項及び法第三十一条の十八第一項において準用する法第二十八条第五項第一号ロの広告又は宣伝を制限すべき地域として条例で定める地域は、次の表の上欄に掲げる営業について、それぞれ同表の下欄に掲げる地域とする。

一　法第二条第七項第一号の営業	台東区千東四丁目（十六番から三十二番まで及び四十一番から四十八番まで）の

	地域以外の地域
二　法第二条第七項第二号及び同条第十項の営業	商業地域以外の地域

3　法第三十一条の八第一項において準用する法第二十八条第五項第一号ロの映像送信型性風俗特殊営業の広告又は宣伝を制限すべき地域として条例で定める地域は、商業地域以外の地域とする。

（特定遊興飲食店営業の許可に係る営業所の設置を許容する地域の指定）

第十二条　法第三十一条の二十三において準用する法第四条第二項第二号の条例で定める地域は、次に掲げる地域とする。ただし、病院、診療所並びに児童福祉法（昭和二十二年法律第百六十四号）第七条第一項に規定する助産施設、乳児院、母子生活支援施設、児童養護施設、障害児入所施設、児童心理治療施設、児童自立支援施設並びに保育所及び幼保連携型認定こども園（午前零時から午前六時までの時間において同法第四条第一項に規定する児童が利用することのできる施設に限る。）の敷地（これらの用に供するものと決定した土地を含む。）の周囲百メートル以内の地域（商業地域のうち、規則で定める地域に該当する部分を除く。）を除く。

一　商業地域のうち規則で定める地域

二　前号に掲げるもののほか、東京都公安委員会が政令第二十二条に規定する基準に照らし相当と認め規則で定める地域

（特定遊興飲食店営業の営業時間の制限）

第十三条　特定遊興飲食店営業は、東京都内全域において、午前五時から午前六時までの時間においては、これを営んではならない。

（特定遊興飲食店営業者の遵守事項）

第十四条　特定遊興飲食店営業者は、次に掲げる事項を遵守しなければならない。

一　営業所で卑わいな行為その他善良の風俗を害する行為をし、又はさせないこと。

二　客の求めない飲食物を提供しないこと。

三　営業所において、その営業に係る料金で次に掲げる種類のものを表示すること。

イ　入場料金、遊興料金、飲食料金その他名義のいかんを問わず、当該営業所の施設を利用して客が遊興をし、又は飲食をする行為について、その対価又は負担として客が支払うべき料金

ロ　サービス料金その他名義のいかんを問わず、客が当該営業所の施設を利用する行為について、その対価又は負担として客が支払うべき料金でイに定めるもの以外のものがある場合にあつては、その料金

四　前号の規定による料金の表示は、次のいずれかの方法によること。

イ　壁、ドア、ついたてその他これらに類するものに料金表その他料金を表示した書面その他の物（以下この号において「料金表等」という。）を客に見やすいように掲げること。

ロ　客席に料金表等を客に見やすいように備えること。

ハ　イ及びロに掲げるもののほか、注文前に料金表等を客に見やすいように示すこと。

五　第三号の規定により表示する料金以外の料金を客に請求しないこと。

六　営業所において客を宿泊させ、若しくは仮眠させ、又は寝具その他これに類するものを客に使用させないこと。

七　営業中において、営業所の出入口、客室等に施錠をし、又はさせないこと。

八　営業所において、店舗型性風俗特殊営業、受付所営業又は店舗型電話異性紹介営業を営み、又は他の者に営ませないこと。

九　とばくその他著しく射幸心をそそるような行為をし、又はさせないこと。

十　営業所の周辺において客が投棄したと認められるごみ又は排せつ若しくは吐しやしたと認められる物を放置したままにしないこと。

（深夜における酒類提供飲食店営業の禁止地域）

第十五条　住居集合地域においては、法第三十三条第一項に規定する酒類提供飲食店営業を午前零時から午前六時までの時間において営んではならない。

（風俗環境保全協議会を置く地域）

第十六条　法第三十八条の四第一項の条例で定める地域は、風俗営業、特定遊興飲食店営業又は法第三十三条第六項に規定する酒類提供飲食店営業の営業所が集中しており、特に良好な風俗環境の保全を図る必要がある地域であつて規則で定める地域とする。

附　則〔略〕

○風俗営業等の規制及び業務の適正化等に関する法律施行条例の施行に関する規則（昭和六〇・二・一 東京都公安委員会規則一）

最終改正　平成二九・三・三一　公安委員会規則四

（風俗営業の営業所の設置を特に制限する地域の特例）

第一条　風俗営業等の規制及び業務の適正化等に関する法律施行条例（昭和五十九年東京都条例第百二十八号。以下「条例」という。）第三条第一項第一号ただし書の規則で定める地域は、近隣商業地域及び商業地域に隣接し、かつ、当該地域からの距離が二十メートル以下の区域とする。

第二条　条例第三条第一項第二号ただし書の規則で定める地域は、次の各号の区分に従い、当該各号に掲げる区域とする。ただし、当該区域のうち、風俗営業の規制に当たり著しい支障があると東京都公安委員会（以下「公安委員会」という。）が認める区域を除く。

一　近隣商業地域

ア　大学、病院（児童福祉施設の設備及び運営に関する基準（昭和二十三年厚生省令第六十三号）第十五条第二項に規定する第一種助産施設を含む。以下同じ。）及び診療所（八人以上の患者を入院させるための施設を有するものに限る。）の敷地からの距離が五十メートル以上の区域

イ　児童福祉施設の設備及び運営に関する基準第十五条第三項に規定する第二種助産施設（以下「第二種助産施設」という。）及びアの診療所以外の診療所の敷地からの距離が二十メートル以上の区域

二　商業地域

ア　学校（大学を除く。）、図書館及び児童福祉施設（児童福祉法（昭和二十二年法律第百六十四号）第七条第一項に規定する助産施設を除く。）の敷地からの距離が五十メートル以上の区域

イ　大学、病院及び診療所（八人以上の患者を入院させるための施設を有するものに限る。）の敷地からの距離が二十メートル以上の区域

ウ　第二種助産施設及びイの診療所以外の診療所の敷地からの距離が十メートル以上の区域

2　前項の規定にかかわらず、近隣商業地域及び商業地域のうち、風俗営業に係る営業所が密集した区域で、特に風俗営業の規制に当たり支障がないと公安委員会が認めて告示する区域は、条例第三条第一項第二号ただし書の規則で定める地域とする。

（特別な事情のある日）

第三条　条例第四条の規則で定める日は、年末年始にあつては十二月十日から翌年の一月七日までの日、大規模な祭礼が行われる日等にあつては公安委員会が告示する日とする。

（特別日営業延長許容地域の指定）

第四条　条例第四条の二第一項の規則で定める地域は、年末年始にあつては都内全域（次条で規定する地域を除く。）、大規模な祭礼が行われる日等にあつては公安委員会が告示する地域とする。

（営業延長許容地域の指定）

第五条　条例第四条の二第二項の商業地域のうち規則で定める地域は、公安委員会が告示する地域とする。ただし、条例第三条第一項第一号に規定する住居集合地域（以下「住居集合地域」という。）からの距離が二十メートル以下の区域（幹線道路（道路法（昭和二十七年法律第百八十号）第三条第二号に規定する一般国道及び同条第三号に規定する都道府県道をいう。以下同じ。）の各側端から外側五十メートル以下の区域を除く。）を除く。

（営業時間の延長）

第六条　条例第四条の三第一号の規則で定める時は、前二条で規定する地域（特別の事情がある地域として公安委員会が告示する地域を除く。）については午前一時、特別の事情がある地域として公安委員会が告示する地域については公安委員会が告示する時とする。

2　条例第四条の三第二号の規則で定める時は、午前一時とする。

（特定遊興飲食店営業の許可に係る営業所設置許容地域の指定）

第七条　条例第十二条ただし書の規則で定める地域は、次の各号に掲げる区域とする。ただし、当該区域のうち、特定遊興飲食店営業の規制に当たり著しい支障があると公安委員会が認める区域を除く。

一　児童福祉法第七条第一項に規定する乳児院、母子生活支援施設、児童養護施設、障害児入所施設、児童心理治療施設、児童自立支援施設並びに保育所及び幼保連携型認定こども園（午前零時から午前六時までの時間において同法第四条第一項に規定する児童が利用することのできる施設に限る。）の敷地からの距離が五十メートル以上の区域

二　病院及び診療所（八人以上の患者を入院させるための施設を有するものに限る。）の敷地からの距離が二十メートル以上の区域

三　第二種助産施設及び前号の診療所以外の診療所の敷地からの距離が十メートル以上の区域

2　条例第十二条第一号の商業地域のうち規則で定める地域は、公安委員会が告示する地域とする。ただし、住居集合地域又は住居集合地域からの距離が二十メートル以下の区域（当該区域が風俗営業等密集地域に該当する場合にあつては、幹線道路の各側端から外側五十メートル以下の区域を除く。）を除く。

3　条例第十二条第二号の東京都公安委員会が風俗営業等の規制及び業務の適正化等に関する法律施行令（昭和五十九年政令第三百十九号。次条において「政令」という。）第二十二条に規定する基準に照らし相当と認め規則で定める地域は、公安委員会が告示する地域とする。ただし、住居集合地域又は住居集合地域からの距離が二十メートル以下の区域（当該区域が風俗営業等密集地域に該当する場合にあつては、幹線道路の各側端から外側五十メートル以下の区域を除く。）を除く。

（風俗環境保全協議会を置く地域）

第八条　条例第十六条の規則で定める地域は、政令第九条第一号に規定する風俗営業等密集地域その他の地域であつて、公安委員会が告示する地域とする。

附　則〔略〕

○風俗営業等の規制及び業務の適正化等に関する法律施行条例の施行に関する規則（昭和六十年二月一日東京都公安委員会規則第一号）第二条第二項の規定による東京都公安委員会が告示する区域

（昭和六〇・三・一　東京都公安委員会告示三三）

風俗営業等の規制及び業務の適正化等に関する法律施行条例の施行に関する規則（昭和六十年二月一日東京都公安委員会規則第一号）第二条第二項の規定により、東京都公安委員会が認める区域は、次のとおりとする。

一　中央区のうち、銀座四丁目から同八丁目までの区域

二　港区のうち、新橋二丁目から同四丁目までの区域

三　新宿区のうち、歌舞伎町一丁目、同二丁目（九番、十番及び十九番から四十六番まで）及び新宿三丁目の区域

四　渋谷区のうち、道玄坂一丁目（一番から十八番まで）、同二丁目（一番から十番まで）及び桜丘町（十五番及び十六番）の区域

○風俗営業等の規制及び業務の適正化等に関する法律施行条例の施行に関する東京都公安委員会規則（昭和六十年二月一日東京都公安委員会規則第一号）第五条の規定による東京都公安委員会が告示する地域

（平成一一・四・一
東京都公安委員会告示五二）

最終改正　平成三〇・三・二〇　公安委員会告示一一五

風俗営業等の規制及び業務の適正化等に関する法律施行条例の施行に関する規則（昭和六十年二月一日東京都公安委員会規則第一号）第五条の規定による東京都公安委員会が告示する地域は、別表のとおりとする。

別表

区・市	町　名　（五十音順）
千代田区	飯田橋一丁目、同二丁目、同三丁目、同四丁目、岩本町一丁目、同二丁目、同三丁目、内神田一丁目、同二丁目、同三丁目、大手町二丁目、鍛冶町一丁目、同二丁目、神田相生町、神田淡路町一丁目、同二丁目、神田和泉町、神田岩本町、神田小川町一丁目、同二丁目、同三丁目、神田鍛冶町三丁目、神田北乗物町、神田紺屋町、神田佐久間河岸、神田佐久間町一丁目、同二丁目、同三丁目、同四丁目、神田猿楽町一丁目、同二丁目、神田神保町一丁目、同二丁目、同三丁目、神田須田町一丁目、同二丁目、神田駿河台一丁目、同二丁目、同三丁目、同四丁目、神田多町二丁目、神田司町二丁目、神田富山町、神田錦町一丁目、同二丁目、同三丁目、神田西福田町、神田練塀町、神田花岡町、神田東紺屋町、神田東松下町、神田平河町、神田松永町、神田美倉町、神田三崎町一丁目、同二丁目、同三丁目、神田美土代町、九段北一丁目、同四丁目、九段南二丁目、同三丁目、同四丁目、麹町三丁目、同四丁目、同六丁目、外神田一丁目、同二丁目、同三丁目、同四丁目、同五丁目、同六丁目、永田町一丁目、同二丁目、西神田一丁目、同二丁目、同三丁目、隼町、東神田一丁目、同二丁目、同三丁目、平河町一丁目、同二丁目、富士見一丁目、同二丁目、丸の内一丁目、同二丁目、同三丁目、有楽町一丁目、同二丁目、六番町
中央区	明石町、入船二丁目、同三丁目、京橋一丁目、同二丁目、同三丁目、銀座一丁目、同二丁目、同三丁目、同四丁目、同五丁目、同六丁目、同七丁目、同八丁目、新川一丁目、新富一丁目、同二丁目、築地一丁目、同二丁目、同三丁目、同四丁目、同六丁目、同七丁目、日本橋一丁目、同二丁目、同三丁目、日本橋大伝馬町、日本橋蛎殻町一丁目、同二丁目、日本橋兜町、日本橋茅場町一丁目、同二丁目、同三丁目、日本橋小網町、日本橋小伝馬町、日本橋小舟町、日本橋富沢町、日本橋人形町一丁目、同二丁目、同三丁目、日本橋馬喰町一丁目、同二丁目、日本橋浜町一丁目、同二丁目、日本橋久松町、日本橋堀留町一丁目、同二丁目、日本橋本石町一丁目、同二丁目、同三丁目、同四丁目、日本橋本町一丁目、同二丁目、同三丁目、同四丁目、日本橋室町一丁目、同二丁目、同三丁目、同四丁目、日本橋横山町、八丁堀一丁目、同二丁目、東日本橋一丁目、同二丁目、同三丁目、八重洲一丁目、同二丁目
港区	赤坂一丁目、同二丁目、同三丁目、同四丁目、同五丁目、同六丁目、同七丁目、麻布十番一丁目、同二丁目、愛宕一丁目、同二丁目、芝一丁目、同二丁目、同四丁目、同五丁目、芝浦一丁目、芝公園一丁目、同二丁目、芝大門一丁目、同二丁目、新橋一丁目、同二丁目、同三丁目、同四丁目、同五丁目、同六丁目、虎ノ門一丁目、同二丁目、同三丁目、同四丁目、西麻布一丁目、同二丁目、同三丁目、同四丁目、西新橋一丁目、同二丁目、同三丁目、浜松町一丁目、同二丁目、東新橋一丁目、同二丁目、三田三丁目、元赤坂一丁目、六本木一丁目、同二丁目、同三丁目、同四丁目、同五丁目、同六丁目、同七丁目
	揚場町、荒木町、岩戸町、大久保一丁目、神楽河岸、神楽坂一丁目、同二丁目、同三丁目、同四丁目、同五丁目、同六丁目、歌舞伎町一丁目、同二丁目、北新宿一丁目、下宮比町、新宿一丁目、

新宿区	同二丁目、同三丁目、同五丁目、同六丁目、同七丁目、高田馬場一丁目、同二丁目、同三丁目、同四丁目、津久戸町、筑土八幡町、富久町、西新宿一丁目、同二丁目、同三丁目、同四丁目、同五丁目、同六丁目、同七丁目、同八丁目、百人町一丁目、舟町、四谷一丁目、同二丁目、同三丁目、同四丁目、若宮町
文京区	春日一丁目、小石川一丁目、同二丁目、後楽一丁目、同二丁目、西片一丁目、本郷一丁目、同二丁目、同三丁目、同四丁目、湯島一丁目、同二丁目、同三丁目
台東区	秋葉原、浅草一丁目、同二丁目、同三丁目、同四丁目、同五丁目、同六丁目、同七丁目、浅草橋一丁目、同二丁目、同三丁目、同四丁目、同五丁目、池之端一丁目、今戸一丁目、同二丁目、入谷一丁目、同二丁目、上野一丁目、同二丁目、同三丁目、同四丁目、同五丁目、同六丁目、同七丁目、雷門一丁目、同二丁目、北上野一丁目、同二丁目、清川一丁目、蔵前三丁目、同四丁目、小島一丁目、同二丁目、寿一丁目、同二丁目、同三丁目、同四丁目、駒形一丁目、同二丁目、下谷一丁目、同二丁目、同三丁目、千束一丁目、同二丁目、同三丁目、同四丁目、台東一丁目、同二丁目、同三丁目、同四丁目、鳥越一丁目、同二丁目、西浅草一丁目、同二丁目、同三丁目、日本堤一丁目、同二丁目、根岸一丁目、同三丁目、同四丁目、同五丁目、花川戸一丁目、同二丁目、東浅草一丁目、同二丁目、東上野一丁目、同二丁目、同三丁目、同四丁目、同五丁目、同六丁目、松が谷一丁目、同二丁目、同三丁目、同四丁目、三筋一丁目、同二丁目、三ノ輪一丁目、同二丁目、元浅草一丁目、同二丁目、同三丁目、同四丁目、柳橋一丁目、同二丁目、竜泉一丁目、同二丁目、同三丁目
墨田区	錦糸二丁目、同三丁目、同四丁目、江東橋一丁目、同二丁目、同三丁目、同四丁目、太平二丁目、同三丁目、緑三丁目、同四丁目、向島一丁目、同二丁目、同三丁目、同四丁目、同五丁目
江東区	永代二丁目、亀戸一丁目、同二丁目、同三丁目、同五丁目、同六丁目、富岡一丁目、同二丁目、福住一丁目、門前仲町一丁目、同二丁目
	荏原三丁目、大井一丁目、同四丁目、大崎四丁目、上大崎二丁目、小山三丁目、同四丁目、戸越一丁目、西五反田一丁目、同二

品川区	丁目、同五丁目、同六丁目、同七丁目、同八丁目、東大井五丁目、同六丁目、東五反田一丁目、同二丁目、同五丁目、平塚一丁目、同二丁目、同三丁目、二葉一丁目、南大井三丁目、同六丁目
目黒区	上目黒一丁目、同二丁目、同三丁目、下目黒一丁目、自由が丘一丁目、同二丁目、鷹番二丁目、同三丁目、目黒一丁目、祐天寺一丁目
大田区	大森北一丁目、同四丁目、蒲田四丁目、同五丁目、山王二丁目、同三丁目、西蒲田五丁目、同六丁目、同七丁目、同八丁目、東矢口一丁目、同三丁目、南蒲田一丁目、同二丁目
世田谷区	北沢二丁目、同三丁目、三軒茶屋一丁目、同二丁目、代沢五丁目、太子堂二丁目、同四丁目
渋谷区	宇田川町、恵比寿一丁目、同四丁目、恵比寿西一丁目、同二丁目、恵比寿南一丁目、桜丘町、渋谷一丁目、同二丁目、同三丁目、松濤一丁目、神宮前六丁目、神泉町、神南一丁目、千駄ケ谷四丁目、同五丁目、道玄坂一丁目、同二丁目、南平台町、東二丁目、同三丁目、広尾一丁目、円山町、代々木一丁目、同二丁目、同三丁目
中野区	新井一丁目、中央四丁目、中野二丁目、同三丁目、同五丁目
杉並区	阿佐谷北一丁目、同二丁目、阿佐谷南一丁目、同二丁目、同三丁目、天沼二丁目、同三丁目、荻窪五丁目、上荻一丁目、高円寺北二丁目、同三丁目、高円寺南二丁目、同三丁目、同四丁目、松庵三丁目、成田東四丁目、同五丁目、西荻北二丁目、同三丁目、西荻南二丁目、同三丁目
豊島区	池袋一丁目、同二丁目、同三丁目、北大塚一丁目、同二丁目、同三丁目、巣鴨一丁目、同二丁目、同三丁目、同五丁目、高田三丁目、西池袋一丁目、同三丁目、同五丁目、東池袋一丁目、同二丁目、同三丁目、同四丁目、同五丁目、南池袋一丁目、同二丁目、南大塚一丁目、同二丁目、同三丁目
北区	赤羽一丁目、同二丁目、赤羽西一丁目、赤羽南一丁目、王子一丁目、同二丁目、岸町一丁目、滝野川六丁目、同七丁目、豊島一丁目、東十条二丁目、同三丁目、同四丁目

荒川区	西日暮里二丁目、同五丁目、東日暮里五丁目、同六丁目
板橋区	板橋一丁目、大山町、大山東町
練馬区	桜台一丁目、同四丁目、豊玉上二丁目、豊玉北五丁目、同六丁目、中村北一丁目、練馬一丁目
足立区	千住一丁目、同二丁目、同三丁目、千住旭町、千住仲町、竹の塚一丁目、同五丁目、同六丁目
葛飾区	金町二丁目、同五丁目、同六丁目、亀有二丁目、同三丁目、同五丁目、新小岩一丁目、同二丁目、立石一丁目、同四丁目、同七丁目、同八丁目、西新小岩一丁目、東金町一丁目、同三丁目、東新小岩一丁目、東立石四丁目
江戸川区	中央四丁目、西葛西三丁目、同五丁目、同六丁目、西小岩一丁目、同四丁目、同五丁目、平井二丁目、同三丁目、同四丁目、同五丁目、松島三丁目、同四丁目、南小岩六丁目、同七丁目、同八丁目
八王子市	旭町、東町、追分町、子安町四丁目、寺町、中町、八幡町、三崎町、南町、明神町二丁目、同三丁目、同四丁目、八木町、八日町、横山町
立川市	曙町二丁目、柴崎町二丁目、同三丁目、高松町二丁目、同三丁目、錦町一丁目、同二丁目
武蔵野市	吉祥寺本町一丁目、同二丁目、吉祥寺南町一丁目、同二丁目、御殿山二丁目、中町一丁目、西久保一丁目
三鷹市	上連雀二丁目、下連雀三丁目
府中市	寿町一丁目、同二丁目、同三丁目、府中町一丁目、同二丁目、本町一丁目、同二丁目、宮西町一丁目、同二丁目、同三丁目、同四丁目、同五丁目、宮町一丁目
町田市	中町一丁目、原町田一丁目、同二丁目、同三丁目、同四丁目、同六丁目、森野一丁目
小金井市	本町一丁目、同五丁目、同六丁目
東村山市	栄町一丁目、同二丁目
国分寺市	本町一丁目、同二丁目、同三丁目、南町一丁目、同二丁目、同三丁目
福生市	東町、福生、本町

○風俗営業等の規制及び業務の適正化等に関する法律施行条例の施行に関する規則第七条第二項の規定による東京都公安委員会が告示する地域

（平成二八・三・一〇　東京都公安委員会告示九二）

最終改正　平成三〇・三・二〇　公安委員会告示一一六

風俗営業等の規制及び業務の適正化等に関する法律施行条例の施行に関する規則（昭和六十年二月一日東京都公安委員会規則第一号）第七条第二項の規定による東京都公安委員会が告示する地域は、別表のとおりとし、平成二十八年六月二十三日から施行する。

別表

区・市	町名（五十音順）
千代田区	飯田橋一丁目、同二丁目、同三丁目、同四丁目、岩本町一丁目、同二丁目、同三丁目、内神田一丁目、同二丁目、同三丁目、大手町二丁目、鍛冶町一丁目、同二丁目、神田相生町、神田淡路町一丁目、同二丁目、神田和泉町、神田岩本町、神田小川町一丁目、同二丁目、同三丁目、神田鍛冶町三丁目、神田北乗物町、神田紺屋町、神田佐久間河岸、神田佐久間町一丁目、同二丁目、同三丁目、同四丁目、神田猿楽町一丁目、同二丁目、神田神保町一丁目、同二丁目、同三丁目、神田須田町一丁目、同二丁目、神田駿河台一丁目、同二丁目、同三丁目、同四丁目、神田多町二丁目、神田司町二丁目、神田富山町、神田錦町一丁目、同二丁目、同三丁目、神田西福田町、神田練塀町、神田花岡町、神田東紺屋町、神田東松下町、神田平河町、神田松永町、神田美倉町、神田三崎町一丁目、同二丁目、同三丁目、神田美土代町、九段北一丁目、同四丁目、九段南二丁目、同三丁目、同四丁目、麹町三丁目、同四丁目、外神田一丁目、同二丁目、同三丁目、同四丁目、同五丁目、同六丁目、永田町一丁目、同二丁目、西神田一丁目、同二丁目、同三丁目、隼町、東神田一丁目、同二丁目、同三丁目、平河町一丁目、同二丁目、富士見一丁目、同二丁目、丸の内一丁目、同二丁目、同三丁目、有楽町一丁目、同二丁目、六番町
中央区	明石町、入船二丁目、同三丁目、京橋一丁目、同二丁目、同三丁目、銀座一丁目、同二丁目、同三丁目、同四丁目、同五丁目、同六丁目、同七丁目、同八丁目、新川一丁目、新富一丁目、同二丁目、築地一丁目、同二丁目、同三丁目、同四丁目、同六丁目、同七丁目、日本橋一丁目、同二丁目、同三丁目、日本橋大伝馬町、日本橋蛎殻町一丁目、同二丁目、日本橋兜町、日本橋茅場町一丁目、同二丁目、同三丁目、日本橋小網町、日本橋小伝馬町、日本橋小舟町、日本橋富沢町、日本橋人形町一丁目、同二丁目、同三丁目、日本橋馬喰町一丁目、同二丁目、日本橋浜町一丁目、同二丁目、日本橋久松町、日本橋堀留町一丁目、同二丁目、日本橋本石町一丁目、同二丁目、同三丁目、同四丁目、日本橋本町一丁目、同二丁目、同三丁目、同四丁目、日本橋室町一丁目、同二丁目、同三丁目、同四丁目、日本橋横山町、八丁堀一丁目、同二丁目、東日本橋一丁目、同二丁目、同三丁目、八重洲一丁目、同二丁目
港区	赤坂一丁目、同二丁目、同三丁目、同四丁目、同五丁目、同六丁目、同七丁目、麻布十番一丁目、同二丁目、愛宕一丁目、同二丁目、芝一丁目、同二丁目、同四丁目、同五丁目、芝浦一丁目、芝公園一丁目、同二丁目、芝大門一丁目、同二丁目、新橋一丁目、同二丁目、同三丁目、同四丁目、同五丁目、同六丁目、虎ノ門一丁目、同二丁目、同三丁目、同四丁目、西麻布一丁目、同二丁目、同三丁目、同四丁目、西新橋一丁目、同二丁目、同三丁目、浜松町一丁目、同二丁目、東新橋一丁目、同二丁目、三田三丁目、元赤坂一丁目、六本木一丁目、同二丁目、同三丁目、同四丁目、同五丁目、同六丁目、同七丁目
新宿区	揚場町、荒木町、岩戸町、大久保一丁目、神楽河岸、神楽坂一丁目、同二丁目、同三丁目、同四丁目、同五丁目、同六丁目、歌舞伎町一丁目、同二丁目、北新宿一丁目、下宮比町、新宿一丁目、同二丁目、同三丁目、同五丁目、同六丁目、同七丁目、高田馬場一丁目、同二丁目、同三丁目、同四丁目、津久戸町、筑土八幡町、富久町、西新宿一丁目、同二丁目、同三丁目、同四丁目、同五丁目、同六丁目、同七丁目、同八丁目、百人町一丁目、舟町、四谷一丁目、同二丁目、同三丁目、同四丁目、若宮町

文京区	春日一丁目、小石川一丁目、同二丁目、後楽一丁目、同二丁目、西片一丁目、本郷一丁目、同二丁目、同三丁目、同四丁目、湯島一丁目、同二丁目、同三丁目
台東区	秋葉原、浅草一丁目、同二丁目、同三丁目、同四丁目、同五丁目、同六丁目、同七丁目、浅草橋一丁目、同二丁目、同三丁目、同四丁目、同五丁目、池之端一丁目、今戸一丁目、同二丁目、入谷一丁目、同二丁目、上野一丁目、同二丁目、同三丁目、同四丁目、同五丁目、同六丁目、同七丁目、雷門一丁目、同二丁目、北上野一丁目、同二丁目、清川一丁目、蔵前三丁目、同四丁目、小島一丁目、同二丁目、寿一丁目、同二丁目、同三丁目、同四丁目、駒形一丁目、同二丁目、下谷一丁目、同二丁目、同三丁目、 千束一丁目、同二丁目、同三丁目、同四丁目、台東一丁目、同二丁目、同三丁目、同四丁目、鳥越一丁目、同二丁目、西浅草一丁目、同二丁目、同三丁目、日本堤一丁目、同二丁目、根岸一丁目、同三丁目、同四丁目、同五丁目、花川戸一丁目、同二丁目、 東浅草一丁目、同二丁目、東上野一丁目、同二丁目、同三丁目、同四丁目、同五丁目、同六丁目、松が谷一丁目、同二丁目、同三丁目、同四丁目、三筋一丁目、同二丁目、三ノ輪一丁目、同二丁目、元浅草一丁目、同二丁目、同三丁目、同四丁目、柳橋一丁目、同二丁目、竜泉一丁目、同二丁目、同三丁目
墨田区	錦糸二丁目、同三丁目、同四丁目、江東橋一丁目、同二丁目、同三丁目、同四丁目、太平二丁目、同三丁目、緑三丁目、同四丁目、向島一丁目、同二丁目、同三丁目、同四丁目、同五丁目
江東区	永代二丁目、亀戸一丁目、同二丁目、同三丁目、同五丁目、同六丁目、富岡一丁目、同二丁目、福住一丁目、門前仲町一丁目、同二丁目
品川区	荏原三丁目、大井一丁目、同四丁目、大崎四丁目、上大崎二丁目、小山三丁目、同四丁目、戸越一丁目、西五反田一丁目、同二丁目、同五丁目、同六丁目、同七丁目、同八丁目、東大井五丁目、同六丁目、東五反田一丁目、同二丁目、同五丁目、平塚一丁目、同二丁目、同三丁目、二葉一丁目、南大井三丁目、同六丁目
目黒区	上目黒一丁目、同二丁目、同三丁目、下目黒一丁目、自由が丘一丁目、同二丁目、鷹番二丁目、同三丁目、目黒一丁目、祐天寺一丁目

大田区	大森北一丁目、同四丁目、蒲田四丁目、同五丁目、山王二丁目、同三丁目、西蒲田五丁目、同六丁目、同七丁目、同八丁目、東矢口一丁目、同三丁目、南蒲田一丁目、同二丁目
世田谷区	北沢二丁目、同三丁目、三軒茶屋一丁目、同二丁目、代沢五丁目、太子堂二丁目、同四丁目
渋谷区	宇田川町、恵比寿一丁目、同四丁目、恵比寿西一丁目、同二丁目、恵比寿南一丁目、桜丘町、渋谷一丁目、同二丁目、同三丁目、松濤一丁目、神宮前六丁目、神泉町、神南一丁目、千駄ケ谷四丁目、同五丁目、道玄坂一丁目、同二丁目、南平台町、東二丁目、同三丁目、広尾一丁目、円山町、代々木一丁目、同二丁目、同三丁目
中野区	新井一丁目、中央四丁目、中野二丁目、同三丁目、同五丁目
杉並区	阿佐谷北一丁目、同二丁目、阿佐谷南一丁目、同二丁目、同三丁目、天沼二丁目、同三丁目、荻窪五丁目、上荻一丁目、高円寺北二丁目、同三丁目、高円寺南二丁目、同三丁目、同四丁目、松庵三丁目、成田東四丁目、同五丁目、西荻北二丁目、同三丁目、西荻南二丁目、同三丁目
豊島区	池袋一丁目、同二丁目、同三丁目、北大塚一丁目、同二丁目、同三丁目、巣鴨一丁目、同二丁目、同三丁目、同五丁目、高田三丁目、西池袋一丁目、同三丁目、同五丁目、東池袋一丁目、同二丁目、同三丁目、同四丁目、同五丁目、南池袋一丁目、同二丁目、南大塚一丁目、同二丁目、同三丁目
北区	赤羽一丁目、同二丁目、赤羽西一丁目、赤羽南一丁目、王子一丁目、同二丁目、岸町一丁目、滝野川六丁目、同七丁目、豊島一丁目、東十条二丁目、同三丁目、同四丁目
荒川区	西日暮里二丁目、同五丁目、東日暮里五丁目、同六丁目
板橋区	板橋一丁目、大山町、大山東町
練馬区	桜台一丁目、同四丁目、豊玉上二丁目、豊玉北五丁目、同六丁目、中村北一丁目、練馬一丁目

足立区	千住一丁目、同二丁目、同三丁目、千住旭町、千住仲町、竹の塚一丁目、同五丁目、同六丁目
葛飾区	金町二丁目、同五丁目、同六丁目、亀有二丁目、同三丁目、同五丁目、新小岩一丁目、同二丁目、立石一丁目、同四丁目、同七丁目、同八丁目、西新小岩一丁目、東金町一丁目、同三丁目、東新小岩一丁目、東立石四丁目
江戸川区	中央四丁目、西葛西三丁目、同五丁目、同六丁目、西小岩一丁目、同四丁目、同五丁目、平井二丁目、同三丁目、同四丁目、同五丁目、松島三丁目、同四丁目、南小岩六丁目、同七丁目、同八丁目
八王子市	旭町、東町、追分町、子安町四丁目、寺町、中町、八幡町、三崎町、南町、明神町二丁目、同三丁目、同四丁目、八木町、八日町、横山町
立川市	曙町二丁目、柴崎町二丁目、同三丁目、高松町二丁目、同三丁目、錦町一丁目、同二丁目
武蔵野市	吉祥寺本町一丁目、同二丁目、吉祥寺南町一丁目、同二丁目、御殿山一丁目、中町一丁目、西久保一丁目
三鷹市	上連雀二丁目、下連雀三丁目
府中市	寿町一丁目、同二丁目、同三丁目、府中町一丁目、同二丁目、本町一丁目、同二丁目、宮西町一丁目、同二丁目、同三丁目、同四丁目、同五丁目、宮町一丁目
町田市	中町一丁目、原町田一丁目、同二丁目、同三丁目、同四丁目、同六丁目、森野一丁目
小金井市	本町一丁目、同五丁目、同六丁目
東村山市	栄町一丁目、同二丁目
国分寺市	本町一丁目、同二丁目、同三丁目、南町一丁目、同二丁目、同三丁目
福生市	東町、福生、本町

○風俗営業等の規制及び業務の適正化等に関する法律施行条例の施行に関する規則第七条第三項の規定による東京都公安委員会が告示する地域

（平成二八・三・一〇
東京都公安委員会告示九二）

風俗営業等の規制及び業務の適正化等に関する法律施行条例の施行に関する規則（昭和六十年二月一日東京都公安委員会規則第一号）第七条第三項の規定による東京都公安委員会が告示する地域は、次のとおりとし、平成二十八年六月二十三日から施行する。

一　近隣商業地域のうち、港区六本木四丁目から同区六本木七丁目までの地域

二　港則法施行規則（昭和二十三年運輸省令第二十九号）別表第一に規定する京浜港東京区の港域内海面及び水面（河川法（昭和三十九年法律第百六十七号）第四条第一項に規定する一級河川及び同法第五条第一項に規定する二級河川を除く。）並びに同省令別表第二に規定する京浜港の東京東航路及び東京西航路の区域内海面

○風俗営業等の規制及び業務の適正化等に関する法律施行条例の施行に関する規則第八条の規定による東京都公安委員会が告示する地域

（平成二八・六・二三　東京都公安委員会告示二二八）

風俗営業等の規制及び業務の適正化等に関する法律施行条例の施行に関する規則（昭和六十年二月十日東京都公安委員会規則第一号）第八条の規定により東京都公安委員会が告示する地域は、別表のとおりとする。

別表

区	町名（五十音順）
港区	麻布十番一丁目、同二丁目、西麻布一丁目、同二丁目、同三丁目、同四丁目、六本木三丁目、同四丁目、同五丁目、同六丁目、同七丁目
新宿区	大久保一丁目、歌舞伎町一丁目、同二丁目、新宿三丁目、百人町一丁目
渋谷区	宇田川町、渋谷二丁目、神南一丁目、道玄坂一丁目、同二丁目、円山町
豊島区	池袋一丁目、同二丁目、西池袋一丁目、同三丁目、東池袋一丁目、南池袋一丁目

○歓楽的雰囲気を過度に助長する風俗案内の防止に関する条例

（平成一八・三・三一　東京都条例八五）

改正　平成二八・三・三一　条例六二

（目的）

第一条　この条例は、地域の歓楽的雰囲気を過度に助長するような方法による風俗案内を防止するために必要な規制を行うことにより、青少年をその健全な成長を阻害する行為から保護するとともに、繁華街その他の地域における健全なまちづくりに資することを目的とする。

（定義）

第二条　この条例において「風俗案内」とは、次に掲げる営業に関する情報の提供を受けようとする者（第四条第七号及び第八号において「利用者」という。）の求めに応じ、有償又は無償で、当該情報を提供することをいう。

一　異性の客の性的好奇心に応じてその客に接触する役務を提供する営業

二　歓楽的雰囲気を醸し出す方法により異性の客をもてなして飲食させる営業

（届出等）

第三条　風俗案内を行うための施設（以下「事業所」という。）を設け、当該事業所において風俗案内を業として行おうとする者は、風俗案内を開始しようとする日の十日前までに、事業所ごとに、東京都公安委員会規則（以下「公安委員会規則」という。）で定めるところにより、次に掲げる事項を東京都公安委員会（以下「公安委員会」という。）に届け出なければならない。

一　氏名又は名称及び住所並びに法人にあっては、その代表者の氏名

二　事業所の名称及び所在地

三　前二号に掲げるもののほか、公安委員会規則で定める事項

2　前項の規定による届出をした者は、当該届出に係る事項（同項第二号に掲げる事項にあっては、事業所の名称に限る。）に変更があったとき、又は当

該届出に係る風俗案内の業を廃止したときは、その日から起算して十日以内に、公安委員会規則で定めるところにより、その旨を公安委員会に届け出なければならない。

3 第一項の規定による届出をした者は、十八歳未満の者が当該届出に係る事業所に立ち入ることができない旨を、公安委員会規則で定めるところにより、事業所の入り口に表示しなければならない。

（禁止行為）

第四条 事業所を設け、風俗案内を業として行う者（以下「事業者」という。）は、風俗案内に関し、次に掲げる行為をしてはならない。

一 午前零時（公安委員会規則で定める地域にあっては、午前一時）から午前六時までの時間において、風俗案内を行うこと。

二 事業所周辺において、公安委員会規則で定める数値以上の騒音を生じさせること。

三 事業所の外周に、又は外部から見通すことができる状態にしてその内部に、第二条各号に掲げる営業において提供される行為若しくはこれに従事する者を表すもの又はこれらを連想させるものとして、公安委員会規則で定める基準に該当する写真、絵その他の物品を表示し、掲出し、又は配置すること。

四 事業所の外周に、又は外部から見通すことができる状態にしてその内部に、性的感情を刺激するものとして、公安委員会規則で定める基準に該当する文字、数字その他の記号を表示し、又は表示したものを掲出し、若しくは配置すること。

五 別表に定める地域又は区域内に所在する事業所の外周又は内部に、第二条第一号に掲げる営業に係る広告物（常時又は一定の期間継続して公衆に表示されるものであって、看板、立看板、はり紙及びはり札並びに広告塔、広告板、建物その他の工作物等に掲出され、又は表示されたもの並びにこれらに類するものをいう。）を表示すること。

六 別表に定める地域又は区域内に所在する事業所において、第二条第一号に掲げる営業に係るビラ、パンフレットその他の物品を配布すること。

七 十八歳未満の者を利用者に接する業務に従事させること。

八 十八歳未満の者を事業所に利用者として立ち入らせること。

（中止命令等）

第五条 公安委員会は、事業者が行う風俗案内に関し、前条の規定に違反する行為（同条第五号から第八号までに掲げる行為を除く。）が行われているときは、当該事業者に対し、当該違反行為を中止することを命じ、又は当該違反行為が行われないことを確保するために必要な事項を命ずることができる。

（従業者名簿）

第六条 事業者は、事業所ごとに、従業者名簿を備え、これに当該事業所における風俗案内に係る業務に従事する者の氏名、生年月日、住所その他公安委員会規則で定める事項を記載しなければならない。ただし、事業所ごとに、労働基準法（昭和二十二年法律第四十九号）第百七条に規定する労働者名簿を備え付けている場合は、これを従業者名簿に代えることができる。

（風俗案内を委託された場合の確認等）

第七条 事業者は、事業所において行う風俗案内を委託された場合は、次の各号に掲げる事項を、当該事項を証する書類として公安委員会規則で定める書類により、確認しなければならない。

一 委託者の氏名又は名称及び住所並びに法人にあっては、その代表者の氏名

二 営業所等の名称及び所在地

三 営業の種別

四 前三号に掲げるもののほか、公安委員会規則で定める事項

2 事業者は、前項の確認をしたときは、公安委員会規則で定めるところにより、当該確認に係る書類を作成し、当該書類を作成した日から三年間、当該事業所ごとにこれを保存しなければならない。

（報告及び立入り）

第八条 公安委員会は、この条例の施行に必要な限度において、事業者に対し、その業務に関して報告又は資料の提出を求めることができる。

2 警察職員は、この条例の施行に必要な限度において、事業所に立ち入り、帳簿、書類その他の物件を検査し、又は関係者に質問することができる。

3 前項の規定により警察職員が立ち入るときは、その身分を示す証明書を携帯し、関係者に提示しなければならない。

4　第二項の規定による権限は、犯罪捜査のために認められたものと解してはならない。

（委任）

第九条　この条例に定めるもののほか、この条例の施行に関して必要な事項は、公安委員会規則で定める。

（罰則）

第十条　次の各号の一に該当する者は、六月以下の懲役又は五十万円以下の罰金に処する。

一　第四条第七号又は第八号の規定に違反した者

二　第五条の規定による命令に違反した者

2　第四条第五号又は第六号の規定に違反した者は、五十万円以下の罰金に処する。

3　次の各号の一に該当する者は、三十万円以下の罰金に処する。

一　第三条第一項又は第二項の規定による届出をせず、又は虚偽の届出をした者

二　第六条の規定に違反して、従業者名簿を備えず、又はこれに必要な記載をせず、若しくは虚偽の記載をした者

三　第七条第一項の規定に違反した者

四　第七条第二項の規定に違反して、書類を作成せず、若しくは虚偽の書類を作成し、又は書類を保存しなかった者

4　第八条第一項の規定による報告若しくは資料の提出を拒み、若しくは同項の規定による報告若しくは資料の提出について虚偽の報告をし、若しくは虚偽の資料を提出し、又は同条第二項の規定による立入り若しくは帳簿等の検査を拒み、妨げ、若しくは忌避した者は、二十万円以下の罰金に処する。

第十一条　第四条第七号又は第八号に掲げる行為をした者は、当該十八歳未満の者の年齢を知らないことを理由として、前条第一項の規定による処罰を免れることができない。ただし、当該年齢を知らないことに過失がない場合は、この限りでない。

（両罰規定）

第十二条　法人の代表者又は法人若しくは人の代理人、使用人その他の従業者が、その法人又は人の業務に関し、第十条の違反行為をしたときは、その行為者を罰するほか、その法人又は人に対し、同条の罰金刑を科する。

附　則〔略〕

別表（第四条関係）

一　台東区千束四丁目（十六番から三十二番まで及び四十一番から四十八番まで）の地域以外の地域

二　学校（学校教育法（昭和二十二年法律第二十六号）第一条に規定するものをいう。）、図書館（図書館法（昭和二十五年法律第百十八号）第二条第一項に規定するものをいう。）、児童福祉施設（児童福祉法（昭和二十二年法律第百六十四号）第七条に規定するものをいう。）、病院（医療法（昭和二十三年法律第二百五号）第一条の五第一項に規定するものをいう。）又は診療所（医療法第一条の五第二項に規定するもののうち、患者を入院させるための施設を有するものをいう。）の敷地（これらの用に供するものと決定した土地を除く。）の周囲二百メートルの区域

茨城県

○茨城県風俗営業等の規制及び業務の適正化等に関する法律施行条例

（昭和三九・七・六 茨城県条例五〇）

最終改正 平成三〇・三・二八 条例二八

（趣旨）

第一条 この条例は、風俗営業等の規制及び業務の適正化等に関する法律（昭和二十三年法律第百二十二号。以下「法」という。）の施行に関し必要な事項を定めるものとする。

（用語の定義）

第二条 この条例において、第一種低層住居専用地域、第二種低層住居専用地域、第一種中高層住居専用地域、第二種中高層住居専用地域、第一種住居地域、第二種住居地域、準住居地域、田園住居地域、近隣商業地域、商業地域、準工業地域、工業地域又は工業専用地域とは、それぞれ都市計画法（昭和四十三年法律第百号）第八条第一項第一号に掲げる第一種低層住居専用地域、第二種低層住居専用地域、第一種中高層住居専用地域、第二種中高層住居専用地域、第一種住居地域、第二種住居地域、準住居地域、田園住居地域、近隣商業地域、商業地域、準工業地域、工業地域又は工業専用地域をいう。

第三条 削除

（風俗営業の営業所の設置を制限する地域）

第四条 法第四条第二項第二号の条例で定める地域は、次に掲げるとおりとする。

一 第一種低層住居専用地域、第二種低層住居専用地域、第一種中高層住居専用地域、第二種中高層住居専用地域、第一種住居地域、第二種住居地域、準住居地域又は田園住居地域（当該第一種住居地域、第二種住居地域又は準住居地域が商業地域に隣接する場合にあつては、その境界から三十メートル以内の第一種住居地域、第二種住居地域又は準住居地域内の地域を除く。）

二 学校（学校教育法（昭和二十二年法律第二十六号）第一条に規定するもののうち大学以外のものをいう。）、図書館（図書館法（昭和二十五年法律第百十八号）第二条第一項に規定するものをいう。）、児童福祉施設（児童福祉法（昭和二十二年法律第百六十四号）第七条第一項に規定するものをいう。以下同じ。）、病院（医療法（昭和二十三年法律第二百五号）第一条の五第一項に規定するものをいう。以下同じ。）又は診療所（医療法第一条の五第二項に規定するものをいう。ただし、十人以上の患者を入院させるための施設を有するものに限る。）の敷地（これらの用に供するものと決定した土地を含む。）の周囲百メートル（当該施設の敷地が商業地域である場合にあつては、五十メートル）の区域内の地域

三 大学（学校教育法第一条に規定するものをいう。）の敷地の周囲五十メートルの区域内の地域

2 法第二条第一項第四号又は第五号の営業で、祭礼若しくは人の多数集合する催しが行われる期間中三月以内の期間を限つて営むもの又はその営業場所が常態として移動するものに係る営業所については、前項の規定を適用しない。

（風俗営業の営業時間の特例）

第五条 法第十三条第一項第一号の習俗的行事その他の特別な事情のある日として条例で定める日は十二月二十五日から翌年の一月十日までの日とし、同号の当該事情のある地域として条例で定める地域は県内のすべての地域とし、当該日及び当該地域に係る同項ただし書の条例で定める時は午前一時とする。

2 法第十三条第一項第二号の午前零時以後において風俗営業を営むことが許容される特別な事情のある地域として条例で定める地域は、次の表の左〔上〕欄に掲げる風俗営業の種類につき、同表の右〔下〕欄に掲げる地域とし、当該地域に係る同項ただし書の条例で定める時は午前一時とする。

風俗営業の種類	地域
接待飲食等営業、法第二条第一項第四号の営業（ぱちんこ屋及び風俗営業等の規制及び業務の適正化等に関する法律施行令（昭和五十九年政令第三百十九号。以下「令」という。）第八条に規定	水戸市（大工町一丁目のうち三番から六番まで、泉町三丁目のうち二番から六番まで並びに栄

する営業（以下「ぱちんこ屋等」という。）を除く。）及び法第二条第一項第五号の営業	町一丁目のうち一番、七番及び八番に限る。）

備考　地域のうち町の名称及び街区符号（住居表示に関する法律（昭和三十七年法律第百十九号）第二条に規定する町の名称及び街区符号をいう。以下同じ。）は、平成二十七年十月一日における町の名称及び街区符号とする。

（風俗営業の営業時間の制限）

第六条　ぱちんこ屋等を営む風俗営業者は、県内のすべての地域において、午前六時後午前九時までの間及び午後十一時から翌日の午前零時前（前条第一項に規定する日にあつては午前一時まで）の間においてはその営業を営んではならない。

（風俗営業に係る騒音及び振動の数値）

第七条　法第十五条の条例で定める風俗営業者に係る騒音に係る数値は、次の表の左〔上〕欄に掲げる地域ごとに、同表の右〔下〕欄に掲げる時間の区分に応じ、それぞれ同欄に定める数値とする。

地域	数値		
	昼間	夜間	深夜
第一種低層住居専用地域 第二種低層住居専用地域 田園住居地域	五十デシベル	四十五デシベル	四十デシベル
第一種中高層住居専用地域 第二種中高層住居専用地域 第一種住居地域 第二種住居地域 準住居地域	五十五デシベル	五十デシベル	四十五デシベル
近隣商業地域 商業地域 準工業地域	六十デシベル	五十五デシベル	五十デシベル
工業地域 工業専用地域	六十五デシベル	六十デシベル	五十五デシベル
その他の地域	五十五デシベル	五十デシベル	五十デシベル

備考
1　「昼間」とは、午前六時後午後六時前の時間をいう。
2　「夜間」とは、午後六時から翌日の午前零時前の時間をいう。
3　「深夜」とは、午前零時から午前六時までの時間をいう。以下同じ。

2　法第十五条の条例で定める風俗営業者に係る振動に係る数値は、五十五デシベルとする。

（風俗営業者の行為の制限）

第八条　風俗営業者は、次に掲げる行為をしてはならない。

一　営業所で卑わいな行為その他善良の風俗を害する行為をし、又は客にこれらの行為をさせること。
二　営業用家屋等（風俗営業の用に供する家屋又は施設をいう。以下この項において同じ。）で客を就寝させ、又は宿泊させること（風俗営業者が、当該営業用家屋等において旅館業法（昭和二十三年法律第百三十八号）による旅館業を営む場合を除く。）。
三　客の求めない飲食物を提供すること。
四　法第二条第一項第一号の営業以外の営業に係る営業所でショウの類をすること。
五　営業中において、施錠その他の方法によつて営業所の出入口若しくは客室を閉ざし、又は客にこれらの行為をさせること。
六　営業用家屋等において店舗型性風俗特殊営業を営み、又は他の者に営ませること。

2　ぱちんこ屋等を営む風俗営業者は、前項に規定するもののほか、次に掲げる行為をしてはならない。

一　営業所でと博類似行為その他著しく射幸心をそそるおそれのある行為をし、又は客にこれらの行為をさせること。
二　著しく射幸心をそそるおそれのある方法で営業すること。
三　客に提供した賞品を他の者に買い取らせること。
四　営業所内で客に飲酒させること。

3　まあじやん屋を営む風俗営業者は、前項第一号又は第二号に掲げる行為をしてはならない。

4　法第二条第一項第五号の営業を営む風俗営業者は、営業所（食品衛生法（昭和二十二年法律第二百三十三号）第五十二条第一項の許可に係るものを除く。）内で客に飲酒させてはならない。

（年少者の立入りの制限）

第九条　法第二条第一項第五号の営業を営む風俗営業者は、午後六時から午後十時前の間においては十六歳未満の者を営業所に客として立ち入らせてはならない。

（店舗型性風俗特殊営業等の禁止区域の基準となる施設）

第十条　法第二十八条第一項（法第三十一条の三第二項の規定により適用する場合を含む。）の条例で定める施設は、病院及び診療所（医療法第一条の五第二項に規定するものをいう。ただし、患者を入院させるための施設を有しないものを除く。以下同じ。）とする。

（店舗型性風俗特殊営業等の禁止地域）

第十一条　次の各号に掲げる店舗型性風俗特殊営業は、それぞれ当該各号に掲げる地域内において、これを営んではならない。

一　法第二条第六項第一号から第三号までの営業又は同項第六号の政令で定める営業

　別表第一に掲げる地域

二　法第二条第六項第四号の営業のうち、個室に自動車の車庫が個々に接続する施設であつて、次のいずれかに該当する構造設備を設けて営むもの

ア　個室に接続する車庫（二以上の側壁（カーテン、ついたて等を含む。）及び屋根を有するものに限る。以下同じ。）の出入口が扉等によつて遮へいできるもの

イ　車庫の内部から個室に通ずる専用の人の出入口又は階段若しくは昇降機が設けられているもの

ウ　個室と車庫とが専用の通路によつて接続しているものにあつては、当該通路の内部が外部から見えないもの

　別表第二に掲げる地域

三　法第二条第六項第四号の営業（前号に該当する営業を除く。）又は同項第五号の営業

　別表第三に掲げる地域

2　受付所営業（法第三十一条の二第四項に規定する受付所営業をいう。次条において同じ。）は、別表第一に掲げる地域において、これを営んではならない。

（店舗型性風俗特殊営業等の営業時間の制限）

第十二条　店舗型性風俗特殊営業（法第二条第六項第四号の営業を除く。）及び受付所営業を営む者は、県内のすべての地域において、深夜においてはその営業を営んではならない。

（店舗型性風俗特殊営業の広告制限地域）

第十二条の二　法第二十八条第五項第一号ロの条例で定める地域は、第十一条第一項各号に掲げる店舗型性風俗特殊営業につき、それぞれ当該各号に掲げる地域とする。

（無店舗型性風俗特殊営業の広告制限地域）

第十二条の三　法第三十一条の三第一項において準用する法第二十八条第五項第一号ロの条例で定める地域は、次の各号に掲げる無店舗型性風俗特殊営業につき、それぞれ当該各号に掲げる地域とする。

一　法第二条第七項第一号の営業

　別表第一に掲げる地域

二　法第二条第七項第二号の営業

　別表第三に掲げる地域

（映像送信型性風俗特殊営業の広告制限地域）

第十二条の四　法第三十一条の八第一項において準用する法第二十八条第五項第一号ロの条例で定める地域は、別表第三に掲げる地域とする。

（店舗型電話異性紹介営業の禁止区域の基準となる施設）

第十二条の五　法第三十一条の十三第一項において準用する法第二十八条第一項の条例で定める施設は、病院、診療所、専修学校（学校教育法第百二十四条に規定するものをいう。）、各種学校（学校教育法第百三十四条第一項に規定するものをいう。）、公民館（社会教育法（昭和二十四年法律第二百七号）第二十一条に規定するものをいう。）、博物館（博物館法（昭和二十六年法律第二百八十五号）第二条第一項に規定するものをいう。）、都市公園（都市公園法（昭和三十一年法律第七十九号）第二条第一項に規定するものをいう。）、

鉄道の駅舎（旅客の乗降の用に供するものに限る。）その他多数の少年が通常利用する施設で公安委員会規則で定めるものとする。

（店舗型電話異性紹介営業の禁止地域）

第十二条の六　店舗型電話異性紹介営業は、商業地域以外の地域において、これを営んではならない。

（店舗型電話異性紹介営業の営業時間の制限）

第十二条の七　店舗型電話異性紹介営業を営む者は、県内のすべての地域において、深夜においてはその営業を営んではならない。

（店舗型電話異性紹介営業の広告制限地域）

第十二条の八　法第三十一条の十三第一項において準用する法第二十八条第五項第一号ロの条例で定める地域は、商業地域以外の地域とする。

（無店舗型電話異性紹介営業の広告制限地域）

第十二条の九　法第三十一条の十八第一項において準用する法第二十八条第五項第一号ロの条例で定める地域は、商業地域以外の地域とする。

（特定遊興飲食店営業の営業所の設置を許容する地域）

第十二条の十　法第三十一条の二十三において準用する法第四条第二項第二号の条例で定める地域は、次の各号のいずれにも該当する地域とする。

一　第五条第二項の表の右欄に掲げる地域

二　児童福祉施設（深夜において児童が存するものに限る。）、病院又は診療所の敷地（これらの用に供するものと決定した土地を含む。）の周囲百メートル（当該施設の敷地が商業地域にある場合にあつては、五十メートル）の区域（次項第二号において「保全対象区域」という。）以外の地域

2　特定遊興飲食店営業で、祭礼若しくは人の多数集合する催しが行われる期間中三月以内の期間を限つて営むもの（次条において「臨時特定遊興飲食店営業」という。）又はその営業場所が常態として移動するもの（同条において「移動特定遊興飲食店営業」という。）に係る法第三十一条の二十三において準用する法第四条第二項第二号の条例で定める地域は、前項（各号列記以外の部分に限る。）に規定する地域のほか、次の各号のいずれにも該当する地域として公安委員会が指定する地域とする。

一　第五条第二項の表の右欄に掲げる地域以外の地域のうち、深夜において一平方キロメートルにつきおおむね百人以下の割合で人が居住する地域

二　保全対象区域以外の地域

三　次に掲げる地域以外の地域

ア　住居集合地域（令第六条第一号イに規定する住居集合地域をいう。以下同じ。）

イ　住居集合地域以外の地域のうち、住居の用に併せて商業又は工業の用に供されている地域で、住居が相当数集合しているため、深夜における当該地域の風俗環境の保全につき特に配慮を必要とするもの

ウ　ア又はイに掲げる地域に隣接する地域

（特定遊興飲食店営業の営業時間の制限）

第十二条の十一　特定遊興飲食店営業者（臨時特定遊興飲食店営業又は移動特定遊興飲食店営業を営む特定遊興飲食店営業者を除く。）は、県内のすべての地域において、午前五時から午前六時までの間においてはその営業を営んではならない。

（深夜における特定遊興飲食店営業に係る騒音及び振動の数値）

第十二条の十二　法第三十一条の二十三において準用する法第十五条の条例で定める特定遊興飲食店営業者の深夜における営業に係る騒音に係る数値は、第七条第一項の表の左〔上〕欄に掲げる地域ごとに、それぞれ同表の右〔下〕欄に定める深夜に係る数値とする。

2　法第三十一条の二十三において準用する法第十五条の条例で定める特定遊興飲食店営業者の深夜における営業に係る振動に係る数値は、五十五デシベルとする。

（特定遊興飲食店営業者の行為の制限）

第十二条の十三　特定遊興飲食店営業者は、次に掲げる行為をしてはならない。

一　営業所で卑わいな行為その他善良の風俗を害する行為をし、又は客にこれらの行為をさせること。

二　営業用家屋等（特定遊興飲食店営業の用に供する家屋又は施設をいう。以下この条において同じ。）で客を就寝させ、又は宿泊させること（特定遊興飲食店営業者が、当該営業用家屋等において旅館業法による旅館業を営む場合を除く。）。

三　客の求めない飲食物を提供すること。

四　営業中において、施錠その他の方法によつて営業所の出入口若しくは客室を閉ざし、又は客にこれらの行為をさせること。

五　営業用家屋等において店舗型性風俗特殊営業を営み、又は他の者に営ませること。

六　営業所でと博類似行為その他著しく射幸心をそそるおそれのある行為をし、又は客にこれらの行為をさせること。

七　著しく射幸心をそそるおそれのある方法で営業すること。

（深夜における飲食店営業に係る騒音及び振動の数値）

第十三条　法第三十二条第二項において準用する法第十五条の条例で定める深夜において飲食店営業（法第二条第十三項第四号に規定する飲食店営業をいう。以下同じ。）を営む者に係る騒音に係る数値は、第七条第一項の表の左〔上〕欄に掲げる地域ごとに、それぞれ同表の右〔下〕欄に定める深夜に係る数値とする。

2　法第三十二条第二項において準用する法第十五条の条例で定める深夜において飲食店営業を営む者に係る振動に係る数値は、五十五デシベルとする。

（深夜における酒類提供飲食店営業の禁止地域）

第十四条　酒類提供飲食店営業（法第二条第十三項第四号に規定する酒類提供飲食店営業をいう。）を営む者は、第一種低層住居専用地域、第二種低層住居専用地域、第一種中高層住居専用地域、第二種中高層住居専用地域、第一種住居地域、第二種住居地域、準住居地域又は田園住居地域（当該第一種住居地域、第二種住居地域又は準住居地域が商業地域に隣接する場合にあつては、その境界から三十メートル以内の第一種住居地域、第二種住居地域又は準住居地域内の地域を除く。）内においては、その深夜における営業を営んではならない。

（風俗環境保全協議会を置くように努める地域）

第十五条　法第三十八条の四第一項の条例で定める地域は、第五条第二項の表の右〔下〕欄に掲げる地域とする。

附　則〔略〕

別表第一（第十一条、第十二条の二、第十二条の三関係）

水戸市（天王町のうち九六〇番一から同番七まで、九六一番一から同番三まで、九六四番、九六四番二、九六五番、九六五番二、九六八番一から同番三まで、九六八番六、九六八番七、九六八番九から同番一一まで、九八一番三、九八一番四、九八三番一、九八三番三から同番五まで、九八三番七、九八五番、九八六番、九八六番一、九八七番二、九八七番三、九八八番二、九八八番三及び九八八番七から同番一〇まで並びに泉町三丁目のうち一〇五番、一二二番、一二三番一から同番五まで、一三一番一から同番五まで、一三二番、一三六番、一四三番、一四四番、一四五番、一四六番及び一四九番を除く。）、日立市、土浦市（桜町二丁目のうち三〇八八番二、三〇八八番三、三〇八九番一、三〇八九番二、三〇九〇番一、三〇九〇番二、三〇九一番一、三〇九一番二、三〇九一番四から同番二〇まで、三〇九二番一から同番三まで、三〇九三番一から同番一〇まで、三〇九四番一、三〇九五番一から同番九まで、三〇九六番一から同番三まで、三〇九七番一から同番六まで、三〇九八番一から同番三まで、三〇九九番一から同番五まで、三一〇〇番二及び三一〇〇番三を除く。）、古河市、石岡市、結城市、竜ケ崎市、下妻市、常総市、常陸太田市、高萩市、北茨城市、笠間市、取手市、牛久市、つくば市、ひたちなか市、鹿嶋市、潮来市、守谷市、常陸大宮市、那珂市、筑西市、坂東市、稲敷市、かすみがうら市、桜川市、神栖市、行方市、鉾田市、つくばみらい市、小美玉市、東茨城郡、那珂郡、久慈郡、稲敷郡、結城郡、猿島郡、北相馬郡

備考　地番は、平成二十七年十月一日における地番とする。

別表第二（第十一条、第十二条の二関係）

水戸市、日立市、土浦市、古河市、石岡市、結城市、竜ケ崎市、下妻市（高道祖字薄久保のうち二二九番、二三三番一、二三三番二、二三四番、二三五番、二六一番、二六六番三から同番一〇まで、二七二番二、二七六番一、二七六番七及び二七九番並びに高道祖字柏山のうち二九二番一から同番四まで、三一〇番三、三一五番四及び三一五番五を除く。）、常総市、常陸太田市、高萩市、北茨城市、笠間市、取手市、牛久市、つくば市、ひたちなか市、鹿嶋市、潮来市、守谷市、常陸大宮市、那珂市、筑西市、坂東市、稲敷市、かすみがうら市、桜川市、神栖市、行方市、鉾田市、つくばみらい市、小美玉市、東茨城郡、那珂郡、久慈郡、稲敷郡、結城郡、猿島郡、北相馬郡

備考　地番は、平成二十七年十月一日における地番とする。

別表第三（第十一条、第十二条の二、第十二条の三、第十二条の四関係）

水戸市（天王町のうち九六〇番一から同番七まで、九六一番一から同番三まで、九六四番、九六四番二、九六五番、九六五番二、九六八番一から同番三まで、九六八番六、九六八番七、九六八番九から同番一一まで、九八一番三、九八一番四、九八三番一、九八三番三から同番五まで、九八三番七、九八五番、九八六番、九八六番一、九八七番二、九八七番三、九八八番二、九八八番三及び九八八番七から同番一〇まで並びに泉町三丁目のうち一〇五番、一一二番、一一三番一から同番五まで、一一三一番一から同番五まで、一一三二番、一一三六番、一一四三番、一一四四番、一一四五番、一一四六番及び一一四九番を除く。）、日立市、土浦市（桜町二丁目のうち三〇八八番二、三〇八八番三、三〇八九番一、三〇八九番二、三〇九〇番一、三〇九〇番二、三〇九一番一、三〇九一番二、三〇九一番四から同番二〇まで、三〇九二番一から同番三まで、三〇九三番一から同番一〇まで、三〇九四番一、三〇九五番一から同番九まで、三〇九六番一から同番三まで、三〇九七番一から同番六まで、三〇九八番一から同番三まで、三〇九九番一から同番五まで、三一〇〇番二及び三一〇〇番三を除く。）、古河市、石岡市、結城市、竜ケ崎市、下妻市、常総市、常陸太田市、高萩市、北茨城市、笠間市、取手市、牛久市、つくば市、ひたちなか市、鹿嶋市、潮来市、守谷市、常陸大宮市、那珂市、筑西市、坂東市、稲敷市、かすみがうら市、桜川市、神栖市、行方市、鉾田市、つくばみらい市、小美玉市、東茨城郡（城里町大字徳蔵字石橋沢のうち四二七番一から同番四まで、四二八番二から同番一〇まで、四三四番及び四二五番、同町大字徳蔵字長峯のうち四三二番一、四三二番二、四三二番四、四三二番五、四三三番及び四三六番一から同番九まで並びに同町大字徳蔵字清四郎峯のうち四三八番一、四三八番二、四二八番四及び四三八番五を除く。）、那珂郡、久慈郡、稲敷郡、結城郡、猿島郡、北相馬郡

備考　地番は、平成二十七年十月一日における地番とする。

○茨城県風俗営業等の規制及び業務の適正化等に関する法律施行条例第十二条の五の規定に基づく多数の少年が通常利用する施設を定める規則

（平成一四・三・七　茨城県公安委員会規則三）

最終改正　平成二二・六・四　公安委員会規則一〇

茨城県風俗営業等の規制及び業務の適正化等に関する法律施行条例（昭和十三年茨城県条例第六十七号）第十二条の五の公安委員会規則で定める施設は、次に掲げるものとする。

一　博物館法（昭和二十六年法律第二百八十五号第二十九条の規定により文部科学大臣又は茨城県教育委員会が博物館に相当する施設として指定したもの）

二　職業能力開発促進法（昭和四十四年法律第六十四号）第十六条第一項又は第二項の規定により設置された職業能力開発校のうち青少年を入学させるもの

三　次の表に掲げる施設

種類	名称	位置
県の施設	茨城県立青少年会館	水戸市
	茨城県立里美野外活動センター	常陸太田市
	茨城県立白浜少年自然の家	行方市
	茨城県立中央青年の家	土浦市
	茨城県立さしま少年自然の家	猿島郡境町
	水戸市少年自然の家	水戸市

市町村の施設	
水戸市勤労青少年ホーム	水戸市
茨城町立青少年共同宿泊研修所	東茨城郡茨城町
笠間市岩間海洋センター	笠間市
ひたちなか市那珂湊勤労青少年ホーム	ひたちなか市
ひたちなか市勝田勤労青少年ホーム	ひたちなか市
常陸大宮市御前山青少年旅行村	常陸大宮市
常陸太田市水府海洋センター	常陸太田市
日立市会瀬青少年の家	日立市
日立市勤労青少年ホーム	日立市
高萩市勤労青少年ホーム	高萩市
北茨城市立茜平青少年の家	北茨城市
北茨城市B&G海洋センター	北茨城市
行方市玉造B&G海洋センター	行方市
土浦市青少年の家	土浦市
土浦市勤労青少年ホーム	土浦市
かすみがうら市勤労青少年ホーム	かすみがうら市
かすみがうら市千代田B&G海洋センター	かすみがうら市
石岡市勤労青少年ホーム	石岡市
石岡海洋センター	石岡市
小美玉市小川B&G海洋センター	小美玉市
小美玉市玉里B&G海洋センター	小美玉市
下妻ふるさと博物館	下妻市
下妻市勤労青少年ホーム	下妻市
八千代海洋センター	結城郡八千代町
結城市勤労青少年ホーム	結城市
常総市青少年の家	常総市
常総市勤労青少年ホーム	常総市
古河歴史博物館	古河市
古河市古河勤労青少年ホーム	古河市
古河市総和勤労青少年ホーム	古河市
境町勤労青少年ホーム	猿島郡境町
五霞町B&G海洋センター	猿島郡五霞町
取手市勤労青少年ホーム	取手市

附則〔略〕

栃木県

○風俗営業等の規制及び業務の適正化等に関する法律施行条例

（昭和五九・一二・二七　栃木県条例三七）

最終改正　平成二九・一二・二二　条例四五

（趣旨）

第一条　この条例は、風俗営業等の規制及び業務の適正化等に関する法律（昭和二十三年法律第百二十二号。以下「法」という。）の施行に関し必要な事項を定めるものとする。

（風俗営業の営業所の設置を制限する地域）

第二条　法第四条第二項第二号の風俗営業の営業所の設置を制限する地域として条例で定める地域は、次に掲げる地域とする。

一　都市計画法（昭和四十三年法律第百号）第八条第一項第一号に規定する第一種低層住居専用地域、第二種低層住居専用地域、第一種中高層住居専用地域、第二種中高層住居専用地域、第一種住居地域、第二種住居地域、準住居地域又は田園住居地域（以下「住居地域」という。）

二　前号に掲げるもののほか、学校教育法（昭和二十二年法律第二十六号）第一条に規定する学校、図書館法（昭和二十五年法律第百十八号）第二条第一項に規定する図書館、児童福祉法（昭和二十二年法律第百六十四号）第七条第一項に規定する児童福祉施設（以下「児童福祉施設」という。）、医療法（昭和二十三年法律第二百五号）第一条の五第一項に規定する病院（以下「病院」という。）又は同条第二項に規定する診療所で患者を入院させるための施設を有するもの（以下「診療所」という。）の敷地（これらの用に供するものと決定した土地を含む。）の周囲から百メートルを超えない範囲内において周辺の風俗環境を勘案して業種ごとに公安委員会規則で定める距離以内の地域

2　前項の規定は、列車等常態として移動する施設内において営まれる風俗営業に係る営業所並びに祭礼その他の習俗的行事が行われる日に、当該習俗的行事に係る地域において営まれる法第二条第一項第四号及び第五号の営業に係る営業所については、適用しない。

（午前零時以後において風俗営業を営むことができる時）

第三条　法第十三条第一項ただし書の午前零時以後において条例で定める時は、午前一時とする。

（習俗的行事その他の特別な事情のある日等）

第四条　法第十三条第一項第一号の習俗的行事その他の特別な事情のある日として条例で定める日は、次の各号に掲げる日とし、当該日に係る同号の当該事情のある地域として条例で定める地域は、それぞれ当該各号に定める地域とする。

一　一月一日から同月八日まで、八月十四日から同月十七日まで及び十二月十五日から同月三十一日までの日　県内全域

二　前号に掲げるもののほか、祭礼その他の地域的な習俗的行事が行われることにより特に事情がある日として公安委員会規則で定める日　当該習俗的行事が行われる地域として公安委員会規則で定める地域（以下「指定地域」という。）及び次条の公安委員会規則で定める地域

（午前零時以後において接待飲食等営業等を営むことが許容される地域）

第五条　接待飲食等営業及びまあじやん屋につき法第十三条第一項第二号の午前零時以後において風俗営業を営むことが許容される特別な事情のある地域として条例で定める地域は、宇都宮市の都市計画法第八条第一項第一号に規定する商業地域のうち公安委員会規則で定める地域とする。

（ぱちんこ屋等の営業時間の制限）

第六条　法第二条第一項第四号の営業（まあじやん屋を除く。）を営む風俗営業者は、県内全域において、午前六時後午前九時まで及び午後十一時から翌日の午前零時前（当該翌日が第四条各号に掲げる日に該当する場合にあつては、当該各号に定める地域については、午前一時まで）の時間においては、その営業を営んではならない。

2　法第二条第一項第五号の営業を営む風俗営業者は、前条の公安委員会規則で定める地域において、第四条第二号に掲げる日の午前零時から午前一時までの時間においては、その営業を営んではならない。

（風俗営業に係る騒音及び振動の規制に関する数値）

第七条　法第十五条の条例で定める風俗営業者に係る騒音に係る数値は、次の表の上欄に掲げる地域ごとに、同表の下欄に掲げる時間の区分に応じ、それぞれ同欄に定める数値とする。

地域	数値		
	昼間	夜間	深夜
一　住居地域	五十デシベル	四十五デシベル	四十デシベル
二　都市計画法第八条第一項第一号に規定する近隣商業地域、商業地域、準工業地域、工業地域及び工業専用地域	六十五デシベル	六十デシベル（近隣商業地域、商業地域及び準工業地域においては、午後十時から翌日の午前零時までの時間にあつては五十デシベルとする。）	五十五デシベル（近隣商業地域、商業地域及び準工業地域においては、五十デシベルとする。）
三　一及び二に掲げる地域以外の地域	五十五デシベル	五十デシベル	四十五デシベル

備考
一　「昼間」とは、午前六時後午後六時前の時間をいう。
二　「夜間」とは、午後六時から翌日の午前零時前の時間をいう。
三　「深夜」とは、午前零時から午前六時までの時間をいう。以下同じ。

2　法第十五条の条例で定める風俗営業者に係る振動に係る数値は、五十五デシベルとする。

（風俗営業者の遵守事項）

第八条　風俗営業者は、次に掲げる事項を遵守しなければならない。
一　営業所において卑わいな行為その他善良の風俗を害する行為をし、又は客にこれらの行為をさせないこと。
二　営業所（旅館業法（昭和二十三年法律第百三十八号）第三条第一項の許可を受けて同法第二条第一項に規定する旅館業の用に供するものを除く。）において客を就寝させ、又は宿泊させないこと。
三　客の求めない飲食物を提供しないこと。
四　営業中は、営業所の出入口若しくは客室に施錠をし、又は客にこれらの行為をさせないこと。
五　営業所において法第二条第六項各号の営業を営み、又は営ませないこと。

（遊技場営業者の遵守事項）

第九条　遊技場営業者（法第二条第一項第四号又は第五号の営業を営む風俗営業者をいう。）は、前条各号に掲げる事項のほか、次の各号に掲げる事項を遵守しなければならない。
一　著しく射幸心をそそるおそれのある方法で営業しないこと。
二　営業所において賭博類似行為その他著しく射幸心をそそるおそれのある行為をし、又は客にこれらの行為をさせないこと。
三　客に提供した賞品の売買をそそのかし、あおり、又は援助しないこと。
四　営業所（まあじやん屋に係るもの及び法第二条第一項第五号の営業（食品衛生法（昭和二十二年法律第二百三十三号）第五十二条第一項の許可を受けて営まれる食品衛生法施行令（昭和二十八年政令第二百二十九号）第三十五条第一号に規定する飲食店営業を兼ねるものに限る。）に係るものを除く。）において客に飲酒をさせないこと。

（年少者の立入り制限）

第十条　法第二条第一項第五号の営業を営む風俗営業者は、午後六時後午後十時前の時間において十六歳未満（中学校を卒業した者であつて十六歳未満の者は、十六歳に達したものとみなす。）の者を営業所に客として立ち入らせてはならない。

2　前項の規定は、次の各号に掲げる日の前日における当該各号に定める地域においては、適用しない。
一　第四条第一号に掲げる日（十二月十五日から同月二十四日までの日を除く。）　県内全域
二　第四条第二号に掲げる日　指定地域

（店舗型性風俗特殊営業等の禁止区域に係る施設）

第十一条　法第二十八条第一項（法第三十一条の三第二項の規定により適用する場合及び法第三十一条の十三第一項において準用する場合を含む。）の条

例で定める施設は、病院、診療所、博物館法（昭和二十六年法律第二百八十五号）第二条第一項に規定する博物館、学校教育法第百二十四条に規定する専修学校又は同法第百三十四条第一項に規定する各種学校とする。

（店舗型性風俗特殊営業等の禁止地域）

第十二条　店舗型性風俗特殊営業、受付所営業（法第三十一条の二第四項に規定する受付所営業をいう。以下同じ。）及び店舗型電話異性紹介営業は、別表に掲げる地域においては、これを営んではならない。

（店舗型性風俗特殊営業等の営業時間の制限）

第十三条　店舗型性風俗特殊営業（法第二十八条第四項に規定する店舗型性風俗特殊営業をいう。）、受付所営業及び店舗型電話異性紹介営業を営む者は、深夜においては、その営業を営んではならない。

（店舗型性風俗特殊営業等の広告又は宣伝の制限地域）

第十四条　法第二十八条第五項第一号ロ（法第三十一条の三第一項、第三十一条の八第一項、第三十一条の十三第一項及び第三十一条の十八第一項において準用する場合を含む。）の広告又は宣伝を制限すべき地域として条例で定める地域は、別表に掲げる地域とする。

（特定遊興飲食店営業の営業所の設置が許容される地域）

第十五条　法第三十一条の二十三において準用する法第四条第二項第二号の特定遊興飲食店営業の営業所の設置が許容される地域として条例で定める地域は、宇都宮市の都市計画法第八条第一項第一号に規定する商業地域のうち公安委員会規則で定める地域とする。ただし、児童福祉施設（公安委員会規則で定めるものを除く。）又は病院若しくは診療所の敷地（これらの用に供するものと決定した土地を含む。）の周囲から百メートルを超えない範囲内において公安委員会規則で定める距離以内の地域を除く。

（特定遊興飲食店営業に係る騒音及び振動の規制に関する数値）

第十六条　法第三十一条の二十三において準用する法第十五条の条例で定める特定遊興飲食店営業者の深夜における営業に係る騒音に係る数値は、第七条第一項の表の上欄に掲げる地域ごとに、それぞれ同表の下欄に定める深夜に係る数値とする。

2　法第三十一条の二十三において準用する法第十五条の条例で定める特定遊興飲食店営業者の深夜における営業に係る振動に係る数値は、五十五デシベルとする。

（特定遊興飲食店営業者の遵守事項）

第十七条　特定遊興飲食店営業者は、次に掲げる事項を遵守しなければならない。

一　営業所において卑わいな行為その他善良の風俗を害する行為をし、又は客にこれらの行為をさせないこと。

二　客の求めない飲食物を提供しないこと。

三　営業中は、営業所の出入口若しくは客室に施錠をし、又は客にこれらの行為をさせないこと。

四　営業所において法第二条第六項各号の営業を営み、又は営ませないこと。

五　著しく射幸心をそそるおそれのある方法で営業しないこと。

六　営業所において賭博類似行為その他著しく射幸心をそそるおそれのある行為をし、又は客にこれらの行為をさせないこと。

七　午後六時後午後十時前の時間において十八歳未満の者を営業所に客として立ち入らせるときは、保護者の同伴を求めること。

（深夜における飲食店営業に係る騒音及び振動の規制に関する数値）

第十八条　法第三十二条第二項において準用する法第十五条の条例で定める深夜において飲食店営業を営む者に係る騒音に係る数値は、第七条第一項の表の上欄に掲げる地域ごとに、それぞれ同表の下欄に定める深夜に係る数値とする。

2　法第三十二条第二項において準用する法第十五条の条例で定める深夜において飲食店営業を営む者に係る振動に係る数値は、五十五デシベルとする。

（深夜における酒類提供飲食店営業の禁止地域）

第十九条　酒類提供飲食店営業は、住居地域において、深夜においては、これを営んではならない。

（風俗環境保全協議会を設置する地域）

第二十条　法第三十八条の四第一項の特に良好な風俗環境の保全を図る必要がある地域として条例で定める地域は、第五条又は第十五条本文の公安委員会規則で定める地域とする。

（公安委員会規則への委任）

第二十一条　この条例の施行に関し必要な事項は、公安委員会規則で定める。

附　則〔略〕

別表（第十二条、第十四条関係）

宇都宮市（江野町、池上町のうち、市道三号線と市道三千三百八十二号線との交差点を起点として、同線を北進し、県道宇都宮那須烏山線との交差点に至り、同交差点から同線を東進し、市道二号線との交差点に至り、同交差点から同線を南進し、市道三号線との交差点に至り、同交差点から同線を西進して起点に至る各路線で囲まれた内側の地域を除く。）、足利市、小山市、栃木市、佐野市、鹿沼市、真岡市、大田原市、日光市、矢板市、那須塩原市、さくら市、那須烏山市、下野市、河内郡、芳賀郡、下都賀郡、塩谷郡及び那須郡の地域

○風俗営業等の規制及び業務の適正化等に関する法律施行条例施行規則

（昭和六〇・二・一三　栃木県公安委員会規則一）

最終改正　平成二八・三・一〇　公安委員会規則一

（趣旨）

第一条　この規則は、風俗営業等の規制及び業務の適正化等に関する法律施行条例（昭和五十九年栃木県条例第三十七号。以下「条例」という。）の施行に関し必要な事項を定めるものとする。

（風俗営業の許可に係る営業地域の制限）

第二条　条例第二条第一項第二号の周辺の風俗環境を勘案して業種ごとに公安委員会規則で定める距離は、別表第一のとおりとする。

（特定遊興飲食店営業の許可に係る営業地域の制限）

第三条　条例第十五条ただし書の公安委員会規則で定める児童福祉施設は、児童福祉法（昭和二十二年法律第百六十四号）第七条第一項に規定する保育所、幼保連携型認定こども園、児童厚生施設、児童発達支援センター及び児童家庭支援センター（以下「保育所等」という。）とする。

２　条例第十五条ただし書の公安委員会規則で定める距離は、別表第二のとおりとする。

附　則〔略〕

別表第一（第二条関係）

施設	業種	商業地域	準工業地域及び温泉地域	その他の地域（条例第二条第一号に規定する住居地域を除く。）
学校教育法（昭和二十二年法律第二十六号）第一条に規定する学校（幼稚園を除く。）及び児童福祉法第七条第一項に規定する児童福祉施設（保育所及び幼保連携型認定こども園を除く。）	第一種営業	五十メートル	八十メートル	百メートル
	第二種営業	四十メートル	六十メートル	八十メートル
図書館法（昭和二十五年法律第百十八号）第二条第一項に規定する図書館並びに医療法（昭和二十三年法律第二百五号）第一条の五第一項に規定する病院及び同条第二項に規定する診療所で患者を入院させるための施設を有するもの	第一種営業	四十メートル	五十メートル	七十メートル
	第二種営業	三十メートル	四十メートル	六十メートル
学校教育法第一条に規定する幼稚園、児童福祉法第七条第一項に規定する保育所及び幼保連携型認定こども園	第一種営業	三十メートル	四十メートル	六十メートル
	第二種営業	二十メートル	二十メートル	四十メートル

備考

一　「第一種営業」とは、風俗営業等の規制及び業務の適正化等に関する法律（昭和二十三年法律第百二十二号。以下「法」という。）第二条第一項第四号及び第五号に規定する営業（第四号に規定する営業等については、ぱちんこ屋営業及び風俗営業等の規制及び業務の適正化等に関する法律施行令（昭和五十九年政令第三百十九号。以下「政令」という。）第八条に規定する営業に限る。）をいう。

二　「第二種営業」とは、法第二条第一項第一号から第四号までに規定する営業（同号に規定する営業については、ぱちんこ屋営業及び政令第八条に規定する営業を除く。）をいう。

三　「商業地域」及び「準工業地域」とは、都市計画法（昭和四十三年法律第百号）第八条第一項第一号に規定するそれぞれの地域をいう。

四　「温泉地域」とは、次に掲げる地域（商業地域又は準工業地域に属する地域を除く。）をいう。

㈠　日光市のうち川治温泉川治、川治温泉高原、藤原、鬼怒川温泉滝、鬼怒川温泉大原、湯西川、川俣及び湯元

㈡　那須塩原市のうち板室、百村、塩原、上塩原、中塩原及び湯本塩原

㈢　那須郡那須町のうち大字湯本及び大字高久乙

㈣　那須郡那珂川町のうち小口

別表第二（第三条関係）

施設	距離
児童福祉法第七条第一項に規定する児童福祉施設（保育所等を除く。）	五十メートル
医療法第一条の五第一項に規定する病院及び同条第二項に規定する診療所で患者を入院させるための施設を有するもの	四十メートル

○群馬県風俗営業等の規制及び業務の適正化等に関する法律施行条例

（昭和三四・三・二七 群馬県条例七）

最終改正 平成三〇・三・二七 条例五二

（趣旨）

第一条 この条例は、風俗営業等の規制及び業務の適正化等に関する法律（昭和二十三年法律第百二十二号。以下「法」という。）の施行に関し必要な事項を定めるものとする。

第二条 削除

（風俗営業の営業所の設置を制限する地域）

第三条 法第四条第二項第二号の規定による風俗営業の営業所の設置を制限する地域は、次に掲げる地域とする。

一 次に掲げる地域のうち、公安委員会規則で定める地域を除いた地域

イ 第一種低層住居専用地域（都市計画法（昭和四十三年法律第百号）第八条第一項第一号に規定する第一種低層住居専用地域をいう。以下同じ。）

ロ 第二種低層住居専用地域（都市計画法第八条第一項第一号に規定する第二種低層住居専用地域をいう。以下同じ。）

ハ 第一種中高層住居専用地域（都市計画法第八条第一項第一号に規定する第一種中高層住居専用地域をいう。以下同じ。）

ニ 第二種中高層住居専用地域（都市計画法第八条第一項第一号に規定する第二種中高層住居専用地域をいう。以下同じ。）

ホ 第一種住居地域（都市計画法第八条第一項第一号に規定する第一種住居地域をいう。以下同じ。）

ヘ 第二種住居地域（都市計画法第八条第一項第一号に規定する第二種住居地域をいう。以下同じ。）

ト 準住居地域（都市計画法第八条第一項第一号に規定する準住居地域をいう。以下同じ。）

二 前号に規定する地域のほか、次の表の上欄に掲げる風俗営業の種別ごとに、同表の中欄に掲げる地域にある同表の下欄に掲げる施設の区分に応じ、それぞれ同欄に当該施設の敷地（当該施設の用に供するものと決定した土地を含む。）の周囲の区域として定める区域内の地域

風俗営業の種別	地域	区域		
		学校	病院	図書館、児童福祉施設、大学、専修学校、各種学校
法第二条第一項第一号の営業	商業地域	五十メートルの区域	四十メートルの区域	三十メートルの区域
	商業地域以外の地域	九十メートルの区域	八十メートルの区域	六十メートルの区域
法第二条第一項第二号又は第三号の営業	商業地域	四十メートルの区域	三十メートルの区域	二十メートルの区域
	商業地域以外の地域	八十メートルの区域	七十メートルの区域	五十メートルの区域
法第二条第一項第四号又は第五号の営業	商業地域	五十メートルの区域	四十メートルの区域	三十メートルの区域
	商業地域以外の地域	百メートルの区域	九十メートルの区域	七十メートルの区域

注 一 「商業地域」とは、都市計画法第八条第一項第一号に規定する商業地域をいう。以下同じ。

二 「学校」とは、学校教育法（昭和二十二年法律第二十六号）第一条に規定する学校のうち大学以外のものをいう。

三 「病院」とは、医療法（昭和二十三年法律第二百五号）第一条の五第一項に規定する病院及び同条第二項に規定する診療所（患者を入院

させるための施設を有しないものを除く。）をいう。以下同じ。
四　「図書館」とは、図書館法（昭和二十五年法律第百十八号）第二条第一項に規定する図書館をいう。
五　「児童福祉施設」とは、児童福祉法（昭和二十二年法律第百六十四号）第七条第一項に規定する児童福祉施設をいう。以下同じ。
六　「大学」とは、学校教育法第一条に規定する大学をいう。
七　「専修学校」とは、学校教育法第百二十四条に規定する専修学校をいう。以下同じ。
八　「各種学校」とは、学校教育法第百三十四条第一項に規定する各種学校をいう。以下同じ。

2　前項の規定は、法第二条第一項第四号又は第五号の営業に係る次に掲げる営業所については、適用しない。
一　列車、バス等により営業の場所が常態として移動する営業に係る営業所
二　祭礼、縁日等の行事が行われる場合に、三月以内の期間を限つて営む営業に係る営業所

（午前零時以後において風俗営業を営むことができる時）
第三条の二　法第十三条第一項ただし書の規定による午前零時以後において風俗営業を営むことができる時は、午前一時とする。

（習俗的行事その他の特別な事情のある日等の特例）
第四条　法第十三条第一項第一号の規定による習俗的行事その他の特別な事情のある日は、次の各号に掲げる日とし、当該事情のある地域は、それぞれ当該各号に定める地域とする。
一　一月一日から一月七日まで　群馬県の地域
二　八月十三日から八月十六日まで　群馬県の地域
三　十二月二十五日から十二月三十一日まで　群馬県の地域
四　その他群馬県公安委員会（以下「公安委員会」という。）が告示で定める日　当該告示において指定した地域及び次条に定める地域

（午前零時以後において風俗営業を営むことが許容される特別な事情のある地域）
第四条の二　法第十三条第一項第二号の規定による午前零時以後において風俗営業を営むことが許容される特別な事情のある地域は、法第二条第一項第一号から第四号までの営業（ぱちんこ屋及び風俗営業等の規制及び業務の適正化等に関する法律施行令（昭和五十九年政令第三百十九号）第八条に規定する営業（以下「ぱちんこ屋等」という。）を除く。）について、次の各号のいずれにも該当する地域として公安委員会規則で定める地域とする。
一　店舗が多数集合しており、かつ、風俗営業、遊興飲食店営業（設備を設けて客に遊興をさせ、かつ、客に飲食をさせる営業（客に酒類を提供して営むものに限る。）をいい、風俗営業に該当するものを除く。）並びに深夜（午前零時から午前六時までの時間をいう。以下同じ。）において営まれる酒類提供飲食店営業及び興行場営業（興行場法（昭和二十三年法律第百三十七号）第一条第二項に規定する興行場営業をいう。）の営業所が一平方キロメートルにつきおおむね三百箇所以上の割合で設置されている地域（以下「風俗営業等密集地域」という。）
二　次のいずれにも該当しない地域
イ　第三条第一項第一号イからトまでに掲げる地域（以下「住居集合地域」という。）
ロ　近隣商業地域及び準工業地域（それぞれ都市計画法第八条第一項第一号に掲げる近隣商業地域及び準工業地域をいう。以下同じ。）
ハ　イ又はロに掲げる地域に隣接する地域（幹線道路の各側端から外側おおむね五十メートルを限度とする区域内の地域を除く。）

（風俗営業の営業時間の制限）
第五条　ぱちんこ屋等は、群馬県の地域において、午前六時後午前十時までの時間及び午後十一時から翌日の午前零時前（当該翌日が第四条第一項各号に掲げる習俗的行事その他の特別な事情のある日のいずれかに該当する場合における当該事情のある地域においては、午前一時まで）の時間に営んではならない。

2　法第二条第一項第五号の営業は、第四条第一項第四号に掲げる日に係る前条に定める地域において、同日の午前零時から午前一時までの時間に営んではならない。ただし、当該地域が第四条第一項第四号に掲げる告示において指定した地域に該当する場合は、この限りでない。

（騒音及び振動の数値）
第六条　法第十五条（法第三十一条の二十三及び法第三十二条第二項において準用する場合を含む。）の規定による騒音及び振動の数値は、次のとおりと

する。

一　騒音の数値　次の表の上欄に掲げる地域ごとに、同表の下欄に掲げる時間の区分に応じ、それぞれ同欄に定める数値

地域	数値		
	昼間	夜間	深夜
第一種低層住居専用地域、第二種低層住居専用地域、第一種中高層住居専用地域、第二種中高層住居専用地域	五十デシベル	四十五デシベル	四十デシベル
第一種住居地域、第二種住居地域、準住居地域、近隣商業地域、その他の地域	五十五デシベル	五十デシベル	四十五デシベル
商業地域、準工業地域	六十デシベル	五十五デシベル	五十デシベル
工業地域、工業専用地域	六十五デシベル	六十デシベル	五十五デシベル

注　一　「昼間」とは、午前六時後午後六時前の時間をいう。
　　二　「夜間」とは、午後六時から翌日の午前零時前の時間をいう。
　　三　「工業地域」及び「工業専用地域」とは、それぞれ都市計画法第八条第一項第一号に掲げる工業地域及び工業専用地域をいう。以下同じ。
　　四　「その他の地域」とは、住居集合地域、近隣商業地域、商業地域、準工業地域、工業地域及び工業専用地域を除く地域をいう。

二　振動の数値　五十五デシベル

（風俗営業者の遵守事項）

第七条　風俗営業者は、次に掲げる事項を遵守しなければならない。

一　営業所で卑わいな行為その他善良の風俗を害する行為をし、又は客にこれらの行為をさせないこと。

二　営業用家屋等（営業の用に供する家屋又は施設をいう。以下同じ。）で客を就寝させ、又は宿泊させないこと（旅館業法（昭和二十三年法律第百三十八号）第三条第一項の許可を受けて旅館業の施設と兼用する場合を除く。）。

三　飲食物を提供する業種にあつては、客の求めない飲食物を提供しないこと。

四　客室以外で営業しないこと。

五　営業時間中は、施錠その他の方法によつて営業所の出入口を塞がないこと。

六　営業用家屋等において店舗型性風俗特殊営業又は店舗型電話異性紹介営業を営み、又は営ませないこと。

2　法第二条第一項第四号の営業を営む風俗営業者は、前項の規定によるほか、次に掲げる事項を遵守しなければならない。

一　営業所で賭博類似行為その他著しく射幸心をそそるおそれのある行為をし、又は客にこれらの行為をさせないこと。

二　著しく射幸心をそそるおそれのある方法で営業しないこと。

三　ぱちんこ屋等を営む風俗営業者にあつては、客に提供した賞品を買い取らせ、又は営業所において客に飲酒をさせ、若しくは酒類を販売しないこと。

3　法第二条第一項第五号の営業を営む風俗営業者は、第一項の規定によるほか、次に掲げる事項を遵守しなければならない。

一　前項第一号及び第二号に掲げる事項

二　午後六時から午後十時前の時間において十六歳未満の者を営業所に客として立ち入らせるときは、保護者（群馬県青少年健全育成条例（平成十九年群馬県条例第十九号）第四条に規定する保護者をいう。以下同じ。）の同伴を求めること。

第八条　削除

（店舗型性風俗特殊営業等の禁止区域の基準となる施設）

第九条　法第二十八条第一項（法第三十一条の三第二項において適用する場合を含む。）の規定による施設は、次のとおりとする。

一　専修学校

二　各種学校

三　病院
四　博物館（博物館法（昭和二十六年法律第二百八十五号）第二条第一項に規定する博物館及び同法第二十九条の規定による博物館に相当する施設として指定を受けたものをいう。）
五　身体障害者社会参加支援施設（身体障害者福祉法（昭和二十四年法律第二百八十三号）第五条第一項に規定する身体障害者社会参加支援施設をいう。）
六　障害者支援施設（障害者の日常生活及び社会生活を総合的に支援するための法律（平成十七年法律第百二十三号。以下「障害者総合支援法」という。）第五条第十一項に規定する障害者支援施設をいう。）
七　地域活動支援センター（障害者総合支援法第五条第二十七項に規定する地域活動支援センターをいう。）
八　福祉ホーム（障害者総合支援法第五条第二十八項に規定する福祉ホームをいう。）
九　老人福祉施設（老人福祉法（昭和三十八年法律第百三十三号）第五条の三に規定する老人福祉施設をいう。）
十　保護施設（生活保護法（昭和二十五年法律第百四十四号）第三十八条第一項に規定する保護施設をいう。）
十一　前各号に掲げるもののほか、公安委員会規則で定める施設

（店舗型性風俗特殊営業等の禁止地域）
第十条　店舗型性風俗特殊営業は、法第二十八条第一項に定めるもののほか、次の各号に掲げる区分に応じ、それぞれ当該各号に掲げる地域において、営んではならない。
一　法第二条第六項第一号又は第二号の営業　別表第一に掲げる地域
二　法第二条第六項第三号又は第五号の営業　別表第二に掲げる地域
三　法第二条第六項第四号の営業　住居集合地域その他公安委員会規則で定める地域。ただし、法第二条第六項第四号の営業のうち、個室に自動車の車庫（二以上の側壁（カーテン、ついたて等を含む。）及び屋根を有するものに限る。以下同じ。）が個々に接続する施設で、次のいずれかに該当する構造設備を有するものを設けて営むものにあつては、別表第一に掲げる地域
イ　個室に接続する車庫の出入口が扉等によつて遮蔽できるもの
ロ　車庫の内部から個室に通ずる専用の人の出入口又は階段若しくは昇降機が設けられているもの
ハ　個室と車庫とが専用の通路によつて接続しているものにあつては、当該通路の内部が外部から見えないもの
四　法第二条第六項第六号の営業　商業地域以外の地域
2　受付所営業（法第三十一条の二第四項に規定する受付所営業をいう。次条において同じ。）は、別表第一に掲げる地域において、営んではならない。

（店舗型性風俗特殊営業等の営業時間の制限）
第十一条　店舗型性風俗特殊営業（法第二条第六項第四号の営業を除く。）及び受付所営業は、群馬県の地域において、深夜に営んではならない。

（店舗型性風俗特殊営業の広告制限地域）
第十一条の二　法第二十八条第五項第一号ロの規定による店舗型性風俗特殊営業の広告又は宣伝を制限する地域は、次の各号に掲げる区分に応じ、それぞれ当該各号に掲げる地域とする。
一　法第二条第六項第一号又は第二号の営業　別表第一に掲げる地域
二　法第二条第六項第三号又は第五号の営業　別表第二に掲げる地域
三　法第二条第六項第四号の営業　第十条第一項第三号に掲げる地域
四　法第二条第六項第六号の営業　第十条第一項第四号に掲げる地域

（無店舗型性風俗特殊営業の広告制限地域）
第十一条の三　法第三十一条の三第一項において準用する法第二十八条第五項第一号ロの規定による無店舗型性風俗特殊営業の広告又は宣伝を制限する地域は、次の各号に掲げる区分に応じ、それぞれ当該各号に掲げる地域とする。
一　法第二条第七項第一号の営業　別表第一に掲げる地域
二　法第二条第七項第二号の営業　別表第二に掲げる地域

（映像送信型性風俗特殊営業の広告制限地域）
第十一条の四　法第三十一条の八第一項において準用する法第二十八条第五項第一号ロの規定による映像送信型性風俗特殊営業の広告又は宣伝を制限する地域は、別表第二に掲げる地域とする。

（店舗型電話異性紹介営業の禁止区域の基準となる施設）

第十一条の五　法第三十一条の十三第一項において準用する法第二十八条第一項の規定による施設は、第九条各号に掲げる施設とする。

（店舗型電話異性紹介営業の禁止地域）

第十一条の六　店舗型電話異性紹介営業は、法第三十一条の十三第一項において準用する法第二十八条第一項に定めるもののほか、商業地域以外の地域において、営んではならない。

（店舗型電話異性紹介営業の営業時間の制限）

第十一条の七　店舗型電話異性紹介営業は、群馬県の地域において、深夜に営んではならない。

（店舗型電話異性紹介営業の広告制限地域）

第十一条の八　法第三十一条の十三第一項において準用する法第二十八条第五項第一号ロの規定による店舗型電話異性紹介営業の広告又は宣伝を制限する地域は、商業地域以外の地域とする。

（無店舗型電話異性紹介営業の広告制限地域）

第十一条の九　法第三十一条の十八第一項において準用する法第二十八条第五項第一号ロの規定による無店舗型電話異性紹介営業の広告又は宣伝を制限する地域は、商業地域以外の地域とする。

（特定遊興飲食店営業の営業所の設置を許容する地域）

第十一条の十　法第三十一条の二十三において準用する法第四条第二項第二号に規定する条例で定める地域は、次の各号のいずれにも該当する地域とする。

一　次のいずれにも該当する地域であつて公安委員会規則で定めるもの

イ　次のいずれかに該当する地域

(1)　風俗営業等密集地域

(2)　深夜において一平方キロメートルにつきおおむね百人以下の割合で人が居住する地域（(1)の地域を除く。）

ロ　次に掲げる地域以外の地域

(1)　住居集合地域

(2)　近隣商業地域及び準工業地域

(3)　(1)又は(2)に掲げる地域に隣接する地域（当該地域が風俗営業等密集地域に該当する場合にあつては、幹線道路の各側端から外側おおむね五十メートルを限度とする区域内の地域を除く。）

二　次の表の上欄に掲げる地域にある同表の下欄に掲げる施設の区分に応じ、それぞれ同欄に当該施設の敷地（当該施設の用に供するものと決定した土地を含む。）の周囲の区域として定める区域外の地域

地域	区域	
	病院	児童福祉施設（児童等を入所させるものに限る。）
商業地域	四十メートルの区域	三十メートルの区域
商業地域以外の地域	八十メートルの区域	六十メートルの区域

注　「児童等」とは、児童福祉法第六条の二第一項に規定する児童等をいう。

（特定遊興飲食店営業の営業時間の制限）

第十一条の十一　特定遊興飲食店営業者は、群馬県の地域において、午前五時から午前六時前の時間に営んではならない。

（特定遊興飲食店営業者の遵守事項）

第十一条の十二　特定遊興飲食店営業者は、次に掲げる事項を遵守しなければならない。

一　営業所で卑わいな行為その他善良の風俗を害する行為をし、又は客にこれらの行為をさせないこと。

二　客の求めない飲食物を提供しないこと。

三　営業時間中は、施錠その他の方法によつて営業所の出入口を塞がないこと。

四　営業所で店舗型性風俗特殊営業又は店舗型電話異性紹介営業を営み、又は営ませないこと。

五　営業所で賭博類似行為その他著しく射幸心をそそるおそれのある行為をし、又は客にこれらの行為をさせないこと。

六　著しく射幸心をそそるおそれのある方法で営業しないこと。

七　午後六時から午後十時前の時間において十六歳未満の者を営業所に客として立ち入らせるときは、保護者の同伴を求めること。

（深夜における酒類提供飲食店営業の禁止地域）

第十二条　酒類提供飲食店営業は、住居集合地域において、深夜に営んではならない。

（風俗環境保全協議会を設置する地域）

第十二条の二　法第三十八条の四第一項の条例で定める地域は、第四条の二の規定により公安委員会規則で定める地域及び第十一条の十第一号の規定により公安委員会規則で定める地域（同号イ(2)に掲げる地域を除く。）とする。

（手数料の額）

第十三条　風俗営業の許可を申請する者等は、別表第三に掲げる区分に応じた額の手数料を納付しなければならない。

（手数料の納付方法）

第十四条　手数料の納付については、群馬県収入証紙条例（昭和四十一年群馬県条例第六号）の定めるところによる。

（指定試験機関が行う試験の手数料）

第十五条　法第二十条第五項の規定により公安委員会が遊技機認定（法第二十条第二項の認定をいう。以下同じ。）又は遊技機検定（同条第四項の検定をいう。以下同じ。）に必要な試験の実施に関する事務を行わせることとした者（以下「指定試験機関」という。）が行う遊技機認定又は遊技機検定に必要な試験を受けようとする場合は、手数料は指定試験機関に納付しなければならない。

2　前項の規定により指定試験機関に納付された手数料は、当該指定試験機関の収入とする。

（手数料の返還）

第十六条　納付した手数料は、返還しない。

（委任）

第十七条　この条例の施行に関し必要な事項は、公安委員会規則で定める。

附　則〔略〕

別表第一（第十条、第十一条の二、第十一条の三関係）

地域
一　前橋市の区域
二　高崎市の区域
三　桐生市の区域
四　伊勢崎市の区域
五　太田市の区域
六　沼田市（利根町根利字トザワの区域を除く。）の区域
七　館林市の区域
八　渋川市の区域
九　藤岡市の区域
十　富岡市の区域
十一　安中市の区域
十一の二　みどり市の区域
十二　削除
十三　削除
十四　北群馬郡の区域
十五　多野郡の区域
十六　甘楽郡の区域
十七　削除
十八　吾妻郡の区域
十九　利根郡の区域
二十　佐波郡の区域
二十一　削除
二十二　削除
二十三　邑楽郡の区域

別表第二（第十条、第十一条の二―第十一条の四関係）

地域
一　前橋市の区域
二　高崎市の区域
三　桐生市の区域
四　伊勢崎市の区域
五　太田市の区域
六　沼田市（利根町老神字湯ノ上及び大楊字新平の区域を除く。）の区域
七　館林市の区域
八　渋川市（伊香保町伊香保の区域を除く。）の区域
九　藤岡市の区域
十　富岡市の区域
十一　安中市の区域
十一の二　みどり市の区域
十二　削除
十三　削除
十四　北群馬郡の区域
十五　多野郡の区域
十六　甘楽郡の区域
十七　削除
十八　吾妻郡（草津町大字草津の区域を除く。）の区域
十九　利根郡（みなかみ町湯桧曽、湯原並びに猿ヶ京温泉字宮野及び字町裏の区域を除く。）の区域
二十　佐波郡の区域
二十一　削除
二十二　削除
二十三　邑楽郡の区域

別表第三（第十三条関係）

区分			金額
一　法第三条第一項の規定により風俗営業の許可（以下「風俗営業許可」という。）を申請する者	(一)　ぱちんこ屋等について風俗営業許可を申請する場合で営業所に設置する遊技機に遊技機認定を受けた遊技機以外の遊技機（以下「未認定遊技機」という。）がないとき。	三月以内の期間を限つて営む営業	一万五千円
		その他の営業	二万五千円
	(二)　ぱちんこ屋等について風俗営業許可を申請する場合で営業所に設置する遊技機に未認定遊技機があるとき。		(一)に定める額に、二千八百円（検定を受けた型式に属する未認定遊技機以外の未認定遊技機（以下「特定未認定遊技機」という。）がある場合にあつては、五千六百円に当該特定未認定遊技機が属する型式の数を二千四百円に乗じて得た額を加算した額）を加算した額に、未認定遊技機一台ごとに四十円（特定未認定遊技機については、それぞれ十一の項の(三)

			の金額の欄に定める額から八千円を減じた額を加算した額
	（三）ぱちんこ屋等以外の風俗営業について風俗営業許可を申請する場合	三月以内の期間を限つて営む営業	一万四千円
		その他の営業	二万四千円
二　法第五条第四項の規定により風俗営業の許可証の再交付を申請する者			千二百円
三　法第七条第一項の規定により風俗営業の相続に係る承認（以下「風俗営業相続承認」という。）を申請する者			九千円
四　法第七条の二第一項に規定する風俗営業の合併に係る承認（以下「風俗営業合併承認」という。）を申請する者			一万二千円
四の二　法第七条の三第一項に規定する風俗営業の分割に係る承認（以下「風俗営業分割承認」という。）を申請する者			一万二千円
五　法第九条第一項の規定により営業所の構造又は設備の変更の承認を申請する者			九千九百円
六　法第九条第四項の規定により風俗営業の許可証の書換えを申請する者			千五百円
七　法第十条の二第一項に規定する特例風俗営業者の認定（以下「特例風俗営業認定」という。）を申請する者			一万三千円
八　法第十条の二第五項の規定により特例風俗営業者の認定証の再交付を申請する者			千二百円
九　法第二十条第十項において準用する法第九条第一項の規定により遊技機の変更の承認を申請する者	（一）変更の承認を申請する遊技機に未認定遊技機がない場合		二千四百円
	（二）変更の承認を申請する遊技機に未認定遊技機がある場合		五千二百円（特定未認定遊技機がある場合にあつては、八千円に当該特定未認定遊技機が属する型式の数を二千四百円に乗じて得た額を加算した額）に、未認定遊技機一台ごとに四十円（特定未認定遊技機については、それぞれ十一の項の（三）の金額の欄に定める額から八千円を減じた額）を加算した額
十　法第二十四条第六項に規定する管理者に対する講習を受けようとする者			講習一時間について六百五十円
十一　遊技機認	（一）指定試験機関が行う遊技機認定に必要な試験（以下「遊技機試験」という。）を受けた遊技機に		二千二百円

定を申請する者	ついて遊技機認定を申請する場合				
	(二)　遊技機検定を受けた型式に属する遊技機（遊技機試験を受けたものを除く。）について遊技機認定を申請する場合				四千三百四十円
	(三)　(一)又は(二)の遊技機以外の遊技機について遊技機認定を申請する場合	ア　ぱちんこ遊技機	(ア)　入賞を容易にするための装置であつて役物で電気的動力により作動させることができる装置（以下「特定装置」という。）が設けられているもの（当該特定装置を連続して作動させることができるものに限る。）	マイクロプロセッサー（電子計算機の中央演算処理装置を構成する集積回路をいう。以下同じ。）を内蔵するもの	三万五千円
				その他のもの	一万六千三百円
			(イ)　特定装置が設けられているもの（(ア)に掲げるものを除く。）	マイクロプロセッサーを内蔵するもの	二万九千円
				その他のもの	一万六千三百円
			(ウ)　(ア)又は(イ)に掲げるもの以外のもの		一万四千四百円
		イ　回胴式遊技機		マイクロプロセッサーを内蔵するもの	五万九千円
				その他のもの	二万三千円
		ウ　アレンジボール遊技機		マイクロプロセッサーを内蔵するもの	三万五千円
				その他のもの	一万九千円
		エ　じやん球遊技機		マイクロプロセッサーを内蔵するもの	三万五千円
				その他のもの	一万九千円
		オ　アからエまでに掲げる遊技機以外の遊技機		マイクロプロセッサーを内蔵するもの	二万九千円
				その他のもの	一万二千六百円
十二　遊技機検定を申	(一)　指定試験機関が行う遊技機検定に必要な試験（以下「型式試験」という。）を受けた型式について遊技機検定を申請する場合				三千九百円

請する者	(二)　他の都道府県公安委員会の遊技機検定を受けた型式（型式試験を受けたものを除く。）について遊技機検定を申請する場合			六千三百円
	(三)　(一)又は(二)の型式以外の型式について遊技機検定を申請する場合	ア　ぱちんこ遊技機	(ア)　特定装置が設けられているもの（当該特定装置を連続して作動させることができるものに限る。）　マイクロプロセッサーを内蔵するもの	百四十三万五千円
			その他のもの	四十三万八千円
			(イ)　特定装置が設けられているもの（(ア)に掲げるものを除く。）　マイクロプロセッサーを内蔵するもの	百十二万八千円
			その他のもの	四十三万八千円
			(ウ)　(ア)又は(イ)に掲げるもの以外のもの	三十三万八千円
		イ　回胴式遊技機	マイクロプロセッサーを内蔵するもの	百六十二万千円
			その他のもの	四十七万九千円
		ウ　アレンジボール遊技機	マイクロプロセッサーを内蔵するもの	百十四万八千円
			その他のもの	四十八万二千円
		エ　じゃん球遊技機	マイクロプロセッサーを内蔵するもの	百十四万七千円
			その他のもの	四十八万千円
十三　遊技機試験を受けようとする者		ア　ぱちんこ遊技機	(ア)　特定装置が設けられているもの（当該特定装置を連続して作動させることができるものに限る。）　マイクロプロセッサーを内蔵するもの	四万三千三百円
			その他のもの	二万三千百円
			(イ)　特定装置が設けられているもの（(ア)に掲げるものを除く。）　マイクロプロセッサーを内蔵するもの	三万六千三百円
			その他のもの	二万三千円

		(ウ)　(ア)又は(イ)に掲げるもの以外のもの		二万千円
	イ　回胴式遊技機		マイクロプロセッサーを内蔵するもの	六万八千三百円
			その他のもの	三万三百円
	ウ　アレンジボール遊技機		マイクロプロセッサーを内蔵するもの	四万二千三百円
			その他のもの	二万六千三百円
	エ　じやん球遊技機		マイクロプロセッサーを内蔵するもの	四万二千三百円
			その他のもの	二万六千三百円
	オ　アからエまでに掲げる遊技機以外の遊技機		マイクロプロセッサーを内蔵するもの	三万六千三百円
			その他のもの	一万九千百円
十四　型式試験を受けようとする者	ア　ぱちんこ遊技機	(ア)　特定装置が設けられているもの	マイクロプロセッサーを内蔵するもの	百四十四万二千円

		(当該特定装置を連続して作動させることができるものに限る。)	その他のもの	四十四万五千円
		(イ)　特定装置が設けられているもの((ア)に掲げるものを除く。)	マイクロプロセッサーを内蔵するもの	百十三万五千円
			その他のもの	四十四万五千円
		(ウ)　(ア)又は(イ)に掲げるもの以外のもの		三十四万五千円
	イ　回胴式遊技機		マイクロプロセッサーを内蔵するもの	百六十二万八千円
			その他のもの	四十八万六千円
	ウ　アレンジボール遊技機		マイクロプロセッサーを内蔵するもの	百十五万五千円
			その他のもの	四十八万九千円
	エ　じやん球遊技機		マイクロプロセッサー	百十五万四

	を内蔵するもの	千円
	その他のもの	四十八万八千円
十五　法第二十七条第四項（法第三十一条の十二第二項において準用する場合を含む。）又は第三十一条の二第四項（法第三十一条の七第二項及び第三十一条の十七第二項において準用する場合を含む。）の規定による	(一)　法第二条第六項又は第九項の営業を営もうとする場合	一万千九百円
	(二)　法第二条第七項第一号の営業を営もうとする者が当該営業につき受付所を設けようとする場合	三千四百円と八千五百円に受付所の数を乗じて得た額との合計額
	(三)　法第二条第七項、第八項若しくは第十項の営業を営もうとする者（(二)に掲げる者を除く。）又は風俗営業等の規制及び業務の適正化等に関する法律の一部を改正する法律（平成十七年法律第百十九号）附則第三条第二項の規定により法第二十七条第一項、第三十一条の二第一項、第三十一条の七第一項、第三十一条の十二第一項若しくは第三十一条の十七第一項の届出書を提出したものとみなされる場合	
法第二十七条第一項、第三十一条の二第一項、第三十一条の七第一項、第三十一条の十二第一項又は第三十一条の十七第一項の届出書の提出があった旨を記載した書面の交付を受けようとする者		三千四百円
十六　法第二十七条第四項（法第三十一条の十二第二項において準用する場合を含む。）又は第三十一条の二第四項（法第三十一条の七第二項及び第三十一条の十七第二項において準用する場合を含む。）の規定による法第二十七条第二項（法第三十一条の十二第二項において準用す	変更に係る事項が受付所の新設に係るものである場合	千九百円と八千五百円に当該新設に係る受付所の数を乗じて得た額

		との合計額
る場合を含む。）又は第三十一条の二第二項（法第三十一条の七第二項及び第三十一条の十七第二項において準用する場合を含む。）の届出書の提出があつた旨を記載した書面の交付を受けようとする者	その他の場合	千五百円
十七　法第二十七条第四項（法第三十一条の十二第二項において準用する場合を含む。）又は第三十一条の二第四項（法第三十一条の七第二項及び第三十一条の十七第二項において準用する場合を含む。）の規定による届出書の提出があつた旨を記載した書面の再交付を受けようとする者		千二百円
十八　法第三十一条の二十二の規定により特定遊興飲食店営業の許可（以下「特定遊興飲食店営業許可」という。）を申請する者	三月以内の期間を限つて営む営業	一万四千円
	その他の営業	二万四千円
十九　法第三十一条の二十三において準用する法第五条第四項の規定により特定遊興飲食店営業の許可証の再交付を申請する者		千百円
二十　法第三十一条の二十三において準用する法第七条第一項の規定により特定遊興飲食店営業の相続に係る承認（以下「特定遊興飲食店営業相続承認」という。）を申請する者		八千六百円
二十一　法第三十一条の二十三において準用する法第七条の二第一項に規定する特定遊興飲食店営業の合併に係る承認（以下「特定遊興飲食店営業合併承認」という。）を申請する者		一万千円
二十二　法第三十一条の二十三において準用する法第七条の三第一項に規定する特定遊興飲食店営業の分割に係る承認（以下「特定遊興飲食店営業分割承認」という。）を申請する者		一万千円
二十三　法第三十一条の二十三において準用する法第九条第一項の規定により営業所の構造又は設備の変更の承認を申請する者		九千九百円
二十四　法第三十一条の二十三において準用する法第九条第四項の規定により特定遊興飲食店営業の許可証の書換えを申請する者		千四百円
二十五　法第三十一条の二十三において準用する法第十条の二第一項に規定する特例特定遊興飲食店営業者の認定（以下「特例特定遊興飲食店営業認定」という。）を申請する者		一万三千円
二十六　法第三十一条の二十三において準用する法第十条の二第五項の規定により特例特定遊興飲食店営業の認定証の再交付を申請する者		千百円
二十七　法第三十一条の二十三において準用する法第二十四条第六項に規定する管理者に対する講習を受けようとする者		講習一時間について六百五十円

備考一　風俗営業許可を申請する者が同時に他の風俗営業許可を申請する場合における当該他の風俗営業許可に係る手数料については、一の項の金額の欄に定める額から八千六百円を減じた額とする。

二　法第四条第三項の規定が適用される営業所につき風俗営業許可を申請する場合における手数料については、一の項の金額の欄に定める額に六千八百円を加算した額とする。

三　風俗営業相続承認を申請する者が同時に他の風俗営業相続承認を申請する場合にあつては、当該他の風俗営業相続承認に係る手数料については、三の項の金額の欄に定める額から五千二百円を減じた額とする。

四　風俗営業合併承認を申請する者が同時に他の風俗営業合併承認を申請する場合にあつては、当該他の風俗営業合併承認に係る手数料については、四の項の金額の欄に定める額から八千二百円を減じた額とする。

五　風俗営業分割承認を申請する者が同時に他の風俗営業分割承認を申請する場合にあつては、当該他の風俗営業分割承認に係る手数料については、四の二の項の金額の欄に定める額から八千二百円を減じた額とする。

六　特例風俗営業認定を申請する者が同時に他の特例風俗営業認定を申

請する場合にあつては、当該他の特例風俗営業認定に係る手数料については、七の項の金額の欄に定める額から三千円を減じた額とする。
七　遊技機認定を申請する者が同時に当該遊技機認定に係る遊技機と同一の型式に属する他の遊技機について遊技機認定を申請する場合における当該他の遊技機に係る手数料については、十一の項の金額の欄の規定にかかわらず、同項の㈠の場合にあつては零円とし、同項の㈡の場合にあつては四十円とし、同項の㈢の場合にあつては同項の㈢の金額の欄に定める額から八千円を減じた額とする。
八　遊技機試験を受けようとする者が同時に当該遊技機試験に係る遊技機と同一の型式に属する他の遊技機について遊技機試験を受けようとする場合における当該他の遊技機に係る手数料の額は、十三の項の金額の欄に定める額から一万四千三百円を減じた額とする。
九　特定遊興飲食店営業許可を申請する者が同時に他の特定遊興飲食店営業許可を申請する場合における当該他の特定遊興飲食店営業許可に係る手数料については、十八の項の金額の欄に定める額から八千七百円を減じた額とする。
十　法第三十一条の二十三において準用する法第四条第三項の規定が適用される営業所につき特定遊興飲食店営業許可を申請する場合における手数料については、十八の項の金額の欄に定める額に六千八百円を加算した額とする。
十一　特定遊興飲食店営業相続承認を申請する者が同時に他の特定遊興飲食店営業相続承認を申請する場合にあつては、当該他の特定遊興飲食店営業相続承認に係る手数料については、二十の項の金額の欄に定める額から四千八百円を減じた額とする。
十二　特定遊興飲食店営業合併承認を申請する者が同時に他の特定遊興飲食店営業合併承認を申請する場合にあつては、当該他の特定遊興飲食店営業合併承認に係る手数料については、二十一の項の金額の欄に定める額から七千七百円を減じた額とする。
十三　特定遊興飲食店営業分割承認を申請する者が同時に他の特定遊興飲食店営業分割承認を申請する場合にあつては、当該他の特定遊興飲食店営業分割承認に係る手数料については、二十二の項の金額の欄に定める額から七千七百円を減じた額とする。
十四　特例特定遊興飲食店営業認定を申請する者が同時に他の特例特定遊興飲食店営業認定を申請する場合にあつては、当該他の特例特定遊興飲食店営業認定に係る手数料については、二十五の項の金額の欄に定める額から三千円を減じた額とする。

○群馬県風俗営業等の規制及び業務の適正化等に関する法律施行条例施行規則

（昭和六〇・二・一二
群馬県公安委員会規則一）

最終改正　平成二八・三・一一　公安委員会規則二

（趣旨）

第一条　この規則は、群馬県風俗営業等の規制及び業務の適正化等に関する法律施行条例（昭和三十四年群馬県条例第七号。以下「条例」という。）の施行に関し必要な事項を定めるものとする。

（風俗営業の営業所の設置を制限する地域の特例）

第二条　条例第三条第一項第一号の公安委員会規則で定める地域は、次に掲げる市町村の区域のうち、第一種住居地域、第二種住居地域及び準住居地域（都市計画法（昭和四十三年法律第百号）第八条第一項第一号に掲げる第一種住居地域、第二種住居地域及び準住居地域をいう。）とする。

一　安中市磯部一丁目

二　渋川市伊香保町伊香保

三　吾妻郡草津町大字草津

（午前零時以後において風俗営業を営むことが許容される特別な事情のある地域）

第三条　条例第四条の二の公安委員会規則で定める地域は、次のとおりとする。

一　前橋市千代田町五丁目五番から十七番までの地域

二　高崎市柳川町、寄合町及び新紺屋町の一部で、市道A五百七十号線と市道A五百六十七号線との交差点を起点として、同線を東進し、市道A五百七十二号線との交差点に至り、同交差点から同線を南進し、市道A五百七十九号線との交差点に至り、同交差点から同線を西進し、市道A六百十六号線との交差点に至り、同交差点から同線を北進し、市道中央小北通り線との交差点に至り、同交差点から同線を北進し、市道A五百七十号線との交差点に至り、同線を北進して起点に至る各線で囲む地域

（店舗型性風俗特殊営業等の禁止区域の基準となる施設）

第四条　条例第九条第十一号の公安委員会規則で定める施設は、次のとおりとする。

一　重要文化財（文化財保護法（昭和二十五年法律第二百十四号）第二十七条第一項に規定する重要文化財をいう。）のうちの建造物

二　群馬県指定重要文化財（群馬県文化財保護条例（昭和五十一年群馬県条例第三十九号）第四条第一項に規定する群馬県指定重要文化財をいう。）のうちの建造物

三　群馬県旅館業条例（昭和二十九年群馬県条例第四十三号）第二条第一項第三号の規定により知事が指定した施設

（店舗型性風俗特殊営業の禁止地域）

第五条　条例第十条第一項第三号の公安委員会規則で定める地域は、次のとおりとする。

一　風致地区（都市計画法第八条第一項第七号に掲げる風致地区をいう。）内の地域

二　群馬県立公園（群馬県立公園条例（昭和三十三年群馬県条例第二十三号）第二条第一号に規定する県立公園をいう。）の区域内の地域

（特定遊興飲食店営業の営業所の設置を許容する地域）

第六条　条例第十一条の十第一号の公安委員会規則で定める地域は、第三条各号に掲げる地域とする。

附　則〔略〕

埼玉県

○風俗営業等の規制及び業務の適正化等に関する法律施行条例

（昭和五九・一二・二五　埼玉県条例四七）

最終改正　平成三〇・三・三〇　条例二七

（趣旨）

第一条　この条例は、風俗営業等の規制及び業務の適正化等に関する法律（昭和二十三年法律第百二十二号。以下「法」という。）の規定に基づく風俗営業及び性風俗関連特殊営業等の制限地域の指定、営業時間の制限等について必要な事項を定めるものとする。

（風俗営業の制限地域の指定）

第二条　法第四条第二項第二号に規定する条例で定める地域は、次の各号に掲げるとおりとする。

一　別表に掲げる第一種地域

二　次の表の上欄に掲げる施設の敷地（当該施設の用に供するものと決定した土地を含む。）から、当該施設ごとに、同表の下欄に掲げる当該施設の周辺の地域の区分に応じ、それぞれ同欄に定める距離以内の地域

施設	距離		
	別表に掲げる第二種地域	別表に掲げる第三種地域及び第四種地域	別表に掲げる第五種地域
学校（学校教育法（昭和二十二年法律第二十六号）第一条に規定する学校で、同条に規定する大学以外のものをいう。）	百メートル	七十メートル	五十メートル
一　大学（学校教育法第一条に規定する大学をいう。） 二　図書館（図書館法（昭和二十五年法律第百十八号）第二条第一項に規定する図書館をいう。） 三　病院及び診療所（医療法（昭和二十三年法律第二百五号）第一条の五に規定する病院及び診療所をいう。ただし、診療所にあつては、患者を入院させるための施設を有するものに限る。） 四　児童福祉施設（児童福祉法（昭和二十二年法律第百六十四号）第七条第一項に規定する児童福祉施設をいう。） 五　特別養護老人ホーム（老人福祉法（昭和三十八年法律第百三十三号）第五条の三に規定する特別養護老人ホームをいう。）	七十メートル	五十メートル	三十メートル

2　前項の規定は、次の各号に掲げる営業所については、適用しない。

一　常態として移動する列車等において行われる風俗営業に係る営業所

二　祭礼、縁日等地域的慣習による催しが開催される場合において、当該催しが開催される場所又は地域において、当該催しの開催期間（三月以内の期間に限る。）中に営む法第二条第一項第四号又は第五号の営業に係る営業所

（習俗的行事その他の特別な事情のある日等）

第三条　法第十三条第一項ただし書に規定する条例で定める時は、午前一時とする。

2　法第十三条第一項第一号に規定する習俗的行事その他の特別な事情のある日として条例で定める日は次の各号に掲げる日とし、当該特別な事情のある日に係る同項第一号の条例で定める地域はそれぞれ当該各号に定める地域と

する。

一　十二月二十五日から翌年の一月八日までの日　県内の全地域

二　前号に掲げるもののほか、埼玉県公安委員会規則（以下「公安委員会規則」という。）で定める日　公安委員会規則で定める地域及びその他の地域であつて次条第一項に規定する地域

（午前零時以後において風俗営業を営むことが許容される特別な事情のある地域）

第三条の二　法第十三条第一項第二号に規定する午前零時以後において風俗営業を営むことが許容される特別な事情のある地域として条例で定める地域は、公安委員会規則で定める地域とする。

2　前項の公安委員会規則で定める地域は、法第二条第一項第四号の営業（ぱちんこ屋及び風俗営業等の規制及び業務の適正化等に関する法律施行令（昭和五十九年政令第三百十九号。第六条第二項において「令」という。）第八条に規定する営業に限る。次条において「ぱちんこ屋等営業」という。）を除く風俗営業につき定めるものとする。

（ぱちんこ屋等営業の営業時間の制限）

第四条　ぱちんこ屋等営業を営む風俗営業者は、県内の全地域において、午前六時後午前十時までの時間及び午後十一時から翌日の午前零時前（当該翌日が第三条第二項各号に掲げる習俗的行事その他の特別な事情のある日のいずれかに該当する場合における当該特別な事情のある地域にあつては、午前一時まで）の時間において、その営業を営んではならない。

（風俗営業に係る騒音及び振動の数値）

第五条　法第十五条に規定する条例で定める騒音に係る数値は、次の表の上欄に掲げる地域ごとに、同表の下欄に掲げる時間の区分に応じ、それぞれ同欄に定める数値とする。

地域	数値		
	午前六時後午後六時前	午後六時から翌日の午前零時前	午前零時から午前六時まで
別表に掲げる第一種地域	五十五デシベル	五十デシベル	四十五デシベル
別表に掲げる第二種地域	六十デシベル	五十五デシベル	五十デシベル（備考に掲げる地域にあつては、四十五デシベル）
別表に掲げる第三種地域、第四種地域及び第五種地域	六十五デシベル	六十デシベル	五十デシベル

備考
1　都市計画法（昭和四十三年法律第百号）第八条第一項第一号の規定による第一種住居地域、第二種住居地域及び準住居地域として定められている地域のうち公安委員会規則で定める地域
2　都市計画法第五条第一項の規定による都市計画区域の指定がされている地域のうち、同法第八条第一項第一号の規定による用途地域として定められていない地域（公安委員会規則で定める地域を除く。）
3　都市計画法第五条第一項の規定による都市計画区域の指定がされていない地域（公安委員会規則で定める地域を除く。）

2　法第十五条に規定する条例で定める振動に係る数値は、五十五デシベルとする。

（風俗営業者の行為の制限）

第六条　風俗営業者は、次の各号に掲げる事項を遵守しなければならない。

一　営業所で卑わいな行為その他善良の風俗を害する行為をし、又は客にこれらの行為をさせないこと。

二　営業の用に供する家屋又は施設（旅館業法（昭和二十三年法律第百三十八号）第二条第一項に規定する旅館業に係る施設を除く。）で客を宿泊させ、又は就寝させないこと。

三　客の求めない飲食物を提供しないこと。

四　営業所以外の場所で営業しないこと。

五　営業中において、施錠その他の方法によつて営業所の出入口若しくは客室を閉ざす行為をし、又は客にこれらの行為をさせないこと。

六　営業の用に供する家屋又は施設において、店舗型性風俗特殊営業を営み、又は他の者に営ませないこと。

2　法第二条第一項第四号の営業（ぱちんこ屋及び令第十五条に規定する営業に限る。）を営む風俗営業者は、前項各号に掲げる事項のほか、次の各号に掲げる事項を遵守しなければならない。
一　客に提供した賞品を買いとらせないこと。
二　営業所で賭博類似行為その他著しく射幸心をそそるおそれのある行為をし、又は客にこれらの行為をさせないこと。
三　著しく射幸心をそそるおそれのある方法で営業しないこと。
四　営業所において客に飲酒をさせないこと。
3　前項第二号及び第三号の規定は、法第二条第一項第四号のまあじやん屋を営む風俗営業者について準用する。
4　第二項第四号の規定は、法第二条第一項第五号の営業を営む風俗営業者について準用する。ただし、同号の営業を営む営業所において、風俗営業者が当該営業と兼ねて飲食店営業を営む場合は、この限りでない。
5　第一項第一号及び第三号から第六号まで並びに第二項第二号及び第三号の規定は、特定遊興飲食店営業者について準用する。

（年少者の立入りの制限）
第七条　法第二条第一項第五号の営業を営む風俗営業者は、午後六時から午後十時前の時間において十六歳未満の者を営業所に客として立ち入らせないようにしなければならない。ただし、午後六時から午後八時までの時間において保護者（埼玉県青少年健全育成条例（昭和五十八年埼玉県条例第二十八号）第三条第二号に規定する保護者をいう。）が同伴する場合は、この限りでない。

（店舗型性風俗特殊営業等の禁止区域の基準となる施設）
第八条　法第二十八条第一項（法第三十一条の三第二項の規定により適用する場合及び法第三十一条の十三第一項において準用する場合を含む。）に規定する条例で定める施設は、第二条第一項第二号の表の上欄に掲げる病院、診療所及び特別養護老人ホームとする。

（店舗型性風俗特殊営業等の禁止地域）
第九条　店舗型性風俗特殊営業、受付所営業（法第三十一条の二第四項ただし書に規定する受付所営業をいう。以下同じ。）及び店舗型電話異性紹介営業は、次の各号に掲げる営業の種類に応じ、それぞれ当該各号に掲げる地域において、これを営んではならない。
一　法第二条第六項第一号から第四号まで及び第六号の営業（同項第四号の営業にあつては、個室に自動車の車庫が個々に接続する施設であつて、公安委員会規則で定める構造設備を有して営むもの（以下「モーテル営業」という。）に限る。）、受付所営業並びに同条第九項の営業　別表に掲げる第一種地域、第二種地域、第三種地域及び第五種地域
二　法第二条第六項第四号の営業（モーテル営業を除く。）及び同項第五号の営業　別表に掲げる第一種地域及び第二種地域

（店舗型性風俗特殊営業等の営業時間の制限）
第十条　店舗型性風俗特殊営業（法第二条第六項第四号の営業を除く。）、受付所営業及び店舗型電話異性紹介営業は、県内の全地域において、深夜（午前零時から午前六時までの時間をいう。以下同じ。）において、これを営んではならない。

（店舗型性風俗特殊営業及び店舗型電話異性紹介営業の広告制限地域）
第十条の二　法第二十八条第五項第一号ロ（法第三十一条の十三第一項において準用する場合を含む。）に規定する条例で定める地域及び店舗型電話異性紹介営業は、第九条各号に掲げる営業の種類に応じ、それぞれ当該各号に掲げる地域とする。

（無店舗型性風俗特殊営業及び無店舗型電話異性紹介営業の広告制限地域）
第十条の三　法第三十一条の三第一項及び法第三十一条の十八第一項において準用する法第二十八条第五項第一号ロに規定する条例で定める地域は、次の各号に掲げる営業の種別に応じ、それぞれ当該各号に掲げる地域とする。
一　法第二条第七項第一号及び第十項の営業　別表に掲げる第一種地域、第二種地域、第三種地域及び第五種地域
二　法第二条第七項第二号の営業　別表に掲げる第一種地域及び第二種地域とする。

（映像送信型性風俗特殊営業の広告制限地域）
第十条の四　法第三十一条の八第一項において準用する法第二十八条第五項第一号ロに規定する条例で定める地域は、別表に掲げる第一種地域及び第二種地域とする。

（特定遊興飲食店営業の営業所設置許容地域）
第十条の五　法第三十一条の二十三において準用する法第四条第二項第二号に

規定する条例で定める地域は、次の各号のいずれにも該当する地域とする。
一　公安委員会規則で定める地域
二　第二条第一項第二号の表の上欄に掲げる病院、診療所、児童福祉施設（深夜において入所させるものに限る。）及び特別養護老人ホームの施設の敷地（当該施設の用に供するものと決定した土地を含む。）から、当該施設ごとに、同表の下欄に掲げる別表に掲げる第五種地域に定める距離の範囲の外側にある地域

（特定遊興飲食店営業の営業時間の制限）

第十条の六　特定遊興飲食店営業者は、県内の全地域において、午前五時から午前六時までの時間において、その営業を営んではならない。

（深夜における特定遊興飲食店営業に係る騒音及び振動の数値）

第十条の七　法第三十一条の二十三において準用する法第十五条に規定する条例で定める深夜における特定遊興飲食店営業に係る騒音に係る数値は、第五条第一項の表上欄に掲げる別表に掲げる第三種地域、第四種地域及び第五種地域下欄に掲げる午前零時から午前六時までに定める数値とする。

2　法第三十一条の二十三において準用する法第十五条に規定する条例で定める深夜における特定遊興飲食店営業に係る振動に係る数値は、五十五デシベルとする。

（深夜における飲食店営業に係る騒音及び振動の数値）

第十一条　法第三十二条第二項において準用する法第十五条に規定する条例で定める深夜における飲食店営業に係る騒音に係る数値は、第五条第一項の表の上欄に掲げる地域ごとに、それぞれ同表の下欄に掲げる午前零時から午前六時までに係る数値とする。

2　法第三十二条第二項において準用する法第十五条に規定する条例で定める深夜における飲食店営業に係る振動に係る数値は、五十五デシベルとする。

（深夜における酒類提供飲食店営業の禁止地域）

第十二条　酒類提供飲食店営業は、別表に掲げる第一種地域において、深夜において、これを営んではならない。

（風俗環境保全協議会を設置する地域）

第十三条　法第三十八条の四第一項に規定する条例で定める地域は、公安委員会規則で定める地域とする。

附　則〔略〕

別表（第二条、第五条、第九条、第十条の二、第十条の五、第十条の七、第十一条、第十二条関係）

第一種地域	一　都市計画法第八条第一項第一号の規定による第一種低層住居専用地域、第二種低層住居専用地域、第一種中高層住居専用地域、第二種中高層住居専用地域、第一種住居地域、第二種住居地域、準住居地域及び田園住居地域として定められている地域（公安委員会規則で定める地域を除く。） 二　都市計画法第五条第一項の規定による都市計画区域の指定がされている地域のうち、同法第八条第一項第一号の規定による用途地域として定められていない地域で公安委員会規則で定める地域 三　都市計画法第五条第一項の規定による都市計画区域の指定がされていない地域で公安委員会規則で定める地域
第二種地域	第一種地域、第三種地域、第四種地域及び第五種地域以外の地域
第三種地域	都市計画法第八条第一項第一号の規定による商業地域として定められている地域（第四種地域及び第五種地域を除く。）
第四種地域	一　さいたま市大宮区宮町四丁目二五番一から二五番六まで、二五番九、二五番一〇、二五番一三から二五番一七まで、二五番二一から二五番二三まで、二五番二六、二五番二八、二五番二九、二五番三一から二五番三三まで、二六番一から二六番四まで、二八番一から二八番五まで及び二九番一から二九番四までの地域 二　川口市西川口一丁目一三番一から一三番一四まで及び一三番一六から一三番一九までの地域
第五種地域	風俗営業の営業所が多数集合している地域のうち、公安委員会規則で定める地域

○風俗営業等の規制及び業務の適正化等に関する法律施行条例施行規則（昭和六〇・二・一 埼玉県公安委員会規則二）

最終改正　平成二八・一・二九　公安委員会規則一

（趣旨）

第一条　この規則は、風俗営業等の規制及び業務の適正化等に関する法律施行条例（昭和五十九年埼玉県条例第四十七号。以下「条例」という。）の施行に関し必要な事項を定めるものとする。

（午前零時以後風俗営業を営むことが許容される特別な事情のある地域）

第二条　条例第三条の二第一項に規定する埼玉県公安委員会規則（以下「公安委員会規則」という。）で定める地域は、同条第二項に規定するぱちんこ屋等営業を除く風俗営業につき、さいたま市大宮区宮町一丁目、大門町一丁目及び二丁目並びに仲町一丁目及び二丁目の地域とする。

（風俗営業等の騒音の数値を定める地域）

第三条　条例第五条第一項の表備考一に規定する公安委員会規則で定める地域は、一般国道（道路法（昭和二十七年法律第百八十号）第三条第二号に規定する一般国道をいう。第五条において同じ。）の境界線から三十メートル以内の地域とする。

2　条例第五条第一項の表備考二に規定する公安委員会規則で定める地域は、別表に掲げる地域とする。

（モーテル営業となる構造設備）

第四条　条例第九条第一号に規定する公安委員会規則で定める構造設備は、次の各号のいずれかに該当するものとする。

一　個室に接続する車庫（二以上の側壁（カーテン、つい立て等を含む。）及び屋根を有するものに限る。以下同じ。）の出入口が扉等によつて遮蔽できるもの

二　車庫の内部から個室に通ずる専用の人の出入口又は階段若しくは昇降機が設けられているもの

三　個室と車庫とが専用の通路によつて接続しているものにあつては、当該通路の内部が外部から見えないもの

（特定遊興飲食店営業の営業所設置許容地域）

第五条　条例第十条の五第一号に規定する公安委員会規則で定める地域は、第二条に規定する地域とする。

（風俗環境保全協議会を設置する地域）

第六条　条例第十三条に規定する公安委員会規則で定める地域は、第二条に規定する地域とする。

（条例別表に係る地域）

第七条　条例別表第一種地域の項第一号に規定する公安委員会規則で定める地域は、一般国道の境界線から三十メートル以内の第二種住居地域及び準住居地域（風俗営業等の規制及び業務の適正化等に関する法律（昭和二十三年法律第百二十二号）第二条第一項第四号及び第五号の営業に限る。）とする。

2　条例別表第一種地域の項第二号に規定する公安委員会規則で定める地域は、別表に掲げる地域とする。

3　条例別表第五種地域の項に規定する公安委員会規則で定める地域は、さいたま市大宮区仲町一丁目及び二丁目の地域とする。

附　則〔略〕

別表（第三条、第七条関係）

1　新座市あたご三丁目二六六番一―一、二六六番三から六まで、五七、五八、六三から七五まで、二六七番、二八六番から二八九番まで、二九〇番一、二九二番一、二九六番から二九八番まで、三六四番、三六六番、三六九番から三七二番まで、三七五番、三七六番、三七九番、三八〇番、三八五番、三八六番、三八八番、三八九番並びに一八九五番の地域

2　川越市大字古谷上字江遠島六〇八三番及び大字古谷本郷上組字江遠島一四九二番の地域

3　所沢市大字下富字雪見原一〇四三番、一〇四七番、一〇五三番、一〇五六番、一一四〇番、一一四二番、一一四四番及び一一四六番並びに大字下富字柳野一一五七番から一一五九番まで、一一六一番、一一八九番から一一九一番まで、一二〇一番、一二〇八番（一二〇八番五を除く。）、一二〇

九番、一二五三番、一二五六番、一二六六番、一二七二番、一三〇三番、一三二六番及び一三二八番並びに大字北岩岡字林前一番の地域

4　狭山市大字北入曽字南入間野一五〇八番及び一五一四番並びに大字水野字松ヶ岡六〇六番並びに大字堀兼字大河内二三六九番、二三七〇番、二三七二番、二三七四番及び二三七六番並びに大字加佐志字金ヶ崎五三二番、五三六番から五三八番まで、五四三番及び五四六番の地域

5　坂戸市東坂戸一丁目及び二丁目の地域

6　さいたま市岩槻区大字小溝字外耕地一番、二番、八番から二七番まで、六四番、六八番、七〇番から七二番まで、七七番、八〇番、八九番から九一番まで、九三番、九七番、一〇七番、一一二番、一一三番、一一六番、一二七番から一二九番まで及び一四〇番から一六二番まで並びに大字小溝字内耕地一六三番並びに大字小溝字東八七五番、八七六番、八八一番、八八二番、八八四番から八八六番まで、八八九番、九一三番、九一四番、九一八番、九一九番、九二一番、九二二番、九七二番、九七三番、九七七番及び一〇四七番並びに大字小溝字鳶一五四八番、一五五〇番及び一五五一番の地域

7　白岡市上野田字宮山四七七番、五二九番及び五三〇番並びに上野田字内大町七〇〇番並びに上野田字前西ヶ崎七三六番及び七三七番並びに下野田字本村一二一三番並びに下野田字日川宮市一三七四番並びに下野田字東西大町一三七五番及び一四〇四番の地域

備考　この表に掲げる地域を示す図面は、埼玉県警察本部生活安全部保安課及び当該地域を管轄する警察署に備え付け、縦覧に供する。

千葉県

○風俗営業等の規制及び業務の適正化等に関する法律施行条例

（昭和五九・一二・一四　千葉県条例三二）

最終改正　平成三〇・三・二三　条例五

（趣旨）

第一条　この条例は、風俗営業等の規制及び業務の適正化等に関する法律（昭和二十三年法律第百二十二号。以下「法」という。）の施行に関し必要な事項を定めるものとする。

（定義）

第二条　この条例において、次の各号に掲げる用語の意義は、それぞれ当該各号に定めるところによる。

一　第一種地域　主として住居により、市街地が形成されている地域及び現に市街地が形成されることが見込まれる地域であつて、次に掲げるもの

イ　都市計画法（昭和四十三年法律第百号）第八条第一項第一号に規定する第一種低層住居専用地域、第二種低層住居専用地域、第一種中高層住居専用地域、第二種中高層住居専用地域、第一種住居地域、第二種住居地域、準住居地域及び田園住居地域（駅の周辺、観光地その他商業の用途に供される地域で、人が多数往来するものを除く。）

ロ　都市計画法第八条第一項第一号に規定する用途地域以外の地域のうち、専ら住居の用途に供される一団の土地の面積が十ヘクタール以上であり、かつ、当該地域にある住居の戸数がおおむね五十戸以上である地域

二　第二種地域　主として商業の用途に供される店舗等により、市街地が形成されている地域及び現に市街地化されつつある地域であつて、都市計画法第八条第一項第一号に規定する商業地域

（告示）

第三条　前条各号に掲げる地域については、千葉県公安委員会が告示するものとする。

第四条　削除

（風俗営業の営業制限地域）

第五条　法第四条第二項第二号に規定する条例で定める地域は、次の各号に掲げるとおりとする。

一　第一種地域

二　学校教育法（昭和二十二年法律第二十六号）第一条に規定する学校（同条に規定する大学を除く。）又は児童福祉法（昭和二十二年法律第百六十四号）第七条第一項に規定する保育所若しくは幼保連携型認定こども園の敷地（これらの用に供するものと決定した土地を含む。）の周囲百メートル（営業所が第二種地域内にある場合にあつては、七十メートル）以内の地域

三　学校教育法第一条に規定する大学、図書館法（昭和二十五年法律第百十八号）第二条第一項に規定する図書館、児童福祉法第七条第一項に規定する児童福祉施設（同項に規定する保育所及び幼保連携型認定こども園を除く。）又は医療法（昭和二十三年法律第二百五号）第一条の五第一項に規定する病院若しくは同条第二項に規定する診療所（患者を入院させるための施設を有するものに限る。第十三条及び第十五条の五において同じ。）の敷地（これらの用に供するものと決定した土地を含む。）の周囲七十メートル（営業所が第二種地域内にある場合にあつては、五十メートル）以内の地域

2　前項の規定は、次の各号に掲げる営業所については適用しない。

一　列車等常態として移動する施設において行われる風俗営業に係る営業所

二　法第二条第一項第四号及び第五号の風俗営業（祭礼、縁日等地域的慣習による催物に伴つて行う風俗営業であつて、三月以内の期間を限つて行うものに限る。）に係る営業所

（風俗営業の営業時間の特例）

第六条　法第十三条第一項第一号に規定する習俗的行事その他の特別な事情のある日として条例で定める日は次の各号に掲げる日とし、当該特別な事情のある日に係る同号に規定する条例で定める地域はそれぞれ当該各号に定める地域とし、同号に係る同項各号列記以外の部分ただし書に規定する条例で定

める時は午前一時とする。

一　一月一日から八日まで及び十二月二十五日から三十一日まで　県内全域

二　祭礼その他特別の行事が行われる日として、千葉県公安委員会が告示により指定した日　千葉県公安委員会が当該告示により指定した日に係る祭礼その他特別の行事が行われる地域として千葉県公安委員会が当該告示により指定した地域及び当該地域以外の地域のうち次項に定める地域に該当する地域

2　風俗営業（ぱちんこ屋及び風俗営業等の規制及び業務の適正化等に関する法律施行令（昭和五十九年政令第三百十九号）第八条に規定する営業（以下「ぱちんこ屋等」という。）を除く。）につき法第十三条第一項第二号に規定する午前零時以後において風俗営業を営むことが許容される特別な事情のある地域として条例で定める地域は第二種地域のうち次の各号のいずれにも該当する地域として千葉県公安委員会が告示により指定した地域とし、同号に係る同項各号列記以外の部分ただし書に規定する条例で定める時は午前一時とする。

一　店舗が多数集合しており、かつ、風俗営業、遊興飲食店営業並びに深夜において営まれる酒類提供飲食店営業及び興行場営業（興行場法（昭和二十三年法律第百三十七号）第一条第一項に規定する興行場営業をいう。）の営業所が一平方キロメートルにつきおおむね三百箇所以上の割合で設置されている地域（第十五条の五において「風俗営業等密集地域」という。）であること。

二　次に掲げる地域でないこと。

イ　住居が多数集合しており、住居以外の用途に供される土地が少ない地域（以下この条及び第十五条の五において「住居集合地域」という。）

ロ　住居集合地域以外の地域のうち、住居の用に併せて商業又は工業の用に供されている地域で、住居が相当数集合しているため、深夜における当該地域の風俗環境の保全につき特に配慮を必要とするもの

ハ　イ又はロに掲げる地域に隣接する地域（幹線道路の各側端から外側おおむね五十メートルを限度とする区域内の地域を除く。）

（風俗営業の営業時間の制限）

第七条　風俗営業は、次の表の上欄に掲げる営業の区分に応じ、当該中欄に掲げる地域につき、それぞれ当該下欄に定める時間において、これを営んではならない。

風俗営業（ぱちんこ屋等を除く。）	第一種地域	午前六時後午前十時まで及び午後十一時から翌日の午前零時前（十二月二十四日及び前条第一項第一号に掲げる日（一月八日を除く。）並びに同項第二号の規定により指定した地域における同号の指定した日の前日にあっては、午前六時後午前十時まで）
ぱちんこ屋等	別表に掲げる地域	午前六時後午前十時まで及び午後十一時から翌日の午前零時前（十二月二十四日及び前条第一項第一号に掲げる日（一月八日を除く。）並びに同項第二号の規定により指定した地域における同号の指定した日の前日にあっては、午前六時後午前十時まで及び午後十一時から翌日の午前一時まで）

（風俗営業に係る騒音及び振動の数値）

第八条　法第十五条に規定する条例で定める騒音に係る数値は、次の表の上欄に掲げる地域ごとに、当該下欄に掲げる時間の区分に応じ、それぞれ同欄に定めるところによる。

地域	数値		
	午前六時後午後六時前	午後六時から午後十時前	午後十時から翌日の午前六時まで
第一種地域	五十デシベル	四十五デシベル	四十デシベル
第二種地域	六十五デシベル	六十デシベル	五十デシベル
第一種地域及び第二種地域以外の地域	六十デシベル	五十五デシベル	五十デシベル

2　法第十五条に規定する条例で定める振動に係る数値は、五十五デシベルとする。

第九条　削除

（風俗営業者の遵守事項）

第十条　法第二条第二項の風俗営業者（以下「風俗営業者」という。）は、次の各号に掲げる事項を遵守しなければならない。

一　営業所で卑わいな行為その他善良の風俗を害する行為をし、又は客にこれらの行為をさせないこと。

二　風俗営業の用に供する家屋又は施設（以下この条において「営業用家屋等」という。）で客を就寝させ、又は宿泊させないこと（当該営業用家屋等を旅館業法（昭和二十三年法律第百三十八号）第二条第一項に規定するホテル営業及び旅館営業（同法第三条第一項の許可を受けて営むものに限る。）に係る施設として兼用している場合を除く。）。

三　客の求めない飲食物を提供しないこと。

四　法第十七条の規定により表示された料金以外の料金を客に請求しないこと。

五　営業時間中において、営業所入口及び客室に施錠をし、又はさせないこと。

六　営業用家屋等で店舗型性風俗特殊営業又は店舗型電話異性紹介営業を営まないこと。

（遊技場営業者の特別遵守事項）

第十一条　法第二条第一項第四号又は第五号の営業に係る風俗営業者は、次の各号に掲げる事項を遵守しなければならない。

一　営業所で賭博類似行為その他著しく射幸心をそそるおそれのある行為をし、又は客にこれらの行為をさせないこと。

二　著しく射幸心をそそるおそれのある方法で営業しないこと。

2　前項に定めるもののほか、法第二条第一項第四号の営業（ぱちんこ屋及び風俗営業等の規制及び業務の適正化等に関する法律施行令第十五条に規定する営業に限る。）に係る風俗営業者は、次の各号に掲げる事項を遵守しなければならない。

一　客に提供した賞品を他人に買い取らせないこと。

二　営業所で客に飲酒させないこと。

（年少者の立入禁止等）

第十二条　法第二条第一項第五号の営業を営む者（次項の風俗営業者を除く。）は、午後六時から午後十時前の時間において十六歳未満の者を営業所に客として立ち入らせてはならない。

2　法第二条第一項第五号の営業に係る風俗営業者は、午後六時から午後十時前の時間において十六歳未満の者を営業所に客として立ち入らせるときは、保護者の同伴を求めなければならない。

（店舗型性風俗特殊営業等の禁止区域の基準となる施設）

第十三条　法第二十八条第一項（法第三十一条の三第二項の規定により適用する場合を含む。）に規定する条例で定める施設は、次の各号に掲げるとおりとする。

一　医療法第一条の五第一項に規定する病院及び同条第二項に規定する診療所

二　社会教育法（昭和二十四年法律第二百七号）第二十一条第一項に規定する公民館

三　博物館法（昭和二十六年法律第二百八十五号）第二条第一項に規定する博物館並びに同法第二十九条に規定する博物館に相当する施設

四　都市公園法（昭和三十一年法律第七十九号）第二条第一項第一号に規定する公園又は緑地

（店舗型性風俗特殊営業等の禁止地域）

第十四条　店舗型性風俗特殊営業は、次の各号に掲げる営業の区分に応じ、それぞれ当該各号に定める地域において、これを営んではならない。

一　法第二条第六項第一号及び第二号の営業　別表に掲げる地域

二　法第二条第六項第三号、第五号及び第六号の営業　第二種地域以外の地域

三　法第二条第六項第四号の営業のうち個室に自動車の車庫が個々に接続する施設であつて、次のいずれかに該当する構造設備を有するものに係る営業　県内全域

イ　個室に接続する車庫（二以上の側壁（カーテン、ついたて等を含む。）及び屋根を有するものに限る。以下この号において同じ。）の出入口が扉等によつて遮へいできるもの

ロ　車庫の内部から個室に通じる専用の人の出入口又は階段若しくは昇降機が設けられているもの

ハ　個室と車庫とが専用の通路によつて接続しているものにあつては、当該通路の内部が外部から見えないもの

四　法第二条第六項第四号の営業のうち前号の営業を除く営業　第二種地域以外の地域

2　受付所営業（法第三十一条の二第四項に規定する受付所営業をいう。次条において同じ。）は、別表に掲げる地域において、これを営んではならない。

（店舗型性風俗特殊営業等の深夜における営業時間の制限）

第十五条　法第二十八条第四項に規定する店舗型性風俗特殊営業及び受付所営業は、次の表の上欄に掲げる営業の区分に応じ、当該中欄に掲げる地域につき、それぞれ当該下欄に定める時間において、これを営んではならない。

法第二条第六項第一号及び第二号の営業並びに受付所営業	県内全域	午前零時から午前六時まで
法第二条第六項第三号、第五号及び第六号の営業	第二種地域以外の地域	午前零時から午前六時まで
	第二種地域	午前一時後午前六時まで

（店舗型性風俗特殊営業、無店舗型性風俗特殊営業及び映像送信型性風俗特殊営業の広告又は宣伝の制限地域）

第十五条の二　法第二十八条第五項第一号ロに規定する条例で定める地域は、次の表の上欄に掲げる営業の区分に応じ、それぞれ当該下欄に定める地域とする。

法第二条第六項第一号及び第二号の営業	別表に掲げる地域
法第二条第六項第三号から第六号までの営業	第二種地域以外の地域

2　法第三十一条の三第一項において準用する法第二十八条第五項第一号ロに規定する条例で定める地域は、次の表の上欄に掲げる営業の区分に応じ、それぞれ当該下欄に定める地域とする。

法第二条第七項第一号の営業	別表に掲げる地域
法第二条第七項第二号の営業	第二種地域以外の地域

3　法第三十一条の八第一項において準用する法第二十八条第五項第一号ロに規定する条例で定める地域は、第二種地域以外の地域とする。

（店舗型電話異性紹介営業の禁止区域の基準となる施設等）

第十五条の三　法第三十一条の十三第一項において準用する法第二十八条第一項に規定する条例で定める施設は、第十三条各号に掲げる施設とする。

2　店舗型電話異性紹介営業は、第二種地域以外の地域において、これを営んではならない。

3　法第三十一条の十三第一項において準用する法第二十八条第四項に規定する店舗型電話異性紹介営業は、次の表の上欄に掲げる地域の区分に応じ、それぞれ当該下欄に定める時間において、これを営んではならない。

第二種地域以外の地域	午前零時から午前六時まで
第二種地域	午前一時後午前六時まで

4　法第三十一条の十三第一項において準用する法第二十八条第五項第一号ロに規定する条例で定める地域は、第二種地域以外の地域とする。

（無店舗型電話異性紹介営業の広告又は宣伝の制限地域）

第十五条の四　法第三十一条の十八第一項において準用する法第二十八条第五項第一号ロに規定する条例で定める地域は、第二種地域以外の地域とする。

（特定遊興飲食店営業の営業所設置許容地域）

第十五条の五　法第三十一条の二十三において準用する法第四条第二項第二号に規定する条例で定める地域は、次の各号のいずれにも該当する地域とする。

一　第一種地域以外の地域のうち、次のいずれにも該当する地域として、千葉県公安委員会が告示により指定した地域であること。

イ　次のいずれかに該当する地域であること。

(イ)　風俗営業等密集地域

(ロ)　風俗営業等密集地域以外の地域のうち、深夜において一平方キロメートルにつきおおむね百人以下の割合で人が居住する地域

ロ　次に掲げる地域でないこと。

(イ)　住居集合地域

(ロ)　住居集合地域以外の地域のうち、住居の用に併せて商業又は工業の用に供されている地域で、住居が相当数集合しているため、深夜における当該地域の風俗環境の保全につき特に配慮を必要とするもの

(ハ)　(イ)又は(ロ)に掲げる地域に隣接する地域（当該地域が風俗営業等密集地域に該当する場合にあつては、幹線道路の各側端から外側おおむね五十メートルを限度とする区域内の地域を除く。）

二　児童福祉法第七条第一項に規定する児童福祉施設（同項に規定する児童厚生施設及び児童発達支援センターを除く。）又は医療法第一条の五第一項に規定する病院若しくは同条第二項に規定する診療所の敷地（これらの用に供するものと決定した土地を含む。）の周囲五十メートル（営業所が第二種地域以外の地域内にある場合にあつては、七十メートル）以内の地域でないこと。

（特定遊興飲食店営業に係る騒音及び振動の数値）

第十五条の六　法第三十一条の二十三において準用する法第十五条に規定する条例で定める騒音に係る数値は、五十デシベル（営業所が第一種地域内にある場合にあつては、四十デシベル）とする。

2　法第三十一条の二十三において準用する法第十五条に規定する条例で定める振動に係る数値は、五十五デシベルとする。

（特定遊興飲食店営業者の遵守事項）

第十五条の七　法第二条第十二項の特定遊興飲食店営業者は、次の各号に掲げる事項を遵守しなければならない。

一　営業所で卑わいな行為その他善良の風俗を害する行為をし、又は客にこれらの行為をさせないこと。

二　客の求めない飲食物を提供しないこと。

三　営業時間中において、営業所入口及び客室に施錠をし、又はさせないこと。

四　特定遊興飲食店営業の用に供する家屋又は施設で店舗型性風俗特殊営業又は店舗型電話異性紹介営業を営まないこと。

五　営業所で賭博類似行為その他著しく射幸心をそそるおそれのある行為をし、又は客にこれらの行為をさせないこと。

六　著しく射幸心をそそるおそれのある方法で営業しないこと。

（深夜における飲食店営業に係る騒音及び振動の数値）

第十六条　法第三十二条第二項において準用する法第十五条に規定する条例で定める騒音に係る数値は、次の表の上欄に掲げる地域ごとに、それぞれ当該下欄に定めるところによる。

地域	数値
第一種地域	四十デシベル
第一種地域以外の地域	五十デシベル

2　法第三十二条第二項において準用する法第十五条に規定する条例で定める振動に係る数値は、五十五デシベルとする。

（深夜における酒類提供飲食店営業の禁止地域）

第十七条　深夜における酒類提供飲食店営業は、第一種地域において、これを営んではならない。

（風俗環境保全協議会を置く地域）

第十八条　法第三十八条の四第一項に規定する条例で定める地域は、第六条第二項又は第十五条の五第一号の規定により指定した地域とする。

附　則〔略〕

別表（第七条、第十四条第一項第一号及び第二項並びに第十五条の二第一項及び第二項）

千葉市（中央区栄町のうち、栄町三十五番十四号先の富栄橋から栄町三十一番六号先交差点までの道路、栄町三十一番六号先交差点から栄町二十四番五号先交差点までの道路及び栄町二十四番五号先から栄町二十七番二号先を経由し、栄町七番一号先交差点までの道路以北の区域を除く。）

銚子市

市川市

船橋市

館山市

木更津市

松戸市

野田市

茂原市
成田市
佐倉市
東金市
旭市
習志野市
柏市
勝浦市
市原市
流山市
八千代市
我孫子市
鴨川市
鎌ケ谷市
君津市
富津市
浦安市
四街道市
袖ケ浦市
八街市
印西市
白井市
富里市
南房総市
匝瑳市
香取市
山武市
いすみ市
大網白里市
印旛郡
香取郡

山武郡
長生郡
夷隅郡
安房郡

○風俗営業等の規制及び業務の適正化等に関する法律施行条例に基づく第一種地域及び第二種地域

（昭和六〇・一一・一六
千葉県公安委員会告示二）

最終改正　平成二五・一一・二二　公安委員会告示四一

風俗営業等の規制及び業務の適正化等に関する法律施行条例（昭和五十九年千葉県条例第三十一号）第三条の規定により、第一種地域及び第二種地域を次のとおりとする。

一　第一種地域

千葉市	風俗営業等の規制及び業務の適正化等に関する法律施行条例（以下「条例」という。）第二条第一号イに規定する地域	平成二〇年二月二六日現在における第一種低層住居専用地域、第二種低層住居専用地域、第一種中高層住居専用地域、第二種中高層住居専用地域、第一種住居地域、第二種住居地域及び準住居地域
銚子市	条例第二条第一号イに規定する地域	平成一七年一〇月二四日現在における第一種低層住居専用地域、第一種中高層住居専用地域及び第一種住居地域
		平成一七年一〇月二四日現在における第二種住居地域のうち犬吠埼及び長崎町を除く地域
	条例第二条第一号ロに規定する地域	春日町一〇七六番地、三崎町一丁目四六〇番地、四七一番地及び五二七番地並びに豊里台一丁目、豊里台二丁目及び豊里台三丁目の地域
市川市	条例第二条第一号イに規定する地域	平成二〇年二月二六日現在における第一種低層住居専用地域、第二種低層住居専用地域、第一種中高層住居専用地域、第二種中高層住居専用地域、第一種住居地域及び第二種住居地域
船橋市	条例第二条第一号イに規定する地域	平成二〇年二月二六日現在における第一種低層住居専用地域、第一種中高層住居専用地域、第二種中高層住居専用地域、第一種住居地域、第二種住居地域及び準住居地域
館山市	条例第二条第一号イに規定する地域	平成一八年八月二一日現在における第一種中高層住居専用地域、第一種住居地域及び第二種住居地域
木更津市	条例第二条第一号イに規定する地域	平成一八年八月二一日現在における第一種低層住居専用地域、第一種中高層住居専用地域、第一種住居地域、第二種住居地域及び準住居地域
	条例第二条第一号ロに規定する地域	日の出町一〇〇番地の地域
松戸市	条例第二条第一号イに規定する地域	平成二〇年二月二六日現在における第一種低層住居専用地域、第二種低層住居専用地域、第一種中高層住居専用地域、第二種中高層住居専用地域、第一種住居地域、第二種住居地域及び準住居地域
野田市	条例第二条第一号イに規定する地域	平成二一年一一月二六日現在における第一種低層住居専用地域、第二種低層住居専用地域、第一種中高層住居専用地域、第二種中高層住居専用地域、第一種住居地域、第二種住居地域及び準住居地域
茂原市	条例第二条第一号イに	平成二三年一二月一日現在における第一種低層住居専用地域、第一種中高層住居専用地域、第二種中高層住居専用

	規定する地域	地域、第一種住居地域、第二種住居地域及び準住居地域
成田市	条例第二条第一号イに規定する地域	平成二三年一二月一日現在における第一種低層住居専用地域、第一種中高層住居専用地域、第二種中高層住居専用地域、第一種住居地域、第二種住居地域及び準住居地域
佐倉市	条例第二条第一号イに規定する地域	平成一九年一〇月一一日現在における第一種低層住居専用地域、第一種中高層住居専用地域、第二種中高層住居専用地域、第一種住居地域及び第二種住居地域
東金市	条例第二条第一号イに規定する地域	平成二三年一二月一日現在における第一種低層住居専用地域、第二種低層住居専用地域、第一種中高層住居専用地域、第二種中高層住居専用地域、第一種住居地域、第二種住居地域及び準住居地域
	条例第二条第一号ロに規定する地域	季美の森東一丁目及び季美の森東二丁目の地域並びに求名二番地、一六番地、一七番地、二七番地、三一番地、三七番地及び三八九番地並びに道庭九八七番地及び一一九三番地の地域
旭市	条例第二条第一号イに規定する地域	平成一七年九月一日現在における第一種中高層住居専用地域及び第一種住居地域
習志野市	条例第二条第一号イに規定する地域	平成二〇年二月二六日現在における第一種低層住居専用地域、第二種低層住居専用地域、第一種中高層住居専用地域、第二種中高層住居専用地域、第一種住居地域、第二種住居地域及び準住居地域

柏市	条例第二条第一号イに規定する地域	平成二一年一月二六日現在における第一種低層住居専用地域、第二種低層住居専用地域、第一種中高層住居専用地域、第二種中高層住居専用地域、第一種住居地域、第二種住居地域及び準住居地域
勝浦市	条例第二条第一号イに規定する地域	平成二五年八月二七日現在における第一種低層住居専用地域、第一種住居地域、第二種住居地域及び準住居地域
市原市	条例第二条第一号イに規定する地域	平成二三年一二月一日現在における第一種低層住居専用地域、第二種低層住居専用地域、第一種中高層住居専用地域、第二種中高層住居専用地域、第一種住居地域及び第二種住居地域
	条例第二条第一号ロに規定する地域	石川三〇四番地、三〇六番地、三二六番地、三三六番地から三四〇番地まで、三四二番地、三四三番地、三四九番地、三五五番地から三五七番地まで、三六八番地、四四八番地、四五五番地、四五九番地、四七六番地、四八〇番地、四八五番地、四八六番地及び五二四番地から五二七番地まで、上高根一二六二番地から一二六四番地まで、一二九二番地、一二九六番地及び一二九七番地、鶴舞九五八番地、九五九番地、一〇四五番地、一〇五三番地から一〇五五番地まで及び一〇六〇番地、寺谷一番地及び二一番地、西国吉九九三番地、一六三四番地、一六四三番地から一六四五番地まで、一六六六番地、一六七一番地から一六七八番地まで、一六八〇番地、一六八一番地、一六八三番地、一六八四番地、一六九六番地、一六九七番地、一七〇〇番

		地、一七〇四番地、一七〇五番地、一七一〇番地から一七一四番地まで及び一七一六番地から一七二〇番地まで並びに南岩崎二八七番地、二八八番地、二九〇番地、二九一番地、五八七番地、六一三番地、六一五番地、六二七番地、六二九番地、六三〇番地、六三二番地、六三三番地、六三五番地から六三七番地まで、六三九番地、六四一番地から六四三番地まで、六四九番地から六五一番地まで、六五四番地、六五五番地、六六〇番地、六六四番地、六六七一番地、六七七番地及び六七八番地の地域
流山市	条例第二条第一号イに規定する地域	平成二一年一一月二六日現在における第一種低層住居専用地域、第二種中高層住居専用地域、第一種住居地域、第二種住居地域及び準住居地域
八千代市	条例第二条第一号イに規定する地域	平成二〇年二月二六日現在における第一種低層住居専用地域、第二種低層住居専用地域、第一種中高層住居専用地域、第二種中高層住居専用地域、第一種住居地域、第二種住居地域及び準住居地域
我孫子市	条例第二条第一号イに規定する地域	平成二一年一一月二六日現在における第一種低層住居専用地域、第二種低層住居専用地域、第一種中高層住居専用地域、第二種中高層住居専用地域、第一種住居地域、第二種住居地域及び準住居地域
鴨川市	条例第二条第一号イに規定する地域	平成二一年一月一九日現在における第一種住居地域、第二種住居地域及び準住居地域

鎌ケ谷市	条例第二条第一号イに規定する地域	平成二〇年二月二六日現在における第一種低層住居専用地域、第一種中高層住居専用地域、第一種住居地域、第二種住居地域及び準住居地域
君津市	条例第二条第一号イに規定する地域	平成一八年八月二一日現在における第一種低層住居専用地域、第一種中高層住居専用地域、第二種中高層住居専用地域、第一種住居地域、第二種住居地域及び準住居地域
富津市	条例第二条第一号イに規定する地域	平成二三年一二月一日現在における第一種低層住居専用地域、第一種中高層住居専用地域、第一種住居地域及び第二種住居地域
浦安市	条例第二条第一号イに規定する地域	平成二〇年二月二六日現在における第一種低層住居専用地域、第一種中高層住居専用地域、第一種住居地域及び第二種住居地域
四街道市	条例第二条第一号イに規定する地域	平成一九年一〇月一一日現在における第一種低層住居専用地域、第二種低層住居専用地域、第一種中高層住居専用地域、第一種住居地域及び第二種住居地域
袖ケ浦市	条例第二条第一号イに規定する地域	平成一八年八月二一日現在における第一種低層住居専用地域、第一種中高層住居専用地域、第二種中高層住居専用地域、第一種住居地域及び第二種住居地域
八街市	条例第二条第一号イに規定する地域	平成一九年一〇月一一日現在における第一種低層住居専用地域、第二種低層住居専用地域、第一種中高層住居専用地域、第二種中高層住居専用地域、第一種住居地域及び第二種住居地域

印西市	条例第二条第一号イに規定する地域	平成一九年一〇月一一日現在における第一種低層住居専用地域、第一種中高層住居専用地域、第二種中高層住居専用地域、第一種住居地域及び第二種住居地域
白井市	条例第二条第一号イに規定する地域	平成一九年一〇月一一日現在における第一種低層住居専用地域、第一種中高層住居専用地域、第二種中高層住居専用地域、第一種住居地域、第二種住居地域及び準住居地域
富里市	条例第二条第一号イに規定する地域	平成二三年一二月一日現在における第一種低層住居専用地域、第一種中高層住居専用地域、第一種住居地域及び第二種住居地域
	条例第二条第一号ロに規定する地域	七栄二五番地、二六番地及び三五番地から三七番地まで、新橋七一一番地、七一三番地、七六〇番地、七六三番地、七六七番地、七七二番地及び八四七番地並びに根木名七八七番地、八一四番地、八一六番地、八一九番地、八二三番地、八二八番地、八三四番地、八三九番地及び一〇二三番地から一〇五八番地までの地域
匝瑳市	条例第二条第一号イに規定する地域	平成一七年九月一日現在における第一種低層住居専用地域、第二種低層住居専用地域、第一種中高層住居専用地域、第二種中高層住居専用地域、第一種住居地域、第二種住居地域及び準住居地域
香取市	条例第二条第一号イに規定する地域	平成一七年一〇月二四日現在における第一種低層住居専用地域、第一種中高層住居専用地域、第一種住居地域、第二種住居地域及び準住居地域

	条例第二条第一号ロに規定する地域	みずほ台一丁目、みずほ台二丁目及びみずほ台三丁目の地域
山武市	条例第二条第一号イに規定する地域	平成一七年九月一日現在における第一種低層住居専用地域、第二種低層住居専用地域、第一種中高層住居専用地域、第一種住居地域及び準住居地域
	条例第二条第一号ロに規定する地域	成東二六二〇番地、二六二六番地、二六四七番地、二六六一番地、二六六二番地、二六七七番地、二六八〇番地、二七〇六番地、二七一〇番地、二七二五番地、二七三三番地、二七四二番地、二七八八番地、二八一〇番地、二八一九番地、二八二六番地、二九三五番地、二九五五番地、二九七三番地、二九七五番地及び二九七九番地から二九八一番地までの地域
いすみ市	条例第二条第一号イに規定する地域	平成二五年八月二七日現在における第一種低層住居専用地域、第一種中高層住居専用地域、第一種住居地域、第二種住居地域及び準住居地域
大網白里市	条例第二条第一号イに規定する地域	平成二三年一二月一日現在における第一種低層住居専用地域、第一種中高層住居専用地域、第二種中高層住居専用地域、第一種住居地域及び第二種住居地域
印旛郡酒々井町	条例第二条第一号イに規定する地域	平成一九年一〇月一一日現在における第一種低層住居専用地域、第二種低層住居専用地域、第一種中高層住居専用地域、第二種中高層住居専用地域、第一種住居地域及び準住居地域
	条例第二条第一号イに規定する地域	平成一七年一〇月二四日現在における第一種低層住居専用地域、第一種中高

		層住居専用地域及び第一種住居地域
印旛郡栄町	条例第二条第一号ロに規定する地域	南ヶ丘一丁目及び南ヶ丘二丁目の地域
香取郡多古町	条例第二条第一号イに規定する地域	平成一七年一〇月二四日現在における第一種低層住居専用地域、第一種住居地域、第二種住居地域及び準住居地域
香取郡東庄町	条例第二条第一号イに規定する地域	平成一七年一〇月二四日現在における第一種低層住居専用地域、第一種中高層住居専用地域、第一種住居地域、第二種住居地域及び準住居地域
山武郡九十九里町	条例第二条第一号イに規定する地域	平成一七年九月一日現在における第一種中高層住居専用地域、第一種住居地域及び第二種住居地域
山武郡芝山町	条例第二条第一号イに規定する地域	平成一七年九月一日現在における第一種住居地域
山武郡横芝光町	条例第二条第一号イに規定する地域	平成一七年九月一日現在における第一種中高層住居専用地域、第二種中高層住居専用地域、第一種住居地域及び第二種住居地域
長生郡一宮町	条例第二条第一号イに規定する地域	平成二五年八月二七日現在における第一種中高層住居専用地域及び第一種住居地域
長生郡長生村	条例第二条第一号イに規定する地域	平成二五年八月二七日現在における第一種中高層住居専用地域、第一種住居地域、第二種住居地域及び準住居地域
長生郡白子町	条例第二条第一号イに規定する地域	平成二五年八月二七日現在における第一種住居地域及び第二種住居地域
夷隅郡御宿町	条例第二条第一号イに規定する地域	平成二五年八月二七日現在における第一種低層住居専用地域、第二種低層住居専用地域、第一種住居地域、第二種住居地域及び準住居地域

備考
「第一種低層住居専用地域」、「第二種低層住居専用地域」、「第一種中高層住居専用地域」、「第二種中高層住居専用地域」、「第一種住居地域」、「第二種住居地域」及び「準住居地域」とは、都市計画法（昭和四三年法律第一〇〇号）第八条第一項第一号に規定する第一種低層住居専用地域、第二種低層住居専用地域、第一種中高層住居専用地域、第二種中高層住居専用地域、第一種住居地域、第二種住居地域及び準住居地域をいう。

二　第二種地域

千葉市	平成二〇年二月二六日現在における商業地域
銚子市	平成一七年一〇月二四日現在における商業地域
市川市	平成二〇年二月二六日現在における商業地域
船橋市	平成二〇年二月二六日現在における商業地域
館山市	平成一八年八月二一日現在における商業地域
木更津市	平成一八年八月二一日現在における商業地域
松戸市	平成二〇年二月二六日現在における商業地域
野田市	平成二一年一一月二六日現在における商業地域
茂原市	平成二三年一二月一日現在における商業地域
成田市	平成二三年一二月一日現在における商業地域
佐倉市	平成一九年一〇月一一日現在における商業地域
東金市	平成二三年一二月一日現在における商業地域
旭市	平成一七年九月一日現在における商業地域
習志野市	平成二〇年二月二六日現在における商業地域
柏市	平成二一年一一月二六日現在における商業地域
勝浦市	平成二五年八月二七日現在における商業地域
市原市	平成二三年一二月一日現在における商業地域

流山市	平成二一年一一月二六日現在における商業地域
八千代市	平成二〇年二月二六日現在における商業地域
我孫子市	平成二一年一一月二六日現在における商業地域
鴨川市	平成二一年一月一九日現在における商業地域
鎌ケ谷市	平成二〇年二月二六日現在における商業地域
君津市	平成一八年八月二一日現在における商業地域
富津市	平成二三年一二月一日現在における商業地域
浦安市	平成二〇年二月二六日現在における商業地域
四街道市	平成一九年一〇月一一日現在における商業地域
袖ケ浦市	平成一八年八月二一日現在における商業地域
八街市	平成一九年一〇月一一日現在における商業地域
印西市	平成一九年一〇月一一日現在における商業地域
匝瑳市	平成一七年九月一日現在における商業地域
香取市	平成一七年一〇月二四日現在における商業地域
いすみ市	平成二五年八月二七日現在における商業地域
大網白里市	平成二三年一二月一日現在における商業地域
長生郡白子町	平成二五年八月二七日現在における商業地域
夷隅郡御宿町	平成二五年八月二七日現在における商業地域

備考　「商業地域」とは、都市計画法第八条第一項第一号に規定する商業地域をいう。

○風俗営業等の規制及び業務の適正化等に関する法律施行条例に基づく午前一時まで風俗営業を営むことが許容される特別な事情のある地域

（平成一一・二・二六　千葉県公安委員会告示一〇）

風俗営業等の規制及び業務の適正化等に関する法律施行条例（昭和五十九年千葉県条例第三十一号）第六条第二項の規定により、同項各号のいずれにも該当する地域として次の地域を指定し、平成十一年四月一日から施行する。

千葉市中央区のうち院内一丁目、要町（東日本旅客鉄道株式会社総武本線鉄道用地敷以南の区域に限る。）、栄町、中央一丁目、中央二丁目、中央三丁目、富士見一丁目（東日本旅客鉄道株式会社総武本線鉄道用地敷以南の区域に限る。）、富士見二丁目（東日本旅客鉄道株式会社外房線鉄道用地敷以東の区域に限る。）及び本千葉町（東日本旅客鉄道株式会社外房線鉄道用地敷以東の区域に限る。ただし、一〇番から一二番の区域を除く。）

○風俗営業等の規制及び業務の適正化等に関する法律施行条例に基づく特定遊興飲食店営業の営業所設置許容地域

（平成二八・三・二二　千葉県公安委員会告示一〇）

風俗営業等の規制及び業務の適正化等に関する法律施行条例（昭和五十九年千葉県条例第三十一号）第十五条の五第一号の規定により、同号イ及びロのいずれにも該当する地域として次の地域を指定する。

なお、この告示は、平成二十八年六月二十三日から施行する。

千葉市中央区	富士見二丁目一番から二三番までの地域

○千葉県風俗案内業の規制に関する条例

（平成二二・一二・二四　千葉県条例四九）

改正　平成二七・一二・二五　条例六九

（目的）

第一条　この条例は、風俗案内業について、営業時間等を制限し、及び年少者を風俗案内所に立ち入らせること等を規制することにより、地域の清浄な風俗環境を保持し、及び年少者の健全な育成に障害を及ぼす行為を防止し、もって県民が安心して暮らすことのできる健全な生活環境の形成に資することを目的とする。

（定義）

第二条　この条例において、次の各号に掲げる用語の意義は、それぞれ当該各号に定めるところによる。

一　風俗案内業　風俗案内又は性風俗案内（以下「風俗案内等」という。）を行うための施設（以下「風俗案内所」という。）を設けて、当該風俗案内所において有償又は無償で風俗案内等を行う事業をいう。

二　風俗案内　風俗営業等の規制及び業務の適正化等に関する法律（昭和二十三年法律第百二十二号。以下「法」という。）第二条第一項第一号に規定する営業に関する情報（接待の内容、料金その他の千葉県公安委員会規則（以下「公安委員会規則」という。）で定める情報をいう。）の提供を受けようとする者の求めに応じ、当該情報を提供することをいう。

三　性風俗案内　法第二条第六項第一号若しくは第二号又は第七項第一号に規定する営業に関する情報（異性の客に接触する役務の内容、料金その他の公安委員会規則で定める情報をいう。）の提供を受けようとする者の求めに応じ、当該情報を提供することをいう。

（風俗案内業の届出）

第三条　風俗案内業を営もうとする者は、あらかじめ、風俗案内所ごとに、公安委員会規則で定めるところにより、次の各号に掲げる事項を千葉県公安委員会（以下「公安委員会」という。）に届け出なければならない。
一　氏名又は名称及び住所並びに法人にあっては、その代表者の氏名
二　風俗案内所の名称及び所在地
三　風俗案内所において行う風俗案内等の種別
四　前各号に掲げるもののほか、公安委員会規則で定める事項
2　前項の規定による届出をした者は、同項第一号、第二号（風俗案内所の名称に限る。）又は第四号に掲げる事項に変更があったときはその日から起算して十日以内に、同項第三号に掲げる事項の変更をしようとするときはあらかじめ、公安委員会規則で定めるところにより、その旨を公安委員会に届け出なければならない。
3　第一項の規定による届出をした者は、当該風俗案内業を廃止したときは、その日から起算して十日以内に、公安委員会規則で定めるところにより、その旨を公安委員会に届け出なければならない。

（禁止行為）

第四条　風俗案内業を営む者（以下「風俗案内業者」という。）は、次の各号に掲げる行為をしてはならない。
一　法第二十八条第一項に規定する区域又は風俗営業等の規制及び業務の適正化等に関する法律施行条例（昭和五十九年千葉県条例第三十一号。以下「施行条例」という。）別表に掲げる地域内に所在する風俗案内所において性風俗案内を行うこと。
二　午前零時から午前六時までの時間において風俗案内等を行うこと（次に掲げる日の区分に応じ、それぞれ次に定める地域内に所在する接待飲食等営業案内所（前条第一項又は第二項の規定により届け出た風俗案内所において行う風俗案内等の種別が風俗案内のみである風俗案内業者が設置する当該風俗案内所をいう。第五号において同じ。）にあっては、午前一時後午前六時までの時間において風俗案内を行うこと。）。
イ　施行条例第六条第一項各号に掲げる日　当該各号に定める地域
ロ　イに掲げる日以外の日　施行条例第六条第二項の規定により公安委員会が指定した地域
三　風俗案内所周辺において、風俗案内業に関し、施行条例第八条第一項に規定する数値以上の騒音を生じさせること。
四　風俗案内所の外周に、又は外部から見通すことができる状態にしてその内部に、次に掲げる物品若しくは記号を表示し、又は当該物品若しくは当該記号を表示した物を掲出し、若しくは配置すること。
イ　法第二条第六項第一号若しくは第二号若しくは第七項第一号に規定する営業において提供される役務若しくは当該役務に従事する者を表するもの又はこれらを連想させるものとして公安委員会規則で定める基準に該当する写真、絵その他の物品
ロ　性的好奇心をそそるものとして公安委員会規則で定める基準に該当する文字、数字その他の記号
五　風俗案内所で十八歳未満の者を風俗案内等を受けようとする者（以下この項において「利用者」という。）に接する業務に従事させること（接待飲食等営業案内所にあっては、午後十時から翌日の午前六時までの時間において利用者に接する業務に従事させること。）。
六　十八歳未満の者を風俗案内所に利用者として立ち入らせること。
2　前項第一号の規定は、同号の規定の適用の際現に前条第一項又は第二項の届出書を提出して風俗案内業（性風俗案内を行うものに限る。）を営んでいる者の当該風俗案内業については、適用しない。

（年少者の立入禁止の表示）

第五条　風俗案内業者は、公安委員会規則で定めるところにより、十八歳未満の者がその風俗案内所に立ち入ってはならない旨を当該風俗案内所の入り口に表示しなければならない。

（従業者名簿）

第六条　風俗案内業者は、公安委員会規則で定めるところにより、風俗案内所ごとに、当該風俗案内所における風俗案内業に係る業務に従事する者の氏名、生年月日、住所その他公安委員会規則で定める事項を記載した従業者名簿（当該従業者名簿に記載すべき事項を記録した電磁的記録（電子的方式、磁気的方式その他人の知覚によっては認識することができない方式で作られる記録であって、電子計算機による情報処理の用に供されるものとして公安委員会規則で定めるものをいう。次条第二項において同じ。）を含む。第十五条第二号において同じ。）を備えなければならない。

（風俗案内等を受託した場合の確認等）
第七条　風俗案内業者は、法第二条第一項第一号、第六項第一号若しくは第二号又は第七項第一号に規定する営業を営む者から風俗案内等を受託した場合は、公安委員会規則で定めるところにより、その者が法第三条第一項の規定により許可を受けていること又は法第二十七条第一項若しくは第三十一条の二第一項の規定により届出書を提出していることを確認しなければならない。
2　風俗案内業者は、前項の規定により確認したときは、公安委員会規則で定めるところにより、同項の営業を営む者に係る氏名又は名称、営業の種別その他公安委員会規則で定める事項を記載した書類（当該書類に記載すべき事項を記録した電磁的記録を含む。第十五条第四号において同じ。）を作成し、風俗案内所ごとに当該書類を保存しなければならない。

（指示）
第八条　公安委員会は、風俗案内業者又はその代理人、使用人その他の従業者が、当該風俗案内業に関し、この条例の規定に違反したときは、当該風俗案内業者に対し、清浄な風俗環境を害する行為又は年少者の健全な育成に障害を及ぼす行為を防止するため必要な指示をすることができる。

（風俗案内業の停止等）
第九条　公安委員会は、風俗案内業者又はその代理人、使用人その他の従業者が当該風俗案内業に関しこの条例に規定する罪に当たる行為その他清浄な風俗環境を害し若しくは年少者の健全な育成に障害を及ぼす重大な不正行為で公安委員会規則で定めるものをしたとき、又は風俗案内業者が前条の規定による指示に違反したときは、当該風俗案内業者に対し、六月を超えない範囲内で期間を定めて当該風俗案内業の全部又は一部の停止を命ずることができる。
2　公安委員会は、前項の場合において、当該風俗案内業者が第四条第一項第一号の規定により性風俗案内を行ってはならないこととされる区域又は地域において風俗案内業（性風俗案内を行うものに限る。）を営む風俗案内業者であるときは、その者に対し、前項の規定による停止の命令に代えて、当該風俗案内業の廃止を命ずることができる。

（聴聞の特例）
第十条　公安委員会は、前条第一項の規定による命令をしようとするときは、千葉県行政手続条例（平成七年千葉県条例第四十八号）第十三条第一項の規定による意見陳述のための手続の区分にかかわらず、聴聞を行わなければならない。
2　前項の聴聞の期日における審理は、公開により行わなければならない。

（報告の徴収等）
第十一条　公安委員会は、この条例の施行に必要な限度において、風俗案内業者に対し、その業務に関し報告又は資料の提出を求めることができる。

（立入検査）
第十二条　警察職員は、この条例の施行に必要な限度において、風俗案内所に立ち入り、帳簿、書類その他の物件を検査し、又は関係者に質問することができる。
2　前項の規定により警察職員が立ち入るときは、その身分を示す証明書を携帯し、関係者に提示しなければならない。
3　第一項の規定による立入検査の権限は、犯罪捜査のために認められたものと解釈してはならない。

（委任）
第十三条　この条例の施行に関し必要な事項は、公安委員会規則で定める。

（罰則）
第十四条　次の各号のいずれかに該当する者は、六月以下の懲役又は五十万円以下の罰金に処する。
一　第四条第一項第一号、第五号又は第六号の規定に違反した者
二　第九条の規定による命令に違反した者
2　第四条第一項第五号又は第六号に掲げる行為をした者は、当該十八歳未満の者の年齢を知らないことを理由として、前項の規定による処罰を免れることができない。ただし、過失のないときは、この限りでない。
第十五条　次の各号のいずれかに該当する者は、三十万円以下の罰金に処する。
一　第三条の規定による届出をせず、又は虚偽の届出をした者
二　第六条の規定に違反して、従業者名簿を備えず、又はこれに必要な記載をせず、若しくは虚偽の記載をした者

三　第七条第一項の規定に違反した者
四　第七条第二項の規定に違反して、書類を作成せず、若しくは虚偽の書類を作成し、又は書類を保存しなかった者
第十六条　次の各号のいずれかに該当する者は、二十万円以下の罰金に処する。
一　第十一条の規定による報告若しくは資料の提出をせず、又は虚偽の報告若しくは資料の提出をした者
二　第十二条第一項の規定による立入検査を拒み、妨げ、若しくは忌避し、又は同項の規定による質問に対して答弁をせず、若しくは虚偽の答弁をした者
（両罰規定）
第十七条　法人の代表者又は法人若しくは人の代理人、使用人その他の従業者が、その法人又は人の業務に関し、前三条の違反行為をしたときは、行為者を罰するほか、その法人又は人に対しても、各本条の罰金刑を科する。
附　則〔略〕

神奈川県

○風俗営業等の規制及び業務の適正化等に関する法律施行条例

（昭和五九・一二・二七 神奈川県条例四四）

最終改正　平成三〇・六・一二　条例七〇

（用語の意義）

第一条　この条例において、次の各号に掲げる用語の意義は、当該各号に定めるところによる。

一　遊技場　風俗営業等の規制及び業務の適正化等に関する法律（昭和二十三年法律第百二十二号。以下「法」という。）第二条第一項第四号及び第五号に規定する営業に係る営業所をいう。

二　住居専用地域　都市計画法（昭和四十三年法律第百号）第八条第一項第一号に規定する第一種低層住居専用地域、第二種低層住居専用地域、第一種中高層住居専用地域及び第二種中高層住居専用地域をいう。

三　住居地域　都市計画法第八条第一項第一号に規定する第一種住居地域、第二種住居地域、準住居地域及び田園住居地域をいう。

四　商業地域　都市計画法第八条第一項第一号に規定する商業地域をいう。

五　短期営業　三月以内の期間を限って営む営業をいう。

（風俗営業の許可に係る営業制限地域）

第二条　法第四条第二項第二号の規定による条例で定める営業所の設置を制限する地域は、次のとおりとする。

一　住居専用地域及び住居地域（神奈川県公安委員会規則（以下「規則」という。）で定める風俗営業の種類に応じて定める地域を除く。）

二　学校（大学を除く。）の敷地（その用に供するものと決定した土地を含む。）の周囲百メートル以内の地域

三　次に掲げる施設の敷地（これらの用に供するものと決定した土地を含む。以下この号において同じ。）の周囲七十メートル以内の地域（当該営業所が商業地域に所在することとなる場合にあっては、当該施設の敷地の周囲三十メートル以内の地域）

ア　学校（大学に限る。）

イ　図書館

ウ　児童福祉施設

エ　医療法（昭和二十三年法律第二百五号）第一条の五第一項に規定する病院及び同条第二項に規定する診療所（患者を入院させるための施設を有するものに限る。）

2　前項の規定は、次に掲げる営業所については適用しない。

一　祭礼、縁日その他の地域的慣習による催し又は習俗的行事が開催されている地域又は海水浴場若しくはその他の遊泳場（神奈川県海水浴場等に関する条例（昭和三十四年神奈川県条例第四号）第九条第一項の規定に基づき知事が許可した海水浴場又はその他の遊泳場をいう。）において、短期営業を営む遊技場

二　列車、自動車その他の営業場所が常態として移動する施設又は設備を用いて行う営業に係る営業所

（風俗営業の営業時間の制限等）

第三条　法第十三条第一項第一号の規定による条例で定める習俗的行事その他の特別な事情のある日は十二月十五日から翌年の一月十日までの日とし、同号の規定による条例で定める当該事情のある地域は県の全地域とする。

2　法第十三条第一項第二号の規定による条例で定める午前零時以後において風俗営業を営むことが許容される特別な事情のある地域は、横浜市中区及び川崎市川崎区のうち、規則で定める地域とする。

3　前二項の場合において、法第十三条第一項の規定による条例で定める時は、午前一時とする。

4　前三項の規定は、ぱちんこ屋又は風俗営業等の規制及び業務の適正化等に関する法律施行令（昭和五十九年政令第三百十九号。以下「政令」という。）第八条に規定する営業を営む者については、適用しない。

第四条　ぱちんこ屋又は政令第八条に規定する営業を営む者は、県の全地域において、午前六時後午前九時までの時間及び午後十一時から翌日の午前零時前の時間においては、その営業を営んではならない。

（風俗営業等の騒音及び振動の数値）

第五条　法第十五条（法第三十一条の二十三及び法第三十二条第二項において準用する場合を含む。）の規定による条例で定める騒音及び振動に係る数値は、次のとおりとする。

一　騒音の数値　別表第一に掲げる数値

二　振動の数値　五十五デシベル

（風俗営業遊技機認定申請手数料等）

第六条　別表第二の左〔上〕欄に掲げる者は、それぞれ同表の中欄に掲げる名称の手数料を納付しなければならない。この場合において、当該手数料の金額は、一件につきそれぞれ同表の右〔下〕欄に掲げる額とする。

（指定試験機関が行う試験に係る手数料）

第七条　法第二十条第五項の規定により同項に規定する指定試験機関（以下「指定試験機関」という。）が行う試験を受けようとする者は、当該試験に係る前条の手数料を当該指定試験機関に納付しなければならない。

2　前項の規定により指定試験機関に納付された手数料は、当該指定試験機関の収入とする。

（風俗営業者の守るべき事項）

第八条　風俗営業者（次条第一項に規定する者を除く。）は、次に掲げる事項を守らなければならない。

一　営業所に客を就寝させ、又は宿泊させないこと。ただし、当該営業所が旅館業法（昭和二十三年法律第百三十八号）第二条第二項に規定する旅館・ホテル営業と料理店を兼ねる場合は、この限りでない。

二　客の求めない飲食物を提供しないこと。

三　営業所で卑わいな行為その他善良の風俗を害する行為をし、又は客にこれらの行為をさせないこと。

四　営業所以外の場所で当該営業を営まないこと。

五　営業所において、店舗型性風俗特殊営業又は店舗型電話異性紹介営業を営まないこと。

六　営業中において、施錠その他の方法により営業所の出入口（客の用に供しないものを除く。）若しくは客室を閉ざし、又は客その他の者にこれらの行為をさせないこと。

（遊技場を営む風俗営業者の守るべき事項）

第九条　遊技場を営む風俗営業者は、次に掲げる事項を守らなければならない。

一　営業所（まあじゃん屋に係る営業所又は法第二条第一項第五号に規定する営業に係る営業所（以下「ゲームセンター等」という。）が飲食店営業を兼ねる場合を除く。）において客に飲酒させないこと。

二　賭博類似の行為その他著しく客の射幸心をそそる行為をし、又は客にこれらの行為をさせないこと。

三　客に提供した賞品を第三者に対して客から買い取るよう勧誘し、又は援助する等の方法で賞品の買取りに関与しないこと。

四　前条第四号から第六号までに掲げる事項

2　法第二条第一項第五号に規定する営業を営む者は、前項各号に掲げるもののほか、次に掲げる事項を守らなければならない。

一　午後六時から午後八時前の時間において十六歳未満の者をゲームセンター等に客として立ち入らせる場合は、保護者の同伴を求めること。

二　午後八時から午後十時前の時間において十六歳未満の者をゲームセンター等に客として立ち入らせないこと。

（距離制限の基準となる施設）

第十条　法第二十八条第一項（法第三十一条の三第二項の規定により適用する場合及び法第三十一条の十三第一項において準用する場合を含む。）の規定による条例で定める施設は、次に掲げる施設とする。

一　第二条第一項第三号エに掲げる施設

二　博物館（博物館法（昭和二十六年法律第二百八十五号）第二条第一項に規定するものをいう。）

三　公民館（社会教育法（昭和二十四年法律第二百七号）第二十条に規定するものをいう。）

四　都市公園（都市公園法（昭和三十一年法律第七十九号）第二条第一項に規定するものをいう。）

五　専修学校（学校教育法（昭和二十二年法律第二十六号）第百二十四条に規定するものをいう。）及び各種学校（同法第百三十四条第一項に規定するものをいう。）

六　国、地方公共団体又は公共的団体が設置する青少年の健全な育成を図るための施設で知事が指定する施設
七　第五号に規定する専修学校及び各種学校に準ずる施設で別表第三に掲げる施設

（店舗型性風俗特殊営業等の禁止地域）

第十一条　法第二条第六項第一号、第二号及び第四号並びに政令第五条に規定する営業（法第二条第六項第四号に規定する営業にあつては、政令第三条第二項各号のいずれかに該当する構造（同項第三号に該当する構造にあつては、同号に規定する廊下、階段その他の施設の内部を外部から容易に見通すことができないものに限る。）を有し、かつ、個室と車庫が個々に接続している構造を有して行うもの及び同条第三項第二号ロに該当する設備を有して行うものに限る。）並びに受付所営業は、県の全地域においては、これを営んではならない。

2　法第二条第六項第三号に規定する営業は、別表第四に掲げる地域以外の地域においては、これを営んではならない。

3　法第二条第六項第四号及び第五号に規定する営業（同項第四号に規定する営業にあつては、第一項に規定するものを除く。）並びに同条第九項に規定する営業は、商業地域以外の地域においては、これを営んではならない。

（店舗型性風俗特殊営業等の営業時間の制限）

第十二条　店舗型性風俗特殊営業（法第二条第六項第四号に規定する営業を除く。）、受付所営業及び店舗型電話異性紹介営業を営む者は、深夜（午前零時から午前六時までの時間をいう。以下同じ。）においては、その営業を営んではならない。

（性風俗関連特殊営業の広告等制限地域）

第十三条　法第二十八条第五項第一号ロの規定による条例で定める広告又は宣伝を制限する地域は、次の地域とする。

一　法第二条第六項第一号、第二号及び第四号並びに政令第五条に規定する営業（法第二条第六項第四号に規定する営業にあつては、政令第三条第二項各号のいずれかに該当する構造（同項第三号に該当する構造にあつては、同号に規定する廊下、階段その他の施設の内部を外部から容易に見通すことができないものに限る。）を有し、かつ、個室と車庫が個々に接続している構造を有して行うもの及び同条第三項第二号ロに該当する設備を有して行うものに限る。）にあつては、県の全地域

二　法第二条第六項第三号に規定する営業にあつては、別表第四に掲げる地域以外の地域

三　法第二条第六項第四号に規定する営業（第一号に規定するものを除く。）にあつては、住居専用地域及び住居地域

四　法第二条第六項第五号に規定する営業にあつては、商業地域以外の地域

2　法第三十一条の三第一項、法第三十一条の八第一項、法第三十一条の十三第一項及び法第三十一条の十八第一項において準用する法第二十八条第五項第一号ロの規定による条例で定める広告又は宣伝を制限する地域は、次の地域とする。

一　法第二条第七項第一号に規定する営業にあつては、県の全地域

二　法第二条第七項第二号に規定する営業及び同条第八項から第十項までに規定する営業にあつては、商業地域以外の地域

（特定遊興飲食店営業の許可に係る営業所設置許容地域）

第十四条　法第三十一条の二十三において準用する法第四条第二項第二号の規定による条例で定める営業所の設置が許容される地域は、横浜市中区及び川崎市川崎区のうち、規則で定める地域とする。ただし、第二条第一項第三号ウ（深夜に入所させるものに限る。）及びエに掲げる施設の敷地（これらの用に供するものと決定した土地を含む。）の周囲三十メートル以内の地域を除く。

（特定遊興飲食店営業者の守るべき事項）

第十五条　特定遊興飲食店営業者は、次に掲げる事項を守らなければならない。

一　客の求めない飲食物を提供しないこと。
二　営業所で卑わいな行為その他善良の風俗を害する行為をし、又は客にこれらの行為をさせないこと。
三　営業所以外の場所で当該営業を営まないこと。
四　営業所において、店舗型性風俗特殊営業又は店舗型電話異性紹介営業を営まないこと。
五　営業中において、施錠その他の方法により営業所の出入口（客の用に供

しないものを除く。）若しくは客室を閉ざし、又は客その他の者にこれらの行為をさせないこと。

（酒類提供飲食店営業の禁止の地域及び時間）

第十六条　住居専用地域及び住居地域（規則で定める地域を除く。）においては、深夜において酒類提供飲食店営業を営んではならない。

（風俗環境保全協議会を置く地域）

第十七条　法第三十八条の四第一項の規定による条例で定める特に良好な風俗環境の保全を図る必要がある地域は、規則で定める警察署の管轄区域とする。

（風俗営業許可申請手数料等）

第十八条　別表第五の左〔上〕欄に掲げる者は、それぞれ同表の中欄に掲げる名称の手数料を納付しなければならない。この場合において、当該手数料の金額は、特別の計算単位の定めがあるものについてはその計算単位につき、その他のものについては一件につきそれぞれ同表の右〔下〕欄に掲げる額とする。

附　則〔略〕

別表第一（第五条関係）（単位　デシベル）

時間 地域	午前六時後午後六時前	午後六時から翌日の午前零時前	午前零時から午前六時まで
住居専用地域	五十	四十五	四十
住居地域	五十五	五十	四十五
近隣商業地域 商業地域 準工業地域 工業地域 工業専用地域	六十	六十	五十
その他の地域	五十五	五十	四十五

備考　1　近隣商業地域、準工業地域、工業地域及び工業専用地域とは、都市計画法第八条第一項第一号に規定する地域をいう。
2　その他の地域とは、都市計画法第八条第一項第一号に規定する地域以外の地域をいう。

別表第二（第六条関係）

手数料を納付すべき者	手数料の名称	金額
1　法第二十条第二項の認定（以下「遊技機認定」という。）を受けようとする者	風俗営業遊技機認定申請手数料	(1)　指定試験機関が行う遊技機認定に必要な試験（以下「遊技機試験」という。）を受けた遊技機について遊技機認定を受けようとする場合　二、二〇〇円 (2)　法第二十条第四項の検定（以下「検定」という。）を受けた型式に属する遊技機（遊技機試験　四、三四〇円

		を受けたものを除く。）について遊技機認定を受けようとする場合	
		(3) (1)又は(2)の遊技機以外の遊技機について遊技機認定を受けようとする場合	
		ア　ぱちんこ遊技機	
		(ア) 入賞を容易にするための装置であつて政令第十四条の国家公安委員会規則で定めるもの（以下「特定装置」という。）が設けられているもの（当該特定装置を連続して作動させることができるものに限る。）	
		a　マイクロプロセッサー（電子計算機の中央演算処理装置を構成する集積回路をいう。以下同じ。）を内蔵するもの	三万五、〇〇〇円
		b　aに掲げるもの以外のもの	一万六、三〇〇円
		(イ) 特定装置が設けられているもの（(ア)に掲げるものを除く。）	
		a　マイクロプロセッサーを内蔵するもの	二万九、〇〇〇円
		b　aに掲げるもの以外のもの	一万六、三〇〇円
		(ウ) (ア)又は(イ)に掲げるもの以外のもの	一万四、四〇〇円
		イ　回胴式遊技機	
		(ア) マイクロプロセッサーを内蔵するもの	五万九、〇〇〇円
		(イ) (ア)に掲げるもの以外のもの	二万三、〇〇〇円
		ウ　アレンジボール遊技機	
		(ア) マイクロプロセッサーを内蔵するもの	三万五、〇〇〇円
		(イ) (ア)に掲げるもの以外のもの	一万九、〇〇〇円
		エ　じやん球遊技機	
		(ア) マイクロプロセッサーを内蔵するもの	三万五、〇〇〇円
		(イ) (ア)に掲げるもの以外のもの	一万九、〇〇〇円
		オ　アからエまでに掲げる遊技機以外の遊技機	
		(ア) マイクロプロセッサーを内蔵するもの	二万九、〇〇〇円
		(イ) (ア)に掲げるもの以外のもの	一万二、六〇〇円
風俗営業遊技機検定申請手数料	2　検定を受けようとする者	(1) 指定試験機関が行う検定に必要な試験（以下「型式試験」という。）を受けた型式について検定を受けようとする場合	三、九〇〇円
		(2) 神奈川県公安委員会以外の都道府県公安委員会の検定を受けた型式（型式試験を受けたものを除く。）について検定を受けようとする場合	六、三〇〇円

(3) (1)又は(2)の型式以外の型式について検定を受けようとする場合	
ア　ぱちんこ遊技機	
(ア) 特定装置が設けられているもの（当該特定装置を連続して作動させることができるものに限る。）	
a　マイクロプロセッサーを内蔵するもの	一四三万五、〇〇〇円
b　aに掲げるもの以外のもの	四三万八、〇〇〇円
(イ) 特定装置が設けられているもの（(ア)に掲げるものを除く。）	
a　マイクロプロセッサーを内蔵するもの	一一二万八、〇〇〇円
b　aに掲げるもの以外のもの	四三万八、〇〇〇円
(ウ) (ア)又は(イ)に掲げるもの以外のもの	三三万八、〇〇〇円
イ　回胴式遊技機	
(ア) マイクロプロセッサーを内蔵するもの	一六二万一、〇〇〇円
(イ) (ア)に掲げるもの以外のもの	四七万九、〇〇〇円
ウ　アレンジボール遊技機	
(ア) マイクロプロセッサーを内蔵するもの	一一四万八、〇〇〇円
(イ) (ア)に掲げるもの以外のもの	四八万二、〇〇〇円
エ　じやん球遊技機	

		(ア) マイクロプロセッサーを内蔵するもの	一一四万七、〇〇〇円
		(イ) (ア)に掲げるもの以外のもの	四八万一、〇〇〇円
3　遊技機試験を受けようとする者	遊技機試験手数料	(1) ぱちんこ遊技機について遊技機試験を受けようとする場合	
		ア　特定装置が設けられているもの（当該特定装置を連続して作動させることができるものに限る。）	
		(ア) マイクロプロセッサーを内蔵するもの	四万三、三〇〇円
		(イ) (ア)に掲げるもの以外のもの	二万三、一〇〇円
		イ　特定装置が設けられているもの（アに掲げるものを除く。）	
		(ア) マイクロプロセッサーを内蔵するもの	三万六、三〇〇円
		(イ) (ア)に掲げるもの以外のもの	二万三、〇〇〇円
		ウ　ア又はイに掲げるもの以外のもの	二万一、〇〇〇円
		(2) 回胴式遊技機について遊技機試験を受けようとする場合	
		ア　マイクロプロセッサーを内蔵するもの	六万八、三〇〇円
		イ　アに掲げるもの以外のもの	三万三〇〇円
		(3) アレンジボール遊技機について遊技機試験を受けようとする場合	
		ア　マイクロプロセッサー	四万二、三〇〇円

		サーを内蔵するもの	
		イ　アに掲げるもの以外のもの	二万六、三〇〇円
		(4)　じやん球遊技機について遊技機試験を受けようとする場合	
		ア　マイクロプロセッサーを内蔵するもの	四万二、三〇〇円
		イ　アに掲げるもの以外のもの	二万六、三〇〇円
		(5)　(1)から(4)までに掲げる遊技機以外の遊技機について遊技機試験を受けようとする場合	
		ア　マイクロプロセッサーを内蔵するもの	三万六、三〇〇円
		イ　アに掲げるもの以外のもの	一万九、一〇〇円
4　型式試験を受けようとする者	型式試験手数料	(1)　ぱちんこ遊技機の型式について型式試験を受けようとする場合	
		ア　特定装置が設けられているもの（当該特定装置を連続して作動させることができるものに限る。）	
		(ア)　マイクロプロセッサーを内蔵するもの	一四四万二、〇〇〇円
		(イ)　(ア)に掲げるもの以外のもの	四四万五、〇〇〇円
		イ　特定装置が設けられているもの（アに掲げるものを除く。）	
		(ア)　マイクロプロセッサーを内蔵するもの	一一三万五、〇〇〇円
		(イ)　(ア)に掲げるもの以外のもの	四四万五、〇〇〇円
		ウ　ア又はイに掲げるもの以外のもの	三四万五、〇〇〇円
		(2)　回胴式遊技機の型式について型式試験を受けようとする場合	
		ア　マイクロプロセッサーを内蔵するもの	一六二万八、〇〇〇円
		イ　アに掲げるもの以外のもの	四八万六、〇〇〇円
		(3)　アレンジボール遊技機の型式について型式試験を受けようとする場合	
		ア　マイクロプロセッサーを内蔵するもの	一一五万五、〇〇〇円
		イ　アに掲げるもの以外のもの	四八万九、〇〇〇円
		(4)　じやん球遊技機の型式について型式試験を受けようとする場合	
		ア　マイクロプロセッサーを内蔵するもの	一一五万四、〇〇〇円
		イ　アに掲げるもの以外のもの	四八万八、〇〇〇円

備考　1　遊技機認定を受けようとする者が本県において同時に当該遊技機認定に係る遊技機と同一の型式に属する他の遊技機について遊技機認定を受けようとする場合における当該他の遊技機に係る手数料の額は、1の項の右〔下〕欄の規定にかかわらず、同項の(1)の場合にあつては零円とし、同項の(2)の場合にあつては四〇円とし、同項の(3)の場合にあつてはそれぞれ同項の(3)に掲げる額から八、〇〇〇円を減じた額とする。

2　遊技機試験を受けようとする者が本県において同時に当該遊技機試験に係る遊技機と同一の型式に属する他の遊技機について遊技機試験を受けようとする場合における当該他の遊技機に係る手数料の額は、それぞれ3の項の右〔下〕欄に掲げる額から一万四、三〇〇円を減じた額とする。

別表第三（第十条関係）

名称	所在地
高田英語学園	川崎市川崎区本町一丁目四番地の十三

別表第四（第十一条、第十三条関係）

横浜市中区のうち 　野毛町、宮川町、福富町西通、福富町東通、末吉町、若葉町及び曙町 川崎市川崎区のうち 　堀之内町及び南町

別表第五（第十八条関係）

手数料を納付すべき者	手数料の名称	金額	
1　法第三条第一項の風俗営業の許可（以下この項において「許可」という。）を受けようとする者	風俗営業許可申請手数料	(1)　ぱちんこ屋又は政令第八条に規定する営業について許可を受けようとする場合で営業所に設置する遊技機に遊技機認定を受けた遊技機以外の遊技機（以下「未認定遊技機」という。）がないとき。 ア　短期営業 イ　その他の営業	 一万五、〇〇〇円 二万五、〇〇〇円
		(2)　ぱちんこ屋又は政令第八条に規定する営業について許可を受けようとする場合で営業所に設置する遊技機に未認定遊技機があるとき。	(1)のア又はイに掲げる額に、二、八〇〇円（検定を受けた型式に属する未認定遊技機以外の未認定遊技機（以下「特定未認定遊技機」という。）がある場合にあつては、五、六〇〇円に当該特定未認定遊技機が属する型式の数を二、四〇〇円に乗じて得た額を加算した額）を加算した額に、未認定遊技機一台ごとに四〇円（特定未認定遊技機については、それぞれ別表第二の1の項の右〔下〕欄の(3)に掲げる額から八、〇〇〇円を減じた額）を加算した額
		(3)　ぱちんこ屋及び政令第八条に規定する営業以外の風俗営業について許可を受けようとする場合 ア　短期営業 イ　その他の営業	 一万四、〇〇〇円 二万四、〇〇〇円
2　法第五条第四項の許可証の再交付を受けようとする者	風俗営業許可証再交付手数料		一、二〇〇円
3　法第七条第一項の風俗営業の相続に係る承認を受けようとする者	風俗営業相続承認申請手数料		九、〇〇〇円
4　法第七条の二第一項の風俗営業	風俗営業合併承認申		一万二、〇〇〇円

者たる法人の合併に係る承認を受けようとする者	請手数料	
5　法第七条の三第一項の風俗営業者たる法人の分割に係る承認を受けようとする者	風俗営業分割承認申請手数料	一万二、〇〇〇円
6　法第九条第一項の営業所の構造又は設備の変更の承認を受けようとする者	風俗営業構造（設備）変更承認申請手数料	九、九〇〇円
7　法第九条第四項の許可証の書換えを受けようとする者	風俗営業許可証書換え手数料	一、五〇〇円
8　法第十条の二第一項の特例風俗営業者の認定を受けようとする者	風俗営業特例認定申請手数料	一万三、〇〇〇円
9　法第十条の二第五項の認定証の再交付を受けようとする者	風俗営業認定証再交付手数料	一、二〇〇円
10　法第二十条第十項において準用する法第九条第一項の遊技機の変更の承認（以下「交替（増設）承認」という。）を受けようとする者	風俗営業遊技機交替（増設）承認申請手数料	(1)　交替（増設）承認を受けようとする遊技機に未認定遊技機がない場合　二、四〇〇円 (2)　交替（増設）承認を受けようとする遊技機に未認定遊技機がある場合　五、二〇〇円（特定未認定遊技機がある場合にあつては、八、〇〇〇円に当該特定未認定遊技機が属する型式の数を二、四〇〇円に乗じて得た額を加算した額）に、未認定遊技機一台ごとに四〇円（特定未認定遊技機については、それぞれ別表第二の1の項の右［下］欄の(3)に掲げる額から八、〇〇〇円を減じた額）を加算した額
11　法第二十四条第六項の管理者の講習を受けようとする者	風俗営業管理者講習手数料	講習一時間につき　六五〇円
12　法第二十七条第四項（法第三十一条の十二第二項において準用す	性風俗関連特殊営業開始届出確認書	(1)　法第二条第六項又は第九項の営業を営もうとする場合　一万一、九〇〇円 (2)　法第二条第七項第一号の営業を営もうとする場合で当該営業につき受付　三、四〇〇円と八、五〇〇円に受付所の数を乗じて得た額との合計

る場合を含む。）又は法第三十一条の二第四項（法第三十一条の七第二項及び法第三十一条の十七第二項において準用する場合を含む。）の規定に基づく法第二十七条第一項、法第三十一条の二第一項、法第三十一条の七第一項、法第三十一条の十二第一項又は法第三十一条の十七第一項の届出書の提出があつた旨を記載した書面の交付を受けようとする者	交付手数料	所を設けようとするとき。	額
		(3)　法第二条第七項、第八項若しくは第十項の営業を営もうとする場合（(2)に規定する場合を除く。）又は風俗営業等の規制及び業務の適正化等に関する法律の一部を改正する法律（平成十七年法律第百十九号）附則第三条第二項の規定に基づく同法による改正後の法第二十七条第一項、法第三十一条の二第一項、法第三十一条の七第一項、法第三十一条の十二第一項若しくは法第三十一条の十七第一項の届出書を提出したものとみなされる場合	三、四〇〇円
13　法第二十七条第四項（法第三十一条の十二第二項において準用する場合を含む。）又は法第三十一条の二第四項（法第三十一条の七第二項及び法第三十一条の十七第二項において準用する場合を含む。）の規定に基づく法第二十七条第二項（法第三十一条の十二第二項において準用する場合を含む。）又は法第三十一条の二第二項（法第三十一条の七第二項及び法第三十一条の十七第二項において準用する場合を含む。）の届出書（営業	性風俗関連特殊営業変更届出確認書交付手数料	(1)　変更に係る事項が受付所の新設に係るものである場合	一、九〇〇円と八、五〇〇円に当該新設に係る受付所の数を乗じて得た額との合計額
		(2)　その他の場合	一、五〇〇円

を廃止した場合における届出書を除く。）の提出があった旨を記載した書面の交付を受けようとする者		
14　法第二十七条第四項（法第三十一条の十二第二項において準用する場合を含む。）又は法第三十一条の二第四項（法第三十一条の七第二項及び法第三十一条の十七第二項において準用する場合を含む。）の規定に基づく届出書の提出があった旨を記載した書面の再交付を受けようとする	性風俗関連特殊営業届出確認書再交付手数料	一、二〇〇円

者		
15　法第三十一条の二十二の特定遊興飲食店営業の許可を受けようとする者	特定遊興飲食店営業許可申請手数料	(1)　短期営業　一万四、〇〇〇円 (2)　その他の営業　二万四、〇〇〇円
16　法第三十一条の二十三において準用する法第五条第四項の許可証の再交付を受けようとする者	特定遊興飲食店営業許可証再交付手数料	一、一〇〇円
17　法第三十一条の二十三において準用する法第七条第一項の特定遊興飲食店営業の相続に係る承認を受けようとする者	特定遊興飲食店営業相続承認申請手数料	八、六〇〇円
18　法第三十一条の二十三において準用する法第七条の二第一項の特	特定遊興飲食店営業合併承認申請手数料	一万一、〇〇〇円

定遊興飲食店営業者たる法人の合併に係る承認を受けようとする者		
19　法第三十一条の二十三において準用する法第七条の三第一項の特定遊興飲食店営業者たる法人の分割に係る承認を受けようとする者	特定遊興飲食店営業分割承認申請手数料	一万一、〇〇〇円
20　法第三十一条の二十三において準用する法第九条第一項の営業所の構造又は設備の変更の承認を受けようとする者	特定遊興飲食店営業構造（設備）変更承認申請手数料	九、九〇〇円
21　法第三十一条の二十三において準用する法第九条第四項の許可証の書換えを受けようとする者	特定遊興飲食店営業許可証書換え手数料	一、四〇〇円
22　法第三十一条の二十三において準用する法第十条の二第一項の特例特定遊興飲食店営業者の認定を受けようとする者	特定遊興飲食店営業特例認定申請手数料	一万三、〇〇〇円
23　法第三十一条の二十三において準用する法第十条の二第五項の認定証の再交付を受けようとする者	特定遊興飲食店営業認定証再交付手数料	一、一〇〇円
24　法第三十一条の二十三において準用する法第二十四条第六項の管理者の講習を受けようとする者	特定遊興飲食店営業管理者講習手数料	講習一時間につき　六五〇円

備考　1　1の項の許可を受けようとする者が本県において同時に他の法第

三条第一項の許可を受けようとする場合における当該他の同項の許可に係る手数料の額は、それぞれ1の項の右〔下〕欄に掲げる額から八、六〇〇円を減じた額とする。

2　法第四条第三項の規定が適用される営業所につき1の項の許可を受けようとする場合における手数料の額は、それぞれ同項の右〔下〕欄に掲げる額に六、八〇〇円を加算した額とする。

3　3の項の承認を受けようとする者が本県において同時に他の法第七条第一項の承認を受けようとする場合における当該他の同項の承認の申請に係る手数料の額は、それぞれ3の項の右〔下〕欄に掲げる額から五、二〇〇円を減じた額とする。

4　4の項の承認を受けようとする者が本県において同時に他の法第七条の二第一項の承認を受けようとする場合における当該他の同項の承認の申請に係る手数料の額は、それぞれ4の項の右〔下〕欄に掲げる額から八、二〇〇円を減じた額とする。

5　5の項の承認を受けようとする者が本県において同時に他の法第七条の三第一項の承認を受けようとする場合における当該他の同項の承認の申請に係る手数料の額は、それぞれ5の項の右〔下〕欄に掲げる額から八、二〇〇円を減じた額とする。

6　8の項の認定を受けようとする者が本県において同時に他の法第十条の二第一項の認定を受けようとする場合における当該他の同項の認定の申請に係る手数料の額は、それぞれ7の項の右〔下〕欄に掲げる額から三、〇〇〇円を減じた額とする。

7　15の項の許可を受けようとする者が本県において同時に他の法第三十一条の二十二の許可を受けようとする場合における当該他の同条の許可に係る手数料の額は、それぞれ同項の右〔下〕欄に掲げる額から八、七〇〇円を減じた額とする。

8　法第三十一条の二十三において準用する法第四条第三項の規定が適用される営業所につき15の項の許可を受けようとする場合における手数料の額は、それぞれ同項の右〔下〕欄に掲げる額に六、八〇〇円を加算した額とする。

9　17の項の承認を受けようとする者が本県において同時に他の法第三十一条の二十三において準用する法第七条第一項の承認を受けようとする場合における当該他の同項の承認の申請に係る手数料の額は、それぞれ17の項の右〔下〕欄に掲げる額から四、八〇〇円を減じた額とする。

10　18の項の承認を受けようとする者が本県において同時に他の法第三十一条の二十三において準用する法第七条の二第一項の承認を受けようとする場合における当該他の同項の承認の申請に係る手数料の額は、それぞれ18の項の右〔下〕欄に掲げる額から七、七〇〇円を減じた額とする。

11　19の項の承認を受けようとする者が本県において同時に他の法第三十一条の二十三において準用する法第七条の三第一項の承認を受けようとする場合における当該他の同項の承認の申請に係る手数料の額は、それぞれ19の項の右〔下〕欄に掲げる額から七、七〇〇円を減じた額とする。

12　22の項の承認を受けようとする者が本県において同時に他の法第三十一条の二十三において準用する法第十条の二第一項の認定を受けようとする場合における当該他の同項の規定の申請に係る手数料の額は、それぞれ22の項の右〔下〕欄に掲げる額から三、〇〇〇円を減じた額とする。

○風俗営業等の規制及び業務の適正化等に関する法律施行条例施行規則

（昭和五九・一二・二七　神奈川県公安委員会規則六）

最終改正　平成三〇・六・一二　公安委員会規則七

（住居専用地域等の制限外地域）

第一条　風俗営業等の規制及び業務の適正化等に関する法律施行条例（昭和五十九年神奈川県条例第四十四号。以下「条例」という。）第二条第一項第一号の規定による規則で定める風俗営業の種類に応じた地域は、次のとおりとする。

一　別表第一に掲げる地域において営む旅館・ホテル営業（旅館業法（昭和二十三年法律第百三十八号）第二条第二項に規定する旅館・ホテル営業をいう。）の施設における風俗営業（ぱちんこ屋及び風俗営業等の規制及び業務の適正化等に関する法律施行令（昭和五十九年政令第三百十九号）第八条に規定する営業を除く。）　当該地域における住居専用地域及び住居地域

二　前号に掲げる風俗営業以外の風俗営業　商業地域の周囲三十メートル以内の住居地域

（営業延長許容地域）

第二条　条例第三条第二項の規定による規則で定める地域は、別表第二に掲げる地域とする。

（特定遊興飲食店営業の許可に係る営業所設置許容地域）

第三条　条例第十四条の規定による規則で定める地域は、別表第二に掲げる地域とする。

（酒類提供飲食店営業に係る住居地域の制限外地域）

第四条　条例第十六条の規定による規則で定める営業を営むことができる地域は、商業地域の周囲三十メートル以内の住居地域とする。

（管轄区域に風俗環境保全協議会が置かれる警察署）

第五条　条例第十七条の規定による規則で定める警察署は、次に掲げる警察署とする。

一　神奈川県加賀町警察署

二　神奈川県伊勢佐木警察署

三　神奈川県川崎警察署

附　則〔略〕

別表第一（第一条関係）

横浜市港北区のうち
　綱島西二丁目、綱島東一丁目及び綱島東二丁目
相模原市緑区与瀬
鎌倉市のうち
　長谷一丁目、長谷二丁目及び長谷三丁目
藤沢市のうち
　片瀬三丁目、片瀬海岸一丁目、片瀬海岸二丁目、片瀬海岸三丁目、江の島一丁目及び江の島二丁目
逗子市のうち
　逗子一丁目、逗子二丁目、逗子五丁目、逗子六丁目及び新宿一丁目
三浦市のうち
　三崎町城ヶ島、南下浦町上宮田及び南下浦町菊名
秦野市鶴巻
足柄下郡湯河原町、箱根町及び真鶴町

別表第二（第二条、第三条関係）

横浜市中区のうち
　相生町、曙町（一般国道十六号の東側及び五丁目を除く。）、伊勢佐木町（七丁目を除く。）、太田町、尾上町、黄金町、末広町、末吉町（四丁目を除く。）、住吉町、長者町（一丁目から五丁目までを除く。）、常盤町、野毛町（三丁目及び四丁目を除く。）、羽衣町（一般国道十六号の東側を除く。）、初音町（県道二百十八号の西側を除く。）、花咲町（二丁目及び三丁目を除く。）、日ノ出町（県道二百十八号の西側を除く。）、福富町仲通、福富町西通、福富町東通、弁天通、本町（一般国道百三十三号の北側を除く。）、真砂町（一丁目を除く。）、港町（一丁目を除く。）、南仲通、宮川町（三丁目を除く。）、吉田町及び若葉町
川崎市川崎区のうち
　砂子、駅前本町、小川町、東田町、堀之内町、本町（一般国道四百九号の北側を除く。）、南町及び宮本町

○青少年の健全な育成を図るための施設として指定する施設

（平成一一・三・二　神奈川県告示一九二）

改正　平成二八・二・二六　公告七〇

風俗営業等の規制及び業務の適正化等に関する法律施行条例（昭和五十九年神奈川県条例第四十四号）第十条第六号に規定する国、地方公共団体又は公共的団体が設置する青少年の健全な育成を図るための施設として指定する施設は、旅館業法施行条例による国、地方公共団体又は公共的団体が設置する青少年の健全な育成を図るための施設、スポーツ施設その他の施設の指定（昭和六十一年神奈川県告示第五百四十九号）の表に掲げる施設とし、平成十一年四月一日から施行する。

新潟県

○新潟県風俗営業等の規制及び業務の適正化等に関する法律施行条例

（昭和五九・一二・二五　新潟県条例七二）

最終改正　平成三〇・三・三〇　条例三四

（趣旨）

第一条　この条例は、風俗営業等の規制及び業務の適正化等に関する法律（昭和二十三年法律第百二十二号。以下「法」という。）の施行に関し、必要な事項を定めるものとする。

第二条　削除

（風俗営業の制限地域）

第三条　法第四条第二項第二号に規定する風俗営業（法第二条第一項に規定する風俗営業をいう。以下同じ。）に係る営業所の設置を制限する地域は、次のとおりとする。ただし、周辺の環境を勘案して新潟県公安委員会規則（以下「公安委員会規則」という。）で定める地域は、この限りでない。

一　都市計画法（昭和四十三年法律第百号）第八条第一項第一号に規定する第一種低層住居専用地域、第二種低層住居専用地域、第一種中高層住居専用地域、第二種中高層住居専用地域及び田園住居地域（以下「住居専用地域」という。）

二　都市計画法第八条第一項第一号に規定する第一種住居地域、第二種住居地域及び準住居地域（以下「住居地域」という。）で、次に掲げる地域を除く地域

ア　道路法（昭和二十七年法律第百八十号）第五条第一項に規定する一般国道及びこれに準ずるものとして公安委員会規則で定める道路（以下「一般国道等」という。）の敷地境界線からそれぞれ三十メートル以内を除く地域

イ　学校教育法（昭和二十二年法律第二十六号）第一条に規定する学校（以下「学校」という。）、児童福祉法（昭和二十二年法律第百六十四号）第七条第一項に規定する保育所（以下「保育所」という。）、就学前の子どもに関する教育、保育等の総合的な提供の推進に関する法律（平成十八年法律第七十七号）第二条第七項に規定する幼保連携型認定こども園（以下「幼保連携型認定こども園」という。）、新潟県旅館業法施行条例（昭和四十五年新潟県条例第五十一号）第二条第一項第九号の規定に基づき、児童福祉施設に類する施設として知事が指定した施設（以下「指定保育所」という。）又は医療法（昭和二十三年法律第二百五号）第一条の五第一項に規定する病院（以下「病院」という。）の敷地（これらの用に供するものと決定した土地を含む。以下この項において同じ。）から百メートル以内の地域

三　都市計画法第八条第一項第一号に規定する商業地域（次号において「商業地域」という。）で、学校、保育所、幼保連携型認定こども園及び指定保育所の敷地から三十メートル以内の地域

四　住居専用地域、住居地域及び商業地域を除き、次の表の左〔上〕欄に掲げる地域について、学校、保育所、幼保連携型認定こども園、指定保育所及び病院の敷地からそれぞれ同表の右〔下〕欄に掲げる距離以内の地域

地域	距離
(1)　都市計画法第八条第一項第一号に規定する近隣商業地域及び準工業地域	三十メートル
(2)　(1)に掲げる地域以外の地域	五十メートル

2　前項の規定は、次に掲げる営業所については適用しない。

一　列車等常態として移動する施設において営む風俗営業に係る営業所

二　法第二条第一項第四号及び第五号の営業（祭礼、縁日等地域的慣習による行事に伴つて営む営業であつて、三月以内の期間を限つて営むものに限る。）に係る営業所

（習俗的行事その他の特別な事情のある日等）

第四条　法第十三条第一項第一号に規定する習俗的行事その他の特別な事情のある日は次の各号に掲げる日とし、同項第一号に規定する当該事情のある地域は当該各号に掲げる日の区分に従い当該各号に定める地域とし、同項の条例で定める時は午前一時とする。

一　一月一日から一月七日まで　県内全域

二　八月十三日から八月十七日まで　県内全域

三　十二月二十日から十二月三十一日まで　県内全域

四　前三号に掲げるもののほか、公安委員会規則で定める日　公安委員会規則で定める地域及び当該地域以外の地域であって次条の公安委員会規則で定める地域

（午前零時以後において風俗営業を営むことが許容される特別な事情のある地域等）

第四条の二　接待飲食等営業（法第二条第四項に規定する接待飲食等営業をいう。）及びまあじゃん屋に係る法第十三条第一項第二号の午前零時以後において風俗営業を営むことが許容される特別な事情のある地域は、公安委員会規則で定める地域とし、同項の条例で定める時は午前一時とする。

（風俗営業の営業時間の制限）

第四条の三　法第二条第一項第四号に掲げる営業（まあじゃん屋を除く。）は、次の各号に掲げる地域の区分に応じ、それぞれ当該各号に定める時間については、これを営んではならない。

一　第四条各号に掲げる日における当該各号に定める地域　午前零時から午前一時まで、午前六時後午前九時まで及び午後十一時から翌日の午前零時までの時間

二　第四条各号に掲げる日における当該各号に定める地域以外の地域　午前六時後午前九時まで及び午後十一時から翌日の午前零時までの時間

三　第四条各号に掲げる日以外の日における県内全域　午前六時後午前九時まで及び午後十一時から翌日の午前零時までの時間

2　法第二条第一項第五号に掲げる営業は、第四条第四号の公安委員会規則で定める日の午前零時から午前一時までの時間については、前条の公安委員会規則で定める地域（第四条第四号の公安委員会規則で定める日における同号の公安委員会規則で定める地域を除く。）において、これを営んではならない。

（騒音及び振動の数値）

第五条　法第十五条（法第三十二条第二項において準用する場合を含む。次項において同じ。）に規定する騒音の数値は、次の表の左〔上〕欄に掲げる地域ごとに、同表の右〔下〕欄に掲げる時間の区分に応じ、それぞれ同欄に定める数値とする。

地域	数値		
	午前六時後午後六時前	午後六時から翌日の午前零時前	午前零時から午前六時まで
(1) 住居専用地域及び住居地域	五十五デシベル	五十デシベル	四十五デシベル
(2) 都市計画法第八条第一項第一号に規定する商業地域、工業地域及び工業専用地域	六十五デシベル	六十デシベル	五十デシベル
(3) (1)及び(2)に掲げる地域以外の地域	六十デシベル	五十五デシベル	五十デシベル

備考　左〔上〕欄の(2)及び(3)に掲げる地域のうち次に掲げる施設の敷地から五十メートル以内の地域にあっては、当該右〔下〕欄に掲げる数値からそれぞれ五デシベルを減じた値とする。

(1)　学校

(2)　保育所、幼保連携型認定こども園及び指定保育所

(3)　病院及び医療法第一条の五第二項に規定する診療所（患者を入院させるための施設を有するものに限る。以下「診療所」という。）

(4)　図書館法（昭和二十五年法律第百十八号）第二条第一項に規定する図書館

(5)　老人福祉法（昭和三十八年法律第百三十三号）第二十条の五に規定する特別養護老人ホーム（以下「特別養護老人ホーム」という。）

2　法第十五条に規定する振動の数値は、五十五デシベルとする。

第六条　削除

（風俗営業者の遵守事項）

第七条　風俗営業者（法第二条第二項に規定する風俗営業者をいう。以下同じ。）は、次に掲げる事項を守らなければならない。

一　営業所で卑わいな行為その他善良の風俗を害する行為をし、又は客にこれらの行為をさせないこと。

二　営業用家屋等（営業の用に供する家屋又は施設をいう。以下同じ。）で

客を就寝させ、又は宿泊させないこと。ただし、旅館業法（昭和二十三年法律第百三十八号）第二条に規定する旅館業の営業の許可を受けている営業用家屋等（宿泊用の客室に限る。）については、この限りでない。
三　客の求めない飲食物を提供しないこと。
四　営業中は、客室に施錠しないこと。
五　営業用家屋等において店舗型性風俗特殊営業（法第二条第六項に規定する店舗型性風俗特殊営業をいう。第十一条を除き、以下同じ。）を営み、又は営ませないこと。

2　法第二条第一項第四号の営業を営む風俗営業者は、前項に規定するもののほか、次に掲げる事項（まあじやん屋にあつては、第二号及び第三号に掲げるものに限る。）を守らなければならない。
一　客に提供した賞品を買い取らせないこと。
二　営業所で、と博類似行為その他著しく客の射幸心をそそるおそれのある行為をし、又は客にこれらの行為をさせないこと。
三　著しく射幸心をそそるおそれのある方法で営業しないこと。
四　営業所において、客に飲酒させないこと。

3　法第二条第一項第五号の営業を営む風俗営業者は、第一項に規定するもののほか、午後六時後午後十時前の時間において十六歳未満の者を営業所に客として立ち入らせるときは、保護者（少年法（昭和二十三年法律第百六十八号）第二条第二項に規定する保護者をいう。）の同伴を求めなければならない。

第八条　削除

（店舗型性風俗特殊営業等の禁止区域の基準となる施設）

第九条　法第二十八条第一項（法第三十一条の三第二項の規定により適用する場合及び法第三十一条の十三第一項において準用する場合を含む。）に規定する条例で定める施設は、次のとおりとする。
一　病院及び診療所
二　職業能力開発促進法（昭和四十四年法律第六十四号）第十六条第一項の規定により県が設置する職業能力開発校
三　学校教育法第百二十四条に規定する専修学校及び同法第百三十四条に規定する各種学校
四　指定保育所
五　県又は市町村が条例で定めるところにより設置する青少年教育施設

（店舗型性風俗特殊営業等の禁止地域）

第十条　店舗型性風俗特殊営業、受付所営業（法第三十一条の二第四項に規定する受付所営業をいう。以下同じ。）及び店舗型電話異性紹介営業（法第二条第九項に規定する店舗型電話異性紹介営業をいう。以下同じ。）は、次の各号に掲げる営業の区分に従い、当該各号に定める地域において、その営業を営んではならない。
一　法第二条第六項第一号、第二号、第三号（風俗営業等の規制及び業務の適正化等に関する法律施行令（昭和五十九年政令第三百十九号）第二条第三号に規定する営業（以下「ストリップ劇場等」という。）を除く。）及び、第四号（個室に自動車の車庫が個々に接続する施設であつて、次に掲げる構造設備のいずれかを有するものを設けて営む営業に限る。）及び第六号の営業、受付所営業並びに店舗型電話異性紹介営業　県内全域
ア　個室に接続する車庫（二以上の側壁（カーテン、ついたて等を含む。）及び屋根を有するものに限る。以下同じ。）の出入口が扉等によって遮閉できるもの
イ　車庫の内部から個室に通ずる専用の人の出入口又は階段若しくは昇降機が設けられているもの
ウ　個室と車庫とが専用の通路によつて接続しているものにあつては、当該通路の内部が外部から見えないもの
二　ストリップ劇場等、法第二条第六項第四号（前号に掲げる営業を除く。）及び第五号の営業　別表に掲げる地域（ストリップ劇場等にあつては、周辺の環境を勘案して公安委員会規則で定める温泉地及び観光地を除く。）

（店舗型性風俗特殊営業等の営業時間の制限）

第十一条　法第二十八条第四項に規定する店舗型性風俗特殊営業、受付所営業及び店舗型電話異性紹介営業は、午前零時から午前六時までの間これを営んではならない。

（店舗型性風俗特殊営業等の広告等の制限地域）

第十一条の二　法第二十八条第五項第一号ロ（法第三十一条の三第一項、第三十一条の八第一項、第三十一条の十三第一項及び第三十一条の十八第一項に

おいて準用する場合を含む。）に規定する広告又は宣伝を制限する地域は、次の各号に掲げる営業の区分に従い、当該各号に定める地域とする。

一　店舗型性風俗特殊営業及び店舗型電話異性紹介営業　第十条各号に掲げる営業の区分に従い、当該各号に定める地域

二　法第二条第七項第一号及び同条第十項に掲げる営業　県内全域

三　法第二条第七項第二号及び同条第八項に掲げる営業　別表に掲げる地域

（特定遊興飲食店営業の許容地域）

第十一条の三　法第三十一条の二十三において準用する法第四条第二項第二号に規定する特定遊興飲食店営業（法第二条第十一項に規定する特定遊興飲食店営業をいう。以下同じ。）に係る営業所の設置が許容される地域は、次のいずれにも該当する地域とする。

一　第四条の二の公安委員会規則で定める地域

二　児童福祉法第七条第一項に規定する児童福祉施設（入所した者を午前零時から午前六時までの時間においても滞在させるための施設に限る。）の敷地（当該施設の用に供するものと決定した土地を含む。）から五十メートル以内を除く地域

（特定遊興飲食店営業の営業時間の制限）

第十一条の四　特定遊興飲食店営業は、前条第一号の公安委員会規則で定める地域においては、午前六時後午前九時までの時間において、午前零時から午前六時までの時間から継続する営業を営んではならない。

（特定遊興飲食店営業に係る騒音及び振動の数値）

第十一条の五　法第三十一条の二十三において準用する法第十五条に規定する騒音の数値は、次の表の左〔上〕欄に掲げる地域の区分に応じ、それぞれ同表の右〔下〕欄に定める数値とする。

地域	数値
(1)　病院、診療所及び特別養護老人ホームの敷地から五十メートル以内の地域	四十五デシベル
(2)　(1)に掲げる地域以外の地域	五十デシベル

2　法第三十一条の二十三において準用する法第十五条に規定する振動の数値は、五十五デシベルとする。

（特定遊興飲食店営業者の遵守事項）

第十一条の六　特定遊興飲食店営業者（法第二条第十二項に規定する特定遊興飲食店営業者をいう。）は、第七条第一項各号に掲げる事項を守らなければならない。

（深夜における酒類提供飲食店営業の禁止地域）

第十二条　酒類提供飲食店営業（法第二条第十三項第四号に規定する酒類提供飲食店営業をいう。）は、住居専用地域及び住居地域（一般国道等の敷地境界線からそれぞれ三十メートル以内の住居地域を除く。）においては、午前零時から午前六時までの間これを営んではならない。ただし、周辺の環境を勘案して公安委員会規則で定める地域にあつては、この限りでない。

（風俗環境保全協議会を置く地域）

第十三条　法第三十八条の四第一項に規定する特に良好な風俗環境の保全を図る必要がある地域は、第四条の二の公安委員会規則で定める地域とする。

附　則〔略〕

別表（第十条、第十一条の二関係）

(1) 新潟市（中央区古町通五番町、同八番町、同九番町、中央区東堀通五番町、同八番町及び同九番町並びに一般国道百十六号線の敷地境界線からそれぞれ五十メートル以内の地域以外の中央区古町通六番町、同七番町、中央区東堀通六番町及び同七番町並びに一般国道七号線の敷地境界線からその敷地境界線以南の五十メートル以内の地域、県道新潟停車場線の敷地境界線からそれぞれ五十メートル以内の地域及び市道南二—六十六号線以東の地域以外の中央区東大通一丁目並びに市道小島下所島線の敷地境界線からその敷地境界線以南の五十メートル以内の地域及び市道広場附属菱潟線以南の地域以外の中央区弁天一丁目の地域を除く。）の地域

(2) 長岡市（坂之上町一丁目及び殿町三丁目の地域を除く。）の地域

(3) 上越市の地域
(4) 三条市の地域
(5) 柏崎市の地域
(6) 新発田市の地域
(7) 小千谷市の地域
(8) 加茂市の地域
(9) 十日町市の地域
(10) 見附市の地域
(11) 村上市の地域
(12) 燕市の地域
(13) 糸魚川市の地域
(14) 妙高市の地域
(15) 五泉市の地域
(16) 阿賀野市の地域
(17) 佐渡市の地域
(18) 魚沼市の地域
(19) 南魚沼市の地域
(20) 胎内市の地域
(21) 北蒲原郡の地域
(22) 西蒲原郡の地域
(23) 南蒲原郡の地域
(24) 東蒲原郡の地域
(25) 三島郡の地域
(26) 南魚沼郡の地域
(27) 中魚沼郡の地域
(28) 刈羽郡の地域
(29) 岩船郡の地域

○風俗営業等の規制及び業務の適正化等に関する法律施行細則

（平成二三・三・一八　新潟県公安委員会規則八）

改正　平成二八・三・四　公安委員会規則一

（趣旨）

第一条　この細則は、風俗営業等の規制及び業務の適正化等に関する法律（昭和二十三年法律第百二十二号。以下「法」という。）、風俗営業等の規制及び業務の適正化等に関する法律施行令（昭和五十九年政令第三百十九号）、風俗営業等の規制及び業務の適正化等に関する法律に基づく許可申請書の添付書類等に関する内閣府令（昭和六十年総理府令第一号）、風俗営業等の規制及び業務の適正化等に関する法律施行規則（昭和六十年国家公安委員会規則第一号）、風俗環境浄化協会に関する規則（昭和六十年国家公安委員会規則第三号）、遊技機の認定及び型式の検定等に関する規則（昭和六十年国家公安委員会規則第四号）及び新潟県風俗営業等の規制及び業務の適正化等に関する法律施行条例（昭和五十九年新潟県条例第七十二号。以下「条例」という。）の施行に関し、必要な事項を定めるものとする。

（風俗営業の不許可の通知）

第二条　法第五条第三項の規定による許可をしないときの通知は、別記様式第一号により行うものとする。

（風俗営業の承認等）

第三条　法第七条第一項、第七条の二第一項、第七条の三第一項又は第九条第一項（法第二十条第十項において準用する場合を含む。）の規定による承認は別記様式第二号により、不承認は別記様式第三号により行うものとする。

（特例風俗営業者の不認定の通知）

第四条　法第十条の二第四項の規定による認定をしないときの通知は、別記様式第四号により行うものとする。

（風俗営業の営業所の管理者の解任勧告）

第五条　法第二十四条第五項の規定による管理者の解任の勧告は、別記様式第五号により行うものとする。

（特定遊興飲食店営業の不許可の通知）

第五条の二　法第三十一条の二十三において準用する法第五条第三項の規定による許可をしないときの通知は、別記様式第五号の二により行うものとする。

（特定遊興飲食店営業の承認等）

第五条の三　法第三十一条の二十三において準用する法第七条第一項、第七条の二第一項、第七条の三第一項又は第九条第一項の規定による承認は別記様式第五号の三により、不承認は別記様式第五号の四により行うものとする。

（特例特定遊興飲食店営業者の不認定の通知）

第五条の四　法第三十一条の二十三において準用する法第十条の二第四項の規定による認定をしないときの通知は、別記様式第五号の五により行うものとする。

（特定遊興飲食店営業の営業所の管理者の解任勧告）

第五条の五　法第三十一条の二十三において準用する法第二十四条第五項の規定による管理者の解任の勧告は、別記様式第五号の六により行うものとする。

（許可の取消し等）

第六条　法第八条（法第三十一条の二十三において準用する場合を含む。）、第二十六条第一項若しくは第三十一条の二十五第一項の規定による許可の取消し、法第十条の二第六項の規定による特例風俗営業者の認定の取消し、法第三十一条の二十三において準用する法第十条の二第六項の規定による特例特定遊興飲食店営業者の認定の取消し、法第二十六条、第三十条第一項若しくは第三項、第三十一条の五第一項、第三十一条の六第二項第二号、第三十一条の十五第一項、第三十一条の二十、第三十一条の二十一第二項第二号、第三十一条の二十五、第三十四条第二項、第三十五条、第三十五条の二、第三十五条の四第二項若しくは第四項第二号の規定による営業停止命令又は第三十条第二項、第三十一条の五第二項、第三十一条の六第二項第三号若しくは第三十一条の十五第二項の規定による営業廃止命令は、別記様式第六号により行うものとする。

（指示等）

第七条　法第二十五条、第二十九条、第三十一条の四第一項、第三十一条の六第二項第一号、第三十一条の九第一項、第三十一条の十一第二項第一号、第三十一条の十四、第三十一条の十九第一項、第三十一条の二十一第二項第一号、第三十一条の二十四、第三十四条第一項又は第三十五条の四第一項若しくは第四項第一号の規定による指示は、別記様式第七号により行うものとする。

2　法第三十一条の九第二項の規定による必要な措置をとるべきことの勧告は、別記様式第八号により行うものとする。

3　法第三十一条の十又は第三十一条の十一第二項第二号の規定による必要な措置をとるべきことの命令は、別記様式第九号により行うものとする。

（報告又は資料の提出要求）

第八条　法第三十七条第一項の規定による報告又は資料の提出要求は、別記様式第十号により行うものとする。

（聴聞開催の公示）

第九条　法第四十一条第二項の規定による聴聞開催の公示は、別記様式第十一号により行うものとする。

（医師の指定）

第十条　法第四十一条の二の規定による医師の指定は、精神保健及び精神障害者福祉に関する法律（昭和二十五年法律第百二十三号）第十八条第一項の規定により精神保健指定医に指定された医師のうちから行うものとする。

2　前項の規定による医師を指定したときは、新潟県公安委員会（以下「公安委員会」という。）が、その氏名、勤務する医療機関の所在地及び名称を告示するものとする。

（所轄庁に対する通知）

第十一条　法第四十二条の規定による所轄庁に対する通知は、別記様式第十二号により行うものとする。

（風俗営業の制限を除外する地域）

第十二条　条例第三条第一項ただし書の規定により、周辺の環境を勘案して定める地域は、別表第一のとおりとする。

2　条例第三条第一項第二号アの規定により、一般国道に準ずるものとして定める道路は、別表第二のとおりとする。

（習俗的行事その他の特別な事情のある日等）

第十三条　条例第四条第四号の規定により、習俗的行事その他の特別な事情のある日及び地域として定める日及び地域は、公安委員会が告示する日及び地域とする。

（午前零時以後において風俗営業を営むことが許容される特別な事情のある地域）

第十四条　条例第四条の二の規定により、午前零時以後において風俗営業を営むことが許容される特別な事情のある地域として定める地域は、別表第三のとおりとする。

（ストリップ劇場等の営業の禁止を除外する地域）

第十五条　条例第十条第二号の規定により、周辺の環境を勘案して定める温泉地及び観光地の地域は、別表第四のとおりとする。

（深夜における酒類提供飲食店営業の禁止を除外する地域）

第十六条　条例第十二条ただし書の規定により、周辺の環境を勘案して定める地域は、別表第一のとおりとする。

（委任規定）

第十七条　この細則に定めるもののほか、事務取扱に関し必要な事項は、新潟県警察本部長が定めるものとする。

附　則〔略〕

別表第一（第十二条、第十六条関係）

市区町村名	地域
新潟市北区	松浜本町一丁目三一四一番八七及び三一四一番八八の地域、松浜七丁目六番四、六番五、六番二二及び六番二三の地域、松浜東町二丁目二九二六番六、二九二六番一六、二九二六番二九及び二九二六番三〇の地域、早通北一丁目一番及び九番の地域（住居表示）、早通南一丁目一番及び五番の地域（住居表示）、白新町二丁目七番、一〇番、三丁目七番及び一〇番の地域（住居表示）、嘉山一丁目一六四六番一、一七五五番及び一七五六番の地域、北陽一丁目七二〇番一、七二〇番二、七二一番一、七二二番一から七二二番三まで、七二三番二、七二五番一、七二五番二、七二六番一から七二六番三まで、七二七番一、七二七番四、七二七番五、七二八番三、七二九番六、七三九番、二四四六番四、二四四六番五、二四四六番八、二四四七番一、二四四八番一、二四四九番及び二四五〇番、二丁目八一〇番一、八一一番一、八一二番二、八一二番五、八一三番三、二四八〇番一五、二四八〇番二三、二四八〇番四三及び二四八〇番四四の地域、木崎七四〇番一の地域
新潟市東区	藤見町二丁目三一番から三四番まで、三五番一、三五番二、三六番、三七番一から三七番三まで、三八番、三九番、四〇番一、四〇番三、四〇番四五、四〇番九四、四〇番一八六、四〇番二一二、四〇番二二七及び四〇番二二八の地域、江南六丁目四番一の地域、上木戸一丁目一八番五一及び二一番一〇の地域、河渡新町一丁目五番の地域（住居表示）、河渡一丁目丙四〇番、四一番、四二番五、四二番七、四二番八、四三番一、四三番六及び四三番一二の地域、物見山二丁目一三番の地域（住居表示）、北葉町一番の地域（住居表示）、秋葉通二丁目六番一、六番二及び七番の地域、古川町二番の地域（住居表示）
新潟市中央区	南笹口一丁目一五番及び二丁目一番の地域（住居表示）、女池字西前沢一七九〇番、一七九三番二、一七九三番七、一七九三番一二、一七九三番一八、一七九五番二及び一八〇三番一の地域、女池神明一丁目一六〇六番一、一六〇七番一及び一六〇七番五の地域、上近江三丁目一四二番一、一四三番一及び一四三番四の地域、堀之内南一丁目一六番の地域（住居表示）、新和一丁目六三番一、六三番七及び六三番八の地域、幸町一三九番一の地域、南万代町二番の地域（住居表示）、南万代町一一六九番一及び一一八六番二の地域、紫竹山七丁目二五七番一、二五八番、二五九番、二六〇番一及び二六〇番二の地域、沼垂東三丁目五番の地域（住居表示）、幸西三丁目二四八番一、二四八番九及び二四八番一三から二四八番一六までの地域、西堀通七番町及び八番町の地域、西堀前通八番町及び九番町の地域、西大畑町五七〇番、五七一番、五七三番から五七五番まで、五七六番一、五八三番甲二、五八三番三、五八四番及び五八四番子の地域、北大畑町五四五番及び五四六番の地域、川岸町一丁目三八番一から三八番三まで、二丁目一番一、一番七、一四番一及び一四

	番二の地域、一番堀通町一番一及び一番六の地域、学校町通二番町五二六八番二、五二六八番一五、五二六八番二三、五二六八番二五、五二七〇番四、五二七二番二及び五三〇五番四の地域
新潟市江南区	曽川字古堤甲一三八番及び一三九番の地域、横越中央四丁目八八七九番一、八八七九番二、八八八一番一、八八八一番三及び八八八一番四の地域、亀田四ツ興野五丁目四四五番一、四四五番二、四四八番三及び四四八番一二の地域、東本町四丁目七五八番一及び五丁目三二九番一の地域、西町四丁目二〇三五番一二、二〇四四番一及び二〇四五番一の地域、城所一丁目甲一四一五番三、一四一五番五、一四一五番六、一四一六番一、一四一六番三、一四一七番三、一四一八番一から一四一八番三まで、一四一八番七及び一四一八番八の地域、曙町一丁目六八八番九及び六八八番二〇の地域、袋津三丁目三六〇二番の地域、砂岡一丁目三七九六番三、三七九六番六、三七九六番八及び三七九六番九の地域、旭三丁目一一二八番一一の地域
新潟市秋葉区	新津字山谷南四五二一番二、四五二二番一及び四五二二番三の地域、荻島三丁目二〇番の地域（住居表示）、善道町二丁目九番の地域（住居表示）、山谷町一丁目三六〇六番一及び三六〇九番一の地域、小須戸九九番、一二七番、一二八番一及び字雁巻九五番四の地域
新潟市南区	白根二二五〇番一から二二五〇番一四の地域、能登四九六番四の地域、杉菜七三一番一の地域、能登二丁目三七六番三、三七六番四、三七六番七及び三七六番一〇の地域、白根水道町一六一番六、一六二番一、一六三番一、一六三番二、一六四番一、一六四番二、一七一番三及び一七二番一の地域
新潟市西区	寺尾台一丁目六番の地域（住居表示）、大野字村上一八三番一及び一八四番一の地域、坂井字村上七二三番一、七二四番一、七二四番二、七二五番一、七二五番二及び七二六番一の地域、寺尾朝日通二七番の地域（住居表示）、青山一丁目二番及び二丁目五番の地域（住居表示）、青山字道下一六九番二、一七〇番一及び一七〇番四の地域、青山二丁目一七〇番二の地域、小針南台三番の地域（住居表示）、内野町一三五四番一の地域、内野西二丁目三四六三番一、三四六四番一、三四六五番一及び三四六八

	番の地域、山田字五反場及び字中道上の西の地域
新潟市西蒲区	巻甲四〇五一番一、四〇五一番六、四〇五一番七、四〇五二番一、四〇五二番三及び四〇五二番六から四〇五二番九までの地域、漆山二八八五番一、二八八五番二、二八八六番二、二八八六番六から二八八六番八まで、二八八七番一、二八八八番一、二八八九番三、二八八九番五、二八九一番一から二八九一番三まで、二八九二番、二八九三番一、二八九四番一から二八九四番三まで及び六四〇四番一の地域
長岡市	宮内一丁目二七〇番二、一〇五四番及び一〇五五番の地域、四郎丸二丁目九番及び一〇番の地域、大島本町二丁目一一番七から一一番一二まで、一一番二一及び一一番三〇の地域、大島新町四丁目乙四九番から乙五二番までの地域、東神田一丁目二番の地域（住居表示）、美沢二丁目四三番一から四三番五まで、四四番一、四四番二、四四番六、四四番一〇、四四番一一、四四番一三、四五番三、四五番六、四六番一一から四六番一三まで、四六番一五から四六番一七まで及び三丁目二一六番の地域、曙一丁目三番一九及び三番二〇の地域、笹崎一丁目四番五及び四番八の地域、下下条町大字鴻巣二八二八番一、二八二八番七、二八二八番八及び二八二八番一〇の地域、今朝白二丁目九一〇番九、九一〇番一二、甲一〇五二番一、甲一〇五二番三九、甲一〇五二番四四及び一〇五二番四五の地域、与板町与板四一〇番一、四一〇番二、四一一番一、四一一番二、四一二番二、四一三番二、四一四番二、四一五番、四一六番一、乙六〇三二番一から乙六〇三二番三まで及び字馬場丁甲一四番の地域
三条市	居島五番、七番及び八番の地域（住居表示）、本町二丁目一番の地域（住居表示）、東裏館一丁目一番の地域（住居表示）、東裏館一丁目二五六三番一及び二五六三番一九の地域、西四日町三丁目一一八四番五の地域、北四日町二二番の地域（住居表示）、横町一丁目一〇番及び二丁目三番の地域（住居表示）、横町二丁目一一〇三番及び一一〇四番の地域、興野二丁目一八番及び三丁目一一番の地域（住居表示）、島田二丁目五番及び七番の地域（住居表示）、由利二番の地域（住居表示）、西裏館一丁目一三四四番の地域、田島一丁目二三六八番一、二三六八番二、二三六八番五、二三七〇番四、二三七〇番五、二丁目二五一三番二及

	び二五一四番一の地域、西大崎二丁目二一三八番一、二一三八番三、二一三九番一、二一四〇番二及び二一四〇番四の地域、北新保二丁目一〇二三番一、一〇二四番八、一〇三四番一、一〇三四番三、一〇三四番四、一〇三五番、一〇三五番二、一〇四五番一、一〇四五番二、一〇四五番五、一〇四五番六、一〇四六番一及び一〇四六番三の地域
柏崎市	栄町九番から一一番までの地域（住居表示）、西本町一丁目七番、一一番及び二丁目一一番の地域（住居表示）、四谷一丁目三番の地域（住居表示）、西港町五番の地域（住居表示）、中浜一丁目五番の地域（住居表示）、番神二丁目一〇番の地域（住居表示）、日吉町三番の地域（住居表示）、諏訪町一〇番の地域（住居表示）、松波一丁目四番の地域（住居表示）、幸町一番、二番及び八番の地域（住居表示）
新発田市	中央町四丁目二三六番五及び二三六番一二から二三六番一四までの地域、大手町二丁目七二七番及び七二七番一の地域、諏訪町一丁目六五五七番一、六五五七番三、六五五七番四及び六五五八番一の地域、城北町三丁目四四七番四、四四七番六、四四七番七、四四八番一、四四九番一、四四九番三、四五〇番一及び四五〇番五の地域、大栄町七丁目六番の地域（住居表示）、本田字大沼三七六五番一、三七六六番、三七六七番及び三七六八番一の地域、月岡の地域
小千谷市	本町二丁目三四〇番一、三四一番一、三四二番一、五二八番、五二九番一及び五三一番二の地域、城内二丁目一五一三番一、一五一三番四、一五一四番一、一五一四番二、一五一五番一、一五一五番二、一五一六番一、一五一七番、一五二〇番、一五二一番一、一五二一番二、一五三〇番一、一五三〇番二、一五三〇番一〇、一五三一番一及び一五三一番二の地域
加茂市	神明町二丁目三一七六番二九、三一七六番七九及び三一七六番八〇の地域、青海町一丁目三六一番三及び三六二番一の地域、仲町二三六番の地域、番田一二番の地域（住居表示）、矢立四番の地域（住居表示）、旭町一六番の地域（住居表示）、五番町七〇七番三及び七〇八番三の地域、大字加茂二二九番及び二二九番一の地域
十日町市	宇都宮二三番一から二三番三までの地域
見附市	南本町一丁目一〇七番三〇、本町二丁目一一六番三六、一一七番一二及び一一七番一三の地域、今町二丁目一七七二番一、一七七三番一〇、一七七四番二、一七七五番一、一七七五番二、一七七六番、一七七七番一、一七七八番一から一七七八番三まで、一七七九番一、一七七九番二、一七八〇番、一七八一番、一七八二番、一七八三番二、一七八五番二、一七八六番、一七八七番二、一七九〇番二、一七九五番、三丁目二四三番七、二四四番二、一六八六番一及び一六八六番三の地域
村上市	飯野桜ヶ丘一番の地域（住居表示）、細工町四番の地域（住居表示）、山居町一丁目一番一号から一番一一号まで及び二番一八号から二番三二号までの地域（住居表示）、南町二丁目一二番一号から一二番一五号まで及び一三番四五号から一三番五三号までの地域（住居表示）、坂町三五八二番から三五八六番まで、三六一四番二及び三六一五番から三六一七番までの地域
燕市	秋葉町四丁目四八三九番一、四八三九番二、四八三九番九、四八三九番一〇、四八三九番一五及び四八三九番一六から四八三九番一八までの地域、水道町一丁目一四番の地域（住居表示）、五千石二七七六番一及び二七九一番の地域、上諏訪二〇九六番一、二〇九六番三及び二〇九九番三の地域、地蔵堂二五六一番七、二五六一番八及び二五六三番四の地域、分水新町一丁目二五六九番三の地域、大武新田七二番五、七二番八及び四九五二番一の地域
糸魚川市	大町一丁目六番の地域（住居表示）
妙高市	東雲町の地域、高柳一丁目三一番二、三二番一、三二番五、三二番六、三三番一、三三番六、三三番七、四三番一から四三番三まで、四四番一、四五番一、四六番、四七番一、四七番三、四八番一及び四八番六の地域
五泉市	泉町一丁目二八二六番及び二八二七番二の地域、馬場町一丁目六番及び七番の地域（住居表示）、吉沢一丁目二番の地域（住居表示）、赤海二丁目三一八番一、三一九番二、三六五番一、三六五番二、三六六番六及び三六六番七の地域、宮町三番の地域（住居表示）、旭町三番の地域（住居表示）、村松甲二一八二番の地域、村松乙二八九番一〇、二八九番一二及び四七六番の地域

上越市	中央一丁目三五八番四から三五八番六まで、三五八番八、三丁目八一五番一、八一五番二、八一七番一、八一七番二、八一八番一、八一八番二、八一九番一、八一九番二、八二〇番一、八二〇番二、八二一番一、八二一番二、八二二番一、八二二番二、八二三番一、八二三番二、八二四番一、八二四番二、八二五番一、八二五番二、八二六番一、八二六番二、八三二番一、八三二番二、八三二番乙及び一二〇二番一三から一二〇二番一五までの地域、西本町四丁目二二八番の地域、住吉町五四番甲の地域、川原町三三七番一及び三四七八番三の地域、大字下源入二六七番一及び二六七番二の地域、大和三丁目七八二番、七八三番、七八四番一、七八四番四、七八五番、七八五番一、七八五番二、七八六番一、七八六番二、七八六番子、七八九番、七九〇番、七九一番一、七九二番三及び七九三番の地域、西城町三丁目三番の地域（住居表示）、寺町二丁目一番の地域（住居表示）、上越市道中田原・高田公園線のうち、上越市中通町八番先から南高田町一番先までの区間及び同市中通町六番先から南本町三丁目一四番先までの区間で、同線の道路敷地境界からそれぞれ三〇メートル以内の地域
阿賀野市	中島町一番の地域（住居表示）、岡山町七番の地域（住居表示）、外城町六番一五号（住居表示）、三九七五番四、三九七五番一四、三九七五番一五、三九七五番三〇、三九七五番三一及び三九七七番三の地域、中央町二丁目一〇番の地域（住居表示）
佐渡市	河原田諏訪町の国道三五〇号線の南側であって、かつ、清江川の東側の地域、河原田諏訪町九一番三、一一七番一、一二一番一四、二〇六番一二及び二〇六番一六の地域、河原田本町一六五番、二八六番四、二九一番、三六九番五、三七〇番二及び三七〇番三の地域、中原三七六番二、六八二番、七〇〇番三及び七一〇番四の地域、窪田字砂原九七八番一、九七八番三、九七八番四、九八一番三、九八一番六、一〇〇五番五、一一〇三番一〇、一一〇三番八〇、字浜九二八番三、九七七番一、九八〇番一、九八〇番二、九八〇番四、九八〇番五、九八三番一、九八三番二、
南魚沼市	坂戸字道端七四番一から七四番四まで、七五番一、七五番二、八三番二、一〇一三番、字砂浜一〇一九番一、一〇一九番二及び一一〇三番一の地域字道下二九二番五、二九二番六、字中島四九五番一、四九五番二及び四九六番一の地域、小栗山字長表三四六番、三四七番一及び三四七番六の地域、六日町字野際二四三〇番の地域、石打のうち字小黒川端、字西ノ田、字中坪、字三十苅、字塩沢入口、字諏訪、字十二木、字根岸、字北沢及び字瀬戸川原五〇番三の地域、塩沢字樋渡三七四番一、三七四番四、三七四番五、三七四番一〇、三七五番、字天神二三二番一、二三三番及び二三四番の地域
胎内市	新和町三三六番三、三三六番四、三三八番一、三四〇番三、四八八番二、四八八番三、四八八番五及び二三一番一の地域、野中三三六番一、三三六番五、三四七番一、三四七番二、三四九番一、三四九番二、四八八番四から四八八番六まで、四八八番九、四九六番一及び四九六番二の地域
西蒲原郡弥彦村	大字弥彦の地域及び大字走出の地域
南蒲原郡田上町	大字吉田新田丁三二二番三、三二三番一から三二三番五まで、三二三番一〇、三二四番一及び字大清水沢乙五五〇番一の地域
東蒲原郡阿賀町	津川五〇番、六三番、六三番二、三七〇六番、字五百刈三番一、三番二、三番寅、字古鉄砲町五七番一から五七番三まで及び五七番六の地域

別表第二（第十二条関係）

(1)　主要地方道新潟亀田内野線（新潟市西区青山二丁目五番一号地先から同区内野町七六〇番一地先までの区間に限る。）

(2)　主要地方道長岡栃尾加茂線（加茂市の区間に限る。）

(3)　主要地方道小出奥只見線（魚沼市小出島の区間に限る。）

(4)　県道宮本大島線（長岡市大島本町四丁目一〇三番地先から同市喜多町字下川原九五五番地六地先までの区間に限る。）

(5)　県道野田西本線（柏崎市扇町六七一番一地先から同市扇町六八一番三地先までの区間に限る。）

(6)　県道西飛山能生線（糸魚川市大字能生一二〇〇番地先から同市大字能生二五八三番地先までの区間に限る。）

(7)　新潟市道松浜本村一四号線（新潟市北区松浜町三六四五番一三地先から同区松浜町四〇一九番七地先までの区間に限る。）
(8)　新潟市道小針内野療養所線（新潟市西区小針南台一七三一番地先から同区小針南台一四九二番二地先までの区間に限る。）
(9)　新潟市道柾谷小路青山線（新潟市西区青山二丁目二二五番一地先から同区青山一丁目一〇番一地先までの区間に限る。）
(10)　三条市道裏館古城線（三条市元町一四番一五号地先から同市元町一六番四号地先の区間に限る。）
(11)　柏崎市道二の一号線（柏崎市日吉町六五番一地先から同市扇町七九一番一地先までの区間に限る。）
(12)　上越市道本町七丁目国道線（上越市本町七丁目三番地先から同市栄町三番地先までの区間に限る。）

別表第三（第十四条関係）

(1)　新潟市中央区のうち、弁天一丁目、花園一丁目（二番及び三番の地域に限る。）、東大通一丁目、東堀前通八番町、同九番町、東堀通八番町、同九番町、古町通八番町、同九番町、西堀前通八番町及び同九番町の地域
(2)　長岡市のうち、大手通二丁目、坂之上町一丁目、東坂之上町一丁目、殿町二丁目及び同三丁目の地域

別表第四（第十五条関係）

(1)　新発田市月岡の地域
(2)　村上市瀬波温泉一丁目から三丁目までの地域
(3)　妙高市大字赤倉の地域（都市計画法（昭和四十三年法律第百号）第八条第一項第七号の規定による名香山風致地区を除く。）
(4)　佐渡市相川下戸浜町の地域
(5)　佐渡市夷及び夷新のうち、市道夷二一号の南西で、かつ、市道夷一七号線の南東の地域
(6)　魚沼市大湯温泉の地域
(7)　南魚沼郡湯沢町大字湯沢の地域

別記様式　〔略〕

○習俗的行事その他の特別な事情のある日及び公安委員会の定める地域の指定

（平成二三・三・一八　新潟県公安委員会告示一三）

風俗営業等の規制及び業務の適正化等に関する法律施行細則（平成二十三年新潟県公安委員会規則第八号）第十三条の規定により、新潟県公安委員会（以下「公安委員会」という。）が定める習俗的行事その他の特別な事情のある日は、次の表の左〔上〕欄に掲げる行事がある日（初日を除き、最終日の翌日を含む。ただし、その開催日が一日の場合にあっては、当該日の翌日とする。）とし、公安委員会が定める地域は、当該行事の区分に応じそれぞれ同表の右〔下〕欄に掲げる地域とする。

行事	地域
新潟まつり	新潟市中央区、東区、西区及び江南区の地域
かめだ祭り	
悠久山桜まつり	長岡市の地域
長岡まつり	
三条夏まつり	三条市の地域
えんま市	柏崎市の地域
ぎおん柏崎まつり	
城下町新発田まつり	新発田市の地域
おぢやまつり	小千谷市の地域
加茂まつり（青海神社春季祭礼）	加茂市の地域
上条まつり（長瀬神社春季祭礼）	
青海神社秋季祭礼	

長瀬神社秋季祭礼	
十日町雪まつり	十日町市の地域
村上大祭	村上市の地域
瀬波大祭	
飛燕夏まつり	燕市の地域
分水まつり	
糸魚川おまんた祭り	糸魚川市の地域
高田城百万人観桜会	上越市の地域
上越まつり	
諏訪神社礼大祭	佐渡市の地域
羽茂まつり	
鉱山祭	
両津七夕・川開き	
小木港祭り	
小出まつり	魚沼市の地域
堀之内十五夜まつり	
南魚沼市雪まつり	南魚沼市の地域

山梨県

○山梨県風俗営業等の規制及び業務の適正化等に関する法律施行条例

（昭和五九・一二・二二　山梨県条例三三）

最終改正　平成三〇・三・二九　条例二五

（趣旨）

第一条　この条例は、風俗営業等の規制及び業務の適正化等に関する法律（昭和二十三年法律第百二十二号。以下「法」という。）の規定に基づき、風俗営業及び性風俗関連特殊営業等の営業地域、営業時間、広告及び宣伝の制限、騒音及び振動の規制並びに営業者の遵守事項等について必要な事項を定めるものとする。

第二条　削除

（風俗営業の許可に関する営業制限地域）

第三条　風俗営業（列車等を用い常態として移動する業態の風俗営業その他山梨県公安委員会規則（以下「公安委員会規則」という。）で定める風俗営業を除く。）について、法第四条第二項第二号の条例で定める地域は、次に定めるとおりとする。

一　都市計画法（昭和四十三年法律第百号）第八条に規定する第一種低層住居専用地域、第二種低層住居専用地域、第一種中高層住居専用地域、第二種中高層住居専用地域、第一種住居地域、第二種住居地域及び準住居地域（第一種住居地域、第二種住居地域及び準住居地域である場合には、公安委員会規則で定める地域を除く。）並びにこれらに準ずる地域であつて、公安委員会規則で定めるもの（以下「住居集合地域」という。）

二　前号に掲げる地域以外の地域（都市計画法第八条に規定する商業地域を除く。）のうち、学校（学校教育法（昭和二十二年法律第二十六号）第一条に規定するものをいう。）、図書館（図書館法（昭和二十五年法律第百十八号）第二条第一項に規定するものをいう。）、児童福祉施設（児童福祉法（昭和二十二年法律第百六十四号）第七条第一項に規定するもの（同法第四十条の児童遊園を除く。）をいう。）、博物館（博物館法（昭和二十六年法律第二百八十五号）第二条第一項に規定するものをいう。以下同じ。）、病院（医療法（昭和二十三年法律第二百五号）第一条の五第一項に規定するものをいう。以下同じ。）、診療所（同条第二項に規定するもののうち、患者を入院させるための施設を有するものに限る。以下同じ。）その他これらに準ずる施設であつて、公安委員会規則で定めるもの（以下「学校等」という。）の敷地（これらの用に供するものと決定した土地を含む。以下同じ。）の周囲百メートル以内の地域（公安委員会規則で定める地域を除く。）

三　都市計画法第八条に規定する商業地域のうち、学校等の敷地の周囲五十メートル以内の地域（公安委員会規則で定める地域を除く。）

（風俗営業の営業時間の特例）

第四条　法第十三条第一項ただし書に規定する風俗営業の営業時間の制限に係る特別の定めは、この条に定めるとおりとする。

2　法第十三条第一項第一号の習俗的行事その他の特別な事情のある日として条例で定める日は八月十四日から同月十七日までの日及び十二月十六日から翌年一月十一日までの日とし、同号の条例で定める地域は県下全域とする。

3　法第十三条第一項第二号の条例で定める地域は、甲府市丸の内一丁目十四番から十六番まで及び十九番から二十一番まで、同市中央一丁目一番から九番まで及び十二番から二十一番まで並びに同市中央四丁目三番、四番及び八番の地域とする。ただし、法第二条第一項第四号の営業（ぱちんこ屋及び風俗営業等の規制及び業務の適正化等に関する法律施行令（昭和五十九年政令第三百十九号。以下「政令」という。）第八条に規定するものに限る。次条において同じ。）については、この限りでない。

4　前二項の場合において、法第十三条第一項ただし書の条例で定める時は、午前一時とする。

（風俗営業の営業時間の制限）

第五条　法第二条第一項第四号の営業を営む風俗営業者は、県下全域において、午前六時後午前十時までの時間及び午後十一時から翌日の午前零時前（前条第二項に規定する日にあつては、午前一時まで）の時間においては、その営業を営んではならない。

（風俗営業の騒音及び振動の規制）

第六条　法第十五条の条例で定める騒音に係る数値は、次の表の上欄に掲げる地域ごとに、同表の下欄に掲げる時間の区分に応じ、それぞれ同欄に定める数値とする。

地域	数値		
	午前六時後午後六時前	午後六時から午後十一時前	午後十一時から翌日の午前六時まで
1　住居集合地域	五十デシベル	四十五デシベル	四十デシベル
2　都市計画法第八条に規定する近隣商業地域及び商業地域	六十五デシベル	六十デシベル	五十デシベル
3　1及び2に掲げる地域以外の地域	五十五デシベル	五十デシベル	四十五デシベル

2　法第十五条の条例で定める振動に係る数値は、五十五デシベルとする。

（風俗営業者の遵守事項）

第七条　風俗営業者は、次に掲げる事項を遵守しなければならない。

一　営業所で卑わいな行為その他善良の風俗を害する行為をし、又は客にこれらの行為をさせないこと。

二　営業用家屋等（営業所及び営業所以外の営業の用に供する家屋又は施設であつて、営業所に近接するものをいう。以下同じ。）で客を就寝させ、又は宿泊させないこと。ただし、旅館業法（昭和二十三年法律第百三十八号）第三条第一項の許可を受けて旅館業を営む者が、当該許可に係る営業の施設において、法第三条第一項の許可（第十五条第一項第一号及び別表第二において「風俗営業許可」という。）を受けて風俗営業を営む場合については、この限りでない。

三　客の求めない飲食物を提供しないこと。

四　営業用家屋等を店舗型性風俗特殊営業の営業所として用い、又は用いさせないこと。

2　法第二条第一項第四号の営業（まあじゃん屋を除く。）を営む風俗営業者は、前項の規定によるほか、次に掲げる事項を遵守しなければならない。

一　客に提供した賞品を他の者に買い取らせないこと。

二　営業所で賭博類似行為その他著しく射幸心をそそるおそれのある行為をし、又は客にこれらの行為をさせないこと。

三　著しく射幸心をそそるおそれのある方法で営業しないこと。

四　営業所において客に飲酒させないこと。

3　前項第二号及び第三号の規定は、法第二条第一項第四号のまあじゃん屋又は同項第五号の営業を営む風俗営業者について準用する。

（年少者の立入りの制限）

第八条　法第二条第一項第五号の営業を営む風俗営業者は、午後六時後午後十時前の時間において十六歳未満の者を営業所に客として立ち入らせるときは、保護者の同伴を求めなければならない。

（店舗型性風俗特殊営業の禁止地域）

第九条　法第二十八条第一項の条例で定める施設は、専修学校（学校教育法第百二十四条に規定するものをいう。以下同じ。）、博物館、病院、診療所、助産所（医療法第二条第一項に規定するもののうち、妊婦等の入所施設を有するものに限る。以下同じ。）、都市公園（都市公園法（昭和三十一年法律第七十九号）第二条第一項に規定するものをいう。以下同じ。）その他これらに準ずる施設であつて、公安委員会規則で定めるものとする。

第十条　次の表の上欄に掲げる店舗型性風俗特殊営業又は受付所営業は、それぞれ同表の下欄に掲げる地域において、これを営んではならない。

種別	地域
法第二条第六項第一号及び第二号並びに政令第五条の営業並びに受付所営業	県下全域
法第二条第六項第三号及び第五号の営業	都市計画法第八条に規定する商業地域以外の地域

法第二条第六項第四号の営業	モーテル営業	県下全域
	モーテル以外の営業	都市計画法第八条に規定する近隣商業地域及び商業地域以外の地域

備考

「モーテル営業」とは、法第二条第六項第四号の営業のうち、客の宿泊（休憩を含む。以下同じ。）に供される個室にその客の使用する自動車の車庫が個々に接続する施設であつて、次の各号のいずれかに該当する構造設備のものを設けて営む営業をいう。

1　客の宿泊に供される個室に接続するその客の使用する自動車の車庫（天井（天井のない場合にあつては、屋根）及び二以上の側壁（ついたて、カーテンその他これらに類するものを含む。）を有するものに限る。以下同じ。）の出入口が扉等によつて遮へいできるもの

2　客の使用する自動車の車庫の内部からその客の宿泊に供される個室に通ずる専用の人の出入口又は階段若しくは昇降機が設けられているもの

3　客の宿泊に供される個室とその客の使用する自動車の車庫とが専用の通路によつて接続しているものにあつては、当該通路の内部が外部から見えないもの

（店舗型性風俗特殊営業の営業時間の制限）

第十一条　店舗型性風俗特殊営業（法第二条第六項第四号の営業及び法第二十八条第四項の国家公安委員会規則で定める店舗型性風俗特殊営業を除く。）及び受付所営業は、深夜（午前零時から午前六時までの時間をいう。以下同じ。）において、これを営んではならない。

（店舗型性風俗特殊営業の広告及び宣伝の制限）

第十一条の二　法第二十八条第五項第一号ロの広告又は宣伝を制限すべき地域として条例で定める地域は、次の表の上欄に掲げる店舗型性風俗特殊営業の種別の区分に応じ、それぞれ同表の下欄に掲げる地域とする。

種別	地域
法第二条第六項第一号及び第二号並びに政令第五条の営業	県下全域
法第二条第六項第三号及び第五号の営業	都市計画法第八条に規定する商業地域以外の地域

法第二条第六項第四号の営業	モーテル営業	県下全域
	モーテル以外の営業	都市計画法第八条に規定する第一種低層住居専用地域、第二種低層住居専用地域、第一種中高層住居専用地域及び第二種中高層住居専用地域

備考　第十条の表の備考は、この表について準用する。

（無店舗型性風俗特殊営業の広告及び宣伝の制限）

第十一条の三　法第三十一条の三第一項において準用する法第二十八条第五項第一号ロの広告又は宣伝を制限すべき地域として条例で定める地域は、次の表の上欄に掲げる無店舗型性風俗特殊営業の種別の区分に応じ、それぞれ同表の下欄に掲げる地域とする。

種別	地域
法第二条第七項第一号の営業	県下全域
法第二条第七項第二号の営業	都市計画法第八条に規定する商業地域以外の地域

（映像送信型性風俗特殊営業の広告及び宣伝の制限）

第十一条の四　法第三十一条の八第一項において準用する法第二十八条第五項第一号ロの広告又は宣伝を制限すべき地域として条例で定める地域は、都市計画法第八条に規定する商業地域以外の地域とする。

（店舗型電話異性紹介営業の禁止地域）

第十一条の五　法第三十一条の十三第一項において準用する法第二十八条第一項の条例で定める施設は、専修学校、博物館、病院、診療所、助産所、都市公園、公民館（社会教育法（昭和二十四年法律第二百七号）第二十一条に規定するものをいう。）その他これらに準ずる施設であつて、公安委員会規則で定めるものとする。

第十一条の六　店舗型電話異性紹介営業は、都市計画法第八条に規定する商業地域以外の地域において、これを営んではならない。

（店舗型電話異性紹介営業の営業時間の制限）

第十一条の七　店舗型電話異性紹介営業は、深夜において、これを営んではならない。

（店舗型電話異性紹介営業の広告及び宣伝の制限）

第十一条の八　法第三十一条の十三第一項において準用する法第二十八条第五項第一号ロの広告又は宣伝を制限すべき地域として条例で定める地域は、都市計画法第八条に規定する商業地域以外の地域とする。

（無店舗型電話異性紹介営業の広告及び宣伝の制限）

第十一条の九　法第三十一条の十八第一項において準用する法第二十八条第五項第一号ロの広告又は宣伝を制限すべき地域として条例で定める地域は、都市計画法第八条に規定する商業地域以外の地域とする。

（特定遊興飲食店営業の営業所設置許容地域）

第十一条の十　法第三十一条の二十三において準用する法第四条第二項第二号の条例で定める地域は、第四条第三項に規定する地域とする。

（特定遊興飲食店営業の営業時間の制限）

第十一条の十一　特定遊興飲食店営業者は、県下全域において、午前六時後午前十時までの時間においては、深夜から引き続きその営業を営んではならない。

（特定遊興飲食店営業の騒音及び振動の規制）

第十一条の十二　法第三十一条の二十三において準用する法第十五条の条例で定める騒音に係る数値は、五十デシベルとする。

2　法第三十一条の二十三において準用する法第十五条の条例で定める振動に係る数値は、五十五デシベルとする。

（特定遊興飲食店営業者の遵守事項）

第十一条の十三　特定遊興飲食店営業者は、次に掲げる事項を遵守しなければならない。

一　営業所で卑わいな行為その他善良の風俗を害する行為をし、又は客にこれらの行為をさせないこと。

二　客の求めない飲食物を提供しないこと。

三　営業中において、営業所の出入口に施錠をし、又はさせないこと。

四　営業所において、店舗型性風俗特殊営業又は店舗型電話異性紹介営業を営み、又は他の者に営ませないこと。

五　営業所で賭博類似行為その他著しく射幸心をそそるおそれのある行為をし、又は客にこれらの行為をさせないこと。

六　著しく射幸心をそそるおそれのある方法で営業しないこと。

七　午後六時後午後十時前の時間において十八歳未満の者を営業所に客として立ち入らせるときは、保護者の同伴を求めること。

（深夜における飲食店営業の騒音及び振動の規制）

第十二条　法第三十二条第二項において準用する法第十五条の条例で定める騒音に係る数値は、次の表の上欄に掲げる地域ごとに、それぞれ同表の下欄に定める数値とする。

地域	数値
1　住居集合地域	四十デシベル
2　都市計画法第八条に規定する近隣商業地域及び商業地域	五十デシベル
3　1及び2に掲げる地域以外の地域	四十五デシベル

2　法第三十二条第二項において準用する法第十五条の条例で定める振動に係る数値は、五十五デシベルとする。

（深夜における酒類提供飲食店営業の禁止地域）

第十三条　法第三十三条第一項に規定する酒類提供飲食店営業は、住居集合地域において、深夜においては、これを営んではならない。

（良好な風俗環境の保全を図る必要がある地域）

第十三条の二　法第三十八条の四第一項の条例で定める地域は、第四条第三項に規定する地域とする。

（遊技機の認定等に係る手数料）

第十四条　次の各号に掲げる者は、それぞれ当該各号に定める名称の手数料を納付しなければならない。

一　法第二十条第二項の認定（第三号、別表第一及び別表第二において「認定」という。）を受けようとする者　遊技機認定手数料

二　法第二十条第四項の検定（以下「検定」という。）を受けようとする者　遊技機型式検定手数料

三　法第二十条第五項に規定する指定試験期間（以下この条において「指定試験期間」という。）が行う認定に必要な試験（以下「遊技機試験」という。）を受けようとする者　遊技機試験手数料

四　指定試験機関が行う検定に必要な試験（以下「型式試験」という。）を受けようとする者　型式試験手数料

2　前項の手数料の額は、別表第一のとおりとする。

3　第一項の規定による手数料を納付すべき者のうち、遊技機試験又は型式試験を受けようとする者は、第一項の規定にかかわらず、同項第三号の遊技機試験手数料又は同項第四号の型式試験手数料を当該指定試験機関に納付しなければならない。

4　前項の規定により納付された遊技機試験手数料及び型式試験手数料は、当該指定試験機関の収入とする。

（営業許可等に係る手数料）

第十五条　次の各号に掲げる者は、それぞれ当該各号に定める名称の手数料を納付しなければならない。

一　風俗営業許可を受けようとする者　風俗営業許可申請手数料

二　法第二十条第十項において準用する法第九条第一項の承認（別表第二において「承認」という。）を受けようとする者　遊技機変更承認申請手数料

三　法第三十一条の二十二の許可（別表第二において「特定遊興飲食店営業許可」という。）を受けようとする者　特定遊興飲食店営業許可申請手数料

2　前項の手数料の額は、別表第二のとおりとする。

（許可証の再交付等に係る手数料）

第十六条　前二条に定めるもののほか、別表第三の上欄に掲げる事務に係る申請をしようとする者は、それぞれ同表の中欄に定める名称の手数料として一件につき同表の下欄に定める額を納付しなければならない。

（手数料の納付時期）

第十七条　手数料は、申請と同時に納付しなければならない。

（手数料の不還付）

第十八条　既に納付した手数料は、還付しない。

（委任）

第十九条　この条例に定めるもののほか、この条例の施行に関し必要な事項は、公安委員会規則で定める。

附　則〔略〕

別表第一（第十四条関係）

手数料の名称	区分	金額
一　遊技機認定手数料	(一)　遊技機試験を受けた遊技機について認定を受けようとする場合	二、二〇〇円
	(二)　検定を受けた型式に属する遊技機（遊技機試験を受けたものを除く。）について認定を受けようとする場合	四、三四〇円
	(三)　(一)又は(二)の遊技機以外の遊技機について認定を受けようとする場合	
	1　ぱちんこ遊技機	
	(1)　入賞を容易にするための装置であつて国家公安委員会規則で定めるもの（以下「特定装置」という。）が設けられているもの（当該特定装置を連続して作動させることができるものに限る。）	
	イ　マイクロプロセッサー（電子計算機の中央演算処理装置を構成する集積回路をいう。以下同じ。）を内蔵するもの	三五、〇〇〇円
	ロ　イに掲げるもの以外のもの	一六、三〇〇円
	(2)　特定装置が設けられているもの（(1)に掲げるものを除く。）	
	イ　マイクロプロセッサーを内蔵するもの	二九、〇〇〇円
	ロ　イに掲げるもの以外のもの	一六、三〇〇円
	(3)　(1)又は(2)に掲げるもの以外のもの	一四、四〇〇円
	2　回胴式遊技機	
	(1)　マイクロプロセッサーを内蔵するもの	五九、〇〇〇円
	(2)　(1)に掲げるもの以外のもの	二三、〇〇〇円
	3　アレンジボール遊技機	
	(1)　マイクロプロセッサーを内蔵するもの	三五、〇〇〇円
	(2)　(1)に掲げるもの以外のもの	一九、〇〇〇円
	4　じやん球遊技機	
	(1)　マイクロプロセッサーを内蔵するもの	三五、〇〇〇円
	(2)　(1)に掲げるもの以外のもの	一九、〇〇〇円
	5　1から4までに掲げる遊技機以外の遊技機	
	(1)　マイクロプロセッサーを内蔵するもの	二九、〇〇〇円
	(2)　(1)に掲げるもの以外のもの	一二、六〇〇円
二　遊技機型式検定手数料	(一)　型式試験を受けた型式について検定を受けようとする場合	三、九〇〇円
	(二)　他の都道府県公安委員会の検定を受けた型式（型式試験を受けたものを除く。）について検定を受けようとする場合	六、三〇〇円
	(三)　(一)又は(二)の型式以外の型式について検定を受けようとする場合	
	1　ぱちんこ遊技機	
	(1)　特定装置が設けられているもの（当該特定装置を連続して作動させることができるものに限る。）	
	イ　マイクロプロセッサーを内蔵するもの	一、四三五、〇〇〇円
	ロ　イに掲げるもの以外のもの	四三八、〇〇〇円
	(2)　特定装置が設けられているもの（(1)に掲げるものを除く。）	
	イ　マイクロプロセッサーを内蔵するもの	一、一二八、〇〇〇円
	ロ　イに掲げるもの以外のもの	四三八、〇〇〇円
	(3)　(1)又は(2)に掲げるもの以外のもの	三三八、〇〇〇円

	もの	
	2　回胴式遊技機	
	(1)　マイクロプロセッサーを内蔵するもの	一、六二一、〇〇〇円
	(2)　(1)に掲げるもの以外のもの	四七九、〇〇〇円
	3　アレンジボール遊技機	
	(1)　マイクロプロセッサーを内蔵するもの	一、一四八、〇〇〇円
	(2)　(1)に掲げるもの以外のもの	四八二、〇〇〇円
	4　じやん球遊技機	
	(1)　マイクロプロセッサーを内蔵するもの	一、一四七、〇〇〇円
	(2)　(1)に掲げるもの以外のもの	四八一、〇〇〇円
三　遊技機試験手数料	(一)　ぱちんこ遊技機について遊技機試験を受けようとする場合	
	1　特定装置が設けられているもの（当該特定装置を連続して作動させることができるものに限る。）	
	(1)　マイクロプロセッサーを内蔵するもの	四三、三〇〇円
	(2)　(1)に掲げるもの以外のもの	二三、一〇〇円
	2　特定装置が設けられているもの（1に掲げるものを除く。）	
	(1)　マイクロプロセッサーを内蔵するもの	三六、三〇〇円
	(2)　(1)に掲げるもの以外のもの	二三、〇〇〇円
	3　1又は2に掲げるもの以外のもの	二一、〇〇〇円
	(二)　回胴式遊技機について遊技機試験を受けようとする場合	
	1　マイクロプロセッサーを内蔵するもの	六八、三〇〇円
	2　1に掲げるもの以外のもの	三〇、三〇〇円
	(三)　アレンジボール遊技機について遊技機試験を受けようとする場合	
	1　マイクロプロセッサーを内蔵するもの	四二、三〇〇円
	2　1に掲げるもの以外のもの	二六、三〇〇円
	(四)　じやん球遊技機について遊技機試験を受けようとする場合	
	1　マイクロプロセッサーを内蔵するもの	四二、三〇〇円
	2　1に掲げるもの以外のもの	二六、三〇〇円
	(五)　(一)から(四)までに掲げる遊技機以外の遊技機について遊技機試験を受けようとする場合	
	1　マイクロプロセッサーを内蔵するもの	三六、三〇〇円
	2　1に掲げるもの以外のもの	一九、一〇〇円
四　型式試験手数料	(一)　ぱちんこ遊技機の型式について型式試験を受けようとする場合	
	1　特定装置が設けられているもの（当該特定装置を連続して作動させることができるものに限る。）	
	(1)　マイクロプロセッサーに内蔵するもの	一、四四二、〇〇〇円
	(2)　(1)に掲げるもの以外のもの	四四五、〇〇〇円
	2　特定装置が設けられているもの（1に掲げるものを除く。）	
	(1)　マイクロプロセッサーを内蔵するもの	一、一三五、〇〇〇円
	(2)　(1)に掲げるもの以外のもの	四四五、〇〇〇円
	3　1又は2に掲げるもの以外のもの	三四五、〇〇〇円
	(二)　回胴式遊技機の型式について型式試験を受けようとする場合	
	1　マイクロプロセッサーを内蔵するもの	一、六二八、〇〇〇円
	2　1に掲げるもの以外のもの	四八六、〇〇〇円
	(三)　アレンジボール遊技機の型式につ	

いて型式試験を受けようとする場合 1　マイクロプロセッサーを内蔵するもの	一、一五五、〇〇〇円
2　1に掲げるもの以外のもの	四八九、〇〇〇円
(四)　じやん球遊技機の型式について型式試験を受けようとする場合 1　マイクロプロセッサーを内蔵するもの	一、一五四、〇〇〇円
2　1に掲げるもの以外のもの	四八八、〇〇〇円

備考

一　認定を受けようとする者が同時に当該認定に係る遊技機と同一の型式に属する他の遊技機について認定を受けようとする場合における当該他の遊技機に係る手数料の額は、一の項の下欄の規定にかかわらず、同項の(一)の場合にあっては〇円とし、同項の(二)の場合にあつては四〇円とし、同項の(三)の場合にあつてはそれぞれ同項の(三)の下欄に定める額から八、〇〇〇円を減じた額とする。

二　遊技機試験を受けようとする者が同時に当該遊技機試験に係る遊技機と同一の型式に属する他の遊技機について遊技機試験を受けようとする場合における当該他の遊技機に係る手数料の額は、それぞれ三の項の下欄に定める額から一四、三〇〇円を減じた額とする。

別表第二（第十五条関係）

手数料の名称	区分	金額
一　風俗営業許可申請手数料	(一)　ぱちんこ屋又は政令第八条に規定する営業について風俗営業許可を受けようとする場合で営業所に設置する遊技機に認定を受けた遊技機以外の遊技機（以下「未認定遊技機」という。）がないとき。 1　三月以内の期間を限つて営む営業	一五、〇〇〇円
	2　その他の営業	二五、〇〇〇円
	(二)　ぱちんこ屋又は政令第八条に規定する営業について風俗営業許可を受けようとする場合で営業所に設置する遊技機に未認定遊技機があるとき。	(一)の1又は2に定める額に、二、八〇〇円（検定を受けた型式に属する未認定遊技機以外の未認定遊技機（以下「特定未認定遊技機」という。）がある場合にあつては、五、六〇〇円に当該特定未認定遊技機が属する型式の数を二、四〇〇円に乗じて得た額を加算した額）を加算した額に、未認定遊技機一台ごとに四〇円（特定未認定遊技機については、それぞれ別表第一の一の項の(三)の下欄に定める額から八、〇〇〇円を減じた額）を加算した額
	(三)　ぱちんこ屋及び政令第八条に規定する営業以外の風俗営業について風俗営業許可を受けようとする場合 1　三月以内の期間を限つて営む営業	一四、〇〇〇円
	2　その他の営業	二四、〇〇〇円
二　遊技機変更承認申請手数料	(一)　承認を受けようとする遊技機に未認定遊技機がない場合	二、四〇〇円
	(二)　承認を受けようとする遊技機に未認定遊技機がある場合	五、二〇〇円（特定未認定遊技機がある場合にあつては、八、〇〇〇円に当該特定未認定遊技機が属する型式の数を二、四〇〇円に乗じて得た額を加算した額）に、未認定遊技機一台ごとに四〇円

		（特定未認定遊技機については、それぞれ別表第一の一の項の㈢の下欄に定める額から八、〇〇〇円を減じた額）を加算した額
三　特定遊興飲食店営業許可申請手数料	㈠　三月以内の期間を限つて営む営業	一四、〇〇〇円
	㈡　その他の営業	二四、〇〇〇円

備考
一　風俗営業許可を受けようとする者が同時に他の風俗営業許可を受けようとする場合における当該他の風俗営業許可にかかる手数料の額は、それぞれ一の項の下欄に定める額から八、六〇〇円を減じた額とする。
二　法第四条第三項の規定が適用される営業所につき風俗営業許可を受けようとする場合における手数料の額は、それぞれ一の項の下欄に定める額に六、八〇〇円を加算した額とする。
三　特定遊興飲食店営業許可を受けようとする者が同時に他の特定遊興飲食店営業許可を受けようとする場合における当該他の特定遊興飲食店営業許可に係る手数料の額は、それぞれ三の項の下欄に定める額から八、七〇〇円を減じた額とする。
四　法第三十一条の二十三において準用する法第四条第三項の規定が適用される営業所につき特定遊興飲食店営業許可を受けようとする場合における手数料の額は、それぞれ三の項の下欄に定める額に六、八〇〇円を加算した額とする。

別表第三（第十六条関係）

事例	手数料の名称	金額
一　法第五条第四項の規定に基づく許可証の再交付	風俗営業許可証再交付手数料	一、二〇〇円
二　法第七条第一項の規定に基づく風俗営業の相続に係る承認の申請に対する審査	風俗営業相続承認申請手数料	九、〇〇〇円（当該申請を行う者が同時に他の法第七条第一項の規定に基づく承認の申請を行う場合における当該他の同項の規定に基づく承認の申請に係る審査にあつては、三、八〇〇円）
三　法第七条の二第一項の規定に基づく風俗営業者たる法人の合併に係る承認の申請に対する審査	風俗営業法人合併承認申請手数料	一二、〇〇〇円（当該申請を行う者が同時に他の法第七条の二第一項の規定に基づく承認の申請を行う場合における当該他の同項の規定に基づく申請に係る審査にあつては、三、八〇〇円）
三の二　法第七条の三第一項の規定に基づく風俗営業者たる法人の分割に係る承認の申請に対する審査	風俗営業法人分割承認申請手数料	一二、〇〇〇円（当該申請を行う者が同時に他の法第七条の三第一項の規定に基づく承認の申請を行う場合における当該他の同項の規定に基づく承認の申請に係る審査にあつては、三、八〇〇円）
四　法第九条第一項の規定に基づく営業所の構造又は設備の変更の承認の申請に対する審査	風俗営業構造設備変更承認申請手数料	九、九〇〇円

五　法第九条第四項の規定に基づく許可証の書換え	風俗営業許可証書換え交付手数料	一、五〇〇円
六　法第十条の二第一項の規定に基づく特例風俗営業者の認定の申請に対する審査	特例風俗営業者認定申請手数料	一三、〇〇〇円（当該申請を行う者が同時に他の法第十条の二第一項の規定に基づく認定の申請を行う場合における当該他の同項の規定に基づく認定の申請に係る審査にあつては、一〇、〇〇〇円）
七　法第十条の二第五項の規定に基づく認定証の再交付	特例風俗営業者認定証再交付申請手数料	一、二〇〇円
八　法第二十四条第六項の規定に基づく営業所の管理者に対する講習	風俗営業管理者講習手数料	講習一時間につき六五〇円
九　法第二十七条第四項（法第三十一条の十二第二項において準用する場合を含む。）又は第三十一条の二第四項（法第三十一条の七第二項及び第三十一条の十七第二項において準用する場合を含む。）の規定に基づく法第二十七条第一項、第三十一条の二第一項、第三十一条の七第一項、第三十一条の十二第一項又は第三十一条の十七第一項の届出書の提出があった旨を記載した書面の交付	性風俗関連特殊営業開始届出書の提出があった旨を記載した書面交付手数料	次に掲げる当該書面の交付を受ける者の区分に応じ、それぞれ次に定める金額 イ　法第二条第六項又は第九項の営業を営もうとする者　一一、九〇〇円 ロ　法第二条第七項、第八項若しくは第十項の営業を営もうとする者又は風俗営業等の規制及び業務の適正化等に関する法律の一部を改正する法律（平成十七年法律第百十九号）附則第三条第二項の規定により法第二十七条第一項、第三十一条の二第一項、第三十一条の七第一項、第三十一条の十二第一項若しくは第三十一条の十七第一項の届出書を提出したものとみなされる者　三、四〇〇円
十　法第二十七条第四項（法第三十一条の十二第二項において準用する場合を含む。）又は第三十一条の二第四項（法第三十一条の七第二項及び第三十一条の十七第二項において準用する場合を含む。）の規定に基づく法第二十七条第二項（法第三十一条の十二第二項において準用する場合を含む。）又は第三十一条の二第二項（法第三十一条の七第二項及び第三十一条の十七第二項において準用する場合を含む。）の届出書の提出があった旨を記載した書面の交付	性風俗関連特殊営業変更届出書の提出があった旨を記載した書面交付手数料	一、五〇〇円
十一　法第二十七条第四項（法第三十一条の十二第二項において準用する場合を含む。）又は第三十一条の二第四項（法第三十一条の七第二項及び第三十一条の十七第二項において準用する場合を含む。）	性風俗関連特殊営業開始又は変更届出書の提出があった旨を記載した書面再交付手数料	一、二〇〇円

の規定に基づく届出書の提出があった旨を記載した書面の再交付		
十二　法第三十一条の二十三において準用する法第五条第四項の規定に基づく許可証の再交付	特定遊興飲食店許可証再交付手数料	一、一〇〇円
十三　法第三十一条の二十三において準用する法第七条第一項の規定に基づく特定遊興飲食店営業の相続に係る承認の申請に対する審査	特定遊興飲食店営業相続承認申請手数料	八、六〇〇円（当該申請を行う者が同時に他の法第三十一条の二十三において準用する法第七条第一項の規定に基づく承認の申請を行う場合における当該他の同項の規定に基づく承認の申請に係る審査にあつては、三、八〇〇円）
十四　法第三十一条の二十三において準用する法第七条の二第一項の規定に基づく特定遊興飲食店営業者たる法人の合併に係る承認の申請に対する審査	特定遊興飲食店営業法人合併承認申請手数料	一一、〇〇〇円（当該申請を行う者が同時に他の法第三十一条の二十三において準用する法第七条の二第一項の規定に基づく承認の申請を行う場合における当該他の同項の規定に基づく承認の申請に係る審査にあつては、三、三〇〇円）
十五　法第三十一条の二十三において準用する法第七条の三第一項の規定に基づく特定遊興飲食店営業者たる法人の分割に係る承認の申請に対する審査	特定遊興飲食店営業法人分割承認申請手数料	一一、〇〇〇円（当該申請を行う者が同時に他の法第三十一条の二十三において準用する法第七条の三第一項の規定に基づく承認の申請を行う場合における当該他の同項の規定に基づく承認の申請に係る審査にあつては、三、三〇〇円）
十六　法第三十一条の二十三において準用する法第九条第一項の規定に基づく営業所の構造又は設備の変更の承認の申請に対する審査	特定遊興飲食店営業構造設備変更承認申請手数料	九、九〇〇円
十七　法第三十一条の二十三において準用する法第九条第四項の規定に基づく許可証の書換え	特定遊興飲食店営業許可証書換え交付手数料	一、四〇〇円
十八　法第三十一条の二十三において準用する法第十条の二第一項の規定に基づく特例特定遊興飲食店営業者の認定の申請に対する審査	特例特定遊興飲食店営業者認定申請手数料	一三、〇〇〇円（当該申請を行う者が同時に他の法第三十一条の二十三において準用する法第十条の二第一項の規定に基づく認定の申請を行う場合における当該他の同項の規定に基づく認定の申請に係る審査にあつては、一〇、〇〇〇円）
十九　法第三十一条の二十三において準用する法第十条の二第五項の規定に基づく認定証の再交付	特例特定遊興飲食店営業者認定証再交付申請手数料	一、一〇〇円
二十　法第三十一条の二十三において準用する法第二十四条第六項の規定に基づく営業所の管理者に対する講習	特定遊興飲食店営業管理者講習手数料	講習一時間につき六五〇円

○山梨県風俗営業等の規制及び業務の適正化等に関する法律施行条例施行規則

（昭和六〇・二・一　山梨県公安委員会規則二）

最終改正　平成二八・六・二三　公安委員会規則五

（趣旨）

第一条　この規則は、山梨県風俗営業等の規制及び業務の適正化等に関する法律施行条例（昭和五十九年山梨県条例第三十三号。以下「条例」という。）の規定に基づき、風俗営業の営業制限地域等に関し、必要な事項を定めるものとする。

（営業制限地域の特例に係る風俗営業）

第二条　条例第三条の山梨県公安委員会規則（以下「公安委員会規則」という。）で定める風俗営業は、次の各号に定めるとおりとする。

一　祭礼、縁日その他の地域的慣習による催しが開催される地域において、当該催しの開催期間中に限り営む風俗営業等の規制及び業務の適正化等に関する法律（昭和二十三年法律第百二十二号。以下「法」という。）第二条第一項第四号又は第五号の営業

二　別表第一に掲げる地域にあるホテル営業（旅館業法（昭和二十三年法律第百三十八号）第二条第二項に規定するホテル営業をいう。）又は旅館営業（同条第三項に規定する旅館営業をいう。）に係る建物（フロント、玄関帳場のある建物に限る。）内において営む法第二条第一項第一号又は第四号の営業（第四号の営業については、まあじゃん屋に限る。）

（第一種住居地域等から除外する地域）

第三条　条例第三条第一号の都市計画法（昭和四十三年法律第百号）第八条に規定する第一種住居地域、第二種住居地域及び準住居地域（以下「第一種住居地域等」という。）のうち、公安委員会規則で定める地域は、次の各号に定めるとおりとする。

一　別表第一の二に掲げる地域

二　前号に掲げる地域以外の第一種住居地域等で、その第一種住居地域等と都市計画法第八条に規定する近隣商業地域、商業地域又は前号に掲げる地域との境界線上に営業所家屋（本号において、風俗営業の営業所が所在する建物をいう。）の一部が所在する場合にあっては、その境界線から三十メートル以内の当該営業所家屋の敷地の地域

第四条　削除

（学校等からの営業制限規制を適用しない地域）

第五条　条例第三条第二号の公安委員会規則で定める地域は、都市計画法第八条に規定する商業地域（以下「商業地域」という。）にある学校等（条例第三条第二号に規定するものをいう。以下同じ。）の敷地（学校等の用に供するものと決定した土地を含む。以下同じ。）の周囲五十メートルを超える地域とする。

第六条　条例第三条第三号の公安委員会規則で定める地域は、別表第三に掲げる地域のうち学校等の敷地の周囲五十メートル以内の地域とする。

附　則〔略〕

別表第一（第二条関係）

一　甲府市湯村二丁目及び三丁目地内の地域（商業地域に限る。）

二　笛吹市石和町市部、石和町八田、石和町川中島、石和町窪中島、石和町松本及び石和町山崎地内の地域（商業地域に限る。）

別表第一の二（第三条関係）

一　次の各号に掲げる道路の境界線から二十メートル以内の地域（第一種住居地域等に限る。）

(1)　一般国道二十号（甲府市及び甲斐市地内に限る。）

(2)　一般国道五十二号（甲府市上石田一丁目一三番二八号先から同市富竹二丁目一番一号先までの間に限る。）

(3)　一般国道三百五十八号（甲府市伊勢二丁目二番三号先交差点から甲府市中小河原一丁目一二番先交差点までの間に限る。）

(4)　主要地方道甲府韮崎線（甲府市大和町一番四八号先交差点から同市千塚四丁目三番三六号先交差点までの間に限る。）

(5)　主要地方道甲府南アルプス線（甲府市富竹二丁目二番二号先交差点から同市徳行五丁目一二番一〇号先交差点までの間に限る。）

(6)　主要地方道甲府南アルプス線（廃軌道。甲府市上石田一丁目一四番三六号先から甲斐市西八幡二、三五八番地の八先交差点までの間に限る。）

(7)　主要地方道甲府南アルプス線（アルプス通り。甲府市飯田四丁目二番三一号先交差点から同市徳行一丁目五番四号先交差点までの間に限る。）

(8)　主要地方道甲斐中央線（甲斐市中下条一、二三八番地先交差点から同市大下条四八二番地先交差点までの間に限る。）

(9)　一般県道中下条甲府線（甲府市丸の内二丁目九番一五号先交差点から同市長松寺町四番一三号先交差点までの間に限る。）

(10)　主要地方道韮崎南アルプス中央線（中央市西花輪四、四八二番地先交差点から同市西花輪地内浅原橋東詰までの間に限る。）

(11)　市道飯田Ⓒ線（甲府市飯田四丁目一番二号先交差点から同市飯田四丁目三番一〇号先交差点までの間）

(12)　市道高畑西条線（甲府市高畑一丁目地内飯豊橋南詰から同市国母五丁目九番二六号先交差点までの間に限る。）

(13)　市道南西一号線（甲府市上石田一丁目一七番一号先交差点から同市徳行二丁目一七番一六号先中巨摩郡昭和町との境界線までの間）

(14)　市道南西二号線（甲府市上石田三丁目五番一号先交差点から同市貢川本町七番二八号先交差点までの間）

(15)　市道陣場線（甲府市湯村二丁目五番二一号先交差点から同市富士見二丁目九番八号先交差点までの間に限る。）

(16)　町道二十六号線（中巨摩郡昭和町清水新居二五五番地一先甲府市との境界線から同町西条三、六八二番地一先交差点までの間に限る。）

(17)　市道韮崎二号線（韮崎市韮崎本町三丁目二番一七号先交差点から同市富士見一丁目九番三三号先交差点までの間に限る。）

(18)　町道六号線（笛吹市石和町市部一、一一七番地先交差点から同市石和町四日市場一、八一四番地先交差点までの間）

(19)　市道山梨市駅東山梨線（山梨市上神内川一、二九五番地の一先から同市小原西一、一〇〇番地先交差点までの間に限る。）

(20)　市道天神通り線（都留市上谷六丁目二番二三号先交差点から同市田原四丁目三番三号先交差点までの間に限る。）

(21)　一般国道百三十七号（富士吉田市ときわ台二丁目二番一四号先交差点から同市松山四丁目四番一〇号先までの間に限る。）

(22)　一般国道百三十九号（富士吉田市新西原四丁目一、五二五番地先から同市上吉田六丁目一〇番八号先交差点までの間に限る。）

(23)　市道昭和通り線（富士吉田市下吉田五、三三六番地の三先交差点から同市上吉田一、一〇五番地の一先交差点までの間）

(24)　市道東裏二号線（富士吉田市下吉田一、七五五番地先交差点から同市上吉田三、六八一番地の一先交差点までの間に限る。）

(25)　市道吉田原線（富士吉田市上吉田三、六七六番地の一一先交差点から同市上吉田三、七三〇番地の三先交差点までの間に限る。）

(26)　市道赤坂線（富士吉田市上吉田七九八番地の二先金鳥居橋東詰から同市上吉田三、六五五番地の三先交差点までの間に限る。）

(27)　市道武蔵三号線（富士吉田市緑ケ丘一丁目五番一一号先交差点から同市緑ケ丘二丁目五番一五号先（都市計画法第八条に規定する第一種中高層住居専用地域との境界線）までの間に限る。）

(28)　市道南裏線（上野原市上野原二、〇三三番地先交差点から同市上野原

一、六〇二番地先交差点までの間に限る。）
(29) 市道上於曽八十号線（甲州市塩山上於曽一、二三四番地の二先交差点から同市塩山上於曽五〇番地の四先交差点までの間に限る。）
(30) 市道下於曽三十七号線（甲州市塩山上於曽五〇番地の四先交差点から同市塩山下於曽一、五七七番地先交差点までの間に限る。）

二　市道姥沢川通り線（都留市つる一丁目一〇番七号先から同市四日市場三九番地先交差点までの間）の境界線から北西側二十メートル以内の地域

三　都留市上谷五丁目地内のうち一番、二番、三番及び四番の地域

四　都留市上谷六丁目地内のうち一番及び六番の地域

五　都留市つる一丁目地内のうち一一番の地域

六　都留市中央一丁目地内のうち八番及び一〇番の地域

七　笛吹市石和町市部一、一一〇番地の一先一般国道四百十一号と一般県道石和温泉停車場線との交差点を起点とし、順次、同国道を同市石和町川中島一一〇番地の五〇先まで至り、同地点から商業地域との境界線を経て一般県道石和温泉停車場線との交点に至り、同県道を経て起点に至る道路等で囲まれた地域（第一種住居地域等に限る。）

八　笛吹市石和町八田地内東文化橋を起点とし、順次、西川（起点から同市石和町山崎地内山崎歩道橋までの間）、駒沢川（山崎歩道橋から同市石和町山崎一三二番地の二五までの間）、町道十五号線（同市石和町山崎一三二番地の二五から同市石和町山崎一三二番地の五五までの間）、旧東八代郡石和町と旧東山梨郡春日居町との境界線を経て同市石和町八田地内町道九十号線との交点に至り、同町道を経て起点に至る道路等で囲まれた地域

九　大月市大月二丁目一三番八号先一般国道二十号と一般県道金山大月線との交差点を起点とし、順次、同国道（起点から同市駒橋一丁目二番二七号先交差点までの間）、一般国道百三十九号（同交差点から同市駒橋一丁目地内の駒橋跨線橋までの間）、東日本旅客鉄道中央線（駒橋跨線橋から同市大月二丁目地内の昭和橋までの間）及び一般県道金山大月線（昭和橋から起点までの間）を経て起点に至る道路等で囲まれた地域（第一種住居地域等に限る。）

別表第二　削除

別表第三（第六条関係）

一　甲府市丸の内一丁目地内のうち一四番、一五番、一六番、一九番、二〇番及び二一番の地域

二　甲府市中央一丁目地内のうち一番、二番、三番、四番、五番、六番、七番、八番、九番、一二番、一三番、一四番、一五番、一六番、一七番、一八番、一九番、二〇番及び二一番の地域

三　甲府市中央四丁目地内のうち三番、四番及び八番の地域

長野県

○風俗営業等の規制及び業務の適正化等に関する法律施行条例

（昭和五九・一二・二四 長野県条例三四）

最終改正 平成三〇・三・二二 条例一八

目次

第一章 総則

（**趣旨**）

第一条 この条例は、風俗営業等の規制及び業務の適正化等に関する法律（昭和二十三年法律第百二十二号。以下「法」という。）の規定に基づき、法の施行について必要な事項を定めるものとする。

（**用語の意義**）

第二条 この条例において、「第一種低層住居専用地域」、「第二種低層住居専用地域」、「第一種中高層住居専用地域」、「第二種中高層住居専用地域」、「第一種住居地域」、「第二種住居地域」、「準住居地域」、「田園住居地域」、「近隣商業地域」、「商業地域」、「準工業地域」、「工業地域」又は「工業専用地域」とは、それぞれ、都市計画法（昭和四十三年法律第百号）第八条第一項の規定による第一種低層住居専用地域、第二種低層住居専用地域、第一種中高層住居専用地域、第二種中高層住居専用地域、第一種住居地域、第二種住居地域、準住居地域、田園住居地域、近隣商業地域、商業地域、準工業地域、工業地域又は工業専用地域をいう。

第二章 風俗営業の営業所の設置を制限する地域

第三条 法第四条第二項第二号の規定による風俗営業の営業所の設置を制限する地域は、次の各号に掲げる地域とする。

一 第一種低層住居専用地域、第二種低層住居専用地域、第一種中高層住居専用地域、第二種中高層住居専用地域及び田園住居地域

二 第一種住居地域、第二種住居地域及び準住居地域のうち、風俗営業等の規制及び業務の適正化等に関する法律施行令（昭和五十九年政令第三百十九号。以下「政令」という。）第六条第一号のイに規定する地域に該当するものとして公安委員会が別に定める地域

三 学校教育法（昭和二十二年法律第二十六号）第一条に規定する学校、図書館法（昭和二十五年法律第百十八号）第二条第一項に規定する図書館、児童福祉法（昭和二十二年法律第百六十四号）第七条第一項に規定する児童福祉施設又は医療法（昭和二十三年法律第二百五号）第一条の五第一項に規定する病院の敷地（これらの用に供するものと決定した土地を含む。）から、次の表の左〔上〕欄に掲げる区分に応じ、それぞれ同表の右〔下〕欄に定める距離の範囲内の地域

区分	距離
営業所が商業地域にあるとき。	三十メートル
営業所が商業地域以外の地域にあるとき。	百メートル

2 前項の規定は、営業を行う場所が常態として移動する営業に係る営業所については、適用しない。

第三章 風俗営業者の遵守事項

（**午前零時以後において風俗営業を営むことができる時間**）

第四条 法第十三条第一項ただし書に規定する条例で定める時は、午前一時とする。

（**習俗的行事その他の特別な事情のある日等**）

第五条 法第十三条第一項第一号に規定する風俗的行事その他の特別な事情のある日として条例で定める日は次の各号に掲げる日とし、当該特別な事情の

ある日に係る同項の条例で定める地域はそれぞれ当該各号に定める地域とする。

一　十二月二十五日から翌年の一月十一日までの日　長野県の全域

二　前号に掲げる日のほか、公安委員会が別に定める日　公安委員会が別に定める地域及びその他の地域であつて別表第一に掲げる地域に該当する地域

（午前零時以後において風俗営業を営むことが許容される特別な事情のある地域）

第六条　接待飲食等営業及びまあじやん屋につき法第十三条第一項第二号に規定する午前零時以後において風俗営業を営むことが許容される特別な事情のある地域として条例で定める地域は、別表第一に掲げる地域とする。

（風俗営業の営業時間の制限）

第七条　法第十三条第二項の規定により、法第二条第一項第四号の営業（まあじやん屋を除く。）は、長野県の全域において、午前六時後午前十時までの時間及び午後十一時から翌日の午前零時前（当該翌日が第五条各号に掲げる特別な事情のある日のいずれかに該当する場合における当該事情のある地域にあつては、午前一時まで）の時間は、営んではならない。

2　法第十三条第二項の規定により、法第二条第一項第五号の営業は、別表第一に掲げる地域（第五条第二号の公安委員会が別に定める日に係る同号の公安委員会が別に定める地域を除く。）においては、第五条第二号の公安委員会が別に定める日の午前零時から午前一時までの時間は、営んではならない。

（風俗営業に係る騒音及び振動の規制）

第八条　法第十五条の規定による騒音に係る数値は、次の表の左〔上〕欄に掲げる地域の区分に応じ、それぞれ同表の右〔下〕欄に定める数値とする。

地域の区分	数値		
	午前六時後午後六時前の時間	午後六時から午後十一時前の時間	午後十一時から翌日の午前六時までの時間
(1)　第一種低層住居専用地域、第二種低層住居専用地域及び田園住居地域	五十デシベル	四十五デシベル	四十デシベル
(2)　第一種中高層住居専用地域、第二種中高層住居専用地域、第一種住居地域、第二種住居地域及び準住居地域	五十五デシベル	五十デシベル	四十五デシベル
(3)　近隣商業地域、商業地域、準工業地域、工業地域及び工業専用地域	六十五デシベル	六十デシベル	五十五デシベル
(4)　(1)、(2)及び(3)に掲げる地域以外の地域	六十デシベル	五十デシベル	四十五デシベル

2　法第十五条の規定による振動に係る数値は、五十五デシベルとする。

（風俗営業者の行為の制限）

第九条　法第二十一条の規定により、同条に規定する風俗営業者は、次の各号に掲げる行為をしてはならない。

一　営業所で、卑わいな行為をし、又は客にさせること。

二　営業所で、と博類似行為その他著しく射幸心をそそるおそれのある行為をし、又は客にこれらの行為をさせること。

三　営業所で、法第二条第六項第五号に規定する物品を販売し、又は貸し付けること。

四　営業所で、客の求めない飲食物を提供すること。

五　営業中に、施錠その他の方法により営業所の出入口をふさぐこと。

六　営業所（旅館業法（昭和二十三年法律第百三十八号）第三条第一項の規定による許可を受けて営む旅館業の施設の客室と兼用するものを除く。）で、客を就寝させ、又は宿泊させること。

七　法第二十三条第一項に規定する営業を営む風俗営業者にあつては、次の行為をすること。

ア　当該営業に関し、客に提供した賞品を他人に買い取らせること。

イ　営業所で、客に飲酒をさせること。

（年少者の立入りの制限）

第十条　法第二十二条第二項の規定により、法第二条第一項第五号の営業を営

む風俗営業者は、午後六時から午後十時前の時間において十六歳未満の者を営業所に客として立ち入らせるときは、保護者の同伴を求めなければならない。

第四章　性風俗関連特殊営業の規制

（**店舗型性風俗特殊営業の禁止地域**）

第十一条　法第二十八条第一項に規定する条例で定める施設は、次の各号に掲げる施設とする。

一　社会教育法（昭和二十四年法律第二百七号）第二十条に規定する公民館

二　博物館法（昭和二十六年法律第二百八十五号）第二条第一項に規定する博物館及び同法第二十九条に規定する博物館に相当する施設

三　医療法第一条の五第一項に規定する病院及び同条第二項に規定する診療所

四　都市公園法（昭和三十一年法律第七十九号）第二条に規定する都市公園

2　法第二十八条第二項の規定により、次の各号に掲げる店舗型性風俗特殊営業は、当該各号に定める地域においては、営んではならない。

一　法第二条第六項第一号及び第二号の営業、同項第三号の営業（次号に掲げるものを除く。）、同項第四号の営業（第三号に掲げるものを除く。）並びに同項第五号の営業並びに政令第五条に規定する営業　別表第二に掲げる地域

二　法第二条第六項第三号の営業（政令第二条第三号に規定する興行場に係るものに限る。）　商業地域以外の地域

三　法第二条第六項第四号の営業（政令第三条第二項に規定する構造を有する同項に規定する施設に係るものに限る。）　別表第三に掲げる地域

（**店舗型性風俗特殊営業の営業時間の制限**）

第十二条　法第二十八条第四項の規定により、同項に規定する店舗型性風俗特殊営業は、深夜（午前零時から午前六時までの時間をいう。以下同じ。）は、営んではならない。

（**店舗型性風俗特殊営業の広告制限地域**）

第十三条　法第二十八条第五項第一号のロに規定する条例で定める地域は、第十一条第二項各号に掲げる営業の種類に応じ、それぞれ当該各号に定める地域とする。

（**無店舗型性風俗特殊営業の広告制限地域**）

第十四条　法第三十一条の三第一項において準用する法第二十八条第五項第一号のロに規定する条例で定める地域は、別表第二に掲げる地域とする。

（**受付所営業の禁止地域**）

第十五条　法第三十一条の三第二項の規定により適用する法第二十八条第一項に規定する条例で定める施設は、第十一条第一項各号に掲げる施設とする。

2　法第三十一条の三第二項の規定により適用する法第二十八条第二項の規定により、法第三十一条の三第二項の規定により法第二条第六項第二号の営業とみなされる法第三十一条の二第四項に規定する受付所営業（次条において「受付所営業」という。）は、別表第二に掲げる地域においては、営んではならない。

（**受付所営業の営業時間の制限**）

第十六条　法第三十一条の三第二項の規定により適用する法第二十八条第四項の規定により、受付所営業は、深夜は、営んではならない。

（**映像送信型性風俗特殊営業の広告制限地域**）

第十七条　法第三十一条の八第一項において準用する法第二十八条第五項第一号のロに規定する条例で定める地域は、別表第二に掲げる地域とする。

（**店舗型電話異性紹介営業の禁止地域**）

第十八条　法第三十一条の十三第一項において準用する法第二十八条第一項に規定する条例で定める施設は、第十一条第一項各号に掲げる施設とする。

2　法第三十一条の十三第一項において準用する法第二十八条第二項の規定により、店舗型電話異性紹介営業は、別表第二に掲げる地域においては、営んではならない。

（**店舗型電話異性紹介営業の営業時間の制限**）

第十九条　法第三十一条の十三第一項において準用する法第二十八条第四項の規定により、店舗型電話異性紹介営業は、深夜は、営んではならない。

（**店舗型電話異性紹介営業の広告制限地域**）

第二十条　法第三十一条の十三第一項において準用する法第二十八条第五項第一号のロに規定する条例で定める地域は、別表第二に掲げる地域とする。

（**無店舗型電話異性紹介営業の広告制限地域**）

第二十一条　法第三十一条の十八第一項において準用する法第二十八条第五項

第一号のロに規定する条例で定める地域は、別表第二に掲げる地域とする。

第五章　特定遊興飲食店営業等の規制

（特定遊興飲食店営業の営業所の設置が許容される地域）

第二十二条　法第三十一条の二十三において準用する法第四条第二項第二号の規定による特定遊興飲食店営業の営業所の設置が許容される地域は、別表第一に掲げる地域とする。ただし、児童福祉法第七条第一項に規定する児童福祉施設（児童等を入所させるものに限る。）、医療法第一条の五第一項に規定する病院及び同条第二項に規定する診療所（患者を入院させるための施設を有するものに限る。）の敷地（これらの用に供するものと決定した土地を含む。）から、次の表の左〔上〕欄に掲げる区分に応じ、それぞれ同表の右〔下〕欄に定める距離の範囲内の地域を除く。

区分	距離
営業所が商業地域にあるとき。	五十メートル
営業所が商業地域以外の地域にあるとき。	百メートル

（特定遊興飲食店営業の営業時間の制限）

第二十三条　法第三十一条の二十三において準用する法第十三条第二項の規定により、特定遊興飲食店営業は、長野県の全域において、午前五時から午前六時までの時間は、営んではならない。

（特定遊興飲食店営業に係る騒音及び振動の規制）

第二十四条　法第三十一条の二十三において準用する法第十五条の規定による騒音に係る数値は、第八条第一項の表の左〔上〕欄に掲げる地域の区分に応じ、それぞれ同表の右〔下〕欄に定める午後十一時から翌日の午前六時までの時間に係る数値とする。

2　法第三十一条の二十三において準用する法第十五条の規定による振動に係る数値は、五十五デシベルとする。

（特定遊興飲食店営業者の行為の制限）

第二十五条　法第三十一条の二十三において準用する法第二十一条の規定により、特定遊興飲食店営業者は、第九条第一号から第五号までに掲げる行為をしてはならない。

（深夜における飲食店営業に係る騒音及び振動の規制）

第二十六条　法第三十二条第二項において準用する法第十五条の規定による騒音に係る数値は、第八条第一項の表の左〔上〕欄に掲げる地域の区分に応じ、それぞれ同表の右〔下〕欄に定める午後十一時から翌日の午前六時までの時間に係る数値とする。

2　法第三十二条第二項において準用する法第十五条の規定による振動に係る数値は、五十五デシベルとする。

（深夜における酒類提供飲食店営業の禁止地域）

第二十七条　法第三十三条第四項の規定により、同項に規定する酒類提供飲食店営業は、第三条第一項第一号及び第二号に掲げる地域においては、深夜は、営んではならない。

第六章　雑則

（風俗環境保全協議会を置く地域）

第二十八条　法第三十八条の四第一項に規定する条例で定める地域は、別表第一に掲げる地域とする。

附　則〔略〕

（別表第一）（第五条、第六条、第七条、第二十二条、第二十八条関係）

長野市（大字長野及び大字鶴賀のうち、市道長野中央通り、一般国道一九号、市道長野西二三四号線、一般国道四〇六号（市道長野西二三四号線との交差点から市道長野西六四号線との交差点までの区間に限る。）及び市道長野西六四号線に囲まれた地域に限る。）

（別表第二）（第十一条、第十四条、第十五条、第十七条、第十八条、第二十条、第二十一条関係）

長野市（大字鶴賀字腰巻二二六九番地九先の市道上千歳権堂線と市道長野西八二号線との交差点の北東の角から北へ二十メートルの地点（以下「起点」という。）、大字鶴賀字腰巻二二二三番地先の市道長野西八二号線と私道通称中劇前通り線との交差点の北西の角から北へ二十メートルの地点、大字鶴賀字腰巻二二二二番地一六先の私道通称中劇前通り線と市道長野西八一号線との交差点の南西の角から南へ十メートルの地点、大字鶴賀字腰巻二三七三番地イ号二先の市道長野西八一号線と市道上千歳権堂線との交差点の南東の角から南へ十メートルの地点及び起点を順次結ぶ直線に囲まれた地域を除く。）　松本市（大手二丁目のうち、市道一〇五五号線、市道一五〇五号線、市道一〇五六号線及び市道一五一四号線に囲まれた地域を除く。）　上田市　岡谷市　飯田市　諏訪市　須坂市　小諸市　伊那市　駒ケ根市　中野市　大町市　飯山市　茅野市　塩尻市　佐久市　千曲市　東御市　安曇野市　南佐久郡　北佐久郡　小県郡　諏訪郡　上伊那郡　下伊那郡　木曽郡　東筑摩郡　北安曇郡　埴科郡　上高井郡　下高井郡　上水内郡　下水内郡

（別表第三）（第十一条関係）

長野市（大字小鍋字田中沖を除く。）　松本市　上田市　岡谷市　飯田市　諏訪市　須坂市　小諸市　伊那市　駒ケ根市　中野市　大町市　飯山市　茅野市　塩尻市　佐久市　千曲市　東御市　安曇野市　南佐久郡　北佐久郡　小県郡　諏訪郡　上伊那郡　下伊那郡　木曽郡　東筑摩郡　北安曇郡　埴科郡　上高井郡　下高井郡　上水内郡　下水内郡

○風俗営業等の規制及び業務の適正化等に関する法律施行条例（昭和五十九年長野県条例第三十四号）に基づく公安委員会が別に定める地域

（昭和六〇・二・七
長野県公安委員会告示三五）

改正　平成二二・四・一　公安委員会告示一二

風俗営業等の規制及び業務の適正化等に関する法律施行条例（昭和五十九年長野県条例第三十四号）第三条第一項第二号に規定する公安委員会が別に定める地域は、次に掲げる地域の第一種住居地域、第二種住居地域及び準住居地域とする。

長野市　松本市　上田市　岡谷市　飯田市　諏訪市　須坂市　小諸市　伊那市（市道日影一六号線、県道伊那高遠線、市道河東線、市道中央区一五号線、市道中央区一八号線、県道伊那生田飯田線（中央四五二八番地九先の市道中央区一八号線との交点から境一一六一番地四先の市道境東三号線との交点までの区間に限る。）、市道境東三号線、市道境東四号線、市道境東二号線及び市道境青島線に囲まれた地域を除く。）　駒ケ根市　中野市　大町市　飯山市　茅野市　塩尻市　佐久市　千曲市　東御市　安曇野市　軽井沢町　御代田町　丸子町　下諏訪町　富士見町　辰野町（一般国道一五三号線、町道一二一五号線、町道一二二三号線及び町道一二二二号線に囲まれた地域、県道伊那辰野停車場線、県道下諏訪辰野線、東海旅客鉄道株式会社飯田線及び町道一〇四九号線に囲まれた地域、町道一三四六号線、町道一三一五号線、町道一三三二号線及び一般国道一五三号線に囲まれた地域並びに町道一号線、一般国道一五三号線、県道下諏訪辰野線及び町道一一〇〇号線に囲まれた地域を除く。）　箕輪町　飯島町　南箕輪村　中川村　宮田村　松川町　高森町　上松町（滑川、県道荻原小川線、中沢川及び木曽川で囲まれた地域を除く。）　坂城町　小布施町　山ノ内町（大字平穏のうち字四ツ谷、字川原及び字町東を除く。）　信濃町　木曽町

静岡県

○風俗営業等の規制及び業務の適正化等に関する法律施行条例

（昭和五九・一二・二四 静岡県条例四四）

最終改正　平成三〇・三・二八　条例二七

（趣旨）

第一条　この条例は、風俗営業等の規制及び業務の適正化等に関する法律（昭和二十三年法律第百二十二号。以下「法」という。）の規定に基づき、風俗営業の許可に係る営業制限地域等について定めるものとする。

（風俗営業の許可に係る営業制限地域）

第二条　法第四条第二項第二号の条例で定める地域は、次に掲げる地域とする。

一　都市計画法（昭和四十三年法律第百号）第八条第一項第一号の第一種低層住居専用地域、第二種低層住居専用地域、第一種中高層住居専用地域、第二種中高層住居専用地域、第一種住居地域、第二種住居地域、準住居地域及び田園住居地域で、公安委員会規則で定める地域を除く地域

二　前号に掲げる地域以外の地域のうち、住居が多数集合しており、住居以外の用途に供される土地が少ない地域として公安委員会規則で定める地域

三　次に掲げる施設の敷地（当該施設の用に供するものと決定した土地を含む。）の周囲百メートル（公安委員会規則で定める地域においては、五十メートル）の区域内の地域

ア　学校教育法（昭和二十二年法律第二十六号）第一条に規定する学校

イ　図書館法（昭和二十五年法律第百十八号）第二条第一項に規定する図書館

ウ　児童福祉法（昭和二十二年法律第百六十四号）第七条第一項に規定する児童福祉施設

エ　医療法（昭和二十三年法律第二百五号）第一条の五第一項に規定する病院又は同条第二項に規定する診療所のうち患者を入院させるための施設を有するもの（以下「病院等」という。）

2　次に掲げる営業所については、前項の規定は適用しない。

一　常態として移動する営業所

二　三月以内の期間を限つて設けられた営業所であつて、公安委員会規則で定める地域内にあるもの

三　旅館業（旅館業法（昭和二十三年法律第百三十八号）第二条第一項に規定する旅館業をいう。以下同じ。）の施設その他の公安委員会規則で定める施設内に設けられた公安委員会規則で定める風俗営業の種類の営業所であつて、当該風俗営業の種類、態様その他の事情に応じて公安委員会規則で定める地域内にあるもの

（特別日営業延長許容地域等）

第三条　法第十三条第一項第一号の条例で定める日は次の各号に掲げる日とし、同号の条例で定める地域はそれぞれ当該各号に定める地域とする。

一　十二月一日から翌年の一月八日までの日　県内の全ての地域

二　七月十三日から七月十七日までの日及び八月十三日から八月十七日までの日　県内の全ての地域

三　前二号に掲げる日のほか、公安委員会規則で定める日　公安委員会規則で定める地域及び当該地域以外の地域であつて次条の公安委員会規則で定める地域

2　法第十三条第一項ただし書の条例で定める時（前項各号に掲げる日に係る時に限る。）は、午前一時とする。

（営業延長許容地域等）

第四条　接待飲食等営業及び法第二条第一項第四号に規定する営業（まあじやん屋に限る。）につき法第十三条第一項第二号の条例で定める地域は、公安委員会規則で定める地域とする。

2　法第十三条第一項ただし書の条例で定める時（前条第一項各号に掲げる日以外の日に係る時に限る。）は、午前一時とする。

（業種による営業時間の制限）

第五条　第三条の規定にかかわらず、法第二条第一項第四号に規定する営業（ぱちんこ屋及び風俗営業等の規制及び業務の適正化等に関する法律施行令（昭和五十九年政令第三百十九号。以下「令」という。）第八条に規定する営

業に限る。）を営む風俗営業者は、次の各号に掲げる地域の区分に応じ、それぞれ当該各号に定める時間内においてその営業を営んではならない。

一　第三条第一項各号に掲げる日における当該各号に掲げる地域　午前零時から午前一時までの時間、午前六時後午前九時までの時間及び午後十一時から翌日の午前零時前の時間

二　第三条第一項各号に掲げる日における当該各号に掲げる地域以外の地域　午前六時後午前九時までの時間及び午後十一時から翌日の午前零時前の時間

三　第三条第一項各号に掲げる日以外の日における県内の全ての地域　午前六時後午前九時までの時間及び午後十一時から翌日の午前零時前の時間

（風俗営業の騒音及び振動の規制数値）

第六条　法第十五条の条例で定める騒音に係る数値は、次の表の左〔上〕欄に掲げる地域ごとに、同表の右〔下〕欄に掲げる時間の区分に応じ、それぞれ同欄に掲げる数値とする。

地域	数値		
	昼間	夜間	深夜
(1)　都市計画法第八条第一項第一号の第一種低層住居専用地域、第二種低層住居専用地域及び田園住居地域（第二条第一項第一号の公安委員会規則で定める地域を除く。）	五十デシベル	四十五デシベル（午後十一時以後の時間においては、四十デシベル）	四十デシベル
(2)　第二条第一項に定める地域（(1)に掲げる地域を除く。）	五十五デシベル	五十デシベル（午後十一時以後の時間においては、四十五デシベル）	四十五デシベル
(3)　都市計画法第八条第一項第一号の近隣商業地域、商業地域、準工業地域、工業地域及び工業専用地域（(2)に掲げる地域を除く。）	六十五デシベル	六十デシベル（午後十一時以後の時間においては、五十五デシベル）	五十五デシベル
(4)　(1)、(2)及び(3)に掲げる地域以外の地域	六十デシベル	五十五デシベル（午後十一時以後の時間においては、四十五デシベル）	四十五デシベル

備考
1　「昼間」とは、午前六時後午後六時前の時間をいう。
2　「夜間」とは、午後六時から翌日の午前零時前の時間をいう。
3　「深夜」とは、午前零時から午前六時までの時間をいう。以下同じ。

2　法第十五条の条例で定める振動に係る数値は、五十五デシベルとする。

（風俗営業者の一般遵守事項）

第七条　風俗営業者は、次に掲げる事項を守らなければならない。

一　営業所で卑わいな行為その他善良の風俗を害する行為をし、又はさせないこと。

二　営業用施設（当該施設を旅館業の施設と兼用する場合にあつては、通常客の宿泊に供される部分を除く。第十七条第二号において同じ。）に客を就寝させ、又は宿泊させないこと。

三　営業中は営業所の出入口又は客室に鍵を掛け、又は掛けさせないこと。

四　営業所で店舗型性風俗特殊営業若しくは店舗型電話異性紹介営業を営み、若しくは営ませ、又は営業所を無店舗型性風俗特殊営業、映像送信型性風俗特殊営業若しくは無店舗型電話異性紹介営業の用に供する施設として使用し、若しくは使用させないこと。

五　前各号に掲げるもののほか、公安委員会規則で定める事項

（風俗営業者の業種による特別遵守事項）

第八条　風俗営業者は、前条の規定によるほか、次の各号に掲げる営業の種別

に応じ、当該各号に定める事項を守らなければならない。
一　法第二条第一項第一号から第三号までに規定する営業　営業所で客の求めない飲食物を提供し、又は提供させないこと。
二　法第二条第一項第二号から第五号までに規定する営業　営業所でショーその他興行の類をし、又はさせないこと。
三　法第二条第一項第四号に規定する営業（まあじやん屋を除く。）　次に掲げる事項
ア　営業所の見やすい所に、賞品の提供方法を掲示すること。
イ　客に提供した賞品を買い取らせないこと。
ウ　当該営業に関し、著しく射幸心をそそるような行為をし、又はさせないこと。
エ　営業所で客に飲酒させないこと。
四　法第二条第一項第四号に規定する営業（まあじやん屋に限る。）及び同項第五号に規定する営業　営業所で著しく客の射幸心をそそるような行為をし、又はさせないこと。

（法第二条第一項第五号に規定する営業に係る営業所への年少者の立入りの制限）

第九条　法第二条第一項第五号に規定する営業を営む者は、午後六時から午後十時前の時間において、十六歳未満の者（保護者が同伴している者を除く。）を営業所に客として立ち入らせてはならない。

（店舗型性風俗特殊営業等の禁止区域の基準となる施設）

第十条　法第二十八条第一項（法第三十一条の三第二項の規定により適用する場合を含む。）の条例で定める施設は、病院等とする。

（店舗型性風俗特殊営業等の禁止地域）

第十一条　店舗型性風俗特殊営業は、次の各号に定める営業の種類に応じ、それぞれ当該各号に定める地域においては、営んではならない。
一　法第二条第六項第一号に規定する営業　別表第一に掲げる地域
二　法第二条第六項第二号に規定する営業　別表第一に掲げる地域
三　法第二条第六項第三号に規定する営業　別表第二に掲げる地域
四　法第二条第六項第四号に規定する営業のうち、個室に自動車の車庫が個々に接続する施設であつて、次に掲げる構造のいずれかに該当するものを有する施設を設けて営む営業　別表第一に掲げる地域
ア　個室に接続する車庫（二以上の側壁（カーテン、ついたて等を含む。）及び屋根を有するものに限る。以下同じ。）の出入口が扉等によつて遮へいできる構造
イ　車庫の内部から個室に通ずる専用の人の出入口又は階段若しくは昇降機が設けられている構造
ウ　個室と車庫とが専用の通路によつて接続している構造にあつては、当該通路の内部が外部から見えないもの
五　法第二条第六項第四号に規定する営業のうち、令第三条第二項の構造を有する施設を設けて営む営業（前号に掲げる営業を除く。）　別表第三に掲げる地域
六　法第二条第六項第四号に規定する営業（前二号に掲げる営業を除く。）　別表第四に掲げる地域
七　法第二条第六項第五号に規定する営業　別表第二に掲げる地域
八　法第二条第六項第六号に規定する営業　公安委員会規則で定める地域
2　法第三十一条の二第四項に規定する受付所営業（以下「受付所営業」という。）は、別表第一に掲げる地域において、営んではならない。
3　店舗型電話異性紹介営業は、県内のすべての地域において、営んではならない。

（店舗型性風俗特殊営業等の営業時間の制限）

第十二条　法第二十八条第四項に規定する店舗型性風俗特殊営業を営む者は、県内の全ての地域において、午前零時から午前六時までの時間は、その営業を営んではならない。
2　前項の規定は、受付所営業及び店舗型電話異性紹介営業を営む者について準用する。

（性風俗関連特殊営業の広告又は宣伝の制限）

第十三条　法第二十八条第五項第一号ロに規定する地域は、第十一条第一項各号に定める営業の種類に応じ、それぞれ当該各号に定める地域とする。
2　法第三十一条の三第一項において準用する法第二十八条第五項第一号ロに規定する地域は、法第二条第七項第一号に規定する営業にあつては別表第一に掲げる地域とし、同項第二号に規定する営業にあつては別表第二に掲げる

地域とする。

3　法第三十一条の八第一項において準用する法第二十八条第五項第一号ロに規定する地域は、別表第二に掲げる地域とする。

4　法第三十一条の十三第一項において準用する法第二十八条第五項第一号ロに規定する地域は、県内のすべての地域とする。

5　法第三十一条の十八第一項において準用する法第二十八条第五項第一号ロに規定する地域は、県内のすべての地域とする。

（特定遊興飲食店営業の許可に係る営業所設置許容地域）

第十四条　法第三十一条の二十三において準用する法第四条第二項第二号の条例で定める地域は、次の各号のいずれにも該当する地域とする。

一　公安委員会規則で定める地域

二　第二条第一項第三号ウに掲げる施設（保育所及び幼保連携型認定こども園（いずれも午前六時後翌日の午前零時前の時間においてのみ保育を行うものに限る。）、児童厚生施設、児童発達支援センター並びに児童家庭支援センターを除く。）及び同号エに掲げる施設（以下この号においてこれらの施設を「特定遊興飲食店営業保全対象施設」という。）の敷地（特定遊興飲食店営業保全対象施設の用に供するものと決定した土地を含む。）の周囲五十メートルの区域外の地域

2　前項の規定にかかわらず、次の各号に掲げる特定遊興飲食店営業については、法第三十一条の二十三において準用する法第四条第二項第二号の条例で定める地域は、それぞれ当該各号に掲げる地域とする。

一　常態として移動する施設において営まれるもの　公安委員会規則で定める地域

二　三月以内の期間を限つて営まれるもの　公安委員会規則で定める地域

（特定遊興飲食店営業の営業時間の制限）

第十五条　特定遊興飲食店営業を営む者は、県内の全ての地域において、午前五時から午前六時までの時間は、その営業を営んではならない。

（特定遊興飲食店営業の深夜における騒音及び振動の規制数値）

第十六条　法第三十一条の二十三において準用する法第十五条の条例で定める騒音に係る数値は、第六条第一項の表の左〔上〕欄に掲げる地域ごとに、それぞれ同表の右〔下〕欄に掲げる深夜に係る数値とする。

2　法第三十一条の二十三において準用する法第十五条の条例で定める振動に係る数値は、五十五デシベルとする。

（特定遊興飲食店営業者の遵守事項）

第十七条　特定遊興飲食店営業者は、次に掲げる事項を守らなければならない。

一　営業所で卑わいな行為その他善良の風俗を害する行為をし、又はさせないこと。

二　営業用施設に客を就寝させ、又は宿泊させないこと。

三　営業中は営業所の出入口又は客室に鍵を掛け、又は掛けさせないこと。

四　営業所で店舗型性風俗特殊営業若しくは店舗型電話異性紹介営業を営み、若しくは営ませ、又は営業所を無店舗型性風俗特殊営業、映像送信型性風俗特殊営業若しくは無店舗型電話異性紹介営業の用に供する施設として使用し、若しくは使用させないこと。

五　営業所で客の求めない飲食物を提供し、又は提供させないこと。

六　営業所で著しく客の射幸心をそそるような行為をし、又はさせないこと。

七　午後六時から午後十時前の時間において、十八歳未満の者を客として立ち入らせるときは、保護者の同伴を求めること。

八　前各号に掲げるもののほか、公安委員会規則で定める事項

（深夜における飲食店営業の騒音及び振動の規制数値）

第十八条　法第三十二条第二項において準用する法第十五条の条例で定める騒音に係る数値は、第六条第一項の表の左〔上〕欄に掲げる地域ごとに、それぞれ同表の右〔下〕欄に掲げる深夜に係る数値とする。

2　法第三十二条第二項において準用する法第十五条の条例で定める振動に係る数値は、五十五デシベルとする。

（深夜における酒類提供飲食店営業の禁止地域）

第十九条　法第三十三条第一項に規定する酒類提供飲食店営業を営む者は、第二条第一項第一号及び第二号に定める地域においては、深夜において、その営業を営んではならない。

（風俗環境保全協議会を置く地域）

第二十条　法第三十八条の四の条例で定める地域は、公安委員会規則で定める

地域とする。

附　則〔略〕

別表第一（第十一条、第十三条関係）

一　次に掲げる市の地域

　下田市、伊豆市、伊豆の国市、伊東市、熱海市（渚町を除く。）、三島市、沼津市、裾野市、御殿場市、富士市、富士宮市、静岡市、焼津市、藤枝市、島田市、牧之原市、御前崎市、菊川市、掛川市、袋井市、磐田市、浜松市及び湖西市

二　次に掲げる郡の地域

　賀茂郡、田方郡、駿東郡、榛原郡及び周智郡

別表第二（第十一条、第十三条関係）

一　次に掲げる市の地域

　下田市（一丁目の近隣商業地域（都市計画法第八条第一項第一号の近隣商業地域をいう。）及び商業地域（同号の商業地域をいう。以下同じ。）並びに蓮台寺字山崎の第一種住居地域、第二種住居地域及び準住居地域（同号の第一種住居地域、第二種住居地域及び準住居地域をいう。）を除く。）、伊豆市（修善寺の商業地域、湯ケ島三三九番一、三四〇番一、三四三番四、三四七番一、三四七番四、三四七番六、三四七番一五、三四七番一六、三四九番二、三四九番五、三四九番六、三四九番九、三四九番一〇、三五五番一、三五五番二、三五六番一から三五六番三まで、三五六番六、三五七番一から三五七番三まで、三五八番一、三五八番二、三五八番七、三五八番八、三五九番一、三五九番二、三六〇番一、三六〇番二、三六二番一、三六二番四、三六三番一、三六三番三、四〇九番一から四〇九番三まで、四一二番一、四一二番二、四一三番一、四一三番二、一九六九番一、一九六九番一二から一九六九番一五まで、二八二二番二、二八二七番三、二八二八番一、二八二九番二、二八二九番四、二八三一番二、二八三二番一、二八三二番二、二八三二番四から二八三二番七まで、二八三三番二、二八三三番五、二八三三番七、二八三四番一、二八三四番二、二八三四番四、二八三五番三及び二八五二番二七から二八五二番三一まで並びに吉奈三七番一、三八番一、三八番四、四三番一、四九番一、五〇番一、五三番一から五三番三まで、五四番一、五六番一、五七番一、五七番二、五八番一から五八番三まで、六〇番二から六〇番四まで、六一番一、六二番二、六二番四、六二番五、六三番一、六三番二、六三番八、六三番一〇、六三番一一、六四番一、六四番三、六五番一、九五番二から九五番五まで、九六番一、九六番二、九八番一、一〇〇番一、一〇〇番二、一〇一番一、一〇二番一、一〇四番一、一〇四番二、一〇五番一及び一〇六番を除く。）、伊豆の国市（長岡の商業地域を除く。）、伊東市（商業地域を除く。）、熱海市（商業地域を除く。）、三島市、沼津市、裾野市、御殿場市、富士市、富士宮市、静岡市、焼津市、藤枝市、島田市、牧之原市、御前崎市、菊川市、掛川市、袋井市、磐田市、浜松市（西区舘山寺町の商業地域及び西区舞阪町弁天島字弁天島を除く。）及び湖西市

二　次に掲げる郡の地域

　賀茂郡（南伊豆町加納字矢熊、字八重ケ瀬及び字森ノ前、同町下賀茂字都殿、字寺井前、字日詰、字谷戸洞、字休石及び字原、東伊豆町奈良本字浜山、字高磯、字温泉ノ上、字小楢坂、字下松葉、字石荒田、字浜田、字一本松、字大久保及び字熱川、同町稲取字下立野、字五十尻、字下小丸山、字西百尻、字池尻、字釜屋及び字下小山尻並びに河津町峰字中里を除く。）、田方郡、駿東郡、榛原郡及び周智郡

別表第三（第十一条関係）

一　次に掲げる市の地域

　下田市、伊豆市、伊豆の国市、伊東市、熱海市（商業地域及び都市計画法第八条第一項第一号の用途地域が定められていない地域のうち、道路法（昭和二十七年法律第百八十号）第三条第二号の一般国道の道路の区域（同法第十八条第一項に規定する道路の区域をいう。）の周囲五十メートルの区域内の地域を除く。）、三島市、沼津市、裾野市、御殿場市、富士市、富士宮市、静岡市、焼津市、藤枝市、島田市、牧之原市、御前崎市、菊川市、掛川市、袋井市、磐田市、浜松市及び湖西市

二　次に掲げる郡の地域

　賀茂郡、田方郡、駿東郡、榛原郡及び周智郡

別表第四（第十一条関係）

一　次に掲げる市の地域

下田市、伊豆市、伊豆の国市（長岡の商業地域を除く。）、伊東市、熱海市（商業地域及び都市計画法第八条第一項第一号の用途地域が定められていない地域のうち、道路法第三条第二号の一般国道の道路の区域（同法第十八条第一項に規定する道路の区域をいう。）の周囲五十メートルの区域内の地域を除く。）、三島市、沼津市、裾野市、御殿場市、富士市、富士宮市、静岡市、焼津市、藤枝市、島田市、牧之原市、御前崎市、菊川市、掛川市、袋井市、磐田市、浜松市及び湖西市

二　次に掲げる郡の地域

賀茂郡、田方郡、駿東郡、榛原郡及び周智郡

○風俗営業等の規制及び業務の適正化等に関する規則

（昭和六〇・二・一　静岡県公安委員会規則一）

最終改正　平成二八・三・二二　公安委員会規則一〇

（趣旨）

第一条　この規則は、風俗営業等の規制及び業務の適正化等に関する法律施行条例（昭和五十九年静岡県条例第四十四号。以下「条例」という。）の規定に基づき、必要な事項を定めるものとする。

（風俗営業の許可に係る営業制限地域の例外）

第二条　条例第二条第一項第一号の静岡県公安委員会規則（以下「規則」という。）で定める地域は、次の各号に定めるとおりとする。

一　別表第一に掲げる地域のうち、都市計画法（昭和四十三年法律第百号）第八条第一項第一号に規定する第一種住居地域、第二種住居地域及び準住居地域（以下「第一種住居地域等」という。）

二　前号に掲げる地域以外の第一種住居地域等で、その第一種住居地域等が都市計画法第八条第一項第一号に規定する近隣商業地域（以下本号において「近隣商業地域」という。）又は商業地域（以下本号において「商業地域」という。）に隣接し、かつ、営業所の敷地（当該近隣商業地域又は商業地域と前号に掲げる地域以外の第一種住居地域等との境界線上に接して、前号に掲げる地域以外の第一種住居地域等、近隣商業地域及び商業地域を除く地域が、当該営業所の敷地に含まれる場合を除く。）のうち、近隣商業地域又は商業地域が当該営業所の敷地の過半を超える場合にあっては、その境界線から四十メートル以内の当該営業所の敷地の地域

第三条　条例第二条第一項第二号の規則で定める地域は、別表第二に掲げる地域とする。

第四条　条例第二条第一項第三号の規則で定める地域は、都市計画法第八条第一項第一号の商業地域とする。

第五条　条例第二条第二項第二号の規則で定める地域は、別表第三に掲げる地域とする。

第六条　条例第二条第二項第三号の規則で定める施設は、旅館業（旅館業法（昭和二十三年法律第百三十八号）第二条第一項に規定する旅館業をいう。）の施設とする。

2　条例第二条第二項第三号の規則で定める風俗営業の種類は、風俗営業等の規制及び業務の適正化等に関する法律（昭和二十三年法律第百二十二号。以下「法」という。）第二条第一項第一号及び第四号とする。

3　条例第二条第二項第三号の規則で定める地域は、別表第四に掲げる地域で、条例第二条第一項第三号に掲げる施設の敷地（当該施設の用に供するものと決定した土地を含む。）の周囲二十五メートルの区域内の地域を除く地域とする。

（特別日営業延長許容地域）

第七条　条例第三条第一項第三号の規則で定める日は、別表第五の左〔上〕欄に掲げる祭典等の開催日の翌日（開催日が二日以上にわたる場合にあっては、開催期間初日の翌日から開催期間最終日の翌日までの間）とし、同号の規則で定める地域は、それぞれ同表の右〔下〕欄に掲げる地域とする。

（営業延長許容地域）

第八条　条例第四条第一項の規則で定める地域は、別表第六に掲げる地域とする。

（風俗営業者の一般遵守事項）

第九条　条例第七条第五号の規則で定める事項は、次のとおりとする。

法第十七条の規定に基づき表示した料金以外の料金を客に請求し、又はさせないこと。

（店舗型性風俗特殊営業の禁止地域）

第十条　条例第十一条第一項第八号の規則で定める地域は、県内の全ての地域とする。

（特定遊興飲食店営業の許可に係る営業所設置許容地域）

第十一条　条例第十四条第一項第一号の規則で定める地域は、別表第七に掲げる地域とする。

第十二条　条例第十四条第二項第二号の規則で定める地域は、別表第八に掲げる地域とする。

（風俗環境保全協議会を置く地域）

第十三条　条例第二十条の規則で定める地域は、別表第九に掲げる地域とする。

（医師の指定）

第十四条　法第四十一条の二の規定による医師の指定は、精神保健及び精神障害者福祉に関する法律（昭和二十五年法律第百二十三号）第十八条第一項の規定により精神保健指定医に指定された医師のうちから行うものとする。

第十五条　公安委員会は、前条の規定による医師の指定を行ったときは、その旨を公示するものとする。

附　則〔略〕

別表第一（第二条関係）　風俗営業制限除外地域

市町名		地域
下田市		三丁目（自然公園法（昭和三十二年法律第百六十一号）第二十条第一項の規定に基づく富士箱根伊豆国立公園内の第二種特別地域を除く。）
		蓮台寺字山崎
		柿崎のうち、字武山、字間戸山、字間戸浜、字梨ノ木、字西ノ久保、字高磯、字高浜及び字庇潟
伊豆市		修善寺金付免、修善寺上り山田、修善寺杉原、修善寺神戸、修善寺中尾、修善寺温泉場、修善寺小坂、修善寺久保、修善寺小山、修善寺白井田、修善寺白井、修善寺天臺、修善寺皇子ケ原、修善寺廣瀬及び修善寺田澤
伊豆の国市		大仁一般国道百三十六号線の区域の周囲三十メートルの区域内
伊東市		全域
熱海市		下多賀字風越、下多賀字浜田、下多賀字池田、下多賀字新釜、下多賀字仁多田及び下多賀字二本松のうち、一般国道百三十五号線と市道下多賀中野本線に囲まれた区域内
沼津市		大岡、岡一色、岡宮及び足高のうち、県道沼津インター線の道路の区域の周囲三十メートルの区域内
御殿場市		茱萸沢、萩原、西田中及び川島田の一般国道二百四十六号線の道路の区域の周囲三十メートルの区域のうち、一般国道百三十八号線から県道富士御殿場線までの間
富士宮市		外神、宮原及び万野原新田のうち、一般国道百三十九号線の道路の区域の周囲三十メートルの区域内
		宮原及び外神のうち、県道朝霧富士宮線の道路の区域の周囲三十メートルの区域内
静岡市	清水区	八坂北一丁目、八坂東一丁目、八坂東二丁目、八坂町及び西久保のうち、一般国道一号線静清バイパスの道路の区域の周囲五十メートルの区域内
藤枝市		一般国道一号線の道路の区域の周囲三十メートルの区域内（岡部町青羽根、岡部町入野、岡部町内谷、岡部町岡部、岡部町桂島、岡部町子持坂、岡部町玉取、岡部町殿、岡部町新舟、岡部町野田沢、岡部町羽佐間、岡部町宮島、岡部町三輪及び岡部町村良を除く。）
島田市		一般国道一号線の一級河川大津谷川と県道島田金谷線交差点までの間及び県道島田金谷線の一般国道一号線交差点と県道島田川根線交差点までの間の道路の区域の周囲三十メートルの区域内
袋井市		県道磐田袋井線、県道袋井春野線及び市道山梨浅羽線の道路の区域の周囲三十メートルの区域内
磐田市		福田一般国道百五十号線、県道磐田福田線、市道中島高島線及び市道中川通りの道路の区域の周囲三十メートルの区域内
浜松市	中区	一般国道百五十二号線、市道有玉高林線、市道田町高林線及び市道中野町三方原線並びに二級河川馬込川に囲まれた高林一丁目、高林四丁目、高林五丁目、曳馬五丁目、曳馬六丁目、上島一丁目、上島二丁目及び上島五丁目のうち、一般国道百五十二号線、市道有玉高林線及び市道田町高林線の道路の区域の周囲三十メートルの区域内
	東区	原島町、天王町、市野町及び上西町のうち、県道天竜浜松線の道路の区域の周囲三十メートルの区域内
湖西市		新居町新居のうち、市道新居弁天線、市道新居百五十三号線及び市道向島弁天線に囲まれた区域内
函南町		大土肥、間宮及び仁田のうち、県道熱海函南線の道路の区域の周囲三十メートルの区域のうち、一般国道百三十六号線から県道函南停車場反射炉線までの間

別表第二（第三条関係）　風俗営業例外制限地域

市町名	地域
沼津市	馬込、獅子浜、江ノ浦及び多比の都市計画法第七条第一項の市街化調整区域のうち、一般国道四百十四号線の道路の区域の周囲三十メートルの区域内
富士市	中之郷字小池のうち、市道富士川中之郷線、市道幸町小池線及び高速自動車国道東海自動車道に囲まれた区域内
	中野台一丁目、中野台二丁目、北松野字中野、北松野字浅間林二六九番一、二七〇番一、二七一番三、二七一番四、二七二番四、二七三番二、二九七番二、二九七番五、二九七番八から二九七番一四まで、二九七番一六、三〇一番四、三〇一番一一から三〇一番一六まで、三一〇番一から三一〇番二九まで、三一〇番三六、三一〇番三九から三一〇番四二まで、三一一番三、三一一番四、三一五番一、三一五番二、三一六番一、三一六番五、三一六番六、三一六番八、三一七番一から三一七番三まで、三一八番三、三二四番六、三二四番一〇、三二四番一一及び三二四番一四並びに北松野字沖田一八六二番四から一八六二番二六まで、一八八七番四、一九〇九番一、一九一〇番一、一九一〇番三、一九一〇番五、一九一一番二、一九一一番三、一九一二番一から一九一二番三まで及び一九一三番一
	南松野字中野二四二四番一、二四二四番二、二四二七番三、二四三六番三から二四三六番六まで、二四三八番二から二四三八番四まで、二四四一番五、二四四一番六、二四四二番二、二四四六番一から二四四六番五まで、二四四九番、二四五〇番、二四五二番一、二四五二番二、二四五五番、二四五六番、二四五七番一から二四五七番五まで、二四五八番一、二四五八番二、二四五九番一、二四五九番二、二四五九番四、二四五九番七、二四五九番八、二四六一番七、二四六二番二、二四六三番二、二四六四番及び二五二〇番八
富士宮市	貫戸字両替山、山本字長峰、青木字西野山、外神字河原上、星山字上ノ原、星山字坊地及び下羽鮒字小平野

市町名	区	地域
静岡市	清水区	蒲原東及び蒲原新栄
		緑ヶ丘一二五〇番一、一二五三番一から一二五三番八まで、一二五三番一〇から一二五三番四八まで、一二五三番五一から一二五三番八〇まで、一二五三番八二から一二五三番八七まで、一二五三番八九及び一二五三番九〇
		中原字東蛭子宮五三一番五から五三一番四〇まで及び五五一番五から五五一番一六まで
	駿河区	富士見台一丁目一五三番六から一五三番三二まで、一五三番三五から一五三番五六まで、一五三番六一、一五三番六二、一七六番一から一七六番二八まで、一七六番三〇、一七六番三二から一七六番四七まで、一七六番四九、一七六番五〇、一七六番五二から一七六番五四まで、一七六番五七から一七六番七一まで及び一七六番七三から一七六番八二まで
		富士見台二丁目一七七番二から一七七番一四まで、一七七番二一、一七八番一から一七八番二〇まで、一七九番一から一七九番二二まで、一八二番一から一八二番五四まで、一九二番五、一九二番六、二三四番三、二三四番五、二三四番七、二三四番九から二三四番一七まで、二三四番一九、二三四番二〇及び二四九番一から二四九番七まで
	中区	佐鳴台三丁目、佐鳴台四丁目、佐鳴台五丁目及び佐鳴台六丁目のうち、都市計画法第八条第一項第一号の近隣商業地域
	西区	湖東町字気賀谷及び湖東町字東原
		大人見町字向イ山、古人見町字アヘカヤ、古人見町字向イ山及び古人見町字アベケヤ
		高塚町一五五四番、一五五五番、一五五六番、一五五七番一から一五五七番三まで、一五五八番、一五五九番、一五六〇番、一五六一番、一五六二番一、一五六二

番二、一五六三番一、一五六三番三、一五六三番四、一五六五番、一五六六番、一五六七番、一五六八番、一五六九番、一五七〇番、一五七一番、一五七二番一、一五七二番三、一五七二番五、一五七三番一、一五七三番二、一五七四番、一五七五番一から一五七五番五まで、一五七七番一、一五七八番一、一五七九番一から一五七九番五まで、一五八〇番一、一五八〇番二、一五八一番、一五八二番、一五八三番、一五八四番一から一五八四番五まで、一五八五番一、一五八六番一から一五八六番三まで、一五八七番一から一五八七番四まで、一五九三番一、一五九四番一、一五九五番一、一五九九番、一六〇四番一、一六〇五番一、一六〇六番一、一六〇六番二、一六〇七番一から一六〇七番五まで、一六〇八番一、一六〇八番二、一六〇九番一、一六〇九番二、一六一〇番一、一六一〇番二、一六一一番一、一六一一番二、一六一二番一、一六一二番二、一六一三番一、一六一三番二、一六一四番一、一六一四番二、一六一五番一、一六一五番二、一六一六番一、一六一六番二、一六一七番、一六一八番、一六一九番一、一六一九番三、一六二〇番、一六二一番、一六二二番、一六二三番一、一六二三番二、一六二四番一、一六二四番二、一六二五番、一六二六番、一六二七番、一六二八番、一六二九番、一六三〇番、一六三一番、一六三二番一、一六三二番二、一六三三番一、一六三三番二、一六三四番一、一六三四番二、一六三五番一、一六三五番二、一六三六番一、一六三六番二、一六三七番一、一六三七番二、一六三八番一から一六三八番五まで、一六三九番、一六四〇番、一六四一番、一六四二番一、一六四二番二、一六四三番一、一六四三番二、一六四四番一、一六四四番二、一六四五番、一六四六番一、一六四六番二、一六四七番、一六四八番、一六四九番、一六五〇番、一六五一番、一六五二番、一六五三番、一六五四番、一六五五番、一六五六番、一六五七番、一六五八番、一六五九番、一六六〇番、一六六一番、一六六二番、一六六三番、一六六四番、一六六五番、一六六六番、一六六七番、一六六八番、一六六九番、一六七〇番、一六七一番、一六七二番、一六七三番、一六七四番一、一六七四番二、一六七五番一から一六七五番七まで、一六七六番一から一六七六番四まで、一六七九番一、一六八〇番一、一六八一番一、一六八二番一から一六八二番三まで、一六八三番一、一六八五番一、一六八六番一、一六八七番、一六八八番、一六八九番、一六九〇番、一六九一番、一六九二番、一六九三番、一六九四番、一六九五番、一六九六番、一六九七番一、一六九七番二、一六九八番一、一六九八番二、一六九九番一から一六九九番五まで、一七〇〇番一、一七〇一番一、一七〇二番一、一七〇二番二、一七〇七番一、一七〇九番一から一七〇九番四まで、一七一一番一、一七一二番一、一七一三番、一七一四番、一七一五番、一七一六番、一七一七番一から一七一七番三まで、一七一八番一、一七一九番一、一七二〇番一、一七二一番一から一七二一番八まで、一七二六番一から一七二六番三まで、一七二八番一、一七二九番一、一七三〇番、一七三一番一から一七三一番三まで、一七三二番、一七三三番、一七三四番、一七三五番、一七三六番、一七三七番、一七三八番、一七三九番、一七四〇番、一七四一番、一七四二番、一七五二番一、一七五二番二、一七五三番一、一七五三番二、一七五四番一、一七五四番二、一七五五番一、一七五五番二、一七五六番一、一七五六番二、一七五七番一から一七五七番五まで、一七五八番一から一七五八番三まで、一七五九番一、一七五九番二、一七六〇番一、一七六〇番二、一七六一番一から一七六一番三まで、一七七八番一、一七七八番二、一七七九番、一七八〇番一、一七八〇番二、一七八一番一、一七八一番二、一七八二番一から一七八二番三まで、一七八三番一、一七八三番二、一七八四番、一七八五番、一七八六番、一七八七番、一七八八番一から一七八八番八まで、一七八八番一〇から一七八八番四一まで、一七八八番四三、一七八八番四五から一七八八番四八まで、一七八八番五〇から一七八八番九八まで、一七八八番一〇〇から一七八八番一四一まで、一七八八番一四三から一七八八番一四八まで、一七八八番一五〇から一七八八番一九八まで、一七八八番二

浜松市

南区

〇〇から一七八八番二〇五まで、一七九九番一、一七九九番二、一八〇〇番、一八〇一番一、一八〇一番二、一八〇二番、一八〇三番一、一八〇三番二、一八〇四番一、一八〇四番二、一八〇五番一、一八〇五番二、一八〇六番一から一八〇六番六まで、一八二四番、一八二五番、一八二六番一、一八二六番二、一八二七番一、一八二七番二、一八二八番、一八二九番、一八五二番一から一八五二番六まで、一八五三番一、一八五三番二、一八五四番一、一八五四番二、一八五五番一、一八五五番二、一八五六番一、一八五六番二、一八五七番一、一八五七番二、一八八二番、一八八三番一、一八八三番二、一八八四番一から一八八四番三まで、一八八五番一、一八八五番二、一八八六番一、一八八六番二、一八八七番一、一八八七番二、一九六三番一、一九六三番二、一九六四番一、一九六四番二、一九六五番一、一九六五番二、一九六六番、一九六七番一から一九六七番四まで、一九六八番一から一九六八番三まで、一九六九番一、一九六九番二、一九七〇番一、一九七〇番二、一九九四番一、一九九四番二、一九九五番一、一九九五番二、一九九六番一から一九九六番三まで、一九九七番、一九九八番一、一九九八番二、二〇六九番一、二〇六九番二、二〇七〇番、二〇七一番一、二〇七一番二、二〇七二番一、二〇七二番二、二〇七四番一から二〇七四番五まで、二〇九〇番、二〇九一番、二〇九二番、二〇九三番、二〇九四番一から二〇九四番六まで、二〇九五番一、二〇九五番二、二〇九六番一、二〇九六番二、二一一四番、二一一五番一、二一一五番二、二一一六番一、二一一六番二、二一一七番、二一一八番、二一一九番、二一三九番一、二一三九番二、二一四〇番一、二一四〇番二、二一四一番一、二一四一番二、二一四二番一、二一四二番二、二一四三番、二一四四番一、二一四四番二、二一六二番、二一六三番一、二一六三番二、二一六四番一、二一六四番二、二一六五番、二一六六番、二一七三番一から二一七三番七まで、二一七四番、二一七五番、二一七六番、二一七七番一、二一七七番二、二一七八番一、二一七八番二、二一七九番、二一八〇番一、二一八〇番二、二一八一番、二一八二番、二一八三番一から二一八三番三まで、二一八三番五、二一八三番六、二一八四番一、二一八五番一から二一八五番三まで、二一八六番一、二一八七番一、二一八八番一、二一八九番一、二一九〇番一、二一九一番一、二一九二番一、二一九三番一、二一九三番二、二一九四番一、二一九四番三、二一九五番一、二二〇八番一から二二〇八番三まで、二二〇九番一から二二〇九番三まで、二二一〇番一、二二一〇番二、二二一一番一、二二一一番二、二二一二番一から二二一二番八まで、二二一三番一から二二一三番三まで、二二一四番一から二二一四番三まで、二二一五番一、二二一五番二、二二一六番一から二二一六番三まで、二二一七番一、二二一七番三から二二一七番五まで、二二一八番一、二二一九番一、二二二〇番一、二二二一番一、二二二二番、二二二三番、二二二四番、二二二五番、二二二六番一、二二二六番三、二二二六番四、二二二七番一、二二二七番二、二二二八番、二二二九番一、二二二九番二、二二三〇番一から二二三〇番六まで、二二三一番一、二二三一番二、二二三一番四、二二三二番、二二三三番、二二三四番一から二二三四番四まで、二二三四番七、二二三四番九、二二三四番一〇、二二三五番一から二二三五番三まで、二二三六番一、二二三六番二、二二三七番一から二二三七番三まで、二二三八番一から二二三八番四まで、二二三九番、二二四〇番、二二四一番、二二四二番一、二二四三番一、二二四三番三から二二四三番五まで、二二四四番一から二二四四番三まで、二二四五番、二二四六番一から二二四六番三まで、二二四七番二、二二四八番一から二二四八番一〇まで、二二四九番一、二二四九番二、二二五〇番一から二二五〇番四まで、二二五一番一から二二五一番四まで、二二五二番一から二二五二番三まで、二二五三番一から二二五三番六まで、二二五四番一、二二五四番二、二二五五番一、二二五五番二、二二五六番一から二二五六番三まで、二二五七番一から二二五七番四まで、二二五八番一から二二五八番三まで、二二五九番一から二二五九番三まで、二二六〇番一から二二六〇番

	三まで及び四一〇〇番
	寺島字西南崎、寺島字大南崎及び寺島字東南崎の区域並びに寺島字南崎のうち、市道寺島十九号線西側の区域内
浜北区	県道二俣浜松線、市道八幡団地四号線及び市道上善地八幡団地線に囲まれた区域内並びにその周囲三十メートルの区域内
	県道二俣浜松線、市道上善地八幡団地線及び市道八幡団地十五号線に囲まれた区域内並びにその周囲三十メートルの区域内

別表第三（第五条関係）

臨時風俗営業制限除外地域

地域名

三島市大宮町二丁目　三島大社境内
富士市今井　妙法寺境内
富士宮市宮町　浅間大社境内
静岡市清水区西久保　秋葉山神社境内
静岡市葵区宮ヶ崎町　静岡浅間神社境内
焼津市焼津二丁目　焼津神社境内
島田市金谷　巌室神社境内
島田市金谷河原　八雲神社境内
磐田市中泉　府八幡宮神社境内
磐田市見付　矢奈比売神社境内
浜松市中区鴨江四丁目　鴨江寺境内

別表第四（第六条第三項関係）

旅館業施設内の風俗営業制限除外地域

市町名	地域	
下田市	全域	
伊豆市	全域	
伊豆の国市	大仁、長岡及び古奈	
伊東市	全域	
熱海市	全域	
沼津市	口野、内浦重寺、内浦小浜、内浦三津、内浦長浜、常盤町二丁目、常盤町三丁目、本松下及び戸田	
静岡市	清水区	三保
	葵区	井川、梅ヶ島及び入島
浜松市	西区	舘山寺町
東伊豆町	全域	
南伊豆町	全域	
河津町	全域	
川根本町	寸又峡	

別表第五（第七条関係）
特別日営業延長許容地域

祭典等	特別日営業延長許容地域
黒船祭	下田市
あやめ祭り	伊豆の国市
三島大社夏まつり	三島市
按針（あんじん）祭	伊東市
熱海海上花火大会（七月及び八月に開催するものに限る。）	熱海市
伊豆山納涼花火大会	熱海市
やぶさめ祭り	富士宮市
富士宮秋まつり	富士宮市
清水港まつり	静岡市清水区
静岡まつり	静岡市葵区及び駿河区
浜松まつり	浜松市

別表第六（第八条関係）
営業延長許容地域

市区町名	地域
下田市	一丁目（一三番から一五番までを除く。）から三丁目まで、西本郷一丁目及び東本郷一丁目の商業地域
伊東市	銀座元町、寿町、幸町、桜木町一丁目、桜木町二丁目、猪戸一丁目、猪戸二丁目、宝町、竹の内二丁目、中央町、東松原町、松川町、松原本町、松原湯端町、弥生町、湯川一丁目、湯川三丁目及び和田一丁目の商業地域
熱海市	上宿町、銀座町、咲見町（七番を除く。）、清水町、昭和町、田原本町、中央町、渚町及び和田浜南町の商業地域
三島市	一番町、大宮町三丁目、芝本町、中央町、広小路町及び本町の商業地域
沼津市	上土町、大手町一丁目から大手町五丁目まで、鵬町、幸町、西条町、魚町、三枚橋町、下本町、白銀町、新宿町、新町、末広町、浅間町、添地町、大門町、高島本町、高沢町、高島町、通横町、仲町、八幡町、東宮後町、本町、真砂町及び町方町の商業地域
御殿場市	新橋の商業地域のうち、県道沼津小山線、県道御殿場停車場線、市道二百十六号線、市道四千二百四十二号線及び市道千五百十四号線に囲まれた地域並びに県道沼津小山線、県道御殿場停車場線、市道千五百二号線及び市道千四百八十号線に囲まれた地域
富士市	富士町、平垣、平垣本町及び本町の商業地域のうち、東海旅客鉄道東海道本線北側の地域並びに今泉一丁目、中央町一丁目から中央町三丁目まで、伝法、錦町一丁目、御幸町、吉原一丁目から吉原五丁目まで、依田原及び依田原町の商業地域
富士宮市	大宮町一番、大宮町二番、大宮町八番、大宮町一〇番、大宮町一二番から三二番まで、貴船町一番、貴船町二番、中央町二番から五番まで、中央町七番から九番まで、中央町一二番から一五番まで、西町一番から五番まで、西町一〇番から一七番まで、西町

	二五番から二七番まで、東町一三番、東町一四番、東町二一番から二三番まで、東町三〇番及び宮町四番から一〇番までの商業地域
静岡市清水区	相生町、旭町、入船町、江尻町、江尻東一丁目から江尻東三丁目まで、大手一丁目、小芝町、銀座、島崎町、袖師町、宝町、千歳町、辻一丁目、巴町、富士見町、本郷町、真砂町、松原町、万世町一丁目、万世町二丁目、港町一丁目、港町二丁目及び宮代町の商業地域
静岡市葵区	安倍町、梅屋町、大鋸町、追手町、上石町、川辺町一丁目、川辺町二丁目、金座町、車町、黒金町、紺屋町、呉服町一丁目、呉服町二丁目、駒形通一丁目から駒形通三丁目まで、栄町、桜木町、七間町、昭和町、新通一丁目、駿河町、大工町、鷹匠一丁目から鷹匠三丁目まで、茶町一丁目、天王町、伝馬町、常磐町一丁目から常磐町三丁目まで、研屋町、中町、西門町、馬場町、人宿町一丁目、人宿町二丁目、日出町、富士見町、双葉町、宮ヶ崎町、本通一丁目から本通一〇丁目まで、本通西町、御幸町、弥勒一丁目、八千代町、横田町、吉野町、両替町一丁目及び両替町二丁目の商業地域のうち、安倍町の県道井川湖御幸線西側かつ県道静岡環状線北側、鷹匠三丁目の県道静岡環状線東側及び横田町の市道御幸町柚木旧東海道線北側を除く地域
静岡市駿河区	泉町一番から三番まで、泉町六番から九番まで、稲川一丁目一番から七番まで及び南町一番から一一番までの商業地域
掛川市	駅前、紺屋町、肴町、中町及び連雀の商業地域
浜松市中区	旭町、池町、板屋町、海老塚町、海老塚一丁目の市道竜禅寺雄踏線北側、海老塚二丁目の市道竜禅寺雄踏線北側、尾張町、鍛冶町、北田町、北寺島町の市道早出寺脇線西側及び市道飯田鴨江線北側、元目町、紺屋町、栄町、肴町、塩町、下池川町の一般国道百五十二号線東側かつ市道植松和地線南側、神明町、砂山町の市道海老塚砂山一号線北側かつ市道砂山三十四号線西側かつ市道砂山北寺島二号線北側、大工町、高町、田町、千歳町、中央一丁目、中央三丁目、伝馬町、利町、常盤町、平田町、成子町、旅籠町、八幡町、早馬町、東田町、松城町の市道松城栄一号線東側、元魚町、元城町の一般国道二百五十七号線東側及び市道馬込住吉線南側、元浜町、山下町並びに連尺町の商業地域

別表第七（第十一条関係）　特定遊興飲食店営業の営業所設置許容地域

市区町名	地域
下田市	一丁目（一三番から一五番までを除く。）から三丁目まで、西本郷一丁目及び東本郷一丁目の商業地域
伊東市	銀座元町、寿町、幸町、桜木町一丁目、桜木町二丁目、猪戸一丁目、猪戸二丁目、宝町、竹の内二丁目、中央町、東松原町、松川町、松原本町、松原湯端町、弥生町、湯川一丁目、湯川三丁目及び和田一丁目の商業地域
熱海市	上宿町、銀座町、咲見町（七番を除く。）、清水町、昭和町、田原本町、中央町、渚町及び和田浜南町の商業地域
三島市	一番町、大宮町三丁目、芝本町、中央町、広小路町及び本町の商業地域
沼津市	上土町、大手町一丁目から大手町五丁目まで、鷗町、幸町、西条町、魚町、三枚橋町、下本町、白銀町、新宿町、新町、末広町、浅間町、添地町、大門町、高島本町、高沢町、高島町、通横町、仲町、八幡町、東宮後町、本町、真砂町及び町方町の商業地域
御殿場市	新橋の商業地域のうち、県道沼津小山線、県道御殿場停車場線、市道二百十六号線、市道四千二百四十二号線及び市道千五百十四号線に囲まれた地域並びに県道沼津小山線、県道御殿場停車場線、市道千五百二号線及び市道千四百八十号線に囲まれた地域
富士市	富士町、平垣、平垣本町及び本町の商業地域のうち、東海旅客鉄道東海道本線北側の地域並びに今泉一丁目、中央町一丁目から中央町三丁目まで、伝法、錦町一丁目、御幸町、吉原一丁目から吉原五丁目まで、依田原及び依田原町の商業地域
富士宮市	大宮町一番、大宮町二番、大宮町八番、大宮町一〇番、大宮町一二番から三二番まで、貴船町一番、貴船町二番、中央町二番から五番まで、中央町七番から九番まで、中央町一二番から一五番まで、西町一番から五番まで、西町一〇番から一七番まで、西町二五番から二七番まで、東町一三番、東町一四番、東町二一番か

	ら二三番まで、東町三〇番及び宮町四番から一〇番までの商業地域
静岡市清水区	相生町、旭町、江尻町、江尻東一丁目から江尻東三丁目まで、大手一丁目、小芝町、銀座、袖師町、宝町、千歳町、辻一丁目、巴町、富士見町、本郷町、真砂町、万世町二丁目、万世町三丁目、港町二丁目及び宮代町の商業地域並びに入船町、島崎町、新港町、清開一丁目、清開三丁目、日の出町、松原町及び港町一丁目
静岡市葵区	安倍町、梅屋町、大鋸町、追手町、上石町、川辺町一丁目、川辺町二丁目、金座町、車町、黒金町、紺屋町、呉服町一丁目、呉服町二丁目、駒形通一丁目から駒形通三丁目まで、栄町、桜木町、七間町、昭和町、新通一丁目、駿河町、大工町、鷹匠一丁目から鷹匠三丁目まで、茶町一丁目、天王町、伝馬町、常磐町一丁目から常磐町三丁目まで、研屋町、中町、西門町、馬場町、人宿町一丁目、人宿町二丁目、日出町、富士見町、双葉町、宮ヶ崎町、本通一丁目から本通一〇丁目まで、本通西町、御幸町、弥勒一丁目、八千代町、横田町、吉野町、両替町一丁目及び両替町二丁目の商業地域のうち、安倍町の県道井川湖御幸線西側かつ県道静岡環状線北側、鷹匠三丁目の県道静岡環状線東側及び横田町の市道御幸町柚木旧東海道線北側を除く地域
静岡市駿河区	泉町一番から三番まで、泉町六番から九番まで、稲川一丁目一番から七番まで及び南町一番から一一番までの商業地域
掛川市	駅前、紺屋町、肴町、中町及び連雀の商業地域
浜松市中区	旭町、池町、板屋町、海老塚町、海老塚一丁目の市道竜禅寺雄踏線北側、海老塚二丁目の市道竜禅寺雄踏線北側、尾張町、鍛冶町、北田町、北寺島町の市道早出寺脇線西側及び市道飯田鴨江線北側、元目町、紺屋町、栄町、肴町、塩町、下池川町の一般国道百五十二号線東側かつ市道植松和地線南側、神明町、砂山町の市道海老塚砂山一号線北側かつ市道砂山三十四号線西側かつ市道砂山北寺島二号線北側、大工町、高町、田町、千歳町、中央一丁目、中央三丁目、伝馬町、利町、常盤町、平田町、成子町、旅籠町、八幡町、早馬町、東田町、松城町の市道松城栄一号線東側、元魚町、元城町の一般国道二百五十七号線東側及び市道馬込住吉線南側、元浜町、山下町並びに連尺町の商業地域

別表第八（第十二条関係）

臨時特定遊興飲食店営業の営業所設置許容地域

地域名
三島市大宮町二丁目　三島大社境内
富士市今井　妙法寺境内
富士宮市宮町　浅間大社境内
静岡市清水区西久保　秋葉山神社境内
静岡市葵区宮ヶ崎町　静岡浅間神社境内
焼津市焼津二丁目　焼津神社境内
島田市金谷　厳室神社境内
島田市金谷河原　八雲神社境内
磐田市中泉　府八幡宮神社境内
磐田市見付　矢奈比売神社境内
浜松市中区鴨江四丁目　鴨江寺境内

別表第九（第十三条関係）

風俗環境保全協議会設置地域

地域名
下田警察署の管轄区域
三島警察署の管轄区域
伊東警察署の管轄区域
熱海警察署の管轄区域
沼津警察署の管轄区域
御殿場警察署の管轄区域
富士警察署の管轄区域
富士宮警察署の管轄区域
清水警察署の管轄区域
静岡中央警察署の管轄区域
静岡南警察署の管轄区域
掛川警察署の管轄区域
浜松中央警察署の管轄区域

富山県

○富山県風俗営業等の規制及び業務の適正化等に関する法律施行条例

（昭和五九・一二・二二　富山県条例三六）

最終改正　平成三〇・三・二六　条例四七

（趣旨）

第一条　この条例は、風俗営業等の規制及び業務の適正化等に関する法律（昭和二十三年法律第百二十二号。以下「法」という。）の規定に基づき、風俗営業及び性風俗関連特殊営業等について、営業区域及び営業時間の制限、騒音及び振動の規制並びに営業者の遵守事項等に関し必要な事項を定めるものとする。

（風俗営業の許可に係る営業所の設置制限地域）

第二条　法第四条第二項第二号の条例で定める地域は、次の各号に掲げる地域とする。

一　都市計画法（昭和四十三年法律第百号）第八条第一項第一号に規定する第一種低層住居専用地域、第二種低層住居専用地域、第一種中高層住居専用地域、第二種中高層住居専用地域、第一種住居地域、第二種住居地域、準住居地域及び田園住居地域（以下「住居集合地域」と総称する。）

二　都市計画法第八条第一項第一号に規定する商業地域（以下「商業地域」という。）のうち、次のア又はイに掲げる施設（別表第一に掲げる区域内にある施設を除く。第四号において同じ。）の敷地（これらの用に供するものと決定した土地を含む。以下同じ。）の周囲七十メートルの区域内の地域

ア　学校教育法（昭和二十二年法律第二十六号）第一条に規定する学校（大学を除く。）

イ　児童福祉法（昭和二十二年法律第百六十四号）第七条第一項に規定する児童福祉施設

三　商業地域のうち、次のアからウまでに掲げる施設（別表第一に掲げる区域内にある施設を除く。第五号において同じ。）の敷地の周囲五十メートルの区域内の地域

ア　学校教育法第一条に規定する大学

イ　医療法（昭和二十三年法律第二百五号）第一条の五第一項に規定する病院

ウ　図書館法（昭和二十五年法律第百十八号）第二条第一項に規定する図書館

四　住居集合地域及び商業地域以外の地域のうち、第二号ア又はイに掲げる施設の敷地の周囲百メートルの区域内の地域

五　住居集合地域及び商業地域以外の地域のうち、第三号アからウまでに掲げる施設の敷地の周囲七十メートルの区域内の地域

2　前項の規定は、列車内の営業所等営業する場所が常態として移動する営業所並びに次条第二項第一号及び第三号に規定する日その他これに類する日において三月以内の期間を限つて営む営業に係る営業所については、適用しない。

（風俗営業の営業時間の特例）

第三条　法第十三条第一項の条例で定める時は、午前一時とする。

2　法第十三条第一項第一号の習俗的行事その他の特別な事情のある日として条例で定める日は次の各号に掲げる日とし、同項第一号の当該事情のある地域として条例で定める地域はそれぞれ当該各号に定める地域とする。

一　八月十四日から同月十八日までの日　県内全域

二　十二月二十五日から翌年の一月八日までの日　県内全域

三　前二号に掲げるもののほか、富山県公安委員会規則（以下「規則」という。）で定める日　規則で定める地域及びその他の地域であつて次項に規定する地域

3　法第十三条第一項第二号の午前零時以後において風俗営業を営むことが許容される特別な事情のある地域として条例で定める地域は、法第二条第一項各号に掲げる営業（同項第四号の営業にあつては、まあじやん屋に限る。）について別表第一第一項から第三項までに掲げる区域とする。

（風俗営業の営業時間の制限）

第四条　風俗営業者（法第二条第二項に規定する風俗営業者をいう。以下同

じ。）は、住居集合地域において、午前六時後午前九時までの時間においては、法第二条第一項各号に掲げる営業（同項第四号の営業にあつては、まあじやん屋に限る。）を営んではならない。

2　風俗営業者は、別表第二の左〔上〕欄に掲げる日ごとに、別表第三に掲げる区域その他の別表第二の中欄に掲げる地域の区分に応じ、それぞれ同表の右〔下〕欄に定める時間においては、法第二条第一項第四号の営業（まあじやん屋を除く。）を営んではならない。

（風俗営業に係る騒音及び振動の数値）

第五条　法第十五条の条例で定める騒音に係る数値は、次の表の左〔上〕欄に掲げる地域ごとに、同表の右〔下〕欄に掲げる時間の区分に応じ、それぞれ同欄に定める数値とする。

地域	数値		
	昼間	夜間	深夜
住居集合地域	五十デシベル	四十五デシベル	四十デシベル
商業地域、近隣商業地域及び準工業地域	六十五デシベル	六十デシベル	五十デシベル
その他の地域	六十デシベル	五十五デシベル	四十五デシベル

備考
(1)「近隣商業地域」及び「準工業地域」とは、都市計画法第八条第一項第一号に規定する近隣商業地域及び準工業地域をいう。
(2)「昼間」とは、午前六時後午後六時前の時間をいう。
(3)「夜間」とは、午後六時から翌日の午前零時前の時間をいう。
(4)「深夜」とは、午前零時から午前六時までの時間をいう。

2　法第十五条の条例で定める振動に係る数値は、五十五デシベルとする。

（風俗営業者の遵守事項）

第六条　風俗営業者は、次の各号に掲げる事項を守らなければならない。

一　営業所において、店舗型性風俗特殊営業（法第二条第六項に規定する営業をいう。以下同じ。）若しくは店舗型電話異性紹介営業（法第二条第九項に規定する営業をいう。以下同じ。）を営み、又は他の者に営ませないこと。

二　営業所において、卑わいな行為その他善良の風俗を害する行為をし、又は従業者若しくは客にこれらの行為をさせないこと。

三　営業所において、客を就寝させ、又は宿泊させないこと。

四　客の求めない飲食物を提供しないこと。

五　営業に関し、正当な理由がなく従業者から金品を徴収しないこと。

六　営業中に、営業所の客室等に施錠をし、又は従業者若しくは客に当該行為をさせないこと。

2　法第二条第一項第四号及び第五号の営業を営む風俗営業者は、前項の規定によるほか、次の各号に掲げる事項を守らなければならない。

一　営業所において、賭博類似行為その他著しく射幸心をそそるおそれのある行為をし、又は従業者若しくは客にこれらの行為をさせないこと。

二　著しく射幸心をそそるおそれのある方法で営業しないこと。

三　営業所において、客に飲酒させないこと。ただし、法第二条第一項第四号のまあじやん屋を営む者及び当該営業所につき食品衛生法（昭和二十二年法律第二百三十三号）第五十二条第一項の許可を受けている者で法第二条第一項第五号の営業を営むものにあつては、この限りでない。

四　客に提供した賞品を買い取らせないこと。

3　法第二条第一項第五号の営業を営む風俗営業者は、午後六時から午後十時前の時間において十六歳未満の者を営業所に客として立ち入らせるときは、保護者の同伴を求めなければならない。

（店舗型性風俗特殊営業等の禁止区域の基準となる施設）

第七条　法第二十八条第一項（法第三十一条の三第二項の規定により適用する場合及び法第三十一条の十三第一項において準用する場合を含む。）の条例で定める施設は、医療法第一条の五第一項に規定する病院とする。

（店舗型性風俗特殊営業等の禁止地域）

第八条　店舗型性風俗特殊営業は、別表第四の左〔上〕欄に掲げる店舗型性風俗特殊営業の種別の区分に応じ、それぞれ同表の右〔下〕欄に定める地域においては、これを営んではならない。

2　受付所営業（法第三十一条の二第四項に規定する受付所営業をいう。次条において同じ。）及び店舗型電話異性紹介営業は、別表第三に掲げる区域においては、これを営んではならない。

（深夜における店舗型性風俗特殊営業等の営業時間の制限）

第九条　店舗型性風俗特殊営業（法第二条第六項第四号の営業その他国家公安委員会規則で定める店舗型性風俗特殊営業を除く。）、受付所営業及び店舗型電話異性紹介営業は、午前零時から午前六時までの時間においては、これを営んではならない。

（店舗型性風俗特殊営業及び店舗型電話異性紹介営業の広告制限地域）

第十条　法第二十八条第五項第一号ロの条例で定める地域は、別表第四の左〔上〕欄に掲げる店舗型性風俗特殊営業の種別に応じ、それぞれ同表の右〔下〕欄に定める地域とする。

2　法第三十一条の十三第一項において準用する法第二十八条第五項第一号ロの条例で定める地域は、別表第三に掲げる区域とする。

（無店舗型性風俗特殊営業及び無店舗型電話異性紹介営業の広告制限地域）

第十一条　法第三十一条の三第一項において準用する法第二十八条第五項第一号ロの条例で定める地域は、次の各号に掲げる無店舗型性風俗特殊営業（法第二条第七項に規定する営業をいう。）の種別に応じ、それぞれ当該各号に定める地域とする。

一　法第二条第七項第一号の営業　別表第四第一項の右〔下〕欄に定める地域

二　法第二条第七項第二号の営業　別表第四第四項の右〔下〕欄に定める地域

2　法第三十一条の十八第一項において準用する法第二十八条第五項第一号ロの条例で定める地域は、別表第三に掲げる区域とする。

（映像送信型性風俗特殊営業の広告制限地域）

第十二条　法第三十一条の八第一項において準用する法第二十八条第五項第一号ロの条例で定める地域は、別表第四第四項の右〔下〕欄に定める地域とする。

（特定遊興飲食店営業の許可に係る営業所の設置許容地域）

第十三条　法第三十一条の二十三において準用する法第四条第二項第二号の条例で定める地域は、次の各号のいずれにも該当する地域とする。

一　別表第一第一項から第三項までに掲げる区域

二　次のア又はイに掲げる地域

ア　医療法第一条の五第一項に規定する病院の敷地の周囲五十メートルの区域外の地域

イ　児童福祉法第七条第一項に規定する児童福祉施設のうち、児童等を入所等させるものの敷地の周囲七十メートルの区域外の地域

（特定遊興飲食店営業の営業時間の制限）

第十四条　特定遊興飲食店営業者（法第二条第十二項に規定する特定遊興飲食店営業者をいう。以下同じ。）は、県内全域において、午前五時から午前六時までの時間においては、その営業を営んではならない。

（深夜における特定遊興飲食店営業に係る騒音及び振動の数値）

第十五条　法第三十一条の二十三において準用する法第十五条の条例で定める騒音に係る数値は、第五条第一項の表の左欄に掲げる地域ごとに、それぞれ同表の右欄に定める深夜に係る数値とする。

2　法第三十一条の二十三において準用する法第十五条の条例で定める振動に係る数値は、五十五デシベルとする。

（特定遊興飲食店営業者の遵守事項）

第十六条　特定遊興飲食店営業者は、次の各号に掲げる事項を守らなければならない。

一　営業所において、店舗型性風俗特殊営業若しくは店舗型電話異性紹介営業を営み、又は他の者に営ませないこと。

二　営業所において、卑わいな行為その他善良の風俗を害する行為をし、又は従業者若しくは客にこれらの行為をさせないこと。

三　客の求めない飲食物を提供しないこと。

四　営業中に、営業所の客室等に施錠をし、又は従業者若しくは客に当該行為をさせないこと。

五　営業所において、賭博類似行為その他著しく射幸心をそそるおそれのある行為をし、又は従業者若しくは客にこれらの行為をさせないこと。

六　著しく射幸心をそそるおそれのある方法で営業しないこと。

七　午後六時から午後十時前の時間において十六歳未満の者を営業所に客として立ち入らせるときは、保護者の同伴を求めること。

（深夜における飲食店営業に係る騒音及び振動の数値）

第十七条　法第三十二条第二項において準用する法第十五条の条例で定める騒音に係る数値は、第五条第一項の表の左〔上〕欄に掲げる地域ごとに、それぞれ同表の右〔下〕欄に定める深夜に係る数値とする。

2　法第三十二条第二項において準用する法第十五条の条例で定める振動に係る数値は、五十五デシベルとする。

（深夜における酒類提供飲食店営業の禁止地域）

第十八条　酒類提供飲食店営業（法第二条第十三項第四号に規定する営業をいう。）は、住居集合地域において、午前零時から午前六時までの時間においては、これを営んではならない。

（風俗環境保全協議会を設置する地域）

第十九条　法第三十八条の四の条例で定める地域は、次の各号に掲げる区域とする。

一　富山中央警察署が管轄する区域のうち、別表第一第一項及び第二項に掲げる区域

二　高岡警察署が管轄する区域のうち、別表第一第三項に掲げる区域

附　則〔略〕

別表第一（第二条、第三条、第十三条、第十九条関係）

1　富山市の区域のうち、主要地方道富山停車場線と一般国道四十一号との交会点を起点とし、順次同主要地方道、市道区画街路第二七一三号線、市道県庁線及び一般国道四十一号を経て起点に至る線で囲まれた区域
2　富山市の区域のうち、新富町一丁目、新富町二丁目、桜町一丁目、桜町二丁目及び内幸町の区域
3　高岡市の区域のうち、市道片原町新横町線と市道末広町本丸町線との交会点を起点とし、順次市道末広町本丸町線、主要地方道高岡停車場線、主要地方道高岡小杉線、市道下関町三号線、主要地方道高岡小杉線及び市道片原町新横町線を経て起点に至る線で囲まれた区域
4　黒部市の区域のうち、宇奈月温泉字桃原、宇奈月温泉字五千僧、宇奈月温泉字大原、宇奈月町音澤字弥太平及び黒部峡谷口の区域
備考　この表に掲げる区域は、平成十八年十二月二十五日における行政区画その他の区域又は道路によつて表示されたものとする。

別表第二（第四条関係）

日	地域	時間
1　第三条第二項第一号及び第二号に掲げる日の前日	別表第三に掲げる区域	午前六時後午前九時までの時間
2　第三条第二項第三号の規則で定める日の前日	(1)　第三条第二項第三号の規則で定める地域	午前六時後午前九時までの時間
	(2)　第三条第三項に規定する区域（前号に掲げる地域内の区域を除く。）	午前六時後午前九時までの時間及び午後十一時から翌日の午前一時までの時間
	(3)　別表第三に掲げる区域（第一号に掲げる地域及び前号に掲げる区域を除く。）	午前六時後午前九時までの時間及び午後十一時から翌日の午前零時前の時間
3　前二項に掲げる日以外の日	別表第三に掲げる区域	午前六時後午前九時までの時間及び午後十一時から翌日の午前零時前の時間

別表第三（第四条、第八条、第十条、第十一条関係）

富山市、高岡市、魚津市、氷見市、滑川市、黒部市、砺波市、小矢部市、南砺市（一般国道百五十六号の両側の路端から七百メートル以外の利賀村北原、利賀村長崎、利賀村大牧、利賀村下原、利賀村栃原及び利賀村新山の区域を除く。）、射水市、中新川郡及び下新川郡の区域
備考　この表に掲げる区域は、平成十八年三月三十一日における行政区画その他の区域又は道路によつて表示されたものとする。

別表第四（第八条、第十条―第十二条関係）

店舗型性風俗特殊営業の種別		地域
1　法第二条第六項第一号及び第二号に規定する営業		別表第三に掲げる区域
2　法第二条第六項第三号に規定する営業	(1)　風俗営業等の規制及び業務の適正化等に関する法律施行令（昭和五十九年政令第三百十九号。以下「令」という。）第二条第一号又は第二号の興行場を経営する営業	
	(2)　令第二条第三号の興行場を経営する営業	別表第三に掲げる区域（黒部市の区域のうち、宇奈月温泉字桃原、宇奈月温泉字五千僧、宇奈月温泉字大原、宇奈月町音澤字弥太平及び黒部峡谷口の区域を除く。）
3　法第二条第六項第四号に規定する営業	(1)　令第三条第一項第一号の施設で同条第三項第一号に該当する設備を有するものを設けて営む営業（第三号に掲げる営業を除く。）	別表第三に掲げる区域
	(2)　令第三条第一項第二号の施設で同条第二項に該当する構造又は同条第三項第二号に該当する設備を有するものを設けて営む営業（次号に掲げる営業を除く。）	別表第三に掲げる区域（商業地域を除く。）
	(3)　個室に自動車の車庫が個々に接続する施設で次のいずれかに該当する構造を有するものを設けて営む営業 ア　個室に接続する車庫（天井（天井のない場合にあつては、屋根）及び二以上の側壁（ついたて、カーテンその他これらに類するものを含む。）を有するものに限る。以下同じ。）の出入口が扉等によつて遮へいできる構造 イ　車庫の内部から個室に通ずる専用の人の出入口又は階段若しくは昇降機を有する構造 ウ　個室と車庫とが専用の通路によつて接続しているものにあつては、当該通路の内部が外部から見通すことができない構造	別表第三に掲げる区域
4　法第二条第六項第五号に規定する営業		別表第三に掲げる区域（黒部市の区域のうち、宇奈月温泉字桃原、宇奈月温泉字五千僧、宇奈月温泉字大原、宇奈月町音澤字弥太平及び黒部峡谷口の区域を除く。）
5　法第二条第六項第六号に規定する営業		別表第三に掲げる区域

○風俗営業の営業時間の特例に関する規則

（昭和六〇・三・二〇
富山県公安委員会規則五）

最終改正　平成二八・一・八　公安委員会規則一

富山県風俗営業等の規制及び業務の適正化等に関する法律施行条例（昭和五十九年富山県条例第三十六号）第三条第二項第三号の富山県公安委員会規則で定める日及び地域は、別表のとおりとする。

附　則（略）

別表

地域	日
下新川郡朝日町の区域	七月一日から七月三日までの日 八月二日から八月四日までの日
下新川郡入善町の区域	六月十九日から六月二十一日までの日 八月五日から八月八日までの日
黒部市の区域のうち富山県警察の組織に関する規則（昭和五十八年富山県公安委員会規則第三号。以下「組織規則」という。）別表第一に掲げる黒部警察署宇奈月温泉警察官駐在所、同東山警察官駐在所及び同愛本警察官駐在所の所管区の区域	二月第一土曜日に続く日曜日 五月二日から五月六日までの日 八月十二日及び八月十三日
黒部市の区域のうち組織規則別表第一に掲げる黒部警察署宇奈月温泉警察官駐在所、同東山警察官駐在所及び同愛本警察官駐在所の所管区を除く区域	六月二十五日及び六月二十六日 八月第一金曜日に続く土曜日及びその翌日
魚津市の区域	六月五日から六月七日までの日 八月第一金曜日に続く土曜日からその翌々日までの日
滑川市の区域	六月十六日から六月十八日までの日
富山市の区域のうち組織規則別表第一に掲げる富山北警察署水橋交番、同上条警察官駐在所及び同三郷警察官駐在所の所管区（以下「富山市水橋地区」という。）の区域	七月第四土曜日に続く日曜日及びその翌日 十月十六日及び十月十七日
中新川郡上市町の区域	六月九日から六月十一日までの日
中新川郡立山町の区域	六月十二日から六月十四日までの日
富山県警察の組織等に関する条例（昭和二十九年富山県条例第二十一号。以下「組織条例」という。）別表に掲げる富山北警察署の管轄区域のうち富山市水橋地区を除く富山市の区域	五月十七日及び五月十八日 八月二日から八月四日までの日
富山市の区域のうち組織条例別表に掲げる富山北警察署、富山中央警察署及び富山南警察署の管轄区域並びに組織規則別表第一に掲げる富山西警察署呉羽交番、五福交番及び池多警察官駐在所の所管区の区域	四月五日から四月十一日までの間の土曜日に続く日曜日及びその翌日 八月第一金曜日に続く土曜日からその翌々日までの日
組織条例別表に掲げる富山中央警察署の管轄区域並びに組織規則別表第一に掲げる富山西警察署五福交番、富山南警察署富南交番及び空港前交番の所管区の区域	六月一日から六月四日までの日
富山市の区域のうち組織規則別表第一に掲げる富山西警察署八尾幹部交番、同卯花警察官駐在所、同仁歩警	五月四日 九月二日から九月四日までの日

察官駐在所及び同野積警察官駐在所の所管区の区域	
射水市の区域のうち組織規則別表第一に掲げる射水警察署大門交番の所管区の区域	十月第二月曜日
射水市の区域のうち組織規則別表第一に掲げる射水警察署新湊幹部交番、同奈呉の浦交番、同新南交番及び同射北交番の所管区の区域	五月十六日及び五月十七日 八月二日及び八月三日 十月二日及び十月三日
高岡市の区域のうち組織規則別表第一に掲げる高岡警察署福岡町交番及び同西五位警察官駐在所の所管区の区域を除く区域	五月二日及び五月三日 八月六日から八月八日までの日 九月十一日及び九月十二日 十月第一金曜日に続く土曜日からその翌々日までの日
高岡市の区域のうち組織規則別表第一に掲げる高岡警察署伏木幹部交番の所管区の区域	五月十六日及び五月十七日 八月三日及び八月四日
氷見市の区域	四月十八日及び四月十九日 七月十四日及び七月十五日
南砺市の区域のうち組織規則別表第一に掲げる南砺警察署井波幹部交番及び同井口警察官駐在所の所管区の区域（旧井口村の区域を除く。）	五月四日 七月二十二日から七月二十九日までの日
南砺市の区域のうち組織規則別表第一に掲げる南砺警察署福野交番の所管区の区域	五月二日及び五月三日
砺波市の区域のうち組織規則別表第一に掲げる砺波警察署庄川警察官駐在所の所管区の区域	六月第一土曜日に続く日曜日及びその翌日
砺波市の区域のうち組織規則別表第一に掲げる砺波警察署庄川警察官駐在所の所管区を除く区域	四月十七日及び四月十八日 五月三日から五月五日までの日 六月第二金曜日に続く土曜日及びその翌日 九月十七日及び九月十八日
南砺市の区域のうち組織規則別表第一に掲げる南砺警察署直轄地域、同石黒警察官駐在所、同西太美警察官駐在所、同東太美警察官駐在所、同北山田警察官駐在所及び同南蟹谷警察官駐在所の所管区の区域	七月二十三日から七月二十六日までの日
南砺市の区域のうち組織規則別表第一に掲げる南砺警察署城端交番の所管区の区域	五月六日 九月十五日及び九月十六日
高岡市の区域のうち組織規則別表第一に掲げる高岡警察署福岡町交番及び同西五位警察官駐在所の所管区の区域	九月二十四日及び九月二十五日
小矢部市の区域	四月三十日及び五月一日
小矢部市の区域のうち組織規則別表第一に掲げる小矢部警察署津沢警察官駐在所の所管区の区域	六月第一金曜日に続く土曜日及びその翌日

石川県

○石川県風俗営業等の規制及び業務の適正化等に関する法律施行条例

（昭和五九・一二・二二
石川県条例四八）

最終改正　平成二七・一二・二四　条例四八

（趣旨）

第一条　この条例は、風俗営業等の規制及び業務の適正化等に関する法律（昭和二十三年法律第百二十二号。以下「法」という。）の規定に基づき、風俗営業及び性風俗関連特殊営業等の営業制限地域、営業時間の制限等並びに特定遊興飲食店営業の営業所設置許容地域、営業時間の制限等について必要な事項を定めるものとする。

（用語の意義）

第二条　この条例において「第一種低層住居専用地域」、「第二種低層住居専用地域」、「第一種中高層住居専用地域」、「第二種中高層住居専用地域」、「第一種住居地域」、「第二種住居地域」、「準住居地域」、「近隣商業地域」、「商業地域」、「工業地域」及び「工業専用地域」とは、それぞれ都市計画法（昭和四十三年法律第百号）第八条第一項第一号に規定する第一種低層住居専用地域、第二種低層住居専用地域、第一種中高層住居専用地域、第二種中高層住居専用地域、第一種住居地域、第二種住居地域、準住居地域、近隣商業地域、商業地域、工業地域及び工業専用地域をいう。

2　この条例において「住居専用地域」とは、第一種低層住居専用地域、第二種低層住居専用地域、第一種中高層住居専用地域及び第二種中高層住居専用地域をいい、「住居地域」とは、第一種住居地域、第二種住居地域及び準住居地域をいう。

3　この条例において「児童福祉施設」とは、児童福祉法（昭和二十二年法律第百六十四号）第七条第一項に規定する児童福祉施設をいい、「病院」とは、医療法（昭和二十三年法律第二百五号）第一条の五第一項に規定する病院をいい、「診療所」とは、同条第二項に規定する診療所（患者を入院させるための施設を有するものに限る。）をいう。

4　この条例において「営業用家屋等」とは、風俗営業の用に供する家屋及び施設をいう。

（風俗営業の営業制限地域）

第三条　法第四条第二項第二号に規定する条例で定める地域は、次のとおりとする。

一　住居専用地域及び住居地域の地域

二　学校（学校教育法（昭和二十二年法律第二十六号）第一条に規定する学校（大学を除く。）をいう。）、図書館（図書館法（昭和二十五年法律第百十八号）第二条第一項に規定する図書館をいう。）、児童福祉施設、又は病院の敷地（これらの用に供するものと決定した土地を含む。）から百メートル以内の地域

2　前項第二号の規定にかかわらず、営業所が、近隣商業地域内に存する場合にあつては同号中「百メートル」とあるのは「五十メートル」と、商業地域（市の区域内の商業地域を除く。）内に存する場合にあつては同号中「百メートル」とあるのは「三十メートル」とする。

3　第一項第二号の規定は、営業所が市の区域の商業地域内に存する場合は、適用しない。

4　第一項及び第二項の規定は、移動営業所（列車等営業所が常態として移動する営業所をいう。）又は臨時営業所（祭礼、縁日等の行事が開催される場合において、当該行事が開催される場所又は地域において、当該行事の開催期間中に三月以内の期間に限り、営業を行う営業所をいう。）には、適用しない。

（風俗営業の営業時間の特例及び営業延長許容地域）

第四条　法第十三条第一項第一号の特別な事情のある日として条例で定める日は、次の各号に掲げる日とし、当該特別な事情のある日に係る同項第一号の当該事情のある地域として条例で定める地域は、それぞれ当該各号に定める地域とする。

一　十二月二十一日から翌年の一月十日まで　県内全域

二　前号に掲げる日のほか、公安委員会が告示した日　公安委員会が告示した地域及びその他の地域であつて次項に規定する地域に該当するもの

2　法第二条第一項各号に規定する営業（同項第四号に規定する営業については、まあじゃん屋に限る。次条第一項において同じ。）について、法第十三条第一項第二号の午前零時以後において風俗営業を営むことが許容される特別な事情のある地域として条例で定める地域は、金沢市のうち片町一丁目及び二丁目並びに木倉町の地域とする。

3　法第十三条第一項ただし書の条例で定める時は、次の各号に掲げる地域の区分に応じてそれぞれ当該各号に定める時とする。

一　第一項各号に掲げる日に係る当該各号に定める地域　午前一時

二　前項に定める地域　午前一時

（風俗営業の営業時間の制限）

第五条　法第二条第一項各号に規定する営業のいずれかに該当するものを営む風俗営業者は、住居専用地域及び住居地域の地域内において午前六時後午前九時までの時間は、当該営業を営んではならない。

2　法第二条第一項第四号に規定する営業（まあじゃん屋を除く。）を営む風俗営業者は、次の表の上欄に掲げる日においては、同表の中欄に掲げる地域の区分に応じ、それぞれ同表の下欄に定める時間は、当該営業を営んではならない。

日	地域	時間
一　前条第一項第一号に掲げる日の前日	県内全域	午前六時後午前十時までの時間
二　前条第一項第二号に掲げる日の前日	イ　同号に定める地域のうち告示した地域に該当する地域	午前六時後午前十時までの時間
	ロ　前条第二項に規定する地域に該当する地域（イに掲げるものを除く。）	午前六時後午前十時までの時間及び午後十一時から翌日の午前一時までの時間
	ハ　イ又はロに掲げる地域以外の地域	午前六時後午前十時までの時間及び午後十一時から翌日の午前零時前の時間
三　前二号に掲げる日以外の日	県内全域	午前六時後午前十時までの時間及び午後十一時から翌日の午前零時前の時間

（風俗営業に係る騒音及び振動の数値）

第六条　法第十五条に規定する条例で定める騒音に係る数値は、次の表の上欄に掲げる地域ごとに、同表の下欄に掲げる時間の区分に応じ、それぞれ次のとおりとする。

地域	数値			
	昼間	夜間		深夜
		午後六時から午後十時前	午後十時から翌日の午前零時前	
一　第一種低層住居専用地域及び第二種低層住居専用地域	五十五デシベル	四十五デシベル	四十デシベル	四十デシベル
二　第一種中高層住居専用地域、第二種中高層住居専用地域及び住居地域	五十五デシベル	五十デシベル	四十五デシベル	四十デシベル
三　商業地域	六十五デシベル	六十デシベル	五十デシベル	五十デシベル
四　工業地域及び工業専用地域	六十五デシベル	六十デシベル	六十デシベル	五十デシベル
五　一から四までに掲げる地域以外の地域	六十デシベル	五十五デシベル	五十デシベル	四十五デシベル

備考
一　「昼間」とは、午前六時後午後六時前の時間をいう。
二　「夜間」とは、午後六時から翌日の午前零時前の時間をいう。
三　「深夜」とは、午前零時から午前六時までの時間をいう。以下同じ。

2　法第十五条に規定する条例で定める振動に係る数値は、五十五デシベルとする。

第七条　削除

（風俗営業者の遵守事項）
第八条　風俗営業者は、次の事項を遵守しなければならない。
一　営業用家屋等において、法第二条第六項各号に規定する営業を営まないこと。
二　従業者の負担で特殊な容装をさせないこと。
三　何らの名義をもつてするを問わず従業者から金品を徴収しないこと。
四　営業所で卑わいな行為その他善良の風俗を害するおそれのある行為をし、又は客にこれらの行為をさせないこと。
五　営業用家屋等（旅館業法（昭和二十三年法律第百三十八号）第二条第二項に規定するホテル営業及び同条第三項に規定する旅館営業に係る宿泊のための施設を除く。）で、客を就寝させ、又は宿泊させないこと。
六　客の求めない飲食物を提供しないこと。
七　従業者に売上競争をさせないこと。
八　営業中、営業所の出入口及び客室に施錠しないこと。

2　法第二条第一項第四号に規定する営業（まあじやん屋を除く。）を営む風俗営業者は、前項各号に規定するもののほか、次の事項を遵守しなければならない。
一　営業所の客の見やすい場所に遊技の方法及び賞品の提供方法を掲示すること。
二　客に提供した賞品を買い取らせないこと。
三　当該営業に関し、とばく類似行為その他著しく射幸心をそそるおそれのある行為をし、又は営業所において客にこれらの行為をさせないこと。
四　営業所において、客に飲酒させないこと。

3　前項第三号の規定は、法第二条第一項第四号に規定する営業（まあじやん屋に限る。）及び同項第五号に規定する営業を営む風俗営業者について準用する。

4　第二項第四号の規定は、法第二条第一項第五号に規定する営業（当該営業所において風俗営業者が当該営業と兼ねて食品衛生法（昭和二十二年法律第二百三十三号）第五十二条第一項の許可を受けて飲食店営業を営む場合を除く。）を営む風俗営業者について準用する。

（法第二条第一項第五号の営業に係る営業所への年少者の立入りの制限等）
第九条　法第二条第一項第五号の営業を営む者は、午後六時以後午後十時前の時間において十六歳未満の者（その者の保護者（親権を行う者、未成年後見人その他の者で、当該十六歳未満の者を現に監護するものをいう。次項において同じ。）に同伴された者を除く。）を営業所に客として立ち入らせてはならない。

2　法第二条第一項第五号の営業を営む風俗営業者は、午後六時以後午後十時前の時間において十六歳未満の者を営業所に客として立ち入らせるときは、保護者の同伴を求めなければならない。

（店舗型性風俗特殊営業の禁止区域の基準となる施設）
第十条　法第二十八条第一項に規定する条例で定める施設は、次のとおりとする。
一　病院及び診療所
二　主として街区内に居住する者の利用に供することを目的とする都市公園（都市公園法（昭和三十一年法律第七十九号）第二条第一項に規定する都市公園のうち都市公園法施行令（昭和三十一年政令第二百九十号）第二条第一項第一号に規定する公園をいう。）
三　公民館（社会教育法（昭和二十四年法律第二百七号）第二十一条第一項に規定する公民館をいう。）

（店舗型性風俗特殊営業の営業禁止地域）
第十一条　店舗型性風俗特殊営業は、次の各号に掲げる営業の区分に応じ、当該各号に規定する地域においては、営んではならない。
一　法第二条第六項第一号及び第二号に規定する営業　別表第一に掲げる地域
二　法第二条第六項第三号に規定する営業　商業地域以外の地域

三　法第二条第六項第四号に規定する営業のうち風俗営業等の規制及び業務の適正化等に関する法律施行令（昭和五十九年政令第三百十九号。以下「令」という。）第三条第三項第一号イからハまでのいずれかに該当する設備を個室に有する同条第一項第一号に規定する施設を設けて営む営業（第六号に規定する営業を除く。）　別表第一に掲げる地域

四　法第二条第六項第四号に規定する営業のうち令第三条第三項第二号イ又はロに該当する設備を有する同条第一項第二号に規定する施設を設けて営む営業（次号及び第六号に規定する営業を除く。）　商業地域以外の地域

五　法第二条第六項第四号に規定する営業のうち令第三条第二項各号のいずれかに該当する構造を有する同条第一項第二号に規定する施設を設けて営む営業（次号に規定する営業を除く。）　別表第一に掲げる地域

六　法第二条第六項第四号に規定する営業のうち個室に自動車の車庫が個々に接続する施設であつて次のいずれかに該当するものにおいて営む営業　別表第一に掲げる地域

イ　個室に接続する車庫（二以上の側壁（カーテン、ついたて等を含む。）及び屋根を有するものに限る。以下同じ。）の出入口がとびら等によつてしやへいできるもの

ロ　車庫の内部から個室に通ずる専用の人の出入口又は階段若しくは昇降機が設けられているもの

ハ　個室と車庫とが専用の通路によつて接続しているものにあつては、当該通路の内部が外部から見えないもの

七　法第二条第六項第五号に規定する営業　商業地域以外の地域

八　令第五条に規定する営業　別表第一に掲げる地域

2　前項各号に規定する地域のほか、店舗型性風俗特殊営業は、伝統的建造物群保存地区（文化財保護法（昭和二十五年法律第二百十四号）第百四十二条に規定する伝統的建造物群保存地区をいう。以下同じ。）においては、営んではならない。

（店舗型性風俗特殊営業の営業時間の制限）

第十二条　店舗型性風俗特殊営業（法第二条第六項第四号に規定する営業を除く。）は、県内全域において、深夜は、営んではならない。

（店舗型性風俗特殊営業の広告制限地域）

第十三条　法第二十八条第五項第一号ロの条例で定める地域は、次の各号に掲げる営業の区分に応じ、それぞれ当該各号に定める地域とする。

一　法第二条第六項第一号及び第四号に規定する営業（同号に規定する営業については、第十一条第五号に規定する営業に限る。）　住居専用地域及び住居地域の地域

二　法第二条第六項第二号及び第四号に規定する営業（同号に規定する営業については、第十一条第三号及び第六号に規定する営業に限る。）　別表第二に掲げる地域

三　法第二条第六項第三号から第五号までに規定する営業（同項第四号に規定する営業については、第十一条第四号に規定する営業に限る。）　商業地域以外の地域

四　令第五条に規定する営業　別表第一に掲げる地域

（無店舗型性風俗特殊営業の広告制限地域）

第十四条　法第三十一条の三第一項において準用する法第二十八条第五項第一号ロの条例で定める地域は、次の各号に掲げる営業の区分に応じ、それぞれ当該各号に定める地域とする。

一　法第二条第七項第一号に規定する営業　別表第二に掲げる地域

二　法第二条第七項第二号に規定する営業　商業地域以外の地域

（受付所営業の禁止区域の基準となる施設）

第十四条の二　法第三十一条の三第二項の規定により適用する法第二十八条第一項に規定する条例で定める施設は、第十条各号に掲げる施設とする。

（受付所営業の営業禁止地域）

第十四条の三　受付所営業は、別表第一に掲げる地域においては、営んではならない。

（受付所営業の営業時間の制限）

第十四条の四　受付所営業は、県内全域において、深夜は、営んではならない。

（映像送信型性風俗特殊営業の広告制限地域）

第十五条　法第三十一条の八第一項において準用する法第二十八条第五項第一号ロの条例で定める地域は、商業地域以外の地域とする。

（店舗型電話異性紹介営業の禁止区域の基準となる施設）

第十六条　法第三十一条の十三第一項において準用する法第二十八条第一項に規定する条例で定める施設は、第十条各号に掲げる施設とする。

（**店舗型電話異性紹介営業の営業禁止地域**）

第十七条　店舗型電話異性紹介営業は、商業地域以外の地域又は伝統的建造物群保存地区においては、営んではならない。

（**店舗型電話異性紹介営業の営業時間の制限**）

第十八条　店舗型電話異性紹介営業は、県内全域において、深夜は、営んではならない。

（**店舗型電話異性紹介営業の広告制限地域**）

第十九条　法第三十一条の十三第一項において準用する法第二十八条第五項第一号ロの条例で定める地域は、商業地域以外の地域とする。

（**無店舗型電話異性紹介営業の広告制限地域**）

第二十条　法第三十一条の十八第一項において準用する法第二十八条第五項第一号ロの条例で定める地域は、商業地域以外の地域とする。

（**特定遊興飲食店営業の営業所設置許容地域**）

第二十一条　法第三十一条の二十三において読み替えて準用する法第四条第二項第二号に規定する条例で定める地域は、金沢市のうち片町二丁目及び二丁目並びに木倉町の地域（児童福祉施設（児童を入所させ、入院させ、又は深夜に通所させるものに限る。）、病院又は診療所の敷地（これらの用に供するものと決定した土地を含む。）から三十メートル以内の地域を除く。）とする。

（**特定遊興飲食店営業の営業時間の制限**）

第二十二条　特定遊興飲食店営業者は、県内全域において、午前五時から午前六時までの時間は、その営業を営んではならない。

（**深夜における特定遊興飲食店営業に係る騒音及び振動の数値**）

第二十三条　法第三十一条の二十三において読み替えて準用する法第十五条の条例で定める騒音に係る数値は、第六条第一項の表の上欄に掲げる地域ごとにそれぞれ同表の下欄に定める深夜に係る数値とする。

2　法第三十一条の二十三において読み替えて準用する法第十五条の条例で定める振動に係る数値は、五十五デシベルとする。

（**特定遊興飲食店営業者の遵守事項**）

第二十四条　第八条第一項各号及び第二項第三号の規定は、特定遊興飲食店営業者について準用する。この場合において、同条第一項第一号及び第五号中「営業用家屋等」とあるのは「特定遊興飲食店営業の用に供する家屋及び施設」と読み替えるものとする。

（**深夜における飲食店営業の営業に係る騒音及び振動の数値**）

第二十五条　法第三十二条第二項において準用する法第十五条に規定する条例で定める騒音に係る数値は、第六条第一項の表の上欄に掲げる地域ごとにそれぞれ同表の下欄に定める深夜に係る数値とする。

2　法第三十二条第二項において準用する法第十五条に規定する条例で定める振動に係る数値は、五十五デシベルとする。

（**深夜における酒類提供飲食店営業の営業制限地域**）

第二十六条　法第三十三条第四項に規定する酒類提供飲食店営業は、住居専用地域及び住居地域の地域において、深夜は、営んではならない。

（**風俗環境保全協議会を置く地域**）

第二十七条　法第三十八条の四第一項の条例で定める地域は、公安委員会が指定して告示する地域とする。

附　則〔略〕

別表第一（第十一条、第十三条、第十四条の三関係）

金沢市の地域
小松市の地域
七尾市の地域
加賀市の地域
羽咋市の地域
輪島市の地域
珠洲市の地域
かほく市の地域
白山市の地域
能美市の地域
野々市市の地域
能美郡の地域
河北郡の地域
羽咋郡の地域
鹿島郡の地域
鳳珠郡の地域

別表第二（第十三条、第十四条関係）

金沢市の地域
小松市の地域
七尾市の地域
加賀市の地域
羽咋市の地域
輪島市の地域
珠洲市の地域
かほく市の地域
白山市の地域
能美市の地域
野々市市の地域
能美郡の地域
河北郡の地域
羽咋郡の地域（宝達志水町平床の内ラの区域を除く。）
鹿島郡の地域
鳳珠郡の地域

○石川県風俗営業等の規制及び業務の適正化等に関する法律施行条例第四条第一項第二号に規定する特別事情のある日及び当該事情のある地域

（平成一一・一・一八 石川県公安委員会告示二）

最終改正　平成二九・一〇・六　公安委員会告示一一七

石川県風俗営業等の規制及び業務の適正化等に関する法律施行条例（昭和五十九年石川県条例第四十八号）第四条第一項第二号に規定する特別の事情のある日及び当該事情のある地域は、別表のとおりとする。

別表

日	地域
七月十四日から同月十七日まで 八月十四日から同月十七日まで	県内全域
金沢百万石まつりの初日の翌日から最終日の翌日まで	金沢市全域
青柏祭の曳山行事の初日の翌日から最終日の翌日まで	七尾市全域
お旅まつりの初日の翌日から最終日の翌日まで	小松市全域
おっしょべ祭りの初日の翌日から最終日の翌日まで	小松市のうち粟津町・井口町・湯上町・戸津町の地域
輪島大祭の初日の翌日から最終日の翌日まで	輪島市全域
珠洲まつりの初日の翌日から最終日の翌日まで	珠洲市全域
十万石まつりの初日の翌日から最終日の翌日まで	加賀市全域
菖蒲湯まつりの初日の翌日から最終日の翌日まで	加賀市のうち山代温泉の地域
片山津温泉湯のまつりの初日の翌日から最終日の翌日まで	加賀市のうち片山津町・片山津温泉・潮津町の地域
山中温泉こいこい祭の初日の翌日から最終日の翌日まで	加賀市のうち付表の地域

付表

山中温泉こおろぎ町
山中温泉下谷町
山中温泉東町一丁目
山中温泉栄町
山中温泉冨士見町
山中温泉西桂木町
山中温泉菅谷町
山中温泉大内町
山中温泉坂下町
山中温泉九谷町
山中温泉枯渕町
山中温泉市谷町
山中温泉今立町
山中温泉四十九院町
山中温泉塚谷町一丁目
山中温泉上原町
山中温泉加美谷台一丁目
山中温泉中田町
山中温泉宮の杜一丁目

山中温泉南町
山中温泉本町一丁目
山中温泉東町二丁目
山中温泉河鹿町
山中温泉白山町
山中温泉上野町
山中温泉栢野町
山中温泉我谷町
山中温泉小杉町
山中温泉真砂町
山中温泉杉水町
山中温泉荒谷町
山中温泉菅生谷町
山中温泉滝町
山中温泉塚谷町二丁目
山中温泉上原町一丁目
山中温泉加美谷台二丁目
山中温泉二天町
山中温泉宮の杜二丁目

山中温泉湯の出町
山中温泉本町二丁目
山中温泉薬師町
山中温泉湯の本町
山中温泉東桂木町
山中温泉上野町一丁目
山中温泉風谷町
山中温泉片谷町
山中温泉生水町
山中温泉西住町
山中温泉上新保町
山中温泉中津原町
山中温泉大土町
山中温泉塚谷町
山中温泉塚谷町三丁目
山中温泉上原町二丁目
山中温泉長谷田町
山中温泉旭町

附　則〔略〕

〇石川県風俗営業等の規制及び業務の適正化等に関する法律施行条例第二十七条の規定による風俗環境保全協議会を置く地域の指定

（平成二八・一・八　石川県公安委員会告示一）

石川県風俗営業等の規制及び業務の適正化等に関する法律施行条例（昭和五十九年石川県条例第四十八号）第二十七条の規定により、風俗環境保全協議会を置く地域を次のとおり指定し、平成二十八年六月二十三日から施行する。

管轄警察署	風俗環境保全協議会を置く地域	
金沢中警察署	金沢市	片町一丁目
		片町二丁目
		木倉町

福井県

○風俗営業等の規制及び業務の適正化等に関する法律施行条例

（昭和五九・一二・二四 福井県条例五三）

最終改正　平成三〇・三・二二　条例一九

（趣旨）

第一条　この条例は、風俗営業等の規制及び業務の適正化等に関する法律（昭和二十三年法律第百二十二号。以下「法」という。）の規定に基づき、風俗営業等の営業区域、営業時間および広告または宣伝の制限等に関し、必要な事項を定めるものとする。

（風俗営業の営業所の設置を制限する地域）

第二条　法第四条第二項第二号に規定する条例で定める地域は、次の各号のいずれかに該当する地域とする。

一　都市計画法（昭和四十三年法律第百号）第八条第一項第一号に掲げる地域のうち第一種低層住居専用地域、第二種低層住居専用地域、第一種中高層住居専用地域、第二種中高層住居専用地域、第一種住居地域、第二種住居地域、準住居地域および田園住居地域（以下「住居専用地域等」という。）

二　学校教育法（昭和二十二年法律第二十六号）第一条に規定する学校、医療法（昭和二十三年法律第二百五号）第一条の五第一項に規定する病院もしくは同条第二項に規定する診療所で患者を入院させるための施設を有するもの（第十条第一項および第十四条において「病院等」という。）、図書館法（昭和二十五年法律第百十八号）第二条第一項に規定する図書館または児童福祉法（昭和二十二年法律第百六十四号）第七条第一項に規定する児童福祉施設（第十四条において「児童福祉施設」という。）の敷地からの距離が、次の表の上欄に掲げる風俗営業の種別ごとに、同表の中欄に掲げる地域の区分に応じ、それぞれ同表の下欄に掲げる距離以内である地域（第四条第一項に規定する地域を除く。）

風俗営業の種別	地域	距離
一　接待飲食等営業およびまあじゃん屋	商業地域	三十メートル
	その他の地域	七十メートル
二　法第二条第一項第四号の営業（まあじゃん屋を除く。）および同項第五号の営業	商業地域	三十メートル
	その他の地域	百メートル
備考　1　「商業地域」とは、都市計画法第八条第一項第一号に掲げる地域のうち商業地域をいう。以下同じ。 2　「その他の地域」とは、福井県の区域のうち住居専用地域等および商業地域以外の地域をいう。		

2　前項の規定は、祭礼等地域的慣習による催しが行われる場所または地域において当該催しの開催期間中に営まれる法第二条第一項第四号もしくは第五号の営業（三月以内の期間を限つて営まれるものに限る。）または営業所が常態として移動する風俗営業については、適用しない。

（風俗営業の営業時間の特例等）

第三条　法第十三条第一項に規定する条例で定める時は、午前一時とする。

2　法第十三条第一項第一号に規定する習俗的行事その他の特別な事情のある日として条例で定める日は、一月四日から同月十日までおよび十二月二十一日から同月三十日までとする。

3　法第十三条第一項第一号に規定する習俗的行事その他の特別な事情のある地域として条例で定める地域は、別表第一に掲げる地域とする。

第四条　法第十三条第一項第二号に規定する午前零時以後において風俗営業を営むことが許容される特別な事情のある地域として条例で定める地域は、福井市および敦賀市の商業地域のうち福井県公安委員会（以下「公安委員会」という。）が指定する地域とする。

2　前項の規定は、接待飲食等営業およびまあじゃん屋について適用する。

3　公安委員会は、第一項の規定による指定をしたときは、当該指定に係る地域を福井県報に登載して公示するものとする。

（風俗営業の営業時間の制限）

第五条　風俗営業者は、次の表の上欄に掲げる風俗営業の種別ごとに同表の中欄に掲げる地域の区分に応じ、それぞれ、同表の下欄に定める時間において、営業を営んではならない。

風俗営業の種別	地域	時間
一　接待飲食等営業	住居専用地域等	午前六時後午前十時まで
	近隣商業地域	午前六時後午前九時まで
二　まあじゃん屋	住居専用地域等	午前六時後午前八時まで
	近隣商業地域	午前六時後午前八時まで
三　法第二条第一項第四号の営業（まあじゃん屋を除く。）	住居専用地域等	午前六時後午前十時までおよび午後十一時から翌日の午前零時前（第三条第一項に規定する日にあつては、午前六時後午前十時まで）
	近隣商業地域	午前六時後午前九時までおよび午後十一時から翌日の午前零時前（第三条第一項に規定する日にあつては、午前六時後午前九時まで）
四　法第二条第一項第五号の営業	住居専用地域等	午前六時後午前十時まで
	近隣商業地域	午前六時後午前九時まで

備考　「近隣商業地域」とは、都市計画法第八条第一項第一号に掲げる地域のうち近隣商業地域をいう。以下同じ。

（風俗営業等に係る騒音および振動の規制）

第六条　法第十五条（法第三十一条の二十三および第三十二条第二項において準用する場合を含む。次項において同じ。）に規定する条例で定める騒音の数値は、次の表の上欄に掲げる地域ごとに、同表の中欄に掲げる時間の区分に応じ、それぞれ同表の下欄に掲げる数値とする。

地域	時間	数値
一　住居専用地域等	昼間	五十五デシベル
	夜間	五十デシベル
	深夜	四十五デシベル
二　近隣商業地域、商業地域および準工業地域	昼間	六十五デシベル
	夜間	六十デシベル
	深夜	五十五デシベル
三　福井県の区域のうち一および二に掲げる地域以外の地域	昼間	六十デシベル
	夜間	五十五デシベル
	深夜	五十デシベル

備考
1　「昼間」とは、午前六時後午後六時前の時間をいう。
2　「夜間」とは、午後六時から翌日の午前零時前の時間をいう。
3　「深夜」とは、午前零時から午前六時までの時間をいう。以下同じ。
4　「準工業地域」とは、都市計画法第八条第一項第一号に掲げる地域のうち準工業地域をいう。

2　法第十五条に規定する条例で定める振動の数値は、五十五デシベルとする。

（風俗営業者の遵守事項）

第七条　風俗営業者は、次に掲げる事項を遵守しなければならない。

一　風俗営業の用に供する施設において、店舗型性風俗特殊営業または店舗型電話異性紹介営業を営まないこと。

二　風俗営業の用に供する施設で卑わいな行為その他善良の風俗を害する行為をし、または客にこれらの行為をさせないこと。

三　風俗営業の用に供する施設において、客を就寝させ、または宿泊させないこと（当該施設が旅館業法（昭和二十三年法律第百三十八号）第三条第一項の許可に係る施設である場合を除く。）。

四　営業中、営業所の出入口に施錠をしないこと。

五　客の求めない飲食物を提供しないこと。

（遊技場営業者の遵守事項）

第八条　法第二条第一項第四号または第五号の営業を営む者は、営業所で、とばく類似行為その他著しく射幸心をそそるおそれのある行為をし、または客にこれらの行為をさせてはならない。

2　法第二条第一項第四号の営業（まあじやん屋を除く。）を営む者は、営業所で、客に飲酒させてはならない。

3　法第二条第一項第四号の営業を営む者は、客に提供した賞品を買い取らせてはならない。

（法第二条第一項第五号の営業を営む者の遵守事項）

第九条　法第二条第一項第五号の営業を営む者は、午後六時後午後十時前の時間において十六歳未満の者を営業所に客として立ち入らせるときは、保護者の同伴を求めなければならない。

（店舗型性風俗特殊営業等の禁止区域等）

第十条　法第二十八条第一項（法第三十一条の三第二項の規定により適用する場合および法第三十一条の十三第一項において準用する場合を含む。）に規定する条例で定める施設は、病院等、学校教育法第百二十四条に規定する専修学校、同法第百三十四条第一項に規定する各種学校、社会教育法（昭和二十四年法律第二百七号）第二十条に規定する公民館および都市公園法施行令（昭和三十一年政令第二百九十号）第二条第一項第一号に規定する都市公園（主として児童の利用に供するものとして公安委員会が指定するものに限る。）とする。

2　公安委員会は、前項の規定による指定をしたときは、当該指定に係る都市公園の名称および位置を福井県報に登載して公示するものとする。

第十一条　法第二条第六項第一号の営業、同項第二号の営業、同項第四号の営業（個室に自動車の車庫（天井（天井のない場合にあつては、屋根）および二以上の側壁（ついたて、カーテンその他これらに類するものを含む。）を有するものに限る。以下この項において同じ。）が個々に接続する施設で、次の各号のいずれかに該当する構造設備を有するものにより営業を行うものに限る。）、同項第六号の営業および法第三十一条の二第四項ただし書に規定する受付所営業（次条において「受付所営業」という。）は、別表第一に掲げる地域においては、営んではならない。

一　個室に接続する車庫の出入口が扉等によつて遮へいできるもの

二　車庫の内部から個室の通ずる専用の人の出入口および階段もしくは昇降機が設けられているもの

三　個室と車庫とが専用の通路によつて接続しているものにあつては、当該通路の内部が外部から見えないもの

2　法第二条第六項第三号の営業、同項第四号の営業（前項の規定に該当する営業を除く。）、同項第五号の営業または同条第九項の営業は、別表第二に掲げる地域以外の地域においては、営んではならない。

（店舗型性風俗特殊営業等の営業時間の制限）

第十二条　店舗型性風俗特殊営業（法第二条第六項第四号の営業を除く。）、無店舗型性風俗特殊営業（受付所営業に限る。）または店舗型電話異性紹介営業を営む者は、深夜において営業を営んではならない。

（性風俗関連特殊営業の広告または宣伝の制限地域）

第十三条　法第二十八条第五項第一号ロに規定する店舗型性風俗特殊営業の広告または宣伝を制限すべき地域として条例で定める地域は、次の表の上欄に掲げる店舗型性風俗特殊営業の種別に応じ、それぞれ同表の下欄に掲げる地域とする。

店舗型性風俗特殊営業の種別	地域
一　法第二条第六項第一号、第二号、第四号および第六号の営業（同項第四号の営業にあつては、第十一条第一項の規定に該当する営業に限る。）	別表第一に掲げる地域
二　法第二条第六項第三号および第五号の営業	別表第二に掲げる地域以外の地域
三　法第二条第六項第四号の営業（第十一条第一項の規定に該当する営業を除く。）	住居専用地域等

2　法第三十一条の三第一項において準用する法第二十八条第五項第一号ロに規定する無店舗型性風俗特殊営業の広告または宣伝を制限すべき地域として条例で定める地域は、次の表の上欄に掲げる無店舗型性風俗特殊営業の種別

に応じ、それぞれ同表の下欄に掲げる地域とする。

無店舗型性風俗特殊営業の種別	地域
一 法第二条第七項第一号の営業	別表第一に掲げる地域
二 法第二条第七項第二号の営業	別表第二に掲げる地域以外の地域

3 法第三十一条の八第一項において準用する法第二十八条第五項第一号ロに規定する映像送信型性風俗特殊営業の広告または宣伝を制限すべき地域として条例で定める地域は、別表第二に掲げる地域以外の地域とする。

4 法第三十一条の十三第一項において準用する法第二十八条第五項第一号ロに規定する店舗型電話異性紹介営業の広告または宣伝を制限すべき地域として条例で定める地域は、別表第二に掲げる地域以外の地域とする。

5 法第三十一条の十八第一項において準用する法第二十八条第五項第一号ロに規定する無店舗型電話異性紹介営業の広告または宣伝を制限すべき地域として条例で定める地域は、別表第二に掲げる地域以外の地域とする。

（特定遊興飲食店営業の営業所の設置を許可する地域）

第十四条 法第三十一条の二十三において読み替えて準用する法第四条第二項第二号に規定する条例で定める地域は、第四条第一項の地域とする。ただし、病院等または入所施設を有する児童福祉施設の敷地からの距離が三十メートル以内の地域を除く。

（特定遊興飲食店営業の営業時間の制限）

第十五条 特定遊興飲食店営業者は、午前五時から午前六時までの時間においてその営業を営んではならない。

2 法第三十一条の二十三において読み替えて準用する法第十三条第二項に規定する条例で定める地域は、別表第一に掲げる地域とする。

（特定遊興飲食店営業者の遵守事項）

第十六条 特定遊興飲食店営業者は、次に掲げる事項を遵守しなければならない。

一 特定遊興飲食店営業の用に供する施設において、店舗型性風俗特殊営業または店舗型電話異性紹介営業を営まないこと。

二 特定遊興飲食店営業の用に供する施設で卑わいな行為その他善良の風俗を害する行為をし、または客にこれらの行為をさせないこと。

三 営業中、営業所の出入口に施錠をしないこと。

四 客の求めない飲食物を提供しないこと。

五 特定遊興飲食店営業の用に供する施設において、とばく類似行為その他著しく射幸心をそそるおそれのある行為をし、または客にこれらの行為をさせないこと。

六 著しく射幸心をそそるおそれのある方法で営業しないこと。

（深夜における酒類提供飲食店営業の禁止地域）

第十七条 酒類提供飲食店営業を営む者は、住居専用地域等にあつては、深夜において営業を営んではならない。

（風俗環境保全協議会を置く地域）

第十八条 法第三十八条の四第一項の条例で定める地域は、第四条第一項の地域とする。

附 則〔略〕

別表第一（第三条、第十一条、第十三条関係）

地域
一 福井市の区域
二 敦賀市の区域
三 小浜市の区域
四 大野市の区域
五 勝山市の区域
六 鯖江市の区域
七 あわら市の区域
八 越前市の区域
九 坂井市の区域
十 吉田郡の区域
十一 今立郡の区域
十二 南条郡の区域
十三 丹生郡の区域
十四 三方郡の区域
十五 大飯郡の区域
十六 三方上中郡の区域

別表第二（第十一条、第十三条関係）

地域
一　福井市の区域のうち、つくも二丁目、有楽町一番から十番まで、毛矢一丁目一番、二番、六番および七番、毛矢二丁目一番、三番、五番、七番、九番および十一番（八号から二十四号までを除く。）、西木田一丁目十七番から二十番まで、西木田二丁目一番から四番まで、日之出一丁目一番から七番まで、十四番から十八番まで、手寄一丁目一番から九番まで、中央一丁目、中央二丁目、中央三丁目、大手二丁目、大手三丁目、順化一丁目ならびに順化二丁目の区域
二　敦賀市の区域のうち、神楽町一丁目、神楽町二丁目一番から三番まで、本町一丁目、本町二丁目七番から十二番まで、津内町一丁目一番から七番まで、津内町二丁目一番、清水町一丁目十八番から二十三番までならびに白銀町四番から七番まで、十番および十一番の区域
三　小浜市の区域のうち、駅前町六番から十番まで、大手町一番、三番から五番まで、九番および二十二番、千種一丁目一番および十六号、小浜清滝三十八番地、三十九番地一、三十九番地二、四十番地一から四十番地三まで、四十二番地から四十四番地まで、四十五番地一、四十五番地二、四十六番地から五十一番地まで、五十一番地一、五十二番地から六十番地まで、六十番地二から六十番地五まで、六十一番地一、六十二番地、六十三番地一、六十三番地二、六十四番地、六十五番地、六十六番地一、六十七番地から七十番地まで、七十一番地一、七十一番地二、七十二番地、七十三番地一から七十三番地三まで、七十四番地、七十四番地一、七十五番地から七十七番地まで、七十七番地一、七十八番地、七十八番地一、七十九番地から八十一番地まで、九十七番地一、九十七番地二、九十八番地一から九十八番地十三までおよび九十九番地、小浜生玉二番地から八番地まで、八番地一から八番地五まで、九番地一、九番地二、十二番地、十六番地一、十六番地二、十八番地一から十八番地三まで、二十番地、二十二番地一から二十二番地三まで、二十五番地、二十七番地、二十九番地から三十二番地まで、三十四番地一、三十四番地五、三十五番地、三十七番地一から三十七番地三まで、三十九番地、四十一番地、四十三番地から四十八番地まで、四十九番地一、四十九番地二、五十番地、五十二番地、五十四番地、五十五番地、五十七番地、五十八番地一、五十八番地二、五十九番地、六十番地一、六十番地二、六十一番地一、六十一番地二、六十二番地、六十三番地、六十三番地二、六十四番地一から六十四番地三まで、六十五番地、六十六番地、六十六番地一から六十六番地三まで、六十七番地から七十二番地まで、七十三番地一、七十三番地二、七十四番地、七十五番地一、七十五番地二、七十六番地から八十七番地まで、八十八番地一、八十八番地二、八十九番地から九十五番地まで、九十五番地一、九十六番地一、九十六番地二および九十七番地から百番地まで、小浜玉前一番地、三番地、七番地から十一番地まで、十一番地一、十二番地、十三番地、十三番地二、十四番地から十六番地まで、十七番地一から十七番地三まで、十七番四の一、十九番地、二十一番地一、二十一番地二、二十三番地、二十五番地、二十七番地一から二十七番地三まで、三十二番地一から三十二番地三まで、三十三番地一から三十三番地四まで、三十四番地、三十六番地、三十九番地、四十一番地から四十八番地まで、四十八番地一、四十九番地、四十九番地一、四十九番地二、五十三番地、五十七番地一から五十七番地三まで、五十九番地および六十番地、小浜今宮、小浜広峰、小浜酒井一番地一から一番地四まで、一番地六から一番地九まで、一番地十一、一番地十二、一番地十四から一番地三十一まで、一番地三十三から一番地三十五まで、一番地三十七、一番地三十八、一番地四十から一番地五十四まで、一番地五十六から一番地五十八まで、一番地六十から一番地六十五まで、一番地六十七から一番地七十一まで、一番地七十四から一番地九十四まで、一番地九十六から一番地九十八まで、二番地一から二番地八まで、三番地一から三番地四まで、四番地一から四番地四まで、五番地一から五番地六まで、六番地、七番地一、七番地二、八番地一から八番地七まで、九番地、十番地一、十番地二、十一番地一、十一番地二、十五番地、十八番地から二十番地まで、二十番地二、二十番地三、二十一番地、二十二番地一、二十二番地二、二十三番地から二十八番地まで、二十九番地一、二十九番地二、三十三番地から三十八番地まで、三十九番地一、三十九番地二、四十番地、四十一番地一から四十一番地三まで、四十二番地一から四十二番地三まで、四十三番地、四十四番地、四十五番地一、四十五番地二、四十六番地から四十九番地まで、四十九番地一、五十番地から五十四番地まで、五十四番地一、五十五番地から六十三番地まで、六十四番地一、六十四番地二、六十五番地、六十六番地、六十七番地一、六十七番地二、六十八番地から七十二番地まで、七十二番地一、七十二番地二、七十三番地、七十四番地一および百十七番地一から百十七番地五まで、小浜白鬚三番地一、三番地二、四番地一、四番地三、六番地一、六番地二、八番地一、八番地二、十番地、十番地一、十二番地から十四番地まで、十八番地から二十三番地まで、二十七番地一、二十七番地二、二十九番地一、二十九番地二、三十四番地一、三十四番地三、三十四番地五から三十四番地七まで、三十五番地、三十五番地一、三十五番地二、三十八番地二、三

十九番地、四十一番地から四十五番地まで、四十六番地一および四十六番地二、小浜竜田一番地五、一番地十二、一番地十三、十五番地四、十五番地八、二十番地二、二十番地五から二十番地七まで、二十二番地二、二十二番地六および二十六番地一、大原四番地から六番地まで、八番地、十番地一、十番地二、十一番地一、十一番地二、十二番地、十四番地、十六番地一、十六番地二、十八番地一、十八番地二、十九番地一、二十番地二、二十一番地一、二十二番地、二十三番地、二十五番地、二十七番地一、二十七番地二、二十九番地一、二十九番地二、三十一番地一から三十一番地三まで、三十三番地一、三十三番地二、三十五番地、三十八番地から四十二番地まで、四十三番地一、四十三番地二、四十四番地、四十四番地一から四十四番地三まで、四十五番地、四十六番地、四十八番地、五十番地一、五十番地二、五十二番地一、五十二番地二、五十四番地、五十九番地一、五十九番地二、六十一番地、六十三番地、六十三番地一から六十三番地四まで、六十五番地一、六十五番地二、六十七番地、六十八番地、七十一番地一および七十一番地二、香取一番地、二番地、三番地一から三番地五まで、四番地一、四番地二、五番地から二十四番地まで、二十五番地一、二十五番地二、二十六番地から二十八番地まで、二十九番地一、三十一番地一、三十三番地、三十五番地、五十番地から五十二番地まで、五十三番地一から五十三番地三まで、五十四番地から五十九番地まで、六十二番地から六十五番地まで、百番地一、百番地二、百一番地一から百一番地三まで、百二番地一および百二番地二ならびに飛鳥四十五番地から四十九番地まで、四十九番地一、五十番地から五十三番地まで、五十四番地一、五十四番地二、五十五番地から六十二番地まで、六十三番地一から六十三番地四まで、六十四番地から八十番地まで、八十二番地一、八十二番地二、八十三番地一、八十三番地二、八十四番地、八十五番地一、八十五番地二、八十六番地から九十五番地まで、九十六番地一から九十六番地三まで、九十七番地から百番地まで、百一番地一、百一番地二、百二番地、百二番地一、百二番地二、百三番地、百四番地、百五番地一から百五番地五まで、百六番地、百七番地一、百七番地二、百八番地および百九番地の区域

四　大野市の区域のうち、本町五番（一号から十号まで、十九号および二十号を除く。）、六番（一号から十四号までを除く。）、七番（五号から十号までを除く。）、八番（十二号から二十四号までを除く。）および九番（十号から十九号までを除く。）、元町四番（一号から八号まで、十九号および二十号を除く。）、五番（一号から九号まで、二十二号および二十三号を除く。）、六番、七番（十一号から二十一号までを除く。）、八番および十一番から十三番まで、明倫町六番（一号から十三号までおよび二十九号を除く。）、八番、十番および十一番、大和町一番および二番、日吉町二番から五番までおよび十四番から二十一番まで、弥生町三番から七番までならびに幸町三番の区域

五　勝山市の区域のうち、本町一丁目二番から五番まで、本町二丁目二番および四番から六番まで、本町三丁目二番ならびに本町四丁目五番の区域

六　鯖江市の区域のうち、本町一丁目、本町二丁目、旭町一丁目および旭町二丁目三番の区域

七　あわら市の区域のうち、温泉一丁目二番地から五番地まで、二百一番地、二百二番地、二百三番地一、二百三番地二、二百四番地、二百五番地一、二百五番地二、二百六番地、二百七番地一、二百七番地三、二百八番地から二百二十六番地まで、三百一番地、三百二番地、三百四番地から三百十番地までおよび六百一番地から六百十番地まで、温泉二丁目二百一番地から二百六番地まで、三百一番地、三百二番地、三百三番地一、三百三番地二および三百四番地、温泉三丁目、温泉四丁目、温泉五丁目一番地一から一番地三まで、二番地から八番地まで、九番地一、十番地、十一番地一、十一番地二、十二番地一から十二番地三まで、十三番地から二十一番地まで、二百一番地から二百二十五番地まで、二百二十六番地一、二百二十六番地二、二百二十七番地、二百二十九番地から二百三十二番地まで、三百一番地から三百三番地まで、四百一番地、五百一番地から五百五番地まで、六百一番地から六百十二番地まで、七百一番地から七百四番地まで、七百十三番地から七百十九番地まで、七百二十番地一、七百二十番地二、七百二十一番地、七百二十二番地一、七百二十二番地二、七百二十三番地から七百二十五番地まで、千一番地、千二番地、千十一番地から千十六番地まで、千百一番地から千百四番地まで、千百七番地から千百十五番地まで、千二百一番地から千二百十三番地まで、千二百十五番地から千二百十七番地まで、千三百一番地から千三百三番地まで、千四百一番地から千四百四番地まで、千四百五番地一、千四百五番地二、千四百六番地一から千四百六番地三まで、千四百七番地から千四百十一番地まで、千四百十二番地一、千四百十二番地二、千四百十三番地から千四百二十番地まで、千五百一番地から千五百四番地まで、千五百五番地一から千五百五番地三まで、千五百六番地から千五百二十二番地まで、千五百二十三番地一から千五百二十三番地三まで、千五百二十四番地から千五百二十七番地まで、千五百二十八番地一、千五百二十八番地二、千五百二十九番地、千五百三十番地、千六百一番地から千六百四番地まで、千六百五番地一、千六百五番地二、千六百六番地から千六百十一番地まで、千六百十二番地一、

千六百十二番地二および千六百十三番地から千六百十八番地まで、舟津一丁目、舟津二丁目、舟津三丁目、舟津四丁目三番地、四番地一、四番地二、五番地、六番地、七番地一、七番地二、八番地から十一番地までおよび十二番地一から十二番地四まで、舟津四十七号三十二番地および四十七番地、舟津四十九号二十番地、舟津五十号二十一番地一、舟津四十七字一番地から三十一番地まで、三十三番地一、三十三番地二、三十四番地一、三十四番地二、三十五番地一、三十五番地二、三十六番地一、三十六番地二、三十七番地一、三十七番地二、三十八番地、三十九番地一、三十九番地二、四十番地一、四十番地二、四十一番地一、四十一番地二、四十二番地一、四十二番地二、四十三番地から四十五番地まで、四十六番地一、四十六番地二、四十八番地一から四十八番地三まで、四十九番地および五十番地、舟津四十八字、舟津四十九字一番地から十七番地まで、十八番地一、十八番地二、十九番地、二十一番地から二十三番地まで、二十四番地一、二十四番地二および二十五番地、舟津五十字一番地から十四番地まで、十五番地一、十五番地二および十六番地から二十番地まで、二面四十一号十六番地十一、十六番地十二、十七番地一、十七番地三、十七番地六、十七番地七、十七番地九、十七番地十一、十七番地十四、十八番地一、十八番地四、十九番地一、十九番地三、十九番地四、十九番地六、十九番地七、二十番地一、二十番地四から二十番地六まで、二十番地九、二十番地十、二十一番地一、二十一番地四から二十一番地十まで、二十二番地一、二十二番地四、二十二番地五、二十三番地二、二十四番地三、二十四番地四、二十五番地一、二十五番地二および二十五番地九、二面四十二号五番地一、六番地から九番地まで、十番地一、十一番地一、十二番地一、十三番地一、十四番地一から十四番地三まで、十五番地一、十六番地一から十六番地五まで、十七番地一、十八番地から二十四番地まで、二十五番地一および二十五番地二ならびに二面四十三号一番地、二番地一から二番地六まで、三番地一から三番地四まで、四番地二、五番地、六番地一、六番地二、七番地一、七番地四、八番地一、八番地三、八番地四、八番地六、九番地二、九番地四、十番地一、十番地三、十一番地三、十一番地四、十二番地一、十二番地三、十三番地二、十三番地三、十三番地六、十四番地一から十四番地五まで、十五番地、二十五番地二、二十五番地四、二十六番地一、二十六番地三および二十六番地五の区域

八　越前市の区域のうち、府中一丁目、府中二丁目、天王町、蓬莱町、幸町、国府一丁目、桂町、元町一番、二番、五番および六番、京町一丁目ならびに本多一丁目八番から十一番までの区域

○風俗営業等の規制及び業務の適正化等に関する法律施行条例第十条第一項の規定による主として児童の利用に供する都市公園の指定

（平成一六・三・一　福井県公安委員会告示一八）

風俗営業等の規制及び業務の適正化等に関する法律施行条例（昭和五十九年福井県条例第五十三号）第十条第一項の規定に基づき、次のとおり主として児童の利用に供する都市公園を指定したので、同条第二項の規定により公示する。

名称	位置
錦公園	福井市順化二丁目一一番
豊島公園	福井市中央二丁目六番
柴田公園	福井市中央一丁目二一番
神明公園	福井市宝永四丁目八番
御泉水公園	福井市宝永三丁目一一番
妙国公園	福井市照手一丁目九番
河南公園	福井市春山二丁目七番
三秀公園	福井市照手三丁目一番
有楽公園	福井市有楽町一番
つくも公園	福井市つくも二丁目九番
桃園公園	福井市足羽二丁目一八番
緑公園	福井市足羽一丁目一八番
毛矢公園	福井市西木田一丁目一六番
豊公園	福井市西木田一丁目一一番
寿公園	福井市西木田二丁目六番
左内公園	福井市左内町七番
清水第一公園	敦賀市清水町二丁目一六番二号

清水第二公園	敦賀市白銀町六番二一号
本町第一公園	敦賀市本町一丁目三番五号
本町第二公園	敦賀市本町一丁目一三番三号
旭公園	敦賀市相生町四番一二号
大島公園	敦賀市元町一五番一二号
津内公園	敦賀市津内町二丁目三番一号
本町第三公園	敦賀市本町二丁目五番三号
錦公園	越前市堀川町一八番一
中央公園	小浜市大手町一二号一番地
小浜公園	小浜市小浜香取八一号一番地
三の堀公園	小浜市小浜清滝一〇〇番地
四谷公園	小浜市四谷町二〇号三番地
千種公園	小浜市千種二丁目一六号七三番地
青井第一公園	小浜市青井二号七三番地
台場浜公園	小浜市川崎二丁目七番地一
山王公園	大野市二一八字二番地
神明公園	大野市神明上八五番
弥生公園	大野市弥生町四〇一番
さいわい公園	大野市新明町七〇一番地
後町公園	勝山市栄町一丁目五番
田中温泉公園	あわら市温泉三丁目一〇一〇番地
舟津温泉公園	あわら市温泉五丁目四〇一番地
温泉発祥地公園	あわら市堀江十楽一字二八番地の一
二面一号公園	あわら市二面一丁目三〇一番地
二面二号公園	あわら市二面三丁目三〇一番地
二面三号公園	あわら市二面五丁目五〇六番地
西公園	あわら市西温泉一丁目八〇一番地

○風俗営業等の規制及び業務の適正化等に関する法律施行条例の規定に基づき福井県公安委員会が指定する地域の指定

（平成二八・二・一二　福井県公安委員会告示一五）

風俗営業等の規制及び業務の適正化等に関する法律施行条例（昭和五十九年福井県条例第五十三号）第四条第一項の規定に基づき、次の地域を福井県公安委員会が指定する地域に指定するので、告示する。

なお、この告示は、平成二十八年六月二十三日から施行し、風俗営業等の規制及び業務の適正化等に関する法律施行条例第四条第一項の規定による午前一時まで風俗営業を営むことが許される特別な事情のある地域の指定（平成十一年福井県公安委員会告示第十七号）は、平成二十八年六月二十三日から廃止する。

一　福井市の商業地域のうち、中央一丁目、中央三丁目、順化一丁目および順化二丁目の区域

二　敦賀市の商業地域のうち、神楽町一丁目二番および三番、本町一丁目、津内町一丁目一番から五番までならびに清水町一丁目一八番から二三番までの区域

岐阜県

〇岐阜県風俗営業等の規制及び業務の適正化等に関する法律施行条例

（昭和五九・一二・二六 岐阜県条例三三）

最終改正　平成三〇・三・二二　条例三二

（趣旨）

第一条　この条例は、風俗営業等の規制及び業務の適正化等に関する法律（昭和二十三年法律第百二十二号。以下「法」という。）の施行に関し必要な事項を定めるものとする。

第二条　削除

（風俗営業の許可に係る営業の制限地域）

第三条　法第四条第二項第二号の条例で定める地域は、次に掲げるとおりとする。

一　都市計画法（昭和四十三年法律第百号）第八条第一項第一号に規定する第一種低層住居専用地域、第二種低層住居専用地域、第一種中高層住居専用地域、第二種中高層住居専用地域、第一種住居地域、第二種住居地域、準住居地域及び田園住居地域（第一種住居地域、第二種住居地域及び準住居地域においては、駅の周辺その他商業の用途に供される地域で人が多数往来する等特別の事情があるものと認めて公安委員会が指定する地域を除く。）

二　第七条第一項に規定する第一種区域及び第二種区域のうち、公安委員会が善良の風俗若しくは清浄な風俗環境を害し、又は少年の健全な育成に障害を及ぼすおそれがあると認めて特に指定する地域

三　学校教育法（昭和二十二年法律第二十六号）第一条に規定する学校（大学を除く。）、医療法（昭和二十三年法律第二百五号）第一条の五第一項に規定する病院若しくは同条第二項に規定する患者を入院させるための施設を有する診療所、図書館法（昭和二十五年法律第百十八号）第二条第一項に規定する図書館、児童福祉法（昭和二十二年法律第百六十四号）第三十九条第一項に規定する保育所又は就学前の子どもに関する教育、保育等の総合的な提供の推進に関する法律（平成十八年法律第七十七号）第二条第七項に規定する幼保連携型認定こども園（以下この号において「対象施設」という。）の敷地（これらの用に供するものと決定した土地を含む。）の周囲百メートル（対象施設が都市計画法第八条第一項第一号に規定する商業地域（以下「商業地域」という。）内にあるときは、五十メートル）の区域内

2　前項の規定は、法第三条第一項の許可の申請に係る営業が次の各号のいずれかに該当する場合は、適用しない。

一　温泉その他の観光資源がある地域として公安委員会規則で定める地域内において旅館業法（昭和二十三年法律第百三十八号）第二条第二項に規定する旅館業を営む者が、当該旅館業の施設を用いて風俗営業（法第二条第一項の風俗営業をいう。以下同じ。）を営む場合（ぱちんこ屋等（同項第四号の営業のうち、まあじゃん屋以外の営業をいう。以下同じ。）を営む場合を除く。）

二　一時的な設備を設け、三月以内の期間を限ってぱちんこ屋等を営む場合

三　営業の場所が別表第一に掲げる地域にある場合

四　営業の場所が常態として移動する風俗営業を営む場合

（風俗営業の営業時間の制限の特例）

第四条　法第十三条第一項第一号の習俗的行事その他の特別な事情のある日として条例で定める日は次の各号に掲げる日とし、当該特別な事情のある日に係る同号の条例で定める地域はそれぞれ当該各号に定める地域とする。

一　十二月二十一日から翌年の一月十日までの間において公安委員会規則で定める日　県内全域

二　前号に掲げるもののほか、公安委員会規則で定める日　公安委員会規則で定める地域及びその他の地域であって次条に掲げる地域に該当する地域

2　法第十三条第一項ただし書の条例で定める時は、午前一時とする。

（午前零時以後において風俗営業を営むことが許容される特別な事情のある地域）

第五条　法第二条第四項の接待飲食等営業及び同条第一項第四号の営業（ぱちんこ屋及び風俗営業等の規制及び業務の適正化等に関する法律施行令（昭和五十九年政令第三百十九号。以下「施行令」という。）第八条に規定する営

業を除く。）につき法第十三条第一項第二号の午前零時以後において風俗営業を営むことが許容される特別な事情のある地域として条例で定める地域は、別表第二に掲げる地域とする。

（風俗営業の営業時間の制限）

第六条　ぱちんこ屋及び施行令第八条に規定する営業は、午前六時後午前九時までの時間及び午後十一時から翌日の午前零時前（当該翌日が第四条第一項各号に掲げる特別な事情のある日のいずれかに該当する場合における当該特別な事情のある地域については、午前一時まで）の時間においては、これを営んではならない。

2　法第二条第一項第五号の営業は、第四条第一項第二号の公安委員会規則で定める日の午前零時から午前一時までの時間については、前条に規定する地域（第四条第一項第二号の公安委員会規則で定める地域を除く。）において営んではならない。

（風俗営業に係る騒音及び振動の規制数値）

第七条　法第十五条の条例で定める騒音に係る数値は、次の表の上欄に掲げる地域ごとに、同表の下欄に掲げる時間の区分に応じ、それぞれ同欄に定める数値とする。

地域		数値		
		昼間	夜間	深夜
一　住居集合地域その他の地域で、良好な風俗環境を保全するため、特に静穏を保持する必要があるもの	第一種区域	五十デシベル	四十デシベル	四十デシベル
二　商店の集合している地域その他の地域で、当該地域における風俗環境を悪化させないため、著しい騒音の発生を防止する必要があるもの	第二種区域	五十五デシベル	四十五デシベル	四十五デシベル
	第三種区域	六十デシベル	五十デシベル	五十デシベル
	第四種区域	六十五デシベル	六十デシベル	五十五デシベル
三　一及び二に掲げる地域以外の地域		六十デシベル	五十五デシベル	五十デシベル

備考

一　昼間、夜間及び深夜の意義は、それぞれ次に定めるところによる。

1　昼間　午前六時後午後六時前の時間をいう。

2　夜間　午後六時から翌日の午前零時前の時間をいう。

3　深夜　午前零時から午前六時までの時間をいう。以下同じ。

二　第一種区域、第二種区域、第三種区域及び第四種区域は、次に掲げる区域として公安委員会が指定する区域とする。

1　第一種区域　良好な住居の環境を保全するため、特に静穏の保持を必要とする区域

2　第二種区域　住居の用に供されているため、静穏の保持を必要とする区域

3　第三種区域　住居の用に併せて商業、工業等の用に供されている区域で、その区域内の住居の生活環境を保全するため、騒音の発生を防止する必要があるもの

4　第四種区域　主として工業等の用に供されている区域で、その区域内の住民の生活環境を悪化させないため、著しい騒音の発生を防止する必要があるもの

2　法第十五条の条例で定める振動に係る数値は、五十五デシベルとする。

（風俗営業者の営業行為の制限）

第八条　風俗営業者（法第二条第二項の風俗営業者をいう。以下同じ。）は、次に掲げる事項を遵守しなければならない。

一　客の求めない飲食物を提供しないこと。

二　営業所内に客を就寝させ、又は宿泊させないこと。

三　営業所で卑わいな行為その他善良の風俗を害する行為をし、又は客にこれらの行為をさせないこと。

四　客のある間は、施錠その他の方法によって営業所の出入口をふさがないこと。

2　ぱちんこ屋等を営む風俗営業者は、前項の規定によるほか、次に掲げる事項を遵守しなければならない。

一　著しく射幸心をそそるおそれのある行為をし、又は客にこれらの行為をさせないこと。

二　客に提供した賞品を買い取らせないこと。

三　営業所において客に飲酒させないこと。

四　競技会の開催その他著しく射幸心をそそるおそれのある方法による営業をしないこと。

五　営業所の見やすい場所に遊技の方法及び賞品の提供方法を掲示すること。

六　正当の理由がなく客の入場若しくは遊技を拒み、又は制限しないこと。

3　前項第一号の規定は法第二条第一項第四号のまあじゃん屋を営む風俗営業者について、前項第一号、第三号及び第五号（遊技の方法に係る部分に限る。）の規定は法第二条第一項第五号の営業を営む風俗営業者について準用する。

（法第二条第一項第五号の営業に係る営業所への年少者の立入制限）

第九条　法第二条第一項第五号の営業を営む風俗営業者は、午後五時から午後十時前の時間において、十六歳未満の者を当該営業に係る営業所に客として立ち入らせるときは、保護者の同伴を求めなければならない。

（店舗型性風俗特殊営業等の禁止区域に係る条例で定める施設）

第十条　法第二十八条第一項（法第三十一条の三第二項の規定により適用される場合及び法第三十一条の十三第一項において準用する場合を含む。）の条例で定める施設は、次の各号に掲げるとおりとする。

一　医療法第一条の五第一項に規定する病院及び同条第二項に規定する患者を入院させるための施設を有する診療所

二　次の施設のうち、その周辺における善良の風俗若しくは清浄な風俗環境を害する行為又は少年の健全な育成に障害を及ぼす行為を防止する必要のあるものとして公安委員会規則で定める施設

イ　都市公園法（昭和三十一年法律第七十九号）第二条に規定する都市公園

ロ　社会教育法（昭和二十四年法律第二百七号）第二十一条に規定する公民館及び地方教育行政の組織及び運営に関する法律（昭和三十一年法律第百六十二号）第三十条に規定する教育機関

（店舗型性風俗特殊営業の禁止地域）

第十一条　店舗型性風俗特殊営業（法第二条第六項の店舗型性風俗特殊営業をいう。以下同じ。）のうち次の各号に掲げる営業は、それぞれ当該各号に掲げる地域内においては、これを営んではならない。

一　法第二条第六項第一号及び第二号の営業並びに同項第四号の営業のうち、施行令第三条第二項に規定する施設（同項に規定する構造を有する個室を設けるもののうち、同項各号に規定する車庫の出入口が扉、シャッター等によって遮ることができるものに限る。）を設けて行う営業　県内全域

二　法第二条第六項第四号の営業のうち、施行令第三条第二項に規定する施設（同項に規定する構造を有する個室を設けるもののうち、同項各号に規定する車庫の出入口が扉、シャッター等によって遮ることができないものに限る。）を設けて行う営業及び法第二条第六項第六号の営業　別表第三に掲げる地域

三　法第二条第六項第三号及び第五号の営業並びに同項第四号の営業のうち前二号に掲げる営業以外の営業　商業地域以外の地域

（受付所営業の禁止地域）

第十一条の二　受付所営業（法第三十一条の二第四項ただし書に規定する受付所営業をいう。第十三条の二において同じ。）は、県内全域において、これを営んではならない。

（店舗型電話異性紹介営業の禁止地域）

第十二条　店舗型電話異性紹介営業（法第二条第九項の店舗型電話異性紹介営業をいう。以下同じ。）は、別表第三に掲げる地域内においては、これを営んではならない。

（深夜における店舗型性風俗特殊営業の営業時間の制限）

第十三条　店舗型性風俗特殊営業（法第二条第六項第四号の営業を除く。）を営む者は、次の各号に掲げる営業の種類ごとに当該各号に掲げる時間において、その営業を営んではならない。

一　第十一条第一号及び第二号に係る営業　深夜

二　第十一条第三号に係る営業　商業地域（法第二十八条第一項に定める区域を除く。）にあっては午前一時から午前六時までの時間、その他の地域にあっては深夜

（深夜における受付所営業の営業時間の制限）

第十三条の二　受付所営業を営む者は、深夜において、その営業を営んではならない。

（深夜における店舗型電話異性紹介営業の営業時間の制限）

第十四条　店舗型電話異性紹介営業を営む者は、深夜において、その営業を営んではならない。

（店舗型性風俗特殊営業の広告制限地域）

第十五条　法第二十八条第五項第一号ロの条例で定める地域は、次の各号に掲げる店舗型性風俗特殊営業について、それぞれ当該各号に掲げる地域とする。

一　第十一条第一号に係る営業　県内全域

二　第十一条第二号に係る営業　別表第三に掲げる地域

三　第十一条第三号に係る営業　商業地域以外の地域

（無店舗型性風俗特殊営業の広告制限地域）

第十六条　法第三十一条の三第一項において準用する法第二十八条第五項第一号ロの条例で定める地域は、次の各号に掲げる無店舗型性風俗特殊営業について、それぞれ当該各号に掲げる地域とする。

一　法第二条第七項第一号に係る営業　県内全域

二　法第二条第七項第二号に係る営業　商業地域以外の地域

（映像送信型性風俗特殊営業の広告制限地域）

第十七条　法第三十一条の八第一項において準用する法第二十八条第五項第一号ロの条例で定める地域は、商業地域以外の地域とする。

（店舗型電話異性紹介営業等の広告制限地域）

第十八条　法第三十一条の十三第一項及び第三十一条の十八第一項において準用する法第二十八条第五項第一号ロの条例で定める地域は、別表第三に掲げる地域とする。

（特定遊興飲食店営業の許可に係る営業所設置許容地域）

第十九条　法第三十一条の二十三において準用する法第四条第二項第二号の条例で定める地域は、別表第二に掲げる地域（医療法第一条の五第一項に規定する病院若しくは同条第二項に規定する患者を入院させるための施設を有する診療所又は児童福祉法第三十七条に規定する乳児院、同法第三十八条に規定する母子生活支援施設、同法第四十一条に規定する児童養護施設若しくは同法第四十四条の二第一項に規定する児童家庭支援センター（以下この条において「対象施設」という。）の敷地（これらの用に供するものと決定した土地を含む。）の周囲百メートル（対象施設が商業地域内にあるときは、五十メートル）以下の区域を除く。）とする。

（特定遊興飲食店営業の営業時間の制限）

第二十条　特定遊興飲食店営業（法第二条第十一項の特定遊興飲食店営業をいう。以下同じ。）は、午前五時から午前六時までの時間については、別表第二に掲げる地域において営んではならない。

（特定遊興飲食店営業に係る騒音及び振動の規制数値）

第二十一条　法第三十一条の二十三において準用する法第十五条の条例で定める騒音に係る数値は、第七条第一項の表の上欄に掲げる地域ごとに、同表の下欄に定める深夜に係る数値とする。

2　法第三十一条の二十三において準用する法第十五条の条例で定める振動に係る数値は、五十五デシベルとする。

（特定遊興飲食店営業者の営業行為の制限）

第二十二条　特定遊興飲食店営業者（法第二条第十二項の特定遊興飲食店営業者をいう。）は、第八条第一項各号に掲げる事項のほか、次に掲げる事項を遵守しなければならない。

一　営業所において、賭博に類似する行為その他著しく射幸心をそそるおそれのある行為をし、又は客にこれらの行為をさせないこと。

二　営業所周辺における清浄な風俗環境を害するおそれのある方法で広告又は宣伝をしないこと。

（深夜における飲食店営業に係る騒音及び振動の規制数値）

第二十三条　法第三十二条第二項において準用する法第十五条の条例で定める騒音に係る数値は、第七条第一項の表の上欄に掲げる地域ごとに、同表の下欄に定める深夜に係る数値とする。

2　法第三十二条第二項において準用する法第十五条の条例で定める振動に係る数値は、五十五デシベルとする。

（深夜における酒類提供飲食店営業の禁止地域）

第二十四条　法第二条第十三項第四号の酒類提供飲食店営業は、第三条第一項第一号に規定する地域においては、深夜にこれを営んではならない。

（風俗環境保全協議会を設置する地域）

第二十五条　法第三十八条の四第一項の条例で定める地域は、別表第二に掲げる地域のほか、特に良好な風俗環境の保全を図る必要があるものとして公安委員会規則で定める地域とする。

（委任）

第二十六条　この条例の施行に関し必要な事項は、公安委員会規則で定める。

附　則〔略〕

別表第一（第三条関係）

岐阜市の区域のうち、市道若宮町線と一般国道二百五十六号との交会点を起点とし、順次同国道、一般国道百五十七号及び市道若宮町線を経て起点に至る線で囲まれた区域

別表第二（第五条、第十九条、第二十条、第二十五条関係）

岐阜市の区域のうち、市道泉町金園町二丁目線と一般国道二百四十八号との交会点を起点とし、順次同国道、一般国道百五十七号、市道若宮町線、市道今川町二丁目真砂町八丁目線、市道八ツ寺町菅原町線、一般国道二百五十六号、市道神田町二丁目美園町二丁目連絡線、市道泉町金園町二丁目線を経て起点に至る線で囲まれた区域

別表第三（第十一条、第十二条、第十五条、第十八条関係）

岐阜市、大垣市、高山市、多治見市、関市、中津川市（蛭川のうち一三五七番三、一三五七番四及び一三五七番一二の区域を除く。）、美濃市、瑞浪市、羽島市、恵那市、美濃加茂市、土岐市、各務原市、可児市、山県市、瑞穂市、飛騨市、本巣市、郡上市（高鷲町大鷲字向正會一五六六番一、一五六六番二、一五六六番三、一五六六番四及び一五六六番六の区域を除く。）、下呂市、海津市、羽島郡、養老郡、不破郡、安八郡、揖斐郡、本巣郡、加茂郡、可児郡、大野郡

○岐阜県風俗営業等の規制及び業務の適正化等に関する法律施行条例施行規則（昭和六〇・二・二二 岐阜県公安委員会規則二）

最終改正　平成一六・一・三〇　公安委員会規則一

（目的）

第一条　この規則は、岐阜県風俗営業等の規制及び業務の適正化等に関する法律施行条例（昭和五十九年岐阜県条例第三十三号。以下「条例」という。）の規定に基づき、必要な事項を定めることを目的とする。

（風俗営業の許可に係る営業の制限地域の特例）

第二条　条例第三条第二項第一号の公安委員会規則で定める地域は、別表第一に掲げる地域とする。

（風俗営業の営業時間の制限の特例）

第三条　条例第四条第一項第一号の公安委員会規則で定める日は、十二月二十一日から翌年の一月十日までの間の日とする。

2　条例第四条第一項第二号の公安委員会規則で定める日は別表第二の左〔上〕欄に掲げる日とし、同号の公安委員会規則で定める地域はそれぞれ同表右〔下〕欄に掲げる地域とする。

（店舗型性風俗特殊営業等の禁止区域に係る規則で定める施設）

第四条　条例第十条第二号の公安委員会規則で定める施設は、次の各号に掲げるとおりとする。

一　都市公園法施行令（昭和三十一年政令第二百九十号）第二条第一項第一号に規定する都市公園

二　社会教育法（昭和二十四年法律第二百七号）第二十一条に規定する公民館

附　則〔略〕

別表第一（第二条関係）

岐阜市大字長良福光字寺前	二五二〇番一から二五二〇番四まで、二五二〇番九、二五二〇番一一、二五二〇番二八、二五二〇番二九、二五二〇番三三、二五二〇番三四、二五二〇番三六から二五二〇番四二まで及び二五二〇番四九から二五二〇番五一まで
岐阜市大字長良福光字猿尾	二五二一番一から二五二一番一七まで及び二五二一番二一から二五三二番まで
岐阜市大字長良福光字桃林	二六九五番一から二六九五番四まで
岐阜市大字長良福光字北堤外	一八九九番一から一八九九番三まで及び一九〇〇番一から一九一六番四まで
岐阜市大字長良福光字馬場	全域
岐阜市早田東町二丁目	四五番から四九番まで及び五九番から七〇番まで
岐阜市大字長良字南町	一二一番一から一二八番まで
岐阜市大字長良字鵜飼屋	一番一から二番二まで、三番一、三番六、四番三、五番一、五番三から五番五まで、六番一から九番一まで、一二番一から一五番一まで、一五番五、一六番一、一六番六、一六番八、一八番一から二六番三まで、一七番三、二七番一、三二番から四〇番二まで、四六番一、四七番から五一番二まで、六七番一から六八番一まで、七三番一から七九番一まで、七九番五、七九番七、八二番一、八二番三、八三番、八四番二から八四番五まで、八四番一〇、八六番から九二番三まで、九三番三五、九三番三六、九四番一、九四番二、九四番二の二、九四番六、九四番九から九四番一二まで、九四番一六から九四番一八まで、九五番から一二〇番二まで、三五九八番一及び三五九九番
岐阜市大字長良字新屋敷	全域
岐阜市大字長良字山先	六六九番一から六八九番まで、六九〇番一、六九〇番三から六九〇番五まで、六九二番一から六九八番一まで、六九八番二四、六九八番二五、六九九番一、七〇二番一及び七〇六番二
岐阜市大字早田字川向	一九七二番、一九七三番一、一九七三番二、一九七四番三、一九七四番五、一九七四番六及び一九七四番八
岐阜市玉井町	一番一、二番一、三番一及び三番三
岐阜市湊町	一番から二二番一二まで、二五番一、三二番から五三番まで、三九〇番二から三九一番五まで、三九一番一一から三九七番二まで、三九七番四、三九七番六から三九七番九まで及び四一二番二
岐阜市御手洗	三九〇番二、三九〇番一五から三九〇番一九まで、三九〇番二二、三九〇番二三、三九〇番二五、三九一番五及び三九一番一〇
岐阜市鏡岩	四〇三番一及び四〇三番二
岐阜市日野西一丁目	一番一から四番一八まで
岐阜市日野西二丁目	一番一から八番二まで及び一〇一番から一〇九番まで
岐阜市日野西三丁目	一番一から二番二九まで及び四番一から五番二四まで
岐阜市日野北一丁目	一番一から二番一六まで
高山市上岡本町一丁目	一二三番一、一二三番二、二八四番一から三二七番まで、三六四番から五一〇番まで、五九二番から六五一番まで、六五五番から六五八番まで、六九五番、六九六番、六九九番から七二六番二まで、一〇一六番から一〇四三番まで、一〇四八番、一〇五〇番及び一〇五三番

高山市西之一色町三丁目	七四五番四、七四七番二、七四八番二、七五〇番一から七六〇番三まで、七六四番一から七六六番三まで、七七一番一、七七一番四、七七三番二から七七六番二まで、七七八番一から七八七番二まで、七八九番、七九三番六及び七九八番から九四五番二まで

別表第二（第三条関係）

日	地域
四月二十日	飛驒市古川町若宮一丁目から三丁目まで、新栄町、本町、金森町、片原町、東町、殿町、壱之町、弐之町、三之町、末広町、栄一丁目及び二丁目、向町一丁目から三丁目まで、増島町、貴船町、是重一丁目及び二丁目並びに幸栄町
八月十四日から八月十六日までの間の日	郡上市八幡町柳町、殿町、職人町、鍛冶屋町、大手町、本町、肴町、橋本町、城南町及び島谷並びに同市白鳥町白鳥
八月十七日	郡上市八幡町柳町、殿町、職人町、鍛冶屋町、大手町、本町、肴町、橋本町、城南町及び島谷

○岐阜県風俗営業等の規制及び業務の適正化等に関する法律施行条例に基づく風俗営業に係る騒音の規制区域

（平成二八・六・一七　岐阜県公安委員会告示二）

岐阜県風俗営業等の規制及び業務の適正化等に関する法律施行条例に基づく風俗営業に係る騒音の規制区域を次のように定め、平成二十八年六月二十三日から施行する。

岐阜県風俗営業等の規制及び業務の適正化等に関する法律施行条例に基づく風俗営業等の騒音に係る区域の指定に関する告示（昭和六十年岐阜県公安委員会告示第三号）は、廃止する。

岐阜県風俗営業等の規制及び業務の適正化等に関する法律施行条例（昭和五十九年岐阜県条例第三十三号）第七条第一項の表備考第二号の公安委員会が指定する区域は、次の表の上欄に掲げる区域の区分に応じ、それぞれ同表の下欄に掲げる地域とする。

区域の区分	指定地域
第一種区域	騒音規制法（昭和四十三年法律第九十八号。以下「法」という。）第三条第一項の規定により知事又は市長が第一種区域として指定する地域
第二種区域	法第三条第一項の規定により知事又は市長が第二種区域として指定する地域
第三種区域	法第三条第一項の規定により知事又は市長が第三種区域として指定する地域
第四種区域	法第三条第一項の規定により知事又は市長が第四種区域として指定する地域

○岐阜県風俗案内業の規制に関する条例

（平成二六・三・二〇 岐阜県条例四〇）

最終改正　平成二七・一二・二四　条例五六

（目的）

第一条　この条例は、風俗案内所における業務について必要な規制を行うことにより、清浄な風俗環境を保持し、並びに青少年の健全な育成に障害を及ぼす行為及び風俗案内業者による不当な行為を防止し、もって県民が安心して暮らすことのできる健全な生活環境の保全に寄与することを目的とする。

（定義）

第二条　この条例において、次の各号に掲げる用語の意義は、それぞれ当該各号に定めるところによる。

一　接待風俗営業　風俗営業等の規制及び業務の適正化等に関する法律（昭和二十三年法律第百二十二号。以下「法」という。）第二条第一項第一号に掲げる営業をいう。

二　性風俗特殊営業　法第二条第六項第一号若しくは第二号又は第七項第一号に掲げる営業をいう。

三　風俗案内　次のいずれかに該当する行為をいう。

イ　接待風俗営業又は性風俗特殊営業に関する情報の提供を受けようとする者（以下「利用者」という。）の求めに応じ、当該情報のうち次のいずれかに掲げるものを提供する行為

(1)　営業所の名称、所在地又は電話番号その他の連絡先（法第二条第七項第一号に掲げる営業にあっては、当該営業につき広告若しくは宣伝をする場合に当該営業を示すものとして使用する呼称、法第三十一条の二第一項第七号に規定する受付所（以下「受付所」という。）の所在地又は客の依頼を受けるための電話番号その他の連絡先）

(2)　客が受けることのできる接待（法第二条第三項に規定する接待をいう。以下この号において同じ。）又は提供を受けることのできる特殊役務（異性の客の性的好奇心に応じてその客に接触する役務をいう。以下この号において同じ。）の内容

(3)　接待又は特殊役務に従事する者に関する事項

(4)　客が接待又は特殊役務の提供を受けることのできる時間

(5)　客がすることのできる遊興又は飲食に関する事項

(6)　客が支払うべき料金

ロ　接待風俗営業又は性風俗特殊営業の客になろうとする者を、これらの営業所若しくは受付所又はこれらを営む者若しくはその代理人、使用人その他の従事者（以下「代理人等」という。）が指定する場所に送り届ける行為

ハ　接待風俗営業又は性風俗特殊営業の客になろうとする者に対し、その者をこれらの営業所若しくは受付所又はこれらを営む者若しくはその代理人等が指定する場所に送り届ける者と待ち合わせるための場所を提供する行為

ニ　ロ又はハに掲げるもののほか、接待風俗営業又は性風俗特殊営業の客になろうとする者のため、これらの営業を営む者から接待又は特殊役務の提供を受けることについて、代理して契約を締結し、媒介し、又は取り次ぐ行為

四　風俗案内所　風俗案内を行うための施設又は設備であって、不特定多数の者が利用することができるものをいう。

五　風俗案内業　風俗案内所を設けて有償又は無償で風俗案内を行う事業をいう。

六　風俗案内業者　風俗案内業を行う者をいう。

七　青少年　十八歳未満の者をいう。

（性風俗特殊営業に係る風俗案内業の禁止）

第三条　何人も、性風俗特殊営業に係る風俗案内業を行ってはならない。

（接待風俗営業に係る風俗案内業の禁止地域等）

第四条　何人も、岐阜県風俗営業等の規制及び業務の適正化等に関する法律施行条例（昭和五十九年岐阜県条例第三十三号。以下「施行条例」という。）第三条第一項各号に掲げる地域（施行条例別表第一に掲げる地域を除く。）

においては、接待風俗営業に係る風俗案内業を行ってはならない。

2　前項の規定は、当該規定の適用の際現に第六条第一項の規定による届出をしている風俗案内業者の当該風俗案内業については、適用しない。

（欠格事由）

第五条　次の各号のいずれかに該当する者は、風俗案内業を行ってはならない。

一　成年被後見人若しくは被保佐人又は破産者で復権を得ないもの

二　一年以上の懲役若しくは禁錮の刑に処せられ、又は次に掲げる罪を犯して一年未満の懲役若しくは罰金の刑に処せられ、その執行を終わり、又は執行を受けることがなくなった日から起算して五年を経過しない者

イ　第十九条第一項に規定する罪

ロ　法第四十九条、第五十条第一項第四号から第九号まで、第五十二条第一号、第四号若しくは第五号又は第五十三条第一号若しくは第二号に規定する罪

ハ　刑法（明治四十年法律第四十五号）第百七十四条、第百七十五条、第百八十二条、第二百二十四条、第二百二十五条（営利又はわいせつの目的に係る部分に限る。以下この号において同じ。）、第二百二十六条、第二百二十六条の二（第三項については、営利又はわいせつの目的に係る部分に限る。以下この号において同じ。）、第二百二十六条の三、第二百二十七条第一項若しくは第三項（営利又はわいせつの目的に係る部分に限る。以下この号において同じ。）又は第二百二十八条（同法第二百二十四条、第二百二十五条、第二百二十六条から第二百二十六条の三まで又は第二百二十七条第一項若しくは第三項に係る部分に限る。）に規定する罪

ニ　売春防止法（昭和三十一年法律第百十八号）第二章に規定する罪

ホ　児童買春、児童ポルノに係る行為等の規制及び処罰並びに児童の保護等に関する法律（平成十一年法律第五十二号）第五条、第六条又は第八条に規定する罪

ヘ　労働基準法（昭和二十二年法律第四十九号）第百十八条第一項（同法第五十六条に係る部分に限る。）又は第百十九条第一号（同法第六十一条又は第六十二条に係る部分に限る。）（これらの規定を労働者派遣事業の適正な運営の確保及び派遣労働者の保護等に関する法律（昭和六十年法律第八十八号）第四十四条第二項又は第四項の規定により適用する場合を含む。）に規定する罪

ト　児童福祉法（昭和二十二年法律第百六十四号）第六十条第一項又は第二項（同法第三十四条第一項第四号の三、第五号、第七号又は第九号に係る部分に限る。）に規定する罪

チ　岐阜県公衆に著しく迷惑をかける行為等の防止に関する条例（昭和三十八年岐阜県条例第二十一号）第十三条第三項、第四項第四号又は第六項に規定する罪

三　暴力団員による不当な行為の防止等に関する法律（平成三年法律第七十七号）第二条第六号に規定する暴力団員（以下「暴力団員」という。）又は暴力団員でなくなった日から五年を経過しない者

四　岐阜県暴力団排除条例（平成二十二年岐阜県条例第五十四号）第二十二条第一項の規定により公表（同条例第十五条、第十八条第二項又は第十九条第二項の規定に違反する行為に係る同条例第二十一条の勧告を受けた者が正当な理由がなく当該勧告に従わなかった場合に行うものに限る。）をされ、当該公表をされた日から起算して五年を経過しない者

五　第十五条の規定により風俗案内業の廃止を命じられ、当該命令を受けた日から起算して五年を経過しない者（当該命令を受けた者が法人である場合においては、当該命令に係る聴聞の期日及び場所が公示された日前六十日以内に当該法人の役員（業務を執行する社員、取締役、執行役又はこれらに準ずる者をいい、相談役、顧問その他いかなる名称を有する者であるかを問わず、法人に対し業務を執行する社員、取締役、執行役又はこれらに準ずる者と同等以上の支配力を有するものと認められる者を含む。以下同じ。）であった者で当該命令を受けた日から起算して五年を経過しないものを含む。）

六　未成年者（十八歳以上の者で営業に関し成年と同一の行為能力を有するものを除く。）

七　法人でその役員のうちに第一号から第五号までのいずれかに該当する者があるもの

（届出）

第六条　風俗案内業を行おうとする者は、風俗案内所ごとに、公安委員会規則で定めるところにより、次に掲げる事項を公安委員会に届け出なければならない。この場合において、届出には、公安委員会規則で定める書類を添付しなければならない。
一　氏名、住所及び生年月日（法人にあっては、その名称、代表者の氏名及び主たる事務所の所在地）
二　風俗案内所の名称及び所在地
三　第八条第一項の管理者の氏名、住所及び生年月日
四　法人にあっては、その役員の氏名、住所及び生年月日
五　前各号に掲げるもののほか、公安委員会規則で定める事項
2　前項の規定による届出をした者は、当該風俗案内業を廃止したとき、又は同項各号に掲げる事項に変更があったときは、公安委員会規則で定めるところにより、その旨を公安委員会に届け出なければならない。この場合において、変更の届出には、公安委員会規則で定める書類を添付しなければならない。

（名義貸しの禁止）
第七条　前条第一項の規定による届出をした者は、自己の名義をもって、他人に風俗案内業を行わせてはならない。

（管理者）
第八条　風俗案内業者は、風俗案内所ごとに、当該風俗案内所における業務の実施を統括管理する者のうちから、第三項に規定する業務を行う者として、管理者一人を選任しなければならない。この場合において、管理者として選任した者が欠けるに至ったときは、その日から十四日以内に、新たな管理者を選任しなければならない。
2　次の各号のいずれかに該当する者は、管理者となることができない。
一　第五条第一号から第五号までのいずれかに該当する者
二　未成年者
三　法第二十四条第一項に規定する営業所の管理者
3　管理者は、当該風俗案内所における業務の実施に関し、風俗案内業者又はその代理人等に対し、これらの者がこの条例の規定を遵守してその業務を実施するため必要な助言又は指導を行うほか、当該風俗案内所における業務の適正な実施を確保するため必要な業務で公安委員会規則で定めるものを行うものとする。

（従業者名簿）
第九条　風俗案内業者は、公安委員会規則で定めるところにより、従業者の氏名、住所、生年月日その他の公安委員会規則で定める事項を記載し、又は記録した名簿（以下「従業者名簿」という。）を保存しておかなければならない。

（従業者の生年月日確認）
第十条　風俗案内業者は、公安委員会規則で定める方法により、風俗案内業に係る業務に従事させようとする者の生年月日を確認しなければならない。
2　風俗案内業者は、前項の規定による確認をしたときは、公安委員会規則で定めるところにより、当該確認に係る記録を従業者名簿と併せて保存しておかなければならない。

（風俗案内時の確認等）
第十一条　風俗案内業者は、接待風俗営業に係る風俗案内を行おうとするときは、あらかじめ、当該接待風俗営業を営む者が法第三条第一項の許可、法第七条第一項、第七条の二第一項若しくは第七条の三第一項の承認又は法第十条の二第一項の規定による認定を受けていることを確認しなければならない。
2　風俗案内業者は、前項の規定による確認をしたときは、公安委員会規則で定めるところにより、当該確認をした接待風俗営業の営業所の名称及び所在地その他公安委員会規則で定める事項を記載し、又は記録した帳簿を作成し、保存しておかなければならない。

（風俗案内業者の禁止行為）
第十二条　風俗案内業者は、風俗案内業に関し、次に掲げる行為をしてはならない。
一　公共の場所において、不特定の者に対し、利用者となるよう勧誘すること。
二　接待風俗営業又は性風俗特殊営業に関する情報を利用者に提供することを委託する契約（以下「委託契約」という。）を締結させ、又は委託契約の申込みの撤回、解除若しくは解約を妨げるため、人を威迫して困惑させ

ること。

三　青少年を風俗案内所における業務に従事させること。

四　青少年に風俗案内所を利用させること。

（風俗案内業者の遵守事項）

第十三条　風俗案内業者は、風俗案内業に関し、次に掲げる事項を遵守しなければならない。

一　午前零時（イ又はロに掲げる日の区分に応じ、それぞれイ又はロに定める地域内にあっては、午前一時）から午前六時までの時間において風俗案内を行わないこと。

イ　十二月二十一日から翌年の一月十日までの間　県内全域

ロ　イに掲げる日以外の日　施行条例別表第二に掲げる地域

二　風俗案内所の周辺において、公安委員会規則で定める方法により測定した音の数値が、施行条例第七条第一項に規定する数値以上とならないように事業を行うこと。

三　風俗案内所の周辺において、公衆の目に触れるような方法で風俗案内を行わないこと。

四　卑わいな行為その他善良の風俗を害する行為が行われていることを告げ、又はこれらの行為が行われていると思わせる方法で風俗案内を行わないこと。

五　風俗案内所の外周又は内部に、性的感情を刺激する絵画、写真その他の物品を掲げ、又は性的感情を刺激する装飾をしないこと。

六　委託契約を締結しない旨の意思を表示した者に対し、執ように当該委託契約の締結について勧誘しないこと。

七　委託契約の解除又は解約をする旨の意思を表示した者に対し、執ように当該委託契約の存続を要求しないこと。

八　公安委員会規則で定めるところにより、風俗案内所である旨を風俗案内所の入口その他公衆の目につきやすい場所に掲示すること。

九　公安委員会規則で定めるところにより、青少年がその風俗案内所を利用してはならない旨を風俗案内所の入口その他公衆の目につきやすい場所に表示すること。

十　前各号に掲げるもののほか、地域における静穏又は清浄な生活環境を阻害する方法で事業を行わないこと。

（指示）

第十四条　公安委員会は、風俗案内業者又はその代理人等が、当該風俗案内業に関し、この条例又はこの条例に基づく公安委員会規則の規定に違反したときは、当該風俗案内業者に対し、清浄な風俗環境を害する行為、青少年の健全な育成に障害を及ぼす行為又は不当な行為を防止するため必要な指示をすることができる。

（風俗案内業の停止等）

第十五条　公安委員会は、風俗案内業者若しくはその代理人等が当該風俗案内業に関しこの条例若しくはこの条例に基づく公安委員会規則の規定に違反した場合において、著しく清浄な風俗環境を害し、若しくは著しく青少年の健全な育成に障害を及ぼすおそれがあると認めるとき、若しくは風俗案内業者若しくはその代理人等による著しく不当な行為を防止するため必要があると認めるとき、又は風俗案内業者が前条の指示に違反したときは、当該風俗案内業者に対し、当該風俗案内業の廃止を命じ、又は六月を超えない範囲内で期間を定めて当該風俗案内業の全部若しくは一部の停止を命ずることができる。

（報告徴収及び立入検査）

第十六条　公安委員会は、この条例の施行に必要な限度において、風俗案内業者に対し、その業務に関し報告又は資料の提出を求めることができる。

2　警察職員は、この条例の施行に必要な限度において、風俗案内所に立ち入り、書類その他の物件を検査し、又は関係者に質問することができる。

3　前項の規定により警察職員が立ち入るときは、その身分を示す証明書を携帯し、関係者に提示しなければならない。

4　第二項の規定による権限は、犯罪捜査のために認められたものと解してはならない。

（聴聞の特例）

第十七条　公安委員会は、第十五条の規定による命令をしようとするときは、岐阜県行政手続条例（平成七年岐阜県条例第三十六号）第十三条第一項の規定による意見陳述のための手続の区分にかかわらず、聴聞を行わなければならない。

2　第十五条の規定による処分に係る聴聞を行うに当たっては、その期日の一週間前までに、岐阜県行政手続条例第十五条第一項の規定による通知をし、かつ、聴聞の期日及び場所を公示しなければならない。
3　前項の通知を岐阜県行政手続条例第十五条第三項に規定する方法によって行う場合においては、同条第一項の規定により聴聞の期日までにおくべき相当な期間は、二週間を下回ってはならない。
4　第十五条の規定による処分に係る聴聞の期日における審理は、公開により行わなければならない。

（委任）

第十八条　この条例に定めるもののほか、この条例の施行に関し必要な事項は、公安委員会規則で定める。

（罰則）

第十九条　次の各号のいずれかに該当する者は、六月以下の懲役又は五十万円以下の罰金に処する。

一　第三条の規定に違反した者
二　第四条第一項の規定に違反した者
三　第七条の規定に違反した者
四　第十二条（第一号を除く。）の規定に違反した者
五　第十五条の規定による命令に違反した者

2　第十二条第三号又は第四号に掲げる行為をした者は、当該青少年の年齢を知らないことを理由として、前項の規定による処罰を免れることができない。ただし、過失がないときは、この限りでない。

第二十条　次の各号のいずれかに該当する者は、三十万円以下の罰金に処する。

一　第六条第一項の規定による届出をしないで風俗案内業を行い、又は同項の規定による届出に関し虚偽の届出をし、若しくは同項に規定する添付書類であって虚偽の記載のあるものを提出した者
二　第六条第二項の規定に違反して届出をせず、若しくは虚偽の届出をし、又は同項に規定する添付書類であって虚偽の記載のあるものを提出した者
三　第九条の規定に違反し、又は従業者名簿に虚偽の記載若しくは記録をした者
四　第十条第一項の規定に違反した者
五　第十条第二項の規定に違反して記録を保存せず、又は虚偽の記録を保存した者
六　第十一条第一項の規定に違反した者
七　第十一条第二項の規定に違反し、又は同項の帳簿に虚偽の記載若しくは記録をした者
八　第十二条第一号の規定に違反した者

第二十一条　次の各号のいずれかに該当する者は、二十万円以下の罰金に処する。

一　第十六条第一項の規定に違反して報告をせず、若しくは資料の提出をせず、又は同項の報告若しくは資料の提出について虚偽の報告をし、若しくは虚偽の資料を提出した者
二　第十六条第二項の規定による立入検査を拒み、妨げ、若しくは忌避し、又は同項の規定による質問に対して答弁をせず、若しくは虚偽の答弁をした者

第二十二条　法人の代表者又は法人若しくは人の代理人等が、その法人又は人の業務に関し、第十九条第一項又は前二条の違反行為をしたときは、行為者を罰するほか、その法人又は人に対しても、各本条の罰金刑を科する。

附　則〔略〕

愛知県

○風俗営業等の規制及び業務の適正化等に関する法律施行条例（昭和五九・一二・二四 愛知県条例三六）

最終改正　平成三〇・三・二七　条例三四

（趣旨）

第一条　この条例は、風俗営業等の規制及び業務の適正化等に関する法律（昭和二十三年法律第百二十二号。以下「法」という。）の規定に基づき、風俗営業における営業所の設置を制限する地域等、性風俗関連特殊営業における禁止区域の基準となる施設等、特定遊興飲食店営業における営業所の設置が許容される地域等について必要な事項を定めるものとする。

（用語の意義）

第二条　この条例において、次の各号に掲げる用語の意義は、それぞれ当該各号に定めるところによる。

一　第一種地域　別表第一に掲げる地域

二　第二種地域　別表第二に掲げる地域

三　第三種地域　第一種地域、第二種地域、第四種地域及び第五種地域以外の地域

四　第四種地域　別表第三に掲げる地域

五　第五種地域　別表第四に掲げる地域

第三条　削除

（風俗営業の営業所の設置を制限する地域）

第四条　法第四条第二項第二号の条例で定める地域は、次に掲げる地域とする。

一　第一種地域

二　前号に掲げる地域のほか、次の表の上欄に掲げる施設の敷地（当該施設の用に供するものと決定した土地を含む。以下同じ。）の周囲から、当該施設ごとに、同表の下欄に掲げる営業所がある地域の区分に応じ、それぞれ同欄に定める距離の範囲内にある地域

施設	距離	
	第二種地域及び第三種地域	第四種地域
一　学校（学校教育法（昭和二十二年法律第二十六号）第一条に規定するもの（大学を除く。）をいう。以下同じ。）又は幼保連携型認定こども園（就学前の子どもに関する教育、保育等の総合的な提供の推進に関する法律（平成十八年法律第七十七号）第二条第七項に規定するものをいう。以下同じ。）	百メートル。ただし、法第二条第一項第五号の営業に係る営業所にあつては、七十メートルとする。	七十メートル。ただし、法第二条第一項第五号の営業に係る営業所にあつては、五十メートルとする。
二　保育所（児童福祉法（昭和二十二年法律第百六十四号）第七条第一項に規定するものをいう。以下同じ。）、病院（医療法（昭和二十三年法律第二百五号）第一条の五第一項に規定するものをいう。以下同じ。）又は診療所（医療法第一条の五第二項に規定するもの（患者を入院させるための施設を有するものに限る。）をいう。以下同じ。）	五十メートル。ただし、法第二条第一項第五号の営業に係る営業所にあつては、三十メートルとする。	三十メートル

2　前項の規定にかかわらず、法第二条第一項第四号又は第五号の営業のうち、三月以内の期間を限つて営む営業又は移動して営む営業に係る営業所が第五種地域以外の地域にある場合にあつては、法第四条第二項第二号の条例で定める地域は、学校、幼保連携型認定こども園、保育所、病院又は診療所の敷地の周囲から三十メートルの範囲内にある地域とする。

3　前二項の規定は、常態として移動しながら営む営業に係る営業所については、適用しない。

（風俗営業の営業時間の制限）

第五条　法第十三条第一項ただし書の条例で定める時は、午前一時とする。

2　法第十三条第一項第一号の条例で定める日は次の各号に掲げる日とし、これらの日における同項第一号の当該事情のある地域として条例で定める地域

はそれぞれ当該各号に掲げる地域とする。
一　十二月十六日から翌年の一月十日までの間において公安委員会規則で定める日　県の全域
二　祭礼その他特別の行事の行われる日として公安委員会規則で定める日　当該祭礼その他特別の行事の行われる地域として公安委員会規則で定める地域及び次項に規定する地域

3　法第十三条第二項の午前零時以後において風俗営業を営むことが許容される特別な事情のある地域として条例で定める地域は、法第二条第四項の接待飲食等営業について、第五種地域及び別表第五に掲げる地域とする。

第六条　風俗営業者は、県の全域において、午前六時後午前九時までの時間にあつては、その営業を営んではならない。

2　法第四条第四項に規定する営業を営む風俗営業者は、県の全域において、前項に規定する時間のほか、午後十一時から翌日の午前零時前（前条第二項各号に掲げる日における当該各号に掲げる地域内は、同条第一項に規定する時まで）の時間にあつては、当該営業を営んではならない。

3　法第二条第一項第四号の営業（法第四条第四項に規定する営業を除く。）又は法第二条第一項第五号の営業を営む風俗営業者は、前条第二項第二号の公安委員会規則で定める日においては、同条第三項に規定する地域（同号の公安委員会規則で定める地域を除く。）内は、第一項に規定する時間のほか、午前零時から同条第一項に規定する時までの時間にあつては、当該営業を営んではならない。

（風俗営業に係る騒音及び振動の規制の数値）

第七条　法第十五条の条例で定める騒音に係る数値は、次の表の上欄に掲げる地域ごとに、同表の下欄に掲げる時間の区分に応じ、それぞれ同欄に定める数値とする。

地域	数値		
	昼間	夜間	深夜
第一種地域及び第二種地域	五十五デシベル	五十デシベル。ただし、午後十時以後の時間にあつては、四十デシベルとする。	四十デシベル
第三種地域	六十デシベル	五十五デシベル	五十デシベル
第四種地域及び第五種地域	六十五デシベル	六十デシベル	五十デシベル

備考
一　「昼間」とは、午前六時後午後六時前の時間をいう。
二　「夜間」とは、午後六時から翌日の午前零時前の時間をいう。
三　「深夜」とは、午前零時から午前六時までの時間をいう。以下同じ。

2　法第十五条の条例で定める振動に係る数値は、五十五デシベルとする。

第八条　削除

（風俗営業者の遵守事項）

第九条　風俗営業者は、次に掲げる事項を遵守しなければならない。
一　営業所に善良の風俗を害する絵画、写真その他の物品を掲げ、又は善良の風俗を害する装飾をしないこと。
二　営業所で善良の風俗を害する映像を供覧し、又は客にこれをさせないこと。
三　営業所で善良の風俗を害する容装をしないこと。
四　営業所で卑わいな行為その他善良の風俗を害する行為をし、又は客にこれらの行為をさせないこと。
五　営業所（旅館業法（昭和二十三年法律第百三十八号）第二条第二項に規定する旅館・ホテル営業の施設に係るものを除く。）で客を宿泊させ、又は就寝させないこと。
六　営業中、営業所の出入口又は客室の施錠等により、人の出入りを遮断し、又は客にこれをさせないこと。
七　営業行為に関連して、従業者に売上げの競争を強制しないこと。
八　客の求めない飲食物を提供しないこと。

2　前項の規定によるほか、法第二条第一項第四号の営業（まあじやん屋を除く。）を営む風俗営業者にあつては次に掲げる事項を、同号のまあじやん屋又は同項第五号の営業を営む風俗営業者にあつては第一号及び第二号に掲げる事項を遵守しなければならない。

一　正当な理由がなくて、客の入場若しくは遊技を拒み、又は遊技を制限しないこと。

二　営業に関し、賭博類似行為その他著しく射幸心をそそるおそれのある行為をし、又は営業所で客にこれらの行為をさせないこと。

三　営業所内で客に飲酒をさせないこと。

（法第二条第一項第五号の営業に係る営業所への年少者の立入りの制限）

第十条　法第二条第一項第五号の営業を営む者は、午後六時から午後十時前の時間において十六歳未満の者（保護者が同伴する者を除く。）を営業所に客として立ち入らせてはならない。

（店舗型性風俗特殊営業の禁止区域の基準となる施設）

第十一条　法第二十八条第一項の条例で定める施設は、次のとおりとする。

一　病院及び診療所

二　社会教育法（昭和二十四年法律第二百七号）第五章に規定する公民館

三　都市公園法（昭和三十一年法律第七十九号）第二条第一項に規定する都市公園

（店舗型性風俗特殊営業の禁止地域）

第十二条　店舗型性風俗特殊営業は、次の各号に掲げる営業の区分に応じ、それぞれ当該各号に掲げる地域においては、これを営んではならない。

一　法第二条第六項第一号、第二号、第四号及び第六号の営業（同項第四号の営業にあつては、個室に自動車の車庫（二以上の側壁（カーテン、ついたて等を含む。）及び屋根を有するものに限る。以下同じ。）が個個に接続する施設であつて、個室に接続する車庫の出入口が扉等によつて遮へいできる構造設備、車庫の内部から個室に通ずる専用の人の出入口若しくは階段若しくは昇降機が設けられている構造設備又は個室と車庫とが専用の通路によつて接続しているものにあつては当該通路の内部が外部から見えない構造設備を有するものに限る。）　県の全域

二　前号に掲げる営業以外の営業　第一種地域、第二種地域及び第三種地域

（店舗型性風俗特殊営業の営業時間の制限）

第十三条　法第二十八条第四項に規定する店舗型性風俗特殊営業を営む者は、次の各号に掲げる営業の区分に応じ、それぞれ当該各号に掲げる時間にあつては、当該営業を営んではならない。

一　法第二条第六項第三号及び第五号の営業（第五種地域（法第二十八条第一項に規定する区域を除く。）に営業所があるものに限る。）　午前一時から午前六時までの時間

二　前号に掲げる営業以外の営業　深夜

（店舗型性風俗特殊営業の広告等を制限する地域）

第十四条　法第二十八条第五項第一号ロの広告又は宣伝を制限すべき地域として条例で定める地域は、第十二条各号に掲げる営業の区分に応じ、それぞれ当該各号に掲げる地域とする。

（無店舗型性風俗特殊営業の広告等を制限する地域）

第十五条　法第三十一条の三第一項において準用する法第二十八条第五項第一号ロの広告又は宣伝を制限すべき地域として条例で定める地域は、法第二条第七項第一号の営業にあつては第十二条第一号に掲げる地域とし、法第二条第七項第二号の営業にあつては第十二条第二号に掲げる地域とする。

（受付所営業の禁止区域の基準となる施設）

第十五条の二　法第三十一条の三第二項の規定により適用する法第二十八条第一項の条例で定める施設は、第十一条各号に掲げる施設とする。

（受付所営業の禁止地域）

第十五条の三　受付所営業（法第三十一条の二第四項に規定する受付所営業をいう。以下同じ。）は、第十二条第一号に掲げる地域においては、これを営んではならない。

（受付所営業の営業時間の制限）

第十五条の四　受付所営業を営む者は、深夜において当該営業を営んではならない。

（映像送信型性風俗特殊営業の広告等を制限する地域）

第十六条　法第三十一条の八第一項において準用する法第二十八条第五項第一号ロの広告又は宣伝を制限すべき地域として条例で定める地域は、第十二条第二号に掲げる地域とする。

（店舗型電話異性紹介営業の禁止区域の基準となる施設）

第十七条　法第三十一条の十三第一項において準用する法第二十八条第一項の条例で定める施設は、第十一条各号に掲げる施設とする。

（店舗型電話異性紹介営業の禁止地域）
第十八条　店舗型電話異性紹介営業は、第十二条第一号に掲げる地域においては、これを営んではならない。

（店舗型電話異性紹介営業の営業時間の制限）
第十九条　店舗型電話異性紹介営業を営む者は、深夜において当該営業を営んではならない。

（店舗型電話異性紹介営業の広告等を制限する地域）
第二十条　法第三十一条の十三第一項において準用する法第二十八条第五項第一号ロの広告又は宣伝を制限すべき地域として条例で定める地域は、第十二条第一号に掲げる地域とする。

（無店舗型電話異性紹介営業の広告等を制限する地域）
第二十一条　法第三十一条の十八第一項において準用する法第二十八条第五項第一号ロの広告又は宣伝を制限すべき地域として条例で定める地域は、第十二条第一号に掲げる地域とする。

（特定遊興飲食店営業の営業所の設置が許容される地域）
第二十二条　法第三十一条の二十三において準用する法第四条第二項第二号の条例で定める地域は、第五種地域及び別表第五に掲げる地域のうち、児童福祉施設（児童福祉法第七条第一項に規定するもの（深夜において児童を入所させ、又は入院させるものに限る。）をいう。）、病院、診療所、特別養護老人ホーム（老人福祉法（昭和三十八年法律第百三十三号）第五条の三に規定するものをいう。）、介護老人保健施設（介護保険法（平成九年法律第百二十三号）第八条第二十八項に規定するものをいう。）又は介護医療院（介護保険法第八条第二十九項に規定するものをいう。）の敷地の周囲から三十メートルの範囲外にある地域とする。

（特定遊興飲食店営業の営業時間の制限）
第二十三条　特定遊興飲食店営業者は、県の全域において、午前五時から午前六時までの時間にあつては、その営業を営んではならない。

（特定遊興飲食店営業に係る騒音及び振動の規制の数値）
第二十四条　法第三十一条の二十三において準用する法第十五条の条例で定める騒音に係る数値は、第一種地域及び第二種地域にあつては四十デシベル、第三種地域、第四種地域及び第五種地域にあつては五十デシベルとする。

2　法第三十一条の二十三において準用する法第十五条の条例で定める振動に係る数値は、五十五デシベルとする。

（特定遊興飲食店営業者の遵守事項）
第二十五条　特定遊興飲食店営業者は、次に掲げる事項を遵守しなければならない。

一　営業所に善良の風俗を害する絵画、写真その他の物品を掲げ、又は善良の風俗を害する装飾をしないこと。
二　営業所で善良の風俗を害する映像を供覧し、又は客にこれをさせないこと。
三　営業所で善良の風俗を害する容装をしないこと。
四　営業所で卑わいな行為その他善良の風俗を害する行為をし、又は客にこれらの行為をさせないこと。
五　営業中、営業所の出入口又は客室の施錠等により、人の出入りを遮断し、又は客にこれをさせないこと。
六　営業行為に関連して、従業者に売上げの競争を強制しないこと。
七　客の求めない飲食物を提供しないこと。
八　営業所で賭博類似行為その他著しく射幸心をそそるおそれのある行為をし、又は客にこれらの行為をさせないこと。
九　午後六時から午後十時前の時間において十八歳未満の者（保護者が同伴する者を除く。）を営業所に客として立ち入らせないこと。

（深夜における飲食店営業に係る騒音及び振動の規制の数値）
第二十六条　法第三十二条第二項において準用する法第十五条の条例で定める騒音に係る数値は、第七条第一項の表の上欄に掲げる地域ごとに、それぞれ同表の下欄に定める深夜に係る数値とする。

2　法第三十二条第二項において準用する法第十五条の条例で定める振動に係る数値は、五十五デシベルとする。

（深夜における酒類提供飲食店営業の禁止地域）
第二十七条　酒類提供飲食店営業を営む者は、第一種地域にあつては、深夜において当該営業を営んではならない。

（風俗環境保全協議会を置く地域）
第二十八条　法第三十八条の四第一項の条例で定める地域は、公安委員会規則で定める地域とする。

（罰則）

第二十九条　第十条の規定に違反した者は、五十万円以下の罰金に処する。

（両罰規定）

第三十条　法人の代表者又は法人若しくは人の代理人、使用人その他の従業者が、その法人又は人の業務に関し、前条の違反行為をしたときは、行為者を罰するほか、その法人又は人に対しても、同条の刑を科する。

附　則〔略〕

別表第一（第二条関係）

都市計画法（昭和四十三年法律第百号）第八条第一項の規定により都市計画において定められた次に掲げる地域

一　第一種低層住居専用地域

二　第二種低層住居専用地域

三　第一種中高層住居専用地域

四　第二種中高層住居専用地域

五　第一種住居地域

六　第二種住居地域

七　田園住居地域

別表第二（第二条関係）

都市計画法第八条第一項の規定により都市計画において定められた準住居地域

別表第三（第二条関係）

都市計画法第八条第一項の規定により都市計画において定められた商業地域（第五種地域を除く。）

別表第四（第二条関係）

名古屋市の区域のうち、千種区今池一丁目（八番から十三番まで、二十九番及び三十番に限る。）、今池三丁目（四番に限る。）、今池四丁目（七番及び九番から十一番までに限る。）、今池五丁目（一番から三番まで、八番から十三番まで及び十八番から二十七番までに限る。）及び内山三丁目（三十二番及び三十三番に限る。）並びに中区栄三丁目（八番から十三番までに限る。）、栄四丁目（一番、六番及び十九番を除く。）、新栄一丁目（一番、十一番及び十二番に限る。）及び錦三丁目（十二番から十四番まで及び十七番から十九番までに限る。）の区域

別表第五（第五条、第二十二条関係）

名古屋市の区域のうち、千種区今池一丁目（六番、七番、十四番から十七番まで及び二十八番に限る。）及び内山三丁目（三十一番に限る。）、東区東桜二丁目（十八番及び二十番から二十三番までに限る。）及び東新町並びに中区栄三丁目（一番から四番まで、十四番及び十九番から二十一番までに限る。）、栄四丁目（六番に限る。）、栄五丁目（一番及び三番から七番までに限る。）、新栄一丁目（二番から六番まで、九番、十番、十三番、十四番及び二十五番から二十七番までに限る。）、新栄町三丁目、錦三丁目（一番から四番まで、六番から十一番まで、十五番、十六番及び二十番から二十四番までに限る。）及び東桜二丁目（十八番、十九番及び二十一番から二十三番までに限る。）の区域

〇風俗営業等の規制及び業務の適正化等に関する法律施行条例の施行に関する規則

（昭和六〇・二・四　愛知県公安委員会規則二）

最終改正　平成二八・一・一九　公安委員会規則一

（特別な事情のある日）

第一条　風俗営業等の規制及び業務の適正化等に関する法律施行条例（昭和五十九年愛知県条例第三十六号。以下「条例」という。）第五条第二項第一号の公安委員会規則で定める日は、十二月十六日から翌年の一月十日までの日とする。

（風俗環境保全協議会を置く地域）

第二条　条例第二十八条の公安委員会規則で定める地域は、次に掲げる地域とする。

一　名古屋市の区域のうち、千種区今池一丁目、今池三丁目、今池四丁目、今池五丁目及び内山三丁目の区域

二　名古屋市の区域のうち、東区葵一丁目、西新町、東桜一丁目、東桜二丁目、東新町、久屋町及び武平町並びに中区葵一丁目、栄二丁目、栄三丁目、栄四丁目、栄五丁目、新栄一丁目、新栄二丁目、新栄町、錦二丁目、錦三丁目、東桜二丁目、丸の内二丁目及び丸の内三丁目の区域

附　則〔略〕

〇愛知県風俗案内所規制条例

（平成二四・三・二七　愛知県条例一四）

最終改正　平成二九・三・二八　条例二二

（目的）

第一条　この条例は、風俗案内所における業務について必要な規制を行うことにより、清浄な風俗環境を保持し、並びに青少年の健全な育成に障害を及ぼす行為及び特定風俗案内業者による不当な行為を防止し、もって県民が安心して暮らすことができる健全な生活環境を確保することを目的とする。

（定義）

第二条　この条例において、次の各号に掲げる用語の意義は、それぞれ当該各号に定めるところによる。

一　風俗案内所　接待風俗案内又は性風俗案内を行うための施設であって、不特定多数の者が出入りすることができるものをいう。

二　接待風俗案内　風俗営業等の規制及び業務の適正化等に関する法律（昭和二十三年法律第百二十二号。以下「法」という。）第二条第一項第一号に該当する営業（以下「接待風俗営業」という。）に関する次に掲げる情報を、当該情報の提供を受けようとする者の求めに応じて提供することをいう。

イ　接待の内容、接待を受けることのできる時間、接待に従事する者に関する事項又は接待を受けるための料金

ロ　営業所の名称、所在地又は電話番号その他の連絡先

三　性風俗案内　法第二条第六項第一号若しくは第二号又は第七項第一号のいずれかに該当する営業に関する次に掲げる情報を、当該情報の提供を受けようとする者の求めに応じて提供することをいう。

イ　異性の客に接触する役務の内容、当該役務を受けることのできる時間、当該役務に従事する者に関する事項又は当該役務を受けるための料金

ロ　営業所の名称、所在地又は電話番号その他の連絡先（法第二条第七項第一号に該当する営業にあっては、当該営業につき広告若しくは宣伝をするときに当該営業を示すものとして使用する呼称、法第三十一条の二第一項第七号に規定する受付所の所在地又は客の依頼を受けるための電話番号その他の連絡先）

四　特定風俗案内業　風俗案内所を設けて有償又は無償で接待風俗案内を行う事業をいう。

五　特定風俗案内業者　特定風俗案内業を行う者をいう。

六　利用者　風俗案内所を利用して情報の提供を受けようとする者をいう。

（禁止行為）

第三条　何人も、風俗案内所を設けて性風俗案内を行ってはならない。

（禁止地域）

第四条　何人も、風俗営業等の規制及び業務の適正化等に関する法律施行条例（昭和五十九年愛知県条例第三十六号。以下「施行条例」という。）第二条第一号に規定する第一種地域においては、特定風俗案内業を行ってはならない。

2　何人も、施行条例第二条第二号に規定する第二種地域及び同条第三号に規定する第三種地域においては、次の各号に掲げる施設の敷地（当該施設の用に供するものと決定した土地を含む。以下同じ。）の周囲から当該各号に定める距離の区域内において特定風俗案内業を行ってはならない。

一　学校（学校教育法（昭和二十二年法律第二十六号）第一条に規定するもの（大学を除く。）をいう。以下同じ。）又は幼保連携型認定こども園（就学前の子どもに関する教育、保育等の総合的な提供の推進に関する法律（平成十八年法律第七十七号）第二条第七項に規定するものをいう。以下同じ。）　百メートル

二　保育所（児童福祉法（昭和二十二年法律第百六十四号）第七条第一項に規定するものをいう。以下同じ。）、病院（医療法（昭和二十三年法律第二百五号）第一条の五第一項に規定するものをいう。以下同じ。）又は診療所（医療法第一条の五第二項に規定するもの（患者を入院させるための施設を有するものに限る。）をいう。以下同じ。）　五十メートル

3　何人も、施行条例第二条第四号に規定する第四種地域においては、次の各号に掲げる施設の敷地の周囲から当該各号に定める距離の区域内において特定風俗案内業を行ってはならない。

一　学校又は幼保連携型認定こども園　七十メートル

二　保育所、病院又は診療所　三十メートル

4　前三項の規定は、これらの規定の適用の際現に第六条第一項の規定による届出をして特定風俗案内業を行っている者の当該特定風俗案内業については、適用しない。

（欠格事由）

第五条　次の各号のいずれかに該当する者は、特定風俗案内業を行ってはならない。

一　成年被後見人若しくは被保佐人又は破産者で復権を得ないもの

二　一年以上の懲役若しくは禁錮の刑に処せられ、又は次に掲げる罪を犯して一年未満の懲役若しくは罰金の刑に処せられ、その執行を終わり、又は執行を受けることがなくなった日から起算して五年を経過しない者

イ　第十八条第一項の罪

ロ　法第四十九条、第五十条第一項第四号から第九号まで、第五十二条第一号、第四号若しくは第五号又は第五十三条第一号若しくは第二号の罪

ハ　売春防止法（昭和三十一年法律第百十八号）第六条の罪

ニ　児童買春、児童ポルノに係る行為等の規制及び処罰並びに児童の保護等に関する法律（平成十一年法律第五十二号）第五条又は第六条の罪

ホ　労働基準法（昭和二十二年法律第四十九号）第百十八条第一項（同法第五十六条に係る部分に限る。）又は第百十九条第一号（同法第六十一条又は第六十二条に係る部分に限り、労働者派遣事業の適正な運営の確保及び派遣労働者の保護等に関する法律（昭和六十年法律第八十八号）第四十四条第二項又は第四項の規定により適用する場合を含む。）の罪

ヘ　児童福祉法第六十条第一項又は第二項（同法第三十四条第一項第四号の三、第五号、第七号又は第九号に係る部分に限る。）の罪

ト　公衆に著しく迷惑をかける暴力的不良行為等の防止に関する条例（昭和三十八年愛知県条例第四号）第十五条、第十七条、第十九条又は第二十条の罪

チ　愛知県暴力団排除条例（平成二十二年愛知県条例第三十四号）第二十

九条第二号の罪

リ　酒類提供等営業に係る不当な勧誘、料金の不当な取立て等の規制等に関する条例（平成二十九年愛知県条例第一号）第二十条第一項又は第二項の罪

三　暴力団員による不当な行為の防止等に関する法律（平成三年法律第七十七号）第二条第六号に規定する暴力団員（以下「暴力団員」という。）又は暴力団員でなくなった日から五年を経過しない者

四　愛知県暴力団排除条例第二十六条第一項の規定による公表（同条例第十四条第一項、第十六条第一項、第十七条第一項又は第二十二条第三項の規定に違反する行為に係る同条例第二十五条の規定による勧告を受けた者が正当な理由がなく当該勧告に従わない場合に係るものに限る。）をされ、当該公表をされた日から起算して五年を経過しない者

五　第十四条の規定により特定風俗案内業の廃止の命令を受け、当該命令を受けた日から起算して五年を経過しない者（当該命令を受けた者が法人である場合においては、当該命令に係る聴聞の期日及び場所が公示された日前六十日以内に当該法人の役員（業務を執行する社員、取締役、執行役又はこれらに準ずる者をいい、相談役、顧問その他いかなる名称を有する者であるかを問わず、法人に対し業務を執行する社員、取締役、執行役又はこれらに準ずる者と同等以上の支配力を有するものと認められる者を含む。以下同じ。）であった者で当該命令を受けた日から起算して五年を経過しないものを含む。）

六　未成年者（十八歳以上である未成年者にあっては、営業に関し成年者と同一の行為能力を有する者を除く。）

七　法人でその役員のうちに第一号から第五号までのいずれかに該当する者があるもの

（届出）

第六条　特定風俗案内業を行おうとする者は、風俗案内所ごとに、特定風俗案内業を開始しようとする日の十日前までに、公安委員会規則で定めるところにより、次に掲げる事項を公安委員会に届け出なければならない。この場合において、届出には、公安委員会規則で定める書類を添付しなければならない。

一　氏名及び住所（法人にあっては、その名称、代表者の氏名及び主たる事務所の所在地）

二　風俗案内所の名称及び所在地

三　第八条第一項の管理者の氏名及び住所

四　法人にあっては、その役員の氏名及び住所

五　前各号に掲げるもののほか、公安委員会規則で定める事項

2　前項の規定による届出をした者は、当該特定風俗案内業を廃止したとき、又は同項第一号から第四号までに掲げる事項（同項第二号に掲げる事項にあっては、風俗案内所の名称に限る。）に変更があったときは、その日から十日以内に、公安委員会規則で定めるところにより、その旨を公安委員会に届け出なければならない。この場合において、届出には、公安委員会規則で定める書類を添付しなければならない。

（名義貸しの禁止）

第七条　前条第一項の規定による届出をした者は、自己の名義をもって、他人に特定風俗案内業を行わせてはならない。

（管理者）

第八条　特定風俗案内業者は、風俗案内所ごとに、当該風俗案内所における業務の実施を統括管理する者のうちから、第四項に規定する業務を行う者として、管理者一人を選任しなければならない。

2　特定風俗案内業者は、管理者として選任した者が欠けるに至ったときは、その日から十四日以内に、新たな管理者を選任しなければならない。この場合において、新たな管理者の選任の時までの間は、当該特定風俗案内業者（法人にあっては、その役員）が自ら第四項に規定する業務を行わなければならない。

3　次の各号のいずれかに該当する者は、管理者となることができない。

一　第五条第一号から第五号までのいずれかに該当する者

二　未成年者

4　管理者は、次に掲げる業務を行うものとする。

一　当該風俗案内所における業務がこの条例に違反して行われることのないよう、当該特定風俗案内業者又はその代理人、使用人その他の従業者に対して助言又は指導を行うこと。

二　第十条に規定する従業者名簿及びその記載又は記録について管理すること。

三　第十一条第二項及び第三項に規定する書類及びその記載又は記録について管理すること。

（特定風俗案内業者の禁止行為）

第九条　特定風俗案内業者は、当該風俗案内所における業務に関し、次に掲げる行為をしてはならない。

一　十八歳未満の者を風俗案内所における業務に従事させること。

二　十八歳未満の者に対し接待風俗案内を行い、又は十八歳未満の者を風俗案内所に利用者として立ち入らせること。

三　営業に関する情報を利用者に提供することを委託する契約（以下「委託契約」という。）を締結させ、又は委託契約の申込みの撤回、解除若しくは解約を妨げるため、人を威迫して困惑させること。

四　風俗案内所の周辺において、公衆の目に触れるような方法で接待風俗案内を行うこと。

五　卑わいな行為その他善良の風俗を害する行為が行われていることを告げ、又はこれらの行為が行われていると思わせる方法で、接待風俗案内を行うこと。

六　風俗案内所の外周又は内部に、性的感情を刺激する絵画、写真その他の物品を掲げ、又は性的感情を刺激する装飾をすること。

七　午前零時（次に掲げる日の区分に応じそれぞれ次に定める地域内にあっては、午前一時）から午前九時までの時間において接待風俗案内を行うこと。

イ　施行条例第五条第二項各号に掲げる日　当該各号に定める地域

ロ　イに掲げる日以外の日　施行条例第五条第三項に規定する地域

八　風俗案内所の周辺において、公安委員会規則で定める方法により測定した場合における数値が、当該風俗案内所が所在する施行条例第七条第一項の表の上欄に掲げる地域ごとに、同表の下欄に掲げる時間の区分に応じ、それぞれ同欄に定める数値以上となる騒音を生じさせること。

九　第十一条第二項に規定する書類を備えていない接待風俗営業に係る接待風俗案内を行うこと。

十　委託契約を締結しない旨の意思を表示した者に対し、執ように当該委託契約の締結について勧誘すること。

十一　委託契約の解除又は解約をする旨の意思を表示した者に対し、執ように当該委託契約の存続を要求すること。

（従業者名簿）

第十条　特定風俗案内業者は、公安委員会規則で定めるところにより、風俗案内所ごとに、従業者名簿（電磁的記録（電子的方式、磁気的方式その他人の知覚によっては認識することができない方式で作られる記録であって、電子計算機による情報処理の用に供されるものをいう。以下同じ。）をもって作成するものを含む。以下同じ。）を備え、これに当該風俗案内所における業務に従事する者の氏名、生年月日、住所その他公安委員会規則で定める事項を記載し、又は記録しなければならない。

（接待風俗案内受託時の確認等）

第十一条　特定風俗案内業者は、接待風俗営業を営む者から風俗案内所における接待風俗案内を受託するときは、次に掲げる事項を、当該事項を証する書類として公安委員会規則で定める書類により、確認しなければならない。

一　接待風俗営業を営む者の氏名及び住所（法人にあっては、その名称、代表者の氏名及び主たる事務所の所在地）

二　営業所の名称及び所在地

三　営業の種別

四　前三号に掲げるもののほか、公安委員会規則で定める事項

2　特定風俗案内業者は、前項の確認をしたときは、公安委員会規則で定めるところにより、当該確認に係る事項を記載した書類（当該書類に記載すべき事項を記録した電磁的記録を含む。）を作成し、当該風俗案内所ごとにこれを備えなければならない。

3　特定風俗案内業者は、接待風俗営業以外の営業を営む者から当該営業に関する情報を利用者に提供することを受託するときは、公安委員会規則で定めるところにより、当該受託に係る事項を記載した書類（当該書類に記載すべき事項を記録した電磁的記録を含む。）を作成し、当該風俗案内所ごとにこれを備えなければならない。

（青少年の立入禁止の表示）

第十二条　特定風俗案内業者は、公安委員会規則で定めるところにより、十八歳未満の者が立ち入ってはならない旨を当該風俗案内所の入口に表示しなければならない。

（指示）

第十三条　公安委員会は、特定風俗案内業者又はその代理人、使用人その他の従業者（以下「特定風俗案内業者等」という。）が、当該特定風俗案内業に関し、この条例の規定に違反したときは、当該特定風俗案内業者に対し、清浄な風俗環境を害する行為、青少年の健全な育成に障害を及ぼす行為又は特定風俗案内業者による不当な行為を防止するため必要な指示をすることができる。

（特定風俗案内業の停止等）

第十四条　公安委員会は、特定風俗案内業者等が当該特定風俗案内業に関しこの条例の規定に違反した場合において著しく清浄な風俗環境を害し若しくは著しく青少年の健全な育成に障害を及ぼすおそれがあると認めるとき若しくは特定風俗案内業者による著しく不当な行為を防止するため必要があると認めるとき、又は特定風俗案内業者が前条の規定による指示に違反したときは、当該特定風俗案内業者に対し、当該特定風俗案内業の廃止を命じ、又は六月を超えない範囲内で期間を定めて、当該特定風俗案内業の全部若しくは一部の停止を命ずることができる。

（聴聞の特例）

第十五条　公安委員会は、前条の規定による命令をしようとするときは、愛知県行政手続条例（平成七年愛知県条例第二十八号）第十三条第一項の規定による意見陳述のための手続の区分にかかわらず、聴聞を行わなければならない。

2　公安委員会は、前項の聴聞を行うに当たっては、その期日の一週間前までに、愛知県行政手続条例第十五条第一項の規定による通知をし、かつ、聴聞の期日及び場所を公示しなければならない。

3　前項の通知を愛知県行政手続条例第十五条第三項に規定する方法によって行う場合においては、同条第一項の規定により聴聞の期日までにおくべき相当な期間は、二週間を下回ってはならない。

4　第一項の聴聞の期日における審理は、公開により行わなければならない。

（報告及び立入検査）

第十六条　公安委員会は、この条例の施行に必要な限度において、特定風俗案内業者に対し、その業務に関し報告若しくは資料の提出を求め、又は警察職員に、風俗案内所に立ち入り、書類その他の物件を検査させ、若しくは関係者に質問させることができる。

2　前項の規定により警察職員が立入検査をするときは、その身分を示す証明書を携帯し、関係者に提示しなければならない。

3　第一項の規定による立入検査の権限は、犯罪捜査のために認められたものと解釈してはならない。

（公安委員会規則への委任）

第十七条　この条例に定めるもののほか、この条例の施行に関し必要な事項は、公安委員会規則で定める。

（罰則）

第十八条　次の各号のいずれかに該当する者は、六月以下の懲役又は五十万円以下の罰金に処する。

一　第三条の規定に違反した者

二　第四条第一項から第三項までの規定に違反した者

三　第七条の規定に違反した者

四　第九条（第一号から第三号までに係る部分に限る。）の規定に違反した者

五　第十四条の規定による命令に違反した者

2　第九条第一号又は第二号に掲げる行為をした者は、当該十八歳未満の者の年齢を知らないことを理由として、前項の規定による処罰を免れることができない。ただし、当該十八歳未満の者の年齢を知らないことにつき過失がないときは、この限りでない。

第十九条　次の各号のいずれかに該当する者は、三十万円以下の罰金に処する。

一　第六条第一項の規定による届出をしないで特定風俗案内業を行い、又は同項の規定による届出に関し虚偽の届出をし、若しくは同項の添付書類であって虚偽の記載のあるものを提出した者

二　第六条第二項の規定に違反して届出をせず、若しくは虚偽の届出をし、又は同項の添付書類であって虚偽の記載のあるものを提出した者

三　第十条の規定に違反し、又は従業者名簿に虚偽の記載若しくは記録をした者

四　第十一条第一項の規定に違反した者

五　第十一条第二項の規定に違反し、又は同項に規定する書類に虚偽の記載若しくは記録をした者

第二十条　第十六条第一項の規定に違反して報告をせず、若しくは資料の提出をせず、若しくは同項の報告若しくは資料の提出について虚偽の報告をし、若しくは虚偽の資料を提出し、又は同項の規定による立入検査を拒み、妨げ、若しくは忌避し、若しくは同項の規定による質問に対して答弁をせず、若しくは虚偽の答弁をした者は、二十万円以下の罰金に処する。

（両罰規定）

第二十一条　法人の代表者又は法人若しくは人の代理人、使用人その他の従業者が、その法人又は人の業務に関し、第十八条第一項又は前二条の違反行為をしたときは、行為者を罰するほか、その法人又は人に対しても、各本条の罰金刑を科する。

附　則〔略〕

三重県

○風俗営業等の規制及び業務の適正化等に関する法律施行条例

（昭和三九・七・一六　三重県条例七五）

最終改正　平成三〇・三・二二　条例三六

（趣旨）

第一条　この条例は、風俗営業等の規制及び業務の適正化等に関する法律（昭和二十三年法律第百二十二号。以下「法」という。）の規定に基づき必要な事項を定めるものとする。

第二条　削除

（風俗営業の許可に係る営業制限地域）

第三条　法第四条第二項第二号の条例で定める地域は、次に掲げる地域とする。

一　都市計画法（昭和四十三年法律第百号）第二章の規定により定められた第一種低層住居専用地域、第二種低層住居専用地域、第一種中高層住居専用地域、第二種中高層住居専用地域、第一種住居地域、第二種住居地域、準住居地域及び田園住居地域

二　前号に規定するもののほか、学校教育法（昭和二十二年法律第二十六号）第一条に規定する学校、医療法（昭和二十三年法律第二百五号）第一条の五に規定する病院若しくは診療所（患者を入院させるための施設を有しないものを除く。）（第九条において「病院等」という。）、図書館法（昭和二十五年法律第百十八号）第二条第一項に規定する図書館、児童福祉法（昭和二十二年法律第百六十四号）第七条第一項に規定する児童福祉施設又は都市公園法（昭和三十一年法律第七十九号）第二条第一項第一号に規定する公園のうち都市公園法施行令（昭和三十一年政令第二百九十号）第二条第一項第一号に規定する都市公園であつて三重県公安委員会規則で定めるもの（第九条において「特定公園」という。）の敷地（これらの用に供するものと決定した土地を含む。）から次の表の上欄に掲げる区分に従

い、同表の中欄に掲げる営業ごとに、同表の下欄に掲げる距離以内の地域（別表第一に掲げる区域を除く。）

都市計画法第二章の規定により定められた商業地域に設ける営業所	法第二条第一項第一号から第四号までの営業	七十メートル
	法第二条第一項第五号の営業	五十メートル
その他の地域に設ける営業所	法第二条第一項第一号から第四号までの営業	百メートル
	法第二条第一項第五号の営業	七十メートル

2　祭礼、縁日その他臨時の催し等により三月以内の期間に限つて営む法第二条第一項第四号又は第五号の営業及び列車等により常態として移動する風俗営業については、前項の規定は適用しない。

（習俗的行事その他の特別な事情のある日時）

第四条　法第十三条第一項第一号の習俗的行事その他の特別な事情のある日として条例で定める日は次の各号に掲げる日とし、当該特別な事情のある日に係る法第十三条第一項第一号の条例で定める地域及び同項の条例で定める時はそれぞれ当該各号に定める地域及び時とする。

一　一月一日　県内全域において午前六時

二　一月二日から同月十日まで及び十二月二十一日から同月三十一日まで　県内全域において午前一時

三　祭礼その他特別の行事の行われる日として三重県公安委員会規則で定める日　同規則で定める地域において同規則で定める時及びその他の地域であつて次条に掲げる地域に該当する地域において午前一時

（午前零時以後において風俗営業を営むことが許容される特別な事情のある地域）

第四条の二　法第二条第四項の接待飲食等営業につき、法第十三条第一項第二号に規定する習俗的行事その他の特別な事情のある日以外の日にあつては午前零時以後において風俗営業を営むことが許容される特別な事情のある地域として条例で定める地域は、別表第二に掲げる区域とし、同項の条例で定める時は、午前一時とする。

（風俗営業の営業時間の制限）

第五条　法第二条第一項第四号の営業（まあじやん屋を除く。）は、県内全域において、午前六時後午前九時までの間、これを営んではならない。ただし、第四条第一号に掲げる日にあつては、この限りでない。

2　法第二条第一項第四号及び第五号の営業は、第四条第三号の三重県公安委員会規則で定める日にあつては前条に掲げる地域（同規則で定める地域に該当する地域を除く。）において、午前零時から午前一時までの間、これを営んではならない。

（風俗営業等に係る騒音及び振動の規制数値）

第六条　法第十五条（法第三十一条の二十三及び法第三十二条第二項において準用する場合を含む。）の条例で定める騒音に係る数値は、次の表の上欄に掲げる地域ごとに、同表の下欄に掲げる時間の区分に応じ、それぞれ同欄に定める数値とする。

地域	数値		
	昼間	夜間	深夜
第一種低層住居専用地域 第二種低層住居専用地域 第一種中高層住居専用地域 第二種中高層住居専用地域 第一種住居地域 第二種住居地域 準住居地域 田園住居地域	五十五デシベル	四十デシベル	四十デシベル
商業地域	六十五デシベル	五十五デシベル	五十デシベル
その他の地域	六十デシベル	五十デシベル	四十五デシベル

備考

一　「第一種低層住居専用地域」、「第二種低層住居専用地域」、「第一種中

高層住居専用地域」、「第二種中高層住居専用地域」、「第一種住居地域」、「第二種住居地域」、「準住居地域」、「田園住居地域」及び「商業地域」とは、都市計画法第二章の規定により定められた地域をいう。
二　「昼間」とは、午前六時後午後六時前の時間を、「夜間」とは、午後六時から翌日の午前零時前の時間を、「深夜」とは、午前零時から午前六時までの時間をいう。

2　法第十五条（法第三十一条の二十三及び法第三十二条第二項において準用する場合を含む。）の条例で定める振動に係る数値は、五十五デシベルとする。

（風俗営業者の遵守事項）

第七条　風俗営業者は、次に掲げる事項を遵守しなければならない。
一　営業所において、店舗型性風俗特殊営業を営まないこと。
二　営業所で卑わいな行為その他善良の風俗を害する行為をし、又は客にこれらの行為をさせないこと。
三　営業の用に供する家屋又は施設において客を就寝させ、又は宿泊させないこと（旅館業法（昭和二十三年法律第百三十八号）による旅館業の施設と兼用する場合を除く。）。
四　客の求めない飲食物を提供しないこと。
五　法第二条第一項第四号の営業を営む風俗営業者（以下この条において「第四号営業者」という。）及び同項第五号の営業を営む風俗営業者は、営業に関し、賭博類似行為その他著しく射幸心をそそるおそれのある行為をし、又は営業所で客にこれらの行為をさせないこと。
六　第四号営業者（まあじゃん屋を除く。次号において同じ。）は、客に提供した賞品を買い取らせないこと。
七　第四号営業者は、営業所において客に飲酒をさせないこと。

（年少者の立入りの制限）

第八条　法第二条第一項第五号の営業を営む風俗営業者は、午後六時以後午後十時前の時間において十六歳未満の者を営業所に客として立ち入らせるときは、保護者の同伴を求めなければならない。

（店舗型性風俗特殊営業の距離制限の基準となる施設）

第九条　法第二十八条第一項の条例で定める施設は、病院等及び特定公園（別表第一に掲げる区域内にあるもの及び当該区域の周囲二百メートルの区域内にあるものを除く。）とする。

（店舗型性風俗特殊営業の禁止地域）

第十条　店舗型性風俗特殊営業は、次の表の上欄に掲げる営業の区分ごとに、同表の下欄に掲げる区域又は地域においては、これを営んではならない。

営業の区分	区域又は地域
法第二条第六項第一号の営業及び同項第二号の営業	別表第三に掲げる区域
法第二条第六項第四号の営業（風俗営業等の規制及び業務の適正化等に関する法律施行令（昭和五十九年政令第三百十九号）第三条第二項各号のいずれかに該当する構造を有する個室を設ける同条第一項第二号に掲げる施設において営む営業に限る。）	別表第四に掲げる区域
法第二条第六項第三号の営業、同項第四号の営業（前項に該当する営業を除く。）及び同項第五号の営業	別表第一に掲げる区域以外の地域
法第二条第六項第六号の営業	県内全域

（店舗型性風俗特殊営業の営業時間の制限）

第十一条　法第二条第六項第一号の営業又は同項第二号の営業は、県内全域において、深夜（午前零時から午前六時までの時間をいう。以下同じ。）これを営んではならない。
2　法第二条第六項第三号の営業又は同項第五号の営業は、別表第一に掲げる区域内においては午前一時から午前六時までの間、同表に掲げる区域以外の地域においては深夜、これを営んではならない。

（店舗型性風俗特殊営業の広告等の制限地域）

第十二条　法第二十八条第五項第一号ロの条例で定める地域は、第十条の表を適用する。

（無店舗型性風俗特殊営業の広告等の制限地域）

第十三条　法第三十一条の三第一項において準用する法第二十八条第五項第一号ロの条例で定める地域は、次の表の上欄に掲げる無店舗型性風俗特殊営業の営業の区分ごとに、同表の下欄に掲げる区域又は地域とする。

営業の区分	区域又は地域
法第二条第七項第一号の営業	別表第三に掲げる区域
法第二条第七項第二号の営業	別表第一に掲げる区域以外の地域

（受付所営業の距離制限の基準となる施設）

第十四条 法第三十一条の三第二項において準用する法第二十八条第一項の条例で定める施設は、第九条に規定する病院等及び特定公園とする。

（受付所営業の禁止地域）

第十五条 受付所営業は、別表第三に掲げる区域においては、これを営んではならない。

（受付所営業の営業時間の制限）

第十六条 受付所営業は、県内全域において、深夜これを営んではならない。

（映像送信型性風俗特殊営業の広告等の制限地域）

第十七条 法第三十一条の八第一項において準用する法第二十八条第五項第一号ロの条例で定める地域は、別表第一に掲げる区域以外の地域とする。

（店舗型電話異性紹介営業の距離制限の基準となる施設）

第十八条 法第三十一条の十三第一項において準用する法第二十八条第一項の条例で定める施設は、第九条に規定する病院等及び特定公園とする。

（店舗型電話異性紹介営業の禁止地域）

第十九条 店舗型電話異性紹介営業は、別表第三に掲げる区域においては、これを営んではならない。

（店舗型電話異性紹介営業の営業時間の制限）

第二十条 店舗型電話異性紹介営業は、県内全域において、深夜これを営んではならない。

（店舗型電話異性紹介営業の広告等の制限地域）

第二十一条 法第三十一条の十三第一項において準用する法第二十八条第五項第一号ロの条例で定める地域は、別表第三に掲げる区域とする。

（無店舗型電話異性紹介営業の広告等の制限地域）

第二十二条 法第三十一条の十八第一項において準用する法第二十八条第五項第一号ロの条例で定める地域は、別表第三に掲げる区域とする。

（特定遊興飲食店営業の許可に係る営業所設置許容地域）

第二十三条 法第三十一条の二十三において準用する法第四条第二項第二号の条例で定める地域は、次の各号のいずれにも該当する地域とする。

一　別表第二に掲げる区域

二　第九条に規定する病院等及び児童福祉法第七条第一項に規定する児童福祉施設のうち深夜において児童を入所（入院を含む。）させるものの敷地（これらの用に供するものと決定した土地を含む。）から次の表の上欄に掲げる区分に従い、同表の下欄に掲げる距離の範囲外にある地域

都市計画法第二章の規定により定められた商業地域に設ける営業所	七十メートル
その他の地域に設ける営業所	百メートル

（特定遊興飲食店営業の営業時間の制限）

第二十四条 特定遊興飲食店営業は、県内全域において、午前五時から午前六時までの時間においてその営業を営んではならない。ただし、第四条第一号に掲げる日にあつては、この限りでない。

（特定遊興飲食店営業者の遵守事項）

第二十五条 第七条第一号、第二号、第四号及び第五号の規定は、特定遊興飲食店営業者について準用する。この場合において、第七条第五号中「法第二条第一項第四号の営業を営む風俗営業者（以下この条において「第四号営業者」という。）及び同項第五号の営業を営む風俗営業者」とあるのは、「特定遊興飲食店営業者」と読み替えるものとする。

（深夜における酒類提供飲食店営業の禁止地域）

第二十六条 法第三十三条第一項に規定する酒類提供飲食店営業は、都市計画法第二章の規定により定められた第一種低層住居専用地域、第二種低層住居専用地域、第一種中高層住居専用地域、第二種中高層住居専用地域及び田園住居地域においては、深夜これを営んではならない。

（風俗環境保全協議会を置く地域）

第二十七条 法第三十八条の四第一項の条例で定める地域は、別表第二に掲げる区域とする。

附　則〔略〕

別表第一（第三条、第九条―第十三条、第十七条関係）

一　桑名市駅元町、参宮通（一般国道一号の西側で市道駅元町一号線の南側の区域に限る。）、有楽町、桑栄町（市道桑名駅前線の西側の区域を除く。）、大字桑名字十二番、寿町一丁目及び寿町二丁目（市道桑名駅前線の西側の区域を除く。）の区域
二　四日市市西新地（市道西新地久保田線の北側及び東側の区域を除く。）及び諏訪栄町の区域
三　津市大門（市道東丸之内相生町線の東側の区域、市道大門第四号線の南側及び西側の区域並びに市道東丸之内北町線の西側の区域のうち市道中央大門線の南側の区域を除く。）の区域
四　松阪市愛宕町四丁目、愛宕町（市道塚本春日線の北側及び東側の区域を除く。）、愛宕町三丁目、愛宕町一丁目（市道乙四号線の南側及び西側の区域並びに一般国道四十二号の西側の区域を除く。）及び愛宕町二丁目（市道乙四号線の南側の区域を除く。）の区域
五　伊勢市大世古二丁目（市道八日市場高向線の西側の区域を除く。）及び一之木二丁目（東海旅客鉄道株式会社参宮線の北側の区域を除く。）の区域

備考　この表に掲げる区域は、平成十八年一月一日における行政区画その他の区域又は道路によつて表示されたものとする。

別表第二（第四条、第四条の二、第五条、第二十三条、第二十七条関係）

一　四日市市西新地（市道西新地久保田線から北側及び東側の区域を除く。）、諏訪栄町及び西浦一丁目（市道西新地久保田線の区域を除く。）の区域
二　津市大門の区域
三　松阪市愛宕町四丁目、愛宕町（市道塚本春日線から北側及び東側の区域を除く。）、愛宕町三丁目、愛宕町一丁目（市道乙四号線の南側で市道乙三号線の東側の区域及び市道天神横通り線から南側の区域を除く。）、愛宕町二丁目（市道甲一号線及び県道伊勢松阪線から南側を除く。）、宮町（市道塚本春日線の南側及び西側の区域に限る。）、京町（市道塚本春日線の南側で市道薬師道一号線の東側の区域に限る。）、平生町及び五十鈴町の区域
四　伊勢市一之木二丁目（東海旅客鉄道株式会社参宮線から北側及び県道鳥羽松阪線の区域を除く。）、大世古二丁目（県道鳥羽松阪線の区域を除く。）、曽禰二丁目（東海旅客鉄道株式会社参宮線から北側及び県道鳥羽松阪線の区域を除く。）及び宮町二丁目（東海旅客鉄道株式会社参宮線から北側、県道伊勢松阪線から西側及び県道鳥羽松阪線の区域を除く。）の区域

備考　別表第一の備考は、この表に準用する。

別表第三（第十条、第十二条、第十三条、第十五条、第十九条、第二十一条、第二十二条関係）

桑名市の区域
いなべ市の区域
四日市市の区域のうち、諏訪栄町八番、九番、十二番及び十三番の街区並びに西新地四番、五番及び六番の街区以外の区域
亀山市の区域
鈴鹿市の区域
津市の区域のうち、大門十八番及び二十四番の街区（市道大門観音橋線と市道大門海岸町第二号線の交差点の中心から市道大門海岸町第二号線の中心線を東方に四十メートルの地点と市道大門観音橋線と市道中央乙部線の交差点の中心から市道中央乙部線の中心線を東方に三十七メートルの地点を直線で結んだ線の東側の区域を除く。）以外の区域
松阪市の区域
伊勢市の区域
鳥羽市の区域
志摩市の区域
尾鷲市の区域
熊野市の区域
伊賀市の区域
名張市の区域
郡の区域

備考　別表第一の備考は、この表に準用する。

別表第四（第十条、第十二条関係）

一	桑名市の区域
二	いなべ市の区域
三	四日市市の区域
四	亀山市の区域
五	鈴鹿市の区域

六	津市の区域
七	松阪市の区域
八	伊勢市の区域
九	鳥羽市の区域
十	志摩市の区域
十一	尾鷲市の区域
十二	熊野市の区域のうち、紀和町赤木、紀和町板屋、紀和町大栗須、紀和町大河内、紀和町木津呂、紀和町花井、紀和町小川口、紀和町小栗須、紀和町小船、紀和町小森、紀和町長尾、紀和町平谷、紀和町丸山、紀和町矢ノ川、紀和町湯ノ口、紀和町楊枝、紀和町楊枝川及び紀和町和気の区域（吉野熊野国立公園の区域、一般国道三百十一号両側千メートル以内の区域及び県道熊野矢ノ川線の両側五百メートル以内の区域を除く。）以外の区域
十三	伊賀市の区域
十四	名張市の区域
十五	桑名郡の区域
十六	員弁郡の区域
十七	三重郡の区域
十八	多気郡の区域
十九	度会郡の区域のうち、同郡度会町（県道伊勢南島線の両側千メートル以内の区域、県道伊勢大宮線の北側の区域、同県道の南側千メートル以内の区域並びに県道度会南勢線及び町道注連指線の両側五百メートル以内の区域を除く。）以外の区域
二十	北牟婁郡の区域
二十一	南牟婁郡の区域

備考　別表第一の備考は、この表に準用する。

○風俗営業等の規制及び業務の適正化等に関する法律施行条例施行規則

（平成五・一〇・五　三重県公安委員会規則七）

（趣旨）

第一条　この規則は、風俗営業等の規制及び業務の適正化等に関する法律施行条例（昭和三十九年三重県条例七十五号。以下「条例」という。）の施行に関し、必要な事項を定めるものとする。

（条例第三条第一項第二号の三重県公安委員会規則で定める都市公園）

第二条　条例第三条第一項第二号の三重県公安委員会規則で定める都市公園は、次に掲げる施設が設けられているものとする。

一　児童の遊戯に適する広場
二　ぶらんこ
三　滑り台
四　砂場
五　便所

附　則〔略〕

滋賀県

○滋賀県風俗営業等の規制及び業務の適正化等に関する法律施行条例

（昭和五九・一二・二二 滋賀県条例五二）

最終改正　平成三〇・三・二九　条例七

（趣旨）

第一条　この条例は、風俗営業等の規制及び業務の適正化等に関する法律（昭和二十三年法律第百二十二号。以下「法」という。）の施行に関し必要な事項を定めるものとする。

（定義）

第二条　この条例において、次の各号に掲げる用語の意義は、それぞれ当該各号に定めるところによる。

一　第一種地域　都市計画法（昭和四十三年法律第百号）第八条第一項第一号に規定する第一種低層住居専用地域、第二種低層住居専用地域、第一種中高層住居専用地域、第二種中高層住居専用地域、第一種住居地域、第二種住居地域、準住居地域および田園住居地域をいう。

二　第二種地域　都市計画法第八条第一項第一号に規定する商業地域をいう。

三　第三種地域　前二号に掲げる地域以外の地域をいう。

（風俗営業所の設置制限地域）

第三条　法第四条第二項第二号の条例で定める地域は、次に掲げる地域とする。

一　第一種地域

二　別表第一の左〔上〕欄に掲げる施設の区分に応じ、当該施設の敷地（当該施設の用に供するものとして決定した土地を含む。）から、同表の中欄に掲げる距離以内の第二種地域および同表の右〔下〕欄に掲げる距離以内の第三種地域

2　前項の規定は、三月以内の期間を限つて営む風俗営業（法第二条第一項に規定する風俗営業をいう。以下同じ。）および営業する場所が常態として移動する風俗営業については、適用しない。

（営業時間の制限等の特例）

第四条　風俗営業者は、十二月二十一日から同月三十一日までの間、県内全域において午前一時までその営業を営むことができる。

（風俗営業の営業時間の制限）

第五条　法第二条第一項第四号の営業（まあじやん屋を除く。）を営む風俗営業者（同条第二項に規定する風俗営業者をいう。以下同じ。）は、県内全域において、午前六時後午前十時までの時間および午後十一時から翌日の午前零時前（当該翌日が前条に規定する日に該当する場合にあつては、午前一時まで）の時間は、その営業を営んではならない。

（騒音および振動の数値）

第六条　法第十五条（法第三十一条の二十三および第三十二条第二項において読み替えて準用する場合を含む。次項において同じ。）の条例で定める騒音に係る数値は、別表第二の左〔上〕欄に掲げる地域の区分に応じ、それぞれ同表の右〔下〕欄に定める数値とする。

2　法第十五条の条例で定める振動に係る数値は、五十五デシベルとする。

（風俗営業者の遵守事項）

第七条　風俗営業者は、その営業に関し、次に掲げる事項を遵守しなければならない。

一　営業所において卑わいな行為その他善良の風俗を害するおそれのある行為をし、または客にさせないこと。

二　通行人に不安または迷惑を覚えさせるような方法で呼込み行為をしないこと。

三　営業の用に供する家屋または施設において客を就寝させ、または宿泊させないこと。ただし、旅館業法（昭和二十三年法律第百三十八号）第二条第二項に規定する旅館・ホテル営業の施設において法第三条第一項の許可を受けた場合を除く。

四　営業時間中は、営業所の入口および客室に施錠し、または客にさせないこと。

五　客の求めていない飲食物を提供しないこと。

六　賭博類似行為その他著しく射幸心をそそるおそれのある行為をし、または客にさせないこと。
七　営業所において法第二条第六項に規定する店舗型性風俗特殊営業を営まないこと。
2　法第二条第一項第四号の営業（まあじゃん屋を除く。）を営む風俗営業者は、前項に定めるもののほか、その営業に関し、次に掲げる事項を遵守しなければならない。
一　客に提供した賞品を買い取らせないこと。
二　著しく射幸心をそそるおそれのある方法で営業しないこと。
三　営業所において客に飲酒をさせないこと。
3　法第二条第一項第五号の営業を営む風俗営業者は、第一項に定めるもののほか、午後六時以後午後十時前の時間において十六歳未満の者を営業所に客として立ち入らせてはならない。ただし、保護者（親権者、未成年後見人その他の者で当該年少者を現に監護するものをいう。以下同じ。）が同伴する十六歳未満の者を営業所に客として立ち入らせる場合は、この限りでない。

（特定遊興飲食店営業者の遵守事項）

第八条　特定遊興飲食店営業者は、前条第一項第一号および第四号から第七号までならびに同条第二項第二号に掲げる事項を遵守しなければならない。
2　特定遊興飲食店営業者は、前項に定めるもののほか、午後六時以後午後十時前の時間において十六歳未満の者を営業所に客として立ち入らせてはならない。ただし、保護者が同伴する十六歳未満の者を営業所に客として立ち入らせる場合は、この限りでない。

（店舗型性風俗特殊営業の禁止区域の基準となる施設）

第九条　法第二十八条第一項（法第三十一条の三第二項の規定により適用される場合を含む。）の条例で定める施設は、次に掲げる施設とする。
一　医療法（昭和二十三年法律第二百五号）第一条の五第一項に規定する病院および同条第二項に規定する患者を入院させるための施設を有する診療所
二　社会教育法（昭和二十四年法律第二百七号）第二十一条に規定する公民館
三　博物館法（昭和二十六年法律第二百八十五号）第二条第一項に規定する博物館および同法第二十九条に規定する博物館に相当する施設
四　都市公園法（昭和三十一年法律第七十九号）第二条第一項に規定する都市公園
五　その他公安委員会規則で定める施設

（店舗型性風俗特殊営業の禁止地域）

第十条　法第二条第六項に規定する店舗型性風俗特殊営業（法第三十一条の三第二項の規定により法第二条第六項第二号の営業とみなされる法第三十一条の二第四項に規定する受付所営業（以下「受付所営業」という。）を含む。）は、次の各号に掲げる営業の種類に応じ、当該各号に掲げる地域においては、これを営んではならない。
一　法第二条第六項第一号の営業、同項第二号の営業（受付所営業を含む。）および同項第三号の営業ならびに同項第四号の営業のうち、風俗営業等の規制及び業務の適正化等に関する法律施行令（昭和五十九年政令第三百十九号。以下「政令」という。）第三条第一項第二号に掲げる施設（客との面接に適するフロント、玄関帳場その他これらに類する設備において常態として宿泊者名簿の記載、宿泊の料金の受渡しおよび客室のかぎの授受を行う施設を除く。次号において「二号施設」という。）で次のいずれかに該当するものを設けて営むもの　県内全域
ア　政令第三条第二項第一号に規定する構造を有する個室を設ける施設で、車庫の出入口を遮へいすることができる扉その他の設備が設けられ、または車庫の内部から個室に通ずる専用の人の出入口もしくは階段その他の施設が設けられているもの
イ　政令第三条第二項第二号または第三号に規定する構造を有する個室を設ける施設で、車庫から個室に通ずる専用の通路として用いられる廊下、階段その他の施設（その内部を外部から容易に見通すことができるものを除く。）が設けられているもの
二　法第二条第六項第四号の営業のうち、政令第三条第一項第一号に掲げる施設または二号施設で同条第二項各号のいずれかに該当する構造を有する個室を設けるものを設けて営むもの（前号に該当する営業を除く。）　別表第三に掲げる地域
三　法第二条第六項第四号の営業のうち、前二号に該当する営業以外の営業

および同項第五号の営業　第一種地域および第三種地域
四　政令第五条に規定する営業　県内全域

（店舗型性風俗特殊営業の営業時間の制限）

第十一条　法第二十八条第四項に規定する店舗型性風俗特殊営業（受付所営業を含む。）を営む者は、県内全域において、午前零時から午前六時までの時間（以下「深夜」という。）においては、その営業を営んではならない。

（店舗型性風俗特殊営業の広告制限地域）

第十二条　法第二十八条第五項第一号ロの広告または宣伝を制限すべき地域として条例で定める地域は、第十条各号に掲げる営業の種類に応じ、当該各号に掲げる地域とする。

（無店舗型性風俗特殊営業の広告制限地域）

第十三条　法第三十一条の三第一項において準用する法第二十八条第五項第一号ロの広告または宣伝を制限すべき地域として条例で定める地域は、次の各号に掲げる営業の種別に応じ、当該各号に掲げる地域とする。
一　法第二条第七項第一号の営業　県内全域
二　法第二条第七項第二号の営業　第一種地域および第三種地域

（映像送信型性風俗特殊営業の広告制限地域）

第十四条　法第三十一条の八第一項において準用する法第二十八条第五項第一号ロの広告または宣伝を制限すべき地域として条例で定める地域は、第一種地域および第三種地域とする。

（店舗型電話異性紹介営業の禁止地域）

第十五条　法第二条第九項に規定する店舗型電話異性紹介営業は、県内全域において、これを営んではならない。

（店舗型電話異性紹介営業の営業時間の制限）

第十六条　法第二条第九項に規定する店舗型電話異性紹介営業を営む者は、県内全域において、深夜においては、その営業を営んではならない。

（店舗型電話異性紹介営業の広告制限地域）

第十七条　法第三十一条の十三第一項において準用する法第二十八条第五項第一号ロの広告または宣伝を制限すべき地域として条例で定める地域は、県内全域とする。

（無店舗型電話異性紹介営業の広告制限地域）

第十八条　法第三十一条の十八第一項において準用する法第二十八条第五項第一号ロの広告または宣伝を制限すべき地域として条例で定める地域は、県内全域とする。

（深夜における酒類提供飲食店営業の禁止地域）

第十九条　法第三十三条第一項に規定する酒類提供飲食店営業を営む者は、第一種地域において、深夜においては、その営業を営んではならない。

（その他）

第二十条　この条例の施行に関し必要な事項は、公安委員会規則で定める。

附　則〔略〕

別表第一（第三条関係）

一　学校教育法（昭和二十二年法律第二十六号）第一条に規定する学校または児童福祉法（昭和二十二年法律第百六十四号）第七条に規定する児童福祉施設	七十メートル	百メートル
二　医療法第一条の五第一項に規定する病院または同条第二項に規定する患者を入院させるための施設を有する診療所、図書館法（昭和二十五年法律第百十八号）第二条第一項に規定する図書館、博物館法第二条第一項に規定する博物館または同法第二十九条に規定する博物館に相当する施設その他公安委員会規則で定める施設	五十メートル	七十メートル

別表第二（第六条関係）

地域	数量		
	昼間	夜間	深夜
第一種地域	五十デシベル	四十五デシベル	四十デシベル
第二種地域	六十五デシベル	六十デシベル（午後十時から翌日の午前零時までの時間にあっては、五十五デシベル）	五十デシベル
第三種地域	六十デシベル	五十五デシベル	五十デシベル

備考

一　「昼間」とは、午前六時後午後六時前の時間をいう。

二　「夜間」とは、午前六時から翌日の午前零時前の時間をいう。

別表第三（第十条関係）

大津市、彦根市、長浜市、近江八幡市、草津市、守山市、栗東市、甲賀市、野洲市、湖南市、高島市、東近江市および米原市ならびに蒲生郡、愛知郡および犬上郡（不動産登記法（平成十六年法律第百二十三号）第三十五条に規定する地番区域および地番によつて表示された昭和五十九年十二月一日現在における多賀町大字萱原字下山二番八を除く。）の各区域

○滋賀県風俗営業等の規制及び業務の適正化等に関する法律施行条例施行規則（昭和六〇・二・八 滋賀県公安委員会規則二）

最終改正　平成二四・一・一〇　公安委員会規則一

（趣旨）

第一条　この規則は、滋賀県風俗営業等の規制及び業務の適正化等に関する法律施行条例（昭和五十九年滋賀県条例第五十二号。以下「条例」という。）の施行に関し必要な事項を定めるものとする。

（店舗型性風俗特殊営業の禁止区域の基準となる施設）

第二条　条例第九条第五号の公安委員会規則で定める施設は、次に掲げる施設とする。

一　学校教育法（昭和二十二年法律第二十六号）第百二十四条に規定する専修学校および同法第百三十四条第一項に規定する各種学校

二　職業能力開発促進法（昭和四十四年法律第六十四号）第十六条第一項および同条第二項の規定により設置する公共職業能力開発施設

三　独立行政法人高齢・障害・求職者雇用支援機構法（平成十四年法律第百六十五号）第十四条第一項第七号の規定により設置する職業訓練のための施設

四　国または地方公共団体が設置する一般の利用に供するための体育館、水泳プールおよび運動場（陸上競技場、球技場および多目的の運動場をいう。）

（風俗営業所の設置制限地域の基準となる施設）

第三条　条例別表第一の公安委員会規則で定める施設は、学校教育法第百二十四条に規定する専修学校（高等課程を置くものに限る。）とする。

附　則〔略〕

○滋賀県青少年による性風俗関連特殊営業の利用を助長する行為等の規制に関する条例

（平成一三・一二・二七　滋賀県条例六四）

改正　平成二八・三・二三　条例二二

（目的）

第一条　この条例は、青少年によるテレホンクラブ等営業その他の性風俗関連特殊営業の利用を助長し、または誘発する行為を規制することにより、青少年の健全な育成に障害を及ぼす行為を防止し、あわせて清浄な風俗環境の保持に資することを目的とする。

（定義）

第二条　この条例において、次の各号に掲げる用語の意義は、それぞれ当該各号に定めるところによる。

一　青少年　六歳以上十八歳未満の者をいう。

二　テレホンクラブ等営業　風俗営業等の規制及び業務の適正化等に関する法律（昭和二十三年法律第百二十二号。以下「法」という。）第二条第九項に規定する店舗型電話異性紹介営業および同条第十項に規定する無店舗型電話異性紹介営業をいう。

三　性風俗関連特殊営業　法第二条第六項に規定する店舗型性風俗特殊営業、同条第七項に規定する無店舗型性風俗特殊営業および同条第八項に規定する映像送信型性風俗特殊営業ならびにテレホンクラブ等営業をいう。

四　性風俗関連特殊営業所の名称等　性風俗関連特殊営業に係る営業所の名称もしくは所在地もしくは当該営業を示すものとして使用する呼称または当該営業に係る電話番号その他これに類する記号をいう。

五　識別番号等　テレホンクラブ等営業に係る役務の提供を受けるために必要な識別番号、暗証番号その他これらに類する情報をいう。

六　利用カード　識別番号等を記録した文書その他の物品をいう。

七　利用カード等販売所　利用カードを販売し、または識別番号等を教示する場所（自動販売機により利用カードを販売し、または識別番号等を教示する場合にあっては、当該自動販売機が設置された場所）をいう。

八　広告物　常時または一定の期間継続して公衆に表示されるものであって、看板、立看板、はり紙およびはり札ならびに広告塔、広告板、建物その他の工作物等に掲出され、または表示されたものならびにこれらに類するものをいう。

（広告および宣伝の規制）

第三条　何人も、法第二十八条第五項第一号（法第三十一条の三第一項、第三十一条の八第一項、第三十一条の十三第一項および第三十一条の十八第一項において準用する場合を含む。）の規定により性風俗関連特殊営業につき広告または宣伝が規制される区域または地域（以下「広告制限区域等」という。）において、当該性風俗関連特殊営業に係る性風俗関連特殊営業所の名称等を表した広告物を表示してはならない。ただし、性風俗関連特殊営業に係る営業所の外周または内部に表示する広告物については、この限りでない。

2　何人も、性風俗関連特殊営業所の名称等を表したビラ等（ビラ、パンフレットまたはこれらに類する広告もしくは宣伝の用に供される文書図画をいう。以下同じ。）を青少年に頒布してはならない。

3　何人も、人の住居（青少年が居住していないものを除く。）に性風俗関連特殊営業所の名称等を表したビラ等を配り、または差し入れてはならない。

4　何人も、道路、公園、駅、劇場、百貨店その他の不特定または多数の者の用に供される場所において、性風俗関連特殊営業所の名称等を示す音声または映像を用い、清浄な風俗環境を害するおそれのある方法により広告または宣伝をしてはならない。

5　第一項の規定は、一の区域または地域が広告制限区域等となった際現に当該区域または地域内において表示されている当該性風俗関連特殊営業に係る性風俗関連特殊営業所の名称等を表した広告物については、当該区域または地域が広告制限区域等となった日から一月を経過する日までの間は、適用しない。

（現場における警察職員の措置）

第四条　警察職員は、前条の規定に違反する行為（以下この条において「違反行為」という。）が現に行われているときは、当該違反行為をしている者に対し、当該違反行為を中止することを命ずることができる。

（**違反広告物等の除却等**）

第五条　公安委員会は、第三条第一項の規定に違反して広告物を表示する者もしくはこれを管理する者または同条第二項の規定に違反してビラ等を頒布した者に対し、当該広告物またはビラ等の除却その他必要な措置を命ずることができる。

2　公安委員会は、前項の措置を命じようとする場合において、当該広告物を表示する者もしくはこれを管理する者または当該ビラ等を頒布した者を過失がなくて確知することができないときは、警察職員または公安委員会が委任した者（以下「警察職員等」という。）に同項の措置を行わせることができる。

3　公安委員会は、第三条第一項の規定に違反して表示された広告物がはり紙、はり札（ベニヤ板、プラスチック板その他これらに類するものに紙をはり、容易に取りはずすことができる状態で工作物等に取りつけられているものに限る。以下この項において同じ。）または立看板（木枠に紙張りもしくは布張りをし、またはベニヤ板、プラスチック板その他これらに類するものに紙をはり、容易に取りはずすことができる状態で立てられ、または工作物等に立て掛けられているものに限る。以下この項において同じ。）であるときは、その違反に係るはり紙、はり札または立看板を警察職員等に除却させることができる。ただし、はり札または立看板にあっては、表示されてから相当の期間を経過し、かつ、管理されずに放置されていることが明らかであると認められるときに限る。

4　公安委員会は、第三条第二項の規定に違反して頒布されたビラ等が、道路、公園、駅、劇場、百貨店その他の不特定または多数の者の用に供される場所に配置されたものであるときは、その違反に係るビラ等を警察職員等に除却させることができる。

（**青少年への利用勧誘等の禁止**）

第六条　何人も、青少年に対し、性風俗関連特殊営業を利用するよう勧誘し、または指示してはならない。

（**利用カード販売等の届出等**）

第七条　業として利用カードの販売または識別番号等の教示（以下「利用カード販売等」という。）をしようとする者は、利用カード販売等を開始する日の十日前までに、利用カード等販売所ごとに、公安委員会規則で定めるところにより、次に掲げる事項を公安委員会に届け出なければならない。

一　氏名、住所および電話番号（法人にあっては、その名称、代表者の氏名、主たる事務所の所在地および電話番号）

二　利用カード等販売所の名称および所在地

三　利用カード販売等の形態

四　自動販売機により利用カード販売等をする場合にあっては、当該自動販売機の名称、型式および製造番号ならびに設置場所およびその周辺の状況

五　利用カード販売等の開始年月日

六　利用することができるテレホンクラブ等営業の名称

七　自動販売機を管理する者を置く場合にあっては、その者の氏名、住所および電話番号

2　前項の規定による届出をした者は、当該届出に係る利用カード販売等を廃止したとき、または同項各号に掲げる事項（同項第二号に掲げる事項にあっては、利用カード等販売所の名称に限る。）に変更があったときは、当該廃止または変更の日から十日以内に、公安委員会規則で定めるところにより、その旨を公安委員会に届け出なければならない。

（**青少年への利用カード販売等の禁止**）

第八条　利用カード販売等を業とする者（以下「利用カード販売等業者」という。）は、青少年に対し、利用カード販売等をしてはならない。

2　利用カード販売等業者は、次に掲げる場所の屋内を除き、自動販売機により利用カード販売等をしてはならない。ただし、人が常駐する店舗、事務所等の内部の容易に監視できる場所に自動販売機を設置する場合は、この限りでない。

一　法第二条第一項に規定する風俗営業（同項第五号に規定する営業を除く。）、同条第六項に規定する店舗型性風俗特殊営業および同条第九項に規定する店舗型電話異性紹介営業に係る営業所

二　滋賀県青少年の健全育成に関する条例（昭和五十二年滋賀県条例第四十

号）第十二条第二項に規定する有害興行を現に行う場所

3　利用カード等販売業者は、利用カード等販売所の見やすい場所（自動販売機により利用カード販売等をする場合にあっては、当該自動販売機の表面の見やすい箇所）に、青少年が利用カード販売等をする場合にあっては、当該自動販売機の表面の見やすい箇所）に、青少年が利用カードを取得し、または識別番号等の教示を受けることができない旨ならびに自動販売機により利用カード販売等をする場合にあっては、氏名および住所（法人にあっては、その名称、代表者の氏名および主たる事務所の所在地）を表示しなければならない。

（利用カードの交付等の禁止）

第九条　何人も、青少年に対し、利用カードを交付し、または識別番号等を教示してはならない。

（立入調査等）

第十条　公安委員会は、この条例の施行に必要な限度において、利用カード販売等業者に対し、その業務に関し報告もしくは資料の提出を求め、または警察職員にその者の事務所、営業所その他の場所に立ち入り、帳簿、書類その他の物件を調査させ、もしくは関係者に質問させることができる。

2　前項の規定により警察職員が立ち入るときは、その身分を示す証明書を携帯し、関係者にこれを提示しなければならない。

3　第一項の規定による立入調査等の権限は、犯罪捜査のために認められたものと解釈してはならない。

（委任）

第十一条　この条例の施行に関し必要な事項は、公安委員会規則で定める。

（罰則）

第十二条　次の各号のいずれかに該当する者は、六月以下の懲役または三十万円以下の罰金に処する。

一　第四条の規定に基づく警察職員の命令に違反した者

二　第六条の規定に違反した者

三　第八条第一項の規定に違反した者

第十三条　次の各号のいずれかに該当する者は、三十万円以下の罰金に処する。

一　第五条第一項の規定に基づく公安委員会の命令に違反した者

二　第八条第二項の規定に違反した者

第十四条　次の各号のいずれかに該当する者は、二十万円以下の罰金に処する。

一　第七条第一項の規定による届出をせず、または虚偽の届出をした者

二　第九条の規定に違反した者

第十五条　次の各号のいずれかに該当する者は、十万円以下の罰金に処する。

一　第七条第二項の規定による届出をせず、または虚偽の届出をした者

二　第八条第三項の規定に違反した者

三　第十条第一項の規定に違反して報告をせず、もしくは資料を提出せず、もしくは同項の報告もしくは資料の提出について虚偽の報告をし、もしくは虚偽の資料を提出し、または同項の規定による立入調査を拒み、妨げ、もしくは忌避し、もしくは質問に対して陳述をせず、もしくは虚偽の陳述をした者

（両罰規定）

第十六条　法人の代表者または法人もしくは人の代理人、使用人その他の従業者が、その法人または人の業務に関し、第十二条から前条までの違反行為をしたときは、行為者を罰するほか、その法人または人に対し、各本条の罰金刑を科する。

附　則〔略〕

○滋賀県青少年による性風俗関連特殊営業の利用を助長する行為等の規制に関する条例施行規則

（平成一四・三・一 滋賀県公安委員会規則三）

最終改正 平成二八・四・一 公安委員会規則七

（趣旨）

第一条 この規則は、滋賀県青少年による性風俗関連特殊営業の利用を助長する行為等の規制に関する条例（平成十三年滋賀県条例第六十四号。以下「条例」という。）の施行に関し必要な事項を定めるものとする。

（届出の一般的手続）

第二条 条例およびこの規則の規定により滋賀県公安委員会に届出書を提出する場合においては、正副二通の届出書を提出しなければならない。

2 前項の規定による届出書の提出は、当該届出書に係る利用カード等販売所の所在地の所轄警察署長を経由してしなければならない。

3 同時に二以上の利用カード等販売所について次のいずれかの届出書を提出するときは、前項の規定にかかわらず、それらの販売所のうちいずれか一の販売所の所在地の所轄警察署長を経由して提出すれば足りる。

一 第五条の利用カード販売等廃止届出書

二 第五条の利用カード販売等変更届出書のうち、条例第七条第一項第一号に掲げる事項の変更にかかわるもの

（違反広告物の除却等）

第三条 条例第五条第一項の規定による命令は、別記様式第一号の除却等措置命令書（甲）を交付して行い、別記様式第二号の除却等措置命令書（乙）の受領者欄に必要な事項の記載および受領者の署名押印を求めるものとする。

（利用カード販売等の開始の届出）

第四条 条例第七条第一項の規定による届出は、別記様式第三号の利用カード販売等開始届出書を提出して行うものとする。

（利用カード販売等の廃止等の届出）

第五条 条例第七条第二項の規定による廃止の届出は別記様式第四号の利用カード販売等廃止届出書を、変更の届出は別記様式第五号の利用カード販売等変更届出書を提出して行うものとする。

（報告または資料の提出）

第六条 条例第十条第一項の規定による報告または資料の提出を求めるときは、別記様式第六号の報告・資料の提出要求書（甲）を交付して行い、別記様式第七号の報告・資料の提出要求書（乙）の受領者欄に必要な事項の記載および受領者の署名押印を求めるものとする。

（立入調査員の証明書）

第七条 条例第十条第二項に規定する証明書は、別記様式第八号の立入調査員の証によるものとする。

附則・別記様式〔略〕

京都府

○風俗営業等の規制及び業務の適正化等に関する法律施行条例（昭和三四・三・二五 京都府条例二）

最終改正　平成三〇・三・二六　条例一八

（定義）

第一条　この条例において「第一種地域」、「第二種地域」及び「第三種地域」とは、別表に掲げる地域をいう。

第二条　削除

（風俗営業の営業場所に係る許可の基準）

第三条　風俗営業等の規制及び業務の適正化等に関する法律（昭和二十三年法律第百二十二号。以下「法」という。）第四条第二項第二号に規定する条例で定める地域は、次のとおりとする。

一　第一種地域

二　次の表の左〔上〕欄に掲げる施設の敷地（当該施設の用に供するものとして決定した土地を含む。）から、同欄に掲げる区分に応じ、それぞれ、営業所が、第二種地域にある場合にあつては同表の中欄、第三種地域にある場合にあつては同表の右〔下〕欄に掲げる距離以内の地域

1　学校（学校教育法（昭和二十二年法律第二十六号）第一条に規定する学校のうち大学以外の学校をいう。） 2　児童福祉施設（児童福祉法（昭和二十二年法律第百六十四号）第七条第一項に規定するものをいう。以下同じ。） 3　病院（医療法（昭和二十三年法律第二百五号）第一条の五第一項に規定する病院をいう。以下同じ。）及び診療所（同法第一条の五第二項に規定する診療所のうち患者を入院させるための施設を有する診療所をいう。以下同じ。） 4　図書館（図書館法（昭和二十五年法律第百十八号）第二条第一項に規定するものをいう。）	百メートル（法第二条第一項第一号の営業及び同項第五号の営業（以下「第一号営業等」という。）にあつては、七十メートル）	七十メートル（第一号営業等にあつては、五十メートル）
1　大学（学校教育法第一条に規定する学校のうち大学をいう。） 2　保健所 3　博物館（博物館法（昭和二十六年法律第二百八十五号）第二条第一項に規定するものをいう。以下同じ。）	七十メートル（第一号営業等にあつては、五十メートル）	五十メートル（第一号営業等にあつては、三十メートル）

2　前項の規定にかかわらず、三月以内の期間を限つて営む風俗営業に係る営業所については、法第四条第二項第二号に規定する条例で定める地域は、京都府公安委員会（以下「公安委員会」という。）が告示する地域とする。

3　前二項の規定は、営業をする場所が常態として移動する風俗営業に係る営業所については適用しない。

（営業時間の特例）

第四条　法第十三条第一項第一号に規定する条例で定める日は、次の表の左〔上〕欄に掲げる日とし、当該日に係る同号に規定する条例で定める地域及び同項ただし書に規定する条例で定める時は、それぞれ同表の中欄に掲げる地域及び同表の右〔下〕欄に掲げる時とする。

一月一日、十二月三十日及び同月三十一日	京都府の区域	午前一時
祭礼その他特別の行事の行われる日として公安委員会が告示する日（以下「告示日」という。）	公安委員会が告示する地域（以下「告示地域」という。）	公安委員会が告示する時
	告示地域以外の地域であつて次項に規定するもの	午前一時

2　法第二条第一項第四号の営業のうちまあじやん屋及び同条第四項の接待飲食等営業に係る法第十三条第一項第二号に規定する条例で定める地域は、第三種地域とし、同項ただし書に規定する条例で定める時は、午前一時とする。

（風俗営業の営業時間の制限）

第五条　法第二条第一項第四号の営業（まあじやん屋を除く。以下「第四号営業」という。）を営む風俗営業者は、次の表の左〔上〕欄に掲げる日においては、同表の中欄に掲げる地域の区分に応じ、それぞれ同表の右〔下〕欄に定める時間においては、その営業を営んではならない。

十二月二十九日、同月三十日及び同月三十一日	京都府の区域	午前六時後午前十時までの時間
告示日の前日	告示地域	午前六時後午前十時までの時間
	前条第二項に規定する地域に該当する地域（告示地域を除く。）	午前六時後午前十時までの時間及び午後十一時から翌日の午前一時までの時間
	その他の地域	午前六時後午前十時までの時間及び午後十一時から翌日の午前零時前の時間
その他の日	京都府の区域	午前六時後午前十時までの時間及び午後十一時から翌日の午前零時前の時間

2　まあじやん屋を営む風俗営業者は、京都府の区域において、午前六時後午前九時までの時間においては、その営業を営んではならない。

3　法第二条第一項第五号の営業を営む風俗営業者は、告示日にあつては前条第二項に規定する地域に該当する地域（告示地域を除く。）において、午前零時から午前一時までの時間においては、その営業を営んではならない。

（騒音及び振動の数値）

第六条　法第十五条（法第三十一条の二十三及び第三十二条第二項において準用する場合を含む。以下同じ。）に規定する条例で定める数値のうち、騒音に係るものは、次の表の左欄に掲げる地域ごとに、同表の右欄に掲げる時間の区分に応じ、それぞれ同欄に定める数値とする。

地域	数値			
	午前六時後午後六時前の時間	午後六時から午後十時前の時間	午後十時から翌日の午前零時前の時間	午前零時から午前六時までの時間
第一種地域	五十デシベル	四十五デシベル	四十デシベル	四十デシベル（病院、診療所及び人の現住する住居の周囲十メートル以内の地域にあつては、二十デシベル）
第二種地域	六十デシベル	五十五デシベル	工業地域及び工業専用地域以外の地域にあつては五十デシベル、工業地域及び工業専用地域にあつては五十五デシベル	工業地域及び工業専用地域以外の地域にあつては五十デシベル（病院、診療所及び人の現住する住居の周囲十メートル以内の地域にあつては三十デシベル）、工業地域及び工業専用地域にあつては五十五デシベル
第三種地域	六十デシベル	五十五デシベル	五十デシベル	五十デシベル

2　法第十五条に規定する条例で定める数値のうち、振動に係るものは、五十五デシベルとする。

（風俗営業者の一般的遵守事項）

第七条　風俗営業者は、次に掲げる事項を遵守しなければならない。

一　当該営業に従事しない者の客引行為による客を引き受け、又は引き受けさせないこと。

二　営業所で卑わいな行為又は容装その他善良の風俗を害する行為をし、又はさせないこと。

三　通行人に不安又は迷惑を覚えさせるような仕方で呼び込み行為をし、又はさせないこと。

四　客室又は客席以外の場所で営業をし、又はさせないこと。

五　営業所に客を宿泊させ、又は寝具その他これに類するものを客に使用させないこと（旅館業に係るものを除く。）。

六　客に不当な料金を請求し、又はさせないこと。

七　客の求めない飲食物を提供し、又はさせないこと。

八　正当な理由なく営業所の出入口、客室又は客席に施錠をし、又はさせないこと。

九　営業所において店舗型性風俗特殊営業、受付所営業（法第三十一条の二第四項に規定する受付所営業をいう。以下同じ。）及び店舗型電話異性紹介営業を営み、又は営ませないこと。

（業種による特別遵守事項）

第八条　第四号営業を営む風俗営業者は、前条の規定によるほか、次に掲げる事項を遵守しなければならない。

一　著しく射幸心をそそるおそれのある方法で営業し、又はさせないこと。

二　営業所で賭博類似行為その他著しく射幸心をそそるおそれのある行為をし、又はさせないこと。

三　客に提供した賞品を買い取らせないこと。

四　営業所で客に飲酒をさせないこと。

2　前項（第三号及び第四号に係る部分を除く。）の規定は、まあじやん屋を営む風俗営業者について準用する。

3　第一項（第三号に係る部分を除く。）の規定は、法第二条第一項第五号の営業を営む風俗営業者について準用する。この場合において、第一項第四号中「客に」とあるのは、「午後十時前の時間において客に」と読み替えるものとする。

（年少者を立ち入らせることの制限）

第九条　法第二条第一項第五号の営業を営む風俗営業者は、午後六時から午後十時前の時間において十六歳未満の者（保護者が同伴する者を除く。）を営業所に客として立ち入らせてはならない。

（店舗型性風俗特殊営業及び受付所営業の禁止地域の設定の基点となる施設）

第十条　法第二十八条第一項（法第三十一条の三第二項の規定により適用する場合を含む。）に規定する条例で定める施設は、次のとおりとする。

一　病院及び診療所

二　保健所

三　博物館

四　主として街区内に居住する者の利用に供することを目的とする都市公園（都市公園法施行令（昭和三十一年政令第二百九十号）第二条第一項第一号に規定するものをいう。）

（店舗型性風俗特殊営業、受付所営業及び店舗型電話異性紹介営業の禁止地域）

第十一条　法第二十八条第二項（法第三十一条の三第二項の規定により適用する場合及び法第三十一条の十三第一項において準用する場合を含む。）の規定により、次の表の左［上］欄に掲げる店舗型性風俗特殊営業、受付所営業及び店舗型電話異性紹介営業は、同欄の区分に応じ、それぞれ同表の右［下］欄に掲げる地域においては、営むことを禁止する。

法第二条第六項第一号の営業、同項第二号の営業、同項第四号の営業のうちモーテル営業及び同項第六号の営業、受付所営業並びに同条第九項の営業	第一種地域、第二種地域及び第三種地域
前項以外の店舗型性風俗特殊営業	第一種地域及び第二種地域

備考　この表において「モーテル営業」とは、個室に自動車の車庫が個々に接続する施設であつて次の各号のいずれかに該当する構造又は設備のも

のを設け、当該施設を利用させる営業をいう。

一　個室に接続する車庫（二以上の側壁（カーテン、ついたて等を含む。）及び屋根を有するものに限る。以下この表において同じ。）の出入口が扉等によつて遮へいできるもの

二　車庫の内部から個室に通じる専用の人の出入口又は階段若しくは昇降機が設けられているもの

三　個室と車庫とが専用の通路によつて接続しているものにあつては、当該通路の内部が外部から見えないもの

（店舗型性風俗特殊営業、受付所営業及び店舗型電話異性紹介営業の営業時間の制限）

第十二条　店舗型性風俗特殊営業を営む者、受付所営業を営む者及び店舗型電話異性紹介営業を営む者は、京都府の区域において、深夜（午前零時から午前六時までの時間をいう。以下同じ。）においては、その営業を営んではならない。

（店舗型性風俗特殊営業及び店舗型電話異性紹介営業の広告又は宣伝の制限）

第十三条　法第二十八条第五項第一号ロ（法第三十一条の十三第一項において準用する場合を含む。）に規定する条例で定める地域は、次の表の左〔上〕欄に掲げる店舗型性風俗特殊営業及び店舗型電話異性紹介営業の種類に応じ、それぞれ同表の右〔下〕欄に掲げる地域とする。

法第二条第六項第一号の営業、同項第二号の営業、同項第四号の営業のうちモーテル営業及び同項第六号の営業並びに同条第九項の営業	第一種地域、第二種地域及び第三種地域
前項以外の店舗型性風俗特殊営業	第一種地域及び第二種地域

備考　この表において「モーテル営業」とは、第十一条の表の備考に規定するモーテル営業をいう。

（無店舗型性風俗特殊営業及び無店舗型電話異性紹介営業の広告又は宣伝の制限）

第十四条　法第三十一条の三第一項及び第三十一条の十八第一項において準用する法第二十八条第五項第一号ロに規定する条例で定める地域は、次の表の左〔上〕欄に掲げる無店舗型性風俗特殊営業及び無店舗型電話異性紹介営業の種類に応じ、それぞれ同表の右〔下〕欄に掲げる地域とする。

法第二条第七項第一号の営業及び同条第十項の営業	第一種地域、第二種地域及び第三種地域
法第二条第七項第二号の営業	第一種地域及び第二種地域

（映像送信型性風俗特殊営業の広告及び宣伝の制限）

第十五条　法第三十一条の八第一項において準用する法第二十八条第五項第一号ロに規定する条例で定める地域は、第一種地域及び第二種地域とする。

（特定遊興飲食店営業の営業場所に係る許可の基準）

第十六条　法第三十一条の二十三において準用する法第四条第二項第二号に規定する条例で定める地域は、第三種地域のうち、児童福祉施設（児童を入所させるものに限る。）、病院及び診療所の敷地（当該施設の用に供するものとして決定した土地を含む。）からの距離が、七十メートルを超える地域とする。

（特定遊興飲食店営業の営業時間の制限）

第十七条　特定遊興飲食店営業者は、京都府の区域において、午前五時から午前六時までの時間においては、その営業を営んではならない。

（特定遊興飲食店営業者の遵守事項）

第十八条　第七条の規定は、特定遊興飲食店営業者について準用する。この場合において、同条第一号中「客引行為」とあるのは、「深夜における当該営業に関する客引行為」と読み替えるものとする。

（深夜における酒類提供飲食店営業の禁止地域）

第十九条　酒類提供飲食店営業は、第一種地域においては、深夜において、これを営んではならない。

（風俗環境保全協議会の地域）

第二十条　法第三十八条の四第一項に規定する条例で定める地域は、京都市の区域のうち次に掲げる各地域とする。

一　中京区の区域のうち三条通、寺町通、中京区と東山区との境界及び中京区と下京区との境界をもつて囲む地域並びに下京区の区域のうち松原通、寺町通、下京区と中京区との境界及び下京区と東山区との境界をもつて囲

む地域

二　東山区の区域のうち三条通、松原通、東大路通、東山区と中京区との境界及び東山区と下京区との境界をもつて囲む地域

附　則〔略〕

別表（第一条関係）

第一種地域	都市計画法（昭和四十三年法律第百号）第八条第一項第一号の規定により指定された第一種低層住居専用地域、第二種低層住居専用地域、第一種中高層住居専用地域、第二種中高層住居専用地域、第一種住居地域、第二種住居地域、準住居地域及び田園住居地域。ただし、次項の二及び三の地域並びに第三種地域を除く。
第二種地域	1　都市計画法第八条第一項第一号の規定により指定された近隣商業地域、商業地域、準工業地域、工業地域及び工業専用地域。ただし、第三種地域を除く。 2　第一種住居地域、第二種住居地域及び準住居地域のうち国道又は府道の側端から二十五メートル以内の地域 3　第一種住居地域、第二種住居地域及び準住居地域のうち鉄道事業法（昭和六十一年法律第九十二号）第二条第二項に規定する鉄道に係る停車場（列車を停止し、旅客又は貨物を取り扱うため設けられた場所で転轍器の設備を有するものをいう。）の周囲五十メートル以内の地域 4　この項の1から3までの地域、第一種地域及び第三種地域以外の地域
第三種地域	京都市の区域のうち次に掲げる地域 1　中京区の区域のうち三条通、寺町通、中京区と東山区との境界及び中京区と下京区との境界をもつて囲む地域 2　東山区の区域のうち三条通、松原通、東大路通、東山区と中京区との境界及び東山区と下京区との境界をもつて囲む地域 3　下京区の区域のうち松原通、寺町通、下京区と中京区との境界及び下京区と東山区との境界をもつて囲む地域

○三月以内の期間を限つて営む風俗営業の営業所の設置を制限する地域（昭和六〇・八・一六　京都府公安委員会告示七六）

最終改正　平成三〇・三・二六　公安委員会告示六一

三月以内の期間を限つて営む風俗営業（風俗営業等の規制及び業務の適正化等に関する法律（昭和二十三年法律第百二十二号。以下「法」という。）第二条第一項第四号及び第五号の営業であつて、祭礼、縁日その他地域的慣習による催し又は習俗的行事（以下「行催事等」という。）が開催される日に、当該行催事等が開催される場所において営むものを除く。）に係る営業所についての風俗営業等の規制及び業務の適正化等に関する法律施行条例（昭和三十四年京都府条例第二号。以下「条例」という。）第三条第二項の告示する地域は、次のとおりとする。

一　条例第一条に規定する第一種地域のうち都市計画法（昭和四十三年法律第百号）第八条第一項第一号の規定により指定された第一種低層住居専用地域、第二種低層住居専用地域、第一種中高層住居専用地域、第二種中高層住居専用地域及び田園住居地域

二　次の表の左〔上〕欄に掲げる施設の敷地から、営業所が、条例第一条に規定する第一種地域のうち都市計画法第八条第一項第一号の規定により指定された第一種住居地域、第二種住居地域及び準住居地域並びに条例第一条に規定する第二種地域にある場合にあつては同表の中欄、同条に規定する第三種地域にある場合にあつては同表の右〔下〕欄に掲げる距離以内の地域

1　学校（学校教育法（昭和二十二年法律第二十六号）第一条に規定する学校をいう。）のうち大学以外の学校	百メートル（法第二条第一項第一号の営業及び同項第五号の営業（以下「第一号営業等」という。）にあつては三十メートル）	七十メートル（第一号営業等にあつては、二十メートル）
2　病院（医療法（昭和二十三年法律第二百五号）第一		

条の五第一項に規定する病院をいう。）
3　幼保連携型認定こども園（就学前の子どもに関する教育、保育等の総合的な提供の推進に関する法律（平成十八年法律第七十七号）第二条第七項に規定する幼保連携型認定こども園をいう。）

○祭礼その他特別の行事による風俗営業の営業時間の延長の日、地域及び時

（平成二・六・二二　京都府公安委員会告示五〇）

最終改正　平成一一・三・三〇　公安委員会告示三八

風俗営業等の規制及び業務の適正化等に関する法律施行条例（昭和三十四年京都府条例第二号）第四条第一項に規定する公安委員会が告示する日、地域及び時は、次のとおりとする。

一　七月十五日、同月十六日、同月十七日及び同月十八日においては、京都市の区域につき午前一時

二　八月十四日、同月十五日、同月十六日及び同月十七日においては、京都府の区域につき午前一時

三　十二月二十五日及び同月二十六日においては、京都府の区域につき午前一時

○京都府風俗案内所の規制に関する条例

（平成二二・七・一七
京都府条例二二）

改正　平成二八・三・四　条例一

（目的）

第一条　この条例は、風俗案内所に起因する府民に著しく不安を覚えさせ、又は不快の念を起こさせる行為、犯罪を助長する行為等に対し必要な規制を行うことにより、青少年の健全な育成を図るとともに、府民の安全で安心な生活環境を確保することを目的とする。

（定義）

第二条　この条例において、次の各号に掲げる用語の意義は、当該各号に定めるところによる。

一　接待風俗営業　歓楽的雰囲気を醸し出す方法により客をもてなして飲食させる営業をいう。

二　性風俗営業　人の性的好奇心に応じて人に接触する役務を提供する営業をいう。

三　利用者　風俗案内所を利用して接待風俗営業又は性風俗営業に関する情報の提供を受けようとする者をいう。

四　風俗案内　次のいずれかに該当する行為をいう。

ア　利用者の求めに応じ、接待風俗営業又は性風俗営業に係る次に掲げる事項に関する情報を提供すること。

(ア)　客が受けることができるサービスに係る時間、料金、方法等の内容

(イ)　利用者が示す条件に合致する内容のサービスを提供する営業に関する名称、所在地及び電話番号その他の連絡先

イ　接待風俗営業又は性風俗営業の客になろうとする者を、当該営業の営業所若しくは受付所（当該営業の役務の提供以外の客に接する業務を行うための施設をいう。）又は当該営業を営む者が指定する場所に案内すること。

ウ　接待風俗営業又は性風俗営業の客になろうとする者に対し、接待風俗営業若しくは性風俗営業を営む者又はこれらの代理人、使用人その他の従業者（以下「代理人等」という。）と待ち合わせるための場所を提供すること。

五　風俗案内所　風俗案内を業として行う施設であって、不特定の者が出入りすることができるものをいう。

六　事業者　風俗案内所を営む者をいう。

七　青少年　十八歳未満の者をいう。

八　風俗営業者　風俗営業等の規制及び業務の適正化等に関する法律（昭和二十三年法律第百二十二号。以下「法」という。）第二条第二項に規定する風俗営業者であって、同条第一項第一号に規定する営業を営むものをいう。

九　性風俗特殊営業者　法第二条第六項第一号若しくは第二号又は第七項第一号に規定する営業を営む者をいう。

（営業禁止区域）

第三条　風俗案内所は、次に掲げる施設の敷地から二百メートル以内の区域（以下「営業禁止区域」という。）において営んではならない。

一　学校教育法（昭和二十二年法律第二十六号）第一条に規定する学校

二　児童福祉法（昭和二十二年法律第百六十四号）第七条第一項に規定する児童福祉施設

三　図書館法（昭和二十五年法律第百十八号）第二条第一項に規定する図書館

四　博物館法（昭和二十六年法律第二百八十五号）第二条第一項に規定する博物館

五　医療法（昭和二十三年法律第二百五号）第一条の五第一項に規定する病院及び同条第二項に規定する診療所

六　保健所

七　主として街区内に居住する者の利用に供することを目的とする都市公園（都市公園法施行令（昭和三十一年政令第二百九十号）第二条第一項第一号に規定するものをいう。）

2　前項の規定は、同項の規定の適用（この条例の施行による適用を除く。）の際現に営業禁止区域以外の区域で営まれている風俗案内所については、当該適用の日から一年間は、適用しない。

（事業者の禁止行為）

第四条　事業者は、その行う事業に関し、次に掲げる行為をしてはならない。

一　性風俗営業に関し、風俗案内を行うこと（次条第二項の規定に違反する行為を除く。）。

二　公衆の目に触れるような場所において、不特定の者に対し、利用者となるよう勧誘すること。

三　青少年を業務に従事させること。

四　青少年を風俗案内所に利用者として立ち入らせること。

（風俗営業者等の禁止行為）

第五条　風俗営業者は、第三条の規定に違反する風俗案内所を利用して広告又は宣伝をしてはならない。

2　性風俗特殊営業者は、風俗案内所において法第二十八条第五項（法第三十一条の三第一項において準用する場合を含む。）に違反して広告又は宣伝をするほか、法第二十八条第五項第一号に規定する広告制限区域等において営まれている風俗案内所を利用して広告又は宣伝をしてはならない。

（一般的遵守事項）

第六条　事業者は、その行う事業に関し、次に掲げる事項を遵守しなければならない。

一　法第三条第一項の規定に違反して営まれている接待風俗営業に関し、風俗案内をしないこと。

二　公衆の目に触れるような場所において、不特定の者に対し、呼び掛け、又はビラその他の文書図画を配布し、若しくは提示して利用者となるよう誘引しないこと。

三　利用者を勧誘する目的で、公衆の目に触れるような場所において、勧誘の相手方となるべき者を待たないこと。

四　接待風俗営業の営業所において卑わいな行為が行われていると思わせる事項を利用者に告げ、又は卑わいな行為が行われている接待風俗営業に関し、風俗案内をしないこと。

五　風俗案内所周辺において、公安委員会規則で定める数値以上の騒音を生じさせないこと。

2　事業者は、青少年が風俗案内所に立ち入ることができない旨を、公安委員会規則で定めるところにより、風俗案内所の入口に表示しなければならない。

3　事業者は、その行う事業に関し、地域における静穏又は清浄な生活環境を阻害しないよう努めなければならない。

4　警察官は、事業者又はその代理人等がその行う事業に関し第一項に違反する行為を現に行っているときは、当該行為をしている者に対し、当該行為の中止を命じることができる。

（表示物等の遵守事項）

第七条　事業者は、その行う事業に関し、次に掲げる行為をしてはならない。

一　風俗案内所に、公安委員会規則で定める性風俗営業を表すもの又は性的感情を刺激するものの基準に該当する図画又は文字、数字その他の記号を表示し、又は表示したものを掲出し、若しくは配置すること。

二　風俗案内所の外部に、又は外部から見通すことができる状態にしてその内部に、接待風俗営業に従事する者を表し、若しくはこれを連想させる図画又は文字、数字その他の記号を表示し、又は表示したものを掲出し、若しくは配置すること。

（営業時間の制限）

第八条　事業者は、午前零時から（公安委員会規則で定める地域にあっては、午前一時後）午前六時までの時間において、風俗案内を行ってはならない。

（風俗案内受託時の確認等）

第九条　事業者は、接待風俗営業を営む者から風俗案内所で行う風俗案内を受託する場合は、あらかじめ、法第五条第二項に規定する許可証の写し及び営業の方法その他の公安委員会規則で定める事項を記載した書類の交付を受けなければならない。

2　事業者は、風俗案内所ごとに、前項に規定する事項を記載した風俗案内対象台帳を備え付けなければならない。

3　事業者は、前項で規定する風俗案内対象台帳に記載していない接待風俗営業について風俗案内をしてはならない。

（風俗案内所に関する事項を記載した書面等の備付け）

第十条　事業者は、公安委員会規則で定めるところにより、風俗案内所ごとに、当該風俗案内所の名称及び所在地、事業者の氏名及び住所その他公安委員会規則で定める事項を記載した書面を備え付けなければならない。

2　事業者は、公安委員会規則で定めるところにより、風俗案内所ごとに、当該風俗案内所における風俗案内に従事する者の氏名、生年月日及び住所その他公安委員会規則で定める事項を記載した書面を備え付けなければならない。

（立入調査）

第十一条　警察官は、この条例の施行に必要な限度において、風俗案内所に立ち入り、前二条に規定する書面その他の物件を調査し、又は関係者に質問することができる。

2　前項の規定により立入調査を行う警察官は、その身分を示す証明書を携帯し、関係者の請求があったときは、これを提示しなければならない。

3　第一項の規定による立入調査の権限は、犯罪捜査のために認められたものと解してはならない。

（指示）

第十二条　公安委員会は、事業者又はその代理人等がその行う事業に関し、この条例の規定（第六条第三項を除く。）に違反したときは、当該事業者に対し、当該違反行為の再発を防止するため必要な指示をすることができる。

2　公安委員会は、風俗営業者又はその代理人等が当該営業に関し、第五条第一項の規定に違反した場合において、善良の風俗若しくは清浄な風俗環境を害し、又は青少年の健全な育成に障害を及ぼすおそれがあると認めるときは、法第十六条又は第二十一条の規定による条例の規定に違反するものとして、当該風俗営業者に対し、法第二十五条の規定により、善良の風俗若しくは清浄な風俗環境を害する行為又は青少年の健全な育成に障害を及ぼす行為を防止するため必要な指示をすることができる。

3　公安委員会は、性風俗特殊営業者又はその代理人等が当該営業に関し、第五条第二項の規定に違反したときは、法第二十八条第五項又は第八項（法第三十一条の三第一項において準用する場合を含む。）の規定に違反するものとして、当該性風俗特殊営業者に対し、法第二十九条又は第三十一条の四第一項の規定により、善良の風俗若しくは清浄な風俗環境を害する行為又は青少年の健全な育成に障害を及ぼす行為を防止するため必要な指示をすることができる。

（事業停止命令等）

第十三条　公安委員会は、事業者又はその代理人等がその行う事業に関し、この条例の規定（第六条第三項を除く。）に違反した場合において、青少年の健全な育成を著しく害し、若しくは府民の安全で安心な生活環境を著しく阻害するおそれがあると認めるとき又は事業者が前条第一項の規定による指示に違反したときは、当該事業者に対し、六月を超えない範囲内で期間を定めてその行う事業の全部又は一部の停止を命じることができる。

2　公安委員会は、風俗営業者又はその代理人等が当該営業に関し、第五条第一項の規定に違反した場合において、著しく善良の風俗若しくは清浄な風俗環境を害し、若しくは青少年の健全な育成に障害を及ぼすおそれがあると認めるとき又は風俗営業者が前条第二項の規定による指示に違反したときは、法第十六条又は第二十一条の規定による条例の規定に違反するものとして、当該風俗営業者に対し、法第二十六条第一項の規定により、当該風俗営業の許可を取り消し、又は六月を超えない範囲内で期間を定めて当該風俗営業の全部若しくは一部の停止を命じることができる。

3　公安委員会は、性風俗特殊営業者又はその代理人等が当該営業に関し、第五条第二項の規定に違反したとき（法第二十八条第五項（法第三十一条の三第一項において準用する場合を含む。）の違反に当たる場合に限る。）又は性風俗特殊営業者が前条第三項の規定による指示に違反したときは、当該性風俗特殊営業者に対し、法第三十条第一項又は第三十一条の五第一項の規定により、八月を超えない範囲内で期間を定めて当該性風俗特殊営業の全部又は一部の停止を命じることができる。

（建物所有者等への協力依頼）

第十四条　公安委員会は、風俗案内所が入居し、又は入居しようとする建物等の所有者又は管理者に対し、この条例の目的を達成するために必要な協力を求めることができる。

（公安委員会規則への委任）

第十五条　この条例に定めるもののほか、この条例の施行に関し必要な事項は、公安委員会規則で定める。

（罰則）

第十六条　次の各号のいずれかに該当する者は、六月以下の懲役又は三十万円以下の罰金に処する。

一　第三条第一項の規定に違反した者

二　第四条の規定に違反した者

三　第十三条第一項の規定による命令に違反した者

2　第四条第三号に掲げる行為をした者は、当該青少年の年齢を知らないことを理由として、前項の処罰を免れることができない。ただし、当該年齢を知らないことに過失がない場合は、この限りでない。

第十七条　第六条第四項の規定による警察官の命令に違反した者は、二十万円以下の罰金に処する。

第十八条　第十一条第一項の規定による警察官の立入又は調査を拒み、妨げ、又は忌避した者は、十万円以下の罰金に処する。

（両罰規定）

第十九条　法人の代表者又は法人若しくは人の代理人、使用人その他の従業者が、その法人又は人の事業に関し、第十六条から第十八条までの違反行為をしたときは、行為者を罰するほか、その法人又は人に対して各本条の罰金刑を科する。

附　則〔略〕

大阪府

○大阪府風俗営業等の規制及び業務の適正化等に関する法律施行条例

（昭和三四・三・三〇　大阪府条例六）

最終改正　平成三〇・六・一三　条例八六

（趣旨）

第一条　この条例は、風俗営業等の規制及び業務の適正化等に関する法律（昭和二十三年法律第百二十二号。以下「法」という。）第四条第二項第二号（法第三十一条の二十三において準用する場合を含む。）、第十三条第一項及び第二項（法第三十一条の二十三及び第三十二条第二項において準用する場合を含む。）、第十五条（法第三十一条の二十三において準用する場合を含む。以下同じ。）、第二十条第八項及び第九項、第二十一条（法第三十一条の二十三において準用する場合を含む。）、第二十二条第二項、第二十八条第一項（法第三十一条の三第二項において適用する場合及び第三十一条の十三第一項において準用する場合を含む。以下同じ。）、第二項（法第三十一条の三第二項において適用する場合及び第三十一条の十三第一項において準用する場合を含む。）、第四項（法第三十一条の三第二項において適用する場合及び第三十一条の十三第一項において準用する場合を含む。）及び第五項第一号ロ（法第三十一条の三第一項、第三十一条の八第一項、第三十一条の十三第一項及び第三十一条の十八第一項において準用する場合を含む。）、第三十三条第四項、第三十八条の四第一項並びに第四十三条の規定に基づき、風俗営業及び性風俗関連特殊営業等の営業制限地域、特定遊興飲食店営業の営業所設置許容地域、風俗営業、性風俗関連特殊営業等及び特定遊興飲食店営業の営業時間、手数料等に関し必要な事項を定め、併せて法の施行に関し必要なその他の事項を定めるものとする。

（風俗営業の許可に係る制限地域）

第二条　法第四条第二項第二号の条例で定める地域は、次に掲げる地域とする。

一　都市計画法（昭和四十三年法律第百号）第八条第一項第一号に規定する第一種低層住居専用地域、第二種低層住居専用地域、第一種中高層住居専用地域、第二種中高層住居専用地域、第一種住居地域、第二種住居地域、準住居地域及び田園住居地域。ただし、第一種住居地域、第二種住居地域及び準住居地域のうち公安委員会規則で定める地域を除く。

二　学校教育法（昭和二十二年法律第二十六号）第一条に規定する学校若しくは同法第百三十四条第一項に規定する各種学校のうち主として外国人の幼児、児童、生徒等に対して教育を行うもの、就学前の子どもに関する教育、保育等の総合的な提供の推進に関する法律（平成十八年法律第七十七号）第二条第七項に規定する幼保連携型認定こども園、児童福祉法（昭和二十二年法律第百六十四号）第七条第一項に規定する保育所又は医療法（昭和二十三年法律第二百五号）第一条の五第一項に規定する病院若しくは同条第二項に規定する診療所（患者を入院させるための施設を有するものに限る。以下同じ。）の敷地（これらの用に供するものと決定した土地を含む。以下同じ。）の周囲おおむね百メートル（当該施設の敷地が都市計画法第八条第一項第一号に規定する商業地域にある場合にあっては、当該施設の敷地の周囲おおむね五十メートル）の区域。ただし、公安委員会規則で定める区域を除く。

2　臨時風俗営業（三月以内の期間を限って営む風俗営業をいう。）に係る法第四条第二項第二号の条例で定める地域は、前項の規定にかかわらず、公安委員会規則で定める地域とする。

3　移動風俗営業（営業する場所が常態として移動する風俗営業をいう。）については、前二項の規定は、適用しない。

（午前零時以後において風俗営業を営むことが許容される時）

第三条　法第十三条第一項の条例で定める時は、午前一時とする。

（習俗的行事その他の特別な事情のある日等）

第四条　法第十三条第一項第一号の条例で定める日は年末年始その他の事情のある日として公安委員会規則で定める日（以下「特別日」という。）とし、同号の条例で定める地域は府の区域とする。

（午前零時以後において風俗営業を営むことが許容される地域）

第五条　法第十三条第一項第二号の条例で定める地域は、大阪市北区及び中央区の区域のうち公安委員会規則で定める地域とする。

2　法第四条第四項に規定する営業（以下「ぱちんこ屋等」という。）については、前項の規定は、適用しない。

（ぱちんこ屋等の営業時間の制限）

第六条　ぱちんこ屋等を営む風俗営業者は、府の区域では、午前六時後午前十時まで及び午後十一時から翌日の午前零時前（当該翌日が特別日である場合にあっては、午前一時まで）の時間においては、その営業を営んではならない。

（風俗営業並びに深夜における特定遊興飲食店営業及び飲食店営業に係る騒音及び振動の規制）

第七条　法第十五条の条例で定める騒音に係る数値は、別表第一の中欄に掲げる地域ごとに、同表の下欄に掲げる時間の区分に応じ、それぞれ同欄に定める数値とする。

2　法第十五条の条例で定める振動に係る数値は、五十五デシベルとする。

（風俗営業者の遵守事項）

第八条　風俗営業者は、次に掲げる事項を遵守しなければならない。

一　営業所で次に掲げる行為をし、又はさせないこと。

イ　性交、性交類似行為又は自慰行為（ホにおいて「性交等」という。）

ロ　直接又は衣服その他身体に着用されている物（ハにおいて「衣服等」という。）を介して、人の性器等（性器、肛門、乳首若しくは乳房又はこれらに接続する身体の部位をいう。ハ及びニにおいて同じ。）に接触する行為

ハ　直接又は衣服等を介して、性器等を人の身体に接触させる行為

ニ　性器等又は身体に着用している下着を人に見せる行為

ホ　性交等を連想させる姿態を人に見せる行為

ヘ　イからホまでに掲げるもののほか、卑わいな言動その他善良の風俗を害する行為

二　営業所に客を宿泊させないこと。ただし、営業所を旅館業法（昭和二十三年法律第百三十八号）第二条第一項に規定する旅館業の施設と兼用しているものにあっては、この限りでない。

三　営業所（これと構造上区分されていない施設を含む。）で店舗型性風俗特殊営業又は法第三十一条の二第四項に規定する受付所営業（以下「受付所営業」という。）を営み、又は営ませないこと。

四　客室に鍵をかけ、又はかけさせないこと。

2　法第二条第一項第一号から第三号までの営業を営む風俗営業者は、前項各号に掲げるもののほか、次に掲げる事項を遵守しなければならない。

一　客の求めない飲食物を提供し、又は提供させないこと。

二　不当な売上競争をし、又はさせないこと。

3　法第二条第一項第四号の営業を営む風俗営業者は、第一項各号に掲げるもののほか、次に掲げる事項を遵守しなければならない。

一　著しく射幸心をそそるような行為をし、又はさせないこと。

二　ぱちんこ屋等を営む風俗営業者にあっては、営業所で客に飲酒をさせないこと。

（ゲームセンター等への年少者の立入制限）

第九条　法第二条第一項第五号の営業を営む風俗営業者は、午後七時から午後十時前の時間において、十六歳未満の者で保護者が同伴しないものを営業所に客として立ち入らせてはならない。

（店舗型性風俗特殊営業、受付所営業及び店舗型電話異性紹介営業の禁止区域の基準となる施設）

第十条　法第二十八条第一項の条例で定める施設は、次に掲げる施設とする。

一　医療法第一条の五第一項に規定する病院又は同条第二項に規定する診療所

二　社会教育法（昭和二十四年法律第二百七号）第二十条に規定する公民館

三　博物館法（昭和二十六年法律第二百八十五号）第二条第一項に規定する博物館又は同法第二十九条の規定により指定された博物館に相当する施設

四　都市公園法（昭和三十一年法律第七十九号）第二条第一項に規定する都市公園

五　地方公共団体の設置する一般の利用に供するための体育館、水泳プール及び運動場

六　前各号に掲げるもののほか、公安委員会規則で定める施設

（店舗型性風俗特殊営業、受付所営業及び店舗型電話異性紹介営業の禁止地

域）

第十一条　店舗型性風俗特殊営業を営む者は、次の各号に掲げる店舗型性風俗特殊営業の種類に応じ、当該各号に定める地域では、その営業を営んではならない。

一　法第二条第六項第一号、第二号及び第六号に掲げる営業　府の区域

二　法第二条第六項第三号から第五号までに掲げる営業（同項第四号に掲げる営業にあっては、次号に掲げる営業を除く。）　都市計画法第八条第一項第一号に規定する商業地域以外の地域

三　法第二条第六項第四号に掲げる営業のうち、当該営業に係る施設が、個室に自動車の車庫が個々に接続する施設であって公安委員会規則で定めるものに該当する営業　別表第二に掲げる地域

2　受付所営業を営む者及び店舗型電話異性紹介営業を営む者は、府の区域では、その営業を営んではならない。

（店舗型性風俗特殊営業、受付所営業及び店舗型電話異性紹介営業の営業時間の制限）

第十二条　法第二十八条第四項に規定する店舗型性風俗特殊営業を営む者、受付所営業を営む者及び店舗型電話異性紹介営業を営む者は、深夜においては、その営業を営んではならない。

（性風俗関連特殊営業の広告制限地域）

第十三条　法第二十八条第五項第一号ロに掲げる地域は、第十一条第一項各号に掲げる店舗型性風俗特殊営業の種類に応じ、当該各号に定める地域とする。

2　法第三十一条の三第一項において準用する法第二十八条第五項第一号ロに掲げる地域は、次の各号に掲げる無店舗型性風俗特殊営業の種類に応じ、当該各号に定める地域とする。

一　法第二条第七項第一号に掲げる営業　府の区域

二　法第二条第七項第二号に掲げる営業　都市計画法第八条第一項第一号に規定する商業地域以外の地域

3　法第三十一条の八第一項において準用する法第二十八条第五項第一号ロに掲げる地域は、都市計画法第八条第一項第一号に規定する商業地域以外の地域とする。

4　法第三十一条の十三第一項及び第三十一条の十八第一項において準用する法第二十八条第五項第一号ロに掲げる地域は、第十一条第二項に規定する地域とする。

（特定遊興飲食店営業の許可に係る営業所設置許容地域）

第十四条　法第三十一条の二十三において準用する法第四条第二項第二号の条例で定める地域は、次の各号のいずれにも該当する地域とする。

一　次のいずれかに該当する地域

イ　第五条第一項に規定する地域

ロ　深夜において一平方キロメートルにつきおおむね百人以下の割合で人が居住する地域その他の良好な風俗環境の保全に障害を及ぼすことがないと認められる地域として公安委員会規則で定める地域

二　児童福祉法第七条第一項に規定する児童福祉施設（児童等が入所するものに限る。）又は医療法第一条の五第一項に規定する病院若しくは同条第二項に規定する診療所の敷地の周囲おおむね百メートル（当該施設の敷地が都市計画法第八条第一項第一号に規定する商業地域にある場合にあっては、当該施設の敷地の周囲おおむね五十メートル）の区域外の地域

（特定遊興飲食店営業の営業時間の制限）

第十五条　特定遊興飲食店営業者は、前条第一号に掲げる地域のうち公安委員会規則で定める地域では、午前五時から午前六時までの時間においては、その営業を営んではならない。

（特定遊興飲食店営業者の遵守事項）

第十六条　特定遊興飲食店営業者は、次に掲げる事項を遵守しなければならない。

一　第八条第一項第一号及び第三号、第二項各号並びに第三項第一号に掲げる事項

二　営業所において客を宿泊させ、又は寝具その他これに類するものを客に使用させないこと。ただし、営業所を旅館業法第二条第一項に規定する旅館業の施設と兼用しているものにあっては、この限りでない。

三　営業所周辺における清浄な風俗環境を害するおそれのある方法で広告又は宣伝をしないこと。

四　公安委員会規則で定めるところにより、特定遊興飲食店営業に係る料金

（遊興に係る料金　飲食に係る料金、サービスに係る料金その他名目のいかんを問わず、その営業所の施設を利用して客が遊興をし、若しくは飲食をする行為又は客が当該営業所の施設を利用する行為について、その対価又は負担として客が支払うべき料金をいう。）を、当該営業所において客に見やすいように表示すること。

（深夜における酒類提供飲食店営業の禁止地域）

第十七条　酒類提供飲食店営業を営む者は、都市計画法第八条第一項第一号に規定する第一種低層住居専用地域、第二種低層住居専用地域、第一種中高層住居専用地域、第二種中高層住居専用地域、第一種住居地域、第二種住居地域、準住居地域及び田園住居地域では、深夜において、その営業を営んではならない。ただし、第一種住居地域、第二種住居地域及び準住居地域のうち公安委員会規則で定める地域にあっては、この限りでない。

（風俗環境保全協議会の設置地域）

第十八条　法第三十八条の四第一項の条例で定める地域は、第十四条第一号に掲げる地域のうち公安委員会規則で定める地域とする。

（手数料）

第十九条　別表第三の中欄に掲げる者は、それぞれ同表の下欄に定める金額の手数料を納付しなければならない。

2　法第二十条第五項の規定により大阪府公安委員会が同条第二項の認定又は同条第四項の検定に必要な試験の実施に関する事務を行わせることとした者（以下「指定試験機関」という。）が行う当該認定又は当該検定に必要な試験を受けようとする者は、別表第三の下欄に定める金額（当該試験に係るものに限る。）の手数料を当該指定試験機関に納付しなければならない。

3　前項の規定により指定試験機関に納付された手数料は、当該指定試験機関の収入とする。

（還付）

第二十条　既納の手数料は、還付しない。ただし、知事は、天災その他の災害により生じた理由であって特別のものがあると認めるときは、当該手数料（別表第三第二号の表三の項、十の項、十六の項及び二十三の項に定めるものに限る。）の全部又は一部を還付することができる。

（減免）

第二十一条　知事は、天災その他の災害により生じた理由であって特別のものがあると認めるときは、手数料（別表第三第二号の表三の項、十の項、十六の項及び二十三の項に定めるものに限る。）を減額し、又は免除することができる。

附　則〔略〕

別表第一（第七条関係）

項	地域	数値		
		昼間	夜間	深夜
一	都市計画法第八条第一項第一号に規定する第一種低層住居専用地域、第二種低層住居専用地域及び田園住居地域	四十五デシベル	四十デシベル	四十デシベル
二	都市計画法第八条第一項第一号に規定する第一種中高層住居専用地域、第二種中高層住居専用地域、第一種住居地域、第二種住居地域及び準住居地域並びに同号に規定する用途地域の指定のない地域	五十	四十五	四十五
三	都市計画法第八条第一項第一号に規定する商業地域	六十	五十五	五十五
四	一の項から三の項までに掲げる地域以外の地域	六十	五十五	五十

備考

一　「昼間」とは、午前六時後午後六時前の時間をいう。

二　「夜間」とは、午後六時から翌日の午前零時前の時間をいう。

三　「深夜」とは、午前零時から午前六時までの時間をいう。

別表第二（第十一条関係）

区分	地域
	大阪市（北区のうち堂山町、曾根崎新地一丁目、曾根崎一丁目、曾

市部	根崎二丁目、小松原町及び角田町並びに中央区のうち東心斎橋二丁目（一番及び二番を除く。）、宗右衛門町（一番、三番及び七番を除く。）、西心斎橋二丁目（一番及び十番を除く。）、千日前一丁目、千日前二丁目、道頓堀二丁目及び難波二丁目を除く。）、堺市、岸和田市、豊中市、池田市、吹田市、泉大津市、高槻市、貝塚市、守口市、枚方市、茨木市、八尾市、泉佐野市、富田林市、寝屋川市、河内長野市、松原市、大東市、和泉市、箕面市、柏原市、羽曳野市、門真市、摂津市、高石市、藤井寺市、東大阪市、泉南市、四條畷市、交野市、大阪狭山市及び阪南市の区域
郡部	三島郡、豊能郡、泉北郡、泉南郡及び南河内郡の区域

別表第三（第十九条関係）

一　遊技機の認定等に係る手数料

項	区分	金額
一	法第二十条第二項の認定（次号の表九の項及び十の項を除き、以下「認定」という。）を受けようとする者	
	(一) 指定試験機関が行う認定に必要な試験（以下「遊技機試験」という。）を受けた遊技機について認定を受けようとする場合	二、二〇〇円
	(二) 法第二十条第四項の検定（以下「検定」という。）を受けた型式に属する遊技機（遊技機試験を受けたものを除く。）について認定を受けようとする場合	四、三四〇円
	(三) (一)又は(二)の遊技機以外の遊技機について認定を受けようとする場合（次号の表一の項及び二の項において「第一号一(三)の場合」という。）	
	1　ぱちんこ遊技機	
	(1) 入賞を容易にするための装置であって国家公安委員会規則で定めるもの（以下「特定装置」という。）が設けられているもの（当該特定装置を連続して作動させることができるものに限る。）	
	(i) マイクロプロセッサー（電子計算機の中央演算処理装置を構成する集積回路をいう。以下同じ。）を内蔵するもの	三五、〇〇〇円
	(ii) (i)に掲げるもの以外のもの	一六、三〇〇円
	(2) 特定装置が設けられているもの（(1)に掲げるものを除く。）	
	(i) マイクロプロセッサーを内蔵するもの	二九、〇〇〇円
	(ii) (i)に掲げるもの以外のもの	一六、三〇〇円
	(3) (1)又は(2)に掲げるもの以外のもの	一四、四〇〇円
	2　回胴式遊技機	
	(1) マイクロプロセッサーを内蔵するもの	五九、〇〇〇円
	(2) (1)に掲げるもの以外のもの	二三、〇〇〇円
	3　アレンジボール遊技機	
	(1) マイクロプロセッサーを内蔵するもの	三五、〇〇〇円
	(2) (1)に掲げるもの以外のもの	一九、〇〇〇円
	4　じゃん球遊技機	
	(1) マイクロプロセッサーを内蔵するもの	三五、〇〇〇円
	(2) (1)に掲げるもの以外のもの	一九、〇〇〇円
	5　1から4までに掲げる遊技機以外の遊技機	
	(1) マイクロプロセッサーを内蔵するもの	二九、〇〇〇円
	(2) (1)に掲げるもの以外のもの	一二、六〇〇円
二	検定を受けようとする者	
	(一) 指定試験機関が行う検定に必要な試験（以下「型式試験」という。）を受けた型式について検定を受けようとする場合	三、九〇〇円
	(二) 大阪府公安委員会以外の都道府県公安委員会の検定を受けた型式（型式試験を受けたものを除く。）について検定を受けようとする場合	六、三〇〇円
	(三) (一)又は(二)の型式以外の型式について検定を受けようとする場合	
	1　ぱちんこ遊技機	

(1 特定装置が設けられているもの（当該特定装置を連続して作動させることができるものに限る。）	
(i) マイクロプロセッサーを内蔵するもの	一、四三五、〇〇〇円
(ii) (i)に掲げるもの以外のもの	四三八、〇〇〇円
(2) 特定装置が設けられているもの（(1)に掲げるものを除く。）	
(i) マイクロプロセッサーを内蔵するもの	一、一二八、〇〇〇円
(ii) (i)に掲げるもの以外のもの	四三八、〇〇〇円
(3) (1)又は(2)に掲げるもの以外のもの	三三八、〇〇〇円
2 回胴式遊技機	
(1) マイクロプロセッサーを内蔵するもの	一、六二一、〇〇〇円
(2) (1)に掲げるもの以外のもの	四七九、〇〇〇円
3 アレンジボール遊技機	
(1) マイクロプロセッサーを内蔵するもの	一、一四八、〇〇〇円
(2) (1)に掲げるもの以外のもの	四八二、〇〇〇円
4 じゃん球遊技機	
(1) マイクロプロセッサーを内蔵するもの	一、一四七、〇〇〇円
(2) (1)に掲げるもの以外のもの	四八一、〇〇〇円
三 遊技機試験を受けようとする者	
(一) ぱちんこ遊技機について遊技機試験を受けようとする場合	
1 特定装置が設けられているもの（当該特定装置を連続して作動させることができるものに限る。）	
(1) マイクロプロセッサーを内蔵するもの	四三、三〇〇円
(2) (1)に掲げるもの以外のもの	二三、一〇〇円
2 特定装置が設けられているもの（1に掲げるものを除く。）	
(1) マイクロプロセッサーを内蔵するもの	三六、三〇〇円
(2) (1)に掲げるもの以外のもの	二三、〇〇〇円
3 1又は2に掲げるもの以外のもの	二一、〇〇〇円
(二) 回胴式遊技機について遊技機試験を受けようとする場合	
1 マイクロプロセッサーを内蔵するもの	六八、三〇〇円
2 1に掲げるもの以外のもの	三〇、三〇〇円
(三) アレンジボール遊技機について遊技機試験を受けようとする場合	
1 マイクロプロセッサーを内蔵するもの	四二、三〇〇円
2 1に掲げるもの以外のもの	二六、三〇〇円
(四) じゃん球遊技機について遊技機試験を受けようとする場合	
1 マイクロプロセッサーを内蔵するもの	四二、三〇〇円
2 1に掲げるもの以外のもの	二六、三〇〇円
(五) (一)から(四)までの遊技機以外の遊技機について遊技機試験を受けようとする場合	
1 マイクロプロセッサーを内蔵するもの	三六、三〇〇円
2 1に掲げるもの以外のもの	一九、一〇〇円
四 型式試験を受けようとする者	
(一) ぱちんこ遊技機の型式について型式試験を受けようとする場合	
1 特定装置が設けられているもの（当該特定装置を連続して作動させることができるものに限る。）	
(1) マイクロプロセッサーを内蔵するもの	一、四四二、〇〇〇円
(2) (1)に掲げるもの以外のもの	四四五、〇〇〇円
2 特定装置が設けられているもの（1に掲げるものを除く。）	
(1) マイクロプロセッサーを内蔵するもの	一、一三五、〇〇〇円
(2) (1)に掲げるもの以外のもの	四四五、〇〇〇円
3 1又は2に掲げるもの以外のもの	三四五、〇〇〇円
(二) 回胴式遊技機の型式について型式試験を受けようとする場合	
1 マイクロプロセッサーを内蔵するもの	一、六二八、〇〇〇円
2 1に掲げるもの以外のもの	四八六、〇〇〇円
(三) アレンジボール遊技機の型式について型式試験を受けようとする場合	
1 マイクロプロセッサーを内蔵するもの	一、一五五、〇〇〇円

2　1に掲げるもの以外のもの	四八九、〇〇〇円
㈣　じゃん球遊技機の型式について型式試験を受けようとする場合 1　マイクロプロセッサーを内蔵するもの 2　1に掲げるもの以外のもの	 一、一五四、〇〇〇円 四八八、〇〇〇円

備考

1　この表中の用語の意義は、法及び風俗営業等の規制及び業務の適正化等に関する法律施行令（昭和五十九年政令第三百十九号。以下「令」という。）における用語の意義によるものとする。

2　認定を受けようとする者が同時に当該認定に係る遊技機と同一の型式に属する他の遊技機について認定を受けようとする場合における当該他の遊技機に係る手数料の額は、一の項の規定にかかわらず、同項の㈠の場合にあっては零円とし、同項の㈡の場合にあっては四十円とし、同項の㈢の場合にあってはそれぞれ同項の㈢の下欄に定める金額から八千円を減じて得た額とする。

3　遊技機試験を受けようとする者が同時に当該遊技機試験に係る遊技機と同一の型式に属する他の遊技機について遊技機試験を受けようとする場合における当該他の遊技機に係る手数料の額は、三の項の規定にかかわらず、それぞれ三の項の下欄に定める金額から一万四千三百円を減じて得た額とする。

二　営業の許可等に係る手数料

項	区分	金額
一	法第三条第一項の許可（以下「風俗営業許可」という。）を受けようとする者 ㈠　ぱちんこ屋又は令第八条に規定する営業について風俗営業許可を受けようとする場合で営業所に設置する遊技機に認定を受けた遊技機以外の遊技機（以下「未認定遊技機」という。）がないとき。 1　三月以内の期間を限って営む営業 2　その他の営業	 一五、〇〇〇円 二五、〇〇〇円
	㈡　ぱちんこ屋又は令第八条に規定する営業について風俗営業許可を受けようとする場合で営業所に設置する遊技機に未認定遊技機があるとき。	㈠1又は2に定める額に、二、八〇〇円（検定を受けた型式に属する未認定遊技機以外の未認定遊技機（以下「特定未認定遊技機」という。）がある場合にあっては、五、六〇〇円に当該特定未認定遊技機が属する型式の数を二、四〇〇円に乗じて得た額を加算した額）を加算した額に、未認定遊技機一台ごとに四〇〇円（特定未認定遊技機については、それぞれ第一号一㈢の場合に係る額から八、〇〇〇円を減じて得た額）を加算した額
	㈢　ぱちんこ屋及び令第八条に規定する営業以外の風俗営業について風俗営業許可を受けようとする場合 1　三月以内の期限を限って営む営業 2　その他の営業	 一四、〇〇〇円 二四、〇〇〇円
二	法第二十条第十項において準用する法第九条第一項の承認（以下この項において「承認」という。）を申請しようとする者 ㈠　承認を受けようとする遊技機に未認定遊技機がない場合 ㈡　承認を受けようとする遊技機に未認定遊技機がある場合	 二、四〇〇円 五、二〇〇円（特定未認定遊技機がある場合にあっては、八、〇〇〇円に当該特定未認定遊技機が属する型式の

		数を二、四〇〇円に乗じて得た額を加算した額）に、未認定遊技機一台ごとに四〇円（特定未認定遊技機については、それぞれ第一号一㈢の場合に係る額から八、〇〇〇円を減じて得た額）を加算した額
三	法第五条第四項の規定により許可証の再交付を受けるため、同項の規定による届出をしようとする者	一、二〇〇円
四	法第九条第四項の規定により許可証の書換えを受けようとする者	一、五〇〇円
五	法第七条第一項の規定による承認の申請をしようとする者	九、〇〇〇円 （同時に他の法第七条第一項の規定による承認の申請をしようとする場合における当該他の同項の規定による承認の申請にあっては、三、八〇〇円）
六	法第七条の二第一項の承認を申請しようとする者	一二、〇〇〇円 （同時に他の法第七条の二第一項の承認を申請しようとする場合における当該他の同項の承認の申請にあっては、三、八〇〇円）
七	法第七条の三第一項の承認を申請しようとする者	一二、〇〇〇円 （同時に他の法第七条の三第一項の承認を申請しようとする場合における当該他の同項の承認の申請にあっては、三、八〇〇円）
八	法第九条第一項の承認を申請しようとする者	九、九〇〇円
九	法第十条の二第一項の規定による認定の申請をしようとする者	一三、〇〇〇円 （同時に他の法第十条の二第一項の規定による認定の申請をしようとする場合における当該他の同項の規定による認定の申請にあっては、一〇、〇〇〇円）
十	法第十条の二第五項の規定により認定証の再交付を受けるため、同項の規定による届出をしようとする者	一、二〇〇円
十一	法第二十四条第六項の講習の受講を申し込もうとする者	講習一時間につき六五〇円
十二	法第二十七条第一項、第三十一条の二第一項、第三十一条の七第一項、第三十一条の十二第一項又は第三十一条の十七第一項の届出書を提出しようとする者 ㈠　法第二条第六項又は第九項の営業を営もうとする場合 ㈡　法第二条第七項第一号の営業を営もうとする場合で当該営業につき受付所を設けようとするとき。 ㈢　法第二条第七項、第八項又は第十項の営業を営もうとする場合（㈡に掲げる場合を除く。）	 一一、九〇〇円 三、四〇〇円と八、五〇〇円に受付所の数を乗じて得た額との合計額 三、四〇〇円
十三	法第二十七条第二項（法第三十一条の十二第二	

	項において準用する場合を含む。）又は第三十一条の二第二項（法第三十一条の七第二項及び第三十一条の十七第二項において準用する場合を含む。）の届出書を提出しようとする者 (一) 変更に係る事項が受付所の新設に係るものである場合	一、九〇〇円と八、五〇〇円に当該新設に係る受付所の数を乗じて得た額との合計額
	(二) その他の場合	一、五〇〇円
十四	法第二十七条第四項（法第三十一条の十二第二項において準用する場合を含む。）又は第三十一条の二第四項（法第三十一条の七第二項及び第三十一条の十七第二項において準用する場合を含む。）の書面の再交付を受けようとする者	一、二〇〇円
十五	法第三十一条の二十二の許可（以下「特定遊興飲食店営業許可」という。）を受けようとする者 1 三月以内の期間を限って営む営業 2 その他の営業	 一四、〇〇〇円 二四、〇〇〇円
十六	法第三十一条の二十三において準用する法第五条第四項の規定により許可証の再交付を受けるため、同項の規定による届出をしようとする者	一、一〇〇円
十七	法第三十一条の二十三において準用する法第九条第四項の規定により許可証の書換えを受けようとする者	一、四〇〇円
十八	法第三十一条の二十三において準用する法第七条第一項の規定による承認を申請しようとする者	八、六〇〇円（同時に他の法第三十一条の二十三において準用する法第七条第一項の規定による承認の申請をしようとする場合における当該他の同項の規定による承認の

		申請にあっては、三、八〇〇円）
十九	法第三十一条の二十三において準用する法第七条の二第一項の承認を申請しようとする者	一一、〇〇〇円（同時に他の法第三十一条の二十三において準用する法第七条の二第一項の承認を申請しようとする場合における当該他の同項の規定による承認の申請にあっては、三、三〇〇円）
二十	法第三十一条の二十三において準用する法第七条の三第一項の承認を申請しようとする者	一一、〇〇〇円（同時に他の法第三十一条の二十三において準用する法第七条の三第一項の承認を申請しようとする場合における当該他の同項の規定による承認の申請にあっては、三、三〇〇円）
二十一	法第三十一条の二十三において準用する法第九条第一項の承認を申請しようとする者	九、九〇〇円
二十二	法第三十一条の二十三において準用する法第十条の二第一項の規定による認定を申請しようとする者	一三、〇〇〇円（同時に他の法第三十一条の二十三において準用する法第十条の二第一項の規定による認定を申請しようとする場合における当該他の同項の規定による認定の申請にあっては、一

		〇、〇〇〇円）
二十三	法第三十一条の二十三において準用する法第十条の二第五項の規定により認定証の再交付を受けるため、同項の規定による届出をしようとする者	一、一〇〇円
二十四	法第三十一条の二十三において準用する法第二十四条第六項の講習の受講を申し込もうとする者	講習一時間につき六五〇円

備考

1　この表中の用語の意義は、法及び令における用語の意義によるものとする。

2　風俗営業許可を受けようとする者が、同時に他の風俗営業許可を受けようとする場合における当該他の風俗営業許可に係る手数料の額は、一の項の規定にかかわらず、それぞれ一の項の下欄に定める金額から八千六百円を減じて得た額とする。

3　法第四条第三項の規定が適用される営業所につき風俗営業許可を受けようとする場合における手数料の額は、一の項の規定にかかわらず、それぞれ一の項の下欄に定める金額に六千八百円を加算した額とする。

4　特定遊興飲食店営業許可を受けようとする者が、同時に他の特定遊興飲食店営業許可を受けようとする場合における当該他の特定遊興飲食店営業許可に係る手数料の額は、十五の項の規定にかかわらず、それぞれ十五の項の下欄に定める金額から八千七百円を減じて得た額とする。

5　法第三十一条の二十三において準用する法第四条第三項の規定が適用される営業所につき特定遊興飲食店営業許可を受けようとする場合における手数料の額は、十五の項の規定にかかわらず、それぞれ十五の項の下欄に定める金額に六千八百円を加算した額とする。

○大阪府風俗営業等の規制及び業務の適正化等に関する法律施行条例施行規則

（昭和六〇・二・六　大阪府公安委員会規則二）

最終改正　平成二八・二・二二　公安委員会規則四

（趣旨）

第一条　この規則は、大阪府風俗営業等の規制及び業務の適正化等に関する法律施行条例（昭和三十四年大阪府条例第六号。以下「条例」という。）の施行に関し必要な事項を定めるものとする。

（風俗営業の許可に係る制限地域の特例）

第二条　条例第二条第一項第一号ただし書の公安委員会規則で定める地域は、次に掲げる地域内の第一種住居地域、第二種住居地域及び準住居地域とする。

一　別表第一の上欄に掲げる道路の側端からおおむね二十五メートルの区域のうち、当該道路の区分に応じ、それぞれ同表の下欄に掲げる地域

二　別表第二に掲げる鉄道線路の各駅の出入口（一般乗降客が利用するために設けられた駅舎等の出入口をいう。）の周囲おおむね五十メートルの区域

2　条例第二条第一項第二号ただし書の公安委員会規則で定める区域は、別表第三に掲げる地域とする。

（臨時風俗営業の許可に係る制限地域）

第三条　条例第二条第二項の公安委員会規則で定める地域は、祭礼その他の行事が開催されている間における当該行事の開催場所を除く府の区域とする。

（年末年始その他の特別な事情のある日）

第四条　条例第四条の公安委員会規則で定める特別日は、一月一日から一月五日までの間及び十二月二十五日から十二月三十一日までの間とする。

（午前零時以後において風俗営業を営むことが許容される地域）

第五条　条例第五条第一項の公安委員会規則で定める地域は、別表第四に掲げ

る地域とする。

（店舗型性風俗特殊営業、受付所営業及び店舗型電話異性紹介営業の禁止区域の基準となる施設）

第六条　条例第十条第六号の公安委員会規則で定める施設は、次に掲げる施設とする。

一　学校教育法（昭和二十二年法律第二十六号）第百二十四条に規定する専修学校のうち高等課程を置くもの及び同法第百三十四条第一項に規定する各種学校のうち主として外国人の幼児、児童、生徒等に対して教育を行うもの

二　公共用飛行場周辺における航空機騒音による障害の防止等に関する法律（昭和四十二年法律第百十号）第六条に規定する共同利用施設

三　老人福祉法（昭和三十八年法律第百三十三号）第五条の三に規定する特別養護老人ホーム

四　社会教育調査規則（昭和三十五年文部省令第十一号）第三条第十一号に規定する青少年教育施設

（条例第十一条第一項第三号の公安委員会規則で定める施設）

第七条　条例第十一条第一項第三号の公安委員会規則で定める施設は、次の各号のいずれかに該当する構造又は設備のものとする。

一　個室に接続する車庫（二以上の側壁（ついたて、カーテン等を含む。）及び屋根を有するものに限る。以下同じ。）の出入口が扉等によって遮蔽できるもの

二　車庫の内部から個室に通ずる専用の人の出入口又は階段若しくは昇降機が設けられているもの

三　個室と車庫とが専用の通路によって接続しているものにあっては、当該通路の内部が外部から見えないもの

（特定遊興飲食店営業の営業時間を制限する地域）

第八条　条例第十五条の公安委員会規則で定める地域は、別表第四に掲げる地域とする。

（特定遊興飲食店営業に係る料金の表示方法）

第九条　条例第十六条第四号の規定による公安委員会規則で定める料金の表示は、次の各号のいずれかの方法によるものとする。

一　壁、ドア、ついたてその他これらに類するものに料金表その他料金を表示した書面その他の物（以下「料金表等」という。）を客に見やすいように掲げること。

二　客席に料金表等を客に見やすいように備えること。

三　前二号に掲げるもののほか、注文前に料金表等を客に見やすいように示すこと。

（深夜における酒類提供飲食店営業の禁止地域の特例）

第十条　条例第十七条ただし書の公安委員会規則で定める地域は、第二条第一項第一号に掲げる地域内の第一種住居地域、第二種住居地域及び準住居地域とする。

（風俗環境保全協議会の設置地域）

第十一条　条例第十八条の公安委員会規則で定める地域は、別表第五の左〔上〕欄に掲げる警察署ごとに、それぞれ同表の右〔下〕欄に掲げる地域とする。

附　則〔略〕

別表第一（第二条関係）

道路（種類）	道路（路線）	地域
一般国道	一号	枚方市、寝屋川市、守口市及び大阪市の区域
	二号	大阪市の区域
	二五号	大阪市の区域
	二六号	大阪市、堺市及び高石市の区域
	四三号	大阪市の区域
	一六三号	大阪市、守口市、門真市及び寝屋川市の区域
	一七〇号（大阪外環状線に限る。）	高槻市、枚方市、寝屋川市、四條畷市、大東市、東大阪市、八尾市、柏原市、藤井寺市、羽曳野市及び富田林市の区域
	一七六号	豊中市及び大阪市の区域
	三〇九号	富田林市、堺市、松原市及び大阪市の区域
	三一〇号	堺市、大阪狭山市及び河内長野市の区域
	四七九号	大阪市及び守口市の区域
府道	京都守口線	枚方市、寝屋川市及び守口市の区域
	大阪高槻京都線	大阪市の区域
	大阪和泉泉南線	大阪市、堺市、高石市、和泉市及び岸和田市の区域
	大阪池田線	大阪市及び豊中市の区域
	大阪高石線	大阪市の区域
	茨木寝屋川線	茨木市の区域
	大阪臨海線	大阪市、堺市、高石市及び泉大津市の区域
	大阪中央環状線	堺市、松原市、八尾市、東大阪市、大阪市、門真市、守口市、摂津市及び茨木市の区域
	大阪生駒線	大阪市、大東市及び四條畷市の区域
	大阪八尾線	大阪市の区域
	住吉八尾線	大阪市の区域（平野区喜連二丁目一番五地先から同区瓜破南二丁目一九五三番地までに限る。）
	泉大津美原線	堺市の区域（美原区菅生五〇三番二から美原区平尾一六四番二までに限る。）
	堺富田林線	富田林市及び堺市の区域（富田林市本町四八七番八から堺市美原区平尾一六四番二までに限る。）
大阪市道	大阪環状線	大阪市の区域
	中津太子橋線	大阪市の区域
	恵美須城東線	大阪市の区域
	阿倍野木津川線	大阪市の区域
	難波足代線	大阪市の区域
	浜口南港線	大阪市の区域
松原市道	三宅中五五号線	松原市の区域
都市計画道路	豊里矢田線	大阪市の区域
	淀川北岸線	大阪市の区域

別表第二（第二条関係）

鉄道	線路
西日本旅客鉄道	東海道本線、大阪環状線、関西本線、片町線及び阪和線

近畿日本鉄道	奈良線、大阪線、南大阪線及び長野線
南海電気鉄道	南海本線及び高野線
京阪電気鉄道	京阪線
阪急電鉄	神戸線、宝塚線、京都線及び千里線
阪神電気鉄道	本線及び西大阪線

別表第三（第二条関係）

区分	地域
大阪市北区	梅田一丁目（一番から三番まで及び一一番に限る。）、角田町（一番及び五番から七番までに限る。）、神山町（二番から一〇番までに限る。）、小松原町、曾根崎一丁目、曾根崎二丁目、曾根崎新地一丁目、太融寺町、兎我野町、堂島一丁目、堂島浜一丁目、堂山町（一番から一三番まで、一六番及び一七番に限る。）及び西天満六丁目の区域
大阪市中央区	心斎橋筋一丁目（五番及び六番に限る。）、心斎橋筋二丁目、千日前一丁目、千日前二丁目、宗右衛門町、道頓堀一丁目（一番から一〇番までに限る。）、道頓堀二丁目、難波一丁目、難波二丁目、難波三丁目、難波四丁目、西心斎橋二丁目（三番から八番まで及び一三番から一六番までに限る。）、東心斎橋一丁目（五番、六番、一五番及び一六番に限る。）及び東心斎橋二丁目の区域

別表第四（第五条、第八条関係）

区分	地域
大阪市北区	梅田一丁目（一番から三番まで及び一一番に限る。）、角田町（一番及び五番から七番までに限る。）、神山町（二番から一〇番までに限る。）、小松原町、曾根崎一丁目、曾根崎二丁目、曾根崎新地一丁目、太融寺町、兎我野町、堂島一丁目、堂島浜一丁目、堂山町（一番から一三番まで、一六番及び一七番に限る。）及び西天満六丁目の区域
大阪市中央区	心斎橋筋一丁目、心斎橋筋二丁目、千日前一丁目、千日前二丁目、宗右衛門町、道頓堀一丁目（一番から一〇番までに限る。）、道頓堀二丁目、難波一丁目、難波二丁目、難波三丁目、難波四丁目、難波千日前（一番から三番まで及び一〇番から一三番までに限る。）、西心斎橋一丁目、西心斎橋二丁目、日本橋一丁目（二番、三番及び一八番から二〇番までに限る。）、日本橋二丁目（五番に限る。）、東心斎橋一丁目及び東心斎橋二丁目の区域

別表第五（第十一条関係）

警察署	地域	
大阪府曾根崎警察署	大阪市北区	梅田一丁目（一番から三番まで及び一一番に限る。）、角田町（一番及び五番から七番までに限る。）、神山町（二番から一〇番までに限る。）、小松原町、曾根崎一丁目、曾根崎二丁目、太融寺町、兎我野町及び堂山町（一番から一三番まで、一六番及び一七番に限る。）の区域
大阪府天満警察署	大阪市北区	曾根崎新地一丁目、堂島一丁目、堂島浜一丁目及び西天満六丁目の区域
大阪府南警察署	大阪市中央区	心斎橋筋一丁目、心斎橋筋二丁目、千日前一丁目、千日前二丁目、宗右衛門町、道頓堀一丁目（一番から一〇番までに限る。）、道頓堀二丁目、難波一丁目、難波二丁目、難波三丁目、難波四丁目、難波千日前（一番から三番まで及び一〇番から一三番までに限る。）、西心斎橋一丁目、西心斎橋二丁目、日本橋一丁目（二番、三番及び一八番から二〇番までに限る。）、日本橋二丁目（五番に限る。）、東心斎橋一丁目及び東心斎橋二丁目の区域

○大阪府特殊風俗あっせん事業の規制に関する条例

（平成一七・一〇・二八
大阪府条例一〇二）

最終改正　平成二九・三・二九　条例五八

（目的）

第一条　この条例は、特殊風俗あっせん事業について、地域における静穏又は清浄な風俗環境を害する行為及び青少年の健全な育成に障害を及ぼす行為を防止するため必要な規制を行うことにより、青少年をはじめとする府民が安心して暮らすことのできる健全な地域環境の形成に資することを目的とする。

（定義）

第二条　この条例において「接待風俗営業」とは、風俗営業等の規制及び業務の適正化等に関する法律（昭和二十三年法律第百二十二号）第二条第一項第一号に規定する営業をいう。

2　この条例において「性風俗特殊営業」とは、風俗営業等の規制及び業務の適正化等に関する法律第二条第六項第一号若しくは第二号又は第七項第一号に規定する営業をいう。

3　この条例において「特殊風俗あっせん」とは、有償又は無償で行う次の各号のいずれかに掲げる行為（風俗営業等の規制及び業務の適正化等に関する法律第三条第一項の許可若しくは同法第七条第一項、第七条の二第一項若しくは第七条の三第一項の承認を受けて接待風俗営業を営む者又は同法第二十七条第一項若しくは第三十一条の二第一項の届出書を提出して性風俗特殊営業を営む者が当該営業に関して行うものを除く。）をいう。

一　特定の接待風俗営業又は性風俗特殊営業に係る次のいずれかに掲げる事項に関する情報の提供を受けようとする者の求めに応じ、当該情報を提供すること。

イ　客が受けることのできる接待（歓楽的雰囲気を醸し出す方法により客をもてなすことをいう。以下同じ。）又は客が提供を受けることのできる特殊役務（異性の客の性的好奇心に応じてその客に接触する役務をいう。以下同じ。）の内容

ロ　接待又は特殊役務に従事する者に関する事項

ハ　客が接待又は特殊役務の提供を受けることのできる時間

ニ　客がすることのできる遊興又は飲食に関する事項

ホ　客が支払うべき料金

二　前号イからホまでのいずれかに掲げる事項について条件を指定して、当該条件に合致する接待風俗営業又は性風俗特殊営業の営業所、事務所又は受付所（風俗営業等の規制及び業務の適正化等に関する法律第三十一条の二第一項第七号に規定する受付所をいう。次号及び第四号において同じ。）の名称、所在地又は電話番号その他の連絡先に関する情報の提供を受けようとする者の求めに応じ、当該情報を提供すること。

三　接待風俗営業又は性風俗特殊営業の客となろうとする者を、当該営業の営業所若しくは受付所又は当該営業を営む者が指定する場所に送り届けること。

四　接待風俗営業又は性風俗特殊営業の客となろうとする者に対し、その者を当該営業の営業所若しくは受付所又は当該営業を営む者が指定する場所に送り届ける者と待ち合わせるための場所を提供すること。

五　前各号に掲げるもののほか、接待風俗営業又は性風俗特殊営業の客となろうとする者のため、当該営業を営む者から接待又は特殊役務の提供を受けることについて、代理して契約を締結し、媒介をし、又は取次ぎをすること。

4　この条例において「特殊風俗あっせん事業」とは、不特定又は多数の者が出入りすることができる施設その他の不特定又は多数の者の利用に供する設備を備えた施設を設け、当該施設を用いて、特殊風俗あっせんを行う事業をいう。

（性風俗特殊営業に関する特殊風俗あっせん事業の禁止）

第三条　何人も、性風俗特殊営業に関し、特殊風俗あっせん事業を行ってはならない。

（禁止地域）

第四条　何人も、大阪府風俗営業等の規制及び業務の適正化等に関する法律施行条例（昭和三十四年大阪府条例第六号）第二条第一項各号に掲げる地域において は、特殊風俗あっせん事業を行ってはならない。

2　前項の規定は、同項の規定の適用の際現に第六条第一項の届出書を提出して特殊風俗あっせん事業を行っている者の当該特殊風俗あっせん事業については、当該適用の日から一年間は、適用しない。

（欠格事由）

第五条　次の各号のいずれかに該当する者は、特殊風俗あっせん事業を行ってはならない。

一　成年被後見人若しくは被保佐人又は破産者で復権を得ないもの

二　一年以上の懲役若しくは禁錮の刑に処せられ、又は次のいずれかに掲げる罪を犯して一年未満の懲役若しくは罰金の刑に処せられ、その執行を終わり、又は執行を受けることがなくなった日から起算して五年を経過しない者

イ　第二十条第一項の罪

ロ　風俗営業等の規制及び業務の適正化等に関する法律第四十九条、第五十条第一項（第四号から第九号までに係る部分に限る。）、第五十二条（第二号及び第三号を除く。）又は第五十三条（第一号又は第二号に係る部分に限る。）の罪

ハ　売春防止法（昭和三十一年法律第百十八号）第六条の罪

ニ　児童買春、児童ポルノに係る行為等の規制及び処罰並びに児童の保護等に関する法律（平成十一年法律第五十二号）第五条又は第六条の罪

ホ　労働基準法（昭和二十二年法律第四十九号）第百十八条第一項（同法第五十六条に係る部分に限る。）又は第百十九条第一号（同法第六十一条又は第六十二条に係る部分に限り、労働者派遣事業の適正な運営の確保及び派遣労働者の保護等に関する法律（昭和六十年法律第八十八号）第四十四条第二項又は第四項の規定により適用する場合を含む。）の罪

ヘ　大阪府公衆に著しく迷惑をかける暴力的不良行為等の防止に関する条例（昭和三十七年大阪府条例第四十四号）第十六条、第十八条、第十九条（第一項第五号又は第六号に係る部分に限る。）、第二十条又は第二十一条の罪

三　最近五年間に第十五条から第十七条までの規定による命令に違反した者

四　暴力団員による不当な行為の防止等に関する法律（平成三年法律第七十七号）第二条第六号に規定する暴力団員（以下この号において「暴力団員」という。）である者又は暴力団員でなくなった日から五年を経過しない者

五　アルコール、麻薬、大麻、あへん又は覚醒剤の中毒者

六　未成年者（十八歳以上の未成年者であって、営業に関し成年者と同一の行為能力を有するものを除く。）

七　法人で、その役員（業務を執行する社員、取締役、執行役又はこれらに準ずる者をいう。以下同じ。）又は相談役、顧問その他いかなる名称を有する者であるかを問わず、役員と同等以上の支配力を有するものと認められる者のうちに次のいずれかに該当する者があるもの

イ　第一号から第五号までのいずれかに該当する者

ロ　十八歳未満の者

（届出）

第六条　特殊風俗あっせん事業を行おうとする者は、公安委員会規則で定めるところにより、事業所ごとに、次に掲げる事項を記載した届出書を公安委員会に提出しなければならない。

一　氏名又は名称及び住所並びに法人にあっては、その代表者の氏名

二　事業所の名称及び所在地

三　第二条第四項に規定する施設の構造及びその設備の概要

四　当該事業所における特殊風俗あっせん事業に使用する建物等（建物若しくは建物の区分所有等に関する法律（昭和三十七年法律第六十九号）第一条に規定する建物の部分又は土地をいう。次項第二号及び第十一条において同じ。）の所有者等（所有権、地上権、賃借権その他使用又は収益をする権利（同号及び同条において「所有権等」という。）を有する者をいう。同条において同じ。）の氏名又は名称及び住所

五　第十二条第一項の管理者の氏名及び住所

六　当該事業所における特殊風俗あっせん事業の方法

七　法人にあっては、その役員の氏名及び住所

八　前各号に掲げるもののほか、公安委員会規則で定める事項

2　前項の届出書には、次に掲げる書類を添付しなければならない。
一　公安委員会規則で定める書類
二　他人が所有権等を有する建物等を使用して当該事業所における特殊風俗あっせん事業を行おうとする場合にあっては、第十一条の規定により交付を受けた書類
3　第一項の届出書を提出した者は、当該事業所における特殊風俗あっせん事業を廃止したとき、又は同項各号に掲げる事項（同項第二号に掲げる事項にあっては、事業所の名称に限る。）に変更があったときは、公安委員会規則で定めるところにより、その廃止又は変更に係る事項を記載した届出書を公安委員会に提出しなければならない。
4　前項の届出書には、公安委員会規則で定める書類を添付しなければならない。

（名義貸しの禁止）

第七条　前条第一項の届出書を提出した者は、自己の名義をもって、他人に特殊風俗あっせん事業を行わせてはならない。

（禁止行為）

第八条　特殊風俗あっせん事業を行う者（以下「特殊風俗あっせん事業者」という。）は、次に掲げる行為をしてはならない。
一　風俗営業等の規制及び業務の適正化等に関する法律第三条第一項の規定に違反して営まれている接待風俗営業に関し、特殊風俗あっせんを行うこと。
二　午前零時から午前六時までの時間において、特殊風俗あっせんを行うこと。
三　事業所周辺において、特殊風俗あっせん事業に関し、公安委員会規則で定める数値以上の騒音を生じさせること。
四　事業所の外周に、又は外部から見通すことができる状態にして事業所の内部に、接待風俗営業においてされる接待若しくは性風俗特殊営業において提供される特殊役務又は当該接待若しくは当該特殊役務に従事する者を表し、又は連想させる図画又は文字、番号、記号その他の符号であって公安委員会規則で定めるものを、表示し、又は物品に表示して当該物品を掲出し、若しくは配置すること。
五　事業所の外周に、又は外部から見通すことができる状態若しくは来所者（第二条第四項に規定する施設に立ち寄った者をいう。以下同じ。）の目に触れる状態にして事業所の内部に、人の性的感情を刺激する図画又は文字、番号、記号その他の符号であって公安委員会規則で定めるものを、表示し、又は物品に表示して当該物品を掲出し、若しくは配置すること。
六　事業所周辺において公衆の目に触れるような方法で第二条第三項第一号又は第二号に掲げる行為を行うこと、その他事業所周辺における清浄な風俗環境を害するおそれのある方法で特殊風俗あっせんを行うこと。
七　道路その他公共の場所に面した場所に第二条第四項に規定する設備を設けること。
八　十八歳未満の者を特殊風俗あっせん事業に係る業務に従事させること。
九　十八歳未満の者に対し特殊風俗あっせんを行い、又は正当な理由がなく十八歳未満の者を事業所に立ち入らせること。
十　接待風俗営業の営業所において大阪府風俗営業等の規制及び業務の適正化等に関する法律施行条例第八条第一項第一号イからへまでのいずれかに掲げる行為が行われていると思わせる事項を来所者に告げること。
十一　次条第二項のあっせん対象営業台帳に記載していない接待風俗営業に関し、特殊風俗あっせんを行うこと。
十二　来所者に、有償又は無償で、飲食物を提供し、又は宿泊（休憩を含む。）の用に供する設備を使用させること。
十三　証票その他の物品であって、接待風俗営業又は性風俗特殊営業の客がこれを当該営業を営む者に提示することにより、その支払うべき料金の割引を当該営業を営む者から受け、又はその支払った料金の割戻しを当該特殊風俗あっせん事業者その他の者から受けることができるものを、来所者に頒布し、又は事業所の外周に、若しくは来所者が自由に持ち帰ることのできる状態にして事業所の内部に、配置すること。

（接待風俗営業の許可証等の確認等）

第九条　特殊風俗あっせん事業者は、特殊風俗あっせんを行おうとするときは、あらかじめ、その対象とする接待風俗営業を営む者から許可証（風俗営業等の規制及び業務の適正化等に関する法律第五条第二項の許可証をいう。）

の提示及び公安委員会規則で定めるところにより営業の方法を記載した書類の交付を受け、当該営業について次に掲げる事項を確認しなければならない。

一　営業を営む者の氏名又は名称

二　営業所の名称及び所在地

三　営業の方法

2　特殊風俗あっせん事業者は、公安委員会規則で定めるところにより、事業所ごとに、あっせん対象営業台帳を備え、これに当該事業所における特殊風俗あっせんの対象とする接待風俗営業について前項各号に掲げる事項を記載しておかなければならない。

（特殊風俗あっせん業務従事者の生年月日の確認等）

第十条　特殊風俗あっせん事業者は、公安委員会規則で定める方法により、特殊風俗あっせん事業に係る業務に従事させようとする者の生年月日を確認しなければならない。

2　特殊風俗あっせん事業者は、前項の規定による確認をしたときは、公安委員会規則で定めるところにより、当該確認に係る記録を作成し、これを保存しなければならない。

3　特殊風俗あっせん事業者は、事業所に、自ら常駐し、又はその代理人、使用人その他の従業者（以下単に「従業者」という。）を常駐させ、十八歳未満の者を事業所に立ち入らせないようにするための措置であって公安委員会規則で定めるものを講じておかなければならない。

（建物等の所有者等に対する説明義務等）

第十一条　他人が所有権等を有する建物等を使用して特殊風俗あっせん事業を行おうとする者は、あらかじめ、当該建物等の全ての所有者等に対し、当該建物等を使用して特殊風俗あっせん事業を行おうとする旨及び当該行おうとする特殊風俗あっせん事業の方法を説明した上、公安委員会規則で定めるところにより、当該所有者等から、当該建物等を使用して当該特殊風俗あっせん事業を行うことに同意することを証する書類の交付を受けなければならない。

（管理者）

第十二条　特殊風俗あっせん事業者は、事業所ごとに、第四項に規定する業務を行う者として、管理者一人を選任しなければならない。

2　特殊風俗あっせん事業者は、管理者として選任した者が欠けるに至ったときは、その日から十四日以内に、新たな管理者を選任しなければならない。この場合において、新たな管理者の選任の時までの間は、当該特殊風俗あっせん事業者（法人にあっては、その役員）が、自ら第四項に規定する業務を行わなければならない。

3　次の各号のいずれかに該当する者は、管理者となることができない。

一　第五条第一号から第五号までのいずれかに該当する者

二　未成年者

4　管理者は、次に掲げる業務を行うものとする。

一　当該事業所における特殊風俗あっせん事業が法令（条例を含む。第十四条及び第十六条において同じ。）に違反して行われることのないよう、当該事業所における業務の実施を統括するとともに、特殊風俗あっせん事業者及びその従業者に対して助言又は指導を行うこと。

二　第九条第二項のあっせん対象営業台帳及びその記載について管理すること。

三　第十条第一項の規定による確認、同条第二項の規定による記録の作成及び保存並びに同条第三項に規定する措置について管理すること。

四　次条の従業者名簿及びその記載について管理すること。

（従業者名簿）

第十三条　特殊風俗あっせん事業者は、公安委員会規則で定めるところにより、事業所ごとに、従業者名簿を備え、これに当該事業所における特殊風俗あっせん事業に係る業務に従事する従業者の氏名、住所及び生年月日その他公安委員会規則で定める事項を記載しておかなければならない。

（指示）

第十四条　公安委員会は、特殊風俗あっせん事業者又はその従業者が、当該特殊風俗あっせん事業に関し、この条例の規定（第三条、第四条第一項及び第五条の規定を除く。）又は他の法令の規定に違反したときは、当該特殊風俗あっせん事業者に対し、地域における静穏若しくは清浄な風俗環境を害する行為又は青少年の健全な育成に障害を及ぼす行為を防止するため必要な指示をすることができる。

（禁止命令）

第十五条　公安委員会は、特殊風俗あっせん事業者が特殊風俗あっせんの対象としている接待風俗営業を営む者が、風俗営業等の規制及び業務の適正化等に関する法律第三条第一項の許可を取り消されたとき、又は大阪府風俗営業等の規制及び業務の適正化等に関する法律施行条例第八条第一項（第一号に係る部分に限る。）の規定に違反する行為を行ったことが判明したときは、当該特殊風俗あっせん事業者に対し、当該接待風俗営業に関する特殊風俗あっせんの禁止を命ずることができる。

（事業停止命令）

第十六条　公安委員会は、特殊風俗あっせん事業者若しくはその従業者が当該特殊風俗あっせん事業に関し、この条例の規定（第三条、第四条第一項及び第五条の規定を除く。）若しくは他の法令の規定に違反した場合において地域における静穏若しくは清浄な風俗環境を著しく害し、若しくは青少年の健全な育成に著しい障害を及ぼすおそれがあると認めるとき、又は特殊風俗あっせん事業者が第十四条の規定による指示に違反したときは、当該特殊風俗あっせん事業者に対し、六月を超えない範囲内で期間を定めて当該特殊風俗あっせん事業の全部又は一部の停止を命ずることができる。

（事業廃止命令）

第十七条　公安委員会は、特殊風俗あっせん事業者について次の各号のいずれかに掲げる事実が判明したときは、当該特殊風俗あっせん事業者に対し、その者が行う特殊風俗あっせん事業の廃止を命ずることができる。

一　第三条又は第四条第一項の規定に違反したこと。

二　第五条各号のいずれかに該当していること。

2　公安委員会は、前条の場合において、当該特殊風俗あっせん事業者が第四条第一項に規定する地域において特殊風俗あっせん事業を行っている者であるときは、その者に対し、前条の規定による命令に代えて、当該特殊風俗あっせん事業の廃止を命ずることができる。

（報告の徴収及び立入調査）

第十八条　公安委員会は、この条例の施行に必要な限度において、特殊風俗あっせん事業者に対し、その業務に関し報告若しくは資料の提出を求め、又は警察職員に、その事業所に立ち入り、書類その他の物件を調査させ、若しくは関係者に質問させることができる。

2　前項の規定により警察職員が立ち入るときは、その身分を示す証明書を携帯し、関係者に提示しなければならない。

（公安委員会規則への委任）

第十九条　この条例に定めるもののほか、この条例の施行に関し必要な事項は、公安委員会規則で定める。

（罰則）

第二十条　次の各号のいずれかに該当する者は、六月以下の懲役又は五十万円以下の罰金に処する。

一　第三条、第四条第一項、第七条又は第八条第八号若しくは第九号の規定に違反した者

二　第十五条から第十七条までの規定による命令に違反した者

2　第八条第八号に掲げる行為をした者は、当該十八歳未満の者の年齢を知らないことを理由として、前項の規定による処罰を免れることができない。ただし、過失のないときは、この限りでない。

第二十一条　次の各号のいずれかに該当する者は、三十万円以下の罰金に処する。

一　第六条第一項の届出書又は同条第二項の添付書類を提出しないで特殊風俗あっせん事業を行った者

二　第六条第一項の届出書又は同条第二項の添付書類であって虚偽の記載のあるものを提出した者

三　第六条第三項若しくは第四項の規定に違反して届出書若しくは添付書類を提出せず、又は同条第三項の届出書若しくは同条第四項の添付書類であって虚偽の記載のあるものを提出した者

第二十二条　次の各号のいずれかに該当する者は、二十万円以下の罰金に処する。

一　第九条第二項の規定に違反して、あっせん対象営業台帳を備えず、又はこれに必要な記載をせず、若しくは虚偽の記載をした者

二　第十条第二項の規定に違反して、記録を作成せず、若しくは虚偽の記録を作成し、又は記録を保存しなかった者

三　第十三条の規定に違反して、従業者名簿を備えず、又はこれに必要な記

載をせず、若しくは虚偽の記載をした者

四　第十八条第一項の規定に違反して報告をせず、若しくは資料を提出せず、若しくは同項の報告若しくは資料の提出について虚偽の報告をし、若しくは虚偽の資料を提出し、又は同項の規定による立入調査を拒み、妨げ、若しくは忌避した者

（両罰規定）

第二十三条　法人の代表者又は法人若しくは人の代理人、使用人その他の従業者が、その法人又は人の業務に関し、前三条の違反行為をしたときは、行為者を罰するほか、その法人又は人に対しても各本条の罰金刑を科する。

附　則〔略〕

兵庫県

○風俗営業等の規制及び業務の適正化等に関する法律施行条例

（昭和三九・四・一兵庫県条例五五）

最終改正　平成三〇・三・二二　条例三三

（**趣旨**）

第一条　この条例は、風俗営業等の規制及び業務の適正化等に関する法律（昭和二十三年法律第百二十二号。以下「法」という。）の施行に関して必要な事項を定めるものとする。

（**定義**）

第二条　この条例において、次の各号に掲げる用語の意義は、当該各号に定めるところによる。

一　第一種地域　都市計画法（昭和四十三年法律第百号）第八条第一項第一号に規定する第一種低層住居専用地域、第二種低層住居専用地域、第一種中高層住居専用地域、第二種中高層住居専用地域、第一種住居地域、第二種住居地域、準住居地域及び田園住居地域（道路法（昭和二十七年法律第百八十号）第三条に規定する一般国道又は同法第五十六条の規定により国土交通大臣の指定する主要な県道若しくは市道の側端から三十メートル以内の第一種住居地域、第二種住居地域及び準住居地域であって、良好な風俗環境を保全するために特に支障がないと認めて公安委員会規則で定めるものを除く。）をいう。

二　第二種地域　第一種地域、第三種地域及び第四種地域を除く県内全域をいう。

三　第三種地域　都市計画法第八条第一項第一号に規定する商業地域のうち、第四種地域以外の地域をいう。

四　第四種地域　別表第一に掲げる地域をいう。

（**風俗営業の営業所の設置を制限する地域**）

第三条　法第四条第二項第二号の規定による条例で定める地域は、次のとおりとする。

一　第一種地域

二　別表第二の左〔上〕欄に掲げる施設ごとに、同表の右〔下〕欄に掲げる場合の区分に応じ、それぞれ同欄に定める地域

2　三箇月以内の期間を限って営む風俗営業の営業所に係る法第四条第二項第二号の規定による条例で定める地域は、前項の規定にかかわらず、公安委員会規則で定める地域とする。

3　前二項の規定は、風俗営業の営業所が常態として移動する場合は、適用しない。

（**風俗営業の営業時間を延長する日、地域及び時**）

第四条　法第十三条第一項第一号の規定による条例で定める日は、次の各号に掲げる日とし、同号の規定による条例で定める地域は、当該各号に掲げる日の区分に応じ、それぞれ当該各号に定める地域とする。

一　十二月二十一日から翌年一月五日までの日　県内全域

二　祭礼その他特別の行事（以下この号において「祭礼等」という。）の行われる日として公安委員会規則で定める日　当該祭礼等の行われる地域として公安委員会規則で定める地域及び次項に定める地域（当該公安委員会規則で定める地域を除く。）

2　法第十三条第一項第二号の規定による条例で定める地域は、第四種地域とする。

3　法第十三条第一項ただし書の規定による条例で定める時は、午前一時とする。

4　前三項の規定は、法第二条第一項第四号の営業（ぱちんこ屋及び風俗営業等の規制及び業務の適正化等に関する法律施行令（昭和五十九年政令第三百十九号。以下「令」という。）第八条に規定する営業に限る。）には適用しない。

5　第一項第二号（第二項に定める地域に係る部分に限る。）及び第二項の規定は、法第二条第一項第五号の営業には適用しない。

（**風俗営業の営業時間の制限**）

第五条　法第二条第一項第四号の営業（ぱちんこ屋及び令第八条に規定する営業に限る。）に係る風俗営業者は、午前六時後午前十時までの時間及び午後

十一時から翌日の午前零時前の時間においては、県内全域において、その営業を営んではならない。

（風俗営業等に係る騒音及び振動の規制）

第六条　法第十五条（法第三十二条第二項において準用する場合を含む。次項において同じ。）の規定による条例で定める騒音に係る数値は、別表第三の左〔上〕欄に掲げる地域ごとに、同表の右〔下〕欄に掲げる時間の区分に応じ、それぞれ同欄に定める数値とする。

2　法第十五条の規定による条例で定める振動に係る数値は、五十五デシベルとする。

（風俗営業者の遵守事項）

第七条　風俗営業者は、その営業に関して次に掲げる事項を遵守しなければならない。

一　営業所で卑わいな行為その他善良の風俗を害するような行為をし、又はさせないこと。

二　営業の用に供する家屋又は施設（旅館業法（昭和二十三年法律第百三十八号）第二条第二項に規定する旅館・ホテル営業の施設において、法第三条第一項の風俗営業の許可を受けたものを除く。）で客を就寝させ、又は宿泊させないこと。

三　客の求めない飲食物を提供しないこと。

四　営業時間中は、営業所及び客室の出入口に鍵を掛け、又は掛けさせないこと。

五　営業所以外の場所で営業をしないこと。

六　営業の用に供する家屋又は施設で法第二条第六項に規定する店舗型性風俗特殊営業、法第三十一条の二第四項に規定する受付所営業及び法第二条第九項に規定する店舗型電話異性紹介営業を営み、又は営ませないこと。

2　法第二条第一項第四号の営業に係る風俗営業者は、前項の規定によるほか、その営業に関して次に掲げる事項を遵守しなければならない。

一　営業所（まあじゃん屋を除く。）で飲酒をし、又はさせないこと。

二　著しく射幸心をそそるおそれのある方法で営業をしないこと。

三　賭博類似行為その他著しく射幸心をそそるおそれのある行為をし、又はさせないこと。

四　客に提供した賞品を買い取らせないこと。

3　法第二条第一項第五号の営業に係る風俗営業者は、第一項の規定によるほか、午後六時後午後十時前の時間において十六歳未満の者を営業所に客として立ち入らせるときは、保護者の同伴を求めなければならない。

（店舗型性風俗特殊営業等の距離制限の基準となる施設）

第八条　法第二十八条第一項（法第三十一条の三第二項により適用する場合及び法第三十一条の十三第一項において準用する場合を含む。）の規定による条例で定める施設は、次のとおりとする。

一　病院（医療法（昭和二十三年法律第二百五号）第一条の五第一項に規定するものをいう。以下同じ。）及び有床診療所（同条第二項に規定する診療所のうち、患者を入院させるための施設を有するものをいう。以下同じ。）

二　博物館（博物館法（昭和二十六年法律第二百八十五号）第二条第一項に規定するものをいう。）及び博物館に相当する施設（同法第二十九条に規定するものをいう。）

三　公民館（社会教育法（昭和二十四年法律第二百七号）第五章に規定するものをいう。）

四　スポーツ施設（スポーツ基本法（平成二十三年法律第七十八号）第十二条第一項に規定するスポーツ施設及びこれに類する施設で、国又は地方公共団体が設置するものをいう。）

五　前各号に掲げるもののほか、公安委員会規則で定める施設

（店舗型性風俗特殊営業の禁止地域）

第九条　法第二条第六項に規定する店舗型性風俗特殊営業のうち、次の各号に掲げる営業は、それぞれ当該各号に定める地域においては、これを営んではならない。

一　法第二条第六項第一号から第三号までの営業、同項第四号の営業（個室に自動車の車庫が個々に接続する施設であって公安委員会規則で定めるものを利用させる営業に限る。）及び同項第六号の営業　県内全域

二　法第二条第六項第四号の営業（前号に該当するものを除く。）及び同項第五号の営業　第三種地域及び第四種地域を除く県内全域

（受付所営業の禁止地域）

第十条　法第三十一条の二第四項に規定する受付所営業は、県内全域において、これを営んではならない。

（店舗型電話異性紹介営業の禁止地域）

第十一条　法第二条第九項に規定する店舗型電話異性紹介営業は、県内全域において、これを営んではならない。

（店舗型性風俗特殊営業等の営業時間の制限）

第十二条　法第二十八条第四項に規定する店舗型性風俗特殊営業、法第三十一条の二第四項に規定する受付所営業及び法第二条第九項に規定する店舗型電話異性紹介営業（第九条第一号、第十条及び前条に規定する営業にあっては、第九条、第十条又は前条の規定による営業を営んではならない地域において、法又は法を改正する法律の規定に従い営んでいるものをいう。）は、午前零時から午前六時までの時間（以下「深夜」という。）においては、これを営んではならない。

（店舗型性風俗特殊営業の広告又は宣伝の制限地域）

第十三条　法第二十八条第五項第一号ロの規定による店舗型性風俗特殊営業の広告又は宣伝を制限すべき地域として条例で定める地域は、次の各号に掲げる営業の区分に応じ、それぞれ当該各号に定める地域とする。

一　法第二条第六項第一号から第三号まで及び第六号の営業　県内全域

二　法第二条第六項第四号の営業　第一種地域

三　法第二条第六項第五号の営業　第三種地域及び第四種地域を除く県内全域

（無店舗型性風俗特殊営業の広告又は宣伝の制限地域）

第十四条　法第三十一条の三第一項において準用する法第二十八条第五項第一号ロの規定による無店舗型性風俗特殊営業の広告又は宣伝を制限すべき地域として条例で定める地域は、次の各号に掲げる営業の区分に応じ、それぞれ当該各号に定める地域とする。

一　法第二条第七項第一号の営業　県内全域

二　法第二条第七項第二号の営業　第三種地域及び第四種地域を除く県内全域

（映像送信型性風俗特殊営業の広告又は宣伝の制限地域）

第十五条　法第三十一条の八第一項において準用する法第二十八条第五項第一号ロの規定による映像送信型性風俗特殊営業の広告又は宣伝を制限すべき地域として条例で定める地域は、第三種地域及び第四種地域を除く県内全域とする。

（店舗型電話異性紹介営業の広告又は宣伝の制限地域）

第十六条　法第三十一条の十三第一項において準用する法第二十八条第五項第一号ロの規定による店舗型電話異性紹介営業の広告又は宣伝を制限すべき地域として条例で定める地域は、県内全域とする。

（無店舗型電話異性紹介営業の広告又は宣伝の制限地域）

第十七条　法第三十一条の十八第一項において準用する法第二十八条第五項第一号ロの規定による無店舗型電話異性紹介営業の広告又は宣伝を制限すべき地域として条例で定める地域は、県内全域とする。

（特定遊興飲食店営業の営業所の設置を許容する地域）

第十七条の二　法第三十一条の二十三において準用する法第四条第二項第二号の規定による条例で定める地域は、第四種地域（病院又は有床診療所の敷地（当該施設の用に供するものと決定した土地を含む。）から三十メートル以内の地域を除く。）とする。

（特定遊興飲食店営業の営業時間の制限）

第十七条の三　法第二条第十一項に規定する特定遊興飲食店営業者（以下「特定遊興飲食店営業者」という。）は、深夜から引き続く午前六時後午前十時までの時間においては、県内全域において、その営業を営んではならない。

（特定遊興飲食店営業に係る騒音及び振動の規制）

第十七条の四　法第三十一条の二十三において準用する法第十五条の規定による条例で定める騒音に係る数値は、五十デシベルとする。

2　法第三十一条の二十三において準用する法第十五条の規定による条例で定める振動に係る数値は、五十五デシベルとする。

（特定遊興飲食店営業者の遵守事項）

第十七条の五　特定遊興飲食店営業者は、その営業に関して第七条第一項第一号及び第三号から第六号まで並びに同条第二項第二号及び第三号に掲げる事項を遵守しなければならない。

（深夜における酒類提供飲食店営業の禁止地域）

第十八条　法第三十三条第一項に規定する酒類提供飲食店営業は、深夜においては、第一種地域において、これを営んではならない。

（風俗環境保全協議会を設置する地域）

第十八条の二　法第三十八条の四の規定による条例で定める地域は、別表第一の三宮地区の項から魚町地区の項までに掲げる地域とする。

（補則）

第十九条　この条例の実施のための手続その他この条例の執行について必要な事項は、公安委員会規則で定める。

附　則〔略〕

別表第一（第二条関係）

名　称	地　域
三宮地区	神戸市中央区のうち 加納町三丁目並びに中山手通一丁目及び二丁目のうち市道長田楠日尾線以南の地域　加納町四丁目　下山手通一丁目及び二丁目　北長狭通一丁目及び二丁目
福原地区	神戸市兵庫区のうち 福原町　西上橘通一丁目及び二丁目　西橘通一丁目及び二丁目　西多聞通一丁目及び二丁目
神田新道地区	尼崎市のうち 昭和通四丁目及び五丁目　昭和南通四丁目及び五丁目　神田北通二丁目から四丁目まで　神田中通二丁目から四丁目まで　神田南通一丁目
魚町地区	姫路市のうち 坂元町　本町のうち国道二号以南及び市道城南二十九号線以西の地域　福中町　西二階町のうち市道城南二十九号線以西の地域　魚町　立町　塩町　十二所前町のうち市道幹第八号線以北の地域

別表第二（第三条関係）

施設	地域		
	第二種地域に営業所を設置する場合	第三種地域に営業所を設置する場合	第四種地域に営業所を設置する場合
学校、図書館、保育所又は認定こども園（特定認可外保育施設型認定こども園を除く。）	施設の敷地からぱちんこ屋等の営業所にあっては百メートル以内の地域、その他の風俗営業の営業所にあっては七十メートル以内の地域	施設の敷地からぱちんこ屋等の営業所にあっては七十メートル以内の地域、その他の風俗営業の営業所にあっては五十メートル以内の地域	施設の敷地からぱちんこ屋等の営業所にあっては五十メートル以内の地域、その他の風俗営業の営業所にあっては三十メートル以内の地域

病院又は有床診療所	施設の敷地からぱちんこ屋等の営業所にあっては七十メートル以内の地域、その他の風俗営業の営業所にあっては五十メートル以内の地域	施設の敷地からぱちんこ屋等の営業所にあっては五十メートル以内の地域、その他の風俗営業の営業所にあっては三十メートル以内の地域	施設の敷地からぱちんこ屋等の営業所にあっては、三十メートル以内の地域

備考

一　「学校」とは、学校教育法（昭和二十二年法律第二十六号）第一条に規定するものをいう。

二　「図書館」とは、図書館法（昭和二十五年法律第百十八号）第二条第一項に規定するものをいう。

三　「保育所」とは、児童福祉法（昭和二十二年法律第百六十四号）第三十九条に規定するものをいう。

四　「認定こども園」とは、就学前の子どもに関する教育、保育等の総合的な提供の推進に関する法律（平成十八年法律第七十七号）第二条第六項に規定するものをいう。

五　「特定認可外保育施設型認定こども園」とは、認定こども園の認可等に関する条例（平成十八年兵庫県条例第六十三号）第二条第四号に規定するものをいう。

六　「ぱちんこ屋等」とは、法第二条第一項第四号の営業をいう。

七　施設の敷地には、当該施設の用に供するものと決定した土地を含む。

別表第三（第六条関係）

地域	数値		
	昼間	夜間	深夜
第一種地域	五十デシベル	四十五デシベル	四十デシベル
第二種地域	六十デシベル	五十デシベル	四十五デシベル
第三種地域及び第四種地域	六十五デシベル	六十デシベル	五十デシベル

備考

一　「昼間」とは、午前六時後午後六時前の時間をいう。

二　「夜間」とは、午後六時から翌日の午前零時前の時間をいう。

○風俗営業等の規制及び業務の適正化等に関する法律施行条例施行規則

（昭和六〇・二・一二
兵庫県公安委員会規則二）

最終改正　平成二八・六・二一　公安委員会規則九

（趣旨）

第一条　この規則は、風俗営業等の規制及び業務の適正化等に関する法律施行条例（昭和三十九年兵庫県条例第五十五号。以下「条例」という。）に基づき、条例の実施について必要な事項を定めるものとする。

（第一種地域から除外する地域）

第二条　条例第二条第一号の規定による公安委員会規則で定める地域は、別表の左〔上〕欄に掲げる道路の側端から三十メートル以内の第一種住居地域、第二種住居地域及び準住居地域のうち、当該道路の区分に応じ、それぞれ同表の右〔下〕欄に掲げる地域内の地域とする。

（三箇月以内の期間を限って営む風俗営業の営業所の設置を制限する地域）

第三条　条例第三条第二項の規定による公安委員会規則で定める地域は、次のとおりとする。

一　条例第二条第一号に規定する第一種地域

二　条例第二条第二号に規定する第二種地域又は同条第三号に規定する第三種地域については、学校（学校教育法（昭和二十二年法律第二十六号）第一条に規定するものをいう。）、図書館（図書館法（昭和二十五年法律第百十八号）第二条第一項に規定するものをいう。）、保育所（児童福祉法（昭和二十二年法律第百六十四号）第三十九条に規定するものをいう。）、認定こども園（就学前の子どもに関する教育、保育等の総合的な提供の推進に関する法律（平成十八年法律第七十七号）第二条第六項に規定するもののうち、特定認可外保育施設型認定こども園（認定こども園の認可等に関する条例（平成十八年兵庫県条例第六十三号）第二条第四号に規定するものをいう。）を除く。）、病院（医療法（昭和二十三年法律第二百五号）第一条の五第一項に規定するものをいう。）又は有床診療所（医療法第一条の五第二項に規定する診療所のうち、患者の収容施設を有するものをいう。）の敷地から三十メートル以内の地域

2　前項の規定は、祭礼、縁日その他地域的慣習による催し又は習俗的行事（以下この項において「祭礼等」という。）が開催される日に、当該祭礼等が開催される場所において営む風俗営業等の規制及び業務の適正化等に関する法律（昭和二十三年法律第百二十二号）第二条第一項第四号及び第五号の営業には適用しない。

（個室に自動車の車庫が個個に接続する施設の構造設備）

第四条　条例第九条第一号の規定による公安委員会規則で定める施設は、次の各号のいずれかに該当する構造設備のものとする。

一　個室に接続する車庫（二以上の側壁（カーテン、ついたて等を含む。）及び屋根を有するものに限る。以下同じ。）の出入口が扉等によって遮蔽できるもの

二　車庫の内部から個室に通ずる専用の人の出入口又は階段若しくは昇降機が設けられているもの

三　個室と車庫とが専用の通路によって接続しているものにあっては、当該通路の内部が外部から見えないもの

附　則〔略〕

別表（第二条関係）

道路 種類	道路 路線	地域
国道	二号	尼崎市、西宮市、神戸市、明石市、加古川市、高砂市、姫路市及び相生市の区域
	二八号	神戸市、明石市及び洲本市の区域
	二九号	姫路市の区域
	四三号	尼崎市、西宮市及び神戸市の区域
	一七一号	伊丹市、尼崎市及び西宮市の区域
	一七三号	川西市の区域
	一七五号	神戸市、小野市及び西脇市の区域
	一七六号	三田市、神戸市、西宮市、宝塚市、川西市及び伊丹市の区域
	一七八号	豊岡市の区域
	一七九号	たつの市の区域（誉田町福田から龍野町北龍野までの区域に限る。）
	二五〇号	明石市、加古川市、高砂市、姫路市、相生市及び赤穂市の区域
	三一二号	豊岡市の区域及び姫路市の区域（仁豊野から継までの区域に限る。）
	三七二号	姫路市の区域
	四二七号	西脇市の区域
	四二八号	神戸市の区域
県道	姫路上郡線	姫路市及びたつの市の区域
	川西篠山線	川西市の区域
	尼崎池田線	尼崎市、伊丹市及び川西市の区域
	伊丹豊中線	伊丹市の区域
	神戸三田線	神戸市の区域
	明石神戸宝塚線	神戸市の区域
	加古川小野線	加古川市の区域
	神戸明石線	神戸市及び明石市の区域
	神戸三木線	神戸市及び三木市の区域
	大阪伊丹線	尼崎市の区域
	尼崎宝塚線	尼崎市、伊丹市及び宝塚市の区域
	姫路港線	姫路市の区域
	神戸加古川姫路線	神戸市、加古川市及び姫路市の区域
	姫路大河内線	姫路市の区域
	大沢西宮線	神戸市及び西宮市の区域
神戸市道	神戸六甲線	神戸市の区域
	梅香浜辺通脇浜線	神戸市の区域
	長田楠日尾線	神戸市の区域
	西出高松前池線	神戸市の区域
	山麓線	神戸市の区域

奈良県

○奈良県風俗営業等の規制及び業務の適正化等に関する条例

（昭和五九・一二・二二
奈良県条例一一）

最終改正　平成三〇・三・二七　条例六〇

第一章　総則

（目的）

第一条　この条例は、風俗営業等の規制及び業務の適正化等に関する法律（昭和二十三年法律第百二十二号。以下「法」という。）の施行に関し必要な事項を定めるとともに、青少年の健全な育成を阻害するおそれのある営業の規制等を行うことにより、青少年の健全な育成を図り、及び清浄な風俗環境を保持することを目的とする。

（定義）

第二条　この条例において、次の各号に掲げる用語の意義は、それぞれ当該各号に定めるところによる。

一　風俗営業、風俗営業者、接待飲食等営業、店舗型性風俗特殊営業、店舗型電話異性紹介営業、無店舗型電話異性紹介営業、特定遊興飲食店営業又は特定遊興飲食店営業者　それぞれ法第二条に規定する風俗営業、風俗営業者、接待飲食等営業、店舗型性風俗特殊営業、店舗型電話異性紹介営業、無店舗型電話異性紹介営業、特定遊興飲食店営業又は特定遊興飲食店営業者をいう。

二　受付所営業　法第三十一条の二第四項に規定する受付所営業をいう。

三　第一種低層住居専用地域、第二種低層住居専用地域、第一種中高層住居専用地域、第二種中高層住居専用地域、第一種住居地域、第二種住居地域、準住居地域、田園住居地域、近隣商業地域、商業地域、準工業地域、工業地域又は風致地区　それぞれ都市計画法（昭和四十三年法律第百号）第二章の規定により定められている第一種低層住居専用地域、第二種低層住居専用地域、第一種中高層住居専用地域、第二種中高層住居専用地域、第一種住居地域、第二種住居地域、準住居地域、田園住居地域、近隣商業地域、商業地域、準工業地域、工業地域又は風致地区をいう。

四　歴史的風土保存区域　古都における歴史的風土の保存に関する特別措置法（昭和四十一年法律第一号）第四条の規定により指定されている歴史的風土保存区域をいう。

第二章　風俗営業の規制

（許可に係る営業所の設置を制限する地域等）

第三条　法第四条第二項第二号に規定する条例で定める地域は、次に掲げるとおりとする。

一　第一種低層住居専用地域、第二種低層住居専用地域、第一種中高層住居専用地域、第二種中高層住居専用地域、第一種住居地域、第二種住居地域、準住居地域及び田園住居地域。ただし、法第二条第一項第一号から第三号まで及び第五号の営業に係る営業所については、第一種住居地域、第二種住居地域及び準住居地域のうち、道路に隣接する地域その他の地域で奈良県公安委員会規則（以下「公安委員会規則」という。）で定める地域を除く。

二　次に掲げる施設の敷地（これらの用に供するものと決定した土地を含む。以下この号において同じ。）の周囲百メートル（当該施設の敷地が商業地域にある場合で、その商業地域に営業所を設置するときは、五十メートル）の区域

ア　学校教育法（昭和二十二年法律第二十六号）第一条に規定する学校

イ　図書館法（昭和二十五年法律第百十八号）第二条第一項に規定する図書館

ウ　児童福祉法（昭和二十二年法律第百六十四号）第三十九条に規定する保育所

エ　就学前の子どもに関する教育、保育等の総合的な提供の推進に関する法律（平成十八年法律第七十七号）第二条第七項に規定する幼保連携型認定こども園

オ　医療法（昭和二十三年法律第二百五号）第一条の五第一項に規定する病院及び同条第二項に規定する診療所のうち患者を入院させるための施設を有するもの（以下「病院及び有床診療所」という。）

2　前項の規定は、祭礼その他の習俗的行事が行われる場合において三月以内の期間を限つて営む風俗営業（法第二条第一項第四号及び第五号の営業に限る。）に係る営業所及び営業所が常態として移動する風俗営業に係る営業所については、適用しない。

（習俗的行事その他の特別な事情のある日等）

第四条　法第十三条第一項ただし書に規定する条例で定める時は、午前一時とする。

2　法第十三条第一項第一号に規定する習俗的行事その他の特別な事情のある日として条例で定める日は、十二月二十一日から同月三十一日までの日とする。

3　法第十三条第一項第一号に規定する習俗的行事その他の特別な事情のある地域として条例で定める地域は、県の全域とする。

4　法第十三条第一項第二号に規定する午前零時以後において風俗営業を営むことが許容される特別な事情のある地域として条例で定める地域は、接待飲食等営業、まあじやん屋及び法第二条第一項第五号に掲げる営業について、奈良市大宮町六丁目とする。

（法第二条第一項第四号の営業の営業時間の制限）

第五条　法第二条第一項第四号の営業（まあじやん屋を除く。）を営む風俗営業者は、午前六時後午前十時までの時間及び午後十一時から翌日の午前零時前（当該翌日が前条第二項に規定する日であるときは、午前一時前）の時間は、県の全域において、その営業を営んではならない。

（騒音及び振動の規制に係る数値）

第六条　法第十五条に規定する条例で定める騒音の規制に係る数値は、次の表の上欄に掲げる地域ごとに、同表の下欄に掲げる時間の区分に応じ、それぞれ同欄に定める数値とする。

地域	数値				
	昼間		夜間		深夜
	午前六時後午前八時前	午前八時から午後六時前	午後六時から午後十時前	午後十時から翌日の午前零時前	午前零時から午前六時まで
一　第一種低層住居専用地域、第二種低層住居専用地域、第一種中高層住居専用地域、第二種中高層住居専用地域、田園住居地域及び風致地区（二に該当する地域を除く。）並びに歴史的風土保存区域	四十五デシベル	五十デシベル	四十五デシベル	四十デシベル	四十デシベル
二　近隣商業地域、商業地域、準工業地域及び工業地域	六十デシベル	六十五デシベル	六十デシベル	五十デシベル	五十デシベル
三　一又は二に該当する地域以外の地域	五十デシベル	六十デシベル	五十デシベル	四十五デシベル	四十五デシベル

2　法第十五条に規定する条例で定める振動の規制に係る数値は、五十五デシベルとする。

（風俗営業者の遵守事項）

第七条　風俗営業者は、次に掲げる事項を遵守しなければならない。

一　営業所で卑わいな行為その他善良の風俗を害する行為をし、又は客にこれらの行為をさせないこと。

二　営業所で客を就寝させ、又は宿泊させないこと（当該営業所を用いて旅館業（旅館業法（昭和二十三年法律第百三十八号）第三条第一項の許可を受けて営む営業をいう。以下同じ。）を営む場合を除く。）。

三　客の求めない飲食物を提供しないこと。

四　営業中営業所の出入口及び客室に施錠し、又は施錠させないこと。

五　営業所その他の営業に供する施設又は敷地で店舗型性風俗特殊営業を営み、又は営ませないこと。

2　法第二条第一項第四号の営業を営む風俗営業者は、前項の規定によるほか、次に掲げる事項（まあじやん屋を営む風俗営業者にあつては、第三号及び第四号に掲げる事項を除く。）を遵守しなければならない。
一　著しく射幸心をそそるおそれのある方法で営業をしないこと。
二　営業所でとばく類似行為その他著しく射幸心をそそるおそれのある行為をし、又は客にこれらの行為をさせないこと。
三　客に提供した賞品を買い取らせないこと。
四　営業所において客に飲酒をさせないこと。
3　法第二条第一項第五号の営業を営む風俗営業者は、第一項の規定によるほか、次に掲げる事項を遵守しなければならない。
一　著しく射幸心をそそるおそれのある方法で営業をしないこと。
二　営業所でとばく類似行為その他著しく射幸心をそそるおそれのある行為をし、又は客にこれらの行為をさせないこと。
三　営業所において客に飲酒をさせないこと（当該営業所を用いて飲食店営業（設備を設けて客に飲食をさせる営業で、食品衛生法（昭和二十二年法律第二百三十三号）第五十二条第一項の許可を受けて営むものをいう。）を営む場合を除く。）。

（法第二条第一項第五号の営業に係る営業所の立入り制限）

第八条　法第二条第一項第五号の営業を営む風俗営業者は、午後六時から午後十時前の時間において十六歳未満の者を営業所に客として立ち入らせることについて、保護者の同伴を求めなければならない。

第三章　店舗型性風俗特殊営業の規制

（禁止区域の設定に係る施設）

第九条　法第二十八条第一項に規定する条例で定める施設は、次に掲げるものとする。
一　病院及び有床診療所
二　博物館法（昭和二十六年法律第二百八十五号）第二条に規定する博物館及び同法第二十九条に規定する博物館に相当する施設
三　社会教育法（昭和二十四年法律第二百七号）第五章（第四十二条を除く。）に規定する公民館
四　社会福祉法（昭和二十六年法律第四十五号）第二条第三項第十一号に掲げる隣保事業により設置された隣保館
五　体育館及び水泳プール並びに陸上競技場、野球場、庭球場その他の運動場で、国又は地方公共団体が設置するもの。

（禁止地域）

第十条　店舗型性風俗特殊営業は、次の各号に掲げる営業の種別に応じ、それぞれ当該各号に定める地域においては、これを営んではならない。
一　法第二条第六項第一号から第四号まで及び第六号の営業（同項第四号の営業においては、モーテル営業（個室に自動車の車庫が個々に接続する施設であつて、公安委員会規則で定めるものを利用させる営業をいう。）に限る。）　県の全域
二　法第二条第六項第四号の営業（前号に掲げるものを除く。）及び同項第五号の営業　商業地域（風致地区を除く。）を除く県の全域

（深夜における営業時間の制限）

第十一条　法第二十八条第四項に規定する店舗型性風俗特殊営業を営む者は、午前零時から午前六時までの時間（以下「深夜」という。）は、県の全域において、その営業を営んではならない。

（広告制限地域）

第十二条　法第二十八条第五項第一号ロに規定する条例で定める地域は、第十条各号に掲げる営業の種別に応じ、それぞれ当該各号に定める地域とする。

第四章　無店舗型性風俗特殊営業の規制

（広告制限地域）

第十三条　法第三十一条の三第一項において準用する法第二十八条第五項第一号ロに規定する条例で定める地域は、次の各号に掲げる営業の種別に応じ、それぞれ当該各号に定める地域とする。
一　法第二条第七項第一号の営業　県の全域
二　法第二条第七項第二号の営業　商業地域（風致地区を除く。）を除く県の全域

（受付所営業の禁止区域の設定に係る施設）

第十四条　法第三十一条の三第二項の規定により適用する法第二十八条第一項に規定する条例で定める施設は、第九条各号に掲げる施設とする。

（受付所営業の禁止地域）

第十五条　受付所営業は、県の全域においては、これを営んではならない。

（受付所営業の深夜における営業時間の制限）

第十六条　受付所営業を営む者は、深夜は、県の全域において、その営業を営んではならない。

第五章　映像送信型性風俗特殊営業の規制

（広告制限地域）

第十七条　法第三十一条の八第一項において準用する法第二十八条第五項第一号ロに規定する条例で定める地域は、商業地域（風致地区を除く。）を除く県の全域とする。

第六章　店舗型電話異性紹介営業及び無店舗型電話異性紹介営業等の規制等

（店舗型電話異性紹介営業の禁止区域の設定に係る施設）

第十八条　法第三十一条の十三第一項において準用する法第二十八条第一項に規定する条例で定める施設は、第九条各号に掲げる施設とする。

（店舗型電話異性紹介営業の禁止地域）

第十九条　店舗型電話異性紹介営業は、県の全域においては、これを営んではならない。

（店舗型電話異性紹介営業の深夜における営業時間の制限）

第二十条　店舗型電話異性紹介営業を営む者は、深夜は、県の全域において、その営業を営んではならない。

（店舗型電話異性紹介営業及び無店舗型電話異性紹介営業の広告制限地域）

第二十一条　法第三十一条の十三第一項及び法第三十一条の十八第一項において準用する法第二十八条第五項第一号ロに規定する条例で定める地域は、県の全域とする。

（利用カードの販売の届出）

第二十二条　利用カード（店舗型電話異性紹介営業又は無店舗型電話異性紹介営業に関して提供する役務の数量に応ずる対価を得る目的をもつて発行する文書その他の物品又は機器により発信される画像若しくは音声であつて、識別番号、暗証番号その他の情報（以下この章において「識別番号等」という。）を告知するものをいう。以下この章において同じ。）を販売しようとする者は、販売を開始する日の十日前までに、店舗又は自動販売機（その発信する画像又は音声により識別番号等を告知することのできる機器を含む。以下この章において同じ。）ごとに、公安委員会規則で定めるところにより、次に掲げる事項を公安委員会に届け出なければならない。

一　氏名又は名称及び住所並びに法人にあつては、その代表者の氏名

二　販売開始予定年月日

三　利用カードを販売する店舗の名称及び所在地又は自動販売機の設置場所

四　利用カードにより役務の提供を受けることができる営業が店舗型電話異性紹介営業である場合にあつては、当該営業の営業所の名称及び所在地

五　利用カードにより役務の提供を受けることができる営業が無店舗型電話異性紹介営業である場合にあつては、当該営業につき広告又は宣伝をする場合に当該営業を示すものとして使用する呼称（当該呼称が二以上ある場合にあつては、それら全部の呼称）及び当該営業の事務所の所在地

六　前各号に掲げるもののほか、公安委員会規則で定める事項

2　前項の規定による届出をした者は、利用カードの販売を廃止したとき、又は同項各号に掲げる事項（同項第三号に掲げる事項にあつては、利用カードを販売する店舗の名称に限る。）に変更があつたときは、その日から起算して十日以内に、公安委員会規則で定めるところにより、公安委員会に届け出なければならない。

（青少年に対する利用カードの販売等の禁止）

第二十三条　何人も、青少年（十八歳未満の者をいう。以下同じ。）に利用カードを販売し、贈与し、若しくは頒布し、又は利用カードの識別番号等を告知してはならない。

（利用カードの自動販売機への収納制限等）

第二十四条　何人も、次に掲げる場所を除き、利用カードを自動販売機に収納し、又は自動販売機により利用カードの識別番号等を告知される状態にしてはならない。

一　風俗営業の営業所（法第二条第一項第五号の営業に係る営業所を除く。）

二　店舗型性風俗特殊営業の営業所

三　店舗型電話異性紹介営業の営業所

（青少年の業務従事の禁止）

第二十五条　利用カードを販売する者は、青少年を利用カードの販売等の業務又は広告物（法第二十八条第五項第一号に規定する広告物をいう。以下この章において同じ。）の表示若しくは電話異性紹介営業所の名称等（法第三十

一条の十二第一項第二号若しくは第三号若しくは法第三十一条の十七第一項第二号から第四号までに掲げる事項又は利用カードを販売する店舗の名称若しくは所在地若しくは自動販売機の設置場所をいう。第二十八条第一項において同じ。）の広告を目的とした文書、図画その他の物品（以下この章において「広告文書等」という。）の頒布等の業務に従事させてはならない。

（青少年の利用カード購入禁止の表示等）

第二十六条　利用カードを販売する者は、自己の住所、氏名又は名称その他公安委員会規則で定める事項及び青少年が利用カードを購入することを禁ずる旨を利用カードを販売する店舗及び自動販売機の見やすい場所に表示しなければならない。

（業務の委託等に伴い講ずべき措置）

第二十七条　利用カードを販売する者は、その業務を委託その他の方法により他の者に行わせる場合には、その者が当該業務の実施に関しこの章の規定に違反しないように、その者に必要な指導をしなければならない。

（広告等の規制）

第二十八条　何人も、法第三十一条の十三第一項及び第三十一条の十八第一項の規定において準用する法第二十八条第五項第一号に規定する広告制限区域等において、電話異性紹介営業所の名称等に係る広告物を公衆に表示し、又は広告文書等を頒布してはならない。ただし、店舗型電話異性紹介営業の営業所の外周又は内部に広告物を表示する場合及び当該営業所内部において広告文書等を頒布する場合については、この限りでない。

2　何人も、広告文書等を青少年に頒布してはならない。

（違反広告物の除却等）

第二十九条　公安委員会は、前条第一項の規定に違反して広告物を表示し、若しくは広告文書等を頒布した者又はこれらを管理する者に対し、当該広告物又は広告文書等の除却その他必要な措置を命ずることができる。

2　公安委員会は、前項の措置を命じようとする場合において、当該広告物を表示し、若しくは当該広告文書等を頒布した者又はこれらを管理する者を確知することができないときは、警察職員又は委任した者に同項の措置を行わせることができる。

3　公安委員会は、前条第一項の規定に違反して表示された広告物がはり紙であるときは、当該はり紙を警察職員又は委任した者に除却させることができる。

（現場における警察職員の措置）

第三十条　警察職員は、第二十八条の規定に違反する行為をしている者があるときは、その者に対し、当該違反行為の中止を命ずることができる。

（青少年に対する利用の指示等の禁止）

第三十一条　何人も、青少年に対し、店舗型電話異性紹介営業又は無店舗型電話異性紹介営業を利用するよう指示し、唆し、又は勧誘してはならない。

（立入検査等）

第三十二条　公安委員会は、この章の規定の施行に必要な限度において、利用カードを販売する者に対し、その業務に関し報告若しくは資料の提出を求め、又は警察職員に店舗その他の場所に立ち入り、帳簿、書類その他の物件を検査させ、若しくは関係者に質問させることができる。

2　前項の規定により警察職員が立ち入るときは、その身分を示す証明書を携帯し、関係者に提示しなければならない。

3　第一項の規定による立入検査の権限は、犯罪捜査のために認められたものと解釈してはならない。

第七章　特定遊興飲食店営業の規制

（許可に係る営業所の設置が許容される地域等）

第三十三条　法第三十一条の二十三において準用する法第四条第二項第二号に規定する条例で定める地域は、奈良市大宮町六丁目であって、次に掲げる施設の敷地（これらの用に供するものと決定した土地を含む。）の周囲百メートルの区域以外の地域とする。

一　児童福祉法第三十六条に規定する助産施設、同法第三十七条に規定する乳児院、同法第三十八条に規定する母子生活支援施設、同法第四十一条に規定する児童養護施設、同法第四十二条に規定する障害児入所施設、同法第四十三条の二に規定する児童心理治療施設及び同法第四十四条に規定する児童自立支援施設

二　病院及び有床診療所

三　老人福祉法（昭和三十八年法律第百三十三号）第二十条の三に規定する老人短期入所施設、同法第二十条の四に規定する養護老人ホーム、同法第

二十条の五に規定する特別養護老人ホーム及び同法第二十条の六に規定する軽費老人ホーム

（営業時間の制限）

第三十四条　特定遊興飲食店営業者は、午前五時から午前六時までの時間は、県の全域において、その営業を営んではならない。ただし、ホテル等内適合営業所（法第三十一条の二十三において読み替えて準用する法第四条第二項第二号に規定するホテル等内適合営業所をいう。）に該当するものを除く。

（騒音及び振動の規制に係る数値）

第三十五条　法第三十一条の二十三において準用する法第十五条に規定する条例で定める騒音の規制に係る数値は、第六条第一項の表の上欄に掲げる地域ごとに、それぞれ同表の下欄に定める深夜に係る数値とする。

2　法第三十一条の二十三において準用する法第十五条に規定する条例で定める振動の規制に係る数値は、五十五デシベルとする。

（特定遊興飲食店営業者の遵守事項）

第三十六条　特定遊興飲食店営業者は、次に掲げる事項を遵守しなければならない。

一　営業所で卑わいな行為その他善良の風俗を害する行為をし、又は客にこれらの行為をさせないこと。

二　営業所で客を就寝させ、又は宿泊させないこと（当該営業所を用いて旅館業を営む場合を除く。）。

三　客の求めない飲食物を提供しないこと。

四　営業中営業所の出入口及び客室に施錠し、又は施錠させないこと。

五　営業所その他の営業に供する施設又は敷地で店舗型性風俗特殊営業を営み、又は営ませないこと。

六　著しく射幸心をそそるおそれのある方法で営業をしないこと。

七　営業所でとばく類似行為その他著しく射幸心をそそるおそれのある行為をし、又は客にこれらの行為をさせないこと。

八　午後六時から午後十時前の時間において青少年を営業所に客として立ち入らせることについて、保護者の同伴を求めること。

第八章　深夜における飲食店営業の規制

（騒音及び振動の規制に係る数値）

第三十七条　法第三十二条第二項において準用する法第十五条に規定する条例で定める騒音の規制に係る数値は、第六条第一項の表の上欄に掲げる地域ごとに、それぞれ同表の下欄に定める深夜に係る数値とする。

2　法第三十二条第二項において準用する法第十五条に規定する条例で定める振動の規制に係る数値は、五十五デシベルとする。

（深夜における酒類提供飲食店営業の禁止地域）

第三十八条　法第三十三条第一項に規定する酒類提供飲食店営業の深夜における営業は、第一種低層住居専用地域、第二種低層住居専用地域、第一種中高層住居専用地域、第二種中高層住居専用地域、第一種住居地域、第二種住居地域、準住居地域及び田園住居地域（第一種住居地域、第二種住居地域及び準住居地域のうち、道路に隣接する地域その他の地域で公安委員会規則で定める地域を除く。）においては、これを営んではならない。

第九章　雑則

（風俗環境保全協議会）

第三十九条　法第三十八条の四第一項に規定する条例で定める地域は、奈良市大宮町六丁目とする。

（手数料の徴収）

第四十条　法に定める許可、承認、認定、検定、試験、講習等を受けようとする者は、申請等の際、別表に定めるところにより手数料を納めなければならない。

2　公安委員会が法第二十条第五項の規定により同項の指定試験機関（以下「指定試験機関」という。）に同項の試験事務を行わせる場合においては、同条第二項の認定又は同条第四項の検定を受けようとする者は、指定試験機関に前項の手数料を納めなければならない。

3　前項の規定により納められた手数料は、指定試験機関の収入とする。

4　既納の手数料は、還付しない。

（その他）

第四十一条　この条例で定めるもののほか、この条例の施行に関し必要な事項は、公安委員会規則で定める。

第十章　罰則

第四十二条　次の各号のいずれかに該当する者は、六月以下の懲役又は三十万円以下の罰金に処する。
一　第二十五条の規定に違反した者
二　第三十条の規定による警察職員の命令に違反した者

第四十三条　次の各号のいずれかに該当する者は、三十万円以下の罰金に処する。
一　第二十三条の規定に違反した者
二　第二十四条の規定に違反した者
三　第二十九条第一項の規定による公安委員会の命令に違反した者
四　第三十一条の規定に違反した者

2　前項第四号の罪を犯した者が、店舗型電話異性紹介営業又は無店舗型電話異性紹介営業を営む者であるときは、これを六月以下の懲役又は三十万円以下の罰金に処する。

第四十四条　第二十二条第一項の規定に違反して届出をせず、又は虚偽の届出をした者は、二十万円以下の罰金に処する。

第四十五条　次の各号のいずれかに該当する者は、十万円以下の罰金に処する。
一　第二十二条第二項の規定に違反して届出をせず、又は虚偽の届出をした者
二　第二十六条の規定に違反した者
三　第三十二条第一項の規定に違反して報告をせず、若しくは資料を提出せず、若しくは同項の報告若しくは資料の提出について虚偽の報告をし、若しくは虚偽の資料を提出し、又は同項の規定による立入り若しくは検査を拒み、妨げ、若しくは忌避し、若しくは質問に対して虚偽の陳述をした者

第四十六条　第二十三条、第二十五条又は第三十一条の規定に違反した者は、当該青少年の年齢を知らないことを理由として第四十二条又は第四十三条の規定による処罰を免れることはできない。ただし、当該青少年の年齢を知らないことに過失がないときは、この限りでない。

（両罰規定）

第四十七条　法人の代表者又は法人若しくは人の代理人、使用人その他の従業者が、その法人又は人の業務に関し、第四十二条から前条までの違反行為をしたときは、行為者を罰するほか、その法人又は人に対し、各本条の罰金刑を科する。

附　則〔略〕

別表（第四十条関係）

手数料を納めなければならない者	区分	手数料額
一　法第三条第一項の許可（以下この項において「許可」という。）を受けようとする者	(一)　ぱちんこ屋又は風俗営業等の規制及び業務の適正化等に関する法律施行令（昭和五十九年政令第三百十九号。以下この項において「令」という。）第八条に規定する営業について許可を受けようとする場合で営業所に設置する遊技機に認定を受けた遊技機以外の遊技機（以下「未認定遊技機」という。）がないとき。	
	1　三月以内の期間を限つて営む営業	一万五千円
	2　その他の営業	二万五千円
	(二)　ぱちんこ屋又は令第八条に規定する営業について許可を受けようとする場合で営業所に設置する遊技機に未認定遊技機があるとき。	(一)1又は2に定める額に、二千八百円（検定を受けた型式に属する未認定遊技機以外の未認定遊技機（以下「特定未認定遊技機」という。）がある場合にあつては、五千六百円に当該特定未認定遊技機が属する型式の数を二千四百円に乗じて得た額を加算した額）を加算した額に、未認定遊技機一台ごとに四十円（特定未認定遊技機については、それぞれ九の項の手数料額の欄に定める額から八千円を減じた額）を加算した額
	(三)　ぱちんこ屋及び令第八条に規定する営業以外の風俗営業について許可を受けようとする場合	
	1　三月以内の期間を限つて営む営業	一万四千円
	2　その他の営業	二万四千円
二　法第五条第四項の規定に基づく許可証の再交付を受けようとする者		千二百円
三　法第七条第一項の規定に基づく風俗営業の相続に係る承認を受けようとする者		九千円
四　法第七条の二第一項の規定に基づ		一万二千円

く風俗営業者たる法人の合併に係る承認を受けようとする者		
四の二　法第七条の三第一項の規定に基づく風俗営業者たる法人の分割に係る承認を受けようとする者		一万二千円
五　法第九条第一項の規定に基づく営業所の構造又は設備の変更の承認を受けようとする者		九千九百円
六　法第九条第四項の規定に基づく許可証の書換えを受けようとする者		千五百円
七　法第十条の二第一項の特例風俗営業者の認定を受けようとする者		一万三千円
八　法第十条の二第五項の規定に基づく認定証の再交付を受けようとする者		千二百円
九　法第二十条第二項の認定（以下この項において「認定」という。）を	(一)　指定試験機関が行う認定に必要な試験（以下「遊技機試験」という。）を受けた遊技機について認定を受けようとする場合	二千二百円

受けようとする者	(二)　法第二十条第四項の検定（十の項において「検定」という。）を受けた型式に属する遊技機（遊技機試験を受けたものを除く。）について認定を受けようとする場合	四千三百四十円
	(三)　(一)又は(二)の遊技機以外の遊技機について認定を受けようとする場合	
	1　ぱちんこ遊技機	
	(1)　入賞を容易にするための特別の装置であって電気的動力により作動するもの（以下「特定装置」という。）が設けられているもの（当該特定装置を連続して作動させることができるものに限る。）	
	ア　マイクロプロセッサー（電子計算機の中央演算処理装置を構成する集積回路をいう。以下同じ。）を内蔵するもの	三万五千円
	イ　アに掲げるもの以外のもの	一万六千三百円
	(2)　特定装置が設けられているもの（(1)に掲げるものを除く。）	
	ア　マイクロプロセッサーを内蔵するもの	二万九千円
	イ　アに掲げるもの以外のもの	一万六千三百円
	(3)　(1)又は(2)に掲げるもの以外のもの	一万四千四百円
	2　回胴式遊技機	
	(1)　マイクロプロセッサーを内蔵するもの	五万九千円
	(2)　(1)に掲げるもの以外のもの	二万三千円
	3　アレンジボール遊技機	
	(1)　マイクロプロセッサーを内蔵するもの	三万五千円
	(2)　(1)に掲げるもの以外のもの	一万九千円

	4　じやん球遊技機	
	(1)　マイクロプロセッサーを内蔵するもの	三万五千円
	(2)　(1)に掲げるもの以外のもの	一万九千円
	5　1から4までに掲げる遊技機以外の遊技機	
	(1)　マイクロプロセッサーを内蔵するもの	二万九千円
	(2)　(1)に掲げるもの以外のもの	一万二千六百円
十　検定を受けようとする者	(一)　指定試験機関が行う検定に必要な試験（以下「型式試験」という。）を受けた型式について検定を受けようとする場合	三千九百円
	(二)　他の都道府県公安委員会の検定を受けた型式（型式試験を受けたものを除く。）について検定を受けようとする場合	六千三百円
	(三)　(一)又は(二)の型式以外の型式について検定を受けようとする場合	
	1　ぱちんこ遊技機	
	(1)　特定装置が設けられているもの（当該特定装置を連続して作動させることができるものに限る。）	
	ア　マイクロプロセッサーを内蔵するもの	百四十三万五千円
	イ　アに掲げるもの以外のもの	四十三万八千円
	(2)　特定装置が設けられているもの（(1)に掲げるものを除く。）	
	ア　マイクロプロセッサーを内蔵するもの	百十二万八千円
	イ　アに掲げるもの以外のもの	四十三万八千円
	(3)　(1)又は(2)に掲げるもの以外のも	三十三万八

	の	千円
	2　回胴式遊技機	
	(1)　マイクロプロセッサーを内蔵するもの	百六十二万千円
	(2)　(1)に掲げるもの以外のもの	四十七万九千円
	3　アレンジボール遊技機	
	(1)　マイクロプロセッサーを内蔵するもの	百十四万八千円
	(2)　(1)に掲げるもの以外のもの	四十八万二千円
	4　じやん球遊技機	
	(1)　マイクロプロセッサーを内蔵するもの	百十四万七千円
	(2)　(1)に掲げるもの以外のもの	四十八万千円
十一　遊技機試験を受けようとする者	(一)　ぱちんこ遊技機について遊技機試験を受けようとする場合	
	1　特定装置が設けられているもの（当該特定装置を連続して作動させることができるものに限る。）	
	(1)　マイクロプロセッサーを内蔵するもの	四万三千三百円
	(2)　(1)に掲げるもの以外のもの	二万三千百円
	2　特定装置が設けられているもの（1に掲げるものを除く。）	
	(1)　マイクロプロセッサーを内蔵するもの	三万六千三百円
	(2)　(1)に掲げるもの以外のもの	二万三千円
	3　1又は2に掲げるもの以外のもの	二万千円
	(二)　回胴式遊技機について遊技機試験を受けようとする場合	
	1　マイクロプロセッサーを内蔵するもの	六万八千三百円

	2　1に掲げるもの以外のもの	三万三百円
	(三)　アレンジボール遊技機について遊技機試験を受けようとする場合	
	1　マイクロプロセッサーを内蔵するもの	四万二千三百円
	2　1に掲げるもの以外のもの	二万六千三百円
	(四)　じやん球遊技機について遊技機試験を受けようとする場合	
	1　マイクロプロセッサーを内蔵するもの	四万二千三百円
	2　1に掲げるもの以外のもの	二万六千三百円
	(五)　(一)から(四)までに掲げる遊技機以外の遊技機について遊技機試験を受けようとする場合	
	1　マイクロプロセッサーを内蔵するもの	三万六千三百円
	2　1に掲げるもの以外のもの	一万九千百円
十二　型式試験を受けようとする者	(一)　ぱちんこ遊技機の型式について型式試験を受けようとする場合	
	1　特定装置が設けられているもの（当該特定装置を連続して作動させることができるものに限る。）	
	(1)　マイクロプロセッサーを内蔵するもの	百四十四万二千円
	(2)　(1)に掲げるもの以外のもの	四十四万五千円
	2　特定装置が設けられているもの（1に掲げるものを除く。）	
	(1)　マイクロプロセッサーを内蔵するもの	百十三万五千円
	(2)　(1)に掲げるもの以外のもの	四十四万五千円
	3　1又は2に掲げるもの以外のもの	三十四万五千円
	(二)　回胴式遊技機の型式について型式試験を受けようとする場合	
	1　マイクロプロセッサーを内蔵するもの	百六十二万八千円
	2　1に掲げるもの以外のもの	四十八万六千円
	(三)　アレンジボール遊技機の型式について型式試験を受けようとする場合	
	1　マイクロプロセッサーを内蔵するもの	百十五万五千円
	2　1に掲げるもの以外のもの	四十八万九千円
	(四)　じやん球遊技機の型式について型式試験を受けようとする場合	
	1　マイクロプロセッサーを内蔵するもの	百十五万四千円
	2　1に掲げるもの以外のもの	四十八万八千円
十三　法第二十条第十項において準用する法第九条第一項の承認（以下この項において「承認」という。）を受けようとする者	(一)　承認を受けようとする遊技機に未認定遊技機がない場合	二千四百円
	(二)　承認を受けようとする遊技機に未認定遊技機がある場合	五千二百円（特定未認定遊技機がある場合にあつては、八千円に当該特定未認定遊技機が属する型式の数を二千四百円に乗じて得た額を加算した額）に、未認定遊技機

		一台ごとに四十円（特定未認定遊技機については、それぞれ九の項の㈢の手数料額の欄に定める額から八千円を減じた額）を加算した額
十四　法第二十四条第六項の規定に基づく営業所の管理者に対する講習を受けようとする者		講習一時間について六百五十円
十五　法第二十七条第四項（法第三十一条の十二第二項において準用する場合を含む。）又は第三十一条の二第四項（法第三十一条の七第二項及び第三十一条の十七第二項において準用する場合を含む。）の規定に基づく法第二十七条第一項、第三十一条の二第一項、第三十一条の七第一項、第三十一条の十二第一項又は第三十一条の十七第一項の届出書の提出があった旨を記載した書面の交付を受けようとする者	㈠　法第二条第六項又は第九項の営業を営もうとする場合	一万千九百円
	㈡　法第二条第七項第一号の営業を営もうとする場合で当該営業につき受付所を設けようとするとき。	三千四百円と八千五百円に受付所の数を乗じて得た額との合計額
	㈢　法第二条第七項、第八項若しくは第十項の営業を営もうとする場合（㈡に掲げる場合を除く。）又は風俗営業等の規制及び業務の適正化等に関する法律の一部を改正する法律（平成十七年法律第百十九号）附則第三条第二項の規定により法第二十七条第一項、第三十一条の二第一項、第三十一条の七第一項、第三十一条の十二第一項若しくは第三十一条の十七第一項の届出書を提出したものとみなされる場合	三千四百円
十六　法第二十七条第四項（法第三十一条の十二第二項において準用する場合を含む。）又は第三十一条の二第四項（法第三十一条の七第二項及び第三十一条の十七第二項において準用する場合を含む。）の規定に基づく法第二十七条第二項（法第三十一条の十二第二項において準用する場合を含む。）又は第三十一条の二第二項（法第三十一条の七第二項及び第三十一条の十七第二項において準用する場合を含む。）の届出書の提出があった旨を記載した書面の交付を受けようとする者	㈠　変更に係る事項が受付所の新設に係るものである場合	千九百円と八千五百円に当該新設に係る受付所の数を乗じて得た額との合計額
	㈡　その他の場合	千五百円

十七　法第二十七条第四項（法第三十一条の十二第二項において準用する場合を含む。）又は第三十一条の二第四項（法第三十一条の七第二項及び第三十一条の十七第二項において準用する場合を含む。）の規定に基づく届出書の提出があった旨を記載した書面の再交付を受けようとする者		千二百円
十八　法第三十一条の二十二の規定に基づく特定遊興飲食店営業の許可を受けようとする者	(一)　三月以内の期間を限って営む特定遊興飲食店営業の許可を受けようとする場合	一万四千円
	(二)　その他の場合	二万四千円
十九　法第三十一条の二十三において準用する法第五条第四項の規定に基づく許可証の再交付を受けようとする者		千百円
二十　法第三十一条の二十三において準用する法第七条第一項の規定に基づく特定遊興飲食店営業の相続に係る承認を受けようとする者		八千六百円
二十一　法第三十一条の二十三において準用する法第七条の二第一項の規定に基づく特定遊興飲食店営業者たる法人の合併に係る承認を受けようとする者		一万千円
二十二　法第三十一条の二十三において準用する法第七条の三第一項の規定に基づく特定遊興飲食店営業者たる法人の分割に係る承認を受けようとする者		一万千円
二十三　法第三十一条の二十三において準用する法第九条第一項の規定に基づく営業所の構造又は設備の変更の承認を受けようとする者		九千九百円
二十四　法第三十一条の二十三において準用する法第九条第四項の規定に基づく特定遊興飲食		千四百円

基づく許可証の書換えを受けようとする者		
二十五　法第三十一条の二十三において準用する法第十条の二第一項の規定に基づく特例特定遊興飲食店営業者の認定を受けようとする者		一万三千円
二十六　法第三十一条の二十三において準用する法第十条の二第五項の規定に基づく認定証の再交付を受けようとする者		千百円
二十七　法第三十一条の二十三において準用する法第二十四条第六項の規定に基づく営業所の管理者に対する講習を受けようとする者		講習一時間について六百五十円

備考

一　一の項の許可を受けようとする者が同時に他の同項の許可を受けようとする場合における当該他の同項の許可に係る手数料の額は、それぞれ同項の手数料額の欄に定める額から八千六百円を減じた額とする。

二　法第四条第三項の規定が適用される営業所につき一の項の許可を受けようとする場合における手数料額は、それぞれ同項の手数料額の欄に定める額に六千八百円を加算した額とする。

三　三の項の承認を受けようとする者が同時に他の同項の承認を受けようとする場合における当該他の同項の承認に係る手数料額は、三千八百円とする。

四　四の項の承認を受けようとする者が同時に他の同項の承認を受けようとする場合における当該他の同項の承認に係る手数料額は、三千八百円とする。

五　四の二の項の承認を受けようとする者が同時に他の同項の承認を受けようとする場合における当該他の同項の承認に係る手数料額は、三千八百円とする。

六　七の項の認定を受けようとする者が同時に他の同項の認定を受けようとする場合における当該他の同項の認定に係る手数料額は、一万円とする。

七　九の項の認定を受けようとする者が同時に当該認定に係る遊技機と同一の型式に属する他の遊技機について同項の認定を受けようとする場合における当該他の遊技機に係る手数料額は、同項の手数料額の欄の規定にかかわらず、同項の㈠の場合にあつては零円とし、同項の㈡の場合にあつては四十円とし、同項の㈢の場合にあつてはそれぞれ同項の㈢の手数料額の欄に定める額から八千円を減じた額とする。

八　十一の項の遊技機試験を受けようとする者が同時に当該遊技機試験に係る遊技機と同一の型式に属する他の遊技機について同項の遊技機試験を受けようとする場合における当該他の遊技機に係る手数料額は、それぞれ同項の手数料額の欄に定める額から一万四千三百円を減じた額とする。

九　十八の項の許可を受けようとする者が同時に他の同項の許可を受けようとする場合における当該他の同項の許可に係る手数料額は、それぞれ同項の手数料額に定める額から八千七百円を減じた額とする。

十　法第三十一条の二十三において準用する法第四条第三項の規定が適用される営業所につき十八の項の許可を受けようとする場合における手数料額は、それぞれ同項の手数料額の欄に定める額に六千八百円を加算した額とする。

十一　二十の項の承認を受けようとする者が同時に他の同項の承認を受けようとする場合における当該他の同項の承認に係る手数料額は、三千八百円とする。

十二　二十一の項の承認を受けようとする者が同時に他の同項の承認を受けようとする場合における当該他の同項の承認に係る手数料額は、三千三百円とする。
十三　二十二の項の承認を受けようとする者が同時に他の同項の承認を受けようとする場合における当該他の同項の承認に係る手数料額は、三千三百円とする。
十四　二十五の項の認定を受けようとする者が同時に他の同項の認定を受けようとする場合における当該他の同項の認定に係る手数料額は、一万円とする。

○奈良県風俗営業等の規制及び業務の適正化等に関する条例施行規則（昭和六〇・一・二五　奈良県公安委員会規則一）

最終改正　平成二八・七・一九　公安委員会規則六

（趣旨）

第一条　この規則は、奈良県風俗営業等の規制及び業務の適正化等に関する条例（昭和五十九年十二月奈良県条例第十一号。以下「条例」という。）の施行に関し必要な事項を定めるものとする。

（風俗営業の許可に係る営業所の設置を制限する地域から除外する地域）

第二条　条例第三条第一項第一号ただし書に規定する奈良県公安委員会規則（以下「公安委員会規則」という。）で定める地域は、次の各号に掲げるとおりとする。

一　道路法（昭和二十七年法律第百八十号）第三条に規定する一般国道又は県道の敷地の側端から五十メートル以内の区域

二　鉄道に関する技術上の基準を定める省令（平成十三年国土交通省令第百五十一号）第二条第七号に規定する駅の周囲百メートル以内の区域

（モーテル営業の施設）

第三条　条例第十条第二号の公安委員会規則で定めるものは、次の各号のいずれかに該当する構造設備のものとする。

一　個室に接続する車庫（二以上の側壁（カーテン、ついたて等を含む。）及び屋根を有するものに限る。以下同じ。）の出入口がとびら等によってしゃへいできるもの

二　車庫の内部から個室に通ずる専用の人の出入口又は階段若しくは昇降機が設けられているもの

三　個室と車庫とが専用の通路によって接続しているものにあっては、当該通路の内部が外部から見えないもの

（深夜における酒類提供飲食店営業の禁止地域から除外する地域）

第四条　第二条の規定は、条例第三十八条に規定する公安委員会規則で定める地域について準用する。

（利用カードの販売の届出）

第五条　条例第二十二条第一項の規定により届出をするときは、利用カード販売営業開始届出書（別記様式第一号）を一通提出しなければならない。

2　前項の届出書は、当該届出書に係る利用カードを販売する店舗の所在地又は利用カードを販売する自動販売機の設置場所を管轄する警察署長（第七条において「所轄警察署長」という。）を経由しなければならない。

3　第一項の届出書には、店舗又は自動販売機設置場所の周囲の略図を添付しなければならない。

第六条　条例第二十二条第一項第六号の公安委員会規則で定める事項は、次に掲げる事項とする。

一　利用カードを販売しようとする者が個人である場合には、本籍（外国人にあっては、国籍。以下この条において同じ。）及び生年月日

二　利用カードを販売しようとする者が法人である場合には、役員の氏名、住所、本籍及び生年月日

三　自動販売機により利用カードを販売する場合には、当該自動販売機の機種及び製造番号

四　利用カードにより役務の提供を受けることができる店舗型電話異性紹介営業又は無店舗型電話異性紹介営業を営む者（法人にあっては、代表者）の氏名、住所、本籍及び生年月日

五　販売する利用カードの名称

（営業等の廃止又は変更の届出）

第七条　条例第二十二条第二項の規定により届出をするときは、廃止した場合には廃止届出書（別記様式第二号）を、届出事項に変更があった場合には変更届出書（別記様式第三号）をそれぞれ一通提出しなければならない。

2　前項の届出書は、所轄警察署長を経由しなければならない。

（利用カードを販売する自動販売機の表示事項）

第八条　条例第二十六条の公安委員会規則で定める事項は、自動販売機にあっては、その機種及び製造番号並びに連絡先の電話番号とする。

（立入検査証明書）

第九条　条例第三十二条第二項に規定する証明書は、警察手帳（警察手帳規則（昭和二十九年国家公安委員会規則第四号）に定めるものをいう。）又は警察職員のうち警察本部長が少年警察補導員として任命した者に貸与する少年警察補導員手帳とする。

附　則〔略〕

別記様式第1号（第5条関係）

その1　※受理年月日　※受理番号

利用カード販売営業開始届出書

奈良県風俗営業等の規制及び業務の適正化等に関する条例第22条第1項の規定により届出をします。

年　月　日

奈良県公安委員会　殿

届出者の氏名又は名称及び住所　印

（ふりがな） 氏名又は名称		
住所		〒（　） （　）局　番
本籍又は国籍		
生年月日		年　月　日生
店舗の名称		
店舗の所在地		〒（　） （　）局　番
自動販売機の設置場所		
自動販売機の機種		
自動販売機の製造番号		
販売開始予定年月日		平成　年　月　日
法人の代表者	（ふりがな） 氏名	
	住所	
	本籍又は国籍	
	生年月日	年　月　日生

その2

法人の役員	（ふりがな） 氏名	
	住所	
	本籍又は国籍	
	生年月日	年　月　日生
	（ふりがな） 氏名	
	住所	
	本籍又は国籍	
	生年月日	年　月　日生
	（ふりがな） 氏名	
	住所	
	本籍又は国籍	
	生年月日	年　月　日生
利用カードにより役務提供を受ける店舗・無店舗型電話異性紹介営業者	名称又は呼称	
	営業所又は事務所の所在地	（　）局　番
	氏名（法人の場合代表者氏名）	
	住所	
	本籍又は国籍	
	生年月日	年　月　日生
	利用カードの名称	
※所轄警察署		警察署

備考1　※印欄には、記載しないこと。

2　申請者は、氏名を記載し及び押印することに代えて、署名することができる。

3　所定の欄に記載し得ないときは、別紙に記載の上、これを添付すること。

4　用紙の大きさは、日本工業規格A4とすること。

別記様式第２号（第７条関係）

※受理年月日		※受理番号	

廃　止　届　出　書

奈良県風俗営業等の規制及び業務の適正化等に関する条例第22条第２項の規定により届出をします。

年　月　日

奈良県公安委員会　殿

届出者の氏名又は名称及び住所

印

（ふりがな） 氏名又は名称	
住所	〒（　　） （　）局　番
法人にあっては、代表者の氏名	
店舗の名称	
店舗の所在地	〒（　　） （　）局　番
廃止年月日	年　月　日
廃止の事由	
※所轄警察署	警察署

備考１　※印欄には、記載しないこと。
２　申請者は、氏名を記載し及び押印することに代えて、署名することができる。
３　所定の欄に記載し得ないときは、別紙に記載の上、これを添付すること。
４　用紙の大きさは、日本工業規格Ａ４とすること。

別記様式第３号（第７条関係）

※受理年月日		※受理番号	

変　更　届　出　書

奈良県風俗営業等の規制及び業務の適正化等に関する条例第22条第２項の規定により届出をします。

年　月　日

奈良県公安委員会　殿

届出者の氏名又は名称及び住所

印

（ふりがな） 氏名又は名称		
住所	〒（　　） （　）局　番	
法人にあっては、代表者の氏名		
店舗の名称		
店舗の所在地	〒（　　） （　）局　番	
変更年月日	年　月　日	
変更事項	新	旧
変更の事由		
※所轄警察署	警察署	

備考１　※印欄には、記載しないこと。
２　申請者は、氏名を記載し及び押印することに代えて、署名することができる。
３　所定の欄に記載し得ないときは、別紙に記載の上、これを添付すること。
４　用紙の大きさは、日本工業規格Ａ４とすること。

和歌山県

○風俗営業等の規制及び業務の適正化等に関する法律施行条例

（昭和三四・三・二〇　和歌山県条例一）

最終改正　平成三〇・三・二三　条例四一

（趣旨）

第一条　この条例は、風俗営業等の規制及び業務の適正化等に関する法律（昭和二十三年法律第百二十二号。以下「法」という。）の規定に基づき、法の施行に関し必要な事項を定めるものとする。

第二条　削除

（風俗営業の営業制限地域）

第三条　法第四条第二項第二号の規定による地域は、次の各号に掲げる地域とする。

一　都市計画法（昭和四十三年法律第百号）第八条第一項第一号に規定する用途地域（以下「用途地域」という。）のうち第一種低層住居専用地域、第二種低層住居専用地域、第一種中高層住居専用地域、第二種中高層住居専用地域、第一種住居地域、第二種住居地域、準住居地域及び田園住居地域（以下「住居地域等」という。）。ただし、用途地域のうち第一種住居地域、第二種住居地域及び準住居地域において良好な風俗環境を保全するために特にその営業を制限する必要がないものとして、和歌山県公安委員会規則（以下「規則」という。）で定める地域を除く。

二　用途地域以外の地域であって、専ら、住居の用に供される地域又はこれに準ずる地域で良好な風俗環境を保全する必要があるものとして規則で定める地域

三　前二号に掲げるもののほか、営業所が次の表の左［上］欄に掲げる地域にある場合にあっては、中欄に掲げるそれぞれの施設の敷地（これらの用に供するものと決定した土地を含む。）から右［下］欄に掲げる距離の範囲内の地域

地域	施設	距離
ア　用途地域のうち商業地域（以下「商業地域」という。）	学校（学校教育法（昭和二十二年法律第二十六号）第一条に規定するものをいう。以下この号において同じ。）図書館（図書館法（昭和二十五年法律第百十八号）第二条第一項に規定するものをいう。以下この号において同じ。）児童福祉施設（児童福祉法（昭和二十二年法律第百六十四号）第七条第一項に規定するもののうち乳児院、保育所、幼保連携型認定こども園、児童養護施設、障害児入所施設、児童発達支援センター及び児童自立支援施設をいう。以下この号において同じ。）病院等（医療法（昭和二十三年法律第二百五号）第一条の五に規定する病院及び診療所（五人以上の患者を入院させるための施設を有するものに限る。）をいう。以下この号において同じ。）	五十メートル
イ　ア以外の地域	学校　図書館　児童福祉施設	百メートル
	病院等	五十メートル

2　前項の規定は、営業を行う場所が常態として移動する風俗営業に係る営業所については、これを適用しない。

（風俗営業の営業時間の特例）

第四条　風俗営業者は、次の各号に掲げる日の区分に応じそれぞれ当該各号に定める地域内に限り、午前一時までその営業を営むことができる。

一　十二月二十三日から翌年の一月四日までの日　和歌山県の全域

二　規則で定める日　祭礼その他特別の行事の行われる地域として規則で定める地域

（風俗営業の営業時間の制限）

第五条　法第二条第一項第四号の営業（まあじゃん屋を除く。）は、法第十三条第二項の規定に基づき、当該営業所が別表に掲げる地域にあっては、午前

六時後午前十時前の時間及び午後十一時から翌日の午前零時前（当該翌日が前条各号に掲げる日のいずれかに該当する場合における当該日の区分に応じそれぞれ当該各号に定める地域については、午前一時まで）の時間においては、これを営んではならない。

（騒音及び振動の数値）

第六条　法第十五条（法第三十一条の二十三及び第三十二条第二項において読み替えて準用する場合を含む。）の規定による騒音及び振動の数値は、次のとおりとする。

一　騒音については、次の表の第一欄に掲げる地域について、それぞれ昼間（午前六時後午後六時前の時間）にあっては第二欄、夜間（午後六時から翌日の午前零時前の時間）にあっては第三欄、深夜（午前零時から午前六時までの時間）にあっては第四欄に掲げるとおりとする。

第一欄	第二欄	第三欄	第四欄
ア　住居地域等及び第三条第一項第二号の規定により規則で定める地域	五十デシベル	四十五デシベル	四十デシベル
イ　商業地域	六十五デシベル	六十デシベル	五十五デシベル
ウ　ア及びイに掲げる地域以外の地域	六十デシベル	五十デシベル	四十五デシベル

二　振動については、五十五デシベルとする。

（風俗営業者及び特定遊興飲食店営業者の遵守事項）

第七条　風俗営業者は、次の各号に掲げる事項を遵守しなければならない。

一　営業所で卑わいな行為その他善良の風俗を害する行為をし、又はさせないこと。

二　営業所で客を就寝させ、又は宿泊させないこと。

三　客の求めない飲食物を提供しないこと。

四　営業中は、営業所の出入口や客室に施錠をし、又はさせないこと。

五　営業所で店舗型性風俗特殊営業を営み、又は営ませないこと。

六　当該営業に関し、通行人に不安又は迷惑を覚えさせるような方法で呼込みをしないこと。

2　法第二条第一項第四号の営業者は、前項各号に掲げる事項を遵守するほか、次の各号に掲げる事項を遵守しなければならない。

一　著しく射幸心をそそるおそれのある方法で営業しないこと。

二　客に提供した賞品を買い取らせないこと（まあじゃん屋を除く。）。

3　法第二条第一項第五号の営業者は、第一項各号及び前項第一号に掲げる事項を遵守するほか、午後六時から午後十時前の時間において十六歳未満の者（保護者が同伴する者を除く。）を営業所に客として立ち入らせてはならない。

4　特定遊興飲食店営業者は、第一項第一号及び第三号から第五号まで並びに第二項第一号に掲げる事項を遵守するほか、午後六時から午後十時前の時間において十八歳未満の者（保護者が同伴する者を除く。）を営業所に客として立ち入らせてはならない。

5　風俗営業者は第一項から第三項までに掲げる事項を、特定遊興飲食店営業者は前項に掲げる事項を使用人その他の従業者に遵守させなければならない。

第八条　削除

（店舗型性風俗特殊営業の禁止区域に係る施設）

第九条　法第二十八条第一項に規定する条例で定める施設は、次のとおりとする。

一　病院等（医療法第一条の五に規定する病院及び診療所（患者を入院させるための施設を有するものに限る。）をいう。）

二　博物館（博物館法（昭和二十六年法律第二百八十五号）第二条第一項に規定するものをいう。）

（店舗型性風俗特殊営業の禁止地域）

第十条　店舗型性風俗特殊営業は、法第二十八条第二項の規定に基づき、次に掲げる地域においては、これを営んではならない。

一　法第二条第六項第一号、第二号及び第六号に規定する営業にあっては、別表に掲げる地域

二　法第二条第六項第四号に規定する営業のうち、個室に自動車の車庫が個々に接続する施設であって、次の要件のいずれかに該当する構造を設け

るものにあっては、別表に掲げる地域
ア　個室に接続する車庫（二以上の側壁（ついたて、カーテンその他これらに類するものを含む。）及び天井（天井のない場合にあっては屋根）を有するものに限る。以下同じ。）の出入口が扉等によって遮へいできるもの
イ　車庫の内部から個室に通ずる専用の人の出入口又は階段若しくは昇降機が設けられているもの
ウ　個室と車庫とが専用の通路によって接続しているものにあっては、当該通路の内部が外部から見えないもの
三　法第二条第六項第三号、第四号（前号に該当するものを除く。）及び第五号に規定する営業にあっては、商業地域以外の地域

（店舗型性風俗特殊営業の営業時間の制限）
第十一条　店舗型性風俗特殊営業は、法第二十八条第四項に基づき、当該営業所が別表に掲げる地域にある場合にあっては、午前零時から午前六時までの間においては、これを営んではならない。

（店舗型性風俗特殊営業の広告制限地域）
第十二条　法第二十八条第五項第一号ロに規定する店舗型性風俗特殊営業の広告又は宣伝を制限すべき地域として条例で定める地域は、次のとおりとする。
一　法第二条第六項第一号、第二号及び第六号に規定する営業にあっては、別表に掲げる地域
二　法第二条第六項第三号及び第五号に規定する営業にあっては、商業地域以外の地域
三　法第二条第六項第四号に規定する営業にあっては、住居地域等及び第三条第一項第二号に規定する地域

（無店舗型性風俗特殊営業の広告制限地域）
第十三条　法第三十一条の三第一項において準用する法第二十八条第五項第一号ロに規定する無店舗型性風俗特殊営業の広告又は宣伝を制限すべき地域として条例で定める地域は、次のとおりとする。
一　法第二条第七項第一号に規定する営業にあっては、別表に掲げる地域
二　法第二条第七項第二号に規定する営業にあっては、商業地域以外の地域

（受付所営業の禁止区域に係る施設）
第十四条　法第三十一条の三第二項において適用する法第二十八条第一項に規定する条例で定める施設は、第九条各号に規定する施設とする。

（受付所営業の禁止地域）
第十五条　法第三十一条の二第四項に規定する受付所営業（以下「受付所営業」という。）は、法第三十一条の三第二項において適用する法第二十八条第二項の規定に基づき、別表に掲げる地域においては、これを営んではならない。

（受付所営業の営業時間の制限）
第十六条　受付所営業は、法第三十一条の三第二項において適用する法第二十八条第四項の規定に基づき、当該受付所が別表に掲げる地域にある場合にあっては、午前零時から午前六時までの間においては、これを営んではならない。

（映像送信型性風俗特殊営業の広告制限地域）
第十七条　法第三十一条の八第一項において準用する法第二十八条第五項第一号ロに規定する映像送信型性風俗特殊営業の広告又は宣伝を制限すべき地域として条例で定める地域は、商業地域以外の地域とする。

（店舗型電話異性紹介営業の禁止区域に係る施設）
第十八条　法第三十一条の十三第一項において準用する法第二十八条第一項に規定する条例で定める施設は、第九条各号に規定する施設とする。

（店舗型電話異性紹介営業の禁止地域）
第十九条　店舗型電話異性紹介営業は、法第三十一条の十三第一項において準用する法第二十八条第二項の規定に基づき、別表に掲げる地域においては、これを営んではならない。

（店舗型電話異性紹介営業の営業時間の制限）
第二十条　店舗型電話異性紹介営業は、法第三十一条の十三第一項において準用する法第二十八条第四項の規定に基づき、当該営業所が別表に掲げる地域にある場合にあっては、午前零時から午前六時までの間においては、これを営んではならない。

（店舗型電話異性紹介営業の広告制限地域）
第二十一条　法第三十一条の十三第一項において準用する法第二十八条第五項

第一号ロに規定する店舗型電話異性紹介営業の広告又は宣伝を制限すべき地域として条例で定める地域は、別表に掲げる地域とする。

（**無店舗型電話異性紹介営業の広告制限地域**）

第二十二条　法第三十一条の十八第一項において準用する法第二十八条第五項第一号ロに規定する無店舗型電話異性紹介営業の広告又は宣伝を制限すべき地域として条例で定める地域は、別表に掲げる地域とする。

（**深夜における酒類提供飲食店営業の禁止地域**）

第二十三条　深夜における酒類提供飲食店営業は、法第三十三条第四項の規定に基づき、住居地域等（善良の風俗環境を保全するために、特にその営業を制限する必要がないものとして規則で定める地域を除く。）においては、これを営んではならない。

附　則〔略〕

別表（第五条、第十条、第十一条、第十二条、第十三条、第十五条、第十六条、第十九条、第二十条、第二十一条、第二十二条関係）

地　域
和歌山市　海南市　橋本市　有田市　御坊市　田辺市　新宮市　紀の川市　岩出市　海草郡　伊都郡　有田郡　日高郡　西牟婁郡　東牟婁郡

○風俗営業等の規制及び業務の適正化等に関する法律施行条例施行規則

（昭和六〇・二・一二
和歌山県公安委員会規則二）

最終改正　平成二八・五・二七　公安委員会規則七

（趣旨）

第一条　この規則は、風俗営業等の規制及び業務の適正化等に関する法律施行条例（昭和三十四年和歌山県条例第一号。以下「条例」という。）第三条第一項第一号及び第二号、第四条並びに第二十三条の規定に基づき、必要な事項を定めるものとする。

（風俗営業の営業制限除外地域）

第二条　条例第三条第一項第一号ただし書に規定する規則で定める地域は、別表第一に掲げる地域とする。

（風俗営業の営業制限地域）

第三条　条例第三条第一項第二号に規定する規則で定める地域は、別表第二に掲げる地域とする。

（条例第四条第二号に規定する規則で定める日）

第四条　条例第四条第二号に規定する規則で定める日は、祭礼等の行事の行われる地域ごとに、その都度和歌山県公安委員会が定める日とする。

（深夜における酒類提供飲食店営業の営業制限除外地域）

第五条　条例第二十三条に規定する規則で定める地域は、別表第一に掲げる地域とする。

附　則〔略〕

別表第一（第二条、第五条関係）

地域
国道及び主要地方道の側端から三十メートルの区域内の地域又は公安委員会が定める区域

備考　この表において主要地方道とは、平成五年建設省告示第千二百七十号（道路法第五十六条の規定に基づく主要な都道府県道及び市道）により指定された主要地方道をいう。

別表第二（第三条関係）

地域	
市町名	字
橋本市	高野口町応其の一部で公安委員会が定める区域
紀の川市	井田の一部、打田の一部、貴志川町国主の一部、貴志川町長山の一部、貴志川町丸栖の一部、花野の一部、粉河の一部、東国分の一部及び東野の一部で公安委員会が定める区域
岩出市	相谷の一部、尼ヶ辻の一部、金池の一部、紀泉台の一部、北大池の一部、新田広芝の一部、曽屋の一部、高瀬の一部、中黒の一部、中迫の一部、西国分の一部、根来の一部、野上野の一部、堀口の一部、水栖の一部、溝川の一部、南大池の一部、森の一部、山の一部、山崎の一部、山田の一部及び吉田の一部で公安委員会が定める区域
紀美野町	小畑の一部及び動木の一部で公安委員会が定める区域
かつらぎ町	大字丁ノ町の一部で公安委員会が定める区域
美浜町	大字和田の一部で公安委員会が定める区域
上富田町	朝来の一部及び岩崎の一部で公安委員会が定める区域
那智勝浦町	大字川関の一部及び大字湯川の一部で公安委員会が定める区域

○風俗営業等の規制及び業務の適正化等に関する法律施行条例施行規則別表第一に規定する区域

（昭和六三・四・二八 和歌山県公安委員会告示二〇）

風俗営業等の規制及び業務の適正化等に関する法律施行条例施行規則（昭和六十年和歌山県公安委員会規則第一号）別表第一に規定する区域を次のとおり定め、昭和六十三年五月一日から施行する。

区域		
町	字	地番
白浜町	字足継	九九八番一、九九八番二、九九九番、一〇〇一番一、一〇〇一番二、一〇〇二番一、一〇〇二番二、一〇〇三番、一〇〇三番一、一〇〇四番、三七二五番、三七二六番、三七二八番
	字丸山	一二四一番四、一二四二番一、一二四二番二、一二四二番八
	字月崎	三七四四番二、三七四四番七、三七四四番一八、三七四四番一九、三七四四番三二、三七四四番三六、三七四四番三七、三七四四番四六、三七四四番四七、三七四五番二、三七四五番九、三七四五番一〇、三七四五番一二、三七四五番一五、三七四五番二二、三七五〇番一、三七五〇番二、三七五〇番二六、三七五〇番二八、三七五〇番二九、三七五〇番三〇、三七五〇番三七から三七五〇番四六まで、三七五〇番五二、三七六六番一、三七七五番三、三七七五番四、三七七五番一四

備考

この表における地番区域及び地番は、昭和六十三年四月一日の不動産登記法（明治三十二年法律第二十四号）第七十九条に規定する地番区域及び地番により表示されたものとする。

（昭和六三・九・八 和歌山県公安委員会告示四九）

風俗営業等の規制及び業務の適正化等に関する法律施行条例施行規則（昭和六十年和歌山県公安委員会規則第一号）別表第一に規定する区域を次のとおり定める。

区域		
市	町名	地番
御坊市	湯川町財部	六五八番地一三

備考

この表における地番区域及び地番は、不動産登記法（明治三十二年法律第二十四号）第七十九条に規定する地番区域及び地番により表示されたものとする。

（平成元・四・七 和歌山県公安委員会告示一〇）

風俗営業の規制及び業務の適正化等に関する法律施行条例施行規則（昭和六十年和歌山県公安委員会規則第一号）別表第一に規定する区域を次のとおり定める。

区域		
市	町名	地番
和歌山市	三葛字南向濱	二六三番二、二六四番一

備考　この表における地番区域及び地番は、不動産登記法（明治三十二年法律第二十四号）第七十九条に規定する地番区域及び地番により表示されたものとする。

（平成四・五・八　和歌山県公安委員会告示二二）

風俗営業等の規制及び業務の適正化等に関する法律施行条例施行規則（昭和六十年和歌山県公安委員会規則第一号）別表第一に規定する区域を次のとおり定める。

区域		
町	字	地番
白浜町	字小ケ浦	三二一二番一、三二一二番六〇、三二一九番一、三二一九番五

備考　この表における地番区域及び地番は、不動産登記法（明治三十二年法律第二十四号）第七十九条に規定する地番区域及び地番により表示されたものとする。

（平成七・九・一　和歌山県公安委員会告示四二）

風俗営業等の規制及び業務の適正化等に関する法律施行条例施行規則（昭和六十年和歌山県公安委員会規則第一号）別表第一に規定する区域を次のとおり定める。

区域		
町	字	地番
白浜町	字小ケ浦	三二一二番一二

備考　この表における地番は、不動産登記法（明治三十二年法律第二十四号）第七十九条に規定する地番により表示されたものとする。

（平成一八・一・二七　和歌山県公安委員会告示六）

風俗営業等の規制及び業務の適正化等に関する法律施行条例施行規則（昭和六十年和歌山県公安委員会規則第一号）別表第一に規定する区域を次のとおり定める。

区域		
町	字	地番
白浜町	字小ケ浦	二七五八番一、三二〇七番四、三二〇七番五、三二〇七番六、三二〇七番一〇、三二〇九番二、三二一一番一、三二一一番二、三二一一番三、三二一一番五、三二一一番七、三二一一番八、三二一一番九、三二一一番一〇、三二一一番一七、三二一二番五二、三二一二番六三、三七五二番一、三七五二番二〇、三七五三番一、三

		三七五三番二、三七五三番三、三七五三番四、三七五三番五、三七五三番七、三七五三番一一、三七五三番一五、三七五三番一六、三七五三番一七、三七五三番一八、三七五三番一九、三七五八番、三七五九番一、三七五九番三

備考　この表における地番は、不動産登記法（平成十六年法律第百二十三号）第三十五号に規定する地番区域及び地番により表示されたものとする。

（平成一八・九・一九
和歌山県公安委員会告示五二）

風俗営業等の規制及び業務の適正化等に関する法律施行条例施行規則（昭和六十年和歌山県公安委員会規則第一号）別表第一に規定する公安委員会が定める区域を次のとおり定める。

区域		
町	字	地番
白浜町	字行幸芝	一七二九番二五　一七二九番三一　一七二九番三七　一八一三番六　一八一三番七　一八二一番　一八二二番　二九八一番一　二九八一番三　二九八五番　二九八六番　二九八六番一　二九八七番一　二九八八番一　二九八八番二

備考　この表における地番は、不動産登記法（平成十六年法律第百二十三号）第三十五条に規定する地番により表示されたものとする。

（平成一九・三・一三
和歌山県公安委員会告示八）

風俗営業等の規制及び業務の適正化等に関する法律施行条例施行規則（昭和六十年和歌山県公安委員会規則第一号）別表第一に規定する公安委員会が定める区域を次のとおり定める。

区域		
町	字	地番
白浜町	字三軒家ノ鼻	一〇一一番
	字月崎	一〇六〇番九、三七四九番一八

備考　この表における地番は、不動産登記法（平成十六年法律第百二十三号）第三十五条に規定する地番により表示されたものとする。

○風俗営業等の規制及び業務の適正化等に関する法律施行条例施行規則別表第二に規定する区域の決定

（平成一八・三・二八
和歌山県公安委員会告示一八）

風俗営業等の規制及び業務の適正化等に関する法律施行条例施行規則（昭和六十年和歌山県公安委員会規則第一号）別表第二に規定する区域を次のとおり定め、平成十八年四月一日から施行する。

昭和六十年和歌山県公安委員会告示第一号（風俗営業等の規制及び業務の適正化等に関する法律施行条例施行規則別表第二に規定する区域の告示）は、平成十八年三月三十一日限り廃止する。

区域		
市町名	字	地番
橋本市	高野口町応其	四三六から四九五まで
紀の川市	井田	六〇の一から六〇の四一まで　七〇　七一　七二の一から七二の二まで　七三　八一の三　八二の三　八八
	打田	一三一の一から一三一の五六まで　一四七の一　一四七の四から一四七の八まで　一五四の四から一五四の一五まで　一五五の一から一五五の一七まで　九三七の一から九三七の三まで　九三八の一から九三八の三まで　一〇七六の一から一〇七六の二まで　一〇七七の一から一〇七七の三〇（一〇七七の六及び一〇七七の二四を除く。）まで　一〇七七の三六から一〇七七の四七まで　一〇七七の五三から一〇七七の七五まで　一〇八二　一〇八九の一　一〇九二　一〇九七から一〇九八まで　一〇九九の一から一〇九九の二まで　一〇九九の五から一〇九九の六まで　一一〇〇の一から一一〇〇の三まで　一一〇一から一一〇一の二まで　一一〇二の一から一一〇二の二まで　一一〇三の一から一一〇三の二まで　一一〇四から一一〇六まで　一一〇九　一一一二の一から一一一二の三まで　一一一三
	貴志川町国主	二六七の一から二六七の八四まで　二七一の一から二七一の九四まで　二七二の一　二七三の一から二七三の四まで　二七四　二七五の一から二七五の七まで　二七六の一から二七六の二六まで　二七九の一から二七九の三まで　二八〇の一から二八〇の二まで　二八一の一から二八一の一一まで　二八三　二八四　二八五の一から二八五の四まで　二八六の一から二八六の三まで　二八七の一から二八七の二まで　二八八から二九二まで　二九三の一から二九三の二七まで　二九六の一から二九六の六まで　二九七　二九九の一　三〇〇　三〇三の一から三〇三の三まで
	貴志川町長山	二三三から二三五まで　二三六の一から二三六の五まで　二三八の一　二六二の一から二六二の八まで　二六三　二六四の一から二六四の二まで　二六五　二六六　二六七の一から二六七の四まで　二六八　二六九の一から二六九の二まで　二七〇の三から二七〇の四まで　二七一の一から二七一の二まで　二七二から二七五まで　二七七の一から二七七の八六五まで　三八六の一から三八六の四まで　三八七の三　三八八の一　三八八の五　五〇七の一　五〇七の五　五二六の一　五二六の六から五二六の七まで　五二七の一　五二七の六　五二八の一から五二八の三まで　五二九の一　五二九の六　五三

〇の一から五三〇の二まで　五三〇の六から五三〇の七まで

貴志川町丸栖

七五六　七五七の一から七五七の三まで　七五八の一から七五八の三まで　七五九の一から七五九の二一四まで　七六七から七六九まで　七八四から七八五　七八六の一から七八六の四まで　七八七の一　八〇五　八〇七　八〇九　八一〇　八五三　八五四の一　八五五の一から八五五の二まで　八五六　八五七の一　八五七の二　八五八の一　八五八の二　八五九の一から八五九の三まで　八六〇の一から八六〇の二まで　八六一から八六二まで　八六五の二　八六六の一　八六六の二　八六八の一から八六八の二まで　八六九の一　八七〇　八七一の一　八七二の一から八七二の二まで　八七三から八七五まで　八七七の一から八七七の三まで　八七八　八七九の一から八七九の三まで　八八〇の一から八八〇の一二まで　八八一の二から八八一の三まで　八八三の一から八八三の九まで　八八四　八八五の一から八八五の二まで　八八六の一から八八六の二まで　八八七　八八七の一から八八七の四まで　八八九　八九一　八九二の一から八九二の六まで　八九三の一から八九三の四まで　八九四の一から八九四の二まで　八九五の一から八九五の二まで　八九六の一から八九六の四まで　八九七の一から八九七の七まで　九〇一から九〇三まで　九〇四の一から九〇四の二まで　九〇五の一から九〇五の二まで　九〇六の一から九〇六の二まで　九〇七の一から九〇七の二まで　九〇八の一から九〇八の三まで　九一〇の一から九一〇の三まで　九一一の二から九一一の三まで　九一二の一から九一二の二まで　九一三の一から九一三の二まで　九一五の一から九一五の二まで　九一六の一から九一六の一一まで　九一八の二から九

一八の三まで　九一九の二　九二〇の一から九二〇の二まで　九二一の一から九二一の二まで　九二二の一から九二二の二まで　九二三の一から九二三の二まで　九二四の一から九二四の二まで　九二五の一から九二五の二まで　九二六から九三三まで　九三四の一から九三四の二まで　九三五から九四四まで　九四五の一から九四五の二まで　九四六から九四九まで　九五〇の一　九五一　九五二の一から九五二の二まで　九五三の一から九五三の四まで　九五四の一から九五四の四まで　九五五から九五六まで　九五七の一から九五七の三まで　九五八の一から九五八の二まで　九五九の二から九五九の三まで　九六〇の二から九六〇の三まで　九六一の一から九六一の三まで　九六二　九六三の一から九六三の五まで　九六四の一から九六四の三まで　九六五の一から九六五の七まで　九六六の一から九六六の二まで　一五〇五の一から一五〇五の二まで　一五〇六内一号　一五〇六内二号　一五〇六の一から一五〇六の七まで　一五〇七の一から一五〇七の二まで　一五〇八の一から一五〇八の二まで　一五〇九　一五一〇の一から一五一〇の五まで　一五一一　一五一一の一から一五一一の二まで　一五一二から一五一六まで　一五一七の一から一五一七の二まで　一五一八から一五二〇まで　一五二一の二から一五二一の三まで　一五二二の一から一五二二の三まで　一五二四の一から一五二四の二まで　一五二五から一五二八まで　一五二九の一から一五二九の二まで　一五三〇　一五三一の一から一五三一の二まで　一五三二　一五三三　一五三四の一から一五三四の八まで　一五三五　一五三六　一五三七の一　一五三八から一五四一まで　一五四一内一号　一五四二から一五四四まで　一五四四内一号　一五四五から一五四九まで　一五四九の一　一五五〇か

		ら一五五二まで　一五五三の一から一五五三の二まで　一五五四から一五五五まで　一五五五内一号　一五五六から一五六六まで　一五六七の一から一五六七の四七まで　一五六八　一五九一から一六〇八まで　一六〇八内一号　一六一〇から一六一二まで　一六一三の三　一六一四から一六一六まで　一六一七の一から一六一七の二まで　一六一八から一六三三まで　一六三五　一六三六の一から一六三六の二まで　一六三七　一六三七の一　一六三八から一六六八まで　一六七〇　一六七一の一から一六七一の二まで　一六七二から一六七三まで　一六七三内一号　一六七四から一六八〇まで　一六八〇内一号　一六八一から一六九〇まで　一六九一の一　一六九一の二　一六九二から一六九三まで　一六九五　一六九六の一から一六九六の二まで　一六九七から一六九八まで　一六九九の一から一六九九の二まで　一七〇〇から一七〇一まで　一七〇二の一から一七〇二の二まで　一七〇三の一から一七〇三の二まで　一七〇四の一から一七〇四の一〇まで　一七〇五から一七一〇まで　一七一一の二から一七一一の七まで　一七一二から一七一三まで　一七一四の一から一七一四の二まで
	花野	一内一号　一の二　二の一　二の三から二の四まで　二の六から二の七まで　二の九から二の二四まで　八三の三から八三の五まで　八三の一〇から八三の三七まで　八四の三から八四の五まで　九一の一から九一の三まで　九二の一から九二の四五まで　九三の二　九三の九から九三の一六まで　一〇一の二から一〇一の三まで　一〇二の二　一九七の一から一九七の二まで　一九八から一九九まで　二〇〇の二
	粉河	四七五七の一　四七六九の三　四七七二の二　四七七六　四七七四の一から四七七四の二まで

岩出市		の一　四八〇一の一から四八〇一の一六五（四八〇一の一一三及び四八〇一の一三三を除く。）まで
	東国分	一の一から一の三六まで　二の一から二の三まで　七　一五　一六の一から一六の九まで　二六から二七まで　二八の一から二八の六まで　二九の一から二九の二まで　三〇の一から三〇の二まで　三一の一から三一の四まで　三四の一から三四の一一まで　三五　三六の一から三六の二まで　三七の一から三七の二まで　五〇の一から五〇の六まで
	東野	三九　四四　四八の二
	相谷	一六二の一から一六二の四まで　一六三の一から一六三の一六まで　一六六　一六八の一から一六八の三二まで　一六九の一から一六九の八まで　一七〇から一七三まで　一七七の二　一八三　一八五の一から一八五の二まで　一八六の一から一八六の二まで　一八七　一八七の二　一八八の一から一八八の四まで　一八九の一から一八九の三まで　一九六の四から一九六の六まで　四五六から四五九まで　四六〇の一から四六〇の二一まで　四七一から四七五まで
	尼ヶ辻	五八の一から五八の二まで　五九の一から五九の二まで　六〇　七〇の二から七〇の三四まで
	金池	四三六の一　四三七の一　四四二の一から四四二の六七まで　四四三の三から四四三の四まで　四四四の二　四四五から四四六まで　四四八の二　四四九内一号のイ　四四九の四から四四九の五まで　四四九の七
	紀泉台	一の一　一の四　一の五から一の八三まで　二から六まで　七の一から七の二まで　八から一九二まで　一九三の一から一九三の二六まで

二一一から二六二まで　二六三の一から二六三の三まで　二六五から二七三まで　二七四の一から二七四の二まで　二七五から二八〇まで　二八一の一から二八一の一一まで　二九〇から三九一まで　三九二の一から三九二の七五まで　三九三から四〇八まで　四〇九の一から四〇九の二まで　四一〇から四二四まで　四二五の一から四二五の三四まで　四二六の一から四二六の五〇まで　四二七の一から四二七の二まで　四二八から四八七まで　四八二の一から四八二の二まで　四九〇の一から四九〇の一四まで　四九一から五五〇まで

北大池

八三の一から八三の二一まで　八五の一から八五の一二まで　八六の一から八六の五まで　八七の一から八七の八まで　八八の一から八八の一一まで　九六　九七の一から九七の一〇まで　九八の一から九八の七まで　九九から一〇一まで　一〇二の一から一〇二の二まで

新田広芝

一〇六の一から一〇六の二まで　一〇七の二から一〇七の三まで　一〇八から一一四まで　一一五の一から一一五の二まで　一一六　一一七の一から一一七の二まで　一一八の一から一一八の四まで　一一九から一二一まで　一二四　一二五の一から一二五の三まで　一二六の一から一二六の二まで　一二七　一二八の一から一二八の二まで　一二九　一三〇の一から一三〇の二九まで　一三四から一三八まで　一三九の一から一三九の三二まで　一四二から一四五まで　一四六の一から一四六の一七まで　一四七の一から一四七の二〇まで　一四八の一から一四八の三まで　一四九の一から一四九の三まで　一五〇の一から一五〇の一九まで　一五二の一から一五二の二まで　一五三の一から一五三の八まで　一五四　一六三から一六五まで　一

六八から一七〇まで　一七一の一から一七一の二まで　一七二　一七三の一から一七三の二まで　一七四　一七五　二四八の一から二四八の二まで　二四九の一から二四九の一二まで　二五〇の一から二五〇の四まで　二五一　二五二の一から二五二の三まで　二五三の一から二五三の二まで　二五四の一から二五四の一六まで　二五五の一から二五五の九まで　二五六の一から二五六の八まで　二五七の一から二五七の二まで　二五八　二五九の一から二五九の二まで　二六〇の一から二六〇の二まで　二六一の一から二六一の二まで　二六二　二六三の一から二六三の六まで　二六四の一から二六四の一九まで　二六五の一　二六六から二六九まで　二八三から二八四まで　二八八　二九〇の二九一　二九二の一から二九二の二まで　二九三の一から二九三の二まで　二九五から二九七まで　二九九　三〇一の一から三〇一の一六まで　三〇三

曽屋

三五四の一から三五四の一〇（三五四の五を除く。）まで　三五四の一二　三五四の一五から三五四の七四（三五四の四三、三五四の五九、三五四の六四及び三五四の七二を除く。）まで　三六二の三から三六二の五まで　三六五　三六七から三六九まで　三七〇の三から三七〇の一七まで　三七二の一　三七三から三七七まで　三七八の一から三七八の二七まで　三八〇の一から三八〇の一九まで　三八一の二　三八三の一から三八三の一三まで　三八五　三八六　三八七の一から三八七の二まで　三八八の二　三八九の三　三九〇の一から三九〇の三まで　三九一　三九二　三九三の一から三九三の二まで　三九四から三九五まで　三九六の一から三九六の三まで　三九九の一から三九九の一七ま

	で　四〇〇の一から四〇〇の三まで　四〇一の一　四〇二の一から四〇二の三まで　四〇三　四〇四の一から四〇四の二まで　四〇五から四〇六まで　四〇七の一から四〇七の一九まで
高瀬	一四の二から一四の一五まで　一六の一から一六の五まで　一七の一から一七の一〇まで　六三の一から六三の五まで
中黒	四四一の一　四四二　四四三の一から四四三の二まで　四四六の一から四四六の三まで　四四六の一一から四四六の七三まで　四五六の四から四五六の五まで　四五六の七から四五六の一七まで　四七三　四七六から四七七まで
中迫	一の一から一の二まで　二の二から二の五〇まで　一一の一　一二の一　一九の二から一九の七五まで　二二の一から二二の一八まで　四三の二から四三の五〇まで　五〇の一から五〇の八まで　一〇四の一から一〇四の四まで　一〇五の二　五六六の一から五六六の一二まで　五七四の二から五七四の一二まで　五七八の一から五七八の三まで　五七九の一から五七九の九まで　五八〇の一から五八〇の一一まで　五八一の二から五八一の七まで　五八三の一　五八三の三から五八三の四まで　五八四の一から五八四の七まで
西国分	五九一の二　五九二の二　五九三の二　五九四　五九四の二から五九四の一〇まで　五九九の一から五九九の三まで　六〇〇の一から六〇〇の二まで　六〇一　六〇二の一から六〇二の四まで　六〇三の一から六〇三の三まで　六〇四の一から六〇四の三まで　六〇五の二から六〇五の四まで　六二〇の一から六二〇の一四まで　六二三の三から六二三の九まで　六二五の一から六二五の二一まで　六二六の一から六二六
	の一八まで　六二七の一から六二七の一〇まで　六二八の一から六二八の一八まで　六三一の一から六三一の八まで　八五〇から八七七まで
根来	六二六の四　六二八の一から六二八の五まで　六三七の一から六三七の二まで　六三八から六三九まで　六四一　六五七の二から六五七の四七まで　六六二の二　六六四の二から六六四の三まで
野上野	一九四の一から一九四の二四まで　二二一の一から二二一の三二まで　二三三の一から二三三の一六まで　三一五　三二〇　三四二　三四三の一から三四三の二七まで　三四四　三四七の一から三四七の三六まで　三五一から三五二まで　三七五　三八一の二から三八一の三まで　三八二　三八三の一から三八三の三まで　三八四から三八五まで　四〇〇の一から四〇〇の二まで　四〇一の一から四〇一の二まで　四〇二から四〇五まで　四二六から四二八まで
堀口	二四の一から二四の五まで　二七の一　二七の三から二七の四まで　三〇の一から三〇の一五（三〇の三及び三〇の一三を除く。）まで　三二　三二の一　三三の一から三三の一七まで　四〇　四〇の一　四三の一
水栖	三六の二から三六の一二まで　五九の二から五九の四まで　六二の一　六二の三　六二の五から六二の八まで　六三の一から六三の三まで　六四の一から六四の二八まで　六九の二から六九の一三まで　九二の一から九二の一一まで　九六の一　九六の三から九六の四まで　一〇一の一から一〇一の一〇まで　一〇四の二　一〇五の一　一〇五の三から一〇五の二六まで　一〇五の二八　一〇五の三五から一〇五の四七まで　一〇五の二八　一〇五の三五から一〇五の

四七まで　一〇五の五六から一〇五の五八まで
一〇六　一一四の一から一一四の一〇（一一四の四を除く。）まで　二一四の一から二一四の一一まで　二一六の一から二一六の一〇まで
二三三から二三四まで　二三五の一から二三五の八（二三五の六を除く。）まで　二三六の一から二三六の一七（二三六の一四を除く。）まで　二三七の一から二三七の九（二三七の三、二三七の六及び二三七の七を除く。）まで
二三八の一から二三八の一六まで　二三九の一　二三九の二　二四三の一から二四三の五五まで　二四〇から二四一まで　二四二の一　二六九の一から二六九の一七まで　二七五の一から二七五の一〇まで　二七六の一から二七六の六まで　二七七の一から二七七の四まで　二七八の一から二七八の一二（二七八の九を除く。）まで　二九二の一から二九二の一〇（二九二の四を除く。）まで　二九三の一から二九三の一二（二九三の六及び二九三の一〇を除く。）まで
二九四の三から二九四の六まで　二九五の一から二九五の六まで　五二一の一から五二一の二八まで　五六八　五六九の一から五六九の四まで　五七〇の一から五七〇の二〇まで　五九九の一から五九九の九まで　六〇〇の一から六〇〇の五七（六〇〇の二、六〇〇の四〇及び六〇〇の四五から六〇〇の五〇までを除く。）まで　六〇二の一から六〇二の一四まで　六〇九の一から六〇九の九まで　六一〇の二から六一〇の一二（六一〇の六から六一〇の九までを除く。）まで　六一一の一から六一一の六まで
六一三　六一三の一　六一四　六一四の一　六二一の一から六二一の二まで　六二五の一

溝川

二二三の一から二二三の二まで　二二四の三　二二五　二二五の二　二二六　二二六内一号　二二九から二三一まで　二三二の一から二三二

の六まで　二三三から二三四まで　二三五の一から二三五の三まで　二三六の一から二三六の二まで　二三七の一から二三七の六まで　二三八の一から二三八の一八まで　二四〇　二四〇の三　二四一　二四一の一　二四一の五から二四一の一〇まで　二四一の一二から二四一の二〇まで　二四一の二二から二四一の三〇まで　二五〇の一から二五〇の七まで　二五一の一から二五一の一四まで　二五二の二から二五二の七まで　二五三の二から二五三の五まで　二五五の一から二五五の二まで　二五六の一　二五七の一　二五八の一から二五八の二まで　二六一の一から二六一の二まで　二六二の一から二六二の三まで

南大池

六の一から六の八〇まで　二〇　三二の二　四〇　四一　七三の一から七三の九四まで　八一の一から八一の四まで　八二の一から八二の四まで　八三の一から八三の四まで　一〇二の一から一〇二の二まで　一〇三の一から一〇三の二まで　一〇四の一から一〇四の三まで　一〇五の一から一〇五の三まで　一〇六の一から一〇六の二まで　一〇七の一から一〇七の二まで
一〇八の一から一〇八の二まで　一一〇から一一二まで　一一三の一から一一三の二まで　一一四の一から一一四の七まで　一九二　一九三の一から一九三の二まで　一九四　一九五の一から一九五の四七まで　二〇一　二〇四の一から二〇四の五まで　二〇五の一から二〇五の一〇まで　二〇六から二〇七まで　二〇八の一から二〇八の二八まで　二一一から二一三まで
二一四の一から二一四の二まで　二一五の一から二一五の二まで　二一六から二一七まで　二二二から二二四まで

森

一七内一号　一七の一から一七の三まで　一八内一号　一八内一号イ　一八の一　一八の二

	一九の一　一九の二　二〇内一号　二〇の二から二〇の一五（二〇の一三を除く。）まで　三九の一から三九の四まで　三九の七　三九の一三　三九の一九から三九の二〇まで　三九の二八　三九の三三から三九の三四まで　三九の四五から三九の四七まで　三九の五〇　四〇内一号　四〇内二号　四〇の一から四〇の三まで　四一の三　四二の一　四六の一から四六の五六まで　五二の一から五二の二まで　一九五の一から一九五の四まで　一九六の一から一九六の二まで　一九七　一九八の一から一九八の五まで　一九九の一から一九九の二まで　二〇〇の一から二〇〇の三まで　二〇一の一から二〇一の九五まで　二〇五の二　二二二から二二四まで　二二五の一から二二五の二まで　二二六　二二七　二三七の一

山	四〇七から四〇九まで　四一〇の一　四一〇の二　四一一の一から四一一の二まで　四一二から四一三まで　四一四の一から四一四の一〇まで　四一五の一から四一五の一六まで　四三〇の一から四三〇の一三まで　四三二　四三三内一号　四三三の一から四三三の七まで　四三四の一から四三四の五まで　四四〇の一　四四一の一から四四一の二〇まで　四四四　四四四内一号　四五三の一から四五三の七まで　四五四の一から四五四の八まで　四五五の一から四五五の四まで　四五六の一から四五六の四まで　四五七の一から四五七の七（四五七の三を除く。）まで　四五八の一から四五八の四まで　四五九の二　四六〇の二　四六一　四六二の一から四六二の三まで　四六四の一から四六四の一一まで　四六五の一から四六五の七（四六五の三及び四六五の五を除く。）まで　四六六から四六八まで　四六九の一から四六九の五まで　四七〇の一から四七〇の二まで　四七一の

	一から四七一の三まで　四七四の一から四七四の六まで　四七五の二　一〇六〇から一〇六二まで　一〇六六から一〇六七まで
山崎	七二の一　九八から九八の二まで　一〇〇の一から一〇〇の六まで　一〇八の四　一〇八の八から一〇八の一七まで　一〇八の三〇から一〇八の三三まで　一一五から一一五の二まで　一一五の五から一一五の六まで　一一五の九から一一五の一一まで　一二六　一三一から一三二まで　二七〇の一〇　二七〇の二四から二七〇の二七まで　二七〇の三四から二七〇の三五まで　二七〇の三九から二七〇の四四まで　二七〇の四七から二七〇の六一まで
山田	八九の二から八九の二六まで　九九の二から九九の一〇（九九の八を除く。）まで
吉田	六八の一から六八の一一五まで　八三の二　八四の二　八五の二　九二の一から九二の一四九まで　一〇六の一　一〇六の三から一〇六の八まで　一〇九の二　一一〇の二　一一一の三　一一一の四　一一三の二　三七一の一　三七一の二号　三七一の三　三七二の一から三七二の二まで　三七三の一から三七三の一一まで　三七四の一　三七四の二号　三七五の一から三七五の一二まで　三七六　三七七の一から三七七の七まで　三八一の一から三八一の二まで　三八二の一から三八二の四五（三八二の三八を除く。）まで　三八三の一から三八三の二まで　三八五の二　三八六の二　三八七の二　三八八の二　三八九の二から三八九の三まで　三九〇の二　三九一の一から三九一の二まで　三九二の一から三九二の五〇まで　四〇一の二　四〇二の三　四〇四の二　四〇四の二号　四〇五の一号　四〇五の二　四〇六の一号　四〇六の二　四〇九　四一〇の一から四一〇の三まで　四

		一一の一から四一一の三まで　四一二の一から四一二の三まで　四一三の一
紀美野町	小畑	八三一　八三三から八三四まで　八三八　八三九　八四二　八四四から八五〇（八四八を除く。）まで　八五五
	動木	四四七の一から四四七の四まで　五一四から五一五まで　五一八　五二五　五二六　五二七の一から五二七の三まで　五二八の五から五二八の七まで　五三三の一から五三三の四まで　五三四の一から五三四の五まで　五三五の一から五三五の三まで　五四五の一から五四五の三まで　五四六の一から五四六の四まで　五四八の三　五五五　五六五の一から五六五の八まで　五六六の一　五六六の四から五六六の八まで　五六九の一　五六九の四　五六九の五　五七〇の一　五七六の一
かつらぎ町	大字丁ノ町	四八三から四八五まで　八一三から八三二まで
美浜町	大字和田	二一一一　二一一六　二一二五の二　二一二八　二一三九　二一四〇　二一四一　二一五三　二一六〇
上富田町	朝来	五六　三二六　一八〇五　二六三六
	岩崎	九一九　九二八　九六七
那智勝浦町	大字川関	一四一〇から一四六七まで
	大字湯川	二三七から八五八まで

備考　この表における地番は、不動産登記法（平成十六年法律第百二十三号）第三十五条に規定する地番区域及び地番により表示されたものとする。

鳥取県

○風俗営業等の規制及び業務の適正化等に関する法律施行条例（昭和五九・一二・二五 鳥取県条例三〇）

最終改正　平成二九・二・七　条例一

（趣旨）

第一条　この条例は、風俗営業等の規制及び業務の適正化等に関する法律（昭和二十三年法律第百二十二号。以下「法」という。）の施行に関し必要な事項を定めるものとする。

第二条　削除

（風俗営業の許可をしない地域）

第三条　法第四条第二項第二号の条例で定める地域は、次に掲げるとおりとする。

一　都市計画法（昭和四十三年法律第百号）第八条第一項第一号に掲げる第一種低層住居専用地域、第二種低層住居専用地域、第一種中高層住居専用地域、第二種中高層住居専用地域、第一種住居地域、第二種住居地域及び準住居地域

二　都市計画法第八条第一項第一号に掲げる商業地域（以下「商業地域」という。）のうち、別表第一の第一欄に掲げる風俗営業の種別に応じ、同表の第二欄に掲げる施設の敷地（これらの用に供するものと決定した土地を含む。以下同じ。）からそれぞれ同表の第三欄に定める距離以内の区域

三　第一号に掲げる地域及び商業地域以外の地域のうち、別表第一の第一欄に掲げる風俗営業の種別に応じ、同表の第二欄に掲げる施設の敷地からそれぞれ同表の第四欄に定める距離以内の区域

2　前項の規定は、その営業所が常態として移動する風俗営業には、適用しない。

（風俗営業の営業時間の特例）

第四条　風俗営業者（法第二条第一項第四号の営業のうちぱちんこ屋その他風俗営業等の規制及び業務の適正化等に関する法律施行令（昭和五十九年政令第三百十九号。以下「政令」という。）第八条に規定する営業を営む者を除く。）は、次の各号に掲げる日の区分に応じそれぞれ当該各号に定める地域内に限り、午前零時から午前一時までその営業を営むことができる。

一　一月一日から同月八日まで、八月十四日から同月十七日まで及び十二月二十五日から同月三十一日までの日　鳥取県の区域

二　地域の習俗等からみて特別の事情のある日として公安委員会規則で定める日　当該公安委員会規則で定める地域

2　接待飲食等営業、法第二条第一項第四号の営業のうちまあじやん屋及び同項第五号の営業を営む風俗営業者は、前項の規定によるほか、次に掲げる地域内に限り、午前零時から午前一時までその営業を営むことができる。

一　鳥取市弥生町、末広温泉町、永楽温泉町、吉方温泉一丁目、栄町及び瓦町の区域のうち商業地域

二　米子市角盤町二丁目、角盤町三丁目、朝日町、尾高町、西倉吉町及び東倉吉町の区域のうち国道九号、県道米子港線、市道角盤町三丁目一号線、市道角盤町通り西線、市道尾高町通り線及び市道中町灘町橋線によって囲まれた区域

（風俗営業の営業時間の制限）

第四条の二　法第二条第一項第四号の営業のうちぱちんこ屋その他政令第八条に規定する営業を営む風俗営業者は、法第十三条第一項本文の規定によるほか、午前六時後午前九時までの時間及び午後十一時から翌日の午前零時前の時間においては、その営業を営んではならない。

（風俗営業等に係る騒音及び振動の規制）

第五条　法第十五条（法第三十一条の二十三及び第三十二条第二項において準用する場合を含む。）の条例で定める騒音に係る数値は、次の表の左〔上〕欄に掲げる地域ごとに、同表の右〔下〕欄に掲げる時間の区分に応じ、それぞれ同欄に定めるとおりとする。

地域	数値		
	午前八時から午後六時	午後六時から午後十時	午後十時から翌日の午

		前	前	前八時前
都市計画法第八条第一項第一号に規定する用途地域	第三条第一項第一号に掲げる地域	五十五デシベル	五十デシベル	四十五デシベル
	第三条第一項第一号に掲げる地域以外の地域	六十五デシベル	六十デシベル	五十デシベル
都市計画法第八条第一項第一号に規定する用途地域以外の地域		六十デシベル	五十五デシベル	四十五デシベル

2　法第十五条（法第三十一条の二十三及び第三十二条第二項において準用する場合を含む。）の条例で定める振動に係る数値は、五十五デシベルとする。

（風俗営業者の行為の制限）

第六条　風俗営業者は、次に掲げる行為をしてはならない。

一　営業所でみだらな行為その他善良の風俗を害する行為をし、又は客にこれらの行為をさせること。

二　営業所（旅館業法（昭和二十三年法律第百三十八号）第三条第一項の許可を受けて営む営業の施設であるものを除く。）又はその付帯施設で客を就寝させ、又は宿泊させること。

三　客の求めない飲食物を提供すること。

四　営業中において、営業所の出入口に施錠をすること。

五　営業所又はその付帯施設で店舗型性風俗特殊営業を営むこと。

2　法第二条第一項第四号の営業のうちぱちんこ屋その他政令第十五条に規定する営業を営む風俗営業者は、前項の規定によるほか、次に掲げる行為をしてはならない。

一　公安委員会が定める物品を賞品として提供すること。

二　客に提供した賞品を買い取らせること。

三　営業所で賭博類似行為その他著しく射幸心をそそるおそれのある行為をし、又は客にこれらの行為をさせること。

四　著しく射幸心をそそるおそれのある方法で営業すること。

五　営業所で客に飲酒させること。

3　法第二条第一項第四号の営業のうちまあじゃん屋を営む風俗営業者は、第一項の規定によるほか、次に掲げる行為をしてはならない。

一　営業所で賭博類似行為その他著しく射幸心をそそるおそれのある行為をし、又は客にこれらの行為をさせること。

二　著しく射幸心をそそるおそれのある方法で営業すること。

三　客の遊技に参加すること。

4　法第二条第一項第五号の営業を営む風俗営業者は、第一項の規定によるほか、次に掲げる行為をしてはならない。

一　営業所で賭博類似行為その他著しく射幸心をそそるおそれのある行為をし、又は客にこれらの行為をさせること。

二　著しく射幸心をそそるおそれのある方法で営業すること。

（ゲームセンター等への年少者の立入りの制限）

第七条　法第二条第一項第五号の営業を営む風俗営業者は、法第二十二条第一項第五号の規定によるほか、午後六時から午後十時前の時間においては、十六歳未満の者を営業所に客として立ち入らせてはならない。

（周辺における店舗型性風俗特殊営業等が禁止される施設）

第八条　法第二十八条第一項（法第三十一条の三第二項の規定により適用する場合を含む。）の条例で定める施設は、次に掲げるとおりとする。

一　医療法（昭和二十三年法律第二百五号）第一条の二第一項に規定する病院及び同条第二項に規定する診療所のうち患者を入院させるための施設を有するもの

二　社会教育法（昭和二十四年法律第二百七号）による公民館

三　博物館法（昭和二十六年法律第二百八十五号）第二条に規定する博物館

四　その他青少年の利用する社会教育又はスポーツのための施設で公安委員会が指定したもの

（店舗型性風俗特殊営業及び店舗型電話異性紹介営業の禁止地域）

第九条　別表第二の左〔上〕欄に掲げる店舗型性風俗特殊営業及び店舗型電話異性紹介営業は、それぞれ同表の右〔下〕欄に定める地域においては、これを営んではならない。

（店舗型性風俗特殊営業及び店舗型電話異性紹介営業の営業時間の制限）

第十条　店舗型性風俗特殊営業（法第二条第六項第四号の営業その他法第二十八条第四項の国家公安委員会規則で定める店舗型性風俗特殊営業を除く。）

及び店舗型電話異性紹介営業は、法第二十八条第一項に規定する区域並びに別表第二の左〔上〕欄に掲げる当該店舗型性風俗特殊営業及び店舗型電話異性紹介営業の種別に応じ同表の右〔下〕欄に定める地域にあっては午前零時から日出時まで、それ以外の地域にあっては午前一時から日出時までの時間にこれを営んではならない。

（受付所営業の禁止地域及び営業時間の制限）

第十一条　法第三十一条の二第四項ただし書に規定する受付所営業は、法第二条第六項第二号の営業とみなして、前二条及び別表第二の規定を適用する。

（性風俗関連特殊営業の広告制限地域）

第十二条　法第二十八条第五項第一号ロ（法第三十一条の三第一項、第三十一条の八第一項、第三十一条の十三第一項及び第三十一条の十八第一項において準用する場合を含む。）の広告又は宣伝を制限すべき地域として条例で定める地域は、別表第二の左〔上〕欄に掲げる性風俗関連特殊営業の種別に応じ、それぞれ同表の右〔下〕欄に定める地域とする。

（特定遊興飲食店営業の規制）

第十三条　法第三十一条の二十三において準用する法第四条第二項第二号の条例で定める地域は、第四条第二項に掲げる地域とする。ただし、次に掲げる区域を除く。

一　児童福祉法（昭和二十二年法律第百六十四号）第七条第一項に規定する児童福祉施設（以下「児童福祉施設」という。）のうち、助産施設、乳児院、母子生活支援施設、児童養護施設、障害児入所施設、児童心理治療施設及び児童自立支援施設から五十メートル以内の区域

二　医療法第一条の五第一項に規定する病院（以下「病院」という。）から六十メートル以内の区域

三　医療法第一条の五第二項に規定する診療所のうち患者を入院させるための施設を有するもの（以下「診療所」という。）から五十メートル以内の区域

2　特定遊興飲食店営業者は、午前五時から午前六時までの時間においては、その営業を営んではならない。

3　特定遊興飲食店営業者は、次に掲げる行為をしてはならない。

一　営業所でみだらな行為その他善良の風俗を害する行為をし、又は客にこれらの行為をさせること。

二　営業所（旅館業法第三条第一項の許可を受けて営む営業の施設であるものを除く。）又はその付帯施設で客を就寝させ、又は宿泊させること。

三　客の求めない飲食物を提供すること。

四　営業中において、営業所の出入口に施錠をすること。

五　営業所又はその付帯施設で店舗型性風俗特殊営業を営むこと。

六　営業所で賭博類似行為その他著しく射幸心をそそるおそれのある行為をし、又は客にこれらの行為をさせること。

七　著しく射幸心をそそるおそれのある方法で営業すること。

（深夜における酒類提供飲食店営業の禁止地域）

第十四条　酒類提供飲食店営業は、第三条第一項第一号に掲げる地域においては、午前零時から午前六時までの時間にこれを営んではならない。

（風俗環境保全協議会を置く地域）

第十五条　法第三十八条の四第一項の特に良好な風俗環境の保全を図る必要があるものとして条例で定める地域は、第四条第二項に掲げる地域とする。

附　則〔略〕

別表第一（第三条関係）

法第二条第一項第一号から第四号までの営業	学校	八十メートル	百メートル
	図書館	五十メートル	六十メートル
	児童福祉施設	五十メートル	六十メートル
	病院	六十メートル	七十メートル
	診療所	五十メートル	六十メートル
法第二条第一項第五号の営業	学校	五十メートル	六十メートル
	図書館	三十メートル	四十メートル
	児童福祉施設	三十メートル	四十メートル
	病院	三十メートル	四十メートル
	診療所	三十メートル	四十メートル

備考

1　この表において「学校」とは、学校教育法（昭和二十二年法律第二十六号）第一条に規定する学校をいう。

2　この表において「図書館」とは、図書館法（昭和二十五年法律第百十八号）第二条第一項に規定する図書館をいう。

別表第二（第九条―第十二条関係）

法第二条第六項第一号の営業及びモーテル営業	次に掲げる区域を除く鳥取県の区域 (1)　米子市皆生温泉三丁目の区域のうち、市道皆生温泉二十号線、市道皆生温泉十三号線、市道皆生温泉十一号線及び市道皆生温泉十四号線によって囲まれた区域 (2)　東伯郡三朝町大字三朝の区域のうち、県道三朝温泉木地山線（県道鳥取鹿野倉吉線と重複する区間を含む。以下同じ。）、町道堂小路線、町道三朝砂原線、町道川岸線及び三徳川左岸によって囲まれた区域
法第二条第六項第二号及び第六号の営業、同条第七項第一号の営業、店舗型電話異性紹介営業並びに無店舗型電話異性紹介営業	鳥取県の区域
法第二条第六項第三号及び第五号の営業、同条第七項第二号の営業並びに映像送信型性風俗特殊営業	次に掲げる区域を除く鳥取県の区域 (1)　鳥取市末広温泉町及び永楽温泉町の区域 (2)　鳥取市吉岡温泉町の区域 (3)　鳥取市気高町北浜一丁目、気高町北浜二丁目、気高町北浜三丁目、気高町新町三丁目、気高町浜村及び気高町勝見の区域 (4)　鳥取市鹿野町今市の区域 (5)　米子市皆生温泉三丁目の区域のうち、市道皆生温泉二十号線、市道皆生温泉十三号線、市道皆生温泉十一号線及び市道皆生温泉十四号線によって囲まれた区域 (6)　倉吉市関金町関金宿の区域 (7)　岩美郡岩美町大字岩井の区域 (8)　東伯郡三朝町大字三朝の区域のうち、県道三朝温泉木地山線、町道堂小路線、町道三朝砂原線、町道川岸線及び三徳川左岸によって囲まれた区域 (9)　東伯郡湯梨浜町大字上浅津、大字はわい温泉、大字松崎及び大字旭の区域
法第二条第六項第四号の営業（モーテル営業を除く。）	次に掲げる区域を除く鳥取県の区域 (1)　商業地域 (2)　鳥取市吉岡温泉町の区域 (3)　鳥取市気高町北浜一丁目、気高町北浜二丁目、気高町北浜三丁目、気高町新町三丁目、気高町浜村及び気高町勝見の区域 (4)　鳥取市鹿野町今市の区域 (5)　倉吉市関金町関金宿の区域 (6)　岩美郡岩美町大字岩井の区域 (7)　東伯郡三朝町大字三朝及び大字山田の区域

	(8) 東伯郡湯梨浜町大字上浅津、大字はわい温泉、大字松崎及び大字旭の区域

備考　この表において「モーテル営業」とは、法第二条第六項第四号の営業のうち、個室に自動車の車庫（二以上の側壁（カーテン、ついたて等を含む。）及び屋根を有するものに限る。以下同じ。）が個々に接続する施設であって次の各号のいずれかに該当する構造設備のものを設けて営むものをいう。
(1) 車庫の出入口が扉等によって遮へいできるもの
(2) 車庫の内部から個室に通ずる専用の出入口、階段又は昇降機が設けられているもの
(3) 個室と車庫とが専用の通路（その内部が外部から見えないものに限る。）によって接続しているもの

○風俗営業等の規制及び業務の適正化等に関する法律施行細則

（昭和六〇・二・一　鳥取県公安委員会規則二）

最終改正　平成二七・一二・一七　公安委員会規則四

（趣旨）

第一条　この規則は、風俗営業等の規制及び業務の適正化等に関する法律施行条例（昭和五十九年鳥取県条例第三十号。以下「条例」という。）の施行に関し必要な事項を定めるものとする。

（風俗営業の営業時間の特例）

第二条　条例第四条第一項第二号の公安委員会規則で定める日は、次の表の左（上）欄に掲げる祭礼の日（初日を除き、最終日の翌日を含む。）とし、同号の公安委員会規則で定める地域は、それぞれ同表の右（下）欄に定める地域とする。

一　聖神社春の祭礼 二　しゃんしゃん祭	鳥取市の区域
米子がいなまつり	米子市の区域
倉吉打吹まつり	倉吉市の区域
みなと祭り	境港市の区域

（ぱちんこ屋等が賞品として提供してはならない物品）

第三条　条例第六条第二項第一号の公安委員会が定める物品は、次に掲げるとおりとする。

一　短期間で腐敗し、又は変質するおそれのある物品
二　包装されていない菓子類
三　刃物類その他人の生命又は身体に危害を及ぼすおそれのある物品
四　医薬品、医療機器等の品質、有効性及び安全性の確保等に関する法律

（昭和三十五年法律第百四十五号）第二条第一項に規定する医薬品

五　鳥取県薬物の濫用の防止に関する条例（平成二十五年鳥取県条例第六号）第二条に規定する薬物

六　善良の風俗を害し、又は少年の健全な育成に障害を及ぼすおそれのある図書、写真その他の物品

（周辺における店舗型性風俗特殊営業が禁止される施設）

第四条　条例第八条第四号の公安委員会が指定する施設は、別表に掲げるとおりとする。

附　則〔略〕

別表（第四条関係）

名称	所在地
鳥取県立生涯学習センター	鳥取市
鳥取市福祉文化会館	
鳥取市文化ホール	
鳥取市民会館	
鳥取市武道館	
鳥取県営鳥取屋内プール	
鳥取県立鳥取産業体育館	
東富安公園の東富安テニス場	
鳥取県立県民文化会館	
鳥取県立童謡館	
鳥取市気高町体育館	
鳥取市気高町農業者トレーニングセンター	
鳥取市気高町龍見台テニスコート	
鳥取市気高町B&G海洋センター	
鳥取市鹿野町B&G海洋センター	
鳥取市鹿野町運動広場	
米子市総合研修センター	米子市
米子市公会堂	
米子市皆生市民プール	
米子市営武道館	
米子市営湊山球場	
米子市文化ホール	
鳥取県立米子コンベンションセンター	
鳥取県立武道館	
倉吉市勤労青少年ホーム	倉吉市
鳥取県立倉吉体育文化会館	
関金総合運動公園	
倉吉市関金B&G海洋センター	
三朝町地域民芸品等保存伝習施設	東伯郡三朝町
三朝町総合スポーツセンター	

島根県

○風俗営業等の規制及び業務の適正化等に関する法律施行条例（昭和五九・一二・二五 島根県条例第三九）

最終改正　平成二九・三・二四　条例三

（趣旨）

第一条　この条例は、風俗営業等の規制及び業務の適正化等に関する法律（昭和二十三年法律第百二十二号。以下「法」という。）の施行に関し必要な事項を定めるものとする。

（定義）

第二条　この条例において、次の各号に掲げる用語の意義は、それぞれ当該各号に定めるところによる。

一　住居地域　都市計画法（昭和四十三年法律第百号）第八条第一項第一号に掲げる第一種低層住居専用地域、第二種低層住居専用地域、第一種中高層住居専用地域及び第二種中高層住居専用地域並びにこれらに準ずる地域として公安委員会規則で定める地域をいう。

二　商業地域　都市計画法第八条第一項第一号に掲げる商業地域をいう。

第三条　削除

（風俗営業の許可に係る営業制限地域）

第四条　法第四条第二項第二号の条例で定める地域は、次の各号のいずれかに該当する地域とする。

一　住居地域

二　次の表の左〔上〕欄に掲げる風俗営業の種別ごとに、同表の右〔下〕欄に掲げる施設の区分に応じ、それぞれ当該施設の敷地（これらの用に供するものと決定した土地を含む。）から同欄に定める距離以内の地域

風俗営業の種別	距離			
	学校、図書館及び児童福祉施設		病院及び診療所	
	商業地域内にあるもの	商業地域以外の地域内にあるもの	商業地域内にあるもの	商業地域以外の地域内にあるもの
法第二条第一項第一号から第三号まで及び第五号の営業	三十メートル	五十メートル	十メートル	三十メートル
法第二条第一項第四号の営業	六十メートル	八十メートル	四十メートル	六十メートル

備考

一　「学校」とは、学校教育法（昭和二十二年法律第二十六号）第一条に規定する学校のうち大学以外の学校をいう。

二　「図書館」とは、図書館法（昭和二十五年法律第百十八号）第二条第一項に規定する図書館をいう。

三　「児童福祉施設」とは、児童福祉法（昭和二十二年法律第百六十四号）第七条第一項に規定する児童福祉施設をいう。

四　「病院」とは、医療法（昭和二十三年法律第二百五号）第一条の五第一項に規定する病院をいう。第九条、第十一条の五及び第十二条において同じ。

五　「診療所」とは、医療法第一条の五第二項に規定する診療所のうち、患者を入院させるための施設を有する診療所をいう。第九条、第十一条の五及び第十二条において同じ。

2　前項の規定は、次に掲げる営業に係る営業所については、適用しない。

一　その営業所が常態として移動する風俗営業

二　七日以内の期間を限って営まれる法第二条第一項第四号及び第五号の営業

（習俗的行事その他の特別な事情のある日等）

第五条　法第十三条第一項第一号の習俗的行事その他の特別な事情のある日として条例で定める日は次の各号に掲げる日とし、当該特別な事情のある日に係る同項第一号の条例で定める地域はそれぞれ当該各号に定める地域とす

る。

一　一月一日から同月四日まで及び十二月二十五日から同月三十一日までの日　島根県の区域

二　前号に掲げるもののほか、公安委員会規則で定める日　公安委員会規則で定める地域及びその他の地域であって次項に定める地域に該当する地域

2　法第十三条第一項第二号の午前零時以後において風俗営業を営むことが許容される特別な事情のある地域として条例で定める地域は、別表に掲げる地域とする。

3　法第十三条第一項ただし書の条例で定める時は、午前一時とする。

4　法第二条第一項第四号の営業（まあじゃん屋を除く。）は、前三項の規定にかかわらず、第一項各号に定める日における当該各号に定める地域及び第二項に定める地域においては、午前零時から午前一時までの時間においてこれを営んではならない。

（騒音及び振動の規制数値）

第六条　法第十五条（法第三十一条の二十三及び法第三十二条第二項において準用する場合を含む。次項において同じ。）の条例で定める騒音の数値は、次の表の左〔上〕欄に掲げる地域ごとに、同表の右〔下〕欄に掲げる時間の区分に応じそれぞれ同欄に定める数値とする。

地域	数値		
	昼間	夜間	深夜
一　住居地域	五十デシベル	四十五デシベル	四十デシベル
二　商業地域	六十デシベル	五十五デシベル	五十デシベル
三　一及び二に掲げる地域以外の地域	五十五デシベル	五十デシベル	四十五デシベル

備考
一　「昼間」とは、午前六時後午後六時前の時間をいう。
二　「夜間」とは、午後六時から翌日の午前零時前の時間をいう。
三　「深夜」とは、午前零時から午前六時までの時間をいう。第十六条において同じ。

2　法第十五条の条例で定める振動の数値は、五十五デシベルとする。

（風俗営業者の遵守事項）

第七条　風俗営業者は、次に掲げる事項を遵守しなければならない。

一　営業所で卑わいな行為その他善良の風俗を害する行為をし、又はこれらの行為をさせないこと。

二　営業所で店舗型性風俗特殊営業若しくは店舗型電話異性紹介営業を営み、又は営ませないこと。

三　営業所（旅館業法（昭和二十三年法律第百三十八号）第三条第一項の規定による旅館業の許可を受けているものを除く。）で客を就寝させ、又は宿泊させないこと。

四　客の求めない飲食物を提供しないこと。

2　法第二条第一項第四号又は第五号の営業を営む風俗営業者は、前項の規定によるほか、次に掲げる事項を遵守しなければならない。

一　営業所で賭博類似行為その他著しく射幸心をそそるおそれのある行為をし、又はこれらの行為をさせないこと。

二　著しく射幸心をそそるおそれのある方法で営業を営まないこと。

3　法第二条第一項第四号の営業（ぱちんこ屋及び風俗営業等の規制及び業務の適正化等に関する法律施行令（昭和五十九年政令第三百十九号。以下「政令」という。）第十五条に規定する営業に限る。）を営む風俗営業者は、前二項の規定によるほか、次に掲げる事項を遵守しなければならない。

一　公安委員会規則で定める種類以外の種類の賞品を客に提供しないこと。

二　客に提供した賞品を買い取らせないこと。

（法第二条第一項第五号の営業に係る営業所への年少者の立入制限）

第八条　法第二十二条第二項の規定により、法第二条第一項第五号の営業を営む者は、午後六時から午後十時前の時間において十六歳未満の者を営業所に客として立ち入らせるときは、保護者の同伴を求めなければならないものとする。

（その周囲を店舗型性風俗特殊営業の禁止区域とする施設）

第九条　法第二十八条第一項の条例で定める施設は、病院及び診療所とする。

（店舗型性風俗特殊営業の営業禁止地域）

第十条　店舗型性風俗特殊営業は、次の表の左〔上〕欄に掲げる店舗型性風俗

特殊営業の種別ごとに、それぞれ同表の右〔下〕欄に定める地域においては、これを営んではならない。

店舗型性風俗特殊営業の種別	地域
一　法第二条第六項第一号の営業	松江市玉湯町玉造三二三番地先勾玉橋右岸側の下流端を中心として半径三十メートル以内の区域以外の島根県の区域
二　法第二条第六項第二号及び第六号の営業	島根県の区域
三　法第二条第六項第三号及び第五号の営業	松江市千鳥町及び玉湯町玉造、大田市三瓶町志学並びに江津市有福温泉町の区域以外の島根県の区域
四　法第二条第六項第四号の営業	モーテル営業にあっては島根県の区域、モーテル営業以外の営業にあっては、松江市千鳥町及び玉湯町玉造、大田市三瓶町志学並びに江津市有福温泉町の区域並びに商業地域以外の島根県の区域

備考　「モーテル営業」とは、法第二条第六項第四号の営業のうち、政令第三条第一項第二号に掲げる施設であって、個室に自動車の車庫（同条第二項第一号に規定する車庫をいう。以下この備考において同じ。）が個々に接続し、かつ、次のいずれかに該当する構造設備のものを設けて営む営業をいう。
一　個室に接続する車庫の出入口が扉等によって遮へいできるもの
二　車庫の内部から個室に通ずる専用の人の出入口又は階段若しくは昇降機が設けられているもの
三　個室と車庫とが専用の通路によって接続しているものにあっては、当該通路の内部が外部から見えないもの

（店舗型性風俗特殊営業の営業時間の制限）

第十一条　店舗型性風俗特殊営業（法第二十八条第四項に規定する店舗型性風俗特殊営業をいう。）は、午前零時（法第二条第六項第三号及び第五号の営業で前条の表第三号の下欄に掲げる地域以外の地域において営まれるものにあっては午前一時）から午前六時までの時間においては、これを営んではならない。

（店舗型性風俗特殊営業の広告制限地域）

第十一条の二　法第二十八条第五項第一号ロの条例で定める地域は、第十条の表の左〔上〕欄に掲げる店舗型性風俗特殊営業の種別ごとに、それぞれ同表の右〔下〕欄に定める地域とする。

（無店舗型性風俗特殊営業の広告制限地域）

第十一条の三　法第三十一条の三第一項において準用する法第二十八条第五項第一号ロの条例で定める地域は、次の表の左〔上〕欄に掲げる無店舗型性風俗特殊営業の種別ごとに、それぞれ同表の右〔下〕欄に定める地域とする。

無店舗型性風俗特殊営業の種別	地域
一　法第二条第七項第一号の営業	島根県の区域
二　法第二条第七項第二号の営業	松江市千鳥町及び玉湯町玉造、大田市三瓶町志学並びに江津市有福温泉町の区域以外の島根県の区域

（受付所営業の営業禁止地域）

第十一条の三の二　受付所営業は、島根県の区域においては、これを営んではならない。

（映像送信型性風俗特殊営業の広告制限地域）

第十一条の四　法第三十一条の八第一項において準用する法第二十八条第五項第一号ロの条例で定める地域は、松江市千鳥町及び玉湯町玉造、大田市三瓶町志学並びに江津市有福温泉町の区域以外の島根県の区域とする。

（その周囲を店舗型電話異性紹介営業の禁止区域とする施設）

第十一条の五　法第三十一条の十三第一項において準用する法第二十八条第一項の条例で定める施設は、病院及び診療所とする。

（店舗型電話異性紹介営業の営業禁止地域）

第十一条の六　店舗型電話異性紹介営業は、松江市玉湯町玉造三二三番地先勾玉橋右岸側の下流端を中心として半径六十メートル以内の区域以外の島根県の区域においては、これを営んではならない。

（店舗型電話異性紹介営業の営業時間の制限）

第十一条の七　店舗型電話異性紹介営業は、午前零時から午前六時までの時間においては、これを営んではならない。

（店舗型電話異性紹介営業及び無店舗型電話異性紹介営業の広告制限地域）

第十一条の八　法第三十一条の十三第一項及び法第三十一条の十八第一項において準用する法第二十八条第五項第一号ロの条例で定める地域は、松江市玉湯町玉造三三三番地先勾玉橋右岸側の下流端を中心として半径六十メートル以内の区域以外の島根県の区域とする。

（特定遊興飲食店営業の許可に係る営業所設置許容地域）

第十二条　法第三十一条の二十三において準用する法第四条第二項第二号の条例で定める地域は、別表に掲げる地域のうち、次に掲げる施設の敷地（これらの用に供するものと決定した土地を含む。）から四十メートル以内の地域以外の地域とする。

一　児童福祉法第七条第一項に規定する児童福祉施設（助産施設、乳児院、母子生活支援施設、児童養護施設、障害児入所施設、児童心理治療施設及び児童自立支援施設に限る。）

二　病院

三　診療所

（特定遊興飲食店営業の営業時間の制限）

第十三条　特定遊興飲食店営業は、島根県の区域においては、午前五時から午前六時までの時間においてこれを営んではならない。

（特定遊興飲食店営業者の遵守事項）

第十四条　第七条第一項（第三号を除く。）及び第二項の規定は、特定遊興飲食店営業者について準用する。

（風俗環境保全協議会を置く地域）

第十五条　法第三十八条の四第一項の条例で定める地域は、別表に掲げる地域とする。

（深夜における酒類提供飲食店営業の営業禁止地域）

第十六条　酒類提供飲食店営業（法第二条第十三項第四号に規定する酒類提供飲食店営業をいう。）は、住居地域においては、深夜においてこれを営んではならない。

（公安委員会規則への委任）

第十七条　この条例の施行に関し必要な事項は、公安委員会規則で定める。

附　則〔略〕

別表（第五条、第十二条、第十五条関係）

一　松江市和多見町、寺町、伊勢宮町及び朝日町の区域

二　松江市末次本町、東本町一丁目、東本町二丁目及び東本町三丁目の区域

三　出雲市今市町の区域のうち、市道高瀬川右岸線、市道若葉町元町線、市道上町扇町線及び市道今市二十一号線で囲まれた区域並びに市道上町扇町線、市道若葉町元町線、市道有原東町線及び市道四絡二百二十二号線で囲まれた区域

○風俗営業等の規制及び業務の適正化等に関する法律施行条例施行規則

（昭和六〇・一一・一八 島根県公安委員会規則一）

最終改正　平成三〇・三・二七　公安委員会規則五

（趣旨）

第一条　この規則は、風俗営業等の規制及び業務の適正化等に関する法律施行条例（昭和五十九年島根県条例第三十九号。以下「条例」という。）第二条第一号、第五条第一項第二号及び第七条第三項第一号の規定に基づき、条例の施行に関し必要な事項を定めるものとする。

（住居地域）

第二条　条例第二条第一号の公安委員会規則で定める住居地域は、都市計画法（昭和四十三年法律第百号）第八条第一項第一号に掲げる第一種住居地域、第二種住居地域、準住居地域及び田園住居地域とする。

（習俗的行事その他の特別な事情のある日等）

第三条　条例第五条第一項第二号の公安委員会規則で定める特別な事情のある日及び地域は、別表のとおりとする。

（賞品の種類）

第四条　条例第七条第三項第一号の公安委員会規則で定める賞品の種類は、自転車、事務用機械、電気・電子機械器具、時計、食料品、飲料、製造たばこ、履物、繊維製品、家具、化粧品、玩具、文具、事務用具等の日常生活の用に供する物品とする。

附　則〔略〕

別表（第三条関係）

特別な事情のある日	地域
松江水郷祭のある日の翌日	松江市の区域
石州浜っ子夏まつりのある日の翌日	浜田市の区域
出雲神話まつり、平田まつりのある日の翌日	出雲市の区域
益田まつり、益田水郷祭のある日の翌日	益田市の区域
天領さん、温泉津温泉夏祭りのある日の翌日	大田市の区域
月の輪神事のある日の翌日	安来市の区域
江の川祭のある日の翌日	江島市の区域
きすき夏祭り、大東七夕祭り、三刀屋天満宮例大祭のある日の翌日	雲南市の区域
三成あたご神社例祭、横田えびす祭り、あたご祭りのある日の翌日	仁多郡奥出雲町の区域
ええなぁまつりかわもとのある日の翌日	邑智郡川本町の区域
太鼓谷稲成神社の春季及び秋季の大祭のある日の翌日	鹿足郡津和野町の区域
由良比女神社の大祭のある日の翌日	隠岐郡西ノ島町の区域
島まつりのある日の翌日	隠岐郡隠岐の島町の区域

○風俗営業等の規制及び業務の適正化等に関する法律施行条例

（昭和五九・一二・二五 岡山県条例三三）

最終改正 平成三〇・三・二三 条例二六

（趣旨）

第一条 この条例は、風俗営業等の規制及び業務の適正化等に関する法律（昭和二十三年法律第百二十二号。以下「法」という。）の施行に関し必要な事項を定めるものとする。

（定義）

第二条 この条例において、次の各号に掲げる用語の意義は、当該各号に定めるところによる。

一 第一種地域 都市計画法（昭和四十三年法律第百号）第八条第一項第一号に規定する第一種低層住居専用地域、第二種低層住居専用地域、第一種中高層住居専用地域、第二種中高層住居専用地域、第一種住居地域、第二種住居地域、準住居地域及び田園住居地域（道路法（昭和二十七年法律第百八十号）第三条に規定する一般国道及び県道の側端から百メートル以内の第一種住居地域、第二種住居地域及び準住居地域の区域を除く。）をいう。

二 第二種地域 都市計画法第八条第一項第一号に規定する商業地域及び別表第一に掲げる地域（第一種地域に該当する地域を除く。）をいう。

三 第三種地域 前二号に掲げる地域以外の地域をいう。

（風俗営業の禁止地域）

第三条 法第四条第二項第二号の条例で定める地域は、次に掲げる地域とする。ただし、営業所が常態として移動するものである場合は、この限りでない。

一 第一種地域

二 次の表の上欄に掲げる施設の敷地（当該施設の用に供するものとして決定した土地を含む。）から、営業所がある同表の中欄に掲げる地域ごとに、同表の下欄に掲げる風俗営業の種別の区分に応じ、それぞれ同欄に定める距離の区域内の地域

施設	地域	距離	
		法第二条第一項第一号から第四号までの営業	法第二条第一項第五号の営業
学校教育法（昭和二十二年法律第二十六号）第一条に規定する学校、図書館法（昭和二十五年法律第百十八号）第二条第一項に規定する図書館又は児童福祉法（昭和二十二年法律第百六十四号）第七条に規定する児童福祉施設（第二十条第二号において「児童福祉施設」という。）	第二種地域	五十メートル	三十メートル
	第三種地域	七十メートル	五十メートル
医療法（昭和二十三年法律第二百五号）第一条の五第一項に規定する病院又は同条第二項に規定する診療所で患者を入院させるための施設を有するもの（第十条第一号及び第二十条第二号において「病院等」という。）	第二種地域	三十メートル	三十メートル
	第三種地域	五十メートル	四十メートル

（風俗営業の営業時間の延長等）

第四条 法第十三条第一項ただし書の条例で定める時は、午前一時とする。

2 法第十三条第一項第一号の習俗的行事その他の特別な事情のある日として条例で定める日は次の各号に掲げる日とし、当該事情のある日に係る同号の条例で定める地域はそれぞれ当該各号に定める地域とする。

一 一月一日から同月四日まで、八月十四日から同月十六日まで及び十二月二十五日から同月三十一日までの日 別表第二に掲げる地域

二　前号に掲げるもののほか、公安委員会規則で定める日　公安委員会規則で定める地域

3　法第二条第一項第一号から第四号までの営業（ぱちんこ屋及び風俗営業等の規制及び業務の適正化等に関する法律施行令（昭和五十九年政令第三百十九号）第八条の営業（第六条第一項において「ぱちんこ屋等営業」という。）を除く。）につき法第十三条第一項第二号の午前零時以後において風俗営業を営むことが許容される特別な事情のある地域として条例で定める地域は、別表第三に掲げる地域とする。

第五条　削除

（風俗営業の営業時間の制限）

第六条　ぱちんこ屋等営業は、午前六時から午前九時までの時間及び午後十一時から翌日の午前零時（当該翌日が第四条第二項各号に掲げる日に該当する場合にあつては、午前一時）までの時間においては、別表第二に掲げる地域において営んではならない。

2　法第二条第一項第五号の営業は、第四条第二項第二号の公安委員会規則で定める日の午前零時から午前一時までの時間においては、別表第三に掲げる地域（同号の公安委員会規則で定める日に係る同号の公安委員会規則で定める地域を除く。）において営んではならない。

（騒音及び振動の規制）

第七条　法第十五条（法第三十一条の二十三及び第三十二条第二項において準用する場合を含む。次項において同じ。）の条例で定める騒音に係る数値は、次の表の上欄に掲げる地域ごとに、同表の下欄に掲げる時間の区分に応じ、それぞれ同欄に定める数値とする。

地域	数値		
	午前六時後午後六時前の間	午後六時から午前零時前の間	午前零時から午前六時までの間
第一種地域	五十デシベル	四十五デシベル	四十デシベル
第二種地域	六十デシベル	五十五デシベル	五十デシベル
第三種地域	五十五デシベル	五十デシベル	四十五デシベル

2　法第十五条の条例で定める振動に係る数値は、五十五デシベルとする。

（風俗営業者の遵守事項）

第八条　風俗営業者は、次に掲げる事項を遵守しなければならない。

一　営業所で卑わいな行為その他善良な風俗を害する行為をし、又はさせないこと。

二　営業用施設（旅館業法（昭和二十三年法律第百三十八号）第三条第一項の旅館業の経営の許可を受けたものを除く。）に客を宿泊させないこと。

三　客の求めない飲食物を提供し、又はさせないこと。

四　正当な理由なく従業者から金品を徴し、又は従業者の負担で特殊の容装をさせないこと。

五　第三者が客引きをした客のあつせんを受け、又は受けさせないこと。

六　営業用施設において法第二条第六項に規定する店舗型性風俗特殊営業（第十三条において「店舗型性風俗特殊営業」という。）を営み、又は営ませないこと。

七　営業中において、営業所の出入口（客が出入りするものに限る。）及び客室に出入りが困難となる施錠等をし、又はさせないこと。

2　法第二条第一項第四号又は第五号の営業を営む風俗営業者は、前項の規定によるほか、次に掲げる事項を遵守しなければならない。

一　著しく射幸心をそそるおそれのある方法で営業をしないこと。

二　営業所でとばく類似行為その他著しく射幸心をそそるおそれのある行為をし、又はさせないこと。

三　客に提供した賞品を買い取らせないこと。

四　第三者の行為により勝敗又は賞品の得失を定めないこと。

五　営業所（法第二条第一項第五号の営業に係る営業所（飲食店営業（設備を設けて客に飲食をさせる営業で食品衛生法（昭和二十二年法律第二百三十三号）第五十二条第一項の許可を受けて営むものをいう。）を兼ねて営むものに限る。）及びまあじやん屋を除く。）において客に飲酒させないこと。

（年少者の立入りの制限）

第九条　法第二条第一項第五号の営業を営む者は、午後六時後午後十時前の時間において十六歳未満の者を営業所に客として立ち入らせる場合は、保護者

（岡山県青少年健全育成条例（昭和五十二年岡山県条例第二十九号）第二条第二号に規定する保護者をいう。）の同伴を求めなければならない。

（法第二十八条第一項の条例で定める施設）

第十条　法第二十八条第一項（法第三十一条の三第二項の規定により適用する場合及び法第三十一条の十三第一項において準用する場合を含む。）の条例で定める施設は、次に掲げる施設とする。

一　病院等

二　社会教育法（昭和二十四年法律第二百七号）第二十一条に規定する公民館

三　博物館法（昭和二十六年法律第二百八十五号）第二条第一項に規定する博物館

四　都市公園法（昭和三十一年法律第七十九号）第二条第一項に規定する都市公園

五　前各号に掲げるもののほか、公安委員会規則で定めるもの

（店舗型性風俗特殊営業の禁止地域）

第十一条　法第二条第六項第一号及び第二号の営業並びに同項第四号の営業であって次の各号のいずれかに該当する構造を有する施設（個室に自動車の車庫が個々に接続するものに限る。）を設けて宿泊（休憩を含む。）に利用させるもの（以下「モーテル営業」という。）は、別表第二に掲げる地域においては営んではならない。

一　個室に接続する車庫（二以上の側壁（カーテン、ついたて等を含む。）及び屋根を有するものに限る。以下この項において同じ。）の出入口が扉等によって遮へいできるもの

二　車庫の内部から個室に通ずる専用の人の出入口又は階段若しくは昇降機が設けられているもの

三　個室と車庫とが専用の通路によって接続しているものにあっては、当該通路の内部が外部から見えないもの

2　法第二条第六項第三号の営業、同項第四号の営業（モーテル営業を除く。）並びに同項第五号及び第六号の営業は、第一種地域及び第三種地域においては営んではならない。

（店舗型性風俗特殊営業の営業時間の制限）

第十二条　法第二十八条第四項に規定する店舗型性風俗特殊営業は、深夜（午前零時から午前六時までの時間をいう。以下同じ。）においては営んではならない。

（店舗型性風俗特殊営業の広告制限地域）

第十三条　法第二十八条第五項第一号ロの条例で定める地域は、次の各号に掲げる店舗型性風俗特殊営業の種別の区分に応じ、それぞれ当該各号に定める地域とする。

一　法第二条第六項第一号の営業、同項第二号の営業及びモーテル営業　別表第二に掲げる地域

二　法第二条第六項第三号の営業、同項第四号の営業（モーテル営業を除く。）、同項第五号の営業及び同項第六号の営業　第一種地域及び第三種地域

（無店舗型性風俗特殊営業の広告制限地域）

第十四条　法第三十一条の三第一項において準用する法第二十八条第五項第一号ロの条例で定める地域は、次の各号に掲げる法第二条第七項に規定する無店舗型性風俗特殊営業の種別の区分に応じ、それぞれ当該各号に定める地域とする。

一　法第二条第七項第一号の営業　別表第二に掲げる地域

二　法第二条第七項第二号の営業　第一種地域及び第三種地域

（受付所営業の禁止地域）

第十四条の二　法第三十一条の二第四項に規定する受付所営業（次条において「受付所営業」という。）は、別表第二に掲げる地域においては営んではならない。

（受付所営業の営業時間の制限）

第十四条の三　受付所営業は、深夜においては営んではならない。

（映像送信型性風俗特殊営業の広告制限地域）

第十五条　法第三十一条の八第一項において準用する法第二十八条第五項第一号ロの条例で定める地域は、第一種地域及び第三種地域とする。

（店舗型電話異性紹介営業の禁止地域）

第十六条　法第二条第九項に規定する店舗型電話異性紹介営業（次条において「店舗型電話異性紹介営業」という。）は、第一種地域及び第三種地域におい

ては営んではならない。

（店舗型電話異性紹介営業の営業時間の制限）

第十七条　店舗型電話異性紹介営業は、深夜において営んではならない。

（店舗型電話異性紹介営業の広告制限地域）

第十八条　法第三十一条の十三第一項において準用する法第二十八条第五項第一号ロの条例で定める地域は、第一種地域及び第三種地域とする。

（無店舗型電話異性紹介営業の広告制限区域）

第十九条　法第三十一条の十八第一項において準用する法第二十八条第五項第一号ロの条例で定める地域は、第一種地域及び第三種地域とする。

（特定遊興飲食店営業の営業所の設置が許容される地域）

第二十条　法第三十一条の二十三において準用する法第四条第二項第二号の条例で定める地域は、次の各号のいずれにも該当する地域とする。

一　別表第三に掲げる地域

二　次の表の上欄に掲げる施設の敷地（当該施設の用に供するものとして決定した土地を含む。）から、営業所がある同表の中欄に掲げる地域ごとに、それぞれ同表の下欄に定める距離の区域外の地域

施設	地域	距離
児童福祉施設で深夜において児童を滞在させるための施設を有するもの	第二種地域	五十メートル
	第三種地域	七十メートル
病院等	第二種地域	三十メートル
	第三種地域	五十メートル

（特定遊興飲食店営業の営業時間の制限）

第二十一条　特定遊興飲食店営業は、午前五時から午前六時までの時間においては、別表第二に掲げる地域において営んではならない。

（特定遊興飲食店営業者の遵守事項）

第二十二条　特定遊興飲食店営業者は、深夜における営業について第八条第一項第五号に掲げる事項を遵守しなければならない。

2　第八条第一項（第五号を除く。）の規定は、特定遊興飲食店営業者について準用する。

（深夜における酒類提供飲食店営業の禁止地域）

第二十三条　法第三十二条第三項第四号に規定する酒類提供飲食店営業は、第一種地域においては、深夜において営んではならない。

（風俗環境保全協議会を置く地域）

第二十四条　法第三十八条の四第一項の条例で定める地域は、別表第三に掲げる地域とする。

附　則〔略〕

別表第一（第二条関係）

真庭市湯原温泉、下湯原及び豊栄

美作市湯郷及び中山

苫田郡鏡野町奥津及び奥津川西

別表第二（第四条、第六条、第十一条、第十三条、第十四条、第十四条の二、第二十一条関係）

岡山市　倉敷市　津山市　玉野市　笠岡市　井原市　総社市　高梁市

新見市　備前市　瀬戸内市　赤磐市　真庭市　美作市　浅口市　和気郡

都窪郡　浅口郡　小田郡　真庭郡　苫田郡　勝田郡　英田郡　久米郡

加賀郡

別表第三（第四条、第六条、第二十条、第二十四条関係）

岡山市北区表町一丁目、表町二丁目、表町三丁目、幸町、田町一丁目、田町二丁目、中央町、磨屋町、中山下一丁目、中山下二丁目、錦町、平和町、本町、柳町一丁目及び柳町二丁目

倉敷市阿知一丁目、阿知二丁目（十二番から十六番まで及び二十二番から二十五番までを除く。）、阿知三丁目及び川西町（十六番から二十一番までを除く。）

倉敷市水島東常盤町、水島西常盤町、水島東栄町（六番から十二番までを除く。）及び水島西栄町（七番から十五番までを除く。）

○風俗営業の営業時間の延長の認められる日及び地域を定める規則

（平成一一・三・一二　岡山県公安委員会規則二）

最終改正　平成二八・三・二二　公安委員会規則三

風俗営業等の規制及び業務の適正化等に関する法律施行条例（昭和五十九年岡山県条例第三十三号）第四条第二項第二号に規定する公安委員会規則で定める日及び地域は、次の表の上欄に掲げる日の区分に応じ、それぞれ同表の下欄に掲げる地域とする。

おかやま桃太郎まつり運営委員会が主催するおかやま桃太郎まつりが開催される日の翌日	岡山市の全域
倉敷天領夏祭り実行委員会が主催する倉敷天領夏祭り大会が開催される日の翌日	倉敷市の全域
津山納涼ごんごまつり実行委員会が主催する津山納涼ごんごまつりが開催される日の翌日	津山市の全域
県及び市町村が主催し、又は協賛する大規模な祭礼等が開催される日の翌日で公安委員会が別に指定する日	公安委員会が別に指定する地域

附　則〔略〕

○店舗型性風俗特殊営業及び店舗型電話異性紹介営業の禁止区域に係る施設を定める規則

（平成一四・一・一八　岡山県公安委員会規則二）

最終改正　平成二三・三・一八　公安委員会規則五

風俗営業等の規制及び業務の適正化等に関する法律施行条例（昭和五十九年岡山県条例第三十三号）第十条第五号に規定する公安委員会規則で定める施設は、次に掲げる施設とする。

一　学校教育法（昭和二十二年法律第二十六号）第百二十四条に規定する専修学校

二　次の表に掲げる施設

施設	位置
あけぼの遊園地	岡山市南区あけぼの町
岡山県岡山国際交流センター	岡山市北区奉還町二丁目
岡山県立美術館	岡山市北区天神町
岡山コンベンションセンター	岡山市北区駅元町
岡山市出石コミュニティハウス	岡山市北区幸町
岡山市内山下コミュニティハウス	岡山市北区表町二丁目
岡山市教育センター	岡山市北区寿町
岡山市教育相談室	岡山市北区新道
岡山市旭東コミュニティハウス	岡山市中区小橋町二丁目
岡山市勤労者福祉センター	岡山市北区春日町

岡山市弘西コミュニティハウス	岡山市北区番町二丁目
岡山市西大寺コミュニティハウス	岡山市東区西大寺中一丁目
岡山市鹿田コミュニティハウス	岡山市北区大供表町
岡山市深柢コミュニティハウス	岡山市北区中山下二丁目
岡山市青少年育成センター	岡山市北区東島田町二丁目
岡山市南輝コミュニティハウス	岡山市南区並木町二丁目
岡山市福祉文化会館	岡山市中区小橋町一丁目
岡山市南方コミュニティハウス	岡山市北区南方一丁目
岡山市民会館	岡山市北区丸の内二丁目
岡山シンフォニーホール	岡山市北区表町一丁目
小橋町遊園地	岡山市中区新京橋一丁目
西大寺上一丁目第二遊園地	岡山市東区西大寺上一丁目
西大寺上一丁目遊園地	岡山市東区西大寺上一丁目
西大寺市民会館	岡山市東区向州
清泰院遊園地	岡山市中区小橋町二丁目
築港栄町第二ちびっこ広場	岡山市南区築港栄町
並木町遊園地	岡山市南区並木町一丁目
西川アイプラザ	岡山市北区幸町
船着町遊園地	岡山市北区京橋町
奉還町遊園地	岡山市北区奉還町三丁目
岡山健康学院	岡山市北区田町一丁目
岡山進研学院	岡山市北区伊福町二丁目
西日本旅客鉄道株式会社大元駅駅舎	岡山市北区大元駅前
西日本旅客鉄道株式会社岡山駅駅舎	岡山市北区駅元町
倉敷市味野三丁目児童遊園	倉敷市児島味野三丁目
倉敷市味野城遊園	倉敷市児島味野城二丁目
倉敷市老松住宅遊園	倉敷市老松町三丁目
倉敷市大山名人記念館	倉敷市中央一丁目
倉敷市環境交流スクエア	倉敷市水島東千鳥町
倉敷市芸文館	倉敷市中央一丁目
倉敷市児島文化センター	倉敷市児島味野二丁目
倉敷市瀬戸大橋架橋記念館	倉敷市児島味野二丁目
倉敷市玉島歴史民族海洋資料館	倉敷市玉島中央町三丁目
倉敷市爪崎遊園	倉敷市玉島爪崎
倉敷市水島再開発団地遊園	倉敷市水島西千鳥町
倉敷市水島体育館	倉敷市水島西千鳥町
倉敷市立水島武道館	倉敷市水島青葉町
小ざくら園	倉敷市水島北幸町
西日本旅客鉄道株式会社倉敷駅駅舎	倉敷市阿知一丁目
西日本旅客鉄道株式会社新倉敷駅駅舎	倉敷市玉島爪崎
津山圏域雇用労働センター	津山市山下
津山市鶴山球技場	津山市山下
津山市中央会館	津山市昭和町一丁目
津山市ふれあいサロン	津山市南新座
津山文化センター	津山市山下
西日本旅客鉄道株式会社津山駅駅舎	津山市大谷

玉野市石井町児童遊園地	玉野市宇野二丁目
玉野市老松児童遊園地	玉野市築港一丁目
玉野市里児童遊園地	玉野市玉四丁目
玉野市市民会館	玉野市玉五丁目
玉野市総合体育館	玉野市玉二丁目
玉野市総合文化センター	玉野市宇野二丁目
玉野市玉四丁目児童遊園地	玉野市玉四丁目
玉野市西谷児童遊園地	玉野市宇野七丁目
玉野市山手児童遊園地	玉野市築港二丁目
西日本旅客鉄道株式会社宇野駅駅舎	玉野市築港一丁目
井戸公園	笠岡市笠岡
笠岡市井戸会館	笠岡市笠岡
笠岡市勤労青少年ホーム	笠岡市六番町
笠岡市番町コミュニティハウス	笠岡市七番町
笠岡市民会館	笠岡市六番町
笠岡市民ギャラリー	笠岡市笠岡
伏越会館	笠岡市笠岡
西日本旅客鉄道株式会社笠岡駅駅舎	笠岡市笠岡
西日本旅客鉄道株式会社総社駅駅舎	総社市駅前一丁目
高梁市総合福祉センター	高梁市向町
西日本旅客鉄道株式会社備中高梁駅駅舎	高梁市旭町
新見市城山体育館	新見市新見
西日本旅客鉄道株式会社新見駅駅舎	新見市西方
備前市市民センター	備前市西片上
西日本旅客鉄道株式会社西片上駅駅舎	備前市西片上
湯原温泉民族資料館	真庭市湯原温泉
真庭市オオサンショウウオ保護センター	真庭市豊栄
市営湯原温泉プール	真庭市豊栄
湯原公民館豊栄分館	真庭市豊栄
湯原テニスコート・湯原ゲートボール場	真庭市豊栄
湯原ふれあいセンター	真庭市豊栄
湯本コミュニティハウス	真庭市湯原温泉
岡山県美作ラグビー・サッカー場	美作市入田
美作市湯郷上コミュニティハウス	美作市湯郷
美作市湯郷公民館湯郷支館	美作市湯郷
美作文化センター	美作市湯郷
西日本旅客鉄道株式会社和気駅駅舎	和気郡和気町
奥津運動公園	苫田郡鏡野町
わんぱくの森	苫田郡鏡野町

附　則〔略〕

広島県

○風俗営業等の規制及び業務の適正化等に関する法律施行条例

（昭和五九・一二・二五　広島県条例二九）

最終改正　平成三〇・三・二〇　条例二一

（趣旨）

第一条　この条例は、風俗営業等の規制及び業務の適正化等に関する法律（昭和二十三年法律第百二十二号。以下「法」という。）の施行に関し必要な事項を定めるものとする。

（用語）

第二条　この条例で使用する用語は、法及び風俗営業等の規制及び業務の適正化等に関する法律施行令（昭和五十九年政令第三百十九号）で使用する用語の例による。

第三条　削除

（風俗営業の営業地域の制限）

第四条　法第四条第二項第二号の条例で定める地域は、次に掲げる地域とする。

一　都市計画法（昭和四十三年法律第百号）第八条第一項第一号に規定する第一種低層住居専用地域（以下「第一種低層住居専用地域」という。）、第二種低層住居専用地域（以下「第二種低層住居専用地域」という。）、第一種中高層住居専用地域（以下「第一種中高層住居専用地域」という。）、第二種中高層住居専用地域（以下「第二種中高層住居専用地域」という。）、第一種住居地域（以下「第一種住居地域」という。）、第二種住居地域（以下「第二種住居地域」という。）、準住居地域（以下「準住居地域」という。）及び田園住居地域（以下「田園住居地域」という。）

二　次の表の上欄に掲げる施設の敷地（これらの用に供するものと決定した土地を含む。）の周囲から、当該施設ごとに、同表の下欄に掲げる風俗営業の種別に応じ、それぞれ同欄に定める距離の区域内の地域

施設		風俗営業の種別	
種類	所在地	法第二条第一項第一号から第四号までの営業	法第二条第一項第五号の営業
学校（大学を除く。）又は図書館	商業地域	七十メートル	三十メートル
	近隣商業地域	八十メートル	四十メートル
	商業地域及び近隣商業地域以外の地域	百メートル	五十メートル
病院、診療所（四人以上の患者を入院させるための施設を有するものに限る。）又は児童福祉施設	商業地域	二十メートル	十メートル
	近隣商業地域	三十メートル	二十メートル
	商業地域及び近隣商業地域以外の地域	五十メートル	二十メートル

備考
一　商業地域及び近隣商業地域とは、都市計画法第八条第一項第一号に規定するものをいう。以下同じ。
二　病院とは、医療法（昭和二十三年法律第二百五号）第一条の五第一項に規定するものをいう。以下同じ。
三　診療所とは、医療法第一条の五第二項に規定するものをいう。以下同じ。

2　前項の規定は、臨時遊技場（法第二条第一項第四号又は第五号の営業で三月以内の期間を限つて営業するものをいう。）又は風俗営業でその営業する場所が常態として移動するものについては、適用しない。

（営業時間の制限の特例）

第五条　法第十三条第一項ただし書の条例で定める時は、午前一時とする。

2　法第十三条第一項第一号の習俗的行事その他の特別な事情のある日として条例で定める日は次の各号に掲げる日とし、同項第一号の当該事情のある地域として条例で定める地域はそれぞれ当該各号に定める地域とする。

一　十二月二十日から十二月三十一日までの日　広島県全域

二　前号に掲げるもののほか、公安委員会規則で定める日　別表に定める地域その他公安委員会規則で定める地域

3　接待飲食等営業、まあじゃん屋及び法第二条第一項第五号の営業につき法第十三条第一項第二号の午前零時以後において風俗営業を営むことが許容される特別な事情のある地域として条例で定める地域は、別表に定める地域とする。

（風俗営業の営業時間の制限）

第六条　法第二条第一項第四号の営業（まあじゃん屋を除く。）を営む風俗営業者は、広島県全域において、午前六時後午前九時までの時間及び午後十一時から翌日の午前零時前（当該翌日が前条第二項各号に掲げる特別な事情のある日のいずれかに該当する場合における当該事情のある地域については、午前一時まで）の時間においては、その営業を営んではならない。

（騒音及び振動の規制）

第七条　法第十五条（法第三十一条の二十三及び第三十二条第二項において準用する場合を含む。次項において同じ。）の条例で定める騒音に係る数値は、次の表の上欄に掲げる地域ごとに同表の下欄に掲げる時間の区分に応じ、それぞれ同欄に定める数値とする。

<table>
<tr><th rowspan="2">地域</th><th colspan="3">数値</th></tr>
<tr><th>昼間</th><th>夜間</th><th>深夜</th></tr>
<tr><td>第一種低層住居専用地域</td><td rowspan="8">五十デシベル</td><td rowspan="8">四十五デシベル</td><td rowspan="8">四十五デシベル</td></tr>
<tr><td>第二種低層住居専用地域</td></tr>
<tr><td>第一種中高層住居専用地域</td></tr>
<tr><td>第二種中高層住居専用地域</td></tr>
<tr><td>第一種住居地域</td></tr>
<tr><td>第二種住居地域</td></tr>
<tr><td>準住居地域</td></tr>
<tr><td>田園住居地域</td></tr>
<tr><td>近隣商業地域</td><td rowspan="5">六十五デシベル</td><td rowspan="6">五十五デシベル</td><td rowspan="6">五十デシベル</td></tr>
<tr><td>商業地域</td></tr>
<tr><td>準工業地域</td></tr>
<tr><td>工業地域</td></tr>
<tr><td>工業専用地域</td></tr>
<tr><td>用途地域の指定のない地域</td><td>六十デシベル</td></tr>
</table>

備考　準工業地域、工業地域、工業専用地域及び用途地域とは、都市計画法第八条第一項第一号に規定するものをいう。

2　法第十五条の条例で定める振動に係る数値は、五十五デシベルとする。

（風俗営業者の遵守事項）

第八条　風俗営業者は、次に掲げる事項を遵守しなければならない。

一　営業所で卑わいな行為若しくは容装をし、又は客にこれらの行為をさせないこと。

二　従業者から営業に関し名義のいかんを問わず金品を徴し、又は従業者の負担で特殊な容装をさせないこと。

三　営業所（旅館業の許可を受けているものを除く。）に客を宿泊させないこと。

四　従業者の間において売上競争をさせないこと。

五　客の求めない飲食物を提供しないこと。

六　通常客が自由に出入りし、又は通行するために設けられた通路以外の通路には、立入禁止の表示をするとともに客を立ち入らせないようにすること。

七　営業中において、客室への出入りが困難となるような施錠等をしないこと。

2　法第二条第一項第四号又は第五号の営業を営む風俗営業者は、前項各号に掲げる事項のほか、次に掲げる事項を遵守しなければならない。

一　著しく射幸心をそそるおそれがある方法で営業しないこと。

二　賭博その他著しく射幸心をそそるおそれのある行為をし、又は客にこれらの行為をさせないこと。

三　第三者の行為により勝敗又は賞品の得失を定めないこと。
四　営業所（ぱちんこ屋に限る。）において客に飲酒させないこと。
五　客に提供した賞品を他人に買い取らせないこと。

（年少者の立入りの制限）

第九条　法第二条第一項第五号の営業を営む風俗営業者は、午後六時以後午後十時前の時間において十六歳未満の者を営業所に客として立ち入らせるときは、保護者の同伴を求めなければならない。

（店舗型性風俗特殊営業等の禁止区域の基準となる施設）

第十条　法第二十八条第一項（法第三十一条の三第二項の規定において適用する場合及び法第三十一条の十三第一項において準用する場合を含む。）の条例で定める施設は、次に掲げる施設とする。
一　病院
二　診療所
三　博物館法（昭和二十六年法律第二百八十五号）第二条第一項に規定する博物館又は同法第二十九条の規定により文部科学大臣若しくは広島県教育委員会が博物館に相当する施設として指定した施設
四　社会教育法（昭和二十四年法律第二百七号）第二十一条に規定する公民館
五　国若しくは地方公共団体又は独立行政法人（独立行政法人通則法（平成十一年法律第百三号）第二条第一項に規定する独立行政法人をいう。）が設置した青年の家、児童文化センターその他の青少年のための教育施設
六　都市公園法（昭和三十一年法律第七十九号）第二条第一項に規定する都市公園

（店舗型性風俗特殊営業等の禁止地域）

第十一条　店舗型性風俗特殊営業、受付所営業及び店舗型電話異性紹介営業は、次の表の上欄に掲げる営業の種別ごとに、同表の下欄に掲げる地域においては、これを営んではならない。

営業の種別		禁止地域
法第二条第六項第一号の営業 法第二条第六項第二号の営業 法第二条第六項第三号の営業 法第二条第六項第五号の営業 法第二条第六項第六号の政令で定める営業 受付所営業 法第二条第九項の営業		広島県全域（広島市中区薬研堀一番街区、四番街区、五番街区及び八番街区並びに同区弥生町三番街区及び六番街区を除く。）
法第二条第六項第四号の営業	個室に自動車の車庫（天井（天井のない場合にあつては、屋根）及び二以上の側壁（ついたて、カーテンその他これらに類するものを含む。）を有するものに限る。以下同じ。）が個々に接続する施設であつて、次のいずれかに該当する構造及び設備を設けるもの (1)　個室に接続する車庫の出入口が扉等によつて遮へいできるもの (2)　車庫の内部から個室に通ずる専用の人の出入口又は階段若しくは昇降機が設けられているもの (3)　個室と車庫とが専用の通路によつて接続されているものにあつては、当該通路の内部が外部から見えないもの	広島県全域
	その他のもの	広島県全域（商業地域を除く。）

（店舗型性風俗特殊営業等の営業時間の制限）

第十二条　店舗型性風俗特殊営業（法第二十八条第四項に規定するものに限る。）、受付所営業又は店舗型電話異性紹介営業を営む者は、深夜においては、その営業を営んではならない。

（性風俗関連特殊営業の広告制限地域）

第十二条の二　法第二十八条第五項第一号ロ（法第三十一条の十三第一項において準用する場合を含む。）の条例で定める地域は、第十一条により、営業の種別に応じ、当該営業が禁止される地域とする。
2　法第三十一条の三第一項、法第三十一条の八第一項及び法第三十一条の十八第一項において準用する法第二十八条第五項第一号ロの条例で定める地域は、広島県全域（広島市中区薬研堀一番街区、四番街区、五番街区及び八番

街区並びに同区弥生町三番街区及び六番街区を除く。）とする。

（特定遊興飲食店営業の許可に係る営業所設置許容地域）

第十二条の三　法第三十一条の二十三において準用する法第四条第二項第二号の条例で定める地域は、別表に定める地域のうち、次の各号に掲げる施設の敷地（これらの用に供するものと決定した土地を含む。）の周囲から二十メートルの区域内の地域以外の地域とする。

一　病院

二　診療所（四人以上の患者を入院させるための施設を有するものに限る。）

三　児童福祉施設（特にその周辺の深夜における良好な風俗環境を保全する必要がある施設として公安委員会規則で定めるものに限る。）

（特定遊興飲食店営業の営業時間の制限）

第十二条の四　特定遊興飲食店営業者は、広島県全域において、午前五時から午前六時までの時間においては、その営業を営んではならない。

（特定遊興飲食店営業者の遵守事項）

第十二条の五　特定遊興飲食店営業者は、次に掲げる事項を遵守しなければならない。

一　営業所で卑わいな行為若しくは容装をし、その他善良の風俗を害する行為をし、又は客にこれらの行為をさせないこと。

二　客の求めない飲食物を提供しないこと。

三　営業中において、客室への出入りが困難となるような施錠等をしないこと。

（深夜における酒類提供飲食店営業の禁止地域）

第十三条　酒類提供飲食店営業は、第一種低層住居専用地域、第二種低層住居専用地域、第一種中高層住居専用地域、第二種中高層住居専用地域、第一種住居地域、第二種住居地域、準住居地域及び田園住居地域においては、深夜においてこれを営んではならない。

（風俗環境保全協議会を置く地域）

第十四条　法第三十八条の四第一項の条例で定める地域は、別表に定める地域とする。

（公安委員会規則への委任）

第十五条　この条例に定めるもののほか、この条例の施行に関し必要な事項は、公安委員会規則で定める。

附　則〔略〕

別表（第五条、第十二条の三、第十四条関係）

広島市中区のうち銀山町、胡町一番街区から五番街区まで、堀川町一番街区から四番街区まで、新天地一番街区、六番街区及び七番街区、流川町、薬研堀、弥生町、西平塚町、田中町並びに三川町一番街区、八番街区及び九番街区

○風俗営業等の規制及び業務の適正化等に関する法律施行細則

（昭和六〇・二・七　広島県公安委員会規則二）

最終改正　平成二九・三・二一　公安委員会規則六

（習俗的行事その他の特別な事情のある日等）

第一条　風俗営業等の規制及び業務の適正化等に関する法律施行条例（昭和五十九年広島県条例第二十九号。以下「条例」という。）第五条第二項第二号の公安委員会規則で定める特別な事情がある日は、別表の左〔上〕欄に掲げる行事がある日及びその翌日とし、地域は、同表の右〔下〕欄に掲げるとおりとする。

（保全対象施設）

第一条の二　条例第十二条の三第三号の公安委員会規則で定める特にその周辺の深夜における良好な風俗環境を保全する必要がある児童福祉施設は、次の各号に掲げる施設とする。

一　助産施設
二　乳児院
三　母子生活支援施設
四　児童養護施設
五　障害児入所施設
六　児童心理治療施設
七　児童自立支援施設

（医師の指定等）

第二条　風俗営業等の規制及び業務の適正化等に関する法律（昭和二十三年法律第百二十二号）第四十一条の二の規定による医師の指定は、精神保健及び精神障害者福祉に関する法律（昭和二十五年法律第百二十三号）第十八条第一項の規定により精神保健指定医に指定された医師（以下「精神保健指定医」という。）のうちから行うものとする。

2　前項の医師の指定は、それぞれ別の病院又は診療所に勤務する精神保健指定医から二人以上行うものとする。

3　前項の指定の効力は、当該指定を受けた日から起算して二年とする。ただし、再指定を妨げない。

（指定の公示）

第三条　広島県公安委員会は、前条の規定による医師の指定を行つたときは、その旨を公示するものとする。

（委任）

第四条　この公安委員会規則の施行に関し必要な事項は、警察本部長が定める。

附　則〔略〕

別表

行事	地域
広島フラワーフェスティバル	広島市（条例別表に定める地域を除く。）
とうかさん	〃
えびす大祭	〃
呉みなと祭り	呉市
亀山神社秋季大祭	〃
宮島管絃祭	廿日市市
大竹祭り	大竹市
竹原夏祭り	竹原市
市入祭	安芸高田市
吉備津彦神社礼祭	尾道市
やっさ祭り	三原市
福山バラ祭り	福山市
府中ドレミファフェスティバル	府中市
庄原よいとこ祭り	庄原市
三次きんさい祭り	三次市

○広島県歓楽的雰囲気を過度に助長する風俗案内の防止に関する条例

（平成一八・三・二七 広島県条例四）

最終改正　平成三〇・三・二〇　条例二一

（目的）

第一条　この条例は、地域の歓楽的雰囲気を過度に助長するような方法による風俗案内を防止するために必要な規制を行うことにより、青少年をその健全な成長を阻害する行為から保護するとともに、繁華街その他の地域における健全なまちづくりに資することを目的とする。

（定義）

第二条　この条例において「接待風俗営業」とは、風俗営業等の規制及び業務の適正化等に関する法律（昭和二十三年法律第百二十二号。以下「法」という。）第二条第一項第一号に規定する営業をいう。

2　この条例において「性風俗特殊営業」とは、法第二条第六項第一号若しくは第二号又は第七項第一号に規定する営業をいう。

3　この条例において「風俗案内」とは、有償又は無償で行う次の各号のいずれかに掲げる行為（接待風俗営業又は性風俗特殊営業を営む者が当該営業に関して行うものを除く。）をいう。

一　特定の接待風俗営業又は性風俗特殊営業に係る次のいずれかに掲げる事項に関する情報の提供を受けようとする者の求めに応じ、当該情報を提供すること。

イ　客が受けることのできる接待（歓楽的雰囲気を醸し出す方法により客をもてなすことをいう。以下同じ。）又は客が提供を受けることのできる特殊役務（異性の客の性的好奇心に応じてその客に接触する役務をいう。以下同じ。）の内容

ロ　接待又は特殊役務に従事する者に関する事項

ハ　客が接待又は特殊役務の提供を受けることのできる時間

ニ　客がすることのできる遊興又は飲食に関する事項
ホ　客が支払うべき料金

二　前号イからホまでのいずれかに掲げる事項について条件を指定して、当該条件に合致する接待風俗営業又は性風俗特殊営業の営業所、事務所又は受付所（法第三十一条の二第一項第七号に規定する受付所をいう。次号及び第四号において同じ。）の名称、所在地又は電話番号その他の連絡先に関する情報の提供を受けようとする者の求めに応じ、当該情報を提供すること。

三　接待風俗営業又は性風俗特殊営業の客となろうとする者を、当該営業の営業所若しくは受付所又は当該営業を営む者が指定する場所に送り届けること。

四　接待風俗営業又は性風俗特殊営業の客となろうとする者に対し、その者を当該営業の営業所若しくは受付所又は当該営業を営む者が指定する場所に送り届ける者と待ち合わせるための場所を提供すること。

五　前各号に掲げるもののほか、接待風俗営業又は性風俗特殊営業の客となろうとする者のため、当該営業を営む者から接待又は特殊役務の提供を受けることについて、代理して契約を締結し、媒介をし、又は取次ぎをすること。

4　この条例において「風俗案内業」とは、風俗案内を行うための施設（以下「事業所」という。）を設け、当該事業所において風俗案内を行う事業をいう。

（禁止地域）

第三条　何人も、次に掲げる地域（上空及び地下の空間を含む。）においては、風俗案内業を行ってはならない。

一　都市計画法（昭和四十三年法律第百号）第八条第一項第一号に規定する第一種低層住居専用地域、第二種低層住居専用地域、第一種中高層住居専用地域、第二種中高層住居専用地域、第一種住居地域、第二種住居地域、準住居地域及び田園住居地域

二　都市計画法第八条第一項第一号に規定する商業地域（以下「商業地域」という。）のうち、別表第一に掲げる街区及びそれらの街区に接する道路の部分

三　前二号に掲げる地域のほか、次の表の上欄に掲げる施設の敷地の周囲から、当該施設ごとにそれぞれ同表の下欄に定める距離の区域内の地域

施設		距離
広島県青少年健全育成条例（昭和五十四年広島県条例第二号）第三十八条の三第一項各号に掲げる施設		二百メートル
平和記念公園（広島市中区大手町一丁目十番街区及び同区中島町一番街区（平和大通りの北側の路端より北の部分に限る。））		二百メートル
図書館法（昭和二十五年法律第百十八号）第二条第一項に規定する図書館	商業地域に所在するもの	七十メートル
	都市計画法第八条第一項第一号に規定する近隣商業地域（以下「近隣商業地域」という。）に所在するもの	八十メートル
	商業地域及び近隣商業地域以外の地域に所在するもの	百メートル
医療法（昭和二十三年法律第二百五号）第一条の五第一項に規定する病院又は同条第二項に規定する診療所（四人以上の患者を入院させるための施設を有するものに限る。）	商業地域に所在するもの	二十メートル
	近隣商業地域に所在するもの	三十メートル
	商業地域及び近隣商業地域以外の地域に所在するもの	五十メートル

2　前項の規定は、現に第五条第一項の規定による届出をして風俗案内業を行っている者の当該事業所の所在地が、前項各号のいずれかに新たに該当することとなった場合の当該風俗案内業については、該当することとなった日から一年間は、適用しない。

（欠格事由）

第四条　次の各号のいずれかに該当する者は、風俗案内業を行ってはならない。

一　成年被後見人若しくは被保佐人又は破産者で復権を得ないもの

二　一年以上の懲役若しくは禁錮の刑に処せられ、又は次に掲げる罪を犯し

て一年未満の懲役若しくは罰金の刑に処せられ、その執行を終わり、又は執行を受けることがなくなった日から起算して五年を経過しない者
イ　第十七条第一項の罪
ロ　法第四十九条又は第五十条第一項（第四号から第九号までに係る部分に限る。）の罪
ハ　売春防止法（昭和三十一年法律第百十八号）第六条の罪
ニ　児童買春、児童ポルノに係る行為等の規制及び処罰並びに児童の保護等に関する法律（平成十一年法律第五十二号）第五条又は第六条の罪
ホ　公衆に著しく迷惑をかける暴力的不良行為等の防止に関する条例（昭和三十八年広島県条例第十五号）第十五条第一項第三号、同条第二項、同条第三項第二号若しくは第三号、同条第四項又は同条第五項の罪
三　最近五年間に第十二条又は第十三条の規定による命令に違反した者
四　暴力団員による不当な行為の防止等に関する法律（平成三年法律第七十七号）第二条第六号に規定する暴力団員（この号において「暴力団員」という。）である者又は暴力団員でなくなった日から五年を経過しない者
五　アルコール、麻薬、大麻、あへん又は覚醒剤の中毒者
六　営業に関し成年者と同一の行為能力を有しない未成年者
七　法人で、その役員（業務を執行する社員、取締役、執行役又はこれらに準ずる者をいう。以下同じ。）又は相談役、顧問その他いかなる名称を有する者であるかを問わず、役員と同等以上の支配力を有するものと認められる者（以下「役員等」という。）のうちに第一号から第五号までのいずれかに該当する者があるもの

（届出）
第五条　風俗案内業を行おうとする者は、風俗案内を開始する日の十日前までに当該事業所ごとに、広島県公安委員会規則（以下「公安委員会規則」という。）で定めるところにより、次に掲げる事項を広島県公安委員会（以下「公安委員会」という。）に届け出なければならない。
一　氏名、住所及び生年月日（法人にあっては、その名称、主たる事務所の所在地並びに代表者及び役員の氏名、住所及び生年月日）
二　事業所の名称及び所在地
三　事業所の構造及び設備の概要
四　事業所における風俗案内業に係る業務の実施を統括して管理する者の氏名、住所及び生年月日
五　風俗案内を開始しようとする年月日
2　前項の規定による届出をした者は、その届出に係る事項（同項第二号に掲げる事項にあっては、事業所の名称に限る。）に変更があったとき、又はその届出に係る風俗案内をやめたときは、その変更があった日又は風俗案内をやめた日から十日以内に、公安委員会規則で定めるところにより、その旨を公安委員会に届け出なければならない。
3　前二項の規定による届出には、風俗案内業の方法を記載した書類その他の公安委員会規則で定める書類を添付しなければならない。

（名義貸しの禁止）
第六条　前条第一項の規定による届出をした者は、自己の名義をもって、他人に風俗案内業を行わせてはならない。

（禁止行為）
第七条　風俗案内業を行う者（以下「事業者」という。）は、風俗案内に関し、次に掲げる行為をしてはならない。
一　広島市中区薬研堀一番街区、四番街区、五番街区及び八番街区並びに同区弥生町三番街区及び六番街区（法第二十八条第一項に規定する区域を除く。）以外の地域において、性風俗特殊営業に関し、風俗案内を行うこと。
二　法第三条第一項の規定に違反して営まれている接待風俗営業又は法第二十七条第一項の規定若しくは法第三十一条の二の規定に違反して営まれている性風俗特殊営業に関し、風俗案内を行うこと。
三　午前零時（別表第二に定める地域にあっては、午前一時）から午前六時までの時間において、風俗案内を行うこと。
四　事業所周辺において、公安委員会規則で定める数値以上の騒音を生じさせること。
五　事業所の外周に、又は外部から見通すことができる状態にしてその内部に、接待風俗営業又は性風俗特殊営業において提供される行為若しくはこれに従事する者を表すもの又はこれらを連想させるものとして、公安委員会規則で定める基準に該当する写真、絵その他の物品を表示し、掲出し、又は配置すること。

六　事業所の外周に、又は外部から見通すことができる状態にしてその内部に、性的感情を刺激するものとして、公安委員会規則で定める基準に該当する文字、数字その他の記号を表示し、又は表示したものを掲出し、若しくは配置すること。
七　事業所で十八歳未満の者を利用者（接待風俗営業又は性風俗特殊営業に係る第二条第三項第一号イからホまでに係る情報の提供を受けようとする者をいう。以下同じ。）に接する業務に従事させること。
八　十八歳未満の者を事業所に利用者として立ち入らせること。
九　接待風俗営業の営業所において卑わいな行為が行われていると思わせるような事項を利用者に告げること。
十　卑わいな行為が行われている接待風俗営業に関し、風俗案内を行うこと。

（風俗案内受託時の許可証等の確認等）
第八条　事業者は、接待風俗営業を営む者又は性風俗特殊営業を営む者から事業所で行う風俗案内を受託する場合は、あらかじめ、当該営業を営む者が法第三条第一項に規定する許可を受けていること又は法第二十七条第一項若しくは第三十一条の二第一項の規定による届出をしていることを確認しなければならない。
2　事業者は、事業所ごとに公安委員会規則で定める方法による台帳を備え、前項の規定による確認をしたときは、これに同項の営業を営む者に係る氏名又は名称、営業の種別その他公安委員会規則で定める事項を記載しなければならない。

（風俗案内業務に従事させようとする者の生年月日の確認等）
第九条　事業者は、公安委員会規則で定める方法により、風俗案内業に係る業務に従事させようとする者の生年月日を確認しなければならない。
2　事業者は、前項の規定による確認をしたときは、公安委員会規則で定めるところにより、当該確認に係る記録を作成し、これを保存しなければならない。

（従業者名簿）
第十条　事業者は、公安委員会規則で定めるところにより、事業所ごとに、従業者名簿を備え、これに当該事業所における風俗案内業に係る業務に従事する事業者の代理人、使用人その他の従業者（以下「従業者等」という。）の氏名、住所及び生年月日その他公安委員会規則で定める事項を記載しなければならない。

（指示）
第十一条　公安委員会は、事業者又は従業者等が当該風俗案内業に関し、この条例の規定又は他の法令の規定に違反した場合において青少年の健全な成長を阻害し、若しくは繁華街その他の地域における健全なまちづくりに障害を及ぼすおそれがあると認めるときは、当該事業者に対し、青少年の健全な成長を阻害する行為又は繁華街その他の地域における健全なまちづくりに障害を及ぼす行為を防止するため必要な指示をすることができる。

（事業停止命令）
第十二条　公安委員会は、事業者若しくは従業者等が当該風俗案内業に関し、この条例の規定若しくは他の法令の規定に違反した場合において青少年の健全な成長を著しく阻害し、若しくは繁華街その他の地域における健全なまちづくりに著しい障害を及ぼすおそれがあると認めるとき、又は事業者が前条の規定による指示に違反したときは、当該事業者に対し、六月を超えない範囲内で期間を定めて当該風俗案内業の全部又は一部の停止を命ずることができる。

（事業廃止命令）
第十三条　公安委員会は、事業者について次の各号のいずれかに該当していることが判明したときは、当該事業者に対し、その者が行う当該風俗案内業の廃止を命じることができる。
一　第三条第一項の規定に違反したこと。
二　第四条各号のいずれかに該当していること。
三　本人又は役員等が、現に広島県暴力団排除条例（平成二十二年広島県条例第三十七号）第十九条第三項の規定により公表されていること。

（聴聞の特例）
第十四条　公安委員会は、前二条の規定により風俗案内業の停止又は廃止を命じようとするときは、広島県行政手続条例（平成七年広島県条例第一号。以下「行政手続条例」という。）第十三条第一項の規定による意見陳述のための手続の区分にかかわらず、聴聞を行わなければならない。

2　公安委員会は、前項の聴聞を行うに当たっては、その期日の一週間前までに、行政手続条例第十五条第一項の規定による通知をし、かつ、聴聞の期日及び場所を公示しなければならない。

3　前項の通知を行政手続条例第十五条第三項に規定する方法によって行う場合においては、同条第一項の規定により聴聞の期日までにおくべき相当な期間は、二週間を下回ってはならない。

4　第一項の聴聞の期日における審理は、公開により行わなければならない。

（報告の徴収及び立入調査）

第十五条　公安委員会は、この条例の施行に必要な限度において、事業者に対し、その業務に関し報告若しくは資料の提出を求め、又は警察職員に、その事業所に立ち入り、書類その他の物件を調査させ、若しくは関係者に質問させることができる。

2　前項の規定により警察職員が立ち入るときは、その身分を示す証明書を携帯し、関係者に提示しなければならない。

3　第一項の規定による権限は、犯罪捜査のために認められたものと解してはならない。

（公安委員会規則への委任）

第十六条　この条例の施行に関し必要な事項は、公安委員会規則で定める。

（罰則）

第十七条　次の各号のいずれかに該当する者は、六月以下の懲役又は五十万円以下の罰金に処する。

一　第三条第一項、第六条又は第七条第一号、第七号若しくは第八号の規定に違反した者

二　第十二条又は第十三条の規定による命令に違反した者

2　第七条第七号に掲げる行為をした者は、当該十八歳未満の者の年齢を知らないことを理由として、前項の規定による処罰を免れることができない。ただし、過失のないときは、この限りでない。

第十八条　次の各号のいずれかに該当する者は、三十万円以下の罰金に処する。

一　第五条第一項の規定による届出（同条第三項に規定する書類が添付されているものに限る。）をしないで風俗案内業を行った者

二　第五条第二項の規定による届出（同条第三項に規定する書類が添付されているものに限る。）をしなかった者

三　第五条第一項又は第二項の規定により届出をしなければならない場合において、虚偽の届出（同条第三項の規定により添付した書類に虚偽の記載がある場合を含む。）をした者

第十九条　次の各号のいずれかに該当する者は、二十万円以下の罰金に処する。

一　第八条第二項の規定に違反して、台帳を備えず、又はこれに必要な記載をせず、若しくは虚偽の記載をした者

二　第九条第二項の規定に違反して、記録を作成せず、若しくは虚偽の記録を作成し、又は記録を保存しなかった者

三　第十条の規定に違反して、従業者名簿を備えず、又はこれに必要な記載をせず、若しくは虚偽の記載をした者

四　第十五条第一項の規定に違反して報告をせず、若しくは資料を提出せず、若しくは同項の報告若しくは資料の提出について虚偽の報告をし、若しくは虚偽の資料を提出し、又は同項の規定による立入調査を拒み、妨げ、若しくは忌避した者

（両罰規定）

第二十条　法人の代表者又は法人若しくは人の代理人、使用人その他の従業者が、その法人又は人の業務に関し、前三条の違反行為をしたときは、行為者を罰するほか、その法人又は人に対しても各本条の罰金刑を科する。

附　則〔略〕

別表第一（第三条関係）

一　広島市中区基町六番街区及び十一番街区から十三番街区まで
二　広島市中区八丁堀一番街区、四番街区から六番街区まで、十二番街区及び十四番街区から十六番街区まで
三　広島市中区鉄砲町一番街区、二番街区、五番街区から八番街区まで及び十番街区
四　広島市中区幟町十三番街区から十五番街区まで
五　広島市中区橋本町九番街区から十一番街区まで
六　広島市中区銀山町一番街区から四番街区まで及び十八番街区
七　広島市中区胡町一番街区及び四番街区から六番街区まで
八　広島市中区堀川町四番街区及び五番街区
九　広島市中区立町一番街区及び二番街区
十　広島市中区紙屋町一丁目一番街区から三番街区まで
十一　広島市中区紙屋町二丁目一番街区から三番街区まで
十二　広島市中区大手町一丁目一番街区及び二番街区
十三　広島市中区大手町二丁目一番街区、七番街区、八番街区及び十番街区から十二番街区まで
十四　広島市中区大手町三丁目一番街区から三番街区まで、七番街区、八番街区及び十三番街区
十五　広島市中区大手町四丁目一番街区及び七番街区
十六　広島市中区大手町五丁目一番街区
十七　広島市中区本通六番街区及び七番街区
十八　広島市中区新天地一番街区、二番街区、五番街区及び六番街区
十九　広島市中区東平塚町四番街区、五番街区、十番街区、十二番街区及び十三番街区
二十　広島市中区田中町五番街区及び六番街区
二十一　広島市中区三川町一番街区、二番街区及び七番街区から十番街区まで
二十二　広島市中区袋町三番街区から五番街区まで
二十三　広島市中区中町七番街区から十番街区まで
二十四　広島市中区小町一番街区から四番街区まで
二十五　広島市中区富士見町一番街区から四番街区まで
二十六　広島市中区宝町一番街区
二十七　広島市中区鶴見町一番街区から四番街区まで
二十八　広島市中区国泰寺町一丁目三番街区、四番街区及び六番街区
二十九　広島市中区国泰寺町二丁目三番街区
三十　広島市中区中島町二番街区から四番街区まで
三十一　広島市南区大須賀町九番街区及び十三番街区
三十二　広島市南区松原町二番街区、五番街区及び九番街区から十二番街区まで
三十三　広島市南区京橋町一番街区、十番街区及び十四番街区
三十四　広島市南区的場町一丁目一番街区、二番街区及び十一番街区
三十五　広島市南区金屋町二番街区及び三番街区
三十六　広島市南区稲荷町一番街区から五番街区まで、七番街区及び八番街区
三十七　広島市南区松川町一番街区から三番街区まで

備考　この表に掲げる街区は、平成二十六年十一月二十日におけるものとし、これを基準とした第三条第一項第二号に規定する区域の範囲は、その後において行政区画（市内の町及び街区を含む。以下同じ。）に変更があっても、これによって影響されないものとする。

別表第二（第七条関係）

広島市中区のうち銀山町五番街区から十七番街区まで、胡町二番街区及び三番街区、堀川町一番街区から三番街区まで、新天地七番街区、流川町、薬研堀、弥生町、西平塚町並びに田中町一番街区から四番街区までの区域

備考　この表に掲げる区域は、平成二十四年一月一日における行政区画によって表示されたものとする。

○風俗営業等の規制及び業務の適正化等に関する条例

（昭和五九・一二・二六　山口県条例三二）

最終改正　平成三〇・三・二〇　条例四

（趣旨）

第一条　この条例は、風俗営業等の規制及び業務の適正化等に関する法律（昭和二十三年法律第百二十二号。以下「法」という。）第四条第二項第二号（法第三十一条の二十三において準用する場合を含む。）、第十三条第一項、第十五条（法第三十一条の二十三及び第三十二条第二項において準用する場合を含む。）、第二十一条（法第三十一条の二十三において準用する場合を含む。）、第二十二条第二項、第二十八条第一項、第二項及び第四項（これらの規定を法第三十一条の三第二項において適用する場合及び法第三十一条の十三第一項において準用する場合を含む。）並びに同条第五項第一号ロ（法第三十一条の三第一項、第三十一条の八第一項、第三十一条の十三第一項及び第三十一条の十八第一項において準用する場合を含む。）、第三十一条の二十三において準用する法第十三条第二項、第三十三条第四項並びに第三十八条の四第一項の規定に基づき、風俗営業等の営業時間、営業区域等について必要な規制及び風俗営業の業務の適正化等について必要な事項を定めるものとする。

（用語の意義）

第二条　この条例において、次の各号に掲げる用語の意義は、当該各号に定めるところによる。

一　風俗営業　法第二条第一項に規定する風俗営業をいう。

二　風俗営業者　法第二条第二項に規定する風俗営業者をいう。

三　店舗型性風俗特殊営業　法第二条第六項に規定する店舗型性風俗特殊営業をいう。

四　店舗型電話異性紹介営業　法第二条第九項に規定する店舗型電話異性紹介営業をいう。

五　特定遊興飲食店営業　法第二条第十一項に規定する特定遊興飲食店営業をいう。

六　特定遊興飲食店営業者　法第二条第十二項に規定する特定遊興飲食店営業者をいう。

七　受付所営業　法第三十一条の二第四項に規定する受付所営業をいう。

八　第一種低層住居専用地域、第二種低層住居専用地域、第一種中高層住居専用地域、第二種中高層住居専用地域、第一種住居地域、第二種住居地域、準住居地域、田園住居地域又は商業地域　それぞれ、都市計画法（昭和四十三年法律第百号）第八条第一項第一号に掲げる第一種低層住居専用地域、第二種低層住居専用地域、第一種中高層住居専用地域、第二種中高層住居専用地域、第一種住居地域、第二種住居地域、準住居地域、田園住居地域又は商業地域をいう。

第三条　削除

（風俗営業の場所に関する許可の基準）

第四条　法第四条第二項第二号の条例で定める地域は、次に掲げる地域とする。

一　第一種低層住居専用地域、第二種低層住居専用地域、第一種中高層住居専用地域、第二種中高層住居専用地域、第一種住居地域、第二種住居地域、準住居地域及び田園住居地域（法第二条第一項第五号の営業にあつては、第一種低層住居専用地域、第二種低層住居専用地域、第一種中高層住居専用地域、第二種中高層住居専用地域及び田園住居地域）

二　前号に掲げる地域以外の地域のうち、別表第一の上欄に掲げる施設の敷地（これらの用に供するものと決定した土地を含む。）の周囲で、当該施設ごとに、同表の下欄に掲げる営業の区分に応じ、それぞれ同欄に定める距離の区域内の地域

2　前項の規定は、風俗営業でその営業所が常態として移動するもの又は法第二条第一項第四号の営業でその営業所が一時的に設けられるものについては、適用しない。

（風俗営業の営業時間の延長）

第五条　法第十三条第一項ただし書の条例で定める時は、午前一時とする。

2　法第十三条第一項第一号の条例で定める日は、一月一日から同月四日ま

で、八月十四日から同月十七日まで及び十二月二十五日から同月三十一日までとし、同号の条例で定める地域は、山口県の区域とする。

3　法第十三条第一項第二号の条例で定める地域は、ぱちんこ屋及び風俗営業等の規制及び業務の適正化等に関する法律施行令（昭和五十九年政令第三百十九号。以下「政令」という。）第八条に規定する営業以外の風俗営業に限り、別表第一の二に定める地域とする。

（風俗営業の営業時間の制限）

第五条の二　法第二条第一項第四号の営業（まあじやん屋を除く。）を営む風俗営業者は、山口県の区域内において、午前六時後午前九時までの時間及び午後十一時から翌日の午前零時前（当該翌日が前条第二項に規定する日にあつては、午前一時まで）の時間においては、その営業を営んではならない。

（風俗営業に係る騒音及び振動の数値）

第六条　騒音に係る法第十五条の条例で定める数値は、別表第二の上欄に掲げる地域ごとに、同表の下欄に掲げる時間の区分に応じ、それぞれ同欄に定める数値とする。

2　振動に係る法第十五条の条例で定める数値は、五十五デシベルとする。

（風俗営業者の遵守事項）

第七条　風俗営業者は、次に掲げる事項を遵守しなければならない。

一　営業所において卑わいな行為その他善良の風俗を害する行為をし、又は客にこれらの行為をさせないこと。

二　営業所において店舗型性風俗特殊営業、受付所営業又は店舗型電話異性紹介営業を営まないこと。

三　営業の用に供する家屋又は施設（旅館業法（昭和二十三年法律第百三十八号）第二条第一項に規定する旅館業の施設と兼業するものを除く。）に客を宿泊させ、又は就寝させないこと。

四　営業所において賭博類似行為その他著しく射幸心をそそるおそれのある行為をし、又は客にこれらの行為をさせないこと。

五　客の求めない飲食物を提供しないこと。

2　法第二条第一項第四号の営業（ぱちんこ屋及び政令第十五条に規定する営業に限る。）を営む風俗営業者は、前項各号に掲げる事項のほか、次に掲げる事項を遵守しなければならない。

一　客に提供した賞品を買い取らせないこと。

二　著しく射幸心をそそるおそれのある方法で営業を営まないこと。

三　営業所において客に飲酒をさせないこと。

（法第二条第一項第五号の営業に係る営業所への年少者の立入りの制限）

第八条　法第二条第一項第五号の営業を営む風俗営業者は、午後六時後午後十時前の時間において十六歳未満の者を営業所に客として立ち入らせるときは、保護者の同伴を求めなければならない。

（店舗型性風俗特殊営業、受付所営業及び店舗型電話異性紹介営業の禁止区域の基準となる施設）

第九条　法第二十八条第一項（法第三十一条の三第二項において適用する場合及び法第三十一条の十三第一項において準用する場合を含む。）の条例で定める施設は、次に掲げる施設とする。

一　商業地域以外の地域にある病院（医療法（昭和二十三年法律第二百五号）第一条の五第一項に規定する病院をいう。以下同じ。）又は診療所（同条第二項に規定する診療所のうち患者を入院させるための施設を有するものをいう。以下同じ。）

二　博物館（博物館法（昭和二十六年法律第二百八十五号）第二条第一項に規定する博物館をいう。以下同じ。）

三　社会教育法（昭和二十四年法律第二百七号）第二条に規定する社会教育に関する施設のうち、専ら少年の健全な育成を図ることを目的とするもので公安委員会規則で定めるもの

四　学校教育法（昭和二十二年法律第二十六号）第百二十四条に規定する専修学校（高等課程を置くものに限る。）又は同法第百三十四条第一項に規定する各種学校（公安委員会規則で定めるものに限る。）

（店舗型性風俗特殊営業、受付所営業及び店舗型電話異性紹介営業の禁止地域）

第十条　店舗型性風俗特殊営業は、別表第三の上欄に掲げる営業の区分に応じ、それぞれ同表の下欄に定める地域内においては、これを営んではならない。

2　受付所営業は、別表第三の二号営業の項に定める地域内においては、これを営んではならない。

3　店舗型電話異性紹介営業は、別表第三の五号営業の項に定める地域内にお

いては、これを営んではならない。

（店舗型性風俗特殊営業、受付所営業及び店舗型電話異性紹介営業の営業時間の制限）

第十一条　店舗型性風俗特殊営業（法第二十八条第四項に規定するものに限る。）、受付所営業又は店舗型電話異性紹介営業を営む者は、深夜（午前零時から午前六時までの時間をいう。以下同じ。）においては、その営業を営んではならない。

（性風俗関連特殊営業に係る広告又は宣伝の制限地域）

第十一条の二　法第二十八条第五項第一号ロに規定する条例で定める地域は、別表第四の上欄に掲げる営業の区分に応じ、それぞれ同表の下欄に定める地域とする。

2　法第三十一条の三第一項において準用する法第二十八条第五項第一号ロに規定する条例で定める地域は、次の各号に掲げる営業の区分に応じ、それぞれ当該各号に定める地域とする。

一　法第二条第七項第一号に掲げる営業　別表第四の二号営業の項に定める地域

二　法第二条第七項第二号に掲げる営業　別表第四の五号営業の項に定める地域

3　法第三十一条の八第一項において準用する法第二十八条第五項第一号ロ、法第三十一条の十三第一項において準用する法第二十八条第五項第一号ロ及び法第三十一条の十八第一項において準用する法第二十八条第五項第一号ロに規定する条例で定める地域は、別表第四の五号営業の項に定める地域とする。

（特定遊興飲食店営業の場所に関する許可の基準）

第十一条の三　法第三十一条の二十三において準用する法第四条第二項第二号の条例で定める地域は、別表第五に掲げる地域（次に掲げる施設の敷地（これらの用に供するものと決定した土地を含む。）の周囲五十メートルの区域内を除く。）とする。

一　児童福祉法（昭和二十二年法律第百六十四号）に規定する助産施設、乳児院、母子生活支援施設、児童養護施設、障害児入所施設、児童心理治療施設又は児童自立支援施設

二　病院又は診療所

（特定遊興飲食店営業の営業時間の制限）

第十一条の四　特定遊興飲食店営業者は、山口県の区域内において、午前五時から午前六時までの時間においては、その営業を営んではならない。

（特定遊興飲食店営業に係る騒音及び振動の数値）

第十一条の五　騒音に係る法第三十一条の二十三において準用する法第十五条の条例で定める数値は、別表第二の上欄に掲げる地域ごとに、それぞれ同表の下欄に定める深夜に係る数値とする。

2　振動に係る法第三十一条の二十三において準用する法第十五条の条例で定める数値は、五十五デシベルとする。

（特定遊興飲食店営業者の遵守事項）

第十一条の六　第七条第一項の規定は、特定遊興飲食店営業者について準用する。

（深夜における飲食店営業に係る騒音及び振動の数値）

第十二条　騒音に係る法第三十二条第二項において準用する法第十五条の条例で定める数値は、別表第二の上欄に掲げる地域ごとに、それぞれ同表の下欄に定める深夜に係る数値とする。

2　振動に係る法第三十二条第二項において準用する法第十五条の条例で定める数値は、五十五デシベルとする。

（深夜における酒類提供飲食店営業の禁止地域）

第十三条　法第二条第十三項第四号に規定する酒類提供飲食店営業は、第一種低層住居専用地域、第二種低層住居専用地域、第一種中高層住居専用地域、第二種中高層住居専用地域、第一種住居地域、第二種住居地域、準住居地域及び田園住居地域内においては、深夜においてこれを営んではならない。

（良好な風俗環境の保全を図るべき地域）

第十四条　法第三十八条の四第一項の条例で定める地域は、別表第六に掲げる地域とする。

（公安委員会規則への委任）

第十五条　この条例に定めるもののほか、この条例の施行について必要な事項は、公安委員会規則で定める。

附　則〔略〕

別表第一（第四条関係）

施設の種類	所在地域	距離 風俗営業（法第二条第一項第五号の営業を除く。）	法第二条第一項第五号の営業
学校	商業地域	七十メートル	三十メートル
	商業地域以外の地域	百メートル	五十メートル
図書館、博物館又は児童福祉施設	商業地域	三十メートル	二十メートル
	商業地域以外の地域	五十メートル	三十メートル
病院又は診療所	商業地域以外の地域	五十メートル	三十メートル

備考　学校、図書館又は児童福祉施設とは、それぞれ、法第二十八条第一項に規定する学校、図書館又は児童福祉施設をいう。

別表第一の二（第五条関係）

一　下関市細江町一丁目、豊前田町一丁目、豊前田町二丁目、竹崎町一丁目、竹崎町二丁目及び竹崎町三丁目の区域（公安委員会規則で定めるものに限る。）

二　宇部市新天町一丁目、新天町二丁目、松島町、中央町一丁目、中央町二丁目、中央町三丁目、新町、上町一丁目、上町二丁目及び西本町一丁目の区域（公安委員会規則で定めるものに限る。）

三　山口市泉都町、熊野町、湯田温泉一丁目、湯田温泉二丁目、湯田温泉三丁目、湯田温泉四丁目及び葵一丁目の区域（公安委員会規則で定めるものに限る。）

四　防府市緑町一丁目、天神一丁目、栄町一丁目、戎町一丁目、八王子一丁目及び車塚町の区域（公安委員会規則で定めるものに限る。）

五　岩国市麻里布町二丁目、麻里布町三丁目、麻里布町六丁目及び麻里布町七丁目の区域（公安委員会規則で定めるものに限る。）

六　周南市川端町一丁目、川端町二丁目、昭和通一丁目、昭和通二丁目、橋本町一丁目、橋本町二丁目、柳町、糀町一丁目、糀町二丁目、飯島町一丁目、飯島町二丁目、平和通一丁目、平和通二丁目、若宮町一丁目、若宮町二丁目、新町一丁目、新町二丁目、銀南街、銀座一丁目、銀座二丁目、みなみ銀座一丁目、みなみ銀座二丁目、御幸通一丁目、御幸通二丁目、有楽町、本町一丁目、栄町一丁目及び栄町二丁目の区域

備考　この表に掲げる町の区域は、平成十五年六月一日における町の区域によって表示されたものとする。

別表第二（第六条、第十一条の五、第十二条関係）

地域	数値 昼間	夜間	深夜
一　第一種低層住居専用地域、第二種低層住居専用地域、第一種中高層住居専用地域、第二種中高層住居専用地域、第一種住居地域、第二種住居地域、準住居地域又は田園住居地域	五十五デシベル	五十デシベル	四十デシベル
二　商業地域	六十五デシベル	六十デシベル	五十五デシベル
三　一及び二に掲げる地域以外の地域	六十デシベル	五十五デシベル	五十デシベル

備考　昼間とは午前六時後午後六時前の時間を、夜間とは午後六時から翌日の午前零時前の時間をいう。

別表第三（第十条関係）

営業の区分	地域
一号営業	山口県の区域（下関市竹崎町二丁目、竹崎町三丁目及び竹崎町四丁目の区域（公安委員会規則で定めるものに限る。）を除く。）

二号営業		山口県の区域
三号営業		山口県の区域（山口市湯田温泉四丁目の区域及び長門市深川湯本の区域（公安委員会規則で定めるものに限る。）を除く。）
四号営業	モーテル営業	山口県の区域
	モーテル営業以外の営業	山口県の区域（下関市、宇部市、山口市、防府市、岩国市及び周南市の区域（下関市にあつては平成十七年二月十二日における下関市の区域に、宇部市にあつては平成十六年十月三十一日における宇部市の区域に、山口市にあつては平成十七年九月三十日における山口市の区域に、岩国市にあつては平成十八年三月十九日における岩国市の区域に、周南市にあつては平成十五年四月二十日における徳山市の区域に限る。）内にある商業地域並びに都市計画法第八条第一項第一号に規定する用途地域の指定のない地域で国道又は県道の各一側について幅二百メートルを超える区域を除く。）
五号営業		山口県の区域（下関市、宇部市、山口市、防府市、岩国市及び周南市の区域（下関市にあつては平成十七年二月十二日における下関市の区域に、宇部市にあつては平成十六年十月三十一日における宇部市の区域に、山口市にあつては平成十七年九月三十日における山口市の区域に、岩国市にあつては平成十八年三月十九日における岩国市の区域に、周南市にあつては平成十五年四月二十日における徳山市の区域に限る。）内にある商業地域を除く。）
六号営業		山口県の区域

備考
一　一号営業、二号営業、三号営業、四号営業又は五号営業とは、それぞれ、法第二条第六項第一号、第二号、第三号、第四号又は第五号に掲げる営業をいい、六号営業とは、同項第六号の政令で定める営業をいう。
二　モーテル営業とは、政令第三条第一項第二号イに掲げる施設（同条第二項第一号又は第三号に規定する構造を有する個室を設けるもののうち、当該個室に車庫（天井（天井のない場合にあつては、屋根）及び二以上の側壁（ついたて、カーテンその他これらに類するものを含む。）を有するものに限る。以下同じ。）が個々に接続するもので次のいずれかに該当するものに限る。）を設けて営む四号営業をいう。
イ　車庫の出入口が扉等によつて遮へいできるもの
ロ　車庫の内部から個室に通ずる専用の人の出入口又は階段若しくは昇降機が設けられているもの
ハ　個室に車庫が専用の通路によつて接続しているものにあつては、当該通路の内部を外部から見通すことができないもの
三　国道とは道路法（昭和二十七年法律第百八十号）第三条第二号に規定する一般国道を、県道とは同条第三号に規定する県道をいう。
四　この表に掲げる町又は字の区域は、昭和五十九年十一月一日における町又は字の区域によつて表示されたものとする。

別表第四（第十一条の二関係）

営業の区分		地域
一号営業		山口県の区域（下関市竹崎町二丁目、竹崎町三丁目及び竹崎町四丁目の区域（公安委員会規則で定めるものに限る。）を除く。）
二号営業		山口県の区域
三号営業		山口県の区域（山口市湯田温泉四丁目の区域及び長門市深川湯本の区域（公安委員会規則で定めるものに限る。）を除く。）
四号営業	モーテル営業	山口県の区域
	モーテル営業	第一種低層住居専用地域、第一種中高層住居専用地域、第二種低層住居専用地域、第二種

一以外の営業	中高層住居専用地域、第一種住居地域、第二種住居地域、準住居地域及び田園住居地域
五号営業	山口県の区域（下関市、宇部市、山口市、防府市、岩国市及び周南市の区域（下関市にあつては平成十七年二月十二日における下関市の区域に、宇部市にあつては平成十六年十月三十一日における宇部市の区域に、山口市にあつては平成十七年九月三十日における山口市の区域に、岩国市にあつては平成十八年三月十九日における岩国市の区域に、周南市にあつては平成十五年四月二十日における徳山市の区域に限る。）内にある商業地域を除く。）
六号営業	山口県の区域

備考　別表第三の備考一、二及び四は、この表について準用する。

別表第五（第十一条の三関係）

一　下関市細江町一丁目、豊前田町一丁目、豊前田町二丁目、竹崎町一丁目、竹崎町二丁目及び竹崎町三丁目の区域（公安委員会規則で定めるものに限る。）

二　宇部市新天町一丁目、新天町二丁目、松島町、相生町、中央町一丁目、中央町二丁目、中央町三丁目、新町、上町一丁目、上町二丁目及び西本町一丁目の区域（公安委員会規則で定めるものに限る。）

三　山口市泉都町、熊野町、湯田温泉一丁目、湯田温泉二丁目、湯田温泉三丁目、湯田温泉四丁目及び葵一丁目の区域（公安委員会規則で定めるものに限る。）

四　防府市緑町一丁目、天神一丁目、栄町一丁目、戎町一丁目、八王子一丁目及び車塚町の区域（公安委員会規則で定めるものに限る。）

五　岩国市麻里布町二丁目、麻里布町三丁目、麻里布町六丁目及び麻里布町七丁目の区域（公安委員会規則で定めるものに限る。）

六　周南市川端町一丁目、川端町二丁目、昭和通一丁目、昭和通二丁目、橋本町一丁目、橋本町二丁目、柳町、糀町一丁目、糀町二丁目、飯島町一丁目、飯島町二丁目、平和通一丁目、平和通二丁目、若宮町一丁目、若宮町二丁目、新町一丁目、新町二丁目、銀南街、銀座一丁目、銀座二丁目、みなみ銀座一丁目、みなみ銀座二丁目、御幸通一丁目、御幸通二丁目、有楽町、本町一丁目、栄町一丁目及び栄町二丁目の区域

備考　この表に掲げる町の区域は、平成二十七年十一月一日における町の区域によつて表示されたものとする。

別表第六（第十四条関係）

一　下関市細江町一丁目、豊前田町一丁目、豊前田町二丁目、竹崎町一丁目、竹崎町二丁目及び竹崎町三丁目の区域

二　宇部市新天町一丁目、新天町二丁目、松島町、相生町、中央町一丁目、中央町二丁目、中央町三丁目、新町、上町一丁目、上町二丁目及び西本町一丁目の区域

三　山口市泉都町、熊野町、湯田温泉一丁目、湯田温泉二丁目、湯田温泉三丁目、湯田温泉四丁目及び葵一丁目の区域

四　防府市緑町一丁目、天神一丁目、栄町一丁目、戎町一丁目、八王子一丁目及び車塚町の区域

五　岩国市麻里布町二丁目、麻里布町三丁目、麻里布町六丁目及び麻里布町七丁目の区域

六　周南市川端町一丁目、川端町二丁目、昭和通一丁目、昭和通二丁目、橋本町一丁目、橋本町二丁目、柳町、糀町一丁目、糀町二丁目、飯島町一丁目、飯島町二丁目、平和通一丁目、平和通二丁目、若宮町一丁目、若宮町二丁目、新町一丁目、新町二丁目、銀南街、銀座一丁目、銀座二丁目、みなみ銀座一丁目、みなみ銀座二丁目、御幸通一丁目、御幸通二丁目、有楽町、本町一丁目、栄町一丁目及び栄町二丁目の区域

備考　この表に掲げる町の区域は、平成二十七年十一月一日における町の区域によつて表示されたものとする。

○風俗営業等の規制及び業務の適正化等に関する条例施行規則

（昭和六〇・一・二九
山口県公安委員会規則二）

最終改正　平成二七・一二・二二　公安委員会規則八

（趣旨）

第一条　この規則は、風俗営業等の規制及び業務の適正化等に関する条例（昭和五十九年山口県条例第二十二号。以下「条例」という。）の施行について必要な事項を定めるものとする。

（条例第九条第三号の公安委員会規則で定める施設）

第二条　条例第九条第三号の公安委員会規則で定める施設は、別表第一に掲げる施設とする。

（条例第九条第四号の公安委員会規則で定める各種学校）

第二条の二　条例第九条第四号の公安委員会規則で定める各種学校は、別表第一の二に掲げる各種学校とする。

（条例別表第一の二の公安委員会規則で定める区域）

第三条　条例別表第一の二第一号の公安委員会規則で定める区域は、別表第二に掲げる区域とする。

2　条例別表第一の二第二号の公安委員会規則で定める区域は、別表第三（第四号を除く。）に掲げる区域とする。

3　条例別表第一の二第三号の公安委員会規則で定める区域は、別表第四に掲げる区域とする。

4　条例別表第一の二第四号の公安委員会規則で定める区域は、別表第五に掲げる区域とする。

5　条例別表第一の二第五号の公安委員会規則で定める区域は、別表第六に掲げる区域とする。

（条例別表第三の公安委員会規則で定める区域）

第四条　条例別表第三の一号営業の項の公安委員会規則で定める区域は、別表第七に掲げる区域とする。

2　条例別表第三の三号営業の項の公安委員会規則で定める区域は、別表第八に掲げる区域とする。

（条例別表第四の公安委員会規則で定める区域）

第五条　条例別表第四の一号営業の項の公安委員会規則で定める区域は、別表第七に掲げる区域とする。

2　条例別表第四の三号営業の項の公安委員会規則で定める区域は、別表第八に掲げる区域とする。

（条例別表第五の公安委員会規則で定める区域）

第六条　条例別表第五第一号の公安委員会規則で定める区域は、別表第二に掲げる区域とする。

2　条例別表第五第二号の公安委員会規則で定める区域は、別表第三に掲げる区域とする。

3　条例別表第五第三号の公安委員会規則で定める区域は、別表第四に掲げる区域とする。

4　条例別表第五第四号の公安委員会規則で定める区域は、別表第五に掲げる区域とする。

5　条例別表第五第五号の公安委員会規則で定める区域は、別表第六に掲げる区域とする。

附　則〔略〕

別表第一（第二条関係）

名称	所在地
国立山口徳地青少年自然の家	山口市徳地船路六六八番地
山口県油谷青少年自然の家	長門市油谷伊上一〇六八番地
山口県秋吉台青少年自然の家	美祢市美東町赤二一二八番地の一七
山口県十種ヶ峰青少年自然の家	山口市阿東嘉年下一八八三番地の二
山口県由宇青少年自然の家	岩国市由宇町二二七三番地の二
下関市立青年の家	下関市椋野町一丁目一七番一号
山口市児童文化センター	山口市湯田温泉五丁目二番一三号
二鹿野外活動センター	岩国市二鹿七四二番地
周東野外活動センター	岩国市周東町獺越一三三二番地
周南市大田原自然の家	周南市大字中須北三一九四番地
山陽小野田市青年の家	山陽小野田市大字埴生三三三〇番地の一

別表第一の二（第二条の二関係）

名称	所在地
山口朝鮮初中級学校	下関市神田町二丁目八番一号

別表第二（第三条、第六条関係）

一　下関市細江町一丁目の区域のうち街区符号三番及び四番の区域
二　下関市豊前田町一丁目の区域のうち街区符号一番及び二番の区域（市道竹崎・園田線の北側端から幅三十メートル以内の区域に限る。）
三　下関市豊前田町二丁目の区域のうち、街区符号一番及び二番の区域（市道竹崎・園田線の北側端から幅三十メートル以内の区域に限る。）並びに街区符号四番から八番までの区域
四　下関市竹崎町一丁目の区域のうち街区符号一五番から一七番までの区域
五　下関市竹崎町二丁目の区域の全域
六　下関市竹崎町三丁目の区域のうち街区符号一番から一四番までの区域

備考
一　街区符号とは、住居表示に関する法律（昭和三十七年法律第百十九号。以下「住居表示法」という。）第二条第一号の街区符号をいう。
二　この表に掲げる区域は、平成十五年六月一日における区域によつて表示されたものとする。

別表第三（第三条、第六条関係）

一　宇部市新天町一丁目の区域のうち街区符号一番から七番までの区域
二　宇部市新天町二丁目の区域の全域
三　宇部市松島町の区域のうち街区符号一〇番から一九番までの区域
四　宇部市相生町の区域のうち街区符号九番の区域
五　宇部市中央町一丁目の区域の全域
六　宇部市中央町二丁目の区域の全域
七　宇部市中央町三丁目の区域のうち街区符号一番から一五番までの区域
八　宇部市新町の区域のうち街区符号三番から八番までの区域
九　宇部市上町一丁目の区域の全域
十　宇部市上町二丁目の区域の全域
十一　宇部市西本町一丁目の区域のうち街区符号一番から一一番までの区域

備考
一　街区符号とは、住居表示法第二条第一号の街区符号をいう。
二　この表に掲げる区域は、平成十五年六月一日における区域によつて表示されたものとする。

別表第四（第三条、第六条関係）

一　山口市泉都町の区域のうち街区符号九番の区域（県道宮野大歳線の南側端から幅三十メートル以内の区域に限る。）
二　山口市熊野町の区域のうち街区符号四番の区域
三　山口市湯田温泉一丁目の区域のうち街区符号一番、六番、七番及び九番から一一番までの区域
四　山口市湯田温泉二丁目の区域のうち街区符号一番から三番まで、六番及び七番の区域
五　山口市湯田温泉三丁目の区域の全域
六　山口市湯田温泉四丁目の区域のうち街区符号一番から六番までの区域
七　山口市葵一丁目の区域のうち街区符号一番の区域（県道宮野大歳線の南側端から幅三十メートル以内の区域に限る。）

備考
一　街区符号とは、住居表示法第二条第一号の街区符号をいう。
二　この表に掲げる区域は、平成十五年六月一日における区域によつて表示されたものとする。

別表第五（第三条、第六条関係）

一　防府市緑町一丁目の区域のうち街区符号一番の区域
二　防府市天神一丁目の区域の全域
三　防府市栄町一丁目の区域の全域
四　防府市戎町一丁目の区域の全域
五　防府市八王子一丁目の区域の全域
六　防府市車塚町の区域のうち街区符号一番から六番までの区域

備考
一　街区符号とは、住居表示法第二条第一号の街区符号をいう。
二　この表に掲げる区域は、平成十五年六月一日における区域によつて表示されたものとする。

別表第六（第三条、第六条関係）

一　岩国市麻里布町二丁目の区域のうち街区符号一番から九番までの区域
二　岩国市麻里布町三丁目の区域の全域
三　岩国市麻里布町六丁目の区域の全域
四　岩国市麻里布町七丁目の区域のうち街区符号一番、二番及び九番から一一番までの区域

備考
一　街区符号とは、住居表示法第二条第一号の街区符号をいう。
二　この表に掲げる区域は、平成十五年六月一日における区域によつて表示されたものとする。

別表第七（第四条、第五条関係）

一　下関市竹崎町二丁目の区域のうち、三番一、三番二、一七番一から一七番三まで、一八番一から一八番五まで、一八番七から一八番一〇まで、一六九番二、一六九番四、一七三番一、一八〇番から一八四番まで、一八六番から一八九番まで、一九〇番一から一九〇番四まで、二〇三番一、二〇三番七、二九一番一から二九一番八まで、二九二番二、二九二番三、二九三番六から二九三番二四まで、二九五番二、二九六番一、二九七番三、二九八番五、三〇〇番一、三〇〇番二、三〇二番五から三〇二番七まで、三〇二番九、三〇五番二、三〇八番二、三〇九番二、四一五番二及び四一五番九の区域
二　下関市竹崎町三丁目の区域のうち、二番一から二番五まで、三番三、一四番二、六一番、六二番二から六二番五まで、六三番、六四番一、六四番二、六五番、六六番一から六六番四まで、六七番から七〇番まで、七〇番一、七一番、七一番一、七二番から七五番まで、七六番一、七六番二、七七番、七八番、七八番二、七九番、七九番一、七九番三、八〇番から八四番まで、八五番一、八五番二、八六番、八七番、八八番一、八八番二、八九番、八九番一、九〇番一、九〇番二、九一番一から九一番三まで、九二番一、九二番二、九四番一、九四番二、九五番三、九五番四、九六番一から九六番三まで、九七番、一三五番、一五〇番一から一五〇番七まで、一五一番二、一五二番から一五六番まで、一五六番一、一五六番二、一五七番一、一五七番二、一五八番から一六三番まで、一六三番一、一六四番、一六五番、一六六番一、一六六番二、一六七番一から一六七番四まで、一六八番一、一六八番二、一六九番一、一六九番三、一六九番五、一七〇番一から一七〇番三まで、一七一番、一七一番一から一七一番三まで、一七二番二、一七二番三、一七三番二、一七四番から一七九番まで、三〇五番一、三〇六番一、三〇六番二、三〇六番四、三一一番、三一一番一、三一二番、三一三番、四二二番、四二二番一から四二二番三まで、四二七番一、四二八番一から四二八番二三まで、四二九番、四二九番一から四二九番二一まで及び四二九番二六から四二九番二九までの区域
三　下関市竹崎町四丁目の区域のうち、五〇番から六〇番まで、四二六番及び四二六番一の区域

備考　この表に掲げる区域は、昭和五十九年十一月一日における地番の区域によつて表示されたものとする。

別表第八（第四条、第五条関係）

一　長門市深川湯本字門前の区域のうち、一〇三二番二、一〇三二番三、一〇三三番一から一〇三三番五まで、一〇三四番、一〇三五番、一〇三五番一、一〇三七番一、一〇四三番一から一〇四三番三まで、一〇四四番、一〇四五番一、一〇四五番二、一〇四八番から一〇五一番まで、一〇五三番一から一〇五三番三まで、一〇五三番五、一〇五四番一から一〇五四番三まで、一〇五五番一から一〇五五番一二まで、一〇五六番一から一〇五六番三まで、一〇五七番、一〇五七番の一、一〇五七番の二、一〇五八番、

一〇五九番一、一〇五九番二、一〇六〇番一、一〇六〇番二、一〇六〇番の三、一〇六〇番の四、一〇六一番一から一〇六一番三まで、一〇六一番六、一〇六一番の一〇及び一〇六一番の一一の区域
二　長門市深川湯本字岡村の区域のうち、二六九番一、二六九番二、八七七番、一二二六番一から一二二六番五まで、一二二七番一から一二二七番三まで、一二二七番の四から一二二七番の七まで、一二二八番から一二三二番まで、一二三三番二、一二三三番三、一二三四番、一二三四番一、一二三四番二、一二三五番、一二三七番、一二三八番、一二三九番一、一二四〇番四及び三六九七番の区域

備考　この表に掲げる区域は、昭和五十九年十一月一日における地番の区域によつて表示されたものとする。

徳島県

○風俗営業等の規制及び業務の適正化等に関する法律施行条例

（昭和五九・一二・二一 徳島県条例四五）

最終改正　平成二八・三・一八　条例三六

（趣旨）

第一条　この条例は、風俗営業等の規制及び業務の適正化等に関する法律（昭和二十三年法律第百二十二号。以下「法」という。）第四条第二項第二号（法第三十一条の二十三において準用する場合を含む。）、第十三条第一項ただし書、同条第二項（法第三十一条の二十三において準用する場合を含む。）、第十五条（法第三十一条の二十三及び第三十二条第二項において準用する場合を含む。）、第二十一条（法第三十一条の二十三において準用する場合を含む。）、第二十二条第二項、第二十八条第一項、第二項及び第四項（これらの規定を法第三十一条の三第二項の規定により適用する場合及び法第三十一条の十三第一項において準用する場合を含む。）並びに第五項第一号ロ（法第三十一条の三第一項、第三十一条の八第一項、第三十一条の十三第一項及び第三十一条の十八第一項において準用する場合を含む。）、第三十三条第四項並びに第三十八条の四第一項の規定に基づき、法の施行に関し必要な事項を定めるものとする。

第二条　削除

（**風俗営業の許可に係る営業制限地域の指定**）

第三条　法第四条第二項第二号の条例で定める地域は、次に掲げる地域とする。ただし第二号から第四号までに掲げる地域については、別表に掲げる地域を除く。

一　都市計画法（昭和四十三年法律第百号）第八条第一項第一号に規定する第一種低層住居専用地域、第二種低層住居専用地域、第一種中高層住居専用地域、第二種中高層住居専用地域、第一種住居地域、第二種住居地域及び準住居地域（第一種住居地域、第二種住居地域及び準住居地域について

は、幹線道路の周辺の地域で公安委員会規則で定めるものを除く。）並びにその他の地域のうち、住居が多数集合しており住居以外の用途に供される土地が少ない地域で公安委員会規則で定めるもの（以下これらを「住居集合地域」という。）

二　接待飲食等営業については、次の地域

イ　学校教育法（昭和二十二年法律第二十六号）第一条に規定する学校（大学を除く。）、図書館法（昭和二十五年法律第百十八号）第二条第一項に規定する図書館又は児童福祉法（昭和二十二年法律第百六十四号）第七条第一項に規定する児童福祉施設（以下「学校等」という。）の敷地（学校等の用に供するものと決定した土地を含む。以下「学校等の敷地」という。）の周囲百メートル（村の区域（地方自治法（昭和二十二年法律第六十七号）第七条第一項に規定する市町村の廃置分合（平成十六年十月一日以後におけるものに限る。）により市又は町の一部となつた当該廃置分合前の村の区域を含む。）内にある学校等については、二十メートル）の区域内の地域

ロ　病院（医療法（昭和二十三年法律第二百五号）第一条の五に規定する病院及び診療所をいい、診療所については、患者を入院させるための施設を有しないものを除く。以下同じ。）の敷地（病院の用に供するものと決定した土地を含む。以下「病院の敷地」という。）の周囲二十メートルの区域内の地域

三　法第二条第一項第四号の営業（まあじやん屋を除く。）については、学校等の敷地又は病院の敷地の周囲百メートルの区域内の地域

四　法第二条第一項第四号の営業（まあじやん屋に限る。）及び同項第五号の営業については、学校等の敷地又は病院の敷地の周囲二十メートルの区域内の地域

2　前項の規定は、営業を行う場所が常態として移動する態様の風俗営業に係る営業所については、適用しない。

（風俗営業の営業時間の特例）

第四条　法第十三条第一項ただし書の条例で定める時は、午前一時とする。

2　法第十三条第一項第一号の習俗的行事その他の特別な事情のある日として条例で定める日は次の各号に掲げる日とし、当該特別な事情のある日に係る同項第一号の条例で定める地域はそれぞれ当該各号に定める地域とする。

一　一月一日から同月四日まで及び十二月二十一日から同月三十一日までの各日　県内全域

二　八月十一日から同月十六日までの各日　県内全域

三　前二号に掲げるもののほか、公安委員会規則で定める日　公安委員会規則で定める地域及びその他の地域であつて次項に規定する地域に該当する地域

3　接待飲食等営業、法第二条第一項第四号の営業（まあじやん屋に限る。）及び同項第五号の営業につき、法第十三条第一項第二号の午前零時以後において風俗営業を営むことが許容される特別な事情のある地域として条例で定める地域は、別表に掲げる地域とする。

（風俗営業の営業時間の制限）

第四条の二　法第二条第一項第四号の営業（まあじやん屋を除く。）は、県内全域において、午前六時後午前九時までの時間及び午後十一時から翌日の午前零時前（当該翌日が前条第二項各号に掲げる特別な事情のある日のいずれかに該当する場合における当該特別な事情のある地域については、午前一時まで）の時間においては、これを営んではならない。

（風俗営業に係る騒音及び振動の規制数値）

第五条　法第十五条の条例で定める騒音に係る数値は、次の表の上欄に掲げる地域ごとに、同表の下欄に掲げる時間の区分に応じ、それぞれ同欄に定める数値とする。

地域	数値		
	昼間	夜間	深夜
一　住居集合地域（二に掲げる地域を除く。）	五十デシベル	四十五デシベル	四十デシベル
二　別表に掲げる地域及び商業地域	六十デシベル	五十五デシベル	五十デシベル

三　一及び二に掲げる地域以外の地域	五十五デシベル	五十デシベル	四十五デシベル

備考
一　「昼間」とは、午前六時後午後六時前の時間をいう。
二　「夜間」とは、午後六時から翌日の午前零時前の時間をいう。
三　「深夜」とは、午前零時から午前六時までの時間をいう。以下同じ。
四　「商業地域」とは、都市計画法第八条第一項第一号に規定する商業地域をいう。以下同じ。

2　法第十五条の条例で定める振動に係る数値は、五十五デシベルとする。

（風俗営業者の遵守事項）

第六条　風俗営業者は、次に掲げる事項を守らなければならない。
一　営業の用に供する家屋又は施設（旅館業法（昭和二十三年法律第百三十八号）第三条第一項の許可を受けている旅館業の施設を除く。）に客を宿泊させないこと。
二　営業所で、卑わいな行為その他の善良の風俗を害する行為をし、又はさせないこと。
三　営業の用に供する家屋又は施設で、店舗型性風俗特殊営業を営み、又は営ませないこと。
四　客の求めない飲食物を提供しないこと。
五　営業中において、営業所の出入口、客室等に施錠をし、又はさせないこと。

（風俗営業の種類による風俗営業者の遵守事項）

第七条　風俗営業者は、前条の規定によるほか、次に掲げる事項を守らなければならない。
一　法第二条第一項第四号の営業については、次の事項（まあじやん屋にあつては、ハに限る。）
イ　当該営業に関し客に提供した賞品を買い取らせないこと。
ロ　営業所で客に飲酒をさせないこと。
ハ　当該営業に関し、賭博類似行為その他著しく射幸心をそそるおそれのある行為をし、又はさせないこと。
二　法第二条第一項第五号の営業については、次の事項
イ　営業所（食品衛生法（昭和二十二年法律第二百三十三号）第五十二条第一項の許可を受けている飲食店営業の施設を除く。）で客に飲酒をさせないこと。
ロ　前号ハに掲げる事項
ハ　午後六時から午後八時前の時間において十六歳未満の者を営業所に客として立ち入らせるときは、保護者（徳島県青少年健全育成条例（昭和四十年徳島県条例第三十一号）第五条第二号に規定する保護者をいう。）の同伴を求めること。
ニ　午後八時から午後十時前の時間において十六歳未満の者を営業所に客として立ち入らせないこと。

第八条　削除

（店舗型性風俗特殊営業等の禁止区域に係る施設の指定）

第九条　法第二十八条第一項（法第三十一条の三第二項の規定により適用する場合及び法第三十一条の十三第一項において準用する場合を含む。）の条例で定める施設は、次に掲げる施設とする。
一　学校教育法第百二十四条に規定する専修学校（同法第百二十五条第一項に規定する高等課程を置くものに限る。）
二　病院（病院の敷地の周囲二百メートルの区域の全部又は一部が別表の一に掲げる地域内となる病院を除く。）

（店舗型性風俗特殊営業等の禁止地域）

第十条　店舗型性風俗特殊営業は、次に掲げる地域においては、これを営んではならない。
一　法第二条第六項第一号から第三号までの営業、同項第四号の営業（当該営業に係る施設が、個室に自動車の車庫が個々に接続する施設であつて公安委員会規則で定めるものに該当するものに限る。）及び同項第六号の営業については、別表の一に掲げる地域以外の地域
二　法第二条第六項第四号の営業（前号に規定するものを除く。）及び同項第五号の営業については、次の地域
イ　住居集合地域
ロ　その他の地域のうち、良好な風俗環境を保全するため必要があるもの

として公安委員会規則で定める地域

2　受付所営業（法第三十一条の二第四項に規定する受付所営業をいう。第十一条第二項において同じ。）は、別表の一に掲げる地域以外の地域においては、これを営んではならない。

（**店舗型電話異性紹介営業の禁止地域**）

第十条の二　店舗型電話異性紹介営業は、商業地域以外の地域においては、これを営んではならない。

（**店舗型性風俗特殊営業等の営業時間の制限**）

第十一条　法第二十八条第四項に規定する店舗型性風俗特殊営業は、深夜（法第二条第六項第一号の営業については、午前一時から午前六時までの時間）においては、その営業を営んではならない。

2　受付所営業は、深夜においては、その営業を営んではならない。

（**店舗型電話異性紹介営業の営業時間の制限**）

第十一条の二　店舗型電話異性紹介営業は、深夜においては、その営業を営んではならない。

（**店舗型性風俗特殊営業の広告制限地域**）

第十一条の三　法第二十八条第五項第一号ロの条例で定める地域は、第十条第一項各号において営業の区分に応じて掲げるそれぞれの地域とする。

（**無店舗型性風俗特殊営業の広告制限地域**）

第十一条の四　法第三十一条の三第一項において準用する法第二十八条第五項第一号ロの条例で定める地域は、法第二条第七項第一号の営業については第十条第一項第一号に掲げる地域と、法第二条第七項第二号の営業については第十条第一項第二号に掲げる地域とする。

（**映像送信型性風俗特殊営業の広告制限地域**）

第十一条の五　法第三十一条の八第一項において準用する法第二十八条第五項第一号ロの条例で定める地域は、第十条第一項第二号に掲げる地域とする。

（**店舗型電話異性紹介営業等の広告制限地域**）

第十一条の六　法第三十一条の十三第一項及び第三十一条の十八第一項において準用する法第二十八条第五項第一号ロの条例で定める地域は、商業地域以外の地域とする。

（**特定遊興飲食店営業の許可に係る営業所設置許容地域の指定**）

第十一条の七　法第三十一条の二十三において準用する法第四条第二項第二号の条例で定める地域は、別表に掲げる地域とする。

（**特定遊興飲食店営業の営業時間の制限**）

第十一条の八　特定遊興飲食店営業は、県内全域において、午前五時から午前六時までの時間においては、これを営んではならない。

（**特定遊興飲食店営業に係る騒音及び振動の規制数値**）

第十一条の九　法第三十一条の二十三において準用する法第十五条の条例で定める騒音に係る数値は、第五条第一項の表の上欄に掲げる地域ごとに、それぞれ同表の下欄に定める深夜に係る数値とする。

2　法第三十一条の二十三において準用する法第十五条の条例で定める振動に係る数値は、五十五デシベルとする。

（**特定遊興飲食店営業者の遵守事項**）

第十一条の十　特定遊興飲食店営業者は、次に掲げる事項を守らなければならない。

一　第六条第二号から第五号までに掲げる事項

二　営業所で、賭博類似行為その他著しく射幸心をそそるおそれのある行為をし、又はさせないこと。

（**深夜における飲食店営業に係る騒音及び振動の規制数値**）

第十二条　法第三十二条第二項において準用する法第十五条の条例で定める騒音に係る数値は、第五条第一項の表の上欄に掲げる地域ごとに、それぞれ同表の下欄に定める深夜に係る数値とする。

2　法第三十二条第二項において準用する法第十五条の条例で定める振動に係る数値は、五十五デシベルとする。

（**深夜における酒類提供飲食店営業の禁止地域**）

第十三条　法第二条第十三項第四号に規定する酒類提供飲食店営業は、住居集合地域においては、深夜においてその営業を営んではならない。

（**風俗環境保全協議会を置く地域**）

第十四条　法第三十八条の四第一項の条例で定める地域は、別表に掲げる地域とする。

附　則〔略〕

別表（第三条、第四条、第五条、第九条、第十条、第十一条の七、第十四条関係）

一	徳島市栄町一丁目及び鷹匠町一丁目
二	徳島市秋田町一丁目、秋田町二丁目、紺屋町、栄町二丁目、鷹匠町二丁目、富田町一丁目、富田町二丁目及び両国橋

○風俗営業等の規制及び業務の適正化等に関する法律施行条例施行規則（昭和六〇・一・一一　徳島県公安委員会規則一）

最終改正　平成二八・六・三　公安委員会規則七

（趣旨）

第一条　この規則は、風俗営業等の規制及び業務の適正化等に関する法律施行条例（昭和五十九年徳島県条例第四十五号。以下「条例」という。）第三条第一項第一号、第四条第二項第三号並びに第十条第一項第一号及び第二号ロの規定に基づき、条例の施行に関し必要な事項を定めるものとする。

（風俗営業の許可に係る営業制限地域の解除）

第二条　条例第三条第一項第一号の公安委員会規則で定める幹線道路の周辺の地域は、別表第一に掲げる地域とする。

（風俗営業の許可に係る営業制限地域の指定）

第三条　条例第三条第一項第一号の公安委員会規則で定めるその他の地域は、別表第二に掲げる地域とする。

（風俗営業の営業時間を延長できる日及び地域の指定）

第四条　条例第四条第二項第三号の公安委員会規則で定める日及び地域は、公安委員会が、特別な事情があると認めて公示した日及び地域とする。

（営業地域を規制するモーテル営業の施設の指定）

第五条　条例第十条第一項第一号の公安委員会規則で定める施設は、次の各号のいずれかに該当する構造設備のものとする。

一　個室に接続する車庫の出入口が、とびら等によつてしやへいできるもの

二　車庫の内部から個室に通ずる専用の人の出入口、階段又は昇降機が設けられているもの

三　個室と車庫とが専用の通路によつて接続しているものにあつては、当該通路の内部が外部から見えないもの

（店舗型性風俗特殊営業の禁止地域の指定）

第六条　条例第十条第一項第二号ロの公安委員会規則で定める地域は、別表第三に掲げる地域とする。

附　則〔略〕

別表第一（第二条関係）

一　国道五十五号
徳島市かちどき橋一丁目十九番地先（篠原石油㈱県庁前給油所前）から徳島市大松町榎原外七十七番二十一地先（小松島市境）までの間の道路の各一側について幅五十メートルの区域内にある第一種住居地域、第二種住居地域及び準住居地域（都市計画法（昭和四十三年法律第百号）第八条第一項第一号に規定する第一種住居地域、第二種住居地域及び準住居地域をいう。以下この表において同じ。）

二　国道百九十二号
徳島市国府町南岩延七百九十三番一地先（上鮎喰橋西詰）から徳島市国府町観音寺六百七十八番一地先（名西郡境）までの間の道路の各一側について幅五十メートルの区域内にある第一種住居地域、第二種住居地域及び準住居地域

三　県道徳島鴨島線
徳島市中吉野町四丁目一番地先（吉野橋西詰）から徳島市南矢三町一丁目百九十二番十三地先（JR四国高徳線高架下）までの間の道路の各一側について幅五十メートルの区域内にある第一種住居地域、第二種住居地域及び準住居地域

別表第二（第三条関係）

一　徳島市金沢一丁目及び金沢二丁目（金沢団地）
二　徳島市丈六町長尾及び丈領（丈六団地）
三　徳島市上八万町西山（東急しらさぎ台）
四　徳島市国府町竜王及び名西郡石井町藍畑字竜王（竜王団地）
五　板野郡北島町新喜来のうち
字二分、字ヒカタ、字下竿、字中竿、字上竿、字江古川、字北ハリ、字南ハリ及び字砂原（北島グリーンタウン）
六　板野郡松茂町広島字南川向及び同郡北島町中村のうち
字東中須、字岸の上、字河原及び字鍬ノ先（松茂第二団地、鍋川団地及び光風台）
七　板野郡松茂町中喜来のうち
字中瀬中ノ越、字中瀬西ノ越、字中瀬堤外及び字蔵野（中喜来団地）

別表第三（第六条関係）

一　鳴門市大津町矢倉（矢倉団地）
二　名西郡石井町浦庄字下浦（下浦団地）
三　板野郡上板町神宅（神宅団地）

香川県

○風俗営業等の規制及び業務の適正化等に関する法律施行条例

（昭和五九・一二・二四　香川県条例二九）

最終改正　平成三〇・三・二三　条例七

（趣旨）

第一条　この条例は、風俗営業等の規制及び業務の適正化等に関する法律（昭和二十三年法律第百二十二号。以下「法」という。）の施行に関し必要な事項を定めるものとする。

（用語の意義）

第二条　この条例において使用する用語は、法及び風俗営業等の規制及び業務の適正化等に関する法律施行令（昭和五十九年政令第三百十九号）で使用する用語の例による。

2　この条例において、次の各号に掲げる用語の意義は、それぞれ当該各号に定めるところによる。

一　第一種区域　都市計画法（昭和四十三年法律第百号）第八条第一項第一号に掲げる第一種低層住居専用地域、第二種低層住居専用地域、第一種中高層住居専用地域、第二種中高層住居専用地域、第一種住居地域、第二種住居地域、準住居地域及び田園住居地域（第一種住居地域、第二種住居地域及び準住居地域にあっては、これらの地域のうち、国道（道路法（昭和二十七年法律第百八十号）第三条第二号に掲げる一般国道をいう。第三号において同じ。）又は県道（道路法第三条第三号に掲げる都道府県道をいう。第三号において同じ。）のそれぞれの各一側について幅三十メートル以内の区域を除く。）並びにこれらに準ずる地域として公安委員会規則で定める地域をいう。

二　第二種区域　都市計画法第八条第一項第一号に掲げる商業地域（第十一条において「商業地域」という。）及び近隣商業地域並びにこれらに準ずる地域として公安委員会規則で定める地域をいう。

三　第三種区域　国道又は県道のそれぞれの各一側について幅三十メートル以内の区域（第一種区域及び第二種区域を除く。）をいう。

四　第四種区域　県の区域のうち、第一種区域、第二種区域又は第三種区域のいずれにも該当しない地域をいう。

第三条　削除

（風俗営業に係る営業所の設置を制限する地域）

第四条　法第四条第二項第二号の条例で定める地域は、次の各号のいずれかに該当する地域とする。

一　第一種区域

二　学校等（学校、就学前の子どもに関する教育、保育等の総合的な提供の推進に関する法律（平成十八年法律第七十七号）第二条第七項に規定する幼保連携型認定こども園及び図書館をいう。次号において同じ。）の敷地（これらの用に供するものと決定した土地を含む。同号において同じ。）の周囲七十メートル又は病院等（医療法（昭和二十三年法律第二百五号）第一条の五第一項に規定する病院及び同条第二項に規定する診療所（患者を入院させるための施設を有するものに限る。）をいう。以下同じ。）の敷地（これらの用に供するものと決定した土地を含む。以下同じ。）の周囲二十メートルの区域内の第二種区域及び第三種区域

三　学校等の敷地の周囲百メートル又は病院等の敷地の周囲五十メートルの区域内の第四種区域

2　前項の規定にかかわらず、三月以内の期間を限って営む風俗営業に係る営業所についての法第四条第二項第二号の条例で定める地域は、公安委員会規則で定める地域とする。

3　営業する場所が常態として移動する風俗営業に係る営業所については、前二項の規定は、適用しない。

（風俗営業の営業時間の延長）

第五条　法第十三条第一項ただし書の条例で定める時は、午前一時とする。

2　法第十三条第一項第一号の習俗的行事その他の特別な事情のある日として条例で定める日は、次の各号に掲げる日とし、同号の当該事情のある地域として条例で定める地域は、それぞれ当該各号に掲げる地域とする。

一　一月一日、十二月三十日及び同月三十一日　県内全域

二　前号に掲げる日のほか、香川県公安委員会が告示により指定した日　香川県公安委員会が告示により指定した地域及びその他の地域であって次項各号に掲げるもの

3　接待飲食等営業、まあじゃん屋及び法第二条第一項第五号の営業につき法第十三条第一項第二号の午前零時以後において風俗営業を営むことが許容される特別な事情のある地域として条例で定める地域は、次に掲げる地域とする。

一　高松市の区域のうち、福田町、常磐町一丁目、常磐町二丁目、瓦町一丁目、瓦町二丁目、古馬場町、御坊町、今新町、大工町、百間町、片原町、田町（主要地方道中徳三谷高松線以南の区域を除く。）、内町、古新町（国道三十号以西の区域を除く。）、鍛冶屋町、丸亀町、南新町及び亀井町の区域

二　丸亀市の区域のうち、葭町（県道丸亀港線以東の区域のうち、市道葭町風袋町一号線以北の区域を除く。）、米屋町、魚屋町、富屋町、浜町（市道福島南条町線以東の区域のうち同市道の東側の境界線から幅三十メートル以内の区域及び同市道以西の区域を除く。）、塩飽町、大手町三丁目（主要地方道丸亀詫間豊浜線、市道大手町東西二号線及び市道大手町南北四号線により囲まれた区域を除く。）、通町及び南条町（主要地方道丸亀詫間豊浜線、市道福島南条町線、市道南条町東西線及び市道南条町浜町線により囲まれた区域、主要地方道丸亀詫間豊浜線、市道中府南条町線、市道城西町中府一号線及び市道城乾小学校東線により囲まれた区域並びに市道南条町東西線以北の区域のうち、市道福島南条町線の東側の境界線から幅三十メートル以内の区域を除く。）の区域

（風俗営業の営業時間の制限）

第六条　法第二条第一項第四号の営業（まあじゃん屋を除く。）を営む風俗営業者は、県内全域において、午前六時後午前九時までの時間及び午後十一時から翌日の午前零時前（当該翌日が前条第二項各号に掲げる日に該当する場合における当該各号に掲げる地域については、午前一時まで）の時間においては、その営業を営んではならない。

（風俗営業に係る騒音及び振動の数値）

第七条　法第十五条の騒音に係る条例で定める数値は、次の表の左〔上〕欄に掲げる地域ごとに、同表の右〔下〕欄に掲げる時間の区分に応じ、それぞれ同欄に掲げる数値とする。

地域	数値		
	昼間	夜間	深夜
第一種区域	五十デシベル	四十五デシベル	四十デシベル
第二種区域	六十五デシベル	六十デシベル	五十デシベル
第三種区域 第四種区域	六十デシベル	五十五デシベル	五十デシベル

2　法第十五条の振動に係る条例で定める数値は、五十五デシベルとする。

（風俗営業者の行為の制限）

第八条　風俗営業者の行為についての法第二十一条の条例で定める制限は、次のとおりとする。

一　営業所で卑わいな行為その他善良の風俗を害する行為をし、又は従業者若しくは客にこれらの行為をさせないこと。

二　客の求めない飲食物を提供しないこと。

三　従業者に売り上げ競争をさせないこと。

四　営業所で店舗型性風俗特殊営業を営み、又は営ませないこと。

五　営業所（旅館業法（昭和二十三年法律第百三十八号）第三条第一項の許可を受けた者が営む旅館業の客室を除く。）で客に就寝又は宿泊（休憩を含む。第十一条第一項第三号において同じ。）をさせないこと。

2　前項に定めるもののほか、法第二条第一項第四号又は第五号の営業を営む風俗営業者の行為についての法第二十一条の条例で定める制限は、次のとおりとする。

一　営業所で賭博類似行為その他著しく射幸心をそそるおそれのある行為をし、又は客にこれらの行為をさせないこと。

二　著しく射幸心をそそるおそれのある方法で営業を営まないこと。

3　前二項に定めるもののほか、法第二条第一項第四号の営業（まあじゃん屋を除く。）を営む風俗営業者の行為についての法第二十一条の条例で定める制限は、次のとおりとする。

一　客に提供した賞品を買い取らせないこと。
二　営業所において客に飲酒させないこと。
4　前三項に定めるもののほか、風俗営業者の行為についての法第二十一条の条例で定める制限は、善良の風俗若しくは清浄な風俗環境を害し、又は少年の健全な育成に障害を及ぼす行為を防止するため必要なものとして、公安委員会規則で定めるとおりとする。

（法第二条第一項第五号の営業を営む者の行為の制限）
第九条　法第二条第一項第五号の営業を営む者の行為についての法第二十二条第二項の条例で定める制限は、午後六時以後午後十時前の時間において十六歳未満の者を営業所に客として立ち入らせないこととする。ただし、保護者が同伴する十六歳未満の者については、この限りでない。

（周辺における善良の風俗を害する行為等を防止する必要のある施設）
第十条　法第二十八条第一項（法第三十一条の三第二項の規定により適用する場合及び法第三十一条の十三第一項において準用する場合を含む。）の条例で定める施設は、病院等とする。

（店舗型性風俗特殊営業等の禁止地域）
第十一条　店舗型性風俗特殊営業は、次の各号に掲げる営業の区分に応じ、それぞれ当該各号に掲げる地域においては、これを営んではならない。
一　法第二条第六項第一号、第二号及び第六号の営業　県内全域。ただし、高松市城東町二丁目の区域のうち、市道東浜四号線、市道東浜十四号線、市道東浜六号線及び県道高松港線により囲まれた区域並びに琴平町の区域のうち、町道北富士見町線、町道南新町線、町道栄町東裏通二号線、琴平町字川東二百五十番六地先から琴平町字川東二百四十六番二地先までの町有地である道路及び町道大宮新地川筋線により囲まれた区域を除く。
二　法第二条第六項第三号の営業　県内全域。ただし、商業地域並びに琴平町の区域のうち、町道北富士見町線、町道南新町線、町道栄町東裏通二号線、琴平町字川東二百五十番六地先から琴平町字川東二百四十六番二地先までの町有地である道路及び町道大宮新地川筋線により囲まれた区域を除く。
三　法第二条第六項第四号の営業のうち、個室に自動車の車庫が個々に接続する施設で次のいずれかに該当する構造を有するものを設け、当該施設を専ら異性を同伴する客の宿泊に利用させるもの　県内全域
ア　個室に接続する車庫（二以上の側壁（カーテン、ついたて等を含む。）及び屋根を有するものに限る。以下同じ。）の出入口が扉等によって遮へいできるもの
イ　車庫の内部から個室に通ずる専用の人の出入口又は階段若しくは昇降機が設けられているもの
ウ　個室と車庫とが専用の通路によって接続しているものにあっては、当該通路の内部が外部から見えないもの
四　法第二条第六項第四号の営業（前号に掲げる営業を除く。）及び同項第五号の営業　第一種区域、第三種区域及び第四種区域
2　受付所営業は、前項第一号に掲げる地域においては、これを営んではならない。
3　店舗型電話異性紹介営業は、県内全域（商業地域を除く。）においては、これを営んではならない。

（店舗型性風俗特殊営業等の営業時間の制限）
第十二条　法第二十八条第四項に規定する店舗型性風俗特殊営業、受付所営業又は店舗型電話異性紹介営業を営む者は、県内全域において、深夜においては、その営業を営んではならない。

（性風俗関連特殊営業の広告又は宣伝を制限する地域）
第十三条　法第二十八条第五項第一号ロの広告又は宣伝を制限すべき地域として条例で定める地域は、第十一条第一項各号に掲げる営業の区分に応じ、それぞれ当該各号に掲げる地域とする。
2　法第三十一条の三第一項において読み替えて準用する法第二十八条第五項第一号ロの広告又は宣伝を制限すべき地域として条例で定める地域は、次の各号に掲げる営業の区分に応じ、それぞれ当該各号に掲げる地域とする。
一　法第二条第七項第一号の営業　第十一条第一項第一号に掲げる地域
二　法第二条第七項第二号の営業　第十一条第一項第四号に掲げる地域
3　法第三十一条の八第一項において読み替えて準用する法第二十八条第五項第一号ロの広告又は宣伝を制限すべき地域として条例で定める地域は、第十一条第一項第四号に掲げる地域とする。
4　法第三十一条の十三第一項において準用する法第二十八条第五項第一号ロ

の広告又は宣伝を制限すべき地域として条例で定める地域は、第十一条第二項に規定する地域とする。

5　法第三十一条の十八第一項において読み替えて準用する法第二十八条第五項第一号ロの広告又は宣伝を制限すべき地域として条例で定める地域は、第十一条第二項に規定する地域とする。

（特定遊興飲食店営業に係る営業所の設置が許容される地域）

第十四条　法第三十一条の二十三において準用する法第四条第二項第二号の条例で定める地域は、第五条第三項各号に掲げる地域（病院等の敷地の周囲二十メートルの区域内の第二種区域を除く。）とする。

（特定遊興飲食店営業の営業時間の制限）

第十五条　特定遊興飲食店営業者は、県内全域において、午前六時後午前九時までの時間においては、深夜から引き続きその営業を営んではならない。

（深夜における特定遊興飲食店営業に係る騒音及び振動の数値）

第十六条　法第三十一条の二十三において準用する法第十五条の騒音に係る条例で定める数値は、第七条第一項の表の左〔上〕欄に掲げる地域ごとに、同表の右〔下〕欄に掲げる深夜の欄に掲げる数値とする。

2　法第三十一条の二十三において準用する法第十五条の振動に係る条例で定める数値は、五十五デシベルとする。

（特定遊興飲食店営業者の行為の制限）

第十七条　特定遊興飲食店営業者の行為についての法第三十一条の二十三において準用する法第二十一条の条例で定める制限は、次のとおりとする。

一　営業所で卑わいな行為その他善良の風俗を害する行為をし、又は従業者若しくは客にこれらの行為をさせないこと。

二　客の求めない飲食物を提供しないこと。

三　営業中において、営業所の出入口及び営業所外に直接通ずる客室の出入口に施錠をし、又はさせないこと。

四　営業所で店舗型性風俗特殊営業を営み、又は営ませないこと。

五　営業所で賭博類似行為その他著しく射幸心をそそるおそれのある行為をし、又は客にこれらの行為をさせないこと。

六　著しく射幸心をそそるおそれのある方法で営業を営まないこと。

七　午後六時以後午後十時前の時間において十八歳未満の者を営業所に客として立ち入らせないこと。ただし、保護者が同伴する十八歳未満の者については、この限りでない。

（深夜における飲食店営業に係る騒音及び振動の数値）

第十八条　法第三十二条第二項において準用する法第十五条の騒音に係る条例で定める数値は、第七条第一項の表の左〔上〕欄に掲げる地域ごとに、同表の右〔下〕欄に掲げる深夜の欄に掲げる数値とする。

2　法第三十二条第二項において準用する法第十五条の振動に係る条例で定める数値は、五十五デシベルとする。

（深夜における酒類提供飲食店営業の禁止地域）

第十九条　深夜における酒類提供飲食店営業は、第一種区域においては、これを営んではならない。

（風俗環境保全協議会を置く地域）

第二十条　法第三十八条の四第一項の条例で定める地域は、第五条第三項各号に掲げる地域とする。

（公安委員会規則への委任）

第二十一条　この条例の施行について必要な事項は、公安委員会規則で定める。

附　則〔略〕

○風俗営業等の規制及び業務の適正化等に関する法律施行細則（平成一二・三・三一 香川県公安委員会規則一三）

最終改正　平成二八・三・二九　公安委員会規則六

第一章　総則

（趣旨）

第一条　この規則は、風俗営業等の規制及び業務の適正化等に関する法律（昭和二十三年法律第百二十二号。以下「法」という。）、風俗営業等の規制及び業務の適正化等に関する法律施行令（昭和五十九年政令第三百十九号）、風俗営業等の規制及び業務の適正化等に関する法律に基づく許可申請書の添付書類等に関する内閣府令（昭和六十年総理府令第一号）、風俗営業等の規制及び業務の適正化等に関する法律施行規則（昭和六十年国家公安委員会規則第一号。以下「施行規則」という。）、少年指導委員規則（昭和六十年国家公安委員会規則第二号）、風俗環境浄化協会等に関する規則（昭和六十年国家公安委員会規則第三号）、遊技機の認定及び型式の検定等に関する規則（昭和六十年国家公安委員会規則第四号）及び風俗営業等の規制及び業務の適正化等に関する法律施行条例（昭和五十九年香川県条例第二十九号。以下「条例」という。）の施行に関し必要な事項を定めるものとする。

第二章　風俗営業の許可等

（許可条件の付加又は変更の手続）

第二条　香川県公安委員会（以下「公安委員会」という。）は、法第三条第一項の許可をした後において、同条第二項の規定により新たに条件を付し、又は条件を変更するときは、その旨を、別記様式第一号の許可条件付加・変更通知書により当該許可を受けた者に通知するものとする。

（第一種区域として公安委員会規則で定める地域）

第三条　条例第二条第二項第一号の公安委員会規則で定める地域は、高松市の区域のうち、飯田町千三十五番一、檀紙町二千三百番並びに田村町千百七十五番一、千百七十九番一及び千二百二十三番一の区域とする。

（第二種区域として公安委員会規則で定める地域）

第四条　条例第二条第二項第二号の公安委員会規則で定める地域は、仲多度郡琴平町の区域のうち、町道西山揚子川線、県道琴平停車場琴平公園線、町道本宮町線、県道原田琴平線、県道大麻琴平十郷線、町道小松谷川護摩谷線、町道能登屋小路線、町道札ノ前横断線及び琴平町字川西八百十五番地先の国有地である道路により囲まれた区域とする。

（三月以内の期間を限って営む風俗営業に係る営業所の設置を制限する地域）

第五条　条例第四条第二項の公安委員会規則で定める地域は、次の各号のいずれかに該当する地域とする。

一　第一種区域

二　学校等の敷地（これらの用に供するものと決定した土地を含む。）の周囲五十メートル又は病院等の敷地（これらの用に供するものと決定した土地を含む。）の周囲二十メートルの区域内の第二種区域、第三種区域及び第四種区域

2　前項の規定にかかわらず、法第二条第一項第四号又は第五号の営業のうち、祭礼、縁日等地域的慣習による催物に伴って行うものに係る営業所についての条例第四条第二項の公安委員会規則で定める地域は、学校等の敷地（これらの用に供するものと決定した土地を含む。）の周囲二十メートルの区域とする。

（不許可通知書の様式）

第六条　施行規則第十一条の書面の様式は、別記様式第二号の不許可通知書のとおりとする。

（相続、合併又は分割の承認等の手続）

第七条　施行規則第十六条第一項の規定による承認の通知は、別記様式第三号の承認通知書により行うものとする。

2　施行規則第十六条第二項の書面の様式は、別記様式第四号の不承認通知書のとおりとする。

（構造及び設備の変更の承認等の手続）

第八条　前条の規定は、施行規則第二十二条において準用する施行規則第十六

条第一項の規定による承認の通知及び同条第二項の書面の様式について準用する。

（**不認定通知書の様式等**）

第九条　第六条の規定は、施行規則第二十六条第三項において準用する施行規則第十一条の書面の様式について準用する。

2　公安委員会は、法第十条の二第六項の規定により認定を取り消したときは、その旨を、別記様式第五号の認定取消通知書により当該認定を受けた者に通知するものとする。

第三章　風俗営業者の遵守事項等

（**風俗営業者の行為の制限**）

第十条　風俗営業者の行為についての条例第八条第四項の公安委員会規則で定める制限は、営業中において、営業所の出入口及び営業所外に直接通ずる客室の出入口に施錠し、又は施錠させないこととする。

2　前項に定めるもののほか、法第二条第一項第四号の営業（まあじゃん屋を除く。）を営む風俗営業者の行為の制限についての条例第八条第四項の公安委員会規則で定める制限は、刃物類を賞品として提供しないこととする。

（**管理者講習**）

第十一条　施行規則第三十九条第三項の管理者講習の講習時間は、次の各号に掲げる講習の種別の区分に応じ、それぞれ当該各号に掲げる時間とする。

一　定期講習　四時間

二　処分時講習　四時間

三　臨時講習　二時間

2　施行規則第四十条第一項の規定による通知は、郵便葉書により行うものとする。

第四章　特定遊興飲食店営業の規制等

（**許可条件の付加又は変更の手続**）

第十二条　公安委員会は、法第三十一条の二十二の許可をした後において、法第三十一条の二十三において準用する法第三条第二項の規定により新たに条件を付し、又は条件を変更するときは、その旨を、別記様式第一号の許可条件付加・変更通知書により当該許可を受けた者に通知するものとする。

（**不許可通知書の様式**）

第十三条　施行規則第七十九条において準用する施行規則第十一条の書面の様式は、別記様式第二号の不許可通知書のとおりとする。

（**相続、合併又は分割の承認等の手続**）

第十四条　施行規則第八十四条において準用する施行規則第十六条第一項の規定による承認の通知は、別記様式第三号の承認通知書により行うものとする。

2　施行規則第八十四条において準用する施行規則第十六条第二項の書面の様式は、別記様式第四号の不承認通知書のとおりとする。

（**構造及び設備の変更の承認等の手続**）

第十五条　前条の規定は、施行規則第九十条において準用する施行規則第十六条第一項の規定による承認の通知及び同条第二項の書面の様式について準用する。

（**不認定通知書の様式等**）

第十六条　第十三条の規定は、施行規則第九十四条第三項において準用する施行規則第十一条の書面の様式について準用する。

2　公安委員会は、法第三十一条の二十三において準用する法第十条の二第六項の規定により認定を取り消したときは、その旨を、別記様式第五号の認定取消通知書により当該認定を受けた者に通知するものとする。

（**管理者講習**）

第十七条　施行規則第九十七条第三項において準用する施行規則第三十九条第三項の管理者講習の講習時間は、次の各号に掲げる講習の種別の区分に応じ、それぞれ当該各号に掲げる時間とする。

一　定期講習　四時間

二　処分時講習　四時間

三　臨時講習　二時間

2　施行規則第九十七条第三項において準用する施行規則第四十条第一項の規定による通知は、郵便葉書により行うものとする。

第五章　監督等

（**報告等の要求の手続**）

第十八条　法第三十七条第一項の規定による報告又は資料の提出の要求は、別記様式第六号の報告等要求書により行うものとする。

（処分に係る書面の様式）
第十九条　施行規則第百十二条第一項の書面の様式は、次の各号に掲げる処分の区分に応じ、それぞれ当該各号に掲げる様式のとおりとする。
一　法第八条の規定による許可の取消し　別記様式第七号の許可取消通知書
二　法第二十五条の規定による指示　別記様式第八号の指示書
三　法第二十六条第一項の規定による許可の取消し　別記様式第七号の許可取消通知書
四　法第二十六条第一項又は第二項の規定による営業停止命令　別記様式第九号の営業停止命令書
五　法第二十九条の規定による指示　別記様式第八号の指示書
六　法第三十条第一項又は第三項の規定による営業停止命令　別記様式第九号の営業停止命令書
七　法第三十条第二項の規定による営業廃止命令　別記様式第九号の営業廃止命令書
八　法第三十一条の四第一項又は第三十一条の六第二項第一号の規定による指示　別記様式第八号の指示書
九　法第三十一条の五第一項又は第三十一条の六第二項第二号の規定による営業停止命令　別記様式第九号の営業停止命令書
十　法第三十一条の五第二項又は第三十一条の六第二項第三号の規定による営業廃止命令　別記様式第九号の営業廃止命令書
十一　法第三十一条の九第一項又は第三十一条の十一第二項第一号の規定による指示　別記様式第八号の指示書
十二　法第三十一条の十又は第三十一条の十一第二項第二号の規定による措置命令　別記様式第十号の措置命令書
十三　法第三十一条の十四の規定による指示　別記様式第八号の指示書
十四　法第三十一条の十五第一項の規定による営業停止命令　別記様式第九号の営業停止命令書
十五　法第三十一条の十五第二項の規定による営業廃止命令　別記様式第九号の営業廃止命令書
十六　法第三十一条の十九第一項又は第三十一条の二十一第二項第一号の規定による指示　別記様式第八号の指示書
十七　法第三十一条の二十又は第三十一条の二十一第二項第二号の規定による営業停止命令　別記様式第九号の営業停止命令書
十八　法第三十一条の二十三において準用する法第八条の規定による許可の取消し　別記様式第七号の許可取消通知書
十九　法第三十一条の二十四の規定による指示　別記様式第八号の指示書
二十　法第三十一条の二十五第一項の規定による許可の取消し　別記様式第七号の許可取消通知書
二十一　法第三十一条の二十五第一項又は第二項の規定による営業停止命令　別記様式第九号の営業停止命令書
二十二　法第三十四条第一項の規定による指示　別記様式第八号の指示書
二十三　法第三十四条第二項の規定による営業停止命令　別記様式第九号の営業停止命令書
二十四　法第三十五条の規定による営業停止命令　別記様式第九号の営業停止命令書
二十五　法第三十五条の二の規定による営業停止命令　別記様式第九号の営業停止命令書
二十六　法第三十五条の四第一項又は第四項第一号の規定による指示　別記様式第八号の指示書
二十七　法第三十五条の四第二項又は第四項第二号の規定による営業停止命令　別記様式第九号の営業停止命令書

（勧告に係る書面の様式）
第二十条　施行規則第百十二条第二項の書面の様式は、別記様式第十一号の勧告書のとおりとする。

第六章　雑則

（少年指導委員の活動区域等）
第二十一条　少年指導委員規則第二条第一項の規定により定める少年指導委員の活動区域は、次に掲げる区域とする。
一　香川県東かがわ警察署の管轄区域
二　香川県さぬき警察署の管轄区域
三　香川県高松東警察署の管轄区域
四　香川県小豆警察署の管轄区域

五　香川県高松北警察署の管轄区域
六　香川県高松南警察署の管轄区域
七　香川県坂出警察署の管轄区域
八　香川県高松西警察署の管轄区域
九　香川県丸亀警察署の管轄区域
十　香川県琴平警察署の管轄区域
十一　香川県三豊警察署の管轄区域
十二　香川県観音寺警察署の管轄区域

2　少年指導委員の委嘱は、前項各号に定める活動区域を管轄する警察署長が推薦した者のうちから行うものとする。

3　公安委員会が少年指導委員を委嘱したときは、その者の氏名及び連絡先を関係地域の住民に周知させるよう、警察署の掲示板への掲示その他適当な措置をとらなければならない。

4　少年指導委員は、法第三十八条第二項各号に掲げる職務を行うに当たっては、その身分を示す証明書を携帯し、関係者から請求があったときは、これを提示しなければならない。

5　前項の証明書の様式は、別記様式第十三号の少年指導委員の証のとおりとする。

6　少年指導委員は、辞職しようとするときは、あらかじめ、公安委員会に辞職承認願を提出し、その承認を得なければならない。

（指定医の指定）

第二十二条　法第四十一条の二の規定による診断を行う医師の指定は、精神保健及び精神障害者福祉に関する法律（昭和二十五年法律第百二十三号）第十八条第一項の規定により精神保健指定医に指定された医師のうちから行うものとする。

2　公安委員会は、前項の医師の指定をしたときは、公示するものとする。

（団体の届出）

第二十三条　法第四十四条第一項の規定による届出は、別記様式第十二号の団体届出書により行うものとする。

（警察本部長への委任）

第二十四条　この規則に定めるもののほか、第一条に規定する法令及びこの規則の実施のため必要な事項は、香川県警察本部長が定める。

附　則〔略〕

別記様式第1号（第2条、第12条関係）

許可条件付加・変更通知書

第　　号
年　　月　　日

住所又は居所
氏名又は名称　　殿

香川県公安委員会　印

風俗営業等の規制及び業務の適正化等に関する法律
の規定により、次のとおり
ので通知する。

条件

理由

備考　用紙の大きさは、日本工業規格A列4番とする。

別記様式第2号（第6条、第9条、第13条、第16条関係）

不許可
不認定　通知書

第　　号
年　　月　　日

住所又は居所
氏名又は名称　　殿

香川県公安委員会　印

年　　月　　日付けで申請のあった
については、次の理由により　　をしないので、
風俗営業等の規制及び業務の適正化等に関する法律
の規定により通知する。

営業所の名称及び所在地

理由

備考　用紙の大きさは、日本工業規格A列4番とする。

別記様式第3号（第7条、第8条、第14条、第15条関係）

承　認　通　知　書

第　　　　号

年　　月　　日

住所又は居所

氏名又は名称

殿

香川県公安委員会　　　　印

年　　月　　日付けで申請のあった

　　　　については、風俗営業等の規制及び業務の適正化等に関する法律　　　　　　　　　　の規定により承認するので通知する。

備考　用紙の大きさは、日本工業規格A列4番とする。

別記様式第4号（第7条、第8条、第14条、第15条関係）

不　承　認　通　知　書

第　　　　号

年　　月　　日

住所又は居所

氏名又は名称

殿

香川県公安委員会　　　　印

年　　月　　日付けで申請のあった

　　　　については、風俗営業等の規制及び業務の適正化等に関する法律　　　　　　　　　　の規定により承認をしないので通知する。

承認しない理由

備考　用紙の大きさは、日本工業規格A列4番とする。

別記様式第５号（第９条、第16条関係）

認　定　取　消　通　知　書

第　　　号
年　　月　　日

住所又は居所
氏名又は名称
殿

香川県公安委員会　　印

風俗営業等の規制及び業務の適正化等に関する法律　　　　の規定により、　　　　の認定を取り消したので通知する。

認定年月日、認定番号及び営業の種別

認定取消しの理由

備考　用紙の大きさは、日本工業規格Ａ列４番とする。

別記様式第６号（第18条関係）

報　告　等　要　求　書

第　　号
年　　月　　日

住所又は居所
氏名又は名称
殿

香川県公安委員会　　印

風俗営業等の規制及び業務の適正化等に関する法律第37条第１項の規定により、次のとおり報告又は資料の提出を求める。

報告又は資料の提出を求める事項

備考
1　不要の文字は、横線で消すこと。
2　用紙の大きさは、日本工業規格Ａ列４番とする。

別記様式第７号（第19条関係）

許　可　取　消　通　知　書

第　　　号

年　月　日

住所又は居所

氏名又は名称

殿

香川県公安委員会　　印

風俗営業等の規制及び業務の適正化等に関する法律

の規定により、　　　　の許可を取り消し

たので通知する。

許可年月日、許可番号及び営業の種別

取消しの理由

備考　用紙の大きさは、日本工業規格Ａ列４番とする。

別記様式第８号（第19条関係）

指　示　書

第　　　号

年　月　日

住所又は居所

氏名又は名称

殿

香川県公安委員会　　印

風俗営業等の規制及び業務の適正化等に関する法律第　条の規定により、次のとおり指示する。

指示事項

指示の理由

備考

1　不要の文字は、横線で消すこと。

2　用紙の大きさは、日本工業規格Ａ列４番とする。

別記様式第９号（第19条関係）

営業停止
営業廃止　命　令　書

第　　　　号
年　　月　　日

住所又は居所
氏名又は名称

殿

香川県公安委員会　　　印

風俗営業等の規制及び業務の適正化等に関する法律

の規定により、次のとおり　　　　　　　　を命ずる。

営業所の名称及び所在地
事務所又は受付所の所在地

範囲

営業停止の期間

年　　月　　日から　　年　　月　　日までの

日間

理由

備考　用紙の大きさは、日本工業規格Ａ列４番とする。

別記様式第10号（第19条関係）

措　置　命　令　書

第　　　　号
年　　月　　日

住所又は居所
氏名又は名称

殿

香川県公安委員会　　　印

風俗営業等の規制及び業務の適正化等に関する法律第31条の10
第31条の11

第２項第２号の規定により、次のとおり措置をとることを命ずる。

措置命令事項

措置命令の理由

備考

1　不要の文字は、横線で消すこと。

2　用紙の大きさは、日本工業規格Ａ列４番とする。

別記様式第11号（第20条関係）

勧　告　書

第　　号
年　月　日

住所又は居所
氏名又は名称
殿

香川県公安委員会　印

風俗営業等の規制及び業務の適正化等に関する法律
の規定により、次のとおり
を勧告する。

勧告事項

勧告の理由

備考　用紙の大きさは、日本工業規格A列４番とする。

別記様式第12号（第23条関係）

※受理年月日		※受理番号	

団体届出書

風俗営業等の規制及び業務の適正化等に関する法律第44条第１項の規定により、次のとおり届出をします。

年　月　日

香川県公安委員会　殿

届出者の氏名又は名称及び住所
㊞

名称						
事務所の所在地						
代表者	住所					
代表者	氏名					
事業目的						
事業内容						
成立の年月日						
団体を組織する者の氏名及び住所		氏名	住所	氏名	住所	
法人の場合	設立又は認可を受けた年月日			定款		
法人の場合	役員の氏名		住所	役員の氏名		住所
法人の場合	代表者					
法人の場合						

備考
　1　届出者の氏名の記載を自署で行う場合は、押印を省略することができる。
　2　用紙の大きさは、日本工業規格A列４番とする。

別記様式第13号（第21条関係）

（表面）

8.5センチメートル

5.5センチメートル

少年指導委員の証

第　号

写　真

活動区域

氏　名

（　年　月　日生）

上記の者は、風俗営業等の規制及び業務の適正化等に関する法律第38条第２項に規定する職務を行う少年指導委員であることを証明する。

有効期間　　年　月　日

年　月　日　香川県公安委員会　印

（裏面）

風俗営業等の規制及び業務の適正化等に関する法律（抜粋）

第38条　略

2　少年指導委員は、風俗営業及び性風俗関連特殊営業等（性風俗関連特殊営業、特定遊興飲食店営業、飲食店営業、興行場営業、特定性風俗物品販売等営業及び接客業務受託営業をいう。第２号において同じ。）に関し、次に掲げる職務を行う。

一　飲酒若しくは喫煙をしている少年、風俗営業、店舗型性風俗特殊営業、店舗型電話異性紹介営業若しくは特定遊興飲食店営業の営業所若しくは第２条第７項第１号の営業の受付所に客として出入りし、又はこれらの営業所若しくは受付所の付近をはいかいしている18歳未満の者その他少年の健全な育成の観点から障害があると認められる行為を行つている少年の補導を行うこと。

二　風俗営業若しくは性風俗関連特殊営業等を営む者又はその代理人等に対し、少年の健全な育成に障害を及ぼす行為を防止するために必要な助言を行うこと。

三　少年の健全な育成に障害を及ぼす行為により被害を受けた少年に対し、助言及び指導その他の援助を行うこと。

四　少年の健全な育成に資するための地方公共団体の施策及び民間団体の活動への協力を行うこと。

五　前各号に掲げるもののほか、少年の健全な育成に障害を及ぼす行為を防止し、又は少年の健全な育成に資するための活動で国家公安委員会規則で定めるものを行うこと。

3～6　略

愛媛県

○風俗営業等の規制及び業務の適正化等に関する法律施行条例

（昭和五九・一二・二五
愛媛県条例三五）

最終改正　平成三〇・三・二七　条例二九

（趣旨）

第一条　この条例は、風俗営業等の規制及び業務の適正化等に関する法律（昭和二十三年法律第百二十二号。以下「法」という。）第四条第二項第二号（法第三十一条の二十三において準用する場合を含む。）、第十三条第一項、同条第二項（法第三十一条の二十三において準用する場合を含む。）、第十五条（法第三十一条の二十三及び第三十二条第二項において準用する場合を含む。）、第二十条第八項及び第九項、第二十一条（法第三十一条の二十三において準用する場合を含む。）、第二十二条第二項、第二十八条第一項、第二項及び第四項（これらの規定を法第三十一条の三第二項の規定により適用する場合及び法第三十一条の十三第一項において準用する場合を含む。）並びに第五項第一号ロ（法第三十一条の三第一項、第三十一条の八第一項、第三十一条の十三第一項及び第三十一条の十八第一項において準用する場合を含む。）、第三十三条第四項、第三十八条の四第一項並びに第四十三条並びに地方自治法（昭和二十二年法律第六十七号）第二百二十七条の規定に基づき、法の施行及び法の規定に基づく事務の手数料に関し必要な事項を定めるものとする。

（定義）

第二条　この条例において、次の各号に掲げる用語の意義は、それぞれ当該各号に定めるところによる。

一　第一種地域　都市計画法（昭和四十三年法律第百号）第二章の規定により定められた第一種低層住居専用地域、第二種低層住居専用地域、第一種中高層住居専用地域、第二種中高層住居専用地域、第一種住居地域、第二種住居地域、準住居地域及び田園住居地域をいう。ただし、第一種住居地域、第二種住居地域、準住居地域及び田園住居地域のうち、道路法（昭和二十七年法律第百八十号）第三条に規定する一般国道及び県道（以下「国道等」という。）の各側について幅百メートル以内の区域を除く。

二　第二種地域　都市計画法第二章の規定により定められた商業地域をいう。

三　第三種地域　第一種地域及び第二種地域以外の地域をいう。

（風俗営業の場所に関する許可基準）

第三条　法第四条第二項第二号の条例で定める地域は、別表第一の左〔上〕欄に掲げる風俗営業の種別ごとに、それぞれ同表の右〔下〕欄に掲げる地域とする。

2　前項の規定は、風俗営業の営業所のうち、祭礼その他の地域的行事の期間中に限りその地域において営む営業に係るもの又は営業する場所が常態として移動する営業に係るものについては、適用しない。

（風俗営業の特別日営業延長許容地域）

第四条　法第十三条第一項第一号の条例で定める日は次の各号に掲げる日とし、同項第一号の条例で定める地域は当該各号に定める地域とする。

一　一月一日及び十二月二十一日から同月三十一日までの日　県内全域

二　祭礼その他の特別な事情のある日として公安委員会が指定する日　当該事情のある地域として公安委員会が指定する地域及び次条に規定する地域（当該指定に係る地域に該当する地域を除く。）

（風俗営業の営業延長許容地域）

第五条　接待飲食等営業及びまあじやん屋について法第十三条第一項第二号の条例で定める地域は、別表第二の左〔上〕欄に掲げる市について、それぞれ同表の右〔下〕欄に掲げる区域とする。

（風俗営業の営業時間の制限）

第六条　法第十三条第一項ただし書の条例で定める時は、午前一時とする。

2　法第十三条第二項の規定に基づき、前条に規定する地域（第四条第二号の公安委員会が指定する地域に該当する地域を除く。）において、同号の公安委員会が指定する日の午前零時から午前一時までの時間における法第二条第一項第四号の営業（まあじやん屋を除く。）及び同項第五号の営業を営むことを禁止する。

（風俗営業に係る騒音及び振動の規制）

第七条　法第十五条の条例で定める騒音の数値は、別表第三の左〔上〕欄に掲げる地域ごとに、同表の右〔下〕欄に掲げる時間の区分に応じ、それぞれ同欄に掲げる数値とする。

2　法第十五条の条例で定める振動の数値は、五十五デシベルとする。

（風俗営業者の遵守事項）

第八条　風俗営業者は、次に掲げる事項を守らなければならない。

一　営業用家屋等で卑わいな行為その他善良の風俗を害する行為をし、又はさせないこと。

二　営業用家屋等（旅館業法（昭和二十三年法律第百三十八号）第三条第一項の規定による許可を受けたものを除く。）で客を就寝させ、又は宿泊させないこと。

三　客の求めない飲食物を提供しないこと。

四　営業用家屋等を店舗型性風俗特殊営業の営業所として用い、又は用いさせないこと。

2　法第二条第一項第四号の営業を営む風俗営業者は、前項に定めるもののほか、次に掲げる事項を守らなければならない。ただし、第三号から第六号までの規定は、まあじゃん屋を営む風俗営業者については、適用しない。

一　とばく類似行為その他著しく射幸心をそそるおそれのある行為をし、又はさせないこと。

二　著しく射幸心をそそるおそれのある方法で営業しないこと。

三　公安委員会規則で定める種類の賞品を提供しないこと。

四　賞品の提供方法を営業所の見やすい場所に掲示すること。

五　客に提供した賞品を買い取らせないこと。

六　営業所において客に飲酒させないこと。

3　法第二条第一項第五号の営業を営む風俗営業者は、午後六時以後午後十時前の時間において十六歳未満の者を営業所に客として立ち入らせる場合は、保護者の同伴を求めなければならない。

（店舗型性風俗特殊営業等の禁止区域等）

第九条　法第二十八条第一項（法第三十一条の三第二項の規定により適用する場合及び法第三十一条の十三第一項において準用する場合を含む。）の条例で定める施設は、医療法（昭和二十三年法律第二百五号）第一条の五第一項に規定する病院及び同条第二項に規定する診療所のうち患者を入院させるための施設を有するもの（以下「病院等」という。）とする。

2　法第二十八条第二項の規定に基づき、別表第四の左〔上〕欄に掲げる店舗型性風俗特殊営業の種別ごとに、それぞれ同表の右〔下〕欄に掲げる地域において、当該店舗型性風俗特殊営業を営むことを禁止する。

3　法第三十一条の三第二項の規定により適用する法第二十八条第二項の規定に基づき、松山市道後多幸町のうち県道六軒家石手線の各一側について幅二十メートル以内の区域以外の地域において、受付所営業（法第三十一条の二第四項に規定する受付所営業をいう。以下同じ。）を営むことを禁止する。

4　法第三十一条の十三第一項において準用する法第二十八条第二項の規定に基づき、第一種地域及び第三種地域において、店舗型電話異性紹介営業を営むことを禁止する。

5　法第二十八条第四項（法第三十一条の三第二項の規定により適用する場合及び法第三十一条の十三第一項において準用する場合を含む。）の規定に基づき、店舗型性風俗特殊営業（法第二条第六項第四号の営業その他法第二十八条第四項の国家公安委員会規則で定めるものを除く。）、受付所営業及び店舗型電話異性紹介営業の深夜における営業を禁止する。

（性風俗関連特殊営業の広告制限地域）

第十条　法第二十八条第五項第一号ロの広告又は宣伝を制限すべき地域として条例で定める地域は、別表第五の左〔上〕欄に掲げる店舗型性風俗特殊営業の種別ごとに、それぞれ同表の右〔下〕欄に掲げる地域とする。

2　法第三十一条の三第一項において準用する法第二十八条第五項第一号ロの広告又は宣伝を制限すべき地域として条例で定める地域は、別表第六の左〔上〕欄に掲げる無店舗型性風俗特殊営業の種別ごとに、それぞれ同表の右〔下〕欄に掲げる地域とする。

3　法第三十一条の八第一項、第三十一条の十三第一項及び第三十一条の十八第一項において準用する法第二十八条第五項第一号ロの広告又は宣伝を制限すべき地域として条例で定める地域は、第一種地域及び第三種地域とする。

（特定遊興飲食店営業の営業所設置許容地域）

第十一条　法第三十一条の二十三において準用する法第四条第二項第二号の条

例で定める地域は、別表第二の左〔上〕欄に掲げる市について、それぞれ同表の右〔下〕欄に掲げる区域とする。ただし、病院等の敷地（これらの用に供するものとして決定した土地を含む。）の周囲十メートルの区域を除く。

（特定遊興飲食店営業の営業時間の制限）

第十二条　法第三十一条の二十三において準用する法第十三条第二項の規定に基づき、前条に規定する地域において、深夜から引き続く午前六時後午前九時以前の時間における特定遊興飲食店営業を営むことを禁止する。

（特定遊興飲食店営業に係る騒音及び振動の規制）

第十三条　法第三十一条の二十三において準用する法第十五条の条例で定める騒音の数値は、別表第三の左〔上〕欄に掲げる地域ごとに、それぞれ同表の右〔下〕欄に掲げる深夜に係る数値とする。

2　法第三十一条の二十三において準用する法第十五条の条例で定める振動の数値は、五十五デシベルとする。

（特定遊興飲食店営業者の遵守事項）

第十四条　特定遊興飲食店営業者は、次に掲げる事項を守らなければならない。

一　営業用家屋等で卑わいな行為その他善良の風俗を害する行為をし、又はさせないこと。

二　客の求めない飲食物を提供しないこと。

三　営業用家屋等を店舗型性風俗特殊営業の営業所として用い、又は用いさせないこと。

四　賭博類似行為その他著しく射幸心をそそるおそれのある行為をし、又はさせないこと。

五　著しく射幸心をそそるおそれのある方法で営業しないこと。

六　午後六時以後午後十時前の時間において十六歳未満の者を営業所に客として立ち入らせる場合は、保護者の同伴を求めること。

（深夜における飲食店営業に係る騒音及び振動の規制）

第十五条　法第三十二条第二項において準用する法第十五条の条例で定める騒音の数値については第十三条第一項の規定を、法第三十二条第二項において準用する法第十五条の条例で定める振動の数値については第十三条第二項の規定を、それぞれ準用する。

（深夜における酒類提供飲食店営業の禁止地域）

第十六条　法第三十三条第四項の規定に基づき、第一種地域において深夜における酒類提供飲食店営業を営むことを禁止する。

（風俗環境保全協議会を置く地域）

第十七条　法第三十八条の四第一項の条例で定める地域は、別表第二の左〔上〕欄に掲げる市について、それぞれ同表の右〔下〕欄に掲げる区域とする。

（手数料）

第十八条　別表第七の左〔上〕欄に掲げる者は、同表の中欄に掲げる区分に従い、それぞれ同表の右〔下〕欄に掲げる手数料（以下「手数料」という。）を許可等の申請等の際に納付しなければならない。

2　知事は、特別の事情により必要があると認めるときは、手数料を減免することができる。

3　既に納付した手数料は、還付しない。

4　法第二十条第五項に規定する指定試験機関（以下「指定試験機関」という。）が行う別表第七の十一の項又は十二の項に掲げる試験を受けようとする者は、当該各項に掲げる手数料を当該指定試験機関に納めなければならない。この場合において、第一項（手数料の納付時期に関する部分に限る。）及び前二項の規定は適用せず、手数料の納入の方法その他手数料の納入に関し必要な事項は、当該指定試験機関の定めるところによる。

5　前項の規定により指定試験機関に納められた手数料は、当該指定試験機関の収入とする。

（公安委員会規則への委任）

第十九条　この条例に定めるもののほか、この条例の施行に関し必要な事項は、公安委員会規則で定める。

（罰則）

第二十条　詐欺その他不正の行為により手数料の徴収を免れた者は、その徴収を免れた金額の五倍に相当する金額（当該五倍に相当する金額が五万円を超えないときは、五万円とする。）以下の過料に処する。

附　則〔略〕

別表第一（第三条関係）

風俗営業の種別	地域
法第二条第一項第一号から第三号までの営業及び同項第四号の営業（まあじやん屋に限る。）	1　第一種地域 2　第二種地域のうち、保全対象施設の敷地（これらの用に供するものと決定した土地を含む。以下同じ。）の周囲三十メートル（病院等にあつては、十メートル）の区域内の地域 3　第三種地域のうち、保全対象施設の敷地の周囲五十メートル（病院等にあつては、三十メートル）の区域内の地域
法第二条第一項第四号の営業（まあじやん屋を除く。）	1　第一種地域 2　第二種地域のうち、保全対象施設の敷地の周囲五十メートル（病院等にあつては、三十メートル）の区域内の地域 3　第三種地域のうち、保全対象施設の敷地の周囲七十メートル（病院等にあつては、五十メートル）の区域内の地域
法第二条第一項第五号の営業	1　第一種地域 2　第二種地域のうち、保全対象施設の敷地の周囲十メートルの区域内の地域 3　第三種地域のうち、保全対象施設の敷地の周囲三十メートルの区域内の地域

注　この表において「保全対象施設」とは、次に掲げる施設をいう。
1　学校教育法（昭和二十二年法律第二十六号）第一条に規定する学校（大学を除く。）
2　図書館法（昭和二十五年法律第百十八号）第二条第一項に規定する図書館
3　児童福祉法（昭和二十二年法律第百六十四号）第七条第一項に規定する児童福祉施設
4　病院等

別表第二（第五条、第十一条、第十七条関係）

市名	区域
松山市	道後湯月町（一番、三～四番に限る。）、道後湯之町（一番、四～六番、十二～十六番、二十番に限る。）、道後多幸町（六～七番に限る。）、道後鷺谷町（一～三番、五番に限る。）、道後姫塚（百～百二十五番地に限る。）、大街道一丁目（四～六番地に限る。）、大街道二丁目、一番町一丁目（一～十一番地に限る。）、一番町二丁目（一～五番地に限る。）、一番町三丁目（一～二番地に限る。）、二番町一～三丁目、三番町一～三丁目、千舟町一丁目（二～六番地に限る。）、千舟町二丁目（五～八番地に限る。）、千舟町三丁目（三～五番地に限る。）、勝山町一丁目（二～五番地、八～十一番地、十四～十五番地、十八番地に限る。）
今治市	室屋町一～三丁目、室屋町四丁目（一～二番地に限る。）、米屋町一～三丁目、米屋町四丁目（一～二番地に限る。）、本町一丁目（一番地に限る。）、本町二丁目（一番地に限る。）、本町三丁目（一番地に限る。）、本町四丁目（一番地に限る。）、別宮町一丁目（一番地に限る。）、常盤町二～三丁目、栄町一～三丁目、栄町四丁目（一～二番地に限る。）、共栄町一～三丁目、共栄町四丁目（一～五番地に限る。）、大正町一丁目、大正町二丁目（二～三番地に限る。）、大正町三丁目（一番地、四番地に限る。）、黄金町一丁目（三～四番地、十番地に限る。）、末広町一丁目、末広町二丁目（二～三番地に限る。）、末広町三丁目（二～三番地に限る。）、松本町一～三丁目、旭町一丁目（一～二番地、五番地に限る。）、旭町二丁目（一～二番地に限る。）、旭町三丁目（一番地、四番地に限る。）
宇和島市	恵美須町一丁目、丸之内五丁目、中央町一丁目（二～十番に限る。）、中央町二丁目（二～五番に限る。）、新町一丁目（二～十番に限る。）、新町二丁目（二～九番に限る。）、錦町（四～七番に限る。）
新居浜市	泉池町、泉宮町、徳常町、若水町一～二丁目

別表第三（第七条、第十三条関係）

地域	数値		
	昼間	夜間	深夜
第一種地域	五十デシベル	四十五デシベル	四十デシベル
第二種地域	六十五デシベル	五十デシベル	五十デシベル
第三種地域	六十デシベル	五十デシベル	四十五デシベル

注　この表において、「昼間」とは午前六時後午後六時前の時間を、「夜間」とは午後六時以後翌日の午前零時前の時間を、「深夜」とは午前零時から午前六時までの時間をいう。

別表第四（第九条、別表第五関係）

店舗型性風俗特殊営業の種別		地域
法第二条第六項第一号及び第二号並びに風俗営業等の規制及び業務の適正化等に関する法律施行令（昭和五十九年政令第三百十九号。以下「令」という。）第五条の営業		松山市道後多幸町のうち県道六軒家石手線の各一側について幅二十メートル以内の区域以外の地域
法第二条第六項第三号及び第五号の営業		1　第一種地域 2　第三種地域
法第二条第六項第四号の営業	モーテル営業	松山市道後多幸町のうち県道六軒家石手線の各一側について幅二十メートル以内の区域以外の地域
	その他の営業	1　第一種地域 2　第三種地域のうち、国道等の各一側について幅二百メートル以内の区域

注　この表において「モーテル営業」とは、個室に自動車の車庫が個々に接続する施設であつて、次の各号のいずれかに該当する構造設備を有するものを設け、当該施設を異性を同伴する客の宿泊（休憩を含む。）に利用させる営業をいう。

1　個室に接続する車庫（二以上の側壁（カーテン、ついたて等を含む。）及び屋根を有するものに限る。以下同じ。）の出入口が扉等によつて遮へいできるもの

2　車庫の内部から個室に通ずる専用の人の出入口又は階段若しくは昇降機が設けられているもの

3　個室と車庫とが専用の通路によつて接続しているものにあつては、当該通路の内部が外部から見えないもの

別表第五（第十条関係）

店舗型性風俗特殊営業の種別		地域
法第二条第六項第一号及び第二号並びに令第五条の営業		松山市道後多幸町のうち県道六軒家石手線の各一側について幅二十メートル以内の区域以外の地域
法第二条第六項第三号及び第五号の営業		1　第一種地域 2　第三種地域
法第二条第六項第四号の営業	モーテル営業	松山市道後多幸町のうち県道六軒家石手線の各一側について幅二十メートル以内の区域以外の地域
	その他の営業	第一種地域

注　この表において「モーテル営業」とは、別表第四注に規定するモーテル営業をいう。

別表第六（第十条関係）

無店舗型性風俗特殊営業の種別	地域
法第二条第七項第一号の営業	松山市道後多幸町のうち県道六軒家石手線の各一側について幅二十メートル以内の区域以外の地域
法第二条第七項第二号の営業	1　第一種地域

2 第三種地域

別表第七(第十八条関係)

手数料を納めなければならない者	区分	金額
1 法第三条第一項の許可(以下「風俗営業の許可」という。)を受けようとする者	(1) ぱちんこ屋又は令第八条に規定する営業について風俗営業の許可を受けようとする場合で営業所に設置する遊技機に法第二十条第二項の認定(7の項及び25の項を除き、以下「認定」という。)を受けた遊技機以外の遊技機(以下「未認定遊技機」という。)がないとき。	
	ア 三月以内の期間を限つて営む営業	一五、〇〇〇円
	イ その他の営業	二五、〇〇〇円
	(2) ぱちんこ屋又は令第八条に規定する営業について風俗営業の許可を受けようとする場合で営業所に設置する遊技機に未認定遊技機があるとき。	(1)ア又はイに定める額に、二、八〇〇円(法第二十条第四項の検定(以下「検定」という。)を受けた型式に属する未認定遊技機以外の未認定遊技機(以下「特定未認定遊技機」という。)がある場合にあつては、五、六〇〇円に当該特定未認定遊技機が属する型式の数を二、四〇〇円に乗じて得た額を加算した額)を加算した額に、未認定遊技機一台ごとに四〇円(特定未認定遊技機についてそれぞれ9の項(3)の右〔下〕欄に定める額から八、〇〇〇円を減じた額)を加算した額
	(3) ぱちんこ屋及び令第八条に規定する営業以外の風俗営業について風俗営業の許可を受けようとする場合	
	ア 三月以内の期間を限つて営む営業	一四、〇〇〇円
	イ その他の営業	二四、〇〇〇円
2 法第五条第四項の許可証の再交付を受けようとする者		一、二〇〇円
3 法第七条第一項の承認を受けようとする者		九、〇〇〇円(当該承認を受けようとする者が同時に他の法第七条第一項の規定に基づく承認を受けようとする場合における当該他の同項の規定に基づく承認の申請に係る手数料にあつては、三、八〇〇円)
4 法第七条の二第一項の承認を受けようとする者		一二、〇〇〇円(当該承認を受けようとする者が同時に他の法第七条の二第一項の規定に基づく承認を受けようとする場合における当該他の同項の規定に基づく承認の申請に係る

		手数料にあつては、三、八〇〇円）
4の2　法第七条の三第一項の承認を受けようとする者		一二、〇〇〇円（当該承認を受けようとする者が同時に他の法第七条の三第一項の規定に基づく承認を受けようとする場合における当該他の同項の規定に基づく承認の申請に係る手数料にあつては、三、八〇〇円）
5　法第九条第一項の承認を受けようとする者		九、九〇〇円
6　法第九条第四項の許可証の書換えを受けようとする者		一、五〇〇円
7　法第十条の二第一項の認定を受けようとする者		一三、〇〇〇円（当該認定を受けようとする者が同時に他の法第十条の二第一項の規定に基づく認定を受けようとする場合における当該他の同項の規定に基づく認定の申請に係る手数料にあつては、一〇、〇〇〇円）
8　法第十条の二第五項の認定証の再交付を受けようとする者		一、二〇〇円

9　認定を受けようとする者	(1)　指定試験機関が行う認定に必要な試験（以下「遊技機試験」という。）を受けた遊技機について認定を受けようとする場合	二、二〇〇円
	(2)　検定を受けた型式に属する遊技機（遊技機試験を受けたものを除く。）について認定を受けようとする場合	四、三四〇円
	(3)　(1)又は(2)の遊技機以外の遊技機について認定を受けようとする場合	
	ア　ぱちんこ遊技機	
	(ア)　入賞を容易にするための装置であつて令第十四条の表の一の㈢1(1)の項の中欄に規定する国家公安委員会規則で定めるもの（以下「特定装置」という。）が設けられているもの（当該特定装置を連続して作動させることができるものに限る。）	
	a　マイクロプロセッサー（電子計算機の中央演算処理装置を構成する集積回路をいう。以下同じ。）を内蔵するもの	三五、〇〇〇円
	b　aに掲げるもの以外のもの	一六、三〇〇円
	(イ)　特定装置が設けられているもの（(ア)に掲げ	

	るものを除く。）	
	a　マイクロプロセッサーを内蔵するもの	二九、〇〇〇円
	b　aに掲げるもの以外のもの	一六、三〇〇円
	(ウ)　(ア)又は(イ)に掲げるもの以外のもの	一四、四〇〇円
	イ　回胴式遊技機	
	(ア)　マイクロプロセッサーを内蔵するもの	五九、〇〇〇円
	(イ)　(ア)に掲げるもの以外のもの	二三、〇〇〇円
	ウ　アレンジボール遊技機	
	(ア)　マイクロプロセッサーを内蔵するもの	三五、〇〇〇円
	(イ)　(ア)に掲げるもの以外のもの	一九、〇〇〇円
	エ　じやん球遊技機	
	(ア)　マイクロプロセッサーを内蔵するもの	三五、〇〇〇円
	(イ)　(ア)に掲げるもの以外のもの	一九、〇〇〇円
	オ　アからエまでに掲げる遊技機以外の遊技機	
	(ア)　マイクロプロセッサーを内蔵するもの	二九、〇〇〇円
	(イ)　(ア)に掲げるもの以外のもの	一二、六〇〇円
10　検定を受けようとする者	(1)　指定試験機関が行う検定に必要な試験（以下「型式試験」という。）を受けた型式について検定を受けようとする場合	三、九〇〇円
	(2)　他の公安委員会の検定を受けた型式（型式試験を受けたものを除く。）について検定を受けようとする場合	六、三〇〇円
	(3)　(1)又は(2)の型式以外の型式について検定を受けようとする場合	
	ア　ぱちんこ遊技機	
	(ア)　特定装置が設けられているもの（当該特定装置を連続して作動させることができるものに限る。）	
	a　マイクロプロセッサーを内蔵するもの	一、四三五、〇〇〇円
	b　aに掲げるもの以外のもの	四三八、〇〇〇円
	(イ)　特定装置が設けられているもの（(ア)に掲げるものを除く。）	
	a　マイクロプロセッサーを内蔵するもの	一、一二八、〇〇〇円
	b　aに掲げるもの以外のもの	四三八、〇〇〇円
	(ウ)　(ア)又は(イ)に掲げるもの以外のもの	三三八、〇〇〇円
	イ　回胴式遊技機	
	(ア)　マイクロプロセッサーを内蔵するもの	一、六二一、〇〇〇円
	(イ)　(ア)に掲げるもの以外のもの	四七九、〇〇〇円
	ウ　アレンジボール遊技機	
	(ア)　マイクロプロセッサーを内蔵するもの	一、一四八、〇〇〇円
	(イ)　(ア)に掲げるもの以外のもの	四八二、〇〇〇円

	エ　じやん球遊技機	
	(ア)　マイクロプロセッサーを内蔵するもの	一、一四七、〇〇〇円
	(イ)　(ア)に掲げるもの以外のもの	四八一、〇〇〇円
11　遊技機試験を受けようとする者	(1)　ぱちんこ遊技機について遊技機試験を受けようとする場合	
	ア　特定装置が設けられているもの（当該特定装置を連続して作動させることができるものに限る。）	
	(ア)　マイクロプロセッサーを内蔵するもの	四三、三〇〇円
	(イ)　(ア)に掲げるもの以外のもの	二三、一〇〇円
	イ　特定装置が設けられているもの（アに掲げるものを除く。）	
	(ア)　マイクロプロセッサーを内蔵するもの	三六、三〇〇円
	(イ)　(ア)に掲げるもの以外のもの	二三、〇〇〇円
	ウ　ア又はイに掲げるもの以外のもの	二一、〇〇〇円
	(2)　回胴式遊技機について遊技機試験を受けようとする場合	
	ア　マイクロプロセッサーを内蔵するもの	六八、三〇〇円
	イ　アに掲げるもの以外のもの	三〇、三〇〇円
	(3)　アレンジボール遊技機について遊技機試験を受けようとする場合	
	ア　マイクロプロセッサーを内蔵するもの	四二、三〇〇円
	イ　アに掲げるもの以外のもの	二六、三〇〇円
	(4)　じやん球遊技機について遊技機試験を受けようとする場合	
	ア　マイクロプロセッサーを内蔵するもの	四二、三〇〇円
	イ　アに掲げるもの以外のもの	二六、三〇〇円
	(5)　(1)から(4)までに掲げる遊技機以外の遊技機について遊技機試験を受けようとする場合	
	ア　マイクロプロセッサーを内蔵するもの	三六、三〇〇円
	イ　アに掲げるもの以外のもの	一九、一〇〇円
12　型式試験を受けようとする者	(1)　ぱちんこ遊技機の型式について型式試験を受けようとする場合	
	ア　特定装置が設けられているもの（当該特定装置を連続して作動させることができるものに限る。）	
	(ア)　マイクロプロセッサーを内蔵するもの	一、四四二、〇〇〇円
	(イ)　(ア)に掲げるもの以外のもの	四四五、〇〇〇円
	イ　特定装置が設けられているもの（アに掲げるものを除く。）	
	(ア)　マイクロプロセッ	一、一三五、〇〇〇円

	(イ) サーを内蔵するもの(ア)に掲げるもの以外のもの	四四五、〇〇〇円
	ウ ア又はイに掲げるもの以外のもの	三四五、〇〇〇円
	(2) 回胴式遊技機の型式について型式試験を受けようとする場合	
	ア マイクロプロセッサーを内蔵するもの	一、六二八、〇〇〇円
	イ アに掲げるもの以外のもの	四八六、〇〇〇円
	(3) アレンジボール遊技機の型式について型式試験を受けようとする場合	
	ア マイクロプロセッサーを内蔵するもの	一、一五五、〇〇〇円
	イ アに掲げるもの以外のもの	四八九、〇〇〇円
	(4) じやん球遊技機の型式について型式試験を受けようとする場合	
	ア マイクロプロセッサーを内蔵するもの	一、一五四、〇〇〇円
	イ アに掲げるもの以外のもの	四八八、〇〇〇円
13 法第二十条第十項において準用する法第九条第一項の承認（以下この項において「承認」という。）を受けようとする者	(1) 承認を受けようとする遊技機に未認定遊技機がない場合	二、四〇〇円
	(2) 承認を受けようとする遊技機に未認定遊技機がある場合	五、二〇〇円（特定未認定遊技機がある場合にあつては、八、〇〇〇円に当該特定未認定遊技機が属する型式の数を二、四〇〇円に乗じて得た額を加算した額）に、未認定遊技機一台ごとに四〇円（特定未認定遊技機については、それぞれ9の項(3)の右〔下〕欄に定める額から八、〇〇〇円を減じた額）を加算した額
14 法第二十四条第六項の講習を受けようとする者		講習一時間につき六五〇円
15 法第二十七条第四項（法第三十一条の十二第二項において準用する場合を含む。）又は第三十一条の二第四項（法第三十一条の七第二項及び第三十一条の十七第二項において準用する場合を含む。）の規定に基づく法第二十七条第一項、第三十一条の二第一項、第三十一条の七第一項、第三十一条の十二第一項又は第三十一条の十七第一項の届出書の提出があつた旨を記載した書面の交付を受けようとする者	(1) 法第二条第六項又は第九項の営業を営もうとする者	一一、九〇〇円
	(2) 法第二条第七項第一号の営業を営もうとする者で当該営業につき受付所を設けようとするもの	三、四〇〇円と八、五〇〇円に受付所の数を乗じて得た額との合計額
	(3) 法第二条第七項、第八項若しくは第十項の営業を営もうとする者((2)に掲げる者を除く。)又は風俗営業等の規制及び業務の適正化等に関する法律の一部を改正する法律（平成十七年法律第百十九号）附則第三条第二項の規定により法第二十七条第一項、第三十一条の二第一項、第三十一条の七第一項、第三十一条の十二第一項若しくは第三十一条の十七第一項の届出書を提出したものとみなされる者	三、四〇〇円

者		
16　法第二十七条第四項（法第三十一条の十二第二項において準用する場合を含む。）又は第三十一条の二第四項（法第三十一条の七第二項及び第三十一条の十七第二項において準用する場合を含む。）の規定に基づく法第二十七条第二項（法第三十一条の十二第二項において準用する場合を含む。）又は第三十一条の二第二項（法第三十一条の七第二項及び第三十一条の十七第二項において準用する場合を含む。）の届出書の提出があつた旨を記載した書面の交付を受けようとする者	(1)　変更に係る事項が受付所の新設に係るものである場合	一、九〇〇円と八、五〇〇円に当該新設に係る受付所の数を乗じて得た額との合計額
	(2)　その他の場合	一、五〇〇円
17　法第二十七条第四項（法第三十一条の十二第二項において準用する場合を含む。）又は第三十一条の二第四項（法第三十一条の七第二項及び第三十一条の十七第二項において準用する場合を含む。）の規定に基づく届出書の提出があつた旨を記載した書面の再交付を受けようとする者		一、二〇〇円
18　法第三十一条の二十二の許可（以下「特定遊興飲食店営業の許可」という。）を受けようとする者	(1)　三月以内の期間を限つて営む営業	一四、〇〇〇円
	(2)　その他の営業	二四、〇〇〇円
19　法第三十一条の二十三において準用する法第五条第四項の許可証の再交付を受けようとする者		一、一〇〇円
20　法第三十一条の二十三において準用する法第七条第一項の承認を受けようとする者		八、六〇〇円（当該承認を受けようとする者が同時に他の法第三十一条の二十三において準用する法第七条第一項の規定に基づく承認を受けようとする場合における当該他の同項の規定に基づく承認の申請に係る手数料にあつては、三、八〇〇円）

21　法第三十一条の二十三において準用する法第七条の二第一項の承認を受けようとする者		一一、〇〇〇円（当該承認を受けようとする者が同時に他の法第三十一条の二十三において準用する法第七条の二第一項の規定に基づく承認を受けようとする場合における当該他の同項の規定に基づく承認の申請に係る手数料にあつては、三、三〇〇円）
22　法第三十一条の二十三において準用する法第七条の三第一項の承認を受けようとする者		一一、〇〇〇円（当該承認を受けようとする者が同時に他の法第三十一条の二十三において準用する法第七条の三第一項の規定に基づく承認を受けようとする場合における当該他の同項の規定に基づく承認の申請に係る手数料にあつては、三、三〇〇円）
23　法第三十一条の二十三において準用する法第九条第一項の承認を受けようとする者		九、九〇〇円
24　法第三十一条の二十三において準用する法第九条第四項の許可証の書換えを受けようとする者		一、四〇〇円
25　法第三十一条の二十三において準用する法第十条の二第一項の認定を受けようとする者		一三、〇〇〇円（当該認定を受けようとする者が同時に他の法第三十一条の二十三において準用する法第十条の二第一項の規定に基づく認定を受けようとする場合における当該他の同項の規定に基づく認定の申請に係る手数料にあつては、一〇、〇〇〇円）
26　法第三十一条の二十三において準用する法第十条の二第五項の認定証の再交付を受けようとする者		一、一〇〇円
27　法第三十一条の二十三において準用する法第二十四条第六項の講習を受けようとする者		講習一時間につき六五〇円

備考

1　風俗営業の許可を受けようとする者が同時に他の風俗営業の許可を受けようとする場合における当該他の風俗営業の許可に係る1の項の右〔下〕欄に掲げる手数料の額は、それぞれ当該右〔下〕欄に定める額から八、六〇〇円を減じた額とする。

2　法第四条第三項の規定が適用される営業所につき風俗営業の許可を受けようとする場合における1の項の右〔下〕欄に掲げる手数料の額は、それぞれ当該右〔下〕欄に定める額に六、八〇〇円を加算した額とする。

3　認定を受けようとする者が同時に当該認定に係る遊技機と同一の型式

に属する他の遊技機について認定を受けようとする場合における当該他の遊技機に係る9の項の右〔下〕欄に掲げる手数料の額は、当該右〔下〕欄の規定にかかわらず、同項の(1)の場合にあつては零円とし、同項の(2)の場合にあつては四〇円とし、同項の(3)の場合にあつてはそれぞれ同項の(3)の右〔下〕欄に定める額から八、〇〇〇円を減じた額とする。

4　遊技機試験を受けようとする者が同時に当該遊技機試験に係る遊技機と同一の型式に属する他の遊技機について遊技機試験を受けようとする場合における当該他の遊技機に係る11の項の右〔下〕欄に掲げる手数料の額は、それぞれ当該右〔下〕欄に定める額から一四、三〇〇円を減じた額とする。

5　特定遊興飲食店営業の許可を受けようとする者が同時に他の特定遊興飲食店営業の許可を受けようとする場合における当該他の特定遊興飲食店営業の許可に係る18の項の右〔下〕欄に掲げる手数料の額は、それぞれ当該右〔下〕欄に定める額から八、七〇〇円を減じた額とする。

6　法第三十一条の二十三において準用する法第四条第三項の規定が適用される営業所につき特定遊興飲食店営業の許可を受けようとする場合における18の項の右〔下〕欄に掲げる手数料の額は、それぞれ当該右〔下〕欄に定める額に六、八〇〇円を加算した額とする。

○風俗営業等の規制及び業務の適正化等に関する法律施行条例施行規則

（昭和六〇・二・一二　愛媛県公安委員会規則二）

最終改正　平成一四・三・二二　公安委員会規則五

風俗営業等の規制及び業務の適正化等に関する法律施行条例（昭和五十九年愛媛県条例第三十五号）第八条第二項第三号の愛媛県公安委員会規則で定める種類の賞品は、次に掲げるものとする。

(1)　刃物類

(2)　性的好奇心をそそり、又は粗暴性、残虐性を助長するおそれのある図書類及びビデオテープ、ビデオディスク類

(3)　前号に掲げるもののほか、善良の風俗を害するおそれのあるもの。

附　則〔略〕

高知県

○高知県風俗営業等の規制及び業務の適正化等に関する法律施行条例

（昭和五九・一二・二四
高知県条例二四）

最終改正　平成三〇・三・二三　条例四一

（趣旨）
第一条　この条例は、風俗営業等の規制及び業務の適正化等に関する法律（昭和二十三年法律第百二十二号。以下「法」という。）の施行に関し必要な事項を定めるものとする。

（定義）
第二条　この条例において、次の各号に掲げる用語の意義は、それぞれ当該各号に定めるところによる。
一　第一種地域　都市計画法（昭和四十三年法律第百号）第八条第一項の規定により定められた第一種低層住居専用地域、第二種低層住居専用地域、第一種中高層住居専用地域、第二種中高層住居専用地域、第一種住居地域、第二種住居地域、準住居地域及び田園住居地域（第三種地域を除く。）その他これらに準ずる地域として公安委員会規則で定める地域
二　第二種地域　都市計画法第八条第一項の規定により定められた近隣商業地域、商業地域その他これらに準ずる地域として公安委員会規則で定める地域
三　第三種地域　道路法（昭和二十七年法律第百八十号）第三条に規定する一般国道又は県道の各一側について幅五十メートルの区域内にある都市計画法第八条第一項の規定により定められた第一種住居地域、第二種住居地域、準住居地域及び田園住居地域
四　第四種地域　第一種地域、第二種地域及び第三種地域以外の地域
2　前項に定めるもののほか、この条例において使用する用語は、法において使用する用語の例による。

第三条　削除

（風俗営業の営業所の設置を制限する地域）
第四条　法第四条第二項第二号に規定する条例で定める地域は、次に掲げるとおりとする。
一　第一種地域
二　学校教育法（昭和二十二年法律第二十六号）第一条に規定する学校、図書館法（昭和二十五年法律第百十八号）第二条第一項に規定する図書館若しくは児童福祉法（昭和二十二年法律第百六十四号）第七条第一項に規定する児童福祉施設（以下この項において「学校等」という。）の敷地（これらの用に供するものと決定した土地を含む。以下この項において同じ。）の周囲二十五メートル又は医療法（昭和二十三年法律第二百五号）第一条の五第一項に規定する病院若しくは同条第二項に規定する診療所であって患者を入院させるための施設を有するもの（以下「病院等」という。）の敷地（これらの用に供するものと決定した土地を含む。以下この項において同じ。）の周囲十メートルの区域内にある第二種地域（別表第一に定める地域を除く。）
三　学校等の敷地の周囲七十五メートル又は病院等の敷地の周囲五十メートルの区域内にある第三種地域
四　学校等の敷地の周囲五十メートル又は病院等の敷地の周囲二十五メートルの区域内にある第四種地域
2　前項の規定は、三月以内の期間を限って営む風俗営業であって、良好な風俗環境を害するおそれがないものとして公安委員会規則で定めるもの又は営業する場所が常態として移動する風俗営業に係る営業所については、適用しない。

（風俗営業の営業時間の制限等の特例）
第五条　法第十三条第一項ただし書に規定する午前零時以後において条例で定める時は、午前一時とする。
2　法第十三条第一項第一号に規定する習俗的行事その他の特別な事情のある日として条例で定める日は次の各号に掲げる日とし、同号に規定する当該事情のある地域として条例で定める地域はそれぞれ当該各号に定める地域とする。
一　一月一日及び十二月二十一日から同月三十一日までの各日　県の全域

二　前号に掲げるもののほか、高知県公安委員会（以下この号において「公安委員会」という。）が定める日　公安委員会が定める地域及びその他の地域であって次項に定める地域に該当する地域

3　法第十三条第一項第二号に規定する午前零時以後において風俗営業を営むことが許容される特別な事情のある地域として条例で定める地域は、別表第二に定める地域とする。

（風俗営業に係る騒音及び振動の数値）

第六条　法第十五条に規定する条例で定める騒音に係る数値は、次の表の左〔上〕欄に掲げる地域ごとに、同表の右〔下〕欄に掲げる時間の区分に応じ、それぞれ同欄に定める数値とする。

地域	数値		
	昼間	夜間	深夜
第一種地域	五十デシベル	四十五デシベル	四十デシベル
第二種地域	六十五デシベル	五十五デシベル	五十デシベル
第三種地域及び第四種地域	六十デシベル	五十デシベル	四十五デシベル

備考
一　「昼間」とは、午前六時後午後六時前の時間をいう。
二　「夜間」とは、午後六時から翌日の午前零時前の時間をいう。
三　「深夜」とは、午前零時から午前六時までの時間をいう。

2　法第十五条に規定する条例で定める振動に係る数値は、五十五デシベルとする。

（風俗営業者の遵守事項）

第七条　風俗営業者は、次に掲げる行為をしてはならない。

一　営業所において卑わいな行為その他善良の風俗を害する行為をし、又はさせること。

二　営業所（旅館業法（昭和二十三年法律第百三十八号）第三条第一項の規定により許可を受けた旅館業の施設を除く。）に客を宿泊させること。

三　営業所において店舗型性風俗特殊営業、受付所営業（法第三十一条の二第四項ただし書に規定する受付所営業をいう。以下同じ。）又は店舗型電話異性紹介営業を営み、又は営ませること。

四　客の求めない飲食物を提供し、又は従業者に売上競争をさせること。

五　客の不払に係る遊興飲食代金を従業者に立て替えさせる等いかなる名義をもってするかを問わず、従業者に対し不当の負担をかけること。

2　前項に定めるもののほか、法第二条第一項第四号の営業を営む風俗営業者は、次に掲げる行為をしてはならない。

一　賭博類似行為その他著しく射幸心をそそるおそれのある行為をし、又はさせること。

二　著しく射幸心をそそるおそれのある方法で営業を営むこと。

三　客に提供した賞品を買い取らせること。

四　営業所（まあじゃん屋に係る営業所を除く。）において飲酒させること。

五　営業所に賞品として陳列した物品で客が要求したものについて、正当な理由がなく客に提供することを拒むこと。

六　公安委員会規則で定める種類の賞品を提供すること。

3　第一項に定めるもののほか、法第二条第一項第五号の営業を営む風俗営業者は、前項第一号及び第二号に掲げる行為をしてはならない。

（風俗営業に係る年少者の立入りの制限）

第八条　法第二条第一項第五号の営業を営む風俗営業者は、午後六時後午後十時前の時間において十六歳未満の者を営業所に客として立ち入らせるときは、保護者（親権を行う者、未成年後見人その他の者で、当該者を現に監護するものをいう。第二十六条第四号において同じ。）の同伴を求めなければならない。

（店舗型性風俗特殊営業の禁止区域に係る施設）

第九条　法第二十八条第一項に規定する条例で定める施設は、病院等とする。

（店舗型性風俗特殊営業の禁止地域）

第十条　次の各号に掲げる店舗型性風俗特殊営業は、当該各号に掲げる地域以外の地域においては、これを営んではならない。

一　法第二条第六項第一号から第三号まで、第五号及び第六号の営業　別表第三に定める地域

二　法第二条第六項第四号の営業（次号に掲げるものを除く。）　都市計画

法第八条第一項の規定により定められた商業地域及び第四種地域（第四種地域のうち、良好な風俗環境を保全するため必要があるものとして公安委員会規則で定める地域を除く。）

三　法第二条第六項第四号の営業のうち個室に自動車の車庫が個々に接続する施設であって、次のいずれかに該当する構造設備を有するものに係る営業　別表第三に定める地域

ア　個室に接続する車庫（二以上の側壁（カーテン、ついたて等を含む。）及び屋根を有するものに限る。以下この号において同じ。）の出入口が扉等によって遮蔽することができるもの

イ　車庫の内部から個室に通ずる専用の人の出入口又は階段若しくは昇降機が設けられているもの

ウ　個室と車庫とが専用の通路によって接続しているものにあっては、当該通路の内部を外部から見ることができないもの

（**店舗型性風俗特殊営業の営業時間の制限**）

第十一条　法第二十八条第四項に規定する店舗型性風俗特殊営業は、深夜（午前零時から午前六時までの時間をいう。以下同じ。）においては、これを営んではならない。

（**店舗型性風俗特殊営業の広告制限地域**）

第十二条　法第二十八条第五項第一号ロに規定する、第十条に規定する店舗型性風俗特殊営業の禁止地域のうち当該店舗型性風俗特殊営業の広告又は宣伝を制限すべき地域として条例で定める地域は、次の表の左［上］欄に掲げる店舗型性風俗特殊営業の種別に応じ、それぞれ同表の右［下］欄に定める地域とする。

店舗型性風俗特殊営業の種別	地域
法第二条第六項各号の営業（第十条第二号に掲げる営業を除く。）	別表第三に定める地域以外の地域
第十条第二号に掲げる営業	第十条第二号に掲げる地域以外の地域

（**無店舗型性風俗特殊営業の広告制限地域**）

第十三条　法第三十一条の三第一項において読み替えて準用する法第二十八条第五項第一号ロに規定する、第十条に規定する店舗型性風俗特殊営業の禁止地域のうち無店舗型性風俗特殊営業の広告又は宣伝を制限すべき地域として条例で定める地域は、法第二条第七項各号の営業のいずれについても、別表第三に定める地域以外の地域とする。

（**受付所営業の禁止区域に係る施設**）

第十四条　法第三十一条の三第二項の規定により受付所営業について適用する法第二十八条第一項に規定する条例で定める施設は、病院等とする。

（**受付所営業の禁止地域**）

第十五条　受付所営業は、別表第三に定める地域以外の地域においては、これを営んではならない。

（**受付所営業の営業時間の制限**）

第十六条　受付所営業は、深夜においては、これを営んではならない。

（**映像送信型性風俗特殊営業の広告制限地域**）

第十七条　法第三十一条の八第一項において読み替えて準用する法第二十八条第五項第一号ロに規定する、第十条に規定する店舗型性風俗特殊営業の禁止地域のうち映像送信型性風俗特殊営業の広告又は宣伝を制限すべき地域として条例で定める地域は、別表第三に定める地域以外の地域とする。

（**店舗型電話異性紹介営業の禁止区域に係る施設**）

第十八条　法第三十一条の十三第一項において準用する法第二十八条第一項に規定する条例で定める施設は、病院等とする。

（**店舗型電話異性紹介営業の禁止地域**）

第十九条　店舗型電話異性紹介営業は、別表第三に定める地域以外の地域においては、これを営んではならない。

（**店舗型電話異性紹介営業の営業時間の制限**）

第二十条　店舗型電話異性紹介営業は、深夜においては、これを営んではならない。

（**店舗型電話異性紹介営業の広告制限地域**）

第二十一条　法第三十一条の十三第一項において準用する法第二十八条第五項第一号ロに規定する、第十条に規定する店舗型性風俗特殊営業の禁止地域のうち店舗型電話異性紹介営業の広告又は宣伝を制限すべき地域として条例で定める地域は、別表第三に定める地域以外の地域とする。

（無店舗型電話異性紹介営業の広告制限地域）

第二十二条　法第三十一条の十八第一項において読み替えて準用する法第二十八条第五項第一号ロに規定する、第十条に規定する店舗型性風俗特殊営業の禁止地域のうち無店舗型電話異性紹介営業の広告又は宣伝を制限すべき地域として条例で定める地域は、別表第三に定める地域以外の地域とする。

（特定遊興飲食店営業の営業所の設置が許容される地域）

第二十三条　法第三十一条の二十三において読み替えて準用する法第四条第二項第二号に規定する条例で定める地域は、別表第二に定める地域のうち、児童福祉法第七条第一項に規定する児童福祉施設（深夜においても入所又は入院をさせる施設に限る。）の敷地（これらの用に供するものと決定した土地を含む。）の周囲二十五メートル又は病院等の敷地（これらの用に供するものと決定した土地を含む。）の周囲十メートルの区域内にある地域（別表第一に定める地域を除く。）以外の地域とする。

（特定遊興飲食店営業の営業時間の制限）

第二十四条　特定遊興飲食店営業は、県の全域において、午前五時から午前六時までの時間においては、これを営んではならない。

（深夜における特定遊興飲食店営業に係る騒音及び振動の数値）

第二十五条　法第三十一条の二十三において読み替えて準用する法第十五条に規定する条例で定める騒音に係る数値は、第六条第一項の表の左〔上〕欄に掲げる地域ごとに、それぞれ同表の右〔下〕欄に定める深夜に係る数値とする。

2　法第三十一条の二十三において読み替えて準用する法第十五条に規定する条例で定める振動に係る数値は、五十五デシベルとする。

（特定遊興飲食店営業者の遵守事項）

第二十六条　特定遊興飲食店営業者は、次に掲げる行為をしてはならない。

一　第七条第一項第一号及び第三号並びに第二項第一号及び第二号に掲げる行為

二　客の求めない飲食物を提供すること。

三　営業中において、営業所の客室に施錠をし、又はさせること。

四　午後六時後午後十時前の時間において保護者の同伴を求めないで十八歳未満の者を営業所に客として立ち入らせること。

（深夜における飲食店営業に係る騒音及び振動の数値）

第二十七条　法第三十二条第二項において読み替えて準用する法第十五条に規定する条例で定める騒音に係る数値は、第六条第一項の表の左〔上〕欄に掲げる地域ごとに、それぞれ同表の右〔下〕欄に定める深夜に係る数値とする。

2　法第三十二条第二項において読み替えて準用する法第十五条に規定する条例で定める振動に係る数値は、五十五デシベルとする。

（深夜における酒類提供飲食店営業の禁止地域）

第二十八条　酒類提供飲食店営業は、第一種地域においては、深夜において、これを営んではならない。

（特に良好な風俗環境の保全を図る必要がある地域）

第二十九条　法第三十八条の四第一項に規定する条例で定める地域は、別表第二に定める地域とする。

（委任）

第三十条　この条例の施行に関し必要な事項は、公安委員会規則で定める。

附　則〔略〕

別表第一（第四条、第二十三条関係）

地　　域
高知市のうち　追手筋一丁目（三番街区、六番街区、七番街区、十番街区及び十一番街区を除く。）
帯屋町一丁目（一番街区、六番街区、七番街区及び十番街区から十三番街区までを除く。）

別表第二（第五条、第二十三条、第二十九条関係）

地　　域
高知市のうち　本町一丁目（一番街区及び二番街区に限る。）
帯屋町一丁目（十一番街区を除く。）
追手筋一丁目（十一番街区を除く。）
廿代町（九番街区から一六番街区まで及び一八番街区を除く。）
はりまや町一丁目（一番街区から三番街区までに限る。）
はりまや町二丁目（一番街区及び二番街区に限る。）
はりまや町三丁目（一番街区及び二番街区に限る。）

別表第三（第十条、第十二条、第十三条、第十五条、第十七条、第十九条、第二十一条、第二十二条関係）

地　　域
高知市のうち　堺町（一番街区から九番街区までを除く。）
与力町（一番街区、八番街区及び九番街区に限る。）

○高知県風俗営業等の規制及び業務の適正化等に関する法律施行規則

（昭和六〇・二・一　高知県公安委員会規則二）

最終改正　平成二七・一二・二八　公安委員会規則九

（趣旨）

第一条　この規則は、風俗営業等の規制及び業務の適正化等に関する法律（昭和二十三年法律第百二十二号。以下「法」という。）及び高知県風俗営業等の規制及び業務の適正化等に関する法律施行条例（昭和五十九年高知県条例第二十四号。以下「条例」という。）の施行に関し必要な事項を定めるものとする。

（診断を行う医師の指定）

第二条　法第四十一条の二の規定による診断を行う医師の指定は、精神保健及び精神障害者福祉に関する法律（昭和二十五年法律第百二十三号）第十八条第一項の規定により精神保健指定医に指定された医師のうちから行うものとする。

2　前項の指定の任期は、当該指定の日から二年とする。ただし、再任を妨げない。

3　高知県公安委員会は、第一項の指定をしたときは、当該診断を行う医師の氏名その他必要な事項を告示するものとする。

（第一種地域の指定）

第三条　条例第二条第一号の公安委員会規則で定める地域は、別表第一に定める地域とする。

（第二種地域の指定）

第四条　条例第二条第二号の公安委員会規則で定める地域は、別表第二に定める地域とする。

（風俗営業の営業所の地域規制の適用除外）

第五条　条例第四条第二項の公安委員会規則で定める風俗営業は、習俗的行事その他の特別な催しの行われる期間中、当該催しの行われる場所及びその周辺において、露店等を設けて、法第二条第一項第四号の営業のうち射的、輪投げその他これらに類する遊技をさせるもの又は法第二条第一項第五号に規定する遊技をさせる営業とする。

（賞品の種類の制限）

第六条 条例第七条第二項第六号の公安委員会規則で定める賞品の種類は、次に掲げるものとする。

一 性的好奇心をそそる物品（風俗営業等の規制及び業務の適正化等に関する法律施行令（昭和五十九年政令第三百十九号）第四条各号に掲げる物品その他これらに類する物品をいう。）

二 包丁、ナイフその他これらに類する刃物類

（店舗型性風俗特殊営業の禁止地域）

第七条 条例第十条第二号の公安委員会規則で定める地域は、自然公園法（昭和三十二年法律第百六十一号）第二条第一号に規定する自然公園の地域及び別表第三に定める地域とする。

（事務手続の委任）

第八条 この規則の施行に必要な事務手続は、高知県警察本部長が定める。

附　則〔略〕

別表第一（第三条関係）

地域
高知市春野町平和
四万十市古津賀のうち 字牛ケバダノ下　字立花谷本谷口　字橘谷　字沢口　字沢　字丸谷　字丸ハナ　字東カジヤシキ　字石ブシ鼻　字作式ハナ　字作式　字カジヤシキ中ノ谷　字中沢口　字中沢　字東姥ケ谷　字カジヤシキ中ハナ　字丸谷平　字牛ケダバ西平
香南市のうち 野市町みどり野一丁目　野市町みどり野二丁目　野市町みどり野三丁目　野市町みどり野四丁目　野市町みどり野東一丁目　野市町みどり野東二丁目　野市町みどり野東三丁目

別表第二（第四条関係）

地域
土佐清水市のうち 寿町（九番街区から十三番街区までを除く。）　中央町　栄町（三番街区から五番街区までを除く。）　本町（四番街区及び六番街区に限る。）
長岡郡本山町本山のうち 字地主脇　字中古味
高岡郡越知町越知のうち 字木倉　字東ノ芝　字西川窪　字小林　字四ツ辻　字新ヤシキ　字梅ノ木　字南川窪　字下川窪

別表第三（第七条関係）

地域
高知市のうち 春野町芳原　春野町西分
宿毛市大深浦
四万十市安並
幡多郡黒潮町のうち 浮鞭　入野　田ノ浦

○高知県風俗営業等の規制及び業務の適正化等に関する法律施行条例に規定する習俗的行事その他の特別な事情のある日及び当該事情のある地域の定め

（平成一一・二・一九
高知県公安委員会告示二）

改正　平成二七・一二・二八　公安委員会告示二〇

高知県風俗営業等の規制及び業務の適正化等に関する法律施行条例（昭和五十九年高知県条例第二十四号）第五条第二項第二号に規定する習俗的行事その他特別な事情のある日及び当該事情のある地域を次のように定め、平成十一年四月一日から施行し、昭和六十年二月高知県公安委員会告示第一号（高知県風俗営業等の規制及び業務の適正化等に関する法律施行条例に基づく地域及び特別な事情のある日の定め）は、平成十一年三月三十一日限り廃止する。

習俗的行事その他特別な事情	日	地域
よさこい祭	八月十日から八月十二日までの各日	高知市

福岡県

○風俗営業等の規制及び業務の適正化等に関する法律施行条例

（昭和五九・一二・二八）
（福岡県条例三〇）

最終改正　平成三〇・三・三〇　条例三一

（趣旨）

第一条　この条例は、風俗営業等の規制及び業務の適正化等に関する法律（昭和二十三年法律第百二十二号。以下「法」という。）の規定に基づき、法の施行に関し必要な事項を定めるものとする。

（風俗営業の営業所の設置を制限する地域）

第二条　法第四条第二項第二号の営業所（臨時風俗営業（法第二条第一項各号に掲げる営業で、祭礼等が行われる場合において三月以内の期間に限つて営業するものをいう。）及び移動風俗営業（法第二条第一項各号に掲げる営業で、営業をする場所が常態として移動する営業をいう。）に係る営業所を除く。）の設置を制限する必要があるものとして条例で定める地域は、次の各号のいずれかに該当するものとする。

一　都市計画法（昭和四十三年法律第百号）第八条第一項第一号に規定する第一種低層住居専用地域、第二種低層住居専用地域、第一種中高層住居専用地域、第二種中高層住居専用地域、第一種住居地域、第二種住居地域、準住居地域又は田園住居地域

二　前号に掲げるもののほか、別表第一の上欄に掲げる施設の敷地（これらの用に供するものと決定した土地を含む。）から、当該施設ごとに、同表の下欄に掲げる営業所が所在することとなる地域の区分に応じ、それぞれ同欄に定める距離を超えない区域内の地域

（習俗的行事その他の特別な事情のある日等）

第三条　法第十三条第一項第一号の習俗的行事その他の特別な事情のある日として条例で定める日は次の各号に掲げる日とし、当該特別な事情のある日に係る法第十三条第一項第一号の条例で定める地域はそれぞれ当該各号に定める地域とする。

一　一月一日から同月十日までの日　福岡県の全地域

二　八月十四日から同月十六日までの日　福岡県の全地域

三　十二月二十五日から同月三十一日までの日　福岡県の全地域

四　前三号に規定するもののほか、福岡県公安委員会（以下「公安委員会」という。）が指定した日　公安委員会が指定した地域及び当該地域以外の地域のうち別表第二に掲げる地域

2　公安委員会は、前項第四号の規定による指定をした場合は、その旨を告示するものとする。

（午前零時以後において風俗営業を営むことが許容される特別な事情のある地域）

第四条　法第二条第一項各号に掲げる営業（同項第四号の営業のうち、ぱちんこ屋及び風俗営業等の規制及び業務の適正化等に関する法律施行令（昭和五十九年政令第三百十九号。以下「令」という。）第八条に規定する営業（以下「ぱちんこ屋等」という。）を除く。）について法第十三条第一項第二号の午前零時以後において風俗営業を営むことが許容される特別な事情のある地域として条例で定める地域は、別表第二に掲げる地域とする。

（風俗営業の営業時間を延長する時）

第五条　法第十三条第一項の条例で定める時は、午前一時とする。

（風俗営業の営業時間の制限）

第六条　ぱちんこ屋等を営む風俗営業者は、福岡県の全地域につき、午前六時後午前十時以前の時間及び午後十一時以後翌日の午前零時前（第三条第一項各号に掲げる日にあつては、午前一時まで）の時間においては、その営業を営んではならない。

（騒音及び振動の規制に係る数値）

第七条　法第十五条（法第三十一条の二十三及び第三十二条第二項において準用する場合を含む。次項において同じ。）の条例で定める騒音に係る数値は、別表第三の上欄に掲げる地域ごとに同表の下欄に掲げる時間の区分に応じ、それぞれ同欄に定める数値とする。

2　法第十五条の条例で定める振動に係る数値は、五十五デシベルとする。

（風俗営業者の遵守事項）

第八条　風俗営業者は、次に掲げる事項を遵守しなければならない。

一　営業所で卑わいな行為その他善良の風俗を害する行為をし、又は客にこれらの行為をさせないこと。

二　営業の用に供する家屋又は施設で店舗型性風俗特殊営業又は店舗型電話異性紹介営業を営み、又は他の者に営ませないこと。

三　営業所（旅館業法（昭和二十三年法律第百三十八号）第三条第一項の許可を受けて経営する旅館業に係る施設を除く。）内で客を宿泊させ、若しくは仮眠させ、又は寝具その他これに類するものを客に使用させないこと。

四　客の求めない飲食物を提供しないこと。

五　営業中において営業者の出入口、客室等に施錠をし、又は客にさせないこと。

六　営業所で賭博類似行為その他著しく射幸心をそそるおそれのある行為をし、又は客にこれらの行為をさせないこと。

2　法第二条第一項第四号に掲げる営業又は同項第五号に掲げる営業を営む風俗営業者は、前項に規定するもののほか、次に掲げる事項を遵守しなければならない。

一　客に提供した賞品を買い取らせないこと。

二　ぱちんこ屋等に係る営業所で客に飲酒をさせないこと。

三　著しく射幸心をそそるおそれのある方法で営業をしないこと。

（法第二条第一項第五号の営業に係る営業所への年少者の立入りの制限）

第九条　法第二条第一項第五号の営業を営む風俗営業者は、午後六時以後午後十時前の時間において十六歳未満の者を営業所に客として立ち入らせる場合は、保護者の同伴を求めなければならない。

（店舗型性風俗特殊営業の禁止区域の基準となる施設）

第十条　法第二十八条第一項の条例で定める施設は、次に掲げるものとする。

一　裁判所法（昭和二十二年法律第五十九号）第二条第一項に規定する家庭裁判所

二　児童福祉法（昭和二十二年法律第百六十四号）第十二条第一項に規定する児童相談所

三　少年院法（平成二十六年法律第五十八号）第三条に規定する少年院

四　少年鑑別所法（平成二十六年法律第五十九号）第三条に規定する少年鑑別所

五　医療法（昭和二十三年法律第二百五号）第一条の五第一項に規定する病院又は同条第二項に規定する診療所（患者を入院させるための施設を有しないものを除く。）

六　更生保護法（平成十九年法律第八十八号）第二十九条に規定する保護観察所

七　社会教育法（昭和二十四年法律第二百七号）第五条第四号に規定する青年の家その他社会教育に関する施設

八　博物館法（昭和二十六年法律第二百八十五号）第二条第一項に規定する博物館

（店舗型性風俗特殊営業の禁止地域）

第十一条　店舗型性風俗特殊営業は、別表第四の上欄に掲げる営業の種類ごとにそれぞれ同表の下欄に掲げる地域において、これを営んではならない。

（店舗型性風俗特殊営業の営業時間の制限）

第十二条　法第二十八条第四項に規定する店舗型性風俗特殊営業を営む者は、福岡県の全地域につき、午前零時から午前六時までの時間においては、その営業を営んではならない。

（店舗型性風俗特殊営業の広告等制限地域）

第十三条　法第二十八条第五項第一号ロの規定により店舗型性風俗特殊営業の広告又は宣伝を制限すべき地域として条例で定める地域は、別表第四の上欄に掲げる営業の種類ごとにそれぞれ同表の下欄に掲げる地域とする。

（無店舗型性風俗特殊営業の広告等制限地域）

第十四条　無店舗型性風俗特殊営業について法第三十一条の三第一項において準用する法第二十八条第五項第一号ロの規定により広告又は宣伝を制限すべき地域として条例で定める地域は、別表第五の上欄に掲げる営業の種類ごとにそれぞれ同表の下欄に掲げる地域とする。

（受付所営業の禁止区域の基準となる施設）

第十五条　法第三十一条の三第二項の規定により適用するものとされる法第二十八条第一項の条例で定める施設は、第十条各号に掲げる施設とする。

（受付所営業の禁止地域）

第十六条　受付所営業は、福岡県の全地域において、これを営んではならない。

（受付所営業の営業時間の制限）

第十七条　受付所営業を営む者は、福岡県の全地域につき、午前零時から午前六時までの時間においては、その営業を営んではならない。

（映像送信型性風俗特殊営業の広告等制限地域）

第十八条　映像送信型性風俗特殊営業について法第三十一条の八第一項において準用する法第二十八条第五項第一号ロの規定により広告又は宣伝を制限すべき地域として条例で定める地域は、福岡県の全地域（都市計画法第八条第一項第一号に規定する商業地域（以下「商業地域」という。）を除く。）とする。

（店舗型電話異性紹介営業の禁止区域の基準となる施設）

第十九条　法第三十一条の十三第一項において準用する法第二十八条第一項の条例で定める施設は、第十条各号に掲げる施設及び学校教育法（昭和二十二年法律第二十六号）第百二十四条に規定する専修学校（高等課程を有するものに限る。）とする。

（店舗型電話異性紹介営業の禁止地域）

第二十条　店舗型電話異性紹介営業は、福岡県の全地域において、これを営んではならない。

（店舗型電話異性紹介営業の営業時間の制限）

第二十一条　店舗型電話異性紹介営業を営む者は、福岡県の全地域につき、午前零時から午前六時までの時間においては、その営業を営んではならない。

（店舗型電話異性紹介営業の広告等制限地域）

第二十二条　店舗型電話異性紹介営業について法第三十一条の十三第一項において準用する法第二十八条第五項第一号ロの規定により広告又は宣伝を制限すべき地域として条例で定める地域は、福岡県の全地域とする。

（無店舗型電話異性紹介営業の広告等制限地域）

第二十三条　無店舗型電話異性紹介営業について法第三十一条の十八第一項において準用する法第二十八条第五項第一号ロの規定により広告又は宣伝を制限すべき地域として条例で定める地域は、福岡県の全地域とする。

（特定遊興飲食店営業の営業所の設置を許容する地域）

第二十四条　法第三十一条の二十三において準用する法第四条第二項第二号の営業所の設置が許容されるものとして条例で定める地域は、次の各号のいずれにも該当するものとする。

一　別表第二に掲げる地域

二　別表第六の上欄に掲げる施設の敷地（これらの用に供するものと決定した土地を含む。）から、当該施設ごとに、同表の下欄に掲げる営業所が所在することとなる地域の区分に応じ、それぞれ同欄に定める距離を超える区域の地域

（特定遊興飲食店営業の営業時間の制限）

第二十五条　特定遊興飲食店営業者は、福岡県の全地域につき、午前五時から午前六時までの時間においては、その営業を営んではならない。

（特定遊興飲食店営業者の遵守事項）

第二十六条　特定遊興飲食店営業者は、次に掲げる事項を遵守しなければならない。

一　第八条第一項各号に掲げる事項

二　著しく射幸心をそそるおそれのある方法で営業をしないこと。

三　午後六時以後午後十時前の時間において十八歳未満の者を営業所に客として立ち入らせる場合は、保護者の同伴を求めること。

（深夜における酒類提供飲食店営業の禁止地域）

第二十七条　深夜において酒類提供飲食店営業を営む者は、第二条第一号に掲げる地域においては、その営業を営んではならない。

（風俗環境保全協議会を置く地域）

第二十八条　法第三十八条の四第一項の条例で定める地域は、別表第二に掲げる地域とする。

附　則〔略〕

別表第一（第二条関係）

施設	距離	
	商業地域	商業地域以外の地域
学校（学校教育法第一条に規定する学校のうち大学を除いたものをいう。） 児童福祉施設（児童福祉法第七条第一項に規定するものをいう。以下この表において同じ。）のうち幼保連携型認定こども園	七十メートル	百メートル
児童福祉施設（幼保連携型認定こども園を除く。） 病院（医療法第一条の五第一項に規定するものをいう。） 図書館（図書館法（昭和二十五年法律第百十八号）第二条第一項に規定するものをいう。）	五十メートル	七十メートル
診療所（医療法第一条の五第二項に規定する診療所のうち患者を入院させるための施設を有しないものを除いたものをいう。）	三十メートル	五十メートル

別表第二（第三条、第四条、第二十四条、第二十八条関係）

北九州市	小倉北区のうち、魚町一丁目から四丁目まで、鍛冶町一丁目及び二丁目、京町一丁目から四丁目まで、米町一丁目及び二丁目、紺屋町、堺町一丁目及び二丁目、船頭町、船場町並びに古船場町 八幡西区のうち、熊手一丁目、二丁目及び三丁目（一番から三番までに限る。）、黒崎一丁目から四丁目まで並びに藤田三丁目
福岡市	博多区のうち、中洲一丁目から五丁目まで 中央区のうち、大名一丁目及び二丁目、天神一丁目から三丁目まで、西中洲並びに舞鶴一丁目及び二丁目
大牟田市	旭町三丁目、栄町一丁目及び二丁目、新栄町、住吉町、大正町一丁目及び二丁目、築町、中島町、橋口町、浜町、古町、本町一丁目及び二丁目、港町並びに有明町一丁目（一番地に限る。）
久留米市	小頭町（一番地、二番地、八番地、九番地及び一一番地に限る。）、通町（二番地、三番地及び六番地に限る。）、日吉町（一番地から一五番地までに限る。）、本町（二番地に限る。）及び六ツ門町（一番地から一四番地まで及び一七番地から二二番地までに限る。）
飯塚市	飯塚（一番から一三番までに限る。）、本町（一番から一二番までに限る。）及び吉原町（七番から一二番までに限る。）

別表第三（第七条関係）

地域	数値		
	午前六時後午後六時前	午後六時以後翌日の午前零時前	午前零時から午前六時まで
一　第二条第一号に掲げる地域	五十五デシベル	五十デシベル	四十五デシベル
二　商業地域	六十五デシベル	六十デシベル	五十五デシベル
三　一及び二に掲げる地域以外の地域	六十デシベル	五十五デシベル	五十デシベル

別表第四（第十一条、第十三条関係）

営業の種類	地域
法第二条第六項第一号に掲げる営業	福岡県の全地域（北九州市小倉北区船頭町三番並びに福岡市博多区中洲一丁目及び二丁目を除く。）
法第二条第六項第二号に掲げる営業	福岡県の全地域
法第二条第六項第三号に掲げる営業	福岡県の全地域（商業地域を除く。）
法第二条第六項第四号に掲げる営業	

（モーテル営業に該当するものに限る。）	福岡県の全地域
法第二条第六項第四号に掲げる営業（モーテル営業に該当するものを除く。）	福岡県の全地域（商業地域を除く。）
法第二条第六項第五号に掲げる営業	福岡県の全地域（商業地域を除く。）
令第五条に規定する営業	福岡県の全地域

備考　「モーテル営業」とは、令第三条第一項に規定する施設のうち、個室に自動車の車庫が個々に接続するものであつて、次のいずれかに該当する構造設備を設け、当該施設を異性を同伴する客の宿泊（休憩を含む。）に利用させる営業をいう。

一　個室に接続する車庫（二以上の側壁（カーテン、ついたて等を含む。）及び屋根を有するものに限る。以下同じ。）の出入口が扉等によつて遮蔽できるもの

二　車庫の内部から個室に通ずる専用の人の出入口又は階段若しくは昇降機が設けられているもの

三　個室と車庫とが専用の通路によつて接続しているものにあつては、当該通路の内部が外部から見えないもの

別表第五（第十四条関係）

営業の種類	地域
法第二条第七項第一号に掲げる営業	福岡県の全地域
法第二条第七項第二号に掲げる営業	福岡県の全地域（商業地域を除く。）

別表第六（第二十四条関係）

施設	距離	
	商業地域	商業地域以外の地域
児童福祉施設（児童福祉法第七条第一項に規定するもののうち助産施設、乳児院、母子生活支援施設、児童養護施設、障害児入所施設、児童心理治療施設及び児童自立支援施設 病院（医療法第一条の五第一項に規定するものをいう。）	五十メートル	七十メートル
診療所（医療法第一条の五第二項に規定する診療所のうち患者を入院させるための施設を有しないものを除いたものをいう。）	三十メートル	五十メートル

○福岡県風俗案内業の規制に関する条例

（平成二四・一〇・一二
福岡県条例六九）

最終改正　平成三〇・三・三〇　条例三二

（目的）

第一条　この条例は、清浄な風俗環境を保持し、及び青少年の健全な育成に障害を及ぼす行為を防止するため、風俗案内業について、風俗案内を行うことのできる地域等を制限し、及び青少年に風俗案内所を利用させること等を規制し、もって県民が安心して暮らすことのできる健全な生活環境の形成に資することを目的とする。

（定義）

第二条　この条例において、次の各号に掲げる用語の意義は、それぞれ当該各号に定めるところによる。

一　接待風俗営業　風俗営業等の規制及び業務の適正化等に関する法律（昭和二十三年法律第百二十二号。以下「風俗営業法」という。）第二条第一項第一号の営業をいう。

二　性風俗特殊営業　風俗営業法第二条第六項第一号若しくは第二号又は同条第七項第一号の営業をいう。

三　風俗案内　有償又は無償で行う次のイからホまでのいずれかに掲げる行為（接待風俗営業又は性風俗特殊営業を営む者が当該営業に関して行うものを除く。）をいう。

イ　接待風俗営業又は性風俗特殊営業に関する情報の提供を受けようとする者の求めに応じ、当該情報のうち次のいずれかに該当する情報を提供する行為

(1)　客が受けることのできる接待（歓楽的雰囲気を醸し出す方法により客をもてなすことをいう。以下この号において同じ。）又は客が提供を受けることのできる特殊役務（異性の客の性的好奇心に応じてその客に接触する役務をいう。以下この号において同じ。）の内容

(2)　接待又は特殊役務に従事する者に関する事項

(3)　客が接待又は特殊役務の提供を受けることのできる時間

(4)　客がすることのできる遊興又は飲食に関する事項

(5)　客が支払うべき料金

ロ　イの(1)から(5)までのいずれかに掲げる事項について条件を指定して、当該条件に合致する接待風俗営業又は性風俗特殊営業の営業所、事務所又は受付所（風俗営業法第三十一条の二第一項第七号に規定する受付所をいう。ハ及びニにおいて同じ。）の名称、所在地又は電話番号その他の連絡先に関する情報の提供を受けようとする者の求めに応じ、当該情報を提供する行為

ハ　接待風俗営業又は性風俗特殊営業の客となろうとする者を、当該営業の営業所若しくは受付所又は当該営業を営む者若しくはその代理人、使用人その他の従業者（以下「代理人等」という。）が指定する場所に送り届ける行為

ニ　接待風俗営業又は性風俗特殊営業の客となろうとする者に対し、その者を当該営業の営業所若しくは受付所又は当該営業を営む者若しくはその代理人等が指定する場所に送り届ける者と待ち合わせるための場所を提供する行為

ホ　イからニまでに掲げるもののほか、接待風俗営業又は性風俗特殊営業の客となろうとする者のため、当該営業を営む者から接待又は特殊役務の提供を受けることについて、代理して契約を締結し、媒介をし、又は取次ぎをする行為

四　風俗案内業　風俗案内を行うための施設又は設備（以下「風俗案内所」という。）を設け、当該風俗案内所を利用して風俗案内を行う事業をいう。

五　風俗案内業者　風俗案内業を行う者をいう。

六　青少年　十八歳未満の者をいう。

（届出）

第三条　風俗案内業を行おうとする者は、風俗案内所ごとに、福岡県公安委員会規則（以下「公安委員会規則」という。）で定めるところにより、次に掲げる事項を記載した届出書を福岡県公安委員会（以下「公安委員会」とい

う。）に提出しなければならない。
一　氏名又は名称及び住所並びに法人にあっては、その代表者の氏名
二　風俗案内所の名称及び所在地
三　接待風俗営業又は性風俗特殊営業の案内の別
四　第十四条第一項の管理者の氏名及び住所
五　前各号に掲げるもののほか、公安委員会規則で定める事項
2　前項の届出書を提出した者は、当該風俗案内業を廃止したとき、又は同項各号に掲げる事項（同項第二号に掲げる事項にあっては、風俗案内所の名称に限る。）に変更があったときは、公安委員会規則で定めるところにより、廃止又は変更に係る事項を記載した届出書を公安委員会に提出しなければならない。
3　前二項の届出書（前項の届出書にあっては、風俗案内業を廃止したときにおけるものを除く。）には、公安委員会規則で定める書類を添付しなければならない。

（欠格事由）
第四条　次の各号のいずれかに該当する者は、風俗案内業を行ってはならない。
一　成年被後見人若しくは被保佐人又は破産者で復権を得ないもの
二　一年以上の懲役若しくは禁錮の刑に処せられ、又は次に掲げる罪を犯して一年未満の懲役若しくは罰金の刑に処せられ、その執行を終わり、又は執行を受けることがなくなった日から起算して五年を経過しない者
イ　第二十条第一項に規定する罪
ロ　風俗営業法第四十九条、第五十条第一項第四号から第九号まで、第五十二条第一号又は第五十三条第一号若しくは第二号に規定する罪
ハ　売春防止法（昭和三十一年法律第百十八号）第六条に規定する罪
ニ　児童買春、児童ポルノに係る行為等の規制及び処罰並びに児童の保護等に関する法律（平成十一年法律第五十二号）第五条又は第六条に規定する罪
ホ　労働基準法（昭和二十二年法律第四十九号）第百十八条第一項（同法第五十六条に係る部分に限る。）又は第百十九条第一号（同法第六十一条又は第六十二条に係る部分に限り、労働者派遣事業の適正な運営の確保及び派遣労働者の保護等に関する法律（昭和六十年法律第八十八号）第四十四条第二項又は第四項の規定により適用する場合を含む。）に規定する罪
ヘ　児童福祉法（昭和二十二年法律第百六十四号）第六十条第一項又は第二項（同法第三十四条第一項第四号の三、第五号、第七号又は第九号に係る部分に限る。）に規定する罪
ト　福岡県迷惑行為防止条例（昭和三十九年福岡県条例第六十八号）第十一条第一項若しくは第三項から第六項まで（第四項にあっては、同条例第五条第一項に係る部分に限る。）又は第十二条第二項若しくは第三項（同条例第五条第一項に係る部分に限る。）に規定する罪
チ　福岡県性風俗営業等に係る不当な勧誘、料金の取立て等の規制に関する条例（平成十三年福岡県条例第三十七号）第十三条第二項第二号に規定する罪
リ　福岡県暴力団排除条例（平成二十一年福岡県条例第五十九号）第二十五条第一項第三号に規定する罪
三　最近五年間に第十六条の規定による命令に違反した者
四　暴力団員による不当な行為の防止等に関する法律（平成三年法律第七十七号）第二条第六号に規定する暴力団員（以下この号において単に「暴力団員」という。）又は暴力団員でなくなった日から五年を経過しない者
五　福岡県暴力団排除条例第十五条第二項、第十七条の三、第十九条第二項及び第二十条第二項の規定に違反した者で、同条例第二十三条第一項の規定により、同条例第二十二条の勧告に従わなかった旨を公表された日から起算して二年を経過しないもの
六　アルコール、麻薬、大麻、あへん又は覚醒剤の中毒者
七　未成年者（青少年でない未成年者にあっては、風俗案内業に関し成年者と同一の行為能力を有する者を除く。）
八　法人で、その役員（業務を執行する社員、取締役、執行役又はこれらに準ずる者をいう。以下この号において同じ。）又は相談役、顧問その他いかなる名称を有する者であるかを問わず、役員と同等以上の支配力を有するものと認められる者のうちに第一号から第六号までのいずれかに該当する者があるもの

（名義貸しの禁止）

第五条　第三条第一項の届出書を提出した者は、自己の名義をもって、他人に風俗案内業を行わせてはならない。

（特定の性風俗特殊営業に係る風俗案内の禁止）

第六条　風俗案内業者は、風俗案内業に関し、性風俗特殊営業（風俗営業法第二条第六項第二号及び同条第七項第一号の営業に限る。）に係る風俗案内を行ってはならない。

（特定の地域における風俗案内の禁止等）

第七条　風俗案内業者は、次に掲げる地域においては、風俗案内業に関し、接待風俗営業に係る風俗案内を行ってはならない。

一　都市計画法（昭和四十三年法律第百号）第八条第一項第一号に規定する第一種低層住居専用地域、第二種低層住居専用地域、第一種中高層住居専用地域、第二種中高層住居専用地域、第一種住居地域、第二種住居地域、準住居地域又は田園住居地域

二　前号に掲げるもののほか、別表第一の上欄に掲げる施設の敷地（これらの用に供するものと決定した土地を含む。）から、当該施設ごとに、同表の下欄に掲げる風俗案内所が所在することとなる地域の区分に応じ、それぞれ同欄に定める距離を超えない区域内の地域

2　風俗案内業者は、次に掲げる地域においては、風俗案内業に関し、性風俗特殊営業（風俗営業法第二条第六項第一号の営業に限る。）に係る風俗案内を行ってはならない。

一　福岡県の全地域（北九州市小倉北区船頭町三番並びに福岡市博多区中洲一丁目及び二丁目を除く。）

二　次に掲げる施設の敷地（これらの用に供するものと決定した土地を含む。）の周囲二百メートルの区域内の地域

イ　学校教育法（昭和二十二年法律第二十六号）第一条に規定する学校

ロ　図書館法（昭和二十五年法律第百十八号）第二条第一項に規定する図書館

ハ　裁判所法（昭和二十二年法律第五十九号）第二条第一項に規定する家庭裁判所

ニ　児童福祉法第七条第一項に規定する児童福祉施設又は同法第十二条第一項に規定する児童相談所

ホ　少年院法（平成二十六年法律第五十八号）第三条に規定する少年院

ヘ　少年鑑別所法（平成二十六年法律第五十九号）第三条に規定する少年鑑別所

ト　医療法（昭和二十三年法律第二百五号）第一条の五第一項に規定する病院又は同条第二項に規定する診療所（患者を入院させるための施設を有しないものを除く。）

チ　更生保護法（平成十九年法律第八十八号）第二十九条に規定する保護観察所

リ　社会教育法（昭和二十四年法律第二百七号）第五条第四号に規定する青年の家その他社会教育に関する施設

ヌ　博物館法（昭和二十六年法律第二百八十五号）第二条第一項に規定する博物館

3　前二項の規定は、これらの規定の適用の際現に第三条第一項の届出書を提出して風俗案内業を行っている者の当該風俗案内所については、適用しない。

（従業者名簿）

第八条　風俗案内業者は、公安委員会規則で定めるところにより、風俗案内所ごとに、従業者名簿を備え、これに当該風俗案内所における風俗案内業に係る業務に従事する者の氏名及び住所その他公安委員会規則で定める事項を記載しなければならない。

（生年月日の確認等）

第九条　風俗案内業者は、風俗案内業に係る業務に従事させようとする者の生年月日について、公安委員会規則で定める方法により、確認しなければならない。

2　風俗案内業者は、前項の規定による確認をしたときは、公安委員会規則で定めるところにより、当該確認に係る記録を作成し、これを保存しなければならない。

（許可の確認等）

第十条　風俗案内業者は、風俗案内業に関し風俗案内を行おうとするときは、当該風俗案内に係る接待風俗営業を営む者が風俗営業法第三条第一項の許可若しくは第七条第一項、第七条の二第一項若しくは第七条の三第一項の承認

を受けていること又は当該風俗案内に係る性風俗特殊営業を営む者が風俗営業法第二十七条第一項の届出書を提出していることを当該風俗案内を初めて行う時までに確認しなければならない。

2　風俗案内業者は、前項の規定による確認をしたときは、公安委員会規則で定めるところにより、当該確認の対象となる接待風俗営業又は性風俗特殊営業の営業所の名称、当該営業を営む者の氏名その他公安委員会規則で定める事項を記載した帳簿（以下「風俗営業等確認簿」という。）を作成し、風俗案内所ごとにこれを備えなければならない。

（青少年の利用禁止の表示）

第十一条　風俗案内業者は、公安委員会規則で定めるところにより、青少年がその風俗案内所を利用してはならない旨を当該風俗案内所の入口その他の公衆の目につきやすい場所に表示しなければならない。

（風俗案内業者の遵守事項）

第十二条　風俗案内業者は、風俗案内業に関し、次に掲げる事項を遵守しなければならない。

一　午前零時（次に掲げる日の区分に応じそれぞれに定める地域内にあっては、午前一時）から午前六時までの時間において接待風俗営業に係る風俗案内を行わないこと。

イ　一月一日から同月十日までの日　福岡県の全地域

ロ　八月十四日から同月十六日までの日　福岡県の全地域

ハ　十二月二十五日から同月三十一日までの日　福岡県の全地域

ニ　イからハまでに掲げるもののほか、習俗的行事その他の特別な事情のある日として公安委員会が指定した日　公安委員会が指定した地域及び当該地域以外の地域のうち別表第二に掲げる地域

ホ　イからニまでに掲げる日以外の日　別表第二に掲げる地域

二　午前零時から午前六時までの時間において性風俗特殊営業に係る風俗案内を行わないこと。

三　風俗案内所周辺において公安委員会規則で定める数値以上の騒音を生じさせないこと。

四　風俗案内所の外周に、又は外部から見通すことができる状態にしてその内部に、性的感情を刺激する図画、写真その他の物品又は文字、番号、記号その他の符号であって、公安委員会規則で定める基準に該当するものを表示し、又は表示したものを掲出し、若しくは配置しないこと。

五　卑わいな行為が行われていることを告げ、又は当該行為が行われていると思わせる方法で、接待風俗営業に関し、風俗案内を行わないこと。

六　接待風俗営業若しくは性風俗特殊営業に関する情報を客に提供することを委託する契約を締結させ、又は当該契約の申込みの撤回、解除若しくは解約を妨げるため、人を威迫して困惑させないこと。

七　前各号に掲げるもののほか、風俗案内所の周辺における清浄な風俗環境を害するおそれのある方法で風俗案内を行わないこと。

（青少年の業務従事禁止等）

第十三条　風俗案内業者は、風俗案内業に関し、次に掲げる行為をしてはならない。

一　風俗案内所において青少年を当該風俗案内業に係る業務に従事させること。

二　青少年に風俗案内所を利用させること。

（管理者）

第十四条　風俗案内業者は、風俗案内所ごとに、風俗案内業者又はその代理人等のうちから、第四項に規定する業務を行う者として、管理者一人を選任しなければならない。

2　風俗案内業者は、管理者として選任した者が欠けるに至ったときは、その日から十四日以内に、新たな管理者を選任しなければならない。

3　次の各号のいずれかに該当する者は、管理者となることができない。

一　第四条第一号から第六号までのいずれかに該当する者

二　未成年者

4　管理者は、当該風俗案内所における風俗案内業に係る業務に関し、その適正な実施を確保するため、次に掲げる業務を行うものとする。

一　風俗案内業者又はその代理人等に対し、これらの者がこの条例の規定を遵守してその業務を実施するため必要な助言又は指導を行うこと。

二　第八条の従業者名簿及びその記載について管理すること。

三　風俗営業等確認簿及びその記載について管理すること。

四　当該風俗案内所を利用している青少年を発見したときにおいて、当該青

少年に風俗案内所から立ち退くべきことを勧告することその他の必要な措置を講ずること。

（指示）

第十五条　公安委員会は、風俗案内業者又はその代理人等が、風俗案内業に関し、この条例の規定又は他の法令の規定に違反した場合において、清浄な風俗環境を害し、又は青少年の健全な育成に障害を及ぼすおそれがあると認めるときは、当該風俗案内業者に対し、清浄な風俗環境を害する行為又は青少年の健全な育成に障害を及ぼす行為を防止するため必要な指示をすることができる。

（風俗案内業の停止等）

第十六条　公安委員会は、風俗案内業者若しくはその代理人等が風俗案内業に関しこの条例の規定若しくは他の法令の規定に違反した場合において著しく清浄な風俗環境を害し若しくは青少年の健全な育成に障害を及ぼすおそれがあると認めるとき、又は風俗案内業者が前条の指示に違反したときは、当該風俗案内業者に対し、六月を超えない範囲内で期間を定めて当該風俗案内業の全部又は一部の停止を命ずることができる。

2　公安委員会は、風俗案内業者が第四条各号のいずれかに該当していることが判明したときは、その者に対し、当該風俗案内業の廃止を命ずることができる。

（聴聞の特例）

第十七条　公安委員会は、前条の規定による命令をしようとするときは、福岡県行政手続条例（平成八年福岡県条例第一号）第十三条第一項の規定による意見陳述のための手続の区分にかかわらず、聴聞を行わなければならない。

2　公安委員会は、前項の聴聞を行うに当たっては、その期日の一週間前までに、福岡県行政手続条例第十五条第一項の規定による通知をし、かつ、聴聞の期日及び場所を公示しなければならない。

3　公安委員会は、前項の通知を福岡県行政手続条例第十五条第三項に規定する方法によって行う場合においては、同条第一項の規定により聴聞の期日までにおくべき相当な期間は、二週間を下回ってはならない。

4　第一項の聴聞の期日における審理は、公開により行わなければならない。

（調査）

第十八条　公安委員会は、この条例の施行に必要な限度において、風俗案内業者に対し、その業務に関し報告又は資料の提出を求めることができる。

2　警察職員は、この条例の施行に必要な限度において、風俗案内所に立ち入り、書類その他の物件を検査し、又は関係者に質問することができる。

3　前項の規定により警察職員が立ち入るときは、その身分を示す証明書を携帯し、関係者に提示しなければならない。

4　第二項の規定による立入検査の権限は、犯罪捜査のために認められたものと解してはならない。

（委任）

第十九条　この条例に定めるもののほか、この条例の施行に関し必要な事項は、公安委員会規則で定める。

（罰則）

第二十条　次の各号のいずれかに該当する者は、六月以下の懲役又は五十万円以下の罰金に処する。

一　第五条の規定に違反した者

二　第六条の規定に違反した者

三　第七条第一項又は第二項の規定に違反した者

四　第十三条の規定に違反した者

五　第十六条の規定による命令に違反した者

2　第十三条第一号に掲げる行為をした者は、青少年の年齢を知らないことを理由として、前項の規定による処罰を免れることができない。ただし、過失のないときは、この限りでない。

第二十一条　次の各号のいずれかに該当する者は、三十万円以下の罰金に処する。

一　第三条第一項の届出書を提出しないで風俗案内業を行った者

二　前号の届出書又は同号の届出書に係る第三条第三項に規定する添付書類であって虚偽の記載のあるものを提出した者

三　第三条第二項の規定に違反して届出書を提出せず、又は同項の届出書若しくは同項の届出書に係る第三条第三項に規定する添付書類であって虚偽の記載のあるものを提出した者

第二十二条　次の各号のいずれかに該当する者は、二十万円以下の罰金に処す

る。

一　第八条の規定に違反して、従業者名簿を備えず、又はこれに必要な記載をせず、若しくは虚偽の記載をした者

二　第十条第二項の規定に違反して、風俗営業等確認簿を備えず、又はこれに必要な記載をせず、若しくは虚偽の記載をした者

三　第十八条第一項の規定に違反して、報告をせず、若しくは資料を提出せず、又は同項の報告若しくは資料の提出について虚偽の報告をし、若しくは虚偽の資料を提出した者

四　第十八条第二項の規定による立入り又は検査を拒み、妨げ、又は忌避した者

（両罰規定）

第二十三条　法人（法人でない団体で代表者又は管理人の定めのあるものを含む。以下この項において同じ。）の代表者若しくは管理人又は法人若しくは人の代理人等が、その法人又は人の業務に関し、第二十条第一項又は前二条の違反行為をしたときは、行為者を罰するほか、その法人又は人に対して各本条の罰金刑を科する。

2　法人でない団体について前項の規定の適用があるときには、その代表者又は管理人が、その訴訟行為につき法人でない団体を代表するほか、法人を被告人又は被疑者とするときの刑事訴訟に関する法律の規定を準用する。

附　則〔略〕

別表第一（第七条関係）

施設	距離	
	商業地域	商業地域以外の地域
学校（学校教育法第一条に規定する学校のうち大学を除いたものをいう。）	七十メートル	百メートル
児童福祉施設（児童福祉法第七条第一項に規定するものをいう。以下同じ。）のうち幼保連携型認定こども園		
児童福祉施設（幼保連携型認定こども園を除く。）	五十メートル	七十メートル
病院（医療法第一条の五第一項に規定するものをいう。）		
図書館（図書館法第二条第一項に規定するものをいう。）		
診療所（医療法第一条の五第二項に規定する診療所のうち患者を入院させるための施設を有しないものを除いたものをいう。）	三十メートル	五十メートル

備考　この表において「商業地域」とは、都市計画法第八条第一項第一号に規定する商業地域をいう。

別表第二（第十二条関係）

北九州市	小倉北区のうち、魚町一丁目から四丁目まで、鍛冶町一丁目及び二丁目、京町一丁目から四丁目まで、米町一丁目及び二丁目、紺屋町、堺町一丁目及び二丁目、船頭町、船場町並びに古船場町 八幡西区のうち、熊手一丁目、二丁目及び三丁目（一番から三番までに限る。）、黒崎一丁目から四丁目まで並びに藤田三丁目
福岡市	博多区のうち、中洲一丁目から五丁目まで 中央区のうち、大名一丁目及び二丁目、天神一丁目から三丁目まで、西中洲並びに舞鶴一丁目及び二丁目
大牟田市	旭町三丁目、栄町一丁目及び二丁目、新栄町、住吉町、大正町一丁目及び二丁目、築町、中島町、橋口町、浜町、古町、本町一丁目及び二丁目、港町並びに有明町一丁目（一番地に限る。）
久留米市	小頭町（一番地、二番地、八番地、九番地及び一一番地に限る。）、通町（二番地、三番地及び六番地に限る。）、日吉町（一番地から一五番地までに限る。）、本町（二番地に限る。）及び六ツ門町（一番地から一四番地まで及び一七番地から二二番地までに限る。）
飯塚市	飯塚（一番から一三番までに限る。）、本町（一番から一二番までに限る。）及び吉原町（七番から一二番までに限る。）

佐賀県

○風俗営業等の規制及び業務の適正化等に関する法律施行条例

（昭和五九・一二・二二 佐賀県条例三四）

最終改正　平成三〇・三・二六　条例三二

（趣旨）

第一条　この条例は、風俗営業等の規制及び業務の適正化等に関する法律（昭和二十三年法律第百二十二号。以下「法」という。）の施行に関し必要な事項を定めるものとする。

（定義）

第二条　この条例において使用する用語は、法において使用する用語の例による。

2　この条例において、次の各号に掲げる用語の意義は、それぞれ当該各号に定めるところによる。

一　第一種低層住居専用地域等　都市計画法（昭和四十三年法律第百号）第八条第一項第一号の規定により定められた第一種低層住居専用地域、第二種低層住居専用地域、第一種中高層住居専用地域、第二種中高層住居専用地域、第一種住居地域、第二種住居地域及び準住居地域をいう。

二　商業地域　都市計画法第八条第一項第一号の規定により定められた商業地域をいう。

三　その他の地域　前二号に掲げる地域以外の地域をいう。

第三条　削除

（風俗営業の営業制限地域）

第四条　法第四条第二項第二号に規定する風俗営業の営業所の設置を制限する地域は、次に掲げるとおりとする。

一　第一種低層住居専用地域等（都市計画法第八条第一項第一号の規定により定められた第一種住居地域、第二種住居地域及び準住居地域のうち公安委員会規則で定める地域を除く。）

二　前号に掲げる地域以外の地域のうち、別表第一の左（上）欄に掲げる施設ごとに、その敷地（これらの用に供するものと決定した土地を含む。第十二条及び第二十一条の二において同じ。）から、同表の右（下）欄に掲げる許可申請に係る営業所の所在する地域の区分に応じ、それぞれ同欄に定める距離以内の地域

2　前項の規定は、臨時風俗営業（特別の行事が行われる場合に三月以内の期間を限って営む風俗営業をいう。）及び移動風俗営業（営業する場所が常態として移動する風俗営業をいう。）に係る営業所については、適用しない。

（風俗営業の営業期間の特例）

第五条　法第十三条第一項に規定する午前零時以後の時は、午前一時とする。

2　法第十三条第一項第一号に規定する習俗的行事その他の特別な事情のある日は、次の各号に掲げる日とし、同号に規定する当該事情のある地域は、それぞれ当該各号に定める地域とする。

一　一月一日から同月十日までの各日　県内全地域

二　八月十四日から同月十六日までの各日　県内全地域

三　十二月二十五日から同月三十一日までの各日　県内全地域

四　前三号に掲げる日のほか、公安委員会が定める日　公安委員会が定める地域

3　法第十三条第一項第二号に規定する午前零時以後において風俗営業を営むことが許容される特別な事情のある地域は、別表第三に掲げる区域とする。

4　前項の規定は、法第二条第一項第四号の営業（まあじゃん屋を除く。）については、適用しない。

第六条　削除

（風俗営業の営業時間の制限）

第七条　法第二条第一項第四号の営業（まあじゃん屋を除く。）を営む風俗営業者は、県内全地域においては、午前六時後午前十時まで及び午後十一時から翌日の午前零時前（当該翌日が第五条第二項各号に掲げる習俗的行事その他の特別な事情のある日のいずれかに該当する場合における当該事情のある地域については、午前一時まで）の時間においてその営業を営んではならない。

（風俗営業に係る騒音及び振動に係る数値）

第八条　法第十五条に規定する風俗営業者が営業所周辺において生じさせてはならない騒音又は振動に係る数値は、騒音にあっては別表第四の左〔上〕欄に掲げる地域ごとに、同表の右〔下〕欄に掲げる時間の区分に応じ、それぞれ同欄に定める数値とし、振動にあっては五十五デシベルとする。

（風俗営業者の遵守事項）

第九条　風俗営業者は、次に掲げる事項を遵守しなければならない。

一　営業所でとばく類似行為その他著しく射幸心をそそるおそれのある行為をし、又は客にこれらの行為をさせないこと。

二　営業所で卑わいな行為その他善良の風俗を害する行為をし、又は客にこれらの行為をさせないこと。

三　営業所（旅館業法（昭和二十三年法律第百三十八号）第三条第一項の規定により旅館業の許可を受けた者が旅館業の施設として用いる営業所を除く。）に客を就寝させ、又は宿泊させないこと。

四　客の求めない飲食物を提供しないこと。

五　営業中に営業所の入口、客室等に施錠しないこと。

六　営業所及びその敷地内において店舗型性風俗特殊営業又は店舗型電話異性紹介営業を営まないこと。

（遊技場営業者の遵守事項）

第十条　法第二条第一項第四号の営業（以下「四号営業」という。）及び同項第五号の営業（以下「五号営業」という。）を営む風俗営業者は、前条の規定によるほか、次に掲げる事項を遵守しなければならない。

一　著しく射幸心をそそるおそれのある方法で営業しないこと。

二　四号営業（まあじゃん屋を除く。）にあっては、客に提供した賞品を買い取らせないこと。

三　営業所（まあじゃん屋及び食品衛生法（昭和二十二年法律第二百三十三号）第五十二条第一項の規定による飲食店営業の許可に係る施設において営む五号営業の営業所を除く。）で客に飲酒させないこと。

（五号営業に係る営業所への年少者の立入制限）

第十一条　五号営業を営む風俗営業者は、午後六時から午後十時前の時間において十六歳未満の者を営業所に客として立ち入らせるときは、保護者の同伴を求めなければならない。この場合において、保護者を同伴しないときは、当該十六歳未満の者を午後六時から午後十時前の時間において営業所に客として立ち入らせてはならない。

（店舗型性風俗特殊営業の禁止区域等）

第十二条　法第二十八条第一項に規定するその敷地の周囲二百メートルの区域内において店舗型性風俗特殊営業を営んではならない施設は、次に掲げるとおりとする。

一　病院（医療法（昭和二十三年法律第二百五号）第一条の五第一項に規定する病院をいう。以下同じ。）

二　診療所（医療法第一条の五第二項に規定する診療所のうち患者を入院させるための施設を有するものに限る。以下同じ。）

三　博物館（博物館法（昭和二十六年法律第二百八十五号）第二条第一項に規定する博物館をいう。）

四　公民館（社会教育法（昭和二十四年法律第二百七号）第二十一条に規定する公民館をいう。）

五　専修学校（学校教育法（昭和二十二年法律第二十六号）第百二十四条に規定する専修学校をいう。）

2　店舗型性風俗特殊営業を営む者は、別表第五の左〔上〕欄に掲げる営業の種類ごとに、それぞれ同表の右〔下〕欄に定める地域においては、その営業を営んではならない。

（店舗型性風俗特殊営業の営業時間の制限）

第十三条　店舗型性風俗特殊営業（法第二条第六項第四号の営業を除く。）を営む者は、次の各号に掲げる営業の種類ごとに、それぞれ当該各号に定める時間においては、その営業を営んではならない。

一　法第二条第六項第一号の営業　午前一時から午前六時までの時間

二　法第二条第六項第二号、第三号及び第五号の営業並びに風俗営業等の規制及び業務の適正化等に関する法律施行令（昭和五十九年政令第三百十九号。以下「政令」という。）第五条に規定する営業　午前零時から午前六時までの時間（以下「深夜」という。）

（店舗型性風俗特殊営業の広告制限地域）

第十四条　法第二十八条第五項第一号ロに規定する店舗型性風俗特殊営業の広告又は宣伝を制限すべき地域は、別表第五の左〔上〕欄に掲げる営業の種類ごとに、それぞれ同表の右〔下〕欄に定める地域とする。

（無店舗型性風俗特殊営業の広告制限地域）

第十五条　法第三十一条の三第一項において準用する法第二十八条第五項第一号ロに規定する無店舗型性風俗特殊営業の広告又は宣伝を制限すべき地域は、次の各号に掲げる営業の種類ごとに、それぞれ当該各号に定める地域とする。

一　法第二条第七項第一号の営業　県内全地域

二　法第二条第七項第二号の営業　県内全地域（商業地域を除く。）

（受付所営業の禁止区域等）

第十六条　法第三十一条の三第二項の規定により適用する法第二十八条第一項に規定するその敷地の周囲二百メートルの区域内において受付所営業を営んではならない施設は、第十二条第一項各号に掲げる施設とする。

2　法第三十一条の三第二項の規定により適用する法第二十八条第二項に規定する受付所営業を営んではならない地域は、県内全地域とする。

（受付所営業の営業時間の制限）

第十七条　受付所営業を営む者は、深夜においてその営業を営んではならない。

（映像送信型性風俗特殊営業の広告制限地域）

第十八条　法第三十一条の八第一項において準用する法第二十八条第五項第一号ロに規定する映像送信型性風俗特殊営業の広告又は宣伝を制限すべき地域は、県内全地域（商業地域を除く。）とする。

（店舗型電話異性紹介営業の禁止区域等）

第十九条　法第三十一条の十三第一項において準用する法第二十八条第一項に規定するその敷地の周囲二百メートルの区域内において店舗型電話異性紹介営業を営んではならない施設は、第十二条第一項各号に掲げる施設とする。

2　法第三十一条の十三第一項において準用する法第二十八条第二項に規定する店舗型電話異性紹介営業を営んではならない地域は、県内全地域（商業地域を除く。）とする。

（店舗型電話異性紹介営業の営業時間の制限）

第二十条　店舗型電話異性紹介営業を営む者は、深夜においてその営業を営んではならない。

（店舗型電話異性紹介営業及び無店舗型電話異性紹介営業の広告制限）

第二十一条　法第三十一条の十三第一項において準用する法第二十八条第五項第一号ロに規定する店舗型電話異性紹介営業の広告又は宣伝を制限すべき地域及び法第三十一条の十八第一項において準用する法第二十八条第五項第一号ロに規定する無店舗型電話異性紹介営業の広告又は宣伝を制限すべき地域は、県内全地域（商業地域を除く。）とする。

（特定遊興飲食店営業の許可に係る営業所設置許容地域）

第二十一条の二　法第三十一条の二十三において準用する法第四条第二項第二号に規定する条例で定める地域は、次の各号のいずれにも該当する地域とする。

一　別表第一の左〔上〕欄に掲げる施設（児童福祉施設（児童福祉法（昭和二十二年法律第百六十四号）第七条第一項に規定する児童福祉施設をいう。以下同じ。）のうち深夜においてサービスを提供しているもの並びに病院及び診療所に限る。）ごとに、その敷地から、同表の右〔下〕欄に掲げる許可申請に係る営業所の所在する地域の区分に応じ、それぞれ同欄に定める距離を超える地域

二　別表第三に掲げる区域

（特定遊興飲食店営業の営業時間の制限）

第二十一条の三　特定遊興飲食店営業は、県内全域において、午前五時から午前六時までの時間においてその営業を営んではならない。

（深夜における特定遊興飲食店営業に係る騒音及び振動に係る数値）

第二十一条の四　法第三十一条の二十三において準用する法第十五条に規定する深夜において特定遊興飲食店営業を営む者が営業所周辺において生じさせてはならない騒音又は振動に係る数値は、騒音にあっては別表第四の左〔上〕欄に掲げる地域ごとに、それぞれ同表の右〔下〕欄に定める深夜に係る数値とし、振動にあっては五十五デシベルとする。

（特定遊興飲食店営業者の遵守事項）

第二十一条の五　特定遊興飲食店営業者は、次の各号に掲げる事項を遵守しなければならない。

一　営業所で賭博類似行為その他著しく射幸心をそそるおそれのある行為をし、又は客にこれらの行為をさせないこと。

二　営業所で卑わいな行為その他善良の風俗を害する行為をし、又は客にこれらの行為をさせないこと。
三　客の求めない飲食物を提供しないこと。
四　営業中に営業所の入口、客室等に施錠しないこと。
五　営業所及びその敷地内において店舗型性風俗特殊営業又は店舗型電話異性紹介営業を営まないこと。
六　午後六時から午後十時前の時間において十八歳未満の者を営業所に客として立ち入らせるときは、保護者の同伴を求めること。

（深夜における飲食店営業に係る騒音及び振動に係る数値）
第二十二条　法第三十二条第二項において準用する法第十五条に規定する深夜において飲食店営業を営む者が営業所周辺において生じさせてはならない騒音又は振動に係る数値は、騒音にあっては別表第四の左〔上〕欄に掲げる地域ごとに、それぞれ同表の右〔下〕欄に定める深夜に係る数値とし、振動にあっては五十五デシベルとする。

（深夜における酒類提供飲食店営業の禁止地域）
第二十三条　酒類提供飲食店営業を営む者は、第一種低層住居専用地域等においては、深夜においてその営業を営んではならない。

（風俗環境保全協議会を置く地域）
第二十三条の二　法第三十八条の四第一項の条例で定める地域は、別表第三に掲げる区域とする。

（手数料）
第二十四条　別表第六の左〔上〕欄に掲げる者は、同表の中欄に掲げる区分に従い、それぞれ同表の右〔下〕欄に掲げる額の手数料を、法第三条第一項の許可等の申請の際県（同表の十二の項及び十三の項の左〔上〕欄に掲げる者にあっては、法第二十条第五項に規定する指定試験機関（以下「指定試験機関」という。））に納付しなければならない。
2　前項の規定により指定試験機関に納付された手数料は、当該指定試験機関の収入とする。
3　既納の手数料は、還付しない。

附　則〔略〕

別表第一（第四条、第二十一条の二関係）

施設	距離	
	商業地域	その他の地域
学校 図書館 児童福祉施設	五十メートル	百メートル
病院 診療所	二十メートル	五十メートル

備考
一　「学校」とは、学校教育法第一条に規定する学校をいう。
二　「図書館」とは、図書館法（昭和二十五年法律第百十八号）第二条第一項に規定する図書館をいう。

別表第二　削除

別表第三（第五条、第二十一条の二、第二十三条の二関係）

一　佐賀市の区域のうち、県道佐賀停車場線と市道大財町北島線との交会点を起点とし、順次同市道、県道佐賀川副線、一般国道二百六十四号、市道松原町大財町線、市道松原川通り線及び県道佐賀停車場線を経て起点に至る線で囲まれた区域
二　唐津市の区域のうち、県道唐津停車場線と県道虹の松原線との交会点を起点一とし、順次同県道、町田川左岸線、市道唐津駅前東新興町線及び県道唐津停車場線を経て起点一に至る線で囲まれた区域並びに町田川右岸線と県道虹の松原線との交会点を起点二とし、順次同県道、市道材木町三号線、市道紺屋町船宮町線及び町田川右岸線を経て起点二に至る線で囲まれた区域

別表第四（第八条、第二十一条の四、第二十二条関係）

地域	数値		
	昼間	夜間	深夜
第一種低層住居専用地域等	五十デシベル	四十五デシベル	四十五デシベル

商業地域	六十五デシベル	五十五デシベル	五十五デシベル
その他の地域	六十デシベル	五十デシベル	五十デシベル

備考

一　「昼間」とは、午前六時後午後六時前の時間をいう。

二　「夜間」とは、午後六時から翌日の午前零時前の時間をいう。

別表第五（第十二条、第十四条関係）

営業の種類	地域
一　法第二条第六項第一号の営業	県内全地域（武雄市のうち県道武雄温泉線（武雄町大字武雄字柄崎七四二七番一地先から七三六九番四地先まで）及び市道武雄温泉線（武雄町大字武雄字柄崎七三六九番四地先から大字富岡字崎田七八一八番二地先まで）の路端から五十メートルの区域内の地域並びに武雄町大字武雄字柄崎七三八四番一、七三八四番二、七三八四番五、七三八四番一二、七三八四番一三、七三八四番一四、七三八五番五、七三八五番六、七三八五番七、七三八五番八、七三八五番九、七三八五番一三、七三八五番一四、七三八五番一五、七四二三番一、七四二三番二及び七四二四番の地域、大字富岡字内町七四七一番二、七四七二番一、七四七二番二、七四七二番三、七四七二番四、七四七二番五、七四七四番一、七四七四番二、七四七四番三、七四七五番一、七四七六番一、七四七七番二、七四七八番一、七四七八番二、七四七九番九、七四七九番一〇、七四八〇番一、七四八一番一、七四八一番三、七四八二番二、七四八二番三、七四八二番六、七四八二番七、七四八三番一、七四八三番二、七四八四番一、七四八四番二、七四八四番三、七四八四番四、七四八五番、七四九〇番、七四九二番一、七四九三番一、七四九三番四、七四九三番五、七四九三番六、七四九三番七、七四九五番、七四九七番一、七四九七番四、七四九七番五、七四九八番、七四九九番、七五〇〇番一、七五〇〇番二、七五〇一番一、七五〇一番二及び七五〇一番三の地域並びに大字武雄字柄崎七四一六番一、七四一六番三、七四一六番四、七四一七番、七四二五番、七四二六番、七四二七番一、七四二七番二、七四二七番三、七四二七番四及び七四二八番一の地域並びに嬉野市嬉野町のうち大字下宿字嬉ノ松乙五四八番五地先国道三十四号十字路の中心点（以下この項において「基点一」という。）及び字大畑乙二二〇二番一一地先国道三十四号十字路の中心点、大字岩屋川内字山伏塚甲三一四番二地先市道病院通り線十字路の中心点並びに大字下野字壱本椎甲五七一三番地先市道中井手線十字路の中心点（以下この項において「基点二」という。）を順次結んだ線並びに基点一と基点二を結んだ線に囲まれた区域内の地域を除く。）
二　法第二条第六項第二号の営業	県内全地域
三　法第二条第六項第三号の営業	県内全地域（商業地域を除く。）
四　法第二条第六項第四号の営業のうち、個室に自動車の車庫が個々に接続する施設であって、次のいずれかに該当する構造設備を有する営業 (一)　個室に接続する車庫（二以上の側壁（カーテン、ついたて等を含む。）及び屋根を有するものに限る。以下同じ。）の出入口が扉	県内全地域（武雄市のうち県道武雄温泉線（武雄町大字武雄字柄崎七四二七番一地先から七三六九番四地先まで）及び市道武雄温泉線（武雄町大字武雄字柄崎七三六九番四地先から大字富岡字崎田七八一八番二地先まで）の路端から五十メートルの区域内の地域並びに武雄町大字武雄字柄崎七三八四番一、七三八四番二、七三八四番五、七三八四番一二、七三八四番一三、七三八四番一四、七三八五番五、七三八五番六、七三八五番七、七三八五番八、七三八五番九、七三八五番一三、七三八五番一四、七三八五番一五、七四二三番一、七四二三番二及び七四二四番の地域並びに大字富岡字内町七四七一番二、七四七二番一、七四七二番二、七四七二番三、七四七二番四、七四七二番五、七四七四番一、七四七四番二、七四七四番三、七四七五番一、七四七六番一、七四七七番二、七四七八番一、七四七八番二、七四七九番九、七四七九番一〇、七四八〇番一、七四八一番一、七四八一番三、七四八二番二、七四八二番三、七四八二番六、七四八二番七、七四八三番一、七四八三番二、七四八四番一、七四八四番二、七四八四番三、七四八四番

等によって遮へいできるもの (二)　車庫の内部から個室に通ずる専用の人の出入口又は階段若しくは昇降機が設けられているもの (三)　個室と車庫とが専用の通路によって接続しているものにあっては、当該通路の内部が外部から見えないもの	四、七四八五番、七四九〇番、七四九二番一、七四九三番一、七四九三番四、七四九三番五、七四九三番六、七四九三番七、七四九五番、七四九七番一、七四九七番四、七四九七番五、七四九八番、七四九九番、七五〇〇番一、七五〇〇番二、七五〇一番一、七五〇一番二及び七五〇一番三の地域並びに嬉野市嬉野町のうち大字下宿字嬉ノ松乙五四八番五地先国道三十四号十字路の中心点（以下この項において「基点一」という。）、字大畑乙二二〇二番一一地先国道三十四号十字路の中心点、字柿ノ木田乙二三二一番九地先曙橋の中心点及び字宿下乙二三七一番七地先中井手橋の中心点（以下この項において「基点二」という。）を順次結んだ線並びに基点一と基点二を結んだ線に囲まれた区域内の地域を除く。）
五　法第二条第六項第四号の営業（前項に掲げるものを除く。）	県内全地域（商業地域を除く。）
六　法第二条第六項第五号の営業	県内全地域（商業地域を除く。）
七　政令第五条に規定する営業	県内全地域

別表第六（第二十四条関係）

納付義務者	区分	額
一　法第三条第一項の許可（以下「風俗営業許可」という。）を受けようとする者	(一)　ぱちんこ屋又は政令第八条に規定する営業について風俗営業許可を受けようとする場合で営業所に設置する遊技機に法第二十条第二項の認定（以下「遊技機認定」という。）を受けた遊技機以外の遊技機（以下「未認定遊技機」という。）がないとき。	
	ア　三月以内の期間を限って営む営業	一五、〇〇〇円
	イ　その他の営業	二五、〇〇〇円
	(二)　ぱちんこ屋又は政令第八条に規定する営業について風俗営業許可を受けようとする場合で営業所に設置する遊技機に未認定遊技機があるとき。	(一)のア又はイに定める額に、一一、八〇〇円（法第二十条第四項の検定（以下「遊技機検定」という。）を受けた型式に属する未認定遊技機以外の未認定遊技機（以下「特定未認定遊技機」という。）がある場合にあっては、五、六〇〇円に当該特定未認定遊技機が属する型式の数を二、四〇〇円に乗じて得た額を加算した額）を加算した額に、未認定遊技機一台ごとに四〇円（特定未認定遊技機については、それぞれ十の項の(三)の右〔下〕欄に定める額から八、〇〇〇円を減じた額）を加算した額
	(三)　ぱちんこ屋及び政令第八条に規定する営業以外の風俗営業について風俗営業許可を受	

	けようとする場合 ア　三月以内の期間を限って営む営業 イ　その他の営業	一四、〇〇〇円 二四、〇〇〇円
二　法第五条第四項の許可証の再交付を受けようとする者		一、二〇〇円
三　法第七条第一項の風俗営業の相続に係る承認を受けようとする者		九、〇〇〇円
四　法第七条の二第一項の風俗営業者たる法人の合併に係る承認を受けようとする者		一二、〇〇〇円
四の二　法第七条の三第一項の風俗営業者たる法人の分割に係る承認を受けようとする者		一二、〇〇〇円
五　法第九条第一項の営業所の構造又は設備の変更の承認を受けようとする者		九、九〇〇円
六　法第二十条第十項において準用する法第九条第一項の承認（以下「遊技機承認」という。）を受けようとする者	(一)　遊技機承認を受けようとする遊技機に未認定遊技機がない場合	二、四〇〇円
	(二)　遊技機承認を受けようとする遊技機に未認定遊技機がある場合	五、二〇〇円（特定未認定遊技機がある場合にあっては、八、〇〇〇円に当該特定未認定遊技機が属する型式の数を二、四〇〇円に乗じて得た額を加算した額）に、未認定遊技機一台ごとに四〇円（特定未認定遊技機については、それぞれ十の項の(三)の右〔下〕欄に定める額から八、〇〇〇円を減じた額）を加算した額
七　法第九条第四項の許可証の書換えを受けようとする者		一、五〇〇円
八　法第十条の二第一項の特例風俗営業者の認定を受けようとする者		一三、〇〇〇円
九　法第十条の二第五項の認定証の再交付を受けようとする者		一、二〇〇円
十　遊技機認定を受けようとする者	(一)　指定試験機関が行う遊技機認定に必要な試験（以下「遊技機試験」という。）を受けた遊技機について遊技機認定を受けようとする場合	二、二〇〇円

	(二) 遊技機検定を受けた型式に属する遊技機（遊技機試験を受けたものを除く。）について遊技機認定を受けようとする場合	四、三四〇円
	(三) (一)又は(二)の遊技機以外の遊技機について遊技機認定を受けようとする場合	
	ア　ぱちんこ遊技機	
	(ア) 入賞を容易にするための装置であって遊技機の認定及び型式の検定等に関する規則（昭和六十年国家公安委員会規則第四号）第六条に規定するもの（以下「特定装置」という。）が設けられているもの（当該特定装置を連続して作動させることができるものに限る。）	
	a　マイクロプロセッサー（電子計算機の中央演算処理装置を構成する集積回路をいう。以下同じ。）を内蔵するもの	三五、〇〇〇円
	b　aに掲げるもの以外のもの	一六、三〇〇円
	(イ) 特定装置が設けられているもの（(ア)に掲げるものを除く。）	
	a　マイクロプロセッサーを内蔵するもの	二九、〇〇〇円
	b　aに掲げるもの以外のもの	一六、三〇〇円
	(ウ) (ア)又は(イ)に掲げるもの以外のもの	一四、四〇〇円
	イ　回胴式遊技機	
	(ア) マイクロプロセッサーを内蔵するもの	五九、〇〇〇円
	(イ) (ア)に掲げるもの以外のもの	二三、〇〇〇円
	ウ　アレンジボール遊技機	
	(ア) マイクロプロセッサーを内蔵するもの	三五、〇〇〇円
	(イ) (ア)に掲げるもの以外のもの	一九、〇〇〇円
	エ　じゃん球遊技機	
	(ア) マイクロプロセッサーを内蔵するもの	三五、〇〇〇円
	(イ) (ア)に掲げるもの以外のもの	一九、〇〇〇円
	オ　アからエまでに掲げる遊技機以外の遊技機	
	(ア) マイクロプロセッサーを内蔵するもの	二九、〇〇〇円
	(イ) (ア)に掲げるもの以外のもの	一二、六〇〇円
十一　遊技機検定を受けようとする者	(一) 指定試験機関が行う遊技機検定に必要な試験（以下「型式試験」という。）を受けた型式について遊技機検定を受けようとする場合	三、九〇〇円
	(二) 他の都道府県公安委員会の遊技機検定を受けた型式（型式試験を受けたものを除く。）について遊技機検定を受けようとする場合	六、三〇〇円
	(三) (一)又は(二)の型式以外の型式について遊技機検定を受けようとする場合	

	ア　ぱちんこ遊技機 (ア)　特定装置が設けられているもの（当該特定装置を連続して作動させることができるものに限る。） a　マイクロプロセッサーを内蔵するもの	一、四三五、〇〇〇円
	b　aに掲げるもの以外のもの	四三八、〇〇〇円
	(イ)　特定装置が設けられているもの（(ア)に掲げるものを除く。） a　マイクロプロセッサーを内蔵するもの	一、一二八、〇〇〇円
	b　aに掲げるもの以外のもの	四三八、〇〇〇円
	(ウ)　(ア)又は(イ)に掲げるもの以外のもの	三三八、〇〇〇円
	イ　回胴式遊技機 (ア)　マイクロプロセッサーを内蔵するもの	一、六二一、〇〇〇円
	(イ)　(ア)に掲げるもの以外のもの	四七九、〇〇〇円
	ウ　アレンジボール遊技機 (ア)　マイクロプロセッサーを内蔵するもの	一、一四八、〇〇〇円
	(イ)　(ア)に掲げるもの以外のもの	四八二、〇〇〇円
	エ　じゃん球遊技機 (ア)　マイクロプロセッサーを内蔵するもの	一、一四七、〇〇〇円
	(イ)　(ア)に掲げるもの以外のもの	四八一、〇〇〇円
十二　遊技機試験を受けようとする者	(一)　ぱちんこ遊技機について遊技機試験を受けようとする場合 ア　特定装置が設けられているもの（当該特定装置を連続して作動させることができるものに限る。） (ア)　マイクロプロセッサーを内蔵するもの	四三、三〇〇円
	(イ)　(ア)に掲げるもの以外のもの	二三、一〇〇円
	イ　特定装置が設けられているもの（アに掲げるものを除く。） (ア)　マイクロプロセッサーを内蔵するもの	三六、三〇〇円
	(イ)　(ア)に掲げるもの以外のもの	二三、〇〇〇円
	ウ　ア又はイに掲げるもの以外のもの	二一、〇〇〇円
	(二)　回胴式遊技機について遊技機試験を受けようとする場合 ア　マイクロプロセッサーを内蔵するもの	六八、三〇〇円
	イ　アに掲げるもの以外のもの	三〇、三〇〇円
	(三)　アレンジボール遊技機について遊技機試験を受けようとする場合 ア　マイクロプロセッサーを内蔵するもの	四二、三〇〇円
	イ　アに掲げるもの以外のもの	二六、三〇〇円
	(四)　じゃん球遊技機について遊技機試験を受けようとする場合 ア　マイクロプロセッサーを内蔵するもの	四二、三〇〇円

	イ　アに掲げるもの以外のもの	二六、三〇〇円
	(五)　(一)から(四)までに掲げる遊技機以外の遊技機について遊技機試験を受けようとする場合	
	ア　マイクロプロセッサーを内蔵するもの	三六、三〇〇円
	イ　アに掲げるもの以外のもの	一九、一〇〇円
十三　型式試験を受けようとする者	(一)　ぱちんこ遊技機の型式について型式試験を受けようとする場合	
	ア　特定装置が設けられているもの（当該特定装置を連続して作動させることができるものに限る。）	
	(ア)　マイクロプロセッサーを内蔵するもの	一、四四二、〇〇〇円
	(イ)　(ア)に掲げるもの以外のもの	四四五、〇〇〇円
	イ　特定装置が設けられているもの（アに掲げるものを除く。）	
	(ア)　マイクロプロセッサーを内蔵するもの	一、一三五、〇〇〇円
	(イ)　(ア)に掲げるもの以外のもの	四四五、〇〇〇円
	ウ　ア又はイに掲げるもの以外のもの	三四五、〇〇〇円
	(二)　回胴式遊技機の型式について型式試験を受けようとする場合	
	ア　マイクロプロセッサーを内蔵するもの	一、六二八、〇〇〇円
	イ　アに掲げるもの以外のもの	四八六、〇〇〇円

	の	
	(三)　アレンジボール遊技機の型式について型式試験を受けようとする場合	
	ア　マイクロプロセッサーを内蔵するもの	一、一五五、〇〇〇円
	イ　アに掲げるもの以外のもの	四八九、〇〇〇円
	(四)　じゃん球遊技機の型式について型式試験を受けようとする場合	
	ア　マイクロプロセッサーを内蔵するもの	一、一五四、〇〇〇円
	イ　アに掲げるもの以外のもの	四八八、〇〇〇円
十四　法第二十四条第六項（法第三十一条の二十三において準用する場合を含む。）の営業所の管理者の講習を受けようとする者		講習一時間につき六五〇円
十五　法第二十七条第四項（法第三十一条の十二第二項において準用する場合を含む。）又は第三十一条の二第四項（法第三十一条の七第二項及び第三十一条の十七第二項に	(一)　法第二条第六項第一号若しくは第三号から第五号まで又は第九項の営業を営もうとする場合	一一、九〇〇円
	(二)　法第二条第七項、第八項又は第十項の営業を営もうとする場合	三、四〇〇円
	(三)　風俗営業等の規制及び業務の適正化等に関する法律の一部を改正する法律（平成十七年法律第百十九号）附則第三	三、四〇〇円

おいて準用する場合を含む。）の規定に基づく法第二十七条第一項、第三十一条の二第一項、第三十一条の七第一項、第三十一条の十二第一項又は第三十一条の十七第一項の届出書の提出があった旨を記載した書面の交付を受けようとする者	条第二項の規定により法第二十七条第一項、第三十一条の二第一項、第三十一条の七第一項、第三十一条の十二第一項又は第三十一条の十七第一項の届出書を提出したものとみなされる営業を営んでいる場合	
十六　法第二十七条第四項（法第三十一条の十二第二項において準用する場合を含む。）又は第三十一条の二第四項（法第三十一条の七第二項及び第三十一条の十七第二項において準用する場合を含む。）の規定に基づく法第二十七条第二項（法第三十一条の十二第二項において準用する場合を含む。）又は第三		一、五〇〇円

十一条の二第二項（法第三十一条の七第二項及び第三十一条の十七第二項において準用する場合を含む。）の届出書の提出があった旨を記載した書面の交付を受けようとする者		
十七　法第二十七条第四項（法第三十一条の十二第二項において準用する場合を含む。）又は第三十一条の二第四項（法第三十一条の七第二項及び第三十一条の十七第二項において準用する場合を含む。）の規定に基づく届出書の提出があった旨を記載した書面の再交付を受けようとする者		一、二〇〇円
十八　法第三十一条の二十二の許可（以下「特定遊興飲食店営業	㈠　三月以内の期間を限って営む営業	一四、〇〇〇円
	㈡　その他の営業	二四、〇〇〇円

許可」という。）を受けようとする者		
十九　法第三十一条の二十三において準用する法第五条第四項の規定に基づく許可証の再交付を受けようとする者		一、一〇〇円
二十　法第三十一条の二十三において準用する法第七条第一項の規定に基づく特定遊興飲食店営業の相続に係る承認を受けようとする者		八、六〇〇円
二十一　法第三十一条の二十三において準用する法第七条の二第一項の規定に基づく特定遊興飲食店営業者たる法人の合併に係る承認を受けようとする者		一一、〇〇〇円
二十二　法第三十一条の二十三において準用する法第七条の三第一項の規定に基づく特定遊興飲食店営業者たる法人の分割に係る承認を受けようとする者		一一、〇〇〇円
二十三　法第三十一条の二十三において準用する法第九条第一項の規定に基づく営業所の構造又は設備の変更の承認を受けようとする者		九、九〇〇円
二十四　法第三十一条の二十三において準用する法第九条第四項の規定に基づく許可証の書換えを受けようとする者		一、四〇〇円
二十五　法第三十一条の二十三において準用する法第十条の二第一項の規定に基づく特例特定遊興飲食店営業者の認定を受けようとする者		一三、〇〇〇円
二十六　法第三十一条の二十三に		一、一〇〇円

おいて準用する法第十条の二第五項の規定に基づく認定証の再交付を受けようとする者		

備考

一　風俗営業許可を受けようとする者が同時に他の風俗営業許可を受けようとする場合における当該他の風俗営業許可に係る手数料の額は、それぞれ一の項の右〔下〕欄に定める額から八、六〇〇円を減じた額とする。

二　法第四条第三項の規定が適用される営業所につき風俗営業許可を受けようとする場合における手数料の額は、それぞれ一の項の右〔下〕欄に定める額に六、八〇〇円を加算した額とする。

三　三の項の承認を受けようとする者が同時に他の同項の承認を受けようとする場合における当該他の同項の承認に係る手数料の額は、それぞれ同項の右〔下〕欄に定める額から五、二〇〇円を減じた額とする。

四　四の項の承認を受けようとする者が同時に他の同項の承認を受けようとする場合における当該他の同項の承認に係る手数料の額は、それぞれ同項の右〔下〕欄に定める額から八、二〇〇円を減じた額とする。

五　四の二の項の承認を受けようとする者が同時に他の同項の承認を受けようとする場合における当該他の同項の承認に係る手数料の額は、それぞれ同項の右〔下〕欄に定める額から八、二〇〇円を減じた額とする。

六　遊技機認定を受けようとする者が同時に当該遊技機認定に係る遊技機と同一の型式に属する他の遊技機について遊技機認定を受けようとする場合における当該他の遊技機に係る手数料の額は、十の項の右〔下〕欄の規定にかかわらず、同項の㈠の場合にあっては〇とし、同項の㈡の場合にあっては四〇円とし、同項の㈢の場合にあってはそれぞれ同項の㈢の右〔下〕欄に定める額から八、〇〇〇円を減じた額とする。

七　遊技機試験を受けようとする者が同時に当該遊技機試験に係る遊技機と同一の型式に属する他の遊技機について遊技機試験を受けようとする場合における当該他の遊技機に係る手数料の額は、それぞれ十二の項の右〔下〕欄に定める額から一四、三〇〇円を減じた額とする。

八　八の項の認定を受けようとする者が同時に他の同項の認定を受けようとする場合における当該他の同項の認定に係る手数料の額は、それぞれ同項の右〔下〕欄に定める額から三、〇〇〇円を減じた額とする。

九　特定遊興飲食店営業許可を受けようとする者が同時に他の特定遊興飲食店営業許可を受けようとする場合における当該他の特定遊興飲食店営業許可に係る手数料の額は、それぞれ十八の項の右〔下〕欄に定める額から八、七〇〇円を減じた額とする。

十　法第三十一条の二十三において準用する法第四条第三項の規定が適用される営業所につき特定遊興飲食店営業許可を受けようとする場合における手数料の額は、それぞれ十八の項の右〔下〕欄に定める額に六、八〇〇円を加算した額とする。

十一　二十の項の承認を受けようとする者が同時に他の同項の承認を受けようとする場合における当該他の同項の承認に係る手数料の額は、それぞれ同項の右〔下〕欄に定める額から四、八〇〇円を減じた額とする。

十二　二十一の項の承認を受けようとする者が同時に他の同項の承認を受けようとする場合における当該他の同項の承認に係る手数料の額は、それぞれ同項の右〔下〕欄に定める額から七、七〇〇円を減じた額とする。

十三　二十二の項の承認を受けようとする者が同時に他の同項の承認を受けようとする場合における当該他の同項の承認に係る手数料の額は、それぞれ同項の右〔下〕欄に定める額から七、七〇〇円を減じた額とする。

十四　二十五の項の認定を受けようとする者が同時に他の同項の認定を受けようとする場合における当該他の同項の認定に係る手数料の額は、それぞれ同項の右〔下〕欄に定める額から三、〇〇〇円を減じた額とする。

○風俗営業等の規制及び業務の適正化等に関する法律施行細則

（平成二八・六・二二　佐賀県公安委員会規則五）

（趣旨）

第一条　この規則は、風俗営業等の規制及び業務の適正化等に関する法律（昭和二十三年法律第百二十二号。以下「法」という。）及び風俗営業等の規制及び業務の適正化等に関する法律施行条例（昭和五十九年佐賀県条例第三十四号。以下「施行条例」という。）の施行に関し必要な事項を定めるものとする。

（定義）

第二条　この規則で使用する用語は、法及び施行条例で使用する用語の例による。

（許可条件の付加又は変更の通知）

第三条　佐賀県公安委員会（以下「公安委員会」という。）は、法第三条第一項又は第三十一条の二十二の許可をした後において法第三条第二項（法第三十一条の二十三において準用する場合を含む。）の規定により新たに条件を付し、又は条件を変更するときは、その旨を許可条件付加・変更通知書（様式第一号）により当該許可を受けた者に通知するものとする。

（不許可の通知）

第四条　公安委員会は、法第三条第一項又は第三十一条の二十二の許可をしないときは、不許可通知書（様式第二号）により通知するものとする。

（風俗営業の営業制限地域の特例）

第五条　施行条例第四条第一項第一号に規定する公安委員会規則で定める地域は、道路法（昭和二十七年法律第百八十号）第三条に規定する一般国道及び県道の路端から五十メートルの区域内の地域とする。ただし、次の表の左〔上〕欄に掲げる施設ごとに、その敷地（これらの用に供するものと決定した土地を含む。）から、同表の右〔下〕欄に定める距離以内の地域を除く。

施設	距離
学校 図書館 児童福祉施設	百メートル
病院 診療所	五十メートル

（相続、合併及び分割の承認等の通知）

第六条　公安委員会は、法第七条第一項、第七条の二第一項又は第七条の三第一項（いずれも法第三十一条の二十三において準用する場合を含む。）の承認をした場合にあっては相続・合併・分割承認通知書（様式第三号）により、当該承認をしない場合にあっては相続・合併・分割不承認通知書（様式第四号）により通知するものとする。

（構造、設備及び遊技機の変更の承認等の通知）

第七条　公安委員会は、法第九条第一項（法第三十一条の二十三において準用する場合を含む。）の承認をした場合にあっては営業所の構造・設備の変更承認通知書（様式第五号）により、当該承認をしない場合にあっては営業所の構造・設備の変更不承認通知書（様式第六号）により通知するものとする。

２　公安委員会は、法第二十条第十項において準用する法第九条第一項の承認をした場合にあっては遊技機の変更承認通知書（様式第七号）により、当該承認をしない場合にあっては遊技機の変更不承認通知書（様式第八号）により通知するものとする。

（特例風俗営業者等の不認定等の通知）

第八条　公安委員会は、法第十条の二第一項（法第三十一条の二十三において準用する場合を含む。）の認定をしないときは、不認定通知書（様式第九号）により通知するものとする。

２　公安委員会は、法第十条の二第六項（法第三十一条の二十三において準用する場合を含む。）の規定により認定を取り消したときは、その旨を特例風俗営業者認定取消通知書又は特例特定遊興飲食店営業者認定取消通知書（様式第十号）により当該処分を受けた者に通知するものとする。

（報告等の要求）

第九条　公安委員会は、法第三十七条第一項の規定による報告又は資料の提出の要求は、報告等要求書（様式第十一号）により行うものとする。

（許可取消しの通知）

第十条　公安委員会は、法第八条（法第三十一条の二十三において準用する場合を含む。）、第二十六条第一項又は第三十一条の二十五第一項の規定により許可を取り消したときは、風俗営業許可取消通知書又は特定遊興飲食店営業許可取消通知書（様式第十二号）により通知するものとする。

（指示）

第十一条　公安委員会は、法第二十五条、第二十九条、第三十一条の四第一項、第三十一条の六第二項第一号、第三十一条の九第一項、第三十一条の十一第二項第一号、第三十一条の十四、第三十一条の十九第一項、第三十一条の二十一第二項第一号、第三十一条の二十四、第三十四条第一項又は第三十五条の四第一項若しくは第四項第一号の規定による指示は、指示書（様式第十三号）により行うものとする。

（営業停止命令及び営業廃止命令）

第十二条　公安委員会は、法第二十六条第一項若しくは第二項、第三十条第一項若しくは第三項、第三十一条の五第一項、第三十一条の六第二項第二号、第三十一条の十五第一項、第三十一条の二十、第三十一条の二十一第二項第二号、第三十一条の二十五第一項若しくは第二項、第三十四条第二項、第三十五条、第三十五条の二若しくは第三十五条の四第二項若しくは第四項第二号の規定による営業停止命令又は法第三十条第二項、第三十一条の五第二項、第三十一条の六第二項第三号若しくは第三十一条の十五第二項の規定による営業廃止命令は、営業停止命令書又は営業廃止命令書（様式第十四号）により行うものとする。

（措置命令）

第十三条　公安委員会は、法第三十一条の十、第三十一条の十一第二項第二号又は第三十九条第三項の規定による措置命令は、措置命令書（様式第十五号）により行うものとする。

（指定取消しの通知）

第十四条　公安委員会は、法第三十九条第四項の規定により指定を取り消したときは、指定取消通知書（様式第十六号）により通知するものとする。

（勧告）

第十五条　公安委員会は、法第二十四条第五項（法第三十一条の二十三において準用する場合を含む。）又は第三十一条の九第二項の規定による勧告は、勧告書（様式第十七号）により行うものとする。

（医師の指定）

第十六条　公安委員会は、法第四十一条の二の規定による医師の指定は、精神保健及び精神障害者福祉に関する法律（昭和二十五年法律第百二十三号）第十八条第一項の規定による精神保健指定医の指定を受けた医師のうちから行うものとする。

2　公安委員会は、前項の規定による指定を行ったときは、その旨を公示するものとする。

（警察本部長への委任）

第十七条　この規則に定めるもののほか、この規則の実施のため必要な事項は、佐賀県警察本部長が定める。

附　則・様式〔略〕

○風俗営業等の規制及び業務の適正化等に関する法律施行条例第五条第二項第四号に規定する公安委員会が定める日及び地域

（平成二七・一二・二二
佐賀県公安委員会告示二）

風俗営業等の規制及び業務の適正化等に関する法律施行条例（昭和五十九年佐賀県条例第三十四号。以下「条例」という。）第五条第二項第四号に規定する公安委員会が定める日及び公安委員会が定める地域は、次の表の左〔上〕欄に掲げる習俗的行事その他の特別な事情のある同表の中欄に掲げる日及び同表の右〔下〕欄に掲げる地域とし、平成二十八年六月二十三日から施行する。

なお、風俗営業等の規制及び業務の適正化等に関する法律施行条例第五条第一項第四号に規定する公安委員会が定める日及び地域（平成十一年佐賀県公安委員会告示第一号）は、平成二十八年六月二十二日限り廃止する。

習俗的行事その他の特別な事情	日	地域
盆	七月十四日から同月十六日までの各日	県内全地域
栄の国まつり	八月第一土曜日及びその翌日（ただし、栄の国まつりの開催される日が変更された場合は、当該日の翌日）	佐賀市の区域
唐津くんち	十一月三日から同月五日までの各日	唐津市の区域

備考　右欄に掲げる地域は、条例第五条第三項に規定する午前零時以降において風俗営業を営むことが許容される特別な事情のある地域を含むものとする。

長崎県

○風俗営業等の規制及び業務の適正化等に関する法律施行条例

（昭和五九・一二・二五 長崎県条例四一）

最終改正　平成三〇・三・三〇　条例三六

（風俗営業の場所に関する基準）

第一条　風俗営業等の規制及び業務の適正化等に関する法律（昭和二十三年法律第百二十二号。以下「法」という。）第四条第二項第二号に規定する条例で定める地域は、次のとおりとする。ただし、臨時遊技場営業（祭礼その他特別の行事のある地域において当該行事の期間中に三月以内を限って営業するものをいう。）又は営業をする場所が常態として移動する営業に係るものである場合を除く。

一　都市計画法（昭和四十三年法律第百号）第八条第一項第一号に規定する第一種低層住居専用地域、第二種低層住居専用地域、第一種中高層住居専用地域、第二種中高層住居専用地域、第一種住居地域、第二種住居地域、準住居地域及び田園住居地域

二　学校（学校教育法（昭和二十二年法律第二十六号）第一条に規定する学校及び就学前の子どもに関する教育、保育等の総合的な提供の推進に関する法律（平成十八年法律第七十七号）第二条第七項に規定する幼保連携型認定こども園をいう。）及び図書館（図書館法（昭和二十五年法律第百十八号）第二条第一項に規定するものをいう。）の敷地の周囲百メートル（営業所が都市計画法第八条第一項第一号に規定する商業地域（次号において「商業地域」という。）にある場合には、七十メートル）の地域

三　病院等（医療法（昭和二十三年法律第二百五号）第一条の五に規定する病院及び患者を入院させるための施設を有する診療所をいう。以下同じ。）の敷地の周囲五十メートル（営業所が商業地域にある場合には、二十メートル）の地域

（習俗的行事その他の特別な事情のある日等）

第二条　法第十三条第一項第一号に規定する習俗的行事その他の特別な事情のある日として条例で定める日は、次の各号に掲げる日の翌日とし、当該特別な事情のある日に係る同号の条例で定める地域は、それぞれ当該各号に定める地域とする。

一　盆（八月十三日から同月十五日までの日）　長崎県の全域

二　年末年始（十二月二十四日から翌年の一月七日までの日）　長崎県の全域

三　前二号に掲げるもののほか、長崎県公安委員会規則で定める祭礼等の日　長崎県公安委員会規則で定める地域及び次条第一項各号に掲げる地域

2　前項各号に定める地域に係る法第十三条第一項ただし書に規定する条例で定める時は、午前一時（次条第一項各号に掲げる地域内にある接待飲食等営業にあっては午前二時）とする。

（午前零時以後において風俗営業を営むことが許容される特別な事情のある地域等）

第三条　接待飲食等営業、まあじゃん屋及び法第二条第一項第五号に掲げる営業につき、法第十三条第一項第二号に規定する午前零時以後において風俗営業を営むことが許容される特別な事情のある地域として条例で定める地域は、次に掲げる地域とする。

一　長崎市本石灰町、船大工町、銅座町、丸山町一番、寄合町二番一号から四号まで、籠町二番から四番まで及び同九番、新地町一番から三番まで及び同八番から十三番まで並びに浜町十番

二　佐世保市山県町一番から五番まで、塩浜町一番から四番まで、下京町、上京町、本島町及び島地町一番から三番まで

2　前項各号に掲げる地域に係る法第十三条第一項ただし書に規定する条例で定める時は、午前一時（接待飲食等営業にあっては午前二時）とする。

（風俗営業の営業時間の制限）

第四条　法第十三条第二項の規定により法第二条第一項第四号に掲げる営業（まあじゃん屋を除く。）を営む風俗営業者は、午前六時から午前十時までの時間及び午後十一時から翌日の午前零時（当該翌日が第二条第一項各号に掲げる特別な事情のある日のいずれかに該当する場合における当該特別な事情のある地域については、午前一時）までの時間において営んではならない。

（風俗営業における騒音等の規制）

第五条　法第十五条に規定する条例で定める騒音に係る数値は、別表第一に掲げるとおりとする。

2　法第十五条に規定する条例で定める振動に係る数値は、五十五デシベルとする。

（風俗営業者及び特定遊興飲食店営業者の遵守事項）

第六条　風俗営業者及び特定遊興飲食店営業者は、次に掲げる事項を遵守しなければならない。

一　営業用家屋等（営業の用に供する家屋又は施設をいう。）において、店舗型性風俗特殊営業若しくは店舗型電話異性紹介営業を営み、又はこれらの営業を他の者に営ませないこと。

二　営業所で、卑わいな行為その他善良の風俗を害する行為をし、又は客にこれらの行為をさせないこと。

三　営業所（旅館業法（昭和二十三年法律第百三十八号）第二条第一項に規定する旅館業の施設と兼用して営むものを除く。）に客を就寝させ、又は宿泊させないこと。

四　客の求めない飲食物を提供しないこと。

五　営業中は、営業所に施錠をし、又はさせないこと。

六　営業所で賭博類似行為その他著しく射幸心をそそるおそれのある行為をし、又は客にこれらの行為をさせないこと。

2　法第二条第一項第四号及び第五号の営業を営む風俗営業者は、前項に定めるもののほか、次に掲げる事項を遵守しなければならない。

一　著しく射幸心をそそるおそれのある方法で営業しないこと。

二　客に提供した賞品を買い取らせないこと。

三　営業所において、客に飲酒させないこと（まあじゃん屋及び食品衛生法（昭和二十二年法律第二百三十三号）第五十二条第一項の許可に係る営業所において法第二条第一項第五号の営業を営む風俗営業者を除く。）。

3　特定遊興飲食店営業者は、第一項に定めるもののほか、次に掲げる事項を遵守しなければならない。

一　午後五時以後午後十時前の時間において十八歳未満の者を営業所に客として立ち入らせるときは、保護者の同伴を求めること。

二　午後五時以後午後十時前の時間において保護者が同伴しない十八歳未満の者が営業所に立ち入ってはならない旨を営業所の入口に表示すること。

（ゲームセンター等への年少者の立入り制限）

第七条　法第二条第一項第五号の営業を営む者は、保護者が同伴する場合を除き、午後五時以後午後十時前の時間において十三歳未満の者を、午後六時以後午後十時前の時間において十三歳以上十六歳未満の者を営業所に客として立ち入らせてはならない。

（店舗型性風俗特殊営業等の場所に関する基準）

第八条　法第二十八条第一項（法第三十一条の三第二項の規定により適用する場合及び法第三十一条の十三第一項において準用する場合を含む。）に規定する条例で定める施設は、次のとおりとする。

一　社会教育法（昭和二十四年法律第二百七号）第二十一条に規定する市町村が設置する公民館

二　国又は地方公共団体が設置し、又は管理するスポーツ施設

2　法第二十八条第二項（法第三十一条の三第二項の規定により適用する場合及び法第三十一条の十三第一項において準用する場合を含む。）の規定により、店舗型性風俗特殊営業及び店舗型電話異性紹介営業の場合にあっては、別表第二に掲げる地域において、受付所営業の場合にあっては、長崎県下全域において、これを営んではならない。

（性風俗関連特殊営業の広告制限地域）

第八条の二　法第二十八条第五項第一号ロ（法第三十一条の三第一項、法第三十一条の八第一項、法第三十一条の十三第一項及び法第三十一条の十八第一項において準用する場合を含む。）の条例で定める地域は、店舗型性風俗特殊営業及び店舗型電話異性紹介営業の場合にあっては、別表第二の上欄に掲げる営業の種類に応じ、それぞれ同表の下欄に定める地域とし、無店舗型性風俗特殊営業、映像送信型性風俗特殊営業及び無店舗型電話異性紹介営業の場合にあっては、別表第三の上欄に掲げる営業の種類に応じ、それぞれ同表の下欄に定める地域とする。

（店舗型性風俗特殊営業等の営業時間の制限）

第九条　店舗型性風俗特殊営業（法第二条第六項第四号の営業を除く。）、受付所営業及び店舗型電話異性紹介営業を営む者は、法第二十八条第四項（法第

三十一条の三第二項の規定により適用する場合及び法第三十一条の十三第一項において準用する場合を含む。）の規定により、長崎県下全域において、午前零時から午前六時までの時間においては、その営業を営んではならない。

（深夜における飲食店営業に係る騒音等の規制）

第十条　法第三十二条第二項において準用する法第十五条に規定する条例で定める騒音に係る数値は、別表第一の深夜の欄に掲げるとおりとする。

2　法第三十二条第二項において準用する法第十五条に規定する条例で定める振動に係る数値は、五十五デシベルとする。

（深夜における酒類提供飲食店営業の禁止地域）

第十一条　法第三十三条第四項の規定により酒類提供飲食店営業を営む者は、都市計画法第八条第一項第一号に規定する第一種低層住居専用地域、第二種低層住居専用地域、第一種中高層住居専用地域、第二種中高層住居専用地域、第一種住居地域、第二種住居地域、準住居地域及び田園住居地域において、午前零時から午前六時までの時間においては、その営業を営んではならない。

（特定遊興飲食店営業の許可に係る営業所設置許容地域）

第十二条　法第三十一条の二十三において準用する法第四条第二項第二号に規定する条例で定める地域は、次の各号のいずれにも該当する地域とする。

一　第三条第一項各号に掲げる地域

二　病院等の敷地の周囲二十メートルの地域以外の地域

（特定遊興飲食店営業の営業時間の制限）

第十三条　特定遊興飲食店営業者は、長崎県下全域において、午前五時から午前六時までの時間においては、その営業を営んではならない。

（特定遊興飲食店営業の深夜における騒音等の規制）

第十四条　法第三十一条の二十三において準用する法第十五条に規定する条例で定める騒音に係る数値は、別表第一の深夜の欄に掲げるとおりとする。

2　法第三十一条の二十三において準用する法第十五条に規定する条例で定める振動に係る数値は、五十五デシベルとする。

（風俗環境保全協議会を置く地域）

第十五条　法第三十八条の四の規定により風俗環境保全協議会を置く地域として条例で定める地域は、第三条第一項各号に掲げる地域とする。

附　則（略）

別表第一（第五条、第十条及び第十四条関係）

時間の区分／地域の区分	昼間（午前六時後午後六時前の時間）	夜間（午後六時から翌日の午前零時前の時間）	深夜（午前零時から午前六時までの時間）
一　都市計画法第八条第一項第一号に規定する第一種低層住居専用地域、第二種低層住居専用地域、第一種中高層住居専用地域、第二種中高層住居専用地域、第一種住居地域、第二種住居地域、準住居地域及び田園住居地域	五十デシベル	四十五デシベル	四十デシベル
二　都市計画法第八条第一項第一号に規定する商業地域、準工業地域及び工業地域	六十五デシベル	六十デシベル	五十デシベル
三　一及び二に掲げる地域以外の地域	六十デシベル	五十デシベル	四十五デシベル

別表第二（第八条及び第八条の二関係）

営業の種別	営業禁止地域及び広告制限地域
一　法第二条第六項第一号、第二号及び同項第六号の規定により定める風俗営業等の規制及び業務の適正化等に関する法律施行令（昭和五十九年政令第三百十九号。以下「政令」という。）第五条の営業	長崎県下全域

二　法第二条第六項第三号及び第五号並びに第九項の営業	長崎県下全域。ただし、長崎市のうち銅座町八番から十五番まで（八番から十番まで及び十三番にあっては市道伊勢町大浦町線の近接する側端から二十メートルの区域内及び十四番にあっては市道伊勢町大浦町線及び市道浜町油屋町一号線の近接する側端から二十メートルの区域内を除く。）、本石灰町三番から五番まで（五番にあっては市道本石灰町高丘線の近接する側端から二十メートルの区域内を除く。）並びに船大工町一番及び二番並びに佐世保市のうち山県町一番から四番まで（一番にあっては市道上京下京町一号線、市道夜店通線及び市道下京万津町線の近接する側端から二十メートルの区域内、二番にあっては市道夜店通線及び市道下京万津町線の近接する側端から二十メートルの区域内、三番にあっては市道夜店通線の近接する側端から二十メートルの区域内及び四番にあっては市道下京万津町線の近接する側端から二十メートルの区域内を除く。）の区域を除く。
三　法第二条第六項第四号の規定により政令第三条第二項に掲げる構造を有する営業	長崎県下全域。ただし、長崎市のうち銅座町八番から十三番まで及び十五番、本石灰町三番から五番まで並びに船大工町一番及び二番並びに佐世保市のうち山県町一番から四番までの区域を除く。
四　法第二条第六項第四号の営業（三に掲げるものを除く。）	長崎県下全域。ただし、都市計画法第八条第一項第一号に規定する商業地域を除く。

別表第三（第八条の二関係）

営業の種別	広告制限地域
一　法第二条第七項第一号の営業	長崎県下全域
二　法第二条第七項第二号、第八項及び第十項の営業	長崎県下全域。ただし、長崎市のうち銅座町八番から十五番まで（八番から十番まで及び十三番にあっては市道伊勢町大浦町線の近接する側端から二十メートルの区域内及び十四番にあっては市道伊勢町大浦町線及び市道浜町油屋町一号線の近接する側端から二十メートルの区域内を除く。）、本石灰町三番から五番まで（五番にあっては市道本石灰町高丘線の近接する側端から二十メートルの区域内を除く。）並びに船大工町一番及び二番並びに佐世保市のうち山県町一番から四番まで（一番にあっては市道上京下京町一号線、市道夜店通線及び市道下京万津町線の近接する側端から二十メートルの区域内、二番にあっては市道夜店通線及び市道下京万津町線の近接する側端から二十メートルの区域内、三番にあっては市道夜店通線の近接する側端から二十メートルの区域内及び四番にあっては市道下京万津町線の近接する側端から二十メートルの区域内を除く。）の区域を除く。

○風俗営業の営業時間の特例に関する規則

（平成一一・三・一九
長崎県公安委員会規則五）

最終改正　平成二八・六・二四　公安委員会規則一〇

風俗営業等の規制及び業務の適正化等に関する法律施行条例（昭和五十九年長崎県条例第四十一号）第二条第一項第三号に規定する長崎県公安委員会規則で定める祭礼等の日は、別表に掲げるとおりとする。ただし、雨天その他特別の理由により祭礼等を順延し、又は変更することとなった場合は、その日とする。

附　則〔略〕

別表

番号	祭礼等	祭礼等の日	適用範囲
一	相浦愛宕まつり	二月二十四日から同月二十六日まで	佐世保市のうち相浦町、愛宕町、木宮町及び上相浦町
二	小浜温泉湯祭り	四月第一日曜日	雲仙市小浜町
三	琴平神社大祭	四月上旬に行われる琴平神社大祭の日	西海市大瀬戸町
四	壱岐郷ノ浦祇園山笠	七月第四土曜日、日曜日	壱岐市郷ノ浦町
五	諫早万灯川まつり	七月二十五日	諫早市
六	西有家天満宮夏越まつり	七月中に行われる西有家天満宮夏越まつりの日	南島原市西有家町
七	十七日祭	七月最終の日曜日	南松浦郡新上五島町（同町が設置された日前の南松浦郡若松町、上五島町、新魚目町及び奈良尾町の区域を除く。）
八	早岐神社祇園祭	七月中に行われる早岐神社祇園祭の日	佐世保市のうち早岐一丁目～三丁目、権常寺一丁目、早苗町、上原町、田の浦町、勝海町及び陣の内町
九	有家温泉神社夏越まつり	七月二十九日	南島原市有家町
十	ながさきみなとまつり	七月最終の土曜日、日曜日	長崎市
十一	大村夏越祭り	八月一日から同月三日まで	大村市
十二	平戸南風夜風神まつり	九月第三土曜日、日曜日	平戸市
十三	江迎千灯籠まつり	八月二十三日及び同月二十四日	佐世保市江迎町
十四	国見夏の夜市	八月下旬に行われる国見夏の夜市の日	雲仙市国見町
十五	はさみ夏まつり	八月二十八日	東彼杵郡波佐見町
十六	厳原八幡宮大祭	旧暦八月十四日及び同月十五日	対馬市厳原町
十七	豊崎神社古式例大祭	九月十五日	対馬市上対馬町
			五島市（同市が設置された

十八	福江みなとまつり	十月第一金曜日、土曜日、日曜日	日前の南松浦郡富江町、玉之浦町、三井楽町、岐宿町及び奈留町の区域を除く。）
十九	のんのこ諫早まつり	九月中に行われるのんのこ諫早まつりの日	諫早市
二十	長崎くんち	十月七日から同月九日まで	長崎市、西彼杵郡時津町及び同郡長与町
二十一	奈良尾神社大祭	十月中に行われる奈良尾神社大祭の日	南松浦郡新上五島町（同町が設置された日前の南松浦郡若松町、上五島町、新魚目町及び有川町の区域を除く。）
二十二	六社神社大祭	十月十二日から同月十四日まで	北松浦郡小値賀町
二十三	島原くんち	十月十三日から同月十五日まで	島原市
二十四	平戸くんち	十月二十四日から同月二十七日まで	平戸市
二十五	淀姫神社大祭	十月二十五日及び同月二十六日	松浦市
二十六	佐世保くんち	十一月一日から同月三日まで	佐世保市
二十七	大村秋まつり	十月から十二月中に行われる大村秋まつりの日	大村市

備考　風俗営業等の規制及び業務の適正化等に関する法律施行条例第二条第二項に規定する時（午前一時）は、風俗営業等の規制及び業務の適正化等に関する法律（昭和二十三年法律第百二十二号）第二条第一項第四号に掲げる営業（まあじゃん屋を除く。）を除く。

熊本県

○熊本県風俗営業等の規制及び業務の適正化等に関する法律施行条例

（昭和五九・一二・二四　熊本県条例三三）

最終改正　平成三〇・三・二三　条例三六

（趣旨）

第一条　この条例は、風俗営業等の規制及び業務の適正化等に関する法律（昭和二十三年法律第百二十二号。以下「法」という。）の規定に基づき必要な事項を定めるものとする。

第二条　削除

（風俗営業の許可に係る営業制限地域）

第三条　法第四条第二項第二号の条例で定める地域は、次のとおりとする。ただし、臨時風俗営業（祭礼、縁日その他地域的慣習等による催物に伴って営む風俗営業であって、三月以内の期間を限って行うものに限る。）又は営業を営む場所が常態として移動する営業に係る営業所の設置にあっては、この限りでない。

一　都市計画法（昭和四十三年法律第百号）第八条第一項第一号に規定する第一種低層住居専用地域、第二種低層住居専用地域、第一種中高層住居専用地域、第二種中高層住居専用地域、第一種住居地域、第二種住居地域、準住居地域及び田園住居地域（以下「住居地域等」という。）

二　別表第一の第一欄に掲げる施設（これらの用に供すると決定した土地を含む。）の敷地から、同表の第二欄に掲げる営業の種類ごとに、同表の第三欄に掲げる営業所が所在する地域に応じ、それぞれ同表の第四欄に掲げる距離以内の地域

（風俗営業の営業時間の特例等）

第四条　法第十三条第一項ただし書の条例で定める時は、午前一時とする。

2　法第十三条第一項第一号の習俗的行事その他の特別な事情のある日として条例で定める日は、次の各号に掲げる日とし、同項第一号の当該事情のある地域として条例で定める地域は、当該各号に掲げる日の区分に応じ、当該各号に定める地域とする。

一　七月十四日から七月十六日までの日　県内の全地域

二　八月十四日から八月十六日までの日　県内の全地域

三　十二月二十日から翌年の一月八日までの日　県内の全地域

四　前三号に掲げるもののほか、熊本県公安委員会規則で定める日　熊本県公安委員会規則で定める地域及びその他の地域であって次項各号に掲げる区域に該当する地域

3　接待飲食等営業及びまあじゃん屋につき法第十三条第一項第二号の午前零時以後において風俗営業を営むことが許容される特別な事情のある地域として条例で定める地域は、次に掲げる区域とする。

一　熊本市中央区の区域のうち下通一丁目、下通二丁目、新市街の一番から十三番まで、中央街の一番、二番及び四番から十二番まで、花畑町の九番から十三番まで、手取本町の二番から八番まで並びに安政町の一番から三番まで及び五番から七番までの区域

二　八代市の区域のうち本町一丁目の一番から七番まで、十番から十二番まで及び十三番（熊本県公安委員会が指定する区域を除く。）並びに袋町の三番及び四番の区域

（風俗営業の営業時間の制限）

第五条　法第二条第一項第四号に掲げる営業（まあじゃん屋を除く。）を営む風俗営業者は、午前六時後午前十時までの時間及び午後十一時から翌日の午前零時前（当該翌日が前条第二項各号に掲げる特別な事情のある日のいずれかに該当する場合における当該特別な事情のある地域については、午前一時まで）の時間においては、県内の全地域においてその営業を営んではならない。

2　法第二条第一項第五号に掲げる営業を営む風俗営業者は、前条第二項第四号の熊本県公安委員会規則で定める日の午前零時から午前一時までの時間については、前条第三項各号に掲げる区域（前条第二項第四号の熊本県公安委員会規則で定める日に係る同号の熊本県公安委員会規則で定める地域を除く。）においてその営業を営んではならない。

（風俗営業に係る騒音及び振動の数値）

第六条　法第十五条の条例で定める風俗営業に係る騒音の数値は、次の表の左〔上〕欄に掲げる地域ごとに、同表の右〔下〕欄に掲げる時間の区分に応じ、それぞれ同欄に掲げる数値とする。

地域	数値		
	昼間	夜間	深夜
一　住居地域等	五十デシベル	午後十時前の夜間　四十五デシベル 午後十時以後の夜間　四十デシベル	四十デシベル
二　一に掲げる地域以外の地域	六十デシベル	午後十時前の夜間　五十五デシベル 午後十時以後の夜間　五十デシベル	五十デシベル

備考
一　「昼間」とは、午前六時後午後六時前の時間をいう。
二　「夜間」とは、午後六時から翌日の午前零時前の時間をいう。
三　「深夜」とは、午前零時から午前六時までの時間をいう。

2　法第十五条の条例で定める風俗営業に係る振動の数値は、五十五デシベルとする。

（風俗営業者の遵守事項）

第七条　風俗営業者は、当該営業に関し、次に掲げる事項を遵守しなければならない。

一　営業所を法第二条第六項に規定する店舗型性風俗特殊営業（以下「店舗型性風俗特殊営業」という。）の施設として使用し、又は使用させないこと。

二　営業所（旅館業法（昭和二十三年法律第百三十八号）による旅館業の施設として兼業しているものを除く。）で客を就寝させ、又は宿泊させないこと。

三　営業中において営業所の出入口、客室等を施錠等により閉鎖し、又は閉鎖させないこと。

四　営業所で卑わいな行為、賭博類似行為等著しく射幸心をそそるおそれのある行為その他善良の風俗を害するおそれのある行為をし、又はこれらの行為をさせないこと。

五　客の求めない飲食物を提供しないこと。

2　法第二条第一項第四号に掲げる営業及び同項第五号に掲げる営業を営む風俗営業者は、当該営業に関し、前項に定めるもののほか、次に掲げる事項を遵守しなければならない。

一　営業所で客に酒類を提供し、又は飲酒をさせないこと（まあじゃん屋及び食品衛生法（昭和二十二年法律第二百三十三号）第五十二条第一項の許可に係る営業所において法第二条第一項第五号に掲げる営業を営む場合を除く。）。

二　法第二十三条第一項に規定する営業にあっては、客に提供した賞品を買い取らせないこと。

三　著しく射幸心をそそるおそれのある方法で営業しないこと。

（ゲームセンター等への年少者の立入り制限）

第八条　法第二条第一項第五号の営業を営む風俗営業者は、午後六時から午後十時前の時間において十六歳未満の者を営業所に客として立ち入らせるときは、保護者の同伴を求めなければならない。

（店舗型性風俗特殊営業等の禁止区域等）

第九条　法第二十八条第一項（法第三十一条の三第二項の規定により適用する場合及び法第三十一条の十三第一項において準用する場合を含む。）の条例で定める施設は、次のとおりとする。

一　児童福祉法（昭和二十二年法律第百六十四号）第十二条第一項に規定する児童相談所

二　少年院法（平成二十六年法律第五十八号）第三条に規定する少年院

三　少年鑑別所法（平成二十六年法律第五十九号）第三条に規定する少年鑑別所

四　更生保護法（平成十九年法律第八十八号）第二十九条に規定する保護観察所

五　地方教育行政の組織及び運営に関する法律（昭和三十一年法律第百六十二号）第三十条の規定により設置された少年自然の家、青年の家及び青少

年の家

六　独立行政法人国立青少年教育振興機構法（平成十一年法律第百六十七号）第十一条第一項第一号の規定により設置された青少年交流の家

七　医療法（昭和二十三年法律第二百五号）第一条の五第一項に規定する病院

八　社会教育法（昭和二十四年法律第二百七号）第二十一条第一項に規定する公民館

九　博物館法（昭和二十六年法律第二百八十五号）第二条第一項に規定する博物館及び同法第二十九条に規定する博物館に相当する施設

2　店舗型性風俗特殊営業は、別表第二の左〔上〕欄に掲げる営業の種類に応じ、それぞれ同表右〔下〕欄に掲げる地域においては、これを営んではならない。

3　法第三十一条の二第四項に規定する受付所営業（第十条において「受付所営業」という。）は、県内の全地域において、これを営んではならない。

4　店舗型電話異性紹介営業は、県内の全地域（都市計画法第八条第一項第一号に規定する商業地域（以下「商業地域」という。）を除く。）において、これを営んではならない。

（店舗型性風俗特殊営業の広告制限地域）

第九条の二　法第二十八条第五項第一号ロの条例で定める地域は、別表第二の左〔上〕欄に掲げる営業の種類に応じ、それぞれ同表右〔下〕欄に掲げる地域とする。

（無店舗型性風俗特殊営業の広告制限地域）

第九条の三　法第三十一条の三第一項において準用する法第二十八条第五項第一号ロの条例で定める地域は、次の表の左〔上〕欄に掲げる営業の種類に応じ、それぞれ同表右〔下〕欄に掲げる地域とする。

営業の種類	地域
一　法第二条第七項第一号に掲げる営業	県内の全地域
二　法第二条第七項第二号に掲げる営業	県内の全地域。ただし、商業地域を除く。

（映像送信型性風俗特殊営業の広告制限地域）

第九条の四　法第三十一条の八第一項において準用する法第二十八条第五項第一号ロの条例で定める地域は、県内の全地域（商業地域を除く。）とする。

（店舗型電話異性紹介営業の広告制限地域）

第九条の五　法第三十一条の十三第一項において準用する法第二十八条第五項第一号ロの条例で定める地域は、県内の全地域（商業地域を除く。）とする。

（無店舗型電話異性紹介営業の広告制限地域）

第九条の六　法第三十一条の十八第一項において準用する法第二十八条第五項第一号ロの条例で定める地域は、県内の全地域（商業地域を除く。）とする。

（店舗型性風俗特殊営業等の営業時間の制限）

第十条　店舗型性風俗特殊営業（法第二条第六項第四号に掲げる営業その他法第二十八条第四項の国家公安委員会規則で定める店舗型性風俗特殊営業を除く。）、受付所営業又は店舗型電話異性紹介営業を営む者は、深夜（午前零時から午前六時までの時間をいう。以下同じ。）においては、県内の全地域においてその営業を営んではならない。

（特定遊興飲食店営業の営業所の設置が許容される地域）

第十条の二　法第三十一条の二十三において準用する法第四条第二項第二号の条例で定める地域は、次の各号のいずれにも該当する地域とする。

一　第四条第三項各号に掲げる区域

二　次のアからウまでに掲げる施設の敷地（当該施設の用に供するものと決定した土地を含む。）の周囲五十メートルの区域外の地域

ア　児童福祉法第七条第一項に規定する児童福祉施設（深夜において入所させるものに限る。）

イ　医療法第一条の五第一項に規定する病院

ウ　医療法第一条の五第二項に規定する診療所（十人以上の患者を入院させるための施設を有するものに限る。）

（特定遊興飲食店営業の営業時間の制限）

第十条の三　特定遊興飲食店営業者は、午前五時から午前六時までの時間においては、県内の全地域においてその営業を営んではならない。

（深夜における特定遊興飲食店営業に係る騒音及び振動の数値）

第十条の四　法第三十一条の二十三において準用する法第十五条の条例で定め

る特定遊興飲食店営業者の深夜における営業に係る騒音に係る数値は、第六条第一項の表の左〔上〕欄に掲げる地域ごとに、それぞれ同表の右〔下〕欄に定める深夜に係る数値とする。

2　法第三十一条の二十三において準用する法第十五条の条例で定める特定遊興飲食店営業者の深夜における営業に係る振動に係る数値は、五十五デシベルとする。

（特定遊興飲食店営業者の遵守事項）

第十条の五　特定遊興飲食店営業者は、当該営業に関し、次に掲げる事項を遵守しなければならない。

一　営業所を店舗型性風俗特殊営業の施設として使用し、又は使用させないこと。

二　営業所（旅館業法による旅館業の施設として兼業しているものを除く。）で客を就寝させ、又は宿泊させないこと。

三　営業時間内において営業所の出入口、客室等を施錠等により閉鎖し、又は閉鎖させないこと。

四　営業所で卑わいな行為、賭博類似行為等著しく射幸心をそそるおそれのある行為その他善良の風俗を害するおそれのある行為をし、又はこれらの行為をさせないこと。

五　著しく射幸心をそそるおそれのある方法で営業しないこと。

六　客の求めない飲食物を提供しないこと。

七　午後六時から午後十時前の時間において十八歳未満の者を営業所に客として立ち入らせるときは、保護者の同伴を求めること。

（深夜における飲食店営業に係る騒音及び振動の数値）

第十一条　法第三十二条第二項において準用する法第十五条の条例で定める深夜における飲食店営業に係る騒音の数値は、第六条第一項の表の上欄に掲げる地域ごとに、それぞれ同表の下欄に掲げる深夜の数値とする。

2　法第三十二条第二項において準用する法第十五条の条例で定める深夜における飲食店営業に係る振動の数値は、五十五デシベルとする。

（深夜における酒類提供飲食店営業の禁止）

第十二条　法第三十三条第一項に規定する酒類提供飲食店営業を営む者は、深夜においては、住居地域等においてその営業を営んではならない。

（風俗環境保全協議会を設置する地域）

第十三条　法第三十八条の四の条例で定める地域は、第四条第三項第一号に掲げる区域とする。

附　則〔略〕

別表第一（第三条関係）

施設	営業の種類	営業所が所在する地域	距離
学校（学校教育法（昭和二十二年法律第二十六号）第一条に規定するもの（大学及び幼稚園を除く。）をいう。）	法第二条第一項第一号から第五号までに掲げる営業	第一種地域	五十メートル
		第二種地域	七十メートル
		第三種地域	百メートル
幼稚園（学校教育法第一条に規定する幼稚園をいう。）、児童福祉施設（児童福祉法第七条第一項に規定するものをいう。）又は図書館（図書館法（昭和二十五年法律第百十八号）第二条第一項に規定するものをいう。）	法第二条第一項第四号（まあじゃん屋を除く。）及び第五号に掲げる営業	第一種地域	五十メートル
		第二種地域	七十メートル
		第三種地域	百メートル
病院（医療法第一条の五第一項に規定するものをいう。ただし、商業地域にあるものを除く。）又は診療所（医療法第一条の五第二項に規定する診療所のうち十人以上の患者を入院させるための施設を	法第二条第一項第一号から第五号までに掲げる営業	第三種地域	五十メートル

有するものをいう。ただし、商業地域にあるものを除く。）

備考
一　「第一種地域」とは、第四条第三項各号に掲げる区域をいう。
二　「第二種地域」とは、商業地域（第一種地域に該当する地域を除く。）をいう。
三　「第三種地域」とは、県内の全地域から第一種地域及び第二種地域を除いた地域をいう。

別表第二（第九条、第九条の二関係）

営業の種類		地域
一　法第二条第六項第一号に掲げる営業		県内の全地域。ただし、熊本市中央区の区域のうち中央街の四番、六番、八番、十番及び十一番の区域を除く。
二　法第二条第六項第二号に掲げる営業		県内の全地域
三　法第二条第六項第三号に掲げる営業		県内の全地域。ただし、商業地域及び熊本県公安委員会が指定する地域を除く。
四　法第二条第六項第四号に掲げる営業	(1)　風俗営業等の規制及び業務の適正化等に関する法律施行令（昭和五十九年政令第三百十九号。以下「政令」という。）第三条第一項第一号に規定する施設で、同条第三項各号のいずれかの設備を有するもの	県内の全地域
	(2)　政令第三条第一項第二号に規定する施設で同条第二項の構造を有するもののうち個室に自動車の車庫が個々に接続する施設であって、次に掲げる構造設備のいずれかを有するもの ア　個室に接続する車庫（二以上の側壁（カーテン、ついたて等を含む。）及び屋根を有するものに限る。以下同じ。）の出入口がとびら等によって遮へいできるもの イ　車庫の内部から個室に通ずる専用の人の出入口又は階段若しくは昇降機が設けられているもの ウ　個室と車庫とが専用の通路によって接続しているものにあっては、当該通路の内部が外部から見えないもの	県内の全地域
	(3)　政令第三条第一項第二号に規定する施設で、同条第二項の構造を有するもの（ロに掲げるものを除く。）	県内の全地域
	(4)　(1)から(3)までに掲げるもの以外のもの	県内の全地域。ただし、商業地域を除く。
五　法第二条第六項第五号に掲げる営業		県内の全地域。ただし、商業地域を除く。
六　法第二条第六項第六号に掲げる営業（政令第五条に規定するものに限る。）		県内の全地域

○熊本県風俗営業等の規制及び業務の適正化等に関する法律施行条例第四条第二項第四号に規定する日及び地域を定める規則

（平成一一・三・一九 熊本県公安委員会規則二）

最終改正 平成二八・四・五 公安委員会規則六

熊本県風俗営業等の規制及び業務の適正化等に関する法律施行条例（昭和五十九年熊本県条例第三十三号）第四条第二項第四号の熊本県公安委員会規則で定める日及び地域は次に掲げるとおりとする。

一 別表の左〔上〕欄に掲げる習俗的行事その他の特別な事情がある日の翌日 当該特別な事情に係る同表の右〔下〕欄に掲げる地域

二 特別な事情のある日として熊本県公安委員会が指定する日 熊本県公安委員会が指定する地域

附 則〔略〕

別表

習俗的行事その他の特別な事情	地域
本妙寺頓写会	熊本市
火の国まつり	熊本市
藤崎八播宮例大祭	熊本市
植木町はってん祭	熊本市
玉名大俵まつり	玉名市
和水町古墳祭	和水町
四山神社大祭	荒尾市
山鹿温泉祭	山鹿市
山鹿灯籠まつり	山鹿市
菊池夏まつり	菊池市
菊池神社秋祭り	菊池市
大津地蔵祭	大津町
阿蘇火の山まつり	阿蘇市
風鎮祭	高森町
八朔祭	山都町
うと地蔵まつり	宇土市
氷室祭	八代市
八代くま川祭り	八代市
やつしろ全国花火競技大会	八代市
八代妙見祭	八代市
恋龍祭	水俣市
日本百名城 人吉お城まつり	人吉市
青井阿蘇神社例大祭おくんち祭り	人吉市
恵比寿神社秋季大祭	多良木町
天草ほんどハイヤ祭り	天草市
牛深ハイヤ祭り	天草市
天草五橋祭	上天草市

○熊本県風俗営業等の規制及び業務の適正化等に関する法律施行条例第四条第三項第二号の規定に基づき、午前一時まで風俗営業を営むことが許容される特別な事情のある地域から除外する区域

（平成一一・三・一九
熊本県公安委員会告示六）

最終改正　平成二八・四・五　公安委員会告示五

熊本県風俗営業等の規制及び業務の適正化等に関する法律施行条例（昭和五十九年熊本県条例第三十三号）第四条第三項第二号の規定に基づき、午前一時まで風俗営業を営むことが許容される特別な事情のある地域から除外する区域を次のとおり定め、平成十一年四月一日から施行する。

八代市本町一丁目十三番の区域のうち、八代市道本町一丁目清水町線以東の区域及び八代市管理に係る野上ポンプ場以東の区域

附　則〔略〕

大分県

○風俗営業等の規制及び業務の適正化等に関する法律施行条例

（昭和五九・一二・二五　大分県条例三二）

最終改正　平成二八・一二・一九　条例四〇

（趣旨）

第一条　この条例は、風俗営業等の規制及び業務の適正化等に関する法律（昭和二十三年法律第百二十二号。以下「法」という。）の施行に関し必要な事項を定めるものとする。

第二条　削除

（風俗営業の営業所の設置を制限する地域）

第三条　法第四条第二項第二号の条例で定める地域は、次のとおりとする。

一　都市計画法（昭和四十三年法律第百号）第八条第一項第一号に規定する第一種低層住居専用地域、第二種低層住居専用地域、第一種中高層住居専用地域、第二種中高層住居専用地域、第一種住居地域、第二種住居地域及び準住居地域（以下「第一種低層住居専用地域等」という。）

二　学校（学校教育法（昭和二十二年法律第二十六号）第一条に規定するものをいう。）、図書館（図書館法（昭和二十五年法律第百十八号）第二条第一項に規定するものをいう。）又は児童福祉施設（児童福祉法（昭和二十二年法律第百六十四号）第七条第一項に規定するものをいう。）の敷地（これらの用に供するものと決定した土地を含む。第四号において同じ。）の周囲百メートルの区域内の地域

三　病院等（医療法（昭和二十三年法律第二百五号）第一条の五第一項に規定する病院、患者を入院させるための施設を有する同条第二項に規定する診療所又は入所施設を有する同法第二条に規定する助産所をいう。以下同じ。）の敷地の周囲八十メートルの区域内の地域

四　前二号の規定にかかわらず、法第三条第一項の許可の申請に係る営業所が都市計画法第八条第一項第一号に規定する近隣商業地域（以下「近隣商業地域」という。）、同号に規定する商業地域（以下「商業地域」という。）その他公安委員会規則で定める地域内にあるときは、第二号に規定する施設の敷地の周囲五十メートルの区域内の地域及び第三号に規定する施設の敷地の周囲三十メートルの区域内の地域

2　前項の規定は、三月以内の期間を限って営む風俗営業（法第二条第一項に規定する風俗営業をいう。以下同じ。）で公安委員会規則で定めるもの又は常態として場所を移動する風俗営業に係る営業所については、適用しない。

（風俗営業の営業時間の制限の特例）

第四条　法第十三条第一項ただし書の条例で定める時は、午前一時とする。

2　法第十三条第一項第一号の条例で定める日は次の各号に掲げる日とし、当該日に係る同項第一号の条例で定める地域はそれぞれ当該各号に定める地域とする。

一　八月十一日から同月十六日まで及び十二月二十二日から翌年の一月十日まで　県内の全域

二　公安委員会規則で定める日　公安委員会規則で定める地域及び次項各号に掲げる地域

三　公安委員会が指定する日　公安委員会が指定する地域及び次項各号に掲げる地域

3　法第二条第一項各号の営業（ぱちんこ屋等（法第四条第四項の営業をいう。次条において同じ。）を除く。）につき、法第十三条第一項第二号の条例で定める地域は、次のとおりとする。

一　大分市都町一丁目、都町二丁目、都町三丁目、都町四丁目、中央町一丁目、中央町二丁目、中央町三丁目及び中央町四丁目

二　別府市北浜一丁目及び元町

（ぱちんこ屋等の営業時間の制限）

第五条　ぱちんこ屋等を営む風俗営業者は、県内の全域につき、午前六時後午前十時までの時間及び午後十一時から翌日の午前零時前（当該翌日が前条第二項各号に掲げる日のいずれかに該当する場合における当該日に係る地域については、午前一時まで）の時間においては、その営業を営んではならない。

（騒音及び振動の規制の数値）

第六条　法第十五条（法第三十一条の二十三及び第三十二条第二項において準用する場合を含む。以下この条において同じ。）の条例で定める騒音に係る数値は別表第一の上欄に掲げる地域ごとに、同表の下欄に掲げる時間の区分に応じ、それぞれ同欄に定めるとおりとし、法第十五条の条例で定める振動に係る数値は五十五デシベルとする。

（条例で定める風俗営業者の遵守事項）

第七条　風俗営業者は、次の事項を遵守しなければならない。

一　営業所で卑わいな行為その他善良の風俗を害する行為をし、又は客にこれらの行為をさせないこと。

二　営業用家屋等（営業の用に供する家屋及び施設をいう。第五号において同じ。）（旅館業法（昭和二十三年法律第百三十八号）第三条第一項の許可を受けたものを除く。）で客を就寝させ、又は宿泊させないこと。

三　客の求めない飲食物を提供しないこと。

四　営業中に営業所の出入口に施錠しないこと。

五　営業用家屋等で店舗型性風俗特殊営業（法第二条第六項に規定する店舗型性風俗特殊営業をいう。以下同じ。）を営み、又は他人に営ませないこと。

六　営業所でと博類似行為その他著しく射幸心をそそるおそれのある行為をし、又は客にこれらの行為をさせないこと。

2　法第二条第一項第四号の営業を営む風俗営業者は、前項に掲げるもののほか、次の事項（まあじやん屋を営む風俗営業者にあつては、第一号に掲げるものに限る。）を遵守しなければならない。

一　著しく射幸心をそそるおそれのある方法で営業しないこと。

二　客に提供した賞品を買い取らせないこと。

三　営業所で客に飲酒させないこと。

3　法第二条第一項第五号の営業を営む風俗営業者は、第一項に掲げるもののほか、次の事項を遵守しなければならない。

一　著しく射幸心をそそるおそれのある方法で営業しないこと。

二　営業所（食品衛生法（昭和二十二年法律第二百三十三号）第五十二条第一項の規定による飲食店営業の許可に係るものを除く。）で客に飲酒させないこと。

（法第二条第一項第五号の営業に係る営業所における年少者の立ち入らせの制限）

第八条　法第二条第一項第五号の営業を営む風俗営業者は、午後六時から午後十時前の時間において、十六歳未満の者を客として営業所に立ち入らせるときは、保護者の同伴を求めなければならない。

（店舗型性風俗特殊営業の禁止区域の設定の基準となる施設）

第九条　法第二十八条第一項の条例で定める施設は、病院等、博物館（博物館法（昭和二十六年法律第二百八十五号）第二条第一項に規定するものをいう。以下同じ。）、博物館に相当する施設（同法第二十九条に規定するものをいう。以下同じ。）、公民館（社会教育法（昭和二十四年法律第二百七号）第二十条に規定するものをいう。以下同じ。）その他公安委員会規則で定める施設（法第二条第六項第一号から第五号までの営業にあつては、これらの施設の敷地が別府市元町及び楠町の地域並びにこれらの地域の周囲二百メートルの区域内にあるものを除く。）とする。

（店舗型性風俗特殊営業の禁止地域）

第十条　店舗型性風俗特殊営業は、別表第二の上欄に掲げる店舗型性風俗特殊営業の種別に応じそれぞれ同表の下欄に定める地域においては、営んではならない。

（店舗型性風俗特殊営業の営業時間の制限）

第十一条　法第二十八条第四項に規定する店舗型性風俗特殊営業を営む者は、県内の全域につき、深夜（午前零時から午前六時までの時間をいう。以下同じ。）においては、その営業を営んではならない。

（店舗型性風俗特殊営業の広告等の制限地域）

第十二条　法第二十八条第五項第一号ロの条例で定める地域は、別表第二の上欄に掲げる店舗型性風俗特殊営業の種別に応じそれぞれ同表の下欄に定める地域とする。

（無店舗型性風俗特殊営業の広告等の制限地域）

第十三条　法第三十一条の三第一項において準用する法第二十八条第五項第一号ロの条例で定める地域は、別表第三の上欄に掲げる無店舗型性風俗特殊営業の種別に応じそれぞれ同表の下欄に定める地域とする。

（受付所営業の禁止区域の設置の基準となる施設）

第十三条の二　法第三十一条の三第二項の規定において準用する法第二十八条第一項の条例で定める施設は、病院等、博物館、博物館に相当する施設、公民館その他公安委員会規則で定める施設とする。

（受付所営業の禁止地域）

第十三条の三　受付所営業（法第三十一条の二第四項に規定する受付所営業をいう。以下同じ。）は、県内の全域において営んではならない。

（受付所営業の営業時間の制限）

第十三条の四　受付所営業を営む者は、県内の全域につき、深夜においては、その営業を営んではならない。

（映像送信型性風俗特殊営業の広告等の制限地域）

第十四条　法第三十一条の八第一項において準用する法第二十八条第五項第一号ロの条例で定める地域は、大分市（商業地域（公安委員会規則で定める道路の側端から十メートルの区域内の地域を除く。以下この条において同じ。）を除く。）、別府市（商業地域を除く。）、中津市、日田市、佐伯市、臼杵市、津久見市、竹田市、豊後高田市、杵築市、宇佐市、豊後大野市、由布市、国東市、東国東郡、速見郡及び玖珠郡）とする。

（店舗型電話異性紹介営業の禁止区域の設定の基準となる施設）

第十五条　法第三十一条の十三第一項において準用する法第二十八条第一項の条例で定める施設は、病院等、博物館、博物館に相当する施設、公民館その他公安委員会規則で定める施設とする。

（店舗型電話異性紹介営業の禁止地域）

第十六条　店舗型電話異性紹介営業（法第二条第九項に規定する店舗型電話異性紹介営業をいう。以下同じ。）は、県内の全域において営んではならない。

（店舗型電話異性紹介営業の営業時間の制限）

第十七条　店舗型電話異性紹介営業を営む者は、県内の全域につき、深夜においては、その営業を営んではならない。

（店舗型電話異性紹介営業の広告等の制限地域）

第十八条　法第三十一条の十三第一項において準用する法第二十八条第五項第一号ロの条例で定める地域は、県内の全域とする。

（無店舗型電話異性紹介営業の広告等の制限地域）

第十九条　法第三十一条の十八第一項において準用する法第二十八条第五項第一号ロの条例で定める地域は、県内の全域とする。

（特定遊興飲食店営業の許可に係る営業所設置許容地域）

第二十条　法第三十一条の二十三において準用する法第四条第二項第二号に規定する条例で定める地域は、次の各号のいずれにも該当する地域とする。

一　第四条第三項各号に掲げる地域

二　児童福祉法第七条第一項に規定する助産施設、乳児院、母子生活支援施設、児童養護施設、障害児入所施設、児童心理治療施設及び児童自立支援施設（以下この号において「助産施設等」という。）の敷地（これらの用に供するものと決定した土地を含む。以下この号において同じ。）の周囲百メートル（法第三十一条の二十二の許可の申請に係る営業所が近隣商業地域及び商業地域にあるときは、助産施設等の敷地の周囲五十メートル）の区域外の地域

三　病院等の敷地の周囲八十メートル（法第三十一条の二十二の許可の申請に係る営業所が近隣商業地域及び商業地域にあるときは、病院等の敷地の周囲三十メートル）の区域外の地域

（特定遊興飲食店営業の営業時間の制限）

第二十一条　特定遊興飲食店営業者は、県内の全域につき、午前五時から午前六時までの時間においては、その営業を営んではならない。

（条例で定める特定遊興飲食店営業者の遵守事項）

第二十二条　特定遊興飲食店営業者は、次に掲げる事項を遵守しなければならない。

一　第七条第一項第一号及び第三号から第六号までに掲げる事項

二　第七条第二項第一号に掲げる事項

三　午後六時から午後十時前の時間において、十八歳未満の者を営業所に客として立ち入らせるときは、保護者の同伴を求めること。

（深夜における酒類提供飲食店営業の禁止地域）

第二十三条　深夜における法第二条第十三項第四号に規定する酒類提供飲食店営業は、第一種低層住居専用地域等においては、営んではならない。

（風俗環境保全協議会を置く地域）

第二十四条　法第三十八条の四の条例で定める地域は、第四条第三項第一号に掲げる地域及び同項第二号に掲げる地域とする。

（手数料の納付）

第二十五条　次に掲げる者は、大分県使用料及び手数料条例（昭和三十一年大分県条例第二十七号）の定めるところにより、手数料を納付しなければならない。

一　法第三条第一項の許可を受けようとする者

二　法第五条第四項（法第三十一条の二十三において準用する場合を含む。）の許可証の再交付を受けようとする者

三　法第七条第一項（法第三十一条の二十三において準用する場合を含む。）の承認を受けようとする者

四　法第七条の二第一項（法第三十一条の二十三において準用する場合を含む。）の承認を受けようとする者

五　法第七条の三第一項（法第三十一条の二十三において準用する場合を含む。）の承認を受けようとする者

六　法第九条第一項（法第三十一条の二十三において準用する場合を含む。）の承認を受けようとする者

七　法第九条第四項（法第三十一条の二十三において準用する場合を含む。）の許可証の書換えを受けようとする者

八　法第十条の二第一項（法第三十一条の二十三において準用する場合を含む。）の認定を受けようとする者

九　法第十条の二第五項（法第三十一条の二十三において準用する場合を含む。）の認定証の再交付を受けようとする者

十　法第二十条第二項の認定を受けようとする者

十一　法第二十条第四項の検定を受けようとする者

十二　法第二十条第五項の試験を受けようとする者

十三　法第二十条第十項において準用する法第九条第一項の承認を受けようとする者

十四　法第二十四条第六項（法第三十一条の二十三において準用する場合を含む。）の講習を受けようとする者

十五　法第二十七条第四項（法第三十一条の十二第二項において準用する場合を含む。）又は第三十一条の二第四項（法第三十一条の七第二項及び第三十一条の十七第二項において準用する場合を含む。）の規定に基づく届出書の提出があつた旨を記載した書面の交付を受ける者

十六　法第二十七条第四項（法第三十一条の十二第二項において準用する場合を含む。）又は第三十一条の二第四項（法第三十一条の七第二項及び第三十一条の十七第二項において準用する場合を含む。）の規定に基づく届出書の提出があつた旨を記載した書面の再交付を受ける者

十七　法第三十一条の二十二の許可を受けようとする者

附　則〔略〕

別表第一（第六条関係）

地域		数値（単位　デシベル）			
		昼間	夜間		深夜
			午後六時から午後十時前	午後十時から翌日の午前零時前	
一　第一種低層住居専用地域等	都市計画法第八条第一項第一号に規定する第一種低層住居専用地域及び第二種低層住居専用地域	五十	四十五	四十	四十
	その他の地域	五十五	五十	四十五	四十五
二　近隣商業地域、商業地域並びに都市計画法第八条第一項第一号に規定する準工業地域、工業地域及び工業専用地域		六十五	六十	五十	五十
三　一及び二に掲げる地域以外の地域		六十	五十	四十五	四十五

備考

一　「昼間」とは、午前六時後午後六時前の時間をいう。

二　「夜間」とは、午後六時から翌日の午前零時前の時間をいう。

別表第二（第十条、第十二条関係）

店舗型性風俗特殊営業の種別	地域
一　法第二条第六項第一号の営業、同項第二号の営業及び同項第四号の営業（風俗営業等の規制及び業務の適正化等に関する法律施行令（昭和五十九年政令第三百十九号。以下「令」という。）第三条第一項第二号の施設であつて、同条第二項に定める構造を有するもの又は個室に自動車の車庫が個々に接続する施設であつて、公安委員会規則で定める構造設備を有するものを設けて営むものに限る。）	大分市、別府市（元町及び楠町の地域（公安委員会規則で定める道路の側端から十メートルの区域内の地域を除く。）を除く。）、中津市、日田市、佐伯市、臼杵市、津久見市、竹田市、豊後高田市、杵築市、宇佐市、豊後大野市、由布市、国東市、東国東郡、速見郡及び玖珠郡
二　法第二条第六項第三号の営業及び同項第五号の営業	大分市（商業地域（公安委員会規則で定める道路の側端から十メートルの区域内の地域を除く。以下この表において同じ。）を除く。）、別府市（商業地域を除く。）、中津市、日田市、佐伯市、臼杵市、津久見市、竹田市、豊後高田市、杵築市、宇佐市、豊後大野市、由布市、国東市、東国東郡、速見郡及び玖珠郡
三　法第二条第六項第四号の営業（一に該当するものを除く。）	大分市、別府市、中津市、日田市、佐伯市、臼杵市、津久見市、竹田市、豊後高田市、杵築市、宇佐市、豊後大野市、由布市、国東市、東国東郡、速見郡及び玖珠郡。ただし、商業地域を除く。
四　令第五条に規定する営業	県内の全域

別表第三（第十三条関係）

無店舗型性風俗特殊営業の種別	地域
一　法第二条第七項第一号の営業	大分市、別府市（元町及び楠町の地域（公安委員会規則で定める道路の側端から十メートルの区域内の地域を除く。）を除く。）、中津市、日田市、佐伯市、臼杵市、津久見市、竹田市、豊後高田市、杵築市、宇佐市、豊後大野市、由布市、国東市、東国東郡、速見郡及び玖珠郡
二　法第二条第七項第二号の営業	大分市（商業地域（公安委員会規則で定める道路の側端から十メートルの区域内の地域を除く。以下同じ。）を除く。）、別府市（商業地域を除く。）、中津市、日田市、佐伯市、臼杵市、津久見市、竹田市、豊後高田市、杵築市、宇佐市、豊後大野市、由布市、国東市、東国東郡、速見郡及び玖珠郡

○風俗営業等の規制及び業務の適正化等に関する法律施行条例の施行に関する規則（昭和六〇・二・八 大分県公安委員会規則二）

最終改正　平成二八・六・二三　公安委員会規則九

（趣旨）
第一条　この規則は、風俗営業等の規制及び業務の適正化等に関する法律施行条例（昭和五十九年大分県条例第三十二号。以下「条例」という。）の施行に関し必要な事項を定めるものとする。

（風俗営業の営業所の設置の制限を緩和する地域）
第二条　条例第三条第一項第四号の公安委員会規則で定める地域は、次のとおりとする。
一　津久見市大字保戸島
二　姫島村
三　竹田市直入町大字長湯
四　九重町大字町田
五　日田市天瀬町桜竹、天瀬町赤岩、天瀬町湯山及び天瀬町合田

（条例第三条第二項の公安委員会規則で定める風俗営業）
第三条　条例第三条第二項の公安委員会規則で定める風俗営業は、祭礼、縁日その他の地域的な行事の期間中当該地域において営む風俗営業とする。

（習俗的行事その他の特別な事情のある日及びその地域）
第四条　条例第四条第二項第二号の公安委員会規則で定める日は別表の左（上）欄に掲げる習俗的行事等が行われる日の翌日とし、同号の公安委員会規則で定める地域はそれぞれ同表の右（下）欄に掲げる地域とする。

（店舗型性風俗特殊営業、受付所営業及び店舗型電話異性紹介営業の禁止区域の設定の基準となる施設）
第五条　条例第九条、第十三条の二及び第十五条の公安委員会規則で定める施設は、国又は地方公共団体が設置する一般の利用に供するための体育館、水泳プール、陸上競技場、球技場及び多目的の運動場とする。

（条例第十四条、別表第二及び別表第三の公安委員会規則で定める道路）
第六条　条例第十四条、別表第二の二の項及び別表第三の二の項の公安委員会規則で定める道路は、次のとおりとする。
一　県道鶴崎港線（大分市中鶴崎二丁目百三十二番地先から大字鶴崎九百四十番十四地先までの区間に限る。）
二　市道大在駅通り線（大分市横田二丁目四百五十二番地先から大在中央二丁目百一番地先までの区間に限る。）
三　一般国道十号（別府市元町八百十八番三百八十四地先から楠町三百八十一番二十地先までの区間に限る。）
四　県道別府庄内線（別府市元町四百三十三番一地先から五百十五番一地先までの区間に限る。）
五　市道秋葉通線（別府市楠町三百八十一番二十地先から二百八十番八地先までの区間に限る。）
六　市道東運田的ケ浜線（別府市楠町二百八十番八地先から元町七百一番六十六地先までの区間に限る。）
七　市道日の出国分町線（別府市元町六百九十五番一地先から楠町二百六十三番三地先までの区間に限る。）

（条例別表第二の公安委員会規則で定める構造設備）
第七条　条例別表第二の一の項の公安委員会規則で定める構造設備は、次の各号のいずれかに該当するものとする。
一　個室に接続する車庫（二以上の側壁（カーテン、ついたて等を含む。）及び屋根を有するものに限る。以下同じ。）の出入口が扉等によって遮へいできるもの
二　車庫の内部から個室に通ずる専用の人の出入口又は階段若しくは昇降機が設けられているもの
三　個室と車庫とが専用の通路によって接続しているものにあっては、当該通路の内部が外部から見えないもの

（条例別表第二及び別表第三の公安委員会規則で定める道路）
第八条　条例別表第二の一の項及び別表第三の一の項の公安委員会規則で定める道路は、第六条第三号から第七号までに定める道路とする。

附　則〔略〕

別表（第四条関係）

習俗的行事等	地域
長浜神社夏季大祭	大分市
大分七夕まつり	
本場鶴崎踊大会	
別府八湯温泉まつり	別府市
別府夏の宵まつり	
大貞公園桜まつり	中津市
中津祇園	
天ヶ瀬温泉まつり	日田市
日田川開き観光祭	
日田祇園祭	
さいき春まつり	佐伯市
佐伯みなと火まつり	
臼杵城址桜まつり	臼杵市
臼杵祇園まつり	
うすき竹宵	
つくみ港まつり	津久見市
岡城桜まつり	竹田市
日本一炭酸泉まつり	
たけた竹灯籠　竹楽	
宇佐市七夕夏まつり	宇佐市
お取り越し	
真名野長者まつり	豊後大野市
ゆふいん温泉まつり	由布市
姫島盆踊り	姫島村
城下かれい祭り	日出町
童話の里夏まつり	玖珠町

宮崎県

○風俗営業等の規制及び業務の適正化等に関する法律施行条例

（昭和五九・一二・二五　宮崎県条例三三）

最終改正　平成二八・三・二三　条例三〇

（趣旨）

第一条　この条例は、風俗営業等の規制及び業務の適正化等に関する法律（昭和二十三年法律第百二十二号。以下「法」という。）の施行に関し必要な事項を定めるものとする。

（用語の意義）

第二条　この条例において使用する用語の意義は、法で使用する用語の例による。

2　この条例において「第一種低層住居専用地域」、「第二種低層住居専用地域」、「第一種中高層住居専用地域」、「第二種中高層住居専用地域」、「第一種住居地域」、「第二種住居地域」、「準住居地域」、「近隣商業地域」、「商業地域」、「準工業地域」、「工業地域」又は「工業専用地域」とは、それぞれ都市計画法（昭和四十三年法律第百号）第八条第一項第一号に掲げる第一種低層住居専用地域、第二種低層住居専用地域、第一種中高層住居専用地域、第二種中高層住居専用地域、第一種住居地域、第二種住居地域、準住居地域、近隣商業地域、商業地域、準工業地域、工業地域又は工業専用地域をいう。

第三条　削除

（風俗営業の営業所の設置を制限する地域）

第四条　法第四条第二項第二号の条例で定める地域は、次のとおりとする。

一　第一種低層住居専用地域、第二種低層住居専用地域、第一種中高層住居専用地域、第二種中高層住居専用地域、第一種住居地域、第二種住居地域及び準住居地域（第一種住居地域、第二種住居地域及び準住居地域については、公安委員会規則で定める地域を除く。）

二　学校（大学を除く。）、図書館、児童福祉施設、病院（医療法（昭和二十三年法律第二百五号）第一条の五第一項に規定するもののうち、患者を入院させるための施設を有するものをいう。以下同じ。）又は診療所（同条第二項に規定するものをいう。以下同じ。）の敷地（これらの用に供するものと決定した土地を含む。）の周囲百メートル（許可申請に係る営業所が公安委員会規則に定める地域にある場合においては、公安委員会規則で定める距離）以内の地域

2　前項の規定にかかわらず、三月以内の期間を限って営む風俗営業に係る営業所についての法第四条第二項第二号の条例で定める地域は、公安委員会規則で定めるものとする。

3　前二項の規定は、営業を営む場所が常態として移動する風俗営業に係る営業所については、適用しない。

（風俗営業の営業時間の特例）

第五条　風俗営業者（法第二条第一項第四号の営業（まあじゃん屋を除く。）を営む風俗営業者を除く。次項において同じ。）は、法第十三条第一項本文の規定にかかわらず、次の各号に掲げる日の区分に応じ、それぞれ当該各号に定める地域内に限り、午前一時までその営業を営むことができる。

一　一月一日から同月八日まで、八月十二日から同月十八日まで及び十二月二十日から同月三十一日までの日　県内全域

二　前号に掲げる日のほか、公安委員会規則で定める日　次項各号に掲げる地域その他公安委員会規則で定める地域

2　風俗営業者は、法第十三条第一項本文の規定にかかわらず、前項各号に掲げる日以外の日において、次に掲げる地域内に限り、午前一時までその営業を営むことができる。

一　宮崎市橘通西二丁目七番、橘通西三丁目一番から十番まで、上野町八番及び九番、中央通一番から八番まで、高松町一番及び三番並びに千草町一番から四番まで及び八番の地域

二　都城市牟田町七街区、牟田町九街区から十一街区まで及び十八街区から二十二街区まで並びに中町二街区から五街区までの地域

三　延岡市船倉一丁目、船倉二丁目、中央通一丁目から三丁目まで、北町一丁目、中町一丁目、南町一丁目、本町一丁目、柳沢町一丁目、新町及び須崎町の地域

（法第十三条第二項の営業時間の制限）

第六条　法第二条第一項第四号の営業（まあじゃん屋を除く。）を営む風俗営業者は、法第十三条第一項本文の規定によるほか、県内全域につき、午前六時後午前十時までの時間及び午後十一時から翌日の午前零時前の時間において、その営業を営んではならない。

（風俗営業に係る騒音及び振動の規制）

第七条　法第十五条の条例で定める数値で騒音に係るものは、次の表の左〔上〕欄に掲げる地域ごとに、同表の右〔下〕欄に掲げる時間の区分に応じ、それぞれ同欄に定める数値とする。

地域	数値		
	昼間〔午前六時後午後六時前〕	夜間〔午後六時から翌日の午前零時前〕	深夜〔午前零時から午前六時まで〕
一　第一種低層住居専用地域及び第二種低層住居専用地域	四十五デシベル	四十デシベル	四十デシベル
二　第一種中高層住居専用地域、第二種中高層住居専用地域、第一種住居地域、第二種住居地域及び準住居地域	五十五デシベル	四十五デシベル	四十五デシベル
三　近隣商業地域、商業地域及び準工業地域	六十五デシベル	五十デシベル	五十デシベル
四　工業地域及び工業専用地域	六十五デシベル	五十五デシベル	五十五デシベル
五　一から四までに掲げる地域以外の地域	五十五デシベル	四十五デシベル	四十五デシベル

2　法第十五条の条例で定める数値で振動に係るものは、五十五デシベルとする。

（風俗営業者の遵守事項）

第八条　風俗営業者は、法第十二条から第十九条まで及び第二十条第一項並びに次条に定めるもののほか、次に掲げる事項を遵守しなければならない。

一　営業所で卑わいな行為その他の善良の風俗を害する行為をし、又は客にこれらの行為をさせないこと。

二　営業所で客の求めない飲食物を提供しないこと。

三　営業所又は客室の出入口を施錠等により閉鎖して営業しないこと。

四　営業所に客を就寝させ、又は宿泊させないこと。ただし、旅館業（旅館業法（昭和二十三年法律第百三十八号）第二条第一項に規定する旅館業をいう。以下同じ。）と風俗営業を兼業する場合においては、この限りでない。

五　営業の用に供する家屋又は施設で店舗型性風俗特殊営業を営み、又は営ませないこと。

2　法第二条第一項第四号の営業を営む風俗営業者は、前項各号に掲げる事項のほか、次に掲げる事項を遵守しなければならない。ただし、まあじゃん屋を営む風俗営業者にあっては、第二号及び第三号に規定する事項を除くものとする。

一　営業所で賭博類似行為その他著しく射幸心をそそるおそれのある行為をし、又は客にこれらの行為をさせないこと。

二　客に提供した賞品を買いとらせないこと。

三　営業所で客に飲酒させないこと。

3 前項第一号の規定は、法第二条第一項第五号の営業を営む風俗営業者について準用する。

（法第二条第一項第五号の営業における年少者の立入制限）

第九条 法第二条第一項第五号の営業を営む風俗営業者は、午後七時後午後十時前の時間において十六歳未満の者を営業所に客として立ち入らせるときは、保護者の同伴を求めなければならない。

（店舗型性風俗特殊営業の禁止区域の基準となる施設）

第十条 法第二十八条第一項の条例で定める施設は、次のとおりとする。

一 病院、診療所、老人福祉施設（老人福祉法（昭和三十八年法律第百三十三号）第五条の三に規定するものをいう。）、博物館（博物館法（昭和二十六年法律第二百八十五号）第二条第一項及び第二十九条に規定するものをいう。）及び公民館（社会教育法（昭和二十四年法律第二百七号）第二十一条の規定により市町村等が設置するものをいう。）

二 学校教育法（昭和二十二年法律第二十六号）第百二十四条に規定する専修学校（同法第百二十五条第一項に規定する高等課程を置くものに限る。）

三 主として青少年の体育、レクリエーション、研修又は宿泊の用に供される施設で公安委員会規則で定めるもの

（店舗型性風俗特殊営業の禁止地域）

第十一条 店舗型性風俗特殊営業は、法第二十八条第一項に定めるもののほか、次の表の左〔上〕欄に掲げる営業の種類ごとに、それぞれ同表の右〔下〕欄に定める地域においては、これを営んではならない。

種類	地域
一 法第二条第六項第一号の営業、同項第二号の営業及び同項第四号の営業（モーテル営業として公安委員会規則で定める営業に限る。）	県内全域（宮崎市橘通西二丁目の一部、橘通西三丁目の一部、上野町の一部及び中央通の一部（別図斜線の区域）を除く。）
二 法第二条第六項第三号の営業、同項第四号の営業（前号の公安委員会規則で定める営業を除く。）及び同項第五号の営業	県内全域（商業地域を除く。）
三 法第二条第六項第六号の営業	県内全域

（店舗型性風俗特殊営業の営業時間の制限）

第十二条 店舗型性風俗特殊営業（法第二条第六項第四号の営業その他法第二十八条第四項の国家公安委員会規則で定める店舗型性風俗特殊営業を除く。）は、深夜においてこれを営んではならない。

（店舗型性風俗特殊営業の広告等の制限地域）

第十三条 法第二十八条第五項第一号ロの規定により条例で定める地域は、第十一条の表の左〔上〕欄に掲げる営業の種類ごとに、それぞれ同表の右〔下〕欄に定める地域とする。

（無店舗型性風俗特殊営業の広告等の制限地域）

第十四条 法第三十一条の三第一項において準用する法第二十八条第五項第一号ロの規定により条例で定める地域は、次の表の左〔上〕欄に掲げる営業の種類ごとに、それぞれ同表の右〔下〕欄に定める地域とする。

種類	地域
一 法第二条第七項第一号の営業	県内全域（宮崎市橘通西二丁目の一部、橘通西三丁目の一部、上野町の一部及び中央通の一部（別図斜線の区域）を除く。）
二 法第二条第七項第二号の営業	県内全域（商業地域を除く。）

（受付所営業の禁止区域の基準となる施設）

第十五条 法第三十一条の三第二項の規定により適用する法第二十八条第一項の条例で定める施設は、第十条各号に掲げる施設とする。

（受付所営業の禁止地域）

第十六条 受付所営業は、法第三十一条の三第二項の規定により適用する法第二十八条第一項に定めるもののほか、第十一条の表一の項地域の欄に定める地域においては、これを営んではならない。

（受付所営業の営業時間の制限）

第十七条 受付所営業は、深夜においてこれを営んではならない。

（映像送信型性風俗特殊営業の広告等の制限地域）

第十八条　法第三十一条の八第一項において準用する法第二十八条第五項第一号ロの規定により条例で定める地域は、県内全域（商業地域を除く。）とする。

（店舗型電話異性紹介営業の禁止区域の基準となる施設）

第十九条　法第三十一条の十三第一項において準用する法第二十八条第一項の条例で定める施設は、第十条各号に掲げる施設とする。

（店舗型電話異性紹介営業の禁止地域）

第二十条　店舗型電話異性紹介営業は、法第三十一条の十三第一項において準用する法第二十八条第一項の条例で定めるもののほか、第十一条の表一の項地域の欄に定める地域においては、これを営んではならない。

（店舗型電話異性紹介営業の営業時間の制限）

第二十一条　店舗型電話異性紹介営業は、深夜においてこれを営んではならない。

（店舗型電話異性紹介営業の広告等の制限地域）

第二十二条　法第三十一条の十三第一項において準用する法第二十八条第五項第一号ロの規定により条例で定める地域は、第十一条の表一の項地域の欄に定める地域とする。

（無店舗型電話異性紹介営業の広告等の制限地域）

第二十三条　法第三十一条の十八第一項において準用する法第二十八条第五項第一号ロの規定により条例で定める地域は、第十一条の表一の項地域の欄に定める地域とする。

（特定遊興飲食店営業の営業所の設置を許容する地域）

第二十四条　法第三十一条の二十三において準用する法第四条第二項第二号の条例で定める地域は、次の各号のいずれにも該当する地域とする。

一　第五条第二項各号に掲げる地域

二　児童福祉施設（深夜における入所又は入院をさせる施設に限る。）、病院又は診療所の敷地（これらの用に供するものと決定した土地を含む。）の周囲五十メートルの区域外にある地域

（特定遊興飲食店営業の営業時間の制限）

第二十五条　特定遊興飲食店営業者は、県内全域につき、午前五時から午前六時までの時間において、その営業を営んではならない。

（特定遊興飲食店営業に係る騒音及び振動の規制）

第二十六条　法第三十一条の二十三において準用する法第十五条の条例で定める数値で騒音に係るものは、第七条第一項の表の左〔上〕欄に掲げる地域ごとに、それぞれ同表の右〔下〕欄に定める深夜に係る数値とする。

2　法第三十一条の二十三において準用する法第十五条の条例で定める数値で振動に係るものは、五十五デシベルとする。

（特定遊興飲食店営業者の遵守事項）

第二十七条　特定遊興飲食店営業者は、法第三十一条の二十三において準用する法第十二条、第十三条（第一項及び第二項を除く。）、第十四条、第十五条、第十八条及び第十八条の二に定めるもののほか、次に掲げる事項を遵守しなければならない。

一　営業所で卑わいな行為その他の善良の風俗を害する行為をし、又は客にこれらの行為をさせないこと。

二　営業所で客の求めない飲食物を提供しないこと。

三　営業所又は客室の出入口を施錠等により閉鎖して営業しないこと。

四　営業所に客を就寝させ、又は宿泊させないこと。ただし、旅館業と特定遊興飲食店営業を兼業する場合においては、この限りでない。

五　営業の用に供する家屋又は施設で店舗型性風俗特殊営業を営み、又は営ませないこと。

六　営業所で賭博類似行為その他著しく射幸心をそそるおそれのある行為をし、又は客にこれらの行為をさせないこと。

七　午後七時後午後十時前の時間において十八歳未満の者を営業所に客として立ち入らせるときは、保護者の同伴を求めること。

（特定遊興飲食店営業所への年少者の立入禁止の表示）

第二十八条　特定遊興飲食店営業者は、公安委員会規則で定めるところにより、午後七時後午後十時前の時間において保護者が同伴しない十八歳未満の者が営業所に立ち入ってはならない旨を営業所の入口に表示しなければならない。

（深夜における飲食店営業に係る騒音及び振動の規制）

第二十九条　法第三十二条第二項において準用する法第十五条の条例で定める数値で騒音に係るものは、第七条第一項の表の左〔上〕欄に掲げる地域ごと

に、それぞれ同表の右〔下〕欄に定める深夜に係る数値とする。

2　法第三十二条第二項において準用する法第十五条の条例で定める数値で振動に係るものは、五十五デシベルとする。

（酒類提供飲食店営業の禁止地域）

第三十条　酒類提供飲食店営業は、第一種低層住居専用地域、第二種低層住居専用地域、第一種中高層住居専用地域、第二種中高層住居専用地域、第一種住居地域、第二種住居地域及び準住居地域（第一種住居地域、第二種住居地域及び準住居地域については、公安委員会規則で定める地域を除く。）においては、深夜においてこれを営んではならない。

（風俗環境保全協議会を置く地域）

第三十一条　法第三十八条の四第一項の条例で定める地域は、第五条第二項各号に掲げる地域とする。

附則・別図〔略〕

○風俗営業等の規制及び業務の適正化等に関する法律施行条例取扱規則（昭和六〇・一・二五 宮崎県公安委員会規則一）

最終改正　平成二八・六・二〇　公安委員会規則一五

（趣旨）

第一条　この規則は、風俗営業等の規制及び業務の適正化等に関する法律施行条例（昭和五十九年宮崎県条例第三十三号。以下「条例」という。）の施行に関し必要な事項を定めるものとする。

（用語の意義）

第二条　この規則において使用する用語の意義は、風俗営業等の規制及び業務の適正化等に関する法律（昭和二十三年法律第百二十二号）、風俗営業等の規制及び業務の適正化等に関する法律施行令（昭和五十九年政令第三百十九号。以下「政令」という。）及び条例で使用する用語の例による。

2　この規則において「臨時風俗営業」とは、三月以内の期間を限って営む風俗営業をいう。

3　この規則において「旅館業兼業」とは、旅館業と風俗営業を兼ねて営む営業をいう。

（風俗営業の営業所設置制限地域の特例）

第三条　条例第四条第一項第一号の公安委員会規則で定める地域は、次のとおりとする。

一　第一種住居地域、第二種住居地域及び準住居地域のうち、道路法（昭和二十七年法律第百八十号）第三条に規定する一般国道及び県道の各一側について幅五十メートル以内の区域

二　旅館業兼業にあっては、別表第一に掲げる地域内の第一種住居地域、第二種住居地域及び準住居地域

2　条例第四条第一項第二号の公安委員会規則で定める地域及び距離は、次の表の左〔上〕欄に掲げる地域ごとに、同表の右〔下〕欄に掲げる施設の区分

に応じ、それぞれ同欄に定める距離とする。

地域	距離	
	学校・図書館・児童福祉施設	病院・診療所
商業地域	五十メートル	十メートル
別表第一に掲げる地域（旅館業兼業に限る。）	三十メートル	十メートル

（**臨時風俗営業の営業所設置を制限する地域**）

第四条　条例第四条第二項の規定により公安委員会規則で定める臨時風俗営業に係る営業所についての地域は、次のとおりとする。

一　第一種低層住居専用地域、第二種低層住居専用地域、第一種中高層住居専用地域及び第二種中高層住居専用地域

二　学校、図書館若しくは児童福祉施設の敷地の周囲三十メートル以内の地域又は病院若しくは診療所の敷地の周囲十メートル以内の地域

（**風俗営業の営業時間の特例**）

第五条　条例第五条第一項第二号の公安委員会規則で定める日は、別表第二の左〔上〕欄に掲げる日とし、同号の公安委員会規則で定める地域は、同表の中欄に掲げる習俗的行為等ごとに、同表の右〔下〕欄に掲げる地域とする。

（**モーテル営業の指定**）

第六条　条例第十一条のモーテル営業として公安委員会規則で定める営業は、政令第三条第一項第二号に規定する施設で同条第二項の構造を有する個室を設けるもののうち、当該個室に車庫が個々に接続するもので次のいずれかに該当する構造を設けて営む営業とする。

一　個室に接続する車庫の出入口が扉等によって遮へいできるもの

二　車庫の内部から個室に通ずる専用の人の出入口又は階段若しくは昇降機が設けられているもの

三　個室と車庫とが専用の通路によって接続しているものにあっては、当該通路の内部が外部から見えないもの

（**特定遊興飲食店営業所への年少者の立入禁止の表示**）

第七条　条例第二十八条の規定による表示は、同条の規定により表示すべき事項に係る文言を表示した書面その他の物を公衆に見やすいように掲げることにより行うものとする。

（**深夜における酒類提供飲食店営業の禁止地域の特例**）

第八条　第三条第一項第一号の規定は、条例第三十条の公安委員会規則で定める地域について準用する。

附　則〔略〕

別表第一（第三条関係）

市町村名	地域
宮崎市	青島一丁目　青島二丁目　青島三丁目　大字加江田のうち片ノ田　岩山　曽山寺　小園　園　峰崎及び松添　大字折生迫のうち上白浜　下白浜　黒石　坂元　五丁坂及び戸崎
串間市	大字大納のうち御崎
えびの市	大字向江のうち仲町　昭和通　公園通　柳町　本町　川端及び籠田　大字岡松のうち岡松　大字水流のうち古川及び本町　大字昌明寺のうち湯の元　湯田及び玉山　大字末永
日向市	大字日知屋のうち赤子辺及び伊勢道
椎葉村	大字下福良のうち上椎葉　下椎葉及び上福良
延岡市	須美江町　熊野江町　島浦町　北浦町古江
高千穂町	大字三田井のうち宮の前　吾平原　宮尾野　尾迫原　粟毛　城の平　長崎　狭山　上原　寺迫　神殿　簗崎　田口野及び御塩井　大字押方のうち南平　大字向山のうち竹の迫及び膝付

別表第二（第五条関係）

特別日	習俗的行事等	地域
「習俗的行事等」の欄に掲げる行事等が開催される日（初日を除く。）及びその翌日。ただし、行事等が開催される日が一日の場合にあっては、当該日の翌日	まつり　えれこっちゃみやざき みやざき納涼花火大会 宮崎神武大祭	宮崎市全域（田野町、佐土原町、高岡町及び清武町を除く。）
	油津港まつり 飫肥城下まつり	日南市全域（北郷町及び南郷町を除く。）
	盆地まつり 都城秋まつり	都城市全域（山之口町、高城町、山田町及び高崎町を除く。）
	こばやし名水まつり こばやし秋まつり	小林市全域（須木及び野尻町を除く。）
	京町二日市まつり	えびの市全域
	西都夏まつり	西都市全域
	高鍋城灯籠まつり	高鍋町全域
	日向ひょっとこ祭り 十五夜祭り	日向市全域（東郷町を除く。）
	延岡今山大師祭 まつりのべおか	延岡市全域（北方町、北川町及び北浦町を除く。）
公安委員会が告示で指定した日	公安委員会が告示で指定した行事	公安委員会が告示で指定した地域

鹿児島県

○風俗営業等の規制及び業務の適正化等に関する法律施行条例

（昭和五九・一二・二七 鹿児島県条例五〇）

最終改正 平成二七・一二・二五 条例五七

（趣旨）

第一条 この条例は、風俗営業等の規制及び業務の適正化等に関する法律（昭和二十三年法律第百二十二号。以下「法」という。）の施行に関し必要な事項を定めるものとする。

第二条 削除

（風俗営業の許可に係る営業制限地域）

第三条 法第四条第二項第二号の規定により定める地域は、次の各号のいずれかに該当する地域とする。

一 都市計画法（昭和四十三年法律第百号）第八条第一項第一号に規定する第一種低層住居専用地域、第二種低層住居専用地域、第一種中高層住居専用地域、第二種中高層住居専用地域、第一種住居地域、第二種住居地域及び準住居地域のうち、住居が多数集合しており、住居以外の用途に供される土地が少ない地域として鹿児島県公安委員会（以下「公安委員会」という。）が告示した地域

二 都市計画法による用途地域の指定のない地域にあつては、前号の地域に相当する地域として公安委員会が告示した地域

三 前二号の地域以外の地域のうち、次に掲げる施設の敷地（これらの用に供するものと決定した土地を含む。）の周囲百メートル（当該施設の敷地が都市計画法第八条第一項第一号に規定する商業地域（以下「商業地域」という。）内にある場合にあつては、五十メートル）以内の地域（公安委員会が、良好な風俗環境を保全するために支障がないと認めて告示した地域を除く。）

ア 学校教育法（昭和二十二年法律第二十六号）第一条に規定する学校（大学を除く。）

イ 図書館法（昭和二十五年法律第百十八号）第二条第一項に規定する図書館

ウ 児童福祉法（昭和二十二年法律第百六十四号）第七条第一項に規定する保育所

エ 就学前の子どもに関する教育、保育等の総合的な提供の推進に関する法律（平成十八年法律第七十七号）第二条第七項に規定する幼保連携型認定こども園

四 第一号及び第二号の地域以外の地域のうち、医療法（昭和二十三年法律第二百五号）第一条の五第一項に規定する病院（以下「病院」という。）又は同条第二項に規定する診療所（十九人の患者を入院させるための施設を有するものに限る。以下この号において「診療所」という。）の敷地（これらの用に供するものと決定した土地を含む。以下この号において同じ。）の周囲の地域で、次に掲げるもの（公安委員会が、良好な風俗環境を保全するために支障がないと認めて告示したものを除く。）

ア 商業地域内にある病院又は診療所（鹿児島市の区域内にあつては、第四条の二の規定により公安委員会が告示した地域内にあるものを除く。）の敷地の周囲三十メートル以内の地域

イ 商業地域以外の地域内にある病院又は診療所の敷地の周囲五十メートル以内の地域

2 前項の規定は、次に掲げる風俗営業に係る営業所については、適用しない。

一 祭礼、縁日その他の地域的な行事の期間中その地域において営まれる風俗営業

二 車その他の乗り物を利用して、営業の場所が常態として移動する風俗営業

（風俗営業の営業時間の特例）

第四条 法第十三条第一項第一号の規定により習俗的行事その他の特別な事情のある日として定める日は次の各号に掲げる日とし、同項第一号の規定により当該事情のある地域として定める地域はそれぞれ当該各号に定める地域とする。

一 八月十一日から八月二十日までの日及び十二月一日から翌年の一月十日

までの日　県内全域

二　前号に掲げるもののほか、公安委員会が告示した日　公安委員会が告示した地域及びその他の地域であつて次条第一項に定める地域

2　前項各号に掲げる日及び地域につき法第十三条第一項ただし書の規定により定める時は、午前一時とする。

（風俗営業の営業延長許容地域）

第四条の二　前条第一項各号に掲げる日以外の日において、法第二条第一項第四号の営業（まあじやん屋に限る。）、同項第五号の営業及び接待飲食等営業につき法第十三条第一項第二号の規定により午前零時以後において風俗営業を営むことが許容される特別な事情のある地域として定める地域は、鹿児島市、薩摩川内市、鹿屋市及び奄美市の区域内の商業地域のうち、公安委員会が告示した地域とする。

2　前項に定める地域につき法第十三条第一項ただし書の規定により定める時は、午前一時とする。

（風俗営業の営業時間の制限）

第五条　ぱちんこ屋等（法第四条第四項に規定する営業をいう。第八条第一項において同じ。）を営む風俗営業者は、県内全域において、午前六時後午前十時までの時間及び午後十一時から翌日の午前零時前（当該翌日が第四条第一項各号のいずれかに該当する場合における習俗的行事その他の特別な事情のある地域にあつては、午前一時まで）の時間においては、その営業を営んではならない。

（騒音及び振動の規制）

第六条　法第十五条（法第三十二条第二項において準用する場合を含む。次項において同じ。）の規定により定める騒音に係る数値は、別表第一の左〔上〕欄に掲げる地域ごとに、同表の右〔下〕欄に掲げる時間の区分に応じ、それぞれ同欄に定めるとおりとする。

2　法第十五条の規定により定める振動に係る数値は、五十五デシベルとする。

（風俗営業者の遵守事項）

第七条　風俗営業者は、次に掲げる事項を遵守しなければならない。

一　営業所で卑わいな行為その他善良の風俗を害する行為をし、又は人にこれらの行為をさせないこと。

二　営業用家屋等（風俗営業の用に供する家屋又は施設をいう。第四号において同じ。）で、店舗型性風俗特殊営業若しくは店舗型電話異性紹介営業を営み、又は人にこれらの営業を営ませないこと。

三　客の求めない飲食物を提供し、又は従業者にこれを提供させないこと。

四　営業用家屋等（旅館業法（昭和二十三年法律第百三十八号）第二条第一項に規定する旅館業の施設と兼用しているものを除く。）に、客を就寝させ、又は宿泊させないこと。

五　営業中に営業所に、施錠をし、又は人にこれをさせないこと。

（風俗営業者の区分ごとの特別遵守事項）

第八条　ぱちんこ屋等を営む風俗営業者は、前条の規定によるほか、次に掲げる事項を遵守しなければならない。

一　営業所で客に飲酒をさせないこと。

二　営業所で賭博類似行為その他著しく射幸心をそそるおそれのある行為をし、又は人にこれらの行為をさせないこと。

三　誇大広告その他著しく射幸心をそそるおそれのある方法で営業しないこと。

四　客に提供した賞品を人に買い取らせないこと。

2　前項第二号及び第三号の規定は、法第二条第一項第四号の営業（まあじやん屋に限る。）又は同項第五号の営業を営む風俗営業者について準用する。

（ゲームセンター等への年少者の立入りの制限）

第九条　法第二条第一項第五号の営業を営む風俗営業者は、午後六時以後午後十時前の時間において、十六歳未満の者を営業所に客として立ち入らせるときは保護者（親権者、未成年後見人、寄宿舎の管理人その他少年を現に保護監督する者をいう。第十七条において同じ。）の同伴を求めなければならない。

（店舗型性風俗特殊営業等の禁止区域の基準となる施設）

第十条　法第二十八条第一項（法第三十一条の三第二項の規定により適用する場合及び法第三十一条の十三第一項において準用する場合を含む。）の規定により定める施設は、次に掲げるものとする。

一　病院又は医療法第一条の五第二項に規定する診療所

二　社会教育法（昭和二十四年法律第二百七号）第二十条に規定する公民館

三　地方公共団体が設置し、又は管理するスポーツ施設

四　都市公園法（昭和三十一年法律第七十九号）第二条第一項に規定する都市公園

（店舗型性風俗特殊営業等の禁止地域）

第十一条　店舗型性風俗特殊営業、受付所営業（法第三十一条の二第四項に規定する受付所営業をいう。以下同じ。）及び店舗型電話異性紹介営業は、別表第二の左〔上〕欄に掲げる営業の種別ごとに、それぞれ同表の右〔下〕欄に掲げる地域においては、これを営んではならない。

（店舗型性風俗特殊営業等の営業時間の制限）

第十二条　店舗型性風俗特殊営業（法第二条第六項第四号の営業その他法第二十八条第四項の国家公安委員会規則で定める店舗型性風俗特殊営業を除く。）、受付所営業及び店舗型電話異性紹介営業は、深夜（午前零時から午前六時までの時間をいう。以下同じ。）においては、これを営んではならない。

（性風俗関連特殊営業の広告制限地域）

第十三条　法第二十八条第五項第一号ロ（法第三十一条の三第一項、法第三十一条の八第一項、法第三十一条の十三第一項又は法第三十一条の十八第一項において準用する場合を含む。）の規定により定める地域は、店舗型性風俗特殊営業及び店舗型電話異性紹介営業の場合にあつては別表第二の左〔上〕欄に掲げる営業の種別に応じそれぞれ同表の右〔下〕欄に定める地域とし、無店舗型性風俗特殊営業、映像送信型性風俗特殊営業及び無店舗型電話異性紹介営業の場合にあつては別表第三の左〔上〕欄に掲げる営業の種別に応じそれぞれ同表の右〔下〕欄に定める地域とする。

（特定遊興飲食店営業の許可に係る営業所設置許容地域）

第十四条　法第三十一条の二十三において準用する法第四条第二項第二号の規定により定める地域は、次の各号のいずれにも該当する地域とする。

一　第四条の二第一項に定める地域

二　病院、医療法第一条の五第二項に規定する診療所（患者を入院させるための施設を有するものに限る。）又は児童福祉法第七条第一項に規定する児童福祉施設（深夜における入所又は入院をさせる施設に限る。）の敷地（これらの用に供するものと決定した土地を含む。）の周囲五十メートル（当該施設の敷地が商業地域内にある場合にあつては、三十メートル）の区域内の地域を除く地域

（特定遊興飲食店営業の営業時間の制限）

第十五条　特定遊興飲食店営業者は、県内全域において、午前五時から午前六時までの時間においては、その営業を営んではならない。

（特定遊興飲食店営業に係る深夜における騒音及び振動の規制）

第十六条　法第三十一条の二十三において準用する法第十五条の規定により定める深夜における騒音に係る数値は、別表第一の左〔上〕欄に掲げる地域ごとに、それぞれ同表の右〔下〕欄（深夜の区分に限る。）に定めるとおりとする。

2　法第三十一条の二十三において準用する法第十五条の規定により定める深夜における振動に係る数値は、五十五デシベルとする。

（特定遊興飲食店営業者の遵守事項）

第十七条　特定遊興飲食店営業者は、次に掲げる事項を遵守しなければならない。

一　第七条各号に掲げる事項

二　第八条第一項第二号及び第三号に掲げる事項

三　午後六時以後午後十時前の時間において、十八歳未満の者を営業所に客として立ち入らせるときは保護者の同伴を求めること。

（深夜における酒類提供飲食店営業の禁止地域）

第十八条　酒類提供飲食店営業は、第三条第一項第一号及び第二号に定める地域においては、深夜にこれを営んではならない。

（風俗環境保全協議会の設置地域）

第十九条　法第三十八条の四第一項の規定により定める地域は、次に掲げる地域とする。

一　第四条の二第一項に定める地域

二　前号に掲げる地域のほか、特に良好な風俗環境の保全を図る必要がある地域として公安委員会が告示した地域

（公安委員会規則への委任）

第二十条　この条例に定めるもののほか、この条例の施行に関し必要な事項は、公安委員会規則で定める。

附　則〔略〕

別表第一（第六条、第十六条関係）

地域	数値			
	昼間	夜間		深夜
	午前六時から午後六時まで	午後六時から午後十時まで	午後十時から午前零時まで	午前零時から午前六時まで
1　第一種低層住居専用地域及び第二種低層住居専用地域	五十デシベル	四十五デシベル	四十デシベル	四十デシベル
2　第一種中高層住居専用地域、第二種中高層住居専用地域、第一種住居地域、第二種住居地域及び準住居地域	五十デシベル	四十五デシベル	四十五デシベル	四十五デシベル
3　近隣商業地域、商業地域及び準工業地域	六十デシベル	五十五デシベル	五十デシベル	五十デシベル
4　工業地域及び工業専用地域	六十五デシベル	六十デシベル	五十五デシベル	五十五デシベル
5　1から4までに掲げる地域以外の地域	五十五デシベル	五十デシベル	四十五デシベル	四十五デシベル

備考
　「第一種低層住居専用地域」、「第二種低層住居専用地域」、「第一種中高層住居専用地域」、「第二種中高層住居専用地域」、「第一種住居地域」、「第二種住居地域」、「準住居地域」、「近隣商業地域」、「商業地域」、「準工業地域」、「工業地域」及び「工業専用地域」とは、それぞれ都市計画法第八条第一項第一号に規定する第一種低層住居専用地域、第二種低層住居専用地域、第一種中高層住居専用地域、第二種中高層住居専用地域、第一種住居地域、第二種住居地域、準住居地域、近隣商業地域、商業地域、準工業地域、工業地域及び工業専用地域をいう。

別表第二（第十一条、第十三条関係）

営業の種別		地域
法第二条第六項第一号の営業		鹿児島市甲突町八番の地域以外の地域
法第二条第六項第二号の営業及び受付所営業		県内全域
法第二条第六項第三号の営業		鹿児島市山之口町の地域、指宿市湯の浜五丁目の地域及び霧島市丸尾交差点の周囲百メートル以内の地域以外の地域
法第二条第六項第四号の営業	モーテル営業	県内全域
	モーテル営業以外の営業	商業地域以外の地域
法第二条第六項第五号の営業		商業地域以外の地域
法第二条第六項第六号の営業		県内全域
法第二条第九項の営業		商業地域以外の地域

備考
　この表において「モーテル営業」とは、個室に自動車の車庫（二以上の側壁（カーテン、ついたて等を含む。）及び屋根を有するものに限る。以下同じ。）が個々に接続する施設であつて、次のいずれかに該当する構造設備を有するものを設け、当該施設を異性を同伴する客の宿泊（休憩を含む。）に利用させる営業をいう。
1　個室に接続する車庫の出入口が扉等によつて遮へいできるもの
2　車庫の内部から個室に通じる専用の人の出入口又は階段若しくは昇降機が設けられているもの
3　個室と車庫とが専用の通路によつて接続しているものにあつては、当該通路の内部が外部から見えないもの

別表第三（第十三条関係）

営業の種別	地域
法第二条第七項第一号の営業	県内全域
法第二条第七項第二号の営業	商業地域以外の地域
法第二条第八項の営業	商業地域以外の地域
法第二条第十項の営業	商業地域以外の地域

○風俗営業制限地域の指定（平成一一・三・一六 鹿児島県公安委員会告示一〇）

最終改正　平成二九・三・一〇　告示二八

風俗営業等の規制及び業務の適正化等に関する法律施行条例（昭和五十九年鹿児島県条例第五十号）第三条第一項第一号及び第二号の規定により、風俗営業の許可に係る営業制限地域（以下「風俗営業制限地域」という。）を次のとおり指定し、平成十一年四月一日から施行する。

なお、平成九年二月二十六日鹿児島県公安委員会告示第四号（風俗営業制限地域及びダンス教授所等許容地域の指定）は、平成十一年三月三十一日限り廃止する。

風俗営業制限地域は、次の表の左〔上〕欄に掲げる警察署の管轄区域のうち、同表の中欄に掲げる地域であって、同表の右〔下〕欄に掲げる図面の第一種低層住居専用地域、第二種低層住居専用地域、第一種中高層住居専用地域、第二種中高層住居専用地域、第一種住居地域、第二種住居地域若しくは準住居地域又は用途地域の指定のない地域のうち、同表に表示した区域とする。

左〔上〕欄	中欄	右〔下〕欄
鹿児島中央警察署	鹿児島市西坂元町、東坂元一丁目、東坂元二丁目、東坂元三丁目、東坂元四丁目、大明丘一丁目、大明丘二丁目、大明丘三丁目、吉野一丁目、吉野二丁目、鼓川町、池之上町、稲荷町、冷水町、長田町及び三和町の全部並びに城山町、吉野町、川上町、下田町、坂元町、清水町、春日町、柳町、下竜尾町、上竜尾町、大竜町、上本町、小川町、山下町、平之町、照国町、新照院町、上之園町、高麗町、上荒田町、荒田一丁目、荒田二丁目、与次郎一丁目、与次郎二丁目、下荒田一丁目、下荒田二丁目、下荒田三丁目、下荒田四丁目、鴨池新町、鴨池一丁目、鴨池二丁目、郡元一丁目、郡元二丁目、郡元三丁	図面一

	目、真砂町、真砂本町及び天保山町の各一部	
	鹿児島市牟礼岡一丁目、牟礼岡二丁目及び牟礼岡三丁目の全部並びに宮之浦町の一部	図面一の二
鹿児島西警察署	鹿児島市城山一丁目、城山二丁目、玉里町、下伊敷二丁目、玉里団地一丁目、玉里団地二丁目、玉里団地三丁目、若葉町、伊敷台二丁目、伊敷台三丁目、伊敷台四丁目、伊敷台五丁目、伊敷台六丁目、伊敷四丁目、伊敷六丁目、伊敷七丁目、千年一丁目、千年二丁目、西伊敷一丁目、西伊敷二丁目、西伊敷三丁目、西伊敷四丁目、西伊敷五丁目、西伊敷六丁目、西伊敷七丁目、花野光ヶ丘一丁目、花野光ヶ丘二丁目、緑ヶ丘町、永吉一丁目、永吉二丁目、永吉三丁目、鷹師一丁目、原良町、原良一丁目、原良二丁目、原良三丁目、原良四丁目、原良五丁目、原良六丁目、原良七丁目、明和一丁目、明和二丁目、明和三丁目、明和四丁目、明和五丁目、武岡一丁目、武岡二丁目、武岡三丁目、武岡四丁目、武岡五丁目、武岡六丁目、小野一丁目、小野二丁目、小野三丁目、小野四丁目、常盤町、常盤一丁目、常盤二丁目、田上四丁目、田上五丁目、田上六丁目、田上七丁目、広木三丁目、田上台一丁目、田上台二丁目、田上台三丁目、田上台四丁目、西陵一丁目、西陵二丁目、西陵三丁目、西陵四丁目、西陵五丁目、西陵六丁目、西陵七丁目、西陵八丁目、唐湊一丁目及び唐湊二丁目の全部並びに川上町、下田町、新照院町、草牟田町、草牟田一丁目、草牟田二丁目、下伊敷一丁目、下伊敷三丁目、下伊敷町、伊敷台一丁目、伊敷台七丁目、伊敷町、伊敷一丁目、伊敷二丁目、伊敷三丁目、伊敷五丁目、伊敷八丁目、鷹師二丁目、薬師一丁目、薬師二丁目、城西一丁目、城西二丁目、城西三丁目、西田二丁目、西田三丁目、武一丁目、武二丁目、武三丁目、田上一丁目、田上二丁目、田上三丁目、田上八丁目、広木一丁目、広木二丁目、田上町、宇宿町及び西別府町の各一部	図面一
	鹿児島市宮之浦町、本名町、郡山町、東俣町、油須木町、上谷口町、福山町、春山町及び石谷町の各一部	図面一の二
鹿児島南警察署	鹿児島市南新町、紫原一丁目、西紫原町、魚見町、桜ヶ丘一丁目、桜ヶ丘二丁目、桜ヶ丘三丁目、桜ヶ丘四丁目、桜ヶ丘五丁目、桜ヶ丘六丁目、桜ヶ丘七丁目、桜ヶ丘八丁目、宇宿四丁目、宇宿五丁目、宇宿六丁目、宇宿七丁目、宇宿八丁目、宇宿九丁目、向陽一丁目、向陽二丁目、宇宿町、星ヶ峯一丁目、星ヶ峯二丁目、星ヶ峯三丁目、星ヶ峯四丁目、星ヶ峯五丁目、星ヶ峯六丁目、東谷山三丁目、東谷山五丁目、錦江台一丁目、錦江台二丁目、錦江台三丁目、自由ヶ丘一丁目、自由ヶ丘二丁目、希望ヶ丘町、清和一丁目、清和二丁目、清和三丁目、清和四丁目、皇徳寺台一丁目、皇徳寺台二丁目、皇徳寺台三丁目、皇徳寺台四丁目、皇徳寺台五丁目、谷山中央六丁目、谷山中央七丁目、慈眼寺町、坂之上二丁目、坂之上三丁目、坂之上四丁目、坂之上五丁目、坂之上六丁目、坂之上七丁目、坂之上八丁目、唐湊三丁目、唐湊四丁目、西谷山二丁目及び郡元町の全部並びに南郡元町、東郡元町、日之出町、紫原二丁目、紫原三丁目、紫原四丁目、紫原五丁目、紫原六丁目、紫原七丁目、宇宿一丁目、宇宿二丁目、宇宿三丁目、小松原一丁目、小松原二丁目、東谷山一丁目、東谷山二丁目、東谷山四丁目、東谷山六丁目、東谷山七丁目、谷山中央一丁目、谷山中央二丁目、谷山中央三丁目、谷山中央四丁目、谷山中央五丁目、谷山中央八丁目、西谷山一丁目、和田一丁目、和田二丁目、和田三丁目、上福元町、下福元町、坂之上一丁目、中山町及び山田町の各一部	図面一
指宿警察署	指宿市十町、十二町、東方、大牟礼二丁目、大牟礼三丁目、大牟礼四丁目、大牟礼五丁目、湊三丁目、湊四丁目、湯の浜一丁目、湯の浜二丁目、湯の浜三丁目、湯の浜四丁目及び湯の浜六丁目の各一部	図面二

	指宿市山川潮見町、山川新生町、山川山下町及び山川朝日町の全部並びに山川福元、山川金生町、山川新栄町及び山川入船町の各一部	図面二の二
南九州警察署	南九州市川辺町田部田、平山、野間及び両添の各一部	図面三
	南九州市知覧町郡の一部	図面三の二
	南九州市頴娃町牧之内及び郡の各一部	図面三の三
枕崎警察署	枕崎市日之出町、明和町、旭町、山手町及び大字枕崎の全部並びに新町、中町、宮前町、泉町、恵比須町、東本町、若葉町、宮田町、緑町、千代田町、住吉町、西本町、高見町、桜木町、平田町、中央町、立神北町、立神本町、大塚北町、塩屋北町、塩屋南町、岩崎町、栄中町、栄本町、木原町及び岩戸町の各一部	図面四
南さつま警察署	南さつま市加世田地頭所、加世田地頭所町、加世田村原二丁目、加世田村原三丁目、加世田村原四丁目、加世田村原五丁目、加世田武田、加世田麓町、加世田川畑、加世田白亀、加世田益山、加世田唐仁原、加世田小湊及び加世田高橋の各一部	図面五
日置警察署	日置市伊集院町妙円寺一丁目、伊集院町妙円寺二丁目及び伊集院町妙円寺三丁目の全部並びに伊集院町麦生田、伊集院町徳重、伊集院町徳重一丁目、伊集院町徳重二丁目、伊集院町徳重三丁目、伊集院町郡、伊集院町郡一丁目、伊集院町郡二丁目、伊集院町下谷口、伊集院町猪鹿倉、伊集院町猪鹿倉一丁目、伊集院町清藤、伊集院町大田及び伊集院町野田の各一部	図面六
	日置市東市来町湯田及び東市来町長里の各一部	図面六の二
いちき串木野警察署	いちき串木野市汐見町、京町、北浜町、本浜町、緑町、美住町、長崎町、塩屋町、中尾町及び西塩田町の全部並びに東塩田町、栄町、御倉町、昭和通、高見町、大原町、住吉町、春日町、桜町、曙町、旭町、西島平町、東島平町、元町、まぐろ本町、西浜町、港町、浦和町、新生町、小瀬町、日出町、恵比須町、照島、野元、浜ヶ城、ひばりが丘、平江、別府、羽島、愛木町、浜田町、口之町、袴田及び上名の各一部	図面七
	いちき串木野市湊町及び大里の各一部	図面七の二
薩摩川内警察署	薩摩川内市向田町、若葉町、花木町及び大王町の全部並びに横馬場町、白和町、中郷一丁目、中郷二丁目、中郷三丁目、中郷四丁目、中郷五丁目、原田町、東大小路、天辰町、平佐町、平佐一丁目、鳥追町、冷水町、隈之城町、若松町、西開聞町、中郷町、国分寺町、高城町、大小路町、御陵下町、宮内町、港町、宮崎町及び五代町の各一部	図面八
	薩摩川内市入来副田の一部	図面八の二
さつま警察署	さつま町旭町、虎居町、虎居、西新町、轟町、船木、宮之城屋地及び田原の一部	図面九
阿久根警察署	阿久根市塩鶴町二丁目及び塩浜町二丁目の全部並びに塩鶴町一丁目、塩浜町一丁目、新町、丸尾町、栄町、高松町、波留及び赤瀬川の各一部	図面十
出水警察署	出水市麓町、上鯖渕、昭和町、緑町、黄金町、本町、境町、向江町、西出水町、五万石町、米ノ津町及び下鯖町の各一部	図面十一
伊佐警察署	伊佐市大口里、大口大田及び大口鳥巣の各一部	図面十二
横川警察署	湧水町木場及び米永の一部	図面十三
姶良警察署	姶良市加治木町仮屋町の全部並びに港町、朝日町、新富町、本町、諏訪町、新生町、錦江町、木田、反土及び日木山の各一部	図面十四

	姶良市永池町、西姶良一丁目、西姶良二丁目、西姶良三丁目、西姶良四丁目、松原町一丁目、松原町二丁目及び松原町三丁目の全部並びに池島町、宮島町、西宮島町、東餅田、西餅田、脇元及び平松の各一部	図面十四の二
霧島警察署	霧島市国分松木町及び国分松木東の全部並びに国分中央一丁目、国分中央二丁目、国分中央四丁目、国分中央五丁目、国分中央六丁目、国分福島一丁目、国分福島二丁目、国分福島三丁目、国分野口町、国分野口、国分野口西、国分野口東、国分下井、国分清水一丁目、国分清水二丁目、国分清水三丁目、国分清水四丁目、国分重久、国分向花、国分向花町、国分上小川、国分姫城、国分姫城南、国分広瀬一丁目、国分広瀬二丁目、国分広瀬三丁目、国分広瀬四丁目、国分府中、国分府中町、国分城山町、国分名波町、国分湊、国分新町、国分新町一丁目、国分新町二丁目及び国分山下町の各一部	図面十五
	霧島市隼人町松永一丁目、隼人町松永二丁目、隼人町東郷一丁目、隼人町東郷、隼人町姫城二丁目、隼人町姫城三丁目、隼人町姫城、隼人町神宮一丁目、隼人町神宮二丁目、隼人町神宮三丁目、隼人町神宮四丁目、隼人町神宮五丁目、隼人町神宮六丁目、隼人町内、隼人町内山田一丁目、隼人町内山田二丁目、隼人町内山田三丁目、隼人町内山田四丁目、隼人町真孝、隼人町住吉、隼人町見次及び隼人町小田の各一部	図面十五の二
	霧島市溝辺町麓及び溝辺町崎森の各一部	図面十五の三
曽於警察署	曽於市大隅町中之内、大隅町岩川及び大隅町月野の各一部	図面十六
	曽於市末吉町二之方、末吉町新町一丁目、末吉町新町二丁目、末吉町本町一丁目、末吉町本町二丁目、末吉町栄町一丁目、末吉町栄町二丁目、末吉町南之郷及び末吉町諏訪方の各一部	図面十六の二
志布志警察署	志布志市志布志町志布志一丁目、志布志町志布志二丁目、志布志町志布志三丁目、志布志町志布志、志布志町帖及び志布志町安楽の各一部	図面十七
肝付警察署	肝付町新富及び前田の各一部	図面十八
鹿屋警察署	鹿屋市曽田町及び寿六丁目の全部並びに本町、朝日町、向江町、北田町、共栄町、新栄町、新生町、上谷町、西原一丁目、西原二丁目、西原三丁目、西原四丁目、今坂町、打馬一丁目、打馬二丁目、下祓川町、西祓川町、王子町、古前城町、寿一丁目、寿二丁目、寿三丁目、寿四丁目、寿五丁目、寿七丁目、寿八丁目、札元一丁目、笠之原町、新川町、白崎町、田崎町及び西大手町の各一部	図面十九
	鹿屋市吾平町麓及び吾平町上名の各一部	図面十九の二
	垂水市市木、田神、本城、松原町、中央町、上町、錦江町、下宮町、旭町及び南松原町の各一部	図面十九の三
錦江警察署	錦江町城元及び馬場の各一部	図面二十
種子島警察署	西之表市桜が丘の全部並びに西之表、西町、東町及び鴨女町の各一部	図面二十一
	中種子町野間の一部	図面二十一の二
奄美警察署	奄美市名瀬佐大熊町、名瀬平松町、名瀬浜里町及び名瀬仲勝町の全部並びに名瀬長浜町、名瀬塩浜町、名瀬矢之脇町、名瀬入舟町、名瀬金久町、名瀬柳町、名瀬井根町、名瀬永田町、名瀬久里町、名瀬古田町、名瀬真名津町、名瀬平田町、名瀬小俣町、	図面二十二

	名瀬春日町、名瀬安勝町、名瀬石橋町、名瀬伊津部町、名瀬港町、名瀬小浜町、名瀬鳩浜町、名瀬朝日町、名瀬浦上町、名瀬有屋町、名瀬和光町、名瀬朝仁新町、名瀬朝仁町、名瀬大字大熊、名瀬大字浦上、名瀬大字小宿、名瀬大字朝仁、名瀬大字金久及び名瀬大字伊津部の各一部	
瀬戸内警察署	瀬戸内町古仁屋の一部	図面二十三
沖永良部警察署	和泊町和泊及び手々知名の各一部	図面二十四
	知名町知名及び瀬利覚の各一部	図面二十四の二

ただし、図面一から図面二十四の二までの図面は省略し、それぞれの警察署において縦覧に供する。

○風俗営業規制区域の適用除外地域の指定

（平成二〇・九・三〇　鹿児島県公安委員会告示八五九）

風俗営業等の規制及び業務の適正化等に関する法律施行条例（昭和五十九年鹿児島県条例第五十号）第三条第一項第三号及び第四号の規定により、良好な風俗環境を保全するために支障がないと認める地域（以下「適用除外地域」という。）を次のとおり指定し、平成二十年十一月一日から施行する。

なお、昭和六十三年二月二十四日鹿児島県公安委員会告示第四号（風俗営業規制区域の適用除外地域の指定）、平成元年一月二十日鹿児島県公安委員会告示第二号（風俗営業規制区域の適用除外地域の指定）、平成元年三月一日鹿児島県公安委員会告示第五号（風俗営業規制区域の適用除外地域の指定）、平成二年二月十四日鹿児島県公安委員会告示第五号（風俗営業規制区域の適用除外地域の指定）、平成二年二月十四日鹿児島県公安委員会告示第六号（風俗営業規制区域の適用除外地域の指定）、平成二年十月二十四日鹿児島県公安委員会告示第三十四号（風俗営業規制区域の適用除外地域の指定）及び平成五年十二月十五日鹿児島県公安委員会告示第二十六号（風俗営業規制区域の適用除外地域の指定）は、平成二十年十月三十一日限り廃止する。

適用除外地域は、風俗営業等の規制及び業務の適正化等に関する法律（昭和二十三年法律第百二十二号）第二条第一項各号（第七号のぱちんこ屋を除く。）に規定する風俗営業にあっては、次の表の左〔上〕欄に掲げる警察署の管轄区域のうち、同表の中欄に掲げる地域であって、同表の右〔下〕欄に掲げる図面に黄色で着色した部分の区域とする。

左〔上〕欄	中欄	右〔下〕欄
薩摩川内警察署	薩摩川内市東開聞町の一部	図面一
阿久根警察	阿久根市大丸町の一部	図面二

署		
伊佐警察署	伊佐市大口里の一部	図面三
横川警察署	霧島市牧園町高千穂の一部	図面四
瀬戸内警察署	大島郡瀬戸内町古仁屋の一部	図面五

ただし、図面一から図面五までの図面は省略し、それぞれの警察署において縦覧に供する。

○風俗営業に係る営業延長許容地域の指定

（平成一一・三・二六　鹿児島県公安委員会告示一一）

最終改正　平成二八・三・二五　公安委員会告示三五

風俗営業等の規制及び業務の適正化等に関する法律施行条例（昭和五十九年鹿児島県条例第五十号）第四条の二第一項の規定により、午前零時以後において風俗営業を営むことが許容される特別な事情のある地域（以下「営業延長許容地域」という。）を次のとおり指定し、平成十一年四月一日から施行する。

営業延長許容地域は、次の表の左〔上〕欄に掲げる警察署の管轄区域のうち、同表の中欄に掲げる地域であって、同表の右〔下〕欄に掲げる図面に緑色で表示した部分の地域とする。

左〔上〕欄	中　　　　　欄	右〔下〕欄
鹿児島中央警察署	鹿児島市千日町及び山之口町の全部並びに呉服町、船津町、東千石町、樋之口町、中町及び西千石町の各一部	図面一
薩摩川内警察署	川内市西向田町の全部並びに神田町、東開聞町、東向田町、鳥追町及び向田本町の各一部	図面二
鹿屋警察署	鹿屋市西大手町、朝日町、大手町、北田町、古前城町、本町及び向江町の各一部	図面三
奄美警察署	奄美市名瀬入舟町、名瀬金久町、名瀬幸町、名瀬港町及び名瀬柳町の各一部	図面四

ただし、図面一から図面四までの図面は省略し、それぞれの警察署において縦覧に供する。

○沖縄県風俗営業等の規制及び業務の適正化等に関する法律施行条例

（昭和五九・一二・二四
沖縄県条例三八）

最終改正　平成二七・一二・二五　条例六四

（趣旨）

第一条　この条例は、風俗営業等の規制及び業務の適正化等に関する法律（昭和二十三年法律第百二十二号。以下「法」という。）の施行に関し、必要な事項を定めるものとする。

（用語の意義）

第二条　この条例において使用する用語は、法において使用する用語の例による。

2　この条例において、次の各号に掲げる用語の意義は、それぞれ当該各号に定めるところによる。

一　第一種地域　都市計画法（昭和四十三年法律第百号）第八条第一項第一号に掲げる第一種低層住居専用地域、第二種低層住居専用地域、第一種中高層住居専用地域及び第二種中高層住居専用地域をいう。

二　第二種地域　都市計画法第八条第一項第一号に掲げる第一種住居地域、第二種住居地域及び準住居地域（以下「住居地域」という。）のうち、良好な風俗環境を保全するため必要があるものとして、公安委員会規則で定める地域をいう。

三　第三種地域　住居地域のうち、深夜において善良の風俗若しくは清浄な風俗環境を害する行為又は少年の健全な育成に障害を及ぼす行為を防止するため必要があるものとして、公安委員会規則で定める地域をいう。

四　第四種地域　都市計画法第八条第一項第一号に掲げる近隣商業地域をいう。

五　第五種地域　都市計画法第八条第一項第一号に掲げる商業地域をいう。

六　第六種地域　都市計画法第八条第一項第一号に掲げる準工業地域、工業地域及び工業専用地域をいう。

七　第七種地域　都市計画法第八条第一項第一号に掲げる用途地域でない地域をいう。

（風俗営業の制限地域）

第三条　法第四条第二項第二号の条例で定める営業所の設置を制限する地域は、次の各号のいずれかに該当する地域とする。

一　第一種地域及び第二種地域

二　第五種地域のうち、学校（学校教育法（昭和二十二年法律第二十六号）第一条に規定するものをいう。）、図書館（図書館法（昭和二十五年法律第百十八号）第二条第一項に規定するものをいう。）、児童福祉施設（児童福祉法（昭和二十二年法律第百六十四号）第七条第一項に規定するものをいう。以下同じ。）、病院（医療法（昭和二十三年法律第二百五号）第一条の五第一項に規定するものをいう。以下同じ。）又は診療所（医療法第一条の五第二項に規定する診療所で、患者を入院させるための施設を有するものをいう。以下同じ。）（以下「保全対象施設」という。）の敷地（これらの用に供するものと決定した土地を含む。）の周囲五十メートルの区域内の地域

三　第一種地域、第二種地域及び第五種地域以外の地域のうち、保全対象施設の敷地の周囲百メートル（保全対象施設の敷地が第五種地域にある場合は、五十メートル）の区域内の地域

2　前項の規定は、移動風俗営業（営業を行う場所が常態として移動する風俗営業をいう。）については、適用しない。

（風俗営業の営業時間の特例）

第四条　法第十三条第一項第一号の条例で定める習俗的行事その他の特別な事情のある日として条例で定める日は次の各号に掲げる日とし、当該特別な事情のある日に係る同号の条例で定める地域はそれぞれ当該各号に定める地域とする。

一　旧盆（旧暦七月十四日から同月十六日までの日）　沖縄県の全域

二　年末・年始（十二月二十一日から翌年一月三日までの日）　沖縄県の全域

三　その他公安委員会が定める日　公安委員会が指定する地域

２　法第十三条第一項第二号の午前零時以後において風俗営業を営むことが許容される特別な事情のある地域は、次に掲げる地域とする。
一　那覇市松山一丁目一番から五番まで、松山一丁目十三番及び松山一丁目十四番並びに松山二丁目一番から十二番まで
二　沖縄市上地一丁目一番から三番まで及び上地一丁目九番から十六番まで並びに上地二丁目一番、上地二丁目二番及び上地二丁目八番から十番まで
３　第一項各号に掲げる日に係る当該各号で定める地域及び前項各号に掲げる地域につき法第十三条第一項ただし書の条例で定める時は、午前一時とする。

（風俗営業の騒音及び振動の数値）

第五条　法第十五条の条例で定める騒音に係る数値は、別表第一の左（上）欄に掲げる地域ごとに、同表右（下）欄に掲げる時間の区分に応じ、それぞれ同欄に定める数値とする。
２　法第十五条の条例で定める振動に係る数値は、五十五デシベルとする。

（風俗営業者の遵守事項）

第六条　風俗営業者は、その営業に関し、次に掲げる事項を遵守しなければならない。
一　営業所において、卑わいな行為その他善良の風俗を害する行為をしないこと又はこれらの行為をさせないこと。
二　営業の用に供する家屋又は施設（旅館業法（昭和二十三年法律第百三十八号）第二条に規定する旅館業に係るものを除く。）において、客を就寝又は宿泊させないこと。
三　客の求めない飲食物を提供しないこと又は提供させないこと。
四　営業の用に供する家屋又は施設において、店舗型性風俗特殊営業を営まないこと又は営ませないこと。
五　営業中において、営業所入口に施錠をしないこと又は施錠をさせないこと。
２　法第二条第一項第四号の営業を営む風俗営業者は、その営業に関し、前項の規定によるほか、次の各号（まあじやん屋を営む者にあつては、第一号及び第二号）に掲げる事項を遵守しなければならない。
一　営業所において、賭博類似行為その他著しく射幸心をそそるおそれのある行為をしないこと又はこれらの行為をさせないこと。
二　営業所において、著しく射幸心をそそるおそれのある方法で営業しないこと。
三　客に提供した賞品を買い取らせないこと。
四　営業所において、客に飲酒させないこと。

（ゲームセンター等への年少者の立入制限）

第七条　法第二条第一項第五号の営業を営む風俗営業者は、午後八時後午後十時前の時間において十八歳未満の者を営業所に客として立ち入らせてはならない。

（店舗型性風俗特殊営業の距離制限の基準となる施設）

第八条　法第二十八条第一項の条例で定める施設は、病院、診療所、公民館（社会教育法（昭和二十四年法律第二百七号）第二十一条の規定により設置されたものをいう。）及び博物館（博物館法（昭和二十六年法律第二百八十五号）第二条第一項に規定するものをいう。）とする。

（店舗型性風俗特殊営業の禁止地域）

第九条　次の各号に掲げる店舗型性風俗特殊営業は、それぞれ当該各号に掲げる地域においては、これを営んではならない。
一　法第二条第六項第一号の営業　別表第二に掲げる地域
二　法第二条第六項第二号の営業　別表第三に掲げる地域
三　法第二条第六項第三号の営業　第五種地域以外の地域
四　法第二条第六項第四号の営業のうち、風俗営業等の規制及び業務の適正化等に関する法律施行令（昭和五十九年政令第三百十九号）第三条第一項第二号に掲げる施設であつて同条第二項の構造を有するものを設け、当該施設を宿泊に利用させる営業　別表第三に掲げる地域
五　法第二条第六項第四号の営業のうち、前号に定める営業以外の営業　第五種地域以外の地域
六　法第二条第六項第五号の営業　第四種地域及び第五種地域以外の地域
七　法第二条第六項第六号の営業　別表第三に掲げる地域

（店舗型性風俗特殊営業の営業時間の制限）

第十条　次の各号に掲げる店舗型性風俗特殊営業は、それぞれ当該各号に掲げる時間においては、これを営んではならない。

一　法第二条第六項第一号及び第五号の営業　午前一時から午前六時までの時間
二　法第二条第六項第三号及び第六号の営業　午前零時から午前六時までの時間

（店舗型性風俗特殊営業の広告及び宣伝の制限地域）

第十一条　法第二十八条第五項第一号ロの広告又は宣伝を制限すべき地域として条例で定める地域は、第九条各号に掲げる営業の区分に応じ、それぞれ当該各号に掲げる地域とする。

（無店舗型性風俗特殊営業の広告及び宣伝の制限地域）

第十二条　法第三十一条の三第一項において準用する法第二十八条第五項第一号ロの広告又は宣伝を制限すべき地域として条例で定める地域は、次の各号に掲げる無店舗型性風俗特殊営業の種別に応じ、それぞれ当該各号に掲げる地域とする。
一　法第二条第七項第一号の営業　別表第三に掲げる地域
二　法第二条第七項第二号の営業　第四種地域及び第五種地域以外の地域

（受付所営業の距離制限の基準となる施設）

第十三条　法第三十一条の三第二項において適用する法第二十八条第一項の条例で定める施設は、第八条に定める施設とする。

（受付所営業の禁止地域）

第十四条　受付所営業は、別表第三に掲げる地域においては、これを営んではならない。

（受付所営業の営業時間の制限）

第十五条　受付所営業は、午前零時から午前六時までの時間においては、これを営んではならない。

（映像送信型性風俗特殊営業の広告及び宣伝の制限地域）

第十六条　法第三十一条の八第一項において準用する法第二十八条第五項第一号ロの広告又は宣伝を制限すべき地域として条例で定める地域は、第四種地域及び第五種地域以外の地域とする。

（店舗型電話異性紹介営業の距離制限の基準となる施設）

第十七条　法第三十一条の十三第一項において準用する法第二十八条第一項の条例で定める施設は、第八条に定める施設とする。

（店舗型電話異性紹介営業の禁止地域）

第十八条　店舗型電話異性紹介営業は、別表第三に掲げる地域においては、これを営んではならない。

（店舗型電話異性紹介営業の営業時間の制限）

第十九条　店舗型電話異性紹介営業は、午前零時から午前六時までの時間においては、これを営んではならない。

（店舗型電話異性紹介営業の広告及び宣伝の制限地域）

第二十条　法第三十一条の十三第一項において準用する法第二十八条第五項第一号ロの広告又は宣伝を制限すべき地域として条例で定める地域は、別表第三に掲げる地域とする。

（無店舗型電話異性紹介営業の広告及び宣伝の制限地域）

第二十一条　法第三十一条の十八第一項において準用する法第二十八条第五項第一号ロの広告又は宣伝を制限すべき地域として条例で定める地域は、別表第三に掲げる地域とする。

（特定遊興飲食店営業の営業所設置許容地域）

第二十二条　法第三十一条の二十三において準用する法第四条第二項第二号の条例で定める地域は、次の各号のいずれにも該当する地域とする。
一　第四条第二項各号に掲げる地域
二　児童福祉施設（児童発達支援センターを除く。）、病院及び診療所の敷地（これらの用に供するものと決定した土地を含む。）の周囲五十メートルの区域以外の地域

（特定遊興飲食店営業の営業時間の制限）

第二十三条　特定遊興飲食店営業者は、沖縄県の全域において、午前五時から午前六時までの時間においては、これを営んではならない。

（特定遊興飲食店営業の深夜における騒音及び振動の数値）

第二十四条　法第三十一条の二十三において準用する法第十五条の条例で定める騒音に係る数値は、別表第一の左〔上〕欄に掲げる地域ごとに、それぞれ同表右〔下〕欄に定める深夜に係る数値とする。
2　法第三十一条の二十三において準用する法第十五条の条例で定める振動に係る数値は、五十五デシベルとする。

（特定遊興飲食店営業者の遵守事項）

第二十五条　特定遊興飲食店営業者は、その営業に関し、次に掲げる事項を遵守しなければならない。

一　第六条第一項第一号及び第三号から第五号まで並びに同条第二項第一号及び第二号に掲げる事項

二　午後六時後午後十時前の時間において十八歳未満の者を営業所に客として立ち入らせるときは保護者の同伴を求めること。

（深夜における飲食店営業の騒音及び振動の数値）

第二十六条　法第三十二条第二項において準用する法第十五条の条例で定める騒音に係る数値は、別表第一の左〔上〕欄に掲げる地域ごとに、それぞれ同表右〔下〕欄に定める深夜に係る数値とする。

2　法第三十二条第二項において準用する法第十五条の条例で定める振動に係る数値は、五十五デシベルとする。

（深夜における酒類提供飲食店営業の禁止地域）

第二十七条　酒類提供飲食店営業は、第一種地域及び第三種地域においては、深夜においてこれを営んではならない。

（風俗環境保全協議会を置く地域）

第二十八条　法第三十八条の四の条例で定める地域は、次に掲げる地域とする。

一　那覇市松山一丁目及び松山二丁目

二　沖縄市上地一丁目及び上地二丁目

（公安委員会規則への委任）

第二十九条　この条例の実施のための手続その他この条例の施行に関し必要な事項は、公安委員会規則で定める。

附　則〔略〕

別表第一（第五条、第二十四条、第二十六条関係）

地域	数値		
	昼間（午前六時後午後六時前）	夜間（午後六時から翌日の午前零時前）	深夜（午前零時から午前六時まで）
第一種地域	四十五デシベル	四十デシベル	四十デシベル
住居地域	五十デシベル	四十五デシベル	四十デシベル
第四種地域、第五種地域及び第六種地域	六十デシベル	五十五デシベル	五十デシベル
第七種地域	五十五デシベル	五十デシベル	四十五デシベル

別表第二（第九条関係）

区分	地域
市部	名護市　うるま市　沖縄市　宜野湾市　浦添市　那覇市（辻二丁目十番から二十二番まで、辻二丁目二十四番及び辻二丁目二十五番を除く。）　豊見城市　南城市　糸満市　宮古島市　石垣市
郡部	国頭郡　中頭郡　島尻郡　宮古郡　八重山郡

別表第三（第九条、第十二条、第十四条、第十八条、第二十条、第二十一条関係）

区分	地域
市部	名護市　うるま市　沖縄市　宜野湾市　浦添市　那覇市　豊見城市　南城市　糸満市　宮古島市　石垣市
郡部	国頭郡　中頭郡　島尻郡　宮古郡　八重山郡

○沖縄県風俗営業等の規制及び業務の適正化等に関する法律施行条例施行規則

（昭和六〇・二・一二
沖縄県公安委員会規則二）

最終改正　平成一七・一二・二七　公安委員会規則一五

（趣旨）

第一条　この規則は、沖縄県風俗営業等の規制及び業務の適正化等に関する法律施行条例（昭和五十九年沖縄県条例第三十八号。以下「条例」という。）の施行について必要な事項を定めるものとする。

（第二種地域の指定）

第二条　条例第二条第二項第二号の公安委員会規則で定める地域は、次の各号のいずれかに該当する地域とする。

一　道路法（昭和二十七年法律第百八十号）第三条に定める一般国道（以下「国道」という。）又は都道府県道（以下「県道」という。）の各一側端から二十五メートル以内の地域のうち、別表第一に掲げる地域

二　国道又は県道の各一側端から二十五メートルを超える地域（別表第二に掲げる地域を除く。）

（第三種地域の指定）

第三条　条例第二条第二項第三号の公安委員会規則で定める地域は、前条第二号に定める地域とする。

附　則〔略〕

別表第一（第二条関係）

区分	地域（道路）	地域（区間）
那覇市	県道二十八号線	首里山川町一丁目七一番から首里儀保町二丁目二三番まで
	県道二十九号線	首里石嶺町二丁目一四八番一から首里汀良町三丁目六番一まで
	県道四十号線	松川二丁目五番から山川町一丁目七〇番まで
	県道六十二号線	字小禄二〇一番から字宇栄原四四四番まで
	県道二百二十一号線	樋川一丁目二二番から樋川一丁目三八九番まで
	県道二百二十一号線	山下町一八九番一二から田原四丁目二番五まで
	県道二百二十一号線	宇栄原一丁目一二五八番六から宇栄原一丁目二五五番まで
	県道二百二十二号線	与儀一丁目五八五番から与儀一丁目一九九番一まで
	県道二百二十二号線	松尾二丁目二五番から松尾二丁目九五番二まで
糸満市	県道七十七号線	字糸満一九二三番二から字照屋八〇三番一まで
南城市	国道三百三十一号	佐敷字津波古一三五四番二から佐敷字津波古一〇三七番まで
	県道百三十八号線	佐敷字津波古四三一番から佐敷字津波古三七五番まで
沖縄市	県道二十号線	大里一丁目五九五番から大里一丁目七四八

		番まで
	県道二十三号線	胡屋四丁目一四四一番の一から字諸見里一二九八番三まで
	県道三十三号線	大里二丁目四三番から字古謝三〇一番一まで
うるま市	県道六号線	石川東恩納六五一番一から石川伊波七一番一まで
	県道八号線	勝連平安名一一一二番から勝連内間一〇七九番まで
名護市	国道五十八号	字伊差川一三四番から字伊差川三五番一まで
	国道三百二十九号	字世富慶五四二番一から字世富慶四五六番まで
	県道百十六号線	字名護一四五三番から字宮里一二六五番まで
南風原町	県道四十号線	字新川二二七番三から字宮平四七五番一まで
八重瀬町	国道五百七号	字東風平二七〇番から字東風平二六七番まで
与那原町	国道三百三十一号	字板良敷六九一番一から字板良敷八二二番まで
	県道四十号線	字与那原二九四三番から字与那原二九一四番まで
西原町	県道三十八号線	字翁長五九二番二から字翁長六二七番一まで
北谷町	県道二十四号線	字吉原一一三九番一から字吉原一一九八番一まで
嘉手納町	県道七十四号線	字嘉手納七番の二から字屋良一一三番まで
読谷村	国道五十八号	字喜名二一〇番四から字喜名四五八番まで
	県道六号線	字波平八四五番四から字波平九二〇番二まで
	県道六号線	字長浜一八一八番から字長浜一七七五番一まで
	県道十二号線	字波平三六番から字上地二九番一まで
	県道十六号線	字大湾四七一番五から字古堅八六七番六まで

別表第二（第二条・第三条関係）

区分	地域
那覇市	市道安謝天久線(ロ)（字安謝二五四番から同二六〇番までの区間）の各一側端から二十五メートル以内。 牧志三丁目一三番五六号から同三丁目一三番六三号まで、同三丁目二〇番二七号から同三丁目二〇番三二号及び壺屋一丁目一〇番四号から同一丁目一〇番一八号まで。 若狭一丁目四番から同一丁目九番まで及び若狭一丁目一二番から同一丁目二二番まで。 久米一丁目四番から同一丁目六番まで、久米二丁目一〇番、同二丁目二三番及び同二丁目二四番
浦添市	市道八十六号線（字屋富祖二五六番から同二七八番までの区間）の各一側端から二十五メートル以内。 屋富祖二丁目六七番一、同六八番、同六九番、同六九番一、同六九番三、同二二七番、同二二八番、同二三一番及び同二三一番三
与那原町	字与那原三一四五番から同三一四九番まで、字与那原三一五五番、同三一五五番二、同三一五五番三、同三一五六番及び同三一五六番二

○沖縄県風俗案内業の規制に関する条例

（平成二四・三・三〇
沖縄県条例四八）

改正　平成二八・三・三一　条例四〇

（目的）

第一条　この条例は、地域の清浄な風俗環境を害する行為及び青少年の健全な育成に障害を及ぼす行為を防止するため、風俗案内業について必要な規制を行うことにより、県民が安全で安心して暮らすことのできる健全な生活環境を確保することを目的とする。

（定義）

第二条　この条例において、次の各号に掲げる用語の意義は、それぞれ当該各号に定めるところによる。

一　接待風俗営業　風俗営業等の規制及び業務の適正化等に関する法律（昭和二十三年法律第百二十二号。以下「法」という。）第二条第一項第一号に規定する営業をいう。

二　性風俗特殊営業　法第二条第六項第一号若しくは第二号又は同条第七項第一号に規定する営業をいう。

三　風俗案内　次のいずれかに該当する行為をいう。

ア　利用者（接待風俗営業又は性風俗特殊営業に関する情報の提供を受けようとする者をいう。以下同じ。）の求めに応じ、接待風俗営業又は性風俗特殊営業に係る沖縄県公安委員会規則（以下「公安委員会規則」という。）で定める事項に関する情報を提供すること。

イ　接待風俗営業又は性風俗特殊営業の客になろうとする者を、接待風俗営業若しくは性風俗特殊営業の営業所又はこれらの営業を営む者が指定する場所に案内すること。

ウ　接待風俗営業又は性風俗特殊営業の客になろうとする者に対し、接待風俗営業若しくは性風俗特殊営業を営む者又はこれらの代理人、使用人その他従業者（以下「代理人等」という。）と待ち合わせるための場所を提供すること。

エ　アからウまでに掲げるもののほか、接待風俗営業を営む者から接待を受け、又は性風俗特殊営業を営む者から性的好奇心に応じて客に接触する役務の提供を受けることについて、当該営業の客になろうとする者のため、代理して契約を締結し、媒介をし、又は取り次ぐこと。

四　風俗案内業　風俗案内を行うための施設であって不特定の者が出入りすることができるもの（以下「風俗案内所」という。）を設けて、風俗案内所において有償又は無償で風俗案内を行う事業をいう。

五　風俗案内業者　第四条第一項の規定による届出をして風俗案内業を営む者をいう。

六　青少年　満十八歳に達するまでの者（婚姻した女子を除く。）をいう。

（欠格事由）

第三条　次の各号のいずれかに該当する者は、風俗案内業を営んではならない。

一　成年被後見人若しくは被保佐人又は破産者で復権を得ないもの

二　禁錮以上の刑に処せられ、又はこの条例の規定に違反して罰金の刑に処せられ、その執行を終わり、又は執行を受けることがなくなった日から起算して五年を経過しない者

三　第十三条の規定により風俗案内業の廃止を命じられた日から起算して五年を経過しない者（当該廃止を命じられた者が法人である場合においては、当該廃止命令に係る聴聞の期日及び場所が公示された日前六十日以内に当該法人の役員（業務を執行する社員、取締役、執行役又はこれらに準ずる者をいい、相談役、顧問その他いかなる名称を有する者であるかを問わず、法人に対し業務を執行する社員、取締役、執行役又はこれらに準ずる者と同等以上の支配力を有するものと認められる者を含む。以下この項において同じ。）であった者で当該廃止命令の日から起算して五年を経過しないものを含む。）

四　第十三条の規定による風俗案内業の廃止処分に係る聴聞の期日及び場所が公示された日から当該処分をする日又は当該処分をしないことを決定する日までの間に第四条第三項の規定による廃止を届け出た者（風俗案内業

の廃止について相当な理由がある者を除く。）で当該届出の日から起算して五年を経過しないもの
五　暴力団員による不当な行為の防止等に関する法律（平成三年法律第七十七号）第二条第六号に規定する暴力団員（以下「暴力団員」という。）又は暴力団員でなくなった日から五年を経過しない者
六　営業に関し成年者と同一の能力を有しない未成年者でその法定代理人が前各号又は次号のいずれかに該当するもの
七　法人でその役員のうちに第一号から第五号までのいずれかに該当する者があるもの

（風俗案内業の届出）
第四条　風俗案内業を営もうとする者は、風俗案内所ごとに、公安委員会規則で定めるところにより、沖縄県公安委員会（以下「公安委員会」という。）に次の各号に掲げる事項を記載した届出書を提出しなければならない。
一　氏名又は名称及び住所並びに法人にあっては、その代表者の氏名
二　風俗案内所の名称及び所在地
三　風俗案内所において取り扱う風俗案内の対象となる接待風俗営業又は性風俗特殊営業の種別
四　法人にあっては、その役員の氏名及び住所
五　前各号に掲げるもののほか、公安委員会規則で定める事項
2　前項の規定による届出書を提出した者は、同項第一号、第二号（風俗案内所の名称に限る。）若しくは第四号に掲げる事項に変更があったとき、又は同項第三号に掲げる事項の変更をしようとするときは、公安委員会規則で定めるところにより、公安委員会に届け出なければならない。
3　第一項の規定による届出書を提出した者は、風俗案内業を廃止したときは、公安委員会規則で定めるところにより、公安委員会に届け出なければならない。

（名義貸しの禁止）
第五条　前条第一項の規定による届出をした者は、自己の名義をもって、他人に風俗案内業を営ませてはならない。

（禁止地域等）
第六条　風俗案内業（接待風俗営業に関するものに限る。）は、沖縄県風俗営業等の規制及び業務の適正化等に関する法律施行条例（昭和五十九年沖縄県条例第三十八号。以下「施行条例」という。）第三条第一項各号に掲げる地域においては、これを営んではならない。
2　風俗案内業（接待風俗営業に関するものを除く。）は、次の各号に掲げる性風俗特殊営業の種別に応じ、当該各号に定める区域又は地域においては、これを営んではならない。
一　法第二条第六項第一号の営業　法第二十八条第一項に規定する区域又は施行条例第九条第一号に定める地域
二　法第二条第六項第二号及び同条第七項第一号の営業　施行条例第九条第二号に定める地域
3　前二項の規定は、同項の規定の適用の際現に第四条第一項又は第二項の届出書を提出して風俗案内業を営んでいる者の風俗案内業については、適用しない。

（禁止行為）
第七条　風俗案内業者は、次の各号に掲げる行為をしてはならない。
一　接待風俗営業に関しては午前零時（次に掲げる日の区分に応じ、それぞれ次に定める地域にあっては午前一時）から午前六時までの時間において、性風俗特殊営業（法第二条第六項第一号の営業に限る。）に関しては午前一時から午前六時までの時間において風俗案内を行うこと。
ア　施行条例第四条第一項各号に掲げる日　当該各号に定める地域
イ　アに掲げる日以外の日　施行条例第四条第二項各号に掲げる地域
二　風俗案内所周辺において、風俗案内業に関し、施行条例第五条第一項に規定する数値以上の騒音を生じさせること。
三　風俗案内所の外周に、又は外部から見通すことができる状態にしてその内部に、アに掲げる物品若しくはイに掲げる記号を表示し、又は当該物品若しくは当該記号を表示した物を掲出し、若しくは配置すること。
ア　接待風俗営業又は性風俗特殊営業において提供される役務若しくは当該役務に従事する者を表すもの又はこれらを連想させるものとして、公安委員会規則で定める基準に該当する写真、絵その他の物品
イ　性的感情を刺激するものとして公安委員会規則で定める基準に該当する文字、数字その他の記号

四　風俗案内所で青少年を利用者に接する業務に従事させること。ただし、接待風俗営業の風俗案内を行う営業所にあっては、午前六時から午後十時までの時間において利用者に接する業務に従事させることについては、この限りではない。

五　青少年を風俗案内所に利用者として立ち入らせること。

（風俗案内所の表示）

第八条　風俗案内業者は、公安委員会規則で定めるところにより、風俗案内所である旨を風俗案内所の入り口に表示しなければならない。

（青少年の立入禁止の表示）

第九条　風俗案内業者は、公安委員会規則で定めるところにより、青少年がその風俗案内所に立ち入ってはならない旨を風俗案内所の入り口に表示しなければならない。

（従業者名簿）

第十条　風俗案内業者は、公安委員会規則で定めるところにより、風俗案内所ごとに、当該風俗案内所における風俗案内に係る業務に従事する者の氏名、生年月日、住所その他公安委員会規則で定める事項を記載した従業者名簿（当該従業者名簿に記載すべき事項を記録した電磁的記録（電子的方式、磁気的方式その他人の知覚によっては認識することができない方式で作られる記録であって、電子計算機による情報処理の用に供されるものとして公安委員会規則で定めるものをいう。次条第二項において同じ。）を含む。第十九条第二号において同じ。）を備えなければならない。

（風俗案内を委託された場合の確認等）

第十一条　風俗案内業者は、公安委員会規則で定めるところにより、接待風俗営業を営む者から風俗案内を委託された場合は当該接待風俗営業を営む者が法第三条第一項の規定により許可を受けていること、性風俗特殊営業を営む者から風俗案内を委託された場合は当該性風俗特殊営業を営む者が法第二十七条第一項の規定により届出書を提出していることを確認しなければならない。

2　風俗案内業者は、前項の規定により確認したときは、公安委員会規則で定めるところにより、接待風俗営業又は性風俗特殊営業を営む者の氏名又は名称、営業の種別その他公安委員会規則で定める事項を記載した書類（当該書類に記載すべき事項を記録した電磁的記録を含む。第十九条第四号において同じ。）を作成し、風俗案内所ごとに保存しなければならない。

（指示）

第十二条　公安委員会は、風俗案内業者又は代理人等が、風俗案内業に関し、この条例の規定（第三条及び第六条の規定を除く。次条において同じ。）に違反したときは、当該風俗案内業者に対し、地域の清浄な風俗環境を害する行為又は青少年の健全な育成に障害を及ぼす行為を防止するため必要な指示をすることができる。

（風俗案内業の停止等）

第十三条　公安委員会は、風俗案内業者又は代理人等が、風俗案内業に関し、この条例の規定に違反した場合において著しく地域の清浄な風俗環境を害し、若しくは青少年の健全な育成に障害を及ぼすおそれがあると認めるとき、又は風俗案内業者が前条の規定による指示に違反したときは、当該風俗案内業者に対し、六月を超えない範囲内で期間を定めて当該風俗案内業の全部又は一部の停止を命ずることができる。

2　公安委員会は、前項の場合において、当該風俗案内業者が第六条第一項及び第二項に掲げる区域又は地域において風俗案内業を営む者であるときは、その者に対し、前項の規定による停止の命令に代えて、当該風俗案内業の廃止を命ずることができる。

3　公安委員会は、前項に規定する場合のほか、風俗案内業者が、第三条各号のいずれかに該当していることが判明したときは、その者に対し、当該風俗案内業の廃止を命ずることができる。

（聴聞の特例）

第十四条　公安委員会は、前条の規定による命令をしようとするときは、沖縄県行政手続条例（平成七年沖縄県条例第二十八号）第十三条第一項の規定による意見陳述のための手続の区分にかかわらず、聴聞を行わなければならない。

2　前項の聴聞の期日における審理は、公開により行わなければならない。

（報告の徴収等）

第十五条　公安委員会は、この条例の施行に必要な限度において、風俗案内業者に対し、その業務に関し報告又は資料の提出を求めることができる。

（立入検査）

第十六条　警察職員は、この条例の施行に必要な限度において、風俗案内所に立ち入り、帳簿、書類その他の物件を検査し、又は関係者に質問することができる。

2　前項の規定により警察職員が立ち入るときは、その身分を示す証明書を携帯し、関係者に提示しなければならない。

3　第一項の規定による立入検査の権限は、犯罪捜査のために認められたものと解釈してはならない。

（委任）

第十七条　この条例の施行に関し必要な事項は、公安委員会規則で定める。

（罰則）

第十八条　次の各号のいずれかに該当する者は、六月以下の懲役又は五十万円以下の罰金に処する。

一　第五条の規定に違反した者

二　第六条第一項又は第二項の規定に違反した者

三　第七条第四号又は第五号の規定に違反した者

四　第十三条の規定による命令に違反した者

2　第七条第四号又は第五号に掲げる行為をした者は、当該十八歳未満の者の年齢を知らないことを理由として、前項の規定による処罰を免れることができない。ただし、過失のないときは、この限りではない。

第十九条　次の各号のいずれかに該当する者は、三十万円以下の罰金に処する。

一　第四条の規定による届出をせず、又は虚偽の届出をした者

二　第十条の規定に違反して、従業者名簿を備えず、又はこれに必要な記載をせず、若しくは虚偽の記載をした者

三　第十一条第一項の規定に違反した者

四　第十一条第二項の規定に違反して、書類を作成せず、若しくは虚偽の書類を作成し、又は書類を保存しなかった者

第二十条　次の各号のいずれかに該当する者は、二十万円以下の罰金に処する。

一　第十五条の規定による報告若しくは資料の提出をせず、又は虚偽の報告若しくは資料を提出した者

二　第十六条第一項の規定による立入検査を拒み、妨げ、若しくは忌避し、又は同項の規定による質問に対して答弁をせず、若しくは虚偽の答弁をした者

（両罰規定）

第二十一条　法人の代表者、法人又は人の代理人等が、法人又は人の業務に関し、前三条の違反行為をしたときは、行為者を罰するほか、その法人又は人に対し、各本条の罰金刑を科する。

附　則〔略〕

認定申請書等の記載要領等

○認定申請書、検定申請書、遊技機試験申請書及び型式試験申請書の添付書類の記載要領について（通知）

（平成二九・一二・一四　警察庁丁保発一七三　警察庁生活安全局保安課長発関係各位あて）

風俗営業等の規制及び業務の適正化等に関する法律施行規則及び遊技機の認定及び型式の検定等に関する規則の一部を改正する規則（平成二十九年国家公安委員会規則第九号）が平成三十年二月一日から施行されることに伴い、遊技機の認定及び型式の検定に係る試験事務の適正かつ能率的実施を図るため、同規則による改正後の遊技機の認定及び型式の検定等に関する規則第一条第一項、第七条第一項、第十四条第一項又は第十五条第一項の規定により認定申請書、検定申請書、遊技機試験申請書又は型式試験申請書を提出する場合にこれらの申請書に添付しなければならない同規則第一条第三項第三号又は第七条第二項第六号に規定する書類（以下「添付書類」という。）の記載要領を別添「添付書類の記載要領」のとおり定め、平成三十年二月一日より施行することとしたので、通知する。

なお、「認定申請書、検定申請書、遊技機試験申請書及び型式試験申請書の添付書類の記載要領について」（平成二十八年四月一日付け警察庁丁保発第五十八号）は、平成三十年一月三十一日をもって廃止する。

別　添

添付書類の記載要領

遊技機の認定及び型式の検定等に関する規則（昭和六十年国家公安委員会規則第四号）第一条第一項、第七条第一項、第十四条第一項又は第十五条第一項の規定により認定申請書、検定申請書、遊技機試験申請書又は型式試験申請書を提出する場合にこれらの申請書に添付しなければならない同規則第一条第三項第三号又は第七条第二項第六号に規定する書類の記載要領は、次表の左〔上〕欄に掲げる書類ごとに、同表の右〔下〕欄に掲げるとおりとする。

添付書類	記載要領
一　遊技機の諸元表	別紙一の「諸元表の記載要領」によること。
二　遊技機の構造図、回路図及び動作原理図	別紙二の「遊技機の構造図、回路図及び動作原理図の記載要領」によること。
三　遊技機並びに遊技機の部品及び装置の構造、材質及び性能の説明を記載した書類	別紙三の「遊技機並びに遊技機の部品及び装置の構造、材質及び性能の説明を記載した書類の記載要領」によること。
四　遊技機の写真	一　ぱちんこ遊技機、アレンジボール遊技機及びじやん球遊技機 次のアからウに掲げる写真を、それぞれ、日本工業規格Ａ４の用紙に貼付した書類とする。 ア　遊技機の正面及び裏

	面の鮮明なカラー写真（キャビネ判） イ　基板の部品実装面及び半田付け面の鮮明なカラー写真（キャビネ判） ウ　その他遊技機の同一性を確認するために必要な遊技機の鮮明なカラー写真（キャビネ判） 二　回胴式遊技機 次のアからエに掲げる写真を、それぞれ、日本工業規格Ａ４の用紙に貼付した書類とする。 ア　遊技機の正面及び背面並びに筐体内部（ドア部の裏面を含む。）の鮮明なカラー写真（キャビネ判） イ　回胴の上の図柄の鮮明なカラー写真（キャビネ判） ウ　基板の部品実装面及び半田付け面の鮮明なカラー写真（キャビネ判） エ　その他遊技機の同一性を確認するために必要な遊技機の鮮明なカラー写真（キャビネ判）
五　遊技機の取扱説明書	別紙四の「取扱説明書の記載要領」によること。

別紙一

諸元表の記載要領

第一　総則

一　本要領は、遊技機の認定及び型式の検定等に関する規則（昭和六十年国家公安委員会規則第四号。以下「規則」という。）第一条第一項、第七条第一項、第十四条第一項又は第十五条第一項の規定による認定申請書、検定申請書、型式試験申請書又は遊技機試験申請書の提出をする場合にこれらの申請書に添付しなければならない規則別記様式第二号から別記様式第五号までの諸元表（以下「諸元表」という。）の記載について適用する。

二　数値を記載する項目については、特に指定のない限り、単位の記載については「㎜」、「秒」、「Hz」及び「Hv」の中で適当なものを使用して記載し、確率値の記載については分子が一となる分数で記載する。

三　記載数値が小数となるものについては、特に指定のない限り、小数第一位（小数第二位を四捨五入した値とする。）から小数第三位（小数第四位を四捨五入した値とする。）までのいずれかの桁数で遊技機（認定申請書若しくは遊技機試験申請書に係る遊技機又は検定申請書若しくは型式試験申請書に係る型式と同一型式の範囲に属する遊技機をいう。以下同じ。）並びに遊技機の部品及び装置の構造、材質及び性能を明確に特定することができるもので記載する。ただし、これらの桁数によっては、申請に係る遊技機を明確に特定できないときは、この限りでない。

四　諸元表中の各記載欄のうち、申請に係る遊技機に備えられていない部品及び装置（以下「部品等」という。）に関するものについては、当該記載欄に「該当なし」（個数の記載欄である場合にあっては「０個」）と記入し、当該記載欄を空白のまま残さないようにする。ただし、当該備考欄を除く。

五　各種装置の作動条件、終了条件その他の装置の作動に係る条件を記載する欄には、該当する全ての条件を箇条書で記載する。

六　各項目の記載欄の縦の大きさ（行数に相当）は、記載欄の順序及び配列を変えない範囲で記載量に応じて調節してもよい。

七　諸元表の各記載欄で、遊技機に使用する部品を記載するものについては、当該部品の部品名、型式名、製造者名、形状、構造、材質、電気的特性その他の当該部品の構造、材質及び性能の特定に欠くことができない事項を全て記載する。

八　文章の記載方法は、左横書きとする。

九　文字は、九ポイントから十ポイントまでの大きさで、タイプ印書等により黒色で、明瞭かつ容易に消すことができないように書き、平仮名（外国語は片仮名、ただし外国語の固有名詞は当該外国語表記を併記）、常用漢字及びアラビア数字を用いる。

十　用紙においては、抹消及び訂正を行ってはならない。

十一　文章は口語体とし、遊技機に係る技術分野に関する通常の知識を有する者が容易に理解できるように正確に記載する。

十二　用語はその有する普通の意味で使用し、かつ、規則第一条第三項第三号又は第七条第二項第六号に規定する書類全体を通じて統一して使用するものとする。ただし、特定の意味で使用しようとする場合において、その意味を定義して使用するときは、この限りでない。

第二　遊技機の種類別記載要領

一　ぱちんこ遊技機（別記様式第二号）

(1)　型式名

申請者が認定、検定、型式試験又は遊技機試験を受けたいとしている遊技機の型式の識別符号として呼ぶ名称を記載する。

(2)　製造業者名又は輸入業者名

遊技機を製造又は輸入した業者の氏名又は名称を記載する。

(3)　使用条件

ア　温度

遊技機の性能、構造及び材質に変化を与えない温度の範囲を記載する（小数点以下の記載は、不要とする。）。

イ　湿度

遊技機の性能、構造及び材質に変化を与えない湿度の範囲を記載する（小数点以下の記載は、不要とする。）。

ウ　電源―種別

使用電源の交流又は直流の別を記載する。

エ　電源―定格電圧

使用電源の電圧値並びに遊技機の性能、構造及び材質に変化を与えない電源電圧の変動範囲を記載する。

オ　電源―定格周波数

交流電源を使用する場合は、使用電源の周波数並びに遊技機の性能、構造及び材質に変化を与えない電源周波数の変動範囲を記載する。特に、発射装置の一分間当たりの発射遊技球数その他の性能に変化を与えない範囲に留意して記載する。

カ　遊技機の設置条件

遊技機の性能、構造及び材質に変化を与えない遊技盤の傾き（遊技機設置面（水平面）に下ろした垂線からの遊技盤面の傾きの角度をいう。単位は「度」を使用し、小数点以下の記載は不要とする。）その他の遊技機の設置条件を全て記載する。

キ　その他の使用条件

遊技機の性能、構造及び材質に変化を与えないよう遊技機を使用する上で必要なその他の使用条件の有無を記載した上で、「あり」の場合は、当該条件を具体的かつ詳細に記載する。

(4)　遊技球

ア　質量

小数第一位（小数第二位を四捨五入した値とする。）まで記載する。

イ　材質

材質名及び日本工業規格（ＪＩＳ規格）による材質表示を記載する。

(5)　遊技盤

ア　構造

(ア)　遊技盤の構造が、どの部品等のどのような組合せによって構成されているのかについて、その部品等及び組合せの寸法を明確にしつつ、記載する。

(イ)　規則第一条第三項第三号ロ又は第七条第二項第六号ロの構造図（以下「構造図」という。）として別紙二「遊技機の構造図、回路図及び動作原理図の記載要領」に基づき提出する遊技盤面構造図（以下「遊技盤面構造図」という。）中の当該構造の記載箇所との対応関係を明確にして記載する。

イ　構造―遊技盤の大きさ

遊技盤の大きさ（遊技球が遊技盤上において落下する領域の大きさをいう。）が確認できる寸法を記載し、かつ、太線を用いて特定した遊技盤面構造図中の記載箇所との対応関係を明確にして記載する。

ウ　遊技板の材質

材質名及び日本工業規格（ＪＩＳ規格）による材質表示を記載する。

エ　遊技球の落下の方向に変化を与えるための装置―遊技くぎ―本数

遊技板に備えられている遊技くぎの本数を記載する。

オ　遊技球の落下の方向に変化を与えるための装置―遊技くぎ―配置

遊技板に備えられている遊技くぎが、遊技盤上のどのような位置に配置されているのかについて、当該遊技くぎごとに、遊技盤上の位置の寸法を明確にしつつ、記載するとともに、遊技盤面構造図中の当該遊技くぎごとの記載箇所との対応関係を明確にして記載する。

カ　遊技球の落下の方向に変化を与えるための装置―遊技くぎ―形状

遊技板に備えられている遊技くぎの形状及びその寸法を記載する。

キ　遊技球の落下の方向に変化を与えるための装置―遊技くぎ―傾き
　遊技板に打ち込まれている全ての遊技くぎの傾き（遊技盤面に下ろした垂線と遊技くぎの軸部のなす角度をいう。単位は「度」を使用し、小数点以下の記載は不要とする。）及びその方向を特定し、記載する。

ク　遊技球の落下の方向に変化を与えるための装置―遊技くぎ―材質
　材質名及び日本工業規格（ＪＩＳ規格）による材質表示を記載する。

ケ　遊技球の落下の方向に変化を与えるための装置―遊技くぎ―硬度
　日本工業規格（ＪＩＳ規格）のビッカース硬さ試験による遊技くぎのビッカース硬度を記載する。

コ　遊技球の落下の方向に変化を与えるための装置―風車―個数
　遊技板に備えられている風車の個数を記載する。

サ　遊技球の落下の方向に変化を与えるための装置―風車―配置
　遊技板に備えられている風車が、遊技盤上のどのような位置に配置されているのかについて、当該風車ごとに、記載するとともに、遊技盤上の位置の寸法を明確にしつつ、遊技盤面構造図中の当該風車ごとの記載箇所との対応関係を明確にして記載する。

シ　遊技球の落下の方向に変化を与えるための装置―風車―形状及び構造
　遊技板に備えられている風車の形状及び構造が、どの部品等のどのような組合せによって形成及び構成されているのかについて、当該風車ごとに、その部品等及び組合せの寸法を明確にしつつ、記載するとともに、遊技盤面構造図中の当該風車ごとの記載箇所との対応関係を明確にして記載する。

ス　遊技球の落下の方向に変化を与えるための装置―風車―傾き
　遊技板に打ち込まれている全ての風車の傾き（遊技盤面に下ろした垂線と風車の軸部のなす角度をいう。単位は「度」を使用し、小数点以下の記載は不要とする。）及びその方向を特定し、記載する。

セ　遊技球の落下の方向に変化を与えるための装置―風車―材質
　材質名及び日本工業規格（ＪＩＳ規格）による材質表示を記載する。

ソ　遊技球の落下の方向に変化を与えるための装置―風車―軸の硬度
　日本工業規格（ＪＩＳ規格）のビッカース硬さ試験による風車の軸のビッカース硬度を記載する。

タ　遊技球の落下の方向に変化を与えるための装置―保留装置―個数
　遊技板に備えられている保留装置の個数を記載する。

チ　遊技球の落下の方向に変化を与えるための装置―保留装置―配置
　遊技板に備えられている保留装置が、遊技盤上のどのような位置に配置されているのかについて、当該保留装置ごとに、遊技盤上の位置の寸法を明確にしつつ、記載するとともに、遊技盤面構造図中の当該保留装置ごとの記載箇所との対応関係を明確にして記載する。

ツ　遊技球の落下の方向に変化を与えるための装置―保留装置―形状及び構造
　遊技板に備えられている保留装置の形状及び構造が、どの部品等のどのような組合せによって形成及び構成されているのかについて、当該保留装置ごとに、その部品等及び組合せの寸法を明確にしつつ、記載するとともに、遊技盤面構造図中の当該保留装置ごとの記載箇所との対応関係を明確にして記載する。

テ　遊技球の落下の方向に変化を与えるための装置―保留装置―保留可能遊技球数
　遊技板に備えられている保留装置ごとに、保留できる遊技球の個数を記載する（単位は「個」とする。）。

ト　遊技球の落下の方向に変化を与えるための装置―保留装置―材質
　材質名及び日本工業規格（ＪＩＳ規格）による材質表示を記載する。

ナ　遊技球の落下の方向に変化を与えるための装置―その他の装置―名称
　遊技くぎ、風車及び保留装置以外の装置で、遊技球の落下の方向に変化を与えるものが遊技板に備えられている場合には、当該装置の名称を記載する。該当するものがない場合には、「該当なし」と記載する（当該装置欄のその他の項の記載項目についても「該当なし」と記載する。）。

ニ　遊技球の落下の方向に変化を与えるための装置―その他の装置―機能

遊技板に備えられている当該装置の設置目的及び機能を、遊技球の落下の方向にどのような変化を与えるかを明確にしつつ、記載する。

ヌ　遊技球の落下の方向に変化を与えるための装置―その他の装置―個数

遊技板に備えられている当該装置の個数を記載する。

ネ　遊技球の落下の方向に変化を与えるための装置―その他の装置―配置

遊技板に備えられている当該装置が、遊技盤上のどのような位置に配置されているのかについて、当該装置ごとに、記載するとともに、遊技盤上の位置の寸法を明確にしつつ、遊技盤面構造図中の当該装置ごとの記載箇所との対応関係を明確にして記載する。

ノ　遊技球の落下の方向に変化を与えるための装置―その他の装置―形状及び構造

遊技板に備えられている当該装置の形状及び構造が、どの部品等のどのような組合せによって形成及び構成されているのかについて、当該装置ごとに、その部品等及び組合せの寸法を明確にしつつ、記載するとともに、遊技盤面構造図中の当該装置ごとの記載箇所との対応関係を明確にして記載する。

ハ　遊技球の落下の方向に変化を与えるための装置―その他の装置―材質

材質名及び日本工業規格（ＪＩＳ規格）による材質表示を記載する。

(6)　ガラス板等

ア　遊技板との距離

(5)イ「構造―遊技盤の大きさ」の項の記載欄に記載した遊技盤の大きさを示す領域内の四隅及び中央部近辺の測定可能な五箇所のポイントで測定した遊技板とガラス板等とのそれぞれの距離の測定値及び当該五箇所の測定値の平均値を記載する（小数点以下の記載は、不要とする。）。

その際、五箇所の測定箇所を特定した遊技盤面構造図中の記載箇所を特定して記載する。

イ　透視性

ガラス板等の透視性が規則別表第四(2)チ（(ハ)を除く。）の規格に適合しているか否かを明確にして記載する。

ウ　材質

材質名及び日本工業規格（ＪＩＳ規格）による材質表示を記載する。

(7)　受け皿

ア　構造

受け皿の構造が、どの部品等のどのような組合せによって構成されているのかについて、当該受け皿ごとに、その部品等及び組合せの寸法を明確にしつつ、記載するとともに、構造図中の当該受け皿ごとの記載箇所との対応関係を明確にして記載する。

イ　材質

材質名及び日本工業規格（ＪＩＳ規格）による材質表示を記載する。

(8)　遊技盤の枠

ア　大きさ

遊技盤の枠の大きさが確認できる、その枠の高さ、幅及び奥行の寸法を記載する。

イ　構造

遊技盤の枠の構造が、どの部品等のどのような組合せによって構成されているのかについて、その部品等及び組合せの寸法を明確にしつつ、記載するとともに、構造図中の当該遊技盤の枠の記載箇所との対応関係を明確にして記載する。

ウ　材質

材質名及び日本工業規格（ＪＩＳ規格）による材質表示を記載する。

(9)　遊技球数表示装置

ア　構造

遊技球数表示装置の構造が、どの部品等のどのような組合せによって構成されているのかについて、その部品等及び組合せの寸法を明確にしつつ、当該遊技球数表示装置の構造が規則別表第四(1)チ(イ)、(ロ)及び(ハ)の規格に適合しているか否かを明確にして記載するとともに、構造図中の当該遊技球数表示装置の記載箇所との対応関係を明確にして記載する。

イ　動作原理

遊技球数表示装置が、どの部品等のどのような作用及び動作原理によって遊技球の数を電磁的に記録し、表示するのかについて、記載するとともに、規則第一条第三項第三号ロ又は第七条第二項第六号ロに掲げる動作原理図（以下「動作原理図」という。）中の当該遊技球数表示装置の記載箇所との対応関係を明確にして記載する。

⑽　発射装置

ア　種類

電動式又は手動式の別を記載する。

イ　構造

発射装置の構造が、どの部品等のどのような組合せによって構成されているのかについて、その部品等及び組合せの寸法を明確にしつつ、記載するとともに、構造図中の当該発射装置の記載箇所との対応関係を明確にして記載する。

ウ　動作原理

発射装置が、どの部品等のどのような作用及び動作原理によって遊技球を発射しているのかについて、一分間当たりにおける最大発射遊技球数の設計上の理論値を明確にしつつ、記載するとともに、動作原理図中の当該発射装置の記載箇所との対応関係を明確にして記載する。

エ　電動機―種類

電動式発射装置である場合には、当該電動機の形式を記載する。手動式発射装置の場合には、「該当なし」と記載する（オ及びカについて同じ。）。

オ　電動機―回転速度

電動機の一分間当たりの回転数を記載する。

カ　電動機―製造者名

電動機の製造者の氏名又は名称を記載する。

キ　一分間の発射遊技球数

電動式発射装置である場合には、規則別表第四⑴イの遊技球の試射試験（以下「一　ぱちんこ遊技機」において「試射試験」という。）を連続して十時間行った場合における一分間の発射球数の平均値（単位は、「個／分」とする。）を記載する。

手動式発射装置である場合には、規則別表第四⑴イの遊技球の試射試験を連続して十時間行った場合における任意の十分間を代表させ、当該十分間の発射球数の平均値（単位は、「個／分」とする。）が最大となる時の値を記載する。

⑾　賞球払出装置

ア　構造

賞球払出装置（払い出す賞球（入賞により獲得されることとなる遊技球をいう。）を貯留しておくためのタンクを含む。）の構造が、どの部品等のどのような組合せによって構成されているのかについて、当該賞球払出装置ごとに、その部品等及び取付位置の寸法を明確にしつつ、記載するとともに、構造図中の当該賞球払出装置ごとの記載箇所との対応関係を明確にして記載する。

イ　動作原理

賞球払出装置が、どの部品等のどのような作用及び動作原理によって賞球を払い出すのかについて、記載するとともに、動作原理図中の当該賞球払出装置の記載箇所との対応関係を明確にして記載する。

⑿　設定の数

設定の数を記載する。

⒀　遊技球の獲得に係る遊技機の性能

ア　設定ごとの十時間出玉率

設定ごとに、十時間の試射試験を仮定した場合の遊技機の出玉率の設計値を記載する。

イ　設定ごとの四時間出玉率

設定ごとに、四時間の試射試験を仮定した場合の遊技機の出玉率の設計値を記載する。

ウ　設定ごとの一時間出玉率

設定ごとに、一時間の試射試験を仮定した場合の遊技機の出玉率の設計値を記載する。

エ　設定ごとの役物比率

設定ごとに、十時間の試射試験を仮定した場合の遊技機の役物比率の設計値を記載する。

オ　設定ごとの連続役物比率

設定ごとに、十時間の試射試験を仮定した場合の遊技機の連続役物比率の設計値を記載する。

⒁　入賞口

ア　個数

遊技板に備えられている役物に係る入賞口（諸元表の（その三）の（注七）の役物に係る入賞口をいう。以下⒁において同じ。）以外の入賞口の個数を記載する。

イ　配置

遊技板に備えられている入賞口が、遊技盤上のどのような位置に配置されているのかについて、当該入賞口ごとに、遊技盤上の位置の寸法を明確にしつつ、記載するとともに、遊技盤面構造図中の当該入賞口ごとの記載箇所との対応関係を明確にして記載する。

ウ　構造

　遊技板に備えられている入賞口の構造が、どの部品等のどのような組合せによって構成されているのかについて、当該入賞口ごとに、その部品等及び組合せの寸法を明確にしつつ、記載するとともに、構造図中の当該入賞口ごとの記載箇所との対応関係を明確にして記載する。

エ　構造―入口の大きさ

　遊技板に備えられている入賞口の入口の大きさが確認できる寸法を、当該入賞口ごとに記載する（小数点以下の記載は、不要とする。）。

オ　構造―内部構造―入賞感知機構

　遊技板に備えられている入賞口の内部構造にある遊技球の入賞を感知する機構が、どの部品等のどのような組合せによって構成されているのかについて、当該入賞口ごとに、その部品等及び組合せの寸法を明確にしつつ、記載するとともに、構造図中の当該入賞口ごとの記載箇所との対応関係を明確にして記載する。

　また、どの部品等のどのような作用及び動作原理によって入賞を感知するのかについて、当該入賞口ごとに、記載するとともに、動作原理図中の当該入賞口ごとの記載箇所との対応関係を明確にして記載する。

カ　構造―内部構造―その他遊技の結果に影響を及ぼすこととなる機能を有する構造

　遊技板に備えられている入賞口の入賞感知機構以外の内部構造で遊技の結果に影響を及ぼすこととなる機能を有するもの（入賞口の内部構造の中にある領域で遊技球の通過により遊技の結果に影響を及ぼすこととなるもの及び当該領域への遊技球の通過率を調整する機能を有する構造等）の有無を記載する。

　当該構造がある場合には、当該構造ごとの設置目的及び効果を明確にした上で、当該構造が、どの部品等のどのような組合せによって構成されているのかについて、当該構造ごとに、その部品等及び組合せの寸法を明確にしつつ、記載するとともに、構造図中の当該構造ごとの記載箇所との対応関係を明確にして記載する。

　また、当該構造が動作する場合には、どの部品等のどのような作用及び動作原理によって動作するのかについて、当該構造ごとに、記載するとともに、動作原理図中の当該動作する構造ごとの記載箇所との対応関係を明確にして記載する。

キ　入賞による獲得遊技球数

　遊技板に備えられている入賞口ごとに、一個の遊技球が入賞した場合に獲得することができる遊技球の個数を記載する。

ク　材質

　材質名及び日本工業規格（ＪＩＳ規格）による材質表示を記載する。

(15)　役物に係る入賞口であって、当該役物が作動しない場合にも遊技球が入賞することができるもの

ア　個数

　遊技板に備えられている当該入賞口の個数を記載する。

イ　配置

　遊技板に備えられている当該入賞口が、遊技盤上のどのような位置に配置されているのかについて、当該入賞口ごとに、遊技盤上の位置の寸法を明確にしつつ、記載するとともに、遊技盤面構造図中の当該入賞口ごとの記載箇所との対応関係を明確にして記載する。

(16)　ゲート

ア　個数

　ゲートの個数を記載する。

イ　配置

　ゲートが、遊技盤でどのような位置に配置されているのかについて、当該ゲートごとに、遊技盤での位置の寸法を明確にしつつ、記載するとともに、遊技盤面構造図中の当該ゲートごとの記載箇所との対応関係を明確にして記載する。

ウ　構造

　ゲートの構造が、どの部品等のどのような組合せによって構成されているのかについて、当該ゲートごとに、その部品等及び組合せの寸法を明確にしつつ、記載するとともに、構造図中の当該ゲートごとの記載箇所との対応関係を明確にして記載する。

エ　構造―入口の大きさ

　ゲートの入口の大きさが確認できる寸法を、当該ゲートごとに記載する（小数点以下の記載は、不要とする。）。

オ　材質

材質名及び日本工業規格（ＪＩＳ規格）による材質表示を記載する。

⒄　第一種非電動役物

ア　個数

第一種非電動役物の個数を記載する。

イ　役物に係る入賞口―個数

第一種非電動役物に係る入賞口の個数を記載する。

ウ　役物に係る入賞口―配置

第一種非電動役物に係る入賞口が、遊技盤上のどのような位置に配置されているのかについて、当該入賞口ごとに、遊技盤上の位置の寸法を明確にしつつ、記載するとともに、遊技盤面構造図中の当該入賞口ごとの記載箇所との対応関係を明確にして記載する。

エ　役物に係る入賞口―構造

第一種非電動役物に係る入賞口の構造が、どの部品等のどのような組合せによって構成されているのかについて、当該入賞口ごとに、その部品等及び組合せの寸法を明確にしつつ、記載するとともに、構造図中の当該入賞口ごとの記載箇所との対応関係を明確にして記載する。

オ　役物に係る入賞口―構造―入口の大きさ―役物未作動時

第一種非電動役物に係る入賞口の入口の大きさが確認できる寸法を、通常時（当該役物未作動時）について、当該入賞口ごとに記載する（小数点以下の記載は、不要とする。）。

カ　役物に係る入賞口―構造―入口の大きさ―役物作動時

第一種非電動役物に係る入賞口の入口の大きさが確認できる寸法を、拡大時（当該役物作動時）について、当該入賞口ごとに記載する（小数点以下の記載は、不要とする。）。

キ　役物に係る入賞口―構造―内部構造―入賞感知機構

第一種非電動役物に係る入賞口の内部構造にある遊技球の入賞を感知する機構が、どの部品等のどのような組合せによって構成されているのかについて、当該第一種非電動役物に係る入賞口ごとに、その部品等及び組合せの寸法を明確にしつつ、記載するとともに、構造図中の当該第一種非電動役物に係る入賞口ごとの記載箇所との対応関係を明確にして記載する。

また、どの部品等のどのような作用及び動作原理によって入賞を感知するのかについて、当該第一種非電動役物に係る入賞口ごとに、記載するとともに、動作原理図中の当該第一種非電動役物に係る入賞口ごとの記載箇所との対応関係を明確にして記載する。

ク　役物に係る入賞口―構造―内部構造―その他遊技の結果に影響を及ぼすこととなる機能を有する構造

第一種非電動役物に係る入賞口の入賞感知機構以外の内部構造で遊技の結果に影響を及ぼすこととなる機能を有するもの（入賞口の内部構造の中にある領域で遊技球の通過により遊技の結果に影響を及ぼすこととなるもの及び当該領域への遊技球の通過率を調整する機能を有する構造等）の有無を記載する。

当該構造がある場合には、当該構造ごとの設置目的及び効果を明確にした上で、当該構造が、どの部品等のどのような組合せによって構成されているのかについて、当該構造ごとに、その部品等及び組合せの寸法を明確にしつつ、記載するとともに、構造図中の当該構造ごとの記載箇所との対応関係を明確にして記載する。

また、当該構造が動作する場合には、どの部品等のどのような作用及び動作原理によって動作するのかについて、当該構造ごとに、記載するとともに、動作原理図中の当該動作する構造ごとの記載箇所との対応関係を明確にして記載する。

ケ　役物に係る入賞口―入賞による獲得遊技球数

第一種非電動役物に係る入賞口ごとに、一個の遊技球が入賞した場合に獲得することができる遊技球の個数を記載する。

コ　役物に係る入賞口―最大入賞数

第一種非電動役物に係る入賞口ごとに、最大入賞数を記載する。

サ　役物に係る入賞口―最大入賞数―合計

第一種非電動役物に係る入賞口ごとの最大入賞数の合計を記載する。

シ　役物に係る入賞口―材質

材質名及び日本工業規格（ＪＩＳ規格）による材質表示を記載する。

ス　第一種非電動役物の作動に欠くことができないその他の構造

第一種非電動役物に係る入賞口の構造以外

で、第一種非電動役物の作動に欠くことができないものの有無を記載する。

当該構造がある場合には、当該構造ごとの設置目的及び効果を明確にした上で、当該構造が、どの部品等のどのような組合せによって構成されているのかについて、当該構造ごとに、その部品等及び組合せの寸法を明確にしつつ、記載するとともに、構造図中の当該構造ごとの記載箇所との対応関係を明確にして記載する。

また、当該構造が動作する場合には、どの部品等のどのような作用及び動作原理によって動作するのかについて、当該構造ごとに、記載するとともに、動作原理図中の当該動作する構造ごとの記載箇所との対応関係を明確にして記載する。

⑱ 第二種非電動役物

ア 個数

第二種非電動役物の個数を記載する。

イ 作動契機

第二種非電動役物が、どのような契機によって作動するのかについて記載する。

このとき、当該第二種非電動役物が、どの部品等のどのような組合せによって構成されているのかについて、当該第二種非電動役物の作動契機となる入賞口及びゲートごとに、その部品等及び組合せの寸法を明確にしつつ、記載するとともに、構造図中の当該第二種非電動役物の作動契機となる入賞口及びゲートごとの記載箇所との対応関係を明確にして記載する。

また、どの部品等のどのような作用及び動作原理によって作動するのかについて、当該第二種非電動役物の作動契機となる入賞口及びゲートごとに、作動契機に関係する部品等の作用を明確にしつつ、記載するとともに、動作原理図中の当該第二種非電動役物の作動契機となる入賞口及びゲートごとの記載箇所との対応関係を明確にして記載する。

ウ 作動契機―条件

第二種非電動役物ごとに、作動に係る全ての条件を箇条書で記載する。

エ 役物に係る入賞口―個数

第二種非電動役物に係る入賞口の個数を記載する。

オ 役物に係る入賞口―配置

第二種非電動役物に係る入賞口が、遊技盤上のどのような位置に配置されているのかについて、当該入賞口ごとに、遊技盤上の位置の寸法を明確にしつつ、記載するとともに、遊技盤面構造図中の当該入賞口ごとの記載箇所との対応関係を明確にして記載する。

カ 役物に係る入賞口―構造

第二種非電動役物に係る入賞口の構造が、どの部品等のどのような組合せによって構成されているのかについて、当該入賞口ごとに、その部品等及び組合せの寸法を明確にしつつ、記載するとともに、構造図中の当該入賞口ごとの記載箇所との対応関係を明確にして記載する。

キ 役物に係る入賞口―構造―入口の大きさ―役物未作動時

第二種非電動役物に係る入賞口の入口の大きさが確認できる寸法を、通常時（当該役物未作動時）について、当該入賞口ごとに記載する（小数点以下の記載は、不要とする。）。

ク 役物に係る入賞口―構造―入口の大きさ―役物作動時

第二種非電動役物に係る入賞口の入口の大きさが確認できる寸法を、開放等時（当該役物作動時）について、当該入賞口ごとに記載する（小数点以下の記載は、不要とする。）。

ケ 役物に係る入賞口―構造―内部構造―入賞感知機構

第二種非電動役物に係る入賞口の内部構造にある遊技球の入賞を感知する機構が、どの部品等のどのような組合せによって構成されているのかについて、当該第二種非電動役物に係る入賞口ごとに、その部品等及び組合せの寸法を明確にしつつ、記載するとともに、構造図中の当該第二種非電動役物に係る入賞口ごとの記載箇所との対応関係を明確にして記載する。

また、どの部品等のどのような作用及び動作原理によって入賞を感知するのかについて、当該第二種非電動役物に係る入賞口ごとに、記載するとともに、動作原理図中の当該第二種非電動役物に係る入賞口ごとの記載箇所との対応関係を明確にして記載する。

コ 役物に係る入賞口―構造―内部構造―その他遊技の結果に影響を及ぼすこととなる機能を有する構造

第二種非電動役物に係る入賞口の入賞感知

機構以外の内部構造で遊技の結果に影響を及ぼすこととなる機能を有するもの（入賞口の内部構造の中にある領域で遊技球の通過により遊技の結果に影響を及ぼすこととなるもの及び当該領域への遊技球の通過率を調整する機能を有する構造等）の有無を記載する。

当該構造がある場合には、当該構造ごとの設置目的及び効果を明確にした上で、当該構造が、どの部品等のどのような組合せによって構成されているのかについて、当該構造ごとに、その部品等及び組合せの寸法を明確にしつつ、記載するとともに、構造図中の当該構造ごとの記載箇所との対応関係を明確にして記載する。

また、当該構造が動作する場合には、どの部品等のどのような作用及び動作原理によって動作するのかについて、当該構造ごとに、記載するとともに、動作原理図中の当該動作する構造ごとの記載箇所との対応関係を明確にして記載する。

サ　役物に係る入賞口―入賞による獲得遊技球数

第二種非電動役物に係る入賞口ごとに、一個の遊技球が入賞した場合に獲得することができる遊技球の個数を記載する。

シ　役物に係る入賞口―最大入賞数

第二種非電動役物に係る入賞口ごとに、最大入賞数を記載する。

ス　役物に係る入賞口―最大入賞数―合計

第二種非電動役物に係る入賞口ごとの最大入賞数の合計を記載する。

セ　役物に係る入賞口―材質

材質名及び日本工業規格（ＪＩＳ規格）による材質表示を記載する。

ソ　第二種非電動役物の作動に欠くことができないその他の構造

第二種非電動役物の作動の契機となる入賞口及びゲート及び第二種非電動役物に係る入賞口の構造以外で、第二種非電動役物の作動に欠くことができないものの有無を記載する。

当該構造がある場合には、当該構造ごとの設置目的及び効果を明確にした上で、当該構造が、どの部品等のどのような組合せによって構成されているのかについて、当該構造ごとに、その部品等及び組合せの寸法を明確にしつつ、記載するとともに、構造図中の当該構造ごとの記載箇所との対応関係を明確にして記載する。

また、当該構造が動作する場合には、どの部品等のどのような作用及び動作原理によって動作するのかについて、当該構造ごとに、記載するとともに、動作原理図中の当該動作する構造ごとの記載箇所との対応関係を明確にして記載する。

⒆　普通電動役物

ア　個数

普通電動役物の個数を記載する。

イ　作動契機

普通電動役物が、どのような契機によって作動するのかについて記載する。

このとき、当該普通電動役物が、どの部品等のどのような組合せによって構成されているのかについて、当該普通電動役物の作動契機となる入賞口、ゲート及び普通図柄表示装置ごとに、その部品等及び組合せの寸法を明確にしつつ、記載するとともに、構造図中の当該普通電動役物の作動契機となる入賞口、ゲート及び普通図柄表示装置ごとの記載箇所との対応関係を明確にして記載する。

また、どの部品等のどのような作用及び動作原理によって作動するのかについて、当該普通電動役物の作動契機となる入賞口、ゲート及び普通図柄表示装置ごとに、作動契機に関係する部品等の作用を明確にしつつ、記載するとともに、動作原理図中の当該普通電動役物の作動契機となる入賞口、ゲート及び普通図柄表示装置ごとの記載箇所との対応関係を明確にして記載する。

ウ　作動契機―条件

普通電動役物ごとに、作動に係る全ての条件を箇条書で記載する。

エ　役物に係る入賞口―個数

普通電動役物に係る入賞口の個数を記載する。

オ　役物に係る入賞口―配置

普通電動役物に係る入賞口が、遊技盤上のどのような位置に配置されているのかについて、当該入賞口ごとに、遊技盤上の位置の寸法を明確にしつつ、記載するとともに、遊技盤面構造図中の当該入賞口ごとの記載箇所との対応関係を明確にして記載する。

カ　役物に係る入賞口―構造

普通電動役物に係る入賞口の構造が、どの部品等のどのような組合せによって構成されているのかについて、当該入賞口ごとに、その部品等及び組合せの寸法を明確にしつつ、記載するとともに、構造図中の当該入賞口ごとの記載箇所との対応関係を明確にして記載する。

キ　役物に係る入賞口―構造―入口の大きさ―役物未作動時

普通電動役物に係る入賞口の入口の大きさが確認できる寸法を、通常時（当該役物未作動時）について、当該入賞口ごとに記載する（小数点以下の記載は、不要とする。）。

ク　役物に係る入賞口―構造―入口の大きさ―役物作動時

普通電動役物に係る入賞口の入口の大きさが確認できる寸法を、開放等時（当該役物作動時）について、当該入賞口ごとに記載する（小数点以下の記載は、不要とする。）。

ケ　役物に係る入賞口―構造―内部構造―入賞感知機構

普通電動役物に係る入賞口の内部構造にある遊技球の入賞を感知する機構が、どの部品等のどのような組合せによって構成されているのかについて、当該普通電動役物に係る入賞口ごとに、その部品等及び組合せの寸法を明確にしつつ、記載するとともに、構造図中の当該普通電動役物に係る入賞口ごとの記載箇所との対応関係を明確にして記載する。

また、どの部品等のどのような作用及び動作原理によって入賞を感知するのかについて、当該普通電動役物に係る入賞口ごとに、記載するとともに、動作原理図中の当該普通電動役物に係る入賞口ごとの記載箇所との対応関係を明確にして記載する。

コ　役物に係る入賞口―構造―内部構造―その他遊技の結果に影響を及ぼすこととなる機能を有する構造

普通電動役物に係る入賞口の入賞感知機構以外の内部構造で遊技の結果に影響を及ぼすこととなる機能を有するもの（入賞口の内部構造の中にある領域で遊技球の通過により遊技の結果に影響を及ぼすこととなるもの及び当該領域への遊技球の通過率を調整する機能を有する構造等）の有無を記載する。

当該構造がある場合には、当該構造ごとの設置目的及び効果を明確にした上で、当該構造が、どの部品等のどのような組合せによって構成されているのかについて、当該構造ごとに、その部品等及び組合せの寸法を明確にしつつ、記載するとともに、構造図中の当該構造ごとの記載箇所との対応関係を明確にして記載する。

また、当該構造が動作する場合には、どの部品等のどのような作用及び動作原理によって動作するのかについて、当該構造ごとに、記載するとともに、動作原理図中の当該動作する構造ごとの記載箇所との対応関係を明確にして記載する。

サ　役物に係る入賞口―普通電動役物の一回の作動による入口の開放等の回数

普通電動役物の一回の作動により入賞口の入口が複数回の開放等を繰り返すものにあっては、当該普通電動役物に係る入賞口ごとに、当該繰り返し回数を記載する。

また、普通電動役物の一回の作動ごとに入賞口の入口の開放等の回数が変動する場合には、当該普通電動役物に係る入賞口ごとに、その変動条件及びそのときの回数を全て記載する。

シ　役物に係る入賞口―普通電動役物の一回の作動による入口の開放等の時間及びその合計

普通電動役物の一回の作動による入賞口の入口の開放等の時間を記載する。

普通電動役物の一回の作動により入賞口の入口が複数回の開放等を繰り返すものにあっては、当該普通電動役物に係る入賞口ごとに、個々の開放等の時間及び開放等の時間の合計も記載する。

また、普通電動役物の一回の作動ごとに入賞口の入口の開放等の時間が変動する場合には、当該普通電動役物に係る入賞口ごとに、その変動条件及びそのときの個々の開放等の時間及び開放等の時間の合計を全て記載する。

ス　役物に係る入賞口―入賞による獲得遊技球数

普通電動役物に係る入賞口ごとに、一個の遊技球が入賞した場合に獲得することができる遊技球の個数を記載する。

セ　役物に係る入賞口―最大入賞数

普通電動役物に係る入賞口ごとに、最大入賞数を記載する。

ソ　役物に係る入賞口—材質

材質名及び日本工業規格（ＪＩＳ規格）による材質表示を記載する。

タ　普通電動役物の作動に係る制御又はデータ処理に係る電子回路

普通電動役物の作動に係る制御又はデータ処理に係る電子回路の機能及び処理について、当該普通電動役物ごとに、記載するとともに、規則第一条第三項第三号ロ又は第七条第二項第六号ロに掲げる回路図（以下「回路図」という。）中の当該普通電動役物ごとの記載箇所との対応関係を明確にして記載する。

チ　普通電動役物の作動に係る制御又はデータ処理に係る電子回路—使用部品

普通電動役物の作動に係る制御又はデータ処理に係る電子回路の部品を、当該普通電動役物ごとに全て記載する。

ツ　普通電動役物の作動に係る制御又はデータ処理に係るプログラム

ソースプログラム中の普通電動役物の作動に係る制御又はデータ処理に係るプログラムの実現箇所並びに当該プログラムの処理並びに当該プログラムで使用されるデータの一覧表及び作業領域の一覧表を、当該普通電動役物ごとに記載する。

また、当該普通電動役物の作動に関し、内部抽せんが行われる場合には、当該普通電動役物ごとに、内部抽せんが行われる契機を記載するとともに、電源の投入等外部的な要因あるいは当該普通電動役物の作動等内部的な要因にかかわらず、内部抽せんの結果に偏りが発生しないことを明確にして記載する。

テ　普通電動役物の作動に係る制御又はデータ処理に係るプログラム—入賞球数の計測に係るプログラム

ツに記載したもののうち入賞球数の計測に係るプログラムに該当する箇所を特定して記載する。

ト　普通電動役物の作動に欠くことができないその他の構造

普通電動役物の作動の契機となる入賞口、ゲート及び普通図柄表示装置、普通電動役物に係る入賞口及び普通電動役物の作動に係る制御又はデータ処理に係る電子回路の構造以外の構造で、普通電動役物の作動に欠くことができないものの有無を記載する。

当該構造がある場合には、当該構造ごとの設置目的及び効果を明確にした上で、当該構造が、どの部品等のどのような組合せによって構成されているのかについて、当該構造ごとに、その部品等及び組合せの寸法を明確にしつつ、記載するとともに、構造図中の当該構造ごとの記載箇所との対応関係を明確にして記載する。

また、当該構造が動作する場合には、どの部品等のどのような作用及び動作原理によって動作するのかについて、当該構造ごとに、記載するとともに、動作原理図中の当該動作する構造ごとの記載箇所との対応関係を明確にして記載する。

(20)　普通図柄表示装置

ア　個数

普通図柄表示装置の個数を記載する。

イ　配置

普通図柄表示装置が、遊技盤でどのような位置に配置されているのかについて、当該普通図柄表示装置ごとに、遊技盤での位置の寸法を明確にしつつ、記載するとともに、遊技盤面構造図中の当該普通図柄表示装置ごとの記載箇所との対応関係を明確にして記載する。

ウ　構造

普通図柄表示装置の構造が、どの部品等のどのような組合せによって構成されているのかについて、当該普通図柄表示装置ごとに、その部品等及び組合せの寸法を明確にしつつ、記載するとともに、構造図中の当該普通図柄表示装置ごとの記載箇所との対応関係を明確にして記載する。

エ　構造—使用部品

普通図柄表示装置の作動に係る部品を、当該普通図柄表示装置ごとに全て記載する。

オ　作動契機

普通図柄表示装置が、どのような契機によって作動するのかについて記載する。

このとき、当該普通図柄表示装置が、どの部品等のどのような組合せによって構成されているのかについて、当該普通図柄表示装置の作動契機となる入賞口及びゲートごとに、その部品等及び組合せの寸法を明確にしつつ、記載するとともに、構造図中の当該普通図柄表示装置の作動契機となる入賞口及びゲートごとの記載箇所との対応関係を明確にして記載する。

また、どの部品等のどのような作用及び動作原理によって作動するのかについて、当該普通図柄表示装置の作動契機となる入賞口及びゲートごとに、作動契機に関係する部品等の作用を明確にしつつ、記載するとともに、動作原理図中の当該普通図柄表示装置の作動契機となる入賞口及びゲートごとの記載箇所との対応関係を明確にして記載する。

カ　作動契機―条件

普通図柄表示装置の作動に係る条件の有無を記載する。当該条件がある場合には、当該普通図柄表示装置ごとに、作動に係る全ての条件を次の記載例により記載する。

記載例：あり。

普通図柄表示装置Aは、普通図柄表示装置Aに表示された特定の図柄の組合せを作動契機として作動した普通電動役物の作動中は、作動しない。

キ　普通電動役物が作動することとなる図柄の組合せ

普通図柄表示装置が表示する普通電動役物が作動することとなる図柄の組合せを当該普通電動役物ごとに全て記載する。

ク　普通電動役物が作動することとなる図柄の組合せが表示される確率の値―当該確率が変動しない場合

普通電動役物が作動することとなる図柄の組合せを普通図柄表示装置が表示する確率が変動しない場合には、当該普通電動役物ごとに、当該確率を記載する。

ケ　普通電動役物が作動することとなる図柄の組合せが表示される確率の値―当該確率が変動する場合―上の値

普通電動役物が作動することとなる図柄の組合せを普通図柄表示装置が表示する確率が変動する場合には、当該確率の大きい方の確率を記載する。

コ　普通電動役物が作動することとなる図柄の組合せが表示される確率の値―当該確率が変動する場合―下の値

普通電動役物が作動することとなる図柄の組合せを普通図柄表示装置が表示する確率が変動する場合には、当該確率の小さい方の確率を記載する。

サ　普通電動役物が作動することとなる図柄の組合せが表示される確率の値が変動する契機

普通電動役物が作動することとなる図柄の組合せを普通図柄表示装置が表示する確率が変動（以下サにおいて「確率変動」という。）する場合には、当該普通図柄表示装置ごとに、確率変動条件を全て記載する。

このとき、当該確率変動に係る部品等が、どの部品等のどのような組合せによって構成されているのかについて、当該確率変動に係る部品等ごとに、その部品等及び組合せの寸法を明確にしつつ、記載するとともに、構造図中の当該確率変動に係る部品等ごとの記載箇所との対応関係を明確にして記載する。

また、どの部品等のどのような作用及び動作原理によって変動するのかについて、当該確率変動に係る部品等ごとに、確率変動に関係する部品等の作用を明確にしつつ、記載するとともに、動作原理図中の当該確率変動に係る部品等ごとの記載箇所との対応関係を明確にして、記載する。

シ　図柄確定に要する時間

普通図柄表示装置の作動契機の成立時から当該普通図柄表示装置の作動に係る図柄の変動開始時までに要する時間及び当該普通図柄表示装置の作動による図柄の変動開始時から図柄確定時までに要する時間を、当該普通図柄表示装置ごと及び表示図柄ごとに記載する。

当該時間が特定の条件により変動する場合には、その変動条件及びそのときの時間を全て記載する。

ス　作動保留球数の記憶可能数の上限

記憶できる遊技球の個数（単位は、「個」とする。）を記載する。

セ　普通図柄表示装置の作動に係る制御又はデータ処理に係る電子回路

普通図柄表示装置の作動に係る制御又はデータ処理に係る電子回路の機能及び処理について、当該普通図柄表示装置ごとに、記載するとともに、回路図中の当該普通図柄表示装置ごとの記載箇所との対応関係を明確にして記載する。

ソ　普通図柄表示装置の作動に係る制御又はデータ処理に係る電子回路―使用部品

普通図柄表示装置の作動に係る制御又は

データ処理に係る電子回路の部品を、当該普通図柄表示装置ごとに全て記載する。

タ　普通図柄表示装置の作動に係る制御又はデータ処理に係るプログラム

　ソースプログラム中の普通図柄表示装置の作動に係る制御又はデータ処理に係るプログラムの実現箇所並びに当該プログラムの処理並びに当該プログラムで使用されるデータの一覧表及び作業領域の一覧表を、当該普通図柄表示装置ごとに記載する。

チ　普通図柄表示装置の作動に係る制御又はデータ処理に係るプログラム―普通電動役物を作動させることとなる図柄の組合せを表示するか否かの抽せんに係るプログラム

　タに記載したもののうち普通電動役物を作動させることとなる図柄の組合せを表示するか否かの抽せんに係るプログラムに該当する箇所を特定して記載する。

　また、当該普通図柄表示装置の作動に関し、内部抽せんが行われる場合には、当該普通図柄表示装置ごとに、内部抽せんが行われる契機を記載するとともに、電源の投入等外部的な要因あるいは当該普通図柄表示装置又は当該普通電動役物等の作動等内部的な要因にかかわらず、内部抽せんの結果に偏りが発生しないことを明確にして記載する。

ツ　普通図柄表示装置の作動に係る制御又はデータ処理に係るプログラム―表示する図柄の組合せの決定・表示に係るプログラム

　タに記載したもののうち表示する図柄の組合せの決定・表示に係るプログラムに該当する箇所を特定して記載する。

テ　普通図柄表示装置の作動に係る制御又はデータ処理に係るプログラム―作動保留球数の記憶に係るプログラム

　タに記載したもののうち作動保留球数の記憶に係るプログラムに該当する箇所を特定して記載する。

(21)　特別電動役物

ア　個数

　特別電動役物の個数を記載する。

イ　役物連続作動装置未作動時―作動契機

　役物連続作動装置が作動していない場合において、特別電動役物が、どのような契機によって作動するのかについて記載する。

　このとき、当該特別電動役物が、どの部品等のどのような組合せによって構成されているのかについて、当該特別電動役物の作動契機となる入賞口及び特別図柄表示装置ごとに、その部品等及び組合せの寸法を明確にしつつ、記載するとともに、構造図中の当該特別電動役物の作動契機となる入賞口及び特別図柄表示装置ごとの記載箇所との対応関係を明確にして記載する。

　また、どの部品等のどのような作用及び動作原理によって作動するのかについて、当該特別電動役物の作動契機となる入賞口及び特別図柄表示装置ごとに、作動契機に関係する部品等の作用を明確にしつつ、記載するとともに、動作原理図中の当該特別電動役物の作動契機となる入賞口及び特別図柄表示装置ごとの記載箇所との対応関係を明確にして記載する。

ウ　役物連続作動装置未作動時―作動契機―条件

　役物連続作動装置が作動していない場合において、特別電動役物ごとに、作動に係る全ての条件を箇条書で記載する。

エ　役物連続作動装置未作動時―作動終了条件

　役物連続作動装置が作動していない場合において、特別電動役物の作動の終了に係る条件の有無を記載する。当該条件がある場合には、当該特別電動役物ごとに、作動の終了に係る全ての条件を箇条書で記載する。

オ　役物連続作動装置作動時―作動契機

　役物連続作動装置が作動している場合において、特別電動役物が、どのような契機によって作動するのかについて記載する。

　このとき、当該特別電動役物が、どの部品等のどのような組合せによって構成されているのかについて、当該特別電動役物の作動契機となる入賞口及び特別図柄表示装置ごとに、その部品等及び組合せの寸法を明確にしつつ、記載するとともに、構造図中の当該特別電動役物の作動契機となる入賞口及び特別図柄表示装置ごとの記載箇所との対応関係を明確にして記載する。

　また、どの部品等のどのような作用及び動作原理によって作動するのかについて、当該特別電動役物の作動契機となる入賞口及び特別図柄表示装置ごとに、作動契機に関係する部品等の作用を明確にしつつ、記載するとともに、動作原理図中の当該特別電動役物の作動契機となる入賞口及び特別図柄表示装置ごとの記載箇所との対応関係を明確にして記載する。

カ　役物連続作動装置作動時―作動契機―条件

役物連続作動装置が作動している場合において、特別電動役物ごとに、作動に係る全ての条件を箇条書で記載する。

キ　役物連続作動装置作動時―作動終了条件

役物連続作動装置が作動している場合において、特別電動役物の作動の終了に係る条件の有無を記載する。当該条件がある場合には、当該特別電動役物ごとに、作動の終了に係る全ての条件を箇条書で記載する。

ク　役物連続作動装置作動時―設定ごとのMの値―Mが変動しない場合

作動確率Mが変動しない場合には、設定ごとに、当該Mの確率を記載する。

ケ　役物連続作動装置作動時―設定ごとのMの値―Mが変動する場合―MHの値

作動確率Mが変動する場合には、設定ごとに、当該Mの大きい方の確率を記載する。

コ　役物連続作動装置作動時―設定ごとのMの値―Mが変動する場合―MLの値

作動確率Mが変動する場合には、設定ごとに、当該Mの小さい方の確率を記載する。

サ　役物連続作動装置作動時―設定ごとのMが変動する契機

作動確率Mが変動する場合には、設定ごとに、Mの値を、別表第四(1)ト(ト)の式に留意し、Mの算出状況とともに記載する。

条件装置が作動することとなる図柄の組合せを特別図柄表示装置が表示する確率が変動（以下サにおいて「確率変動」という。）する場合には、当該特別図柄表示装置ごとに、確率変動条件を全て記載する。

このとき、当該確率変動に係る部品等が、どの部品等のどのような組合せによって構成されているのかについて、当該確率変動に係る部品等ごとに、その部品等及び組合せの寸法を明確にしつつ、記載するとともに、構造図中の当該確率変動に係る部品等ごとの記載箇所との対応関係を明確にして記載する。

また、どの部品等のどのような作用及び動作原理によって変動するかについて、当該確率変動に係る部品等ごとに、確率変動に関係する部品等の作用を明確にしつつ、記載するとともに、動作原理図中の当該確率変動に係る部品等ごとの記載箇所との対応関係を明確にして記載する。

シ　役物連続作動装置作動時―Nの値

Nの値を、別表第四(1)ト(ヘ)の式に留意し、Nの算出状況とともに記載する。

特別電動役物が連続して作動する回数の値が変動（以下シにおいて「回数変動」という。）する場合には、当該特別電動役物ごとに、回数変動条件を全て記載する。

このとき、当該回数変動に係る部品等が、どの部品等のどのような組合せによって構成されているのかについて、当該回数変動に係る部品等ごとに、その部品等及び組合せの寸法を明確にしつつ、記載するとともに、構造図中の当該回数変動に係る部品等ごとの記載箇所との対応関係を明確にして記載する。

また、どの部品等のどのような作用及び動作原理によって変動するのかについて、当該回数変動に係る部品等ごとに、回数変動に関係する部品等の作用を明確にしつつ記載するとともに、動作原理図中の当該回数変動に係る部品等ごとの記載箇所との対応関係を明確にして記載する。

ス　役物連続作動装置作動時―Rの値

Rの値を記載する。

セ　役物連続作動装置作動時―Sの値

Sの値を記載する。

ソ　役物連続作動装置作動時―設定ごとのM×N×R×Sの値

設定ごとに、M×N×R×Sの値を記載する。

タ　条件装置―作動契機

条件装置が、どのような契機によって作動するのかについて記載する。

このとき、当該条件装置が、どの部品等のどのような組合せによって構成されているのかについて、当該条件装置の作動契機となる特別図柄表示装置及び大入賞口内の特定の領域ごとに、その部品等及び組合せの寸法を明確にしつつ、記載するとともに、構造図中の当該条件装置の作動契機となる特別図柄表示装置及び大入賞口内の特定の領域ごとの記載箇所との対応関係を明確にして記載する。

また、どの部品等のどのような作用及び動作原理によって作動するのかについて、当該条件装置の作動契機となる特別図柄表示装置及び大入賞口内の特定の領域ごとに、作動契機に関係する部品等の作用を明確にしつつ、記載するとともに、動作原理図中の当該条件装置の作動契機となる特別図柄表示装置及び大入賞口内の特定の領域ごとの記載箇所との対応関係を明確にして記載する。

チ　条件装置―作動契機―条件

条件装置の作動に係る全ての条件を箇条書で記載する。

ツ　条件装置―作動終了条件

条件装置の作動の終了に係る条件の有無を記載する。当該条件がある場合には、作動の終了に係る全ての条件を箇条書で記載する。

テ　始動口―個数

始動口の個数を記載する。

ト　始動口―配置

始動口が、遊技盤上のどのような位置に配置されているのかについて、当該始動口ごとに、遊技盤上の位置の寸法を明確にしつつ、記載するとともに、遊技盤面構造図中の当該始動口ごとの記載箇所との対応関係を明確にして記載する。また、始動口が普通電動役物に係る入賞口である場合には、当該始動口ごとにその旨を記載する。

ナ　始動口―材質

材質名及び日本工業規格（ＪＩＳ規格）による材質表示を記載する。

ニ　大入賞口―個数

大入賞口の個数を記載する。

ヌ　大入賞口―配置

大入賞口が、遊技盤上のどのような位置に配置されているのかについて、当該大入賞口ごとに、遊技盤上の位置の寸法を明確にしつつ、記載するとともに、遊技盤面構造図中の当該大入賞口ごとの記載箇所との対応関係を明確にして記載する。

ネ　大入賞口―構造

大入賞口の構造が、どの部品等のどのような組合せによって構成されているのかについて、当該大入賞口ごとに、その部品等及び組合せの寸法を明確にしつつ、記載するとともに、構造図中の当該大入賞口ごとの記載箇所との対応関係を明確にして記載する。

ノ　大入賞口―構造―入口の大きさ―役物未作動時

大入賞口の入口の大きさが確認できる寸法を、通常時（特別電動役物未作動時）について、当該大入賞口ごとに記載する（小数点以下の記載は、不要とする。）。

ハ　大入賞口―構造―入口の大きさ―役物作動時

大入賞口の入口の大きさが確認できる寸法を、開放等時（特別電動役物作動時）について、当該大入賞口ごとに、記載する（小数点以下の記載は、不要とする。）。

ヒ　大入賞口―構造―内部構造―入賞感知機構

大入賞口の内部構造にある遊技球の入賞を感知する機構が、どの部品等のどのような組合せによって構成されているのかについて、当該大入賞口ごとに、その部品等及び組合せの寸法を明確にしつつ、記載するとともに、構造図中の当該大入賞口ごとの記載箇所との対応関係を明確にして記載する。

また、どの部品等のどのような作用及び動作原理によって入賞を感知するかについて、当該大入賞口ごとに、記載するとともに、動作原理図中の当該大入賞口ごとの記載箇所との対応関係を明確にして記載する。

フ　大入賞口―構造―内部構造―特定の領域―配置

大入賞口の内部構造にある特定の領域が、大入賞口でどのような位置に配置されているのかについて、当該特定の領域ごとに、大入賞口での位置の寸法を明確にしつつ、記載するとともに、構造図中の当該特定の領域ごとの記載箇所との対応関係を明確にして記載する。

ヘ　大入賞口―構造―内部構造―特定の領域―構造

大入賞口の内部構造にある特定の領域の構造が、どの部品等のどのような組合せによって構成されているのかについて、当該特定の領域ごとに、その部品等及び組合せの寸法を明確にしつつ、記載するとともに、構造図中の当該特定の領域ごとの記載箇所との対応関係を明確にして記載する。

ホ　大入賞口―構造―内部構造―特定の領域―構造―入口の大きさ

特定の領域の入口の大きさの最大値と最小値が確認できる寸法を、当該特定の領域ごとに、記載する（小数点以下の記載は、不要とする。）。

マ　大入賞口―構造―内部構造―その他遊技の

結果に影響を及ぼすこととなる機能を有する構造

特定の領域以外の大入賞口の内部構造で遊技の結果に影響を及ぼすこととなる機能を有するもの（入賞口の内部構造の中にある領域で遊技球の通過により遊技の結果に影響を及ぼすこととなるもの及び当該領域への遊技球の通過率を調整する機能を有する構造等）の有無を記載する。

当該構造がある場合には、当該構造ごとの設置目的及び効果を明確にした上で、当該構造が、どの部品等のどのような組合せによって構成されているのかについて、当該構造ごとに、その部品等及び組合せの寸法を明確にしつつ、記載するとともに、構造図中の当該構造ごとの記載箇所との対応関係を明確にして記載する。

また、当該構造が動作する場合には、どの部品等のどのような作用及び動作原理によって動作するのかについて、当該構造ごとに、記載するとともに、動作原理図中の当該動作する構造ごとの記載箇所との対応関係を明確にして記載する。

ミ　大入賞口―開放等の契機

大入賞口ごとに、入口の開放等に係る全ての契機を次の記載例により記載する。

記載例：特別電動役物の作動

ム　大入賞口―役物連続作動装置未作動時―開放等の回数

役物連続作動装置が作動していない場合において、特別電動役物の一回の作動による大入賞口の入口の開放等の回数を記載する。

特別電動役物の一回の作動により大入賞口の入口が複数回の開放等を繰り返すものにあっては、当該特別電動役物に係る大入賞口ごとに、個々の開放等の繰り返す回数を記載する。

また、特別電動役物の一回の作動ごとに大入賞口の入口の開放等の回数が変動する場合には、当該特別電動役物に係る大入賞口ごとに、その変動条件及びそのときの回数を全て記載する。

メ　大入賞口―役物連続作動装置未作動時―開放等の時間及びその合計

役物連続作動装置が作動していない場合において、特別電動役物の一回の作動による大入賞口の入口の開放等の時間を記載する。

特別電動役物の一回の作動により大入賞口の入口が複数回の開放等を繰り返すものにあっては、当該特別電動役物に係る大入賞口ごとに、個々の開放等の時間及び開放等の時間の合計も記載する。

また、特別電動役物の一回の作動ごとに大入賞口の入口の開放等の時間が変動する場合には、当該特別電動役物に係る大入賞口ごとに、その変動条件及びそのときの個々の開放等の時間及び開放等の時間の合計を全て記載する。

モ　大入賞口―役物連続作動装置作動時―開放等の回数

役物連続作動装置が作動している場合において、特別電動役物の一回の作動による大入賞口の入口の開放等の回数を記載する。

特別電動役物の一回の作動により大入賞口の入口が複数回の開放等を繰り返すものにあっては、当該特別電動役物に係る大入賞口ごとに、個々の開放等の繰り返す回数を記載する。

また、特別電動役物の一回の作動ごとに大入賞口の入口の開放等の回数が変動する場合には、当該特別電動役物に係る大入賞口ごとに、その変動条件及びそのときの回数を全て記載する。

ヤ　大入賞口―役物連続作動装置作動時―開放等の時間及びその合計

役物連続作動装置が作動している場合において、特別電動役物の一回の作動による大入賞口の入口の開放等の時間を記載する。

特別電動役物の一回の作動により大入賞口の入口が複数回の開放等を繰り返すものにあっては、当該特別電動役物に係る大入賞口ごとに、個々の開放等の時間及び開放等の時間の合計も記載する。

また、特別電動役物の一回の作動ごとに大入賞口の入口の開放等の時間が変動する場合には、当該特別電動役物に係る大入賞口ごとに、その変動条件及びそのときの個々の開放等の時間及び開放等の時間の合計を全て記載する。

ユ　大入賞口―大入賞口に入賞する遊技球の数のうち特定の領域を通過する遊技球の数の割合

条件装置の作動に係る大入賞口に入賞する

遊技球の数のうち特定の領域を通過する遊技球の数の割合を記載する。

ヨ　大入賞口―入賞による獲得遊技球数

大入賞口ごとに、一個の遊技球が入賞した場合に獲得することができる遊技球の個数を記載する。

ラ　大入賞口―最大入賞数

大入賞口ごとに、最大入賞数を記載する。

リ　大入賞口―材質

材質名及び日本工業規格（ＪＩＳ規格）による材質表示を記載する。

ル　特別電動役物の作動に係る制御又はデータ処理に係る電子回路

特別電動役物の作動に係る制御又はデータ処理に係る電子回路の機能及び処理について、当該特別電動役物ごとに、記載するとともに、回路図中の当該特別電動役物ごとの記載箇所との対応関係を明確にして記載する。

レ　特別電動役物の作動に係る制御又はデータ処理に係る電子回路―使用部品

特別電動役物の作動に係る制御又はデータ処理に係る電子回路の部品を、当該特別電動役物ごとに全て記載する。

ロ　特別電動役物の作動に係る制御又はデータ処理に係るプログラム

ソースプログラム中の特別電動役物の作動に係る制御又はデータ処理に係るプログラムの実現箇所並びに当該プログラムの処理並びに当該プログラムで使用されるデータの一覧表及び作業領域の一覧表を、当該特別電動役物ごとに記載する。

また、当該特別電動役物の作動に関し、内部抽せんが行われる場合には、当該特別電動役物ごとに、内部抽せんが行われる契機を記載するとともに、電源の投入等外部的な要因あるいは当該特別電動役物の作動等内部的な要因にかかわらず、内部抽せんの結果に偏りが発生しないことを明確にして記載する。

ワ　特別電動役物の作動に係る制御又はデータ処理に係るプログラム―役物連続作動装置の作動の開始及び終了に係るプログラム

ロに記載したもののうち役物連続作動装置の作動の開始及び終了に係るプログラムに該当する箇所を特定して記載する。

ヲ　特別電動役物の作動に係る制御又はデータ処理に係るプログラム―入賞球数の計測に係るプログラム

ロに記載したもののうち入賞球数の計測に係るプログラムに該当する箇所を特定して記載する。

ン　特別電動役物の作動に欠くことができないその他の構造

特別電動役物の作動の契機となる始動口、特別図柄表示装置、大入賞口及び特別電動役物の作動に係る制御又はデータ処理に係る電子回路の構造以外の構造で、特別電動役物の作動に欠くことができないものの有無を記載する。

当該構造がある場合には、当該構造ごとの設置目的及び効果を明確にした上で、当該構造が、どの部品等のどのような組合せによって構成されているのかについて、当該構造ごとに、その部品等及び組合せの寸法を明確にしつつ、記載するとともに、構造図中の当該構造ごとの記載箇所との対応関係を明確にして記載する。

また、当該構造が動作する場合には、どの部品等のどのような作用及び動作原理によって動作するのかについて、当該構造ごとに、記載するとともに、動作原理図中の当該動作する構造ごとの記載箇所との対応関係を明確にして記載する。

(22)　特別図柄表示装置

ア　個数

特別図柄表示装置の個数を記載する。

イ　配置

特別図柄表示装置が、遊技盤でどのような位置に配置されているのかについて、当該特別図柄表示装置ごとに、遊技盤での位置の寸法を明確にしつつ、記載するとともに、遊技盤面構造図中の当該特別図柄表示装置ごとの記載箇所との対応関係を明確にして記載する。

ウ　構造

特別図柄表示装置の構造が、どの部品等のどのような組合せによって構成されているのかについて、当該特別図柄表示装置ごとに、その部品等及び組合せの寸法を明確にしつつ、記載するとともに、構造図中の当該特別図柄表示装置ごとの記載箇所との対応関係を明確にして記載する。

エ　構造―使用部品

特別図柄表示装置の作動に係る部品を、当

該特別図柄表示装置ごとに全て記載する。

オ　作動契機

特別図柄表示装置が、どのような契機によって作動するのかについて記載する。

このとき、当該特別図柄表示装置が、どの部品等のどのような組合せによって構成されているのかについて、当該特別図柄表示装置の作動契機となる入賞口ごとに、その部品等及び組合せの寸法を明確にしつつ、記載するとともに、構造図中の当該特別図柄表示装置の作動契機となる入賞口ごとの記載箇所との対応関係を明確にして記載する。

また、どの部品等のどのような作用及び動作原理によって作動するのかについて、当該特別図柄表示装置の作動契機となる入賞口ごとに、作動契機に関係する部品等の作用を明確にしつつ、記載するとともに、動作原理図中の当該特別図柄表示装置の作動契機となる入賞口ごとの記載箇所との対応関係を明確にして記載する。

カ　作動契機―条件

特別図柄表示装置の作動に係る条件の有無を記載する。当該条件がある場合には、当該特別図柄表示装置ごとに、作動に係る全ての条件を次の記載例により記載する。

記載例：あり。

特別電動役物の作動中は、作動しない。

キ　特別電動役物が作動することとなる図柄の組合せ

特別図柄表示装置が表示する特別電動役物が作動することとなる図柄の組合せを当該特別電動役物ごとに全て記載する。

ク　条件装置が作動することとなる図柄の組合せ

特別図柄表示装置が表示する条件装置が作動することとなる図柄の組合せを全て記載する。

ケ　役物連続作動装置が作動せず、かつ、特別電動役物が作動することとなる図柄の組合せを表示する確率の値

役物連続作動装置が作動せず、かつ、特別電動役物が作動することとなる図柄の組合せを、各特別図柄表示装置が表示する確率の値を記載する。

コ　図柄確定に要する時間

特別図柄表示装置の作動契機の成立時から当該特別図柄表示装置の作動による図柄の変動開始時までに要する時間及び当該特別図柄表示装置の作動による図柄の変動開始時から図柄確定時までに要する時間を、当該特別図柄表示装置ごと及び表示図柄ごとに記載する。

当該時間が特定の条件により変動する場合には、その変動条件及びそのときの時間を全て記載する。

サ　作動保留球数の記憶可能数の上限

記憶できる遊技球の個数（単位は、「個」とする。）を記載する。

シ　特別図柄表示装置の作動に係る制御又はデータ処理に係る電子回路

特別図柄表示装置の作動に係る制御又はデータ処理に係る電子回路の機能及び処理について、当該特別図柄表示装置ごとに、記載するとともに、回路図中の当該特別図柄表示装置ごとの記載箇所との対応関係を明確にして記載する。

ス　特別図柄表示装置の作動に係る制御又はデータ処理に係る電子回路―使用部品

特別図柄表示装置の作動に係る制御又はデータ処理に係る電子回路の部品を、当該特別図柄表示装置ごとに全て記載する。

セ　特別図柄表示装置の作動に係る制御又はデータ処理に係るプログラム

ソースプログラム中の特別図柄表示装置の作動に係る制御又はデータ処理に係るプログラムの実現箇所並びに当該プログラムの処理並びに当該プログラムで使用されるデータの一覧表及び作業領域の一覧表を、当該特別図柄表示装置ごとに記載する。

ソ　特別図柄表示装置の作動に係る制御又はデータ処理に係るプログラム―特別電動役物及び条件装置が作動することとなる図柄の組合せを表示するか否かの抽せんに係るプログラム

セに記載したもののうち特別電動役物及び条件装置を作動させることとなる図柄の組合せを表示するか否かの抽せんに係るプログラムに該当する箇所を特定して記載する。

また、当該特別図柄表示装置の作動に関し、内部抽せんが行われる場合には、当該特別図柄表示装置ごとに、内部抽せんが行われる契機を記載するとともに、電源の投入等外

部的な要因あるいは当該特別図柄表示装置の作動等内部的な要因にかかわらず、内部抽せんの結果に偏りが発生しないことを明確にして記載する。

タ　特別図柄表示装置の作動に係る制御又はデータ処理に係るプログラム―表示する図柄の組合せの決定・表示に係るプログラム

　セに記載したもののうち表示する図柄の組合せの決定・表示に係るプログラムに該当する箇所を特定して記載する。

チ　特別図柄表示装置の作動に係る制御又はデータ処理に係るプログラム―作動保留球数の記憶に係るプログラム

　セに記載したもののうち作動保留球数の記憶に係るプログラムに該当する箇所を特定して記載する。

(23)　役物連続作動装置

ア　個数

　役物連続作動装置の個数を記載する。

イ　作動契機

　役物連続作動装置が、どのような契機によって作動するのかについて記載する。

　このとき、当該役物連続作動装置が、どの部品等のどのような組合せによって構成されているのかについて、当該役物連続作動装置の作動契機となる特別図柄表示装置、大入賞口内の特定の領域、大入賞口以外の特定の入賞口、特定のゲート及び大入賞口以外の特定の入賞口内の特定の領域ごとに、その部品等及び組合せの寸法を明確にしつつ、記載するとともに、構造図中の当該役物連続作動装置の作動契機となる特別図柄表示装置、大入賞口内の特定の領域、大入賞口以外の特定の入賞口、特定のゲート及び大入賞口以外の特定の入賞口内の特定の領域ごとの記載箇所との対応関係を明確にして記載する。

　また、どの部品等のどのような作用及び動作原理によって作動するのかについて、当該役物連続作動装置の作動契機となる特別図柄表示装置、大入賞口内の特定の領域、大入賞口以外の特定の入賞口、特定のゲート及び大入賞口以外の特定の入賞口内の特定の領域ごとに、作動契機に関係する部品等の作用を明確にしつつ、記載するとともに、動作原理図中の当該役物連続作動装置の作動契機となる特別図柄表示装置、大入賞口内の特定の領域、大入賞口以外の特定の入賞口、特定のゲート及び大入賞口以外の特定の入賞口内の特定の領域ごとの記載箇所との対応関係を明確にして記載する。

ウ　作動契機―条件

　役物連続作動装置の作動に係る全ての条件を箇条書で記載する。

エ　役物連続作動装置の一回の作動により特別電動役物が連続して作動する回数とその合計

　役物連続作動装置の一回の作動により特別電動役物が連続して作動する回数が変動しない場合には、当該特別電動役物ごとに、役物連続作動装置の一回の作動により連続して作動する回数とその合計を記載する。

オ　役物連続作動装置の一回の作動により特別電動役物が連続して作動する回数が変動する場合におけるそれぞれの特別電動役物が連続する回数及びその確率の値

　役物連続作動装置の一回の作動により特別電動役物が連続して作動する回数が変動する場合には、その変動条件、特別電動役物ごとの連続する回数とその合計及びその確率の値を全て記載する。

カ　役物連続作動装置の一回の作動によりそれぞれの特別電動役物が作動する順序又は作動することとなる特別電動役物を決定する方法

　役物連続作動装置の一回の作動によりそれぞれの特別電動役物が作動する順序又は作動することとなる特別電動役物を決定する方法を記載する。

　また、役物連続作動装置の一回の作動によりそれぞれの特別電動役物が作動する順序が変化する場合には、その変動条件及びそのときの順序を全て記載する。

キ　作動終了条件

　役物連続作動装置の作動の終了に係る条件の有無を記載する。当該条件がある場合には、作動の終了に係る全ての条件を箇条書で記載する。

ク　設定ごとのＰの値

　設定ごとに、Ｐの値を、別表第四(1)ト(ト)の式に留意し、Ｐの算出状況とともに記載する。

　条件装置が作動する確率の値が変動（以下クにおいて「確率変動」という。）する場合には、確率変動条件を全て記載する。

　このとき、当該確率変動に係る部品等が、

どの部品等のどのような組合せによって構成されているのかについて、当該確率変動に係る部品等ごとに、その部品等及び組合せの寸法を明確にしつつ、記載するとともに、構造図中の当該確率変動に係る部品等ごとの記載箇所との対応関係を明確にして記載する。

また、どの部品等のどのような作用及び動作原理によって変動するのかについて、当該確率変動に係る部品等ごとに、確率変動に関係する部品等の作用を明確にして記載するとともに、動作原理図中の当該確率変動に係る部品等ごとの記載箇所との対応関係を明確にして記載する。

ケ　役物連続作動装置の作動に係る制御又はデータ処理に係る電子回路

役物連続作動装置の作動に係る制御又はデータ処理に係る電子回路の機能及び処理について、記載するとともに、回路図中の当該役物連続作動装置の記載箇所との対応関係を明確にして記載する。

コ　役物連続作動装置の作動に係る制御又はデータ処理に係る電子回路―使用部品

役物連続作動装置の作動に係る制御又はデータ処理に係る電子回路の部品を、全て記載する。

サ　役物連続作動装置の作動に係る制御又はデータ処理に係るプログラム

ソースプログラム中の役物連続作動装置の作動に係る制御又はデータ処理に係るプログラムの実現箇所並びに当該プログラムの処理並びに当該プログラムで使用されるデータの一覧表及び作業領域の一覧表を、全て記載する。

また、当該役物連続作動装置の作動に関し、内部抽せんが行われる場合には、内部抽せんが行われる契機を記載するとともに、電源の投入等外部的な要因あるいは当該役物連続作動装置の作動等内部的な要因にかかわらず、内部抽せんの結果に偏りが発生しないことを明確にして記載する。

シ　役物連続作動装置の作動に欠くことができないその他の構造

役物連続作動装置の作動の契機となる入賞口、ゲート、入賞口内の特定の領域及び役物連続作動装置の作動に係る制御又はデータ処理に係る電子回路の構造以外の構造で、役物連続作動装置の作動に欠くことができないものの有無を記載する。

当該構造がある場合には、当該構造ごとの設置目的及び効果を明確にした上で、当該構造が、どの部品等のどのような組合せによって構成されているのかについて、当該構造ごとに、その部品等及び組合せの寸法を明確にしつつ、記載するとともに、構造図中の当該構造ごとの記載箇所との対応関係を明確にして記載する。

また、当該構造が動作する場合には、どの部品等のどのような作用及び動作原理によって動作するのかについて、当該構造ごとに、記載するとともに、動作原理図中の当該動作する構造ごとの記載箇所との対応関係を明確にして記載する。

(24)　遊技の用に供されるその他の装置

諸元表の他の欄に記載した装置以外に、設定変更装置等、遊技の用に供される装置がある場合には、遊技の用に供されるその他の装置欄の各項目について、必要事項を明確に記載する。

該当する装置が複数ある場合には、当該装置ごとに、記載欄に縦の区切線を入れて記載する。

ア　名称

当該装置の名称を記載する。該当するものがない場合は、「該当なし」と記載する（当該装置欄のその他の項の記載項目についても「該当なし」と記載する。）。

イ　個数

当該装置の個数を記載する。

ウ　設置目的及び機能

当該装置の設置目的及び機能を明確にして記載する。

エ　配置

当該装置が、遊技盤でどのような位置に配置されているのかについて、当該装置ごとに、遊技盤での位置の寸法を明確にしつつ、記載するとともに、構造図中の当該装置ごとの記載箇所との対応関係を明確にして記載する。遊技盤に配置されていない装置については、「該当なし」と記載する。

オ　構造

当該装置の構造が、どの部品等のどのような組合せによって構成されているのかについて、当該装置ごとに、その部品等及び組合せの寸法を明確にしつつ、記載するとともに、構造図中の当該装置ごとの記載箇所との対応関係を明確にして記載する。

カ　構造―使用部品

当該装置の作動に係る部品を、当該装置ごとに全て記載する。

キ　動作原理

当該装置が、どの部品等のどのような作用及び動作原理によって動作するのかについて、当該装置ごとに、記載するとともに、動作原理図中の当該装置ごとの記載箇所（当該装置の作動中の動作説明、作動契機、作動条件及び作動終了条件並びに当該装置の作動に係るプログラムの明確な説明を記載した箇所をいう。）との対応関係を明確にして記載する。

また、当該装置が動作した場合の処理について記載する。このとき、どのような処理が行われるのかについて、当該装置ごとに、内容を説明するとともに、説明書中の記載箇所との対応関係を明確にして記載する。

ク　作動契機

当該装置が、どのような契機によって作動するのかについて記載する。

このとき、当該装置が、どの部品等のどのような組合せによって構成されているのかについて、当該装置の作動契機となるものごとに、その部品等及び組合せの寸法を明確にしつつ、記載するとともに、構造図中の当該装置の作動契機となるものごとの記載箇所との対応関係を明確にして記載する。

また、どの部品等のどのような作用及び動作原理によって作動するのかについて、当該装置の作動契機となるものごとに、作動契機に関係する部品等の作用を明確にしつつ、記載するとともに、動作原理図中の当該装置の作動契機となるものごとの記載箇所との対応関係を明確にして記載する。

ケ　作動契機―条件

当該装置ごとに、作動に係る全ての条件を箇条書で記載する。

コ　遊技の結果に影響を及ぼすこととなる図柄の組合せの表示その他の動作が行われることとなる確率の値

遊技の結果に影響を及ぼすこととなる図柄の組合せの表示その他の動作が行われることとなる確率の値を記載する。

サ　当該装置の作動に係る制御又はデータ処理に係る電子回路

当該装置の作動に係る制御又はデータ処理に係る電子回路の機能及び処理について、当該装置ごとに、記載するとともに、回路図中の当該装置ごとの記載箇所との対応関係を明確にして記載する。

シ　当該装置の作動に係る制御又はデータ処理に係る電子回路―使用部品

当該装置の作動に係る制御又はデータ処理に係る電子回路の部品を、当該装置ごとに全て記載する。

ス　当該装置の作動に係る制御又はデータ処理に係るプログラム

ソースプログラム中の当該装置の作動に係る制御又はデータ処理に係るプログラムの実現箇所並びに当該プログラムの処理並びに当該プログラムで使用されるデータの一覧表及び作業領域の一覧表を、当該装置ごとに記載する。

セ　当該装置の作動に係る制御又はデータ処理に係るプログラム―遊技の結果に影響を及ぼすこととなる図柄の組合せの表示その他の動作が行われるか否かの抽せんに係るプログラム

スに記載したもののうち遊技の結果に影響を及ぼすこととなる図柄の組合せの表示その他の動作が行われるか否かの抽せんに係るプログラムに該当する箇所を特定して記載する。

また、当該装置の作動に関し、内部抽せんが行われる場合には、当該装置ごとに、内部抽せんが行われる契機を記載するとともに、電源の投入等外部的な要因あるいは当該装置の作動等内部的な要因にかかわらず、内部抽せんの結果に偏りが発生しないことを明確にして記載する。

ソ　当該装置の作動に係る制御又はデータ処理に係るプログラム―図柄の決定・表示その他の動作に係るプログラム

スに記載したもののうち図柄の組合せの決定・表示その他の動作に係るプログラムに該当する箇所を特定して記載する。

(25)　遊技機内部の配線系統

遊技機内部の配線系統について、回路図中の当該配線系統を示すブロックダイヤ図の記載箇所との対応関係を明確にして記載する。

(26)　基板

ア　個数

遊技機に使用されている基板の個数を記載する。

イ　設置位置及び方法

遊技機の基板が遊技機中のどの位置に設置されているのかについて、当該基板ごとに、その形状及び寸法を明確にして記載するとともに、構造図中の当該基板ごとの記載箇所との対応関係を明確にして記載する。また、設置方法も併せて記載する。

ウ　回路構成

遊技機の基板の回路がどの部品等のどのような組合せによって構成されているかについて、当該基板ごと及び機能別にブロック化した回路ごとに、記載するとともに、回路図中の当該回路ごとの記載箇所との対応関係を明確にして記載する。

エ　部品配置

各基板の部品の配置を記載するとともに、構造図中の当該基板の部品の記載箇所との対応関係を明確にして記載する。

オ　使用部品

各基板に使用されている部品を全て記載する。

カ　使用部品―マイクロプロセッサー―個数

マイクロプロセッサーの個数を記載する。マイクロプロセッサーが複数ある場合には、キからコまでのマイクロプロセッサー欄の各項目の記載欄については、当該記載欄に縦の区切線を入れて、マイクロプロセッサーごとに、記載する。

キ　使用部品―マイクロプロセッサー―用途

マイクロプロセッサーの用途を記載した上で、当該マイクロプロセッサーが装着されている基板名を記載する。

ク　使用部品―マイクロプロセッサー―型式名

マイクロプロセッサーの型式名を記載する。

ケ　使用部品―マイクロプロセッサー―製造者名

マイクロプロセッサーを製造した者の氏名及び名称を記載する。

コ　使用部品―マイクロプロセッサー―特記事項

マイクロプロセッサーへのＲＯＭ、ＲＷＭその他の電子部品等の内蔵の有無、当該マイクロプロセッサーの機能及び構造に関する特記事項を記載する。

サ　使用部品―ＲＯＭ―個数

ＲＯＭの個数を記載する。マイクロプロセッサーと同一集積回路に内蔵されているＲＯＭについても、この記載欄に計上する。ＲＯＭが複数ある場合には、シからニまでのＲＯＭ欄の各項目の記載欄については、当該記載欄に縦の区切線を入れて、ＲＯＭごとに記載する。

シ　使用部品―ＲＯＭ―用途

ＲＯＭの用途を記載した上で、当該ＲＯＭが装着されている基板名及び当該ＲＯＭと対応するマイクロプロセッサーを記載する。

ス　使用部品―ＲＯＭ―記憶容量

ＲＯＭの記憶容量をバイト数で記載する。また、当該ＲＯＭに記憶された情報を出力する方法についても記載する。

セ　使用部品―ＲＯＭ―使用領域

ＲＯＭの記憶容量のうち、プログラム及びデータの記憶に使用されているバイト数を、使用領域、制御領域及びデータ領域ごとに記載する。また、各領域のバイト数を記載する。

ソ　使用部品―ＲＯＭ―記憶内容

ＲＯＭの記憶内容のダンプリストの記載箇所を特定して記載する。

タ　使用部品―ＲＯＭ―記憶内容―プログラム―構成

ＲＯＭに記憶されたプログラムのモジュール構成図の記載箇所を特定して記載する。

チ　使用部品―ＲＯＭ―記憶内容―プログラム―ソースプログラム

ＲＯＭに記憶されたプログラムのソースリストの記載箇所を特定して記載する。

ツ　使用部品―ＲＯＭ―記憶内容―プログラム―使用データ

ＲＯＭに記憶されたプログラムで使用する定数データの一覧表（記憶番地及びデータの用途等が記載された表をいう。）及び変数等の作業領域の一覧表（各作業領域の割当番地及び用途等が記載された表をいう。）の記載箇所を特定して記載する。

テ　使用部品―ＲＯＭ―記憶内容―検査合計

ＲＯＭの各記憶番地に記憶された内容を十六進数値として扱い、全ての記憶番地の内容を合計した値の下位四桁を十六進数値のまま記載する。

ト　使用部品―ROM―型式名

ROMの型式名（ROMの製造者が定めた型式名をいう。）を記載する。マイクロプロセッサーと同一集積回路に内蔵されるROMは、その旨を明記する。

ナ　使用部品―ROM―製造者名

ROMを製造した者の氏名又は名称を記載する。

ニ　使用部品―ROM―特記事項

ROMの機能及び構造に関する特記事項があれば記載する。ない場合は、「なし」と記載する。

ヌ　使用部品―RWM―個数

RWMの個数を記載する。マイクロプロセッサーと同一集積回路に内蔵されているRWMの個数について記載する。RWMが複数ある場合には、ネからホまでのRWM欄の各項目の記載欄については、当該記載欄に縦の区切線を入れて、RWMごとに、記載する。

ネ　使用部品―RWM―用途

RWMの用途を記載の上、当該RWMが装着されている基板名及び対応するマイクロプロセッサーを記載する。

ノ　使用部品―RWM―記憶容量

RWMの記憶容量をバイト数で記載する。

ハ　使用部品―RWM―使用領域

RWMの記憶容量のうち、使用領域に使用されるバイト数を記載する。

ヒ　使用部品―RWM―初期化処理

RWMの使用領域、未使用領域の割当番地を特定した上で、各々の領域に対する初期化処理の内容を記載する。

フ　使用部品―RWM―型式名

RWMの型式名（RWMの製造者が定めたもの）を記載する。マイクロプロセッサーと同一集積回路に内蔵されているRWMについては、その旨を記載する。

ヘ　使用部品―RWM―製造者名

RWMを製造した者の氏名又は名称を記載する。

ホ　使用部品―RWM―特記事項

RWMの機能及び構造に関する特記事項があれば記載する。ない場合は「なし」と記載する。

マ　主基板ケース―構造

主基板ケースの構造について、どのような方法で容易に開封できず、開封時にはこん跡が残るかを明確にして記載する。

ミ　主基板ケース―材質

主基板ケースの材質について、透明であるかを明確にして記載する。

ム　基板の型式を特定するための番号、記号その他の符号

基板の型式を特定するための番号、記号その他の符号を記載する。

メ　製造者の氏名又は名称

基板を製造した者の氏名又は名称を記載する。

(27)　入力信号

入力信号欄には、遊技機外部から遊技機へ入力される信号について、記載する。

ア　信号の種類

遊技機に入力する全ての信号の名称及びその用途を記載の上、各信号の信号形式の、規則第一条第三項第三号ハ又は第七条第二項第六号ハの遊技機並びに遊技機の部品及び装置の構造、材質及び性能の説明を記載した書類（以下「説明書」という。）の記載箇所を特定して記載する。

イ　端子の位置

外部からの各入力信号線を接続する端子が設けられた基板の名称を記載した上で、当該基板の設置位置を特定した構造図、当該基板の部品配置図（各端子の基板上の設置位置が特定されたもの）及び各端子と入力信号線の接続に使用されるコネクタ仕様説明の各々について、記載箇所を特定して記載する。

(28)　出力信号

出力信号欄には、遊技機から遊技機外部へ出力される信号について、記載する。

ア　信号の種類

遊技機から出力される信号全ての名称及びその用途を記載の上、各信号の信号形式の説明書の記載箇所を特定して記載する。

イ　端子の位置

遊技機外部への各出力信号線を接続する端子が設けられた基板の名称を記載した上で、当該基板の設置位置を特定した構造図、当該基板の部品配置図（各端子の基板上の設置位置が特定されたもの）及び各端子と出力信号線の接続に使用されるコネクタ仕様説明の

各々について、記載箇所を特定して記載する。

(29) 遊技機の使用に接続を必要とする装置

電源装置（トランス）あるいはプリペイドカードユニット等、提出に係る遊技機を使用する上で接続が必要な装置がある場合は、その全ての装置について、明確に記載する。該当する装置が複数ある場合は、当該記載欄に縦の区切線を入れて、装置ごとに、記載する。

ア　名称

該当する装置の名称を記載する。

イ　用途

該当する装置の用途及び機能概要を記載する。

ウ　接続条件

諸元表に記載した遊技機の構造、材質及び性能に変化を与えない条件で使用する上で当該装置に必要とされる仕様、遊技機と当該装置との接続に係る物理的、電気的条件等を全て記載する。

(30) 備考

特に別途指示のない限り、何も記載せず空欄のままとする。

二　回胴式遊技機（別記様式第三号）

(1) 型式名

申請者が認定、検定、型式試験又は遊技機試験を受けたいとしている遊技機の型式の識別符号として呼ぶ名称を記載する。

(2) 製造業者又は輸入業者名

遊技機を製造又は輸入した業者の氏名又は名称を記載する。

(3) 使用条件

ア　温度

遊技機の性能、構造及び材質に変化を与えない温度の範囲を記載する（小数点以下の記載は、不要とする。）。

イ　湿度

遊技機の性能、構造及び材質に変化を与えない湿度の範囲を記載する（小数点以下の記載は、不要とする。）。

ウ　電源—種別

使用電源の交流又は直流の別を記載する。

エ　電源—定格電圧

使用電源の電圧値並びに遊技機の性能、構造及び材質に変化を与えない電源電圧の変動範囲を記載する。

オ　電源—定格周波数

交流電源を使用する場合は、使用電源の周波数並びに遊技機の性能、構造及び材質に変化を与えない電源周波数の変動範囲を記載する。特に、回胴回転装置の一分間当たりの回転数その他の性能に変化を与えない範囲に留意して記載する。

カ　その他の使用条件

遊技機の性能、構造及び材質に変化を与えないよう遊技機を使用する上で必要なその他の使用条件の有無を記載した上で、「あり」の場合は、当該条件を具体的かつ詳細に記載する。

(4) 遊技メダル等

ア　遊技機を作動させるための遊技メダル又は遊技球の種別

遊技機を作動させるために使用する、遊技メダル又は遊技球の別を記載する。また、遊技メダル等を選別するための遊技メダル等投入口及び遊技メダル等セレクターの構造が、どの部品等のどのような組合せによって構成されているのかについて、その部品等及び組合せの寸法を明確にしつつ、記載するとともに、構造図中の当該遊技メダル等投入口及び遊技メダル等セレクターの記載箇所との対応関係を明確にして、記載する。

イ　遊技メダル等投入時の処理—規定数

規則別表第五(1)イ(イ)の規定数を遊技の種類ごとに次の記載例により記載する。

記載例：第一種特別役物作動中の遊技の規定数　一枚

それ以外の遊技の規定数　一枚又は二枚又は三枚

ウ　遊技メダル等投入時の処理—遊技メダル等投入時の処理の制御又はデータ処理に係る電子回路

遊技メダル等投入時の処理の制御又はデータ処理に係る電子回路の機能及び処理について、記載するとともに、回路図中の遊技メダル等の投入に係る装置等の記載箇所との対応関係を明確にして記載する。

エ　遊技メダル等投入時の処理—遊技メダル等投入時の処理の制御又はデータ処理に係る電子回路—使用部品

遊技メダル等投入時の処理の制御又はデータ処理に係る電子回路の部品を、全て記載する。

オ　遊技メダル等投入時の処理―遊技メダル等投入時の処理の制御又はデータ処理に係るプログラム
ソースプログラム中の遊技メダル等投入時の処理の制御又はデータ処理に係るプログラムの実現箇所並びに当該プログラムの処理並びに当該プログラムで使用されるデータの一覧表及び作業領域の一覧表を、全て記載する。
カ　遊技メダル等投入時の処理―遊技メダル等投入時の処理の制御又はデータ処理に係るプログラム―規定数を超える数の遊技メダル等投入時の処理
オに記載したもののうち規定数を超える数の遊技メダル等投入時の処理に係るプログラムに該当する箇所を特定して記載する。

(5)　回胴
ア　個数
回胴の個数を記載する。
イ　構造及び大きさ
回胴の構造が、どの部品等のどのような組合せによって構成されているのかについて、その部品等及び組合せの寸法を明確にしつつ、記載するとともに、構造図中の当該回胴の記載箇所との対応関係を明確にして記載する。

また、回胴の大きさが確認できる寸法を記載する（小数点以下の記載は、不要とする。）。
ウ　材質
材質名及び日本工業規格（ＪＩＳ規格）による材質表示を記載する。
エ　回胴の回転軸―構造
回胴の回転軸の構造が、どの部品等のどのような組合せによって構成されているのかについて、その部品等及び組合せの寸法を明確にしつつ、記載するとともに、構造図中の当該回胴の回転軸の記載箇所との対応関係を明確にして記載する。
オ　回胴の回転軸―材質
材質名及び日本工業規格（ＪＩＳ規格）による材質表示を記載する。
カ　回胴上の図柄―個数
回胴ごとに、回胴の上の図柄（以下「図柄」という。）の個数を記載する。
キ　回胴上の図柄―種類
回胴ごとに、全ての図柄の種類を記載するとともに、規則別表第五(2)ロ(ハ)の規格に適合しているか否かを明確にしつつ記載する。その際、説明書中の当該図柄の説明の記載箇所との対応関係を明確にして記載する。
ク　回胴上の図柄―配列
回胴ごとに、全ての図柄の表示配列を記載するとともに、説明書中の当該表示配列の説明の記載箇所との対応関係を明確にして記載する。
ケ　回胴上の図柄―大きさ
回胴上の図柄の大きさが確認できる寸法を、規則別表第五(2)ロ(ホ)の規格に適合しているか否かを明確にして記載する。
コ　回胴回転装置―構造
回胴回転装置の構造が、どの部品等のどのような組合せによって構成されているのかについて、その部品等及び組合せの寸法を明確にしつつ、当該回胴回転装置の構造が規則別表第五(2)イ(ロ)の規格に適合しているか否かを明確にして記載するとともに、構造図中の当該回胴回転装置の記載箇所との対応関係を明確にして記載する。
サ　回胴回転装置―動作原理
回胴回転装置が、どの部品等のどのような作用及び動作原理によって回胴を回転させるのかについて、記載するとともに、動作原理図中の当該回胴回転装置の記載箇所との対応関係を明確にして記載する。
シ　回胴回転装置―回胴の回転の方向及び速さ
回胴回転装置の全ての回胴の回転の方向及び速さが一定になってからの回胴の回転の速さを記載する。

なお、回胴の回転の方向が、どの部品等のどのような作用及び動作原理によって決定されるのかについて、当該回胴ごとに、当該回胴の回転の方向が遊技の結果に影響を与えないことを明確にしつつ、記載するとともに、動作原理図中の当該回胴ごとの記載箇所との対応関係を明確にして記載する。

また、回胴の回転の速さが、どの部品等のどのような作用及び動作原理によって一定となるのかについて、当該回胴ごとに、当該回胴の回転の速さが一定になるまでの過程が遊技の結果に影響を与えないことを明確にしつつ、記載するとともに、動作原理図中の当該回胴ごとの記載箇所との対応関係を明確にして記載する。

さらに、回胴の回転の方向及び速さが一定になるまでの処理について記載する。このとき、どのような処理が行われるのかについて、内容を説明するとともに、説明書中の記載箇所との対応関係を明確にして記載する。

ス　回胴回転装置―回転停止装置が作動しない場合において、すべての回胴の回転が一定になってから停止するまでの時間

回胴回転装置の全ての回胴の回転の方向及び速さが一定になってから停止するまでの時間の設計値及び実測値を、当該回胴ごとに、実測する場合の手法を明確にしつつ、記載する。

セ　回胴回転装置―回胴回転装置の作動に係る制御又はデータ処理に係る電子回路

回胴回転装置の作動に係る制御又はデータ処理に係る電子回路の機能及び処理について、記載するとともに、回路図中の当該回胴回転装置の記載箇所との対応関係を明確にして記載する。

ソ　回胴回転装置―回胴回転装置の作動に係る制御又はデータ処理に係る電子回路―使用部品

回胴回転装置の作動に係る制御又はデータ処理に係る電子回路の部品を、全て記載する。

タ　回胴回転装置―回胴回転装置の作動に係る制御又はデータ処理に係るプログラム

ソースプログラム中の回胴回転装置の作動に係る制御又はデータ処理に係るプログラムの実現箇所並びに当該プログラムの処理並びに当該プログラムで使用されるデータの一覧表及び作業領域の一覧表を、全て記載する。

チ　回転停止装置―構造

回転停止装置の構造が、どの部品等のどのような組合せによって構成されているのかについて、その部品等及び組合せの寸法を明確にして当該回転停止装置の構造が規則別表第五(2)ハの規格に適合しているか否かを明確にして記載するとともに、構造図中の当該回転停止装置の記載箇所との対応関係を明確にして記載する。

ツ　回転停止装置―動作原理

回転停止装置が、どの部品等のどのような作用及び動作原理によって回転を停止させるのかについて、記載するとともに、動作原理図中の当該回転停止装置の記載箇所との対応関係を明確にして記載する。

テ　回転停止装置―停止ボタン等の配置

停止ボタン等が、遊技機のどのような位置に配置されているのかについて、当該停止ボタン等ごとに、遊技機での位置の寸法を明確にして記載するとともに、構造図中の当該停止ボタン等ごとの記載箇所との対応関係を明確にして記載する。

ト　回転停止装置―停止ボタン等の操作後、回胴の回転の停止までに要する時間の最大値―第二種特別役物未作動時

第二種特別役物が作動していない場合において、停止ボタン等の操作後、回胴の回転の停止までに要する時間の最大値の設計値及び実測値を、当該停止ボタン等ごとに、実測する場合の手法を明確にして記載する。

ナ　回転停止装置―停止ボタン等の操作後、回胴の回転の停止までに要する時間の最大値―第二種特別役物作動時

第二種特別役物が作動している場合において、停止ボタン等の操作後、回胴の回転の停止までに要する時間の最大値の設計値及び実測値を、当該停止ボタン等ごとに、実測する場合の手法を明確にしつつ、記載する。

第二種特別役物を搭載していない場合には該当なしと記載する。

ニ　回転停止装置―回転停止装置の作動に係る制御又はデータ処理に係る電子回路

回転停止装置の作動に係る制御又はデータ処理に係る電子回路の機能及び処理について、記載するとともに、回路図中の当該回転停止装置の記載箇所との対応関係を明確にして記載する。

ヌ　回転停止装置―回転停止装置の作動に係る制御又はデータ処理に係る電子回路―使用部品

回転停止装置の作動に係る制御又はデータ処理に係る電子回路の部品を、全て記載する。

ネ　回転停止装置―回転停止装置の作動に係る制御又はデータ処理に係るプログラム

ソースプログラム中の回転停止装置の作動に係る制御又はデータ処理に係るプログラムの実現箇所並びに当該プログラムの処理並びに当該プログラムで使用されるデータの一覧

表及び作業領域の一覧表を、全て記載する。

(6) ガラス板等

ア 透視性

ガラス板等の透視性が規則別表第五(2)ホ(イ)の規格に適合しているか否かを明確にして記載する。

イ 材質

材質名及び日本工業規格（JIS規格）による材質表示を記載する。

(7) 受け皿

ア 構造

受け皿の構造が、どの部品等のどのような組合せによって構成されているのかについて、当該受け皿ごとに、その部品等及び組合せの寸法を明確にしつつ、当該受け皿の構造が規則別表第五(2)への規格に適合しているか否かを明確にして記載するとともに、構造図中の当該受け皿ごとの記載箇所との対応関係を明確にして記載する。

イ 材質

材質名及び日本工業規格（JIS規格）による材質表示を記載する。

(8) 遊技機の枠

ア 構造

遊技機の枠の構造が、どの部品等のどのような組合せによって構成されているのかについて、その部品等及び組合せの寸法を明確にしつつ、当該遊技機の枠の構造が規則別表第五(2)ニの規格に適合しているか否かを明確にして記載するとともに、構造図中の当該遊技機の枠の記載箇所との対応関係を明確にして記載する。

イ 材質

材質名及び日本工業規格（JIS規格）による材質表示を記載する。

(9) 貯留装置

ア 貯留可能な遊技メダルの数

貯留装置に記録可能な遊技メダルの最大数を記載する。

イ 構造

貯留装置の構造が、どの部品等のどのような組合せによって構成されているのかについて、その部品等及び組合せの寸法を明確にしつつ、当該貯留装置の構造が規則別表第五(1)チ(ロ)及び(ハ)の規格に適合しているか否かを明確にして記載するとともに、構造図中の当該貯留装置の記載箇所との対応関係を明確にして記載する。

ウ 動作原理

貯留装置が、どの部品等のどのような作用及び動作原理によって遊技メダルを電磁的に記録するのかについて、記載するとともに、動作原理図中の当該貯留装置の記載箇所との対応関係を明確にして記載する。

(10) 遊技メダル数表示装置

ア 構造

遊技メダル数表示装置の構造が、どの部品等のどのような組合せによって構成されているのかについて、その部品等及び組合せの寸法を明確にしつつ、当該遊技メダル数表示装置の構造が規則別表第五(1)リ(イ)、(ロ)及び(ハ)の規格に適合しているか否かを明確にして記載するとともに、構造図中の当該遊技メダル数表示装置の記載箇所との対応関係を明確にして記載する。

イ 動作原理

遊技メダル数表示装置が、どの部品等のどのような作用及び動作原理によって遊技メダルの数を電磁的に記録し、表示するのかについて、記載するとともに、動作原理図中の当該遊技メダル数表示装置の記載箇所との対応関係を明確にして記載する。

(11) 遊技メダル等払出装置

ア 構造

遊技メダル等払出装置の構造が、どの部品等のどのような組合せによって構成されているのかについて、その部品等及び組合せの寸法を明確にしつつ、記載するとともに、構造図中の当該遊技メダル等払出装置の記載箇所との対応関係を明確にして記載する。

イ 動作原理

遊技メダル等払出装置が、どの部品等のどのような作用及び動作原理によって遊技メダル等を払い出すのかについて、記載するとともに、動作原理図中の当該遊技メダル等払出装置の記載箇所との対応関係を明確にして記載する。

(12) 設定の数

設定の数を記載する。

(13) 遊技メダル等の獲得に係る遊技機の性能

ア 一回の入賞により獲得することができる遊技メダル等の数の上限

一回の入賞により獲得することができる遊

技メダル等の数の最大値を記載する。

イ　規定数ごとの入賞に係る図柄の組合せ

規定数ごとに、入賞に係る全ての図柄の組合せを、説明書中の記載箇所との対応関係を明確にしつつ、全て記載する。

ウ　規定数ごとの各入賞に係る図柄の組合せに対応して獲得することができる遊技メダル等の数

規定数ごとに、入賞に係る図柄の組合せに対応して獲得することができる遊技メダル等の数を、説明書中の記載箇所との対応関係を明確にしつつ、入賞に係る図柄の組合せごとに、全て記載する。

エ　規定数ごとの全ての図柄の組合せの数に占める入賞に係る図柄の組合せの数の割合

規定数ごとに、全ての図柄の組合せの数に占める入賞に係る図柄の組合せの数の割合を記載する。

オ　設定ごと及び規定数ごとの各入賞に係る条件装置が作動する確率の値

設定ごと及び規定数ごとに、入賞に係る条件装置が作動する確率を、当該入賞に係る条件装置ごとに全て記載するとともに、確率の全体値も記載する。

カ　入賞に係る図柄の組合せが表示される動作原理

入賞に係る図柄の組合せが、どの部品等のどのような作用及び動作原理によって表示されるのかについて、入賞に係る図柄の組合せごとに、記載するとともに、動作原理図中の当該入賞に係る図柄の組合せごとの記載箇所との対応関係を明確にして記載する。

キ　入賞に係る図柄の組合せが表示された場合の処理

入賞に係る図柄の組合せが表示された場合の処理について記載する。このとき、どのような処理が行われるのかについて、当該入賞に係る図柄の組合せごとに、説明書中の記載箇所との対応関係を明確にして記載する。

また、入賞に係る図柄の組合せが表示された場合の処理が、どの部品等のどのような作用及び動作原理によって実現されるのかについて、当該入賞に係る図柄の組合せごとに、記載するとともに、動作原理図中の記載箇所との対応関係を明確にして記載する。

ク　試射試験—設定ごと及び規定数ごとの一七、五〇〇回出玉率

設定ごと及び規定数ごとに、規則別表第五(1)ロ(ハ)の試験を一七、五〇〇回行った結果として得られる遊技メダル等の投入総数、獲得総数及び出玉率の設計値を記載する。かつ、当該設計値を算出するための前提条件を全て記載する。

なお、ここでいう規定数とは、全ての条件装置が作動しておらず、かつ、全ての条件装置の作動確率が変動していない状態における規定数を指す。

また、試験内において発生した遊技の結果によって規定数が変動した場合には、変動した規定数を用いて試験を続行することにより、設計値を算出する。

ケ　試射試験—設定ごと及び規定数ごとの六、〇〇〇回出玉率

設定ごと及び規定数ごとに、規則別表第五(1)ロ(ハ)の試験を六、〇〇〇回行った結果として得られる遊技メダル等の投入総数、獲得総数及び出玉率の設計値を記載する。かつ、当該設計値を算出するための前提条件を全て記載する。

なお、ここでいう規定数とは、全ての条件装置が作動しておらず、かつ、全ての条件装置の作動確率が変動していない状態における規定数を指す。

また、試験内において発生した遊技の結果によって規定数が変動した場合には、変動した規定数を用いて試験を続行することにより、設計値を算出する。

コ　試射試験—設定ごと及び規定数ごとの一、六〇〇回出玉率

設定ごと及び規定数ごとに、規則別表第五(1)ロ(ハ)の試験を一、六〇〇回行った結果として得られる遊技メダル等の投入総数、獲得総数及び出玉率の設計値を記載する。かつ、当該設計値を算出するための前提条件を全て記載する。

なお、ここでいう規定数とは、全ての条件装置が作動しておらず、かつ、全ての条件装置の作動確率が変動していない状態における規定数を指す。

また、試験内において発生した遊技の結果によって規定数が変動した場合には、変動した規定数を用いて試験を続行することによ

り、設計値を算出する。

サ　試射試験―設定ごと及び規定数ごとの四〇〇回出玉率

設定ごと及び規定数ごとに、規則別表第五(1)ロ(ホ)の試験を四〇〇回行った結果として得られる遊技メダル等の投入総数、獲得総数及び出玉率の設計値を記載する。かつ、当該設計値を算出するための前提条件を全て記載する。

なお、ここでいう規定数とは、全ての条件装置が作動しておらず、かつ、全ての条件装置の作動確率が変動していない状態における規定数を指す。

また、試験内において発生した遊技の結果によって規定数が変動した場合には、変動した規定数を用いて試験を続行することにより、設計値を算出する。

シ　試射試験―設定ごと及び規定数ごとの役物比率

設定ごと及び規定数ごとに、規則別表第五(1)ロ(ホ)の試験を六、〇〇〇回行った結果として得られる遊技メダル等の獲得総数A、当該獲得総数のうち役物の作動による獲得総数B及びBをAで除した数値の設計値を記載する。かつ、当該設計値を算出するための前提条件を全て記載する。

なお、ここでいう規定数とは、全ての条件装置が作動しておらず、かつ、全ての条件装置の作動確率が変動していない状態における規定数を指す。

また、試験内において発生した遊技の結果によって規定数が変動した場合には、変動した規定数を用いて試験を続行することにより、設計値を算出する。

ス　試射試験―設定ごと及び規定数ごとの連続役物比率

設定ごと及び規定数ごとに、規則別表第五(1)ロ(ホ)の試験を六、〇〇〇回行った結果として得られる遊技メダル等の獲得総数A、当該獲得総数のうち第一種特別役物の作動による獲得総数C及びCをAで除した数値の設計値を記載する。かつ、当該設計値を算出するための前提条件を全て記載する。

なお、ここでいう規定数とは、全ての条件装置が作動しておらず、かつ、全ての条件装置の作動確率が変動していない状態における規定数を指す。

また、試験内において発生した遊技の結果によって規定数が変動した場合には、変動した規定数を用いて試験を続行することにより、設計値を算出する。

セ　シミュレーション試験―設定ごと及び規定数ごとの一七、五〇〇回出玉率

設定ごと及び規定数ごとに、規則別表第五(1)ロ(ヘ)の試験を一七、五〇〇回行った結果として得られる遊技メダル等の投入総数、獲得総数及び出玉率の設計値を記載する。かつ、当該設計値を算出するための前提条件を全て記載する。

なお、ここでいう規定数とは、全ての条件装置が作動しておらず、かつ、全ての条件装置の作動確率が変動していない状態における規定数を指す。

また、試験内において発生した遊技の結果によって規定数が変動した場合には、変動した規定数を用いて試験を続行することにより、設計値を算出する。

ソ　シミュレーション試験―設定ごと及び規定数ごとの六、〇〇〇回出玉率

設定ごと及び規定数ごとに、規則別表第五(1)ロ(ヘ)の試験を六、〇〇〇回行った結果として得られる遊技メダル等の投入総数、獲得総数及び出玉率の設計値を記載する。かつ、当該設計値を算出するための前提条件を全て記載する。

なお、ここでいう規定数とは、全ての条件装置が作動しておらず、かつ、全ての条件装置の作動確率が変動していない状態における規定数を指す。

また、試験内において発生した遊技の結果によって規定数が変動した場合には、変動した規定数を用いて試験を続行することにより、設計値を算出する。

タ　シミュレーション試験―設定ごと及び規定数ごとの一、六〇〇回出玉率

設定ごと及び規定数ごとに、規則別表第五(1)ロ(ヘ)の試験を一、六〇〇回行った結果として得られる遊技メダル等の投入総数、獲得総数及び出玉率の設計値を記載する。かつ、当該設計値を算出するための前提条件を全て記載する。

なお、ここでいう規定数とは、全ての条件装置が作動しておらず、かつ、全ての条件装

置の作動確率が変動していない状態における規定数を指す。

また、試験内において発生した遊技の結果によって規定数が変動した場合には、変動した規定数を用いて試験を続行することにより、設計値を算出する。

チ　シミュレーション試験―設定ごと及び規定数ごとの四〇〇回出玉率

設定ごと及び規定数ごとに、規則別表第五(1)ロ(ヘ)の試験を四〇〇回行った結果として得られる遊技メダル等の投入総数、獲得総数及び出玉率の設計値を記載する。かつ、当該設計値を算出するための前提条件を全て記載する。

なお、ここでいう規定数とは、全ての条件装置が作動しておらず、かつ、全ての条件装置の作動確率が変動していない状態における規定数を指す。

また、試験内において発生した遊技の結果によって規定数が変動した場合には、変動した規定数を用いて試験を続行することにより、設計値を算出する。

ツ　シミュレーション試験―設定ごと及び規定数ごとの役物比率

設定ごと及び規定数ごとに、規則別表第五(1)ロ(ヘ)の試験を六、〇〇〇回行った結果として得られる遊技メダル等の獲得総数A、当該獲得総数のうち役物の作動による獲得総数B及びBをAで除した数値の設計値を記載する。かつ、当該設計値を算出するための前提条件を全て記載する。

なお、ここでいう規定数とは、全ての条件装置が作動しておらず、かつ、全ての条件装置の作動確率が変動していない状態における規定数を指す。

また、試験内において発生した遊技の結果によって規定数が変動した場合には、変動した規定数を用いて試験を続行することにより、設計値を算出する。

テ　シミュレーション試験―設定ごと及び規定数ごとの連続役物比率

設定ごと及び規定数ごとに、規則別表第五(1)ロ(ヘ)の試験を六、〇〇〇回行った結果として得られる遊技メダル等の獲得総数A、当該獲得総数のうち第一種特別役物の作動による獲得総数C及びCをAで除した数値の設計値を記載する。かつ、当該設計値を算出するための前提条件を全て記載する。

なお、ここでいう規定数とは、全ての条件装置が作動しておらず、かつ、全ての条件装置の作動確率が変動していない状態における規定数を指す。

また、試験内において発生した遊技の結果によって規定数が変動した場合には、変動した規定数を用いて試験を続行することにより、設計値を算出する。

ト　遊技メダル等の獲得に係る遊技機の性能に係る制御又はデータ処理に係る電子回路

遊技メダル等の獲得に係る遊技機の性能に係る制御又はデータ処理に係る電子回路の機能及び処理について、記載するとともに、回路図中の記載箇所との対応関係を明確にして記載する。

ナ　遊技メダル等の獲得に係る遊技機の性能に係る制御又はデータ処理に係る電子回路―使用部品

遊技メダル等の獲得に係る遊技機の性能に係る制御又はデータ処理に係る電子回路の部品を、全て記載する。

ニ　遊技メダル等の獲得に係る遊技機の性能に係る制御又はデータ処理に係るプログラム

ソースプログラム中の遊技メダル等の獲得に係る遊技機の性能に係る制御又はデータ処理に係るプログラムの実現箇所並びに当該プログラムの処理並びに当該プログラムで使用されるデータの一覧表及び作業領域の一覧表を、全て記載する。

また、当該遊技メダル等の獲得に係る遊技機の性能の発現に関し、内部抽せんが行われる場合には、当該遊技メダル等の獲得に係る遊技機の性能の発現ごとに、内部抽せんが行われる契機を記載するとともに、電源の投入等外部的な要因あるいは当該遊技メダル等の獲得に係る遊技機の性能の発現等内部的な要因にかかわらず、内部抽せんの結果に偏りが発生しないことを明確にして記載する。

ヌ　遊技メダル等の獲得に係る遊技機の性能に係る制御に欠くことができないその他の構造

遊技メダル等の獲得に係る遊技機の性能に係る制御又はデータ処理に係る電子回路の構造以外の構造で、遊技メダル等の獲得に係る遊技機の性能として欠くことができないものの有無を記載する。

当該構造がある場合には、当該構造ごとの設置目的及び効果を明確にした上で、当該構造が、どの部品等のどのような組合せによって構成されているのかについて、当該構造ごとに、その部品等及び組合せの寸法を明確にしつつ、記載するとともに、構造図中の当該構造ごとの記載箇所との対応関係を明確にして記載する。

また、当該構造が動作する場合には、どの部品等のどのような作用及び動作原理によって動作するのかについて、当該構造ごとに、記載するとともに、動作原理図中の当該動作する構造ごとの記載箇所との対応関係を明確にして記載する。

⒁　再遊技に係る遊技機の性能

ア　規定数ごとの再遊技に係る図柄の組合せ

規定数ごとに、再遊技に係る全ての図柄の組合せを、説明書中の記載箇所との対応関係を明確にしつつ、全て記載する。

イ　設定ごと及び規定数ごとの再遊技に係る条件装置が作動する確率の値

設定ごと及び規定数ごとに、再遊技に係る条件装置が作動する確率を、当該再遊技に係る条件装置ごとに全て記載するとともに、確率の全体値も記載する。

ウ　規定数ごとのすべての図柄の組合せの数に占める再遊技に係る図柄の組合せの数の割合

規定数ごとに、全ての図柄の組合せの数に占める再遊技に係る図柄の組合せの数の割合を記載する。

エ　再遊技に係る条件装置が作動する確率の変動契機

再遊技に係る条件装置が作動する確率が、どのような契機によって変動するのかについて、変動契機に係る全ての図柄の組合せを明確にしつつ、記載する。このとき、どのような処理が行われるのかについて、当該再遊技に係る条件装置ごとに、内容を説明するとともに、説明書中の記載箇所との対応関係を明確にして記載する。

また、再遊技に係る条件装置が作動する確率の変動契機が、どの部品等のどのような作用及び動作原理によって実現されるのかについて、当該再遊技に係る条件装置ごとに、記載するとともに、動作原理図中の記載箇所との対応関係を明確にして記載する。

オ　設定ごと及び規定数ごとの再遊技に係る条件装置が作動する確率が変動した場合の確率の値

設定ごと及び規定数ごとに、再遊技に係る条件装置が作動する確率が変動した場合の確率を、当該再遊技に係る条件装置が作動する確率の変動契機ごとに全て記載するとともに、確率の全体値も記載する。

カ　再遊技に係る図柄の組合せが表示された場合の処理

再遊技に係る図柄の組合せが表示された場合の処理について、記載する。このとき、どのような処理が行われるのかについて、当該再遊技に係る条件装置ごとに、内容を説明するとともに、説明書中の記載箇所との対応関係を明確にして記載する。

また、再遊技に係る図柄の組合せが表示された場合の処理が、どの部品等のどのような作用及び動作原理によって実現されるのかについて、当該再遊技に係る条件装置ごとに、記載するとともに、動作原理図中の記載箇所との対応関係を明確にして記載する。

キ　再遊技に係る遊技機の作動の制御又はデータ処理に係る電子回路

再遊技に係る遊技機の作動の制御又はデータ処理に係る電子回路の機能及び処理について、記載するとともに、回路図中の記載箇所との対応関係を明確にして記載する。

ク　再遊技に係る遊技機の作動の制御又はデータ処理に係る電子回路―使用部品

再遊技に係る遊技機の作動の制御又はデータ処理に係る電子回路の部品を、全て記載する。

ケ　再遊技に係る遊技機の作動の制御又はデータ処理に係るプログラム

ソースプログラム中の再遊技に係る遊技機の作動の制御又はデータ処理に係るプログラムの実現箇所並びに当該プログラムの処理並びに当該プログラムで使用されるデータの一覧表及び作業領域の一覧表を全て記載する。

また、当該再遊技に係る遊技機の作動に関し、内部抽せんが行われる場合には、当該再遊技に係る遊技機の作動ごとに、内部抽せんが行われる契機を記載するとともに、電源の投入等外部的な要因あるいは当該再遊技に係る遊技機の作動等内部的な要因にかかわらず、内部抽せんの結果に偏りが発生しないことを明確にして記載する。

コ　再遊技に係る遊技機の作動に欠くことができないその他の構造

　再遊技に係る遊技機の作動に係る制御又はデータ処理に係る電子回路の構造以外の構造で、再遊技に係る遊技機の作動に欠くことができないものの有無を記載する。

　当該構造がある場合には、当該構造ごとの設置目的及び効果を明確にした上で、当該構造が、どの部品等のどのような組合せによって構成されているのかについて、当該構造ごとに、その部品等及び組合せの寸法を明確にしつつ、記載するとともに、構造図中の当該構造ごとの記載箇所との対応関係を明確にして記載する。

　また、当該構造が動作する場合には、どの部品等のどのような作用及び動作原理によって動作するのかについて、当該構造ごとに、記載するとともに、動作原理図中の当該動作する構造ごとの記載箇所との対応関係を明確にして記載する。

(15)　普通役物

ア　個数

　普通役物の個数を記載する。

イ　作動契機

　普通役物が、どのような契機によって作動するのかについて、作動契機に係る全ての図柄の組合せを明確にしつつ、記載する。このとき、どのような処理が行われるのかについて、当該普通役物に係る条件装置ごとに、内容を説明するとともに、説明書中の記載箇所との対応関係を明確にして記載する。

　また、普通役物の作動契機が、どの部品等のどのような作用及び動作原理によって実現されるのかについて、当該普通役物に係る条件装置ごとに、記載するとともに、動作原理図中の記載箇所との対応関係を明確にして記載する。

ウ　作動契機―条件

　普通役物の作動に係る全ての条件を、当該普通役物に係る条件装置ごとに、箇条書で記載する。

エ　設定ごと及び規定数ごとの普通役物の作動に係る条件装置が作動する確率の値

　設定ごと及び規定数ごとに、普通役物の作動に係る条件装置が作動する確率を、当該普通役物の作動に係る条件装置ごとに全て記載するとともに、確率の全体値も記載する。

オ　規定数ごとの普通役物の作動により増加する入賞に係る図柄の組合せ

　規定数ごとに、普通役物の作動により増加する入賞に係る全ての図柄の組合せを、説明書中の記載箇所との対応関係を明確にしつつ、全て記載する。

カ　規定数ごとの普通役物の作動により入賞に係る図柄の組合せの数が増加した場合における入賞に係る図柄の組合せの数がすべての図柄の組合せの数に占める割合

　規定数ごとに、全ての図柄の組合せの数に占める普通役物の作動により入賞に係る図柄の組合せの数が増加した場合における入賞に係る図柄の組合せの数の割合を記載する。

キ　規定数ごとの普通役物が作動した場合に入賞に係る条件装置が作動する確率の値

　規定数ごとに、普通役物が作動した場合に入賞に係る条件装置が作動する確率を、当該普通役物が作動した場合に作動する入賞に係る条件装置ごとに全て記載するとともに、確率の全体値も記載する。

ク　作動終了条件

　普通役物の作動の終了に係る条件の有無を記載する。当該条件がある場合には、当該普通役物に係る条件装置ごとに、作動の終了に係る全ての条件を箇条書で記載する。

ケ　作動中の処理

　普通役物が作動している場合の処理について記載する。このとき、どのような処理が行われるのかについて、当該普通役物に係る条件装置ごとに、内容を説明するとともに、説明書中の記載箇所との対応関係を明確にして記載する。

　また、普通役物が作動している場合の処理が、どの部品等のどのような作用及び動作原理によって実現されるのかについて、当該普通役物に係る条件装置ごとに、記載するとともに、動作原理図中の記載箇所との対応関係を明確にして記載する。

コ　普通役物の作動に係る制御又はデータ処理に係る電子回路

　普通役物の作動に係る制御又はデータ処理に係る電子回路の機能及び処理について、当該普通役物ごとに、記載するとともに、回路図中の当該普通役物ごとの記載箇所との対応関係を明確にして記載する。

サ　普通役物の作動に係る制御又はデータ処理に係る電子回路―使用部品

普通役物の作動に係る制御又はデータ処理に係る電子回路の部品を、当該普通役物ごとに全て記載する。

シ　普通役物の作動に係る制御又はデータ処理に係るプログラム

ソースプログラム中の普通役物の作動に係る制御又はデータ処理に係るプログラムの実現箇所並びに当該プログラムの処理並びに当該プログラムで使用されるデータの一覧表及び作業領域の一覧表を、当該普通役物ごとに記載する。

また、当該普通役物の作動に関し、内部抽せんが行われる場合には、当該普通役物ごとに内部抽せんが行われる契機を記載するとともに、電源の投入等外部的な要因あるいは当該普通役物の作動等内部的な要因にかかわらず、内部抽せんの結果に偏りが発生しないことを明確にして記載する。

ス　普通役物の作動に欠くことができないその他の構造

普通役物の作動に係る制御又はデータ処理に係る電子回路の構造以外の構造で、普通役物の作動に欠くことができないものの有無を記載する。

当該構造がある場合には、当該構造ごとの設置目的及び効果を明確にした上で、当該構造が、どの部品等のどのような組合せによって構成されているのかについて、当該構造ごとに、その部品等及び組合せの寸法を明確にしつつ、記載するとともに、構造図中の当該構造ごとの記載箇所との対応関係を明確にして記載する。

また、当該構造が動作する場合には、どの部品等のどのような作用及び動作原理によって動作するのかについて、当該構造ごとに、記載するとともに、動作原理図中の当該動作する構造ごとの記載箇所との対応関係を明確にして記載する。

(16)　第一種特別役物

ア　個数

第一種特別役物の個数を記載する。

イ　作動契機―第一種特別役物に係る役物連続作動装置未作動時

第一種特別役物に係る役物連続作動装置が作動していない場合において、第一種特別役物が、どのような契機によって作動するのかについて、作動契機に係る全ての図柄の組合せを明確にしつつ、記載する。このとき、どのような処理が行われるのかについて、当該第一種特別役物に係る条件装置ごとに、内容を説明するとともに、説明書中の記載箇所との対応関係を明確にして記載する。

また、第一種特別役物の作動契機が、どの部品等のどのような作用及び動作原理によって実現されるのかについて、当該第一種特別役物に係る条件装置ごとに、記載するとともに、動作原理図中の記載箇所との対応関係を明確にして記載する。

ウ　作動契機―第一種特別役物に係る役物連続作動装置作動時

第一種特別役物に係る役物連続作動装置が作動している場合において、第一種特別役物が、どのような契機によって作動するのかについて、作動契機に係る全ての図柄の組合せを明確にしつつ、記載する。このとき、どのような処理が行われるのかについて、当該第一種特別役物に係る条件装置ごとに、内容を説明するとともに、説明書中の記載箇所との対応関係を明確にして記載する。

また、第一種特別役物の作動契機が、どの部品等のどのような作用及び動作原理によって実現されるのかについて、当該第一種特別役物に係る条件装置ごとに、記載するとともに、動作原理図中の記載箇所との対応関係を明確にして記載する。

エ　作動契機―条件―第一種特別役物に係る役物連続作動装置未作動時

第一種特別役物に係る役物連続作動装置が作動していない場合において、第一種特別役物の作動に係る全ての条件を、当該第一種特別役物に係る条件装置ごとに、箇条書で記載する。

オ　作動契機―条件―第一種特別役物に係る役物連続作動装置作動時

第一種特別役物に係る役物連続作動装置が作動している場合において、第一種特別役物の作動に係る全ての条件を、当該第一種特別役物に係る条件装置ごとに、箇条書で記載する。

カ　規定数ごとのすべての図柄の組合せの数に

占める第一種特別役物が作動することとなる図柄の組合せの数の割合―第一種特別役物に係る役物連続作動装置未作動時（役物連続作動装置が設けられていない場合を含む。）

　第一種特別役物に係る役物連続作動装置が作動していない場合において、規定数ごとに、全ての図柄の組合せの数に占める第一種特別役物が作動することとなる図柄の組合せの数の割合を記載する。

キ　規定数ごとのすべての図柄の組合せの数に占める第一種特別役物が作動することとなる図柄の組合せの数の割合―第一種特別役物に係る役物連続作動装置作動時

　第一種特別役物に係る役物連続作動装置が作動している場合において、規定数ごとに、全ての図柄の組合せの数に占める第一種特別役物が作動することとなる図柄の組合せの数の割合を記載する。

ク　設定ごと及び規定数ごとに第一種特別役物の作動に係る条件装置が作動する確率の値―第一種特別役物に係る役物連続作動装置未作動時（役物連続作動装置が設けられていない場合を含む。）

　第一種特別役物に係る役物連続作動装置が作動していない場合において、設定ごと及び規定数ごとに、第一種特別役物の作動に係る条件装置が作動する確率を、当該第一種特別役物の作動に係る条件装置ごとに全て記載するとともに、確率の全体値も記載する。

ケ　設定ごと及び規定数ごとに第一種特別役物の作動に係る条件装置が作動する確率の値―第一種特別役物に係る役物連続作動装置作動時

　第一種特別役物に係る役物連続作動装置が作動している場合において、設定ごと及び規定数ごとに、第一種特別役物の作動に係る条件装置が作動する確率を、当該第一種特別役物の作動に係る条件装置ごとに全て記載するとともに、確率の全体値も記載する。

コ　規定数ごとの第一種特別役物の作動により増加する入賞に係る図柄の組合せ

　規定数ごとに、第一種特別役物の作動により増加する入賞に係る全ての図柄の組合せを、説明書中の記載箇所との対応関係を明確にしつつ、全て記載する。

サ　規定数ごとの第一種特別役物の作動により入賞に係る図柄の組合せの数が増加した場合における入賞に係る図柄の組合せの数がすべての図柄の組合せの数に占める割合

　規定数ごとに、全ての図柄の組合せの数に占める第一種特別役物の作動により入賞に係る図柄の組合せの数が増加した場合における入賞に係る図柄の組合せの数の割合を記載する。

シ　規定数ごとの第一種特別役物が作動した場合に入賞に係る条件装置が作動する確率の値

　規定数ごとに、第一種特別役物が作動した場合に入賞に係る条件装置が作動する確率を、当該第一種特別役物が作動した場合に作動する入賞に係る条件装置ごとに全て記載するとともに、確率の全体値も記載する。

ス　作動終了条件

　第一種特別役物の作動の終了に係る条件の有無を記載する。当該条件がある場合には、当該第一種特別役物に係る条件装置ごとに、作動の終了に係る全ての条件を箇条書で記載する。

セ　作動中の処理

　第一種特別役物が作動している場合の処理について記載する。このとき、どのような処理が行われるのかについて、当該第一種特別役物に係る条件装置ごとに、内容を説明するとともに、説明書中の記載箇所との対応関係を明確にして記載する。

　また、第一種特別役物が作動している場合の処理が、どの部品等のどのような作用及び動作原理によって実現されるのかについて、当該第一種特別役物に係る条件装置ごとに、記載するとともに、動作原理図中の記載箇所との対応関係を明確にして記載する。

ソ　第一種特別役物の作動に係る制御又はデータ処理に係る電子回路

　第一種特別役物の作動に係る制御又はデータ処理に係る電子回路の機能及び処理について、当該第一種特別役物ごとに、記載するとともに、回路図中の当該第一種特別役物ごとの記載箇所との対応関係を明確にして記載する。

タ　第一種特別役物の作動に係る制御又はデータ処理に係る電子回路―使用部品

　第一種特別役物の作動に係る制御又はデータ処理に係る電子回路の部品を当該第一種特別役物ごとに全て記載する。

チ　第一種特別役物の作動に係る制御又はデータ処理に係るプログラム

ソースプログラム中の第一種特別役物の作動に係る制御又はデータ処理に係るプログラムの実現箇所並びに当該プログラムの処理並びに当該プログラムで使用されるデータの一覧表及び作業領域の一覧表を、当該第一種特別役物ごとに記載する。

また、当該第一種特別役物の作動に関し、内部抽せんが行われる場合は、当該第一種特別役物ごとに、内部抽せんが行われる契機を記載するとともに、電源の投入等外部的な要因あるいは当該第一種特別役物の作動等内部的な要因にかかわらず、内部抽せんの結果に偏りが発生しないことを明確にして記載する。

ツ　第一種特別役物の作動に欠くことができないその他の構造

第一種特別役物の作動に係る制御又はデータ処理に係る電子回路の構造以外の構造で、第一種特別役物の作動に欠くことができないものの有無を記載する。

当該構造がある場合には、当該構造ごとの設置目的及び効果を明確にした上で、当該構造が、どの部品等のどのような組合せによって構成されているのかについて、当該構造ごとに、その部品等及び組合せの寸法を明確にしつつ、記載するとともに、構造図中の当該構造ごとの記載箇所との対応関係を明確にして記載する。

また、当該構造が動作する場合には、どの部品等のどのような作用及び動作原理によって動作するのかについて、当該構造ごとに、記載するとともに、動作原理図中の当該動作する構造ごとの記載箇所との対応関係を明確にして記載する。

(17)　第二種特別役物

ア　個数

第二種特別役物の個数を記載する。

イ　作動契機—第二種特別役物に係る役物連続作動装置未作動時

第二種特別役物に係る役物連続作動装置が作動していない場合において、第二種特別役物が、どのような契機によって作動するのかについて、作動契機に係る全ての図柄の組合せを明確にしつつ、記載する。このとき、どのような処理が行われるのかについて、当該第二種特別役物に係る条件装置ごとに、内容を説明するとともに、説明書中の記載箇所との対応関係を明確にして記載する。

また、第二種特別役物の作動契機が、どの部品等のどのような作用及び動作原理によって実現されるのかについて、当該第二種特別役物に係る条件装置ごとに、記載するとともに、動作原理図中の記載箇所との対応関係を明確にして記載する。

ウ　作動契機—第二種特別役物に係る役物連続作動装置作動時

第二種特別役物に係る役物連続作動装置が作動している場合において、第二種特別役物が、どのような契機によって作動するのかについて、作動契機に係る全ての図柄の組合せを明確にしつつ、記載する。このとき、どのような処理が行われるのかについて、当該第二種特別役物に係る条件装置ごとに、内容を説明するとともに、説明書中の記載箇所との対応関係を明確にして記載する。

また、第二種特別役物の作動契機が、どの部品等のどのような作用及び動作原理によって実現されるのかについて、当該第二種特別役物に係る条件装置ごとに、記載するとともに、動作原理図中の記載箇所との対応関係を明確にして記載する。

エ　作動契機—条件—第二種特別役物に係る役物連続作動装置未作動時

第二種特別役物に係る役物連続作動装置が作動していない場合において、第二種特別役物の作動に係る全ての条件を、当該第二種特別役物に係る条件装置ごとに、箇条書で記載する。

オ　作動契機—条件—第二種特別役物に係る役物連続作動装置作動時

第二種特別役物に係る役物連続作動装置が作動している場合において、第二種特別役物の作動に係る全ての条件を、当該第二種特別役物に係る条件装置ごとに、箇条書で記載する。

カ　設定ごと及び規定数ごとの第二種特別役物の作動に係る条件装置が作動する確率の値—第二種特別役物に係る役物連続作動装置未作動時（役物連続作動装置が設けられていない場合を含む。）

第二種特別役物に係る役物連続作動装置が

作動していない場合において、設定ごと及び規定数ごとに、第二種特別役物の作動に係る条件装置が作動する確率を、当該第二種特別役物の作動に係る条件装置ごとに全て記載するとともに、確率の全体値も記載する。

キ　設定ごと及び規定数ごとの第二種特別役物の作動に係る条件装置が作動する確率の値—第二種特別役物に係る役物連続作動装置作動時

　第二種特別役物に係る役物連続作動装置が作動している場合において、設定ごと及び規定数ごとに、第二種特別役物の作動に係る条件装置が作動する確率を、当該第二種特別役物の作動に係る条件装置ごとに全て記載するとともに、確率の全体値も記載する。

ク　作動終了条件

　第二種特別役物の作動の終了に係る条件の有無を記載する。当該条件がある場合には、当該第二種特別役物に係る条件装置ごとに、作動の終了に係る全ての条件を箇条書で記載する。

ケ　作動中の処理

　第二種特別役物が作動している場合の処理について記載する。このとき、どのような処理が行われるのかについて、当該第二種特別役物に係る条件装置ごとに、内容を説明するとともに、説明書中の記載箇所との対応関係を明確にして記載する。

　また、第二種特別役物が作動している場合の処理が、どの部品等のどのような作用及び動作原理によって実現されるのかについて、当該第二種特別役物に係る条件装置ごとに、記載するとともに、動作原理図中の記載箇所との対応関係を明確にして記載する。

コ　第二種特別役物の作動に係る制御又はデータ処理に係る電子回路

　第二種特別役物の作動に係る制御又はデータ処理に係る電子回路の機能及び処理について、当該第二種特別役物ごとに、記載するとともに、回路図中の当該第二種特別役物ごとの記載箇所との対応関係を明確にして記載する。

サ　第二種特別役物の作動に係る制御又はデータ処理に係る電子回路—使用部品

　第二種特別役物の作動に係る制御又はデータ処理に係る電子回路の部品を当該第二種特別役物ごとに全て記載する。

シ　第二種特別役物の作動に係る制御又はデータ処理に係るプログラム

　ソースプログラム中の第二種特別役物の作動に係る制御又はデータ処理に係るプログラムの実現箇所並びに当該プログラムの処理並びに当該プログラムで使用されるデータの一覧表及び作業領域の一覧表を、当該第二種特別役物ごとに記載する。

　また、当該第二種特別役物の作動に関し、内部抽せんが行われる場合は、当該第二種特別役物ごとに、内部抽せんが行われる契機を記載するとともに、電源の投入等外部的な要因あるいは当該第二種特別役物の作動等内部的な要因にかかわらず、内部抽せんの結果に偏りが発生しないことを明確にして記載する。

ス　第二種特別役物の作動に欠くことができないその他の構造

　第二種特別役物の作動に係る制御又はデータ処理に係る電子回路の構造以外の構造で、第二種特別役物の作動に欠くことができないものの有無を記載する。

　当該構造がある場合には、当該構造ごとの設置目的及び効果を明確にした上で、当該構造が、どの部品等のどのような組合せによって構成されているのかについて、当該構造ごとに、その部品等及び組合せの寸法を明確にしつつ、記載するとともに、構造図中の当該構造ごとの記載箇所との対応関係を明確にして記載する。

　また、当該構造が動作する場合には、どの部品等のどのような作用及び動作原理によって動作するのかについて、当該構造ごとに、記載するとともに、動作原理図中の当該動作する構造ごとの記載箇所との対応関係を明確にして記載する。

(18)　第一種特別役物に係る役物連続作動装置

ア　個数

　第一種特別役物に係る役物連続作動装置の個数を記載する。

イ　作動契機

　第一種特別役物に係る役物連続作動装置が、どのような契機によって作動するのかについて、作動契機に係る全ての図柄の組合せを明確にしつつ、記載する。このとき、どのような処理が行われるのかについて、当該第一種特別役物に係る役物連続作動装置に係る条件装置ごとに、内容を説明するとともに、説明書中の記載箇所との対応関係を明確にして記載する。

　また、第一種特別役物に係る役物連続作動装置の作動契機が、どの部品等のどのような作用及び動作原理によって実現されるのかについて、当該第一種特別役物に係る役物連続作動装置に係る条件装置ごとに、記載するとともに、動作原理図中の記載箇所との対応関係を明確にして記載する。

ウ　作動契機―条件

　第一種特別役物に係る役物連続作動装置の作動に係る全ての条件を、当該第一種特別役物に係る役物連続作動装置に係る条件装置ごとに、箇条書で記載する。

エ　規定数ごとのすべての図柄の組合せの数に占める役物連続作動装置が作動することとなる図柄の組合せの数の割合

　規定数ごとに、全ての図柄の組合せの数に占める第一種特別役物に係る役物連続作動装置が作動することとなる図柄の組合せの数の割合を記載する。

オ　設定ごと及び規定数ごとの役物連続作動装置の作動に係る条件装置が作動する確率の値

　設定ごと及び規定数ごとに、第一種特別役物に係る役物連続作動装置の作動に係る条件装置が作動する確率を、当該第一種特別役物に係る役物連続作動装置の作動に係る条件装置ごとに全て記載するとともに、確率の全体値も記載する。

カ　作動終了条件

　第一種特別役物に係る役物連続作動装置の作動の終了に係る条件の有無を記載する。当該条件がある場合には、当該第一種特別役物に係る役物連続作動装置に係る条件装置ごとに、作動の終了に係る全ての条件を箇条書で記載する。

キ　作動中の処理

　第一種特別役物に係る役物連続作動装置が作動している場合の処理について記載する。このとき、どのような処理が行われるのかについて、当該第一種特別役物に係る役物連続作動装置に係る条件装置ごとに、内容を説明するとともに、説明書中の記載箇所との対応関係を明確にして記載する。

　また、第一種特別役物に係る役物連続作動装置が作動している場合の処理が、どの部品等のどのような作用及び動作原理によって実現されるのかについて、当該第一種特別役物に係る役物連続作動装置に係る条件装置ごとに、記載するとともに、動作原理図中の記載箇所との対応関係を明確にして記載する。

ク　役物連続作動装置の作動に係る制御又はデータ処理に係る電子回路

　第一種特別役物に係る役物連続作動装置の作動に係る制御又はデータ処理に係る電子回路の機能及び処理について、当該第一種特別役物に係る役物連続作動装置ごとに、記載するとともに、回路図中の当該第一種特別役物に係る役物連続作動装置ごとの記載箇所との対応関係を明確にして記載する。

ケ　役物連続作動装置の作動に係る制御又はデータ処理に係る電子回路―使用部品

　第一種特別役物に係る役物連続作動装置の作動に係る制御又はデータ処理に係る電子回路の部品を、当該第一種特別役物に係る役物連続作動装置ごとに全て記載する。

コ　役物連続作動装置の作動に係る制御又はデータ処理に係るプログラム

　ソースプログラム中の第一種特別役物に係る役物連続作動装置の作動に係る制御又はデータ処理に係るプログラムの実現箇所並びに当該プログラムで使用されるデータの一覧表及び作業領域の一覧表を、当該第一種特別役物に係る役物連続作動装置ごとに記載する。

　また、当該第一種特別役物に係る役物連続作動装置の作動に関し、内部抽せんが行われる場合には、当該第一種特別役物に係る役物連続作動装置ごとに、内部抽せんが行われる契機を記載するとともに、電源の投入等外部的な要因あるいは当該第一種特別役物に係る役物連続作動装置の作動等内部的な要因にかかわらず、内部抽せんの結果に偏りが発生しないことを明確にして記載する。

サ　役物連続作動装置の作動に欠くことができないその他の構造

　第一種特別役物に係る役物連続作動装置の作動に係る制御又はデータ処理に係る電子回路の構造以外の構造で、第一種特別役物に係る役物連続作動装置の作動に欠くことができないものの有無を記載する。

当該構造がある場合には、当該構造ごとの設置目的及び効果を明確にした上で、当該構造が、どの部品等のどのような組合せによって構成されているのかについて、当該構造ごとに、その部品等及び組合せの寸法を明確にしつつ、記載するとともに、構造図中の当該構造ごとの記載箇所との対応関係を明確にして記載する。

また、当該構造が動作する場合には、どの部品等のどのような作用及び動作原理によって動作するのかについて、当該構造ごとに、記載するとともに、動作原理図中の当該動作する構造ごとの記載箇所との対応関係を明確にして記載する。

(19) 第二種特別役物に係る役物連続作動装置

ア　個数

第二種特別役物に係る役物連続作動装置の個数を記載する。

イ　作動契機

第二種特別役物に係る役物連続作動装置が、どのような契機によって作動するのかについて、作動契機に係る全ての図柄の組合せを明確にしつつ、記載する。このとき、どのような処理が行われるのかについて、当該第二種特別役物に係る役物連続作動装置に係る条件装置ごとに、内容を説明するとともに、説明書中の記載箇所との対応関係を明確にして記載する。

また、第二種特別役物に係る役物連続作動装置の作動契機が、どの部品等のどのような作用及び動作原理によって実現されるのかについて、当該第二種特別役物に係る役物連続作動装置に係る条件装置ごとに、記載するとともに、動作原理図中の記載箇所との対応関係を明確にして記載する。

ウ　作動契機―条件

第二種特別役物に係る役物連続作動装置の作動に係る全ての条件を、当該第二種特別役物に係る役物連続作動装置に係る条件装置ごとに、箇条書で記載する。

エ　設定ごと及び規定数ごとの役物連続作動装置の作動に係る条件装置が作動する確率の値

設定ごと及び規定数ごとに、第二種特別役物に係る役物連続作動装置の作動に係る条件装置が作動する確率を、当該第二種特別役物に係る役物連続作動装置の作動に係る条件装置ごとに全て記載するとともに、確率の全体値も記載する。

オ　作動終了条件

第二種特別役物に係る役物連続作動装置の作動の終了に係る条件の有無を記載する。当該条件がある場合には、当該第二種特別役物に係る役物連続作動装置に係る条件装置ごとに、作動の終了に係る全ての条件を箇条書で記載する。

カ　作動中の処理

第二種特別役物に係る役物連続作動装置が作動している場合の処理について記載する。このとき、どのような処理が行われるのかについて、当該第二種特別役物に係る役物連続作動装置に係る条件装置ごとに、内容を説明するとともに、説明書中の記載箇所との対応関係を明確にして記載する。

キ　役物連続作動装置の作動に係る制御又はデータ処理に係る電子回路

第二種特別役物に係る役物連続作動装置の作動に係る制御又はデータ処理に係る電子回路の機能及び処理について、当該第二種特別役物に係る役物連続作動装置ごとに、記載するとともに、回路図中の当該第二種特別役物に係る役物連続作動装置ごとの記載箇所との対応関係を明確にして記載する。

ク　役物連続作動装置の作動に係る制御又はデータ処理に係る電子回路―使用部品

第二種特別役物に係る役物連続作動装置の作動に係る制御又はデータ処理に係る電子回路の部品を、当該第二種特別役物に係る役物連続作動装置ごとに全て記載する。

ケ　役物連続作動装置の作動に係る制御又はデータ処理に係るプログラム

ソースプログラム中の第二種特別役物に係る役物連続作動装置の作動に係る制御又はデータ処理に係るプログラムの実現箇所並びに当該プログラムの処理並びに当該プログラムで使用されるデータの一覧表及び作業領域の一覧表を、当該第二種特別役物に係る役物連続作動装置ごとに記載する。

また、当該第二種特別役物に係る役物連続作動装置の作動に関し、内部抽せんが行われる場合には、当該第二種特別役物に係る役物連続作動装置ごとに、内部抽せんが行われる契機を記載するとともに、電源の投入等外部的な要因あるいは当該第二種特別役物に係る役物連続作動装置の作動等内部的な要因にかかわらず、内部抽せんの結果に偏りが発生しないことを明確にして記載する。

コ 役物連続作動装置の作動に欠くことができないその他の構造

第二種特別役物に係る役物連続作動装置の作動に係る制御又はデータ処理に係る電子回路の構造以外の構造で、第二種特別役物に係る役物連続作動装置の作動に欠くことができないものの有無を記載する。

当該構造がある場合には、当該構造ごとの設置目的及び効果を明確にした上で、当該構造が、どの部品等のどのような組合せによって構成されているのかについて、当該構造ごとに、その部品等及び組合せの寸法を明確にしつつ、記載するとともに、構造図中の当該構造ごとの記載箇所との対応関係を明確にして記載する。

また、当該構造が動作する場合には、どの部品等のどのような作用及び動作原理によって動作するのかについて、当該構造ごとに、記載するとともに、動作原理図中の当該動作する構造ごとの記載箇所との対応関係を明確にして記載する。

(20) 遊技の用に供されるその他の装置

諸元表の他の欄に記載した装置以外に、設定変更装置等、遊技の用に供される装置がある場合には、遊技の用に供されるその他の装置欄の各項目について、必要事項を明確に記載する。

該当する装置が複数ある場合、当該装置ごとに、記載欄に縦の区切線を入れて記載する。

ア 名称

当該装置の名称を記載する。該当するものがない場合には、「該当なし」と記載する（当該装置欄のその他の項の記載項目についても「該当なし」と記載する。）。

イ 設置目的及び機能

当該装置の設置目的及び機能を明確にして記載する。

ウ 構造

当該装置の構造が、どの部品等のどのような組合せによって構成されているのかについて、当該装置ごとに、その部品等及び組合せの寸法を明確にしつつ、記載するとともに、構造図中の当該装置ごとの記載箇所との対応関係を明確にして記載する。

エ 動作原理

当該装置が、どの部品等のどのような作用及び動作原理によって動作するのかについて、当該装置ごとに、記載するとともに、動作原理図中の当該装置ごとの記載箇所（当該装置の作動中の動作説明、作動契機、作動条件及び作動終了条件並びに当該装置の作動に係るプログラムの明確な説明を記載した箇所をいう。）との対応関係を明確にして記載する。

また、当該装置が動作した場合の処理について記載する。このとき、どのような処理が行われるのかについて、当該装置ごとに、内容を説明するとともに、説明書中の記載箇所との対応関係を明確にして記載する。

また、当該装置の作動に関し、内部抽せんが行われる場合には、当該装置ごとに、内部抽せんが行われる契機を記載するとともに、電源の投入等外部的な要因あるいは当該装置の作動等内部的な要因にかかわらず、内部抽せんの結果に偏りが発生しないことを明確にして記載する。

(21) 遊技機内部の配線系統

遊技機内部の配線系統について、回路図中の当該配線系統を示すブロックダイヤ図の記載箇所との対応関係を明確にして記載する。

(22) 基板

ア 個数

遊技機に使用されている基板の個数を記載する。

イ 設置位置

遊技機の基板が遊技機中のどの位置に設置されているのかについて、当該基板ごとに、その形状及び寸法を明確にしつつ、記載するとともに、構造図中の当該基板ごとの記載箇所との対応関係を明確にして記載する。また、設置方法も併せて記載する。

ウ 回路構成

遊技機の基板の回路がどの部品等のどのような組合せによって構成されているのかについて、当該基板ごと及び機能別にブロック化した回路ごとに、記載するとともに、回路図中の当該回路ごとの記載箇所との対応関係を明確にして記載する。

エ 部品配置

各基板の部品の配置を記載するとともに、構造図中の当該基板の部品の記載箇所との対応関係を明確にして記載する。

オ　使用部品

　各基板に使用されている部品を全て記載する。

カ　使用部品―マイクロプロセッサー―個数

　マイクロプロセッサーの個数を記載する。マイクロプロセッサーが複数ある場合には、キからコまでのマイクロプロセッサー欄の各項目の記載欄については、記載欄に縦の区切線を入れて、マイクロプロセッサーごとに、記載する。

キ　使用部品―マイクロプロセッサー―用途

　マイクロプロセッサーの用途を記載した上で、当該マイクロプロセッサーが装着されている基板名を記載する。

ク　使用部品―マイクロプロセッサー―型式名

　マイクロプロセッサーの型式名を記載する。

ケ　使用部品―マイクロプロセッサー―製造者名

　マイクロプロセッサーを製造した者の氏名及び名称を記載する。

コ　使用部品―マイクロプロセッサー―特記事項

　マイクロプロセッサーへのＲＯＭ、ＲＷＭその他の電子装置等の内蔵の有無、当該マイクロプロセッサーの機能及び構造に関する特記事項を記載する。

サ　使用部品―ＲＯＭ―個数

　ＲＯＭの個数を記載する。マイクロプロセッサーと同一集積回路に内蔵されているＲＯＭについても、この記載欄に計上する。ＲＯＭが複数ある場合には、シからニまでのＲＯＭ欄の各項目の記載欄については、ＲＯＭごとに、当該記載欄に縦の区切線を入れて、記載する。

シ　使用部品―ＲＯＭ―用途

　ＲＯＭの用途を記載した上で、当該ＲＯＭが装着されている基板名及び当該ＲＯＭと対応するマイクロプロセッサーを記載する。

ス　使用部品―ＲＯＭ―記憶容量

　ＲＯＭの記憶容量をバイト数で記載する。また、当該ＲＯＭに記憶された情報を出力する方法についても記載する。

セ　使用部品―ＲＯＭ―使用領域

　ＲＯＭの記憶容量のうち、プログラム及びデータの記憶に使用されているバイト数を、使用領域、制御領域及びデータ領域ごとに記載する。また、各領域のバイト数を記載する。

ソ　使用部品―ＲＯＭ―記憶内容

　ＲＯＭの記憶内容のダンプリストの記憶箇所を特定して記載する。

タ　使用部品―ＲＯＭ―記憶内容―プログラム―構成

　ＲＯＭに記憶されたプログラムのモジュール構成図の記載箇所を特定して記載する。

チ　使用部品―ＲＯＭ―記憶内容―プログラム―ソースプログラム

　ＲＯＭに記憶されたプログラムのソースリストの記載箇所を特定して記載する。

ツ　使用部品―ＲＯＭ―記憶内容―プログラム―使用データ

　ＲＯＭに記憶されたプログラムで使用する定数データの一覧表（記憶番地及びデータの用途等が記載された表をいう。）及び変数等の作業領域の一覧表（各作業領域の割当番地及び用途等が記載された表をいう。）の記載箇所を特定して記載する。

テ　使用部品―ＲＯＭ―記憶内容―検査合計

　ＲＯＭの各記憶番地に記憶された内容を十六進数値として扱い、全ての記憶番地の内容を合計した値の下位四桁を十六進数値のまま記載する。

ト　使用部品―ＲＯＭ―型式名

　ＲＯＭの型式名（ＲＯＭの製造者が定めた型式名をいう。）を記載する。マイクロプロセッサーと同一集積回路に内蔵されるＲＯＭは、その旨を明記する。

ナ　使用部品―ＲＯＭ―製造者名

　ＲＯＭを製造した者の氏名又は名称を記載する。

ニ　使用部品―ＲＯＭ―特記事項

　ＲＯＭの機能及び構造に関する特記事項があれば記載する。ない場合は、「なし」と記載する。

ヌ　使用部品―ＲＷＭ―個数

　ＲＷＭの個数を記載する。マイクロプロセッサーと同一集積回路に内蔵されているＲＷＭの個数について記載する。ＲＷＭが複数ある場合には、ネからホまでのＲＷＭ欄の各項目の記載欄については、当該記載欄に縦の区切線を入れて、ＲＷＭごとに、記載する。

ネ　使用部品―RWM―用途
RWMの用途を記載の上、当該RWMが装着されている基板名及び対応するマイクロプロセッサーを記載する。

ノ　使用部品―RWM―記憶容量
RWMの記憶容量をバイト数で記載する。

ハ　使用部品―RWM―使用領域
RWMの記憶容量のうち、使用領域に使用されるバイト数を記載する。

ヒ　使用部品―RWM―初期化処理
RWMの使用領域、未使用領域の割当番地を特定した上で、各々の領域に対する初期化処理の内容を記載する。

フ　使用部品―RWM―型式名
RWMの型式名（RWMの製造者が定めたもの）を記載する。マイクロプロセッサーと同一集積回路に内蔵されているRWMについては、その旨を記載する。

ヘ　使用部品―RWM―製造者名
RWMを製造した者の氏名又は名称を記載する。

ホ　使用部品―RWM―特記事項
RWMの機能及び構造に関する特記事項があれば記載する。ない場合は、「なし」と記載する。

マ　主基板ケース―構造
主基板ケースの構造について、どのような方法で容易に開封できず、開封時にはこん跡が残るかを明確にして記載する。

ミ　主基板ケース―材質
主基板ケースの材質について、透明であるかを明確にして記載する。

ム　基板の型式を特定するための番号、記号その他の符号
基板の型式を特定するための番号、記号その他の符号を記載する。

メ　製造者の氏名又は名称
基板を製造した者の氏名又は名称を記載する。

(23)　入力信号
入力信号欄には、遊技機外部から遊技機へ入力される信号について、記載する。

ア　信号の種類
遊技機に入力する全ての信号の名称及びその用途を記載の上、各信号の信号形式の説明書の記載箇所を特定して記載する。

イ　端子の位置
外部からの各入力信号線を接続する端子が設けられた基板の名称を記載した上で、当該基板の設置位置を特定した構造図、当該基板の部品配置図（各端子の基板上の設置位置が特定されたもの）及び各端子と入力信号線の接続に使用されるコネクタ仕様説明の各々について、記載箇所を特定して記載する。

(24)　出力信号
出力信号欄には、遊技機から遊技機外部へ出力される信号について、記載する。

ア　信号の種類
遊技機から出力される信号全ての名称及びその用途を記載の上、各信号の信号形式の説明書の記載箇所を特定する。

イ　端子の位置
遊技機外部への各出力信号線を接続する端子が設けられた基板の名称を記載した上で、当該基板の設置位置を特定した構造図、当該基板の部品配置図（各端子の基板上の設置位置が特定されたもの）及び各端子と出力信号線の接続に使用されるコネクタ仕様説明のそれぞれについて、記載箇所を特定して記載する。

(25)　遊技機の使用に接続を必要とする装置
電源装置（トランス）あるいはプリペイドカードユニット等、提出に係る遊技機を使用する上で接続が必要な装置がある場合は、その全ての装置について、明確に記載する。該当する装置が複数ある場合は、当該記載欄に縦の区切線を入れて、装置ごとに、記載する。

ア　名称
該当する装置の名称を記載する。

イ　用途
該当する装置の用途及び機能概要を記載する。

ウ　接続条件
諸元表に記載した遊技機の構造、材質及び性能に変化を与えない条件で使用する上で当該装置に必要とされる仕様、遊技機と当該装置との接続に係る物理的、電気的条件等を全て記載する。

(26)　備考
特に別途指示のない限り、何も記載せず空欄のままとする。

三　アレンジボール遊技機（別記様式第四号）

(1)　型式名

申請者が認定、検定、型式試験又は遊技機試験を受けたいとしている遊技機の型式の識別符号として呼ぶ名称を記載する。

(2) 製造業者又は輸入業者名

遊技機を製造又は輸入した業者の氏名又は名称を記載する。

(3) 使用条件

ア 温度

遊技機の性能、構造及び材質に変化を与えない温度の範囲を記載する（小数点以下の記載は、不要とする。）。

イ 湿度

遊技機の性能、構造及び材質に変化を与えない湿度の範囲を記載する（小数点以下の記載は、不要とする。）。

ウ 電源―種別

使用電源の交流又は直流の別を記載する。

エ 電源―定格電圧

使用電源の電圧値並びに遊技機の性能、構造及び材質に変化を与えない電源電圧の変動範囲を記載する。

オ 電源―定格周波数

交流電源を使用する場合は、使用電源の周波数並びに遊技機の性能、構造及び材質に変化を与えない電源周波数の変動範囲を記載する。特に、発射装置の一分間当たりの発射遊技球数その他の性能に変化を与えない範囲に留意して記載する。

カ 遊技機の設置条件

遊技機の性能、構造及び材質に変化を与えない遊技機の傾き（遊技機設置面（水平面）に下ろした垂線からの遊技盤面の傾き角度をいう。単位は、「度」を使用し、小数点以下の記載は不要とする。）その他の遊技機の設置条件を全て記載する。

キ その他の使用条件

遊技機の性能、構造及び材質に変化を与えないよう遊技機を使用する上で必要なその他の使用条件の有無を記載した上で、「あり」の場合は、当該条件を具体的かつ詳細に記載する。

(4) 遊技メダル等

ア 遊技機を作動させるための遊技メダル又は遊技球の種別

遊技機を作動させるために使用する、遊技メダル又は遊技球の別を記載する。

イ 一回の遊技につき必要な遊技メダル等の規定数

一回の遊技につき投入する必要がある遊技メダル等の数（単位は、遊技メダルについては「枚」とし、遊技球については「個」とする。以下同じ。）を記載する。

ウ 規定数の遊技メダル等の投入ごとの遊技に使用可能な遊技球の数

規定数の遊技メダル等を投入した場合において、規定数の遊技メダル等の投入ごとに、その遊技に使用することができる遊技球の個数を記載する。

エ 遊技球―質量

小数第一位（小数第二位を四捨五入した値とする。）まで記載する。

オ 遊技球―材質

材質名及び日本工業規格（ＪＩＳ規格）による材質表示を記載する。

(5) 遊技盤

ア 構造

(ア) 遊技盤の構造が、どの部品等のどのような組合せによって構成されているのかについて、その部品等及び組合せの寸法を明確にしつつ、記載する。

(イ) 遊技盤面構造図中の当該構造の記載箇所との対応関係を明確にして記載する。

イ 構造―遊技盤の大きさ

遊技盤の大きさ（遊技球が遊技盤上において落下する領域の大きさをいう。）が確認できる寸法を記載し、かつ、太線を用いて特定した遊技盤面構造図中の記載箇所との対応関係を明確にして記載する。

ウ 遊技板の材質

材質名及び日本工業規格（ＪＩＳ規格）による材質表示を記載する。

エ 遊技球の落下の方向に変化を与えるための装置―遊技くぎ―本数

遊技板に備えられている遊技くぎの本数を記載する。

オ 遊技球の落下の方向に変化を与えるための装置―遊技くぎ―配置

遊技板に備えられている遊技くぎが、遊技盤上のどのような位置に配置されているのかについて、当該遊技くぎごとに、遊技盤上の位置の寸法を明確にしつつ、記載するとともに、遊技盤面構造図中の当該遊技くぎごとの記載箇所との対応関係を明確にして記載する。
カ　遊技球の落下の方向に変化を与えるための装置―遊技くぎ―形状
遊技板に備えられている遊技くぎの形状及びその寸法を記載する。
キ　遊技球の落下の方向に変化を与えるための装置―遊技くぎ―傾き
遊技板に打ち込まれている全ての遊技くぎの傾き（遊技盤面に下ろした垂線と遊技くぎの軸部のなす角度をいう。単位は「度」を使用し、小数点以下の記載は不要とする。）及びその方向を特定し、記載する。
ク　遊技球の落下の方向に変化を与えるための装置―遊技くぎ―材質
材質名及び日本工業規格（JIS規格）による材質表示を記載する。
ケ　遊技球の落下の方向に変化を与えるための装置―遊技くぎ―硬度
日本工業規格（JIS規格）のビッカース硬さ試験による遊技くぎのビッカース硬度を記載する。
コ　遊技球の落下の方向に変化を与えるための装置―風車―個数
遊技板に備えられている風車の個数を記載する。
サ　遊技球の落下の方向に変化を与えるための装置―風車―配置
遊技板に備えられている風車が、遊技盤上のどのような位置に配置されているのかについて、当該風車ごとに、遊技盤上の位置の寸法を明確にしつつ、記載するとともに、遊技盤面構造図中の当該風車ごとの記載箇所との対応関係を明確にして記載する。
シ　遊技球の落下の方向に変化を与えるための装置―風車―形状及び構造
遊技板に備えられている風車の形状及び構造が、どの部品等のどのような組合せによって形成及び構成されているのかについて、当該風車ごとに、その部品等及び組合せの寸法を明確にしつつ、記載するとともに、遊技盤面構造図中の当該風車ごとの記載箇所との対応関係を明確にして記載する。
ス　遊技球の落下の方向に変化を与えるための装置―風車―傾き
遊技板に打ち込まれている全ての風車の傾き（遊技盤面に下ろした垂線と風車の軸部のなす角度をいう。単位は「度」を使用し、小数点以下の記載は不要とする。）及びその方向を特定し、記載する。
セ　遊技球の落下の方向に変化を与えるための装置―風車―材質
材質名及び日本工業規格（JIS規格）による材質表示を記載する。
ソ　遊技球の落下の方向に変化を与えるための装置―風車―軸の硬度
日本工業規格（JIS規格）のビッカース硬さ試験による風車の軸のビッカース硬度を記載する。
タ　遊技球の落下の方向に変化を与えるための装置―その他の装置―名称
遊技くぎ及び風車以外の装置で、遊技球の落下の方向に変化を与えるものが遊技板に備えられている場合には、当該装置の名称を記載する。該当するものがない場合には、「該当なし」と記載する（当該装置欄のその他の項の記載項目についても「該当なし」と記載する。）。
チ　遊技球の落下の方向に変化を与えるための装置―その他の装置―機能
遊技板に備えられている当該装置の設置目的及び機能を、遊技球の落下の方向にどのような変化を与えるかを明確にしつつ、記載する。
ツ　遊技球の落下の方向に変化を与えるための装置―その他の装置―個数
遊技板に備えられている当該装置の個数を記載する。
テ　遊技球の落下の方向に変化を与えるための装置―その他の装置―配置
遊技板に備えられている当該装置が、遊技盤上のどのような位置に配置されているのかについて、当該装置ごとに、遊技盤上の位置の寸法を明確にしつつ、記載するとともに、遊技盤面構造図中の当該装置ごとの記載箇所との対応関係を明確にして記載する。
ト　遊技球の落下の方向に変化を与えるための装置―その他の装置―形状及び構造
遊技板に備えられている当該装置の形状及び構造が、どの部品等のどのような組合せによって形成及び構成されているのかについて、当該装置ごとに、その部品等及び組合せの寸法を明確にしつつ、記載するとともに、遊技盤面構造図中の当該装置ごとの記載箇所との対応関係を明確にして記載する。

ナ　遊技球の落下の方向に変化を与えるための装置―その他の装置―材質

材質名及び日本工業規格（ＪＩＳ規格）による材質表示を記載する。

(6)　ガラス板等

ア　遊技板との距離

(5)イ「構造―遊技盤の大きさ」の項の記載欄に記載した遊技盤の大きさを示す領域内の四隅及び中央部近辺の測定可能な五箇所のポイントで測定した遊技板とガラス板等とのそれぞれの距離の測定値及び当該五箇所の測定値の平均値を記載する（小数点以下の記載は、不要とする。）。

その際、五箇所の測定箇所を特定した遊技盤面構造図中の記載箇所を特定して記載する。

イ　透視性

ガラス板等の透視性が規則別表第六(2)リ(ハ)を除く。）の規格に適合しているか否かを明確にして記載する。

ウ　材質

材質名及び日本工業規格（ＪＩＳ規格）による材質表示を記載する。

(7)　受け皿

ア　構造

受け皿の構造が、どの部品等のどのような組合せによって構成されているのかについて、当該受け皿ごとに、その部品等及び組合せの寸法を明確にしつつ、記載するとともに、構造図中の当該受け皿ごとの記載箇所との対応関係を明確にして記載する。

イ　材質

材質名及び日本工業規格（ＪＩＳ規格）による材質表示を記載する。

(8)　遊技盤の枠

ア　大きさ

遊技盤の枠の大きさが確認できる、その枠の高さ、幅及び奥行の寸法を記載する。

イ　構造

遊技盤の枠の構造が、どの部品等のどのような組合せによって構成されているのかについて、その部品等及び組合せの寸法を明確にしつつ、記載するとともに、構造図中の当該遊技盤の枠の記載箇所との対応関係を明確にして記載する。

ウ　材質

材質名及び日本工業規格（ＪＩＳ規格）による材質表示を記載する。

(9)　貯留装置

ア　貯留可能な遊技メダルの数

貯留装置に記録可能な遊技メダルの最大数を記載する。

イ　構造

貯留装置の構造が、どの部品等のどのような組合せによって構成されているのかについて、その部品等及び組合せの寸法を明確にしつつ、当該貯留装置の構造が規則別表第六(1)チ(ロ)及び(ハ)の規格に適合しているか否かを明確にして記載するとともに、構造図中の当該貯留装置の記載箇所との対応関係を明確にして記載する。

ウ　動作原理

貯留装置が、どの部品等のどのような作用及び動作原理によって遊技メダルを電磁的に記録するのかについて、記載するとともに、動作原理図中の当該貯留装置の記載箇所との対応関係を明確にして記載する。

(10)　遊技メダル数表示装置

ア　構造

遊技メダル数表示装置の構造が、どの部品等のどのような組合せによって構成されているのかについて、その部品等及び組合せの寸法を明確にしつつ、当該遊技メダル数表示装置の構造が規則別表第六(1)リ(イ)、(ロ)及び(ハ)の規格に適合しているか否かを明確にして記載するとともに、構造図中の当該遊技メダル数表示装置の記載箇所との対応関係を明確にして記載する。

イ　動作原理

遊技メダル数表示装置が、どの部品等のどのような作用及び動作原理によって遊技メダルの数を電磁的に記録し、表示するのかについて、記載するとともに、動作原理図中の当該遊技メダル数表示装置の記載箇所との対応関係を明確にして記載する。

(11)　発射装置

ア　種類

電動式又は手動式の別を記載する。

イ　構造

発射装置の構造が、どの部品等のどのような組合せによって構成されているのかについて、その部品等及び組合せの寸法を明確にしつつ、記載するとともに、構造図中の当該発射装置の記載箇所との対応関係を明確にして記載する。

ウ　動作原理

発射装置が、どの部品等のどのような作用及び動作原理によって遊技球を発射しているのかについて、一分間当たりにおける最大発射遊技球数の設計上の理論値を明確にしつつ、記載するとともに、動作原理図中の当該発射装置の記載箇所との対応関係を明確にして記載する。

エ　電動機―種類

電動式発射装置である場合には、当該電動機の形式を記載する。手動式発射装置の場合には、「該当なし」と記載する（オ及びカについて同じ。）。

オ　電動機―回転速度

電動機の一分間当たりの回転数を記載する。

カ　電動機―製造者名

電動機の製造者の氏名又は名称を記載する。

キ　一分間の発射遊技球数

電動式発射装置である場合には、規則別表第六(1)イの遊技球の試射試験（以下「三　アレンジボール遊技機」において「試射試験」という。）を連続して十時間行った場合における一分間の発射球数の平均値（単位は、「個／分」とする。）を記載する。

手動式発射装置である場合には、規則別表第六(1)イの遊技球の試射試験を連続して十時間行った場合における任意の十分間を代表させ、当該十分間の発射球数の平均値（単位は、「個／分」とする。）が最大となる時の値を記載する。

(12)　遊技メダル等払出装置

ア　構造

遊技メダル等払出装置（払い出す賞球を貯留しておくためのタンクを含む。）の構造が、どの部品等のどのような組合せによって構成されているのかについて、その部品等及び組合せの寸法を明確にしつつ、記載するとともに、構造図中の当該遊技メダル等払出装置の記載箇所との対応関係を明確にして記載する。

イ　動作原理

遊技メダル等払出装置が、どの部品等のどのような作用及び動作原理によって遊技メダル等を払い出すのかについて、記載するとともに、動作原理図中の当該遊技メダル等払出装置の記載箇所との対応関係を明確にして記載する。

(13)　遊技メダル等の獲得に係る遊技機の性能

ア　十時間出玉率

十時間の試射試験を仮定した場合の遊技機の出玉率の設計値を記載する。

イ　四時間出玉率

四時間の試射試験を仮定した場合の遊技機の出玉率の設計値を記載する。

ウ　一時間出玉率

一時間の試射試験を仮定した場合の遊技機の出玉率の設計値を記載する。

エ　役物比率

十時間の試射試験を仮定した場合の遊技機の役物比率の設計値を記載する。

(14)　遊技に係る条件

ア　遊技メダル等の投入条件

遊技メダル等の投入に係る全ての条件を、規定数を超える数の遊技メダル等の投入時及び遊技メダル等が投入できない遊技状態における遊技メダル等の投入時の処理を明確にしつつ、次の記載例により記載する。

記載例：規定数の遊技メダル等の投入をした時から当該遊技メダル等に係る遊技の結果が得られる時までの間は、新たに遊技メダル等を投入することはできない。

イ　遊技開始時の条件

毎回の遊技の開始時において役物誘導装置等の各装置の作動状態等の条件が同一の場合と異なる場合とを区分した上で、各場合における当該条件を全て明確にして記載する。

ウ　入賞の条件

毎回の遊技において入賞するための条件が同一であるか否かを記載する。また、当該条件ごとに、内容を説明するとともに、説明書の記載箇所との対応関係を明確にして記載する。

(15)　入球口

ア　個数

遊技板に備えられている入球口の個数を記載する。

イ　配置

遊技板に備えられている入球口が、遊技盤上のどのような位置に配置されているのかについて、当該入球口ごとに、遊技盤上の位置の寸法を明確にしつつ、記載するとともに、遊技盤面構造図中の当該入球口ごとの記載箇所との対応関係を明確にして記載する。

ウ　構造

遊技板に備えられている入球口の構造が、どの部品等のどのような組合せによって構成されているのかについて、当該入球口ごとに、その部品等及び組合せの寸法を明確にしつつ、記載するとともに、構造図中の当該入球口ごとの記載箇所との対応関係を明確にして記載する。

エ　構造―入口の大きさ

遊技板に備えられている入球口の入口の大きさが確認できる寸法を、当該入球口ごとに記載する（小数点以下の記載は、不要とする。）。

オ　構造―内部構造―入球感知機構

遊技板に備えられている入球口の内部構造にある遊技球の入球を感知する機構が、どの部品等のどのような組合せによって構成されているのかについて、当該入球口ごとに、その部品等及び組合せの寸法を明確にしつつ、記載するとともに、構造図中の当該入球口ごとの記載箇所との対応関係を明確にして記載する。

また、どの部品等のどのような作用及び動作原理によって入球を感知するのかについて、当該入球口ごとに、記載するとともに、動作原理図中の当該入球口ごとの記載箇所との対応関係を明確にして記載する。

カ　構造―内部構造―その他遊技の結果に影響を及ぼすこととなる機能を有する構造

遊技板に備えられている入球口の入球感知機構以外の内部構造で遊技の結果に影響を及ぼすこととなる機能を有するもの（入球口の内部構造の中にある領域で遊技球の通過により遊技の結果に影響を及ぼすこととなるもの及び当該領域への遊技球の通過率を調整する機能を有する構造等）の有無を記載する。

当該構造がある場合には、当該構造ごとの設置目的及び効果を明確にした上で、当該構造が、どの部品等のどのような組合せによって構成されているのかについて、当該構造ごとに、その部品等及び組合せの寸法を明確にしつつ、記載するとともに、構造図中の当該構造ごとの記載箇所との対応関係を明確にして記載する。

また、当該構造が動作する場合には、どの部品等のどのような作用及び動作原理によって動作するのかについて、当該構造ごとに、記載するとともに、動作原理図中の当該動作する構造ごとの記載箇所との対応関係を明確にして記載する。

キ　材質

材質名及び日本工業規格（ＪＩＳ規格）による材質表示を記載する。

(16)　ゲート

ア　個数

ゲートの個数を記載する。

イ　配置

ゲートが、遊技盤でどのような位置に配置されているのかについて、当該ゲートごとに、遊技盤での位置の寸法を明確にしつつ、記載するとともに、遊技盤面構造図中の当該ゲートごとの記載箇所との対応関係を明確にして記載する。

ウ　構造

ゲートの構造が、どの部品等のどのような組合せによって構成されているのかについて、当該ゲートごとに、その部品等及び組合せの寸法を明確にしつつ、記載するとともに、遊技盤面構造図中の当該ゲートごとの記載箇所との対応関係を明確にして記載する。

エ　構造―入口の大きさ

ゲートの入口の大きさが確認できる寸法を、当該ゲートごとに記載する（小数点以下の記載は、不要とする。）。

オ　材質

材質名及び日本工業規格（ＪＩＳ規格）による材質表示を記載する。

(17)　入賞図柄表示装置

ア　個数

入賞図柄表示装置の個数を記載する。

イ　配置

入賞図柄表示装置が、遊技盤でどのような位置に配置されているのかについて、当該入賞図柄表示装置ごとに、遊技盤での位置の寸法を明確にしつつ、記載するとともに、構造図中の当該入賞図柄表示装置ごとの記載箇所との対応関係を明確にして記載する。

ウ　構造
　入賞図柄表示装置の構造が、どの部品等のどのような組合せによって構成されているのかについて、当該入賞図柄表示装置ごとに、その部品等及び組合せの寸法を明確にしつつ、記載するとともに、構造図中の当該入賞図柄表示装置ごとの記載箇所との対応関係を明確にして、記載する。

エ　構造―使用部品
　入賞図柄表示装置の表示に係る部品を、当該入賞図柄表示装置ごとに全て記載する。

オ　表示する図柄―個数
　入賞図柄表示装置が表示する全ての図柄の数を、当該入賞図柄表示装置ごとに全て記載する。

カ　表示する図柄―種類
　入賞図柄表示装置が表示する全ての図柄の種類及び表示場所を、当該入賞図柄表示装置ごとに全て記載する。

キ　表示する図柄―表示契機
　入賞図柄表示装置が、どのような契機によって表示するのかについて記載する。

　このとき、当該入賞図柄表示装置が、どの部品等のどのような組合せによって構成されているのかについて、当該入賞図柄表示装置の表示契機となる入球口等ごとに、その部品等及び組合せの寸法を明確にしつつ、記載するとともに、構造図中の当該入賞図柄表示装置の表示契機となる入球口等ごとの記載箇所との対応関係を明確にして記載する。

　また、どの部品等のどのような作用及び動作原理によって表示するのかについて、当該入賞図柄表示装置の表示契機となる入球口等ごとに、表示契機に関係する部品等の作用を明確にしつつ、記載するとともに、動作原理図中の当該入賞図柄表示装置の表示契機となる入球口等ごとの記載箇所との対応関係を明確にして記載する。

ク　表示する図柄―表示契機―条件
　入賞図柄表示装置ごとに、表示に係る全ての条件を箇条書で記載する。

ケ　表示する図柄―入賞に係る図柄の組合せの種類
　入賞図柄表示装置が表示する、入賞に係る図柄の組合せの種類を、当該入賞図柄表示装置ごとに全て記載する。

コ　表示する図柄―入賞に係る図柄の組合せの種類―獲得される遊技メダル等の数
　入賞に係る図柄の組合せに対応して獲得することができる遊技メダル等の数を、説明書中の記載箇所との対応関係を明確にしつつ、入賞に係る図柄の組合せごとに、全て記載する。

サ　入賞図柄表示装置の作動に係る制御又はデータ処理に係る電子回路
　入賞図柄表示装置の作動に係る制御又はデータ処理に係る電子回路の機能及び処理について、当該入賞図柄表示装置ごとに、記載するとともに、回路図中の当該入賞図柄表示装置ごとの記載箇所との対応関係を明確にして記載する。

シ　入賞図柄表示装置の作動に係る制御又はデータ処理に係る電子回路―使用部品
　入賞図柄表示装置の作動に係る制御又はデータ処理に係る電子回路の部品を、当該入賞図柄表示装置ごとに全て記載する。

ス　入賞図柄表示装置の作動に係る制御又はデータ処理に係るプログラム
　ソースプログラム中の入賞図柄表示装置の作動に係る制御又はデータ処理に係るプログラムの実現箇所並びに当該プログラムの処理並びに当該プログラムで使用されるデータの一覧表及び作業領域の一覧表を、当該入賞図柄表示装置ごとに記載する。

(18)　役物

ア　個数
　役物の個数を記載する。

イ　作動契機
　役物が、どのような契機によって作動するのかについて記載する。

　このとき、当該役物が、どの部品等のどのような組合せによって構成されているのかについて、当該役物の作動契機となる役物作動口及びゲートごとに、その部品等及び組合せの寸法を明確にしつつ、記載するとともに、構造図中の当該役物の作動契機となる役物作動口及びゲートごとの記載箇所との対応関係を明確にして記載する。

　また、どの部品等のどのような作用及び動作原理によって作動するのかについて、当該役物の作動契機となる役物作動口及びゲートごとに、作動契機に関係する部品等の作用を明確にしつつ、記載するとともに、動作原理図中の当該役物の作動契機となる役物作動口及びゲートごとの記載箇所との対応関係を明確にして記載する。

ウ　作動契機―条件

役物ごとに、作動に係る全ての条件を箇条書で記載する。

エ　役物作動口―個数

役物ごとに、当該役物を作動させることとなる役物作動口の個数を記載するとともに、役物作動口の合計個数を記載する。

オ　役物作動口―配置

役物ごとに、当該役物を作動させることとなる役物作動口が、遊技盤上のどのような位置に配置されているのかについて、当該役物作動口ごとに、遊技盤上の位置の寸法を明確にしつつ、記載するとともに、遊技盤面構造図中の当該役物作動口ごとの記載箇所との対応関係を明確にして記載する。

カ　作動終了条件

役物の作動の終了に係る条件の有無を記載する。当該条件がある場合には、当該役物ごとに、作動の終了に係る全ての条件を箇条書で記載する。

キ　役物の作動により表示される入賞図柄の種類及び数

役物の作動により表示される、全ての入賞図柄の種類及び数を記載する。

ク　役物の作動により表示される入賞図柄の組合せが入賞に係る図柄の組合せに該当することとなる場合において、当該入賞図柄の組合せにより獲得することができる遊技メダル等の数

役物の作動により表示される入賞図柄の組合せの中で、入賞に係る図柄の組合せとなる図柄の組合せを全て記載するとともに、当該図柄の組合せにより獲得される遊技メダル等の数を、当該図柄の組合せごとに記載する。

ケ　役物の作動に係る制御又はデータ処理に係る電子回路

役物の作動に係る制御又はデータ処理に係る電子回路の機能及び処理について、当該役物ごとに、記載するとともに、回路図中の当該役物ごとの記載箇所との対応関係を明確にして記載する。

コ　役物の作動に係る制御又はデータ処理に係る電子回路―使用部品

役物の作動に係る制御又はデータ処理に係る電子回路の部品を、当該役物ごとに全て記載する。

サ　役物の作動に係る制御又はデータ処理に係るプログラム

ソースプログラム中の役物の作動に係る制御又はデータ処理に係るプログラムの実現箇所並びに当該プログラムの処理並びに当該プログラムで使用されるデータの一覧表及び作業領域の一覧表を、当該役物ごとに記載する。

また、当該役物の作動に関し、内部抽せんが行われる場合には、当該役物ごとに内部抽せんが行われる契機を記載するとともに、電源の投入等外部的な要因あるいは当該役物の作動等内部的な要因にかかわらず、内部抽せんの結果に偏りが発生しないことを明確にして記載する。

シ　役物の作動に欠くことができないその他の構造

役物の作動の契機となる役物作動口、ゲート及び役物の作動に係る制御又はデータ処理に係る電子回路の構造以外の構造で、役物の作動に欠くことができないものの有無を記載する。

当該構造がある場合には、当該構造ごとの設置目的及び効果を明確にした上で、当該構造が、どの部品等のどのような組合せによって構成されているのかについて、当該構造ごとに、その部品等及び組合せの寸法を明確にしつつ、記載するとともに、構造図中の当該構造ごとの記載箇所との対応関係を明確にして記載する。

また、当該構造が動作する場合には、どの部品等のどのような作用及び動作原理によって動作するのかについて、当該構造ごとに、記載するとともに、動作原理図中の当該動作する構造ごとの記載箇所との対応関係を明確にして記載する。

(19)　役物誘導装置

ア　個数

役物誘導装置の個数を記載する。

イ　作動契機

役物誘導装置が、どのような契機によって作動するのかについて記載する。

このとき、当該役物誘導装置が、どの部品等のどのような組合せによって構成されてい

るのかについて、当該役物誘導装置の作動契機となる入球口、ゲート及び誘導図柄表示装置ごとに、その部品等及び組合せの寸法を明確にしつつ、記載するとともに、構造図中の当該役物誘導装置の作動契機となる入球口、ゲート及び誘導図柄表示装置ごとの記載箇所との対応関係を明確にして記載する。

また、どの部品等のどのような作用及び動作原理によって作動するのかについて、当該役物誘導装置の作動契機となる入球口、ゲート及び誘導図柄表示装置ごとに、作動契機に関係する部品等の作用を明確にしつつ、記載するとともに、動作原理図中の当該役物誘導装置の作動契機となる入球口、ゲート及び誘導図柄表示装置ごとの記載箇所との対応関係を明確にして記載する。

ウ　作動契機—条件

役物誘導装置の作動に係る条件の有無を記載する。当該条件がある場合には、当該役物誘導装置ごとに、作動に係る全ての条件を箇条書で記載する。

エ　役物作動口—個数

役物誘導装置ごとに、当該役物誘導装置の作動により作動することとなる役物作動口の個数を記載するとともに、役物作動口の合計個数を記載する。

オ　役物作動口—配置

役物誘導装置ごとに、当該役物誘導装置の作動により作動することとなる役物作動口が、遊技盤上のどのような位置に配置されているのかについて、当該役物作動口ごとに、遊技盤上の位置の寸法を明確にしつつ、記載するとともに、遊技盤面構造図中の当該役物作動口ごとの記載箇所との対応関係を明確にして記載する。

カ　作動終了条件

役物誘導装置の作動の終了に係る条件の有無を記載する。当該条件がある場合には、当該役物誘導装置ごとに、作動の終了に係る全ての条件を箇条書で記載する。

キ　役物誘導装置の作動に係る制御又はデータ処理に係る電子回路

役物誘導装置の作動に係る制御又はデータ処理に係る電子回路の機能及び処理について、当該役物誘導装置ごとに、記載するとともに、回路図中の当該役物誘導装置ごとの記載箇所との対応関係を明確にして記載する。

ク　役物誘導装置の作動に係る制御又はデータ処理に係る電子回路—使用部品

役物誘導装置の作動に係る制御又はデータ処理に係る電子回路の部品を、当該役物誘導装置ごとに全て記載する。

ケ　役物誘導装置の作動に係る制御又はデータ処理に係るプログラム

ソースプログラム中の役物誘導装置の作動に係る制御又はデータ処理に係るプログラムの実現箇所並びに当該プログラムの処理並びに当該プログラムで使用されるデータの一覧表及び作業領域の一覧表を、当該役物誘導装置ごとに記載する。

また、当該役物誘導装置の作動に関し、内部抽せんが行われる場合には、当該役物誘導装置ごとに、内部抽せんが行われる契機を記載するとともに、電源の投入等外部的な要因あるいは当該役物誘導装置の作動等内部的な要因にかかわらず、内部抽せんの結果に偏りが発生しないことを明確にして記載する。

コ　役物誘導装置の作動に欠くことができないその他の構造

役物誘導装置の作動の契機となる入球口、ゲート、誘導図柄表示装置及び役物誘導装置の作動に係る制御又はデータ処理に係る電子回路の構造以外の構造で、役物誘導装置の作動に欠くことができないものの有無を記載する。

当該構造がある場合には、当該構造ごとの設置目的及び効果を明確にした上で、当該構造が、どの部品等のどのような組合せによって構成されているのかについて、当該構造ごとに、その部品等及び組合せの寸法を明確にしつつ、記載するとともに、構造図中の当該構造ごとの記載箇所との対応関係を明確にして記載する。

また、当該構造が動作する場合には、どの部品等のどのような作用及び動作原理によって動作するのかについて、当該構造ごとに、記載するとともに、動作原理図中の当該動作する構造ごとの記載箇所との対応関係を明確にして記載する。

(20)　誘導図柄表示装置

ア　個数

誘導図柄表示装置の個数を記載する。

イ　配置

誘導図柄表示装置が、遊技盤でどのような位置に配置されているのかについて、当該誘導図柄表示装置ごとに、遊技盤での位置の寸法を明確にしつつ、記載するとともに、構造図中の当該誘導図柄表示装置ごとの記載箇所との対応関係を明確にして記載する。

ウ　構造

誘導図柄表示装置の構造が、どの部品等のどのような組合せによって構成されているのかについて、当該誘導図柄表示装置ごとに、その部品等及び組合せの寸法を明確にして記載するとともに、構造図中の当該誘導図柄表示装置ごとの記載箇所との対応関係を明確にして記載する。

エ　構造―使用部品

誘導図柄表示装置の作動に係る部品を、当該誘導図柄表示装置ごとに全て記載する。

オ　作動契機

誘導図柄表示装置が、どのような契機によって作動するのかについて記載する。

このとき、当該誘導図柄表示装置が、どの部品等のどのような組合せによって構成されているのかについて、当該誘導図柄表示装置の作動契機となる入球口及びゲートごとに、その部品等及び組合せの寸法を明確にしつつ、記載するとともに、構造図中の当該誘導図柄表示装置の作動契機となる入球口及びゲートごとの記載箇所との対応関係を明確にして記載する。

また、どの部品等のどのような作用及び動作原理によって作動するのかについて、当該誘導図柄表示装置の作動契機となる入球口及びゲートごとに、作動契機に関係する部品等の作用を明確にしつつ、記載するとともに、動作原理図中の当該誘導図柄表示装置の作動契機となる入球口及びゲートごとの記載箇所との対応関係を明確にして記載する。

カ　作動契機―条件

誘導図柄表示装置の作動に係る条件の有無を記載する。当該条件がある場合には、当該誘導図柄表示装置ごとに、作動に係る全ての条件を箇条書で記載する。

キ　表示する図柄の種類

誘導図柄表示装置が表示する全ての図柄の種類及び表示場所を、当該誘導図柄表示装置ごとに全て記載する。

ク　役物誘導装置が作動することとなる図柄の組合せ

誘導図柄表示装置が表示する、役物誘導装置が作動することとなる図柄の組合せを、当該誘導図柄表示装置ごとに全て記載する。

ケ　役物誘導装置が作動することとなる図柄の組合せを表示する確率の値

誘導図柄表示装置が表示する、役物誘導装置が作動することとなる図柄の組合せを表示する確率を、当該役物誘導装置ごとに全て記載する。

当該確率が特定の条件により変動する場合には、当該条件並びに最低確率、最高確率及び両者の平均確率（確率の変動条件を全て考慮して計算した平均確率をいう。）を全て記載する。

コ　誘導図柄表示装置の作動に係る制御又はデータ処理に係る電子回路

誘導図柄表示装置の作動に係る制御又はデータ処理に係る電子回路の機能及び処理について、当該誘導図柄表示装置ごとに、記載するとともに、回路図中の当該誘導図柄表示装置ごとの記載箇所との対応関係を明確にして記載する。

サ　誘導図柄表示装置の作動に係る制御又はデータ処理に係る電子回路―使用部品

誘導図柄表示装置の作動に係る制御又はデータ処理に係る電子回路の部品を、当該誘導図柄表示装置ごとに全て記載する。

シ　誘導図柄表示装置の作動に係る制御又はデータ処理に係るプログラム

ソースプログラム中の誘導図柄表示装置の作動に係る制御又はデータ処理に係るプログラムの実現箇所並びに当該プログラムの処理並びに当該プログラムで使用されるデータの一覧表及び作業領域の一覧表を、当該誘導図柄表示装置ごとに記載する。

また、当該誘導図柄表示装置の作動に関し、内部抽せんが行われる場合には、当該誘導図柄表示装置ごとに、内部抽せんが行われる契機を記載するとともに、電源の投入等外部的な要因あるいは当該誘導図柄表示装置の作動等内部的な要因にかかわらず、内部抽せんの結果に偏りが発生しないことを明確にして記載する。

(21)　誘導増加装置

ア　個数

誘導増加装置の個数を記載する。

イ　誘導増加装置に係る役物誘導装置―個数

誘導増加装置に係る役物誘導装置の個数を記載する。

ウ　誘導増加装置に係る役物誘導装置―配置

誘導増加装置に係る役物誘導装置が、遊技盤でどのような位置に配置されているのかについて、遊技盤での位置の寸法を明確にしつつ、記載するとともに、構造図中の当該誘導増加装置に係る役物誘導装置の記載箇所との対応関係を明確にして記載する。

エ　作動契機

誘導増加装置が、どのような契機によって作動するのかについて記載する。

このとき、当該誘導増加装置が、どの部品等のどのような組合せによって構成されているのかについて、その部品等及び組合せの寸法を明確にしつつ、記載するとともに、構造図中の当該誘導増加装置の作動契機となる誘導増加装置作動領域を持つ入球口の記載箇所との対応関係を明確にして記載する。

また、どの部品等のどのような作用及び動作原理によって作動するのかについて、作動契機に関係する部品等の作用を明確にしつつ、記載するとともに、動作原理図中の当該誘導増加装置の作動契機となる誘導増加装置作動領域を持つ入球口の記載箇所との対応関係を明確にして記載する。

オ　作動契機―条件

誘導増加装置の作動に係る条件の有無を記載する。当該条件がある場合には、作動に係る全ての条件を箇条書で記載する。

カ　作動の効果

誘導増加装置の一回の作動による効果（得点の増加する程度及びそれに伴う遊技機の表示動作等）を、具体的かつ明確にして記載する。

キ　作動終了条件

誘導増加装置の作動の終了に係る条件の有無を記載する。当該条件がある場合には、作動の終了に係る全ての条件を箇条書で記載する。

特に、誘導増加装置の一回の作動中における遊技の結果が得られる回数の上限値を記載する。当該遊技回数の上限値が、あらかじめ定められた条件によって変化する場合には、その変化条件と全ての上限値を記載する。

ク　特定入球口―個数

特定入球口の個数を記載する。

ケ　特定入球口―配置

特定入球口が、遊技盤上のどのような位置に配置されているのかについて、遊技盤上の位置の寸法を明確にしつつ、記載するとともに、遊技盤面構造図中の当該特定入球口の記載箇所との対応関係を明確にして記載する。

また、当該誘導増加装置の作動により入口が開き、又は拡大する役物作動口が、遊技盤上のどのような位置に配置されているのかについても、同様に記載する。

コ　特定入球口―誘導増加装置作動領域―配置

特定入球口内の誘導増加装置作動領域が、特定入球口内でどのような位置に配置されているのかについて、特定入球口内での位置の寸法を明確にしつつ、記載するとともに、構造図中の当該特定入球口内の誘導増加装置作動領域の記載箇所との対応関係を明確にして記載する。

サ　特定入球口―誘導増加装置作動領域―構造

誘導増加装置作動領域の構造が、どの部品等のどのような組合せによって構成されているのかについて、当該誘導増加装置作動領域ごとに、その部品等及び組合せの寸法を明確にしつつ、記載するとともに、構造図中の当該誘導増加装置作動領域ごとの記載箇所との対応関係を明確にして記載する。

シ　特定入球口―誘導増加装置作動領域―構造―入口の大きさ

誘導増加装置作動領域の入口の大きさが確認できる寸法を、当該誘導増加装置作動領域ごとに記載する。当該入口の大きさが変化するものにあっては、変化したときの大きさ及びその変化条件も全て記載する。

ス　特定入球口―誘導増加装置作動領域―通過率

誘導増加装置の作動に係る特定入球口に入球する遊技球の数のうち、誘導増加装置作動領域を通過する遊技球の数の割合を記載する。

このとき、どのように当該割合を導出したかについて、当該誘導増加装置作動領域ごとに、内容を説明するとともに、説明書中の記載箇所との対応関係を明確にして記載する。

また、当該誘導増加装置作動領域の入口の

大きさが変化すること等を契機として当該通過率が変化する場合は、その変化条件と変化した場合の通過率を全て記載する。

セ　材質

材質名及び日本工業規格（ＪＩＳ規格）による材質表示を記載する。

ソ　誘導増加装置の作動に係る制御又はデータ処理に係る電子回路

誘導増加装置の作動に係る制御又はデータ処理に係る電子回路の機能及び処理について、記載するとともに、回路図中の当該誘導増加装置の記載箇所との対応関係を明確にして記載する。

タ　誘導増加装置の作動に係る制御又はデータ処理に係る電子回路―使用部品

誘導増加装置の作動に係る制御又はデータ処理に係る電子回路の部品を、全て記載する。

チ　誘導増加装置の作動に係る制御又はデータ処理に係るプログラム

ソースプログラム中の誘導増加装置の作動に係る制御又はデータ処理に係るプログラムの実現箇所並びに当該プログラムの処理並びに当該プログラムで使用されるデータの一覧表及び作業領域の一覧表を、全て記載する。

また、当該誘導増加装置の作動に係る誘導図柄表示装置に関し、内部抽せんが行われる場合には、内部抽せんが行われる契機を記載するとともに、電源の投入等外部的な要因あるいは当該誘導図柄表示装置の作動等内部的な要因にかかわらず、内部抽せんの結果に偏りが発生しないことを明確にして記載する。

ツ　誘導増加装置の作動に欠くことができないその他の構造

誘導増加装置の作動の契機となる特定入球口、誘導増加装置作動領域及び誘導増加装置の作動に係る制御又はデータ処理に係る電子回路の構造以外の構造で、誘導増加装置の作動に欠くことができないものの有無を記載する。

当該構造がある場合には、当該構造ごとの設置目的及び効果を明確にした上で、当該構造が、どの部品等のどのような組合せによって構成されているのかについて、当該構造ごとに、その部品等及び組合せの寸法を明確にしつつ、記載するとともに、構造図中の当該構造ごとの記載箇所との対応関係を明確にして記載する。

また、当該構造が動作する場合には、どの部品等のどのような作用及び動作原理によって動作するのかについて、当該構造ごとに、記載するとともに、動作原理図中の当該動作する構造ごとの記載箇所との対応関係を明確にして記載する。

(22)　得点増加装置

ア　個数

得点増加装置の個数を記載するとともに、当該個数のうち、入賞により獲得される遊技メダル等の数を二倍にすることができる得点増加装置の個数を記載する。

イ　作動契機

得点増加装置が、どのような契機によって作動するのかについて記載する。

このとき、当該得点増加装置が、どの部品等のどのような組合せによって構成されているのかについて、当該得点増加装置の作動契機となる入球口又はゲートごとに、その部品等及び組合せの寸法を明確にして記載するとともに、構造図中の当該得点増加装置の作動契機となる入球口又はゲートごとの記載箇所との対応関係を明確にして記載する。

また、どの部品等のどのような作用及び動作原理によって作動するのかについて、当該得点増加装置の作動契機となる入球口又はゲートごとに、作動契機に関係する部品等の作用を明確にしつつ、記載するとともに、動作原理図中の当該得点増加装置の作動契機となる入球口又はゲートごとの記載箇所との対応関係を明確にして記載する。

また、得点増加装置が作動することとなる場合における遊技球の入球口への入球又はゲートの通過は規則別表第六(1)ト(二)の規格に適合しているか否かが明確になるように、記載する。

ウ　作動契機―条件

得点増加装置の作動に係る条件の有無を記載する。当該条件がある場合には、当該得点増加装置ごとに、作動に係る全ての条件を箇条書で記載する。

エ　作動の効果

得点増加装置の一回の作動による効果（得点の増加する程度及びそれに伴う遊技機の表示動作等）を、具体的かつ明確にして記載する。

オ　得点増加装置の作動に係る制御又はデータ処理に係る電子回路

得点増加装置の作動に係る制御又はデータ処理に係る電子回路の機能及び処理について、当該得点増加装置ごとに、記載するとともに、回路図中の当該得点増加装置ごとの記載箇所との対応関係を明確にして記載する。

カ　得点増加装置の作動に係る制御又はデータ処理に係る電子回路―使用部品

得点増加装置の作動に係る制御又はデータ処理に係る電子回路の部品を、当該得点増加装置ごとに全て記載する。

キ　得点増加装置の作動に係る制御又はデータ処理に係るプログラム

ソースプログラム中の得点増加装置の作動に係る制御又はデータ処理に係るプログラムの実現箇所並びに当該プログラムの処理並びに当該プログラムで使用されるデータの一覧表及び作業領域の一覧表を、当該得点増加装置ごとに記載する。

ク　得点増加装置の作動に欠くことができないその他の構造

得点増加装置の作動の契機となる入球口、ゲート及び得点増加装置の作動に係る制御又はデータ処理に係る電子回路の構造以外の構造で、得点増加装置の作動に欠くことができないものの有無を記載する。

当該構造がある場合には、当該構造ごとの設置目的及び効果を明確にした上で、当該構造が、どの部品等のどのような組合せによって構成されているのかについて、当該構造ごとに、その部品等及び組合せの寸法を明確にしつつ、記載するとともに、構造図中の当該構造ごとの記載箇所との対応関係を明確にして記載する。

また、当該構造が動作する場合には、どの部品等のどのような作用及び動作原理によって動作するのかについて、当該構造ごとに、記載するとともに、動作原理図中の当該動作する構造ごとの記載箇所との対応関係を明確にして記載する。

(23)　遊技の用に供されるその他の装置

諸元表の他の欄に記載した装置以外に遊技の用に供される装置がある場合には、遊技の用に供されるその他の装置欄の各項目について、必要事項を明確に記載する。

該当する装置が複数ある場合、当該装置ごとに、記載欄に縦の区切線を入れて記載する。

ア　名称

当該装置の名称を記載する。該当するものがない場合には、「該当なし」と記載する（当該装置欄のその他の項の記載項目についても「該当なし」と記載する。）。

イ　設置目的及び機能

当該装置の設置目的及び機能を明確にして記載する。

ウ　構造

当該装置の構造（当該装置の作動に係る制御又はデータ処理に係る電子回路を含む。）が、どの部品等のどのような組合せによって構成されているのかについて、当該装置ごとに、その部品等及び組合せの寸法を明確にしつつ、記載するとともに、構造図中の当該装置ごとの記載箇所との対応関係を明確にして記載する。

エ　動作原理

当該装置が、どの部品等のどのような作用及び動作原理によって動作するのかについて、当該装置ごとに、記載するとともに、動作原理図中の当該装置ごとの記載箇所との対応関係を明確にして記載する。

また、当該装置の作動契機、作動条件及び作動終了条件並びに当該装置の作動に係るプログラムを明確にして記載する。

(24)　遊技機内部の配線系統

遊技機内部の配線系統について、回路図中の当該配線系統を示すブロックダイヤ図の記載箇所との対応関係を明確にして記載する。

(25)　基板

ア　個数

遊技機に使用されている基板の個数を記載する。

イ　設置位置及び方法

遊技機の基板が遊技機中のどの位置に設置されているのかについて、当該基板ごとに、その形状及び寸法を明確にして記載するとともに、構造図中の当該基板ごとの記載箇所との対応関係を明確にして記載する。また、設置方法も併せて記載する。

ウ　回路構成

遊技機の基板の回路がどの部品等のどのような組合せによって構成されているのかにつ

いて、当該基板ごと及び機能別にブロック化した回路ごとに、記載するとともに、回路図中の当該回路ごとの記載箇所との対応関係を明確にして記載する。

エ　部品配置

　各基板の部品の配置を記載するとともに、構造図中の当該基板の部品の記載箇所との対応関係を明確にして記載する。

オ　使用部品

　各基板に使用されている部品を全て記載する。

カ　使用部品―マイクロプロセッサー―個数

　マイクロプロセッサーの個数を記載する。マイクロプロセッサーが複数ある場合には、キからコまでのマイクロプロセッサー欄の各項目の記載欄については、当該記載欄に縦の区切線を入れて、マイクロプロセッサーごとに、記載する。

キ　使用部品―マイクロプロセッサー―用途

　マイクロプロセッサーの用途を記載した上で、当該マイクロプロセッサーが装着されている基板名を記載する。

ク　使用部品―マイクロプロセッサー―型式名

　マイクロプロセッサーの型式名を記載する。

ケ　使用部品―マイクロプロセッサー―製造者名

　マイクロプロセッサーを製造した者の氏名及び名称を記載する。

コ　使用部品―マイクロプロセッサー―特記事項

　マイクロプロセッサーへのＲＯＭ、ＲＷＭその他の電子部品等の内蔵の有無、当該マイクロプロセッサーの機能及び構造に関する特記事項を記載する。

サ　使用部品―ＲＯＭ―個数

　ＲＯＭの個数を記載する。マイクロプロセッサーと同一集積回路に内蔵されているＲＯＭについても、この記載欄に計上する。ＲＯＭが複数ある場合には、シからニまでのＲＯＭ欄の各項目の記載欄については、当該記載欄に縦の区切線を入れて、ＲＯＭごとに、記載する。

シ　使用部品―ＲＯＭ―用途

　ＲＯＭの用途を記載した上で、当該ＲＯＭが装着されている基板名及び当該ＲＯＭと対応するマイクロプロセッサーを記載する。

ス　使用部品―ＲＯＭ―記憶容量

　ＲＯＭの記憶容量をバイト数で記載する。また、当該ＲＯＭに記憶された情報を出力する方法についても記載する。

セ　使用部品―ＲＯＭ―使用領域

　ＲＯＭの記憶容量のうち、プログラム及びデータの記憶に使用されているバイト数を、使用領域、制御領域及びデータ領域ごとに記載する。また、各領域のバイト数を記載する。

ソ　使用部品―ＲＯＭ―記憶内容

　ＲＯＭの記憶内容のダンプリストの記載箇所を特定して記載する。

タ　使用部品―ＲＯＭ―記憶内容―プログラム―構成

　ＲＯＭに記憶されたプログラムのモジュール構成図の記載箇所を特定して記載する。

チ　使用部品―ＲＯＭ―記憶内容―プログラム―ソースプログラム

　ＲＯＭに記憶されたプログラムのソースリストの記載箇所を特定して記載する。

ツ　使用部品―ＲＯＭ―記憶内容―プログラム―使用データ

　ＲＯＭに記憶されたプログラムで使用する定数データの一覧表（記憶番地及びデータの用途等が記載された表をいう。）及び変数等の作業領域の一覧表（各作業領域の割当番地及び用途等が記載された表をいう。）の記載箇所を特定して記載する。

テ　使用部品―ＲＯＭ―記憶内容―検査合計

　ＲＯＭの各記憶番地に記憶された内容を十六進数値として扱い、全ての記憶番地の内容を合計した値の下位四桁を十六進数値のまま記載する。

ト　使用部品―ＲＯＭ―型式名

　ＲＯＭの型式名（ＲＯＭの製造者が定めた型式名をいう。）を記載する。マイクロプロセッサーと同一集積回路に内蔵されるＲＯＭは、その旨を明記する。

ナ　使用部品―ＲＯＭ―製造者名

　ＲＯＭを製造した者の氏名又は名称を記載する。

ニ　使用部品―ＲＯＭ―特記事項

　ＲＯＭの機能及び構造に関する特記事項があれば記載する。ない場合は、「なし」と記載する。

ヌ　使用部品―RWM―個数

RWMの個数を記載する。マイクロプロセッサーと同一集積回路に内蔵されているRWMの個数について記載する。RWMが複数ある場合には、ネからホまでのRWM欄の各項目の記載欄については、当該記載欄に縦の区切線を入れて、RWMごとに、記載する。

ネ　使用部品―RWM―用途

RWMの用途を記載の上、当該RWMが装着されている基板名及び対応するマイクロプロセッサーを記載する。

ノ　使用部品―RWM―記憶容量

RWMの記憶容量をバイト数で記載する。

ハ　使用部品―RWM―使用領域

RWMの記憶容量のうち、使用領域に使用されるバイト数を記載する。

ヒ　使用部品―RWM―初期化処理

RWMの使用領域、未使用領域の割当番地を特定した上で、各々の領域に対する初期化処理の内容を記載する。

フ　使用部品―RWM―型式名

RWMの型式名（RWMの製造者が定めたもの）を記載する。マイクロプロセッサーと同一集積回路に内蔵されているRWMについては、その旨を記載する。

ヘ　使用部品―RWM―製造者名

RWMを製造した者の氏名又は名称を記載する。

ホ　使用部品―RWM―特記事項

RWMの機能及び構造に関する特記事項があれば記載する。ない場合は、「なし」と記載する。

マ　主基板ケース―構造

主基板ケースの構造について、どのような方法で容易に開封できず、開封時にはこん跡が残るかを明確にして記載する。

ミ　主基板ケース―材質

主基板ケースの材質について、透明であるかを明確にして記載する。

ム　基板の型式を特定するための番号、記号その他の符号

基板の型式を特定するための番号、記号その他の符号を記載する。

メ　製造者の氏名又は名称

基板を製造した者の氏名又は名称を記載する。

(26) 入力信号

入力信号欄には、遊技機外部から遊技機へ入力される信号について、記載する。

ア　信号の種類

遊技機に入力する全ての信号の名称及びその用途を記載の上、各信号の信号形式の説明書の記載箇所を特定して記載する。

イ　端子の位置

外部からの各入力信号線を接続する端子が設けられた基板の名称を記載した上で、当該基板の設置位置を特定した構造図、当該基板の部品配置図（各端子の基板上の設置位置が特定されたもの）及び各端子と入力信号線の接続に使用されるコネクタ仕様説明の各々について、記載箇所を特定して記載する。

(27) 出力信号

出力信号欄には、遊技機から遊技機外部へ出力される信号について、記載する。

ア　信号の種類

遊技機から出力される信号全ての名称及びその用途を記載の上、各信号の信号形式の説明書の記載箇所を特定して記載する。

イ　端子の位置

遊技機外部への各出力信号線を接続する端子が設けられた基板の名称を記載した上で、当該基板の設置位置を特定した構造図、当該基板の部品配置図（各端子の基板上の設置位置が特定されたもの）及び各端子と出力信号線の接続に使用されるコネクタ仕様説明の各々について、記載箇所を特定して記載する。

(28) 遊技機の使用に接続を必要とする装置

電源装置（トランス）あるいはプリペイドカードユニット等、提出に係る遊技機を使用する上で接続が必要な装置がある場合は、その全ての装置について、明確に記載する。該当する装置が複数ある場合は、当該記載欄に縦の区切線を入れて、装置ごとに、記載する。

ア　名称

該当する装置の名称を記載する。

イ　用途

該当する装置の用途及び機能概要を記載する。

ウ　接続条件

諸元表に記載した遊技機の構造、材質及び性能に変化を与えない条件で使用する上で当該装置に必要とされる仕様、遊技機と当該装

置との接続に係る物理的、電気的条件等を全て記載する。

(29) 備考

特に別途指示のない限り、何も記載せず空欄のままとする。

四 じやん球遊技機（別記様式第五号）

(1) 型式名

申請者が認定、検定、型式試験又は遊技機試験を受けたいとしている遊技機の型式の識別符号として呼ぶ名称を記載する。

(2) 製造業者又は輸入業者名

遊技機を製造又は輸入した業者の氏名又は名称を記載する。

(3) 使用条件

ア 温度

遊技機の性能、構造及び材質に変化を与えない温度の範囲を記載する（小数点以下の記載は、不要とする。）。

イ 湿度

遊技機の性能、構造及び材質に変化を与えない湿度の範囲を記載する（小数点以下の記載は、不要とする。）。

ウ 電源―種別

使用電源の交流又は直流の別を記載する。

エ 電源―定格電圧

使用電源の電圧値並びに遊技機の性能、構造及び材質に変化を与えない電源電圧の変動範囲を記載する。

オ 電源―定格周波数

交流電源を使用する場合は、使用電源の周波数並びに遊技機の性能、構造及び材質に変化を与えない電源周波数の変動範囲を記載する。特に、発射装置の一分間当たりの発射遊技球数その他の性能に変化を与えない範囲に留意して記載する。

カ 遊技機の設置条件

遊技機の性能、構造及び材質に変化を与えない遊技機の傾き（遊技機設置面（水平面）に下ろした垂線からの遊技盤面の傾き角度をいう。単位は、「度」を使用し、小数点以下の記載は不要とする。）その他の遊技機の設置条件を全て記載する。

キ その他の使用条件

遊技機の性能、構造及び材質に変化を与えないよう遊技機を使用する上で必要なその他の使用条件の有無を記載した上で、「あり」の場合は、当該条件を具体的かつ詳細に記載する。

(4) 遊技メダル等

ア 遊技機を作動させるための遊技メダル又は遊技球の種別

遊技機を作動させるために使用する、遊技メダル又は遊技球の別を記載する。

イ 一回の遊技につき必要な遊技メダル等の規定数

一回の遊技につき投入する必要がある遊技メダル等の数（単位は、遊技メダルについては「枚」とし、遊技球については「個」とする。以下同じ。）を記載する。

ウ 規定数の遊技メダル等の投入ごとの遊技に使用可能な遊技球の数

規定数の遊技メダル等を投入した場合において、規定数の遊技メダル等の投入ごとに、その遊技に使用することができる遊技球の個数を記載する。

エ 遊技球―質量

小数第一位（小数第二位を四捨五入した値とする。）まで記載する。

オ 遊技球―材質

材質名及び日本工業規格（ＪＩＳ規格）による材質表示を記載する。

(5) 遊技盤

ア 構造

(ア) 遊技盤の構造が、どの部品等のどのような組合せによって構成されているのかについて、その部品等及び組合せの寸法を明確にしつつ、記載する。

(イ) 遊技盤面構造図中の当該構造の記載箇所との対応関係を明確にして記載する。

イ 構造―遊技盤の大きさ

遊技盤の大きさ（遊技球が遊技盤上において落下する領域の大きさをいう。）が確認できる寸法を記載し、かつ、太線を用いて特定した遊技盤面構造図中の記載箇所との対応関係を明確にして記載する。

ウ 遊技板の材質

材質名及び日本工業規格（ＪＩＳ規格）による材質表示を記載する。

エ 遊技球の落下の方向に変化を与えるための装置―遊技くぎ―本数

遊技板に備えられている遊技くぎの本数を記載する。

オ 遊技球の落下の方向に変化を与えるための

装置―遊技くぎ―配置
遊技板に備えられている遊技くぎが、遊技盤上のどのような位置に配置されているのかについて、当該遊技くぎごとに、遊技盤上の位置の寸法を明確にしつつ、記載するとともに、遊技盤面構造図中の当該遊技くぎごとの記載箇所との対応関係を明確にして記載する。

カ　遊技球の落下の方向に変化を与えるための装置―遊技くぎ―形状
遊技板に備えられている遊技くぎの形状及びその寸法を記載する。

キ　遊技球の落下の方向に変化を与えるための装置―遊技くぎ―傾き
遊技板に打ち込まれている全ての遊技くぎの傾き（遊技盤面に下ろした垂線と遊技くぎの軸部のなす角度をいう。単位は「度」を使用し、小数点以下の記載は不要とする。）及びその方向を特定し、記載する。

ク　遊技球の落下の方向に変化を与えるための装置―遊技くぎ―材質
材質名及び日本工業規格（JIS規格）による材質表示を記載する。

ケ　遊技球の落下の方向に変化を与えるための装置―遊技くぎ―硬度
日本工業規格（JIS規格）のビッカース硬さ試験による遊技くぎのビッカース硬度を記載する。

コ　遊技球の落下の方向に変化を与えるための装置―風車―個数
遊技板に備えられている風車の個数を記載する。

サ　遊技球の落下の方向に変化を与えるための装置―風車―配置
遊技板に備えられている風車が、遊技盤上のどのような位置に配置されているのかについて、当該風車ごとに、遊技盤上の位置の寸法を明確にしつつ、記載するとともに、遊技盤面構造図中の当該風車ごとの記載箇所との対応関係を明確にして記載する。

シ　遊技球の落下の方向に変化を与えるための装置―風車―形状及び構造
遊技板に備えられている風車の形状及び構造が、どの部品等のどのような組合せによって形成及び構成されているのかについて、当該風車ごとに、その部品等及び組合せの寸法を明確にして記載するとともに、遊技盤面構造図中の当該風車ごとの記載箇所との対応関係を明確にして記載する。

ス　遊技球の落下の方向に変化を与えるための装置―風車―傾き
遊技板に打ち込まれている全ての風車の傾き（遊技盤面に下ろした垂線と風車の軸部のなす角度をいう。単位は「度」を使用し、小数点以下の記載は不要とする。）及びその方向を特定し、記載する。

セ　遊技球の落下の方向に変化を与えるための装置―風車―材質
材質名及び日本工業規格（JIS規格）による材質表示を記載する。

ソ　遊技球の落下の方向に変化を与えるための装置―風車―軸の硬度
日本工業規格（JIS規格）のビッカース硬さ試験による風車の軸のビッカース硬度を記載する。

タ　遊技球の落下の方向に変化を与えるための装置―その他の装置―名称
遊技くぎ及び風車以外の装置で、遊技球の落下の方向に変化を与えるものが遊技板に備えられている場合には、当該装置の名称を記載する。該当するものがない場合には、「該当なし」と記載する（当該装置欄のその他の項の記載項目についても「該当なし」と記載する。）。

チ　遊技球の落下の方向に変化を与えるための装置―その他の装置―機能
遊技板に備えられている当該装置の設置目的及び機能を、遊技球の落下の方向にどのような変化を与えるかを明確にしつつ、記載する。

ツ　遊技球の落下の方向に変化を与えるための装置―その他の装置―個数
遊技板に備えられている当該装置の個数を記載する。

テ　遊技球の落下の方向に変化を与えるための装置―その他の装置―配置
遊技板に備えられている当該装置が、遊技盤上のどのような位置に配置されているのかについて、当該装置ごとに、遊技盤上の位置の寸法を明確にしつつ、記載するとともに、遊技盤面構造図中の当該装置ごとの記載箇所との対応関係を明確にして記載する。

ト　遊技球の落下の方向に変化を与えるための

装置―その他の装置―形状及び構造
　遊技板に備えられている当該装置の形状及び構造が、どの部品等のどのような組合せによって形成及び構成されているのかについて、当該装置ごとに、その部品等及び組合せの寸法を明確にしつつ、記載するとともに、遊技盤面構造図中の当該装置ごとの記載箇所との対応関係を明確にして記載する。

ナ　遊技球の落下の方向に変化を与えるための装置―その他の装置―材質
　材質名及び日本工業規格（ＪＩＳ規格）による材質表示を記載する。

(6)　ガラス板等

ア　遊技板との距離
　(5)イ「構造―遊技盤の大きさ」の項の記載欄に記載した遊技盤の大きさを示す領域内の四隅及び中央部近辺の測定可能な五箇所のポイントで測定した遊技板とガラス板等とのそれぞれの距離の測定値及び当該五箇所の測定値の平均値を記載する（小数点以下の記載は、不要とする。）。
　その際、五箇所の測定箇所を特定した遊技盤面構造図中の記載箇所を特定して記載する。

イ　透視性
　ガラス板等の透視性が規則別表第七(2)リ(ハ)を除く。）の規格に適合しているか否かを明確にして記載する。

ウ　材質
　材質名及び日本工業規格（ＪＩＳ規格）による材質表示を記載する。

(7)　受け皿

ア　構造
　受け皿の構造が、どの部品等のどのような組合せによって構成されているのかについて、当該受け皿ごとに、その部品等及び組合せの寸法を明確にしつつ、記載するとともに、構造図中の当該受け皿ごとの記載箇所との対応関係を明確にして記載する。

イ　材質
　材質名及び日本工業規格（ＪＩＳ規格）による材質表示を記載する。

(8)　遊技盤の枠

ア　大きさ
　遊技盤の枠の大きさが確認できる、その枠の高さ、幅及び奥行の寸法を記載する。

イ　構造
　遊技盤の枠の構造が、どの部品等のどのような組合せによって構成されているのかについて、その部品等及び組合せの寸法を明確にしつつ、記載するとともに、構造図中の当該遊技盤の枠の記載箇所との対応関係を明確にして記載する。

ウ　材質
　材質名及び日本工業規格（ＪＩＳ規格）による材質表示を記載する。

(9)　貯留装置

ア　貯留可能な遊技メダルの数
　貯留装置に記録可能な遊技メダルの最大数を記載する。

イ　構造
　貯留装置の構造が、どの部品等のどのような組合せによって構成されているのかについて、その部品等及び組合せの寸法を明確にしつつ、当該貯留装置の構造が規則別表第七(1)チ(ロ)及び(ハ)の規格に適合しているか否かを明確にして記載するとともに、構造図中の当該貯留装置の記載箇所との対応関係を明確にして記載する。

ウ　動作原理
　貯留装置が、どの部品等のどのような作用及び動作原理によって遊技メダルを電磁的に記録するのかについて、記載するとともに、動作原理図中の当該貯留装置の記載箇所との対応関係を明確にして記載する。

(10)　遊技メダル数表示装置

ア　構造
　遊技メダル数表示装置の構造が、どの部品等のどのような組合せによって構成されているのかについて、その部品等及び組合せの寸法を明確にしつつ、当該遊技メダル数表示装置の構造が規則別表第七(1)リ(イ)、(ロ)及び(ハ)の規格に適合しているか否かを明確にして記載するとともに、構造図中の当該遊技メダル数表示装置の記載箇所との対応関係を明確にして記載する。

イ　動作原理
　遊技メダル数表示装置が、どの部品等のどのような作用及び動作原理によって遊技メダルの数を電磁的に記録し、表示するのかについて、記載するとともに、動作原理図中の当該遊技メダル数表示装置の記載箇所との対応関係を明確にして記載する。

(11) 発射装置

ア　種類

電動式又は手動式の別を記載する。

イ　構造

発射装置の構造が、どの部品等のどのような組合せによって構成されているのかについて、その部品等及び組合せの寸法を明確にしつつ、記載するとともに、構造図中の当該発射装置の記載箇所との対応関係を明確にして記載する。

ウ　動作原理

発射装置が、どの部品等のどのような作用及び動作原理によって遊技球を発射しているのかについて、一分間当たりにおける最大発射遊技球数の設計上の理論値を明確にしつつ、記載するとともに、動作原理図中の当該発射装置の記載箇所との対応関係を明確にして記載する。

エ　電動機―種類

電動式発射装置である場合には、当該電動機の形式を記載する。手動式発射装置の場合には、「該当なし」と記載する（オ及びカについて同じ。）。

オ　電動機―回転速度

電動機の一分間当たりの回転数を記載する。

カ　電動機―製造者名

電動機の製造者の氏名又は名称を記載する。

キ　一分間の発射遊技球数

電動式発射装置である場合には、規則別表第七(1)イの遊技球の試射試験（以下「四　じやん球遊技機」において「試射試験」という。）を連続して十時間行った場合における一分間の発射球数の平均値（単位は、「個／分」とする。）を記載する。

手動式発射装置である場合には、規則別表第七(1)イの遊技球の試射試験を連続して十時間行った場合における任意の十分間を代表させ、当該十分間の発射球数の平均値（単位は、「個／分」とする。）が最大となる時の値を記載する。

(12) 遊技メダル等払出装置

ア　構造

遊技メダル等払出装置（払い出す賞球を貯留しておくためのタンクを含む。）の構造が、どの部品等のどのような組合せによって構成されているのかについて、その部品等及び組合せの寸法を明確にしつつ、記載するとともに、構造図中の当該遊技メダル等払出装置の記載箇所との対応関係を明確にして記載する。

イ　動作原理

遊技メダル等払出装置が、どの部品等のどのような作用及び動作原理によって遊技メダル等を払い出すのかについて、記載するとともに、動作原理図中の当該遊技メダル等払出装置の記載箇所との対応関係を明確にして記載する。

(13) 遊技メダル等の獲得に係る遊技機の性能

ア　出玉率

十時間以上の試射試験を仮定した場合の申請に係る遊技機の出玉率の設計値及び当該設計値を算定した前提となる条件を記載する。

イ　役物比率

十時間以上の試射試験を仮定した場合の申請に係る遊技機の設計上の役物比率及び当該設計値を算定した前提となる条件を記載する。

(14) 遊技に係る条件

ア　遊技メダル等の投入条件

遊技メダル等の投入に係る全ての条件を、規定数を超える数の遊技メダル等の投入時及び遊技メダル等が投入できない遊技状態における遊技メダル等の投入時の処理を明確にしつつ、次の記載例により記載する。

記載例：規定数の遊技メダル等の投入をした時から当該遊技メダル等に係る遊技の結果が得られる時までの間は、新たに遊技メダル等を投入することはできない。

イ　遊技開始時の条件

毎回の遊技の開始時において条件連続装置等の各装置の作動状態等の条件が同一の場合と異なる場合とを区分した上で、各場合における当該条件を全て明確にして記載する。

ウ　入賞の条件

毎回の遊技において入賞するための条件が同一であるか否かを記載する。また、当該条件ごとに、内容を説明するとともに、説明書の記載箇所との対応関係を明確にして記載する。

(15) 入球口

ア　個数

遊技板に備えられている入球口の個数を記載する。

イ　配置

遊技板に備えられている入球口が、遊技盤上のどのような位置に配置されているのかについて、当該入球口ごとに、遊技盤上の位置の寸法を明確にしつつ、記載するとともに、遊技盤面構造図中の当該入球口ごとの記載箇所との対応関係を明確にして記載する。

ウ　構造

遊技板に備えられている入球口の構造が、どの部品等のどのような組合せによって構成されているのかについて、当該入球口ごとに、その部品等及び組合せの寸法を明確にしつつ、記載するとともに、構造図中の当該入球口ごとの記載箇所との対応関係を明確にして記載する。

エ　構造―入口の大きさ

遊技板に備えられている入球口の入口の大きさが確認できる寸法を、当該入球口ごとに記載する（小数点以下の記載は、不要とする。）。

オ　構造―内部構造―入球感知機構

遊技板に備えられている入球口の内部構造にある遊技球の入球を感知する機構が、どの部品等のどのような組合せによって構成されているのかについて、当該入球口ごとに、その部品等及び組合せの寸法を明確にしつつ、記載するとともに、構造図中の当該入球口ごとの記載箇所との対応関係を明確にして記載する。

また、どの部品等のどのような作用及び動作原理によって入球を感知するのかについて、当該入球口ごとに、記載するとともに、動作原理図中の当該入球口ごとの記載箇所との対応関係を明確にして記載する。

カ　構造―内部構造―その他遊技の結果に影響を及ぼすこととなる機能を有する構造

遊技板に備えられている入球口の入球感知機構以外の内部構造で遊技の結果に影響を及ぼすこととなる機能を有するもの（入球口の内部構造の中にある領域で遊技球の通過により遊技の結果に影響を及ぼすこととなるもの及び当該領域への遊技球の通過率を調整する機能を有する構造等）の有無を記載する。

当該構造がある場合には、当該構造ごとの設置目的及び効果を明確にした上で、当該構造が、どの部品等のどのような組合せによって構成されているのかについて、当該構造ごとに、その部品等及び組合せの寸法を明確にしつつ、記載するとともに、構造図中の当該構造ごとの記載箇所との対応関係を明確にして記載する。

また、当該構造が動作する場合には、どの部品等のどのような作用及び動作原理によって動作するのかについて、当該構造ごとに、記載するとともに、動作原理図中の当該動作する構造ごとの記載箇所との対応関係を明確にして記載する。

キ　材質

材質名及び日本工業規格（ＪＩＳ規格）による材質表示を記載する。

(16)　ゲート

ア　個数

ゲートの個数を記載する。

イ　配置

ゲートが、遊技盤でどのような位置に配置されているのかについて、当該ゲートごとに、遊技盤での位置の寸法を明確にしつつ、記載するとともに、遊技盤面構造図中の当該ゲートごとの記載箇所との対応関係を明確にして記載する。

ウ　構造

ゲートの構造が、どの部品等のどのような組合せによって構成されているのかについて、当該ゲートごとに、その部品等及び組合せの寸法を明確にしつつ、記載するとともに、構造図中の当該ゲートごとの記載箇所との対応関係を明確にして記載する。

エ　構造―入口の大きさ

ゲートの入口の大きさが確認できる寸法を、当該ゲートごとに記載する（小数点以下の記載は、不要とする。）。

オ　材質

材質名及び日本工業規格（ＪＩＳ規格）による材質表示を記載する。

(17)　図柄表示装置

ア　個数

図柄表示装置の個数を記載する。

イ　配置

図柄表示装置が、遊技盤でどのような位置に配置されているのかについて、当該図柄表示装置ごとに、遊技盤での位置の寸法を明確にして記載するとともに、構造図中の当該図柄表示装置ごとの記載箇所との対応関係を明確にして記載する。

ウ　構造

図柄表示装置の構造が、どの部品等のどのような組合せによって構成されているのかについて、当該図柄表示装置ごとに、その部品等及び組合せの寸法を明確にしつつ、記載するとともに、構造図中の当該図柄表示装置ごとの記載箇所との対応関係を明確にして記載する。

エ　構造―使用部品

図柄表示装置の表示に係る部品を、当該図柄表示装置ごとに全て記載する。

オ　表示する図柄―種類

図柄表示装置が表示する全ての図柄の種類及び表示場所を、当該図柄表示装置ごとに全て記載する。

カ　表示する図柄―表示契機

図柄表示装置が、どのような契機によって表示するのかについて記載する。

このとき、当該図柄表示装置が、どの部品等のどのような組合せによって構成されているのかについて、当該図柄表示装置の表示契機となる入球口等ごとに、その部品等及び組合せの寸法を明確にしつつ、記載するとともに、構造図中の当該図柄表示装置の表示契機となる入球口等ごとの記載箇所との対応関係を明確にして記載する。

また、どの部品等のどのような作用及び動作原理によって表示するのかについて、当該図柄表示装置の表示契機となる入球口等ごとに、表示契機に関係する部品等の作用を明確にしつつ、記載するとともに、動作原理図中の当該図柄表示装置の表示契機となる入球口等ごとの記載箇所との対応関係を明確にして記載する。

キ　表示する図柄―表示契機―条件

図柄表示装置ごとに、表示に係る全ての条件を箇条書で記載する。

ク　表示する図柄―入賞に係る図柄の組合せの種類

図柄表示装置が表示する、入賞に係る図柄の組合せの種類を、当該図柄表示装置ごとに全て記載する。

ケ　表示する図柄―入賞に係る図柄の組合せの種類―獲得される遊技メダル等の数

入賞に係る図柄の組合せに対応して獲得することができる遊技メダル等の数を、説明書中の記載箇所との対応関係を明確にしつつ、入賞に係る図柄の組合せごとに全て記載する。

コ　表示する図柄―入賞に係る図柄の組合せの種類―獲得される遊技メダル等の数―合計

入賞に係る図柄の組合せに対応して獲得することができる遊技メダル等の数の合計を記載する。

サ　図柄表示装置の作動に係る制御又はデータ処理に係る電子回路

図柄表示装置の作動に係る制御又はデータ処理に係る電子回路の機能及び処理について、当該図柄表示装置ごとに、記載するとともに、回路図中の当該図柄表示装置ごとの記載箇所との対応関係を明確にして記載する。

シ　図柄表示装置の作動に係る制御又はデータ処理に係る電子回路―使用部品

図柄表示装置の作動に係る制御又はデータ処理に係る電子回路の部品を、当該図柄表示装置ごとに全て記載する。

ス　図柄表示装置の作動に係る制御又はデータ処理に係るプログラム

ソースプログラム中の図柄表示装置の作動に係る制御又はデータ処理に係るプログラムの実現箇所並びに当該プログラムの処理並びに当該プログラムで使用されるデータの一覧表及び作業領域の一覧表を、当該図柄表示装置ごとに記載する。

(18)　自動図柄設定装置

ア　個数

自動図柄設定装置の個数を記載する。

イ　図柄の設定原理

自動図柄設定装置が、どの部品等のどのような作用及び動作原理によって自動的に図柄を設定するのかについて、当該自動図柄設定装置ごとに、当該自動図柄設定装置の作動の開始から作動の終了までの間の作動に係る全ての契機及び条件を明確にしつつ、記載するとともに、動作原理図中の当該自動図柄設定装置ごとの記載箇所との対応関係を明確にして記載する。

ウ　自動図柄設定装置の作動に係る制御又はデータ処理に係る電子回路

自動図柄設定装置の作動に係る制御又はデータ処理に係る電子回路の機能及び処理について、当該自動図柄設定装置ごとに、記載するとともに、回路図中の当該自動図柄設定装置ごとの記載箇所との対応関係を明確にして記載する。

エ　自動図柄設定装置の作動に係る制御又はデータ処理に係る電子回路―使用部品

　自動図柄設定装置の作動に係る制御又はデータ処理に係る電子回路の部品を、当該自動図柄設定装置ごとに全て記載する。

オ　自動図柄設定装置の作動に係る制御又はデータ処理に係るプログラム

　ソースプログラム中の自動図柄設定装置の作動に係る制御又はデータ処理に係るプログラムの実現箇所並びに当該プログラムの処理並びに当該プログラムで使用されるデータの一覧表及び作業領域の一覧表を、当該自動図柄設定装置ごとに記載する。

　また、当該自動図柄設定装置の作動に関し、内部抽せんが行われる場合には、当該自動図柄設定装置ごとに、内部抽せんが行われる契機を記載するとともに、電源の投入等外部的な要因あるいは当該自動図柄設定装置の作動等内部的な要因にかかわらず、内部抽せんの結果に偏りが発生しないことを明確にして記載する。

カ　自動図柄設定装置の作動に欠くことができないその他の構造

　自動図柄設定装置の作動に係る制御又はデータ処理に係る電子回路の構造以外の構造で、自動図柄設定装置の作動に欠くことができないものの有無を記載する。

　当該構造がある場合には、当該構造ごとの設置目的及び効果を明確にした上で、当該構造が、どの部品等のどのような組合せによって構成されているのかについて、当該構造ごとに、その部品等及び組合せの寸法を明確にしつつ、記載するとともに、構造図中の当該構造ごとの記載箇所との対応関係を明確にして記載する。

　また、当該構造が動作する場合には、どの部品等のどのような作用及び動作原理によって動作するのかについて、当該構造ごとに、記載するとともに、動作原理図中の当該動作する構造ごとの記載箇所との対応関係を明確にして記載する。

(19) 役物

ア　個数

　役物の個数を記載する。

イ　作動契機

　役物が、どのような契機によって作動するのかについて記載する。

　このとき、当該役物が、どの部品等のどのような組合せによって構成されているのかについて、その部品等及び組合せの寸法を明確にしつつ、記載するとともに、構造図中の当該役物の作動契機となる特別入球口の記載箇所との対応関係を明確にして記載する。

　また、どの部品等のどのような作用及び動作原理によって作動するのかについて、作動契機に関係する部品等の作用を明確にして記載するとともに、動作原理図中の当該役物の作動契機となる特別入球口の記載箇所との対応関係を明確にして記載する。

ウ　作動契機―条件

　役物ごとに、作動に係る全ての条件を箇条書で記載する。

エ　作動終了条件

　役物の作動の終了に係る条件の有無を記載する。当該条件がある場合には、当該役物ごとに、作動の終了に係る全ての条件を箇条書で記載する。

オ　作動の効果

　役物の一回の作動による効果を、具体的かつ明確にして記載する。

カ　遊技客の任意の選択で表示される一の図柄の表示原理

　役物の作動時、遊技客の任意の選択で表示される一の図柄が、どの部品等のどのような作用及び動作原理によって表示されるのかについて、当該遊技客の任意の選択で表示される一の図柄ごとに、記載するとともに、動作原理図中の当該遊技客の任意の選択で表示される一の図柄ごとの記載箇所との対応関係を明確にして記載する。

キ　役物の作動に係る制御又はデータ処理に係る電子回路

　役物の作動に係る制御又はデータ処理に係る電子回路の機能及び処理について、当該役物ごとに、記載するとともに、回路図中の当該役物ごとの記載箇所との対応関係を明確にして記載する。

ク　役物の作動に係る制御又はデータ処理に係る電子回路―使用部品

役物の作動に係る制御又はデータ処理に係る電子回路の部品を、当該役物ごとに全て記載する。

ケ　役物の作動に係る制御又はデータ処理に係るプログラム

ソースプログラム中の役物の作動に係る制御又はデータ処理に係るプログラムの実現箇所並びに当該プログラムの処理並びに当該プログラムで使用されるデータの一覧表及び作業領域の一覧表を、当該役物ごとに記載する。

また、当該役物の作動に関し、内部抽せんが行われる場合には、当該役物ごとに、内部抽せんが行われる契機を記載するとともに、電源の投入等外部的な要因あるいは当該役物の作動等内部的な要因にかかわらず、内部抽せんの結果に偏りが発生しないことを明確にして記載する。

コ　役物の作動に欠くことができないその他の構造

役物の作動の契機となる特別入球口、図柄表示装置及び役物の作動に係る制御又はデータ処理に係る電子回路の構造以外の構造で、役物の作動に欠くことができないものの有無を記載する。

当該構造がある場合には、当該構造ごとの設置目的及び効果を明確にした上で、当該構造が、どの部品等のどのような組合せによって構成されているのかについて、当該構造ごとに、その部品等及び組合せの寸法を明確にしつつ、記載するとともに、構造図中の当該構造ごとの記載箇所との対応関係を明確にして記載する。

また、当該構造が動作する場合には、どの部品等のどのような作用及び動作原理によって動作するのかについて、当該構造ごとに、記載するとともに、動作原理図中の当該動作する構造ごとの記載箇所との対応関係を明確にして記載する。

⒇　特別入球口

ア　配置

遊技板に備えられている特別入球口が、遊技盤上のどのような位置に配置されているのかについて、遊技盤上の位置の寸法を明確にしつつ、記載するとともに、遊技盤面構造図中の当該特別入球口の記載箇所との対応関係を明確にして記載する。

イ　構造

遊技板に備えられている特別入球口の構造が、どの部品等のどのような組合せによって構成されているのかについて、その部品等及び組合せの寸法を明確にしつつ、記載するとともに、構造図中の当該特別入球口の記載箇所との対応関係を明確にして記載する。

ウ　構造―入口の大きさ

遊技板に備えられている特別入球口の入口の大きさが確認できる寸法を、記載する（小数点以下の記載は、不要とする。）。

エ　構造―内部構造―入球感知機構

遊技板に備えられている特別入球口の内部構造にある遊技球の入球を感知する機構が、どの部品等のどのような組合せによって構成されているのかについて、その部品等及び組合せの寸法を明確にしつつ、記載するとともに、構造図中の当該特別入球口の記載箇所との対応関係を明確にして記載する。

また、どの部品等のどのような作用及び動作原理によって入球を感知するのかについて、記載するとともに、動作原理図中の当該特別入球口の記載箇所との対応関係を明確にして記載する。

オ　構造―内部構造―その他遊技の結果に影響を及ぼすこととなる機能を有する構造

遊技板に備えられている特別入球口の入球感知機構以外の内部構造で遊技の結果に影響を及ぼすこととなる機能を有するもの（特別入球口の内部構造の中にある領域で遊技球の通過により遊技の結果に影響を及ぼすこととなるもの及び当該領域への遊技球の通過率を調整する機能を有する構造等）の有無を記載する。

当該構造がある場合には、当該構造ごとの設置目的及び効果を明確にした上で、当該構造が、どの部品等のどのような組合せによって構成されているのかについて、当該構造ごとに、その部品等及び組合せの寸法を明確にしつつ、記載するとともに、構造図中の当該構造ごとの記載箇所との対応関係を明確にして記載する。

また、当該構造が動作する場合には、どの部品等のどのような作用及び動作原理によって動作するのかについて、当該構造ごとに、記載するとともに、動作原理図中の当該動作する構造ごとの記載箇所との対応関係を明確にして記載する。

カ　開放条件

特別入球口が、どのような契機によって開放するのかについて記載する。

このとき、当該特別入球口が、どの部品等のどのような組合せによって構成されているのかについて、当該特別入球口の開放契機となる入球口又はゲートごとに、その部品等及び組合せの寸法を明確にしつつ、記載するとともに、構造図中の当該役物の開放契機となる入球口又はゲートごとの記載箇所との対応関係を明確にして記載する。

また、どの部品等のどのような作用及び動作原理によって作動するのかについて、当該特別入球口の開放契機となる入球口又はゲートごとに、開放契機に関係する部品等の作用を明確にしつつ、記載するとともに、動作原理図中の当該特別入球口の開放契機となる入球口又はゲートごとの記載箇所との対応関係を明確にして記載する。

また、当該特別入球口の開放契機となる入球口又はゲートごとに、開放に係る全ての条件を箇条書で記載する。

キ　開放終了条件

特別入球口の作動の終了に係る条件の有無を記載する。当該条件がある場合には、作動の終了に係る全ての条件を箇条書で記載する。

ク　材質

材質名及び日本工業規格（ＪＩＳ規格）による材質表示を記載する。

(21)　開放条件装置

ア　個数

開放条件装置の個数を記載する。

イ　作動契機

開放条件装置が、どのような契機によって作動するのかについて記載する。

このとき、当該開放条件装置が、どの部品等のどのような組合せによって構成されているのかについて、当該開放条件装置の作動契機となる入賞に係る図柄の組合せごとに、その部品等及び組合せの寸法を明確にしつつ、記載するとともに、構造図中の当該開放条件装置の作動契機となる入賞に係る図柄の組合せごとの記載箇所との対応関係を明確にして記載する。

また、どの部品等のどのような作用及び動作原理によって作動するのかについて、当該開放条件装置の作動契機となる入賞に係る図柄の組合せごとに、作動契機に関係する部品等の作用を明確にしつつ、記載するとともに、動作原理図中の当該開放条件装置の作動契機となる入賞に係る図柄の組合せごとの記載箇所との対応関係を明確にして記載する。

ウ　作動契機―条件

開放条件装置ごとに、作動に係る全ての条件を箇条書で記載する。

また、開放条件装置が作動することとなる、入賞に係る図柄の組合せを全て記載する。

エ　入賞に係る図柄の組合せの数に占める開放条件装置が作動することとなる図柄の組合せの数の割合

入賞に係る図柄の組合せの数のうち、開放条件装置が作動することとなる図柄の組合せの数の割合を記載する。

オ　開放条件装置が作動することとなる図柄の組合せが表示される確率の値

入賞に係る図柄の組合せのうち、開放条件装置が作動することとなる図柄の組合せとして表示される確率を、当該入賞に係る図柄の組合せごとに全て記載する。

カ　作動終了条件

開放条件装置の作動の終了に係る条件の有無を記載する。当該条件がある場合には、当該開放条件装置ごとに、作動の終了に係る全ての条件を箇条書で記載する。

キ　開放条件装置の作動に係る制御又はデータ処理に係る電子回路

開放条件装置の作動に係る制御又はデータ処理に係る電子回路の機能及び処理について、当該開放条件装置ごとに、記載するとともに、回路図中の当該開放条件装置ごとの記載箇所との対応関係を明確にして記載する。

ク　開放条件装置の作動に係る制御又はデータ処理に係る電子回路―使用部品

開放条件装置の作動に係る制御又はデータ処理に係る電子回路の部品を、当該開放条件装置ごとに全て記載する。

ケ　開放条件装置の作動に係る制御又はデータ

処理に係るプログラム

ソースプログラム中の開放条件装置の作動に係る制御又はデータ処理に係るプログラムの実現箇所並びに当該プログラムの処理並びに当該プログラムで使用されるデータの一覧表及び作業領域の一覧表を、当該開放条件装置ごとに記載する。

また、当該開放条件装置の作動に関し、内部抽せんが行われる場合には、当該開放条件装置ごとに、内部抽せんが行われる契機を記載するとともに、電源の投入等外部的な要因あるいは当該役物の作動等内部的な要因にかかわらず、内部抽せんの結果に偏りが発生しないことを明確にして記載する。

コ　開放条件装置の作動に欠くことができないその他の構造

開放条件装置の作動の契機となる図柄表示装置、特別入球口（内部構造を含む。）及び開放条件装置の作動に係る制御又はデータ処理に係る電子回路の構造以外の構造で、当該開放条件装置の作動に欠くことができないものの有無を記載する。

当該構造がある場合には、当該構造ごとの設置目的及び効果を明確にした上で、当該構造が、どの部品等のどのような組合せによって構成されているのかについて、当該構造ごとに、その部品等及び組合せの寸法を明確にしつつ、記載するとともに、構造図中の当該構造ごとの記載箇所との対応関係を明確にして記載する。

また、当該構造が動作する場合には、どの部品等のどのような作用及び動作原理によって動作するのかについて、当該構造ごとに、記載するとともに、動作原理図中の当該動作する構造ごとの記載箇所との対応関係を明確にして記載する。

(22)　条件連続装置

ア　個数

条件連続装置の個数を記載する。

イ　作動契機

条件連続装置が、どのような契機によって作動するのかについて記載する。

このとき、当該条件連続装置が、どの部品等のどのような組合せによって構成されているのかについて、当該条件連続装置の作動契機となる開放条件装置に係る図柄の組合せごとに、その部品等及び組合せの寸法を明確にしつつ、記載するとともに、構造図中の当該条件連続装置の作動契機となる開放条件装置に係る図柄の組合せごとの記載箇所との対応関係を明確にして記載する。

また、どの部品等のどのような作用及び動作原理によって作動するのかについて、当該条件連続装置の作動契機となる開放条件装置に係る図柄の組合せごとに、作動契機に関係する部品等の作用を明確にしつつ、記載するとともに、動作原理図中の当該条件連続装置の作動契機となる開放条件装置に係る図柄の組合せごとの記載箇所との対応関係を明確にして記載する。

ウ　作動契機—条件

条件連続装置ごとに、作動に係る全ての条件を箇条書で記載する。

また、条件連続装置が作動することとなる、開放条件装置に係る図柄の組合せを全て記載する。

エ　開放条件装置が作動することとなる図柄の組合せの数に占める条件連続装置が作動することとなる図柄の組合せの数の割合

開放条件装置に係る図柄の組合せの数のうち、条件連続装置が作動することとなる図柄の組合せの数の割合を記載する。

オ　条件連続装置が作動することとなる図柄の組合せが表示される確率の値

開放条件装置に係る図柄の組合せのうち、条件連続装置が作動することとなる図柄の組合せとして表示される確率を、当該開放条件装置に係る図柄の組合せごとに全て記載する。

カ　条件連続装置の一回の作動中の開放条件装置の作動回数の上限

条件連続装置の一回の作動により開放条件装置が連続して作動する回数の上限値を記載する。

キ　作動終了条件

条件連続装置の作動の終了に係る条件の有無を記載する。当該条件がある場合には、当該条件連続装置ごとに、作動の終了に係る全ての条件を箇条書で記載する。

ク　条件連続装置の作動に係る制御又はデータ処理に係る電子回路

条件連続装置の作動に係る制御又はデータ処理に係る電子回路の機能及び処理につい

て、当該条件連続装置ごとに、記載するとともに、回路図中の当該条件連続装置ごとの記載箇所との対応関係を明確にして記載する。

ケ　条件連続装置の作動に係る制御又はデータ処理に係る電子回路―使用部品

条件連続装置の作動に係る制御又はデータ処理に係る電子回路の部品を、当該条件連続装置ごとに全て記載する。

コ　条件連続装置の作動に係る制御又はデータ処理に係るプログラム

ソースプログラム中の条件連続装置の作動に係る制御又はデータ処理に係るプログラムの実現箇所並びに当該プログラムの処理並びに当該プログラムで使用されるデータの一覧表及び作業領域の一覧表を、当該条件連続装置ごとに記載する。

また、当該条件連続装置の作動に関し、内部抽せんが行われる場合には、当該条件連続装置ごとに、内部抽せんが行われる契機を記載するとともに、電源の投入等外部的な要因あるいは当該役物の作動等内部的な要因にかかわらず、内部抽せんの結果に偏りが発生しないことを明確にして記載する。

サ　条件連続装置の作動に欠くことができないその他の構造

条件連続装置の作動の契機となる図柄表示装置、開放条件装置及び条件連続装置の作動に係る制御又はデータ処理に係る電子回路の構造以外の構造で、条件連続装置の作動に欠くことができないものの有無を記載する。

当該構造がある場合には、当該構造ごとの設置目的及び効果を明確にした上で、当該構造が、どの部品等のどのような組合せによって構成されているのかについて、当該構造ごとに、その部品等及び組合せの寸法を明確にしつつ、記載するとともに、構造図中の当該構造ごとの記載箇所との対応関係を明確にして記載する。

また、当該構造が動作する場合には、どの部品等のどのような作用及び動作原理によって動作するのかについて、当該構造ごとに、記載するとともに、動作原理図中の当該動作する構造ごとの記載箇所との対応関係を明確にして記載する。

(23)　得点増加装置

ア　個数

得点増加装置の個数を記載する。

イ　作動契機

得点増加装置が、どのような契機によって作動するのかについて記載する。

このとき、当該得点増加装置が、どの部品等のどのような組合せによって構成されているのかについて、当該得点増加装置の作動契機となるあらかじめ定められた場合ごとに、その部品等及び組合せの寸法を明確にしつつ、記載するとともに、構造図中の当該得点増加装置の作動契機となる当該あらかじめ定められた場合ごとの記載箇所との対応関係を明確にして記載する。

また、どの部品等のどのような作用及び動作原理によって作動するのかについて、当該得点増加装置の作動契機となる当該あらかじめ定められた場合ごとに、作動契機に関係する部品等の作用を明確にしつつ、記載するとともに、動作原理図中の当該得点増加装置の作動契機となる当該あらかじめ定められた場合ごとの記載箇所との対応関係を明確にして記載する。

ウ　作動契機―条件

得点増加装置ごとに、作動に係る全ての条件を箇条書で記載する。

エ　作動の効果

得点増加装置の一回の作動による効果を、具体的かつ明確にして記載する。

オ　得点増加装置の作動に係る制御又はデータ処理に係る電子回路

得点増加装置の作動に係る制御又はデータ処理に係る電子回路の機能及び処理について、当該得点増加装置ごとに、記載するとともに、回路図中の当該得点増加装置ごとの記載箇所との対応関係を明確にして記載する。

カ　得点増加装置の作動に係る制御又はデータ処理に係る電子回路―使用部品

得点増加装置の作動に係る制御又はデータ処理に係る電子回路の部品を、当該得点増加装置ごとに全て記載する。

キ　得点増加装置の作動に係る制御又はデータ処理に係るプログラム

ソースプログラム中の得点増加装置の作動に係る制御又はデータ処理に係るプログラムの実現箇所並びに当該プログラムの処理並びに当該プログラムで使用されるデータの一覧表及び作業領域の一覧表を、当該得点増加装置ごとに記載する。

また、当該得点増加装置の作動に関し、内部抽せんが行われる場合には、当該得点増加装置ごとに、内部抽せんが行われる契機を記載するとともに、電源の投入等外部的な要因あるいは当該得点増加装置の作動等内部的な要因にかかわらず、内部抽せんの結果に偏りが発生しないことを明確にして記載する。

ク　得点増加装置の作動に欠くことができないその他の構造

得点増加装置の作動の契機となるあらかじめ定められた場合のための構造及び得点増加装置の作動に係る制御又はデータ処理に係る電子回路の構造以外の構造で、当該得点増加装置の作動に欠くことができないものの有無を記載する。

当該構造がある場合には、当該構造ごとの設置目的及び効果を明確にした上で、当該構造が、どの部品等のどのような組合せによって構成されているのかについて、当該構造ごとに、その部品等及び組合せの寸法を明確にしつつ、記載するとともに、構造図中の当該構造ごとの記載箇所との対応関係を明確にして記載する。

また、当該構造が動作する場合には、どの部品等のどのような作用及び動作原理によって動作するのかについて、当該構造ごとに、記載するとともに、動作原理図中の当該動作する構造ごとの記載箇所との対応関係を明確にして記載する。

(24)　遊技の用に供されるその他の装置

諸元表の他の欄に記載した装置以外に遊技の用に供される装置がある場合には、遊技の用に供されるその他の装置欄の各項目について、必要事項を明確に記載する。

該当する装置が複数ある場合、当該装置ごとに、記載欄に縦の区切線を入れて記載する。

ア　名称

当該装置の名称を記載する。該当するものがない場合には、「該当なし」と記載する（当該装置欄のその他の項の記載項目についても「該当なし」と記載する。）。

イ　設置目的及び機能

当該装置の設置目的及び機能を明確にして記載する。

ウ　構造

当該装置の構造（当該装置の作動に係る制御又はデータ処理に係る電子回路を含む。）が、どの部品等のどのような組合せによって構成されているのかについて、当該装置ごとに、その部品等及び組合せの寸法を明確にしつつ、記載するとともに、構造図中の当該装置ごとの記載箇所との対応関係を明確にして記載する。

エ　動作原理

当該装置が、どの部品等のどのような作用及び動作原理によって動作するのかについて、当該装置ごとに、記載するとともに、動作原理図中の当該装置ごとの記載箇所との対応関係を明確にして記載する。

また、当該装置の作動契機、作動条件及び作動終了条件並びに当該装置の作動に係るプログラムを明確にして記載する。

(25)　遊技機内部の配線系統

遊技機内部の配線系統について、回路図中の当該配線系統を示すブロックダイヤ図の記載箇所との対応関係を明確にして記載する。

(26)　基板

ア　個数

遊技機に使用されている基板の個数を記載する。

イ　設置位置及び方法

遊技機の基板が遊技機中のどの位置に設置されているのかについて、当該基板ごとに、その形状及び寸法を明確にして記載するとともに、構造図中の当該基板ごとの記載箇所との対応関係を明確にして記載する。また、設置方法も併せて記載する。

ウ　回路構成

遊技機の基板の回路がどの部品等のどのような組合せによって構成されているのかについて、当該基板ごと及び機能別にブロック化した回路ごとに、記載するとともに、回路図中の当該回路ごとの記載箇所との対応関係を明確にして記載する。

エ　部品配置

各基板の部品の配置を記載するとともに、構造図中の当該基板の部品の記載箇所との対応関係を明確にして記載する。

オ　使用部品

各基板に使用されている部品を全て記載する。

カ　使用部品—マイクロプロセッサー—個数

マイクロプロセッサーの個数を記載する。マイクロプロセッサーが複数ある場合には、キからコまでのマイクロプロセッサー欄の各項目の記載欄については、当該記載欄に縦の区切線を入れて、マイクロプロセッサーごとに、記載する。

キ　使用部品―マイクロプロセッサー―用途

マイクロプロセッサーの用途を記載した上で、当該マイクロプロセッサーが装着されている基板名を記載する。

ク　使用部品―マイクロプロセッサー―型式名

マイクロプロセッサーの型式名を記載する。

ケ　使用部品―マイクロプロセッサー―製造者名

マイクロプロセッサーを製造した者の氏名及び名称を記載する。

コ　使用部品―マイクロプロセッサー―特記事項

マイクロプロセッサーへのＲＯＭ、ＲＷＭその他の電子部品等の内蔵の有無、当該マイクロプロセッサーの機能及び構造に関する特記事項を記載する。

サ　使用部品―ＲＯＭ―個数

ＲＯＭの個数を記載する。マイクロプロセッサーと同一集積回路に内蔵されているＲＯＭについても、この記載欄に計上する。ＲＯＭが複数ある場合には、シからニまでのＲＯＭ欄の各項目の記載欄については、当該記載欄に縦の区切線を入れて、ＲＯＭごとに、記載する。

シ　使用部品―ＲＯＭ―用途

ＲＯＭの用途を記載した上で、当該ＲＯＭが装着されている基板名及び当該ＲＯＭと対応するマイクロプロセッサーを記載する。

ス　使用部品―ＲＯＭ―記憶容量

ＲＯＭの記憶容量をバイト数で記載する。また、当該ＲＯＭに記憶された情報を出力する方法についても記載する。

セ　使用部品―ＲＯＭ―使用領域

ＲＯＭの記憶容量のうち、プログラム及びデータの記憶に使用されているバイト数を、使用領域、制御領域及びデータ領域ごとに記載する。また、各領域のバイト数を記載する。

ソ　使用部品―ＲＯＭ―記憶内容

ＲＯＭの記憶内容のダンプリストの記載箇所を特定して記載する。

タ　使用部品―ＲＯＭ―記憶内容―プログラム―構成

ＲＯＭに記憶されたプログラムのモジュール構成図の記載箇所を特定して記載する。

チ　使用部品―ＲＯＭ―記憶内容―プログラム―ソースプログラム

ＲＯＭに記憶されたプログラムのソースリストの記載箇所を特定して記載する。

ツ　使用部品―ＲＯＭ―記憶内容―プログラム―使用データ

ＲＯＭに記憶されたプログラムで使用する定数データの一覧表（記憶番地及びデータの用途等が記載された表をいう。）及び変数等の作業領域の一覧表（各作業領域の割当番地及び用途等が記載された表をいう。）の記載箇所を特定して記載する。

テ　使用部品―ＲＯＭ―記憶内容―検査合計

ＲＯＭの各記憶番地に記憶された内容を十六進数値として扱い、全ての記憶番地の内容を合計した値の下位四桁を十六進数値のまま記載する。

ト　使用部品―ＲＯＭ―型式名

ＲＯＭの型式名（ＲＯＭの製造者が定めた型式名をいう。）を記載する。マイクロプロセッサーと同一集積回路に内蔵されるＲＯＭは、その旨を明記する。

ナ　使用部品―ＲＯＭ―製造者名

ＲＯＭを製造した者の氏名又は名称を記載する。

ニ　使用部品―ＲＯＭ―特記事項

ＲＯＭの機能及び構造に関する特記事項があれば記載する。ない場合は、「なし」と記載する。

ヌ　使用部品―ＲＷＭ―個数

ＲＷＭの個数を記載する。マイクロプロセッサーと同一集積回路に内蔵されているＲＷＭの個数について記載する。ＲＷＭが複数ある場合には、ネからホまでのＲＷＭ欄の各項目の記載欄については、当該記載欄に縦の区切線を入れて、ＲＷＭごとに、記載する。

ネ　使用部品―ＲＷＭ―用途

ＲＷＭの用途を記載の上、当該ＲＷＭが装着されている基板名及び対応するマイクロプロセッサーを記載する。

ノ　使用部品―ＲＷＭ―記憶容量

RWMの記憶容量をバイト数で記載する。

ハ　使用部品―RWM―使用領域
　RWMの記憶容量のうち、使用領域に使用されるバイト数を記載する。

ヒ　使用部品―RWM―初期化処理
　RWMの使用領域、未使用領域の割当番地を特定した上で、各々の領域に対する初期化処理の内容を記載する。

フ　使用部品―RWM―型式名
　RWMの型式名（RWMの製造者が定めたもの）を記載する。マイクロプロセッサーと同一集積回路に内蔵されているRWMについては、その旨を記載する。

ヘ　使用部品―RWM―製造者名
　RWMを製造した者の氏名又は名称を記載する。

ホ　使用部品―RWM―特記事項
　RWMの機能及び構造に関する特記事項があれば記載する。ない場合は、「なし」と記載する。

マ　主基板ケース―構造
　主基板ケースの構造について、どのような方法で容易に開封できず、開封時にはこん跡が残るかを明確にして記載する。

ミ　主基板ケース―材質
　主基板ケースの材質について、透明であるかを明確にして記載する。

ム　基板の型式を特定するための番号、記号その他の符号
　基板の型式を特定するための番号、記号その他の符号を記載する。

メ　製造者の氏名又は名称
　基板を製造した者の氏名又は名称を記載する。

(27)　入力信号
　入力信号欄には、遊技機外部から遊技機へ入力される信号について、記載する。

ア　信号の種類
　遊技機に入力する全ての信号の名称及びその用途を記載の上、各信号の信号形式の説明書の記載箇所を特定して記載する。

イ　端子の位置
　外部からの各入力信号線を接続する端子が設けられた基板の名称を記載した上で、当該基板の設置位置を特定した構造図、当該基板の部品配置図（各端子の基板上の設置位置が特定されたもの）及び各端子と入力信号線の接続に使用されるコネクタ仕様説明の各々について、記載箇所を特定して記載する。

(28)　出力信号
　出力信号欄には、遊技機から遊技機外部へ出力される信号について記載する。

ア　信号の種類
　遊技機から出力される信号全ての名称及びその用途を記載の上、各信号の信号形式の説明書の記載箇所を特定して記載する。

イ　端子の位置
　遊技機外部への各出力信号線を接続する端子が設けられた基板の名称を記載した上で、当該基板の設置位置を特定した構造図、当該基板の部品配置図（各端子の基板上の設置位置が特定されたもの）及び各端子と出力信号線の接続に使用されるコネクタ仕様説明の各々について、記載箇所を特定して記載する。

(29)　遊技機の使用に接続を必要とする装置
　電源装置（トランス）あるいはプリペイドカードユニット等、提出に係る遊技機を使用する上で接続が必要な装置がある場合は、その全ての装置について、明確に記載する。該当する装置が複数ある場合は、当該記載欄に縦の区切線を入れて、装置ごとに、記載する。

ア　名称
　該当する装置の名称を記載する。

イ　用途
　該当する装置の用途及び機能概要を記載する。

ウ　接続条件
　諸元表に記載した遊技機の構造、材質及び性能に変化を与えない条件で使用する上で当該装置に必要とされる仕様、遊技機と当該装置との接続に係る物理的、電気的条件等を全て記載する。

(30)　備考
　特に別途指示のない限り、何も記載せず空欄のままとする。

別紙二

構造図、回路図及び動作原理図の記載要領

第一　総則

一　適用

　本要領は、遊技機の認定及び型式の検定等に関する規則（昭和六十年国家公安委員会規則第四号。以下「規則」という。）第一条第一項、第七条第一項、第十四条第一項又は第十五条第一項の規定により認定申請書、検定申請書、遊技機試験申請書又は型式試験申請書を提出する場合にこれらの申請書に添付しなければならない規則第一条第三項第三号ロ又は第七条第二項第六号ロに掲げる遊技機の構造図、回路図及び動作原理図（以下「構造図等」という。）の記載について適用する。

二　記載方法

(1)　図の記載に使用する用紙（以下「用紙」という。）は、日本工業規格Ａ４又はＡ３（原寸で記載するぱちんこ遊技機、アレンジボール遊技機及びじゃん球遊技機の遊技盤面構造図にあってはＡ２）とする。ただし、同規格Ａ３又はＡ２の用紙を使用した場合は、折りたたんで同規格Ａ４の状態とする。

(2)　用紙の余白は、少なくとも用紙の上下に二〇㎜、左右に二〇㎜（とじしろとなる側にあっては三〇㎜）をとるものとする。

(3)　構造図等は、原則として製図法に従って、黒色で、鮮明かつ容易に消すことができないように描くものとする。

(4)　文字は、九ポイントから一〇・五ポイントまでの大きさ（当該大きさの文字を使用した場合には、構造図等の部品等を当該図中で特定するために必要な文字を記載することができるだけの余白が当該図中にないときにあっては、八ポイント又は七ポイントの大きさ）で、タイプ印書等により黒色で、明瞭かつ容易に消すことができないように書き、平仮名（外国語は片仮名。ただし外国語の固有名詞は当該外国語表記を併記）、常用漢字及びアラビア数字を用いる。また、文字は、図中のいずれの線にも掛かることなく記入する。

(5)　用紙においては、抹消及び訂正を行ってはならない。

(6)　構造図等には、各構造図等の通し番号及び当該構造図等の内容を示す図の名称を記載する。

(7)　遊技機の部品及び装置（以下「部品等」という。）が重なり合って取り付けられている構造の構造図その他の部品等の構成が複雑な構造図等の記載に当たり、一つの図で当該構造図等に記載する部品等の構造、取付位置、電気的・光学的接続関係又は動作原理を明確に特定して記載することができない場合には、複数の構造図等に分けて記載してもよい。ただし、これらの図の関連を明確に記載するものとする。

(8)　構造図及び動作原理図としての記載要件が損なわれるものでなければ、一つの装置の構造及び動作原理を一つの図に記載してもよい。

(9)　構造図等は、遊技機に係る技術分野に関する通常の知識を有する者が遊技機及び部品等の構造、回路又は動作原理を容易に理解できるように記載し、そのために取付位置等を特定する必要がある部品等は、原則として符号とともに名称を図面の中に記入する。

(10)　用語は、その有する普通の意味で使用し、かつ、規則第一条第三項第三号又は第七条第二項第六号に掲げる書類全体を通じて統一して使用する。ただし、特定の意味で使用しようとする場合において、その意味を定義して使用するときは、この限りでない。

(11)　遊技機及び部品等の構造、回路及び動作原理に係る諸元表の記載欄に対応する構造図等の該当箇所の記載については、該当する箇所を線で囲うなどの方法により該当箇所を特定することができるように記載する。

(12)　構造図については、諸元表に記載した遊技機及び部品等の構造を特定する上で必要な遊技機の長さ、幅及び高さ並びに部品等の形状及び取付位置を示す寸法を記載する。寸法は、㎜の単位により記入するものとし、図ごとに単位を記載するものとする。

第二　遊技機の種類別記載要領

一　ぱちんこ遊技機

(1)　ぱちんこ遊技機の構造図及びその記載要領

　ぱちんこ遊技機の構造図及びその記載要領は、次のとおりとする。

ア　遊技機正面構造図

　遊技機の前面から外観上識別することができる部品等（ウの遊技盤面構造図に記載するウ(ア)の部品等を除く。）の配置及び構造を特定することができる遊技機全体の正面構造図を記載する。遊技機正面構造図に記載することを要する部品等の具体例は、次のとおりである。

　具体例　受け皿、表示ランプ、発射装置の

発射レバー等

イ　遊技機裏面構造図

遊技機の後面から外観上識別することができる部品等（上から重ねて取り付けられた部品等を取り除くことによって外観上識別することが可能となる部品等を含む。）の配置及び構造を特定することができる遊技機全体の裏面構造図を記載する。遊技機裏面構造図に記載することを要する部品等の具体例は、次のとおりである。

具体例　基板、発射装置の電動機、入賞遊技球経路、遊技盤の枠、遊技球等貸出装置接続端子板等

ウ　遊技盤面構造図

(ア)　入賞口、遊技くぎ、風車、保留装置その他の遊技球の落下の方向に変化を与えるための装置（以下一において「遊技くぎ等」という。）及びゲートの配置、形状及び構造を特定することができる遊技盤面の構造図を原寸で、遊技くぎ等及びゲートの傾きを特定することができる遊技盤面の構造図を原寸に関わりなく記載する。

(イ)　遊技盤面構造図には、遊技球が通過できない遊技くぎ間を、当該遊技くぎ間ごとに二本線で結んで記載する。

(ウ)　遊技盤面構造図には、入賞口及びゲートの入口の大きさを測定した箇所を、当該入賞口及びゲートごとに記載する。

(エ)　遊技盤面構造図には、遊技板とガラス板との間の距離を測定した箇所を、別図に、原寸に関わりなく、当該測定箇所ごとに記載する。

(オ)　遊技盤面構造図には、遊技盤の大きさ（遊技球が遊技盤上において落下する領域の大きさをいう。）を示す領域を太線を用いて記載した上で、当該領域が一辺五〇〇mmの正方形で囲まれ、かつ、直径が三〇〇mmの円を含むことができるものであることを特定することができる前記寸法の正方形及び円を記載する。

なお、遊技盤の大きさの説明は、遊技盤の大きさに係る部分の実寸法が記入され、原寸との縮小比率が明記されていれば、原寸ではない別の遊技盤面構造図に記載すれば足りる。

エ　遊技くぎ等の構造図

形状及び構造を特定することができる遊技くぎ等の構造図を、当該遊技くぎ等ごとに記載する。

オ　受け皿の構造図

形状及び構造を特定することができる受け皿の構造図を、当該受け皿ごとに記載する。

カ　遊技球数表示装置の構造図

遊技球の数の記録機構及び表示機構その他の遊技球数表示装置を構成する主な部品等の配置及び構造を特定することができる遊技球数表示装置の構造図を記載する。

キ　発射装置の構造図

発射レバー、電動機その他の発射装置を構成する主な部品等の配置及び構造を特定することができる発射装置の構造図を記載する。

ク　賞球払出装置の構造図

払い出す遊技球を保留しておくためのタンク、賞球払出機構その他の賞球払出装置を構成する主な部品等の配置及び構造を特定することができる賞球払出装置の構造図を、当該賞球払出装置ごとに記載する。

ケ　入賞口の構造図

入賞感知機構、入賞口内部の特定の領域その他の遊技球の通過が遊技の結果に影響を及ぼすこととなる領域及び当該領域への通過率を調整する機構その他の遊技の結果に影響を及ぼすこととなる機能を有する内部構造の配置及び構造を特定することができる入賞口の構造図を、当該入賞口ごとに記載する。ただし、構造については、当該入賞口のうち、他の入賞口と同一の構造を有するものがあるときは、その旨を記載して当該同一の構造となる入賞口のうち一の入賞口の構造図を記載すれば足りる。

コ　ゲートの構造図

通過感知機構の構造及びゲート内部での当該構造の配置を特定することができるゲートの構造図を、当該ゲートごとに記載する。

サ　役物の作動に欠くことができないその他の構造の構造図

入賞口、ゲート、図柄表示装置（普通図柄表示装置、特別図柄表示装置及びその他の図柄表示装置をいう。以下一において同じ。）及び役物の作動に係る制御又はデータ処理に係る電子回路の構造以外の構造で、役物の作動に欠くことができないものがある場合には、配置及び構造を特定することができる当

該構造の構造図を、当該構造ごとに記載する。

シ　図柄表示装置の構造図

配置及び構造を特定することができる図柄表示装置の構造図を、当該図柄表示装置ごとに記載する。

ス　役物連続作動装置の作動に欠くことができないその他の構造の構造図

入賞口、ゲート、大入賞口内の特定の領域及び役物連続作動装置の作動に係る制御又はデータ処理に係る電子回路の構造以外の構造で、役物連続作動装置の作動に欠くことができないものがある場合には、配置及び構造を特定することができる当該構造の構造図を、当該構造ごとに記載する。

セ　遊技の用に供されるその他の装置の構造図

遊技の用に供されるその他の装置の配置及び構造を特定することができる当該装置の構造図を、当該装置ごとに記載する。

ソ　基板の部品実装図及びプリントパターン図

配置を特定することができる基板上の部品の部品実装図、及び基板における電気的配線を特定することができる基板のプリントパターン図を当該基板ごとに記載する。

タ　主基板ケースの構造図

構造を特定することができる主基板ケースの構造図を、当該主基板ケースごとに記載する。

チ　その他の部品等の構造の説明に必要な構造図

アからタまでに掲げる構造図のほか、諸元表に記載した部品等の構造の説明に必要な構造図がある場合には、構造を特定することができる部品等の構造図を、当該説明を要する部品等ごとに記載する。

(2)　ぱちんこ遊技機の回路図及びその記載要領は次のとおりとする。

ア　ブロックダイヤ図（配線系統図）

遊技機内部の部品等の電気的・光学的接続関係を特定することができる、部品等を機能ごとにブロック化したブロックダイヤ図を、配線系統を明確にして記載する。遊技機の構造図並びにイ、ウ及びエに掲げる回路図との照合を行う部品等については、当該部品等の名称その他の当該部品等を特定することができる事項を、当該部品等ごとの記載箇所との対応関係を明確にして記載する。

イ　全体回路図

遊技機全体の部品等（基板上の部品を除く。）の電気的・光学的接続関係を特定することができる、部品等を機能ごとにブロック化した回路図を、当該ブロック化した回路ごとに配線を明確にして記載する。当該部品等については、当該部品等の名称その他の当該部品等を特定することができる事項を、電気的接続がコネクタを介して行われる箇所については、接続用端子の番号を、当該部品等ごとの記載箇所との対応関係を明確にして記載する。

ウ　基板の回路図

基板上の部品の電気的・光学的接続関係を特定することができる、部品等を機能ごとにブロック化した回路図を、当該ブロック化した回路ごとに配線を明確にして記載する。当該基板上の部品については、当該基板上の部品の名称その他の当該基板上の部品を特定することができる事項を、電気的接続がコネクタを介して行われる箇所については、接続用端子の番号を、当該基板上の部品ごとの記載箇所との対応関係を明確にして記載する。

エ　その他の遊技機の回路の説明に必要な回路図

アからウまでに掲げる回路図のほか、諸元表に記載した部品等の電気的・光学的接続関係の説明に必要な回路図がある場合には、接続関係を特定することができる回路の回路図を、当該説明を必要とする回路ごとに記載する。

(3)　ぱちんこ遊技機の動作原理図及びその記載要領

ぱちんこ遊技機の動作原理図及びその記載要領は、次のとおりとする。

ア　遊技球数表示装置の動作原理図

遊技者が発射させることができる遊技球の総数を電磁的に記録し、表示する、遊技球数表示装置の動作原理を特定することができる、遊技球数表示装置の動作原理図を記載する。

イ　発射装置の動作原理図

遊技者が直接操作したとき遊技球を一個ずつ発射する、発射装置の動作原理を特定することができる、発射装置の動作原理図を記載する。

ウ　賞球払出装置の動作原理図
遊技球が入賞したとき賞球する、賞球払出装置の動作原理を特定することができる、賞球払出装置の動作原理図を記載する。

エ　役物に係る入賞口の入口の開閉機構の動作原理図
役物が作動したとき入賞口の入口を開き又は拡大する、役物に係る入賞口の入口の開閉機構の動作原理を特定することができる、役物に係る入賞口の入口の開閉機構の動作原理図を、当該入賞口の入口ごとに記載する。

オ　入賞口の内部機構の動作原理図
入賞口の内部機構に入賞口内の特定の領域の通過率の調整等を行う機能がある場合には、当該機能を実現する、入賞口の内部機構の動作原理を特定することができる、入賞口の内部機構の動作原理図を、当該入賞口ごとに記載する。

カ　プログラムのモジュール構成図
プログラムのモジュールの構成を特定することができるモジュール構成図を、当該モジュールごとに記載する。

キ　プログラムのフローチャート
プログラムによるマイクロプロセッサーの処理の流れを特定することができるフローチャートを、カのモジュールごとの記載箇所との対応関係を明確にして記載する。

ク　その他の遊技機の装置の動作原理を説明するために必要な図
アからキまでに掲げる動作原理図のほか、諸元表に記載した部品等の動作原理の説明に必要な動作原理図がある場合には、動作原理を特定することができる、当該装置の動作原理図を、当該装置ごとに記載する。

二　回胴式遊技機

(1)　回胴式遊技機の構造図及びその記載要領
回胴式遊技機の構造図及びその記載要領は、次のとおりとする。

ア　遊技機正面構造図
遊技機の前面から外観上識別することができる部品等の配置及び構造を特定することができる遊技機全体の正面構造図を記載する。

遊技機正面構造図に記載することを要する部品等の具体例は、次のとおりである。

具体例　ガラス板、受け皿、表示ランプ、遊技メダル等投入口等

イ　遊技機背面等構造図
遊技機の背面、上面、底面及び両側面（以下「背面等」という。）から外観上識別することができる部品等（上から重ねて取り付けられた部品等を取り除くことによって外観上識別することが可能となる部品等を含む。）の配置及び構造を特定することができる遊技機全体の背面等の構造図を記載する。

ウ　内部構造図
遊技機筐体内部に備えられた部品等（エのドア部の裏面に備えられた部品等を除く。）の配置及び構造を特定することができる遊技機筐体内部全体の構造図を記載する。

エ　ドア部裏面構造図
ガラス板等が備えられた遊技機前面のドア部の裏面に備えられた部品等の配置及び構造を特定することができるドア部裏面全体の構造図を記載する。

オ　遊技メダル等投入口の構造図
形状及び構造を特定することができる遊技メダル等投入口の構造図を記載する。

カ　遊技メダル等セレクターの構造図
遊技メダル等投入口に投入された遊技メダル等が、遊技を行うことができることとなる遊技メダル等であるか否かを選別する仕組みその他の遊技メダル等セレクターを構成する主な部品等の配置及び構造を特定することができる遊技メダル等セレクターの構造図を記載する。

キ　遊技メダル等払出装置の構造図
払い出す遊技メダル等を貯留しておくためのタンク、遊技メダル等払出機構その他の遊技メダル等払出装置を構成する主な部品等の配置及び構造を特定することができる遊技メダル等払出装置の構造図を、当該遊技メダル等払出装置ごとに記載する。

ク　回胴の回転に係る機構の構造図
回胴、回胴の回転軸その他の回胴の回転に係る部品等の配置及び構造を特定することができる回胴の回転に係る機構の構造図を記載する。

ケ　図柄の配列図
回胴の上の図柄（以下「図柄」という。）の配列を特定することができる図柄の配列図を、当該回胴ごとに記載する。

コ　受け皿の構造図

形状及び構造を特定することができる受け皿の構造図を、当該受け皿ごとに記載する。

サ　貯留装置の構造図

遊技メダルの貯留機構その他の貯留装置を構成する主な部品等の配置及び構造を特定することができる貯留装置の構造図を記載する。

シ　遊技メダル数表示装置の構造図

遊技メダルの数の記録機構及び表示機構その他の遊技メダル数表示装置を構成する主な部品等の配置及び構造を特定することができる遊技メダル数表示装置の構造図を記載する。

ス　遊技メダル等の獲得に係る遊技機の性能に係る制御に欠くことができないその他の構造の構造図

クの回胴の回転に係る機構の構造図に記載した回胴の回転に係る機構の構造、遊技メダル等払出装置及び遊技メダル等の獲得に係る遊技機の性能に係る制御又はデータ処理に係る電子回路の構造以外の構造で、遊技メダル等の獲得に係る遊技機の性能に係る制御に欠くことができないものがある場合には、配置及び構造を特定することができる当該構造の構造図を、当該構造ごとに記載する。

セ　再遊技に係る遊技機の作動に欠くことができないその他の構造の構造図

クの回胴の回転に係る機構の構造図に記載した回胴の回転に係る機構の構造及び再遊技に係る遊技機の作動に係る制御又はデータ処理に係る電子回路の構造以外の構造で、再遊技に係る遊技機の作動に欠くことができないものがある場合には、配置及び構造を特定することができる当該構造の構造図を、当該構造ごとに記載する。

ソ　普通役物の作動に欠くことができないその他の構造の構造図

クの回胴の回転に係る機構の構造図に記載した回胴の回転に係る機構の構造及び普通役物の作動に係る制御又はデータ処理に係る電子回路の構造以外の構造で、普通役物の作動に欠くことができないものがある場合には、配置及び構造を特定することができる当該構造の構造図を、当該構造ごとに記載する。

タ　第一種特別役物の作動に欠くことができないその他の構造の構造図

クの回胴の回転に係る機構の構造図に記載した回胴の回転に係る機構の構造及び第一種特別役物の作動に係る制御又はデータ処理に係る電子回路の構造以外の構造で、第一種特別役物の作動に欠くことができないものがある場合には、配置及び構造を特定することができる当該構造の構造図を、当該構造ごとに記載する。

チ　第二種特別役物の作動に欠くことができないその他の構造の構造図

クの回胴の回転に係る機構の構造図に記載した回胴の回転に係る機構の構造及び第二種特別役物の作動に係る制御又はデータ処理に係る電子回路の構造以外の構造で、第二種特別役物の作動に欠くことができないものがある場合には、配置及び構造を特定することができる当該構造の構造図を、当該構造ごとに記載する。

ツ　第一種特別役物に係る役物連続作動装置の作動に欠くことができないその他の構造の構造図

クの回胴の回転に係る機構の構造図に記載した回胴の回転に係る機構の構造及び第一種特別役物に係る役物連続作動装置の作動に係る制御又はデータ処理に係る電子回路の構造以外の構造で、第一種特別役物に係る役物連続作動装置の作動に欠くことができないものがある場合には、配置及び構造を特定することができる当該構造の構造図を、当該構造ごとに記載する。

テ　第二種特別役物に係る役物連続作動装置の作動に欠くことができないその他の構造の構造図

クの回胴の回転に係る機構の構造図に記載した回胴の回転に係る機構の構造及び第二種特別役物に係る役物連続作動装置の作動に係る制御又はデータ処理に係る電子回路の構造以外の構造で、第二種特別役物に係る役物連続作動装置の作動に欠くことができないものがある場合には、配置及び構造を特定することができる当該構造の構造図を、当該構造ごとに記載する。

ト　遊技の用に供されるその他の装置の構造図

遊技の用に供されるその他の装置の配置及び構造を特定することができる当該装置の構造図を、当該装置ごとに記載する。

ナ　基板の部品実装図及びプリントパターン図

配置を特定することができる基板上の部品の部品実装図、及び基板における電気的配線を特定することができる基板のプリントパターン図を当該基板ごとに記載する。

ニ　主基板ケースの構造図

構造を特定することができる主基板ケースの構造図を、当該主基板ケースごとに記載する。

ヌ　その他の部品等の構造の説明に必要な構造図

アからニまでに掲げる構造図のほか、諸元表に記載した部品等の構造の説明に必要な構造図がある場合には、構造を特定することができる部品等の構造図を、当該説明を要する部品等ごとに記載する。

(2)　回胴式遊技機の回路図及びその記載要領

回胴式遊技機の回路図及びその記載要領は、次のとおりとする。

ア　ブロックダイヤ図（配線系統図）

遊技機内部の部品等の電気的・光学的接続関係を特定することができる、部品等を機能ごとにブロック化したブロックダイヤ図を、配線系統を明確にして記載する。遊技機の構造図並びにイ、ウ及びエに掲げる回路図との照合を行う部品等については、当該部品等の名称その他の当該部品等を特定することができる事項を、当該部品等ごとの記載箇所との対応関係を明確にして記載する。

イ　全体回路図

遊技機全体の部品等（基板上の部品を除く。）の電気的・光学的接続関係を特定することができる、部品等を機能ごとにブロック化した回路図を、当該ブロック化した回路ごとに配線を明確にして記載する。当該部品等については、当該部品等の名称その他の当該部品等を特定することができる事項を、電気的接続がコネクタを介して行われる箇所については、接続用端子の番号を、当該部品等ごとの記載箇所との対応関係を明確にして記載する。

ウ　基板の回路図

基板上の部品の電気的・光学的接続関係を特定することができる、部品等を機能ごとにブロック化した回路図を、当該ブロック化した回路ごとに配線を明確にして記載する。当該基板上の部品については、当該基板上の部品の名称その他の当該基板上の部品を特定することができる事項を、電気的接続がコネクタを介して行われる箇所については、接続用端子の番号を、当該基板上の部品ごとの記載箇所との対応関係を明確にして記載する。

エ　その他の遊技機の回路の説明に必要な回路図

アからウまでに掲げる回路図のほか、諸元表に記載した部品等の電気的・光学的接続関係の説明に必要な回路図がある場合には、接続関係を特定することができる回路の回路図を、当該説明を必要とする回路ごとに記載する。

(3)　回胴式遊技機の動作原理図及びその記載要領

回胴式遊技機の動作原理図及びその記載要領は、次のとおりとする。

ア　回胴の回転機構の動作原理図

回胴回転装置が作動したとき回胴が回転を開始する、回転停止装置が作動したとき回胴が回転を停止する及びその他の動作をする、回胴の回転機構の動作原理を特定することができる、回胴の回転機構の動作原理図を記載する。

イ　貯留装置の動作原理図

遊技メダルが投入されたとき遊技メダルを電磁的に記録する、貯留装置の動作原理を特定することができる、貯留装置の動作原理図を記載する。

ウ　遊技メダル数表示装置の動作原理図

遊技者が遊技の用に供することができる遊技メダルの総数を電磁的に記録し、表示する、遊技メダル数表示装置の動作原理を特定することができる、遊技メダル数表示装置の動作原理図を記載する。

エ　遊技メダル等払出装置の動作原理図

入賞に係る図柄の組合せが表示されたとき遊技メダル等の払い出しをする、遊技メダル等払出装置の動作原理を特定することができる、遊技メダル等払出装置の動作原理図を記載する。

オ　プログラムのモジュール構成図

プログラムのモジュールの構成を特定することができるモジュール構成図を、当該モジュールごとに記載する。

カ　プログラムのフローチャート

プログラムによるマイクロプロセッサーの処理の流れを確認することができるフロー

チャートを、オのモジュールごとの記載箇所との対応関係を明確にして記載する。

キ　その他の遊技機の装置の動作原理を説明するために必要な動作原理図

　アからカまでに掲げる動作原理図のほか、諸元表に記載した部品等の動作原理の説明に必要な動作原理図がある場合には、動作原理を特定することができる、当該装置の動作原理図を、当該装置ごとに記載する。

三　アレンジボール遊技機

(1)　アレンジボール遊技機の構造図及びその記載要領

　アレンジボール遊技機の構造図及びその記載要領は、次のとおりとする。

ア　遊技機正面構造図

　遊技機の前面から外観上識別することができる部品等（ウの遊技盤面構造図に記載するウ(ア)の部品等を除く。）の配置及び構造を特定することができる遊技機全体の正面構造図を記載する。遊技機正面構造図に記載することを要する部品等の具体例は、次のとおりである。

　具体例　受け皿、表示ランプ、発射装置の発射レバー等

イ　遊技機裏面構造図

　遊技機の後面から外観上識別することができる部品等（上から重ねて取り付けられた部品等を取り除くことによって外観上識別することが可能となる部品等を含む。）の配置及び構造を特定することができる遊技機全体の裏面構造図を記載する。遊技機裏面構造図に記載することを要する部品等の具体例は、次のとおりである。

　具体例　基板、発射装置の電動機、入賞遊技球経路、遊技盤の枠、遊技球等貸出装置接続端子板等

ウ　遊技盤面構造図

(ア)　入球口、遊技くぎ、風車その他の遊技球の落下の方向に変化を与えるための装置（以下三において「遊技くぎ等」という。）及びゲートの配置、形状及び構造を特定することができる遊技盤面の構造図を原寸で、遊技くぎ等及びゲートの傾きを特定することができる遊技盤面の構造図を原寸に関わりなく記載する。

(イ)　遊技盤面構造図には、遊技球が通過できない遊技くぎ間を、当該遊技くぎ間ごとに二本線で結んで記載する。

(ウ)　遊技盤面構造図には、入球口及びゲートの入口の大きさを測定した箇所を、当該入球口及びゲートごとに記載する。

(エ)　遊技盤面構造図には、遊技板とガラス板との間の距離を測定した箇所を、別図に、原寸に関わりなく、当該測定箇所ごとに記載する。

(オ)　遊技盤面構造図には、遊技盤の大きさ（遊技球が遊技盤上において落下する領域の大きさをいう。）を示す領域を太線を用いて記載した上で、当該領域が一辺五〇〇㎜の正方形で囲まれ、かつ、直径が三〇〇㎜の半円を含むことができるものであることを特定することができる前記寸法の正方形及び半円を記載する。

　なお、遊技盤の大きさの説明は、遊技盤の大きさに係る部分の実寸法が記入され、原寸との縮小比率が明記されていれば、原寸ではない別の遊技盤面構造図に記載すれば足りる。

エ　遊技くぎ等の構造図

　形状及び構造を特定することができる遊技くぎ等の構造図を、当該遊技くぎ等ごとに記載する。

オ　受け皿の構造図

　形状及び構造を特定することができる受け皿の構造図を、当該受け皿ごとに記載する。

カ　貯留装置の構造図

　遊技メダルの貯留機構その他の貯留装置を構成する主な部品等の配置及び構造を特定することができる貯留装置の構造図を記載する。

キ　遊技メダル数表示装置の構造図

　遊技メダルの数の記録機構及び表示機構その他の遊技メダル数表示装置を構成する主な部品等の配置及び構造を特定することができる遊技メダル数表示装置の構造図を記載する。

ク　発射装置の構造図

　発射レバー、電動機その他の発射装置を構成する主な部品等の配置及び構造を特定することができる発射装置の構造図を記載する。

ケ　遊技メダル等払出装置の構造図

　払い出す遊技メダル等を貯留しておくためのタンク、遊技メダル等払出機構その他の遊

技メダル等払出装置を構成する主な部品等の配置及び構造を特定することができる遊技メダル等払出装置の構造図を、当該遊技メダル等払出装置ごとに記載する。

コ　入球口の構造図

　入球感知機構、入球口内部の特定の領域その他の遊技球の通過が遊技の結果に影響を及ぼすこととなる領域及び当該領域への通過率を調整する機構その他の遊技の結果に影響を及ぼすこととなる機能を有する内部構造の配置及び構造を特定することができる入球口の構造図を、当該入球口ごとに記載する。ただし、構造については、当該入球口のうち、他の入球口と同一の構造を有するものがあるときは、その旨を記載して当該同一の構造となる入球口のうち一の入球口の構造図を記載すれば足りる。

サ　ゲートの構造図

　通過感知機構の構造及びゲート内部での当該構造の配置を特定することができるゲートの構造図を、当該ゲートごとに記載する。

シ　入賞図柄表示装置の構造図

　配置及び構造を特定することができる入賞図柄表示装置の構造図を、当該入賞図柄表示装置ごとに記載する。

ス　役物の作動に欠くことができないその他の構造の構造図

　入球口、ゲート及び役物の作動に係る制御又はデータ処理に係る電子回路の構造以外の構造で、役物の作動に欠くことができないものがある場合には、配置及び構造を特定することができる当該構造の構造図を、当該構造ごとに記載する。

セ　役物誘導装置の作動に欠くことができないその他の構造の構造図

　入球口、ゲート、誘導図柄表示装置及び役物誘導装置の作動に係る制御又はデータ処理に係る電子回路の構造以外の構造で、役物誘導装置の作動に欠くことができないものがある場合には、配置及び構造を特定することができる当該構造の構造図を、当該構造ごとに記載する。

ソ　誘導図柄表示装置の構造図

　配置及び構造を特定することができる誘導図柄表示装置の構造図を、当該誘導図柄表示装置ごとに記載する。

タ　誘導増加装置の作動に欠くことができないその他の構造の構造図

　特定入球口、誘導増加装置作動領域及び誘導増加装置の作動に係る制御又はデータ処理に係る電子回路の構造以外の構造で、誘導増加装置の作動に欠くことができないものがある場合には、配置及び構造を特定することができる当該構造の構造図を、当該構造ごとに記載する。

チ　得点増加装置の作動に欠くことができないその他の構造の構造図

　入球口、ゲート及び得点増加装置の作動に係る制御又はデータ処理に係る電子回路の構造以外の構造で、得点増加装置の作動に欠くことができないものがある場合には、配置及び構造を特定することができる当該構造の構造図を、当該構造ごとに記載する。

ツ　主基板ケースの構造図

　構造を特定することができる主基板ケースの構造図を、当該主基板ケースごとに記載する。

テ　基板の部品実装図及びプリントパターン図

　配置を特定することができる基板上の部品の部品実装図、及び基板における電気的配線を特定することができる基板のプリントパターン図を当該基板ごとに記載する。

ト　その他の部品等の構造の説明に必要な構造図

　アからテまでに掲げる構造図のほか、諸元表に記載した部品等の構造の説明に必要な構造図がある場合には、構造を特定することができる部品等の構造図を、当該説明を要する部品等ごとに記載する。

(2)　アレンジボール遊技機の回路図及びその記載要領

　アレンジボール遊技機の回路図及びその記載要領は、次のとおりとする。

ア　ブロックダイヤ図（配線系統図）

　遊技機内部の部品等の電気的・光学的接続関係を特定することができる、部品等を機能ごとにブロック化したブロックダイヤ図を、配線系統を明確にして記載する。遊技機の構造図並びにイ、ウ及びエに掲げる回路図との照合を行う部品等については、当該部品等の名称その他の当該部品等を特定することができる事項を、当該部品等ごとの記載箇所との対応関係を明確にして記載する。

イ　全体回路図
　遊技機全体の部品等（基板上の部品を除く。）の電気的・光学的接続関係を特定することができる、部品等を機能ごとにブロック化した回路図を、当該ブロック化した回路ごとに配線を明確にして記載する。当該部品等については、当該部品等の名称その他の当該部品等を特定することができる事項を、電気的接続がコネクタを介して行われる箇所については、接続用端子の番号を、当該部品等ごとの記載箇所との対応関係を明確にして記載する。

ウ　基板の回路図
　基板上の部品の電気的・光学的接続関係を特定することができる、部品等を機能ごとにブロック化した回路図を、当該ブロック化した回路ごとに配線を明確にして記載する。当該基板上の部品については、当該基板上の部品の名称その他の当該基板上の部品を特定することができる事項を、電気的接続がコネクタを介して行われる箇所については、接続用端子の番号を、当該基板上の部品ごとの記載箇所との対応関係を明確にして記載する。

エ　その他の遊技機の回路の説明に必要な回路図
　アからウまでに掲げる回路図のほか、諸元表に記載した部品等の電気的・光学的接続関係の説明に必要な回路図がある場合には、接続関係を特定することができる回路の回路図を、当該説明を必要とする回路ごとに記載する。

(3)　アレンジボール遊技機の動作原理図及びその記載要領
　アレンジボール遊技機の動作原理図及びその記載要領は、次のとおりとする。

ア　発射装置の動作原理図
　遊技者が直接操作したとき遊技球を一個ずつ発射する、発射装置の動作原理を特定することができる、発射装置の動作原理図を記載する。

イ　貯留装置の動作原理図
　遊技メダルが投入されたとき遊技メダルを電磁的に記録する、貯留装置の動作原理を特定することができる、貯留装置の動作原理図を記載する。

ウ　遊技メダル数表示装置の動作原理図
　遊技者が遊技の用に供することができる遊技メダルの総数を電磁的に記録し、表示する、遊技メダル数表示装置の動作原理を特定することができる、遊技メダル数表示装置の動作原理図を記載する。

エ　遊技メダル等払出装置の動作原理図
　入賞に係る図柄の組合せが表示されたとき遊技メダル等の払い出しをする、遊技メダル等払出装置の動作原理を特定することができる、遊技メダル等払出装置の動作原理図を記載する。

オ　役物作動口の入口の開閉機構の動作原理図
　役物誘導装置が作動したとき役物作動口の入口を開き又は拡大する、役物作動口の入口の開閉機構の動作原理を特定することができる、役物作動口の入口の開閉機構の動作原理図を、当該役物作動口の入口ごとに記載する。

カ　入球口の内部機構の動作原理図
　入球口の内部機構に入球口内の特定の領域の通過率の調整等を行う機能がある場合には、当該機能を実現する、入球口の内部機構の動作原理を特定することができる、入球口の内部機構の動作原理図を、当該入球口ごとに記載する。

キ　プログラムのモジュール構成図
　プログラムのモジュールの構成を特定することができるモジュール構成図を、当該モジュールごとに記載する。

ク　プログラムのフローチャート
　プログラムによるマイクロプロセッサーの処理の流れを特定することができるフローチャートを、キのモジュールごとの記載箇所との対応関係を明確にして記載する。

ケ　その他の遊技機の装置の動作原理を説明するために必要な図
　アからクまでに掲げる動作原理図のほか、諸元表に記載した部品等の動作原理の説明に必要な動作原理図がある場合には、動作原理を特定することができる装置の動作原理図を当該装置ごとに記載する。

四　じやん球遊技機

(1)　じやん球遊技機の構造図及びその記載要領
　じやん球遊技機の構造図及びその記載要領は、次のとおりとする。

ア　遊技機正面構造図
　遊技機の前面から外観上識別することがで

きる部品等（ウの遊技盤面構造図に記載するウ(ア)の部品等を除く。）の配置及び構造を特定することができる遊技機全体の正面構造図を記載する。遊技機正面構造図に記載することを要する部品等の具体例は、次のとおりである。

具体例　受け皿、表示ランプ、発射装置の発射レバー等

イ　遊技機裏面構造図

遊技機の後面から外観上識別することができる部品等（上から重ねて取り付けられた部品等を取り除くことによって外観上識別することが可能となる部品等を含む。）の配置及び構造を特定することができる遊技機全体の裏面構造図を記載する。遊技機裏面構造図に記載することを要する部品等の具体例は、次のとおりである。

具体例　基板、発射装置の電動機、入賞遊技球経路、遊技盤の枠、遊技球等貸出装置接続端子板等

ウ　遊技盤面構造図

(ア)　入球口、遊技くぎ、風車その他の遊技球の落下の方向に変化を与えるための装置（以下四において「遊技くぎ等」という。）及びゲートの配置、形状及び構造を特定することができる遊技盤面の構造図を原寸で、遊技くぎ等及びゲートの傾きを特定することができる遊技盤面の構造図を原寸に関わりなく記載する。

(イ)　遊技盤面構造図には、遊技球が通過できない遊技くぎ間を、当該遊技くぎ間ごとに二本線で結んで記載する。

(ウ)　遊技盤面構造図には、入球口及びゲートの入口の大きさを測定した箇所を、当該入球口及びゲートごとに記載する。

(エ)　遊技盤面構造図には、遊技板とガラス板との間の距離を測定した箇所を、別図に、原寸に関わりなく、当該測定箇所ごとに記載する。

(オ)　遊技盤面構造図には、遊技盤の大きさ（遊技球が遊技盤上において落下する領域の大きさをいう。）を示す領域を太線を用いて記載した上で、当該領域が一辺五〇〇mmの正方形で囲まれ、かつ、直径が三〇〇mmの半円を含むことができるものであることを特定することができる前記寸法の正方形及び半円を記載する。

なお、遊技盤の大きさの説明は、遊技盤の大きさに係る部分の実寸法が記入され、原寸との縮小比率が明記されていれば、原寸ではない別の遊技盤面構造図に記載すれば足りる。

エ　遊技くぎ等の構造図

形状及び構造を特定することができる遊技くぎ等の構造図を、当該遊技くぎ等ごとに記載する。

オ　受け皿の構造図

形状及び構造を特定することができる受け皿の構造図を、当該受け皿ごとに記載する。

カ　貯留装置の構造図

遊技メダルの貯留機構その他の貯留装置を構成する主な部品等の配置及び構造を特定することができる貯留装置の構造図を記載する。

キ　遊技メダル数表示装置の構造図

遊技メダルの数の記録機構及び表示機構その他の遊技メダル数表示装置を構成する主な部品等の配置及び構造を特定することができる遊技メダル数表示装置の構造図を記載する。

ク　発射装置の構造図

発射レバー、電動機その他の発射装置を構成する主な部品等の配置及び構造を特定することができる発射装置の構造図を記載する。

ケ　遊技メダル等払出装置の構造図

払い出す遊技メダル等を貯留しておくためのタンク、遊技メダル等払出機構その他の遊技メダル等払出装置を構成する主な部品等の配置及び構造を特定することができる遊技メダル等払出装置の構造図を、当該遊技メダル等払出装置ごとに記載する。

コ　入球口の構造図

入球感知機構、入球口内部の特定の領域その他の遊技球の通過が遊技の結果に影響を及ぼすこととなる領域及び当該領域への通過率を調整する機構その他の遊技の結果に影響を及ぼすこととなる機能を有する内部構造の配置及び構造を特定することができる入球口の構造図を、当該入球口ごとに記載する。ただし、構造については、当該入球口のうち、他の入球口と同一の構造を有するものがあるときは、その旨を記載して当該同一の構造となる入球口のうち一の入球口の構造図を記載す

れば足りる。

サ　ゲートの構造図

　通過感知機構の構造及びゲート内部での当該構造の配置を特定することができるゲートの構造図を、当該ゲートごとに記載する。

シ　図柄表示装置の構造図

　配置及び構造を特定することができる図柄表示装置の構造図を、当該図柄表示装置ごとに記載する。

ス　自動図柄設定装置の作動に欠くことができないその他の構造の構造図

　自動図柄設定装置の作動に係る制御又はデータ処理に係る電子回路の構造以外の構造で、自動図柄設定装置の作動に欠くことができないものがある場合には、配置及び構造を特定することができる当該構造の構造図を、当該構造ごとに記載する。

セ　役物の作動に欠くことができないその他の構造の構造図

　特別入球口、図柄表示装置及び役物の作動に係る制御又はデータ処理に係る電子回路の構造以外の構造で、役物の作動に欠くことができないものがある場合には、配置及び構造を特定することができる当該構造の構造図を、当該構造ごとに記載する。

ソ　開放条件装置の作動に欠くことができないその他の構造の構造図

　特別入球口、図柄表示装置及び開放条件装置の作動に係る制御又はデータ処理に係る電子回路の構造以外の構造で、開放条件装置の作動に欠くことができないものがある場合には、配置及び構造を特定することができる当該構造の構造図を、当該構造ごとに記載する。

タ　条件連続装置の作動に欠くことができないその他の構造の構造図

　図柄表示装置、開放条件装置及び条件連続装置の作動に係る制御又はデータ処理に係る電子回路の構造以外の構造で、条件連続装置の作動に欠くことができないものがある場合には、配置及び構造を特定することができる当該構造の構造図を、当該構造ごとに記載する。

チ　得点増加装置の作動に欠くことができないその他の構造の構造図

　作動の契機としてあらかじめ定められた場合のための構造及び得点増加装置の作動に係る制御又はデータ処理に係る電子回路の構造以外の構造で、得点増加装置の作動に欠くことができないものがある場合には、配置及び構造を特定することができる当該構造の構造図を、当該構造ごとに記載する。

ツ　遊技の用に供されるその他の装置の構造図

　遊技の用に供されるその他の装置の配置及び構造を特定することができる当該装置の構造図を、当該装置ごとに記載する。

テ　主基板ケースの構造図

　構造を特定することができる主基板ケースの構造図を、当該主基板ケースごとに記載する。

ト　基板の部品実装図及びプリントパターン図

　配置を特定することができる基板上の部品の部品実装図、及び基板における電気的配線を特定することができる基板のプリントパターン図を当該基板ごとに記載する。

ナ　その他の部品等の構造の説明に必要な構造図

　アからトまでに掲げる構造図のほか、諸元表に記載した部品等の構造の説明に必要な構造図がある場合には、構造を特定することができる部品等の構造図を、当該説明を要する部品等ごとに記載する。

(2)　じやん球遊技機の回路図及びその記載要領

　じやん球遊技機の回路図及びその記載要領は、次のとおりとする。

ア　ブロックダイヤ図（配線系統図）

　遊技機内部の部品等の電気的・光学的接続関係を特定することができる、部品等を機能ごとにブロック化したブロックダイヤ図を、配線系統を明確にして記載する。遊技機の構造図並びにイ、ウ及びエに掲げる回路図との照合を行う部品等については、当該部品等の名称その他の当該部品等を特定することができる事項を、当該部品等ごとの記載箇所との対応関係を明確にして記載する。

イ　全体回路図

　遊技機全体の部品等（基板上の部品を除く。）の電気的・光学的接続関係を特定することができる、部品等を機能ごとにブロック化した回路図を、当該ブロック化した回路ごとに配線を明確にして記載する。当該部品等については、当該部品等の名称その他の当該部品等を特定することができる事項を、電気的接続がコネクタを介して行われる箇所については、接続用端子の番号を、当該部品等ごとの記載箇所との対応関係を明確にして記載する。

ウ　基板の回路図

基板上の部品の電気的・光学的接続関係を特定することができる、部品等を機能ごとにブロック化した回路図を、当該ブロック化した回路図ごとに配線を明確にして記載する。当該基板上の部品については、当該基板上の部品の名称その他の当該基板上の部品を特定することができる事項を、電気的接続がコネクタを介して行われる箇所については、接続用端子の番号を、当該基板上の部品ごとの記載箇所との対応関係を明確にして記載する。

エ　その他の遊技機の回路の説明に必要な回路図

アからウまでに掲げる回路図のほか、諸元表に記載した部品等の電気的・光学的接続関係の説明に必要な回路図がある場合には、接続関係を特定することができる回路の回路図を、当該説明を必要とする回路ごとに記載する。

(3)　じやん球遊技機の動作原理図及びその記載要領

じやん球遊技機の動作原理図及びその記載要領は、次のとおりとする。

ア　発射装置の動作原理図

遊技者が直接操作したとき遊技球を一個ずつ発射する、発射装置の動作原理を特定することができる、発射装置の動作原理図を記載する。

イ　貯留装置の動作原理図

遊技メダルが投入されたとき遊技メダルを電磁的に記録する、貯留装置の動作原理を特定することができる、貯留装置の動作原理図を記載する。

ウ　遊技メダル数表示装置の動作原理図

遊技者が遊技の用に供することができる遊技メダルの総数を電磁的に記録し、表示する、遊技メダル数表示装置の動作原理を特定することができる、遊技メダル数表示装置の動作原理図を記載する。

エ　遊技メダル等払出装置の動作原理図

入賞に係る図柄の組合せが表示されたとき遊技メダル等の払い出しをする、遊技メダル等払出装置の動作原理を特定することができる、遊技メダル等払出装置の動作原理図を記載する。

オ　特別入球口の入口の開閉機構の動作原理図

遊技球が入球口に入球又はゲートを通過したとき特別入球口の入口を開き又は拡大する、特別入球口の入口の開閉機構の動作原理を特定することができる、特別入球口の入口の開閉機構の動作原理図を、当該特別入球口の入口ごとに記載する。

カ　入球口の内部機構の動作原理図

入球口の内部機構に入球口内の特定の領域の通過率の調整等を行う機能がある場合には、当該機能を実現する、入球口の内部機構の動作原理を特定することができる、入球口の内部機構の動作原理図を、当該入球口ごとに記載する。

キ　プログラムのモジュール構成図

プログラムのモジュールの構成を特定することができるモジュール構成図を、当該モジュールごとに記載する。

ク　プログラムのフローチャート

プログラムによるマイクロプロセッサーの処理の流れを特定することができるフローチャートを、キのモジュールごとの記載箇所との対応関係を明確にして記載する。

ケ　その他の遊技機の装置の動作原理を説明するために必要な図

アからクまでに掲げる動作原理図のほか、諸元表に記載した部品等の動作原理の説明に必要な動作原理図がある場合には、動作原理を特定することができる装置の動作原理図を、当該装置ごとに記載する。

別紙三

遊技機並びに遊技機の部品及び装置の構造、材質及び性能の説明を記載した書類の記載要領

第一　総則

一　適用

本要領は、遊技機の認定及び型式の検定等に関する規則（昭和六十年国家公安委員会規則第四号。以下「規則」という。）第一条第一項、第七条第一項、第十四条第一項又は第十五条第一項の規定により認定申請書、検定申請書、遊技機試験申請書又は型式試験申請書を提出する場合にこれらの申請書に添付しなければならない規則第一条第三項第三号ハ又は第七条第二項第六号ハに掲げる遊技機並びに遊技機の部品及び装置の構造、材質及び性能の説明を記載した書類（以下「説明書」という。）の記載について適用する。

二　記載方法

(1) 説明の記載に使用する用紙（以下「用紙」という。）は、日本工業規格Ａ４とする。

(2) 用紙の余白は、少なくとも用紙の上下に二〇㎜、左右に二〇㎜（とじしろとなる側にあっては三〇㎜）をとるものとする。

(3) 文章の書き方は、左横書きとする。

(4) 文字は、九ポイントから一〇・五ポイントまでの大きさで、タイプ印書等により黒色で、明瞭かつ容易に消すことができないように書き、平仮名（外国語は片仮名、ただし外国語の固有名詞は当該外国語表記を併記）、常用漢字及びアラビア数字を用いる。

(5) 用紙においては、抹消及び訂正を行ってはならない。

(6) 文章は、口語体とし、遊技機に係る技術分野に関する通常の知識を有する者が容易に理解できるように正確に記載する。

(7) 用語は、その有する普通の意味で使用し、かつ、規則第一条第三項第三号又は第七条第二項第六号に掲げる書類全体を通じて統一して使用する。ただし、特定の意味で使用しようとする場合において、その意味を定義して使用するときは、この限りでない。

(8) 説明書の説明に必要な遊技機の構造図、回路図及び動作原理図（以下「構造図等」という。）及び当該構造図等に描かれた遊技機の部品及び装置（以下「部品等」という。）は、当該構造図等に付された図の番号又は部品等に付された符号を用いて特定する。

第二　遊技機の種類別記載要領

一　ぱちんこ遊技機

ぱちんこ遊技機の説明書及びその記載要領は、次のとおりとする。

(1) 遊技機全体の説明書

発射装置、入賞口、賞球払出装置、役物、図柄表示装置（普通図柄表示装置、特別図柄表示装置及びその他の図柄表示装置をいう。以下一において同じ。）その他の遊技機の諸元表（規則別記様式第二号の諸元表をいう。以下一において同じ。）に記載した装置が、どのような構造、材質及び性能であり、どのように連携することによって遊技を実現させるのかについて、説明（(2)の遊技盤の説明書に記載する説明を除く。）する。

また、どのような方法によって遊技を行うのかについて、遊技の状態（普通電動役物作動時、役物連続作動装置作動時等）ごとに、遊技球を発射させる位置を明確にしつつ、説明する。

(2) 遊技盤の説明書

遊技盤に備えられている遊技くぎ、風車、保留装置その他の遊技球の落下の方向に変化を与えるための装置（以下一において「遊技くぎ等」という。）及びゲートが、どのような構造、材質及び性能であり、どのように連携することによって遊技球の落下の方向に変化を与えるのかについて、当該遊技くぎ等及びゲートごとに、説明する。

(3) 遊技球数表示装置の説明書

遊技球数表示装置が、どのような構造、材質及び性能であり、当該遊技球数表示装置を構成する部品が、どのように連携することによって遊技球の数を記録し、表示するのかについて、説明する。

(4) 発射装置の説明書

発射装置が、どのような構造、材質及び性能であり、当該発射装置を構成する部品等が、どのように連携することによって遊技球を発射するのかについて、説明する。

(5) 賞球払出装置の説明書

賞球払出装置が、どのような構造、材質及び性能であり、当該賞球払出装置を構成する部品等が、どのように連携することによって賞球を払い出すのかについて、説明する。

(6) 入賞口の説明書

入賞口が、どのような構造、材質及び性能であり、当該入賞口を構成する部品等が、どのように連携することによって遊技球を入賞させるのかについて、当該入賞口ごとに、説明する。

また、入賞口が、どのような方法によって遊技球の入賞を感知するのかについて、当該入賞口ごとに、説明する。

また、入賞口の内部構造が、特定の領域その他の遊技球の通過が遊技の結果に影響を及ぼすこととなる領域への通過率を調整する機能及びその他の遊技の結果に影響を及ぼすこととなる機能を持つ場合には、どのような方法によって当該機能を実現させるのかについて、当該内部構造ごとに、説明する。

(7) ゲートの説明書

ゲートが、どのような構造、材質及び性能であり、当該ゲートを構成する部品等が、どのように連携することによって遊技球を通過させるのかについて、当該ゲートごとに、説明する。

また、ゲートが、どのような方法によって遊技球の通過を感知するのかについて、当該ゲートごとに、説明する。

(8) 役物の説明書

役物が、どのような構造、材質及び性能であり、当該役物を構成する部品等が、どのように連携することによって作動するのかについて、当該役物ごとに、当該役物の作動に欠くことができないその他の構造との対応関係を明確にしつつ、説明する。

(9) 図柄表示装置の説明書

図柄表示装置が、どのような構造、材質及び性能であり、当該図柄表示装置を構成する部品等がどのように連携することによって図柄の組合せを表示するのかについて、当該図柄表示装置ごとに、当該役物の作動に欠くことができないその他の構造との対応関係を明確にしつつ、記載する。

また、図柄表示装置が役物等を作動させるための図柄の組合せを表示する場合には、どのような方法によって諸元表に記載した確率どおりに図柄の組合せを表示するのかについて、当該普通電動役物が作動することとなる図柄の組合せ、当該特別電動役物が作動することとなる図柄の組合せその他の遊技の結果に影響を及ぼすこととなる図柄の組合せごとに、説明する。

(10) 役物連続作動装置及び条件装置の説明書

役物連続作動装置及び条件装置（以下(10)において「装置」という。）が、どのような構造、材質及び性能であり、当該役物連続作動装置及び当該条件装置を構成する部品等が、どのように連携することによって作動するのかについて、当該装置ごとに、当該装置の作動に欠くことができないその他の構造との対応関係を明確にしつつ、説明する。

(11) 遊技の用に供されるその他の装置の説明書

遊技の用に供されるその他の装置が、どのような構造、材質及び性能であり、当該装置を構成する部品等が、どのように連携することによって作動するのかについて、当該遊技の用に供されるその他の装置ごとに、当該遊技の用に供されるその他の装置の作動に欠くことができないその他の構造との対応関係を明確にしつつ、説明する。

(12) 入出力信号に係る機能等の説明書

ア　遊技機に対して入力される電気的信号が、遊技機に対してどのような効果があるのかについて、信号名、入力方法、入力条件、当該信号の入力に係る接続用端子の取付位置及び当該端子への接続方法を明確にしつつ、説明する。

イ　遊技機から出力される電気的信号が、遊技機に対してどのような効果があるのかについて、信号名、出力方法、出力条件、当該信号の出力に係る接続用端子の取付位置及び当該端子への接続方法を明確にしつつ、説明する。

(13) 部品の説明書

遊技機に対してどのような部品を使用しているのかについて、部品表（遊技機に使用される部品の部品番号、部品名、型式名、製造者名、形状、構造、材質、電気的特性その他の当該部品を特定することができる当該部品に係る諸元を表形式で記載したものをいう。以下同じ。）を作成しつつ、説明する。

このとき、基板に使用する部品について、基板上の部品配置図との対応関係を明確にしつつ、説明する。

また、遊技機に使用するトランジスタの増幅率その他の遊技機の性能に影響を及ぼす諸元を有する部品について、当該部品の仕様及び遊技機に及ぼす影響を明確にしつつ、説明する。

(14) プログラム説明書

遊技機に使用するマイクロプロセッサーに、

どのようなプログラムを実装しているのかについて、次の要領で説明する。

ア　プログラムの作成年月日、作成者名、検査責任者名、プログラムのソースリスト及びプログラムのダンプリストを記載する。

イ　プログラムで使用する定数データの記憶番地及び用途を、表形式で記載する。このとき、定数データがテーブル形式である場合には、当該データの構成を説明する。

ウ　プログラムで使用する作業領域の割当番地及び用途を、表形式で記載する。

エ　プログラムの処理を、プログラムのモジュールごとに説明する。

オ　プログラムの処理を、電動役物の作動に係る制御又はデータ処理、図柄の組合せの表示の抽せんに係る処理、エラー処理その他の遊技機の性能を実現するための遊技機の部品等の電気的制御又はデータ処理ごとに説明する。

　また、どのような方法によって正確に処理するのかについて、実際に遊技を行った場合に生じうる全ての電気的制御又は処理を明確にして、イ及びウの表ごと及び当該モジュールごとの対応関係を明確にして説明する。

カ　メモリマップ、クロスレファレンスリストその他のオの説明に必要な事項を表形式で記載する。

(15)　遊技機設計値算定書

ア　十時間、四時間及び一時間の遊技球の連続発射を仮定した場合における申請に係る遊技機の設計上の出玉率（別記様式第二号（その二）（注二）（注三）（注四）の出玉率をいう。以下一において同じ。）、役物比率（別記様式第二号（その二）（注五）の役物比率をいう。以下一において同じ。）及び連続役物比率（別記様式第二号（その二）（注六）の連続役物比率をいう。以下一において同じ。）の設計値が、どのように計算することによって算定されたのかについて、当該設計値を算定した計算式及び算定方法を説明（算定の前提条件の説明を含む。以下同じ。）する。

イ　十時間の遊技球の連続発射を仮定した場合における申請に係る遊技機の設計上の役物、図柄表示装置、条件装置その他の遊技の用に供される装置の作動率（出玉率、役物比率及び連続役物比率の算定に必要なものに限る。）の設計値が、どのように計算することによって算定されたのかについて、当該設計値を算定した計算式及び算定方法を説明する。

ウ　図柄表示装置において遊技の結果に影響を及ぼすこととなる図柄の組合せが表示される確率の設計値が、どのように計算することによって算定されたのかについて、当該設計値を算定した計算式及び算定方法を説明する。

　また、遊技の結果に影響を及ぼすこととなる図柄の組合せが表示される確率の設計値が変動する場合には、当該設計値がどのように計算することによって算定されたのかについて、当該設計値ごとに、当該設計値を算定した計算式及び算定方法を、確率変動に係る全ての条件を明確にしつつ、説明する。

エ　役物に係る入賞口の入口の開放等の時間の設計値が変動する場合は、当該設計値がどのように計算することによって算定されたかについて、当該設計値ごとに、当該設計値を算定した計算式及び算定方法を、時間変動に係る全ての条件を明確にしつつ、説明する。

オ　図柄表示装置において図柄が作動する契機を得た時又は図柄が変動を開始した時から当該図柄が確定するまでに要する時間の設計値が変動する場合には、当該設計値がどのように計算することによって算出されたのかについて、当該設計値ごとに、当該設計値を算定した計算式及び算定方法を、時間変動に係る全ての時間を明確にしつつ、説明する。

カ　その他遊技機を設計する上で必要な遊技機の部品等の設計値がある場合には、どのように計算することによって算定されたのかについて、当該設計値を算定した計算式及び算定方法を説明する。

(16)　その他の説明書

(1)から(15)までに掲げるもののほか、どのような構造、材質及び性能であり、どのように連携することによって使用されるのかについて説明の必要がある遊技機の部品等及び装置がある場合には、当該部品等及び装置ごとに説明する。

二　回胴式遊技機

回胴式遊技機の説明書及びその記載要領は、次のとおりとする。

(1)　遊技機全体の説明書

遊技メダル等払出装置、回胴回転装置、回転停止装置、普通役物、特別役物、役物連続作動装置その他の遊技機の諸元表（規則別記様式第三号の諸元表をいう。以下二において同じ。）に記載した装置が、どのような構造、材質及び性能であり、どのように連携することによって遊技を実現させるのかについて、次の要領で説明する。

ア　遊技を行う手順を説明する。

イ　規定数ごとの入賞に係る図柄の組合せ（役物の作動により増加することとなる入賞に係る図柄の組合せを含む。）及び当該図柄の組合せが表示された場合に獲得することができる遊技メダル等の数（ただし、入賞等に係る図柄の組合せについては、規定数ごとの入賞に係る図柄の組合せが全て同一であるときは、その旨が明記されていれば一つの規定数のみの記載で足りる。）を記載する。

ウ　再遊技が作動することとなる図柄の組合せを記載する。また当該再遊技の図柄の組合せが表示された場合には遊技機に対してどのような効果があるのかについて、遊技の状態及び遊技メダル等の獲得に係る遊技機の性能を明確にしつつ、説明する。

エ　普通役物が作動することとなる図柄の組合せを記載する。また当該普通役物の図柄の組合せが表示された場合には遊技機に対してどのような効果があるのかについて、遊技の状態及び遊技メダル等の獲得に係る遊技機の性能を明確にしつつ、説明する。

オ　第一種特別役物、第二種特別役物及び役物連続作動装置（以下二において「役物に係る装置」という。）が作動することとなる図柄の組合せを記載する。また当該役物に係る装置の図柄の組合せが表示された場合には遊技機に対してどのような効果があるのかについて、遊技の状態及び遊技メダル等の獲得に係る遊技機の性能を明確にしつつ、説明する。

(2)　遊技メダル等投入時の処理の説明書

規定数以内の遊技メダル等が投入された時から当該遊技メダル等に係る遊技が可能な状態になる時までの間の遊技機における全ての処理（規定数を超える数の遊技メダル等が投入されたときに行われる処理を含む。）を、遊技の状態ごとに説明する。

(3)　遊技メダル等セレクターの説明書

遊技メダル等セレクターが、どのような構造、材質及び性能であり、当該遊技メダル等セレクターを構成する部品等が、どのように連携することによって遊技メダル等を感知等するのかについて、どのような方法によって遊技メダル等投入口に投入された遊技メダル等その他の物が当該遊技機での遊技を行うことができることとなる遊技メダル等であるか否かを選別するのかを明確にしつつ、説明する。

(4)　遊技メダル数表示装置の説明書

遊技メダル数表示装置が、どのような構造、材質及び性能であり、当該遊技メダル数表示装置を構成する部品等が、どのように連携することによって遊技メダルの数を記録し、表示するのかについて、説明する。

(5)　遊技メダル等払出装置の説明書

遊技メダル等払出装置が、どのような構造、材質及び性能であり、当該遊技メダル等払出装置を構成する部品等が、どのように連携することによって遊技メダル等を払い出すのかについて、入賞に係る図柄の組合せが表示された時から当該入賞に係る遊技メダル等の払い出しが終了する時までの間の遊技機における全ての処理を明確にしつつ、説明する。

(6)　回胴の回転に係る機構の説明書

回胴の回転に係る機構（ボタン、レバーその他の装置の操作による回胴の回転の開始及び停止並びに図柄の組合せの表示）が、どのような構造、材質及び性能であり、当該回胴の回転に係る機構を構成する部品等が、どのように連携することによって回胴が回転するのかについて、説明する。

このとき、回胴の回転に係る機構の制御がマイクロプロセッサーによって行われるものであって、当該マイクロプロセッサーによる図柄の組合せの表示に係る処理が当該マイクロプロセッサーによって行われる内部抽せんの結果の影響を受ける場合には、入賞、再遊技、普通役物及び役物に係る装置に係る図柄の組合せが、どのような方法によって諸元表に記載した確率と同一の確率で表示するのかについて、当該入賞、再遊技、普通役物及び役物に係る装置ごとに、当該内部抽せんに係る乱数の発生方法、内部抽せんの契機、内部抽せん方法及び内部抽せんの確率（当該内部抽せんの確率の複数段階の設定が可能なものにあっては、設定別の全ての内部抽せん確率及び設定方法を含む。）を明確にしつつ、説明する。

また、どのような方法によって一回の遊技に要する時間を決定するのかについて、一回の遊技に要する時間の最小値を明確にしつつ、説明する。

(7) 再遊技に係る図柄の組合せが表示された場合の処理の説明書

再遊技が、どのように作動するのかについて、当該再遊技に係る図柄の組合せが表示された時から当該再遊技が可能な状態となる時までの間の遊技機における全ての処理を明確にしつつ、説明する。

(8) 役物の説明書

役物が、どのように作動するのかについて、当該役物の作動に欠くことができない構造との対応関係を明確にしつつ、記載する。

(9) 役物に係る装置の説明書

役物に係る装置が、どのような構造、材質及び性能であり、当該役物を構成する部品等が、どのように連携することによって作動するのかについて、当該役物に係る装置ごとに、当該役物に係る装置の作動に欠くことができないその他の構造との対応関係を明確にしつつ、説明する。

(10) 遊技の用に供されるその他の装置の説明書

遊技の用に供されるその他の装置が、どのような構造、材質及び性能であり、当該装置を構成する部品等が、どのように連携することによって作動するのかについて、当該遊技の用に供されるその他の装置ごとに、当該遊技の用に供されるその他の装置の作動に欠くことができないその他の構造との対応関係を明確にしつつ、説明する。

(11) 入出力信号に係る機能等の説明書

ア　遊技機に対して入力される電気的信号が、遊技機に対してどのような効果があるのかについて、信号名、入力方法、入力条件、当該信号の入力に係る接続用端子の取付位置及び当該端子への接続方法を明確にしつつ、説明する。

イ　遊技機から出力される電気的信号が、遊技機に対してどのような効果があるのかについて、信号名、出力方法及び出力条件、当該信号の出力に係る接続用端子の取付位置及び当該端子への接続方法を明確にして、説明する。

(12) 部品の説明書

遊技機に対してどのような部品を使用しているのかについて、部品表（遊技機に使用される部品の部品番号、部品名、型式名、製造者名、形状、構造、材質、電気的特性その他の当該部品を特定することができる当該部品に係る諸元を表形式で記載したものをいう。以下同じ。）を作成して、説明する。

このとき、基板に使用する部品について、基板上の部品配置図との対応関係を明確にしつつ、説明する。

また、遊技機に使用するトランジスタの増幅率その他の遊技機の性能に影響を及ぼす諸元を有する部品について、当該部品の仕様及び遊技機に及ぼす影響を明確にしつつ、説明する。

(13) プログラム説明書

遊技機に使用するマイクロプロセッサーに、どのようなプログラムを実装しているのかについて、次の要領で説明する。

ア　プログラムの作成年月日、作成者名、検査責任者名、プログラムのソースリスト及びプログラムのダンプリストを記載する。

イ　プログラムで使用する定数データの記憶番地及び用途を、表形式で記載する。このとき、定数データがテーブル形式である場合には、当該データの構成を説明する。

ウ　プログラムで使用する作業領域の割当番地及び用途を、表形式で記載する。

エ　プログラムの処理を、プログラムのモジュールごとに説明する。

オ　プログラムの処理を、再遊技若しくは役物及び役物連続作動装置の作動に係る制御又はデータ処理、回胴の回転に係る制御又はデータ処理、図柄の組合せの表示の抽せんに係る処理、エラー処理その他の遊技機の性能を実現するための遊技機の部品等の電気的制御又はデータ処理ごとに説明する。

また、どのような方法によって正確に処理するのかについて、実際に遊技を行った場合に生じうる全ての電気的制御又は処理を明確にして、イ及びウの表ごと及び当該モジュールごとの対応関係を明確にして説明する。

カ　メモリマップ、クロスレファレンスリストその他のオの説明に必要な事項を表形式で記載する。

(14) 遊技機設計値算定書

ア　一七、五〇〇回、六、〇〇〇回、一、六〇〇回及び四〇〇回の遊技メダル等の投入による試験を仮定した場合における申請に係る遊技機の設計上の出玉率（別記様式第三号（その三）（注五）（注六）（注七）（注八）のシミュレーション試験における出玉率をいう。以下二において同じ。）、役物比率（別記様式第三号（その三）（注九）の役物比率をいう。以下二において同じ。）及び連続役物比率（別記様式第三号（その三）（注一〇）の連続役物比率をいう。以下二において同じ。）の設計値が、どのように計算することによって算定されたのかについて、当該設計値を算定した計算式及び算定方法を説明する。

イ　六、〇〇〇回の遊技メダル等の投入による試験を仮定した場合における申請に係る遊技機の設計上の普通役物及び役物に係る装置その他の遊技の用に供される装置の作動率（出玉率、役物比率及び連続役物比率の算定に必要なものに限る。）の設計値が、どのように計算することによって算定されたのかについて、当該設計値を算定した計算式及び算定方法を説明する。

ウ　申請に係る遊技機の設計上の入賞及び再遊技に係る装置その他の遊技の用に供される装置の作動率の設計値が、どのように計算することによって算定されたのかについて、当該設計値を算定した計算式及び算定方法を説明する。

エ　その他遊技機を設計する上で必要な遊技機の部品等の設計値がある場合には、どのように計算することによって算定されたのかについて、当該設計値を算定した計算式及び算定方法を説明する。

⒂　その他の説明書

(1)から⒁までに掲げるもののほか、どのような構造、材質及び性能であり、どのように連携することによって使用されるのかについて説明の必要がある遊技機の部品等及び装置がある場合には、当該部品等及び装置ごとに説明する。

三　アレンジボール遊技機

アレンジボール遊技機の説明書及びその記載要領は、次のとおりとする。

(1)　遊技機全体の説明書

発射装置、入球口、遊技メダル等払出装置、図柄表示装置（入賞図柄表示装置及び誘導図柄表示装置をいう。以下三において同じ。）その他の遊技機の諸元表（規則別記様式第四号の諸元表をいう。以下三において同じ。）に記載した装置が、どのような構造、材質及び性能であり、どのように連携することによって遊技を実現させるのかについて、説明（(2)の遊技盤の説明書に記載する説明を除く。）する。

また、どのような方法によって遊技を行うのかについて、遊技の状態（役物誘導装置作動時、誘導増加装置作動時等）ごとに、遊技球を発射させる位置を明確にしつつ、説明する。

(2)　遊技盤の説明書

遊技盤に備えられている遊技くぎ、風車その他の遊技球の落下の方向に変化を与えるための装置（以下三において「遊技くぎ等」という。）及びゲートが、どのような構造、材質及び性能であり、どのように連携することによって遊技球の落下の方向に変化を与えるのかについて、当該遊技くぎ等及びゲートごとに、説明する。

(3)　遊技メダル数表示装置の説明書

遊技メダル数表示装置が、どのような構造、材質及び性能であり、当該遊技メダル数表示装置を構成する部品等が、どのように連携することによって遊技メダルの数を記録し、表示するのかについて、説明する。

(4)　発射装置の説明書

発射装置が、どのような構造、材質及び性能であり、当該発射装置を構成する部品等が、どのように連携することによって遊技球を発射するのかについて、説明する。

(5)　遊技メダル等払出装置の説明書

遊技メダル等払出装置が、どのような構造、材質及び性能であり、当該遊技メダル等払出装置を構成する部品等が、どのように連携することによって遊技メダル等を払い出すのかについて、入賞に係る図柄の組合せが表示された時から当該入賞に係る遊技メダル等の払い出しが終了する時までの間の遊技機における全ての処理を明確にしつつ、説明する。

(6)　入球口の説明書

入球口が、どのような構造、材質及び性能であり、当該入球口を構成する部品等が、どのように連携することによって遊技球を入球させるのかについて、当該入球口ごとに、説明する。

また、入球口が、どのような方法によって遊技球の入球を感知するのかについて、当該入球口ごとに、説明する。

また、入球口の内部構造が、誘導増加装置作動領域その他の遊技球の通過が遊技の結果に影響を及ぼすこととなる領域への通過率を調整する機能及びその他の遊技の結果に影響を及ぼすこととなる機能を持つ場合には、どのような方法によって当該機能を実現させるのかについて、当該内部構造ごとに、説明する。

(7) ゲートの説明書

ゲートが、どのような構造、材質及び性能であり、当該ゲートを構成する部品等が、どのように連携することによって遊技球を通過させるのかについて、当該ゲートごとに、説明する。

また、ゲートが、どのような方法によって遊技球の通過を感知するのかについて、当該ゲートごとに、説明する。

(8) 役物の説明書

役物が、どのような構造、材質及び性能であり、当該役物を構成する部品等が、どのように連携することによって作動するのかについて、当該役物ごとに、当該役物の作動に欠くことができないその他の構造との対応関係を明確にしつつ、説明する。

(9) 図柄表示装置の説明書

図柄表示装置が、どのような構造、材質及び性能であり、当該図柄表示装置を構成する部品等がどのように連携することによって図柄の組合せを表示するのかについて、当該図柄表示装置ごとに、当該役物の作動に欠くことができないその他の構造との対応関係を明確にしつつ、記載する。

また、誘導図柄表示装置が役物等を作動させるための図柄の組合せを表示する場合には、どのような方法によって諸元表に記載した確率どおりに図柄の組合せを表示するのかについて、当該誘導増加装置が作動することとなる図柄の組合せその他の遊技の結果に影響を及ぼすこととなる図柄の組合せごとに、説明する。

(10) 役物誘導装置、誘導増加装置及び得点増加装置の説明書

役物誘導装置、誘導増加装置及び得点増加装置（以下(10)において「装置」という。）が、どのような構造、材質及び性能であり、当該役物誘導装置、誘導増加装置及び得点増加装置を構成する部品等が、どのように連携することによって作動するのかについて、当該装置ごとに、当該装置の作動に欠くことができないその他の構造との対応関係を明確にしつつ、説明する。

(11) 遊技の用に供されるその他の装置の説明書

遊技の用に供されるその他の装置が、どのような構造、材質及び性能であり、当該装置を構成する部品等が、どのように連携することによって作動するのかについて、当該遊技の用に供されるその他の装置ごとに、当該遊技の用に供されるその他の装置の作動に欠くことができないその他の構造との対応関係を明確にしつつ、説明する。

(12) 入出力信号に係る機能等の説明書

ア　遊技機に対して入力される電気的信号が、遊技機に対してどのような効果があるのかについて、信号名、入力方法、入力条件、当該信号の入力に係る接続用端子の取付位置及び当該端子への接続方法を明確にしつつ、説明する。

イ　遊技機から出力される電気的信号が、遊技機に対してどのような効果があるのかについて、信号名、出力方法、出力条件、当該信号の出力に係る接続用端子の取付位置及び当該端子への接続方法を明確にしつつ、説明する。

(13) 部品の説明書

遊技機に対してどのような部品を使用しているのかについて、部品表（遊技機に使用される部品の部品番号、部品名、型式名、製造者名、形状、構造、材質、電気的特性その他の当該部品を特定することができる当該部品に係る諸元を表形式で記載したものをいう。以下同じ。）を作成しつつ、説明する。

このとき、基板に使用する部品について、基板上の部品配置図との対応関係を明確にしつつ、説明する。

また、遊技機に使用するトランジスタの増幅率その他の遊技機の性能に影響を及ぼす諸元を有する部品について、当該部品の仕様及び遊技機に及ぼす影響を明確にしつつ、説明する。

(14) プログラム説明書

遊技機に使用するマイクロプロセッサーに、どのようなプログラムを実装しているのかについて、次の要領で説明する。

ア　プログラムの作成年月日、作成者名、検査責任者名、プログラムのソースリスト及びプログラムのダンプリストを記載する。

イ　プログラムで使用する定数データの記憶番地及び用途を、表形式で記載する。このとき、定数データがテーブル形式である場合には、当該データの構成を説明する。

ウ　プログラムで使用する作業領域の割当番地

及び用途を、表形式で記載する。

エ　プログラムの処理を、プログラムのモジュールごとに説明する。

オ　プログラムの処理を、役物の作動に係る制御又はデータ処理、図柄の組合せの表示の抽せんに係る処理、エラー処理その他の遊技機の性能を実現するための遊技機の部品等の電気的制御又はデータ処理ごとに説明する。

　また、どのような方法によって正確に処理するのかについて、実際に遊技を行った場合に生じうる全ての電気的制御又は処理を明確にして、イ及びウの表ごと及び当該モジュールごとの対応関係を明確にして説明する。

カ　メモリマップ、クロスレファレンスリストその他のオの説明に必要な事項を表形式で記載する。

(15)　遊技機設計値算定書

ア　十時間、四時間及び一時間の遊技球の連続発射を仮定した場合における申請に係る遊技機の設計上の出玉率（別記様式第四号（その三）（注二）（注三）（注四）の出玉率をいう。以下三において同じ。）及び役物比率（別記様式第四号（その三）（注五）の役物比率をいう。以下三において同じ。）の設計値が、どのように計算することによって算定されたのかについて、当該設計値を算定した計算式及び算定方法を説明する。

イ　十時間の遊技球の連続発射を仮定した場合における申請に係る遊技機の設計上の役物誘導装置、誘導図柄表示装置その他の遊技の用に供される装置の作動率（出玉率及び役物比率の算定に必要なものに限る。）の設計値が、どのように計算することによって算定されたのかについて、当該設計値を算定した計算式及び算定方法を説明する。

ウ　誘導図柄表示装置において役物誘導装置が作動することとなる図柄の組合せが表示される確率の設計値が、どのように計算することによって算定されたのかについて、当該設計値を算定した計算式及び算定方法を説明する。

　また、当該図柄の組合せが表示される確率の設計値が変動する場合には、当該設計値がどのように計算することによって算定されたのかについて、当該設計値ごとに、当該設計値を算定した計算式及び算定方法を、確率変動に係る全ての条件を明確にしつつ、説明する。

エ　役物作動口の入口の開放等の時間の設計値が変動する場合には、当該設計値がどのように計算することによって算定されたのかについて、当該設計値ごとに、当該設計値を算定した計算式及び算定方法を、時間変動に係る全ての条件を明確にしつつ説明する。

オ　誘導図柄表示装置において図柄が作動する契機を得た時又は図柄が変動を開始した時から当該図柄が確定するまでに要する時間の設計値が変動する場合には、当該設計値がどのように計算することによって算出されたのかについて、当該設計値ごとに、当該設計値を算定した計算式及び算定方法を、時間変動に係る全ての時間を明確にしつつ、説明する。

カ　その他遊技機を設計する上で必要な遊技機の部品等の設計値がある場合には、どのように計算することによって算定されたのかについて、当該設計値を算定した計算式及び算定方法を説明する。

(16)　その他の説明書

　(1)から(15)までに掲げるもののほか、どのような構造、材質及び性能であり、どのように連携することによって使用されるのかについて説明の必要がある遊技機の部品等及び装置がある場合には、当該部品等及び装置ごとに説明する。

四　じやん球遊技機

　じやん球遊技機の説明書及びその記載要領は、次のとおりとする。

(1)　遊技機全体の説明書

　部品等がどのように組み合わされて遊技機が構成されているかを明確にした上で、発射装置、入球口、遊技メダル等払出装置、図柄表示装置その他の遊技機の諸元表（規則別記様式第五号の諸元表をいう。以下四において同じ。）に記載した装置が、どのような構造、材質及び性能であり、どのように連携することによって遊技を実現させるのかについて、説明（(2)の遊技盤の説明書に記載する説明を除く。）する。

　また、どのような方法によって遊技を行うのかについて、遊技の状態（開放条件装置作動時、条件連続装置作動時等）ごとに、遊技球を発射させる位置を明確にしつつ、説明する。

(2)　遊技盤の説明書

　遊技盤に備えられている遊技くぎ、風車その他の遊技球の落下の方向に変化を与えるための装置（以下四において「遊技くぎ等」という。）及びゲートが、どのような構造、材質及び性能であり、どのように連携することによって遊技球の落下の方向に変化を与えるのかについて、当該遊技くぎ等及びゲートごとに、説明する。

(3) 遊技メダル数表示装置の説明書

遊技メダル数表示装置が、どのような構造、材質及び性能であり、当該遊技メダル数表示装置を構成する部品等が、どのように連携することによって遊技メダルの数を記録し、表示するのかについて、説明する。

(4) 発射装置の説明書

発射装置が、どのような構造、材質及び性能であり、当該発射装置を構成する部品等が、どのように連携することによって遊技球を発射するのかについて、説明する。

(5) 遊技メダル等払出装置の説明書

遊技メダル等払出装置が、どのような構造、材質及び性能であり、当該遊技メダル等払出装置を構成する部品等が、どのように連携することによって遊技メダル等を払い出すのかについて、入賞に係る図柄の組合せが表示された時から当該入賞に係る遊技メダル等の払い出しが終了する時までの間の遊技機における全ての処理を明確にしつつ、説明する。

(6) 入球口の説明書

入球口が、どのような構造、材質及び性能であり、当該入球口を構成する部品等が、どのように連携することによって遊技球を入球させるのかについて、当該入球口ごとに、説明する。

また、入球口が、どのような方法によって遊技球の入球を感知するのかについて、当該入球口ごとに、説明する。

また、入球口の内部構造が、遊技球の通過が遊技の結果に影響を及ぼすこととなる領域への通過率を調整する機能及びその他の遊技の結果に影響を及ぼすこととなる機能を持つ場合には、どのような方法によって当該機能を実現させるのかについて、当該内部構造ごとに、説明する。

(7) ゲートの説明書

ゲートが、どのような構造、材質及び性能であり、当該ゲートを構成する部品等が、どのように連携することによって遊技球を通過させるのかについて、当該ゲートごとに、説明する。

また、ゲートが、どのような方法によって遊技球の通過を感知するのかについて、当該ゲートごとに、説明する。

(8) 役物の説明書

役物が、どのような構造、材質及び性能であり、当該役物を構成する部品等が、どのように連携することによって作動するのかについて、当該役物ごとに、当該役物の作動に欠くことができないその他の構造との対応関係を明確にしつつ、説明する。

(9) 図柄表示装置の説明書

図柄表示装置が、どのような構造、材質及び性能であり、当該図柄表示装置を構成する部品等がどのように連携することによって図柄の組合せを表示するのかについて、当該図柄表示装置ごとに、当該役物の作動に欠くことができないその他の構造との対応関係を明確にしつつ、記載する。

また、図柄表示装置が役物等を作動させるための図柄の組合せを表示する場合には、どのような方法によって諸元表に記載した確率どおりに図柄の組合せを表示するのかについて、当該誘導増加装置が作動することとなる図柄の組合せその他の遊技の結果に影響を及ぼすこととなる図柄の組合せごとに、説明する。

(10) 自動図柄設定装置、開放条件装置、条件連続装置及び得点増加装置の説明書

自動図柄設定装置、開放条件装置、条件連続装置及び得点増加装置（以下(10)において「装置」という。）が、どのような構造、材質及び性能であり、当該自動図柄設定装置、開放条件装置、条件連続装置及び得点増加装置を構成する部品等が、どのように連携することによって作動するのかについて、当該装置ごとに、当該装置の作動に欠くことができないその他の構造との対応関係を明確にしつつ、説明する。

(11) 遊技の用に供されるその他の装置の説明書

遊技の用に供されるその他の装置が、どのような構造、材質及び性能であり、当該装置を構成する部品等が、どのように連携することによって作動するのかについて、当該遊技の用に供されるその他の装置ごとに、当該遊技の用に供されるその他の装置の作動に欠くことができないその他の構造との対応関係を明確にしつつ、説明する。

(12) 入出力信号に係る機能等の説明書

ア　遊技機に対して入力される電気的信号が、遊技機に対してどのような効果があるのかに

ついて、信号名、入力方法、入力条件、当該信号の入力に係る接続用端子の取付位置及び当該端子への接続方法を明確にしつつ、説明する。

イ　遊技機から出力される電気的信号が、遊技機に対してどのような効果があるのかについて、信号名、出力方法、出力条件、当該信号の出力に係る接続用端子の取付位置及び当該端子への接続方法を明確にしつつ、説明する。

(13)　部品の説明書

部品表を記載する。基板に使用される部品については、基板上の部品配置図との対応が明確になるようにする。また、トランジスタの増幅率その他の遊技機の性能に影響を及ぼす諸元を有する部品については、当該部品の仕様についての説明を遊技機の性能に及ぼす影響が明確となるように記載する。

(14)　プログラム説明書

遊技機に使用するマイクロプロセッサーに、どのようなプログラムを実装しているのかについて、次の要領で説明する。

ア　プログラムの作成年月日、作成者名、検査責任者名、プログラムのソースリスト及びプログラムのダンプリストを記載する。

イ　プログラムで使用する定数データの記憶番地及び用途を、表形式で記載する。このとき、定数データがテーブル形式である場合には、当該データの構成を説明する。

ウ　プログラムで使用する作業領域の割当番地及び用途を、表形式で記載する。

エ　プログラムの処理を、プログラムのモジュールごとに説明する。

オ　プログラムの処理を、役物の作動に係る制御又はデータ処理、図柄の組合せの表示の抽せんに係る処理、エラー処理その他の遊技機の性能を実現するための遊技機の部品等の電気的制御又はデータ処理ごとに説明する。

また、どのような方法によって正確に処理するのかについて、実際に遊技を行った場合に生じうる全ての電気的制御又は処理を明確にして、イ及びウの表ごと及び当該モジュールごとの対応関係を明確にして説明する。

カ　メモリマップ、クロスレファレンスリストその他のオの説明に必要な事項を表形式で記載する。

(15)　遊技機設計値算定書

ア　十時間以上の連続遊技を仮定した場合における申請に係る遊技機の設計上の出玉率（別記様式第五号（その三）（注二）の出玉率をいう。以下四において同じ。）及び役物比率（別記様式第五号（その三）（注三）の役物比率をいう。以下四において同じ。）の設計値が、どのように計算することによって算定されたのかについて、当該設計値を算定した計算式及び算定方法を説明する。

イ　十時間以上の連続遊技を仮定した場合における申請に係る遊技機の設計上の開放条件装置、条件連続装置その他の遊技の用に供される装置の作動率（出玉率及び役物比率の算定に必要なものに限る。）の設計値が、どのように計算することによって算定されたのかについて、当該設計値を算定した計算式及び算定方法を説明する。

ウ　その他遊技機を設計する上で必要な遊技機の部品等の設計値がある場合には、どのように計算することによって算定されたのかについて、当該設計値を算定した計算式及び算定方法を説明する。

(16)　その他の説明書

(1)から(15)までに掲げるもののほか、どのような構造、材質及び性能であり、どのように連携することによって使用されるのかについて説明の必要がある遊技機の部品等及び装置がある場合には、当該部品等及び装置ごとに説明する。

別紙四

取扱説明書の記載要領

第一　総則

一　本要領は、遊技機の認定及び型式の検定等に関する規則（昭和六十年国家公安委員会規則第四号。以下「規則」という。）第七条第一項又は第十五条第一項の規定による検定申請書又は型式試験申請書を提出する場合にこれらの申請書に添付しなければならない規則第七条第二項第六号ホの取扱説明書（以下「取扱説明書」という。）の同条第五項の規定による記載について適用する。

二　取扱説明書は、日本工業規格Ａ４を縦長で作成する。

三　取扱説明書に記載する遊技機並びに遊技機の部品及び装置の構造、材質及び性能は、規則第七条第二項第六号イの諸元表の記載内容と同一の内容を記載する。取扱説明書に記載する数値等の単位についても、同様とする。

第二　各項目別記載要領

取扱説明書に記載しなければならない規則第七条第五項各号の各記載事項の記載要領は、次のとおりとする。

一　遊技機の種類及び型式名並びにその製造業者名（規則第七条第五項第一号）

申請に係る遊技機の種類、検定又は型式試験の型式名及び遊技機の製造業者の氏名又は名称を記載する。

二　遊技機の定格電圧、定格周波数その他の使用条件（規則第七条第五項第二号）

申請に係る遊技機の定格電圧、定格周波数その他の使用条件については、次により記載する。

(1)　温度

諸元表に記載した遊技機の性能、構造及び材質に変化を与えない温度の範囲を記載する（小数点以下の記載は、不要とする。）。

(2)　湿度

諸元表に記載した遊技機の性能、構造及び材質に変化を与えない湿度の範囲を記載する（小数点以下の記載は、不要とする。）。

(3)　電源

諸元表に記載した遊技機の性能、構造及び材質に変化を与えない範囲の次の項目について記載する。

ア　電源種別

イ　定格電圧

ウ　定格周波数

(4)　遊技機の設置条件

諸元表に記載した遊技機の性能、構造及び材質に変化を与えない範囲の遊技機の傾き等の全ての設置条件について記載する。

(5)　その他の使用条件

諸元表に記載した遊技機を使用する上で接続を必要とする全ての装置について名称、用途及び接続条件を記載する。

また、遊技機の性能、構造及び材質に変化を与えない範囲で遊技機を使用する上で必要なその他の全ての使用条件を記載する。

三　遊技機の遊技の方法（規則第七条第五項第三号）

(1)　規則第七条第二項第六号ハの遊技機並びに遊技機の部品及び装置の構造、材質及び性能の説明を記載した書類に記載した遊技機の遊技の方法と同一内容の遊技機の遊技の方法を記載する。

(2)　遊技機が正常に動作するかどうかを確認することができる基本的な遊技の方法を記載する。

四　遊技機の点検の方法（規則第七条第五項第四号）

(1)　基本的点検の方法

遊技機の点検は、遊技機の設置時及び営業所での使用に当たっては、当該遊技機及びその使用条件が一、二、三(2)、五及び六の記載内容と同一であることを確認することにより行うものであることを記載する。

(2)　故障不良時の措置

遊技機の故障不良時の措置を次の記載例により記載する。

記載例：次の場合には遊技機製造業者に連絡し、遊技機製造業者の点検修理を受けること。

ア　遊技機の設置又は使用に当たっての遊技機の点検時に確認項目に合致しない遊技機を発見した場合

イ　遊技機の使用中に確認項目に合致しない遊技機となった場合

ウ　遊技機が故障した場合

(3)　その他

遊技機の製造業者への連絡方法、保守体制その他点検上必要な全ての事項を記載する。

五　遊技機の部品の配置を示す図又は写真（規則第七条第五項第五号）

遊技機の部品の配置を示す図又は写真は、ぱちんこ遊技機、アレンジボール遊技機及びじやん球遊技機にあっては、遊技機の正面（遊技盤面を除く。以下同じ。）、遊技盤面及び遊技機の筐体内部の部品の配置を示す図又は写真とし、回胴式遊技機にあっては、遊技機の筐体内部の部品の配置を示す図又は写真とする。写真の大きさは、キャビネ判とする。

(1) 遊技機の正面の部品の配置を示す図又は写真

遊技機の正面の部品の配置を示す図又は写真は、遊技機の正面から外観上識別することができる部品（部品の組合せにより構成される装置を含む。以下同じ。）の名称及び配置、部品ごとの接続関係及び部品ごとの遊技盤の枠の外との接続関係を明確にして記載する。

(2) 遊技盤面の部品の配置を示す図又は写真

遊技盤面の部品の配置を示す図又は写真は、遊技盤の正面及び裏面に設けられている遊技機の部品の名称、配置、各部品の接続関係及び遊技盤外への接続関係が明確に示されており、寸法記入部位が明確に読み取れるものであることを要する。

特に、遊技くぎ、風車、保留装置その他の遊技球の落下の方向に変化を与えるための装置、入賞口その他の遊技盤上の各装置の傾き、配置その他の設置状態に係る寸法が詳しく示されたものであることを要する。

(3) 遊技機筐体の内部の部品の配置を示す図又は写真

遊技機筐体の内部の部品の配置を示す図又は写真は、遊技機筐体内の基板上の部品その他の部品の名称及び配置並びに部品の接続関係が明瞭に示されており、かつ、寸法記入部位が明確に読み取れるものであることを要する。

六　遊技機の外観を示す図又は写真（規則第七条第五項第六号）

遊技機の外観を示す図又は写真は、当該遊技機の正面、背面、側面、上面その他の遊技機の外観をもれなく確認できる図又は写真とする。図の大きさは、日本工業規格Ａ４又はＡ３とし、写真の大きさは、キャビネ判とする。

また、遊技機の外観を示す図又は写真は、その外観及び各部の名称が明瞭に記載されており、かつ、寸法記入部位が明確に読み取れるものであることを要する。

○技術上の規格解釈基準について
（通知）

（平成二九・一二・一四　警察庁丁保発一七五　警察庁生活安全局保安課長発関係各位あて）

風俗営業等の規制及び業務の適正化等に関する法律施行規則及び遊技機の認定及び型式の検定等に関する規則の一部を改正する規則（平成二十九年国家公安委員会規則第九号）が平成三十年二月一日から施行されることに伴い、遊技機の認定及び型式の検定に係る試験事務の適正かつ能率的実施を図るため、同規則による改正後の遊技機の認定及び型式の検定等に関する規則第六条における技術上の規格のうち、別表第二から別表第五までの包括的な解釈基準を別添のとおり定め、平成三十年二月一日より施行することとしたので、通知する。

なお、「技術上の規格解釈基準の改正ついて（通知）」（平成二十九年二月一日付け警察庁丁保発第十号）は、平成三十年一月三十一日をもって廃止する。

別　添

技術上の規格解釈基準

第一　総論

一　「第二　各論」における解釈は、一の遊技機の種類についてのことであることが明らかである場合を除き、全ての遊技機の種類に該当する。

二　本解釈における禁止事項に抵触する遊技機の性能等が型式試験を行う遊技機に具備していると認められた場合には、当該遊技機の型式は技術上の規格に適合しないものとする。

なお、「第二　各論一「別表第二　技術上の規格における用語の意味」関係」の解釈における禁止事項に抵触する場合には、当該遊技機の型式は別表第三から別表第七までの該当する規定により技術上の規格に適合しないものとする。

三　本解釈における禁止事項に抵触する遊技機の型式が市場にて発見された場合には、遊技機の認定及び型式の検定等に関する規則（昭和六十年国家公安委員会規則第四号。以下「遊技機規則」という。）第十一条に基づいて当該遊技機の型式の検定を取り消す。

なお、「第二　各論一「別表第二　技術上の規格における用語の意味」関係」の解釈における禁止事項に抵触する場合には、別表第三から別表第七までの該当する条項により遊技機規則第十一条に基づいて当該遊技機の型式の検定を取り消す。

第二　各論

一　「別表第二　技術上の規格における用語の意味」関係

(1)イ

「遊技の結果に影響を及ぼし、又は及ぼすおそれがある機能」とは、

・内部抽せんを行う機能
・内部抽せんの結果を主基板外に出力する機能
・入賞、再遊技、役物及び役物連続作動装置を作動させる機能
・回胴回転装置を制御する機能
・遊技球又は遊技メダルの貸出し、投入、発射及び払出しを行う機能
・普通図柄表示装置、特別図柄表示装置等に対して図柄の表示を行う機能
（図柄表示装置に係る全ての制御は、主基板以外で行ってはならない。）
・別表第四(1)ホ(チ)又は(1)ヘ(ワ)で規定される「図柄表示装置を作動させることができる性能」を実現する装置に記憶された電磁的記録を表示する機能
・その他、遊技球又は遊技メダルの獲得に影響を与える機能

であると解する。

上〔前〕記の機能の全部又は一部を有する基板は、主基板である。

「配線を相互に接続するための電子部品」は、ノイズの消去その他の配線を相互に接続する上で必要な機能を有する電子部品を含む（ただし、当該機能以外に機能を併せ持つものを除く。）ものである。

「配線を相互に接続するための電子部品」とは、コネクタ、ヒューズ、フォトカプラ、リレー、抵抗、バリスタ、ダイオード、フィルタのうち、当該電子部品の性能による信号の流入、流出の制御以外の動作のために使用されていないものであると解する。

「配線を相互に接続するための電子部品のみが装着されたもの」とは、遊技機端子板であると解する。

主基板のＲＷＭ（別表第三(3)ニに定めるＲＷＭを除く。）が、記憶されている情報を停電等の突発事項により消失してしまう性能を持つものである場合には、「遊技の公正を害する調整

を行うこと」を可能とする性能を持つものであると解するため、当該RWMの当該性能が、別表第四(1)リ(イ)等、該当する規定に抵触する。

内部抽せんは、条件装置の作動等、遊技の結果に影響を及ぼすものである。

(1)ハ

「遊技メダル又は遊技球を貸し出すための信号」は、遊技メダル等を貸し出すことが可能であるか否かの信号及び遊技球等貸出装置に挿入されているカードの残り度数を遊技機上に表示するための信号を含むものである。

遊技機が、遊技球等貸出装置接続端子板に遊技球等貸出装置（いわゆる「CRユニット」等）を接続していなければ遊技を行うことができない性能を持つものである場合には、「遊技の公正を害する調整を行うこと」を可能とする性能を持つものでないと解するため、当該遊技機の当該性能は、別表第四(1)リ(イ)等、該当する規定に抵触しない。

本基板が遊技メダル等を貸し出す操作を行うスイッチ等を搭載した副基板に直接接続されることは、差し支えない。

(1)ニ

「周辺基板」とは、イにより、遊技の結果に影響を及ぼし、又は及ぼすおそれがある機能が設けられていないものであると解する。

「周辺基板」とは、内部抽せんの当せん時に当該内部抽せんに係る図柄の組合せを表示させないことを意図する演出等、主基板からの信号に反する演出を行う機能又は内部抽せんの結果や条件装置の作動の有無にかかわらず入賞等に係る図柄の組合せを発生させることを可能とする機能等、遊技の結果に影響を及ぼす機能が設けられていないものであると解する。

「配線を相互に接続するための電子部品」は、ノイズの消去その他の配線を相互に接続する上で必要な機能を有する電子部品を含む（ただし、当該機能以外に機能を併せ持つものを除く。）ものである。

「配線を相互に接続するための電子部品」とは、コネクタ、ヒューズ、フォトカプラ、リレー、抵抗、バリスタ、ダイオード、フィルタのうち、当該電子部品の性能による信号の流入、流出の制御以外の動作のために使用されていないものであると解する。

(1)ホ

「配線を相互に接続するための電子部品」は、ノイズの消去その他の配線を相互に接続する上で必要な機能を有する電子部品を含む（ただし、当該機能以外に機能を併せ持つものを除く。）ものである。

「配線を相互に接続するための電子部品」とは、コネクタ、ヒューズ、フォトカプラ、リレー、抵抗、バリスタ、ダイオード、フィルタのうち、当該電子部品の性能による信号の流入、流出の制御以外の動作のために使用されていないものであると解する。

(1)ヘ

「外部端子板」とは、遊技機端子板のうち、遊技球等貸出装置接続端子板及び中継端子板を除くものであると解する。

遊技の結果に影響を及ぼさない信号が外部端子板から遊技機外の装置に送信されることは、差し支えない。

(1)チ

「配線を相互に接続するための電子部品」は、ノイズの消去その他の配線を相互に接続する上で必要な機能を有する電子部品を含む（ただし、当該機能以外に機能を併せ持つものを除く。）ものである。

「配線を相互に接続するための電子部品」とは、コネクタ、ヒューズ、フォトカプラ、リレー、抵抗、バリスタ、ダイオード、フィルタのうち、当該電子部品の性能による信号の流入、流出の制御以外の動作のために使用されていないものであると解する。

(1)リ

遊技盤の板に備えられていない「くぎ状のもの」は、別表第四(2)ハ(イ)により、遊技くぎでない。

(1)ヌ

遊技盤の板に備えられていない「羽根車状のもの」は、別表第四(2)ハ(イ)により、風車でない。

(1)カ

「投入」とは、遊技者が遊技メダルを遊技機内部に入れることであると解する（「再遊技」以降の「投入」とは意味が違う点について留意のこと。）。

(1)ヨ

「操作」とは、人間が目的物に対して何らかの意図を持って直接的に作用を及ぼすことであると解する。

遊技者が遊技メダルを遊技機内部に入れることができる構造を持つ遊技機は、遊技メダルの貸出若しくは入賞による獲得又は遊技メダルを遊技の用に供することを電磁的方法のみにより行う遊技機ではないため、当該遊技機には、遊技メダル数表示装置を設けることはできないものと解する。

(1)タ

「操作」とは、人間が目的物に対して何らかの意図を持って直接的に作用を及ぼすことであると解する。

設定変更装置が、間接的な操作、遊技の結果又は偶然その他の作用により作動することを可能とする性能を持つものである場合には、「遊技者が操作することができ」る性能を持つものであると解するため、当該装置の当該性能は、別表第四(2)ヌ(ハ)又は別表第五(2)ト(ハ)に抵触する。

設定変更装置が、設定を切り替え中であることを遊技機外部から認識できない性能を持つものである場合には、「遊技の公正を害する調整を行うこと」を可能とする性能を持つものであると解するため、当該装置の当該性能は、別表第四(1)リ(イ)又は別表第五(1)ヌ(イ)に抵触する。

(2)イ

第一種非電動役物の作動とは、遊技球が第一種非電動役物が作動することとなる入賞口に入賞した後、当該入賞口が拡大を開始した時から、当該第一種非電動役物に係る入賞口が拡大している状態を経て、当該状態が終了する時までをいう。

遊技機が、第一種非電動役物と第二種非電動役物の両方の性能を持っているという性能を持つ装置を設けている場合には、第一種非電動役物又は第二種非電動役物のいずれにも該当しない入賞を容易にするための特別の装置を設けていると解するため、当該遊技機の当該性能は、別表第四(1)リ(ニ)に抵触する。

(2)ロ

当該数値は、設計値である。

役物が、入賞口に係る最大入賞数をあらかじめ一の値に定めていない場合には、最大入賞数を定めていないと解するため、当該役物の最大入賞数を定めていない性能は、別表第四(1)ハ(イ)等、該当する規定に抵触する。

(2)ハ

「特定の」とは、一の遊技機の特性として決定されているものであり、遊技の都度により変動することを禁止しているものであると解する。

遊技機が、第二種非電動役物と第一種非電動役物の両方の性能を持っているという性能を持つ装置を設けている場合には、第二種非電動役物又は第一種非電動役物のいずれにも該当しない入賞を容易にするための特別の装置を設けていると解するため、当該遊技機の当該性能は、別表第四(1)リ(ニ)に抵触する。

第二種非電動役物の作動とは、遊技球が、第二種非電動役物が作動することとなる特定の入賞口に入賞し、又は特定のゲートを通過した後、当該第二種非電動役物に係る入賞口が開放等を開始した時から、当該第二種非電動役物に係る入賞口が開放等している状態を経て、当該状態が終了する時までをいう。

(2)ニ

本規定における「役物」とは、トにより、特別電動役物のみであると解する。

(2)ホ

「特定の」とは、一の遊技機の特性として決定されているものであり、遊技の都度により変動することを禁止しているものであると解する。

「図柄の組合せ」は、複数の図柄の組合せのほか、単一の図柄又はランプの点灯も含むものであり、識別することが容易なものである。

普通電動役物の作動とは、遊技球が、普通電動役物が作動することとなる特定の入賞口に入賞し、若しくは特定のゲートを通過し、又は普通図柄表示装置上に当該普通電動役物が作動することとなる図柄の組合せが表示された後、当該普通電動役物に係る入賞口が開放等を開始した時から、当該普通電動役物に係る入賞口が開放等している状態を経て、当該状態が終了する時までのことをいう。

普通電動役物が、入賞口内のゲートの通過により作動する性能を持つものである場合には、技術上の規格に定められていない普通電動役物の作動に係る性能を持つものであると解し、「遊技の公正を害する調整を行うこと」を可能とする性能を持つものであると解するため、当該役物の当該性能は、別表第四(1)リ(イ)に抵触する。

(2)ヘ

「図柄の組合せ」は、複数の図柄の組合せのほか、単一の図柄又はランプの点灯も含むものであり、識別することが容易なものである。

演出用の図柄が図柄の組合せの表示と時間的に同調して表示されることは、差し支えない。ただし、演出用の図柄が図柄の組合せを明確に表示することを阻害する場合又は一回の内部抽せんで複数の内部抽せんが行われたかのような演出を行う場合は、遊技機が「遊技の公正を害する調整を行うこと」を可能とする性能を持つものであると解するため、当該遊技機の当該性能は、別表第四(1)リ(イ)に抵触する。

(2)チ

「役物連続作動装置」は、別表第四(1)リ(ト)の「役物の作動を容易にするための特別の装置」である。

(2)リ

「遊技球（役物連続作動装置が作動している時にその入口が開き、又は拡大した大入賞口に入賞したものを除く。）が大入賞口内の特定の領域を通過した場合に作動するもの」とは、役物連続作動装置の一の作動の終了時に、既に入賞し、かつ大入賞口内の特定の領域を通過するか否か判明していない状態の遊技球が、次回以降の役物連続作動装置の作動契機となってはならないということであると解する。

「特定の」とは、一の遊技機の特性として決定されているものであり、遊技の都度により変動することを禁止しているものであると解する。

「図柄の組合せ」は、複数の図柄の組合せのほか、単一の図柄又はランプの点灯も含むものであり、識別することが容易なものである。

(2)ヌ

「図柄の組合せ」は、複数の図柄の組合せのほか、単一の図柄又はランプの点灯も含むものであり、識別することが容易なものである。

演出用の図柄が図柄の組合せの表示と時間的に同調して表示されることは、差し支えない。ただし、演出用の図柄が図柄の組合せを明確に表示することを阻害する場合又は一回の内部抽せんで複数の内部抽せんが行われたかのような演出を行う場合には、遊技機が「遊技の公正を害する調整を行うこと」を可能とする性能を持つものであると解するため、当該遊技機の当該性能は、別表第四(1)リ(イ)に抵触する。

(2)ル

「あらかじめ定められた一の特別電動役物」、「あらかじめ定められた一の特別図柄表示装置」とは、一の始動口への入賞により作動する、一の特別電動役物又は特別図柄表示装置が、遊技機の特性として事前に定められているただ一つのものであり、遊技の都度により変動することを禁止しているものであると解する。

なお、一の特別電動役物及び一の特別図柄表示装置を作動させることとなる始動口が複数定められていることは、差し支えない。

(2)ヲ

「図柄の組合せ」は、複数の図柄の組合せのほか、単一の図柄又はランプの点灯も含むものであり、識別することが容易なものである。

「作動確率」が設定される遊技機は、リにより、役物連続作動装置を有し、かつ特別図柄表示装置に特定の図柄の組合せが表示されることによって役物連続作動装置が作動する性能を持つ遊技機のみである。

(2)ワ

「設定」は、別表第四(1)リ(ニ)及び(ト)に抵触しないものである。

「設定」を変更することにより作動確率以外の遊技機の性能が変動する場合には、技術上の規格に定められていない遊技機が誰かの調整により遊技機の性能を変動させることを可能とする性能を持つものであると解し、「遊技の公正を害する調整を行うこと」を可能とする性能を持つものであると解するため、当該遊技機の当該性能は、別表第四(1)リ(イ)に抵触する。

(2)カ

遊技盤上の装置が、役物に係る入賞口に向けて遊技球を落下させることを可能にするものである場合には、「役物の作動を容易にするための特別の装置」であると解するため、当該装置の落下させる性能は、別表第四(1)リ(ト)に抵触する。

(2)タ

受け皿を有する遊技機は、遊技者が遊技球に触れることができない構造を有する遊技機ではないため、当該遊技機には、遊技球数表示装置を設けることはできないものと解する。

(3)イ

「投入」とは、遊技者が遊技メダル等を遊技機内部に入れること及び貯留装置又は遊技メダル数表示装置に係るボタンその他の装置の操作により遊技メダル等を遊技の用に供する一連の動作のことであると解する（「貯留装置」における「投入」と意味が違う点について留意のこと。）。

(3)ロ

「操作」とは、人間が目的物に対して何らかの意図を持って直接的に作用を及ぼすことであると解する。

(3)ハ

「操作」とは、人間が目的物に対して何らかの意図を持って直接的に作用を及ぼすことであると解する。

(3)ニ

「あらかじめ定められ」とは、一の遊技機の特性として決定されている事項であると解する。

遊技機が、入賞、再遊技、普通役物の作動、第一種特別役物の作動、第二種特別役物の作動、第一種特別役物に係る役物連続作動装置の作動及び第二種特別役物に係る役物連続作動装置の作動に係る図柄の組合せを互いに素にしていない場合には、ホの規定にかかわらず内部抽せんに当せんせずに図柄の組合せを表示することを可能とする性能を持つものであると解するため、当該遊技機の当該性能は、別表第五(1)ロ(二)等、該当する規定に抵触する。

(3)ホ

「当せんした場合に作動」とは、当せんした場合には直ちに作動を開始するものであると解する。

条件装置が、他の規定で「作動するものでない」と定められている場合には、事前に当該条件装置の作動確率が0になっていることが必要であると解するため、当該場合において当該条件装置の作動確率が0になっていない場合には、当該条件装置の作動確率を0にしない性能は、別表第五(1)ホ(ト)等、該当する規定に抵触する。

条件装置が、「内部抽せん」に当せんした場合以外（第二種特別役物が作動している場合を除く。）で作動し、入賞、再遊技、役物の作動又は役物連続作動装置の作動に係る図柄の組合せを表示することを可能とする性能を持つものである場合には、「遊技の公正を害する調整を行うこと」を可能とする性能を持つものであると解するため、当該条件装置の当該性能は、別表第五(1)ヌ(イ)に抵触する。

(3)ヘ

「投入」とは、遊技者が遊技メダル等を遊技機内部に入れること及び貯留装置又は遊技メダル数表示装置に係るボタンその他の装置の操作により遊技メダル等を遊技の用に供する一連の動作のことであると解する（「貯留装置」における「投入」と意味が違う点について留意のこと。）。

「設定」は、別表第五(1)ヌ(ロ)及び(ハ)に抵触しないものである。

(3)ト

「あらかじめ定められ」とは、一の遊技機の特性として決定されている事項であると解する。

(3)チ

「特定の」とは、一の遊技機の特性として決定されているものであり、遊技の都度により変動することを禁止しているものであると解する。

「あらかじめ定められ」とは、一の遊技機の特性として決定されている事項であると解する。

(3)リ

「特定の」とは、一の遊技機の特性として決定されているものであり、遊技の都度により変動することを禁止しているものであると解する。

(3)ヌ

「あらかじめ定められ」とは、一の遊技機の特性として決定されている事項であると解する。

「内部抽せんの結果にかかわらず入賞に係る条件装置を作動させる」とは、ホの例外規定であると解する。

(3)ヲ

「投入」とは、遊技者が遊技メダル等を遊技機内部に入れること及び貯留装置又は遊技メダル数表示装置に係るボタンその他の装置の操作により遊技メダル等を遊技の用に供する一連の動作のことであると解する（「貯留装置」における「投入」と意味が違う点について留意のこと。）。

二　「別表第三　不正な改造その他の変更を防止す

るための遊技機の構造に係る技術上の規格」関係

(1)イ(イ)

「板面に印刷された配線以外の配線」とは、基板内に埋め込まれ表面から直接視認できない配線や、いわゆる「0オーム抵抗」など直接視認できるが基板の性能把握を困難にする配線であると解する。

(1)イ(ロ)

「副基板の見通しを妨げない」とは、基板上に部品が隠ぺいできない状態であると解する。

主基板が、コネクタ、スイッチ、フォトインタラプタ等（以下「コネクタ等」という。）を基板の両面に設けている場合には、電子部品であるコネクタ等を両面に設けていると解するため、当該基板のコネクタ等を両面に設けている構造は、本規定に抵触する。

(1)イ(ハ)

「密封」とは、ケース外部から内部へ何らかの作用を及ぼすことが著しく困難な状態であると解する。よって、コネクタの接続口や放熱用の空気穴の存在を否定するものではないが、当該口や穴の大きさがケース外部から内部へ何らかの作用を及ぼすことを可能とするものである場合には、当該ケースが、密封されていない構造を持つものであると解するため、当該ケースの当該構造は、本規定に抵触する。

「こん跡が残るもの」とは、開封したことが一目瞭然で認識できることであると解する。また、当該ケースが汎用品を使用する等、容易な偽造及び変造を可能とする構造を持つものである場合には、本規定が当該ケースの偽造、変造等の不正改造を防止する手段を規定していると解するため、当該ケースの当該構造は、本規定に抵触する。

一の主基板ケースが複数の主基板を収めることは、差し支えない。ただし、当該ケースが、一の主基板の見通しを他の基板により妨げている構造を持つものである場合には、主基板の両面を見通すことを可能としない構造を持つものであると解するため、当該ケースの当該構造は、(3)へに抵触する。

(1)イ(ニ)

「遊技の用に供されない装置で遊技の結果に影響を及ぼすおそれがないものであり、記憶された情報（プログラムを含む。以下この表において同じ。）の内容を変更せずに主基板に装着される電子部品の検査を行うことのみに供するもの」とは、いわゆる「ロムチェッカ」であると解する。

検査のための装置が記憶された情報を何らかの方法で変更してしまう性能を持つもの（試験後に記憶を初期状態に戻すものを含む。）である場合には、本規定のただし書き以下には含まれない性能を持つものであると解するため、主基板が当該装置の接続を可能とする構造を持つものである場合には、当該主基板の当該構造は、本規定に抵触する。

(1)イ(ホ)

主基板が、周辺基板が発する信号を受信することを可能とする性能を持つものである場合には、技術上の規格に定められていない主基板に係る性能を持つものであると解するため、当該主基板の当該性能は、本規定に抵触する。

周辺基板による遊技機の何らかの動作は、周辺基板が発する信号であることから、主基板が、周辺基板による遊技機の何らかの動作の感知を可能とする性能を持つものである場合には、周辺基板が発する信号を受信することを可能とする性能を持つものであると解するため、当該主基板の当該性能は、本規定に抵触する。

(1)イ(ヘ)

「遊技の結果に影響を及ぼすおそれのある信号」についての解釈は、別表第二(1)イの解釈にある「遊技の結果に影響を及ぼすおそれのある機能」の解釈における「機能」を「信号」に読み替えたものとする。ただし、

・入賞、再遊技、役物及び役物連続作動装置を作動させたという結果を遊技球等貸出装置接続端子板又は外部端子板を通じて遊技機外に送信する信号
・遊技球又は遊技メダルの貸出しを行ったという結果を遊技球等貸出装置接続端子板を通じて遊技機外に送信する信号及び投入、発射及び払出しを行ったという結果を遊技球等貸出装置接続端子板又は外部端子板を通じて遊技機外に送信する信号
・図柄の表示を行ったという結果を遊技球等貸出装置接続端子板又は外部端子板を通じて遊技機外に送信する信号

を除く。

(1)イ(ト)

「印刷」とは、容易に消去及び改ざんできるものでないものであると解する。

「遊技機の製造業者又は輸入業者」とは、当該基板を搭載した型式の遊技機を製造又は輸入している業者のみであると解する。

異なる部品配置又は回路構成を持つ基板における「番号、記号その他の符号」は、異なるものである。基板が、異なる部品配置及び回路構成を持つ他の基板の「番号、記号その他の符号」が付されている構造を持つものである場合には、他の製造業者等の遊技機に搭載されたものであっても特定ができない「番号、記号その他の符号」が付されている構造を持つものであると解するため、当該基板の当該構造は、本規定に抵触する。

(1)ロ

「印刷」とは、容易に消去及び改ざんできるものでないものであると解する。

異なる部品配置、回路構成を持つ基板における「番号、記号その他の符号」は、異なるものである。基板が、異なる部品配置及び回路構成を持つ他の基板の「番号、記号その他の符号」が付されている構造を持つものである場合には、他の製造業者等の遊技機に搭載されたものであっても特定ができない「番号、記号その他の符号」が付されている構造を持つものであると解するため、当該基板の当該構造は、本規定に抵触する。

(1)ハ(イ)

「板面に印刷された配線以外の配線」とは、基板内に埋め込まれ表面から直接視認できない配線や、いわゆる「0オーム抵抗」など直接視認できるが基板の性能把握を困難にする配線であると解する。

(1)ハ(ロ)

中継端子板が、コネクタ等を基板の両面に設けている場合には、電子部品であるコネクタ等を両面に設けていると解するため、当該基板のコネクタ等を両面に設けている構造は、本規定に抵触する。

(1)ハ(ハ)

「印刷」とは、容易に消去及び改ざんできるものでないものであると解する。

異なる部品配置又は回路構成を持つ基板における「番号、記号その他の符号」は、異なるものである。基板が、異なる部品配置及び回路構成を持つ他の基板の「番号、記号その他の符号」が付されている構造を持つものである場合には、他の製造業者等の遊技機に搭載されたものであっても特定ができない「番号、記号その他の符号」が付されている構造を持つものであると解するため、当該基板の当該構造は、本規定に抵触する。

(1)ニ(イ)

「板面に印刷された配線以外の配線」とは、基板内に埋め込まれ表面から直接視認できない配線や、いわゆる「0オーム抵抗」など直接視認できるが基板の性能把握を困難にする配線であると解する。

(1)ニ(ロ)

外部端子板が、コネクタ等を基板の両面に設けている場合には、電子部品であるコネクタ等を両面に設けていると解するため、当該基板のコネクタ等を両面に設けている構造は、本規定に抵触する。

(1)ニ(ハ)

「容易に取り外すことができること」とは、専門知識を必要とせずに、ドライバー等の一般的な工具を用いて簡便かつ短時間に取り外すことができることであると解する。

(1)ニ(ホ)

「遊技の結果に影響を及ぼすおそれのある信号」についての解釈は、別表第二(1)イの解釈にある「遊技の結果に影響を及ぼすおそれのある機能」の解釈における「機能」を「信号」に読み替えたものとする。ただし、

・入賞、再遊技、役物及び役物連続作動装置を作動させたという結果を遊技球等貸出装置接続端子板又は外部端子板を通じて遊技機外に送信する信号
・遊技球又は遊技メダルの貸出しを行ったという結果を遊技球等貸出装置接続端子板を通じて遊技機外に送信する信号及び投入、発射及び払出しを行ったという結果を遊技球等貸出装置接続端子板又は外部端子板を通じて遊技機外に送信する信号
・図柄の表示を行ったという結果を遊技球等貸出装置接続端子板又は外部端子板を通じて遊技機外に送信する信号

を除く。

(1)ニ(ヘ)

「印刷」とは、容易に消去及び改ざんできるものでないものであると解する。

異なる部品配置又は回路構成を持つ基板における「番号、記号その他の符号」は、異なるも

のである。基板が、異なる部品配置及び回路構成を持つ他の基板の「番号、記号その他の符号」が付されている構造を持つものである場合には、他の製造業者等の遊技機に搭載されたものであっても特定ができない「番号、記号その他の符号」が付されている構造を持つものであると解するため、当該基板の当該構造は、本規定に抵触する。

(1)ホ(イ)

「板面に印刷された配線以外の配線」とは、基板内に埋め込まれ表面から直接視認できない配線や、いわゆる「0オーム抵抗」など直接視認できるが基板の性能把握を困難にする配線であると解する。

(1)ホ(ロ)

遊技球等貸出装置接続端子板が、コネクタ等を基板の両面に設けている場合には、電子部品であるコネクタ等を両面に設けていると解するため、当該基板のコネクタ等を両面に設けている構造は、本規定に抵触する。

(1)ホ(ハ)

「容易に取り外すことができること」とは、専門知識を必要とせずに、ドライバー等の一般的な工具を用いて簡便かつ短時間に取り外すことができることであると解する。

(1)ホ(ホ)

「遊技の結果に影響を及ぼすおそれのある信号」についての解釈は、別表第二(1)イの解釈にある「遊技の結果に影響を及ぼすおそれのある機能」の解釈における「機能」を「信号」に読み替えたものとする。ただし、

・入賞、再遊技、役物及び役物連続作動装置を作動させたという結果を遊技球等貸出装置接続端子板又は外部端子板を通じて遊技機外に送信する信号

・遊技球又は遊技メダルの貸出しを行ったという結果を遊技機外に送信する信号並びに投入、発射及び払出しを行ったという結果を遊技球等貸出装置接続端子板又は外部端子板を通じて遊技機外に送信する信号

・図柄の表示を行ったという結果を遊技球等貸出装置接続端子板又は外部端子板を通じて遊技機外に送信する信号

を除く。

(1)ホ(ヘ)

「印刷」とは、容易に消去及び改ざんできるものでないものであると解する。

異なる部品配置又は回路構成を持つ基板における「番号、記号その他の符号」は、異なるものである。基板が、異なる部品配置及び回路構成を持つ他の基板の「番号、記号その他の符号」が付されている構造を持つものである場合には、他の製造業者等の遊技機に搭載されたものであっても特定ができない「番号、記号その他の符号」が付されている構造を持つものであると解するため、当該基板の当該構造は、本規定に抵触する。

(2)イ(イ)

「記憶された情報の内容を出力することができるものであること。」とは、ロムに記憶された情報の内容について、ロムの製造業者が作成するロム内の情報の内容を出力させるための装置において特殊な操作を経ることなしに出力できることであると解する。

(2)ハ(ニ)

内部抽せんは、条件装置の作動等、遊技の結果に影響を及ぼすものである。

出現する乱数値に偏りが出る仕組みは、「当せんする機会を容易に推定することができる仕組み」であると解する。よって、内部抽せんが、周期が一回の遊技の結果が得られるまでの間において終了しない仕組みである等出現する乱数値に偏りが出る仕組みである場合には、当該内部抽せんの偏りが出る仕組みは、本規定に抵触する。

(3)イ

「板面の見通しを妨げない構造」とは、当該部位に部品を隠ぺいできない構造であると解する。

(3)ロ

「板面の見通しを妨げない方法」とは、当該部位に部品を隠ぺいできない方法であると解する。

いわゆる「チップ部品」の装着は、板面の見通しを妨げるものである。

(3)ホ

一の主基板が、他の基板や部品を取り外すことで初めて見通すことを可能とする構造である場合には、「容易に見通すことができない」構造であると解するため、当該主基板の当該構造は、本規定に抵触する。

(3)ヘ

本規定は、遊技機に取り付けられていない状態における主基板ケースについて、常時満たす条件が定められているものである。

(3)ヌ

いわゆる「ハーネス」同士が接続されている構造である場合には、遊技機が不要なハーネスを設けていると解するため、当該遊技機の当該構造は、本規定に抵触する。

基板が、空き端子及び空きコネクタを設けている場合には、不要な端子及びコネクタを設けていると解するため、当該基板の空き端子及び空きコネクタを設けている構造は、本規定に抵触する。

三 「別表第四 ぱちんこ遊技機に係る技術上の規格」関係

(1)イ(イ)

「一個ずつ発射することができるものである」とは、遊技球を一個ずつ発射できるための性能を有することであると解する。

(1)イ(ロ)

「一分間」とは、一切の延長のない一分間をいうものであると解する。

本規定は、遊技機の稼働中における発射性能について、常時満たす条件が定められているものであることから、発射装置が、任意の連続する一分間において百個を超える遊技球を発射する性能を持つものである場合には、技術上の規格に定められていない遊技球の発射を行うことを可能とする性能を持つものであると解するため、当該発射装置の当該性能は、本規定に抵触する。

発射装置が任意の連続する一分間において正に百個の遊技球を発射する場合には、本規定に抵触しない。

(1)イ(ハ)

「十時間」とは、一切の延長のない十時間をいうものであると解する。

本規定は、遊技機の稼働中における遊技球を発射させる速度についても、常時満たす条件が定められているものであることから、発射装置が、遊技球を発射させる速度を遊技者の意図によらず役物等の状態等を契機として変動させる性能を持つものである場合には、遊技球を発射させる速度について不変としない性能を持つものであると解するため、当該発射装置の当該性能は、本規定に抵触する。

(1)イ(ニ)

「十時間」とは、一切の延長のない十時間をいうものであると解する。

「遊技盤上の遊技球の位置を確認・・することができるもの」とは、発射された遊技球の位置を目視により常に（構造物に係る部分も含めて）確認できることであると解する（ただし、遊技球が入賞口に入賞するなどにより、当該遊技球がその後遊技の結果に影響を与えないことが明らかである場合には、この限りでない。）。

遊技盤上の構造物が、透明、半透明又はスリット等を設けることにより遊技球の位置を常時目視することを可能とする構造を持つものである場合には、遊技球の位置を確認することを可能とする構造を持つものであると解するため、当該構造物の当該構造は、本規定に抵触しない。

「遊技盤上の遊技球の位置を・・調整することができるもの」とは、遊技者が発射装置を操作することにより、任意に遊技球の落着地点を変更できることであると解する。

発射装置が、振動する性能を持つものである場合には、遊技球の位置を調整することができなくなる性能を持つものであると解するため、当該発射装置の当該性能は、本規定に抵触する。

(1)ロ(イ)

一の入賞口への入賞により獲得される遊技球の数があらかじめ定められた一の値でない場合には、遊技機が入賞により獲得される遊技球の数を任意に調整することを可能とする性能を持つものであると解し、「遊技の公正を害する調整を行うこと」を可能とする性能を持つものであると解するため、当該遊技機の当該性能は、リ(イ)に抵触する。ただし、遊技メダル等払出装置が、一個の遊技球の入賞に対する払出中に停電等の突発事項により障害があったときに改めて当該入賞に対する遊技球の払出しを行う性能を持つものである場合には、「遊技の公正を害する調整を行うこと」を可能とする性能を持つものでないと解するため、当該装置の当該払出しを行う性能は、本規定に抵触しない。

(1)ロ(ロ)

遊技球の獲得が入賞口への入賞以外でなされる場合には、遊技機が技術上の規格に定められていない遊技球の獲得に係る性能を持つものであると解するため、当該遊技機の当該性能は、本規定に抵触する。

(1)ロ(ハ)

「設定」とは、別表第二(2)ワにいうものであると解する。

「一時間」とは、一切の延長のない一時間をいうものであると解する。

試験結果が正に三分の一倍である場合には、当該結果を可能とする遊技機の性能は、本規定に抵触する。

試験結果が正に二・二倍である場合には、当該結果を可能とする遊技機の性能は、本規定に抵触する。

本規定の試験結果とは、型式試験の申請者が申請時に提出した状態の遊技機を使用し、最も多数の遊技球の獲得が見込まれる発射速度及び発射強度により行った結果であると解する。

(1)ロ(ニ)

「設定」とは、別表第二(2)ワにいうものであると解する。

「四時間」とは、一切の延長のない四時間をいうものであると解する。

試験結果が正に五分の二倍である場合には、当該結果を可能とする遊技機の性能は、本規定に抵触する。

試験結果が正に一・五倍である場合には、当該結果を可能とする遊技機の性能は、本規定に抵触する。

本規定の試験結果とは、型式試験の申請者が申請時に提出した状態の遊技機を使用し、最も多数の遊技球の獲得が見込まれる発射速度及び発射強度により行った結果であると解する。

(1)ロ(ホ)

「設定」とは、別表第二(2)ワにいうものであると解する。

「十時間」とは一切の延長のない十時間をいうものであると解する。

試験結果が正に〇・五倍である場合には、当該結果を可能とする遊技機の性能は、本規定に抵触する。

試験結果が正に三分の四倍である場合には、当該結果を可能とする遊技機の性能は、本規定に抵触する。

本規定の試験結果とは、型式試験の申請者が申請時に提出した状態の遊技機を使用し、最も多数の遊技球の獲得が見込まれる発射速度及び発射強度により行った結果であると解する。

(1)ロ(ヘ)

「設定」とは別表第二(2)ワにいうものであると解する。

「十時間」とは、一切の延長のない十時間をいうものであると解する。

「役物の作動によるもの」とは、役物の作動によって入賞が容易になった入賞口への入賞により獲得した遊技球の数のことであると解する。

「役物が連続して作動する場合」とは、役物連続作動装置が作動する場合であると解する。

試験結果が正に七割及び六割である場合には、当該結果を可能とする遊技機の性能は、本規定に抵触しない。

(1)ハ(イ)

第一種非電動役物が、その作動契機が発生した時に直ちに作動しない場合には、役物の作動に係る時間を任意に調整することを可能とする性能を持つものであると解し、「遊技の公正を害する調整を行うこと」を可能とする性能を持つものであると解するため、当該役物の当該性能は、リ(イ)に抵触する。

役物の全部又は一部に何らかの電気的動力を使用している役物は、本役物でない。

本役物が作動したことにより拡大した入賞口が本役物の一回の作動につき最大入賞数の遊技球が入賞した時に直ちに拡大状態を終了しない場合には、本役物が最大入賞数を超える遊技球が入賞することを可能とする性能を持つものであると解するため、当該役物の当該性能は、本規定に抵触する。

遊技球が、本役物が作動したことにより拡大した入賞口に、最大入賞数目の遊技球と当該遊技球とは別の遊技球が同時に入賞した時に、当該役物が一回作動を終了し、再び作動することは、差し支えない。ただし、本役物が、役物に係る入賞口の閉じ方がゆっくりである等、当該作動形態を意図的に作り出している場合には、最大入賞数を超える遊技球が入賞することを可能とする性能を持つものであると解するため、当該役物の当該性能は、本規定に抵触する。

第一種非電動役物が作動している時に入賞により獲得された遊技球は、役物比率に含まれる遊技球である。

(1)ニ(イ)

第二種非電動役物が、その作動契機が発生した時に直ちに作動しない場合には、役物の作動に係る時間を任意に調整することを可能とする性能を持つものであると解し、「遊技の公正を害する調整を行うこと」を可能とする性能を持つものであると解するため、当該役物の当該性能は、リ(イ)に抵触する。

役物の全部又は一部に何らかの電気的動力を使用している役物は、本役物でない。

本役物が作動したことにより開放等した入賞口が本役物の一回の作動につき最大入賞数の遊技球が入賞した時に直ちに開放等状態を終了しない場合には、本役物が最大入賞数を超える遊技球が入賞することを可能とする性能を持つものであると解するため、当該役物の当該性能は、本規定に抵触する。

遊技球が、本役物が作動したことにより開放等した入賞口に、最大入賞数目の遊技球と当該遊技球とは別の遊技球が同時に入賞することは、差し支えない。ただし、本役物が、役物に係る入賞口の閉じ方がゆっくりである等、当該作動形態を意図的に作り出している場合には、最大入賞数を超える遊技球が入賞することを可能とする性能を持つものであると解するため、当該役物の当該性能は、本規定に抵触する。

第二種非電動役物が役物の作動により開放等する入賞口に入賞することにより作動することは、差し支えない。

(1)ニ(ロ)

第二種非電動役物が第二種非電動役物を作動させる入賞口を介して、終点なく連続して結合している構造は、「すべての第二種非電動役物に係る最大入賞数の合計」を算出できない構造である。

「最大入賞数の合計」とは、一の第二種非電動役物（A、最大入賞数をxとする。）の作動中、Aによってその入口が開放等した入賞口を別の役物が作動するための入賞口として作動する他の第二種非電動役物（B、最大入賞数をyとする。）が存在し、Bによってその入口が開放等した入賞口への最大入賞数分の入賞が行われBの作動が終了した後、なお入口が開放等したままのAに係る入賞口への入賞により、再びBが作動するという動作により、一の第二種非電動役物が作動したままの状態で他の第二種非電動役物を複数回作動させることを可能とする性能を持つ遊技機における最大入賞数については、これら複数の第二種非電動役物の全ての組合せによって可能となる最大入賞可能数（x＋x×y）を最大入賞数の合計であると解する。Bが複数ある遊技機についても、同様の考えにより算出された数が最大入賞数の合計であると解する。

(1)ホ(イ)

普通電動役物が役物の作動により開放等する入賞口に入賞することにより作動することは、差し支えない。

普通電動役物と当該普通電動役物の作動により開放等する入賞口との関係が一対一でない又は変更することが可能である場合には、遊技機が、役物の作動を任意に調整することを可能とする性能を持つものであると解し、「遊技の公正を害する調整を行うこと」を可能とする性能を持つものであると解するため、当該遊技機の当該性能は、リ(イ)に抵触する。

(1)ホ(ロ)

「通じて」とは、普通電動役物の一回の作動により入賞口の開放等が一回行われる場合にあっては当該開放等の時間を、開放等が複数回繰り返される場合にあっては当該開放等の時間の合計をいうものであると解する。

「あらかじめ定められ」とは、一の遊技機の特性として決定されている事項であると解する。

普通電動役物が、その作動契機が発生した時に直ちに作動しない場合には、役物の作動に係る時間を任意に調整することを可能とする性能を持つものであると解し、「遊技の公正を害する調整を行うこと」を可能とする性能を持つものであると解するため、当該役物の当該性能は、リ(イ)に抵触する。

本役物が作動したことにより開放等した入賞口が本役物の一回の作動につき最大入賞数の遊技球が入賞した時に直ちに開放等状態を終了しない場合には、本役物が最大入賞数を超える遊技球が入賞することを可能とする性能を持つものであると解するため、当該役物の当該性能は、本規定に抵触する。

遊技球が、本役物が作動したことにより開放等した入賞口に、最大入賞数目の遊技球と当該遊技球とは別の遊技球が同時に入賞することは、差し支えない。ただし、本役物が、役物に係る入賞口の閉じ方がゆっくりである等、当該作動形態を意図的に作り出している場合には、最大入賞数を超える遊技球が入賞することを可能とする性能を持つものであると解するため、当該役物の当該性能は、本規定に抵触する。

遊技機が、普通電動役物に係る入賞口の開放等の時間、開放等までの時間、開放等の回数及び普通電動役物が作動することとなる図柄の組合せが表示される確率を入賞が容易となるように変動させる場合には、

・変動の契機が、役物連続作動装置の作動終了時のみ

・変動が、条件装置の作動確率が高い値となっている間又は一〇〇回の条件装置の作動に係る抽せんを行うまでの間に限られているもの

・変動している間に獲得された遊技球数を発射された遊技球数で割った値が、一を超えないもの

という性能である限り、当該遊技機の当該性能は、リ(ロ)に抵触しない。

普通電動役物が、普通電動役物を作動させる入賞口を介して、終点なく連続して結合している構造は、「役物の作動を容易にするための特別の装置」である。

(1)ホ(ニ)

普通図柄表示装置と当該普通図柄表示装置の作動により作動する普通電動役物との関係が一対一でない又は変更することが可能である場合には、遊技機が役物の作動を任意に調整することを可能とする性能を持つものであると解し、「遊技の公正を害する調整を行うこと」を可能とする性能を持つものであると解するため、当該遊技機の当該性能は、リ(イ)に抵触する。

(1)ホ(ホ)

「特定の」とは、一の遊技機の特性として決定されているものであり、遊技の都度により変動することを禁止しているものであると解する。

(1)ホ(ヘ)

「普通電動役物が作動している間」とは、遊技球が、普通電動役物が作動することとなる特定の入賞口に入賞し、若しくは特定のゲートを通過し、又は普通図柄表示装置上に当該普通電動役物が作動することとなる図柄の組合せが表示された後（表示された時は含まない。）、当該普通電動役物に係る入賞口が開放等を開始した時から、当該普通電動役物に係る入賞口が開放等している状態を経て、当該状態が終了する時までをいう。

遊技機が、「普通電動役物が作動している間」の後に当該作動が終了したことを確認することを可能としない性能を持つ場合には、開放等の時間が「あらかじめ定められたもの」でないと解するため、当該遊技機の当該性能は、(ロ)に抵触する。

普通図柄表示装置が、一の普通電動役物が作動している間に作動する場合には、技術上の規格に定められていない普通図柄表示装置の作動に係る性能を持つものであると解するため、当該装置の当該性能は、本規定に抵触する。

遊技機が、普通図柄表示装置を複数設け、かつ、一の普通図柄表示装置に一の普通電動役物を作動させることとなる図柄の組合せが表示された時から当該普通電動役物の作動が終了する時までの間、別の普通図柄表示装置に対して、

・普通電動役物を作動させることとならない図柄で停止し、かつ、そのままの状態で表示を継続する

・あらかじめ定められた変動時間の計測を中断した上で、図柄を停止させない

という制御を行わない場合には、普通電動役物が作動している間に普通図柄表示装置が作動していると解するため、当該遊技機の制御を行わない性能は、本規定に抵触する。

(1)ホ(ト)

「役物連続作動装置の作動が終了したとき」とは、役物連続作動装置に係る特別電動役物に係る大入賞口が連続して開放等している状態を経て、当該状態が終了するときをいう。

「図柄の組合せ」は、複数の図柄の組合せのほか、単一の図柄又はランプの点灯も含むものであり、識別することが容易なものである。

(1)ホ(チ)

「普通図柄表示装置の作動が終了する時」とは、普通図柄表示装置上の図柄の組合せの変動が継続している状態を経て、当該変動が終了する時のことをいう。

「普通電動役物の作動が終了した後」とは、普通電動役物に係る入賞口が開放等している状態を経て、当該状態が終了する時の後のことをいう。

「普通図柄表示装置の作動」とは、遊技球が、普通図柄表示装置が作動することとなる特定の入賞口に入賞し、若しくは特定のゲートを通過し、又は本規定の「当該四個を超える数の遊技球のうち最初の四個の遊技球」の効果によ

る当該普通図柄表示装置への作用の後、当該普通図柄表示装置上の図柄の組合せが変動を開始した時から、当該変動が継続している状態を経て、当該変動が終了する時までをいう。

「図柄の組合せ」は、複数の図柄の組合せのほか、単一の図柄又はランプの点灯も含むものであり、識別することが容易なものである。

(1)ホ(リ)

「普通図柄表示装置に図柄の組合せが表示される時」は、「普通図柄表示装置の作動が終了する時」である。

遊技機が、図柄の組合せが表示されていることを確認することを可能としない性能を持つ場合には、普通図柄表示装置に図柄の組合せが表示される時までの時間が「あらかじめ定められたもの」でないと解するため、当該遊技機の当該性能は、本規定に抵触する。

「図柄の組合せ」は、複数の図柄の組合せのほか、単一の図柄又はランプの点灯も含むものであり、識別することが容易なものである。

「あらかじめ定められ」とは、一の遊技機の特性として決定されている事項であると解する。

役物の作動等により入賞口に入賞し、又はゲートを通過した時（普通図柄表示装置が作動することとなる場合に限る。）から普通図柄表示装置に図柄の組合せが表示される時までの時間をあらかじめ定めることが困難な場合に限り、当該時間が、当該遊技球によって普通図柄表示装置が作動を開始した時から作動を終了する時までの時間であるとすることは、差し支えない。

(ロ)及び(ヘ)の解釈に定める場合を除き、遊技機が、普通図柄表示装置が作動した後に当該作動における図柄の組合せが表示されるまでの時間を変動させる性能を持つものである場合には、役物の作動を任意に調整することを可能とする性能を持つものであると解し、「遊技の公正を害する調整を行うこと」を可能とする性能を持つものであると解するため、当該遊技機の当該性能は、リ(イ)に抵触する。

(1)ヘ(イ)

特別電動役物又は特別図柄表示装置が役物の作動により開放等する入賞口に入賞することにより作動することは、差し支えない。

特別図柄表示装置と当該特別図柄表示装置に係る演出のための装置との関係が一対〇若しくは一対一でない又は変更することが可能である場合には、遊技機が特別電動役物等の作動状態を確認することを阻害している性能を持つものであると解し、「遊技の公正を害する調整を行うこと」を可能とする性能を持つものであると解するため、当該遊技機の当該性能は、リ(イ)に抵触する。

(1)ヘ(ロ)

「役物連続作動装置が作動している場合」とは、ト(ハ)に掲げる作動契機が発生した後（発生した時は含まない。）、当該役物連続作動装置に係る特別電動役物に係る大入賞口が開放等を開始した時から、当該役物連続作動装置に係る特別電動役物に係る大入賞口が連続して開放等している状態を経て、当該状態が終了する時までをいう。

「条件装置の作動」とは、特別図柄表示装置上に当該条件装置が作動することとなる図柄の組合せが表示され、又は遊技球が役物連続作動装置が作動していないときに開放等する大入賞口内の特定の領域を通過した時から、当該役物連続作動装置に係る特別電動役物に係る大入賞口が連続して開放等している状態を経て、当該状態が終了する時までをいう。

「特定の」とは、一の遊技機の特性として決定されているものであり、遊技の都度により変動することを禁止しているものであると解する。

「図柄の組合せ」は、複数の図柄の組合せのほか、単一の図柄又はランプの点灯も含むものであり、識別することが容易なものである。

役物連続作動装置が作動している場合以外の場合の特別電動役物の作動とは、本規定に掲げる作動契機が発生した後、当該特別電動役物に係る大入賞口が開放等を開始した時から、当該特別電動役物に係る大入賞口が開放等している状態を経て、当該状態が終了する時までをいう。

役物連続作動装置が作動している場合の特別電動役物の作動とは、役物連続作動装置による作動契機が発生した後、当該特別電動役物に係る大入賞口が開放等を開始した時から、当該特別電動役物に係る大入賞口が開放等している状態を経て、当該状態が終了する時までをいう。

特別電動役物が、その作動契機が発生した時に直ちに作動しない場合及び役物連続作動装置による作動契機が発生した時に当該契機による特別電動役物の二回目以降の作動について連続しているものと認識できる程度に間断なく作動しない場合には、役物の作動に係る時間を任意に調整することを可能とする性能を持つものであると解し、「遊技の公正を害する調整を行うこと」を可能とする性能を持つものであると解するため、当該役物の当該作動は、リ(イ)に抵触する。

遊技機が、特別電動役物と条件装置の両方を作動させる特定の図柄の組合せを設けている場合には、一の特別電動役物と役物連続作動装置に係る別の特別電動役物を同時に作動させる特定の図柄の組合せを設けていると解するため、当該遊技機の特定の図柄の組合せを設けている性能は、(ハ)に抵触する。

(1)へ(ハ)

「同時に・作動する」とは、二個の特別電動役物が時間的に重複して作動することであると解する。

本規定は、特別電動役物の作動について、役物連続作動装置の作動中又は未作動中にかかわらず、常時満たす条件が定められているものである。

(1)へ(ホ)

役物連続作動装置がその作動時に二個の特別電動役物を合計一〇回を超えない範囲で任意に作動させることは、差し支えない。

特別電動役物と当該特別電動役物の作動により開放等する大入賞口との関係が一対一でない又は変更することが可能である場合には、遊技機が役物の作動を任意に調整することを可能とする性能を持つものであると解し、「遊技の公正を害する調整を行うこと」を可能とする性能を持つものであると解するため、当該遊技機の当該性能は、リ(イ)に抵触する。

「あらかじめ定められた一の大入賞口」とは、一の特別電動役物の作動により開放等する大入賞口が、遊技機の特性として定められているただ一つのものであり、遊技の都度により変動することを禁止しているものであると解する。

(1)へ(ヘ)

遊技球が、本役物が作動したことにより開放等した大入賞口に、最大入賞数目の遊技球と当該遊技球とは別の遊技球が同時に入賞することは、差し支えない。ただし、本役物が、役物に係る大入賞口の閉じ方がゆっくりである等、当該作動形態を意図的に作り出している場合には、最大入賞数を超える遊技球が入賞することを可能とする性能を持つものであると解するため、当該役物の当該性能は、本規定に抵触する。

(1)へ(ト)

「通じて」とは、特別電動役物の一回の作動により大入賞口の開放等が一回行われる場合にあっては当該開放等の時間を、開放等が複数回繰り返される場合にあっては当該開放等の時間の合計をいうものであると解する。

「あらかじめ定められ」とは、一の遊技機の特性として決定されている事項であると解する。

(1)へ(チ)

「通じて」とは、特別電動役物の一回の作動により大入賞口の開放等が一回行われる場合にあっては当該開放等の時間を、開放等が複数回繰り返される場合にあっては当該開放等の時間の合計をいうものであると解する。

(1)へ(リ)

プログラム上の数値等が存在しない等、Nがト(ヘ)の式により算出し得ない遊技機におけるNは、継続する可能性のある最大値である。ただし、役物連続作動装置が作動している場合において、大入賞口の一回の開放等の時間が一・八秒以上の遊技機で、複数の特別図柄表示装置を有する遊技機のNは、特別図柄表示装置ごとにト(ヘ)の式により算出したNのうちの最大値とする。

値が複数存在する場合のN、R、Sは、それぞれの最大値である。

(1)へ(ヌ)

条件装置の終了とは、条件装置に係る役物連続作動装置に係る特別電動役物に係る大入賞口が連続して開放等している状態を経て、当該状態が終了する時をいう。

役物連続作動装置が作動しているときの特別電動役物の作動の終了とは、当該特別電動役物に係る大入賞口が連続して開放等している状態を経て、当該状態が終了する時までをいう。

特別電動役物及び条件装置が、役物連続作動装置の作動終了後に当該役物連続作動装置の作動によって生じたあらゆる動作を原因として、再び作動する性能を持つものである場合には、

「その作動を終了」しない性能を持つものであると解するため、当該役物及び装置の当該性能は、本規定に抵触する。

(1)ヘ(ヲ)

「特別電動役物が作動している間」とは、(ロ)に掲げる役物連続作動装置の作動時及び未作動時における作動契機が発生した後、当該特別電動役物に係る大入賞口が開放等を開始した時から（開放等した時は含まない。）、当該特別電動役物に係る大入賞口が開放等している状態を経て、当該状態が終了する時までをいう。

遊技機が、「特別電動役物が作動している間」の後に当該作動が終了したことを確認することを可能としない性能を持つ場合には、開放等の時間が「あらかじめ定められたもの」でないと解するため、当該遊技機の当該性能は、(ト)又は(チ)に抵触する。

特別図柄表示装置が、一の特別電動役物が作動している間に作動する場合には、技術上の規格に定められていない特別図柄表示装置の作動に係る性能を持つものであると解するため、当該装置の当該性能は、本規定に抵触する。

遊技機が、特別図柄表示装置を二個設け、かつ、一の特別図柄表示装置に一の条件装置又は特別電動役物を作動させることとなる図柄の組合せが表示された時から当該条件装置又は特別電動役物の作動が終了する時までの間、別の特別図柄表示装置に対して、

・条件装置及び特別電動役物を作動させることとならない図柄で停止し、かつ、そのままの状態で表示を継続する

・あらかじめ定められた変動時間の計測を中断した上で、図柄を停止させない

という制御を行わない場合には、特別電動役物が作動している間に特別図柄表示装置が作動していると解するため、当該遊技機の制御を行わない性能は、本規定に抵触する。

(1)ヘ(ワ)

「特別図柄表示装置の作動」とは、遊技球が、特別図柄表示装置が作動することとなる始動口に入賞し、又は本規定の「当該四個を超える数の遊技球のうち最初の四個の遊技球」の効果による当該特別図柄表示装置上の図柄の組合せが変動を開始した時から、当該変動が継続している状態を経て、当該変動が終了する時までをいう。

「特別図柄表示装置の作動が終了する時」とは、特別図柄表示装置上の図柄の組合せの変動が継続している状態を経て、当該変動が終了する時をいう。

「特別電動役物の作動が終了」とは、特別電動役物に係る大入賞口が開放等している状態を経て、当該状態が終了する時をいう。

「図柄の組合せ」は、複数の図柄の組合せのほか、単一の図柄又はランプの点灯も含むものであり、識別することが容易なものである。

(1)ヘ(カ)

「特別図柄表示装置に図柄の組合せが表示される時」は、「特別図柄表示装置の作動が終了する時」である。

「図柄の組合せ」は、複数の図柄の組合せのほか、単一の図柄又はランプの点灯も含むものであり、識別することが容易なものである。

遊技機が、図柄の組合せが表示されていることを確認することを可能としない性能を持つ場合には、特別図柄表示装置に図柄の組合せが表示される時までの時間が「あらかじめ定められたもの」でないと解するため、当該遊技機の当該性能は、本規定に抵触する。

「あらかじめ定められ」とは、一の遊技機の特性として決定されている事項であると解する。

役物の作動等により遊技球が始動口に入賞した時から特別図柄表示装置に図柄の組合せが表示される時までの時間をあらかじめ定めることが困難な場合に限り、当該時間が当該遊技球によって特別図柄表示装置が作動を開始した時から終了する時までの時間であるとすることは、差し支えない。

変動時間を短縮するためのボタン等は、遊技者の意志により「表示される時までの時間」を「あらかじめ定め」ているにもかかわらず任意に調整することを可能とする性能を持つ装置であり、設置してはならない装置である。

(ヲ)の解釈に定める場合を除き、遊技機が、特別図柄表示装置が作動した後に当該作動における図柄の組合せが表示されるまでの時間を変動させる性能を持つものである場合には、役物の作動を任意に調整することを可能とする性能を持つものであると解し、「遊技の公正を害する調整を行うこと」を可能とする性能を持つものであると解するため、当該遊技機の当該性能は、リ(イ)に抵触する。

(1)ト(イ)

遊技機が、役物連続作動装置をプログラム上、構造上その他の事由から二個以上設けていることが判明する場合には、一個を超えて設けてはならない役物連続作動装置を複数設けていると解するため、当該遊技機の役物連続作動装置を二個以上設けている性能は、本規定に抵触する。

(1)ト(ロ)

役物連続作動装置が、特別電動役物以外の役物を直接的又は間接的にかかわらず作動させることを容易にする性能を持つものである場合には、当該役物を作動させることを可能とする性能を持つものであると解するため、当該装置の当該性能は、本規定に抵触する。

(1)ト(ハ)

「特定の」とは、一の遊技機の特性として決定されているものであり、遊技の都度により変動することを禁止しているものであると解する。

遊技球が通過することで役物連続作動装置を作動させることとなる「特定の領域」が遊技の都度により変動する又は事前に定められていない場合には、遊技機が役物の作動を任意に調整することを可能とする性能を持つものであると解し、「遊技の公正を害する調整を行うこと」を可能とする性能を持つものであると解するため、当該遊技機の当該性能は、リ(イ)に抵触する。

なお、当該領域が、複数定められていることは、差し支えない。

役物連続作動装置の作動とは、本規定に掲げる作動契機が発生した時から、当該役物連続作動装置に係る特別電動役物に係る大入賞口が連続して開放等をしている状態を経て、当該状態が終了する時までをいう。

役物連続作動装置が、作動契機が発生した時に直ちに作動しない場合には、役物の作動に係る時間を任意に調整することを可能とする性能を持つものであると解し、「遊技の公正を害する調整を行うこと」を可能とする性能を持つものであると解するため、当該役物の当該性能は、リ(イ)に抵触する。

本規定で定められた以外の作動契機で特別電動役物を連続して作動させることを可能とする装置は、役物連続作動装置ではない。

特定の入賞口、特定のゲート若しくは大入賞口以外の特定の入賞口内の特定の領域が無効又は有効に変動する場合には、遊技機が、役物の作動を任意に調整することを可能とする性能を持つものであると解し、「遊技の公正を害する調整を行うこと」を可能とする性能を持つものであると解するため、当該遊技機の当該性能は、リ(イ)に抵触する。

(1)ト(ニ)

「作動する回数の合計」とは、各々の特別電動役物が作動する回数の合計であると解する。

特別電動役物が二個設けられている場合には、二個の特別電動役物が、役物連続作動装置の一回の作動により作動することは、作動する回数の合計が十回を超える等、他の規定に抵触しない限り差し支えない。

役物連続作動装置に係る一の特別電動役物が始動口への入賞等により別の特別電動役物に係る大入賞口が開放等する時及び当該別の特別電動役物が作動する時に作動している場合には、遊技機が、複数の特別電動役物を同時に作動させる性能を持つものであると解するため、当該遊技機の当該性能は、ヘ(ハ)に抵触する。

役物連続作動装置が作動していないとき、特定の領域を大入賞口内に持つ大入賞口に係る特別電動役物が作動し、大入賞口内の特定の領域を通過することで条件装置が作動し、当該装置に係る役物連続作動装置が作動する場合には、当該特別電動役物の作動は、本規定の作動回数に含める。

(1)ト(ホ)

「特定の領域」とは、遊技球が通過することで条件装置を作動させることとなる領域が、遊技の都度により変動してはならず、事前に定められていなければならないことであると解する。

なお、当該領域が複数定められていることは、差し支えない。

可動物が、大入賞口内に設けられ、既に大入賞口に入賞した遊技球の動きを当該可動物で変化させることは、差し支えない。ただし、当該可動物が、役物連続作動装置の未作動時における特別電動役物が作動を開始した時から、大入賞口に入賞した遊技球が遊技の結果に影響を及ぼすか否かが確定するときまでの間、常時一定の動作を継続（一連の動作を繰り返すものを含む。）しない又は誰かが調整することを可能とする性能を持つものである場合には、当該特定の領域を通過する遊技球の数の割合が定められていない性能を持つものであると解するため、当該可動物の当該性能は、本規定に抵触する。

「常時一定の動作」とは、可動物が電源投入後に動作し続けることであると解する他、

・可動物が一定の周期で停まること
・役物連続作動装置の作動中（特別電動役物の作動中）に入賞した遊技球の数のうち、一の数を契機として、可動物が一定の動作を行うこと

を含むものである。ただし、当該動作は、遊技の結果に影響を及ぼすものであることにより、主基板にて制御されるものである。

遊技球が通過することで条件装置を作動させることとなる「特定の領域」が遊技の都度により変動する又は事前に定められていない場合には、遊技機が、当該特定の領域を通過する遊技球の数の割合を定めていない性能を持つものであると解するため、当該遊技機の当該性能は、本規定に抵触する。

なお、当該領域が複数定められていることは、差し支えない。

一回の特別電動役物が作動するとき、複数の遊技球が、大入賞口内の特定の領域を通過することは、差し支えない。このとき「十分の一を超えるものではないこと」とは、通過した遊技球は一個であるとした上で、特定の領域の通過球数が正に十分の一を超えてはならないことであると解する。

特定の領域を持つ大入賞口が、役物連続作動装置未作動時における一の契機で入賞した遊技球が他の契機で入賞した遊技球の落下の方向に何らかの変化を与えることを可能とする構造又は性能を持つものである場合には、特定の領域を通過する遊技球の割合の任意の調整を可能とする構造又は性能を持つものであると解するため、当該大入賞口の当該構造又は性能は、本規定に抵触する。

特定の領域を持つ大入賞口が、役物連続作動装置未作動時における一の契機で大入賞口に入賞した遊技球が特定の領域を通過するか否かが決定される前に、別の遊技球の始動口への入賞により再び開放等する性能を持つものである場合には、技術上の規格に定められていない役物の作動を容易にする性能を持つものであると解するため、当該大入賞口の当該性能は、リ(ト)に抵触する。

(1)ト(へ)

役物連続作動装置の一回の作動により特別電動役物の連続作動回数を決定するための装置（以下「特別電動役物連続作動回数決定装置」という。）は、役物連続作動装置の一部である。

特別電動役物連続作動回数決定装置が、あらかじめ定められた一の確率を設けていない又は遊技の都度に確率が変動する場合には、Nを定めていない性能を持つものであると解するため、当該装置の当該性能は、本規定に抵触する。

連続作動回数が

・役物連続作動装置の作動時に直ちに決定されない
・当該決定が明示されない
・当該明示された回数を表す情報が変動する

場合には、遊技機が、役物の作動を任意に調整することを可能とする性能を持つものであると解し、「遊技の公正を害する調整を行うこと」を可能とする性能を持つものであると解するため、当該遊技機の当該性能は、リ(イ)に抵触する。このとき、遊技者の技量等により連続作動回数が変動する場合に明示される回数は、特別電動役物が継続して作動することが物理的に可能である最大の回数である。

役物連続作動装置の作動の継続又は終了を特別電動役物の一回の作動により開放等する大入賞口内に入賞した遊技球が通過する領域で決定するために、当該通過領域を設けるための性能が構造上設けられることは、差し支えない。

ただし、当該通過領域が、

・遊技の状態によって変動する
・無効又は有効となる
・当該構造が可動する場合、役物連続作動装置の作動中において、常時一定の動作を継続しない
・誰かが調整できる

場合には、遊技機が役物の作動を任意に調整することを可能とする性能を持つものであると解し、「遊技の公正を害する調整を行うこと」を可能とする性能を持つものであると解するため、当該遊技機の当該性能は、リ(イ)に抵触する。また、この場合のNは、特別電動役物が継続して作動することが物理的に可能である最大の回数である。

「常時一定の動作」とは、可動物が電源投入後に動作し続けることであると解する他、

・可動物が一定の周期で停まること

・役物連続作動装置の作動中（特別電動役物の作動中）に入賞した遊技球の数のうち、一の数を契機として、可動物が一定の動作を行うこと

を含むものである。ただし、当該動作は、遊技の結果に影響を及ぼすものであることにより、主基板にて制御されるものである。

役物連続作動装置が、一回の作動に対して一回の特別電動役物の作動のみで作動を終了する場合には、特別電動役物を連続して作動させないことを可能とする性能を持つものであると解するため、当該装置の当該性能は、本規定に抵触する。

遊技機が、特定の領域を複数設け、当該領域ごとの特別電動役物の連続作動回数を決定する構造を持つことは、差し支えない。また、この場合のNは、特別電動役物が継続して作動することが物理的に可能である最大の回数である。

(1)ト(ト)

「設定」とは、別表第二(2)ワにいうものであると解する。

役物連続作動装置の作動の終了時ごとに作動確率Mの値を低い値から高い値へ変動させ、又は高い値のまま変動させない抽せん（高確率変動抽せん）を行う場合は、その当せん確率は、あらかじめ定められた一の値（以下この項でα（$0 < \alpha \leqq 1$）とする。）である。

作動確率Mの値が高い値のとき、一回の条件装置の作動に係る抽せんごとに作動確率Mの値を高い値から低い値へ変動させる抽せん（転落抽せん）を行う場合は、その当せん確率は、あらかじめ定められた一の値（以下この項でβ（$0 \leqq \beta < 1$）とする。）である。このとき、Pは

$$(\alpha \times (1-(1-\mathrm{MH})^{-\log_{(1-\beta)}2}))^{\mathrm{P}} = \frac{1}{2} (0 < \alpha \leqq 1,\ 0 < \beta < 1)$$

$$\alpha^{\mathrm{P}} = \frac{1}{2} (0 < \alpha < 1,\ \beta = 0)$$

$$\mathrm{P} = \infty\ (\alpha = 1,\ \beta = 0)$$

である。

高い値のまま一定回数抽せんを行う場合は、その一定回数は、あらかじめ定められた一の値（以下この項でγとする。）である。このとき、Pは

$$(\alpha \times (1-(1-\mathrm{MH})^{\gamma}))^{\mathrm{P}} = \frac{1}{2}$$

$(0 < \alpha \leqq 1)$

である。

遊技機が、α、β及びγを二以上持つ場合には、二を超える作動確率Mを持つものであると解するため、当該遊技機のα、β及びγを二以上持つ性能は、本規定に抵触する。ただし、設定によりMH及びMLの値が異なることにより、設定ごとに異なる作動確率Mの値を持つことは、差し支えない。

高確率変動抽せんを構造物により行う場合のαは、物理的に可能である最大値である1である。

転落抽せんを構造物により行う場合のβは、物理的に可能である最小値である0である。

高確率時の条件装置の作動回数に制限を設けている場合のPは、当該制限値と上記の計算値の小さい方である。

(1)ト(チ)

試験結果が正に十倍である場合には、当該結果を可能とする遊技機の性能は、本規定に抵触しない。

(1)ト(リ)

作動確率Mが当該確率を持つ条件装置を作動契機として作動した役物連続作動装置の作動終了後以外に変動する場合には、遊技機が技術上の規格に定められていない契機で変動させる性能を持つものであると解するため、当該遊技機の当該性能は、本規定に抵触する。ただし、設定変更装置が、作動確率Mを変動することは、当該装置が遊技機の性能そのものであることにより、差し支えない。

なお、設定変更装置が作動確率を変動したときの作動確率の値は低い値とすること。

(1)チ(イ)

「自由に送信することができる」とは、いついかなるときでも遊技者の意思により、記録された遊技球の数のうちから全部又は一部の遊技球の数を示す信号を自由に送信することができるものであると解する。

(1)チ(ロ)

「直接操作する場合」とは、遊技者の身体の一部を使用し、遊技機に接触して遊技を行うこ

とであると解する。

なお、遊技者が記録された遊技球の数を示す信号を送信するための操作をした場合に、当該操作により送信された信号の遊技球の数を減ずることは差し支えない。

(1)リ(イ)

技術上の規格に定められている場合を除き、遊技機が、誰かの調整により遊技機の性能を変動させることを可能とする性能を持つものである場合には、「遊技の公正を害する調整を行うこと」を可能とする性能を持つものであると解するため、当該遊技機の当該性能は、本規定に抵触する。

技術上の規格に定められている場合を除き、遊技機が、時刻若しくは電源投入又は特別図柄表示装置上の図柄の表示回数等の遊技の結果を契機として普通電動役物の作動確率又は大入賞口内の内部構造等、遊技の状態を変動させることを可能とする性能を持つものである場合には、「遊技の公正を害する調整を行うこと」を可能とする性能を持つものであると解するため、当該遊技機の当該性能は、本規定に抵触する。

遊技機が、遊技の結果に影響を与えることとなる遊技機の性能を調整又は変動することを可能とする性能を持つものである場合には、「遊技の公正を害する調整を行うこと」を可能とする性能を持つものであると解するため、当該遊技機の当該性能は、本規定に抵触する。

(1)リ(ロ)

遊技くぎ等の配置が任意の発射速度及び発射強度で発射された遊技球が当該遊技くぎ等に触れることなく、開放等している入賞口に入賞することを可能とする性能を持つものである場合には、遊技機が「入賞口への遊技球の入賞が著しく容易にな」る性能を持つものであると解するため、当該遊技機の当該性能は、本規定に抵触する。

(1)リ(ハ)

開放等が生じた入賞口が開放等が生じていない場合と異なった遊技球の落下の流れを形成し、この結果、任意の入賞口への入賞が容易となる性能を持つものである場合には、遊技機が「入賞口以外の入賞口への遊技球の入賞が容易にな」る性能を持つものであると解するため、当該遊技機の当該性能は、本規定に抵触する。

(1)リ(ト)

遊技機が、電子計算機によるくじの結果を複数記憶する性能を持つものである場合には、「役物の作動を容易にするための特別の装置」の性能を持つものであると解するため、当該遊技機の当該性能は、本規定に抵触する。

遊技機が、直接的又は間接的を問わず、役物又は役物連続作動装置の作動を容易にすると認められる性能を持つものである場合には、有形無形を問わず「役物の作動を容易にするための特別の装置」の性能を持つものであると解するため、当該遊技機の当該性能は、本規定に抵触する。

ト(ホ)にいう「可動物」、及びト(ヘ)にいう「装置」及び「機能」は、役物連続作動装置の一部である。

作動確率及び普通電動役物が作動することとなる図柄の組合せが表示される確率を変動させるための装置を除き、遊技機が、役物の作動に係る図柄の組合せを表示する確率を変動させることを可能とする性能を持つものである場合には、「役物の作動を容易にするための特別の装置」の性能を持つものであると解するため、当該遊技機の当該性能は、本規定に抵触する。

技術上の規格に定められている場合を除き、入賞口及びゲートが、遊技の状態によって無効又は有効となる、又は誰かが調整することを可能とする性能を持つものである場合には、「役物の作動を容易にするための特別の装置」の性能を持つものであると解するため、当該入賞口及びゲートの当該性能は、本規定に抵触する。

技術上の規格に定められている場合を除き、遊技機が、役物に係る入賞口の動作が遊技の状態によって変動する又は誰かが調整することを可能とする性能を持つものである場合には、「役物の作動を容易にするための特別の装置」を持つものであると解するため、当該役物の当該性能は、本規定に抵触する。

(2)イ(イ)

発射装置は、遊技球の発射に係る装置総体である。

発射装置の個数とは、遊技球に運動エネルギーを与える部分の数のことであると解する。

(2)イ(ロ)

「直接操作する場合」とは、遊技者の身体の一部を使用し、遊技機に接触して遊技を行うことであると解する。

発射装置が、遊技者が直接操作していないときにその発射強度が０に戻らない性能を持つ場合には、「遊技の公正を害する調整を行うこと」を可能とする性能を持つものであると解するため、当該発射装置の当該性能は、⑴リ(イ)に抵触する。

⑵ハ(イ)

「遊技盤」とは、遊技球が自由に落下することができる領域（入賞口の内部を除く。）をいうものであると解する。

遊技盤に到達するために十分な速度がない遊技球が発射装置又は受け皿に戻るための領域（以下この規定において「発射レール領域」という。また、発射レール領域に遊技盤上に打ち出された遊技球が再び入ることを防ぐための装置を「遊技球戻り防止弁」という。）は、遊技盤でないと解する。

遊技球戻り防止弁がない遊技機における発射レール領域とは、発射レールの終端部分から鉛直方向に延長した仮想線と、発射レール領域に囲まれる部分であると解する。

入賞口に入賞しなかった遊技球が入る入口が遊技盤上の最下部に設ける場合を除き、遊技機が、当該入口が入賞口でないことを明らかにしていない場合には、遊技者が遊技球の発射強度を調整できない性能を持つものであると解し、「遊技の公正を害する調整を行うこと」を可能とする性能を持つものであると解するため、当該遊技機の当該性能は、⑴リ(イ)に抵触する。

⑵ハ(ロ)

「遊技盤の大きさ」とは、遊技球が落下する範囲の外周であると解する。

⑵ニ(イ)

「入賞口の数」とは、入賞口の入口の数のことであると解する。

入賞口の入口とは、入賞口及び当該入賞口に連なる遊技くぎ等（その間を遊技球が通過できない形で連続配置されている遊技くぎ等）で構成される遊技球の通過面のうち、入賞口から最も離れた位置にあるものであると解する。

⑵ニ(ロ)

二個の大入賞口が開放等しているあるいはしていないにかかわらず物理的に明確に分離されていることが明らかな構造となっていない場合には、遊技機が一の大入賞口の入口の大きさを定めていない構造を持つものであると解するため、当該遊技機の当該構造は、(リ)に抵触する。

二個の大入賞口が隣接し、その間に遊技球が通過することが不可能である構造になっている場合には、遊技機が一の大入賞口の入口の大きさを定めていない構造を持つものであると解するため、当該遊技機の当該構造は、(リ)に抵触する。

遊技機が大入賞口内に構造物（以下「大入賞口内の構造物」という。）を設けることは、⑴ト(ホ)及び(ヘ)に適合する限り差し支えない。

⑵ニ(ハ)

役物の作動により開放等する入賞口が始動口を兼ねることは、⑴で始動口となることを禁止されている入賞口でない限り差し支えない。

可動物が始動口内に設けられ、既に始動口に入賞した遊技球の動きを当該可動物で変化させることは、差し支えない。ただし、当該可動物が、常時一定の動作を継続（一連の動作を繰り返すものを含む。）しない又は誰かが調整することを可能とする性能を持つものである場合には、当該特定の領域を通過する遊技球の数の割合が定められていない性能を持つものであると解するため、当該可動物の当該性能は、本規定に抵触する。

⑵ニ(ニ)

遊技機が、発射された遊技球について物理的に可能などの軌跡をもってしても入賞が不可能である入賞口を設けている場合には、入賞できない入賞口が設けられている構造を持つものであると解するため、当該遊技機の当該構造は、本規定に抵触する。

遊技機が入賞口であると誤認する入賞口でないものを設けている場合には、遊技球の発射強度を調整できない性能を持つものであると解し、「遊技の公正を害する調整を行うこと」を可能とする性能を持つものであると解するため、当該遊技機の当該性能は、⑴リ(イ)に抵触する。

⑵ニ(ホ)

入賞口の入口の大きさとは、入賞口の入口のうち、遊技盤と平行な距離の最大値であると解する。

なお、遊技くぎにおける当該大きさとは、内法であると解する。

⑵ニ(ヘ)

第一種非電動役物の作動により拡大した入賞口の入口の大きさとは、遊技盤と平行な距離の最大値であると解する。

(2)ニ(ト)

第二種非電動役物の作動により開放等した入賞口の入口の大きさとは、遊技盤と平行な距離の最大値であると解する。

(2)ニ(チ)

普通電動役物の作動により開放等した入賞口の入口の大きさとは、遊技盤と平行な距離の最大値であると解する。

(2)ニ(リ)

特別電動役物の作動により開放等した入賞口の入口の大きさとは、遊技盤と平行な距離の最大値であると解する。

遊技機が、複数の電動役物に係る入賞口を並列させて同時作動させる構造を持つものである場合には、当該入賞口の入口の大きさが定められていない、かつ大入賞口でない構造を持つものであると解するため、当該遊技機の当該構造は、(チ)等、該当する規定に抵触する。

(2)ニ(ヌ)

ゲートの大きさとは、ゲート及び当該ゲートに連なる遊技くぎ等（その間を遊技球が通過できない形で連続配置されている遊技くぎ等）で構成される遊技球の通過面のうち、ゲートから最も離れた位置で遊技盤と平行な距離の最大値であると解する。

(2)ホ(イ)

電気的又はその他の動力により常に一定の動作を行う可動物は、遊技くぎ等である。

遊技機が、遊技くぎ等以外の遊技球の落下の方向に変化を与えるための装置を遊技盤上に設けている場合には、技術上の規格に定められていない装置を設けていると解するため、当該遊技機の当該装置を遊技盤上に設けている構造は、本規定に抵触する。

遊技機が、電気的又はその他の動力（風車、その他の遊技球の落下の方向に変化を与えるための装置に遊技球が衝突したことにより、遊技球が落下の方向とは異なった方向に変化することを除く。）により遊技球を上昇させる装置（上昇させる程度がわずかであって、遊技球の落下の方向を著しく不規則にしないことが明らかなものを除く。）を設けている場合には、遊技球の落下の方向を著しく不規則にする装置を設けていると解するため、当該遊技機の当該装置を設けている構造は、本規定に抵触する。

(2)ホ(ハ)

遊技球を保留するための装置が、当該装置から落下した遊技球が大入賞口に入賞する可能性がある構造である場合には、保留装置ではなく「役物の作動を容易にするための特別の装置」の構造を持つものであると解するため、当該装置の当該構造は、(1)リ(ト)に抵触する。

電気的その他の動力を用いて、遊技球を停止させた後、遊技球を入賞口に向けて落下させるための装置は、保留装置である。

磁石等で遊技球を吸着する装置で、遊技球を入賞口に向けて落下させるための装置は、保留装置である。この場合、保留装置の個数とは、磁石等の数であると解する。

「入賞口に向けて落下させる」とは、当該装置が遊技球を入賞口に入賞する可能性があるように落下させることであると解する。

遊技機が、保留装置から遊技球が落下する契機の調整を遊技者以外が行うことを可能とする構造を持つものである場合には、遊技者が落下する契機を任意に調整できない構造を持つものであると解し、当該構造が「遊技の公正を害する調整を行うこと」を可能とする性能を持つものであると解するため、当該遊技機の当該構造は、(1)リ(イ)に抵触する。

(2)ホ(ホ)

遊技機が、保留装置の保留を容易にする装置を設けている場合には、技術上の規格に定められていない装置を設けていると解するため、当該遊技機の当該装置を設けている構造は、本規定に抵触する。

遊技盤上の遊技球を重力の作用にかかわらず留めておくことを可能とする装置とは、「遊技球を保留することができる装置」であると解する。よって、当該装置が、保留装置でない場合には、「遊技球の落下を著しく不規則にする特別の装置」の構造を持つものであると解するため、当該遊技盤上の当該構造は、(イ)に抵触する。

(2)ヘ(ハ)

本規定は、遊技球が通過する可能性がある部分について、常時満たす条件が定められているものである。

(2)チ(ハ)

本規定は、遊技球が通過する可能性がある部分について、常時満たす条件が定められているものである。

遊技球が接触する及び接触しないガラス板等（二重ガラス及び表裏両面を含む。）が、凹凸の構造を持つものである場合には、遊技球の落下を著しく不規則にする及び光の屈折率の変化により遊技盤が歪んで見える構造を持つものであると解するため、当該ガラス板等の当該構造は、本規定及び(1)リ(イ)に抵触する。

(2)リ(イ)

遊技機が、遊技球を取り出すことを困難にする構造を持つものである場合には、遊技球を自由に取り出すことを阻害する構造を持つものであると解するため、当該遊技機の当該構造は、本規定に抵触する。

受け皿が、獲得したあるいは貸玉によって得た遊技球が遊技者にとって可視的でない、又は遊技機内に取り置かれる等によって容易に取り出すことを可能とする状態でない構造を持つものである場合には、遊技球を自由に取り出すことを阻害する構造であると解するため、当該受け皿の当該構造は、本規定に抵触する。

(2)リ(ロ)

遊技機が、遊技球の数の確認を困難にする構造を持つものである場合には、遊技球の数の確認を阻害する構造を持つものであると解するため、当該遊技機の当該構造は、本規定に抵触する。

(2)ヌ(イ)

遊技機が、遊技くぎ等その他遊技盤上に設ける構造で遊技球の衝突により形状等が変化するものを持つものである場合には、耐久性のない構造を持つものであると解するため、当該遊技機の当該構造は、本規定に抵触する。

(2)ヌ(ロ)

「図柄の組合せ」は、複数の図柄の組合せのほか、単一の図柄又はランプの点灯も含むものであり、識別することが容易なものである。

「役物の作動が終了するとき」とは、役物に係る入賞口が開放等している状態を経て、当該状態が終了するときをいう。

役物が、その作動契機が発生した時に直ちに作動しない場合には、役物の作動に係る時間を任意に変動させる性能を持つものであると解し、「遊技の公正を害する調整を行うこと」を可能とする性能を持つものであると解するため、(1)リ(イ)に抵触する。

遊技機が、役物あるいは役物連続作動装置の作動契機を電磁的記録等により貯留し、任意の契機で当該貯留情報等により役物あるいは役物連続作動装置を連続して作動させることを可能とする構造を持つものである場合には、「記憶する装置」の構造を持つものであると解するため、当該遊技機の当該構造は、本規定に抵触する。

(2)ヌ(ハ)

「操作」とは、人間が目的物に対して何らかの意図を持って直接的に作用を及ぼすことであると解する。

設定変更装置が、間接的な操作、遊技の結果又は偶然その他の作用により作動することを可能とする構造を持つものである場合には、「遊技者が操作することができ」る構造を持つものであると解するため、当該装置の当該構造が、本規定に抵触する。

設定変更装置が、設定を切り替え中であることを遊技機外部から認識できない性能を持つものである場合には、「遊技の公正を害する調整を行うこと」を可能とする性能を持つものであると解するため、当該装置の当該性能が、(1)リ(イ)に抵触する。

(3)ヘ

「透明」とは、無色透明のことであると解する。

四　「別表第五　回胴式遊技機に係る技術上の規格」関係

(1)イ(イ)

遊技球を使用する回胴式遊技機が規定数を一個とすることは、差し支えない。

遊技機が、規定数を超える遊技メダル等の遊技機内部への投入を可能とする性能を持つものである場合は、規定数を定めていない性能を持つものであると解するため、当該遊技機の当該性能は、本規定等、該当する規定に抵触する。

(1)イ(ロ)

「投入」とは、遊技者が遊技メダル等を遊技機内部に入れること及び貯留装置又は遊技メダル数表示装置に係るボタンその他の装置の操作により遊技メダル等を遊技の用に供する一連の動作のことであると解する（「貯留装置」における「投入」と意味が違う点について留意のこと）。

「投入をし」とは、投入に係る一連の動作が完結した時であると解する。

「回胴の上の図柄の組合せが表示」とは、回胴が一回の遊技の結果が確定したことを告知することに必要な時間、回胴の上の図柄を直視できる状態で停止することであると解する。

「図柄」とは、「回胴の上の」との記述により、回胴上に印刷されたものであると解し、投影等により視認されるものとは、「図柄」でないと解する。

「遊技メダル等の投入」は、「遊技メダル等を遊技機内部に入れ」及び「遊技の用に供する」により、遊技者の意思による行為であることから、遊技機が、投入に係る一連の動作を遊技者の意思によらず自動的に完結させる性能を持つものである場合には、「遊技の公正を害する調整を行うこと」を可能とする性能を持つものであると解するため、当該遊技機の当該性能は、ヌ(イ)に抵触する。

遊技機が、投入に係る一連の動作が完結していないときに回胴回転装置の作動を可能とする性能を持つものである場合には、技術上の規格に定められていない回胴回転装置の作動に係る性能を持つものであると解するため、当該遊技機の当該性能は、本規定に抵触する。また、遊技機が、当該動作の完結と同時に回胴回転装置を自動的に作動させる性能を持つものである場合には、遊技者の意思による行為を阻害する性能を持つものであると解し、「遊技の公正を害する調整を行うこと」を可能とする性能を持つものであると解するため、当該遊技機の当該性能は、本規定に抵触する。

重力により遊技球を遊技機内に取り込む構造を設けている遊技機が、

・一回の遊技を行うか否かを遊技者が選択することを可能とする性能を持たない
・遊技者が一回の遊技を行わないとしたときに投入に係る一連の動作中の遊技球を一の操作ですべて受け皿に排出することを可能とする性能を持たない

場合には、遊技者の意思による行為を阻害する性能を持つものであると解し、「遊技の公正を害する調整を行うこと」を可能とする性能を持つものであると解するため、当該遊技機の当該性能は、本規定に抵触する。

貯留装置を持つ遊技機が、電気的動力等により遊技メダルの投入を可能とする構造を持つものである場合には、遊技メダル等を投入して遊技を行う遊技機であるにもかかわらず別表第二(3)ヲ前段にいう「入賞により獲得された遊技メダル等その他投入に係る遊技メダル等以外の遊技メダル等を受けるための装置」の構造を持つものであると解し、技術上の規格に定められていない受け皿に係る構造を持つものであると解するため、当該遊技機の当該構造は、(2)ヘ(イ)に抵触する。

(1)イ(ハ)

「投入」とは、遊技者が遊技メダル等を遊技機内部に入れること及び貯留装置又は遊技メダル数表示装置に係るボタンその他の装置の操作により遊技メダル等を遊技の用に供する一連の動作のことであると解する（「貯留装置」における「投入」と意味が違う点について留意のこと。）。

「遊技の結果が得られる時」とは、回胴が全て停止し、図柄に応じた遊技メダル等が払い出され終えた時であると解する。

「投入をし」とは、投入に係る一連の動作が完結した時であると解する。

「投入をする」とは、投入に係る一連の動作を開始することであると解する。遊技機が、本規定に規定される間に遊技メダル等の新たな遊技機内部への投入を可能とする性能を持つものである場合には、「投入をする」ことを可能とする性能を持つものであると解するため、当該遊技機の当該性能は、本規定に抵触する。

遊技機が、投入を完結していない遊技メダル等を遊技者の意思により随時返却することを可能とする性能を持つものでない場合には、「遊技の公正を害する調整を行うこと」を可能とする性能を持つものであると解するため、当該遊技機の当該性能は、ヌ(イ)に抵触する。

(1)イ(ニ)

「すべての回胴」とは、回胴回転装置で制御される回胴であると解し、演出に用いる回胴等は含まれないものであると解する。

「すべての回胴の回転の方向及び速さは一定とし」とは、全ての回胴を通して、回転の方向及び速さが同一であると解する。また、「一定」とは、遊技ごとの変化がないものであると解する。

(1)イ(ホ)

「すべての回胴」とは、回胴回転装置で制御される回胴であると解し、演出に用いる回胴等は含まれないものであると解する。

(1)イ(ヘ)

「すべての回胴」とは、回胴回転装置で制御される回胴であると解し、演出に用いる回胴等は含まれないものであると解する。

遊技機が、遊技者による回転停止装置の作動を経ずに回胴の回転を停止させるときに、作動中の条件装置に係る図柄の組合せを停止させる性能を持つものである場合には、遊技メダル等の獲得を著しく容易にする性能を持つものであると解し、「遊技の公正を害する調整を行うこと」を可能とする性能を持つものであると解するため、当該遊技機の当該性能は、ヌ(イ)に抵触する。

(1)イ(ト)

「操作」とは、人間が目的物に対して何らかの意図を持って直接的に作用を及ぼすことであると解する。

遊技機が、条件装置が作動している遊技において回転停止装置を作動させてから回胴が停止するまでの時間を一九〇ms（(1)ヘ(ホ)に定める七五ms以内で停止する回胴にあっては七五ms以内で任意に変動させ、もって当該条件装置に係る図柄の組合せを表示させる制御を可能としない性能を持つものである場合には、条件装置の作動を阻害する性能を持つものであると解し、「遊技の公正を害する調整を行うこと」を可能とする性能を持つものであると解するため、当該遊技機の当該性能は、ヌ(イ)に抵触する。

遊技機が、再遊技に係る条件装置が作動している遊技において回転停止装置を作動させてから回胴が停止するまでの時間を一九〇ms（(1)ヘ(ホ)に定める七五ms以内で停止する回胴にあっては七五ms）以内で任意に変動させ、もって当該再遊技に係る図柄の組合せを表示させる制御を可能としない性能を持つものである場合には、条件装置の作動を阻害する性能を持つものであると解し、「遊技の公正を害する調整を行うこと」を可能とする性能を持つものであると解するため、当該遊技機の当該性能は、ヌ(イ)に抵触する。

遊技機が、入賞、再遊技、役物及び役物連続作動装置のそれぞれの条件装置の制御を同一としない性能を持つものである場合には、役物の作動を任意に変動させる性能を持つものであると解し、「遊技の公正を害する調整を行うこと」を可能とする性能を持つものであると解するため、当該遊技機の当該性能は、ヌ(イ)に抵触する。

(1)イ(リ)

「識別」とは、一の図柄の種類と他の図柄の種類を見分けることが可能であることであると解する。

本規定は、回胴回転装置の作動中はもとより、当該装置が作動していないときについても、常時満たす条件が定められているものである。

隣接する図柄が著しく近接あるいは重なっているもの及び左［上］図のように回胴の回転方向に対して前後する部分がある図柄は、図柄として識別できないものである。

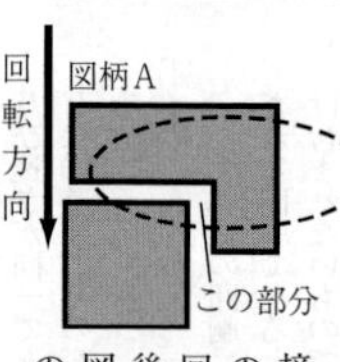

充分な太さを持たない線等で構成された図柄（例①）や図柄の一部（例②）は、図柄として識別できないものである。

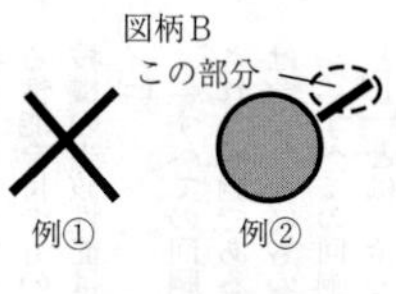

遊技機が、回胴回転装置を作動させるための操作をしてから回転停止装置を作動させて全ての回胴が停止するまでの間に、回胴に対する照明の色若しくは明るさを変動する性能又はガラス板等若しくは回胴上に何らかの図等を投影する性能を持つものである場合には、図柄をおおむね識別することを阻害する性能を持つものであると解するため、当該遊技機の当該性能は、本規定に抵触する。

(1)ロ(イ)

「を超えないもの」、「を超えるものでないもの」とは、あらゆる一回の入賞において一回でも本規定に規定される遊技メダル等を超える払出しを行うことがないものであると解する。

「当該入賞に使用した遊技メダル等の数」とは、当該一回の遊技において投入された遊技メダル等の数をいうものであると解する。

なお、当該入賞が「再遊技」により発生した場合の「当該入賞に使用した遊技メダル等の数」とは、最も近い以前の遊技において投入された遊技メダル等の数をいうものであると解する。

遊技メダル等払出装置が、一回の入賞に対する払出中に停電等の突発事項により障害があったときに改めて当該入賞に対する遊技メダル等の払出しを行う性能を持つものである場合には、「遊技の公正を害する調整を行うこと」を可能とする性能を持つものでないと解するため、当該装置の当該払出しを行う性能は、本規定に抵触しない。

(1)ロ(ロ)

「あらかじめ定められ」とは、一の遊技機の特性として決定されている事項と解する。

遊技機が、複数の入賞に係る図柄の組合せが一の遊技で成立するときに払出しを行う遊技メダル等の合計として(イ)に規定される遊技メダル等を超える払出しを行う場合には、技術上の規格に定められていない遊技メダル等の獲得を可能とする性能を持つものであると解するため、当該遊技機の当該性能が、本規定に抵触する。

入賞に係る図柄の組合せに対応して獲得される遊技メダル等の数が、同一の図柄の組合せに対して異なっていることは、規定数ごと及び図柄の組合せごとにあらかじめ定められた一の値である限り、差し支えない。

(1)ロ(ハ)

再遊技、役物及び役物連続作動装置の作動は、「入賞」でない。

遊技機が、役物及び役物連続作動装置が作動する図柄の組合せが表示されたときに遊技メダル等の払出しを行う性能を持つものである場合には、入賞していないにもかかわらず遊技メダル等の獲得を可能とする性能を持つものであると解するため、当該遊技機の当該性能は、本規定に抵触する。

遊技機が、入賞、再遊技、普通役物の作動、第一種特別役物の作動、第二種特別役物の作動、第一種特別役物に係る役物連続作動装置の作動及び第二種特別役物に係る役物連続作動装置の作動に係る図柄の組合せを互いに素にしていない場合には、別表第二(3)ホの規定にかかわらず内部抽せんに当せんせずに図柄の組合せを表示することを可能とする性能を持つものであると解するため、当該遊技機の当該性能は、(ニ)等、該当する規定に抵触する。

(1)ロ(ニ)

入賞に係る条件装置が、内部抽せんの当せん又は別表第二(3)ヌで定義されている「第二種特別役物」の作動以外の契機で作動する場合には、技術上の規格に定められていない条件装置の作動に係る性能を持つものであると解するため、当該装置の当該性能は、本規定に抵触する。

遊技機が、入賞又は再遊技に係る図柄の組合せと、役物の作動又は役物連続作動装置の作動に係る図柄の組合せを二個以上同時に表示することを可能とする性能を持つものである場合には、条件装置が作動せずに入賞又は再遊技が作動することを可能とする性能を持つものであると解するため、当該遊技機の当該性能は、本規定等、該当する規定に抵触する。

(1)ロ(ホ)

「設定」とは、別表第二(3)へにいうものであると解する。

「すべての回胴」とは、回胴回転装置で制御される回胴であると解し、演出に用いる回胴等は含まれないものであると解する。

「四百回」とは、一切の延長のない四〇〇回の遊技回数をいうものであると解する。

「四百回にわたり遊技を連続して行った場合」とは、連続して行う四〇〇回の遊技であると解する。

「任意の」とは、試験においてあらかじめ定められていないものであると解する。

試験結果が正に三分の一倍又は二・二倍である場合には、当該結果を可能とする遊技機の性能は、本規定に抵触する。

(1)ロ(ヘ)

「設定」とは、別表第二(3)へにいうものであると解する。

「四百回」とは、一切の延長のない四〇〇回の遊技回数をいうものであると解する。

「四百回にわたり遊技を連続して行った場合」とは、連続して行う四〇〇回の遊技であると解する。

試験結果が正に二・二倍である場合には、当該結果を可能とする遊技機の性能は、本規定に抵触する。

(1)ロ(ト)

「設定」とは、別表第二(3)へにいうものであると解する。

「千六百回」とは、一切の延長のない一、六〇〇回の遊技回数をいうものであると解する。

「千六百回にわたり遊技を連続して行った場合」とは、連続して行う一、六〇〇回の遊技であると解する。

試験結果が正に五分の二倍又は一・五倍である場合には、当該結果を可能とする遊技機の性能は、本規定に抵触する。

(1)ロ(チ)

「設定」とは、別表第二(3)へにいうものであると解する。

「千六百回」とは、一切の延長のない一、六〇〇回の遊技回数をいうものであると解する。

「千六百回にわたり遊技を連続して行った場合」とは、連続して行う一、六〇〇回の遊技であると解する。

試験結果が正に一・五倍である場合には、当該結果を可能とする遊技機の性能は、本規定に抵触する。

(1)ロ(リ)

「設定」とは、別表第二(3)へにいうものであると解する。

「六千回」とは、一切の延長のない六、〇〇〇回の遊技回数をいうものであると解する。

「六千回にわたり遊技を連続して行った場合」とは、連続して行う六、〇〇〇回の遊技であると解する。

試験結果が正に〇・五倍又は一・二六倍である場合には、当該結果を可能とする遊技機の性能は、本規定に抵触する。

(1)ロ(ヌ)

「設定」とは、別表第二(3)へにいうものであると解する。

「六千回」とは、一切の延長のない六、〇〇〇回の遊技回数をいうものであると解する。

「六千回にわたり遊技を連続して行った場合」とは連続して行う六、〇〇〇回の遊技であると解する。

試験結果が正に一・二六倍である場合には、当該結果を可能とする遊技機の性能は、本規定に抵触する。

(1)ロ(ル)

「設定」とは、別表第二(3)へにいうものであると解する。

「一万七千五百回」とは、一切の延長のない一七、五〇〇回の遊技回数をいうものであると解する。

「一万七千五百回にわたり遊技を連続して行った場合」とは、連続して行う一七、五〇〇回の遊技であると解する。

試験結果が正に一・一五倍又は〇・六倍である場合には、当該結果を可能とする遊技機の性能は、本規定に抵触する。

(1)ロ(ヲ)

「設定」とは、別表第二(3)へにいうものであると解する。

「一万七千五百回」とは、一切の延長のない一七、五〇〇回の遊技回数をいうものであると解する。

「一万七千五百回にわたり遊技を連続して行った場合」とは、連続して行う一七、五〇〇回の遊技であると解する。

試験結果が正に一・一五倍である場合には、当該結果を可能とする遊技機の性能が、本規定に抵触する。

(1)ロ(ワ)

「設定」とは、別表第二(3)へにいうものであると解する。

「六千回」とは、一切の延長のない六、〇〇〇回の遊技回数をいうものであると解する。

「六千回にわたり遊技を連続して行った場合」とは、連続して行う六、〇〇〇回の遊技であると解する。

試験結果が正に七割（第一種特別役物の割合にあっては正に六割）である場合には、当該結果を可能とする遊技機の性能は、本規定に抵触しない。

第一種特別役物に係る役物連続作動装置の作動により作動する第一種特別役物で獲得された遊技メダル等は、「第一種特別役物の作動による」遊技メダル等である。

(1)ロ(カ)

「設定」とは、別表第二(3)へにいうものであると解する。

「六千回」とは、一切の延長のない六、〇〇〇回の遊技回数をいうものであると解する。

「六千回にわたり遊技を連続して行った場合」とは、連続して行う六、〇〇〇回の遊技であると解する。

試験結果が正に七割（第一種特別役物の割合にあっては正に六割）である場合には、当該結果を可能とする遊技機の性能は、本規定に抵触しない。

第一種特別役物に係る役物連続作動装置の作動により作動する第一種特別役物で獲得された遊技メダル等は、「第一種特別役物の作動による」遊技メダル等である。

(1)ロ(ヨ)

「すべての図柄の組合せの数」とは、図柄の数が一の回胴につきN個の場合、Nの回胴数乗であると解する。

入賞に係る図柄の組合せを複数設けている遊技機がそれぞれの入賞に係る図柄の組合せの数の和が全ての図柄の組合せの百分の十一以下であり又は百分の四十を超えるものである性能を持つものである場合には、技術上の規格に定められていない入賞に係る図柄の組合せの数に係る性能を持つものであると解するため、当該遊技機の当該性能は、本規定に抵触する。

本規定は、役物及び役物連続作動装置の作動時又は非作動時について、常時満たす条件が定められているものである。

図柄の組合せの数は、回胴ごとに図柄が有効となる停止位置の組合せのうち一の組合せを用いて算定するものである。

(1)ロ(タ)

「あらかじめ定められ」とは、一の遊技機の特性として決定されている事項と解する。

(1)ロ(レ)

遊技機が、入賞に係る条件装置と再遊技に係る条件装置を同時に作動させることを可能とする性能を持つものである場合は、技術上の規格に定められていない条件装置の作動に係る性能を持つものであると解するため、当該遊技機の当該性能は、本規定に抵触する。

「第二種特別役物が作動している場合にあっては、この限りでないこと。」とは、第二種特別役物作動時には例外的に「再遊技」と「入賞」の条件装置が同時に作動する場合があるが、当該場合でも再遊技と入賞に係る図柄の組合せが同時に表示されることは容認されないというものであると解する。

「作動するものでない」とは、作動することを禁止しているものであると解する。

(1)ハ(イ)

「入賞に係る図柄の組合せを除く」とは、入賞に係る図柄の組合せと再遊技に係る図柄の組合せが同一のものであってはならないというものであると解する。

「特定の」とは、一の遊技機の特性として決定されているものであり、遊技の都度により変動することを禁止しているものであると解する。

(1)ハ(ロ)

再遊技に係る図柄の組合せが表示される場合とは、再遊技に係る条件装置に係る「内部抽せん」に当せんしている場合であると解する。

(1)ハ(ハ)

遊技機が、再遊技に係る図柄の配置を偏らせる等、再遊技に係る条件装置が作動しているにもかかわらず再遊技に係る図柄の組合せが表示されない図柄配列を設けている場合には、条件装置が作動しても図柄の組合せを表示することを可能としない性能を持つものであると解するため、当該遊技機の当該図柄配列を設けている性能は、本規定に抵触する。

「すべての図柄の組合せの数」とは、図柄の数が一の回胴につきN個の場合、Nの回胴数乗であると解する。

図柄の組合せの数は、回胴ごとに図柄が有効となる停止位置の組合せのうち一の組合せを用いて算定するものである。

(1)ハ(ニ)

「あらかじめ定められ」とは、一の遊技機の特性として決定されている事項であると解する。

「特定の」とは、一の遊技機の特性として決定されているものであり、遊技の都度により変動することを禁止しているものであると解する。

「作動したとき」、「表示されたとき」、「終了したとき」、「結果が得られたとき」とは、それぞれの条件を表すものであると解する。

遊技機が、a～eまでのそれぞれの条件において再遊技の確率を複数定めることは、七十三分の十以上である限り、差し支えない。

(1)ハ(ホ)

「あらかじめ定められ」とは、一の遊技機の特性として決定されている事項であると解する。

(1)ニ(イ)

「特定の」とは、一の遊技機の特性として決定されているものであり、遊技の都度により変動することを禁止しているものであると解する。

(1)ニ(ハ)
「あらかじめ定められ」とは、一の遊技機の特性として決定されている事項であると解する。

(1)ニ(ニ)
「すべての図柄の組合せの数」とは、図柄の数が一の回胴につきN個の場合、Nの回胴数乗であると解する。

図柄の組合せの数は、回胴ごとに図柄が有効となる停止位置の組合せのうち一の組合せを用いて算定するものである。

(1)ニ(ホ)
「あらかじめ定められた一の値」とは、取り得る値が遊技機の特性として事前に定められているただ一つのものであり、遊技の都度により変動することを禁止しているものであると解する。

普通役物と当該普通役物の作動により確率が上昇する入賞に係る条件装置との関係が一対一でない又は変更することが可能である場合には、遊技機が、役物の作動を任意に調整することを可能とする性能を持つものであると解し、「遊技の公正を害する調整を行うこと」を可能とする性能を持つものであると解するため、当該遊技機の当該性能は、ヌ(イ)に抵触する。

(1)ニ(ヘ)
「作動するものでない」とは、作動することを禁止しているものであると解する。

「他の条件装置」は、普通役物に係る条件装置を含むものである。

(1)ホ(イ)
「特定の」とは、一の遊技機の特性として決定されているものであり、遊技の都度により変動することを禁止しているものであると解する。

「第一種特別役物に係る役物連続作動装置が作動している場合は、この限りでないこと」とは、遊技機が、第一種特別役物に係る役物連続作動装置が作動しているときに「特定の図柄の組合せ」の表示を契機とせずに作動することができる当該第一種特別役物を設けることは、差し支えないと解する。

(1)ホ(ハ)
「すべての図柄の組合せの数」とは、図柄の数が一の回胴につきN個の場合、Nの回胴数乗であると解する。

本規定は、役物連続作動装置が作動していない場合について、常時満たす条件が定められているものである。

第一種特別役物の作動に係る図柄の組合せを複数設けている遊技機が、それぞれの第一種特別役物の作動に係る図柄の組合せの数の和が全ての図柄の組合せのそれぞれ五百分の一、五百分の三を超える性能を持つものである場合には、技術上の規格に定められていない第一種特別役物の作動に係る図柄の組合せの数に係る性能を持つものであると解するため、当該遊技機の当該性能は、本規定に抵触する。

図柄の組合せの数は、回胴ごとに図柄が有効となる停止位置の組合せのうち一の組合せを用いて算定するものである。

(1)ホ(ニ)
「あらかじめ定められ」とは、一の遊技機の特性として決定されている事項であると解する。

(1)ホ(ホ)
「すべての図柄の組合せの数」とは、図柄の数が一の回胴につきN個の場合、Nの回胴数乗であると解する。

図柄の組合せの数は、回胴ごとに図柄が有効となる停止位置の組合せのうち一の組合せを用いて算定するものである。

(1)ホ(ヘ)
「あらかじめ定められた一の値」とは、取り得る値が遊技機の特性として事前に定められているただ一つのものであり、遊技の都度により変動することを禁止しているものであると解する。

第一種特別役物と当該第一種特別役物の作動により確率が上昇する入賞に係る条件装置との関係が一対一でない又は変更することが可能である場合には、遊技機が、役物の作動を任意に調整することを可能とする性能を持つものであると解し、「遊技の公正を害する調整を行うこと」を可能とする性能を持つものであると解するため、当該遊技機の当該性能は、ヌ(イ)に抵触する。

(1)ホ(ト)
「作動するものでない」とは、作動することを禁止しているものであると解する。

第一種特別役物が複数設けられ、かつ、これらに係る役物連続作動装置が作動していないときに、遊技機が、複数の第一種特別役物を同時に作動させる場合には、技術上の規格に定められていない第一種特別役物の作動に係る性能を持つものであると解するため、当該遊技機の当該性能は、本規定に抵触する。

第一種特別役物に係る条件装置が、当該第一種特別役物が作動した次回の遊技において、なお作動している場合には、技術上の規格に定められていない第一種特別役物の作動に係る性能を持つものであると解するため、当該装置の当該性能は、ヌ(ホ)に抵触する。

「他の条件装置」は、第一種特別役物に係る条件装置を含むものである。

(1)ホ(チ)

「あらかじめ定められた一の回数」とは、取り得る回数が、遊技機の特性として事前に定められているただ一つのものであり、遊技の都度により変動することを禁止しているものであると解する。

役物連続作動装置に係る第一種特別役物が、役物連続作動装置の作動が終了した次回の遊技において、なお作動している場合には、技術上の規格に定められていない役物連続作動装置の作動に係る性能を持つものであると解するため、当該役物の当該性能は、本規定に抵触する。

遊技機が、第一種特別役物の作動の終了契機を本規定に定める場合又は一回の作動中に十二回を超えない回数の遊技の結果を得た場合（別表第二(3)ト）以外とすることを可能とする性能を持つものである場合には、技術上の規格に定められていない第一種特別役物の終了に係る性能を持つものであると解するため当該遊技機の当該性能は本規定又はヌ(ロ)に抵触する。

(1)ヘ(イ)

「特定の」とは、一の遊技機の特性として決定されているものであり、遊技の都度により変動することを禁止しているものであると解する。

「第二種特別役物に係る役物連続作動装置が作動している場合は、この限りでないこと」とは、遊技機が、第二種特別役物に係る役物連続作動装置が作動しているときに「特定の図柄の組合せ」を表示契機とせずに作動することができる当該第二種特別役物を設けることは、差し支えないと解する。

(1)ヘ(ハ)

「あらかじめ定められ」とは、一の遊技機の特性として決定されている事項であると解する。

(1)ヘ(ニ)

第二種特別役物に係る条件装置が、当該第二種特別役物が作動した次回の遊技において、なお作動している場合には、技術上の規格に定められていない第二種特別役物に係る条件装置の作動に係る性能を持つものであると解するため、当該装置の当該性能は、ヌ(ホ)に抵触する。

(1)ヘ(ホ)

「他の条件装置」は、第二種特別役物に係る条件装置を含むものである。

「操作」とは、人間が目的物に対して何らかの意図を持って直接的に作用を及ぼすことであると解する。

本規定は、再遊技に係る条件装置の作動時又は非作動時について、常時満たす条件が定められているものである。

七五ms以内に停止する回胴が特定の一個以上の回胴でない場合には、遊技機が、第二種特別役物の作動を任意に調整することを可能とする性能を持つものであると解し、「遊技の公正を害する調整を行うこと」を可能とする性能を持つものであると解するため、当該遊技機の当該性能は、ヌ(イ)に抵触する。

(1)ト(イ)

「特定の」とは、一の遊技機の特性として決定されているものであり、遊技の都度により変動することを禁止しているものであると解する。

(1)ト(ロ)

遊技機が、第一種特別役物と第二種特別役物の両方を作動させる性能を持っているという性能を持つ装置を設けている場合には、役物連続作動装置に該当しない入賞を容易にするための特別の装置を設けていると解するため、当該遊技機の当該装置の性能は、ヌ(ハ)に抵触する。

(1)ト(ホ)

「すべての図柄の組合せの数」とは、図柄の数が一の回胴につきN個の場合、Nの回胴数乗であると解する。

図柄の組合せの数は、回胴ごとに図柄が有効となる停止位置の組合せのうち一の組合せを用いて算定するものである。

本規定に定められている遊技機が、第一種特別役物に係る役物連続作動装置の作動の終了契機を本規定に定める場合以外とすることを可能とする性能を持つものである場合には、当該装置の作動を任意に調整することを可能とする性能を持つものであると解し、「遊技の公正を害する調整を行うこと」を可能とする性能を持つものであると解するため、当該遊技機の当該性能は、ヌ(イ)に抵触する。

(1)ト(ヘ)

「すべての図柄の組合せの数」とは、図柄の数が一の回胴につきN個の場合、Nの回胴数乗であると解する。

本規定に定められている遊技機は、役物連続作動装置の一回の作動により遊技メダルにあっては二二五枚を超え、かつ、三〇〇枚を超えず、遊技球にあっては一、一二五個を超え、かつ、一、五〇〇個を超えない数のうちからあらかじめ定められた一の遊技メダル等の数を獲得することを可能とする性能を有する遊技機である。

図柄の組合せの数は、回胴ごとに図柄が有効となる停止位置の組合せのうち一の組合せを用いて算定するものである。

(1)ト(ト)

「あらかじめ定められ」とは、一の遊技機の特性として決定されている事項であると解する。

(1)ト(チ)

「すべての図柄の組合せの数」とは、図柄の数が一の回胴につきN個の場合、Nの回胴数乗であると解する。

図柄の組合せの数は、回胴ごとに図柄が有効となる停止位置の組合せのうち一の組合せを用いて算定するものである。

(1)ト(リ)

「あらかじめ定められた一の値」とは、取り得る値が、遊技機の特性として事前に定められているただ一つのものであり、遊技の都度により変動することを禁止しているものであると解する。

役物連続作動装置と当該役物連続作動装置の作動により確率が上昇する第一種特別役物又は第二種特別役物に係る条件装置との関係を変更することが可能である場合には、遊技機が、役物の作動を任意に調整することを可能とする性能を持つものであると解し「遊技の公正を害する調整を行うこと」を可能とする性能を持つものであると解するため、当該遊技機の当該性能は、ヌ(イ)に抵触する。

(1)ト(ヌ)

「作動するものでない」とは、作動することを禁止しているものであると解する。

第一種特別役物に係る役物連続作動装置の作動に係る条件装置が、当該第一種特別役物に係る役物連続作動装置が作動した次回の遊技において、なお作動している場合には、技術上の規格に定められていない第一種特別役物に係る役物連続作動装置の作動に係る性能を持つものであると解するため、当該装置の当該性能は、ヌ(ホ)に抵触する。

「他の条件装置」は、第一種特別役物に係る役物連続作動装置に係る条件装置を含むものである。

(1)ト(ル)

「作動するものでない」とは、作動することを禁止しているものであると解する。

「他の条件装置」は、第二種特別役物に係る役物連続作動装置に係る条件装置を含むものである。

(1)ト(ヲ)

「あらかじめ定められた一の数」とは、取り得る値が、遊技機の特性として事前に定められているただ一つのものであり、遊技の都度により変動することを禁止しているものであると解する。

第一種特別役物に係る役物連続作動装置の作動終了条件となる獲得される遊技メダル等の数が遊技メダルにあっては三〇〇枚を、遊技球にあっては一、五〇〇個を超える場合には、当該装置が終了条件を定められていないと解するため、当該装置の定められていない性能は、本規定に抵触する。

遊技機が、第一種特別役物に係る役物連続作動装置の作動の終了契機を本規定に定める場合以外とすることを可能とする性能を持つものである場合には、当該装置の作動を任意に調整することを可能とする性能を持つものであると解し、「遊技の公正を害する調整を行うこと」を可能とする性能を持つものであると解するため、当該遊技機の当該性能は、ヌ(イ)に抵触する。

(1)ト(ワ)

「あらかじめ定められた一の数」とは、取り得る値が、遊技機の特性として事前に定められているただ一つのものであり、遊技の都度により変動することを禁止しているものであると解する。

第二種特別役物に係る役物連続作動装置の作動終了条件となる獲得される遊技メダル等の数が遊技メダルにあっては一六八枚を、遊技球にあっては八四〇個を超える場合には、当該装置が終了条件を定められていないと解するため、当該装置の定められていない性能は、本規定に抵触する。

遊技機が、第二種特別役物に係る役物連続作動装置の作動の終了契機を本規定に定める場合以外とすることを可能とする性能を持つものである場合には、当該装置の作動を任意に調整することを可能とする性能を持つものであると解し、「遊技の公正を害する調整を行うこと」を可能とする性能を持つものであると解するため、当該遊技機の当該性能は、ヌ(イ)に抵触する。

(1)チ(ハ)

「自由に取り出すことができる」とは、イ(ハ)に定められている「遊技メダル等の投入をすることができない」間を除き、いついかなるときでも容易に取り出すことができることであると解する。

(1)リ(イ)

「自由に送信することができる」とは、いついかなるときでも遊技者の意思により、記録された遊技メダルの数のうちから全部又は一部の遊技メダルの数を示す信号を自由に送信することができるものであること。

(1)リ(ロ)

「直接操作する場合」とは、遊技者の身体の一部を使用し、遊技機に接触して遊技を行うことであると解する。

なお、遊技者が記録された遊技メダルの数を示す信号を送信するための操作をした場合に、当該操作により送信された信号の遊技メダルの数を減ずることは差し支えない。

(1)ヌ(イ)

技術上の規格に定められている場合を除き、遊技機が、時刻若しくは電源投入又は任意の図柄の組合せの表示等の遊技の結果を契機として条件装置の作動確率等、遊技の状態を変動させることを可能とする性能を持つものである場合には、「遊技の公正を害する調整を行うこと」を可能とする性能を持つものであると解するため、当該遊技機の当該性能が、本規定に抵触する。ただし、設定変更装置が、遊技機の内部抽せんの確率を変動することは、当該装置が遊技機の性能そのものであることにより、差し支えない。

条件装置の作動に係る確率が、図柄の組合せの表示上の確率と相関関係がないことは、差し支えない。ただし、技術上の規格に定められている場合を除き、遊技機が、再遊技を行わせない性能を持つ場合又は再遊技に係る条件装置の作動時に再遊技となる図柄の組合せを表示することを阻害する（回胴上の図柄の偏った配置を含む。）性能を持つ場合には、「遊技の公正を害する調整を行うこと」を可能とする性能を持つものであると解するため、当該遊技機の当該性能が、本規定に抵触すると解する。

遊技機が、条件装置が作動している全ての遊技において、回転停止装置を作動させる時間にかかわらず条件装置に係る図柄の組合せを表示させる制御を可能とする性能を持つものである場合には、客の技量にかかわらず遊技メダル等の獲得が容易である性能を持つものであると解し、「遊技の公正を害する調整を行うこと」を可能とする性能を持つものであると解するため、当該遊技機の当該性能は、本規定に抵触すると解する。

遊技機が、最小遊技時間（一回の遊技に要する最小の時間は、四・一秒以上）未満で一回の遊技を終了することを可能とする性能を持つものである場合には、「一分間におおむね四〇〇円の遊技料金に相当する数を超える数の遊技メダル等を使用して遊技を」行うことを可能とする性能を持つものであると解し、「遊技の公正を害する調整を行うこと」を可能とする性能を持つものであると解するため、当該遊技機の当該性能は、本規定に抵触すると解する。

遊技機が、遊技の結果に影響を与えることとなる遊技機の性能を調整又は変動することを可能とする性能を持つものである場合には、「遊技の公正を害する調整を行うこと」を可能とする性能を持つものであると解するため、当該遊技機の当該性能は、本規定に抵触する。

(1)ヌ(ニ)

「すべての回胴」とは、回胴回転装置で制御される回胴であると解し、演出に用いる回胴等は含まれないものであると解する。

遊技機が、内部抽せんを一回の遊技ごとに行わない又は条件装置の作動契機が発生した時に直ちに当該条件装置が作動しない性能を持つものである場合は、技術上の規格に定められていない内部抽せん及び条件装置の性能を持つものであると解し、「遊技の公正を害する調整を行うこと」を可能とする性能を持つものであると解するため、当該遊技機の当該性能は、(イ)に抵触する。

(2)イ(イ)

「直接操作する場合」とは、遊技者の身体の一部を使用し、遊技機に接触して遊技を行うことであると解する。

(2)イ(ロ)

「動揺」とは、振動、回転速度の変化、回転軸の位置の変化等、回胴の上の図柄の判別及びその停止に影響を与える回胴の動き（(1)イ(ホ)に示す回転の動きは除く。）のことであると解する。

遊技機が、回胴を振動等させることを可能とする性能を持つものである場合には、回胴回転装置を動揺させる性能を持つものであると解するため、当該遊技機の当該性能は、本規定に抵触する。

(2)ロ(イ)

「すべての回胴」とは、回胴回転装置で制御される回胴であると解し、演出に用いる回胴等は含まれないものであると解する。

「回胴の大きさ」とは、物理的な構造物たる回胴の上の図柄が印刷されている部分の直径及び幅のことであると解する。

(2)ロ(ロ)

「すべての回胴」とは、回胴回転装置で制御される回胴であると解し、演出に用いる回胴等は含まれないものであると解する。

回胴の回転軸は、全て一本の直線上に存在するものである。

(2)ロ(ハ)

「すべての回胴」とは、回胴回転装置で制御される回胴であると解し、演出に用いる回胴等は含まれないものであると解する。

(2)ロ(ニ)

「識別」とは、一の図柄の種類と他の図柄の種類を見分けることが可能であることであると解する。

(2)ロ(ホ)

「すべての回胴」とは、回胴回転装置で制御される回胴であると解し、演出に用いる回胴等は含まれないものであると解する。

「縦」とは、回転方向のことであり、「横」とは、回転に垂直な方向のことであると解する。

(2)ハ(イ)

「直接停止ボタン等を操作する場合」とは、遊技者の身体の一部を使用し、停止ボタン等に接触して遊技を行うことであると解する。

(2)ハ(ロ)

「操作」とは、人間が目的物に対して何らかの意図を持って直接的に作用を及ぼすことであると解する。

停止ボタン等と当該停止ボタン等の操作により停止する回胴との関係が一対一でない又は変更することが可能である場合には、遊技機が、役物の作動を任意に調整することを可能とする性能を持つものであると解し、「遊技の公正を害する調整を行うこと」を可能とする性能を持つものであると解するため、当該遊技機の当該性能は、(1)ヌ(イ)に抵触する。

(2)ホ(イ)

「図柄の識別を妨げる」とは、図柄を識別することを困難にすることであると解する。

(2)ホ(ロ)

本規定は、回胴の上の図柄を識別する部分について、光の屈折率の変化により回胴に表示された図柄が歪んで見えること等、回胴の上の図柄を識別することが困難になることを防ぐため、常時満たす条件が定められているものである。回胴の上の図柄の識別に係るガラス板等（二重ガラス及び表裏両面を含む。）が、凹凸の構造を持つものである場合には、回胴の上の図柄を識別することが困難となる構造を持つものであると解するため当該ガラス板等の当該構造が本規定及び(1)イ(リ)等に抵触する。

回胴の上の図柄の識別に係らない部分に凹凸を設ける構造とすることは、差し支えない。

(2)ヘ(イ)

「自由に取り出すことができる」とは、いついかなるときでも容易に取り出すことができることであると解する。

(2)ト(イ)

「耐久性を有しない装置」とは、通常の使用環境下（型式試験時を含む。）において、装置の破損、異常な過熱等を起こすものであると解する。

(2)ト(ロ)

「図柄の識別を妨げる」とは、図柄を識別することを困難にすることであると解する。

本規定は、遊技機について、回胴回転装置の作動中及び非作動中にかかわらず、常時満たす条件が定められているものである。

(2)ト(ハ)

「操作」とは、人間が目的物に対して何らかの意図を持って直接的に作用を及ぼすことであると解する。

設定変更装置が、間接的な操作、遊技の結果又は偶然その他の作用により作動することを可能とする構造を持つものである場合には、「遊技者が操作することができ」る構造を持つものであると解するため、当該装置の当該構造が、本規定に抵触する。

設定変更装置が、設定を切り替え中であることを遊技機外部から認識できない性能を持つものである場合には、「遊技の公正を害する調整を行うこと」を可能とする性能を持つものであると解するため、当該装置の当該性能が、(1)ヌ(イ)に抵触する。

(3)イ(イ)

本規定は、遊技機が通常の使用環境下（型式試験を含む。）において、常時満たす条件が定められているものである。

(3)イ(ロ)

本規定は、遊技機が通常の使用環境下（型式試験を含む。）において、常時満たす条件が定められているものである。

(3)ロ

本規定は、遊技機が通常の使用環境下（型式試験を含む。）において、常時満たす条件が定められているものである。

(3)ハ

「透明」とは、無色透明のことであると解する。

図柄の識別に係らない部分に透明でない部材を設ける構造とすることは、差し支えない。ただし、当該遊技機が、当該部材を変動させる等図柄を識別することを阻害する性能を持つものである場合には「図柄の識別を妨げることとなる装置」を持つものであると解するため、当該遊技機の当該性能は(1)イ(リ)等、該当する規定に抵触する。

(3)ニ

本規定は、遊技機が通常の使用環境下（型式試験を含む。）において、常時満たす条件が定められているものである。

行政手続・法人監督等

○行政手続法（平成五・一一・一二 法律八八）

最終改正 平成二九・三・三一 法四

第一章 総則

（目的等）

第一条 この法律は、処分、行政指導及び届出に関する手続並びに命令等を定める手続に関し、共通する事項を定めることによって、行政運営における公正の確保と透明性（行政上の意思決定について、その内容及び過程が国民にとって明らかであることをいう。第四十六条において同じ。）の向上を図り、もって国民の権利利益の保護に資することを目的とする。

2 処分、行政指導及び届出に関する手続並びに命令等を定める手続に関しこの法律に規定する事項について、他の法律に特別の定めがある場合は、その定めるところによる。

（定義）

第二条 この法律において、次の各号に掲げる用語の意義は、当該各号に定めるところによる。

一 法令 法律、法律に基づく命令（告示を含む。）、条例及び地方公共団体の執行機関の規則（規程を含む。以下「規則」という。）をいう。

二 処分 行政庁の処分その他公権力の行使に当たる行為をいう。

三 申請 法令に基づき、行政庁の許可、認可、免許その他の自己に対し何らかの利益を付与する処分（以下「許認可等」という。）を求める行為であって、当該行為に対して行政庁が諾否の応答をすべきこととされているものをいう。

四 不利益処分 行政庁が、法令に基づき、特定の者を名あて人として、直接に、これに義務を課し、又はその権利を制限する処分をいう。ただし、次のいずれかに該当するものを除く。

イ 事実上の行為及び事実上の行為をするに当たりその範囲、時期等を明らかにするために法令上必要とされている手続としての処分

ロ 申請により求められた許認可等を拒否する処分その他申請に基づき当該申請をした者を名あて人としてされる処分

ハ 名あて人となるべき者の同意の下にすることとされている処分

ニ 許認可等の効力を失わせる処分であって、当該許認可等の基礎となった事実が消滅した旨の届出があったことを理由としてされるもの

五 行政機関 次に掲げる機関をいう。

イ 法律の規定に基づき内閣に置かれる機関若しくは内閣の所轄の下に置かれる機関、宮内庁、内閣府設置法（平成十一年法律第八十九号）第四十九条第一項若しくは第二項に規定する機関、国家行政組織法（昭和二十三年法律第百二十号）第三条第二項に規定する機関、会計検査院若しくはこれらに置かれる機関又はこれらの機関の職員であって法律上独立に権限を行使することを認められた職員

ロ 地方公共団体の機関（議会を除く。）

六 行政指導 行政機関がその任務又は所掌事務の範囲内において一定の行政目的を実現するため特定の者に一定の作為又は不作為を求める指導、勧告、助言その他の行為であって処分に該当しないものをいう。

七 届出 行政庁に対し一定の事項の通知をする行為（申請に該当するものを除く。）であって、法令により直接に当該通知が義務付けられているもの（自己の期待する一定の法律上の効果を発生させるためには当該通知をすべきこととされているものを含む。）をいう。

八 命令等 内閣又は行政機関が定める次に掲げるものをいう。

イ 法律に基づく命令（処分の要件を定める告示を含む。次条第二項において単に「命令」という。）又は規則

ロ 審査基準（申請により求められた許認可等をするかどうかをその法令の定めに従って判断するために必要とされる基準をいう。以下同じ。）

ハ 処分基準（不利益処分をするかどうか又はどのような不利益処分とするかについてその法令の定めに従って判断するために必要とされる基準をいう。以下同じ。）

ニ 行政指導指針（同一の行政目的を実現するため一定の条件に該当する複数の者に対し行政指導をしようとするときにこれらの行政指導に共通してその内容となるべき事項をいう。以下同じ。）

（適用除外）

第三条 次に掲げる処分及び行政指導については、次章から第四章の二までの規定は、適用しない。

一 国会の両院若しくは一院又は議会の議決に

よってされる処分

二　裁判所若しくは裁判官の裁判により、又は裁判の執行としてされる処分

三　国会の両院若しくは一院若しくは議会の議決を経て、又はこれらの同意若しくは承認を得た上でされるべきものとされている処分

四　検査官会議で決すべきものとされている処分及び会計検査の際にされる行政指導

五　刑事事件に関する法令に基づいて検察官、検察事務官又は司法警察職員がする処分及び行政指導

六　国税又は地方税の犯則事件に関する法令（他の法令において準用する場合を含む。）に基づいて国税庁長官、国税局長、税務署長、国税庁、国税局若しくは税務署の当該職員、税関長、税関職員又は徴税吏員（他の法令の規定に基づいてこれらの職員の職務を行う者を含む。）がする処分及び行政指導並びに金融商品取引の犯則事件に関する法令（他の法令において準用する場合を含む。）に基づいて証券取引等監視委員会、その職員（当該法令においてその職員とみなされる者を含む。）、財務局長又は財務支局長がする処分及び行政指導

七　学校、講習所、訓練所又は研修所において、教育、講習、訓練又は研修の目的を達成するために、学生、生徒、児童若しくは幼児若しくはこれらの保護者、講習生、訓練生又は研修生に対してされる処分及び行政指導

八　刑務所、少年刑務所、拘置所、留置施設、海上保安留置施設、少年院、少年鑑別所又は婦人補導院において、収容の目的を達成するためにされる処分及び行政指導

九　公務員（国家公務員法（昭和二十二年法律第百二十号）第二条第一項に規定する国家公務員及び地方公務員法（昭和二十五年法律第二百六十一号）第三条第一項に規定する地方公務員をいう。以下同じ。）又は公務員であった者に対してその職務又は身分に関してされる処分及び行政指導

十　外国人の出入国、難民の認定又は帰化に関する処分及び行政指導

十一　専ら人の学識技能に関する試験又は検定の結果についての処分

十二　相反する利害を有する者の間の利害の調整を目的として法令の規定に基づいてされる裁定その他の処分（その双方を名宛人とするものに限る。）及び行政指導

十三　公衆衛生、環境保全、防疫、保安その他の公益に関わる事象が発生し又は発生する可能性のある現場において警察官若しくは海上保安官又はこれらの公益を確保するために行使すべき権限を法律上直接に与えられたその他の職員によってされる処分及び行政指導

十四　報告又は物件の提出を命ずる処分その他その職務の遂行上必要な情報の収集を直接の目的としてされる処分及び行政指導

十五　審査請求、再調査の請求その他の不服申立てに対する行政庁の裁決、決定その他の処分

十六　前号に規定する処分の手続又は第三章に規定する聴聞若しくは弁明の機会の付与の手続その他の意見陳述のための手続において法令に基づいてされる処分及び行政指導

2　次に掲げる命令等を定める行為については、第六章の規定は、適用しない。

一　法律の施行期日について定める政令

二　恩赦に関する命令

三　命令又は規則を定める行為が処分に該当する場合における当該命令又は規則

四　法律の規定に基づき施設、区間、地域その他これらに類するものを指定する命令又は規則

五　公務員の給与、勤務時間その他の勤務条件について定める命令等

六　審査基準、処分基準又は行政指導指針であって、法令の規定により若しくは慣行として、又は命令等を定める機関の判断により公にされるもの以外のもの

3　第一項各号及び前項各号に掲げるもののほか、地方公共団体の機関がする処分（その根拠となる規定が条例又は規則に置かれているものに限る。）及び行政指導、地方公共団体の機関に対する届出（前条第七号の通知の根拠となる規定が条例又は規則に置かれているものに限る。）並びに地方公共団体の機関が命令等を定める行為については、次章から第六章までの規定は、適用しない。

（国の機関等に対する処分等の適用除外）

第四条　国の機関又は地方公共団体若しくはその機関に対する処分（これらの機関又は団体がその固有の資格において当該処分の名あて人となるものに限る。）及び行政指導並びにこれらの機関又は団体がする届出（これらの機関又は団体がその固有の資格においてすべきこととされているものに限る。）については、この法律の規定は、適用しない。

2　次の各号のいずれかに該当する法人に対する処

分であって、当該法人の監督に関する法律の特別の規定に基づいてされるもの（当該法人の解散を命じ、若しくは設立に関する認可を取り消す処分又は当該法人の役員若しくは当該法人の業務に従事する者の解任を命ずる処分を除く。）については、次章及び第三章の規定は、適用しない。

一　法律により直接に設立された法人又は特別の法律により特別の設立行為をもって設立された法人

二　特別の法律により設立され、かつ、その設立に関し行政庁の認可を要する法人のうち、その行う業務が国又は地方公共団体の行政運営と密接な関連を有するものとして政令で定める法人

3　行政庁が法律の規定に基づく試験、検査、検定、登録その他の行政上の事務について当該法律に基づきその全部又は一部を行わせる者を指定した場合において、その指定を受けた者（その者が法人である場合にあっては、その役員）又は職員その他の者が当該事務に従事することに関し公務に従事する職員とみなされるときは、その指定を受けた者に対し当該法律に基づいて当該事務に関し監督上される処分（当該指定を取り消す処分、その指定を受けた者が法人である場合におけるその役員の解任を命ずる処分又はその指定を受けた者の当該事務に従事する者の解任を命ずる処分を除く。）については、次章及び第三章の規定は、適用しない。

4　次に掲げる命令等を定める行為については、第六章の規定は、適用しない。

一　国又は地方公共団体の機関の設置、所掌事務の範囲その他の組織について定める命令等

二　皇室典範（昭和二十二年法律第三号）第二十六条の皇統譜について定める命令等

三　公務員の礼式、服制、研修、教育訓練、表彰及び報償並びに公務員の間における競争試験について定める命令等

四　国又は地方公共団体の予算、決算及び会計について定める命令等（入札の参加者の資格、入札保証金その他の国又は地方公共団体の契約の相手方又は相手方になろうとする者に係る事項を定める命令等を除く。）並びに国又は地方公共団体の財産及び物品の管理について定める命令等（国又は地方公共団体が財産及び物品を貸し付け、交換し、売り払い、譲与し、信託し、若しくは出資の目的とし、又はこれらに私権を設定することについて定める命令等であって、これらの行為の相手方又は相手方になろうとする者に係る事項を定めるものを除く。）

五　会計検査について定める命令等

六　国の機関相互間の関係について定める命令等並びに地方自治法（昭和二十二年法律第六十七号）第二編第十一章に規定する国と普通地方公共団体との関係及び普通地方公共団体相互間の関係その他の国と地方公共団体との関係及び地方公共団体相互間の関係について定める命令等（第一項の規定によりこの法律の規定を適用しないこととされる処分に係る命令等を含む。）

七　第二項各号に規定する法人の役員及び職員、業務の範囲、財務及び会計その他の組織、運営及び管理について定める命令等（これらの法人に対する処分であって、これらの法人の解散を命じ、若しくは設立に関する認可を取り消す処分又はこれらの法人の役員若しくはこれらの法人の業務に従事する者の解任を命ずる処分に係る命令等を除く。）

第二章　申請に対する処分

（審査基準）

第五条　行政庁は、審査基準を定めるものとする。

2　行政庁は、審査基準を定めるに当たっては、許認可等の性質に照らしてできる限り具体的なものとしなければならない。

3　行政庁は、行政上特別の支障があるときを除き、法令により申請の提出先とされている機関の事務所における備付けその他の適当な方法により審査基準を公にしておかなければならない。

（標準処理期間）

第六条　行政庁は、申請がその事務所に到達してから当該申請に対する処分をするまでに通常要すべき標準的な期間（法令により当該行政庁と異なる機関が当該申請の提出先とされている場合は、併せて、当該申請が当該提出先とされている機関の事務所に到達してから当該行政庁の事務所に到達するまでに通常要すべき標準的な期間）を定めるよう努めるとともに、これを定めたときは、これらの当該申請の提出先とされている機関の事務所における備付けその他の適当な方法により公にしておかなければならない。

（申請に対する審査、応答）

第七条　行政庁は、申請がその事務所に到達したときは遅滞なく当該申請の審査を開始しなければならず、かつ、申請書の記載事項に不備がないこと、申請書に必要な書類が添付されていること、申請をすることができる期間内にされたものであ

ることその他の法令に定められた申請の形式上の要件に適合しない申請については、速やかに、申請をした者（以下「申請者」という。）に対し相当の期間を定めて当該申請の補正を求め、又は当該申請により求められた許認可等を拒否しなければならない。

（理由の提示）

第八条　行政庁は、申請により求められた許認可等を拒否する処分をする場合は、申請者に対し、同時に、当該処分の理由を示さなければならない。ただし、法令に定められた許認可等の要件又は公にされた審査基準が数量的指標その他の客観的指標により明確に定められている場合であって、当該申請がこれらに適合しないことが申請書の記載又は添付書類その他の申請の内容から明らかであるときは、申請者の求めがあったときにこれを示せば足りる。

2　前項本文に規定する処分を書面でするときは、同項の理由は、書面により示さなければならない。

（情報の提供）

第九条　行政庁は、申請者の求めに応じ、当該申請に係る審査の進行状況及び当該申請に対する処分の時期の見通しを示すよう努めなければならない。

2　行政庁は、申請をしようとする者又は申請者の求めに応じ、申請書の記載及び添付書類に関する事項その他の申請に必要な情報の提供に努めなければならない。

（公聴会の開催等）

第十条　行政庁は、申請に対する処分であって、申請者以外の者の利害を考慮すべきことが当該法令において許認可等の要件とされているものを行う場合には、必要に応じ、公聴会の開催その他の適当な方法により当該申請者以外の者の意見を聴く機会を設けるよう努めなければならない。

（複数の行政庁が関与する処分）

第十一条　行政庁は、申請の処理をするに当たり、他の行政庁において同一の申請者からされた関連する申請が審査中であることをもって自らすべき許認可等をするかどうかについての審査又は判断を殊更に遅延させるようなことをしてはならない。

2　一の申請又は同一の申請者からされた相互に関連する複数の申請に対する処分について複数の行政庁が関与する場合においては、当該複数の行政庁は、必要に応じ、相互に連絡をとり、当該申請者からの説明の聴取を共同して行う等により審査の促進に努めるものとする。

第三章　不利益処分

第一節　通則

（処分の基準）

第十二条　行政庁は、処分基準を定め、かつ、これを公にしておくよう努めなければならない。

2　行政庁は、処分基準を定めるに当たっては、不利益処分の性質に照らしてできる限り具体的なものとしなければならない。

（不利益処分をしようとする場合の手続）

第十三条　行政庁は、不利益処分をしようとする場合には、次の各号の区分に従い、この章の定めるところにより、当該不利益処分の名あて人となるべき者について、当該各号に定める意見陳述のための手続を執らなければならない。

一　次のいずれかに該当するとき　聴聞

イ　許認可等を取り消す不利益処分をしようとするとき。

ロ　イに規定するもののほか、名あて人の資格又は地位を直接にはく奪する不利益処分をしようとするとき。

ハ　名あて人が法人である場合におけるその役員の解任を命ずる不利益処分、名あて人の業務に従事する者の解任を命ずる不利益処分又は名あて人の会員である者の除名を命ずる不利益処分をしようとするとき。

ニ　イからハまでに掲げる場合以外の場合であって行政庁が相当と認めるとき。

二　前号イからニまでのいずれにも該当しないとき　弁明の機会の付与

2　次の各号のいずれかに該当するときは、前項の規定は、適用しない。

一　公益上、緊急に不利益処分をする必要があるため、前項に規定する意見陳述のための手続を執ることができないとき。

二　法令上必要とされる資格がなかったこと又は失われるに至ったことが判明した場合に必ずすることとされている不利益処分であって、その資格の不存在又は喪失の事実が裁判所の判決書又は決定書、一定の職に就いたことを証する当該任命権者の書類その他の客観的な資料により直接証明されたものをしようとするとき。

三　施設若しくは設備の設置、維持若しくは管理又は物の製造、販売その他の取扱いについて遵守すべき事項が法令において技術的な基準をもって明確にされている場合において、専ら当該基準が充足されていないことを理由として当該基準に従うべきことを命ずる不利益処分であってその不充足の事実が計測、実験その他客観的な認定方法によって確認されたものをしようとするとき。

四　納付すべき金銭の額を確定し、一定の額の金銭の納付を命じ、又は金銭の給付決定の取消しその他の金銭の給付を制限する不利益処分をしようとするとき。

五　当該不利益処分の性質上、それによって課される義務の内容が著しく軽微なものであるため名あて人となるべき者の意見をあらかじめ聴くことを要しないものとして政令で定める処分をしようとするとき。

（不利益処分の理由の提示）

第十四条　行政庁は、不利益処分をする場合には、その名あて人に対し、同時に、当該不利益処分の理由を示さなければならない。ただし、当該理由を示さないで処分をすべき差し迫った必要がある場合は、この限りでない。

2　行政庁は、前項ただし書の場合においては、当該名あて人の所在が判明しなくなったときその他処分後において理由を示すことが困難な事情があるときを除き、処分後相当の期間内に、同項の理由を示さなければならない。

3　不利益処分を書面でするときは、前二項の理由は、書面により示さなければならない。

第二節　聴聞

（聴聞の通知の方式）

第十五条　行政庁は、聴聞を行うに当たっては、聴聞を行うべき期日までに相当な期間をおいて、不利益処分の名あて人となるべき者に対し、次に掲げる事項を書面により通知しなければならない。

一　予定される不利益処分の内容及び根拠となる法令の条項

二　不利益処分の原因となる事実

三　聴聞の期日及び場所

四　聴聞に関する事務を所掌する組織の名称及び所在地

2　前項の書面においては、次に掲げる事項を教示しなければならない。

一　聴聞の期日に出頭して意見を述べ、及び証拠書類又は証拠物（以下「証拠書類等」という。）を提出し、又は聴聞の期日への出頭に代えて陳述書及び証拠書類等を提出することができること。

二　聴聞が終結する時までの間、当該不利益処分の原因となる事実を証する資料の閲覧を求めることができること。

3　行政庁は、不利益処分の名あて人となるべき者の所在が判明しない場合においては、第一項の規定による通知を、その者の氏名、同項第三号及び第四号に掲げる事項並びに当該行政庁が同項各号に掲げる事項を記載した書面をいつでもその者に交付する旨を当該行政庁の事務所の掲示場に掲示することによって行うことができる。この場合においては、掲示を始めた日から二週間を経過したときに、当該通知がその者に到達したものとみなす。

（代理人）

第十六条　前条第一項の通知を受けた者（同条第三項後段の規定により当該通知が到達したものとみなされる者を含む。以下「当事者」という。）は、代理人を選任することができる。

2　代理人は、各自、当事者のために、聴聞に関する一切の行為をすることができる。

3　代理人の資格は、書面で証明しなければならない。

4　代理人がその資格を失ったときは、当該代理人を選任した当事者は、書面でその旨を行政庁に届け出なければならない。

（参加人）

第十七条　第十九条の規定により聴聞を主宰する者（以下「主宰者」という。）は、必要があると認めるときは、当事者以外の者であって当該不利益処分の根拠となる法令に照らし当該不利益処分につき利害関係を有するものと認められる者（同条第二項第六号において「関係人」という。）に対し、当該聴聞に関する手続に参加することを求め、又は当該聴聞に関する手続に参加することを許可することができる。

2　前項の規定により当該聴聞に関する手続に参加する者（以下「参加人」という。）は、代理人を選任することができる。

3　前条第二項から第四項までの規定は、前項の代理人について準用する。この場合において、同条第二項及び第四項中「当事者」とあるのは、「参加人」と読み替えるものとする。

（文書等の閲覧）

第十八条　当事者及び当該不利益処分がされた場合に自己の利益を害されることとなる参加人（以下この条及び第二十四条第三項において「当事者

等」という。）は、聴聞の通知があった時から聴聞が終結する時までの間、行政庁に対し、当該事案についてした調査の結果に係る調書その他の当該不利益処分の原因となる事実を証する資料の閲覧を求めることができる。この場合において、行政庁は、第三者の利益を害するおそれがあるときその他正当な理由があるときでなければ、その閲覧を拒むことができない。

2 前項の規定は、当事者等が聴聞の期日における審理の進行に応じて必要となった資料の閲覧を更に求めることを妨げない。

3 行政庁は、前二項の閲覧について日時及び場所を指定することができる。

（聴聞の主宰）

第十九条 聴聞は、行政庁が指名する職員その他政令で定める者が主宰する。

2 次の各号のいずれかに該当する者は、聴聞を主宰することができない。

一 当該聴聞の当事者又は参加人

二 前号に規定する者の配偶者、四親等内の親族又は同居の親族

三 第一号に規定する者の代理人又は次条第三項に規定する補佐人

四 前三号に規定する者であった者

五 第一号に規定する者の後見人、後見監督人、保佐人、保佐監督人、補助人又は補助監督人

六 参加人以外の関係人

（聴聞の期日における審理の方式）

第二十条 主宰者は、最初の聴聞の期日の冒頭において、行政庁の職員に、予定される不利益処分の内容及び根拠となる法令の条項並びにその原因となる事実を聴聞の期日に出頭した者に対し説明させなければならない。

2 当事者又は参加人は、聴聞の期日に出頭して、意見を述べ、及び証拠書類等を提出し、並びに主宰者の許可を得て行政庁の職員に対し質問を発することができる。

3 前項の場合において、当事者又は参加人は、主宰者の許可を得て、補佐人とともに出頭することができる。

4 主宰者は、聴聞の期日において必要があると認めるときは、当事者若しくは参加人に対し質問を発し、意見の陳述若しくは証拠書類等の提出を促し、又は行政庁の職員に対し説明を求めることができる。

5 主宰者は、当事者又は参加人の一部が出頭しないときであっても、聴聞の期日における審理を行うことができる。

6 聴聞の期日における審理は、行政庁が公開することを相当と認めるときを除き、公開しない。

（陳述書等の提出）

第二十一条 当事者又は参加人は、聴聞の期日への出頭に代えて、主宰者に対し、聴聞の期日までに陳述書及び証拠書類等を提出することができる。

2 主宰者は、聴聞の期日に出頭した者に対し、その求めに応じて、前項の陳述書及び証拠書類等を示すことができる。

（続行期日の指定）

第二十二条 主宰者は、聴聞の期日における審理の結果、なお聴聞を続行する必要があると認めるときは、さらに新たな期日を定めることができる。

2 前項の場合においては、当事者及び参加人に対し、あらかじめ、次回の聴聞の期日及び場所を書面により通知しなければならない。ただし、聴聞の期日に出頭した当事者及び参加人に対しては、当該聴聞の期日においてこれを告知すれば足りる。

3 第十五条第三項の規定は、前項本文の場合において、当事者又は参加人の所在が判明しないときにおける通知の方法について準用する。この場合において、同条第三項中「不利益処分の名あて人となるべき者」とあるのは「当事者又は参加人」と、「掲示を始めた日から二週間を経過したとき」とあるのは「掲示を始めた日から二週間を経過したとき（同一の当事者又は参加人に対する二回目以降の通知にあっては、掲示を始めた日の翌日）」と読み替えるものとする。

（当事者の不出頭等の場合における聴聞の終結）

第二十三条 主宰者は、当事者の全部若しくは一部が正当な理由なく聴聞の期日に出頭せず、かつ、第二十一条第一項に規定する陳述書若しくは証拠書類等を提出しない場合、又は参加人の全部若しくは一部が聴聞の期日に出頭しない場合には、これらの者に対し改めて意見を述べ、及び証拠書類等を提出する機会を与えることなく、聴聞を終結することができる。

2 主宰者は、前項に規定する場合のほか、当事者の全部又は一部が聴聞の期日に出頭せず、かつ、第二十一条第一項に規定する陳述書又は証拠書類等を提出しない場合において、これらの者の聴聞の期日への出頭が相当期間引き続き見込めないときは、これらの者に対し、期限を定めて陳述書及び証拠書類等の提出を求め、当該期限が到来した

ときに聴聞を終結することとすることができる。

（聴聞調書及び報告書）

第二十四条　主宰者は、聴聞の審理の経過を記載した調書を作成し、当該調書において、不利益処分の原因となる事実に対する当事者及び参加人の陳述の要旨を明らかにしておかなければならない。

2　前項の調書は、聴聞の期日における審理が行われた場合には各期日ごとに、当該審理が行われなかった場合には聴聞の終結後速やかに作成しなければならない。

3　主宰者は、聴聞の終結後速やかに、不利益処分の原因となる事実に対する当事者等の主張に理由があるかどうかについての意見を記載した報告書を作成し、第一項の調書とともに行政庁に提出しなければならない。

4　当事者又は参加人は、第一項の調書及び前項の報告書の閲覧を求めることができる。

（聴聞の再開）

第二十五条　行政庁は、聴聞の終結後に生じた事情にかんがみ必要があると認めるときは、主宰者に対し、前条第三項の規定により提出された報告書を返戻して聴聞の再開を命ずることができる。第二十二条第二項本文及び第三項の規定は、この場合について準用する。

（聴聞を経てされる不利益処分の決定）

第二十六条　行政庁は、不利益処分の決定をするときは、第二十四条第一項の調書の内容及び同条第三項の報告書に記載された主宰者の意見を十分に参酌してこれをしなければならない。

（審査請求の制限）

第二十七条　この節の規定に基づく処分又はその不作為については、審査請求をすることができない。

（役員等の解任等を命ずる不利益処分をしようとする場合の聴聞等の特例）

第二十八条　第十三条第一項第一号ハに該当する不利益処分に係る聴聞において第十五条第一項の通知があった場合におけるこの節の規定の適用については、名あて人である法人の役員、名あて人の業務に従事する者又は名あて人の会員である者（当該処分において解任し又は除名すべきこととされている者に限る。）は、同項の通知を受けた者とみなす。

2　前項の不利益処分のうち名あて人である法人の役員又は名あて人の業務に従事する者（以下この項において「役員等」という。）の解任を命ずるものに係る聴聞が行われた場合においては、当該処分にその名あて人が従わないことを理由として法令の規定によりされる当該役員等を解任する不利益処分については、第十三条第一項の規定にかかわらず、行政庁は、当該役員等について聴聞を行うことを要しない。

第三節　弁明の機会の付与

（弁明の機会の付与の方式）

第二十九条　弁明は、行政庁が口頭ですることを認めたときを除き、弁明を記載した書面（以下「弁明書」という。）を提出してするものとする。

2　弁明をするときは、証拠書類等を提出することができる。

（弁明の機会の付与の通知の方式）

第三十条　行政庁は、弁明書の提出期限（口頭による弁明の機会の付与を行う場合には、その日時）までに相当な期間をおいて、不利益処分の名あて人となるべき者に対し、次に掲げる事項を書面により通知しなければならない。

一　予定される不利益処分の内容及び根拠となる法令の条項

二　不利益処分の原因となる事実

三　弁明書の提出先及び提出期限（口頭による弁明の機会の付与を行う場合には、その旨並びに出頭すべき日時及び場所）

（聴聞に関する手続の準用）

第三十一条　第十五条第三項及び第十六条の規定は、弁明の機会の付与について準用する。この場合において、第十五条第三項中「第一項」とあるのは「第三十条」と、「同項第三号及び第四号」とあるのは「同条第三号」と、第十六条第一項中「前条第一項」とあるのは「第三十条」と、「同条第三項後段」とあるのは「第三十一条において準用する第十五条第三項後段」と読み替えるものとする。

第四章　行政指導

（行政指導の一般原則）

第三十二条　行政指導にあっては、行政指導に携わる者は、いやしくも当該行政機関の任務又は所掌事務の範囲を逸脱してはならないこと及び行政指導の内容があくまでも相手方の任意の協力によってのみ実現されるものであることに留意しなければならない。

2　行政指導に携わる者は、その相手方が行政指導に従わなかったことを理由として、不利益な取扱いをしてはならない。

（申請に関連する行政指導）

第三十三条　申請の取下げ又は内容の変更を求める行政指導にあっては、行政指導に携わる者は、申請者が当該行政指導に従う意思がない旨を表明したにもかかわらず当該行政指導を継続すること等により当該申請者の権利の行使を妨げるようなことをしてはならない。

（許認可等の権限に関連する行政指導）

第三十四条　許認可等をする権限又は許認可等に基づく処分をする権限を有する行政機関が、当該権限を行使することができない場合又は行使する意思がない場合においてする行政指導にあっては、行政指導に携わる者は、当該権限を行使し得る旨を殊更に示すことにより相手方に当該行政指導に従うことを余儀なくさせるようなことをしてはならない。

（行政指導の方式）

第三十五条　行政指導に携わる者は、その相手方に対して、当該行政指導の趣旨及び内容並びに責任者を明確に示さなければならない。

2　行政指導に携わる者は、当該行政指導をする際に、行政機関が許認可等をする権限又は許認可等に基づく処分をする権限を行使し得る旨を示すときは、その相手方に対して、次に掲げる事項を示さなければならない。

一　当該権限を行使し得る根拠となる法令の条項

二　前号の条項に規定する要件

三　当該権限の行使が前号の要件に適合する理由

3　行政指導が口頭でされた場合において、その相手方から前二項に規定する事項を記載した書面の交付を求められたときは、当該行政指導に携わる者は、行政上特別の支障がない限り、これを交付しなければならない。

4　前項の規定は、次に掲げる行政指導については、適用しない。

一　相手方に対しその場において完了する行為を求めるもの

二　既に文書（前項の書面を含む。）又は電磁的記録（電子的方式、磁気的方式その他人の知覚によっては認識することができない方式で作られる記録であって、電子計算機による情報処理の用に供されるものをいう。）によりその相手方に通知されている事項と同一の内容を求めるもの

（複数の者を対象とする行政指導）

第三十六条　同一の行政目的を実現するため一定の条件に該当する複数の者に対し行政指導をしようとするときは、行政機関は、あらかじめ、事案に応じ、行政指導指針を定め、かつ、行政上特別の支障がない限り、これを公表しなければならない。

（行政指導の中止等の求め）

第三十六条の二　法令に違反する行為の是正を求める行政指導（その根拠となる規定が法律に置かれているものに限る。）の相手方は、当該行政指導が当該法律に規定する要件に適合しないと思料するときは、当該行政指導をした行政機関に対し、その旨を申し出て、当該行政指導の中止その他必要な措置をとることを求めることができる。ただし、当該行政指導がその相手方について弁明その他意見陳述のための手続を経てされたものであるときは、この限りでない。

2　前項の申出は、次に掲げる事項を記載した申出書を提出してしなければならない。

一　申出をする者の氏名又は名称及び住所又は居所

二　当該行政指導の内容

三　当該行政指導がその根拠とする法律の条項

四　前号の条項に規定する要件

五　当該行政指導が前号の要件に適合しないと思料する理由

六　その他参考となる事項

3　当該行政機関は、第一項の規定による申出があったときは、必要な調査を行い、当該行政指導が当該法律に規定する要件に適合しないと認めるときは、当該行政指導の中止その他必要な措置をとらなければならない。

第四章の二　処分等の求め

第三十六条の三　何人も、法令に違反する事実がある場合において、その是正のためにされるべき処分又は行政指導（その根拠となる規定が法律に置かれているものに限る。）がされていないと思料するときは、当該処分をする権限を有する行政庁又は当該行政指導をする権限を有する行政機関に対し、その旨を申し出て、当該処分又は行政指導をすることを求めることができる。

2　前項の申出は、次に掲げる事項を記載した申出書を提出してしなければならない。

一　申出をする者の氏名又は名称及び住所又は居所

二　法令に違反する事実の内容

三　当該処分又は行政指導の内容

四　当該処分又は行政指導の根拠となる法令の条項

五　当該処分又は行政指導がされるべきであると思料する理由
六　その他参考となる事項
3　当該行政庁又は行政機関は、第一項の規定による申出があったときは、必要な調査を行い、その結果に基づき必要があると認めるときは、当該処分又は行政指導をしなければならない。

第五章　届出

（届出）
第三十七条　届出が届出書の記載事項に不備がないこと、届出書に必要な書類が添付されていることその他の法令に定められた届出の形式上の要件に適合している場合は、当該届出が法令により当該届出の提出先とされている機関の事務所に到達したときに、当該届出をすべき手続上の義務が履行されたものとする。

第六章　意見公募手続等

（命令等を定める場合の一般原則）
第三十八条　命令等を定める機関（閣議の決定により命令等が定められる場合にあっては、当該命令等の立案をする各大臣。以下「命令等制定機関」という。）は、命令等を定めるに当たっては、当該命令等がこれを定める根拠となる法令の趣旨に適合するものとなるようにしなければならない。
2　命令等制定機関は、命令等を定めた後においても、当該命令等の規定の実施状況、社会経済情勢の変化等を勘案し、必要に応じ、当該命令等の内容について検討を加え、その適正を確保するよう努めなければならない。

（意見公募手続）
第三十九条　命令等制定機関は、命令等を定めようとする場合には、当該命令等の案（命令等で定めようとする内容を示すものをいう。以下同じ。）及びこれに関連する資料をあらかじめ公示し、意見（情報を含む。以下同じ。）の提出先及び意見の提出のための期間（以下「意見提出期間」という。）を定めて広く一般の意見を求めなければならない。
2　前項の規定により公示する命令等の案は、具体的かつ明確な内容のものであって、かつ、当該命令等の題名及び当該命令等を定める根拠となる法令の条項が明示されたものでなければならない。
3　第一項の規定により定める意見提出期間は、同項の公示の日から起算して三十日以上でなければならない。
4　次の各号のいずれかに該当するときは、第一項の規定は、適用しない。
一　公益上、緊急に命令等を定める必要があるため、第一項の規定による手続（以下「意見公募手続」という。）を実施することが困難であるとき。
二　納付すべき金銭について定める法律の制定又は改正により必要となる当該金銭の額の算定の基礎となるべき金額及び率並びに算定方法についての命令等その他当該法律の施行に関し必要な事項を定める命令等を定めようとするとき。
三　予算の定めるところにより金銭の給付決定を行うために必要となる当該金銭の額の算定の基礎となるべき金額及び率並びに算定方法その他の事項を定める命令等を定めようとするとき。
四　法律の規定により、内閣府設置法第四十九条第一項若しくは第二項若しくは国家行政組織法第三条第二項に規定する委員会又は内閣府設置法第三十七条若しくは第五十四条若しくは国家行政組織法第八条に規定する機関（以下「委員会等」という。）の議を経て定めることとされている命令等であって、相反する利害を有する者の間の利害の調整を目的として、法律又は政令の規定により、これらの者及び公益をそれぞれ代表する委員をもって組織される委員会等において審議を行うこととされているものとして政令で定める命令等を定めようとするとき。
五　他の行政機関が意見公募手続を実施して定めた命令等と実質的に同一の命令等を定めようとするとき。
六　法律の規定に基づき法令の規定の適用又は準用について必要な技術的読替えを定める命令等を定めようとするとき。
七　命令等を定める根拠となる法令の規定の削除に伴い当然必要とされる当該命令等の廃止をしようとするとき。
八　他の法令の制定又は改廃に伴い当然必要とされる規定の整理その他の意見公募手続を実施することを要しない軽微な変更として政令で定めるものを内容とする命令等を定めようとするとき。

（意見公募手続の特例）
第四十条　命令等制定機関は、命令等を定めようとする場合において、三十日以上の意見提出期間を定めることができないやむを得ない理由があるときは、前条第三項の規定にかかわらず、三十日を下回る意見提出期間を定めることができる。この場合においては、当該命令等の案の公示の際その理由を明らかにしなければならない。

2　命令等制定機関は、委員会等の議を経て命令等を定めようとする場合（前条第四項第四号に該当する場合を除く。）において、当該委員会等が意見公募手続に準じた手続を実施したときは、同条第一項の規定にかかわらず、自ら意見公募手続を実施することを要しない。

（意見公募手続の周知等）

第四十一条　命令等制定機関は、意見公募手続を実施して命令等を定めるに当たっては、必要に応じ、当該意見公募手続の実施について周知するよう努めるとともに、当該意見公募手続の実施に関連する情報の提供に努めるものとする。

（提出意見の考慮）

第四十二条　命令等制定機関は、意見公募手続を実施して命令等を定める場合には、意見提出期間内に当該命令等制定機関に対し提出された当該命令等の案についての意見（以下「提出意見」という。）を十分に考慮しなければならない。

（結果の公示等）

第四十三条　命令等制定機関は、意見公募手続を実施して命令等を定めた場合には、当該命令等の公布（公布をしないものにあっては、公にする行為。第五項において同じ。）と同時期に、次に掲げる事項を公示しなければならない。

一　命令等の題名
二　命令等の案の公示の日
三　提出意見（提出意見がなかった場合にあっては、その旨）
四　提出意見を考慮した結果（意見公募手続を実施した命令等の案と定めた命令等との差異を含む。）及びその理由

2　命令等制定機関は、前項の規定にかかわらず、必要に応じ、同項第三号の提出意見に代えて、当該提出意見を整理又は要約したものを公示することができる。この場合においては、当該公示の後遅滞なく、当該提出意見を当該命令等制定機関の事務所における備付けその他の適当な方法により公にしなければならない。

3　命令等制定機関は、前二項の規定により提出意見を公示し又は公にすることにより第三者の利益を害するおそれがあるとき、その他正当な理由があるときは、当該提出意見の全部又は一部を除くことができる。

4　命令等制定機関は、意見公募手続を実施したにもかかわらず命令等を定めないこととした場合には、その旨（別の命令等の案について改めて意見公募手続を実施しようとする場合にあっては、その旨を含む。）並びに第一項第一号及び第二号に掲げる事項を速やかに公示しなければならない。

5　命令等制定機関は、第三十九条第四項各号のいずれかに該当することにより意見公募手続を実施しないで命令等を定めた場合には、当該命令等の公布と同時期に、次に掲げる事項を公示しなければならない。ただし、第一号に掲げる事項のうち命令等の趣旨については、同項第一号から第四号までのいずれかに該当することにより意見公募手続を実施しなかった場合において、当該命令等自体から明らかでないときに限る。

一　命令等の題名及び趣旨
二　意見公募手続を実施しなかった旨及びその理由

（準用）

第四十四条　第四十二条の規定は第四十条第二項に該当することにより命令等制定機関が自ら意見公募手続を実施しないで命令等を定める場合について、前条第一項から第三項までの規定は第四十条第二項に該当することにより命令等制定機関が自ら意見公募手続を実施しないで命令等を定めた場合について、前条第四項の規定は第四十条第二項に該当することにより命令等制定機関が自ら意見公募手続を実施しないで命令等を定めないこととした場合について準用する。この場合において、第四十二条中「当該命令等制定機関」とあるのは「委員会等」と、前条第一項第二号中「命令等の案の公示の日」とあるのは「委員会等が命令等の案について公示に準じた手続を実施した日」と、同項第四号中「意見公募手続を実施した」とあるのは「委員会等が意見公募手続に準じた手続を実施した」と読み替えるものとする。

（公示の方法）

第四十五条　第三十九条第一項並びに第四十三条第一項（前条において読み替えて準用する場合を含む。）、第四項（前条において準用する場合を含む。）及び第五項の規定による公示は、電子情報処理組織を使用する方法その他の情報通信の技術を利用する方法により行うものとする。

2　前項の公示に関し必要な事項は、総務大臣が定める。

第七章　補則

（地方公共団体の措置）

第四十六条　地方公共団体は、第三条第三項において第二章から前章までの規定を適用しないことと

された処分、行政指導及び届出並びに命令等を定める行為に関する手続について、この法律の規定の趣旨にのっとり、行政運営における公正の確保と透明性の向上を図るため必要な措置を講ずるよう努めなければならない。

附　則

（施行期日）

1　この法律は、公布の日から起算して一年を超えない範囲内において政令で定める日から施行する。

〔平六政三〇二により、平六・一〇・一から施行〕

（経過措置）

2　この法律の施行前に第十五条第一項又は第三十条の規定による通知に相当する行為がされた場合においては、当該通知に相当する行為に係る不利益処分の手続に関しては、第三章の規定にかかわらず、なお従前の例による。

3　この法律の施行前に、届出その他政令で定める行為（以下「届出等」という。）がされた後一定期間内に限りすることができることとされている不利益処分に係る当該届出等がされた場合においては、当該不利益処分に係る手続に関しては、第三章の規定にかかわらず、なお従前の例による。

4　前二項に定めるもののほか、この法律の施行に関して必要な経過措置は、政令で定める。

附　則〔平成一八・六・一四法律六六〕

この法律は、平成十八年証券取引法改正法の施行の日〔平一九・九・三〇〕から施行する。〔以下略〕

附　則〔平成二六・六・一三法律六九抄〕

（施行期日）

第一条　この法律は、行政不服審査法（平成二十六年法律第六十八号）の施行の日〔平二八・四・一〕から施行する。

（経過措置の原則）

第五条　行政庁の処分その他の行為又は不作為についての不服申立てであってこの法律の施行前にされた行政庁の処分その他の行為又はこの法律の施行前にされた申請に係る行政庁の不作為に係るものについては、この附則に特別の定めがある場合を除き、なお従前の例による。

（訴訟に関する経過措置）

第六条　この法律による改正前の法律の規定により不服申立てに対する行政庁の裁決、決定その他の行為を経た後でなければ訴えを提起できないこととされる事項であって、当該不服申立てを提起しないでこの法律の施行前にこれを提起すべき期間を経過したもの（当該不服申立てが他の不服申立てに対する行政庁の裁決、決定その他の行為を経た後でなければ提起できないとされる場合にあっては、当該他の不服申立てを提起しないでこの法律の施行前にこれを提起すべき期間を経過したものを含む。）の訴えの提起については、なお従前の例による。

2　この法律の規定による改正前の法律の規定（前条の規定によりなお従前の例によることとされる場合を含む。）により異議申立てが提起された処分その他の行為であって、この法律の規定による改正後の法律の規定により審査請求に対する裁決を経た後でなければ取消しの訴えを提起することができないこととされるものの取消しの訴えの提起については、なお従前の例による。

3　不服申立てに対する行政庁の裁決、決定その他の行為の取消しの訴えであって、この法律の施行前に提起されたものについては、なお従前の例による。

（その他の経過措置の政令への委任）

第十条　附則第五条から前条までに定めるもののほか、この法律の施行に関し必要な経過措置（罰則に関する経過措置を含む。）は、政令で定める。

附　則〔平成二六・六・一三法律七〇抄〕

（施行期日）

第一条　この法律は、平成二十七年四月一日から施行する。

附　則〔平成二九・三・三一法律四抄〕

（施行期日）

第一条　この法律は、平成二十九年四月一日から施行する。ただし、次の各号に掲げる規定は、当該各号に定める日から施行する。

一～四　〔略〕

五　次に掲げる規定　平成三十年四月一日

イ～ハ　〔略〕

ニ　〔前略〕附則〔中略〕第百二十九条から第百三十三条まで、第百三十五条並びに第百三十六条の規定

ホ～ル　〔略〕

六～十八　〔略〕

（罰則に関する経過措置）

第百四十条　この法律（附則第一条各号に掲げる規定にあっては、当該規定。以下この条において同じ。）の施行前にした行為及びこの附則の規定によりなお従前の例によることとされる場合におけるこの法律の施行後にした行為に対する罰則の適

用については、なお従前の例による。

（政令への委任）

第百四十一条　この附則に規定するもののほか、この法律の施行に関し必要な経過措置は、政令で定める。

○行政手続法施行令

（平成六・八・五 政令二六五）

最終改正　平成三〇・五・三〇　政一七五

（申請に対する処分及び不利益処分に関する規定の適用が除外される法人）

第一条　行政手続法（以下「法」という。）第四条第二項第二号の政令で定める法人は、外国人技能実習機構、危険物保安技術協会、行政書士会、漁業共済組合連合会、軽自動車検査協会、健康保険組合、健康保険組合連合会、原子力損害賠償・廃炉等支援機構、広域的運営推進機関、広域臨海環境整備センター、港務局、小型船舶検査機構、国民健康保険組合、国民健康保険団体連合会、国民年金基金、国民年金基金連合会、国家公務員共済組合、国家公務員共済組合連合会、市街地再開発組合、自動車安全運転センター、司法書士会、社会保険労務士会、住宅街区整備組合、商工会連合会、水害予防組合、水害予防組合連合、税理士会、石炭鉱業年金基金、全国健康保険協会、全国市町村職員共済組合連合会、全国社会保険労務士会連合会、地方公務員共済組合、地方公務員共済組合連合会、地方公務員災害補償基金、地方住宅供給公社、地方道路公社、地方独立行政法人、中央職業能力開発協会、中央労働災害防止協会、中小企業団体中央会、土地開発公社、土地改良区、土地改良区連合、土地家屋調査士会、土地区画整理組合、都道府県職業能力開発協会、日本行政書士会連合会、日本銀行、日本下水道事業団、日本公認会計士協会、日本司法書士会連合会、日本赤十字社、日本商工会議所、日本税理士会連合会、日本弁理士会、日本土地家屋調査士会連合会、日本水先人会連合会、農業共済組合、農業共済組合連合会、農水産業協同組合貯金保険機構、防災街区整備事業組合、水先人会、預金保険機構及び労働災害防止協会とする。

（不利益処分をしようとする場合の手続を要しない処分）

第二条　法第十三条第二項第五号の政令で定める処分は、次に掲げる処分とする。

一　法令の規定により行政庁が交付する書類であって交付を受けた者の資格又は地位を証明するもの（以下この号において「証明書類」という。）について、法令の規定に従い、既に交付した証明書類の記載事項の訂正（追加を含む。以下この号において同じ。）をするためにその提出を命ずる処分及び訂正に代えて新たな証明書類の交付をする場合に既に交付した証明書類の返納を命ずる処分

二　届出をする場合に提出することが義務付けられている書類について、法令の規定に従い、当該書類が法令に定められた要件に適合することとなるようにその訂正を命ずる処分

（職員以外に聴聞を主宰することができる者）

第三条　法第十九条第一項の政令で定める者は、次に掲げる者とする。

一　法令に基づき審議会その他の合議制の機関の答申を受けて行うこととされている処分に係る聴聞にあっては、当該合議制の機関の構成員

二　保健師助産師看護師法（昭和二十三年法律第二百三号）第十四条第二項の規定による処分に係る聴聞にあっては、准看護師試験委員

三　歯科衛生士法（昭和二十三年法律第二百四号）第八条第一項の規定による処分に係る聴聞にあっては、歯科衛生士の業務に関する学識経験を有する者

四　医療法（昭和二十三年法律第二百五号）第二十三条の二、第二十四条第一項、第二十四条の二、第二十八条又は第二十九条第一項若しくは第二項の規定による処分に係る聴聞にあっては、診療に関する学識経験を有する者

（意見公募手続を実施することを要しない命令等）

第四条　法第三十九条第四項第四号の政令で定める命令等は、次に掲げる命令等とする。

一　健康保険法（大正十一年法律第七十号）第七十条第一項（同法第八十五条第九項、第八十五条の二第五項、第八十六条第四項、第百十条第七項及び第百四十九条において準用する場合を含む。）及び第三項、第七十二条第一項（同法第八十五条第九項、第八十五条の二第五項、第八十六条第四項、第百十条第七項及び第百四十九条において準用する場合を含む。）並びに第九十二条第二項（指定訪問看護の取扱いに係る部分に限り、同法第百十一条第三項及び第百四十九条において準用する場合を含む。）の命令等

二　船員保険法（昭和十四年法律第七十三号）第五十四条第二項（同法第六十一条第七項、第六十二条第四項、第六十三条第四項及び第七十六条第六項において準用する場合を含む。）及び第六十五条第十項（同法第七十八条第三項において準用する場合を含む。）の命令等

三　労働基準法（昭和二十二年法律第四十九号）第三十二条の四第三項及び第三十八条の四第三項の命令等

四　労働者災害補償保険法（昭和二十二年法律第五十号）第七条第二項第二号及び第三号並びに第三項、第八条第二項、第八条の二第一項第二号（同号の厚生労働省令に係る部分に限る。）、第二項各号（同法第八条の三第二項において準用する場合を含む。）及び第三項（同法第八条の二第四項（同法第八条の三第二項において準用する場合を含む。）及び第八条の三第二項において準用する場合を含む。）、第八条の三第一項第二号（同号の厚生労働省令に係る部分に限り、同法第八条の四において準用する場合を含む。）、第十二条の二、第十二条の七、第十二条の八第三項第二号及び第四項、第十三条第三項（同法第二十二条第二項において準用する場合を含む。）、第十四条第二項（同法第二十二条の二第二項において準用する場合を含む。）、第十四条の二（同法第二十二条の二第二項において準用する場合を含む。）、第十五条第一項、第十五条の二（同法第二十二条の三第三項において準用する場合を含む。）、第十六条の二第一項第四号（同法第二十二条の四第三項において準用する場合を含む。）、第十七条（同法第二十二条の五第二項において準用する場合を含む。）、第十八条の二（同法第二十三条第二項において準用する場合を含む。）、第十九条の二（同法第二十四条第二項において準用する場合を含む。）、第二十条、第二十二条第一項、第二十五条、第二十六条第一項及び第二項第一号、第二十七条、第二十八条、第二十九条第二項、第三十一条第一項から第三項まで、第三十三条第一号、第三号及び第五号から第七号まで、第三十四条第一項第三号（同法第三十六条第一項第二号において準用する場合を含む。）、第三十五条第一項、第三十七条、第四十六条、第四十七条、第四十九条第一項、第五十条、第五十八条第一項、第五十九条第二項及び第三項（同法第六十二条第三項において準用する場合を含む。）、第六十条第二項、第三項（同法第六十三条第三項において準用する場合を含む。）及び第四項（同法第六十三条第三項において準用する場合を含む。）、第六十一条第一項、第六十四条第二項並びに別表第一各号（同法第二十二条の三第三項、第二十二条の四第三項及び第二十三条第二項において準用する場合を含む。）の命令等

五　国民健康保険法（昭和三十三年法律第百九十二号）第四十条第二項（同法第五十二条第六項、第五十二条の二第三項、第五十三条第三項及び第五十四条の三第二項において準用する場合を含む。）及び第五十四条の二第十項（同法第五十四条の三第二項において準用する場合を含む。）の命令等

六　労働保険の保険料の徴収等に関する法律（昭和四十四年法律第八十四号）第二条第二項、第四条の二、第七条第三号及び第五号、第八条第一項、第九条、第十一条第三項、第十二条第二項、第三項及び第五項、第十二条の二、第十三条、第十四条第一項、第十四条の二第一項、第

十五条第一項及び第二項、第十六条（同法附則第五条において準用する場合を含む。）、第十七条第二項（同法第二十条第四項及び第二十一条第三項において準用する場合を含む。）、第十八条、第十九条第一項、第二項、第五項及び第六項、第二十条第一項（同条第二項において準用する場合を含む。）及び第三項、第二十一条の二、第二十二条第五項（同項の第一級保険料日額、第二級保険料日額及び第三級保険料日額の変更に係る部分に限る。）、第三十三条第一項、第三十六条、第三十九条、第四十二条並びに第四十五条の二の命令等

七　高年齢者等の雇用の安定等に関する法律（昭和四十六年法律第六十八号）第二十二条第四号、第二十四条第一項第三号及び第二十五条第一項（同項の計画に係る部分に限る。）の命令等

八　雇用の分野における男女の均等な機会及び待遇の確保等に関する法律（昭和四十七年法律第百十三号）第十条第一項、第十一条第二項、第十一条の二第二項及び第十三条第二項の命令等

九　雇用保険法（昭和四十九年法律第百十六号）第十条の四第一項、第十三条第一項及び第三項、第十八条第三項、第二十条第一項（同項の厚生労働省令で定める理由に係る部分に限る。）及び第二項（同項の厚生労働省令で定める理由に係る部分に限る。）、第二十二条第二項、第二十四条の二第一項（同項第二号の厚生労働大臣が指定する地域に係る部分を除く。）、第二十五条第一項（同項の政令で定める基準に係る部分に限る。）及び第三項、第二十六条第二項、第二十七条第一項（同項の政令で定める基準に係る部分に限る。）及び第二項、第二十九条第二項、第三十二条第三項（同法第三十七条の四第六項及び第四十条第四項において準用する場合を含む。）、第三十三条第二項（同法第三十七条の四第六項及び第四十条第四項において準用する場合を含む。）、第三十七条の三第一項、第三十八条第一項第二号、第三十九条第一項、第五十二条第二項（同法第五十五条第四項において準用する場合を含む。）、第五十六条の三第一項（同項の厚生労働省令で定める基準に係る部分及び同項第二号の就職が困難な者として厚生労働省令で定めるものに係る部分に限る。）、第六十一条の四第一項（同項の厚生労働省令で定める理由に係る部分に限る。）並びに第六十一条の六第一項（同項の厚生労働省令で定める理由に係る部分に限る。）の命令等並びに同法の施行に関する重要事項に係る命令等

十　高齢者の医療の確保に関する法律（昭和五十七年法律第八十号）第七十一条第一項（同項の療養の給付の取扱い及び担当に関する基準に係る部分に限る。）、第七十四条第四項、第七十五条第四項、第七十六条第三項及び第七十九条第一項（指定訪問看護の取扱いに係る部分に限る。）の命令等

十一　労働者派遣事業の適正な運営の確保及び派遣労働者の保護等に関する法律（昭和六十年法律第八十八号）第四条第一項第三号、第三十五条の四第一項並びに第四十条の二第一項第二号、第四号及び第五号の命令等

十二　育児休業、介護休業等育児又は家族介護を行う労働者の福祉に関する法律（平成三年法律第七十六号）第二条第一号及び第三号から第五号まで、第五条第二項、第三項第二号及び第四項第二号、第六条第一項第二号（同法第十二条第二項、第十六条の三第二項及び第十六条の六第二項において準用する場合を含む。）及び第三項、第七条第二項及び第三項（同法第十三条において準用する場合を含む。）、第八条第二項及び第三項（同法第十四条第三項において準用する場合を含む。）、第九条第二項第一号、第十二条第三項、第十五条第三項第一号、第十六条の二第一項及び第二項、第十六条の五第一項及び第二項、第十六条の八第一項第二号（同法第十六条の九第一項において準用する場合を含む。）、第三項（同法第十六条の九第一項において準用する場合を含む。）及び第四項第一号（同法第十六条の九第一項において準用する場合を含む。）、第十七条第一項第二号（同法第十八条第一項において準用する場合を含む。）、第三項（同法第十八条第一項において準用する場合を含む。）及び第四項第一号（同法第十八条第一項において準用する場合を含む。）、第十九条第一項第二号（同法第二十条第一項において準用する場合を含む。）及び第三号（同法第二十条第一項において準用する場合を含む。）、第三項（同法第二十条第一項において準用する場合を含む。）並びに第四項第一号（同法第二十条第一項において準用する場合を含む。）、第二十三条第一項から第三項まで、第二十五条並びに第二十八条の命令等並びに同法の施行に関する重要事項に係る命令等

十三　短時間労働者の雇用管理の改善等に関する法律（平成五年法律第七十六号）第十五条第一項の命令等

2　法第三十九条第四項第八号の政令で定める軽微な変更は、次に掲げるものとする。

一　他の法令の制定又は改廃に伴い当然必要とされる規定の整理

二　前号に掲げるもののほか、用語の整理、条、項又は号の繰上げ又は繰下げその他の形式的な変更

附　則

（施行期日）

第一条　この政令は、法の施行の日〔平六・一〇・一〕から施行する。

（雇用保険法に係る意見公募手続を実施することを要しない命令等に関する特例）

第二条　雇用保険法附則第四条第二項の規定の適用がある場合における第四条第一項第九号の規定の適用については、同号中「の命令等」とあるのは、「並びに附則第四条第一項の命令等」とする。

2　雇用保険法附則第五条第四項の規定の適用がある場合における第四条第一項第九号の規定の適用については、同号中「の命令等」とあるのは、「並びに附則第五条第一項（同項の厚生労働大臣が指定する地域に係る部分を除く。）の命令等」とする。

3　雇用保険法附則第十条第二項の規定の適用がある場合における第四条第一項第九号の規定の適用については、同号中「の命令等」とあるのは、「並びに附則第十条第一項の規定により読み替えて適用する同法第五十七条第二項（同項の厚生労働省令で定める者に係る部分に限る。）の命令等」とする。

4　雇用保険法附則第十一条の二第一項の規定の適用がある場合における第四条第一項第九号の規定の適用については、同号中「の命令等」とあるのは、「並びに附則第十一条の二第一項（同項の厚生労働省令で定める者に係る部分に限る。）の命令等」とする。

附　則〔平成三〇・五・三〇政令一七五抄〕

（施行期日）

1　この政令は、医療法等の一部を改正する法律の施行の日（平成三十年六月一日）から施行する。

○聴聞及び弁明の機会の付与に関する規則

（平成六・九・二六 国家公安委員会規則二六）

第一章　総則

（適用範囲）

第一条　国家公安委員会、都道府県公安委員会及び警察署長並びに法令の規定によりこれらの者の権限に属する事務を委任された者（以下「行政庁」という。）が行う聴聞及び弁明の機会の付与に関する手続については、他の法令に別段の定めがある場合を除くほか、この規則の定めるところによる。

（定義）

第二条　この規則において、次の各号に掲げる用語の意義は、それぞれ当該各号に定めるところによる。

一　主宰者　行政手続法（平成五年法律第八十八号。以下「法」という。）第十九条第一項の規定により聴聞を主宰する者をいう。

二　当事者　法第十五条第一項又は法第三十条の規定による通知を受けた者（法第十五条第三項後段（法第三十一条において準用する場合を含む。）の規定により当該通知が到達したものとみなされる者を含む。）をいう。

三　関係人　当事者以外の者であって不利益処分の根拠となる法令に照らし当該不利益処分につき利害関係を有するものと認められる者をいう。

四　参加人　法第十七条第一項の規定により聴聞に関する手続に参加する関係人をいう。

第二章　聴聞

第一節　主宰者、代理人等

（主宰者の指名）

第三条　法第十九条第一項の規定による主宰者の指名は、聴聞の通知の時までに行うものとする。

2　主宰者は、都道府県公安委員会（方面公安委員会を含む。）の委員又は聴聞を主宰するについて必要な法律に関する知識経験を有し、かつ、公正な判断をすることができると認められる警察職員のうちから指名する。

3　主宰者が法第十九条第二項各号のいずれかに該当するに至ったときは、行政庁は、速やかに、新たな主宰者を指名しなければならない。

（代理人）

第四条　法第十六条第三項（法第十七条第三項において準用する場合を含む。）の規定による代理人の資格の証明は、聴聞の件名、代理人の氏名及び住所並びに当事者又は参加人が代理人に対して当事者又は参加人のために聴聞に関する一切の行為をすることを委任する旨を明示した別記様式第一号の代理人資格証明書により行うものとする。

2　法第十六条第四項（法第十七条第三項において準用する場合を含む。）の規定による届出は、別記様式第二号の代理人資格喪失届出書により行うものとする。

（参加人）

第五条　法第十七条第一項の規定による許可の申請は、聴聞の期日の四日前までに、聴聞の件名及び当該聴聞に係る不利益処分につき利害関係を有することの疎明を記載した別記様式第三号の参加人許可申請書を主宰者に提出することにより行うものとする。

2　主宰者は、法第十七条第一項の規定による許可をしたときは、速やかに、その旨を当該許可の申請を行った関係人に対し書面により通知するものとする。

（補佐人）

第六条　法第二十条第三項の許可の申請は、聴聞の期日の四日前までに、聴聞の件名、補佐人の氏名、住所、当事者又は参加人との関係及び補佐する事項を記載した別記様式第四号の補佐人出頭許可申請書を主宰者に提出することにより行うものとする。

2　主宰者は、法第二十条第三項の許可をしたときは、速やかに、その旨を当該許可の申請を行った当事者又は参加人に対し書面により通知するものとする。

3　補佐人は、聴聞の期日において意見の陳述その他必要な補佐をすることができる。

4　補佐人の陳述は、当事者又は参加人が直ちに取り消さないときは、当該当事者又は参加人が自ら陳述したものとみなす。

5　法第二十二条第二項（法第二十五条後段において準用する場合を含む。）の規定により通知された聴聞の期日に出頭させようとする補佐人であって既に受けた法第二十条第三項の許可に係る事項につき補佐するものについては、新たに同項の許可を得ることを要しないものとする。

（参考人）

第七条　主宰者は、当事者若しくは参加人の申出により又は職権で、適当と認める者に対し、参考人として聴聞の期日に出頭することを求め、意見又は事情を聴くことができる。

2　前項の申出は、聴聞の期日の四日前までに、聴聞の件名、参考人として聴聞の期日への出頭を求める者の氏名、住所及び陳述の要旨を記載した別記様式第五号の参考人出頭申出書を主宰者に提出することにより行うものとする。

3　主宰者は、前項の申出に係る者に参考人として聴聞の期日への出頭を求める場合には、速やかに、その旨を当該申出を行った当事者又は参加人に対し書面により通知するものとする。

第二節　聴聞の進行

（聴聞の通知）

第八条　法第十五条第一項の規定による通知は、別記様式第六号の聴聞通知書により行うものとする。

（聴聞の期日及び場所の変更）

第九条　行政庁は、当事者の申出により又は職権で、聴聞の期日又は場所を変更することができる。

2　前項の申出は、聴聞の期日又は場所の変更を求めるやむを得ない理由を記載した別記様式第七号の変更申出書を行政庁に提出することにより行うものとする。

3　行政庁は、第一項の規定により聴聞の期日又は場所を変更したときは、速やかに、その旨を別記様式第八号の変更通知書により当事者及び参加人に通知しなければならない。

（文書等の閲覧の手続等）

第十条　法第十八条第一項の規定による閲覧の求め

は、聴聞の件名及び閲覧をしようとする資料の標目を記載した別記様式第九号の文書閲覧請求書を行政庁に提出することにより行うものとする。ただし、聴聞の期日における審理の進行に応じて必要となった場合の閲覧については、口頭で求めれば足りる。

2　行政庁は、法第十八条第一項又は第二項の閲覧を許可したときは、その場で閲覧させる場合を除き、速やかに、閲覧の日時及び場所を当該閲覧を求めた当事者又は参加人に通知しなければならない。この場合において、行政庁は、当該当事者又は参加人が聴聞の期日における審理に必要な準備を行うことを妨げることがないよう配慮するものとする。

3　法第十八条第二項の閲覧の求めがあった場合において、行政庁が当該求めのあった聴聞の期日において閲覧させることができないとき（閲覧を拒否するときを除く。）は、主宰者は、法第二十二条第一項の規定により当該閲覧の日時以降の日を新たな聴聞の期日として定めるものとする。

（証拠書類等の提出を受けた場合の手続）

第十一条　主宰者は、法第二十条第二項又は法第二十一条第一項の規定による証拠書類等の提出を受けたときは、次に掲げる事項を記載した別記様式第十号の提出物目録を作成しなければならない。

一　聴聞の件名
二　提出を受けた年月日
三　提出をした者の氏名及び住所
四　提出を受けた証拠書類等の標目

2　主宰者は、前項の提出物目録を作成したときは、その写しを当該提出物目録に係る証拠書類等を提出した者に交付しなければならない。

3　主宰者は、必要がなくなったときは、提出を受けた証拠書類等を速やかにこれを提出した者に返還しなければならない。この場合において、当該証拠書類等の返還は、別記様式第十一号の還付請書と引換えに行わなければならない。

（聴聞の審理の公開）

第十二条　行政庁は、法第二十条第六項の規定により聴聞の期日における審理を公開することを相当と認めたときは、その旨を当事者及び参加人に通知するとともに、当該聴聞の期日及び場所を公示しなければならない。

2　前項の規定による公示は、聴聞を行う行政庁の事務所の掲示板に掲示して行うものとする。

（聴聞の期日における陳述の制限等）

第十三条　主宰者は、聴聞の期日に出頭した者が聴聞に係る事案の範囲を超えて発言するとき、その他聴聞の期日における審理の適正な進行を図るためにやむを得ないと認めるときは、その発言を制限することができる。

2　主宰者は、前項に規定する場合のほか、聴聞の期日における審理の秩序を維持するために必要があると認めるときは、秩序を乱した者に対し退場を命じ、その他聴聞の期日における審理の秩序を維持するため国家公安委員会が別に定める措置をとることができる。

（陳述書の提出の方法）

第十四条　法第二十一条第一項の規定による陳述書の提出は、提出をする者の氏名、住所、聴聞の件名及び聴聞に係る事案についての意見を記載した書面により行うものとする。

（聴聞の続行の通知）

第十五条　法第二十二条第二項本文の規定による通知は、別記様式第十二号の聴聞続行通知書により行うものとする。

（聴聞の再開の通知）

第十六条　法第二十五条において準用する法第二十二条第二項本文の規定による通知は、別記様式第十二号の聴聞再開通知書により行うものとする。

第三節　聴聞調書等

（聴聞調書）

第十七条　法第二十四条第一項の調書は、別記様式第十三号の聴聞調書に次に掲げる事項（聴聞の期日における審理が行われなかった場合においては、第四号、第六号及び第七号に掲げる事項を除く。）を記載し、主宰者がこれに記名押印することにより作成しなければならない。

一　聴聞の件名
二　聴聞の期日及び場所
三　主宰者の職名及び氏名
四　聴聞の期日に出頭した当事者及び参加人又はこれらの者の代理人、補佐人並びに参考人（法令の規定により聴聞の期日に出頭したその他の者を含む。第八号において同じ。）の氏名及び住所
五　当事者（代理人を含む。）が聴聞の期日に出頭しなかった場合には、その氏名及び住所並びに出頭しなかったことについての正当な理由の有無
六　説明を行った行政庁の職員の職名及び氏名
七　行政庁の職員の説明の要旨
八　当事者及び参加人又はこれらの者の代理人、

補佐人並びに参考人の陳述（陳述書によるものを含む。）の要旨

九　その他参考となるべき事項

2　聴聞調書には、第十一条第一項の提出物目録を添付するほか、書面、図面、写真その他主宰者が適当と認めるものを添付して調書の一部とすることができる。

（聴聞報告書）

第十八条　法第二十四条第三項の報告書は、別記様式第十四号の聴聞報告書に次に掲げる事項を記載し、主宰者がこれに記名押印することにより作成しなければならない。

一　意見

二　不利益処分の原因となる事実に対する当事者及び当該不利益処分がされた場合に自己の利益を害されることとなる参加人の主張

三　理由

（聴聞調書等の閲覧）

第十九条　法第二十四条第四項の規定による閲覧の求めは、聴聞の件名及び閲覧をしようとする調書又は報告書の別を記載した別記様式第十五号の聴聞調書等閲覧請求書を、聴聞の終結前にあっては主宰者に、聴聞の終結後にあっては行政庁に提出することにより行うものとする。

2　主宰者又は行政庁は、法第二十四条第四項の閲覧を許可したときは、その場で閲覧させる場合を除き、速やかに、閲覧の日時及び場所を指定して当該閲覧を求めた当事者又は参加人に通知しなければならない。

第三章　弁明の機会の付与

（弁明の通知）

第二十条　法第三十条の規定による通知は、別記様式第十六号の弁明通知書により行うものとする。

（口頭による弁明の聴取）

第二十一条　行政庁は、弁明を口頭ですることを認めたときは、その指名する警察職員に弁明を録取させなければならない。

2　前項の規定により弁明を録取する者（以下「弁明録取者」という。）は、弁明の日時の冒頭において、予定される不利益処分の内容及び根拠となる法令の条項並びにその原因となる事実を弁明者に対し説明しなければならない。

（弁明調書）

第二十二条　弁明録取者は、当事者が口頭による弁明をしたときは、次に掲げる事項を記載した別記様式第十七号の弁明調書を作成し、これに記名押印しなければならない。

一　弁明の件名

二　弁明の日時及び場所

三　弁明録取者の職名及び氏名

四　弁明の日時に出頭した当事者又は代理人の氏名及び住所

五　当事者の弁明の要旨

六　その他参考となるべき事項

2　第十七条第二項の規定は、前項の弁明調書について準用する。

3　弁明録取者は、口頭による弁明の終結後速やかに、第一項の弁明調書を行政庁に提出しなければならない。

（弁明書の不提出等の場合における措置）

第二十三条　行政庁は、法第三十条の提出期限までに法第二十九条第一項の弁明書が提出されない場合、又は法第三十条の日時に当事者が出頭しない場合には、改めて弁明の機会の付与を行うことを要しない。

（準用規定）

第二十四条　第四条、第十一条及び第十四条の規定は、弁明の機会の付与について準用する。この場合において、第四条第一項中「法第十六条第三項（法第十七条第三項において準用する場合を含む。）」とあるのは「法第三十一条において準用する法第十六条第三項」と、同条第二項中「法第十六条第四項（法第十七条第三項において準用する場合を含む。）」とあるのは「法第三十一条において準用する法第十六条第四項」と、第十一条第一項中「主宰者」とあるのは「行政庁」と、「法第二十条第二項又は法第二十一条第一項」とあるのは「法第二十九条第二項」と、同条第二項及び第三項中「主宰者」とあるのは「行政庁」と、第十四条中「法第二十一条第一項の規定による陳述書」とあるのは「法第二十九条第一項の規定による弁明書」と読み替えるものとする。

2　第九条の規定は、口頭による弁明の機会の付与について準用する。この場合において、「聴聞の期日」とあるのは「弁明の日時」と読み替えるものとする。

附　則

この規則は、法の施行の日（平成六年十月一日）から施行する。

別記様式第１号（第４条、第24条関係）

代理人資格証明書

年　月　日

殿

住所

氏名　　　　　　㊞

年　月　日　　　　において行われる聴聞／弁明に係る弁明通知書（　年　月　日付け第　号）に係る弁明の機会の付与について は、下記の者を代理人として選任し、私のために聴聞／弁明の機会の付与に関する一切の行為をすることを委任します。

記

聴聞／弁明の件名	
住　所	
氏　名	

備考　１　不要の文字は、横線で消すこと。
　　　２　用紙の大きさは、日本工業規格Ａ４とする。

別記様式第２号（第４条、第24条関係）

代理人資格喪失届出書

年　月　日

殿

住所

氏名　　　　　　㊞

年　月　日　　　　において行われる聴聞／弁明通知書（　年　月　日付け第　号）に係る弁明の機会の付与について は、下記の者が代理人の資格を失ったので届け出ます。

記

聴聞／弁明の件名	
住　所	
氏　名	

備考　１　不要の文字は、横線で消すこと。
　　　２　用紙の大きさは、日本工業規格Ａ４とする。

別記様式第3号（第5条関係）

参加人許可申請書

年　月　日

殿

住所

氏名　㊞

年　月　日　　　　　　において行われる聴聞に関する手続に参加することを申請します。

記

聴聞の件名	
聴聞に係る不利益処分につき利害関係を有することの疎明	
連絡先	電話

備考　用紙の大きさは、日本工業規格A4とする。

別記様式第4号（第6条関係）

補佐人出頭許可申請書

年　月　日

殿

住所

氏名　㊞

年　月　日に　　　　　　において行われる聴聞については、下記の補佐人とともに出頭したいので申請します。

記

聴聞の件名	
住所	
氏名	（　歳） 職業
当事者又は参加人との関係	
補佐する事項	

備考　用紙の大きさは、日本工業規格A4とする。

別記様式第5号（第7条関係）

参考人出頭申出書

年　月　日

殿

住所

氏名　㊞

年　月　日　　において行われる聴聞について は、下記の者を参考人として聴聞の期日に出頭させたいので申し出ます。

記

聴聞の件名	
住所	
氏名	（　歳） 職業
陳述の要旨	

備考　用紙の大きさは、日本工業規格A4とする。

別記様式第6号（第8条関係）

（表）

第　号

聴聞通知書

年　月　日

殿

印

あなたに対する下記の事実を原因とする不利益処分に係る
の規定による聴聞を下記のとおり行いますので通知します。

記

聴聞の件名		
予定される不利益処分の内容		
根拠となる法令の条項		
不利益処分の原因となる事実		
聴聞の期日		年　月　日 時　分から
聴聞の場所		
聴聞に関する事務を所掌する組織	名称	
	所在地	

備考　1　あなたは聴聞の期日に出頭して意見を述べ、及び証拠書類又は証拠物（以下「証拠書類等」という。）を提出し、又は聴聞の期日への出頭に代えて陳述書及び証拠書類等を提出することができます。
2　あなたは聴聞が終結する時までの間、当該不利益処分の原因となる事実を証する資料の閲覧を求めることができます。
3　その他聴聞に際しての留意事項は裏面のとおりです。

備考　1　所定の欄に記載することができないときは、別紙に記載の上、これを添付すること。
2　用紙の大きさは、日本工業規格A4とする。

（裏）

聴聞に際しての留意事項

1　あなたが聴聞の期日に出頭しない場合には、あなたに代わって代理人を聴聞の期日に出頭させ意見を述べ、及び証拠書類等を提出することができますので、聴聞の件名、代理人の氏名及び住所並びに当該代理人に聴聞に関する一切の手続をすることを委任する旨を明示した代理人資格証明書を行政庁に提出してください。
2　聴聞の期日において補佐人とともに出頭しようとする場合には、聴聞の件名、補佐人の氏名、住所、あなたとの関係及び補佐する事項を記載した補佐人出頭許可申請書を聴聞の期日の４日前までに主宰者に提出して許可を受けてください。
3　参考人として聴聞の期日に出頭させたい者がある場合には、聴聞の件名、その者の氏名、住所及び陳述の要旨を記載した参考人出頭申出書を、聴聞の期日の４日前までに主宰者に提出してください。
4　あなたが病気その他のやむを得ない理由がある場合には、行政庁に対し、変更申出書により、聴聞の期日又は場所の変更を申し出ることができます。
5　あなた又はあなたの代理人が聴聞の期日に出頭する場合には、この通知書を持参してください。

聴聞の主宰者	職　名 氏　名 連絡先
聴聞の公開の有無	

別記様式第７号（第９条、第24条関係）

聴聞期日・場所
弁明日時・場所　変更申出書

年　　月　　日

殿

住所

氏名　　　　　　　　　　㊞

年　　月　　日に　　　　　　　　　　　において行われる聴聞の／弁明の期日・場所／日時・場所については、下記のとおりやむを得ない理由があるので変更を申し出ます。

記

聴聞／弁明の件名	
理　　由	

備考　1　所定の欄に記載することができないときは、別紙に記載の上、これを添付すること。
2　不要の文字は、横線で消すこと。
3　用紙の大きさは、日本工業規格Ａ４とする。

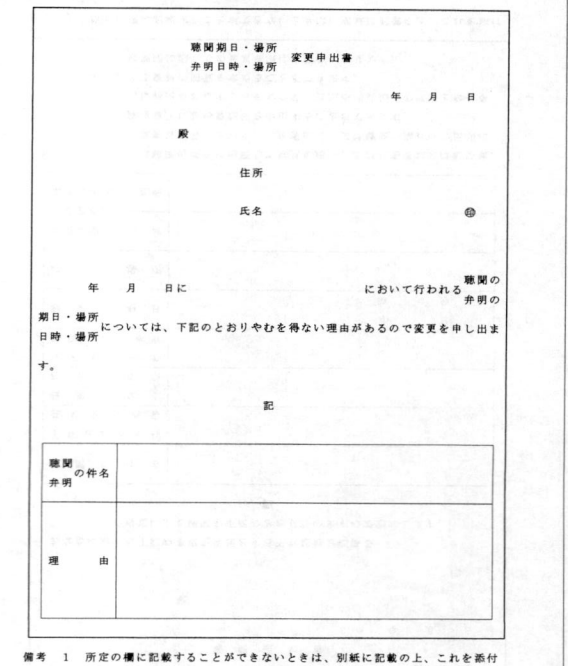

別記様式第８号（第９条、第24条関係）

第　　号

聴聞期日・場所
弁明日時・場所　変更通知書

年　　月　　日

殿

印

年　　月　　日に　　　　　　　　　　　　　において行うこととしていた聴聞の期日・場所／弁明の日時・場所を下記のとおり変更したので通知します。

記

聴聞／弁明の件名		
	変　　更　　前	変　　更　　後
聴聞の期日 弁明の日時	年　　月　　日 時　　　分から	年　　月　　日 時　　　分から
聴聞の場所 弁明の場所		

備考　1　不要の文字は、横線で消すこと。
　　　2　用紙の大きさは、日本工業規格Ａ４とする。

別記様式第９号（第10条関係）

文書閲覧請求書

年　　月　　日

殿

住所

氏名　　　　　　　　　　㊞

年　　月　　日　　　　　　　　　　　において行われる聴聞に関し、下記の標目に係る資料の閲覧を求めます。

記

聴聞の件名	
閲覧をしようとする資料の標目	

備考　用紙の大きさは、日本工業規格Ａ４とする。

別記様式第10号（第11条、第24条関係）

提出物目録

年　月　日

印

行政手続法　第２０条第２項／第２１条第１項／第２９条第２項　の規定により提出者が提出した下記目録の証拠書類等を受領した。

記

聴聞／弁明の件名		
提出者	住所	
	氏名	
提出を受けた年月日		

目録			
番号	標目	数量	備考
取扱者	職名	氏名	㊞

備考　用紙の大きさは、日本工業規格Ａ４とする。

別記様式第11号（第11条、第24条関係）

還付請書

年　月　日

殿

住所

氏名　㊞

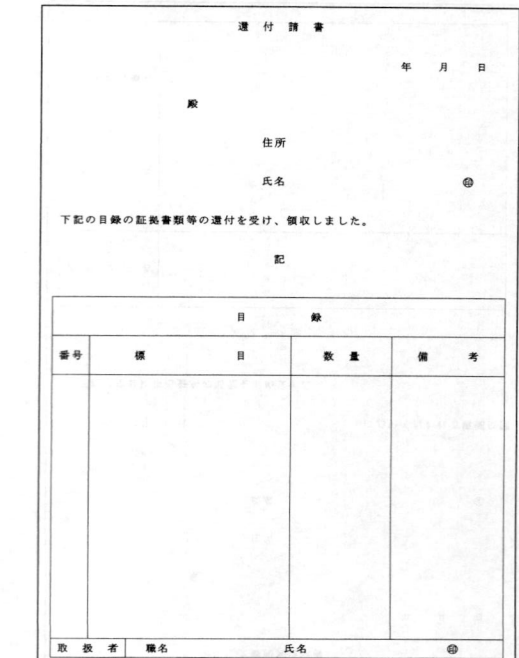

下記の目録の証拠書類等の還付を受け、領収しました。

記

目録			
番号	標目	数量	備考
取扱者	職名	氏名	㊞

備考　１　「目録」欄の記載は、取扱者において行うこと。
　　　２　用紙の大きさは、日本工業規格Ａ４とする。

別記様式第12号（第15条、第16条関係）

第　　号

聴聞 続行／再開 通知書

年　月　日

殿

印

年　月　日に　　　　　　　　において行った聴聞を下記のとおり 続行／再開 するので通知します。

記

聴聞の件名	
聴聞の期日	年　月　日 時　分から
聴聞の場所	

備考　1　不要の文字は、横線で消すこと。
　　　2　用紙の大きさは、日本工業規格Ａ４とする。

別記様式第13号（第17条関係）

（表）

第　　号

聴　聞　調　書

年　月　日

主宰者の職名及び氏名

㊞

聴聞の件名	
聴聞の期日	
聴聞の場所	
当事者の住所及び氏名（代理人・補佐人の住所及び氏名）	
参加人の住所及び氏名（代理人・補佐人の住所及び氏名）	
参考人の住所及び氏名	
聴聞の期日に出頭しなかった当事者(代理人)の住所及び氏名並びに出頭しなかったことにつき正当な理由があるかどうかの旨	
説明を行った行政庁の職員の職名及び氏名	

（裏）

行政庁の職員の説明の要旨	
当事者・参加人・代理人・補佐人・参考人の陳述の要旨	
その他参考となるべき事項	

備考　1　所定の欄に記載することができないときは、別紙に記載の上、これを添付すること。
2　証拠書類等が提出されたときは、提出物目録を添付すること。
3　不要の欄は、斜線を引くこと。
4　参考人には、法令の規定により聴聞の期日に出頭したその他の者を含む。
5　用紙の大きさは、日本工業規格Ａ４とする。

別記様式第14号（第18条関係）

第　　号

聴聞報告書

年　月　日

主宰者の職名及び氏名

㊞

聴聞通知書（　　年　　月　　日付け第　　　号）に係る聴聞を終結したのでその結果を報告します。

記

聴聞の件名	
意見	
聴聞に係る事案に対する当事者及び参加人の主張	
理由	

備考　用紙の大きさは、日本工業規格Ａ４とする。

別記様式第15号（第19条関係）

聴聞調書等閲覧請求書

年　月　日

殿

住所

氏名　㊞

年　月　日　　において行われた聴聞に関し、下記の標目に係る資料の閲覧を求めます。

記

聴聞の件名	
閲覧をしようとする調書又は報告書の別	

備考　用紙の大きさは、日本工業規格A4とする。

別記様式第16号（第20条関係）

（表）

第　号

弁明通知書

年　月　日

殿

印

あなたに対する下記の事実を原因とする不利益処分に係る行政手続法第13条第1項第2号の規定による弁明の機会の付与を下記のとおり行いますので通知します。

記

弁明の件名	
予定される不利益処分の内容	
根拠となる法令の条項	
不利益処分の原因となる事実	
弁明書の提出先	
弁明書の提出期限	年　月　日まで
備考	

弁明の機会の付与に際しての留意事項は裏面のとおりです。

備考　1　口頭による弁明の機会の付与を行う場合には、備考欄にその旨並びに出頭すべき日時及び場所を記載すること。
2　所定の欄に記載することができないときは、別紙に記載の上、これを添付すること。
3　用紙の大きさは、日本工業規格A4とする。

（裏）

弁明の機会の付与に際しての留意事項

1　弁明書には、あなたの氏名、住所、弁明の件名及び弁明の機会の付与に係る事案についての意見を記載してください。

2　弁明をするときは、証拠書類又は証拠物を提出することができます。

3　あなたが弁明をしない場合には、あなたに代わって代理人を選任できますので弁明の件名、代理人の氏名及び住所並びに当該代理人に弁明の機会の付与に関する一切の手続をすることを委任する旨を明示した代理人資格証明書を行政庁に提出してください。

4　口頭による弁明の機会の付与を行う場合であって、あなたが病気その他のやむを得ない理由があるときには、行政庁に対し、変更申出書により、弁明の日時又は場所の変更を申し出ることができます。

別記様式第17号（第22条関係）

第　　号

弁　明　調　書

年　月　日

弁明録取者の職名及び氏名

㊞

弁明の件名	
弁明の日時	
弁明の場所	
当事者の住所及び氏名 （代理人の住所及び氏名）	
当事者の弁明の要旨	
その他参考となるべき事項	

備考　1　所定の欄に記載することができないときは、別紙に記載の上、これを添付すること。

2　用紙の大きさは、日本工業規格Ａ４とする。

〇行政不服審査法

（平成二六・六・一三 法律六八）

最終改正 平成二九・三・三一 法四

第一章 総則

（目的等）

第一条 この法律は、行政庁の違法又は不当な処分その他公権力の行使に当たる行為に関し、国民が簡易迅速かつ公正な手続の下で広く行政庁に対する不服申立てをすることができるための制度を定めることにより、国民の権利利益の救済を図るとともに、行政の適正な運営を確保することを目的とする。

2 行政庁の処分その他公権力の行使に当たる行為（以下単に「処分」という。）に関する不服申立てについては、他の法律に特別の定めがある場合を除くほか、この法律の定めるところによる。

（処分についての審査請求）

第二条 行政庁の処分に不服がある者は、第四条及び第五条第二項の定めるところにより、審査請求をすることができる。

（不作為についての審査請求）

第三条 法令に基づき行政庁に対して処分についての申請をした者は、当該申請から相当の期間が経過したにもかかわらず、行政庁の不作為（法令に基づく申請に対して何らの処分をもしないことをいう。以下同じ。）がある場合には、次条の定めるところにより、当該不作為についての審査請求をすることができる。

（審査請求をすべき行政庁）

第四条 審査請求は、法律（条例に基づく処分については、条例）に特別の定めがある場合を除くほか、次の各号に掲げる場合の区分に応じ、当該各号に定める行政庁に対してするものとする。

一 処分庁等（処分をした行政庁（以下「処分庁」という。）又は不作為に係る行政庁（以下「不作為庁」という。）をいう。以下同じ。）に上級行政庁がない場合又は処分庁等が主任の大臣若しくは宮内庁長官若しくは内閣府設置法（平成十一年法律第八十九号）第四十九条第一項若しくは第二項若しくは国家行政組織法（昭和二十三年法律第百二十号）第三条第二項に規定する庁の長である場合 当該処分庁等

二 宮内庁長官又は内閣府設置法第四十九条第一項若しくは第二項若しくは国家行政組織法第三条第二項に規定する庁の長が処分庁等の上級行政庁である場合 宮内庁長官又は当該庁の長

三 主任の大臣が処分庁等の上級行政庁である場合（前二号に掲げる場合を除く。） 当該主任の大臣

四 前三号に掲げる場合以外の場合 当該処分庁等の最上級行政庁

（再調査の請求）

第五条 行政庁の処分につき処分庁以外の行政庁に対して審査請求をすることができる場合において、法律に再調査の請求をすることができる旨の定めがあるときは、当該処分に不服がある者は、処分庁に対して再調査の請求をすることができる。ただし、当該処分について第二条の規定により審査請求をしたときは、この限りでない。

2 前項本文の規定により再調査の請求をしたときは、当該再調査の請求についての決定を経た後でなければ、審査請求をすることができない。ただし、次の各号のいずれかに該当する場合は、この限りでない。

一 当該処分につき再調査の請求をした日（第六十一条において読み替えて準用する第二十三条の規定により不備を補正すべきことを命じられた場合にあっては、当該不備を補正した日）の翌日から起算して三月を経過しても、処分庁が当該再調査の請求につき決定をしない場合

二 その他再調査の請求についての決定を経ないことにつき正当な理由がある場合

（再審査請求）

第六条 行政庁の処分につき法律に再審査請求をすることができる旨の定めがある場合には、当該処分についての審査請求の裁決に不服がある者は、再審査請求をすることができる。

2 再審査請求は、原裁決（再審査請求をすることができる処分についての審査請求の裁決をいう。以下同じ。）又は当該処分（以下「原裁決等」という。）を対象として、前項の法律に定める行政庁に対してするものとする。

（適用除外）

第七条 次に掲げる処分及びその不作為については、第二条及び第三条の規定は、適用しない。

一 国会の両院若しくは一院又は議会の議決によってされる処分

二 裁判所若しくは裁判官の裁判により、又は裁判の執行としてされる処分

三 国会の両院若しくは一院若しくは議会の議決

を経て、又はこれらの同意若しくは承認を得た上でされるべきものとされている処分
四　検査官会議で決すべきものとされている処分
五　当事者間の法律関係を確認し、又は形成する処分で、法令の規定により当該処分に関する訴えにおいてその法律関係の当事者の一方を被告とすべきものと定められているもの
六　刑事事件に関する法令に基づいて検察官、検察事務官又は司法警察職員がする処分
七　国税又は地方税の犯則事件に関する法令（他の法令において準用する場合を含む。）に基づいて国税庁長官、国税局長、税務署長、国税庁、国税局若しくは税務署の当該職員、税関長、税関職員又は徴税吏員（他の法令の規定に基づいてこれらの職員の職務を行う者を含む。）がする処分及び金融商品取引の犯則事件に関する法令（他の法令において準用する場合を含む。）に基づいて証券取引等監視委員会、その職員（当該法令においてその職員とみなされる者を含む。）、財務局長又は財務支局長がする処分
八　学校、講習所、訓練所又は研修所において、教育、講習、訓練又は研修の目的を達成するために、学生、生徒、児童若しくは幼児若しくはこれらの保護者、講習生、訓練生又は研修生に対してされる処分
九　刑務所、少年刑務所、拘置所、留置施設、海上保安留置施設、少年院、少年鑑別所又は婦人補導院において、収容の目的を達成するためにされる処分
十　外国人の出入国又は帰化に関する処分
十一　専ら人の学識技能に関する試験又は検定の結果についての処分
十二　この法律に基づく処分（第五章第一節第一款の規定に基づく処分を除く。）

2　国の機関又は地方公共団体その他の公共団体若しくはその機関に対する処分で、これらの機関又は団体がその固有の資格において当該処分の相手方となるもの及びその不作為については、この法律の規定は、適用しない。

（特別の不服申立ての制度）

第八条　前条の規定は、同条の規定により審査請求をすることができない処分又は不作為につき、別に法令で当該処分又は不作為の性質に応じた不服申立ての制度を設けることを妨げない。

第二章　審査請求

第一節　審査庁及び審理関係人

（審理員）

第九条　第四条又は他の法律若しくは条例の規定により審査請求がされた行政庁（第十四条の規定により引継ぎを受けた行政庁を含む。以下「審査庁」という。）は、審査庁に所属する職員（第十七条に規定する名簿を作成した場合にあっては、当該名簿に記載されている者）のうちから第三節に規定する審理手続（この節に規定する手続を含む。）を行う者を指名するとともに、その旨を審査請求人及び処分庁等（審査庁以外の処分庁等に限る。）に通知しなければならない。ただし、次の各号のいずれかに掲げる機関が審査庁である場合若しくは条例に基づく処分について条例に特別の定めがある場合又は第二十四条の規定により当該審査請求を却下する場合は、この限りでない。
一　内閣府設置法第四十九条第一項若しくは第二項又は国家行政組織法第三条第二項に規定する委員会
二　内閣府設置法第三十七条若しくは第五十四条又は国家行政組織法第八条に規定する機関
三　地方自治法（昭和二十二年法律第六十七号）第百三十八条の四第一項に規定する委員会若しくは委員又は同条第三項に規定する機関

2　審査庁が前項の規定により指名する者は、次に掲げる者以外の者でなければならない。
一　審査請求に係る処分若しくは当該処分に係る再調査の請求についての決定に関与した者又は審査請求に係る不作為に係る処分に関与し、若しくは関与することとなる者
二　審査請求人
三　審査請求人の配偶者、四親等内の親族又は同居の親族
四　審査請求人の代理人
五　前二号に掲げる者であった者
六　審査請求人の後見人、後見監督人、保佐人、保佐監督人、補助人又は補助監督人
七　第十三条第一項に規定する利害関係人

3　審査庁が第一項各号に掲げる機関である場合又は同項ただし書の特別の定めがある場合においては、別表第一の上欄に掲げる規定の適用については、これらの規定中同表の中欄に掲げる字句は、それぞれ同表の下欄に掲げる字句に読み替えるものとし、第十七条、第四十条、第四十二条及び第五十条第二項の規定は、適用しない。

4　前項に規定する場合において、審査庁は、必要があると認めるときは、その職員（第二項各号（第一項各号に掲げる機関の構成員にあっては、

第一号を除く。）に掲げる者以外の者に限る。）に、前項において読み替えて適用する第三十一条第一項の規定による審査請求人若しくは第十三条第四項に規定する参加人の意見の陳述を聴かせ、前項において読み替えて適用する第三十四条の規定による参考人の陳述を聴かせ、同項において読み替えて適用する第三十五条第一項の規定による検証をさせ、前項において読み替えて適用する第三十六条の規定による第二十八条に規定する審理関係人に対する質問をさせ、又は同項において読み替えて適用する第三十七条第一項若しくは第二項の規定による意見の聴取を行わせることができる。

（法人でない社団又は財団の審査請求）

第十条　法人でない社団又は財団で代表者又は管理人の定めがあるものは、その名で審査請求をすることができる。

（総代）

第十一条　多数人が共同して審査請求をしようとするときは、三人を超えない総代を互選することができる。

2　共同審査請求人が総代を互選しない場合において、必要があると認めるときは、第九条第一項の規定により指名された者（以下「審理員」という。）は、総代の互選を命ずることができる。

3　総代は、各自、他の共同審査請求人のために、審査請求の取下げを除き、当該審査請求に関する一切の行為をすることができる。

4　総代が選任されたときは、共同審査請求人は、総代を通じてのみ、前項の行為をすることができる。

5　共同審査請求人に対する行政庁の通知その他の行為は、二人以上の総代が選任されている場合においても、一人の総代に対してすれば足りる。

6　共同審査請求人は、必要があると認める場合には、総代を解任することができる。

（代理人による審査請求）

第十二条　審査請求は、代理人によってすることができる。

2　前項の代理人は、各自、審査請求人のために、当該審査請求に関する一切の行為をすることができる。ただし、審査請求の取下げは、特別の委任を受けた場合に限り、することができる。

（参加人）

第十三条　利害関係人（審査請求人以外の者であって審査請求に係る処分又は不作為に係る処分の根拠となる法令に照らし当該処分につき利害関係を有するものと認められる者をいう。以下同じ。）は、審理員の許可を得て、当該審査請求に参加することができる。

2　審理員は、必要があると認める場合には、利害関係人に対し、当該審査請求に参加することを求めることができる。

3　審査請求への参加は、代理人によってすることができる。

4　前項の代理人は、各自、第一項又は第二項の規定により当該審査請求に参加する者（以下「参加人」という。）のために、当該審査請求への参加に関する一切の行為をすることができる。ただし、審査請求への参加の取下げは、特別の委任を受けた場合に限り、することができる。

（行政庁が裁決をする権限を有しなくなった場合の措置）

第十四条　行政庁が審査請求がされた後法令の改廃により当該審査請求につき裁決をする権限を有しなくなったときは、当該行政庁は、第十九条に規定する審査請求書又は第二十一条第二項に規定する審査請求録取書及び関係書類その他の物件を新たに当該審査請求につき裁決をする権限を有することとなった行政庁に引き継がなければならない。この場合において、その引継ぎを受けた行政庁は、速やかに、その旨を審査請求人及び参加人に通知しなければならない。

（審理手続の承継）

第十五条　審査請求人が死亡したときは、相続人その他法令により審査請求の目的である処分に係る権利を承継した者は、審査請求人の地位を承継する。

2　審査請求人について合併又は分割（審査請求の目的である処分に係る権利を承継させるものに限る。）があったときは、合併後存続する法人その他の社団若しくは財団若しくは合併により設立された法人その他の社団若しくは財団又は分割により当該権利を承継した法人は、審査請求人の地位を承継する。

3　前二項の場合には、審査請求人の地位を承継した相続人その他の者又は法人その他の社団若しくは財団は、書面でその旨を審査庁に届け出なければならない。この場合には、届出書には、死亡若しくは分割による権利の承継又は合併の事実を証する書面を添付しなければならない。

4　第一項又は第二項の場合において、前項の規定による届出がされるまでの間において、死亡者又は合併前の法人その他の社団若しくは財団若しくは分割をした法人に宛ててされた通知が審査請求人の地位を承継した相続人その他の者又は合併後の法人その他の社団若しくは財団若しくは分割により審査請求人の地位を承継した法人に到達したときは、当該通知は、これらの者に対する通知としての効力を有する。

5 第一項の場合において、審査請求人の地位を承継した相続人その他の者が二人以上あるときは、その一人に対する通知その他の行為は、全員に対してされたものとみなす。

6 審査請求の目的である処分に係る権利を譲り受けた者は、審査庁の許可を得て、審査請求人の地位を承継することができる。

（標準審理期間）

第十六条 第四条又は他の法律若しくは条例の規定により審査庁となるべき行政庁（以下「審査庁となるべき行政庁」という。）は、審査請求がその事務所に到達してから当該審査請求に対する裁決をするまでに通常要すべき標準的な期間を定めるよう努めるとともに、これを定めたときは、当該審査庁となるべき行政庁及び関係処分庁（当該審査請求の対象となるべき処分の権限を有する行政庁であって当該審査庁となるべき行政庁以外のものをいう。次条において同じ。）の事務所における備付けその他の適当な方法により公にしておかなければならない。

（審理員となるべき者の名簿）

第十七条 審査庁となるべき行政庁は、審理員となるべき者の名簿を作成するよう努めるとともに、これを作成したときは、当該審査庁となるべき行政庁及び関係処分庁の事務所における備付けその他の適当な方法により公にしておかなければならない。

第二節 審査請求の手続

（審査請求期間）

第十八条 処分についての審査請求は、処分があったことを知った日の翌日から起算して三月（当該処分について再調査の請求をしたときは、当該再調査の請求についての決定があったことを知った日の翌日から起算して一月）を経過したときは、することができない。ただし、正当な理由があるときは、この限りでない。

2 処分についての審査請求は、処分（当該処分について再調査の請求をしたときは、当該再調査の請求についての決定）があった日の翌日から起算して一年を経過したときは、することができない。ただし、正当な理由があるときは、この限りでない。

3 次条に規定する審査請求書を郵便又は民間事業者による信書の送達に関する法律（平成十四年法律第九十九号）第二条第六項に規定する一般信書便事業者若しくは同条第九項に規定する特定信書便事業者による同条第二項に規定する信書便で提出した場合における前二項に規定する期間（以下「審査請求期間」という。）の計算については、送付に要した日数は、算入しない。

（審査請求書の提出）

第十九条 審査請求は、他の法律（条例に基づく処分については、条例）に口頭ですることができる旨の定めがある場合を除き、政令で定めるところにより、審査請求書を提出してしなければならない。

2 処分についての審査請求書には、次に掲げる事項を記載しなければならない。

一 審査請求人の氏名又は名称及び住所又は居所

二 審査請求に係る処分の内容

三 審査請求に係る処分（当該処分について再調査の請求についての決定を経たときは、当該決定）があったことを知った年月日

四 審査請求の趣旨及び理由

五 処分庁の教示の有無及びその内容

六 審査請求の年月日

3 不作為についての審査請求書には、次に掲げる事項を記載しなければならない。

一 審査請求人の氏名又は名称及び住所又は居所

二 当該不作為に係る処分についての申請の内容及び年月日

三 審査請求の年月日

4 審査請求人が、法人その他の社団若しくは財団である場合、総代を互選した場合又は代理人によって審査請求をする場合には、審査請求書には、第二項各号又は前項各号に掲げる事項のほか、その代表者若しくは管理人、総代又は代理人の氏名及び住所又は居所を記載しなければならない。

5 処分についての審査請求書には、第二項及び前項に規定する事項のほか、次の各号に掲げる場合においては、当該各号に定める事項を記載しなければならない。

一 第五条第二項第一号の規定により再調査の請求についての決定を経ないで審査請求をする場合 再調査の請求をした年月日

二　第五条第二項第二号の規定により再調査の請求についての決定を経ないで審査請求をする場合　その決定を経ないことについての正当な理由

三　審査請求期間の経過後において審査請求をする場合　前条第一項ただし書又は第二項ただし書に規定する正当な理由

（口頭による審査請求）

第二十条　口頭で審査請求をする場合には、前条第二項から第五項までに規定する事項を陳述しなければならない。この場合において、陳述を受けた行政庁は、その陳述の内容を録取し、これを陳述人に読み聞かせて誤りのないことを確認し、陳述人に押印させなければならない。

（処分庁等を経由する審査請求）

第二十一条　審査請求をすべき行政庁が処分庁等と異なる場合における審査請求は、処分庁等を経由してすることができる。この場合において、審査請求人は、処分庁等に審査請求書を提出し、又は処分庁等に対し第十九条第二項から第五項までに規定する事項を陳述するものとする。

2　前項の場合には、処分庁等は、直ちに、審査請求書又は審査請求録取書（前条後段の規定により陳述の内容を録取した書面をいう。第二十九条第一項及び第五十五条において同じ。）を審査庁となるべき行政庁に送付しなければならない。

3　第一項の場合における審査請求期間の計算については、処分庁に審査請求書を提出し、又は処分庁に対し当該事項を陳述した時に、処分についての審査請求があったものとみなす。

（誤った教示をした場合の救済）

第二十二条　審査請求をすることができる処分につき、処分庁が誤って審査請求をすべき行政庁でない行政庁を審査請求をすべき行政庁として教示した場合において、その教示された行政庁に書面で審査請求がされたときは、当該行政庁は、速やかに、審査請求書を処分庁又は審査庁となるべき行政庁に送付し、かつ、その旨を審査請求人に通知しなければならない。

2　前項の規定により処分庁に審査請求書が送付されたときは、処分庁は、速やかに、これを審査庁となるべき行政庁に送付し、かつ、その旨を審査請求人に通知しなければならない。

3　第一項の処分のうち、再調査の請求をすることができない処分につき、処分庁が誤って再調査の請求をすることができる旨を教示した場合において、当該処分庁に再調査の請求がされたときは、処分庁は、速やかに、再調査の請求書（第六十一条において読み替えて準用する第十九条に規定する再調査の請求書をいう。以下この条において同じ。）又は再調査の請求録取書（第六十一条において準用する第二十条後段の規定により陳述の内容を録取した書面をいう。以下この条において同じ。）を審査庁となるべき行政庁に送付し、かつ、その旨を再調査の請求人に通知しなければならない。

4　再調査の請求をすることができる処分につき、処分庁が誤って審査請求をすることができる旨を教示しなかった場合において、当該処分庁に再調査の請求がされた場合であって、再調査の請求人から申立てがあったときは、処分庁は、速やかに、再調査の請求書又は再調査の請求録取書及び関係書類その他の物件を審査庁となるべき行政庁に送付しなければならない。この場合において、その送付を受けた行政庁は、速やかに、その旨を再調査の請求人及び第六十一条において読み替えて準用する第十三条第一項又は第二項の規定により当該再調査の請求に参加する者に通知しなければならない。

5　前各項の規定により審査請求書又は再調査の請求書若しくは再調査の請求録取書が審査庁となるべき行政庁に送付されたときは、初めから審査庁となるべき行政庁に審査請求がされたものとみなす。

（審査請求書の補正）

第二十三条　審査請求書が第十九条の規定に違反する場合には、審査庁は、相当の期間を定め、その期間内に不備を補正すべきことを命じなければならない。

（審理手続を経ないでする却下裁決）

第二十四条　前条の場合において、審査請求人が同条の期間内に不備を補正しないときは、審査庁は、次節に規定する審理手続を経ないで、第四十五条第一項又は第四十九条第一項の規定に基づき、裁決で、当該審査請求を却下することができる。

2　審査請求が不適法であって補正することができないことが明らかなときも、前項と同様とする。

（執行停止）

第二十五条　審査請求は、処分の効力、処分の執行又は手続の続行を妨げない。

2　処分庁の上級行政庁又は処分庁である審査庁は、必要があると認める場合には、審査請求人の申立てにより又は職権で、処分の効力、処分の執行又は手続の続行の全部又は一部の停止その他の措置（以下「執行停止」という。）をとることができる。

3　処分庁の上級行政庁又は処分庁のいずれでもない審査庁は、必要があると認める場合には、審査請求人の申立てにより、処分庁の意見を聴取した上、執行停止をすることができる。ただし、処分の効力、処分の執行又は手続の続行の全部又は一部の停止以外の措置をとることはできない。

4　前二項の規定による審査請求人の申立てがあった場合において、処分、処分の執行又は手続の続行により生ずる重大な損害を避けるために緊急の必要があると認めるときは、審査庁は、執行停止をしなければならない。ただし、公共の福祉に重大な影響を及ぼすおそれがあるとき、又は本案について理由がないとみえるときは、この限りでない。

5　審査庁は、前項に規定する重大な損害を生ずるか否かを判断するに当たっては、損害の回復の困難の程度を考慮するものとし、損害の性質及び程度並びに処分の内容及び性質をも勘案するものとする。

6　第二項から第四項までの場合において、処分の効力の停止は、処分の効力の停止以外の措置によって目的を達することができるときは、することができない。

7　執行停止の申立てがあったとき、又は審理員から第四十条に規定する執行停止をすべき旨の意見書が提出されたときは、審査庁は、速やかに、執行停止をするかどうかを決定しなければならない。

（執行停止の取消し）

第二十六条　執行停止をした後において、執行停止が公共の福祉に重大な影響を及ぼすことが明らかとなったとき、その他事情が変更したときは、審査庁は、その執行停止を取り消すことができる。

（審査請求の取下げ）

第二十七条　審査請求人は、裁決があるまでは、いつでも審査請求を取り下げることができる。

2　審査請求の取下げは、書面でしなければならない。

第三節　審理手続

（審理手続の計画的進行）

第二十八条　審査請求人、参加人及び処分庁等（以下「審理関係人」という。）並びに審理員は、簡易迅速かつ公正な審理の実現のため、審理において、相互に協力するとともに、審理手続の計画的な進行を図らなければならない。

（弁明書の提出）

第二十九条　審理員は、審査庁から指名されたときは、直ちに、審査請求書又は審査請求録取書の写しを処分庁等に送付しなければならない。ただし、処分庁等が審査庁である場合には、この限りでない。

2　審理員は、相当の期間を定めて、処分庁等に対し、弁明書の提出を求めるものとする。

3　処分庁等は、前項の弁明書に、次の各号の区分に応じ、当該各号に定める事項を記載しなければならない。

一　処分についての審査請求に対する弁明書　処分の内容及び理由

二　不作為についての審査請求に対する弁明書　処分をしていない理由並びに予定される処分の時期、内容及び理由

4　処分庁が次に掲げる書面を保有する場合には、前項第一号に掲げる弁明書にこれを添付するものとする。

一　行政手続法（平成五年法律第八十八号）第二十四条第一項の調書及び同条第三項の報告書

二　行政手続法第二十九条第一項に規定する弁明書

5　審理員は、処分庁等から弁明書の提出があったときは、これを審査請求人及び参加人に送付しなければならない。

（反論書等の提出）

第三十条　審査請求人は、前条第五項の規定により送付された弁明書に記載された事項に対する反論を記載した書面（以下「反論書」という。）を提出することができる。この場合において、審理員が、反論書を提出すべき相当の期間を定めたときは、その期間内にこれを提出しなければならない。

2　参加人は、審査請求に係る事件に関する意見を記載した書面（第四十条及び第四十二条第一項を除き、以下「意見書」という。）を提出することができる。この場合において、審理員が、意見書を提出すべき相当の期間を定めたときは、その期間内にこれを提出しなければならない。

3　審理員は、審査請求人から反論書の提出があったときはこれを参加人及び処分庁等に、参加人から意見書の提出があったときはこれを審査請求人及び処分庁等に、それぞれ送付しなければならな

い。

（口頭意見陳述）

第三十一条　審査請求人又は参加人の申立てがあった場合には、審理員は、当該申立てをした者（以下この条及び第四十一条第二項第二号において「申立人」という。）に口頭で審査請求に係る事件に関する意見を述べる機会を与えなければならない。ただし、当該申立人の所在その他の事情により当該意見を述べる機会を与えることが困難であると認められる場合には、この限りでない。

2　前項本文の規定による意見の陳述（以下「口頭意見陳述」という。）は、審理員が期日及び場所を指定し、全ての審理関係人を招集してさせるものとする。

3　口頭意見陳述において、申立人は、審理員の許可を得て、補佐人とともに出頭することができる。

4　口頭意見陳述において、審理員は、申立人のする陳述が事件に関係のない事項にわたる場合その他相当でない場合には、これを制限することができる。

5　口頭意見陳述に際し、申立人は、審理員の許可を得て、審査請求に係る事件に関し、処分庁等に対して、質問を発することができる。

（証拠書類等の提出）

第三十二条　審査請求人又は参加人は、証拠書類又は証拠物を提出することができる。

2　処分庁等は、当該処分の理由となる事実を証する書類その他の物件を提出することができる。

3　前二項の場合において、審理員が、証拠書類若しくは証拠物又は書類その他の物件を提出すべき相当の期間を定めたときは、その期間内にこれを提出しなければならない。

（物件の提出要求）

第三十三条　審理員は、審査請求人若しくは参加人の申立てにより又は職権で、書類その他の物件の所持人に対し、相当の期間を定めて、その物件の提出を求めることができる。この場合において、審理員は、その提出された物件を留め置くことができる。

（参考人の陳述及び鑑定の要求）

第三十四条　審理員は、審査請求人若しくは参加人の申立てにより又は職権で、適当と認める者に、参考人としてその知っている事実の陳述を求め、又は鑑定を求めることができる。

（検証）

第三十五条　審理員は、審査請求人若しくは参加人の申立てにより又は職権で、必要な場所につき、検証をすることができる。

2　審理員は、審査請求人又は参加人の申立てにより前項の検証をしようとするときは、あらかじめ、その日時及び場所を当該申立てをした者に通知し、これに立ち会う機会を与えなければならない。

（審理関係人への質問）

第三十六条　審理員は、審査請求人若しくは参加人の申立てにより又は職権で、審査請求に係る事件に関し、審理関係人に質問することができる。

（審理手続の計画的遂行）

第三十七条　審理員は、審査請求に係る事件について、審理すべき事項が多数であり又は錯綜しているなど事件が複雑であることその他の事情により、迅速かつ公正な審理を行うため、第三十一条から前条までに定める審理手続を計画的に遂行する必要があると認める場合には、期日及び場所を指定して、審理関係人を招集し、あらかじめ、これらの審理手続の申立てに関する意見の聴取を行うことができる。

2　審理員は、審理関係人が遠隔の地に居住している場合その他相当と認める場合には、政令で定めるところにより、審理員及び審理関係人が音声の送受信により通話をすることができる方法によって、前項に規定する意見の聴取を行うことができる。

3　審理員は、前二項の規定による意見の聴取を行ったときは、遅滞なく、第三十一条から前条までに定める審理手続の期日及び場所並びに第四十一条第一項の規定による審理手続の終結の予定時期を決定し、これらを審理関係人に通知するものとする。当該予定時期を変更したときも、同様とする。

（審査請求人等による提出書類等の閲覧等）

第三十八条　審査請求人又は参加人は、第四十一条第一項又は第二項の規定により審理手続が終結するまでの間、審理員に対し、提出書類等（第二十九条第四項各号に掲げる書面又は第三十二条第一項若しくは第二項若しくは第三十三条の規定により提出された書類その他の物件をいう。次項において同じ。）の閲覧（電磁的記録（電子的方式、磁気的方式その他人の知覚によっては認識することができない方式で作られる記録であって、電子計算機による情報処理の用に供されるものをいう。以下同じ。）にあっては、記録された事項を審査庁が定める方法により表示したものの閲覧）又は当該書面若しくは当該書類の写し若しくは当該電磁的記録に記録された事項を記載した書面の交付を求めることができる。この場合において、審理員は、第三者の利益を害するおそれがあると認めるとき、その他正当な理由があるときでなければ、その閲覧又は交付を拒むことができない。

2　審理員は、前項の規定による閲覧をさせ、又は同項の規定による交付をしようとするときは、当該閲覧又は交付に係る提出書類等の提出人の意見を聴かなければならない。ただし、審理員が、その必要がないと認めるときは、この限りでない。

3　審理員は、第一項の規定による閲覧について、日時及び場所を指定することができる。

4　第一項の規定による交付を受ける審査請求人又は参加人は、政令で定めるところにより、実費の範囲内において政令で定める額の手数料を納めなければならない。

5　審理員は、経済的困難その他特別の理由があると認めるときは、政令で定めるところにより、前項の手数料を減額し、又は免除することができる。

6　地方公共団体（都道府県、市町村及び特別区並びに地方公共団体の組合に限る。以下同じ。）に所属する行政庁が審査庁である場合における前二項の規定の適用については、これらの規定中「政令」とあるのは、「条例」とし、国又は地方公共団体に所属しない行政庁が審査庁である場合におけるこれらの規定の適用については、これらの規定中「政令で」とあるのは、「審査庁が」とする。

（審理手続の併合又は分離）

第三十九条　審理員は、必要があると認める場合には、数個の審査請求に係る審理手続を併合し、又は併合された数個の審査請求に係る審理手続を分離することができる。

（審理員による執行停止の意見書の提出）

第四十条　審理員は、必要があると認める場合には、審査庁に対し、執行停止をすべき旨の意見書を提出することができる。

（審理手続の終結）

第四十一条　審理員は、必要な審理を終えたと認めるときは、審理手続を終結するものとする。

2　前項に定めるもののほか、審理員は、次の各号のいずれかに該当するときは、審理手続を終結することができる。

一　次のイからホまでに掲げる規定の相当の期間内に、当該イからホまでに定める物件が提出されない場合において、更に一定の期間を示して、当該物件の提出を求めたにもかかわらず、当該提出期間内に当該物件が提出されなかったとき。

イ　第二十九条第二項　弁明書

ロ　第三十条第一項後段　反論書

ハ　第三十条第二項後段　意見書

ニ　第三十二条第三項　証拠書類若しくは証拠物又は書類その他の物件

ホ　第三十三条前段　書類その他の物件

二　申立人が、正当な理由なく、口頭意見陳述に出頭しないとき。

3　審理員が前二項の規定により審理手続を終結したときは、速やかに、審理関係人に対し、審理手続を終結した旨並びに次条第一項に規定する審理員意見書及び事件記録（審査請求書、弁明書その他審査請求に係る事件に関する書類その他の物件のうち政令で定めるものをいう。同条第二項及び第四十三条第二項において同じ。）を審査庁に提出する予定時期を通知するものとする。当該予定時期を変更したときも、同様とする。

（審理員意見書）

第四十二条　審理員は、審理手続を終結したときは、遅滞なく、審査庁がすべき裁決に関する意見書（以下「審理員意見書」という。）を作成しなければならない。

2　審理員は、審理員意見書を作成したときは、速やかに、これを事件記録とともに、審査庁に提出しなければならない。

第四節　行政不服審査会等への諮問

第四十三条　審査庁は、審理員意見書の提出を受けたときは、次の各号のいずれかに該当する場合を除き、審査庁が主任の大臣又は宮内庁長官若しくは内閣府設置法第四十九条第一項若しくは第二項若しくは国家行政組織法第三条第二項に規定する庁の長である場合にあっては行政不服審査会に、審査庁が地方公共団体の長（地方公共団体の組合にあっては、長、管理者又は理事会）である場合にあっては第八十一条第一項又は第二項の機関に、それぞれ諮問しなければならない。

一　審査請求に係る処分をしようとするときに他の法律又は政令（条例に基づく処分については、条例）に第九条第一項各号に掲げる機関若しくは地方公共団体の議会又はこれらの機関に類するものとして政令で定めるもの（以下「審議会等」という。）の議を経るべき旨又は経る

ことができる旨の定めがあり、かつ、当該議を経て当該処分がされた場合
二　裁決をしようとするときに他の法律又は政令（条例に基づく処分については、条例）に第九条第一項各号に掲げる機関若しくは地方公共団体の議会又はこれらの機関に類するものとして政令で定めるものの議を経るべき旨又は経ることができる旨の定めがあり、かつ、当該議を経て裁決をしようとする場合
三　第四十六条第三項又は第四十九条第四項の規定により審議会等の議を経て裁決をしようとする場合
四　審査請求人から、行政不服審査会又は第八十一条第一項若しくは第二項の機関（以下「行政不服審査会等」という。）への諮問を希望しない旨の申出がされている場合（参加人から、行政不服審査会等に諮問しないことについて反対する旨の申出がされている場合を除く。）
五　審査請求が、行政不服審査会等によって、国民の権利利益及び行政の運営に対する影響の程度その他当該事件の性質を勘案して、諮問を要しないものと認められたものである場合
六　審査請求が不適法であり、却下する場合
七　第四十六条第一項の規定により審査請求に係る処分（法令に基づく申請を却下し、又は棄却する処分及び事実上の行為を除く。）の全部を取り消し、又は第四十七条第一号若しくは第二号の規定により審査請求に係る事実上の行為の全部を撤廃すべき旨を命じ、若しくは撤廃することとする場合（当該処分の全部を取り消すこと又は当該事実上の行為の全部を撤廃すべき旨を命じ、若しくは撤廃することについて反対する旨の意見書が提出されている場合及び口頭意見陳述においてその旨の意見が述べられている場合を除く。）
八　第四十六条第二項各号又は第四十九条第三項各号に定める措置（法令に基づく申請の全部を認容すべき旨を命じ、又は認容するものに限る。）をとることとする場合（当該申請の全部を認容することについて反対する旨の意見書が提出されている場合及び口頭意見陳述においてその旨の意見が述べられている場合を除く。）
2　前項の規定による諮問は、審理員意見書及び事件記録の写しを添えてしなければならない。
3　第一項の規定により諮問をした審査庁は、審理関係人（処分庁等が審査庁である場合にあっては、審査請求人及び参加人）に対し、当該諮問をした旨を通知するとともに、審理員意見書の写しを送付しなければならない。

第五節　裁決

（裁決の時期）

第四十四条　審査庁は、行政不服審査会等から諮問に対する答申を受けたとき（前条第一項の規定による諮問を要しない場合（同項第二号又は第三号に該当する場合を除く。）にあっては審理員意見書が提出されたとき、同項第二号又は第三号に該当する場合にあっては同項第二号又は第三号に規定する議を経たとき）は、遅滞なく、裁決をしなければならない。

（処分についての審査請求の却下又は棄却）

第四十五条　処分についての審査請求が法定の期間経過後にされたものである場合その他不適法である場合には、審査庁は、裁決で、当該審査請求を却下する。
2　処分についての審査請求が理由がない場合には、審査庁は、裁決で、当該審査請求を棄却する。
3　審査請求に係る処分が違法又は不当ではあるが、これを取り消し、又は撤廃することにより公の利益に著しい障害を生ずる場合において、審査請求人の受ける損害の程度、その損害の賠償又は防止の程度及び方法その他一切の事情を考慮した上、処分を取り消し、又は撤廃することが公共の福祉に適合しないと認めるときは、審査庁は、裁決で、当該審査請求を棄却することができる。この場合には、審査庁は、裁決の主文で、当該処分が違法又は不当であることを宣言しなければならない。

（処分についての審査請求の認容）

第四十六条　処分（事実上の行為を除く。以下この条及び第四十八条において同じ。）についての審査請求が理由がある場合（前条第三項の規定の適用がある場合を除く。）には、審査庁は、裁決で、当該処分の全部若しくは一部を取り消し、又はこれを変更する。ただし、審査庁が処分庁の上級行政庁又は処分庁のいずれでもない場合には、当該処分を変更することはできない。
2　前項の規定により法令に基づく申請を却下し、又は棄却する処分の全部又は一部を取り消す場合において、次の各号に掲げる審査庁は、当該申請に対して一定の処分をすべきものと認めるときは、当該各号に定める措置をとる。
一　処分庁の上級行政庁である審査庁　当該処分

庁に対し、当該処分をすべき旨を命ずること。

二　処分庁である審査庁　当該処分をすること。

3　前項に規定する一定の処分に関し、第四十三条第一項第一号に規定する議を経るべき旨の定めがある場合において、審査庁が前項各号に定める措置をとるために必要があると認めるときは、審査庁は、当該定めに係る審議会等の議を経ることができる。

4　前項に規定する定めがある場合のほか、第二項に規定する一定の処分に関し、他の法令に関係行政機関との協議の実施その他の手続をとるべき旨の定めがある場合において、審査庁が同項各号に定める措置をとるために必要があると認めるときは、審査庁は、当該手続をとることができる。

第四十七条　事実上の行為についての審査請求が理由がある場合（第四十五条第三項の規定の適用がある場合を除く。）には、審査庁は、裁決で、当該事実上の行為が違法又は不当である旨を宣言するとともに、次の各号に掲げる審査庁の区分に応じ、当該各号に定める措置をとる。ただし、審査庁が処分庁の上級行政庁以外の審査庁である場合には、当該事実上の行為を変更すべき旨を命ずることはできない。

一　処分庁以外の審査庁　当該処分庁に対し、当該事実上の行為の全部若しくは一部を撤廃し、又はこれを変更すべき旨を命ずること。

二　処分庁である審査庁　当該事実上の行為の全部若しくは一部を撤廃し、又はこれを変更すること。

（不利益変更の禁止）

第四十八条　第四十六条第一項本文又は前条の場合において、審査庁は、審査請求人の不利益に当該処分を変更し、又は当該事実上の行為を変更すべき旨を命じ、若しくはこれを変更することはできない。

（不作為についての審査請求の裁決）

第四十九条　不作為についての審査請求が当該不作為に係る処分についての申請から相当の期間が経過しないでされたものである場合その他不適法である場合には、審査庁は、裁決で、当該審査請求を却下する。

2　不作為についての審査請求が理由がない場合には、審査庁は、裁決で、当該審査請求を棄却する。

3　不作為についての審査請求が理由がある場合には、審査庁は、裁決で、当該不作為が違法又は不当である旨を宣言する。この場合において、次の各号に掲げる審査庁は、当該申請に対して一定の処分をすべきものと認めるときは、当該各号に定める措置をとる。

一　不作為庁の上級行政庁である審査庁　当該不作為庁に対し、当該処分をすべき旨を命ずること。

二　不作為庁である審査庁　当該処分をすること。

4　審査請求に係る不作為に係る処分に関し、第四十三条第一項第一号に規定する議を経るべき旨の定めがある場合において、審査庁が前項各号に定める措置をとるために必要があると認めるときは、審査庁は、当該定めに係る審議会等の議を経ることができる。

5　前項に規定する定めがある場合のほか、審査請求に係る不作為に係る処分に関し、他の法令に関係行政機関との協議の実施その他の手続をとるべき旨の定めがある場合において、審査庁が第三項各号に定める措置をとるために必要があると認めるときは、審査庁は、当該手続をとることができる。

（裁決の方式）

第五十条　裁決は、次に掲げる事項を記載し、審査庁が記名押印した裁決書によりしなければならない。

一　主文

二　事案の概要

三　審理関係人の主張の要旨

四　理由（第一号の主文が審理員意見書又は行政不服審査会等若しくは審議会等の答申書と異なる内容である場合には、異なることとなった理由を含む。）

2　第四十三条第一項の規定による行政不服審査会等への諮問を要しない場合には、前項の裁決書には、審理員意見書を添付しなければならない。

3　審査庁は、再審査請求をすることができる裁決をする場合には、裁決書に再審査請求をすることができる旨並びに再審査請求をすべき行政庁及び再審査請求期間（第六十二条に規定する期間をいう。）を記載して、これらを教示しなければならない。

（裁決の効力発生）

第五十一条　裁決は、審査請求人（当該審査請求が処分の相手方以外の者のしたものである場合における第四十六条第一項及び第四十七条の規定による裁決にあっては、審査請求人及び処分の相手方）に送達された時に、その効力を生ずる。

2　裁決の送達は、送達を受けるべき者に裁決書の謄本を送付することによってする。ただし、送達を受けるべき者の所在が知れない場合その他裁決書の謄本を送付することができない場合には、公示の方法によってすることができる。

3　公示の方法による送達は、審査庁が裁決書の謄本を保管し、いつでもその送達を受けるべき者に交付する旨を当該審査庁の掲示場に掲示し、かつ、その旨を官報その他の公報又は新聞紙に少なくとも一回掲載してするものとする。この場合において、その掲示を始めた日の翌日から起算して二週間を経過した時に裁決書の謄本の送付があったものとみなす。

4　審査庁は、裁決書の謄本を参加人及び処分庁等（審査庁以外の処分庁等に限る。）に送付しなければならない。

（裁決の拘束力）

第五十二条　裁決は、関係行政庁を拘束する。

2　申請に基づいてした処分が手続の違法若しくは不当を理由として裁決で取り消され、又は申請を却下し、若しくは棄却した処分が裁決で取り消された場合には、処分庁は、裁決の趣旨に従い、改めて申請に対する処分をしなければならない。

3　法令の規定により公示された処分が裁決で取り消され、又は変更された場合には、処分庁は、当該処分が取り消され、又は変更された旨を公示しなければならない。

4　法令の規定により処分の相手方以外の利害関係人に通知された処分が裁決で取り消され、又は変更された場合には、処分庁は、その通知を受けた者（審査請求人及び参加人を除く。）に、当該処分が取り消され、又は変更された旨を通知しなければならない。

（証拠書類等の返還）

第五十三条　審査庁は、裁決をしたときは、速やかに、第三十二条第一項又は第二項の規定により提出された証拠書類若しくは証拠物又は書類その他の物件及び第三十三条の規定による提出要求に応じて提出された書類その他の物件をその提出人に返還しなければならない。

第三章　再調査の請求

（再調査の請求期間）

第五十四条　再調査の請求は、処分があったことを知った日の翌日から起算して三月を経過したときは、することができない。ただし、正当な理由があるときは、この限りでない。

2　再調査の請求は、処分があった日の翌日から起算して一年を経過したときは、することができない。ただし、正当な理由があるときは、この限りでない。

（誤った教示をした場合の救済）

第五十五条　再調査の請求をすることができる処分につき、処分庁が誤って再調査の請求をすることができる旨を教示しなかった場合において、審査請求がされた場合であって、審査請求人から申立てがあったときは、審査庁は、速やかに、審査請求書又は審査請求録取書を処分庁に送付しなければならない。ただし、審査請求人に対し弁明書が送付された後においては、この限りでない。

2　前項本文の規定により審査請求書又は審査請求録取書の送付を受けた処分庁は、速やかに、その旨を審査請求人及び参加人に通知しなければならない。

3　第一項本文の規定により審査請求書又は審査請求録取書が処分庁に送付されたときは、初めから処分庁に再調査の請求がされたものとみなす。

（再調査の請求についての決定を経ずに審査請求がされた場合）

第五十六条　第五条第二項ただし書の規定により審査請求がされたときは、同項の再調査の請求は、取り下げられたものとみなす。ただし、処分庁において当該審査請求がされた日以前に再調査の請求に係る処分（事実上の行為を除く。）を取り消す旨の第六十条第一項の決定書の謄本を発している場合又は再調査の請求に係る事実上の行為を撤廃している場合は、当該審査請求（処分（事実上の行為を除く。）の一部を取り消す旨の第五十九条第一項の決定がされている場合又は事実上の行為の一部が撤廃されている場合にあっては、その部分に限る。）が取り下げられたものとみなす。

（三月後の教示）

第五十七条　処分庁は、再調査の請求がされた日（第六十一条において読み替えて準用する第二十三条の規定により不備を補正すべきことを命じた場合にあっては、当該不備が補正された日）の翌日から起算して三月を経過しても当該再調査の請求が係属しているときは、遅滞なく、当該処分について直ちに審査請求をすることができる旨を書面でその再調査の請求人に教示しなければならない。

（再調査の請求の却下又は棄却の決定）

第五十八条　再調査の請求が法定の期間経過後にさ

れたものである場合その他不適法である場合には、処分庁は、決定で、当該再調査の請求を却下する。

２　再調査の請求が理由がない場合には、処分庁は、決定で、当該再調査の請求を棄却する。

（再調査の請求の認容の決定）

第五十九条　処分（事実上の行為を除く。）についての再調査の請求が理由がある場合には、処分庁は、決定で、当該処分の全部若しくは一部を取り消し、又はこれを変更する。

２　事実上の行為についての再調査の請求が理由がある場合には、処分庁は、決定で、当該事実上の行為が違法又は不当である旨を宣言するとともに、当該事実上の行為の全部若しくは一部を撤廃し、又はこれを変更する。

３　処分庁は、前二項の場合において、再調査の請求人の不利益に当該処分又は当該事実上の行為を変更することはできない。

（決定の方式）

第六十条　前二条の決定は、主文及び理由を記載し、処分庁が記名押印した決定書によりしなければならない。

２　処分庁は、前項の決定書（再調査の請求に係る処分の全部を取り消し、又は撤廃する決定に係るものを除く。）に、再調査の請求に係る処分につき審査請求をすることができる旨（却下の決定である場合にあっては、当該却下の決定が違法な場合に限り審査請求をすることができる旨）並びに審査請求をすべき行政庁及び審査請求期間を記載して、これらを教示しなければならない。

（審査請求に関する規定の準用）

第六十一条　第九条第四項、第十条から第十六条まで、第十八条第三項、第十九条（第三項並びに第五項第一号及び第二号を除く。）、第二十条、第二十三条、第二十四条、第二十五条（第三項を除く。）、第二十六条、第二十七条、第三十一条（第五項を除く。）、第三十二条（第二項を除く。）、第三十九条、第五十一条及び第五十三条の規定は、再調査の請求について準用する。この場合において、別表第二の上欄に掲げる規定中同表の中欄に掲げる字句は、それぞれ同表の下欄に掲げる字句に読み替えるものとする。

第四章　再審査請求

（再審査請求期間）

第六十二条　再審査請求は、原裁決があったことを知った日の翌日から起算して一月を経過したときは、することができない。ただし、正当な理由があるときは、この限りでない。

２　再審査請求は、原裁決があった日の翌日から起算して一年を経過したときは、することができない。ただし、正当な理由があるときは、この限りでない。

（裁決書の送付）

第六十三条　第六十六条第一項において読み替えて準用する第十一条第二項に規定する審理員又は第六十六条第一項において準用する第九条第一項各号に掲げる機関である再審査庁（他の法律の規定により再審査請求がされた行政庁（第六十六条第一項において読み替えて準用する第十四条の規定により引継ぎを受けた行政庁を含む。）をいう。以下同じ。）は、原裁決をした行政庁に対し、原裁決に係る裁決書の送付を求めるものとする。

（再審査請求の却下又は棄却の裁決）

第六十四条　再審査請求が法定の期間経過後にされたものである場合その他不適法である場合には、再審査庁は、裁決で、当該再審査請求を却下する。

２　再審査請求が理由がない場合には、再審査庁は、裁決で、当該再審査請求を棄却する。

３　再審査請求に係る原裁決（審査請求を却下し、又は棄却したものに限る。）が違法又は不当である場合において、当該審査請求に係る処分が違法又は不当のいずれでもないときは、再審査庁は、裁決で、当該再審査請求を棄却する。

４　前項に規定する場合のほか、再審査請求に係る原裁決等が違法又は不当ではあるが、これを取り消し、又は撤廃することにより公の利益に著しい障害を生ずる場合において、再審査請求人の受ける損害の程度、その損害の賠償又は防止の程度及び方法その他一切の事情を考慮した上、原裁決等を取り消し、又は撤廃することが公共の福祉に適合しないと認めるときは、再審査庁は、裁決で、当該再審査請求を棄却することができる。この場合には、再審査庁は、裁決の主文で、当該原裁決等が違法又は不当であることを宣言しなければならない。

（再審査請求の認容の裁決）

第六十五条　原裁決等（事実上の行為を除く。）についての再審査請求が理由がある場合（前条第三項に規定する場合及び同条第四項の規定の適用がある場合を除く。）には、再審査庁は、裁決で、当該原裁決等の全部又は一部を取り消す。

２　事実上の行為についての再審査請求が理由があ

る場合（前条第四項の規定の適用がある場合を除く。）には、裁決で、当該事実上の行為が違法又は不当である旨を宣言するとともに、処分庁に対し、当該事実上の行為の全部又は一部を撤廃すべき旨を命ずる。

（審査請求に関する規定の準用）

第六十六条　第二章（第九条第三項、第十八条（第三項を除く。）、第十九条第三項並びに第五項第一号及び第二号、第二十二条、第二十五条第二項、第二十九条（第一項を除く。）、第三十条第一項、第四十一条第二項第一号イ及びロ、第四節、第四十五条から第四十九条まで並びに第五十条第三項を除く。）の規定は、再審査請求について準用する。この場合において、別表第三の上欄に掲げる規定中同表の中欄に掲げる字句は、それぞれ同表の下欄に掲げる字句に読み替えるものとする。

2　再審査庁が前項において準用する第九条第一項各号に掲げる機関である場合には、前項において準用する第十七条、第四十条、第四十二条及び第五十条第二項の規定は、適用しない。

第五章　行政不服審査会等

第一節　行政不服審査会

第一款　設置及び組織

（設置）

第六十七条　総務省に、行政不服審査会（以下「審査会」という。）を置く。

2　審査会は、この法律の規定によりその権限に属させられた事項を処理する。

（組織）

第六十八条　審査会は、委員九人をもって組織する。

2　委員は、非常勤とする。ただし、そのうち三人以内は、常勤とすることができる。

（委員）

第六十九条　委員は、審査会の権限に属する事項に関し公正な判断をすることができ、かつ、法律又は行政に関して優れた識見を有する者のうちから、両議院の同意を得て、総務大臣が任命する。

2　委員の任期が満了し、又は欠員を生じた場合において、国会の閉会又は衆議院の解散のために両議院の同意を得ることができないときは、総務大臣は、前項の規定にかかわらず、同項に定める資格を有する者のうちから、委員を任命することができる。

3　前項の場合においては、任命後最初の国会で両議院の事後の承認を得なければならない。この場合において、両議院の事後の承認が得られないときは、総務大臣は、直ちにその委員を罷免しなければならない。

4　委員の任期は、三年とする。ただし、補欠の委員の任期は、前任者の残任期間とする。

5　委員は、再任されることができる。

6　委員の任期が満了したときは、当該委員は、後任者が任命されるまで引き続きその職務を行うものとする。

7　総務大臣は、委員が心身の故障のために職務の執行ができないと認める場合又は委員に職務上の義務違反その他委員たるに適しない非行があると認める場合には、両議院の同意を得て、その委員を罷免することができる。

8　委員は、職務上知ることができた秘密を漏らしてはならない。その職を退いた後も同様とする。

9　委員は、在任中、政党その他の政治的団体の役員となり、又は積極的に政治運動をしてはならない。

10　常勤の委員は、在任中、総務大臣の許可がある場合を除き、報酬を得て他の職務に従事し、又は営利事業を営み、その他金銭上の利益を目的とする業務を行ってはならない。

11　委員の給与は、別に法律で定める。

（会長）

第七十条　審査会に、会長を置き、委員の互選により選任する。

2　会長は、会務を総理し、審査会を代表する。

3　会長に事故があるときは、あらかじめその指名する委員が、その職務を代理する。

（専門委員）

第七十一条　審査会に、専門の事項を調査させるため、専門委員を置くことができる。

2　専門委員は、学識経験のある者のうちから、総務大臣が任命する。

3　専門委員は、その者の任命に係る当該専門の事項に関する調査が終了したときは、解任されるものとする。

4　専門委員は、非常勤とする。

（合議体）

第七十二条　審査会は、委員のうちから、審査会が指名する者三人をもって構成する合議体で、審査請求に係る事件について調査審議する。

2　前項の規定にかかわらず、審査会が定める場合においては、委員の全員をもって構成する合議体で、審査請求に係る事件について調査審議する。

（事務局）

第七十三条　審査会の事務を処理させるため、審査会に事務局を置く。

２　事務局に、事務局長のほか、所要の職員を置く。

３　事務局長は、会長の命を受けて、局務を掌理する。

第二款　審査会の調査審議の手続

（審査会の調査権限）

第七十四条　審査会は、必要があると認める場合には、審査請求に係る事件に関し、審査請求人、参加人又は第四十三条第一項の規定により審査会に諮問をした審査庁（以下この款において「審査関係人」という。）にその主張を記載した書面（以下この款において「主張書面」という。）又は資料の提出を求めること、適当と認める者にその知っている事実の陳述又は鑑定を求めることその他必要な調査をすることができる。

（意見の陳述）

第七十五条　審査会は、審査関係人の申立てがあった場合には、当該審査関係人に口頭で意見を述べる機会を与えなければならない。ただし、審査会が、その必要がないと認める場合には、この限りでない。

２　前項本文の場合において、審査請求人又は参加人は、審査会の許可を得て、補佐人とともに出頭することができる。

（主張書面等の提出）

第七十六条　審査関係人は、審査会に対し、主張書面又は資料を提出することができる。この場合において、審査会が、主張書面又は資料を提出すべき相当の期間を定めたときは、その期間内にこれを提出しなければならない。

（委員による調査手続）

第七十七条　審査会は、必要があると認める場合には、その指名する委員に、第七十四条の規定による調査をさせ、又は第七十五条第一項本文の規定による審査関係人の意見の陳述を聴かせることができる。

（提出資料の閲覧等）

第七十八条　審査関係人は、審査会に対し、審査会に提出された主張書面若しくは資料の閲覧（電磁的記録にあっては、記録された事項を審査会が定める方法により表示したものの閲覧）又は当該主張書面若しくは当該資料の写し若しくは当該電磁的記録に記録された事項を記載した書面の交付を求めることができる。この場合において、審査会は、第三者の利益を害するおそれがあると認めるとき、その他正当な理由があるときでなければ、その閲覧又は交付を拒むことができない。

２　審査会は、前項の規定による閲覧をさせ、又は同項の規定による交付をしようとするときは、当該閲覧又は交付に係る主張書面又は資料の提出人の意見を聴かなければならない。ただし、審査会が、その必要がないと認めるときは、この限りでない。

３　審査会は、第一項の規定による閲覧について、日時及び場所を指定することができる。

４　第一項の規定による交付を受ける審査請求人又は参加人は、政令で定めるところにより、実費の範囲内において政令で定める額の手数料を納めなければならない。

５　審査会は、経済的困難その他特別の理由があると認めるときは、政令で定めるところにより、前項の手数料を減額し、又は免除することができる。

（答申書の送付等）

第七十九条　審査会は、諮問に対する答申をしたときは、答申書の写しを審査請求人及び参加人に送付するとともに、答申の内容を公表するものとする。

第三款　雑則

（政令への委任）

第八十条　この法律に定めるもののほか、審査会に関し必要な事項は、政令で定める。

第二節　地方公共団体に置かれる機関

第八十一条　地方公共団体に、執行機関の附属機関として、この法律の規定によりその権限に属させられた事項を処理するための機関を置く。

２　前項の規定にかかわらず、地方公共団体は、当該地方公共団体における不服申立ての状況等に鑑み同項の機関を置くことが不適当又は困難であるときは、条例で定めるところにより、事件ごとに、執行機関の附属機関として、この法律の規定によりその権限に属させられた事項を処理するための機関を置くこととすることができる。

３　前節第二款の規定は、前二項の機関について準用する。この場合において、第七十八条第四項及び第五項中「政令」とあるのは、「条例」と読み替えるものとする。

４　前三項に定めるもののほか、第一項又は第二項の機関の組織及び運営に関し必要な事項は、当該機関を置く地方公共団体の条例（地方自治法第二百五十二条の七第一項の規定により共同設置する機関にあっては、同項の規約）で定める。

第六章　補則

（不服申立てをすべき行政庁等の教示）

第八十二条　行政庁は、審査請求若しくは再調査の請求又は他の法令に基づく不服申立て（以下この条において「不服申立て」と総称する。）をすることができる処分をする場合には、処分の相手方に対し、当該処分につき不服申立てをすることができる旨並びに不服申立てをすべき行政庁及び不服申立てをすることができる期間を書面で教示しなければならない。ただし、当該処分を口頭でする場合は、この限りでない。

2　行政庁は、利害関係人から、当該処分が不服申立てをすることができる処分であるかどうか並びに当該処分が不服申立てをすることができるものである場合における不服申立てをすべき行政庁及び不服申立てをすることができる期間につき教示を求められたときは、当該事項を教示しなければならない。

3　前項の場合において、教示を求めた者が書面による教示を求めたときは、当該教示は、書面でしなければならない。

（教示をしなかった場合の不服申立て）

第八十三条　行政庁が前条の規定による教示をしなかった場合には、当該処分について不服がある者は、当該処分庁に不服申立書を提出することができる。

2　第十九条（第五項第一号及び第二号を除く。）の規定は、前項の不服申立書について準用する。

3　第一項の規定により不服申立書の提出があった場合において、当該処分が処分庁以外の行政庁に対し審査請求をすることができる処分であるときは、処分庁は、速やかに、当該不服申立書を当該行政庁に送付しなければならない。当該処分が他の法令に基づき、処分庁以外の行政庁に不服申立てをすることができる処分であるときも、同様とする。

4　前項の規定により不服申立書が送付されたときは、初めから当該行政庁に審査請求又は当該法令に基づく不服申立てがされたものとみなす。

5　第三項の場合を除くほか、第一項の規定により不服申立書が提出されたときは、初めから当該処分庁に審査請求又は当該法令に基づく不服申立てがされたものとみなす。

（情報の提供）

第八十四条　審査請求、再調査の請求若しくは再審査請求又は他の法令に基づく不服申立て（以下この条及び次条において「不服申立て」と総称する。）につき裁決、決定その他の処分（同条において「裁決等」という。）をする権限を有する行政庁は、不服申立てをしようとする者又は不服申立てをした者の求めに応じ、不服申立書の記載に関する事項その他の不服申立てに必要な情報の提供に努めなければならない。

（公表）

第八十五条　不服申立てにつき裁決等をする権限を有する行政庁は、当該行政庁がした裁決等の内容その他当該行政庁における不服申立ての処理状況について公表するよう努めなければならない。

（政令への委任）

第八十六条　この法律に定めるもののほか、この法律の実施のために必要な事項は、政令で定める。

（罰則）

第八十七条　第六十九条第八項の規定に違反して秘密を漏らした者は、一年以下の懲役又は五十万円以下の罰金に処する。

附　則

（施行期日）

第一条　この法律は、公布の日から起算して二年を超えない範囲内において政令で定める日から施行する。ただし、次条の規定は、公布の日から施行する。

〔平二七政三九〇により、平二八・四・一から施行〕

（準備行為）

第二条　第六十九条第一項の規定による審査会の委員の任命に関し必要な行為は、この法律の施行の日前においても、同項の規定の例によりすることができる。

（経過措置）

第三条　行政庁の処分又は不作為についての不服申立てであって、この法律の施行前にされた行政庁の処分又はこの法律の施行前にされた申請に係る行政庁の不作為に係るものについては、なお従前の例による。

第四条　この法律の施行後最初に任命される審査会の委員の任期は、第六十九条第四項本文の規定にかかわらず、九人のうち、三人は二年、六人は三年とする。

2　前項に規定する各委員の任期は、総務大臣が定める。

（その他の経過措置の政令への委任）

第五条　前二条に定めるもののほか、この法律の施行に関し必要な経過措置は、政令で定める。

（検討）

第六条 政府は、この法律の施行後五年を経過した場合において、この法律の施行の状況について検討を加え、必要があると認めるときは、その結果に基づいて所要の措置を講ずるものとする。

附　則（平成二九・三・三一法律四抄）

（施行期日）

第一条 この法律は、平成二十九年四月一日から施行する。ただし、次の各号に掲げる規定は、当該各号に定める日から施行する。

一～四　（略）

五　次に掲げる規定　平成三十年四月一日

イ～ハ　（略）

ニ　（前略）附則（中略）第百二十九条から第百三十三条まで、第百三十五条並びに第百三十六条の規定

ホ～ル　（略）

六～十八　（略）

（罰則に関する経過措置）

第百四十条 この法律（附則第一条各号に掲げる規定にあっては、当該規定。以下この条において同じ。）の施行前にした行為及びこの附則の規定によりなお従前の例によることとされる場合におけるこの法律の施行後にした行為に対する罰則の適用については、なお従前の例による。

（政令への委任）

第百四十一条 この附則に規定するもののほか、この法律の施行に関し必要な経過措置は、政令で定める。

別表第一（第九条関係）

第十一条第二項	第九条第一項の規定により指名された者（以下「審理員」という。）	審査庁
第十三条第一項及び第二項	審理員	審査庁
第二十五条第七項	執行停止の申立てがあったとき、又は審理員から第四十条に規定する執行停止をすべき旨の意見書が提出されたとき	執行停止の申立てがあったとき
第二十八条	審理員	審査庁
第二十九条第一項	審理員は、審査庁から指名されたときは、直ちに	審査庁は、審査請求がされたときは、第二十四条の規定により当該審査請求を却下する場合を除き、速やかに
第二十九条第二項	審理員は	審査庁は、審査庁が処分庁等以外である場合にあっては
	提出を求める	提出を求め、審査庁が処分庁等である場合にあっては、相当の期間内に、弁明書を作成する
第二十九条第五項	審理員は	審査庁は、第二項の規定により
	提出があったとき	提出があったとき、又は弁明書を作成したとき
第三十条第一項及び第二項	審理員	審査庁
第三十条第三項	審理員	審査庁
	参加人及び処分庁等	参加人及び処分庁等（処分庁等が審査庁である場合にあっては、参加人）
	審査請求人及び処分庁等	審査請求人及び処分庁等（処分庁等が審査庁である場合にあっては、審査請求人）
第三十一条第一項	審理員	審査庁
第三十一条第二項	審理員	審査庁
	審理関係人	審理関係人（処分庁等が審査庁である場合にあっては、審査請求人及び参加人。以下この節及び第五十条第一項第三号において同じ。）
第三十一条第三項から第五項まで、第三十二条第三項、第三十三条から第三十七条まで、第三十八条第一項から第三項まで及び第五項、第三十九条並びに第四十一条第一項及び第二項	審理員	審査庁

第四十一条第三項	審理員が	審査庁が
	終結した旨並びに次条第一項に規定する審理員意見書及び事件記録（審査請求書、弁明書その他審査請求に係る事件に関する書類その他の物件のうち政令で定めるものをいう。同条第二項及び第四十三条第二項において同じ。）を審査庁に提出する予定時期を通知するものとする。当該予定時期を変更したときも、同様とする	終結した旨を通知するものとする
第四十四条	行政不服審査会等から諮問に対する答申を受けたとき（前条第一項の規定による諮問を要しない場合（同項第二号又は第三号に該当する場合を除く。）にあっては審理員意見書が提出されたとき、同項第二号又は第三号に該当する場合にあっては同項第二号又は第三号に規定する議を経たとき）	審理手続を終結したとき
第五十条第一項第四号	理由（第一号の主文が審理員意見書又は行政不服審査会等若しくは審議会等の答申書と異なる内容である場合には、異なることとなった理由を含む。）	理由

別表第二（第六十一条関係）

第九条第四項	前項に規定する場合において、審査庁	処分庁
	（第二項各号（第一項各号に掲げる機関の構成員にあっては、第一号を除く。）に掲げる者以外の者に限る。）に、前項において読み替えて適用する	に、第六十一条において読み替えて準用する
	若しくは第十三条第四項	又は第六十一条において準用する第十三条第四項
	聴かせ、前項において読み替えて適用する第三十四条の規定による参考人の陳述を聴かせ、同項において読み替えて適用する第三十五条第一項の規定による検証をさせ、前項において読み替えて適用する第三十六条の規定による第二十八条に規定する審理関係人に対する質問をさせ、又は同項において読み替えて適用する第三十七条第一項若しくは第二項の規定による意見の聴取を行わせる	聴かせる
第十一条第二項	第九条第一項の規定により指名された者（以下「審理員」という。）	処分庁
第十三条第一項	処分又は不作為に係る処分	処分
	審理員	処分庁
第十三条第二項	審理員	処分庁
第十四条	第十九条に規定する審査請求書	第六十一条において読み替えて準用する第十九条に規定する

		再調査の請求書
	第二十一条第二項に規定する審査請求録取書	第二十二条第三項に規定する再調査の請求録取書
第十六条	第四条又は他の法律若しくは条例の規定により審査庁となるべき行政庁（以下「審査庁となるべき行政庁」という。）	再調査の請求の対象となるべき処分の権限を有する行政庁
	当該審査庁となるべき行政庁及び関係処分庁（当該審査請求の対象となるべき処分の権限を有する行政庁であって当該審査庁となるべき行政庁以外のものをいう。次条において同じ。）	当該行政庁
第十八条第三項	次条に規定する審査請求書	第六十一条において読み替えて準用する次条に規定する再調査の請求書
	前二項に規定する期間（以下「審査請求期間」という。）	第五十四条に規定する期間
第十九条の見出し及び同条第一項	審査請求書	再調査の請求書
第十九条第二項	処分についての審査請求書	再調査の請求書
	処分（当該処分について再調査の請求についての決定を経たときは、当該決定）	処分
第十九条第四項	審査請求書	再調査の請求書
	第二項各号又は前項各号	第二項各号

第十九条第五項	処分についての審査請求書	再調査の請求書
	審査請求期間	第五十四条に規定する期間
	前条第一項ただし書又は第二項ただし書	同条第一項ただし書又は第二項ただし書
第二十条	前条第二項から第五項まで	第六十一条において読み替えて準用する前条第二項、第四項及び第五項
第二十三条（見出しを含む。）	審査請求書	再調査の請求書
第二十四条第一項	次節に規定する審理手続を経ないで、第四十五条第一項又は第四十九条第一項	審理手続を経ないで、第五十八条第一項
第二十五条第二項	処分庁の上級行政庁又は処分庁である審査庁	処分庁
第二十五条第四項	前二項	第二項
第二十五条第六項	第二項から第四項まで	第二項及び第四項
第二十五条第七項	執行停止の申立てがあったとき、又は審理員から第四十条に規定する執行停止をすべき旨の意見書が提出されたとき	執行停止の申立てがあったとき
第三十一条第一項	審理員	処分庁
	この条及び第四十一条第二項第二号	この条
第三十一条第二項	審理員	処分庁
	全ての審理関係人	再調査の請求人及び

		参加人
第三十一条第三項及び第四項	審理員	処分庁
第三十二条第三項	前二項	第一項
	審理員	処分庁
第三十九条	審理員	処分庁
第五十一条第一項	第四十六条第一項及び第四十七条	第五十九条第一項及び第二項
第五十一条第四項	参加人及び処分庁等（審査庁以外の処分庁等に限る。）	参加人
第五十三条	第三十二条第一項又は第二項の規定により提出された証拠書類若しくは証拠物又は書類その他の物件及び第三十三条の規定による提出要求に応じて提出された書類その他の物件	第六十一条において準用する第三十二条第一項の規定により提出された証拠書類又は証拠物

別表第三（第六十六条関係）

第九条第一項	第四条又は他の法律若しくは条例の規定により審査請求がされた行政庁（第十四条の規定により引継ぎを受けた行政庁を含む。以下「審査庁」という。）	第六十三条に規定する再審査庁（以下この章において「再審査庁」という。）
	この節	この節及び第六十三条
	処分庁等（審査庁以外の処分庁等に限る。）	裁決庁等（原裁決をした行政庁（以下この章において「裁決庁」という。）又は処分庁をいう。以下この章において同じ。）
	若しくは条例に基づく処分について条例に特別の定めがある場合又は第二十四条	又は第六十六条第一項において読み替えて準用する第二十四条
第九条第二項第一号	審査請求に係る処分若しくは	原裁決に係る審査請求に係る処分、
	に関与した者又は審査請求に係る不作為に係る処分に関与し、若しくは関与することとなる者	又は原裁決に関与した者
第九条第四項	前項に規定する場合において、審査庁	第一項各号に掲げる機関である再審査庁（以下「委員会等である再審査庁」という。）
	前項において	第六十六条第一項において
	適用する	準用する
	第十三条第四項	第六十六条第一項において準用する第十三条第四項
	第二十八条	同項において読み替えて準用する第二十八条
第十一条第二項	第九条第一項の規定により指名された者（以下「審理員」という。）	第六十六条第一項において読み替えて準用する第九条第一項の規定により指名された者（以下「審理員」という。）又は委

		員会等である再審査庁
第十三条第一項	処分又は不作為に係る処分の根拠となる法令に照らし	原裁決等の根拠となる法令に照らし当該
	当該処分	原裁決等
	審理員	審理員又は委員会等である再審査庁
第十三条第二項	審理員	審理員又は委員会等である再審査庁
第十四条	第十九条に規定する審査請求書	第六十六条第一項において読み替えて準用する第十九条に規定する再審査請求書
	第二十一条第二項に規定する審査請求録取書	同項において読み替えて準用する第二十一条第二項に規定する再審査請求録取書
第十五条第一項、第二項及び第六項	審査請求の	原裁決に係る審査請求の
第十六条	第四条又は他の法律若しくは条例	他の法律
	関係処分庁（当該審査請求の対象となるべき処分の権限を有する行政庁であって当該審査庁となるべき行政庁以外のものをいう。次条において同じ。）	当該再審査請求の対象となるべき裁決又は処分の権限を有する行政庁
第十七条	関係処分庁	当該再審査請求の対象となるべき裁決又は処分の権限を有する行政庁

第十八条第三項	次条に規定する審査請求書	第六十六条第一項において読み替えて準用する次条に規定する再審査請求書
	前二項に規定する期間（以下「審査請求期間」という。）	第五十条第三項に規定する再審査請求期間（以下この章において「再審査請求期間」という。）
第十九条の見出し及び同条第一項	審査請求書	再審査請求書
第十九条第二項	処分についての審査請求書	再審査請求書
	処分の内容	原裁決等の内容
	審査請求に係る処分（当該処分について再調査の請求についての決定を経たときは、当該決定）	原裁決
	処分庁	裁決庁
第十九条第四項	審査請求書	再審査請求書
	第二項各号又は前項各号	第二項各号
第十九条第五項	処分についての審査請求書	再審査請求書
	審査請求期間	再審査請求期間
	前条第一項ただし書又は第二項ただし書	第六十二条第一項ただし書又は第二項ただし書
第二十条	前条第二項から第五項まで	第六十六条第一項において読み替えて準用する前条第二項、第四項及び第五項

第二十一条の見出し	処分庁等	処分庁又は裁決庁
第二十一条第一項	審査請求をすべき行政庁が処分庁等と異なる場合における審査請求は、処分庁等	再審査請求は、処分庁又は裁決庁
	処分庁等に	処分庁若しくは裁決庁に
	審査請求書	再審査請求書
	第十九条第二項から第五項まで	第六十六条第一項において読み替えて準用する第十九条第二項、第四項及び第五項
第二十一条第二項	処分庁等	処分庁又は裁決庁
	審査請求書又は審査請求録取書（前条後段	再審査請求書又は再審査請求録取書（第六十六条第一項において準用する前条後段
	第二十九条第一項及び第五十五条	第六十六条第一項において読み替えて準用する第二十九条第一項
第二十一条第三項	審査請求期間	再審査請求期間
	処分庁に	処分庁若しくは裁決庁に
	審査請求書	再審査請求書
	処分についての審査請求	再審査請求
第二十三条（見出しを含む。）	審査請求書	再審査請求書
第二十四条第一項	審理手続を経ないで、第四十五条第一項又は第四十九条第一項	審理手続（第六十三条に規定する手続を含む。）を経ないで、第六十四条第一項
第二十五条第一項	処分	原裁決等
第二十五条第三項	処分庁の上級行政庁又は処分庁のいずれでもない審査庁	再審査庁
	処分庁の意見	裁決庁等の意見
	執行停止をすることができる。ただし、処分の効力、処分の執行又は手続の続行の全部又は一部の停止以外の措置をとることはできない	原裁決等の効力、原裁決等の執行又は手続の続行の全部又は一部の停止（以下「執行停止」という。）をすることができる
第二十五条第四項	前二項	前項
	処分	原裁決等
第二十五条第六項	第二項から第四項まで	第三項及び第四項
	処分	原裁決等
第二十五条第七項	第四十条に規定する執行停止をすべき旨の意見書が提出されたとき	第六十六条第一項において準用する第四十条に規定する執行停止をすべき旨の意見書が提出されたとき（再審査庁が委員会等である再審査庁である場合にあっては、執行停止の申立てがあったとき）
第二十八条	処分庁等	裁決庁等

	審理員	審理員又は委員会等である再審査庁
第二十九条第一項	審理員は	審理員又は委員会等である再審査庁は、審理員にあっては
	審査請求書又は審査請求録取書の写しを処分庁等に送付しなければならない。ただし、処分庁等が審査庁である場合には、この限りでない	委員会等である再審査庁にあっては、再審査請求がされたときは第六十六条第一項において読み替えて準用する第二十四条の規定により当該再審査請求を却下する場合を除き、速やかに、それぞれ、再審査請求書又は再審査請求録取書の写しを裁決庁等に送付しなければならない
第三十条の見出し	反論書等	意見書
第三十条第二項	審理員	審理員又は委員会等である再審査庁
第三十条第三項	審理員は、審査請求人から反論書の提出があったときはこれを参加人及び処分庁等に	審理員又は委員会等である再審査庁は
	これを審査請求人及び処分庁等に、それぞれ	、これを再審査請求人及び裁決庁等に
第三十一条第一項から第四項まで	審理員	審理員又は委員会等である再審査庁
第三十一条第五項	審理員	審理員又は委員会等である再審査庁
	処分庁等	裁決庁等
第三十二条第二項	処分庁等は、当該処分	裁決庁等は、当該原裁決等
第三十二条第三項及び第三十三条から第三十七条まで	審理員	審理員又は委員会等である再審査庁
第三十八条第一項	審理員	審理員又は委員会等である再審査庁
	第二十九条第四項各号に掲げる書面又は第三十二条第一項若しくは第二項若しくは	第六十六条第一項において準用する第三十二条第一項若しくは第二項又は
第三十八条第二項、第三項及び第五項、第三十九条並びに第四十一条第一項	審理員	審理員又は委員会等である再審査庁
第四十一条第二項	審理員	審理員又は委員会等である再審査庁
	イからホまで	ハからホまで
第四十一条第三項	審理員が	審理員又は委員会等である再審査庁が
	審理手続を終結した旨並びに次条第一項	審理員にあっては審理手続を終結した旨並びに第六十六条第一項において準用する次条第一項
	審査請求書、弁明書	再審査請求書、原裁決に係る裁決書
	同条第二項及び第四十三条	第六十六条第一項に

	第二項	において準用する次条第二項
	を通知する	を、委員会等である再審査庁にあっては審理手続を終結した旨を、それぞれ通知する
	当該予定時期	審理員が当該予定時期
第四十四条	行政不服審査会等から諮問に対する答申を受けたとき（前条第一項の規定による諮問を要しない場合（同項第二号又は第三号に該当する場合を除く。）にあっては審理員意見書が提出されたとき、同項第二号又は第三号に該当する場合にあっては同項第二号又は第三号に規定する議を経たとき）	審理員意見書が提出されたとき（委員会等である再審査庁にあっては、審理手続を終結したとき）
第五十条第一項第四号	第一号の主文が審理員意見書又は行政不服審査会等若しくは審議会等の答申書と異なる内容である場合には	再審査庁が委員会等である再審査庁以外の行政庁である場合において、第一号の主文が審理員意見書と異なる内容であるときは
第五十条第二項	第四十三条第一項の規定による行政不服審査会等への諮問を要しない場合	再審査庁が委員会等である再審査庁以外の行政庁である場合
第五十一条第一項	処分	原裁決等
	第四十六条第一項及び第四十七条	第六十五条

第五十一条第四項	及び処分庁等（審査庁以外の処分庁等に限る。）	並びに処分庁及び裁決庁（処分庁以外の裁決庁に限る。）
第五十二条第二項	申請を	申請若しくは審査請求を
	棄却した処分	棄却した原裁決等
	処分庁	裁決庁等
	申請に対する処分	申請に対する処分又は審査請求に対する裁決
第五十二条第三項	処分が	原裁決等が
	処分庁	裁決庁等
第五十二条第四項	処分の	原裁決等の
	処分が	原裁決等が
	処分庁	裁決庁等

○行政事件訴訟法

（昭和三七・五・一六　法律一三九）

最終改正　平成二八・一一・二八　法八九

第一章　総則

（この法律の趣旨）

第一条　行政事件訴訟については、他の法律に特別の定めがある場合を除くほか、この法律の定めるところによる。

（行政事件訴訟）

第二条　この法律において「行政事件訴訟」とは、抗告訴訟、当事者訴訟、民衆訴訟及び機関訴訟をいう。

（抗告訴訟）

第三条　この法律において「抗告訴訟」とは、行政庁の公権力の行使に関する不服の訴訟をいう。

2　この法律において「処分の取消しの訴え」とは、行政庁の処分その他公権力の行使に当たる行為（次項に規定する裁決、決定その他の行為を除く。以下単に「処分」という。）の取消しを求める訴訟をいう。

3　この法律において「裁決の取消しの訴え」とは、審査請求その他の不服申立て（以下単に「審査請求」という。）に対する行政庁の裁決、決定その他の行為（以下単に「裁決」という。）の取消しを求める訴訟をいう。

4　この法律において「無効等確認の訴え」とは、処分若しくは裁決の存否又はその効力の有無の確認を求める訴訟をいう。

5　この法律において「不作為の違法確認の訴え」とは、行政庁が法令に基づく申請に対し、相当の期間内に何らかの処分又は裁決をすべきであるにかかわらず、これをしないことについての違法の確認を求める訴訟をいう。

6　この法律において「義務付けの訴え」とは、次に掲げる場合において、行政庁がその処分又は裁決をすべき旨を命ずることを求める訴訟をいう。

一　行政庁が一定の処分をすべきであるにかかわらずこれがされないとき（次号に掲げる場合を除く。）。

二　行政庁に対し一定の処分又は裁決を求める旨の法令に基づく申請又は審査請求がされた場合において、当該行政庁がその処分又は裁決をすべきであるにかかわらずこれがされないとき。

7　この法律において「差止めの訴え」とは、行政庁が一定の処分又は裁決をすべきでないにかかわらずこれがされようとしている場合において、行政庁がその処分又は裁決をしてはならない旨を命ずることを求める訴訟をいう。

（当事者訴訟）

第四条　この法律において「当事者訴訟」とは、当事者間の法律関係を確認し又は形成する処分又は裁決に関する訴訟で法令の規定によりその法律関係の当事者の一方を被告とするもの及び公法上の法律関係に関する確認の訴えその他の公法上の法律関係に関する訴訟をいう。

（民衆訴訟）

第五条　この法律において「民衆訴訟」とは、国又は公共団体の機関の法規に適合しない行為の是正を求める訴訟で、選挙人たる資格その他自己の法律上の利益にかかわらない資格で提起するものをいう。

（機関訴訟）

第六条　この法律において「機関訴訟」とは、国又は公共団体の機関相互間における権限の存否又はその行使に関する紛争についての訴訟をいう。

（この法律に定めがない事項）

第七条　行政事件訴訟に関し、この法律に定めがない事項については、民事訴訟の例による。

第二章　抗告訴訟

第一節　取消訴訟

（処分の取消しの訴えと審査請求との関係）

第八条　処分の取消しの訴えは、当該処分につき法令の規定により審査請求をすることができる場合においても、直ちに提起することを妨げない。ただし、法律に当該処分についての審査請求に対する裁決を経た後でなければ処分の取消しの訴えを提起することができない旨の定めがあるときは、この限りでない。

2　前項ただし書の場合においても、次の各号の一に該当するときは、裁決を経ないで、処分の取消しの訴えを提起することができる。

一　審査請求があつた日から三箇月を経過しても裁決がないとき。

二　処分、処分の執行又は手続の続行により生ずる著しい損害を避けるため緊急の必要があるとき。

三　その他裁決を経ないことにつき正当な理由が

あるとき。

3　第一項本文の場合において、当該処分につき審査請求がされているときは、裁判所は、その審査請求に対する裁決があるまで（審査請求があつた日から三箇月を経過しても裁決がないときは、その期間を経過するまで）、訴訟手続を中止することができる。

（原告適格）

第九条　処分の取消しの訴え及び裁決の取消しの訴え（以下「取消訴訟」という。）は、当該処分又は裁決の取消しを求めるにつき法律上の利益を有する者（処分又は裁決の効果が期間の経過その他の理由によりなくなつた後においてもなお処分又は裁決の取消しによつて回復すべき法律上の利益を有する者を含む。）に限り、提起することができる。

2　裁判所は、処分又は裁決の相手方以外の者について前項に規定する法律上の利益の有無を判断するに当たつては、当該処分又は裁決の根拠となる法令の規定の文言のみによることなく、当該法令の趣旨及び目的並びに当該処分において考慮されるべき利益の内容及び性質を考慮するものとする。この場合において、当該法令の趣旨及び目的を考慮するに当たつては、当該法令と目的を共通にする関係法令があるときはその趣旨及び目的をも参酌するものとし、当該利益の内容及び性質を考慮するに当たつては、当該処分又は裁決がその根拠となる法令に違反してされた場合に害されることとなる利益の内容及び性質並びにこれが害される態様及び程度をも勘案するものとする。

（取消しの理由の制限）

第十条　取消訴訟においては、自己の法律上の利益に関係のない違法を理由として取消しを求めることができない。

2　処分の取消しの訴えとその処分についての審査請求を棄却した裁決の取消しの訴えとを提起することができる場合には、裁決の取消しの訴えにおいては、処分の違法を理由として取消しを求めることができない。

（被告適格等）

第十一条　処分又は裁決をした行政庁（処分又は裁決があつた後に当該行政庁の権限が他の行政庁に承継されたときは、当該他の行政庁。以下同じ。）が国又は公共団体に所属する場合には、取消訴訟は、次の各号に掲げる訴えの区分に応じてそれぞれ当該各号に定める者を被告として提起しなければならない。

一　処分の取消しの訴え　当該処分をした行政庁の所属する国又は公共団体

二　裁決の取消しの訴え　当該裁決をした行政庁の所属する国又は公共団体

2　処分又は裁決をした行政庁が国又は公共団体に所属しない場合には、取消訴訟は、当該行政庁を被告として提起しなければならない。

3　前二項の規定により被告とすべき国若しくは公共団体又は行政庁がない場合には、取消訴訟は、当該処分又は裁決に係る事務の帰属する国又は公共団体を被告として提起しなければならない。

4　第一項又は前項の規定により国又は公共団体を被告として取消訴訟を提起する場合には、訴状には、民事訴訟の例により記載すべき事項のほか、次の各号に掲げる訴えの区分に応じてそれぞれ当該各号に定める行政庁を記載するものとする。

一　処分の取消しの訴え　当該処分をした行政庁

二　裁決の取消しの訴え　当該裁決をした行政庁

5　第一項又は第三項の規定により国又は公共団体を被告として取消訴訟が提起された場合には、被告は、遅滞なく、裁判所に対し、前項各号に掲げる訴えの区分に応じてそれぞれ当該各号に定める行政庁を明らかにしなければならない。

6　処分又は裁決をした行政庁は、当該処分又は裁決に係る第一項の規定による国又は公共団体を被告とする訴訟について、裁判上の一切の行為をする権限を有する。

（管轄）

第十二条　取消訴訟は、被告の普通裁判籍の所在地を管轄する裁判所又は処分若しくは裁決をした行政庁の所在地を管轄する裁判所の管轄に属する。

2　土地の収用、鉱業権の設定その他不動産又は特定の場所に係る処分又は裁決についての取消訴訟は、その不動産又は場所の所在地の裁判所にも、提起することができる。

3　取消訴訟は、当該処分又は裁決に関し事案の処理に当たつた下級行政機関の所在地の裁判所にも、提起することができる。

4　国又は独立行政法人通則法（平成十一年法律第百三号）第二条第一項に規定する独立行政法人若しくは別表に掲げる法人を被告とする取消訴訟は、原告の普通裁判籍の所在地を管轄する高等裁判所の所在地を管轄する地方裁判所（次項において「特定管轄裁判所」という。）にも、提起することができる。

5　前項の規定により特定管轄裁判所に同項の取消

訴訟が提起された場合であつて、他の裁判所に事実上及び法律上同一の原因に基づいてされた処分又は裁決に係る抗告訴訟が係属している場合においては、当該特定管轄裁判所は、当事者の住所又は所在地、尋問を受けるべき証人の住所、争点又は証拠の共通性その他の事情を考慮して、相当と認めるときは、申立てにより又は職権で、訴訟の全部又は一部について、当該他の裁判所又は第一項から第三項までに定める裁判所に移送することができる。

（関連請求に係る訴訟の移送）

第十三条　取消訴訟と次の各号の一に該当する請求（以下「関連請求」という。）に係る訴訟とが各別の裁判所に係属する場合において、相当と認めるときは、関連請求に係る訴訟の係属する裁判所は、申立てにより又は職権で、その訴訟を取消訴訟の係属する裁判所に移送することができる。ただし、取消訴訟又は関連請求に係る訴訟の係属する裁判所が高等裁判所であるときは、この限りでない。

一　当該処分又は裁決に関連する原状回復又は損害賠償の請求
二　当該処分とともに一個の手続を構成する他の処分の取消しの請求
三　当該処分に係る裁決の取消しの請求
四　当該裁決に係る処分の取消しの請求
五　当該処分又は裁決の取消しを求める他の請求
六　その他当該処分又は裁決の取消しの請求と関連する請求

（出訴期間）

第十四条　取消訴訟は、処分又は裁決があつたことを知つた日から六箇月を経過したときは、提起することができない。ただし、正当な理由があるときは、この限りでない。

2　取消訴訟は、処分又は裁決の日から一年を経過したときは、提起することができない。ただし、正当な理由があるときは、この限りでない。

3　処分又は裁決につき審査請求をすることができる場合又は行政庁が誤つて審査請求をすることができる旨を教示した場合において、審査請求があつたときは、処分又は裁決に係る取消訴訟は、その審査請求をした者については、前二項の規定にかかわらず、これに対する裁決があつたことを知つた日から六箇月を経過したとき又は当該裁決の日から一年を経過したときは、提起することができない。ただし、正当な理由があるときは、この限りでない。

（被告を誤つた訴えの救済）

第十五条　取消訴訟において、原告が故意又は重大な過失によらないで被告とすべき者を誤つたときは、裁判所は、原告の申立てにより、決定をもつて、被告を変更することを許すことができる。

2　前項の決定は、書面でするものとし、その正本を新たな被告に送達しなければならない。

3　第一項の決定があつたときは、出訴期間の遵守については、新たな被告に対する訴えは、最初に訴えを提起した時に提起されたものとみなす。

4　第一項の決定があつたときは、従前の被告に対しては、訴えの取下げがあつたものとみなす。

5　第一項の決定に対しては、不服を申し立てることができない。

6　第一項の申立てを却下する決定に対しては、即時抗告をすることができる。

7　上訴審において第一項の決定をしたときは、裁判所は、その訴訟を管轄裁判所に移送しなければならない。

（請求の客観的併合）

第十六条　取消訴訟には、関連請求に係る訴えを併合することができる。

2　前項の規定により訴えを併合する場合において、取消訴訟の第一審裁判所が高等裁判所であるときは、関連請求に係る訴えの被告の同意を得なければならない。被告が異議を述べないで、本案について弁論をし、又は弁論準備手続において申述をしたときは、同意したものとみなす。

（共同訴訟）

第十七条　数人は、その数人の請求又はその数人に対する請求が処分又は裁決の取消しの請求と関連請求とである場合に限り、共同訴訟人として訴え、又は訴えられることができる。

2　前項の場合には、前条第二項の規定を準用する。

（第三者による請求の追加的併合）

第十八条　第三者は、取消訴訟の口頭弁論の終結に至るまで、その訴訟の当事者の一方を被告として、関連請求に係る訴えをこれに併合して提起することができる。この場合において、当該取消訴訟が高等裁判所に係属しているときは、第十六条第二項の規定を準用する。

（原告による請求の追加的併合）

第十九条　原告は、取消訴訟の口頭弁論の終結に至るまで、関連請求に係る訴えをこれに併合して提起することができる。この場合において、当該取消訴訟が高等裁判所に係属しているときは、第十六条第二項の規定を準用する。

2　前項の規定は、取消訴訟について民事訴訟法（平成八年法律第百九号）第百四十三条の規定の例によることを妨げない。

第二十条　前条第一項前段の規定により、処分の取消しの訴えをその処分についての審査請求を棄却した裁決の取消しの訴えに併合して提起する場合には、同項後段において準用する第十六条第二項の規定にかかわらず、処分の取消しの訴えの被告の同意を得ることを要せず、また、その提起があつたときは、出訴期間の遵守については、処分の取消しの訴えは、裁決の取消しの訴えを提起した時に提起されたものとみなす。

（国又は公共団体に対する請求への訴えの変更）

第二十一条　裁判所は、取消訴訟の目的たる請求を当該処分又は裁決に係る事務の帰属する国又は公共団体に対する損害賠償その他の請求に変更することが相当であると認めるときは、請求の基礎に変更がない限り、口頭弁論の終結に至るまで、原告の申立てにより、決定をもつて、訴えの変更を許すことができる。

2　前項の決定には、第十五条第二項の規定を準用する。

3　裁判所は、第一項の規定により訴えの変更を許す決定をするには、あらかじめ、当事者及び損害賠償その他の請求に係る訴えの被告の意見をきかなければならない。

4　訴えの変更を許す決定に対しては、即時抗告をすることができる。

5　訴えの変更を許さない決定に対しては、不服を申し立てることができない。

（第三者の訴訟参加）

第二十二条　裁判所は、訴訟の結果により権利を害される第三者があるときは、当事者若しくはその第三者の申立てにより又は職権で、決定をもつて、その第三者を訴訟に参加させることができる。

2　裁判所は、前項の決定をするには、あらかじめ、当事者及び第三者の意見をきかなければならない。

3　第一項の申立てをした第三者は、その申立てを却下する決定に対して即時抗告をすることができる。

4　第一項の規定により訴訟に参加した第三者については、民事訴訟法第四十条第一項から第三項までの規定を準用する。

5　第一項の規定により第三者が参加の申立てをした場合には、民事訴訟法第四十五条第三項及び第四項の規定を準用する。

（行政庁の訴訟参加）

第二十三条　裁判所は、処分又は裁決をした行政庁以外の行政庁を訴訟に参加させることが必要であると認めるときは、当事者若しくはその行政庁の申立てにより又は職権で、決定をもつて、その行政庁を訴訟に参加させることができる。

2　裁判所は、前項の決定をするには、あらかじめ、当事者及び当該行政庁の意見をきかなければならない。

3　第一項の規定により訴訟に参加した行政庁については、民事訴訟法第四十五条第一項及び第二項の規定を準用する。

（釈明処分の特則）

第二十三条の二　裁判所は、訴訟関係を明瞭にするため、必要があると認めるときは、次に掲げる処分をすることができる。

一　被告である国若しくは公共団体に所属する行政庁又は被告である行政庁に対し、処分又は裁決の内容、処分又は裁決の根拠となる法令の条項、処分又は裁決の原因となる事実その他処分又は裁決の理由を明らかにする資料（次項に規定する審査請求に係る事件の記録を除く。）であつて当該行政庁が保有するものの全部又は一部の提出を求めること。

二　前号に規定する行政庁以外の行政庁に対し、同号に規定する資料であつて当該行政庁が保有するものの全部又は一部の送付を嘱託すること。

2　裁判所は、処分についての審査請求に対する裁決を経た後に取消訴訟の提起があつたときは、次に掲げる処分をすることができる。

一　被告である国若しくは公共団体に所属する行政庁又は被告である行政庁に対し、当該審査請求に係る事件の記録であつて当該行政庁が保有するものの全部又は一部の提出を求めること。

二　前号に規定する行政庁以外の行政庁に対し、同号に規定する事件の記録であつて当該行政庁が保有するものの全部又は一部の送付を嘱託すること。

（職権証拠調べ）

第二十四条　裁判所は、必要があると認めるときは、職権で、証拠調べをすることができる。ただし、その証拠調べの結果について、当事者の意見をきかなければならない。

（執行停止）

第二十五条　処分の取消しの訴えの提起は、処分の効力、処分の執行又は手続の続行を妨げない。

2　処分の取消しの訴えの提起があつた場合において、処分、処分の執行又は手続の続行により生ずる重大な損害を避けるため緊急の必要があるときは、裁判所は、申立てにより、決定をもつて、処分の効力、処分の執行又は手続の続行の全部又は一部の停止（以下「執行停止」という。）をすることができる。ただし、処分の効力の停止は、処分の執行又は手続の続行の停止によつて目的を達することができる場合には、することができない。

3　裁判所は、前項に規定する重大な損害を生ずるか否かを判断するに当たつては、損害の回復の困難の程度を考慮するものとし、損害の性質及び程度並びに処分の内容及び性質をも勘案するものとする。

4　執行停止は、公共の福祉に重大な影響を及ぼすおそれがあるとき、又は本案について理由がないとみえるときは、することができない。

5　第二項の決定は、疎明に基づいてする。

6　第二項の決定は、口頭弁論を経ないですることができる。ただし、あらかじめ、当事者の意見をきかなければならない。

7　第二項の申立てに対する決定に対しては、即時抗告をすることができる。

8　第二項の決定に対する即時抗告は、その決定の執行を停止する効力を有しない。

（事情変更による執行停止の取消し）

第二十六条　執行停止の決定が確定した後に、その理由が消滅し、その他事情が変更したときは、裁判所は、相手方の申立てにより、決定をもつて、執行停止の決定を取り消すことができる。

2　前項の申立てに対する決定及びこれに対する不服については、前条第五項から第八項までの規定を準用する。

（内閣総理大臣の異議）

第二十七条　第二十五条第二項の申立てがあつた場合には、内閣総理大臣は、裁判所に対し、異議を述べることができる。執行停止の決定があつた後においても、同様とする。

2　前項の異議には、理由を附さなければならない。

3　前項の異議の理由においては、内閣総理大臣は、処分の効力を存続し、処分を執行し、又は手続を続行しなければ、公共の福祉に重大な影響を及ぼすおそれのある事情を示すものとする。

4　第一項の異議があつたときは、裁判所は、執行停止をすることができず、また、すでに執行停止の決定をしているときは、これを取り消さなければならない。

5　第一項後段の異議は、執行停止の決定をした裁判所に対して述べなければならない。ただし、その決定に対する抗告が抗告裁判所に係属しているときは、抗告裁判所に対して述べなければならない。

6　内閣総理大臣は、やむをえない場合でなければ、第一項の異議を述べてはならず、また、異議を述べたときは、次の常会において国会にこれを報告しなければならない。

（執行停止等の管轄裁判所）

第二十八条　執行停止又はその決定の取消しの申立ての管轄裁判所は、本案の係属する裁判所とする。

（執行停止に関する規定の準用）

第二十九条　前四条の規定は、裁決の取消しの訴えの提起があつた場合における執行停止に関する事項について準用する。

（裁量処分の取消し）

第三十条　行政庁の裁量処分については、裁量権の範囲をこえ又はその濫用があつた場合に限り、裁判所は、その処分を取り消すことができる。

（特別の事情による請求の棄却）

第三十一条　取消訴訟については、処分又は裁決が違法ではあるが、これを取り消すことにより公の利益に著しい障害を生ずる場合において、原告の受ける損害の程度、その損害の賠償又は防止の程度及び方法その他一切の事情を考慮したうえ、処分又は裁決を取り消すことが公共の福祉に適合しないと認めるときは、裁判所は、請求を棄却することができる。この場合には、当該判決の主文において、処分又は裁決が違法であることを宣言しなければならない。

2　裁判所は、相当と認めるときは、終局判決前に、判決をもつて、処分又は裁決が違法であることを宣言することができる。

3　終局判決に事実及び理由を記載するには、前項の判決を引用することができる。

（取消判決等の効力）

第三十二条　処分又は裁決を取り消す判決は、第三者に対しても効力を有する。

2 前項の規定は、執行停止の決定又はこれを取り消す決定に準用する。

第三十三条 処分又は裁決を取り消す判決は、その事件について、処分又は裁決をした行政庁その他の関係行政庁を拘束する。

2 申請を却下し若しくは棄却した処分又は審査請求を却下し若しくは棄却した裁決が判決により取り消されたときは、その処分又は裁決をした行政庁は、判決の趣旨に従い、改めて申請に対する処分又は審査請求に対する裁決をしなければならない。

3 前項の規定は、申請に基づいてした処分又は審査請求を認容した裁決が判決により手続に違法があることを理由として取り消された場合に準用する。

4 第一項の規定は、執行停止の決定に準用する。

（第三者の再審の訴え）

第三十四条 処分又は裁決を取り消す判決により権利を害された第三者で、自己の責めに帰することができない理由により訴訟に参加することができなかつたため判決に影響を及ぼすべき攻撃又は防御の方法を提出することができなかつたものは、これを理由として、確定の終局判決に対し、再審の訴えをもつて、不服の申立てをすることができる。

2 前項の訴えは、確定判決を知つた日から三十日以内に提起しなければならない。

3 前項の期間は、不変期間とする。

4 第一項の訴えは、判決が確定した日から一年を経過したときは、提起することができない。

（訴訟費用の裁判の効力）

第三十五条 国又は公共団体に所属する行政庁が当事者又は参加人である訴訟における確定した訴訟費用の裁判は、当該行政庁が所属する国又は公共団体に対し、又はそれらの者のために、効力を有する。

第二節 その他の抗告訴訟

（無効等確認の訴えの原告適格）

第三十六条 無効等確認の訴えは、当該処分又は裁決に続く処分により損害を受けるおそれのある者その他当該処分又は裁決の無効等の確認を求めるにつき法律上の利益を有する者で、当該処分若しくは裁決の存否又はその効力の有無を前提とする現在の法律関係に関する訴えによつて目的を達することができないものに限り、提起することができる。

（不作為の違法確認の訴えの原告適格）

第三十七条 不作為の違法確認の訴えは、処分又は裁決についての申請をした者に限り、提起することができる。

（義務付けの訴えの要件等）

第三十七条の二 第三条第六項第一号に掲げる場合において、義務付けの訴えは、一定の処分がされないことにより重大な損害を生ずるおそれがあり、かつ、その損害を避けるため他に適当な方法がないときに限り、提起することができる。

2 裁判所は、前項に規定する重大な損害を生ずるか否かを判断するに当たつては、損害の回復の困難の程度を考慮するものとし、損害の性質及び程度並びに処分の内容及び性質をも勘案するものとする。

3 第一項の義務付けの訴えは、行政庁が一定の処分をすべき旨を命ずることを求めるにつき法律上の利益を有する者に限り、提起することができる。

4 前項に規定する法律上の利益の有無の判断については、第九条第二項の規定を準用する。

5 義務付けの訴えが第一項及び第三項に規定する要件に該当する場合において、その義務付けの訴えに係る処分につき、行政庁がその処分をすべきであることがその処分の根拠となる法令の規定から明らかであると認められ又は行政庁がその処分をしないことがその裁量権の範囲を超え若しくはその濫用となると認められるときは、裁判所は、行政庁がその処分をすべき旨を命ずる判決をする。

第三十七条の三 第三条第六項第二号に掲げる場合において、義務付けの訴えは、次の各号に掲げる要件のいずれかに該当するときに限り、提起することができる。

一 当該法令に基づく申請又は審査請求に対し相当の期間内に何らの処分又は裁決がされないこと。

二 当該法令に基づく申請又は審査請求を却下し又は棄却する旨の処分又は裁決がされた場合において、当該処分又は裁決が取り消されるべきものであり、又は無効若しくは不存在であること。

2 前項の義務付けの訴えは、同項各号に規定する法令に基づく申請又は審査請求をした者に限り、提起することができる。

3 第一項の義務付けの訴えを提起するときは、次の各号に掲げる区分に応じてそれぞれ当該各号に定める訴えをその義務付けの訴えに併合して提起しなければならない。この場合において、当該各号に定める訴えに係る訴訟の管轄について他の法律に特別の定めがあるときは、当該義務付けの訴えに係る訴訟の管轄は、第三十八条第一項において準用する第十二条の規定にかかわらず、その定めに従う。

一　第一項第一号に掲げる要件に該当する場合　同号に規定する処分又は裁決に係る不作為の違法確認の訴え

二　第一項第二号に掲げる要件に該当する場合　同号に規定する処分又は裁決に係る取消訴訟又は無効等確認の訴え

4　前項の規定により併合して提起された義務付けの訴え及び同項各号に定める訴えに係る弁論及び裁判は、分離しないでしなければならない。

5　義務付けの訴えが第一項から第三項までに規定する要件に該当する場合において、同項各号に定める訴えに係る請求に理由があると認められ、かつ、その義務付けの訴えに係る処分又は裁決につき、行政庁がその処分若しくは裁決をすべきであることがその処分若しくは裁決の根拠となる法令の規定から明らかであると認められ又は行政庁がその処分若しくは裁決をしないことがその裁量権の範囲を超え若しくはその濫用となると認められるときは、裁判所は、その義務付けの訴えに係る処分又は裁決をすべき旨を命ずる判決をする。

6　第四項の規定にかかわらず、裁判所は、審理の状況その他の事情を考慮して、第三項各号に定める訴えについてのみ終局判決をすることがより迅速な争訟の解決に資すると認めるときは、当該訴えについてのみ終局判決をすることができる。この場合において、裁判所は、当該訴えについてのみ終局判決をしたときは、当事者の意見を聴いて、当該訴えに係る訴訟手続が完結するまでの間、義務付けの訴えに係る訴訟手続を中止することができる。

7　第一項の義務付けの訴えのうち、行政庁が一定の裁決をすべき旨を命ずることを求めるものは、処分についての審査請求がされた場合において、当該処分に係る処分の取消しの訴え又は無効等確認の訴えを提起することができないときに限り、提起することができる。

（差止めの訴えの要件）

第三十七条の四　差止めの訴えは、一定の処分又は裁決がされることにより重大な損害を生ずるおそれがある場合に限り、提起することができる。ただし、その損害を避けるため他に適当な方法があるときは、この限りでない。

2　裁判所は、前項に規定する重大な損害を生ずるか否かを判断するに当たつては、損害の回復の困難の程度を考慮するものとし、損害の性質及び程度並びに処分又は裁決の内容及び性質をも勘案するものとする。

3　差止めの訴えは、行政庁が一定の処分又は裁決をしてはならない旨を命ずることを求めるにつき法律上の利益を有する者に限り、提起することができる。

4　前項に規定する法律上の利益の有無の判断については、第九条第二項の規定を準用する。

5　差止めの訴えが第一項及び第三項に規定する要件に該当する場合において、その差止めの訴えに係る処分又は裁決につき、行政庁がその処分若しくは裁決をすべきでないことがその処分若しくは裁決の根拠となる法令の規定から明らかであると認められ又は行政庁がその処分若しくは裁決をすることがその裁量権の範囲を超え若しくはその濫用となると認められるときは、裁判所は、行政庁がその処分又は裁決をしてはならない旨を命ずる判決をする。

（仮の義務付け及び仮の差止め）

第三十七条の五　義務付けの訴えの提起があつた場合において、その義務付けの訴えに係る処分又は裁決がされないことにより生ずる償うことのできない損害を避けるため緊急の必要があり、かつ、本案について理由があるとみえるときは、裁判所は、申立てにより、決定をもつて、仮に行政庁がその処分又は裁決をすべき旨を命ずること（以下この条において「仮の義務付け」という。）ができる。

2　差止めの訴えの提起があつた場合において、その差止めの訴えに係る処分又は裁決がされることにより生ずる償うことのできない損害を避けるため緊急の必要があり、かつ、本案について理由があるとみえるときは、裁判所は、申立てにより、決定をもつて、仮に行政庁がその処分又は裁決をしてはならない旨を命ずること（以下この条において「仮の差止め」という。）ができる。

3　仮の義務付け又は仮の差止めは、公共の福祉に重大な影響を及ぼすおそれがあるときは、することができない。

4　第二十五条第五項から第八項まで、第二十六条から第二十八条まで及び第三十三条第一項の規定は、仮の義務付け又は仮の差止めに関する事項について準用する。

5 前項において準用する第二十五条第七項の即時抗告についての裁判又は前項において準用する第二十六条第一項の決定により仮の義務付けの決定が取り消されたときは、当該行政庁は、当該仮の義務付けの決定に基づいてした処分又は裁決を取り消さなければならない。

（**取消訴訟に関する規定の準用**）

第三十八条 第十一条から第十三条まで、第十六条から第十九条まで、第二十一条から第二十三条まで、第二十四条、第三十三条及び第三十五条の規定は、取消訴訟以外の抗告訴訟について準用する。

2 第十条第二項の規定は、処分の無効等確認の訴えとその処分についての審査請求を棄却した裁決に係る抗告訴訟とを提起することができる場合に、第二十条の規定は、処分の無効等確認の訴えをその処分についての審査請求を棄却した裁決に係る抗告訴訟に併合して提起する場合に準用する。

3 第二十三条の二、第二十五条から第二十九条まで及び第三十二条第二項の規定は、無効等確認の訴えについて準用する。

4 第八条及び第十条第二項の規定は、不作為の違法確認の訴えに準用する。

第三章 当事者訴訟

（**出訴の通知**）

第三十九条 当事者間の法律関係を確認し又は形成する処分又は裁決に関する訴訟で、法令の規定によりその法律関係の当事者の一方を被告とするものが提起されたときは、裁判所は、当該処分又は裁決をした行政庁にその旨を通知するものとする。

（**出訴期間の定めがある当事者訴訟**）

第四十条 法令に出訴期間の定めがある当事者訴訟は、その法令に別段の定めがある場合を除き、正当な理由があるときは、その期間を経過した後であつても、これを提起することができる。

2 第十五条の規定は、法令に出訴期間の定めがある当事者訴訟について準用する。

（**抗告訴訟に関する規定の準用**）

第四十一条 第二十三条、第二十四条、第三十三条第一項及び第三十五条の規定は当事者訴訟について、第二十三条の二の規定は当事者訴訟における処分又は裁決の理由を明らかにする資料の提出について準用する。

2 第十三条の規定は、当事者訴訟とその目的たる請求と関連請求の関係にある請求に係る訴訟とが各別の裁判所に係属する場合における移送に、第十六条から第十九条までの規定は、これらの訴えの併合について準用する。

第四章 民衆訴訟及び機関訴訟

（**訴えの提起**）

第四十二条 民衆訴訟及び機関訴訟は、法律に定める場合において、法律に定める者に限り、提起することができる。

（**抗告訴訟又は当事者訴訟に関する規定の準用**）

第四十三条 民衆訴訟又は機関訴訟で、処分又は裁決の取消しを求めるものについては、第九条及び第十条第一項の規定を除き、取消訴訟に関する規定を準用する。

2 民衆訴訟又は機関訴訟で、処分又は裁決の無効の確認を求めるものについては、第三十六条の規定を除き、無効等確認の訴えに関する規定を準用する。

3 民衆訴訟又は機関訴訟で、前二項に規定する訴訟以外のものについては、第三十九条及び第四十条第一項の規定を除き、当事者訴訟に関する規定を準用する。

第五章 補則

（**仮処分の排除**）

第四十四条 行政庁の処分その他公権力の行使に当たる行為については、民事保全法（平成元年法律第九十一号）に規定する仮処分をすることができない。

（**処分の効力等を争点とする訴訟**）

第四十五条 私法上の法律関係に関する訴訟において、処分若しくは裁決の存否又はその効力の有無が争われている場合には、第二十三条第一項及び第二項並びに第三十九条の規定を準用する。

2 前項の規定により行政庁が訴訟に参加した場合には、民事訴訟法第四十五条第一項及び第二項の規定を準用する。ただし、攻撃又は防御の方法は、当該処分若しくは裁決の存否又はその効力の有無に関するものに限り、提出することができる。

3 第一項の規定により行政庁が訴訟に参加した後において、処分若しくは裁決の存否又はその効力の有無に関する争いがなくなつたときは、裁判所は、参加の決定を取り消すことができる。

4 第一項の場合には、当該争点について第二十三条の二及び第二十四条の規定を、訴訟費用の裁判について第三十五条の規定を準用する。

（取消訴訟等の提起に関する事項の教示）

第四十六条　行政庁は、取消訴訟を提起することができる処分又は裁決をする場合には、当該処分又は裁決の相手方に対し、次に掲げる事項を書面で教示しなければならない。ただし、当該処分を口頭でする場合は、この限りでない。

一　当該処分又は裁決に係る取消訴訟の被告とすべき者

二　当該処分又は裁決に係る取消訴訟の出訴期間

三　法律に当該処分についての審査請求に対する裁決を経た後でなければ処分の取消しの訴えを提起することができない旨の定めがあるときは、その旨

2　行政庁は、法律に処分についての審査請求に対する裁決に対してのみ取消訴訟を提起することができる旨の定めがある場合において、当該処分をするときは、当該処分の相手方に対し、法律にその定めがある旨を書面で教示しなければならない。ただし、当該処分を口頭でする場合は、この限りでない。

3　行政庁は、当事者間の法律関係を確認し又は形成する処分又は裁決に関する訴訟で法令の規定によりその法律関係の当事者の一方を被告とするものを提起することができる処分又は裁決をする場合には、当該処分又は裁決の相手方に対し、次に掲げる事項を書面で教示しなければならない。ただし、当該処分を口頭でする場合は、この限りでない。

一　当該訴訟の被告とすべき者

二　当該訴訟の出訴期間

附　則

（施行期日）

第一条　この法律は、昭和三十七年十月一日から施行する。

（行政事件訴訟特例法の廃止）

第二条　行政事件訴訟特例法（昭和二十三年法律第八十一号。以下「旧法」という。）は、廃止する。

（経過措置に関する原則）

第三条　この法律は、この附則に特別の定めがある場合を除き、この法律の施行前に生じた事項にも適用する。ただし、旧法によつて生じた効力を妨げない。

（訴願前置に関する経過措置）

第四条　法令の規定により訴願をすることができる処分又は裁決であつて、訴願を提起しないでこの法律の施行前にこれを提起すべき期間を経過したものの取消訴訟の提起については、この法律の施行後も、なお旧法第二条の例による。

（取消しの理由の制限に関する経過措置）

第五条　この法律の施行の際現に係属している裁決の取消しの訴えについては、第十条第二項の規定を適用しない。

（被告適格に関する経過措置）

第六条　この法律の施行の際現に係属している取消訴訟の被告適格については、なお従前の例による。

（出訴期間に関する経過措置）

第七条　この法律の施行の際現に旧法第五条第一項の期間が進行している処分又は裁決の取消しの訴えの出訴期間で、処分又は裁決があつたことを知つた日を基準とするものについては、なお従前の例による。ただし、その期間は、この法律の施行の日から起算して三箇月をこえることができない。

2　この法律の施行の際現に旧法第五条第三項の期間が進行している処分又は裁決の取消しの訴えの出訴期間で、処分又は裁決があつた日を基準とするものについては、なお従前の例による。

3　前二項の規定は、この法律の施行後に審査請求がされた場合における第十四条第四項の規定の適用を妨げない。

（取消訴訟以外の抗告訴訟に関する経過措置）

第八条　取消訴訟以外の抗告訴訟で、この法律の施行の際現に係属しているものの原告適格及び被告適格については、なお従前の例による。

2　附則第五条の規定は、処分の無効等確認の訴えとその処分についての審査請求を棄却した裁決に係る抗告訴訟とを提起することができる場合に準用する。

（当事者訴訟に関する経過措置）

第九条　第三十九条の規定は、この法律の施行後に提起される当事者訴訟についてのみ、適用する。

（民衆訴訟及び機関訴訟に関する経過措置）

第十条　民衆訴訟及び機関訴訟のうち、処分又は裁決の取消しを求めるものについては、取消訴訟に関する経過措置に関する規定を、処分又は裁決の無効の確認を求めるものについては、無効等確認の訴えに関する経過措置に関する規定を準用する。

（処分の効力等を争点とする訴訟に関する経過措置）

第十一条　第三十九条の規定は、この法律の施行の

際現に係属している私法上の法律関係に関する訴訟については、この法律の施行後に新たに処分若しくは裁決の存否又はその効力の有無が争われるに至つた場合にのみ、準用する。

附　則（平成二八・一一・二八法律八九抄）

（施行期日）

第一条　この法律は、公布の日から起算して一年を超えない範囲内において政令で定める日から施行する。ただし、（中略）附則第五条から第九条まで、第十一条、第十四条から第十七条まで、第十八条（登録免許税法（昭和四十二年法律第三十五号）別表第三の改正規定に限る。）、第二十条から第二十三条まで及び第二十六条の規定は、公布の日から施行する。

（平二九政一三五により、平二九・一一・一から施行）

（罰則に関する経過措置）

第二十五条　この法律の施行前にした行為及びこの法律の規定によりなお従前の例によることとされる場合におけるこの法律の施行後にした行為に対する罰則の適用については、なお従前の例による。

（政令への委任）

第二十六条　この附則に規定するもののほか、この法律の施行に伴い必要な経過措置（罰則に関する経過措置を含む。）は、政令で定める。

別表（第十二条関係）

名称	根拠法
沖縄科学技術大学院大学学園	沖縄科学技術大学院大学学園法（平成二十一年法律第七十六号）
沖縄振興開発金融公庫	沖縄振興開発金融公庫法（昭和四十七年法律第三十一号）
外国人技能実習機構	外国人の技能実習の適正な実施及び技能実習生の保護に関する法律（平成二十八年法律第八十九号）
株式会社国際協力銀行	株式会社国際協力銀行法（平成二十三年法律第三十九号）
株式会社日本政策金融公庫	株式会社日本政策金融公庫法（平成十九年法律第五十七号）
株式会社日本貿易保険	貿易保険法（昭和二十五年法律第六十七号）
原子力損害賠償・廃炉等支援機構	原子力損害賠償・廃炉等支援機構法（平成二十三年法律第九十四号）
国立大学法人	国立大学法人法（平成十五年法律第百十二号）
新関西国際空港株式会社	関西国際空港及び大阪国際空港の一体的かつ効率的な設置及び管理に関する法律（平成二十三年法律第五十四号）
大学共同利用機関法人	国立大学法人法
日本銀行	日本銀行法（平成九年法律第八十九号）
日本司法支援センター	総合法律支援法（平成十六年法律第七十四号）
日本私立学校振興・共済事業団	日本私立学校振興・共済事業団法（平成九年法律第四十八号）
日本中央競馬会	日本中央競馬会法（昭和二十九年法律第二百五号）
日本年金機構	日本年金機構法（平成十九年法律第百九号）
農水産業協同組合貯金保険機構	農水産業協同組合貯金保険法（昭和四十八年法律第五十三号）
放送大学学園	放送大学学園法（平成十四年法律第百五十六号）
預金保険機構	預金保険法（昭和四十六年法律第三十四号）

関係法令等

○公衆浴場法（昭和二三・七・一二 法律一三九）

最終改正 平成二三・八・三〇 法一〇五

〔定義〕

第一条 この法律で「公衆浴場」とは、温湯、潮湯又は温泉その他を使用して、公衆を入浴させる施設をいう。

2 この法律で「浴場業」とは、都道府県知事（保健所を設置する市又は特別区にあつては、市長又は区長。以下同じ。）の許可を受けて、業として公衆浴場を経営することをいう。

〔経営の許可、配置基準〕

第二条 業として公衆浴場を経営しようとする者は、都道府県知事の許可を受けなければならない。

2 都道府県知事は、公衆浴場の設置の場所若しくはその構造設備が、公衆衛生上不適当であると認めるとき又はその設置の場所が配置の適正を欠くと認めるときは、前項の許可を与えないことができる。但し、この場合においては、都道府県知事は、理由を附した書面をもつて、その旨を通知しなければならない。

3 前項の設置の場所の配置の基準については、都道府県（保健所を設置する市又は特別区にあつては、市又は特別区。以下同じ。）が条例で、これを定める。

4 都道府県知事は、第二項の規定の趣旨にかんがみて必要があると認めるときは、第一項の許可に必要な条件を附することができる。

〔相続・合併〕

第二条の二 浴場業を営む者（以下「営業者」という。）について相続、合併又は分割（当該浴場業を承継させるものに限る。）があつたときは、相続人（相続人が二人以上ある場合において、その全員の同意により当該浴場業を承継すべき相続人を選定したときは、その者）、合併後存続する法人若しくは合併により設立した法人又は分割により当該浴場業を承継した法人は、営業者の地位を承継する。

2 前項の規定により営業者の地位を承継した者は、遅滞なく、その事実を証する書面を添えて、その旨を都道府県知事に届け出なければならない。

〔衛生・風紀の措置〕

第三条 営業者は、公衆浴場について、換気、採光、照明、保温及び清潔その他入浴者の衛生及び風紀に必要な措置を講じなければならない。

2 前項の措置の基準については、都道府県が条例で、これを定める。

〔入浴の拒否〕

第四条 営業者は伝染性の疾病にかかつている者と認められる者に対しては、その入浴を拒まなければならない。但し、省令の定めるところにより、療養のために利用される公衆浴場で、都道府県知事の許可を受けたものについては、この限りでない。

〔有害行為の禁止〕

第五条 入浴者は、公衆浴場において、浴そう内を著しく不潔にし、その他公衆衛生に害を及ぼす虞のある行為をしてはならない。

2 営業者又は公衆浴場の管理者は、前項の行為をする者に対して、その行為を制止しなければならない。

〔報告の要求・立入検査〕

第六条 都道府県知事は、必要があると認めるときは、営業者その他の関係者から必要な報告を求め、又は当該職員に公衆浴場に立ち入り、第二条第四項の規定により付した条件の遵守若しくは第三条第一項の規定による措置の実施の状況を検査させることができる。

2 当該職員が前項の規定により立入検査をする場合においては、その身分を示す証票を携帯し、且つ、関係人の請求があるときは、これを呈示しなければならない。

〔行政処分〕

第七条 都道府県知事は、営業者が、第二条第四項の規定により附した条件又は第三条第一項の規定に違反したときは、第二条第一項の許可を取り消し、又は期間を定めて営業の停止を命ずることができる。

2 前項の規定による許可の取消しに係る聴聞の期日における審理は、公開により行わなければならない。

〔罰則〕

第八条 次の各号の一に該当する者は、これを六月以下の懲役又は一万円以下の罰金に処する。

一 第二条第一項の規定に違反した者

二 第七条第一項の規定による命令に違反した者

第九条 第六条第一項の規定による報告をせず、若しくは虚偽の報告をし、又は当該職員の立入検査を拒み、妨げ、若しくは忌避した者は、これを二千円以下の罰金に処する。

第十条　次の各号の一に該当する者は、これを拘留又は科料に処する。

一　第四条又は第五条第二項の規定に違反した者

二　第四条の規定により営業者が拒んだにもかかわらず入浴した者又は第五条第一項の規定に違反した者

〔両罰規定〕

第十一条　法人の代表者又は法人若しくは人の代理人、使用人その他の従業者が、その法人又は人の業務に関して、第八条、第九条又は前条第一号の違反行為をしたときは、行為者を罰する外、その法人又は人に対しても、各本条の罰金又は科料を科する。

附　則

第十二条　この法律は、昭和二十三年七月十五日から、これを施行する。

第十三条　この法律施行の際、現に従前の命令の規定により営業の許可を受け、又は営業の届出をして、浴場業を営んでいる者は、第二条第一項の許可を受けるものとみなす。

第十四条　昭和二十三年一月一日から、この法律施行の日までに、新たに浴場業を営み、この法律施行の際現に浴場業を営んでいる者は、この法律施行の日から、二月間は、第二条第一項の規定にかかわらず、引き続き浴場業を営むことができる。

2　前項の規定に該当する者は、この法律施行後二月以内に、都道府県知事にその旨を届け出なければならない。

3　前項の届出をした者は、第二条第一項の許可を受けたものとみなす。

附　則〔平成二三・八・三〇法律一〇五抄〕

〔施行期日〕

第一条　この法律は、公布の日から施行する。ただし、次の各号に掲げる規定は、当該各号に定める日から施行する。

一　〔略〕

二　〔前略〕第二十三条から第二十七条まで〔中略〕の規定並びに附則第十三条、第十五条から第二十四条まで〔中略〕の規定　平成二十四年四月一日

三～六　〔略〕

○公衆浴場法施行規則

（昭和二三・七・二四
厚生省令二七）

最終改正　平成一三・三・二七　厚労令四〇

〔営業の許可申請〕

第一条　公衆浴場法（昭和二十三年法律第百三十九号。以下「法」という。）第二条第一項の規定により許可を受けようとする者は、次に掲げる事項を記載した申請書を、その公衆浴場所在地を管轄する都道府県知事（保健所を設置する市又は特別区にあつては、市長又は区長。以下同じ。）に提出しなければならない。

一　申請者の住所、氏名及び生年月日（法人にあつては、その名称、事務所所在地、代表者の氏名及び定款又は寄附行為の写し）

二　公衆浴場の名称及び所在地

三　公衆浴場の種類（温泉の含有物質又は医薬品等を原料とした薬湯を使用する公衆浴場にあつては、その物質又は医薬品等の名称、成分、用法、用量及び効能を付記すること。）

四　営業施設の構造設備

五　その他都道府県知事が定める事項

〔相続の場合の地位の承継の届書〕

第二条　法第二条の二第二項の規定により相続による営業者の地位の承継の届出をしようとする者は、次に掲げる事項を記載した届書を、その公衆浴場所在地を管轄する都道府県知事に提出しなけ

ればならない。

一　届出者の住所、氏名及び生年月日並びに被相続人との続柄
二　被相続人の氏名及び住所
三　相続開始の年月日
四　公衆浴場の名称及び所在地

2　前項の届書には、次に掲げる書類を添付しなければならない。

一　戸籍謄本
二　相続人が二人以上ある場合において、その全員の同意により営業者の地位を承継すべき相続人として選定された者にあつては、その全員の同意書

〔合併の場合の地位の承継の届書〕

第三条　法第二条の二第二項の規定により合併による営業者の地位の承継の届出をしようとする者は、次に掲げる事項を記載した届書を、その公衆浴場所在地を管轄する都道府県知事に提出しなければならない。

一　届出者の名称、事務所所在地及び代表者の氏名
二　合併により消滅した法人の名称、事務所所在地及び代表者の氏名
三　合併の年月日
四　公衆浴場の名称及び所在地

2　前項の届書には、合併後存続する法人又は合併により設立される法人の定款又は寄附行為の写しを添付しなければならない。

〔分割の場合の地位の承継の届書〕

第三条の二　法第二条の二第二項の規定により分割による営業者の地位の承継の届出をしようとする者は、次に掲げる事項を記載した届書を、その公衆浴場所在地を管轄する都道府県知事に提出しなければならない。

一　届出者の名称、事務所所在地及び代表者の氏名
二　分割前の法人の名称、事務所所在地及び代表者の氏名
三　分割の年月日
四　公衆浴場の名称及び所在地

2　前項の届書には、分割により浴場業を承継する法人の定款又は寄附行為の写しを添付しなければならない。

〔営業停止等の届出〕

第四条　浴場業を営む者は、第一条の申請書若しくは前三条の届書に記載した事項を変更したとき又は営業の全部若しくは一部を停止し若しくは廃止したときは、十日以内にその公衆浴場所在地を管轄する都道府県知事に、その旨を届け出なければならない。

〔患者の入浴〕

第五条　次に掲げる場合は、法第四条ただし書の規定により都道府県知事の許可を受けて、同条に規定する患者（以下「患者」という。）を入浴させることができる。

一　温泉を使用する公衆浴場で、その温泉が法第四条に規定する伝染性の疾病に対して療養効果があると認められ、かつ、患者用の入浴施設が別に設けられている場合
二　潮湯又は薬湯を使用する公衆浴場で、患者用の入浴施設が別に設けられている場合

〔環境衛生監視員〕

第六条　法第六条第一項の職権を行う者を、環境衛生監視員と称し、同条第二項の規定によりその携帯する証票は、別に定める。

〔届出期限の特例〕

第七条　第四条に規定する届出の期限が地方自治法（昭和二十二年法律第六十七号）第四条の二第一項に規定する地方公共団体の休日に当たるときは、地方公共団体の休日の翌日をもつてその期限とみなす。

附　則

この省令は、公布の日から、これを施行する。

附　則〔平成一三・三・二七厚生労働省令四〇〕

この省令は、平成十三年四月一日から施行する。

○興行場法（昭和二三・七・一二 法律一三七）

最終改正 平成二三・八・三〇 法一〇五

〔定義〕

第一条 この法律で「興行場」とは、映画、演劇、音楽、スポーツ、演芸又は観せ物を、公衆に見せ、又は聞かせる施設をいう。

2 この法律で「興行場営業」とは、都道府県知事（保健所を設置する市又は特別区にあつては、市長又は区長。以下同じ。）の許可を受けて、業として興行場を経営することをいう。

〔営業の許可〕

第二条 業として興行場を経営しようとする者は、都道府県知事の許可を受けなければならない。

2 都道府県知事は、興行場の設置の場所又はその構造設備が都道府県（保健所を設置する市又は特別区にあつては、市又は特別区。以下同じ。）の条例で定める公衆衛生上必要な基準に適合しないと認めるときは、前項の許可を与えないことができる。ただし、この場合においては、都道府県知事は、理由を付した書面をもつて、その旨を通知しなければならない。

〔相続又は合併の場合の地位の承継〕

第二条の二 興行場営業を営む者（以下「営業者」という。）について相続、合併又は分割（当該興行場営業を承継させるものに限る。）があつたときは、相続人（相続人が二人以上ある場合においては、その全員の同意により当該興行場営業を承継すべき相続人を選定したときは、その者）、合併後存続する法人若しくは合併により設立した法人又は分割により当該興行場営業を承継した法人は、営業者の地位を承継する。

2 前項の規定により営業者の地位を承継した者は、遅滞なく、その事実を証する書面を添えて、その旨を都道府県知事に届け出なければならない。

〔興行場について講ずべき措置〕

第三条 営業者は、興行場について、換気、照明、防湿及び清潔その他入場者の衛生に必要な措置を講じなければならない。

2 前項の措置の基準については、都道府県が条例で、これを定める。

〔公衆衛生に害を及ぼす行為の禁止〕

第四条 入場者は、興行場において、場内を著しく不潔にし、その他公衆衛生に害を及ぼす虞のある行為をしてはならない。

2 営業者又は興行場の管理者は、前項の行為をする者に対して、その行為を制止しなければならない。

〔報告の徴収、立入検査〕

第五条 都道府県知事は、必要があると認めるときは、営業者その他の関係者から必要な報告を求め、又は当該職員に、興行場に立ち入り、第三条第一項の規定による措置の実施の状況を検査させることができる。

2 当該職員が、前項の規定により立入検査をする場合においては、その身分を示す証票を携帯し、且つ、関係人の請求があるときは、これを呈示しなければならない。

〔営業の許可の取消又は停止〕

第六条 都道府県知事は、興行場の構造設備が第二条第二項の規定に基づく条令で定める基準に適合しなくなつたとき、又は営業者が第三条第一項の規定に違反したときは、第二条第一項の許可を取り消し、又は期間を定めて営業の停止を命ずることができる。

〔公開聴聞〕

第七条 前条の規定による処分に係る行政手続法（平成五年法律第八十八号）第十五条第一項又は第三十条の通知は、聴聞の期日又は弁明を記載した書面の提出期限（口頭による弁明の機会の付与を行う場合には、その日時）の一週間前までにしなければならない。

2 前条の規定による許可の取消しに係る聴聞の期日における審理は、公開により行わなければならない。

〔罰則〕

第八条 左の各号の一に該当する者は、これを六月以下の懲役又は五千円以下の罰金に処する。

一 第二条第一項の規定に違反した者

二 第六条の規定による命令に違反した者

第九条 第五条第一項の規定による報告をせず、若しくは虚偽の報告をし、又は当該職員の検査を拒み、妨げ、若しくは忌避した者は、これを千円以下の罰金に処する。

第十条 第四条第一項又は第二項の規定に違反した者は、これを拘留又は科料に処する。

〔両罰規定〕

第十一条 法人の代表者又は法人若しくは人の代理

人、使用人その他の従業者が、その法人又は人の業務に関して、前三条の違反行為をしたときは、行為者を罰する外、その法人又は人に対しても各本条の罰金又は科料を科する。

附　則

〔施行期日〕

第十二条　この法律は、昭和二十三年七月十五日から、これを施行する。

〔旧令による処分等の効力〕

第十三条　この法律施行の際、現に従前の命令の規定により営業の許可を受け、又は営業の届出をして、興行場営業を営んでいる者は、第二条第一項の規定による許可を受けたものとみなす。

〔経過措置〕

第十四条　昭和二十三年一月一日から、この法律施行の日までに、新たに興行場営業を営み、この法律施行の際現に興行場営業を営んでいる者は、この法律施行の日から二月間は、第二条第一項の規定にかかわらず、引き続き興行場営業を営むことができる。

2　前項の規定に該当する者は、この法律施行後二月以内に、都道府県知事にその旨を届け出なければならない。

3　前項の届出をした者は、第二条第一項の許可を受けたものとみなす。

附　則　〔平成二三・八・三〇法律一〇五抄〕

〔施行期日〕

第一条　この法律は、公布の日から施行する。ただし、次の各号に掲げる規定は、当該各号に定める日から施行する。

一　〔略〕

二　〔前略〕第二十三条から第二十七条まで〔中略〕の規定並びに附則第十三条、第十五条から第二十四条まで〔中略〕の規定　平成二十四年四月一日

三〜六　〔略〕

○興行場法施行規則

（昭和二三・七・二四 厚生省令二九）

最終改正　昭和五九・九・五　厚令四二

興行場法（昭和二十三年法律第百三十七号）第五条第一項の職権を行う者を環境衛生監視員と称し、同条第二項に規定する証票については、別に定める。

附　則

この省令は、公布の日から、これを施行する。

附　則〔昭和五九・九・五厚生省令四二抄〕

1　この省令は、昭和五十九年十月一日から施行する。

2　この省令の施行前にこの省令による改正前の興行場法施行規則（以下「旧興行場法施行規則」という。）第二条に規定する営業の変更等〔中略〕を行つた者については、旧興行場法施行規則〔中略〕は、この省令の施行後も、なおその効力を有する。

○食品衛生法〔抄〕（昭和二二・一二・二四 法律二三三）

最終改正 平成二九・五・三一 法四一

第一章 総則

〔目的〕

第一条 この法律は、食品の安全性の確保のために公衆衛生の見地から必要な規制その他の措置を講ずることにより、飲食に起因する衛生上の危害の発生を防止し、もつて国民の健康の保護を図ることを目的とする。

第九章 営業

〔営業の基準の設定〕

第五十一条 都道府県は、飲食店営業その他公衆衛生に与える影響が著しい営業（食鳥処理の事業の規制及び食鳥検査に関する法律第二条第五号に規定する食鳥処理の事業を除く。）であつて、政令で定めるものの施設につき、条例で、業種別に、公衆衛生の見地から必要な基準を定めなければならない。

〔営業の許可〕

第五十二条 前条に規定する営業を営もうとする者は、厚生労働省令で定めるところにより、都道府県知事の許可を受けなければならない。

② 前項の場合において、都道府県知事は、その営業の施設が前条の規定による基準に合うと認めるときは、許可をしなければならない。ただし、同条に規定する営業を営もうとする者が次の各号のいずれかに該当するときは、同項の許可を与えないことができる。

一 この法律又はこの法律に基づく処分に違反して刑に処せられ、その執行を終わり、又は執行を受けることがなくなつた日から起算して二年を経過しない者

二 第五十四条から第五十六条までの規定により許可を取り消され、その取消しの日から起算して二年を経過しない者

三 法人であつて、その業務を行う役員のうちに前二号のいずれかに該当する者があるもの

③ 都道府県知事は、第一項の許可に五年を下らない有効期間その他の必要な条件を付けることができる。

○学校教育法〔抄〕（昭和二二・三・三一 法律二六）

最終改正 平成三〇・六・一 法三九

第一章 総則

〔学校の範囲〕

第一条 この法律で、学校とは、幼稚園、小学校、中学校、義務教育学校、高等学校、中等教育学校、特別支援学校、大学及び高等専門学校とする。

〔学校の設置者〕

第二条 学校は、国（国立大学法人法（平成十五年法律第百十二号）第二条第一項に規定する国立大学法人及び独立行政法人国立高等専門学校機構を含む。以下同じ。）、地方公共団体（地方独立行政法人法（平成十五年法律第百十八号）第六十八条第一項に規定する公立大学法人（以下「公立大学法人」という。）を含む。次項及び第百二十七条において同じ。）及び私立学校法（昭和二十四年法律第二百七十号）第三条に規定する学校法人（以下「学校法人」という。）のみが、これを設置することができる。

② この法律で、国立学校とは、国の設置する学校を、公立学校とは、地方公共団体の設置する学校を、私立学校とは、学校法人の設置する学校をいう。

〔設置廃止等の認可〕

第四条　次の各号に掲げる学校の設置廃止、設置者の変更その他政令で定める事項（次条において「設置廃止等」という。）は、それぞれ当該各号に定める者の認可を受けなければならない。これらの学校のうち、高等学校（中等教育学校の後期課程を含む。）の通常の課程（以下「全日制の課程」という。）、夜間その他特別の時間又は時期において授業を行う課程（以下「定時制の課程」という。）及び通信による教育を行う課程（以下「通信制の課程」という。）、大学の学部、大学院及び大学院の研究科並びに第百八条第二項の大学の学科についても、同様とする。

一　公立又は私立の大学及び高等専門学校　文部科学大臣

二　市町村（市町村が単独で又は他の市町村と共同して設立する公立大学法人を含む。次条、第十三条第二項、第十四条、第百三十条第一項及び第百三十一条において同じ。）の設置する高等学校、中等教育学校及び特別支援学校　都道府県の教育委員会

三　私立の幼稚園、小学校、中学校、義務教育学校、高等学校、中等教育学校及び特別支援学校　都道府県知事

②　前項の規定にかかわらず、同項第一号に掲げる学校を設置する者は、次に掲げる事項を行うときは、同項の認可を受けることを要しない。この場合において、当該学校を設置する者は、文部科学大臣の定めるところにより、あらかじめ、文部科学大臣に届け出なければならない。

一　大学の学部若しくは大学院の研究科又は第百八条第二項の大学の学科の設置であつて、当該大学が授与する学位の種類及び分野の変更を伴わないもの

二　大学の学部若しくは大学院の研究科又は第百八条第二項の大学の学科の廃止

三　前二号に掲げるもののほか、政令で定める事項

③　文部科学大臣は、前項の届出があつた場合において、その届出に係る事項が、設備、授業その他の事項に関する法令の規定に適合しないと認めるときは、その届出をした者に対し、必要な措置をとるべきことを命ずることができる。

④　地方自治法（昭和二十二年法律第六十七号）第二百五十二条の十九第一項の指定都市（以下「指定都市」という。）（指定都市が単独で又は他の市町村と共同して設立する公立大学法人を含む。）の設置する高等学校、中等教育学校及び特別支援学校については、第一項の規定は、適用しない。この場合において、当該高等学校、中等教育学校及び特別支援学校を設置する者は、同項の規定により認可を受けなければならないとされている事項を行おうとするときは、あらかじめ、都道府県の教育委員会に届け出なければならない。

⑤　第二項第一号の学位の種類及び分野の変更に関する基準は、文部科学大臣が、これを定める。

第四条の二　市町村は、その設置する幼稚園の設置廃止等を行おうとするときは、あらかじめ、都道府県の教育委員会に届け出なければならない。

○学校教育法施行令〔抄〕

（昭和二八・一〇・三一　政令三四〇）

最終改正　平成二九・九・一三　政二三八

注　未施行の一部改正については、末尾の改正文参照

第三章　認可、届出等

第一節　認可及び届出等

（法第四条第一項の政令で定める事項）

第二十三条　法第四条第一項（法第百三十四条第二項において準用する場合を含む。）の政令で定める事項（法第四条の二に規定する幼稚園に係るものを除く。）は、次のとおりとする。

一　市町村（市町村が単独で又は他の市町村と共同して設立する公立大学法人（地方独立行政法人法（平成十五年法律第百十八号）第六十八条第一項に規定する公立大学法人をいう。以下同じ。）を含む。以下この項及び第二十四条の三において同じ。）の設置する特別支援学校の位置の変更

二　高等学校（中等教育学校の後期課程を含む。第十号及び第二十四条において同じ。）の学科又は市町村の設置する特別支援学校の高等部の学科、専攻科若しくは別科の設置及び廃止

三　特別支援学校の幼稚部、小学部、中学部又は高等部の設置及び廃止

四　市町村の設置する特別支援学校の高等部の学

級の編制及びその変更

五　特別支援学校の高等部における通信教育の開設及び廃止並びに大学における通信教育の開設

六　私立の大学の学部の学科の設置

七　大学の大学院（専門職大学院を含む。）の研究科の専攻の設置及び当該専攻に係る課程（法第百四条第一項に規定する課程をいう。次条第一項第一号において同じ。）の変更

八　高等専門学校の学科の設置

九　市町村の設置する高等学校、中等教育学校又は特別支援学校の分校の設置及び廃止

十　高等学校の広域の通信制の課程（法第五十四条第三項（法第七十条第一項において準用する場合を含む。第二十四条及び第二十四条の二において同じ。）に規定する広域の通信制の課程をいう。以下同じ。）に係る学則の変更

十一　私立の学校又は私立の各種学校の収容定員に係る学則の変更

2　法第四条の二に規定する幼稚園に係る法第四条第一項の政令で定める事項は、分校の設置及び廃止とする。

（**法第四条第二項第三号の政令で定める事項**）

第二十三条の二　法第四条第二項第三号の政令で定める事項は、次のとおりとする。

一　私立の大学の学部の学科の設置又は公立若しくは私立の大学の大学院（専門職大学院を含む。）の研究科の専攻の設置若しくは専攻に係る課程の変更であつて、当該大学が授与する学位の種類及び分野の変更を伴わないもの

二　高等専門学校の学科の設置であつて、当該高等専門学校が設置する学科の分野の変更を伴わないもの

三　大学における通信教育の開設であつて、当該大学が授与する通信教育に係る学位の種類及び分野の変更を伴わないもの

四　私立の大学又は高等専門学校の収容定員（大学にあつては、通信教育及び文部科学大臣の定める分野に係るものを除く。）に係る学則の変更であつて、当該収容定員の総数の増加を伴わないもの

五　私立の大学の通信教育に係る収容定員に係る学則の変更であつて、当該収容定員の総数の増加を伴わないもの

2　前項第一号の学位の種類及び分野の変更、同項第二号の学科の分野の変更並びに同項第三号の通信教育に係る学位の種類及び分野の変更に関する基準は、文部科学大臣が定める。

3　前項に規定する基準を定める場合には、文部科学大臣は、中央教育審議会に諮問しなければならない。

（**改正文**）

○学校教育法の一部を改正する法律の施行に伴う関係政令の整備に関する政令〔抄〕

（平成二九・九・一　政令二三二）

（**学校教育法施行令の一部改正**）

第一条　学校教育法施行令（昭和二十八年政令第三百四十号）の一部を次のように改正する。

第二十三条第一項中第十一号を第十二号とし、第八号から第十号までを一号ずつ繰り下げ、同項第七号中「（専門職大学院を含む。）」を削り、「第百四条第一項」を「第百四条第三項」に、「次条第一項第一号」を「次条第一項第一号ハ」に改め、同号を同項第八号とし、同項第六号の次に次の一号を加える。

七　専門職大学の課程（法第八十七条の二第一項の規定により前期課程及び後期課程に区分されたものに限る。次条第一項第一号ロにおいて同じ。）の設置及び変更

第二十三条の二第一項第一号中「私立の大学の学部の学科の設置又は公立若しくは私立の大学の大学院（専門職大学院を含む。）の研究科の専攻の設置若しくは専攻に係る課程の」を「大学に係る次に掲げる設置又は」に改め、同号に次のように加える。

イ　私立の大学の学部の学科の設置

ロ　専門職大学の課程の変更（前期課程及び後期課程の修業年限の区分の変更（当該区分の廃止を除く。）を伴うものを除く。）

ハ　大学の大学院の研究科の専攻の設置又は当該専攻に係る課程の変更

附　則

（**施行期日**）

1　この政令は、平成三十一年四月一日から施行する。

○学校教育法施行規則〔抄〕

（昭和二二・五・二三 文部省令一一）

最終改正 平成三〇・五・一 文科令一八

第一章 総則

第一節 設置廃止等

〔私立学校の届出〕

第二条 私立の学校の設置者は、その設置する大学又は高等専門学校について次に掲げる事由があるときは、その旨を文部科学大臣に届け出なければならない。

一 目的、名称、位置又は学則（収容定員に係るものを除く。）を変更しようとするとき。

二 分校を設置し、又は廃止しようとするとき。

三 大学の学部、大学院の研究科、短期大学の学科その他の組織の位置を、我が国から外国に、外国から我が国に、又は一の外国から他の外国に変更するとき。

四 大学における通信教育に関する規程を変更しようとするとき。

五 経費の見積り及び維持方法を変更しようとするとき。

六 校地、校舎その他直接教育の用に供する土地及び建物に関する権利を取得し、若しくは処分しようとするとき、又は用途の変更、改築等によりこれらの土地及び建物の現状に重要な変更を加えようとするとき。

〔学校の設置認可の申請又は届出〕

第三条 学校の設置についての認可の申請又は届出は、それぞれ認可申請書又は届出書に、次の事項（市（特別区を含む。以下同じ。）町村立の小学校、中学校及び義務教育学校（市町村が単独で又は他の市町村と共同して設立する公立大学法人（地方独立行政法人法（平成十五年法律第百十八号）第六十八条第一項に規定する公立大学法人をいう。以下同じ。）の設置する小学校、中学校及び義務教育学校を含む。第七条において同じ。）については、第四号及び第五号の事項を除く。）を記載した書類及び校地、校舎その他直接保育又は教育の用に供する土地及び建物（以下「校地校舎等」という。）の図面を添えてしなければならない。

一 目的

二 名称

三 位置

四 学則

五 経費の見積り及び維持方法

六 開設の時期

〔学校の校地校舎等に関する権利の取得及び変更等の届出〕

第六条 学校の校地校舎等に関する権利を取得し、若しくは処分し、又は用途の変更、改築等によりこれらの現状に重要な変更を加えることについての届出は、届出書に、その事由及び時期を記載した書類並びに当該校地校舎等の図面を添えてしなければならない。

○図書館法〔抄〕

（昭和二五・四・三〇 法律一一八）

最終改正 平成二九・五・三一 法四一

第一章 総則

〔この法律の目的〕

第一条 この法律は、社会教育法（昭和二十四年法律第二百七号）の精神に基き、図書館の設置及び運営に関して必要な事項を定め、その健全な発達を図り、もつて国民の教育と文化の発展に寄与することを目的とする。

〔定義〕

第二条 この法律において「図書館」とは、図書、記録その他必要な資料を収集し、整理し、保存して、一般公衆の利用に供し、その教養、調査研究、レクリエーション等に資することを目的とする施設で、地方公共団体、日本赤十字社又は一般社団法人若しくは一般財団法人が設置するもの（学校に附属する図書館又は図書室を除く。）をいう。

2 前項の図書館のうち、地方公共団体の設置する図書館を公立図書館といい、日本赤十字社又は一般社団法人若しくは一般財団法人の設置する図書館を私立図書館という。

第二章 公立図書館

〔設置〕

第十条 公立図書館の設置に関する事項は、当該図書館を設置する地方公共団体の条例で定めなければならない。

○児童福祉法（抄）

（昭和二二・一二・一二　法律一六四）

最終改正　平成二九・六・二三　法七一

第一章　総則

第一節　定義

（児童福祉施設等）

第七条　この法律で、児童福祉施設とは、助産施設、乳児院、母子生活支援施設、保育所、幼保連携型認定こども園、児童厚生施設、児童養護施設、障害児入所施設、児童発達支援センター、児童心理治療施設、児童自立支援施設及び児童家庭支援センターとする。

② この法律で、障害児入所支援とは、障害児入所施設に入所し、又は指定発達支援医療機関に入院する障害児に対して行われる保護、日常生活の指導及び知識技能の付与並びに障害児入所施設に入所し、又は指定発達支援医療機関に入院する障害児のうち知的障害のある児童、肢体不自由のある児童又は重度の知的障害及び重度の肢体不自由が重複している児童（以下「重症心身障害児」という。）に対し行われる治療をいう。

第三章　事業、養育里親及び施設

（児童福祉施設の設置等）

第三十五条　国は、政令の定めるところにより、児童福祉施設（助産施設、母子生活支援施設、保育所及び幼保連携型認定こども園を除く。）を設置するものとする。

② 都道府県は、政令の定めるところにより、児童福祉施設（幼保連携型認定こども園を除く。以下この条、第四十五条、第四十六条、第四十九条、第五十条第九号、第五十一条第七号、第五十六条の二、第五十七条及び第五十八条において同じ。）を設置しなければならない。

③ 市町村は、厚生労働省令の定めるところにより、あらかじめ、厚生労働省令で定める事項を都道府県知事に届け出て、児童福祉施設を設置することができる。

④ 国、都道府県及び市町村以外の者は、厚生労働省令の定めるところにより、都道府県知事の認可を得て、児童福祉施設を設置することができる。

⑤ 都道府県知事は、保育所に関する前項の認可の申請があつたときは、第四十五条第一項の条例で定める基準（保育所に係るものに限る。第八項において同じ。）に適合するかどうかを審査するほか、次に掲げる基準（当該認可の申請をした者が社会福祉法人又は学校法人である場合にあつては、第四号に掲げる基準に限る。）によつて、その申請を審査しなければならない。

一　当該保育所を経営するために必要な経済的基礎があること。

二　当該保育所の経営者（その者が法人である場合にあつては、経営担当役員とする。）が社会的信望を有すること。

三　実務を担当する幹部職員が社会福祉事業に関する知識又は経験を有すること。

四　次のいずれにも該当しないこと。

イ　申請者が、禁錮以上の刑に処せられ、その執行を終わり、又は執行を受けることがなくなるまでの者であるとき。

ロ　申請者が、この法律その他国民の福祉若しくは学校教育に関する法律で政令で定めるものの規定により罰金の刑に処せられ、その執行を終わり、又は執行を受けることがなくなるまでの者であるとき。

ハ　申請者が、労働に関する法律の規定であつて政令で定めるものにより罰金の刑に処せられ、その執行を終わり、又は執行を受けることがなくなるまでの者であるとき。

ニ　申請者が、第五十八条第一項の規定により認可を取り消され、その取消しの日から起算して五年を経過しない者（当該認可を取り消された者が法人である場合においては、当該取消しの処分に係る行政手続法第十五条の規定による通知があつた日前六十日以内に当該法人の役員等であつた者で当該取消しの日から起算して五年を経過しないものを含み、当該認可を取り消された者が法人でない場合においては、当該通知があつた日前六十日以内に当該保育所の管理者であつた者で当該取消しの日から起算して五年を経過しないものを含む。）であるとき。ただし、当該認可の取消しが、保育所の設置の認可の取消しのうち当該認可の取消しの処分の理由となつた事実及び当該事実の発生を防止するための当該保育所の設置者による業務管理体制の整備についての取組の状況その他の当該事実に関して当該保育所の設置者が有していた責任の程度を考慮して、ニ本文に規定する認可の取消しに該当しないこととすることが相当であると認められるものとして厚生労働省令で定めるものに該当する場合を除く。

ホ　申請者と密接な関係を有する者が、第五十八条第一項の規定により認可を取り消され、その取消しの日から起算して五年を経過していないとき。ただし、当該認可の取消しが、保育所の設置の認可の取消しのうち当該認可の取消しの処分の理由となつた事実及び当該事実の発生を防止するための当該保育所の設置者による業務管理体制の整備についての取組の状況その他の当該事実に関して当該保育所の設置者が有していた責任の程度を考慮して、ホ本文に規定する認可の取消しに該当しないこととすることが相当であると認められるものとして厚生労働省令で定めるものに該当する場合を除く。

ヘ　申請者が、第五十八条第一項の規定による認可の取消しの処分に係る行政手続法第十五条の規定による通知があつた日から当該処分をする日又は処分をしないことを決定する日までの間に第十二項の規定による保育所の廃止をした者（当該廃止について相当の理由がある者を除く。）で、当該保育所の廃止の承認の日から起算して五年を経過しないものであるとき。

ト　申請者が、第四十六条第一項の規定による検査が行われた日から聴聞決定予定日（当該検査の結果に基づき第五十八条第一項の規定による認可の取消しの処分に係る聴聞を行うか否かの決定をすることが見込まれる日として厚生労働省令で定めるところにより都道府県知事が当該申請者に当該検査が行われた日から十日以内に特定の日を通知した場合における当該特定の日をいう。）までの間に第十二項の規定による保育所の廃止をした者（当該廃止について相当の理由がある者を除く。）で、当該保育所の廃止の承認の日から起算して五年を経過しないものであるとき。

チ　ヘに規定する期間内に第十二項の規定による保育所の廃止の承認の申請があつた場合において、申請者が、ヘの通知の日前六十日以内に当該申請に係る法人（当該保育所の廃止について相当の理由がある法人を除く。）の役員等又は当該申請に係る法人でない保育所（当該保育所の廃止について相当の理由があるものを除く。）の管理者であつた者で、当該保育所の廃止の承認の日から起算して五年を経過しないものであるとき。

リ　申請者が、認可の申請前五年以内に保育に関し不正又は著しく不当な行為をした者であるとき。

ヌ　申請者が、法人で、その役員等のうちにイからニまで又はヘからリまでのいずれかに該当する者のあるものであるとき。

ル　申請者が、法人でない者で、その管理者がイからニまで又はヘからリまでのいずれかに該当する者であるとき。

⑥　都道府県知事は、第四項の規定により保育所の設置の認可をしようとするときは、あらかじめ、都道府県児童福祉審議会の意見を聴かなければならない。

⑦ 都道府県知事は、第四項の規定により保育所の設置の認可をしようとするときは、厚生労働省令で定めるところにより、あらかじめ、当該認可の申請に係る保育所が所在する市町村の長に協議しなければならない。

⑧ 都道府県知事は、第五項に基づく審査の結果、その申請が第四十五条第一項の条例で定める基準に適合しており、かつ、その設置者が第五項各号に掲げる基準（その者が社会福祉法人又は学校法人である場合にあつては、同項第四号に掲げる基準に限る。）に該当すると認めるときは、第四項の認可をするものとする。ただし、都道府県知事は、当該申請に係る保育所の所在地を含む区域（子ども・子育て支援法第六十二条第二項第一号の規定により当該都道府県が定める区域とする。以下この項において同じ。）における特定教育・保育施設（同法第二十七条第一項に規定する特定教育・保育施設をいう。以下この項において同じ。）の利用定員の総数（同法第十九条第一項第二号及び第三号に掲げる小学校就学前子どもに係るものに限る。）が、同法第六十二条第一項の規定により当該都道府県が定める都道府県子ども・子育て支援事業支援計画において定める当該区域の特定教育・保育施設に係る必要利用定員総数（同法第十九条第一項第二号及び第三号に掲げる小学校就学前子どもの区分に係るものに限る。）に既に達しているか、又は当該申請に係る保育所の設置によつてこれを超えることになると認めるとき、その他の当該都道府県子ども・子育て支援事業支援計画の達成に支障を生ずるおそれがある場合として厚生労働省令で定める場合に該当すると認めるときは、第四項の認可をしないことができる。

⑨ 都道府県知事は、保育所に関する第四項の申請に係る認可をしないときは、速やかにその旨及び理由を通知しなければならない。

⑩ 児童福祉施設には、児童福祉施設の職員の養成施設を附置することができる。

⑪ 市町村は、児童福祉施設を廃止し、又は休止しようとするときは、その廃止又は休止の日の一月前（当該児童福祉施設が保育所である場合には三月前）までに、厚生労働省令で定める事項を都道府県知事に届け出なければならない。

⑫ 国、都道府県及び市町村以外の者は、児童福祉施設を廃止し、又は休止しようとするときは、厚生労働省令の定めるところにより、都道府県知事の承認を受けなければならない。

○児童福祉法施行規則〔抄〕

（昭和二三・三・三一 厚生省令一一）

最終改正 平成三〇・四・二七 厚労令六四

第三章 事業、養育里親及び施設

（児童福祉施設の設置の認可申請）

第三十七条 法第三十五条第三項に規定する厚生労働省令で定める事項は、次のとおりとする。

一 名称、種類及び位置
二 建物その他設備の規模及び構造並びにその図面
三 運営の方法（保育所にあつては事業の運営についての重要事項に関する規程）
三の二 経営の責任者及び福祉の実務に当る幹部職員の氏名及び経歴
四 収支予算書
五 事業開始の予定年月日

② 法第三十五条第四項の認可を受けようとする者は、前項各号に掲げる事項を具し、これを都道府県知事に申請しなければならない。

③ 前項の申請をしようとする者は、次に掲げる書類を提出しなければならない。

一 設置する者の履歴及び資産状況を明らかにする書類
二 保育所を設置しようとする者が法人である場合にあつては、その法人格を有することを証する書類

三　法人又は団体においては定款、寄附行為その他の規約

④　法第三十五条第三項の届出を行つた市町村は、第一項第二号若しくは第三号に掲げる事項又は経営の責任者若しくは福祉の実務に当たる幹部職員を変更しようとするときは、あらかじめ、都道府県知事に届け出なければならない。

⑤　法第三十五条第三項の届出を行つた市町村又は同条第四項の認可を受けた者は、第一項第一号又は第三項第二号に掲げる事項に変更があつたときは、変更のあつた日から起算して一月以内に、都道府県知事に届け出なければならない。

⑥　法第三十五条第四項の認可を受けた者は、第一項第二号若しくは第三号に掲げる事項又は経営の責任者若しくは福祉の実務に当たる幹部職員を変更しようとするときは、都道府県知事にあらかじめ届け出なければならない。

〔認可の取消しに該当しないことが認められるもの〕

第三十七条の二　法第三十五条第五項第四号ニただし書の厚生労働省令で定める同号ニ本文に規定する認可の取消しに該当しないこととすることが相当であると認められるものは、都道府県知事が法第四十六条第一項その他の規定による報告等の権限を適切に行使し、当該認可の取消しの処分の理由となつた事実及び当該事実の発生を防止するための当該保育所の設置者による業務管理体制の整備についての取組の状況その他の当該事実に関して当該保育所の設置者が有していた責任の程度を確認した結果、当該保育所の設置者が当該認可の取消しの理由となつた事実について組織的に関与していると認められない場合に係るものとする。

前項の規定は、法第三十五条第五項第四号ホただし書の厚生労働省令で定める同号ホ本文に規定する認可の取消しに該当しないこととすることが相当であると認められる場合について準用する。

〔法第三十五条第五項第四号トの通知〕

第三十七条の三　法第三十五条第五項第四号トの規定による通知をするときは、法第四十六条第一項の規定による検査が行われた日（以下この条において「検査日」という。）から十日以内に、当該検査日から起算して六十日以内の特定の日を通知するものとする。

〔法第三十五条第七項の協議〕

第三十七条の四　法第三十五条第七項の規定による協議は、第三十七条第一項各号に掲げる事項を記載した書類を市町村長に提出してするものとする。

〔法第三十五条第八項ただし書の厚生労働省令で定める場合〕

第三十七条の五　法第三十五条第八項ただし書に規定する厚生労働省令で定める場合は、保育所に関する同条第四項の認可の申請に係る当該保育所の所在地を含む区域（子ども・子育て支援法第六十二条第二項第一号の規定により都道府県が定める区域をいう。以下この条において同じ。）における特定教育・保育施設及び特定地域型保育事業に係る利用定員の総数（当該申請に係る事業の開始を予定する日の属する事業年度（以下この条において「申請施設事業開始年度」という。）に係るものであつて、同法第十九条第一項第二号及び第三号に掲げる小学校就学前子どもの区分に係るものに限る。）が、同法第六十二条第一項に規定する都道府県子ども・子育て支援事業支援計画において定める当該区域における特定教育・保育施設及び特定地域型保育事業に係る必要利用定員総数（申請施設事業開始年度に係るものであつて、同法第十九条第一項第二号及び第三号に掲げる小学校就学前子どもの区分に係るものに限る。）に既に達している場合又は当該申請に係る保育所の設置によつてこれを超えることになると認める場合とする。

〔児童福祉施設の休廃止の承認〕

第三十八条　法第三十五条第十一項に規定する命令で定める事項は、次のとおりとする。

一　廃止又は休止の理由
二　入所させている者の処置
三　廃止しようとする者にあつては廃止の期日及び財産の処分
四　休止しようとする者にあつては休止の予定期間

②　法第三十五条第十二項の規定により、児童福祉施設を廃止又は休止しようとするときは、前項各号に掲げる事項を具し、都道府県知事の承認を受けなければならない。

③　前項の承認の申請を受けた都道府県知事は、必要な条件を附して承認を与えることができる。

○旅館業法（昭和二三・七・一二 法律一三八）

最終改正 平成二九・一二・一五 法八四

（目的）

第一条 この法律は、旅館業の業務の適正な運営を確保すること等により、旅館業の健全な発達を図るとともに、旅館業の分野における利用者の需要の高度化及び多様化に対応したサービスの提供を促進し、もつて公衆衛生及び国民生活の向上に寄与することを目的とする。

（定義）

第二条 この法律で「旅館業」とは、旅館・ホテル営業、簡易宿所営業及び下宿営業をいう。

2 この法律で「旅館・ホテル営業」とは、施設を設け、宿泊料を受けて、人を宿泊させる営業で、簡易宿所営業及び下宿営業以外のものをいう。

3 この法律で「簡易宿所営業」とは、宿泊する場所を多数人で共用する構造及び設備を主とする施設を設け、宿泊料を受けて、人を宿泊させる営業で、下宿営業以外のものをいう。

4 この法律で「下宿営業」とは、施設を設け、一月以上の期間を単位とする宿泊料を受けて、人を宿泊させる営業をいう。

5 この法律で「宿泊」とは、寝具を使用して前各項の施設を利用することをいう。

（営業の許可）

第三条 旅館業を営もうとする者は、都道府県知事（保健所を設置する市又は特別区にあつては、市長又は区長。第四項を除き、以下同じ。）の許可を受けなければならない。ただし、旅館・ホテル営業又は簡易宿所営業の許可を受けた者が、当該施設において下宿営業を営もうとする場合は、この限りでない。

2 都道府県知事は、前項の許可の申請があつた場合において、その申請に係る施設の構造設備が政令で定める基準に適合しないと認めるとき、当該施設の設置場所が公衆衛生上不適当であると認めるとき、又は申請者が次の各号のいずれかに該当するときは、同項の許可を与えないことができる。

一 成年被後見人又は被保佐人

二 破産手続開始の決定を受けて復権を得ない者

三 禁錮以上の刑に処せられ、又はこの法律若しくはこの法律に基づく処分に違反して罰金以下の刑に処せられ、その執行を終わり、又は執行を受けることがなくなつた日から起算して三年を経過していない者

四 第八条の規定により許可を取り消され、取消しの日から起算して三年を経過していない者

五 暴力団員による不当な行為の防止等に関する法律（平成三年法律第七十七号）第二条第六号に規定する暴力団員又は同号に規定する暴力団員でなくなつた日から起算して五年を経過しない者（第八号において「暴力団員等」という。）

六 営業に関し成年者と同一の行為能力を有しない未成年者でその法定代理人（法定代理人が法人である場合においては、その役員を含む。）が前各号のいずれかに該当するもの

七 法人であつて、その業務を行う役員のうちに第一号から第五号までのいずれかに該当する者があるもの

八 暴力団員等がその事業活動を支配する者

3 第一項の許可の申請に係る施設の設置場所が、次に掲げる施設の敷地（これらの用に供するものと決定した土地を含む。以下同じ。）の周囲おおむね百メートルの区域内にある場合において、その設置によつて当該施設の清純な施設環境が著しく害されるおそれがあると認めるときも、前項と同様とする。

一 学校教育法（昭和二十二年法律第二十六号）第一条に規定する学校（大学を除くものとし、次項において「第一条学校」という。）及び就学前の子どもに関する教育、保育等の総合的な提供の推進に関する法律（平成十八年法律第七十七号）第二条第七項に規定する幼保連携型認定こども園（以下この条において「幼保連携型認定こども園」という。）

二 児童福祉法（昭和二十二年法律第百六十四号）第七条第一項に規定する児童福祉施設（幼保連携型認定こども園を除くものとし、以下単に「児童福祉施設」という。）

三 社会教育法（昭和二十四年法律第二百七号）第二条に規定する社会教育に関する施設その他の施設で、前二号に掲げる施設に類するものとして都道府県（保健所を設置する市又は特別区にあつては、市又は特別区。以下同じ。）の条例で定めるもの

4 都道府県知事（保健所を設置する市又は特別区にあつては、市長又は区長）は、前項各号に掲げる施設の敷地の周囲おおむね百メートルの区域内

の施設につき第一項の許可を与える場合には、あらかじめ、その施設の設置によつて前項各号に掲げる施設の清純な施設環境が著しく害されるおそれがないかどうかについて、学校（第一条学校及び幼保連携型認定こども園をいう。以下この項において同じ。）については、当該学校が大学附置の国立学校（国（国立大学法人法（平成十五年法律第百十二号）第二条第一項に規定する国立大学法人を含む。以下この項において同じ。）が設置する学校をいう。）又は地方独立行政法人法（平成十五年法律第百十八号）第六十八条第一項に規定する公立大学法人（以下この項において「公立大学法人」という。）が設置する学校であるときは当該大学の学長、高等専門学校であるときは当該高等専門学校の校長、高等専門学校以外の公立学校であるときは当該学校を設置する地方公共団体の教育委員会（幼保連携型認定こども園であるときは、地方公共団体の長）、高等専門学校及び幼保連携型認定こども園以外の私立学校であるときは学校教育法に定めるその所管庁、国及び地方公共団体（公立大学法人を含む。）以外の者が設置する幼保連携型認定こども園であるときは都道府県知事（地方自治法（昭和二十二年法律第六十七号）第二百五十二条の十九第一項の指定都市（以下この項において「指定都市」という。）及び同法第二百五十二条の二十二第一項の中核市（以下この項において「中核市」という。）においては、当該指定都市又は中核市の長）の意見を、児童福祉施設については、児童福祉法第四十六条に規定する行政庁の意見を、前項第三号の規定により都道府県の条例で定める施設については、当該条例で定める者の意見を求めなければならない。

5　第二項又は第三項の規定により、第一項の許可を与えない場合には、都道府県知事は、理由を附した書面をもつて、その旨を申請者に通知しなければならない。

6　第一項の許可には、公衆衛生上又は善良の風俗の保持上必要な条件を附することができる。

（**法人の合併又は分割の場合の地位の承継**）

第三条の二　前条第一項の許可を受けて旅館業を営む者（以下「営業者」という。）たる法人の合併の場合（営業者たる法人と営業者でない法人が合併して営業者たる法人が存続する場合を除く。）又は分割の場合（当該旅館業を承継させる場合に限る。）において当該合併又は分割について都道府県知事の承認を受けたときは、合併後存続する法人若しくは合併により設立された法人又は分割により当該旅館業を承継した法人は、営業者の地位を承継する。

2　前条第二項（申請者に係る部分に限る。）及び第三項から第六項までの規定は、前項の承認について準用する。この場合において、同条第二項中「申請者」とあるのは、「合併後存続する法人若しくは合併により設立される法人又は分割により当該旅館業を承継する法人」と読み替えるものとする。

（**相続の場合の地位の承継**）

第三条の三　営業者が死亡した場合において、相続人（相続人が二人以上ある場合において、その全員の同意により当該旅館業を承継すべき相続人を選定したときは、その者。以下同じ。）が被相続人の営んでいた旅館業を引き続き営もうとするときは、その相続人は、被相続人の死亡後六十日以内に都道府県知事に申請して、その承認を受けなければならない。

2　相続人が前項の承認の申請をした場合においては、被相続人の死亡の日からその承認を受ける日又は承認をしない旨の通知を受ける日までは、被相続人に対してした第三条第一項の許可は、その相続人に対してしたものとみなす。

3　第三条第二項（申請者に係る部分に限る。）及び第三項から第六項までの規定は、第一項の承認について準用する。

4　第一項の承認を受けた相続人は、被相続人に係る営業者の地位を承継する。

（**営業者の責務**）

第三条の四　営業者は、旅館業が国民生活において果たしている役割の重要性に鑑み、旅館業の施設及び宿泊に関するサービスについて安全及び衛生の水準の維持及び向上に努めるとともに、旅館業の分野における利用者の需要が高度化し、かつ、多様化している状況に対応できるよう、旅館業の施設の整備及び宿泊に関するサービスの向上に努めなければならない。

（**旅館業の施設について講ずべき措置**）

第四条　営業者は、旅館業の施設について、換気、採光、照明、防湿及び清潔その他宿泊者の衛生に必要な措置を講じなければならない。

2　前項の措置の基準については、都道府県が条例で、これを定める。

3　第一項に規定する事項を除くほか、営業者は、旅館業の施設を利用させるについては、政令で定める基準によらなければならない。

（宿泊をさせる義務）

第五条 営業者は、左の各号の一に該当する場合を除いては、宿泊を拒んではならない。

一 宿泊しようとする者が伝染性の疾病にかかつていると明らかに認められるとき。

二 宿泊しようとする者がとばく、その他の違法行為又は風紀を乱す行為をする虞があると認められるとき。

三 宿泊施設に余裕がないときその他都道府県が条例で定める事由があるとき。

（宿泊者名簿）

第六条 営業者は、厚生労働省令で定めるところにより旅館業の施設その他の厚生労働省令で定める場所に宿泊者名簿を備え、これに宿泊者の氏名、住所、職業その他の厚生労働省令で定める事項を記載し、都道府県知事の要求があつたときは、これを提出しなければならない。

2 宿泊者は、営業者から請求があつたときは、前項に規定する事項を告げなければならない。

（報告の要求、立入検査）

第七条 都道府県知事は、この法律の施行に必要な限度において、営業者その他の関係者から必要な報告を求め、又は当該職員に、旅館業の施設に立ち入り、その構造設備若しくはこれに関する書類を検査させ、若しくは関係者に質問させることができる。

2 都道府県知事は、旅館業が営まれている施設において次条第三項の規定による命令をすべきか否かを調査する必要があると認めるときは、当該旅館業を営む者（営業者を除く。）その他の関係者から必要な報告を求め、又は当該職員に、旅館業の施設に立ち入り、その構造設備若しくはこれに関する書類を検査させ、若しくは関係者に質問させることができる。

3 当該職員が、前二項の規定により立入検査をする場合においては、その身分を示す証票を携帯し、かつ、関係者の請求があるときは、これを提示しなければならない。

4 第一項及び第二項の規定による立入検査の権限は、犯罪捜査のために認められたものと解してはならない。

（構造設備の措置命令）

第七条の二 都道府県知事は、旅館業の施設の構造設備が第三条第二項の政令で定める基準に適合しなくなつたと認めるときは、当該営業者に対し、相当の期間を定めて、当該施設の構造設備をその基準に適合させるために必要な措置をとるべきことを命ずることができる。

2 都道府県知事は、旅館業による公衆衛生上の危害の発生若しくは拡大又は善良の風俗を害する行為の助長若しくは誘発を防止するため必要があると認めるときは、当該営業者に対し、公衆衛生上又は善良の風俗の保持上必要な措置をとるべきことを命ずることができる。

3 都道府県知事は、この法律の規定に違反して旅館業が営まれている場合であつて、当該旅館業が営まれることによる公衆衛生上の重大な危害の発生若しくは拡大又は著しく善良の風俗を害する行為の助長若しくは誘発を防止するため緊急に措置をとる必要があると認めるときは、当該旅館業を営む者（営業者を除く。）に対し、当該旅館業の停止その他公衆衛生上又は善良の風俗の保持上必要な措置をとるべきことを命ずることができる。

（旅館業の許可の取消又は停止）

第八条 都道府県知事は、営業者が、この法律若しくはこの法律に基づく処分に違反したとき、又は第三条第二項各号（第四号を除く。）に該当するに至つたときは、同条第一項の許可を取り消し、又は一年以内の期間を定めて旅館業の全部若しくは一部の停止を命ずることができる。営業者（営業者が法人である場合におけるその代表者を含む。）又はその代理人、使用人その他の従業者が、当該旅館業に関し次に掲げる罪を犯したときも、同様とする。

一 刑法（明治四十年法律第四十五号）第百七十四条、第百七十五条又は第百八十二条の罪

二 風俗営業等の規制及び業務の適正化等に関する法律（昭和二十三年法律第百二十二号）に規定する罪（同法第二条第四項の接待飲食等営業及び同条第十一項の特定遊興飲食店営業に関するものに限る。）

三 売春防止法（昭和三十一年法律第百十八号）第二章に規定する罪

四 児童買春、児童ポルノに係る行為等の規制及び処罰並びに児童の保護等に関する法律（平成十一年法律第五十二号）第二章に規定する罪

（学長等の意見の陳述）

第八条の二 国立大学の学長その他第三条第四項に規定する者は、同条第三項各号に掲げる施設の敷地の周囲おおむね百メートルの区域内にある旅館業の施設の構造設備が同条第二項の政令で定める基準に適合しなくなつた場合又は営業者が同条第

三項各号に掲げる施設の敷地の周囲おおむね百メートルの区域内において第四条第三項の規定に違反した場合において、当該施設の清純な施設環境が著しく害されていると認めるときは、第七条の二（第三項を除く。）又は前条に規定する処分について都道府県知事に意見を述べることができる。

〔聴聞等の方法の特例〕

第九条　第八条の規定による処分に係る行政手続法（平成五年法律第八十八号）第十五条第一項又は第三十条の通知は、聴聞の期日又は弁明を記載した書面の提出期限（口頭による弁明の機会の付与を行う場合には、その日時）の一週間前までにしなければならない。

2　第八条の規定による許可の取消しに係る聴聞の期日における審理は、公開により行わなければならない。

〔国及び地方公共団体の責務〕

第九条の二　国及び地方公共団体は、営業者に対し、旅館業の健全な発達を図り、並びに旅館業の分野における利用者の需要の高度化及び多様化に対応したサービスの提供を促進するため、必要な資金の確保、助言、情報の提供その他の措置を講ずるよう努めるものとする。

〔罰則〕

第十条　次の各号のいずれかに該当する者は、これを六月以下の懲役若しくは百万円以下の罰金に処し、又はこれを併科する。

一　第三条第一項の規定に違反して同項の規定による許可を受けないで旅館業を営んだ者

二　第八条の規定による命令に違反した者

第十一条　次の各号のいずれかに該当する者は、これを五十万円以下の罰金に処する。

一　第五条又は第六条第一項の規定に違反した者

二　第七条第一項又は第二項の規定による報告をせず、若しくは虚偽の報告をし、又は当該職員の検査を拒み、妨げ、若しくは忌避し、若しくは質問に対し答弁をせず、若しくは虚偽の答弁をした者

三　第七条の二第二項又は第三項の規定による命令に違反した者

第十二条　第六条第二項の規定に違反して同条第一項の事項を偽つて告げた者は、これを拘留又は科料に処する。

〔両罰規定〕

第十三条　法人の代表者又は法人若しくは人の代理人、使用人その他の従業者が、その法人又は人の業務に関して、第十条又は第十一条の違反行為をしたときは、行為者を罰する外、その法人又は人に対しても、各本条の罰金刑を科する。

附　則

〔施行期日〕

第十四条　この法律は、昭和二十三年七月十五日から、これを施行する。

〔従前の命令による営業許可〕

第十五条　この法律施行の際、現に従前の命令の規定により営業の許可を受けて旅館業を営んでいる者は、それぞれ第三条第一項の規定による許可を受けたものとみなす。

〔届出による営業の継続〕

第十六条　昭和二十三年一月一日から、この法律施行の日までに、新たに旅館業を営み、この法律施行の際現にこれを営んでいる者は、この法律施行の日から二月間は、第三条第一項の規定にかかわらず、引き続きこれを営むことができる。

2　前項の規定に該当する者は、この法律施行後二月以内に、都道府県知事にその旨を届け出なければならない。

3　前項の届出をした者は、それぞれ第三条第一項の許可を受けたものとみなす。

附　則〔平成二九・一二・一五法律八四抄〕

〔施行期日〕

第一条　この法律は、公布の日から起算して一年を超えない範囲内において政令で定める日から施行する。ただし、附則第五条〔中略〕及び第十一条の規定は、公布の日から施行する。

〔平三〇政二〇により、平三〇・六・一五から施行〕

〔検討〕

第二条　政府は、この法律の施行後三年を目途として、この法律による改正後の規定の実施状況を勘案し、当該規定について検討を加え、必要があると認めるときは、その結果に基づいて所要の措置を講ずるものとする。

〔経過措置〕

第三条　この法律の施行の際現にこの法律による改正前の旅館業法（以下「旧旅館業法」という。）第三条第一項の許可を受けて旧旅館業法第二条第二項に規定するホテル営業又は同条第三項に規定する旅館営業を経営している者は、この法律による改正後の旅館業法（以下「新旅館業法」という。）第三条第一項の許可を受けて新旅館業法第二条第二項に規定する旅館・ホテル営業を営む者

とみなす。

第四条　新旅館業法第三条の二第一項に規定する営業者が新旅館業法第三条第二項各号（第四号を除く。）に該当するに至ったときに係る部分に限る。）の規定は、この法律の施行の際現に新旅館業法第三条第二項第一号、第二号、第三号（旅館業法又は同法に基づく処分に違反して刑に処せられ、その執行を終わり、又は執行を受けることがなくなった日から起算して三年を経過していない者に係る部分を除く。）、第六号（営業に関し成年者と同一の行為能力を有しない未成年者でその法定代理人（法定代理人が法人である場合においては、その役員を含む。）が新旅館業法第三条第二項第一号から第四号までのいずれかに該当するものに係る部分に限る。以下この条において同じ。）又は第七号（法人であって、その業務を行う役員のうちに新旅館業法第三条第二項第一号、第二号又は第三号（旅館業法又は同法に基づく処分に違反して刑に処せられ、その執行を終わり、又は執行を受けることがなくなった日から起算して三年を経過していない者に係る部分を除く。以下この条において同じ。）のいずれかに該当する者があるものに係る部分に限る。以下この条において同じ。）のいずれかに該当している旧旅館業法第三条第一項の許可を受けて旧旅館業法第二条第一項に規定する旅館業を経営している者が、引き続き新旅館業法第三条第二項第一号、第三号、第六号又は第七号のいずれかに該当している場合については、この法律の施行の日（次条及び附則第十条において「施行日」という。）から起算して三年を経過する日までの間は、適用しない。

（施行前の準備）

第五条　新旅館業法第三条第一項の許可を受けて新旅館業法第二条第二項に規定する旅館・ホテル営業を営もうとする者は、施行日前においても、新旅館業法第三条第一項の規定の例により、その許可の申請をすることができる。

2　都道府県知事（保健所を設置する市又は特別区にあっては、市長又は区長）は、前項の規定による許可の申請があった場合には、施行日前においても、新旅館業法第三条第二項から第六項までの規定の例により、その許可を与えることができる。この場合において、その許可を受けた者は、施行日において同条第一項の許可を受けたものとみなす。

（罰則に関する経過措置）

第十条　施行日前にした行為に対する罰則の適用については、なお従前の例による。

（政令への委任）

第十一条　この附則に規定するもののほか、この法律の施行に関し必要な経過措置（罰則に関する経過措置を含む。）は、政令で定める。

○旅館業法施行令

（昭和三二・六・二一　政令一五二）

最終改正　平成三〇・一・三一　政二一

（構造設備の基準）

第一条　旅館業法（以下「法」という。）第三条第二項の規定による旅館・ホテル営業の施設の構造設備の基準は、次のとおりとする。

一　一客室の床面積は、七平方メートル（寝台を置く客室にあつては、九平方メートル）以上であること。

二　宿泊しようとする者との面接に適する玄関帳場その他当該者の確認を適切に行うための設備として厚生労働省令で定める基準に適合するものを有すること。

三　適当な換気、採光、照明、防湿及び排水の設備を有すること。

四　当該施設に近接して公衆浴場がある等入浴に支障を来さないと認められる場合を除き、宿泊者の需要を満たすことができる適当な規模の入浴設備を有すること。

五　宿泊者の需要を満たすことができる適当な規模の洗面設備を有すること。

六　適当な数の便所を有すること。

七　その設置場所が法第三条第三項各号に掲げる施設の敷地（これらの用に供するものと決定した土地を含む。）の周囲おおむね百メートルの区域内にある場合には、当該施設から客室又は客の接待をして客に遊興若しくは飲食をさせるホール若しくは客に射幸心をそそるおそれがある遊技をさせるホールその他の設備の内部を見通すことを遮ることができる設備を有すること。

八　その他都道府県（保健所を設置する市又は特別区にあつては、市又は特別区。以下この条において同じ。）が条例で定める構造設備の基準に適合すること。

2　法第三条第二項の規定による簡易宿所営業の施設の構造設備の基準は、次のとおりとする。

一　客室の延床面積は、三十三平方メートル（法第三条第一項の許可の申請に当たつて宿泊者の数を十人未満とする場合には、三・三平方メートルに当該宿泊者の数を乗じて得た面積）以上であること。

二　階層式寝台を有する場合には、上段と下段の間隔は、おおむね一メートル以上であること。

三　適当な換気、採光、照明、防湿及び排水の設備を有すること。

四　当該施設に近接して公衆浴場がある等入浴に支障をきたさないと認められる場合を除き、宿泊者の需要を満たすことができる規模の入浴設備を有すること。

五　宿泊者の需要を満たすことができる適当な規模の洗面設備を有すること。

六　適当な数の便所を有すること。

七　その他都道府県が条例で定める構造設備の基準に適合すること。

3　法第三条第二項の規定による下宿営業の施設の構造設備の基準は、次のとおりとする。

一　適当な換気、採光、照明、防湿及び排水の設備を有すること。

二　当該施設に近接して公衆浴場がある等入浴に支障をきたさないと認められる場合を除き、宿泊者の需要を満たすことができる規模の入浴設備を有すること。

三　宿泊者の需要を満たすことができる適当な規模の洗面設備を有すること。

四　適当な数の便所を有すること。

五　その他都道府県が条例で定める構造設置の基準に適合すること。

（構造設備の基準の特例）

第二条　旅館・ホテル営業又は簡易宿所営業の施設のうち、季節的に利用されるもの、交通が著しく不便な地域にあるものその他特別の事情があるものであつて、厚生労働省令で定めるものについては、前条第一項又は第二項に定める基準に関して、厚生労働省令で必要な特例を定めることができる。

（利用基準）

第三条　営業者は、旅館業の施設を利用させるについては、次の基準によらなければならない。

一　善良の風俗が害されるような文書、図画その他の物件を旅館業の施設に掲示し、又は備え付けないこと。

二　善良の風俗が害されるような広告物を掲示しないこと。

附　則

（施行期日）

1　この政令は、公布の日から施行する。

2　〔他の法令改正に付き略〕

附　則〔平成三〇・一・三一政令二一〕

（施行期日）

1　この政令は、旅館業法の一部を改正する法律の施行の日（平成三十年六月十五日）から施行する。

（経過措置）

2　この政令の施行の際現に旅館業法の一部を改正する法律による改正前の旅館業法（以下「旧旅館業法」という。）第三条第一項の規定による許可を受けて旧旅館業法第二条第三項に規定する旅館営業を営んでいる者がその営業の用に供している施設については、平成三十年十二月十五日までは、引き続き第一条の規定による改正前の旅館業法施行令第一条第二項に規定する旅館営業の施設の構造設備の基準に適合する限り、第一条の規定による改正後の旅館業法施行令第一条第一項に規定する旅館・ホテル営業の施設の構造設備の基準に適合するものとみなす。

○旅館業法施行規則

（昭和二三・七・二四 厚生省令二八）

最終改正 平成三〇・一・三一 厚労令九

〔**営業許可申請書**〕

第一条 旅館業法（昭和二十三年法律第百三十八号。以下「法」という。）第三条第一項の規定により許可を受けようとする者は、次に掲げる事項を記載した申請書を、その営業施設所在地を管轄する都道府県知事（保健所を設置する市又は特別区にあつては、市長又は区長。以下同じ。）に提出しなければならない。

一 申請者の住所、氏名及び生年月日（法人にあつては、その名称、事務所所在地、代表者の氏名及び定款又は寄附行為の写し）

二 営業施設の名称及び所在地

三 営業の種別

四 営業施設が第五条第一項に該当するときは、その旨

五 営業施設の構造設備の概要

六 法第三条第二項各号に該当することの有無及び該当するときは、その内容

2 前項の申請書には、営業施設の構造設備を明らかにする図面を添附しなければならない。

〔**法人の合併又は分割の場合の地位の承継の申請書**〕

第二条 法第三条の二第一項の規定により承認を受けようとする者は、次に掲げる事項を記載した申請書を、その営業施設所在地を管轄する都道府県知事に提出しなければならない。

一 合併により消滅する法人又は分割前の法人及び合併後存続する法人若しくは合併により設立される法人又は分割により旅館業を承継する法人の名称、事務所所在地及び代表者の氏名

二 合併又は分割の予定年月日

三 営業施設の名称及び所在地

四 法第三条第二項第三号に該当することの有無及び該当するときは、その内容

2 前項の申請書には、合併後存続する法人若しくは合併により設立される法人又は分割により旅館業を承継する法人の定款又は寄附行為の写しを添付しなければならない。

〔**相続の場合の地位の承継の申請書**〕

第三条 法第三条の三第一項の規定により承認を受けようとする者は、次に掲げる事項を記載した申請書を、その営業施設所在地を管轄する都道府県知事に提出しなければならない。

一 申請者の住所、氏名及び生年月日並びに被相続人との続柄

二 被相続人の氏名及び住所

三 相続開始の年月日

四 営業施設の名称及び所在地

五 法第三条第二項各号（第七号を除く。）に該当することの有無及び該当するときは、その内容

2 前項の申請書には、次に掲げる書類を添付しなければならない。

一 戸籍謄本

二 相続人が二人以上ある場合において、その全員の同意により営業者の地位を承継すべき相続人として選定された者にあつては、その全員の同意書

〔**変更等の届出**〕

第四条 旅館業を営む者は、前三条の申請書に記載した事項（営業の種別を除く。）を変更したとき又は営業の全部若しくは一部を停止し若しくは廃止したときは、十日以内に、その営業施設所在地を管轄する都道府県知事にその旨を届け出なければならない。

第四条の二 法第六条第一項の宿泊者名簿（以下「宿泊者名簿」という。）は、当該宿泊者名簿の正確な記載を確保するための措置を講じた上で作成し、その作成の日から三年間保存するものとする。

2 法第六条第一項の厚生労働省令で定める場所は、次に掲げる場所とする。

一 旅館業の施設

二 営業者の事務所

3 法第六条第一項の厚生労働省令で定める事項は、宿泊者の氏名、住所及び職業のほか、次に掲げる事項とする。

一 宿泊者が日本国内に住所を有しない外国人であるときは、その国籍及び旅券番号

二 その他都道府県知事が必要と認める事項

第四条の三 旅館業法施行令（昭和三十二年政令第百五十二号。以下「令」という。）第一条第一項第二号の基準は、次の各号のいずれにも該当することとする。

一 事故が発生したときその他の緊急時における

迅速な対応を可能とする設備を備えていること。

二　宿泊者名簿の正確な記載、宿泊者との間の客室の鍵の適切な受渡し及び宿泊者以外の出入りの状況の確認を可能とする設備を備えていること。

（季節的に利用される施設等）

第五条　令第二条に規定する施設は、次のとおりとする。

一　キャンプ場、スキー場、海水浴場等において特定の季節に限り営業する施設

二　交通が著しく不便な地域にある施設であつて、利用度の低いもの

三　体育会、博覧会等のために一時的に営業する施設

四　農山漁村滞在型余暇活動のための基盤整備の促進に関する法律（平成六年法律第四十六号）第二条第五項に規定する農林漁業体験民宿業に係る施設

2　次の表の上欄に掲げる施設については、同表の下欄に掲げる基準は、適用しない。

前項第一号から第三号までに掲げる施設	令第一条第一項第一号及び第二号並びに第二項第一号の基準
前項第四号に掲げる施設	令第一条第二項第一号の基準

3　第一項第一号から第三号までに掲げる施設については、季節的状況、地理的状況等によつて令第一条第一項第四号及び第二項第四号の基準による必要がない場合又はこれらの基準によることができない場合であつて、かつ、公衆衛生の維持に支障がないときは、これらの基準によらないことができるものとする。

（環境衛生監視員）

第六条　法第七条第一項又は第二項の職権を行う者を環境衛生監視員と称し、同条第三項の規定によりその携帯する証票については、別に定める。

（届出期限の特例）

第七条　第四条に規定する届出の期限が地方自治法（昭和二十二年法律第六十七号）第四条の二第一項に規定する地方公共団体の休日に当たるときは、地方公共団体の休日の翌日をもつてその期限とみなす。

附　則

この省令は、公布の日から、これを施行する。

附　則〔平成三〇・一・三一厚生労働省令九〕

1　この省令は、旅館業法の一部を改正する法律の施行の日（平成三十年六月十五日）から施行する。

○大規模小売店舗立地法〔抄〕

（平成一〇・六・三　法律九一）

最終改正　平成一二・五・三一　法九一

（目的）

第一条　この法律は、大規模小売店舗の立地に関し、その周辺の地域の生活環境の保持のため、大規模小売店舗を設置する者によりその施設の配置及び運営方法について適正な配慮がなされることを確保することにより、小売業の健全な発達を図り、もって国民経済及び地域社会の健全な発展並びに国民生活の向上に寄与することを目的とする。

（定義）

第二条　この法律において「店舗面積」とは、小売業（飲食店業を除くものとし、物品加工修理業を含む。以下同じ。）を行うための店舗の用に供される床面積をいう。

2　この法律において「大規模小売店舗」とは、一の建物（一の建物として政令で定めるものを含む。）であって、その建物内の店舗面積の合計が次条第一項又は第二項の基準面積を超えるものをいう。

（基準面積）

第三条　基準面積は、政令で定める。

2　都道府県は、当該都道府県の区域のうちに、その生活環境から判断して、前項の基準面積を超える他の基準面積とすることが適切であると認められる区域があるときは、当該区域について、条例

で、周辺の地域の生活環境の保持に必要かつ十分な程度において、同項の基準面積に代えて適用すべき基準面積を定めることができる。

3　前項の条例においては、併せて当該区域の範囲を明らかにしなければならない。

（指針）

第四条　経済産業大臣は、関係行政機関の長に協議して、大規模小売店舗の立地に関し、その周辺の地域の生活環境の保持を通じた小売業の健全な発達を図る観点から、大規模小売店舗を設置する者が配慮すべき事項に関する指針（以下「指針」という。）を定め、これを公表するものとする。

2　指針においては、次に掲げる事項について定めるものとする。

一　大規模小売店舗を設置する者が配慮すべき基本的な事項

二　大規模小売店舗の施設（店舗及びこれに附属する施設で経済産業省令で定めるものをいう。次条第一項において同じ。）の配置及び運営方法に関する事項であって、次に掲げるもの

イ　駐車需要の充足その他による大規模小売店舗の周辺の地域の住民の利便及び商業その他の業務の利便の確保のために配慮すべき事項

ロ　騒音の発生その他による大規模小売店舗の周辺の地域の生活環境の悪化の防止のために配慮すべき事項

（大規模小売店舗の新設に関する届出等）

第五条　大規模小売店舗の新設（建物の床面積を変更し、又は既存の建物の全部若しくは一部の用途を変更することにより大規模小売店舗となる場合を含む。以下同じ。）をする者（小売業を行うための店舗以外の用に供し又は供させるためその建物の一部の新設をする者があるときはその者を除くものとし、小売業を行うための店舗の用に供し又は供させるためその建物の一部を新設する者又は設置している者があるときはその者を含む。以下同じ。）は、政令で定めるところにより、次の事項を当該大規模小売店舗の所在地の属する都道府県（以下単に「都道府県」という。）に届け出なければならない。

一　大規模小売店舗の名称及び所在地

二　大規模小売店舗を設置する者及び当該大規模小売店舗において小売業を行う者の氏名又は名称及び住所並びに法人にあっては代表者の氏名

三　大規模小売店舗の新設をする日

四　大規模小売店舗内の店舗面積の合計

五　大規模小売店舗の施設の配置に関する事項であって、経済産業省令で定めるもの

六　大規模小売店舗の施設の運営方法に関する事項であって、経済産業省令で定めるもの

2　前項の規定による届出には、経済産業省令で定める事項を記載した書類を添付しなければならない。

3　都道府県は、第一項の規定による届出があったときは、経済産業省令で定めるところにより、速やかに、同項各号に掲げる事項の概要、届出年月日及び縦覧場所を公告するとともに、当該届出及び前項の添付書類を公告の日から四月間縦覧に供しなければならない。

4　第一項の規定による届出をした者は、当該届出の日から八月を経過した後でなければ、当該届出に係る大規模小売店舗の新設をしてはならない。

（変更の届出）

第六条　前条第一項の規定による届出があった大規模小売店舗について、当該届出に係る同項第一号又は第二号に掲げる事項の変更があったときは、当該大規模小売店舗を新設する者又は設置している者は、遅滞なく、その旨を都道府県に届け出なければならない。

2　前条第一項の規定による届出があった大規模小売店舗について、当該届出に係る同項第三号から第六号までに掲げる事項の変更があるときは、当該大規模小売店舗を新設する者又は設置している者は、あらかじめ、その旨を都道府県に届け出なければならない。ただし、経済産業省令で定める変更については、この限りでない。

3　前条第二項の規定は前項の規定による届出に、同条第三項の規定は前二項の規定による届出について準用する。

4　前条第一項第三号から第五号までに掲げる事項に係る第二項の規定による届出をした者は、当該届出の日から八月を経過した後でなければ、当該届出に係る変更を行ってはならない。ただし、経済産業省令で定める軽微な変更については、この限りでない。

5　大規模小売店舗内の店舗面積の合計を第三条第一項の基準面積（同条第二項の規定により他の基準面積が定められた区域にあっては、当該他の基準面積）以下とする者は、その旨を都道府県に届け出なければならない。

6　都道府県は、前項の規定による届出があったときは、経済産業省令で定めるところにより、その旨を公告しなければならない。

○大規模小売店舗立地法施行令〔抄〕

（平成一〇・一〇・一六 政令三二七）

（一の建物）

第一条 大規模小売店舗立地法（以下「法」という。）第二条第二項の一の建物として政令で定めるものは、次のとおりとする。

一 屋根、柱又は壁を共通にする建物（当該建物が公共の用に供される道路その他の施設によって二以上の部分に隔てられているときは、その隔てられたそれぞれの部分）

二 通路によって接続され、機能が一体となっている二以上の建物

三 一の建物（前二号に掲げるものを含む。）とその附属建物をあわせたもの

（基準面積）

第二条 法第三条第一項の政令で定める面積は、千平方メートルとする。

（届出の方法）

第三条 法第五条第一項の規定による大規模小売店舗の新設の届出は、当該新設をする者がするものとする。この場合において、その者が二人以上である場合には、これらの者の全部又は一部が共同してすることができる。

○日本工業規格

環境騒音の表示・測定方法　Z 8 7 3 1：1999

Acoustics-Description and measurement of environmental noise

序文　この規格は、1982年に第1版として発行されたISO 1996-1、Acoustics-Description and measurement of environmental noise, Part 1：Basic quantities and proceduresを翻訳した日本工業規格であり、次に示す附属書1及び附属書2を除き、技術的内容及び規格票の様式を変更することなく作成している。

附属書1は、1983年に第1版として発行されたISO 1996-2、Acoustics-Description and measurement of environmental noise, Part 2：Acquisition of data pertinent to land useのうち、第1部と重複する部分を除いた残りを翻訳し、技術的内容を変更することなく作成したものである。

附属書2には、改正前のJIS Z 8731：1983（騒音レベル測定方法）で規定していたが、この規格で採用されなかった項目のうちの重要なものを参考として記載した。

なお、この規格で点線の下線を施してある“参考”は、原国際規格にはない事項である。

1．適用範囲　この規格では、環境騒音を表示する際に用いる基本的な諸量を規定し、それらを求めるための方法を示す。

2．引用規格　次に掲げる規格は、この規格に引用されることによって、この規格の規定の一部を構成する。

注：本文中に引用されているJIS C 1502及びJIS C 1505は、平成17年3月20日に廃止され、JIS C 1509-1に移行した。

2．1　日本工業規格

JIS C 1502　普通騒音計

備　考　原国際規格ISO 1996-1に引用規格として記載されたIEC 60651、Sound level metersのType 2及びIEC 60804、Integrating-averaging sound level metersのType 2に関する引用事項は、この規格の該当事項と同等である。

JIS C 1505　精密騒音計

備　考　原国際規格ISO 1996-1に引用規格として記載されたIEC 60651、Sound level metersのType 1及びIEC 60804、Integrating-averaging sound level metersのType 1に関する引用事項は、この規格の該当事項と同等である。

JIS C 1512　騒音レベル、振動レベル記録用レベルレコーダ

2．2　国際規格

ISO 1999　Acoustics-Determination of occupational noise exposure and estimation of noise-induced hearing impairment

3．定義　この規格で用いる主な用語の定義は、次による。

3．1　A特性音圧（A-weighted sound pressure）p_A　周波数重み特性A（JIS C 1502又はJIS C 1505参照）をかけて測定される音圧実効値。単位はパスカル（Pa）。

参　考　周波数重み特性は、周波数補正特性と呼ぶこともある。

3．2　音圧レベル（sound pressure level）L_p　音圧実効値の2乗を基準音圧の2乗で除した値の常用対数の10倍で、次の式で与えられる。単位はデシベル（dB）。

$$L_p = 10 \log_{10} \frac{p^2}{p_0^2} \cdots\cdots(1)$$

ここに、p：音圧実効値（Pa）

p_0：基準音圧（20 μPa）

3．3　騒音レベル（A-weighted sound pressure level）L_{pA}　A特性音圧の2乗を基準音圧の2乗で除した値の常用対数の10倍で、次の式で与えられる。単位はデシベル（dB）。A特性音圧レベルともいう。

$$L_{pA} = 10 \log_{10} \frac{p_A^2}{p_0^2} \cdots\cdots(2)$$

3．4　時間率騒音レベル（percentile level）$L_{AN,T}$　時間重み特性F（JIS C 1502又はJIS C 1505参照）によって測定した騒音レベルが、対象とする時間TのNパーセントの時間にわたってあるレベル値を超えている場合、その

レベルをNパーセント時間率騒音レベルという。単位はデシベル（dB）。

参　考　例えば、$L_{A50,1h}$は、1時間のうち50%の時間にわたって騒音レベルがその値以上である場合に用いる。$L_{A50,T}$を騒音レベルの中央値という。

3．5　等価騒音レベル（equivalent continuous A-weighted sound pressure level）$L_{Aeq,T}$　ある時間範囲Tについて、変動する騒音の騒音レベルをエネルギー的な平均値として表した量で、次の式で与えられる。単位はデシベル（dB）。

$$L_{Aeq,T} = 10\ \log_{10}\left[\frac{1}{T}\int_{t_1}^{t_2}\frac{p_A^2(t)}{p_0^2}dt\right] \quad \cdots\cdots\cdots\cdots\cdots(3)$$

ここに、$L_{Aeq,T}$：時刻t_1から時刻t_2までの時間T(s)における等価騒音レベル（dB）

$p_A(t)$：対象とする騒音の瞬時A特性音圧（Pa）

p_0：基準音圧（20 μPa）

備　考　等価騒音レベルは、作業環境における騒音暴露の評価にも用いられる（ISO 1999参照）。

参考1．$L_{Aeq,T}$の添字Tは、時間又は分で表してもよい。例えば、10分間を対象とする場合には$L_{Aeq,10min}$, 8時間を対象とする場合には$L_{Aeq,8h}$などと表す。

2．時間的に変動する騒音のある時間範囲Tにおける等価騒音レベルは、その騒音と等しいA特性の平均2乗音圧をもつ定常音の騒音レベルに相当する。

3．6　単発騒音暴露レベル（sound exposure level）L_{AE}　単発的に発生する騒音の全エネルギー（瞬時A特性音圧の2乗積分値）と等しいエネルギーをもつ継続時間1秒の定常音の騒音レベルで、次の式で与えられる。単位はデシベル（dB）。

$$L_{AE} = 10\ \log_{10}\frac{1}{T_0}\int_{t_1}^{t_2}\frac{p_A^2(t)}{p_0^2}dt \quad \cdots\cdots\cdots\cdots\cdots\cdots(4)$$

ここに、$p_A(t)$：対象とする騒音の瞬時A特性音圧（Pa）

p_0：基準音圧（20 μPa）

$t_1 \sim t_2$：対象とする騒音の継続時間を含む時間（s）

T_0：基準時間（1 s）

3．7　実測時間（measurement time interval）実際に騒音を測定する時間。

参　考　騒音レベルを測定する際の対象とする時間を観測時間（observation time interval）ということがある。観測時間は騒音の状態が一定とみなせる時間のことで、そのうち、実際に騒音を測定する時間が実測時間である。

3．8　基準時間帯（reference time interval）一つの等価騒音レベルの値を代表値として適用し得る時間帯。基準時間帯は、対象とする地域の居住者の生活態様及び騒音源の稼動状況を考慮して決める。

3．9　長期基準期間（long-term time interval）騒音の測定結果を代表値として用いる特定の期間で、一連の基準時間帯から成る。

3．10　長期平均等価騒音レベル（long-term average sound level）$L_{Aeq,LT}$　長期基準期間に含まれる一連の基準時間帯ごとの等価騒音レベルを長期基準期間の全体にわたって平均した値。平均の仕方は附属書1による。

3．11　評価騒音レベル（rating level）$L_{Ar,T}$　等価騒音レベルに、対象騒音に含まれる純音性及び衝撃性に対する補正を加えた値。

3．12　長期平均評価騒音レベル（long-term average rating level）$L_{Ar,LT}$　一連の基準時間帯について算出された評価騒音レベルを長期基準期間にわたって平均した値。平均の仕方は附属書1による。

3．13　騒音の種類

3．13．1　総合騒音（total noise）ある場所におけるある時刻の総合的な騒音。

3．13．2　特定騒音（specific noise）総合騒音の中で音響的に明確に識別できる騒音。騒音源が特定できることが多い。

備　考　ある場所におけるある時刻の総合騒音のうち、すべての特定騒音を除いた残りの騒音を残留騒音（residual noise）と呼ぶことがある。また、ある特定の騒音に着目したとき、それ以外のすべての騒音を暗騒音（background noise）ということがある。

3．13．3　**初期騒音**（initial noise）ある地域において、何らかの環境の変化が生じる以前の総合騒音。

参　考　騒音の種類は、時間的な変動の状態によって定常騒音、変動騒音、間欠騒音、衝撃騒音（分離衝撃騒音、準定常衝撃騒音）に分類される。

- 定常騒音：レベル変化が小さく、ほぼ一定とみなされる騒音
- 変動騒音：レベルが不規則かつ連続的にかなりの範囲にわたって変化する騒音
- 間欠騒音：間欠的に発生し、一回の継続時間が数秒以上の騒音
- 衝撃騒音：継続時間が極めて短い騒音
- 分離衝撃騒音：個々に分離できる衝撃騒音
- 準定常衝撃騒音：レベルがほぼ一定で極めて短い間隔で連続的に発生する衝撃騒音

3．14　**記号**　各種の騒音レベルを表すための記号を表1に示す。

表1　各種の騒音のレベル（dB）を表す記号

評価量	記号	備考
騒音レベル	L_{pA}	
時間率騒音レベル	$L_{AN,T}$	時間 T の N%にわたって騒音レベルがこの値を超えている。
単発騒音暴露レベル	L_{AE}	単発的に発生する騒音を対象とする。
等価騒音レベル	$L_{Aeq,T}$	時間を明示する。
長期平均等価騒音レベル	$L_{Aeq,LT}$	同上
評価騒音レベル	$L_{Ar,T}$	同上
長期平均評価騒音レベル	$L_{Ar,LT}$	同上

4．測定器

4．1　**一般事項**　測定器としては、直接又は計算によって、すなわち3．5の定義通り又は何らかの近似的な方法によって、等価騒音レベルを算出できるものを用いる。測定器はJIS　C　1505に適合するものを用いることが望ましい。少なくともJIS　C　1502に適合するものを用いなければならない。これらの騒音計に代わる測定器を用いる場合にも、周波数重み特性、時間重み特性について同等の性能をもつものでなければならない。

このような条件を満たす測定器としては、次の種類が挙げられる。

a)　等価騒音レベルを測定することができる騒音計

b)　単発騒音暴露レベルを測定することができる騒音計

c)　周波数重み特性A及び時間重み特性Sを備えた騒音計

d)　騒音レベルをサンプリングすることができる時間重み特性Fを備えたデータロガー

e)　d）と同様に、騒音レベルのサンプル値を統計処理することができる機器

d）　及びe）に該当する測定器は、時間率騒音レベルを求める際にも使用できる。

備考1．a）及びb）に該当する測定器は衝撃性、変動性又は周期性をもった騒音の測定に広く用いることができるので、この規格に基づく騒音の測定ではこれらの機能を備えた測定器を使用することが望ましい。ただし、そのためには、広いダイナミックレンジをもち、内部の電気的ノイズ及び過負荷特性が測定の目的に対して十分な特性となっていることが必要である。

2．e）に該当する測定器を用いる場合、レベルの分割幅は音圧レベルの変動幅に応じて決めるべきであるが、5dBを超えないほうがよい。

参考1．騒音計にレベルレコーダを接続して騒音レベルを記録する場合、レベルレコーダはJIS C 1512に適合するものを用いる。

2．騒音計の出力を録音する場合は、レンジの設定や録音機器のダイナミックレンジと対象騒音のレベルの変動幅の関係に十分注意する必要がある。

各種の測定器を用いて等価騒音レベルを求める方法については5．4で述べる。

4．2　校正　すべての測定器は校正を行う必要がある。その方法は、測定器の製造業者が指定した方法による。測定器の使用者は、少なくとも一連の測定の前後に現場で検査を行わなければならない。その場合、マイクロホンを含めた音響的な検査を行うことが望ましい。

参　考　騒音計にレベルレコーダを接続してレベル記録をする場合、騒音レベルの記録に先立って、記録紙上に騒音計の校正信号を記録し、確認する必要がある。録音する場合も、一連の測定の前後に騒音計の校正信号を録音しておく。

5．測定

5．1　一般事項　この規格では、環境騒音の測定に関する一般的な方法を規定する。測定結果とともに、参考資料として、使用した測定器、測定方法及び測定期間中の状態の詳細を記録し、保存しておくことが重要である。

備考1．測定信号をテープレコーダに収録する場合、スタジオ仕様（ディジタル方式でないもの）であっても、4．1のa)、b)に属する型の測定器を用いる場合には、ダイナミックレンジが不足することがあるので注意が必要である。

2．建物の近傍で気流が乱れている場所又はある種の工場地域や交通機関に近い場所では、低周波数成分が卓越していることが多い。このような場合、A特性フィルタを通して測定してもその成分を除くことができない場合がある。聴感的にはわずかに感じられる程度であっても、それによって信号にひずみが生じ、その高周波数成分が可聴周波数領域にまで影響を及ぼすこともあるので注意が必要である。

5．2　測定点　測定点の設定は、特に指定がない限り、次による。

5．2．1　屋外における測定　反射の影響を無視できる程度に小さくすることが必要な場合には、可能な限り、地面以外の反射物から3.5m以上離れた位置で測定する。測定点の高さは、特に指定がない限り、地上1.2〜1.5mとする。それ以外の測定点の高さは、目的に応じて個々に定めるものとする。

5．2．2　建物の周囲における測定　建物に対する騒音の影響の程度を調べる場合には、特に指定がない限り、対象とする建物の騒音の影響を受けている外壁面から1〜2m離れ、建物の床レベルから1.2〜1.5mの高さで測定する。

5．2．3　建物の内部における測定　特に指定がない限り、壁その他の反射面から1m以上離れ、騒音の影響を受けている窓などの開口部から約1.5m離れた位置で、床上1.2〜1.5mの高さで測定する。

5．3　気象の影響　騒音の伝搬は気象条件によって変化し、その程度は伝搬距離が長いほど著しい。このような影響が問題となる場合には、以下に述べる二つの方法のうち、いずれかによって測定を行うことが望ましい。

5．3．1　種々の気象条件における測定結果を平均する方法　測定点において種々の気象条件にわたる長期平均等価騒音レベルが得られるように、実測時間を設定する。

5．3．2　特定の気象条件において測定する方法　特定の気象条件のときの騒音のレベルが把握できるように実測時間を設定する。このような気象条件は、一般に、騒音の伝搬が最も安定している場合、すなわち風速ベクトルが騒音源から測定点の方向に正の成分をもっている条件（順風）である。

備　考　5．3．2の方法によって得られる騒音レベルの値に補正を加えることによって、5．3．1の方法による場合に相当する騒音レベルの値を算出することができる場合もある。

5．4　等価騒音レベルの算出方法

5．4．1　一般的な方法　一般的な等価騒音レベルの算出方法を5．4．2～5．4．5に示す。個別の規格等で特に規定がない場合には、これらのうち適当な方法を選んで用いる。

備　考　4．1のa) に該当する積分平均型騒音計を用いることにより、すべての種類の騒音について正確な測定値を得ることができる。5．4．3及び5．4．4に述べるような場合には、積分平均機能を備えていない騒音計によって測定することもできる。5．4．2及び5．4．5に述べるような場合については、4．1のd) 及びe) に示した機器を用いてサンプリングの方法によって近似値を求めることができる。

5．4．2　変動騒音　騒音の変動が大きい場合には、積分平均型騒音計を用いることが望ましい。その場合、設定した実測時間を必ず記録しておく。この方法の代わりに、以下に述べるサンプリングによる方法又は騒音レベルの統計分布による方法を用いることもできる。

5．4．2．1　サンプリングによる方法　時間 t_1 から t_2 まで、一定時間間隔 Δt ごとに騒音レベルのサンプル値を求める。その結果から、次の式によって等価騒音レベルを算出する。

$$L_{\mathrm{Aeq},T} = 10\ \log_{10}\left[\frac{1}{N}\sum_{i=1}^{N} 10^{L_{p\mathrm{A},i}/10}\right] \cdots\cdots\cdots\cdots\cdots (5)$$

ここに、N：サンプル数 $\left(N = \dfrac{t_2 - t_1}{\Delta t}\right)$

$L_{p\mathrm{A},i}$：騒音レベルのサンプル値

この方法による場合、サンプリング時間間隔が騒音レベルを測定する機器の時間重み特性の時定数に比べて長くなるほど測定結果の精度は低下する。一般に、サンプリング時間間隔を測定システム全体の時定数に比べて短くとれば、真の積分による結果と等しい結果が得られる。

参　考　サンプリングの時間間隔 Δt は、騒音レベルの変動の程度に応じて決められるが、騒音計の時間重み特性Fを用いる場合には0.25秒以下、時間重み特性Sを用いる場合には2秒以下とすることが望ましい。ただし、騒音レベルの変動が緩やかで、実測時間が数分以上にわたる場合には、Δt を5秒程度まで広げてもよい。等価騒音レベルを測定するためには、時間重み特性Sを用いることが望ましい。

5．4．2．2　騒音レベルの統計分布による方法　騒音レベルのサンプル値の統計分布から等価騒音レベルを求めることもできる。その場合、騒音レベルの分割幅は、騒音の特性に応じて決めるべきであるが、一般に5 dB間隔が適当である。この方法による場合、等価騒音レベルは次の式によって求められる。

$$L_{\mathrm{Aeq},T} = 10\ \log_{10}\left[\frac{1}{100}\sum_{i=1}^{n} f_i \cdot 10^{L_{p\mathrm{A},i}/10}\right] \cdots\cdots\cdots\cdots\cdots (6)$$

ここに、n：レベルの分割数

f_i：騒音レベルが i 番目の分割クラスに入っている時間の割合(%)

$L_{p\mathrm{A},i}$：i 番目の分割クラスの中点の騒音レベル (dB)

5．4．3　定常騒音　対象としている時間全体にわたって騒音が定常である場合には、JIS C 1502又はJIS C 1505に適合する、積分機能を備えていない騒音計で測定を行ってもよい。その場合、周波数重み特性A、時間重み特性Sを用い、指示値の振れの平均を読み取る。ただし、指示値が5 dBを超える範囲にわたって変動する場合には定常騒音として扱うことはできない。

5．4．4　騒音レベルが段階的に変化する定常音　騒音レベルが定常的ではあるが段階的に変化し、それぞれのレベルが明りょうに区別できる場合には、各段階の騒音レベルを定常騒音として測定し、レベルごとの継続時間を測定しておくことにより、次の式によって等価騒音レベルを計算することができる。

$$L_{\mathrm{Aeq},T} = 10\ \log_{10}\left[\frac{1}{T}\sum T_i \cdot 10^{L_{p\mathrm{A},i}/10}\right] \cdots\cdots\cdots\cdots\cdots (7)$$

ここに、$T=\sum T_i$：全測定時間

T_i：i 番目の定常区間の継続時間

$L_{pA,i}$：i 番目の定常区間における騒音レベル（dB）

5．4．5　単発的に発生する騒音　環境騒音の中で単発的に発生する騒音が卓越している場合、時間 T の間に発生する騒音の単発騒音暴露レベルから、次の式によって等価騒音レベルを計算することができる。

$$L_{\mathrm{Aeq},T}=10\ \log_{10}\left[\frac{T_0}{T}\sum_{i=1}^{n}10^{L_{\mathrm{AE},i}/10}\right]\quad\cdots\cdots(8)$$

ここに、$L_{\mathrm{AE},i}$：時間 T（s）の間に生じる n 個の単発的な騒音のうち、i 番目の騒音の単発騒音暴露レベル

T_0：基準時間（1s）

単発的な騒音が同じ大きさで繰り返して発生している場合には、その騒音が整数回繰り返す時間にわたって測定する。別の方法として、4．1b）に示した騒音計を用いて一回の発生について単発騒音暴露レベルを測定し、その結果から次の式によって等価騒音レベルを求めることもできる。

$$L_{\mathrm{Aeq},T}=L_{\mathrm{AE}}+10\ \log_{10}(n)-10\ \log_{10}\left(\frac{T}{T_0}\right)\quad\cdots\cdots(9)$$

ここに、n：時間 T(s) における騒音の発生回数

T_0：基準時間（1s）

5．5　補正　この規格で規定する測定方法は、環境における騒音を物理的に正しく表示することを目的としている。したがって、騒音に対する人間の反応を評価する場合には、その目的に適した基本量とするために、測定値に何らかの補正を加えることが必要となることもある。等価騒音レベルの値に対してそのような補正を加えた量が評価騒音レベルである。

6．記録事項　音響測定結果に加えて、6．1に述べる事項を記録し、参考資料として保存しておく。6．2及び6．3に述べる事項も必要に応じて記録しておくことが望ましい。

6．1　測定方法

a)　測定器の種類、測定方法及び計算による場合にはその方法

b)　測定時間に関する事項、すなわち基準時間帯、実測時間及びサンプリングによる方法を用いた場合にはその詳細（サンプリング時間間隔、回数など）

c)　測定点（位置及び高さ）

6．2　測定時の条件

a)　大気の状態：風向・風速、雨、地上及びその他の高さにおける気温、大気圧、相対湿度

b)　騒音源と測定点の間の地表の種類及び状態

c)　騒音源の騒音放射の変動性

6．3　定性的記述

a)　騒音源の方向の判断可能性

b)　騒音源の同定の可能性

c)　騒音源の性質

d)　騒音の特徴

e)　騒音の意味性

附属書1（規定）　適正な土地利用のための音響データの収集

序文　この附属書は、1983年に発行されたISO 1996-2、Acoustics-Description and measurement of environmental noise, Part 2：Acquisition of data pertinent to land useを翻訳してこの規格の本体と内容が整合するように修正したもので、内容は次による。

この附属書では、環境騒音を記述するための騒音レベルの表示方法及びデータを収集する方法を示す。このようなデータに基づくことにより、環境騒音の観点から特定の地域の土地利用形態を適切に設定し、実在又は計画中の騒音源の許容の程度を判断することができる。

連続積分又は時間サンプリングによる方法、及び特定の気象条件下における測定等、具体的な測定の方法を示す。

必要に応じて、予測計算又は縮尺模型実験による方法を利用してもよい。

土地利用に関するデータを得るために予測計算による方法を用いる場合に

も、この附属書で規定する方法で騒音を記述することが重要である。ただし、この附属書では、予測計算方法の詳細は取り扱わない。

この附属書は、環境騒音の許容限度を規定するものではない。

1．適用範囲 この附属書は、次の目的で騒音の表示量を得るためのデータの収集方法を規定する。

a) 統一的な方法による特定の地域における環境騒音の表示

b) 現在又は将来予想される騒音を考慮した土地利用の適正さの評価

2．引用規格 本体の2.による。

3．定義 この附属書で用いる用語の意味は、本体の定義によるほか、次による。

3．1 土地利用 (land use) 対象とする地域の現状又は計画上の用途。

3．2 騒音レベルゾーン (noise zone) 長期平均等価騒音レベル又は長期平均評価騒音レベルがある特定の二つのレベルの間になっている領域。例えば、65dBと70dBの間の騒音レベルゾールは65～70dBと表示する。

4．データの収集 土地利用に関する基本的データとして、次の事項が必要である。

a) 対象とする地域の地勢情報

b) その地域における騒音源の特性

c) その地域における居住状況及び周辺の状況

備 考 対象とする地域の気象条件に関する情報、すなわち、風向・風速、雨量、気温（温度分布の逆転が生じる可能性も含む）に関して、通年又は適当と思われる代表的な期間についての統計データを調べておくことが望ましい。

4．1 音響データ

4．1．1 一般事項 基本的な音響データは、基準時間帯における等価騒音レベル、並びに必要に応じて同じ基準時間帯について求めた評価騒音レベル及び騒音の特性に関する補足的情報とする。

4．1．2 評価騒音レベル 騒音源及び対象とする地点の特性を考慮して、それぞれの基準時間帯について次の式によって評価騒音レベルを求める。

$$(L_{\mathrm{Ar},T})_i = (L_{\mathrm{Aeq},T})_i + K_{1i} + K_{2i}$$

ここに、$(L_{\mathrm{Aeq},T})_i$ ＝ i 番目の基準時間帯についての等価騒音レベル (dB)

K_{1i} ： i 番目の基準時間帯に対する純音補正の値 (dB)

K_{2i} ： i 番目の基準時間帯に対する衝撃音補正の値 (dB)

備 考 基準時間帯のうちの限定された時間に純音性又は衝撃性の騒音が存在する場合には、その継続時間を考慮して補正の値を決めてもよい。

4．1．3 純音補正 ある特定の時間帯において、騒音に著しい純音性が認められる場合には、その時間帯について測定された等価騒音レベルに補正値 K_1 を加えてもよい。その場合には、補正値を明記する。

備 考 一般に、ある1／3オクターブバンドにおけるレベルが隣接する周波数帯域における値よりも5dB以上大きくなっている場合には、その周波数帯域に卓越した純音成分が含まれていると考えてよい。騒音の中に純音成分が含まれているか否かを正確に調べるためには、さらに狭帯域周波数分布が必要である。純音成分が含まれていることが聴感的にも明らかで、1／3オクターブバンド分析でもその存在が認められる場合には、補正値は5～6dBとするのが適当であろう。

参 考 現在、ISO 1996シリーズの見直し作業がISO／TC43（音響）／SC1（騒音）で行われており、その中で上記の純音補正の具体的な方法が検討されている。

4．1．4 衝撃性補正 ある特定の時間帯において、騒音に著しい衝撃性が認められる場合には、その時間帯について測定された等価騒音レベルに補正値 K_2 を加えてもよい。その場合には、補正値を明記する。

備 考 ソニックブーム、採鉱、採石のための発破作業などで生じる大振幅の騒音については、評価騒音レベルを求める際に周波数重み特性Cを用いる方法を採用している国もある。

参 考 現在、ISO 1996シリーズの見直し作業がISO／TC43（音響）／SC 1（騒音）で行われており、その中で上記の衝撃性補正の具体的な方法が検討されている。

4．2　気象の影響の補正　ある特定の気象条件の下で測定された等価騒音レベルの値から長期にわたる値を推定するために、気象の影響に関する補正を加えてもよい（本体の5．3．2参照）。

4．3　長期平均等価騒音レベル　指定された基準時間帯について、次の式によって長期平均等価騒音レベルを計算する。

$$L_{\mathrm{Aeq},LT} = 10\ \log_{10}\left[\frac{1}{N}\sum_{i=1}^{N}10^{(L_{\mathrm{Aeq},T})_i/10}\right] \quad \cdots\cdots\cdots\cdots(1)$$

ここに、N：基準時間帯のサンプル数

$(L_{\mathrm{Aeq},T})_i$：i 番目の基準時間帯の等価騒音レベル（dB）

4．4　長期平均評価騒音レベル　指定された基準時間帯について、次の式によって長期平均評価騒音レベルを計算する。

$$L_{\mathrm{Ar},LT} = 10\ \log_{10}\left[\frac{1}{N}\sum_{i=1}^{N}10^{(L_{\mathrm{Ar},T})_i/10}\right] \quad \cdots\cdots\cdots\cdots(2)$$

ここに、N：基準時間帯のサンプル数

$(L_{\mathrm{Ar},T})_i$：i 番目の基準時間帯の評価騒音レベル（dB）

4．5　時間率騒音レベル　騒音の時間変動特性を記述する場合には、等価騒音レベルだけでなく騒音レベルの分布も用いることが望ましい場合もある。その場合には、$L_{\mathrm{A95},T}$、$L_{\mathrm{A50},T}$、$L_{\mathrm{A5},T}$ のような時間率騒音レベルを求める（附属書2参照）。

5．長期平均等価騒音レベル及び長期平均評価騒音レベルの求め方

5．1　一般事項　これらの量は、一般に測定及び計算又はそれらのいずれかによって求める。それらの結果は、特定の地点における騒音レベルの代表値である。測定による場合、騒音源と対象とする地点の特性及び測定結果の重要性を考慮して測定方法を決める。

測定結果に対象とする地点における騒音として例外的な音の寄与が含まれている場合には、必要に応じてその旨を記述しておく。

5．2　測定器　本体の4．による。

5．3　測定点の位置と数

5．3．1　一般事項　等価騒音レベルの測定は、対象とする環境騒音を記述する上で適当な屋外の位置で行う。測定位置は地図上に明示する。測定点の位置と数は、対象とする環境に対して必要な空間分解能を考慮して決める。

測定点の設定の仕方には、次のような方法がある。

a)　対象とする地域の全体にわたってほぼ等間隔に測定点を設定する（例えば、地図上の格子線の交点）。それによって、各測定点における測定結果を内挿して騒音レベルコンター（等高線）を表示することができる。

b)　特定の地域の平均レベルを代表する点を選ぶ。

c)　対象とする地域に存在する騒音源が放射する騒音の特性を把握できる地点を選ぶ。これによって、対象とする地域内の他の位置における騒音を計算によって推定することができる。

5．3．2　マイクロホン位置　マイクロホンの高さは、実際の、又は予想される居住の態様を考慮して設定する。高い建物が建てられることが予想される地域では、測定点の高さは3～11mとする。その他、特に指定がない場合には、本体の5．2．1による。

備　考　測定点を高くすることによって、地表面効果や低い障害物の影響が少なくなるため、測定の再現性は高くなるが、測定値は地表面近くで測定される値よりも一般に大きめとなる。

建物の周囲における測定は、本体の5．2．2による。

反射の影響を無視できる程度に小さくすることが必要な場合には、可能な限り地面以外の反射物から3.5m以上離れた位置又は開放された窓から0.5m離れた位置で測定を行う。

備　考　建物の外壁から1～2m離れた点で測定を行う場合、建物の反射の影響が含まれる。対象とする騒音が広帯域成分をもち、卓越した狭帯域成分や純音成分を含んでいない場合には、反射によるレベルの増大は、最大3dB程度である。これを補正する場合には、建物の外壁面の大きさ及び反射性を考慮して適切な値を用いる。外壁面の延長上で、外壁の端部から3.5m以上離れている点で測定を行う場合には、反射の影響はほぼ無視できる。

5．3．3　対象とする地域における測定点の位置　一つの地域内に設定する測定点の密度は、検討に必要とされる空間分解能及び騒音のレベルの空間的な変化の程度によって決める。騒音のレベルの場所による変化は、騒音源の近傍や大きな障害物の近くで著しい。したがって、このような場所では、測定点の密度をさらに高くする必要がある。一般に、隣り合う測定点の間のレベル差が5dB以上にならないようにする。レベル差がそれ以上になった場合には、中間に測定点を追加する。

5．3．4　対象とする地域を代表する測定位置　騒音レベルの空間的な変化が小さい場合、又は限られた範囲だけを対象とする場合には、測定結果が地域全体を代表するような地点に測定点を設定する。このような地点を設定するためには、予備調査を行うことが望ましい。

5．3．5　騒音源の特性を調べるための測定位置　騒音源の寄与を個々又は種類別に調べる必要がある場合には、他の騒音源の影響を避けるために、対象とする騒音源の近傍に測定点を設定する。他の地点における騒音のレベルは、距離減衰、空気の音響吸収、地表面の影響及び遮へい効果などを考慮して、内挿又は外挿によって推定することができる。

備　考　適当な伝搬計算モデルによって内挿計算が可能な場合には、測定点の数を減らしてもよい。

5．4　時間の設定

5．4．1　基準時間帯　基準時間帯及び実測時間を適切に設定するためには、長時間にわたる予備測定を行って騒音の状態を調べることが必要な場合もある。基準時間帯は、居住者の典型的な生活態様及び騒音源の種々の稼動条件（交通量や工業プラントなどの稼動時間）をカバーするように設定する。居住者の生活態様を考慮する場合には、昼間及び夜間をそれぞれ基準時間帯に設定するのが適当である。週末や休日については、夕方についても基準時間帯を設定してもよい。一つの基準時間帯の間に居住者の生活態様に大きな変化がある場合には、その基準時間帯について評価騒音レベルを算出する際に、生活態様の変化に応じてレベルに補正を加えてもよい。そのような補正を行う場合には、報告書に補正値とそれを適用した時間帯を必ず明記する。

5．4．2　長期基準期間　長期基準期間の設定に当たっては、騒音制御の目的、対象とする地域の特性と居住者の生活態様、騒音源の稼動状況及び騒音の伝搬条件の変化を考慮する必要がある。

備　考　長期基準期間は、騒音の発生状況の長期的変化を含むように設定する。その期間は数箇月にわたることが多い。ただし、騒音の発生が一年のうちの特定の期間に限られている場合には、長期基準期間をその期間に限定してもよい。

5．4．3　実測時間　実測時間は、対象とする基準時間帯の等価騒音レベルが安定して得られるように、また長期平均等価騒音レベル及び長期平均評価騒音レベルが必要とされる精度で推定できるように、騒音の発生及び伝搬の変化に応じて設定する。

騒音に明らかな周期性が認められる場合には、少なくともその1周期を含むように実測時間を設定する。1周期にわたって連続的に測定を行うことができない場合には、1周期のうちの部分ごとに実測時間を設定し、全体で1周期をカバーするようにする。

騒音レベルが段階的に変化している場合には、騒音レベルがほぼ定常とみなされる時間のそれぞれを代表するように実測時間を設定する。

騒音が不規則に変動している場合には、長期平均等価騒音レベルの推定のために十分な数のサンプル値が得られるように実測時間を設定する。

上空又は側方を通過するような騒音源（例えば、航空機や鉄道などで、通過する間だけ騒音が存在し、基準時間帯のその他の時間には騒音が存在しないような騒音源）を対象とする場合には、通過するときの単発騒音暴露レベルが測定できるように実測時間を設定する。

測定結果の比較を容易にするために、再現性があり安定した騒音の伝搬条件となる気象条件を選んで測定を行うことが望ましい。特に一つの卓越した騒音源がある場合には、騒音源から対象とする地域へ騒音が伝わりやすい気象条件を選び、以下に示す各条件を満たすように実測時間を設定するとよい。

- 主要な騒音源の中心と対象とする地域の中心を結ぶ線に対して風向が±45°以内の範囲で順風となっている条件
- 地上3～11mの高さにおける風速が1～5m／sの範囲になっている条件
- 地表近くに強い気温の逆転が生じていない条件
- 強い降雨でない条件

備　考　マイクロホンで生じる風雑音が測定に影響を与えていないことを常に確認する必要がある。

5．5　音響データの収集

5．5．1　一般事項　音響データは実測時間全体にわたる測定結果から算出する。その方法には、次に述べる二つの方法がある。

5．5．2　連続測定による方法　基準時間帯全体を実測時間とする。ただし、強風や豪雨のときや対象とする地域の代表的な騒音以外の騒音の影響が強い場合など、測定誤差を生じるおそれのある時間帯を除く。

備　考　この方法によれば最も正確な測定結果が得られるが、測定に多大な時間と手間がかかることを考えると、必ずしも時間サンプリングによる方法に比べて勝っているとはいえない。

5．5．3　時間サンプリングによる方法　基準時間帯の間に幾つかの離散的な実測時間を設定し、その間の測定結果から等価騒音レベル及び評価騒音レベルを計算する。この方法による場合、実測時間の全体は基準時間帯の一部であり、基準時間帯には実際に測定を行わない時間が含まれる。

5．6　長期平均等価騒音レベル及び長期平均評価騒音レベル　5．2～5．5によって求めた結果から、長期平均等価騒音レベルは4．3によって、また長期平均評価騒音レベルは4．4によって計算する。

6．騒音のレベルの予測　建設が計画されている工場、道路・航空機・鉄道などの交通施設から放射される騒音の状況を予測する場合、予測計算又は縮尺模型実験によってもよい。その場合には、採用した予測計算方法又は実験方法を詳しく記述する必要がある。

備　考　国又は地方自治体が予測計算方法を示している場合にはそれによる。

7．騒音レベルゾーン及び結果の表示　現状の環境騒音の測定結果及び計画されている事業による騒音の予測結果の報告に、騒音レベルゾーンによる表示を加えると効果的である。その場合、5dBごとのレベルゾーンの境界を表す等高線による表示が望ましい。各々のゾーンは、上限値及び下限値（dB）で表す。

対象とする地域の地図上で、異なる騒音レベルゾーンを色又はハッチングで区別する場合には、附属書1表1に示すクラスごとの色又はハッチングによって表示することが望ましい。

備　考　レベルゾーンの幅を10dBとする場合には、附属書1表2に示す色又はハッチングを用いる。

附属書1表1　5dBごとの騒音レベルゾーンの色又はハッチング

騒音レベルゾーン (dB)	色		ハッチング
35以下	明るい緑	(Light green)	小さな点、低密度
35～40	緑	(Green)	中程度の点、中密度
40～45	暗い緑	(Dark green)	大きな点、高密度
45～50	黄	(Yellow)	縦線、低密度
50～55	黄土色	(Ochre)	縦線、中密度
55～60	橙	(Orange)	縦線、高密度
60～65	朱	(Cinnabar)	クロスハッチング、低密度
65～70	カーミン	(Carmine)	クロスハッチング、中密度
70～75	明るい紫みの赤	(Lilac red)	クロスハッチング、高密度
75～80	青	(Blue)	広い縦じま
80～85	暗い青	(Dark blue)	黒

附属書1表2　10dBごとの騒音レベルゾーンの色又はハッチング

騒音レベルゾーン (dB)	色		ハッチング
45以下	緑	(Green)	中程度の点、中密度
45～55	黄	(Yellow)	縦線、低密度
55～65	橙	(Orange)	縦線、高密度
65～75	赤	(Red)	クロスハッチング、中密度
75～85	青	(Blue)	広い縦じま

騒音マップは、建物、交通機関、工場地域、農地、植生、海抜高度を表す等高線などを示し、縮尺を明示した公式の地図上に作成する。

地図上には、騒音レベルの測定地点（○印）又は予測地点（×印）を明示する。

8．記録事項　次の事項を記録する。

8．1　測定方法　本体の6．1による。

8．2　測定時の条件

a)　気象条件に関するデータ

1)　雨、霧雨、乾燥している、湿気が多い、曇り、晴天などの定性的データ

2)　定量的データ

－ 実測時間内の風向・風速（特に規定がない場合には、これらの測定は屋外の開けた場所で地上3～11mの高さで行う。）

－ 必要な場合には、地上1～11m高さで測定された気温のこう配

－ 相対湿度

b)　騒音源と測定点の間の地表の種類及び状態

c)　騒音源の騒音放射の変動性

8．3　定性的記述

a)　測定又は予測計算の目的

b)　騒音源に関する記述

c)　対象とする地域に関する記述

d)　騒音の特徴

e)　騒音の意味性

f)　対象とする地域又は範囲について

－ 必要に応じて、騒音レベルゾーンを表示した騒音マップ

－ 内挿又は外挿計算によった場合には、その方法（計算に用いた伝搬モデルの記述を含む）

g)　対象とする地域又は場所の地勢情報

h)　現状及び計画されている土地利用の状況

8．4　定量的データ

a)　個々の基準時間帯における等価騒音レベル

b)　個々の基準時間帯における評価騒音レベル

c)　長期平均等価騒音レベル、可能な場合には変動性の評価（基準時間帯における測定結果の標準偏差、測定回数及び計算に用いた式と諸量）

d)　長期平均評価騒音レベル、可能な場合には変動性の評価（基準時間帯における測定結果の標準偏差、測定回数及び計算に用いた式と諸量）

9．報告事項　測定報告書には、8．に示した諸データを示すとともに、この附属書を参照したことを明記する。

騒音レベルの予測結果を報告する場合には、次の事項を付記する。

a)　騒音の予測計算法、模型実験によった場合にはその実験方法

b)　騒音源の位置及び特性（例えば、道路交通騒音の場合には、交通量と交通流特性、音響パワーレベル、周波数スペクトルなど）

c)　建物や障壁による騒音の減衰又は反射

d)　空気による音響吸収

e)　騒音の伝搬条件（地表面、樹木・潅木、建物群などによる音の減衰）

f)　設定した気象条件

g)　予測地点

附属書2（参考）　環境騒音の表示・測定方法に関する補足事項

1．適用範囲　この附属書では、騒音の時間変動特性を表す場合に用いられる時間率騒音レベルの求め方、特定の間欠騒音や衝撃騒音の表示・測定方法、及び暗騒音の影響の補正方法について、改正前の JIS Z 8731：1983（騒音レベル測定方法）で規定されていた内容を取りまとめて参考として示す。

2．時間率騒音レベルの求め方　ある時間範囲 T について、騒音計の時間重み特性Fを用いて一定時間間隔 Δt ごとに騒音レベルを測定し、累積度数分布を求める。その累積度数が（$100-N$）％に相当するレベルを N パーセント時間率騒音レベル $L_{AN,T}$ とする。

備　考　5パーセント時間率騒音レベル $L_{A5,T}$、95パーセント時間率騒音レベル $L_{A95,T}$ をそれぞれ90パーセントレンジの上端値、下端値という。

3．特定の間欠騒音及び衝撃騒音の表示・測定方法　環境騒音に含まれる特定の間欠騒音又は衝撃騒音に着目して測定を行う場合、本体に規定する単発騒音暴露レベルの測定によるほか、次の方法による。

3．1　特定の間欠騒音　騒音の発生ごとに、騒音計の指示値の最大値を読み取る。この場合、特に規定がない場合には、騒音計の時間重み特性Fを用いる。最大値がほぼ一定の場合には、数回の平均値で表示する。発生ごとに最大値がかなりの範囲にわたって変化する場合には、多数回の測定を行い、測定結果のエネルギー平均、累積度数分布の90パーセントレンジの上端値などを求めて代表値とする。測定結果には、必ず使用した騒音計の時間重み特性を付記する。また、必要な場合には、騒音の発生頻度、1回の発生ごとのおおよその継続時間なども記録しておく。

3．2　特定の衝撃騒音

3．2．1　特定の分離衝撃騒音　特に規定がない場合には、騒音の発生ごとに騒音計の時間重み特性Fによる指示値の最大値を読み取る。最大値がほぼ一定の場合には、数回の平均値で表示する。発生ごとに最大値がかなりの範囲にわたって変化する場合には、多数回の測定を行い、測定結果のエネルギー平均値、累積度数分布の90パーセントレンジの上端値などを求めて代表値とする。測定結果には、騒音の発生頻度などを記録しておく。

3．2．2　特定の準定常衝撃騒音　特に規定がない場合には、騒音計の時間重み特性Fによる指示値の最大値を読み取る。

4．暗騒音の影響の補正　特定の定常騒音の騒音レベルを測定する場合、その騒音があるときとないときの騒音計の指示値の差が10dB以上であれば、暗騒音の影響はほぼ無視できる。その差が10dB未満のときには、暗騒音の影響が無視できない。その場合には、附属書2表1によって指示値を補正することにより、対象とする特定の騒音だけがあるときの騒音レベルを推定することができる。

附属書2表1　暗騒音の影響に対する騒音計の指示値の補正

単位dB

対象音があるときとないときの指示値の差	4	5	6	7	8	9
補正値	−2		−1			

振動レベル測定方法　Ｚ８７３５-1981

Methods of Measurement for Vibration Level

1. 適用範囲　この規格は、JIS C 1510（振動レベル計）に定める振動レベル計を用いて、公害に関連する地面などの振動レベル(1)を測定する方法について規定する。

注(1) 振動レベルとはJIS C 1510で定義しているデシベル（dB）数であり、例えば振動レベル60dBと表す。

2. 測定条件

2.1 外囲条件　温度及び湿度については、測定に用いる振動レベル計の使用温度範囲及び使用湿度範囲に留意する。

振動ピックアップの形式によっては、風・電界・磁界などの影響を受ける場合がある。そのようなときには適当なしゃへい、測定点の変更などを配慮する。

2.2 暗振動(2)　ある振動源から出る振動だけの振動レベルを測定する場合には、対象の振動があるときと、ないときとの振動レベル計の指示値の差は10dB以上あることが望ましい。ただし、暗振動が定常的な振動のような場合には、上記の指示値の差が10dB未満であっても表1によって指示値を補正して、振動レベルを推定することができる。

表1　暗振動に対する指示値の補正　単位dB

対象の振動があるときとないときとの指示値の差	3	4	5	6	7	8	9
補正値	−3	−2		−1			

例えば、暗振動が65dBの場所で、ある機械を運転して70dBの指示値を得たとすれば、指示値の差が5dBであるから、その機械だけの振動レベルは表1により補正値−2dBを70dBに加え68dBとする。

指示値の差が3dB未満のときは、測定条件の変更などを配慮する。

注(2) 暗振動とは、ある場所において特定の振動を測定対象とする場合に、対象の振動がないときのその場所における振動である。

3. 測定点の選定　測定の目的に応じて、測定点の位置及び数を選定する。

4. 測定器の使い方

4.1 振動ピックアップの設置方法　振動ピックアップは、原則として平たんな堅い地面など（例えば、踏み固められた土、コンクリート、アスファルトなど）に設置する。やむを得ず砂地、田畑などの軟らかい場所を選定する場合はその旨を付記する。

また、振動ピックアップは、水平な面に設置することが望ましい。

4.2 測定方向　測定時における振動ピックアップの受感軸方向を、原則として鉛直及び互いに直角な水平2方向の3方向に合わせ、鉛直方向をZ、水平方向をX、Yとし、X、Yの方向を明示する。

4.3 振動感覚補正回路の使い方　振動レベルの測定は、Z方向は鉛直振動特性を、X、Y方向は水平振動特性を用いて行う。

4.4 測定レンジの選び方　衝撃的な振動については、振動レベル計が過負荷状態にならないように測定レンジを選定する。

4.5 記録機器の選定　記録機器などを用いて振動レベルを測定する場合のその特性は、おおむねJIS C 1510の諸規定に適合するものを選定する。

5. 指示の読み方、整理方法及び表示方法　振動レベル計の指示の読み方、整理方法及び表示方法は、指示の時間的変化に応じ、原則として次のように区別する。

(1) 指示が変動しないか又は変動がわずかな場合はその平均的な指示値を読み取って表示するか、多数の指示値を読み取ってその平均値で表示する。

(2) 指示が周期的又は間欠的に変動する場合は、変動ごとの最大値をその個数が十分な数になるまで読み取り(3)、その平均値(4)で表示する。必要がある場合には変動の仕方（例えば、周期、度数など）も付記する。

注(3) 最大の指示がほぼ一定な場合には数回の読取りでよい。

(4) 最大値の平均は、原則として全読取り値から求めることとするが、測定目的によっては読取り値の上位数個の平均でもよい。ただし、その旨を表示する。

(3) 指示が不規則かつ大幅に変動する場合は、ある任意の時刻から始めて、ある時間ごとに指示値を読み取り、読取り値の個数が十分な数になるまで続ける。求めた読取り値から適当な方法(5)により L_x(6)を求め、この値で表示する。

注(5) 累積度数分布から求める方法や自動データ処理機器による方法などがある。

(6) ある振動のレベル L を超える読取り値の個数が全読取り値の個数の x %に相当するとき、この振動レベルを L_x と表す。例えば、x が10%となる振動レベルが70dBであれば L_{10} =70dBと表示する。

この場合において、原則として全読取り値から L_x を求めることとするが、測定目的によっては対象の振動がない特定時間の読取り値を除いて処理してもよい。

6．測定結果に付記すべき事項　測定結果には、必要に応じて下記の事項を付記する。

(1) 測定日時及び気象状況
(2) 測定場所及び見取図
(3) 振動源の種類、形式
(4) 測定器の種類、形式、製造業者名
(5) 振動ピックアップの設置方法、地面の状態
(6) 測定値の整理方法
(7) その他の必要な事項

○建築基準法〔抄〕

（昭和二五・五・二四 法律二〇一）

最終改正 平成三〇・五・三〇 法三三

第一章 総則

（目的）

第一条 この法律は、建築物の敷地、構造、設備及び用途に関する最低の基準を定めて、国民の生命、健康及び財産の保護を図り、もつて公共の福祉の増進に資することを目的とする。

（用語の定義）

第二条 この法律において次の各号に掲げる用語の意義は、それぞれ当該各号に定めるところによる。

一 建築物 土地に定着する工作物のうち、屋根及び柱若しくは壁を有するもの（これに類する構造のものを含む。）、これに附属する門若しくは塀、観覧のための工作物又は地下若しくは高架の工作物内に設ける事務所、店舗、興行場、倉庫その他これらに類する施設（鉄道及び軌道の線路敷地内の運転保安に関する施設並びに跨線橋、プラットホームの上家、貯蔵槽その他これらに類する施設を除く。）をいい、建築設備を含むものとする。

二 特殊建築物 学校（専修学校及び各種学校を含む。以下同様とする。）、体育館、病院、劇場、観覧場、集会場、展示場、百貨店、市場、ダンスホール、遊技場、公衆浴場、旅館、共同住宅、寄宿舎、下宿、工場、倉庫、自動車車庫、危険物の貯蔵場、と畜場、火葬場、汚物処理場その他これらに類する用途に供する建築物をいう。

三 建築設備 建築物に設ける電気、ガス、給水、排水、換気、暖房、冷房、消火、排煙若しくは汚物処理の設備又は煙突、昇降機若しくは避雷針をいう。

四 居室 居住、執務、作業、集会、娯楽その他これらに類する目的のために継続的に使用する室をいう。

五 主要構造部 壁、柱、床、はり、屋根又は階段をいい、建築物の構造上重要でない間仕切壁、間柱、付け柱、揚げ床、最下階の床、回り舞台の床、小ばり、ひさし、局部的な小階段、屋外階段その他これらに類する建築物の部分を除くものとする。

六 延焼のおそれのある部分 隣地境界線、道路中心線又は同一敷地内の二以上の建築物（延べ面積の合計が五百平方メートル以内の建築物は、一の建築物とみなす。）相互の外壁間の中心線から、一階にあつては三メートル以下、二階以上にあつては五メートル以下の距離にある建築物の部分をいう。ただし、防火上有効な公園、広場、川等の空地若しくは水面又は耐火構造の壁その他これらに類するものに面する部分を除く。

七 耐火構造 壁、柱、床その他の建築物の部分の構造のうち、耐火性能（通常の火災が終了するまでの間当該火災による建築物の倒壊及び延焼を防止するために当該建築物の部分に必要とされる性能をいう。）に関して政令で定める技術的基準に適合する鉄筋コンクリート造、れんが造その他の構造で、国土交通大臣が定めた構造方法を用いるもの又は国土交通大臣の認定を受けたものをいう。

七の二 準耐火構造 壁、柱、床その他の建築物の部分の構造のうち、準耐火性能（通常の火災による延焼を抑制するために当該建築物の部分に必要とされる性能をいう。第九号の三ロにおいて同じ。）に関して政令で定める技術的基準に適合するもので、国土交通大臣が定めた構造方法を用いるもの又は国土交通大臣の認定を受けたものをいう。

八 防火構造 建築物の外壁又は軒裏の構造のうち、防火性能（建築物の周囲において発生する通常の火災による延焼を抑制するために当該外壁又は軒裏に必要とされる性能をいう。）に関して政令で定める技術的基準に適合する鉄網モルタル塗、しつくい塗その他の構造で、国土交通大臣が定めた構造方法を用いるもの又は国土交通大臣の認定を受けたものをいう。

九 不燃材料 建築材料のうち、不燃性能（通常の火災時における火熱により燃焼しないことその他の政令で定める性能をいう。）に関して政令で定める技術的基準に適合するもので、国土交通大臣が定めたもの又は国土交通大臣の認定を受けたものをいう。

九の二 耐火建築物 次に掲げる基準に適合する建築物をいう。

イ その主要構造部が(1)又は(2)のいずれかに該

当すること。
(2) (1) 耐火構造であること。
次に掲げる性能（外壁以外の主要構造部にあつては、(i)に掲げる性能に限る。）に関して政令で定める技術的基準に適合するものであること。
(i) 当該建築物の構造、建築設備及び用途に応じて屋内において発生が予測される火災による火熱に当該火災が終了するまで耐えること。
(ii) 当該建築物の周囲において発生する通常の火災による火熱に当該火災が終了するまで耐えること。
ロ その外壁の開口部で延焼のおそれのある部分に、防火戸その他の政令で定める防火設備（その構造が遮炎性能（通常の火災時における火炎を有効に遮るために防火設備に必要とされる性能をいう。第二十七条第一項において同じ。）に関して政令で定める技術的基準に適合するもので、国土交通大臣が定めた構造方法を用いるもの又は国土交通大臣の認定を受けたものに限る。）を有すること。
九の三 準耐火建築物 耐火建築物以外の建築物で、イ又はロのいずれかに該当し、外壁の開口部で延焼のおそれのある部分に前号ロに規定する防火設備を有するものをいう。
イ 主要構造部を準耐火構造としたもの
ロ イに掲げる建築物以外の建築物であつて、イに掲げるものと同等の準耐火性能を有するものとして主要構造部の防火の措置その他の事項について政令で定める技術的基準に適合するもの
十 設計 建築士法（昭和二十五年法律第二百二号）第二条第六項に規定する設計をいう。
十一 工事監理者 建築士法第二条第八項に規定する工事監理をする者をいう。
十二 設計図書 建築物、その敷地又は第八十八条第一項から第三項までに規定する工作物に関する工事用の図面（現寸図その他これに類するものを除く。）及び仕様書をいう。
十三 建築 建築物を新築し、増築し、改築し、又は移転することをいう。
十四 大規模の修繕 建築物の主要構造部の一種以上について行う過半の修繕をいう。
十五 大規模の模様替 建築物の主要構造部の一種以上について行う過半の模様替をいう。
十六 建築主 建築物に関する工事の請負契約の注文者又は請負契約によらないで自らその工事をする者をいう。
十七 設計者 その者の責任において、設計図書を作成した者をいい、建築士法第二十条の二第三項又は第二十条の三第三項の規定により建築物が構造関係規定（同法第二十条の二第二項に規定する構造関係規定をいう。第五条の六第二項及び第六条第三項第二号において同じ。）又は設備関係規定（同法第二十条の三第二項に規定する設備関係規定をいう。第五条の六第三項及び第六条第三項第三号において同じ。）に適合することを確認した構造設計一級建築士（同法第十条の二の二第四項に規定する構造設計一級建築士をいう。第五条の六第二項及び第六条第三項第二号において同じ。）又は設備設計一級建築士（同法第十条の二の二第四項に規定する設備設計一級建築士をいう。第五条の六第三項及び第六条第三項第三号において同じ。）を含むものとする。
十八 工事施工者 建築物、その敷地若しくは第八十八条第一項から第三項までに規定する工作物に関する工事の請負人又は請負契約によらないで自らこれらの工事をする者をいう。
十九 都市計画 都市計画法（昭和四十三年法律第百号）第四条第一項に規定する都市計画をいう。
二十 都市計画区域又は準都市計画区域 それぞれ、都市計画法第四条第二項に規定する都市計画区域又は準都市計画区域をいう。
二十一 第一種低層住居専用地域、第二種低層住居専用地域、第一種中高層住居専用地域、第二種中高層住居専用地域、第一種住居地域、第二種住居地域、準住居地域、田園住居地域、近隣商業地域、商業地域、準工業地域、工業地域、工業専用地域、特別用途地区、特定用途制限地域、特例容積率適用地区、高層住居誘導地区、高度地区、高度利用地区、特定街区、都市再生特別地区、特定用途誘導地区、防火地域、準防火地域、特定防災街区整備地区又は景観地区 それぞれ、都市計画法第八条第一項第一号から第六号までに掲げる第一種低層住居専用地域、第二種低層住居専用地域、第一種中高層住居専用地域、第二種中高層住居専用地域、第一種住居地域、第二種住居地域、準住居地域、田園住居地域、近隣商業地域、商業地域、準工業地域、工業地域、工業専用地域、特別用途地区、

特定用途制限地域、特例容積率適用地区、高層住居誘導地区、高度地区、高度利用地区、特定街区、都市再生特別地区、特定用途誘導地区、防火地域、準防火地域、特定防災街区整備地区又は景観地区をいう。

二十二　地区計画　都市計画法第十二条の四第一項第一号に掲げる地区計画をいう。

二十三　地区整備計画　都市計画法第十二条の五第二項第一号に掲げる地区整備計画をいう。

二十四　防災街区整備地区計画　都市計画法第十二条の四第一項第二号に掲げる防災街区整備地区計画をいう。

二十五　特定建築物地区整備計画　密集市街地における防災街区の整備の促進に関する法律（平成九年法律第四十九号。以下「密集市街地整備法」という。）第三十二条第二項第一号に規定する特定建築物地区整備計画をいう。

二十六　防災街区整備地区整備計画　密集市街地整備法第三十二条第二項第二号に規定する防災街区整備地区整備計画をいう。

二十七　歴史的風致維持向上地区計画　都市計画法第十二条の四第一項第三号に掲げる歴史的風致維持向上地区計画をいう。

二十八　歴史的風致維持向上地区整備計画　地域における歴史的風致の維持及び向上に関する法律（平成二十年法律第四十号。以下「地域歴史的風致法」という。）第三十一条第二項第一号に規定する歴史的風致維持向上地区整備計画をいう。

二十九　沿道地区計画　都市計画法第十二条の四第一項第四号に掲げる沿道地区計画をいう。

三十　沿道地区整備計画　幹線道路の沿道の整備に関する法律（昭和五十五年法律第三十四号。以下「沿道整備法」という。）第九条第二項第一号に掲げる沿道地区整備計画をいう。

三十一　集落地区計画　都市計画法第十二条の四第一項第五号に掲げる集落地区計画をいう。

三十二　集落地区整備計画　集落地域整備法（昭和六十二年法律第六十三号）第五条第三項に規定する集落地区整備計画をいう。

三十三　地区計画等　都市計画法第四条第九項に規定する地区計画等をいう。

三十四　プログラム　電子計算機に対する指令であつて、一の結果を得ることができるように組み合わされたものをいう。

三十五　特定行政庁　建築主事を置く市町村の区域については当該市町村の長をいい、その他の市町村の区域については都道府県知事をいう。ただし、第九十七条の二第一項又は第九十七条の三第一項の規定により建築主事を置く市町村の区域内の政令で定める建築物については、都道府県知事とする。

第三章　都市計画区域等における建築物の敷地、構造、建築設備及び用途

第三節　建築物の用途

（用途地域等）

第四十八条　第一種低層住居専用地域内においては、別表第二(い)項に掲げる建築物以外の建築物は、建築してはならない。ただし、特定行政庁が第一種低層住居専用地域における良好な住居の環境を害するおそれがないと認め、又は公益上やむを得ないと認めて許可した場合においては、この限りでない。

2　第二種低層住居専用地域内においては、別表第二(ろ)項に掲げる建築物以外の建築物は、建築してはならない。ただし、特定行政庁が第二種低層住居専用地域における良好な住居の環境を害するおそれがないと認め、又は公益上やむを得ないと認めて許可した場合においては、この限りでない。

3　第一種中高層住居専用地域内においては、別表第二(は)項に掲げる建築物以外の建築物は、建築してはならない。ただし、特定行政庁が第一種中高層住居専用地域における良好な住居の環境を害するおそれがないと認め、又は公益上やむを得ないと認めて許可した場合においては、この限りでない。

4　第二種中高層住居専用地域内においては、別表第二(に)項に掲げる建築物は、建築してはならない。ただし、特定行政庁が第二種中高層住居専用地域における良好な住居の環境を害するおそれがないと認め、又は公益上やむを得ないと認めて許可した場合においては、この限りでない。

5　第一種住居地域内においては、別表第二(ほ)項に掲げる建築物は、建築してはならない。ただし、特定行政庁が第一種住居地域における住居の環境を害するおそれがないと認め、又は公益上やむを得ないと認めて許可した場合においては、この限りでない。

6　第二種住居地域内においては、別表第二(へ)項に掲げる建築物は、建築してはならない。ただし、特定行政庁が第二種住居地域における住居の環境を害するおそれがないと認め、又は公益上やむを

得ないと認めて許可した場合においては、この限りでない。

7　準住居地域内においては、別表第二(と)項に掲げる建築物は、建築してはならない。ただし、特定行政庁が準住居地域における住居の環境を害するおそれがないと認め、又は公益上やむを得ないと認めて許可した場合においては、この限りでない。

8　田園住居地域内においては、別表第二(ち)項に掲げる建築物以外の建築物は、建築してはならない。ただし、特定行政庁が農業の利便及び田園住居地域における良好な住居の環境を害するおそれがないと認め、又は公益上やむを得ないと認めて許可した場合においては、この限りでない。

9　近隣商業地域内においては、別表第二(り)項に掲げる建築物は、建築してはならない。ただし、特定行政庁が近隣の住宅地の住民に対する日用品の供給を行うことを主たる内容とする商業その他の業務の利便及び当該住宅地の環境を害するおそれがないと認め、又は公益上やむを得ないと認めて許可した場合においては、この限りでない。

10　商業地域内においては、別表第二(ぬ)項に掲げる建築物は、建築してはならない。ただし、特定行政庁が商業の利便を害するおそれがないと認め、又は公益上やむを得ないと認めて許可した場合においては、この限りでない。

11　準工業地域内においては、別表第二(る)項に掲げる建築物は、建築してはならない。ただし、特定行政庁が安全上若しくは防火上の危険の度若しくは衛生上の有害の度が低いと認め、又は公益上やむを得ないと認めて許可した場合においては、この限りでない。

12　工業地域内においては、別表第二(を)項に掲げる建築物は、建築してはならない。ただし、特定行政庁が工業の利便上又は公益上必要と認めて許可した場合においては、この限りでない。

13　工業専用地域内においては、別表第二(わ)項に掲げる建築物は、建築してはならない。ただし、特定行政庁が工業の利便を害するおそれがないと認め、又は公益上やむを得ないと認めて許可した場合においては、この限りでない。

14　第一種低層住居専用地域、第二種低層住居専用地域、第一種中高層住居専用地域、第二種中高層住居専用地域、第一種住居地域、第二種住居地域、準住居地域、田園住居地域、近隣商業地域、商業地域、準工業地域、工業地域又は工業専用地域（以下「用途地域」と総称する。）の指定のない区域（都市計画法第七条第一項に規定する市街化調整区域を除く。）内においては、別表第二(か)項に掲げる建築物は、建築してはならない。ただし、特定行政庁が当該区域における適正かつ合理的な土地利用及び環境の保全を図る上で支障がないと認め、又は公益上やむを得ないと認めて許可した場合においては、この限りでない。

15　特定行政庁は、前各項のただし書の規定による許可をする場合においては、あらかじめ、その許可に利害関係を有する者の出頭を求めて公開による意見の聴取を行い、かつ、建築審査会の同意を得なければならない。ただし、前各項のただし書の規定による許可を受けた建築物の増築、改築又は移転（これらのうち、政令で定める場合に限る。）について許可をする場合においては、この限りでない。

16　特定行政庁は、前項の規定による意見の聴取を行う場合においては、その許可しようとする建築物の建築の計画並びに意見の聴取の期日及び場所を期日の三日前までに公告しなければならない。

別表第二　用途地域等内の建築物の制限（第二十七条、第四十八条、第六十八条の三関係）

(い)	第一種低層住居専用地域内に建築することができる建築物	一　住宅 二　住宅で事務所、店舗その他これらに類する用途を兼ねるもののうち政令で定めるもの 三　共同住宅、寄宿舎又は下宿 四　学校（大学、高等専門学校、専修学校及び各種学校を除く。）、図書館その他これらに類するもの 五　神社、寺院、教会その他これらに類するもの 六　老人ホーム、保育所、福祉ホームその他これらに類するもの 七　公衆浴場（風俗営業等の規制及び業務の適正化等に関する法律（昭和二十三年法律第百二十二号）第二条第六項第一号に該当する営業（以下この表において「個室付浴場業」という。）に係るものを除く。） 八　診療所 九　巡査派出所、公衆電話所その他これらに類する政令で定める公益上必要な建築物 十　前各号の建築物に附属するもの（政令で定めるものを除く。）
(ろ)	第二種低層住居専用地域内に建築することができる建築物	一　(い)項第一号から第九号までに掲げるもの 二　店舗、飲食店その他これらに類する用途に供するもののうち政令で定めるものでその用途に供する部分の床面積の合計が百五十平方メートル以内のもの（三階以上の部分をその用途に供するものを除く。） 三　前二号の建築物に附属するもの（政令で定めるものを除く。）
(は)	第一種中高層住居専用地域内に建築することができる建築物	一　(い)項第一号から第九号までに掲げるもの 二　大学、高等専門学校、専修学校その他これらに類するもの 三　病院 四　老人福祉センター、児童厚生施設その他これらに類するもの 五　店舗、飲食店その他これらに類する用途に供するもののうち政令で定めるものでその用途に供する部分の床面積の合計が五百平方メートル以内のもの（三階以上の部分をその用途に供するものを除く。） 六　自動車車庫で床面積の合計が三百平方メートル以内のもの又は都市計画として決定されたもの（三階以上の部分をその用途に供するものを除く。） 七　公益上必要な建築物で政令で定めるもの 八　前各号の建築物に附属するもの（政令で定めるものを除く。）
(に)	第二種中高層住居専用地域内に建築してはならない建築物	一　(ほ)項第二号及び第三号、(へ)項第三号から第五号まで、(と)項第四号並びに(り)項第二号及び第三号に掲げるもの 二　工場（政令で定めるものを除く。） 三　ボーリング場、スケート場、水泳場その他これらに類する政令で定める運動施設 四　ホテル又は旅館 五　自動車教習所 六　政令で定める規模の畜舎 七　三階以上の部分を(は)項に掲げる建築物以外の建築物の用途に供するもの（政令で定めるものを除く。） 八　(は)項に掲げる建築物以外の建築物の用途に供するものでその用途に供する部分の床面積の合計が千五百平方メートルを超えるもの（政令で定めるものを除く。）
(ほ)	第一種住居地域内に建築してはならない建築物	一　(へ)項第一号から第五号までに掲げるもの 二　マージャン屋、ぱちんこ屋、射的場、勝馬投票券発売所、場外車券売場その他これらに類するもの 三　カラオケボックスその他これらに類するもの 四　(は)項に掲げる建築物以外の建築物の用途に供するものでその用途に供する部分の床面

積の合計が三千平方メートルを超えるもの（政令で定めるものを除く。）

(へ) 第二種住居地域内に建築してはならない建築物

一 (と)項第三号及び第四号並びに(り)項に掲げるもの
二 原動機を使用する工場で作業場の床面積の合計が五十平方メートルを超えるもの
三 劇場、映画館、演芸場若しくは観覧場又はナイトクラブその他これに類する政令で定めるもの
四 自動車車庫で床面積の合計が三百平方メートルを超えるもの又は三階以上の部分にあるもの（建築物に附属するもので政令で定めるもの又は都市計画として決定されたものを除く。）
五 倉庫業を営む倉庫
六 店舗、飲食店、展示場、遊技場、勝馬投票券発売所、場外車券売場その他これらに類する用途で政令で定めるものに供する建築物でその用途に供する部分の床面積の合計が一万平方メートルを超えるもの

(と) 準住居地域内に建築してはならない建築物

一 (り)項に掲げるもの
二 原動機を使用する工場で作業場の床面積の合計が五十平方メートルを超えるもの（作業場の床面積の合計が百五十平方メートルを超えない自動車修理工場を除く。）
三 次に掲げる事業（特殊の機械の使用その他の特殊の方法による事業であつて住居の環境を害するおそれがないものとして政令で定めるものを除く。）を営む工場
(一) 容量十リットル以上三十リットル以下のアセチレンガス発生器を用いる金属の工作
(一の二) 印刷用インキの製造
(二) 出力の合計が〇・七五キロワット以下の原動機を使用する塗料の吹付
(二の二) 原動機を使用する魚肉の練製品の製造
(三) 原動機を使用する二台以下の研磨機による金属の乾燥研磨（工具研磨を除く。）
(四) コルク、エボナイト若しくは合成樹脂の粉砕若しくは乾燥研磨又は木材の粉砕で原動機を使用するもの
(四の二) 厚さ〇・五ミリメートル以上の金属板のつち打加工（金属工芸品の製造を目的とするものを除く。）又は原動機を使用する金属のプレス（液圧プレスのうち矯正プレスを使用するものを除く。）若しくはせん断
(四の三) 印刷用平版の研磨
(四の四) 糖衣機を使用する製品の製造
(四の五) 原動機を使用するセメント製品の製造
(四の六) ワイヤーフォーミングマシンを使用する金属線の加工で出力の合計が〇・七五キロワットを超える原動機を使用するもの
(五) 木材の引割若しくはかんな削り、裁縫、機織、撚糸、組ひも、編物、製袋又はやすりの目立で出力の合計が〇・七五キロワットを超える原動機を使用するもの
(六) 製針又は石材の引割で出力の合計が一・五キロワットを超える原動機を使用するもの
(七) 出力の合計が二・五キロワットを超える原動機を使用する製粉
(八) 合成樹脂の射出成形加工
(九) 出力の合計が十キロワットを超える原動機を使用する金属の切削
(十) メッキ
(十一) 原動機の出力の合計が一・五キロワットを超える空気圧縮機を使用する作業
(十二) 原動機を使用する印刷
(十三) ベンディングマシン（ロール式のものに限る。）を使用する金属の加工
(十四) タンブラーを使用する金属の加工
(十五) ゴム練用又は合成樹脂練

用のロール機（カレンダーロール機を除く。）を使用する作業

(十六) (一)から(十五)までに掲げるもののほか、安全上若しくは防火上の危険の度又は衛生上若しくは健康上の有害の度が高いことにより、住居の環境を保護する上で支障があるものとして政令で定める事業

四 (る)項第一号(一)から(三)まで、(十一)又は(十二)の物品（(ぬ)項第四号及び(る)項第二号において「危険物」という。）の貯蔵又は処理に供するもので政令で定めるもの

五 劇場、映画館、演芸場若しくは観覧場のうち客席の部分の床面積の合計が二百平方メートル以上のもの又はナイトクラブその他これに類する用途で政令で定めるものに供する建築物でその用途に供する部分の床面積の合計が二百平方メートル以上のもの

六 前号に掲げるもののほか、劇場、映画館、演芸場若しくは観覧場、ナイトクラブその他これに類する用途で政令で定めるもの又は店舗、飲食店、展示場、遊技場、勝馬投票券発売所、場外車券売場その他これらに類する用途で政令で定めるものに供する建築物でその用途に供する部分（劇場、映画館、演芸場又は観覧場の用途に供する部分に

あつては、客席の部分に限る。）の床面積の合計が一万平方メートルを超えるもの

(ち)	田園住居地域内に建築することができる建築物
	一 (い)項第一号から第九号までに掲げるもの 二 農産物の生産、集荷、処理又は貯蔵に供するもの（政令で定めるものを除く。） 三 農業の生産資材の貯蔵に供するもの 四 地域で生産された農産物の販売を主たる目的とする店舗その他の農業の利便を増進するために必要な店舗、飲食店その他これらに類する用途に供するもののうち政令で定めるものでその用途に供する部分の床面積の合計が五百平方メートル以内のもの（三階以上の部分をその用途に供するものを除く。） 五 前号に掲げるもののほか、店舗、飲食店その他これらに類する用途に供するもののうち政令で定めるものでその用途に供する部分の床面積の合計が百五十平方メートル以内のもの（三階以上の部分をその用途に供するものを除く。） 六 前各号の建築物に附属するもの（政令で定めるものを除く。）
(り)	近隣商業地域内に建築してはならない建築物
	一 (ぬ)項に掲げるもの 二 キャバレー、料理店その他これらに類するもの 三 個室付浴場業に係る公衆浴場その他これに類する政令で定めるもの

一 (る)項第一号及び第二号に掲げるもの

二 原動機を使用する工場で作業場の床面積の合計が百五十平方メートルを超えるもの（日刊新聞の印刷所及び作業場の床面積の合計が三百平方メートルを超えない自動車修理工場を除く。）

三 次に掲げる事業（特殊の機械の使用その他の特殊の方法による事業であつて商業その他の業務の利便を害するおそれがないものとして政令で定めるものを除く。）を営む工場

(一) 玩具煙火の製造

(二) アセチレンガスを用いる金属の工作（アセチレンガス発生器の容量三十リットル以下のもの又は溶解アセチレンガスを用いるものを除く。）

(三) 引火性溶剤を用いるドライクリーニング、ドライダイイング又は塗料の加熱乾燥若しくは焼付（赤外線を用いるものを除く。）

(四) セルロイドの加熱加工又は機械のこぎりを使用する加工

(五) 絵具又は水性塗料の製造

(ぬ)

商業地域内に建築してはならない建築物

(六) 出力の合計が〇・七五キロワットを超える原動機を使用する塗料の吹付

(七) 亜硫酸ガスを用いる物品の漂白

(八) 骨炭その他動物質炭の製造

(八の二) せつけんの製造

(八の三) 魚粉、フェザーミール、肉骨粉、肉粉若しくは血粉又はこれらを原料とする飼料の製造

(八の四) 手すき紙の製造

(九) 羽又は毛の洗浄、染色又は漂白

(十) ぼろ、くず綿、くず紙、くず糸、くず毛その他これらに類するものの消毒、選別、洗浄又は漂白

(十一) 製綿、古綿の再製、起毛、せん毛、反毛又はフェルトの製造で原動機を使用するもの

(十二) 骨、角、牙、ひづめ若しくは貝殻の引割若しくは乾燥研磨又は三台以上の研磨機による金属の乾燥研磨で原動機を使用するもの

(十三) 鉱物、岩石、土砂、コンクリート、アスファルト・コンクリート、硫黄、金属、ガラス、れんが、陶磁器、骨又は貝殻の粉砕で原動機を使用するもの

(十三の二) レディーミクストコンクリートの製造又はセメントの袋詰で出力の合計が二・五キロワットを超える原動機を使用するもの

(十四) 墨、懐炉灰又はれん炭の製造

(十五) 活字若しくは金属工芸品の鋳造又は金属の溶融で容量の合計が五十リットルを超えないるつぼ又は窯を使用するもの（印刷所における活字の鋳造を除く。）

(十六) 瓦、れんが、土器、陶磁器、人造砥石、るつぼ又はほうろう鉄器の製造

(十七) ガラスの製造又は砂吹

(十七の二) 金属の溶射又は砂吹

(十七の三) 鉄板の波付加工

(十七の四) ドラム缶の洗浄又は再生

(十八) スプリングハンマーを使用する金属の鍛造

(十九) 伸線、伸管又はロールを用いる金属の圧延で出力の合計が四キロワット以下の原動機を使用するもの

(二十) (一)から(十九)までに掲げるもののほか、安全上若しくは防火上の危険の度又は衛生上若しくは健康上の有害の度が高いことにより、商業その他の業務の利便を増進する上で支障があるものとして政令で定める事業

四 危険物の貯蔵又は処理に供するもので政令で定めるもの

一 次に掲げる事業（特殊の機械の使用その他の特殊の方法による事業であつて環境の悪化をもたらすおそれのない工業の利便を害するおそれがないものとして政令で定めるものを除く。）を営む工場

(一) 火薬類取締法（昭和二十五年法律第百四十九号）の火薬類（玩具煙火を除く。）の製造

(二) 消防法（昭和二十三年法律第百八十六号）第二条第七項に規定する危険物の製造（政令で定めるものを除く。）

(三) マッチの製造

(四) ニトロセルロース製品の製造

(五) ビスコース製品、アセテート又は銅アンモニアレーヨンの製造

(六) 合成染料若しくはその中間物、顔料又は塗料の製造（漆又は水性塗料の製造を除く。）

(七) 引火性溶剤を用いるゴム製品又は芳香油の製造

(八) 乾燥油又は引火性溶剤を用いる擬革紙布又は防水紙布の製造

(九) 木材を原料とする活性炭

(る) 準工業地域内に建築してはならない建築物	の製造（水蒸気法によるものを除く。） (十) 石炭ガス類又はコークスの製造 (十一) 可燃性ガスの製造（政令で定めるものを除く。） (十二) 圧縮ガス又は液化ガスの製造（製氷又は冷凍を目的とするものを除く。） (十三) 塩素、臭素、ヨード、硫黄、塩化硫黄、弗化水素酸、塩酸、硝酸、硫酸、燐酸、苛性カリ、苛性ソーダ、アンモニア水、炭酸カリ、洗濯ソーダ、ソーダ灰、さらし粉、次硝酸蒼鉛、亜硫酸塩類、チオ硫酸塩類、砒素化合物、鉛化合物、バリウム化合物、銅化合物、水銀化合物、シアン化合物、クロールズルホン酸、クロロホルム、四塩化炭素、ホルマリン、ズルホナール、グリセリン、イヒチオールズルホン酸アンモン、酢酸、石炭酸、安息香酸、タンニン酸、アセトアニリド、アスピリン又はグアヤコールの製造 (十四) たんぱく質の加水分解による製品の製造 (十五) 油脂の採取、硬化又は加熱加工（化粧品の製造を除く。） (十六) ファクチス、合成樹脂、合成ゴム又は合成繊維の製造 (十七) 肥料の製造 (十八) 製紙（手すき紙の製造を除く。）又はパルプの製造 (十九) 製革、にかわの製造又は毛皮若しくは骨の精製 (二十) アスファルトの精製 (二十一) アスファルト、コールタール、木タール、石油蒸溜産物又はその残りかすを原料とする製造 (二十二) セメント、石膏、消石灰、生石灰又はカーバイドの製造 (二十三) 金属の溶融又は精練（容量の合計が五十リットルを超えないるつぼ若しくは窯を使用するもの又は活字若しくは金属工芸品の製造を目的とするものを除く。） (二十四) 炭素粉を原料とする炭素製品若しくは黒鉛製品の製造又は黒鉛の粉砕 (二十五) 金属厚板又は形鋼の工作で原動機を使用するはつり作業（グラインダーを用いるものを除く。）、びよう打作業又は孔埋作業を伴うもの (二十六) 鉄釘類又は鋼球の製造 (二十七) 伸線、伸管又はロールを用いる金属の圧延で出力の合計が四キロワットを超える原動機を使用するもの (二十八) 鍛造機（スプリングハンマーを除く。）を使用する金属の鍛造 (二十九) 動物の臓器又は排せつ物を原料とする医薬品の製造 (三十) 石綿を含有する製品の製造又は粉砕 (三十一) (一)から(三十)までに掲げるもののほか、安全上若しくは防火上の危険の度又は衛生上若しくは健康上の有害の度が高いことにより、環境の悪化をもたらすおそれのない工業の利便を増進する上で支障があるものとして政令で定める事業 二　危険物の貯蔵又は処理に供するもので政令で定めるもの 三　個室付浴場業に係る公衆浴場その他これに類する政令で定めるもの
(を) 工業地域内に建築してはならない建築物	一　(る)項第三号に掲げるもの 二　ホテル又は旅館 三　キャバレー、料理店その他これらに類するもの 四　劇場、映画館、演芸場若しくは観覧場又はナイトクラブその他これに類する政令で定めるもの 五　学校（幼保連携型認定こども園を除く。） 六　病院

		七　店舗、飲食店、展示場、遊技場、勝馬投票券発売所、場外車券売場その他これらに類する用途で政令で定めるものに供する建築物でその用途に供する部分の床面積の合計が一万平方メートルを超えるもの
(わ)	工業専用地域内に建築してはならない建築物	一　(を)項に掲げるもの 二　住宅 三　共同住宅、寄宿舎又は下宿 四　老人ホーム、福祉ホームその他これらに類するもの 五　物品販売業を営む店舗又は飲食店 六　図書館、博物館その他これらに類するもの 七　ボーリング場、スケート場、水泳場その他これらに類する政令で定める運動施設 八　マージャン屋、ぱちんこ屋、射的場、勝馬投票券発売所、場外車券売場その他これらに類するもの
(か)	用途地域の指定のない区域（都市計画法第七条第一項に規定する市街化調整区域を除く。）内に建築してはならない建築物	劇場、映画館、演芸場若しくは観覧場、ナイトクラブその他これに類する用途で政令で定めるもの又は店舗、飲食店、展示場、遊技場、勝馬投票券発売所、場外車券売場その他これらに類する用途で政令で定めるものに供する建築物でその用途に供する部分（劇場、映画館、演芸場又は観覧場の用途に供する部分にあつては、客席の部分に限る。）の床面積の合計が一万平方メートルを超えるもの

○建築基準法施行令〔抄〕

（昭和二五・一一・一六　政令三三八）

最終改正　平成二九・六・一四　政一五六

第六章　建築物の用途

（第二種住居地域及び工業地域内に建築してはならない建築物）

第百三十条の七の三　法別表第二(へ)項第三号及び(を)項第四号（法第八十七条第二項又は第三項において法第四十八条第六項及び第十二項の規定を準用する場合を含む。）の規定により政令で定める建築物は、客にダンスをさせ、かつ、客に飲食をさせる営業（客の接待をするものを除く。）を営む施設（ナイトクラブを除く。）とする。

（準住居地域及び用途地域の指定のない区域内に建築してはならない建築物のナイトクラブに類する用途）

第百三十条の九の二　法別表第二(と)項第五号及び第六号並びに(か)項（法第八十七条第二項又は第三項において法第四十八条第七項及び第十四項の規定を準用する場合を含む。）の規定により政令で定めるナイトクラブに類する用途は、客にダンスをさせ、かつ、客に飲食をさせる営業（客の接待をするものを除く。）を営む施設（ナイトクラブを除く。）とする。

（田園住居地域内に建築してはならない建築物）

第百三十条の九の三　法別表第二(ち)項第二号（法第

八十七条第二項又は第三項において法第四十八条第八項の規定を準用する場合を含む。）の規定により政令で定める建築物は、農産物の乾燥その他の農産物の処理に供する建築物のうち著しい騒音を発生するものとして国土交通大臣が指定するものとする。

（田園住居地域内に建築することができる農業の利便を増進するために必要な店舗、飲食店等の建築物）

第百三十条の九の四　法別表第二(ち)項第四号（法第八十七条第二項又は第三項において法第四十八条第八項の規定を準用する場合を含む。）の規定により政令で定める建築物は、次に掲げるものとする。

一　田園住居地域及びその周辺の地域で生産された農産物の販売を主たる目的とする店舗

二　前号の農産物を材料とする料理の提供を主たる目的とする飲食店

三　自家販売のために食品製造業を営むパン屋、米屋、豆腐屋、菓子屋その他これらに類するもの（第一号の農産物を原材料とする食品の製造又は加工を主たる目的とするものに限る。）で作業場の床面積の合計が五十平方メートル以内のもの（原動機を使用する場合にあつては、その出力の合計が〇・七五キロワット以下のものに限る。）

（近隣商業地域及び準工業地域内に建築してはならない建築物）

第百三十条の九の五　法別表第二(り)項第三号及び(る)項第三号（法第八十七条第二項又は第三項において法第四十八条第九項及び第十一項の規定を準用する場合を含む。）の規定により政令で定める建築物は、ヌードスタジオ、のぞき劇場、ストリップ劇場、専ら異性を同伴する客の休憩の用に供する施設、専ら性的好奇心をそそる写真その他の物品の販売を目的とする店舗その他これらに類するものとする。

○都市計画法（抄）

（昭和四三・六・一五　法律一〇〇）

最終改正　平成三〇・四・二五　法二二

第一章　総則

（目的）

第一条　この法律は、都市計画の内容及びその決定手続、都市計画制限、都市計画事業その他都市計画に関し必要な事項を定めることにより、都市の健全な発展と秩序ある整備を図り、もつて国土の均衡ある発展と公共の福祉の増進に寄与することを目的とする。

（都市計画の基本理念）

第二条　都市計画は、農林漁業との健全な調和を図りつつ、健康で文化的な都市生活及び機能的な都市活動を確保すべきこと並びにこのためには適正な制限のもとに土地の合理的な利用が図られるべきことを基本理念として定めるものとする。

（国、地方公共団体及び住民の責務）

第三条　国及び地方公共団体は、都市の整備、開発その他都市計画の適切な遂行に努めなければならない。

2　都市の住民は、国及び地方公共団体がこの法律の目的を達成するため行なう措置に協力し、良好な都市環境の形成に努めなければならない。

3　国及び地方公共団体は、都市の住民に対し、都市計画に関する知識の普及及び情報の提供に努めなければならない。

（定義）

第四条　この法律において「都市計画」とは、都市の健全な発展と秩序ある整備を図るための土地利用、都市施設の整備及び市街地開発事業に関する計画で、次章の規定に従い定められたものをいう。

2　この法律において「都市計画区域」とは次条の規定により指定された区域を、「準都市計画区域」とは第五条の二の規定により指定された区域をいう。

3　この法律において「地域地区」とは、第八条第一項各号に掲げる地域、地区又は街区をいう。

4　この法律において「促進区域」とは、第十条の二第一項各号に掲げる区域をいう。

5　この法律において「都市施設」とは、都市計画において定められるべき第十一条第一項各号に掲げる施設をいう。

6　この法律において「都市計画施設」とは、都市計画において定められた第十一条第一項各号に掲げる施設をいう。

7　この法律において「市街地開発事業」とは、第十二条第一項各号に掲げる事業をいう。

8　この法律において「市街地開発事業等予定区域」とは、第十二条の二第一項各号に掲げる予定区域をいう。

9　この法律において「地区計画等」とは、第十二条の四第一項各号に掲げる計画をいう。

10　この法律において「建築物」とは建築基準法（昭和二十五年法律第二百一号）第二条第一号に定める建築物を、「建築」とは同条第十三号に定める建築をいう。

11　この法律において「特定工作物」とは、コンクリートプラントその他周辺の地域の環境の悪化をもたらすおそれがある工作物で政令で定めるもの（以下「第一種特定工作物」という。）又はゴルフコースその他大規模な工作物で政令で定めるもの（以下「第二種特定工作物」という。）をいう。

12　この法律において「開発行為」とは、主として建築物の建築又は特定工作物の建設の用に供する目的で行なう土地の区画形質の変更をいう。

13　この法律において「開発区域」とは、開発行為をする土地の区域をいう。

14　この法律において「公共施設」とは、道路、公園その他政令で定める公共の用に供する施設をいう。

15　この法律において「都市計画事業」とは、この法律で定めるところにより第五十九条の規定による認可又は承認を受けて行なわれる都市計画施設の整備に関する事業及び市街地開発事業をいう。

16　この法律において「施行者」とは、都市計画事業を施行する者をいう。

（都市計画区域）

第五条　都道府県は、市又は人口、就業者数その他の事項が政令で定める要件に該当する町村の中心の市街地を含み、かつ、自然的及び社会的条件並びに人口、土地利用、交通量その他国土交通省令で定める事項に関する現況及び推移を勘案して、一体の都市として総合的に整備し、開発し、及び保全する必要がある区域を都市計画区域として指定するものとする。この場合において、必要があるときは、当該市町村の区域外にわたり、都市計画区域を指定することができる。

2　都道府県は、前項の規定によるもののほか、首都圏整備法（昭和三十一年法律第八十三号）による都市開発区域、近畿圏整備法（昭和三十八年法律第百二十九号）による都市開発区域、中部圏開発整備法（昭和四十一年法律第百二号）による都市開発区域その他新たに住居都市、工業都市その他の都市として開発し、及び保全する必要がある区域を都市計画区域として指定するものとする。

3　都道府県は、前二項の規定により都市計画区域を指定しようとするときは、あらかじめ、関係市町村及び都道府県都市計画審議会の意見を聴くとともに、国土交通省令で定めるところにより、国土交通大臣に協議し、その同意を得なければならない。

4　二以上の都府県の区域にわたる都市計画区域は、第一項及び第二項の規定にかかわらず、国土交通大臣が、あらかじめ、関係都府県の意見を聴いて指定するものとする。この場合において、関係都府県が意見を述べようとするときは、あらかじめ、関係市町村及び都道府県都市計画審議会の意見を聴かなければならない。

5　都市計画区域の指定は、国土交通省令で定めるところにより、公告することによつて行なう。

6　前各項の規定は、都市計画区域の変更又は廃止について準用する。

（準都市計画区域）

第五条の二　都道府県は、都市計画区域外の区域のうち、相当数の建築物その他の工作物（以下「建築物等」という。）の建築若しくは建設又はこれらの敷地の造成が現に行われ、又は行われると見込まれる区域を含み、かつ、自然的及び社会的条件並びに農業振興地域の整備に関する法律（昭和四十四年法律第五十八号）その他の法令による土地利用の規制の状況その他国土交通省令で定める事項に関する現況及び推移を勘案して、そのまま土地利用を整序し、又は環境を保全するための措置を講ずることなく放置すれば、将来における一体の都市としての整備、開発及び保全に支障が生じるおそれがあると認められる一定の区域を、準都市計画区域として指定することができる。

2　都道府県は、前項の規定により準都市計画区域を指定しようとするときは、あらかじめ、関係市町村及び都道府県都市計画審議会の意見を聴かなければならない。

3　準都市計画区域の指定は、国土交通省令で定めるところにより、公告することによつて行う。

4　前三項の規定は、準都市計画区域の変更又は廃止について準用する。

5　準都市計画区域の全部又は一部について都市計画区域が指定されたときは、当該準都市計画区域は、前項の規定にかかわらず、廃止され、又は当該都市計画区域と重複する区域以外の区域に変更されたものとみなす。

（都市計画に関する基礎調査）

第六条　都道府県は、都市計画区域について、おおむね五年ごとに、都市計画に関する基礎調査として、国土交通省令で定めるところにより、人口規模、産業分類別の就業人口の規模、市街地の面積、土地利用、交通量その他国土交通省令で定める事項に関する現況及び将来の見通しについての調査を行うものとする。

2　都道府県は、準都市計画区域について、必要があると認めるときは、都市計画に関する基礎調査として、国土交通省令で定めるところにより、土地利用その他国土交通省令で定める事項に関する現況及び将来の見通しについての調査を行うものとする。

3　都道府県は、前二項の規定による基礎調査を行うため必要があると認めるときは、関係市町村に対し、資料の提出その他必要な協力を求めることができる。

4　都道府県は、第一項又は第二項の規定による基礎調査の結果を、国土交通省令で定めるところにより、関係市町村長に通知しなければならない。

5　国土交通大臣は、この法律を施行するため必要があると認めるときは、都道府県に対し、第一項又は第二項の規定による基礎調査の結果について必要な報告を求めることができる。

第二章　都市計画

第一節　都市計画の内容

（都市計画区域の整備、開発及び保全の方針）

第六条の二　都市計画区域については、都市計画に、当該都市計画区域の整備、開発及び保全の方針を定めるものとする。

2　都市計画区域の整備、開発及び保全の方針には、第一号に掲げる事項を定めるものとするとともに、第二号及び第三号に掲げる事項を定めるよう努めるものとする。

一　次条第一項に規定する区域区分の決定の有無及び当該区域区分を定めるときはその方針

二　都市計画の目標

三　第一号に掲げるもののほか、土地利用、都市施設の整備及び市街地開発事業に関する主要な都市計画の決定の方針

3　都市計画区域について定められる都市計画（第十一条第一項後段の規定により都市計画区域外において定められる都市施設（以下「区域外都市施設」という。）に関するものを含む。）は、当該都市計画区域の整備、開発及び保全の方針に即したものでなければならない。

（区域区分）

第七条　都市計画区域について無秩序な市街化を防止し、計画的な市街化を図るため必要があるときは、都市計画に、市街化区域と市街化調整区域との区分（以下「区域区分」という。）を定めることができる。ただし、次に掲げる都市計画区域については、区域区分を定めるものとする。

一　次に掲げる土地の区域の全部又は一部を含む都市計画区域

イ　首都圏整備法第二条第三項に規定する既成市街地又は同条第四項に規定する近郊整備地帯

ロ　近畿圏整備法第二条第三項に規定する既成都市区域又は同条第四項に規定する近郊整備区域

ハ　中部圏開発整備法第二条第三項に規定する都市整備区域

二　前号に掲げるもののほか、大都市に係る都市計画区域として政令で定めるもの

2　市街化区域は、すでに市街地を形成している区域及びおおむね十年以内に優先的かつ計画的に市街化を図るべき区域とする。

3　市街化調整区域は、市街化を抑制すべき区域と

する。

（都市再開発方針等）

第七条の二　都市計画区域については、都市計画に、次に掲げる方針（以下「都市再開発方針等」という。）を定めることができる。

一　都市再開発法（昭和四十四年法律第三十八号）第二条の三第一項又は第二項の規定による都市再開発の方針

二　大都市地域における住宅及び住宅地の供給の促進に関する特別措置法（昭和五十年法律第六十七号）第四条第一項の規定による住宅市街地の開発整備の方針

三　地方拠点都市地域の整備及び産業業務施設の再配置の促進に関する法律（平成四年法律第七十六号）第三十条の規定による拠点業務市街地の開発整備の方針

四　密集市街地における防災街区の整備の促進に関する法律（平成九年法律第四十九号。以下「密集市街地整備法」という。）第三条第一項の規定による防災街区整備方針

2　都市計画区域について定められる都市計画（区域外都市施設に関するものを含む。）は、都市再開発方針等に即したものでなければならない。

（地域地区）

第八条　都市計画区域については、都市計画に、次に掲げる地域、地区又は街区を定めることができる。

一　第一種低層住居専用地域、第二種低層住居専用地域、第一種中高層住居専用地域、第二種中高層住居専用地域、第一種住居地域、第二種住居地域、準住居地域、田園住居地域、近隣商業地域、商業地域、準工業地域、工業地域又は工業専用地域（以下「用途地域」と総称する。）

二　特別用途地区

二の二　特定用途制限地域

二の三　特例容積率適用地区

二の四　高層住居誘導地区

三　高度地区又は高度利用地区

四　特定街区

四の二　都市再生特別措置法（平成十四年法律第二十二号）第三十六条第一項の規定による都市再生特別地区、同法第八十九条の規定による居住調整地域又は同法第百九条第一項の規定による特定用途誘導地区

五　防火地域又は準防火地域

五の二　密集市街地整備法第三十一条第一項の規定による特定防災街区整備地区

六　景観法（平成十六年法律第百十号）第六十一条第一項の規定による景観地区

七　風致地区

八　駐車場法（昭和三十二年法律第百六号）第三条第一項の規定による駐車場整備地区

九　臨港地区

十　古都における歴史的風土の保存に関する特別措置法（昭和四十一年法律第一号）第六条第一項の規定による歴史的風土特別保存地区

十一　明日香村における歴史的風土の保存及び生活環境の整備等に関する特別措置法（昭和五十五年法律第六十号）第三条第一項の規定による第一種歴史的風土保存地区又は第二種歴史的風土保存地区

十二　都市緑地法（昭和四十八年法律第七十二号）第五条の規定による緑地保全地域、同法第十二条の規定による特別緑地保全地区又は同法第三十四条第一項の規定による緑化地域

十三　流通業務市街地の整備に関する法律（昭和四十一年法律第百十号）第四条第一項の規定による流通業務地区

十四　生産緑地法（昭和四十九年法律第六十八号）第三条第一項の規定による生産緑地地区

十五　文化財保護法（昭和二十五年法律第二百十四号）第百四十三条第一項の規定による伝統的建造物群保存地区

十六　特定空港周辺航空機騒音対策特別措置法（昭和五十三年法律第二十六号）第四条第一項の規定による航空機騒音障害防止地区又は航空機騒音障害防止特別地区

2　準都市計画区域については、都市計画に、前項第一号から第二号の二まで、第三号（高度地区に係る部分に限る。）、第六号、第七号、第十二号（都市緑地法第五条の規定による緑地保全地域に係る部分に限る。）又は第十五号に掲げる地域又は地区を定めることができる。

3　地域地区については、都市計画に、第一号及び第二号に掲げる事項を定めるものとするとともに、第三号に掲げる事項を定めるよう努めるものとする。

一　地域地区の種類（特別用途地区にあっては、その指定により実現を図るべき特別の目的を明らかにした特別用途地区の種類）、位置及び区域

二　次に掲げる地域地区については、それぞれ次に定める事項

イ　用途地域　建築基準法第五十二条第一項第一号から第四号までに規定する建築物の容積率（延べ面積の敷地面積に対する割合をいう。以下同じ。）並びに同法第五十三条の二第一項及び第二項に規定する建築物の敷地面積の最低限度（建築物の敷地面積の最低限度にあつては、当該地域における市街地の環境を確保するため必要な場合に限る。）
ロ　第一種低層住居専用地域、第二種低層住居専用地域又は田園住居地域　建築基準法第五十三条第一項第一号に規定する建築物の建蔽率（建築面積の敷地面積に対する割合をいう。以下同じ。）、同法第五十四条に規定する外壁の後退距離の限度（低層住宅に係る良好な住居の環境を保護するため必要な場合に限る。）及び同法第五十五条第一項に規定する建築物の高さの限度
ハ　第一種中高層住居専用地域、第二種中高層住居専用地域、第一種住居地域、第二種住居地域、準住居地域、近隣商業地域、準工業地域、工業地域又は工業専用地域　建築基準法第五十三条第一項第一号から第三号まで又は第五号に規定する建築物の建蔽率
ニ　特定用途制限地域　制限すべき特定の建築物等の用途の概要
ホ　特例容積率適用地区　建築物の高さの最高限度（当該地区における市街地の環境を確保するために必要な場合に限る。）
へ　高層住居誘導地区　建築基準法第五十二条第一項第五号に規定する建築物の容積率、建築物の建蔽率の最高限度（当該地区における市街地の環境を確保するため必要な場合に限る。次条第十七項において同じ。）及び建築物の敷地面積の最低限度（当該地区における市街地の環境を確保するため必要な場合に限る。次条第十七項において同じ。）
ト　高度地区　建築物の高さの最高限度又は最低限度（準都市計画区域内にあつては、建築物の高さの最高限度。次条第十八項において同じ。）
チ　高度利用地区　建築物の容積率の最高限度及び最低限度、建築物の建蔽率の最高限度、建築物の建築面積の最低限度並びに壁面の位置の制限（壁面の位置の制限にあつては、敷地内に道路（都市計画において定められた計画道路を含む。以下この号において同じ。）に接して有効な空間を確保して市街地の環境の向上を図るため必要な場合における当該道路に面する壁面の位置に限る。次条第十九項において同じ。）
リ　特定街区　建築物の容積率並びに建築物の高さの最高限度及び壁面の位置の制限
三　面積その他の政令で定める事項
4　都市再生特別地区、特定用途誘導地区、特定防災街区整備地区、景観地区及び緑化地域について都市計画に定めるべき事項は、前項第一号及び第三号に掲げるもののほか、別に法律で定める。

第九条　第一種低層住居専用地域は、低層住宅に係る良好な住居の環境を保護するため定める地域とする。
2　第二種低層住居専用地域は、主として低層住宅に係る良好な住居の環境を保護するため定める地域とする。
3　第一種中高層住居専用地域は、中高層住宅に係る良好な住居の環境を保護するため定める地域とする。
4　第二種中高層住居専用地域は、主として中高層住宅に係る良好な住居の環境を保護するため定める地域とする。
5　第一種住居地域は、住居の環境を保護するため定める地域とする。
6　第二種住居地域は、主として住居の環境を保護するため定める地域とする。
7　準住居地域は、道路の沿道としての地域の特性にふさわしい業務の利便の増進を図りつつ、これと調和した住居の環境を保護するため定める地域とする。
8　田園住居地域は、農業の利便の増進を図りつつ、これと調和した低層住宅に係る良好な住居の環境を保護するため定める地域とする。
9　近隣商業地域は、近隣の住宅地の住民に対する日用品の供給を行うことを主たる内容とする商業その他の業務の利便を増進するため定める地域とする。
10　商業地域は、主として商業その他の業務の利便を増進するため定める地域とする。
11　準工業地域は、主として環境の悪化をもたらすおそれのない工業の利便を増進するため定める地域とする。
12　工業地域は、主として工業の利便を増進するため定める地域とする。
13　工業専用地域は、工業の利便を増進するため定める地域とする。

14　特別用途地区は、用途地域内の一定の地区における当該地区の特性にふさわしい土地利用の増進、環境の保護等の特別の目的の実現を図るため当該用途地域の指定を補完して定める地区とする。

15　特定用途制限地域は、用途地域が定められていない土地の区域（市街化調整区域を除く。）内において、その良好な環境の形成又は保持のため当該地域の特性に応じて合理的な土地利用が行われるよう、制限すべき特定の建築物等の用途の概要を定める地域とする。

16　特例容積率適用地区は、第一種中高層住居専用地域、第二種中高層住居専用地域、第一種住居地域、第二種住居地域、準住居地域、近隣商業地域、商業地域、準工業地域又は工業地域内の適正な配置及び規模の公共施設を備えた土地の区域において、建築基準法第五十二条第一項から第九項までの規定による建築物の容積率の限度からみて未利用となつている建築物の容積の活用を促進して土地の高度利用を図るため定める地区とする。

17　高層住居誘導地区は、住居と住居以外の用途とを適正に配分し、利便性の高い高層住宅の建設を誘導するため、第一種住居地域、第二種住居地域、準住居地域、近隣商業地域又は準工業地域でこれらの地域に関する都市計画において建築基準法第五十二条第一項第二号に規定する建築物の容積率が十分の四十又は十分の五十と定められたものの内において、建築物の容積率の最高限度、建築物の建蔽率の最高限度及び建築物の敷地面積の最低限度を定める地区とする。

18　高度地区は、用途地域内において市街地の環境を維持し、又は土地利用の増進を図るため、建築物の高さの最高限度又は最低限度を定める地区とする。

19　高度利用地区は、用途地域内の市街地における土地の合理的かつ健全な高度利用と都市機能の更新とを図るため、建築物の容積率の最高限度及び最低限度、建築物の建蔽率の最高限度、建築物の建築面積の最低限度並びに壁面の位置の制限を定める地区とする。

20　特定街区は、市街地の整備改善を図るため街区の整備又は造成が行われる地区について、その街区内における建築物の容積率並びに建築物の高さの最高限度及び壁面の位置の制限を定める街区とする。

21　防火地域又は準防火地域は、市街地における火災の危険を防除するため定める地域とする。

22　風致地区は、都市の風致を維持するため定める地区とする。

23　臨港地区は、港湾を管理運営するため定める地区とする。

第十条　地域地区内における建築物その他の工作物に関する制限については、この法律に特に定めるもののほか、別に法律で定める。

（促進区域）

第十条の二　都市計画区域については、都市計画に、次に掲げる区域を定めることができる。

一　都市再開発法第七条第一項の規定による市街地再開発促進区域

二　大都市地域における住宅及び住宅地の供給の促進に関する特別措置法第五条第一項の規定による土地区画整理促進区域

三　大都市地域における住宅及び住宅地の供給の促進に関する特別措置法第二十四条第一項の規定による住宅街区整備促進区域

四　地方拠点都市地域の整備及び産業業務施設の再配置の促進に関する法律第十九条第一項の規定による拠点業務市街地整備土地区画整理促進区域

2　促進区域については、都市計画に、促進区域の種類、名称、位置及び区域のほか、別に法律で定める事項を定めるものとするとともに、区域の面積その他の政令で定める事項を定めるよう努めるものとする。

3　促進区域内における建築物の建築その他の行為に関する制限については、別に法律で定める。

（遊休土地転換利用促進地区）

第十条の三　都市計画区域については、都市計画に、次に掲げる条件に該当する土地の区域について、遊休土地転換利用促進地区を定めることができる。

一　当該区域内の土地が、相当期間にわたり住宅の用、事業の用に供する施設の用その他の用途に供されていないことその他の政令で定める要件に該当していること。

二　当該区域内の土地が前号の要件に該当していることが、当該区域及びその周辺の地域における計画的な土地利用の増進を図る上で著しく支障となつていること。

三　当該区域内の土地の有効かつ適切な利用を促進することが、当該都市の機能の増進に寄与すること。

四　おおむね五千平方メートル以上の規模の区域

であること。

五　当該区域が市街化区域内にあること。

2　遊休土地転換利用促進地区については、都市計画に、名称、位置及び区域を定めるものとするとともに、区域の面積その他の政令で定める事項を定めるよう努めるものとする。

（被災市街地復興推進地域）

第十条の四　都市計画区域については、都市計画に、被災市街地復興特別措置法（平成七年法律第十四号）第五条第一項の規定による被災市街地復興推進地域を定めることができる。

2　被災市街地復興推進地域については、都市計画に、名称、位置及び区域のほか、別に法律で定める事項を定めるものとするとともに、区域の面積その他の政令で定める事項を定めるよう努めるものとする。

3　被災市街地復興推進地域内における建築物の建築その他の行為に関する制限については、別に法律で定める。

（都市施設）

第十一条　都市計画区域については、都市計画に、次に掲げる施設を定めることができる。この場合において、特に必要があるときは、当該都市計画区域外においても、これらの施設を定めることができる。

一　道路、都市高速鉄道、駐車場、自動車ターミナルその他の交通施設

二　公園、緑地、広場、墓園その他の公共空地

三　水道、電気供給施設、ガス供給施設、下水道、汚物処理場、ごみ焼却場その他の供給施設又は処理施設

四　河川、運河その他の水路

五　学校、図書館、研究施設その他の教育文化施設

六　病院、保育所その他の医療施設又は社会福祉施設

七　市場、と畜場又は火葬場

八　一団地の住宅施設（一団地における五十戸以上の集団住宅及びこれらに附帯する通路その他の施設をいう。）

九　一団地の官公庁施設（一団地の国家機関又は地方公共団体の建築物及びこれらに附帯する通路その他の施設をいう。）

十　流通業務団地

十一　一団地の津波防災拠点市街地形成施設（津波防災地域づくりに関する法律（平成二十三年法律第百二十三号）第二条第十五項に規定する一団地の津波防災拠点市街地形成施設をいう。）

十二　一団地の復興再生拠点市街地形成施設（福島復興再生特別措置法（平成二十四年法律第二十五号）第三十二条第一項に規定する一団地の復興再生拠点市街地形成施設をいう。）

十三　一団地の復興拠点市街地形成施設（大規模災害からの復興に関する法律（平成二十五年法律第五十五号）第二条第八号に規定する一団地の復興拠点市街地形成施設をいう。）

十四　その他政令で定める施設

2　都市施設については、都市計画に、都市施設の種類、名称、位置及び区域を定めるものとするとともに、面積その他の政令で定める事項を定めるよう努めるものとする。

3　道路、都市高速鉄道、河川その他の政令で定める都市施設については、前項に規定するもののほか、適正かつ合理的な土地利用を図るため必要があるときは、当該都市施設の区域の地下又は空間について、当該都市施設を整備する立体的な範囲を都市計画に定めることができる。この場合において、地下に当該立体的な範囲を定めるときは、併せて当該立体的な範囲からの離隔距離の最小限度及び載荷重の最大限度（当該離隔距離に応じて定めるものを含む。）を定めることができる。

4　密集市街地整備法第三十条に規定する防災都市施設に係る都市施設、都市再生特別措置法第十九条の四の規定により付議して定める都市計画に係る都市施設及び同法第五十一条第一項の規定により決定又は変更をする都市計画に係る都市施設、都市鉄道等利便増進法（平成十七年法律第四十一号）第十九条の規定により付議して定める都市計画に係る都市施設、流通業務団地、一団地の津波防災拠点市街地形成施設、一団地の復興再生拠点市街地形成施設並びに一団地の復興拠点市街地形成施設について都市計画に定めるべき事項は、この法律に定めるもののほか、別に法律で定める。

5　次に掲げる都市施設については、第十二条の三第一項の規定により定められる場合を除き、第一号又は第二号に掲げる都市施設にあつては国の機関又は地方公共団体のうちから、第三号に掲げる都市施設にあつては流通業務市街地の整備に関する法律第十条に規定する者のうちから、当該都市施設に関する都市計画事業の施行予定者を都市計画に定めることができる。

一　区域の面積が二十ヘクタール以上の一団地の住宅施設

二　一団地の官公庁施設
三　流通業務団地

6　前項の規定により施行予定者が定められた都市施設に関する都市計画は、これを変更して施行予定者を定めないものとすることができない。

（市街地開発事業）

第十二条　都市計画区域については、都市計画に、次に掲げる事業を定めることができる。
一　土地区画整理法（昭和二十九年法律第百十九号）による土地区画整理事業
二　新住宅市街地開発法（昭和三十八年法律第百三十四号）による新住宅市街地開発事業
三　首都圏の近郊整備地帯及び都市開発区域の整備に関する法律（昭和三十三年法律第九十八号）による工業団地造成事業又は近畿圏の近郊整備区域及び都市開発区域の整備及び開発に関する法律（昭和三十九年法律第百四十五号）による工業団地造成事業
四　都市再開発法による市街地再開発事業
五　新都市基盤整備法（昭和四十七年法律第八十六号）による新都市基盤整備事業
六　大都市地域における住宅及び住宅地の供給の促進に関する特別措置法による住宅街区整備事業
七　密集市街地整備法による防災街区整備事業

2　市街地開発事業については、都市計画に、市街地開発事業の種類、名称及び施行区域を定めるものとするとともに、施行区域の面積その他の政令で定める事項を定めるよう努めるものとする。

3　土地区画整理事業については、前項に定めるもののほか、公共施設の配置及び宅地の整備に関する事項を都市計画に定めるものとする。

4　市街地開発事業について都市計画に定めるべき事項は、この法律に定めるもののほか、別に法律で定める。

5　第一項第二号、第三号又は第五号に掲げる市街地開発事業については、第十二条の三第一項の規定により定められる場合を除き、これらの事業に関する法律（新住宅市街地開発法第四十五条第一項を除く。）において施行者として定められている者のうちから、当該市街地開発事業の施行予定者を都市計画に定めることができる。

6　前項の規定により施行予定者が定められた市街地開発事業に関する都市計画は、これを変更して施行予定者を定めないものとすることができない。

（市街地開発事業等予定区域）

第十二条の二　都市計画区域については、都市計画に、次に掲げる予定区域を定めることができる。
一　新住宅市街地開発事業の予定区域
二　工業団地造成事業の予定区域
三　新都市基盤整備事業の予定区域
四　区域の面積が二十ヘクタール以上の一団地の住宅施設の予定区域
五　一団地の官公庁施設の予定区域
六　流通業務団地の予定区域

2　市街地開発事業等予定区域については、都市計画に、市街地開発事業等予定区域の種類、名称、区域、施行予定者を定めるものとするとともに、区域の面積その他の政令で定める事項を定めるよう努めるものとする。

3　施行予定者は、第一項第一号から第三号まで又は第六号に掲げる予定区域にあつてはこれらの事業又は施設に関する法律（新住宅市街地開発法第四十五条第一項を除く。）において施行者として定められている者のうちから、第一項第四号又は第五号に掲げる予定区域にあつては国の機関又は地方公共団体のうちから定めるものとする。

4　市街地開発事業等予定区域に関する都市計画が定められた場合においては、当該都市計画についての第二十条第一項の規定による告示の日から起算して三年以内に、当該市街地開発事業等予定区域に係る市街地開発事業又は都市施設に関する都市計画を定めなければならない。

5　前項の期間内に、市街地開発事業等予定区域に係る市街地開発事業又は都市施設に関する都市計画が定められたときは当該都市計画についての第二十条第一項の規定による告示の日の翌日から起算して十日を経過した日から、その都市計画が定められなかつたときは前項の期間満了の日の翌日から、将来に向かつて、当該市街地開発事業等予定区域に関する都市計画は、その効力を失う。

（市街地開発事業等予定区域に係る市街地開発事業又は都市施設に関する都市計画に定める事項）

第十二条の三　市街地開発事業等予定区域に係る市街地開発事業又は都市施設に関する都市計画には、施行予定者をも定めるものとする。

2　前項の都市計画に定める施行区域又は区域及び施行予定者は、当該市街地開発事業等予定区域に関する都市計画に定められた区域及び施行予定者でなければならない。

（地区計画等）

第十二条の四　都市計画区域については、都市計画に、次に掲げる計画を定めることができる。
一　地区計画
二　密集市街地整備法第三十二条第一項の規定による防災街区整備地区計画
三　地域における歴史的風致の維持及び向上に関する法律（平成二十年法律第四十号）第三十一条第一項の規定による歴史的風致維持向上地区計画
四　幹線道路の沿道の整備に関する法律（昭和五十五年法律第三十四号）第九条第一項の規定による沿道地区計画
五　集落地域整備法（昭和六十二年法律第六十三号）第五条第一項の規定による集落地区計画
2　地区計画等については、都市計画に、地区計画等の種類、名称、位置及び区域を定めるものとするとともに、区域の面積その他の政令で定める事項を定めるよう努めるものとする。

（地区計画）

第十二条の五　地区計画は、建築物の建築形態、公共施設その他の施設の配置等からみて、一体としてそれぞれの区域の特性にふさわしい態様を備えた良好な環境の各街区を整備し、開発し、及び保全するための計画とし、次の各号のいずれかに該当する土地の区域について定めるものとする。
一　用途地域が定められている土地の区域
二　用途地域が定められていない土地の区域のうち次のいずれかに該当するもの
イ　住宅市街地の開発その他建築物若しくはその敷地の整備に関する事業が行われる、又は行われた土地の区域
ロ　建築物の建築又はその敷地の造成が無秩序に行われ、又は行われると見込まれる一定の土地の区域で、公共施設の整備の状況、土地利用の動向等からみて不良な街区の環境が形成されるおそれがあるもの
ハ　健全な住宅市街地における良好な居住環境その他優れた街区の環境が形成されている土地の区域
2　地区計画については、前条第二項に定めるもののほか、都市計画に、第一号に掲げる事項を定めるものとするとともに、第二号及び第三号に掲げる事項を定めるよう努めるものとする。
一　主として街区内の居住者等の利用に供される道路、公園その他の政令で定める施設（以下「地区施設」という。）及び建築物等の整備並びに土地の利用に関する計画（以下「地区整備計画」という。）
二　当該地区計画の目標
三　当該区域の整備、開発及び保全に関する方針
3　次に掲げる条件に該当する土地の区域における地区計画については、土地の合理的かつ健全な高度利用と都市機能の増進とを図るため、一体的かつ総合的な市街地の再開発又は開発整備を実施すべき区域（以下「再開発等促進区」という。）を都市計画に定めることができる。
一　現に土地の利用状況が著しく変化しつつあり、又は著しく変化することが確実であると見込まれる土地の区域であること。
二　土地の合理的かつ健全な高度利用を図るため、適正な配置及び規模の公共施設を整備する必要がある土地の区域であること。
三　当該区域内の土地の高度利用を図ることが、当該都市の機能の増進に貢献することとなる土地の区域であること。
四　用途地域が定められている土地の区域であること。
4　次に掲げる条件に該当する土地の区域における地区計画については、劇場、店舗、飲食店その他これらに類する用途に供する大規模な建築物（以下「特定大規模建築物」という。）の整備による商業その他の業務の利便の増進を図るため、一体的かつ総合的な市街地の開発整備を実施すべき区域（以下「開発整備促進区」という。）を都市計画に定めることができる。
一　現に土地の利用状況が著しく変化しつつあり、又は著しく変化することが確実であると見込まれる土地の区域であること。
二　特定大規模建築物の整備による商業その他の業務の利便の増進を図るため、適正な配置及び規模の公共施設を整備する必要がある土地の区域であること。
三　当該区域内において特定大規模建築物の整備による商業その他の業務の利便の増進を図ることが、当該都市の機能の増進に貢献することとなる土地の区域であること。
四　第二種住居地域、準住居地域若しくは工業地域が定められている土地の区域又は用途地域が定められていない土地の区域（市街化調整区域を除く。）であること。
5　再開発等促進区又は開発整備促進区を定める地区計画においては、第二項各号に掲げるもののほか、都市計画に、第一号に掲げる事項を定めるものとするとともに、第二号に掲げる事項を定める

よう努めるものとする。

一　道路、公園その他の政令で定める施設（都市計画施設及び地区施設を除く。）の配置及び規模

二　土地利用に関する基本方針

6　再開発等促進区又は開発整備促進区を都市計画に定める際、当該再開発等促進区又は開発整備促進区について、当面建築物又はその敷地の整備と併せて整備されるべき公共施設の整備に関する事業が行われる見込みがないときその他前項第一号に規定する施設の配置及び規模を定めることができない特別の事情があるときは、当該再開発等促進区又は開発整備促進区について同号に規定する施設の配置及び規模を定めることを要しない。

7　地区整備計画においては、次に掲げる事項（市街化調整区域内において定められる地区整備計画については、建築物の容積率の最低限度、建築物の建築面積の最低限度及び建築物等の高さの最低限度を除く。）を定めることができる。

一　地区施設の配置及び規模

二　建築物等の用途の制限、建築物の容積率の最高限度又は最低限度、建築物の建蔽率の最高限度、建築物の敷地面積又は建築面積の最低限度、壁面の位置の制限、壁面後退区域（壁面の位置の制限として定められた限度の線と敷地境界線との間の土地の区域をいう。以下同じ。）における工作物の設置の制限、建築物等の高さの最高限度又は最低限度、建築物等の形態又は色彩その他の意匠の制限、建築物の緑化率（都市緑地法第三十四条第二項に規定する緑化率をいう。）の最低限度その他建築物等に関する事項で政令で定めるもの

三　現に存する樹林地、草地等で良好な居住環境を確保するため必要なものの保全に関する事項

四　前三号に掲げるもののほか、土地の利用に関する事項で政令で定めるもの

8　地区計画を都市計画に定める際、当該地区計画の区域の全部又は一部について地区整備計画を定めることができない特別の事情があるときは、当該区域の全部又は一部について地区整備計画を定めることを要しない。この場合において、地区計画の区域の一部について地区整備計画を定めるときは、当該地区計画については、地区整備計画の区域をも都市計画に定めなければならない。

（建築物の容積率の最高限度を区域の特性に応じたものと公共施設の整備状況に応じたものとに区分して定める地区整備計画）

第十二条の六　地区整備計画においては、適正な配置及び規模の公共施設が整備されていない土地の区域において適正かつ合理的な土地利用の促進を図るため特に必要であると認められるときは、前条第七項第二号の建築物の容積率の最高限度について次の各号に掲げるものごとに数値を区分し、第一号に掲げるものの数値を第二号に掲げるものの数値を超えるものとして定めるものとする。

一　当該地区整備計画の区域の特性（再開発等促進区及び開発整備促進区にあつては、土地利用に関する基本方針に従つて土地利用が変化した後の区域の特性）に応じたもの

二　当該地区整備計画の区域内の公共施設の整備の状況に応じたもの

（区域を区分して建築物の容積を適正に配分する地区整備計画）

第十二条の七　地区整備計画（再開発等促進区及び開発整備促進区におけるものを除く。以下この条において同じ。）においては、用途地域内の適正な配置及び規模の公共施設を備えた土地の区域において建築物の容積を適正に配分することが当該地区整備計画の区域の特性に応じた合理的な土地利用の促進を図るため特に必要であると認められるときは、当該地区整備計画の区域を区分して第十二条の五第七項第二号の建築物の容積率の最高限度を定めるものとする。この場合において、当該地区整備計画の区域を区分して定められた建築物の容積率の最高限度の数値にそれぞれの数値の定められた区域の面積を乗じたものの合計は、当該地区整備計画の区域内の用途地域において定められた建築物の容積率の数値に当該数値の定められた区域の面積を乗じたものの合計を超えてはならない。

（高度利用と都市機能の更新とを図る地区整備計画）

第十二条の八　地区整備計画（再開発等促進区及び開発整備促進区におけるものを除く。）においては、用途地域（第一種低層住居専用地域、第二種低層住居専用地域及び田園住居地域を除く。）内の適正な配置及び規模の公共施設を備えた土地の区域において、その合理的かつ健全な高度利用と都市機能の更新とを図るため特に必要であると認められるときは、建築物の容積率の最高限度及び最低限度、建築物の建蔽率の最高限度、建築物の建築面積の最低限度並びに壁面の位置の制限（壁面の位置の制限にあつては、敷地内に道路（都市

計画において定められた計画道路及び地区施設である道路を含む。以下この条において同じ。）に接して有効な空間を確保して市街地の環境の向上を図るため必要な場合における当該道路に面する壁面の位置を制限するもの（これを含む壁面の位置の制限を含む。）に限る。）を定めるものとする。

（住居と住居以外の用途とを適正に配分する地区整備計画）

第十二条の九　地区整備計画（開発整備促進区におけるものを除く。以下この条において同じ。）においては、住居と住居以外の用途とを適正に配分することが当該地区整備計画の区域の特性（再開発等促進区にあつては、土地利用に関する基本方針に従つて土地利用が変化した後の区域の特性）に応じた合理的な土地利用の促進を図るため特に必要であると認められるときは、第十二条の五第七項第二号の建築物の容積率の最高限度について次の各号に掲げるものごとに数値を区分し、第一号に掲げるものの数値を第二号に掲げるものの数値以上のものとして定めるものとする。

一　その全部又は一部を住居の用途に供する建築物に係るもの

二　その他の建築物に係るもの

（区域の特性に応じた高さ、配列及び形態を備えた建築物の整備を誘導する地区整備計画）

第十二条の十　地区整備計画においては、当該地区整備計画の区域の特性（再開発等促進区及び開発整備促進区にあつては、土地利用に関する基本方針に従つて土地利用が変化した後の区域の特性）に応じた高さ、配列及び形態を備えた建築物を整備することが合理的な土地利用の促進を図るため特に必要であると認められるときは、壁面の位置の制限（道路（都市計画において定められた計画道路及び第十二条の五第五項第一号に規定する施設又は地区施設である道路を含む。）に面する壁面の位置を制限するものを含むものに限る。）、壁面後退区域における工作物の設置の制限（当該壁面後退区域において連続的に有効な空地を確保するため必要なものを含むものに限る。）及び建築物の高さの最高限度を定めるものとする。

（道路の上空又は路面下において建築物等の建築又は建設を行うための地区整備計画）

第十二条の十一　地区整備計画においては、第十二条の五第七項に定めるもののほか、市街地の環境を確保しつつ、適正かつ合理的な土地利用の促進と都市機能の増進とを図るため、道路（都市計画において定められた計画道路を含む。）の上空又は路面下において建築物等の建築又は建設を行うことが適切であると認められるときは、当該道路の区域のうち、建築物等の敷地として併せて利用すべき区域を定めることができる。この場合においては、当該区域内における建築物等の建築又は建設の限界であつて空間又は地下について上下の範囲を定めるものをも定めなければならない。

（適正な配置の特定大規模建築物を整備するための地区整備計画）

第十二条の十二　開発整備促進区における地区整備計画においては、第十二条の五第七項に定めるもののほか、土地利用に関する基本方針に従つて土地利用が変化した後の当該地区整備計画の区域の特性に応じた適正な配置の特定大規模建築物を整備することが合理的な土地利用の促進を図るため特に必要であると認められるときは、劇場、店舗、飲食店その他これらに類する用途のうち当該区域において誘導すべき用途及び当該誘導すべき用途に供する特定大規模建築物の敷地として利用すべき土地の区域を定めることができる。

（防災街区整備地区計画等について都市計画に定めるべき事項）

第十二条の十三　防災街区整備地区計画、歴史的風致維持向上地区計画、沿道地区計画及び集落地区計画について都市計画に定めるべき事項は、第十二条の四第二項に定めるもののほか、別に法律で定める。

（都市計画基準）

第十三条　都市計画区域について定められる都市計画（区域外都市施設に関するものを含む。次項において同じ。）は、国土形成計画、首都圏整備計画、近畿圏整備計画、中部圏開発整備計画、北海道総合開発計画、沖縄振興計画その他の国土計画又は地方計画に関する法律に基づく計画（当該都市について公害防止計画が定められているときは、当該公害防止計画を含む。第三項において同じ。）及び道路、河川、鉄道、港湾、空港等の施設に関する国の計画に適合するとともに、当該都市の特質を考慮して、次に掲げるところに従つて、土地利用、都市施設の整備及び市街地開発事業に関する事項で当該都市の健全な発展と秩序ある整備を図るため必要なものを、一体的かつ総合的に定めなければならない。この場合においては、当該都市における自然的環境の整備又は保全に配慮しなければならない。

一　都市計画区域の整備、開発及び保全の方針は、当該都市の発展の動向、当該都市計画区域における人口及び産業の現状及び将来の見通し等を勘案して、当該都市計画区域を一体の都市として総合的に整備し、開発し、及び保全することを目途として、当該方針に即して都市計画が適切に定められることとなるように定めること。

二　区域区分は、当該都市の発展の動向、当該都市計画区域における人口及び産業の将来の見通し等を勘案して、産業活動の利便と居住環境の保全との調和を図りつつ、国土の合理的利用を確保し、効率的な公共投資を行うことができるように定めること。

三　都市再開発の方針は、市街化区域内において、計画的な再開発が必要な市街地について定めること。

四　住宅市街地の開発整備の方針は、大都市地域における住宅及び住宅市街地の供給の促進に関する特別措置法第四条第一項に規定する都市計画区域について、良好な住宅市街地の開発整備が図られるように定めること。

五　拠点業務市街地の開発整備の方針は、地方拠点都市地域の整備及び産業業務施設の再配置の促進に関する法律第八条第一項の同意基本計画において定められた同法第二条第二項の拠点地区に係る市街化区域について、当該同意基本計画の達成に資するように定めること。

六　防災街区整備方針は、市街化区域内において、密集市街地整備法第二条第一号の密集市街地内の各街区について同条第二号の防災街区としての整備が図られるように定めること。

七　地域地区は、土地の自然的条件及び土地利用の動向を勘案して、住居、商業、工業その他の用途を適正に配分することにより、都市機能を維持増進し、かつ、住居の環境を保護し、商業、工業等の利便を増進し、良好な景観を形成し、風致を維持し、公害を防止する等適正な都市環境を保持するように定めること。この場合において、市街化区域については、少なくとも用途地域を定めるものとし、市街化調整区域については、原則として用途地域を定めないものとする。

八　促進区域は、市街化区域又は区域区分が定められていない都市計画区域内において、主として関係権利者による市街地の計画的な整備又は開発を促進する必要があると認められる土地の区域について定めること。

九　遊休土地転換利用促進地区は、主として関係権利者による有効かつ適切な利用を促進する必要があると認められる土地の区域について定めること。

十　被災市街地復興推進地域は、大規模な火災、震災その他の災害により相当数の建築物が滅失した市街地の計画的な整備改善を推進して、その緊急かつ健全な復興を図る必要があると認められる土地の区域について定めること。

十一　都市施設は、土地利用、交通等の現状及び将来の見通しを勘案して、適切な規模で必要な位置に配置することにより、円滑な都市活動を確保し、良好な都市環境を保持するように定めること。この場合において、市街化区域及び区域区分が定められていない都市計画区域については、少なくとも道路、公園及び下水道を定めるものとし、第一種低層住居専用地域、第二種低層住居専用地域、第一種中高層住居専用地域、第二種中高層住居専用地域、第一種住居地域、第二種住居地域、準住居地域及び田園住居地域については、義務教育施設をも定めるものとする。

十二　市街地開発事業は、市街化区域又は区域区分が定められていない都市計画区域内において、一体的に開発し、又は整備する必要がある土地の区域について定めること。

十三　市街地開発事業等予定区域は、市街地開発事業に係るものにあつては市街化区域又は区域区分が定められていない都市計画区域内において、一体的に開発し、又は整備する必要がある土地の区域について、都市施設に係るものにあつては当該都市施設が第十一号前段の基準に合致することとなるような土地の区域について定めること。

十四　地区計画は、公共施設の整備、建築物の建築その他の土地利用の現状及び将来の見通しを勘案し、当該区域の各街区における防災、安全、衛生等に関する機能が確保され、かつ、その良好な環境の形成又は保持のためその区域の特性に応じて合理的な土地利用が行われることを目途として、当該計画に従つて秩序ある開発行為、建築又は施設の整備が行われることとなるように定めること。この場合において、次のイからハまでに掲げる地区計画については、当該イからハまでに定めるところによること。

イ　市街化調整区域における地区計画　市街化区域における市街化の状況等を勘案して、地区計画の区域の周辺における市街化を促進することがない等当該都市計画区域における計画的な市街化を図る上で支障がないように定めること。

ロ　再開発等促進区を定める地区計画　土地の合理的かつ健全な高度利用と都市機能の増進とが図られることを目途として、一体的かつ総合的な市街地の再開発又は開発整備が実施されることとなるように定めること。この場合において、第一種低層住居専用地域、第二種低層住居専用地域及び田園住居地域については、再開発等促進区の周辺の低層住宅に係る良好な住居の環境の保護に支障がないように定めること。

ハ　開発整備促進区を定める地区計画　特定大規模建築物の整備による商業その他の業務の利便の増進が図られることを目途として、一体的かつ総合的な市街地の開発整備が実施されることとなるように定めること。この場合において、第二種住居地域及び準住居地域については、開発整備促進区の周辺の住宅に係る住居の環境の保護に支障がないように定めること。

十五　防災街区整備地区計画は、当該区域の各街区が火事又は地震が発生した場合の延焼防止上及び避難上確保されるべき機能を備えるとともに、土地の合理的かつ健全な利用が図られることを目途として、一体的かつ総合的な市街地の整備が行われることとなるように定めること。

十六　歴史的風致維持向上地区計画は、地域におけるその固有の歴史及び伝統を反映した人々の活動とその活動が行われる歴史上価値の高い建造物及びその周辺の市街地とが一体となつて形成してきた良好な市街地の環境の維持及び向上並びに土地の合理的かつ健全な利用が図られるように定めること。

十七　沿道地区計画は、道路交通騒音により生ずる障害を防止するとともに、適正かつ合理的な土地利用が図られるように定めること。この場合において、沿道再開発等促進区（幹線道路の沿道の整備に関する法律第九条第三項の規定による沿道再開発等促進区をいう。以下同じ。）を定める沿道地区計画については、土地の合理的かつ健全な高度利用と都市機能の増進とが図られることを目途として、一体的かつ総合的な市街地の再開発又は開発整備が実施されることとなるように定めることとし、そのうち第一種低層住居専用地域、第二種低層住居専用地域及び田園住居地域におけるものについては、沿道再開発等促進区の周辺の低層住宅に係る良好な住居の環境の保護に支障がないように定めること。

十八　集落地区計画は、営農条件と調和のとれた居住環境を整備するとともに、適正な土地利用が図られるように定めること。

十九　前各号の基準を適用するについては、第六条第一項の規定による都市計画に関する基礎調査の結果に基づき、かつ、政府が法律に基づき行う人口、産業、住宅、建築、交通、工場立地その他の調査の結果について配慮すること。

2　都市計画区域について定められる都市計画は、当該都市の住民が健康で文化的な都市生活を享受することができるように、住宅の建設及び居住環境の整備に関する計画を定めなければならない。

3　準都市計画区域について定められる都市計画は、第一項に規定する国土計画若しくは地方計画又は施設に関する国の計画に適合するとともに、地域の特質を考慮して、次に掲げるところに従つて、土地利用の整序又は環境の保全を図るため必要な事項を定めなければならない。この場合においては、当該地域における自然的環境の整備又は保全及び農林漁業の生産条件の整備に配慮しなければならない。

一　地域地区は、土地の自然的条件及び土地利用の動向を勘案して、住居の環境を保護し、良好な景観を形成し、風致を維持し、公害を防止する等地域の環境を適正に保持するように定めること。

二　前号の基準を適用するについては、第六条第二項の規定による都市計画に関する基礎調査の結果に基づくこと。

4　都市再開発方針等、第八条第一項第四号の二、第五号の二、第六号、第八号及び第十号から第十六号までに掲げる地域地区、促進区域、被災市街地復興推進地域、流通業務団地、一団地の津波防災拠点市街地形成施設、一団地の復興再生拠点市街地形成施設、一団地の復興拠点市街地形成施設、市街地開発事業、市街地開発事業等予定区域（第十二条の二第一項第四号及び第五号に掲げるものを除く。）、防災街区整備地区計画、歴史的風致維持向上地区計画、沿道地区計画並びに集落地区計画に関する都市計画の策定に関し必要な基準は、前三項に定めるもののほか、別に法律で定める。

5 地区計画を都市計画に定めるについて必要な基準は、第一項及び第二項に定めるもののほか、政令で定める。

6 都市計画の策定に関し必要な技術的基準は、政令で定める。

（都市計画の図書）

第十四条 都市計画は、国土交通省令で定めるところにより、総括図、計画図及び計画書によつて表示するものとする。

2 計画図及び計画書における区域区分の表示又は次に掲げる区域の表示は、土地に関し権利を有する者が、自己の権利に係る土地が区域区分により区分される市街化区域若しくは市街化調整区域のいずれの区域に含まれるか又は次に掲げる区域に含まれるかどうかを容易に判断することができるものでなければならない。

一 都市再開発の方針に定められている都市再開発法第二条の三第一項第二号又は第二項の地区の区域

二 防災街区整備方針に定められている防災再開発促進地区（密集市街地整備法第三条第一項第一号に規定する防災再開発促進地区をいう。）の区域

三 地域地区の区域

四 促進区域の区域

五 遊休土地転換利用促進地区の区域

六 被災市街地復興推進地域の区域

七 都市計画施設の区域

八 市街地開発事業の施行区域

九 市街地開発事業等予定区域の区域

十 地区計画の区域（地区計画の区域の一部について再開発等促進区若しくは開発整備促進区又は地区整備計画が定められているときは、地区計画の区域及び再開発等促進区若しくは開発整備促進区又は地区整備計画の区域）

十一 防災街区整備地区計画の区域（防災街区整備地区計画の区域について地区防災施設（密集市街地整備法第三十二条第二項第一号に規定する地区防災施設をいう。以下この号及び第三十三条第一項において同じ。）、特定建築物地区整備計画（密集市街地整備法第三十二条第二項第一号の規定による特定建築物地区整備計画をいう。以下この号及び第三十三条第一項において同じ。）又は防災街区整備地区整備計画（密集市街地整備法第三十二条第二項第二号の規定による防災街区整備地区整備計画をいう。以下この号及び第三十三条第一項において同じ。）が定められているときは、防災街区整備地区計画の区域及び地区防災施設の区域、特定建築物地区整備計画の区域又は防災街区整備地区整備計画の区域）

十二 歴史的風致維持向上地区計画の区域（歴史的風致維持向上地区計画の区域の一部について地域における歴史的風致の維持及び向上に関する法律第三十一条第三項第三号に規定する土地の区域又は歴史的風致維持向上地区整備計画（同条第二項第一号の規定による歴史的風致維持向上地区整備計画をいう。以下この号及び第三十三条第一項において同じ。）が定められているときは、歴史的風致維持向上地区計画の区域及び当該定められた土地の区域又は歴史的風致維持向上地区整備計画の区域）

十三 沿道地区計画の区域（沿道地区計画の区域の一部について沿道再開発等促進区又は沿道地区整備計画（幹線道路の沿道の整備に関する法律第九条第二項第一号に掲げる沿道地区整備計画をいう。以下同じ。）が定められているときは、沿道地区計画の区域及び沿道再開発等促進区又は沿道地区整備計画の区域）

十四 集落地区計画の区域（集落地区計画の区域の一部について集落地区整備計画（集落地域整備法第五条第三項の規定による集落地区整備計画をいう。以下同じ。）が定められているときは、集落地区計画の区域及び集落地区整備計画の区域）

3 第十一条第三項の規定により都市計画施設の区域について都市施設を整備する立体的な範囲が定められている場合においては、計画図及び計画書における当該立体的な範囲の表示は、当該区域内において建築物の建築をしようとする者が、当該建築が、当該立体的な範囲外において行われるかどうか、同項後段の規定により当該立体的な範囲からの離隔距離の最小限度が定められているときは当該立体的な範囲から最小限度の離隔距離を確保しているかどうかを容易に判断することができるものでなければならない。

第二節 都市計画の決定及び変更

（都市計画を定める者）

第十五条 次に掲げる都市計画は都道府県が、その他の都市計画は市町村が定める。

一　都市計画区域の整備、開発及び保全の方針に関する都市計画
二　区域区分に関する都市計画
三　都市再開発方針等に関する都市計画
四　第八条第一項第四号の二、第九号から第十三号まで及び第十六号に掲げる地域地区（同項第四号の二に掲げる地区にあつては都市再生特別措置法第三十六条第一項の規定による都市再生特別地区に、第八条第一項第九号に掲げる地区にあつては港湾法（昭和二十五年法律第二百十八号）第二条第二項の国際戦略港湾、国際拠点港湾又は重要港湾に係るものに、第八条第一項第十二号に掲げる地区にあつては都市緑地法第五条の規定による緑地保全地域（二以上の市町村の区域にわたるものに限る。）、首都圏近郊緑地保全法（昭和四十一年法律第百一号）第四条第二項第三号の近郊緑地特別保全地区及び近畿圏の保全区域の整備に関する法律（昭和四十二年法律第百三号）第六条第二項の近郊緑地特別保全地区に限る。）に関する都市計画
五　一の市町村の区域を超える広域の見地から決定すべき地域地区として政令で定めるもの又は一の市町村の区域を超える広域の見地から決定すべき都市施設若しくは根幹的都市施設として政令で定めるものに関する都市計画
六　市街地開発事業（土地区画整理事業、市街地再開発事業、住宅街区整備事業及び防災街区整備事業にあつては、政令で定める大規模なものであつて、国の機関又は都道府県が施行すると見込まれるものに限る。）に関する都市計画
七　市街地開発事業等予定区域（第十二条の二第一項第四号から第六号までに掲げる予定区域にあつては、一の市町村の区域を超える広域の見地から決定すべき都市施設又は根幹的都市施設の予定区域として政令で定めるものに限る。）に関する都市計画

2　市町村の合併その他の理由により、前項第五号に該当する都市計画が同号に該当しないこととなつたとき、又は同号に該当しない都市計画が同号に該当することとなつたときは、当該都市計画は、それぞれ市町村又は都道府県が決定したものとみなす。

3　市町村が定める都市計画は、議会の議決を経て定められた当該市町村の建設に関する基本構想に即し、かつ、都道府県が定めた都市計画に適合したものでなければならない。

4　市町村が定めた都市計画が、都道府県が定めた都市計画と抵触するときは、その限りにおいて、都道府県が定めた都市計画が優先するものとする。

（都道府県の都市計画の案の作成）

第十五条の二　市町村は、必要があると認めるときは、都道府県に対し、都道府県が定める都市計画の案の内容となるべき事項を申し出ることができる。

2　都道府県は、都市計画の案を作成しようとするときは、関係市町村に対し、資料の提出その他必要な協力を求めることができる。

（公聴会の開催等）

第十六条　都道府県又は市町村は、次項の規定による場合を除くほか、都市計画の案を作成しようとする場合において必要があると認めるときは、公聴会の開催等住民の意見を反映させるために必要な措置を講ずるものとする。

2　都市計画に定める地区計画等の案は、意見の提出方法その他の政令で定める事項について条例で定めるところにより、その案に係る区域内の土地の所有者その他政令で定める利害関係を有する者の意見を求めて作成するものとする。

3　市町村は、前項の条例において、住民又は利害関係人から地区計画等に関する都市計画の決定若しくは変更又は地区計画等の案の内容となるべき事項を申し出る方法を定めることができる。

（都市計画の案の縦覧等）

第十七条　都道府県又は市町村は、都市計画を決定しようとするときは、あらかじめ、国土交通省令で定めるところにより、その旨を公告し、当該都市計画の案を、当該都市計画を決定しようとする理由を記載した書面を添えて、当該公告の日から二週間公衆の縦覧に供しなければならない。

2　前項の規定による公告があつたときは、関係市町村の住民及び利害関係人は、同項の縦覧期間満了の日までに、縦覧に供された都市計画の案について、都道府県の作成に係るものにあつては都道府県に、市町村の作成に係るものにあつては市町村に、意見書を提出することができる。

3　特定街区に関する都市計画の案については、政令で定める利害関係を有する者の同意を得なければならない。

4　遊休土地転換利用促進地区に関する都市計画の案については、当該遊休土地転換利用促進地区内の土地に関する所有権又は地上権その他の政令で定める使用若しくは収益を目的とする権利を有す

る者の意見を聴かなければならない。

5　都市計画事業の施行予定者を定める都市計画の案については、当該施行予定者の同意を得なければならない。ただし、第十二条の三第二項の規定の適用がある事項については、この限りでない。

（条例との関係）

第十七条の二　前二条の規定は、都道府県又は市町村が、住民又は利害関係人に係る都市計画の決定の手続に関する事項（前二条の規定に反しないものに限る。）について、条例で必要な規定を定めることを妨げるものではない。

（都道府県の都市計画の決定）

第十八条　都道府県は、関係市町村の意見を聴き、かつ、都道府県都市計画審議会の議を経て、都市計画を決定するものとする。

2　都道府県は、前項の規定により都市計画の案を都道府県都市計画審議会に付議しようとするときは、第十七条第二項の規定により提出された意見書の要旨を都道府県都市計画審議会に提出しなければならない。

3　都道府県は、国の利害に重大な関係がある政令で定める都市計画の決定をしようとするときは、あらかじめ、国土交通省令で定めるところにより、国土交通大臣に協議し、その同意を得なければならない。

4　国土交通大臣は、国の利害との調整を図る観点から、前項の協議を行うものとする。

（市町村の都市計画に関する基本的な方針）

第十八条の二　市町村は、議会の議決を経て定められた当該市町村の建設に関する基本構想並びに都市計画区域の整備、開発及び保全の方針に即し、当該市町村の都市計画に関する基本的な方針（以下この条において「基本方針」という。）を定めるものとする。

2　市町村は、基本方針を定めようとするときは、あらかじめ、公聴会の開催等住民の意見を反映させるために必要な措置を講ずるものとする。

3　市町村は、基本方針を定めたときは、遅滞なく、これを公表するとともに、都道府県知事に通知しなければならない。

4　市町村が定める都市計画は、基本方針に即したものでなければならない。

（市町村の都市計画の決定）

第十九条　市町村は、市町村都市計画審議会（当該市町村に市町村都市計画審議会が置かれていないときは、当該市町村の存する都道府県の都道府県都市計画審議会）の議を経て、都市計画を決定するものとする。

2　市町村は、前項の規定により都市計画の案を市町村都市計画審議会又は都道府県都市計画審議会に付議しようとするときは、第十七条第二項の規定により提出された意見書の要旨を市町村都市計画審議会又は都道府県都市計画審議会に提出しなければならない。

3　市町村は、都市計画区域又は準都市計画区域について都市計画（都市計画区域について定めるものにあつては区域外都市施設に関するものを含み、地区計画等にあつては当該都市計画に定めようとする事項のうち政令で定める地区施設の配置及び規模その他の事項に限る。）を決定しようとするときは、あらかじめ、都道府県知事に協議しなければならない。この場合において、町村にあつては都道府県知事の同意を得なければならない。

4　都道府県知事は、一の市町村の区域を超える広域の見地からの調整を図る観点又は都道府県が定め、若しくは定めようとする都市計画との適合を図る観点から、前項の協議を行うものとする。

5　都道府県知事は、第三項の協議を行うに当たり必要があると認めるときは、関係市町村に対し、資料の提出、意見の開陳、説明その他必要な協力を求めることができる。

（都市計画の告示等）

第二十条　都道府県又は市町村は、都市計画を決定したときは、その旨を告示し、かつ、都道府県にあつては関係市町村長に、市町村にあつては都道府県知事に、第十四条第一項に規定する図書の写しを送付しなければならない。

2　都道府県知事及び市町村長は、国土交通省令で定めるところにより、前項の図書又はその写しを当該都道府県又は市町村の事務所に備え置いて一般の閲覧に供する方法その他の適切な方法により公衆の縦覧に供しなければならない。

3　都市計画は、第一項の規定による告示があつた日から、その効力を生ずる。

（都市計画の変更）

第二十一条　都道府県又は市町村は、都市計画区域又は準都市計画区域が変更されたとき、第六条第一項若しくは第二項の規定による都市計画に関する基礎調査又は第十三条第一項第十九号に規定する政府が行う調査の結果都市計画を変更する必要が明らかとなつたとき、遊休土地転換利用促進地区に関する都市計画についてその目的が達成されたと認めるとき、その他都市計画を変更する必要が生じたときは、遅滞なく、当該都市計画を変更しなければならない。

2　第十七条から第十八条まで及び前二条の規定は、都市計画の変更（第十七条、第十八条第二項及び第三項並びに第十九条第二項及び第三項の規定については、政令で定める軽易な変更を除く。）について準用する。この場合において、施行予定者を変更する都市計画の変更については、第十七条第五項中「当該施行予定者」とあるのは、「変更前後の施行予定者」と読み替えるものとする。

（都市計画の決定等の提案）

第二十一条の二　都市計画区域又は準都市計画区域のうち、一体として整備し、開発し、又は保全すべき土地の区域としてふさわしい政令で定める規模以上の一団の土地の区域について、当該土地の所有権又は建物の所有を目的とする対抗要件を備えた地上権若しくは賃借権（臨時設備その他一時使用のため設定されたことが明らかなものを除く。以下「借地権」という。）を有する者（以下この条において「土地所有者等」という。）は、一人で、又は数人共同して、都道府県又は市町村に対し、都市計画（都市計画区域の整備、開発及び保全の方針並びに都市再開発方針等に関するものを除く。次項及び第七十五条の九第一項において同じ。）の決定又は変更をすることを提案することができる。この場合においては、当該提案に係る都市計画の素案を添えなければならない。

2　まちづくりの推進を図る活動を行うことを目的とする特定非営利活動促進法（平成十年法律第七号）第二条第二項の特定非営利活動法人、一般社団法人若しくは一般財団法人その他の営利を目的としない法人、独立行政法人都市再生機構、地方住宅供給公社若しくはまちづくりの推進に関し経験と知識を有するものとして国土交通省令で定める団体又はこれらに準ずるものとして地方公共団体の条例で定める団体は、前項に規定する土地の区域について、都道府県又は市町村に対し、都市計画の決定又は変更をすることを提案することができる。同項後段の規定は、この場合について準用する。

3　前二項の規定による提案（以下「計画提案」という。）は、次に掲げるところに従つて、国土交通省令で定めるところにより行うものとする。

一　当該計画提案に係る都市計画の素案の内容が、第十三条その他の法令の規定に基づく都市計画に関する基準に適合するものであること。

二　当該計画提案に係る都市計画の素案の対象となる土地（国又は地方公共団体の所有している土地で公共施設の用に供されているものを除く。以下この号において同じ。）の区域内の土地所有者等の三分の二以上の同意（同意した者が所有するその区域内の土地の地積と同意した者が有する借地権の目的となつているその区域内の土地の地積の合計が、その区域内の土地の総地積と借地権の目的となつている土地の総地積との合計の三分の二以上となる場合に限る。）を得ていること。

（計画提案に対する都道府県又は市町村の判断等）

第二十一条の三　都道府県又は市町村は、計画提案が行われたときは、遅滞なく、計画提案を踏まえた都市計画（計画提案に係る都市計画の素案の内容の全部又は一部を実現することとなる都市計画をいう。以下同じ。）の決定又は変更をする必要があるかどうかを判断し、当該都市計画の決定又は変更をする必要があると認めるときは、その案を作成しなければならない。

（計画提案を踏まえた都市計画の案の都道府県都市計画審議会等への付議）

第二十一条の四　都道府県又は市町村は、計画提案を踏まえた都市計画（当該計画提案に係る都市計画の素案の内容の全部を実現するものを除く。）の決定又は変更をしようとする場合において、第十八条第一項又は第十九条第一項（これらの規定を第二十一条第二項において準用する場合を含む。）の規定により都市計画の案を都道府県都市計画審議会又は市町村都市計画審議会に付議しようとするときは、当該都市計画の案に併せて、当該計画提案に係る都市計画の素案を提出しなければならない。

（計画提案を踏まえた都市計画の決定等をしない場合にとるべき措置）

第二十一条の五　都道府県又は市町村は、計画提案を踏まえた都市計画の決定又は変更をする必要がないと判断したときは、遅滞なく、その旨及びその理由を、当該計画提案をした者に通知しなければならない。

2　都道府県又は市町村は、前項の通知をしようとするときは、あらかじめ、都道府県都市計画審議会（当該市町村に市町村都市計画審議会が置かれているときは、当該市町村都市計画審議会）に当該計画提案に係る都市計画の素案を提出してその意見を聴かなければならない。

（国土交通大臣の定める都市計画）

第二十二条　二以上の都府県の区域にわたる都市計画区域に係る都市計画は、国土交通大臣及び市町村が定めるものとする。この場合においては、第十五条、第十五条の二、第十七条第一項及び第二項、第二十一条第一項、第二十一条の二第一項及び第二項並びに第二十一条の三中「都道府県」とあり、並びに第十九条第三項から第五項までの規定中「都道府県知事」とあるのは「国土交通大臣」と、第十七条の二中「都道府県又は市町村」とあるのは「市町村」と、第十八条第一項及び第二項中「都道府県は」とあるのは「国土交通大臣は」と、第十九条第四項中「都道府県が」とあるのは「国土交通大臣が」と、第二十条第一項、第二十一条の四及び前条中「都道府県又は」とあるのは「国土交通大臣又は」と、第二十条第一項中「都道府県にあつては関係市町村長」とあるのは「国土交通大臣にあつては関係都府県知事及び関係市町村長」と、「都道府県知事」とあるのは「国土交通大臣及び都府県知事」とする。

2　国土交通大臣は、都府県が作成する案に基づいて都市計画を定めるものとする。

3　都府県の合併その他の理由により、二以上の都府県の区域にわたる都市計画区域が一の都府県の区域内の区域となり、又は一の都府県の区域内の都市計画区域が二以上の都府県の区域にわたることとなつた場合における必要な経過措置については、政令で定める。

（他の行政機関等との調整等）

第二十三条　国土交通大臣が都市計画区域の整備、開発及び保全の方針（第六条の二第二項第一号に掲げる事項に限る。以下この条及び第二十四条第三項において同じ。）若しくは区域区分に関する都市計画を定め、若しくはその決定若しくは変更に同意しようとするとき、又は都道府県が都市計画区域の整備、開発及び保全の方針若しくは区域区分に関する都市計画を定めようとするとき（国土交通大臣の同意を要するときを除く。）は、国土交通大臣又は都道府県は、あらかじめ、農林水産大臣に協議しなければならない。ただし、国土交通大臣が区域区分に関する都市計画を定め、若しくはその決定若しくは変更に同意しようとする場合又は都道府県が区域区分に関する都市計画を定めようとする場合（国土交通大臣の同意を要する場合を除く。）にあつては、当該区域区分により市街化区域に定められることとなる土地の区域に農業振興地域の整備に関する法律第八条第二項第一号に規定する農用地区域その他政令で定める土地の区域が含まれるときに限る。

2　国土交通大臣は、都市計画区域の整備、開発及び保全の方針若しくは区域区分に関する都市計画を定め、又はその決定若しくは変更に同意しようとするときは、あらかじめ、経済産業大臣及び環境大臣の意見を聴かなければならない。

3　厚生労働大臣は、必要があると認めるときは、都市計画区域の整備、開発及び保全の方針、区域区分並びに用途地域に関する都市計画に関し、国土交通大臣に意見を述べることができる。

4　臨港地区に関する都市計画は、港湾法第二条第一項の港湾管理者が申し出た案に基づいて定めるものとする。

5　国土交通大臣は、都市施設に関する都市計画を定め、又はその決定若しくは変更に同意しようとするときは、あらかじめ、当該都市施設の設置又は経営について、免許、許可、認可等の処分をする権限を有する国の行政機関の長に協議しなければならない。

6　国土交通大臣、都道府県又は市町村は、都市施設に関する都市計画又は都市施設に係る市街地開発事業等予定区域に関する都市計画を定めようとするときは、あらかじめ、当該都市施設を管理することとなる者その他政令で定める者に協議しなければならない。

7　市町村は、第十二条の十一の規定により地区整備計画において建築物等の建築又は建設の限界を定めようとするときは、あらかじめ、同条に規定する道路の管理者又は管理者となるべき者に協議しなければならない。

（準都市計画区域について都市計画区域が指定された場合における都市計画の取扱い）

第二十三条の二　準都市計画区域の全部又は一部について都市計画区域が指定されたときは、当該都市計画区域と重複する区域内において定められている都市計画は、当該都市計画区域について定められているものとみなす。

（国土交通大臣の指示等）

第二十四条　国土交通大臣は、国の利害に重大な関係がある事項に関し、必要があると認めるときは、都道府県に対し、又は都道府県知事を通じて市町村に対し、期限を定めて、都市計画区域の指定又は都市計画の決定若しくは変更のため必要な措置をとるべきことを指示することができる。この場合においては、都道府県又は市町村は、正当な理由がない限り、当該指示に従わなければならない。

2　国の行政機関の長は、その所管に係る事項で国の利害に重大な関係があるものに関し、前項の指示をすべきことを国土交通大臣に対し要請することができる。

3　第二十三条第一項及び第二項の規定は、都市計画区域の整備、開発及び保全の方針又は区域区分に関する都市計画に関し第一項の指示をする場合に、同条第五項の規定は、都市施設に関する都市計画に関し第一項の指示をする場合に準用する。

4　国土交通大臣は、都道府県又は市町村が所定の期限までに正当な理由がなく第一項の規定により指示された措置をとらないときは、正当な理由がないことについて社会資本整備審議会の確認を得た上で、自ら当該措置をとることができるものとする。ただし、市町村がとるべき措置については、国土交通大臣は、自ら行う必要があると認める場合を除き、都道府県に対し、当該措置をとるよう指示するものとする。

5　都道府県は、前項ただし書の規定による指示を受けたときは、当該指示に係る措置をとるものとする。

6　都道府県は、必要があると認めるときは、市町村に対し、期限を定めて、都市計画の決定又は変更のため必要な措置をとるべきことを求めることができる。

7　都道府県は、都市計画の決定又は変更のため必要があるときは、自ら、又は市町村の要請に基づいて、国の関係行政機関の長に対して、都市計画区域又は準都市計画区域に係る第十三条第一項に規定する国土計画若しくは地方計画又は施設に関する国の計画の策定又は変更について申し出ることができる。

8　国の行政機関の長は、前項の申出があつたときは、当該申出に係る事項について決定し、その結果を都道府県知事に通知しなければならない。

（調査のための立入り等）

第二十五条　国土交通大臣、都道府県知事又は市町村長は、都市計画の決定又は変更のために他人の占有する土地に立ち入つて測量又は調査を行う必要があるときは、その必要の限度において、他人の占有する土地に、自ら立ち入り、又はその命じた者若しくは委任した者に立ち入らせることができる。

2　前項の規定により他人の占有する土地に立ち入ろうとする者は、立ち入ろうとする日の三日前までに、その旨を土地の占有者に通知しなければならない。

3　第一項の規定により、建築物が所在し、又はかき、さく等で囲まれた他人の占有する土地に立ち入ろうとするときは、その立ち入ろうとする者は、立入りの際、あらかじめ、その旨を土地の占有者に告げなければならない。

4　日出前又は日没後においては、土地の占有者の承諾があつた場合を除き、前項に規定する土地に立ち入つてはならない。

5　土地の占有者は、正当な理由がない限り、第一項の規定による立入りを拒み、又は妨げてはならない。

（障害物の伐除及び土地の試掘等）

第二十六条　前条第一項の規定により他人の占有する土地に立ち入つて測量又は調査を行う者は、その測量又は調査を行うに当たり、やむを得ない必要があつて、障害となる植物若しくは垣、柵等（以下「障害物」という。）を伐除しようとする場合又は当該土地に試掘若しくはボーリング若しくはこれらに伴う障害物の伐除（以下「試掘等」という。）を行おうとする場合において、当該障害物又は当該土地の所有者及び占有者の同意を得ることができないときは、当該障害物の所在地を管轄する市町村長の許可を受けて当該障害物を伐除し、又は当該土地の所在地を管轄する都道府県知事（市の区域内にあつては、当該市の長。以下「都道府県知事等」という。）の許可を受けて当該土地に試掘等を行うことができる。この場合において、市町村長が許可を与えようとするときは障害物の所有者及び占有者に、都道府県知事等が許可を与えようとするときは土地又は障害物の所有者及び占有者に、あらかじめ、意見を述べる機会を与えなければならない。

2　前項の規定により障害物を伐除しようとする者又は土地に試掘等を行なおうとする者は、伐除しようとする日又は試掘等を行なおうとする日の三日前までに、その旨を当該障害物又は当該土地若しくは障害物の所有者及び占有者に通知しなければならない。

3　第一項の規定により障害物を伐除しようとする場合（土地の試掘又はボーリングに伴う障害物の伐除をしようとする場合を除く。）において、当該障害物の所有者及び占有者がその場所にいないためその同意を得ることが困難であり、かつ、その現状を著しく損傷しないときは、国土交通大臣、都道府県若しくは市町村又はその命じた者若しくは委任した者は、前二項の規定にかかわらず、当該障害物の所在地を管轄する市町村長の許可を受けて、ただちに、当該障害物を伐除することができる。この場合においては、当該障害物を伐除した後、遅滞なく、その旨をその所有者及び占有者に通知しなければならない。

（証明書等の携帯）

第二十七条　第二十五条第一項の規定により他人の占有する土地に立ち入ろうとする者は、その身分を示す証明書を携帯しなければならない。

2　前条第一項の規定により障害物を伐除しようとする者又は土地に試掘等を行おうとする者は、その身分を示す証明書及び市町村長又は都道府県知事等の許可証を携帯しなければならない。

3　前二項に規定する証明書又は許可証は、関係人の請求があつたときは、これを提示しなければならない。

（土地の立入り等に伴う損失の補償）

第二十八条　国土交通大臣、都道府県又は市町村は、第二十五条第一項又は第二十六条第一項若しくは第三項の規定による行為により他人に損失を与えたときは、その損失を受けた者に対して、通常生ずべき損失を補償しなければならない。

2　前項の規定による損失の補償については、損失を与えた者と損失を受けた者とが協議しなければならない。

3　前項の規定による協議が成立しないときは、損失を与えた者又は損失を受けた者は、政令で定めるところにより、収用委員会に土地収用法（昭和二十六年法律第二百十九号）第九十四条第二項の規定による裁決を申請することができる。

○医療法〔抄〕（昭和二三・七・三〇　法律二〇五）

最終改正　平成二九・六・一四　法五七

第一章　総則

（目的）

第一条　この法律は、医療を受ける者による医療に関する適切な選択を支援するために必要な事項、医療の安全を確保するために必要な事項、病院、診療所及び助産所の開設及び管理に関し必要な事項並びにこれらの施設の整備並びに医療提供施設相互間の機能の分担及び業務の連携を推進するために必要な事項を定めること等により、医療を受ける者の利益の保護及び良質かつ適切な医療を効率的に提供する体制の確保を図り、もつて国民の健康の保持に寄与することを目的とする。

（定義）

第一条の五　この法律において、「病院」とは、医師又は歯科医師が、公衆又は特定多数人のため医業又は歯科医業を行う場所であつて、二十人以上の患者を入院させるための施設を有するものをいう。病院は、傷病者が、科学的でかつ適正な診療を受けることができる便宜を与えることを主たる目的として組織され、かつ、運営されるものでなければならない。

2　この法律において、「診療所」とは、医師又は歯科医師が、公衆又は特定多数人のため医業又は歯科医業を行う場所であつて、患者を入院させるための施設を有しないもの又は十九人以下の患者を入院させるための施設を有するものをいう。

第四章　病院、診療所及び助産所

第一節　開設等

（開設の許可）

第七条　病院を開設しようとするとき、医師法（昭和二十三年法律第二百一号）第十六条の四第一項の規定による登録を受けた者（同法第七条の二第一項の規定による厚生労働大臣の命令を受けた者にあつては、同条第二項の規定による登録を受けた者に限る。以下「臨床研修等修了医師」という。）及び歯科医師法（昭和二十三年法律第二百二号）第十六条の四第一項の規定による登録を受けた者（同法第七条の二第一項の規定による厚生労働大臣の命令を受けた者にあつては、同条第二項の規定による登録を受けた者に限る。以下「臨床研修等修了歯科医師」という。）でない者が診療所を開設しようとするとき、又は助産師（保健師助産師看護師法（昭和二十三年法律第二百三号）第十五条の二第一項の規定による厚生労働大臣の命令を受けた者にあつては、同条第三項の規定による登録を受けた者に限る。以下この条、第八条及び第十一条において同じ。）でない者が助産所を開設しようとするときは、開設地の都道府県知事（診療所又は助産所にあつては、その開設地が保健所を設置する市又は特別区の区域にある場合においては、当該保健所を設置する市の市長又は特別区の区長。第八条から第九条まで、第十二条、第十五条、第十八条、第二十四条、第二十四条の二、第二十七条及び第二十八条から第三十条までの規定において同じ。）の許可を受けなければならない。

2　病院を開設した者が、病床数、次の各号に掲げる病床の種別（以下「病床の種別」という。）その他厚生労働省令で定める事項を変更しようとするとき、又は臨床研修等修了医師及び臨床研修等修了歯科医師でない者で診療所を開設したもの若しくは助産師でない者で助産所を開設したものが、病床数その他厚生労働省令で定める事項を変更しようとするときも、厚生労働省令で定める場合を除き、前項と同様とする。

一　精神病床（病院の病床のうち、精神疾患を有する者を入院させるためのものをいう。以下同じ。）

二　感染症病床（病院の病床のうち、感染症の予防及び感染症の患者に対する医療に関する法律（平成十年法律第百十四号）第六条第二項に規定する一類感染症、同条第三項に規定する二類感染症（結核を除く。）、同条第七項に規定する新型インフルエンザ等感染症及び同条第八項に規定する指定感染症（同法第七条の規定により同法第十九条又は第二十条の規定を準用するものに限る。）の患者（同法第八条（同法第七条において準用する場合を含む。）の規定により一類感染症、二類感染症、新型インフルエンザ等感染症又は指定感染症の患者とみなされる者を含む。）並びに同法第六条第九項に規定する新感染症の所見がある者を入院させるためのものをいう。以下同じ。）

三　結核病床（病院の病床のうち、結核の患者を入院させるためのものをいう。以下同じ。）

四　療養病床（病院又は診療所の病床のうち、前三号に掲げる病床以外の病床であつて、主として長期にわたり療養を必要とする患者を入院させるためのものをいう。以下同じ。）

五　一般病床（病院又は診療所の病床のうち、前各号に掲げる病床以外のものをいう。以下同じ。）

3　診療所に病床を設けようとするとき、又は診療所の病床数、病床の種別その他厚生労働省令で定める事項を変更しようとするときは、厚生労働省令で定める場合を除き、当該診療所の所在地の都道府県知事の許可を受けなければならない。

4　都道府県知事又は保健所を設置する市の市長若しくは特別区の区長は、前三項の許可の申請があつた場合において、その申請に係る施設の構造設備及びその有する人員が第二十一条及び第二十三条の規定に基づく厚生労働省令並びに第二十一条の規定に基づく都道府県の条例の定める要件に適合するときは、前三項の許可を与えなければならない。

5　都道府県知事は、病院の開設の許可若しくは病院の病床数の増加若しくは病床の種別の変更の許可又は診療所の病床の設置の許可若しくは診療所の病床数の増加若しくは病床の種別の変更の許可の申請に対する許可には、当該申請に係る病床において、第三十条の十三第一項に規定する病床の機能区分（以下この項において「病床の機能区分」という。）のうち、当該申請に係る病院又は診療所の所在地を含む構想区域（第三十条の四第一項に規定する医療計画（以下この項及び次条において「医療計画」という。）において定める第三十条の四第二項第七号に規定する構想区域をいう。）における病床の機能区分に応じた既存の病床数が、医療計画において定める当該構想区域における同号イに規定する将来の病床数の必要量に達していないものに係る医療を提供することその他の医療計画において定める同号に規定する地域医療構想の達成の推進のために必要なものとして厚生労働省令で定める条件を付することができる。

6　営利を目的として、病院、診療所又は助産所を開設しようとする者に対しては、第四項の規定にかかわらず、第一項の許可を与えないことができる。

〔開設の届出〕

第八条　臨床研修等修了医師、臨床研修等修了歯科医師又は助産師が診療所又は助産所を開設したときは、開設後十日以内に、診療所又は助産所の所在地の都道府県知事に届け出なければならない。

〔病院等の休止〕

第八条の二　病院、診療所又は助産所の開設者は、正当の理由がないのに、その病院、診療所又は助産所を一年を超えて休止してはならない。ただし、前条の規定による届出をして開設した診療所又は助産所の開設者については、この限りでない。

2　病院、診療所又は助産所の開設者が、その病院、診療所又は助産所を休止したときは、十日以内に、都道府県知事に届け出なければならない。休止した病院、診療所又は助産所を再開したときも、同様とする。

第二節　管理

〔診療体制の確保〕

第十三条　患者を入院させるための施設を有する診療所の管理者は、入院患者の病状が急変した場合においても適切な治療を提供することができるよう、当該診療所の医師が速やかに診療を行う体制を確保するよう努めるとともに、他の病院又は診療所との緊密な連携を確保しておかなければならない。

〔厚生労働省令への委任〕

第十七条　第六条の十から第六条の十二まで及び第十三条から前条までに定めるもののほか、病院、診療所又は助産所の管理者が、その構造設備、医薬品その他の物品の管理並びに患者、妊婦、産婦及びじよく婦の入院又は入所につき遵守すべき事項については、厚生労働省令で定める

〔病院等の構造設備の基準〕

第二十条　病院、診療所又は助産所は、清潔を保持するものとし、その構造設備は、衛生上、防火上及び保安上安全と認められるようなものでなければならない。

〔厚生労働省令への委任〕

第二十三条　第二十一条から前条までに定めるもののほか、病院、診療所又は助産所の構造設備について、換気、採光、照明、防湿、保安、避難及び清潔その他衛生上遺憾のないように必要な基準は、厚生労働省令で定める。

2　前項の規定に基づく厚生労働省令の規定に違反した者については、政令で二十万円以下の罰金の刑を科する旨の規定を設けることができる。

第三節　監督

〔使用前の検査及び許可証の交付〕

第二十七条　病院、患者を入院させるための施設を有する診療所又は入所施設を有する助産所は、その構造設備について、その所在地を管轄する都道府県知事の検査を受け、許可証の交付を受けた後でなければ、これを使用してはならない。

○医療法施行令〔抄〕

（昭和二三・一〇・二七 政令三二六）

最終改正　平成三〇・五・三〇　政一七五

（開設後の届出）

第四条の二　病院、診療所又は助産所の開設の許可を受けた者は、病院、診療所又は助産所を開設したときは、十日以内に、開設年月日、管理者の住所又は氏名その他厚生労働省令で定める事項を、当該病院、診療所又は助産所所在地の都道府県知事に届け出なければならない。

２　前項の者は、同項の規定により届け出た事項のうち、管理者の住所及び氏名その他厚生労働省令で定める事項に変更を生じたときは、十日以内に、当該病院、診療所又は助産所所在地の都道府県知事に届け出なければならない。

○医療法施行規則〔抄〕

（昭和二三・一一・五 厚生省令五〇）

最終改正　平成三〇・五・三〇　厚労令七〇

第一章の四　病院、診療所及び助産所の開設

（開設の許可申請）

第一条の十四　法第七条第一項の規定によつて病院又は診療所開設の許可を受けようとする者は、次に掲げる事項を記載した申請書を開設地の都道府県知事（診療所又は助産所にあつては、その開設地が地域保健法（昭和二十二年法律第百一号）第五条第一項の規定に基づく政令で定める市（以下「保健所を設置する市」という。）又は特別区の区域にある場合においては、当該保健所を設置する市の市長又は特別区の区長。第三項及び第四項、第二条、第三条、第四条、第五条、第七条から第九条まで並びに第二十三条において同じ。）に提出しなければならない。ただし、病院若しくは診療所の開設者が当該病院若しくは診療所を譲渡し、又は病院若しくは診療所の開設者について相続若しくは合併があつたときは、当該病院若しくは診療所を譲り受けた者又は相続人若しくは合併後存続する法人若しくは合併により設立された法人は、第九号から第十三号までに掲げる事項のうち変更がない事項の記載を省略することができる。

一　開設者の住所及び氏名（法人であるときは、その名称及び主たる事務所の所在地）並びに開設者が臨床研修等修了医師又は臨床研修等修了歯科医師であるときはその旨（臨床研修修了登録証（開設者が医師法（昭和二十三年法律第二百一号）第七条の二第一項の規定による厚生労働大臣の命令又は歯科医師法（昭和二十三年法律第二百二号）第七条の二第一項の規定による厚生労働大臣の命令を受けた者である場合にあつては、臨床研修修了登録証及び再教育研修修了登録証）を提示し、又はそれらの写しを添付すること。）

二　名称

三　開設の場所

四　診療を行おうとする科目

五　開設者が臨床研修等修了医師又は臨床研修等修了歯科医師以外の者であるときは開設の目的及び維持の方法

六　開設者が臨床研修等修了医師又は臨床研修等修了歯科医師であつて現に病院若しくは診療所を開設若しくは管理し、又は病院若しくは診療所に勤務するものであるときはその旨

七　開設者が臨床研修等修了医師又は臨床研修等修了歯科医師であつて、同時に二以上の病院又は診療所を開設しようとするものであるときはその旨

八　医師、歯科医師、薬剤師、看護師その他の従業者の定員

九　敷地の面積及び平面図

十　敷地周囲の見取図

十一　建物の構造概要及び平面図（各室の用途を示し、精神病室、感染症病室、結核病室又は療

養病床に係る病室があるときは、これを明示すること。）
十二　病院については、法第二十一条第一項第二号から第八号まで及び第十号に掲げる施設の有無及び構造設備の概要
十二の二　療養病床を有する病院については、法第二十一条第一項第十一号及び第十二号に掲げる施設の構造設備の概要
十三　歯科医業を行う病院又は診療所であつて、歯科技工室を設けようとするときは、その構造設備の概要
十四　病院又は病室のある診療所については、病床数及び病床の種別ごとの病床数並びに各病室の病床数
十五　開設者が法人であるときは、定款、寄附行為又は条例
十六　開設の予定年月
2〜12　〔略〕

〔開設の届出等〕

第三条　病院、診療所又は助産所の開設の許可を受けた者が、令第四条の二第一項の規定により都道府県知事に届け出なければならない事項は、次のとおりとする。
一　開設の年月日
二　管理者の住所及び氏名（臨床研修修了登録証若しくは免許証を提示し、又はそれらの写しを添付すること。）
三　診療に従事する医師若しくは歯科医師の氏名（免許証を提示し、又はその写しを添付すること。）、担当診療科名、診療日及び診療時間又は業務に従事する助産師の氏名（免許証を提示し、又はその写しを添付すること。）、勤務の日及び勤務時間
四　薬剤師が勤務するときは、その氏名
五　分娩を取り扱う助産所については、第十五条の二第一項の医師（以下「嘱託医師」という。）の住所及び氏名（当該医師に嘱託した旨の書類を添付すること。）又は同条第二項の病院又は診療所の住所及び名称（当該病院又は診療所が診療科名中に産科又は産婦人科を有する旨の書類及び当該病院又は診療所に対し、同項に規定する嘱託を行つた旨の書類を添付すること。）並びに同条第三項の嘱託する病院又は診療所の住所及び名称（当該病院又は診療所に嘱託した旨の書類を添付すること。）
2　令第四条の二第二項に規定する厚生労働省令で定める事項は、前項第五号に掲げる事項とする。

第四条　診療所を開設した臨床研修等修了医師又は臨床研修等修了歯科医師が、法第八条の規定により都道府県知事に届け出なければならない事項は、次のとおりとする。ただし、診療所の開設者が当該診療所を譲渡し、又は診療所の開設者について相続があつたときは、当該診療所を譲り受けた者又は相続人は、第一条の十四第一項第九号、第十一号及び第十三号に掲げる事項のうち変更がない事項の届出を省略することができる。
一　開設者の住所及び氏名（臨床研修修了登録証（開設者が医師法第七条の二第一項の規定による厚生労働大臣の命令又は歯科医師法第七条の二第一項の規定による厚生労働大臣の命令を受けた者である場合にあつては、臨床研修修了登録証及び再教育研修修了登録証）を提示し、又はそれらの写しを添付すること。）
二　第一条の十四第一項第二号から第四号まで、第六号から第九号まで、第十一号、第十三号及び第十四号に掲げる事項
三　第三条第一項第一号から第四号までに掲げる事項

第三章　病院、診療所及び助産所の構造設備

〔構造設備の基準〕

第十六条　法第二十三条第一項の規定による病院又は診療所の構造設備の基準は、次のとおりとする。ただし、第九号及び第十一号の規定は、患者を入院させるための施設を有しない診療所又は九人以下の患者を入院させるための施設を有する診療所（療養病床を有する診療所を除く。）には適用しない。
一　診療の用に供する電気、光線、熱、蒸気又はガスに関する構造設備については、危害防止上必要な方法を講ずることとし、放射線に関する構造設備については、第四章に定めるところによること。
二　病室は、地階又は第三階以上の階には設けないこと。ただし、第三十条の十二に規定する病室にあつては、地階に、主要構造部（建築基準法（昭和二十五年法律第二百一号）第二条第五号に規定する主要構造部をいう。以下同じ。）を耐火構造（建築基準法第二条第七号に規定する耐火構造をいう。以下同じ。）とする場合は、第三階以上に設けることができる。
二の二　療養病床に係る一の病室の病床数は、四床以下とすること。

三　病室の床面積は、次のとおりとすること。

イ　病院の病室及び診療所の療養病床に係る病室の床面積は、内法による測定で、患者一人につき六・四平方メートル以上とすること。

ロ　イ以外の病室の床面積は、内法による測定で、患者一人を入院させるものにあつては六・三平方メートル以上、患者二人以上を入院させるものにあつては患者一人につき四・三平方メートル以上とすること。

四　小児だけを入院させる病室の床面積は、前号に規定する病室の床面積の三分の二以上とすることができること。ただし、一の病室の床面積は、六・三平方メートル以下であつてはならない。

五　機械換気設備については、感染症病室、結核病室又は病理細菌検査室の空気が風道を通じて病院又は診療所の他の部分へ流入しないようにすること。

六　精神病室の設備については、精神疾患の特性を踏まえた適切な医療の提供及び患者の保護のために必要な方法を講ずること。

七　感染症病室及び結核病室には、病院又は診療所の他の部分及び外部に対して感染予防のためにしや断その他必要な方法を講ずること。

八　第二階以上の階に病室を有するものにあつては、患者の使用する屋内の直通階段を二以上設けること。ただし、患者の使用するエレベーターが設置されているもの又は第二階以上の各階における病室の床面積の合計がそれぞれ五十平方メートル（主要構造部が耐火構造であるか、又は不燃材料（建築基準法第二条第九号に規定する不燃材料をいう。以下同じ。）で造られている建築物にあつては百平方メートル）以下のものについては、患者の使用する屋内の直通階段を一とすることができる。

九　前号に規定する直通階段の構造は、次の通りとすること。

イ　階段及び踊場の幅は、内法を一・二メートル以上とすること。

ロ　けあげは〇・二メートル以下、踏面は〇・二四メートル以上とすること。

ハ　適当な手すりを設けること。

十　第三階以上の階に病室を有するものにあつては、避難に支障がないように避難階段を二以上設けること。ただし、第八号に規定する直通階段のうちの一又は二を建築基準法施行令（昭和二十五年政令第三百三十八号）第百二十三条第一項に規定する避難階段としての構造とする場合は、その直通階段の数を避難階段の数に算入することができる。

十一　患者が使用する廊下の幅は、次のとおりとすること。

イ　精神病床及び療養病床に係る病室に隣接する廊下の幅は、内法による測定で、一・八メートル以上とすること。ただし、両側に居室がある廊下の幅は、内法による測定で、二・七メートル以上としなければならない。

ロ　イ以外の廊下（病院に係るものに限る。）の幅は、内法による測定で、一・八メートル以上とすること。ただし、両側に居室がある廊下（病院に係るものに限る。）の幅は、内法による測定で、二・一メートル以上としなければならない。

ハ　イ以外の廊下（診療所に係るものに限る。）の幅は、内法による測定で、一・二メートル以上とすること。ただし、両側に居室がある廊下（診療所に係るものに限る。）の幅は、内法による測定で、一・六メートル以上としなければならない。

十二　感染症病室又は結核病室を有する病院又は診療所には、必要な消毒設備を設けること。

十三　歯科技工室には、防塵設備その他の必要な設備を設けること。

十四　調剤所の構造設備は次に従うこと。

イ　採光及び換気を十分にし、かつ、清潔を保つこと。

ロ　冷暗所を設けること。

ハ　感量十ミリグラムのてんびん及び五百ミリグラムの上皿てんびんその他調剤に必要な器具を備えること。

十五　火気を使用する場所には、防火上必要な設備を設けること。

十六　消火用の機械又は器具を備えること。

2　前項に定めるもののほか、病院又は診療所の構造設備の基準については、建築基準法の規定に基づく政令の定めるところによる。

○著作権法〔抄〕（昭和四五・五・六 法律四八）

最終改正 平成三〇・六・一 法三九

注 未施行の一部改正については、末尾の改正文参照

第一章 総則

第一節 通則

（定義）

第二条 この法律において、次の各号に掲げる用語の意義は、当該各号に定めるところによる。

一～九の四 〔略〕

九の五 送信可能化 次のいずれかに掲げる行為により自動公衆送信し得るようにすることをいう。

イ 公衆の用に供されている電気通信回線に接続している自動公衆送信装置（公衆の用に供する電気通信回線に接続することにより、その記録媒体のうち自動公衆送信の用に供する部分（以下この号において「公衆送信用記録媒体」という。）に記録され、又は当該装置に入力される情報を自動公衆送信する機能を有する装置をいう。以下同じ。）の公衆送信用記録媒体に情報を記録し、情報が記録された記録媒体を当該自動公衆送信装置の公衆送信用記録媒体として加え、若しくは情報が記録された記録媒体を当該自動公衆送信装置の公衆送信用記録媒体に変換し、又は当該自動公衆送信装置に情報を入力すること。

ロ その公衆送信用記録媒体に情報が記録され、又は当該自動公衆送信装置に情報が入力されている自動公衆送信装置について、公衆の用に供されている電気通信回線への接続（配線、自動公衆送信装置の始動、送受信用プログラムの起動その他の一連の行為により行われる場合には、当該一連の行為のうち最後のものをいう。）を行うこと。

十～二十三 〔略〕

2～9 〔略〕

（改正文）

○環太平洋パートナーシップ協定の締結に伴う関係法律の整備に関する法律〔抄〕（平成二八・一二・一六 法律一〇八）

（著作権法の一部改正）

第八条 著作権法（昭和四十五年法律第四十八号）の一部を次のように改正する。

第二条第一項第二十三号を第二十四号とする。

附 則

（施行期日）

第一条 この法律は、環太平洋パートナーシップ協定が日本国について効力を生ずる日〔中略〕から施行する。〔以下略〕

○刑法〔抄〕（明治四〇・四・二四 法律四五）

最終改正 平成二九・六・二三 法七二

第二編 罪

第十四章 あへん煙に関する罪

（あへん煙輸入等）

第百三十六条 あへん煙を輸入し、製造し、販売し、又は販売の目的で所持した者は、六月以上七年以下の懲役に処する。

（あへん煙吸食器具輸入等）

第百三十七条 あへん煙を吸食する器具を輸入し、製造し、販売し、又は販売の目的で所持した者は、三月以上五年以下の懲役に処する。

（あへん煙吸食及び場所提供）

第百三十九条 1 〔略〕

2 あへん煙の吸食のため建物又は室を提供して利益を図った者は、六月以上七年以下の懲役に処する。

（あへん煙等所持）

第百四十条 あへん煙又はあへん煙を吸食するための器具を所持した者は、一年以下の懲役に処する。

第二十二章 わいせつ、強制性交等及び重婚の罪

（公然わいせつ）

第百七十四条 公然とわいせつな行為をした者は、六月以下の懲役若しくは三十万円以下の罰金又は拘留若しくは科料に処する。

（わいせつ物頒布等）

第百七十五条　わいせつな文書、図画、電磁的記録に係る記録媒体その他の物を頒布し、又は公然と陳列した者は、二年以下の懲役若しくは二百五十万円以下の罰金若しくは科料に処し、又は懲役及び罰金を併科する。電気通信の送信によりわいせつな電磁的記録その他の記録を頒布した者も、同様とする。

2　有償で頒布する目的で、前項の物を所持し、又は同項の電磁的記録を保管した者も、同項と同様とする。

（強制わいせつ）

第百七十六条　十三歳以上の者に対し、暴行又は脅迫を用いてわいせつな行為をした者は、六月以上十年以下の懲役に処する。十三歳未満の者に対し、わいせつな行為をした者も、同様とする。

（強制性交等）

第百七十七条　十三歳以上の者に対し、暴行又は脅迫を用いて性交、肛門性交又は口腔性交（以下「性交等」という。）をした者は、強制性交等の罪とし、五年以上の有期懲役に処する。十三歳未満の者に対し、性交等をした者も、同様とする。

（準強制わいせつ及び準強制性交等）

第百七十八条　人の心神喪失若しくは抗拒不能に乗じ、又は心神を喪失させ、若しくは抗拒不能にさせて、わいせつな行為をした者は、第百七十六条の例による。

2　人の心神喪失若しくは抗拒不能に乗じ、又は心神を喪失させ、若しくは抗拒不能にさせて、性交等をした者は、前条の例による。

（監護者わいせつ及び監護者性交等）

第百七十九条　十八歳未満の者に対し、その者を現に監護する者であることによる影響力があることに乗じてわいせつな行為をした者は、第百七十六条の例による。

2　十八歳未満の者に対し、その者を現に監護する者であることによる影響力があることに乗じて性交等をした者は、第百七十七条の例による。

（強制わいせつ等致死傷）

第百八十一条　第百七十六条、第百七十八条第一項若しくは第百七十九条第一項の罪又はこれらの罪の未遂罪を犯し、よって人を死傷させた者は、無期又は三年以上の懲役に処する。

2　第百七十七条、第百七十八条第二項若しくは第百七十九条第二項の罪又はこれらの罪の未遂罪を犯し、よって人を死傷させた者は、無期又は六年以上の懲役に処する。

（淫行勧誘）

第百八十二条　営利の目的で、淫行の常習のない女子を勧誘して姦淫させた者は、三年以下の懲役又は三十万円以下の罰金に処する。

第二十三章　賭博及び富くじに関する罪

（賭博）

第百八十五条　賭博をした者は、五十万円以下の罰金又は科料に処する。ただし、一時の娯楽に供する物を賭けたにとどまるときは、この限りでない。

（常習賭博及び賭博場開張等図利）

第百八十六条　常習として賭博をした者は、三年以下の懲役に処する。

2　賭博場を開張し、又は博徒を結合して利益を図った者は、三月以上五年以下の懲役に処する。

（富くじ発売等）

第百八十七条　富くじを発売した者は、二年以下の懲役又は百五十万円以下の罰金に処する。

2　富くじ発売の取次ぎをした者は、一年以下の懲役又は百万円以下の罰金に処する。

3　前二項に規定するもののほか、富くじを授受した者は、二十万円以下の罰金又は科料に処する。

第三十二章　脅迫の罪

（強要）

第二百二十三条　生命、身体、自由、名誉若しくは財産に対し害を加える旨を告知して脅迫し、又は暴行を用いて、人に義務のないことを行わせ、又は権利の行使を妨害した者は、三年以下の懲役に処する。

2　親族の生命、身体、自由、名誉又は財産に対し害を加える旨を告知して脅迫し、人に義務のないことを行わせ、又は権利の行使を妨害した者も、前項と同様とする。

3　前二項の罪の未遂は、罰する。

第三十三章　略取、誘拐及び人身売買の罪

（未成年者略取及び誘拐）

第二百二十四条　未成年者を略取し、又は誘拐した者は、三月以上七年以下の懲役に処する。

（営利目的等略取及び誘拐）

第二百二十五条　営利、わいせつ、結婚又は生命若しくは身体に対する加害の目的で、人を略取し、又は誘拐した者は、一年以上十年以下の懲役に処する。

（身の代金目的略取等）

第二百二十五条の二　近親者その他略取され又は誘拐された者の安否を憂慮する者の憂慮に乗じてその財物を交付させる目的で、人を略取し、又は誘拐した者は、無期又は三年以上の懲役に処する。

2　人を略取し又は誘拐した者が近親者その他略取され又は誘拐された者の安否を憂慮する者の憂慮に乗じて、その財物を交付させ、又はこれを要求する行為をしたときも、前項と同様とする。

（所在国外移送目的略取及び誘拐）

第二百二十六条　所在国外に移送する目的で、人を略取し、又は誘拐した者は、二年以上の有期懲役に処する。

（人身売買）

第二百二十六条の二　人を買い受けた者は、三月以上五年以下の懲役に処する。

2　未成年者を買い受けた者は、三月以上七年以下の懲役に処する。

3　営利、わいせつ、結婚又は生命若しくは身体に対する加害の目的で、人を買い受けた者は、一年以上十年以下の懲役に処する。

4　人を売り渡した者も、前項と同様とする。

5　所在国外に移送する目的で、人を売買した者は、二年以上の有期懲役に処する。

（被略取者等所在国外移送）

第二百二十六条の三　略取され、誘拐され、又は売買された者を所在国外に移送した者は、二年以上の有期懲役に処する。

（被略取者引渡し等）

第二百二十七条　第二百二十四条、第二百二十五条又は前三条の罪を犯した者を幇助する目的で、略取され、誘拐され、又は売買された者を引き渡し、収受し、輸送し、蔵匿し、又は隠避させた者は、三月以上五年以下の懲役に処する。

2　〔略〕

3　営利、わいせつ又は生命若しくは身体に対する加害の目的で、略取され、誘拐され、又は売買された者を引き渡し、収受し、輸送し、又は蔵匿した者は、六月以上七年以下の懲役に処する。

4　〔略〕

（未遂罪）

第二百二十八条　第二百二十四条、第二百二十五条、第二百二十五条の二第一項、第二百二十六条から第二百二十六条の三まで並びに前条第一項から第三項まで及び第四項前段の罪の未遂は、罰する。

○売春防止法

（昭和三一・五・二四　法律一一八）

最終改正　平成二八・六・三　法六三

第一章　総則

（目的）

第一条　この法律は、売春が人としての尊厳を害し、性道徳に反し、社会の善良の風俗をみだすものであることにかんがみ、売春を助長する行為等を処罰するとともに、性行又は環境に照して売春を行うおそれのある女子に対する補導処分及び保護更生の措置を講ずることによつて、売春の防止を図ることを目的とする。

（定義）

第二条　この法律で「売春」とは、対償を受け、又は受ける約束で、不特定の相手方と性交することをいう。

（売春の禁止）

第三条　何人も、売春をし、又はその相手方となつてはならない。

（適用上の注意）

第四条　この法律の適用にあたつては、国民の権利を不当に侵害しないように留意しなければならない。

第二章　刑事処分

（勧誘等）

第五条　売春をする目的で、次の各号の一に該当する行為をした者は、六月以下の懲役又は一万円以下の罰金に処する。
一　公衆の目にふれるような方法で、人を売春の相手方となるように勧誘すること。
二　売春の相手方となるように勧誘するため、道路その他公共の場所で、人の身辺に立ちふさがり、又はつきまとうこと。
三　公衆の目にふれるような方法で客待ちをし、又は広告その他これに類似する方法により人を売春の相手方となるように誘引すること。

（周旋等）
第六条　売春の周旋をした者は、二年以下の懲役又は五万円以下の罰金に処する。
2　売春の周旋をする目的で、次の各号の一に該当する行為をした者の処罰も、前項と同様とする。
一　人を売春の相手方となるように勧誘すること。
二　売春の相手方となるように勧誘するため、道路その他公共の場所で、人の身辺に立ちふさがり、又はつきまとうこと。
三　広告その他これに類似する方法により人を売春の相手方となるように誘引すること。

（困惑等による売春）
第七条　人を欺き、若しくは困惑させてこれに売春をさせ、又は親族関係による影響力を利用して人に売春をさせた者は、三年以下の懲役又は十万円以下の罰金に処する。
2　人を脅迫し、又は人に暴行を加えてこれに売春をさせた者は、三年以下の懲役又は三年以下の懲役及び十万円以下の罰金に処する。
3　前二項の未遂罪は、罰する。

（対償の収受等）
第八条　前条第一項又は第二項の罪を犯した者が、その売春の対償の全部若しくは一部を収受し、又はこれを要求し、若しくは約束したときは、五年以下の懲役及び二十万円以下の罰金に処する。
2　売春をした者に対し、親族関係による影響力を利用して、売春の対償の全部又は一部の提供を要求した者は、三年以下の懲役又は十万円以下の罰金に処する。

（前貸等）
第九条　売春をさせる目的で、前貸その他の方法により人に金品その他の財産上の利益を供与した者は、三年以下の懲役又は十万円以下の罰金に処する。

（売春をさせる契約）
第十条　人に売春をさせることを内容とする契約をした者は、三年以下の懲役又は十万円以下の罰金に処する。
2　前項の未遂罪は、罰する。

（場所の提供）
第十一条　情を知つて、売春を行う場所を提供した者は、三年以下の懲役又は十万円以下の罰金に処する。
2　売春を行う場所を提供することを業とした者は、七年以下の懲役及び三十万円以下の罰金に処する。

（売春をさせる業）
第十二条　人を自己の占有し、若しくは管理する場所又は自己の指定する場所に居住させ、これに売春をさせることを業とした者は、十年以下の懲役及び三十万円以下の罰金に処する。

（資金等の提供）
第十三条　情を知つて、第十一条第二項の業に要する資金、土地又は建物を提供した者は、五年以下の懲役及び二十万円以下の罰金に処する。
2　情を知つて、前条の業に要する資金、土地又は建物を提供した者は、七年以下の懲役及び三十万円以下の罰金に処する。

（両罰）
第十四条　法人の代表者又は法人若しくは人の代理人、使用人その他の従業者が、その法人又は人の業務に関し、第九条から前条までの罪を犯したときは、その行為者を罰するほか、その法人又は人に対しても、各本条の罰金刑を科する。

（併科）
第十五条　第六条、第七条第一項、第八条第二項、第九条、第十条又は第十一条第一項の罪を犯した者に対しては、懲役及び罰金を併科することができる。第七条第一項に係る同条第三項の罪を犯した者に対しても、同様とする。

（刑の執行猶予の特例）
第十六条　第五条の罪を犯した者に対し、その罪のみについて懲役の言渡をするときは、刑法（明治四十年法律第四十五号）第二十五条第二項ただし書の規定を適用しない。同法第五十四条第一項の規定により第五条の罪の刑によつて懲役の言渡をするときも、同様とする。

第三章　補導処分

（補導処分）
第十七条　第五条の罪を犯した満二十歳以上の女子に対して、同条の罪又は同条の罪と他の罪とに係る懲役又は禁錮につきその刑の全部の執行を猶予するときは、その者を補導処分に付することができる。

2　補導処分に付された者は、婦人補導院に収容し、その更生のために必要な補導を行う。

（補導処分の期間）

第十八条　補導処分の期間は、六月とする。

（保護観察との関係）

第十九条　第五条の罪のみを犯した者を補導処分に付するときは、刑法第二十五条の二第一項の規定を適用しない。同法第五十四条第一項の規定により第五条の罪の刑によつて処断された者についても、同様とする。

（補導処分の言渡）

第二十条　裁判所は、補導処分に付するときは、刑の言渡と同時に、判決でその言渡をしなければならない。

（勾留状の効力）

第二十一条　補導処分に付する旨の判決の宣告があつたときは、刑事訴訟法（昭和二十三年法律第百三十一号）第三百四十三条から第三百四十五条までの規定を適用しない。

（収容）

第二十二条　補導処分に付する旨の裁判が確定した場合において、収容のため必要があるときは、検察官は、収容状を発することができる。

2　収容状には、補導処分の言渡を受けた者の氏名、住居、年齢、収容すべき婦人補導院その他収容に必要な事項を記載し、これに裁判書又は裁判を記載した調書の謄本又は抄本を添えなければならない。

3　収容状は、検察官の指揮によつて、検察事務官、警察官又は婦人補導院の長若しくはその指名する婦人補導院の職員若しくは刑事施設の長若しくはその指名する刑事施設の職員が執行する。収容状を執行したときは、これに執行の日時、場所その他必要な事項を記載しなければならない。

4　収容状については、刑事訴訟法第七十一条、第七十三条第一項及び第三項並びに第七十四条の規定を準用する。

5　収容状によつて身体の拘束を受けた日数は、補導処分の期間に算入する。

6　検察官は、収容状を発したときは、補導処分に付する旨の裁判の執行を指揮することを要しない。

（補導処分の競合）

第二十三条　補導処分に付する旨の二以上の裁判が同時に又は時を異にして確定した場合において、二以上の確定裁判があることとなつた日以後に一の補導処分について執行（執行以外の身体の拘束でその日数が補導処分の期間に算入されるものを含む。）が行われたときは、その日数は、他の補導処分の期間に算入する。

（生活環境の調整）

第二十四条　保護観察所の長は、婦人補導院に収容されている者について、その社会復帰を円滑にするため必要があると認めるときは、その者の家族その他の関係人を訪問して協力を求めることその他の方法により、釈放後の住居、就業先その他の生活環境の調整を行うものとする。

2　前項の規定による措置については、更生保護法（平成十九年法律第八十八号）第六十一条第一項及び第八十二条第二項から第四項までの規定を準用する。この場合において、同項において準用する同法第三十六条第二項中「刑事施設（労役場に留置されている場合には、当該労役場が附置された刑事施設）又は少年院」とあるのは、「婦人補導院」と読み替えるものとする。

（仮退院を許す処分）

第二十五条　地方更生保護委員会（以下「地方委員会」という。）は、補導処分に付された者について、相当と認めるときは、決定をもつて、仮退院を許すことができる。

2　婦人補導院の長は、補導処分に付された者が収容されたときは、速やかに、その旨を地方委員会に通告しなければならない。

3　婦人補導院の長は、補導処分の執行のため収容している者について、仮退院を許すのを相当と認めるときは、地方委員会に対し、仮退院を許すべき旨の申出をしなければならない。

4　第一項の仮退院については、更生保護法第三条、第三十五条から第三十七条まで及び第三十九条第二項から第五項までの規定を準用する。この場合において、同法第三十五条第一項中「前条」とあるのは「売春防止法第二十五条第三項」と、同条第二項中「刑事施設（労役場に留置されている場合には、当該労役場が附置された刑事施設）の長又は少年院の長」とあるのは「婦人補導院の長」と、同法第三十六条第二項中「刑事施設（労役場に留置されている場合には、当該労役場が附置された刑事施設）又は少年院」とあるのは「婦人補導院」と、同法第三十七条第二項中「第八十二条第一項」とあるのは「売春防止法第二十四条第一項」と、同法第三十九条第三項中「第五十一条第二項第五号」とあるのは「売春防止法第二十六条第二項において準用する第五十一条第二項第五号」と、「第八十二条第一項」とあるのは「同法第二十四条第一項」と、同条第四項中「第一項」とあるのは「売春防止法第二十五条第一項」と、「刑事施設」とあるのは「婦人補導院」と読み替えるものとする。

第二十六条　**（仮退院中の保護観察）**　仮退院を許された者は、補導処分の残期間中、保護観察に付する。

2　前項の保護観察については、更生保護法第三条、第四十九条第一項、第五十条第一項、第五十一条、第五十二条第二項及び第三項、第五十三条第二項及び第三項、第五十四条第二項、第五十五条から第五十八条まで、第六十条から第六十四条まで並びに第六十五条の二から第六十五条の四までの規定を準用する。この場合において、これらの規定中「保護観察対象者」とあり、及び「少年院仮退院者又は仮釈放者」とあるのは「保護観察に付されている者」と、同法第五十条第一項第三号中「第三十九条第三項（第四十二条において準用する場合を含む。次号において同じ。）又は第七十八条の二第一項」とあり、及び同項第四号中「第三十九条第三項又は第七十八条の二第一項」とあるのは「売春防止法第二十五条第四項において準用する第三十九条第三項」と、同法第五十一条第二項中「次条に定める場合を除き、第五十二条」とあるのは「第五十二条」と、「第七十二条第一項、刑法第二十六条の二、第二十七条の五及び第二十九条第一項並びに少年法第二十六条の四第一項」とあるのは「売春防止法第二十七条第一項」と、同法第五十二条第三項中「少年院からの仮退院又は仮釈放」とあるのは「仮退院」と、同法第五十四条第二項中「刑事施設の長又は少年院の長」とあるのは「婦人補導院の長」と、「第三十九条第一項の決定により懲役若しくは禁錮の刑の執行のため収容している者を釈放するとき、刑の一部の執行猶予の言渡しを受けてその刑のうち執行が猶予されなかった部分の期間の執行を終わり、若しくはその執行を受けることがなくなったこと（その執行を終わり、又はその執行を受けることがなくなった時に他に執行すべき懲役又は禁錮の刑があるときは、その刑の執行を終わり、又はその執行を受けることがなくなったこと。次条第二項において同じ。）により保護観察付一部猶予者を釈放するとき、又は第四十一条の決定により保護処分の執行のため収容している者を釈放するとき」とあるのは「売春防止法第二十五条第一項の決定により、補導処分の執行のため収容している者を釈放するとき」と、同法第五十五条第二項中「刑事施設の長又は少年院の長」とあるのは「婦人補導院の長」と、「懲役若しくは禁錮の刑の執行のため収容している者について第三十九条第一項の決定による釈放の時までに特別遵守事項（その者が保護観察付一部猶予者である場合には、猶予期間中の保護観察における特別遵守事項を含む。）が定められたとき、保護観察付一部猶予者についてその刑のうち執行が猶予されなかった部分の期間の執行を終わり、若しくはその執行を受けることがなくなったことによる釈放の時までに特別遵守事項が定められたとき、又は保護処分の執行のため収容している者について第四十一条の決定による釈放の時までに特別遵守事項が定められたとき」とあるのは「補導処分の執行のため収容している者について、売春防止法第二十五条第一項の決定による釈放の時までに特別遵守事項が定められたとき」と、同法第六十三条第七項中「少年鑑別所」とあるのは「婦人補導院」と、同条第八項ただし書中「第七十三条第一項、第七十六条第一項又は第八十条第一項」とあるのは「売春防止法第二十七条第二項において準用する第七十三条第一項」と、同条第九項中「第七十一条の規定による申請、第七十五条第一項の決定又は第八十一条第五項の規定による決定」とあるのは「売春防止法第二十七条第一項の決定」と読み替えるものとする。

第二十七条　**（仮退院の取消し）**　地方委員会は、保護観察所の長の申出により、仮退院中の者が遵守すべき事項を遵守しなかつたと認めるときは、決定をもつて、仮退院を取り消すことができる。

2　更生保護法第三条の規定は前項の規定による仮退院の取消しについて、同法第七十三条（第三項を除く。）の規定は仮退院中の者について前項の申出がある場合について、それぞれ準用する。この場合において、同条第一項中「第六十三条第二項又は第三項」とあるのは「売春防止法第二十六条第二項において準用する第六十三条第二項又は第三項」と、「同条の規定による申請」とあるのは「同法第二十七条第一項の決定」と、「少年鑑別所」とあるのは「婦人補導院」と、同条第四項中「第七十一条の規定による申請」とあるのは「売春防止法第二十七条第一項の決定」と読み替えるものとする。

3　仮退院中の者が前項において準用する更生保護法第七十三条第一項の規定により留置されたときは、その留置の日数は、補導処分の期間に算入する。

4　仮退院が取り消されたときは、検察官は、収容のため再収容状を発することができる。

5　再収容状には、仮退院を取り消された者の氏名、住居、年齢、収容すべき婦人補導院その他収容に必要な事項を記載しなければならない。

6　再収容状については、第二十二条第三項から第五項までの規定を準用する。ただし、再収容状の執行は、同条第三項に規定する者のほか、保護観察官もすることができる。

（行政手続法の適用除外）

第二十七条の二　第二十四条から前条までの規定及び第二十九条において準用する更生保護法の規定による処分及び行政指導については、行政手続法（平成五年法律第八十八号）第二章から第四章の二までの規定は、適用しない。

（審査請求）

第二十八条　この法律又はこの法律において準用する更生保護法の規定により地方委員会が決定をもつてした処分に不服がある者は、中央更生保護審査会に対し、審査請求をすることができる。

2　前項の審査請求については更生保護法第九十三条から第九十五条までの規定を、同項に規定する処分の取消しの訴えについては同法第九十六条の規定を準用する。この場合において、同法第九十三条第一項中「少年院に」とあるのは「少年院若しくは婦人補導院に」と、同条中「又は少年院の長」とあるのは「、少年院の長又は婦人補導院の長」と、同法第九十五条中「六十日」とあるのは「三十日」と読み替えるものとする。

（更生保護法の準用）

第二十九条　更生保護法第九十六条の二第一項の規定はこの法律又はこの法律において準用する更生保護法の規定による地方委員会又は保護観察所の長の処分又はその不作為についての審査請求について、更生保護法第九十七条の規定はこの法律又はこの法律において準用する更生保護法の規定により地方委員会が決定をもつてすることとされている処分に係る審理及び決定に関する記録について、更生保護法第九十八条第一項の規定は第二十六条第二項において準用する同法第六十一条第二項の規定による委託及び第二十六条第二項において準用する同法第六十二条第二項の規定による応急の救護に要した費用について、それぞれ準用する。

（仮退院の効果）

第三十条　仮退院を許された者が、仮退院を取り消されることなく、補導処分の残期間を経過したときは、その執行を受け終つたものとする。

（更生緊急保護）

第三十一条　婦人補導院から退院した者及び前条の規定により補導処分の執行を受け終わつたものとされた者については、更生保護法第八十五条第一項第一号に掲げる者とみなし、同条から同法第八十七条まで及び同法第九十八条の規定を適用する。この場合において、同法第八十五条第一項及び第四項並びに第八十六条第二項中「刑事上の手続又は保護処分」とあるのは「補導処分」と、同項中「検察官、刑事施設の長又は少年院の長」とあるのは「婦人補導院の長」と、同条第三項中「の刑事上の手続に関与した検察官又はその者が収容されていた刑事施設（労役場に留置されていた場合には、当該労役場が附置された刑事施設）の長若しくは少年院の長」とあるのは「が収容されていた婦人補導院の長」と、同項ただし書中「仮釈放の期間の満了によって前条第一項第一号に該当した者又は仮退院の終了により同項第九号に該当した者」とあるのは「売春防止法第三十条の規定により補導処分の執行を受け終わったものとされた者」とする。

（執行猶予期間の短縮）

第三十二条　婦人補導院から退院した者及び第三十条の規定により補導処分の執行を受け終つたとされた者については、退院の時又は補導処分の執行を受け終つたとされた時において刑の執行猶予の期間を経過したものとみなす。

2　第五条の罪と他の罪とにつき懲役又は禁錮に処せられ、補導処分に付された者については、刑法第五十四条第一項の規定により第五条の罪の刑によつて処断された場合を除き、前項の規定を適用しない。

（補導処分の失効）

第三十三条　刑の執行猶予の期間が経過し、その他刑の言渡がその効力を失つたとき、又は刑の執行猶予の言渡が取り消されたときは、補導処分に付する旨の言渡は、その効力を失う。

第四章　保護更生

（婦人相談所）

第三十四条　都道府県は、婦人相談所を設置しなければならない。

2　地方自治法（昭和二十二年法律第六十七号）第二百五十二条の十九第一項の指定都市（以下「指定都市」という。）は、婦人相談所を設置することができる。

3　婦人相談所は、性行又は環境に照して売春を行うおそれのある女子（以下「要保護女子」という。）の保護更生に関する事項について、主として次に掲げる業務を行うものとする。

一　要保護女子に関する各般の問題につき、相談に応ずること。

二　要保護女子及びその家庭につき、必要な調査並びに医学的、心理学的及び職能的判定を行い、並びにこれらに付随して必要な指導を行うこと。

三　要保護女子の一時保護を行うこと。

4　婦人相談所に、所長その他所要の職員を置く。

5　婦人相談所には、要保護女子を一時保護する施設を設けなければならない。

6　前各項に定めるもののほか、婦人相談所に関し必要な事項は、政令で定める。

（婦人相談員）

第三十五条　都道府県知事（婦人相談所を設置する指定都市の長を含む。第三十八条第一項第二号において同じ。）は、社会的信望があり、かつ、第三項に規定する職務を行うに必要な熱意と識見を持つている者のうちから、婦人相談員を委嘱するものとする。

2　市長（婦人相談所を設置する指定都市の長を除く。）は、社会的信望があり、かつ、次項に規定する職務を行うに必要な熱意と識見を持つている者のうちから、婦人相談員を委嘱することができる。

3　婦人相談員は、要保護女子につき、その発見に努め、相談に応じ、必要な指導を行い、及びこれらに付随する業務を行うものとする。

（婦人保護施設）

第三十六条　都道府県は、要保護女子を収容保護するための施設（以下「婦人保護施設」という。）を設置することができる。

（婦人相談所長による報告等）

第三十六条の二　婦人相談所長は、要保護女子であつて配偶者のない女子又はこれに準ずる事情にある女子及びその者の監護すべき児童について、児童福祉法（昭和二十二年法律第百六十四号）第二十三条第二項に規定する母子保護の実施が適当であると認めたときは、これらの者を当該母子保護の実施に係る都道府県又は市町村（特別区を含む。）の長に報告し、又は通知しなければならない。

（民生委員等の協力）

第三十七条　民生委員法（昭和二十三年法律第百九十八号）に定める民生委員、児童福祉法に定める児童委員、保護司法（昭和二十五年法律第二百四号）に定める保護司、更生保護事業法（平成七年法律第八十六号）に定める更生保護事業を営むもの及び人権擁護委員法（昭和二十四年法律第百三十九号）に定める人権擁護委員は、この法律の施行に関し、婦人相談所及び婦人相談員に協力するものとする。

（都道府県及び市の支弁）

第三十八条　都道府県（婦人相談所を設置する指定都市を含む。第四十条第一項及び第二項第一号において同じ。）は、次に掲げる費用（婦人相談所を設置する指定都市にあつては、第一号、第二号及び第五号に掲げる費用に限る。）を支弁しなければならない。

一　婦人相談所に要する費用（第五号に掲げる費用を除く。）

二　都道府県知事の委嘱する婦人相談員に要する費用

三　都道府県の設置する婦人保護施設の設備に要する費用

四　都道府県の行う収容保護（市町村、社会福祉法人その他適当と認める者に委託して行う場合を含む。）及びこれに伴い必要な事務に要する費用

五　婦人相談所の行う一時保護に要する費用

2　市（婦人相談所を設置する指定都市を除く。第四十条第二項第二号において同じ。）は、その長が委嘱する婦人相談員に要する費用を支弁しなければならない。

（都道府県の補助）

第三十九条　都道府県は、社会福祉法人の設置する婦人保護施設の設備に要する費用の四分の三以内を補助することができる。

（国の負担及び補助）

第四十条　国は、政令の定めるところにより、都道府県が第三十八条第一項の規定により支弁した費用のうち、同項第一号及び第五号に掲げるものについては、その十分の五を負担するものとする。

2　国は、予算の範囲内において、次に掲げる費用の十分の五以内を補助することができる。

一　都道府県が第三十八条第一項の規定により支弁した費用のうち、同項第二号及び第四号に掲げるもの（婦人相談所を設置する指定都市にあつては、同項第二号に掲げるものに限る。）
二　市が第三十八条第二項の規定により支弁した費用

附　則

（施行期日）
1　この法律は、昭和三十二年四月一日から施行する。ただし、第二章及び附則第二項の規定は、昭和三十三年四月一日から施行する。

（婦女に売淫をさせた者等の処罰に関する勅令の廃止）
2　婦女に売淫をさせた者等の処罰に関する勅令（昭和二十二年勅令第九号）は、廃止する。
3　前項の規定の施行前にした同項に規定する勅令の違反行為の処罰については、同項の規定の施行後も、なお従前の例による。

（地方条例との関係）
4　地方公共団体の条例の規定で、売春又は売春の相手方となる行為その他売春に関する行為を処罰する旨を定めているものは、第二章の規定の施行と同時に、その効力を失うものとする。
5　前項に規定する条例の規定が、第二章の規定の施行と同時にその効力を失うこととなつた場合において、当該地方公共団体が条例で別段の定をしないときは、その失効前にした違反行為の処罰については、その失効後も、なお従前の例による。

附　則〔平成二八・六・三法律六三抄〕

（施行期日）
第一条　この法律〔中略〕は、当該各号に定める日から施行する。
一　〔略〕
二　〔前略〕第三条の規定（売春防止法第三十五条第四項を削る改正規定を除く。）〔中略〕平成二十八年十月一日

○児童買春、児童ポルノに係る行為等の規制及び処罰並びに児童の保護等に関する法律

（平成一一・五・二六 法律五二）

最終改正　平成二六・六・二五　法七九

第一章　総則

（目的）
第一条　この法律は、児童に対する性的搾取及び性的虐待が児童の権利を著しく侵害することの重大性に鑑み、あわせて児童の権利の擁護に関する国際的動向を踏まえ、児童買春、児童ポルノに係る行為等を規制し、及びこれらの行為等を処罰するとともに、これらの行為等により心身に有害な影響を受けた児童の保護のための措置等を定めることにより、児童の権利を擁護することを目的とする。

（定義）
第二条　この法律において「児童」とは、十八歳に満たない者をいう。
2　この法律において「児童買春」とは、次の各号に掲げる者に対し、対償を供与し、又はその供与の約束をして、当該児童に対し、性交等（性交若しくは性交類似行為をし、又は自己の性的好奇心を満たす目的で、児童の性器等（性器、肛門又は乳首をいう。以下同じ。）を触り、若しくは児童に自己の性器等を触らせることをいう。以下同

じ。）をすることをいう。

一　児童

二　児童に対する性交等の周旋をした者

三　児童の保護者（親権を行う者、未成年後見人その他の者で、児童を現に監護するものをいう。以下同じ。）又は児童をその支配下に置いている者

3　この法律において「児童ポルノ」とは、写真、電磁的記録（電子的方式、磁気的方式その他人の知覚によっては認識することができない方式で作られる記録であって、電子計算機による情報処理の用に供されるものをいう。以下同じ。）に係る記録媒体その他の物であって、次の各号のいずれかに掲げる児童の姿態を視覚により認識することができる方法により描写したものをいう。

一　児童を相手方とする又は児童による性交又は性交類似行為に係る児童の姿態

二　他人が児童の性器等を触る行為又は児童が他人の性器等を触る行為に係る児童の姿態であって性欲を興奮させ又は刺激するもの

三　衣服の全部又は一部を着けない児童の姿態であって、殊更に児童の性的な部位（性器等若しくはその周辺部、臀部又は胸部をいう。）が露出され又は強調されているものであり、かつ、性欲を興奮させ又は刺激するもの

（適用上の注意）

第三条　この法律の適用に当たっては、学術研究、文化芸術活動、報道等に関する国民の権利及び自由を不当に侵害しないように留意し、児童に対する性的搾取及び性的虐待から児童を保護しその権利を擁護するとの本来の目的を逸脱して他の目的のためにこれを濫用するようなことがあってはならない。

（児童買春、児童ポルノの所持その他児童に対する性的搾取及び性的虐待に係る行為の禁止）

第三条の二　何人も、児童買春をし、又はみだりに児童ポルノを所持し、若しくは第二条第三項各号のいずれかに掲げる児童の姿態を視覚により認識することができる方法により描写した情報を記録した電磁的記録を保管することその他児童に対する性的搾取又は性的虐待に係る行為をしてはならない。

第二章　児童買春、児童ポルノに係る行為等の処罰等

（児童買春）

第四条　児童買春をした者は、五年以下の懲役又は三百万円以下の罰金に処する。

（児童買春周旋）

第五条　児童買春の周旋をした者は、五年以下の懲役若しくは五百万円以下の罰金に処し、又はこれを併科する。

2　児童買春の周旋をすることを業とした者は、七年以下の懲役及び千万円以下の罰金に処する。

（児童買春勧誘）

第六条　児童買春の周旋をする目的で、人に児童買春をするように勧誘した者は、五年以下の懲役若しくは五百万円以下の罰金に処し、又はこれを併科する。

2　前項の目的で、人に児童買春をするように勧誘することを業とした者は、七年以下の懲役及び千万円以下の罰金に処する。

（児童ポルノ所持、提供等）

第七条　自己の性的好奇心を満たす目的で、児童ポルノを所持した者（自己の意思に基づいて所持するに至った者であり、かつ、当該者であることが明らかに認められる者に限る。）は、一年以下の懲役又は百万円以下の罰金に処する。自己の性的好奇心を満たす目的で、第二条第三項各号のいずれかに掲げる児童の姿態を視覚により認識することができる方法により描写した情報を記録した電磁的記録を保管した者（自己の意思に基づいて保管するに至った者であり、かつ、当該者であることが明らかに認められる者に限る。）も、同様とする。

2　児童ポルノを提供した者は、三年以下の懲役又は三百万円以下の罰金に処する。電気通信回線を通じて第二条第三項各号のいずれかに掲げる児童の姿態を視覚により認識することができる方法により描写した情報を記録した電磁的記録その他の記録を提供した者も、同様とする。

3　前項に掲げる行為の目的で、児童ポルノを製造し、所持し、運搬し、本邦に輸入し、又は本邦から輸出した者も、同項と同様とする。同項に掲げる行為の目的で、同項の電磁的記録を保管した者も、同様とする。

4　前項に規定するもののほか、児童に第二条第三項各号のいずれかに掲げる姿態をとらせ、これを写真、電磁的記録に係る記録媒体その他の物に描写することにより、当該児童に係る児童ポルノを製造した者も、第二項と同様とする。

5　前二項に規定するもののほか、ひそかに第二条第三項各号のいずれかに掲げる児童の姿態を写真、電磁的記録に係る記録媒体その他の物に描写

することにより、当該児童に係る児童ポルノを製造した者も、第二項と同様とする。

6　児童ポルノを不特定若しくは多数の者に提供し、又は公然と陳列した者は、五年以下の懲役若しくは五百万円以下の罰金に処し、又はこれを併科する。電気通信回線を通じて第二条第三項各号のいずれかに掲げる児童の姿態を視覚により認識することができる方法により描写した情報を記録した電磁的記録その他の記録を不特定又は多数の者に提供した者も、同様とする。

7　前項に掲げる行為の目的で、児童ポルノを製造し、所持し、運搬し、本邦に輸入し、又は本邦から輸出した者も、同項と同様とする。同項に掲げる行為の目的で、同項の電磁的記録を保管した者も、同様とする。

8　第六項に掲げる行為の目的で、児童ポルノを外国に輸入し、又は外国から輸出した日本国民も、同項と同様とする。

（児童買春等目的人身売買等）

第八条　児童を児童買春における性交等の相手方とさせ又は第二条第三項各号のいずれかに掲げる児童の姿態を描写して児童ポルノを製造する目的で、当該児童を売買した者は、一年以上十年以下の懲役に処する。

2　前項の目的で、外国に居住する児童で略取され、誘拐され、又は売買されたものをその居住国外に移送した日本国民は、二年以上の有期懲役に処する。

3　前二項の罪の未遂は、罰する。

（児童の年齢の知情）

第九条　児童を使用する者は、児童の年齢を知らないことを理由として、第五条、第六条、第七条第二項から第八項まで及び前条の規定による処罰を免れることができない。ただし、過失がないときは、この限りでない。

（国民の国外犯）

第十条　第四条から第六条まで、第七条第一項から第七項まで並びに第八条第一項及び第三項（同条第一項に係る部分に限る。）の罪は、刑法（明治四十年法律第四十五号）第三条の例に従う。

（両罰規定）

第十一条　法人の代表者又は法人若しくは人の代理人、使用人その他の従業者が、その法人又は人の業務に関し、第五条、第六条又は第七条第二項から第八項までの罪を犯したときは、行為者を罰するほか、その法人又は人に対して各本条の罰金刑を科する。

（捜査及び公判における配慮等）

第十二条　第四条から第八条までの罪に係る事件の捜査及び公判に職務上関係のある者（次項において「職務関係者」という。）は、その職務を行うに当たり、児童の人権及び特性に配慮するとともに、その名誉及び尊厳を害しないよう注意しなければならない。

2　国及び地方公共団体は、職務関係者に対し、児童の人権、特性等に関する理解を深めるための訓練及び啓発を行うよう努めるものとする。

（記事等の掲載等の禁止）

第十三条　第四条から第八条までの罪に係る事件に係る児童については、その氏名、年齢、職業、就学する学校の名称、住居、容貌（ぼう）等により当該児童が当該事件に係る者であることを推知することができるような記事若しくは写真又は放送番組を、新聞紙その他の出版物に掲載し、又は放送してはならない。

（教育、啓発及び調査研究）

第十四条　国及び地方公共団体は、児童買春、児童ポルノの所持、提供等の行為が児童の心身の成長に重大な影響を与えるものであることに鑑み、これらの行為を未然に防止することができるよう、児童の権利に関する国民の理解を深めるための教育及び啓発に努めるものとする。

2　国及び地方公共団体は、児童買春、児童ポルノの所持、提供等の行為の防止に資する調査研究の推進に努めるものとする。

第三章　心身に有害な影響を受けた児童の保護のための措置

（心身に有害な影響を受けた児童の保護）

第十五条　厚生労働省、法務省、都道府県警察、児童相談所、福祉事務所その他の国、都道府県又は市町村の関係行政機関は、児童買春の相手方となったこと、児童ポルノに描写されたこと等により心身に有害な影響を受けた児童に対し、相互に連携を図りつつ、その心身の状況、その置かれている環境等に応じ、当該児童がその受けた影響から身体的及び心理的に回復し、個人の尊厳を保って成長することができるよう、相談、指導、一時保護、施設への入所その他の必要な保護のための措置を適切に講ずるものとする。

2　前項の関係行政機関は、同項の措置を講ずる場合において、同項の児童の保護のため必要があると認めるときは、その保護者に対し、相談、指導その他の措置を講ずるものとする。

（心身に有害な影響を受けた児童の保護のための体制の整備）

第十六条 国及び地方公共団体は、児童買春の相手方となったこと、児童ポルノに描写されたこと等により心身に有害な影響を受けた児童について専門的知識に基づく保護を適切に行うことができるよう、これらの児童の保護に関する調査研究の推進、これらの児童の保護を行う者の資質の向上、これらの児童が緊急に保護を必要とする場合における関係機関の連携協力体制の強化、これらの児童の保護を行う民間の団体との連携協力体制の整備等必要な体制の整備に努めるものとする。

（心身に有害な影響を受けた児童の保護に関する施策の検証等）

第十六条の二 社会保障審議会及び犯罪被害者等施策推進会議は、相互に連携して、児童買春の相手方となったこと、児童ポルノに描写されたこと等により心身に有害な影響を受けた児童の保護に関する施策の実施状況等について、当該児童の保護に関する専門的な知識経験を有する者の知見を活用しつつ、定期的に検証及び評価を行うものとする。

2 社会保障審議会又は犯罪被害者等施策推進会議は、前項の検証及び評価の結果を勘案し、必要があると認めるときは、当該児童の保護に関する施策の在り方について、それぞれ厚生労働大臣又は関係行政機関に意見を述べるものとする。

3 厚生労働大臣又は関係行政機関は、前項の意見があった場合において必要があると認めるときは、当該児童の保護を図るために必要な施策を講ずるものとする。

第四章　雑則

（インターネットの利用に係る事業者の努力）

第十六条の三 インターネットを利用した不特定の者に対する情報の発信又はその情報の閲覧等のために必要な電気通信役務（電気通信事業法（昭和五十九年法律第八十六号）第二条第三号に規定する電気通信役務をいう。）を提供する事業者は、児童ポルノの所持、提供等の行為による被害がインターネットを通じて容易に拡大し、これにより一旦国内外に児童ポルノが拡散した場合においてはその廃棄、削除等による児童の権利回復は著しく困難になることに鑑み、捜査機関への協力、当該事業者が有する管理権限に基づき児童ポルノに係る情報の送信を防止する措置その他インターネットを利用したこれらの行為の防止に資するための措置を講ずるよう努めるものとする。

（国際協力の推進）

第十七条 国は、第三条の二から第八条までの規定に係る行為の防止及び事件の適正かつ迅速な捜査のため、国際的な緊密な連携の確保、国際的な調査研究の推進その他の国際協力の推進に努めるものとする。

附　則

（施行期日）

第一条 この法律は、公布の日から起算して六月を超えない範囲内において政令で定める日から施行する。

〔平一一政三二一により、平一一・一一・一から施行〕

（条例との関係）

第二条 地方公共団体の条例の規定で、この法律で規制する行為を処罰する旨を定めているものの当該行為に係る部分については、この法律の施行と同時に、その効力を失うものとする。

2 前項の規定により条例の規定がその効力を失う場合において、当該地方公共団体が条例で別段の定めをしないときは、その失効前にした違反行為の処罰については、その失効後も、なお従前の例による。

第三条～第五条 〔他の法令改正に付き略〕

（検討）

第六条 児童買春及び児童ポルノの規制その他の児童を性的搾取及び性的虐待から守るための制度については、この法律の施行後三年を目途として、この法律の施行状況、児童の権利の擁護に関する国際的動向等を勘案し、検討が加えられ、その結果に基づいて必要な措置が講ぜられるものとする。

附　則 〔平成二六・六・二五法律七九抄〕

（施行期日等）

第一条 この法律は、公布の日から起算して二十日を経過した日から施行する。

2 この法律による改正後の第七条第一項の規定は、この法律の施行の日から一年間は、適用しない。

（経過措置）

第二条 この法律の施行前にした行為に対する罰則の適用については、なお従前の例による。

（検討）

第三条 政府は、インターネットを利用した児童ポルノに係る情報の閲覧等を制限するための措置（次項において「インターネットによる閲覧の制限」という。）に関する技術の開発の促進について、十分な配慮をするものとする。

2　インターネットによる閲覧の制限については、この法律の施行後三年を目途として、前項に規定する技術の開発の状況等を勘案しつつ検討が加えられ、その結果に基づいて必要な措置が講ぜられるものとする。

○インターネット異性紹介事業を利用して児童を誘引する行為の規制等に関する法律

（平成一五・六・一三　法律八三）

最終改正　平成二六・六・二五　法七九

注　未施行の一部改正については、末尾の改正文参照

第一章　総則

（目的）

第一条　この法律は、インターネット異性紹介事業を利用して児童を性交等の相手方となるように誘引する行為等を禁止するとともに、インターネット異性紹介事業について必要な規制を行うこと等により、インターネット異性紹介事業の利用に起因する児童買春その他の犯罪から児童を保護し、もって児童の健全な育成に資することを目的とする。

（定義）

第二条　この法律において、次の各号に掲げる用語の意義は、それぞれ当該各号に定めるところによる。

一　児童　十八歳に満たない者をいう。

二　インターネット異性紹介事業　異性交際（面識のない異性との交際をいう。以下同じ。）を希望する者（以下「異性交際希望者」という。）の求めに応じ、その異性交際に関する情報をインターネットを利用して公衆が閲覧することができる状態に置いてこれに伝達し、かつ、当該情報の伝達を受けた異性交際希望者が電子メールその他の電気通信（電気通信事業法（昭和五十九年法律第八十六号）第二条第一号に規定する電気通信をいう。以下同じ。）を利用して当該情報に係る異性交際希望者と相互に連絡することができるようにする役務を提供する事業をいう。

三　インターネット異性紹介事業者　インターネット異性紹介事業を行う者をいう。

四　登録誘引情報提供機関　第十八条第一項の登録を受けた者をいう。

（インターネット異性紹介事業者等の責務）

第三条　インターネット異性紹介事業者は、その行うインターネット異性紹介事業に関しこの法律その他の法令の規定を遵守するとともに、児童によるインターネット異性紹介事業の利用の防止に努めなければならない。

2　インターネット異性紹介事業に必要な電気通信役務（電気通信事業法第二条第三号に規定する電気通信役務をいう。）を提供する事業者（次項において「役務提供事業者」という。）は、児童の使用に係る通信端末機器による電気通信についてインターネット異性紹介事業を利用するための電気通信の自動利用制限（電気通信を自動的に選別して制限することをいう。以下この項及び次条において同じ。）を行う役務又は当該電気通信の自動利用制限を行う機能を有するソフトウェアを提供することその他の措置により児童によるインターネット異性紹介事業の利用の防止に資するよう努めなければならない。

3　前二項に定めるもののほか、インターネット異

性紹介事業者及び役務提供事業者は、児童の健全な育成に配慮するよう努めなければならない。

（保護者の責務）

第四条　児童の保護者（親権を行う者又は後見人をいう。）は、児童の使用に係る通信端末機器による電気通信についてインターネット異性紹介事業を利用するための電気通信の自動利用制限を行う役務又は当該電気通信の自動利用制限を行う機能を有するソフトウェアを利用することその他の児童によるインターネット異性紹介事業の利用を防止するために必要な措置を講ずるよう努めなければならない。

（国及び地方公共団体の責務）

第五条　国及び地方公共団体は、児童によるインターネット異性紹介事業の利用の防止に関する国民の理解を深めるための教育及び啓発に努めるとともに、児童によるインターネット異性紹介事業の利用の防止に資する技術の開発及び普及を推進するよう努めるものとする。

2　国及び地方公共団体は、事業者、国民又はこれらの者が組織する民間の団体が自発的に行うインターネット異性紹介事業に係る活動であって、児童の健全な育成に障害を及ぼす行為を防止するためのものが促進されるよう必要な施策を講ずるものとする。

第二章　児童に係る誘引の禁止

第六条　何人も、インターネット異性紹介事業を利用して、次に掲げる行為（以下「禁止誘引行為」という。）をしてはならない。

一　児童を性交等（性交若しくは性交類似行為をし、又は自己の性的好奇心を満たす目的で、他人の性器等（性器、肛門又は乳首をいう。以下同じ。）を触り、若しくは他人に自己の性器等を触らせることをいう。以下同じ。）の相手方となるように誘引すること。

二　人（児童を除く。第五号において同じ。）を児童との性交等の相手方となるように誘引すること。

三　対償を供与することを示して、児童を異性交際（性交等を除く。次号において同じ。）の相手方となるように誘引すること。

四　対償を受けることを示して、人を児童との異性交際の相手方となるように誘引すること。

五　前各号に掲げるもののほか、児童を異性交際の相手方となるように誘引し、又は人を児童との異性交際の相手方となるように誘引すること。

第三章　インターネット異性紹介事業の規制

（インターネット異性紹介事業の届出）

第七条　インターネット異性紹介事業を行おうとする者は、国家公安委員会規則で定めるところにより、次に掲げる事項を事業の本拠となる事務所（事務所のない者にあっては、住居。第三号を除き、以下「事務所」という。）の所在地を管轄する都道府県公安委員会（以下「公安委員会」という。）に届け出なければならない。この場合において、届出には、国家公安委員会規則で定める書類を添付しなければならない。

一　氏名又は名称及び住所並びに法人にあっては、その代表者の氏名

二　当該事業につき広告又は宣伝をする場合に当該事業を示すものとして使用する呼称（当該呼称が二以上ある場合にあっては、それら全部の呼称）

三　事業の本拠となる事務所の所在地

四　事務所の電話番号その他の連絡先であって国家公安委員会規則で定めるもの

五　法人にあっては、その役員の氏名及び住所

六　第十一条の規定による異性交際希望者が児童でないことの確認の実施の方法その他の業務の実施の方法に関する事項で国家公安委員会規則で定めるもの

2　前項の規定による届出をした者は、当該インターネット異性紹介事業を廃止したとき、又は同項各号に掲げる事項に変更があったときは、国家公安委員会規則で定めるところにより、その旨を公安委員会（公安委員会の管轄区域を異にして事務所を変更したときは、変更した後の事務所の所在地を管轄する公安委員会）に届け出なければならない。この場合において、届出には、国家公安委員会規則で定める書類を添付しなければならない。

（欠格事由）

第八条　次の各号のいずれかに該当する者は、インターネット異性紹介事業を行ってはならない。

一　成年被後見人若しくは被保佐人又は破産手続開始の決定を受け復権を得ない者

二　禁錮以上の刑に処せられ、又はこの法律、児童福祉法（昭和二十二年法律第百六十四号）第六十条第一項若しくは児童買春、児童ポルノに係る行為等の規制及び処罰並びに児童の保護等に関する法律（平成十一年法律第五十二号）に

規定する罪を犯して罰金の刑に処せられ、その執行を終わり、又は執行を受けることがなくなった日から起算して五年を経過しない者

三　最近五年間に第十四条又は第十五条第二項第二号の規定による命令に違反した者

四　暴力団員による不当な行為の防止等に関する法律（平成三年法律第七十七号）第二条第六号に規定する暴力団員（以下この号において単に「暴力団員」という。）である者又は暴力団員でなくなった日から五年を経過しない者

五　未成年者（児童でない未成年者にあっては、営業に関し成年者と同一の行為能力を有する者並びにインターネット異性紹介事業者の相続人でその法定代理人が前各号及び次号のいずれにも該当しないものを除く。）

六　法人で、その役員のうちに次のいずれかに該当する者のあるもの

イ　第一号から第四号までに掲げる者

ロ　児童

（名義貸しの禁止）

第九条　第七条第一項の規定による届出をした者は、自己の名義をもって、他人にインターネット異性紹介事業を行わせてはならない。

（利用の禁止の明示等）

第十条　インターネット異性紹介事業者は、その行うインターネット異性紹介事業について広告又は宣伝をするときは、国家公安委員会規則で定めるところにより、児童が当該インターネット異性紹介事業を利用してはならない旨を明らかにしなければならない。

2　前項に規定するもののほか、インターネット異性紹介事業者は、国家公安委員会規則で定めるところにより、その行うインターネット異性紹介事業を利用しようとする者に対し、児童がこれを利用してはならない旨を伝達しなければならない。

（児童でないことの確認）

第十一条　インターネット異性紹介事業者は、次に掲げる場合は、国家公安委員会規則で定めるところにより、あらかじめ、これらの異性交際希望者が児童でないことを確認しなければならない。ただし、第二号に掲げる場合にあっては、第一号に規定する異性交際希望者が当該インターネット異性紹介事業者の行う氏名、年齢その他の本人を特定する事項の確認（国家公安委員会規則で定める方法により行うものに限る。）を受けているときは、この限りでない。

一　異性交際希望者の求めに応じ、その異性交際に関する情報をインターネットを利用して公衆が閲覧することができる状態に置いて、これに伝達するとき。

二　他の異性交際希望者の求めに応じ、前号に規定する異性交際希望者からの異性交際に関する情報をインターネットを利用して公衆が閲覧することができる状態に置いて、当該他の異性交際希望者に伝達するとき。

三　前二号の規定によりその異性交際に関する情報の伝達を受けた他の異性交際希望者が、電子メールその他の電気通信を利用して、当該情報に係る第一号に規定する異性交際希望者と連絡することができるようにするとき。

四　第一号に規定する異性交際希望者が、電子メールその他の電気通信を利用して、第一号又は第二号の規定によりその異性交際に関する情報の伝達を受けた他の異性交際希望者と連絡することができるようにするとき。

（児童の健全な育成に障害を及ぼす行為の防止措置）

第十二条　インターネット異性紹介事業者は、その行うインターネット異性紹介事業を利用して禁止誘引行為が行われていることを知ったときは、速やかに、当該禁止誘引行為に係る異性交際に関する情報をインターネットを利用して公衆が閲覧することができないようにするための措置をとらなければならない。

2　前項に定めるもののほか、インターネット異性紹介事業者は、その行うインターネット異性紹介事業を利用して行われる禁止誘引行為その他の児童の健全な育成に障害を及ぼす行為を防止するための措置を講ずるよう努めなければならない。

（指示）

第十三条　インターネット異性紹介事業者がその行うインターネット異性紹介事業に関しこの法律若しくはこの法律に基づく命令又は他の法令の規定に違反したと認める場合において、当該違反行為が児童の健全な育成に障害を及ぼすおそれがあると認めるときは、当該違反行為が行われた時における当該インターネット異性紹介事業者の事務所の所在地を管轄する公安委員会は、当該インターネット異性紹介事業者に対し、児童の健全な育成に障害を及ぼす行為を防止するため必要な指示をすることができる。

（事業の停止等）

第十四条　インターネット異性紹介事業者がその行

うインターネット異性紹介事業に関し第八条第二号に規定する罪（この法律に規定する罪にあっては、第三十一条の罪及び同条の罪に係る第三十五条の罪を除く。）その他児童の健全な育成に障害を及ぼす罪で政令で定めるものに当たる行為をしたと認めるときは、当該行為が行われた時における当該インターネット異性紹介事業者の事務所の所在地を管轄する公安委員会は、当該インターネット異性紹介事業者に対し、六月を超えない範囲内で期間を定めて、当該インターネット異性紹介事業の全部又は一部の停止を命ずることができる。

2　インターネット異性紹介事業者が第八条各号のいずれかに該当することが判明したときは、当該インターネット異性紹介事業者の事務所の所在地を管轄する公安委員会は、当該インターネット異性紹介事業者に対し、当該インターネット異性紹介事業の廃止を命ずることができる。

（処分移送通知）

第十五条　公安委員会は、インターネット異性紹介事業者に対し第十三条の規定による指示又は前条第一項の規定による命令をしようとする場合において、当該インターネット異性紹介事業者がその事務所を他の公安委員会の管轄区域内に変更していたときは、当該処分に係る事案に関する弁明の機会の付与又は聴聞を終了している場合を除き、速やかに、現に当該インターネット異性紹介事業者の事務所の所在地を管轄する公安委員会に国家公安委員会規則で定める処分移送通知書を送付しなければならない。

2　前項（次項において準用する場合を含む。）の規定により処分移送通知書が送付されたときは、当該処分移送通知書の送付を受けた公安委員会は、次の各号に掲げる場合の区分に従い、それぞれ当該各号に定める処分をすることができるものとし、当該処分移送通知書を送付した公安委員会は、第十三条及び前条第一項の規定にかかわらず、当該事案について、これらの規定による処分をすることができないものとする。

一　当該インターネット異性紹介事業者がその行うインターネット異性紹介事業に関しこの法律若しくはこの法律に基づく命令又は他の法令の規定に違反したと認める場合において、当該違反行為が児童の健全な育成に障害を及ぼすおそれがあると認めるとき　児童の健全な育成に障害を及ぼす行為を防止するため必要な指示をすること。

二　当該インターネット異性紹介事業者がその行うインターネット異性紹介事業に関し前条第一項に規定する行為をしたと認めるとき　六月を超えない範囲内で期間を定めて、当該インターネット異性紹介事業の全部又は一部の停止を命ずること。

3　第一項の規定は、公安委員会が前項の規定により処分をしようとする場合について準用する。

（報告又は資料の提出）

第十六条　公安委員会は、第七条から前条まで（第十二条第二項を除く。）の規定の施行に必要な限度において、インターネット異性紹介事業者に対し、その行うインターネット異性紹介事業に関し報告又は資料の提出を求めることができる。

（国家公安委員会への報告等）

第十七条　公安委員会は、次の各号のいずれかに該当するときは、国家公安委員会規則で定める事項を国家公安委員会に報告しなければならない。この場合において、国家公安委員会は、当該報告に係る事項を各公安委員会に通報するものとする。

一　第七条の規定による届出を受けた場合

二　第十三条、第十四条第一項又は第十五条第二項の規定による処分をした場合

2　公安委員会は、インターネット異性紹介事業者が前項第二号に規定する処分の事由となる違反行為をしたと認めるとき、又は同号に規定する処分に違反したと認めるときは、当該違反行為が行われた時における当該インターネット異性紹介事業者の事務所の所在地を管轄する公安委員会に対し、国家公安委員会規則で定める事項を通報しなければならない。

第四章　登録誘引情報提供機関

（登録誘引情報提供機関の登録）

第十八条　インターネット異性紹介事業者による第十二条第一項に規定する措置の実施の確保を目的としてインターネット異性紹介事業を利用して行われる禁止誘引行為に係る異性交際に関する情報を収集し、これを当該インターネット異性紹介事業者に提供する業務（以下「誘引情報提供業務」という。）を行う者は、国家公安委員会の登録を受けることができる。

2　前項の登録（以下単に「登録」という。）を受けようとする者は、国家公安委員会規則で定めるところにより、国家公安委員会に申請をしなければならない。

3　次の各号のいずれかに該当する者は、登録を受

けることができない。

一　禁錮以上の刑に処せられ、又はこの法律、児童福祉法第六十条第一項若しくは児童買春、児童ポルノに係る行為等の規制及び処罰並びに児童の保護等に関する法律に規定する罪を犯して罰金の刑に処せられ、その執行を終わり、又は執行を受けることがなくなった日から起算して二年を経過しない者

二　第二十五条の規定により登録を取り消され、その取消しの日から起算して二年を経過しない者

三　法人で、その役員のうちに前二号のいずれかに該当する者があるもの

4　国家公安委員会は、第二項の申請をした者が次に掲げる要件のすべてに適合しているときは、登録をしなければならない。

一　インターネットの利用を可能とする機能を有する通信端末機器を有し、かつ、次のいずれかに該当する二人以上の者が誘引情報提供業務を行うものであること。

イ　学校教育法（昭和二十二年法律第二十六号）による大学において学士の学位を得るのに必要な一般教養科目の単位を修得した者又は同法による短期大学若しくは高等専門学校を卒業した者であって、誘引情報提供業務に通算して六月以上従事した経験を有するもの

ロ　イに掲げる者と同等以上の知識及び経験を有する者

二　誘引情報提供業務を適正に行うための次に掲げる措置がとられていること。

イ　誘引情報提供業務を行う部門に専任の管理者が置かれていること。

ロ　誘引情報提供業務の適正な実施の確保に関する業務方法書その他の文書が作成されていること。

5　登録は、登録誘引情報提供機関登録簿に次に掲げる事項を記載してするものとする。

一　登録年月日及び登録番号

二　登録誘引情報提供機関の氏名又は名称及び住所並びに法人にあっては、その代表者の氏名

三　登録誘引情報提供機関が誘引情報提供業務を行う事務所の所在地

6　登録誘引情報提供機関は、前項第二号又は第三号に掲げる事項を変更しようとするときは、国家公安委員会規則で定めるところにより、その旨を国家公安委員会に届け出なければならない。

（表示の制限）

第十九条　登録誘引情報提供機関でない者は、誘引情報提供業務を行うに際し、登録を受けている旨の表示又はこれと紛らわしい表示をしてはならない。

（情報提供）

第二十条　国家公安委員会又は公安委員会は、登録誘引情報提供機関の求めに応じ、登録誘引情報提供機関が誘引情報提供業務を適正に行うために必要な限度において、当該登録誘引情報提供機関に対し、インターネット異性紹介事業者に係る第七条第一項第一号から第四号までに掲げる事項に関する情報を提供することができる。

（誘引情報提供業務の方法）

第二十一条　登録誘引情報提供機関は、第十八条第四項各号に掲げる要件及び誘引情報提供業務を適正に行うための国家公安委員会規則で定める基準に適合する方法により誘引情報提供業務を行わなければならない。

（秘密保持義務）

第二十二条　登録誘引情報提供機関の役員若しくは職員又はこれらの職にあった者は、誘引情報提供業務に関して知り得た秘密を漏らしてはならない。

（業務の休廃止）

第二十三条　登録誘引情報提供機関は、誘引情報提供業務を休止し、又は廃止したときは、国家公安委員会規則で定めるところにより、その旨を国家公安委員会に届け出なければならない。

2　前項の規定により誘引情報提供業務を廃止した旨の届出があったときは、当該登録誘引情報提供機関に係る登録は、その効力を失う。

（改善命令）

第二十四条　国家公安委員会は、登録誘引情報提供機関が第二十一条の規定に違反していると認めるときは、当該登録誘引情報提供機関に対し、誘引情報提供業務の方法を改善するため必要な措置をとるべきことを命ずることができる。

（登録の取消し）

第二十五条　国家公安委員会は、登録誘引情報提供機関が次の各号のいずれかに該当するときは、登録を取り消すことができる。

一　第十八条第三項第一号又は第三号に該当するに至ったとき。

二　第十八条第六項又は第二十三条第一項の規定に違反したとき。

三　前条の規定による命令に違反したとき。

四　不正の手段により登録を受けたとき。

五　次条の規定による報告若しくは資料の提出をせず、又は虚偽の報告若しくは資料の提出をしたとき。

（報告又は資料の提出）

第二十六条　国家公安委員会は、誘引情報提供業務の適正な運営を確保するために必要な限度において、登録誘引情報提供機関に対し、その業務の状況に関し報告又は資料の提出を求めることができる。

（公示等）

第二十七条　国家公安委員会は、次に掲げる場合には、その旨を官報に公示しなければならない。

一　登録をしたとき。

二　第十八条第六項の規定による届出があったとき。

三　第二十三条第一項の規定による届出があったとき。

四　第二十五条の規定により登録を取り消したとき。

2　国家公安委員会は、前項の規定による公示をしたときは、当該公示の日付及び内容をインターネットの利用その他の方法により公表するものとする。

第五章　雑則

（方面公安委員会への権限の委任）

第二十八条　この法律の規定により道公安委員会の権限に属する事務は、政令で定めるところにより、方面公安委員会に委任することができる。

（経過措置）

第二十九条　この法律の規定に基づき政令又は国家公安委員会規則を制定し、又は改廃する場合においては、それぞれ政令又は国家公安委員会規則で、その制定又は改廃に伴い合理的に必要とされる範囲内において、所要の経過措置（罰則に関する経過措置を含む。）を定めることができる。

（国家公安委員会規則への委任）

第三十条　この法律に定めるもののほか、この法律の実施のための手続その他この法律の施行に関し必要な事項は、国家公安委員会規則で定める。

第六章　罰則

第三十一条　第十四条又は第十五条第二項第二号の規定による命令に違反した者は、一年以下の懲役若しくは百万円以下の罰金に処し、又はこれを併科する。

第三十二条　次の各号のいずれかに該当する者は、六月以下の懲役又は百万円以下の罰金に処する。

一　第七条第一項の規定による届出をしないでインターネット異性紹介事業を行った者

二　第九条の規定に違反した者

三　第十三条又は第十五条第二項第一号の規定による指示に違反した者

第三十三条　第六条（第五号を除く。）の規定に違反した者は、百万円以下の罰金に処する。

第三十四条　次の各号のいずれかに該当する者は、三十万円以下の罰金に処する。

一　第七条第一項の規定による届出に関し虚偽の届出をし、又は同項の添付書類であって虚偽の記載のあるものを提出した者

二　第七条第二項の規定に違反して届出をせず、若しくは虚偽の届出をし、又は同項の添付書類であって虚偽の記載のあるものを提出した者

三　第十六条の規定による報告若しくは資料の提出をせず、又は虚偽の報告若しくは資料の提出をした者

第三十五条　法人の代表者又は法人若しくは人の代理人、使用人その他の従業者が、その法人又は人の業務に関し、第三十一条、第三十二条又は前条の違反行為をしたときは、行為者を罰するほか、その法人又は人に対しても、各本条の罰金刑を科する。

第三十六条　第二十二条の規定に違反した者は、二十万円以下の過料に処する。

第三十七条　第十九条の規定に違反した者は、十万円以下の過料に処する。

附　則

（施行期日）

第一条　この法律は、公布の日から起算して三月を経過した日から施行する。ただし、第七条、第八条、第十条から第十二条まで、第十五条、第十七条及び第十八条の規定は、公布の日から起算して六月を超えない範囲内において政令で定める日から施行する。

〔平一五政三八七により、平一五・一二・一から施行〕

（検討）

第二条　政府は、第七条及び第八条の規定の施行後三年を経過した場合において、これらの規定の施行の状況について検討を加え、必要があると認めるときは、その結果に基づいて所要の措置を講ずるものとする。

附　則〔平成二六・六・二五法律七九抄〕

（施行期日等）

第一条　この法律は、公布の日から起算して二十日を経過した日から施行する。

2　〔略〕

（改正文）

○学校教育法の一部を改正する法律〔抄〕（平成二九・五・三一法律四一）

附　則

（施行期日）

第一条　この法律は、平成三十一年四月一日から施行する。〔以下略〕

（インターネット異性紹介事業を利用して児童を誘引する行為の規制等に関する法律の一部改正）

第四十二条　インターネット異性紹介事業を利用して児童を誘引する行為の規制等に関する法律（平成十五年法律第八十三号）の一部を次のように改正する。

第十八条第四項中「すべて」を「全て」に改め、同項第一号イ中「学位」の下に「（同法第百四条第二項に規定する文部科学大臣の定める学位（同法による専門職大学を卒業した者に対して授与されるものに限る。）を含む。）」を、「卒業した者」の下に「（同法による専門職大学の前期課程を修了した者を含む。）」を加える。

○組織的な犯罪の処罰及び犯罪収益の規制等に関する法律〔抄〕（平成一一・八・一八法律一三六）

最終改正　平成三〇・三・三一　法七

第一章　総則

（目的）

第一条　この法律は、組織的な犯罪が平穏かつ健全な社会生活を著しく害し、及び犯罪による収益がこの種の犯罪を助長するとともに、これを用いた事業活動への干渉が健全な経済活動に重大な悪影響を与えることに鑑み、並びに国際的な組織犯罪の防止に関する国際連合条約を実施するため、組織的に行われた殺人等の行為に対する処罰を強化し、犯罪による収益の隠匿及び収受並びにこれを用いた法人等の事業経営の支配を目的とする行為を処罰するとともに、犯罪による収益に係る没収及び追徴の特例等について定めることを目的とする。

（定義）

第二条　この法律において「団体」とは、共同の目的を有する多数人の継続的結合体であって、その目的又は意思を実現する行為の全部又は一部が組織（指揮命令に基づき、あらかじめ定められた任務の分担に従って構成員が一体として行動する人の結合体をいう。以下同じ。）により反復して行われるものをいう。

2　この法律において「犯罪収益」とは、次に掲げる財産をいう。

一　財産上の不正な利益を得る目的で犯した次に掲げる罪の犯罪行為（日本国外でした行為であって、当該行為が日本国内において行われたとしたならばこれらの罪に当たり、かつ、当該行為地の法令により罪に当たるものを含む。）により生じ、若しくは当該犯罪行為により得た財産又は当該犯罪行為の報酬として得た財産

イ　死刑又は無期若しくは長期四年以上の懲役若しくは禁錮の刑が定められている罪（ロに掲げる罪及び国際的な協力の下に規制薬物に係る不正行為を助長する行為等の防止を図るための麻薬及び向精神薬取締法等の特例等に関する法律（平成三年法律第九十四号。以下「麻薬特例法」という。）第二条第二項各号に掲げる罪を除く。）

ロ　別表第一（第三号を除く。）又は別表第二に掲げる罪

二　次に掲げる罪の犯罪行為（日本国外でした行為であって、当該行為が日本国内において行われたとしたならばイ、ロ又はニに掲げる罪に当たり、かつ、当該行為地の法令により罪に当たるものを含む。）により提供された資金

イ　覚せい剤取締法（昭和二十六年法律第二百五十二号）第四十一条の十（覚醒剤原料の輸入等に係る資金等の提供等）の罪

ロ　売春防止法（昭和三十一年法律第百十八号）第十三条（資金等の提供）の罪

ハ　銃砲刀剣類所持等取締法（昭和三十三年法律第六号）第三十一条の十三（資金等の提

供）の罪

二　サリン等による人身被害の防止に関する法律（平成七年法律第七十八号）第七条（資金等の提供）の罪

三　次に掲げる罪の犯罪行為（日本国外でした行為であって、当該行為が日本国内において行われたとしたならばこれらの罪に当たり、かつ、当該行為地の法令により罪に当たるものを含む。）により供与された財産

イ　第七条の二（証人等買収）の罪

ロ　不正競争防止法（平成五年法律第四十七号）第十八条第一項の違反行為に係る同法第二十一条第二項第七号（外国公務員等に対する不正の利益の供与等）の罪

四　公衆等脅迫目的の犯罪行為のための資金等の提供等の処罰に関する法律（平成十四年法律第六十七号）第三条第一項若しくは第二項前段、第四条第一項若しくは第五条第一項（資金等の提供）の罪又はこれらの罪の未遂罪の犯罪行為（日本国外でした行為であって、当該行為が日本国内において行われたとしたならばこれらの罪に当たり、かつ、当該行為地の法令により罪に当たるものを含む。）により提供され、又は提供しようとした財産

五　第六条の二第一項又は第二項（テロリズム集団その他の組織的犯罪集団による実行準備行為を伴う重大犯罪遂行の計画）の罪の犯罪行為である計画（日本国外でした行為であって、当該行為が日本国内において行われたとしたならば当該罪に当たり、かつ、当該行為地の法令により罪に当たるものを含む。）をした者が、計画をした犯罪の実行のための資金として使用する目的で取得した財産

3　この法律において「犯罪収益に由来する財産」とは、犯罪収益の果実として得た財産、犯罪収益の対価として得た財産、これらの財産の対価として得た財産その他犯罪収益の保有又は処分に基づき得た財産をいう。

4　この法律において「犯罪収益等」とは、犯罪収益、犯罪収益に由来する財産又はこれらの財産とこれらの財産以外の財産とが混和した財産をいう。

5　この法律において「薬物犯罪収益」とは、麻薬特例法第二条第三項に規定する薬物犯罪収益をいう。

6　この法律において「薬物犯罪収益に由来する財産」とは、麻薬特例法第二条第四項に規定する薬物犯罪収益に由来する財産をいう。

7　この法律において「薬物犯罪収益等」とは、麻薬特例法第二条第五項に規定する薬物犯罪収益等をいう。

第二章　組織的な犯罪の処罰及び犯罪収益の没収等

（**組織的な殺人等**）

第三条　次の各号に掲げる罪に当たる行為が、団体の活動（団体の意思決定に基づく行為であって、その効果又はこれによる利益が当該団体に帰属するものをいう。以下同じ。）として、当該罪に当たる行為を実行するための組織により行われたときは、その罪を犯した者は、当該各号に定める刑に処する。

一　刑法（明治四十年法律第四十五号）第九十六条（封印等破棄）の罪　五年以下の懲役若しくは五百万円以下の罰金又はこれらの併科

二　刑法第九十六条の二（強制執行妨害目的財産損壊等）の罪　五年以下の懲役若しくは五百万円以下の罰金又はこれらの併科

三　刑法第九十六条の三（強制執行行為妨害等）の罪　五年以下の懲役若しくは五百万円以下の罰金又はこれらの併科

四　刑法第九十六条の四（強制執行関係売却妨害）の罪　五年以下の懲役若しくは五百万円以下の罰金又はこれらの併科

五　刑法第百八十六条第一項（常習賭博）の罪　五年以下の懲役

六　刑法第百八十六条第二項（賭博場開張等図利）の罪　三月以上七年以下の懲役

七　刑法第百九十九条（殺人）の罪　死刑又は無期若しくは六年以上の懲役

八　刑法第二百二十条（逮捕及び監禁）の罪　三月以上十年以下の懲役

九　刑法第二百二十三条第一項又は第二項（強要）の罪　五年以下の懲役

十　刑法第二百二十五条の二（身の代金目的略取等）の罪　無期又は五年以上の懲役

十一　刑法第二百三十三条（信用毀損及び業務妨害）の罪　五年以下の懲役又は五十万円以下の罰金

十二　刑法第二百三十四条（威力業務妨害）の罪　五年以下の懲役又は五十万円以下の罰金

十三　刑法第二百四十六条（詐欺）の罪　一年以上の有期懲役

十四　刑法第二百四十九条（恐喝）の罪　一年以

上の有期懲役

十五　刑法第二百六十条前段（建造物等損壊）の罪　七年以下の懲役

2　団体に不正権益（団体の威力に基づく一定の地域又は分野における支配力であって、当該団体の構成員による犯罪その他の不正な行為により当該団体又はその構成員が継続的に利益を得ることを容易にすべきものをいう。以下この項及び第六条の二第二項において同じ。）を得させ、又は団体の不正権益を維持し、若しくは拡大する目的で、前項各号（第五号、第六号及び第十三号を除く。）に掲げる罪を犯した者も、同項と同様とする。

（未遂罪）

第四条　前条第一項第七号、第九号、第十号（刑法第二百二十五条の二第一項に係る部分に限る。）、第十三号及び第十四号に掲げる罪に係る前条の罪の未遂は、罰する。

○競馬法〔抄〕

（昭和二三・七・一三　法律一五八）

最終改正　平成二九・一二・一五　法八一

注　平成二九年六月二日法律第四五号の改正は、平成三二年（二〇二〇年）四月一日から施行のため、改正を加えてありません。

第一章　総則

（趣旨）

第一条　この法律は、馬の改良増殖その他畜産の振興に寄与するとともに、地方財政の改善を図るために行う競馬に関し規定するものとする。

（競馬の施行）

第一条の二　日本中央競馬会又は都道府県は、この法律により、競馬を行うことができる。

2　次の各号のいずれかに該当する市町村（特別区を含む。以下同じ。）で、その財政上の特別の必要を考慮して総務大臣が農林水産大臣と協議して指定するもの（以下「指定市町村」という。）は、その指定のあつた日から、その特別の必要がやむ時期としてその指定に付した期限が到来する日までの間に限り、この法律により、競馬を行うことができる。

一　著しく災害を受けた市町村

二　その区域内に地方競馬場が存在する市町村

3　総務大臣は、前項の規定により市町村を指定しようとするときは、地方財政審議会の意見を聴かなければならない。

4　第二項の規定による指定には、条件を付することができる。

5　日本中央競馬会が行う競馬は、中央競馬といい、都道府県又は指定市町村が行う競馬は、地方競馬という。

6　日本中央競馬会、都道府県又は指定市町村以外の者は、勝馬投票券その他これに類似するものを発売して、競馬を行つてはならない。

第二章　中央競馬

（競馬場）

第二条　中央競馬の競馬場は、十二箇所以内において農林水産省令で定める。

（競馬の開催）

第三条　中央競馬は、次に掲げる事項につき農林水産省令で定める範囲を超え、又は農林水産省令で定める日取りに反して、開催してはならない。

一　年間開催回数

二　一競馬場当たりの年間開催回数

三　一回の開催日数

四　一日の競走回数

（海外競馬の競走の指定）

第三条の二　農林水産大臣は、海外競馬（海外において実施される競馬であつて、我が国と同等の水準にあると認められる競馬の監督に関する制度により公正を確保するための措置が講ぜられているものをいう。以下同じ。）の競走のうち、日本中央競馬会が勝馬投票券を発売することができるものを指定することができる。

2　前項の規定による指定は、第十四条の規定による登録を受けた馬を出走させることができる海外競馬の競走であつて、当該登録を受けた馬を出走させた場合に馬の改良増殖その他畜産の振興に寄与すると見込まれるものについて、するものとする。

（競馬の実施に関する事務の委託）

第四条　日本中央競馬会は、政令で定めるところにより、競馬の実施に関する事務を都道府県、市町村又は私人に委託することができる。

（入場料）

第五条　日本中央競馬会は、競馬を開催するときは、入場者（第二十九条各号に規定する者その他の者であつて農林水産省令で定めるものを除く。）から農林水産省令で定める額以上の入場料を徴収しなければならない。ただし、競馬場内の秩序の維持に支障を及ぼすおそれがないものとして農林水産大臣の承認を受けた場合は、この限りでない。

（勝馬投票券）

第六条　日本中央競馬会は、その開催する競馬の競走及び第三条の二第一項の規定により指定された海外競馬の競走について、券面金額十円の勝馬投票券を券面金額で発売することができる。

2　日本中央競馬会は、前項の勝馬投票券十枚分以上を一枚をもつて代表する勝馬投票券を発売することができる。

3　第一項の勝馬投票券については、これに記載すべき情報を記録した電磁的記録（電子的方式、磁気的方式その他人の知覚によつては認識することができない方式で作られる記録であつて、電子計算機による情報処理の用に供されるものとして農林水産省令で定めるものをいう。以下この項において同じ。）の作成をもつて、その作成に代えることができる。この場合においては、当該電磁的記録は第一項の勝馬投票券と、当該電磁的記録の記録は同項の勝馬投票券の記載とみなす。

4　日本中央競馬会は、第一項の規定により海外競馬の競走について勝馬投票券を発売しようとするときは、農林水産省令で定めるところにより、あらかじめ、農林水産大臣の認可を受けなければならない。

5　農林水産大臣は、勝馬投票の実施体制その他の事情を勘案し、当該勝馬投票が公正かつ適正に実施されると認められる場合に限り、前項の認可をするものとする。

（勝馬投票法）

第七条　勝馬投票法は、単勝式、複勝式、連勝単式及び連勝複式（以下この条及び第十二条第四項において「基本勝馬投票法」という。）並びに重勝式（同一の日の二以上の競走につき同一の基本勝馬投票法により勝馬となつたものを一組としたものを勝馬とする方式をいう。以下同じ。）の五種類とし、勝馬投票法の種類（重勝式勝馬投票法その他農林水産省令で定める勝馬投票法については、当該勝馬投票法ごとに農林水産省令で定める種別。以下同じ。）ごとの勝馬の決定の方法並びに勝馬投票法の種類の組合せ及び限定その他その実施の方法については、農林水産省令で定める。

（払戻金）

第八条　日本中央競馬会は、勝馬投票法の種類ごとに、勝馬投票の的中者に対し、その競走についての勝馬投票券の売得金（勝馬投票券の発売金額から第十二条の規定により返還すべき金額を控除したもの。以下同じ。）の額に百分の七十以上農林水産大臣が定める率以下の範囲内で日本中央競馬会が定める率を乗じて得た額に相当する金額（重勝式勝馬投票法において次条第一項又は第三項の加算金がある場合にあつては、これに当該加算金を加えた金額。以下「払戻対象総額」という。）を、当該勝馬に対する各勝馬投票券に按分して払戻金として交付する。

2　前項の払戻金の額が、勝馬投票券の券面金額に満たないときは、その券面金額を払戻金の額とする。

3　勝馬投票の的中者がない場合（次条第一項に規定する場合を除く。）においては、その競走についての払戻対象総額を、当該競走における勝馬以外の出走した馬に投票した者に対し、各勝馬投票券に按分して払戻金として交付する。

4　第一項又は前項の規定により交付すべき金額の算出方法及びその交付については、農林水産省令で定める。

第九条　重勝式勝馬投票法の種別であつて勝馬の的中の割合が低いものとして農林水産省令で定めるもの（以下この条において「指定重勝式勝馬投票法」という。）についての勝馬投票の的中者がない場合には、当該勝馬投票に係る払戻対象総額は、当該指定重勝式勝馬投票法と同一の種別の指定重勝式勝馬投票法の勝馬投票であつてその後最初に的中者があるものに係る加算金とする。

2　指定重勝式勝馬投票法について、前条第一項の払戻金の額が農林水産省令で定める払戻金の最高限度額を超えるときは、その最高限度額に相当する額を払戻金の額とする。

3　前項の場合における払戻金の最高限度額を超える部分の前条第一項の払戻金の額の総額は、当該指定重勝式勝馬投票法と同一の種別の指定重勝式勝馬投票法の勝馬投票であつてその後最初に的中者があるものに係る加算金とする。

4　指定重勝式勝馬投票法の実施を停止する場合における第一項及び前項の加算金の処分については、農林水産省令で定める。

第十条　払戻金を交付する場合において、前二条の規定によつて算出した金額に一円未満の端数があるときは、その端数は、これを切り捨てる。

2　前項の端数切捨によつて生じた金額は、日本中央競馬会の収入とする。

第十一条　第八条及び第九条の規定による払戻金又は次条第六項の規定による返還金の債権は、六十日間行わないときは、時効によつて消滅する。

（投票の無効）

第十二条　勝馬投票券（重勝式勝馬投票法に係るものを除く。次項及び第三項において同じ。）を発売した後、当該競走につき次の各号のいずれかに該当する事由を生じたときは、当該競走についての投票は、これを無効とする。

一　出走すべき馬がなくなり、又は一頭のみとなつたこと。

二　競走が成立しなかつたこと。

2　前項の場合のほか、勝馬投票券を発売した後、当該競走につき勝馬がない勝馬投票法の種類があつたときは、当該勝馬投票法の種類についての投票は、これを無効とする。

3　発売した勝馬投票券に表示された番号の馬（連勝単式勝馬投票法及び連勝複式勝馬投票法にあつては、その勝馬投票券に表示された組のいずれかの番号の馬）が出走しなかつた場合は、その馬（連勝単式勝馬投票法及び連勝複式勝馬投票法にあつては、その番号の属する組）に対する投票は、これを無効とする。連勝単式勝馬投票法及び連勝複式勝馬投票法において同一の番号を一組とした場合において、その番号の馬のうちいずれか一頭のみが出走したときは、その組に対する投票についてもまた同様である。

4　重勝式勝馬投票法に係る基本勝馬投票法の投票が前三項の規定により無効となつた場合は、当該投票の勝馬投票券に表示された番号の馬（連勝単式勝馬投票法及び連勝複式勝馬投票法を基本勝馬投票法とする場合にあつては、その勝馬投票券に表示された組）をその勝馬投票券に表示する重勝式勝馬投票法の投票は、これを無効とする。

5　入場者以外の者に対し発売した勝馬投票券の発売金額の全部又は一部を、天災地変その他やむを得ない事由により、入場者に対し発売した勝馬投票券の発売金額と合計することができなかつた場合には、入場者以外の者の投票であつて合計することができなかつたものは、これを無効とする。

6　前各項の場合においては、当該勝馬投票券を所有する者は、日本中央競馬会に対し、その勝馬投票券と引換えにその券面金額の返還を請求することができる。

（馬主の登録）

第十三条　農林水産省令の定めるところにより、日本中央競馬会が行う登録を受けた者でなければ、中央競馬の競走（日本中央競馬会が勝馬投票券を発売する海外競馬の競走を除く。以下同じ。）に馬を出走させることができない。

2　日本中央競馬会は、競馬の公正な実施を確保するため必要があると認めるときは、農林水産省令で定めるところにより、前項の規定による登録を抹消することができる。

（馬の登録）

第十四条　日本中央競馬会が行う登録を受けた馬でなければ、中央競馬の競走に出走させることができない。

（競走馬の調教及び騎乗）

第十六条　農林水産省令の定めるところにより、日本中央競馬会が行う免許を受けた調教師又は騎手でなければ、中央競馬の競走のため、馬を調教し又は騎乗することができない。

2　日本中央競馬会は、競馬の公正かつ安全な実施を確保するため必要があると認めるときは、農林水産省令で定めるところにより、前項の規定による免許を取り消すことができる。

第三章　地方競馬

（競馬場の数）

第十九条　地方競馬の競馬場の数は、北海道にあつては六箇所以内、都府県にあつては各二箇所以内とする。

（競馬の開催）

第二十条　地方競馬は、次に掲げる事項につき農林水産省令で定める範囲を超え、又は農林水産省令で定める日取りに反して、開催してはならない。

一　都道府県の区域ごとの年間開催回数

二　一回の開催日数

三　一日の競走回数

2　農林水産大臣は、都道府県又は指定市町村に対して、競馬の開催回数、一回の開催日数及び開催の日取りその他競馬の開催に関し、調整上必要な指示をすることができる。

（海外競馬の競走の指定）

第二十条の二　農林水産大臣は、海外競馬の競走のうち、都道府県又は指定市町村が勝馬投票券を発売することができるものを指定することができる。

2　前項の規定による指定は、第二十二条において準用する第十四条の規定による登録を受けた馬を出走させることができる海外競馬の競走であつて、当該登録を受けた馬を出走させた場合に馬の改良増殖その他畜産の振興に寄与すると見込まれるものについて、するものとする。

（競馬の実施に関する事務の委託）

第二十一条　都道府県又は指定市町村は、政令で定めるところにより、競馬の実施に関する事務を他の都道府県若しくは市町村、日本中央競馬会、地方競馬全国協会又は私人に委託することができる。

（準用規定）

第二十二条　第五条から第九条まで、第十一条から第十四条まで及び第十六条から第十八条までの規定は、地方競馬について準用する。この場合において、第五条、第六条第一項、第二項及び第四項、第八条第一項、第十二条第六項並びに第十八条第一項中「日本中央競馬会」とあるのは「都道府県又は指定市町村」と、第六条第一項中「第三条の二第一項」とあるのは「第二十条の二第一項」と、第十三条第一項中「、日本中央競馬会」とあるのは「、地方競馬全国協会」と、「（日本中央競馬会」とあるのは「（都道府県又は指定市町村」と、同条第二項、第十四条、第十六条及び第十七条中「日本中央競馬会」とあるのは「地方競馬全国協会」と読み替えるものとする。

（競馬活性化計画の認定）

第二十三条の七　都道府県又は指定市町村は、共同して、農林水産省令で定めるところにより、競馬の実施に関する相互の連携の促進その他の地方競馬の活性化に資する方策を実施することによりその事業の収支の改善を図るための計画（以下「競馬活性化計画」という。）を作成し、農林水産大臣の認定を申請することができる。

2　競馬活性化計画には、次に掲げる事項を定めるものとする。

一　競馬活性化計画の期間

二　競馬活性化計画の実施による当該都道府県又は当該指定市町村ごとの競馬の事業の収支の改善の程度を示す指標

三　当該都道府県又は当該指定市町村が地方競馬全国協会による調整又は助言に基づいて行う当該都道府県又は当該指定市町村間の競走の編成又は出走の条件についての調整その他の競走の魅力を高めるために必要な措置に関する事項

四　当該都道府県又は当該指定市町村が単独で又は共同して行う競馬の実施に必要な施設又は設備の設置の事業その他の地方競馬の活性化に資する事業に関する事項

五　競馬活性化計画の実施を促進するために必要な協議を行うために当該都道府県又は当該指定市町村が組織する協議会に関する事項その他の競馬活性化計画の実施に必要な事項

3　競馬活性化計画には、前項各号に掲げる事項のほか、当該競馬活性化計画の目標その他農林水産省令で定める事項を定めるよう努めるものとする。

4　農林水産大臣は、第一項の規定による認定の申請があつた競馬活性化計画が次に掲げる基準に適合すると認めるときは、その認定をするものとする。

一　競馬活性化計画の期間が五年以内であること。

二　競馬活性化計画の実施により、当該都道府県又は当該指定市町村の競馬の事業の収支の改善が相当程度見込まれること。

三　競馬活性化計画に当該都道府県又は当該指定市町村が単独で行う事業に関する事項が定められている場合にあつては、当該事業が競馬の実施に関する相互の連携の促進その他地方競馬の活性化に資するものであること。

5　農林水産大臣は、第一項の認定をしようとするときは、あらかじめ、地方競馬全国協会の意見を聴かなければならない。

6　前項の場合において、地方競馬全国協会が意見を述べようとするときは、あらかじめ、第二十三条の十七第一項の運営委員会の議決を経なければならない。

7　農林水産大臣は、第一項の認定をしたときは、遅滞なく、地方競馬全国協会に通知するものとする。

（競馬活性化計画の変更等）

第二十三条の八　前条第一項の認定を受けた都道府県又は指定市町村（次項及び第二十三条の三十六第一項第八号において「認定都道府県等」という。）は、当該認定に係る競馬活性化計画を変更しようとするときは、共同して、農林水産大臣の認定を受けなければならない。

2　農林水産大臣は、認定都道府県等が当該認定に係る競馬活性化計画（前項の規定による変更の認定があつたときは、その変更後のもの。以下「認定競馬活性化計画」という。）に従つて競馬の事業を実施していないと認めるときは、その認定を取り消すことができる。

3　前条第四項から第七項までの規定は第一項の規定による変更の認定について、同条第七項の規定は前項の規定による認定の取消しについて準用する。

第四章　雑則

（秩序の維持等）

第二十四条　この法律で別に定めるもののほか、競馬場内の秩序を維持し、その他競馬の公正を確保するため必要な事項は、政令で定める。

（脱法行為の禁止）

第二十七条　何人も、いかなる名義をもつてするを問わず、第一条の二第六項の規定を免れる行為をすることができない。

（勝馬投票券の購入等の制限）

第二十八条　未成年者は、勝馬投票券を購入し、又は譲り受けてはならない。

第二十九条　次の各号に掲げる者は、当該各号に定める競馬の競走について、勝馬投票券を購入し、又は譲り受けてはならない。

一　競馬に関係する政府職員　中央競馬の競走及び地方競馬の競走並びに日本中央競馬会、都道府県又は指定市町村が勝馬投票券を発売する海外競馬の競走

二　日本中央競馬会の役員及び職員　中央競馬の競走及び日本中央競馬会が勝馬投票券を発売する海外競馬の競走

三　日本中央競馬会が第二十一条の規定により委託を受けて競馬の実施に関する事務を行う場合におけるその役員及び職員であつて当該委託を受けた事務に関係するもの　当該委託に係る競馬の競走

四　都道府県、指定市町村又は地方自治法（昭和二十二年法律第六十七号）第二百八十四条第一項の一部事務組合若しくは広域連合（以下この号において「都道府県等」という。）の職員であつて当該都道府県等が行う競馬に関係するもの　全ての地方競馬の競走及び当該都道府県等が勝馬投票券を発売する海外競馬の競走

五　都道府県、市町村又は地方自治法第二百八十四条第一項の一部事務組合若しくは広域連合が第四条又は第二十一条の規定により委託を受けて競馬の実施に関する事務を行う場合におけるこれらの職員であつて当該委託を受けた事務に関係するもの　当該委託に係る競馬の競走

六　協会の役員及び職員　全ての地方競馬の競走及び都道府県又は指定市町村が勝馬投票券を発売する海外競馬の競走

七　中央競馬の競走に関係する調教師（競走馬の飼養を行う者を含む。以下同じ。）、騎手及び競走馬の飼養又は調教を補助する者　中央競馬の競走

八　地方競馬の競走に関係する調教師、騎手及び競走馬の飼養又は調教を補助する者　全ての地方競馬の競走

九　日本中央競馬会、都道府県又は指定市町村が勝馬投票券を発売する海外競馬の競走に関係する調教師、騎手及び競走馬の飼養又は調教を補助する者　当該海外競馬の競走

十　その他競馬の事務に従事する者　当該競馬の競走

（勝馬投票類似の行為の特例）

第二十九条の二　日本中央競馬会の職員は中央競馬の競走及び日本中央競馬会が勝馬投票券を発売する海外競馬の競走に関し、都道府県又は指定市町村の職員は地方競馬の競走及び当該都道府県又は当該指定市町村が勝馬投票券を発売する海外競馬の競走に関し、農林水産省令で定めるところにより農林水産大臣の許可を受けて、勝馬投票類似の行為をすることができる。

2　農林水産大臣は、第三十条（第三号に係る部分に限る。）の規定に違反する行為に関する情報を収集するために必要があると認めるときでなければ、前項の許可をしてはならない。

（権限の委任）

第二十九条の三　この法律に規定する農林水産大臣の権限は、農林水産省令で定めるところにより、その一部を地方農政局長又は北海道農政事務所長に委任することができる。

第五章　罰則

第三十条　次の各号のいずれかに該当する者は、五年以下の懲役又は五百万円以下の罰金に処する。

一　第一条の二第六項の規定に違反した者

二　第二十七条の規定に違反した者

三　中央競馬の競走若しくは地方競馬の競走又は日本中央競馬会、都道府県若しくは指定市町村

が勝馬投票券を発売する海外競馬の競走に関し勝馬投票類似の行為をさせて財産上の利益を図つた者

第三十一条　次の各号の一に該当する者は、三年以下の懲役又は三百万円以下の罰金に処する。

一　業として勝馬投票券の購入の委託を受け、又は財産上の利益を図る目的をもつて不特定多数の者から勝馬投票券の購入の委託を受けた者

二　出走すべき馬につき、その馬の競走能力を一時的にたかめ又は減ずる薬品又は薬剤を使用した者

三　競走について財産上の利益を得、又は他人に得させるため競走において馬の全能力を発揮させなかつた騎手

第三十二条　前二条の罪を犯した者には、情状により、懲役及び罰金を併科することができる。

第三十二条の二　調教師、騎手又は競走馬の飼養若しくは調教を補助する者が、その競走に関してわいろを収受し、又はこれを要求し、若しくは約束したときは、三年以下の懲役に処する。よつて不正の行為をし、又は相当の行為をしなかつたときは、五年以下の懲役に処する。

第三十二条の三　前条の場合において、収受したわいろは、これを没収する。その全部又は一部を没収することができないときは、その価額を追徴する。

第三十二条の四　第三十二条の二に規定するわいろを供与し、又はその申込み若しくは約束をした者は、三年以下の懲役又は三百万円以下の罰金に処する。

2　前項の罪を犯した者が自首したときは、その刑を軽減し、又は免除することができる。

第三十二条の五　偽計又は威力を用いて競馬の公正を害すべき行為をした者は、三年以下の懲役又は二百万円以下の罰金に処する。

第三十二条の六　競馬においてその公正を害すべき方法による競走を共謀した者は、二年以下の懲役又は百万円以下の罰金に処する。

第三十二条の七　第二十三条の四十二の規定に違反する行為があつた場合には、その違反行為をした協会の役員又は職員は、一年以下の懲役又は百万円以下の罰金に処する。

第三十二条の八　第二十五条第一項の規定による報告をせず、若しくは虚偽の報告をし、又は同項の規定による検査を拒み、妨げ、若しくは忌避した場合には、その違反行為をした競馬事務受託者（私人に限る。）又は協会の役員又は職員は、三十万円以下の罰金に処する。

第三十二条の九　次の各号のいずれかに該当する場合には、その違反行為をした協会の役員又は職員は、二十万円以下の過料に処する。

一　この法律の規定により農林水産大臣の認可又は承認を受けなければならない場合において、その認可又は承認を受けなかつたとき。

二　第二十三条の十三第一項の政令の規定に違反して登記することを怠つたとき。

三　第二十三条の三十六第一項及び第二項の業務以外の業務を行つたとき。

四　第二十三条の四十三の規定に違反したとき。

五　第二十三条の四十五第二項の規定による農林水産大臣の命令に違反したとき。

第三十二条の十　第二十三条の十四の規定に違反した者は、十万円以下の過料に処する。

第三十三条　次の各号のいずれかに該当する者は、百万円以下の罰金に処する。

一　第二十九条の規定に違反した者

二　第三十条第三号の場合において勝馬投票類似の行為をした者（第二十九条の二第一項の規定による許可を受けた場合を除く。）

第三十四条　第二十八条又は第二十九条の規定に違反する行為があつた場合において、その行為をした者がこれらの規定により勝馬投票券の購入又は譲受けを禁止されている者であることを知りながら、その違反行為の相手方となつた者（その相手方が発売者であるときは、その発売に係る行為をした者）は、五十万円以下の罰金に処する。

○自転車競技法〔抄〕

（昭和二三・八・一 法律二〇九）

最終改正　平成二四・三・三一　法一一

注　平成二九年六月二日法律第四五号の改正は、平成三二年（二〇二〇年）四月一日から施行のため、改正を加えてありません。

第一章　競輪の実施

（競輪の施行）

第一条　都道府県及び人口、財政等を勘案して総務大臣が指定する市町村（以下「指定市町村」という。）は、自転車その他の機械の改良及び輸出の振興、機械工業の合理化並びに体育事業その他の公益の増進を目的とする事業の振興に寄与するとともに、地方財政の健全化を図るため、この法律により、自転車競走を行うことができる。

2　総務大臣は、必要があると認めるときは、前項の規定により市町村を指定するに当たり、その指定に期限又は条件を付することができる。

3　総務大臣は、指定市町村が一年以上引き続きこの法律による自転車競走（以下「競輪」という。）を開催しなかつたとき、又は指定市町村について指定の理由がなくなつたと認めるときは、その指定を取り消すことができる。

4　総務大臣は、第一項の規定による指定をし、又は前項の規定による指定の取消しをしようとするときは、経済産業大臣に協議するとともに、地方財政審議会の意見を聴かなければならない。

5　第一項に掲げる者（以下「競輪施行者」という。）以外の者は、勝者投票券（以下「車券」という。）その他これに類似するものを発売して、自転車競走を行つてはならない。

（届出）

第二条　競輪施行者が、競輪を開催しようとするときは、経済産業省令で定めるところにより、経済産業局長及び都道府県知事を経由して、経済産業大臣に届け出なければならない。

（競輪の実施事務の委託）

第三条　競輪施行者は、経済産業省令で定めるところにより、次に掲げる事務を他の地方公共団体、競技実施法人（第三十八条第一項に規定する競技実施法人をいう。以下この章において同じ。）又は私人（第一号に掲げる事務にあつては、競技実施法人に限る。）に委託することができる。この場合においては、同号に掲げる事務であつて経済産業省令で定めるものは、一括して委託しなければならない。

一　競輪に出場する選手及び競輪に使用する自転車の競走前の検査、競輪の審判その他の競輪の競技に関する事務

二　車券の発売又は第十二条の規定による払戻金若しくは第十四条第六項の規定による返還金の交付（以下「車券の発売等」という。）に関する事務

三　前二号に掲げるもののほか、競輪の実施に関する事務（経済産業省令で定めるものを除く。）

（競輪場）

第四条　競輪の用に供する競走場を設置し又は移転しようとする者は、経済産業省令で定めるところにより、経済産業大臣の許可を受けなければならない。

2　経済産業大臣は、前項の許可をしようとするときは、経済産業省令で定めるところにより、あらかじめ、関係都道府県知事の意見を聴かなければならない。

3　都道府県知事は、前項の意見を述べようとするときは、あらかじめ、公聴会を開いて、利害関係人の意見を聴かなければならない。

4　経済産業大臣は、第一項の許可の申請があつたときは、申請に係る競走場の位置、構造及び設備が経済産業省令で定める公安上及び競輪の運営上の基準に適合する場合に限り、その許可をすることができる。

5　競輪は、第一項の許可を受けて設置され又は移転された競走場（以下「競輪場」という。）で行われなければならない。ただし、経済産業省令で定めるところにより経済産業大臣の許可を受けたときは、道路を利用して行うことができる。

6　経済産業大臣は、必要があると認めるときは、第一項の許可に期限又は条件を付することができる。

7　経済産業大臣は、競輪場の設置者が一年以上引き続きその競輪場を競輪の用に供しなかつたときは、第一項の許可を取り消すことができる。

8　競輪場の設置者について相続、合併若しくは分割（当該競輪場を承継させるものに限る。）があり、又は競輪場の譲渡しがあつたときは、相続人、合併後存続する法人若しくは合併により設立した法人若しくは分割により当該競輪場を承継した法人又は競輪場を譲り受けた者は、当該競輪場

の設置者の地位を承継する。

9　前項の規定により競輪場の設置者の地位を承継した者は、遅滞なく、経済産業省令で定めるところにより、その旨を経済産業大臣に届け出なければならない。

（場外車券売場）

第五条　車券の発売等の用に供する施設を競輪場外に設置しようとする者は、経済産業省令で定めるところにより、経済産業大臣の許可を受けなければならない。当該許可を受けて設置された施設を移転しようとするときも、同様とする。

2　経済産業大臣は、前項の許可の申請があつたときは、申請に係る施設の位置、構造及び設備が経済産業省令で定める基準に適合する場合に限り、その許可をすることができる。

3　競輪場外における車券の発売等は、第一項の許可を受けて設置され又は移転された施設（以下「場外車券売場」という。）でしなければならない。

4　前条第六項及び第七項の規定は第一項の許可に、同条第八項及び第九項の規定は場外車券売場に準用する。

（競輪の審判員等の登録）

第六条　競輪の審判員、競輪に出場する選手並びに競輪に使用する自転車の種類及び規格は、経済産業省令で定めるところにより、競輪振興法人（第二十三条第一項に規定する競輪振興法人をいう。以下この章及び次章において同じ。）に登録されたものでなければならない。

2　競輪振興法人は、競輪の公正かつ安全な実施を確保するため必要があると認めるときは、経済産業省令で定めるところにより、前項の規定による登録を消除することができる。

（競輪の開催）

第七条　競輪施行者は、次に掲げる事項について経済産業省令で定める範囲を超えて、競輪を開催することができない。

一　一競輪場当たりの年間開催回数

二　一施行者当たりの年間開催回数

三　一回の開催日数

四　一日の競走回数

（車券）

第八条　競輪施行者は、券面金額十円の車券を券面金額で発売することができる。

2　競輪施行者は、前項の車券十枚分以上を一枚で代表する車券を発売することができる。

3　第一項の車券については、これに記載すべき情報を記録した電磁的記録（電子的方式、磁気的方式その他人の知覚によつては認識することができない方式で作られる記録であつて、電子計算機による情報処理の用に供されるものとして経済産業省令で定めるものをいう。以下この項において同じ。）の作成をもつて、その作成に代えることができる。この場合においては、当該電磁的記録は第一項の車券と、当該電磁的記録に記録された情報の内容は同項の車券に表示された記載とみなす。

第九条　未成年者は、車券を購入し、又は譲り受けてはならない。

第十条　次の各号のいずれかに該当する者は、当該各号に掲げる競輪について、車券を購入し、又は譲り受けてはならない。

一　競輪に関係する政府職員及び競輪施行者の職員にあつては、すべての競輪

二　競輪振興法人及び競技実施法人の役職員並びに競輪の選手にあつては、すべての競輪

三　前二号に掲げる者を除き、車券の発売等、競輪場内の整理及び警備その他競輪の事務に従う者にあつては、当該競輪

（勝者投票法）

第十一条　勝者投票法は、単勝式、複勝式、連勝単式及び連勝複式（以下「基本勝者投票法」という。）並びに重勝式（同一の日の二以上の競走につき同一の基本勝者投票法により勝者となつたものを一組としたものを勝者とする方式をいう。以下同じ。）の五種類とし、勝者投票法の種類（重勝式勝者投票法その他経済産業省令で定める勝者投票法については、当該勝者投票法ごとに経済産業省令で定める種別。以下同じ。）ごとの勝者の決定の方法並びに勝者投票法の種類の組合せ及び限定その他その実施の方法については、経済産業省令で定める。

（払戻金）

第十二条　競輪施行者は、勝者投票法の種類ごとに、勝者投票の的中者に対し、その競走についての車券の売上金（車券の発売金額から、第十四条第六項の規定により返還すべき金額を差し引いたもの。以下同じ。）の額に百分の七十以上経済産業大臣が定める率以下の範囲内で競輪施行者が定める率を乗じて得た額に相当する金額（重勝式勝者投票法において次条第一項又は第二項の加算金がある場合にあつては、これに当該加算金を加えた金額。以下「払戻対象総額」という。）を、当

該勝者に対する各車券に按分して払戻金として交付する。

2　前項の払戻金の額が、車券の券面金額に満たないときは、その券面金額を払戻金の額とする。

3　指定重勝式勝者投票法（重勝式勝者投票法の種別であつて勝者の的中の割合が低いものとして経済産業省令で定めるものをいう。以下同じ。）について、第一項の払戻金の額が経済産業省令で定める払戻金の最高限度額を超えるときは、その最高限度額に相当する額を払戻金の額とする。

4　勝者投票の的中者がない場合（次条第一項に規定する場合を除く。）においては、その競走についての払戻対象総額を、当該競走における勝者以外の出走した選手に投票した者に対し、各車券に按分して払戻金として交付する。

5　第一項又は前項の規定により交付すべき金額の算出方法及びその交付については、経済産業省令で定める。

6　前各項の規定により払戻金を交付する場合において、その金額に一円未満の端数があるときは、その端数は、切り捨てる。

第十三条　指定重勝式勝者投票法についての勝者投票の的中者がない場合には、当該勝者投票に係る払戻対象総額は、当該競輪施行者が開催する競輪に係る当該指定重勝式勝者投票法と同一の種別の指定重勝式勝者投票法の勝者投票であつてその後最初に的中者があるものに係る加算金とする。

2　前条第三項の場合において、当該払戻金の最高限度額を超える部分の金額の総額は、当該指定重勝式勝者投票法と同一の種別の指定重勝式勝者投票法の勝者投票であつてその後最初に的中者があるものに係る加算金とする。

3　指定重勝式勝者投票法に係る競輪を開催した競輪施行者が当該指定重勝式勝者投票法の実施を停止する場合における前二項の加算金の処分については、経済産業省令で定める。

（投票の無効）

第十四条　車券（重勝式勝者投票法に係るものを除く。）を発売した後、当該競走について次の各号のいずれかに該当する事由が生じたときは、当該競走についての投票は、無効とする。

一　出走すべき選手がなくなり、又は一人のみとなつたこと。

二　競走が成立しなかつたこと。

三　競走に勝者がなかつたこと。

2　単勝式又は複勝式勝者投票法において、発売した車券に表示された選手が出走しなかつたときは、その選手に対する投票は、無効とする。

3　連勝単式又は連勝複式勝者投票法において、次の各号のいずれかに該当する事由が生じたときは、その組に対する投票は、無効とする。

一　異なる連勝式番号をつけられた選手を一組とした場合にあつては、発売した車券に表示された選手のうち連勝式番号を同じくする選手のすべてが出走しなかつたこと。

二　同一の連勝式番号をつけられた選手を一組とした場合にあつては、発売した車券に表示された選手のすべてが出走せず、又はそのうちいずれか一人のみが出走したこと。

4　重勝式勝者投票法に係る基本勝者投票法の投票が前三項の規定により無効となつた場合は、当該投票の車券に表示された選手（連勝単式又は連勝複式勝者投票法を基本勝者投票法とする場合にあつては、その車券に表示された組）をその車券に表示する重勝式勝者投票法の投票は、無効とする。

5　入場者以外の者に対し発売した車券の発売金額の全部又は一部を、天災地変その他やむを得ない事由により、入場者に対し発売した車券の発売金額と合計することができなかつたときは、入場者以外の者の投票であつて合計することができなかつたものは、無効とする。

6　前各項の場合においては、当該車券を所有する者は、競輪施行者に対し、その車券と引換えにその券面金額の返還を請求することができる。

（払戻金及び返還金の債権の時効）

第十五条　第十二条の規定による払戻金及び前条第六項の規定による返還金の債権は、六十日間行わないときは、時効によつて消滅する。

第四章　競技実施法人

（指定等）

第三十八条　経済産業大臣は、営利を目的としない法人であつて、第四十条に規定する業務（以下「競技実施業務」という。）に関し次に掲げる基準に適合すると認められるものを、その申請により、競技実施法人として指定することができる。

一　競技実施業務を適確に実施するに足りる経理的及び技術的な基礎を有するものであること。

二　役員又は職員の構成が、競技実施業務の公正な実施に支障を及ぼすおそれがないものであること。

三　競技実施業務以外の業務を行つている場合には、その業務を行うことによつて競技実施業務の公正かつ適確な実施に支障を及ぼすおそれがないものであること。

四　第四十八条第一項の規定により指定を取り消され、その取消しの日から三年を経過しない者でないこと。

五　役員のうちに次のいずれかに該当する者がないこと。

イ　禁錮以上の刑に処せられ、その刑の執行を終わり、又は執行を受けることがなくなつた日から三年を経過しない者

ロ　この法律又はこの法律に基づく命令の規定に違反したことにより罰金の刑に処せられ、その刑の執行を終わり、又は執行を受けることがなくなつた日から三年を経過しない者

2　経済産業大臣は、前項の規定による指定をしたときは、当該指定を受けた者の名称及び住所並びに事務所の所在地を公示しなければならない。

3　競技実施法人は、その名称及び住所並びに事務所の所在地を変更しようとするときは、あらかじめ、その旨を経済産業大臣に届け出なければならない。

4　経済産業大臣は、前項の規定による届出があつたときは、当該届出に係る事項を公示しなければならない。

（業務）

第四十条　競技実施法人は、競輪施行者から委託を受けて次の業務を行うものとする。

一　第三条第一号に掲げる事務を行うこと。

二　車券の発売等を行うこと。

三　競輪の開催につき宣伝を行うこと。

四　入場者の整理その他競輪場内の整理を行うこと。

五　前各号の業務に附帯する業務

第五章　雑則

（場内の秩序の維持等）

第四十九条　競輪施行者は、競輪場内の秩序（場外車券売場を設置している場合にあつては、場外車券売場における秩序を、第四条第五項ただし書の規定により道路を利用して競輪を行う場合にあつては、道路その他競輪の実施に関連する場所における秩序を含む。以下同じ。）を維持し、かつ、競輪の公正及び安全を確保するため、入場者の整理、選手の出場に関する適正な条件の確保、競輪に関する犯罪及び不正の防止その他必要な措置を講じなければならない。

2　競技実施法人は、競輪施行者が行う前項の措置に協力しなければならない。

3　競輪場の設置者は、その競輪場の位置、構造及び設備を、第四条第四項の経済産業省令で定める基準に適合するように維持しなければならない。

4　場外車券売場の設置者は、その場外車券売場の位置、構造及び設備を、第五条第二項の経済産業省令で定める基準に適合するように維持しなければならない。

（経済産業大臣の命令）

第五十条　経済産業大臣は、競輪場内の秩序を維持し、競輪の公正又は安全を確保し、その他この法律の施行を確保するため必要があると認めるときは、競輪施行者、競技実施法人又は競輪場若しくは場外車券売場の設置者に対し、選手の出場、競輪場若しくは場外車券売場の貸借又は第三条第一号に掲げる事務の委託に関する条件を適正にすべき旨の命令、競輪場又は場外車券売場を修理し、改造し、又は移転すべき旨の命令その他必要な命令をすることができる。

（勝者投票類似の行為の特例）

第五十四条　競輪施行者の職員は、競輪に関して、経済産業省令で定めるところにより経済産業大臣の許可を受けて、勝者投票類似の行為をすることができる。

2　経済産業大臣は、第五十六条（第二号に係る部分に限る。）の規定に違反する行為に関する情報を収集するために必要があると認めるときでなければ、前項の許可をしてはならない。

第六章　罰則

第五十六条　次の各号のいずれかに該当する者は、五年以下の懲役若しくは五百万円以下の罰金に処し、又はこれを併科する。

一　第一条第五項の規定に違反した者

二　競輪に関して、勝者投票類似の行為をさせて財産上の利益を図つた者

第五十七条　次の各号のいずれかに該当する者は、三年以下の懲役若しくは三百万円以下の罰金に処し、又はこれを併科する。

一　第十条各号のいずれかに該当する者であつて当該各号に掲げる競輪に関し前条第二号の違反行為の相手方となつたもの

二　業として車券の購入の委託を受け、又は財産上の利益を図る目的をもつて不特定多数の者から車券の購入の委託を受けた者

第五十八条　次の各号のいずれかに該当する者は、百万円以下の罰金に処する。

一　第十条の規定に違反した者

二　第五十六条第一号の違反行為の相手方となつた者
三　第十条第三号に該当する者であつて同号に掲げる競輪以外の競輪に関し第五十六条第二号の違反行為の相手方となつたもの又は第十条各号に掲げる者以外の者であつて第五十六条第二号の違反行為の相手方となつたもの

第五十九条　第九条又は第十条の規定に違反する行為があつた場合において、その行為をした者がこれらの規定により車券の購入又は譲受けを禁止されている者であることを知りながら、その違反行為の相手方となつた者（その相手方が発売者であるときは、その発売に係る行為をした者）は、五十万円以下の罰金に処する。

第六十条　競輪の選手が、その競走に関して賄賂を収受し、又はこれを要求し、若しくは約束したときは、三年以下の懲役に処する。よつて不正の行為をし、又は相当の行為をしなかつたときは、五年以下の懲役に処する。

第六十一条　競輪の選手になろうとする者が、その行うべき競走に関して請託を受けて賄賂を収受し、又はこれを要求し、若しくは約束したときは、競輪の選手となつた場合において、二年以下の懲役に処する。

2　競輪の選手であつた者が、その選手であつた期間中請託を受けてその競走に関して不正の行為をし、又は相当の行為をしなかつたことに関して、賄賂を収受し、又はこれを要求し、若しくは約束したときも、前項と同様とする。

第六十二条　前二条の場合において、収受した賄賂は、これを没収する。その全部又は一部を没収することができないときは、その価額を追徴する。

第六十三条　第六十条又は第六十一条に規定する賄賂を供与し、又はその申込み若しくは約束をした者は、三年以下の懲役又は三百万円以下の罰金に処する。

2　前項の罪を犯した者が自首したときは、その刑を軽減し、又は免除することができる。

第六十四条　偽計又は威力を用いて競輪の公正を害すべき行為をした者は、三年以下の懲役又は二百万円以下の罰金に処する。

第六十五条　競輪においてその公正を害すべき方法による競走を共謀した者は、二年以下の懲役又は百万円以下の罰金に処する。

第六十六条　第二十九条の規定に違反した者は、一年以下の懲役又は百万円以下の罰金に処する。

第六十七条　第四十八条第一項の規定による業務の停止の命令に違反した者は、一年以下の懲役又は五十万円以下の罰金に処する。

第六十八条　次の各号のいずれかに該当する者は、三十万円以下の罰金に処する。

一　第二十八条の許可を受けないで、競輪関係業務の全部を廃止した者
二　第三十二条又は第四十四条の規定に違反して、帳簿を備えず、帳簿に記載せず、若しくは虚偽の記載をし、又は帳簿を保存しなかつた者
三　第四十三条の規定による届出をせず、又は虚偽の届出をした者
四　第五十三条第一項の規定による報告をせず、又は虚偽の報告をした者
五　第五十三条第一項の規定による検査を拒み、妨げ、又は忌避した者

第六十九条　法人の代表者又は法人若しくは人の代理人、使用人その他の従業者が、その法人又は人の業務に関し、第五十六条から第五十九条まで及び前三条の違反行為をしたときは、行為者を罰するほか、その法人又は人に対して、各本条の罰金刑を科する。

○小型自動車競走法（抄）（昭和二五・五・二七 法律二〇八）

最終改正 平成二四・三・三一法一一

注 平成二九年六月二日法律第四五号の改正は、平成三二年（二〇二〇年）四月一日から施行のため、改正を加えてありません。

第一章 総則

（この法律の趣旨）

第一条 この法律は、小型自動車その他の機械の改良及び輸出の振興、機械工業の合理化並びに体育事業その他の公益の増進を目的とする事業の振興に寄与するとともに、地方財政の健全化を図るために行う小型自動車競走に関し規定するものとする。

（定義）

第二条 この法律において「小型自動車」とは、気筒容積千五百立方センチメートル以下の発動機を有する自動車をいう。

第二章 小型自動車競走の実施

（小型自動車競走の施行）

第三条 都道府県並びに京都市、大阪市、横浜市、神戸市、名古屋市、都のすべての特別区の組織する組合及びその区域内に小型自動車競走場が存在する市町村（以下「小型自動車競走施行者」という。）は、その議会の議決を経て、この法律により、小型自動車競走を行うことができる。

2 小型自動車競走施行者以外の者は、勝車投票券その他これに類似するものを発売して、小型自動車競走を行つてはならない。

（届出）

第四条 小型自動車競走施行者は、小型自動車競走を開催しようとするときは、経済産業省令で定めるところにより、経済産業局長を経由して、経済産業大臣に届け出なければならない。

（小型自動車競走の実施事務の委託）

第五条 小型自動車競走施行者は、経済産業省令で定めるところにより、次に掲げる事務を他の地方公共団体、競走実施法人（第四十二条第一項に規定する競走実施法人をいう。以下この章において同じ。）又は私人（第一号に掲げる事務にあつては、競走実施法人に限る。）に委託することができる。この場合においては、同号に掲げる事務であつて経済産業省令で定めるものは、一括して委託しなければならない。

一 小型自動車競走に出場する選手及び小型自動車競走に使用する小型自動車の競走前の検査、小型自動車競走の審判その他の小型自動車競走の競技に関する事務

二 勝車投票券の発売又は第十六条の規定による払戻金若しくは第十八条第五項の規定による返還金の交付（以下「勝車投票券の発売等」という。）に関する事務

三 前二号に掲げるもののほか、小型自動車競走の実施に関する事務（経済産業省令で定めるものを除く。）

（小型自動車競走場）

第六条 小型自動車競走場を設置し又は移転しようとする者は、経済産業省令で定めるところにより、経済産業大臣の許可を受けなければならない。

2 経済産業大臣は、前項の許可をしようとするときは、経済産業省令で定めるところにより、あらかじめ、関係都道府県知事の意見を聴かなければならない。

3 都道府県知事は、前項の意見を述べようとするときは、あらかじめ、公聴会を開いて、利害関係人の意見を聴かなければならない。

4 経済産業大臣は、第一項の許可の申請があつたときは、申請に係る小型自動車競走場の位置、構造及び設備が経済産業省令で定める公安上及び小型自動車競走の運営上の基準に適合する場合に限り、その許可をすることができる。

5 小型自動車競走は、第一項の許可を受けて設置され又は移転された小型自動車競走場で行わなければならない。

6 経済産業大臣は、必要があると認めるときは、第一項の許可に期限又は条件を付することができる。

7 経済産業大臣は、小型自動車競走場の設置者が一年以上引き続きその小型自動車競走場を小型自動車競走の用に供しなかつたときは、第一項の許可を取り消すことができる。

8 小型自動車競走場の設置者について相続、合併若しくは分割（当該小型自動車競走場を承継させるものに限る。）があり、又は小型自動車競走場の譲渡しがあつたときは、相続人、合併後存続する法人若しくは合併により設立した法人若しくは分割により当該小型自動車競走場を承継した法人又は小型自動車競走場を譲り受けた者は、当該小

型自動車競走場の設置者の地位を承継する。

9　前項の規定により小型自動車競走場の設置者の地位を承継した者は、遅滞なく、経済産業省令で定めるところにより、その旨を経済産業大臣に届け出なければならない。

第七条　小型自動車競走場の数は、都道府県ごとに各一箇所とする。

（場外車券売場）

第八条　勝車投票券の発売等の用に供する施設を小型自動車競走場外に設置しようとする者は、経済産業省令で定めるところにより、経済産業大臣の許可を受けなければならない。当該許可を受けて設置された施設を移転しようとするときも、同様とする。

2　経済産業大臣は、前項の許可の申請があつたときは、申請に係る施設の位置、構造及び設備が経済産業省令で定める基準に適合する場合に限り、その許可をすることができる。

3　小型自動車競走場外における勝車投票券の発売等は、第一項の許可を受けて設置され又は移転された施設（以下「場外車券売場」という。）でしなければならない。

4　第六条第六項及び第七項の規定は第一項の許可に、同条第八項及び第九項の規定は場外車券売場に準用する。

（競走に使用する小型自動車の種類）

第九条　小型自動車競走に使用する小型自動車の種類は、次のとおりとする。

一　二輪車
二　三輪車
三　四輪車
四　モータースクーター

2　小型自動車競走の各競走は、前項各号に掲げる種目ごとに、同一の規格のものをもつて行わなければならない。

（小型自動車競走の開催）

第十条　小型自動車競走施行者は、次に掲げる事項について経済産業省令で定める範囲を超えて、小型自動車競走を開催することができない。

一　一小型自動車競走場当たりの年間開催回数
二　一小型自動車競走施行者当たりの年間開催回数
三　一回の開催日数
四　一日の小型自動車競走回数

（小型自動車競走の審判員等の登録）

第十一条　小型自動車競走の審判員、小型自動車競走に出場する選手及び小型自動車競走に使用する小型自動車は、経済産業省令で定めるところにより、小型自動車競走振興法人（第二十七条第一項に規定する小型自動車競走振興法人をいう。以下この章及び次章において同じ。）に登録されたものでなければならない。

2　小型自動車競走振興法人は、登録規準に合致する審判員、選手又は小型自動車については、その登録を拒むことはできない。

3　小型自動車競走振興法人は、小型自動車競走の公正かつ安全な実施を確保するため必要があると認めるときは、経済産業省令で定めるところにより、第一項の規定による登録を消除することができる。

（勝車投票券）

第十二条　小型自動車競走施行者は、券面金額十円の勝車投票券を券面金額で発売することができる。

2　小型自動車競走施行者は、前項の勝車投票券十枚分以上を一枚で代表する勝車投票券を発売することができる。

3　第一項の勝車投票券については、これに記載すべき情報を記録した電磁的記録（電子的方式、磁気的方式その他人の知覚によつては認識することができない方式で作られる記録であつて、電子計算機による情報処理の用に供されるものとして経済産業省令で定めるものをいう。以下この項において同じ。）の作成をもつて、その作成に代えることができる。この場合においては、当該電磁的記録は第一項の勝車投票券と、当該電磁的記録に記録された情報の内容は同項の勝車投票券に表示された記載とみなす。

第十三条　未成年者は、勝車投票券を購入し、又は譲り受けてはならない。

第十四条　次の各号のいずれかに該当する者は、当該各号に掲げる小型自動車競走について、勝車投票券を購入し、又は譲り受けてはならない。

一　小型自動車競走に関係する政府職員及び小型自動車競走施行者の職員にあつては、すべての小型自動車競走
二　小型自動車競走振興法人及び競走実施法人の役職員並びに小型自動車競走の選手にあつては、すべての小型自動車競走
三　前二号に掲げる者を除き、勝車投票券の発売等、小型自動車競走場内の整理及び警備その他小型自動車競走の事務に従う者にあつては、当該小型自動車競走

（勝車投票法）

第十五条　勝車投票法は、単勝式、複勝式、連勝単式及び連勝複式（以下「基本勝車投票法」という。）並びに重勝式（同一の日の二以上の競走につき同一の基本勝車投票法により勝車となつたものを一組としたものを勝車とする方式をいう。以下同じ。）の五種類とし、勝車投票法の種類（重勝式勝車投票法その他経済産業省令で定める勝車投票法については、当該勝車投票法ごとに経済産業省令で定める種別。以下同じ。）ごとの勝車の決定の方法並びに勝車投票法の種類の組合せ及び限定その他その実施の方法については、経済産業省令で定める。

（払戻金）

第十六条　小型自動車競走施行者は、勝車投票法の種類ごとに、勝車投票の的中者に対し、その小型自動車競走についての勝車投票券の売上金（勝車投票券の発売金額から第十八条第五項の規定により返還すべき金額を差し引いたもの。以下同じ。）の額に百分の七十以上経済産業大臣が定める率以下の範囲内で小型自動車競走施行者が定める率を乗じて得た額に相当する金額（重勝式勝車投票法において次条第一項又は第二項の加算金がある場合にあつては、これに当該加算金を加えた金額。以下「払戻対象総額」という。）を当該勝車に対する各勝車投票券に按分して払戻金として交付する。

2　前項の払戻金の額が、勝車投票券の券面金額に満たないときは、その券面金額を払戻金の額とする。

3　指定重勝式勝車投票法（重勝式勝車投票法の種別であつて勝車の的中の割合が低いものとして経済産業省令で定めるものをいう。以下同じ。）について、第一項の払戻金の額が経済産業省令で定める払戻金の最高限度額を超えるときは、その最高限度額に相当する額を払戻金の額とする。

4　勝車投票の的中者がない場合（次条第一項に規定する場合を除く。）においては、その小型自動車競走についての払戻対象総額を、当該競走における勝車以外の出走した小型自動車に投票した者に対し、各勝車投票券に按分して払戻金として交付する。

5　前各項の規定により勝車投票の的中者又は勝車投票券を購入した者に交付すべき金額の算出方法及びその交付については、経済産業省令で定める。

6　前各項の規定により払戻金を交付する場合において、その金額に一円未満の端数があるときは、その端数は、切り捨てる。

第十七条　指定重勝式勝車投票法についての勝車投票の的中者がない場合には、当該勝車投票に係る払戻対象総額は、当該小型自動車競走施行者が開催する小型自動車競走に係る当該指定重勝式勝車投票法と同一の種別の指定重勝式勝車投票法の勝車投票であつてその後最初に的中者があるものに係る加算金とする。

2　前条第三項の場合において、当該払戻金の最高限度額を超える部分の金額の総額は、当該指定重勝式勝車投票法と同一の種別の指定重勝式勝車投票法の勝車投票であつてその後最初に的中者があるものに係る加算金とする。

3　指定重勝式勝車投票法に係る小型自動車競走を開催した小型自動車競走施行者が当該指定重勝式勝車投票法の実施を停止する場合における前二項の加算金の処分については、経済産業省令で定める。

（投票の無効）

第十八条　勝車投票券（重勝式勝車投票法に係るものを除く。）を発売した後、当該競走について次の各号のいずれかに該当する事由が生じたときは、その投票は、無効とする。

一　出走すべき小型自動車がなくなり、又は一車のみとなつたこと。

二　小型自動車競走が成立しなかつたこと。

三　小型自動車競走に勝車がなかつたこと。

2　単勝式又は複勝式勝車投票法において、発売した勝車投票券に表示された小型自動車が出走しなかつたときは、その小型自動車に対する投票は、無効とする。

3　連勝単式又は連勝複式勝車投票法において、次の各号のいずれかに該当する事由が生じたときは、その組に対する投票は、無効とする。

一　異なる連勝式番号をつけられた小型自動車を一組とした場合にあつては、発売した勝車投票券に表示された小型自動車のうち連勝式番号を同じくする小型自動車のすべてが出走しなかつたこと。

二　同一の連勝式番号をつけられた小型自動車を一組とした場合にあつては、発売した勝車投票券に表示された小型自動車のすべてが出走せず、又はそのうちいずれか一車のみが出走したこと。

4　重勝式勝車投票法に係る基本勝車投票法の投票

が前三項の規定により無効となつた場合は、当該投票の勝車投票券に表示された選手（連勝単式又は連勝複式勝車投票法を基本勝車投票法とする場合にあつては、その勝車投票券に表示された組）をその勝車投票券に表示する重勝式勝車投票法の投票は、無効とする。

5　前各項の場合においては、当該勝車投票券を所有する者は、小型自動車競走施行者に対して、勝車投票券と引換えにその券面金額の返還を請求することができる。

（払戻金及び返還金の債権の時効）

第十九条　第十六条の規定による払戻金又は前条第五項の規定による返還金の債権は、六十日間行わないときは、時効によつて消滅する。

第五章　競走実施法人

（指定等）

第四十二条　経済産業大臣は、営利を目的としない法人であつて、第四十四条に規定する業務（以下「競走実施業務」という。）に関し次に掲げる基準に適合すると認められるものを、その申請により、競走実施法人として指定することができる。

一　競走実施業務を適確に実施するに足りる経理的及び技術的な基礎を有するものであること。

二　役員又は職員の構成が、競走実施業務の公正な実施に支障を及ぼすおそれがないものであること。

三　競走実施業務以外の業務を行つている場合には、その業務を行うことによつて競走実施業務の公正かつ適確な実施に支障を及ぼすおそれがないものであること。

四　第五十二条第一項の規定により指定を取り消され、その取消しの日から三年を経過しない者でないこと。

五　役員のうちに次のいずれかに該当する者がないこと。

イ　禁錮以上の刑に処せられ、その刑の執行を終わり、又は執行を受けることがなくなつた日から三年を経過しない者

ロ　この法律又はこの法律に基づく命令の規定に違反したことにより罰金の刑に処せられ、その刑の執行を終わり、又は執行を受けることがなくなつた日から三年を経過しない者

2　経済産業大臣は、前項の規定による指定をしたときは、当該指定を受けた者の名称及び住所並びに事務所の所在地を公示しなければならない。

3　競走実施法人は、その名称及び住所並びに事務所の所在地を変更しようとするときは、あらかじめ、その旨を経済産業大臣に届け出なければならない。

4　経済産業大臣は、前項の規定による届出があつたときは、当該届出に係る事項を公示しなければならない。

（業務）

第四十四条　競走実施法人は、小型自動車競走施行者から委託を受けて次の業務を行うものとする。

一　第五条第一号に掲げる事務を行うこと。

二　勝車投票券の発売等を行うこと。

三　小型自動車競走の開催につき宣伝を行うこと。

四　入場者の整理その他小型自動車競走場内の整理を行うこと。

五　前各号の業務に附帯する業務

第六章　雑則

（場内の秩序の維持等）

第五十三条　小型自動車競走施行者は、小型自動車競走場内の秩序（場外車券売場を設置している場合にあつては、場外車券売場における秩序を含む。以下同じ。）を維持し、かつ、小型自動車競走の公正及び安全を確保するため、入場者の整理、選手の出場に関する適正な条件の確保、小型自動車競走に関する犯罪及び不正の防止その他必要な措置を講じなければならない。

2　競走実施法人は、小型自動車競走施行者が行う前項の措置に協力しなければならない。

3　小型自動車競走場の設置者は、その小型自動車競走場の位置、構造及び設備を、第六条第四項の経済産業省令で定める基準に適合するように維持しなければならない。

4　場外車券売場の設置者は、その場外車券売場の位置、構造及び設備を、第八条第二項の経済産業省令で定める基準に適合するように維持しなければならない。

（勝車投票類似の行為の特例）

第五十八条　小型自動車競走施行者の職員は、小型自動車競走に関して、経済産業省令で定めるところにより経済産業大臣の許可を受けて、勝車投票類似の行為をすることができる。

2　経済産業大臣は、第六十一条（第二号に係る部分に限る。）の規定に違反する行為に関する情報を収集するために必要があると認めるときでなければ、前項の許可をしてはならない。

第七章　罰則

第六十一条　次の各号のいずれかに該当する者は、

五年以下の懲役若しくは五百万円以下の罰金に処し、又はこれを併科する。

一　第三条第二項の規定に違反した者

二　小型自動車競走に関して、勝車投票類似の行為をさせて財産上の利益を図つた者

第六十二条　次の各号のいずれかに該当する者は、三年以下の懲役若しくは三百万円以下の罰金に処し、又はこれを併科する。

一　第十四条各号のいずれかに該当する者であつて当該各号に掲げる小型自動車競走に関し前条第二号の違反行為の相手方となつたもの

二　業として勝車投票券の購入の委託を受け、又は財産上の利益を図る目的をもつて不特定多数の者から勝車投票券の購入の委託を受けた者

第六十三条　次の各号のいずれかに該当する者は、百万円以下の罰金に処する。

一　第十四条の規定に違反した者

二　第六十一条第一号の違反行為の相手方となつた者

三　第十四条第三号に該当する者であつて同号に掲げる小型自動車競走以外の小型自動車競走に関し第六十一条第二号の違反行為の相手方となつたもの又は第十四条各号に掲げる者以外の者であつて第六十一条第二号の違反行為の相手方となつたもの

第六十四条　第十三条又は第十四条の規定に違反する行為があつた場合において、その行為をした者がこれらの規定により勝車投票券の購入又は譲受けを禁止されている者であることを知りながら、その違反行為の相手方となつた者（その相手方が発売者であるときは、その発売に係る行為をした者）は、五十万円以下の罰金に処する。

第六十五条　小型自動車競走の選手が、その競走に関して賄賂を収受し、又はこれを要求し、若しくは約束したときは、三年以下の懲役に処する。よつて不正の行為をし、又は相当の行為をしなかつたときは、五年以下の懲役に処する。

第六十六条　小型自動車競走の選手になろうとする者が、その行うべき競走に関して請託を受けて賄賂を収受し、又はこれを要求し、若しくは約束したときは、小型自動車競走の選手となつた場合において、二年以下の懲役に処する。

2　小型自動車競走の選手であつた者が、その選手であつた期間中請託を受けてその競走に関して不正の行為をし、又は相当の行為をしなかつたことに関して、賄賂を収受し、又はこれを要求し、若しくは約束したときも、前項と同様とする。

第六十七条　前二条の場合において、収受した賄賂は、これを没収する。その全部又は一部を没収することができないときは、その価額を追徴する。

第六十八条　第六十五条又は第六十六条に規定する賄賂を供与し、又はその申込み若しくは約束をした者は、三年以下の懲役又は三百万円以下の罰金に処する。

2　前項の罪を犯した者が自首したときは、その刑を軽減し、又は免除することができる。

第六十九条　偽計又は威力を用いて小型自動車競走の公正を害すべき行為をした者は、三年以下の懲役又は三百万円以下の罰金に処する。

第七十条　小型自動車競走においてその公正を害すべき方法による競走を共謀した者は、二年以下の懲役又は百万円以下の罰金に処する。

第七十一条　第三十三条の規定に違反した者は、一年以下の懲役又は百万円以下の罰金に処する。

第七十二条　第五十二条第一項の規定による業務の停止の命令に違反した者は、一年以下の懲役又は五十万円以下の罰金に処する。

第七十三条　次の各号のいずれかに該当する者は、三十万円以下の罰金に処する。

一　第三十二条の許可を受けないで、小型自動車競走関係業務の全部を廃止した者

二　第三十六条又は第四十八条の規定に違反して、帳簿を備えず、帳簿に記載せず、若しくは虚偽の記載をし、又は帳簿を保存しなかつた者

三　第四十七条の規定による届出をせず、又は虚偽の届出をした者

四　第五十七条第一項の規定による報告をせず、又は虚偽の報告をした者

五　第五十七条第一項の規定による検査を拒み、妨げ、又は忌避した者

第七十四条　法人の代表者又は法人若しくは人の代理人、使用人その他の従業者が、その法人又は人の業務に関し、第六十一条から第六十四条まで及び前三条の違反行為をしたときは、行為者を罰するほか、その法人又は人に対して、各本条の罰金刑を科する。

○モーターボート競走法〔抄〕

（昭和二六・六・一八 法律二四二）

最終改正 平成一九・三・三一 法一六

注 平成二九年六月二日法律第四五号の改正は、平成三二年（二〇二〇年）四月一日から施行のため、改正を加えてありません。

第一章 総則

（趣旨）

第一条 この法律は、モーターボートその他の船舶、船舶用機関及び船舶用品の改良及び輸出の振興並びにこれらの製造に関する事業及び海難防止に関する事業その他の海事に関する事業の振興に寄与することにより海に囲まれた我が国の発展に資し、あわせて観光に関する事業及び体育事業その他の公益の増進を目的とする事業の振興に資するとともに、地方財政の改善を図るために行うモーターボート競走に関し規定するものとする。

（競走の施行）

第二条 都道府県及び人口、財政等を考慮して総務大臣が指定する市町村（以下「施行者」という。）は、その議会の議決を経て、この法律の規定により、モーターボート競走（以下「競走」という。）を行うことができる。

2 総務大臣は、必要があると認めるときは、前項の指定に期限又は条件を附することができる。

3 総務大臣は、第一項の規定により指定された市町村が一年以上引き続き競走を行わなかつたとき、又はこれらの市町村について指定の理由がなくなつたと認めるときは、その指定を取り消すことができる。

4 総務大臣は、第一項の規定による指定をし、又は前項の規定による指定の取消しをしようとするときは、国土交通大臣に協議するとともに、地方財政審議会の意見を聴かなければならない。

5 施行者以外の者は、勝舟投票券（以下「舟券」という。）その他これに類似するものを発売して、競走を行つてはならない。

（競走の実施事務の委託）

第三条 施行者は、国土交通省令で定めるところにより、次に掲げる事務を他の地方公共団体、第三十二条第一項に規定する競走実施機関（以下この章から第三章までにおいて単に「競走実施機関」という。）又は私人（第一号に掲げる事務にあつては、競走実施機関に限る。）に委託することができる。この場合においては、同号に掲げる事務であつて国土交通省令で定めるものは、一括して委託しなければならない。

一 競走に出場する選手並びに競走に使用するボート及びモーターの競走前の検査、競走の審判その他の競走の競技に関する事務（以下「競技関係事務」という。）

二 舟券の発売又は第十五条及び第十六条の規定による払戻金若しくは第十八条第六項の規定による返還金の交付（以下「舟券の発売等」という。）に関する事務

三 前二号に掲げるもののほか、競走の実施に関する事務（国土交通省令で定めるものを除く。）

（競走場の設置）

第四条 競走の用に供するモーターボート競走場を設置し又は移転しようとする者は、国土交通省令で定めるところにより、国土交通大臣の許可を受けなければならない。

2 国土交通大臣は、前項の許可をしようとするときは、国土交通省令の定めるところにより、あらかじめ関係都道府県知事の意見を聞かなければならない。

3 都道府県知事は、前項の意見を述べようとするときは、国土交通省令の定めるところにより、あらかじめ公聴会を開いて、利害関係人の意見を聞かなければならない。

4 国土交通大臣は、第一項の許可の申請があつたときは、申請に係るモーターボート競走場の位置、構造及び設備が国土交通省令で定める公安上及び競走の運営上の基準に適合する場合に限り、その許可をすることができる。

5 国土交通大臣は、必要があると認めるときは、第一項の許可に期限又は条件を附することができる。

6 国土交通大臣は、第一項の許可を受けた者（以下「競走場設置者」という。）が一年以上引き続き同項の許可を受けて設置され若しくは移転されたモーターボート競走場（以下「競走場」という。）を競走の用に供しなかつたとき、又は競走場の位置、構造及び設備がその許可の基準に適合しなくなつたと認めるときは、同項の許可を取り消すことができる。

7 競走場設置者について相続、合併若しくは分割（競走場を承継させるものに限る。）があり、又は競走場の譲渡しがあつたときは、相続人、合併後

存続する法人若しくは合併により設立した法人若しくは分割により競走場を承継した法人又は競走場を譲り受けた者は、当該競走場設置者の地位を承継する。

8　前項の規定により競走場設置者の地位を承継した者は、遅滞なく、その旨を国土交通大臣に届け出なければならない。

（場外発売場の設置）

第五条　舟券の発売等の用に供する施設を競走場外に設置しようとする者は、国土交通省令で定めるところにより、国土交通大臣の許可を受けなければならない。当該許可を受けて設置された施設を移転しようとするときも、同様とする。

2　国土交通大臣は、前項の許可の申請があつたときは、申請に係る施設の位置、構造及び設備が国土交通省令で定める基準に適合する場合に限り、その許可をすることができる。

3　競走場外における舟券の発売等は、第一項の許可を受けて設置され又は移転された施設（以下「場外発売場」という。）でしなければならない。

4　前条第五項及び第六項の規定は第一項の許可について、同条第七項及び第八項の規定は場外発売場及び場外発売場設置者（第一項の許可を受けた者をいう。以下同じ。）について、それぞれ準用する。

第二章　競走の実施

（競走場）

第六条　競走は、競走場で行わなければならない。

（登録）

第七条　競走に出場する選手、競走に使用するボート及びモーター、審判員並びに競走に使用するボート及びモーターの検査員（以下単に「検査員」という。）は、競走実施機関に登録されたものでなければならない。

2　競走実施機関は、登録規準に合致する選手、ボート、モーター、審判員及び検査員については、その登録を拒むことはできない。

3　競走実施機関は、競走の公正かつ安全な実施を確保するため必要があると認めるときは、国土交通省令で定めるところにより、第一項の規定による登録を消除することができる。

（競走の開催）

第八条　施行者は、次に掲げる事項につき国土交通省令で定める範囲を超え、又は国土交通省令で定める日取りに反して競走を開催することができない。

一　一競走場当りの年間及び月間開催回数

二　一施行者当りの年間及び月間開催回数

三　一回の開催日数

四　一日の競走回数

2　国土交通大臣は、施行者に対して、各施行者間における競走開催の日取りその他競走施行の調整に関し、必要な指示をすることができる。

（入場料）

第九条　施行者は、競走を開催するときは、競走場への入場者（第十一条各号に掲げる者その他の者であつて国土交通省令で定めるものを除く。）から国土交通省令で定める額以上の入場料を徴収しなければならない。ただし、競走場内の秩序の維持に支障を及ぼすおそれがないものとして国土交通大臣の承認を受けた場合は、この限りでない。

（舟券）

第十条　施行者は、券面金額十円の舟券を券面金額で発売することができる。

2　施行者は、前項の勝舟投票券十枚分以上を一枚をもつて代表する勝舟投票券を発売することができる。

3　第一項の舟券については、これに記載すべき情報を記録した電磁的記録（電子的方式、磁気的方式その他人の知覚によつては認識することができない方式で作られる記録であつて、電子計算機による情報処理の用に供されるものとして国土交通省令で定めるものをいう。以下この項において同じ。）の作成をもつて、その作成に代えることができる。この場合においては、当該電磁的記録は第一項の舟券と、当該電磁的記録に記録された情報の内容は同項の舟券に表示された記載とみなす。

（舟券の購入等の禁止）

第十一条　次の各号のいずれかに該当する者は、当該各号に掲げる競走について、舟券を購入し、又は譲り受けてはならない。

一　競走に関係する政府職員及び施行者の職員にあつては、すべての競走

二　競走実施機関の役職員及び競走の選手にあつては、すべての競走

三　前二号に掲げる者を除き、入場料の徴収、舟券の発売等、競走場内の整理及び警備その他競走の事務に従事する者にあつては、当該競走

第十二条　未成年者は、舟券を購入し、又は譲り受けてはならない。

（勝舟投票類似の行為の特例）

第十三条　施行者の職員は、第六十五条第二号の規

定に違反する行為に関する情報を収集するために必要があるときは、国土交通省令で定めるところにより国土交通大臣の許可を受けて、勝舟投票類似の行為をすることができる。

（勝舟投票法）

第十四条　勝舟投票法は、単勝式、複勝式、連勝単式及び連勝複式（以下この条及び第十八条第四項において「基本勝舟投票法」という。）並びに重勝式（同一の日の二以上の競走につき同一の基本勝舟投票法により勝舟となつたものを一組としたものを勝舟とする方式をいう。以下同じ。）の五種類とし、勝舟投票法の種類（重勝式勝舟投票法その他国土交通省令で定める勝舟投票法については、当該勝舟投票法ごとに国土交通省令で定める種別。以下同じ。）ごとの勝舟の決定の方法並びに勝舟投票法の種類の組合せ及び限定その他その実施の方法については、国土交通省令で定める。

（払戻金）

第十五条　施行者は、勝舟投票法の種類ごとに、勝舟投票の的中者に対し、その競走についての舟券の売上金（舟券の発売金額から第十八条の規定により返還すべき金額を差し引いたもの。以下同じ。）の額の百分の七十五以上国土交通大臣が定める率以下の範囲内で施行者が定める率に相当する金額を当該勝舟に対する各舟券に按分して払戻金として交付しなければならない。

2　前項の払戻金の額が舟券の券面金額に満たないときは、その券面金額を払戻金の額とする。

3　勝舟投票の的中者がない場合（次条第一項に規定する場合を除く。）における売上金は、その金額の百分の七十五以上国土交通大臣が定める率以下の範囲内で施行者が定める率に相当する金額を、当該競走における勝舟以外の出走したモーターボートに投票した者に対し、各舟券に按分して払戻金として交付しなければならない。

4　第一項又は前項の規定により勝舟投票の的中者又は舟券を購入した者に交付すべき金額の算出方法及びその交付については、国土交通省令で定める。

第十六条　重勝式勝舟投票法の種別であつて勝舟の的中の割合が低いものとして国土交通省令で定めるもの（以下この条において「指定重勝式勝舟投票法」という。）についての勝舟投票の的中者がない場合における売上金は、その金額の百分の七十五以上国土交通大臣が定める率以下の範囲内で施行者が定める率に相当する金額を、当該指定重勝式勝舟投票法と同一の種別の指定重勝式勝舟投票法の勝舟投票であつてその後最初に的中者があるものに係る払戻金として加算するものとする。

2　指定重勝式勝舟投票法について、前条第一項の払戻金の額が国土交通省令で定める払戻金の最高限度額を超えるときは、その最高限度額に相当する額を払戻金の額とする。

3　前項の場合における払戻金の最高限度額を超える部分の前条第一項の払戻金の額の総額は、当該指定重勝式勝舟投票法と同一の種別の指定重勝式勝舟投票法の勝舟投票であつてその後最初に的中者があるものに係る払戻金として加算するものとする。

4　指定重勝式勝舟投票法の実施を停止する場合における第一項及び前項の規定により払戻金として加算すべき売上金の処分については、国土交通省令で定める。

第十七条　前二条の規定により払戻金を交付する場合において、その金額に一円未満の端数があるときは、その端数は、切り捨てる。

（投票の無効）

第十八条　舟券（重勝式勝舟投票法に係るものを除く。次項及び第三項において同じ。）を発売した後、次の各号のいずれかに該当する事由が生じたときは、その投票は、無効とする。

一　出走すべきモーターボートがなくなり、又は一隻のみとなつたこと。

二　競走が成立しなかつたこと。

三　競走に勝舟がなかつたこと。

2　単勝式又は複勝式勝舟投票法において、発売した舟券に表示されたモーターボートが出走しなかつたときは、そのモーターボートに対する投票は、無効とする。

3　連勝単式又は連勝複式勝舟投票法において、次の各号のいずれかに該当する事由が生じたときは、その組に対する投票は、無効とする。

一　異なる連勝式番号をつけられたモーターボートを一組とした場合にあつては、発売した舟券に表示されたモーターボートのうち連勝式番号を同じくするモーターボートのすべてが出走しなかつたこと。

二　同一の連勝式番号をつけられたモーターボートを一組とした場合にあつては、発売した舟券に表示されたモーターボートのすべてが出走せず、又はそのうちいずれか一隻のみが出走したこと。

4　重勝式勝舟投票法に係る基本勝舟投票法の投票

が前三項の規定により無効となつた場合は、当該投票の舟券に表示されたモーターボート（連勝単式勝舟投票法及び連勝複式勝舟投票法を基本勝舟投票法とする場合にあつては、その舟券に表示された組）をその舟券に表示する重勝式勝舟投票法の投票は、これを無効とする。

5　競走場への入場者以外の者に対し発売した舟券の発売金額の全部又は一部を、天災地変その他やむを得ない事由により、競走場への入場者に対し発売した舟券の発売金額と合計することができなかつた場合には、競走場への入場者以外の者の投票であつて合計することができなかつたものは、これを無効とする。

6　前各項の場合においては、当該舟券を所有する者は、施行者に対して、その券面金額の返還を請求することができる。

（払戻金及び返還金の支払）

第十九条　第十五条及び第十六条の規定による払戻金又は前条の規定による返還金は、競走の終了後遅滞なく、当該舟券と引換えに、請求し、かつ、支払うものとする。

（払戻金及び返還金の債権の時効）

第二十条　第十五条及び第十六条の規定による払戻金又は第十八条の規定による返還金の債権は、六十日間行わないときは、時効によつて消滅する。

（券面金額及び入場料の返還の禁止）

第二十一条　施行者は、第十八条第六項に規定する場合を除き、券面金額の返還請求に応ずることができない。入場料についても、同様とする。

（競走場内等の取締り）

第二十二条　施行者は、競走場内の秩序（場外発売場において舟券の発売等が行われる場合にあつては、当該場外発売場内の秩序を含む。）を維持し、かつ、競走の公正及び安全を確保するため、入場者の整理、選手の出場に関する適正な条件の確保、競走に関する犯罪及び不正の防止並びに競走場内における品位及び衛生の保持について必要な措置を講じなければならない。

第二十三条　施行者又は競走実施機関は、競走の公正かつ安全な実施を確保し、又は競走場内の秩序を維持するため必要があると認めるときは、次に掲げる処分をすることができる。

一　モーターボートの出走を停止すること。

二　選手の出場を停止すること。

三　競走場への入場を拒否し、又は入場者に対し競走場外への退去を命ずること。

（競走場及び場外発売場の維持）

第二十四条　競走場設置者は、その競走場の位置、構造及び設備を第四条第四項の国土交通省令で定める基準に適合するように維持しなければならない。

2　場外発売場設置者は、その場外発売場の位置、構造及び設備を第五条第二項の国土交通省令で定める基準に適合するように維持しなければならない。

第六章　雑則

（秩序維持等に関する命令）

第五十七条　国土交通大臣は、競走場内又は場外発売場内の秩序を維持し、競走の公正又は安全を確保し、その他この法律の施行を確保するため必要があると認めるときは、施行者、競走場設置者又は場外発売場設置者に対し、選手の出場又は競走場若しくは場外発売場の貸借に関する条件を適正にすべき旨の命令、競走場若しくは場外発売場を修理し、改造し、又は移転すべき旨の命令その他必要な命令をすることができる。

（競走の開催の停止等）

第五十八条　国土交通大臣は、施行者がこの法律若しくはこの法律に基づく命令若しくはこれらに基づく処分に違反し、又はその施行に係る競走につき公益に反し、若しくは公益に反するおそれのある行為をしたときは、当該施行者に対し、競走の開催を停止し、又は制限すべき旨を命ずることができる。

2　国土交通大臣は、競走場設置者若しくは場外発売場設置者又はその役員が、この法律若しくはこの法律に基づく命令若しくはこれらに基づく処分に違反し、又はその関係する競走につき公益に反し、若しくは公益に反するおそれのある行為をしたときは、当該競走場設置者又は当該場外発売場設置者に対し、その業務を停止し、若しくは制限し、又は当該役員を解任すべき旨を命ずることができる。

3　国土交通大臣は、第一項の規定による処分をしようとする場合には、当該処分に係る施行者に対し、あらかじめ、その旨を通知して、自己に有利な証拠を提出し、弁明する機会を与えなければならない。ただし、緊急の必要により当該処分をしようとするときは、この限りでない。

（競走場等の設置等の許可の取消し）

第五十九条　国土交通大臣は、競走場設置者又は場外発売場設置者が前条第二項の規定による命令に違反したときは、当該競走場又は当該場外発売場の設置又は移転の許可を取り消すことができる。

（競走監督官）

第六十条 国土交通大臣は、国土交通省の職員に、その身分を示す証票を携帯させて、舟券の発売、払戻金及び返還金の交付その他競走の実施に関し、監督を行わせることができる。

2 前項の職員は、競走監督官とする。

第七章 罰則

第六十五条 次の各号のいずれかに該当する者は、五年以下の懲役若しくは五百万円以下の罰金に処し、又はこれを併科する。

一 第二条第五項の規定に違反した者

二 競走に関して、勝舟投票類似の行為をさせて財産上の利益を図つた者

第六十六条 次の各号のいずれかに該当する者は、三年以下の懲役若しくは三百万円以下の罰金に処し、又はこれを併科する。

一 第十一条各号のいずれかに該当する者であつて当該各号に掲げる競走に関し前条第二号の違反行為の相手方となつたもの

二 業として舟券の購入の委託を受け、又は財産上の利益を図る目的をもつて不特定多数の者から舟券の購入の委託を受けた者

第六十七条 第四十二条第一項又は第五十五条第一項の規定による業務の停止の命令に違反した者は、一年以下の懲役又は五十万円以下の罰金に処する。

第六十八条 次の各号のいずれかに該当する者は、百万円以下の罰金に処する。

一 第十一条の規定に違反した者

二 第六十五条第一号の違反行為の相手方となつた者

三 第十一条第三号に該当する者であつて同号に掲げる競走以外の競走に関し第六十五条第二号の違反行為の相手方となつたもの又は第十一条各号に掲げる者以外の者であつて第六十五条第二号の違反行為の相手方となつたもの

第六十九条 第十一条又は第十二条の規定に違反する行為があつた場合において、その行為をした者がこれらの規定により舟券の購入又は譲受けを禁止されている者であることを知りながら、その違反行為の相手方となつた者（その相手方が発売者であるときは、その発売に係る行為をした者）は、五十万円以下の罰金に処する。

第七十条 次の各号のいずれかに該当する者は、三十万円以下の罰金に処する。

一 第三十九条又は第五十二条の規定に違反して帳簿を備え付けず、帳簿に記載せず、若しくは帳簿に虚偽の記載をし、又は帳簿を保存しなかつた者

二 第四十一条第一項又は第五十四条第一項の規定による許可を受けないで業務の全部を廃止した者

三 第六十一条第一項の規定による報告をせず、又は虚偽の報告をした者

四 第六十一条第一項の規定による検査を拒み、妨げ、又は忌避した者

第七十一条 法人の代表者又は法人若しくは人の代理人、使用人その他の従業者が、その法人又は人の業務に関し、第六十五条から前条までの違反行為をしたときは、行為者を罰するほか、その法人又は人に対しても、各本条の罰金刑を科する。

第七十二条 競走の選手が、その競走に関して賄賂を収受し、又はこれを要求し、若しくは約束したときは、三年以下の懲役に処する。よつて不正の行為をし、又は相当の行為をしなかつたときは、五年以下の懲役に処する。

第七十三条 競走の選手になろうとする者が、その行うべき競走に関して請託を受けて賄賂を収受し、又はこれを要求し、若しくは約束したときは、競走の選手となつた場合において、二年以下の懲役に処する。

2 競走の選手であつた者が、その選手であつた期間中請託を受けてその競走に関して不正の行為をし、又は相当の行為をしなかつたことに関して、賄賂を収受し、又はこれを要求し、若しくは約束したときも、前項と同様とする。

第七十四条 前二条の場合において、収受した賄賂は、没収する。その全部又は一部を没収することができないときは、その価額を追徴する。

第七十五条 第七十二条又は第七十三条に規定する賄賂を供与し、又はその申込み若しくは約束をした者は、三年以下の懲役又は三百万円以下の罰金に処する。

2 前項の罪を犯した者が自首したときは、その刑を減軽し、又は免除することができる。

第七十六条 偽計又は威力を用いて競走の公正を害すべき行為をした者は、三年以下の懲役又は二百万円以下の罰金に処する。

第七十七条 競走においてその公正を害すべき方法により競走をすることを共謀した者は、二年以下の懲役又は百万円以下の罰金に処する。

第七十八条 次に掲げる違法行為があつた場合は、

その行為をした競走実施機関又は船舶等振興機関の役員又は職員は、五十万円以下の過料に処する。
一　この法律の規定により国土交通大臣の認可を受けなければならない場合において、その認可を受けなかつたとき。
二　第三十七条第二項又は第五十条第三項の規定に違反して、事業報告書、貸借対照表、収支決算書若しくは財産目録を提出せず、又は不実の記載をしたこれらの書類を提出したとき。
三　第五十一条第二項の規定に違反したとき。
四　第四十条又は第五十三条の規定による国土交通大臣の命令に違反したとき。

○会社法〔抄〕（平成一七・七・二六 法律八六）

最終改正　平成二八・六・三　法六二

注　平成二九年六月二日法律第四五号の改正は、平成三二年（二〇二〇年）四月一日から施行のため、改正を加えてありません。

第一編　総則

第一章　通則

（趣旨）

第一条　会社の設立、組織、運営及び管理については、他の法律に特別の定めがある場合を除くほか、この法律の定めるところによる。

（定義）

第二条　この法律において、次の各号に掲げる用語の意義は、当該各号に定めるところによる。
一　会社　株式会社、合名会社、合資会社又は合同会社をいう。
二～四の二　〔略〕
五　公開会社　その発行する全部又は一部の株式の内容として譲渡による当該株式の取得について株式会社の承認を要する旨の定款の定めを設けていない株式会社をいう。
六　大会社　次に掲げる要件のいずれかに該当する株式会社をいう。
イ　最終事業年度に係る貸借対照表（第四百三十九条前段に規定する場合にあつては、同条の規定により定時株主総会に報告された貸借対照表をいい、株式会社の成立後最初の定時株主総会までの間においては、第四百三十五条第一項の貸借対照表をいう。ロにおいて同じ。）に資本金として計上した額が五億円以上であること。
ロ　最終事業年度に係る貸借対照表の負債の部に計上した額の合計額が二百億円以上であること。
七　取締役会設置会社　取締役会を置く株式会社又はこの法律の規定により取締役会を置かなければならない株式会社をいう。
八　会計参与設置会社　会計参与を置く株式会社をいう。
九　監査役設置会社　監査役を置く株式会社（その監査役の監査の範囲を会計に関するものに限定する旨の定款の定めがあるものを除く。）又はこの法律の規定により監査役を置かなければならない株式会社をいう。
十　監査役会設置会社　監査役会を置く株式会社又はこの法律の規定により監査役会を置かなければならない株式会社をいう。
十一　会計監査人設置会社　会計監査人を置く株式会社又はこの法律の規定により会計監査人を置かなければならない株式会社をいう。
十一の二　監査等委員会設置会社　監査等委員会を置く株式会社をいう。
十二　指名委員会等設置会社　指名委員会、監査委員会及び報酬委員会（以下「指名委員会等」という。）を置く株式会社をいう。
十三～二十五　〔略〕
二十六　組織変更　次のイ又はロに掲げる会社がその組織を変更することにより当該イ又はロに定める会社となることをいう。
イ　株式会社　合名会社、合資会社又は合同会社

ロ　合名会社、合資会社又は合同会社　株式会社

二十七　吸収合併　会社が他の会社とする合併であって、合併により消滅する会社の権利義務の全部を合併後存続する会社に承継させるものをいう。

二十八　新設合併　二以上の会社がする合併であって、合併により消滅する会社の権利義務の全部を合併により設立する会社に承継させるものをいう。

二十九　吸収分割　株式会社又は合同会社がその事業に関して有する権利義務の全部又は一部を分割後他の会社に承継させることをいう。

三十　新設分割　一又は二以上の株式会社又は合同会社がその事業に関して有する権利義務の全部又は一部を分割により設立する会社に承継させることをいう。

三十一～三十四〔略〕

第二編　株式会社

第一章　設立

第七節　株式会社の成立

（株式会社の成立）

第四十九条　株式会社は、その本店の所在地において設立の登記をすることによって成立する。

第四章　機関

第二節　株主総会以外の機関の設置

（株主総会以外の機関の設置）

第三百二十六条　株式会社には、一人又は二人以上の取締役を置かなければならない。

2　株式会社は、定款の定めによって、取締役会、会計参与、監査役、監査役会、会計監査人、監査等委員会又は指名委員会等を置くことができる。

（取締役会等の設置義務等）

第三百二十七条　次に掲げる株式会社は、取締役会を置かなければならない。

一　公開会社

二　監査役会設置会社

三　監査等委員会設置会社

四　指名委員会等設置会社

2　取締役会設置会社（監査等委員会設置会社及び指名委員会等設置会社を除く。）は、監査役を置かなければならない。ただし、公開会社でない会計参与設置会社については、この限りでない。

3　会計監査人設置会社（監査等委員会設置会社及び指名委員会等設置会社を除く。）は、監査役を置かなければならない。

4　監査等委員会設置会社及び指名委員会等設置会社は、監査役を置いてはならない。

5　監査等委員会設置会社及び指名委員会等設置会社は、会計監査人を置かなければならない。

6　指名委員会等設置会社は、監査等委員会を置いてはならない。

（大会社における監査役会等の設置義務）

第三百二十八条　大会社（公開会社でないもの、監査等委員会設置会社及び指名委員会等設置会社を除く。）は、監査役会及び会計監査人を置かなければならない。

2　公開会社でない大会社は、会計監査人を置かなければならない。

第三節　役員及び会計監査人の選任及び解任

第一款　選任

（選任）

第三百二十九条　役員（取締役、会計参与及び監査役をいう。以下この節、第三百七十一条第四項及び第三百九十四条第三項において同じ。）及び会計監査人は、株主総会の決議によって選任する。

2・3〔略〕

（取締役の資格等）

第三百三十一条　1～4〔略〕

5　取締役会設置会社においては、取締役は、三人以上でなければならない。

6〔略〕

（監査役の資格等）

第三百三十五条　1・2〔略〕

3　監査役会設置会社においては、監査役は、三人以上で、そのうち半数以上は、社外監査役でなければならない。

第四節　取締役

（業務の執行）

第三百四十八条　取締役は、定款に別段の定めがある場合を除き、株式会社（取締役会設置会社を除く。以下この条において同じ。）の業務を執行する。

2　取締役が二人以上ある場合には、株式会社の業務は、定款に別段の定めがある場合を除き、取締役の過半数をもって決定する。

3・4〔略〕

（株式会社の代表）

第三百四十九条　取締役は、株式会社を代表する。ただし、他に代表取締役その他株式会社を代表する者を定めた場合は、この限りでない。

2　前項本文の取締役が二人以上ある場合には、取

締役は、各自、株式会社を代表する。

3 株式会社（取締役会設置会社を除く。）は、定款、定款の定めに基づく取締役の互選又は株主総会の決議によって、取締役の中から代表取締役を定めることができる。

4 代表取締役は、株式会社の業務に関する一切の裁判上又は裁判外の行為をする権限を有する。

5 前項の権限に加えた制限は、善意の第三者に対抗することができない。

第五節 取締役会

第一款 権限等

（取締役会の権限等）

第三百六十二条 取締役会は、すべての取締役で組織する。

2 取締役会は、次に掲げる職務を行う。

一 取締役会設置会社の業務執行の決定

二 取締役の職務の執行の監督

三 代表取締役の選定及び解職

3 取締役会は、取締役の中から代表取締役を選定しなければならない。

4・5 〔略〕

（取締役会設置会社の取締役の権限）

第三百六十三条 次に掲げる取締役は、取締役会設置会社の業務を執行する。

一 代表取締役

二 代表取締役以外の取締役であって、取締役会の決議によって取締役会設置会社の業務を執行する取締役として選定されたもの

2 〔略〕

第六節 会計参与

（会計参与の権限）

第三百七十四条 会計参与は、取締役と共同して、計算書類（第四百三十五条第二項に規定する計算書類をいう。以下この章において同じ。）及びその附属明細書、臨時計算書類（第四百四十一条第一項に規定する臨時計算書類をいう。以下この章において同じ。）並びに連結計算書類（第四百四十四条第一項に規定する連結計算書類をいう。第三百九十六条第一項において同じ。）を作成する。この場合において、会計参与は、法務省令で定めるところにより、会計参与報告を作成しなければならない。

2 会計参与は、いつでも、次に掲げるものの閲覧及び謄写をし、又は取締役及び支配人その他の使用人に対して会計に関する報告を求めることができる。

一 会計帳簿又はこれに関する資料が書面をもって作成されているときは、当該書面

二 会計帳簿又はこれに関する資料が電磁的記録をもって作成されているときは、当該電磁的記録に記録された事項を法務省令で定める方法により表示したもの

3 会計参与は、その職務を行うため必要があるときは、会計参与設置会社の子会社に対して会計に関する報告を求め、又は会計参与設置会社若しくはその子会社の業務及び財産の状況の調査をすることができる。

4 前項の子会社は、正当な理由があるときは、同項の報告又は調査を拒むことができる。

5 会計参与は、その職務を行うに当たっては、第三百三十三条第三項第二号又は第三号に掲げる者を使用してはならない。

6 指名委員会等設置会社における第一項及び第二項の規定の適用については、第一項中「取締役」とあるのは「執行役」と、第二項中「取締役及び」とあるのは「執行役及び取締役並びに」とする。

第七節 監査役

（監査役の権限）

第三百八十一条 監査役は、取締役（会計参与設置会社にあっては、取締役及び会計参与）の職務の執行を監査する。この場合において、監査役は、法務省令で定めるところにより、監査報告を作成しなければならない。

2 監査役は、いつでも、取締役及び会計参与並びに支配人その他の使用人に対して事業の報告を求め、又は監査役設置会社の業務及び財産の状況の調査をすることができる。

3 監査役は、その職務を行うため必要があるときは、監査役設置会社の子会社に対して事業の報告を求め、又はその子会社の業務及び財産の状況の調査をすることができる。

4 前項の子会社は、正当な理由があるときは、同項の報告又は調査を拒むことができる。

第八節 監査役会

第一款 権限等

第三百九十条 監査役会は、すべての監査役で組織する。

2 監査役会は、次に掲げる職務を行う。ただし、第三号の決定は、監査役の権限の行使を妨げることはできない。

一 監査報告の作成

二 常勤の監査役の選定及び解職

三　監査の方針、監査役会設置会社の業務及び財産の状況の調査の方法その他の監査役の職務の執行に関する事項の決定

3　監査役会は、監査役の中から常勤の監査役を選定しなければならない。

4　監査役は、監査役会の求めがあるときは、いつでもその職務の執行の状況を監査役会に報告しなければならない。

第十節　指名委員会等及び執行役

第一款　委員の選定、執行役の選任等

（執行役の選任等）

第四百二条　指名委員会等設置会社には、一人又は二人以上の執行役を置かなければならない。

2　執行役は、取締役会の決議によって選任する。

3～5　〔略〕

6　執行役は、取締役を兼ねることができる。

7・8　〔略〕

第五款　執行役の権限等

（執行役の権限）

第四百十八条　執行役は、次に掲げる職務を行う。

一　第四百十六条第四項の規定による取締役会の決議によって委任を受けた指名委員会等設置会社の業務の執行の決定

二　指名委員会等設置会社の業務の執行

第八章　解散

（解散の事由）

第四百七十一条　株式会社は、次に掲げる事由によって解散する。

一　定款で定めた存続期間の満了

二　定款で定めた解散の事由の発生

三　株主総会の決議

四　合併（合併により当該株式会社が消滅する場合に限る。）

五　破産手続開始の決定

六　第八百二十四条第一項又は第八百三十三条第一項の規定による解散を命ずる裁判

（休眠会社のみなし解散）

第四百七十二条　休眠会社（株式会社であって、当該株式会社に関する登記が最後にあった日から十二年を経過したものをいう。以下この条において同じ。）は、法務大臣が休眠会社に対し二箇月以内に法務省令で定めるところによりその本店の所在地を管轄する登記所に事業を廃止していない旨の届出をすべき旨を官報に公告した場合において、その届出をしないときは、その二箇月の期間の満了の時に、解散したものとみなす。ただし、当該期間内に当該休眠会社に関する登記がされたときは、この限りでない。

2　登記所は、前項の規定による公告があったときは、休眠会社に対し、その旨の通知を発しなければならない。

（株式会社の継続）

第四百七十三条　株式会社は、第四百七十一条第一号から第三号までに掲げる事由によって解散した場合（前条第一項の規定により解散したものとみなされた場合を含む。）には、次章の規定による清算が結了するまで（同項の規定により解散したものとみなされた場合にあっては、解散したものとみなされた後三年以内に限る。）、株主総会の決議によって、株式会社を継続することができる。

（解散した株式会社の合併等の制限）

第四百七十四条　株式会社が解散した場合には、当該株式会社は、次に掲げる行為をすることができない。

一　合併（合併により当該株式会社が存続する場合に限る。）

二　吸収分割による他の会社がその事業に関して有する権利義務の全部又は一部の承継

第三編　持分会社

第一章　設立

（定款の作成）

第五百七十五条　合名会社、合資会社又は合同会社（以下「持分会社」と総称する。）を設立するには、その社員になろうとする者が定款を作成し、その全員がこれに署名し、又は記名押印しなければならない。

2　〔略〕

第三章　管理

第一節　総則

（業務の執行）

第五百九十条　社員は、定款に別段の定めがある場合を除き、持分会社の業務を執行する。

2　社員が二人以上ある場合には、持分会社の業務は、定款に別段の定めがある場合を除き、社員の過半数をもって決定する。

3　前項の規定にかかわらず、持分会社の常務は、各社員が単独で行うことができる。ただし、その完了前に他の社員が異議を述べた場合は、この限りでない。

（業務を執行する社員を定款で定めた場合）

第五百九十一条　業務を執行する社員を定款で定めた場合において、業務を執行する社員が二人以上

あるときは、持分会社の業務は、定款に別段の定めがある場合を除き、業務を執行する社員の過半数をもって決定する。この場合における前条第三項の規定の適用については、同項中「社員」とあるのは、「業務を執行する社員」とする。

2 前項の規定にかかわらず、同項に規定する場合には、支配人の選任及び解任は、社員の過半数をもって決定する。ただし、定款で別段の定めをすることを妨げない。

3 業務を執行する社員を定款で定めた場合において、その業務を執行する社員の全員が退社したときは、当該定款の定めは、その効力を失う。

4 業務を執行する社員を定款で定めた場合には、その業務を執行する社員は、正当な事由がなければ、辞任することができない。

5 前項の業務を執行する社員は、正当な事由がある場合に限り、他の社員の一致によって解任することができる。

6 前二項の規定は、定款で別段の定めをすることを妨げない。

第二節 業務を執行する社員

（持分会社の代表）

第五百九十九条 業務を執行する社員は、持分会社を代表する。ただし、他に持分会社を代表する社員その他持分会社を代表する者を定めた場合は、この限りでない。

2 前項本文の業務を執行する社員が二人以上ある場合には、業務を執行する社員は、各自、持分会社を代表する。

3 持分会社は、定款又は定款の定めに基づく社員の互選によって、業務を執行する社員の中から持分会社を代表する社員を定めることができる。

4 持分会社を代表する社員は、持分会社の業務に関する一切の裁判上又は裁判外の行為をする権限を有する。

5 前項の権限に加えた制限は、善意の第三者に対抗することができない。

第五編 組織変更、合併、会社分割、株式交換及び株式移転

第一章 組織変更

第一節 通則

（組織変更計画の作成）

第七百四十三条 会社は、組織変更をすることができる。この場合においては、組織変更計画を作成しなければならない。

第二節 株式会社の組織変更

（株式会社の組織変更計画）

第七百四十四条 株式会社が組織変更をする場合には、当該株式会社は、組織変更計画において、次に掲げる事項を定めなければならない。

一 組織変更後の持分会社（以下この編において「組織変更後持分会社」という。）が合名会社、合資会社又は合同会社のいずれであるかの別

二 組織変更後持分会社の目的、商号及び本店の所在地

三 組織変更後持分会社の社員についての次に掲げる事項

イ 当該社員の氏名又は名称及び住所

ロ 当該社員が無限責任社員又は有限責任社員のいずれであるかの別

ハ 当該社員の出資の価額

四 前二号に掲げるもののほか、組織変更後持分会社の定款で定める事項

五 組織変更後持分会社が組織変更に際して組織変更をする株式会社の株主に対してその株式に代わる金銭等（組織変更後持分会社の持分を除く。以下この号及び次号において同じ。）を交付するときは、当該金銭等についての次に掲げる事項

イ 当該金銭等が組織変更後持分会社の社債であるときは、当該社債の種類（第百七条第二項第二号ロに規定する社債の種類をいう。以下この編において同じ。）及び種類ごとの各社債の金額の合計額又はその算定方法

ロ 当該金銭等が組織変更後持分会社の社債以外の財産であるときは、当該財産の内容及び数若しくは額又はこれらの算定方法

六 前号に規定する場合には、組織変更をする株式会社の株主（組織変更をする株式会社を除く。）に対する同号の金銭等の割当てに関する事項

七 組織変更をする株式会社が新株予約権を発行しているときは、組織変更後持分会社が組織変更に際して当該新株予約権の新株予約権者に対して交付する当該新株予約権に代わる金銭の額又はその算定方法

八 前号に規定する場合には、組織変更をする株式会社の新株予約権の新株予約権者に対する同号の金銭の割当てに関する事項

九 組織変更がその効力を生ずる日（以下この章において「効力発生日」という。）

2 組織変更後持分会社が合名会社であるときは、前項第三号ロに掲げる事項として、その社員の全

部を無限責任社員とする旨を定めなければならない。

3　組織変更後持分会社が合資会社であるときは、第一項第三号ロに掲げる事項として、その社員の一部を無限責任社員とし、その他の社員を有限責任社員とする旨を定めなければならない。

4　組織変更後持分会社が合同会社であるときは、第一項第三号ロに掲げる事項として、その社員の全部を有限責任社員とする旨を定めなければならない。

（株式会社の組織変更の効力の発生等）

第七百四十五条　組織変更をする株式会社は、効力発生日に、持分会社となる。

2　組織変更をする株式会社は、効力発生日に、前条第一項第二号から第四号までに掲げる事項についての定めに従い、当該事項に係る定款の変更をしたものとみなす。

3　組織変更をする株式会社の株主は、効力発生日に、前条第一項第三号に掲げる事項についての定めに従い、組織変更後持分会社の社員となる。

4　前条第一項第五号イに掲げる事項についての定めがある場合には、組織変更をする株式会社の株主は、効力発生日に、同項第六号に掲げる事項についての定めに従い、同項第五号イの社債の社債権者となる。

5　組織変更をする株式会社の新株予約権は、効力発生日に、消滅する。

6　前各項の規定は、第七百七十九条の規定による手続が終了していない場合又は組織変更を中止した場合には、適用しない。

第三節　持分会社の組織変更

（持分会社の組織変更計画）

第七百四十六条　持分会社が組織変更をする場合には、当該持分会社は、組織変更計画において、次に掲げる事項を定めなければならない。

一　組織変更後の株式会社（以下この条において「組織変更後株式会社」という。）の目的、商号、本店の所在地及び発行可能株式総数

二　前号に掲げるもののほか、組織変更後株式会社の定款で定める事項

三　組織変更後株式会社の取締役の氏名

四　次のイからハまでに掲げる場合の区分に応じ、当該イからハまでに定める事項

イ　組織変更後株式会社が会計参与設置会社である場合　組織変更後株式会社の会計参与の氏名又は名称

ロ　組織変更後株式会社が監査役設置会社（監査役の監査の範囲を会計に関するものに限定する旨の定款の定めがある株式会社を含む。）である場合　組織変更後株式会社の監査役の氏名

ハ　組織変更後株式会社が会計監査人設置会社である場合　組織変更後株式会社の会計監査人の氏名又は名称

五　組織変更をする持分会社の社員が組織変更に際して取得する組織変更後株式会社の株式の数（種類株式発行会社にあっては、株式の種類及び種類ごとの数）又はその数の算定方法

六　組織変更をする持分会社の社員に対する前号の株式の割当てに関する事項

七　組織変更後株式会社が組織変更に際して組織変更をする持分会社の社員に対してその持分に代わる金銭等（組織変更後株式会社の株式を除く。以下この号及び次号において同じ。）を交付するときは、当該金銭等についての次に掲げる事項

イ　当該金銭等が組織変更後株式会社の社債（新株予約権付社債についてのものを除く。）であるときは、当該社債の種類及び種類ごとの各社債の金額の合計額又はその算定方法

ロ　当該金銭等が組織変更後株式会社の新株予約権（新株予約権付社債に付されたものを除く。）であるときは、当該新株予約権の内容及び数又はその算定方法

ハ　当該金銭等が組織変更後株式会社の新株予約権付社債であるときは、当該新株予約権付社債についてのイに規定する事項及び当該新株予約権付社債に付された新株予約権についてのロに規定する事項

ニ　当該金銭等が組織変更後株式会社の社債等（社債及び新株予約権をいう。以下この編において同じ。）以外の財産であるときは、当該財産の内容及び数若しくは額又はこれらの算定方法

八　前号に規定する場合には、組織変更をする持分会社の社員に対する同号の金銭等の割当てに関する事項

九　効力発生日

2　組織変更後株式会社が監査等委員会設置会社である場合には、前項第三号に掲げる事項は、監査等委員である取締役とそれ以外の取締役とを区別して定めなければならない。

（持分会社の組織変更の効力の発生等）

第七百四十七条　組織変更をする持分会社は、効力発生日に、株式会社となる。

2　組織変更をする持分会社は、効力発生日に、前条第一項第一号及び第二号に掲げる事項についての定めに従い、当該事項に係る定款の変更をしたものとみなす。

3　組織変更をする持分会社の社員は、効力発生日に、前条第一項第六号に掲げる事項についての定めに従い、同項第五号の株式の株主となる。

4　次の各号に掲げる場合には、組織変更をする持分会社の社員は、効力発生日に、前条第一項第八号に掲げる事項についての定めに従い、当該各号に定める者となる。

一　前条第一項第七号イに掲げる事項についての定めがある場合　同号イの社債の社債権者

二　前条第一項第七号ロに掲げる事項についての定めがある場合　同号ロの新株予約権の新株予約権者

三　前条第一項第七号ハに掲げる事項についての定めがある場合　同号ハの新株予約権付社債についての社債の社債権者及び当該新株予約権付社債に付された新株予約権の新株予約権者

5　前各項の規定は、第七百八十一条第二項において準用する第七百七十九条（第二項第二号を除く。）の規定による手続が終了していない場合又は組織変更を中止した場合には、適用しない。

第二章　合併

第一節　通則

（合併契約の締結）

第七百四十八条　会社は、他の会社と合併をすることができる。この場合においては、合併をする会社は、合併契約を締結しなければならない。

第二節　吸収合併

第一款　株式会社が存続する吸収合併

（株式会社が存続する吸収合併契約）

第七百四十九条　会社が吸収合併をする場合において、吸収合併後存続する会社（以下この編において「吸収合併存続会社」という。）が株式会社であるときは、吸収合併契約において、次に掲げる事項を定めなければならない。

一　株式会社である吸収合併存続会社（以下この編において「吸収合併存続株式会社」という。）及び吸収合併により消滅する会社（以下この編において「吸収合併消滅会社」という。）の商号及び住所

二　吸収合併存続株式会社が吸収合併に際して株式会社である吸収合併消滅会社（以下この編において「吸収合併消滅株式会社」という。）の株主又は持分会社である吸収合併消滅会社（以下この編において「吸収合併消滅持分会社」という。）の社員に対してその株式又は持分に代わる金銭等を交付するときは、当該金銭等についての次に掲げる事項

イ　当該金銭等が吸収合併存続株式会社の株式であるときは、当該株式の数（種類株式発行会社にあっては、株式の種類及び種類ごとの数）又はその数の算定方法並びに当該吸収合併存続株式会社の資本金及び準備金の額に関する事項

ロ　当該金銭等が吸収合併存続株式会社の社債（新株予約権付社債についてのものを除く。）であるときは、当該社債の種類及び種類ごとの各社債の金額の合計額又はその算定方法

ハ　当該金銭等が吸収合併存続株式会社の新株予約権（新株予約権付社債に付されたものを除く。）であるときは、当該新株予約権の内容及び数又はその算定方法

ニ　当該金銭等が吸収合併存続株式会社の新株予約権付社債であるときは、当該新株予約権付社債についてのロに規定する事項及び当該新株予約権付社債に付された新株予約権についてのハに規定する事項

ホ　当該金銭等が吸収合併存続株式会社の株式等以外の財産であるときは、当該財産の内容及び数若しくは額又はこれらの算定方法

三　前号に規定する場合には、吸収合併消滅株式会社の株主（吸収合併消滅株式会社及び吸収合併存続株式会社を除く。）又は吸収合併消滅持分会社の社員（吸収合併存続株式会社を除く。）に対する同号の金銭等の割当てに関する事項

四　吸収合併消滅株式会社が新株予約権を発行しているときは、吸収合併存続株式会社が吸収合併に際して当該新株予約権の新株予約権者に対して交付する当該新株予約権に代わる当該吸収合併存続株式会社の新株予約権又は金銭についての次に掲げる事項

イ　当該吸収合併消滅株式会社の新株予約権の新株予約権者に対して吸収合併存続株式会社の新株予約権を交付するときは、当該新株予約権の内容及び数又はその算定方法

ロ　イに規定する場合において、イの吸収合併消滅株式会社の新株予約権が新株予約権付社

債に付された新株予約権であるときは、吸収合併存続株式会社が当該新株予約権付社債についての社債に係る債務を承継する旨並びにその承継に係る社債の種類及び種類ごとの各社債の金額の合計額又はその算定方法

ハ　当該吸収合併消滅株式会社の新株予約権の新株予約権者に対して金銭を交付するときは、当該金銭の額又はその算定方法

五　前号に規定する場合には、吸収合併消滅株式会社の新株予約権の新株予約権者に対する同号の吸収合併存続株式会社の新株予約権又は金銭の割当てに関する事項

六　吸収合併がその効力を生ずる日（以下この節において「効力発生日」という。）

2　前項に規定する場合において、吸収合併消滅株式会社が種類株式発行会社であるときは、吸収合併存続株式会社及び吸収合併消滅株式会社は、吸収合併消滅株式会社の発行する種類の株式の内容に応じ、同項第三号に掲げる事項として次に掲げる事項を定めることができる。

一　ある種類の株式の株主に対して金銭等の割当てをしないこととするときは、その旨及び当該株式の種類

二　前号に掲げる事項のほか、金銭等の割当てについて株式の種類ごとに異なる取扱いを行うこととするときは、その旨及び当該異なる取扱いの内容

3　第一項に規定する場合には、同項第三号に掲げる事項についての定めは、吸収合併消滅株式会社の株主（吸収合併消滅株式会社及び吸収合併存続株式会社並びに前項第一号の種類の株式の株主を除く。）の有する株式の数（前項第二号に掲げる事項についての定めがある場合にあっては、各種類の株式の数）に応じて金銭等を交付することを内容とするものでなければならない。

（株式会社が存続する吸収合併の効力の発生等）

第七百五十条　吸収合併存続株式会社は、効力発生日に、吸収合併消滅会社の権利義務を承継する。

2　吸収合併消滅会社の吸収合併による解散は、吸収合併の登記の後でなければ、これをもって第三者に対抗することができない。

3　次の各号に掲げる場合には、吸収合併消滅株式会社の株主又は吸収合併消滅持分会社の社員は、効力発生日に、前条第一項第三号に掲げる事項についての定めに従い、当該各号に定める者となる。

一　前条第一項第二号イに掲げる事項についての定めがある場合　同号イの株式の株主

二　前条第一項第二号ロに掲げる事項についての定めがある場合　同号ロの社債の社債権者

三　前条第一項第二号ハに掲げる事項についての定めがある場合　同号ハの新株予約権の新株予約権者

四　前条第一項第二号ニに掲げる事項についての定めがある場合　同号ニの新株予約権付社債についての社債の社債権者及び当該新株予約権付社債に付された新株予約権の新株予約権者

4　吸収合併消滅株式会社の新株予約権は、効力発生日に、消滅する。

5　前条第一項第四号イに規定する場合には、吸収合併消滅株式会社の新株予約権の新株予約権者は、効力発生日に、同項第五号に掲げる事項についての定めに従い、同項第四号イの吸収合併存続株式会社の新株予約権の新株予約権者となる。

6　前各項の規定は、第七百八十九条（第一項第三号及び第二項第三号を除き、第七百九十三条第二項において準用する場合を含む。）若しくは第七百九十九条の規定による手続が終了していない場合又は吸収合併を中止した場合には、適用しない。

第二款　持分会社が存続する吸収合併

（持分会社が存続する吸収合併契約）

第七百五十一条　会社が吸収合併をする場合において、吸収合併存続会社が持分会社であるときは、吸収合併契約において、次に掲げる事項を定めなければならない。

一　持分会社である吸収合併存続会社（以下この節において「吸収合併存続持分会社」という。）及び吸収合併消滅会社の商号及び住所

二　吸収合併消滅株式会社の株主又は吸収合併消滅持分会社の社員が吸収合併に際して吸収合併存続持分会社の社員となるときは、次のイからハまでに掲げる吸収合併存続持分会社の区分に応じ、当該イからハまでに定める事項

イ　合名会社　当該社員の氏名又は名称及び住所並びに出資の価額

ロ　合資会社　当該社員の氏名又は名称及び住所、当該社員が無限責任社員又は有限責任社員のいずれであるかの別並びに当該社員の出資の価額

ハ　合同会社　当該社員の氏名又は名称及び住所並びに出資の価額

三　吸収合併存続持分会社が吸収合併に際して吸収合併消滅株式会社の株主又は吸収合併消滅持分会社の社員に対してその株式又は持分に代わる金銭等（吸収合併存続持分会社の持分を除く。）を交付するときは、当該金銭等についての次に掲げる事項

イ　当該金銭等が吸収合併存続持分会社の社債であるときは、当該社債の種類及び種類ごとの各社債の金額の合計額又はその算定方法

ロ　当該金銭等が吸収合併存続持分会社の社債以外の財産であるときは、当該財産の内容及び数若しくは額又はこれらの算定方法

四　前号に規定する場合には、吸収合併消滅株式会社の株主（吸収合併消滅株式会社及び吸収合併存続持分会社を除く。）又は吸収合併消滅持分会社の社員（吸収合併存続持分会社を除く。）に対する同号の金銭等の割当てに関する事項

五　吸収合併消滅株式会社が新株予約権を発行しているときは、吸収合併存続持分会社が吸収合併に際して当該新株予約権の新株予約権者に対して交付する当該新株予約権に代わる金銭の額又はその算定方法

六　前号に規定する場合には、吸収合併消滅株式会社の新株予約権の新株予約権者に対する同号の金銭の割当てに関する事項

七　効力発生日

2　前項に規定する場合において、吸収合併消滅株式会社が種類株式発行会社であるときは、吸収合併存続持分会社及び吸収合併消滅株式会社は、吸収合併消滅株式会社の発行する種類の株式の内容に応じ、同項第四号に掲げる事項として次に掲げる事項を定めることができる。

一　ある種類の株式の株主に対して金銭等の割当てをしないこととするときは、その旨及び当該株式の種類

二　前号に掲げる事項のほか、金銭等の割当てについて株式の種類ごとに異なる取扱いを行うこととするときは、その旨及び当該異なる取扱いの内容

3　第一項に規定する場合には、同項第四号に掲げる事項についての定めは、吸収合併消滅株式会社の株主（吸収合併消滅株式会社及び吸収合併存続持分会社並びに前項第一号の種類の株式の株主を除く。）の有する株式の数（前項第二号に掲げる事項についての定めがある場合にあっては、各種類の株式の数）に応じて金銭等を交付することを内容とするものでなければならない。

（持分会社が存続する吸収合併の効力の発生等）

第七百五十二条　吸収合併存続持分会社は、効力発生日に、吸収合併消滅会社の権利義務を承継する。

2　吸収合併消滅会社の吸収合併による解散は、吸収合併の登記の後でなければ、これをもって第三者に対抗することができない。

3　前条第一項第二号に規定する場合には、吸収合併消滅株式会社の株主又は吸収合併消滅持分会社の社員は、効力発生日に、同号に掲げる事項についての定めに従い、吸収合併存続持分会社の社員となる。この場合においては、吸収合併存続持分会社は、効力発生日に、同号の社員に係る定款の変更をしたものとみなす。

4　前条第一項第三号イに掲げる事項についての定めがある場合には、吸収合併消滅株式会社の株主又は吸収合併消滅持分会社の社員は、効力発生日に、同項第四号に掲げる事項についての定めに従い、同項第三号イの社債の社債権者となる。

5　吸収合併消滅株式会社の新株予約権は、効力発生日に、消滅する。

6　前各項の規定は、第七百八十九条（第一項第三号及び第二項第三号を除き、第七百九十三条第二項において準用する場合を含む。）若しくは第八百二条第二項において準用する第七百九十九条（第二項第三号を除く。）の規定による手続が終了していない場合又は吸収合併を中止した場合には、適用しない。

第三節　新設合併

第一款　株式会社を設立する新設合併

（株式会社を設立する新設合併契約）

第七百五十三条　二以上の会社が新設合併をする場合において、新設合併により設立する会社（以下この編において「新設合併設立会社」という。）が株式会社であるときは、新設合併契約において、次に掲げる事項を定めなければならない。

一　新設合併により消滅する会社（以下この編において「新設合併消滅会社」という。）の商号及び住所

二　株式会社である新設合併設立会社（以下この編において「新設合併設立株式会社」という。）の目的、商号、本店の所在地及び発行可能株式総数

三　前号に掲げるもののほか、新設合併設立株式会社の定款で定める事項

四　新設合併設立株式会社の設立時取締役の氏名
五　次のイからハまでに掲げる場合の区分に応じ、当該イからハまでに定める事項
イ　新設合併設立株式会社が会計参与設置会社である場合　新設合併設立株式会社の設立時会計参与の氏名又は名称
ロ　新設合併設立株式会社が監査役設置会社（監査役の監査の範囲を会計に関するものに限定する旨の定款の定めがある株式会社を含む。）である場合　新設合併設立株式会社の設立時監査役の氏名
ハ　新設合併設立株式会社が会計監査人設置会社である場合　新設合併設立株式会社の設立時会計監査人の氏名又は名称
六　新設合併設立株式会社が新設合併に際して株式会社である新設合併消滅会社（以下この編において「新設合併消滅株式会社」という。）の株主又は持分会社である新設合併消滅会社（以下この編において「新設合併消滅持分会社」という。）の社員に対して交付するその株式又は持分に代わる当該新設合併設立株式会社の株式の数（種類株式発行会社にあっては、株式の種類及び種類ごとの数）又はその数の算定方法並びに当該新設合併設立株式会社の資本金及び準備金の額に関する事項
七　新設合併消滅株式会社の株主（新設合併消滅株式会社を除く。）又は新設合併消滅持分会社の社員に対する前号の株式の割当てに関する事項
八　新設合併設立株式会社が新設合併に際して新設合併消滅株式会社の株主又は新設合併消滅持分会社の社員に対してその株式又は持分に代わる当該新設合併設立株式会社の社債等を交付するときは、当該社債等についての次に掲げる事項
イ　当該社債等が新設合併設立株式会社の社債（新株予約権付社債についてのものを除く。）であるときは、当該社債の種類及び種類ごとの各社債の金額の合計額又はその算定方法
ロ　当該社債等が新設合併設立株式会社の新株予約権（新株予約権付社債に付されたものを除く。）であるときは、当該新株予約権の内容及び数又はその算定方法
ハ　当該社債等が新設合併設立株式会社の新株予約権付社債であるときは、当該新株予約権付社債についてのイに規定する事項及び当該新株予約権付社債に付された新株予約権についてのロに規定する事項
九　前号に規定する場合には、新設合併消滅株式会社の株主（新設合併消滅株式会社を除く。）又は新設合併消滅持分会社の社員に対する同号の社債等の割当てに関する事項
十　新設合併消滅株式会社が新株予約権を発行しているときは、新設合併設立株式会社が新設合併に際して当該新株予約権の新株予約権者に対して交付する当該新株予約権に代わる当該新設合併設立株式会社の新株予約権又は金銭についての次に掲げる事項
イ　当該新設合併消滅株式会社の新株予約権の新株予約権者に対して新設合併設立株式会社の新株予約権を交付するときは、当該新株予約権の内容及び数又はその算定方法
ロ　イに規定する場合において、イの新設合併消滅株式会社の新株予約権が新株予約権付社債に付された新株予約権であるときは、新設合併設立株式会社が当該新株予約権付社債についての社債に係る債務を承継する旨並びにその承継に係る社債の種類及び種類ごとの各社債の金額の合計額又はその算定方法
ハ　当該新設合併消滅株式会社の新株予約権の新株予約権者に対して金銭を交付するときは、当該金銭の額又はその算定方法
十一　前号に規定する場合には、新設合併消滅株式会社の新株予約権の新株予約権者に対する同号の新設合併設立株式会社の新株予約権又は金銭の割当てに関する事項

2　新設合併設立株式会社が監査等委員会設置会社である場合には、前項第四号に掲げる事項は、設立時監査等委員である設立時取締役とそれ以外の設立時取締役とを区別して定めなければならない。

3　第一項に規定する場合において、新設合併消滅株式会社の全部又は一部が種類株式発行会社であるときは、新設合併消滅会社は、新設合併消滅株式会社の発行する種類の株式の内容に応じ、同項第七号に掲げる事項（新設合併消滅株式会社の株主に係る事項に限る。次項において同じ。）として次に掲げる事項を定めることができる。
一　ある種類の株式の株主に対して新設合併設立株式会社の株式の割当てをしないこととするときは、その旨及び当該株式の種類
二　前号に掲げる事項のほか、新設合併設立株式会社の株式の割当てについて株式の種類ごとに

異なる取扱いを行うこととするときは、その旨及び当該異なる取扱いの内容

4　第一項に規定する場合には、同項第七号に掲げる事項についての定めは、新設合併消滅株式会社の株主（新設合併消滅会社及び前項第一号の種類の株式の株主を除く。）の有する株式の数（前項第二号に掲げる事項についての定めがある場合にあっては、各種類の株式の数）に応じて新設合併設立株式会社の株式を交付することを内容とするものでなければならない。

5　前二項の規定は、第一項第九号に掲げる事項について準用する。この場合において、前二項中「新設合併設立株式会社の株式」とあるのは、「新設合併設立株式会社の社債等」と読み替えるものとする。

（株式会社を設立する新設合併の効力の発生等）

第七百五十四条　新設合併設立株式会社は、その成立の日に、新設合併消滅会社の権利義務を承継する。

2　前条第一項に規定する場合には、新設合併消滅株式会社の株主又は新設合併消滅持分会社の社員は、新設合併設立株式会社の成立の日に、同項第七号に掲げる事項についての定めに従い、同項第六号の株式の株主となる。

3　次の各号に掲げる場合には、新設合併消滅株式会社の株主又は新設合併消滅持分会社の社員は、新設合併設立株式会社の成立の日に、前条第一項第九号に掲げる事項についての定めに従い、当該各号に定める者となる。

一　前条第一項第八号イに掲げる事項についての定めがある場合　同号イの社債の社債権者

二　前条第一項第八号ロに掲げる事項についての定めがある場合　同号ロの新株予約権の新株予約権者

三　前条第一項第八号ハに掲げる事項についての定めがある場合　同号ハの新株予約権付社債についての社債の社債権者及び当該新株予約権付社債に付された新株予約権の新株予約権者

4　新設合併消滅株式会社の新株予約権は、新設合併設立株式会社の成立の日に、消滅する。

5　前条第一項第十号イに規定する場合には、新設合併消滅株式会社の新株予約権の新株予約権者は、新設合併設立株式会社の成立の日に、同項第十一号に掲げる事項についての定めに従い、同項第十号イの新設合併設立株式会社の新株予約権の新株予約権者となる。

第二款　持分会社を設立する新設合併

（持分会社を設立する新設合併契約）

第七百五十五条　二以上の会社が新設合併をする場合において、新設合併設立会社が持分会社であるときは、新設合併契約において、次に掲げる事項を定めなければならない。

一　新設合併消滅会社の商号及び住所

二　持分会社である新設合併設立会社（以下この編において「新設合併設立持分会社」という。）が合名会社、合資会社又は合同会社のいずれであるかの別

三　新設合併設立持分会社の目的、商号及び本店の所在地

四　新設合併設立持分会社の社員についての次に掲げる事項

イ　当該社員の氏名又は名称及び住所

ロ　当該社員が無限責任社員又は有限責任社員のいずれであるかの別

ハ　当該社員の出資の価額

五　前二号に掲げるもののほか、新設合併設立持分会社の定款で定める事項

六　新設合併設立持分会社が新設合併に際して新設合併消滅株式会社の株主又は新設合併消滅持分会社の社員に対してその株式又は持分に代わる当該新設合併設立持分会社の社債を交付するときは、当該社債の種類及び種類ごとの各社債の金額の合計額又はその算定方法

七　前号に規定する場合には、新設合併消滅株式会社の株主（新設合併消滅株式会社を除く。）又は新設合併消滅持分会社の社員に対する同号の社債の割当てに関する事項

八　新設合併消滅株式会社が新株予約権を発行しているときは、新設合併設立持分会社が新設合併に際して当該新株予約権の新株予約権者に対して交付する当該新株予約権に代わる金銭の額又はその算定方法

九　前号に規定する場合には、新設合併消滅株式会社の新株予約権の新株予約権者に対する同号の金銭の割当てに関する事項

2　新設合併設立持分会社が合名会社であるときは、前項第四号ロに掲げる事項として、その社員の全部を無限責任社員とする旨を定めなければならない。

3　新設合併設立持分会社が合資会社であるときは、第一項第四号ロに掲げる事項として、その社員の一部を無限責任社員とし、その他の社員を有

限責任社員とする旨を定めなければならない。

4　新設合併設立持分会社が合同会社であるときは、第一項第四号ロに掲げる事項として、その社員の全部を有限責任社員とする旨を定めなければならない。

（持分会社を設立する新設合併の効力の発生等）

第七百五十六条　新設合併設立持分会社は、その成立の日に、新設合併消滅会社の権利義務を承継する。

2　前条第一項に規定する場合には、新設合併消滅株式会社の株主又は新設合併消滅持分会社の社員は、新設合併設立持分会社の成立の日に、同項第四号に掲げる事項についての定めに従い、当該新設合併設立持分会社の社員となる。

3　前条第一項第六号に掲げる事項についての定めがある場合には、新設合併消滅株式会社の株主又は新設合併消滅持分会社の社員は、新設合併設立持分会社の成立の日に、同項第七号に掲げる事項についての定めに従い、同項第六号の社債の社債権者となる。

4　新設合併消滅株式会社の新株予約権は、新設合併設立持分会社の成立の日に、消滅する。

第三章　会社分割

第一節　吸収分割

第一款　通則

（吸収分割契約の締結）

第七百五十七条　会社（株式会社又は合同会社に限る。）は、吸収分割をすることができる。この場合においては、当該会社がその事業に関して有する権利義務の全部又は一部を当該会社から承継する会社（以下この編において「吸収分割承継会社」という。）との間で、吸収分割契約を締結しなければならない。

第二款　株式会社に権利義務を承継させる吸収分割

（株式会社に権利義務を承継させる吸収分割契約）

第七百五十八条　会社が吸収分割をする場合において、吸収分割承継会社が株式会社であるときは、吸収分割契約において、次に掲げる事項を定めなければならない。

一　吸収分割をする会社（以下この編において「吸収分割会社」という。）及び株式会社である吸収分割承継会社（以下この編において「吸収分割承継株式会社」という。）の商号及び住所

二　吸収分割承継株式会社が吸収分割により吸収分割会社から承継する資産、債務、雇用契約その他の権利義務（株式会社である吸収分割会社（以下この編において「吸収分割株式会社」という。）の株式並びに吸収分割株式会社の新株予約権に係る義務を除く。）に関する事項

三　吸収分割により吸収分割株式会社又は吸収分割承継株式会社の株式を吸収分割承継株式会社に承継させるときは、当該株式に関する事項

四　吸収分割承継株式会社が吸収分割に際して吸収分割会社に対してその事業に関する権利義務の全部又は一部に代わる金銭等を交付するときは、当該金銭等についての次に掲げる事項

イ　当該金銭等が吸収分割承継株式会社の株式であるときは、当該株式の数（種類株式発行会社にあっては、株式の種類及び種類ごとの数）又はその数の算定方法並びに当該吸収分割承継株式会社の資本金及び準備金の額に関する事項

ロ　当該金銭等が吸収分割承継株式会社の社債（新株予約権付社債についてのものを除く。）であるときは、当該社債の種類及び種類ごとの各社債の金額の合計額又はその算定方法

ハ　当該金銭等が吸収分割承継株式会社の新株予約権（新株予約権付社債に付されたものを除く。）であるときは、当該新株予約権の内容及び数又はその算定方法

ニ　当該金銭等が吸収分割承継株式会社の新株予約権付社債であるときは、当該新株予約権付社債についてのロに規定する事項及び当該新株予約権付社債に付された新株予約権についてのハに規定する事項

ホ　当該金銭等が吸収分割承継株式会社の株式等以外の財産であるときは、当該財産の内容及び数若しくは額又はこれらの算定方法

五　吸収分割承継株式会社が吸収分割に際して吸収分割株式会社の新株予約権の新株予約権者に対して当該新株予約権に代わる当該吸収分割承継株式会社の新株予約権を交付するときは、当該新株予約権についての次に掲げる事項

イ　当該吸収分割承継株式会社の新株予約権の交付を受ける吸収分割株式会社の新株予約権の新株予約権者の有する新株予約権（以下この編において「吸収分割契約新株予約権」という。）の内容

ロ　吸収分割契約新株予約権の新株予約権者に対して交付する吸収分割承継株式会社の新株予約権の内容及び数又はその算定方法

ハ　吸収分割契約新株予約権が新株予約権付社債に付された新株予約権であるときは、吸収分割承継株式会社が当該新株予約権付社債についての社債に係る債務を承継する旨並びにその承継に係る社債の種類及び種類ごとの各社債の金額の合計額又はその算定方法

六　前号に規定する場合には、吸収分割契約新株予約権の新株予約権者に対する同号の吸収分割承継株式会社の新株予約権の割当てに関する事項

七　吸収分割がその効力を生ずる日（以下この節において「効力発生日」という。）

八　吸収分割株式会社が効力発生日に次に掲げる行為をするときは、その旨

イ　第百七十一条第一項の規定による株式の取得（同項第一号に規定する取得対価が吸収分割承継株式会社の株式（吸収分割株式会社が吸収分割をする前から有するものを除き、吸収分割承継株式会社の株式に準ずるものとして法務省令で定めるものを含む。ロにおいて同じ。）のみであるものに限る。）

ロ　剰余金の配当（配当財産が吸収分割承継株式会社の株式のみであるものに限る。）

（株式会社に権利義務を承継させる吸収分割の効力の発生等）

第七百五十九条　吸収分割承継株式会社は、効力発生日に、吸収分割契約の定めに従い、吸収分割会社の権利義務を承継する。

2　前項の規定にかかわらず、第七百八十九条第一項第二号（第七百九十三条第二項において準用する場合を含む。次項において同じ。）の規定により異議を述べることができる吸収分割会社の債権者であって、第七百八十九条第二項（第三号を除き、第七百九十三条第二項において準用する場合を含む。次項において同じ。）の各別の催告を受けなかったもの（第七百八十九条第三項（第七百九十三条第二項において準用する場合を含む。）に規定する場合にあっては、不法行為によって生じた債務の債権者であるものに限る。次項において同じ。）は、吸収分割契約において吸収分割後に吸収分割会社に対して債務の履行を請求することができないものとされているときであっても、吸収分割会社に対して、吸収分割会社が効力発生日に有していた財産の価額を限度として、当該債務の履行を請求することができる。

3　第一項の規定にかかわらず、第七百八十九条第一項第二号の規定により異議を述べることができる吸収分割会社の債権者であって、同条第二項の各別の催告を受けなかったものは、吸収分割契約において吸収分割後に吸収分割承継株式会社に対して債務の履行を請求することができないものとされているときであっても、吸収分割承継株式会社に対して、承継した財産の価額を限度として、当該債務の履行を請求することができる。

4　第一項の規定にかかわらず、吸収分割会社が吸収分割承継株式会社に承継されない債務の債権者（以下この条において「残存債権者」という。）を害することを知って吸収分割をした場合には、残存債権者は、吸収分割承継株式会社に対して、承継した財産の価額を限度として、当該債務の履行を請求することができる。ただし、吸収分割承継株式会社が吸収分割の効力が生じた時において残存債権者を害すべき事実を知らなかったときは、この限りでない。

5　前項の規定は、前条第八号に掲げる事項についての定めがある場合には、適用しない。

6　吸収分割承継株式会社が第四項の規定により同項の債務を履行する責任を負う場合には、当該責任は、吸収分割会社が残存債権者を害することを知って吸収分割をしたことを知った時から二年以内に請求又は請求の予告をしない残存債権者に対しては、その期間を経過した時に消滅する。効力発生日から二十年を経過したときも、同様とする。

7　吸収分割会社について破産手続開始の決定、再生手続開始の決定又は更生手続開始の決定があったときは、残存債権者は、吸収分割承継株式会社に対して第四項の規定による請求をする権利を行使することができない。

8　次の各号に掲げる場合には、吸収分割会社は、効力発生日に、吸収分割契約の定めに従い、当該各号に定める者となる。

一　前条第四号イに掲げる事項についての定めがある場合　同号イの株式の株主

二　前条第四号ロに掲げる事項についての定めがある場合　同号ロの社債の社債権者

三　前条第四号ハに掲げる事項についての定めがある場合　同号ハの新株予約権の新株予約権者

四　前条第四号ニに掲げる事項についての定めがある場合　同号ニの新株予約権付社債についての社債の社債権者及び当該新株予約権付社債に付された新株予約権の新株予約権者

9　前条第五号に規定する場合には、効力発生日

に、吸収分割契約新株予約権は、消滅し、当該吸収分割契約新株予約権の新株予約権者は、同条第六号に掲げる事項についての定めに従い、同条第五号ロの吸収分割承継株式会社の新株予約権の新株予約権者となる。

10　前各項の規定は、第七百八十九条（第一項第三号及び第二項第三号を除き、第七百九十三条第二項において準用する場合を含む。）若しくは第七百九十九条の規定による手続が終了していない場合又は吸収分割を中止した場合には、適用しない。

第三款　持分会社に権利義務を承継させる吸収分割

（持分会社に権利義務を承継させる吸収分割契約）

第七百六十条　会社が吸収分割をする場合において、吸収分割承継会社が持分会社であるときは、吸収分割契約において、次に掲げる事項を定めなければならない。

一　吸収分割会社及び持分会社である吸収分割承継会社（以下この節において「吸収分割承継持分会社」という。）の商号及び住所

二　吸収分割承継持分会社が吸収分割により吸収分割会社から承継する資産、債務、雇用契約その他の権利義務（吸収分割株式会社の株式及び新株予約権に係る義務を除く。）に関する事項

三　吸収分割により吸収分割株式会社の株式を吸収分割承継持分会社に承継させるときは、当該株式に関する事項

四　吸収分割会社が吸収分割に際して吸収分割承継持分会社の社員となるときは、次のイからハまでに掲げる吸収分割承継持分会社の区分に応じ、当該イからハまでに定める事項

イ　合名会社　当該社員の氏名又は名称及び住所並びに出資の価額

ロ　合資会社　当該社員の氏名又は名称及び住所、当該社員が無限責任社員又は有限責任社員のいずれであるかの別並びに当該社員の出資の価額

ハ　合同会社　当該社員の氏名又は名称及び住所並びに出資の価額

五　吸収分割承継持分会社が吸収分割に際して吸収分割会社に対してその事業に関する権利義務の全部又は一部に代わる金銭等（吸収分割承継持分会社の持分を除く。）を交付するときは、当該金銭等についての次に掲げる事項

イ　当該金銭等が吸収分割承継持分会社の社債であるときは、当該社債の種類及び種類ごとの各社債の金額の合計額又はその算定方法

ロ　当該金銭等が吸収分割承継持分会社の社債以外の財産であるときは、当該財産の内容及び数若しくは額又はこれらの算定方法

六　効力発生日

七　吸収分割株式会社が効力発生日に次に掲げる行為をするときは、その旨

イ　第百七十一条第一項の規定による株式の取得（同項第一号に規定する取得対価が吸収分割承継持分会社の持分（吸収分割株式会社が吸収分割をする前から有するものを除き、吸収分割承継持分会社の持分に準ずるものとして法務省令で定めるものを含む。ロにおいて同じ。）のみであるものに限る。）

ロ　剰余金の配当（配当財産が吸収分割承継持分会社の持分のみであるものに限る。）

（持分会社に権利義務を承継させる吸収分割の効力の発生等）

第七百六十一条　吸収分割承継持分会社は、効力発生日に、吸収分割契約の定めに従い、吸収分割会社の権利義務を承継する。

2　前項の規定にかかわらず、第七百八十九条第一項第二号（第七百九十三条第二項において準用する場合を含む。次項において同じ。）の規定により異議を述べることができる吸収分割会社の債権者であって、第七百八十九条第二項（第三号を除き、第七百九十三条第二項において準用する場合を含む。次項において同じ。）の各別の催告を受けなかったもの（第七百八十九条第三項（第七百九十三条第二項において準用する場合を含む。）に規定する場合にあっては、不法行為によって生じた債務の債権者であるものに限る。次項において同じ。）は、吸収分割契約において吸収分割後に吸収分割会社に対して債務の履行を請求することができないものとされているときであっても、吸収分割会社に対して、吸収分割会社が効力発生日に有していた財産の価額を限度として、当該債務の履行を請求することができる。

3　第一項の規定にかかわらず、第七百八十九条第一項第二号の規定により異議を述べることができる吸収分割会社の債権者であって、同条第二項の各別の催告を受けなかったものは、吸収分割契約において吸収分割後に吸収分割承継持分会社に対して債務の履行を請求することができないものとされているときであっても、吸収分割承継持分会社に対して、承継した財産の価額を限度として、

当該債務の履行を請求することができる。

4 第一項の規定にかかわらず、吸収分割会社が吸収分割承継持分会社に承継されない債務の債権者（以下この条において「残存債権者」という。）を害することを知って吸収分割をした場合には、残存債権者は、吸収分割承継持分会社に対して、承継した財産の価額を限度として、当該債務の履行を請求することができる。ただし、吸収分割承継持分会社が吸収分割の効力が生じた時において残存債権者を害すべき事実を知らなかったときは、この限りでない。

5 前項の規定は、前条第七号に掲げる事項についての定めがある場合には、適用しない。

6 吸収分割承継持分会社が第四項の規定により同項の債務を履行する責任を負う場合には、当該責任は、吸収分割会社が残存債権者を害することを知って吸収分割をしたことを知った時から二年以内に請求又は請求の予告をしない残存債権者に対しては、その期間を経過した時に消滅する。効力発生日から二十年を経過したときも、同様とする。

7 吸収分割会社について破産手続開始の決定、再生手続開始の決定又は更生手続開始の決定があったときは、残存債権者は、吸収分割承継持分会社に対して第四項の規定による請求をする権利を行使することができない。

8 前条第四号に規定する場合には、吸収分割会社は、効力発生日に、同号に掲げる事項についての定めに従い、吸収分割承継持分会社の社員となる。この場合においては、吸収分割承継持分会社は、効力発生日に、同号の社員に係る定款の変更をしたものとみなす。

9 前条第五号イに掲げる事項についての定めがある場合には、吸収分割会社は、効力発生日に、吸収分割契約の定めに従い、同号イの社債の社債権者となる。

10 前各項の規定は、第七百八十九条（第一項第三号及び第二項第三号を除き、第七百九十三条第二項において準用する場合を含む。）若しくは第八百二条第二項において準用する第七百九十九条（第二項第三号を除く。）の規定による手続が終了していない場合又は吸収分割を中止した場合には、適用しない。

第二節 新設分割

第一款 通則

（新設分割計画の作成）

第七百六十二条 一又は二以上の株式会社又は合同会社は、新設分割をすることができる。この場合においては、新設分割計画を作成しなければならない。

2 二以上の株式会社又は合同会社が共同して新設分割をする場合には、当該二以上の株式会社又は合同会社は、共同して新設分割計画を作成しなければならない。

第二款 株式会社を設立する新設分割

（株式会社を設立する新設分割計画）

第七百六十三条 一又は二以上の株式会社又は合同会社が新設分割をする場合において、新設分割により設立する会社（以下この編において「新設分割設立会社」という。）が株式会社であるときは、新設分割計画において、次に掲げる事項を定めなければならない。

一 株式会社である新設分割設立会社（以下この編において「新設分割設立株式会社」という。）の目的、商号、本店の所在地及び発行可能株式総数

二 前号に掲げるもののほか、新設分割設立株式会社の定款で定める事項

三 新設分割設立株式会社の設立時取締役の氏名

四 次のイからハまでに掲げる場合の区分に応じ、当該イからハまでに定める事項

イ 新設分割設立株式会社が会計参与設置会社である場合 新設分割設立株式会社の設立時会計参与の氏名又は名称

ロ 新設分割設立株式会社が監査役設置会社（監査役の監査の範囲を会計に関するものに限定する旨の定款の定めがある株式会社を含む。）である場合 新設分割設立株式会社の設立時監査役の氏名

ハ 新設分割設立株式会社が会計監査人設置会社である場合 新設分割設立株式会社の設立時会計監査人の氏名又は名称

五 新設分割設立株式会社が新設分割により新設分割をする会社（以下この編において「新設分割会社」という。）から承継する資産、債務、雇用契約その他の権利義務（株式会社である新設分割会社（以下この編において「新設分割株式会社」という。）の株式及び新株予約権に係る義務を除く。）に関する事項

六 新設分割設立株式会社が新設分割に際して新設分割会社に対して交付するその事業に関する権利義務の全部又は一部に代わる当該新設分割

設立株式会社の株式の数（種類株式発行会社にあっては、株式の種類及び種類ごとの数）又はその数の算定方法並びに当該新設分割設立株式会社の資本金及び準備金の額に関する事項
七　二以上の株式会社又は合同会社が共同して新設分割をするときは、新設分割会社に対する前号の株式の割当てに関する事項
八　新設分割設立株式会社が新設分割に際して新設分割会社に対してその事業に関する権利義務の全部又は一部に代わる当該新設分割設立株式会社の社債等を交付するときは、当該社債等についての次に掲げる事項
イ　当該社債等が新設分割設立株式会社の社債（新株予約権付社債についてのものを除く。）であるときは、当該社債の種類及び種類ごとの各社債の金額の合計額又はその算定方法
ロ　当該社債等が新設分割設立株式会社の新株予約権（新株予約権付社債に付されたものを除く。）であるときは、当該新株予約権の内容及び数又はその算定方法
ハ　当該社債等が新設分割設立株式会社の新株予約権付社債であるときは、当該新株予約権付社債についてのイに規定する事項及び当該新株予約権付社債に付された新株予約権についてのロに規定する事項
九　前号に規定する場合において、二以上の株式会社又は合同会社が共同して新設分割をするときは、新設分割会社に対する同号の社債等の割当てに関する事項
十　新設分割設立株式会社が新設分割に際して新設分割株式会社の新株予約権の新株予約権者に対して当該新株予約権に代わる当該新設分割設立株式会社の新株予約権を交付するときは、当該新株予約権についての次に掲げる事項
イ　当該新設分割設立株式会社の新株予約権の交付を受ける新設分割株式会社の新株予約権の新株予約権者の有する新株予約権（以下この編において「新設分割計画新株予約権」という。）の内容
ロ　新設分割計画新株予約権の新株予約権者に対して交付する新設分割設立株式会社の新株予約権の内容及び数又はその算定方法
ハ　新設分割計画新株予約権が新株予約権付社債に付された新株予約権であるときは、新設分割設立株式会社が当該新株予約権付社債についての社債に係る債務を承継する旨並びにその承継に係る社債の種類及び種類ごとの各社債の金額の合計額又はその算定方法
十一　前号に規定する場合には、新設分割計画新株予約権の新株予約権者に対する同号の新設分割設立株式会社の新株予約権の割当てに関する事項
十二　新設分割株式会社が新設分割設立株式会社の成立の日に次に掲げる行為をするときは、その旨
イ　第百七十一条第一項の規定による株式の取得（同項第一号に規定する取得対価が新設分割設立株式会社の株式（これに準ずるものとして法務省令で定めるものを含む。ロにおいて同じ。）のみであるものに限る。）
ロ　剰余金の配当（配当財産が新設分割設立株式会社の株式のみであるものに限る。）

2　新設分割設立株式会社が監査等委員会設置会社である場合には、前項第三号に掲げる事項は、設立時監査等委員である設立時取締役とそれ以外の設立時取締役とを区別して定めなければならない。

（株式会社を設立する新設分割の効力の発生等）

第七百六十四条　新設分割設立株式会社は、その成立の日に、新設分割計画の定めに従い、新設分割会社の権利義務を承継する。

2　前項の規定にかかわらず、第八百十条第一項第二号（第八百十三条第二項において準用する場合を含む。次項において同じ。）の規定により異議を述べることができる新設分割会社の債権者であって、第八百十条第二項（第三号を除き、第八百十三条第二項において準用する場合を含む。次項において同じ。）の各別の催告を受けなかったもの（第八百十条第三項（第八百十三条第二項において準用する場合を含む。）に規定する場合にあっては、不法行為によって生じた債務の債権者であるものに限る。次項において同じ。）は、新設分割計画において新設分割後に新設分割会社に対して債務の履行を請求することができないものとされているときであっても、新設分割会社に対して、新設分割会社が新設分割設立株式会社の成立の日に有していた財産の価額を限度として、当該債務の履行を請求することができる。

3　第一項の規定にかかわらず、第八百十条第一項第二号の規定により異議を述べることができる新設分割会社の債権者であって、同条第二項の各別の催告を受けなかったものは、新設分割計画において新設分割後に新設分割設立株式会社に対して

債務の履行を請求することができないものとされているときであっても、新設分割設立株式会社に対して、承継した財産の価額を限度として、当該債務の履行を請求することができる。

4　第一項の規定にかかわらず、新設分割会社が新設分割設立株式会社に承継されない債務の債権者（以下この条において「残存債権者」という。）を害することを知って新設分割をした場合には、残存債権者は、新設分割設立株式会社に対して、承継した財産の価額を限度として、当該債務の履行を請求することができる。

5　前項の規定は、前条第一項第十二号に掲げる事項についての定めがある場合には、適用しない。

6　新設分割設立株式会社が第四項の規定により同項の債務を履行する責任を負う場合には、当該責任は、新設分割会社が残存債権者を害することを知って新設分割をしたことを知った時から二年以内に請求又は請求の予告をしない残存債権者に対しては、その期間を経過した時に消滅する。新設分割設立株式会社の成立の日から二十年を経過したときも、同様とする。

7　新設分割会社について破産手続開始の決定、再生手続開始の決定又は更生手続開始の決定があったときは、残存債権者は、新設分割設立株式会社に対して第四項の規定による請求をする権利を行使することができない。

8　前条第一項に規定する場合には、新設分割会社は、新設分割設立株式会社の成立の日に、新設分割計画の定めに従い、同項第六号の株式の株主となる。

9　次の各号に掲げる場合には、新設分割会社は、新設分割設立株式会社の成立の日に、新設分割計画の定めに従い、当該各号に定める者となる。

一　前条第一項第八号イに掲げる事項についての定めがある場合　同号イの社債の社債権者

二　前条第一項第八号ロに掲げる事項についての定めがある場合　同号ロの新株予約権の新株予約権者

三　前条第一項第八号ハに掲げる事項についての定めがある場合　同号ハの新株予約権付社債についての社債の社債権者及び当該新株予約権付社債に付された新株予約権の新株予約権者

10　二以上の株式会社又は合同会社が共同して新設分割をする場合における前二項の規定の適用については、第八項中「新設分割計画の定め」とあるのは「同項第七号に掲げる事項についての定め」と、前項中「新設分割計画の定め」とあるのは「前条第一項第九号に掲げる事項についての定め」とする。

11　前条第一項第十号に規定する場合には、新設分割設立株式会社の成立の日に、新設分割計画新株予約権は、消滅し、当該新設分割計画新株予約権の新株予約権者は、同項第十一号に掲げる事項についての定めに従い、同項第十号ロの新設分割設立株式会社の新株予約権の新株予約権者となる。

第三款　持分会社を設立する新設分割

（持分会社を設立する新設分割計画）

第七百六十五条　一又は二以上の株式会社又は合同会社が新設分割をする場合において、新設分割設立会社が持分会社であるときは、新設分割計画において、次に掲げる事項を定めなければならない。

一　持分会社である新設分割設立会社（以下この編において「新設分割設立持分会社」という。）が合名会社、合資会社又は合同会社のいずれであるかの別

二　新設分割設立持分会社の目的、商号及び本店の所在地

三　新設分割設立持分会社の社員についての次に掲げる事項

イ　当該社員の名称及び住所

ロ　当該社員が無限責任社員又は有限責任社員のいずれであるかの別

ハ　当該社員の出資の価額

四　前二号に掲げるもののほか、新設分割設立持分会社の定款で定める事項

五　新設分割設立持分会社が新設分割により新設分割会社から承継する資産、債務、雇用契約その他の権利義務（新設分割株式会社の株式及び新株予約権に係る義務を除く。）に関する事項

六　新設分割設立持分会社が新設分割に際して新設分割会社に対してその事業に関する権利義務の全部又は一部に代わる当該新設分割設立持分会社の社債を交付するときは、当該社債の種類及び種類ごとの各社債の金額の合計額又はその算定方法

七　前号に規定する場合において、二以上の株式会社又は合同会社が共同して新設分割をするときは、新設分割会社に対する同号の社債の割当てに関する事項

八　新設分割株式会社が新設分割設立持分会社の成立の日に次に掲げる行為をするときは、その

旨

イ　第百七十一条第一項の規定による株式の取得（同項第一号に規定する取得対価が新設分割設立持分会社の持分（これに準ずるものとして法務省令で定めるものを含む。ロにおいて同じ。）のみであるものに限る。）

ロ　剰余金の配当（配当財産が新設分割設立持分会社の持分のみであるものに限る。）

2　新設分割設立持分会社が合名会社であるときは、前項第三号ロに掲げる事項として、その社員の全部を無限責任社員とする旨を定めなければならない。

3　新設分割設立持分会社が合資会社であるときは、第一項第三号ロに掲げる事項として、その社員の一部を無限責任社員とし、その他の社員を有限責任社員とする旨を定めなければならない。

4　新設分割設立持分会社が合同会社であるときは、第一項第三号ロに掲げる事項として、その社員の全部を有限責任社員とする旨を定めなければならない。

（持分会社を設立する新設分割の効力の発生等）

第七百六十六条　新設分割設立持分会社は、その成立の日に、新設分割計画の定めに従い、新設分割会社の権利義務を承継する。

2　前項の規定にかかわらず、第八百十条第一項第二号（第八百十三条第二項において準用する場合を含む。次項において同じ。）の規定により異議を述べることができる新設分割会社の債権者であって、第八百十条第二項（第三号を除き、第八百十三条第二項において準用する場合を含む。次項において同じ。）の各別の催告を受けなかったもの（第八百十条第三項（第八百十三条第二項において準用する場合を含む。）に規定する場合にあっては、不法行為によって生じた債務の債権者であるものに限る。次項において同じ。）は、新設分割計画において新設分割後に新設分割会社に対して債務の履行を請求することができないものとされているときであっても、新設分割会社に対して、新設分割会社が新設分割設立持分会社の成立の日に有していた財産の価額を限度として、当該債務の履行を請求することができる。

3　第一項の規定にかかわらず、第八百十条第一項第二号の規定により異議を述べることができる新設分割会社の債権者であって、同条第二項の各別の催告を受けなかったものは、新設分割計画において新設分割後に新設分割設立持分会社に対して債務の履行を請求することができないものとされているときであっても、新設分割設立持分会社に対して、承継した財産の価額を限度として、当該債務の履行を請求することができる。

4　第一項の規定にかかわらず、新設分割会社が新設分割設立持分会社に承継されない債務の債権者（以下この条において「残存債権者」という。）を害することを知って新設分割をした場合には、残存債権者は、新設分割設立持分会社に対して、承継した財産の価額を限度として、当該債務の履行を請求することができる。

5　前項の規定は、前条第一項第八号に掲げる事項についての定めがある場合には、適用しない。

6　新設分割設立持分会社が第四項の規定により同項の債務を履行する責任を負う場合には、当該責任は、新設分割会社が残存債権者を害することを知って新設分割をしたことを知った時から二年以内に請求又は請求の予告をしない残存債権者に対しては、その期間を経過した時に消滅する。新設分割設立持分会社の成立の日から二十年を経過したときも、同様とする。

7　新設分割会社について破産手続開始の決定、再生手続開始の決定又は更生手続開始の決定があったときは、残存債権者は、新設分割設立持分会社に対して第四項の規定による請求をする権利を行使することができない。

8　前条第一項に規定する場合には、新設分割会社は、新設分割設立持分会社の成立の日に、同項第三号に掲げる事項についての定めに従い、当該新設分割設立持分会社の社員となる。

9　前条第一項第六号に掲げる事項についての定めがある場合には、新設分割会社は、新設分割設立持分会社の成立の日に、新設分割計画の定めに従い、同号の社債の社債権者となる。

10　二以上の株式会社又は合同会社が共同して新設分割をする場合における前項の規定の適用については、同項中「新設分割計画の定めに従い、同号」とあるのは、「同項第七号に掲げる事項についての定めに従い、同項第六号」とする。

第五章　組織変更、合併、会社分割、株式交換及び株式移転の手続

第一節　組織変更の手続

第一款　株式会社の手続

（組織変更計画に関する書面等の備置き及び閲覧等）

第七百七十五条　組織変更をする株式会社は、組織変更計画備置開始日から組織変更がその効力を生

ずる日（以下この節において「効力発生日」という。）までの間、組織変更計画の内容その他法務省令で定める事項を記載し、又は記録した書面又は電磁的記録をその本店に備え置かなければならない。

2・3　〔略〕

（株式会社の組織変更計画の承認等）

第七百七十六条　組織変更をする株式会社は、効力発生日の前日までに、組織変更計画について当該株式会社の総株主の同意を得なければならない。

2　組織変更をする株式会社は、効力発生日の二十日前までに、その登録株式質権者及び登録新株予約権質権者に対し、組織変更をする旨を通知しなければならない。

3　前項の規定による通知は、公告をもってこれに代えることができる。

（組織変更の効力発生日の変更）

第七百八十条　組織変更をする株式会社は、効力発生日を変更することができる。

2　前項の場合には、組織変更をする株式会社は、変更前の効力発生日（変更後の効力発生日が変更前の効力発生日前の日である場合にあっては、当該変更後の効力発生日）の前日までに、変更後の効力発生日を公告しなければならない。

3　第一項の規定により効力発生日を変更したときは、変更後の効力発生日を効力発生日とみなして、この款及び第七百四十五条の規定を適用する。

第二款　持分会社の手続

第七百八十一条　組織変更をする持分会社は、効力発生日の前日までに、組織変更計画について当該持分会社の総社員の同意を得なければならない。ただし、定款に別段の定めがある場合は、この限りでない。

2　第七百七十九条（第二項第二号を除く。）及び前条の規定は、組織変更をする持分会社について準用する。この場合において、第七百七十九条第三項中「組織変更をする株式会社」とあるのは「組織変更をする持分会社（合同会社に限る。）」と、前条第三項中「及び第七百四十五条」とあるのは「並びに第七百四十七条及び次条第一項」と読み替えるものとする。

第二節　吸収合併等の手続

第一款　吸収合併消滅会社、吸収分割会社及び株式交換完全子会社の手続

第一目　株式会社の手続

（吸収合併契約等に関する書面等の備置き及び閲覧等）

第七百八十二条　次の各号に掲げる株式会社（以下この目において「消滅株式会社等」という。）は、吸収合併契約等備置開始日から吸収合併、吸収分割又は株式交換（以下この節において「吸収合併等」という。）がその効力を生ずる日（以下この節において「効力発生日」という。）後六箇月を経過する日（吸収合併消滅株式会社にあっては、効力発生日）までの間、当該各号に定めるもの（以下この節において「吸収合併契約等」という。）の内容その他法務省令で定める事項を記載し、又は記録した書面又は電磁的記録をその本店に備え置かなければならない。

一　吸収合併消滅株式会社　吸収合併契約

二　吸収分割株式会社　吸収分割契約

三　株式交換完全子会社　株式交換契約

2・3　〔略〕

（吸収合併契約等の承認等）

第七百八十三条　消滅株式会社等は、効力発生日の前日までに、株主総会の決議によって、吸収合併契約等の承認を受けなければならない。

2　前項の規定にかかわらず、吸収合併消滅株式会社又は株式交換完全子会社が種類株式発行会社でない場合において、吸収合併消滅株式会社又は株式交換完全子会社の株主に対して交付する金銭等（以下この条及び次条第一項において「合併対価等」という。）の全部又は一部が持分等（持分会社の持分その他これに準ずるものとして法務省令で定めるものをいう。以下この条において同じ。）であるときは、吸収合併契約又は株式交換契約について吸収合併消滅株式会社又は株式交換完全子会社の総株主の同意を得なければならない。

3　吸収合併消滅株式会社又は株式交換完全子会社が種類株式発行会社である場合において、合併対価等の全部又は一部が譲渡制限株式等（譲渡制限株式その他これに準ずるものとして法務省令で定めるものをいう。以下この章において同じ。）であるときは、吸収合併又は株式交換は、当該譲渡制限株式等の割当てを受ける種類の株式（譲渡制限株式を除く。）の種類株主を構成員とする種類株主総会（当該種類株主に係る株式の種類が二以上ある場合にあっては、当該二以上の株式の種類別に区分された種類株主を構成員とする各種類株主総会）の決議がなければ、その効力を生じない。ただし、当該種類株主総会において議決権を

行使することができる株主が存しない場合は、この限りでない。

4　吸収合併消滅株式会社又は株式交換完全子会社が種類株式発行会社である場合において、合併対価等の全部又は一部が持分等であるときは、吸収合併又は株式交換は、当該持分等の割当てを受ける種類の株主の全員の同意がなければ、その効力を生じない。

5　消滅株式会社等は、効力発生日の二十日前までに、その登録株式質権者（次条第二項に規定する場合における登録株式質権者を除く。）及び第七百八十七条第三項各号に定める新株予約権の登録新株予約権質権者に対し、吸収合併等をする旨を通知しなければならない。

6　前項の規定による通知は、公告をもってこれに代えることができる。

（吸収合併契約等の承認を要しない場合）

第七百八十四条　前条第一項の規定は、吸収合併存続会社、吸収分割承継会社又は株式交換完全親会社（以下この目において「存続会社等」という。）が消滅株式会社等の特別支配会社である場合には、適用しない。ただし、吸収合併又は株式交換における合併対価等の全部又は一部が譲渡制限株式等である場合であって、消滅株式会社等が公開会社であり、かつ、種類株式発行会社でないときは、この限りでない。

2　前条の規定は、吸収分割により吸収分割承継会社に承継させる資産の帳簿価額の合計額が吸収分割株式会社の総資産額として法務省令で定める方法により算定される額の五分の一（これを下回る割合を吸収分割株式会社の定款で定めた場合にあっては、その割合）を超えない場合には、適用しない。

（吸収合併等の効力発生日の変更）

第七百九十条　消滅株式会社等は、存続会社等との合意により、効力発生日を変更することができる。

2　前項の場合には、消滅株式会社等は、変更前の効力発生日（変更後の効力発生日が変更前の効力発生日前の日である場合にあっては、当該変更後の効力発生日）の前日までに、変更後の効力発生日を公告しなければならない。

3　第一項の規定により効力発生日を変更したときは、変更後の効力発生日を効力発生日とみなして、この節並びに第七百五十条、第七百五十二条、第七百五十九条、第七百六十一条、第七百六十九条及び第七百七十一条の規定を適用する。

第二目　持分会社の手続

第七百九十三条　次に掲げる行為をする持分会社は、効力発生日の前日までに、吸収合併契約等について当該持分会社の総社員の同意を得なければならない。ただし、定款に別段の定めがある場合は、この限りでない。

一　吸収合併（吸収合併により当該持分会社が消滅する場合に限る。）

二　吸収分割（当該持分会社（合同会社に限る。）がその事業に関して有する権利義務の全部を他の会社に承継させる場合に限る。）

2　第七百八十九条（第一項第三号及び第二項第三号を除く。）及び第七百九十条の規定は、吸収合併消滅持分会社又は合同会社である吸収分割会社（以下この節において「吸収分割合同会社」という。）について準用する。この場合において、第七百八十九条第一項第二号中「債権者（第七百五十八条第八号又は第七百六十条第七号に掲げる事項についての定めがある場合にあっては、吸収分割株式会社の債権者）」とあるのは「債権者」と、同条第三項中「消滅株式会社等」とあるのは「吸収合併消滅持分会社（吸収合併存続会社が株式会社又は合同会社である場合にあっては、合同会社に限る。）又は吸収分割合同会社」と読み替えるものとする。

第二款　吸収合併存続会社、吸収分割承継会社及び株式交換完全親会社の手続

第一目　株式会社の手続

（吸収合併契約等に関する書面等の備置き及び閲覧等）

第七百九十四条　吸収合併存続株式会社、吸収分割承継株式会社又は株式交換完全親株式会社（以下この目において「存続株式会社等」という。）は、吸収合併契約等備置開始日から効力発生日後六箇月を経過する日までの間、吸収合併契約等の内容その他法務省令で定める事項を記載し、又は記録した書面又は電磁的記録をその本店に備え置かなければならない。

2・3　〔略〕

（吸収合併契約等の承認等）

第七百九十五条　存続株式会社等は、効力発生日の前日までに、株主総会の決議によって、吸収合併契約等の承認を受けなければならない。

2　次に掲げる場合には、取締役は、前項の株主総会において、その旨を説明しなければならない。

一　吸収合併存続株式会社又は吸収分割承継株式会社が承継する吸収合併消滅会社又は吸収分割会社の債務の額として法務省令で定める額（次号において「承継債務額」という。）が吸収合併存続株式会社又は吸収分割承継株式会社が承継する吸収合併消滅会社又は吸収分割会社の資産の額として法務省令で定める額（同号において「承継資産額」という。）を超える場合

二　吸収合併存続株式会社又は吸収分割承継株式会社が吸収合併消滅株式会社の株主、吸収合併消滅持分会社の社員又は吸収分割会社に対して交付する金銭等（吸収合併存続株式会社又は吸収分割承継株式会社の株式等を除く。）の帳簿価額が承継資産額から承継債務額を控除して得た額を超える場合

三　株式交換完全親株式会社が株式交換完全子会社の株主に対して交付する金銭等（株式交換完全親株式会社の株式等を除く。）の帳簿価額が株式交換完全親株式会社が取得する株式交換完全子会社の株式の額として法務省令で定める額を超える場合

3　承継する吸収合併消滅会社又は吸収分割会社の資産に吸収合併存続株式会社又は吸収分割承継株式会社の株式が含まれる場合には、取締役は、第一項の株主総会において、当該株式に関する事項を説明しなければならない。

4　存続株式会社等が種類株式発行会社である場合において、次の各号に掲げる場合には、吸収合併等は、当該各号に定める種類の株式（譲渡制限株式であって、第百九十九条第四項の定款の定めがないものに限る。）の種類株主を構成員とする種類株主総会（当該種類株主に係る株式の種類が二以上ある場合にあっては、当該二以上の株式の種類別に区分された種類株主を構成員とする各種類株主総会）の決議がなければ、その効力を生じない。ただし、当該種類株主総会において議決権を行使することができる株主が存しない場合は、この限りでない。

一　吸収合併消滅株式会社の株主又は吸収合併消滅持分会社の社員に対して交付する金銭等が吸収合併存続株式会社の株式である場合　第七百四十九条第一項第二号イの種類の株式

二　吸収分割会社に対して交付する金銭等が吸収分割承継株式会社の株式である場合　第七百五十八条第四号イの種類の株式

三　株式交換完全子会社の株主に対して交付する金銭等が株式交換完全親株式会社の株式である場合　第七百六十八条第一項第二号イの種類の株式

（吸収合併契約等の承認を要しない場合等）

第七百九十六条　前条第一項から第三項までの規定は、吸収合併消滅会社、吸収分割会社又は株式交換完全子会社（以下この目において「消滅会社等」という。）が存続株式会社等の特別支配会社である場合には、適用しない。ただし、吸収合併消滅株式会社若しくは株式交換完全子会社の株主、吸収合併消滅持分会社の社員又は吸収分割会社に対して交付する金銭等の全部又は一部が存続株式会社等の譲渡制限株式である場合であって、存続株式会社等が公開会社でないときは、この限りでない。

2　前条第一項から第三項までの規定は、第一号に掲げる額の第二号に掲げる額に対する割合が五分の一（これを下回る割合を存続株式会社等の定款で定めた場合にあっては、その割合）を超えない場合には、適用しない。ただし、同条第二項各号に掲げる場合又は前項ただし書に規定する場合は、この限りでない。

一　次に掲げる額の合計額

イ　吸収合併消滅株式会社若しくは株式交換完全子会社の株主、吸収合併消滅持分会社の社員又は吸収分割会社（以下この号において「消滅会社等の株主等」という。）に対して交付する存続株式会社等の株式の数に一株当たり純資産額を乗じて得た額

ロ　消滅会社等の株主等に対して交付する存続株式会社等の社債、新株予約権又は新株予約権付社債の帳簿価額の合計額

ハ　消滅会社等の株主等に対して交付する存続株式会社等の株式等以外の財産の帳簿価額の合計額

二　存続株式会社等の純資産額として法務省令で定める方法により算定される額

3　前項本文に規定する場合において、法務省令で定める数の株式（前条第一項の株主総会において議決権を行使することができるものに限る。）を有する株主が第七百九十七条第三項の規定による通知又は同条第四項の公告の日から二週間以内に吸収合併等に反対する旨を存続株式会社等に対し通知したときは、当該存続株式会社等は、効力発生日の前日までに、株主総会の決議によって、吸収合併契約等の承認を受けなければならない。

第二目　持分会社の手続

第八百二条　次の各号に掲げる行為をする持分会社（以下この条において「存続持分会社等」という。）は、当該各号に定める場合には、効力発生日の前日までに、吸収合併契約等について存続持分会社等の総社員の同意を得なければならない。ただし、定款に別段の定めがある場合は、この限りでない。

一　吸収合併（吸収合併により当該持分会社が存続する場合に限る。）　第七百五十一条第一項第二号に規定する場合

二　吸収分割による他の会社がその事業に関して有する権利義務の全部又は一部の承継　第七百六十条第四号に規定する場合

三　株式交換による株式会社の発行済株式の全部の取得　第七百七十条第一項第二号に規定する場合

2　第七百九十九条（第二項第三号を除く。）及び第八百条の規定は、存続持分会社等について準用する。この場合において、第七百九十九条第一項第三号中「株式交換完全親株式会社の株式」とあるのは「株式交換完全親合同会社の持分」と、「場合又は第七百六十八条第一項第四号ハに規定する場合」とあるのは「場合」と読み替えるものとする。

第三節　新設合併等の手続

第一款　新設合併消滅会社、新設分割会社及び株式移転完全子会社の手続

第一目　株式会社の手続

（新設合併契約等に関する書面等の備置き及び閲覧等）

第八百三条　次の各号に掲げる株式会社（以下この目において「消滅株式会社等」という。）は、新設合併契約等備置開始日から新設合併設立会社、新設分割設立会社又は株式移転設立完全親会社（以下この目において「設立会社」という。）の成立の日後六箇月を経過する日（新設合併消滅株式会社にあっては、新設合併設立会社の成立の日）までの間、当該各号に定めるもの（以下この節において「新設合併契約等」という。）の内容その他法務省令で定める事項を記載し、又は記録した書面又は電磁的記録をその本店に備え置かなければならない。

一　新設合併消滅株式会社　新設合併契約

二　新設分割株式会社　新設分割計画

三　株式移転完全子会社　株式移転計画

2・3　〔略〕

（新設合併契約等の承認）

第八百四条　消滅株式会社等は、株主総会の決議によって、新設合併契約等の承認を受けなければならない。

2　前項の規定にかかわらず、新設合併設立会社が持分会社である場合には、新設合併契約について新設合併消滅株式会社の総株主の同意を得なければならない。

3　新設合併消滅株式会社又は株式移転完全子会社が種類株式発行会社である場合において、新設合併消滅株式会社又は株式移転完全子会社の株主に対して交付する新設合併設立株式会社又は株式移転設立完全親会社の株式等の全部又は一部が譲渡制限株式等であるときは、当該新設合併又は株式移転は、当該譲渡制限株式等の割当てを受ける種類の株式（譲渡制限株式を除く。）の種類株主を構成員とする種類株主総会（当該種類株主に係る株式の種類が二以上ある場合にあっては、当該二以上の株式の種類別に区分された種類株主を構成員とする各種類株主総会）の決議がなければ、その効力を生じない。ただし、当該種類株主総会において議決権を行使することができる株主が存しない場合は、この限りでない。

4　消滅株式会社等は、第一項の株主総会の決議の日（第二項に規定する場合にあっては、同項の総株主の同意を得た日）から二週間以内に、その登録株式質権者（次条に規定する場合における登録株式質権者を除く。）及び第八百八条第三項各号に定める新株予約権の登録新株予約権質権者に対し、新設合併、新設分割又は株式移転（以下この節において「新設合併等」という。）をする旨を通知しなければならない。

5　前項の規定による通知は、公告をもってこれに代えることができる。

（新設分割計画の承認を要しない場合）

第八百五条　前条第一項の規定は、新設分割により新設分割設立会社に承継させる資産の帳簿価額の合計額が新設分割株式会社の総資産額として法務省令で定める方法により算定される額の五分の一（これを下回る割合を新設分割株式会社の定款で定めた場合にあっては、その割合）を超えない場合には、適用しない。

第二目　持分会社の手続

第八百十三条　次に掲げる行為をする持分会社は、新設合併契約等について当該持分会社の総社員の同意を得なければならない。ただし、定款に別段

の定めがある場合は、この限りでない。

一　新設合併

二　新設分割（当該持分会社（合同会社に限る。）がその事業に関して有する権利義務の全部を他の会社に承継させる場合に限る。）

2　第八百十条（第一項第三号及び第二項第三号を除く。）の規定は、新設合併消滅持分会社又は合同会社である新設分割会社（以下この節において「新設分割合同会社」という。）について準用する。この場合において、同条第一項第二号中「債権者（第七百六十三条第一項第十二号又は第七百六十五条第一項第八号に掲げる事項についての定めがある場合にあっては、新設分割株式会社の債権者）」とあるのは「債権者」と、同条第三項中「消滅株式会社等」とあるのは「新設合併消滅持分会社（新設合併設立会社が株式会社又は合同会社である場合にあっては、合同会社に限る。）又は新設分割合同会社」と読み替えるものとする。

第二款　新設合併設立会社、新設分割設立会社及び株式移転設立完全親会社の手続

第一目　株式会社の手続

（株式会社の設立の特則）

第八百十四条　第二編第一章（第二十七条（第四号及び第五号を除く。）、第二十九条、第三十一条、第三十七条第三項、第三十九条、第六節及び第四十九条を除く。）の規定は、新設合併設立株式会社、新設分割設立株式会社又は株式移転設立完全親会社（以下この目において「設立株式会社」という。）の設立については、適用しない。

2　設立株式会社の定款は、消滅会社等が作成する。

第二目　持分会社の手続

（持分会社の設立の特則）

第八百十六条　第五百七十五条及び第五百七十八条の規定は、新設合併設立持分会社又は新設分割設立持分会社（次項において「設立持分会社」という。）の設立については、適用しない。

2　設立持分会社の定款は、消滅会社等が作成する。

○会社法の施行に伴う関係法律の整備等に関する法律〔抄〕

（平成一七・七・二六　法律八七）

最終改正　平成二九・六・二　法四五

第一章　法律の廃止等

第二節　有限会社法の廃止に伴う経過措置

第一款　旧有限会社の存続

第二条　前条第三号の規定による廃止前の有限会社法（以下「旧有限会社法」という。）の規定による有限会社であってこの法律の施行の際現に存するもの（以下「旧有限会社」という。）は、この法律の施行の日（以下「施行日」という。）以後は、この節の定めるところにより、会社法（平成十七年法律第八十六号）の規定による株式会社として存続するものとする。

2　前項の場合においては、旧有限会社の定款、社員、持分及び出資一口を、それぞれ同項の規定により存続する株式会社の定款、株主、株式及び一株とみなす。

3　第一項の規定により存続する株式会社の施行日における発行可能株式総数及び発行済株式の総数は、同項の旧有限会社の資本の総額を当該旧有限会社の出資一口の金額で除して得た数とする。

第二款　経過措置及び特例有限会社に関する会社法の特則

（商号に関する特則）

第三条　前条第一項の規定により存続する株式会社は、会社法第六条第二項の規定にかかわらず、その商号中に有限会社という文字を用いなければならない。

２　前項の規定によりその商号中に有限会社という文字を用いる前条第一項の規定により存続する株式会社（以下「特例有限会社」という。）は、その商号中に特例有限会社である株式会社以外の株式会社、合名会社、合資会社又は合同会社であると誤認されるおそれのある文字を用いてはならない。

３　特例有限会社である株式会社以外の株式会社、合名会社、合資会社又は合同会社は、その商号中に、特例有限会社であると誤認されるおそれのある文字を用いてはならない。

４　前二項の規定に違反して、他の種類の会社であると誤認されるおそれのある文字をその商号中に用いた者は、百万円以下の過料に処する。

（合併等に関する経過措置）

第三十六条　施行日前に社員総会又は株主総会の招集の手続が開始された場合におけるその社員総会又は株主総会の決議を要する合併（合併後存続する会社又は合併により設立する会社が株式会社であるものに限る。）及び吸収分割（分割により営業を承継する会社が株式会社であるものに限る。）については、なお従前の例による。ただし、合併及び吸収分割に関する登記の登記事項については、会社法の定めるところによる。

（合併等の制限）

第三十七条　特例有限会社は、会社法第七百四十九条第一項に規定する吸収合併存続会社又は同法第七百五十七条に規定する吸収分割承継会社となることができない。

第三款　商号変更による通常の株式会社への移行

（株式会社への商号変更）

第四十五条　特例有限会社は、第三条第一項の規定にかかわらず、定款を変更してその商号中に株式会社という文字を用いる商号の変更をすることができる。

２　前項の規定による定款の変更は、次条の登記（本店の所在地におけるものに限る。）をすることによって、その効力を生ずる。

○民法〔抄〕（明治二九・四・二七　法律八九）

最終改正　平成二九・六・二　法四四

第一編　総則

第六章　期間の計算

（期間の計算の通則）

第百三十八条　期間の計算方法は、法令若しくは裁判上の命令に特別の定めがある場合又は法律行為に別段の定めがある場合を除き、この章の規定に従う。

（期間の起算）

第百三十九条　時間によって期間を定めたときは、その期間は、即時から起算する。

第百四十条　日、週、月又は年によって期間を定めたときは、期間の初日は、算入しない。ただし、その期間が午前零時から始まるときは、この限りでない。

（期間の満了）

第百四十一条　前条の場合には、期間は、その末日の終了をもって満了する。

第百四十二条　期間の末日が日曜日、国民の祝日に関する法律（昭和二十三年法律第百七十八号）に規定する休日その他の休日に当たるときは、その日に取引をしない慣習がある場合に限り、期間は、その翌日に満了する。

（暦による期間の計算）

第百四十三条　週、月又は年によって期間を定めたときは、その期間は、暦に従って計算する。

2　週、月又は年の初めから期間を起算しないときは、その期間は、最後の週、月又は年においてその起算日に応当する日の前日に満了する。ただし、月又は年によって期間を定めた場合において、最後の月に応当する日がないときは、その月の末日に満了する。

○地方自治法〔抄〕

（昭和二二・四・一七　法律六七）

最終改正　平成三〇・六・八　法四四

第二編　普通地方公共団体

第九章　財務

第三節　収入

（分担金等に関する規制及び罰則）

第二百二十八条　分担金、使用料、加入金及び手数料に関する事項については、条例でこれを定めなければならない。この場合において、手数料について全国的に統一して定めることが特に必要と認められるものとして政令で定める事務（以下本項において「標準事務」という。）について手数料を徴収する場合においては、当該標準事務に係る事務のうち政令で定めるものにつき、政令で定める金額の手数料を徴収することを標準として条例を定めなければならない。

2　分担金、使用料、加入金及び手数料の徴収に関しては、次項に定めるものを除くほか、条例で五万円以下の過料を科する規定を設けることができる。

3　詐欺その他不正の行為により、分担金、使用料、加入金又は手数料の徴収を免れた者については、条例でその徴収を免れた金額の五倍に相当する金額（当該五倍に相当する金額が五万円を超えないときは、五万円とする。）以下の過料を科する規定を設けることができる。

○地方公共団体の手数料の標準に関する政令〔抄〕

（平成一二・一・二一 政令一六）

最終改正 平成三〇・一・二六 政一〇

地方自治法第二百二十八条第一項の手数料について全国的に統一して定めることが特に必要と認められるものとして政令で定める事務（以下「標準事務」という。）は、次の表の上欄に掲げる事務とし、同項の当該標準事務に係る事務のうち政令で定めるもの（以下「手数料を徴収する事務」という。）は、同表の上欄に掲げる標準事務についてそれぞれ同表の中欄に掲げる事務とし、同項の政令で定める金額は、同表の中欄に掲げる手数料を徴収する事務についてそれぞれ同表の下欄に掲げる金額とする。

標準事務	手数料を徴収する事務	金額
一―八	〔略〕	〔略〕
九 風俗営業等の規制及び業務の適正化等に関する法律（昭和二十三年法律第百二十二号）第五条第四項の規定に基づく許可証の再交付又は同法第九条第四項の規定に基づく許可証の書換えに関する事務	1 風俗営業等の規制及び業務の適正化等に関する法律第五条第四項の規定に基づく許可証の再交付	千二百円
	2 風俗営業等の規制及び業務の適正化等に関する法律第九条第四項の規定に基づく許可証の書換え	千五百円
十 風俗営業等の規制及び業務の適正化等に関する法律第七条第一項及び第五項の規定に基づく風俗営業の相続に係る承認に関する事務	風俗営業等の規制及び業務の適正化等に関する法律第七条第一項の規定に基づく風俗営業の相続に係る承認の申請に対する審査	九千円（当該申請を行う者が当該都道府県において同時に他の風俗営業等の規制及び業務の適正化等に関する法律第七条第一項の規定に基づく承認の申請を行う場合における当該他の同項の規定に基づく承認の申請に係る審査にあっては、三千八百円）
十一 風俗営業等の規制及び業務の適正化等に関する法律第七条の二第一項及び同条第三項において準用する同法第七条第五項の規定に基づく風俗営業者たる法人の合併に係る承認に関する事務	風俗営業等の規制及び業務の適正化等に関する法律第七条の二第一項の規定に基づく風俗営業者たる法人の合併に係る承認の申請に対する審査	一万二千円（当該申請を行う者が当該都道府県において同時に他の風俗営業等の規制及び業務の適正化等に関する法律第七条の二第一項の規定に基づく承認の申請を行う場合における当該他の同項の規定に基づく承認の申請に係る審査にあっては、三千八百円）
十一の二 風俗営業等の規制及び業務の適正化等に関する法律第七条の三第一項及び同条第三項において準用する同法第七条第五項の規定に基づく風俗営業者たる法人の分割に係る承認に関する事務	風俗営業等の規制及び業務の適正化等に関する法律第七条の三第一項の規定に基づく風俗営業者たる法人の分割に係る承認の申請に対する審査	一万二千円（当該申請を行う者が当該都道府県において同時に他の風俗営業等の規制及び業務の適正化等に関する法律第七条の三第一項の規定に基づく承認の申請を行う場合における当該他の同項の規定に基づく承認の申請に係る審査にあっては、三千八百円）
十二 風俗営業等の	風俗営業等の規制及び業	九千九百円

規制及び業務の適正化等に関する法律第九条第一項の規定に基づく営業所の構造又は設備の変更の承認に関する事務	務の適正化等に関する法律第九条第一項の規定に基づく営業所の構造又は設備の変更の承認の申請に対する審査	
十三 風俗営業等の規制及び業務の適正化等に関する法律第十条の二第一項、第三項及び第五項の規定に基づく特例風俗営業者の認定に関する事務	1 風俗営業等の規制及び業務の適正化等に関する法律第十条の二第一項の規定に基づく特例風俗営業者の認定の申請に対する審査	一万三千円（当該申請を行う者が当該都道府県において同時に他の風俗営業等の規制及び業務の適正化等に関する法律第十条の二第一項の規定に基づく認定の申請を行う場合における当該他の同項の規定に基づく認定の申請に係る審査にあっては、一万円）
	2 風俗営業等の規制及び業務の適正化等に関する法律第十条の二第五項の規定に基づく認定証の再交付	千二百円
十四 風俗営業等の規制及び業務の適正化等に関する法律第二十四条第六項の規定に基づく営業所の管理者に対する講習に関する事務	風俗営業等の規制及び業務の適正化等に関する法律第二十四条第六項の規定に基づく営業所の管理者に対する講習	講習一時間につき六百五十円
十四の二 風俗営業等の規制及び業務の適正化等に関する法律第二十七条第四項（同法第三十一条の十二第二項において準用する場合を含む。）又は第三十一条の二第四項（同法第三十一条の七第二項及び第三十一条の十七第二項において準用する場合を含む。）の規定に基づく届出書の提出があった旨を記載した書面の交付に関する事務	1 風俗営業等の規制及び業務の適正化等に関する法律第二十七条第四項（同法第三十一条の十二第二項において準用する場合を含む。）又は第三十一条の二第四項（同法第三十一条の七第二項及び第三十一条の十七第二項において準用する場合を含む。）の規定に基づく同法第二十七条第一項、第三十一条の二第一項、第三十一条の七第一項、第三十一条の十二第一項又は第三十一条の十七第一項の届出書の提出があった旨を記載した書面の交付	次に掲げる当該書面の交付を受ける者の区分に応じ、それぞれ次に定める金額 イ 風俗営業等の規制及び業務の適正化等に関する法律第二条第六項又は第九項の営業を営もうとする者 一万千九百円 ロ 風俗営業等の規制及び業務の適正化等に関する法律第二条第七項第一号の営業を営もうとする者で当該営業につき受付所を設けようとするもの 三千四百円と八千五百円に受付所の数を乗じて得た額との合計額 ハ 風俗営業等の規制及び業務の適正化等に関する法律第二条第七項、第八項若しくは第十項の営業を営もうとする者（ロに掲げる者を除く。）又は風俗営業等の規制及び業務の適正化等に関する法律の一部を改正する法律（平成十七年法律第百十九号）附則第三条第二項の規定により風俗営業等の規制及び業務の適正化等に関する法律第二十七条第一項、第三十一条の二第一項、第三十一条の七第

		一項、第三十一条の十二第一項若しくは第三十一条の十七第一項の届出書を提出したものとみなされる者　三千四百円
	2　風俗営業等の規制及び業務の適正化等に関する法律第二十七条第四項（同法第三十一条の十二第二項において準用する場合を含む。）又は第三十一条の二第四項（同法第三十一条の七第二項及び第三十一条の十七第二項において準用する場合を含む。）の規定に基づく同法第二十七条第二項（同法第三十一条の十二第二項において準用する場合を含む。）又は第三十一条の二第二項（同法第三十一条の七第二項及び第三十一条の十七第二項において準用する場合を含む。）の届出書の提出があった旨を記載した書面の交付	イ　変更に係る事項が受付所の新設に係るものである場合　千九百円と八千五百円に当該新設に係る受付所の数を乗じて得た額との合計額 ロ　その他の場合　千五百円
	3　風俗営業等の規制及び業務の適正化等に関する法律第二十七条第四項（同法第三十一条の十二第二項において	千二百円

	準用する場合を含む。）又は第三十一条の二第四項（同法第三十一条の七第二項及び第三十一条の十七第二項において準用する場合を含む。）の規定に基づく届出書の提出があった旨を記載した書面の再交付	
十四の三　風俗営業等の規制及び業務の適正化等に関する法律第三十一条の二十二の規定に基づく特定遊興飲食店営業の許可に関する事務	風俗営業等の規制及び業務の適正化等に関する法律第三十一条の二十二の規定に基づく特定遊興飲食店営業の許可の申請に対する審査	次に掲げる当該審査の区分に応じ、それぞれ次に定める金額（当該申請を行う者が当該都道府県において同時に他の風俗営業等の規制及び業務の適正化等に関する法律第三十一条の二十二の規定に基づく許可の申請を行う場合における当該他の同条の規定に基づく許可の申請に係る審査にあっては、それぞれ当該金額から八千七百円を減じた金額） イ　三月以内の期間を限って営む風俗営業等の規制及び業務の適正化等に関する法律第三十一条の二十二の規定に基づく特定遊興飲食店営業の許可の申請に係る審査　一万四千円（同法第三十一条の二十三において準用する

		同法第四条第三項の規定が適用される営業所につき当該申請を行う場合における当該申請に係る審査にあっては、二万八百円） ロ　その他の審査　二万四千円（風俗営業等の規制及び業務の適正化等に関する法律第三十一条の二十三において準用する同法第四条第三項の規定が適用される営業所につき同法第三十一条の二十二の規定に基づく許可の申請を行う場合における当該申請に係る審査にあっては、三万八百円）
十四の四　風俗営業等の規制及び業務の適正化等に関する法律第三十一条の二十三において準用する同法第五条第四項の規定に基づく許可証の再交付又は同法第三十一条の二十三において準用する同法第九条第四項の規定に基づく許可証の書換えに関する事務	1　風俗営業等の規制及び業務の適正化等に関する法律第三十一条の二十三において準用する同法第五条第四項の規定に基づく許可証の再交付	千百円
	2　風俗営業等の規制及び業務の適正化等に関する法律第三十一条の二十三において準用する同法第九条第四項の規定に基づく許可証の	千四百円

	書換え	
十四の五　風俗営業等の規制及び業務の適正化等に関する法律第三十一条の二十三において準用する同法第七条第一項及び第五項の規定に基づく特定遊興飲食店営業の相続に係る承認に関する事務	風俗営業等の規制及び業務の適正化等に関する法律第三十一条の二十三において準用する同法第七条第一項の規定に基づく特定遊興飲食店営業の相続に係る承認の申請に対する審査	八千六百円（当該申請を行う者が当該都道府県において同時に他の風俗営業等の規制及び業務の適正化等に関する法律第三十一条の二十三において準用する同法第七条第一項の規定に基づく承認の申請を行う場合における当該他の同項の規定に基づく承認の申請に係る審査にあっては、三千八百円）
十四の六　風俗営業等の規制及び業務の適正化等に関する法律第三十一条の二十三において準用する同法第七条の二第一項及び同法第三十一条の二十三において準用する同法第七条の二第三項において準用する同法第七条第五項の規定に基づく特定遊興飲食店営業者たる法人の合併に係る承認に関する事務	風俗営業等の規制及び業務の適正化等に関する法律第三十一条の二十三において準用する同法第七条の二第一項の規定に基づく特定遊興飲食店営業者たる法人の合併に係る承認の申請に対する審査	一万千円（当該申請を行う者が当該都道府県において同時に他の風俗営業等の規制及び業務の適正化等に関する法律第三十一条の二十三において準用する同法第七条の二第一項の規定に基づく承認の申請を行う場合における当該他の同項の規定に基づく承認の申請に係る審査にあっては、三千三百円）
十四の七　風俗営業等の規制及び業務	風俗営業等の規制及び業務の適正化等に関する法	一万千円（当該申請を行う者が当該都道府県にお

の適正化等に関する法律第三十一条の二十三において準用する同法第七条の三第一項及び同法第三十一条の二十三において準用する同法第七条の三第三項において準用する同法第七条第五項の規定に基づく特定遊興飲食店営業者たる法人の分割に係る承認に関する事務	律第三十一条の二十三において準用する同法第七条の三第一項の規定に基づく特定遊興飲食店営業者たる法人の分割に係る承認の申請に対する審査	いて同時に他の風俗営業等の規制及び業務の適正化等に関する法律第三十一条の二十三において準用する同法第七条の三第一項の規定に基づく承認の申請を行う場合における当該他の同項の規定に基づく承認の申請に係る審査にあっては、三千三百円）
十四の八　風俗営業等の規制及び業務の適正化等に関する法律第三十一条の二十三において準用する同法第九条第一項の規定に基づく営業所の構造又は設備の変更の承認に関する事務	風俗営業等の規制及び業務の適正化等に関する法律第三十一条の二十三において準用する同法第九条第一項の規定に基づく営業所の構造又は設備の変更の承認の申請に対する審査	九千九百円
十四の九　風俗営業等の規制及び業務の適正化等に関する法律第三十一条の二十三において準用する同法第十条の二第一項、第三項及び第五項の規定に基づく特例特定遊興飲食店営業者の認定に関する事務	1　風俗営業等の規制及び業務の適正化等に関する法律第三十一条の二十三において準用する同法第十条の二第一項の規定に基づく特例特定遊興飲食店営業者の認定の申請に対する審査	一万三千円（当該申請を行う者が当該都道府県において同時に他の風俗営業等の規制及び業務の適正化等に関する法律第三十一条の二十三において準用する同法第十条の二第一項の規定に基づく認定の申請を行う場合における当該他の同項の規定に基づく認定の申請に係る審査にあっては、一万円）
	2　風俗営業等の規制及び業務の適正化等に関する法律第三十一条の二十三において準用する同法第十条の二第五項の規定に基づく認定証の再交付	千百円
十四の十　風俗営業等の規制及び業務の適正化等に関する法律第三十一条の二十三において準用する同法第二十四条第六項の規定に基づく営業所の管理者に対する講習に関する事務	風俗営業等の規制及び業務の適正化等に関する法律第三十一条の二十三において準用する同法第二十四条第六項の規定に基づく営業所の管理者に対する講習	講習一時間につき六百五十円
十五―百八	〔略〕	〔略〕

備考

一　この表中の用語の意義及び字句の意味は、それぞれ上欄に規定する法律（これに基づく政令を含む。）又は政令における用語の意義及び字句の意味によるものとする。

二　この表の下欄に掲げる金額は、当該下欄に特別の計算単位の定めのあるものについてはその計算単位についての金額とし、その他のものについては一件についての金額とする。

○特定複合観光施設区域の整備の推進に関する法律

（平成二八・一二・二六　法律一一五）

第一章　総則

（目的）

第一条　この法律は、特定複合観光施設区域の整備の推進が、観光及び地域経済の振興に寄与するとともに、財政の改善に資するものであることに鑑み、特定複合観光施設区域の整備の推進に関する基本理念及び基本方針その他の基本となる事項を定めるとともに、特定複合観光施設区域整備推進本部を設置することにより、これを総合的かつ集中的に行うことを目的とする。

（定義）

第二条　この法律において「特定複合観光施設」とは、カジノ施設（別に法律で定めるところにより第十一条のカジノ管理委員会の許可を受けた民間事業者により特定複合観光施設区域において設置され、及び運営されるものに限る。以下同じ。）及び会議場施設、レクリエーション施設、展示施設、宿泊施設その他の観光の振興に寄与すると認められる施設が一体となっている施設であって、民間事業者が設置及び運営をするものをいう。

2　この法律において「特定複合観光施設区域」とは、特定複合観光施設を設置することができる区域として、別に法律で定めるところにより地方公共団体の申請に基づき国の認定を受けた区域をいう。

（基本理念）

第三条　特定複合観光施設区域の整備の推進は、地域の創意工夫及び民間の活力を生かした国際競争力の高い魅力ある滞在型観光を実現し、地域経済の振興に寄与するとともに、適切な国の監視及び管理の下で運営される健全なカジノ施設の収益が社会に還元されることを基本として行われるものとする。

（国の責務）

第四条　国は、前条の基本理念にのっとり、特定複合観光施設区域の整備を推進する責務を有する。

（法制上の措置等）

第五条　政府は、次章の規定に基づき、特定複合観光施設区域の整備の推進を行うものとし、このために必要な措置を講ずるものとする。この場合において、必要となる法制上の措置については、この法律の施行後一年以内を目途として講じなければならない。

第二章　特定複合観光施設区域の整備の推進に関し基本となる事項

第一節　特定複合観光施設区域の整備の推進に関する基本方針

（国際競争力の高い魅力ある観光地の形成等）

第六条　政府は、特定複合観光施設区域が地域の特性を生かしつつ真に国際競争力の高い魅力ある観光地の形成の中核としての機能を備えたものとなるよう、必要な措置を講ずるものとする。

（観光産業等の国際競争力の強化及び地域経済の振興）

第七条　政府は、特定複合観光施設区域の整備により我が国の観光産業等の国際競争力の強化及び就業機会の増大その他の地域における経済の活性化が図られるよう、民間の資金、経営能力及び技術的能力の活用その他の必要な措置を講ずるものとする。

（地方公共団体の構想の尊重）

第八条　政府は、地方公共団体による特定複合観光施設区域の整備（特定複合観光施設の設置及び運営をする事業者の選定を含む。）に係る構想のうち優れたものを、特定複合観光施設区域の整備の推進に反映するため必要な措置を講ずるものとする。

（カジノ施設関係者に対する規制）

第九条　カジノ施設の設置及び運営をしようとする者（当該カジノ施設の設置及び運営に係る事業に従事しようとする者を含む。）、カジノ関連機器の製造、輸入又は販売をしようとする者並びにカジノ施設において入場者に対する役務の提供を行おうとする者（以下「カジノ施設関係者」という。）は、別に法律で定めるところにより、第十一条のカジノ管理委員会の行う規制に従わなければならない。

（カジノ施設の設置及び運営に関する規制）

第十条　政府は、カジノ施設の設置及び運営に関し、カジノ施設における不正行為の防止並びにカジノ施設の設置及び運営に伴う有害な影響の排除を適切に行う観点から、次に掲げる事項について必要な措置を講ずるものとする。

一　カジノ施設において行われるゲームの公正性の確保のために必要な基準に関する事項

二　カジノ施設において用いられるチップその他

の金銭の代替物の適正な利用に関する事項
三　カジノ施設関係者及びカジノ施設の入場者から暴力団員その他カジノ施設に対する関与が不適当な者を排除するために必要な規制に関する事項
四　犯罪の発生の予防及び通報のためのカジノ施設の設置及び運営をする者による監視及び防犯に係る設備、組織その他の体制の整備に関する事項
五　風俗環境の保持等のために必要な規制に関する事項
六　広告及び宣伝の規制に関する事項
七　青少年の保護のために必要な知識の普及その他の青少年の健全育成のために必要な措置に関する事項
八　カジノ施設の入場者がカジノ施設を利用したことに伴いギャンブル依存症等の悪影響を受けることを防止するために必要な措置に関する事項

2　政府は、前項に定めるもののほか、外国人旅客以外の者に係るカジノ施設の利用による悪影響を防止する観点から、カジノ施設に入場することができる者の範囲の設定その他のカジノ施設への入場に関し必要な措置を講ずるものとする。

第二節　カジノ管理委員会の基本的な性格及び任務

第十一条　カジノ管理委員会は、別に法律で定めるところにより、内閣府に外局として置かれるものとし、カジノ施設の設置及び運営に関する秩序の維持及び安全の確保を図るため、カジノ施設関係者に対する規制を行うものとする。

第三節　納付金等

（納付金）

第十二条　国及び地方公共団体は、別に法律で定めるところにより、カジノ施設の設置及び運営をする者から納付金を徴収することができるものとする。

（入場料）

第十三条　国及び地方公共団体は、別に法律で定めるところにより、カジノ施設の入場者から入場料を徴収することができるものとする。

第三章　特定複合観光施設区域整備推進本部

（設置）

第十四条　特定複合観光施設区域の整備の推進を総合的かつ集中的に行うため、内閣に、特定複合観光施設区域整備推進本部（以下「本部」という。）を置く。

（所掌事務等）

第十五条　本部は、次に掲げる事務をつかさどる。
一　特定複合観光施設区域の整備の推進に関する総合調整に関すること。
二　特定複合観光施設区域の整備の推進を総合的かつ集中的に行うために必要な法律案及び政令案の立案に関すること。
三　特定複合観光施設区域の整備の推進に関する関係機関及び関係団体との連絡調整に関すること。

2　本部に係る事項については、内閣法（昭和二十二年法律第五号）にいう主任の大臣は、内閣総理大臣とする。

（組織）

第十六条　本部は、特定複合観光施設区域整備推進本部長、特定複合観光施設区域整備推進副本部長及び特定複合観光施設区域整備推進本部員をもって組織する。

（特定複合観光施設区域整備推進本部長）

第十七条　本部の長は、特定複合観光施設区域整備推進本部長（以下「本部長」という。）とし、内閣総理大臣をもって充てる。

2　本部長は、本部の事務を総括し、所部の職員を指揮監督する。

（特定複合観光施設区域整備推進副本部長）

第十八条　本部に、特定複合観光施設区域整備推進副本部長（以下「副本部長」という。）を置き、国務大臣をもって充てる。

2　副本部長は、本部長の職務を助ける。

（特定複合観光施設区域整備推進本部員）

第十九条　本部に、特定複合観光施設区域整備推進本部員（以下「本部員」という。）を置く。

2　本部員は、本部長及び副本部長以外の全ての国務大臣をもって充てる。

（資料の提出その他の協力）

第二十条　本部は、その所掌事務を遂行するため必要があると認めるときは、関係行政機関、地方公共団体、独立行政法人（独立行政法人通則法（平成十一年法律第百三号）第二条第一項に規定する独立行政法人をいう。）及び地方独立行政法人（地方独立行政法人法（平成十五年法律第百十八号）第二条第一項に規定する地方独立行政法人をいう。）の長並びに特殊法人（法律により直接に設立された法人又は特別の法律により特別の設立行為をもって設立された法人であって、総務省設

置法（平成十一年法律第九十一号）第四条第一項第九号の規定の適用を受けるものをいう。）の代表者に対して、資料の提出、意見の開陳、説明その他の必要な協力を求めることができる。

2　本部は、その所掌事務を遂行するため特に必要があると認めるときは、前項に規定する者以外の者に対しても、必要な協力を依頼することができる。

（特定複合観光施設区域整備推進会議）

第二十一条　本部に、特定複合観光施設区域整備推進会議（以下「推進会議」という。）を置く。

2　推進会議は、学識経験を有する者のうちから、内閣総理大臣が任命する委員二十人以内で組織する。

3　推進会議は、特定複合観光施設区域の整備の推進のために講ぜられる施策に係る重要事項について調査審議し、本部長に意見を述べるものとする。

4　推進会議は、前項の規定により意見を述べたときは、遅滞なく、その内容を公表しなければならない。

5　本部長は、第三項の規定による意見に基づき措置を講じたときは、その旨を推進会議に通知しなければならない。

（事務局）

第二十二条　本部の事務を処理させるため、本部に、事務局を置く。

2　事務局に、事務局長のほか、所要の職員を置く。

3　事務局長は、本部長の命を受けて、局務を掌理する。

（政令への委任）

第二十三条　この法律に定めるもののほか、本部に関し必要な事項は、政令で定める。

附　則

（施行期日）

1　この法律は、公布の日から施行する。ただし、第三章の規定は、公布の日から起算して三月を超えない範囲内において政令で定める日から施行する。

〔平二九政四二により、平二九・三・二四から施行〕

（見直し）

2　この法律の規定及び第五条の規定に基づく措置については、この法律の施行後五年以内を目途として、必要な見直しが行われるべきものとする。

法の変遷等

○風俗営業取締法

（昭和二三・七・一〇）
（法律一二二）

（定義）

第一条　この法律で、風俗営業とは、左の各号の一に該当する営業をいう。

一　待合、料理店、カフエーその他客席で客の接待をして客に遊興又は飲食をさせる営業

二　キヤバレー、ダンスホールその他設備を設けて客にダンスをさせる営業

三　玉突場、まあじやん屋その他設備を設けて客に射幸心をそそる虞のある遊技をさせる営業

（営業の許可）

第二条　前条の営業を営もうとする者は、当該都道府県が条例で定めるところにより、公安委員会（都道府県公安委員会、市町村公安委員会及び特別区公安委員会をいう。以下同じ。）の許可を受けなければならない。

２　前項の許可を受けた者は、当該都道府県が条例で定めるところにより、公安委員会に、必要な届出をしなければならない。

（条例の制定）

第三条　都道府県は、条例により、風俗営業における営業の場所、営業時間及び営業所の構造設備等について、善良の風俗を害する行為を防止するために必要な制限を定めることができる。

（行政処分）

第四条　公安委員会は、風俗営業を営む者（以下営業者という。）又はその代理人、使用人その他の従業者が、当該営業に関し、法令又は前条の規定に基く都道府県の条例に違反する行為をした場合において、善良の風俗を害する虞があるときは、営業の許可を取り消し、若しくは営業の停止を命じ、又は善良の風俗を害する行為を防止するために必要な処分をすることができる。

（聴聞）

第五条　公安委員会が、前条の規定により、営業の許可を取り消し、又は営業の停止を命じようとするときは、当該営業者又はその代理人の出頭を求めて、公開による聴聞を行わなければならない。

２　公安委員会は、前条の規定による法令又は条例の違反の行為並びに聴聞の期日及び場所を、期日の一週間前までに、当該営業者に通告し、聴聞の期日及び場所を公示しなければならない。

（立入）

第六条　当該官吏及び吏員は、この法律又はこの法律に基く都道府県の条例の実施について必要があるときは、風俗営業の営業所に立ち入ることができる。

２　前項の規定により立ち入る場合には、当該官吏及び吏員は、その身分を証明する証票を携帯し、関係人の請求があつたときは、これを呈示しなければならない。

（罰則）

第七条　第二条第一項の規定に違反し、又は第四条の規定による公安委員会の処分に違反した者は、これを三箇月以下の懲役又は五千円以下の罰金に処する。

２　第三条の規定に基く都道府県の条例に違反し、又は前条の規定による当該官吏及び吏員の立入を拒み、妨げ、若しくは忌避した者は、これを三千円以下の罰金に処する。

３　第二条第二項の規定に違反して届出をなさず、又は虚偽の届出をした者は、これを千円以下の罰金に処する。

第八条　法人の代表者、法人又は人の代理人、使用人その他の従業者が、法人又は人の営業に関し、前条の違反行為をしたときは、行為者を罰する外、その法人又は人に対し、同条の罰金刑を科する。

附　則〔略〕

○地方税法の一部を改正する法律〔抄〕（昭和二九・五・一三 法律九五）

改正　昭和三〇・八・一法一二二

附　則

（風俗営業取締法の一部改正等）

52　風俗営業取締法（昭和二十三年法律第百二十二号）の一部を次のように改正する。

第一条第三号中「まあじやん屋」の下に「、ぱちんこ屋」を加える。

第二条に次の二項を加える。

3　前条第三号に掲げる営業に係る第一項の許可は、ぱちんこ屋その他これに類する営業で都道府県が条例で指定するものについては一月ごとに、その他の営業については三月ごとにその更新を受けなければ、当該各期間の経過によつてその効力を失う。

4　公安委員会は、前項の更新を求められた場合において、当該更新を求めた者に滞納に係る娯楽施設利用税があるときは、当該都道府県が条例で定める特別の事情がある場合を除いては、その許可を更新しないものとする。

○警察法の施行に伴う関係法令の整理に関する法律〔抄〕（昭和二九・六・八 法律一六三）

（風俗営業取締法の一部改正）

第十五条　風俗営業取締法（昭和二十三年法律第百二十二号）の一部を次のように改正する。

第二条第一項中「公安委員会（都道府県公安委員会、市町村公安委員会及び特別区公安委員会をいう。以下同じ。）」を「都道府県公安委員会（以下「公安委員会」という。）」に改め、同条の次に次の一条を加える。

（手数料）

第二条の二　都道府県が、公安委員会の行う前条の規定による許可に関する事務について、条例で定めるところにより手数料を徴収する場合においては、その額は、千円をこえることができない。

○銃砲刀剣類等所持取締令等の一部を改正する法律〔抄〕（昭和三〇・七・四 法律五一）

（風俗営業取締法の一部改正）

第四条　風俗営業取締法（昭和二十三年法律第百二十二号）の一部を次のように改正する。

第六条の次に次の一条を加える。

（権限の委任）

第六条の二　この法律の規定により道公安委員会の権限に属する事務は、政令で定めるところにより、方面公安委員会に行わせることができる。

第七条第二項中「前条」を「第六条」に改める。

○風俗営業取締法の一部を改正する法律（昭和三〇・七・二〇 法律七六）

風俗営業取締法（昭和二十三年法律第百二十二号）の一部を次のように改正する。

第一条第三号中「玉突場、」を削る。

附　則〔略〕

○風俗営業取締法の一部を改正する法律（昭和三四・二・一〇 法律二）

風俗営業取締法（昭和二十三年法律第百二十二号）の一部を次のように改正する。

題名を次のように改める。

風俗営業等取締法

第一条を次のように改める。

（定義）

第一条　この法律で「風俗営業」とは、次の各号の一に該当する営業をいう。

一　キャバレーその他設備を設けて客にダンスをさせ、かつ、客席で客の接待をして客に飲食をさせる営業

二　待合、料理店、カフエーその他客席で客の接待をして客に遊興又は飲食をさせる営業（前号に該当する営業を除く。）

三　ナイトクラブその他設備を設けて客にダンスをさせ、かつ、客に飲食をさせる営業（第一号に該当する営業を除く。）

四　ダンスホールその他設備を設けて客にダンスをさせる営業（第一号又は前号に該当する営業を除く。）

五　喫茶店、バーその他設備を設けて客に飲食をさせる営業で、総理府令で定めるところにより計つた客席における照度を十ルクス（これにより難い特別の事情がある場合において、都道府県が条例で十ルクスに満たない照度を定めたときは、その照度）以下として営むもの（第一号から第三号までに掲げる営業として営むものを除く。）

六　喫茶店、バーその他設備を設けて客に飲食をさせる営業で、他から見とおすことが困難であり、かつ、その広さが五平方メートル（これにより難い特別の事情がある場合において、都道府県が条例で五平方メートルに満たない広さを定めたときは、その広さ）以下である客席を設けて営むもの

七　まあじやん屋、ぱちんこ屋その他設備を設けて客に射幸心をそそる虞のある遊技をさせる営業

第二条第三項中「第三号」を「第七号」に改める。

第四条中「（以下営業者という。）」を削る。

第四条の次に次の一条を加える。

（深夜における飲食店営業の規制）

第四条の二　都道府県は、条例により、客席を設けて客に飲食をさせる営業（以下「飲食店営業」という。）の深夜（午後十一時から翌日の日出時までの時間をいい、都道府県が条例でこの時間内においてこれと異なる時間を定めたときは、その時間とする。以下同じ。）における業態について、善良の風俗を害する行為を防止するために必要な制限を定めることができる。

2　公安委員会は、飲食店営業を営む者又はその代

理人、使用人その他の従業者が、深夜における当該営業に関し、深夜において、法令又は前項の規定に基く都道府県の条例に違反する行為をした場合において、善良の風俗を害する虞があるときは、当該営業を営む者に対し、当該施設を用いて営む深夜における飲食店営業について、期間を定めてその停止を命じ、又は善良の風俗を害する行為を防止するために必要な処分をすることができる。

第五条第一項中「前条」を「第四条」に、「営業の許可を取り消し、又は」を「営業の許可を取り消し、若しくは営業の停止を命じ、又は前条第二項の規定により、」に、「当該営業者」を「当該営業を営む者」に改め、同条第二項中「前条」を「第四条又は前条第二項」に、「当該営業者」を「当該営業を営む者」に改める。

第六条第一項中「当該官吏及び吏員」を「警察官」に改め、同項に後段として次のように加え、同条第二項中「当該官吏及び吏員」を「警察官」に改める。

深夜においては、飲食店営業の営業所についても、同様とする。

第七条第一項中「第四条」の下に「若しくは第四条の二第二項」を加え、「三箇月以下の懲役又は五千円以下の罰金に処する」を「一年以下の懲役若しくは三万円以下の罰金に処し、又はこれを併科する」に改め、同条第二項中「条例に違反し、又は第六条の規定による当該官吏及び吏員の立入を拒み、妨げ、若しくは忌避した者は、これを三千円以下の罰金に処する」を「条例に違反した者は、これを六箇月以下の懲役若しくは一万円以下の罰金に処し、又はこれを併科する」に改め、同条第三項中「又は虚偽の届出をした者は、これを千円以下の罰金に処する」を「若しくは虚偽の届出をし、又は第六条の規定による警察官の立入を拒み、妨げ、若しくは忌避した者は、これを五千円以下の罰金に処する」に改める。

附　則（略）

○風俗営業等取締法の一部を改正する法律（昭和三九・五・一 法律七七）

風俗営業等取締法（昭和二十三年法律第百二十二号）の一部を次のように改正する。

第一条第一号中「客席で」を削り、同条第二号中「客席で」を「設備を設けて」に改める。

第二条第三項中「一月」を「三月」に、「三月」を「六月」に改める。

第三条中「風俗営業における営業の場所、営業時間及び営業所の構造設備等」を「風俗営業を営もうとする者の資格並びに風俗営業における営業の場所、営業時間、営業を営む者の行為及び営業所の構造設備」に改める。

第四条中「若しくは」の下に「六月をこえない範囲内で期間を定めて」を加え、同条に次の二項を加える。

2　公安委員会は、前項の規定により風俗営業（第一条第四号及び第七号の営業を除く。以下この項において同じ。）の許可を取り消し、若しくは風俗営業の停止を命ずるときは、当該営業を営む者に対し、当該施設を用いて営む飲食店営業（食品衛生法（昭和二十二年法律第二百三十三号）第二十一条第一項の許可に係るものをいう。以下同じ。）について、六月（前項の規定により風俗営業の停止を命ずるときは、その停止の期間）をこえない範囲内で期間を定めて営業の停止を命ずることができる。

3　公安委員会は、飲食店営業を営む者又はその代理人、使用人その他の従業者が、当該営業に関し、第二条第一項の規定に違反した場合において、善良の風俗を害するおそれがあるときは、当該営業を営む者に対し、当該施設を用いて営む飲食店営業について、六月をこえない範囲内で期間を定めて営業の停止を命ずることができる。

第四条の二の見出し中「飲食店営業」を「飲食店業務」に改め、同条第一項中「客席を設けて客に飲食をさせる営業（以下「飲食店営業」という。）の深夜（午後十一時から翌日の日出時までの時間をいい、都道府県が条例でこの時間内においてこれと異なる時間を定めたときは、その時間とする。以下同じ。）における業態」を「設備を設けて客に飲食をさせる営業の深夜（午後十一時から翌日の日出時までの時間をいう。以下同じ。）における営業に関し、営業の場所、営業時間、営業を営む者の行為及び営業所の構造設備」に改め、同条第二項中「飲食店営業を営む者」を「前項の営業を営む者」に、「深夜における飲食店営業について、」を「飲食店営業について、六月をこえない範囲内で」に改め、同条の次に次の一条を加える。

（年少者に関する禁止行為）

第四条の三　風俗営業を営む者は、次に掲げる行為をしてはならない。

一　営業所で、十八歳未満の者に客の接待をさせ、又は客の相手となつてダンスをさせること。

二　十八歳未満の者を営業所に客として立ち入らせること。

三　営業所で二十歳未満の客に酒類を提供すること。

2　設備を設けて客に飲食をさせる営業を営む者は、深夜の営業において、次に掲げる行為をしてはならない。

一　十八歳未満の者を客に接する業務に従事させること（都道府県が条例で定める場合を除く。）。

二　十八歳未満の者を営業所に客として立ち入らせること（都道府県が条例で定める場合を除く。）。

三　営業所で二十歳未満の客に酒類を提供すること。

第五条中「前条第二項」を「第四条の二第二項」に改め、同条の次に次の一条を加える。

（飲食店営業の停止の通知）

第五条の二　公安委員会は、第四条第二項若しくは第三項又は第四条の二第二項の規定により飲食店営業の停止を命じたときは、すみやかに、当該営業の所轄庁に処分の内容及び理由を通知しなければならない。

第六条第一項中「飲食店営業」を「設備を設けて客に飲食をさせる営業」に改める。

第七条第二項中「第三条の規定に基く都道府県の条例に違反した者」を「第三条若しくは第四条の二第一項の規定に基づく都道府県の条例に違反し、又は第四条の三の規定に違反した者」に改め、同条中第三項を第四項とし、第二項の次に次の一項を加える。

3　第四条の三第一項第一号又は第二項第一号の規定に違反した者は、当該十八歳未満の者の年齢を知らないことを理由として、前項の規定による処罰を免れることができない。ただし、過失のないときは、この限りでない。

附　則〔略〕

○風俗営業等取締法の一部を改正する法律（昭和四一・六・三〇 法律九一）

風俗営業等取締法（昭和二十三年法律第百二十二号）の一部を次のように改正する。

第四条の三の次に次の二条を加える。

（個室付浴場業の規制）

第四条の四　浴場業（公衆浴場法（昭和二十三年法律第百三十九号）第一条第一項に規定する公衆浴場を業として経営することをいう。以下同じ。）の施設として個室を設け、当該個室において異性の客に接触する役務を提供する営業（以下「個室付浴場業」という。）は、一団地の官公庁施設（官公庁施設の建設等に関する法律（昭和二十六年法律第百八十一号）第二条第四項に規定するものをいう。）、学校（学校教育法（昭和二十二年法律第二十六号）第一条に規定するものをいう。）、図書館（図書館法（昭和二十五年法律第百十八号）第二条第一項に規定するものをいう。）若しくは児童福祉施設（児童福祉法（昭和二十二年法律第百六十四号）第七条に規定するものをいう。）又はその他の施設でその周辺における善良の風俗を害する行為を防止する必要のあるものとして都道府県の条例で定めるものの敷地（これらの用に供するものと決定した土地を含む。）の周囲二百メートルの区域内においては、これを営むことができない。

2　前項に定めるもののほか、都道府県は、善良の風俗を害する行為を防止するため必要があるときは、条例により、地域を定めて、個室付浴場業を営むことを禁止することができる。

3　第一項の規定又は前項の規定に基づく条例の規定は、これらの規定の施行又は適用の際現に公衆浴場法第二条第一項の許可を受けて個室付浴場業を営んでいる者の当該浴場業に係る営業については、適用しない。

4　公安委員会は、個室付浴場業を営む者又はその代理人、使用人その他の従業者が、当該営業に関し、次の各号の一に該当する場合においては、当該営業を営む者に対し、当該施設を用いて営む浴場業について、八月をこえない範囲内で期間を定めて営業の停止を命ずることができる。

一　この法律に規定する罪（第一条第七号に掲げる営業に関するものを除く。）、刑法（明治四十年法律第四十五号）第百七十四条、第百七十五条若しくは第百八十二条の罪、売春防止法（昭和三十一年法律第百十八号）第二章に規定する罪又は職業安定法（昭和二十二年法律第百四十一号）第六十三条の罪を犯したとき。

二　労働基準法（昭和二十二年法律第四十九号）第五十六条若しくは第六十二条又は児童福祉法第三十四条第一項第六号若しくは第九号の規定に違反したとき。

（興行場営業の停止）

第四条の五　公安委員会は、興行場営業（興行場法（昭和二十三年法律第百三十七号）第一条第二項に規定するものをいう。以下同じ。）を営む者又はその代理人、使用人その他の従業者が、当該営業に関し、刑法第百七十四条又は第百七十五条の罪を犯した場合においては、当該営業を営む者に対し、当該施設を用いて営む興行場営業について、六月をこえない範囲内で期間を定めて営業の停止を命ずることができる。

第五条中「第四条の二第二項」の下に「、第四条の四第四項若しくは前条」を加える。

第五条の二の見出し中「飲食店営業」の下に「等」を加え、同条中「飲食店営業の停止を命じたとき」の下に「、第四条の四第四項の規定により浴場業の営業の停止を命じたとき又は第四条の五の規定により興行場営業の停止を命じたとき」を加える。

第七条第一項中「若しくは第四条の二第二項」を「、第四条の二第二項、第四条の四第四項若しくは第四条の五」に改め、同条第二項中「違反した者」の下に「又は第四条の四第一項の規定に違反し、若しくは同条第二項の規定に基づく都道府県の条例に違反した者」を加える。

附　則（略）

○風俗営業等取締法の一部を改正する法律（昭和四七・七・五 法律一一六）

風俗営業等取締法（昭和二十三年法律第百二十二号）の一部を次のように改正する。

第四条の五の次に次の一条を加える。

（モーテル営業の規制）

第四条の六　個室に自動車の車庫が個個に接続する施設であつて総理府令で定めるものを設け、当該施設を異性を同伴する客の宿泊（休憩を含む。）に利用させる営業（以下「モーテル営業」という。）は、モーテル営業が営まれることにより清浄な風俗環境が害されることを防止する必要のあるものとして都道府県の条例で定める地域においては、営むことができない。

2　前項の規定は、現にモーテル営業の施設が存する場所が同項の規定に基づく都道府県の条例で定める地域に含まれることとなつたときは、その含まれることとなつた日から一年間は、当該施設を用いて営むモーテル営業については、適用しない。

3　公安委員会は、第一項の規定に違反してモーテル営業を営んでいる者に対し、当該営業の廃止を命ずることができる。

第五条第一項中「又は第四条の二第二項、第四条の四第四項若しくは前条の規定により、営業の停止を命じようとするときは」を「第四条の二第二項、第四条の四第四項若しくは第四条の五の規定により、営業の停止を命じ、又は前条第三項の規定により、営業の廃止を命じようとするときは」に改め、同条第二項中「公安委員会は、第四条又は第四条の二第二項、第四条の四第四項若しくは前条の規定による法令又は条例の違反の行為」を「前項の場合において、公安委員会は、処分をしようとする理由」に改める。

第七条第一項中「若しくは第四条の五」を「、第四条の五若しくは第四条の六第三項」に改める。

附　則〔略〕

○許可、認可等の整理に関する法律〔抄〕（昭和五〇・一二・二六 法律九〇）

（風俗営業等取締法の一部改正）

第一条　風俗営業等取締法（昭和二十三年法律第百二十二号）の一部を次のように改正する。

第二条第三項中「ぱちんこ屋その他これに類する営業で都道府県が条例で指定するものについては三月ごとに、その他の営業については」を削り、「各期間」を「期間」に改める。

○地方交付税法等の一部を改正する法律〔抄〕（昭和五三・五・一 法律三八）

（風俗営業等取締法等の一部改正）

第四条 風俗営業等取締法（昭和二十三年法律第百二十二号）の一部を次のように改正する。

第二条の二中「千円をこえる」を「一万円を超える」に改める。

2～12 〔略〕

○地方交付税法等の一部を改正する法律〔抄〕（昭和五六・五・三〇 法律五八）

第二章 各種手数料関係法律の一部改正

（風俗営業等取締法の一部改正）

第二条 風俗営業等取締法（昭和二十三年法律第百二十二号）の一部を次のように改正する。

第二条の二中「一万円」を「一万二千円」に改める。

○行政事務の簡素合理化に伴う関係法律の整理及び適用対象の消滅等による法律の廃止に関する法律〔抄〕（昭和五七・七・二三 法律六九）

第一章 許可、認可等行政事務の簡素合理化に伴う関係法律の整理

（風俗営業等取締法の一部改正）

第二条 風俗営業等取締法（昭和二十三年法律第百二十二号）の一部を次のように改正する。

第二条第三項中「六月」を「一年」に改める。

○風俗営業等取締法の一部を改正する法律（昭和五九・八・一四　法律七六）

風俗営業等取締法（昭和二十三年法律第百二十二号）の一部を次のように改正する。

題名を次のように改める。

風俗営業等の規制及び業務の適正化等に関する法律

題名の次に次の目次及び章名を付する。

目次

第一章　総則

第八条中「前条」の下に「（第二項を除く。）」を加え、「外」を「ほか」に改め、同条を第五十条とし、同条の次に次の一条を加える。

第五十一条　第七条第六項又は第十条第三項の規定に違反した者は、五万円以下の過料に処する。

第七条の前の見出しを削り、同条第一項中「第二条第一項の規定に違反し、又は第四条、第四条の二第二項、第四条の四第四項、第四条の五若しくは第四条の六第三項の規定による公安委員会の処分に違反した者は、これを」を「次の各号のいずれかに該当する者は、」に、「三万円」を「五十万円」に改め、同項に次の各号を加える。

一　第三条第一項の規定に違反して同項の許可を受けないで風俗営業を営んだ者

二　偽りその他不正の手段により第三条第一項の許可又は第七条第一項の承認を受けた者

三　第十一条の規定に違反した者

四　第二十六条、第三十条、第三十四条第二項又は第三十五条の規定による公安委員会の処分に違反した者

第七条第四項を削り、同条第三項中「第四条の三第一項第一号又は第二項第一号の規定に違反した」を「第二十二条第二号若しくは第三号（第三十二条第三項において準用する場合を含む。）又は第二十八条第五項第二号に掲げる行為をした」に改め、同項を同条第四項とし、同条第二項中「第三条若しくは第四条の二第一項の規定に基づく都道府県の条例に違反し、又は第四条の三の規定に違反した者又は第四条の四第一項の規定に違反し、若しくは同条第二項の規定に基づく都道府県の条例に違反した者は、これを六箇月」を「次の各号のいずれかに該当する者は、六月」に、「一万円」を「三十万円」に改め、同項に次の各号を加え、同項を同条第三項とする。

一　第九条第一項（第二十条第十項において準用する場合を含む。以下この号及び次号において同じ。）の規定に違反して第九条第一項の承認を受けないで営業所の構造又は設備（第四条第三項に規定する遊技機を含む。）の変更をした者

二　偽りその他不正の手段により第九条第一項の承認を受けた者

三　第二十二条（第三十二条第三項において準用する場合を含む。）の規定に違反した者

四　第二十三条第一項第一号又は第二号の規定に違反した者

五　第二十三条第二項の規定に違反した者

六　第二十八条第一項の規定に違反した者

七　第二十八条第二項又は第三十三条第四項の規定に基づく都道府県の条例の規定に違反した者

八　第二十八条第五項の規定に違反した者

第七条第一項の次に次の一項を加える。

2　第二十条第六項又は第三十九条第五項の規定に違反した者は、一年以下の懲役又は五十万円以下の罰金に処する。

第七条に次の二項を加え、同条を第四十九条とする。

5　次の各号のいずれかに該当する者は、二十万円以下の罰金に処する。

一　第五条第一項の許可申請書又は添付書類に虚偽の記載をして提出した者
二　第二十三条第一項第三号又は第四号（同条第三項において準用する場合を含む。）の規定に違反した者
三　第二十四条第一項の規定に違反した者
四　第二十七条第一項の規定に違反して届出書を提出せず、若しくは第三十三条第一項若しくは第三項の規定に違反して届出書若しくは同条第一項の届出書に係る添付書類を提出せず、又は第二十七条第一項若しくは第三十三条第一項の届出書若しくは同項の届出書に係る同条第三項の添付書類に虚偽の記載をして提出した者
五　第三十六条の規定に違反して従業者名簿を備えず、又はこれに必要な記載をせず、若しくは虚偽の記載をした者

6　次の各号のいずれかに該当する者は、十万円以下の罰金に処する。
一　第六条の規定に違反した者
二　第七条第五項の規定に違反した者
三　第九条第三項（第二十条第十項において準用する場合を含む。以下この号において同じ。）、第二十七条第二項若しくは第三十三条第二項若しくは第三項の規定に違反して届出書若しくは添付書類（前項第四号に規定するものを除く。以下この号において同じ。）を提出せず、又は第九条第三項、第二十七条第二項若しくは第三十三条第二項若しくは第三項の届出書若しくは添付書類に虚偽の記載をして提出した者
四　第十条第一項の規定に違反した者
五　第三十一条第四項の規定に違反した者
六　第三十七条第一項の規定に違反して報告をせず、若しくは資料を提出せず、若しくは同項の報告若しくは資料の提出について虚偽の報告をし、若しくは虚偽の資料を提出し、又は同条第二項の規定による立入りを拒み、妨げ、若しくは忌避した者

第六条の二の見出しを「（方面公安委員会への権限の委任）」に改め、同条中「この法律」の下に「又はこの法律に基づく命令」を加え、「行わせる」を「委任する」に改め、同条を第四十六条とし、同条の次に次の二条及び章名を加える。

（経過措置）
第四十七条　この法律の規定に基づき命令又は条例を制定し、又は改廃する場合においては、それぞれ命令又は条例で、その制定又は改廃に伴い合理的に必要とされる範囲において、所要の経過措置（罰則に関する経過措置を含む。）を定めることができる。

（国家公安委員会規則への委任）
第四十八条　この法律に定めるもののほか、この法律の実施のための手続その他この法律の施行に関し必要な事項は、国家公安委員会規則で定める。

第七章　罰則

第六条を削る。

第五条の二中「第四条第二項若しくは第三項又は第四条の二第二項」を「第二十六条第二項若しくは第三十四条第二項」に、「の停止」を「に係る営業の全部若しくは一部の停止」に、「第四条の四第四項」を「第三十条第三項」に、「浴場業の営業」を「浴場業営業、興行場営業若しくは旅館業」に、「又は第四条の五」を「又は第三十五条」に、「すみやかに」を「速やかに」に改め、同条を第四十二条とし、同条の次に次の三条を加える。

（手数料）
第四十三条　次に掲げる者は、実費を勘案して政令で定める額の手数料を、条例で定めるところにより都道府県に納めなければならない。
一　第三条第一項の許可を受けようとする者
二　第三条第三項の許可の更新を受けようとする者
三　第五条第四項の許可証の再交付を受けようとする者
四　第七条第一項の承認を受けようとする者
五　第九条第一項の承認を受けようとする者
六　第九条第四項の許可証の書換えを受けようとする者
七　第二十条第十項において準用する第九条第一項の承認を受けようとする者
八　第二十四条第六項の講習を受けようとする者

（風俗営業者の団体）
第四十四条　風俗営業者が風俗営業の業務の適正化と風俗営業の健全化を図ることを目的として組織する団体は、その成立の日から三十日以内に、総理府令で定めるところにより、国家公安委員会又は公安委員会に、名称、事務所の所在地その他の総理府令で定める事項を届け出なければならな

い。

（警察庁長官への権限の委任）

第四十五条　この法律又はこの法律に基づく命令の規定により国家公安委員会の権限に属する事務は、政令で定めるところにより、警察庁長官に委任することができる。

第五条第一項中「公安委員会が、第四条の規定により、営業の許可を取り消し、若しくは営業の停止を命じ、第四条の二第二項、第四条の四第四項若しくは第四条の五の規定により、営業の停止を命じ、又は前条第三項の規定により、営業の廃止を命じようとするときは、当該営業を営む者又はその代理人の出頭を求めて」を「公安委員会は、第八条、第二十六条、第三十条、第三十四条第二項、第三十五条又は第三十九条第四項の規定による処分を行おうとするときは」に改め、同項に後段として次のように加える。

　この場合において、公安委員会は、当該処分に係る者に対し、処分をしようとする理由並びに聴聞の期日及び場所を期日の一週間前までに通知し、かつ、聴聞の期日及び場所を公示しなければならない。

第五条第二項を次のように改める。

2　聴聞に際しては、当分処分に係る者又はその代理人は、当該事案について意見を述べ、かつ、有利な証拠を提出することができる。

第五条に次の三項を加え、同条を第四十一条とする。

3　公安委員会は、第四条第一項第一号若しくは第二号に該当すると認めた者又は当該公安委員会があらかじめ指定する医師の診断に基づき同項第四号に該当すると認めた者については、第一項の規定にかかわらず、聴聞を行わないで第八条の規定による処分を行うことができる。

4　公安委員会は、当該処分に係る者が正当な理由がなくて出頭しないとき、又は当該処分に係る者の所在が不明であるため第一項の通知をすることができず、かつ、同項の規定による公示をした日から三十日を経過してもその者の所在が判明しないときは、同項の規定にかかわらず、聴聞を行わないで同項前段に規定する処分を行うことができる。

5　第一項、第二項及び前項の規定は、前条第三項において準用する第三十九条第四項の規定による国家公安委員会の処分について準用する。

第四条の六を削る。

第四条の五の見出し中「停止」を「規制」に改め、同条中「興行場法（昭和二十三年法律第百三十七号）第一条第二項に規定するものをいう。以下同じ」を「第二条第四項第二号の営業を除く。第三十八条第二項において同じ」に、「代理人、使用人その他の従業者」を「代理人等」に、「こえない」を「超えない」に、「停止」を「全部又は一部の停止」に改め、同条を第三十五条とし、同条の次に次の一章、章名及び三条を加える。

第五章　監督

（従業者名簿）

第三十六条　風俗営業者、風俗関連営業を営む者及び深夜において飲食店営業を営む者（次条第一項において「風俗営業者等」という。）は、国家公安委員会規則で定めるところにより、営業所ごとに、従業者名簿を備え、これに当該営業に係る業務に従事する者の住所及び氏名その他総理府令で定める事項を記載しなければならない。

（報告及び立入り）

第三十七条　公安委員会は、この法律の施行に必要な限度において、風俗営業者等に対し、その業務に関し報告又は資料の提出を求めることができる。

2　警察職員は、この法律の施行に必要な限度において、風俗営業又は風俗関連営業の営業所（個室その他これに類する施設（以下この項において「個室等」という。）を設ける営業所にあつては、客が在室する個室等を除く。）に立ち入ることができる。深夜においては、設備を設けて客に飲食をさせる営業の営業所についても、同様とする。

3　前項の規定により警察職員が立ち入るときは、その身分を示す証明書を携帯し、関係者に提示しなければならない。

4　第二項の規定による権限は、犯罪捜査のために認められたものと解してはならない。

第六章　雑則

（少年指導委員）

第三十八条　公安委員会は、次に掲げる要件を満たしている者のうちから、少年指導委員を委嘱することができる。

一　人格及び行動について、社会的信望を有すること。
二　職務の遂行に必要な熱意及び時間的余裕を有すること。
三　生活が安定していること。
四　健康で活動力を有すること。
2　少年指導委員は、風俗営業及び風俗関連営業等（風俗関連営業、飲食店営業及び興行場営業をいう。）に関し、少年を補導し、少年の健全な育成に障害を及ぼす行為を防止し、その他少年の健全な育成に資するための活動で、国家公安委員会規則で定めるものを行う。
3　少年指導委員は、職務に関して知り得た秘密を漏らしてはならない。
4　少年指導委員は、名誉職とする。
5　公安委員会は、少年指導委員が次の各号のいずれかに該当するときは、これを解嘱することができる。
一　第一項各号のいずれかの要件を欠くに至つたとき。
二　職務上の義務に違反し、又はその職務を怠つたとき。
三　少年指導委員たるにふさわしくない非行のあつたとき。
6　前各項に定めるもののほか、少年指導委員に関し必要な事項は、国家公安委員会規則で定める。

（都道府県風俗環境浄化協会）

第三十九条　公安委員会は、善良の風俗の保持及び風俗環境の浄化並びに少年の健全な育成を図ることを目的として設立された民法第三十四条の法人であつて、次項に規定する事業を適正かつ確実に行うことができると認められるものを、その申出により、都道府県に一を限つて、都道府県風俗環境浄化協会（以下「都道府県協会」という。）として指定することができる。
2　都道府県協会は、当該都道府県の区域内において、次に掲げる事業を行うものとする。
一　風俗環境に関する苦情を処理すること。
二　この法律に違反する行為を防止するための啓発活動を行うこと。
三　少年指導委員の活動を助けること。
四　公安委員会の委託を受けて第二十四条第六項の講習を行うこと。
五　公安委員会の委託を受けて第三条第一項の許可の申請に係る営業所に関し、第四条第二項第一号又は第二号に該当する事由の有無について調査すること。
六　公安委員会の委託を受けて第九条第一項の承認の申請に係る営業所の構造及び設備が第四条第二項第一号の技術上の基準に適合しているか否かについて調査すること。
七　前各号の事業に附帯する事業
3　公安委員会は、都道府県協会の財産の状況又はその事業の運営に関し改善が必要であると認めるときは、都道府県協会に対し、その改善に必要な措置を採るべきことを命ずることができる。
4　公安委員会は、都道府県協会が前項の規定による命令に違反したときは、第一項の指定を取り消すことができる。
5　都道府県協会の役員若しくは職員又はこれらの職にあつた者は、第二項第五号又は第六号の規定による調査の業務（次項において「調査業務」という。）に関して知り得た秘密を漏らしてはならない。
6　調査業務に従事する都道府県協会の役員又は職員は、刑法その他の罰則の適用に関しては、法令により公務に従事する職員とみなす。
7　都道府県協会の指定の手続その他都道府県協会に関し必要な事項は、国家公安委員会規則で定める。

（全国風俗環境浄化協会）

第四十条　国家公安委員会は、都道府県協会の健全な発達を図るとともに、善良の風俗の保持及び風俗環境の浄化並びに少年の健全な育成を図ることを目的として設立された民法第三十四条の法人であつて、次項に規定する事業を適正かつ確実に行うことができると認められるものを、その申出により、全国に一を限つて、全国風俗環境浄化協会（以下「全国協会」という。）として指定することができる。
2　全国協会は、次に掲げる事業を行うものとする。
一　風俗環境に関する苦情の処理に係る業務を担当する者その他都道府県協会の業務を行う者に対する研修を行うこと。
二　この法律に違反する行為を防止するための二以上の都道府県の区域における啓発活動を行う

こと。

三　少年の健全な育成に及ぼす風俗環境の影響に関する調査研究を行うこと。

四　都道府県協会の事業について、連絡調整を図ること。

五　前各号の事業に附帯する事業

3　前条第三項、第四項及び第七項の規定は、全国協会について準用する。この場合において、同条第三項中「公安委員会」とあるのは「国家公安委員会」と、同条第四項中「公安委員会」とあるのは「国家公安委員会」と、「第一項」とあるのは「次条第一項」と読み替えるものとする。

第四条の四の見出しを「(風俗関連営業の禁止区域等)」に改め、同条第一項中「浴場業(公衆浴場法(昭和二十三年法律第百三十九号)第一条第一項に規定する公衆浴場を業として経営することをいう。以下同じ。)の施設として個室を設け、当該個室において異性の客に接触する役務を提供する営業(以下「個室付浴場業」という。)」を「風俗関連営業」に改め、「(昭和二十二年法律第百六十四号)」を削り、「を害する」を「若しくは清浄な風俗環境を害する行為若しくは少年の健全な育成に障害を及ぼす」に、「営むことができない」を「営んではならない」に改め、同条第二項中「を害する」を「若しくは清浄な風俗環境を害する行為又は少年の健全な育成に障害を及ぼす」に、「個室付浴場業」を「風俗関連営業」に改め、同条第三項中「公衆浴場法第二条第一項の許可を受けて個室付浴場業」を「前条第一項の届出書を提出して風俗関連営業」に、「当該浴場業に係る営業」を「当該風俗関連営業」に改め、同条第四項を次のように改める。

4　都道府県は、善良の風俗を害する行為を防止するため必要があるときは、政令で定める基準に従い条例で定めるところにより、風俗関連営業(第二条第四項第三号の営業その他国家公安委員会規則で定める風俗関連営業を除く。)の深夜(午前零時から日出時までの時間をいう。以下同じ。)における営業時間を制限することができる。

第四条の四に次の二項を加える。

5　風俗関連営業を営む者は、次に掲げる行為をしてはならない。

一　当該営業に関し客引きをすること。

二　営業所で十八歳未満の者を客に接する業務に従事させること。

三　十八歳未満の者を営業所に客として立ち入らせること。

四　営業所で二十歳未満の者に酒類又はたばこを提供すること。

6　第十六条及び第十八条の規定は、風俗関連営業を営む者について準用する。この場合において、第十六条中「営業所周辺における清浄な」とあるのは、「清浄な」と読み替えるものとする。

第四条の四を第二十八条とし、同条の次に次の三条、一節及び節名を加える。

(指示)

第二十九条　公安委員会は、風俗関連営業を営む者又はその代理人等が、当該営業に関し、この法律又はこの法律に基づく命令若しくは条例の規定(前条第一項の規定又は同条第二項の規定に基づく条例の規定を除く。)に違反したときは、当該風俗関連営業を営む者に対し、善良の風俗若しくは清浄な風俗環境を害する行為又は少年の健全な育成に障害を及ぼす行為を防止するため必要な指示をすることができる。

(営業の停止等)

第三十条　公安委員会は、風俗関連営業を営む者又はその代理人等が、当該営業に関し、この法律に規定する罪(第四十九条第三項第六号及び第七号の罪を除く。)、刑法第百七十四条、第百七十五条若しくは第百八十二条の罪若しくは売春防止法第二章に規定する罪に当たる違法な行為その他善良の風俗を害し、若しくは少年の健全な育成に障害を及ぼす重大な不正行為で政令で定めるものをしたとき、又は風俗関連営業を営む者がこの法律に基づく処分に違反したときは、当該風俗関連営業を営む者に対し、当該施設を用いて営む風俗関連営業について、八月を超えない範囲内で期間を定めて当該風俗関連営業の全部又は一部の停止を命ずることができる。

2　公安委員会は、前項の場合において、当該風俗関連営業を営む者が第二十八条第一項の規定又は同条第二項の規定に基づく条例の規定により風俗関連営業を営んではならないこととされる区域又は地域において風俗関連営業を営む者であるときは、その者に対し、前項の規定による停止の命令に代えて、当該施設を用いて営む風俗関連営業の廃止を命ずることができる。

3　公安委員会は、前二項の規定により風俗関連営業（第二条第四項第四号及び第五号の営業を除く。以下この項において同じ。）の停止又は廃止を命ずるときは、当該風俗関連営業を営む者に対し、当該施設を用いて営む浴場業営業（公衆浴場法第二条第一項の許可を受けて営む営業をいう。以下同じ。）、興行場営業（興行場法第二条第一項の許可を受けて営む営業をいう。以下同じ。）又は旅館業（旅館業法（昭和二十三年法律第百三十八号）第三条第一項の許可を受けて営む営業をいう。以下同じ。）について、八月（第一項の規定により風俗関連営業の停止を命ずるときは、その停止の期間）を超えない範囲内で期間を定めて営業の全部又は一部の停止を命ずることができる。

（標章のはり付け）

第三十一条　公安委員会は、前条第一項の規定により風俗関連営業の停止を命じたときは、国家公安委員会規則で定めるところにより、当該命令に係る施設の出入口の見やすい場所に、総理府令で定める様式の標章をはり付けるものとする。

2　前条第一項の規定による命令を受けた者は、次の各号に掲げる事由のいずれかがあるときは、国家公安委員会規則で定めるところにより、前項の規定により標章をはり付けられた施設について、標章を取り除くべきことを申請することができる。この場合において、公安委員会は、標章を取り除かなければならない。

一　当該施設を当該風俗関連営業（前条第三項の規定による停止の命令に係る営業を含む。）の用以外の用に供しようとするとき。

二　当該施設を取り壊そうとするとき。

三　当該施設を増築し、又は改築しようとする場合であつて、やむを得ないと認められる理由があるとき。

3　第一項の規定により標章をはり付けられた施設について、当該命令に係る風俗関連営業を営む者から当該施設を買い受けた者その他当該施設の使用について権原を有する第三者は、国家公安委員会規則で定めるところにより、標章を取り除くべきことを申請することができる。この場合において、公安委員会は、標章を取り除かなければならない。

4　何人も、第一項の規定によりはり付けられた標章を破壊し、又は汚損してはならず、また、当該施設に係る前条第一項の命令の期間を経過した後でなければ、これを取り除いてはならない。

第二節　深夜における飲食店営業の規制等

（深夜における飲食店営業の規制等）

第三十二条　深夜において飲食店営業（第二十六条第二項に規定する飲食店営業をいい、風俗営業又は風俗関連営業に該当するものを除く。以下この条から第三十八条までにおいて同じ。）を営む者は、次に掲げる事項を遵守しなければならない。

一　営業所の構造及び設備を、国家公安委員会規則で定める技術上の基準に適合するように維持すること。

二　深夜において客に遊興をさせないこと。

2　第十四条及び第十五条の規定は、深夜において飲食店営業を営む者について準用する。この場合において、これらの規定中「その営業」とあるのは、「その深夜における営業」と読み替えるものとする。

3　第二十二条（第二号を除く。）の規定は、飲食店営業を営む者について準用する。この場合において、同条第一号中「当該営業」とあるのは「当該営業（深夜における営業に限る。）」と、同条第三号中「業務」とあるのは「業務（少年の健全な育成に及ぼす影響が少ないものとして国家公安委員会規則で定める営業に係るものを除く。）」と、同条第四号中「十八歳未満」とあるのは「午後十時から翌日の日出時までの時間において十八歳未満」と、「を営業所」とあるのは「を営業所（少年の健全な育成に及ぼす影響が少ないものとして国家公安委員会規則で定める営業に係るものを除く。）」と、「ダンス教授所等にあつては、午後十時（第二条第一項第八号の営業に係る営業所に関し、都道府県の条例で、十八歳以下の条例で定める年齢に満たない者につき、午後十時前の時を定めたときは、その者についてはその時）から翌日の日出時までの時間において客として立ち入らせること」とあるのは「保護者が同伴する十八歳未満の者を客として立ち入らせる場合を除く」と読み替えるものとする。

（深夜における酒類提供飲食店営業の届出等）

第三十三条　バー、酒場その他客に酒類を提供して営む飲食店営業（営業の常態として、通常主食と認められる食事を提供して営むものを除く。以下「酒類提供飲食店営業」という。）を深夜において営もうとする者は、営業所ごとに、公安委員会に、次の事項を記載した届出書を提出しなければならない。

一　氏名又は名称及び住所並びに法人にあつては、その代表者の氏名

二　営業所の名称及び所在地

三　営業所の構造及び設備の概要

2　前項の届出書を提出した者は、当該営業を廃止したとき、又は同項各号（同項第二号に掲げる事項にあつては、営業所の名称に限る。）に掲げる事項に変更（総理府令で定める軽微な変更を除く。）があつたときは、公安委員会に、廃止又は変更に係る事項その他の総理府令で定める事項を記載した届出書を提出しなければならない。

3　前二項の届出書には、営業の方法を記載した書類その他の総理府令で定める書類を添付しなければならない。

4　都道府県は、善良の風俗若しくは清浄な風俗環境を害する行為又は少年の健全な育成に障害を及ぼす行為を防止するため必要があるときは、政令で定める基準に従い条例で定めるところにより、地域を定めて、深夜において酒類提供飲食店営業を営むことを禁止することができる。

5　前項の規定に基づく条例の規定は、その規定の施行又は適用の際現に第一項の届出書を提出して深夜において酒類提供飲食店営業を営んでいる者の当該営業については、適用しない。

（指示等）

第三十四条　公安委員会は、飲食店営業を営む者（以下この条において「飲食店営業者」という。）又はその代理人等が、当該営業に関し、法令又はこの法律に基づく条例の規定に違反した場合において、善良の風俗若しくは清浄な風俗環境を害し、又は少年の健全な育成に障害を及ぼすおそれがあると認めるときは、当該飲食店営業者に対し、善良の風俗若しくは清浄な風俗環境を害する行為又は少年の健全な育成に障害を及ぼす行為を防止するため必要な指示をすることができる。

2　公安委員会は、飲食店営業者又はその代理人等が、当該営業に関し、法令若しくはこの法律に基づく条例の規定に違反した場合において、著しく善良の風俗若しくは清浄な風俗環境を害し、若しくは少年の健全な育成に障害を及ぼすおそれがあると認めるとき、又は飲食店営業者がこの法律に基づく処分に違反したときは、当該飲食店営業者に対し、当該施設を用いて営む飲食店営業について、六月を超えない範囲内で期間を定めて営業の全部又は一部の停止を命ずることができる。

第三節　興行場営業の規制

第四条の二及び第四条の三を削る。

第四条の見出しを「（営業の停止等）」に改め、同条第一項中「風俗営業を営む者」を「風俗営業者」に、「代理人、使用人その他の従業者」を「代理人等」に、「法令又は前条の規定に基く都道府県の条例に違反する行為をした場合において、善良の風俗を害する虞があるときは、営業」を「法令若しくはこの法律に基づく条例の規定に違反した場合において、著しく善良の風俗若しくは清浄な風俗環境を害し、若しくは少年の健全な育成に障害を及ぼすおそれがあると認めるとき、又は風俗営業者がこの法律に基づく処分（指示を含む。第三十条第一項及び第三十四条第二項において同じ。）若しくは第三条第二項の規定に基づき付された条件に違反したときは、当該風俗営業者に対し、当該風俗営業」に、「若しくは六月をこえない」を「又は六月を超えない」に、「営業の停止を命じ、又は善良の風俗を害する行為を防止するために必要な処分をする」を「当該風俗営業の全部若しくは一部の停止を命ずる」に改め、同条第二項中「第一条第四号及び第七号」を「第二条第一項第四号、第七号及び第八号」に、「若しくは」を「又は」に、「当該営業」を「当該風俗営業」に、「飲食店営業（食品衛生法（昭和二十二年法律第二百三十三号）第二十一条第一項の許可に係るものをいう。以下同じ。）」を「飲食店営業（設備を設けて客に飲食をさせる営業をいう。）であつて、食品衛生法（昭和二十二年法律第二百三十三号）第二十一条第一項の許可を受けて営むもの」に、「こえない」を「超えない」に改め、「営業の」の下に「全部又は一部の」を加え、同条第三項を削り、同条を第二十六条とし、同条の次に次の章名、節名及び一条を加える。

第四章　風俗関連営業等の規制

第一節　風俗関連営業の規制

（営業等の届出）

第二十七条　風俗関連営業を営もうとする者は、風

俗関連営業の種別（第二条第四項各号に規定する風俗関連営業の種別をいう。以下同じ。）に応じて、営業所ごとに、公安委員会に、次の事項を記載した届出書を提出しなければならない。

一　氏名又は名称及び住所並びに法人にあつては、その代表者の氏名

二　営業所の名称及び所在地

三　風俗関連営業の種別

四　前三号に掲げるもののほか、総理府令で定める事項

2　前項の届出書を提出した者は、当該風俗関連営業を廃止したとき、又は同項各号（第三号を除く。）に掲げる事項（同項第二号に掲げる事項にあつては、営業所の名称に限る。）に変更があつたときは、公安委員会に、廃止又は変更に係る事項その他の総理府令で定める事項を記載した届出書を提出しなければならない。

第三条の見出しを「（条例への委任）」に改め、同条中「都道府県」を「第十二条から第十九条まで及び前条第一項に定めるもののほか、都道府県」に、「風俗営業を営もうとする者の資格並びに風俗営業における営業の場所、営業時間、営業を営む者の行為及び営業所の構造設備」を「風俗営業者の行為」に、「を害する行為を防止するために」を「若しくは清浄な風俗環境を害し、又は少年の健全な育成に障害を及ぼす行為を防止するため」に改め、同条を第二十一条とし、同条の次に次の四条を加える。

（禁止行為）

第二十二条　風俗営業を営む者は、次に掲げる行為をしてはならない。

一　当該営業に関し客引きをすること。

二　営業所で、十八歳未満の者に客の接待をさせ、又は客の相手となつてダンスをさせること。

三　営業所で午後十時から翌日の日出時までの時間において十八歳未満の者を客に接する業務に従事させること。

四　十八歳未満の者を営業所に客として立ち入らせること（ダンス教授所等にあつては、午後十時（第二条第一項第八号の営業に係る営業所に関し、都道府県の条例で、十八歳以下の条例で定める年齢に満たない者につき、午後十時前の時を定めたときは、その者についてはその時）から翌日の日出時までの時間において客として立ち入らせること。）。

五　営業所で二十歳未満の者に酒類又はたばこを提供すること。

（遊技場営業者の禁止行為）

第二十三条　第二条第一項第七号の営業（ぱちんこ屋その他政令で定めるものに限る。）を営む者は、前条の規定によるほか、その営業に関し、次に掲げる行為をしてはならない。

一　現金又は有価証券を賞品として提供すること。

二　客に提供した賞品を買い取ること。

三　遊技の用に供する玉、メダルその他これらに類する物（次号において「遊技球等」という。）を客に営業所外に持ち出させること。

四　遊技球等を客のために保管したことを表示する書面を客に発行すること。

2　第二条第一項第七号のまあじやん屋又は同項第八号の営業を営む者は、前条の規定によるほか、その営業に関し、遊技の結果に応じて賞品を提供してはならない。

3　第一項第三号及び第四号の規定は、第二条第一項第八号の営業を営む者について準用する。

（営業所の管理者）

第二十四条　風俗営業者は、営業所ごとに、当該営業所における業務の実施を統括管理する者のうちから、第三項に規定する業務を行う者として、管理者一人を選任しなければならない。ただし、管理者として選任した者が欠けるに至つたときは、その日から十四日間は、管理者を選任しておかなくてもよい。

2　次の各号のいずれかに該当する者は、管理者となることができない。

一　未成年者

二　第四条第一項第一号から第七号までのいずれかに該当する者

3　管理者は、当該営業所における業務の実施に関し、風俗営業者又はその代理人、使用人その他の従業者（以下「代理人等」という。）に対し、これらの者が法令の規定を遵守してその業務を実施するため必要な助言又は指導を行い、その他当該営業所における業務の適正な実施を確保するため必要な業務で国家公安委員会規則で定めるものを

行うものとする。

4　風俗営業者又はその代理人は、管理者が前項に規定する業務として行う助言を尊重しなければならず、風俗営業者の使用人その他の従業者は、管理者がその業務として行う指導に従わなければならない。

5　公安委員会は、管理者が第二項第二号に該当すると認めるとき、又はその者がその職務に関し法令若しくはこの法律に基づく条例の規定に違反した場合において、その情状により管理者として不適当であると認めたときは、風俗営業者に対し、当該管理者の解任を勧告することができる。

6　公安委員会は、第三項に規定する管理者の業務を適正に実施させるため必要があると認めるときは、国家公安委員会規則で定めるところにより、管理者に対する講習を行うことができる。

7　風俗営業者は、公安委員会からその選任に係る管理者について前項の講習を行う旨の通知を受けたときは、当該管理者に講習を受けさせなければならない。

（指示）

第二十五条　公安委員会は、風俗営業者又はその代理人等が、当該営業に関し、法令又はこの法律に基づく条例の規定に違反した場合において、善良の風俗若しくは清浄な風俗環境を害し、又は少年の健全な育成に障害を及ぼすおそれがあると認めるときは、当該風俗営業者に対し、善良の風俗若しくは清浄な風俗環境を害する行為又は少年の健全な育成に障害を及ぼす行為を防止するため必要な指示をすることができる。

第二条の二を削る。

第二条第一項中「前条の営業」を「風俗営業」に、「当該都道府県が条例で定めるところにより、」を「風俗営業の種別（前条第一項各号に規定する風俗営業の種別をいう。以下同じ。）に応じて、営業所ごとに、当該営業所の所在地を管轄する」に改め、同条第二項を次のように改める。

2　公安委員会は、善良の風俗若しくは清浄な風俗環境を害する行為又は少年の健全な育成に障害を及ぼす行為を防止するため必要があると認めるときは、その必要の限度において、前項の許可に条件を付し、及びこれを変更することができる。

第二条第三項中「前条第七号」を「前条第一項第七号」に改め、同条を第三条とし、同条の次に次の八条、章名及び九条を加える。

（許可の基準）

第四条　公安委員会は、前条第一項の許可を受けようとする者が次の各号のいずれかに該当するときは、許可をしてはならない。

一　禁治産者若しくは準禁治産者又は破産者で復権を得ないもの

二　一年以上の懲役若しくは禁錮の刑に処せられ、又は第四十九条第一項に規定する罪、刑法（明治四十年法律第四十五号）第百七十四条、第百七十五条、第百八十二条、第百八十五条若しくは第百八十六条の罪、売春防止法（昭和三十一年法律第百十八号）第二章に規定する罪若しくは職業安定法（昭和二十二年法律第百四十一号）第六十三条第二号の罪を犯し、若しくは労働基準法（昭和二十二年法律第四十九号）第六十三条第二項若しくは児童福祉法（昭和二十二年法律第百六十四号）第三十四条第一項第五号、第六号若しくは第九号の規定に違反して一年未満の懲役若しくは罰金の刑に処せられ、その執行を終わり、又は執行を受けることがなくなつた日から起算して五年を経過しない者

三　集団的に、又は常習的に暴力的不法行為その他の罪に当たる違法な行為で国家公安委員会規則で定めるものを行うおそれがあると認めるに足りる相当な理由がある者

四　精神病者又はアルコール、麻薬、大麻、あへん若しくは覚せい剤の中毒者

五　第二十六条第一項の規定により風俗営業の許可を取り消され、当該取消しの日から起算して五年を経過しない者（当該許可を取り消された者が法人である場合においては、当該取消しに係る聴聞の期日及び場所が公示された日前六十日以内に当該法人の役員（業務を執行する社員、取締役又はこれらに準ずる者をいい、相談役、顧問その他いかなる名称を有する者であるかを問わず、法人に対し業務を執行する社員、取締役又はこれらに準ずる者と同等以上の支配力を有するものと認められる者を含む。以下この項において同じ。）であつた者で当該取消しの日から起算して五年を経過しないものを含む。）

六　第二十六条第一項の規定による風俗営業の許

可の取消処分に係る聴聞の期日及び場所が公示された日から当該処分をする日又は当該処分をしないことを決定する日までの間に第十条第一項第一号の規定による許可証の返納をした者（風俗営業の廃止について相当な理由がある者を除く。）で当該返納の日から起算して五年を経過しないもの

七　前号に規定する期間内に合併により消滅した法人又は第十条第一項第一号の規定による許可証の返納をした法人（合併又は風俗営業の廃止について相当な理由がある者を除く。）の前号の公示の日前六十日以内に役員であつた者で当該消滅又は返納の日から起算して五年を経過しないもの

八　営業に関し成年者と同一の能力を有しない未成年者。ただし、その者が風俗営業者の相続人であつて、その法定代理人が前各号のいずれにも該当しない場合を除くものとする。

九　法人でその役員のうちに第一号から第七号までのいずれかに該当する者があるもの

2　公安委員会は、前条第一項の許可の申請に係る営業所につき次の各号のいずれかに該当する事由があるときは、許可をしてはならない。

一　営業所の構造又は設備（次項に規定する遊技機を除く。第九条、第十二条及び第三十九条第二項第六号において同じ。）が風俗営業の種別に応じて国家公安委員会規則で定める技術上の基準に適合しないとき。

二　営業所が、良好な風俗環境を保全するため特にその設置を制限する必要があるものとして政令で定める基準に従い都道府県の条例で定める地域内にあるとき。

三　営業所に第二十四条第一項の管理者を選任すると認められないことについて相当な理由があるとき。

3　第二条第一項第七号の営業（ぱちんこ屋その他政令で定めるものに限る。）については、公安委員会は、当該営業に係る営業所に設置される遊技機が著しく客の射幸心をそそるおそれがあるものとして国家公安委員会規則で定める基準に該当するものであるときは、当該営業を許可しないことができる。

（許可の手続及び許可証）

第五条　第三条第一項の許可を受けようとする者は、公安委員会に、次の事項を記載した許可申請書を提出しなければならない。この場合において、当該許可申請書には、営業の方法を記載した書類その他の総理府令で定める書類を添付しなければならない。

一　氏名又は名称及び住所並びに法人にあつては、その代表者の氏名

二　営業所の名称及び所在地

三　風俗営業の種別

四　営業所の構造及び設備の概要

五　第二十四条第一項の管理者の氏名及び住所

六　法人にあつては、その役員の氏名及び住所

2　公安委員会は、第三条第一項の許可をしたときは、国家公安委員会規則で定めるところにより、許可証を交付しなければならない。

3　公安委員会は、第三条第一項の許可をしないときは、国家公安委員会規則で定めるところにより、申請者にその旨を通知しなければならない。

4　許可証の交付を受けた者は、当該許可証を亡失し、又は当該許可証が滅失したときは、速やかにその旨を公安委員会に届け出て、許可証の再交付を受けなければならない。

（許可証の掲示義務）

第六条　風俗営業者は、許可証を営業所の見やすい場所に掲示しなければならない。

（相続）

第七条　風俗営業者が死亡した場合において、相続人（相続人が二人以上ある場合においてその協議により当該風俗営業を承継すべき相続人を定めたときは、その者。以下同じ。）が被相続人の営んでいた風俗営業を引き続き営もうとするときは、その相続人は、国家公安委員会規則で定めるところにより、被相続人の死亡後六十日以内に公安委員会に申請して、その承認を受けなければならない。

2　相続人が前項の承認の申請をした場合においては、被相続人の死亡の日からその承認を受ける日又は承認をしない旨の通知を受ける日までは、被相続人に対してした風俗営業の許可は、その相続人に対してしたものとみなす。

3　第四条第一項の規定は、第一項の承認の申請をした相続人について準用する。

4　第一項の承認を受けた相続人は、被相続人に係

る風俗営業者の地位を承継する。

5　第一項の承認の申請をした相続人は、その承認を受けたときは、遅滞なく、被相続人が交付を受けた許可証を公安委員会に提出して、その書換えを受けなければならない。

6　前項に規定する者は、第一項の承認をしない旨の通知を受けたときは、遅滞なく、被相続人が交付を受けた許可証を公安委員会に返納しなければならない。

（許可の取消し）

第八条　公安委員会は、第三条第一項の許可を受けた者（前条第一項の承認を受けた者を含む。第十一条において同じ。）について、次の各号に掲げるいずれかの事実が判明したときは、その許可を取り消すことができる。

一　偽りその他不正の手段により当該許可又は承認を受けたこと。

二　第四条第一項各号に掲げる者のいずれかに該当していること。

三　当該許可を受けてから六月以内に営業を開始せず、又は引き続き六月以上営業を休止し、現に営業を営んでいないこと。

四　三月以上所在不明であること。

（構造及び設備の変更等）

第九条　風俗営業者は、増築、改築その他の行為による営業所の構造又は設備の変更（総理府令で定める軽微な変更を除く。）をしようとするときは、国家公安委員会規則で定めるところにより、あらかじめ公安委員会の承認を受けなければならない。

2　公安委員会は、前項の承認の申請に係る営業所の構造及び設備が第四条第二項第一号の技術上の基準及び第三条第二項の規定により公安委員会が付した条件に適合していると認めるときは、前項の承認をしなければならない。

3　風俗営業者は、次の各号のいずれかに該当するときは、公安委員会に、総理府令で定める事項を記載した届出書を提出しなければならない。この場合において、当該届出書には、総理府令で定める書類を添付しなければならない。

一　第五条第一項各号（第三号及び第四号を除く。）に掲げる事項（同項第二号に掲げる事項にあつては、営業所の名称に限る。）に変更があつたとき。

二　営業所の構造又は設備につき第一項の軽微な変更をしたとき。

4　前項第一号の規定により届出書を提出する場合において、当該届出書に係る事項が許可証の記載事項に該当するときは、その書換えを受けなければならない。

（許可証の返納等）

第十条　許可証の交付を受けた者は、次の各号のいずれかに該当することとなつたときは、遅滞なく、許可証（第四号の場合にあつては、発見し、又は回復した許可証）を公安委員会に返納しなければならない。

一　風俗営業を廃止したとき。

二　許可が取り消されたとき。

三　許可の有効期間の経過により、許可が効力を失つたとき。

四　許可証の再交付を受けた場合において、亡失した許可証を発見し、又は回復したとき。

2　前項第一号の規定による許可証の返納があつたときは、許可は、その効力を失う。

3　許可証の交付を受けた者が次の各号に掲げる場合のいずれかに該当することとなつたとき（第一号に掲げる場合にあつては、相続人が第七条第一項の承認の申請をしなかつたときに限る。）は、当該各号に掲げる者は、遅滞なく、許可証を公安委員会に返納しなければならない。

一　死亡した場合　同居の親族又は法定代理人

二　法人が合併により消滅した場合　合併後存続し、又は合併により設立された法人の代表者

（名義貸しの禁止）

第十一条　第三条第一項の許可を受けた者は、自己の名義をもつて、他人に風俗営業を営ませてはならない。

第三章　風俗営業者の遵守事項等

（構造及び設備の維持）

第十二条　風俗営業者は、営業所の構造及び設備を、第四条第二項第一号の技術上の基準に適合するように維持しなければならない。

（営業時間の制限）

第十三条　風俗営業者は、午前零時（都道府県が習俗的行事その他の特別な事情のある日として条例で定める日にあつては、午前零時以後において条例の定める時）から日出時までの時間においては、

その営業を営んではならない。

2 都道府県は、善良の風俗若しくは清浄な風俗環境を害する行為又は少年の健全な育成に障害を及ぼす行為を防止するため必要があるときは、前項の規定によるほか、政令で定める基準に従い条例で定めるところにより、地域を定めて、風俗営業の営業時間を制限することができる。

（照度の規制）

第十四条 風俗営業者は、国家公安委員会規則で定めるところにより計つた営業所内の照度を、風俗営業の種別に応じて国家公安委員会規則で定める数値以下としてその営業を営んではならない。

（騒音及び振動の規制）

第十五条 風俗営業者は、営業所周辺において、政令で定めるところにより、都道府県の条例で定める数値以上の騒音又は振動（人声その他その営業活動に伴う騒音又は振動に限る。）が生じないように、その営業を営まなければならない。

（広告及び宣伝の規制）

第十六条 風俗営業者は、その営業につき、営業所周辺における清浄な風俗環境を害するおそれのある方法で広告又は宣伝をしてはならない。

（料金の表示）

第十七条 風俗営業者は、国家公安委員会規則で定めるところにより、その営業に係る料金で国家公安委員会規則で定める種類のものを、営業所において客に見やすいように表示しなければならない。

（年少者の立入禁止の表示）

第十八条 風俗営業者は、国家公安委員会規則で定めるところにより、十八歳未満の者がその営業所に立ち入つてはならない旨（第二条第一項第四号の営業（専ら客にダンスを教授するための営業に限る。）に係る営業所で少年の健全な育成に障害を及ぼすおそれがないものとして国家公安委員会規則で定める基準に適合するもの及び同項第八号の営業に係る営業所（第二十二条第四号において「ダンス教授所等」という。）にあつては、午後十時以後の時間において立ち入つてはならない旨（同号の規定に基づく都道府県の条例で、十八歳以下の条例で定める年齢に満たない者につき、午後十時前の時を定めたときは、その者についてはその時以後の時間において立ち入つてはならない旨））を営業所の入り口に表示しなければならない。

（遊技料金等の規制）

第十九条 第二条第一項第七号の営業を営む風俗営業者は、国家公安委員会規則で定める遊技料金、賞品の提供方法及び賞品の価格の最高限度（まあじやん屋を営む風俗営業者にあつては、遊技料金）に関する基準に従い、その営業を営まなければならない。

（遊技機の規制及び認定等）

第二十条 第四条第三項に規定する営業を営む風俗営業者は、その営業所に、著しく客の射幸心をそそるおそれがあるものとして同項の国家公安委員会規則で定める基準に該当する遊技機を設置してその営業を営んではならない。

2 前項の風俗営業者は、国家公安委員会規則で定めるところにより、当該営業所における遊技機につき同項に規定する基準に該当しない旨の公安委員会の認定を受けることができる。

3 国家公安委員会は、政令で定める種類の遊技機の型式に関し、国家公安委員会規則で、前項の公安委員会の認定につき必要な技術上の規格を定めることができる。

4 前項の規格が定められた場合においては、遊技機の製造業者（外国において本邦に輸出する遊技機を製造する者を含む。）又は輸入業者は、その製造し、又は輸入する遊技機の型式が同項の規定による技術上の規格に適合しているか否かについて公安委員会の検定を受けることができる。

5 公安委員会は、国家公安委員会規則で定めるところにより、第二項の認定又は前項の検定に必要な試験の実施に関する事務（以下「試験事務」という。）の全部又は一部を、民法（明治二十九年法律第八十九号）第三十四条の規定により設立された法人であつて、当該事務を適正かつ確実に実施することができると認められるものとして国家公安委員会があらかじめ指定する者（以下「指定試験機関」という。）に行わせることができる。

6 指定試験機関の役員若しくは職員又はこれらの職にあつた者は、試験事務に関して知り得た秘密を漏らしてはならない。

7 試験事務に従事する指定試験機関の役員又は職員は、刑法その他の罰則の適用に関しては、法令により公務に従事する職員とみなす。

8　第二項の認定、第四項の検定又は第五項の試験を受けようとする者は、実費を勘案して国家公安委員会規則で定める額の手数料を、条例（第五項の指定試験機関が行う試験に係る手数料にあつては、国家公安委員会規則）で定めるところにより納めなければならない。

9　前項の手数料は、都道府県（第五項の指定試験機関が行う試験に係る手数料にあつては、当該指定試験機関）の収入とする。

10　第九条第一項、第二項及び第三項第二号の規定は、第一項の風俗営業者が設置する遊技機の増設、交替その他の変更について準用する。この場合において、同条第二項中「第四条第二項第一号の技術上の基準及び」とあるのは、「第四条第三項の基準に該当せず、かつ、」と読み替えるものとする。

11　第四項の型式の検定、第五項の指定試験機関その他第二項の規定による認定及び前項において準用する第九条第一項の承認に関し必要な事項は、国家公安委員会規則で定める。

第一条の見出しを「（用語の意義）」に改め、同条中「この法律で」を「この法律において」に、「の一」を「のいずれか」に改め、同条第五号中「総理府令」を「国家公安委員会規則」に改め、「（これにより難い特別の事情がある場合において、都道府県が条例で十ルクスに満たない照度を定めたときは、その照度）」を削り、同条第六号中「見とおす」を「見通す」に改め、「（これにより難い特別の事情がある場合において、都道府県が条例で五平方メートルに満たない広さを定めたときは、その広さ）」を削り、同条第七号中「虞」を「おそれ」に改め、同条に次の一号を加える。

八　スロットマシン、テレビゲーム機その他の遊技設備で本来の用途以外の用途として射幸心をそそるおそれのある遊技に用いることができるもの（国家公安委員会規則で定めるものに限る。）を備える店舗その他これに類する区画された施設（旅館業その他の営業の用に供し、又はこれに随伴する施設で政令で定めるものを除く。）において当該遊技設備により客に遊技をさせる営業（前号に該当する営業を除く。）

第一条に次の三項を加える。

2　この法律において「風俗営業者」とは、次条第一項の許可又は第七条第一項の承認を受けて風俗営業を営む者をいう。

3　この法律において「接待」とは、歓楽的雰囲気を醸し出す方法により客をもてなすことをいう。

4　この法律において「風俗関連営業」とは、次の各号のいずれかに該当する営業をいう。

一　浴場業（公衆浴場法（昭和二十三年法律第百三十九号）第一条第一項に規定する公衆浴場を業として経営することをいう。）の施設として個室を設け、当該個室において異性の客に接触する役務を提供する営業

二　専ら、性的好奇心をそそるため衣服を脱いだ人の姿態を見せる興行その他の善良の風俗又は少年の健全な育成に与える影響が著しい興行の用に供する興行場（興行場法（昭和二十三年法律第百三十七号）第一条第一項に規定するものをいう。）として政令で定めるものを経営する営業

三　専ら異性を同伴する客の宿泊（休憩を含む。以下この号において同じ。）の用に供する政令で定める施設（政令で定める構造又は設備を有する個室を設けるものに限る。）を設け、当該施設を当該宿泊に利用させる営業

四　店舗を設けて、専ら、性的好奇心をそそる写真その他の物品で政令で定めるものを販売し、又は貸し付ける営業

五　前各号に掲げるもののほか、善良の風俗、清浄な風俗環境又は少年の健全な育成に与える影響が著しい営業（性風俗に関するものに限る。）として政令で定めるもの

第一条を第二条とし、同条の次に次の章名を付する。

第二章　風俗営業の許可等

第一条として次の一条を加える。

（目的）

第一条　この法律は、善良の風俗と清浄な風俗環境を保持し、及び少年の健全な育成に障害を及ぼす行為を防止するため、風俗営業及び風俗関連営業等について、営業時間、営業区域等を制限し、及び年少者をこれらの営業所に立ち入らせること等を規制するとともに、風俗営業の健全化に資するため、その業務の適正化を促進する等の措置を講ずることを目的とする。

附　則〔略〕

○雇用の分野における男女の均等な機会及び待遇の確保を促進するための労働省関係法律の整備等に関する法律〔抄〕（昭和六〇・六・一 法律四五）

附　則

（風俗営業等の規制及び業務の適正化等に関する法律の一部改正）

第七条　風俗営業等の規制及び業務の適正化等に関する法律（昭和二十三年法律第百二十二号）の一部を次のように改正する。

第四条第一項第二号中「第六十三条第二項」を「第六十二条第二項」に改める。

○労働者派遣事業の適正な運営の確保及び派遣労働者の就業条件の整備等に関する法律の施行に伴う関係法律の整備等に関する法律〔抄〕（昭和六〇・七・五 法律八九）

（風俗営業等の規制及び業務の適正化等に関する法律の一部改正）

第三条　風俗営業等の規制及び業務の適正化等に関する法律（昭和二十三年法律第百二十二号）の一部を次のように改正する。

第四条第一項第二号中「若しくは職業安定法（昭和二十二年法律第百四十一号）第六十三条第二号の罪」を「、職業安定法（昭和二十二年法律第百四十一号）第六十三条第二号の罪若しくは労働者派遣事業の適正な運営の確保及び派遣労働者の就業条件の整備等に関する法律（昭和六十年法律第八十八号。以下「労働者派遣法」という。）第五十八条の罪」に、「第六十二条第二項」を「第六十二条第二項（労働者派遣法第四十四条第二項の規定により適用される場合を含む。）の規定に違反し、労働者派遣法第四十四条第四項の規定により労働基準法第六十二条第二項の規定に違反したものとみなされ、」に改める。

○地方税法の一部を改正する法律〔抄〕（昭和六三・一二・三〇 法律一一〇）

附　則

（風俗営業等の規制及び業務の適正化等に関する法律の一部改正）

第十八条　風俗営業等の規制及び業務の適正化等に関する法律（昭和二十三年法律第百二十二号）の一部を次のように改正する。

第三条第三項及び第四項を削る。

第十条第一項中「第四号」を「第三号」に改め、第三号を削り、第四号を第三号とする。

第四十三条中第二号を削り、第三号を第二号とし、第四号から第八号までを一号ずつ繰り上げる。

○行政手続法の施行に伴う関係法律の整備に関する法律〔抄〕

（平成五・一一・一二 法律八九）

第一章　総理府関係

（風俗営業等の規制及び業務の適正化等に関する法律の一部改正）

第三条　風俗営業等の規制及び業務の適正化等に関する法律（昭和二十三年法律第百二十二号）の一部を次のように改正する。

第四十一条を次のように改める。

（聴聞の特例）

第四十一条　公安委員会は、第二十六条、第三十条第一項若しくは第三項、第三十四条第二項若しくは第三十五条の規定により営業の停止を命じ、又は第三十条第二項の規定により営業の廃止を命じようとするときは、行政手続法（平成五年法律第八十八号）第十三条第一項の規定による意見陳述のための手続の区分にかかわらず、聴聞を行わなければならない。

2　第八条、第二十六条、第三十条、第三十四条第二項、第三十五条又は第三十九条第四項（前条第三項において準用する場合を含む。）の規定による処分に係る聴聞を行うに当たつては、その期日の一週間前までに、行政手続法第十五条第一項の規定による通知をし、かつ、聴聞の期日及び場所を公示しなければならない。

3　前項の通知を行政手続法第十五条第三項に規定する方法によつて行う場合においては、同条第一項の規定により聴聞の期日までにおくべき相当な期間は、二週間を下回つてはならない。

4　第八条、第二十六条、第三十条、第三十四条第二項、第三十五条又は第三十九条第四項（前条第三項において準用する場合を含む。）の規定による処分に係る聴聞の期日における審理は、公開により行わなければならない。

第四十一条の次に次の一条を加える。

（行政手続法の適用除外）

第四十一条の二　公安委員会がそのあらかじめ指定する医師の診断に基づき第四条第一項第四号に該当すると認めた者について行う第八条の規定による処分については、行政手続法第三章（第十二条及び第十四条を除く。）の規定は、適用しない。

○風俗営業等の規制及び業務の適正化等に関する法律の一部を改正する法律

（平成一〇・五・八 法律五五）

風俗営業等の規制及び業務の適正化等に関する法律（昭和二十三年法律第百二十二号）の一部を次のように改正する。

目次中「第四章　風俗関連営業等の規制
第一節　風俗関連営業の規制（第二十七条―第三十一条）」を「第四章　性風俗特殊営業等の規制
第一節　性風俗特殊営業の規制
第一款　店舗型性風俗特殊営業の規制（第二十七条―第三十一条）
第二款　無店舗型性風俗特殊営業の規制（第三十一条の二―第三十一条の六）
第三款　映像送信型性風俗特殊営業の規制等（第三十一条の七―第三十一条の十二）」
に、「第三節　興行場営業の規制（第三十五条）」を「第三節　興行場営業の規制（第三十五条）
第四節　接客業務受託営業の規制（第三十五条の二・第三十五条の三）」に改める。

第一条中「風俗関連営業等」を「性風俗特殊営業等」に改める。

第二条第一項第四号中「又は」を「若しくは」に改め、「該当する営業」の下に「又は客にダンスを教授するための営業のうちダンスを教授する者（政令で定めるダンスの教授に関する講習を受けその課程を修了した者その他ダンスを正規に教授する能力を有する者として政令で定める者に限る。）が客にダンスを教授する場合にのみ客にダンスをさせる営業」を加え、同条第二項中「第七条第一項」の下に「若しくは第七条の二第一項」を加え、同条第四項中「風俗関連営業」を「店舗型性風俗特殊営業」に改め、同項第五号中「ほか」の下に「、店舗を設けて営む性風俗に関する営業で」を加え、「（性風俗に関するものに限る。）」を削り、同項を同項第六号とし、同項第四号中「写真」の下に「、ビデオテープ」を加え、同号を同項第五号とし、同項第三号中「この号」を「この条」に改め、同号を同項第四号とし、同項中第二号を第三号とし、第一号の次に次の一号を加える。

二　個室を設け、当該個室において異性の客の性的好奇心に応じてその客に接触する役務を提供する営業（前号に該当する営業を除く。）

第二条中第四項を第六項とし、第三項の次に次の二項を加える。

4　この法律において「接待飲食等営業」とは、第一項第一号から第六号までのいずれかに該当する営業をいう。

5　この法律において「性風俗特殊営業」とは、店舗型性風俗特殊営業、無店舗型性風俗特殊営業及び映像送信型性風俗特殊営業をいう。

第二条に次の三項を加える。

7　この法律において「無店舗型性風俗特殊営業」とは、次の各号のいずれかに該当する営業をいう。

一　人の住居又は人の宿泊の用に供する施設において異性の客の性的好奇心に応じてその客に接触する役務を提供する営業で、当該役務を行う者を、その客の依頼を受けて派遣することにより営むもの

二　電話その他の国家公安委員会規則で定める方法による客の依頼を受けて、専ら、前項第五号の政令で定める物品を販売し、又は貸し付ける営業で、当該物品を配達し、又は配達させることにより営むもの

8　この法律において「映像送信型性風俗特殊営業」とは、専ら、性的好奇心をそそるため性的な行為を表す場面又は衣服を脱いだ人の姿態の映像を見せる営業で、電気通信設備を用いてその客に当該映像を伝達すること（放送又は有線放送に該当するものを除く。）により営むものをいう。

9　この法律において「接客業務受託営業」とは、専ら、次に掲げる営業を営む者から委託を受けて当該営業の営業所において客に接する業務の一部を行うこと（当該業務の一部に従事する者が委託を受けた者及び当該営業を営む者の指揮命令を受ける場合を含む。）を内容とする営業をいう。

一　接待飲食等営業

二　店舗型性風俗特殊営業

三　飲食店営業（設備を設けて客に飲食をさせる営業で食品衛生法（昭和二十二年法律第二百三十三号）第二十一条第一項の許可を受けて営むものをいい、接待飲食等営業又は店舗型性風俗特殊営業に該当するものを除く。以下同じ。）のうち、バー、酒場その他客に酒類を提供して営む営業（営業の常態として、通常主食と認められる食事を提供して営むものを除く。以下「酒類提供飲食店営業」という。）で、日出時から午後十時までの時間においてのみ営むもの以外のもの

第四条第一項第二号中「第六十三条第二号の罪」の下に「、出入国管理及び難民認定法（昭和二十六年政令第三百十九号）第七十三条の二第一項の罪」を加え、同条第二項第一号中「次項」を「第四項」に改め、「第九条」の下に「、第十条の二第二項第三号」を加え、「第三十九条第二項第六号」を「第三十九条第二項第七号」に改め、同条中第三項を第四項とし、第二項の次に次の一項を加える。

3　公安委員会は、前条第一項の許可又は第七条第一項若しくは第七条の二第一項の承認を受けて営んでいた風俗営業の営業所が火災、震災その他その者の責めに帰することができない事由で政令で定めるものにより滅失したために当該風俗営業を廃止した者が、当該廃止した風俗営業と同一の風俗営業の種別の風俗営業で営業所が前項第二号の地域内にあるものにつき、前条第一項の許可を受けようとする場合において、当該許可の申請が次

の各号のいずれにも該当するときは、前項第二号の規定にかかわらず、許可をすることができる。

一　当該風俗営業を廃止した日から起算して五年以内にされたものであること。

二　次のいずれかに該当すること。

イ　当該滅失した営業所の所在地が、当該滅失前から前項第二号の地域に含まれていたこと。

ロ　当該滅失した営業所の所在地が、当該滅失以降に前項第二号の地域に含まれることとなつたこと。

三　当該滅失した営業所とおおむね同一の場所にある営業所につきされたものであること。

四　当該滅失した営業所とおおむね等しい面積の営業所につきされたものであること。

第六条の見出し中「許可証」を「許可証等」に改め、同条中「許可証」の下に「（第十条の二第一項の認定を受けた風俗営業者にあつては、同条第三項の認定証）」を加える。

第七条の次に次の一条を加える。

（**法人の合併**）

第七条の二　風俗営業者たる法人がその合併により消滅することとなる場合において、あらかじめ合併について国家公安委員会規則で定めるところにより公安委員会の承認を受けたときは、合併後存続し、又は合併により設立された法人は、風俗営業者の地位を承継する。

2　第四条第一項の規定は、前項の承認について準用する。この場合において、同条第一項中「前条第一項の許可を受けようとする者」とあるのは、「第七条の二第一項の承認を受けようとする法人」と読み替えるものとする。

3　前条第五項の規定は、第一項の承認を受けようとした法人について準用する。この場合において、同条第五項中「被相続人」とあるのは、「合併により消滅した法人」と読み替えるものとする。

第八条中「受けた者（」の下に「第七条第一項又は」を加え、同条第三号中「当該」を「正当な事由がないのに、当該」に改める。

第九条第一項中「除く」の下に「。第五項において同じ」を加え、同条に次の一項を加える。

5　第一項の規定は、第十条の二第一項の認定を受けた風俗営業者が営業所の構造又は設備の変更をしようとする場合については、適用しない。この場合において、当該風俗営業者は、当該変更をしたときは、公安委員会に、総理府令で定める事項を記載した届出書を総理府令で定める添付書類とともに提出しなければならない。

第十条第三項中「（第一号に掲げる場合にあつては、相続人が第七条第一項の承認の申請をしなかつたときに限る。）」を削り、同項第一号中「場合」の下に「（相続人が第七条第一項の承認の申請をしなかつた場合に限る。）」を加え、同項第二号中「場合」の下に「（その消滅までに、合併後存続し、又は合併により設立される法人につき第七条の二第一項の承認がされなかつた場合に限る。）」を加え、同号を同項第三号とし、同項第一号の次に次の一号を加える。

二　法人が合併以外の事由により解散した場合　清算人又は破産管財人

第十条の次に次の一条を加える。

（**特例風俗営業者の認定**）

第十条の二　公安委員会は、次の各号のいずれにも該当する風俗営業者を、その申請により、第六条及び第九条第一項の規定の適用につき特例を設けるべき風俗営業者として認定することができる。

一　当該風俗営業の許可（第七条第一項又は第七条の二第一項の承認を受けて営んでいる風俗営業にあつては、当該承認）を受けてから十年以上経過していること。

二　過去十年以内にこの法律に基づく処分（指示を含む。以下同じ。）を受けたことがなく、かつ、受けるべき事由が現にないこと。

三　前二号に掲げるもののほか、当該風俗営業に関し法令及びこの法律に基づく条例の遵守の状況が優良な者として国家公安委員会規則で定める基準に適合する者であること。

2　前項の認定を受けようとする者は、公安委員会に、次の事項を記載した認定申請書を提出しなければならない。この場合において、当該認定申請書には、総理府令で定める書類を添付しなければならない。

一　氏名又は名称及び住所並びに法人にあつては、その代表者の氏名

二　営業所の名称及び所在地

三　営業所の構造及び設備の概要

3　公安委員会は、第一項の認定をしたときは、国家公安委員会規則で定めるところにより、認定証を交付しなければならない。

4　公安委員会は、第一項の認定をしないときは、国家公安委員会規則で定めるところにより、申請者にその旨を通知しなければならない。

5　認定証の交付を受けた者は、当該認定証を亡失し、又は当該認定証が滅失したときは、速やかにその旨を公安委員会に届け出て、認定証の再交付を受けなければならない。

6　公安委員会は、第一項の認定を受けた者につき次の各号のいずれかに該当する事由があつたときは、当該認定を取り消さなければならない。

一　偽りその他不正の手段により当該認定を受けたことが判明したこと。

二　当該風俗営業の許可が取り消されたこと。

三　この法律に基づく処分を受けたこと。

四　第一項第三号に該当しなくなつたこと。

7　認定証の交付を受けた者は、次の各号のいずれかに該当することとなつたときは、遅滞なく、認定証（第三号の場合にあつては、発見し、又は回復した認定証）を公安委員会に返納しなければならない。

一　当該風俗営業を廃止したとき。

二　認定が取り消されたとき。

三　認定証の再交付を受けた場合において、亡失した認定証を発見し、又は回復したとき。

8　前項第一号の規定による認定証の返納があつたときは、認定は、その効力を失う。

9　認定証の交付を受けた者が次の各号に掲げる場合のいずれかに該当することとなつたときは、当該各号に掲げる者は、遅滞なく、認定証を公安委員会に返納しなければならない。

一　死亡した場合　同居の親族又は法定代理人

二　法人が合併以外の事由により解散した場合　清算人又は破産管財人

三　法人が合併により消滅した場合　合併後存続し、又は合併により設立された法人の代表者

第十三条第一項中「、午前零時以後においてその定める時」を「当該事情のある地域として当該条例で定める地域内は午前零時以後において当該条例で定める時、当該条例で定める日以外の日にあつては午前一時まで風俗営業を営むことが許容される特別な事情のある地域として政令で定める基準に従い都道府県の条例で定める地域内に限り午前一時」に改める。

第十八条中「第二条第一項第四号の営業（専ら客にダンスを教授するための営業に限る。）に係る営業所で少年の健全な育成に障害を及ぼすおそれがないものとして国家公安委員会規則で定める基準に適合するもの及び同項第八号」を「第二条第一項第八号」に改め、「（第二十二条第四号において「ダンス教授所等」という。）」を削り、「同号」を「第二十二条第四号」に改め、同条の次に次の一条を加える。

（接客従業者に対する拘束的行為の規制）

第十八条の二　接待飲食等営業を営む風俗営業者は、その営業に関し、次に掲げる行為をしてはならない。

一　営業所で客に接する業務に従事する者（以下「接客従業者」という。）に対し、接客従業者でなくなつた場合には直ちに残存する債務を完済することを条件として、その支払能力に照らし不相当に高額の債務（利息制限法（昭和二十九年法律第百号）その他の法令の規定によりその全部又は一部が無効とされるものを含む。以下同じ。）を負担させること。

二　その支払能力に照らし不相当に高額の債務を負担させた接客従業者の旅券等（出入国管理及び難民認定法第二条第五号の旅券、道路交通法（昭和三十五年法律第百五号）第九十二条第一項の運転免許証その他求人者が求職者の本人確認のため通常提示を求める書類として政令で定めるものをいう。以下同じ。）を保管し、又は第三者に保管させること。

2　接待飲食等営業を営む風俗営業者は、接客業務受託営業を営む者が当該接客業務受託営業に関し第三十五条の二の規定に違反する行為又は売春防止法第九条、第十条若しくは第十二条の罪に当たる違法な行為をしている疑いがあると認められるときは、当該接客業務受託営業を営む者の使用人その他の従業者で当該違反行為の相手方となつているものが営業所で客に接する業務に従事することを防止するため必要な措置をとらなければならない。

第二十条第一項及び第十項中「第四条第三項」を「第四条第四項」に改める。

第二十二条第四号中「ダンス教授所等」を「第二条第一項第八号の営業に係る営業所」に、「第二条第一項第八号」を「同号」に改める。

第二十六条第一項中「又はその」を「若しくはその」に、「、当該営業」を「当該営業」に、「、法令」を「法令」に、「、著しく」を「著しく」に、「、若しくは」を「若しくは」に改め、「（指示を含む。第三十条第一項及び第三十四条第二項において同じ。）」を削り、同条第二項中「（設備を設けて客に飲食をさせる営業をいう。）であつて、食品衛生法（昭和二十二年法律第二百三十三号）第二十一条第一項の許可を受けて営むもの」を削る。

「第四章　風俗関連営業等の規制」を「第四章　性風俗特殊営業等の規制」に改める。

「第一節　風俗関連営業の規制」を「第一節　性風俗特殊営業の規制」に改める。

第四章第一節中第二十七条の前に次の款名を付する。

第一款　店舗型性風俗特殊営業の規制

第二十七条第一項各号列記以外の部分中「風俗関連営業」を「店舗型性風俗特殊営業」に、「第二条第四項各号」を「第二条第六項各号」に改め、「営業所ごとに、」の下に「当該営業所の所在地を管轄する」を加え、同項第三号中「風俗関連営業」を「店舗型性風俗特殊営業」に改め、同条第二項中「風俗関連営業」を「店舗型性風俗特殊営業」に改める。

第二十八条の見出し中「風俗関連営業」を「店舗型性風俗特殊営業」に改め、同条第一項から第三項までの規定中「風俗関連営業」を「店舗型性風俗特殊営業」に改め、同条第四項中「風俗関連営業」を「店舗型性風俗特殊営業」に、「第二条第四項第三号」を「第二条第六項第四号」に改め、同条第五項及び第六項を次のように改める。

5　店舗型性風俗特殊営業を営む者は、その営業につき、次に掲げる方法で広告又は宣伝をしてはならない。

一　次に掲げる区域又は地域（以下この条において「広告制限区域等」という。）において、広告物（常時又は一定の期間継続して公衆に表示されるものであつて、看板、立看板、はり紙及びはり札並びに広告塔、広告板、建物その他の工作物等に掲出され、又は表示されたもの並びにこれらに類するものをいう。以下同じ。）を表示すること。

イ　第一項に規定する敷地（同項に規定する施設の用に供するものと決定した土地を除く。）の周囲二百メートルの区域

ロ　第二項の規定に基づく条例で定める地域のうち当該店舗型性風俗特殊営業の広告又は宣伝を制限すべき地域として条例で定める地域

二　広告制限区域等において、人の住居にビラ等（ビラ、パンフレット又はこれらに類する広告若しくは宣伝の用に供される文書図画をいう。以下同じ。）を配り、又は差し入れること。

三　前号に掲げるもののほか、広告制限区域等において、ビラ等を頒布すること。

四　広告制限区域等以外の地域において、人の住居（十八歳未満の者が居住していないものを除く。）にビラ等を配り、又は差し入れること。

五　前号に掲げるもののほか、広告制限区域等以外の地域において、十八歳未満の者に対してビラ等を頒布すること。

六　前各号に掲げるもののほか、清浄な風俗環境を害するおそれのある方法

6　前項第一号から第五号までの規定は、第三項の規定により第一項の規定又は第二項の規定に基づく条例の規定を適用しないこととされる店舗型性風俗特殊営業を営む者が当該店舗型性風俗特殊営業の営業所の外周又は内部に広告物を表示する場合及び当該営業所の内部においてビラ等を頒布する場合については、適用しない。

第二十八条に次の五項を加える。

7　第五項第一号の規定は、同号の規定の適用に関する第一項の規定又は同号ロの規定に基づく条例の規定の施行又は適用の際店舗型性風俗特殊営業を営む者が現に表示している広告物（当該施行又は適用の際現に前条第一項の届出書を提出して店舗型性風俗特殊営業を営んでいる者が表示するものに限る。）については、当該施行又は適用の日から一月を経過する日までの間は、適用しない。

8　店舗型性風俗特殊営業を営む者は、その営業につき広告又は宣伝をするときは、国家公安委員会規則で定めるところにより、十八歳未満の者がその営業所に立ち入つてはならない旨を明らかにしなければならない。

9　店舗型性風俗特殊営業を営む者は、国家公安委

員会規則で定めるところにより、十八歳未満の者がその営業所に立ち入つてはならない旨を営業所の入り口に表示しなければならない。

10 第十八条の二の規定は、店舗型性風俗特殊営業を営む者について準用する。

11 店舗型性風俗特殊営業を営む者は、次に掲げる行為をしてはならない。

一 当該営業に関し客引きをすること。

二 営業所で十八歳未満の者を客に接する業務に従事させること。

三 十八歳未満の者を営業所に客として立ち入らせること。

四 営業所で二十歳未満の者に酒類又はたばこを提供すること。

第二十九条中「風俗関連営業」を「店舗型性風俗特殊営業」に改める。

第三十条第一項中「風俗関連営業」を「店舗型性風俗特殊営業」に、「又はその」を「若しくはその」に、「、当該営業」を「当該営業」に、「、この法律」を「この法律」に、「第四十九条第三項第六号及び第七号」を「第四十九条第三項第七号及び第八号」に、「、若しくは」を「若しくは」に改め、同条第二項中「風俗関連営業」を「店舗型性風俗特殊営業」に改め、同条第三項中「風俗関連営業」を「店舗型性風俗特殊営業」に、「第二条第四項第四号及び第五号の営業を除く」を「第二条第六項第一号、第三号又は第四号の営業に限る」に改める。

第三十一条第一項、第二項第一号及び第三項中「風俗関連営業」を「店舗型性風俗特殊営業」に改める。

第四章第一節中第三十一条の次に次の二款を加える。

第二款 無店舗型性風俗特殊営業の規制

（営業等の届出）

第三十一条の二 無店舗型性風俗特殊営業を営もうとする者は、無店舗型性風俗特殊営業の種別（第二条第七項各号に規定する無店舗型性風俗特殊営業の種別をいう。以下同じ。）に応じて、営業の本拠となる事務所（事務所のない者にあつては、住所。以下単に「事務所」という。）の所在地を管轄する公安委員会に、次の事項を記載した届出書を提出しなければならない。

一 氏名又は名称及び住所並びに法人にあつては、その代表者の氏名

二 当該営業につき広告又は宣伝をする場合に当該営業を示すものとして使用する呼称（当該呼称が二以上ある場合にあつては、それら全部の呼称）

三 事務所の所在地

四 客の依頼を受ける方法

五 電話番号その他の客の依頼を受ける業務を行う場所を表示する事項

六 無店舗型性風俗特殊営業の種別

2 前項の届出書を提出した者は、当該無店舗型性風俗特殊営業を廃止したとき、又は同項各号（第六号を除く。）に掲げる事項に変更があつたときは、公安委員会（公安委員会の管轄区域を異にして事務所を変更したときは、変更した後の事務所の所在地を管轄する公安委員会）に、廃止又は変更に係る事項その他の総理府令で定める事項を記載した届出書を提出しなければならない。

（接客従業者に対する拘束的行為の規制等）

第三十一条の三 第十八条の二第一項並びに第二十八条第五項、第七項及び第八項の規定は、無店舗型性風俗特殊営業を営む者について準用する。この場合において、第十八条の二第一項第一号中「営業所で客に」とあるのは「客に」と、第二十八条第五項第一号ロ中「第二項」とあるのは「当該無店舗型性風俗特殊営業の種別に対応する店舗型性風俗特殊営業の種別として政令で定める店舗型性風俗特殊営業の種別の店舗型性風俗特殊営業について第二項」と、同条第七項中「第五項第一号」とあるのは「第三十一条の三第一項において準用する第五項第一号」と、「前条第一項」とあるのは「第三十一条の二第一項」と、同条第八項中「その営業所に立ち入つて」とあるのは「客となつて」と読み替えるものとする。

2 無店舗型性風俗特殊営業を営む者は、次の行為をしてはならない。

一 十八歳未満の者を客に接する業務に従事させること。

二 十八歳未満の者を客とすること。

（指示等）

第三十一条の四 無店舗型性風俗特殊営業を営む者又はその代理人等が、当該営業に関し、この法律又はこの法律に基づく命令若しくは条例の規定に違反したときは、当該違反行為が行われた時にお

ける事務所の所在地を管轄する公安委員会は、当該無店舗型性風俗特殊営業を営む者に対し、善良の風俗若しくは清浄な風俗環境を害する行為又は少年の健全な育成に障害を及ぼす行為を防止するため必要な指示をすることができる。

2　無店舗型性風俗特殊営業を営む者又はその代理人等が、当該営業に関し、前条第一項において準用する第二十八条第五項第一号の規定に違反した場合において、当該違反行為が行われた時における事務所を知ることができず、かつ、当該違反行為がはり紙、はり札（ベニヤ板、プラスチック板その他これらに類する物に紙をはり、容易に取り外すことができる状態で工作物等に取り付けられているものに限る。以下この項において同じ。）又は立看板（木枠に紙張り若しくは布張りをし、又はベニヤ板、プラスチック板その他これらに類する物に紙をはり、容易に取り外すことができる状態で立てられ、又は工作物等に立て掛けられているものに限る。以下この項において同じ。）を前条第一項において準用する同号イに掲げる区域において表示することであるときは、当該違反行為が行われた場所を管轄する公安委員会は、当該違反行為に係るはり紙、はり札又は立看板を警察職員に除却させることができる。

（営業の禁止）

第三十一条の五　無店舗型性風俗特殊営業を営む者若しくはその代理人等が当該営業に関しこの法律に規定する罪、刑法第百七十四条、第百七十五条若しくは第百八十二条の罪若しくは売春防止法第二章に規定する罪に当たる違法な行為その他善良の風俗を害し若しくは少年の健全な育成に障害を及ぼす重大な不正行為で政令で定めるものをしたとき、又は無店舗型性風俗特殊営業を営む者がこの法律に基づく処分に違反したときは、当該行為又は当該違反行為が行われた時における事務所の所在地を管轄する公安委員会は、当該無店舗型性風俗特殊営業を営む者に対し、八月を超えない範囲内で期間を定めて、当該営業と同一の無店舗型性風俗特殊営業の種別の無店舗型性風俗特殊営業に該当する営業の全部又は一部を営んではならない旨を命ずることができる。

（処分移送通知書の送付等）

第三十一条の六　公安委員会は、無店舗型性風俗特殊営業を営む者に対し、第三十一条の四第一項の規定による指示又は前条の規定による命令をしようとする場合において、当該処分に係る無店舗型性風俗特殊営業を営む者が事務所を他の公安委員会の管轄区域内に変更していたときは、当該処分に係る事案に関する弁明の機会の付与又は聴聞を終了している場合を除き、速やかに現に事務所の所在地を管轄する公安委員会に国家公安委員会規則で定める処分移送通知書を送付しなければならない。

2　前項の規定により処分移送通知書が送付されたときは、当該処分移送通知書の送付を受けた公安委員会は、次の各号に掲げる場合の区分に従い、それぞれ当該各号に定める処分をすることができるものとし、当該処分移送通知書を送付した公安委員会は、第三十一条の四第一項及び前条の規定にかかわらず、当該事案について、これらの規定による処分をすることができないものとする。

一　当該無店舗型性風俗特殊営業を営む者又はその代理人等が、当該営業に関し、この法律又はこの法律に基づく命令若しくは条例の規定に違反した場合　善良の風俗若しくは清浄な風俗環境を害する行為又は少年の健全な育成に障害を及ぼす行為を防止するため必要な指示をすること。

二　当該無店舗型性風俗特殊営業を営む者若しくはその代理人等が当該営業に関しこの法律に規定する罪、刑法第百七十四条、第百七十五条若しくは第百八十二条の罪若しくは売春防止法第二章に規定する罪に当たる違法な行為若しくは前条の政令で定める重大な不正行為をした場合又は当該無店舗型性風俗特殊営業を営む者がこの法律に基づく処分に違反した場合　八月を超えない範囲内で期間を定めて、当該営業と同一の無店舗型性風俗特殊営業の種別の無店舗型性風俗特殊営業に該当する営業の全部又は一部を営んではならない旨を命ずること。

3　第一項の規定は、公安委員会が前項の規定により処分をしようとする場合について準用する。

第三款　映像送信型性風俗特殊営業の規制等

（営業等の届出）

第三十一条の七　映像送信型性風俗特殊営業を営もうとする者は、事務所の所在地を管轄する公安委員会に、次の事項を記載した届出書を提出しなければならない。

一　氏名又は名称及び住所並びに法人にあつては、その代表者の氏名

二　当該営業につき広告又は宣伝をする場合に当該営業を示すものとして使用する呼称

三　事務所の所在地

四　第二条第八項に規定する映像の伝達の用に供する電気通信設備（自動公衆送信装置（著作権法（昭和四十五年法律第四十八号）第二条第一項第九号の五イに規定する自動公衆送信装置をいう。以下同じ。）を用いる場合にあつては自動公衆送信装置のうち当該映像の伝達の用に供する部分をいい、電気通信回線の部分を除く。次条において「映像伝達用設備」という。）を識別するための電話番号その他これに類する記号であつて、当該映像を伝達する際に用いるもの

五　前号に規定する場合における自動公衆送信装置が他の者の設置するものである場合にあつては、当該自動公衆送信装置の設置者の氏名又は名称及び住所

2　第三十一条の二第二項の規定は、前項の届出書を提出した者について準用する。この場合において、同条第二項中「同項各号（第六号を除く。）」とあるのは、「第三十一条の七第一項各号」と読み替えるものとする。

（街頭における広告及び宣伝の規制等）

第三十一条の八　第二十八条第五項、第七項及び第八項の規定は、映像送信型性風俗特殊営業を営む者について準用する。この場合において、同条第五項第一号ロ中「第二項」とあるのは「第二条第六項第五号の営業について第二項」と、同条第七項中「第五項第一号」とあるのは「第三十一条の八第一項において準用する第五項第一号」と、「前条第一項」とあるのは「第三十一条の七第一項」と、同条第八項中「その営業所に立ち入つて」とあるのは「客となつて」と読み替えるものとする。

2　映像送信型性風俗特殊営業を営む者は、十八歳未満の者を客としてはならない。

3　映像送信型性風俗特殊営業（電気通信設備を用いた客の依頼を受けて、客の本人確認をしないで第二条第八項に規定する映像を伝達するものに限る。）を営む者は、十八歳未満の者が通常利用できない方法による客の依頼のみを受けることとしている場合を除き、電気通信事業者に対し、当該映像の料金の徴収を委託してはならない。

4　映像送信型性風俗特殊営業（前項に規定するものを除く。）を営む者は、客が十八歳以上である旨の証明又は十八歳未満の者が通常利用できない方法により料金を支払う旨の同意を客から受けた後でなければ、その客に第二条第八項に規定する映像を伝達してはならない。

5　その自動公衆送信装置の全部又は一部を映像伝達用設備として映像送信型性風俗特殊営業を営む者に提供している当該自動公衆送信装置の設置者（次条において「自動公衆送信装置設置者」という。）は、その自動公衆送信装置の記録媒体に映像送信型性風俗特殊営業を営む者がわいせつな映像を記録したことを知つたときは、当該映像の送信を防止するため必要な措置を講ずるよう努めなければならない。

（指示等）

第三十一条の九　映像送信型性風俗特殊営業を営む者又はその代理人等が、当該営業に関し、この法律又はこの法律に基づく命令若しくは条例の規定に違反したときは、当該違反行為が行われた時における事務所の所在地を管轄する公安委員会は、当該映像送信型性風俗特殊営業を営む者に対し、善良の風俗若しくは清浄な風俗環境を害する行為又は少年の健全な育成に障害を及ぼす行為を防止するため必要な指示をすることができる。

2　映像送信型性風俗特殊営業を営む者が客にわいせつな映像を見せた場合において、当該映像送信型性風俗特殊営業を営む者に係る自動公衆送信装置設置者が前条第五項の規定を遵守していないと認めるときは、当該自動公衆送信装置設置者の事務所の所在地を管轄する公安委員会は、当該自動公衆送信装置設置者に対し、同項の規定が遵守されることを確保するため必要な措置をとるべきことを勧告することができる。

3　公安委員会は、電気通信事業者たる自動公衆送信装置設置者に対して前項の規定による勧告をしようとするときは、あらかじめ郵政大臣と協議しなければならない。

（年少者の利用防止のための命令）

第三十一条の十　映像送信型性風俗特殊営業を営む者又はその代理人等が、当該営業に関し、第三十一条の八第三項又は第四項の規定に違反したときは、当該違反行為が行われた時における事務所の所在地を管轄する公安委員会は、当該映像送信型性風俗特殊営業を営む者に対し、当該営業を営む方法について、十八歳未満の者を客としないため必要な措置をとるべきことを命ずることができる。

（処分移送通知書の送付等）

第三十一条の十一　公安委員会は、映像送信型性風俗特殊営業を営む者に対し、第三十一条の九第一項の規定による指示又は前条の規定による命令をしようとする場合において、当該処分に係る映像送信型性風俗特殊営業を営む者が事務所を他の公安委員会の管轄区域内に変更していたときは、当該処分に係る事案に関する弁明の機会の付与を終了している場合を除き、速やかに現に事務所の所在地を管轄する公安委員会に国家公安委員会規則で定める処分移送通知書を送付しなければならない。

2　前項の規定により処分移送通知書が送付されたときは、当該処分移送通知書の送付を受けた公安委員会は、次の各号に掲げる場合の区分に従い、それぞれ当該各号に定める処分をすることができるものとし、当該処分移送通知書を送付した公安委員会は、第三十一条の九第一項及び前条の規定にかかわらず、当該事案について、これらの規定による処分をすることができないものとする。

一　当該映像送信型性風俗特殊営業を営む者又はその代理人等が、当該営業に関し、この法律又はこの法律に基づく命令若しくは条例の規定に違反した場合　善良の風俗若しくは清浄な風俗環境を害する行為又は少年の健全な育成に障害を及ぼす行為を防止するため必要な指示をすること。

二　当該映像送信型性風俗特殊営業を営む者又はその代理人等が、当該営業に関し、第三十一条の八第三項又は第四項の規定に違反した場合　当該営業を営む方法について、十八歳未満の者を客としないため必要な措置をとるべきことを命ずること。

3　第一項の規定は、公安委員会が前項の規定により処分をしようとする場合について準用する。

第三十二条第一項中「（第二十六条第二項に規定する飲食店営業をいい、風俗営業又は風俗関連営業に該当するものを除く。以下この条から第三十八条までにおいて同じ。）」を削り、同条第三項中「ダンス教授所等」を「第二条第一項第八号の営業に係る営業所」に、「第二条第一項第八号」を「同号」に改める。

第三十三条第一項中「バー、酒場その他客に酒類を提供して営む飲食店営業（営業の常態として、通常主食と認められる食事を提供して営むものを除く。以下「酒類提供飲食店営業」という。）」を「酒類提供飲食店営業」に改め、「営業所ごとに、」の下に「当該営業所の所在地を管轄する」を加え、同条に次の一項を加える。

6　第十八条の二の規定は、酒類提供飲食店営業（日出時から午後十時までの時間においてのみ営むものを除く。）を営む者について準用する。

第三十四条第二項中「又はその」を「若しくはその」に、「、当該営業」を「当該営業」に、「、法令」を「法令」に、「、著しく」を「著しく」に、「、若しくは」を「若しくは」に改める。

第三十五条中「第二条第四項第三号」を「第二条第六項第三号」に改める。

第四章に次の一節を加える。

第四節　接客業務受託営業の規制

（受託接客従業者に対する拘束的行為の規制等）

第三十五条の二　接客業務受託営業を営む者は、その営業に関し、次に掲げる行為をしてはならない。

一　当該接客業務受託営業を営む者の使用人その他の従業者で第二条第九項に規定する業務の一部に従事するもの（以下この節において「受託接客従業者」という。）に対し、受託接客従業者でなくなつた場合には直ちに残存する債務を完済することを条件として、その支払能力に照らし不相当に高額の債務を負担させること。

二　その支払能力に照らし不相当に高額の債務を負担させた受託接客従業者の旅券等を保管し、又は第三者に保管させること。

（指示等）

第三十五条の三　接客業務受託営業を営む者又はその代理人等が、当該営業に関し、前条の規定に違反する行為をした場合において、善良の風俗若しくは清浄な風俗環境を害し、又は少年の健全な育成に障害を及ぼすおそれがあると認めるときは、当該違反行為が行われた時における事務所の所在地を管轄する公安委員会は、当該接客業務受託営業を営む者に対し、善良の風俗若しくは清浄な風俗環境を害する行為又は少年の健全な育成に障害を及ぼす行為を防止するため必要な指示をすることができる。

2　接客業務受託営業を営む者若しくはその代理人等が当該営業に関し刑法第二百二十三条の罪に当たる違法な行為その他の受託接客従業者に善良の風俗若しくは清浄な風俗環境を害し若しくは少年の健全な育成に障害を及ぼす行為を行わせる手段となるおそれがある重大な不正行為で政令で定めるものをしたとき、又は接客業務受託営業を営む者が前項の規定による指示に違反したときは、当該行為又は当該違反行為が行われた時における事務所の所在地を管轄する公安委員会は、当該接客業務受託営業を営む者に対し、六月を超えない範囲内で期間を定めて、接客業務受託営業に該当する営業の全部又は一部を営んではならない旨を命ずることができる。

3　公安委員会は、接客業務受託営業を営む者に対し、第一項の規定による指示又は前項の規定による命令をしようとする場合において、当該処分に係る接客業務受託営業を営む者が事務所を他の公安委員会の管轄区域内に変更していたときは、当該処分に係る事案に関する弁明の機会の付与又は聴聞を終了している場合を除き、速やかに現に事務所の所在地を管轄する公安委員会に国家公安委員会規則で定める処分移送通知書を送付しなければならない。

4　前項の規定により処分移送通知書が送付されたときは、当該処分移送通知書の送付を受けた公安委員会は、次の各号に掲げる場合の区分に従い、それぞれ当該各号に定める処分をすることができるものとし、当該処分移送通知書を送付した公安委員会は、第一項及び第二項の規定にかかわらず、当該事案について、これらの規定による処分をすることができないものとする。

一　当該接客業務受託営業を営む者又はその代理人等が、当該営業に関し、前条の規定に違反する行為をした場合（善良の風俗若しくは清浄な風俗環境を害し、又は少年の健全な育成に障害を及ぼすおそれがあると認める場合に限る。）　善良の風俗若しくは清浄な風俗環境を害する行為又は少年の健全な育成に障害を及ぼす行為を防止するため必要な指示をすること。

二　当該接客業務受託営業を営む者若しくはその代理人等が当該営業に関し第二項の政令で定める重大な不正行為をした場合又は接客業務受託営業を営む者が第一項の規定による指示に違反した場合　六月を超えない範囲内で期間を定めて、接客業務受託営業に該当する営業の全部又は一部を営んではならない旨を命ずること。

5　第三項の規定は、公安委員会が前項の規定により処分をしようとする場合について準用する。

第三十六条中「風俗関連営業」を「店舗型性風俗特殊営業を営む者、無店舗型性風俗特殊営業」に改め、「（次条第一項において「風俗営業者等」という。）」を削り、「営業所ごとに」を「営業所ごと（無店舗型性風俗特殊営業を営む者にあつては、事務所）に」に改める。

第三十七条第一項中「風俗営業者等」を「風俗営業者、性風俗特殊営業を営む者、第三十三条第六項に規定する酒類提供飲食店営業を営む者、深夜において飲食店営業（酒類提供飲食店営業を除く。）を営む者又は接客業務受託営業を営む者」に改め、同条第二項中「風俗関連営業」を「店舗型性風俗特殊営業」に改める。

第三十八条第二項中「風俗関連営業等（風俗関連営業」を「性風俗特殊営業等（性風俗特殊営業」に、「及び興行場営業」を「、興行場営業及び接客業務受託営業」に改める。

第三十九条第二項第七号を同項第八号とし、同項第六号中「承認」の下に「又は第十条の二第一項の認定」を加え、同号を同項第七号とし、同項第五号中「又は第二号」を「若しくは第二号又は同条第三項第二号から第四号まで」に改め、同号を同項第六号とし、同項中第四号を第五号とし、第三号の次に次の一号を加える。

四　善良の風俗の保持及び風俗環境の浄化並びに少年の健全な育成に資するための民間の自主的な組織活動を助けること。

第三十九条第五項中「第二項第五号又は第六号」を「第二項第六号又は第七号」に改める。

第四十一条第一項中「停止を命じ」の下に「、第三十一条の五、第三十一条の六第二項第二号若しくは第三十五条の三第二項若しくは第四項第二号の規定により営業の禁止を命じ」を加え、同条第二項及び第四項中「第八条」の下に「、第十条の二第六項」を、「第三十条」の下に「、第三十一条の五、第三十一条の六第二項第二号」を、「第三十五条」の下に「、第三十五条の三第二項若しくは第四項第二号」を加える。

第四十一条の二の次に次の一条を加える。

（国家公安委員会への報告等）

第四十一条の三　公安委員会は、次の各号に掲げる場合のいずれかに該当するときは、国家公安委員会規則で定める事項を国家公安委員会に報告しなければならない。この場合において、国家公安委員会は、当該報告に係る事項を各公安委員会に通報するものとする。

一　第三条第一項の許可若しくは第七条第一項若しくは第七条の二第一項の承認をし、又は第三十一条の二第一項、同条第二項（第三十一条の七第二項において準用する場合を含む。）若しくは同条第一項の届出書を受理した場合

二　第二十五条、第二十六条第一項、第三十一条の四第一項、第三十一条の五、第三十一条の六第二項、第三十一条の九第一項、第三十一条の十、第三十一条の十一第二項又は第三十五条の三第一項、第二項若しくは第四項の規定による処分をした場合

2　前項に規定するもののほか、公安委員会は、風俗営業者、無店舗型性風俗特殊営業、映像送信型性風俗特殊営業若しくは接客業務受託営業を営む者若しくはこれらの代理人等が同項第二号に規定する処分の事由となる行為若しくは違反行為をし、又は風俗営業者若しくは無店舗型性風俗特殊営業、映像送信型性風俗特殊営業若しくは接客業務受託営業を営む者が同号に規定する処分に違反したと認める場合には、風俗営業の営業所の所在地又は当該行為若しくは当該違反行為が行われた時における無店舗型性風俗特殊営業、映像送信型性風俗特殊営業若しくは接客業務受託営業の事務所の所在地を管轄する公安委員会に対し、国家公安委員会規則で定める事項を通報しなければならない。

第四十三条中第七号を第十号とし、第六号を第九号とし、第五号を第六号とし、同号の次に次の二号を加える。

七　第十条の二第一項の認定を受けようとする者

八　第十条の二第五項の認定証の再交付を受けようとする者

第四十三条中第四号を第五号とし、第三号の次に次の一号を加える。

四　第七条の二第一項の承認を受けようとする者

第四十九条第一項中「五十万円」を「百万円」に改め、同項第二号中「第七条第一項」の下に「若しくは第七条の二第一項」を加え、同項第四号中「第三十条」の下に「、第三十一条の五、第三十一条の六第二項第二号」を加え、「又は第三十五条」を「、第三十五条又は第三十五条の三第二項若しくは第四項第二号」に改め、同条第二項中「五十万円」を「百万円」に改め、同条第三項中「三十万円」を「五十万円」に改め、同項第一号中「第四条第三項」を「第四条第四項」に改め、同項第八号中「第二十八条第五項」を「第二十八条第十一項」に改め、同号を同項第九号とし、同項中第三号から第七号までを一号ずつ繰り下げ、第二号の次に次の一号を加える。

三　偽りその他不正の手段により第十条の二第一項の認定を受けた者

第四十九条第三項に次の二号を加える。

十　第三十一条の三第二項第一号の規定に違反した者

十一　第三十一条の十又は第三十一条の十一第二項第二号の規定による公安委員会の命令に従わなかつた者

第四十九条第四項中「又は第二十八条第五項第二号」を「、第二十八条第十一項第二号又は第三十一条の三第二項第一号」に改め、同条第五項中「二十万円」を「三十万円」に改め、同項第五号を同項第七号とし、同項第四号中「第二十七条第一項の」を「第二十七条第一項、第三十一条の二第一項若しくは第三十一条の七第一項の」に改め、「又は第二十七条第一項」の下に「、第三十一条の二第一項、第三十一条の七第一項」を加え、同号を同項第六号とし、同項中第三号を第五号とし、第二号を第四号とし、第一号の次に次の二号を加える。

二　第九条第五項後段の規定に違反して届出書若しくは添付書類を提出せず、又は同項後段の届出書若しくは添付書類に虚偽の記載をして提出

した者

三　第十条の二第二項の認定申請書又は添付書類に虚偽の記載をして提出した者

第四十九条第六項中「十万円」を「二十万円」に改め、同項第二号中「第七条第五項」の下に「（第七条の二第三項において準用する場合を含む。）」を加え、同項第三号中「、第二十七条第二項」を削り、「前項第四号」を「前項第六号」に改め、同項中第六号を第八号とし、第五号を第七号とし、第四号の次に次の二号を加える。

五　第十条の二第七項の規定に違反した者

六　第二十七条第二項若しくは第三十一条の二第二項（第三十一条の七第二項において準用する場合を含む。以下この号において同じ。）の規定に違反して届出書を提出せず、又は第二十七条第二項若しくは第三十一条の二第二項の届出書に虚偽の記載をして提出した者

第五十一条中「第七条第六項又は第十条第三項の規定に違反した者は、五万円」を「次の各号のいずれかに該当する者は、十万円」に改め、同条に次の各号を加える。

一　第七条第六項の規定に違反した者

二　第十条第三項の規定に違反した者

三　第十条の二第九項の規定に違反した者

附　則〔略〕

○児童買春、児童ポルノに係る行為等の処罰及び児童の保護等に関する法律〔抄〕

（平成一一・五・二六 法律五二）

附　則

（風俗営業等の規制及び業務の適正化等に関する法律の一部改正）

第三条　風俗営業等の規制及び業務の適正化等に関する法律（昭和二十三年法律第百二十二号）の一部を次のように改正する。

第四条第一項第二号中「第二章に規定する罪」の下に「、児童買春、児童ポルノに係る行為等の処罰及び児童の保護等に関する法律（平成十一年法律第五十二号）に規定する罪」を加える。

第三十条第一項、第三十一条の五及び第三十一条の六第二項第二号中「若しくは売春防止法第二章に規定する罪」を「、売春防止法第二章に規定する罪若しくは児童買春、児童ポルノに係る行為等の処罰及び児童の保護等に関する法律に規定する罪」に改める。

第三十五条中「又は第百七十五条の罪」を「若しくは第百七十五条の罪又は児童買春、児童ポルノに係る行為等の処罰及び児童の保護等に関する法律第七条の罪」に改める。

○地方分権の推進を図るための関係法律の整備等に関する法律〔抄〕

（平成一一・七・一六 法律八七）

（風俗営業等の規制及び業務の適正化等に関する法律の一部改正）

第九条　風俗営業等の規制及び業務の適正化等に関する法律（昭和二十三年法律第百二十二号）の一部を次のように改正する。

第二十条第八項中「第二項」を「都道府県は、第二項」に、「を受けようとする者は」を「に係る手数料の徴収については、政令で定める者から」に改め、「実費」の下に「の範囲内において、遊技機の種類、構造等に応じ、当該認定又は試験の事務の特性」を加え、「国家公安委員会規則で」を「政令で」に、「の手数料を、条例（第五項の指定試験機関が行う試験に係る手数料にあつては、国家公安委員会規則）で定めるところにより納め」を「を徴収することを標準として条例を定め」に改め、同条第九項中「手数料は」を「場合においては」に、「（第五項」を「は、条例で定めるところにより、第五項」に、「手数料にあつては」を「手数料を」に、「）の収入とする」を「へ納めさせ、その収入とすることができる」に改める。

第四十三条を次のように改める。

（手数料）

第四十三条　都道府県は、第三条第一項の許可又は第二十条第十項において準用する第九条第一項の承認に係る手数料の徴収については、政令で定める者から、実費を勘案して政令で定める額（第四条第四項に規定する営業に係る営業所に設置する遊技機に第二十条第二項の認定を受けた遊技機以外の遊技機（同条第四項の検定を受けた型式に属するものを除く。）がある場合にあつては、実費の範囲内において同条第八項の政令で定める認定の事務に係る手数料の額を勘案して政令で定める額）を徴収することを標準として条例を定めなければならない。

第四十六条中「命令」を「政令」に改める。

附　則〔略〕

○組織的な犯罪の処罰及び犯罪収益の規制等に関する法律〔抄〕

（平成一一・八・一八　法律一三六）

附　則

（風俗営業等の規制及び業務の適正化等に関する法律の一部改正）

第五条　風俗営業等の規制及び業務の適正化等に関する法律（昭和二十三年法律第百二十二号）の一部を次のように改正する。

第四条第一項第二号中「第百八十六条の罪」の下に「、組織的な犯罪の処罰及び犯罪収益の規制等に関する法律（平成十一年法律第百三十六号）第三条第一項（同項第一号又は第二号に係る部分に限る。）の罪」を加える。

○民法の一部を改正する法律の施行に伴う関係法律の整備等に関する法律〔抄〕

（平成一一・一二・八　法律一五一）

（弁理士法等の一部改正）

第八条　次に掲げる法律の規定中「禁治産者」を「成年被後見人」に、「準禁治産者」を「被保佐人」に改める。

一～三〔略〕

四　風俗営業等の規制及び業務の適正化等に関する法律（昭和二十三年法律第百二十二号）第四条第一項第一号

五～三十八〔略〕

附　則〔略〕

○中央省庁等改革関係法施行法〔抄〕

（平成一一・一二・二二 法律一六〇）

（風俗営業等の規制及び業務の適正化等に関する法律の一部改正）

第百七条 風俗営業等の規制及び業務の適正化等に関する法律（昭和二十三年法律第百二十二号）の一部を次のように改正する。

本則中「総理府令」を「内閣府令」に、「郵政大臣」を「総務大臣」に改める。

附 則〔略〕

○商法等の一部を改正する法律の施行に伴う関係法律の整備に関する法律〔抄〕

（平成一二・五・三一 法律九一）

（風俗営業等の規制及び業務の適正化等に関する法律の一部改正）

第十五条 風俗営業等の規制及び業務の適正化等に関する法律（昭和二十三年法律第百二十二号）の一部を次のように改正する。

第二条第二項中「若しくは第七条の二第一項」を「、第七条の二第一項若しくは第七条の三第一項」に改める。

第四条第一項第七号の次に次の一号を加える。

七の二 第六号に規定する期間内に分割により同号の聴聞に係る風俗営業を承継させ、若しくは分割により当該風俗営業以外の風俗営業を承継した法人（分割について相当な理由がある者を除く。）又はこれらの法人の同号の公示の日前六十日以内に役員であつた者で当該分割の日から起算して五年を経過しないもの

第四条第一項第九号中「第七号」を「第七号の二」に改め、同条第三項中「若しくは第七条の二第一項」を「、第七条の二第一項若しくは第七条の三第一項」に改める。

第七条の二の次に次の一条を加える。

（法人の分割）

第七条の三 風俗営業者たる法人が分割により風俗営業を承継させる場合において、あらかじめ当該分割について国家公安委員会規則で定めるところにより公安委員会の承認を受けたときは、分割により当該風俗営業を承継した法人は、当該風俗営業についての風俗営業者の地位を承継する。

2 第四条第一項の規定は、前項の承認について準用する。この場合において、同条第一項中「前条第一項の許可を受けようとする者」とあるのは、「第七条の三第一項の承認を受けようとする法人」と読み替えるものとする。

3 第七条第五項の規定は、第一項の承認を受けようとした法人について準用する。この場合において、同条第五項中「被相続人」とあるのは、「分割をした法人」と読み替えるものとする。

第八条中「第七条第一項」の下に「、第七条の二第一項」を加える。

第十条第一項第一号中「廃止したとき」の下に「（当該風俗営業につき第七条の三第一項の承認を受けたときを除く。）」を加える。

第十条の二第一項第一号中「又は第七条の二第一項」を「、第七条の二第一項又は第七条の三第一項」に改める。

第二十四条第二項第二号中「第七号」を「第七号の二」に改める。

第四十一条の三第一項第一号及び第四十九条第一

項第二号中「若しくは第七条の二第一項」を「、第七条の二第一項若しくは第七条の三第一項」に改め、同条第六項第二号中「第七条の二第三項」の下に「及び第七条の三第三項」を加える。

附　則〔略〕

○風俗営業等の規制及び業務の適正化等に関する法律の一部を改正する法律

（平成一三・六・二〇　法律五二）

風俗営業等の規制及び業務の適正化等に関する法律（昭和二十三年法律第百二十二号）の一部を次のように改正する。

目次中「性風俗特殊営業等」を「性風俗関連特殊営業等」に、「第一節　性風俗特殊営業の規制」を「第一節　性風俗関連特殊営業の規制」に、「第三款　映像送信型性風俗特殊営業の規制等（第三十一条の七—第三十一条の十二）」を

「第三款　映像送信型性風俗特殊営業の規制等（第三十一条の七—第三十一条の十一）
第四款　店舗型電話異性紹介営業の規制（第三十一条の十二—第三十一条の十六）
第五款　無店舗型電話異性紹介営業の規制（第三十一条の十七—第三十一条の二十二）」

に、「第三節　興行場営業の規制（第三十五条）」を

「第三節　興行場営業の規制（第三十五条）
第四節　特定性風俗物品販売等営業の規制（第三十五条の二）」

に、「第四節」を「第五節」に、「第三十五条の二・第三十五条の三」を「第三十五条の三・第三十五条の四」に改める。

第一条中「性風俗特殊営業等」を「性風俗関連特殊営業等」に改める。

第二条第五項中「「性風俗特殊営業」を「「性風俗関連特殊営業」に、「及び映像送信型性風俗特殊営業」を「、映像送信型性風俗特殊営業、店舗型電話異性紹介営業及び無店舗型電話異性紹介営業」に改め、同条中第九項を第十一項とし、第八項の次に次の二項を加える。

9　この法律において「店舗型電話異性紹介営業」とは、店舗を設けて、専ら、面識のない異性との一時の性的好奇心を満たすための交際（会話を含む。次項において同じ。）を希望する者に対し、会話（伝言のやり取りを含むものとし、音声によるものに限る。以下同じ。）の機会を提供することにより異性を紹介する営業で、その一方の者からの電話による会話の申込みを電気通信設備を用いて当該店舗内に立ち入らせた他の一方の者に取り次ぐことによつて営むもの（その一方の者が当該営業に従事する者である場合におけるものを含む。）をいう。

10　この法律において「無店舗型電話異性紹介営業」とは、専ら、面識のない異性との一時の性的好奇心を満たすための交際を希望する者に対し、会話の機会を提供することにより異性を紹介する営業で、その一方の者からの電話による会話の申込みを電気通信設備を用いて他の一方の者に取り次ぐことによつて営むもの（その一方の者が当該営業に従事する者である場合におけるものを含むものとし、前項に該当するものを除く。）をいう。

第四条第一項第四号中「精神病者又は」を削り、「若しくは」を「又は」に改める。

第十八条の二第二項中「第三十五条の二」を「第三十五条の三」に改める。

「第四章　性風俗特殊営業等の規制」を「第四章　性風俗関連特殊営業等の規制」に改める。

「第一節　性風俗特殊営業の規制」を「第一節　性風俗関連特殊営業の規制」に改める。

第三十一条の四第二項中「この項」の下に「及び第三十一条の十九第二項」を加える。

第三十一条の八第五項中「わいせつな映像」の下に「又は児童ポルノ映像（児童買春、児童ポルノに係る行為等の処罰及び児童の保護等に関する法律第二条第三項各号に規定する児童の姿態に該当するものの映像をいう。次条第二項において同じ。）」を加える。

第三十一条の九第二項中「わいせつな映像」の下に「又は児童ポルノ映像」を加える。

第四章第一節第三款の次に次の二款を加える。

第四款　店舗型電話異性紹介営業の規制

（営業等の届出）

第三十一条の十二　店舗型電話異性紹介営業を営もうとする者は、営業所ごとに、当該営業所の所在地を管轄する公安委員会に、次の事項を記載した届出書を提出しなければならない。

一　氏名又は名称及び住所並びに法人にあつては、その代表者の氏名

二　営業所の名称及び所在地

三　第二条第九項に規定する電気通信設備を識別するための電話番号

四　前三号に掲げるもののほか、内閣府令で定める事項

2　第二十七条第二項の規定は、前項の届出書を提出した者について準用する。この場合において、同条第二項中「同項各号（第三号を除く。）」とあるのは、「第三十一条の十二第一項各号」と読み替えるものとする。

（店舗型電話異性紹介営業の禁止区域等）

第三十一条の十三　第二十八条第一項から第九項までの規定は、店舗型電話異性紹介営業について準用する。この場合において、同条第三項中「前条第一項」とあるのは「第三十一条の十二第一項」と、同条第四項中「店舗型性風俗特殊営業（第二条第六項第四号の営業その他国家公安委員会規則で定める店舗型性風俗特殊営業を除く。）」とあるのは「店舗型電話異性紹介営業」と、同条第七項中「前条第一項」とあるのは「第三十一条の十二第一項」と、同条第八項中「ならない旨」とあるのは「ならない旨及び十八歳未満の者が第三十一条の十二第一項第三号に掲げる電話番号に電話をかけてはならない旨」と読み替えるものとする。

2　店舗型電話異性紹介営業を営む者は、次に掲げる行為をしてはならない。

一　当該営業に関し客引きをすること。

二　営業所で十八歳未満の者を客に接する業務に従事させること。

三　十八歳未満の従業者を第二条第九項の規定によりその機会を提供する会話の当事者にすること。

四　十八歳未満の者を営業所に客として立ち入らせること。

五　営業所で二十歳未満の者に酒類又はたばこを提供すること。

六　十八歳未満の者からの第二条第九項に規定する会話の申込みを取り次ぐこと。

3　店舗型電話異性紹介営業を営む者は、第二条第九項に規定する会話の申込みをした者が十八歳以上であることを確認するための措置であつて国家公安委員会規則で定めるものを講じておかなければならない。

（指示）

第三十一条の十四　公安委員会は、店舗型電話異性紹介営業を営む者又はその代理人等が、当該営業に関し、この法律又はこの法律に基づく命令若しくは条例の規定（前条第一項において準用する第二十八条第一項の規定又は前条第一項において準用する第二十八条第二項の規定に基づく条例の規定を除く。）に違反したときは、当該店舗型電話異性紹介営業を営む者に対し、善良の風俗若しくは清浄な風俗環境を害する行為又は少年の健全な育成に障害を及ぼす行為を防止するため必要な指示をすることができる。

（営業の停止等）

第三十一条の十五　公安委員会は、店舗型電話異性紹介営業を営む者若しくはその代理人等が当該営業に関しこの法律に規定する罪（第四十九条第三項第七号及び第八号の罪を除く。）、刑法第百七十

四条、第百七十五条若しくは第百八十二条の罪、売春防止法第二章に規定する罪若しくは児童買春、児童ポルノに係る行為等の処罰及び児童の保護等に関する法律に規定する罪に当たる違法な行為その他善良の風俗を害し若しくは少年の健全な育成に障害を及ぼす重大な不正行為で政令で定めるものをしたとき、又は店舗型電話異性紹介営業を営む者がこの法律に基づく処分に違反したときは、当該店舗型電話異性紹介営業を営む者に対し、当該施設を用いて営む店舗型電話異性紹介営業について、八月を超えない範囲内で期間を定めて当該店舗型電話異性紹介営業の全部又は一部の停止を命ずることができる。

2　公安委員会は、前項の場合において、当該店舗型電話異性紹介営業を営む者が第三十一条の十三第一項において準用する第二十八条第一項の規定又は第三十一条の十三第一項において準用する第二十八条第二項の規定に基づく条例の規定により店舗型電話異性紹介営業を営んではならないこととされる区域又は地域において店舗型電話異性紹介営業を営む者であるときは、その者に対し、前項の規定による停止の命令に代えて、当該施設を用いて営む店舗型電話異性紹介営業の廃止を命ずることができる。

（標章のはり付け）

第三十一条の十六　公安委員会は、前条第一項の規定により店舗型電話異性紹介営業の停止を命じたときは、国家公安委員会規則で定めるところにより、当該命令に係る施設の出入口の見やすい場所に、内閣府令で定める様式の標章をはり付けるものとする。

2　前条第一項の規定による命令を受けた者は、次の各号に掲げる事由のいずれかがあるときは、国家公安委員会規則で定めるところにより、前項の規定により標章をはり付けられた施設について、標章を取り除くべきことを申請することができる。この場合において、公安委員会は、標章を取り除かなければならない。

一　当該施設を当該店舗型電話異性紹介営業の用以外の用に供しようとするとき。

二　当該施設を取り壊そうとするとき。

三　当該施設を増築し、又は改築しようとする場合であつて、やむを得ないと認められる理由があるとき。

3　第一項の規定により標章をはり付けられた施設について、当該命令に係る店舗型電話異性紹介営業を営む者から当該施設を買い受けた者その他当該施設の使用について権原を有する第三者は、国家公安委員会規則で定めるところにより、標章を取り除くべきことを申請することができる。この場合において、公安委員会は、標章を取り除かなければならない。

4　何人も、第一項の規定によりはり付けられた標章を破壊し、又は汚損してはならず、また、当該施設に係る前条第一項の命令の期間を経過した後でなければ、これを取り除いてはならない。

第五款　無店舗型電話異性紹介営業の規制

（営業等の届出）

第三十一条の十七　無店舗型電話異性紹介営業を営もうとする者は、事務所の所在地を管轄する公安委員会に、次の事項を記載した届出書を提出しなければならない。

一　氏名又は名称及び住所並びに法人にあつては、その代表者の氏名

二　当該営業につき広告又は宣伝をする場合に当該営業を示すものとして使用する呼称（当該呼称が二以上ある場合にあつては、それら全部の呼称）

三　事務所の所在地

四　第二条第十項に規定する電気通信設備を識別するための電話番号

五　前各号に掲げるもののほか、内閣府令で定める事項

2　第三十一条の二第二項の規定は、前項の届出書を提出した者について準用する。この場合において、同条第二項中「同項各号（第六号を除く。）」とあるのは、「第三十一条の十七第一項各号」と読み替えるものとする。

（街頭における広告及び宣伝の規制等）

第三十一条の十八　第二十八条第五項、第七項及び第八項の規定は、無店舗型電話異性紹介営業を営む者について準用する。この場合において、同条第五項第一号イ中「第一項」とあるのは「第三十一条の十三第一項において準用する第一項」と、同号ロ中「第二項」とあるのは「第三十一条の十三第一項において準用する第二項」と、同条第七

項中「第五項第一号」とあるのは「第三十一条の十八第一項において準用する第五項第一号」と、「関する第一項」とあるのは「関する第三十一条の十三第一項において準用する第一項」と、「前条第一項」と、同条第八項中「その営業所に立ち入つて」とあるのは「第三十一条の十七第一項第四号に掲げる電話番号に電話をかけて」と読み替えるものとする。

2 無店舗型電話異性紹介営業を営む者は、次に掲げる行為をしてはならない。

一 十八歳未満の従業者を第二条第十項の規定によりその機会を提供する会話の当事者にすること。

二 十八歳未満の者からの第二条第十項に規定する会話の申込みを取り次ぎ、又は同項に規定する会話の申込みを十八歳未満の者に取り次ぐこと。

3 無店舗型電話異性紹介営業を営む者は、第二条第十項に規定する会話の申込みをした者及び同項に規定する会話の申込みを受けようとする者が十八歳以上であることを確認するための措置であつて国家公安委員会規則で定めるものを講じておかなければならない。

（**指示等**）

第三十一条の十九 無店舗型電話異性紹介営業を営む者又はその代理人等が、当該営業に関し、この法律又はこの法律に基づく命令若しくは条例の規定に違反したときは、当該違反行為が行われた時における事務所の所在地を管轄する公安委員会は、当該無店舗型電話異性紹介営業を営む者に対し、善良の風俗若しくは清浄な風俗環境を害する行為又は少年の健全な育成に障害を及ぼす行為を防止するため必要な指示をすることができる。

2 無店舗型電話異性紹介営業を営む者又はその代理人等が、当該営業に関し、前条第一項において準用する第二十八条第五項第一号の規定に違反した場合において、当該違反行為が行われた時における事務所を知ることができず、かつ、当該違反行為がはり紙、はり札又は立看板を前条第一項において準用する同号イに掲げる区域において表示することであるときは、当該違反行為が行われた場所を管轄する公安委員会は、当該違反行為に係るはり紙、はり札又は立看板を警察職員に除却させることができる。

（**営業の禁止**）

第三十一条の二十 無店舗型電話異性紹介営業を営む者若しくはその代理人等が当該営業に関しこの法律に規定する罪、刑法第百七十四条、第百七十五条若しくは第百八十二条の罪、売春防止法第二章に規定する罪若しくは児童買春、児童ポルノに係る行為等の処罰及び児童の保護等に関する法律に規定する罪に当たる違法な行為その他善良の風俗を害し若しくは少年の健全な育成に障害を及ぼす重大な不正行為で政令で定めるものをしたとき、又は無店舗型電話異性紹介営業を営む者がこの法律に基づく処分に違反したときは、当該行為又は当該違反行為が行われた時における事務所の所在地を管轄する公安委員会は、当該無店舗型電話異性紹介営業を営む者に対し、八月を超えない範囲内で期間を定めて、無店舗型電話異性紹介営業に該当する営業の全部又は一部を営んではならない旨を命ずることができる。

（**処分移送通知書の送付等**）

第三十一条の二十一 公安委員会は、無店舗型電話異性紹介営業を営む者に対し、第三十一条の十九第一項の規定による指示又は前条の規定による命令をしようとする場合において、当該処分に係る無店舗型電話異性紹介営業を営む者が事務所を他の公安委員会の管轄区域内に変更していたときは、当該処分に係る事案に関する弁明の機会の付与又は聴聞を終了している場合を除き、速やかに現に事務所の所在地を管轄する公安委員会に国家公安委員会規則で定める処分移送通知書を送付しなければならない。

2 前項の規定により処分移送通知書が送付されたときは、当該処分移送通知書の送付を受けた公安委員会は、次の各号に掲げる場合の区分に従い、それぞれ当該各号に定める処分をすることができるものとし、当該処分移送通知書を送付した公安委員会は、第三十一条の十九第一項及び前条の規定にかかわらず、当該事案について、これらの規定による処分をすることができないものとする。

一 当該無店舗型電話異性紹介営業を営む者又はその代理人等が、当該営業に関し、この法律又はこの法律に基づく命令若しくは条例の規定に違反した場合　善良の風俗若しくは清浄な風俗環境を害する行為又は少年の健全な育成に障害を及ぼす行為を防止するため必要な指示をすること。

二　当該無店舗型電話異性紹介営業を営む者若しくはその代理人等が当該営業に関しこの法律に規定する罪、刑法第百七十四条、第百七十五条若しくは第百八十二条の罪、売春防止法第二章に規定する罪若しくは児童買春、児童ポルノに係る行為等の処罰及び児童の保護等に関する法律に規定する罪に当たる違法な行為若しくは前条の政令で定める重大な不正行為をした場合又は当該無店舗型電話異性紹介営業を営む者がこの法律に基づく処分に違反した場合　八月を超えない範囲内で期間を定めて、無店舗型電話異性紹介営業に該当する営業の全部又は一部を営んではならない旨を命ずること。

3　第一項の規定は、公安委員会が前項の規定により処分をしようとする場合について準用する。

第四章第四節中第三十五条の三を第三十五条の四とする。

第三十五条の二第一号中「第二条第九項」を「第二条第十一項」に改め、同条を第三十五条の三とする。

第四章中第四節を第五節とし、第三節の次に次の一節を加える。

第四節　特定性風俗物品販売等営業の規制

（**特定性風俗物品販売等営業の規制**）

第三十五条の二　公安委員会は、店舗を設けて物品を販売し、若しくは貸し付ける営業（その販売し、又は貸し付ける物品が第二条第六項第五号の政令で定める物品を含むものに限るものとし、同号の営業に該当するものを除く。以下「特定性風俗物品販売等営業」という。）を営む者又はその代理人等が、当該特定性風俗物品販売等営業に関し、刑法第百七十五条の罪又は児童買春、児童ポルノに係る行為等の処罰及び児童の保護等に関する法律第七条の罪を犯した場合においては、当該特定性風俗物品販売等営業を営む者に対し、当該施設を用いて営む特定性風俗物品販売等営業（第二条第六項第五号の政令で定める物品を販売し、又は貸し付ける部分に限る。）について、六月を超えない範囲内で期間を定めて営業の全部又は一部の停止を命ずることができる。

第三十六条中「、無店舗型性風俗特殊営業を営む者」の下に「、店舗型電話異性紹介営業を営む者、無店舗型電話異性紹介営業を営む者」を、「（無店舗型性風俗特殊営業を営む者」の下に「及び無店舗型電話異性紹介営業を営む者」を加える。

第三十七条第一項中「性風俗特殊営業」を「性風俗関連特殊営業」に改め、同条第二項中「又は店舗型性風俗特殊営業」を「、店舗型性風俗特殊営業又は店舗型電話異性紹介営業」に改める。

第三十八条第二項中「性風俗特殊営業等（性風俗特殊営業」を「性風俗関連特殊営業等（性風俗関連特殊営業」に改め、「興行場営業」の下に「、特定性風俗物品販売等営業」を加える。

第四十一条第一項中「第三項」の下に「、第三十一条の十五第一項」を加え、「若しくは第三十五条」を「、第三十五条若しくは第三十五条の二」に改め、「第三十一条の六第二項第二号」の下に「、第三十一条の二十、第三十一条の二十一第二項第二号」を加え、「第三十五条の三第二項」を「第三十五条の四第二項」に改め、「第三十条第二項」の下に「若しくは第三十一条の十五第二項」を加え、同条第二項及び第四項中「第三十一条の六第二項第二号」の下に「、第三十一条の十五、第三十一条の二十、第三十一条の二十一第二項第二号」を加え、「第三十五条の三第二項」を「第三十五条の二、第三十五条の四第二項」に改める。

第四十一条の三第一項第一号中「第三十一条の七第二項」の下に「及び第三十一条の十七第二項」を加え、「若しくは同条第一項」を「、第三十一条の七第一項若しくは第三十一条の十七第一項」に改め、同項第二号中「第三十一条の十一第二項」の下に「、第三十一条の十九第一項、第三十一条の二十、第三十一条の二十一第二項」を加え、「第三十五条の三第一項」を「第三十五条の四第一項」に改め、同条第二項中「映像送信型性風俗特殊営業」の下に「、無店舗型電話異性紹介営業」を加える。

第四十九条第一項第四号中「第三十一条の六第二項第二号」の下に「、第三十一条の十五、第三十一条の二十、第三十一条の二十一第二項第二号」を加え、「又は第三十五条の三第二項」を「、第三十五条の二又は第三十五条の四第二項」に改め、同条第三項第七号中「第二十八条第一項」の下に「（第三十一条の十三第一項において準用する場合を含む。）」を加え、同項第八号中「第二十八条第二項」の下に

「（第三十一条の十三第一項において準用する場合を含む。）」を加え、同項に次の二号を加える。

十二　第三十一条の十三第二項第一号から第五号までの規定に違反した者

十三　第三十一条の十八第二項第一号の規定に違反した者

第四十九条第四項中「又は第三十一条の三第二項第一号」を「、第三十一条の三第二項第一号、第三十一条の十三第二項第二号若しくは第三号又は第三十一条の十八第二項第一号」に改め、同条第五項第六号中「若しくは第三十一条の七第一項」を「、第三十一条の七第一項、第三十一条の十二第一項若しくは第三十一条の十七第一項」に改め、「、第三十一条の七第一項」の下に「、第三十一条の十二第一項、第三十一条の十七第一項」を加え、同条第六項第六号中「若しくは第三十一条の二第二項（第三十一条の七第二項」を「（第三十一条の十二第二項において準用する場合を含む。以下この号において同じ。）若しくは第三十一条の二第二項（第三十一条の七第二項及び第三十一条の十七第二項」に改め、同項第七号中「第三十一条第四項」の下に「又は第三十一条の十六第四項」を加える。

附　則〔略〕

○商法等の一部を改正する法律の施行に伴う関係法律の整備に関する法律〔抄〕

（平成一四・五・二九　法律四五）

（法人ノ役員処罰ニ関スル法律等の一部改正）

第四条　次に掲げる法律の規定中「取締役」の下に「、執行役」を加える。

一～五〔略〕

六　風俗営業等の規制及び業務の適正化等に関する法律（昭和二十三年法律第百二十二号）第四条第一項第五号

七～三十〔略〕

附　則〔略〕

○食品衛生法等の一部を改正する法律〔抄〕

（平成一五・五・三〇　法律五五）

附　則

（風俗営業等の規制及び業務の適正化等に関する法律の一部改正）

第十七条　風俗営業等の規制及び業務の適正化等に関する法律（昭和二十三年法律第百二十二号）の一部を次のように改正する。

第二条第十一項第三号中「第二十一条第一項」を「第五十二条第一項」に改める。

○民法の一部を改正する法律〔抄〕

（平成一六・一二・一 法律一四七）

附　則

（公証人法等の一部改正）

第九条　次に掲げる法律の規定中「能力」を「行為能力」に改める。

一～三　〔略〕

四　風俗営業等の規制及び業務の適正化等に関する法律（昭和二十三年法律第百二十二号）第四条第一項第八号

五～三十九　〔略〕

○風俗営業等の規制及び業務の適正化等に関する法律の一部を改正する法律

（平成一七・一一・七 法律一一九）

風俗営業等の規制及び業務の適正化等に関する法律（昭和二十三年法律第百二十二号）の一部を次のように改正する。

目次中「第三十六条・第三十七条」を「第三十六条—第三十七条」に、「第五十一条」を「第五十七条」に改める。

第四条第一項第二号を次のように改める。

二　一年以上の懲役若しくは禁錮の刑に処せられ、又は次に掲げる罪を犯して一年未満の懲役若しくは罰金の刑に処せられ、その執行を終わり、又は執行を受けることがなくなつた日から起算して五年を経過しない者

イ　第四十九条又は第五十条第一項の罪

ロ　刑法（明治四十年法律第四十五号）第百七十四条、第百七十五条、第百八十二条、第百八十五条、第百八十六条、第二百二十四条、第二百二十五条（営利又はわいせつの目的に係る部分に限る。以下この号において同じ。）、第二百二十六条、第二百二十六条の二（第三項については、営利又はわいせつの目的に係る部分に限る。以下この号において同じ。）、第二百二十六条の三、第二百二十七条第一項（同法第二百二十四条、第二百二十五条、第二百二十六条、第二百二十六条の二又は第二百二十六条の三の罪を犯した者を幇助する目的に係る部分に限る。以下この号において同じ。）若しくは第三項（営利又はわいせつの目的に係る部分に限る。以下この号において同じ。）又は第二百二十八条（同法第二百二十四条、第二百二十五条、第二百二十六条、第二百二十六条の二、第二百二十六条の三又は第二百二十七条第一項若しくは第三項に係る部分に限る。）の罪

ハ　組織的な犯罪の処罰及び犯罪収益の規制等に関する法律（平成十一年法律第百三十六号）第三条第一項（第五号又は第六号に係る部分に限る。）又は第六条（第一項第二号に係る部分に限る。）の罪

ニ　売春防止法（昭和三十一年法律第百十八号）第二章の罪

ホ　児童買春、児童ポルノに係る行為等の処罰及び児童の保護等に関する法律（平成十一年法律第五十二号）第四条から第八条までの罪

ヘ　労働基準法（昭和二十二年法律第四十九号）第百十七条、第百十八条第一項（同法第六条又は第五十六条に係る部分に限る。）又は第百十九条第一号（同法第六十一条又は第六十二条に係る部分に限る。）（これらの規定を船員職業安定法（昭和二十三年法律第百三

十号）又は労働者派遣事業の適正な運営の確保及び派遣労働者の就業条件の整備等に関する法律（昭和六十年法律第八十八号）の規定により適用する場合を含む。）の罪

ト　船員法（昭和二十二年法律第百号）第百二十九条（同法第八十五条第一項又は第二項に係る部分に限る。）又は第百三十条（同法第八十六条第一項に係る部分に限る。）（これらの規定を船員職業安定法の規定により適用する場合を含む。）の罪

チ　職業安定法（昭和二十二年法律第百四十一号）第六十三条の罪

リ　児童福祉法（昭和二十二年法律第百六十四号）第六十条第一項又は第二項（同法第三十四条第一項第四号の三、第五号、第七号又は第九号に係る部分に限る。）の罪

ヌ　船員職業安定法第百十一条の罪

ル　出入国管理及び難民認定法（昭和二十六年政令第三百十九号）第七十三条の二第一項の罪

ヲ　労働者派遣事業の適正な運営の確保及び派遣労働者の就業条件の整備等に関する法律第五十八条の罪

第十八条中「第二十二条第四号」を「第二十二条第五号」に改める。

第二十二条中第五号を第六号とし、第二号から第四号までを一号ずつ繰り下げ、第一号の次に次の一号を加える。

二　当該営業に関し客引きをするため、道路その他公共の場所で、人の身辺に立ちふさがり、又はつきまとうこと。

第二十七条第一項第四号を次のように改める。

四　営業所の構造及び設備の概要

第二十七条第一項に次の一号を加える。

五　営業所における業務の実施を統括管理する者の氏名及び住所

第二十七条に次の三項を加える。

3　前二項の届出書には、営業の方法を記載した書類その他の内閣府令で定める書類を添付しなければならない。

4　公安委員会は、第一項又は第二項の届出書（同項の届出書にあつては、店舗型性風俗特殊営業を廃止した場合におけるものを除く。）の提出があつたときは、その旨を記載した書面を当該届出書を提出した者に交付しなければならない。ただし、当該届出書に係る営業所が第二十八条第一項の規定又は同条第二項の規定に基づく条例の規定により店舗型性風俗特殊営業を営んではならないこととされる区域又は地域にあるときは、この限りでない。

5　店舗型性風俗特殊営業を営む者は、前項の規定により交付された書面を営業所に備え付けるとともに、関係者から請求があつたときは、これを提示しなければならない。

第二十七条の次に次の一条を加える。

（広告宣伝の禁止）

第二十七条の二　前条第一項の届出書を提出した者（同条第四項ただし書の規定により同項の書面の交付がされなかつた者を除く。）は、当該店舗型性風俗特殊営業以外の店舗型性風俗特殊営業を営む目的をもつて、広告又は宣伝をしてはならない。

2　前項に規定する者以外の者は、店舗型性風俗特殊営業を営む目的をもつて、広告又は宣伝をしてはならない。

第二十八条第三項中「前条第一項」を「第二十七条第一項」に改め、同条第五項中「営む者は」の下に「、前条に規定するもののほか」を加え、同項第一号中「以下この条」を「第三号」に改め、同項第二号中「広告制限区域等において、」を削り、同項第三号中「、ビラ等」を「ビラ等を頒布し、又は広告制限区域等以外の地域において十八歳未満の者に対してビラ等」に改め、同項第四号から第六号までを削り、同条第六項中「前項第一号から第五号まで」を「前項」に改め、同条第七項中「前条第一項」を「第二十七条第一項」に改める。

第二十八条第十一項中第四号を第五号とし、第三号を第四号とし、第二号を第三号とし、第一号の次に次の一号を加える。

二　当該営業に関し客引きをするため、道路その他公共の場所で、人の身辺に立ちふさがり、又はつきまとうこと。

第二十八条中第十一項を第十二項とし、第八項から第十項までを一項ずつ繰り下げ、第七項の次に次の一項を加える。

8　前条及び第五項に規定するもののほか、店舗型性風俗特殊営業を営む者は、その営業につき、清

浄な風俗環境を害するおそれのある方法で広告又は宣伝をしてはならない。

第三十条第一項中「第四十九条第三項第七号及び第八号」を「第四十九条第五号及び第六号」に、「、刑法第百七十四条、第百七十五条若しくは第百八十二条の罪、売春防止法第二章に規定する罪若しくは児童買春、児童ポルノに係る行為等の処罰及び児童の保護等に関する法律に規定する」を「若しくは第四条第一項第二号ロからヘまで、チ、リ、ル若しくはヲに掲げる」に改める。

第三十一条の二第一項中第五号を削り、第四号を第五号とし、第三号の次に次の一号を加える。

四　無店舗型性風俗特殊営業の種別

第三十一条の二第一項第六号を次のように改める。

六　客の依頼を受けるための電話番号その他の連絡先

第三十一条の二第一項に次の一号を加える。

七　第二条第七項第一号の営業につき、受付所（同号に規定する役務の提供以外の客に接する業務を行うための施設をいう。以下同じ。）又は待機所（客の依頼を受けて派遣される同号に規定する役務を行う者を待機させるための施設をいう。第三十七条第二項第三号において同じ。）を設ける場合にあつては、その旨及びこれらの所在地

第三十一条の二第二項中「第六号」を「第四号」に改め、同条に次の三項を加える。

3　前二項の届出書には、営業の方法を記載した書類その他の内閣府令で定める書類を添付しなければならない。

4　公安委員会は、第一項又は第二項の届出書（同項の届出書にあつては、無店舗型性風俗特殊営業を廃止した場合におけるものを除く。）の提出があつたときは、その旨を記載した書面を当該届出書を提出した者に交付しなければならない。ただし、当該届出書に受付所を設ける旨が記載されている場合において、当該届出書に係る受付所が、第三十一条の三第二項の規定により適用する第二十八条第一項の規定又は同条第二項の規定に基づく条例の規定により、受付所を設けて営む第二条第七項第一号の営業（受付所における業務に係る部分に限る。以下この款において「受付所営業」という。）を営んではならないこととされる区域又は地域にあるときは、この限りでない。

5　無店舗型性風俗特殊営業を営む者は、前項の規定により交付された書面を事務所に備え付けるとともに、関係者から請求があつたときは、これを提示しなければならない。

第三十一条の二の次に次の一条を加える。

（広告宣伝の禁止）

第三十一条の二の二　前条第一項の届出書を提出した者（同条第四項ただし書の規定により同項の書面の交付がされなかつた者を除く。）は、当該無店舗型性風俗特殊営業以外の無店舗型性風俗特殊営業を営む目的をもつて、広告又は宣伝をしてはならない。

2　前項に規定する者以外の者は、無店舗型性風俗特殊営業を営む目的をもつて、広告又は宣伝をしてはならない。

第三十一条の三第一項中「、第七項及び第八項」を「及び第七項から第九項まで」に、「第二十八条第五項第一号ロ中「第二項」とあるのは「当該無店舗型性風俗特殊営業の種別に対応する店舗型性風俗特殊営業の種別として政令で定める店舗型性風俗特殊営業の種別の店舗型性風俗特殊営業について第二項」」を「第二十八条第五項中「前条」とあるのは「第三十一条の二の二」と、同項第一号ロ中「地域のうち」とあるのは「地域（第二条第七項第一号の営業にあつては同条第六項第二号の営業について、同条第七項第二号の営業にあつては同条第六項第五号の営業について、それぞれ当該条例で定める地域をいう。）のうち」」に、「前条第一項」を「第二十七条第一項」に改め、「同条第八項中」」の下に「「前条及び第五項」とあるのは「第三十一条の二の二及び第三十一条の三第一項において準用する第五項」と、同条第九項中」を加える。

第三十一条の三第二項中「次の」を「その営業に関し、次に掲げる」に改め、同項を同条第三項とし、同条第一項の次に次の一項を加える。

2　受付所営業は、第二条第六項第二号の営業とみなして、第二十八条第一項から第四項まで、第六項、第十項及び第十二項（第三号を除く。）の規定を適用する。この場合において、同条第三項中「第二十七条第一項の届出書」とあるのは「第三十一条の二第一項又は第二項の届出書で受付所を設ける旨が記載されたもの」と、同条第六項中

「前項」とあるのは「第三十一条の三第一項において準用する前項」と、同項、同条第十項並びに第十二項第四号及び第五号中「営業所」とあるのは「受付所」とする。

第三十一条の五の見出しを「（営業の停止等）」に改め、同条中「、刑法第百七十四条、第百七十五条若しくは第百八十二条の罪、売春防止法第二章に規定する罪若しくは児童買春、児童ポルノに係る行為等の処罰及び児童の保護等に関する法律に規定する」を「若しくは第四条第一項第二号ロからヘまで、チ、リ、ヌ若しくはヲに掲げる」に改め、「と同一の無店舗型性風俗特殊営業の種別の無店舗型性風俗特殊営業に該当する営業」を削り、「を営んではならない旨」を「の停止」に改め、同条に次の二項を加える。

2　公安委員会は、前項の場合において、当該無店舗型性風俗特殊営業を営む者が第三十一条の三第二項の規定により適用する第二十八条第一項の規定又は同条第二項の規定に基づく条例の規定により受付所営業を営んではならないこととされる区域又は地域において受付所営業を営む者であるときは、その者に対し、前項の規定による当該受付所営業の停止の命令に代えて、当該受付所営業の廃止を命ずることができる。

3　第三十一条の規定は、第一項の規定により受付所営業の停止を命じた場合について準用する。

第三十一条の六第一項中「前条」を「前条第一項若しくは第二項」に改め、同条第二項中「及び前条」を「並びに前条第一項及び第二項」に改め、同項第二号中「、刑法第百七十四条、第百七十五条若しくは第百八十二条の罪、売春防止法第二章に規定する罪若しくは児童買春、児童ポルノに係る行為等の処罰及び児童の保護等に関する法律に規定する」を「若しくは第四条第一項第二号ロからヘまで、チ、リ、ヌ若しくはヲに掲げる」に、「前条」を「前条第一項」に改め、「と同一の無店舗型性風俗特殊営業の種別の無店舗型性風俗特殊営業に該当する営業」を削り、「を営んではならない旨」を「の停止」に改め、同項に次の一号を加える。

三　前号に掲げる場合において、当該無店舗型性風俗特殊営業を営む者が第三十一条の三第二項の規定により適用する第二十八条第一項の規定又は同条第二項の規定に基づく条例の規定により受付所営業を営んではならないこととされる区域又は地域において受付所営業を営む者であるとき　当該受付所営業に係る同号に定める命令に代えて、当該受付所営業の廃止を命ずること。

第三十一条の六第三項中「、公安委員会」を「公安委員会」に改め、「ついて」の下に「、第三十一条の規定は公安委員会が同項第二号の規定により受付所営業の停止を命じた場合について」を加える。

第三十一条の七第二項中「第三十一条の二第二項」の下に「から第五項まで（第四項ただし書を除く。）」を加え、「届出書を提出した者」を「規定による届出書の提出」に、「第六号」を「第四号」に、「、「第三十一条の七第一項各号」」を「「第三十一条の七第一項各号」と、同条第三項中「前二項」とあるのは「第三十一条の七第一項又は同条第二項において準用する前項」と、同条第四項中「第一項又は同条第二項」とあるのは「第三十一条の七第一項又は同条第二項において準用する第二項」」に改める。

第三十一条の八第一項中「、第七項及び第八項」を「及び第七項から第九項まで」に、「同条第五項第一号ロ」を「同条第五項中「前条に規定するもののほか、その」とあるのは「その」と、同項第一号ロ」に、「前条第一項」を「第二十七条第一項」に改め、「同条第八項中」の下に「「前条及び第五項」とあるのは「第三十一条の八第一項において準用する第五項」と、同条第九項中」を加える。

第三十一条の十二第一項第四号を次のように改める。

四　営業所の構造及び設備（第二条第九項に規定する電気通信設備を含む。）の概要

第三十一条の十二第一項に次の一号を加える。

五　営業所における業務の実施を統括管理する者の氏名及び住所

第三十一条の十二第二項中「第二十七条第二項」の下に「から第五項まで」を加え、「届出書を提出した者」を「規定による届出書の提出」に、「、「第三十一条の十二第一項各号」」を「「第三十一条の十二第一項各号」と、同条第三項中「前二項」とあるのは「第三十一条の十二第一項又は同条第二項において準用する前項」と、同条第四項中「第一項又は同条第二項」とあるのは「第三十一条の十二第一項又は同条第二項において準用する第二項」と、同項ただし書中「第二十八条第一項」とあるのは「第三十一

条の十三第一項において準用する第二十八条第一項」に改める。

第三十一条の十三第一項中「第九項」を「第十項」に、「同条第三項中「前条第一項」」を「同条第三項及び第七項中「第二十七条第一項」」に、「同条第四項中「店舗型性風俗特殊営業（第二条第六項第四号の営業その他国家公安委員会規則で定める店舗型性風俗特殊営業を除く。）」とあるのは「店舗型電話異性紹介営業」と、同条第七項中「前条第一項」とあるのは「第三十一条の十二第一項」」を「同条第五項中「前条に規定するもののほか、その」とあるのは「その」」に改め、「同条第八項中」の下に「「前条及び第五項」とあるのは「第三十一条の十三第一項において準用する第五項」と、同条第九項中」を加え、同条第二項中第六号を第七号とし、第二号から第五号までを一号ずつ繰り下げ、第一号の次に次の一号を加える。

二　当該営業に関し客引きをするため、道路その他公共の場所で、人の身辺に立ちふさがり、又はつきまとうこと。

第三十一条の十五第一項中「第四十九条第三項第七号及び第八号」を「第四十九条第五号及び第六号」に、「、刑法第百七十四条、第百七十五条若しくは第百八十二条の罪、売春防止法第二章に規定する罪若しくは児童買春、児童ポルノに係る行為等の処罰及び児童の保護等に関する法律に規定する」を「若しくは第四条第一項第二号ロからへまで、チ、リ、ル若しくはヲに掲げる」に改める。

第三十一条の十七第一項第五号を次のように改める。

五　第二条第十項に規定する電気通信設備の概要

第三十一条の十七第二項中「第三十一条の二第二項」の下に「から第五項まで（第四項ただし書を除く。）」を加え、「届出書を提出した者」を「規定による届出書の提出」に、「第六号」を「第四号」に、「、「第三十一条の十七第一項各号」」を「、「第三十一条の十七第一項各号」と、同条第三項中「前二項」とあるのは「第三十一条の十七第一項又は同条第二項において準用する前項」と、同条第四項中「第一項又は第二項」とあるのは「第三十一条の十七第一項又は同条第二項において準用する第二項」」に改める。

第三十一条の十八第一項前段中「、第七項及び第八項」を「及び第七項から第九項まで」に改め、同項後段を次のように改める。

この場合において、同条第五項中「前条に規定するもののほか、その」とあるのは「その」と、同項第一号ロ中「第二項」とあるのは「第三十一条の十三第一項において準用する第二項」と、同条第七項中「第五項第一号」とあるのは「第三十一条の十八第一項において準用する第五項第一号」と、「第二十七条第一項」とあるのは「第三十一条の十七第一項」と、同条第八項中「前条及び第五項」とあるのは「第三十一条の十八第一項において準用する第五項」と、同条第九項中「その営業所に立ち入つて」とあるのは「第三十一条の十七第一項第四号に掲げる電話番号に電話をかけて」と読み替えるものとする。

第三十一条の二十の見出しを「（営業の停止）」に改め、同条中「、刑法第百七十四条、第百七十五条若しくは第百八十二条の罪、売春防止法第二章に規定する罪若しくは児童買春、児童ポルノに係る行為等の処罰及び児童の保護等に関する法律に規定する」を「若しくは第四条第一項第二号ロからへまで、チ、リ、ル若しくはヲに掲げる」に、「無店舗型電話異性紹介営業に該当する」を「当該」に、「を営んではならない旨」を「の停止」に改める。

第三十一条の二十一第二項第二号中「、刑法第百七十四条、第百七十五条若しくは第百八十二条の罪、売春防止法第二章に規定する罪若しくは児童買春、児童ポルノに係る行為等の処罰及び児童の保護等に関する法律に規定する」を「若しくは第四条第一項第二号ロからへまで、チ、リ、ル若しくはヲに掲げる」に、「無店舗型電話異性紹介営業に該当する」を「当該」に、「を営んではならない旨」を「の停止」に改める。

第三十二条第三項中「第二号」を「第三号」に改め、「同条第一号」の下に「及び第二号」を加え、「同条第三号」を「同条第四号」に、「同条第四号」を「同条第五号」に改める。

第三十五条の四第二項及び第四項第二号中「接客業務受託営業に該当する」を「当該」に、「を営んではならない旨」を「の停止」に改める。

第三十六条中「、無店舗型電話異性紹介営業を営む者」の下に「、第三十三条第六項に規定する酒類提供飲食店営業を営む者」を、「飲食店営業」の下に「（酒類提供飲食店営業を除く。）」を加え、同条の次に次の一条を加える。

第三十六条の二（**接客従業者の生年月日等の確認**）　接待飲食等営業を営む風俗営業者、店舗型性風俗特殊営業を営む者及び第三十三条第六項に規定する酒類提供飲食店営業を営む者は、当該営業に関し客に接する業務に従事させようとする者について次に掲げる事項を、当該事項を証する書類として内閣府令で定める書類により、確認しなければならない。

一　生年月日

二　国籍

三　日本国籍を有しない者にあつては、次のイ又はロのいずれかに掲げる事項

イ　出入国管理及び難民認定法第二条の二第一項に規定する在留資格及び同条第三項に規定する在留期間並びに同法第十九条第二項の許可の有無及び当該許可があるときはその内容

ロ　日本国との平和条約に基づき日本の国籍を離脱した者等の出入国管理に関する特例法（平成三年法律第七十一号）に定める特別永住者として永住することができる資格

2　接待飲食等営業を営む風俗営業者、店舗型性風俗特殊営業を営む者、無店舗型性風俗特殊営業を営む者及び第三十三条第六項に規定する酒類提供飲食店営業を営む者は、前項の確認をしたときは、国家公安委員会規則で定めるところにより、当該確認に係る記録を作成し、これを保存しなければならない。

第三十七条第二項を次のように改める。

2　警察職員は、この法律の施行に必要な限度において、次に掲げる場所に立ち入ることができる。ただし、第一号、第二号又は第四号から第六号までに掲げる営業所に設けられている個室その他これに類する施設で客が在室するものについては、この限りでない。

一　風俗営業の営業所

二　店舗型性風俗特殊営業の営業所

三　第二条第七項第一号の営業の事務所、受付所又は待機所

四　店舗型電話異性紹介営業の営業所

五　第三十三条第六項に規定する酒類提供飲食店営業の営業所

六　前各号に掲げるもののほか、設備を設けて客に飲食をさせる営業の営業所（深夜において営業しているものに限る。）

第三十八条の見出しを削り、同条の前に見出しとして「（少年指導委員）」を付し、同条第二項中「）に関し、少年を補導し、少年の健全な育成に障害を及ぼす行為を防止し、その他少年の健全な育成に資するための活動で、国家公安委員会規則で定めるもの」を「第二号において同じ。）に関し、次に掲げる職務」に改め、同項に次の各号を加える。

一　飲酒若しくは喫煙をしている少年、風俗営業、店舗型性風俗特殊営業若しくは店舗型電話異性紹介営業の営業所若しくは第二条第七項第一号の営業の受付所に客として出入りし、又はこれらの営業所若しくは受付所の付近をはいかいしている十八歳未満の者その他少年の健全な育成の観点から障害があると認められる行為を行つている少年の補導を行うこと。

二　風俗営業若しくは性風俗関連特殊営業等を営む者又はその代理人等に対し、少年の健全な育成に障害を及ぼす行為を防止するために必要な助言を行うこと。

三　少年の健全な育成に障害を及ぼす行為により被害を受けた少年に対し、助言及び指導その他の援助を行うこと。

四　少年の健全な育成に資するための地方公共団体の施策及び民間団体の活動への協力を行うこと。

五　前各号に掲げるもののほか、少年の健全な育成に障害を及ぼす行為を防止し、又は少年の健全な育成に資するための活動で国家公安委員会規則で定めるものを行うこと。

第三十八条第三項中「少年指導委員」の下に「又は少年指導委員であつた者」を加える。

第三十八条中第六項を削り、第五項を第六項とし、第四項の次に次の一項を加える。

5　公安委員会は、少年指導委員に対し、その職務の遂行に必要な研修を行うものとする。

第三十八条の次に次の二条を加える。

第三十八条の二　公安委員会は、少年の健全な育成に障害を及ぼす行為を防止するため必要があると認めるときは、この法律の施行に必要な限度において、少年指導委員に、第三十七条第二項各号に掲げる場所に立ち入らせることができる。ただ

し、同項第一号、第二号又は第四号から第六号までに掲げる営業所に設けられている個室その他これに類する施設で客が在室するものについては、この限りでない。

2　公安委員会は、前項の規定による立入りをさせるときは、少年指導委員に対し、当該立入りの場所その他必要な事項を示してこれを実施すべきことを指示するものとする。

3　少年指導委員は、前項の指示に従つて第一項の規定による立入りをしたときは、その結果を公安委員会に報告しなければならない。

4　第一項の規定による立入りをする少年指導委員は、その身分を示す証明書を携帯し、関係者に提示しなければならない。

5　第一項の規定による権限は、犯罪捜査のために認められたものと解してはならない。

第三十八条の三　前二条に定めるもののほか、少年指導委員に関し必要な事項は、国家公安委員会規則で定める。

第四十一条第一項中「第三項」の下に「、第三十一条の五第一項、第三十一条の六第二項第二号」を、「第三十一条の十五第一項」の下に「、第三十一条の二十、第三十一条の二十一第二項第二号」を加え、「若しくは第三十五条の二」を「、第三十五条の二若しくは第三十五条の四第二項若しくは第四項第二号」に改め、「、第三十一条の五、第三十一条の六第二項第二号、第三十一条の二十、第三十一条の二十一第二項第二号若しくは第三十五条の四第二項若しくは第四項第二号の規定により営業の禁止を命じ」を削り、「第三十条第二項」の下に「、第三十一条の五第二項、第三十一条の六第二項第三号」を加え、同条第二項及び第四項中「第三十一条の五」を「第三十一条の五第一項若しくは第二項」に改め、「第三十一条の六第二項第二号」の下に「若しくは第三号」を加える。

第四十一条の三第一項第二号中「第三十一条の五」を「第三十一条の五第一項若しくは第二項」に改める。

第四十九条第一項中「一年」を「二年」に、「百万円」を「二百万円」に改め、同項第四号中「第三十一条の五」を「第三十一条の五第一項若しくは第二項」に改め、「第三十一条の六第二項第二号」の下に「若しくは第三号」を加え、同項に次の二号を加える。

五　第二十八条第一項（第三十一条の三第二項の規定により適用する場合及び第三十一条の十三第一項において準用する場合を含む。）の規定に違反した者

六　第二十八条第二項（第三十一条の三第二項の規定により適用する場合及び第三十一条の十三第一項において準用する場合を含む。）の規定に基づく都道府県の条例の規定に違反した者

第四十九条第二項から第六項までを削る。

第五十一条を第五十七条とする。

第五十条中「前条（第二項を除く。）」を「第四十九条、第五十条第一項又は第五十二条から前条まで」に、「同条」を「各本条」に改め、同条を第五十六条とし、第四十九条の次に次の六条を加える。

第五十条　次の各号のいずれかに該当する者は、一年以下の懲役若しくは百万円以下の罰金に処し、又はこれを併科する。

一　第九条第一項（第二十条第十項において準用する場合を含む。以下この号及び次号において同じ。）の規定に違反して第九条第一項の承認を受けないで営業所の構造又は設備（第四条第四項に規定する遊技機を含む。）の変更をした者

二　偽りその他不正の手段により第九条第一項の承認を受けた者

三　偽りその他不正の手段により第十条の二第一項の認定を受けた者

四　第二十二条第三号の規定又は同条第四号から第六号まで（これらの規定を第三十二条第三項において準用する場合を含む。）の規定に違反した者

五　第二十八条第十二項第三号の規定又は同項第四号若しくは第五号（これらの規定を第三十一条の三第二項の規定により適用する場合を含む。）の規定に違反した者

六　第三十一条の三第三項第一号の規定に違反した者

七　第三十一条の十又は第三十一条の十一第二項第二号の規定による公安委員会の命令に従わなかつた者

八　第三十一条の十三第二項第三号から第六号までの規定に違反した者

九　第三十一条の十八第二項第一号の規定に違反

した者

十　第三十三条第四項の規定に基づく都道府県の条例の規定に違反した者

2　第二十二条第三号若しくは第四号（第三十二条第三項において準用する場合を含む。）、第二十八条第十二項第三号、第三十一条の三第三項第一号、第三十一条の十三第二項第三号若しくは第四号又は第三十一条の十八第二項第一号に掲げる行為をした者は、当該十八歳未満の者の年齢を知らないことを理由として、前項の規定による処罰を免れることができない。ただし、過失のないときは、この限りでない。

第五十一条　第二十条第六項、第三十八条第三項又は第三十九条第五項の規定に違反した者は、一年以下の懲役又は百万円以下の罰金に処する。

第五十二条　次の各号のいずれかに該当する者は、六月以下の懲役若しくは百万円以下の罰金に処し、又はこれを併科する。

一　第二十二条第一号若しくは第二号（これらの規定を第三十二条第三項において準用する場合を含む。）、第二十八条第十二項第一号若しくは第二号（これらの規定を第三十一条の三第二項の規定により適用する場合を含む。）又は第三十一条の十三第二項第一号若しくは第二号の規定に違反した者

二　第二十三条第一項第一号又は第二号の規定に違反した者

三　第二十三条第二項の規定に違反した者

四　第二十七条第一項、第三十一条の二第一項、第三十一条の七第一項、第三十一条の十二第一項又は第三十一条の十七第一項の届出書を提出しないで性風俗関連特殊営業を営んだ者

五　前号に規定する届出書又はこれらの届出書に係る第二十七条第三項（第三十一条の十二第二項において準用する場合を含む。）若しくは第三十一条の二第三項（第三十一条の七第二項及び第三十一条の十七第二項において準用する場合を含む。）の添付書類であつて虚偽の記載のあるものを提出した者

第五十三条　次の各号のいずれかに該当する者は、百万円以下の罰金に処する。

一　第二十七条の二又は第三十一条の二の二の規定に違反した者

二　第二十八条第五項（第三十一条の三第一項、第三十一条の八第一項、第三十一条の十三第一項及び第三十一条の十八第一項において準用する場合を含む。）の規定に違反した者

三　第三十六条の規定に違反して、従業者名簿を備えず、又はこれに必要な記載をせず、若しくは虚偽の記載をした者

四　第三十六条の二第一項の規定に違反した者

五　第三十六条の二第二項の規定に違反して、記録を作成せず、若しくは虚偽の記録を作成し、又は記録を保存しなかつた者

六　第三十七条第一項の規定に違反して、報告をせず、若しくは資料を提出せず、又は同項の報告若しくは資料の提出について虚偽の報告をし、若しくは虚偽の資料を提出した者

七　第三十七条第二項又は第三十八条の二第一項の規定による立入りを拒み、妨げ、又は忌避した者

第五十四条　次の各号のいずれかに該当する者は、五十万円以下の罰金に処する。

一　第五条第一項の許可申請書又は添付書類であつて虚偽の記載のあるものを提出した者

二　第九条第五項後段の規定に違反して、届出書を提出せず、又は同項後段の届出書若しくは添付書類であつて虚偽の記載のあるものを提出した者

三　第十条の二第二項の認定申請書又は添付書類であつて虚偽の記載のあるものを提出した者

四　第二十三条第一項第三号又は第四号（これらの規定を同条第三項において準用する場合を含む。）の規定に違反した者

五　第二十四条第一項の規定に違反した者

六　第二十七条第二項（第三十一条の十二第二項において準用する場合を含む。以下この号において同じ。）、第三十一条の二第二項（第三十一条の七第二項及び第三十一条の十七第二項において準用する場合を含む。以下この号において同じ。）又は第三十三条第一項の規定に違反して、届出書を提出せず、又は第二十七条第二項、第三十一条の二第二項若しくは第三十三条第一項の届出書若しくはこれらの届出書に係る第二十七条第三項（第三十一条の十二第二項において準用する場合を含む。）、第三十一条の二第三項（第三十一条の七第二項及び第三十一条

の十七第二項において準用する場合を含む。）若しくは第三十三条第三項の添付書類であつて虚偽の記載のあるものを提出した者

第五十五条　次の各号のいずれかに該当する者は、三十万円以下の罰金に処する。

一　第六条の規定に違反した者

二　第七条第五項（第七条の二第三項及び第七条の三第三項において準用する場合を含む。）の規定に違反した者

三　第九条第三項（第二十条第十項において準用する場合を含む。以下この号において同じ。）又は第三十三条第二項の規定に違反して、届出書を提出せず、又は第九条第三項若しくは第三十三条第二項の届出書若しくはこれらの届出書に係る第九条第三項若しくは第三十三条第三項の添付書類であつて虚偽の記載のあるものを提出した者

四　第十条第一項の規定に違反した者

五　第十条の二第七項の規定に違反した者

六　第三十一条第四項（第三十一条の五第三項及び第三十一条の六第三項において準用する場合を含む。）又は第三十一条の十六第四項の規定に違反した者

附　則〔略〕

○障害者自立支援法〔抄〕

（平成一七・一一・七　法律一二三）

附　則

（風俗営業等の規制及び業務の適正化等に関する法律等の一部改正）

第九十三条　次に掲げる法律の規定中「第七条」を「第七条第一項」に改める。

一　風俗営業等の規制及び業務の適正化等に関する法律（昭和二十三年法律第百二十二号）第二十八条第一項

二～四　〔略〕

○一般社団法人及び一般財団法人に関する法律及び公益社団法人及び公益財団法人の認定等に関する法律の施行に伴う関係法律の整備等に関する法律〔抄〕

（平成一八・六・二　法律五〇）

（風俗営業等の規制及び業務の適正化等に関する法律の一部改正）

第百七十条　風俗営業等の規制及び業務の適正化等に関する法律（昭和二十三年法律第百二十二号）の一部を次のように改正する。

第二十条第五項中「民法（明治二十九年法律第八十九号）第三十四条の規定により設立された法人」を「一般社団法人又は一般財団法人」に改める。

第三十九条第一項及び第四十条第一項中「目的として設立された民法第三十四条の法人」を「目的とする一般社団法人又は一般財団法人」に改める。

附　則〔略〕

○出入国管理及び難民認定法及び日本国との平和条約に基づき日本の国籍を離脱した者等の出入国管理に関する特例法の一部を改正する等の法律〔抄〕

（平成二一・七・一五 法律七九）

改正　平成二三・六・二四法七四

附　則

（職業安定法等の一部改正）

第四十四条　次に掲げる法律の規定中「第七十三条の二第一項」を「第七十三条の二」に改める。

一　〔略〕

二　風俗営業等の規制及び業務の適正化等に関する法律（昭和二十三年法律第百二十二号）第四条第一項第二号ル

三～五　〔略〕

第四十五条　次に掲げる法律の規定中「第七十三条の二」を「第七十三条の二第一項」に改める。

一　〔略〕

二　風俗営業等の規制及び業務の適正化等に関する法律第四条第一項第二号ル

三～五　〔略〕

○民法等の一部を改正する法律〔抄〕

（平成二三・六・三 法律六一）

附　則

（風俗営業等の規制及び業務の適正化等に関する法律の一部改正）

第九条　風俗営業等の規制及び業務の適正化等に関する法律（昭和二十三年法律第百二十二号）の一部を次のように改正する。

第四条第一項第八号ただし書中「前各号」の下に「及び次号」を加える。

○情報処理の高度化等に対処するための刑法等の一部を改正する法律〔抄〕

（平成二三・六・二四 法律七四）

附　則

（風俗営業等の規制及び業務の適正化等に関する法律の一部改正）

第九条　風俗営業等の規制及び業務の適正化等に関する法律の一部を次のように改正する。

第四条第一項第二号中「禁錮」を「禁錮」に改め、同号ハ中「第一号又は第二号」を「第五号又は第六号」に改め、同項第四号中「覚せい剤」を「覚醒剤」に改める。

（風俗営業等の規制及び業務の適正化等に関する法律の一部を改正する法律の一部改正）

第三十三条　風俗営業等の規制及び業務の適正化等に関する法律の一部を改正する法律（平成十七年法律第百十九号）の一部を次のように改正する。

附則第二条第二項を削る。

○労働者派遣事業の適正な運営の確保及び派遣労働者の就業条件の整備等に関する法律等の一部を改正する法律〔抄〕（平成二四・四・六 法律二七）

附　則

（職業安定法等の一部改正）

第十四条　次に掲げる法律の規定中「労働者派遣事業の適正な運営の確保及び派遣労働者の就業条件の整備等に関する法律」を「労働者派遣事業の適正な運営の確保及び派遣労働者の保護等に関する法律」に改める。

一　〔略〕

二　風俗営業等の規制及び業務の適正化等に関する法律（昭和二十三年法律第百二十二号）第四条第一項第二号ヘ及びヲ

三～十五　〔略〕

○児童買春、児童ポルノに係る行為等の処罰及び児童の保護等に関する法律の一部を改正する法律〔抄〕（平成二六・六・二五 法律七九）

附　則

（風俗営業等の規制及び業務の適正化等に関する法律の一部改正）

第六条　風俗営業等の規制及び業務の適正化等に関する法律（昭和二十三年法律第百二十二号）の一部を次のように改正する。

第四条第一項第二号ホ及び第三十一条の八第五項中「児童買春、児童ポルノに係る行為等の処罰及び児童の保護等に関する法律」を「児童買春、児童ポルノに係る行為等の規制及び処罰並びに児童の保護等に関する法律」に改める。

第三十五条及び第三十五条の二中「児童買春、児童ポルノに係る行為等の処罰及び児童の保護等に関する法律第七条」を「児童買春、児童ポルノに係る行為等の規制及び処罰並びに児童の保護等に関する法律第七条第二項から第八項まで」に改める。

○風俗営業等の規制及び業務の適正化等に関する法律の一部を改正する法律（平成二七・六・二四 法律四五）

第一条　風俗営業等の規制及び業務の適正化等に関する法律（昭和二十三年法律第百二十二号）の一部を次のように改正する。

第二条第一項第四号を次のように改める。

四　削除

第二条第四項中「第六号まで」を「第三号まで、第五号及び第六号」に改める。

第二十六条第二項中「第二条第一項第四号、第七号」を「第二条第一項第七号」に改める。

第二条　風俗営業等の規制及び業務の適正化等に関する法律の一部を次のように改正する。

目次中「第二節　深夜における飲食店営業の規制等（第三十二条―第三十四条）」を

「第二節　特定遊興飲食店営業等の規制等
　第一款　特定遊興飲食店営業の規制等（第三十一条の二十二―第三十一条の二十五）
　第二款　深夜における飲食店営業の規制等（第三十二条―第三十四条）」

に改める。

第二条第一項第一号を削り、同項第二号中「待合」を「キャバレー、待合」に改め、「（前号に該当する営業を除く。）」を削り、同号を同項第一号とし、同項第三号及び第四号を削り、同項第五号中「客席における」を「営業所内の」に、「第一号から第三号までに掲げる」を「前号に該当する」に改め、同号を同項第二号とし、同項第六号を同項第三号とし、同項第七号を同項第四号とし、同項第八号を同項第五号とし、同条第四項中「、第五号及び第六号」を削り、同条第十一項第三号中「接待飲食等営業又は店舗型性風俗特殊営業」を「前三号に掲げる営業」に、「日出時」を「午前六時」に改め、同号を同項第四号とし、同項第二号の次に次の一号を加える。

三　特定遊興飲食店営業

第二条中第十一項を第十三項とし、第十項の次に次の二項を加える。

11　この法律において「特定遊興飲食店営業」とは、ナイトクラブその他設備を設けて客に遊興をさせ、かつ、客に飲食をさせる営業（客に酒類を提供して営むものに限る。）で、午前六時後翌日の午前零時前の時間においてのみ営むもの以外のもの（風俗営業に該当するものを除く。）をいう。

12　この法律において「特定遊興飲食店営業者」とは、第三十一条の二十二の許可又は第三十一条の二十三において準用する第七条第一項、第七条の二第一項若しくは第七条の三第一項の承認を受けて特定遊興飲食店営業を営む者をいう。

第四条第四項中「第二条第一項第七号」を「第二条第一項第四号」に改める。

第十三条の見出しを「（営業時間の制限等）」に改め、同条第一項を次のように改める。

風俗営業者は、深夜（午前零時から午前六時までの時間をいう。以下同じ。）においては、その営業を営んではならない。ただし、都道府県の条例に特別の定めがある場合は、次の各号に掲げる日の区分に応じそれぞれ当該各号に定める地域内に限り、午前零時以後において当該条例で定める時までその営業を営むことができる。

一　都道府県が習俗的行事その他の特別な事情のある日として当該条例で定める日　当該事情のある地域として当該条例で定める地域

二　前号に掲げる日以外の日　午前零時以後において風俗営業を営むことが許容される特別な事情のある地域として政令で定める基準に従い当該条例で定める地域

第十三条に次の二項を加える。

3　風俗営業者は、第一項ただし書の場合において、午前零時から同項ただし書に規定する条例で定める時までの時間においてその営業を営むときは、国家公安委員会規則で定めるところにより、客が大声若しくは騒音を発し、又は酒に酔つて粗野若しくは乱暴な言動をすることその他営業所の周辺において他人に迷惑を及ぼすことがないようにするために必要な措置を講じなければならない。

4　風俗営業者は、第一項ただし書の場合において、午前零時から同項ただし書に規定する条例で定める時までの時間においてその営業を営むときは、国家公安委員会規則で定めるところにより、営業所ごとに、苦情の処理に関する帳簿を備え付け、必要な事項を記載するとともに、苦情の適切な処理に努めなければならない。

第十八条中「第二条第一項第八号」を「第二条第一項第五号」に、「第二十二条第五号」を「第二十二条第二項」に、「十八歳以下の条例で定める年齢に満たない者につき、午後十時前の時を定めたときは、その者についてはその時以後の時間において立ち入つてはならない旨」を「午前六時後午後十時前の時間における十八歳未満の者の立入りの禁止又は制限を定めたときは、午後十時以後の時間において立ち入つてはならない旨及び当該禁止又は制限の内容」に、「入り口」を「入口」に改める。

第十九条中「第二条第一項第七号」を「第二条第一項第四号」に改める。

第二十一条中「及び前条第一項」を「、前条第一項及び次条第二項」に改める。

第二十二条の見出しを「（禁止行為等）」に改め、同条第三号中「させ、又は客の相手となつてダンスを」を削り、同条第四号中「日出時」を「午前六時」に改め、同条第五号中「第二条第一項第八号」を「第二条第一項第五号」に改め、「（同号の営業に係る営業所に関し、都道府県の条例で、十八歳以下の条例で定める年齢に満たない者につき、午後十時前の時を定めたときは、その者についてはその時）」を削り、「日出時」を「午前六時」に改め、同条に次の一項を加える。

2　都道府県は、少年の健全な育成に障害を及ぼす行為を防止するため必要があるときは、条例により、第二条第一項第五号の営業を営む者が午前六時後午後十時前の時間において十八歳未満の者を営業所に客として立ち入らせることを禁止し、又は当該営業を営む風俗営業者が当該時間において十八歳未満の者を営業所に客として立ち入らせることについて、保護者の同伴を求めなければならないものとすることその他必要な制限を定めることができる。

第二十三条第一項中「第二条第一項第七号」を「第二条第一項第四号」に、「前条」を「前条第一項」に改め、同条第二項中「第二条第一項第七号」を「第二条第一項第四号」に、「同項第八号」を「同項第五号」に、「前条」を「前条第一項」に改め、同条第三項中「第二条第一項第八号」を「第二条第一項第五号」に改める。

第二十六条第二項中「第二条第一項第七号及び第八号」を「第二条第一項第四号及び第五号」に改める。

第二十八条第四項中「（午前零時から日出時までの時間をいう。以下同じ。）」を削る。

第三十一条の六第三項中「準用する」を「、それぞれ準用する」に改める。

第四章第二節の節名を次のように改める。

第二節　特定遊興飲食店営業等の規制等

第四章第二節中第三十二条の前に次の一款及び款名を加える。

第一款　特定遊興飲食店営業の規制等

（営業の許可）

第三十一条の二十二　特定遊興飲食店営業を営もうとする者は、営業所ごとに、当該営業所の所在地を管轄する公安委員会の許可を受けなければならない。

（準用）

第三十一条の二十三　第三条第二項、第四条（第四項を除く。）、第五条（第一項第三号を除く。）、第八条、第十条及び第十一条の規定は前条の許可について、第六条から第七条の三まで、第九条、第十条の二、第十二条、第十三条（第一項を除く。）、第十四条、第十五条、第十八条、第十八条の二、第二十一条、第二十二条第一項（第三号を除く。）及び第二十四条の規定は特定遊興飲食店営業について、それぞれ準用する。この場合において、次の表の上欄に掲げる規定中同表の中欄に掲げる字句は、それぞれ同表の下欄に掲げる字句に読み替えるものとするほか、必要な技術的読替えは、政令で定める。

第四条第一項第五号及び第六号	第二十六条第一項	第三十一条の二十五第一項
第四条第二項第二号	を保全するため特にその設置を制限する必要がある あるとき	の保全に障害を及ぼすことがないため特にその設置が許容される ないとき（当該営業所が、旅館業法（昭和二十三年法律第百三十八号）第二条第二項に規定するホテル営業又は同条第三項に規定する旅館営業に係る施設内に所在し、かつ、良好な風俗環境の保全に障害を及ぼすことがないため特にその設置が許容されるものとして国家公安委員会規則で定める基準に適合するもの（次項において「ホテル等内適合営業所」という。）であるときを除く。）
第四条第三項	当該廃止した風俗営業と同一の風俗営業の種別の風俗営業で営業所が前項第二号の地域内にあるもの	第三十一条の二十三において準用する前項第二号の地域内になく、かつ、ホテル等内適合営業所に該当しない営業所
第四条第三項第二号イ	、当該滅失前から前項第二号の地域に含まれていた	当該滅失前から第三十一条の二十三において準用する前項第二号の地域に含まれておらず、かつ、当

		該滅失した営業所がホテル等内適合営業所に該当していなかつた
第四条第三項第二号ロ	、当該滅失以降に前項第二号の地域に含まれることとなつた	当該滅失以降に第三十一条の二十三において準用する前項第二号の地域に含まれないこととなり、かつ、当該滅失した営業所がホテル等内適合営業所に該当していなかつた
第十三条第二項	前項の規定によるほか、政令	政令
第十三条第三項及び第四項	第一項ただし書の場合において、午前零時から同項ただし書に規定する条例で定める時までの時間	深夜
第十四条及び第十五条	その営業	その深夜における営業
第十八条	十八歳未満の者が	午後十時以後翌日の午前零時前の時間においては保護者が同伴しない十八歳未満の者が、深夜においては十八歳未満の者が、
第二十一条	第十二条から第十九条まで、前条第一項及び次条第二項	第三十一条の二十三において準用する第十二条、第十三条（第一項を除く。）、第十四条、第十五条、第十八条及び第十八条の二
第二十二条第一項第一号及び第二号	当該営業	当該営業（深夜における営業に限る。）
第二十二条第一項第五号	十八歳未満	午後十時から翌日の午前六時までの時間において十八歳未満
	第二条第一項第五号の営業に係る営業所にあつては、午後十時から翌日の午前六時までの時間において客として立ち入らせること	午後十時以後翌日の午前零時前の時間において保護者が同伴する十八歳未満の者を客として立ち入らせる場合を除く

（指示）

第三十一条の二十四　公安委員会は、特定遊興飲食店営業者又はその代理人等が、当該営業に関し、法令又はこの法律に基づく条例の規定に違反した場合において、善良の風俗若しくは清浄な風俗環境を害し、又は少年の健全な育成に障害を及ぼすおそれがあると認めるときは、当該特定遊興飲食店営業者に対し、善良の風俗若しくは清浄な風俗環境を害する行為又は少年の健全な育成に障害を及ぼす行為を防止するため必要な指示をすることができる。

（営業の停止等）

第三十一条の二十五　公安委員会は、特定遊興飲食店営業者若しくはその代理人等が当該営業に関し法令若しくはこの法律に基づく条例の規定に違反した場合において著しく善良の風俗若しくは清浄な風俗環境を害し若しくは少年の健全な育成に障害を及ぼすおそれがあると認めるとき、又は特定遊興飲食店営業者がこの法律に基づく処分若しくは第三十一条の二十三において準用する第三条第二項の規定に基づき付された条件に違反したときは、当該特定遊興飲食店営業者に対し、当該特定遊興飲食店営業の許可を取り消し、又は六月を超えない範囲内で期間を定めて当該特定遊興飲食店営業の全部若しくは一部の停止を命ずることができる。

2　公安委員会は、前項の規定により特定遊興飲食店営業の許可を取り消し、又は特定遊興飲食店営業の停止を命ずるときは、当該特定遊興飲食店営業を営む者に対し、当該施設を用いて営む飲食店営業について、六月（同項の規定により特定遊興飲食店営業の停止を命ずるときは、その停止の期間）を超えない範囲内で期間を定めて営業の全部又は一部の停止を命ずることができる。

第二款　深夜における飲食店営業の規制等

第三十二条第一項を次のように改める。

深夜において飲食店営業を営む者は、営業所の構造及び設備を、国家公安委員会規則で定める技術上の基準に適合するように維持しなければならない。

第三十二条第三項中「第二十二条」を「第二十二条第一項」に、「同条第一号」を「同項第一号」に、「同条第四号」を「同項第四号」に、「同条第五号」を「同項第五号」に、「日出時」を「午前六時」に、「第二条第一項第八号」を「第二条第一項第五号」に改め、「（同号の営業に係る営業所に関し、都道府県の条例で、十八歳以下の条例で定める年齢に満たない者につき、午後十時前の時を定めたときは、その者についてはその時）」を削る。

第三十三条第六項中「日出時」を「午前六時」に改める。

第三十五条の三第一号中「第二条第十一項」を「第二条第十三項」に改める。

第三十六条中「、無店舗型電話異性紹介営業を営む者」の下に「、特定遊興飲食店営業者」を加える。

第三十六条の二中「無店舗型性風俗特殊営業を営む者」の下に「、特定遊興飲食店営業者」を加える。

第三十七条第一項中「性風俗関連特殊営業を営む者」の下に「、特定遊興飲食店営業者」を加え、同条第二項ただし書中「第六号」を「第七号」に改め、同項第六号を同項第七号とし、同項第五号を同項第六号とし、同項第四号の次に次の一号を加える。

五　特定遊興飲食店営業の営業所

第三十八条第二項中「（性風俗関連特殊営業」の下に「、特定遊興飲食店営業」を加え、同項第一号中「若しくは店舗型電話異性紹介営業」を「、店舗型電話異性紹介営業若しくは特定遊興飲食店営業」に改める。

第三十八条の二第一項ただし書中「第六号」を「第七号」に改める。

第三十八条の三の次に次の一条を加える。

（風俗環境保全協議会）

第三十八条の四　公安委員会は、国家公安委員会規則で定めるところにより、風俗営業、特定遊興飲食店営業又は第三十三条第六項に規定する酒類提供飲食店営業の営業所が集中している地域その他の特に良好な風俗環境の保全を図る必要があるものとして都道府県の条例で定める地域ごとに、当該地域を管轄する警察署長、当該地域の風俗営業若しくは特定遊興飲食店営業の営業所の管理者又は当該酒類提供飲食店営業を営む者、少年指導委員、地域住民その他の関係者により構成される風俗環境保全協議会（以下この条において「協議会」という。）を置くように努めるものとする。

２　協議会は、風俗営業、特定遊興飲食店営業又は第三十三条第六項に規定する酒類提供飲食店営業に関し、地域における良好な風俗環境の保全に障害を及ぼすおそれのある事項についての情報を共有し、関係者の連携の緊密化を図るとともに、地域における良好な風俗環境の保全に対するこれらの営業による悪影響を排除するために必要な対策について協議を行うものとする。

３　協議会の事務に従事する者又は当該者であつた者は、当該事務に関して知り得た秘密を漏らしてはならない。

４　前三項に定めるもののほか、協議会の組織及び運営に関し必要な事項は、協議会が定める。

第三十九条第二項第五号中「第二十四条第六項」の下に「（第三十一条の二十三において準用する場合を含む。）」を加え、同項第六号中「第三条第一項」の下に「又は第三十一条の二十二」を、「第四号まで」の下に「（これらの規定を第三十一条の二十三において準用する場合を含む。）」を加え、同項第七号中「第九条第一項」、「第十条の二第一項」及び「第四条第二項第一号」の下に「（第三十一条の二十三において準用する場合を含む。）」を加える。

第四十一条第一項中「第三十一条の二十一第二項第二号」の下に「、第三十一条の二十五」を加え、同条第二項中「第八条」の下に「（第三十一条の二十三において準用する場合を含む。第四項及び次条において同じ。）」を、「第十条の二第六項」の下に「（第三十一条の二十三において準用する場合を含む。第四項において同じ。）」を、

「第三十一条の二十一第二項第二号」の下に「、第三十一条の二十五」を加え、同条第四項中「第三十一条の二十一第二項第二号」の下に「、第三十一条の二十五」を加える。

第四十一条の二中「第四条第一項第四号」の下に「（第三十一条の二十三において準用する場合を含む。）」を加える。

第四十一条の三第一項第一号中「第三条第一項」の下に「若しくは第三十一条の二十二」を、「第七条の三第一項」の下に「（これらの規定を第三十一条の二十三において準用する場合を含む。）」を加え、同項第二号中「第三十一条の二十一第二項」の下に「、第三十一条の二十四、第三十一条の二十五第一項」を加え、同条第二項中「、無店舗型電話異性紹介営業若しくは接客業務受託営業を」を「若しくは無店舗型電話異性紹介営業を営む者、特定遊興飲食店営業者若しくは接客業務受託営業を」に、「若しくは無店舗型性風俗特殊営業」を「、無店舗型性風俗特殊営業」に、「風俗営業の」を「風俗営業若しくは特定遊興飲食店営業の」に改める。

第四十二条中「第二十六条第二項」の下に「、第三十一条の二十五第二項」を加える。

第四十四条の見出しを「（風俗営業者の団体等）」に改め、同条中「団体」の下に「及び特定遊興飲食店営業者が特定遊興飲食店営業の業務の適正化と特定遊興飲食店営業の健全化を図ることを目的として組織する団体」を加え、同条に次の一項を加える。

2　国家公安委員会又は公安委員会は、前項の規定による届出をした団体の自主的な活動の促進を図るため、必要な助言、指導その他の措置を講ずるように努めなければならない。

第四十九条第二号中「第三条第一項」の下に「若しくは第三十一条の二十二」を、「第七条の三第一項」の下に「（これらの規定を第三十一条の二十三において準用する場合を含む。）」を加え、同条第三号中「第十一条」の下に「（第三十一条の二十三において準用する場合を含む。）」を加え、同条第四号中「第三十一条の二十一第二項第二号」の下に「、第三十一条の二十五」を加え、同条に次の一号を加える。

七　第三十一条の二十二の規定に違反して同条の許可を受けないで特定遊興飲食店営業を営んだ者

第五十条第一項第一号中「第二十条第十項」の下に「及び第三十一条の二十三」を加え、同項第三号中「第十条の二第一項」の下に「（第三十一条の二十三において準用する場合を含む。）」を加え、同項第四号中「第二十二条第三号」を「第二十二条第一項第三号」に、「同条第四号」を「同項第四号」に、「第三十二条第三項」を「第三十一条の二十三及び第三十二条第三項」に改め、同条第二項中「第二十二条第三号」を「第二十二条第一項第三号」に、「第三十二条第三項」を「第三十一条の二十三及び第三十二条第三項」に改める。

第五十一条中「第三十八条第三項」の下に「、第三十八条の四第三項」を加える。

第五十二条第一号中「第二十二条第一号」を「第二十二条第一項第一号」に、「第三十二条第三項」を「第三十一条の二十三及び第三十二条第三項」に改める。

第五十四条第一号中「第五条第一項」の下に「（第三十一条の二十三において準用する場合を含む。）」を加え、同条第二号中「第九条第五項後段」の下に「（第三十一条の二十三において準用する場合を含む。以下この号において同じ。）」を加え、同条第三号中「第十条の二第二項」の下に「（第三十一条の二十三において準用する場合を含む。）」を加え、同条第五号中「第二十四条第一項」の下に「（第三十一条の二十三において準用する場合を含む。）」を加える。

第五十五条第一号中「第六条」の下に「（第三十一条の二十三において準用する場合を含む。）」を加え、同条第二号中「第七条の三第三項」の下に「（これらの規定を第三十一条の二十三において準用する場合を含む。）並びに第三十一条の二十三」を加え、同条第三号中「第二十条第十項」の下に「及び第三十一条の二十三」を加え、同条第四号中「第十条第一項」の下に「（第三十一条の二十三において準用する場合を含む。）」を加え、同条第五号中「第十条の二第七項」の下に「（第三十一条の二十三において準用する場合を含む。）」を加える。

第五十七条第一号中「第七条第六項」の下に「（第三十一条の二十三において準用する場合を含

む。）」を加え、同条第二号中「第十条第三項」の下に「（第三十一条の二十三において準用する場合を含む。）」を加え、同条第三号中「第十条の二第九項」の下に「（第三十一条の二十三において準用する場合を含む。）」を加える。

附　則〔略〕

○外国人の技能実習の適正な実施及び技能実習生の保護に関する法律〔抄〕

（平成二八・一一・二八 法律八九）

附　則

（風俗営業等の規制及び業務の適正化等に関する法律の一部改正）

第十条　風俗営業等の規制及び業務の適正化等に関する法律（昭和二十三年法律第百二十二号）の一部を次のように改正する。

第四条第一項第二号に次のように加える。

ワ　外国人の技能実習の適正な実施及び技能実習生の保護に関する法律（平成二十八年法律第八十九号）第百八条の罪

○住宅宿泊事業法〔抄〕

（平成二九・六・一六 法律六五）

附　則

（風俗営業等の規制及び業務の適正化等に関する法律の一部改正）

第五条　風俗営業等の規制及び業務の適正化等に関する法律（昭和二十三年法律第百二十二号）の一部を次のように改正する。

第三十条第三項中「又は旅館業」を「、旅館業」に、「について」を「又は住宅宿泊事業（住宅宿泊事業法（平成二十九年法律第六十五号）第三条第一項の届出をして営む事業をいう。以下同じ。）について」に改める。

第四十二条中「若しくは旅館業」を「、旅館業若しくは住宅宿泊事業」に改める。

○旅館業法の一部を改正する法律〔抄〕

（平成二九・一二・一五 法律八四）

附　則

（風俗営業等の規制及び業務の適正化等に関する法律の一部改正）

第六条　風俗営業等の規制及び業務の適正化等に関する法律（昭和二十三年法律第百二十二号）の一部を次のように改正する。

第三十一条の二十三の表第四条第二項第二号の項中「ホテル営業又は同条第三項に規定する旅館営業」を「旅館・ホテル営業」に改める。

○風俗営業等取締法施行条例基準

（昭和三九・五 警察庁保安局防犯少年課）

第一章　通則

（営業種別）

第一条　風俗営業等取締法（昭和二十三年法律第百二十二号。以下「法」という。）第一条の風俗営業は、その営業内容により、次のとおり区分する。

一　第一号に属するもの

キャバレー

設備を設けて客にダンスをさせ、かつ、客の接待をして客に飲食をさせるもの

二　第二号に属するもの

イ　料理店（待合等）

主として和風設備の客室を設け、客の接待をして客に遊興又は飲食をさせるもの

ロ　カフェー（バー）

主として洋風設備の客室を設け、客の接待をして客に遊興又は飲食をさせるもの

三　第三号に属するもの

ナイトクラブ

設備を設けて客にダンスをさせ、かつ、客に飲食をさせるもの

四　第四号に属するもの

ダンスホール

設備を設けて客にダンスをさせるもの

五　第五号に属するもの

第五号営業

設備を設けて客に飲食をさせる営業で、風俗営業等取締法に基づく客席における照度の測定方法に関する総理府令（昭和三十九年総理府令第　号。以下「府令」という。）で定めるところにより計った客席の照度を十ルクス以下として営むもの

六　第六号に属するもの

第六号営業

設備を設けて客に飲食をさせる営業で、他から見とおすことが困難であり、かつ、その広さが五平方メートル以下である客席を設けて営むもの

七　第七号に属するもの

イ　三月更新遊技場

ぱちんこ屋、スマートボール屋その他三月ごとに更新を受けなければ許可が失効する営業

ロ　六月更新遊技場

イに該当する遊技場以外の遊技場

（用語の定義）

第二条　この条例で、次に掲げる用語の意義は、それぞれ当該各号に定めるところによる。

一　営業用家屋等　営業の用に供する家屋又は施設をいう。

二　営業所　営業用家屋等のうち、直接営業の用に供する部分をいう。

（申請及び届出の手続）
第三条　法及びこの条例の規定による○○県公安委員会（以下「公安委員会」という。）に対する申請書及び届出書の提出その他の手続は、営業所の所在地を管轄する警察署長を経由して行なうものとする。

（管理者の選定）
第四条　法第二条第一項の規定による許可（以下「許可」という。）を受けて風俗営業を営む者（以下「営業者」という。）は、自ら営業所を管理しないときは、その営業所の管理者を定めなければならない。

第二章　許可及び届出

（許可申請書類）
第五条　風俗営業を営もうとする者は、第一条の規定による営業種別及び営業所ごとに、次の事項を記載した許可申請書を提出して公安委員会の許可を受けなければならない。
一　申請者の本籍、住所、氏名及び生年月日（法人にあっては、その名称、事務所の所在地並びに代表者及び業務を行なう役員の本籍及び生年月日並びに定款及び登記簿の抄本）
二　管理者を定めたときは、その本籍、住所、氏名及び生年月日
三　営業所の名称及び所在地
四　営業種別（遊技場にあっては遊技機の名称、遊技の方法、賞品の金額、品目及び提供方法を附記すること。）
2　前項の許可申請書には、次に掲げる書類を添付しなければならない。
一　営業用家屋等の平面図（各室の用途、面積及び構造設備を明示するとともに、営業所の総面積を附記すること。）
二　営業用家屋等の位置から百メートル以内の地域の略図
三　営業用家屋等が他人の所有に属するときは、その使用権を疏明する書類

（許可証）
第六条　公安委員会は、許可をしたときは、許可証（別記第○号様式）を交付しなければならない。
2　前項の規定により許可証の交付を受けた者は、当該許可証を亡失し、盗み取られ、又はき損したときは、許可証の再交付を受けなければならない。
3　前項の規定により許可証の再交付を受けようとする者は、その申請書に営業種別、許可年月日、許可番号及び申請の理由を記載し、公安委員会に提出するものとする。
4　き損のため許可証の再交付を申請する場合は、そのき損した許可証を添えなければならない。

（許可証の返納）
第七条　前条の規定により許可証の交付を受けた者（第五号の場合にあっては、配偶者その他同居の親族又は清算人）は、次の各号の一に該当するときは、その日から起算して十日以内に当該許可証（第三号の場合にあっては回復した許可証）を公安委員会に返納しなければならない。
一　法第二条第三項の規定により許可が効力を失ったとき。
二　許可を取り消されたとき。
三　許可証の再交付を受けた者が亡失し、又は盗み取られた許可証を回復するに至ったとき。
四　廃業したとき。
五　死亡（法人にあっては、解散）したとき。

（許可更新営業の指定等）
第八条　法第二条第三項の規定により、三月ごとに許可の更新を受けなければ許可が失効する風俗営業は、次のとおりとする。
一　ぱちんこ屋
二　スマートボール屋
2　法第二条第四項に規定する特別の事情がある場合は、地方税法（昭和二十五年法律第二百二十六号）第十五条第一項の規定による徴収猶予を受けている場合とする。

（許可更新の手続）
第九条　法第二条第三項の規定による許可の更新を受けようとする者は、次の事項を記載した申請書を公安委員会に提出しなければならない。
一　営業種別並びに営業者の住所及び氏名（法人にあっては、その名称、事務所の所在地並びに代表者の住所及び氏名）
二　許可年月日及び許可番号
2　前項の申請書には、当該営業に係る税務事務所長等の発行する娯楽施設利用税の納税済証（現に当該営業者にその納付し、若しくは納入すべき娯楽施設利用税がないか又は納期前である場合を除く。）又は滞納に係る娯楽施設利用税について徴

収猶予を受けたことを証する書類を添付しなければならない。

（構造設備の増築等の承認）

第十条　営業者が営業所の構造設備の増築又は改築その他公安委員会が指定する事項について変更をしようとするときは、あらかじめ公安委員会の承認を受けなければならない。営業者たる法人の代表者若しくは業務を行なう役員を変更し、又は管理者を新たに設け、若しくは変更しようとするときも、また同様とする。

2　前項の承認の申請は、許可証を添えてしなければならない。

（届出事項）

第十一条　営業者は、次の各号の一に該当するときは、その日から起算して十日以内に公安委員会に届け出なければならない。

一　営業者若しくは管理者の本籍、住所若しくは氏名（法人にあっては、その名称、事務所の所在地、代表者若しくは業務を行なう役員の本籍、住所若しくは氏名又は定款）又は営業所の名称に変更を生じたとき。

二　管理者を廃止したとき。

三　三十日以上継続して休業するとき及びその休業後再び営業を開始するとき。

四　遊技の方法又は賞品の金額、品目若しくはその提供方法について変更したとき。

2　前項の届出は、許可証を添えてしなければならない。

（許可の取消し）

第十二条　公安委員会は、営業者が次の各号の一に該当するときは、許可を取り消すことができる。

一　正当な理由がなく許可の日から起算して六月を経過しても開業しないとき。

二　正当な理由がなく六月以上継続して休業したとき。

三　三月以上所在不明のとき。

第三章　許可の基準

（人に関する許可の基準）

第十三条　公安委員会は、許可を受けようとする者が次の各号の一に該当するときは許可をしてはならない。ただし、公安委員会が善良の風俗を害するおそれがないと認めた者については、許可をすることができる。

一　わいせつ、かんいん、と博、富くじ若しくは売春防止法（昭和三十一年法律第百十八号）若しくは児童福祉法（昭和二十二年法律第百六十四号）第三十四条第六号に規定する罪又は婦女子若しくは年少者の福祉を害する職業安定法（昭和二十二年法律第百四十一号）第六十三条第二号の罪若しくは労働基準法（昭和二十二年法律第四十九号）第五条、第六条若しくは第六十三条に違反する罪を犯して懲役以上の刑に処せられ、その執行を終り、又は執行を受けることのなくなった日から起算して三年を経過しない者

二　前号に掲げる罪を犯して罰金の刑に処せられた日から起算して一年を経過しない者

三　法第四条の規定により許可を取り消された日から起算して三年を経過しない者

四　配偶者その他同居の親族又は法人の業務を行う役員のうちに前各号の一に該当する者のある者

五　第一号から第三号までの一に該当する管理者を置く者

（場所に関する許可の基準）

第十四条　公安委員会は、営業用家屋等の位置が次の各号の一に該当するときは、許可をしてはならない。ただし、公安委員会が善良の風俗を害するおそれがないと認めたときは許可をすることができる。

一　学校、病院その他特に静穏又は清浄な環境を保持する必要があると認められる施設の敷地から百メートル以内の場所

二　前号に規定するもののほか、住居地域その他善良の風俗保持上著しく支障があると認められる場所

2　公安委員会が許可をした後において、営業用家屋等の位置が前項各号の一に該当するに至った場合においては、公安委員会は、営業者に対し、善良の風俗保持上必要と認める措置をとるべきことを命ずることができる。

（構造設備に関する許可の基準）

第十五条　公安委員会は、営業所の構造設備がこの条例に定める基準に違反するときは、許可をしてはならない。前条第一項ただし書の規定は、この場合について準用する。

（施設の兼用に関する許可の基準）

第十六条　公安委員会は、営業用家屋等の全部又は一部が旅館業法（昭和二十三年法律第百三十八号）による旅館業又は公衆浴場法（昭和二十三年法律第百三十九号）による浴場業の施設の全部又は一部であるときは、許可をしてはならない。ただし、公安委員会が当該許可の申請に係る風俗営業の営業用家屋等の所在地が温泉地、へき地その他公安委員会が特に指定する地域であって善良の風俗の保持上支障がないと認めたときは、許可をすることができる。

（条件の附加）

第十七条　公安委員会は、許可をする場合において、善良の風俗を害する行為を防止するため特に必要があると認めるときは、営業を営む者の行為、営業所の構造設備等について、条件を附することができる。

第四章　営業の基準

（名義貸の禁止）

第十八条　営業者は、自己の名義をもって、他人に営業を営ませてはならない。

（施設の兼用の禁止）

第十九条　営業者は、その許可に係る風俗営業の営業用家屋等の全部又は一部を旅館業法による旅館業又は公衆浴場法による浴場業の施設として用い、又は用いさせてはならない。ただし、公安委員会が当該許可に係る風俗営業の営業用家屋等の所在地が温泉地、へき地その他公安委員会が特に指定する地域であって善良の風俗の保持上支障がないと認めて承認した場合は、この限りでない。

（営業時間）

第二十条　営業者は、午前十時から午後十一時までの間以外の時間において、営業してはならない。ただし、特別の事情があって、あらかじめ公安委員会の承認を受けた場合は、この限りでない。

（標識の掲示）

第二十一条　営業者は、営業所の店頭その他見やすいところに許可を受けた営業種別の標識（別記第○号様式）を掲示しなければならない。

（従業者名簿）

第二十二条　営業者は、使用人その他営業に従事する者について、営業所に従業者名簿（別記○号様式）をそなえて所定事項を記載し、異動の都度すみやかに訂正しなければならない。ただし、労働基準法第九条に規定する労働者に該当する者については、同法第百七条の規定による労働者名簿をもって従業者名簿に代えることができる。

第五章　営業行為の基準

（遵守事項）

第二十三条　営業者は、次に掲げる事項を遵守しなければならない。

一　客引をしないこと。

二　客席又は踊り場における照度を第二十六条第二号に定める照度に保つこと。

三　営業所で卑わいな行為その他善良の風俗を害する行為をし、又は客にこれらの行為をさせないこと。

四　営業所で人声、楽器、ラジオ等の音を異常に大きく出して近隣に迷惑をかける行為をし、又は客にこれらの行為をさせないこと。

五　営業用家屋等で客を就寝させ、又は宿泊させないこと。（第十六条ただし書又は第十九条ただし書の規定により、旅館業法による旅館業の施設との兼用について許可又は承認を受けた場合を除く。）

六　料金及び税額を見やすい所に表示すること。

七　客の求めない飲食物を提供しないこと。

八　前各号のほか、公安委員会が許可にあたって附した条件及び第十四条第二項の規定により命じた事項。

（遊技場営業者の特別遵守事項）

第二十四条　遊技場の営業者は、前条各号に掲げる事項を遵守するほか、次の各号に掲げる事項を遵守しなければならない。

一　現金及び有価証券を賞品として提供しないこと。

二　賞品の最高額及びその提供方法は、公安委員会の定めるところによること。

三　客に提供した賞品を買いとり又は買いとらせないこと。

四　営業所でと博類似行為その他著しく射幸心をそそるおそれのある行為をし、又は客にこれらの行為をさせないこと。

五　著しく射幸心をそそるおそれのある方法で営業しないこと。

六　営業所において客に飲酒させないこと。

第六章　構造設備の基準

（構造の基準）

第二十五条　営業所の構造は、次の各号によらなければならない。

一　料理店の客室は、一室の面積が九・五平方メートル以上とすること。ただし、一室限りとする場合は、この限りでない。

二　カフェーの客室は、一室の面積が十六・五平方メートル以上とすること。ただし、一室限りとする場合は、この限りではない。

三　キャバレー及びナイトクラブの客室は、一室の面積が六十六平方メートル以上とし踊り場の有効面積はおおむねその三分の一以上とすること。

四　ダンスホールの踊り場の面積は六十六平方メートル以上とすること。

五　第一条第五号に属する営業の客室は、一室の面積が五平方メートルをこえるものとすること。

（設備の基準）

第二十六条　営業所の設備は、次の各号によらなければならない。

一　遊技場を除き、客室及び客席は、営業所の外部から見とおしができないように設備すること。

二　府令で定めるところにより計った客席の照度又はこれに準ずる方法で計った踊り場における照度を五ルクス以上の照度（第一条第四号又は第七号に属する営業にあっては十ルクス以上、同条第六号に属する営業にあっては十ルクスをこえる照度）に保ち得るものであること。

三　第一条第六号に属する営業を除き、客室の内部に見とおしを妨げるような設備をしないこと。

四　善良の風俗を害するおそれのある絵画、広告物、装飾その他の設備をしないこと。

五　音楽の演奏をするものにあっては、近隣に迷惑を及ぼさないよう必要な防音装置をすること。

六　第一条第二号、第五号、第六号又は第七号に属する営業にあっては、ダンスをさせるための踊り場を設けないこと。

七　遊技に用いる機械又は器具は、著しく射幸心をそそり、又は危険を及ぼすおそれがないものであること。

八　客を宿泊させ、又は就寝させる設備を客室に設けないこと。（第十六条ただし書又は第二十一条ただし書の規定により、旅館業法により旅館業の施設との兼用について許可又は承認を受けた場合を除く。次号において同じ。）

九　客室に施錠の設備をしないこと。

第七章　設備を設けて客に飲食をさせる営業の深夜における規制

（営業の場所の制限）

第二十七条　法第四条の二第一項に規定する営業で、喫茶店、サロンその他の主として酒類以外の飲み物又は茶菓を客に飲食させるもの（以下「喫茶店」という。）は、営業の場所が別表に掲げる地域にあるときは、次に掲げる営業を除き、深夜においては、営んではならない。ただし、特別の事情があって、あらかじめ公安委員会の承認を受けた場合は、この限りでない。

一　駅、港湾、空港等における旅客施設において、その施設の管理者又は管理者の指定する者がもっぱら旅行者に利用させるために営むもの。

二　事業所又は事務所等の施設において、もっぱらその事業又は事務に従事する者に利用させるために営むもの。

（営業時間の制限）

第二十八条　法第四条の二第一項に規定する営業で、バー（第一条第二号の営業を除く。）、酒場その他主として酒類を客に提供するもの及び喫茶店（営業の場所が、別表に掲げる地域にあるものを除く。）は次に掲げる営業を除き、午前零時から日出時までの間においては、営んではならない。ただし、特別の事情があって、あらかじめ公安委員会の承認を受けた場合は、この限りでない。

一　駅、港湾、空港等における旅客施設において、その施設の管理者又は管理者の指定する者がもっぱら旅行者に利用させるために営むもの。

二　事業所又は事務所等の施設において、もっぱらその事業又は事務に従事する者に利用させるために営むもの。

（営業行為の制限）

第二十九条　法第四条の二第一項に規定する営業を営む者は、深夜においては、次に掲げる事項を遵守しなければならない。

一　客引をしないこと。
二　府令で定めるところに準じて計った客席における照度を二十ルクス以上に保つこと。
三　営業所で、卑わいな行為その他善良の風俗を害する行為をし、又は客にこれらの行為をさせないこと。
四　営業所で、人声、ラジオ等の音を異常に大きく出して近隣に迷惑をかける行為をし、又は客にこれらの行為をさせないこと。
五　営業所で、ダンス、ショウ、楽器による演奏、競技その他興行の類をし、又は客にこれらの行為をさせないこと。
六　営業用家屋等で、客を就寝させ、又は宿泊させないこと。
七　料金及び税額を客の見やすい所に表示すること。
八　客の求めない飲食物を提供しないこと。

（構造設備の制限）

第三十条　法第四条の二第一項に規定する営業の深夜における営業の、営業所の構造設備は、次に定めるところによらなければならない。
一　客室の面積は、一室の面積が九・五平方メートル以上とすること。ただし、一室限りとする場合は、この限りでない。
二　善良の風俗を害するおそれのある絵画、広告物、装飾その他の設備をしないこと。
三　客室の内部に見とおしを妨げるような設備をしないこと。
四　客室に施錠の設備をしないこと。

（年少者に関する禁止行為の除外例）

第三十一条　法第四条の三第二項第一号の条例で定める場合は、第二十七条第一号、第二号若しくは第二十八条第一号、第二号に該当する営業又はもっぱら食事を客に提供する営業において客に接する業務に従事させる場合とする。
2　法第四条の三第二項第二号の条例で定める場合は、第二十七条第一号、第二号若しくは第二十八条第一号、第二号に該当する営業又はもっぱら食事を客に提供する営業の営業所に客として立ち入らせる場合とする。

八訂版　風営適正化法関係法令集

定価（本体4,200円十税）

平成７年11月１日	初　版　発　行	平成18年８月10日	五 訂 版 発 行
平成11年７月10日	改 訂 版 発 行	平成23年３月30日	六 訂 版 発 行
平成14年８月20日	三 訂 版 発 行	平成28年８月10日	七 訂 版 発 行
平成16年10月５日	四 訂 版 発 行	平成30年８月１日	八 訂 版 発 行

編　集　風営適正化法研究会
発行者　星　沢　卓　也
発行所　東京法令出版株式会社

112-0002	東京都文京区小石川５丁目17番３号	03(5803)3304
534-0024	大阪市都島区東野田町１丁目17番12号	06(6355)5226
062-0902	札幌市豊平区豊平２条５丁目１番27号	011(822)8811
980-0012	仙台市青葉区錦町１丁目１番10号	022(216)5871
460-0003	名古屋市中区錦１丁目６番34号	052(218)5552
730-0005	広島市中区西白島町11番９号	082(212)0888
810-0011	福岡市中央区高砂２丁目13番22号	092(533)1588
380-8688	長野市南千歳町1005番地	

〔営業〕TEL 026(224)5411　FAX 026(224)5419
〔編集〕TEL 026(224)5412　FAX 026(224)5439
https://www.tokyo-horei.co.jp/

H 3

ISBN978-4-8090-1386-7 C3032 ¥4200E